Ausführliche Grammatik Der Griechischen Sprache, Volume 1

Friedrich Blass, Raphael Kühner, Bernhard Gerth

AUSFÜHRLICHE

GRAMMATIK

DER

GRIECHISCHEN SPRACHE

VON

DR. RAPHAEL KÜHNER.

ZWEITER TEIL:

SATZLEHRE.

DRITTE AUFLAGE IN ZWEI BÄNDEN

IN NEUER BEARBEITUNG

BESORGT VON

DR. BERNHARD GERTH.

ERSTER BAND.

HANNOVER UND LEIPZIG.

HAHNSCHE BUCHHANDLUNG.

1898.

Hofbuchdruckerei Gebrüder Jänecke in Hannover.

Vorwort zur dritten Auflage.

Wie Friedrich Blass, der Bearbeiter des ersten Teils der vorliegenden Grammatik, so habe auch ich bei der Bearbeitung des syntaktischen Teils mich bemüht, das Kühnersche Werk so umzugestalten, wie es die Rücksicht auf die neuere Textkritik und auf die gesicherten Ergebnisse der historischen Sprachforschung erforderte, und doch dabei die Anlage des Ganzen unberührt zu lassen. Im Einzelnen freilich waren durchgreifende Änderungen nicht zu umgehen, und manche Kapitel, insbesondere in der Tempuslehre, der Moduslehre und der Kasuslehre erscheinen in gänzlich neuer Fassung.

Zunächst ist es bekannt und bei einem so umfangreichen Werke nicht zu verwundern, dass in der zweiten Auflage eine grosse Anzahl von Belegstellen stehen geblieben war, die auf längst veralteten Lesarten beruhten, und dass manche grammatische Behauptungen geradezu in der Luft schwebten, weil sie sich auf falscher Textüberlieferung aufbauten. Es galt also vor allem, sämtliche Citate genau nachzuprüfen, die nicht beweiskräftigen Belegstellen zu tilgen und, wenn möglich, durch andere zu ersetzen, die aus falsch oder unsicher überlieferten Textstellen gezogenen Schlüsse zu beseitigen oder wenigstens als zweifelhaft zu kennzeichnen und so ein möglichst zuverlässiges Bild der erweisbaren sprachlichen Thatsachen herzustellen.

Für die wissenschaftliche Erklärung der sprachlichen Thatsachen suchte schon Kühner die Ergebnisse der vergleichenden Sprachforschung nutzbar zu machen; nur konnte er daneben sich der zu seiner Zeit noch vorherrschenden Neigung, die Spracherscheinungen auf philosophische Kategorieen zurückzuführen, nicht ganz entziehen. Dieser Umstand, sowie die gewaltigen Fortschritte, die die vergleichende Forschung in den letzten Jahrzehnten gemacht hat, liessen eine völlige Umgestaltung gewisser Abschnitte als geboten erscheinen. So musste z. B. der Optativ, den Kühner, sichtlich unter dem

Einflusse der Dreiteilung: Wahrnehmung (Indikativ), Vorstellung (Konjunktiv), Begehrungsvermögen (Imperativ), auch in der zweiten Auflage noch als Konjunktiv der historischen Tempora auffasste, in sein Recht als selbständiger Modus eingesetzt und im Zusammenhange damit die Moduslehre teilweise neugeschrieben werden. Wenn hierbei in üblicher Weise der Konjunktiv als Modus der Erwartung, der Optativ als Modus der Vorstellung bezeichnet worden ist, so sollen dies selbstverständlich nicht Definitionen einer sogenannten „Grundbedeutung" sein, sondern nur allgemeine Formeln, unter denen sich die verschiedenen Gebrauchstypen jener Modi bequem zusammenfassen lassen. Noch einschneidender sind die Änderungen in der Kasuslehre, weil Genetiv und Dativ, die Kühner noch als einheitliche Kasus fasste, längst als Mischungen aus echten Bestandteilen und eingedrungenen fremden (ablativischen, lokativischen, instrumental-soziativischen) Elementen erkannt und allgemein anerkannt sind. Wie sehr freilich gerade hier die Grenzen sich verwischen, wie unsicher daher gar manche Aufstellungen bleiben müssen, leuchtet ohne weiteres ein, wenn man die vielfachen Wandlungen verfolgt, die die Sprachvergleichung selbst in dieser Beziehung durchgemacht hat und noch durchmacht; und doppelt schwierig gestaltet sich die Aufabe für den, der nicht bloss allgemeine Gesichtspunkte aufzustellen, sondern jede einzelne Erscheinung der Einzelsprache in eins der aufgestellten Schemata einzuzwängen hat. Auch die übrigen Abschnitte weisen erklärlicherweise auf jeder Seite zahlreiche Änderungen und Zusätze auf; doch bin ich überall bestrebt gewesen, der Kühnerschen Darstellungsform mich möglichst genau anzupassen.

Wie schwierig und undankbar es ist, ein fremdes Werk so zu bearbeiten, wie es einerseits die Pietät für den Verfasser, andererseits die eigene wissenschaftliche Überzeugung verlangt, weiss ein jeder, der einmal in ähnlicher Lage gewesen ist. Möge es mir gelungen sein, der Kühnerschen Syntax eine solche Gestalt zu geben, dass sie jetzt in der dritten Auflage nicht minder brauchbar erscheint als sie es seinerzeit in der zweiten Auflage anerkanntermassen gewesen ist.

Zwickau, Dezember 1897.

Dr. B. Gerth.

Inhaltsverzeichnis.

Zweiter Teil.

Syntaxe.

Einleitung.

Bemerkungen über die Arten (Genera) des Verbs.

A. Lehre von den Zeitformen.

Gebrauch der Zeitformen.

Lehre von den Modis oder Aussageformen des Verbs.

Gebrauch der Modusformen.

Zweites Kapitel.

Drittes Kapitel.

I. Lehre von den Kasus.

A. Akkusativ.

B. Genetiv.

Einleitung.

§ 344. Sprache. Gegenstand der Grammatik.[1])

1. Die Sprache ist der Ausdruck der Gedanken. Ein Gedanke entsteht in unserer Seele dadurch, dass Begriffe teils auf einander, teils auf den Redenden bezogen und zu einer Einheit verbunden werden. Tritt der Gedanke in die Erscheinung und nimmt gleichsam einen Körper an, d. h. wird der Gedanke durch die Sprache ausgesprochen, so werden die Begriffe durch Wörter bezeichnet, welche einen stofflichen Inhalt haben, und die Beziehungen teils durch die Flexion der Wörter, teils durch besondere Wörter, welche die Formen unserer Anschauung und unseres Denkens ausdrücken, als: Pronomina, Zahlwörter, Präpositionen und Konjunktionen. Die Begriffe bilden nur den Stoff des Gedankens, Seele und Leib aber wird dem Stoffe erst durch den Akt der Verbindung der Begriffe zu einer Einheit eingehaucht.

2. Da die Sprache Ausdruck der Gedanken ist, die Gedanken aber durch Sätze ausgedrückt werden, so springt in die Augen, dass die Grammatik nichts anderes ist als Satzlehre. Da nun ferner die Sprache nicht durch eine äussere künstliche Zusammensetzung des Einzelnen zu einem Ganzen, wie wir eine solche bei menschlichen Kunstgebilden sehen, entstanden ist, sondern sich mit ihrer ganzen Mannigfaltigkeit von Wort- und Redeformen, wie ein organisches Erzeugnis, aus einer Einheit von Innen heraus in naturgemässer Entwickelung gebildet hat[2]): so ergiebt es sich von selbst, welche

---

1) Man hat es mit Recht aufgegeben, die Sprachformen aus logischen oder psychologischen Kategorien entwickeln zu wollen. Doch habe ich die allgemeinen Vorbemerkungen in § 344 und § 345 in der Hauptsache unverändert gelassen, weil sie mit der ganzen Anlage der Kühnerschen Grammatik aufs engste zusammenhängen. Der Herausgeber.

2) K. F. Becker ist der Erste gewesen, der in seinem Buche „Organismus der Sprache (II. Aufl. 1841)" den Gedanken, die Sprache sei ein organisches Erzeugnis der menschlichen Natur, wissenschaftlich behandelt hat; aber darin hat

Aufgabe die Grammatik zu lösen hat. Diese Aufgabe besteht nämlich darin, dass sie von dem Satze in seiner einfachsten und ursprünglichsten Form ausgehe und darlege, wie sich diese Urform des Satzes allmählich in naturgemässem Fortschreiten bis zu dem Vollendetsten der Sprachdarstellung, der Periode, ausgebildet hat, und wie sich mit dieser Entwickelung des Satzes zugleich alle Erscheinungen der Sprache in ihren mannigfaltigen Formen entwickelt haben. Um aber den reichen Stoff der Grammatik übersichtlicher darzustellen, teilt man dieselbe in zwei Hauptteile, von denen der erstere das Wort und seine Formen für sich, der letztere aber das Wort und seine Formen in dem Satze selbst betrachtet.

§ 345. Entwickelung der Redeteile und ihrer Formen aus dem Satze.

1. Die notwendigsten Bestandteile eines Satzes sind das Subjekt, d. h. der Gegenstand, von dem etwas ausgesagt (prädiziert) wird, und das Prädikat, d. h. das, was von dem Subjekte ausgesagt wird, das Subjekt ist ein Substantivbegriff, das Prädikat ein Verbalbegriff als: ῥόδον θάλλει, rosa floret. Das Subjekt kann aber in dem Prädikate eingeschlossen liegen, indem es durch die Personalendung des Verbs ausgedrückt wird, als: φη-μί. Und diese in dem blossen Verb bestehende Form des Satzes muss als die ursprünglichste angesehen werden. Vgl. Bekk. An. II, p. 844 τοῦ ῥήματος προγενεστέρου ὄντος τῇ φύσει· ἀεί γὰρ τὰ πράγματα τῶν οὐσιῶν προγενέστερά εἰσι.

2. Die Äusserungen oder Merkmale der Dinge mussten aber bald als etwas von den Dingen selbst Verschiedenes erkannt werden. Denn dasselbe Merkmal, z. B. blühen, wurde nicht bloss bei der Blume, sondern auch bei vielen anderen Gegenständen bemerkt, z. B. der Baum, die Wiese blüht. So musste sich das Merkmal als etwas von dem Dinge Verschiedenes in der Vorstellung trennen. Das Merkmal, das an einem Dinge am meisten in die Sinne fiel und das Innere des Menschen am kräftigsten erfasste, wird nun der Name des Dinges und erhält eine besondere Form. Dieses so gebildete Wort wird, da es ein selbständiges Wesen, eine Substanz bezeichnet, Substantiv genannt.

---

er gefehlt, dass er in dem Wesen der Sprache nur eine Seite derselben, die natürliche, auffasst. Denn der sinnliche Organismus der Menschen steht unter der Herrschaft des Geistes und dient dem Geiste als das Werkzeug seiner Äusserung. Auf dem Zusammenwirken des denkenden Geistes des Menschen und seines sinnlichen Organismus beruht also das Wesen der Sprache. Vgl. K. W. L. Heyses System der Sprachwissenschaft 1856, S. 58 ff.; Herders Abhandlung über den Ursprung der Sprache, Berlin 1772; W. v. Humboldts Einleitung zu der Schrift über die Kawisprache auf der Insel Java, Berlin 1836; C. Michelsens Philosophie der Grammatik, I. B., Berlin 1843.

3. Das Merkmal, das durch das Verb von einem Gegenstande ausgesagt und ihm beigelegt wird, erscheint als eine lebendige Äusserung der Thätigkeit. Ursprünglich mögen alle Merkmale oder Eigenschaften der Dinge als lebendige Thätigkeitsäusserungen aufgefasst und durch Verben ausgedrückt worden sein. Die Wahrnehmung aber, dass die Merkmale der Dinge sich nicht bei allen auf gleiche Weise verhalten, sondern einige derselben sich gleichsam in einem ewigen Flusse, andere hingegen in einem ruhigen und beharrlichen Zustande befinden, erzeugte das Adjektiv, das sich von dem Verb dadurch unterscheidet, dass es nur die Eigenschaft ausdrückt, während das Verb zugleich die Kraft der Aussage enthält und dadurch die Eigenschaft als eine lebendige Thätigkeitsäusserung hervortreten lässt. Soll nun von einem Subjekte eine Eigenschaft durch das Adjektiv prädiziert werden, so verbindet die Sprache das Adjektiv mit dem Verb εἰμί (st. ἐσ-μί, sk. as-mi, l. (e)sum), das eigentlich atme, lebe, bin vorhanden[1]) bedeutet, die Dichtersprache auch mit dem Verb πέλω, πέλομαι, das eigentlich bewege mich, oder mit ἔφυν (sk. bhav-âmi, entstehe, l. fu-i), das eigentlich wuchs, oder mit τελέθω, das eigentlich sprosse bezeichnet, also ῥόδον καλόν ἐστιν, πέλει, πέλεται, ἔφυ, τελέθει, eigentlich die Rose atmet, lebt, besteht, bewegt sich, wuchs, sprosst (als eine) schöne.[2]) Die konkrete Bedeutung dieser Verben hat sich aber durch den häufigen Gebrauch mehr und mehr abgeschwächt, so dass sie zuletzt nur den allgemeinen, abstrakten Begriff der Existenz (sein) und nur die Form der Aussage ohne den konkreten Inhalt des Ausgesagten ausdrücken. Da sie in dieser Verbindung gewissermassen die Stelle der Verbalflexion vertreten, durch welche die Aussage des Satzes bezeichnet wird (vgl. ῥόδον θαλερόν ἐστιν und ῥ. θάλλει), so nennt man sie Aussagewörter, auch Copulae, insofern sie das prädikative Adjektiv mit dem Subjekte verbinden. Sowie das Adjektiv, so kann auch das Substantiv als Prädikat durch das Aussagewort auf das Subjekt bezogen werden, als: Κῦρος βασιλεὺς ἦν, Τόμυρις βασίλεια ἦν (vgl. K. ἐβασίλευεν).

4. Die Form des Substantivs, in der es als Subjekt auftritt, wird Nominativ genannt. Da ein Gegenstand bald einzeln, bald in der Mehrheit erscheint, so bildete sich mit dem Begriffe eines Gegenstandes auch der Begriff der Zahl und in der Sprache sowohl an dem Subjekte als an dem von ihm ausgesagten Prädikate eine

---

1) S. Curtius, Et.5, S. 375 f. — 2) Die romanischen Sprachen bedienen sich teils des lat. esse, teils des lat. stare: ital. essere, sp. ser, je suis = sum, ital. stare, sp. estar, fr. être (aus estre), j'étais = stabam, été = status, ital. stato. S. Heyse, Syst. der Sprachwissensch., S. 394 f.

besondere Form für die Einzahl, eine andere für die Mehrheit und im Griechischen wie in vielen anderen Sprachen auch eine dritte für die Zweiheit. Zu gleicher Zeit entwickelte sich an dem Subjekte der Gegensatz des persönlichen Geschlechtes zu dem unpersönlichen oder sächlichen, indem man die Gegenstände entweder nach ihren Äusserungen als persönliche, lebende Wesen oder als blosse leblose Sachen, aller Persönlichkeit entbehrend, auffasste und zur Bezeichnung dieses Gegensatzes eine Form für das persönliche und eine andere für das unpersönliche Geschlecht schuf. Der natürliche Geschlechtsunterschied bei Menschen und Tieren, den dann die Phantasie auch auf andere persönliche oder als persönlich aufgefasste Dinge übertrug, rief die weitere Scheidung des persönlichen Geschlechts in ein männliches und ein weibliches hervor.

5. Die Beziehung des Prädikates auf das Subjekt und die Verknüpfung beider zu der Einheit eines Gedankens wird dadurch bezeichnet, dass das Prädikat in seiner Form mit dem Subjekt kongruiert. Diese Kongruenz der Form wird an dem Verb durch die Personalendungen, an dem Adjektive durch die das Geschlecht und die Zahl des Subjektes ausdrückende Nominativform bezeichnet. Die Adjektive haben entweder nur eine Form für das persönliche (männliche und weibliche) Geschlecht, oder Eine Form für das persönliche und eine andere für das sächliche Geschlecht, oder eine Form für das männliche, eine zweite für das weibliche und eine dritte für das sächliche Geschlecht.

6. Die von dem Subjekte ausgesagte Thätigkeitsäusserung kann verschieden gedacht werden, indem dieselbe entweder von dem Subjekte ausgeht, oder von dem Subjekte ausgeht und wieder auf dasselbe zurückgeht, oder von dem Subjekte so aufgenommen wird, dass es leidend erscheint. Das Bedürfnis diese drei Arten des Verbalbegriffs durch drei besondere Formen, Aktiv, Medium und Passiv, zu bezeichnen, mag sich erst später fühlbar gemacht haben. Anfänglich wird sich die Sprache mit der je nach der Bedeutung des Wortes bald transitiven, bald intransitiven aktiven Form begnügt haben. Die passive Form hat sich im Griechischen, wie in anderen Sprachen, zuletzt und nur unvollkommen entwickelt, indem zum Ausdrucke derselben teils die mediale, teils mit gewissen Abänderungen die aktive verwendet wurde: τύπτομαι, ich schlage mich und ich werde geschlagen, ἐ-τύπ-η-ν, ich ward geschlagen, vgl. ἔ-στη-ν.

7. Die auf das Subjekt bezogenen Thätigkeitsäusserungen sind ferner nicht etwas Bleibendes, Beharrliches, Feststehendes, sondern etwas Bewegliches, Veränderliches, Flüssiges, in der Zeit Befindliches. Indem nun der Redende dieselben auf seine Gegenwart bezieht,

bilden sich in seinem Geiste die Vorstellungen von Gegenwart, Vergangenheit und Zukunft und in der Sprache die Zeitformen des Verbs. Die vollständige Entwickelung der Zeitformen ist nur ganz allmählich vor sich gegangen, vgl. §§ 220 ff. Zuerst musste sich dem Geiste der Gegensatz der Gegenwart zu der Vergangenheit bemerkbar machen, und so entstand eine Zeitform für die Gegenwart und eine für die Vergangenheit, Präsens und Präteritum. Die Präsensform diente wohl zunächst zugleich zur Bezeichnung der Zukunft, wie sich noch manche Präsensformen mit Futurbedeutung erhalten haben, als: βέομαι oder βείομαι, werde leben, δήω, werde finden, κείω und κέω, will liegen, ἔδομαι, werde essen, πί-ομαι, werde trinken, χέω, werde giessen (s. § 227, 6).

8. Das Verhältnis des Redenden zu den auf das Subjekt bezogenen Thätigkeitsäusserungen findet seinen Ausdruck in den Modusformen, deren es im Griechischen vier giebt: Der Indikativ stellt die Handlung als thatsächlich vorhanden hin, der Konjunktiv als erwartet oder gewollt, der Optativ als vorgestellt oder gewünscht, der Imperativ als befohlen.[1])

9. Der aus Subjekt und Prädikat bestehende Satz kann sich erweitern. Das Subjekt tritt durch sein Prädikat zu einem Gegenstande in ein kausales Verhältnis. Zur Bezeichnung desselben hat die griechische Sprache drei Kasusformen: Akkusativ, Genetiv und Dativ, zu denen noch eine besondere Kasusform zur Bezeichnung der angeredeten Person, der Vokativ, hinzutritt. Der Vokativ, als Ausdruck einer Willensregung ist vielleicht die älteste Kasusform; daher er auch meistens ohne Kasuszeichen in der reinen oder nach Wohllautsgesetzen abgeschliffenen Stammform des Wortes erscheint (§ 100, 2). Auch der Begriff einer Thätigkeitsäusserung kann zu dem Prädikate als Objekt treten. Zu diesem Zwecke bildete die Sprache eine besondere Form eines indeklinabeln Substantivs, indem dem Verbalstamme eine substantivische Form, die Infinitiv genannt wird, gegeben wurde, als ἀκου-έμεναι, ἐπι-θυμῶ ἀκουέμεναι, ἀκούειν. Diese ursprünglich zur Bezeichnung eines Objektes gebildete Verbalform wurde später auch als Subjekt und in Verbindung mit dem Aussageworte als Prädikat gebraucht. Ausser den Kasusformen hat die Sprache eine besondere Wortart geschaffen, durch welche die Art und Weise, wie die Thätigkeitsäusserung des Subjekts geschieht, angegeben wird. Man nennt sie Adverb. Insofern die angegebenen Bestimmungen des Prädikates demselben gegenüberstehen und so

---

1) Kühner unterscheidet nur drei Modi: Indikativ, Konjunktiv und Imperativ. S. dagegen namentlich Bäumlein, Untersuchungen über die griech. Modi, p. 20 ff.

gleichsam als Objekte erscheinen, wird das hieraus entstandene Satzverhältnis das objektive genannt.

10. Bei dem weiteren Fortschreiten der Sprache entwickelt sich ein neues Satzverhältnis, das attributive, indem das Prädikat mit seinem Subjekte zu einer Begriffsbezeichnung verschmilzt. Bei diesem Vorgange muss natürlich die Aussage des Satzes wegfallen. Ist daher das Prädikat durch eine Verbalform ausgedrückt, so bildet die Sprache aus dem Verbalstamme eine neue adjektivische Form, welche Partizip genannt wird. So wird z. B. aus ῥόδον θάλλει „ῥόδον θάλλον". Ist aber das Prädikat durch ein Adjektiv mit dem Aussageworte εἶναι ausgedrückt, so wird dieses weggelassen. So wird z. B. aus ῥόδον καλόν ἐστι „ῥόδον καλόν". Während in dem Satze die Bezeichnung der Eigenschaft als erst geschehend erscheint, erscheint sie in dem attributiven Satzverhältnisse als bereits geschehen. Das attributive Adjektiv und das attributive Partizip unterscheiden sich dadurch von einander, dass das erstere die Eigenschaft (das Attribut) als eine in Ruhe an dem Gegenstande haftende, das letztere als eine bewegliche darstellt, indem es dieselbe entweder als in der Entwickelung begriffen oder als vollendet und entweder als handelnd oder als leidend durch verschiedene Formen bezeichnet. Da das attributive Adjektiv oder Partizip mit einem Subjekte zu einer Begriffsbezeichnung verschmilzt, so bezeichnet die Sprache diese innige Verbindung dadurch, dass sie dasselbe mit der Form des Subjektes in Kasus, Genus und Numerus kongruieren lässt, und da ein Attribut nicht allein einem Subjekte, sondern auch einem Objekte beigelegt werden kann, so hat die Sprache auch für das Adjektiv und Partizip ausser dem Nominative die übrigen Kasus gebildet. Auch das durch ein Substantiv und die Aussage ausgedrückte Prädikat (Κῦρος ἦν βασιλεύς) kann nach Weglassung der Aussage zu einem Attributive eines Substantivs (Κῦρος βασιλεύς), das Apposition genannt wird, gemacht werden. Endlich kann auch durch den Genetiv eine attributive Bestimmung ausgedrückt werden, indem das Prädikat die Form eines Substantivs annimmt (πατρὸς φιλία, Liebe [des] Vaters, väterliche Liebe, entstanden aus πατὴρ φιλεῖ, oder Liebe zum Vater, entstanden aus φιλῶ πατέρα).

11. Zuletzt haben wir noch eine Spracherscheinung zu erwähnen, die das Adjektiv und das davon abgeleitete Adverb betrifft. Eine Eigenschaft kann einer Person oder Sache oder einer Thätigkeitsäusserung entweder in einem höheren Grade als an einer anderen oder in dem höchsten Grade unter allen übrigen zukommen. Zur Bezeichnung dieses Verhältnisses der Vergleichung (Komparation) schuf die Sprache zwei besondere Formen des Adjektivs und des

Adverbs, den Komparativ und den Superlativ, denen der Gegenstand der Vergleichung im Griechischen im Genetive hinzugefügt wurde. Das Verb ist an sich einer solchen Steigerung nicht fähig, doch giebt es, wie wir § 349[b] sehen werden, einige Verben, die von Komparativen und Superlativen abgeleitet sind und gleiche Konstruktion mit diesen haben.

12. Aus der gegebenen Erörterung sehen wir, dass aus dem Satze sich vier unterschiedene Wortarten nebst ihren Formen: Substantiv, Verb, Adjektiv und Adverb, entwickelt haben. Alle vier sind aus der sinnlichen und geistigen Anschauung des Menschen hervorgegangen und haben einen stofflichen Inhalt. Man nennt daher diese Wörter Stoff- oder Begriffswörter (φωναὶ σημαντικαί Aristot. poet. 20). Aber der denkende Geist dringt allmählich mehr und mehr in das Verhältnis der Dinge ein; er erkennt räumliche, zeitliche, kausale und modale Verhältnisse, welche sich nicht durch jene vier Wortarten ausdrücken lassen, und schafft daher zur Bezeichnung dieser Verhältnisse neue Wörter, die, da sie nicht Gegenstände der Wahrnehmung darstellen, sondern nur Anschauungs- und Denkformen bezeichnen, d. h. formelle Verhältnisse, unter denen der Redende die Dinge anschaut oder denkt, Formwörter (φωναὶ ἄσημοι) genannt werden.[1]) Die sogenannten Interjektionen sind weder Begriffs- noch Formwörter, sondern blosse artikulierte Empfindungslaute.

13. Zu den Formwörtern gehören:

a) Die Pronomina oder Deutewörter, welche die Dinge nicht nach ihrem stofflichen Inhalte, sondern nur nach ihren formellen Verhältnissen in Beziehung auf den Redenden bezeichnen. Der durch das Pronomen dargestellte Gegenstand bezieht sich nämlich entweder auf den Redenden selbst oder auf den Angeredeten oder auf ein Drittes, das dem Redenden gegenübersteht. Die Pronomina zerfallen in substantivische, adjektivische und adverbiale und können daher im Satze die Stelle des Subjekts, des Objekts, des Attributivs und in Verbindung mit dem Aussageworte auch des Prädikats einnehmen. Die adverbialen Pronomina bezeichnen meistens ein Ortsverhältnis, als: ἐνταῦθα, ἐκεῖ u. s. w., seltener ein Zeitverhältnis, als: τότε, oder die Art und Weise, als: οὕτως, ὧδε.

b) Die Adverbien des Ortes, der Zeit, der Intensität oder des Grades, der Quantität, der Modalität, als ἄνω, κάτω; νῦν, χθές; σφόδρα, μάλα; πολύ, πολλάκις, δίς; οὐ, μή, ἦ, ναί, μήν u. s. w.

c) Die Präpositionen, welche das Verhältnis des Raumes, der Zeit, der Ursache, der Art und Weise, in dem ein Gegenstand

---

[1]) S. Herling, Frankf. Gelehrtenver. 1821, III St. § 36; Becker, Organism. § 47; Heyse, System der Sprachwissenschaft, S. 39.

zu dem Prädikate steht, bezeichnen, als: οἰκεῖ ὑπὸ γῆς; ἐξ ἡμέρας ἐπορεύθη; ὑπ' ἀνανδρίας ἀπέφυγεν; διὰ σπουδῆς ἐμαχέσαντο. Die Präpositionen sind ursprünglich Ortsadverbien, wie sie noch häufig, namentlich in den Homerischen Gedichten, gebraucht werden.

d) Die Konjunktionen, welche zur Verbindung der Sätze dienen, wie καί, τέ, ὅτε u. s. w.

e) Die Zahlwörter, welche das Zahlverhältnis ausdrücken, in dem ein Gegenstand zu dem Redenden steht. Mit Ausnahme der vier oder fünf ersten haben sie sich gewiss unter allen Redeteilen am spätesten entwickelt, da der Begriff der Zahl etwas rein Abstraktes ist, und ihre Bezeichnung daher ein schon weit fortgeschrittenes Sprachbewusstsein voraussetzt.[1])

f) Das Verb εἶναι, wenn es nicht einen konkreten Verbalbegriff, wie vorhanden sein, leben, verweilen, bezeichnet, sondern nur als Aussagewort zur Verknüpfung des Prädikates mit dem Subjekte dient und die Stelle der Flexionsendungen des Verbs vertritt (s. §§ 345, 3. 350, 2. 353); so auch einige andere Verben, wie δύνασθαι, χρή, δεῖ, welche Modalbeziehungen der Möglichkeit und Notwendigkeit ausdrücken.

14. Wir haben bisher gesehen, wie die wandelbaren Beziehungen der Wörter (die grammatischen Verhältnisse) teils durch die Flexion, teils durch Formwörter bezeichnet werden. Aber auch nach einer anderen Seite zeigte sich der Sprachgeist thätig, indem er aus schon vorhandenen Wörtern neue bildete, welche sich von ihren Stammwörtern hinsichtlich des Begriffes sowohl als der Form unterscheiden. Dieser Bildungsvorgang besteht darin, dass das Stammwort teils im Inneren eine lautliche Veränderung erfährt, teils eine besondere Endung annimmt, wie τρέφ-ω, τροφ-ή, τροφ-έω, τρόφ-ημα, τρόφ-ις, τρόφ-ιμος, τροφ-εύς, τροφ-εῖον. Bei fortschreitender Geistesentwickelung geht die Sprache so weit, dass sie sogar ganze Satzverhältnisse durch ein einziges Wort (zusammengesetztes Wort) auszudrücken sucht, wie wir § 338 gesehen haben.

15. Der aus dem objektiven und attributiven Satzverhältnisse bestehende Satz kann sich dadurch zu einem grossen Umfange erweitern, dass sich die objektiven und attributiven Bestimmungen mit neuen objektiven und attributiven Bestimmungen verbinden, als: ἡ τῶν Ἑλλήνων ἀπὸ τῶν Περσῶν λαμπρῶς γενομένη νίκη οὔποτε τῷ χρόνῳ ἐξ ἀνθρώπων μνήμης ἐξαλειφθήσεται. Endlich kann auch ein Satz mit einem anderen verbunden werden. So lange der Mensch auf der untersten Stufe geistiger Entwickelung steht, spricht er seine Gedanken in einzelnen Sätzen nach einander aus,

[1]) S. Heyse, System der Sprachwissenschaft, S. 104 ff.

ohne den inneren Zusammenhang und die wechselseitige Beziehung der Gedanken auch äusserlich in der Form darzustellen. Bei fortschreitender Entwickelung des geistigen Lebens aber gelangt der Mensch zu der Erkenntnis, dass die an einander gereihten Gedanken in einem inneren Zusammenhange zu einander stehen, und es erwacht in ihm das Bedürfnis diesen inneren Zusammenhang auch äusserlich durch die Rede darzustellen. So entstehen die sogenannten Konjunktionen, d. h. Wortgebilde, welche die Verbindung der dem Inhalte nach zusammengehörigen Sätze und die Einheit des durch sie ausgedrückten Gedankens bezeichnen, als: τέ, καί, δέ, μέν, οὐδέ, οὔτε .. οὔτε, γάρ, ἄρα, οὖν u. s. w. Die Verbindungsweise der Sätze bestand jedoch anfänglich nur darin, dass die vorher ohne alles Band neben einander stehenden Sätze jetzt mittels der angegebenen Konjunktionen an einander gereiht und dadurch enger zusammengehalten wurden.

16. Aber der allmählich immer tiefer in das Reich der Gedanken eindringende und nach Klarheit strebende Geist musste erkennen, dass zwischen den auf jene Weise an einander gereihten Gedanken ein wesentlicher Unterschied obwaltet, insofern sie sich entweder so zu einander verhalten, dass der eine neben dem anderen eine gewisse Selbständigkeit behauptet, oder so, dass der eine den anderen nur ergänzt oder bestimmt, der eine als ein unselbständiges und abhängiges Glied des anderen hervortritt und von diesem getragen wird. Um die innige Verbindung des abhängigen Gedankens mit dem denselben tragenden Gedanken zu bezeichnen, wandte die Sprache sinnreich teils das Relativ an, teils bildete sie aus dem Relative besondere Konjunktionen, wie ὅτι, ὡς, ὅπως, ἵνα, ὅτε u. s. w. Auf diese Weise hat sich der aus einem Hauptsatze und einem Nebensatze zusammengesetzte Satz entwickelt. Die Nebensätze entsprechen nach ihrem grammatischen Verhältnisse teils dem Substantive als Subjekt und Objekt, teils dem attributiven Adjektive, teils dem Adverb oder einem adverbialen Ausdrucke und werden daher Substantiv-, Adjektiv- und Adverbialsätze genannt.[1]) Man vgl. ἠγγέλθη, ὅτι οἱ Ἕλληνες ἐνίκησαν mit ἡ τῶν Ἑλλήνων νίκη ἠγγέλθη; οἱ πρέσβεις ἐπήγγειλαν, ὅτι οἱ Ἕ. ἐνίκησαν mit οἱ πρέσβεις ἐπήγγειλαν τὴν τῶν Ἑ. νίκην; οἱ Ἕλληνες ἐπολιόρκησαν τὴν πόλιν, ἣν οἱ πολέμιοι ᾑρήκεσαν mit οἱ Ἕ. ἐπολιόρκησαν τὴν ὑπὸ τῶν πολεμίων ἑαλωκυῖαν πόλιν; οἱ πολέμιοι ἀπέφυγον, ὅτε ἡμέρα ἐγένετο mit οἱ π. ἅμ' ἡμέρᾳ

[1]) Der Gründer dieser Theorie von den Nebensätzen ist der scharfsinnige Sprachforscher S. H. A. Herling, s. Frankf. Gelehrtenver. III St., 1821, erst. Kurs. eines wissenschaftl. Unterrichts in der Deutsch. Spr., Synt. der Deutschen Spr., I. T., 1830 und besonders II. T. 1832.

ἀπέφυγον. Die einzelnen Glieder eines Nebensatzes können nun wieder Nebenbestimmungen annehmen, ja sich selbst wieder zu Nebensätzen entwickeln, und so entsteht die Periode.

17. Das Verb ist also, da in ihm zuerst der Satz sich in seiner einfachsten Form dargestellt und sich von da aus stufenweise bis zur Periode, die, kunstmässig ausgebildet, die schönste und vollendetste Schöpfung des Sprachgeistes ist, entwickelt hat, als die Wurzel anzusehen, aus welcher der ganze Sprachbaum mit allen seinen unendlichen und wunderbaren Verzweigungen auf organische Weise emporgewachsen ist.

Bemerkungen über einige Eigentümlichkeiten der griechischen Sprache im Gebrauche der Substantive.

§ 346. a) Metonymischer Gebrauch der Substantive.

1. Ehe wir zu der Syntaxe selbst übergehen, wollen wir über einige Eigentümlichkeiten der griechischen Sprache im Gebrauche der Substantive, Adjektive, Adverbien und Verben einige Bemerkungen vorausschicken, die grösstenteils mehr der Rhetorik als der Grammatik angehören. Wir meinen zuerst den metonymischen Gebrauch der Substantive, sodann die prägnante Bedeutung abstrakter Substantive, drittens gewisse Eigentümlichkeiten in dem Gebrauche des Numerus der Substantive, endlich die Komparation des Adjektivs, des Adverbs und des Verbs.

2. Die Übertragung des abstrakten Begriffes auf den konkreten (Metonymie) findet sich im Griechischen sehr häufig. Namentlich liebt die Dichtersprache diese Ausdrucksweise, die der Rede mehr Würde, Glanz und Nachdruck verleiht. So bei Homer: γένος, γόνος, E, 635 u. s., Z, 180 ἡ δ' ἄρ' ἔην θεῖον γένος οὐδ' ἀνθρώπων. Vgl. I, 538. T, 124. δ, 63. π, 401; so auch γενεή Φ, 191; χαίρετε, Λυγκῆος γενεή Hs. sc. 327. Pind. P. 4. 136; γενέθλη hymn. Apoll. 136 Διὸς Λητοῦς τε γενέθλη, S. El. 129. 226, oft b. späteren Epikern;[1]) λόχευμα st. παῖς Eur. Ph. 803. 1019[2]); γένεσις, Stammvater, (vgl. lat. origo); Ὠκεανόν τε, θεῶν γένεσιν Ξ, 201, vgl. 246; ὁμηλικίη, *aequalis*, γ, 49; κήδευμα, *affinis*, S. OR. 85, ubi v. Wunder. Eur. Or. 477; ὦ τέκνα, Κάδμου τοῦ πάλαι νέα τροφή S. OR. 1, ubi v. Wunder; μηκάδων ἀρνῶν τροφαί Eur. Cy. 189; ὦ ξυγγένεια πατρὸς ἐμοῦ, Verwandter, Eur. Or. 1233; κάκ' ἐλέγχεα, feige Memmen, B, 235; φράζεο νῦν, μή τοι τι θεῶν μήνιμα γένωμαι, ein Groll werde, Groll errege, X, 358. λ, 73; κατάπαυμα = καταπαυστικός P, 38; bei den Tragikern und anderen

---

[1]) S. Spitzner, Excurs. IX. ad Iliad. — [2]) Vgl. Maetzner ad Lycurg. § 100, p. 253.

Dichtern von Personen: πόνος, στύγος (Aesch. Ch. 1028), μῖσος (S. Ant. 760), μίσημα (S. El. 289), ἄτη, πῆμα, νόσος, ἔρις, μῆνις, μῆτις, τιμαί, φῶς, ποίμνη (Eur. El. 725) u. a.;[1]) ferner häufig bei den Trag.: ἁγεμόνευμα st. ἡγεμών, νύμφευμα st. νυμφή, μίασμα (Aesch. Ch. 1028), ὕβρισμα, βόσκημα, κώκυμα, ζηλώματα, πρεσβεύματα (Eur. Suppl. 173), dann die Schmähwörter in der Tragödie, Komödie u. zuweilen in der Prosa: τρῖμμα, παιπάλημα, ἄλημα, durchtriebener, verschmitzter Mensch, λάλημα S. Ant. 320, σόφισμα, κῦρμα, τρῖμμα, παιπάλημ' ὅλον Ar. Av. 430, δούλευμα S. Ant. 750, δήλημα Aesch. fr. 121, ἀπαιόλημα Aesch. Ch. 1002, κρότημα, Zungendrescher, περίτριμμα δικῶν od. ἀγορᾶς, verschmitzter Rechtsgelehrter, Ar. N. 447. Dem. 18, 127, ὦ κάθαρμα, Auswurf, Scheusal, ib. 128, φθόρος, wie l. pernicies st. homo perniciosus, Ar. eq. 1151, γέλως S. OC. 902; Μηδείαν, τὰν Πελίαο φόνον Pind. P. 4, 250, Mörderin. Seltener in gutem Sinne, als: μέλημα, Liebling, Aesch. Ch. 235, Pind. P. 10, 59.

3. Aus der attischen Prosa gehören hierher: λῆρος, nugae st. nugator Pl. Theaet. 176, d, Charm. 176, a, ὄλεθρος wie φθόρος nr. 2, ὀλέθρου Μακεδόνος Dem. 9, 31, ὄλεθρος γραμματεύς 18, 127, auch Hdt. 3, 142 extr.; ganz gewöhnlich ὁ βίος, Lebensmittel; ὅ τι ὄφελός ἐστι, tüchtige Menschen, παμπληθεῖς ἀπέκτειναν ἀνθρώπους καὶ ὅ τι περ ὄφελος ἦν τοῦ στρατεύματος X. Hell. 5. 3, 6 (so schon bei Hom. N, 236, P, 152); poet. u. pros. τὸ ἄνθος, wie l. flos, τὸ Περσῶν δ' ἄνθος οἴχεται Aesch. P. 252, vgl. 59, ὅ τι ἦν αὐτῶν ἄνθος, ἀπωλώλει Th. 4, 133, ubi v. Stahl [vgl. Hdt. 9, 31 ὅ τι μὲν ἦν αὐτῶν δυνατώτατον (Kerntruppen); πᾶν ἀπολέξας]; πρᾶγμα,[2]) eine Persönlichkeit, Λάκριτος μέγα πρᾶγμα, Ἰσοκράτους μαθητής Dem. 35, 16, vgl. Hdt. 3, 132; bei d. Historikern und Rednern vorzüglich die Sammelnamen: πρεσβεία st. πρέσβεις, συμμαχία st. σύμμαχοι, ὑπηρεσία st. ὑπηρέται, wie remigium, ἑταιρία, δουλεία (Th. 5, 23 u. s.), φυγή st. φυγάδες (Th. 8, 64. Isocr. 8, 123. X. Hell. 5. 2, 9 u. s.), φυλακή st. φύλακες, ἡλικία st. ἥλικες, συγγένεια, θεραπεία, ἀκολουθία,[3]) νεότης, wie iuventus (Th. 2, 8), u. a. Auffallender sind Beispiele, wie τὴν πόλιν παίδευσιν εἶναι τῆς Ἑλλάδος, magistram, Th. 2, 41; κοιμᾶσθαι ἐγγυτάτω τοῦ πόθου, Gegenstandes der Sehnsucht, Pl. Phaedr. 252, a; τὴν θυγατέρα, δεινόν τι κάλλος καὶ μέγεθος (eine Schönheit ersten Ranges) X. Cy. 5. 2, 7; die Anrede ὦ φιλότης, o mi care, Pl. Phaedr. 228, d, ubi v. Stallb.

4. Selbst konkrete Sachnamen werden zuweilen auf Personen bezogen, als: ὦ πῦρ σὺ καὶ πᾶν δεῖμα S. Ph. 927. ὠνὴρ ὄξος ἅπαν Theocr. 15, 148. τὸν γέροντα τύμβον Eur. M. 1209, ein Grab

---

[1]) Vgl. Matthiä II, § 439; Bernhardy, Gr. S., S. 45 f. und in Beziehung auf das Folg.: Lobeck ad Soph. Ai. 380. 381. — [2]) S. Bornem. ad Xen. Cyr. 6. 1, 36. — [3]) Vgl. Lobeck ad Herodian., p. 469.

(πλησίον ὄντα τοῦ θανάτου καὶ τοῦ τάφου, s. das. Pflugk); ἐρᾶν ὡραίας σοροῦ Ar. V. 1365 v. e. alten Weibe. Φιλημάτιον, τὴν σορόν Luc. d. mer. 11, 3. Auf ähnliche Weise wird bisweilen der Name eines Ortes statt der daselbst befindlichen Personen gesetzt, wie θέατρον st. θεαταί. Hdt. 6, 21 ἐς δάκρυα ἔπεσε τὸ θέατρον, das ganze Theater brach in Thränen aus. Pl. Criti. 108, b τὴν τοῦ θεάτρου διάνοιαν. Th. 3, 2 Λέσβος ἀπέστη ἀπ' Ἀθηναίων, βουληθέντες κτλ. ib. ξυνοικίζουσι τὴν Λέσβον ἐς τὴν Μιτυλήνην. c. 4 Λέσβῳ πάσῃ πολεμεῖν; so Σίδων st. Σιδώνιοι, Ἄβυδος st. Ἀβυδηνοί u. s. w. Häufiger wird, wie auch im Lateinischen, der Name der Bewohner statt des Ortsnamens gesetzt, als: Φωκέων στρατευσάντων ἐς Δωριᾶς, τὴν Λακεδαιμονίων μητρόπολιν Th. 1, 107, ubi v. Stahl; ἐπορεύθησαν εἰς Ταόχους X. An. 4. 7, 1; εἰς Πέρσας Cy. 8. 5, 20; αὐτοῖς ἐν Βοιωτοῖς περιμείνασι Th. 1, 107. 4, 108; τὴν πλησίον χώραν ἔφη εἶναι Χάλυβας X. An. 4. 5, 34.

5. Andere metonymische Ausdrücke sind folgende: μάχη oft v. d. Kampfplatze, z. B. X. An. 2. 2, 6; ἵνα σφ' ἀγορή τε θέμις τε Λ, 807 Versammlungsplatz und Gerichtsstätte; εἰς μίασμ' ἐλήλυθας Eur. Hipp. 946 zur Stätte deines Frevels; (auch Lys. 6, 19 ist nichts zu ändern: ἀφικόμενος εἰς τὰ ἁμαρτήματα an die Stätte seiner Verbrechen); θῶκος, Sitz statt Sitzung, Versammlung β, 26, ο, 468. Hdt. 6, 63; ψῆφος, Ort der Abstimmung Eur. I. T. 945, 969. Ähnlich vielleicht ἐν τοῖν δυοῖν ὀβολοῖν ἐθεώρουν, Dem. 18, 28 auf dem Zweiobolenplatze. Oft, wie im Lat. *arma*, *armatura* u. a. die Waffen st. der Waffenträger: τὰ ὅπλα st. οἱ ὁπλῖται X. An. 2. 2, 4 u. s., ἀσπίς st. ἀσπιδηφόροι ib. 1. 7, 10, ἵππος st. ἱππεῖς X. Cy. 4. 6, 2 u. dgl. s. § 347, 1. Ferner werden in der attischen Sprache häufig die Namen der Verkaufsgegenstände statt der Namen der Orte, wo dieselben verkauft werden, gesetzt, wie σίδηρος, Eisenmarkt, X. Hell. 3. 3, 7, ἰχθύες, Fischmarkt, Ar. V. 789, οἶνος, Weinhaus, Ar. b. Poll. 10, 75, μύρον, Parfümeriemarkt, Ar. eq. 1375, αἱ χύτραι, Topfmarkt, τὰ λάχανα, Gemüsemarkt, Ar. L. 557, ὄψον Ar. fr. 242, 464 D., ἔλαιον, Ölmarkt, Menand. fr. 339 Meineke, κρόμμυον, Zwiebelmarkt, Eupol. b. Poll. 9, 47, σήσαμα, Sesammarkt, Moer. p. 351, τυρός, Käsemarkt, Lys. 23. 6, 7 u. a.[1]) Ähnlich δεῖγμα, eigtl. Probestück, dann Ort, wo Waren ausgestellt werden (Bazar) X. Hell. 5, 1, 21. Die Dichtersprache ist reich an den kühnsten Metonymien; so gebraucht S. OC. 97 πτερόν in der Bdt. *augurium*. Ebenso Pind. P. 9, 125. Auch wird zuweilen der Begriff des Ganzen auf den Begriff des Teiles übertragen, wie ἡ βοῦς, Stierschild, Akk. in der dor. Form βῶν H, 238, βόεσσι, βόας M, 105, 137, λέων st. λεοντῇ, Löwenhaut, Luc. conscr. hist. 10.

[1]) Vgl. Pollux 9, 47; Pierson ad Moerid. p. 351 sq.; Bernhardy, Gr. Synt. S. 57.

b) Prägnante Bedeutung der abstrakten Substantive.

6. Die abstrakten Substantive, welche den Begriff von Tugenden oder des Gegenteils ausdrücken, werden oft in prägnanter Weise für das gebraucht, was durch dieselben bewirkt wird. S. Ant. 924 τὴν δυσσέβειαν εὐσεβοῦσ' ἐκτησάμην (*impietatis crimen)*, El. 968 εὐσέβειαν φέρεσθαι, *pietatis laudem*. Ai. 75 δειλίαν ἀρῇ, *ignaviae crimen*. Eur. I. T. 676 δειλίαν καὶ κάκην κεκτήσομαι. Med. 218 δύσκλειαν ἐκτήσαντο καὶ ῥᾳθυμίαν. 296 ἧς ἔχουσιν ἀργίας (ἀργίαν ἔχειν = ἀργίας αἰτίαν ἔχειν). Hel. 1097 κάλλος ἐκτήσω, *pulchritudinis praemium*. Ib. 1151 τὰς ἀρετὰς πολέμῳ κτᾶσθε. Th. 1, 33 φέρουσα ἐς τοὺς πολλοὺς ἀρετήν „*afferens apud vulgum virtutis existimationem*" Poppo. Lycurg. 49 τὰ ἆθλα τοῦ πολέμου τοῖς ἀγαθοῖς ἀνδράσιν ἐστὶν ἐλευθερία καὶ ἀρετή „*gloria virtutis*" Maetzner.[1])

c) Eigentümlichkeiten im Gebrauche der Zahlformen.

§ 347. a) Singularform.

1. Die Singularform hat zuweilen kollektiven Sinn und vertritt die Stelle der Pluralform. Π, 11 τέρεν κατὰ δάκρυον εἶβεις, vgl. S. OC. 1251 ἀσταχτὶ λείβων δάκρυον. Ξ, 16 ὡς δ' ὅτε πορφύρῃ πέλαγος μέγα κύματι κωφῷ, vgl. Δ, 422. Aesch. S. 210, auch pros., z. B. Hdt. 4, 110. 7, 193. Th. 3, 89; bei den Tragik. u. anderen Dichtern: Κάδμον τε τὸν σπείραντα γηγενῆ στάχυν sc. Σπαρτῶν Eur. Ba. 264; ἐπὶ δὲ καρδίαν ἔδραμε σταγών Aesch. Ag. 1121. Besonders bei militärischen Begriffen: Ἀργείᾳ σὺν αἰχμᾷ Pind. O. 7, 19 st. αἰχμηταῖς. Eur. Ph. 78 πολλὴν ἀθροίσας ἀσπίδ' Ἀργείων, ubi v. Klotz; 442 μυρίαν ἄγων λόγχην, Schar Speerträger; πᾶς ἀνὴρ κώπης ἄναξ Aesch. P. 378, eigentl. *remi* d. i. *remigum dux;* κώπης ἄνακτας Eur. Cy. 86; in der Prosa: Hdt. 5, 30 ὀκτακισχιλίη ἀσπίς, vgl. X. An. 1. 7, 10; ἡ ἵππος, Reiterei, Hdt. 1, 80 καταρρωδήσας τὴν ἵππον. 5, 63 χιλίη ἵππος u. s. Vgl. X. Cy. 4. 6, 2. Hdt. 1, 80 τῇ καμήλῳ (*camelorum agmini*) ἕπεσθαι τὸν πεζὸν στρατὸν ἐκέλευε. 7, 20 ἐστρατηλάτεε χειρὶ μεγάλῃ πλήθεος *ingenti* copiarum manu. Vgl. Th. 3, 96. Ferner bei stofflichen Begriffen: κέραμος Th. 3, 74. 4, 48. selbst in Verb. m. d. Pl. λίθοις τε καὶ κεράμῳ 2, 4; πλίνθος 3, 20. 4, 90 (aber πλίνθοι 4, 69); ἄμπελος 4, 90. 100; κάχληξ 4, 26; δᾴς 7, 53; καρπός 3, 15; ἔπαλξις 2, 13. 7, 28; κάλαμος X. An. 1. 5, 1.[2]) (Aber unrichtig wird ἐσθής hierher gerechnet, da es wie

---

1) Vgl. Bernhardy, Gr. Synt., S. 56; Poppo ad Thuc. l. d. P. 3, Vol. 1, p. 249 sq.; Schneidewin ad Soph. Ant. 924. — 2) Vgl. Fischer ad Weller. III. a. p. 500; Bernhardy, Gr. S., p. 58 f.; Poppo ad Thuc. 2, 4.

vestis nicht ein einzelnes Kleidungsstück, sondern Kleidung oder das den Körper umschliessende Gewand bedeutet; der Plural steht nur in Beziehung auf mehrere Personen oder poet. als sog. *Plur. majestaticus,* wie Eur. Hel. 421.) Neben dem Plur.: E, 490 νύκτας τε καὶ ἦμαρ. Pind. P. 4, 256 ἄμαρ ἢ νύκτας.

2. Ein der Prosa eigener Gebrauch des Singulars statt des Plurals ist der, dass zuweilen ganze Völker durch die Singularform bezeichnet werden, indem das ganze Volk als eine Einheit aufgefasst wird, die durch das Oberhaupt derselben repräsentiert wird. Diese Ausdrucksweise hat ihren natürlichen Grund in den despotischen Staatsverfassungen. So τὸν Πέρσην Hdt. 8, 108; b. Thuk. oft ὁ Μῆδος 1, 69. 3, 54. 6, 17 u. s.; τοῦ Ἀραβίου Hdt. 3, 5; b. Xen. ὁ Ἀρμένιος, ὁ Ἀσσύριος u. s. w.; auffallender τὸν Ἕλληνα φίλον προσθέσθαι Hdt. 1, 69; ἢν μὴ ὁ Λάκων ἡγεμονεύῃ 8, 2; σύμμαχον τὸν Ἀθηναῖον ποιήσασθαι 8, 136; τὸν Σπαρτιήτην 9, 12; ὁ Χαλκιδεύς Th. 6, 84; τὸν μὲν Συρακόσιον, ἑαυτὸν δ' οὐ πολέμιον εἶναι τῷ Ἀθηναίῳ 6, 78 [was Dionys. Hal. c. 8 p. 797 an Thuk. tadelt][1]). Seltener werden in kollektivem Sinne Ausdrücke gebraucht, wie πολέμιος (l. *hostis* st. hostes) Th. 4, 10, στρατιώτης (l. *miles* st. milites) 6, 24 u. dergl.

3. Das Neutrum im Singular von Adjektiven mit vorgesetztem Artikel wird oft in kollektivem Sinne gebraucht; zuweilen auch von Partizipien[2]). So häufig bei den Historikern das Neutrum von Adj. auf -ικός, als: τὸ πολιτικόν Hdt. 7, 103, die Bürgerschaft, Bürger; τὸ Ἑλληνικόν Th. 1, 1; τὸ Δωρικόν 7, 44; so τὸ ὁπλιτικόν, τὸ ἱππικόν, τὸ ξυμμαχικόν u. s. w.; ferner τὸ ὑπήκοον, die Unterthanen Th. 6, 69 u. dgl.; Hdt. 1, 97 πλεῦνος ἀεὶ γιγνομένου τοῦ ἐπιφοιτέοντος = πλεύνων γιγνομένων τῶν ἐπιφοιτεόντων; 7, 209 εἰ τούτους τε καὶ τὸ ὑπομένον ἐν Σπάρτῃ καταστρέψεαι; Th. 8, 66 ὁρῶν πολὺ τὸ ξυνεστηκός = τοὺς ξυνεστῶτας; X. Comm. 1. 2, 43 τὸ κρατοῦν τῆς πόλεως.

4. In manchen Verbindungen, in denen nach dem gewöhnlichen Sprachgebrauche das Substantiv in der Pluralform stehen sollte, wird zuweilen die Singularform angewendet, so z. B. bei einem Adjektive in der Pluralform mit dem Akkusative der näheren Bestimmung, indem der Singular *distributive* auf jeden Einzelnen bezogen wird, als: διάφοροι τὸν τρόπον Th. 8, 96; ἡδεῖς τὴν ὄψιν Pl. Civ. 452, b; ψυχὴν ἄριστοι Aesch. P. 442; παραπλήσιαι τὸ εἶδος Arist. h. a. 2. 10, 66.[3]) Ferner: οἱ ἐπιθέντες τὸν ἑαυτῶν νεκρὸν ὑφῆπτον Th. 2, 52; ψιλοὶ δώδεκα ξὺν ξιφιδίῳ καὶ θώρακι ἀνέβαινον 3, 22, ubi v. Poppo; τὸν πηλὸν ἐπὶ τοῦ

---

[1]) Vgl. Greg. Cor. p. 126 sq.; Fischer ad Weller. p. 500; Bernhardy Gr. S. 59; Krüger ad Dionys. l. d. p. 229; Poppo ad Thuc. P. I, Vol. 1, p. 91 et ad 1, 69. 6, 78. — [2]) S. Matthiä II, § 442, 5; Bernhardy, S. 326 f. — [3]) S. Lobeck ad Phryn., p. 364—366.

νώτου ἔφερον 4, 4; μετ' ἀσπίδος καὶ δόρατος εἰώθεσαν τὰς πομπὰς ποιεῖν 6, 58; εἶχον δὲ καὶ κνημῖδας καὶ κράνη καὶ παρὰ τὴν ζώνην μαχαίριον X. An. 4. 7, 16. Poet. σῶμα in Verbindung mit dem Plurale. σῶμα συμπεπλεγμένους Eur. Cy. 225; πέπλοις κοσμεῖσθε σῶμα H. f. 703. Die Dichtersprache gebraucht auch sonst bei Körperteilen u. dgl. wie χείρ, ὠλένη, πούς, ὀφθαλμός, οὖς, γόνυ, παρειά, πτέρυξ, πτέρον den Singular statt des Duals oder Plurals: Aesch. Pr. 399 παρειὰν... ἔτεγξα, vgl. S. Ant. 530; Eur. Suppl. 165 γόνυ σὸν ἀμπίσχειν χερί; Med. 1146 πρόθυμον εἶχ' ὀφθαλμὸν εἰς Ἰάσονα; El. 451 ταχύπορος πόδα (statt des Hom. πόδας ὠκύς).[1])

§ 348. b) Pluralform.

Die Pluralform gehört eigentlich nur den Gattungsnamen an, nicht den Eigennamen, Stoffnamen und Abstrakten; jedoch nehmen auch diese die Pluralform an, wenn sie einen Gattungsbegriff bezeichnen.[2])

1. Die Eigennamen, a) zur Bezeichnung mehrerer Personen desselben Namens, wie δύο Κρατύλοι Pl. Cratyl. 432, c; b) zur Bezeichnung von Personen, welche das Wesen oder die Eigenschaften der genannten Person haben, als οἱ Ἡρακλέες τε καὶ Θησέες Pl. Theaet. 169, b, Männer, wie H. u. Th. Μέλισσοί τε καὶ Παρμενίδαι ib. 180, e. Ὁρῶν αὖ Φαίδρους, Ἀγάθωνας, Ἐρυξιμάχους, Παυσανίας, Ἀριστοδήμους τε καὶ Ἀριστοφάνας Conv. 218, a. b.; Πέλοπες, Κάδμοι, Αἴγυπτοι, Δαναοί Menex 245, d.; Χρυσηΐδων μείλιγμα τῶν ὑπ' Ἰλίῳ Aesch. Ag. 1414. Im Lat. ist dieser Gebrauch ungleich häufiger.

2. Die Stoffnamen werden oft im Plural gebraucht, durch den entweder die einzelnen Teilchen, die den Stoff ausmachen, oder die wiederholte Erscheinung oder Anhäufung oder verschiedene Arten des Stoffes bezeichnet werden, ebenso wie im Lat. So b. Hom. oft κονίαι, κάππεσον ἐν κονίῃσι M, 23; φύλλοισιν ἐοικότες ἢ ψαμάθοισιν B, 800, Sandkörnchen; (νῆα ἔρυσσαν) ὑψοῦ ἐπὶ ψαμάθοις A, 486 auf den Strand; ἀνέμους καὶ ὕδατα (Gewässer) X. Comm. 1. 1, 15. Oec. 5, 9. Cy. 8. 1, 44; τῶν λαμπρῶν καὶ ψυχρῶν ὑδάτων Hell. 5. 3, 19; πυροὶ καὶ κριθαὶ καὶ ὄσπρια An. 4. 5, 26. 6, 4, 6; οἴνους πολυτελεῖς, kostbare Weine, Comm. 2. 1, 30; οἴνους παλαιούς An. 4. 4, 9; σάρκες seit Hom. allg. gebr.; ξύλα X. Hell. 3. 3, 7; πόνων μὲν ἀνδρείων καὶ ἱδρώτων ξηρῶν (sc. ὑπὸ γυμνασίων γιγνομένων) ἄπειρον Pl. Phaedr. 239, c, vgl. X. Cy. 8. 8, 8; ἐν γάλαξι τρεφόμενοι Pl. Leg. 887, d; b. d. Trag. oft αἵματα, wie ὀσμὴ βροτείων αἱμάτων Aesch. Eum. 253; ἐκ τῶν πατρῴων αἱμάτων Ch. 284 u. s. S. Ant. 120; φάτνας ἴδοις ἂν αἵμασιν πεφυρμένας

1) S. Kvičala, Eurip. Stud. 1866, S. 152 f. — 2) Analogien aus den übrigen indogerm. Sprachen b. Tobler in Zeitschr. f. Völkerpsychol. XIV, 410 ff.

Eur. Alc. 496 (512), ubi v. Monk; ganz gewöhnl. ἅλες, Salz, seit Hom. (doch auch ἅλς I, 214, aber ρ, 455 οὐδ' ἅλα δοίης = auch nicht ein Salzkorn).

3. Die Abstrakta werden in der Pluralform gebraucht, wenn einzelne Arten, Fälle, Zustände, Äusserungen, Teile des abstrakten Begriffes oder die an verschiedenen Orten oder zu verschiedenen Zeiten wiederholte Erscheinung der abstrakten Thätigkeit bezeichnet wird, daher auch, wenn der abstrakte Begriff sich auf Mehrere erstreckt.

a) In den Homerischen Gesängen werden sehr häufig abstrakte Begriffe durch die Pluralform ausgedrückt. Die sinnliche und objektive Sprache dieser Dichtungen pflegt die einzelnen Arten, Fälle u. s. w., aus denen der abstrakte Begriff der Thätigkeit hervorgeht, nicht unter dem Begriffe einer bloss gedachten (abstrakten) Einheit zusammenzufassen, sondern noch als eine Mehrheit von konkreten Erscheinungen anzuschauen und darzustellen: μάχονται ἡγεμόνος κακότητι (Feigheit eines Individuums) μεθημοσύνῃσί τε λαῶν (Nachlässigkeiten Vieler) N, 108; (Τρῶες) ἀναλκείῃσι δαμέντες Z, 74; von einem Subjekte: ὤλεσα λαὸν ἀτασθαλίῃσιν ἐμῇσιν, durch meine Frevel, X, 104; ποδωκείῃσι πεποιθώς B, 792; (Ἥρη) δολοφροσύνῃς ἀπάτησεν, durch Listen, T, 97; ἀγηνορίῃσιν ἐνῆκας, trotzige Gedanken, I, 700; (γυνὴ) πάντ' ἐφύλασσε νόου πολυϊδρείῃσιν, kluge Massregeln, β, 346; εὖ εἰδὼς τεκτοσυνάων, Künste des τέκτων, ε, 250; so εὐφροσύναι, ὁμοφροσύναι, ἀφραδίαι, ἀγηνορίαι, Gefühle, Ausserungen der Freude u. s. w.; ferner θάνατοι, *mortes*, Todesarten, μ, 341.[1]) In der Odyssee finden sich mehr Abstrakta als in der Ilias. Bei Hesiod ist der Gebrauch des Plurals der Abstrakta wie bei Homer, vgl. Ζηνὸς φραδμοσύνῃσιν op. 245; ἀφραδίῃς ἀλιταίνεται ὀρφανὰ τέκνα 330 und von Mehreren 134.

b) Die lyrischen und tragischen Dichter gebrauchen die Pluralform der Abstrakta besonders von Empfindungen, Gefühlen, Leidenschaften, Entschlüssen, als: φρενοπληγεῖς μανίαι (με) θάλπουσι Aesch. Pr. 880. Eur. Heracl. 904, wie l. *furores;* ἁ δ' ἀποφλαυρίξαισά νιν (contemnens Apollinis iram) ἀμπλακίαισι φρενῶν Pind. P. 3, 13, ubi v. Dissen; μεγάλας ἐξ ἐλπίδος πέταται ὑποπτέροις ἀνορέαις 8, 91 animosis consiliis; πόλιν εὐανορίαισι τάνδε κλυταῖς δαιδάλλειν O. 5, 20.

---

1) Spohn de extr. parte Odyss. p. 106 sq.: In Iliade paucissima (abstracta) reperiuntur atque variis modis temperata. Interdum enim ita temperantur, ut plurali numero, in quo posita sunt, declarent recedere sese a philosophica sublimitate et subtilitate et relabi in rem, quae non tam mente ac ratione secerñatur quam sensibus percipiatur. Plures enim adesse debent alicuius rei formae et imagines, antequam notio universalis oriatur. Vgl. Nägelsbach, XIX. Excurs. z. Il.

c) Die Prosa unterscheidet streng den Gebrauch der Singularform von dem der Pluralform, indem durch jene stets der wirkliche abstrakte Begriff, durch diese stets einzelne Arten, Fälle u. s. w. der abstrakten Thätigkeit bezeichnet werden, oder der abstrakte Begriff auf Mehrere bezogen wird, ganz auf dieselbe Weise wie im Lat.[1]) Ὑμῖν μεγάλαι ὠφελίαι τε καὶ ἐπαυρέσεις γεγόνασι Hdt. 7, 158, *utilitates* et *opportunitates*. Ἐμοὶ αἱ σαὶ μεγάλαι εὐτυχίαι *(felicitates)* οὐκ ἀρέσκουσι 3, 40; ἔχθεα, *inimicitiae;* στάσεις, *seditiones*; φιλίαι, *amicitiae* 3, 82; ταλαιπωρίαι, *aerumnae*, 6, 11; τὰ Ἀθηναίων φρονήματα, *animi*, 6, 109; τὰ φρονήματα μεγάλα εἶχον Pl. conv. 190, b (Übermut); θάνατοι (wie *mortes*), v. Homer an poet. u. pros. entweder Todesarten oder Todesfälle, τῶν βασιλέων οἱ θάνατοι Hdt. 6, 58; δοκίμων ἀνδρῶν βίοι Pl. Civ. 618, a; ἀνάγκαι, *naturae leges*, X. Comm. 1. 1, 11. 15 oder *calamitates*, Nöte, An. 4. 5, 15; ὑποψίαι, *suspiciones*, 2. 5, 1; ἀγνωμοσύνας, Missverständnisse ib. 6; ἀπορίας, *difficultates*, Schwierigkeiten, 3. 1, 26; εἰς πενίας τε καὶ φυγὰς καὶ εἰς πτωχείας Pl. Civ. 618, a; ἡ τῶν πολλῶν δύναμις δεσμοὺς καὶ θανάτους ἐπιπέμπουσα καὶ χρημάτων ἀφαιρέσεις, Todesstrafen und Konfiskationen, Crit. 46, c, ubi v. Stallb., vgl. X. ven. 12, 13. Antiph. 1, 28, ubi v. Maetzner; αἱ τύχαι, Schicksale, Unglücksfälle, Th. 2, 87; τὰς τιμὰς καὶ λαμπρότητας 4, 62; ψυχῆς ὑπὸ φόβων *(formidinibus)* καταπεπληγμένης X. Hier. 6, 5; vgl. An. 4. 1, 23. (φρόνησις) δεινοὺς ἂν παρεῖχεν ἔρωτας Pl. Phaedr. 250, d. (*amores*, vgl. Cic. Fin. 2, 16); ἐρώτων καὶ ἐπιθυμιῶν καὶ φόβων (τὸ σῶμα) ἐμπίμπλησιν ἡμᾶς Pl. Phaed. 66, c.; τὰς οἰκειότητας βεβαιοῦν Dem. 18, 35 *(familiaritates*, freundschaftliche Verhältnisse); ἀφ᾽ ὧν ἅμα δόξαι καὶ τιμαὶ καὶ δυνάμεις συνέβαινον τῇ πόλει 108; τὰς ὕβρεις καὶ τὰς ἀτιμίας 205 (schimpfliche und entehrende Behandlungen); τὰς ἑκασταχοῦ βραδυτῆτας (*tarditates*), ὄκνους, ἀγνοίας, φιλονεικίας 246; πίστεις ἔχειν ἱκανάς, Beweismittel, 18, 23; εὐνοίας δοῦναι, Ehrengaben, 8, 25, ubi v. Bremi; χάριτες, Beweise von Wohlwollen, Geschenke ib. 53; αἱ τοιαῦται πολιτεῖαι 9, 3 von öfterer Wiederholung, s. Bremi (mehr Beisp. bei Rehdantz, Gramm. Lexik. Index zu Demosthenes unter Plural); so σιτίοις γε καὶ ποτοῖς καὶ ὕπνοις ἥδεσθαι ἔοικε τὰ ζῶα X. Hier. 7, 3, wie *quietes* Sall. Cat. 15, 4; ψύχη καὶ θάλπη, die verschiedenen Grade der Kälte und Wärme, X. Comm. 1. 4, 13. 2. 1, 6. An. 3. 1, 23 u. 6. 4, 6, ubi v. Rehdantz. Kein Schriftsteller ist so reich an Beispielen als Isokrates[2]): αἰσχύναι, ἀλήθειαι, ἀργίαι, αὐθάδειαι, δυναστεῖαι, ἔνδειαι, ἐπιμέλειαι, εὐπορίαι, ἰσηγορίαι, ἰσότητες, καινότητες, καρτερίαι, μετριότητες (*mediocritates*), πενίαι, πραότητες, σεμνότητες, τόλμαι, τύχαι, φιλανθρωπίαι, χαλεπότητες.

Anmerk. 1. Von einigen Abstractis ist in der attischen Zeit die Pluralform zur Bezeichnung gewisser konkreter Begriffe, welche die Beziehung auf eine

---

1) S. Kühner ad Cicer. Tusc. 4. 2, 3 u. ausf. Lat. Gramm. II, 1 § 22. — 2) S. Bremi, Excurs. VII. ad Isocr.

Mehrheit von Teilen zulassen, stehend geworden, wie νύκτες, *horae nocturnae*, Antiph. 2, 4, ubi v. Maetzner, X. Cy. 4. 5, 13. 5. 3, 52, Pl. conv. 217, d. Protag. 310, c, ubi v. Stallb.; ταφαί, Leichenbegängnis eines Einzelnen, Eur. Hel. 1063. Ar. R. 423; sehr häufig πλοῦτοι, wie *divitiae*, nicht bloss von Mehreren, wie X. Hier. 11, 13. Isocr. 4, 151. Pl. Lys. 205, c, ubi v. Stallb., sondern auch von Einzelnen, sowie auch überhaupt wenn grosse Schätze bezeichnet werden sollen, wie συνακολουθεῖ τοῖς πλούτοις καὶ ταῖς δυναστείαις ἄνοια Isocr. 7, 4, ubi v. Benseler; 4, 182 u. s. w.

Anmerk. 2. Aus demselben Grunde wird auch von mehreren konkreten Substantiven gewöhnlich nur die Pluralform gebraucht; so z. B. in der Dichtersprache: στέμματα, δώματα, μέγαρα, κλίμακες, λέκτρα; ὦ λέχη τε καὶ νυμφεῖ' (i. e. θάλαμος) ἐμά S. Tr. 920, ἅρματα v. Einem Wagen, δ, 42, τόξα (Bogen und Pfeile, z. B. H, 140 u. s.), πύλαι, θύραι,[1]) die drei letzten auch pros.; zuweilen ἐπιστολαί von Einem Briefe, wie Th. 1, 132, ubi v. Stahl; 8, 39; τὰ λύτρα, Lösegeld, Th. 6, 5. Pl. Civ. 393, d; ferner von den Namen der Feste und Spiele, wie τὰ Ὀλύμπια Hdt. 8, 26, Ἐλευσίνια u. s. w., auch von einigen Städtenamen, wie Ἀθῆναι, Δελφοί; so auch poet. γάμοι, *nuptiae*, Aesch. Pr. 947. Ag. 1156. S. OR. 1403; ähnlich κτενεῖς νυμφεῖα τοῦ σαυτοῦ τέκνου S. Ant. 568 *nuptias* st. νύμφην; οἱ ἥλιοι, Sonnenstrahlen, Sonnenhitze, Th. 7, 87; ἥλιοι ὀξεῖς Theophr. de sign. 1, 22, poet. Tage Eur. El. 654. Die Dichter gebrauchen den Plural oft, um den Ausdruck zu amplifizieren *(Pluralis majestaticus)*; so Namen von Werkzeugen im Plur. st. im Sing., als: Φρίξου μάχαιραι Pind. P. 4, 242; σκῆπτρα Aesch. Ag. 1265; συγκατακτὰς κελαινοῖς ξίφεσιν βοτά S. Ai. 231; Λερναῖον ὕδραν ἐναίρει χρυσέαις ἅρπαις ὁ Διὸς παῖς Eur. Jo. 192; θρόνοι, Sessel, Thron, S. Ant. 1041. El. 267, bildl. Herrschaft OC. 368. 448: Eur. βάκτρα H. f. 108; so die Teile und Glieder des Körpers, wenn von Einem die Rede ist, wie πρόσωπα H, 212 (so auch Ach. Tat. p. 421 Jacobs, aber nie in der klassischen Prosa, denn X. An. 2. 6, 11 ist st. ἐν τοῖς προσώποις m. d. best. u. meist. codd. ἐν τοῖς ἄλλοις πρ. zu lesen, s. Kühners Bem. z. d. St.); μέτωπα ζ, 107; κάρηνα (so immer b. Hom.), στόματα, λαιμοί, στήθη (Γ, 397), στέρνα, μετάφρενα, νῶτα u. s. w., selbst λαιοὶ βραχίονες Eur. Ph. 1136[2]); aber auch sonst, wie νυμφείων ὄκνον ἄλγιστον ἔσχον S. Tr. 7 „die peinlichste Qual des Brautstandes"; τὰ μητρὸς νυμφεύματα OR. 980 *matris matrimonium;* Λαβδακίδαις (i. e. Laio) ἐπίκουρος ἀδήλων θανάτων (i. e. ἀδήλου φόνου) 495 f. Hierher gehören auch folgende Ausdrücke: κτενεῖν νιν τοὺς τεκόντας (patrem) ἦν λόγος S. OR. 1176. τοῖς φυτεύσασιν (matri) 1007. χάλα (verzeihe) τοκεῦσιν (= τῇ μητρί) εἰκότως θυμουμένοις Eur. Hec. 403, wie im Lat. *parentes, liberi, filii* von Einem; ferner: σὺν τοῖς φιλτάτοις (= τῇ μητρί) αἴσχισθ' ὁμιλοῦντα S. OR. 366, vgl. ξὺν οἷς (st. ᾗ, τῇ μητρί) τ' οὐ χρῆν μ' ὁμιλῶν, οὕς (st. ὅν, τὸν πατέρα) τέ μ' οὐκ ἔδει κτανών 1184 sq.; πρὸς τοὺς φίλους (Polynicem) στείχοντα τῶν ἐχθρῶν κακά Ant. 10; πρὸς δὲ τοὺς φίλους st. ἐμὲ τὸν φίλον OC. 813; γοναὶ σωμάτων ἐμοὶ φιλτάτων „Spross des mir teuersten Leibes" El. 1232.[3]) Ein Gleiches geschieht in der Dichtersprache nicht selten bei der Apposition und bei dem prädikativen Substantive; auch in der Prosa kommt dieser Gebrauch bei dem Letzteren vor, aber nur selten.[4]) Υ, 268 χρυσὸς γὰρ ἐρύκακε, δῶρα θεοῖο, wie Theogn. 1293 γάμον, χρυσῆς Ἀφροδίτης | δῶρα. Hs. sc. 312 τρίπος, κλυτὰ ἔργα περίφρονος Ἡφαίστοιο. S. Ph. 36 ἔκπωμα, φλαυρουργοῦ τινος | τεχνήματ' ἀνδρός. Eur. Or. 1053 καὶ μνῆμα δέξαιθ' ἕν, κέδρου τεχνάσματα. Hipp. 11 Ἱππόλυτος,

---

[1]) S. Fischer ad Weller. III, a, p. 501 sq. — [2]) S. Lobeck ad Soph. Ai. 231. — [3]) S. Wunder ad Soph. OR. 361. — [4]) S. Porson ad Eur. Or. 1051; Matthiä II, § 431; Bernhardy S. 64 f.

ἁγνοῦ Πιτθέως παιδεύματα. Vgl. Ovid. Met. 15, 163 cognovi clipeum, laevae *gestamina* nostrae. Prädikativ: P, 255 Πάτροκλον Τρῳῇσι κυσὶν μέλπηθρα γενέσθαι. Hdt. 6, 19 in e. Orakelspr. Μίλητε . ., πολλοῖσιν δεῖπνόν τε καὶ ἀγλαὰ δῶρα γενήσῃ. Isae. 7. 40 ὧν μνημεῖα τῆς ἐκείνου φιλοτιμίας ὁ τρίπους ἐκεῖνος ἕστηκε, ubi v. Schoemann. Vgl. Aristot. rhet. 3, 6 εἰς ὄγκον τῆς λέξεως (ad granditatem orationis) συμβάλλεται τὸ ἓν πολλὰ ποιεῖν.

Anmerk. 3. Gewöhnlich setzen die Griechen die Pluralform sowohl von Abstrakten als von Konkreten, wenn sie auf mehrere Gegenstände bezogen werden, als: τοὺς κρατίστους τὰ εἴδη X. Hell. 3. 2, 18; ὑμᾶς ἑώρων καὶ ταῖς γνώμαις καὶ τοῖς σώμασι σφαλλομένους Cy. 1. 3, 10; (κύνες) σκληραὶ τὰ εἴδη ven. 3, 3. 7, 7; ἀσύμμετροι τὰ πάχη πρὸς τὰ μήκη 2, 8 (aber τὸ μῆκος u. τὸ μέγεθος § 7); νεανίαι τὰς ὄψεις Lys. 10, 29, ubi v. Bremi; γενναίους τε καὶ βλοσυροὺς τὰ ἤθη Pl. Civ. 535, b; καλούς τε καὶ ἰσχυροὺς ποιεῖν τοὺς ἀνθρώπους τὰ σώματα Gorg. 452, b; ὀρθοὶ τὰς ψυχάς Theaet. 173, a; ἄριστοι τὰς φύσεις Tim. 18, d.[1]) Dass aber von diesem Gebrauche zuweilen Ausnahmen vorkommen, haben wir § 347, 4 gesehen.

Anmerk. 4. In Gegensätzen wechseln bisweilen die Zahlformen, wie ἀκοαὶ μᾶλλον λόγων μάρτυρες ἢ ὄψις τῶν ἀκουσομένων Th. 1, 73; ὅταν λόγῳ θανὼν ἔργοισι σωθῶ S. El. 59 f.; λόγῳ μὲν ἐσθλά, τοῖσι δ' ἔργοισιν κακά OC. 782.[2])

§ 349. c) Dualform.[3])

1. Die noch von Buttmann (Lexilog. I, S. 49 f., Gramm. I, § 33 Anm. 1, § 87 Anm. 1) verfochtene Ansicht, dass die Dualform in der griechischen Sprache nicht von Anfang an existiert habe, sondern erst später aus der Pluralform gebildet sei und dass dem entsprechend der Dual häufig statt des Plurals gebraucht werde, ist durch die vergleichende Sprachforschung und durch die kritische Prüfung der Klassikertexte als hinfällig erwiesen worden. Aus der Thatsache, dass nicht nur die Schwestersprachen des Griechischen, sondern auch andere nicht verwandte Sprachen Europas, Asiens und Amerikas den Dual besitzen (s. Humboldt a. a. O. S. 9—13), ersieht man, dass die Dualform in den Sprachen tief begründet ist.

2. In den Homerischen Gesängen[4]) ist der Dual ungemein häufig, doch scheut sich der Dichter keineswegs nach Bedarf des Verses den Dual mit dem Plurale zu verbinden. Unter den attischen Prosaikern finden wir den Dual am häufigsten bei Plato[5]); aber auch die Redner[6]) und Xenophon[7]) gebrauchen denselben häufig.

---

[1]) Vgl. Lobeck ad Phryn. p. 365. — [2]) S. Porson ad Eur. Ph. 512; Poppo ad Thuc., P. 1, Vol. 1, p. 267. — [3]) S. die höchst gediegene Abhandlung W. v. Humboldts „Über den Dualis", Berlin 1828, ferner Reimnitz, Syst. der Griech. Dekl., Potsdam 1831, S. 1 ff.; Bopp, Vergl. Gr. § 114; Blackert, Comment. de vi usuque dualis numeri ap. Graecos 1837 u. 1838; H. Düntzer, die Deklin. der indogerm. Sprache, Köln 1839, S. 31 ff. — [4]) Bieber, De duali numero apud Epicos, Lyricos, Atticos, Jena 1864; Ohler, über den Gebrauch d. Dual bei Homer, Mainz 1884. — [5]) Röper, De dualis usu Platonico, Bonn 1878. — [6]) Stephan Keck, Über den Dual bei den griech. Rednern, Würzburg 1882. — — [7]) Hasse, üb. d. Dual b. Xen. u. Thuc., Bartenstein 1889.

Indem die Lebendigkeit sinnlicher Auffassung allmählich abnimmt, wird auch der Gebrauch des Duals seltener; ums Jahr 360 war er aus den Verbalformen gänzlich geschwunden, seit etwa 320 auch aus den Nominalformen. Dass in der äolischen Mundart der Dual am frühesten untergegangen ist, und dass auch die neuionische ihn eingebüsst hat, haben wir T. I, § 98, 2 gesehen.

3. Statt des Plurals ist der Dual in klassischer Zeit nie gebraucht worden. An den Stellen, die man als Gegenbeweise anführt, lässt sich, soweit sie überhaupt kritisch gesichert sind, überall der Begriff der Zweiheit nachweisen, wie wir § 368, 2, b) zeigen werden. Seit der alexandrinischen Zeit freilich existierte der Dual gewissermassen nur künstlich in den Schriften der dem Sprachgebrauche der Klassiker nachstrebenden Gelehrten, während er in der Volkssprache längst dem Untergange anheimgefallen war. Daher konnten Grammatiker wie Eratosthenes und Krates lehren, es bestehe in der Homerischen Sprache kein Unterschied zwischen Dual und Plural (s. T. I, § 98, 1); daher ist es auch nicht zu verwundern, wenn in späteren Zeiten Dualformen in pluralischem Sinne erscheinen. So lesen wir Orph. lith. prooem. 77 οἱ δ' ἴκελοι θήρεσσιν ... φυγέτην. Aus Oppian Cyneg. führt Lehrs qu. ep. 319 an: I, 72. 144. 145. 146. 164. II, 165. 260. 494 (νῶιν). III, 64 (νῶι). IV, 358.

§ 349b. Bemerkungen über die Komparation der Adjektive, Adverbien und Verben.

1. Eine besondere Eigentümlichkeit der Adjektive sind die Komparationsformen derselben: der Komparativ und der Superlativ (§ 345, 11). Die durch das Adjektiv ausgedrückte Eigenschaft kann sich an einem Gegenstande entweder in einem höheren Grade als an einem anderen oder in dem höchsten Grade unter allen übrigen zeigen. Der höhere Grad wird durch den Komparativ bezeichnet, dem der Gegenstand der Vergleichung im Griechischen im Genetive (§ 420, 1), im Lateinischen im Ablative oder durch das Bindewort ἤ (eigentl. oder § 542), im Lateinischen durch *quam* = als hinzugefügt wird, als: ὁ πατὴρ συνετώτερός ἐστι τοῦ παιδός oder ἢ ὁ παῖς, ist verständiger in Vergleich mit dem Sohne, oder ist verständiger als der S. Diesen Genetiv nennt man, um ihn von anderen, z. B. dem partitiven, zu unterscheiden, den komparativen. Der höchste Grad wird durch den Superlativ bezeichnet, zu dem gewöhnlich ein partitiver Genetiv (§ 414, 5) hinzutritt, als: Σωκράτης τῶν Ἀθηναίων σοφώτατος ἦν, war der weiseste unter den Ath., so: πάντων ἄριστος, πάντων ἀνθρώπων ἄριστος (im Deutschen ebenso allerbester u. dgl.). Isae. fr. Baiter S. 7, 1 πάντων πραγμάτων λυπηρότατον συμβέβηκεν. 6, 35 πάντων

δεινότατον πρᾶγμα κατεσκεύασαν. Lycurg. 11 πάντων ἀτοπώτατον ποιοῦσιν, ubi v. Maetzner. 82 ὃ καὶ πάντων ἂν εἴη δεινότατον. So auch der Gen. ἀνθρώπων. Pl. Hipp. 1. 284, a σὺ δὲ ταύτην παραδιδόναι ἄλλῳ κάλλιστ' ἀνθρώπων ἐπίστασαι = *omnium optime*, s. Stallb. 285, c ἃ σὺ ἀκριβέστατα ἐπίστασαι ἀνθρώπων διαιρεῖν. Vgl. Theaet. 148, b ἄριστά γ' ἀνθρώπων. 195, b ὀρθότατα ἀνθρώπων (vgl. Heindorf zu Lys. 211, e τὸν ἄριστον ἐν ἀνθρώποις ὄρτυγα). Im Deutschen wird dem Superlative regelmässig der Artikel hinzugefügt, im Griechischen selten (ρ, 415 οὐ μὲν . . ὁ κάκιστος Ἀχαιῶν . ., ἀλλ' ὤριστος). Zur Hervorhebung des Superlativs wird demselben in der Dichtersprache öfters, seltener in der Prosa der Genetiv desselben Adjektivs im Positive hinzugefügt. Aesch. Suppl. 524 f. ἄναξ ἀνάκτων, μακάρων | μακάρτατε καὶ τελέων | τελειότατον κράτος. S. OR. 334 ὦ κακῶν κάκιστε. Ar. P. 184 ὦ μιαρῶν μιαρώτατε. X. Cy. 1. 3, 15 ἀγαθῶν ἱππέων κράτιστος ὢν ἱππεύς. Zwei Superlative: S. Ph. 65 ἔσχατ' ἐσχάτων. Ähnlich Pl. Crat. 427, e ὃ δὴ δοκεῖ ἐν τοῖς μεγίστοις μέγιστον εἶναι. Conv. 195, e ἁπτόμενον... ἐν μαλακωτάτοις τῶν μαλακωτάτων. In demselben Sinne steht zuweilen bei den Dichtern statt des Superlativs der Positiv. Aesch. Pers. 681 ὦ πιστὰ πιστῶν. S. OR. 465 Ch. ἄρρητ' ἀρρήτων. OC. 1238 κακὰ κακῶν. Ähnlich H, 97 ἦ μὲν δὴ λώβη τάδε γ' ἔσσεται αἰνόθεν αἰνῶς, auf das Entsetzlichste. 39 u. 226 οἰόθεν οἶος. Wie die Griechen einen möglichst hohen Grad ausdrücken, werden wir in der Lehre von den Komparativsätzen § 582, A. 4 sehen. Der griechische Superlativ wird aber auch wie der lateinische gebraucht, um überhaupt nur einen sehr hohen Grad der Eigenschaft auszudrücken, als: ἀνδρειότατος, sehr, höchst tapfer.

2. Das Verb ist einer solchen Steigerung nicht fähig, sondern die verschiedenen Grade der Intensität des Verbalbegriffes werden durch die hinzutretenden Adverbien μᾶλλον (auch πλέον, τὸ πλέον) und μάλιστα ausgedrückt, als: μᾶλλον τρέχει, μάλιστα τρέχει. Wenn aber nicht bloss die Grade der Intensität, sondern zugleich die Eigenschaft derselben bezeichnet werden sollen, so treten zu dem Verb andere eine Eigenschaft ausdrückende Adverbien im Komparative und Superlative, als: θᾶσσον τρέχει, τάχιστα τρέχει. Doch giebt es einige Verben, die von Komparativen und Superlativen abgeleitet sind und daher auch die Bedeutung sowohl als die Konstruktion von Komparativen und Superlativen haben, als: ὑστερεῖν, ὑστερίζειν, πλεονεκτεῖν, ἡττᾶσθαι, μειοῦσθαι mit dem Genetive (§ 420), κρατιστεύειν, καλλιστεύειν, ὑπατεύειν und bei Späteren πρωτιστεύειν, μεγιστεύειν [1]) mit dem Genetive (§ 420). Auch hat die griechische Sprache wie die deutsche von Komparativen abgeleitete Verben, welche

1) S. Lobeck ad Soph. Ai. 435. 436.

eine Steigerung ohne Beziehung auf einen anderen Gegenstand bezeichnen, als: νεωτερίζειν, neuern, μειοῦν, ἐλαττοῦν, verkleinern, u. s. w.

3. Der Komparativ wird nicht allein da gebraucht, wo einem Gegenstande eine Eigenschaft in einem höheren Grade zukommt als einem anderen, sondern häufig auch da, wo Einem Gegenstande mehrere andere, ja alle anderen derselben Klasse gegenüberstehen, indem alsdann die Mehrheit der Gegenstände zu einer Einheit (Gesamtheit) zusammengefasst wird, während bei dem Superlative die einzelnen Gegenstände gesondert gedacht werden, und unter denselben selbst wieder ein Gradunterschied stattfindet.[1]) Vgl. φ, 373 αἲ γὰρ πάντων . . . μνηστήρων χερσίν τε βίηφί τε φέρτερος εἴην, stärker als alle Freier. η, 156 Ἐχένηος, | ὃς δὴ Φαιήκων ἀνδρῶν προγενέστερος ἦεν, „der Ältere unter ihnen, die sämtlich noch in jüngerem Alter stehen". (Bekker schreibt Hom. Blätter S. 91 προγενέστατος; doch vgl. γ, 362 οἶος γὰρ μετὰ τοῖσι γεραίτερος εὔχομαι εἶναι.) X. Cy. 5. 1, 6 ἡμῶν ὁ γεραίτερος. Theocr. 17, 4 ὃ γὰρ προφερέστερος ἀνδρῶν. Auffallend ist der Gebrauch des Komparativs, wenn ein Gegenstand einer bestimmten Anzahl von Gegenständen gegenübersteht, wie Theocr. 15, 139 Ἕκτωρ Ἑκάβας ὁ γεραίτερος εἴκατι παίδων, wo sich zwar die Var. γεραίτατος findet, aber offenbar nur als eine spätere Emendation.

4. Sowie in dem eben angeführten Falle der Komparativ scheinbar statt des Superlativs gebraucht wird, so wird auch der Superlativ im Griechischen in einigen Fällen da gebraucht, wo man nach unserer Anschauungsweise den Komparativ erwarten sollte. In den Nr. 1 angeführten Beispielen drückt der Superlativ aus, dass eine Eigenschaft einer Person oder Sache im höchsten Grade in der Klasse von Personen oder Sachen, zu der sie selbst gehört, zukomme, als: Σωκράτης πάντων Ἀθηναίων σοφώτατος ἦν. Er wird aber auch auf folgende Weise gebraucht: a) so, dass er entweder für dieselbe Person oder Sache den höchsten Grad der Eigenschaft, also im Vergleiche derselben mit sich selbst, angiebt, als: ἄριστος αὐτὸς ἑαυτοῦ ἦν, s. § 543, 6; b) so, dass er den höchsten Grad der Eigenschaft im Vergleiche mit einer einzelnen Person oder Sache ausdrückt.[2]) So zunächst λ, 483 σεῖο δ', Ἀχιλλεῦ, οὔτις ἀνὴρ προπάροιθε μακάρτατος οὐδ' ἄρ' ὀπίσσω und Eur. Andr. 6 f. νῦν δ' οὔ τις ἄλλη δυστυχεστάτη γυνὴ | ἐμοῦ πέφυκεν ἢ γενήσεταί ποτε. Hier hat der dem Dichter vorschwebende Gedanke: „Du

[1]) Vgl. Nitzsch zur Odyss. β, 350 S. 114 u. η, 156 S. 153 u. ad Plat. Ion. Exc. p. 78, und besonders Kvičala in der Zeitschrift f. d. österr. Gymn. 1858, S. 529 ff. — [2]) Vgl. Nitzsch zur Odyss. XI, 483 B. III, S. 281; Scheuerlein, Synt., S. 267 f.; Hermann ad Vig. 718 sq. opusc. III, p. 168 sq.; Poppo ad Thuc. P. 1. Vol. 1, p. 172; Ameis zu λ, 482. Eine andere Erklärung giebt Kvičala a. a. O. S. 432 f.

bist der allerglücklichste", „ich bin die allerunglücklichste" die Wahl des Superlativs auch in der negativen Fassung des Satzes hervorgerufen: „keiner ist der glücklichste, als du". In anderen Stellen ist unter dem Einflusse eines vorausgehenden πάντων eine gewisse Brachylogie entstanden: Theogn. 173 f. ἄνδρ' ἀγαθὸν πενίη πάντων δάμνησι μάλιστα, καὶ γήρως πολιοῦ, Κύρνε, καὶ ἠπιάλου, die Armut drückt am meisten von allem, auch (mehr als) Alter u. s. w. Ähnlich Theogn. 273 τῶν πάντων δὲ κάκιστον ἐν ἀνθρώποις, θανάτου τε καὶ πασέων νούσων ἐστὶ πονηρότατον. Aristot. de sensu c. 4 λεπτότατον γὰρ πάντων τῶν ὑγρῶν τὸ ὕδωρ ἐστὶ καὶ αὐτοῦ ἐλαίου. (Eur. I. A. 1594 ταύτην μάλιστα τῆς κόρης ἀσπάζεται ist verderbt). Selbst mit folgendem ἤ, *quam*. Philem. fr. inc. 109 θανεῖν ἄριστόν ἐστιν ἢ ζῆν ἀθλίως. Ap. Rh. 3, 91 f. πίθοιτό κεν ὔμμι μάλιστα | ἢ ἐμοί, ubi v. Wellauer. (Hdt. 2, 35 ist ἢ ἄλλη πᾶσα χώρη von Stein als Glossem zu πρὸς πᾶσαν χώρην getilgt; Ar. Av. 823 f. καὶ λῷστον μὲν ἢ τὸ Φλέγρας πεδίον ist verderbt.) — c) Ungleich häufiger ist der scheinbare Gebrauch des Superlativs statt des Komparativs da, wo ein einzelner Gegenstand mit einer im Genetive des Plurals beigefügten Klasse von Gegenständen verglichen wird, der er selbst, logisch betrachtet, nicht angehört. So erscheint der Superlativ bei Homer in Verbindung mit ἄλλων, bei den nachhomerischen Schriftstellern mit προτέρων und verwandten Ausdrücken: B, 673 f. Νιρεύς, ὃς κάλλιστος ἀνὴρ ὑπὸ Ἴλιον ἦλθεν | τῶν ἄλλων Δαναῶν μετ' ἀμύμονα Πηλείωνα. A, 505 ὃς ὠκυμορώτατος ἄλλων | ἔπλετο. ε, 105 φησί τοι ἄνδρα παρεῖναι ὀϊζυρώτατον ἄλλων, | τῶν ἀνδρῶν, οἳ ἄστυ πέρι Πριάμοιο μάχοντο. ο, 108 ἔκειτο δὲ νείατος ἄλλων. S. Ant. 100 κάλλιστον | τῶν προτέρων φάος. Th. 1, 1 Θουκυδίδης.. ξυνέγραψε τὸν πόλεμον τῶν Πελοποννησίων καὶ Ἀθηναίων.., ἐλπίσας (= νομίσας) μέγαν τε ἔσεσθαι καὶ ἀξιολογώτατον τῶν προγεγενημένων (ubi v. Stahl). 10 τὴν στρατείαν ἐκείνην μεγίστην μὲν γενέσθαι τῶν πρὸ αὐτῆς, λειπομένην δὲ τῶν νῦν. 50 ναυμαχία αὕτη Ἕλλησι πρὸς Ἕλληνας νεῶν πλήθει μεγίστη δὴ τῶν πρὸ αὐτῆς γεγένηται. 6, 31 παρασκευὴ αὕτη πολυτελεστάτη δὴ.. τῶν ἐς ἐκεῖνον τὸν χρόνον ἐγένετο. X. conv. 8, 40 ἱεροπρεπέστατος δοκεῖς εἶναι τῶν προγεγενημένων. (Hdt. 3, 119 ist jetzt für ἀλλοτριώτατος der Komp. ἀλλοτριώτερος aufgenommen; X. Oec. 21, 7 ist τῶν στρατιωτῶν zu tilgen.) — Hier ist ein Überwiegen des psychologischen Moments über die Logik anzuerkennen (ähnlich wie in den unter b) aufgeführten Beispielen); der Gedanke: „dieser Krieg überragt alle früheren an Bedeutung" hat zu der superlativischen Wendung geführt: „er ist der bedeutendste von allen früheren Kriegen", einer Wendung, die zwar unlogisch ist, aber dem Sprachgefühl ebensowenig widerstrebt, wie etwa folgende Sätze: „Horaz war von allen seinen dichterischen Genossen der bedeutendste", oder bei Goethe, Hermann und Dorothea, V: „So ist auch sie, von ihren Schwestern die beste, aus dem Lande getrieben". Schiller,

Gesetzgebg. des Lykurg: „dass die spartanischen Sklaven die unglückseligsten aller andern Sklaven gewesen". Genaue Analogien bietet das Lateinische: Tac. hist. 1, 50 solus omnium ante se principum Vespasianus in melius mutatus est. Agr. 34 hi ceterorum Britannorum fugacissimi. Hinsichtlich der Homerstellen ist auch der § 405 Anm. 1 besprochene eigentümliche Gebrauch von ἄλλος zu beachten.[1])

Anmerk. 1. Die von Kvíčala a. a. O. scharfsinnig verfochtene, von Kühner und vielen anderen Gelehrten gebilligte Ansicht, dass der Genetiv bei einem prädikativen Superlativ komparative, also ablativische Geltung habe (= im Vergleich zu), wird von Langlotz a. a. O. mit triftigen Gründen bekämpft. Auch da, wo der Genetiv neben ungleichartigen Begriffen oder neben Adverbien im Superlativ erscheint, kann an der partitiven Bedeutung festgehalten werden: Hdt. 7, 70 οἱ ἐκ τῆς Λιβύης Αἰθίοπες οὐλότατον τρίχωμα ἔχουσι πάντων ἀνθρώπων, die libyschen Aeth. haben das krauseste Haar unter allen Menschen. 238 Ξέρξης πάντων δὴ μάλιστα ἀνδρῶν ἐθυμώθη ζώοντι Λεωνίδῃ, dem Leonidas am meisten von allen Menschen. X. Cy. 3. 1, 25 πάντων τῶν δεινῶν ὁ φόβος μάλιστα καταπλήττει τὰς ψυχάς. Comm. 4. 5, 1 (Σωκράτης) προετρέπετο πάντων μάλιστα τοὺς συνόντας πρὸς ἐγκράτειαν, S. ermunterte seine Jünger am allermeisten zur Enthaltsamkeit. Pl. Prot. 342, a φιλοσοφία γάρ ἐστι παλαιοτάτη τε καὶ πλείστη τῶν Ἑλλήνων ἐν Κρήτῃ τε καὶ ἐν Λακεδαίμονι, καὶ σοφισταὶ πλεῖστοι γῆς ἐκεῖ εἰσιν. Vgl. Nep. Them. 9 Themistocles veni ad te, qui *plurima* mala *omnium Graiorum* in domum tuam intuli. Caes. b. g. 1. 3, 7 non esse dubium quin *totius Galliae plurimum* Helvetii possent.

Anmerk. 2. Zuweilen findet sich neben dem Positive der Komparativ oder der Superlativ, oder neben dem Superlative der Komparativ, worin oft eine grosse Feinheit liegt. Pl. Leg. 649, d εὐτελῆ τε καὶ ἀσινεστέραν. Pind. O. 1, 104 πέποιθα δὲ ξένον | μή τιν' ἀμφότερα καλῶν τε ἴδριν ἄλλον ἢ δύναμιν κυριώτερον | τῶν γε νῦν κλυταῖσι δαιδαλωσέμεν ὕμνων πτυχαῖς, ubi Dissen: „erant etiam alii nobiles reges καλῶν ἴδριες, *potentior* vero Graecorum nemo". Pl. Phileb. p. 55 D τὰ μὲν ὡς καθαρώτατα νομίζειν, τὰ δ' ὡς ἀκαθαρτότερα. Civ. 564, b τὸ μὲν (γένος) ἀνδρειότατον . ., τὸ δ' ἀνανδρότερον (nach den besten Codd. statt der Lesart der Ausgaben ἀνανδρότατον. S. Stallb.) Dem. 9, 16 τὸ δ' εὐσεβὲς καὶ τὸ δίκαιον, ἄν τ' ἐπὶ μικροῦ τις ἄν τ' ἐπὶ μείζονος παραβαίνῃ, τὴν αὐτὴν ἔχει δύναμιν. 21, 14 ἐπηρεάζων μοι συνεχῶς καὶ μικρὰ καὶ μείζω. Lys. 9, 19 μήτε . . ἐμοῦ καταψηφίσησθε, μήτε τοὺς βέλτιον καὶ δικαίως βουλευσαμένους ἀκύρους καταστήσητε. Th. 1, 84 ἅμα ἐλευθέραν καὶ εὐδοξοτάτην πόλιν νεμόμεθα. X. Hell. 5. 3, 17 εὐτάκτους δὲ καὶ εὐοπλοτάτους. Lycurg. 29 πολὺ δοκεῖ δικαιότατον καὶ δημοτικὸν εἶναι, ubi v. Maetzner. Dem. 21, 111. Pl. Conv. 205, d.

Anmerk. 3. Dass die griechische Sprache wie die lateinische statt der einfachen Komparationsformen nicht bloss bei allen Adjektiven, welche keine Komparationsformen bilden, sondern auch bei solchen, welche dieselben bilden, die Zusammensetzung des Positivs mit μᾶλλον (*magis*) und μάλιστα (*maxime*, dafür πλεῖστον Th. 8, 96 διάφοροι γὰρ πλεῖστον ὄντες τὸν τρόπον) gebrauche, ist schon § 157, 1 bemerkt worden. Ja einige Schriftsteller, wie die Tragiker, Thukydides, Xenophon bedienen sich dieser Umschreibung sehr häufig, während sie anderen,

[1]) Vgl. Langlotz, de genetivi graeci cum superlativo coniuncti ratione et usu. Leipz. 1876.

z. B. Pindar, ganz fremd ist.[1]) Thukydides gebraucht nirgends die Form κακίων, κάκιστος; auch μείων, λῴων, λῷστος finden sich weder bei ihm noch bei den Rednern. Dass in der Umschreibung ein grösserer Nachdruck liegt, als in den einfachen Komparationsformen, leuchtet von selbst ein. Soll also ein Wort nachdrücklich hervorgehoben werden, so wird sie angewendet, daher auch, wenn ein Wort, das besonders hervorgehoben werden soll, an die Spitze oder wenigstens zu Anfang des Satzes gestellt wird. X. ven. 5, 18 διωκόμενοι δέ εἰσι κατάδηλοι μάλιστα μὲν . . κατάδηλοι δὲ κτλ. Oder wenn ein Satz aus zwei oder mehr Gliedern besteht, von denen das erste ein Adjektiv im Positive, das andere dasselbe im Komparative, oder das erste im Komparative, das andere im Superlative oder umgekehrt enthält. Th. 2, 36 ἐκεῖνοί τε ἄξιοι ἐπαίνου καὶ ἔτι μᾶλλον οἱ πατέρες, sc. ἀξιώτεροι. Oder in Gegensätzen. Th. 1, 49 ἦν τε ἡ ναυμαχία καρτερά, τῇ μὲν τέχνῃ οὐχ ὁμοίως, πεζομαχίᾳ δὲ τὸ πλέον προσφερὴς οὖσα. Antiph. 3, β, 10 ἐγώ τε μᾶλλον μὲν οὐδέν, ὁμοίως δὲ τούτῳ ἀναμάρτητος ὤν. Zuweilen scheint jedoch nur das Streben nach Abwechslung des Ausdrucks der Grund gewesen zu sein, wie Dem. 24, 194 τοῦτο δεινότατον καὶ μάλιστα παράνομον γέγραπται. Wenn der Superlativ nur einen sehr hohen Grad ausdrückt, so kann auch der Positiv in Verbindung mit μάλα gebraucht werden, als: μάλα καρτερός E, 410, μάλα ὀλίγοι Pl. Civ. 531, e, μάλ' ἀμφιλαφής Phaedr. 230, b; dafür poet. auch oft μέγα: Π, 46 μέγα νήπιος, selten in Prosa, als: Hdt. 1, 32 μέγα πλούσιος. X. Cy. 5. 1, 28 μέγα εὐδαίμονας.

5. Um den Begriff eines Komparativs oder Superlativs nachdrücklicher hervorzuheben, gebraucht die Sprache häufig eine Redefigur, die sog. Litotes, nach der man sich scheinbar eines schwächeren Ausdrucks bedient, um etwas mit desto grösserem Nachdrucke zu bezeichnen, indem man an der Stelle positiver Komparative oder Superlative negative mit vorgesetztem οὐ anwendet, als οὐχ ἧττον st. μᾶλλον, οὐχ ἥκιστα st. μάλιστα, οὐκ ἐλάχιστος st. μέγιστος u. s. w. O, 11 οὔ μιν ἀφαυρότατος βάλ' Ἀχαιῶν, ubi v. Spitzn. Π, 570 βλῆτο οὔτι κάκιστος ἀνήρ. δ, 199. X. Hell. 6. 2, 39 ταύτην τὴν στρατηγίαν τῶν Ἰφικράτους οὐχ ἥκιστα ἐπαινῶ, ubi v. Breitenb. 6. 4, 18 οὐκ ἐλάχιστον δυνάμενοι ἐν τῇ πόλει. Comm. 1. 2, 32 πολλοὺς μὲν τῶν πολιτῶν καὶ οὐ τοὺς χειρίστους ἀπέκτεινον. Zuweilen wird auch der Gegensatz mit ausgedrückt. ρ, 415 f. οὐ μέν μοι δοκέεις ὁ κάκιστος Ἀχαιῶν | ἔμμεναι, ἀλλ' ὤριστος. Hdt. 2, 43 οὐχ ἥκιστα, ἀλλὰ μάλιστα. 2, 117. 4, 170. Th. 7, 44 μέγιστον δὲ καὶ οὐχ ἥκιστα ἔβλαψεν.

6. Ausserdem kann der Begriff der Komparationsformen auf sehr mannigfaltige Weise teils verstärkt, teils näher bestimmt werden,[2]) und zwar erstens der Komparativ a) durch ἔτι, noch, *etiam*, ἔτι μείζων, μείζων ἔτι. μ, 54 ἔτι πλεόνεσσι τότ' ἐν δεσμοῖσι διδέντων. Ψ, 490 προτέρω ἔτ' ἔρις γένετ' ἀμφοτέροισιν. Pl. Polit. 298, e ταῦτ' ἔτι χαλεπώτερα. Phil. 31, e ἐμφανέστερον δ' ἔτι . . πειρώμεθα λέγειν. — b) durch πολλῷ, ἔτι

[1]) S. A. Lentz *de graduum intentione* in d. Ztschr. f. Altertumswiss. 1855, S. 28 ff. — [2]) S. A. Lentz in der Zeitschr. f. Altertumswiss., 1855, S. 217 ff.; Ziemer, Vergleichende Syntax der indogerm. Komparation, Berlin 1884; La Roche, Die Komparation in der griechischen Sprache I (Linz 1884), S. 16; F. Mayer, Verstärkung, Umschreibung und Entwertung der Komparationsgrade in der älteren Gräcität, Landau 1881.

πολλῷ, μακρῷ, ὀλίγῳ, πολύ, πολλόν alt- u. neuion., πολλὸν ἔτι, ἔτι πολύ, πολὺ ἔτι, μέγα poet., ὀλίγον (über ὅσῳ, ὅσον . . τοσούτῳ, τοσοῦτον s. § 582). Theogn. 618 πολλῷ γὰρ θνητῶν κρέσσονες ἀθάνατοι. Hdt. 1, 134 ἦν δὲ ᾖ οὕτερος ὑποδεέστερος ὀλίγῳ . .· ἦν δέ πολλῷ ᾖ οὕτερος ἀγενέστερος. 6, 78 πολλῷ ἔτι πλεῦνες. Th. 1, 136 πολλῷ ἀσθενέστερος. 2, 49 πολλῷ ὕστερον. Mit Nachdruck nachgesetzt Dem. 8, 68 ἀνδρειότερον μέντοι πολλῷ πάνυ. 9, 40 καὶ πλείω καὶ μείζω ἐστὶ τῶν τότε πολλῷ. Pl. Phil. 66, e μακρῷ βέλτιόν τε καὶ ἄμεινον. Ζ, 479 πολλὸν ἀμείνων. Hdt. 1, 103 οὗτος λέγεται πολλὸν ἔτι γενέσθαι ἀλκιμώτερος τῶν προγόνων. ψ, 572 πολὺ χείρονες ἦσαν. X. Cy. 5. 3, 24 πολὺ προθυμότερον καὶ πλείους. 7. 5, 14 πολὺ ἔτι μᾶλλον. Oft durch eine Präpos. und andere Wörter vom Kompar. getrennt, wodurch der Ausdruck gesteigert wird. Th. 1, 35 πολὺ δὲ ἐν πλέονι αἰτίᾳ. Vgl. 6, 86. X. Cy. 7. 1, 21. An. 1. 5, 2 πολὺ γὰρ τῶν ἵππων ἔτρεχον θᾶττον. Comm. 2. 10, 2 πολὺ τῶν οἰκετῶν χρησιμώτερος, s. das. Kühners Bem. Auch παρὰ πολὺ μᾶλλον Th. 8, 6. Β, 239 μέγ' ἀμείνονα φῶτα. Ψ, 315 μέγ' ἀμείνων. Τ, 217 φέρτερος οὐκ ὀλίγον περ. X. An. 7. 2, 20 ὀλίγον ὕστερον. — c) selbst durch μᾶλλον. Ω, 243 ῥηΐτεροι μᾶλλον. Aesch. S. 673 τίς ἄλλος μᾶλλον ἐνδικώτερος; S. Ant. 1210 μᾶλλον ἆσσον. Eur. Hec. 377 θανὼν δ' ἂν εἴη μᾶλλον εὐτυχέστερος ἢ ζῶν, ubi v. Pflugk. Hipp. 485 (ὁ αἶνος) σοὶ μᾶλλον ἀλγίων κλύειν. Hdt. 1, 32 μᾶλλον ὀλβιώτερος. Pl. leg. 781, a ὃ καὶ ἄλλως γένος ἡμῶν τῶν ἀνθρώπων λαθραιότερον μᾶλλον καὶ ἐπικλοπώτερον ἔφυ, τὸ θῆλυ, διὰ τὸ ἀσθενές, ubi v. Stallb. Gorg. 487, b αἰσχυντηροτέρω μᾶλλον τοῦ δέοντος. (Sogar das auffallende Gegenstück hierzu findet sich in μοχθηρότερον ἧττον Pl. leg. 854, e.) Von diesen Stellen sind aber diejenigen zu unterscheiden, in denen durch μᾶλλον der Begriff eines vorausgehenden Komparativs nachdrücklich wieder aufgenommen wird. Das Deutsche bedient sich dann entweder in ähnlicher Weise des Adverbs vielmehr oder auch einer Wendung mit anstatt[1]): Hdt. 1, 31 ὡς ἄμεινον εἴη ἀνθρώπῳ τεθνάναι μᾶλλον ἢ ζῆν, dass es besser für den Menschen wäre, vielmehr tot zu sein, als zu leben, ubi v. Stein. X. Cy. 2. 2, 12 πῶς οὐχ οὗτοι ἀστεῖοι ἂν καὶ εὐχάριτες δικαιότερον ὀνομάζοιντο μᾶλλον ἢ ἀλαζόνες; ubi v. Born., 2. 4, 10. 3. 3, 51 αἱρετώτερόν ἐστι μαχομένους ἀποθνήσκειν μᾶλλον ἢ φεύγοντας σῴζεσθαι. Vgl. Conv. 1, 4 ibiq. Herbst. Pl. Phaed. 79, e. Prot. 317, b. Hipp. 1. 285 a ibiq. Stallb. Isocr. 6, 89. 10, 53. Xen. An. 4. 6, 11 κρεῖττον τοῦ ἐρήμου ὄρους καὶ κλέψαι τι πειρᾶσθαι καὶ ἁρπάσαι, εἰ δυναίμεθα, μᾶλλον ἢ πρὸς ἰσχυρὰ χωρία μάχεσθαι, besser ist es irgend einen Punkt des unbesetzten Gebirges heimlich zu besetzen, anstatt gegen feste Plätze zu kämpfen. — d) durch πάντα. X. Cy. 5. 5, 34 πάντα βελτίονας u. S. Tr. 489 εἰς ἅπανθ' ἥσσων ἔφυ. — e) durch

[1]) S. Kühner ad Xen. Comm. 3. 13, 5.

τὶ und οὐδέν (μηδέν). Th. 2, 11 Ἀθηναίους δὲ καὶ πλέον τι τῶν ἄλλων εἰκὸς τοῦτο δρᾶσαι. 8, 84 ὁ δὲ αὐθαδέστερόν τε τι ἀπεκρίνατο. 2, 43 ἀτολμοτέραν δὲ μηδὲν . . διάνοιαν ἔχειν. — f) durch οὕτως, in dem Masse, nur bei Späteren. Lucian. Tim. 18 οὕτως εὐρύτερον. Phalar, ep. 128 οὕτω νεώτερον.[1])

7. Der Superlativ wird auf folgende Weise verstärkt oder näher bestimmt: a) durch καί, *vel:* X. An. 3. 2, 22 καὶ μωρότατον *vel stultissimum;* b) durch die Massbestimmungen: πολλῷ, μακρῷ, πολύ, πολλόν alt- u. neuion., παρὰ πολύ, μέγα poet. (über ὅσῳ, ὅσον.. τοσούτῳ τοσοῦτον s. § 582). Α, 581 πολὺ φέρτατος. Α, 91 πολλὸν ἄριστος Ἀχαιῶν. Hdt. 2, 136 πολλῷ τε κάλλιστα καὶ πολλῷ μέγιστα *multo pulcherrima.* Β, 82 μέγ' ἄριστος. Theocr. 7, 100 ἐσθλὸς ἀνὴρ μέγ' ἄριστος. Mit grossem Nachdrucke folgt μακρῷ dem Superlative nach, als: Hdt. 6, 61 τούτῳ τῷ ἀνδρὶ ἐτύγχανε ἐοῦσα γυνὴ καλλίστη μακρῷ τῶν ἐν Σπάρτῃ γυναικῶν, *longe pulcherrima.* Th. 3, 36 τῷ δήμῳ παρὰ πολὺ ἐν τῷ τότε πιθανώτατος. — c) ja selbst durch die Superlative: πλεῖστον u. μέγιστον poet., μάλιστα, als: S. OC. 743 πλεῖστον ἀνθρώπων κάκιστος. Ph. 631 πλεῖστον ἐχθίστης. Eur. M. 1323 ὦ μέγιστον ἐχθίστη γύναι, ubi v. Pflugk. Hdt. 1, 171 ἔθνος λογιμώτατον τῶν ἐθνέων ἁπάντων κατὰ τοῦτον ἅμα τὸν χρόνον μακρῷ μάλιστα, wo μ. μάλιστα mit grossem Nachdrucke nachgesetzt ist. Verschieden hiervon sind Stellen, wo μάλιστα nicht den Superlativ steigert, sondern einen andern Begriff des Satzes hervorhebt, wie Β, 220 ἔχθιστος δ' Ἀχιλῆι μάλιστ' ἦν ἠδ' Ὀδυσῆι am verhasstesten war er namentlich *(potissimum)* dem A. u. O. Th. 7, 42 τῇ πρώτῃ ἡμέρᾳ μάλιστα δεινότατος, vor allem am ersten Tage am gefährlichsten. Hdt. 2, 76. — d) durch ὄχα, ἔξοχα mit ἄριστος ep., als: ὄχ' ἄριστος, ἔξοχ' ἄριστος. ι, 432 ἀρνειὸς γὰρ ἔην μήλων ὄχ' ἄριστος ἁπάντων. — e) durch die Relative: ὡς pros., ὅπως mehr poet., ὅ τι u. ᾗ pros., ὅσον poet., οἷος pros., bes. attisch, als: Simon. Amorg. bei Bergk II, 742 ὅπως τιν' ὡς μέγιστον ἔρξειεν κακόν; oft ὡς τάχιστα, *quam celerrime* X. Cy. 1. 6, 26; durch e. Präpos. getrennt Th. 1, 63 ὡς ἐς ἐλάχιστον χωρίον. 3, 46 ὅ τι ἐν βραχυτάτῳ u. ὅ τι ἐπ' ἐλάχιστον. X. Cy. 1. 6, 26 ὡς ἐν ἐχυρωτάτῳ, ubi v. Born. 5. 3, 57 ὡς ἐξ ἑτοιμοτάτου. Oec. 18, 8 ὡς εἰς στενώτατον. Isocr. 3, 2 ὡς μετὰ πλείστων ἀγαθῶν. Dem. 18, 288 ὡς παρ' οἰκειοτάτῳ. 19, 257 ὡς μετὰ πλείστης συγγνώμης. 23, 102 ὡς διὰ βραχυτάτου λόγου. X. Comm. 2. 1, 9 ᾗ ῥᾷστά τε καὶ ἥδιστα. Ὅπως ἄριστα Aesch. Ag. 600. S. Ph. 627; Ar. P. 207 ὅπως ἀνωτάτω. Ὅ τι τάχιστα, schon ε, 112, vgl. Th. 3, 31. X. An. 1. 1, 6 ὅ τι ἀπαρασκευότατον, ὅ τι πλείστους καὶ βελτίστους, 3. 1, 45. 4. 5, 7. 3, 7. Ὅσον τάχιστα S. Ant. 1103. El. 1433. (So ὅ τι τάχος = ὅ τι τάχιστα, eigtl. was Schnelligkeit

1) S. Lobeck ad Phryn., p. 424.

vermag, S. Ant. 1321 ἀπάγετέ μ' ὅ τι τάχος. Hdt. 9, 7 νῦν δὲ ὅ τι τάχος στρατιὴν . . ἐκέλευσαν ὑμέας ἐκπέμπειν. Th. 7, 42 ἐβούλετο ὅ τι τάχος ἀποχρήσασθαι τῇ . . ἐκπλήξει. Ὅσον τάχος poet. S. Ai. 985 ὅσον τάχος | δῆτ' αὐτὸν ἄξεις δεῦρο. El. 1373. Eur. Hec. 1284. Hippol. 599. Med. 950. Ὡς τάχος eigtl. wie Schnelligkeit möglich ist. Pind. P. 4, 164 καὶ ὡς τάχος ὀτρύνει με τεύχειν ναὶ πομπάν. Aesch. S. 676 φέρ' ὡς τάχος κνημῖδας. Vgl. Ag. 27. S. Ai. 578. 593. Hdt. 5, 106 νῦν ὦν ὡς τάχος με ἄπες. Ἧι τάχος. Pind. O. 6, 23 ζεῦξον . . σθένος ἡμιόνων | ᾇ τάχος. (Vgl. Theocr. 14, 68.) Auch ὡς ὅ τι, wo ὅ τι inwieweit bedeutet, als: Pl. Leg. 743, d ὡς ὅτι σμικρόταται. Conv. 218, d ὡς ὅτι βέλτιστον ἐμὲ γενέσθαι. Ap. 23, a πολλαὶ μὲν ἀπέχθειαί μοι γεγόνασι καὶ οἷαι χαλεπώταται καὶ βαρύταται (zur Erklärung vgl. Stellen wie X. Comm. 4. 8, 11 Σωκράτης ἐδόκει τοιοῦτος εἶναι οἷος ἂν εἴη ἄριστος). Conv. 220, b ὄντος πάγου οἵου δεινοτάτου. X. An. 4. 8, 2 χωρίον οἷον χαλεπώτατον. 7. 1, 24 χωρίον οἷον κάλλιστον. In fast gleichem Sinne steht auch οἷος, ὅσος mit dem Positive. Dem. 2, 18 ἀνὴρ ἐστιν ἐν αὐτοῖς οἷος ἔμπειρος. Oder nachgestellt Hdt. 4, 28 ἔνθα τοὺς μὲν ὀκτὼ τῶν μηνῶν ἀφόρητος οἷος γίνεται κρυμός, ubi v. Baehr. 194 οἱ δέ σφι ἄφθονοι ὅσοι ἐν τοῖς οὔρεσι γίνονται. Ar. N. 1 f. τὸ χρῆμα τῶν νυκτῶν ὅσον | ἀπέραντον, unermesslich lang, entst. aus τοσοῦτον, ὅσον ἀπέραντόν ἐστι, s. Hermann. S. § 555, A. 15. — f) durch das hinzutretende εἷς, *unus*, als Aesch. P. 327 εἷς ἀνὴρ πλεῖστον πόνου ἐχθροῖς παρασχών. S. Ph. 1344 f. Ἑλλήνων ἕνα | κριθέντ' ἄριστον. Vgl. Ai. 1340. OR. 1380. Hdt. 6, 127 ἦλθε Σμινδυρίδης . . Συβαρίτης, ὃς ἐπὶ πλεῖστον δὴ χλιδῆς εἷς ἀνὴρ ἀπίκετο. Th. 8, 68 (Ἀντιφῶν) τοὺς ἀγωνιζομένους καὶ ἐν δικαστηρίῳ καὶ ἐν δήμῳ πλεῖστα εἷς ἀνὴρ . . δυνάμενος ὠφελεῖν. X. Cy. 8. 2, 15 ἐξὸν αὐτῷ θησαυροὺς χρυσοῦ πλείστους ἐνί γε ἀνδρὶ ἐν τῷ οἴκῳ καταθέσθαι. X. An. 1. 9, 22 δῶρα πλεῖστα εἷς γε ἀνὴρ ὢν ἐλάμβανε, s. das. Kühners Bem., wie im Lateinischen, als Cic. Tusc. 2. 26, 64 *amplitudinem animi . . unam esse omnium rem pulcherrimam.* — g) durch πάντα, τὰ πάντα. S. OC. 1458 τὸν πάντ' ἄριστον. X. An. 1. 9, 2 πάντων πάντα κράτιστος ἐνομίζετο. Hdt. 1, 134 νομίζοντες ἑωυτοὺς εἶναι ἀνθρώπων μακρῷ τὰ πάντα ἀρίστους. Theocr. 7, 98 ὁ τὰ πάντα φιλαίτατος ἀνέρι τήνῳ. — h) durch οὕτως nur bei Späteren, S. Nr. 6, f). Appian. b. Pun. 8. 1, 305 περὶ οὕτω βραχυτάτου. Aesop. fab. 57, 310 οὕτω κακίστως. — i) Eine besondere Art der Verstärkung ist das dem Superlative beigefügte ἐν τοῖς (bei Herodot. und bes. bei Thukyd. und Platon u. bei Späteren, wie Lukian). Hdt. 7, 137 τοῦτό μοι ἐν τοῖσι θειότατον φαίνεται γίγνεσθαι, mit am wunderbarsten. Th. 1, 6 ἐν τοῖς πρῶτοι δὲ Ἀθηναῖοι τὸν σίδηρον κατέθεντο. 7, 19 ἐν τοῖς πρῶτοι ὁρμήσαντες (von Bekker st. πρώτοις hergestellt). 7, 24 μέγιστον δὲ καὶ ἐν τοῖς πρῶτον ἐκάκωσε τὸ στράτευμα τῶν Ἀθηναίων ἡ τοῦ Πλημμυρίου λῆψις. 7, 71 ἐν τοῖς χαλεπώτατα διῆγον. 8, 90 Ἀρίσταρχος, ἀνὴρ ἐν τοῖς μάλιστα καὶ ἐκ πλείστου ἐναντίος τῷ δήμῳ. Pl. Symp. 178, c ὁμολογεῖται ὁ Ἔρως ἐν τοῖς πρεσβύτατος εἶναι. 173, b Σωκράτους ἐραστὴς ὢν ἐν τοῖς μάλιστα τῶν τότε. Crit. 52, a ἐν τοῖς μάλιστα Ἀθηναίων ἐγὼ αὐτοῖς ὡμολογηκὼς τυγχάνω ταύτην τὴν ὁμολογίαν. 43, c ἣν (ἀγγελίαν) ἐγὼ . . ἐν τοῖς βαρύτατ' ἂν ἐνέγκαιμι. [Pl. Euthyd. 303, c ἐν δὲ τοῖς καὶ τοῦτο μεγαλοπρεπέστερον, ὅτι κτλ. wird unrichtig mit ἐν τοῖς c. Superl. verglichen; denn ἐν τοῖς steht hier für ἐν τούτοις, s. § 459, 1, b und gehört nicht zu μεγαλοπρεπέστερον.]

Anmerk. 4. Die Verbindung mit dem Femininum findet sich nur b. Thuk., als: 3, 17 ἐν τοῖς πλεῖσται δὴ νῆες .. ἐγένοντο, ubi v. Haacke. 82 (στάσις) ἐν τοῖς πρώτη ἐγένετο. Die Formel drückt übrigens nicht den unbedingten Vorrang aus, sondern weist nur dem hervorgehobenen Begriffe die erste Stelle unter Verwandtem an. Zur Erklärung nimmt man gewöhnlich eine Ellipse zu Hilfe: Kühner lehrt, man müsse aus dem Zusammenhange den Superlativ wiederholen: ἐν τοῖς πρώτοις πρῶτοι, und zieht zum Vergleiche Stellen heran wie Pl. Crat. 427, e ὃ δὴ δοκεῖ ἐν τοῖς μεγίστοις μέγιστον εἶναι; Conv. 195, e ἁπτόμενον... ἐν μαλακωτάτοις τῶν μαλακωτάτων. Andere ergänzen das Prädikat des Satzes als Partizip: ἐν τοῖς καταθεμένοις πρῶτοι κατέθεντο. Wahrscheinlich wurde mit ἐν τοῖς (in demonstrativem Sinne) auf wirklich Vorhergenanntes hingewiesen, wie in dem oben a. E. angeführten Beispiele Pl. Euthyd. 303, c. Allmählich aber verblasste der Demonstrativbegriff zu einem allgemeinen „unter den in Betracht kommenden Gegenständen, Verhältnissen“ u. s. w. und ἐν τοῖς erstarrte zur Formel ähnlich wie πρὸ τοῦ (ursprünglich „vor dem eben erwähnten Zeitpunkte“, dann allgemein „vordem, ehemals“, vgl. § 459, g).

Anmerk. 5. Ähnlich der Positiv in Verbindung mit ἐν ὀλίγοις, als εὐδόκιμος, σοφὸς ἐν ὀλίγοις, wie im Lateinischen, als: Liv. 23, 44 *pugna memorabilis inter paucas.* Bei den späteren Autoren: ἐν τοῖς σφόδρα, μάλα, πάνυ, als: ἐν τοῖς σφόδρα σοφός. — So auch: ὁμοῖα τῷ, ὁμοῖα τοῖς mit dem Superlative. Hdt. 3, 8 σέβονται δὲ Ἀράβιοι πίστις ἀνθρώπων ὁμοῖα τοῖσι μάλιστα (sc. σεβομένοις), *ut qui maxime.* 57 θησαυρὸς ἐν Δελφοῖσι ἀνακέεται, ὁμοῖα τοῖσι πλουσιωτάτοισι. 7, 118 τῶν ἀστῶν ἀνὴρ δόκιμος ὁμοῖα τῷ μάλιστα. Vgl. 141. Th. 1, 25 χρημάτων δυνάμει ὄντες κατ' ἐκεῖνον τὸν χρόνον ὁμοῖα τοῖς Ἑλλήνων πλουσιωτάτοις. 7, 29 τὸ γένος τὸ τῶν Θρᾳκῶν ὁμοῖα τοῖς μάλιστα τοῦ βαρβαρικοῦ, ἐν ᾧ ἂν θαρσήσῃ, φονικώτατόν ἐστι (nachgeahmt von Plut. Them. 31, 2 τιμώμενος ὅμοια Περσῶν τοῖς ἀρίστοις). Vgl. Ps. Dem. ep. 2, 24. Cic. Fam. 4, 2 *tam sum amicus reipublicae, quam qui maxime.*

Anmerk. 6. Über das Genus des prädikativen Superlativs s. § 363.

Syntaxe des einfachen Satzes.

Erstes Kapitel.

§ 350. Hauptbestandteile des einfachen Satzes.

1. Die Syntaxe ist die Lehre vom Satze (§ 344). Satz ist der Ausdruck eines Gedankens in Worten, als: τὸ ῥόδον θάλλει, ὁ ἄνθρωπος θνητός ἐστι. Gedanke ist der geistige Akt, durch den der Mensch zwei Begriffe — einen Verbalbegriff und einen Substantivbegriff — zu einer Einheit zusammenfasst, indem er einerseits beide Begriffe unter einander in eine gegenseitige Beziehung, andererseits den Verbalbegriff in Beziehung auf seine Gegenwart und seine Anschauung stellt.

2. Das Wesen jedes Gedankens besteht demnach aus drei Elementen: gleichsam zwei materiellen — dem Substantiv- und dem Verbalbegriffe — und einem geistigen — der Zusammenfassung beider zu einer Einheit. Den Substantivbegriff drückt die Sprache durch ein Substantiv oder ein anderes substantivisch gebrauchtes Wort aus, den Verbalbegriff entweder durch ein Verb allein oder durch ein Adjektiv oder Substantiv in Verbindung mit dem Formworte εἶναι [§ 345, 13, f)], die gegenseitige Beziehung beider Begriffe auf einander durch die Personenformen des Verbs, und die Beziehung des Verbalbegriffes auf den Redenden durch die Zeit- und Modusformen des Verbs.

3. Der Verbalbegriff, der das bezeichnet, was von dem Substantivbegriffe ausgesagt (prädiziert) wird, wird Prädikat genannt, der Substantivbegriff, der den Gegenstand bezeichnet, von dem etwas ausgesagt wird, Subjekt (der dem Prädikate zu Grunde liegende Gegenstand, *id quod praedicato subiectum est*) genannt. Das Prädikat macht den eigentlichen Kern des Satzes aus, das Subjekt ist demselben untergeordnet und kann sogar durch eine blosse Flexionsendung des Verbs ausgedrückt werden. Da also das Prädikat

den Hauptbegriff des Satzes bildet, so wird das aus dem Subjekte und dem Prädikate bestehende Grundverhältnis des Satzes das prädikative Satzverhältnis genannt.

§ 351. A. Subjekt.

1. Das Subjekt ist immer ein substantivischer Begriff und wird daher ausgedrückt entweder durch ein Substantiv oder ein anderes Wort, welches substantivisch gebraucht wird, also durch ein substantivisches Pronomen, durch ein substantivisches Zahlwort, durch ein zum Substantive erhobenes Adjektiv oder Partizip, durch einen die Stelle eines Substantivs vertretenden Relativsatz, durch einen Infinitiv, durch ein mittelst des vorgesetzten Artikels zum Substantive erhobenes Adverb, durch einen Genetiv mit vorgesetztem Artikel τό oder τά, oder endlich durch eine mit ihrem Kasus verbundene Präposition, als: Ὁ παῖς γράφει. Ἐγὼ γράφω. Ἐκεῖνος γράφει. Τρεῖς ἦλθον. Ὁ σοφὸς εὐδαίμων ἐστίν. Οἱ φθονοῦντες μισοῦνται. Ἦλθον οἳ ἄριστοι ἦσαν (§ 548, 1 b). Φιλοσοφεῖν, τὸ φ. καλόν ἐστιν (§ 472, 1). Οἱ τότε ἀνδρεῖοι ἦσαν. Τὰ τῆς τύχης ἄδηλά ἐστιν. Οἱ ἀμφὶ τὸν Κῦρον ἐμαχέσαντο.

2. Auch kann jedes Wort, jeder Buchstabe, jede Wortverbindung, ja selbst ein ganzer Nebensatz als sächliches Substantiv aufgefasst werden und daher auch, gewöhnlich in Verbindung mit dem Artikel τό, als Subjekt auftreten. Τὸ τύπτω, τὸ τύπτεις, τὸ Ἑλλάς, τὸ πῖ. Ἔτι ἐλλείπεται „τὸ ἢν πείσωμεν ὑμᾶς, ὡς χρὴ ἡμᾶς ἀφεῖναι" Pl. Civ. 327, e. Τὸ „Γνῶθι σαυτὸν" πανταχοῦ 'στι χρήσιμον. Men. (com. fr. Mein. IV, p. 361).

Anmerk. 1. Substantive behalten bisweilen auch dann, wenn es sich bloss um das Wort als Wortgebilde handelt, den ihnen zukommenden Artikel. Τὸ τοῦ ἔρωτος ὄνομα, ὅθεν γεγόνασιν οἱ ἥρωες. Pl. Crat. 398, d, von dem die Heroen herkommen, d. h. woher das Wort ἥρωες abgeleitet ist.

Anmerk. 2. Wenn die alten Grammatiker ein Wort nach seiner grammatischen Bedeutung anführen, so pflegen sie nicht zu sagen τὸ ἐγώ, τὸ σύ, τὸ ἀνά, τὸ κατά, τὸ καί, τὸ τύψω, τὸ τέτυφα, τὸ ἔτυψα, sondern sich eines elliptischen Ausdruckes zu bedienen, indem sie das die Wortklasse bezeichnende Wort weglassen, aber die diesem entsprechende Form des Artikels vorsetzen; so z. B. in Theodosii Gramm. ed. Goetl. ἡ ἐγώ, ἡ σύ, ἡ ἵ (sc. ἀντωνυμία) p. 85, ὁ μέν, ὁ δέ, ὁ καί (sc. σύνδεσμος) p. 87; ὁ μέλλων τύψω, ὁ παρακείμενος τέτυφα (sc. χρόνος) p. 155 u. s. w.

3. Das Subjekt steht im Nominative, d. h. in demjenigen Kasus, welcher den Gegenstand, von dem etwas ausgesagt wird, und die Beziehung dieses Gegenstandes zu dem Ausgesagten (Prädikate) ausdrückt, als: ὁ παῖς γράφει. Bei ungefähren Zahlbestimmungen aber wird das Subjekt durch eine Präposition (εἰς, περί, κατά) mit ihrem Kasus und bei distributiven Zahlbestimmungen durch κατά m. d. Akk. ausgedrückt. Ἐς ἄνδρας διακοσίους καὶ εἴκοσι

[illegible] Th. 3, 36, wie im Deutschen [illegible] ziehen", und im Lat. *ut [illegible] et pungent* [illegible] Liv. 4, 59. [illegible] X. An. 3. 4, 5. Vgl. 6. 4, [illegible] [illegible] Hell. 6. 5, [illegible]. [illegible] Hdt. 5, 117. Καθ᾽ ἕνα singuli, κατὰ [illegible] u. s. w. καθ᾽ ἑκάστους singuli, κατὰ ἔθνη, singulae gentes. Dieselbe und ähnliche Ausdrucksweisen finden aber auch sonst statt. [illegible] Genetivi absoluti X. Hell. 2. 4, 5. Als Objekt: Καθ᾽ ἕκαστον [illegible] Pl. Civ. 436. [illegible] Καθ᾽ ἓν ἕκαστον τῶν [illegible] .. [illegible] Phileb. 65. b. ubi v. Stallb. [illegible] καθ᾽ ἓν [illegible] τῶν Ἑλλήνων Dem. 9, 22 vgl. 54. 28. 19. 17. Τοῦ μεγίστου [illegible] = [illegible] Th. 2, 76. So [illegible] 1. 5[illegible]. 4. 13[illegible] 4. 3[illegible]. Lys. 1[illegible]. [illegible] τῶν ἀγρῶν τῶν [illegible] ein Stück von 10 St. vgl. X. Hell. 2. 2, 15). Selbst der sog. partitive Genetiv findet sich als Subjekt, so in der Konstruktion des Acc. c. Inf. X. An. 3. 5, 16 [illegible] πρὸς τὸν [illegible] [illegible] σφῶν τε πρὸς ἐκείνους καὶ ἐκείνων πρὸς ἑαυτούς [illegible] *et ex Persis cum illis (Carduchis) et ex [illegible] ex illis cum ipsis commercium habere.*

§ 352. Ellipse des Subjekts.

Das Subjekt wird in folgenden Fällen nicht durch ein besonderes Wort ausgedrückt:

a) Wenn das Subjekt ein persönliches Pronomen ist, und dasselbe nicht mit besonderem Nachdrucke hervorgehoben werden soll, als: γράφω, γράφεις u. s. w., wie dies auch der Fall im Lat., Got. und oft auch im Altdeutschen ist.

b) Wenn der Verbalbegriff des Prädikats von der Art ist, dass er nur einem bestimmten Subjekte zukommt und demnach das Subjekt gewissermassen schon in sich schliesst. Schon b. Hom. οἰνοχοεῖ γ, 142 sc. ὁ οἰνοχόος. Τῷ κύων δ᾽ ἐθέλοντι παρασταδὸν οἰνοχοείτω Theogn. 473. Θυσίη δὲ ἥδε τῶν ὑῶν τῇ Σελήνῃ ποιέεται· ἐπεὰν θύσῃ (sc. ὁ θυτήρ), τὴν οὐρὴν ἐκάλυψε τῇ πιμελῇ Hdt 2, 47. Τῶν δὲ (sc. θεῶν) ὡς ἑκάστῳ θύειν (sc. ὁ θυτήρ od. ὁ θύων) θέλῃ 1, 132, ubi v. Baehr. Ἐπεὰν νῶτον ὑὸς δελεάσῃ (sc. ὁ δελεάζων) περὶ ἄγκιστρον, μετίει ἐς μέσον τὸν ποταμὸν 2, 70. Ἐπεὶ ἐγίγνωσκον αὐτοὺς οἱ Ἕλληνες βουλομένους ἀπιέναι, ἐκήρυξε (sc. ὁ κῆρυξ) τοῖς Ἕλλησι συσκευάζεσθαι X. An. 3. 4, 36. Κηρυξάτω Cy. 4. 5, 42, vgl. Ar. Ach. 10. Ἐσάλπιγξε sc. ὁ σαλπιγκτής 1. 2, 17. Ἐσήμηνε τοῖς Ἕλλησι τῇ σάλπιγγι 3. 4, 4. Ὁπόταν σημήνῃ 5. 2, 12. Ἐπειδὰν σημήνῃ τῷ κέρατι 2. 2, 4. (Doch auch ἐπειδὰν ὁ σαλπιγκτὴς σημήνῃ τὸ πολεμικόν

4. 3, 29. Σημαίνει ὁ σαλπιγκτής 32.) Τὸν νόμον ὑμῖν αὐτὸν ἀναγνώσεται (sc. ὁ γραμματεύς) Dem. 20, 27. So wird bei der III. Pers. Impr. oft das Wort δοῦλος od. παῖς (garçon) als selbstverständlich weggelassen. Δόρπου δ' ἐξαῦτις μνησώμεθα, χερσὶ δ' ἐφ' ὕδωρ | χευάντων δ, 214. Σὺ δὲ λέξεο τῷδ' ἐνὶ οἴκῳ ἢ χαμάδις στορέσας, ἤτοι κατὰ δέμνια θέντων τ, 599. Ἀλλὰ δίδασκε, εἴ τι ἔχεις σοφόν· μόνον τὸν λαμπτῆρα ἐγγὺς προσενεγκάτω X. conv. 5, 2.

Hierher gehören auch die Ausdrücke der **Naturerscheinungen**, bei denen sich die Griechen ursprünglich als Subjekt Ζεύς oder ὁ θεός hinzudachten, oft auch wirklich hinzusetzten: Βροντᾷ Ar. fr. 142, *tonat*, u. Ζεὺς δ' ἄμυδις βρόντησε μ, 415, wie *Juppiter tonat*. Vgl. ξ, 305. Θ, 133. Υ, 56. Ar. Av. 570. Οὐρανοῦ δ' ἄπο ἤστραψε S. fr. 507 D., *fulsit*, u. Ζεὺς ἀστράπτει I, 237, vgl. B, 353. P, 595, wie *Juppiter fulget*. Ὕει Hdt. 4, 50, *pluit*, u. ὗε δ' ἄρα Ζεύς M, 25. Τὸν χειμῶνα ὕει σφι ὁ θεός Hdt. 3, 117. Ὀμβρήσαντος Ζηνός Hs. op. 415. Ἐὰν δὲ νίφῃ Ar. V. 773, *ningit*, u. ὅταν νίφῃ ὁ θεός X. ven. 8, 1. Ἔσεισε Th. 4. 52, es war ein Erdbeben, u. gewöhnlich ἔσεισεν ὁ θεός X. Hell. 4. 7, 4. Ὁ Ποσειδῶν σείσας Ar. Ach. 510 sq. Συννένοφε Ar. fr. 142 D., es umwölkt sich, u. Τί γὰρ ὁ Ζεὺς ποιεῖ; ἀπαιθριάζει τὰς νεφέλας ἢ ξυννεφεῖ; Ar. Av. 1502. Ἡμέρας ἐχείμαζε τρεῖς Hdt. 7, 191, es stürmte, u. ὅταν χειμάζῃ ὁ θεὸς ἐν τῇ θαλάττῃ X. Oec. 8, 16. Συνεσκόταζε Th. 1. 51, Συνεσκότασε X. Cy. 4. 5, 5, *advesperavit*, u. συσκοτάζοντος ἄρτι τοῦ θεοῦ Polyb. 31. 21, 9.[1]) Ähnlich προσημαίνει Hdt. 6, 27 Φιλέει προσημαίνειν, εὖτ' ἂν μέλλῃ μεγάλα κακὰ ἔσεσθαι (dagegen ibid. Ταῦτα μέν σφι σημήια ὁ θεὸς προέδεξε, vgl. 7, 37).

c) Als Subjekt schwebt dem Redenden ein **allgemeiner** persönlicher oder sächlicher Begriff vor, wie α) οἱ ἄνθρωποι (**man**) oft in den Ausdrücken des Sagens (φασί, λέγουσιν u. dgl. wie lat. *aiunt, dicunt*), seltener bei anderen Verben. Ζώειν μὰν ἔτι φασὶ Μενοίτιον Ἄκτορος υἱόν Π, 14. Οὔλυμπόνδ', ὅθι φασὶ θεῶν ἕδος ἀσφαλὲς αἰεὶ ἔμμεναι ζ, 42. Τοὺς εὖ παθόντας ὅταν δυνάμενοι χάριν ἀποδοῦναι μὴ ἀποδῶσιν, ἀχαρίστους καλοῦσιν X. Comm. 2. 2, 1. Μηδενὶ χρῶ πονηρῷ· ὧν γὰρ ἂν ἐκεῖνος ἁμάρτῃ, σοὶ τὰς αἰτίας ἀναθήσουσιν Isocr. 1, 37. Ἔκρινον δ' αὐτὸν φιλομαθέστατον εἶναι X. An. 1, 9, 5. Κατὰ τὰς ἄνω πύλας, ᾗ ἐπὶ Ποτιδαίας ἔρχονται, προσεκάθητο τῇ πόλει Th. 4, 130 vgl. Hdt. 2, 106. Ἧι νῦν τὰ σημεῖα δεικνύασι X. An. 6, 2, 2. — β) ein **Zeitbegriff**, wie χρόνος, ἡμέρα u. dgl. Ὡς δὲ πρόσω τῆς νυκτὸς προελήλατο Hdt. 9, 44 als es schon tief in der Nacht war (vgl. προελθόντος πολλοῦ χρόνου Th. 1, 10.) Ἤδη ἦν ἀμφὶ (περὶ) ἀγορὰν πλήθουσαν X. An. 1. 8, 1. 2, 1. 7. Ἤδη ἀμφὶ ἡλίου δυσμὰς ἦν 6. 4, 26. — γ) ein unbestimmter Begriff wie πρᾶγμα, πράγματα u. dgl. (unser es). Ἐξ ὧν

[1]) Anders **Miklosich**, Subjektlose Sätze, 2. Aufl. Wien 1883.

[illegible]

[illegible] Wallensteins Tod 2, 3: Es giebt [illegible] Augenblicke, wo er dem Weltgeist näher ist. [illegible] Pl. Men. 97, a. [illegible] (sc. die so gebildete Versch[illegible]ung Th. 2, 3. Zuweilen wird das zu ergänzende Subjekt durch [illegible] Pronomen angedeutet. Ἦν ὀλιγαρχίη, καὶ οὗτοι (sc. οἱ ὀλιγαρχ[illegible]) [illegible] τὴν πόλιν Hdt. 5, 92. Ἐπεὶ δὲ Τροία θ' Ἕκτο[illegible] [illegible] ψυχή, πατρῴα θ' ἑστία κατεσκάφη, αὐτὸς δὲ (sc. ὁ πατ[illegible]) [illegible] Eur. Hec. 21, ubi v. Pflugk. Sehr häu[fig] findet diese Ergänzung auch bei anderen Kasus statt. (Θῆβαι.) [illegible] εἰσί, ὑπηκόσιοι δ' ἀν' ἑκάστας (sc. πύλας) ἀνέρες εἰσοιχνεῦσι 383. Οὐ μὲν γάρ τι κακὸν βασιλευέμεν· αἶψα τέ οἱ (βασιλεῖ) δῶ[μ'] ἀφνε[ιὸν πέ]λεται καὶ τιμηέστερος αὐτός α, 392. Ἔνθα μὲν εἰνάετες πολεμίζομεν . . τῷ δεκάτῳ (sc. ἔτει) δὲ πόλιν Πριάμου πέρσαντες ἔβημεν ξ, 240 f. Κα[ὶ τὰ] μὲν ἕπταχα πάντα διεμοιρᾶτο δαΐζων· τὴν μὲν ἴαν (sc. μοῖραν) Νύμφ[αις] καὶ Ἑρμῇ, Μαιάδος υἱεῖ, θῆκεν ἐπευξάμενος, τὰς δ' ἄλλας νεῖμεν ἑκάστῳ 434. Ἐντυχοῦσαι ἱπποφορβίῳ τοῦτο διήρπασαν καὶ ἐπὶ τούτων (sc. τ[ῶν] ἵππων) ἱππαζόμεναι ἐλῄζοντο τὰ τῶν Σκυθέων Hdt. 4. 110. Ἐγεφύρουν τὴν μέν (sc. γέφυραν) κτλ. 7, 34. Εὑρίσκετο χρῖσμα ἀμυγδάλινον ἐκ τῶν πικρῶν sc. ἀμυγδαλῶν X. An. 4. 4, 13. Πολλοὶ πλουτοῦσι.. ἀδίκως αὐτὰ (sc. τὰ χρήματα, das in πλουτοῦσι liegt) ξυλλεξάμενοι Ar. Pl. 502. Καλοῦσι δ' Ἰοκάστην με· τοῦτο (sc. τὸ ὄνομα, das in καλοῦσι liegt) γὰρ πατὴρ ἔθετο Eur. Ph. 12. Παιδιᾷ χρώμενος, οὐδέν πω τῶν τοιούτων (sc. παίδων) διαφέρων Pl. lg. 864, d. Πρὶν ἂν ἀφίκηται τὸ πλοῖον, darauf αὐτούς sc. τοὺς πλέοντας Phaed. 58, b, ubi v. Stallb. Vgl. § 359 Anm. 3.

Anmerk. 1. Auf ähnliche Weise steht häufig das neutrale Demonstrativ (τοῦτο, ταῦτα, αὐτό) ohne vorhergehendes neutrales Substantiv; dann ist es als Stellvertreter eines Substantivbegriffes, der in einem der vorhergehenden Worte liegt, anzusehen. Ἀποπέμπουσι Φειδιππίδην, Ἀθηναῖον μὲν ἄνδρα, ἄλλως δὲ ἡμεροδρομόν τε καὶ τοῦτο (sc. τὸ ἡμεροδρομεῖν) μελετῶντα Hdt. 6, 105. Οἵ τὴν Ἑλλάδα ἠλευθέρωσαν· ἡμεῖς δὲ οὐδ' ἡμῖν αὐτοῖς βεβαιοῦμεν αὐτό (sc. τὴν ἐλευθερίαν) Th. 1, 122. Τοῖς Ἀσιανοῖς πυγμῆς καὶ πάλης ἆθλα τίθεται, καὶ διεζωσμένοι τοῦτο (sc. τὴν πυγμὴν καὶ πάλην) δρῶσι 1, 6. Πύκτης ὡς οἷόν τε κάλλιστα ἐπὶ τοῦτο παρεσκευασμένος Pl. civ. 422, b. Vgl. Cic. Tusc. 1. 2, 4 in Graecia musici floruerunt, discebantque id omnes, s. daselbst Kühners Bem.

e) Sehr häufig muss das Subjekt aus dem vorhergehenden Satze entnommen werden, wo es als Objekt vorhanden ist. Ὅσον χρόνον προὔστη (Περικλῆς) τῆς πόλεως, ἀσφαλῶς διεφύλαξεν αὐτήν, καὶ ἐγένετο ἐπ' ἐκείνου μεγίστη Th. 2, 65. Ταῦτα (Τισσαφέρνης) εἰπὼν ἔδοξε τῷ Κλεάρχῳ ἀληθῆ λέγειν, καὶ εἶπεν (sc. Κλέαρχος) X. An. 2. 5, 24.[1]) Hingegen folgt bisweilen das Subjekt des Vordersatzes erst im Nachsatze, um dasselbe mit rhetorischem Nachdrucke hervorzuheben. Ἕως μὲν πόλεις ἑώρα παραιρούμενον αὐτὸν (Φίλιππον) βαρβάρους καὶ ἰδίας, ὑπελάμβανεν ἔλαττον εἶναι ὁ δῆμος ὁ Ἀθηναίων τὸ εἰς αὐτὸν πλημμελεῖσθαι Dem. 18, 181 ubi v. Dissen.

f) Zuweilen liegt das Subjekt in dem Prädikatsnomen, oder das Prädikat ist zugleich Subjekt. Ἀλλ ἡδὺ γάρ τοι κτῆμα τῆς νίκης λαβεῖν S. Ph. 81, d. i. τὸ κτῆμα τῆς νίκης λ. ἐστὶν ἡδὺ κτῆμα. Φιλόψογον δὲ χρῆμα θηλειῶν ἔφυ Eur. Ph. 199 d. i. τὸ χρῆμα θηλειῶν (= τὸ γένος θηλειῶν) ἔφυ φ. χρ. Ἐπίφθονόν τι χρῆμα θηλείας φρενός Andr. 181. Σοφόν τι χρῆμα τοῦ διδάξαντος βροτοὺς | λόγους ἀκούειν τῶν ἐναντίων πάρα 956 sq. Ebenso im Akkus. b. d. Verben des Nennens u. dgl. Ἦ μακάριον λέγεις τυράννου χρῆμα; Pl. Civ. 567, e, d. i. τὸ τυράννου χρῆμα λέγεις μακάριον χρῆμα.[2])

g) Häufig ist bei der III. Pers. S. des Verbs das unbestimmte Pronomen τὶς hinzuzudenken. Οὐδέ κεν ἔνθα τέον γε μένος καὶ χεῖρας ὄνοιτο N, 287. Ὡς δ' ἐν ὀνείρῳ οὐ δύναται φεύγοντα διώκειν X, 199, vgl. υ, 88. Μισούμεθ' οὕτως, ὥστε μὴ προσεννέπειν Eur. Or. 428, ut *nemo*

[1]) Vgl. Stallbaum ad Plat. Protag. 320, a. b. ad Phaedon. 72, b; Kühner ad Xen. An. 1. 4, 5. Comment. 2. 1, 8. — [2]) Vgl. Fritzsche, Quaest. Luc. p. 76 sq

nos alloquatur. Οὔτε ἀνταδικεῖν δεῖ οὔτε κακῶς ποιεῖν οὐδένα ἀνθρώπων, οὐδ', ἂν ὁτιοῦν πάσχῃ ὑπ' αὐτῶν Pl. Crit. 49, c. Ἡ τοῦ οἴεσθαι εἰδέναι (ἀμαθία), ἃ οὐκ οἶδεν Apol. 29, b.[1]) So in den allgemeinen Vorschriften der Gesetze.[2]) Ὁ νόμος οὐκ ἐᾷ ἐπανιέναι, ἐὰν μὴ υἱὸν καταλίπῃ γνήσιον Isae. 6, 44. Ebenso im Lat. Neque vero mihi quicquam praestabilius videtur quam posse dicendo hominum voluntates impellere, quo velit, unde autem velit, deducere Cic. de orat. 1. 8, 30. Beim Infin. fehlt häufig τινά; alsdann folgt oft in einem Nebensatze ein Kasus v. αὐτός od. ἑαυτοῦ, der sich auf dieses weggelassene Subjekt bezieht. Οὐκ ἄρα τοῦτ' ἔστι τὸ μέγα δύνασθαι, τὸ ποιεῖν (sc. τινά), ἃ δοκεῖ αὐτῷ Pl. Gorg. 469, e. Λέγω ἐξεῖναι (sc. τινί) ἐν τῇ πόλει, ὃ ἂν δοκῇ αὐτῷ 469, c, ubi v. Stallb. Steht aber beim Infinitive ein Partizip, so muss man dieses als das Subjekt auffassen. Κούφως φέρειν χρὴ θνητὸν ὄντα συμφοράς Eur. M. 1018. Οὐκ ἔστι φιλοῦντα μὴ ἀντιφιλεῖσθαι ὑπὸ τούτου, ὃν ἂν φιλῇ (sc. ὁ φιλῶν) Pl. Lys. 212, b, ubi v. Stallb. Ebensowenig ist τίς zu ergänzen in Stellen, wie: Τόσσον ἀπῆν ὅσσον τε γέγωνε βοήσας ε, 400 und sonst, ein Schreiender. Τὴν μέν (τῶν Ἐρίδων) κεν ἐπαινήσειε νοήσας Hs. op. 12, ein Verständiger. Ὅταν γὰρ ἡδὺς τοῖς λόγοις, φρονῶν κακῶς | πείθῃ τὸ πλῆθος, τῇ πόλει κακὸν μέγα Eur. Or. 908, ein süss Redender, aber schlecht Denkender. Ὅταν δέ τις θεῶν | βλάπτῃ, δύναιτ' ἂν ἰσχύων φυγεῖν S. El. 697, ein Starker.

Anmerk. 2. In οὐκ ἔστιν, ὅς (ὅστις); εἰσίν, οἵ; ἔστιν, ὅτε liegt das Subjekt in dem Nebensatze. S. § 554, 4 u. Anm. 9.

Anmerk. 3. Unpersönliche Verben, unter denen wir ein mit dem unbestimmten Pronomen es verbundenes Verb verstehen, kennt die griechische Sprache nicht; denn Ausdrücke, wie δεῖ, χρή, πρέπει, ἔξεστιν, ἐνδέχεται (es ist möglich), ἔχει λόγον (*consentaneum est*), καλῶς, κακῶς ἔχει, δηλοῖ, ἐδήλωσε (= δῆλόν ἐστιν, ἐγένετο, s. Kühners Bem. ad X. Comm. 1, 2, 32), φαίνεται, δοκεῖ, λέγεται u. s. w., εἰσέρχεταί με, εἰσῄει με, εἰσῆλθέ με, *venit mihi in mentem*, s. Kühners Bem. ad X. An. 6. 1, 17, bei Hdt. 3, 71 ἀπίκετο ἐς hat der Grieche immer persönlich aufgefasst, indem er den damit verbundenen Infinitiv oder Nebensatz als Subjekt auf diese Verben bezogen hat. Vgl. § 351, 2.

Anmerk. 4. Das unbestimmte Subjekt man (verkürzt aus Mann, d. i. irgend Einer, wie das franz. on aus homme, homo) wird im Griechischen ausgedrückt: a) durch τίς, wenn man so viel ist als irgend Einer, als: εἴποι τις ἄν; b) durch die III. Pers. Pl. Akt., wenn in man der Sinn von „die Menschen, Leute“ liegt, und die Rede von einer allgemeinen Überlieferung, Meinung, Benennung u. dgl. ist, wie bei φασί, λέγουσιν, ὀνομάζουσιν u. s. w.; c) durch die III. P. Sing. Pass., als: λέγεται, ἀγγέλλεται u. dgl.; d) durch die II. Pers. S. Opt. od. Indicat. der historischen Zeitformen mit ἄν, als: φαίης ἄν (φαίης κε Hom.), *dicas*, man kann sagen, ἡγήσω ἄν, *putares*, man hätte glauben können.

1) S. Stallbaum ad Pl. Gorg. 456, d. Criton. 49, c. Apol. 29, b. — 2) S. Schoemann ad Isaeum 2, 13.

§ 353. B. Prädikat.

1. Das Prädikat ist ein Verbalbegriff und wird daher ausgedrückt entweder durch ein Verb allein oder durch ein Adjektiv oder Substantiv oder ein mit einem Adjektive verbundenes Substantiv in Verbindung mit dem Verb εἶναι, das man alsdann Aussagewort oder auch Kopula nennt, weil es das Adjektiv oder Substantiv mit dem Subjekte verbindet. S. § 345, 3. Das Verb kongruiert mit dem Subjekte im Numerus, das Adjektiv im Kasus, d. h. es steht gleichfalls im Nominative, im Genus und Numerus, das Substantiv im Kasus und, wenn es eine Person bezeichnet, auch im Genus und Numerus. Κῦρος ἐβασίλευσε. Κῦρος ἀνδρεῖος ἦν. Κῦρος βασιλεὺς ἦν. Τόμυρις βασίλεια ἦν. S. Ai. 79 οὔκουν γέλως ἥδιστος (sc. ἐστίν) εἰς ἐχθροὺς γελᾶν;

2. Das Verbum finitum bezeichnet zugleich das Ausgesagte (*id quod praedicatur*) und die Aussage, d. h. die Beziehung des Ausgesagten auf das Subjekt und den Redenden; die Beziehung auf das Subjekt wird durch die Personenformen, die Beziehung auf den Redenden durch die Zeit- und Modusformen des Verbs bezeichnet. Wenn aber das Prädikat durch ein Adjektiv oder Substantiv mit εἶναι ausgedrückt wird, so wird das Ausgesagte durch das Adjektiv oder Substantiv, die Aussage aber durch εἶναι bezeichnet. Man vgl. εὐδαίμων εἰμί u. εὐδαιμονέ-ω, εὐδαίμων εἶ u. εὐδαιμονέ-εις, εὐδαίμονες ἔσονται u. εὐδαιμον-ή-σουσι, βασιλεύς εἰμι u. βασιλεύ-ω. Das Aussagewort vertritt also bei dem prädikativen Adjektive und Substantive die Stelle der Flexion des Verbs.

Anmerk. 1. Von dem Prädikate des Satzes, welches das Ausgesagte und die Aussage in sich vereinigt und daher stets ein Verbalbegriff ist, muss man wohl unterscheiden das prädikative Wort, das bloss das Ausgesagte ohne Aussage ausdrückt. Ohne Prädikat des Satzes zu sein, kann doch ein Wort prädikativ sein, wenn es sich in das Prädikat eines Satzes auflösen lässt. In dem Satze: οἱ Ἀθηναῖοι Ἀλκιβιάδην στρατηγὸν εἵλοντο ist εἵλοντο Prädikat des Satzes, στρατηγόν aber ist prädikatives Substantiv; denn in dem Satze liegt der Sinn: die Ath. wählten den A., so dass er nun Feldherr war. Der Gebrauch der prädikativen Wörter ist im Griechischen viel freier und umfassender als im Deutschen. Τούτῳ φίλῳ χρῶμαι = οὗτος, ᾧ χρῶμαι, φίλος ἐστί. Vgl. §§ 355. 411, 1. Pl. Prot. 318, b τοῦτο μὲν οὐδὲν θαυμαστὸν λέγεις = τοῦτο, ὃ λέγεις, οὐδὲν θαυμαστόν ἐστι. Π, 440 ποῖον τὸν μῦθον ἔειπες; = ὁ μῦθος, ὃν ἔειπες, ποῖός ἐστι. S. § 465, Anm. 1.

3. Bei Angabe von Massbestimmungen, wo wir das Verb betragen mit dem Akk. gebrauchen, genügt im Griechischen die Kopula εἶναι. Τὸ μὲν μῆκος τοῦ ὀρύγματος ἑπτὰ στάδιοί εἰσι, τὸ δὲ ὕψος καὶ εὖρος ὀκτὼ ἑκάτερον πόδες Hdt. 3, 60. Τριηκόσια ἦν τάλαντα φόρος 3, 90. Ἦν ὁ πρῶτος φόρος ταχθεὶς τετρακόσια τάλαντα Th. 1, 96. Ähnlich:

Τὸ χωρίον τοῦτό ἐστι ἐπὶ ἡμέρας τέσσερας πλόος Hdt. 2, 29 die Streck beträgt eine viertägige Fahrt; τῆς μῆκός ἐστι πλόος ἡμέραι τέσσερες desse Länge vier Tage Fahrt beträgt 2, 158; so auch bei φαίνεσθαι (§ 355 Hdt. 7, 60 τοῦ στρατοῦ τοῦ πεζοῦ τὸ πλῆθος ἐφάνη ἑβδομήκοντα καὶ ἑκατὸ μυριάδες. Doch kann das Mass auch im Genetive stehen, als: τὸ μῆκο (εὖρος, ὕψος) ὀκτὼ ποδῶν ἐστι, wie öfters b. Hdt., z. B. 2, 138. 4, 12: u. s.[1]) Ferner: Πάντα ἦν τοῖσι Βαβυλωνίοισι Ζώπυρος 3, 157 galt ihnen alles, wie Dem. 18, 43 u. Liv. 40, 11 Demetrius iis unus omnia est.

4. Dass das abstrakte Aussagewort εἶναι ursprünglich konkrete Bedeutung gehabt hat, haben wir § 345, 3 gesehen. So wird es denn auch in allen Zeiten häufig als ein wirkliches konkretes Verb mit der Bedeutung dasein, vorhanden sein, leben, sich befinden, verweilen, liegen, sich verhalten gebraucht und daher ebenso wie die konkreten Verben durch Adverbien näher bestimmt. Ἔστι θεός. Κἀγὼ γάρ ἦν ποτ', ἀλλὰ νῦν οὐκ εἰμ' ἔτι Eur. Hec. 284. Οὐδὲ . . Λυκόοργος δὴν ἦν Z, 131 lebte lange. Διαγνῶναι χαλεπῶς ἦν ἄνδρα ἕκαστον H, 424 es war nur mit Mühe möglich. Κουρήτεσσι κακῶς ἦν I, 551 erging es schlecht. Ὡς ἔον (*sic eram*) Λ, 762. Ἔνθ' ἄλλοι μὲν πάντες ἀκὴν ἔσαν verhielten sich ruhig β, 82. Ὅτ' οὐκέτ' εἰμί, τηνικαῦτ' ἄρ' εἴμ' ἀνήρ S. OC. 392. Ῥᾳδίως αὐτῷ οὔσης τῆς ἀναχωρήσεως Th. 4, 10 (leicht von statten gehen). Σωκράτης ἀεὶ ἦν ἐν τῷ φανερῷ X. Comm. 1. 1, 10 *versabatur*. Καλῶς, ὦ ἄνδρες, ἔσται, ἐὰν θεὸς θέλῃ An. 7. 3, 43, es wird gut gehen. So 4. 3, 8. Cy. 8. 1, 12. Ψυχὴ λέγοιτ' ἂν εἶναι διαφερόντως φύσει Pl. leg. 892, c *in primis pollere* procreandi vi, s. Stallb. Μᾶλλον ἂν ἁρμονία εἴη καὶ πλείων Phaed. 93, b in höherem Grade sich zeigen, s. daselbst Stallb. u. ad Phileb. 41, e. X. Hell. 2. 4, 2 μάλ' εὐημερίας οὔσης. 5. 4, 14 μάλα χειμῶνος ὄντος. Hdt. 3, 152 δεινῶς ἦσαν ἐν φυλακῇσι οἱ Βαβυλώνιοι (= δεινῶς ἐφύλαττον).

Anmerk. 2. Einige Adverbien aber, wie δίχα, χωρίς, ἑκάς, ἐγγύς, ἄγχι, ἀγχοῦ, σχεδόν, ἅλις, ἐμποδών u. a. vertreten die Stelle fehlender Adjektive. Χωρὶς σοφία ἐστὶν ἀνδρίας Pl. Lach. 195, a. Ὃς ἂν ἐγγύτατα Σωκράτους ᾖ λόγῳ 187, e. Ebenso sehr oft χωρίς, δίχα γίγνεσθαι u. dgl. S. § 355, Anm. 1.

Anmerk. 3. Soll der Verbalbegriff selbständiger und nachdrücklicher hervorgehoben werden, so tritt an die Stelle des einfachen Prädikatsverbums eine Umschreibung durch das Partizip Präsentis, Perfekti oder Aoristi (letzteres fast nur dichterisch) mit der Kopula εἶναι: Οὔτε γὰρ θρασὺς οὔτ' οὖν προδείσας εἰμί S. OR. 90. Ἂν ᾖ θέλουσα, πάντ' ἐμοῦ κομίζεται 580. Οὕτω δ' ἂν θανὼν εἴη 'ξ ἐμοῦ, dann wäre er freilich ein von mir Getöteter (dann wäre ich sein Mörder) 970. Πάλαι . . στείχων ἂν ᾖ, ich wäre längst auf dem Wege Ph. 1219. Ἤκουσεν αἰσχρά· δρῶν γὰρ ἦν τοιαῦτά με Ai. 1324. Ἦν δὲ τὸ δεῖπνον ποιεύμενον ἐν Θήβῃσι, der Ort, wo das Mahl veranstaltet wurde, war Theben. Hdt. 9, 16. Ἃ μεταπεμπόμενοι ἦσαν, mit dessen Herbeiholung sie beschäftigt waren (was unterwegs war) Th. 3, 2. Ἦν δὲ αὕτη ἡ στρατηγία οὐδὲν ἄλλο δυναμένη An. 2. 2, 13. Ἦν πολὺ τούτων ἀφεστηκότα τὰ

[1]) S. Matthiä II, § 428, 5.

τότε λεγόμενα, die damaligen Reden waren in grossem Abstande gegen.. Dem. 6, 49. Besonders häufig findet sich diese Ausdrucksweise dann, wenn das Partizip in der Weise eines Adjektivs (oft auch in Verbindung mit Adjektiven) dem Subjekte ein charakteristisches Merkmal, eine dauernde Eigenschaft, einen bleibenden Zustand beilegt.[1]) So schon bei Homer: Αἰεί τοι ῥίγιστα θεοὶ τετληότες (= τλήμονες) εἰμεν E, 873. Μῦθος δ' ὃς μὲν νῦν ὑγιής, εἰρημένος ἔστω, soll hiermit erledigt sein Θ, 524. Λευγαλέοι τ' ἐσόμεσθα καὶ οὐ δεδαηκότες (unkundig) ἀλκήν β, 61. Οὔτις, ὅν οὔπω φημὶ πεφυγμένον εἶναι ὄλεθρον ι, 455. Ἦσαν οἱ Πελασγοὶ βάρβαρον γλῶσσαν ἱέντες (= βαρβαρόφωνοι) Hdt. 1, 57. Ἔργα ἀποδεξάμενοι μεγάλα εἰσί 2, 10. Ἦσαν δέ πως καὶ ἄλλως οἱ Ἀθηναῖοι οὐκέτι ὁμοίως ἐν ἡδονῇ ἄρχοντες (keine beliebten Herrscher) Th. 1. 99, 2. Ἦσαν δὲ Κορίνθιοι ξυμπροθυμούμενοι μάλιστα τοῖς Ἀμπρακιώταις 2, 80, 3. Ἦσαν γὰρ τεταλαιπωρημένοι ὑπό τε τῆς νόσου καὶ τοῦ πολέμου 3. 3, 1. Συνεληλυθότες δ' ἦσαν αὐτόσε καὶ ἄνδρες καὶ γυναῖκες X. An. 4. 7, 2. Ἦν δὲ οὐδὲν πεπονθώς (unverletzt) 6. 1, 6. Εὐδαιμονέστατοι καὶ εἰς βέλτιστον τόπον ἰόντες Pl. Phaed. 82, a. Ἂν δέ γε ἁμαρτανόμενον (irrig) τό δοξαζόμενον ᾖ Phileb. 37, e. Τοῦτο οὐκ ἔστι γιγνόμενον παρ' ἡμῖν 39, c. Οὗτοί γε μαινόμενοί εἰσιν, das sind Rasende, Prot. 350, b. Ὅσῳ μέγιστον τὸ τῶν φυλάκων ἔργον, τοσούτῳ σχολῆς.. μεγίστης δεόμενον Civ. 374, e. Ἦν τὰ περὶ τὸ ἦτρον ψυχόμενα, befand sich im Zustande des Erkaltens, Phaed. 118, a. Εἰ δ' ἔστι τοῦτο οὕτως ἔχον Phaedr. 245, e u. öfters. Ταῦθ' οὕτως ἔχοντ' ἐστίν Dem. 29, 29. Οὔτ' εὔλογον οὔτ' ἔχον ἐστὶ φύσιν τοῦτό γε 2, 26. Οὕτω σώφρονες ἦσαν καὶ σφόδρα ἐν τῷ πολιτείας ἤθει μένοντες 3, 25. Ἀλλ' ἔστι ταῦτα τὴν ἑκάστου ῥᾳθυμίαν ὑμῶν ἐπαυξάνοντα, es ist derart, dass es eueren Leichtsinn steigert 3, 33. Δημοκρατουμένῃ καὶ ἐλευθέραν εἶναι (τὴν πόλιν) 24, 5. Ἀσεβὴς καὶ μιαρὸς καὶ πᾶν ἂν ὑποστὰς εἰπεῖν καὶ πρᾶξαι 21, 114. Noch weniger auffällig ist die Ausdrucksweise bei Partizipien, die geradezu adjektivische Geltung gewonnen haben, wie ἀρέσκων, ἀρκῶν, διαφέρων, ὁμολογούμενος, πρέπων, προσήκων, συμφέρων u. a.: Ὅσοις τάδ' ἔστ' ἀρέσκοντ' S. OR. 274. Εἰ τοῖς πλέοσιν ἀρέσκοντές ἐσμεν Th. 1, 38. Οὐκ ἀρκοῦν μοί ἐστιν Antiph. 2. β, 2. Ὥσπερ προσῆκον ἦν Isocr. 12, 124. Πρέποντά ἐστι τὰ πεπραγμένα Lys. 3, 9. — Sehr gebräuchlich ist die Umschreibung beim Konj. und Opt. Perf.; das aktive Futur exakt wird regelmässig durch ἔσομαι mit dem Part. des Perfekts (seltener und vorwiegend dichterisch des Aorists) umschrieben: Ὅπου τὸν δρόμον πεποιηκὼς εἴη X. An. 4. 8, 26. Ἴστε ὅτι ἄνδρα κατακεκονότες ἔσεσθε 7. 6, 36. Οὐ σιωπήσας ἔσῃ; S. OR. 1146. Ἀντιδοὺς ἔσῃ Ant. 1067.

Auf ähnliche Weise werden γίγνεσθαι und ὑπάρχειν (dichterisch auch πέλεσθαι und ἔχειν, vgl. § 482, 11) bisweilen mit einem Partizip verbunden: Οὔ οἱ νῦν ἔτι γ' ἔστι πεφυγμένον ἄμμε γενέσθαι X, 219. Μὴ προδοὺς ἡμᾶς γένῃ, werde nicht zum Verräter an uns, S. Ai. 588. Μὴ ἐμὲ κτείνας γένῃ Ph. 773 (nachgeahmt bei Pl. Soph. 217, c μὴ ἀπαρνηθεὶς γένῃ). Οἱ Λακεδαιμόνιοι οὕτως ἀποτετραμμένοι (abgeneigt) ἐγένοντο Th. 3, 68. Μισοῦντες (Hasser) γίγνονται τοὺς κακούς Pl. leg. 908, b. Δεῖ ἐθέλοντας ὑπάρχειν τὰ προσήκοντα ποιεῖν, ihr müsst entschlossen dastehen, Dem. 4, 13 (s. Rehdantz, Indices). Εὕδεις, αὐτὰρ ἐμεῖο λελασμένος (uneingedenk) ἔπλευ, Ἀχιλλεῦ Ψ, 69.

An manchen Stellen, die sonst hierher gezogen werden, ist εἶναι volles Prädikat in der Bedeutung „vorhanden sein", oder es gehört nicht zum Partizip, sondern zu einem andern Begriffe des Satzes. So Th. 2, 12 ἦν γὰρ Περικλέους γνώμη πρότερον νενικηκυῖα, es existierte ein Antrag des P., der früher schon angenommen worden war; X. Oec. 12, 2 πολλῶν ὄντων ἐπιμελείας δεομένων, da viele

---

1) Alexander in American journal of philology IV, 3, p. 291 ff.

da sind, die deiner Fürsorge bedürfen. Hdt. 3, 76 ἐν τῇ ὁδῷ μέσῃ στείχοντες ἐγίνοντο, sie gelangten auf ihrem Marsche bereits zur Mitte des Weges; Ar. R. 35 ἐγγὺς τῆς θύρας βαδίζων εἰμί.

§ 354. Ellipse des Verbs εἶναι.

Das Verb εἶναι, als Kopula, wird oft weggelassen, jedoch meistens nur im Indik. Praes., wo sich das Aussageverhältnis leicht ergänzen lässt, und zwar vorwiegend in der 3. Person. Zuweilen wird εἶναι selbst dann weggelassen, wenn es als konkretes Verb auftritt (§ 353, 4). Die Fälle, in denen diese Ellipse im Griechischen am häufigsten auftritt, sind folgende:

a) In allgemeinen Sätzen, Sentenzen, Sprichwörtern. Ἐχθρῶν ἄδωρα δῶρα κοὐκ ὀνήσιμα S. Ai. 665. Ὁ μέγας ὄλβος οὐ μόνιμος ἐν βροτοῖς Eur. Or. 340. Βροτῶν δ' ὁ πᾶς ἀστάθμητος αἰών 981. Στρατιᾷ γὰρ ἡ ῥᾴστη (ὁδὸς) ταχίστη X. Cy. 2. 4, 27. Κοινὴ γὰρ ἡ τύχη καὶ τὸ μέλλον ἀόρατον Isocr. 1, 29.

b) Sehr oft bei Verbaladjektiven auf τέος, sowie auch bei anderen Ausdrücken der Notwendigkeit, Pflicht, als: ἀνάγκη, χρεών, θέμις, θεμιτόν, εἰκός, seltener bei den adjektivisch gebrauchten Partizipien δέον, πρέπον, προσῆκον, ἐξόν, poet. δεδογμένα (= δέδοκται); ferner bei ῥᾴδιον, χαλεπόν, ἄξιον, es ist der Mühe wert, δῆλον u. dgl., bei καιρός, ὥρα u. dgl., in der Redensart οὐδεὶς φθόνος c. inf. Θεραπευτέον τοὺς θεούς X. Comm. 2, 1, 28. Ἡμῖν γ' ὑπὲρ τῆς ἐλευθερίας ἀγωνιστέον Dem. 9, 70. Οὐκ ὀκνητέον μνησθῆναι περὶ αὐτῶν Isocr. 4, 74. Τίς τοι ἀνάγκη πτώσσειν; E, 633. Ἀνάγκη φυλάττεσθαι Dem. 9, 6. Isocr. 4, 74. Eur. Hec. 1275. Ἄξιον δ' αὐτοῦ (Σωκράτους) καὶ ἃ πρὸς Ἀντιφῶντα διελέχθη μὴ παραλιπεῖν X. Comm. 1. 6, 1. Δῆλον οὖν, ὅτι οὐκ ἂν προέλεγεν, εἰ μὴ ἐπίστευεν ἀληθεύσειν 1. 1, 5. 2, 34. Δεδογμέν', ὡς ἔοικε, τήνδε κατθανεῖν S. Ant. 576. Vgl. OC. 1431. Ἀλλὰ ἐλπίς Pl. leg. 907, d. Οὐ γὰρ νόμος αὐτοῖς X. Hell. 2. 1, 7. Ὥρα δὴ βουλεύεσθαι Pl. Phil. 62, e, ubi v. Stallb. Πρὸς ταῦτα οὐδεὶς φθόνος ἀμφισβητῆσαι τῷ λόγῳ leg. 664, a es ist gestattet, steht nichts im Wege. Ἃ μὲν οὖν τυγχάνω ἀκηκοώς, φθόνος οὐδεὶς λέγειν Phaed. 61, d, das werde ich gern sagen. So schon bei Hom. ὥρη, αἶσα, μοῖρα, ἐλπωρή, νέμεσις, αἰδώς, ἄχος u. a.,[1]) z. B. λ, 373 οὐδέ πω ὥρη εὕδειν.

c) Oft bei den Adjektiven ἕτοιμος, πρόθυμος, δυνατός, οἷος, οἷός τε, δίκαιος, ἄξιος, φροῦδος u. dgl. Χαλεπή τοι ἐγὼ μένος ἀντιφέρεσθαι Φ, 482. Ἡμεῖς δ' οὔ νύ τι τοῖοι ἀμυνέμεν β, 60. Ἕτοιμος ἀφθόνῳ δοῦναι χερί Eur. M. 612 sc. εἰμί. Ἡ ψυχὴ δουλεύειν ἑτοίμη Pl. Phaedr. 252, a. Ἐγὼ πάσχειν ὁτιοῦν ἕτοιμος Dem. 4, 29. 9, 4. Περὶ τούτου ἕτοιμοι τῷ λόγῳ διαμάχεσθαι

[1]) S. J. La Roche in Zeitschr. f. d. Österr. Gymn., 1871, S. 733.

Pl. civ. 499, d, sc. ἐσμέν. Πῶς; εἰδέναι πρόθυμος Eur. Hel. 1523. Δίκαιος σὺ ἡγεῖσθαι Pl. Protag. 351, e. Σοὶ δὴ οὐκ ὀλίγιστοι πλησιάζουσι, καὶ δικαίως· ἄξιος γὰρ τά τε ἄλλα καὶ γεωμετρίας ἕνεκα Theaet. 143, d, ubi v. Stallb. Ὁ μὲν ἄτην μεγάλην προσπεσοῦσαν ἐνεῖκαι δυνατώτερος Hdt. 1, 32. Εἰ δὲ ψυχρὰ λέγω, σὺ αἴτιος X. conv. 6, 7. Θανὼν | Ἀντίλοχος αὐτῷ φροῦδος S. Ph. 425, so oft b. att. Dicht. Ὅρκων δὲ φρούδη πίστις Eur. M. 492. Φροῦδα τὰ χρήματα, φρούδη χροιά, | φρούδη ψυχή, φρούδη δ' ἐμβάς Ar. N. 718 sq.

d) In formelhaften Wendungen wie θαυμαστὸν ὅσον, *mirum quantum*, ἀμήχανον ὅσον, *immane quantum*, οὐδεὶς ὅς, ὅστις οὐ, *nemo non*, s. § 555, 4 u. Anm. 15.

e) In der Dichtersprache ist die Weglassung von εἶναι auch sonst sehr häufig: Δαιτὸς μὲν εἴσης οὐκ ἐπιδευεῖς, I, 225, scil. ἐσμέν, vgl. Lehrs, Aristarch[2] p. 365. Τοίου γὰρ καὶ πατρός (scil. εἶς), ὃ καὶ πεπνυμένα βάζεις δ, 206. Ἦ σοὶ μὲν ἡμεῖς πανταχῇ δρῶντες φίλοι; S. Ant. 634.

Anmerk. 1. Auch in Nebensätzen findet sich diese Ellipse: häufig nach ὅτι und ὡς: Οἶδα δ' ὅτι σὺ μὲν ἐσθλός, ἐγὼ δὲ σέθεν πολὺ χείρων Υ, 434. Ὅτι γε οἷος παρρησιάζεσθαι, αὐτὸς φῄς Pl. Gorg. 487, d. (scil. εἶ). Ἀποφαίνων ὡς οὐδέν μοι προσῆκον κακόνουν εἶναι τῷ πλήθει Lys. 25, 7, ubi v. Bremi. Ἔφη αὐτὸν λέγειν ὡς οὐδὲν ὄφελος εὔνους εἶναι X. Comm. 1. 2, 52. Ὑπώπτευον ὑμᾶς τῷ τε μεμονῶσθαι, καὶ ὅτι βάρβαροι οἱ ἐπιόντες καὶ πολλοί, ἔκπληξιν ἔχειν Th. 4, 126; nach ἐπεί: Ἐπεὶ δὲ τὰ ἀποχωροῦντα δυσχερῆ X. Comm. 1. 4, 6; nach ὥστε: Ὁρῶ τὰ πράγματα εἰς τοῦτο προήκοντα ὥστε ... σκέψασθαι δέον Dem. 3, 1; in Relativsätzen: Μῦθος, ὃς μὲν νῦν ὑγιής, εἰρημένος ἔστω Θ, 524. Δμώων οἳ κατὰ δώματ' Ὀδυσσῆος θείοιο υ, 298. Ἰδεῖν ἃ οὐκ ἐξὸν αὐτῇ Isae. 6, 50, ubi v. Schoemann. Ἀτιμίας ἃς ἐν δουλευούσῃ τῇ πόλει φέρειν ἀνάγκη Dem. 18, 205. Οὐχ ὁράας, οἷος καὶ ἐγὼ καλός τε μέγας τε Φ, 108. Ὁρᾷς, Ὀδυσσεῦ, τὴν θεῶν ἰσχύν, ὅση; S. Ai. 118. Εἴπερ γάρ κ' ἐθέλοιμεν, ὅσοι Δαναοῖσιν ἀρωγοί Θ, 205. Ὅσαι μεταξὺ τοῦ Ἰονίου κόλπου καὶ τοῦ Εὐξείνου πόντου Th. 2, 97; in indirekten Fragen: Εἴ τις ἐπερωτῴη πότερον .. κρεῖττον X. Comm. 1. 1, 9. Hdt. 2, 38. Πρόοιδεν ἕκαστος ὑμῶν ἐκ πολλοῦ, τίς χορηγός Dem. 4, 36. Θεάσασθε εἰ παραπλήσιον τούτῳ 19, 196; in Bedingungssätzen: Εἰ δ' ἤδη τεθνᾶσι καὶ εἰν Ἀΐδαο δόμοισιν Χ, 52. Οὐ διὰ τοῦτο καὶ ἀποκτεῖναι κελεύσω, εἰ μὴ ξυμφέρον Th. 3, 44. (Beim Partizipium wird εἶναι nur dann ausgelassen, wenn es adjektivische Geltung hat, vgl. § 353, Anm. 3.)

Anmerk. 2. Ausser dem Indik. Praes. werden auch andere Formen von εἶναι, wenn sie sich aus dem Zusammenhange leicht ergänzen lassen, bisweilen weggelassen. a) Ind. Impf. selt. Δοιοὺς δ' ἄρ' ὑπήλυθε θάμνους . ., ὁ μὲν φυλίης, ὁ δ' ἐλαίης sc. ἦν ε, 477. Ὄκνος (sc. ἦν) εἰπεῖν Pl. civ. 503, a, ubi v. Schneider. Νὺξ ἐν μέσῳ (sc. ἦν), καὶ παρῆμεν Aeschin. 3, 71. (Manche sonst hierher gezogenen Stellen lassen andere Erklärungen zu: Τ, 43 ist ἦσαν aus dem Folgenden zu ergänzen; Κ, 437 u. 546, λ, 605 ff. sind Nominative des Ausrufs; Th. 2, 53 Ὅ τι ἤδη ἡδύ ist ἐστί hinzuzudenken: „was für den Augenblick angenehm ist, der augenblickliche Sinnengenuss". Anders geartet sind auch Beispiele wie Th. 1, 23 οὔτε φυγαὶ τοσαίδε ἀνθρώπων καὶ φόνος.) — b) Ind. Fut. selten. Πόθεν οὖν ὁ πόρος τῶν χρημάτων .. τοῦτ' ἤδη λέξω Dem. 4, 29. — c) Conjunct. nach ὃς ἄν (ὅς κε ep.) ziemlich oft, aber nach Konjunktionen selten. Ὃς δέ κ' ἀνὴρ μενέχαρμος sc. ᾖ Ξ, 376. Α, 547. Ε, 481. Ὧν ἂν αὐτοῖς χρεία Pl. Civ. 370, e. Ἐφ' οἷς ἂν τὸ πλεῖστον μέρος τῆς βασάνου Antiph. 5, 32, ubi v. Maetzner. Nach ἔστ' ἂν Eur. Hipp. 6[illegible] ἔστ' ἂν ἔκδημος χθονὸς Θησεύς, sc. ᾖ; nach ὄφρα Λ, 477 ὄφρ' αἷμα λιαρὸν κ[illegible] γούνατ' ὀρώρῃ; nach ἐὰν Antiph. 6, 8 ἐὰν ὑμῖν ἡδομένοις. Aristot. Eth. Eud. 7. [illegible] nach ἐπειδὰν Lucian. Catapl. 2; nach ἕως ἂν Hippocr. de aer. aq. loc. 101; na[illegible] πρὶν σ, 289 οὐδέ τί σε χρή, πρὶν ὥρη (sc. ᾖ), καταλέχθαι. — d) Opt. häufig[illegible] Τίς γὰρ ἄν, ἔφασαν, σοῦ γε ἱκανώτερος πεῖσαι; X. Cy. 1. 4, 12. Ἃ οὐδ' ἂν εἰ παρ' ἑαυτ[illegible] δοίη τις φαῦλα, λαβεῖν ἄξιον Dem. 22, 45. — e) Impr. in der Redensart: τοῖς θε[illegible] μεγίστη χάρις (sc. ἔστω), ὅτι ἔδοσαν ἡμῖν τυχεῖν, ὧν ἐνομίζομεν ἄξιοι εἶναι X. Cy. 3, 72. Vgl. 8. 7. 3. An. 3. 3. 14. Oec. 8. 16. (S. OC. 1480 ἵλαος, ὦ δαίμων. [illegible] aus dem folgenden φέρων der Ipr. φέρε zu ergänzen. u. N, 95 Αἰδώς, Ἀργεῖοι. [illegible] ein Ausruf und ἔστε zu ergänzen.) — f) Partiz. Ἄτοπα λέγεις καὶ οὐδαμῶς π[illegible] σοῦ (sc. ὄντα) X. Comm. 2. 3, 15 nec tibi convenientia. Ὁρῶντι οὖν προσβεβηκότα κ[illegible] οὐκ ἐν ὥρᾳ (sc. οὖσαν) Pl. Phaedr. 240, d, ubi v. Stallb. Häufig aber ist di[illegible] Ellipse des einen Verbalbegriff ergänzenden Partizips, s. § 483, sowie auch öfte[illegible] des adverbialen, § 490, 3. — g) Infin. oft bei δοκεῖν. Βουλεύεται ἐδόκει Τ[illegible] 7, 60. Ὡς ἂν αὐτῷ δοκῇ ἀσφαλὲς X. An. 7. 1. 6; jedoch scheint zwischen δοκεῖ[illegible] mit einem Adj. ohne εἶναι und mit εἶναι ein gleicher Unterschied zu sein w[illegible] zwischen erscheinen, sich zeigen und scheinen oder wie zwischen φαίνεσθαι c. partic. und c. infin.[1] Noch weniger ist bei den V. νομίζειν, ἡγεῖσθαι [illegible] Akkus. eine Ellipse anzunehmen.

§ 3[illegible]. Kopulaartige Verben.

Ausser der eigentlichen Kopula εἶναι giebt es noch eine Anz[illegible] von Verben, welche den Charakter der Kopula annehmen, in[illegible] sie gleichfalls ein prädikatives Adjektiv oder Substantiv mit d[illegible] Subjekte verbunden und die Form dieses Adjektivs oder Substan[illegible] mit der des Subjektes kongruieren lassen. Sie unterscheiden si[illegible] aber dadurch von der Kopula εἶναι, dass sie nicht zu einem [illegible] abstrakten Begriffe herabsinken, sondern neben der kopulativen [illegible] eine konkrete Grundbedeutung behalten. Es sind folgen[illegible] Verben.

a) Die Verben [illegible] bewege mich, § 34[illegible] [illegible] gehe auf, erhebe mich [illegible] wurde [illegible]

b) [illegible] beginne mich, kann [illegible] [illegible]

[1] [illegible]

(eigtl. *valeo*, gelte, daher bedeute = bin der Bedeutung nach; — e) die Verben, welche bedeuten: ich scheine, erscheine = bin dem Scheine nach, bin ähnlich, als: φαίνομαι, δηλοῦμαι, εἴδομαι poet.; — f) die Verben, welche bedeuten: ich werde genannt (= bin dem Namen nach), als: καλοῦμαι, ὀνομάζομαι, λέγομαι, daher auch ἀκούω, poet. κλύω, wie *audio*, stehe im Rufe; — g) die V., welche bedeuten: ich werde zu etwas gemacht, erwählt, ernannt (= werde durch Wahl, Ernennung), als: αἱροῦμαι, ἀποδείκνυμαι, χειροτονοῦμαι, λαγχάνω, *sorte creor*, παιδεύομαι; — h) die V., welche bedeuten: ich werde für etwas gehalten, als etwas erkannt, beurteilt, befunden, als: νομίζομαι, κρίνομαι, ὑπολαμβάνομαι; — i) die V., welche bedeuten: ich werde als etwas gegeben, genommen, zurückgelassen u. ähnl. Οὐ μέν πως ἅλιον πέλει ὅρκιον Δ, 158. Ὃς μέγα πᾶσιν ἕρκος Ἀχαιοῖσιν πέλεται Α, 284. Ἄνθρωποι δὲ μινυνθάδιοι τελέθουσιν τ, 328. Ἡ (μέριμνα) . . κακόφρων τελέθει Aesch. Ag. 100 Ch. Ταμίης πολέμοιο τέτυκται Δ, 84. Διὸς ἵμερος οὐκ εὐθήρατος ἐτύχθη Aesch. Suppl. 86. Κακῶν μὲν ὅστις ἔμπειρος κυρεῖ id. P. 598. Οἱ πλουσιώτατοι τριηραρχοῦντες ἀεὶ τῶν χορηγιῶν ἀτελεῖς ὑπάρχουσιν Dem. 20, 19. Ἁπλοῦς ὁ μῦθος τῆς ἀληθείας ἔφυ Eur. Ph. 469. Οὐ γὰρ αἰχμητὴς πέφυκεν, ἐν γυναιξὶ δ' ἄλκιμος sc. Μενέλεως Or. 753. Κάρτιστοι δὴ κεῖνοι ἐπιχθονίων τράφεν ἀνδρῶν Α, 266. Δυσμαθέστερον καὶ ἐπιλησμονέστερον ἀποβαίνειν X. Comm. 4. 8, 8. Ἤρετο τὸ ὕψος τοῦ τείχους μέγα Th. 2, 75. Τὸ Κύρου ὄνομα μέγιστον ηὔξητο X. Cy. 4. 2, 3. Τούτοις ὁ Φίλιππος μέγας ηὐξήθη Dem. 2, 5. Vgl. 9, 21. Διὰ τούτων ἤρθη μέγας 2, 8. Οὗτος ἂν ἐλλόγιμος ηὐξήθη Pl. Protag. 327, c, ubi v. Stallb. Οἱ μὲν ὀφθαλμῶν ἰητροὶ κατεστέασι, οἱ δὲ κεφαλῆς Hdt. 2, 84. Δοκοῦσιν οἱ Λυκούργου νόμοι ἀκίνητοι διαμένειν X. R. Lac. 14, 1. Δύναται τοῦτο τὸ ἔπος κατὰ τὴν Ἑλλήνων γλῶσσαν οἱ ἐξ ἀριστερῆς χειρὸς παριστάμενοι βασιλέϊ Hdt. 2, 30. Ὅστις σοι ἀδικώτατος φαίνεται ἄνθρωπος Pl. Protag. 327, c. Οὐ μέν μοι κακὸς εἴσεται Ξ, 472. Αὐτοὶ νομοθέται κληθήσονται Pl. leg. 681, d. Ἀντὶ φίλων καὶ ξένων, ἃ τότε ὠνομάζοντο, νῦν κόλακες καὶ θεοῖς ἐχθροὶ ἀκούουσιν Dem. 18, 46. (Δημοσθένης) οὔτ' ἔλαχε τειχοποιὸς οὔτ' ἐχειροτονήθη ὑπὸ τοῦ δήμου Aeschin. 3, 28. Ὅσοι ἂν διαφερόντως ἐν τῷ βίῳ ἀγαθοὶ κριθῶσι Pl. civ. 469, b.

Anmerk. 1. Dass die Verben γίγνεσθαι, φῦναι, πεφυκέναι u. s. w., wenn sie nicht die Stelle der Kopula vertreten, in derselben Weise wie εἶναι, als konkretes Verb, mit Adverbien verbunden werden können, versteht sich von selbst. Κακῶς δ' ἄρα οἱ πέλει αὐτῇ Ι, 324. Πάντες ἀκὴν ἐγένοντο σιωπῇ π, 393 s. Ameis. im Anh. z. d. St. Χαλεπῶς αὐτοῖς ἡ ἀνάστασις ἐγένετο Th. 2, 14. Vgl. 1, 50. Ἅμα γενόμενοι 4, 30 = συνελθόντες. Χρῆν γὰρ Κανδαύλῃ γενέσθαι κακῶς Hdt. 1, 8. Τὰ πράγματα πολλάκις οὐχ οὕτω πέφυκεν Dem. 3, 20. Über δίχα, χωρίς, ἑκάς, ἐγγύς s. § 353, A. 2. Τοῖσι Ἀθηναίων στρατηγοῖσι ἐγένοντο δίχα αἱ γνῶμαι Hdt. 6, 109. Δίχα πέφυκε Th. 4, 61 (Sicilien) ist in zwei Teile geteilt.

Anmerk. 2. Während die griechische Sprache bei allen angeführten Verben das Verhältnis des Prädikates in der Form eines Kongruenzverhältnisses auffasst und daher auch bei Verwandlung der angeführten Passiva in Aktiva das

Prädikat mit dem Objekte im Akkusative kongruieren lässt, fasst die deutsche Sprache bei den meisten der genannten Verben das Verhältnis als ein den Begriff des Prädikates ergänzendes, als ein Verhältnis der Wirkung auf und bedient sich zum Ausdrucke desselben verschiedener Präpositionen, als: ich werde zum Feldherrn gemacht, gewählt, man wählt mich zum Feldherrn.[1] Bei einigen Verben, besonders den unter g) genannten Verben zu etwas machen etc. wird zuweilen auch von den Griechen dieses Verhältnis dadurch als eine Wirkung bezeichnet, dass dem prädikativen Substantive der Infinitiv εἶναι hinzugefügt wird. Hdt. 5, 25 καταστήσας τὸν ἀδελφεὸν ὕπαρχον εἶναι. Vgl. 5, 94. Isae. 3, 32. Hdt. 5. 25 ἀπέδεξε δικαστὴν εἶναι. 99 στρατηγοὺς ἄλλους ἀπέδεξε Μιλησίων εἶναι. Vgl. 154. 8, 134 οἱ δὲ σύμμαχόν μιν εἵλοντο εἶναι. Vgl. 1, 114. Sehr häufig b. ποιεῖν *efficere*, ut. Hdt. 7, 129 ἀνωνύμους τοὺς ἄλλους ποιέει εἶναι.[2] 6, 108 ὑπερβάντες τοὺς οἱ Κορίνθιοι ἔθηκαν τοῖς Πλαταιεῦσι εἶναι οὔρους. Theocr. 2, 41 ὅς με τάλαιναν ἀντὶ γυναικὸς ἔθηκε κακὰν καὶ ἀπάρθενον ἦμεν. Π, 144 μελίην .. πατρὶ φίλῳ πόρε Χείρων φόνον ἔμμεναι ἡρώεσσιν. P, 151 Σαρπηδόν' ἅμα ξεῖνον καὶ ἑταῖρον κάλλιπες 'Αργείοισιν ἕλωρ καὶ κύρμα γενέσθαι. Auch nach den Verben des Nennens wird zum Prädikatsnomen zuweilen εἶναι zugefügt. Τὰς ὀνομάζουσι Δήλιοι εἶναι 'Υπερόχην τε καὶ Λαοδίκην Hdt. 4, 33. Μάντεις ὀνομάζουσι τοὺς προσημαίνοντας εἶναι X. Apol. 13. Σοφιστὴν ὀνομάζουσι τὸν ἄνδρα εἶναι Pl. Protag. 311, e. Ὅσοι ἐπιστήμας ἔχοντες ὀνομάζονταί τινες εἶναι Civ. 428, e, aliquod nomen habent, ubi v. Stallb. Πάσας ἡδονὰς ἀγαθὸν εἶναι προσαγορεύεις Phil. 13, b, ubi v. Stallb. Lach. 192, a. Theaet. 160, b. Isae. 2, 41 οὐ εἶναι ὀνομάσθην. (Vgl. ἱρὸν 'Ηρακλέος, ἐπωνυμίην ἔχοντος Θασίου εἶναι Hdt. 2, 44. 'Επωνυμίαν ἔχει σμικρός τε καὶ μέγας εἶναι Pl. Phaed. 102, c. Apol. 23, a ὄνομα δὲ τοῦτο λέγεσθαι σοφὸς εἶναι, ubi v. Stallb.) In diesen Fällen sind die Verba des Nennens als vollere Ausdrücke für das einfache λέγειν anzusehen: 'Επωνυμίαν ἔχει σοφὸς εἶναι, ὀνομάζεται σοφὸς εἶναι, man legt ihm den Namen bei, dass er ein Weiser sei.

§ 356. Eigentümlichkeiten im Gebrauche des Nominativs.

1. Wenn ein abstraktes Substantiv durch εἶναι oder γίγνεσθαι mit dem Subjekte verbunden wird, so setzt die griechische Sprache dasselbe in den Nominativ, indem sie das Verhältnis des Prädikates als ein Verhältnis der Kongruenz auffasst, während die lateinische Sprache dasselbe in der Form eines ergänzenden Objektes durch den Dativ ausdrückt (*id mihi honori est*). Σοὶ γὰρ ἐγὼ καὶ ἔπειτα κατηφείη καὶ ὄνειδος ἔσσομαι Π, 498. Vgl. H, 97. P, 38. 556. 636. Οὐκέτ' ἔπειτα σὺ πῆμά ποτ' ἔσσεαι 'Αργείοισιν K, 453, *detrimento eris Achivis.* Ἃ κατορθούμενα μὲν τοῖς ἰδιώταις τιμὴ καὶ ὠφελία μᾶλλον ἦν, σφαλέντα δὲ τῇ πόλει βλάβη καθίστατο Th. 2, 65. (Χαιρεφῶν) ἐμοὶ ζημία μᾶλλον ἢ ὠφέλειά ἐστιν X. Comm. 2. 3, 6. Ἡ τῶν λόγων χάρις, ἂν ᾖ μὴ προσήκουσα, ἔργῳ ζημία γίγνεται Dem. 4, 38. So auch: 'Εγὼ ὑμῖν ἥκω μέγιστον ἀγαθόν, Δαρείῳ δὲ μέγιστον κακόν Hdt. 3, 156.

---

[1]) S. K. F. Becker, Ausf. D. Gr., II. T. § 244. — [2]) Vgl. Schoemann ad Isae. 2, 41 u. 3, 32.

2. Da der Nominativ als Subjektskasus, einen Gegenstand als unabhängig bezeichnet, so gebrauchen ihn die Griechen gern bei Anführung eines Wortes, besonders eines Namens, gewöhnlich in Verbindung mit ὄνομα, ἐπωνυμία u. dgl., so namentlich in den Redensarten ὄνομά ἐστί μοι, ὄνομα ἔχω, aber selbst auch ohne diese Substantive bei den Verben des Nennens in der aktiven Form, obwohl alsdann öfter der Name als Apposition zu ὄνομα im Akkusative hinzutritt. Ἀρήτη δ' ὄνομ' ἐστὶν ἐπώνυμον η, 54. τ, 183. 409. Μάντις ἦν . ., ὄνομα δ' ὠνομάζετο Ἕλενος S. Ph. 605. Ἐγώ σ' ἰάσομαι, τλήμων ἰατρὸς ὄνομ' ἔχουσα Eur. Tr. 1233. Δαρείῳ ἦν ἱπποκόμος, τῷ οὔνομα ἦν Οἰβάρης Hdt. 3, 85. Vgl. 88. X. An. 1. 5, 4 ἐνταῦθα ἦν πόλις μεγάλη, ὄνομα δ' αὐτῇ Κορσωτή. Vgl. 2. 4, 13 u. 25. (In or. obl. der Akkus. Τῇ οὔνομα εἶναι Ἀργείην Hdt. 6, 52. Καί οἱ οὔνομα τεθῆναι Εὐρυσθένεα, τῷ δὲ νεωτέρῳ Προκλέα ibid. Τούτῳ γε οἶμαι μόνῳ τῆς ἀγνοίας (*huic soli ignorationis parti*) ἀμαθίαν τοὔνομα προσρηθῆναι Pl. Soph. 229, c ubi v. Stallb). Ὧι δὴ ψυχὴ τοὔνομα, τίς τούτου λόγος; leg. 895, e. Οὔνομα τῷ ὄρεϊ τούτῳ κεῖται Ἀνόπαια Hdt. 7, 216. (Ἡ καταφρόνησις) τὸ ἐναντίον ὄνομα ἀφροσύνη μετωνόμασται Th. 1, 122. Τῷ κράτει σωφροσύνη ὄνομα sc. ἐστί Pl. Phaedr. 237, e, wo der Lateiner den Genetiv gebraucht *nomen est temperantiae*. Ὥστε ὄνομα τοῦτο λέγεσθαι σοφὸς εἶναι Apol. 23, a (wegen εἶναι s. § 355, A. 2). Ἐν ταῖς ἄλλαις πόλεσιν ὁπόταν τις κακὸς γένηται, ἐπίκλησιν μόνον ἔχει κακὸς εἶναι X. R. L. 9, 4. Ὅπως τοὺς ἔχοντας τὸ σεμνὸν ὄνομα τοῦτο τὸ καλός τε κἀγαθὸς ἐπισκεψαίμην Oec. 6, 14. Ἀνὴρ γενόμενος προσείληφε τὴν τῶν πονηρῶν κοινὴν ἐπωνυμίαν συκοφάντης Aeschin. 2, 99. (Bei einem transitiven Verb, wie ὄνομα τίθημί [τίθεμαί] τινι steht öfter der Akk. Hdt. 6, 63 Δημάρητον αὐτῷ οὔνομα ἔθετο. Pl. Civ. 369, c ταύτῃ τῇ ξυνοικίᾳ ἐθέμεθα πόλιν ὄνομα. Vgl. Leg. 736, a. Plut. Ar. 2 ἀνὴρ πένης καὶ δημοτικὸς ἐκτήσατο τὴν βασιλικωτάτην καὶ θειοτάτην προσηγορίαν, τὸν Δίκαιον. Auch findet sich der attributive Genetiv. Plut. Ph. 10 Φωκίων ἐκτήσατο τὴν τοῦ χρηστοῦ προσηγορίαν.) Auffallender Wechsel: Pl. conv. 205, d οἱ δὲ κατὰ ἕν τι εἶδος ἰόντες τε καὶ ἐσπουδακότες τὸ τοῦ ὅλου ὄνομα ἴσχουσιν ἔρωτά τε καὶ ἐρᾶν καὶ ἐρασταί. Die bei den Lateinern übliche Konstruktion *nomen* ei *est* Tullio scheint bei den Griechen nirgends vorzukommen. (Pl. Crat. 384, c wird jetzt οὔ φησί σοι Ἑρμογένη ὄνομα εἶναι st. d. vulg. Ἑρμογένει gelesen u. Theaet. 150, a ᾗ δὴ προαγωγεία ὄνομα st. d. vulg. προαγωγείᾳ.) Auf ähnliche Weise wird bei Anführungen von Gegenständen der Nominativ ohne Rücksicht auf die vorangehende Konstruktion gebraucht, da es sich hier um die einzelnen Wörter an sich handelt. Ἄλλους δ' ὁ . . Νεῖλος ἔπεμψεν· Σουσισκάνης, Πηγασταγὼν Αἰγυπτογενής, ὅ τε τῆς ἱερᾶς Μέμφιδος ἄρχων κτλ. Aesch. P. 34 sqq. Τίθημι δύο διχῇ ποιητικῆς εἴδη· θεία μὲν καὶ ἀνθρωπίνη κτλ. Pl. Soph. 266, d. Τί δῆτα προταξαίμεθ' ἂν εὔγνωστον . . ., οἷον ἀσπαλιευτής

218, e. Τὴν Θεμιστοκλέους μὲν οἰκίαν .. ὁρᾷ τῶν πολλῶν οὐδὲν σεμν[illegible] οὖσαν, τὰ δὲ τῆς πόλεως οἰκοδομήματα τοσαῦτα, ὥστε μηδενὶ τῶν ἐπιγιγ[illegible] ὑπερβολὴν λελεῖφθαι, προπύλαια ταῦτα, νεώσοικοι, στοαί, Πειραιεύς Dem[illegible] 207. Aber auch sonst, z. B. S. Ant. 567 Ism. τί γὰρ μόνῃ μοι τῆσδ[illegible] βιώσιμον; Cr. ἀλλ' „ἥδε" μέντοι μὴ λέγ'· οὐ γὰρ ἔστ' ἔτι, ubi v. Schn[illegible]

3. Der Nominativ wird oft als Ausruf gebraucht. Σχ[illegible] ὀβριμοεργός, ὃς οὐκ ὄθετ' αἴσυλα ῥέζων, der Schreckliche! E. 403. [illegible] So υ, 194 δύσμορος, der Unglückliche! B. 38 u. sonst νήπιος, der Be[illegible] E, 787 Αἰδώς, Ἀργεῖοι, κάκ' ἐλέγχεα, εἶδος ἀγητοί, eine Schande! [illegible] N, 95. O, 502. Π, 422. Auffälliger A, 231 Δημοβόρος βασιλεύς, ἐπε[illegible] οὐτιδανοῖσιν ἀνάσσεις, ein Verschlinger des Gemeinguts, das bist du! [illegible] Tragikern: Ὦ πόλλ' ἐγὼ μοχθηρός, ὦ πικρὸς θεοῖς S. Ph. 254. V[illegible] Tr. 1046 u. s. w. Ὦ γενναῖος, εἴθε γράψειεν, ὡς χρὴ πένητα μᾶ[illegible] πλουσίῳ sc. χαρίζεσθαι Pl. Phaedr. 227, c. o! der edle Mann. ha[illegible] doch geschrieben u. s. w. So auch bei einem Ausrufe in der [illegible] einer Apposition: Ἱππίας ὁ καλός τε καὶ σοφός, ὡς διὰ χρόνου ἡμῖν κα[illegible] εἰς τὰς Ἀθήνας Pl. Hipp. mai. 281, a, ubi v. Stallb. In der Form [illegible] Frage: Ἐξ ἀγορᾶς ἢ πόθεν Μενέξενος; Menex. 234, a, woher, vom Markt[illegible] sonst, unser lieber M.? Stallb. vgl. Hor. serm. 2. 4, 1 *unde et quo C*[illegible]

4. Ebenso ist der Nominativ des Demonstrativs οὗτος als A[illegible] ruf und nicht als Anruf (Vokativ), oft auch als Apposition [illegible] Form eines Ausrufes aufzufassen in Beispielen, wie: Ὦ οὗτος[illegible] δεύτερον σε προσκαλῶ S. Ai. 89, ei sieh, da ist ja Ajax. Vgl. 71. — Οὗτος σύ, κλῇθρον τῶνδε μὴ ψαύσῃς χερί. Μενέλαον εἶπον, ὃς πεπύργ[illegible] θράσει Eur. Or. 1567, da bist du, den ich suche. Als Apposition in der F[illegible] eines Ausrufes: Αὕτη, τί χλωροῖς δακρύοις τέγγεις κόρας; id. M. 922[illegible] da. Οὗτος, τί σεμνὸν καὶ πεφροντικὸς βλέπεις; Alc. 773. Οὗτος, τί πασ[illegible] Ar. V. 1. Ὦ Φαληρεύς, ἔφη, οὗτος Ἀπολλόδωρος, οὐ περιμενεῖς Pl. C[illegible] 172, a, ubi v. Stallb., sieh, das ist ja Apollodorus. Οὐκ ἀπὸ [illegible] ὀρνίς, οὗτος ὁ Κώναρος ἅ τε Κιναίθα, τουτεὶ βοσκησεῖσθε ποτ' ἀ[illegible] Theocr. 5, 102, als Apposition.

5. Regelmässig ist der Nominativ mit vorgesetztem Artikel [illegible] der Anrede, wenn dem Substantive eine attributive Bestimmung [illegible] der Form einer Apposition beigefügt ist, wo man nach der deutsch[illegible] Ausdrucksweise den Vokativ erwarten sollte. Μῆτερ, ἡ Ξέρξου γ[illegible] χαῖρε Aesch. P. 156. Ὑμεῖς, οἱ ἡγεμόνες, πρὸς ἐμὲ πάντες συμβάλλετ[illegible] Cy. 6. 2, 41, d. i. ὑμεῖς, οἳ ἡγεμόνες ἐστέ, im D.: ihr, o Führer. Σ[illegible] ὁ ἄρχων τῶν ἀνδρῶν, ὄπισθεν τῶν ἁρμαμαξῶν ἀπαγάγετε 6. 3, 33. Vgl. [illegible] 17. 22. 6. 2, 36. Χαίρετε, ὦ φίλοι παῖδες καὶ πάντες δέ, οἱ παρόντες κ[illegible] ἀπόντες, χαίρετε 8. 7, 28. Ebenso in Beziehung auf das im Verb lieg[illegible] Pronomen: Πρόϊθ' ἐς τὸ πρόσθεν ὀλίγον, ἡ κανηφόρος Ar. Ach. 242. [illegible] μελεῖσθε τοῦ σκηνοῦ παρελέσθαι, οἵ τε ἄρχοντες καὶ πάντες δὲ οἱ παρόντ[illegible]

X. Cy. 5. 3, 43. Παρατηρεῖτ', ἔφη, τοῦτον, οἱ πλησίον Comm. 3, 14, 4. Πρόξενε καὶ οἱ ἄλλοι οἱ παρόντες Ἕλληνες, οὐκ ἴστε, ὅ τι ποιεῖτε An. 1. 5, 16. Hell. 2. 3, 54. Οἱ δὲ οἰκέται καὶ εἴτις ἄλλος ἐστὶ βέβηλος, πύλας τοῖς ὠσὶν ἐπίθεσθε Pl. conv. 218, b.[1])

6. Dasjenige Wort, welches an Bedeutsamkeit die übrigen Glieder des Satzes überwiegt, wird zuweilen mit rhetorischem Nachdrucke nicht allein an die Spitze des Satzes gestellt, sondern auch in der Form ausgedrückt, welche das Wort als das dem ganzen Satze zu Grunde liegende Subjekt darstellt, obwohl die grammatische Struktur eine abhängige Kasusform erforderte (rhetorische Anakoluthie). Οἱ δὲ φίλοι, ἤν τις ἐπίστηται αὐτοῖς χρῆσθαι, ὥστε ὠφελεῖσθαι ἀπ' αὐτῶν, τί φήσομεν αὐτοὺς εἶναι; X. oec. 1, 14. Vgl. Hier. 4, 6 οἱ ἀθληταί κτλ., ubi v. Breitenb. 6, 15 ὥσπερ γε καὶ ἵππος κτλ. An. 7. 6, 37 ὑμεῖς δέ κτλ. mit Kühners Bem. Ὁ δὲ Ἅιδης, οἱ πολλοὶ μέν μοι δοκοῦσιν ὑπολαμβάνειν τὸ ἀειδὲς προσειρῆσθαι τῷ ὀνόματι τούτῳ, καὶ φοβούμενοι τὸ ὄνομα Πλούτωνα καλοῦσιν αὐτόν. Pl. Cratyl. 403, a, ubi v. Stallb. Φερρέφαττα δέ, πολλοὶ μὲν καὶ τοῦτο φοβοῦνται τὸ ὄνομα 404, c. Καὶ μὴν τό γε ἀγαθόν, τοῦτο τῆς φύσεως πάσης τῷ ἀγαστῷ βούλεται τὸ ὄνομα ἐπικεῖσθαι 412, c. Vgl. 419, b. Aus demselben Grunde schliesst sich der Nominativ einem darauf folgenden Nebensatze als Subjekt an, obwohl man nach der Struktur des Satzes einen anderen Kasus erwarten sollte. Πρόξενος καὶ Μένων ἐπείπερ εἰσὶν ὑμέτεροι εὐεργέται, πέμψατε αὐτοὺς δεῦρο X. An. 2. 5, 41 (s. das. Kühners Bem.), st. Πρόξενον καὶ Μένωνα, ἐπείπερ . ., πέμψατε. Ἡμεῖς μὲν οὖν εἰ μέλλομεν τούτους εἴργειν, σφενδονητῶν δεῖ (sc. ἡμῖν) καὶ ἱππέων 3. 3, 16. Ähnlich schon Homer: Ἀνδρομάχη, θυγάτηρ μεγαλήτορος Ἠετίωνος, Ἠετίων, ὃς ἔναιεν ὑπὸ Πλάκῳ Z, 395, wo Ἠετίων sich an ὃς anschliesst.

§ 357. Vokativ.

1. An die Lehre von dem Nominative, dem Kasus des Subjektes, reihen wir die Lehre von dem Vokative, dem Kasus des Anrufes oder der Anrede an, der jenem sowohl hinsichtlich der Form als hinsichtlich des Gebrauchs am nächsten steht. Syntaktische Wichtigkeit hat der Vokativ nicht, da er ausser allem organischen Verbande entweder in die Rede eingeschaltet oder derselben vorangeschickt wird.

2. Was die Form des Vokativs anlangt, so sehen wir, dass selbst da, wo die Sprache eine besondere Form für ihn ausgeprägt hat, dennoch zuweilen in der Dichtersprache, selten in der Prosa,

[1]) Vgl. Bezzenberger in: Beiträge zur Kunde der indogerm. Sprachen XIII, 290 f.

statt derselben die Nominativform gebraucht wird.[1]) Ζεῦ πάτερ Ἠέλιός θ', ὃς πάντ' ἐφορᾷς Γ, 277.[2]) Δός, φίλος ρ, 415 selbst ohne Zwang des Metrums. Γαμβρὸς ἐμὸς θυγάτηρ τε, τίθεσθ' ὄνομ' ὅττι κεν εἴπω τ, 406. Φέρ' ὅπως ἄχαρις χάρις, ὦ φίλος, εἰπέ που τίς ἀλκά; Aesch. Pr. 545. Ὦ τάλας S. Ph. 339 (dagegen ὦ τάλαν 1196). Ὦ κλεινὸς ἡμῖν πόσις, ἀναγκαίως ἔχει κτλ. Eur. Hel. 1399. Der Nominativ und der Vokativ sind zuweilen mit einander verbunden. Ὦ δῖος αἰθὴρ καὶ ταχύπτεροι πνοαὶ | ποταμῶν τε πηγαὶ ποντίων τε κυμάτων | ἀνήριθμον γέλασμα παμμῆτόρ τε γῆ Aesch. Pr. 90 sqq. Ja selbst in unmittelbarer Verbindung. Αἲ γὰρ δὴ οὕτως εἴη, φίλος ὦ Μενέλαε Δ, 189. Ὦ τλήμων ἄνερ Eur. Andr. 348. Ὦ δύσμορ' Αἴας S. Ai. 923 (bei Soph. ist jetzt überall Αἴας st. Αἶαν aufgenommen, vgl. Ellendt-Genthe, L. S. p. 13).

3. Wird der Vokativ der Rede vorangeschickt, so liegt ein grösserer Nachdruck auf der Anrede, als wenn er in die Rede eingeschaltet wird. Sehr häufig bezeichnet der Vokativ, besonders in Verbindung mit ὦ, nicht eine Anrede, sondern einen Ausruf, so auch in den in die Rede eingeschalteten Ausdrücken: ὦ θεοί, ὦ Ζεῦ, ὦ Ἡράκλεις (X. Comm. 1. 3, 12 u. s.), ὦ γῆ καὶ ἥλιε καὶ ἀρετὴ καὶ σύνεσις καὶ παιδεία Aeschin. 3, 260. u. dgl.[3])

4. Der Vokativ steht entweder allein oder, und zwar häufiger, in Verbindung mit der Interjektion ὦ. Das Erstere geschieht in der Regel, wenn die Anrede mit einem gewissen Affekte ausgesprochen wird, also bei Ermahnungen, Drohungen, bei Äusserungen des Unwillens u. s. w.; das Letztere hingegen bei einer einfachen Anrede, also in dem gewöhnlichen Gesprächstone, sowie auch in den öffentlichen Reden: ὦ ἄνδρες Ἀθηναῖοι. Ὅρα δή, Πρώταρχε, τίνα λόγον μέλλεις παρὰ Φιλήβου δέχεσθαι Pl. Phil. 11, a, ubi v. Stallb. Σὺ δέ, Νικία, λέγε ἡμῖν πάλιν ἐξ ἀρχῆς Lach. 198, a. Ἦ τί τις ἄν, Θεαίτητε, εἴποι κάλλιον Soph. 220, d, ubi v. Stallb. Πόθεν, ἔφη, Εὔθηρε, φαίνῃ; Ὑπὸ μὲν τὴν κατάλυσιν τοῦ πολέμου, ἔφη, ὦ Σώκρατες, ἐκ τῆς ἀποδημίας X. Comm. 2. 8, 1, wo zuerst eine Verwunderung, dann eine einfache Antwort ausgesprochen wird. Ἄνθρωπε, τί ποιεῖς; X. Cy. 2. 2, 7, Kerl, was thust du? So redet Demosthenes in der Rede *de cor.* den Aeschines stets mit Verachtung Αἰσχίνη ohne ὦ an, vgl. § 11. 21 u. s. w. Beispiele von dem Vokative mit ὦ finden sich überall. Jedoch ist wohl zu bemerken,

---

1) Hermann praef. ad Eur. Andr. p. XIV sqq. behauptet, überall, wo der Nomin. st. des Vok. steht, sei der Nominativ non alloquentis et compellantis, sed declarantis et exclamantis. Vgl. dens. ad hymn. in Apoll. 14. Allerdings ist der Nom. an vielen Stellen als Ausruf aufzufassen, s. § 356, 3, aber in den oben angeführten Stellen ist dieses nicht der Fall. — 2) Über ähnliche Verbindungen im Sanskrit vgl. Delbrück, Syntakt. Forschungen IV, S. 28. — 3) Eine Sammlung von Beispielen s. in Passows Lex. II, S. 2597.

dass der Unterschied zwischen beiden Ausdrucksweisen nicht immer beobachtet wird[1]). So steht ὦ Σώκρατες Pl. Gorg. 452, a. b. c, obwohl mit Ironie und Verwunderung gesprochen wird. Ἀγανακτήσαιμ' ἂν καὶ εἴποιμ' ἄν· Εὐφήμει, ὦ ἄνθρωπε Protag. 330, d. Hingegen statt der gewöhnlichen Anrede in öffentlichen Reden: ὦ ἄνδρες Ἀθηναῖοι, ὦ ἄνδρες Λακεδαιμόνιοι, ὦ ἄνδρες στρατιῶται u. s. w. wird zuweilen, doch seltener, der blosse Vokativ gebraucht, z. B. ἄνδρες Ἴωνες Hdt. 6, 11. ἄνδρες Λακεδαιμόνιοι X. Hell. 6. 3, 7. ἄνδρες Ἀθηναῖοι Dem. 18, 216. Ἄνδρες X. An. 7. 3, 3. S. Ant. 162.

5. Über die Stellung von ὦ beim Vokative ist Folgendes zu bemerken: a) Die Interjektion wird manchmal durch das dazwischentretende ἔφη von dem Vokative getrennt. Εὐθὺς δ' οὖν ὡς ἰδεῖν τὸν Ἀγάθωνα· Ὦ, φάναι, Ἀριστόδημε, εἰς καλὸν ἥκεις Pl. conv. 174, e. So tritt auch ἔφη dazwischen, wenn der Vok. mit einem Adj. verbunden ist. Ὦ ἄνδρες, ἔφη, φίλοι X. Cy. 2. 2, 27. Ὦ 'γαθέ, ἔφη, Κῦρε 3. 1, 30. Ἄνδρες, ἔφη, φίλοι 7. 5, 20. — b) Wenn mit der Interjektion ὦ ein Substantiv mit einem Adjektive verbunden ist, so geht entweder dieses oder jenes voran, je nachdem das eine oder das andere den Nachdruck hat. Ὦ φάος ἁγνόν S. El. 86, *„quia lux, non quod pura, sed quod lux est, invocatur; opponuntur enim tenebrae; tum eodem modo, ubi substantivum et adjectivum quasi pro uno vocabulo sunt, ut* Ζεῦ πατρῷε". Hermann ad Viger. § 260 d. p. 794. Ὦ τόξον φίλον S. Ph. 1128. Ὦ δαῖμον ἀγαθέ Ar. eq. 108. Ὦ παῖ φίλε Pl. Soph. 230, c; φίλον, φίλε, ἀγαθέ, sind hier müssige Zusätze. Ὦ πόλις πατρία S. Ph. 1213 (Ein Begriff: Vaterstadt). Ὦ μεγάλα φάτις Ai. 173. Ὦ φίλ' Αἴας 529, wo φίλε, von der Tekmessa ausgesagt, kein müssiger Zusatz ist. Jedoch ist in der Dichtersprache der angegebene Unterschied keineswegs überall beobachtet, und mit Recht sagt Ellendt-Genthe L. S. p. 795 *sed poetis aliquid in eo genere libertatis concedendum esse arbitror.* Zuweilen wird in der Dichtersprache die Interjektion zwischen das Attributiv und Substantiv oder umgekehrt gesetzt. Φίλος ὦ Μενέλαε Δ, 189. Ἀγακλεὲς ὦ Μενέλαε P, 716. K, 43. Χαῖρε, πάτερ ὦ ξεῖνε θ, 408. δ, 26. 561. Ἔρεβος ὦ φαεννότατον S. Ai. 395. Μυκηνίδες ὦ φίλαι Eur. Or. 1246. Ἀγαμέμνονος ὦ κόρα El. 167. Φοίνισσα Σιδωνιὰς ὦ ταχεῖα κώπα Hel. 1451. Der Prosa ist diese Stellung fremd (an der von Bernhardy angeführten Stelle Pl. Euthyd. 271, c liest man jetzt richtig θαυμασία, ὦ Κρίτων). Zuweilen wird ὦ mit grossem Nachdrucke wiederholt. Ὦ πέπον, ὦ Μενέλαε Z, 55. P, 238 Ὦ τέκνον, ὦ γενναῖον S. Ph. 799. Ὦ φίλος, ὦ φίλε, Βακχεῖε Eur. Cycl. 73. Ὦ Πεισθέταιρ', ὦ μακάρι', ὦ σοφώτατε Ar. Av. 1271. Ὦ δαιμόνιε, τί χρῆμα πάσχεις, ὦ πάτερ Nub. 816. Vgl. Her-

1) S. Lobeck ad Soph. Ai. 1154; Bornemann ad X. conv. 4, 53.

mann zu Nub. 412. c) Auch andere attributive Bestimmungen können zwischen ὦ und den Vokativ treten: Ὦ ἐκ τοῦ ἄστεος ἄνδρες X. Hell. 2. 4, 40. Ὦ πρὸς μὲν τὰ μεγάλα καὶ σπουδαῖα τῶν πραγμάτων πάντων ἀνθρώπων ἀχρηστότατε, πρὸς δὲ τὴν ἐν τοῖς λόγοις τόλμαν θαυμασιώτατε Aeschin. 3, 152. In der Verbindung: εἰπὲ ὦ πρὸς Διὸς Μέλητε Pl. Apol. 25, c gehört ὦ nicht zum Vok., sondern nur zu πρὸς Διός, wie auch ohne Vok. 26, e gesagt ist, vgl. S. Ai. 371 ὦ πρὸς θεῶν ὕπεικε. S. Passow II. S. 2599. Auch findet sich ὦ vor dem Imperative mit oder ohne folgenden Vokativ: Ὦ χαῖρε, λαμπτὴρ Aesch. Ag. 22. Ὦ χαῖρε, πρέσβυ Suppl. 602. Vgl. S. Ai. 91. El. 666. Ὦ χαίρετ', ὦ Λάκωνες Ar. Lys. 1097. Ὦ παῦε, παῦε, παραβαλοῦ τῷ κωπίῳ R. 269.

6. Bisweilen schliesst sich in der Dichtersprache ein zum Prädikate gehöriges Adjektiv, das im Nominative stehen sollte, mittels einer Attraktion oder Assimilation an den Vokativ an. Ὦ Πάν, Πὰν ἁλίπλαγκτε.. φάνηθι S. Ai. 695 (Lobeck verwirft mit Unrecht die Attraktion). Ἰὼ δύστηνε σύ, δύστηνε δῆτα διὰ πόνων πάντων φανείς Ph. 760 (= ὃς ἐφάνης δύστηνος). Eur. Tr. 1221 σύ τ', ὦ ποτ' οὖσα καλλίνικε μυρίων μῆτερ τροπαίων. Ὄλβιε κοῦρε γένοιο Theocr. 17, 66, ubi v. Kiessling et Wüstemann. Der Vokativ der Anrede kann auch weggelassen werden. Ἀντὶ γὰρ ἐκλήθης Ἴμβρασε Παρθενίου fr. Kallim. in Schol. Par. ad Ap. Rh. 2, 866 d. i. *tu*, *Imbrase*, *Imbrasus vocatus es pro Parthenio*. Die lat. Dichter haben diese Redeweise nachgebildet. Sic venias *hodierne* Tibull. 1. 7, 53. *Matutine pater* seu *Jane* libentius audis Hor. serm. 2. 6, 30, ubi v. Heindorf.[1])

7. Vom Vokative geht zuweilen die Rede zu einem von einem Verb des Rufens abhängigen Objektsakkusative über, oder einem vorangehenden Verb des Rufens folgt erst der Vokativ und dann der Akkusativ.[2]) Aesch. Pr. 90 ὦ δῖος αἰθὴρ καὶ ταχύπτεροι πνοαί | ποταμῶν τε πηγαί.. καὶ τὸν πανόπτην κύκλον ἡλίου καλῶ. Vgl. S. Ai. 859 ff. OR. 160 πρῶτά σε κεκλόμενος, θύγατερ Διός, ἄμβροτ' Ἀθάνα, | γαιάοχόν τ' ἀδελφεὰν | Ἄρτεμιν. Auch kann dieselbe Person erst als Objekt eines Verbs vorangehen und dann im Vokative folgen. S. Tr. 96 ff. Ἅλιον αἰτῶ | τοῦτο καρῦξαι.., ὦ λαμπρᾷ στεροπᾷ φλεγέθων, | .. εἴπ', | ὦ κρατιστεύων κατ' ὄμμα. Da der Vokativ bisweilen st. des Nominativs (§ 356, 3) auch einen Ausruf ausdrückt, so kann es nicht auffällig erscheinen, wenn die Rede in die dritte Person übergeht, wie S. Tr. 1112 ὦ τλῆμον Ἑλλάς, πένθος οἷον εἰσορῶ | ἕξουσαν, ἀνδρὸς τοῦδέ γ' εἰ σφαλήσεται. Hier würde unpassend sein: π. οἷον εἰσορῶ σε.., εἰ σφαλῇς.

8. Dem Vokative reiht sich häufig der folgende Satz mit einer Konjunktion an, welche in der Regel auf einen zu ergänzenden

1) Vgl. G. T. A. Krüger, Untersuch. a. d. Geb. d. lat. Spr. III, § 32 ff. — 2) S. Matthiä II, § 312, 5.

Gedanken hinweist, a) δέ, gewöhnlich beim Übergang zu einem neuen Gedanken, von der Erzählung zu einem Anrufe, oder wenn man sich in einer Anrede von einer Person zu einer anderen wendet. A, 282 Ἀτρεΐδη, σὺ δὲ παῦε τεὸν μένος. Φ, 448 Φοῖβε, σὺ δ' εἰλίποδας ἕλικας βοῦς βουκολέεσκες. Hs. op. 27. Pind. O. 1, 36. Häufig auch bei den Tragikern. Eur. Hec. 372 μῆτερ, σὺ δ' ἡμῖν μηδὲν ἐμποδὼν γένῃ, ubi v. Pflugk. 1287 Ἑκάβη, σὺ δ', ὦ τάλαινα, διπτύχους νεκροὺς στείχουσα θάπτε. Or. 622 (614) Μενέλαε, σοὶ δὲ τάδε λέγω, ubi v. Porson et Schaefer. 1065 Πυλάδη, σὺ δ' ἡμῖν τοῦ φόνου γενοῦ βραβεύς. 1675 Ὀρέστα, σοὶ δὲ παῖδ' ἐγὼ κατεγγυῶ. Auch in der Prosa: X. An. 6. 6, 12 ὦ ἄνδρες στρατιῶται, ἐμοὶ δ' οὐ φαῦλον δοκεῖ εἶναι τὸ πρᾶγμα in Beziehung auf den zu ergänzenden Gedanken: ὑμῖν μὲν φ. δ. εἶναι τὸ πρ. Comm. 2. 1, 26 ὦ γύναι, ἔφη, ὄνομα δέ σοι τί ἐστιν. So oft in einer Frage in Beziehung auf einen zu ergänzenden Gedanken. S. Kühners Bem. ad X. Comm. 1. 3, 13. Pl. Leg. 890, e ὦ προθυμότατε Κλεινία, τί δ' οὐ χαλεπά κτλ.; bei den Rednern und den Komikern findet sich dieser Gebrauch nicht. Ferner: ἀτάρ, episch. Z, 429 Ἕκτορ, ἀτὰρ σύ μοί ἐσσι πατὴρ καὶ πότνια μήτηρ ἠδὲ κασίγνητος, σὺ δέ μοι θαλερὸς παρακοίτης (ἀτάρ bezieht sich auf das Vorhergehende: Alles hab' ich verloren, Vater, Mutter, Bruder, aber du bist mir Vater u. s. w.). Vgl. 86. X, 331. δ, 236. So ἀλλά auch bei anderen Dichtern, z. B. S. OC. 237. — b) γάρ wird besonders in der epischen Sprache sehr häufig nach dem Vokative gebraucht, entweder nach einem Frageworte, um dasselbe nachdrücklich hervorzuheben, oder so, dass es eine Versicherung ausdrückt, oder so, dass der Grund zu einem folgenden Gedanken antizipiert wird, s. §§ 509, 8. 541, 2. κ, 501 ὦ Κίρκη, τίς γὰρ ταύτην ὁδὸν ἡγεμονεύσει; εἰς Ἄϊδος δ' οὔπω τις ἀφίκετο νηῒ μελαίνῃ. H, 328 Ἀτρεΐδη τε καὶ ἄλλοι ἀριστῆες Παναχαιῶν, πολλοὶ γὰρ τεθνᾶσι (331 τῷ σε χρὴ πόλεμον μὲν ἅμ' ἠοῖ παῦσαι Ἀχαιῶν.). Vgl. Ψ, 156. 890. α, 337. ε, 29. κ, 337 u. s. w. Ar. Ach. 1020 ὦ φίλτατε, σπονδαὶ γάρ εἰσι σοὶ μόνῳ, | μέτρησον κτλ. Hdt. 1, 8 Γύγη, οὐ γάρ σε δοκέω πείθεσθαί μοι λέγοντι περὶ τοῦ εἴδεος τῆς γυναικός, ποίεε, ὅκως ἐκείνην θεήσεαι γυμνήν. Vgl. 124. 3, 63 ὤνθρωπε, φῂς γὰρ ἥκειν παρὰ Σμέρδιος τοῦ Κύρου ἄγγελος· νῦν ὦν εἴπας τὴν ἀληθείην ἄπιθι χαίρων· κότερα κτλ. 83 ἄνδρες στασιῶται, δῆλα γὰρ δή, ὅτι δεῖ ἕνα γέ τινα ἡμέων βασιλέα γενέσθαι. — c) ἐπεί: α, 231 ξεῖν' ἐπεὶ ἂρ δὴ ταῦτα μ' ἀνείρεαι ἠδὲ μεταλλᾷς· (sc. ich will dir erzählen, weil du fragst). Vgl. Γ, 59. N, 68. γ, 103. 211.

§ 358. Nähere Bestimmungen des Subjektes und des Prädikates.

Wie der aus Subjekt und Prädikat bestehende Satz sich dadurch erweitern kann, dass das Subjekt und das Prädikat näher bestimmt werden, ist in der Einleitung § 345, 9 und 10 erörtert worden. Es genügt also hier eine kurze Übersicht dieser Bestimmungen zu geben.

1. Das Subjekt wird auf folgende Weise näher bestimmt:

a) durch ein Adjektiv oder adjektivisches Pronomen oder Zahlwort (attributives Adjektiv), als: τὸ καλὸν ῥόδον; ἡμετέρα πόλις; τρεῖς ἄνδρες;

b) durch den Genetiv eines Substantivs oder substantivischen Pronomens (attributiver Genetiv), als: ὁ τοῦ βασιλέως θρόνος (= ὁ βασίλειος θρόνος), ὁ πατήρ μου (= ὁ ἐμὸς πατήρ);

c) durch ein mit einer Präposition verbundenes Substantiv, als: ἡ πρὸς τὴν πόλιν ὁδός;

d) durch ein Adverb, als: οἱ νῦν ἄνθρωποι, die jetzigen Menschen;

e) durch ein Substantiv, welches mit dem Worte, das näher bestimmt wird, in gleichem Kasus steht, als: Κῦρος ὁ βασιλεύς. Man nennt ein solches Substantiv Apposition.

2. Das Prädikat wird auf folgende Weise entweder ergänzt oder näher bestimmt:

a) durch die Kasus eines Substantivs oder substantivischen Pronomens oder Zahlwortes, welche alsdann Objekt genannt werden, als: ἀγαπῶ τὸν φίλον, ἐπιθυμῶ σίτου, χαίρω τῇ νίκῃ;

b) durch die Präpositionen mit den dazu gehörigen Kasus, als: μαχόμεθα περὶ τῆς πατρίδος;

c) durch einen Infinitiv, als: ἀπιέναι ἐπιθυμῶ;

d) durch ein Partizip, als: χαίρω φιλούμενος;

e) durch ein Adverb, als: καλῶς γράφεις.

§ 359. Lehre von der Kongruenz der Form.

Grundregel. Das Verb stimmt mit dem Subjekte in der Person und im Numerus, das Adjektiv im Genus, Numerus und Kasus überein. Von der Kongruenz eines prädikativen Substantivs s. § 362.

Ausnahmen.

I. Constructio κατὰ σύνεσιν (ad sententiam).

1. Die Form des Prädikats richtet sich häufig nicht nach der grammatischen Form des Subjekts, sondern nach dem Sinne derselben; daher der Name constructio κατὰ σύνεσιν oder σχῆμα πρὸς τὸ νοούμενον oder σημαινόμενον (Bekk. An. II. p. 874. Greg. Cor. p. 71). Diese Konstruktion ist gleichsam aus dem Kampfe der Logik mit der Grammatik hervorgegangen, in welchem diese jener unterliegt. Der Gebrauch derselben ist wohl in keiner Sprache häufiger als in der Griechischen. Sie liegt tief begründet in dem Wesen des lebhaft empfindenden und denkenden Griechen, dessen freier Geist

weniger die tote Form des Wortes als den lebendigen Inhalt der Form anschaute und erfasste. Durch keine Vorschriften der um Regelrichtigkeit ängstlich bemühten Sprachlehre behindert, bildete sich die griechische Sprache aus dem vollen und frischen Leben der Rede und unter dem Einflusse der Dichter.[1])

2. So werden häufig collectiva *singularis numeri*, wenn sie von Personen gebraucht werden, als: πλῆθος, ὅμιλος, στρατός, und Städte- und Ländernamen, wenn die Bewohner derselben verstanden werden, mit dem Plurale und mit dem Genus, das die in den genannten Wörtern enthaltenen Personen haben, verbunden. Ὣς φάσαν ἡ πληθύς B, 278. Vgl. O, 305. Λαὸς Ἀχαιῶν | πείσονται μύθοισι Ψ, 157. Τροίαν ἑλόντες δήποτ' Ἀργείων στόλος θεοῖς λάφυρα ταῦτα . . ἐπασσάλευσαν Aesch. Ag. 578. Ὦ πόλις Ἄργους, κλύεθ', οἷα λέγει Ar. eq. 813. Ἡ πλείων ἤδη στρατιὰ τῶν Ἑλλήνων ῥᾷον ἐπορεύοντο Th. 4, 128. Ἅμα ἕῳ γιγνομένῃ καὶ ὁ ἄλλος στρατὸς ἀπέβαινον 4, 32. Τὸ στρατόπεδον οὕτως ἐν αἰτίᾳ ἔχοντες τὸν Ἆγιν ἀνεχώρουν 5, 60. Ὁ ἄλλος ὅμιλος ἐσκεδάννυντο 4, 112. Ὁ δῆμος ἀναθαρσήσας ἐπέθεντο τοῖς ὀλίγοις 5, 82. Vgl. 3, 80. 6, 35. Φρουρὰ μία . . ξυνεσελθεῖν μὲν ἐς τὸ τεῖχος οὐκ ἠθέλησαν 4, 57. Παντὶ τρόπῳ ἀνηρέθιστο ἡ πόλις καὶ τὸν Περικλέα ἐν ὀργῇ εἶχον 2, 21. Τοιαῦτα ἀκούσασα ἡ πόλις Ἀγησίλαον εἵλοντο βασιλέα X. Hell. 3. 3, 4. Ναυτικά τε ἐξηρτύετο ἡ Ἑλλὰς καὶ τῆς θαλάσσης μᾶλλον ἀντείχοντο Th. 1, 13. Πολὺ δὲ γένος ἀνθρώπων τοῖς ἐκ τῆς γῆς φυομένοις οὐ χρῶνται X. Comm. 4. 3, 10 (zugleich unter dem Einflusse von ἀνθρώπων). Hingegen Subjekt in der Pluralform und Prädikat in der Singularform bei τὰ παιδικά, Liebling. Ἄγαμον, ἄπαιδα, ἄοικον παιδικὰ ἐραστὴς εὔξαιτ' ἂν γενέσθαι Pl. Phaedr. 240, a. Ferner gehören hierher Beispiele, wie: οἷόν τινά φασι βίην Ἡρακληείην ἔμμεναι E, 638, vgl. Nr. 3. a).

3. Ausserhalb des prädikativen Satzverhältnisses kommt diese Struktur vor:

a) Bei dem Adjektive oder Partizipe in unmittelbarer attributiver Beziehung, jedoch wohl nur in der Dichtersprache, als χ, 84, φίλε τέκνον (Hektor). Aesch. Ch. 893 φίλτατ' Αἰγίσθου βία. Eur. Ba. 1306 f. τῆς σῆς τόδ' ἔρνος . . νηδύος . . κατθανόνθ' ὁρῶ. Id. Troad. 740 ὦ φίλτατ', ὦ περισσὰ τιμηθεὶς τέκνον. Ar. Ach. 873 κολλικοφάγε Βοιωτίδιον. — Sehr gewöhnlich nicht allein in der Dichtersprache, sondern auch in der Prosa bei einem Partizipe in entfernterer attributiver Beziehung oder auch als Objekt, als: Λ, 690 ἐλθὼν γάρ ῥ' ἐκάκωσε βίη Ἡρακληείη. E, 382 τέτλαθι, τέκνον ἐμόν, καὶ ἀνάσχεο κηδομένη περ. ζ, 157 τοιόνδε θάλος χόρον εἰσοιχνεῦσαν. Vgl. λ, 90. π, 477. Π, 281 ἐκίνηθεν δὲ φάλαγγες ἐλπόμενοι κ. τ. λ. Σ, 604 περίσταθ' ὅμιλος | τερπόμενοι Vgl. λ, 15. Hs. sc.

[1]) Ziemer, Junggrammatische Streifzüge, S. 86 ff.

116 μείδησεν δὲ βίη Ἡρακληείη θυμῷ γηθήσας. Anacr. 3, 16 βρέφος μὲ ἐσορῶ φέροντα τόξον. S. Ph. 356 καί μ' εὐθὺς ἐν κύκλῳ στρατὸς ἐκβάντι πᾶς ἠσπάζετ', ὀμνύντες βλέπειν τὸν οὐκ ἔτ' ὄντα ζῶντ' Ἀχιλλέα. Id. Ant 1021 οὐδ' ὄρνις εὐσήμους ἀπορροιβδεῖ βοάς, ἀνδροφθόρου βεβρῶτες αἱματο λίπος (ὄρνις hier kollektiv = ὄρνιθες). Eur. Hec. 39 κατέσχ' Ἀχιλλεὺ πᾶν στράτευμ' Ἑλληνικὸν πρὸς οἶκον εὐθύνοντας ἐναλίαν πλάτην, ub v. Pflugk. Hdt. 1, 87 ὡς ὥρα πάντα μὲν ἄνδρα σβεννύντα τὸ πῦρ, δυναμένους δὲ οὐκέτι καταλαβεῖν. Vgl. 1, 151. Th. 3, 2 Λέσβος ἀπέστη ἀπ' Ἀθηναίων, βουληθέντες κτλ. 3, 79 ἐπὶ τὴν πόλιν ἀπέπλεον.. ἐν πολλῇ ταραχῇ καὶ φόβῳ ὄντας. 4, 15 ἔδοξεν αὐτοῖς τὰ τέλη καταβάντας ἐς τὸ στρατόπεδον βουλεύειν παραχρῆμα ὁρῶντας, ὅ τι ἂν δοκῇ. 6, 53 καταλαμβάνουσι τὴν Σαλαμινίαν ναῦν ἐκ τῶν Ἀθηνῶν ἥκουσαν ἐπὶ Ἀλκιβιάδην ὡς κελεύσοντας. Vgl. 6, 88, u. a. X. Hell. 2. 2, 21 ὄχλος περιεχεῖτο πολὺς φοβούμενοι, μὴ ἄπρακτοι ἥκοιεν. Vgl. 1. 4, 13. 2. 3, 55. X. Cy. 7. 3, 8 ὦ ἀγαθὴ καὶ πιστὴ ψυχή, οἴχῃ δὴ ἀπολιπὼν ἡμᾶς. 1. 2, 12 αἱ μένουσαι φυλαὶ.. διαγωνιζόμενοι πρὸς ἀλλήλους διατελοῦσιν. Vgl. Comm. 2. 2, 3. Dem. 21, 117 ταῦτ' ἔλεγεν ἡ μιαρὰ καὶ ἀναιδὴς αὕτη κεφαλή, ἐξεληλυθώς κτλ. Pl. Lach. 180, e τὰ μειράκια τάδε πρὸς ἀλλήλους οἴκοι διαλεγόμενοι θαμὰ ἐπιμέμνηνται Σωκράτους. Phaedr. 239, a οὔτε κρείττω οὔτε ἰσούμενον ἐραστὴς παιδικὰ ἀνέξεται, ἥττω δὲ καὶ ὑποδεέστερον ἀεὶ ἀπεργάσεται.

b) Bei den Pronomen ist die Constructio κατὰ σύνεσιν ungemein häufig. Hdt. 2, 90 κατ' ἣν ἂν πόλιν ἐξενειχθῇ, τούτους πᾶσα ἀνάγκη ἐστὶ ταριχεύσαντας αὐτὸν.. θάψαι. 5, 92β ἦν ὀλιγαρχίη, καὶ οὗτοι.. ἔνεμον τὴν πόλιν. 4, 125 ὑπῆγον ἐπὶ τὴν Νευρίδα, ταρασσομένων δὲ καὶ τούτων. 8, 121 τραπόμενοι ἐς Κάρυστον καὶ δηϊώσαντες αὐτῶν τὴν χώρην. Vgl. 1, 16. 4, 43. 5, 63. (Umgekehrt 8, 127 ὑποπτεύσας δὲ καὶ τοὺς Ὀλυνθίους ἀπίστασθαι ἀπὸ βασιλέος καὶ ταύτην (sc. τὴν Ὄλυνθον) ἐπολιόρκεε). Th. 1, 136 φεύγει ἐς Κέρκυραν ὡς αὐτῶν (sc. Κερκυραίων) εὐεργέτης. 4, 15 ἐς δὲ τὴν Σπάρτην ὡς ἠγγέλθη τὰ γεγενημένα περὶ Πύλον, ἔδοξεν αὐτοῖς (sc. τοῖς Λακεδαιμονίοις). 1. 14 ἐκκλησίαν ποιήσας παρεκελεύετο αὐτοῖς. X. Cy. 3. 3, 14 συγκαλέσας πᾶν τὸ στρατιωτικὸν ἔλεξε πρὸς αὐτοὺς τοιάδε. Pl. Lysid. 204, e ἃ χρὴ ἐραστὴν περὶ παιδικῶν πρὸς αὐτὸν ἢ πρὸς ἄλλους λέγειν. Oft nach τὶς, τὶ. X. Comm. 1. 2, 62 ἐάν τις φανερὸς γένηται κλέπτων.., τούτοις θάνατός ἐστιν ἡ ζημία. Vgl. Cy. 1. 2, 2. 7. 4, 5. An. 1. 4, 8. 5. 1. 9, 16. 4. 3, 6 u. s., Comm. 2. 3, 2. 8, 6. 3. 10, 1. Dem. 2, 18 εἴ τις ἀνήρ ἐστιν ἐν αὐτοῖς οἷος ἔμπειρος πολέμου καὶ ἀγώνων, τούτους μὲν φιλοτιμίᾳ πάντας ἀπωθεῖν αὐτὸν (τὸν Φίλιππον) ἔφη[1]). Poet. nach einem Adjektive, in dem der Begriff des Genetivs liegt.

[1]) Vgl. Richter de anacol. gr. Spec. II, §§ 25 u. 26; Poppo ad Th. Tom. I, 1, p. 102 sq. u. Tom. III, 1. p. 529 sq.; Bremi ad Isocr. Exc. X.

S. Tr. 260 ἔρχεται πόλιν | τὴν Εὐρυτείαν (= Εὐρύτου)· τόνδε γὰρ μεταίτιον | . . ἔφασκε τοῦδ' εἶναι πάθους. Vgl. c).

c) Auch bei dem **Relativpronomen** findet sich die Constructio κατὰ σύνεσιν häufig, bei **Personen** jedoch gehört diese Konstruktion mehr der poetischen als der prosaischen Sprache an, als: K, 278 Διὸς τέκος, ἥ τε μοι αἰεὶ . . παρίστασαι. X, 87 φίλον θάλος, ὃν τέκον αὐτή. 121 ἕρμα πόληος ἀπέκταμεν, οἳ μέγ' ἄριστοι | κούρων εἰν Ἰθάκῃ. So immer bei Homer: βίη Ἡρακληείη, ὅσπερ. Pind. P. 3, 21 f. ἔστι δὲ φῦλον ἐν ἀνθρώποισι ματαιότατον, ὅστις . . παπταίνει. S. Ph. 715 ὦ μελέα ψυχά, ὃς μηδ' οἰνοχύτου πώματος ἥσθη δεκέτει χρόνῳ. Eur. Andr. 570 τέκνου τε τοῦδ', ὃν οὐδὲν αἴτιον | μέλλουσι . . κτανεῖν. Suppl. 12 θανόντων ἑπτὰ γενναίων τέκνων, . . οὓς ποτ' Ἀργείων ἄναξ Ἄδραστος ἤγαγε. In der Prosa oft bei dem Worte παιδικά, Liebling. X. conv. 8, 26 τῶν παιδικῶν, ὃς ἂν εἰδῇ κτλ. Dinarch. 1, 40 τὰ τοιαῦτα κινάδη, οἳ πεποιήκασιν οὐδὲν ἀγαθὸν ὑπὲρ τῆς πόλεως. Bei **Sammelnamen** oder Substantiven, die als solche aufzufassen sind, ist der Gebrauch dieser Konstruktion sowohl in der Dichtersprache als in der Prosa nicht selten. Π, 368 λεῖπε λαὸν Τρωϊκόν, οὓς ἀέκοντας ὀρυκτὴ τάφρος ἔρυκε. λ, 502 τῷ κέ τεῳ (= τινὶ) στύξαιμι μένος καὶ χεῖρας ἀάπτους, οἳ κεῖνον βιόωνται. ψ, 318 Τηλέπυλον Λαιστρυγονίην ἀφίκανεν, | οἳ νῆάς τ' ὄλεσαν. Hdt. 4, 3 ἐτράφη νεότης· οἳ ἠντιοῦντο. 8, 128 περιέδραμε ὅμιλος . ., οἳ αὐτίκα τὸ τόξευμα λαβόντες . . ἔφερον ἐπὶ τοὺς στρατηγούς. 7, 8 β πυρώσω τὰς Ἀθήνας, οἵ γε ἐμὲ . . ὑπῆρξαν ἄδικα ποιεῦντες. (Corp. Inscr. 71 c ἐν τῇσι πόλεσιν οἳ ἂν χρῶνται τῷ ἱερῷ). Th. 6, 80 Πελοποννήσου . ., οἵ. S. Ai. 235 ποίμνην, ὧν. Eur. Or. 1135 νῦν δ' ὑπὲρ ἁπάσης Ἑλλάδος δώσει δίκην, ὧν πατέρας ἔκτειν' ὧν τ' ἀπώλεσεν τέκνα. X. Comm. 2. 1, 31 θίασος (= θιασῶται) . ., οἵ. Pl. Phaedr. 260, a πλήθει, οἵπερ δικάσουσι. Nach einem Adjektive, in dem der Begriff des Genetivs liegt (vgl. b). Th. 2, 45 εἰ δέ με δεῖ καὶ γυναικείας τι ἀρετῆς, ὅσαι νῦν ἐν χηρείᾳ ἔσονται, μνησθῆναι, i. e. ἀρετῆς τῶν γυναικῶν. Nicht auffallend nach einem Pr. possessiv., wie τῆς ἐμῆς ἐπεισόδου, | ὃν μήτ' ὀκνεῖτε S. OC. 731. X. Cy. 5. 2, 15 καὶ οἰκία γε πολὺ μείζων ἡ ὑμετέρα τῆς ἐμῆς, οἵ γε οἰκίᾳ χρῆσθε γῇ τε καὶ οὐρανῷ.

Hieran reihen sich folgende Fälle:

α) Das **Substantiv**, auf welches das **Relativ** bezogen wird, steht in der **Singularform**, das **Relativ** aber in der **Pluralform**, wenn dasselbe nicht auf ein bestimmtes Individuum der Gattung, sondern auf die **ganze Gattung** bezogen wird und auf diese Weise die Bedeutung von οἷος (wie X. Comm. 2. 1, 15 ὧν καὶ τοιοῦτος, οἵοις — ἐπιτίθενται) annimmt. Dieser Gebrauch ist jedoch häufiger in der Dichtersprache als in der Prosa. μ, 97 κῆτος, ἃ μυρία βόσκει ἀγάστονος Ἀμφιτρίτη. Ξ, 410 χερμαδίῳ, τά ῥα πολλὰ . . πὰρ ποσὶ μαρναμένων ἐκυλίνδετο. τ, 40 ἦ μάλα τις θεὸς ἔνδον, οἳ οὐρανὸν εὐρὺν ἔχουσιν. Vgl. ν, 223. Eur. Or. 920 (908) αὐτουργός, οἵπερ καὶ μόνοι σώζουσι γῆν, ubi v. Porson. et Schaefer. Hel. 440 Ἕλλην πεφυκώς, οἷσιν οὐκ ἐπιστροφαί. Suppl. 868 φίλοις τ' ἀληθὴς ἦν φίλος, παροῦσί τε καὶ μὴ παροῦσιν· ὧν ἀριθμὸς οὐ πολύς. [Auffälliger S. Tr. 548 ὁρῶ γὰρ ἥβην (sc. Ἰόλης) τὴν μὲν ἕρπουσαν πρόσω (efflorescentem), | τὴν δὲ (sc. ἐμαυτῆς) φθίνουσαν, ὧν (von welcherlei blühenden Jungfrauen) ἀφαρπάζειν φιλεῖ | ὀφθαλμὸς ἄνθος, τῶν δ' ὑπεκτρέπει πόδα vgl. Schneidew.] Pl. Civ. 554, a αὐχμηρός γέ τις ὢν καὶ ἀπὸ παντὸς περιουσίαν ποιούμενος, θησαυροποιὸς ἀνήρ, οὓς δὴ *(cuiusmodi homines)* καὶ ἐπαινεῖ τὸ πλῆθος, ubi v. Stallb. 373, e πολέμου γένεσιν εὑρήκαμεν, ἐξ ὧν μάλιστα ταῖς πόλεσι κακὰ γίγνεται, ubi v. Schneider. Lys. 1, 32 γυναῖκα, ἐφ' αἷςπερ ἀποκτείνειν ἔξεστιν. Dem. 8, 41 ἐάν ποτε συμβῇ τι πταῖσμα, ἃ πολλὰ γένοιτ' ἄν. 18, 310 ἀνδρὶ καλῷ τε κἀγαθῷ, ἐν οἷς οὐδαμοῦ σὺ φανήσει γεγονώς. Ähnlich Pl. Menex. 237, d ἐξελέξατο (ἡ ἡμετέρα γῆ) τῶν ζώων καὶ ἐγέννησεν ἄνθρωπον, ὃ συνέσει ὑπερέχει τῶν ἄλλων (ein Wesen, welches). So auch, wenn das Neutrum im Plurale ἅ auf ein unbestimmtes Pronomen oder substantiviertes Adjektiv im Neutrum des Singulars bezogen wird; denn sowohl in diesem als in jenem wird nur ein allgemeiner Begriff bezeichnet. Thuk. 3, 38 ἄλλο τι ἢ ἐν οἷς ζῶμεν. Vgl. Plat. Alc. I, 129, c.[1]) (Eur. Andr. 271 f. δεινὸν δ' ἑρπετῶν μὲν ἀγρίων | ἄκη βροτοῖσι θεῶν καταστῆσαί τινα, | ἃ δ' ἔστ' ἐχίδνης καὶ πυρὸς περαιτέρω *(pejora)*, | οὐδεὶς γυναικὸς φάρμακ' ἐξεύρηκέ πω | κακῆς ist so zu erklären: ἃ δ' ἔστι . . περαιτέρω, γυνὴ κακή, ταύτης οὐδεὶς φάρμακ' ἐξεύρηκέ πω, der Plur. ἅ wegen des vorangehenden Plurals ἑρπετῶν ἀγρίων, die Apposition γ. κ. ist nach § 556, 4 in den relativen Satz gezogen.)

β) Dagegen wird das Relativ in der Singularform auf ein Substantiv in der Pluralform bezogen, wenn das Relativ kollektive Bedeutung hat, als: ὅστις, ὃς ἄν (ὅς κεν), ὅστις ἄν (κε) mit dem Konjunktive, *quisquis, quicunque*. Λ, 367 νῦν αὖ τοὺς ἄλλους ἐπιείσομαι *(persequar)*, ὅν κε κιχείω. Τ, 260 ἀνθρώπους τίνυνται, ὅτις κ' ἐπίορκον ὀμόσσῃ. Ο, 731 Τρῶας ἄμυνε νεῶν, ὅστις φέροι. Π, 621 ἀνθρώπων . ., ὅς κε . . ἔλθῃ. Ψ, 285 ἄλλοι . ., ὅστις. Eur. M. 220 δίκη γὰρ οὐκ ἔνεστ' ἐν ὀφθαλμοῖς βροτῶν, ὅστις, πρὶν ἀνδρὸς σπλάγχνον ἐκμαθεῖν, στυγεῖ, δεδορκώς, οὐδὲν ἠδικημένος, ubi v. Pflugk. Hec. 359 δεσποτῶν ὠμῶν φρένας τύχοιμ' ἄν, ὅστις ἀργύρου μ' ὠνήσεται. So besonders: πάντες, ὅστις oder ὃς ἄν mit d. Konj. (sehr selten πάντες οἵτινες, wie X. Comm. 4. 3, 14 οἷς ἂν ἐντύχῃ, πάντων κρατεῖ, sondern fast immer πάντες ὅσοι od. ὅστις), als: Th. 7, 29 πάντας ἑξῆς, ὅτῳ ἐντύχοιεν, καὶ παῖδας καὶ γυναῖκας κτείνοντες. X. Cy. 5. 3, 50 πάντας ὠνόμαζεν αὐτός, ὅτῳ τι προστάττοι. 8. 2, 25 πάντα ὅτου ἔδει. Isae. 9, 11 τοὺς ἄλλους, ὅτῳ ἤδει Ἀστύφιλον χρώμενον. Ps. Lys. 6, 6 βασιλέας πολλοὺς κεκολάκευκεν, ᾧ ἂν ξυγγένηται. Pl. Prot.

---

1) Vgl. Richter de anacol. Gr. ling. § 33, b.

345, d τούτους ἐπαινεῖν, ὃς ἂν ἑκὼν μηδὲν κακὸν ποιῇ. Ebenso in umgekehrter Satzfolge: X. An. 2. 5, 32 ᾧτινι ἐντυγχάνοιεν, πάντας ἔκτεινον. Soph. Ant. 707 ὅστις γὰρ αὐτὸς ἢ φρονεῖν μόνος δοκεῖ ἢ γλῶσσαν, ἣν οὐκ ἄλλος, ἢ ψυχὴν ἔχειν, οὗτοι διαπτυχθέντες ὤφθησαν κενοί. X. Cy. 1. 6, 11 ὅ τι δ' ἂν πρὸς τοῖς εἰρημένοις λαμβάνῃ τις, ταῦτα καὶ τιμὴν νομιοῦσι. Vgl. 8. 3, 46. (Hom. ι, 94 ὅστις . . φάγοι, οὐκέτ' ἀπαγγεῖλαι πάλιν ἤθελεν . . ἀλλ' αὐτοῦ βούλοντο.[1])

Anmerk. 1. Wenn der Plural, auf den sich das Relativ bezieht, an der Stelle des Singulars steht, so wird bei den Tragikern zuweilen das Relativ in den Sing. gesetzt. Eur. Iph. A. 986 οἰκτρὰ γὰρ πεπόνθαμεν, | ἣ . . | κενὴν κατέσχον ἐλπίδα.

Anmerk. 2. An Stelle des Relativums treten Adverbien in Beispielen, wie X. An. 1. 2, 22 εἶδε τὰς σκηνάς, οὗ ἐφύλαττον οἱ Κίλικες. 3. 2, 14 οὔπω πολλαὶ ἡμέραι, ἀφ' οὗ ἐνικᾶτε: *ubi, ex quo.*

Anmerk. 3. Zuweilen richtet sich das Attributiv weder nach dem grammatischen, noch nach dem natürlichen Geschlechte eines Substantivs, sondern nach dem Geschlechte eines synonymen Substantivs, welches dem Schriftsteller statt des vorher gebrauchten vorschwebte, als: Λ, 238 ἐτράπετ' αἰχμή· | καὶ τό γε χειρὶ λαβών, als ob δόρυ vorherginge; denn Agamemnon fasst den Schaft, nicht die αἰχμή.[2]) Φ, 167 τῷ δ' ἑτέρῳ (δουρί) μιν . . βάλε· . . ἡ (sc. αἰχμή) δ' ὑπὲρ αὐτοῦ | γαίῃ ἐνεστήρικτο λιλαιομένη χροὸς ἆσαι, weil die letzten Worte auf die αἰχμή, nicht auf das ganze δόρυ bezogen werden. S. Ph. 755 δεινόν γε τοὐπίσαγμα τοῦ νοσήματος, aber zwei Verse darauf ἥκει γὰρ αὕτη (sc. ἡ νόσος) διὰ χρόνου, da νόσημα den Zustand der Krankheit, νόσος die Krankheit selbst bezeichnet. Vgl. 807. Tr. 985 κεῖμαι πεπονημένος ἀλλήκτοις | ὀδύναις; οἴμοι ἐγὼ τλάμων· | ἡ δ' αὖ μιαρὰ (sc. νόσος) βρύκει, die seinen Leib zerfressende Krankheit will Herkules bezeichnen. Vgl. 1009. Aber μ, 75 νεφέλη δέ μιν ἀμφιβέβηκεν | κυανέη· τὸ μὲν οὔποτ' ἐρωεῖ ist nicht νέφος aus νεφέλη zu entnehmen, da beide Wörter in gleicher Bedeutung gebraucht werden, sondern das Neutrum τό geht auf den ganzen vorhergehenden Gedanken: τὸ νεφέλην μιν ἀμφιβεβηκέναι. Ebensowenig ist Th. 2, 47 ἡ νόσος πρῶτον ἤρξατο γενέσθαι τοῖς Ἀθηναίοις, λεγόμενον πρότερον πολλαχόσε ἐγκατασκῆψαι aus νόσος zu λεγόμενον das Neutrum νόσημα zu denken, sondern ein allgemeinerer Begriff wie κακόν, Unglück, Ereignis. Vgl. 2, 76 διαχεόμενον, die Masse, τὸ ἐσβληθέν. Vgl. § 352, d). Eur. Tr. 531 sqq. Chor. πᾶσα δὲ γέννα Φρυγῶν πρὸς πύλας ὡρμάθη . . ξεστὸν λόχον Ἀργείων καὶ Δαρδανίας ἄταν θεᾷ δώσων (als ob λαός oder e. ähnl. Wort vorherginge). So Pl. Phileb. p. 32 A ἀπιόντων καὶ διακρινομένων (sc. τῶν ὑγρῶν), obwohl vorhergeht ὑγρότητος. Das Abstraktum wird hier in Konkreta aufgelöst.

Anmerk. 4. Über den Übergang vom Plurale zum Sing. s. unt. § 371, 5 b).

4. Wenn das Subjekt durch das Neutrum des Artikels: τό oder τά in Verbindung mit einem Substantive im Genetive des Plurals oder auch mit einer Präposition und ihrem Kasus ausgedrückt wird, so steht das Verb regelmässig in der Pluralform, und wenn das Prädikat durch ein Adjektiv bezeichnet wird,

---

[1]) Vgl. La Roche, Zeitschr. f. österr. Gymn. 1871, S. 741; Stallbaum ad Plat. Civ. 4. 426, c u. ad Protag. 345, d; Strange, Lpz. Jahrb. 1835 III. Suppl. 3 H. S. 446; Kühner ad Xen. An. 1. 1, 5. — [2]) Vgl. Nitzsch z. Odyss. μ, 75.

so steht dieses gleichfalls in der Pluralform und richtet sich im Geschlechte nach dem des attributiven Genetivs. Pl. Civ. 563, c τὸ μὲν γὰρ τῶν θηρίων . . ἐλευθερώτερά ἐστιν (der Sing. ἐστιν wegen des Neutrums im Plur. ἐλευθερώτερα), ubi v. Stallb. Leg. 657, d. τὸ τῶν πρεσβυτέρων ἡμῶν, ἐκείνους αὖ θεωροῦντες, διάγειν ἡγούμεθα πρεπόντως, χαίροντες τῇ ἐκείνων παιδιᾷ. Phil. 45, e τὸ τῶν ἀφρόνων τε καὶ ὑβριστῶν μέχρι μανίας ἡ σφοδρὰ ἡδονὴ κατέχουσα περιβοήτους ἀπεργάζεται. [Nicht hierher zu ziehen sind Beispiele wie S. Ph. 497, vgl. Schneidewin z. d. St., und X. Comm. 2. 6, 8 τὰ παρὰ τῶν θεῶν.]

5. Hiermit ist folgende Verbindung nah verwandt: Wenn ein substantivisches Subjekt mit einem attributiven Substantive im Genetive einen substantivischen Begriff umschreibt, so kongruiert in der Regel das in entfernterer attributiver Beziehung zu dem Subjekte hinzutretende Partizip im Kasus mit dem Subjekte, im Genus und Numerus aber mit dem den Hauptbegriff der Umschreibung ausdrückenden Substantive im Genetive. λ, 90 sq. ἦλθε δ' ἐπὶ ψυχὴ Θηβαίου Τειρεσίαο χρύσεον σκῆπτρον ἔχων. π, 476 f. μείδησεν δ' ἱερὴ ἲς Τηλεμάχοιο | ἐς πατέρ' ὀφθαλμοῖσιν ἰδών. Vgl. η, 67. ν, 20. σ, 34. B, 459 ὀρνίθων πετεηνῶν ἔθνεα πολλὰ . . ἔνθα καὶ ἔνθα ποτῶνται ἀγαλλόμεναι πτερύγεσσιν, wo Aristarch gewiss mit Unrecht ἀγαλλόμενα liest. P, 756 Ψαρῶν νέφος ἔρχεται ἠὲ κολοιῶν | . . κεκλήγοντες. λ, 15 Κιμμερίων ἀνδρῶν δῆμός τε πόλις τε | . . κεκαλυμμένοι. (Aber ἔθνεα εἶσι μελισσάων ἀδινάων, | πέτρης ἐκ γλαφυρῆς αἰεὶ νέον ἐρχομενάων B, 88.) S. Ant. 1002 ἀγνῶτ' ἀκούω φθόγγον ὀρνίθων κακῷ κλάζοντας οἴστρῳ. Aber Th. 1, 110 τὰ τῶν Ἑλλήνων πράγματα ἐφθάρη ἓξ ἔτη πολεμήσαντα, nicht πολεμήσαντες u. κατὰ σύνεσιν.

Anmerk. 5. Sehr selten ist die in der lateinischen[1]) Sprache häufigere Verbindung eines mit der Präpos. μετά, mit, verbundenen Subjekts in der Singularform mit dem Verb in der Pluralform. Th. 3, 109 Δημοσθένης μετὰ τῶν ξυστρατήγων Ἀκαρνάνων σπένδονται Μαντινεῦσι. X. Hell. 1, 1, 10 Ἀλκιβιάδης ἐκ Σάρδεων μετὰ Μαντιθέου . . ἵππων εὐπορήσαντες νυκτὸς ἀπέδρασαν. Diphil. ap. Athen. 7. 292, d πολυτελῶς Ἀδώνια ἄγουσ' ἑταίρα μεθ' ἑτέρων. Ähnlich: Lucian. D. D. 12, 2 ἐκείνη (Ῥέα) παραλαβοῦσα καὶ τοὺς Κορύβαντας τὴν Ἴδην περιπολοῦσιν.

§ 360. II. Männliches oder weibliches Subjekt mit dem prädikativen Adjektive in der Neutralform des Singulars.

Wenn das Subjekt nicht als ein bestimmter Gegenstand, sondern als ein allgemeiner Begriff (als ein Ding oder Wesen) aufgefasst werden soll, so wird das prädikative Adjektiv ohne alle Rücksicht auf das Genus und den Numerus des Subjekts in der Neutralform des Singulars auf dasselbe bezogen. Diese Struktur hat

[1]) Vgl. Kühner, Ausf. Lat. Gramm. II, 1 § 14, 2

vorzugsweise (doch nicht ausschliesslich) ihren Sitz in allgemeinen Sätzen, in Sentenzen, Sprichwörtern u. s. w. Bei Hom. nur vereinzelt. B, 204 οὐκ ἀγαθὸν πολυκοιρανίη· εἷς κοίρανος ἔστω. T, 235 ἥδε γὰρ ὀτρυντὺς κακὸν ἔσσεται. S. Ai. 580 κάρτα τοι φιλοίκτιστον γυνή. Eur. Hipp. 109 τερπνὸν ἐκ (*post*) κυναγίας τράπεζα πλήρης. Or. 232 δυσάρεστον οἱ νοσοῦντες ἀπορίας ὕπο. 234 μεταβολὴ πάντων γλυκύ. 772 δεινὸν οἱ πολλοί, κακούργους ὅταν ἔχωσι προστάτας. Med. 329 πλὴν γὰρ τέκνων ἔμοιγε φίλτατον πόλις. 928 γυνὴ δὲ θῆλυ κἀπὶ δακρύοις ἔφυ. H. F. 1292 αἱ μεταβολαὶ λυπηρόν. Andr. 209 ἡ Λάκαινα μὲν πόλις μέγ' ἐστί. Hdt. 3, 82 ἡ μουναρχίη κράτιστον. 7. 10, 7 διαβολὴ γάρ ἐστι δεινότατον. Pl. Civ. 354, a οὐδέποτ' ἄρα λυσιτελέστερον ἀδικία δικαιοσύνης. 364, a καλὸν μὲν ἡ σωφροσύνη τε καὶ δικαιοσύνη, χαλεπὸν μέντοι καὶ ἐπίπονον. Hipp. mai. 284, a ἐν ταῖς εὐνόμοις πόλεσι τιμιώτατον ἡ ἀρετή. Vgl. 296, a ἡ σοφία πάντων κάλλιστον, ἡ δὲ ἀμαθία πάντων αἴσχιστον. Vgl. Phaedr. 245, d. Symp. 176, d. X. Comm. 2. 3, 1 χρησιμώτερον νομίζουσι χρήματα ἢ ἀδελφούς. Dem. 1, 5 ἄπιστον ταῖς πολιτείαις ἡ τυραννίς (ein Gegenstand des Misstrauens). Ebenso b. d. lat. Dichtern, z. B. Verg. Aen. 4, 570 *varium* et *mutabile* semper *femina*. Ähnlich bei Ortsnamen. Th. 1, 138 ἐδόκει γὰρ (Λάμψακος) πολυοινότατον τῶν τότε εἶναι der weinreichste Ort. 4, 76 ἔστι δὲ ἡ Χαιρώνεια ἔσχατον τῆς Βοιωτίας. Auffallender 1, 10 Μυκῆναι μικρὸν ἦν (hier vielleicht unter proleptischer Einwirkung des folgenden πόλισμα, vgl. Classen z. d. St.). Oft in der philosophischen Sprache. Pl. Hipp. mai. 288, b θήλεια ἵππος καλὴ οὐ καλόν; ibid. c λύρα καλὴ οὐ καλόν; χύτρα καλὴ οὐ καλόν. So namentlich das Fragw. τί in Verbindung mit d. Plur., indem man fragt, unter welchem allgemeinen Begriffe Einzelnes aufzufassen sei. Vgl. § 369, 2. X. An. 2. 1, 22 τί οὖν ταῦτ' ἐστίν; Vgl. Comm. 1. 2, 43. Aeschin. 3, 167. Pl. Euthyphr. 15, a. Phaed. p. 58, c τί δὲ δὴ τὰ περὶ αὐτὸν τὸν θάνατον; τί ἦν τὰ λεχθέντα καὶ πραχθέντα; Gorg. 508, b σκεπτέον, τί τὰ συμβαίνοντα. (Hingegen Phaed. 102, a ἀλλὰ τίνα δὴ ἦν τὰ μετὰ ταῦτα λεχθέντα; nicht quid, sondern quae od. qualia. Vgl. Pl. Gorg. 462, d τίς τέχνη ὀψοποιΐα; Οὐδεμία, ὦ Πῶλε. Ἀλλὰ τί, φάθι. Φημὶ δὴ ἐμπειρία τις.) Ebenso ὅ τι in einem indirekten Fragsatze. X. Comm. 3. 9, 8 φθόνον δὲ σκοπῶν, ὅτι εἴη, *quid* sit invidia, unter welche Klasse von Dingen der Neid zu stellen sei, hingegen ὅστις, *quae* od. *qualis* sit invidia, alsdann wird die Klasse als bestimmt vorausgesetzt und nur nach der Beschaffenheit des Neides gefragt. Ferner auch in verkürzten Adjektivsätzen. Hdt. 3, 108 ἡ λέαινα, ἐὸν ἰσχυρότατον καὶ θρασύτατον, ἅπαξ ἐν τῷ βίῳ τίκτει ἕν, die das stärkste Wesen ist. Vgl. 2, 92 ἐὸν στρογγύλον ein rundlicher Körper. Pl. Civ. 420, c οἱ ὀφθαλμοί, κάλλιστον ὄν, οὐκ ὀστρείῳ ἐναληλιμμένοι εἰσίν. Hipp. mai. 299, a τὰ περὶ τὰ ἀφροδίσια . . ὡς ἥδιστον ὄν.

Anmerk. 1. Wenn das Subjekt einen unbestimmten und allgemeinen Begriff ausdrückt, so wird auch bisweilen statt des blossen Neutrums des Adjektivs dasselbe mit τὶ oder den Substantiven χρῆμα, πρᾶγμα, κτῆμα verbunden. Hdt. 3, 53 φιλοτιμίη (Eigenwille) κτῆμα σκαιόν, *res sinistra est.* Ib. τυραννὶς χρῆμα σφαλερόν. Eur. Or. 70 ἄπορον χρῆμα δυστυχῶν δόμος. Iph. A. 334 νοῦς δέ γ' οὐ βέβαιος ἄδικον κτῆμα κοὐ σαφὲς φίλοις. Ps. Pl. Theag. p. 122, b συμβουλὴ ἱερὸν χρῆμα. Dem. 2, 12 ἅπας μὲν λόγος, ἂν ἀπῇ τὰ πράγματα, μάταιόν τι φαίνεται καὶ κενόν. Menand. (Meineke fr. c. IV, p. 151) ὡς ποικίλον πρᾶγμ' ἐστὶ καὶ πλάνον τύχη. ibid. 149 ἆρ' ἐστὶ συγγενές τι λύπη καὶ βίος; vgl. § 363 die beiden letzten Beisp. Ebenso die Lateiner, z. B. Ovid. ex Ponto 2. 7, 37 *res timida est omnis miser.* Martial. Epigr. 10, 59 *res est imperiosa timor.*[1]) Doch muss man sich wohl hüten mit einigen Grammatikern und Interpreten aus solchen Stellen schliessen zu wollen, dass man überall, wo das einfache Neutrum steht, das Pronomen τὶ oder die angeführten Substantive ergänzen müsse; denn in der Neutralform an und für sich liegt schon der Begriff der Allgemeinheit. Ebensowenig darf man τὶ oder οὐδέν in negativen Sätzen ergänzen, wie Pl. Phaedr. 241, c τὴν τῆς ψυχῆς παίδευσιν, ἧς οὔτε ἀνθρώποις οὔτε θεοῖς τιμιώτερον οὔτε ἔστιν οὔτε ποτὲ ἔσται, ubi v. Stallb., sowie auch nicht, wenn das Neutrum Objekt ist, wie Th. 4, 30 ὡς ἐπ' ἀξιόχρεων τοὺς Ἀθηναίους σπουδὴν ποιεῖσθαι, *ut ad rem gravioris momenti.* 50 εἰ οὖν βούλονται σαφὲς λέγειν, ubi v. Stahl. 6, 21 εἴπερ βουλόμεθα ἄξιον τῆς διανοίας δρᾶν. Pl. leg. 657, a θαυμαστὸν λέγεις.[2])

Anmerk. 2. Pl. Crat. 410, c αἱ ὧραι Ἀττικιστὶ ὡς τὸ παλαιὸν ῥητέον steht ῥητέον, weil Plato sagen will: das Wort ὧραι ist nach der altattischen Weise (nämlich ὅραι) auszusprechen. S. Heindorf u. Stallb. Aber Civ. 460, b τοῖς ἀγαθοῖς τῶν νέων ἐν πολέμῳ γέρα δοτέον καὶ ἆθλα, ἄλλα τε καὶ ἀφθονεστέρα ἡ ἐξουσία τῆς τῶν γυναικῶν ξυγκοιμήσεως ist aus dem vorangehenden δοτέον das Fem. δοτέα zu entnehmen. Härter ist die Verbindung in Phil. 57, a λογιστικὴ καὶ μετρητικὴ πότερον ὡς μία ἑκατέρα λεκτέον ἢ δύο τιθῶμεν; wo d. Fem. μία ἑκατέρα sich an die vorangehenden Feminina anschliesst, λεκτέον hingegen an ein zu ergänzendes Neutrum, wie γένος, ὄνομα. So Sophist. 223, b ἡ τέχνη οἰκειωτικῇ .. γιγνομένη θήρα προσρητέον .. σοφιστική, ubi v. Stallb.

§ 361. Fortsetzung.

1. Besonders häufig steht das Neutrum eines demonstrativen Pronomens in Beziehung auf ein männliches oder weibliches Substantiv, indem der Begriff desselben ganz allgemein als blosses Ding oder Wesen oder auch als ein ganzer Gedanke aufgefasst wird. Ὁμολογοῦμεν ἐπιστήμης μηδὲν εἶναι κρεῖττον, ἀλλὰ τοῦτο ἀεὶ κρατεῖν, ὅπου ἂν ἐνῇ, καὶ ἡδονῆς καὶ τῶν ἄλλων ἁπάντων Pl. Protag. 357, c. Ἐπειδὴ τοίνυν ἡ αὐτὴ ἀρετὴ πάντων ἐστί, πειρῶ εἰπεῖν καὶ ἀναμνησθῆναι, τί αὐτό φησι Γοργίας εἶναι Menon. 73, c.[3]) Εἰ ἐμπορία ὠφελεῖ τι πόλιν, τιμώμενος ἂν ὁ πλεῖστα τοῦτο ποιῶν καὶ ἐμπόρους ἂν πλείους

[1]) Vgl. Valcken. ad Theocr. 8, 4. — [2]) Vgl. Stallbaum ad Pl. Conv. 175, b; Kühner ad Xen. Comm. 1. 2, 30, ad Anab. 3. 2, 37. — [3]) Vgl. Stallbaum ad Pl. Phileb. 28, a. Protag. 352, b; Poppo ad Thuc. P. 1, vol. 1, p. 105 sq.; Maetzner ad Antiph. 5, p. 129, 1; Bremi ad Dem. c. Aphob. F. test. p. 847, 11.

ἀγείροι X. Hier. 9, 9. Ἦν ὁ Θεμιστοκλῆς βεβαιότητα δὴ φύσεως ἰσχὺν δηλώσας καὶ διαφερόντως τε ἐς αὐτὸ μᾶλλον ἑτέρου ἄξιος θαυμάσαι Th. 1, 138 (i. e. ἐς τὸ φύσεως ἰσχὺν δηλῶσαι). Τριῶν προκειμένων, δήμου τε καὶ ὀλιγαρχίης καὶ μουνάρχου, πολλῷ τοῦτο (i. e. τὸ μόναρχον εἶναι) προέχειν λέγω Hdt. 3, 82. (Φίλιππος) δόξης ἐπιθυμεῖ καὶ τοῦτο (sc. δόξαν λαμβάνειν) ἐζήλωκε Dem. 2, 15. Ὥστε (Φίλιππον) τῆς Ἑλλήνων ἀρχῆς ἐπιθυμῆσαι καὶ τοῦτ' εἰς τὸν νοῦν ἐμβαλέσθαι Dem. 18, 68 (i. e. τὸ τῶν Ἑ. ἄρχειν). In Beziehung auf e. Plur. Th. 1, 80 extr. πῶς χρὴ . . καὶ τίνι πιστεύσαντας ἐπειχθῆναι; .. τοῖς χρήμασιν; ἀλλὰ πολλῷ ἔτι πλέον τούτου (dieses Mittels) ἐλλείπομεν. Über die attraktionsartige Verbindung: οὗτός ἐστιν ὁ ἀνήρ, αὕτη ἐστὶ πηγὴ πάντων τῶν καλῶν s. § 369, 1.

Anmerk. 1. Auf ähnliche Weise steht zuweilen auch die plurale Neutralform eines Demonstrativs in Beziehung auf ein männliches oder weibliches Substantiv im Sing. oder Plur., wenn gleichsam der ganze Bereich eines Begriffes bezeichnet werden soll. Th. 6, 10 σπονδαὶ ἔσονται· οὕτω γὰρ ἔπραξαν αὐτά i. e. τὰ περὶ τὰς σπονδάς. 6, 96 διενοοῦντο τὰς προσβάσεις φυλάσσειν, ὅπως μὴ κατὰ ταῦτα λάθωσι σφᾶς ἀναβάντες οἱ πολέμιοι. Vgl. 5, 27, 1. Pl. Polit. 300, d νόμοι und gleich darauf παρὰ ταῦτα i. e. παρὰ τὰ περὶ τοὺς νόμους. Vgl. § 366, Anm.

Anmerk. 2. Die Pronomen οὐδείς und μηδείς kongruieren nach der Regel mit ihrem Subjekte, wenn sie die Bedeutung von nichtsnutzig, beachtungslos haben, als: Hdt. 9, 58 διέδεξαν, ὅτι οὐδένες ἄρα ἐόντες ἐν οὐδαμοῖσι ἐοῦσι Ἕλλησι ἐναπεδεικνύατο. Nullen unter Nullen. Ar. Eq. 158 ὢ νῦν μὲν οὐδείς, αὔριον δ' ὑπέρμεγας; stehen aber im Neutrum: οὐδέν, μηδέν, wenn durch dasselbe der abstrakte Begriff der Nichtigkeit, Schlechtigkeit, Unwürdigkeit bezeichnet werden soll. Pl. Civ. 341, c νῦν γοῦν, ἔφη, ἐπεχείρησας οὐδὲν ὤν, *quum nihil valeas, nullius momenti sis.* 562, d τοὺς δέ γε, εἶπον, τῶν ἀρχόντων κατηκόους προπηλακίζει ὡς ἐθελοδούλους τε καὶ οὐδὲν ὄντας, ubi v. Stallb. Apol. 41, e ἐὰν δοκῶσί τι εἶναι, μηδὲν ὄντες. S. Ai. 1094 ὃς μηδὲν ὢν (ein Nichts) γοναῖσιν εἶθ' ἁμαρτάνει. Auch mit dem Artikel. S. Ai. 1275 ἤδη τὸ μηδὲν ὄντας. Tr. 1107 κἂν τὸ μηδὲν ὦ. Ar. Av. 577 ἢν δ' οὖν ὑμᾶς εἶναι νομίσωσι τὸ μηδέν. Eur. Rh. 819 ἢ τὸν Ἕκτορα τὸ μηδὲν εἶναι καὶ κακὸν νομίζετε. Auch ὁ οὐδέν. Eur. Ph. 598 πρὸς τὸν οὐδέν. S. Ai. 1231 ὅτ' οὐδὲν ὢν τοῦ μηδὲν ἀντέστης ὕπερ. S. El. 1166 δέξαι με τὴν μηδὲν εἰς τὸ μηδέν. Selbst Eur. Tr. 412 τὰ σεμνὰ . . οὐδέν τι κρείσσω τῶν τὸ μηδὲν ἦν.[1])

2. Auch das Relativpronomen steht ohne Rücksicht auf das Geschlecht seines Substantivs in der Neutralform des Singulars, wenn der Begriff des Substantivs nicht als ein individueller, sondern als ein allgemeiner aufzufassen ist. S. OR. 542 ἆρ' οὐχὶ μῶρόν ἐστι τοὐγχείρημά σου | ἄνευ τε πλήθους καὶ φίλων τυραννίδα | θηρᾶν, ὃ πλήθει χρήμασίν τ' ἁλίσκεται. Eur. Hel. 1687 καὶ χαίρεθ' Ἑλένης οὕνεκ' εὐγενεστάτης | γνώμης, ὃ πολλαῖς ἐν γυναιξὶν οὐκ ἔνι. Pl. Conv. 196, a συμμέτρου ἰδέας μέγα τεκμήριον ἡ εὐσχημοσύνη, ὃ δὴ διαφερόντως ἐκ πάντων Ἔρως ἔχει. 3, 104 οἱ Ἀθηναῖοι τότε τὸν ἀγῶνα ἐποίησαν καὶ ἱπποδρομίας,

[1]) Vgl. Matthiä II, § 437, Anm. 1; Lobeck ad Soph. Ai. 1231; Stallbaum ad Plat. Civ. 556, d.

ὃ (eine Einrichtung, welche) πρότερον οὐκ ἦν. — **Häufig aber ist das Neutrum ὃ nicht auf ein vorhergehendes männliches oder weibliches Substantiv, sondern auf einen ganzen Gedanken zu beziehen.** Th. 1, 59 τρέπονται ἐπὶ τὴν Μακεδονίαν, ἐφ' ὅπερ καὶ τὸ πρότερον ἐπέμποντο (wo ἐφ' ὅπερ auf τρέπονται ἐπὶ τ. Μακ. geht). 6, 47 πλεῖν ἐπὶ Σελινοῦντα πάσῃ τῇ στρατιᾷ, ἐφ' ὅπερ μάλιστα ἐπέμφθησαν. Vgl. Classen Anhang zu Th. 1, 33. Über den Unterschied zwischen τίς ἐστι φθόνος u. τί ἐστι φ. s. § 369, 2.

§ 362. III. Prädikatives Substantiv im Genus oder Numerus von seinem Subjekte abweichend.

Das prädikative Substantiv stimmt mit dem Subjekte im Kasus überein, im Genus und Numerus aber nur dann, wenn es eine Person bezeichnet und daher entweder besondere Formen für das männliche und weibliche Geschlecht hat, als: βασιλεύς, βασίλεια, oder Generis communis ist, als: ὁ ἡ παῖς. Ein Gleiches gilt von der Apposition. Κῦρος ἦν βασιλεύς. Κῦρος, ὁ βασιλεύς. Τόμυρις ἦν βασίλεια. Τόμυρις, ἡ βασίλεια. Ist aber das prädikative oder appositive Substantiv ein Sachname, so weicht es natürlich häufig im Genus, zuweilen auch im Numerus von seinem Subjekte ab. Π, 498 σοὶ γὰρ ἐγὼ καὶ ἔπειτα κατηφείη καὶ ὄνειδος ἔσσομαι. Η, 98 ἦ μὲν δὴ λώβη τάδε γ' ἔσσεται αἰνόθεν αἰνῶς. Χ, 358 μή τοί τι θεῶν μήνιμα γένωμαι. Mehr Beispiele s. § 356, 1. Hdt. 6, 112 τέως ἦν τοῖσι Ἕλλησι καὶ τὸ οὔνομα τὸ Μήδων φόβος ἀκοῦσαι. 1, 32 πᾶν ἐστι ἄνθρωπος συμφορή, ist in jeder Beziehung Zufall = dem Zufalle unterworfen. 3, 132 ἦν μέγιστον πρῆγμα Δημοκήδης παρὰ βασιλέϊ, vgl. Comic. fr. III, p. 5 (Mein.) p. 260. Th. 2, 44 ἰδίᾳ τῶν οὐκ ὄντων λήθη οἱ ἐπιγιγνόμενοί (sc. παῖδες) τισιν ἔσονται. Pl. Men. 91, c οὗτοί γε (οἱ σοφισταί) φανερά ἐστι λώβη τε καὶ διαφθορὰ τῶν συγγιγνομένων. Comic. fr. III, 285 τύχη τὰ θνητῶν πράγματα. Theocr. 15, 148 χὡνὴρ ὄξος ἅπαν. In der Apposition: S. Ph. 622 ἦ κεῖνος, ἡ πᾶσα βλάβη, ἔμ' εἰς 'Αχαιοὺς ὤμοσεν πείσας στελεῖν, vgl. El. 301. OC. κρατῆρές εἰσιν, ἀνδρὸς εὔχειρος τέχνη. X. Cy. 5. 2, 7 τὴν θυγατέρα, δεινόν τι κάλλος καὶ μέγεθος, ἐξάγων ὧδε εἶπεν. Dem. 35, 15 οὑτοσὶ δὲ Λάκριτος Φασηλίτης, μέγα πρᾶγμα, 'Ισοκράτους μαθητής. Oft bezeichnet das abstrakte Substantiv eine Bestimmung oder Absicht, ein Ergebnis aus dem Vorhergehenden. Λ, 27 ἴρισσιν ἐοικότες, ἅς τε Κρονίων ἐν νέφεϊ στήριξε, τέρας μερόπων ἀνθρώπων (vgl. Ρ, 548 τέρας ἔμμεναι). Eur. M. 194 ὕμνους ἐπὶ μὲν θαλίαις | ηὕροντο, βίου τερπνὰς ἀκοάς. H. f. 323 κτεῖνόν με καὶ τήνδ' ἀθλίαν παίδων πάρος, | ὡς μὴ τέκν' εἰσίδωμεν, ἀνόσιον θέαν. Hec. 265 Ἑλένην νιν αἰτεῖν χρῆν, τάφῳ προσφάγματα.[1]) Vgl. § 406, 4. Hdt. 1, 205 γεφύρας ζευγνύων ἐπὶ τοῦ ποταμοῦ, διάβασιν (Brücke, Furt) τῷ στρατῷ. 1, 179 τὸ

[1]) Vgl. Sommer, Zeitschr. v. Zimmermann, 1839, S. 1010 f.

μέσον τῶν οἰκημάτων ἔλιπον τεθρίππῳ περιέλασιν, als Weg zur Umfahrt. — Bei den Tragikern oft παίδευμα, θρέμμα (*alumnus*), κήδευμα; ferner τὰ φίλτατα, *deliciae*, als: S. Ph. 434 Πάτροκλος, ὃς σου πατρὸς ἦν τὰ φίλτατα, und τὰ πρῶτα, als: Eur. Med. 917 οἶμαι γὰρ ὑμᾶς τῆσδε γῆς Κορινθίας | τὰ πρῶτ' ἔσεσθαι. Ar. R. 421 κἄστιν (Ἀρχέδημος) τὰ πρῶτα τῆς ἐκεῖ μοχθηρίας; auch in der Prosa, z. B. in einem verkürzten Prädikativsatze Hdt. 6, 100 Αἰσχίνης ὁ Νόθωνος, ἐὼν τῶν Ἐρετριέων τὰ πρῶτα; ebenso in der Apposition, als: Hdt. 9, 77 Λάμπων ὁ Πύθεω, Αἰγινητέων τὰ πρῶτα, *Aeginetarum princeps*. Theocr. 15, 142 Ἄργεος ἄκρα, Πελασγοί, *Pelasgi, Argorum praestantissimi viri*. Ferner τὰ πάντα. Hdt. 1, 122 ἦν τέ οἱ ἐν τῷ λόγῳ τὰ πάντα ἡ Κυνώ, *Cyno ei erat omne in sermone argumentum*, gewöhnl. ohne Artikel: πάντα εἶναί τινι u. ἅπαντα „*tanti ab aliquo fieri, ut ei omnium instar sis* (Einem Alles sein, gelten)." Hdt. 3, 157 πάντα δὴ ἦν ἐν τοῖσι Βαβυλωνίοισι Ζώπυρος. Vgl. 7, 156. Th. 8, 95. Dem. 18, 43 πάντ' ἐκεῖνος ἦν αὐτοῖς.[1])

2. Sowie die genannten adjektivischen Pluralformen: τὰ φίλτατα, τὰ πρῶτα, τὰ ἄκρα, τὰ πάντα, so werden auch substantivische Pluralformen und vorzüglich abstrakte Substantive von den Dichtern sehr oft in der Apposition mit einem Substantive in der Singularform verbunden. Dieser Gebrauch ist echt poetisch und gewährt dem Vortrage Glanz, Würde und Nachdruck. So schon bei Homer, besonders bei δῶρα, als: Υ, 268 χρυσὸς γὰρ ἐρύκακε, δῶρα θεοῖο; vgl. Ξ, 238. Ψ, 297. Λ, 124. Theogn. 1293 γάμον, χρυσῆς Ἀφροδίτης δῶρα. H. Sc. 312 μέγας τρίπος . . χρύσειος, κλυτὰ ἔργα περίφρονος Ἡφαίστοιο. S. Ph. 36 ἔκπωμα, φλαυρουργοῦ τινος τεχνήματ' ἀνδρός „spottend hier über das Ärmliche" Schneidew. Eur. Alc. 1028 κομίζω τήνδε νικητήρια λαβών. Or. 1053 καὶ μνῆμα δέξαιθ' ἕν, κέδρου τεχνάσματα. Hipp. 11 Ἱππόλυτος, ἁγνοῦ Πιτθέως παιδεύματα. Vgl. Verg. Aen. 5, 359 *clipeum*, Didymaonis *artes*.[2])

§ 363. IV. Prädikativer Superlativ im Genus von dem Subjekte abweichend.

Ein Superlativ, der mit einem von ihm abhängigen Genetive verbunden ist, richtet sich, wie im Lateinischen, gewöhnlich zwar nach dem Genus des Subjektes, zuweilen jedoch auch, wie im Deutschen, nach dem Genus des Genetivs. Φ, 253 (αἰετοῦ) ὅσθ' ἅμα κάρτιστός τε καὶ ὤκιστος πετεηνῶν. Χ, 139 κίρκος ἐλαφρότατος πετεηνῶν. ι, 432 ἀρνειός . ., μήλων ὄχ' ἄριστος ἁπάντων, vgl. 444. Menand. p. 153 Mein. νόσων χαλεπώτατος φθόνος. Hdt. 4, 85 ὁ Πόντος πελα-

---

1) Hermann ad Viger., § 95, p. 727. — 2) Vgl. Matthiä II, § 431; Bernhardy S. 64; Richter de anac. spec. II, § 34.

γέων ἁπάντων πέφυκε θαυμασιώτατος. X. Comm. 4. 7, 7 ὁ ἥλιος τὸν πάντα χρόνον πάντων λαμπρότατος ὢν διαμένει. Pl. Tim. 29, a ὁ κόσμος κάλλιστος τῶν γεγονότων. Plutarch. consol. 102, c πολλῶν ὄντων παθῶν ἡ λύπη χαλεπωτάτη πάντων. Hingegen Hdt. 5, 24 κτημάτων πάντων τιμιώτατον ἀνὴρ φίλος. Isocr. 2, 53 σύμβουλος ἀγαθὸς χρησιμώτατον καὶ τυραννικώτατον ἁπάντων τῶν κτημάτων ἐστίν.

§ 364. V. Das Neutrum im Plur. mit dem Verb im Sing.

Das Subjekt in der Neutralform des Plurals verbindet sich mit dem Verb im Singulare, indem die Mehrheit sächlicher Gegenstände als eine einheitliche Masse aufgefasst wurde. B, 396 Τὸν δ' οὔποτε κύματα λείπει; ι, 51 ὅσα φύλλα καὶ ἄνθεα γίγνεται ὥρῃ. ι, 438 καὶ τότ' ἔπειτα νομόνδ' ἐξέσσυτο ἄρσενα μῆλα. Eur. M. 618 κακοῦ γὰρ ἀνδρὸς δῶρ' ὄνησιν οὐκ ἔχει. X. ven. 12, 11 σὺν τῇ πόλει καὶ σῴζεται καὶ ἀπόλλυται τὰ οἰκεῖα ἑκάστου. Das zur Bildung einzelner Verbalformen verwandte Partizip aber steht ebenso wie das prädikative Adjektiv im Plur. Εἴθε πάντα καλῶς τετελεσμένα εἴη. Ταῦτα τὰ πράγματά ἐστι καλά. Auch findet sich bei Homer das Subjekt in der Neutralform des Duals (ὄσσε) mit dem Verb im Sing. ζ, 131 ἐν δέ οἱ ὄσσε δαίεται. M, 466 πυρὶ δ' ὄσσε δεδήει. Ψ, 477 δέρκεται ὄσσε. Ap. Rh. 4, 17 ὄσσε πλῆτο (ubi v. Wellauer) u. sonst; denn die Neutralform des Duals wird als Neutralform des Plurals angesehen, vgl. δοῦρε δύω κεκορυθμένα χαλκῷ Γ, 18. Vgl. Λ, 43. ὄσσε φαεινά N, 435, ὄσσε αἱματόεντα 617, ἄλκιμα δοῦρε Π, 139, ἄμφω λέγεται Luc. Tox. 17. Doch die klassische Prosa enthält sich dieser Konstruktion.

Anmerk. Diese Verbindung tritt auch in der adverbialen Partizipialkonstruktion, als: δόξαν ταῦτα, *quum haec visa, decreta essent*, ein. X. An. 4. 1, 13 δόξαν δὲ ταῦτα, ἐκήρυξαν οὕτω ποιεῖν. Pl. Prot. 314, c δόξαν ἡμῖν ταῦτα, ἐπορευόμεθα; ubi v. Heindorf p. 479. Hingegen: X. Hell. 3. 2, 19 δόξαντα δὲ ταῦτα καὶ περανθέντα, τὰ μὲν στρατεύματα ἀπῆλθεν. Andoc. 1, 81 δόξαντα δὲ ὑμῖν ταῦτα εἵλεσθε ἄνδρας εἴκοσι. — Hdt. 1, 89 Κύρῳ δὲ ἐπιμελὲς ἐγένετο τὰ Κροῖσος εἶπε ist ἐπιμελές nicht auf τά zu beziehen, sondern es bildet mit ἐγένετο einen impersonalen Ausdruck: curae fuit quae Croesus diceret (Stein z. d. St.), wie oft ἐπιμελές μοί τί ἐστι od. γίγνεται, vgl. 2, 150. 3, 40.

§ 365. Ausnahmen von der angegebenen Regel.

Von der angegebenen Regel kommen jedoch zuweilen Ausnahmen vor, die sich grösstenteils auf folgende Fälle zurückführen lassen[1]):

[1]) S. Kühners Bem. ad Xen. An. 1. 2, 23 u. ad Comm. 4. 3, 12; Franz de verbo apud Graecos coniuncto cum neutri generis subiecto plurali, Bonn 1875; Bauder, De generis neutrius pluralis cum verbo construendi vi et usu, Leipz. 1877.

a) Wenn das Neutrum Personennamen oder lebende Geschöpfe bezeichnet, so wird sehr oft, um den Begriff der Persönlichkeit hervorzuheben, das Verb nach der constructio κατὰ σύνεσιν in die Pluralform gesetzt. Λ, 724 τὰ δ' ἐπέρρεον ἔθνεα πεζῶν. Hdt. 4, 149 οὐ γὰρ ὑπέμειναν τὰ τέκνα. Th. 4, 88 τὰ τέλη (Magistratspersonen) τῶν Λακεδαιμονίων ὀμόσαντα Βρασίδαν ἐξέπεμψαν. 7, 57 τοσάδε μετὰ Ἀθηναίων ἔθνη ἐστράτευον. X. Apol. 4 οὐχ ὁρᾷς τὰ Ἀθηναίων δικαστήρια (= τοὺς δικαστάς), ὡς πολλάκις μὲν οὐδὲν ἀδικοῦντας λόγῳ παραχθέντες ἀπέκτειναν, πολλάκις δὲ ἀδικοῦντας οἰκτίσαντες ἀπέλυσαν. Cy. 5. 1, 14 τὰ μοχθηρὰ ἀνθρώπια πασῶν, οἶμαι, τῶν ἐπιθυμιῶν ἀκρατῆ ἐστι, κἄπειτα ἔρωτα αἰτιῶνται. Isocr. 12, 229 οὐ μὴν τὰ μειράκια . . τὴν αὐτὴν ἐμοὶ γνώμην ἔσχεν, ἀλλ' ἐμὲ μὲν ἐπῄνεσαν . ., ἐκείνου δὲ κατεφρόνησαν. Pl. Lach. 180, e τὰ μειράκια διαλεγόμενοι ἐπιμέμνηνται Σωκράτους καὶ σφόδρα ἐπαινοῦσιν. Vgl. § 359, 2. Eur. Cy. 206 πῶς κατ' ἄντρα νεόγονα βλαστήματα (i. e. ἄρνες καὶ ἔριφοι); | ἦ πρός γε μαστοῖς εἰσι χὐπὸ μητέρων | πλευρὰς τρέχουσι. — Jedoch: Th. 1, 58 τὰ τέλη τῶν Λακεδαιμονίων ὑπέσχετο αὐτοῖς. X. vect. 4, 15 ἐγένετο Ἱππονίκῳ ἑξακόσια ἀνδράποδα.

b) Wenn der Begriff der Vereinzelung oder Mehrheit des aus mehreren Teilen Zusammengesetzten, des an verschiedenen Orten oder zu verschiedenen Zeiten Geschehenden hervorgehoben werden soll. O, 713 πολλὰ δὲ φάσγανα καλὰ μελάνδετα κωπήεντα ἄλλα μὲν ἐκ χειρῶν χαμάδις πέσον, ἄλλα δ' ἀπ' ὤμων. ι, 440 οὔθατα (die Euter der einzelnen) γὰρ σφαραγεῦντο. Hdt. 5, 112 ὡς συνῆλθε τὰ στρατόπεδα, συμπεσόντα ἐμάχοντο (auf beiden Seiten). X. An. 1. 7, 17 ταύτῃ τῇ ἡμέρᾳ οὐκ ἐμαχέσατο βασιλεύς, ἀλλ' ὑποχωρούντων φανερὰ ἦσαν καὶ ἵππων καὶ ἀνθρώπων ἴχνη πολλά, viele Spuren, hier u. da zerstreut. (Hingegen 1. 6, 1 προϊόντων ἐφαίνετο ἴχνη ἵππων, weil hier der Begriff der Vereinzelung weniger hervortritt.) Ibid. 1. 5, 1 εἰ δέ τι καὶ ἄλλο ἐνῆν ὕλης ἢ καλάμου, ἅπαντα ἦσαν εὐώδη von den hier u. da zerstreuten Gesträuchen, ähnlich 1. 7, 20. 2. 2, 15 ὑποζύγια νέμοιντο, die an verschiedenen Orten umherschweifend zu denken sind. Th. 5, 75 Κάρνεια ἐτύγχανον ὄντα, die karneischen Festlichkeiten (dagegen der Sing. 5, 49 Ὀλύμπια δ' ἐγένετο τοῦ θέρους τούτου. 8, 9, 1 τὰ Ἴσθμια, ἃ τότε ἦν. 8, 10. Vgl. Classen zu Th. 1. 126, 5.). X. An. 4. 2, 20 ἔνθα τὰ ὅπλα ἔκειντο. 1. 8, 20 τὰ ἅρματα ἐφέροντο wegen des folg. τὰ μέν . . τὰ δέ. Oec. 13, 6 ff. τὰ μὲν ἄλλα ζῷα ἐκ δυοῖν τούτοιν τὸ πείθεσθαι μανθάνουσιν . . . οἵ τε γοῦν πῶλοι μανθάνουσιν . . . καὶ τὰ κυνίδια μανθάνει (die verschiedenen Gattungen der ζῷα). So auch, wenn der neutrale Pluralbegriff durch Zahlen bestimmt wird, als: Λ, 634 οὔατα δ' αὐτοῦ τέσσαρ' ἔσαν. δ, 437 τέσσαρα φωκάων ἐκ πόντου δέρματ' ἔνεικεν, πάντα δ' ἔσαν νεόδαρτα. Th. 6, 32 ἐγένοντο ἐξ αὐτῶν εἴκοσι καὶ ἑκατὸν τάλαντα. X. Hell. 2. 3, 8 ἑβδομήκοντα τάλαντα, ἃ περιεγένοντο. An. 1. 4, 4 ἦσαν ταῦτα δύο τείχη, die zwei Mauern sind hier als von einander getrennt, einander entgegengesetzt zu denken. Th. 5, 26 ἀμφοτέροις ἁμαρτήματα ἐγένοντο (ein jeder der beiden hatte ἁμαρτήματα auf mannigfaltige Weise begangen). X. Ages. 2, 23 ὅσα μετὰ τοῦτο σφάλματα ἐγένοντο, οὐδεὶς ἂν εἴποι. X. Cy. 2. 2, 2 ἐγένοντο (nach d. best. cdd.) κρέα ἑκάστῳ ἡμῶν τρία καὶ πλείω τὰ περιφερόμενα, wo der Plural das distributive Verhältnis angiebt. 3. 3, 26 οἱ Ἀσσύριοι καὶ οἱ σὺν αὐτοῖς, ἐπεὶ ἤδη ἐγγὺς ἀλλήλων τὰ στρατεύματα ἐγίγνοντο (nach d. best. cdd.), τάφρον περιεβάλοντο, wo die Heere getrennt zu denken sind. Pl. Crat. 425, a ἐξ ὧν τά τε ὀνόματα καὶ τὰ ῥήματα συντίθενται, ubi v. Stallb. (Gegensatz der ὀνόματα u. ῥ. Schanz schreibt mit cod. Vat. συντίθεται). Civ. 353, b ἄρ' ἄν ποτε ὄμματα τὸ αὑτῶν ἔργον καλῶς ἀπεργάσαιντο μὴ ἔχοντα τὴν αὑτῶν οἰκείαν ἀρετήν; ubi v. Schneider. X. Comm. 2. 4, 7 αἱ χεῖρες ἑκάστῳ ὑπηρετοῦσι καὶ οἱ ὀφθαλμοὶ προορῶσι καὶ τὰ ὦτα προακούουσι (wegen der vorausgehenden Plurale).

Anmerk. Homer wendet Plural und Singular vielfach unterschiedslos an, zum Teil mit Rücksicht auf das Versbedürfnis. (Beide Konstruktionen verbunden z. B. B, 135 καὶ δὴ δοῦρα σέσηπε νεῶν καὶ σπάρτα λέλυνται. μ, 43 τῷ δ' οὔτι γυνὴ καὶ νήπια τέκνα | οἴκαδε νοστήσαντι παρίσταται οὐδὲ γάνυνται.) Verhältnismässig selten ist der Plur. nach den Pronominen und Adjektiven, die ja ihrer Natur nach dem kollektiven Sinne nahe kommen (τάδε ἐγένετο folgendes geschah, πάντα ἦν ἀγαθά alles war gut), häufiger bei den Substantiven (Franz zählt a. a. O. 93 Plurale gegen 266 Singulare). In den Hesiodischen Gedichten und den Homerischen Hymnen ist der Plur. auf die Substantiva beschränkt, und zwar fast nur auf die Bezeichnungen belebter Wesen und auf einige altertümliche dem Metrum bequeme Formeln. Die attischen Dichter setzen, mit Ausnahme der unter a) und b) angeführten Fälle, regelmässig den Singular.[1]) Auch bei Herodot u. Thukydides sind für die Wahl des Plurals im wesentlichen die oben bezeichneten Gesichtspunkte massgebend gewesen. Häufiger ist der Plur. bei Xenophon[2]), selten bei Platon und den Rednern. In den attischen Inschriften findet sich so gut wie kein Beispiel.[3])

§ 366. VI. Prädikatives Adjektiv in der Neutralform des Plurals statt des Singulars.

Wenn ein Infinitiv, ein ganzer Satz oder ein zu ergänzender allgemeiner Begriff, wie im Deutschen das unbestimmte Pronomen es, die Stelle des Subjekts einnimmt, setzen die Griechen oft das prädikative Adjektiv in die Neutralform des Plurals statt des Singulars. Am häufigsten geschieht dieses bei den Verbaladjektiven auf τέος. Pind. O. 1, 52 ἐμοὶ δ' ἄπορα (unmöglich) γαστρίμαργον μακάρων τιν' εἰπεῖν. P. 1, 34 ἐοικότα. N. 8, 4 ἀγαπατά. Aesch. Prom. 216

[1]) S. Porson ad Eur. Hec. in Addend. p. 95 sq. — [2]) Eine Aufzählung der Xenophonstellen bei Büchsenschütz zu Hell. 2. 3, 8. — [3]) Meisterhans, Gramm. der att. Inschr.[2] 160.

κράτιστα. S. Ai. 887 σχέτλια. 1126 δίκαια. Ph. 524 αἰσχρά. 628 δεινά. 1395 ῥᾷστ' ἐμοὶ μὲν τῶν λόγων λῆξαι, σὲ δὲ ζῆν. Ant. 677 sq. οὕτως ἀμυντέ' ἐστὶ τοῖς κοσμουμένοις (= civitatis institutis) | κοὔτοι γυναικὸς οὐδαμῶς ἡσσητέα. (576 δεδογμέν', ὡς ἔοικε, τήνδε κατθανεῖν). Eur. Or. 413 οὐ δεινὰ πάσχειν δεινὰ τοὺς εἰργασμένους. Hipp. 269 ἄσημα δ' ἡμῖν (sc. ἐστίν), ἥτις ἐστὶν ἡ νόσος. Med. 703 συγγνωστὰ ἦν σε λυπεῖσθαι. Ar. Equ. 609 δεινά γ', εἰ . . δυνήσομαι. Hdt. 1, 91 τὴν πεπρωμένην μοῖραν ἀδύνατά ἐστι ἀποφυγεῖν καὶ θεῷ. 3, 35 ὡς ἐγὼ οὐ μαίνομαι, δῆλά τοι γέγονε. Vgl. 3, 38. 61 Σμέρδιος τοῦ Κύρου ἀκουστέα εἴη. 7, 185 τὸ ἐκ τῆς Εὐρώπης ἀγόμενον στράτευμα ἔτι προσλογιστέα. 1, 194 οὐκ οἶά τέ ἐστι πλέειν. Vgl. 3, 57. 5, 20 u. a. 3, 82 δήμου ἄρχοντος ἀδύνατα μὴ οὐ κακότητα ἐγγίνεσθαι. 83 δῆλα (sc. ἐστίν), ὅτι δεῖ ἕνα γέ τινα ἡμέων βασιλέα γενέσθαι. 3, 109 οὐκ ἂν ἦν βιώσιμα ἀνθρώποισι. Th. 1, 8 καταστάντος δὲ τοῦ Μίνω ναυτικοῦ, πλωϊμώτερα ἐγένετο πρὸς ἀλλήλους. 86 οὓς οὐ παραδοτέα τοῖς Ἀθηναίοις ἐστὶν οὐδὲ δίκαις καὶ λόγοις διακριτέα ἐν τάχει. 2, 3 ἐπιχειρητέα. 2, 56 ἐπεὶ ἑτοῖμα ἦν, ἀνήγετο. 8, 55 εὐφυλακτότερα. 4, 1 ἀδύνατα ἦν ἐν τῷ παρόντι τοὺς Λόκρους ἀμύνεσθαι. **So meistens Thuk., zuweilen selbst im Genetivus absolutus:** 1, 7 ἤδη πλωιμωτέρων ὄντων. 4, 20 ἔτι ἀκρίτων ὄντων. **Anderen attischen Prosaikern ist dieser Gebrauch fremd.** βατά **X. An. 4. 6, 17 ist substantiviertes Neutrum: wegsame Strecken; nur** βάσιμα **und** ἄβατα **3. 4, 49 lassen sich mit den obigen Ausdrucksweisen vergleichen.**

Anmerk. Auch die Homerstellen, die man hierher zieht, lassen andere Deutungen zu, z. B. ρ, 15 ἐμοὶ φίλ' ἀληθέα μυθήσασθαι, mir ist die Wahrheit lieb, sie zu sagen (Inf. d. Bezugs); Φ, 533 νῦν οἴω λοίγι' ἔσεσθαι schreckliche Dinge werden vorgehen (wie A, 518 λοίγια ἔργ', ὅτε μ' ἐχθοδοπῆσαι ἐφήσεις); λ, 456 οὐκέτι πιστὰ γυναιξίν, es giebt nichts Zuverlässiges mehr, wie θ, 299 οὐκέτι φυκτὰ πέλοντο, es gab kein Entrinnen, keine Möglichkeiten des Entfliehens mehr (substantivierte Neutra), vgl. υ, 223 ἀνεκτά. Doch lassen sich hierin wohl Ansätze zu dem oben besprochenen Gebrauche, der allmählich weiter um sich griff, erkennen. Im allgemeinen aber ist zu beachten, dass die Griechen häufig auch die Pluralformen τά (b. Hom.), ταῦτα, τάδε, zuweilen auch ἐκεῖνα auf Einen Begriff oder Einen Gedanken beziehen, um den Begriff oder Gedanken in seinem ganzen Umfange, in seiner ganzen Allgemeinheit darzustellen. Θ, 362 Οὐδέ τι τῶν (eigtl. der verschiedenen Fälle) μέμνηται, ὅ (= dass) οἱ μάλα πολλάκις υἱὸν τειρόμενον σώεσκον. α, 226 οὐκ ἔρανος τάδε γ' ἐστίν (eigtl. die Veranstaltungen hier). S. OC. 883 ἆρ' οὐχ ὕβρις τάδε (diese Vorgänge). 1729 θέμις δὲ πῶς τάδ' ἐστι; Eur. Cy. 63 Ch. οὐ τάδε Βρόμιος, οὐ τάδε χοροί. Tr. 100 οὐκέτι Τροία | τάδε καὶ βασιλεῖς ἐσμεν Τροίας, unsere jetzige Lage (τὰ περὶ ἡμᾶς). Andr. 168 οὐ γάρ ἐσθ' Ἕκτωρ τάδε, ubi v. Pflugk. Ar. N. 1299 ταῦτ' οὐχ ὕβρις δῆτ' ἐστιν; = solche Worte. Vgl. R. 21. Pl. 886. Eur. Hipp. 466 ἐν σοφοῖσι γὰρ | τάδ' ἐστὶ θνητῶν, λανθάνειν τὰ μὴ καλά. Th. 4, 13 οὔτε, ἃ διενοήθησαν, φράξαι τοὺς ἔσπλους, ἔτυχον ποιήσαντες, wo ἅ auf φρ. τ. ἐσπ. geht. 6, 77 βουλόμεθα δεῖξαι αὐτοῖς, ὅτι οὐκ Ἴωνες τάδε εἰσὶν οὐδ' Ἑλλησπόντιοι, ἀλλὰ Δωριῆς ἐλεύθεροι, worin der Sinn liegt: wir wollen den Athenern beweisen, dass das, was hier gegen uns auszuführen ist, nicht gegen Ionier, sondern gegen freie Dorier ausgeführt werden muss; in dem griechischen Ausdrucke liegt eine energische Kürze. X. An. 1. 9, 24 τὸ τῇ ἐπιμελείᾳ περιεῖναι τῶν φίλων καὶ τῷ προθυμεῖσθαι χαρίζεσθαι, ταῦτα ἔμοιγε μᾶλλον δοκεῖ ἀγαστὰ εἶναι. Vgl. 1. 1, 7. Ἐχειρονόμουν δέ· ταῦτα γὰρ ἠπιστάμην Conv. 2, 19. Pl. Phaed. 62, d ἀνόητος ἄνθρωπος τάχ' ἂν οἰηθείη ταῦτα, φευκτέον εἶναι ἀπὸ τοῦ δεσπότου. Vgl. 68, b. 80, a. So auch καὶ ταῦτα, idque, und zwar, bei einem folgenden Adjektive oder Partizipe[1]), ferner τὰ ἕτερα, θάτερα, ἀμφότερα. Isae. 3, 58 δυοῖν τὰ ἕτερα προσῆκε γυναικί. Vgl. Pl. Charm. 160, c. Pl. Phil. 43, e τὸ μὲν χρυσόν, τὸ δ' ἄργυρον, τρίτον δὲ μηδέτερα τούτων[2]). Vgl. auch τὰ πρῶτα § 362, 1.

§ 367. VII. Männliches oder weibliches Subjekt im Plurale mit dem Verb im Singulare.

1. Das Subjekt, als Maskulin oder Feminin, in der Pluralform verbindet sich in der Dichtersprache, jedoch nur sehr selten, mit dem Verb in der Singularform. Die Grammatiker (s. Apollon. de synt. p. 228 sq.) nennen diese Konstruktion σχῆμα Βοιώτιον oder Πινδαρικόν, wahrscheinlich, weil die dorischen Dichter dieselbe häufiger gebraucht haben. Die Substantive, bei denen diese Konstruktion vorkommt, sind Sachnamen, die vielleicht auf gleiche Weise wie die pluralen Neutra (s. § 364) aufgefasst worden sind. Pind. O. 10, 4 sqq. μελιγάρυες ὕμνοι ὑστέρων ἀρχαὶ λόγων τέλλεται (wohl unter dem Einflusse des folgenden ὅρκιον), wo Dissen p. 124 hinzufügt: Welckerus ad Hipponactis Fragm. p. 41 *notat non comparatos a criticis illius poetae versus hos:* Δύ' ἡμέραι γυναικός ἐστιν ἥδισται, ὅταν γαμῇ τις κἀκφέρῃ τεθνηκυῖαν, *quanquam Gaisfordius ad Hephaestion.* p. 253 εἰσιν *scribat.* Id. Fragm. Dithyr. v. 16 sq. (p. 226 Dissen.) ἀχεῖταί (G. Hermann ἀχεῖ τ') τ' ὀμφαί μελέων σὺν αὐλοῖς, ἀχεῖται (G. Herm. ἀχεῖ τε) Σεμέλαν ἑλικάμπυκα χοροί[3]). Hom. hymn. in Cerer. 279 ξανθαὶ δὲ κόμαι κατενήνοθεν.

2. Bei den Prosaikern hat sich diese Konstruktion nur innerhalb sehr enger Grenzen gehalten, nämlich bei ἔστι, ἦν und γίγνεται, welche alsdann den Charakter unpersönlicher Ausdrücke annehmen, und zwar meist zu Anfang eines Satzes, ganz wie das altd. it is wol seven jâr (s. Grimm IV. S. 225) und das französische *il est des hommes, il est cent usages, qui* u. dgl. S. Tr. 520 ἦν δ' ἀμφίπλεκτοι κλίμακες, ubi v. Herm. Eur. Ion. 1146 ἐνῆν δ' ὑφανταὶ γράμμασιν τοιαίδ' ὑφαί. Hdt. 1, 26 ἔστι μεταξὺ τῆς τε παλαιῆς πόλιος καὶ τοῦ νηοῦ ἑπτὰ στάδιοι, ubi v. Stein. 7, 34 ἔστι δὲ ἑπτὰ στάδιοι ἐξ Ἀβύδου ἐς τὴν ἀπαντίον. Pl. Civ. 462, e ἔστι μέν που καὶ ἐν ταῖς ἄλλαις πόλεσιν ἄρχοντές τε καὶ δῆμος, ubi v. Stallb. 363, a χρὴ δίκαιον εἶναι, ἵνα δοκοῦντι

---

[1]) Vgl. Reisig comment. crit. in Soph. O. C. p. 236 sq.; Stallbaum ad Plat. Apol. 19, d., ad Phileb. 26, e; Richter de anac. Gr. spec. II, § 34; Haase ad Xen. de rep. Lac. 14, 5 p. 288 sq. — [2]) Vgl. Schoemann ad Isaeum 1, 38 p. 191; Stallbaum ad Pl. Lysid. 218, e. — [3]) S. Dissen, T. II, p. 619; Boeckh, not. crit. ad Olymp. 8, 8.

δικαίῳ εἶναι γίγνηται ἀπὸ τῆς δόξης ἀρχαί τε καὶ γάμοι. Ebenso beim Duale. Pl. Gorg. 500, d εἰ ἔστι τούτω διττὼ τὼ βίω. Aber Hs. th. 321. 825 steht ἦν dorisch st. ἦσαν, s. § 210, 6, und auch in dem Epigr. b. Aeschin. 3, 184 ἦν ἄρα κἀκεῖνοι ταλακάρδιοι ist diese Auffassung die wahrscheinlichere.

Anmerk. 1. Auf ähnliche Weise sagen die Griechen regelmässig ἔστιν, οἵ, *sunt, qui*. S. § 554, 5.

Anmerk. 2. Aus diesen Grenzen scheint der attische Gebrauch nicht gegangen zu sein. Mit Unrecht wird hierher gezogen: Eur. Ba. 1350 αἰαῖ, δέδοκται, πρέσβυ, τλήμονες φυγαί. Hier steht δέδοκται absolut: *decretum est*, u. φυγαί tritt als ein Ausruf dazu. Pind. P. 9, 33 φόβῳ δ' οὐ κεχείμανται φρένες ist κεχείμανται d. III. Pers. Plur. mit ausgefallenem ν, s. § 214, 5. Über den Singular bei einer Mehrheit von Subjekten s. § 370, 4.

§ 368. VIII. Subjekt im Duale und Prädikat im Plurale; Subjekt im Plurale und Prädikat im Duale.

Vorbemerk. Dass die Dualform tief in dem Wesen der Sprache begründet sei, haben wir in der Einleitung § 349, 1 gesehen. Die Sprache hat die Dualform geschaffen, nicht etwa, um den Begriff der Zahl zwei, sondern um den Begriff der Zweiheit, der paarweisen Zusammengehörigkeit auszudrücken[1]). Diese Vorstellung bildet die Grundlage des Duals. Erst in den späteren Zeiten, in denen das Sprachgefühl für die eigentliche Bedeutung der Sprachformen weniger lebhaft zu werden pflegt, sehen wir den Dual nicht selten als Ausdruck des blossen Begriffes zwei angewendet. In der Homerischen Sprache[2]) zeigt sich der Dual überall in seiner wahren und ursprünglichen Bedeutung, indem er entweder von paarweise in der Natur verbundenen Gegenständen angewendet wird, wie χεῖρε, πήχεε, πόδε, ὄσσε, ὀφθαλμώ, τένοντε, μηρώ, ὤμω, oder von solchen, welche in einer engen und gegenseitigen Beziehung stehend gedacht werden, z. B. von zwei Brüdern (E, 548—561, 'Ατρεΐδα A, 16), von zwei Freunden (Kastor und Pollux Γ, 236 sqq.), von Ehepaaren (Zeus und Juno A, 574, Priamus u. Hekuba X, 90 u. s. w.), von Verwandten, von dem Herrn und seinem Sklaven, überhaupt von zwei mit einander verbundenen Menschen oder Tieren (δύ' ἀνέρε, δύο φῶτε, βόε, κύνε, λέοντε) u. dgl. Auf gleiche Weise pflegt Homer bei zwei auf die angegebene Weise verbundenen Gegenständen die Verben, welche den Begriff einer Gemeinschaft oder gemeinschaftlichen Handlung, gegenseitigen Verbindung, eines Verkehrs, sei es in freundschaftlicher oder in feindseliger Beziehung, bezeichnen, in die Dualform zu setzen. 'Αλλήλοισι δὲ τώγε ('Αθήνη κ. 'Απόλλων) συναντέσθην παρὰ φηγῷ H, 22. Ἧχι ῥοὰς Σιμόεις συμβάλλετον ἠδὲ Σκάμανδρος E, 774. Παρθένος ἠΐθεός τ' ὀαρίζετον ἀλλήλοιϊν X, 127. 'Εμαρνάσθην sc. Ἕκτωρ κ. Αἴας H, 301. Δύ' ἀνέρε δηριάασθον | , ὥτ'.. ἐρίζητον M, 421. 423 u. s. w. Auch in der attischen Prosa[3]) entspricht der Gebrauch des Duals in der Regel seiner ursprünglichen Bedeutung, z. B. von den beiden eleusinischen Göttinnen εἰ γὰρ ἐβουλέσθην με ἀπολλύναι τὼ θεώ And. 1, 114; von den beiden Stimmurnen δυοῖν καδίσκοιν κειμένοιν Lyc. 149; von

---

1) S, W. v. Humboldt über den Dualis S. 18. — 2) S. G. Blackert, comm. de vi usuque dualis numeri ap. Gr. Fasc. I. p. 1 sqq.; Ohler, Gebrauch des Dual bei Homer, Mainz 1884; Illeck, Der Dual b. Hesiod in Zeitschr. für österr. Gymn. 1888, S. 97 ff. — 3) Keck, üb. d. Dual b. d. gr. Rednern, Würzb. 1882. Vollständ. Material bei Hasse, Der Dualis im Attischen, Hannover 1893.

einem Brüderpaare: νῦν μὲν γὰρ οὕτως διάκεισθον, ὥσπερ . . τὼ χεῖρε X. Comm. 2. 3, 18. Ἀδελφώ γε ὁ θεὸς ἐποίησεν ἐπὶ μείζονι ὠφελείᾳ ἀλλήλοιν ἢ χεῖρέ τε καὶ πόδε καὶ ὀφθαλμώ 2. 3, 19.

Spuren eines dem Sanskrit und Iranischen eigentümlichen Gebrauchs, wonach der Dual nicht nur zwei gleiche, sondern auch zwei verschiedene, aber ihrer Natur nach eng zusammengehörige Begriffe bezeichnen kann (pitárā, Vater und Mutter, wörtl. die beiden Väter, áhani, Tag und Nacht, wörtl. die beiden Tage), glaubt Wackernagel (Kuhns Zeitschr. 23, 302 ff.) in dem Homerischen Αἴαντε, Η, 179 ff. und anderwärts aufzufinden, indem er unter Αἴαντε nicht die beiden Aias, sondern das Brüderpaar Aias und Teukros versteht. Diese Ansicht kann bei dem Mangel beweiskräftiger Beispiele nur als geistreiche Hypothese gelten.

1. a) Das Subjekt in der Dualform verbindet sich häufig (bei den späteren Prosaikern regelmässig, vgl. § 349, 2) mit dem Prädikate in der Pluralform. Wenn das Bild, sagt Humboldt[1]) treffend, einmal mit dem Duale eingeführt ist, wird auch der Plural nicht anders gefühlt. Es ist vielmehr eine schöne Freiheit der griechischen Sprache, dass sie sich das Recht nicht entziehen lässt den Plural auch als gemeinschaftliche Mehrheitsform zu gebrauchen, wenn sie nur da, wo es der Nachdruck erfordert, den Vorzug der eigenen Bezeichnung der Zweiheit behält. Α, 200 δεινὼ δέ οἱ ὄσσε φάανθεν. Ε, 275 τὼ δὲ τάχ' ἐγγύθεν ἦλθον ἐλαύνοντ' ὠκέας ἵππους. Μ. 277 ὣς τώγε προβοῶντε μάχην ὤτρυνον Ἀχαιῶν. Π, 218 δύ' ἀνέρε θωρήσσοντο. 337 τὼ δ' αὖτις ξιφέεσσι συνέδραμον. S. Ant. 55 sqq. ἀδελφὼ δύο . . | αὐτοκτονοῦντε τὼ ταλαιπώρω μόρον· | κοινὸν κατειργάσαντ' ἐπ' ἀλλήλοιν χεροῖν· | νῦν δ' αὖ μόνα δὴ νὼ λελειμμένα, σκόπει,—ὅσῳ κάκιστ' ὀλούμεθ', εἰ . . παρέξιμεν. Ar. Av. 664 νὼ θεασώμεσθα[2]). Eur. Ph. 69 τὼ δὲ ξυμβάντ' ἔταξαν. And. 1, 113 ἔλεξαν ὅτι αὐτώ με τὼ θεὼ παραγάγοιεν.

So auch in attributiver Beziehung: Φ, 115 f, χεῖρε πετάσσας ἀμφοτέρας. λ, 211 φίλας περὶ χεῖρε βαλόντε ἀμφοτέρω κρυεροῖο τεταρπώμεσθα γόοιο, und in entfernterer attributiver Beziehung bei Partizipien: Λ, 126 sq. δύο παῖδε . . εἰν ἑνὶ δίφρῳ ἐόντας. Π, 218 δύ' ἀνέρε θωρήσσοντο, . . ἕνα θυμὸν ἔχοντες. Bei δύο steht in attischer Sprache das Nomen öfter im Plural als im Dual, bei δυοῖν öfter im Dual. Eur. Ph. 55 τίκτω δὲ παῖδας παιδὶ δύο μὲν ἄρσενας. 377 κασίγνηται δύο. Th. 1, 93 δύο ἅμαξαι. 134 δύο ἀνδριάντας. 2, 79 τὰς δύο τάξεις. Pl. Civ. 614, c δύο χάσματα ἐχομένω ἀλλήλοιν. Isocr. 1, 23 δύο προφάσεις. 12, 72 δύο ἀρετάς. Dem. 27, 42 τὰ δύο τάλαντα. [Dagegen S. Ph. 539 ἄνδρε δύο, Ant. 533 δύο δ' ἄτα, 55 ἀδελφὼ δύο[3].) Antiph. 5, 49. Isocr. 10, 1 δύο λόγω. Dem. 47, 77 δύ' ὀβολώ.] S. Ant. 13 δυοῖν ἀδελφοῖν. OC. 818 παίδοιν δυοῖν. Th. 1, 23 δυοῖν ναυμαχίαιν καὶ πεζομαχίαιν. Isocr. 7, 21 δυοῖν ἰσοτήτοιν. Dem. 37, 32 δυοῖν ταλάντοιν. [Dagegen Pl. Prot. 355, b δυοῖν ὀνόμασι. Leg.

---

[1]) W. v. Humboldt über den Dualis S. 27. — [2]) Vgl. Fritzsche ad Ar. Thesm. 1158 sq. p. 529. — [3]) S. Wecklein, curae epigr. p. 16 f.

864, b ἐν δυοῖν γένεσι. Lycurg. 86 δυοῖν ἀνδρῶν, ubi v. Maetzner. Dem. 5, 23 πλεονεκτημάτων δυοῖν. 39, 32 παισὶν ἔθετο δυοῖν[1]. Dass das indeklinable δύο fast immer mit dem Plurale verbunden wird, ist schon § 186, A. 3 erwähnt worden. Über ὄσσε φαεινά, ἄλκιμα δοῦρε s. § 364. Ferner meist b. d. Relat. X. Comm. 2. 3, 18 τὼ χεῖρε, ἃς ὁ θεὸς ἐποίησεν. Hell. 5. 4, 19 τὼ δύο στρατηγώ, οἵ. Dem. 19, 287 δυοῖν κηδεσταῖν παρεστηκότοιν, οὕς.

2. b) Das Subjekt in der Pluralform verbindet sich zuweilen mit dem Verb in der Dualform, jedoch nur dann, wenn von zwei mit einander verbundenen oder in einer nahen Beziehung zu einander stehenden Gegenständen oder von zwei Paaren die Rede ist, s. d. Vorbemerk. Zuweilen scheint der Dual statt des Plurals zu stehen; aber bei genauer Betrachtung solcher Stellen wird man überall den Begriff der Zweiheit herausfinden. Ganz einfach ist der Fall, wo durch δύο, ἄμφω, ἀμφότεροι der Begriff der Zweiheit schon hinlänglich bezeichnet ist. E, 10 δύω δέ οἱ υἱέες ἤστην. Υ, 158 sq. δύο δ' ἀνέρες ἔξοχ' ἄριστοι | ἐς μέσον ἀμφοτέρων συνίτην μεμαῶτε μάχεσθαι. Lys. 13, 37 δύο δὲ τράπεζαι ἐν τῷ πρόσθεν τῶν τριάκοντα ἐκείσθην. Th. 5, 59 δύο ἄνδρες. . . . προσελθόντε Ἄγιδι διελεγέσθην. Ar. Pl. 608 sq. ὑμεῖς (ihr beide) γ' ἔτι μ' ἐνταυθοῖ | μεταπέμψεσθον. (Oft m. d. Partiz. im Duale. Ar. Av. 4 ἀπολούμεθ' ἄλλως τὴν ὁδὸν προφορουμένω.) Pl. civ. 478, a δυνάμεις δὲ ἀμφότεραι ἔστον, δόξα τε καὶ ἐπιστήμη. Ferner: Γ, 279 καὶ οἵ . . τίνυσθον, wo der Dual schon von Aristarch auf Hades und Persephone bezogen wird. Δ, 452 sq. ὡς δ' ὅτε χείμαρροι ποταμοὶ κατ' ὄρεσφι ῥέοντες | ἐς μισγάγκειαν συμβάλλετον ὄβριμον ὕδωρ, wo sehr schön zuerst der Plur. steht, da die zwei Ströme von entgegengesetzten Seiten herabfliessen, dann aber der Dual, der die Vereinigung beider bezeichnet. Ψ, 393 sq. αἱ δέ οἱ ἵπποι | ἀμφὶς ὁδοῦ δραμέτην, ein Paar (Joch) Rosse. Vgl. 417 sq. 446 sq. Θ, 185 sq. (von Aristarch für unecht erkl.) Ξάνθε τε καὶ σὺ Πόδαργε, καὶ Αἴθων Λάμπε τε δῖε, | νῦν μοι τὴν κομιδὴν ἀποτίνετον (zwei Paare; man beachte auch die Verbindung des ersten Paares durch τε καί, und des zweiten durch τε, und beider Paare durch καί). So gebraucht Sophokles OC. 342 den Dual σφῷν von den vier Kindern des Oedipus, indem er zwei Töchter den zwei Söhnen gegenüberstellt. Π, 371 πολλοὶ δ' ἐν τάφρῳ ἐρυσάρματες ὠκέες ἵπποι ἄξαντ' ἐν πρώτῳ ῥυμῷ λίπον ἅρματ' ἀνάκτων u. Ρ, 427 ἵπποι δ' Αἰακίδαο, μάχης ἀπάνευθεν ἐόντες, κλαῖον, ἐπειδὴ πρῶτα πυθέσθην ἡνιόχοιο ἐν κονίῃσι πεσόντος (die Rosse werden von dem Dichter paarweise gedacht). Θ, 48 sq. κούρω δὲ κρινθέντε δύω καὶ πεντήκοντα βήτην; hier bezieht sich βήτην nicht auf πεντήκ., sondern auf κούρω κρινθέντε δύω, wie zuvor v. 35 κούρω δὲ δύω κ. πεντή-

[1]) S. Lobeck ad Soph. Ai. 1304; Kühner ad Xen. An. 2. 2, 12.

χοντα. Κούρω δύω werden als Hauptpersonen (Kapitän u. Steuermann) u. die πεντήκοντα als Nebenpersonen aufgefasst. Vgl. Apollon. de pron. p. 109. H. in Apoll. Pyth. 278 τίφθ' οὕτως ἧσθον τετιηότες οὐδ' ἐπὶ γαῖαν | ἐκβῆτ' οὐδὲ καθ' ὅπλα μελαίνης νηὸς ἔθεσθε, u. 308 ἀλλ' ἄγεθ', ὡς ἂν ἐγὼ εἴπω, πείθεσθε τάχιστα· | ἱστία μὲν πρῶτον κάθετον, λύσαντε βοείας, 322 ἔρχεσθαί θ' ἅμ' ἐμοὶ | καὶ ἰηπαιήον' ἀείδειν, | εἰσόκε χῶρον ἵκησθον, ἵν' ἕξετε πίονα νηόν (in dieser Stelle redet Apollon die Ruderer des Schiffes an, welche man sich als zwei Reihen, auf der rechten und linken Seite des Schiffes sitzend, denken muss). Aesch. Eum. 255 ὅρα, ὅρα μάλ' αὖ, λεύσσετον πάντα, sagt der Chor der Eumeniden zu sich selbst, bestehend aus zwei Teilen (ἡμιχορίοις). Andere erklären anders; auch ist die Lesart unsicher. Pind. O. 2, 87 μαθόντες δὲ λάβροι παγγλωσσίᾳ, κόρακες ὥς, ἄκραντα γαρύετον Διὸς πρὸς ὄρνιχα θεῖον, *„qui autem didicerunt inepte loquaces ut corvi inutili clamore certant adversus Jovis aquilam"*; unter γαρύετον scheint der Dichter den Simonides und Bakchylides zu verstehen. S. die Scholiast.[1]). Pl. Theaet. 152, e περὶ τούτου πάντες ἑξῆς οἱ σοφοὶ πλὴν Παρμενίδου ξυμφέρεσθον, Πρωταγόρας τε καὶ Ἡράκλειτος καὶ Ἐμπεδοκλῆς, καὶ τῶν ποιητῶν οἱ ἄκροι; hier werden nach Stallbaum-Wohlrab zwei philosophische Schulen erwähnt; zu der einen gehören Heraklitus und Protagoras, zu der anderen Empedokles[2]). So auch in E, 485 τύνη δ' ἕστηκας, ἀτὰρ οὐδ' ἄλλοισι κελεύεις | λαοῖσιν μενέμεν . ., μή πως, ὡς ἀψῖσι λίνου ἁλόντε πανάγρου, ἀνδράσι δυσμενέεσσιν ἕλωρ καὶ κύρμα γένησθε, ἁλόντε sc. σὺ καὶ ἄλλοι λαοί. (Die Erklärung des Schol. ὑμεῖς καὶ αἱ γυναῖκες ist zu weit hergeholt. A, 567 gehört nicht hierher; denn ἰόνθ' ist Akkus. zu dem zu supplierendem ἐμέ.) Schwieriger ist der Dual I, 182 u. 193 zu erklären. Es soll eine Gesandtschaft an den Achilleus abgesandt werden, dieselbe besteht aus fünf Personen: 167 sqq. Φοῖνιξ μὲν πρώτιστα διίφιλος ἡγησάσθω, | αὐτὰρ ἔπειτ' Αἴας τε μέγας καὶ δῖος Ὀδυσσεύς· | κηρύκων δ' Ὀδίος τε καὶ Εὐρυβάτης ἅμ' ἑπέσθων. Darauf heisst es 182 sqq. τὼ δὲ βάτην παρὰ θῖνα . . θαλάσσης. Hier scheint der Dichter bloss den Ajax und Odysseus, als die eigentlichen Abgeordneten, zu berücksichtigen, während Phönix, wie Nitzsch z. Od. 8, 34 sich ausdrückt, als befreundete Nebenfigur gilt; wozu auch noch hinzukommt, dass 168 gesagt ist Φοῖνιξ μὲν πρώτιστα . . ἡγησάσθω; die Gesandtschaft geht also in drei Abteilungen: zuerst Phönix, der die Gesandtschaft einführen soll, sodann die eigentlichen Gesandten, Ajax und Odysseus, zuletzt die zwei Herolde, die als blosse Begleiter gleichfalls Nebenfiguren sind. Die Verse Θ, 73 u. 74 αἱ μὲν Ἀχαιῶν κῆρες . . | ἑζέσθην, Τρώων δὲ . . ἄερθεν werden mit Recht für einen späteren Zusatz erklärt, der wahrscheinlich aus

[1]) Vgl. Dissen ad Pind. II. p. 439 sq. ed. Goth. — [2]) Dissen ad Pind. p. 39 ed. Goth. fasst den Dual von dem Gegensatze der Dichter und der Philosophen.

einer Zeit stammt, wo man zwischen Dual und Plural keinen Unterschied machte; der Gedanke ist 72 mit den Worten ῥέπε δ' αἴσιμον ἦμαρ Ἀχαιῶν vollständig abgeschlossen, und die folgenden Worte enthalten eine unnütze Tautologie. In d. Orak. b. Hdt. 7, 140 ἀλλ' ἴτον ἐξ ἀδύτοιο, κακοῖς δ' ἐπικίδνατε θυμόν geht der Dual entweder auf die guten und schlechten Befrager, s. Baehr ad. h. l., oder man hat nur zwei θεοπρόποι anzunehmen.

3. Der Wechsel zwischen Dual und Plural ist nicht selten. Μυρμιδόνων δ' ἐπί τε κλισίας καὶ νῆας ἱκέσθην· | τὸν δ' εὗρον. I, 185 Ἄνδρ' ὁρόω κρατερὼ ἐπὶ σοὶ μεμαῶτε μάχεσθαι, | ἶν' ἀπέλεθρον ἔχοντας E, 244 sqq. Ἀμφοτέρω δ' Αἴαντε κελευτιόωντ' ἐπὶ πύργων | πάντοσε φοιτήτην μένος ὀτρύνοντες Ἀχαιῶν, darauf νείκεον u. ἴδοιεν M, 265 sqq. Λαιψηροῖς δὲ πόδεσσιν ἄφαρ ἐξικέσθαν καὶ μέγα ἔργον ἐμήσαντ' ὠκέως Pind. N. 10, 64. Βαδίζομεν, | κανοῦν ἔχοντε . . | πλανώμεθα ζητοῦντε τόπον . ., | ὅποι καθιδρυθέντε διαγενοίμεθ' ἄν Ar. Av. 42 sqq. Ἐγελασάτην ἄμφω βλέψαντες εἰς ἀλλήλω Pl. Euthyd. 273, d. Αἵρεσιν εἱλέτην τε καὶ διεπράξαντο Phaedr. 256, c, ubi v. Stallb. Νῷ καταβάντε εἰς τὸ Νυμφῶν νᾶμα ἠκούσαμεν λόγων 278, b. — Τοὶ δ' ἱδρῶ ἀπεψύχοντο χιτώνων | στάντε ποτὶ πνοιήν· . . · αὐτὰρ ἔπειτα ἐς κλισίην ἐλθόντες . . καθῖζον Λ, 621 sqq. Οἶδα δὲ κἀκείνω σωφρονοῦντε, ἔστε Σωκράτει συνήστην, οὐ φοβουμένω μὴ ζημιοῖντο X. Comm. 1. 2, 18. Vgl. 2. 3, 18.

Anmerk. Für die attributive Beziehung ist noch Folgendes zu bemerken:

Die Dualformen τώ, τοῖν, τώδε, τοῖνδε, τούτω, τούτοιν werden bei den Attikern männlich und weiblich zugleich gebraucht, d. h. sie sind *generis communis*. Th. 5, 23 ἄμφω τὼ πόλεε. X. Cy. 1. 2, 11 μίαν ἄμφω τούτω τὼ ἡμέρα λογίζονται. Pl. Civ. 410, e τούτω τὼ φύσει. Phaed. 71, e τοῖν γενεσέοιν. Leg. 898, a τούτοιν τοῖν κινησέοιν. Isocr. 4, 17 τὼ πόλεε τούτω. Ebenso 8, 116. 12, 156. 157. S. Ant. 561 τὼ παῖδέ φημι τώδε (Antigone u. Ismene). (Über das seltene Vorkommen der Formen τά, ταῖν, τάδε, ταῖνδε, ταύτα, ταύταῖν s. § 172, A. 2.) Aber auch andere Pronomen, selbst Adjektive und Partizipien werden zuweilen als Communia behandelt. So das Relat. ὥ st. ἅ S. El. 978 sq. ἴδεσθε τώδε τὼ κασιγνήτω (d. i. Elektra u. Chrysothemis), φίλοι, | ὣ τὸν πατρῷον οἶκον ἐξεσωσάτην, | ὣ . . | ψυχῆς ἀφειδήσαντε προὐστήτην φόνου. Ferner Eur. Suppl. 140 παῖδ' ἐμώ, filias meas. Aesch. P. 191 ἅρμασιν ὕπο | ζεύγνυσιν αὐτώ sc. δύο γυναῖκε. (Aber S. Ant. 770 ἄμφω γὰρ αὐτὰ [Antigone u. Ismene] καὶ κατακτεῖναι νοεῖς); Andoc. 1, 113 αὐτὼ τὼ θεώ, Demeter u. Persephone, und gleich darauf αὐτοῖν τοῖν θεοῖν. (Aber αὐταῖν S. OC. 446. Ar. Th. 950.) Isocr. 4, 139 τοῖν πολέοιν ἀμφοτέροιν. Pl. leg. 777, c δύο δὴ λείπεσθον μόνω μηχανά. Eur. El. 1064 ἄμφω ματαίω Κάστορός τ' οὐκ ἀξίω (aber μάταιος ist auch sonst öfters gen. comm.). Besonders bei Partizipien, die in entfernterer attributiver Beziehung zu dem Substantive stehen, schon seit Homer. Θ, 455 οὐκ ἂν ἐφ' ἡμετέρων ὀχέων πληγέντε κεραυνῷ ἂψ ἐς Ὄλυμπον ἵκεσθον (Minerva et Juno), ebenso 378 νῶι . . . προφανέντε. Hs. Op. 195 λευκοῖσιν φαρέεσσι καλυψαμένω χρόα καλόν, ἀθανάτων μετὰ φῦλον ἴτον προλιπόντ' ἀνθρώπους Αἰδὼς καὶ Νέμεσις. X. Comm. 2. 3, 18 ὥσπερ εἰ τὼ χεῖρε, ἃς ὁ θεὸς ἐπὶ τὸ συλλαμβάνειν ἐποίησεν, ἀφεμένω τούτου τράποιντο πρὸς τὸ διακωλύειν ἀλλήλω.

S. El. 1003 ὅρα κακῶς πράσσοντε μὴ μείζω κακὰ | κτησώμεθα (Chrysoth. u. Elektra); ebenso 1006 λαβόντε. S. OC. 1113 ἐμφύντε τῷ φύσαντι (Antig. u. Ismene). Eur. Hipp. 386 οὐκ ἂν δύ' (sc. αἰδώ) ἤστην ταὔτ' ἔχοντε γράμματα. (Alc. 902 ψυχὰς τὰς πιστοτάτας . . . διαβάντε). Ar. Eccl. 1087 ἕλκοντε τοὺς πλωτῆρας ἂν ἀπεκναίετε. Auffallend S. OC. 1676 ἀλόγιστα παροίσομεν (narrabimus, sc. Antigone et Ismene) ἰδόντε καὶ παθούσα, aber schön, zuerst ἰδόντε bloss persönlich, sodann παθούσα nachdrücklich das weibliche Geschlecht hervorhebend; mit Unrecht haben Schneidewin u. a. die Brunck'sche Konj. παθόντε aufgenommen. Pl. Phaedr. 237, d ἡμῶν ἐν ἑκάστῳ δύο τινέ ἐστον ἰδέα ἄρχοντε καὶ ἄγοντε, οἷν ἑπόμεθα, ubi v. Heindorf. Politic. 306, b ἐστὸν πρὸς ἀλλήλας ἔχθραν καὶ στάσιν ἐναντίαν ἔχοντε. Die Behauptung Cobets (var. lect. p. 69 f.), es gebe überhaupt für die Partizipien nur eine gemeinsame Dualform für alle drei Geschlechter, ist unhaltbar (vgl. Wecklein, cur. epigr. p. 14).

§ 369. IX. Attraktionsartige Kongruenzformen.

1. a) Wenn ein demonstratives oder relatives oder interrogatives Pronomen mittels der Kopula εἶναι oder der kopulaartigen Verben (§ 355) auf ein Substantiv bezogen wird, so wenden wir im Deutschen das Neutrum an, als: das ist die Quelle aller herrlichen Thaten, indem wir den Begriff des Pronomens ohne Rücksicht auf das Substantiv als etwas Allgemeines und Unbestimmtes auffassen, s. Nr. 2. Die griechische Sprache hingegen lässt wie die lateinische mittels einer Attraktion oder Assimilation das Pronomen im Genus und Numerus mit dem dazu gehörigen Substantive kongruieren. Dasselbe geschieht, wenn das Pronomen in einem anderen Kasus steht, am häufigsten, wenn es im Akkusative steht und von einem Verb des Nennens abhängig ist. Παρὰ τῶν προγεγενημένων μανθάνετε· αὕτη γὰρ ἀρίστη διδασκαλία X. Cy. 8. 7, 24. Ταύτης οὔσης φύσεως ψυχῆς Pl. Phaedr. 245, e, quum haec sit natura animi. Ψυχῆς οὐσίαν τε καὶ λόγον τοῦτον αὐτόν τις λέγων οὐκ αἰσχυνεῖται ibid. dicens animi naturam atque rationem hanc ipsam (sc. ut se ipse moveat) esse, vgl. Stallb. Οὗτοι Ἀθηναῖοι δίκην αὐτὴν καλοῦσιν, ἀλλὰ γραφήν Euthyphr. 2, a. (Τοῦτο ὑμῶν δέομαι) σκοπεῖν, εἰ δίκαια λέγω ἢ μή· δικαστοῦ μὲν γὰρ αὕτη ἀρετή, ῥήτορος δὲ ἀληθῆ λέγειν Apol. 18, a, ubi v. Stallb. Οἱ παλαιοὶ ταύτην φήμην παρέδοσαν, ὡς ἐξ ἑνὸς καὶ ἐκ πολλῶν ὄντων τῶν ἀεὶ λεγομένων εἶναι Phil. 16, c „*hanc* nobis *famam* tradiderunt, quaecunque dicerentur esse, ea ex uno et multis constare" Stallb. Ἐάν τις φίλος μοι γενόμενος εὖ ποιεῖν ἐθέλῃ, οὗτός μοι βίος ἐστί X. Comm. 3. 11, 4, hic mihi est victus. Τίνας τούτους (sc. τοὺς νόμους) νομίζεις; 4. 4, 13, wofür hältst du diese Gesetze? Πάντες οὗτοι νόμοι εἰσίν, οὓς τὸ πλῆθος ἔγραψε 1. 2, 42, das alles sind Gesetze, was, s. das. Kühners Bmrk. Selbst: τὸν νέον σῖτον σὺν τῇ καλάμῃ ἀποκείμενον (εὕρισκον)· ἦσαν δὲ ζειαὶ αἱ πλεῖσται An. 5. 4, 27 st. τὰ πλεῖστα.

2. Jedoch setzen die Griechen in dem angegebenen Falle sehr häufig auch das Neutrum Sing. Τοῦτο (δεῖ) νομίζειν ἡδίστην εὐωχίαν εἶναι, τοὺς συμμάχεσθαι μέλλοντας ὅτι βελτίστους παρασκευάζειν X. Cy. 5. 2, 19. Εὐδαιμονίαν τοῦτο νομίζω, τὸ πολλὰ ἔχοντα πολλὰ καὶ δαπανᾶν 8. 3, 45. Μόνον δὴ τὸ αὐτὸ κινοῦν οὔποτε λήγει κινούμενον, ἀλλὰ καὶ τοῖς ἄλλοις, ὅσα κινεῖται, τοῦτο πηγὴ καὶ ἀρχὴ κινήσεως Pl. Phaedr. 245, c. (Aber Cic. Tusc. 1 § 53 übersetzt: solum igitur, quod se ipsum movet, nunquam ne moveri quidem desinit, quin etiam ceteris, quae moventur, hic fons, hoc principium est movendi.) Τοῦτο δέ ἐστιν ἀνάμνησις 249, c, ubi v. Stallb. Τοῦτο πῶς οὐκ ἀμαθία ἐστίν; Apol. 29, a. Ἔστι δὲ τοῦτο τυραννίς Civ. 344, a. Τοῦτό ἐστιν ἡ δικαιοσύνη 432, b. Νομίζει τοῦτο εὐσέβειαν εἶναι, τὸ τὴν μητέρα μὴ προδοῦναι Antiph. 1, 5. Ὑπερβολὴ γὰρ ἀδικίας τοῦτό γε Dem. 18, 16. Das Neutrum des Pronomens stellt den Begriff als etwas Allgemeines dar, das kongruierende Pronomen hingegen bezeichnet die Beschaffenheit des Gegenstandes. Es kommen daher Fälle vor, in denen keineswegs beide Formen des Ausdrucks mit einander vertauscht werden können, z. B. bei dem Fragpronomen. Wenn ich frage: Τί ἐστι φθόνος; so frage ich nach dem Wesen des Gegenstandes; wenn ich aber frage: τίς ἐστι φθόνος; so frage ich nach seiner Beschaffenheit. Ebenso b. d. Akk. bei den Verben des Nennens u. dgl. Pl. Gorg. 489, d τί ποτε λέγεις τοὺς βελτίους; ubi v. Stallb. Pl. Civ. 463, a τί ὁ δῆμος τοὺς ἄρχοντας προσαγορεύει; Crat. 390, c τὸν δὲ ἐρωτᾶν καὶ ἀποκρίνεσθαι ἐπιστάμενον ἄλλο τι σὺ καλεῖς ἢ διαλεκτικόν; Statt des Neutr. Sing. steht bisweilen das Neutr. Pluralis. Ταῦτα νόμος ἐστί X. Comm. 1. 2, 43. Ἔγωγέ φημι ταῦτα μὲν φλυαρίας εἶναι An. 1. 3, 18. Vgl. § 370. 1. Auch bezieht sich bisweilen ein neutrales Adjektiv auf ein männliches oder weibliches Substantiv, indem der Begriff desselben in allgemeinerem Sinne (Wesen, Ding) aufgefasst wird. Pl. Tim. 41, e ὅτι γένεσις πρώτη μὲν ἔσοιτο τεταγμένη μία πᾶσιν, obwohl vorhergeht ψυχάς[1]). Auch dann steht stets das Neutrum des Demonstrativs oder Relativs, wenn dasselbe durch eine hinzugefügte Apposition näher erklärt wird. Οὐ τοῦτ' ἦν εὐδαιμονία, ὡς ἔοικε, κακοῦ ἀπαλλαγή Pl. Gorg. 478, c. Τούτου τιμῶμαι, ἐν πρυτανείῳ σιτήσεως Apol. 36, e. Pl. civ. 583, e ὃ μεταξὺ ἀμφοτέρων ἔφαμεν εἶναι, τὴν ἡσυχίαν, τοῦτό ποτε ἀμφότερα ἔσται, λύπη τε καὶ ἡδονή.

3. b) Wenn das Prädikat ein Substantiv mit der Kopula εἶναι oder einem kopulaartigen Verb (§ 355) ist, so richtet sich das Verb oft, wie im Lat.[2]) gewöhnlich, nach dem zunächst stehenden Substantive. Hdt. 1, 93 ἡ μὲν δὲ περίοδος . . εἰσί στάδιοι ἕξ,

---

[1]) S. Matthiä II, § 439, Anm. 2 u. Stallbaum ad l. d. — [2]) S. G. T. A. Krüger, Untersuchungen aus dem Gebiete der lat. Spr. III. § 25 ff.

wie 3, 60 τὸ μῆκος τοῦ ὀρύγματος ἑπτὰ στάδιοί εἰσι. 2, 15 αἱ Θῆβαι Αἴγυπτος ἐκαλέετο, wie: Aesch. Ch. 321 sq. Χάριτες δ' ὁμοίως κέκληνται γόος εὐκλεὴς | προσθοδόμοις Ἀτρείδαις (Subj. γόος, Teil des Präd. Χάριτες). Th. 3, 112 ἐστὸν δύο λόφω ἡ Ἰδομένη ὑψηλώ. 4, 102 τὸ χωρίον τοῦτο, ὅπερ πρότερον Ἐννέα ὁδοὶ ἐκαλοῦντο. Isocr. 4, 67 ἔστι γὰρ ἀρχικώτατα τῶν ἐθνῶν καὶ μεγίστας δυναστείας ἔχοντα Σκύθαι καὶ Θρᾷκες καὶ Πέρσαι. Pl. Gorg. 502, c λόγοι γίγνονται τὸ λειπόμενον, ubi v. Heindorf et Stallbaum. Civ. 4, 422, e ἑκάστη αὐτῶν πόλεις εἰσὶ πάμπολλαι, ubi v. Stallb. Dem. 27, 11 τῶν χρημάτων τὸ κεφάλαιον πλέον ἢ ὀκτὼ τάλαντα καὶ πεντήκοντα μναῖ γίγνονται. 31, 7 ἡ προῖξ ὀγδοήκοντα μναῖ γενήσονται. Derselbe Fall tritt auch in der Partizipialkonstruktion ein, indem sich das Partizip nicht nach dem Substantive, mit dem es in entfernterer attributiver Beziehung steht, sondern nach einem anderen zum Prädikate gehörigen richtet: Eur. Troad. 1221 σύ τ', ὦ ποτ' οὖσα καλλίνικε μυρίων μῆτερ τροπαίων, Ἕκτορος φίλον σάκος. Hdt. 3, 108 ἡ λέαινα, ἐὸν ἰσχυρότατον, ἅπαξ ἐν τῷ βίῳ τίκτει ἕν. Th. 5, 4 καταλαμβάνουσι Βρικιννίας, ὃ ἦν ἔρυμα ἐν τῇ Λεοντίνῃ. X. conv. 4, 44 τὸ ἁβρότατόν γε κτῆμα τὴν σχολὴν ἀεὶ ὁρᾶτέ μοι παροῦσαν. Pl. Leg. 735, e τοὺς μέγιστα ἐξημαρτηκότας, ἀνιάτους δὲ ὄντας, μεγίστην δὲ οὖσαν βλάβην πόλεως, ἀπαλλάττειν εἴωθεν (st. ὄντας). Parm. 134, b πάντα, ἃ δὴ ὡς ἰδέας αὐτὰς οὔσας ὑπολαμβάνομεν. Protag. 354, c τὴν ἡδονὴν διώκετε ὡς ἀγαθὸν ὄν (st. οὖσαν), ubi v. Stallb. 359, d τὸ ἥττω εἶναι ἑαυτοῦ εὑρέθη ἀμαθία οὖσα. Parm. 153, a τἆλλα τοῦ ἑνός, εἴπερ ἕτερά ἐστιν, ἀλλὰ μὴ ἕτερον, πλείω ἐστὶν ἑνός· ἕτερον μὲν γὰρ ὂν ἓν ἂν εἴη (st. ὄντα in Bezug auf τἆλλα τοῦ ἑνός)· ἕτερα δὲ ὄντα πλείω ἑνός ἐστι καὶ πλῆθος ἂν ἔχοι. 145, e ᾗ μὲν ἄρα τὸ ἓν ὅλον ἐν ἄλλῳ ἐστίν, ᾗ δὲ τὰ πάντα μέρη ὄντα (st. ὂν in Bezug auf τὸ ἕν) τυγχάνει, αὐτὸ ἐν ἑαυτῷ. So auch in einem Vergleiche Pl. Civ. 485, d ὅτῳ γε εἰς ἕν τι αἱ ἐπιθυμίαι σφόδρα ῥέπουσιν, ἴσμεν που, ὅτι εἰς τἆλλα τούτῳ ἀσθενέστεραι (sc. εἰσίν), ὥσπερ ῥεῦμα ἐκεῖσε ἀπωχετευμένον st. ἀπωχετευμέναι, wo Stallb. vergleicht Cic. Br. c. 75 omni ornatu orationis tanquam veste detracta. Zuweilen auch in der Apposition. Aeschin. 3, 133 Θῆβαι, πόλις ἀστυγείτων, μεθ' ἡμέραν μίαν ἐκ μέσης τῆς Ἑλλάδος ἀνήρπασται.

4. c) Wenn das Relativ durch die Kopula εἶναι oder durch die kopulaartigen Passive (§ 355) mit einem prädikativen Substantive im Nominative in Verbindung tritt, so kongruiert es häufig, wie im Lateinischen gewöhnlich, im Genus und Numerus mit dem prädikativen Substantive, insofern dieses als das wichtigere angesehen wird. Dasselbe geschieht im Akkusative, wenn das Verb des Satzes ein Transitiv ist. δ, 691 οἷος Ὀδυσσεὺς ἔσκε . ., | οὔτε τινὰ ῥέξας ἐξαίσιον οὔτε τι εἰπὼν | ἐν δήμῳ, ἥτ' ἐστὶ δίκη θείων βασιλήων. So in der Homer. Redensart ἣ θέμις ἐστίν, z. B. ι, 268 ἱκόμεθ, εἴ τι πόροις ξεινήϊον . ., ἥτε ξείνων θέμις ἐστίν. Vgl. I, 134. 276.

Ψ, 581. Ω, 652. S. Spitzner ad. Il. exc. II. Hdt. 2, 17 ἡ ὁδὸς πρὸς ἠῶ τρέπεται, τὸ καλέεται Πηλούσιον στόμα. 5, 108 τὴν ἄκρην, αἳ καλεῦνται κληΐδες τῆς Κύπρου. 7, 54 Περσικὸν ξίφος, τὸν ἀκινάκην καλέουσι. Pl. Phil. 29, e ταὐτὸν δὴ λαβὲ καὶ περὶ τοῦδε (Neutr.), ὃν κόσμον λέγομεν, ubi v. Stallb. Pl. Phaedr. 255, c ἡ τοῦ ῥεύματος ἐκείνου πηγή, ὃν ἵμερον Ζεὺς Γανυμήδους ἐρῶν ὠνόμασε. Phil. 40, a λόγοι μήν εἰσιν ἐν ἑκάστοις ἡμῶν, ἃς ἐλπίδας ὀνομάζομεν. Vgl. Dem. 29, 31.

5. d) So richtet sich auch bisweilen das Relativ, wenn es nicht unmittelbar auf sein Substantiv, sondern auf ein prädikatives Substantiv folgt, nicht nach jenem, sondern nach diesem. Pl. Leg. 937, d καὶ δίκη ἐν ἀνθρώποις πῶς οὐ καλόν, ὃ πάντα ἡμέρωκε τὰ ἀνθρώπινα; Gorg. 460, e οὐδέποτ' ἂν εἴη ἡ ῥητορικὴ ἄδικον πρᾶγμα, ὅ γ' ἀεὶ περὶ δικαιοσύνης τοὺς λόγους ποιεῖται, ubi cf. Stallb. 463, b ταύτης μοι δοκεῖ τῆς ἐπιτηδεύσεως πολλὰ μὲν καὶ ἄλλα μόρια εἶναι, ἓν δὲ καὶ ἡ ὀψοποιϊκή, ὃ δοκεῖ μὲν εἶναι τέχνη.

§ 370. Kongruenz des Prädikats bei mehreren Subjekten.

1. Wenn zwei oder mehr Subjekte mit einander verbunden werden, so muss ein zweifaches Verhältnis unterschieden werden:

a) Die Subjekte werden als eine Vielheit betrachtet, und das Prädikat wird auf alle Subjekte gleichmässig bezogen; alsdann steht das Prädikat im Plurale, sowie bei nur zwei Subjekten im Duale oder auch im Plurale; sind aber die Subjekte Plurale sächlichen Geschlechts, so steht nach § 364 das Verb im Singulare. Für das prädikative Adjektiv gelten in betreff des Geschlechtes folgende Regeln:

α) Bei Personennamen von gleichem Geschlechte hat das Adjektiv dasselbe Geschlecht; bei Personennamen von verschiedenem Geschlechte überwiegt das Maskulinum; in beiden Fällen steht das Adjektiv und das Verb im Plurale. Zuweilen jedoch werden die Personennamen als Sachen aufgefasst, alsdann steht das Adjektiv im Neutrum des Plurals.

β) Bei Sachnamen von gleichem Geschlechte hat das Adjektiv entweder dasselbe Geschlecht und steht im Plurale, oder es steht im Neutrum des Plurals; bei Sachnamen von verschiedenem Geschlechte steht das Adjektiv im Neutrum des Plurals.

γ) In Verbindung von Personennamen und Sachnamen richtet sich das Adjektiv im Plurale entweder nach dem Geschlechte der Personennamen, wenn der Personenname als der wichtigere Begriff oder der Sachname zugleich persönlich aufgefasst wird, oder es steht im Neutrum des Plurals, wenn beide als blosse Sachen betrachtet werden.

α) Εὐρυμέδων καὶ Σοφοκλῆς ἀφικόμενοι ἐς Κέρκυραν ἐστράτευσαν Th. 4, 46. Κριτίας καὶ Ἀλκιβιάδης ἐδυνάσθην ἐκείνῳ χρωμένω συμμάχῳ τῶν ἐπιθυμιῶν κρατεῖν X. Comm. 1. 2, 24. Dual u. Pl. Καλλίας τε καὶ Ἀλκιβιάδης ἡκέτην ἄγοντε τὸν Πρόδικον ἀναστήσαντες ἐκ τῆς κλίνης Pl. Protag. 317, e — Παρθενικαὶ δὲ καὶ ἠΐθεοι ἀταλὰ φρονέοντες Σ, 567. Τεῖχος μέν ῥ' ἄλοχοί τε φίλα καὶ νήπια τέκνα | ῥύατ' ἐφεσταότες Σ, 514 sq. Πύρρα Δευκαλίων τε Παρνασσοῦ καταβάντε δόμον ἔθεντο Pind. O. 9, 43. Τῶν αὐτῶν ἄρα ἀμφότεροι δέονται, εἴπερ μέλλουσιν ἀγαθοὶ εἶναι, καὶ ἡ γυνὴ καὶ ὁ ἀνήρ Pl. Men. 73, b. Ὡς εἶδε πατέρα τε καὶ μητέρα καὶ ἀδελφοὺς καὶ τὴν ἑαυτοῦ γυναῖκα αἰχμαλώτους γεγενημένους, ἐδάκρυσεν X. Cy. 3. 1, 7. — Ἔχω αὐτῶν καὶ τέκνα καὶ γυναῖκας φρουρούμενα X. An. 1. 4, 8 (als Sachen aufgefasst). Vgl. Cy. 7. 5, 60.

β) Ἡ ὀργὴ καὶ ἡ ἀσυνεσία εἰσὶ κακαί. Δόξα καὶ τιμὴ ἀβέβαια. Ebenso b. Objekt. Ῥάκος ἄλλο κακὸν βάλεν ἠδὲ χιτῶνα ῥωγαλέα ν, 435. Ἦν τότε ἡ ἀγορὴ καὶ τὸ πρυτανήϊον Παρίῳ λίθῳ ἠσκημένα Hdt. 3, 57. Λίθοι τε καὶ πλίνθοι καὶ ξύλα καὶ κέραμος ἀτάκτως ἐρριμμένα οὐδὲν χρήσιμά ἐστιν X. Comm. 3. 1, 7. Αἰδῶ καὶ φόβον οὐχ ὁρᾷς ἔμφυτα ἀνθρώποις ὄντα; 3. 7, 5. Οὔτε σώματος κάλλος καὶ ἰσχὺς δειλῷ καὶ κακῷ ξυνοικοῦντα πρέποντα φαίνεται Pl. Menex. 246, e. Εὐγένειαί τε καὶ δυνάμεις καὶ τιμαὶ δῆλά ἐστιν ἀγαθὰ ὄντα Euthyd. 279, b. Ἥδε ἡ γῆ καὶ οἱ λίθοι καὶ ἅπας ὁ τόπος ὁ ἐνθάδε διεφθαρμένα ἐστί Phaed. 110, a. Besonders häufig bei dem Relativpronomen. Χλαῖνάν τ' ἠδὲ χιτῶνα, τά τ' αἰδῶ ἀμφικαλύπτει B, 262. Διώξεις τε καὶ ὑπαγωγαί, ἐν οἷς ἀμφοτέροις ἥσσους ἦσαν οἱ Ἀθηναῖοι Th. 3, 97. Ὁρῶν αὐτὸν κεκοσμημένον καὶ ὀφθαλμῶν ὑπογραφῇ καὶ χρώματος ἐντρίψει καὶ κόμαις προσθέτοις, ἃ δὴ νόμιμα ἦν ἐν Μήδοις X. Cy. 1. 3, 2. Νόσων καὶ πόνων τῶν μεγίστων, ἃ κτλ. Pl. Phaedr. 244, d. Ἐν ἐκείνῃ τῇ φωνῇ τε καὶ τῷ τρόπῳ ἔλεγον, ἐν οἷσπερ ἐτεθράμμην Apol. 18, a. Τοὺς θορύβους καὶ τὰς κραυγὰς καὶ τὰς παρακελεύσεις, ἃ κοινὰ πάντα ἐστὶ τῶν ναυμαχούντων Isocr. 4, 97. Ταῦτα δ' εἶπον οὐ πρὸς τὴν εὐσέβειαν οὐδὲ πρὸς τὴν δικαιοσύνην οὐδὲ πρὸς τὴν φρόνησιν ἀποβλέψας, ἃ σὺ διῆλθες 12, 217. Τὴν συγγένειαν καὶ τὴν οἰκειότητα τὴν ἡμετέραν, οἷς ἡμεῖς ἀγωνιζόμεθα, ἅπαντες ἐπίστασθε Isae. 1, 42. Vgl. Dem. 18, 273.

γ) Αὐτοί τε ἄνθρωποι καὶ ἡ γῆ αὐτῶν ἐπώνυμοι τοῦ καταστρεψαμένου καλέονται Hdt. 7, 11. Ὁρῶσιν . . γρᾴδια καὶ γερόντια καὶ πρόβατα ὀλίγα καὶ βοῦς καταλελειμμένους X. An. 6. 3, 22. Ἡ τύχη καὶ Φίλιππος ἦσαν τῶν ἔργων κύριοι, weil hier sowohl der Sachname als der Personenname persönlich aufgefasst werden, Aeschin. 2, 118. Hingegen: ἡ καλλίστη πολιτεία τε καὶ ὁ κάλλιστος ἀνὴρ λοιπὰ ἂν ἡμῖν εἴη διελθεῖν, τυραννίς τε καὶ τύραννος Pl. civ. 562, a. beide als Sachnamen aufgefasst.

2. b) Jedes der Subjekte wird einzeln und für sich betrachtet; alsdann schliesst sich das Prädikat an eines der Subjekte an und kongruiert mit demselben. Diese Verbindung wird namentlich dann gebraucht, wenn eines der Subjekte als das vorzüglichere ausgezeichnet werden soll, sowie auch, wenn gleichartige Begriffe zu einem Gesamtbegriffe, einem Ganzen zusammengefasst werden sollen. Es finden hier drei Stellungen des Prädikates statt: α) vor sämtlichen Subjekten; β) nach sämtlichen Subjekten; γ) hinter dem ersten Subjekte. α) Ἦ κεν γηθήσαι Πρίαμος Πριάμοιό τε παῖδες Α, 255. Ἴστω νῦν Ζεὺς .. Γῆ τε καὶ Ἠέλιος καὶ Ἐρινύες Τ, 258, vgl. Π, 844. Ε, 703. Η, 386. Εἵπετό σφι καὶ ὀχήματα καὶ θεράποντες καὶ ἡ πᾶσα πολλὴ παρασκευὴ Hdt. 5, 21. Ἐστρατήγει τῶν νεῶν Ἀριστεὺς καὶ Καλλικράτης καὶ Τιμάνωρ Th. 1, 29. Vgl. 1, 47. Ἔλεγε ὁ Στύφων καὶ οἱ μετ' αὐτοῦ, ὅτι βούλονται διακηρυκεύσασθαι 4, 38 „cogita Styphonem nomine reliquorum ducum (inferiorum) aut etiam militum dixisse" Poppo. Ἧκε Τισσαφέρνης καὶ ὁ τῆς βασιλέως γυναικὸς ἀδελφὸς καὶ ἄλλοι Πέρσαι τρεῖς X. An. 2, 3, 17. Vgl. 4. 1, 27. 6. 1, 16. 7. 6, 39. Übergang vom Singular (der die Hauptperson hervorhebt) zum Plural (der alle Subjekte zusammenfasst) in Beispielen, wie ἔπεμψέ με Ἀριαῖος καὶ Ἀρτάοζος, πιστοὶ ὄντες Κύρῳ καὶ ὑμῖν εὖνοι, καὶ κελεύουσι φυλάττεσθαι X. An. 2. 4, 16. Εἴ σε φιλεῖ ὁ πατὴρ καὶ ἡ μήτηρ καὶ εὐδαίμονά σε ἐπιθυμοῦσι γενέσθαι Pl. Lys. 207, e. Ἀνάβηθι δεῦρο, Λίπαρε καὶ Πυθίων, καὶ τὴν αὐτήν ἀπόδοτέ μοι χάριν Aeschin. 2, 143. Vgl. 2, 36. Isae. 4, 24 οὐκ ἔστιν ὁ Ἅγνων οὐδ' ὁ Ἁγνόθεος τοῦ Νικοστράτου συγγενεῖς, ubi v. Schoemann. Pl. leg. 729 e δύναται διαφερόντως ὁ ξένιος ἑκάστων δαίμων καὶ θεὸς τῷ ξενίῳ συνεπόμενοι Διί. Th. 4, 37 γνοὺς δὲ ὁ Κλέων καὶ ὁ Δημοσθένης .. ἔπαυσαν τὴν μάχην. X. An. 5. 6, 27 ἀναστὰς δὲ Φιλήσιος καὶ Λύκων οἱ Ἀχαιοὶ ἔλεγον. — β) Εἰ μή μ' Εὐρυνόμη τε Θέτις δ' ὑπεδέξατο κόλπῳ Σ, 398. Vgl. Ρ, 399. Αὐτός, τὰ παιδί', ἡ γυνή, Κηφισοφῶν | ἐμβὰς καθήσθω συλλαβὼν τὰ βιβλία Ar. R. 1408 sq. Οἱ ἐν τῇ Μιλήτῳ καὶ ὁ Ἀστύοχος .. ἐθάρσησε Th. 8, 63 Οἱ προεστῶτες καὶ μάλιστα Θρασύβουλος ἔπειθε τὸ πλῆθος τῶν στρατιωτῶν 8, 81. Οἱ πένητες καὶ ὁ δῆμος πλέον ἔχει X. r. Ath. 1, 2. Οἱ παῖδές γε καὶ τὸ γένος ἅπαν τὸ τοῦ ἐπιορκήσαντος μεγάλοις ἀτυχήμασι περιπίπτει Lycurg. 79, ubi v. Maetzner. Αἱ τιμαὶ αὐτοῖς καὶ ἱερὰ τὰ παρὰ τῶν ἀνθρώπων ἠφανίζετο Pl. conv. 190, c. So öfters b. Hom., als: Β, 339 συνθεσίαι τε καὶ ὅρκια βήσεται. Γ, 327. Φ, 611. ξ, 291. — Τὸ δὲ ἄλλως ἡ Μοῖρα καὶ ἡ φύσις διέταξεν Luc. d. mort. 6, 1. (Die Μοῖρα und die φύσις werden zu einem Gesamtbegriffe zusammengefasst, wie oft im Lat., z. B. universi generis humani societatis vinculum est ratio et oratio Cic. Off. 1 § 50.) Bei einem Attributive: Οἴμοι κελεύθου τῆς τ' ἐμῆς δυσπραξίας S. OC. 1399. Καί σ' ἀμφιπλὴξ μητρός τε καὶ τοῦ

σοῦ πατρὸς | ἐλᾷ OR. 417. Τό τ' ἔγχος τήν τε δυστυχεστάτην | στένων στρατείαν Eur. Suppl. 22. Στενοχωρίας καὶ πηλοῦ φανέντος X. An. 1. 5, 7. — γ) Αἰεὶ γάρ τοι ἔρις τε φίλη (sc. ἐστί) πόλεμοί τε μάχαι τε A, 177. Γαῖα δ' ἔτι ξυνὴ (sc. ἐστί) πάντων καὶ μακρὸς Ὄλυμπος O, 193. Μυσῶν δὲ Χρόμις ἦρχε καὶ Ἔννομος B, 858. Ἀτὰρ σὲ Ζεὺς ἐρρύσατο καὶ θεοὶ ἄλλοι Y, 124. Τόν ῥα . . Ἕκτωρ τε προέηκε καὶ ἄλλοι Τρῶες K, 563. Δοιὼ δ' Ἀτρεΐδα μενέτην καὶ δῖος Ὀδυσσεύς, | Νέστωρ Ἰδομενεύς τε κτλ. T, 310. Μελέας Λάκων ἀφικνεῖται καὶ Ἑρμαιώνδας Θηβαῖος Th. 3, 5. Φαλῖνος ᾤχετο καὶ οἱ σὺν αὐτῷ X. An. 2. 2, 1. So auch bei einem Attributive. Πρόβατα ὀλίγα καὶ βοῦς X. An. 6. 3, 22.

Anmerk. 1. In der Dichtersprache kann das Verb im Plur. (Duale) auch zwischen die Subjekte im Sing. treten. Y, 138 εἰ δέ κ' Ἄρης ἄρχωσι μάχης ἢ Φοῖβος Ἀπόλλων ἢ Ἀχιλῆ' ἴσχωσι καὶ οὐκ εἰῶσι μάχεσθαι. E, 774 ἧχι ῥοὰς Σιμόεις συμβάλλετον ἠδὲ Σκάμανδρος. κ, 513 ἔνθα μὲν εἰς Ἀχέροντα Πυριφλεγέθων τε ῥέουσιν Κώκυτός τε. Vergl. ξ, 216. Die alten Grammatiker nannten diese Verbindung σχῆμα Ἀλκμανικόν, nach dem Dichter Alkman, in dessen, freilich nur spärlich erhaltenen, Bruchstücken sich merkwürdiger Weise dieselbe nicht findet, doch fr. 12 Κάστωρ τε πώλων ὠκέων δματῆρες, ἱππόται σοφοὶ καὶ Πολυδεύκης. So auch b. d. Partiz. Pind. P. 4, 179 πέμπε δ' Ἑρμᾶς . . διδύμους υἱούς . . | τὸν μὲν Ἐχίονα, κεχλάδοντας ἥβᾳ, τὸν δ' Ἔρυτον.

Anmerk. 2. Ähnlich wie γ) bei der Apposition: μέγας ἀντίδικος Μενέλαος ἄναξ ἠδ' Ἀγαμέμνων Aesch. Ag. 41. Bisweilen steht ein Attributiv erst im zweiten Gliede: ἄνθρωποι μὲν πάνυ ὀλίγοι ἐλήφθησαν, βόες δὲ καὶ ὄνοι πολλοὶ καὶ πρόβατα X. An. 4. 7, 14.

3. Zuweilen richtet sich das Prädikat, obwohl es den verschiedenen Subjekten nachfolgt, nach dem ersten Subjekte, so dass die übrigen als untergeordnet erscheinen. Πρόρριζος αὐτός, ἡ γυνή, τὰ παιδία, | κάκιστ' ἀπολοίμην Ar. R. 587 sq. Βασιλεὺς καὶ οἱ σὺν αὐτῷ διώκων εἰσπίπτει X. An. 1. 10, 1. Βρασίδας καὶ τὸ πλῆθος εὐθὺς ἄνω ἐτράπετο βουλόμενος κατ' ἄκρας ἑλεῖν αὐτήν Th. 4, 112. So auch B, 136 Αἱ δέ που ἡμέτεραί τ' ἄλοχοι καὶ νήπια τέκνα εἵατ' ἐνὶ μεγάροις ποτιδέγμεναι unsere Gattinnen mit den Kindern. Ähnlich bei dem Attributive. Τάφρῳ καὶ σκολόπεσσιν ἐνιπλήξαντες ὀρυκτῇ O, 344, ubi v. Spitzn. Ἐπὶ γῆν τε καὶ εὐρέα νῶτα θαλάσσης πᾶσαν Hs. th. 973. Οἶκον μὲν πρώτιστα γυναῖκά τε βοῦν τ' ἀροτῆρα, κτητήν, οὐ γαμετήν op. 403. Ὁ χρυσὸς ἅ τ' εὐτυχία | φρενῶν βροτοὺς ἐξάγεται | δύνασιν ἄδικον ἐφέλκων Eur. H. f. 773 sqq. Sogar: Ἑρμῆν τε Νόμιον ἄντομαι | καὶ Πᾶνα καὶ Νύμφας φίλας | ἐπιγελάσαι προθύμως | ταῖς ἡμετέραισι | χαρέντα χορείαις Ar. Th. 977 sqq. Ἑπτὰ ὀβολοὺς καὶ ἡμιωβόλιον Ἀττικοὺς X. An. 1. 5, 6. Ἀστύοχος ἐπύθετο τὸν Στρομβιχίδην καὶ τὰς ναῦς ἀπεληλυθότα Th. 8, 63. Vgl. 4, 73 ὡς ἐπικρατήσαντι. Ἀρχὴ καὶ θεὸς ἐν ἀνθρώποις ἱδρυμένη σῴζει πάντα Pl. leg. 775, e, was Stallb. richtig erklärt: ἀρχὴ μετὰ θεοῦ, principium cum deo (adiuvante deo). Μή ὑπερίδητέ με καὶ τὰς θυγατέρας δι' ἔνδειαν τοῖς ἐμαυτοῦ δούλοις ἐπίχαρτον γενόμενον Dem. 45,

85 [1]). So zuweilen auch bei den Relativpronomen. N, 623 λώβης τε καὶ αἶσχεος οὐκ ἐπιδευεῖς, | ἣν ἐμὲ λωβήσασθε. β, 284 θάνατον καὶ Κῆρα μέλαιναν, ὃς δή σφι σχεδόν ἐστι. — Umgekehrt richtet sich ein voraus gehendes prädikatives Adjektiv nach dem (wichtigeren) zweiten Begriffe O, 269 λαιψηρὰ πόδας καὶ γούνατ' ἐνώμα.

4. Nur selten steht das prädikative Verb im Singulare bei mehreren pluralen Subjekten. Diese Konstruktion findet sich nur bei Sachnamen, die wahrscheinlich wie die pluralen Neutra als eine einheitliche Masse aufgefasst sind. Vgl. § 367, 1. P, 386 sq. καμάτῳ δὲ καὶ ἱδρῷ . . | γούνατά τε κνῆμαί τε πόδες θ' ὑπένερθεν ἑκάστου | χεῖρές τ' ὀφθαλμοί τε παλάσσετο μαρναμένοιϊν. Pl. conv. 188, b πάχναι καὶ χάλαζαι καὶ ἐρυσῖβαι ἐκ πλεονεξίας καὶ ἀκοσμίας περὶ ἄλληλα τῶν τοιούτων γίγνεται ἐρωτικῶν (lauter Stoffnamen). [Andoc. 1, 145 ἀφ' ὧν ἐμοὶ ξενίαι καὶ φιλότητες . . γεγένηται ist wohl γεγένηνται zu lesen.] So sind auch Beispiele wie Ψ, 380 πνοιῇ δ' Εὐμήλοιο μετάφρενον εὐρέε τ' ὤμω θέρμετ'. Pl. Tim. 45, a σκέλη χεῖρές τε ταύτῃ καὶ διὰ ταῦτα προσέφυ πᾶσι aufzufassen.

5. Sind die Subjekte durch ἤ oder durch ἤ-ἤ, οὔτε-οὔτε verbunden, so kongruiert das Prädikat mit dem ihm zunächst stehenden Subjekte, wenn jedes Subjekt einzeln für sich betrachtet wird. Pl. Gorg. 475, e οὔτ' ἂν ἐγώ, οὔτ' ἂν σύ, οὔτ' ἄλλος οὐδεὶς ἀνθρώπων δέξαιτ' ἂν μᾶλλον ἀδικεῖν ἢ ἀδικεῖσθαι. Euthyph. 6, e ὧν ἂν ἢ σὺ ἢ ἄλλος τις πράττῃ. X. Comm. 4. 4, 7 οὔτε σὺ οὔτ' ἂν ἄλλος οὐδεὶς δύναιτ' ἀντειπεῖν. Aeschin. 1, 1 φανήσεται οὔθ' ἡ πόλις αἰτία οὖσα οὔθ' οἱ νόμοι οὔθ' ὑμεῖς οὔτ' ἐγώ, ἀλλ' αὐτὸς οὗτος. Oder das Prädikat steht im Plurale; alsdann werden die Subjekte als eine Vielheit betrachtet, und das Prädikat wird als jedem der Subjekte auf gleiche Weise und zu gleicher Zeit zukommend dargestellt. Eur. Alc. 360 καί μ' οὔθ' ὁ Πλούτωνος κύων οὔθ' οὑπὶ κώπῃ ψυχοπομπὸς ἂν Χάρων ἔσχον, ubi v. Monk. et Wüstemann p. 68. Isae. 5, 5 εἰ περὶ τούτου ἔμελλον ἀπολογήσασθαι Λεωχάρης ἢ Δικαιογένης. Dem. 27, 12 ἃ μὲν οὖν Δημοφῶν ἢ Θηριππίδης ἔχουσι τῶν ἐμῶν, ubi v. Bremi p. 25. (So b. d. Partiz. ibid. 4 ἅπαντα ταῦτα ἐνεχείρισεν Ἀφόβῳ τε τούτῳ καὶ Δημοφῶντι, τῷ Δήμωνος υἱεῖ, τούτοιν μὲν ἀδελφιδοῖν ὄντοιν, τῷ μὲν ἐξ ἀδελφοῦ, τῷ δ' ἐξ ἀδελφῆς γεγονότοιν.) Lucian. Ver. Hist. 2, 19 πολλάκις γοῦν ὁ μὲν Ὑάκινθος ἢ ὁ Νάρκισσος ὡμολόγουν. So auch die Lateiner, als: Cic. Offic. 1. 41, 148 si quid Socrates aut Aristippus contra morem consuetudinemque civilem fecerint locutive sint [2]).

Anmerk. 3. Das mehreren Substantiven gemeinsame attributive Adjektiv oder Partizip wird in der Regel nur Einmal gesetzt und richtet sich

1) S. Maetzner ad Lycurg. § 79 p. 217 sq. — 2) Vgl. Matthiae ad Eur. Hec. 84 p. 14; Strange, Lpz. Jahrb. 1835. 605; Schaefer, Melet. crit. p. 24.

nach dem ihm zunächst stehenden Substantive, als: Πολλοὶ ἄνδρες τε καὶ γυναῖκες. Οὔτε καταστάσεσιν οὔτ' ἔθεσι χρώμεθα τοῖς αὐτοῖς, vgl. Th. 6, 49 (Μέγαρα) ἀπέχοντα Συρακουσῶν οὔτε πλοῦν πολὺν οὔτε ὁδόν. 6, 97 οὔτε πλοῦν οὔτε ὁδὸν πολλὴν ἀπέχει, oder es treten die oben erwähnten Verbindungen ein. Doch kann auch das Attributiv entweder des Nachdruckes oder der Deutlichkeit wegen bei jedem Substantive wiederholt werden: X. conv. 4, 47 πᾶσαι αἱ πόλεις καὶ πάντα τὰ ἔθνη διὰ μαντικῆς ἐπερωτῶσι τοὺς θεούς.

6. Wenn mehrere Subjekte von verschiedenen Personen ein gemeinsames Prädikat haben, so geht, wie im Lateinischen, die erste Person der zweiten und dritten, die zweite Person aber der dritten vor, und das Verb steht in der Pluralform (bei zwei Subjekten auch im Dual): Pl. Soph. 218, b σύ τε κἀγὼ τοὔνομα μόνον ἔχομεν κοινῇ. X. Hell. 2, 3, 15 καὶ ἐγώ, ἔφη, καὶ σὺ πολλὰ εἴπομεν. Pl. Lach. 180, e ἐγὼ καὶ ὁ σὸς πατὴρ ἑταίρω τε καὶ φίλω ἦμεν. Dem. 9, 72 (πρεσβείας) ἐγὼ καὶ Πολύευκτος καὶ Ἡγήσιππος καὶ οἱ ἄλλοι πρέσβεις περιήλθομεν. 20, 105 Θηβαῖοι καὶ Λακεδαιμόνιοι καὶ ἡμεῖς οὔτε νόμοις οὔτ' ἔθεσι χρώμεθα τοῖς αὐτοῖς οὔτε πολιτείᾳ.

Anmerk. 4. Zuweilen richtet sich der Numerus der Person nur nach dem des an Bedeutsamkeit überwiegenden Subjekts, als: Eur. M. 1014 ταῦτα γὰρ θεοὶ | κἀγὼ κακῶς φρονοῦσ' ἐμηχανησάμην. X. An. 7. 2, 29 πάρειμι καὶ ἐγὼ καὶ οὗτος Φρυνίσκος καὶ Πολυκράτης. Pl. Phaed. 77, d. ὅμως δέ μοι δοκεῖς σύ τε καὶ Σιμμίας ἡδέως ἂν καὶ τοῦτον διαπραγματεύσασθαι τὸν λόγον.

Anmerk 5. Auch richtet sich oft die Person des Verbs nach dem ihm zunächst stehenden Subjekte, zumal, wenn dieses als das wichtigere hervorgehoben werden soll. X. An. 2. 1, 16 σύ τε γὰρ Ἕλλην εἶ καὶ ἡμεῖς. Antiphon. 1, 2 ὡς καὶ ἐγὼ καὶ ἡ γραφὴ λέγει ubi v. Maetzner. 1, 20 ἐὰν ὑμεῖς τε καὶ οἱ θεοὶ θέλωσιν. Aber auffallend: Aeschin. 2, 184 τὸ δὲ σῶμα τοὐμὸν ἤδη παραδίδωσιν ὑμῖν καὶ ἐγὼ καὶ ὁ νόμος und noch mehr: Isae. 11, 10 ἡμεῖς δέ, ἐγὼ καὶ Στράτιος καὶ Στρατοκλῆς, ἐπειδὴ . . ἐγεγένητο ἐπίδικος ὁ κλῆρος, παρεσκευάζοντο ἅπαντες.[1])

Anmerk. 6. Über die Verwechslung der Dualformen την und τον s. § 213, 8 (II, S. 69).

§ 371. Bemerkungen über einige Eigentümlichkeiten im Gebrauche des Numerus, des Genus und der Person.

1. Wenn der Begriff der Persönlichkeit überhaupt ausgedrückt werden soll, so kann in Beziehung auf einen weiblichen Personennamen die Maskulinform als allgemeiner Ausdruck gebraucht werden. X. Comm. 2. 7, 2 συνεληλύθασιν ὡς ἐμὲ καταλελειμμέναι ἀδελφαί τε καὶ ἀδελφιδαῖ καὶ ἀνεψιαὶ τοσαῦται, ὥστ' εἶναι ἐν τῇ οἰκίᾳ τέσσαρας καὶ δέκα τοὺς ἐλευθέρους (= freie Menschen). Eur. Andr. 712 ἡ στεῖρος οὖσα μόσχος οὐκ ἀνέξεται | τίκτοντας ἄλλους, οὐκ ἔχουσ' αὐτὴ τέκνα, wird nicht ertragen, dass andere Personen Kinder gebären.

[1]) Vgl. Matthiä II, § 299, Anm.; Bernhardy, S. 424 und Schoemann ad Isaeum p. 462.

2. Dies scheint auch der Grund zu sein, weshalb die Tragiker, wenn Ein Weib von sich in der Pluralform spricht, also nur bei der ersten Person, ein hinzutretendes Attributiv, ein Adjektiv oder gewöhnlich ein Partizip, in der pluralischen Maskulinform ausdrücken. In dem abstrakten Begriffe der Vielheit verliert sich der Unterschied des Geschlechts, und so tritt an die Stelle der Femininform die Maskulinform, als die allgemeinere Bezeichnung der Persönlichkeit überhaupt. S. Antig. 926 sagt Antigone: παθόντες ἂν ξυγγνοῖμεν ἡμαρτηκότες. Tr. 491 Dejanira: κοὔτοι νόσον γ' ἐπακτὸν ἐξαρούμεθα, | θεοῖσι δυσμαχοῦντες. Eur. Alc. 383 Alcestis: ἀρκοῦμεν ἡμεῖς οἱ προθνῄσκοντες σέθεν. M. 315 sq. Medea: ἠδικημένοι | σιγησόμεσθα, κρεισσόνων νικώμενοι. I. A. 824 οὐ θαῦμά σ' ἡμᾶς (Clytaemnestram) ἀγνοεῖν, οἷς μὴ πάρος προσῆκες. Vgl. Hec. 237. 511. Auch bei Ar. Eccl. 30 sq. sagt ein Weib: ὥρα βαδίζειν, ὡς ὁ κῆρυξ ἀρτίως | ἡμῶν προσιόντων δεύτερον κεκόκκυκεν. Aber Eur. Hipp. 1105 sq. gebraucht die Chorführerin von sich die Singularform im Maskulinum: ξύνεσιν δέ τιν' ἐλπίδι κεύθων | λείπομαι ἔν τε τύχαις θνατῶν καὶ ἐν ἔργμασι λεύσσων, wo der Scholiast zur Entschuldigung des Dichters erinnert, derselbe habe die Worte aus seiner eigenen Seele gesagt. Andr. 355 sqq. gebraucht Andromache von sich zuerst den Plur., dann geht sie zum Singulare über und kehrt zuletzt zum Plur. zurück: ἡμεῖς . . | ἑκόντες οὐκ ἄκοντες οὐδὲ βώμιοι | πίτνοντες αὐτοὶ τὴν δίκην ὑφέξομεν | ἐν σοῖσι γαμβροῖς, οἷσιν οὐκ ἐλάσσονα | βλάβην ὀφείλω προστιθεῖσ' ἀπαιδίαν· | ἡμεῖς μὲν οὖν τοιοίδε.

Anmerk. 1. Hierher dürfen nicht solche Stellen gezogen werden, in welchen die Dichter nach Versbedarf die Maskulinform die Stelle der Femininform vertreten lassen, indem sie die Form als generis *communis* gebrauchen, als: Aesch. Ag. 559 λειμώνιαι δρόσοι τιθέντες ἔνθηρον τρίχα. Nicand. Ther. 329 καταψυχθέντος ἀκάνθης. Ibid. 129 ψολόεντος ἐχίδνης. Orph. Arg. 263 ὑλήεντι κολώνῃ. S. El. 614 u. O. C. 751 wird selbst τηλικοῦτος st. der Femininform gebraucht; ebenso κοινός Trach. 207.[1]) Vgl. oben § 368, Anm.

3. Zuweilen wird die I. Pers. Plur. oder das Personalpronomen der I. Person im Plurale mit einer gewissen Bescheidenheit statt des Singulars gebraucht, indem der Redende seine Ansicht oder Handlung als auch anderen, die auf irgend eine Weise in die Sphäre des Redenden oder Handelnden gehören, gemeinsam darstellt. Dieser Gebrauch, der in der lateinischen Sprache so sehr häufig ist, findet sich bei den Griechen in der gewöhnlichen Sprache selten. H, 196 sagt Ajax von sich: ἐπεὶ οὔτινα δείδιμεν ἔμπης. X, 393 Achilleus: ἠράμεθα μέγα κῦδος· ἐπέφνομεν Ἕκτορα δῖον. π, 44 ἧσ', ὦ

1) Vgl. Boeckh, explicatt. ad Pind. O. 6, 15 p. 155; Richter de anac. Gr. II, p. 13.

ξεῖν', ἡμεῖς δὲ καὶ ἄλλοθι δήομεν ἕδρην. Φ, 60 δουρὸς ἀκωκῆς ἡμετέροιο | γεύσεται = ἐμοῦ. Vgl. O, 224. π, 442. τ, 344. Ὦ Ἀλκιβιάδη, καὶ ἡμεῖς τηλικοῦτοι ὄντες δεινοὶ τὰ τοιαῦτα ἦμεν X. Comm. 1. 2, 46 (auch ich war in dem Alter hierin tüchtig), s. daselbst Kühners Bmrk. Ἔννοιά ποθ' ἡμῖν (mir) ἐγένετο Cy. 1. 1, 1. Vgl. 1. 1, 2 u. 3. An. 3. 2, 9 ἡμῶν λεγόντων. Bei den Dichtern und namentlich den Tragikern ist dieser Gebrauch des Plurals häufiger, und oft findet bei ihnen ein Übergang von dem Plurale zu dem Singulare oder umgekehrt statt.[1]) N, 257 τό νυ (sc. ἔγχος) γὰρ κατεάξαμεν, ὃ πρὶν ἔχεσκον, ubi v. Spitzn. N, 785 ἡμεῖς . . ἑψόμεθ' οὐδέ τί φημι | ἀλκῆς δευήσεσθαι. Vgl. ν, 358. Eur. Io 391 εἰ πρὸς τοῦ θεοῦ | κωλυόμεσθα μὴ μαθεῖν, ἃ βούλομαι. 1250 sq. διωκόμεσθα θανασίμους ἐπὶ σφαγάς, | Πυθίᾳ ψήφῳ κρατηθεῖσ', ἔκδοτος δὲ γίγνομαι. Tr. 904 ὡς οὐ δικαίως, ἢν θάνω, θανούμεθα. H. f. 858 Ἥλιον μαρτυρόμεσθα δρῶσ' ἃ δρᾶν οὐ βούλομαι. 1207 f. ἱκετεύομεν . . προσπίτνων. Hipp. 244 αἰδούμεθα γὰρ τὰ λελεγμένα μοι. Ba. 669 φράσω τὰ 'κεῖθεν ἢ λόγον στειλώμεθα; Andr. 142 δεσποτῶν δ' ἐμῶν φόβῳ ἡσυχίαν ἄγομεν, ubi v. Pflugk. I. A. 985 sqq. οἰκτρὰ γὰρ πεπόνθαμεν· ἣ πρῶτα μέν σε γαμβρὸν οἰηθεῖσ' ἔχειν, | κενὴν κατέσχον ἐλπίδ'. I. T. 349 ἠγριώμεθα | δοκοῦσ' Ὀρέστην μηκέθ' ἥλιον βλέπειν. Vgl. 578. Ar. R. 213 φθεγξώμεθ' εὔγηρυν ἐμὰν ἀοιδάν. Theocr. 8, 75 ἀλλὰ κάτω βλέψας τὰν ἁμετέραν ὁδὸν εἷρπον, ubi v. Wüstemann. Anders geartet sind Stellen wie Pl. Symp. 186, b ἄρξομαι δὲ ἀπὸ τῆς ἰατρικῆς λέγων, ἵνα καὶ πρεσβεύωμεν (i. e. τιμῶμεν) τὴν τέχνην, wo der Arzt Eryximachos gleichsam im Namen aller Ärzte spricht.

4. Bei einer, an eine Gesamtheit von Personen gerichteten, Anrede erlaubt sich die griechische Sprache manche eigentümliche Wendungen:

α) Die Singularform des Imperativs εἰπέ und einiger anderen, die zur Bezeichnung einer Aufforderung und Aufmunterung dienen, als: ἄγε, φέρε, ἰδέ, wird besonders bei den Attikern häufig auf einen Vokativ in der Pluralform oder auf mehrere Vokative bezogen: ein Gebrauch, der aus der familiären Unterhaltungssprache geschöpft ist. γ, 475 παῖδες ἐμοί, ἄγε Τηλεμάχῳ καλλίτριχας ἵππους ζεύξατε. Ar. Thesm. 789 φέρε δή, τί γαμεῖθ' ἡμᾶς; Ar. Ach. 318 εἰπέ μοι, τί φειδόμεσθα τῶν λίθων, ὦ δημόται. Vgl. 328. Id. Pac. 383 εἰπέ μοι, τί πάσχετ', ὤνδρες. Vesp. 403. Av. 366. Pl. Euthyd. 283, b εἰπέ μοι, ὦ Σώκρατές τε καὶ ὑμεῖς οἱ ἄλλοι. Vgl. Prot. 311, d. (Dagegen Lach. 186, e σὺ δ', ὦ Λάχης καὶ Νικίας, εἴπετον ἡμῖν ἑκάτερος, weil jeder gesondert sich aussprechen soll.) Dem. 8, 74 εἰπέ μοι, βουλεύεσθε. 4, 10 ἢ βούλεσθε,

---

1) Vgl. Bernhardy, Synt. S. 415 f.; Richter l. d. § 35.

εἰπέ μοι, περιιόντες αὐτῶν πυνθάνεσθαι. S. Tr. 821 ἴδ', οἷον, ὦ παῖδες, προσέμιξεν ἄφαρ | τοὔπος τὸ θεοπρόπον ἡμῖν.[1])

β) Oft wird von den alten Dichtern, zuweilen auch von den Prosaikern, bei einer an mehrere Personen gerichteten Anrede das Prädikat in der Pluralform mit dem nur eine der angeredeten Personen bezeichnenden Vokative verbunden, um dadurch die Hauptperson vor ihren Genossen hervorzuheben. β, 310 Ἀντίνο', οὔπως ἔστιν ὑπερφιάλοισι μεθ' ὑμῖν δαίνυσθαι. μ, 82 νῆα ἰθύνετε, φαίδιμ' Ὀδυσσεῦ. π, 91 sqq. ὦ φίλ' . . | ἦ μάλα μευ καταδάπτετ' ἀκούοντος φίλον ἦτορ, | οἷά φατε μνηστῆρας . . μηχανάασθαι. υ, 97 sq. Ζεῦ πάτερ, εἴ μ' ἐθέλοντες . . | ἤγετ' ἐμὴν ἐς γαῖαν, ἐπεί μ' ἐκακώσατε λίην, Od. ruft zwar nur den Zeus an, aber als den Repräsentanten aller Götter. Hs. sc. 350 Κύκνε πέπον, τί νυ νῶϊν ἐπίσχετον ὠκέας ἵππους (hier wird Einer von Zweien namentlich angeredet, daher der Dual). Pind. O. 8, 15 Τιμόσθενες, ὔμμε δ' ἐκλάρωσεν πότμος Ζηνί. S. OC. 1102 ὦ τέκνον, ἦ πάρεστον; 1104 προσέλθετ', ὦ παῖ (Oedip. hat sowohl die Antigone als die Ismene im Sinne, redet aber bloss die Antigone an). Eur. J. A. 1368 μῆτερ, εἰσακούσατε | τῶν ἐμῶν λόγων. Ar. Ran. 1479 χωρεῖτε τοίνυν, ὦ Διόνυσ', εἴσω. X. Hell. 4. 1, 11 ἴτ', ἔφη, ὑμεῖς, ὦ 'Ηριππίδα, καὶ διδάσκετε αὐτὸν βουληθῆναι ἅπερ ἡμεῖς· οἱ μὲν δὴ ἀναστάντες ἐδίδασκον. Isae. 3, 70 ἀλλ' ὦ 'γαθέ, τοῦτο μὲν καὶ λαθεῖν φήσαιτ' ἂν ὑμᾶς. Ein ähnlicher Übergang vom Plur. zum Sing. im Orak. b. Hdt. 7, 140 ὦ μέλεοι, τί κάθησθε; λιπὼν φύγ' ἐς ἔσχατα γαίης, ubi v. Stein[2]) (erst werden die θεοπρόποι angeredet, dann das von ihnen vertretene Volk). Vorzüglich tritt diese Verbindung bei den Tragikern ein, wenn der Chor entweder von Anderen angeredet wird oder selbst von sich spricht, indem der Dichter bald den ganzen Chor, bald vorzugsweise den Chorführer im Sinne hat, als: S. OC. 174 ξεῖνοι, μὴ δῆτ' ἀδικηθῶ | σοι πιστεύσας καὶ μεταναστάς. Vgl. 207 sqq. 242 sqq. OR. 1111 sqq. Aesch. Eum. 179 sqq. 794 sqq. 848 sqq. Suppl. 192 sqq. 729 sqq. — Aesch. Eum. 254 sqq. 347 sqq. u. s. w.

γ) Seltsam ist die im attischen Dialoge zuweilen vorkommende Verbindung der zweiten Person des Imperativs mit dem unbestimmten Pronomen τὶς oder πᾶς τις oder auch mit einem Substantive und diesen Pronomen, als: Ar. Av. 1186 χώρει δεῦρο πᾶς ὑπηρέτης 1190 ἀλλὰ φύλαττε πᾶς | ἀέρα. Vgl. P. 301. 510. Eur. Rh. 685 sqq. πέλας; ἴθι· παῖε πᾶς . . ἴσχε πᾶς τις . . ἴσχε πᾶς δόρυ . . ἕρπε πᾶς. Daher auch der Übergang von der dritten Person zur zweiten b. Eur. Ba. 346

---

1) Vgl. Bremi ad Dem. Phil. I, p. 43, 10; Matthiae ad Eur. Or. p. 240. — 2) Vgl. Bernhardy, Synt. S. 72; Richter l. d. § 37 p. 25; Heindorf ad Plat. Euthyd. § 29; Nitzsch zu Od. γ, 43 S. 144.

στειχέτω τις ὡς τάχος, | ἐλθὼν δὲ θάκους τούσδ', ἵν' οἰωνοσκοπεῖ, | μοχλοῖς τριαίνου κἀνάτρεψον ἔμπαλιν | καὶ . . μέθες. 173 ἴτω τις, εἰσάγγελλε, Τειρεσίας ὅτι ζητεῖ νιν. Auch diese Verbindung wurzelt ohne Zweifel in volkstümlicher Gesprächsweise. Es wird zwar ein unbestimmtes Subjekt gemeint, jedoch ein solches, welches in der Gegenwart des Redenden verweilt, und daher dasselbe in lebhafter Rede als eine bestimmte Person angeredet. Ähnliches bei Plautus und Terentius, wie Aperite aliquis actutum ostium, Terent. Adelph. 4. 4, 25 [1]).

5. Der Übergang der Rede von dem Singulare zum Plurale, sowie umgekehrt vom Plurale zum Singulare ist in der griechischen Sprache auch ausser den bereits angeführten Fällen ungemein häufig: eine Erscheinung, über die man sich bei der grossen Lebhaftigkeit des griechischen Geistes nicht wundern darf.

a) Übergang vom Sing. zum Plur. α) Das Substantiv im Sing. wird kollektiv aufgefasst (vgl. § 359). Ὅταν γε ἀφροδισιασθῇ κατὰ συμφοράν τινα γυνή, οὐδὲν ἧττον τούτου ἕνεκεν τιμῶσιν αὐτὰς οἱ ἄνδρες X. Hier. 3, 4. Οὐδὲ τότε συγχαίρει ὁ τύραννος· ἐνδεεστέροις γὰρ . . αὐτοῖς οἴονται χρῆσθαι 5, 4. Ἦ οὐκ αἰσθάνει, ὡς δεινῶς διατίθεται πάντα τὰ θηρία περὶ τὴν τροφὴν τοῦ γενομένου καὶ ἕτοιμά ἐστιν ὑπὲρ τούτων (sc. τῶν γενομένων) ὑπεραποθνῄσκειν Pl. conv. 207, b. Βελτίονί σοι προσήκει γενέσθαι ἐμοὶ πειθομένῳ ἢ ἐραστῇ· ἐκεῖνοι μὲν γὰρ καὶ παρὰ τὸ βέλτιστον τά τε λεγόμενα καὶ τὰ πραττόμενα ἐπαινοῦσιν Phaedr. 233, a. Τοῦτο δ' ἐν μάχῃ | σοφὸν μάλιστα, δρῶντα πολεμίους κακῶς | σῴζειν τὸ σῶμα μὴ ἐκ τύχης ὡρμισμένους (non e fortuna aptos) Eur. H. f. 202 sq., ubi v. Pflugk.[2]) — β) Das Substantiv im Sing. wird wegen der damit verbundenen näheren Bestimmungen als eine Mehrheit aufgefasst. Τὴν διαφορότητα τοῦ ἀγαθοῦ τοῦ τ' ἐμοῦ καὶ τοῦ σοῦ . . τολμῶμεν, ἄν πῃ ἐλεγχόμεναι μηνύσωσι, πότερον κτλ. Pl. Phil. 14, b, ubi v. Stallb., d. i. soviel als: τὴν διαφορότητα τὴν τοῦ ἀγαθοῦ τοῦ τ' ἐμοῦ καὶ τὴν τοῦ σοῦ. — γ) In Beispielen wie μ, 43 τῷ δ' οὔτε γυνὴ καὶ νήπια τέκνα οἴκαδε νοστήσαντι παρίσταται οὐδὲ γάνυνται ist der Sing. auf den Hauptbegriff γυνή bezogen (vgl. § 370, 3), während dann der Plur. die beiden Subjekte zusammenfasst: nicht tritt sein Weib mit den jungen Kindern vor ihn hin, nicht freuen sie sich seiner Heimkehr. (Ameis vermutet jedoch παρίσταντ' οὐδέ). — δ) Häufig ist der Fall, dass der Schriftsteller erst von Einer Person im Sing. redet, dann aber, indem er zugleich die Genossen oder Begleiter derselben im Sinne hat, zu dem Plurale übergeht, oder wenn der Redende von sich spricht und

---

1) Vgl. Reisig, Vorles. über lat. Spr., S. 328. — 2) Vgl. Schoemann ad Isaeum p. 466; Stallbaum ad Plat. Phaedr. 231, a.

dann sich mit seinen Genossen verbunden denkt.[1]) Hdt. 4, 43 ἔλεγε (Σατάσπης) . ., αὐτοὶ δὲ (d. i. Sataspes u. seine Genossen) ἀδικέειν οὐδὲν ἐσιόντες, ubi v. Baehr p. 385. Th. 4, 36 προσελθὼν ὁ τῶν Μεσσηνίων στρατηγὸς Κλέωνι καὶ Δημοσθένει ἄλλως (= ματαίως) ἔφη πονεῖν σφᾶς (i. e. se cum toto exercitu). Vgl. 3, 113. 4, 28 init. 4, 70. 5, 58. 71. 6, 64. Antiph. 5, 22 οὔτ' αὖ ἐγὼ φαίνομαι τὸν πλοῦν ποιησάμενος εἰς τὴν Αἶνον, οὔτε κατασχόντες (ego et comes meus) εἰς τὸ χωρίον τοῦτο κτλ. Vgl. auch § 370, 2 a.

b) Der Übergang vom Plur. zum Sing. ist häufig, wenn das der unbestimmten und abstrakten Vielheit zukommende Prädikat auf sinnliche und konkrete Weise an dem Einzelnen dargestellt wird, oder wenn der Sing. kollektive Geltung hat. Schon bei Homer: δ, 691 sq. ἥτ' ἐστὶ δίκη θείων βασιλήων, ἄλλον κ' ἐχθαίρῃσι βροτῶν, ἄλλον κε φιλοίη. Hdt. 1, 195 ἐσθῆτι δὲ τοιῇδε χρέωνται (οἱ Βαβυλώνιοι), κιθῶνι ποδηνεκέϊ λινέῳ καὶ ἐπὶ τοῦτον ἄλλον εἰρίνεον κιθῶνα ἐπενδύνει, ubi v. Stein. 197 παραινέουσι, ἅσσα αὐτὸς ποιήσας ἐξέφυγε ὁμοίην νοῦσον. 2, 38 δοκιμάζουσι αὐτοὺς ὧδε· τρίχα ἢν καὶ μίαν ἴδηται (sc. ὁ δοκιμάζων) . ., οὐ καθαρὸν εἶναι νομίζει. Th. 1, 120 ἀγαθῶν (ἀνδρῶν ἐστιν) ἀδικουμένους πολεμεῖν καὶ μήτε τῇ κατὰ πόλεμον εὐτυχίᾳ ἐπαίρεσθαι μήτε τῷ ἡσυχίῳ τῆς εἰρήνης ἡδόμενον ἀδικεῖσθαι, ubi v. Stahl. Pl. Prot. 319, d τούτοις οὐδεὶς τοῦτο ἐπιπλήττει, ὥσπερ τοῖς πρότερον, ὅτι οὐδαμόθεν μαθών, οὐδὲ ὄντος διδασκάλου οὐδενὸς αὐτῷ, ἔπειτα συμβουλεύειν ἐπιχειρεῖ, ubi v. Heindorf et Stallb. 334, c οἱ ἰατροὶ ἀπαγορεύουσι τοῖς ἀσθενοῦσι μὴ χρῆσθαι ἐλαίῳ, ἀλλ' ἢ ὅτι σμικροτάτῳ ἐν τούτοις οἷς μέλλει ἔδεσθαι, in iis, quae edere vult st. volunt. Gorg. 478 b. c. ἆρ' οὖν τὸ ἰατρεύεσθαι ἡδύ ἐστι καὶ χαίρουσιν οἱ ἰατρευόμενοι; μεγάλου γὰρ κακοῦ ἀπαλλάττεται. Eur. Hec. 1189 ἀνθρώποισιν οὐκ ἐχρῆν ποτε | τῶν πραγμάτων τὴν γλῶσσαν ἰσχύειν πλέον, | ἀλλ' εἴτε χρήστ' ἔδρασε, χρήστ' ἔδει λέγειν, | εἴτ' αὖ πονηρά, τοὺς λόγους εἶναι σαθρούς, ubi v. Pflugk. H. f. 195 f. ὅσοι δὲ τόξοις χεῖρ' ἔχουσιν εὔστοχον, | ἓν μὲν τὸ λῷστον, μυρίους οἰστοὺς ἀφεὶς | ἄλλοις τὸ σῶμα ῥύεται μὴ κατθανεῖν. Andr. 421 οἰκτρὰ γὰρ τὰ δυστυχῆ βροτοῖς ἅπασι, κἂν θυραῖος ὢν κυρῇ.[2])

Anmerk. 2. Verschieden von den angegebenen Beispielen sind solche, in welchen ein Partizip im Singulare sich nur auf eine von zwei im Plur. des Verbi finiti enthaltenen Personen richtet. Aesch. Eum. 141 εὕδεις; ἀνίστω κἀπολακτίσασ' ὕπνον | ἰδώμεθ', εἴ τι τοῦδε φροιμίου ματᾷ, wo sich d. Partiz. nur auf das in ἰδώμεθα eingeschlossene σύ bezieht. S. Ph. 645 χωρῶμεν ἔνδοθεν λαβών, ὅτου σε χρεία καὶ πόθος μάλιστ' ἔχει, ubi v. Schneidew. Tr. 335 Dej. χωρῶμεν ἤδη πάντες . ., worauf der Bote: αὐτοῦ γε πρῶτον βαιὸν ἀμμείνασ' (sc. χωρήσῃ), ὅπως μάθῃς

1) Vgl. Poppo ad Thuc. P. I, Vol. 1. p. 96, P. III, Vol. 3, p. 102; Maetzner ad Antiph. p. 161; Kühner ad Xen. An. 1. 2, 27. — 2) Vgl. Poppo ad Thuc. P. I. Vol. 1 p. 96; Maetzner l. d. u. ad Lycurg. p. 179; Heindorf ad Plat. Phaed. 62, d; Stallbaum ad Pl. Civ. 389, d.

κτλ. Luc. Tox. 41 ὁ μέντοι Ἀμιζώκης οὐκέτι ἠνέσχετο βλέπειν ἐπὶ τυφλῷ τῷ Δανδάμιδι, ἀλλὰ τυφλώσας καὶ αὐτὸς ἑαυτὸν ἀμφότεροι κάθηνται . . δημοσίᾳ τρεφόμενοι.

Anmerk. 3. Im Briefstile geht der Schreibende zuweilen von seinem mit der III. Person verbundenen Namen zur ersten Person und von dem Namen der angeredeten Person zur zweiten Person über. Th. 1, 128 Παυσανίας, ὁ ἡγεμὼν τῆς Σπάρτης, τούσδε τέ σοι χαρίζεσθαι βουλόμενος ἀποπέμπει . ., καὶ γνώμην ποιοῦμαι . . θυγατέρα τὴν σὴν γῆμαι. 129 ὧδε λέγει βασιλεὺς Ξέρξης Παυσανίᾳ· καὶ τῶν ἀνδρῶν, οὕς μοι ἔσωσας, κεῖταί σοι εὐεργεσία ἐν τῷ ἡμετέρῳ οἴκῳ κτλ· X. Hell. 5. 1, 31 Ἀρταξέρξης νομίζει, darauf folgt ἐγὼ πολεμήσω.

Anmerk. 4. Auch geht nicht selten die Rede von einem Worte, das einen allgemeinen Begriff bezeichnet, wie ἄνθρωποι, auf die erste Person über, indem der Redende diesen Begriff auf sich bezieht, oder umgekehrt von der ersten Person auf ein solches Wort. X. Comm. 4. 3, 11 τὸ (τοὺς θεοὺς) προσθεῖναι τοῖς ἀνθρώποις αἰσθήσεις ἁρμοττούσας πρὸς ἕκαστα, δι' ὧν ἀπολαύομεν πάντων τῶν ἀγαθῶν. Pl. Gorg. 514, e εἰ μὴ εὑρίσκομεν δι' ἡμᾶς μηδένα βελτίω γεγονότα τὸ σῶμα, οὐ καταγέλαστον ἂν ἦν τῇ ἀληθείᾳ εἰς τοσοῦτον ἀνοίας ἐλθεῖν ἀνθρώπους; ubi v. Stallb.

Anmerk. 5. Zu erwähnen ist auch der Fall, wo der Redende, von sich wie von der dritten Person sprechend, im Verlaufe seiner Rede wieder zu der ersten Person zurückkehrt. K, 88 sqq. Agamemnon redet: γνώσεαι Ἀτρείδην Ἀγαμέμνονα, τὸν περὶ πάντων | Ζεὺς ἐνέηκε πόνοισι διαμπερές, εἰσόκ' ἀϋτμὴ | ἐν στήθεσσι μένῃ καί μοι φίλα γούνατ' ὀρώρῃ. β, 40 sq. ὦ γέρον, οὐχ ἑκὰς οὗτος ἀνήρ, (τάχα δ' εἴσεαι αὐτός) ὃς λαὸν ἤγειρα. Aesch. Pr. 304 sqq. Prometheus spricht zu Okeanos von sich: δέρκου θέαμα, τόνδε τὸν Διὸς φίλον, | τὸν συγκαταστήσαντα τὴν τυραννίδα, | οἵαις ὑπ' αὐτοῦ πημοναῖσι κάμπτομαι. S. OC. 1329 τῷδ' ἀνδρὶ (= ἐμοί) τοὐμοῦ πρὸς κασιγνήτου τίσιν. Vgl. 284. Ai. 864 τοῦθ' ὑμὶν Αἴας τοὔπος ὕστατον θροεῖ· τὰ δ' ἄλλ' ἐν Ἅιδου τοῖς κάτω μυθήσομαι. Tr. 1080 ὁρᾶτε τὸν δύστηνον, ὡς οἰκτρῶς ἔχω. Dem. 18, 79 ἐνταῦθ' οὐδαμοῦ Δημοσθένην γέγραφεν οὐδ' αἰτίαν οὐδεμίαν κατ' ἐμοῦ.[1]) Der Übergang von der zweiten Person zu der ersten findet statt, wenn ein Gedanke oder eine Handlung ausgesprochen wird, an welcher der Redende sich zugleich mit beteiligt denkt. Th. 3, 39 τυχόντες μὲν (*re bene gesta*) πόλιν ἐφθαρμένην παραλαβόντες τῆς ἔπειτα προσόδου . . τὸ λοιπὸν στερήσεσθε, σφαλέντες δὲ πολεμίους πρὸς τοῖς ὑπάρχουσιν ἕξομεν *„ubi rem ingratam per* κοίνωσιν *emollire studet orator“* Poppo l. l. p. 276. 6, 110 ἡγοῦμαι δ' οὕτως ἂν ὑμᾶς μάλιστα παροξυνθῆναι πρὸς τὸν πόλεμον, εἰ . . ἴδοιτε τοὺς γονέας καὶ τοὺς παῖδας τοὺς ὑμετέρους αὐτῶν . . παρακελευομένους μὴ καταισχῦναι τὸ τῆς Σπάρτης ὄνομα μηδὲ τοὺς νόμους, ἐν οἷς ἐπαιδεύθημεν. 7, 9 sq. ἐοίκατε γὰρ οὕτω διακειμένοις ἀνθρώποις, οἵτινες . . ἐπὶ τοιαύταις πράξεσιν εὐαγγέλια μὲν δὶς ἤδη τεθύκαμεν, ῥᾳθυμότερον δὲ περὶ αὐτῶν ἐκκλησιάζομεν. S. Benseler ad h. l. p. 129, Coraës bemerkt richtig, der Redner habe sich am Ende der Periode der ersten Person bedient, um nicht zu scheinen κατακόρως χρῆσθαι κατὰ τῶν πολιτῶν τοῖς ὀνείδεσιν. Bemerkenswerte Übergänge von der dritten Person zur zweiten finden sich z. B. δ, 685 ὕστατα καὶ πύματα νῦν ἐνθάδε δειπνήσειαν, | οἳ θάμ' ἀγειρόμενοι βίοτον κατακείρετε πολλόν. S. OC. 1352 νῦν δ' ἀξιωθεὶς εἶσι κἀκούσας γ' ἐμοῦ | τοιαῦθ' ἃ τὸν τοῦδ' οὔποτ' εὐφρανεῖ βίον· | ὅς γ', ὦ κάκιστε, . . ἀπήλασας. Vgl. auch Tr. 227 χαίρειν δὲ τὸν κήρυκα προὐννέπω, χαρτὸν εἴ τι καὶ φέρεις.

---

1) Vgl. Schneidewin zu Soph. OC. 284; Stallbaum ad Plat. Euthyphr. 5, a.

Lehre von dem Verbum finitum.

§ 372. I. Lehre von den Arten (Generibus) des Verbs.

1. Die griechische Sprache unterscheidet drei Arten (Genera) des Verbs: Aktiv, Medium und Passiv.

1) Entweder erscheint das Subjekt als thätig (Activum), als ὁ παῖς γράφει, τὸ ἄνθος θάλλει. Die aktive Form hat aber eine doppelte Bedeutung:

a) Die intransitive, wenn die Thätigkeitsäusserung des Subjektes entweder auf das Subjekt beschränkt bleibt, als: τὸ ἄνθος θάλλει, oder durch ein Objekt ergänzt oder näher bestimmt wird, das durch einen Kasus oder durch eine Präposition mit ihrem Kasus ausgedrückt ist, als: Ἐπιθυμῶ τῆς ἀρετῆς, χαίρω τῇ νίκῃ, ἀλγῶ τοὺς πόδας, βαδίζω εἰς τὴν πόλιν. Intransitivum. Der intransitive Verbalbegriff wird von der lebendigen Sprache nicht als ein blosser toter Zustand, sondern als eine Thätigkeitsäusserung aufgefasst, und dies spricht sich deutlich darin aus, dass im Altdeutschen und noch heute in der deutschen Volkssprache, sowie auch im Englischen intransitive Verben mit dem Verb thun häufig verbunden werden, als: ich thue schlafen, I do believe, I did go.[1])

b) Die transitive, wenn die Thätigkeitsäusserung des Subjektes auf ein Objekt so übergeht, dass dasselbe als leidend (im weitesten Sinne des Wortes, d. h. getroffen, berührt, auf irgend eine Weise, gleichviel, ob in gutem oder schlimmem Sinne affiziert, oder bewirkt, hervorgebracht, erzeugt) erscheint; ein solches Objekt wird nur durch den Akkusativ ausgedrückt, als: Ἐπαινῶ τὸν παῖδα, τύπτω τὸν παῖδα, γράφω ἐπιστολήν. Transitivum.

2) Oder das Subjekt erscheint als ein solches, welches eine auf sich selbst zurückwirkende Thätigkeitsäusserung ausübt. Diese von dem Subjekte ausgehende und auf dasselbe wieder zurückwirkende Thätigkeitsäusserung kann entweder bloss auf das Subjekt beschränkt oder mit einem Objekte verbunden sein, als: βουλεύομαι, ich berate mich, κόπτομαι, ich schlage mich, κόπτομαι τὴν κεφαλήν, ich schlage mir den Kopf oder meinen Kopf, καταστρέφομαι τὴν γῆν, ich unterwerfe mir das Land, ἀμύνομαι τοὺς πολεμίους, ich wehre mir, von mir die Feinde ab. Medium oder Reflexivum. Wenn das Medium eine Thätigkeitsäusserung bezeichnet, welche zwei oder mehrere Subjekte auf einander richten, als: κόπτονται, sie schlagen sich einander, διαφέρονται, sie sind unter-

---

[1]) Vgl. Grimm, D. Gr. IV, S. 94; Herling, Synt. der D. Spr. I, § 1, S. 17.

einander uneins, μάχονται, sie kämpfen mit einander, συμβουλεύονται, sie beraten sich unter einander, διακελεύονται, sie muntern sich unter einander auf, διαλύονται, sie versöhnen sich unter einander, διαλέγονται, sie unterreden sich mit einander, διανέμονταί τι, sie verteilen etwas unter einander, so wird es Reciprocum genannt.

3) Oder das Subjekt erscheint als die Wirkung der Thätigkeitsäusserung eines Anderen aufnehmend, empfangend und insofern leidend, d. h. getroffen, berührt, auf irgend eine Weise, gleichviel, ob in gutem oder schlimmem Sinne affiziert, oder bewirkt, hervorgebracht, erzeugt, wie es bei dem Objekte des Transitivs der Fall ist, als: Ὁ παῖς ἐπαινεῖται, der Knabe empfängt Lob = wird gelobt, ὁ παῖς ζημιοῦται, der K. empfängt Strafe = wird gestraft, ἡ ἐπιστολὴ γράφεται, der Brief nimmt das Schreiben auf = wird geschrieben. Passivum.

2. Die aktive und die mediale Form sind vollständig ausgebildet. Das Passiv aber entlehnt fast alle seine Formen von dem Medium, da der passive Begriff von den Griechen als ein reflexiver aufgefasst wurde. Nur für zwei Zeitformen, Futur und Aorist, hat die griechische Sprache besondere Formen ausgeprägt, die jedoch, wie wir sehen werden, bei vielen Verben auch zur Bezeichnung des reflexiven oder intransitiven Begriffes angewendet wurden. Die Aktivform und die Medialform sind als eigentliche Arten (Genera) des Verbs anzusehen; die Passivform ist eine blosse Flexionsform der transitiven Verben, der Aktivform gegenüber.[1])

Bemerkungen über die Arten (Genera) des Verbs.

§ 373. Aktive Form.

1. Der Gegensatz der transitiven Verben zu den intransitiven bildete sich erst dadurch, dass gewisse Verben zu ihrer Ergänzung sich mit einem leidenden Objekte im Akkusative [§ 372, 1, b)] verbinden, während andere Verben sich zwar auch mit einem Objekte verbinden können, aber nicht mit einem leidenden Objekte. Durch besondere Wortformen unterscheidet die Sprache die intransitiven und die transitiven Verben nicht, sondern drückt beide durch die nämliche Aktivform aus, als: θάλλειν, ἀνθεῖν, *florere*, χαίρειν, *gaudere*, ἀλγεῖν, *dolere*, καθεύδειν, *dormire*, und τύπτειν, παίειν, ἐπαινεῖν, ψέγειν, γράφειν. Solche Verben also, welche die Fähigkeit haben, ein leidendes Objekt im Akkusative als Ergänzung zu sich zu nehmen, nennt man transitive. Aber an sich haben auch diese Verben,

[1]) Vgl. Heyse, Syst. der Sprachwissenschaft. S. 400.

wenn sie objektlos stehen, intransitive Bedeutung, als: βάλλω, ich werfe, γράφω, ich schreibe, und bezeichnen alsdann die Thätigkeitsäusserung als einen Zustand, in dem sich das Subjekt befindet.

2. Die griechische Sprache ist sehr reich an Aktivverben, welche neben der transitiven zugleich auch die intransitive Bedeutung haben; namentlich gehören hierher die Verben der Bewegung. Übrigens hat diesen Gebrauch die griechische Sprache mit anderen gemein; vgl. die Vögel *ziehen*, der Wagen *bricht* u. s. w., *vertere*, *mutare*, *declinare* u. s. w., *changer*, *decliner*, *sortir*, *to move*, *to turn*. Im Deutschen werden die intransitiven Aktive oft durch Reflexivverben übersetzt, als: ἐπικλίνω, ich neige mich (zu etw.).

α) Beispiele aus Prosaikern: ἄγειν, marschieren, ziehen (vom Feldherrn) X. An. 2. 6, 7 ἡμέρας καὶ νυκτὸς ἄγων ἐπὶ τοὺς πολεμίους, führen (vom Wege) 3. 5, 15. ἀνάγειν, sich zurückziehen Cy. 1. 4, 24; auch unter Segel gehen, Th. 3, 16, ubi v. Stahl (häufiger ἀνάγεσθαι), προάγειν procedere Pl. Phaedr. 227, c. 228, b. ὑπάγειν succedere X. An. 3. 4, 48 τοῖς ἔμπροσθεν ὑπάγειν παρεκελεύετο; sich zurückziehen Hdt. 4, 120. 122; διάγειν leben, sich befinden X. ven. 12, 15. Comm. 4. 4, 15. ἐλαύνειν vehi: reiten X. Cyr. 1. 4, 20; fahren schon ο, 50; segeln γ, 157; so ἀπελαύνειν, διελαύνειν, ἐξελαύνειν, ἐπελαύνειν u. a. — Kompos. v. βάλλειν, als: ἐμβάλλειν u. εἰσβάλλειν, einfallen, auch münden: Ἀχέρων ποταμὸς ἐσβάλλει ἐς τὴν λίμνην Th. 1, 46, ἐκβάλλειν, hervorspringen, μεταβάλλειν, *mutari*, Pl. Civ. 473, b, ubi v. Stallb., διαβάλλειν u. παραβάλλειν, übersetzen, Th. 2, 83. Hdt. 7, 179. περιβάλλειν, umsegeln, Hdt. 6, 44, προσβάλλειν τινί, angreifen, Th. 3, 22, συμβάλλειν τινί, *manus conserere*, Hdt. 3, 11 (schon Π, 565), ἐπιβάλλειν, sich werfen auf, anfallen Pl. Phaedr. 248, b, ὑπερβάλλειν, hervorragen, Dem. 8, 16 ὑπερβάλλειν ἀνοίᾳ. X. Hier. 11, 2 ὑπερβαλλούσῃ δαπάνῃ. Dem. 8, 46 ῥᾳθυμία ὑπερβάλλουσα; περιέβαλλον ἀλλήλους, umarmten sich, X. An. 4. 7, 25. — ὁρμᾶν, eilen, sehr häufig v. Homer an poet. u. pros., so auch: ἐξορμᾶν; da in gleicher Bdt. mit ὁρμᾶν auch ὁρμᾶσθαι gebraucht wird, so kann X. Cy. 1. 4, 20 ὁ Κῦρος ὡς εἶδεν ὁρμωμένους ἐξορμᾷ nicht auffallen. — κλίνειν, neigen, X. Comm. 3. 5, 13, und dessen Komposita ἐκκλίνειν u. ἐγκλίνειν, ausbiegen, weichen X. An. 1. 8, 19. Hell. 2, 4, 34; ἐπικλίνειν, zu etwas neigen, Dem. 3, 8, ἀποκλίνειν 1, 13. — τρέπειν, wie *vertere*, ἐπιτρέπειν, *se permittere*, öfter bei Hdt. und Anderen, als: Hdt. 3, 81 ὀλιγαρχίῃ ἐπιτρέπειν, Dem. 8, 9 δεῖ μὴ ἐπιτρέπειν αὐτῷ. — στρέφειν mit seinen Kompos. X. An. 4. 3, 32 τἀναντία στρέψαντες, *retro conversi*. 6. 6, 38 τοὔμπαλιν ὑποστρέψαντας, *reversos*. Hell. 3. 4, 12 τἀντία ἀποστρέψας. στέλλειν, *proficisci*, nur bei Hdt., z. B. 4, 147 Θήρας ἔστελλε ἐς ἀποικίην ἐκ Λακεδαίμονος, u. dicht., z. B. S. Ph. 571. 640. — πταίειν, anstossen, in der Prosa stets intr. Dem. 2, 20 εἰ δέ τι πταίσει, *offendet*, προσπταίειν Hdt. 6, 95 μεγάλως προσέπταισαν (vom Schiffbruch), Dem. 8, 61 προβόλοις προσπταίοντες. — ἀπαγορεύειν, versagen, d. i. ermatten, häufig. — ἀπαλλάττειν, davon kommen, Dem. 18, 65 χεῖρον ἡμῶν ἀπηλλάχασι, sind schlechter als wir davongekommen. Hdt. 2, 77 οὐ μεταλλάσσουσι *(mutantur)* αἱ ὧραι. — διδόναι. Das Simpl. selt. in Prosa, Th. 4, 108 εἰωθότες οἱ ἄνθρωποι ἐλπίδι διδόναι, *se dare* (häufiger dicht., z. B. Eur. Ph. 21); Komp. ἐκδιδόναι, sich ergiessen (v. Flusse), Hdt. 3, 9. 6, 76 u. Spätere; ἐπιδιδόναι, *proficere,* X. Comm. 3. 9, 3. Oec. 3, 10; ἀνταποδιδόναι, *respondere,* entsprechen, Pl. Phaed. 72. a. b.; ἡδονῇ παραδούς, *indulgens,* Pl. Phaedr. 250, e, ubi v. Stallb., ἐνδοῦναι, *cedere,* Th. 2, 81. 4, 35. 129. — Komposita von ἰέναι, als: ἐξιέναι, sich ergiessen (v. Flusse), ἐς θάλασσαν Hdt. 6, 20. Th. 2, 102. 4, 103; ἀνιέναι, nachlassen Hdt. 2, 113; καθιέναι, sich herablassen, senken, Pl. Phaed. 112, e. Ar. Equ. 430; ἀφιέναι ἰσχυρῷ γέλωτι Pl. Civ. 388, e *(indulgere),* vgl. Tim. 59, d.[1]) — Komposita von μίσγειν, μιγνύναι, als: συμμίσγειν, *commisceri, manus conserere,* Th. 1, 50, so auch προσμιγνύναι 7, 39, öfter bei den Historikern auch *appropinquare,* als: Hdt. 6, 95 προσέμιξαν τῇ Νάξῳ. Th. 3, 22.; ἐπιμιγνύναι, verkehren, Th. 1, 2 ἐπιμιγνύντες ἀδεῶς ἀλλήλοις. — αἴρειν, aufbrechen (zur See od. zu Lande) Th. 2, 98 ἄρας ἐπορεύετο; öfter ἐπαίρειν Hdt. 6, 99 οἱ βάρβαροι, ὡς ἀπῆραν ἐκ τῆς Δήλου; ἀνταίρειν τινί, kämpfen, widerstehen, Pl. Euthyd. 272, a. Dem. 6, 5. — συνάπτειν, *manus conserere* Hdt. 4, 80. — ἁρμόζειν, passen, *congruere,* X. Cy. 2. 1, 16, (vgl. Ar. Av. 564); öfter συναρμόζειν Comm. 2. 6, 24. — ἔχειν, halten (Halt machen) Dem. 45, 26 ἔχε αὐτοῦ. Pl. Prot. 349, d ἔχε δή (halt einmal), ἄξιον γάρ τοι ἐπισκέψασθαι ὃ λέγεις. Th. 1, 112 Ἑλληνικοῦ πολέμου ἔσχον, im Hellenenkriege hielten sie inne; standhalten, N, 679; ἔχειν κατ' οἶκον; Hdt. 6, 39, domi se tenere; ἔχειν ἀμφί τι, in aliqua re occupatum esse, X. Cy. 5. 5, 44 und oft bei Xen.; ἔχειν εἰς, ἐπί, πρός τι, wohin halten, d. i. zielen, sich erstrecken Hdt. 3, 82 εἶπε ἐς τὸ πλῆθος ἔχοντα, *spectantia.* 1, 180 τὰς ὁδοὺς τὰς ἐπὶ τὸν ποταμὸν ἐχούσας, vgl. 2, 17. N, 520 δι' ὤμου . . ἔγχος ἔσχεν, nahm die Richtung, drang, τ, 38 κίονες ὑψόσ' ἔχοντες, hochaufstrebende Säulen. X. An. 7. 8, 21 κώμας ὑπὸ τὸ Παρθένιον πόλισμα ἐχούσας; landen Hdt. 6, 92 ἔσχον ἐς τὴν Ἀργολίδα χώραν, vgl. Th. 1, 110. 2, 25 und sonst oft; mit Adverbien sich verhalten, befinden ω, 245 εὖ τοι κομιδὴ ἔχει; poet. auch mit Adjektiven, als: ἔχ' ἥσυχος Eur. M. 550 (auch Hdt. 8, 65, ubi v. Baehr), vgl. Or. 1273. — Komposita ἡ ἄκρα ἀνέχει, *eminet* Th. 1, 46, vgl. 4, 53. 7, 34; ἀντέχειν aushalten, standhalten Th. 1, 65 ὅπως ἐπὶ πλέον ὁ σῖτος ἀντίσχῃ. 7, 22 ἀντεῖχον ἀλλήλοις ἐπὶ πολύ; ganz gewöhnl. ἀπέχειν, entfernt sein (b. Hom. nur trans.); διέχειν, sich erstrecken, *pertinere* Hdt. 4, 47, entfernt sein,

1) Stallbaum ad Plat. Protag. p. 338, a.

X. Comm. 2. 3, 19, ἀνέχειν, sich erstrecken, oft b. Hdt., vgl. 2, 11. 3, 78, auch = eindringen 8, 137 ἐς τὸν οἶκον ἀνέχων ὁ ἥλιος; ἐξέχειν, hervorragen, Pl. civ. 602, c, aufgehen (v. d. Sonne) Ar. V. 771; ἐπέχειν, innehalten Th. 8, 31; warten Hdt. 6, 102 ἐπισχόντες ὀλίγας ἡμέρας, vgl. Th. 4, 124, Dem. 4, 1; *in mente habere* Hdt. 1, 80. 153; κατέχειν, sich behaupten, bestehen Th. 1, 10 ὁ λόγος κατέχει, 4, 32 ὅσοι περὶ Πύλον κατεῖχον, standen; auch hinsteuern, landen Antiph. 5, 21; παρέχειν herhalten, dulden, sich überlassen, vgl. Stein zu Hdt. 9, 17. Stallb. ad Pl. Gorg. 475, d. civ. 411, a; προσέχειν *attendere*, = προσέχειν τὸν νοῦν, oder *appellere* landen, wie προσσχόντων ἐς τὴν Σάμον Hdt. 3, 48; προέχειν hervorragen, *praestare* κ, 90 ἀκταὶ δὲ προβλῆτες . . προύχουσιν. Ψ, 325 τὸν προύχοντα δοκεύει (der einen Vorsprung hat). X, 97. Ψ, 453. Th. 1, 18 δυνάμει προύχοντες; ὑπεξέχειν entweichen Hdt. 5, 72. 6, 74 ὑπεξέσχε ἐς Θεσσαλίην. πράττειν mit Adverbien, als: εὖ, κακῶς, oder mit dem Akkus. von Adjektiven, als: καλά, κακά, sich befinden. — διατρίβειν, *versari*, Dem. 8, 14. ἐν Θρᾴκῃ διατρίβει. — φέρειν, εἰς, ἐπί, πρός c. *acc.*, örtlich wohin führen Th. 3, 24 τὴν ἐς Θήβας φέρουσαν ὁδόν, sich erstrecken Hdt. 7, 201 ἐπικρατέει δὲ ὁ μὲν τῶν πρὸς βορέην ἐχόντων, . . οἱ δὲ τῶν πρὸς νότον φερόντων; bildl. sich beziehen, hinzielen, wozu dienen u. dgl., sehr häufig, z. B. Hdt. 1, 120 ἐς τί ὑμῖν ταῦτα φαίνεται φέρειν; 1, 10 ἐς αἰσχύνην μεγάλην φέρει. Komp. συμφέρειν, förderlich sein, nützen, angemessen sein; συνήνεικε, *accidit, evenit,* oft b. Hdt., als: 6, 23, 117 u. s. w.; ἐπαναφέρειν, *referri,* sich beziehen, Pl. Lysid. 219, c, ubi v. Stallb.; διαφέρειν, verschieden sein, *differre*; προφέρειν hervorragen Th. 1, 123 πλούτῳ καὶ ἐξουσίᾳ ὀλίγον προφέρετε; ὑπερφέρειν überragen Th. 1, 81 πλήθει ὑπερφέρομεν. X. R. Lac. 15, 3 ὑπερφέρειν πλούτῳ.[1]) — Komposita v. λαμβάνειν: ἀναλαμβάνειν, *refici, recreari,* Pl. Civ. 467, b, ubi v. Stallb. Th. 2, 54 ἤν ἄλλος πόλεμος καταλάβῃ, eintritt. Oft ὑπολαβὼν (in die Rede eingreifend) εἶπε, z. B. X. An. 2. 1, 15. Th. 3, 113. — καταλύειν ausspannen, einkehren Pl. Prot. 311, a καταλύει παρὰ Καλλίᾳ, Frieden schliessen (öfter καταλύεσθαι) Th. 8, 58 ἢν δὲ καταλύειν βούλωνται πρὸς Ἀθηναίους, ἐν ὁμοίῳ καταλύεσθαι. — οἰκεῖν, *habitari, administrari,* als: πόλις οἰκεῖ Pl. Civ. 462, d, ubi v. Stallb., u. so oft, als: 543, princ., ebenso: οἰκεῖν, wohnen, ohne Obj. Hdt. 3, 99. ἀσφαλέστατα οἰκεῖν, wohnen, leben Th. 6, 18. X. Comm. 2. 3, 2. — τελευτᾶν, enden, sterben, sehr oft. — κατορθοῦν Erfolg haben Dem. 18, 274. 288 u. s. — νικᾶν, Hdt. 6, 109 ἐνίκα ἡ χείρων τῶν γνωμέων, wie: *vincit sententia*[2]), selbst ἐνίκησε λοιμὸν εἰρῆσθαι Th. 2, 54, es drang durch. — λόγος αἱρεῖ *ratio evincit* Pl. civ. 604, c. — λείπειν Simpl. in Prosa selten: Lys. 19, 43 μικροῦ λείποντος πεντεκαίδεκα τάλαντα. Pl. leg. 728, a παντὸς λείπει es fehlt an allem,

---

[1]) Pflugk ad Eurip. Hec. 268. — [2]) Bremi ad Aeschin. c. Ctes. § 63.

d. i. weit gefehlt. Komp. ἐλλείπειν, ausbleiben, *deesse* Dem. 2, 30 τὸ ἠδικημένον ἀεὶ μέρος ἐλλείψει wird es an sich fehlen lassen; ἐπιλείπειν, ἐκλείπειν ausgehen, *deficere* X. Hell. 2. 2, 11 ὁ σῖτος ἐπελελοίπει, vgl. An. 4. 5, 14; Oec. 7, 19 τοῦ μὴ ἐκλιπεῖν ζῴων γένη, Th. 2, 28 ὁ ἥλιος ἐξέλιπε; ἀπολείπειν wegbleiben, sich entfernen. Pl. leg. 732, b ἀνάμνησις δ' ἐστὶν ἐπιρροὴ φρονήσεως ἀπολειπούσης = ἀπορρεούσης. X. conv. 8, 14 ἀπολείποντος δὲ τούτου (τοῦ ἄνθους τῆς ὥρας). Schon Hom. η, 117 τάων οὔποτε καρπὸς ἀπόλλυται οὐδ' ἀπολείπει. Hdt. 7, 221 αὐτὸς μὲν οὐκ ἀπέλιπε, τὸν δὲ παῖδα ἀπέπεμψε, Th. 3, 10 ἀπολιπόντων ὑμῶν ἐκ τοῦ Μηδικοῦ πολέμου; X. An. 4. 7, 6 πίτυες διαλείπουσαι auseinanderstehend, Th. 3, 74 διαλιπούσης ἡμέρας nach Verlauf eines Tages. — δηλοῖ, *patet*, Hdt. 9, 68, vgl. Pl. Gorg. 483, d, ebenso auch b. d. Attik.[1]), z. B. Lys. 13, 13 ὥς γ' ἐδήλωσεν ὕστερον. X. Cy. 7. 1, 30 πολλαχοῦ καὶ ἄλλοθι δῆλον . . καὶ ἐν τούτῳ δὲ ἐδήλωσεν. — δείξει *apparebit* Ar. V. 994 δείξειν ἔοικεν, vgl. Dem. 2, 20. διέδειξε (v. δεικνύναι), *apparuit*, öfter b. Hdt. wie 2, 134. 3, 82 u. s. — Kompos. v. ἀνύειν schon η, 326 ἀπήνυσαν οἴκαδ' ὀπίσσω *(viam confecerunt, pervenerunt)*, so ἐξανύουσι ἐπὶ Σηπιάδα Hdt. 7, 183 vgl. 6, 139; κατανύσας ἐξ 'Ελαιοῦντος ἐς Λῆμνον 6, 140. X. Hell. 5. 4, 20. — ποταμοὶ συρρηγνῦσι ἐς τὸν Ἕρμον Hdt. 1, 80 *simul irrumpunt*. — Auffallend Th. 2, 67 ᾧ ἔμελλον τὸν Ἑλλήσποντον περαιώσειν st. des gwhnl. Med.[2]). — ἐξισῶσαι τοῖς Μαντινεῦσιν Th. 5, 71, vgl. 6, 87[3]). — ὁπότε ἐς τὴν καρδίαν στηρίξαι Th. 2. 49, *haesisset*. — παῦε st. παύου Pl. Phaedr. 228, e, ubi v. Stallb., ebenso Ar. Eccl. 160. R. 269, vgl. β). — λωφᾶν, Th. 2, 49 v. Nachlassen des Krampfes; ἀπὸ νόσου καὶ πολέμου λελωφήκαμεν (zur Ruhe kommen) Th. 6, 12; λωφᾷ τῆς ὀδύνης Pl. Phaedr. 251, d. — μαινόμενος καὶ ὑποκεκινηκώς (*demens*) Pl. civ. 573, c, wie öfter παρακινεῖν[4]), z. B. X. Comm. 4. 2, 35 ὑπὸ τῶν ἐπὶ τοῖς ὡραίοις παρακεκινηκότων διαφθείρονται. — τὰς πύλας χαλῶσας, *apertas*, X. Cy. 7. 5, 29. — ῥιπτεῖν, *se praecipitare*, selt. pros. X. ven. 9, 20. — καταστήσαντες, anhaltend mit d. Schiffe, X. oec. 16, 7. — τείνειν sich erstrecken Hdt. 3, 5 λίμνης, παρ' ἣν τὸ Κάσιον ὄρος τείνει ἐς θάλασσαν, wohin zielen Pl. Crit. 47, c τί δ' ἔστι τὸ κακὸν τοῦτο, καὶ ποῖ τείνει καὶ εἰς τί; *contendere* X. An. 4. 3, 21 ἔτεινον ἄνω πρὸς τὸ ὄρος; ebenso κατατείνειν Hell. 4. 4, 7. An. 2. 5, 30, παρατείνειν Th. 4, 8, συντείνειν Ages. 7, 1. Pl. leg. 731, a. — ξυγκλήσαντες, *conglobati*, Th. 4, 35. — Kompos. v. φαίνειν: ἔαρ, ἡμέρα ὑπέφαινεν X. Hell. 3. 4, 16. 4. 1, 41. 5. 1, 21. Cy. 4. 5, 14. An. 3. 2, 1 u. s., τὸ μεγαλοπρεπὲς διὰ τοῦ προσώπου διαφαίνει X. Comm. 3. 10, 5. — ἀντέκοπτε, widersetzte sich, X. Hell. 2. 3, 15. ἐπειδάν τι ἀντικόψῃ 31, *si quid adversi*

---

1) Kühner ad Xen. Comm. 1. 2, 32. — 2) S. Stahl l. d. — 3) S. Stahl l. d. — 4) S. Stallbaum ad Pl. Phaedr. 249, d.

acciderit[1]). So sind auch zu erklären: ἄγε, ἄγε δή, πρόσαγε, φέρε δή, ἔχε δή.

β) Der Dichtergebrauch ist noch freier, namentlich insofern, als in ihm auch mehrere Simplicia mit intransitiver Bedeutung vorkommen, während dies in der Prosa nur bei wenigen der Fall ist. (Ἡ κρήνη) ἵησιν πρὸς δόμον η, 130, strömt. (Ποταμὸς) ἐπὶ γαῖαν ἵησιν λ, 239. μεθιέναι μάχης M, 268. 409 u. sonst sehr oft. — βάλλειν Λ, 722 ἔστι δέ τις ποταμὸς Μινυήϊος εἰς ἅλα βάλλων sich ergiessend. — ἐνιπλήττειν τάφρῳ, hineinstürzen, M, 72. — Hs. sc. 449 παῦε μάχης. Eur. Hel. 1320 ἔπαυσε πόνων. Ar. R. 580. Mit d. Partiz. Ar. P. 326 παῦε παῦ' ὀρχούμενος. — ἐπείγειν, eilen, S. El. 1435. Eur. Heracl. 732. — φαίνειν, Ἥλιος.. φαείνει γ, 2. Hs. op. 528 *lucet; splendere*, Theocr. 2. 11, ubi v. Interpp. Eur. El. 1234 φαίνουσί τινες δαίμονες (erscheinen), ubi v. Seidler. — φύειν Z, 149 ὣς ἀνδρῶν γενεὴ ἡ μὲν φύει (*nascitur*), ἡ δ' ἀπολήγει. Theocr. 4, 24 ὅπα καλὰ πάντα φύοντι. — Ψ, 376 ἔκφερον ἵπποι, liefen aus, vgl. 759. γ, 496 ὑπέκφερον. — Aesch. S. 588 κεκευθὼς πολεμίας ὑπὸ χθονός. S. OR. 968 ὁ δὲ θανὼν | κεύθει κάτω γῆς. Aj. 635 Ch. Ἅιδᾳ κεύθων (aber Ψ, 244 Ἄϊδι κεύθωμαι). — N, 136 Τρῶες δὲ προὔτυψαν ἀολλέες, drängten vorwärts. — χαλᾶν, nachgeben, S. OC. 203 ὅτε νῦν χαλᾷς, *cedis*. Eur. Hec. 403 χάλα τοκεῦσιν, ubi v. Pflugk. — S. fragm. 678 D. νωμᾷ δ' ἐν οἰωνοῖσι τοὐκείνης πτερόν, *versatur; ἐπινωμᾶν, accedere*, S. Ph. 168, so προσνωμᾶν 717. — P, 738, Hs. op. 245 μινύθουσι δὲ οἶκοι. Vgl. S. OC. 686. — S. Ph. 1331 ἕως ἂν οὗτος ἥλιος .. αἴρῃ, *oriatur*, ubi v. Buttm. — S. Tr. 130 Ch. ἐπὶ πῆμα καὶ χαρὰ | πᾶσι κυκλοῦσιν, οἷον ἄρκτου στροφάδες κέλευθοι (ἐπί, *adversus*, gehört zu πᾶσι). — ἔγειρε, *expergiscere*, Eur. J. A. 624. — ἐναυλίζειν, *inhabitare*, ib. 33. — ἀνακάλυπτε Eur. Or. 294, entschleiere dich. — κοῦροι δ' ὀρχηστῆρες ἐδίνεον Σ, 494, drehten sich im Kreise, τ, 67. Eur. I. T. 192. — ἔπαλλε δελφίς hüpfte Eur. El. 435, ἵπποι ἔπαλλον 477. — συμφέρειν τοῖς κρείσσοσιν S. El. 1465, *se applicare*, vgl. Eur. M. 13.

Anmerk. 1. Ja es finden sich bei den Dichtern Beispiele, wo in einer Wortfügung dasselbe Wort sowohl mit der transitiven als intransitiven Bedeutung hervortritt. Hs. op. 5 ῥέα μὲν γὰρ βριάει (macht strotzen), ῥέα δὲ βριάοντα (den strotzenden) χαλέπτει. Anacreont. 40 extr. εἰ τὸ κέντρον πονεῖ τὸ τᾶς μελίττας, πόσον δοκεῖς πονοῦσιν, Ἔρως, ὅσους σὺ βάλλεις;[2]) Aber ein Wortspiel ist X. Comm. 1. 6, 8 εὖ πράττειν, *rem bene gerere*, dann εὖ πράττοντες, *felices esse*.

Anmerk. 2. Ein Unterschied zwischen intransitiven Verben im eigentlichen Sinne und objektslosen Verben (d. h. transitiven, deren Objekt unterdrückt ist), ist in der obigen Aufzählung nicht gemacht, weil er sich nicht durchführen lässt. Allerdings sind viele Transitive dadurch zu Intransitiven geworden,

---

[1]) Beispiele aus Späteren, s. b. Lobeck ad Soph. Ai. 250. — [2]) Vgl. Buttmann II, § 113, Anm. 2.

dass das ursprünglich zu ihnen gehörende, aber leicht zu ergänzende Objekt wegen des häufigen Gebrauches weggelassen wurde, und so geschah es, dass man später, der Ellipse gar nicht mehr bewusst, solche Verben ganz wie Intransitive behandelte. So sagte man ursprünglich: ἐσβάλλειν στρατιάν (Hdt. 1. 17. 18), ἐλαύνειν στρατόν (Hdt. 7, 57), ἐλαύνειν ἵππον (E, 236. X. Cyr. 8. 3, 29), ἅρμα (E, 237) ναῦν (η, 109); dann liess man wegen des häufigen Gebrauches dieser Verbindung das Objekt als selbstverständlich weg; zuletzt war man sich des eigentlichen Ursprunges dieser Ausdrücke so wenig bewusst, dass man sich nicht scheute zu sagen στόλῳ μεγάλῳ ἐσέβαλε ἐς τὴν Ἐλευσῖνα Hdt. 5, 74, ἐλαύνειν ἵππῳ X. An. 1. 8, 1, ἐλ. ἐπὶ ζευγέων Hdt. 1, 199, sogar τὰ ἅρματα ἐλῶντα X. An. 1. 8, 10. Ursprünglich sagte man ὁ στρατηγὸς τοὺς στρατιώτας oder τὸν στρατὸν ὑπάγει; später aber wurde das Verb auch auf die Soldaten übertragen und erhält so die Bedeutung von *succedere*. So αἴρειν ἄγκυραν oder ἀγκύρας, dann αἴρειν allein, zuletzt ohne alle Rücksicht auf den Ursprung überhaupt in der Bedeutung aufbrechen, nicht bloss von einer Seefahrt, sondern auch von Landreisen; ja sogar in Verbindung mit den Dativen ταῖς ναυσί, τῷ στρατῷ. Ebenso bei καταλύειν (ἵππους), καταστῆσαι, στέλλειν (ναῦν), προσέχειν (ναῦν, νοῦν), τελευτᾶν (βίον). Doch lassen sich bei weitem nicht alle Fälle dieser Art durch die Ellipse eines Substantivs oder eines Reflexivpronomens erklären, und die Grenze ist kaum zu ziehen. Auch wenn wir im Deutschen sagen: er kehrte um, er neigt zur Milde, das Wetter wechselt oft u. a. wird niemand an eine Ellipse von sich denken.

3. Eine merkwürdige Erscheinung in der griechischen Sprache ist die, dass in vielen Verben für einige Zeitformen zwei verschiedene Formen ausgeprägt sind, die man in der Grammatik als Tempora prima und secunda zu unterscheiden pflegt. Die Formation der Tempora secunda müssen wir im allgemeinen als die ältere annehmen (§ 221). Neben dieser bildete sich eine neue; dieser gehören die Tempora prima an. Die neuere Formation verdrängte bei vielen Verben die ältere; bei anderen aber blieben beide neben einander bestehen, jedoch so, dass ein Unterschied der Bedeutung eintrat. Den älteren Formen (den Temp. secund.) verblieb die intransitive Bedeutung, den neueren fiel die transitive zu.

4. In dieser Hinsicht ist Folgendes zu bemerken:

a) Der Aor. II. hat bei mehreren Aktivverben mit transitiver Bedeutung, die auch den Aor. I. bilden, intransitive, während der Aorist I. A. die transitive Bedeutung beibehält. Dies findet namentlich bei mehreren Aor. II. nach der Formation auf μι statt, welche neben dem Aor. I. nach der Formation auf ω bestehen. In diesem Falle tritt der Aor. II. A. in Ansehung der Bedeutung zu dem Medium, als: ἔφυν, φύομαι u. s. w. So aus der gewöhnlichen Sprache:

δύω, hülle ein	A. I. ἔδυσα, hüllte ein	A. II. ἔδυν tauchte hinein
ἵστημι, stelle	„ „ ἔστησα, stellte	„ „ ἔστην, trat hin
σβέννυμι, lösche	„ „ ἔσβεσα, löschte	„ „ ἔσβην, erlosch
φύω, bringe hervor	„ „ ἔφυσα, brachte hervor,	„ „ ἔφυν, entstand
βαίνω, gehe	„ „ ἔβησα, brachte wohin	„ „ ἔβην, ging.

Ferner: ἀνέγνων, *agnovi*, Hdt. 2, 91, u. ἀνέγνωσα, überredete (ἀναγιγνώσκω neuion.); ἔσκλην, verdorrte (σκέλλω), u. ἔσκηλα (episch), dörrte. Aus der Dichtersprache: τρέφω, ἔθρεψα, nährte, episch ἔτραφον, wuchs, erstarkte, s. § 343, S. 554; ἐρείκω, ἤρειξα, riss, brach, trans., ep. ἤρικον intrans.; ἐρείπω, ἤρειψα, warf um, trans., poet. u. neuion. ἤριπον, fiel; στυγέω, fürchte, hasse, episch ἔστυγον; aber λ, 502 ἔστυξα, machte verhasst; ὄρνυμι, ὦρσα, *excitavi*, ep. ὤρορον, erhob mich N, 78. Θ, 539 (doch vgl. § 343, S. 505); ἀραρίσκω, ἦρσα, fügte, ἤραρον poet., passte, war gefällig, recht. Selbst von dem Intrans. γηράσκω, γηράω, γηρᾶναι, alt werden, aber Aesch. Suppl. 861 ἐγήρασαν, liessen alt werden. (Vgl. d. Med. ἀναβιώσκομαι, ἀνεβιωσάμην, belebte wieder, aber ἀνεβίων, lebte wieder auf; τρέπομαι, wende mich, ἐτρεψάμην, schlug in die Flucht, ἐτραπόμην, wandte mich.) Die Beweisstellen zu allen diesen Verben s. § 343.

Anmerk. 3. Bisweilen hat sich für die eine oder andere Bedeutung eine neue Präsensform gebildet, wie z. B. δύω, hülle ein, ἔδυν, ging ein, δύνω, gehe ein; vgl. πίνω, trinke, πιπίσκω, tränke, ἔπιον, trank, ἔπισα, tränkte, πίομαι, werde trinken, πίσω, werde tränken; τεύχω, *paro*, ἔτευξα, *paravi*, τυγχάνω, ἔτυχον, *paratum esse*, da sein.

Anmerk. 4. Wie ἀνεβίων neben ἀναβιώσκομαι, so steht der intransitive Aorist ἑάλων, geriet in Gefangenschaft, neben dem Präs. ἁλίσκομαι. Vgl. A. 6.

b) Das Perfectum II. hat bei mehreren Aktivverben mit transitiver Bedeutung, die auch das Perf. I. bilden, intransitive Bedeutung, während das Perf. I. die transitive Bedeutung behält; aber auch bei einigen Verben, die nur das Perf. II. bilden. So namentlich:

ἄγνυμι, breche. P. II. ἔᾱγα, bin zerbrochen.

ἀνοίγω, öffne. P. II. ἀνέῳγα, stehe offen (dafür att. ἀνέῳγμαι). P. I. ἀνέῳχα, habe geöffnet (vgl. § 343, S. 497).

ἐγείρω, wecke. P. II. ἐγρήγορα, bin wach; aber P. I. ἐγήγερκα, habe geweckt.

μαίνω, ἐκμαίνω, mache rasend. P. II. μέμηνα, bin rasend.

ὄλλυμι, *perdo*. P. II. ὄλωλα, *perii;* aber P. I. ὀλώλεκα, *perdidi.*

ὄρνυμι, errege. P. II. ὄρωρα, erhebe mich, erstehe.

πείθω, überrede. P. II. πέποιθα, vertraue; aber P. I. πέπεικα, habe überredet.

πήγνῡμι, befestige. P. II. πέπηγα, stehe fest; aber P. I. bei den Spät. πέπηχα, habe befestigt.

πλήσσω, schlage. P. II. πέπληγα im ächten Attizism. trans., aber bei den Spät. intrans. = *vapulavi.*

πράσσω, thue. P. II. πέπρᾱγα, befinde mich; aber P. I. πέπρᾱχα, habe gethan (vgl. jedoch § 343, S. 526 f.)

ῥήγνῡμι, zerreisse. P. II. ἔρρωγα, bin zerrissen; aber P. I. ἔρρηχα, alexandr. habe zerrissen.

ἀραρίσκω, füge, Pf. II. ἄραρα, passe.

σήπω, mache faulen. P. II. σέσηπα, bin gefault.

τήκω, schmelze. P. II. τέτηκα, bin geschmolzen.

φαίνω, zeige. P. II. πέφηνα, bin erschienen; aber Pf. I. bei den Späteren πέφαγκα, habe gezeigt.

φθείρω, verderbe. P. II. ἔφθορα im ächten Attizism. trans. und gebräuchlicher als Pf. I. ἔφθαρκα, s. § 343 (aber bei Hom. z. B. O, 128, bei den Ion. und den Späteren hat ἔφθορα intrans. Bdtg.). Ferner: δαίω, brenne trans., δέδηα, brenne intrans.; ἔλπω, lasse hoffen, ἔολπα, hoffe; κήδω, mache besorgt, κέκηδα, bin besorgt.

Die Beweisstellen zu den angeführten Verben s. § 343.

Anmerk. 5. Von denjenigen Aktivverben mit transitiver Bedeutung, welche nur das Perf. II. bilden, behält dieses meistens die transitive Bedeutung, als: λείπω λέλοιπα, στέργω ἔστοργα u. s. w.

Anmerk. 6. Pf. I. ἑάλωκα, bin in Gefangenschaft geraten, bin gefangen worden, v. ἁλίσκομαι, gerate in Gefangenschaft, werde gefangen, hat wie ἑάλων passive (intransitive) Bedeutung.

Anmerk. 7. In den Verben, in welchen der Aor. I. die trans., der Aor. II. die intrans. Bedeutung hat, hat das Pf. wie der Aor. II. die intrans. Bedeutung, obgleich das Präs. dieser Verben die transitive Bedeutung hat, als: φύω ἔφυν πέφυκα; ἵστημι ἔστην ἕστηκα; δύω ἔδυν δέδυκα; βαίνω ἔβην βέβηκα; σβέννυμι ἔσβην ἔσβηκα; ferner: ἔσκλην ἔσκληκα; die poet: ἤριπον ἐρήριπα; ἔτυχον τέτευχα; ἔτραφον τέτροφα; ἄραρον ἄρᾱρα; ὤρορον ὄρωρα. S. § 343.

5. An der Stelle passiver Verben werden zuweilen intransitive *Activa* gebraucht, indem sie ganz so wie Passiva konstruiert werden. Dies ist namentlich der Fall bei πάσχειν, πίπτειν, φεύγειν, εὖ oder κακῶς ἀκούειν (poet. κλύειν), ἀποθνῄσκειν, τελευτᾶν, zuweilen aber auch bei anderen Intransitiven. Diese Activa in Verbindung mit einer Präposition und ihrem Kasus, wodurch der Urheber des passiven Zustandes bezeichnet wird (s. § 378, 11), werden ganz gewöhnlich und ἀποθνῄσκω (s. § 343 unter κτείνω) in der attischen Sprache fast immer statt der Passivform von Verben, wie (εὖ, κακῶς u. s. w.) ποιεῖν, ῥίπτειν oder βάλλειν, διώκειν, εὖ od. κακῶς λέγειν, κτείνειν, gebraucht. A, 242 εὖτ' ἂν πολλοὶ ὑφ' Ἕκτορος ἀνδροφόνοιο θνῄσκοντες πίπτωσιν. X. Cy. 7. 1, 48 αὐτοί γε ἀπέθνῃσκον ὑπὸ ἱππέων. (θανεῖν πρός, ἔκ τινος Aesch. Eum. 617. S. OR. 1454.) Hdt. 3, 65 οὗτος ἀνοσίῳ μόρῳ τετελεύτηκε ὑπὸ τῶν ἑωυτοῦ οἰκηϊοτάτων. 6, 92 ἐτελεύτησαν ὑπ' Ἀθηναίων, *interfecti sunt.* P, 428 ἡνιόχοιο | ἐν κονίῃσι πεσόντος ὑφ' Ἕκτορος. Hdt. 7, 18 ἰδὼν μεγάλα πεσόντα πρήγματα (*res publicas eversas*) ὑπὸ ἡσσόνων. Th. 2, 89 πολλὰ στρατόπεδα ἤδη ἔπεσεν ὑπ' ἐλασσόνων τῇ ἀπειρίᾳ. 6, 4 ὑπὸ Σαμίων καὶ ἄλλων Ἰώνων ἐκπίπτουσιν, . . τοὺς δὲ Σαμίους Ἀναξίλας ἐκβαλὼν Μεσσήνην ἀντωνόμασε. 1, 131 ἐς τὴν εἱρκτὴν ἐσπίπτει ὑπὸ τῶν ἐφόρων. Hdt. 6, 106 πόλιν δουλοσύνῃ περιπεσοῦ-

σαν πρὸς ἀνδρῶν βαρβάρων. — Sehr oft φεύγειν ὑπό τινος, *fugari ab aliquo*, oder in gerichtlichem Sinne: *accusatum esse ab aliquo*. Σ, 149 Ἀχαιοὶ ὑφ' Ἕκτορος ἀνδροφόνοιο φεύγοντες. X. Hell. 1. 1, 27 ἠγγέλθη ὅτι φεύγοιεν (verbannt seien) οἴκοθεν ὑπὸ τοῦ δήμου. Pl. Ap. 19, c μήπως ἐγὼ ὑπὸ Μελήτου τοσαύτας δίκας φύγοιμι. 35, d ἀσεβείας φεύγειν ὑπό τινος. Ὀφλεῖν ὑπό τινος, verurteilt sein, Pl. Ap. 39, b. X. Cy. 1, 45 ὑπ' αὐτῶν τούτων δίκην ἔδοσαν. Hdt. 7, 16 ἐμὲ ἀκούσαντα πρὸς σεῦ κακῶς ἔδακε λύπη. S. El. 524 κακῶς δέ σε | λέγω κακῶς κλύουσα πρὸς σέθεν θαμά. Isocr. 4, 77 δεινότερον ἐνόμιζον εἶναι κακῶς ὑπὸ τῶν πολιτῶν ἀκούειν ἢ καλῶς ὑπὲρ τῆς πόλεως ἀποθνῄσκειν. [Poet. Theocr. 29, 21 ἀγαθὸς μὲν ἀκούσεαι | ἐξ ἀστῶν. Bei den Späteren auch mit παρά *c. d.* κακῶς ἀκοῦσαι παρὰ τοῖς ἐκτός Plut. Cleom. 25.[1])] Pl. Gorg. 519, c εὖ παθόντες ὑπ' αὐτῶν, *beneficiis affecti*. Ap. 41, e δίκαια πεπονθὼς ἐγὼ ἔσομαι ὑφ' ὑμῶν. X. Cy. 1, 45 ὑφ' ὧν τὰ μέγιστα κακὰ ἔπαθον. Th. 1, 122 αἰσχρὸν πόλεις τοσάσδε ὑπὸ μιᾶς κακοπαθεῖν. Dem. 4, 33 ὁ τούτων κύριος καταστὰς ὑφ' ὑμῶν. Th. 1, 12 Βοιωτοὶ ἐξ Ἄρνης ἀναστάντες ὑπὸ Θεσσαλῶν τὴν νῦν Βοιωτίαν ᾤκησαν. Eur. Ph. 717 ἔχει τιν' ὄγκον Ἄργος Ἑλλήνων πάρα, wird von den Hellenen sehr geachtet. X. An. 7. 6, 33 ἔχων μὲν ἔπαινον πολὺν πρὸς ὑμῶν ἀπεπορευόμην, ἔχων δὲ δι' ὑμᾶς καὶ ὑπὸ τῶν ἄλλων Ἑλλήνων εὔκλειαν, magna laude et gloria *ornatus*. Th. 1, 130 (Παυσανίας) ὢν ἐν μεγάλῳ ἀξιώματι ὑπὸ τῶν Ἑλλήνων. X. Hell. 5. 1, 5 οἱ Ἀθηναῖοι πράγματα εἶχον ὑπὸ τῶν λῃστῶν. Comm. 3. 4, 1 τραύματα ὑπὸ τῶν πολεμίων τοσαῦτα ἔχω. R. Lac. 6, 2 παῖς πληγὰς λαβὼν ὑπ' ἄλλου. Comm. 4. 8, 10 ἐπιμελείας τεύξομαι ὑπ' ἀνθρώπων. Ven. 1, 11 τοσαύτης ἔτυχε τιμωρίας ὑπὸ θεῶν. Antiph. 5, 35 ὁ ἀνὴρ διὰ τῆς αὐτῆς βασάνου ἰὼν ὑπ' ἐμοῦ, *eodem modo a me tortus*. Pl. Ap. 38, c ὄνομα ἕξετε καὶ αἰτίαν ὑπὸ τῶν βουλομένων τὴν πόλιν λοιδορεῖν. Th. 6, 46 πολλὴν τὴν αἰτίαν εἶχον ὑπὸ τῶν στρατιωτῶν (*accusabantur*). Vgl. X. An. 7. 6, 11. Pl. Protag. 337, e συμβουλεύω . . συμβῆναι ὑμᾶς ὥσπερ ὑπὸ διαιτητῶν ἡμῶν *vos a nobis tanquam arbitris conciliari.*[2]) Ein Gleiches gilt von den Mediis mit intransitiver Bdt. X. vect. 5, 6 ὑπὸ τῶν νησιωτῶν ἑκόντων προστάται τοῦ ναυτικοῦ ἐγενόμεθα. Pl. ap. 30, e οὐ ῥᾳδίως ἄλλον τοιοῦτον εὑρήσετε . . προσκείμενον τῇ πόλει ὑπὸ θεοῦ, *additum civitati a deo*. Gorg. 519, b ἀγαθὰ τὴν πόλιν πεποιηκότες ἀδίκως ὑπ' αὐτῆς ἀπόλλυνται. Sogar αἰσθάνεσθαι (*certiorem fieri*) ὑπό τινος Th. 5, 2.

6. Wie in anderen Sprachen, so wird auch im Griechischen nicht selten das transitive Aktiv gebraucht, wenn das Subjekt eine Handlung nicht selbst vollbringt, sondern durch andere vollbringen lässt; jedoch ist dieser kausative Gebrauch nur da zu-

[1]) S. Alex. Buttmann, Progr. Potsdam 1855, p. 14. — [2]) S. Kühner ad Xen. An. 7. 2, 37.

lässig, wo es entweder aus dem Zusammenhange der Rede oder von selbst klar ist, dass das Subjekt die Handlung nicht selbst ausübt. Hdt. 3, 39 Ἄμασις ἔφερε καὶ ἦγε πάντας. X. An. 1. 1, 3 Ἀρταξέρξης συλλαμβάνει Κῦρον ὡς ἀποκτενῶν. 1. 4, 10 Κῦρος τὸν παράδεισον ἐξέκοψε καὶ τὰ βασίλεια κατέκαυσεν. 4. 4, 5 προπέμψας ἑρμηνέα εἶπεν ὅτι βούλοιτο διαλεχθῆναι τοῖς ἄρχουσιν. Vgl. Cy. 3, 1, 5 u. 6. Hell. 5. 2, 4 (Ἀγησίπολις) τάφρον ὤρυττε κύκλῳ περὶ τὴν πόλιν. So häufig ἀποκτείνειν, θάπτειν, οἰκοδομεῖν u. ähnl. V., oft auch διδάσκειν, παιδεύειν. Pl. Protag. 319, e Περικλῆς τούτους, ἃ μὲν διδασκάλων εἴχετο, καλῶς καὶ εὖ ἐπαίδευσεν. Vgl. ib. 324, d. Meno 94, b.

§ 374. B. Medialform. [1])

1. Die Medialform bezeichnet eine Thätigkeitsäusserung, welche von dem Subjekte ausgeht und auf dasselbe wieder zurückgeht. Diese von dem Subjekte ausgehende und auf dasselbe wieder zurückwirkende Thätigkeitsäusserung kann entweder bloss auf das Subjekt beschränkt sein, als: βουλεύομαι, ich berate mich, λούομαι, ich wasche mich, oder auf ein Objekt seiner Sphäre, d. h. einen zu ihm gehörigen, mit ihm verbundenen oder in irgend einer näheren Beziehung zu ihm stehenden oder in seine Sphäre herübergezogenen oder aus seiner Sphäre entfernten Gegenstand bezogen sein. [2]) Wir gebrauchen alsdann im Deutschen gemeiniglich entweder den Dativ des Reflexivpronomens oder ein possessives Pronomen oder eine Präposition mit dem Reflexivpronomen, als: ἐκοψάμην τὴν κεφαλήν, ich schlug mir den Kopf oder meinen Kopf, κατεστρεψάμην τὴν γῆν, ich unterwarf mir das Land, ἠμυνάμην τοὺς πολεμίους, ich wehrte mir oder von mir die Feinde ab. Wenn man um der verschiedenen Übersetzungen willen, zu denen das Deutsche seine Zuflucht nimmt, ein akkusativisches und ein dativisches Medium unterscheidet, so ist wohl zu beachten, dass das Medium an sich überhaupt kein bestimmtes Kasusverhältnis zum Ausdruck bringt, sondern nur ganz allgemein die Handlung als innerhalb der Sphäre des Subjekts vor sich gehend hinstellt; [3]) z. B. παρασκευάζομαι heisst zunächst ebenso wie das Akt. nur ich rüste, setze in Bereitschaft, aber mit dem Nebensinne: und die Handlung des Rüstens betrifft mich selbst: παρεσκεύασαν πλοῖα sie rüsteten Schiffe (Lys. 13, 26), παρεσκευάσαντο πλοῖα sie rüsteten

[1]) S. Kowaleck, Über Passiv u. Medium, Progr. v. Danzig 1887. Grosse, Beiträge zur Syntax des griech. Mediums u. Passivs, Progr. v. Dramburg 1889 u. 1891. — [2]) Vgl. Mehlhorns gründliche Rezension in den Jhrb. v. Seebode u. Jahn I, 1, Lpz. 1831, S. 29; Heyse, Syst. der Sprachwissenschaft, S. 390 f. — [3]) Brugmann in Fleckeisens Jahrb. Bd. 129 (1880), S. 655 f.

Schiffe (näml. für sich, von sich, ihre Schiffe), παρεσκευάσαντο ohne Obj. sie rüsteten (intr., also = rüsteten sich). In den folgenden Beispielen werden wir immer nur die mediale Aoristform anführen, weil diese die einzige ist, welche fast nie passive Bedeutung hat. Wir wollen jetzt die beiden Fälle des Gebrauches der Medialform näher betrachten.

2. A) Die Medialform bezeichnet erstens eine Thätigkeitsäusserung, welche das Subjekt an, in oder mit sich selbst vollbringt. Dieser Gebrauch der Medialform ist der seltenere. Hier sind zwei Fälle zu unterscheiden. Erstens: die Medialform hat die eigentliche, reflexive, subjektive Bedeutung, indem sie eine innere Thätigkeitsäusserung des Subjektes ausdrückt. Die Thätigkeitsäusserung ist notwendig auf das Subjekt bezogen, so dass das Subjekt von dem Objekte räumlich nicht getrennt ist, sondern mit demselben zusammenfällt. Der Deutsche drückt solche Reflexive durch die Verbindung des Aktivs mit einem unbetonten Reflexivpronomen aus, als: ich freue mich, fürchte mich, oft aber auch durch intransitive Verben. Zu dieser Klasse gehören einige Verben, welche in der Medialform eine innere, geistige Thätigkeitsäusserung ausdrücken, als: βουλεύσασθαι, sich beraten (βουλεύειν τινί, einem raten), φράσασθαι ep. poet., eigtl. mit sich sprechen, überlegen (φράζειν, sprechen), ἐφέσθαι τινός, nach etw. streben, ὑφέσθαι, nachgeben, ἀφέσθαι u. μεθέσθαι τινός, ablassen, *desistere* aliqua re, ἀντιποιήσασθαί τινος, nach etw. streben (ἀντιποιεῖν τι, etw. dagegen thun, ἔχεσθαί τινος, sich an etw. halten; ἀποσχέσθαι τινός, sich enthalten, ἅψασθαί τινος, etw. anfassen, sich mit etw. befassen (ἅπτειν, anheften), ἀντιλαβέσθαι τινός, sich an etw. halten, etw. erfassen, συνθέσθαι, beistimmen; ferner γεύσασθαί τινος etwas kosten (γεύειν, kosten lassen); ψηφίσασθαι, abstimmen, beschliessen (ψηφίζειν, abstimmen lassen); παύσασθαι aufhören (παύειν, aufhören lassen); ἄρξασθαι oder ἄρξασθαί τινος, anfangen, etw. beginnen, in Beziehung auf das Subjekt selbst und ohne Rücksicht auf andere (aber ἄρχειν, vorangehen, der Erste sein, anfangen in Beziehung auf andere, ἄρχειν τινός, der Urheber von etw. sein), vgl. X. Cy. 6, 1, 6 ἐπειδὴ πρεσβύτερός εἰμι Κύρου, εἰκὸς ἄρχειν με λόγου (als erster spreche, die Beratung eröffne), u. An. 3. 2, 7 τοῦ λόγου ἤρχετο ὧδε (seine Rede begann er folgendermassen). Th. 1, 144 πολέμου δὲ οὐκ ἄρξομεν, *belli auctores non erimus*, ἀρχομένους δὲ ἀμυνούμεθα; σεμνύνασθαι, sich ehrwürdig zeigen, sich erheben, stolz sein; καρπώσασθαί τι, *frui;* endlich die sog. Deponentia Medii, von denen viele eine geistige Thätigkeitsäusserung ausdrücken, als: θεάσασθαι, schauen, ὀλοφύρασθαι, Mitleid haben, χαρίσασθαί τινι, sich einem freundlich zeigen, ἀκροάσασθαι, zuhören, αἰσθέσθαι, empfinden, σκέψασθαι, bedenken, erwägen, ἡγήσασθαι, vorangehen, glauben.

3. Hieraus erklärt sich die Erscheinung, dass mehrere intransitive Verben, welche die Sprache sonst durch die Aktivform bezeichnet, zuweilen als Reflexive aufgefasst und durch die Medialform ausgedrückt wurden, besonders in den Homerischen Gesängen, sowie überhaupt bei den Dichtern. Namentlich gehören hierher Verben, welche eine geistige oder sinnliche Wahrnehmung ausdrücken. Δ, 331 ἀκούετο λαὸς ἀϋτῆς. 343 ἀκουάζεσθον ἐμεῖο. A, 56 κήδετο γὰρ Δαναῶν, ὅτι ῥα θνῄσκοντας ὁρᾶτο, das objektive Sehen mit den Augen ist mit einem subjektiven Sehen, d. h. mit einer inneren Gemütsbewegung verbunden. Ebenso N, 99 ὢ πόποι, ἦ μέγα θαῦμα τόδ' ὀφθαλμοῖσιν ὁρῶμαι. Υ, 45. Χ, 166. Ο, 600 νηὸς καιομένης σέλας ὀφθαλμοῖσι ἰδέσθαι, vgl. A, 587. δ, 226. E, 725 θαῦμα ἰδέσθαι, doch auch von dem einfachen Sehen K, 47, und so wird bei den Tragikern das Med. ὁρᾶσθαι, ἰδέσθαι ziemlich häufig gebraucht. Die attischen Prosaiker gebrauchen in Compositis oft die Medialform dieses Verbs, doch meistens nur von einem geistigen Sehen. Th. 1, 17 τὸ ἐφ' ἑαυτῶν μόνον προορώμενοι[1]). 4, 64 προϊδόμενοι. Vgl. Dem. 5, 24. 6, 8. 25, 11. 18, 281; nur X. Cy. 4. 3, 21 vom leiblichen Sehen ὁ μὲν δυοῖν ὀφθαλμοῖν προσεωρᾶτο καὶ δυοῖν ὤτοιν ἤκουεν (Hirschig vermutet προσεώρα τε, wie gleich darauf τοῖς ὀφθαλμοῖς προορῶντα). Ὑφορᾶσθαι (u. ὑφορᾶν), *suspicari*, vgl. X. Comm. 2. 7, 12. Dem. 18, 43. Κλαίεσθαι, *lamentari*, b. d. Trag. Aesch. S. 920 κλαιομένας μου, vgl. Ag. 1096. S. Tr. 153 πάθη . . ἐκλαυσάμην. Aesch. Ch. 457 κεκλαυμένα, verweint, wie Ch. 712 u. S. OR. 1490. Δακρύεσθαι Aesch. S. 814. Χαίρομαι Ar. P. 291, κεχάρησαι Ar. V. 389, κεχαρήσομαι ψ, 266 u. s. w., s. § 343. S. Tr. 103 Ch. ποθουμένᾳ φρενί (Musgrave πονουμένᾳ, Meineke πτοουμένᾳ). Ἔρασθαι, *amare*, ep. poet., s. § 343. Λάμπεσθαι oft b. Hom., auch Hs. sc. 60 τεύχεσι λαμπομένους. h. Merc. 113 λάμπετο δὲ φλόξ. Eur. M. 1194 ἐλάμπετο. Hdt. 1, 80 u. 8, 74 ἐλλάμψεσθαι. Αὐδᾶσθαι b. d. Tragikern. Aesch. Pr. 766 οὐ γὰρ ῥητὸν αὐδᾶσθαι τάδε, vgl. S. Ph. 130. Γηρύεσθαι Aesch. Pr. 78. Ἐπωλολύξατο Ag. 1236. Γοᾶσθαι b. d. att. Dichtern u. X. Cy. 4. 6, 9 (aber b. Hom. nur γοᾶν). Hiermit hängt die merkwürdige Erscheinung zusammen, dass nicht nur die sämtlichen oben genannten, sondern auch viele andere Verba activa (s. d. Verzeichnis § 323) ihr Futur mit der Medialform bilden, als: ἀκούω ἀκούσομαι, κλαίω κλαύσομαι, ᾄδω ᾄσομαι, ἁμαρτάνω ἁμαρτήσομαι, und zwar sind es vorwiegend Verben, die eine sinnliche oder geistige Thätigkeitsäusserung bezeichnen (vgl. auch Anm. 1 zu § 323). Der Umstand, dass nicht wenige dieser Verben vereinzelt auch andere mediale Formen bilden (ausser den oben genannten z. B. διώκετο Φ, 602,

[1]) Vgl. Poppo ad. Thuc. P. I. Vol. 1. p. 188.

τίκτεται Aeschyl. bei Athen. 13. 600, b, ἀλαλαζομένη Soph. fr. 489 (Ch.), βαδίζου nach Suid. von Cratinus gebraucht, πινώμεθα Hermippus b. Athen. 10. 426, f, ἐρεύγεσθαι ion. u. poet.), deutet darauf hin, dass die griechische Sprache eine entschiedene Neigung hat, für leibliche und geistige Kraftäusserungen der bezeichneten Art die Medialform zu verwenden, die das Subjekt als aktiv und zugleich als von der Handlung affiziert darstellt. Das Futurum, in dem das subjektive Element von Haus aus am stärksten ausgeprägt ist, ist für die Medialform am empfänglichsten, während die übrigen Tempora meist den Vorgang schlechthin, ohne alle Nebenbeziehung, zum Ausdrucke bringen. Im weiteren Verlaufe der Entwickelung giebt auch das Futurum allmählich die mediale Form auf zu gunsten der aktiven. Vgl. § 323, Anm. 2 u. 3. Übrigens hat, nachdem einmal in kleineren Verbalgruppen die mediale Futurform zur Herrschaft gekommen war, gewiss die weiterwuchernde Analogie Einfluss geübt. [1]) Ferner b. Hom. πεφυγμένον εἶναι, entflohen sein, z. B. σ, 18 οὐδ' ἔνθα πεφυγμένος ἦεν ἀέθλων.

4. Zweitens: die Medialform hat nicht die eigentliche Reflexivbedeutung, sondern bezeichnet die Rückwirkung einer transitiven Thätigkeitsäusserung des Subjektes auf sich, so dass das Subjekt zugleich als thätig und leidend erscheint. Die Thätigkeitsäusserung ist eine solche, welche nicht notwendig, sondern nur zufällig auf das Subjekt zurückbezogen wird, indem das thätige Subjekt von dem die Thätigkeitsäusserung erfahrenden Subjekt räumlich getrennt gedacht werden kann. Solche Medialformen übersetzen wir in der Regel durch transitive Verben mit dem Akkusative des Reflexivpronomens. Sie bezeichnen meistens äussere Thätigkeitsäusserungen. Es gehören hierher besonders folgende Verben: κόψασθαι, τύψασθαι, sich schlagen, κύψασθαι, sich bücken, λύσασθαι ep., sich lösen, ι, 463 πρῶτος ὑπ' ἀρνειοῦ λυόμην, ὑπέλυσα δ' ἑταίρους; σκήψασθαι, sich stützen, doch auch bildl. vorschützen u. s. w., τρέψασθαι, sich wenden, ep. z. B. εἰς ὀρχηστύν α, 422 = σ, 305, aber att. τραπέσθαι, z. B. ἄσμενοι πρὸς τοὺς Ἀργείους ἐτράποντο Th. 5. 29; ἐς φυγὴν ἐτράποντο 73; ἐπὶ ῥαθυμίαν ἐτράπετο X. An. 2. 6, 5 (über τρέψασθαι b. d. Att. s. Nr. 5, S. 107), ἀπάγξασθαι, sich erdrosseln, οἰκίσασθαι, sich ansiedeln, παρασκευάσασθαι, se parare, τάξασθαι, sich in Schlachtordnung stellen, als: οὕτω Κερκυραῖοι ἐτάξαντο Th. 1, 48 (aber τάξασθαί τι, für sich etwas bestimmen); ἵστασθαι und dessen Komposita haben in der Bdtg. sich stellen als Aor. ἔστην und als Perf. ἕστηκα (aber στήσασθαί τι, *sibi ponere*); ὁρμίσασθαι u. καθορμίσασθαι, sich in den Hafen bringen, daher landen, z. B. Th. 4, 45

[1]) Eine historische Erklärung der Erscheinung versucht Delbrück, Syntakt. Forschungen IV, S. 747.

(aber ὁρμίζειν ναῦν); ἐγγυήσασθαι, sich als Bürgen stellen, daher auch verbürgen, fest versprechen (ἐγγυᾶν τινα, einen als Bürgen stellen, als Pfand geben, daher ἐγγυᾶν θυγατέρα τινί, verloben); namentlich die Verben, welche eine vom Subjekte an seinem Körper ausgeübte Handlung ausdrücken, als: λούσασθαι, νίψασθαι, καθήρασθαι (Pl. Phaed. 114, c), κείρασθαι, ἀλείψασθαι, χρίσασθαι, ζώσασθαι, γυμνάσασθαι, καλύψασθαι (καλυψάμενος δ' ἐνὶ νηὶ κείμην κ, 53. καλυψάμενος ἤϊε ἐκ τοῦ θεήτρου Hdt. 6, 67), κοσμήσασθαι, ἀμφιέσασθαι, ἐνδύσασθαι, ἐκδύσασθαι, κείρασθαι, ἀπομόρξασθαι, *se abstergere*, ἀπομύξασθαι, *se emungere*, ἀποψήσασθαι, *se abstergere*, στεφανώσασθαι, στείλασθαι, sich fertig machen, sich ankleiden.

Anmerk. 1. Die eigentliche Reflexivbedeutung (s. Nr. 2) wird aber bei einer weit grösseren Anzahl von Verben durch Media mit passivem Aoriste ausgedrückt, als: φοβεῖν, *terrere*, φοβήσομαι, ich werde mich fürchten, φοβηθῆναι, sich fürchten, λυπεῖν, betrüben, λυπήσομαι, ich werde mich betrüben, werde trauern, λυπηθῆναι, sich betrüben, trauern, πλάζω, treibe umher, πλαγχθῆναι, umherschweifen, πλάγξομαι, ebenso πλανᾶν, πείθειν τινά, überreden, πεισθῆναί τινι (daneben πιθέσθαι § 343), einem gehorchen, πείσομαι (aber πεισθήσομαι, *mihi persuadebitur, credam*, in dieser Bedeutung auch ziemlich oft ἑαυτόν πείθειν, s. Passow III. S. 783, a), πορεύειν τινά, hinüberbringen, πορευθῆναι, *proficisci*, πορεύσομαι; περαιοῦν, übersetzen, trans., περαιωθῆναι, übersetzen, intr., περαιώσομαι; ἀπαλλάττειν τινά, einen entlassen, ἀπαλλαγῆναι, loskommen, *abire*, ἀπαλλάξομαι; ἐπείγειν τινά, drängen, ἐπειχθῆναι, eilen, ἐπείξομαι; εὐωχεῖν τινα, gut bewirten, εὐωχηθῆναι, schmausen, εὐωχήσομαι; κοιμᾶν, einschläfern, κοιμηθῆναι, einschlafen, κοιμήσομαι; ὀρέγειν, ausstrecken, ὀρεχθῆναί τινος (seltener ὀρέξασθαι X. Comm. 1. 2, 15), nach etwas streben, ὀρέξομαι; ferner die Kompos. v. ἄγειν, als: ἀναχθῆναι (u. ἀναγαγέσθαι) *in mare provehi*, καταχθῆναι (u. -αγαγέσθαι), in den Hafen einlaufen; ἐγείρειν, ἀγείρειν, ἀγνύναι, ἀνιᾶν, ἀλλάττειν (ξυναλλαγῆναι, sich versöhnen, Th. 4, 117), ἁρμόζειν, ἀσχολεῖν, αὐξάνειν, διαιτᾶν, ἑστιᾶν, ἱδρύειν (ἱδρυθῆναι, sich niederlassen, Th. 4, 42, aber ἱδρύσασθαί τι, für sich gründen), κινεῖν, κλίνειν, κομίζειν (κομισθῆναι, reisen, παρακομισθῆναι, sich wohin begeben, Th. 4, 25, ἀποκομισθῆναι, redire 96, aber κομίσασθαι, sibi recuperare), κρίνειν (διεκρίθησαν, Th. 4, 14. 25, ἀπεκρίθησαν, discesserunt 4, 72), κυλινδεῖν, Komp. v. λέγειν, sammeln, λείπειν (λειφθῆναι, übrig bleiben, poet. λιπέσθαι § 343), λύειν (διαλυθέντων τῶν ξυμμάχων κατὰ πόλεις Th. 4, 74), μεθύσκειν, μιγνύναι, μιμνήσκειν, ὁρμᾶν, ὀχεῖν, πλέκειν, πολιτεύειν (auch πολιτεύσασθαι), ῥηγνύναι, ῥωννύναι (ῥωσθεὶς καὶ αὐξηθείς Pl. conv. 210, d., ἐρρώσθησαν, fassten Mut, Th. 4, 72), σείειν, σκεδαννύναι, σπᾶν, σπείρειν, σῴζειν (aber σώσασθαι, *sibi servare*), ταράττειν, τέρπειν, τρέπειν (τραπῆναι, fliehen), τρέφειν, φέρειν (ἐνεχθῆναι, οἴσεσθαι, διενεχθῆναι, sich entzweien, Th. 4, 19), χεῖν; endlich alle von Substantiven oder Adjektiven abgeleiteten Verben auf αίνειν u. ύνειν, sowie fast alle auf οῦν und die meisten auf ίζειν, als: εὐφραίνειν, εὐφρανθῆναι, εὐφρανοῦμαι, μαλακύνειν, μαλακίζειν, θυμοῦν, ἐλαττοῦν, ὀργίζειν, ἐθίζειν. Einige Media dieser Klasse haben nicht nur einen passiven Aorist, sondern auch ein passives Futur, als: στέλλειν, bereit machen, schicken, σταλῆναι, *proficisci*, σταλήσομαι (οἱ πρέσβεις ἀπεστάλησαν, abierunt Th. 4, 16); σῴζειν, retten, σωθῆναι, sich retten, glücklich entkommen (Th. 4, 34), σωθήσομαι (Pl. civ. 467, e); φαίνειν, zeigen, φανῆναι (über φανθῆναι st. φανῆναι s. § 343), erscheinen, φανήσομαι; πηγνύναι, fest machen, παγῆναι, gerinnen, gefrieren, παγήσομαι; αἰσχύνειν, beschämen, αἰσχυνθῆναι, sich schämen, ἐπαισχυνθήσομαι (doch häufiger durativ αἰσχυνοῦμαι) ἐκπλήσσειν, *percello*, ἐκπλαγῆναι, ἐκπλαγήσομαι; μαίνω, mache rasend, μανῆναι, rasen, μανήσομαι; σήπειν, faul machen, σαπῆναι, σαπήσομαι; στρέφειν, wenden, στραφῆναι (ξυστραφέντες, sich zusammenscharend, Th. 4, 68), στραφήσομαι; σφάλλειν, σφαλῆναι, σφαλήσομαι; φθείρειν, φθαρῆναι, φθαρήσομαι (φθερεῦμαι ion. u. poet.); ψεύδειν, ψευσθῆναι, ψευσθήσομαι (aber ψεύσασθαι, ψεύσεσθαι, lügen). Auch gehören hierher die Deponentia Passivi (§ 324), als: δύναμαι, δυνηθῆναι, δυνήσομαι.

Anmerk. 2. Die uneigentliche Reflexivbedeutung (s. Nr. 4) wird bei ungleich mehr Verben durch die Aktivform mit dem Akkusative des Reflexivpronomens ausgedrückt, als: ἐπαινεῖν, φιλεῖν, ἀγαπᾶν, ἀναρτᾶν, ἀποκρύπτειν, ἐθίζειν, παρέχειν, διδόναι, ἐπιτρέπειν, ἀπολύειν, ἀποκτείνειν, σφάττειν, ἀπο-, ἐπισφάττειν, βλάπτειν ἑαυτόν u. s. w. Zuweilen wird die Aktivform mit dem Reflexive auch von solchen Verben gebraucht, welche eine entsprechende Medialform haben, z. B. Isocr. 1, 21 γύμναζε σεαυτὸν πόνοις ἑκουσίοις.

5. B. Die Medialform bezeichnet zweitens eine Thätigkeitsäusserung, welche das Subjekt an einem Objekte seiner Sphäre vollbringt, s. Nr. 1. Λούομαι τοὺς πόδας, ich wasche mir die Füsse oder meine Füsse (λούω τοὺς πόδας, ich wasche die Füsse eines Anderen), περιρρήξασθαι χιτῶνα, sein Kleid zerreissen (dagegen Dem. 19, 197 δακρυσάσης ἐκείνης περιρρήξας τὸν χιτωνίσκον ὁ οἰκέτης ξαίνει). ὄφρα οἱ εἴη ἰοὺς χρίεσθαι α, 262 (χρίσασθαι). Δημοχάρης οὐκ ἀποκέκρυπται τὴν οὐσίαν Dem. 28, 3 hat sein Vermögen verborgen gehalten (ἀποκρύψασθαι). Τὴν ῥᾳθυμίαν ἀποθέσθαι 8, 46. Ἐκπηδῶσιν ἐσπασμένοι τὰ ξίφη X. An. 7. 4, 16 (σπάσασθαι). Ἐγκαλύψασθαι τὴν κεφαλήν. Παρασχέσθαι τι, etwas aus seinen Mitteln, aus sich, von sich, oder auch für sich, in seinem Interesse geben, Hdt. 7, 21 οἱ μὲν νέας παρείχοντο (dagegen ibid. προσετέτακτο ἐς τὰς γεφύρας μακρὰς νέας παρέχειν wegen προσετέτακτο, Th. 1, 96 ἔταξαν, ἅς τε ἔδει παρέχειν τῶν πόλεων χρήματα καὶ ἃς ναῦς). Hdt. 6, 119 ὀδμὴν παρέχεσθαι, ib. τὸ φρέαρ παρέχεται τριφασίας ἰδέας, zeigt, eigtl. gewährt aus sich drei Gestalten. 7, 161 Ἀθηναῖοι ἀρχαιότατον ἔθνος παρεχόμενοι die in sich das älteste Volk darbieten. Παρέχεσθαι εὔνοιαν (hingegen παρέχειν τινὶ πράγματα, φόβον, πόνον, ἀθυμίαν, verursachen), μάρτυρας παρέχεσθαι Zeugen für sich (seine Zeugen) bringen. Ἀποδείξασθαί τι, etw. von sich zeigen, als: ἔργον, μεγάλα ἔργα, γνώμην, δύναμιν Hdt. 3, 134. 155. 160. 6, 15, 41. 7, 24. X. An. 5. 2, 9 οἱ μάντεις ἀποδεδειγμένοι ἦσαν, ὅτι μάχη ἔσται Isocr. 7, 37 τοῖς πολλὴν ἀρετὴν καὶ σωφροσύνην ἐν τῷ βίῳ ἐνδεδειγμένοις. Dem. 18, 10 ἣν παρὰ πάντα τὸν χρόνον εὔνοιαν ἐνδέδειχθε. Ebenso ἀποφήνασθαι γνώμην Dem. 4, 1. Ἐπαγγείλασθαί τι, versprechen, Dem. 4, 15; so b. d. att. Dichtern: ἀγγείλασθαι, ἐξαγγείλασθαί τι, etw. von sich verkünden, S. Aĩ. 1376. OR. 148. Eur. Heracl. 531. Io 1605. Λιπέσθαι τι, etwas von sich zurücklassen, μνημόσυνα Hdt. 7, 24. Οἵους Λυκοῦργος παῖδας κατελίπετο Pl. conv. 209, d. leg. 721, c. (Auffallender S. OR. 1021 παῖδά μ᾽ ὠνομάζετο i. e. ὠνόμαζέ με τὸν αὐτοῦ παῖδα. vgl. Pind. P. 7, 6.) Λύσασθαί τι von sich, für sich lösen, vgl. Ψ, 7 λυώμεθα μώνυχας ἵππους unsere Rosse, P, 318 λύοντο δὲ τεύχε᾽ ἀπ᾽ ὤμων

sie lösten die Waffen (der Getöteten für sich) ab. Λύσασθαί τινα, für sich oder von sich (aus seinen Mitteln) einen loskaufen (aber λύειν, losgeben), vgl. A, 13. T, 29. Dem. 18, 268 εἴ τινας ἐκ τῶν πολεμίων ἐλυσάμην, so κατα-, ἐκ-, ἀπο-, ἐπιλύσασθαί τι (τινα), lösen, aufheben, befreien etw. oder einen, der der Sphäre des Subjekts angehört, πόλεμον καταλ. Th. 6, 36. Ἀπολύσασθαι αἰτίαν Th. 5, 75, die Schuld von sich ablösen. Περιθέσθαι στρεπτόν *sibi induere* X. Cy. 2. 4, 6. Ποιήσασθαί τινα φίλον einen zu seinem Freunde machen, ποιήσασθαί τι, für sich etw. thun oder zu Stande bringen, oder auch etw. selbst, mit Aufbietung seiner Kräfte thun. Th. 2, 34 οἱ Ἀθηναῖοι ταφὰς ἐποιήσαντο τῶν ἐν τῷδε τῷ πολέμῳ ἀποθανόντων (aber ταφὰς ποιεῖν Pl. Menex. 234, b von den die Feier anordnenden Behörden), εἰρήνην, συμμαχίαν, σπονδάς, μάχην, πόλεμον ποιήσασθαι, Frieden, Vertrag schliessen, Schlacht liefern, Krieg führen (aber ποιεῖν εἰρήνην u. s. w., ein Bündnis u. s. w. zu Stande bringen, auswirken, vgl. Dem. 18, 285, ναυμαχίαν ποιῆσαι Th. 2, 86 herbeiführen, es zur Schlacht bringen). So dient ποιεῖσθαι in zahlreichen Verbindungen geradezu zur nachdrücklicheren Umschreibung des einfachen Verbalbegriffs, indem es die eigene thätige Beteiligung hervorhebt: θήραν ποιεῖσθαι = θηρᾶν (θ. ποιεῖν eine Jagd veranstalten), λόγους ποιεῖσθαι = λέγειν, ἐπιμέλειαν ποιεῖσθαι = ἐπιμελεῖσθαι, πορείας ποιεῖσθαι = πορεύεσθαι u. a. Παρασκευάσασθαί τι, *sibi comparare.* Hdt. 3, 136 παρεσκευασμένοι πάντα ἔπλεον ἐς τὴν Ἑλλάδα. Dem. 29, 28 αὐτὸς μάρτυρας ψευδεῖς παρεσκεύασται περὶ τούτων. Πορίσασθαί τι, *sibi comparare.* Αἰτήσασθαί τι, für sich fordern, bitten (αἰτεῖν τι, fordern). Ἀγαγέσθαι γυναῖκα, sich ein Weib nehmen. Ἑλέσθαι τι, *sibi sumere,* daher wählen. Πράξασθαί τινα χρήματα, *sibi ab aliquo pecuniam exigere,* διαπρ., für sich erwirken, X. Cy. 7. 2, 12. Μισθώσασθαι, für sich mieten, *conducere* (μισθοῦν, vermieten, *locare*). Δανείσασθαι sich borgen (δανείζειν einem borgen). Σώσασθαι, *sibi servare.* Th. 5, 16 διασ. τὴν εὐτυχίαν. Μεταπέμψασθαι, für sich nach einem schicken, einen zu sich kommen lassen. Καταστρέψασθαι, καταδουλώσασθαι γῆν, sich unterwerfen, Dem. 4, 6 πάντα κατέστραπται. Eur. I. A. 1269 οὐ Μενέλεώς με καταδεδούλωται. Vgl. Pl. Menex. 240, a. Κομίσασθαι, für sich nehmen, holen. Th. 2, 78 Πλαταιεῖς παῖδας καὶ γυναῖκας ἐκκεκομισμένοι ἦσαν ἐς τὰς Ἀθήνας. X. An. 4. 7, 1 ἐν οἷς (χωρίοις) τὰ ἐπιτήδεια εἶχον ἀνακεκομισμένοι. Ἐνέγκασθαι mitbringen, für sich davontragen. Δ, 97 δῶρα φέροιο. Στήσασθαι von sich, für sich aufstellen. β, 431 στήσαντο κρητῆρας. X. Hell. 2. 4, 7 τρόπαιον στησάμενοι ἀπῆλθον. Εὑρέσθαι für sich ausfindig machen, durch Bemühungen erlangen. Π, 472 εὕρετο τέκμωρ. Th. 5, 32 οὐχ ηὕροντο τὰς δεχημέρους σπονδάς. Θέσθαι, γράψασθαι νόμους, *sibi leges constituere,* daher von dem Volke, das den Gesetzen, die es giebt, unterworfen ist, s. X. Comm. 2. 1, 14. 4. 3, 12.

4. 4, 13 (hingegen τιθέναι, γράφειν νόμους teils von denen, die den von ihnen gegebenen Gesetzen nicht unterworfen sind, wie X. Comm. 1. 2, 45 ὅσα ὀλίγοι τοὺς πολλοὺς μὴ πείσαντες, ἀλλὰ κρατοῦντες γράφουσι, teils überhaupt von allen, die Gesetze geben, mögen sie denselben unterworfen sein oder nicht. X. r. Lac. 1, 2 Λυκοῦργον τὸν θέντα αὐτοῖς τοὺς νόμους. Vgl. ferner Pl. Hipp. maj. 284, d, wo zuerst die Medial-, dann die Aktivform steht. X. Oec. 9, 14 [1]). θέσθαι τὴν ψῆφον (seine Stimme abgeben). Τιμωρήσασθαί τινα, sich an einem rächen, ihn bestrafen (τιμωρεῖν τινα, für einen Anderen an einem Rache nehmen, z. B. Lys. 13, 41 ἐπέσκηπτεν ἐμοὶ . . τιμωρεῖν ὑπὲρ αὐτοῦ Ἀγόρατον). Nach Analogie von τιμωρεῖσθαι zuweilen auch κολάσασθαι st. der Aktivform, wie Pl. Prot. 324, c τιμωροῦνται καὶ κολάζονται οἱ ἄνθρωποι, οὓς ἂν οἴωνται ἀδικεῖν. Menex. 240, d κολασάμενοι τὴν ὑπερηφανίαν. Ar. V. 406. Aristot. h. an. 6. 17, 3 (τοὺς ἐλέφαντας) κολάζονται καὶ δουλοῦνται. Φυλάξασθαί τινα sich hüten vor (eigentl. einen im eignen Interesse beobachten, im Auge behalten) (φυλάττειν τινά einen im Auge behalten, vgl. Aeschin. 2, 20 ὅπως τὸ θηρίον κοινῇ φυλάξομεν, τὸν Φιλοκράτην mit ib. 10 ἐνεχείρησε δ' ἀπεικάζειν με Διονυσίῳ τῷ τυράννῳ καὶ παρεκελεύσαθ' ὑμῖν τὸ θηρίον φυλάξασθαι). Τρέψασθαι τοὺς πολεμίους, in die Flucht schlagen (eigtl. für sich wenden); ἀποτρέψασθαί τι, *a se avertere*. Ἀμύνασθαί τι, von sich abwehren, ἀμύνετο νηλεὲς ἦμαρ N, 514, ἀμύνασθαι τοὺς πολεμίους, *a se propulsare*, daher sich gegen jemanden verteidigen (ἀμύνειν τί τινι, einem Anderen etw. abwehren, z. B. P, 511 νῶιν δὲ ζωοῖσιν ἀμύνετε νηλεὲς ἦμαρ). Ἀποπέμψασθαί τινα, *a se dimittere*. Hdt. 3. 52 ἐξ ὀφθαλμῶν ἀποπ., *ex conspectu suo*. X. An. 1. 1, 5. O, 407 οὐδὲ δύναντο παυροτέρους περ ἐόντας ἀπώσασθαι παρὰ νηῶν. 503 ἀπώσασθαι κακὰ νηῶν. Ἀποσείσασθαί τι, *a se depellere*. Παρέσθαι τι, von sich ablehnen. Παραιτήσασθαι, *deprecari*. Ἀποδόσθαι, von sich weggeben, daher verkaufen.

6. Hierher gehören auch alle die Medialformen, welche eine Thätigkeitsäusserung ausdrücken, die nur dadurch vom Subjekte vollbracht werden kann, dass eine andere demselben entgegentretende und entgegenwirkende Person als Objekt in die Sphäre des Subjekts gestellt wird. Dies ist der Fall bei den Verben des Streitens und des Wetteiferns mit einem, als: μαχέσασθαι Depon., ἀγωνίσασθαι Dep., διατοξεύσασθαι, im Bogenschiessen wetteifern (διατοξεύειν τι erst spät., etwas wie einen Pfeil abschiessen), διαριστεύεσθαι Dep., διαδικάζεσθαί τινι, mit einem einen Prozess führen (διαδικάζειν τι, richten, entscheiden) u. s. w., des sich Unterredens, Umarmens, Begrüssens, Küssens, Stossens, als: κοινολογήσασθαι Dep., ἀγκαλίσα-

---

1) S. Kühner ad Xen. Comm. 4. 4, 19.

σθαι Dep., ἀσπάσασθαι Dep., κύσασθαι, ὠστίσασθαι Dep., ferner auch bei solchen Verben, wo die entgegenwirkende Person zwar nicht dieselbe Thätigkeitsäusserung, die das Subjekt ausübt, erwidert, aber doch eine solche, welche durch die Thätigkeitsäusserung des Subjektes verursacht wird, als: fragen und antworten: πυθέσθαι, ἐρέσθαι, ἀποκρίνασθαι, ἀπαμείψασθαι und anderen, als: ὁμολογήσασθαι, ἀνακοινώσασθαι, συμβουλεύσασθαι u. s. w.[1]). Der Begriff aller dieser Verben kann nicht gedacht werden, ohne dass eine andere Person, als Gegner, Mitkämpfer u. s. w., in die Sphäre des Subjektes mit aufgenommen wird. Übrigens giebt es auch einige Verben mit aktiver Form, die eine gegenseitige Thätigkeit ausdrücken, als: παλαίειν, πολεμεῖν, πυκτεύειν τινί. Einige Media, welche einen der angeführten Begriffe ausdrücken, haben einen passiven Aorist, als: διαλεχθῆναί τινι, sich mit einem unterreden, λοιδορηθῆναι, einander schimpfen, vgl. Ar. R. 857, das aber auch gebraucht wird, wo kein gegenseitiges Schelten stattfindet, als: X. Cy. 1. 4, 9 ὁ θεῖος αὐτῷ ἐλοιδορεῖτο.

7. Wie das Aktiv (§ 373. 6), so kann auch das Medium kausativ gebraucht werden von Handlungen, die das Subjekt nicht selbst vollbringt, sondern durch Andere vollbringen lässt, jedoch mit dem Unterschiede, dass bei dem Medium die Handlung immer auf irgend eine Weise auf das Subjekt zurückbezogen wird. (Im Medium an sich liegt der Kausativbegriff ebensowenig wie im Aktiv.) Ὁ πατὴρ τοὺς παῖδας ἐδιδάξατο (ἐπαιδεύσατο), was entweder bedeutet: der Vater erzog sich die Kinder (vgl. Pl. Menex. 238, b), oder, wenn es aus dem Zusammenhange der Rede klar ist: liess erziehen, wie X. Cy. 1. 6, 2. Pl. Prot. 325, b. Men. 93, d Θεμιστοκλῆς Κλεόφαντον τὸν υἱὸν ἱππέα ἐδιδάξατο ἀγαθόν. Ἀργεῖοι σφέων εἰκόνας ποιησάμενοι ἀνέθεσαν ἐς Δελφούς; Hdt. 1, 31, vgl. 3, 88. (Κῦρος) ὅπλα ἐνδύς . ., ἃ ὁ πάππος . . ἐπεποίητο X. Cy. 1. 4, 18. Παυσανίας τράπεζαν Περσικὴν παρετίθετο Th. 1, 130 (liess sich vorsetzen). Οἱ Λακεδαιμόνιοι κήρυκα πέμψαντες τοὺς νεκροὺς διεκομίσαντο 4, 38 (liessen abholen). Κείρασθαι τὴν κεφαλήν, sich scheeren oder sich scheeren lassen. Γράψασθαί τινα, einen anklagen (eigtl. den Namen des Angeklagten für sich niederschreiben lassen). Hdt. 7, 100 παρέπλεε ἀπογραφόμενος sc. νέας, für sich aufschreiben lassend (hingegen vorher ἀπέγραφον οἱ γραμματισταί). Th. 4, 50 οἱ Ἀθηναῖοι τὰς ἐπιστολὰς μεταγραψάμενοι ἐκ τῶν Ἀσσυρίων γραμμάτων ἀνέγνωσαν. 1, 132 ἠξίωσεν ἐπιγράψασθαι (ἐπὶ τὸν τρίποδα) αὐτὸς ἰδίᾳ τὸ ἐλεγεῖον. (X. Hell. 2. 4, 20 κατασιωπησάμενος, nachdem er sich Stillschweigen verschafft hatte, ist nicht kausativ; ohne Beziehung auf das Subjekt findet sich κατασιωπῆσαι, zum Stillschweigen bringen,

[1]) S. Mehlhorn a. a. O. S. 30 f.

5. 4, 7). Zu beachten ist, dass das Medium an sich den Kausativbegriff ebensowenig enthält wie das Aktiv. Daher dürfen z. B. μισθώσασθαι, δανείσασθαι, τίσασθαι, δικάσασθαι nicht als „kausative Media“ aufgefasst werden: sich etwas vermieten, leihen u. s. w. lassen. Der Bedeutungsunterschied zwischen Akt. und Med. erklärt sich vielmehr aus der Zweideutigkeit der ursprünglichen Wortbedeutung: δανείζειν und μισθοῦν bedeuten zunächst nur „ein Mietverhältnis, Schuldverhältnis eingehen“, wie das deutsche „borgen“; δανείζω ist „ich borge“ in dem Sinne: „leihe aus“, das Med. dagegen „ich borge“ in dem Sinne „borge mir“. Ebenso ist τίνειν „büssen“ im alten Doppelsinne des Wortes: τίνω θωήν β, 193 ich büsse (= bezahle) eine Strafsumme, τίνω ὕβριν ich büsse den Frevel — τίνομαι τὸν ὑβρίζοντα ich büsse (= strafe) meinen Beleidiger. δικάζω ich bringe eine Sache zur Entscheidung = entscheide, spreche Recht, δικάζομαι ich bringe meine Sache zur Entscheidung (prozessiere). Noch weniger ist bei γήμασθαι an ein Kausativum zu denken: der Mann heiratet (γαμεῖ τινα), die Frau verheiratet sich mit einem (γαμεῖταί τινι).

§ 375. Bemerkungen über die reflexive Bedeutung der Medialform.

1. Die reflexive Beziehung der Medialform auf das Subjekt ist oft so schwach, dass sie für unsere Anschauungsweise fast gänzlich verschwindet. So enthält sie zuweilen nur eine leise Andeutung, dass die Handlung zum Vorteile oder Nachteile des Subjektes vollzogen werde, als: O, 409 οὔτε ποτὲ Τρῶες Δαναῶν ἐδύναντο φάλαγγας ῥηξάμενοι (*in suum commodum*) κλισίῃσι μιγήμεναι. S. Tr. 681 ἐγὼ γάρ, ὧν ὁ θήρ με Κένταυρος . . προὐδιδάξατο, | παρῆκα θεσμῶν οὐδέν „für seine Zwecke“ (Sophokles hat überhaupt eine Vorliebe für Media, vgl. Wolff-Bellermann zu OR. 556). Oder die Handlung wird als eine subjektive, innere Bewegung des Subjektes bezeichnet. X, 235 νῦν δ' ἔτι καὶ μᾶλλον νοέω φρεσὶ τιμήσασθαι, wo φρεσί mit τιμ. zu verbinden ist, wie τ, 280 οἳ δή μιν περὶ κῆρι . . τιμήσαντο. (Aber minder ausdrucksvoll ε, 36 οἵ κέν μιν περὶ κῆρι . . τιμήσουσιν.) Oder die Handlung des Subjektes ist zwar auf eine andere Person gerichtet, zugleich aber auch als eine solche bezeichnet, bei welcher das Subjekt beteiligt ist. δ, 10 υἱέϊ δὲ Σπάρτηθεν Ἀλέκτορος ἤγετο κούρην, wo Menelaos als Vater zugleich mitbeteiligt war, vgl. ζ, 28. φ, 214 (sich heimführen als Schwiegertochter), ο 238 (als Schwägerin). Ganz ähnlich I, 394 Πηλεύς θήν μοι ἔπειτα γυναῖκα γαμέσσεται αὐτός, wo man auf αὐτός achte (doch schreiben hier andere nach Aristarch γε μάσσεται, v. μαίομαι, wird aussuchen). X. Cy. 4. 5, 41 φόβον ἐπιτίθεσθε τῷ μὴ ποιοῦντι τὰ παραγγελλόμενα (wo Schneider ohne Grund ἐπιτίθετε lesen will), d. i. flösst eurerseits durch euere Haltung Furcht ein. So wird zuweilen in

der Dichtersprache, namentlich bei Homer, die Medialform von einem Geschäfte gebraucht, das einer Person zukommt, obwohl dasselbe auf Geheiss eines Anderen oder zum Vorteile oder Nachteile eines Anderen verrichtet wird. So fragt Telemachos die Mägde: Τὸν ξεῖνον ἐτιμήσασθ' ἐνὶ οἴκῳ | εὐνῇ καὶ σίτῳ; υ, 129 ehret ihr den Fremden mit Nachtlager und Speise (wie es eures Amtes ist? [1]) ρ, 332 (δαιτρὸς) κρέα πολλὰ | δαιόμενος μνηστῆρσι, vgl. ο, 140 u. Ameis z. d. St. Eur. Hec. 469 ζεύξομαι ἄρα πώλους, wie es mir zukommt. S. Tr. 1255 sagt Herakles zu Hyllos und seinen Begleitern: ἄγ' ἐγκονεῖτ', αἴρεσθε sc. ἐμὲ ἐς πυράν, wie es euere Pflicht ist.

2. Hingegen findet sich zuweilen auch der entgegengesetzte Fall, dass die Aktivform statt der Medialform gebraucht ist. So oft φέρειν in der Bdtg. davontragen. Pind. O. 8, 64 ἐξ ἱερῶν ἀέθλων . . δόξαν φέρειν. Μισθὸν φέρειν X. An. 1. 3, 21. Pl. Lys. 208, a. S. Ant. 464 κέρδος φέρει. Ai. 436 u. sonst. Ph. 1109 οὐ φορβὰν ἔτι προσφέρων, mir herbeischaffend. Ὄψον φέρειν u. φέρεσθαι X. Comm. 3. 14, 1. Δαρεικὸν φέρειν X. An. 7. 6, 7 u. φέρεσθαι Oec. 1, 4. Τἀριστεῖα φέρειν Pl. Civ. 468, c. Χρυσὸν δ' Ἀχιλεὺς ἐκόμισσε, B, 875. Pind. O. 13, 59. P. 4, 106. — Hs. op. 611 πάντας ἀπόδρεπε οἴκαδε βότρυς. Pind. O. 1, 13 δρέπων μὲν κορυφὰς ἀρετᾶν ἄπο πασᾶν, ubi v. Boeckh. Ὅτῳ δοκεῖ ταῦτα, ἀράτω τὴν χεῖρα. ἀνέτειναν ἅπαντες X. An. 5. 6, 33, wie wir auch sagen: die Hand aufheben st. seine Hand. Τὰς ἐν τῇ ἠπείρῳ πόλεις δουλοῦν Th. 1, 16 [2]). Δηλοῦν τὴν γνώμην 3, 37 (seine Ansicht). Προθυμίαν ἐδείξαμεν 1, 74. Τὴν ἁμαρτίαν καταλῦσαι 3, 46, *suum peccatum eluere*. Μεταπέμπειν, *arcessere*, oft b. Thuc.; sonst wohl nur bei Ar. V. 680. Παρέχειν πεζόν, χρήματα, ναυτικόν, ναῦς Th. 1, 30. [3]) Ἱστάναι τρόπαιον bei Thuc. regelmässig. Τὰ ἐν ταῖς ἄλλαις πόλεσι καθίστασαν 1, 18 (gwhnl. καθίστασθαι, καταστήσασθαι, wie 8. 23. 95 [4]). Χρήματα ἐξέλεξαν Th. 8, 44, *exegerunt*, ubi v. Blomfield, vgl. X. Hell. 1. 1, 22. Dem. 4, 34. — Aesch. P. 199 πέπλους ῥήγνυσιν ἀμφὶ σώματι, an seinem Körper, vgl. 466. 1030 πέπλον δ' ἐπέρρηξ' ἐπὶ συμφορᾷ κακοῦ. 1060 πέπλον δ' ἔρεικε. Eur. M. 787 κόσμον ἀμφιθῇ χροΐ, ubi (769) v. Elmsl., vgl. 980. Ba. 177 στεφανοῦν st. στεφανοῦσθαι. Hdt. 5, 40 ἄλλην ἐσάγαγε γυναῖκα (aber ἐσαγαγέσθαι γυναῖκα 5, 39. 6, 63). Auch wird zuweilen die Aktivform mit einem Reflexivpronomen st. der Medialform gebraucht, wenn auf dem letzteren ein grösserer Nachdruck liegt. Pl. Phaedr. 238, e τὸν ἐρώμενον

---

[1]) S. Schmalfeld Synt. des Griech. Verbs S. 64 u. 66, der aber bei der Erklärung des Mediums vom Passive ausgehend die Stelle so erklärt: Habt ihr es ausgerichtet, dass . . geehrt ist? was ich nicht billigen kann. — [2]) S. Elmsl. ad Eur. Heracl. 817. Poppo ad Thuc. P. I. Vol. 1. p. 185. — [3]) Classen zu Thuc. 2, 9. — [4]) Poppo l. d. p. 187 u. Classen zu Th. 1, 18.

ὡς ἥδιστον ἑαυτῷ παρασκευάζειν. Dem. 2, 15 ἐπισφαλεστέραν (δύναμιν) κατεσκεύακεν ἑαυτῷ. Pl. Phaedr. 257, d καταλείπειν συγγράμματα ἑαυτῶν.

3. Um die in der Medialform nur allgemein und unbestimmt liegende reflexive Beziehung mit besonderem Nachdrucke hervorzuheben, wird häufig das Reflexivpronomen hinzugefügt; in Gegensätzen ist dies sogar notwendig. Theogn. 539 οὗτος ἀνήρ, φίλε Κύρνε, πέδας χαλκεύεται αὐτῷ (= αὑτῷ). S. Ant. 188 οὔτ' ἂν φίλον ποτ' ἄνδρα δυσμενῆ χθονὸς | θείμην ἐμαυτῷ. vgl. X. Comm. 1. 6, 13. S. OR. 1143 ὡς ἐμαυτῷ θρέμμα θρεψαίμην ἐγώ. Th. 1, 33 ἢ κακῶσαι ἡμᾶς ἢ σφᾶς αὐτοὺς βεβαιώσασθαι. X. An. 1. 8, 29 οἱ μέν φασι βασιλέα κελεῦσαί τινα ἐπισφάξαι αὐτὸν Κύρῳ, οἱ δ' ἑαυτὸν ἐπισφάξασθαι. Pl. Alc. I. 135, b οὐκ ἄρα τυραννίδα χρὴ παρασκευάζεσθαι οὔθ' ἑαυτῷ οὔτε τῇ πόλει, εἰ μέλλετε εὐδαιμονεῖν, ἀλλ' ἀρετήν. conv. 208, e ἀθανασίαν καὶ μνήμην καὶ εὐδαιμονίαν αὑτοῖς πορίζόμενοι. Isocr. 4, 85 ἐπεδείξαντο τὰς αὑτῶν ἀρετάς. 108 ῥᾴθυμον αὑτοῖς κατεστήσαντο τὸν βίον. 5, 145 ἅπαντες φιλοῦσιν οὐ τοὺς σφίσιν αὐτοῖς μεγίστην δυναστείαν κτησαμένους, ἀλλὰ τοὺς τοῖς Ἕλλησι πλείστων ἀγαθῶν αἰτίους γεγενημένους. Lycurg. 42 αὑτῷ μεταπέμψασθαι, ubi v. Maetzner p. 158.

4. Bei vielen Verben, welche sowohl die aktive als die mediale Form haben, findet ein wichtiger Unterschied der Bedeutung statt, indem die aktive Form eine Thätigkeitsäusserung schlechtweg ohne weitere Nebenbeziehung (objektiv), die mediale Form hingegen dieselbe mit Beziehung auf *subjektive Selbstthätigkeit* ausdrückt [1]). Daher denn auch die Medialform angewendet wird, wenn die eigentliche Bedeutung in die übertragene übergeht. So bedeutet z. B. σταθμᾶν, messen, abschätzen, σταθμήσασθαι, berechnen, geistig abwägen, erwägen, folgern u. dgl. Hdt. 2, 2 τοιούτῳ σταθμησάμενοι πρήγματι, indem sie sich dieses Umstandes als Richtschnur (ihres Urteils) bedienten, daraus schlossen, urteilten. Pl. Gorg. 465, d τὸ σῶμα ἔκρινε σταθμώμενον ταῖς χάρισι ταῖς πρὸς αὐτό *„ponderans voluptatibus ad ipsum redundantibus“* Stallb.; nur selten wird es von einer äusseren Abschätzung gebraucht, wie Pl. leg. 643, c τέκτονα (χρὴ) μετρεῖν ἢ σταθμᾶσθαι. Ähnlich S. Ai. 5 μετρεῖσθαι prüfend betrachten. Ὁρίζειν, begrenzen, festsetzen, bestimmen, ὁρίσασθαι, *definire*. Pl. Gorg. 475, a ἡδονῇ τε καὶ ἀγαθῷ ὁριζόμενος τὸ καλόν. Soph. 222, c τὴν λῃστικὴν βίαιον θήραν ὁρισάμενοι. Συμβάλλειν, zusammenwerfen, συμβαλέσθαι geistig *conjicere*, mutmassen, einsehen, vergleichen. Hdt. 5, 1 συνεβάλοντο τὸ χρηστήριον τοῦτο εἶναι. Weit seltener wird das Aktiv in dieser Bdtg. gebraucht. Προβάλλειν,

[1]) Vgl. Mehlhorn a. a. O. S. 37 f.

vorwerfen, προβαλέσθαι, vorschlagen. X. An. 6. 1, 25. 2, 6 (auch Isae. 5, 32 ist mit Reiske προὐβαλόμην st. προὔβαλον zu schreiben). Προτείνειν, körperlich hinhalten, hinstrecken, darbieten, προτείνασθαι, geistig hinhalten, vorschlagen. Hdt. 9, 34 οὕτω δὴ ὑποστάντες, τὰ ὁ Μελάμπους προετείνατο, ἴσαν δώσοντές οἱ ταῦτα [1]). Πλάττειν, bilden, πλάσασθαι geistig bilden, ersinnen, Dem. 18, 10 ἅπαντ' ἐπλάττετο, seltener in diesem Sinne das Akt. [2]) Τιθέναι, setzen, θέσθαι m. d. Akk. eines Abstraktums, oft in der Dichtersprache, als: σπουδήν, πρόνοιαν u. s. w., sich beeifern, Vorsicht anwenden, wie in Prosa ποιεῖσθαι, s. d. Lexik. Προτρέπειν, vorwärts wenden, antreiben, auffordern, προτρέψασθαι wird zwar in gleicher Bedeutung gebraucht, aber zugleich mit Rücksicht auf die geistige Thätigkeit des Subjektes. [3]) Ein Gleiches gilt von νοεῖν u. νοήσασθαι, σκοπεῖν u. σκέψασθαι (σκοπήσασθαι b. d. Sp.). Θύειν einfach *sacra facere, instituere*, wie X. An. 4. 6, 27 von den Soldaten: θύσαντες κατέβησαν εἰς τὸ πεδίον; θύσασθαι, für einen bestimmten Fall, zu einem bestimmten Zwecke opfern, wie X. An. 2. 2, 2 ἐμοὶ θυομένῳ ἰέναι ἐπὶ βασιλέα οὐκ ἐγίγνετο τὰ ἱερά, vgl. 4. 6, 23. 6. 1, 22. Θηρᾶν, jagen. c. acc., z. B. λαγώς, jagend fangen, θηράσασθαι, mit dem Jagen sich beschäftigen, daher οἱ θηρώμενοι X. ven. 11, 2, Jäger, oder trop., wie X. ven. 13, 9 οἱ σοφισταὶ πλουσίους καὶ νέους θηρῶνται. Deutlich tritt der angegebene Unterschied bei den abgeleiteten Verben auf εύω hervor, deren aktive Form schlechtweg bezeichnet: sich in irgend einem Zustande befinden, die mediale Form dagegen: die Rolle dessen, welchen das Stammwort bezeichnet, spielen, sich als einen solchen zeigen, das Streben oder die Gewohnheit haben als ein solcher zu agieren, als: βλακεύω, ich bin träge, βλακεύομαι, ich zeige, benehme mich träge, πονηρεύω, bin schlecht, πονηρεύομαι benehme mich schlecht, πολιτεύω, bin Bürger, πολιτεύομαι, lebe und handle als Bürger, ταμιεύω, bin ein Verwalter, ταμιεύομαι, wirtschafte, gehe haushälterisch um, ordne an. Da übrigens bei Verben dieser Art der Begriff der geistigen Thätigkeit in der Regel vorzuwalten pflegt, so ist bei den meisten die aktive Form seltener im Gebrauche als die mediale, ja mehrere treten bei den Attikern nur in der Medialform auf, als: εὐτραπελεύεσθαι, φιλανθρωπεύεσθαι, μειρακιεύεσθαι, νεανιεύεσθαι, ἀνθρωπεύεσθαι, ἀστεύεσθαι, ἀκρατεύεσθαι u. a.; sowie dagegen andere, die bloss einen Zustand ohne geistige Selbstthätigkeit ausdrücken, nur in der aktiven Form gebraucht werden, als: πρωτεύειν, ἀριστεύειν, κρατιστεύειν, καλλιστεύειν und alle von Substantiven auf εύς abgeleiteten, als: βασιλεύειν, δουλεύειν u. s. w. Denen auf

---

[1]) Ueber προτείνεσθαι vgl. Baehr ad Hdt. 7, 160 u. Stein zu 9, 34. — [2]) S. Kühner ad Xen. Comment. 2. 6, 37. — [3]) Id. ad I. 2, 64.

εύομαι entsprechen in ihrer Bedeutung die abgeleiteten auf ίζομαι, als: ἀστείζομαι, betrage mich wie ein Städter, μειρακίζομαι, χαριεντίζομαι u. s. w. Die von Personen-, Land-, Völkernamen abgeleiteten auf ίζω aber verschmähen seltsamer Weise die Medialform, als: φιλιππίζω, halte es mit Philippos, ἀττικίζω, halte es mit den Athenern, λακωνίζω, benehme mich in Sprache, Sitte, Kleidung wie die Lakonen, oder halte es mit d. L., μηδίζω, halte es mit den Medern (Persern), δωρίζω, betrage mich, spreche wie ein Dorier. Einige Verben schwanken in dem Gebrauche der **aktiven** und **medialen** Form so, dass der Unterschied der Bedeutung sich verwischt zu haben scheint, als: στρατεύω u. -ομαι, von denen jenes einen Feldzug machen, dieses Kriegsdienste thun bedeuten soll, στρατοπεδεύω u. -ομαι, καλλιερέω u. -έομαι, εὐδοκιμέω u. -έομαι, σιδηροφορέω u. -έομαι (Th. 1, 5 u. 6, vgl. Classen z. d. St.), ἀπορέω u. -έομαι, ἀριθμέω u. -έομαι (Th. 3, 20).

§ 376. Medialform mit passiver Bedeutung.

1. Aus der reflexiven (intransitiven) Bedeutung der Medialform hat sich die passive (rezeptive) Bedeutung derselben entwickelt, nach welcher das Subjekt die von einem Anderen auf dasselbe gerichtete Thätigkeitsäusserung in sich aufnimmt, empfängt, an sich vollbringen und auf sich einwirken lässt, so dass es als leidender Gegenstand erscheint, als: μαστιγοῦμαι, ζημιοῦμαι (ὑπό τινος), ich empfange Schläge, Strafe, lasse mich schlagen, strafen = werde geschlagen, gestraft (von einem), βλάπτομαι, ἀδικοῦμαι, erleide Schaden, Unrecht. H. Op. 349 εὖ μὲν μετρεῖσθαι παρὰ γείτονος, ein richtiges Mass vom Nachbarn empfangen, sich richtig zumessen lassen. Schon oben (§ 374, 7) haben wir gesehen, dass die Medialform nicht allein gebraucht wird, wenn das Subjekt als unmittelbarer Urheber die Thätigkeitsäusserung an sich selbst vollzieht, sondern auch oft, wenn es als bloss mittelbarer Urheber die Thätigkeitsäusserung an sich selbst vollziehen lässt, als: διδάσκομαι, lasse mich unterrichten, nehme den Unterricht auf, lerne, daher ὑπό τινος, von einem = *doceor ab aliquo,* πείθομαι, ich überrede mich oder ich lasse mich überreden, ὑπό τινος, von einem = werde überredet.

2. Nur für zwei Zeitformen — für das Futur und den Aorist — bestehen besondere, zum Ausdrucke des passiven Begriffs dienende Formen, und auch diese werden, wie wir § 374, A. 1 gesehen haben, bei vielen reflexiven und intransitiven Verben statt der Medialformen gebraucht, wie überhaupt die intransitive und die

passive Bedeutung so nahe verwandt sind, dass eine scharfe Grenze kaum zu ziehen ist. Für alle übrigen Zeitformen fallen Medium und Passivum zusammen.

3. Aber selbst für das **Futur** und den **Aorist** haben ursprünglich die medialen Formen beide Bedeutungen in sich vereinigt, während die passivischen Bildungen als jüngere Schöpfungen zu betrachten sind. Vom Aorist finden sich nur vereinzelt sichere Beispiele dieses Gebrauchs (vgl. Nr. 5); im Futur jedoch hat sich die passivische Verwendung der Medialformen bis über die Demosthenische Zeit hinaus erhalten. Homer drückt den Begriff des passiven Futurs überall (mit **einer** Ausnahme K, 365 — in einer anerkannt jüngeren Partie —) durch das mediale Futur aus (Beispiele § 229, 2); die ionische Prosa gebraucht beide Futura unterschiedslos in passivischem Sinne, z. B. Hdt. 3, 132 ἀνασκολοπιεῖσθαι, 6, 9 u. 17 ἀνδραποδιεῖσθαι, 2, 115 u. 7, 149 περιέψεσθαι, 5, 35 μετήσεσθαι, 2, 14 ὕσεται ἡ χώρη; die Attiker aber mit dem eigentümlichen Unterschiede, dass das aus dem passiven **Aorist** auf -ην, -θην gebildete Futur auf -ήσομαι, -θήσομαι die zukünftige Handlung in **aoristischem** Sinne als **momentan, eintretend, einmalig** bezeichnet, dagegen das an den **Präsensstamm** sich anschliessende Futur auf -σομαι in **präsentischem** Sinne als **dauernd, sich entwickelnd, sich wiederholend**: τιμηθήσομαι ich werde eine Ehre (im einzelnen Falle) empfangen, τιμήσομαι ich werde Ehre geniessen; φοβηθήσομαι (X. Cy. 3. 3, 30) ich werde in Furcht geraten, φοβήσομαι ich werde Furcht hegen. (In die Vergangenheit versetzt würde im ersteren Falle ἐτιμήθην, ἐφοβήθην stehen, im letzteren ἐτιμώμην, ἐφοβούμην.)

4. Wir führen aus den attischen Schriftstellern nur solche Beispiele an, in denen der passive Begriff entweder aus dem Zusammenhange der Rede oder aus der Konstruktion deutlich hervorgeht: ὑπελάμβανον ἀγνοήσεσθαι Dem. 18, 249. Ἄξῃ *duceris* Aesch. Ag. 1632; ἄξονται πρὸς τὴν ἀλλήλων μῖξιν Pl. civ. 458, d; μηχανῆς μελλούσης προσάξεσθαι αὐτοῖς ἀπὸ τῶν ἐναντίων *cum futurum esset ut adduceretur* Th. 4, 115. Ἀγωνιεῖται καὶ κριθήσεται τὸ πρᾶγμα Dem. 21, 7. Νόμους ἔθεσθε πρὸ τῶν ἀδικημάτων ἐπ' ἀδήλοις μὲν τοῖς ἀδικήσουσιν, ἀδήλοις δὲ τοῖς ἀδικησομένοις Dem. 21, 30; βεβουλεῦσθαι ὅπως . . μηδὲν ὑφ' ὑμῶν ἀδικήσεται 23, 115; vgl. Eur. IA. 1437. Th. 5, 56. X. Cy. 3. 2, 18. Pl. Gorg. 509, d. Ἀμφισβητήσεται, μᾶλλον δὲ ὑπό γε ἐκείνου ὁμολογήσεται Pl. Theaet. 171, b. Τὸν μέλλοντα ἀπατήσειν μὲν ἄλλον, αὐτὸν δὲ μὴ ἀπατήσεσθαι Pl. Phaedr. 262, a, vgl. X. An. 7. 3, 3. (Dagegen Pl. Gorg. 499, c οὐκ ᾤμην γε κατ' ἀρχὰς ὑπὸ σοῦ ἐξαπατηθήσεσθαι, νῦν δὲ ἐψεύσθην, vgl. Crat. 436, b. Aeschin. 3, 168.) Ἄρξουσί τε καὶ ἄρξονται Pl. Civ. 412, b, s. § 343. Ὑπὸ τῶν ἱππέων οὐ βλάψονται Th. 6, 64,

vgl. 1, 81. (Dagegen Pl. Gorg. 475, d μὴ ὄκνει ἀποκρίνασθαι, οὐδὲν γὰρ βλαβήσει, s. § 343.) Ἐπιβουλευσόμεθα X. Cy. 5. 4, 34. 6. 1, 10. Διδάξω καὶ διδάξομαι λόγους Eur. Andr. 739, vgl. S. Ant. 726. Οὐδὲ μελετῆσαι (αὐτὸ) ἐασόμενοι Th. 1, 142; auch Eur. IA. 331 ist die handschriftliche Lesart οὐχὶ δεινά; τὸν ἐμὸν οἰκεῖν οὐκ ἐάσομαι; nicht zu ändern. Οὐδ' ὅμοιοι τοῖς ἄλλοις ἐσόμεθα, ἀλλ' εἰρξόμεθα ἐκ τῶν Ἑλληνίδων πόλεων X. An. 6. 6, 16, vgl. Aeschin. 3, 122. Οὐκ ἀγνοοῦντες ὅτι ἐνεδρεύσοιντο ὑπὸ τῶν πολεμίων X. Hell. 7. 2, 18. Εἰ ταῦτα λέξεις, ἐχθαρεῖ μὲν ἐξ ἐμοῦ S. Ant. 93. Ἐὰν πένης ὤν τις δι' ἔνδειαν ἁμάρτῃ, τοῖς ἐσχάτοις ἐπιτιμίοις ἐνέξεται Dem. 5. 11, vgl. Eur. Or. 516. Ἡ πόλις βραχέα ἡσθεῖσα μεγάλα ζημιώσεται Th. 3, 40. Ὃς ἂν ἀφιστῆται, θανάτῳ ζημιωσόμενον (wird jedesmal die Todesstrafe erleiden), ibid. Vgl. And. 1, 72. Dem. 52, 11. (Dagegen 23, 80 ἐὰν ἁλῷ, θανάτῳ ζημιωθήσεται, vgl. Lys. 6, 15, 29, 4. Pl. Hipparch. 226, b.) Ὑπὸ τούτου πάλιν θεραπεύσεται Pl. Alc. I, 135 e, vgl. Antiph. 4, β, 4. Κηρύξεται δὲ πᾶσι Καδμείοις τάδε Eur. Phoen. 1631. (Dagegen X. Cy. 8. 4, 4 μήτε κηρυχθήσεσθαι μήτε ἆθλα λήψεσθαι). Κρινοῦμαι ὡς ἐν παιδίοις ἰατρὸς ἂν κρίνοιτο Pl. Gorg. 521, e. (Dagegen Cratyl. 438, c πλήθει κριθήσεται, vgl. Aesch. Eum. 677. Antiph. 6, 37. Lys. 13, 38. Aeschin. 3, 133. Dem. 21, 7 u. s. w.) Τῇ τῶν χρημάτων σπάνει κωλύσονται Th. 1, 142. Καλοῦμαι und λέξομαι bei den Tragikern, z. B. S. El. 971. OC. 1186. Eur. Hec. 907. Ἐμοὶ μαρτυρήσεται ὑπό τε τοῦ ἐπιόντος καὶ ὑπὸ τοῦ παρεληλυθότος χρόνου ὅτι ἠδίκησα οὐδένα X. Apol. 26, vgl. Comm. 4. 8, 10. Dem. 57, 37. (Dagegen 19, 40 μεμαρτύρηται πολλάκις ὡς ἐγὼ τάλαντον ἔχων ἐπ' αὐτοὺς ᾠχόμην, καὶ νῦν μαρτυρηθήσεται, vgl. Isae. 8, 13). Μαστιγώσεται, στρεβλώσεται (wiederholte Handlung), δεθήσεται, ἐκκαυθήσεται τὠφθαλμώ, τελευτῶν πάντα κακὰ παθὼν ἀνασχινδυλευθήσεται (einmalige Handlung) Pl. civ. 361, e. Ἐξογκώσεται sc. ἡ τόλμα Eur. Hipp. 938. (Ἀνοίξεται ἡ θύρα Inscr. Att. II, 1054, 25.) Ὁ οἶκος ὁ τοῦ πατρὸς οὕτως οἰκήσεται, ὁποῖοι ἄν τινες οἱ παῖδες γένωνται Pl. Lach. 185, a, vgl. Dem. 58, 62, Th. 8, 67 u. s. w. Τοιαῦτ' ὀνειδιεῖσθε S. OR. 1500. Σὺ ὑπ' ἐμοῦ παιδαγωγήσει Pl. Alc. I, 135, d. Ἐκπλυνεῖται τοῦτο τὸ ψιμύθιον Ar. Pl. 1064. Εἴ ποτε πολεμήσονται Th. 1, 68, vgl. 8, 43. Dem. 23, 110. Ἐκεῖνοι πολιορκήσοιντο ὑπὸ τῶν ἀντιπάλων X. Hell. 7. 5, 18, vgl. 6. 4, 6. Cy. 6. 1, 15. Th. 3, 109. (Dagegen X. Hell. 4. 8, 5 εἰ μέλλοι πολιορκηθήσεσθαι.) Ἴσως γελοῖα ἂν φαίνοιτο πολλά, εἰ πράξεται ᾗ λέγεται Pl. civ. 452, a, ubi v. Schneider. Κἀνταῦθα δὴ τὰ δεινὰ κινηθήσεται· | καὶ γὰρ ταλάντῳ μουσικὴ σταθμήσεται Ar. Ran. 796. Οὗτος δ', ἔνθ' ἂν ᾖ, στυγήσεται S. OR. 672. Ἣν πῃ ἄλλῃ μετατάττωνται, ἐξ ὑπογύου ταράξονται X. Cy. 6, 1, 44, vgl. Th. 7. 36. 67. Ἄνω γὰρ ἂν ῥέοι | τὰ πράγμαθ', οὕτως εἰ 'πιταξόμεσθα δή Eur. Suppl. 522. (Dagegen Th. 1, 140 ἄλλο τι μεῖζον εὐθὺς ἐπιταχθήσεσθε.) Πολιορκίᾳ παρατενεῖσθαι (confici) εἰς τοὔσχατον Th. 3, 46. (Dagegen Pl. Lys. 204, c παραταθήσεται ὑπὸ σοῦ ἀκούων θαμὰ λέγοντος). Φυλακῇ τῇ μετρίᾳ τηρήσονται Th. 4, 30. Ἣν τις βουληθῇ (κακὸς γενέσθαι), κολασθήσεται τῇ πρεπούσῃ ζημίᾳ· οἱ δὲ ἀγαθοὶ τιμήσονται τοῖς προσήκουσιν ἄθλοις τῆς ἀρετῆς Th. 2, 87, vgl. X. Cy. 8. 7, 15. Hier. 9, 9. Pl. Civ. 426, c. S. Ant. 210; πλέον προτιμήσεσθε ὑπὸ Κύρου X. An. 1. 4, 14. (Dagegen Th. 6, 80 οἱ Ἀθηναῖοι . . τῷ αὐτῶν ὀνόματι τιμηθήσονται, vgl. Dem. 19, 223. Inscr. Att. II, 575. 594. 613. 617.) Θρέψονται ἡμῖν οὗτοι καὶ παιδευθήσονται τίνα τρόπον; Pl. Civ. 376, c, vgl. 372, b. Th. 7, 49. X. An. 6. 5, 20 u. öfter. (Dagegen Ps. Dem. 60, 32 παῖδες οἱ τούτων ὀνομαστοὶ τραφήσονται καὶ γονεῖς περίβλεπτοι γηροτροφήσονται.) Οὐχ ὑβριεῖται φαύλως Ar. Eccl. 666. Ψῆφος καθ' ἡμῶν οἴσεται τῇδ' ἡμέρᾳ Eur. Or. 440, vgl. X. Oec. 18, 6 δι' ὅλης τῆς ἅλω οἴσεταί σοι τὰ ἄχυρα. (Dagegen Dem. 44, 45 ἡ ψῆφος οἰσθήσεται νυνί, vgl. Eur. Suppl. 561 ἐξοισθήσεται; Th. 7, 56 οὐ γὰρ ἔτι δυνατὴν ἔσεσθαι τὴν ὑπόλοιπον Ἀθηναίων δύναμιν τὸν ὕστερον ἐπενεχθησόμενον πόλεμον ἐνεγκεῖν. Isocr. 13, 19 πάντες ἐπὶ ταύτην κατενεχθήσονται τὴν ὑπόθεσιν.) Μᾶλλον φιλησομένη ὑπὸ τοῦ Φιλόνεω Antiph. 1, 19. Τὸν μέλλοντα μὴ καταφρονήσεσθαι, ἀλλ' εὐδοκιμήσειν ἐν τοῖς πολλοῖς Pl. Hipp. maj. 281, c. (Dagegen Isocr. 6, 95 ἀντὶ τοῦ τιμᾶσθαι καταφρονηθησόμενος.) Ἡ γῆ εὖ φυλάξεται ὑπὸ τῶν φρουρούντων X. Oec. 4, 9, vgl. S. Ph. 48. Τῷ πλήθει τῶν νεῶν οὐκ ὠφελήσονται Th. 7, 67, vgl. 6, 18. X. Comm. 1. 6, 14. 3. 7, 9 u. s. w. (Dagegen Andoc. 2, 22 ἐκεῖνα μὲν τότε ὅταν ἀποτελεσθῇ γνώσεσθε ἅμα καὶ ὠφεληθήσεσθε. Lys. 29, 4 οὐχ ὡς ζημιωθησόμενον αὐτὸν τριήραρχον κατέστησεν, ἀλλ' ὡς ὠφεληθησόμενον, vgl. 18, 20. Isae. 10, 16. Pl. Theag. 128, e.) Sehr selten wird von den Aktivverben mit medialer Futurform dieselbe Form passiv gebraucht: Aesch. Ch. 305 θήλεια γὰρ φρήν· εἰ δὲ μή, τάχ' εἴσεται, *scietur*, s. Wellauer. X. An. 7. 2, 14 haben die besseren Handschriften εἰ εἴσεισι, συλλήψεται st. συλληφθήσεται, was die Ausgaben bieten. Th. 6, 69 ist statt ξυγκαταστρεψαμένοις ῥᾷον αὐτοῖς ὑπακούσεται zweifellos mit Classen u. Stahl zu schreiben ξυγκαταστρεψάμενοι . . ὑπακούσονται.

Anmerk. 1. Bei nicht wenigen Futurformen dieser Art ist es wohl möglich, an der medialen Bedeutung festzuhalten, insofern sie sich im Deutschen durch reflexive oder intransitive Wendungen wiedergeben lassen, z. B. X. Cy. 2, 2, 27 οἳ δὴ ἀνεπίμπλαντο ἤδη κακίας, ἀποκαθαροῦνται πάλιν ταύτης werden sich wieder davon befreien. 1. 4, 19 φοβήσονται οὗτοι καὶ οὐ κινήσονται werden sich nicht rühren, vgl. Dem. 8, 37. 9, 51. Pl. Tim. 57, e Theaet. 182, c. Arist. P. 902. Lysistr. 227. (Dagegen Aeschin. 3, 160 οὐ κινηθήσεται ἐκ Μακεδονίας, vgl. Dem. 19, 324. Arist. Ran. 796.) X. An. 5. 6, 12 εἰ δὲ μέλλοιμεν οἱ μὲν καταλείψεσθαι, οἱ δὲ πλεύσεσθαι zurückbleiben, vgl. 5. 4, 20. (Dagegen Aeschin. 3, 149 ἀβίωτον ἡγησάμενος εἶναι, εἴ τινος ἀπολειφθήσεται δωροδοκίας, vgl. Dem. 44, 8. Isocr. 15, 7. Ar. Nub. 725). X. Cy. 1. 6, 9 καταλύσεταί σου εὐθὺς ἡ ἀρχή wird sich auflösen (*Cobet* καταλελύσεται). S. Ai. 1155 ἴσθι πημανούμενος dass du dir Unglück bereiten wirst. Th. 6, 18 τὴν πόλιν, ἐὰν ἡσυχάζῃ, τρίψεσθαι αὐτὴν περὶ αὐτὴν sich selbst aufreiben, vgl. 7, 42. (Dagegen X. Hell. 5. 4, 60 ὅτι διὰ μαλακίαν καταστριβήσοιντο ὑπὸ τοῦ πολέμου.) S. OR. 272 πότμῳ τῷ νῦν φθερεῖσθαι κἄτι τοῦδ' ἐχθίονι = ὀλεῖσθαι, vgl. Eur. Andr. 708. Th. 7, 48. (Dagegen Pl. Apol. 29, 6 πάντες παντάπασι διαφθαρήσονται, vgl. Eur. Hec. 802. Isocr. 4, 124. Th. 8, 75.) Allein die grosse Anzahl der widerstrebenden Beispiele beweist, dass in klassischer Zeit das mediale Futur dieselbe Stellung einnimmt, wie alle anderen Medialformen mit Ausnahme des Aorists, d. h. dass es die mediale und die passive Bedeutung in sich vereinigt.

Anmerk. 2. Die Beobachtung, dass das passivisch gebrauchte Futurum Medii durative (präsentische), das Futurum Passivi dagegen momentane (aoristische) Geltung hat, ist schon von G. Hermann und Stallbaum gemacht (s. § 229, 2), neuerdings aber von Blass im Rhein. Museum f. Philol. Bd. 47 (1892), S. 269 ff. in ausführlicher Weise als richtig erwiesen worden. Wenn in einzelnen Fällen, z. B. Pl. civ. 376, c θρέψονται καὶ παιδευθήσονται der Bedeutungsunterschied der beiden Futura nicht klar zu Tage tritt, so ist zu bedenken, dass auch die entsprechenden Tempora der Vergangenheit, Imperfekt und Aorist, mannigfache zweifelhafte Grenzfälle aufzuweisen haben.

5. Die Zahl der medialen Aoriste mit intransitiver Bedeutung verringert sich im Laufe der Sprachentwickelung immer mehr. Entschieden passiv aber sind ausser ἐσχόμην, neben welchem eine passive Form ἐσχέθην erst in spätgriechischer Zeit ausgeprägt worden ist, nur äusserst wenige verwandt worden, und zwar ausschliesslich die älteren Bildungen: die sogenannten zweiten Aoriste und die Aoriste nach der Konj. auf μι. Intransitiv, und teilweise passiv sind folgende Aoriste:

a) Aoristus II. Med. Η, 247 ἐν τῇ δ' ἑβδομάτῃ ῥινῷ σχέτο (sc. χαλκός), blieb stecken. Φ, 345 σχέτο δ' ἀγλαὸν ὕδωρ blieb stehen, vgl. μ, 204. ζ, 141. δ, 705 ἔσχετο φωνή stockte. Vgl. Ρ, 696. λ, 279 ἄχεϊ σχομένη von Gram gefesselt, vgl. 334. κηληθμῷ δ' ἔσχοντο, sie waren entzückt. γ, 284 κατέσχετ' ἐπειγόμενός περ ὁδοῖο, hielt an. Hdt. 7, 128 ἐν θώματι μεγάλῳ ἐνέσχετο, war befangen. 1, 31 (Κλέοβις καὶ Βίτων) οὐκέτι ἀνέστησαν, ἀλλ' ἐν τέλεϊ τούτῳ ἔσχοντο, *retenti sunt, haeserunt*. Pind. P. 1, 10 τεαῖς ῥιπαῖσι κατασχόμενος, von deinen Strahlen (Tönen) ergriffen. Eur. Hipp. 27 ἰδοῦσα (τὸν Ἱππόλυτον) Φαίδρα καρδίαν κατέσχετο ἔρωτι δεινῷ. Pl. Phaedr. 244, e τῷ ὀρθῶς μανέντι καὶ κατασχομένῳ, dem begeisterten. — ο, 384 κατάλεξον, ἠὲ διεπράθετο πτόλις, ging zu Grunde. Β, 94 οἱ δ' ἀγέροντο versammelten sich; oft im Part. ἀγρόμενος (in gleicher Bedeutung ἀγερθῆναι). Κ, 159 ἔγρεο erwache; ebenso attisch. ι, 228 ἀλλ' ἐγὼ οὐ πιθόμην gehorchte; vereinzelt auch in att. Prosa (Pl. Phaed. 117, a πιθοῦ). Th. 5, 29 (οἱ Μαντινῆς) ἄσμενοι πρὸς τοὺς Ἀργείους ἐτράποντο, wandten sich. Ζ, 64 ὁ δ' ἀνετράπετο, stürzte rückwärts, vgl. Ξ, 447. Pl. Crat. 395, d ἡ πατρὶς αὐτοῦ ὅλη ἀνετράπετο, kehrte sich um, stürzte zusammen (gwhnl. ἀνατραπῆναι). Κ, 200 ὅθεν αὖτις ἀπέτραπετ' ὄβριμος Ἕκτωρ, wandte sich ab, vgl. M, 329. Pl. Euthyphr. 14, c. Λ, 693 τῶν οἷος λιπόμην, blieb zurück. δ, 710 ἵνα μηδ' ὄνομα αὐτοῦ ἐν ἀνθρώποισι λίπηται, vgl. E, 154. γ, 196. Hdt. 4, 85 οὗτοι ἀποσφαγέντες αὐτοῦ ταύτῃ ἐλίποντο.

b) Aoristus Med. nach der Konj. auf μι: Hs. sc. 173 ἀπουράμενοι ψυχάς des Lebens beraubt. Δ, 518 χερμαδίῳ γὰρ βλῆτο wurde getroffen. Vgl. Λ, 675. Ξ, 27 Νέστορι δὲ ξύμβληντο διοτρεφέες βασιλῆες trafen zusammen, vgl. 39. X, 75 κταμένοιο γέροντος, vgl. O, 558. Aesch. P. 893 Ch. Λ, 659 βεβλημένοι οὐτάμενοί τε, vgl. N, 764. Π, 24. Π, 708 σῷ ὑπὸ δουρὶ πόλιν πέρθαι. Ἔπλητο ep., näherte sich, ἔπληντο. Πλῆτο ep. füllte sich. Ἔφθιτο, periit, Σ, 100. Φθίμενος, dahingeschwunden. Λύντο δὲ γυῖα H, 16 u. s., lösten sich. Λύτο δ' ἀγών Ω, 1. Ἐσσύμην ep., eilte. Βρισηὶς . . ἀμφ' αὐτῷ χυμένη λίγ' ἐκώκυε T, 284, eum complexa. Ἀπ' ὀφθαλμῶν χύτο δάκρυα Ψ, 385, ergossen sich. Χύτο θέσφατος ἀήρ η, 143. ἐμὲ κεῖνοι . . δακρυόεντες ἔχυντο κ, 415, strömten zu mir. Ἄμπνυτο ep., atmete auf. Ἐλέγμην ep., ι, 335 αὐτὰρ ἐγὼ πέμπτος μετὰ τοῖσιν ἐλέγμην ich zählte als fünfter = zählte mich, u. v. ΛΕΧ legte mich schlafen. Πάλτο ep., stiess sich, prallte an O, 645. Ἔμικτο ep., mischte sich. Κατέπηκτο Λ, 378 blieb stecken. In der attischen Sprache giebt es einen einzigen intrans. Aorist von dieser Bildungsweise: ὄνασθαι. Das Nähere über die genannten Verben s. § 343.

c) Die jüngere Form, der Aoristus I. Medii, findet sich bei Homer noch häufig intransitiv, nie aber entschieden passiv; z. B. ἀάσασθαι irren, neben ἀασθῆναι, ἐρείσασθαι sich stützen, neben ἐρεισθῆναι, κλίνασθαι sich anlehnen, nur ρ, 340 statt des üblichen κλινθῆναι, κοιμήσασθαι schlafen, häufiger als κοιμηθῆναι, κορέσασθαι sich sättigen, neben κορεσθῆναι, μνήσασθαι sich erinnern, häufiger als μνησθῆναι, νοσφίσασθαι sich entfernen, häufiger als νοσφισθῆναι, στηρίξασθαι sich stemmen (gegen στηριχθῆναι Tyrt. 10, 32), τανύσσασθαι sich ausstrecken, nur ι, 298 st. des üblichen τανυσθῆναι, χολώσασθαι grollen, häufiger als χολωθῆναι. Vgl. auch § 377, 1. Auch die attischen Dichter bedienen sich dieser älteren Formen nicht selten; in der Prosa dagegen ist die intransitive Funktion durchgehends auf den Passivaorist übergegangen. Diejenigen Stellen, an denen man dem Aor. Med. I. passiven Sinn zuschreiben wollte, lassen sämtlich andere Erklärungen zu. θ 35 κούρω δὲ δύω καὶ πεντήκοντα κρινάσθων (soll man sich (*sibi*) auswählen) κατὰ δῆμον. (Aber 48 κούρω δὲ κρινθέντε δύω κ. πεντ., die ausgewählten.) Pind. O. 7, 15 εὐθυμάχαν ὄφρα πελώριον ἄνδρα παρ' Ἀλφειῷ στεφανωσάμενον αἰνέσω, der sich den Kranz auf's Haupt gesetzt hat, d. i. *coronam sibi peperit*. Ib. 81. 12, 17. N. 6, 19. P. 4, 243 ἤλπετο δ' οὐκέτι οἱ κεῖνόν γε πράξεσθαι πόνον, *sibi effecturum esse*. Pl. Civ. 416, d τὰ δ' ἐπιτήδεια, ὅσων δέονται ἄνδρες ἀθληταὶ πολέμου σώφρονές τε καὶ ἀνδρεῖοι, ταξαμένους παρὰ τῶν ἄλλων πολιτῶν δέχεσθαι μισθὸν τῆς φυλακῆς, i. e. *apud se constituentes res ad vitam necessarias a reliquis civibus tanquam custodiae mercedem accipere*, vgl. Th. 1, 101, ubi v. Stahl. Theocr. 7, 110 εἰ δ' ἄλλως νεύσαις, κατὰ μὲν χρόα πάντ' ὀνύχεσσι δακνόμενος κνάσαιο, mögest du dich zerkratzen, vgl. § 374, 4. Anth. 11, 33 τοίχων ὀρθὰ τιναξαμένων richtig von Jacobs erklärt: *dum parietes illum terrae tremorem et concussionem ita in se recipiebant, ut recti starent.* Euphor. fr. p. 133 ist mit Herm. st. οὕνεκα δή μιν ἶφι βιησαμένη Ἑλένη ὑπεγείνατο Θησεῖ zu lesen βιησαμένῳ, was durch Cram. An. II. p. 450 bestätigt ist.

§ 377. Bemerkungen über die Deponentia.

1. Die sog. Deponentia sind Medialformen mit reflexiver Bedeutung, die der Aktivform ermangeln. Je nachdem sie ihren Aorist mit medialer oder mit passiver Form bilden, werden sie in Deponentia *Medii* und in Deponentia *Passivi* eingeteilt (§ 324). Die Zahl der ersteren ist aber ungleich grösser als die der letzteren, und in der älteren Sprache der Homerischen Gesänge, sowie auch zum Teil bei den nachherigen Dichtern bilden mehrere Deponentia ihren Aorist mit medialer Form, während die spätere Prosa dafür die passive Aoristform gebrauchte, so ἠγασάμην, ᾐδεσάμην, ὠνησάμην, ἐξημιλλησάμην, ἠρνησάμην, ἐδηρισάμην, διελεξάμην, ἠρασάμην, ἱμειράμην, ὠνοσάμην, s. § 343. Über den Grund der Erscheinung, dass eine Anzahl der Deponentia ungeachtet der reflexiven Bedeutung ihren Aorist mit passiver Form bildet, s. § 374, Anm. 1.

2. Die Deponentia erscheinen wie die Media entweder objektlos, als ὀργήσασθαι, βουληθῆναι, oder in Verbindung mit einem Objekte, als: λογίσασθαί τι, δέξασθαί τι. In der deutschen Sprache werden die Deponentia meistens durch intransitive oder transitive Aktivverben übersetzt. Die reflexive Bedeutung ist bei manchen Deponentibus so schwach, dass sie nach unserer Anschauungsweise reine Transitive zu sein scheinen, als: δέχομαί τι, ich nehme (nämlich: mir) etwas, ἐργάζομαί τι, βιάζομαί τινα u. s. w.

3. Von vielen Deponentibus mag ursprünglich auch eine der Medialform entsprechende Aktivform mit transitiver Bedeutung bestanden haben. Von einigen hat sich dieselbe auch in einzelnen Beispielen erhalten, als: ἀγωνίζω, αἰκίζω, βιάζω, δωρέω, μηχανάω, s. § 343. Da aber der Begriff dieser Verben von der Art war, dass sich leicht eine reflexive Beziehung mit demselben verband, so verschwand bei den meisten die aktive Form gänzlich.

4. Teils hieraus, teils aber auch daraus, dass die reflexive Bedeutung der transitiven sehr nahe kam, erklärt sich die Erscheinung, dass viele Deponentia, besonders im Perfekt, auch passive Bedeutung haben.

a) Perfectum, Plusquamperfectum und Futurum exactum. X. Hier. 2, 12 οἱ τύραννοι (πολεμοῦσι) πρὸς τοὺς βεβιασμένους, unterjocht. Hdt. 5, 90 τὰ ἐκ τῶν Ἀλκμεωνιδέων ἐς τὴν Πυθίην μεμηχανημένα. Lys. 3, 26 πάντα αὐτῷ ταῦτα σύγκειται καὶ μεμηχάνηται. Isocr. 4, 40 τὰς πρὸς ἡδονὴν μεμηχανημένας (τέχνας). Dem. 29, 10 λόγων πρὸς τὸ παρὸν μεμηχανημένων. Lys. 32, 21 ἐωνημένον ἀρνίον. Isae. 11, 42 οἰκίαν ἐωνημένην, vgl. Dem. 19, 209. Ar. P. 1182 τῷ δὲ σιτί' οὐκ ἐώνητο. Eur. M. 1130 ἑστίαν ᾐκισμένην. Pl. Civ. 611, d λελωβῆσθαι ὑπὸ τῶν κυμάτων. Hdt. 7, 53 τὰ πρόσθε ἐργασμένα. 1, 123 τάδε οἱ κατέργαστο, gleich darauf: κατεργασμένου δέ οἱ τούτου, vgl. 4, 66. X. Cy. 8. 8, 27 οἶμαι ἅπερ ὑπεθέμην ἀπειργάσθαι. Isocr. 4, 92 πολλῶν καὶ καλῶν αὐτοῖς προειργασμένων. Pl. Leg. 710, d πάντα ἀπείργασται τῷ θεῷ. Hdt. 1, 207 χωρὶς τοῦ ἀπηγημένου, *praeter id, quod expositum est*, vgl. 5, 62. 9, 26. Antiph. 1, 31 ἐμοὶ διήγηται *res a me enarrata est*. Hdt. 2, 78 u. 86 μεμιμημένος, *ad imitationem expressus*. Isocr. 15, 10 περὶ φιλοσοφίας πεπαρρησιασμένα, freimütige Äusserungen. 4, 74 ἀνάγκη τὰ μέγιστ' αὐτῶν ἤδη καταχεχρῆσθαι, oratione trita esse. Th. 7, 70 κεκτημένης θαλάσσης. 3, 61 ᾐτιαμένος. Pl. Gorg. 453, d καλῶς ἂν σοι ἀπεκέκριτο. Crat. 404 a εὖ ἐντεθυμημένον, wohl bedacht. Phaedr. 279, c ἐμοὶ μὲν γὰρ μετρίως ηὖκται. X. oec. 9, 2 τὰ οἰκήματα πρὸς αὐτὸ τοῦτο ἐσκεμμένα, ubi v. Breitenbach, vgl. Hell. 3. 3, 8. Dem. 21, 191 ἐσκεμμένα καὶ παρεσκευασμένα πάντα λέγω (obwohl gleich darauf: ἐγὼ δ' ἐσκέφθαι μέν [*deliberasse*] φημι καὶ οὐκ ἂν ἀρνηθείην καὶ μεμελετηκέναι). Pl. Civ. 392, c ἡμῖν ἅ τε λεκτέον καὶ ὡς λεκτέον παντελῶς ἐσκέψεται *a nobis exploratum erit*. Apol. 22, b τὰ ποιήματα ἅ μοι ἐδόκει μάλιστα πεπραγματεῦσθαι αὐτοῖς. X. Comm. 1. 2, 10 ὡς κεχαρισμένοι φιλοῦσιν *tanquam beneficiis affecti*. Hdt. 9, 26 πολλοὶ ἀγῶνες ἀγωνίδαται. Eur. Suppl. 465 τῶν μὲν ἠγωνισμένων.

b) Aoristus und Futurum. Neben der medialen Aoristform erscheint oft eine passive Form in passiver Bedeutung. Hdt. 9, 108 οὐκ ἐδύνατο κατεργασθῆναι. S. Tr. 1218 εἰ καὶ μακρὰ κάρτ' ἐστίν, ἐργασθήσεται. Fr. Com. (Mein.) 4, 337 μέμψει γὰρ ἄλλους, οὐχὶ μεμφθήσῃ δὲ σύ. S. Ai. 217 ἀπελωβήθη. Ph. 330 ἐξελωβήθην. Hdt. 7, 144 (νῆες) οὐκ ἐχρήσθησαν, *adhibitae sunt*. Th. 6, 53. 8, 68 αἰτιαθείς. 4, 19 βιασθείς, *coactus*, vgl. X. vect. 5, 7. Comm. 1. 2, 10. Hell. 6. 1, 7. 7. 3, 9. Hdt. 8, 85 χώρῃ ἐδωρήθη πολλῇ vgl. S. Ai. 1029. Isocr. 4, 26. X. Comm. 2. 7, 12 ἐπορίσθη μὲν ἀφορμή, ἐωνήθη δ' ἔρια, vgl. Vect. 4, 19, u. 20. Pl. leg. 758, d ὅπως ἂν ἰαθῇ τὸ γενόμενον. Conv. 189, d ὧν ἰαθέντων. X. Hell. 6. 1, 19 ὁπλῖται ἐλογίσθησαν, *numerati sunt*. Pl. Civ. 531, d ἐὰν ξυλλογισθῇ ταῦτα. Aesch. Ch. 290 λυμανθὲν δέμας. Th. 6, 78 τοῖς αὑτοῦ κακοῖς ὀλοφυρθείς. 1, 123 ἃ ἐκτήθη. 2, 36 ἔργα, οἷς ἕκαστα ἐκτήθη. Ferner: ἡγηθῆναι, δεχθῆναι, μιμηθῆναι, ἀγωνισθῆναι, αἰκισθῆναι, αἰνιχθῆναι, ἀκεσθῆναι, προφασισθῆναι. Einige Deponentia bilden beide Aoristformen mit Medialbedeutung. Alsdann gehört aber gemeiniglich die eine der Dichtersprache, die andere der Prosa an; hierher gehören die Nr. 1 angeführten; so ferner Eur. Heracl. 757 ἱκέτας ὑποδεχθείς st. ὑποδεξάμενος. Μεμφθῆναι st. μέμψασθαι s. § 343; sehr selten aber bei demselben Schriftsteller, so μεμφθῆναι Hdt. 1, 77 μεμφθείς, ubi v. Baehr, vgl. 3, 13. 4, 180. 7, 146, aber μεμψάμενον 2, 24. μέμψασθαι 8, 106. Th. 4, 85 μηδεὶς μεμφθῇ, sonst aber μέμψασθαι. Ἀπελογήθην, b. Antiphon, z. B. 2, δ, 3 u. spätgriechisch; wahrscheinl. falsche Lesart X. Hell. 1. 4, 13 (sonst nur ἀπολογήσασθαι, z. B. An. 5. 6, 3 ἀπελογήσατο).

c) **Präsens u. Imperfectum sehr selten.** Λ, 576 βιαζόμενον βελέεσσιν. 589 βελέεσσι βιάζεται. O, 727. Π, 102 βιάζετο γὰρ βελέεσσιν. S. Ant. 1073 ἐκ σοῦ βιάζονται τάδε. Th. 1, 2 βιαζόμενοι ὑπό τινων, vgl. 77 ἀδικούμενοι οἱ ἄνθρωποι μᾶλλον ὀργίζονται ἢ βιαζόμενοι (vorher βιάζεσθαι οἷς ἂν ἐξῇ, δικάζεσθαι οὐδὲν προσδέονται). 7, 84. X. conv. 2, 26. Th. 5, 3 ὡς ἐβιάζοντο. (Aber 4, 19 muss man zu παρὰ ἃ προσεδέχετο aus dem vorhergehenden νικήσας ὁ νικηθείς ergänzen, obwohl bei den Späteren ἐδεχόμην, ἐσεδεχόμην auch in pass. Bdtg. vorkommt.) Pl. Phaed. 69, b ὠνούμενά τε καὶ πιπρασκόμενα, ubi v. Stallb. X. r. eq. 8, 2 ἐωνεῖτο. S. Nr. 3. Dem. 24, 28 ὁ νῦν ἀγωνιζόμενος νόμος. Antiph. 5, 63 περὶ αὐτοῦ δεδεμένου καὶ λυμαινομένου. Lys. 28, 14 ὑπὸ τοιούτων ἀνδρῶν λυμαίνεσθε. X. Cy. 8. 2, 22 ἃ οὔτε κατασήπεται οὔτε ὑπερπληροῦντα λυμαίνεται.

Anmerk. Nach den Zeiten des Aristoteles, als das richtige Gefühl für echte Gräzität immer mehr abstarb, und man mehr die äussere Form als das innere Wesen des Wortes berücksichtigte, griff der Gebrauch der Medialform in passiver Bdtg. immer mehr um sich.

§ 378. C. Passivform.[1])

1. Eine eigentliche **Passivform** besitzt die griechische Sprache nicht. Denn, wie wir § 372, 2 gesehen haben, entlehnt das griechische Passiv, mit Ausnahme des Aorists und des Futurs, alle übrigen Zeitformen von dem Medium. Der **Aor. II. Pass.** aber war ursprüng-

---

[1]) S. H. C. v. d. Gabelentz, Über das Passivum (Abh. d. Sächs. Gesellsch. d. Wissensch. III, 1860). Delbrück, Syntakt. Forschungen IV, S. 75 ff. W. Kühne, *de aoristi passivi formis atque usu Homerico*, Progr. v. Güstrow 1878. Die Programme von Kowaleck und Grosse s. zu § 374.

lich nichts anderes als ein nach der Formation auf μι gebildeter Aor. II. Act., der mit intransitiver Bedeutung neben dem Aor. I. Act. mit transitiver Bedeutung bestand, als: ἐξέπληξα, erschreckte, ἐξεπλάγην, erschrak, ἀνέτρεψα, wendete um, ἀνετράπην, wandte um, ἔφηνα, zeigte, ἐφάνην, erschien, ἔθρεψα, erzog, ἐτράφην, wuchs auf, ἔφθειρα, *perdidi*, ἐφθάρην, *perii*, ἔκαυσα (ep. ἔκηα), brannte, trans., ἐκάην, brannte, intr., ἔφυσα, erzeugte, ἔφυν, entstand, ἔδυσα, tauchte ein, ἔδυν, ging unter, ferner ἐδάην, lernte, ἐρρύην, floss, wie ἔστησα, stellte, ἔστην, trat hin, und wie sich bei mehreren Verben neben dem Pf. I. mit transitiver Bedeutung ein Pf. II. mit intransitiver Bedeutung findet, als: ὀλώλεκα, *perdidi*, ὄλωλα, *perii*. (Darauf gründet sich die oben § 263, 1 erwähnte Erscheinung, dass in der Regel kein Verb den Aor. II. Act. und den Aor. II. Pass. zugleich bildet.) Und so wird denn auch der Aor. II. Pass. in der Homerischen Sprache noch fast ausschliesslich als Intransitivum gebraucht: Delbrück zählt a. a. O. S. 75 ff. unter 22 Bildungen auf -ην nur 2 von entschieden passivem Sinne (πληγῆναι u. τυπῆναι geschlagen werden = Schläge erhalten). Bei allen anderen wendet auch die deutsche Übersetzung intransitive oder reflexive Wendungen an, z. B. ἀγῆναι brechen, ἀλῆναι sich ducken, zusammendrängen, μιγῆναι sich vereinigen, παγῆναι haften, ῥαγῆναι hervorbrechen, τμαγῆναι auseinandergehen, τραφῆναι aufwachsen.

2. Aber auch für den jüngeren Aoristus I. lässt sich bei Homer in der überwiegenden Mehrzahl der Beispiele die ursprüngliche intransitive Bedeutung feststellen: Grosse a. a. O. I, S. 5 f. zählt unter 129 Aoristen auf -θην nur etwa 30 ausgesprochene Passiva, wie κταθῆναι, νικηθείς, δοθείη u. a., während die meisten deutlich erkennbare Intransitiva sind, z. B. ἀγερθῆναι, ἀολλισθῆναι sich versammeln, γυμνωθῆναι sich entblössen, νοσφισθῆναι sich entfernen, πλαγχθῆναι umherirren; τυχθῆναι = γενέσθαι, χολωθῆναι = χολώσασθαι, εὐνηθῆναι schlafen, κοιμηθῆναι = κοιμήσασθαι, vgl. ξ, 523 ff. ὣς ὁ μὲν ἔνθ' Ὀδυσεὺς κοιμήσατο, τοὶ δὲ παρ' αὐτὸν | ἄνδρες κοιμήσαντο νεηνίαι· οὐδὲ συβώτῃ | ἥνδανεν αὐτόθι κοῖτος, ὑῶν ἄπο κοιμηθῆναι.

3. Aus diesen beiden Aoristformen gingen zwei denselben entsprechende passive Futurformen mit Medialendungen hervor, als: μιγήσομαι, μιχθήσομαι. Vgl. § 222, wo auch über das Passivelement θ gesprochen ist. Dass die Bildung des Fut. Pass. erst einer späteren Sprachperiode angehört, erkennen wir deutlich daraus, dass die ältere mit Ausnahme von μιγήσομαι, das nur einmal (K, 365, in einer jüngeren Partie), und zwar in reflexiver Bedeutung, vorkommt, stets das Fut. Med. gebraucht, s. § 229. Die dorische Mundart bildete, wie § 229, A. 4 bemerkt worden ist, die von dem Aor. Pass. mit aktiver Flexion abgeleiteten Futura Pass. gleichfalls mit

aktiver Flexion, als: φανησεῖν st. φανήσεσθαι, ἐπιμεληθησεῖ st. ἐπιμεληθήσεται, δειχθησοῦντι st. δειχθήσονται.

4. Die Homerischen Gedichte führen uns nach dem unter 1 und 2 Bemerkten nahe an denjenigen Zustand der griechischen Sprache heran, wo der Passivbegriff noch garnicht ausgebildet war. Eines besonderen verbalen Ausdruckes bedarf dieser Begriff an sich überhaupt nicht, denn zur Not reichen die sonstigen Sprachmittel aus: teils intransitive Verben, z. B. ἀπέθανεν ὑπὸ τοῦ ἀδελφοῦ (vgl. § 373, 5) „er starb von Bruders Hand"; teils transitive Verben mit Reflexivpronominen, wie im Slavischen, im Altnordischen und gelegentlich im Deutschen und anderen neueren Sprachen, z. B. „der Ring hat sich gefunden, la maison s'est bâtie"; teils endlich das Medium, wie im Altindischen. Auch das lateinische Passivum hat sich wahrscheinlich erst aus dem Medium entwickelt, und viele Passiva haben oft rein mediale Bedeutung, z. B. *dispertiri* sich trennen, *pingi* sich schminken, *corrumpi* verderben, *exerceri* sich üben, *moveri* sich bewegen, *pares cum paribus facillime congregantur, laetari, reminisci* u. a. So hat es also im Griechischen eine Zeit gegeben, wo man Formen wie τρέφεσθαι, τραφῆναι noch nicht als passivisch empfand (aufgezogen werden), sondern nur allgemein als intransitiv (aufwachsen). Aber indem der Urheber des Zustandes im Dativ oder in einer präpositionalen Wendung hinzugefügt wurde, stellte sich eine Ausdrucksweise wie Ἀχιλλεὺς ἐτράφη ὑπὸ Χείρωνι, ὑπὸ Χείρωνος, Achill wuchs auf unter (Leitung des) Cheiron, in deutlichen Gegensatz zu dem aktivischen Χείρων ἔθρεψεν Ἀχιλλέα, und damit war die Scheidung des Passivbegriffes vom Intransitivbegriffe angebahnt; und nachdem diese Scheidung vollzogen war, wurde in denjenigen Tempusformen, wo Doppelbildungen vorhanden waren (im Aorist und im Futur) die passivische Verwendung des Mediums allmählich immer mehr eingeschränkt: das passivische ἔβλητο (§ 376, 5) wurde verdrängt durch ἐβλήθη u. s. w., und τιμήσομαι gab einen Teil seiner Funktionen an τιμηθήσομαι ab (vgl. § 376, 3). Vollständig jedoch ist die Scheidung nie durchgeführt worden: ἐσχόμην ist die ganze klassische Zeit hindurch in passivischer Verwendung geblieben, und umgekehrt wird ἐστάθην von den Dichtern auch im Sinne von ἔστην gebraucht, z. B. Aesch. P. 206 φόβῳ δ' ἄφθογγος ἐστάθην.

5. Mehrere Spracherscheinungen würden in der griechischen Sprache nicht hervorgetreten sein, wenn sie, wie andere Sprachen, ein wirkliches Passiv hätte. Diese Erscheinungen aber erhalten eine einfache und natürliche Erklärung, wenn wir das vermeintliche Passiv als ein Reflexiv auffassen. Hierher gehört z. B. die Konstruktion medialer Formen mit dem Akkusative, wie wir in der Lehre von diesem Kasus sehen werden, als: τύπτομαι πληγάς, erhalte Schläge,

ἠμφιέσθαι ἐσθῆτα, *induisse sibi vestem.* Wenn sich auch in der lateinischen Sprache dergleichen Erscheinungen finden, wie hedera *cinctus tempora* Ov. Am. 3. 9, 61. Virgines *longam indutae vestem* L. 27, 37; so sind sie doch immer nur Eigentum der die Griechen nachahmenden Dichter und späterer Prosaisten geblieben; in die Volkssprache sind sie gewiss nie übergegangen. Dann gehört besonders auch folgende Erklärung hierher.

6. Bei der Umwandlung des Aktivs mit einem Objekte in das Passiv geht nicht nur, wie in anderen Sprachen, der Objekts-Akkusativ in den Subjekts-Nominativ über, z. B. Ἕκτωρ ὑπ' Ἀχιλλέως ἐφονεύθη (akt. Ἀχιλλεὺς ἐφόνευσεν Ἕκτορα), sondern auch Verba mit Objekts-Genetiv oder Dativ können ein persönliches Passiv bilden, so dass also der Genetiv oder Dativ in den Subjekts-Nominativ übergeht. So sagt der Grieche: φθονοῦμαι, ἐφθονήθην, φθονήσομαι ὑπό τινος (v. φθονεῖν τινι, *invidere alicui*), d. h. ich empfange, empfing, werde empfangen Neid von einem, der Lateiner dagegen: *invidetur mihi ab aliquo;* πιστεύομαι u. ἀπιστοῦμαι ὑπό τινος (v. πιστεύειν u. ἀπιστεῖν τινι), ich empfange Glauben, keinen Glauben. Isocr. 5, 49 (Λακεδαιμόνιοι) πολεμοῦνται μὲν ὑπὸ τῶν περιοικούντων, ἀπιστοῦνται δ' ὑφ' ἁπάντων Πελοποννησίων (πολεμεῖν τινι). Hdt. 7, 144 αἱ νῆες οὐκ ἐχρήσθησαν (χρῆσθαί τινι). Th. 1, 82 ἡμεῖς ὑπ' Ἀθηναίων ἐπιβουλευόμεθα (ἐπιβουλεύειν τινί). 142 ὑφ' ἡμῶν πολλαῖς ναυσὶν ἐφορμεῖσθαι u. 8, 20 νῆες ἐφορμούμεναι ὑπὸ Ἀθηναίων (ἐφορμεῖν τινι, blockieren). Pl. Civ. 417, b καὶ ἐπιβουλεύοντες καὶ ἐπιβουλευόμενοι διάξουσι πάντα τὸν βίον. X. Cy. 5. 4, 34 αὐτοὶ ἐπιβουλευσόμεθα. Conv. 4, 31 οὐκέτι ἀπειλοῦμαι, ἀλλ' ἤδη ἀπειλῶ ἄλλοις. Pl. Lysid. 208, c ἦ δεινὸν ἐλεύθερον ὄντα ὑπὸ δούλου ἄρχεσθαι (ἄρχειν τινός). Leg. 684, a βασιλεῖαι τρεῖς βασιλευομέναις πόλεσι τριτταῖς ὤμοσαν ἀλλήλαις ἑκάτεραι, κατὰ νόμους οὓς ἔθεντο τοῦ τε ἄρχειν καὶ ἄρχεσθαι κοινούς. Th. 1, 37 ἡμεῖς τε ἀδικοῦμεν καὶ αὐτοὶ οὐκ εἰκότως πολεμοῦνται (πολεμεῖν τινι). 3, 61 ἡγεμονεύεσθαι ὑφ' ἡμῶν (ἡγεμονεύειν τινός). Pl. Civ. 551, a ἀσκεῖται δὴ τὸ ἀεὶ τιμώμενον, ἀμελεῖται δὲ τὸ ἀτιμαζόμενον. X. Comm. 4. 2, 33 Παλαμήδην πάντες ὑμνοῦσιν, ὡς διὰ σοφίαν φθονηθεὶς ὑπὸ τοῦ Ὀδυσσέως ἀπόλλυται. Hier. 11, 6 νικῶν μὲν οὐκ ἂν θαυμάζοιο, ἀλλὰ φθονοῖο, νικώμενος δ' ἂν καταγελῷο (καταγελᾶν τινος). 11 οὐ μόνον φιλοῖο ἄν, ἀλλὰ καὶ ἐρῷο ὑπ' ἀνθρώπων (ἐρᾶν τινος). Cy. 6. 1, 41 τὰ αἰσχρὰ ἐπιχειρεῖται (ἐπιχειρεῖν τινι). Comm. 2. 6, 11 τοὺς ἐπᾳσθέντας (ἐπᾴδειν τινί). Comm. 1. 2, 29 δικαίως ἂν ἐπιτιμῷτο, vgl. Isocr. 12, 149. (ἐπιτιμᾶν τινι). Isae. 3, 24 ὀλιγωρηθῆναι (ὀλιγωρεῖν τινος). 8, 44 ἠμφισβητήθημεν (ἀμφισβητεῖν τινι). X. Cy. 5. 4, 34 ἐνοχλεῖσθαι (ἐνοχλεῖν τινι). Pl. Leg. 633, e τὸν ὑπὸ τῶν ἡδονῶν κρατούμενον (κρατεῖν τινος). X. Hell. 7. 4, 30 καταφρονούμενοι ὑπ' Ἀρκάδων (καταφρονεῖν τινος). 4. 4, 2 κἂν νόμῳ τις

καταγνωσθῇ (καταγιγνώσκειν τινός). 5. 2, 36 ἐκεῖνος κατεψηφίσθη. Sogar καταψηφισθῆναι θανάτου Pl. Civ. 558, a (καταψηφίζεσθαί τινος θάνατον); doch gewöhnlicher κατεψηφίσθη μου θάνατος.

Anmerk. 1. Wenn auch bei den Lateinern diese Konstruktion zuweilen gefunden wird, als: *persuadeor*, *parcor*, *plaudor*, *invideor*, so ist dieselbe nicht in dem Wesen der Sprache begründet, sondern beruht bloss auf einer künstlichen Nachahmung (vgl. Nr. 5). Passend sagt d. Schol. Cruq. ad. Hor. A. P. 56 *invideor*: „Mire, dum de fingendis verbis loquitur, *Graeco* more loquitur, φθονοῦμαι i. e. invidiam patior: *invideor* enim videtur non satis Latine dici posse."

Anmerk. 2. Selten findet sich die unpersönliche Konstruktion, wie Th. 5, 49 Λακεδαιμόνιοι ἀντέλεγον μὴ δικαίως σφῶν καταδεδικάσθαι. Pl. Polit. 299, a ὧν δ' ἂν καταψηφισθῇ. Aber X. vect. 1, 1 νομίζων, εἰ τοῦτο γένοιτο, ἅμα τῇ τε πενίᾳ αὐτῶν ἐπικεκουρῆσθαι καὶ τῷ ὑπόπτους τοῖς Ἕλλησιν εἶναι würde die persönliche Konstr. wegen der folgenden Worte hart sein.

7. Nach derselben Analogie geht bei einigen Verben, die im Aktive neben dem Dative der Person einen Akkusativ der Sache bei sich haben, als: ἐπιτρέπω, ἐπιτάττω, ἐπιστέλλω, πιστεύω τί τινι u. a., in der passiven Konstruktion der Dativ der Person in den Nominativ über, während der Akkusativ der Sache unverändert bleibt, indem der Grieche auch hier das Passiv reflexiv auffasst: ich erhalte einen Auftrag, ich übernehme etwas. Th. 1, 126 οἱ τῶν Ἀθηναίων ἐπιτετραμμένοι τὴν φυλακήν. 5, 37 οἱ Κορίνθιοι ταῦτα ἐπεσταλμένοι ἀνεχώρουν. 1, 140 ἄλλο τι μεῖζον εὐθὺς ἐπιταχθήσεσθε. Polyb. 8. 17, 1 τοὺς Κρῆτας πεπιστεῦσθαί τι τῶν φυλακτηρίων. Eur. Rh. 538 τίς ἐκηρύχθη πρώτην φυλακήν; = τίς διὰ κήρυκος ἐπετάχθη τὴν φ.; Lys. 30, 3 ἐκ τῆς τούτου χειρὸς ἐταμιευόμεθα τοὺς νόμους es wurden uns die Gesetze rationsweise zugeteilt. Pl. Tim. 60, c τὸ δὲ ὑπὸ πυρὸς τάχους τὸ νοτερὸν ἐξαρπασθέν (ἐξαρπάζειν τινί τι). S. Ant. 408 πρὸς σοῦ τὰ δεῖν' ἐκεῖν' ἐπηπειλημένοι. Tr. 157 λείπει παλαιὰν δέλτον ἐγγεγραμμένην | ξυνθήματα. Seltener ist der Dativ. Hdt. 7, 10, γ τοῖσι ἐπετέτραπτο ἡ φυλακή. Vgl. 3, 142. (Aber Pl. leg. 636, d ἐπειδὴ παρὰ Διὸς αὐτοῖς οἱ νόμοι πεπιστευμένοι ἦσαν γεγονέναι wegen des Zusatzes γεγονέναι u. Polit. 282, e τὴν δὲ ἐπιτεταγμένην αὐτοῖς εἶναι τέχνην κροκονητικὴν φῶμεν konnte nicht anders gesagt werden, vgl. Th. 1. 141, 1.) Bei folgendem Infin. scheint, wie bei τάττεταί μοι ποιεῖν τι, der Dativ gewöhnlicher zu sein. Th. 3, 22 οἷς ἐτέτακτο παραβοηθεῖν, vgl. X. Cy. 1. 2, 5. 6. 3, 3. r. eq. 5, 2. Hdt. 4, 131 ὁ δὲ οὐδὲν ἔφη οἱ ἐπεστάλθαι ἄλλο ἢ δόντα τὴν ταχίστην ἀπαλλάσσεσθαι.

8. Verwandt hiermit ist die eigentümliche Erscheinung, dass bei Handlungen, die einen Teil des Körpers ergreifen, in der passiven Konstruktion die ganze Person als von der Handlung betroffen und demnach in den Subjektsnominativ gesetzt wird, während der betroffene Körperteil durch den Akkusativ bezeichnet wird: wie

man sagt ἐκόπην τὴν κεφαλήν ich erhielt einen Schlag an den Kopf, so auch ἐξεκόπην τὸν ὀφθαλμόν Ar. N. 24. X. Cy. 8. 8, 3 ἀπετμήθησαν τὰς κεφαλάς (vgl. An. 3. 1, 17 τοῦ ἀδελφοῦ ἀπέτεμε τὴν κεφαλήν). Mehr Beispiele § 410, 6.

9. Die meisten Aktivverben, welche das Medium haben, lassen auch das Passiv zu. Die Formen des passiven Aorist- und Perfektstammes können ihrer Bedeutung nach ebenso zum Medium wie zum Aktiv gehören: αἱρεῖσθαι als Pass. genommen, bezwungen, überführt werden X. An. 5. 4, 26 ἐν τῷ πρότερον αἱρεθέντι χωρίῳ. Hdt. 2, 13 λιμῷ οἱ Ἕλληνες αἱρεθήσονται. S. Ant. 493 φιλεῖ δ' ὁ θυμὸς πρόσθεν ᾑρῆσθαι κλοπεύς. αἱρεῖσθαι als Med. wählen X. An. 5. 6, 12 οἱ μὲν ἄνδρες ᾕρηνται (haben gewählt) πορείαν. 3. 1, 46 αἱρεῖσθε ἄρχοντας, καὶ ἑλόμενοι ἥκετε εἰς τὸ μέσον τοῦ στρατοπέδου, καὶ τοὺς αἱρεθέντας ἄγετε, darauf 2, 1 ἐπεὶ δὲ ᾕρηντο (gewählt waren). Pl. Prot. 338, b ἐκ περιττοῦ ᾑρήσεται er wird überflüssig gewählt sein. γράφεσθαι als Pass. geschrieben werden Pl. Parm. 128, d διὰ τοιαύτην δὴ φιλονεικίαν ὑπὸ νέου ὄντος ἐμοῦ ἐγράφη, καί τις αὐτὸ ἔκλεψε γραφέν. γράφεσθαι als Med. anklagen Dem. 18, 103 γραφεὶς τὸν ἀγῶνα τοῦτον εἰς ὑμᾶς εἰσῆλθον. Ebenso zu βουλεύσασθαι sich beraten. Th. 1, 120 καλῶς δοκοῦντα βουλευθῆναι (beraten worden zu sein) ἐς τοὐναντίον αἰσχρῶς περιέστη; zu ψηφίσασθαι beschliessen Th. 6, 8 καθ' ὅ τι χρὴ τοῖς στρατηγοῖς, εἴ που προσδέοιντο, ψηφισθῆναι (*decerni*) ἐς τὸν ἔκπλουν. Isocr. 6, 92 ἡμῖν φιλονικητέον ἐστὶν ὑπὲρ τῶν ἐνθάδε ψηφισθησομένων; zu ἀφελέσθαι berauben Hdt. 3, 65 δείσας μὴ ἀφαιρεθέω τὴν ἀρχὴν πρὸς τοῦ ἀδελφεοῦ u. s. w. Vgl. auch die Bemerkungen über die Deponentia § 377, 4.

10. Da auch intransitive Verba im Griechischen einen Akkusativ zu sich nehmen können, z. B. ζῆν βίον ἀθλιώτατον, μεγάλα ἁμαρτάνειν, so ist es erklärlich, dass auch von ihnen nicht selten ein Passivum gebildet wird. Dem. 19, 200 ποῖον ἐρεῖς βίον ὃν οὐ βεβίωκας, ἐπεὶ ὅ γε βεβιωμένος σοι τοιοῦτος φαίνεται; 18, 265 ἐξέτασον τοίνυν παρ' ἄλληλα τὰ σοὶ κἀμοὶ βεβιωμένα. Pl. Lach. 187, b μὴ οὐκ ἐν τῷ Καρὶ ὑμῖν ὁ κίνδυνος κινδυνεύηται, ἀλλ' ἐν τοῖς υἱέσι. Dem. 34, 28 τὰ χρήματα κινδυνεύεται τῷ δανείσαντι steht auf dem Spiele. 18, 278. Th. 2, 35, vgl. 5, 91. Dem. 30, 10 εἰς τὴν οὐσίαν τὴν Ἀφόβου τὴν οὕτω κινδυνευθήσεσθαι μέλλουσαν. Ps. Lys. 2, 54 τὰ ὑπὸ πολλῶν κινδυνευθέντα. Antiph. 5, 75 ὅμως δ' οὖν κεκινδυνεύσεται gleichwohl soll es gewagt sein. 5, 77 ὅ τι ὕστερον αὐτῷ ἡμάρτηται. X. An. 5. 8, 20 καὶ μικρὰ ἁμαρτηθέντα vel parva *peccata*, vgl. vect. 4, 37. Th. 2, 65, ubi v. Stahl. Pl. Prot. 357, e ἡ ἐξαμαρτανομένη πρᾶξις. Th. 7, 77 ἱκανὰ τοῖς πολεμίοις ηὐτύχηται. Dem. 18, 212 ἀτυχηθέντων, *rerum infeliciter gestarum*, ubi v. Schäfer. X. Hell. 5, 2, 34 ὥστε ἐκεῖθεν πάντα ὑπηρετεῖσθαι. Cy. 4. 6, 10 ἐπὶ τούτοις ἐγὼ ἀληθευομένοις δίδωμί σοι

τὴν ἐμὴν δεξίαν, *ea condicione, ut haec vere dicantur.* Lys. 6, 5 πάντα τὰ ἠσεβημένα (gottlose Handlungen, *impie facta*) αὐτῷ. Dem. 1, 28 αἱ τῶν πεπολιτευμένων (politische Massregeln) εὔθυναι. Aeschin. 2, 4 τῶν σεσωφρονημένων (besonnene Handlungsweise) ἐν τῷ βίῳ μοι χάριν ἀπειληφέναι νομίζω. Noch freier bewegt sich die poetische Sprache: Eur. I. T. 367 αὐλεῖται δὲ πᾶν μέλαθρον hallt wieder von Flötenspiel (αὐλεῖν, *tibia canere*). Heracl. 401 θυηπολεῖται δ' ἄστυ μάντεων ὕπο ist voll von Opfern. S. OR. 1092 σέ γε (ὦ Κιθαιρών), χορεύεσθαι πρὸς ἡμῶν. Pind. O. 92 ἀείδετο δὲ πᾶν τέμενος. — Anders geartet sind Beispiele wie ζ, 131 (λέων) εἶσ' ὑόμενος καὶ ἀήμενος in Regen und Wind; Hdt. 3, 10 ὕσθησαν Θῆβαι, οὔτε πρότερον οὐδαμὰ ὑσθεῖσαι οὔτε ὕστερον es regnete in Theben; 4, 31 τὰ κατύπερθε ταύτης τῆς χώρης αἰεὶ νίφεται; X. Hell. 2. 4, 3 νιφόμενοι ἀπῆλθον εἰς τὸ ἄστυ; Th. 8, 99 χειμασθεὶς ἀνέμῳ. Denn diese Witterungsausdrücke werden nicht nur intransitiv verwandt: ὕει, νίφει, χειμάζει es regnet, schneit, stürmt, sondern auch transitiv: ὕει τὴν χώραν, z. B. Hdt. 4, 151 ἑπτὰ ἐτέων οὐκ ὗε τὴν Θήρην.

11. Der Urheber des passiven Zustandes wird a) am häufigsten und allgemeinsten durch die Präposition ὑπό (unter) *c. gen.* ausgedrückt, indem der Urheber als die Person gedacht wird, unter deren Einwirkung der passive Zustand hervorgebracht wird. — b) Statt des Genetivs wird in der Dichtersprache häufig der Dativ mit ὑπό verbunden, wodurch der Akt räumlicher, daher sinnlicher und anschaulicher dargestellt wird, wie δαμῆναι ὑπό τινι erliegen unter den Händen jemandes, oft b. Hom., αὐτοὶ ὑπ' Ἀργείοισι φέβοντο Λ, 121. In der attischen Prosa ist dieser Gebrauch nur auf die Verben des Erziehens beschränkt: Pl. Civ. 391, c Ἀχιλλεὺς ὑπὸ τῷ σοφωτάτῳ Χείρωνι τεθραμμένος, ubi v. Stallb. (unter der Aufsicht und Lehre), vgl. 558, d. 572, c. Lach. 184, e ὑπὸ παιδοτρίβῃ ἀγαθῷ πεπαιδευμένος — c) Ἐξ (ἐκ) *c. gen.* gehört fast nur der neuion. Prosa und der Dichtersprache an und stellt den Urheber gleichsam als die Quelle dar, aus der der passive Zustand hervorgeht. Vgl. § 430, 2, 3 c.). Β, 70 Τρώεσσι δὲ κήδε' ἐφῆπται | ἐκ Διός. 669 ἐφίληθεν ἐκ Διός. S. Ant. 63 ἀρχόμεσθ' ἐκ κρεισσόνων. 1073 ἐκ σοῦ βιάζονται τάδε. Vgl. Ant. 210. Hdt. 3, 62 τὰ ἐντεταλμένα ἐκ τοῦ Μάγου. ib. προδεδόσθαι ἐκ Πρηξάσπεος. Vgl. 1, 114. 2, 151. 3, 14. 71. 7, 175. 8, 114. X. Hell. 3. 1, 6 ἐκείνῳ αὕτη ἡ χώρα ἐκ βασιλέως ἐδόθη, aus der Hand des Königs, vgl. 6. 5, 41. An. 1. 1, 6. Cy. 8. 6, 9. — d) Πρός *c. gen.* (eigtl. aus der Gegenwart jemandes) wird gebraucht, wenn der passive Zustand als aus der unmittelbaren Gegenwart einer Person hervorgehend bezeichnet werden soll. Vgl. § 441 I c. γ). Λ, 831 ἐσθλά, τά σε προτί φασιν Ἀχιλλῆος δεδιδάχθαι, vgl. S. OR. 357. Ant. 408. Ai. 651 sq. ἐθηλύνθην στόμα πρὸς τῆσδε τῆς γυναικός. Ph. 383 sq. τῶν ἐμῶν τητώμενος | πρὸς τοῦ κακίστου κἀκ κακῶν Ὀδυσσέως.

1023 γελώμενος πρὸς σοῦ. 1070 sq. πρὸς ὑμῶν ὧδ' ἔρημος, ὦ ξένοι, | λειφθήσομαι. Hdt. 1, 61 ἀτιμάζεσθαι πρὸς Πεισιστράτου. 2, 75 τὴν ἶβιν . . τετιμῆσθαι λέγουσι Ἀράβιοι μεγάλως πρὸς Αἰγυπτίων. Vgl. 2, 152. 3, 65 u. s. w. X. oec. 4, 2 αἱ βαναυσικαὶ (τέχναι) εἰκότως ἀδοξοῦνται πρὸς τῶν πόλεων. — e) Παρά *c. gen.* (eigtl. aus der Nähe jemandes), wenn der Urheber als die Person dargestellt werden soll, aus deren Nähe, Umgebung, inneren oder äusseren Mitteln der passive Zustand ausgegangen sei, daher besonders bei πέμπεσθαι, δίδοσθαι, ὠφελεῖσθαι, συλλέγεσθαι, λέγεσθαι, ὁμολογεῖσθαι, σημαίνεσθαι, ἐπιδείκνυσθαι u. dgl. Vgl. § 440 I. Hdt. 7, 106 τὰ δῶρα πέμπεται παρὰ τοῦ βασιλεύοντος. X. An. 2. 1, 17 πεμφθεὶς παρὰ βασιλέως. S. Ai. 1029 sq. ᾧ δὴ τοῦδ' ἐδωρήθη πάρα | ζωστῆρι. X. Cy. 6. 1, 30 κάμηλοι πολλαὶ παρὰ τῶν φίλων συνειλεγμέναι. 42 τὰ παρὰ σοῦ λεγόμενα. An. 1. 9, 1 παρὰ πάντων ὁμολογεῖται. X. Cy. 1. 6, 2 τὰ παρὰ τῶν θεῶν σημαινόμενα. 5. 5, 20 ταῦτ' αὖ παρὰ σοῦ ἐπιδεικνύσθω. Ven. 13, 4 κράτιστόν ἐστι παρὰ αὐτῆς τῆς φύσεως τὸ ἀγαθὸν διδάσκεσθαι. Pl. conv. 175, e οἶμαι γάρ με παρὰ σοῦ σοφίας πληρωθήσεσθαι. S. OC. 1500 τίς αὖ παρ' ὑμῶν κοινὸς ἠχεῖται (*editur*) κτύπος; — f) Διά *c. gen.* nur, wenn der Urheber als Vermittler bezeichnet werden soll. Dem. 3, 31 διὰ τούτων ἅπαντα πράττεται. — g) Ἀπό *c. gen.* (nicht häufig, doch ziemlich oft b. Thuc.), wenn ausgedrückt werden soll, dass der passive Zustand von Seiten jemandes bewirkt werde. Vgl. § 430. 3 c). Th. 1, 10 ἀπὸ πάσης τῆς Ἑλλάδος πεμπόμενοι, vgl. 8, 77. 1, 17 ἐπράχθη ἀπ' αὐτῶν (eis auctoribus, von ihnen aus) οὐδὲν ἔργον ἀξιόλογον, ubi v. Stahl. 4, 73 οὐδὲν ἀφ' ἑκατέρων ἐπεχειρεῖτο. 6, 32 ἐλέχθησαν τοιοίδε λόγοι ἀπὸ ἄλλων. 6, 28 μηνύεται ἀπὸ μετοίκων. X. Hell. 7. 1, 5 ἀπὸ τῶν θεῶν δέδοται ὑμῖν εὐτυχεῖν. — h) Der Urheber kann auch durch den Dativ ausgedrückt werden. Dies geschieht regelmässig bei den Verbaladjektiven, oft auch beim Perfekt, seltener bei anderen Zeitformen. Der Dativ bezeichnet die Person, welche an dem passiven Zustande teil nimmt, oder für welche derselbe vorhanden ist. Während ὑπό m. d. Gen. bloss den Urheber des passiven Zustandes bezeichnet, drückt der Dativ zugleich auch aus, dass der passive Zustand in Beziehung zu dem Urheber steht. Εὐεπίθετον ἦν τοῖς πολεμίοις X. An. 3. 4, 29, es war den Feinden leicht angreifbar, konnte von d. F. leicht angegriffen werden. Ἀσκητέα ἐστὶν ἡμῖν ἡ ἀρετή, die Tugend ist uns eine zu übende, muss von uns geübt werden. Ὡς μοι πρότερον δεδήλωται Hdt. 6, 123, wie die Sache früher von mir gezeigt worden ist und nun für mich als eine gezeigte besteht, s. § 423, 25, c). Wenn der passive Zustand nicht durch Personen, sondern durch Sachen ausgedrückt wird, so steht gleichfalls der Dativ, der aber alsdann dem *lat.* Ablative entspricht und als Dativ des Mittels und Werkzeuges aufzufassen ist, als: ἡ πόλις πολλαῖς συμφοραῖς ἐπιέζετο.

§ 379. II. Lehre von den Zeitformen und den Modusformen des Verbs.

Nächst den Generibus oder Arten unterscheiden wir an dem Verb:

a) die Zeitformen (*Tempora*), durch welche das Zeitverhältnis des Prädikats ausgedrückt wird;

b) die Modusformen (*Modi*), durch welche das Aussageverhältnis des Prädikats ausgedrückt wird.

A. Lehre von den Zeitformen (*Temporibus*) des Verbs.

§ 380. Vorbemerkung.

1. In der Formenlehre (§§ 220 ff.) haben wir die allmähliche Entwickelung der Zeitformen erörtert und gezeigt, dass als die notwendigsten Zeitformen einer Sprache das Präsens und das Präteritum zu betrachten sind, s. § 225, indem das Präsens zugleich auch zur Bezeichnung des Zukünftigen angewendet werden kann. Obwohl in der Homerischen Sprache die Zeitformen schon fast vollständig ausgebildet sind, so hat sie doch mehrere Futurformen, die sich von den Präsensformen durchaus nicht unterscheiden; ja einige wenige haben sich in der Präsensform bis in die spätesten Zeiten erhalten, s. § 227, 6. Die semitischen Sprachen sind nie über jenen Standpunkt hinausgekommen. Ihr Präsens ist zugleich Futur, und ihr Präteritum umfasst den griechischen Aorist, das Imperfekt, Perfekt und Plusquamperfekt. Auch die germanischen Sprachen haben nur zwei einfache Zeitformen; alle übrigen werden durch Umschreibung mit Hilfsverben ausgedrückt.

2. Die griechische Sprache ist allerdings auch nicht fähig gewesen, lauter selbständige einfache Zeitformen zu schaffen; aber sie hat vor jenen Sprachen in doppelter Hinsicht einen grossen Vorzug, einmal, dass sie über eine weit grössere Zahl von Zeitformen verfügt, die einfache Bildung aufweisen oder doch durch die enge Verschmelzung des Stammes mit den Hilfselementen (σ im Aor. I und Fut. Act., κ im Perf. Act.) ganz das Gepräge einfacher Bildungen erhalten haben, während jene Sprachen sich der schwerfälligen und den Rhythmus der Rede störenden Umschreibungen mit Hilfsverben bedienen müssen; sodann dass sie durch den scharf ausgeprägten syntaktischen Gegensatz des Aoristes zu den Formen des Präsens- und Perfektstammes die Möglichkeit gewonnen hat, die feinsten Schattierungen des Gedankens zum Ausdrucke zu bringen. In der vollkommenen Entwickelung und Ausbildung der Verbalformen zur Bezeichnung der Zeit- und Modusverhältnisse beurkundet der Genius

der griechischen Sprache seine schöpferische Kraft am herrlichsten, und es findet sich keine Sprache, in welcher jene Beziehungsverhältnisse mit so bewunderungswürdiger Klarheit, Schärfe und Feinheit ausgedrückt werden könnten wie in der griechischen.

§ 381. Übersicht der Zeitformen.

1. Die griechischen Verbalformen bringen nicht nur die Zeitstufe, d. h. das Zeitverhältnis der Handlung zur Gegenwart des Redenden, zum Ausdruck (Gegenwart, Vergangenheit, Zukunft), sondern auch die Beschaffenheit der Handlung (Aktionsart), indem sie den Vorgang entweder als Faktum schlechthin oder als in der Entwickelung begriffen oder als vollendet darstellen.

Den drei Aktionsarten entsprechen die drei Tempusstämme des Aorists, des Präsens und des Perfekts.

Die Formen des Aoriststammes bezeichnen den Vorgang als Faktum schlechthin, d. h. als eine in sich abgeschlossene, „in einem ungeteilten Denkakte ganz und vollständig vorzustellende Handlung“ [1]) (momentane Aktion): φυγεῖν entfliehen, ἀποθανεῖν sterben, πόλις ἐτειχίσθη die Stadt wurde befestigt.

Die Formen des Präsensstammes schildern den Vorgang in seiner Entwickelung, seinem Verlaufe, ohne Rücksicht auf den Abschluss dieser Entwickelung (durative Aktion): φεύγειν sich auf der Flucht befinden, ἀποθνῄσκειν im Sterben liegen, πόλις ἐτειχίζετο man war mit der Befestigung der Stadt beschäftigt.

Die Formen des Perfektstammes stellen den aus der vollendeten Handlung hervorgegangenen Zustand dar (perfektische Aktion): πεφευγέναι entflohen, in Sicherheit sein, τεθνάναι tot sein, πόλις ἐτετείχιστο die Stadt war befestigt. [2])

Mit diesem Bedeutungsunterschiede der drei Tempusstämme steht auch ihre verschiedene Bildungsweise im Einklange: der Aorist, der das Faktum schlechthin, ohne die Nebenbeziehungen der Entwickelung oder der Vollendung bezeichnet, stellt in der älteren Bildungsweise (Aor. II) den Verbalstamm dar, während die übrigen Tempora bei fast allen Verben eine erweiterte Stammform aufweisen, vgl. φυγ-εῖν u. φεύγ-ειν, βαλ-εῖν u. βάλλ-ειν, τεμ-εῖν u. τέμν-ειν, τυχ-εῖν u. τυγχάν-ειν, θαν-εῖν u. θνῄσκ-ειν, θέ-σθαι u. τίθε-σθαι, μιγ-ῆναι u. μίγνυ-σθαι, τυπ-ῆναι u. τύπτ-εσθαι.

---

1) Vgl. Moller, Philologus VIII, 1853, S. 120. — 2) Gegen diese von Curtius in den Erläuterungen zu seiner griech. Schulgrammatik weiter begründete und seitdem üblich gewordene Annahme von drei Aktionsarten wendet sich Kohlmann im Progr. v. Eisleben 1881: Über das Verhältnis der Tempora des lateinischen Verbums zu denen des griechischen, indem er nur zwei Arten der Handlung gelten lässt: die dauernde und die absolute.

Anmerk. Eine die Sache vollständig deckende Terminologie für die drei Aktionen fehlt. Die Ausdrücke momentan und durativ sind nicht so zu verstehen, als ob der Aoriststamm immer eine Handlung von kurzer Dauer, der Präsensstamm eine solche von langer Dauer bezeichnete, sondern sie werden hier in dem Sinne gebraucht, dass die aoristische Handlung gleichsam mit einem Blicke vom Anfangs- bis zum Endpunkte überschaut wird und so in einen Moment zusammengedrängt erscheint, die präsentische Handlung dagegen sich während ihrer (wenn auch kurzen) Dauer vor uns entfaltet, ohne dass der Endpunkt in den Gesichtskreis tritt.

2. Nur die Indikative bringen gleichmässig sowohl die Aktionsart wie die Zeitstufe zum Ausdruck; die übrigen Formen bezeichnen nur die Aktionsart, während die Zeitstufe aus dem Zusammenhange der Rede erschlossen werden muss.

Für die momentane Aktion existiert keine Form der Gegenwart, weil eine gegenwärtige Handlung nicht als abgeschlossen in dem oben besprochenen Sinne gelten kann, sondern stets in ihrem Verlaufe angeschaut wird. Das Futur vereinigt in sich sowohl die momentane als die durative Aktion: φεύξομαι ich werde entfliehen und ich werde auf der Flucht sein. (Über das mediale und passive Futur s. § 376, 3 u. 4).

3. Hiernach ergiebt sich folgendes System von Formen:

I. Zeitformen der Gegenwart:

a) momentan: —

b) durativ: *Praesens*, φεύγω ich bin auf der Flucht;

c) perfektisch: *Perfectum*, πέφευγα ich bin entflohen (bin in Sicherheit).

II. Zeitformen der Vergangenheit:

a) momentan: *Aoristus*, ἔφυγον ich entfloh;

b) durativ: *Imperfectum*, ἔφευγον ich war auf der Flucht;

c) perfektisch: *Plusquamperfectum*, ἐπεφεύγειν ich war entflohen (war in Sicherheit).

III. Zeitformen der Zukunft:

a) momentan: *Futurum*, φεύξομαι ich werde entfliehen;

b) durativ: *Futurum*, φεύξομαι ich werde auf der Flucht sein;

c) perfektisch: *Futurum exactum*, τεθνήξω ich werde tot sein.

4. Ferner werden die Zeitformen eingeteilt in Haupttempora und Nebentempora.

a) Haupttempora nennt man alle Zeitformen, die sich auf die Gegenwart oder Zukunft beziehen: die Indikative des Präsens, des Perfekts und des Futurs, der sogen. gnomische Aorist, sowie sämtliche Konjunktive, Optative und Imperative.

b) Nebentempora oder historische Tempora sind alle Zeitformen, die sich auf die Vergangenheit beziehen: der Indikativ des Aorists, das Imperfekt und Plusquamperfekt (sowie das *Praesens historicum*, vgl. § 382, 2).

Gebrauch der Zeitformen.

§ 382. a) Praesens.

1. Das Präsens (im Indikative) bezeichnet eine gegenwärtige, d. h. in die Gegenwart des Redenden fallende, in der Gegenwart des Redenden sich entwickelnde Handlung. Der Gebrauch des Präsens im Griechischen stimmt meistens mit dem in anderen Sprachen überein, insofern es

a) eine Handlung bezeichnet, die im Augenblicke des Sprechens sich vollzieht: ἱκετεύομέν σε πάντες,

b) eine gegenwärtig wiederholte Handlung, einen gegenwärtig dauernden Zustand: Σωκράτης ἔφη· οἱ νέοι πολλάκις ἐμὲ μιμοῦνται καὶ ἐπιχειροῦσιν ἄλλους ἐξετάζειν. Δύο βασιλεῖς ἄρχουσι τῆς Σπάρτης. Οἱ Ἀθηναῖοι ἑκάστου ἔτους θεωρίαν πέμπουσιν εἰς Δῆλον,

c) eine allgemein für alle Zeiten geltende Behauptung: ὁ ἄνθρωπος θνητός ἐστιν.

Doch ist zu betonen, dass das Präsens an sich weder den Begriff der Dauer, noch den der Wiederholung enthält, sondern die Handlung nur in ihrer Entwickelung vor Augen führt.

2. Oft wird das Präsens in der Erzählung vergangener Ereignisse gebraucht, indem der Redende sich in die Zeit zurückversetzt, wo die Handlung sich abspielte (Praesens *historicum*). Auch diese Ausdrucksweise ist allen Sprachen gemein, und zwar nicht bloss als Form der lebendigen und anschaulichen Schilderung, sondern auch in dem nüchternen Stile der Chroniken und Genealogieen; denn auch der Chronist versetzt sich in das Jahr zurück, dessen Ereignisse er aufzählt. So verwendet auch die griechische Sprache, und zwar häufiger als die übrigen verwandten Sprachen, das Präsens historicum in Haupt- und Nebensätzen ebensowohl bei besonderer Lebhaftigkeit der Darstellung als bei dem schlichten Erzählungstone. Th. 1, 136 das ganze Kap., ebenso 137. Oft neben Aoristen oder Imperfekten zur Hervorhebung einzelner besonders bemerkenswerter und für die Folge wichtiger Momente, z. B. Hdt. 3, 129 ἀγγέλλει τῷ Δαρείῳ· ὁ δὲ ἄγειν μιν παρ' ἑωυτὸν ἐκέλευσε. 130 ὁ δὲ ἐνθαῦτα δὴ ἑωυτὸν ἐκφαίνει . . δωρέεται δή μιν μετὰ ταῦτα ὁ Δαρεῖος . . ἀποπέμπει μιν παρὰ τὰς ἑωυτοῦ γυναῖκας. 131 καί μιν δευτέρῳ ἔτεϊ ταλάντου Αἰγινῆται δημοσίῃ μισθοῦνται. 133 ἐξορχοῖ μιν. 134 λέγει

Ατοσσα τάδε . . ἀμείβεται Δαρεῖος. 135 ἀποστέλλει αὐτοὺς ἐπὶ θάλασσαν. 136 ἐν ᾧ ταῦτα ἔπασχον, ὁ Δημοκήδης ἐς τὴν Κρότωνα ἀπικνέεται. 137 ἀπικνέονται ἐς τὴν Κρότωνα. 138 οἱ Πέρσαι ἐκπίπτουσι τῇσι νηυσὶ ἐς Ἰηπυγίην . . Γίλλος δὲ αἱρέεται κάτοδόν οἱ ἐς Τάραντα γενέσθαι (das Präs. gleichsam neue Scenen des Dramas einführend). 5, 55 ἐπεὶ Ἵππαρχον κτείνουσι Ἀριστογείτων καὶ Ἁρμόδιος, μετὰ ταῦτα ἐτυραννεύοντο Ἀθηναῖοι. 6, 34 ἰόντες δὲ οἱ Δόλογκοι τὴν ἱρὴν ὁδὸν διὰ Φωκέων τε καὶ Βοιωτῶν ἤισαν καί σφεας ὡς οὐδεὶς ἐκάλεε ἐκτράπονται ἐπ' Ἀθηνέων. Th. 6, 53 καταλαμβάνουσι τὴν Σαλαμινίαν ναῦν ἐκ τῶν Ἀθηνῶν ἥκουσαν. 6, 60 ὡς πολλοί τε καὶ ἀξιόλογοι ἄνθρωποι ἤδη ἐν τῷ δεσμωτηρίῳ ἦσαν . ., ἐνταῦθα ἀναπείθεται εἷς τῶν δεδεμένων. 7, 83 ὁ δ' ἀπιστῶν σπένδεται ἱππέα πέμψαι σκεψόμενον· ὡς δ' οἰχόμενος ἀπήγγειλε πάλιν παραδεδωκότας, ἐπικηρυκεύεται Γυλίππῳ . . καὶ ἀναλαμβάνουσί τε τὰ ὅπλα, καὶ οἱ Συρακόσιοι αἰσθάνονται καὶ ἐπαιάνισαν. X. Hell. 2. 4, 2 Θρασύβουλος Φυλὴν χωρίον καταλαμβάνει ἰσχυρόν. 3 ἐπιγίγνεται τῆς νυκτὸς χιὼν παμπληθής. 4 γιγνώσκοντες ὅτι καὶ ἐκ τῶν ἀγρῶν λεηλατήσοιεν, εἰ μή τις φυλακὴ ἔσοιτο, διαπέμπουσιν. 5 Θρασύβουλος καταβαίνει τῆς νυκτός. 10 Θρασ. ἀφικνεῖται τῆς νυκτὸς εἰς τὸν Πειραιᾶ. 3. 3, 4 ληγούσης τῆς θυσίας ἐντὸς πένθ' ἡμερῶν καταγορεύει τις πρὸς τοὺς ἐφόρους ἐπιβουλήν. An. 1. 7, 16 ταύτην δὲ τὴν τάφρον βασιλεὺς μέγας ποιεῖ ἀντὶ ἐρύματος, ἐπειδὴ πυνθάνεται Κῦρον προσελαύνοντα. 1. 8, 1 καὶ ἤδη ἦν ἀμφὶ ἀγορὰν πλήθουσαν . . ἡνίκα Πατηγύας ἀνὴρ Πέρσης τῶν ἀμφὶ Κῦρον πιστὸς προφαίνεται. 4. 7, 10 ἔνθα δὴ Καλλίμαχος μηχανᾶταί τι. 11 Ἀγασίας ὡς ὁρᾷ τὸν Καλλίμαχον ἃ ἐποίει . . χωρεῖ αὐτὸς καὶ παρέρχεται πάντας. 12 Καλλίμαχος ὡς ὁρᾷ αὐτὸν παριόντα ἐπιλαμβάνεται αὐτοῦ τῆς ἴτυος· ἐν δὲ τούτῳ παραθεῖ αὐτοὺς Ἀριστώνυμος . . καὶ οὕτως ἐρίζοντες αἱροῦσι τὸ χωρίον. 13 ἐπιλαμβάνεται ὡς κωλύσων· ὁ δὲ αὐτὸν ἐπισπᾶται, καὶ ἀμφότεροι ᾤχοντο . . φερόμενοι καὶ ἀπέθανον. Pl. Lach. 184, a καὶ ἐπειδὴ βαλόντος τινὸς λίθῳ παρὰ τοὺς πόδας αὐτοῦ ἐπὶ τὸ κατάστρωμα ἀφίεται τοῦ δόρατος, τότ' ἤδη οὐκέτι οἷοί τ' ἦσαν τὸν γέλωτα κατέχειν. Lys. 1, 6 ἐπειδὴ δέ μοι παιδίον γίγνεται, ἐπίστευον ἤδη. 13, 5 ἐπειδὴ γὰρ αἱ νῆες αἱ ὑμέτεραι διεφθάρησαν καὶ τὰ πράγματα ἐν τῇ πόλει ἀσθενέστερα ἐγεγένητο, οὐ πολλῷ ὕστερον αἵ τε νῆες αἱ Λακεδαιμονίων ἐπὶ τὸν Πειραιᾶ ἀφικνοῦνται καὶ ἅμα λόγοι πρὸς Λακεδαιμονίους περὶ τῆς εἰρήνης ἐγίγνοντο. Dem. 32, 5 f. οὑτοσί δ' ὡς οὐδὲν εἰδὼς ἄνω μετὰ τῶν ἄλλων ἐπιβατῶν διέτριβεν. ψόφου δὲ γενομένου αἰσθάνονταί οἱ ἐν τῷ πλοίῳ ὅτι κακόν τι ἐν κοίλῃ νηὶ γίγνεται, καὶ βοηθοῦσι κάτω. ὡς δ' ἡλίσκετο ὁ Ἡγέστρατος καὶ δίκην δώσειν ὑπέλαβε, φεύγει καὶ διωκόμενος ῥίπτει αὑτὸν εἰς τὴν θάλατταν, διαμαρτὼν δὲ τοῦ λέμβου ἀπεπνίγη. Lycurg. 113 καὶ ψηφίζεται ὁ δῆμος. S. Ai. 288 λαβὼν | ἐμαίετ' ἔγχος ἐξόδους ἕρπειν κενάς. κἀγὼ 'πιπλήσσω καὶ λέγω. 306 ff. ἔμφρων μόλις πως ξὺν χρόνῳ καθίσταται· | καὶ πλῆρες ἄτης ὡς διοπτεύει στέγος, | παίσας κάρα 'θώϋξεν. Ant. 254 ὅπως δ' ὁ πρῶτος ἡμὶν ἡμεροσκόπος | δείκνυσι, πᾶσι θαῦμα δυσχερὲς παρῆν. 269 τέλος δ' ὅτ' οὐδὲν ἦν ἐρευνῶσιν πλέον, λέγει τις. Vgl. 419—431. 1207—1211. 1226 f. 1233. 1237 f. El. 99. Tr. 21. OR. 780. 787. 798. 807 ff. Auch im Dialog, wenn eine Person sich lebhaft in die von der anderen geschilderte Situation versetzt, z. B. S. OR. 1025 σὺ δ' ἐμπολήσας ἢ τυχών μ' αὐτῷ δίδως; 1031 τί δ' ἄλγος ἴσχοντ' ἐν κακοῖς με λαμβάνεις; Vgl. 1173. Auffallender in Beispielen wie Eur. Hec. 1134 ἦν τις Πριαμιδῶν νεώτατος | Πολύδωρος, Ἑκάβης παῖς, ὃν ἐκ Τροίας ἐμοὶ | πατὴρ δίδωσι Πρίαμος ἐν δόμοις τρέφειν. Suppl. 640 Καπανέως γὰρ ἦν λάτρις, | ὃν Ζεὺς κεραυνῷ πυρπόλῳ καταιθαλοῖ. S. El. 425 τοιαῦτά του παρόντος, ἡνίχ' Ἡλίῳ | δείκνυσι τοὔναρ, ἔκλυον ἐξηγουμένου. Eur. M. 955 κεκτημένη τε κόσμον, ὅν ποθ' Ἥλιος πατρὸς πατὴρ δίδωσιν ἐκγόνοισιν οἷς. Hec. 963 τυγχάνω γὰρ ἐν μέσοις Θρῄκης ὅροις | ἀπών, ὅτ' ἦλθες δεῦρο u. a. (Aber Stellen wie S. Ant. 1174 καὶ τίς φονεύει; wer ist der Mörder? gehören nicht hierher; vgl. Nr. 4.) An den Chronikenstil erinnern Ausdrucksweisen wie Hdt. 6, 71 καὶ οἱ γίνεται παῖς Ζευξίδημος· οὗτος ὁ Ζ. οὐκ ἐβασίλευσε Σπάρτης· πρὸ Λευτυχίδεω γὰρ τελευτᾷ. Λευτυχίδης δὲ γαμέει δευτέρην γυναῖκα sqq. 5, 41 χρόνου δὲ οὐ πολλοῦ διελθόντος ἡ ἐσύστερον ἐπελθοῦσα γυνὴ τίκτει τὸν δὴ Κλεομένεα τοῦτον . . ἡ δὲ ὡς ἔτεκε Δωριέα, ἰθέως ἴσχει Λεωνίδην. X. An. 1. 1, 1 Δαρείου καὶ Παρυσάτιδος γίγνονται παῖδες δύο. Hell. 1. 1, 37 καὶ ὁ ἐνιαυτὸς ἔληγεν, ἐν ᾧ Καρχηδόνιοι αἱροῦσιν ἐν τρισὶ μησὶ δύο πόλεις Ἑλληνίδας u. a. — Dem Epos ist das Praes. historicum fremd; in den Homerischen Gesängen findet sich kaum eine Spur davon (η. 104 ist wahrscheinlich ein späteres Einschiebsel, und überdies sind die Präsentia anders zu erklären); ein Gleiches gilt von den Nibelungen.

Anmerk. 1. Die Präsentia, mit denen *Citate* eingeleitet werden (Πλάτων λέγει, Ἡρόδοτος ἐξηγεῖται, Ὅμηρος τὸν Ἀχιλλέα ἐπαινεῖ u. a.) gehören nicht hierher, sondern sind den unter Nr. 4 besprochenen Ausdrücken zu vergleichen. Das λέγειν, ἐξηγεῖσθαι u. s. w. erstreckt sich auch auf die Gegenwart, insofern die citierten Schriftwerke noch existieren. — Über den Wechsel des *historischen Präsens* mit dem Imperfekt und dem Aorist in der Erzählung s. § 386, 6, über den *Infinitiv des Präsens* in der or. obliqua s. § 389, 4.

3. Das Präsens wird oft von Handlungen gebraucht, die *der Vergangenheit und der Gegenwart zugleich angehören*, insofern sie von früher her bis in die Zeit des Sprechens fortdauern. So erscheint es in Verbindung mit den Zeitadverbien πάρος ep., πάλαι, ἄρτι, ἀρτίως. Wir übersetzen dann oft πάρος mit *sonst*, πάλαι mit *von jeher, längst*. Übrigens erstreckt sich dieser Gebrauch nicht bloss auf den Indikativ, sondern auch auf die übrigen Formen des Präsens. η, 201 αἰεὶ γὰρ τὸ πάρος γε θεοὶ φαίνονται ἐναργεῖς | ἡμῖν, εὖτ' ἔρδωμεν ἀγακλειτὰς ἑκατόμβας, wie sie uns früher deutlich erschienen sind, so erscheinen sie uns noch immer, so oft wir ihnen Opfer darbringen. M, 346 ὧδε γὰρ ἔβρισαν Λυκίων ἀγοί, οἳ τὸ πάρος περ

ζαχρηεῖς τελέθουσι κατὰ κρατερὰς ὑσμίνας, wie früher, so auch jetzt. Vgl. θ, 36. Negativ mit einem Gegensatze: Σ, 386 τίπτε . . ἱκάνεις ἡμέτερον δῶ; | . . πάρος γε μὲν οὔτι θαμίζεις, jetzt kommst du in mein Haus und besuchst mich, da du doch früher mich nicht besucht hast (= sonst nicht besuchst). ι, 447 κριὲ πέπον, τί μοι ὧδε διὰ σπέος ἔσσυο μήλων | ὕστατος; οὔτι πάρος γε λελειμμένος ἔρχεαι οἰῶν. Vgl. A, 553. δ, 811. S. OR. 289 πάλαι δὲ μὴ παρὼν θαυμάζεται (= πάλαι ἐθαυμάζετο, καὶ νῦν ἔτι θαυμάζεται) schon längst wundere ich mich. Ai. 20 ἰχνεύω πάλαι. Eur. Rh. 322 ἀλλ' οὐδὲν αὐτῶν (τῶν φίλων) δεόμεθ', οἵτινες πάλαι | μὴ ξυμπονοῦσιν, ἡνίκ' . . Ἄρης | ἔθραυε λαίφη τῆσδε γῆς. ρ, 366 πάντοσε χεῖρ' ὀρέγων, ὡς εἰ πτωχὸς πάλαι εἴη. Dem. 20, 141 μεγίστας δίδοτε ἐκ παντὸς τοῦ χρόνου δωρεὰς τοῖς τοὺς γυμνικοὺς νικῶσιν ἀγῶνας, ihr gebt von jeher, d. i. ihr habt immer gegeben und gebt auch noch. Th. 1, 41 φίλον ἡγοῦνται τὸν ὑπουργοῦντα, ἣν καὶ πρότερον (von früher her) ἐχθρὸς ᾖ.

4. Das Präsens bezeichnet Handlungen, die zwar der Vergangenheit angehören, aber in ihren Wirkungen noch im Augenblicke des Sprechens fortdauern:

a) bei den Verben der Wahrnehmung und des Sagens, als: ἀκούω (poet. κλύω), πυνθάνομαι, αἰσθάνομαι, γιγνώσκω, μανθάνω, λέγω u. dergl., wie im Lat. *audio, video* u. a. und im Deutschen höre, sehe, erfahre, bemerke. Der Inhalt der früheren Wahrnehmung u. s. w. schwebt dem Redenden im Augenblicke des Sprechens noch vor. Ω, 543 καὶ σέ, γέρον, τὸ πρὶν μὲν ἀκούομεν ὄλβιον εἶναι. S. Ph. 261 ὅδ' εἰμ' ἐγώ σοι κεῖνος, ὃν κλύεις ἴσως | τῶν Ἡρακλείων ὄντα δεσπότην ὅπλων. Vgl. OR. 305. Tr. 68. X. Comm. 3. 5, 26 τί δέ; ἐκεῖνο ἀκήκοας, ὅτι Μυσοὶ ἐν τῇ βασιλέως χώρᾳ κατέχοντες ἐρυμνὰ πάνυ χωρία δύνανται ζῆν ἐλεύθεροι; Καὶ τοῦτό γ', ἔφη, ἀκούω (zuerst ἀκήκοας, hast du gehört? Dann ἀκούω, ja, auch hiervon habe ich Kunde.) Pl. Gorg. 503, c τί δέ; Θεμιστοκλέα οὐκ ἀκούεις ἄνδρα ἀγαθὸν γεγονότα καὶ Περικλέα τουτονὶ τὸν νεωστὶ τετελευτηκότα, οὗ καὶ σὺ ἀκήκοας; hörst du nicht = weisst du nicht? dann: den auch du hast reden hören. Th. 7, 12 u. oft ὡς ἐγὼ πυνθάνομαι. X. An. 4. 6, 17 τούτων καὶ πυνθάνομαι ὅτι οὐκ ἄβατόν ἐστι τὸ ὄρος. X. conv. 4, 36 αἰσθάνομαι δὲ καὶ τυράννους τινάς, οἳ οὕτω πεινῶσι χρημάτων. Pl. civ. 377, a οὐ μανθάνω (ich verstehe nicht), πῶς λέγεις. Οὐ μανθάνεις, ἦν δ' ἐγώ, ὅτι πρῶτον τοῖς παιδίοις μύθους λέγομεν; Pl. conv. 216, c οὐδεὶς ὑμῶν τοῦτον (Σωκράτη) γιγνώσκει, hat ihn kennen gelernt und kennt ihn nun. Dem. 21, 71 ἰσχυρός τις ἦν, μέλας, εὖ οἶδ' ὅτι γιγνώσκουσί τινες ὑμῶν ὃν λέγω. S. El. 347 ἥτις λέγεις μὲν ἀρτίως (eben), ὡς, εἰ λάβοις | σθένος, τὸ τούτων μῖσος ἐκδείξειας ἄν. X. An. 3. 2, 8 τὴν μὲν τῶν βαρβάρων ἐπιορκίαν τε καὶ ἀπιστίαν λέγει μὲν Κλεάνωρ, ἐπίστασθε δὲ καὶ ὑμεῖς, Kleanor sagt (wie ihr eben gehört habt). Th. 6, 38 ὥσπερ ἐγὼ λέγω wie gesagt. So λέγομεν Pl. Phileb. 11 c, ubi v. Stallb. Antiph. 3, 4 οὐ πρὸς τὰ λεγόμενα ἀπολογεῖται, ubi v. Maetzner. 4, δ, 3 τὰ τῶν κατηγορουμένων, vgl. Lycurg. 150, ubi v. Maetzn. Pl. Phileb. 12, a ταῦθ' οὕτως ὁμολογούμενά φατε: ubi v. Stallb., vgl. Gorg. 476, d. S. Ai. 541 ὦ παῖ, πατήρ καλεῖ σε. Ganz natürlich bei καλοῦμαι heisse (bin genannt worden und werde noch so genannt), ὁ καλούμενος, der sogenannte.

b) Bei den Verben des **Kommens** ἥκω, ἔρχομαι, ἀφικνοῦμαι (poet. ἵκω, ἱκνοῦμαι, ἱκάνω); des **Weggehens** οἴχομαι, ἀποίχομαι, ἔρρω; ferner bei πέμπω u. κιχάνω ep., erreiche. Die Verba ἥκω und οἴχομαι werden höchst selten in dem einfachen Sinne **komme, gehe fort** gebraucht, sondern sie bezeichnen den aus der Handlung hervorgegangenen Zustand, also: ἥκω = ich bin da, οἴχομαι = ich *bin* fort; das Ipf. aber bedeutet sowohl ich war gekommen, war da, war fort, als ich kam, ging fort, und vertritt auch bei beiden Verben des fehlenden Aorist. E, 478 καὶ γὰρ ἐγὼν ἐπίκουρος ἐὼν μάλα τηλόθεν ἥκω. Eur. Hec. 1 ἥκω νεκρῶν κευθμῶνα καὶ σκότου πύλας λιπών. Hdt. 3, 72 φὰς ἄρτι ἥκειν ἐκ Περσέων (*venisse, adesse*). Th. 1, 137 Θεμιστοκλῆς ἥκω παρὰ σέ (Corn. Nep. Them. 9, 2 Themistocles *veni* ad te). Andoc. 1, 35 ἥκουσι καί εἰσιν ἐνθάδε. X. Cy. 1. 3, 4 ὑμεῖς μόλις ἀφικνεῖσθε, ὅποι ἡμεῖς πάλαι ἥκομεν, vgl. An. 4. 5, 5. 1. 4, 13 ὑπέσχετο ἀνδρὶ ἑκάστῳ δώσειν πέντε ἀργυρίου μνᾶς, ἐπὰν εἰς Βαβυλῶνα ἥκωσι (= ἔλθωσι). Lys. 1, 13 ἐκάθευδον ἄσμενος ἥκων ἐξ ἀγροῦ. Th. 1, 40 ὡς μετὰ προσηκόντων ἐγκλημάτων ἐρχόμεθα, δεδήλωται. ν, 248 τῷ τοι, ξεῖν', Ἰθάκης γε καὶ ἐς Τροίην ὄνομ' ἵκει. Σ, 385 τίπτε . . ἱκάνεις ἡμέτερον δῶ; vgl. ν, 328. S. El. 8 οἷ δ' ἱκάνομεν, | φάσκειν Μυκήνας τὰς πολυχρύσους ὁρᾶν. E, 472 πῇ δή τοι μένος οἴχεται, ὃ πρὶν ἔχεσκες, vgl. O, 223. Hdt. 9, 58 Μαρδόνιος ἐπύθετο τοὺς Ἕλληνας ἀποιχομένους. Ar. Ach. 210. ἐκπέφευγ', οἴχεται φροῦδος. X. An. 1. 4, 8 οἶδα ὅπῃ οἴχονται. Cy. 6. 1, 3 οἶδα, ὅτι ἂν ὑμεῖς ἀπέλθητε, ἔρρει τἀμὰ παντελῶς, dahin ist. Vgl. Conv. 1, 15. Oft b. d. Trag., wie S. El. 925 τέθνηκεν, ὦ τάλαινα· τἀκείνου δέ σοι σωτήρι' ἔρρει. Dem. 18, 156 δὸς δὴ τὴν ἐπιστολήν, ἥν, ὡς οὐχ ὑπήκουον οἱ Θηβαῖοι, πέμπει πρὸς τοὺς συμμάχους ὁ Φίλιππος. S. El. 406 μήτηρ με πέμπει πατρὶ τυμβεῦσαι χοάς. X, 436 νῦν αὖ θάνατος καὶ μοῖρα κιχάνει, jetzt hat dich der Tod erreicht und hält dich fest.

c) Bei den Verben ἀδικῶ (= ἄδικός εἰμι bin im Unrechte, daher sowohl **thue Unrecht**, als auch **habe Unrecht gethan**), φεύγω (**fliehe** und **bin auf der Flucht**, bin verbannt, angeklagt), νικῶ (bin Sieger), κρατῶ (bin überlegen), ἡττῶμαι (unterliege, bin unterlegen) u. a. X. An. 5. 7, 29 εἰ μὲν ἀδικεῖ ὑμᾶς, οἴχεται ἀποπλέων· εἰ δὲ μὴ ἀδικεῖ, φεύγει ἐκ τοῦ στρατεύματος. Hell. 1. 7, 20 ἐάν τις τὸν τῶν Ἀθηναίων δῆμον ἀδικῇ u. καὶ ἐὰν καταγνωσθῇ ἀδικεῖν. An. 1. 5, 11 ὁ Κλέαρχος κρίνας ἀδικεῖν τὸν τοῦ Μένωνος πληγὰς ἐνέβαλεν. So auch ἀδικοῦμαι Antiph. 4, δ, 9, ubi v. Maetzner, ἀδικούμενος Th. 1, 38. X. Hell. 1. 1, 27 ἠγγέλθη τοῖς τῶν Συρακοσίων στρατηγοῖς οἴκοθεν ὅτι φεύγοιεν (verbannt seien) ὑπὸ τοῦ δήμου. Th. 5, 26 ξυνέβη μοι φεύγειν τὴν ἐμαυτοῦ ἔτη εἴκοσι. X. An. 1. 1, 7 φεύγοντας, *exsules*. Pl. Menex. 242, b τοὺς ἀδίκως φεύγοντας δικαίως κατήγαγον. X. An. 2. 1, 4 ἀπαγγέλλετε Ἀριαίῳ, ὅτι ἡμεῖς νικῶμεν βασιλέα, καί, ὡς ὁρᾶτε, οὐδεὶς ἡμῖν ἔτι μάχεται. 3. 2, 39 τῶν νικώντων ἐστὶ καὶ τὰ ἑαυτῶν σῴζειν καὶ τὰ τῶν ἡττωμένων λαμβάνειν. Th. 1, 23 εἰσὶ (sc. πόλεις) δέ, αἳ οἰκήτορας μετέβαλον ἁλισκόμεναι. So namentlich auch Partizipien wie ὁ προδιδούς der Verräter u. a. Th. 2, 5 Εὐρύμαχος εἷς αὐτῶν ἦν, πρὸς ὃν ἔπραξαν οἱ προδιδόντες. Vgl. X. Hell. 7. 3, 3. Th. 3, 4 τῶν διαβαλλόντων ἕνα. 2, 2 τοῖς ἐπαγομένοις οὐκ ἐπείθοντο. 3, 40 u. X. An. 6. 3, 4 οἱ διαφεύγοντες *fuga elapsi et salvi*. Lys. 1, 33 ὁ τὸν νόμον τιθείς der Gesetzgeber. Dem. 23, 34 ὁ τὸ ψήφισμα γράφων der Antragsteller.

In Beziehung auf die Vergangenheit wird von den oben genannten Verben in gleicher Weise das Imperfekt gebraucht: Th. 3, 8 ἦν δὲ Ὀλυμπιὰς ᾗ Δωριεὺς Ῥόδιος τὸ δεύτερον ἐνίκα (Sieger war). X. An. 5. 3, 7 ἐπεὶ δ' ἔφευγεν (in der Verbannung war) ὁ Ξενοφῶν, κατοικοῦντος ἤδη αὐτοῦ ἐν Σκιλλοῦντι, ἀφικνεῖται Μεγάβυζος εἰς Ὀλυμπίαν. Hell. 2. 2, 10 ἃ οὐ τιμωρούμενοι ἐποίησαν, ἀλλὰ διὰ τὴν ὕβριν ἠδίκουν (gefrevelt hatten). Lys. 2, 7 ἡγησάμενοι ἐκείνους, εἴ τι ἠδίκουν, ἀποθανόντας δίκην ἔχειν τὴν μεγίστην.

d) Ebenso in der Dichtersprache γεννῶ, φύω, τίκτω, bin Vater, Mutter, θνῄσκω, bin tot oder ermordet, ὄλλυμαι, bin vernichtet u. a. S. El. 342 δεινόν γέ σ' οὖσαν πατρὸς οὗ σὺ παῖς ἔφυς | κείνου λελῆσθαι, τῆς δὲ τικτούσης μέλειν. Eur. Ba. 2 Διόνυσος, ὃν τίκτει ποθ' ἡ Κάδμου κόρη. Io. 1560. S. OR. 437 τίς δέ μ' ἐκφύει βροτῶν; wer ist mein Vater? 118 (Oedip. fragt den Kreon: Ist kein Bote, kein Begleiter des Laïos zurückgekommen? Kreon antwortet:) θνῄσκουσι, sie sind ermordet. Eur. Hec. 695 ὦ τέκνον . ., τίνι μόρῳ θνῄσκεις, | τίνι πότμῳ κεῖσαι; S. OR. 799 ἱκνοῦμαι τούσδε τοὺς χώρους, ἐν οἷς | σὺ τὸν τύραννον τοῦτον ὄλλυσθαι λέγεις. Ant. 1174 τεθνᾶσιν· οἱ δὲ ζῶντες αἴτιοι θανεῖν· | Καὶ τίς φονεύει; wer ist der Mörder? Ai. 1128 θεὸς γάρ ἐκσῴζει με (ist mein Retter), τῷδε δ' οἴχομαι. Auch in Prosa öfters ὁ ἀποθνῄσκων. Hdt. 4, 190 θάπτουσι τοὺς ἀποθνῄσκοντας οἱ νομάδες κατάπερ οἱ Ἕλληνες. Isae. 4, 21, ubi v. Schoemann; so τοὺς ἀπογινομένους θάπτειν in e. Gesetze b. Dem. 43, 57. Ebenso in Prosa γίγνομαι stamme ab. Hdt. 3, 160 Ζωπύρου δὲ τούτου γίνεται Μεγάβυζος, ὃς ἐν Αἰγύπτῳ ἐστρατήγησε· Μεγαβύζου δὲ τούτου γίνεται Ζώπυρος, ὃς ἐς Ἀθήνας ηὐτομόλησε.

5. Auch eine zukünftige Handlung wird von der Sprache oft durch das Präsens bezeichnet, wie denn das Futur wahrscheinlich

in allen Sprachen ursprünglich durch das Präsens vertreten wurde und wie es Sprachen giebt, die der Futurform gänzlich ermangeln (vgl. § 380, 1).

a) Das Gegenstück zu dem historischen Präsens ist das futurische Präsens der Orakelsprache. Hier sieht der Redende die zukünftigen Ereignisse gleichsam als Augenzeuge sich vor seinen Blicken abspielen. Hdt. 7, 140 οὔτε γὰρ ἡ κεφαλὴ μένει ἔμπεδον οὔτε τὸ σῶμα | . . . οὔτε τι μέσσης (sc. πόλιος) | λείπεται, ἀλλ' ἄζηλα πέλει· κατὰ γάρ μιν (sc. πόλιν) ἐρείπει | πῦρ; darauf folgen Futura: ἀπολεῖ, δώσει, ubi v. Baehr. 8, 77 nach lauter Fut. am Schlusse: τότ' ἐλεύθερον Ἑλλάδος ἦμαρ | εὐρύοπα Κρονίδης ἐπάγει καὶ πότνια Νίκη. Aesch. Ag. 126 χρόνῳ μὲν ἀγρεῖ Πριάμου πόλιν ἅδε κέλευθος. Pind. O. 55 Πέργαμος ἀμφὶ τεαῖς, ἥρως, χερὸς ἐργασίαις ἁλίσκεται. Arist. Equ. 1087 ἀλλὰ γάρ ἐστιν ἐμοὶ χρησμὸς περὶ σοῦ πτερυγωτός, | αἰετὸς ὡς γίγνει καὶ πάσης γῆς βασιλεύσεις. (So auch der Infin. S. Tr. 170 τοιαῦτ' ἔφραζε πρὸς θεῶν εἱμαρμένα | τῶν Ἡρακλείων ἐκτελευτᾶσθαι πόνων.)

b) Ferner wird das Präsens mit rhetorischem Nachdrucke namentlich im Nachsatze hypothetischer Perioden futurisch gebraucht (ebenso wie das Perfekt, vgl. § 384, 5). Eur. Andr. 381 ἢν θάνῃς σύ, παῖς ὅδ' ἐκφεύγει μόρον, | σοῦ δ' οὐ θελούσης κατθανεῖν τόνδε κτενῶ. Hdt. 6, 109 ἢν σὺ γνώμῃ τῇ ἐμῇ προσθῇ, ἔστι τοι πατρὶς ἐλευθέρη . . ἢν δὲ τῶν ἀποσπευδόντων τὴν συμβολὴν ἕλῃ, ὑπάρξει τοι τὰ ἐναντία. Th. 6, 91 εἰ αὕτη ἡ πόλις ληφθήσεται, ἔχεται καὶ ἡ πᾶσα Σικελία. Antiph. 3, γ, 11 καταλαβόντες καθαροὶ τῶν ἐγκλημάτων ἔσεσθε, ἀπολύσαντες δὲ ὑπαίτιοι καθίστασθε.[1])

c) Dagegen tritt der futurische Sinn zurück in Beispielen wie Th. 1, 121 μιᾷ νίκῃ ναυμαχίας κατὰ τὸ εἰκὸς ἁλίσκονται· εἰ δ' ἀντίσχοιεν, μελετήσομεν τὰ ναυτικά. 4, 95 ἢν νικήσωμεν, οὐ μή ποτε ὑμῖν Πελοποννήσιοι . . ἐσβάλωσιν· ἐν δὲ μιᾷ μάχῃ τήνδε τε προσκτᾶσθε καὶ ἐκείνην μᾶλλον ἐλευθεροῦτε. 5, 98 πῶς οὐ πολεμώσεσθε αὐτούς; . . κἀν τούτῳ τί ἄλλο ἢ τοὺς μὲν ὑπάρχοντας πολεμίους μεγαλύνετε, τοὺς δὲ μηδὲ μελλήσαντας γενέσθαι ἄκοντας ἐπάγεσθε; Hdt. 6, 86, α ποιέετε ὁκότερα βούλεσθε αὐτοί· καὶ γὰρ ἀποδιδόντες ποιέετε ὅσια, καὶ μὴ ἀποδιδόντες τὰ ἐναντία. Hier gilt die Reflexion zwar einem bestimmten bevorstehenden Falle, nimmt jedoch auf das Zeitverhältnis keine Rücksicht. (3, 58 schreibt Stahl ἐρημοῦντες für ἐρημοῦτε, 7, 56 μὲν ἂν ἐλευθεροῦσθαι für μὲν ἐλευθεροῦσθαι.) Anders geartet sind auch Fälle wie X. An. 4. 7, 3 οὐκ ἔστι τὰ ἐπιτήδεια, εἰ μὴ ληψόμεθα τὸ χωρίον wir haben keine Lebensmittel (und dieser Zustand wird andauern), wenn wir den Punkt nicht besetzen. — Λ, 365 ἦ θήν σ' ἐξανύω könnte das Präsens der zuversichtlichen Behauptung

[1]) Vgl. Maetzner ad Antiph. p. 167. Poppo ad Thuc. T. I. Vol. 1. p. 274. T. III. Vol. 2. p. 228 sq.

sein, „ich mache dir schon noch den Garaus", ist aber wahrscheinlicher als Futur aufzufassen ebenso wie 454 ἐρόουσι.

Anmerk. 2. Über den Infinitiv des Präsens st. d. Futurs, s. § 389, Anmerk. 8.

6. Nicht selten wird das Präsens der Verben des Gehens, wie ἔρχομαι, πορεύομαι, νέομαι ep. poet., in futurischem Sinne gebraucht, wie auch im Deutschen häufig ich gehe statt ich werde gehen gesagt wird. Σ, 136 ἠῶθεν γὰρ νεῦμαι, vgl. 101. β, 238. X. Cy. 7. 1, 20 καὶ ὁ Κῦρος εἶπεν· Ἀλλ' ἐπί γε τούτους ἐγὼ αὐτὸς παρέρχομαι. Vgl. An. 7. 1, 31. Ar. R. 197 εἴ τις ἔτι πλεῖ, σπευδέτω („fährt noch jemand mit?"). (Anderer Art sind Fälle wie Th. 6, 40 πόλις ἥδε, καὶ εἰ ἔρχονται Ἀθηναῖοι, ἀμυνεῖται αὐτούς wenn die Athener wirklich im Anzuge sind, X. An. 1. 3, 7 ἀκούσαντες ὅτι οὐ φαίη παρὰ βασιλέα πορεύεσθαι, ἐπῄνεσαν, Aeschin. 2, 183 μικρὰ δ' εἰπὼν ἤδη καταβαίνω. Die Handlung erscheint hier als bereits in der Ausführung begriffen.) Regelmässig aber wird εἶμι im Indikative des Präsens in der ionischen Prosa und bei den Attikern futurisch gebraucht, vgl. Thom. M. p. 190 sq. Aesch. Pr. 325 εἶμι καὶ πειράσομαι. Eur. Hec. 1054 ἄπειμι κἀποστήσομαι. 1196 πρὸς τόνδε δ' εἶμι καὶ λόγοις ἀμείψομαι. M. 275 οὐκ ἄπειμι πρὸς δόμους πάλιν, | πρὶν ἄν σε γαίας τερμόνων ἔξω βάλω. X. Cy. 1. 2, 15 ἵνα σαφέστερον δηλωθῇ πᾶσα ἡ Περσῶν πολιτεία, μικρὸν ἐπάνειμι (*paucis repetam*). 3. 3, 30 οἱ μὲν ἡμέτεροι μᾶλλον θαρρήσαντες ἀπίασιν, οἱ πολέμιοι δὲ τὴν τόλμαν ἰδόντες μᾶλλον φοβηθήσονται καὶ αὔριον ἐξίασι. Vgl. 7. 3, 34. 6. 1, 5 ἄπειμι . . στρατηγήσω. An. 1. 3, 11 (σκεπτέον) ὅπως ὡς ἀσφαλέστατα ἄπιμεν καὶ ὅπως τὰ ἐπιτήδεια ἕξομεν. Pl. Apol. 29, e οὐκ εὐθὺς ἀφήσω αὐτὸν οὐδ' ἄπειμι, ἀλλ' ἐρήσομαι αὐτὸν καὶ ἐξετάσω καὶ ἐλέγξω. Optativ, Infinitiv und Partizip des Präsens haben sowohl Präsens- als Futurbedeutung, vgl. X. Hell. 5. 1, 34 προεῖπε τοῖς μὲν εἰ μὴ ἐκπέμψοιεν τοὺς Ἀργείους, τοῖς δὲ εἰ μὴ ἀπίοιεν ἐκ τῆς Κορίνθου ὅτι πόλεμον ἐξοίσει πρὸς αὐτούς. 5. 2, 13 προεῖπον ἡμῖν ὅτι εἰ μὴ παρεσόμεθα συστρατευσόμενοι ἐκεῖνοι ἐφ' ἡμᾶς ἴοιεν. Th. 5, 7 ἐνόμιζεν ἀπιέναι ὅταν βούληται *se abiturum esse*. Pl. Phaed. 103, d καὶ τὸ πῦρ γε αὖ, προσιόντος τοῦ ψυχροῦ αὐτῷ, ἢ ὑπεξιέναι ἢ ἀπολεῖσθαι. X. Cy. 1. 3, 13 ἐπεὶ ἡ Μανδάνη παρεσκευάζετο ὡς ἀπιοῦσα πάλιν πρὸς τὸν ἄνδρα, ἐδεῖτο αὐτῆς ὁ Ἀστυάγης καταλιπεῖν τὸν Κῦρον. Vgl. 5. 4, 29. Th. 5, 62. In der Homerischen Sprache hat auch der Indikativ beide Bedeutungen, z. B. futurisch A, 426 καὶ τότ' ἔπειτά τοι εἶμι Διὸς ποτὶ χαλκοβατὲς δῶ. Σ, 280 ἂψ πάλιν εἶσ' ἐπὶ νῆας. γ, 367 ἠῶθεν μετὰ Καύκωνας μεγαθύμους | εἶμι. Dagegen präsentisch B, 87 ἠΰτε ἔθνεα εἶσι μελισσάων. Λ, 415. Φ, 573 u. s. w. δ, 401 τῆμος ἄρ' ἐξ ἁλὸς εἶσι γέρων . ., ἐκ δ' ἐλθὼν κοιμᾶται. ζ, 131. Sonst ist die präsentische Verwendung selten. Aesch. S. 373 καὶ μὴν ἄναξ ὅδ' αὐτὸς Οἰδίπου τόκος |

εἶσ' ubi v. Wellauer. Eum. 242 πρόσειμι δῶμα καὶ βρέτας τὸ σόν, θεά *adeo*. Theocr. 25, 90 (νέφη) ἅσσα τ' ἐν οὐρανῷ εἶσιν *eunt*. Th. 4, 61 οὐ γὰρ τοῖς ἔθνεσιν, ὅτι δίχα πέφυκε τοῦ ἑτέρου, ἔχθει ἐπίασιν *aggrediuntur*. Pl. Phaed. 100, b ἔρχομαι . . καὶ εἶμι . . καὶ ἄρχομαι. Conv. 174, b (aber in einem Sprichworte) ἀγαθῶν ἐπὶ δαῖτας ἴασιν αὐτόματοι ἀγαθοί. [1])

7. Da die Formen des Präsensstammes die Handlung nur als in der Ausführung begriffen darstellen, ohne Rücksicht auf den wirklichen Abschluss, so muss in Fällen, wo der Abschluss garnicht oder erst später erfolgt ist, das Deutsche oft Umschreibungen mit versuchen, wollen, nahe daran sein und ähnlichen Wendungen zu Hilfe nehmen: βιάζομαι ich versuche zu zwingen (bedränge), πείθω ich suche zu überreden (rede zu), δίδωμι ich will geben (biete an). Wenn man in solchen Fällen von einem *Praesens* und *Imperfectum de conatu* spricht, so ist zu beachten, dass diese Spracherscheinung nicht auf einer besonderen Gebrauchsweise der beiden Tempora beruht, sondern auf der unbestimmten Bedeutung der so verwandten Verben: διδόναι z. B. deckt sich nicht mit dem deutschen „geben", weil dieses den Begriff der abgeschlossenen Handlung enthält, also aoristischer Natur ist im Sinne von § 381, 1, während διδόναι an sich nur „darreichen" bedeutet, wobei es dahingestellt bleibt, ob das Darreichen seinen Abschluss gefunden hat durch die Annahme des Dargereichten und somit zu einem wirklichen Geben geworden ist, oder ob es beim blossen Anbieten geblieben ist.

a) Praesens. I, 261 σοὶ δ' Ἀγαμέμνων | ἄξια δῶρα δίδωσι μεταλλήξαντι χόλοιο. Vgl. 164. 519. X. Cy. 1. 3, 14 ἔπειτα τά τε νῦν ἐν τῷ παραδείσῳ θηρία δίδωμί σοι καὶ ἄλλα παντοδαπὰ συλλέξω. Vgl. 8. 5, 19. Dem. 18, 103 πόσα χρήματα τοὺς ἡγεμόνας τῶν συμμοριῶν οἴεσθέ μοι διδόναι. Isocr. 6, 12 ταύτην (τὴν δόξαν) πείθουσιν ὑμᾶς ἀποβαλεῖν, *persuadere student*. π, 432 τοῦ νῦν οἶκον ἄτιμον ἔδεις, μνάᾳ δὲ γυναῖκα, | παῖδά τ' ἀποκτείνεις bist Mörder, d. i. hegst Mordgedanken, willst morden. Vgl. ι, 406. 408. S. OC. 993 εἴ τις σὲ τὸν δίκαιον αὐτίκ' ἐνθάδε | κτείνοι παραστάς, πότερα πυνθάνοι' ἂν εἰ πατήρ σ' ὁ καίνων ἢ τίνοι' ἂν εὐθέως; Dem. 6, 15 τοὺς μὲν Λακεδαιμονίους ἀναιρεῖ, οὓς δ' ἀπώλεσεν αὐτὸς πρότερον Φωκέας, νῦν σῴζει; X. Comm. 2. 1, 14 ὅπλα κτῶνται, οἷς ἀμύνονται τοὺς ἀδικοῦντας, quibus *repellere conantur* (sich wehren). Vgl. Hell. 3. 5, 4. Th. 2, 8 προειπόντων (τῶν Λακεδαιμονίων), ὅτι τὴν Ἑλλάδα ἐλευθεροῦσιν. 6, 88 ξυνέβη . . τούς τε Κορινθίους καὶ τοὺς Συρακοσίους τὰ αὐτὰ καὶ τὸν Ἀλκιβιάδην δεομένους πείθειν τοὺς Λακεδαιμονίους.

[1]) Vgl. Bäumlein Untersuch. über die Griech. Modi. S. 36.

b) Imperf. λ, 324 Ἀριάδνην . . Θησεὺς | ἐκ Κρήτης ἐς γουνὸν Ἀθηνάων ἱεράων ἦγε μὲν οὐδ' ἀπόνητο· πάρος δέ μιν Ἄρτεμις ἔκτα er war schon auf der Fahrt nach Athen, d. i. wollte sie nach A. führen, vgl. X. An. 6. 6, 7. ι, 492 καὶ τότε δὴ Κύκλωπα προσηύδων· ἀμφὶ δ' ἑταῖροι | μειλιχίοις ἐπέεσσιν ἐρήτυον ich war schon dabei ihn anzureden, wollte ihn anreden. Φ, 326 πορφύρεον δ' ἄρα κῦμα . . ἵστατ' ἀειρόμενον, κατὰ δ' ᾕρεε Πηλείωνα. X. An. 1. 3, 1 Κλέαρχος τοὺς αὑτοῦ στρατιώτας ἐβιάζετο ἰέναι . . ὕστερον δ' ἐπεὶ ἔγνω ὅτι οὐ δυνήσεται βιάσασθαι, συνήγαγεν ἐκκλησίαν. 3. 3, 5 διέφθειρον προσιόντες τοὺς στρατιώτας, καὶ ἕνα γε λοχαγὸν διέφθειραν. 6. 1, 19 ἕκαστος ἔπειθεν αὐτὸν ὑποστῆναι τὴν ἀρχήν. 7. 3, 7 ἔπειθον ἀποτρέπεσθαι· οἱ δὲ οὐχ ὑπήκουον. Cy. 5. 5, 22 ἐλθὼν ἔπειθον αὐτούς, καὶ οὓς ἔπεισα, τούτους ἔχων ἐπορευόμην. Vgl. Hdt. 5, 104. Dem. 18, 105 οὐκ ἔσθ', ὅτι οὐκ ἐδίδοσαν. Isocr. 4, 93 ἐξὸν τιμὰς ἐξαιρέτους λαβεῖν, ἃς αὐτοῖς ἐδίδου βασιλεύς, οὐχ ὑπέμειναν τὰς παρ' ἐκείνου δωρεάς. Th. 4, 76 Χαιρώνειαν . . ἄλλοι ἐξ Ὀρχομενοῦ ἐνεδίδοσαν arbeiteten an der Übergabe. X. Comm. 1. 2, 29 Κριτίαν αἰσθανόμενος ἐρῶντα Εὐθυδήμου, ἀπέτρεπε (*avertebat, i. e. avertere studebat*). Th. 3, 24 κήρυκα ἐκπέμψαντες, ἐπεὶ ἡμέρα ἐγένετο, ἐσπένδοντο ἀναίρεσιν τοῖς νεκροῖς, μαθόντες δὲ τὸ ἀληθὲς ἐπαύσαντο sie waren schon dabei, einen Waffenstillstand zu schliessen, d. i. wollten. Hdt. 1, 68 ἐμισθοῦτο (*conducere cupiebat*) παρ' οὐκ ἐκδιδόντος τὴν αὐλήν· χρόνῳ δὲ ὡς ἀνέγνωσε ἐνοικίσθη. 69 χρυσὸν ὠνέοντο (feilschten um Gold, *emere volebant*) . . Κροῖσος δέ σφι ὠνεομένοισι ἔδωκε δωτίνην. Dem. 32, 6 ὡς δ' ἡλίσκετο ὁ Ἡγέστρατος, φεύγει καὶ διωκόμενος ῥίπτει αὑτὸν εἰς τὴν θάλατταν, *cum in eo esset ut caperetur*. Vgl. Hdt. 7, 181. Eur. J. T. 26 ἐκαινόμην ξίφει, ἀλλ' ἐξέκλεψεν . . Ἄρτεμις man war schon dabei, mich zu morden, vgl. 360. H. f. 538 καὶ τἄμ' ἔθνῃσκε τέκν', ἀπωλλύμην δ' ἐγὼ liberi mei *morituri erant*, ego autem *peritura*, vgl. S. OR. 1454. OC. 274. X. An. 5. 8, 2. Antiph. 2, 3. 5, 37, ubi v. Maetzner. Eine merkwürdige Stelle Hdt. 6, 108 καὶ γὰρ καὶ ἐδεδώκεσαν σφέας αὐτοὺς τοῖσι Ἀθηναίοισι οἱ Πλαταιέες (sie hatten sich den Ath. ergeben und standen nun unter der Botmässigkeit derselben, s. § 385) . . . ἐδοσαν δὲ ὧδε (sie hatten sich aber so ergeben, bloss erzählend, s. § 386) πιεζόμενοι ὑπὸ Θηβαίων οἱ Πλαταιέες ἐδίδοσαν πρῶτα παρατυχοῦσι . . Λακεδαιμονίοισι σφέας αὐτούς (wollten sich ergeben), οἱ δὲ οὐ δεχόμενοι ἔλεγόν σφι κτλ. — Besonders häufig wird das Partizip des Präsens so gebraucht. Eur. Ph. 81 ἐγὼ δ' ἔριν λύουσ' ὑπόσπονδον μολεῖν ἔπεισα παιδὶ παῖδα, πρὶν ψαῦσαι δορός, ubi v. Schaefer. Vgl. Eur. El. 1024. X. Cy. 5. 1, 22 τῷ νῦν διδόντι ὑμῖν Γωβρύᾳ τείχη, *tradituro*. Dem. 29, 17 οὐδ' ἐμοῦ παραδιδόντος (τὸν παῖδα), παραλαβεῖν ἠθέλησεν (*cum traditurus essem*) u. so öfter in dieser Rede. Hdt. 3, 81 τὰ (= ἃ) μὲν Ὀτάνης εἶπε τυραννίδα παύων. X. An. 5. 6, 31 ὁρῶ ὑμῖν τὰ πλοῖα πέμποντας

Ἡρακλεώτας *missuros*. Pl. Prot. 317, a ἀποδιδράσκοντα μὴ δύνασθαι ἀποδρᾶναι πολλὴ μωρία beim Davonlaufen nicht entlaufen können. Th. 3, 18 Μιτυληναῖοι ἐπὶ Μήθυμναν ὡς προδιδομένην ἐστράτευσαν, putantes *parari proditionem*. Vgl. X. Hell. 4. 5, 3. So namentlich nach Verben der Bewegung. Eur. Suppl. 120 τούτους θανόντας ἦλθον ἐξαιτῶν πόλιν. X. Hell. 2. 1, 29 ἡ πάραλος ἐς τὰς Ἀθήνας ἔπλευσεν ἀπαγγέλλουσα τὰ γεγονότα. Th. 7, 25 ἔπεμψαν ἐς τὰς πόλεις πρέσβεις ἀγγέλλοντας (mit der Meldung) τὴν τοῦ Πλημμυρίου λῆψιν. 6, 88 πρέσβεις πέμπειν ἐς Συρακούσας κωλύοντας μὴ ξυμβαίνειν Ἀθηναίοις. — Aus der oben besprochenen allgemeineren Bedeutung der hier in Betracht kommenden Verben erklärt es sich, dass der sogenannte Conatbegriff einerseits nicht auf die Formen des Präsensstammes beschränkt bleibt (vgl. Lys. 30, 32 ὑμᾶς πείσουσιν ὡς οὐ χρὴ δίκην παρ' αὐτοῦ λαμβάνειν, sie werden versuchen, euch einzureden), [1]) anderseits den Formen des Präsensstammes nicht immer anhaftet, vgl. Pl. civ. 390, e (Hs. fr. 180) δῶρα θεοὺς πείθει. So namentlich in negierten Sätzen: Pl. Apol. 37 a πέπεισμαι ἑκὼν εἶναι μηδένα ἀδικεῖν ἀνθρώπων, ἀλλ' ὑμᾶς τοῦτο οὐ πείθω. Arist. V. 116 ἀνέπειθον αὐτὸν μὴ φορεῖν τριβώνιον | μηδ' ἐξιέναι θύραζ'· ὁ δ' οὐκ ἐπείθετο (liess sich nicht zureden). Hdt. 2, 121, δ ὡς δὲ πολλὰ πρὸς αὐτὴν λέγων οὐκ ἔπειθε, ἐπιτεχνήσασθαι τοιάδε μιν. Vgl. 5, 104. Th. 3, 75 ἀνίστη τε καὶ παρεμυθεῖτο· ὡς δ' οὐκ ἔπειθεν er hiess sie aufstehen und sprach ihnen Mut zu; als sie sich aber nicht zureden liessen. ι, 500 ὣς φάσαν, ἀλλ' οὐ πεῖθον.

§ 383. b) Imperfectum.

1. Das Imperfekt ist für die Vergangenheit das, was das Präsens für die Gegenwart ist. Beide Zeitformen stellen eine Handlung in ihrem Verlaufe, ihrer Entwickelung dar; die eigentliche Dauer der Handlung kommt bei dem Imperfekt ebenso wenig wie bei dem Präsens in Betracht. B, 785 μάλα δ' ὦκα διέπρησσον πεδίοιο. Hdt, 3, 19 αὐτίκα μετεπέμπετο. 8, 115 ἐπορεύετο κατὰ τάχος. Th. 4, 44 ἀνεχώρουν κατὰ τάχος. [2]) Ebenso wenig kann es an sich eine wiederholte Handlung in der Vergangenheit, ein Pflegen ausdrücken, s. § 386, Anm. 3. Das Imperfekt erscheint in diesem Falle nur deshalb öfter als der Aorist, weil eine wiederholte Handlung gleichsam eine zusammenhängende Reihe von Handlungen darstellt, bei der der Beschauer weit öfter den Verlauf als den Abschluss ins Auge fasst.

[1]) Über διδόναι vgl. Schoemann ad. Isae. 8, 43 p. 40.

[2]) Mehr Beispiele bei H. Schmidt doctr. temp. IV. p. 19 sq.

2. Da nun das Imperfekt eine in der Vergangenheit sich entwickelnde und insofern damals noch fortdauernde Handlung ausdrückt, so ist es natürlich, dass es bei der Beschreibung und Schilderung auf einander folgender Begebenheiten in der Vergangenheit, bei der Darstellung von Sitten und Gewohnheiten, sowie bei Erwähnung vergangener Handlungen, welche zur Erklärung, Veranschaulichung, Begründung einer anderen Handlung dienen und begleitende Nebenumstände derselben ausdrücken, gebraucht wird. Γ, 15 sqq. οἱ δ' ὅτε δὴ σχεδὸν ἦσαν ἐπ' ἀλλήλοισιν ἰόντες, | Τρωσὶν μὲν προμάχιζεν 'Αλέξανδρος θεοειδής . . . αὐτὰρ ὁ δοῦρε δύω . . πάλλων 'Αργείων προκαλίζετο πάντας ἀρίστους. H, 472 ff. χ, 497 ff. α, 107 ff. οἱ μὲν ἔπειτα πεσσοῖσι προπάροιθε θυράων θυμὸν ἔτερπον· κήρυκες δ' αὐτοῖσι καὶ ὀτρηροὶ θεράποντες | οἱ μὲν ἄρ' οἶνον ἔμισγον ἐνὶ κρητῆρσι καὶ ὕδωρ, | οἱ δ' αὖτε σπόγγοισι . . τραπέζας | νίζον ἰδὲ πρότιθεν, τοὶ δὲ κρέα πολλὰ δατεῦντο. Vgl. die schöne Schilderung b. Dem. 18, 169 f. X. An. 1. 9, 2 (Κῦρος) ἔτι παῖς ὤν, ὅτε ἐπαιδεύετο καὶ σὺν τῷ ἀδελφῷ καὶ σὺν τοῖς ἄλλοις παισί, πάντων πάντα κράτιστος ἐνομίζετο. Vgl. 6. 1, 1. X. Ag. 2, 12 συμβαλόντες τὰς ἀσπίδας ἐωθοῦντο, ἐμάχοντο, ἀπέκτεινον, ἀπέθνῃσκον. Cy. 7. 1, 38 εὐθὺς ἀνεβόησάν τε πάντες καὶ προσπεσόντες ἐμάχοντο, ἐώθουν, ἐωθοῦντο, ἔπαιον, ἐπαίοντο. Vgl. An. 4. 8, 28 u. 2. 6, 21 bis 27 die Charakterschilderung des Menon. Cy. 8. 8, 1. Comm. 1. 2, 61. Hdt. 3, 160 δῶρά οἱ ἀνὰ πᾶν ἔτος ἐδίδου, καὶ τὴν Βαβυλῶνά οἱ ἔδωκε ἀτελέα νέμεσθαι.

3. Häufig wird das Imperfekt gebraucht, wo man eine abgeschlossene, nicht eine noch in der Entwickelung begriffene Handlung ausgedrückt erwarten sollte, wo also das Imperfekt statt des Aoristes zu stehen scheint. Dieser Gebrauch findet sich besonders häufig in der Homerischen Sprache bei Verben, wie αἱρεῖν, βαίνειν, βάλλειν, διδόναι, ἰέναι, ἱστάναι, καλεῖν, λείπειν, πέμπειν, πίπτειν, τιθέναι u. a., und in der Prosa bei den Verben des Schickens und Gehens, als: πέμπειν, ἀποστέλλειν, πλεῖν, ἀνάγεσθαι u. a., sowie des Sagens, Ermunterns u. ähnl., z. B. λέγειν, ἀγγέλλειν, ἄρχεσθαι λόγου od. bloss ἄρχεσθαι, ἐρωτᾶν, κελεύειν, παρακελεύεσθαι u. a. [1]) Eine Vertauschung der Zeitformen anzunehmen ist durchaus unstatthaft. Wenn der Dichter die zuerst genannten Verben im Imperfekt gebraucht, so will er uns

---

[1]) Vgl. Nägelsbach X Exkurs. z. Iliad., der aber von solchen Impf. unrichtig sagt „sie hätten nachhaltige Wirkungen", was in dem Impf. nicht liegen kann. Stiebeling, Beitr. z. Homer. Gebrauch der tempora praeterita. Progr. v. Siegen, 1887. Poppo ad Thuc. 1, 119 p. 570 sq. ed. maj., ad 1, 25 ed. Goth. Maetzner ad Lycurg. § 18. Kühner ad Xen. An. 7. 1, 13. Blass, Rhein. Mus. Bd. 44 (1889), S. 406 ff. Hultsch, die erzählenden Zeitformen bei Polybios I (Abhandlungen der Sächs. Gesellsch. d. Wissensch. XIII, 1), S. 6 ff.

das handelnde Subjekt in seiner damaligen Situation vor die Augen stellen, während sich der Abschluss der Handlung nur aus dem Zusammenhange ergiebt. θ, 304 ἕστη δ' ἐν προθύροισι, χόλος δέ μιν ἄγριος ᾕρει (Zorn wallte in ihm auf). E, 364 f. ἡ δ' ἐς δίφρον ἔβαινε καὶ ἡνία λάζετο χερσίν (sie schritt dem Wagen zu und griff nach den Zügeln), vorher aber δῶκε u. nachher μάστιξεν u. s. w. χ, 82 βάλλε στῆθος παρὰ μαζόν, ἐν δέ οἱ ἥπατι πῆξε θοὸν βέλος. P, 596 νίκην δὲ Τρώεσσι δίδου, ἐφόβησε δ' Ἀχαιούς. κ, 231 θύρας ὤϊξε . . καὶ κάλει. E, 370 ἡ δ' ἐν γούνασι πῖπτε Διώνης δῖ' Ἀφροδίτη (sank in den Schoss), | . . ἡ δ' ἀγκὰς ἐλάζετο θυγατέρα ἥν | χειρί τέ μιν κατέρεξεν. Bei Stellen wie π, 118 μοῦνον Λαέρτην Ἀρκείσιος υἱὸν ἔτικτεν, μοῦνον δ' αὖτ' Ὀδυσῆα πατὴρ τέκεν ist nach § 382, 4 d zu erklären: A. war Vater des Laertes, L. erzeugte den Odysseus. Oft sind beide Ausdrucksweisen gleich berechtigt. Daher mögen wohl manchmal auch metrische Rücksichten nicht ohne Einfluss geblieben sein, wie B, 43 ff. περὶ δὲ μέγα βάλλετο φᾶρος· | ποσσὶ δ' ὑπὸ λιπαροῖσιν ἐδήσατο καλὰ πέδιλα, | ἀμφὶ δ' ἄρ' ὤμοισιν βάλετο ξίφος. H, 303 ff. ὣς ἄρα φωνήσας δῶκε ξίφος ἀργυρόηλον . . . Αἴας δὲ ζωστῆρα δίδου φοίνικι φαεινόν. Auch bei den oben an zweiter Stelle genannten Verben erklärt sich das Imperfekt zumeist daraus, dass der thatsächliche Abschluss der Handlung (bei πέμπειν, πλεῖν u. a. die Erreichung des Zieles, bei κελεύειν, παρακελεύεσθαι u. a. die Ausführung des Befehls) entweder überhaupt nicht erfolgt ist oder ausser Betracht bleibt. Th. 4, 28 Νικίας . . . ἐκέλευεν ἥν τινα βούλεται δύναμιν λαβόντα ἐπιχειρεῖν (erfolglose Aufforderung). 3, 112 τοὺς Μεσσηνίους πρώτους ἐπίτηδες ὁ Δημοσθένης προὔταξε καὶ προσαγορεύειν ἐκέλευε (nicht auf die Ausführung, sondern auf den Grund des Befehls kommt es an). 8, 6 ἀντὶ τοῦ Μελαγκρίδου Χαλκιδέα ἔπεμπον (der wirkliche Aufbruch erfolgt erst cap. 12). 3, 49 τριήρη εὐθὺς ἄλλην ἀπέστελλον κατὰ σπουδήν (Imperf., weil im folgenden erst noch geschildert wird, was unterwegs geschah). 1, 46 οἱ δὲ Κορίνθιοι . . ἔπλεον ἐπὶ τὴν Κέρκυραν ναυσὶ πεντήκοντα καὶ ἑκατόν. So steht das Imperfekt namentlich bei den Verben des Sagens, wenn die berichtete Rede dem Erzähler nicht schon als abgeschlossenes Ganzes vorschwebt, sondern in ihren einzelnen Momenten entwickelt wird. Th. 1, 72 vor der Rede: οἱ Ἀθηναῖοι ἔλεγον τοιάδε, 79 nach Beendigung derselben aber τοιαῦτα δὲ οἱ Ἀ. εἶπον. X. An. 4. 8, 14 Ξενοφῶν δὲ ἀπιὼν ἔλεγε τοῖς στρατιώταις· Ἄνδρες, κτλ. Cy. 3. 3, 13 σὺν τούτοις οὖν ὁ Κῦρος ἐλθὼν πρὸς τὸν Κυαξάρην ἤρχετο λόγου τοιοῦδε. Bloss ἤρχετο An. 3. 2, 9. — Andere betrachten Imperfekte wie ἔλεγε als vereinzelte Überbleibsel aus einer älteren Sprachperiode, in der das Imperfekt noch das eigentliche Tempus der Erzählung war (wie im Sanskrit und im Iranischen). S. Delbrück, Syntakt. Forschungen IV, S. 114.

4. Wenn die durch das Imperfekt ausgedrückte Handlung mit einer anderen vergangenen Handlung verbunden ist, so kann es eine Handlung ausdrücken, welche entweder mit jener gleichzeitig war oder erst nachher eintrat, oder schon vorher stattfand.[1] In dem letzteren Falle gebraucht das Deutsche, wie das Lateinische oft das Plusquamperfekt, während das Griechische, das eine Ausdrucksform für die Vorvergangenheit überhaupt nicht ausgebildet hat, die Nebenhandlung nur in ihrer Entwickelung vorführt, ihr zeitliches Verhältnis zur Haupthandlung aber unbezeichnet lässt. π, 50 τοῖσιν δὲ κρειῶν πίνακας παρέθηκε συβώτης | ὀπταλέων, ἅ ῥα τῇ προτέρῃ ὑπέλειπον (*reliquerant*) ἔδοντες. Hdt. 8, 42 ἐναυμάχεον *pugnaverant*. Th. 8, 26 ἐλθόντος δὲ Ἀλκιβιάδου . . πυνθάνονται τὰ περὶ τῆς μάχης· παρῆν (affuerat) γὰρ ὁ Ἀλκιβιάδης καὶ ξυνεμάχετο τοῖς Μιλησίοις. 2, 23 ἀπέστειλαν τὰς ἑκατὸν ναῦς, ἅσπερ παρεσκευάζοντο, mit deren Ausrüstung sie damals (bei den cap. 17 besprochenen Kriegsvorbereitungen) beschäftigt waren. 2, 83 στρατηγοὶ δὲ ἦσαν κατὰ πόλεις ἑκάστων οἳ παρεσκευάζοντο, die die Rüstungen besorgt hatten. 4, 9 ἐτείχιζον. X. An. 1. 2, 22 (Κῦρος) εἶδε τὰς σκηνάς, οὗ οἱ Κίλικες ἐφύλαττον, ubi Cilices *excubabant* (näml. ehe Kyros erschien). 1. 4, 2 ἔχων ναῦς ἑτέρας Κύρου πέντε καὶ εἴκοσιν, αἷς ἐπολιόρκει Μίλητον, ὅτε Τισσαφέρνει φίλη ἦν. 1. 6, 10 ἐπεὶ εἶδον αὐτὸν οἵπερ πρόσθεν προσεκύνουν, καὶ τότε προσεκύνησαν. 3. 4, 7 ἐνταῦθα πόλις ἦν ἐρήμη· ᾤκουν δ' αὐτὴν τὸ παλαιὸν Μῆδοι, wo wir auch sagen können: dieselbe bewohnten ehemals die M. st. hatten bewohnt. Vgl. 3. 4, 10. 4. 3, 7. Antiph. 5, 29 τὸ πλοῖον ἧκεν, ἐν ᾧ ἐπλέομεν, wo wir sagen: in dem wir gefahren waren, s. Maetzner ad. h. l.

5. Das Imperfekt scheint bisweilen statt des Präsens zu stehen, indem die durch dasselbe ausgedrückte Handlung in der Gegenwart fortbesteht. Der Redende nimmt alsdann keine Rücksicht auf das Fortbestehen der Handlung in der Gegenwart, sondern versetzt sich in den Zeitpunkt der Vergangenheit zurück, in welchem er dieselbe erkannte oder von ihr die Rede war. γ, 292 ἔνθα . . τὰς μὲν (νῆας) Κρήτῃ ἐπέλασσεν, | ἧχι Κύδωνες ἔναιον, wo die K. wohnen; auch im Deutschen kann ebenso das Imperf. gebraucht werden: wo d. K. wohnten. Pl. Criton. 47, d διαφθεροῦμεν ἐκεῖνο καὶ λωβησόμεθα, ὃ τῷ μὲν δικαίῳ βέλτιον ἐγίγνετο, τῷ δὲ ἀδίκῳ ἀπώλλυτο (statt: ὃ τῷ μὲν δικ. βέλτιον γίγνεσθαι, τῷ δὲ ἀδ. ἀπόλλυσθαι ἐλέγετο ἑκάστοτε ὑφ' ἡμῶν περὶ τῶν τοιούτων διαλεγομένων, ubi v. Stallb.) Vgl. *Cic. de offic. I. 40, 143: itaque quae erant prudentiae propria, suo loco dicta sunt.* Civ. 406, e ἆρ', ἦν δ' ἐγώ, ὅτι ἦν τι αὐτῷ ἔργον ὃ εἰ μὴ πράττοι οὐκ ἐλυσιτέλει ζῆν, was Stallb. erklärt: ὅτι ἐστὶν αὐτῷ, ὡς ἄρτι ἐλέγομεν,

[1]) S. W. Fuisting, Theorie der Modi u. Tempora, Münster 1850, S. 24.

ἔργον τι. 436, c εἰσόμεθα, ὅτι οὐ ταὐτὸν ἦν, ἀλλὰ πλείω, i. e. ὅτι οὐ ταὐτόν ἐστιν, ὥσπερ ᾠόμεθα. Vgl. 609, b. Phaedr. 230, a ἀτάρ, ὦ ἑταῖρε, μεταξὺ τῶν λόγων, ἆρ' οὐ τόδε ἦν τὸ δένδρον, ἐφ' ὅπερ ἦγες ἡμᾶς, ubi v. Stallb., wie auch im Deutschen: war das nicht der Baum? Th. 1, 63 ἀπεῖχε δὲ ἑξήκοντα μάλιστα σταδίους καὶ ἔστι καταφανές. X. An. 1. 4, 9 ἰχθύων, οὓς οἱ Σύροι θεοὺς ἐνόμιζον, s. daselbst Kühner's Bmrk. 1. 5, 6 ὁ σίγλος δύναται ἑπτὰ ὀβολοὺς καὶ ἡμιωβόλιον Ἀττικούς, ἡ δὲ καπίθη δύο χοίνικας Ἀττικὰς ἐχώρει. 4. 8, 1 ἀφίκοντο ἐπὶ τὸν ποταμόν, ὃς ὥριζε τὴν τῶν Μακρώνων χώραν καὶ τὴν τῶν Σκυθινῶν. Hell. 2. 1, 21. ἔπλευσαν εἰς Αἰγὸς ποταμοὺς ἀντίον τῆς Λαμψάκου· διεῖχε δ' ὁ Ἑλλήσποντος ταύτῃ σταδίους ὡς πεντεκαίδεκα, s. daselbst Breitenbach. S. OC. 117 ὅρα· τίς ἄρ' ἦν; ποῦ ναίει; wer war es, von dem der σκοπός sprach? So öfter ἦν ἄρα, wenn man von einer Meinung enttäuscht wird und zu der Einsicht gelangt, dass sich etwas vorher anders verhielt, als man gemeint hatte. Wir gebrauchen in diesem Falle das Präsens, indem wir die auf die Gegenwart sich erstreckende Folgerung ausdrücken. π, 420 Ἀντίνο', ὕβριν ἔχων, κακομήχανε, καὶ δέ σέ φασιν ἐν δήμῳ Ἰθάκης μεθ' ὁμήλικας ἔμμεν' ἄριστον βουλῇ καὶ μύθοισι· σὺ δ' οὐκ ἄρα τοῖος ἔησθα, man sagt zwar, du seiest ein vortrefflicher Mann; nun aber sehe ich nach den Erfahrungen, die ich machte, ein, dass du nicht ein solcher bist, Griech.: warst du nicht ein solcher (und bist es daher auch nicht). Vgl. ν, 209 f. λ, 553 οὐκ ἄρ' ἔμελλες . . λήσεσθαι . .; S. Ph. 978 οἴμοι· πέπραμαι κἀπόλωλ'· ὅδ' ἦν ἄρα | ὁ ξυλλαβών με, ja nun weiss ich es, Odysseus ist es, der mich hintergangen hat; Griech.: Odysseus also war es (und ist es daher auch). Eur. M. 703 ξυγγνωστὰ μέντ' ἄρ' ἦν σε λυπεῖσθαι, γύναι. Pl. Phaed. 68, b οὐκοῦν ἱκανόν σοι τεκμήριον τοῦτο ἀνδρός, ὃν ἂν ἴδῃς ἀγανακτοῦντα μέλλοντα ἀποθανεῖσθαι, ὅτι οὐκ ἄρ' ἦν φιλόσοφος, ἀλλά τις φιλοσώματος.[1])

Anmerk. 1. In Meldungen der Boten kann st. des Präsens auch das Imperfekt gebraucht werden, indem der Bote auf die Zeit Rücksicht nimmt, in welcher er einen Auftrag erhielt. Ar. Ach. 1073 ἰέναι σ' ἐκέλευον οἱ στρατηγοὶ τήμερον | ταχέως λαβόντα τοὺς λόχους. Vgl. Horat. sat. II, 6, 35 u. 37 Roscius *orabat* sibi adesses ad Puteal cras.

Anmerk. 2. Über das Imperf. der Verben νικᾶν, κρατεῖν, ἡττᾶσθαι u. s. w. s. § 382, 4, c), über das Imperf. einer beabsichtigten Handlung s. § 382, 7, über die Imperfekte ἔδει, ἐχρῆν u. s. w. s. § 392 b, 4.

§ 384. c) Perfectum.

1. Das Perfekt (im Indikative) bezeichnet eine Handlung, welche in der Gegenwart des Redenden als eine vollendete, zur Entwickelung gekommene erscheint. Der Begriff des Vollendeten wird im Griechischen durch die Reduplikation,

[1]) S. Stallb. ad Pl. Phaed. 68, b. Civ. 490, a. 603, c.

der Zeitraum der Gegenwart durch die Personalendungen des Präsens ausgedrückt. Ob die Handlung erst in dem Momente der Rede oder schon lange vorher zur Vollendung gelangt sei und in ihrer Vollendung sich bis auf den gegenwärtigen Zeitpunkt erstrecke, ist gleichviel.

2. Das griechische Perfekt unterscheidet sich aber von dem anderer Sprachen dadurch, dass es nicht bloss eine gegenwärtig vollendete Handlung, sondern die vollendete Handlung zugleich auch als in ihren Wirkungen und Folgen noch fortbestehend bezeichnet. Wo dies nicht der Fall ist, gebraucht der Grieche den Aorist.[1]) X. Cy. 2. 1, 18 τέλος εἶπεν· Ἀκηκόατε πάντα, ihr habt gehört und wisst nun. Lys. 12, 100. Pl. Theaet. 144, b ἀκήκοα μὲν τοὔνομα, μνημονεύω δὲ οὔ (man kann einen Namen wissen, aber nicht immer ins Gedächtnis zurückrufen). X. An. 1. 2, 5 Κῦρος δὲ ἔχων, οὓς εἴρηκα, ὡρμᾶτο ἀπὸ Σάρδεων, die ich genannt habe und die nun bekannt sind. 3. 1, 38 ἡ ἀταξία πολλοὺς ἤδη ἀπολώλεκεν. 5. 7, 29 οἷα ὑμῖν διαπεπράχασιν οἱ αὐθαίρετοι οὗτοι στρατηγοί, σκέψασθε. Ἡ πόλις ἔκτισται, die Stadt ist erbaut worden und steht jetzt gebaut da; hingegen ἐκτίσθη bedeutet bloss: die St. war gebaut, ohne anzudeuten, ob sie noch jetzt dastehe. Φ, 81 ἠὼς δέ μοί ἐστιν | ἥδε δυωδεκάτη, ὅτ' ἐς Ἴλιον εἰλήλουθα, gekommen bin und nun da verweile. Α, 125 ἀλλὰ τὰ μὲν πολίων ἐξεπράθομεν, τὰ δέδασται. Β, 135 ἐννέα δὴ βεβάασι Διὸς μεγάλου ἐνιαυτοί, | καὶ δὴ δοῦρα σέσηπε νεῶν καὶ σπάρτα λέλυνται. Κ, 252. Eur. Tr. 582 βέβακ' ὄλβος, βέβακε Τροία ist dahin. Hdt. 7, 130 ὄρεσι περιεστεφάνωται πᾶσα Θεσσαλίη. X. An. 1. 4, 8 ἀπολελοίπασιν ἡμᾶς Ξενίας καὶ Πασίων· ἀλλ' εὖ γε μέντοι ἐπιστάσθωσαν, ὅτι οὔτε ἀποδεδράκασιν· οἶδα γάρ, ὅπῃ οἴχονται· οὔτε ἀποπεφεύγασιν· ἔχω γὰρ τριήρεις, ὥστε ἑλεῖν τὸ ἐκείνων πλοῖον. 3. 2, 2 οἱ ἀμφὶ Ἀριαῖον, οἱ πρόσθεν σύμμαχοι ὄντες, προδεδώκασιν ἡμᾶς. 10 ἡμεῖς μὲν ἐμπεδοῦμεν τοὺς τῶν θεῶν ὅρκους, οἱ δὲ πολέμιοι ἐπιωρκήκασί τε καὶ τὰς σπονδὰς καὶ τοὺς ὅρκους λελύκασιν. Cy. 1. 3, 18 οὗτος (sc. Ἀστυάγης) τῶν ἐν Μήδοις πάντων δεσπότην ἑαυτὸν πεποίηκεν, hat sich zum Herrn gemacht und ist nun Herr. 4. 2, 26 οὐδέν ἐστι κερδαλεώτερον τοῦ νικᾶν· ὁ γὰρ κρατῶν ἅμα πάντα συνήρπακε, καὶ τοὺς ἄνδρας καὶ τὰς γυναῖκας, der, welcher gesiegt hat (ὁ κρατῶν) hat alles an sich gerissen und ist nun im Besitze. Dem. 27, 64 οἳ (sc. ἐπίτροποι) καὶ τὴν διαθήκην ἠφανίκασιν καὶ τὰς μὲν σφετέρας αὐτῶν οὐσίας ἐκ τῶν ἐπικαρπιῶν διῳκήκασι καὶ τἀρχαῖα τῶν ὑπαρχόντων ἐκ τῶν ἐμῶν πολλῷ μείζω πεποιήκασι, τῆς δ' ἐμῆς οὐσίας . . ὅλον τὸ κεφάλαιον ἀνῃρήκασιν. Isocr. 8, 19 ὁ πόλεμος ἁπάντων ἡμᾶς ἀπεστέρηκεν· καὶ γὰρ πενεστέρους πεποίηκε καὶ πολλοὺς κινδύνους ὑπομένειν ἠνάγκασε καὶ πρὸς τοὺς Ἕλληνας διαβέβληκε καὶ πάντας τρόπους

[1]) Vgl. Fuisting a. a. O. S. 44 f,

τεταλαιπώρηκεν ἡμᾶς (der Zwang viele Gefahren zu bestehen ging vorüber, daher ἠνάγκασε; aber die übrigen Handlungen bestehen in der Gegenwart des Redenden nach ihrer Vollendung in ihren Wirkungen fort). Sowie das Präsens (§ 382, 3), ebenso wird auch das Perfekt öfters mit Zeitadverbien der Vergangenheit verbunden. S. Tr. 1130 τέθνηκεν ἀρτίως, sie starb (ἀπέθανεν) eben und ist nun tot. Vgl. Ant. 1282 f. [1])

Anmerk. 1. Über den Konjunktiv, Optativ, Imperativ und Infinitiv des Perf. s. § 389, 6.

3. Da die Griechen weniger den eigentlichen Akt der Vollendung als das aus der Vollendung für die Gegenwart hervorgehende Ergebnis, den durch die Vollendung der Thätigkeitsäusserung eingetretenen Zustand ins Auge fassen, so muss das Deutsche, dem dieser Gebrauch im allgemeinen fremd ist, viele griechische Perfekte (und Plusquamperfekte) durch Präsentien (und Imperfekte) von anderen Verben übersetzen, welche den durch die Vollendung der Thätigkeitsäusserung eingetretenen Zustand ausdrücken, als: τέθνηκα, ich bin gestorben, und bin nun tot. Simon. in Anth. 7, 251 οὐδὲ τεθνᾶσι θανόντες, nicht sind sie tot, die bei Thermopylä starben. Eur. Alc. 541 τεθνᾶσιν οἱ θανόντες, tot sind die, welche starben. Κέκτημαι (ich habe mir erworben), besitze, οἶδα (habe eingesehen), weiss, ἔγνωκα (habe erkannt), sehe ein, μέμνημαι (habe mich erinnert), *memor sum*, κέκλημαι (bin genannt worden), heisse, ἐνδέδυκα z. B. χιτῶνα (habe angezogen), trage, vgl. Hdt. 2, 81; βεβούλευμαι (bin mit mir zu Rate gegangen), bin entschlossen, z. B. στρατεύεσθαι Hdt. 3, 134; ἔρρωμαι (habe mich gestärkt), = *valeo*, bin gesund; ἕστηκα (ich habe mich gestellt), stehe; βέβηκα (bin ausgeschritten), stehe fest, A 37 κλῦθί μευ, Ἀργυρότοξ', ὃς Χρύσην ἀμφιβέβηκας Κίλλαν τε ζαθέην Τενέδοιό τε ἶφι ἀνάσσεις, der du (schützend) vor Chr. stehst, X. oec. 8, 17 βεβηκυίας τῆς οἰκίας ἐν δαπέδῳ; πέφυκα *natus sum* = ich bin, wie γέγονα; ἐγρήγορα (bin erwacht), wache; πέποιθα (habe mich überzeugt), vertraue.

4. Daneben giebt es eine grosse Anzahl von Perfekten, namentlich in der Homerischen Sprache, deren Präsensbedeutung sich nicht aus dem Begriffe der vollendeten Handlung im üblichen Sinne ableiten lässt. So bedeutet z. B. τέθηλα nicht: ich habe geblüht, sondern: ich stehe in voller Blüte, δέδοικα nicht: ich habe gefürchtet, sondern: ich bin voller Furcht. Für derartige Perfekte ist, weil sie sich lediglich als verstärkte Präsentia darstellen, die Bezeichnung *Perfecta intensiva* gebräuchlich geworden. Hierher gehören z. B.

---

1) Vgl. Kvíčala Beitr. z. Krit. u. Erkl. des Soph. II. S. 88 f.

ὄδωδα rieche, als Zustand (ὄζω als vorübergehende Thätigkeitsäusserung), δέδορκα blicke (δέρκομαι), πέφρικα starre (φρίσσω), βέβριθα bin belastet (βρίθω), κέκευθα halte verborgen (κεύθω), κέχανδα enthalte (χανδάνω), ἥγημαι bin der Ansicht (ἡγέομαι meine), ebenso νενόμικα Hdt. 2, 25 οὕτω τὸν ἥλιον νενόμικα τούτων αἴτιον εἶναι. Ferner Verba des Affekts, wie πεφόβημαι bin in Furcht (φοβοῦμαι), κέκηδα bin besorgt (κήδομαι sorge), μέμηλε es liegt mir am Herzen (μέλει), γέγηθα, κεχάρηκα bin erfreut (γηθέω, χαίρω), ἔολπα bin der Hoffnung (ἔλπομαι), τεθάρρηκα bin voll Mutes (θαρρέω), ἐσπούδακα bin voll Eifers (σπουδάζω), ἐπιτεθύμηκα bin begierig (ἐπιθυμέω), τεθαύμακα bin verwundert (θαυμάζω). Sodann viele den Begriff des Tönens und Rufens ausdrückende Verben, von denen die Präsensform wenig gebräuchlich ist: κέκραγα, λέλακα (λάσκω), κέκληγα (κέκλαγγα), τέτριγα (τρίζω), βέβρυχα (βρυχάομαι), μέμυκα (μυκάομαι), μέμηκα (μηκάομαι).[1]) Von einigen Perfektformen ist sogar die Präsensform entweder ganz verloren gegangen oder hat sich nur in der poetischen, besonders epischen Sprache erhalten oder taucht erst bei den Späteren wieder auf: οἶδα, ἔοικα, εἴωθα, δέδοικα, δέδια, σέσηρα, τέθηπα, μέμαμεν, μέμονα, bin gesinnt, γέγωνα, rufe, ἄνωγα, befehle, κέχηνα, gaffe, klaffe (χαίνω erst b. d. Sp.), ἔρριγα ep. poet., schaudere (Praes. nur Pind. N. 5, 50), κεκαφηώς Ε, 698. Χ, 118 ὅσα τε πτόλις ἧδε κέκευθεν. Hs. op. 227 τοῖσι τέθηλε πόλις, λαοὶ δ' ἀνθεῦσιν ἐν αὐτῇ. Π, 384 ὡς δ' ὑπὸ λαίλαπι πᾶσα κελαινὴ βέβριθε χθών. Pind. O. 1, 94 τὸ κλέος τηλόθεν δέδορκε. Λ, 383 οἵ τέ σε πεφρίκασι. Θ, 559 γέγηθε δέ τε φρένα ποιμήν. Ρ, 264 βέβρυχεν μέγα κῦμα. Th. 1, 144 μᾶλλον πεφόβημαι τὰς οἰκείας ἡμῶν ἁμαρτίας ἢ τὰς τῶν ἐναντίων διανοίας. Pl. Phaedr. 227 d ἐπιτεθύμηκα ἀκοῦσαι. 236, b ἐσπούδακας, ὅτι σου τῶν παιδικῶν ἐπελαβόμην.[2]). Dem. 37, 48 πεπιστευκότα. Ar. Av. 1521 πεινῶντες ὥσπερ Ἰλλυριοὶ κεκριγότες. Dem. 18, 199 βοῶν καὶ κεκραγώς.

Anmerk. 2. Aus dem Begriff der vollendeten Handlung lässt sich das sogenannte intensive Perfekt nur dann ableiten, wenn man nicht von der präsentischen, sondern von der aoristischen Handlung ausgeht: φοβηθῆναι erschrecken — πεφοβῆσθαι erschrocken sein, voll Furcht sein, φρῖξαι erstarren — πεφριγέναι erstarrt, starr sein, κραγεῖν „ins Schreien kommen" — κεκραγέναι „ins Schreien gekommen sein", unaufhörlich schreien. Dieser von Kühner vertretenen und neuerdings von Kohlmann (Über die Annahme eines Perfectum intensivum im Griechischen, Progr. v. Salzwedel 1886) tiefer begründeten Erklärung gegenüber, die sich ohne eine gewisse Künstelei nicht durchführen lässt, betrachtet Curtius (Verbum der griechischen Sprache II. S. 150 ff.) im Anschlusse an Bopp

[1]) Sammlungen derartiger Perfekte bei Fritzsche, Über griech. Perfecta mit Präsensbedeutung, in den Sprachwissenschaftl. Abhandlungen aus G. Curtius' grammat. Gesellsch. Lpz. 1874, S. 43 f. und Stender, Beiträge zur Geschichte des griech. Perfekts, Progr. v. M.-Gladbach 1883 und 1884. — [2]) Über den häufigen Gebrauch des Pf. ἐσπούδακα s. Lehrs, Quaestt. ep. p. 288 sq.

die Intensivbedeutung als die ursprünglichere, aus der die temporale Verwendung erst herzuleiten sei. Vgl. auch Delbrück, Syntakt. Forschungen IV, S. 94.

Anmerk. 3. Über das Verhältnis des Perfekts zu dem Aorist s. § 386, 1 u. 13. Bei den sehr späten Schriftstellern wird das Perfekt nicht selten statt des Aoristes gebraucht. [1])

5. Das Perfekt, und zwar in allen Formen, wird mit rhetorischem Nachdrucke so gebraucht, dass eine noch nicht eingetretene Handlung als bereits vollendet, der daraus sich ergebende Zustand als schon vorhanden antizipiert wird. [2]) Ebenso in anderen Sprachen, wie „jene hat gelebt, wenn ich dies Blatt aus meinen Händen gebe,“ im Lat. *perii, occidi, actum est* de me. O, 128 μαινόμενε, φρένας ἠλέ, διέφθορας, es ist um dich geschehen, *actum est de te*. S. El. 674 οἲ 'γὼ τάλαιν', ὄλωλα τῇδ' ἐν ἡμέρᾳ. X. Cy. 4. 2, 26 ἐκεῖνο χρὴ γνῶναι, ὅτι οὐδέν ἐστι κερδαλεώτερον τοῦ νικᾶν· ὁ γὰρ κρατῶν ἅμα πάντα συνήρπακε. 7. 5, 23 ἡμεῖς πολλὴν μὲν δᾷδα ἔχομεν, πολλὴν δὲ πίτταν καὶ στυπεῖον· ὥστε ἀνάγκην εἶναι ἢ φεύγειν ταχὺ τοὺς ἀπὸ τῶν οἰκιῶν ἢ ταχὺ κατακεκαῦσθαι. Comm. 1. 2, 21 ὅταν τῶν νουθετικῶν λόγων ἐπιλάθηταί τις, ἐπιλέλησται καὶ ὧν ἡ ψυχὴ πάσχουσα τῆς σωφροσύνης ἐπεθύμει. Pl. Phaed. 80 d (ἡ ψυχὴ) ἡ τοιαύτη καὶ οὕτω πεφυκυῖα, ἀπαλλαττομένη τοῦ σώματος, εὐθὺς διαπεφύσηται καὶ ἀπόλωλεν. Prot. 328, b. ἐπειδάν τις παρ' ἐμοῦ μάθῃ, ἐὰν μὲν βούληται, ἀποδέδωκεν ὃ ἐγὼ πράττομαι ἀργύριον· ἐὰν δὲ μή, ἐλθὼν εἰς ἱερόν, ὀμόσας, ὅσου ἂν φῇ ἄξια εἶναι τὰ μαθήματα, τοσοῦτον κατέθηκεν, wenn er will, so habe ich mein Geld und damit ist die Sache abgemacht. (Sauppe tilgt ἀποδέδωκεν.) Dem. 24, 139 ἐάν τις βούληται νόμον καινὸν τιθέναι, ἐν βρόχῳ τὸν τράχηλον ἔχων νομοθετεῖ, καὶ ἐὰν μὲν δόξῃ καλὸς καὶ χρήσιμος εἶναι ὁ νόμος, ζῇ ὁ τιθεὶς καὶ ἀπέρχεται· εἰ δὲ μή, τέθνηκεν ἐπισπασθέντος τοῦ βρόχου. 8, 15 οὐδὲν αὐτοὺς ἀπολωλέναι κωλύσει. 24, 64 πέπαυσο (Schluss!). Oft in der Verbindung τὸ ἐπ' ἐμοί s. § 391, 3.

Dem futurischen Präsens § 382, 5 entspricht somit ein futurisches Perfekt. Die Beziehung auf die Zukunft geht entweder aus der Konstruktion des Satzes oder aus dem ganzen Zusammenhange der Rede hervor. S. Ph. 75 εἴ με τόξων ἐγκρατὴς αἰσθήσεται, ὄλωλα, καὶ σὲ προσδιαφθερῶ ξυνών. Eur. Or. 941 εἰ δὲ δὴ κατακτενεῖτε με, | ὁ νόμος ἀνεῖται. El. 687 εἰ . . πτῶμα θανάσιμον πεσεῖ, | τέθνηκα κἀγώ. Th. 8, 74 ἵνα, ἢν μὴ ὑπακούωσι, τεθνήκωσι. 4, 23 εἴρητο, ἐὰν καὶ ὁτιοῦν παραβαθῇ, λελύσθαι τὰς σπονδάς, ebenso 4, 46. 2, 8 ἐν τούτῳ τε κεκωλῦσθαι ἐδόκει ἑκάστῳ τὰ πράγματα, ᾧ μή τις αὐτὸς παρέσται, ubi v. Poppo, jeder meinte, das Unternehmen sei, wobei er nicht selbst zugegen sein könne, behindert. X. An. 1. 8, 12 κἂν τοῦτο νικῶμεν, πάνθ' ἡμῖν πεποίηται.

---

[1]) S. Lehrs l. d. p. 274 sqq. — [2]) S. Fuisting a. a. O. S. 48 f.

§ 385. d) Plusquamperfectum.

1. Das Plusquamperfekt bezeichnet eine in der Vergangenheit vollendete Handlung und ist daher für die Vergangenheit, was das Perfekt für die Gegenwart ist. Der Begriff des Vollendeten wird durch die Reduplikation ausgedrückt, der Zeitraum der Vergangenheit durch das Augment und die Personalendungen der historischen Zeitformen.

2. Das griechische Plusquamperfekt unterscheidet sich aber von dem der deutschen und lateinischen Sprache wesentlich dadurch, dass es stets die in ihrem Vollendetsein fortbestehende Handlung (die vollendete Handlung in ihren Folgen und Wirkungen) im Zeitraume der Vergangenheit bezeichnet, während das deutsche und lateinische Plusquamperfekt nur eine Handlung ausdrückt, welche vor einer anderen Handlung der Vergangenheit vollendet ist. [1]) Soll dieser Begriff der Vorvergangenheit bezeichnet werden, so gebrauchen die Griechen den Aorist, indem sie denselben als einfache Vergangenheit auffassen, als: X. An. 6. 3, 21 ἐπεὶ δὲ ἐδείπνησαν τάχιστα, παρηγγέλθη τὰ πυρὰ κατασβεννύναι πάντα, sobald sie gespeist hatten. Wie das Imperfekt st. des Plpf. gebraucht werden könne, haben wir § 383, 4 gesehen. Da das griechische Plusquamperfekt nicht wie das deutsche oder lat. Plusquamperfekt schlechtweg eine Vergangenheit ausdrückt, sondern die in ihrem Vollendetsein fortbestehende Handlung bezeichnet, so wird es in gleicher Weise gebraucht, wie das statt des Plusquamperfekts stehende Imperfekt, so dass z. B. ἤδη προαφῖκτο nicht dem lat. *venerat* entspricht, sondern den Sinn hat: er war schon da. Th. 4, 2 Ἀθηναῖοι ἐς Σικελίαν ἀπέστειλαν Εὐρυμέδοντα καὶ Σοφοκλέα· Πυθόδωρος γὰρ ὁ τρίτος ἤδη προαφῖκτο ἐς Σικελίαν. Ibid. καὶ Πελοποννησίων αὐτόσε νῆες ἑξήκοντα προεπεπλεύκεσαν = befanden sich daselbst. 4, 1 καὶ ἐσεβεβλήκεσαν ἅμα ἐς τὴν Ῥηγίνων οἱ Λοκροί, wozu Poppo bemerkt: *plusquamperfectum, quod hoc tempore etiam in eorum terra erant.* Hdt. 8, 61 ἡλώκεσάν τε καὶ κατείχοντο αἱ Ἀθῆναι. 1, 84 προσβαίνων κατὰ τοῦτο τῆς ἀκροπόλιος τῇ οὐδεὶς ἐτέτακτο φύλακος. X. Hell. 1. 1, 32 ἐπὶ τὸ ναυτικόν, ὃ ἐκεῖνος ἠθροίκει ἀπὸ τῶν συμμάχων, ἐξεπέμφθη Κρατησιππίδας. Plpf. u. Aor. Hdt. 7, 176 ἐδέδμητο δὲ τεῖχος (stand gebaut da) . . · ἔδειμαν δὲ Φωκέες τὸ τεῖχος, *condiderant.* 1, 77 ἐποιήσατο (*fecerat*) γὰρ καὶ πρὸς Ἄμασιν . . συμμαχίην πρότερον ἤπερ πρὸς Λακεδαιμονίους, μεταπεμψάμενος δὲ καὶ Βαβυλωνίους (καὶ γὰρ πρὸς τούτους αὐτῷ ἐπεποίητο συμμαχίη, bestand). Auch wird durch das Plusquam-

[1]) Vgl. Fuisting a. a. O. S. 50 u. 53. Aken, Grundz. der Lehre v. Temp. u. Mod § 7.

perfekt nicht bezeichnet, ob die Handlung in Beziehung auf eine andere Handlung sofort oder lange vorher vollendet worden sei, wie dies auch bei dem Perfekte nicht der Fall ist (§ 384, 1). Hdt. 1, 84 τότε δὲ δὴ αὐτός τε ἀναβεβήκεε καὶ κατ' αὐτὸν ἄλλοι Περσέων ἀνέβαινον, er selbst war hinaufgestiegen u. war nun oben, und die anderen, seinem Beispiele folgend, stiegen hinauf (waren noch damit beschäftigt). Ibid. Σάρδιες δὲ ἥλωσαν ὧδε (wurde eingenommen), nach Beschreibung der Einnahme: οὕτω δὴ Σάρδιές τε ἡλώκεσαν (war eingenommen) καὶ πᾶν τὸ ἄστυ ἐπορθέετο (nach der Einnahme erfolgte die Zerstörung). Th. 5, 1 τοῦ ἐπιγιγνομένου θέρους αἱ ἐνιαύσιοι σπονδαὶ διελέλυντο μέχρι Πυθίων, blieben aufgehoben. 4, 13 ταύτην τὴν ἡμέραν προσβολὰς ποιησάμενοι ἐπέπαυντο, *re omissa quiescebant*, vgl. 4, 47 zu Anfang. 1, 128 ἔπεμψε ἐπιστολὴν τὸν Γόγγυλον φέροντα αὐτῷ· ἐνεγέγραπτο δὲ τάδε, stand darin geschrieben. X. An. 5. 6, 18 οὓς παρὰ Κύρου ἔλαβε δαρεικούς, διεσεσώκει, hielt er aufbewahrt. 5. 2, 3 ἐν δ' ἦν χωρίον μητρόπολις αὐτῶν· εἰς τοῦτο πάντες συνεππρυήκεσαν, daselbst waren zusammengeströmt und waren noch da.

3. Da das griechische Plusquamperfekt nicht, wie das lat. und deutsche, eine Vorvergangenheit, sondern eine in ihrem Vollendetsein fortbestehende Handlung in der Vergangenheit ausdrückt, so eignet es sich wie das Imperfekt zu Beschreibungen und Schilderungen, in denen es oft neben dem Imperfekte steht. Dieses stellt die Handlung der Vergangenheit in ihrer Entwickelung, jenes in ihrem Vollendetsein fortbestehend dar. K, 150 ff. τὸν δ' ἐκίχανον | ἐκτὸς ἀπὸ κλισίης σὺν τεύχεσιν· ἀμφὶ δ' ἑταῖροι | εὗδον, ὑπὸ κρασὶν δ' ἔχον ἀσπίδας· ἔγχεα δέ σφιν | ὄρθ' ἐπὶ σαυρωτῆρος ἐλήλατο, τῆλε δὲ χαλκὸς | λάμπε (die Speere standen aufrecht). Th. 2, 18 ἡ Οἰνόη ἐτετείχιστο, καὶ αὐτῷ φρουρίῳ οἱ Ἀθηναῖοι ἐχρῶντο.

4. Dass von vielen Verben, deren Perfekt wir durch ein Präsens übersetzen, das Plusquamperfekt durch ein Imperfekt zu übersetzen ist, haben wir § 384, 3 gesehen. Dem sogenannten Perfectum *intensivum* entspricht natürlich ein Plusquamperfectum intensivum. B, 95 τετρήχει δ' ἀγορή, ὑπὸ δὲ στεναχίζετο γαῖα. ζ, 166 ὣς δ' αὔτως καὶ κεῖνο ἰδὼν ἐτεθήπεα θυμῷ. Λ, 683 γεγήθει δὲ φρένα Νηλεύς. X. Hell. 7. 4, 32 οἱ Ἀρκάδες οὕτως ἐπεφόβηντο τὴν ἐπιοῦσαν ἡμέραν ὥστε οὐδ' ἀνεπαύσαντο τῆς νυκτός. Cy. 1. 4, 25 Ἀστυάγης ὑπερεξεπέπληκτο. 1. 3, 10 ἐδεδοίκειν, μὴ ἐν τῷ κρατῆρι φάρμακα μεμιγμένα εἴη, kurz darauf πάντες ἐκεκράγειτε.

5. Entsprechend dem § 384, 5 besprochenen Gebrauch des Perfekts wird das Plusquamperfekt in Verbindung mit einer ihm vorangehenden Handlung mit grossem Nachdrucke so gebraucht, dass es die durch dasselbe ausgedrückte Handlung als eine schon

zu gleicher Zeit in ihrem Vollendetsein fortbestehende darstellt. E, 65 f. τὸν μὲν Μηριόνης ὅτε δὴ κατέμαρπτε διώκων, | βεβλήκει γλουτὸν κατὰ δεξιόν, als er ihn ergriff, hatte er ihn auch schon getroffen (war er schon getroffen). 696 τὸν δ' ἔλιπε ψυχή, κατὰ δ' ὀφθαλμῶν κέχυτ' ἀχλύς. Hdt. 1, 79 Κῦρος βουλευόμενος εὕρισκε πρῆγμά οἱ εἶναι (e re sua esse) ἐλαύνειν ὡς δύναιτο τάχιστα ἐπὶ τὰς Σάρδις, πρὶν ἢ τὸ δεύτερον ἁλισθῆναι· ὡς δέ οἱ ταῦτα ἔδοξε, καὶ ἐποίεε κατὰ τάχος· ἐλάσας (= ἐπειδὴ ἤλασε) γὰρ τὸν στρατὸν ἐς τὴν Λυδίην αὐτὸς ἄγγελος Κροίσῳ ἐληλύθεε, denn nachdem er sein Heer nach Lydien geführt hatte, war er auch schon selbst bei Krösus als Botschafter. 4, 137. Th. 4, 47 ὡς δὲ ἐλήφθησαν, ἐλέλυντό τε αἱ σπονδαί, καὶ τοῖς Κερκυραίοις παρεδέδοντο οἱ πάντες. 8, 66. X. Comm. 2. 9, 5 νομίσας δὲ ὁ Ἀρχέδημος ἀποστροφήν οἱ τὸν Κρίτωνος οἶκον μάλα περιεῖπεν αὐτόν· καὶ εὐθὺς τῶν συκοφαντούντων τὸν Κρίτωνα ἀνευρήκει πολλὰ ἀδικήματα, s. das. Kühner's Bmrk. Hell. 7. 2, 9 ἐπεὶ δ' ἅπαξ ἤρξαντο ὑπείκειν, ταχὺ δὴ πᾶσα ἡ ἀκρόπολις ἔρημος τῶν πολεμίων ἐγεγένητο. Cy. 1. 4, 5 ὡς δ' οὐκ ἀπεδίδρασκεν (sc. Κῦρος) ἐκ τοῦ ἡσσᾶσθαι εἰς τὸ μὴ ποιεῖν, ὃ ἡσσῷτο, ἀλλ' ἐκαλινδεῖτο ἐν τῷ πειρᾶσθαι αὖθις βέλτιον ποιεῖν, ταχὺ μὲν εἰς τὸ ἴσον ἀφίκετο τῇ ἱππικῇ τοῖς ἥλιξι, ταχὺ δὲ παρῄει, ταχὺ δὲ καὶ τὰ ἐν τῷ παραδείσῳ θηρία ἀνηλώκει, so hatte er bald unter den Tieren aufgeräumt. 8. 3, 8 ἐκ τούτου δὴ ὁ μὲν λαμβάνων τὸν κασᾶν τοῦ φθόνου ἐπελέληστο. An. 5. 2, 15 ἄλλος ἄλλον εἷλκε, καὶ ἄλλος ἀνεβεβήκει, καὶ ἡλώκει τὸ χωρίον. 6. 2, 8 εὐθὺς τά τε χρήματα συνῆγον . . καὶ αἱ πύλαι ἐκέκλειντο καὶ ἐπὶ τῶν τειχῶν ὅπλα ἐφαίνετο.[1])

§ 386. e) Aoristus.

1. Der Aorist bezeichnet die Handlung schlechthin als geschehen und zum Abschlusse gelangt, als momentan in dem Sinne, dass sie für den Redenden sich in einen Moment zusammendrängt und von ihm mit einem Blicke überschaut wird. Der Aorist bildet daher einen Gegensatz einerseits zum Imperfekt, das die Handlung als eine noch nicht abgeschlossene in ihrem Verlaufe vor Augen führt, andererseits zum Perfekt und Plusquamperfekt, die die abgeschlossene Handlung als in ihren Wirkungen fortbestehend darstellen: τρόπαιον ἵδρυον sie waren mit Errichtung eines Siegeszeichens beschäftigt (ob es wirklich zu stande kam, ist nicht gesagt, vgl. Th. 1. 105, 6), ἱδρύκασι τρόπαιον sie haben ein Siegeszeichen errichtet (und es steht nun fertig da), ἱδρύκεσαν τρόπαιον sie hatten ein Siegeszeichen errichtet (und es stand nun fertig da); dagegen be-

---

1) Vgl. Fuisting a. a. O. S. 52. Unrichtig ist die Ansicht Matthiäs (Gr. II. § 505, IV.), dass in solchen Stellen das Plusquamperfekt statt des Imperfekts oder Aorists gebraucht sei.

deutet ἵδρυσαν τρόπαιον schlechthin: sie errichteten ein Siegeszeichen, ohne jene Nebenbeziehungen.

Der Gegensatz des Aorists zum Imperfekt (und Präsens) tritt besonders klar zu Tage bei denjenigen Verben, deren Präsens und Imperfekt das Hinstreben nach einem Ziele darstellen, wie πείθειν, διδόναι, ἄγειν, πέμπειν, πράττειν u. a. Hier hebt der Aorist, und zwar nicht bloss im Indikativ, sondern auch in den übrigen Formen, als Form der abgeschlossenen Handlung die Erreichung des Zieles nachdrücklich hervor: πείθειν zureden — πεῖσαι überreden, διδόναι darreichen — δοῦναι übergeben, ἄγειν führen — ἀγαγεῖν hinbringen, πράττειν hinwirken auf etwas — πρᾶξαι etw. erwirken u. s. w. Vgl. § 382, 7. Man spricht in diesem Sinne von einem *effektiven* oder *resultativen* Gebrauch des Aorists.

2. Der Indikativ des Aorists ist eine historische Zeitform, wie aus dem Augmente erhellt. Wenn für die momentane Aktion nur eine Zeitform der Vergangenheit ausgeprägt worden ist, nicht auch eine solche der Gegenwart, so hat dies seinen Grund darin, dass eine Handlung, die in die Gegenwart des Redenden fällt, nicht als wirklich abgeschlossen erscheint, sondern in der Regel in ihrem Verlaufe, also durativ, angeschaut wird. [1]) Auch hinsichtlich des Futurs hat die Sprache auf eine durchgreifende formelle Scheidung der momentanen und der durativen Aktion verzichtet. Nur im passiven Futur hat die Sprachentwickelung, wie wir § 376, 3 und 4 gesehen haben, zu einem Ausdrucke der momentanen Aktion im Gegensatze zur durativen Aktion geführt. Vgl. auch § 387, 1.

3. Steht der Aorist in einem Nebensatze in Verbindung mit einem Präteritum im Hauptsatze, so kann er eine Handlung ausdrücken, die entweder mit der anderen Handlung gleichzeitig war oder ihr voranging oder ihr folgte. Welches dieser drei Zeitverhältnisse vorliegt, kann nur aus dem Gedankenzusammenhange erkannt werden. [2]) β, 172 ὡς οἱ ἐμυθεόμην, ὅτε Ἴλιον εἰσανέβαινον Ἀργεῖοι, μετὰ δέ σφιν ἔβη πολύμητις Ὀδυσσεύς. Th. 1, 102 οἱ Ἀθηναῖοι εὐθύς, ἐπειδὴ ἀνεχώρησαν, ξύμμαχοι ἐγένοντο. X. Hell. 1. 1, 3 ἐμάχοντο, μέχρι οἱ Ἀθηναῖοι ἀπέπλευσαν. Steht der Aorist im Hauptsatze, so kann man gleichfalls nur aus dem Zusammenhange ersehen, ob die durch ihn ausgedrückte Handlung einer anderen Handlung der Vergangenheit vorausgegangen sei oder nicht. X. An. 3. 1, 4 οὐ στρατιώτης ὢν συνηκολούθει (Ξενοφῶν), ἀλλὰ Πρόξενος αὐτὸν μετεπέμψατο kann heissen „hatte ihn kommen lassen“ oder „liess ihn kommen“.

---

[1]) Delbrück (Synt. Forschungen IV, S. 100) vermutet, dass es im Indogermanischen ursprünglich auch eine besondere Form für die momentane Handlung der Gegenwart gegeben habe. — [2]) Vgl. Fuisting a. a. O. S. 41 f.

4. Wie das Imperfekt an sich nicht die eigentliche Dauer einer Handlung in der Vergangenheit bezeichnet, sondern auch bei Handlungen von der geringsten Dauer angewandt wird, wenn dieselben in ihrer Entwickelung vorgeführt werden sollen, so bezeichnet der Aorist an sich nicht die momentane Handlung im gewöhnlichen Sinne, sondern jede vergangene Handlung auch von der längsten Dauer wird durch den Aorist ausgedrückt, wenn sie einfach als geschehen konstatiert wird, ohne jede Nebenbeziehung.[1]) ο, 373 τῶν ἔφαγόν τ' ἔπιόν τε καὶ αἰδοίοισιν ἔδωκα davon habe ich (bisher die ganze Zeit über) gegessen und getrunken. Hdt. 2, 133 ἐβίωσαν χρόνον ἐπὶ πολλόν. 157 ἡ Ἄζωτος ἁπασέων πολίων ἐπὶ πλεῖστον χρόνον πολιορκεομένη ἀντέσχε A. hat die Belagerung am längsten ausgehalten. Th. 2, 65 ὅσον χρόνον (Περικλῆς) προὔστη τῆς πόλεως ἐν τῇ εἰρήνῃ, μετρίως ἐξηγεῖτο καὶ ἀσφαλῶς διεφύλαξεν (hier giebt das Impf. die nähere Bestimmung v. διεφύλαξεν an = μετρίως ἐξηγούμενος διεφύλαξεν). Pl. Phaedr. 227, a συχνὸν ἐκεῖ διέτριψα χρόνον. Lys. 12, 4 ὁ ἐμὸς πατὴρ ἔτη τριάκοντα ᾤκησε καὶ οὐδενὶ πώποτε ἐδικασάμεθα mein Vater hat 30 Jahre hier gewohnt und nie haben wir einen Prozess gehabt. Der Ausdruck momentan ist also, wie oben dargelegt, nur in dem Sinne zu verstehen, dass der Redende mit dem Aoriste die ganze Handlung in einen einzigen Punkt zusammendrängt,[2]) mit einem Blicke überschaut, während das Imperfekt die Handlung gleichsam als eine Linie darstellt und vor unseren Augen sich entwickeln lässt. Man hat in Fällen der eben bezeichneten Art auch die Bezeichnungen *Aoristus complexivus* oder *konzentrierender Aorist* gebraucht.

5. Bei Verben, deren Präsens einen dauernden Zustand oder eine fortgesetzte Handlung bezeichnet, ist der Aorist, und zwar nicht bloss im Indikativ, sondern auch in allen übrigen Formen, oft durch Wendungen zu übersetzen, die das Eintreten in diesen Zustand, den Beginn der Handlung ausdrücken: βασιλεύω, bin König, ἐβασίλευσα, ward König, βασιλεύσας, König geworden Hdt. 2, 2, βασιλεῦσαι, *regem factum esse* od. *fieri*, Hdt. 2, 137 μετὰ δὲ τοῦτον βασιλεῦσαι (*regem factum esse*) ἄνδρα τυφλόν . ., ἐπὶ τούτου βασιλεύοντος ἐλάσαι ἐπ' Αἴγυπτον τὸν Αἰθιόπων βασιλέα (aber 2, 127 βασιλεῦσαι δὲ τὸν Χέοπα Αἰγύπτιοι ἔλεγον πεντήκοντα ἔτεα = *regem fuisse*). Θαρσῶ, bin gutes Mutes, A, 92 καὶ τότε δὴ θάρσησε, fasste er Mut. Πλουτῶ bin reich, πλουτήσας, *dives factus*, Pl. Civ. 421, d. Ἡσυχάζω, bin ruhig, ἡσυχάσας, zur Ruhe gekommen, Th. 1, 12. Σπουδάζω, bin ernst, σπουδά-

---

1) Vgl. H. Schmidt doctrina temp. P. 4. p. 13 sq. Delff, der Griech. Aor. in seinem Verhältnisse zu den übrigen Ztf. des Verbs, S. 11. 21 u. 22. — 2) S. H. Schmidt d. Gr. Aorist. 1845 S. 9.

σας, ernst geworden, Pl. conv. 216, e. Βουλεύω, bin Senator, X. Comm. 1. 2, 35, βουλεύσας, *senator factus*, 1. 1, 18; ἄρχω, bin Archon, 2. 2, 13, ἄρξας, *magistratus factus*, 2. 6, 25; σοῦ στρατηγήσαντος, *te duce facto*, 3. 5, 1; ἰσχύω, bin mächtig, ἰσχύσας, *potens factus*, Th. 1, 3 u. 9; ἀσθενῶ, bin schwach, ἀσθενῆσαι, schwach werden, X. Cy. 1. 4, 2; Κῦρος ἠγάσθη αὐτόν, An. 1. 1, 9 Cyrus ejus *admiratione captus est*; ὀργίζομαι, zürne, ὀργισθῆναι, in Zorn geraten, X. Comm. 1. 2, 35. Pl. Phaedr. 231, d ὁμολογοῦσι νοσεῖν μᾶλλον ἢ σωφρονεῖν (verständig sein) καὶ εἰδέναι, ὅτι κακῶς φρονοῦσιν (unverständig sind), ὥστε πῶς ἂν εὖ φρονήσαντες (verständig geworden) ταῦτα καλῶς ἔχειν ἡγήσαιντο (Ansicht gewinnen). So ferner: διανοοῦμαι, habe im Sinne, διανοηθῆναι, sich entschliessen, δυνηθῆναι, mächtig werden, ἔχω, habe, ἔσχον, erhielt, wie das fr. *j'eus*, δουλεύω, bin Sklave, δουλεῦσαι, Sklave werden, κοιμῶμαι, schlafe, κοιμηθῆναι, einschlafen, σιγῶ schweige, σιγῆσαι, verstummen, εὐδοκιμῶ, bin berühmt, εὐδοκιμῆσαι, berühmt werden, φοβοῦμαι, *timeo*, φοβηθῆναι, *extimescere*, νοσῶ, bin krank, νοσῆσαι, *in morbum incidere*, erkranken. S. Ai. 207 Αἴας θολερῷ κεῖται χειμῶνι νοσήσας. Α, 201 καί μιν φωνήσας ἔπεα πτερόεντα προσηύδα, seine Stimme erhebend. α, 336 δακρύσασα προσηύδα in Thränen ausbrechend. Das, was in der Vergangenheit eintrat, kann in der Gegenwart noch bestehen; aber dies liegt nicht im Aorist, sondern nur im Gedankenzusammenhange, wie Α, 64 ὅς κ' εἴποι, ὅ τι τόσσον ἐχώσατο Φοῖβος Ἀπόλλων. Υ, 306 ἤδη γὰρ Πριάμου γενεὴν ἤχθηρε Κρονίων, fasste Hass; dass der Hass in der Gegenwart des Redenden noch fortbestehe, liegt lediglich im Gedankenzusammenhange. [1]) — Man pflegt den Aorist in den eben besprochenen Fällen als *Aoristus ingressivus* zu bezeichnen. Doch darf dieser Ausdruck nicht in dem Sinne verstanden werden, als ob es sich hier um eine von der allgemeinen Bedeutung des Aorists gesonderte Gebrauchsweise handelte. Vielmehr wird auch hier durch den Aorist an sich weiter nichts bezeichnet als dass die Handlung überhaupt geschehen, thatsächlich erfolgt ist, während ihre Entwickelung, Dauer u. s. w. ausser Betracht bleibt. Der Begriff des Eintretens ergiebt sich von selbst aus dem der momentanen, in einen Punkt zusammengedrängten Handlung im Gegensatze zu dem Durativbegriffe, der dem Präsens und Imperfekt anhaftet. Übrigens ist zu betonen, dass der Aorist dieser Verben durchaus nicht ausschliesslich „ingressiv“ gebraucht wird, wie z. B. die oben angeführte Stelle Hdt. 2, 127 βασιλεῦσαι δὲ τὸν Χέοπα ἔλεγον πεντήκοντα ἔτεα beweist.

[1]) Vgl. Scheuerlein Synt. der gr. Spr. S. 317 f., der aber mit Unrecht meint, der Aor. stehe oft von den in der Gegenwart noch vorhandenen Dingen und dem Präsens gleich, u. Kühner ad Xen. Comm. 1. 1, 18 und die daselbst angeführten Gelehrten.

Anmerk. 1. Die nahe Verwandtschaft der Begriffe momentan, effektiv, ingressiv kann man sich an der Verwendung der deutschen Vorsilbe er klar machen, die dem Verbum in der Regel aoristische Geltung verleiht. Sie wirkt ebenso effektiv (vgl. Nr. 1), wie ingressiv; z. B. effektiv in erbitten, erstreiten, erwirken, ergreifen, erdenken, ersinnen; ingressiv in erkranken, erblühen, erglühen, erzittern, erbeben, erwachen, erstehen. Im allgemeinen freilich verzichtet die deutsche Sprache auf eine formelle Unterscheidung der momentanen und der durativen Aktion; man vergleiche: da lachte der König, = fing an zu lachen, ἐγέλασε, und: er stand dabei und lachte, durativ, ἐγέλα; der Zug stand still, entweder ingressiv = machte Halt, ἔστη, oder durativ = verblieb in seiner Stellung, εἱστήκει; geht und meldet, was ihr gesehen, πορεύθητε, und: geht in Reih und Glied, πορεύεσθε; schweig! = verstumme, σίγησον, und: schweig hierüber gegen jedermann, σίγα.

6. Da der Aorist eine Handlung der Vergangenheit einfach als eine geschehene ohne allen Nebenbegriff konstatiert, so eignet er sich ganz besonders zu der Erzählung vergangener Ereignisse. Die Erzählung aber hat einen doppelten Charakter. Sie besteht nämlich entweder in einem blossen Aufzählen und Referieren von abgeschlossenen Thatsachen, und alsdann wird der Aorist gebraucht, den wir daher die erzählende Zeitform (tempus *narrativum*) nennen; oder sie ist eine historische Schilderung, Beschreibung, Malerei, indem sich der Erzählende in die Vergangenheit versetzt und das, was in derselben geschah, in seiner Entwickelung und in seinem Verlaufe betrachtet und beschreibt, und alsdann wird das Imperfekt gebraucht, das wir daher die schildernde, beschreibende, malende Zeitform (tempus *descriptivum*) nennen. Vgl. § 383, 2. Da das griechische Plusquamperfekt eine in der Vergangenheit nicht bloss vollendete, sondern auch in ihren Wirkungen fortbestehende Handlung bezeichnet, so kann es gleichfalls einen beschreibenden Charakter annehmen. Vgl. § 385, 3. Hierzu kommt noch das Präsens historicum, durch welches der Erzähler sich in die Zeit, wo die Ereignisse sich abspielten, zurückversetzt. (§ 382, 2.) Durch diesen Wechsel der Zeitformen wird der historischen Erzählung die grösste Lebhaftigkeit der Darstellung und die feinste Schattierung des Ausdruckes verliehen. Indem der Aorist die Hauptereignisse und Hauptthatsachen anführt, die übrigen Zeitformen auf verschiedene Weise Nebenhandlungen und begleitende Umstände veranschaulichend darstellen, tritt auf dem historischen Gemälde Licht und Schatten hervor. B, 86 ff. οἱ δ' ἐπανέστησαν πείθοντό τε ποιμένι λαῶν | σκηπτοῦχοι βασιλῆες· ἐπεσσεύοντο δὲ λαοί. | Ἠΰτε ἔθνεα εἶσι μελισσάων . . ., ὣς τῶν ἔθνεα πολλὰ . . ἐστιχόωντο . ., μετὰ δὲ σφίσιν ὄσσα δεδήει | ὀτρύνουσ' ἰέναι . ., οἱ δ' ἀγέροντο· τετρήχει δ' ἀγορή, ὑπὸ δὲ στεναχίζετο γαῖα | λαῶν ἱζόντων, ὅμαδος δ' ἦν· ἐννέα δέ σφεας | κήρυκες βοόωντες

ἐρήτυον . ., σπουδῇ δ' ἕζετο λαός, ἐρήτυθεν δὲ καθ' ἕδρας | παυσάμενοι κλαγγῆς· ἀνὰ δὲ κρείων Ἀγαμέμνων | ἔστη . ., τῷ ὅγ' ἐρεισάμενος ἔπε' Ἀργείοισι μετηύδα. Ψ, 226 ἦμος δ' Ἑωσφόρος εἶσι φόως ἐρέων ἐπὶ γαῖαν, τῆμος πυρκαϊὴ ἐμαραίνετο, παύσατο δὲ φλόξ. Vgl. A, 430 ff. α, 106—112, die schöne Schilderung der Pest b. Th. 2, 49 ff., in der einzelne Hauptmomente durch den Aorist, alles Übrige durch das Imperfekt ausgedrückt wird. Th. 4, 57 προσπλεόντων τῶν Ἀθηναίων οἱ Αἰγινῆται τὸ τεῖχος ἐκλείπουσιν, ἐς δὲ τὴν ἄνω πόλιν, ἐν ᾗ ᾤκουν, ἀπεχώρησαν· καὶ αὐτοῖς τῶν Λακεδαιμονίων φρουρὰ μία, ἥπερ καὶ ξυνετείχιζε, ξυνεσελθεῖν μὲν ἐς τὸ τεῖχος οὐκ ἠθέλησαν, ἀλλ' αὐτοῖς κίνδυνος ἐφαίνετο ἐς τὸ τεῖχος κατακλῄεσθαι· ἀναχωρήσαντες δὲ ἐπὶ τὰ μετέωρα ἡσύχαζον· ἐν τούτῳ δὲ οἱ Ἀθηναῖοι χωρήσαντες εὐθὺς πάσῃ τῇ στρατιᾷ αἱροῦσι τὴν Θυρέαν καὶ τήν τε πόλιν κατέκαυσαν καὶ τὰ ἐνόντα ἐξεπόρθησαν κτλ. 5, 10 ξυνέβη τε ἐξαπίνης ἀμφοτέρωθεν τοὺς Ἀθηναίους θορυβηθῆναι, καὶ τὸ μὲν εὐώνυμον κέρας αὐτῶν, ὅπερ δὴ καὶ προυκεχωρήκει, εὐθὺς ἀπορραγὲν ἔφυγε, καὶ ὁ Βρασίδας ἐπιπαριὼν τῷ δεξιῷ τιτρώσκεται καὶ πεσόντα αὐτὸν ἄραντες ἀπήνεγκαν· τὸ δὲ δεξιὸν τῶν Ἀθηναίων ἔμενε μᾶλλον· καὶ ὁ μὲν Κλέων, ὡς τὸ πρῶτον οὐ διενοεῖτο μένειν, εὐθὺς φεύγων καὶ καταληφθεὶς ὑπὸ Μυρκινίου πελταστοῦ ἀποθνῄσκει κτλ. X. Cy. 7. 5, 26 ff. ἐπεὶ δὲ ταῦτα ἐρρήθη, ἐπορεύοντο· τῶν δὲ ἀπαντώντων οἱ μὲν ἀπέθνησκον, οἱ δ' ἔφευγον, οἱ δ' ἐβόων. Οἱ δ' ἀμφὶ τὸν Γωβρύαν συνεβόων αὐτοῖς καὶ ἰόντες, ᾗ ἐδύναντο, τάχιστα ἐπὶ τοῖς βασιλείοις ἐγένοντο. Καὶ οἱ μὲν κεκλεισμένας εὑρίσκουσι τὰς πύλας τοῦ βασιλείου, οἱ δ' ἐπὶ τοὺς φύλακας ταχθέντες ἐπεισπίπτουσιν αὐτοῖς καὶ εὐθὺς ὡς πολεμίοις ἐχρῶντο. Ὡς δὲ κραυγὴ ἐγίγνετο, αἰσθόμενοι οἱ ἔνδον τοῦ θορύβου ἐκθέουσι κ. τ. λ. Vgl. Hdt. 1, 30 ff. X. An. 7. 5, 9. Ag. 1, 32.

Anmerk. 2. Wenn Begebenheiten in ihren einzelnen Momenten und Zügen in lebhafter Darstellung durch Aoriste in rascher Aufeinanderfolge erzählt werden, so wird allerdings die ganze Handlung wie ein Gemälde vor unsere Augen gerückt; allein alsdann wird das Malerische nicht durch den Aorist bewirkt, sondern liegt lediglich in der lebendigen Fassung der Erzählung, wie z. B. A, 458 ff. αὐτὰρ ἐπεί ῥ' εὔξαντο καὶ οὐλοχύτας προβάλοντο, | αὐέρυσαν μὲν πρῶτα καὶ ἔσφαξαν καὶ ἔδειραν, | μηρούς τ' ἐξέταμον κατά τε κνίσῃ ἐκάλυψαν | δίπτυχα ποιήσαντες, ἐπ' αὐτῶν δ' ὠμοθέτησαν. Vgl. die Erzählung des Pädagogen von dem Tode des Orestes b. S. El. 681 ff. Das Imperfekt hingegen versetzt uns mitten in die Handlung hinein und lässt dieselbe gleichsam vor unseren Augen sich entwickeln.[1])

7. Wahrheiten und allgemeine Urteile, welche auf Erfahrung gegründet sind, sowie Erscheinungen, welche in der Vergangenheit öfters wahrgenommen sind, werden von den Griechen häufig durch den Indikativ des Aorists als etwas ein-

---

[1]) S. H. Schmidt d. gr. Aor. S. 10. Delff a. a. O. S. 23 f. Schmalfeld a. a. O. S. 106 f.

fach Geschehenes, als etwas, das sich einmal in der Vergangenheit ereignete, ausgesprochen, indem sie in objektiver Sinnlichkeit den einzelnen konkreten Fall, in dem sich jene allgemeinen Gedanken und Erscheinungen bethätigten, auffassen und es dem Hörer überlassen, aus der einzelnen Beobachtung das allgemeine Urteil zu ziehen. Man nennt den so gebrauchten Aorist den gnomischen oder empirischen; doch ist auch diese Spracherscheinung aus der allgemeinen Bedeutung des Indikativs Aoristi abzuleiten: der Satz καὶ βραδὺς εὔβουλος εἷλεν ταχὺν ἄνδρα διώκων (Theogn. 329) besagt weiter nichts als: „es ist schon vorgekommen, dass ein langsamer, aber dabei kluger Mann den behenden Mann auf der Verfolgung eingeholt hat.“ Dass es gegebenenfalls jederzeit wieder vorkommen kann, ist nicht ausgesprochen, wird aber vom Hörer ebenso wie vom Redenden hinzuergänzt. [1]) Die deutsche und andere Sprachen bedienen sich in diesem Falle der Präsensform. Auch die griechische kann dieselbe gebrauchen, und gebraucht sie regelmässig, wenn ein zu allen Zeiten absolut gültiges und entweder auf Vernunftgründen beruhendes oder durch häufige Erfahrung zur allgemeinen Wahrheit gewordenes Urteil, oder Sitten und Gewohnheiten, welche in der Gegenwart des Redenden fortbestehen, angeführt werden, als: ὁ ἄνθρωπος θνητός ἐστι. Hdt. 2, 36 οἱ Αἰγύπτιοι ἀνιεῖσι τὰς τρίχας αὔξάνεσθαι. Aber auch in Erfahrungssätzen von nicht absoluter Gültigkeit wird sehr häufig die Präsensform wie im Deutschen gebraucht, wie ϑ, 329 κιχάνει τοι βραδὺς ὠκύν, und sehr häufig wechselt der Aorist mit dem Präsens ab, indem die eine Handlung als einfaches Faktum der Vergangenheit, die andere als etwas in der Gegenwart Fortbestehendes bezeichnet wird. N, 300 τῷ δὲ (Ἄρηϊ) Φόβος, φίλος υἱός, ἅμα κρατερὸς καὶ ἀταρβής, ἕσπετο, ὅστ᾽ ἐφόβησε ταλάφρονά περ πολεμιστήν, der auch den kühn ausharrenden Kämpfer schon in die Flucht gejagt hat. 732 ἄλλῳ δ᾽ ἐν στήθεσσι τιθεῖ νόον εὐρύοπα Ζεὺς | ἐσθλόν, τοῦ δέ τε πολλοὶ ἐπαυρίσκοντ᾽ ἄνθρωποι, | καί τε πολέας ἐσάωσε, μάλιστα δὲ καὐτὸς ἀνέγνω. P, 177 αἰεί τε Διὸς κρείσσων

[1]) Vgl. Franke, Über den gnom. Aorist, Berichte der K. Sächs. Gesellsch. d. Wissensch. 1854, S. 63 ff. — Die Ansicht E. Mollers (Philologus 1853, S. 113 ff.), der dem gnomischen Aorist die temporale Bedeutung abspricht und nur die modale des Momentanen anerkennt, kann ich durchaus nicht billigen. Man vergleiche über denselben K. Fr. H. Schwalbe in dem Magdeb. Progr. 1838 S. 14. Stallb. ad Plat. Phaed. 84, d. Civ. 462, d. Auch Brugmann (Griech. Gramm.[2] S. 185) fasst den gnom. Aor. als zeitlos und vermutet, dass diese Verwendung ursprünglich nur an die augmentlosen Formen geknüpft war und dass erst das Schwanken zwischen augmentierter und nicht augmentierter Form in der Mitteilung vergangener Ereignisse (ἔβη und βῆ „ist gegangen“) dazu führte, auch in jenen Fällen die Augmentform zuzulassen.

νόος αἰγιόχοιο, ὅστε καὶ ἄλκιμον ἄνδρα φοβεῖ καὶ ἀφείλετο νίκην ῥηϊδίως. Σ, 309 ξυνὸς ἐνυάλιος, καί τε κτανέοντα κατέκτα. Vgl. N, 734. Ξ, 217. Hs. op. 218 παθὼν δέ τε νήπιος ἔγνω. Theogn. 665 καὶ σώφρων ἥμαρτε, καὶ ἄφρονι πολλάκι δόξα | ἕσπετο, καὶ τιμῆς τις κακὸς ὢν ἔλαχεν. Pind. O. 7, 31 αἱ δὲ φρενῶν ταραχαὶ | παρέπλαγξαν καὶ σοφόν. 12, 10 πολλὰ δ' ἀνθρώποις παρὰ γνώμαν ἔπεσεν. S. Ant. 1352 μεγάλοι δὲ λόγοι μεγάλας πληγὰς τῶν ὑπεραύχων ἀποτίσαντες γήρα τὸ φρονεῖν ἐδίδαξαν. Hdt. 3, 82 ἐς ἔχθεα μεγάλα ἀλλήλοισι ἀπικνέονται, ἐξ ὧν στάσιες ἐγγίνονται, ἐκ δὲ τῶν στασίων φόνος· ἐκ δὲ τοῦ φόνου ἀπέβη ἐς μουναρχίην. Th. 3, 45 μετὰ πάντων ἕκαστος ἐπὶ πλέον τι αὐτὸν ἐδόξασεν. Isocr. 1, 6 κάλλος γὰρ ἢ χρόνος ἀνήλωσεν ἢ νόσος ἐμάρανε . . . ῥώμη μετὰ μὲν φρονήσεως ὠφέλησεν, ἄνευ δὲ ταύτης πλείω τοὺς ἔχοντας ἔβλαψε, καὶ τὰ μὲν σώματα τῶν ἀσκούντων ἐκόσμησε, ταῖς δὲ τῆς ψυχῆς ἐπιμελείαις ἐπεσκότησεν. Pl. civ. 566, e οὔτε τύραννός φησιν εἶναι ὑπισχνεῖταί τε πολλά, χρεῶν τε ἠλευθέρωσε καὶ γῆν διένειμε, καὶ πᾶσιν ἵλεώς τε καὶ πρᾷος εἶναι προσποιεῖται. So auch im Latein. das Perfekt, als: Hor. Epist. 1. 2, 48 *Non domus et fundus, non aeris acervus et auri | aegroto domini deduxit corpore febres, | non animo curas.*

Da beim sogen. gnomischen Aorist das Hauptgewicht auf der Nutzanwendung für die Gegenwart oder Zukunft liegt, die zwar unausgesprochen bleibt, dem Redenden aber in Gedanken vorschwebt, so gehört er nicht zu den historischen Zeitformen (die den ganzen Gedankenkreis in die Vergangenheit versetzen), sondern erscheint als Haupttempus in Verbindung mit konjunktivischen Nebensätzen, die nur eine Beziehung auf die Gegenwart oder Zukunft zulassen. A, 218 ὅς κε θεοῖς ἐπιπείθηται, μάλα τ' ἔκλυον αὐτοῦ. Ω, 335 Ἑρμεία, σοὶ γάρ τε μάλιστά γε φίλτατόν ἐστιν | ἀνδρὶ ἑταιρίσσαι, καί τ' ἔκλυες ᾧ κ' ἐθέλῃσθα. P, 99 ὁππότ' ἀνὴρ ἐθέλῃ πρὸς δαίμονα φωτὶ μάχεσθαι, ὅν κε θεὸς τιμᾷ, τάχα οἱ μέγα πῆμα κυλίσθη. I, 509 ὃς μέν τ' αἰδέσεται (= αἰδέσηται) κούρας Διὸς ἆσσον ἰούσας, | τὸν δὲ μέγ' ὤνησαν καί τ' ἔκλυον εὐχομένοιο. Eur. M. 130 τὰ δ' ὑπερβάλλοντ' (*nimia*) οὐδένα καιρὸν δύναται θνητοῖς· | μείζους δ' ἄτας, ὅταν ὀργισθῇ | δαίμων, οἴκοις ἀπέδωκεν. 245 ἀνὴρ δ' ὅταν τοῖς ἔνδον ἄχθηται ξυνών, | ἔξω μολὼν ἔπαυσε καρδίαν ἄσης. Th. 1, 70 ἢν δ' ἄρα καί του πείρᾳ σφαλῶσιν, ἀντελπίσαντες ἄλλα ἐπλήρωσαν τὴν χρείαν. 1, 84 τῶν ξὺν ἐπαίνῳ ἐξοτρυνόντων ἡμᾶς οὐκ ἐπαιρόμεθα ἡδονῇ, καὶ ἤν τις ἄρα ξὺν κατηγορίᾳ παροξύνῃ, οὐδὲν μᾶλλον ἀχθεσθέντες ἀνεπείσθημεν. 5, 103 ἐλπὶς τοὺς ἀπὸ περιουσίας χρωμένους αὐτῇ, κἂν βλάψῃ, οὐ καθεῖλε. Pl. Symp. 181, a οὐκ ἔστι τούτων αὐτὸ καθ' αὑτὸ καλὸν οὐδέν, ἀλλ' ἐν τῇ πράξει, ὡς ἂν πραχθῇ, τοιοῦτον ἀπέβη. Gorg. 484, a ἐὰν φύσιν ἱκανὴν γένηται ἔχων ἀνήρ, . . ἐπαναστὰς ἀνεφάνη δεσπότης ἡμέτερος ὁ δοῦλος, καὶ ἐνταῦθα ἐξέλαμψε τὸ τῆς φύσεως δίκαιον. X. oec. 10, 8. Dem. 2, 9 ὅταν ἐκ πλεονεξίας καὶ πονηρίας τις, ὥσπερ οὗτος

(Φίλιππος), ἰσχύσῃ, ἡ πρώτη πρόφασις καὶ μικρὸν πταῖσμα ἅπαντα ἀνεχαίτισε καὶ διέλυσεν. Ib. 21 οὕτω καὶ τῶν τυράννων, ἕως μὲν ἂν ἔξω πολεμῶσιν, ἀφανῆ τὰ κακὰ τοῖς πολλοῖς ἐστιν, ἐπειδὰν δὲ ὅμορος πόλεμος συμπλακῇ, πάντα ἐποίησεν ἔκδηλα. 23, 206 τοὺς τὰ μέγιστ' ἀδικοῦντας, ἂν ἓν ἢ δύο ἀστεῖα εἴπωσι καὶ σύνδικοι δεηθῶσιν, ἀφίετε· ἐὰν δὲ καὶ καταψηφίσησθέ του, πέντε καὶ εἴκοσι δραχμῶν ἐτιμήσατε. 24, 206 ὅταν που καταλύοντες τὸν δῆμον πράγμασιν ἐγχειρῶσι νεωτέροις, τοῦτο ποιοῦσι πρῶτον ἁπάντων, ἔλυσαν τοὺς πρότερον νόμῳ δι' ἁμαρτίαν τινὰ ταύτην ὑπέχοντας τὴν δίκην.

Selbst in der Anführung von Dingen, welche nicht aus der Erfahrung, sondern nur aus der Phantasie entnommen sind, gebraucht der Grieche, um dieselben zu versinnlichen und zu veranschaulichen, den Aorist. So z. B. Plato in dem Mythus von den Ideen Phaedr. 247, e (ἡ τῶν θεῶν ψυχὴ) τὰ ὄντα ὄντως θεασαμένη καὶ ἑστιαθεῖσα, δῦσα πάλιν εἰς τὸ εἴσω τοῦ οὐρανοῦ, οἴκαδε ἦλθεν· ἐλθούσης δὲ αὐτῆς ὁ ἡνίοχος πρὸς τὴν φάτνην τοὺς ἵππους στήσας παρέβαλεν ἀμβροσίαν τε καὶ ἐπ' αὐτῇ νέκταρ ἐπότισε. Vgl. 248, a u. die schöne Beschreibung des Ἔρως p. 250 ff. Ebenso Phaed. 113, d. ἐπειδὰν ἀφίκωνται οἱ τετελευτηκότες εἰς τὸν τόπον, οἷ ὁ δαίμων ἕκαστον κομίζει, πρῶτον μὲν διεδικάσαντο οἵ τε καλῶς καὶ ὁσίως βιώσαντες καὶ οἱ μή.

8. Ebenso wird der Aorist in der Dichtersprache oft in Vergleichungen gebraucht, in denen wir das Präsens anwenden. Aorist und Präsens erscheinen hier nebeneinander in der Weise, dass der Aorist die momentanen Vorgänge, die zum Vergleiche herangezogen werden, als wirklich geschehen erzählt, das Präsens dagegen die in ihrer Entwickelung oder Dauer vorgeführten Handlungen und Situationen schildert. Γ, 33—36 ὡς δ' ὅτε τίς τε δράκοντα ἰδὼν παλίνορσος ἀπέστη οὔρεος ἐν βήσσῃς, ὑπό τε τρόμος ἔλλαβε γυῖα, ἂψ τ' ἀνεχώρησεν, ὦχρός τέ μιν εἷλε παρειάς· ὣς αὖτις καθ' ὅμιλον ἔδυ Τρώων ἀγερώχων (sc. Πάρις). Π, 482 ἤριπε δ', ὡς ὅτε τις δρῦς ἤριπεν. Vgl. Η, 4. Ο, 271. Π, 487. 489. Theocr. 13, 61 sqq. ὡς δ' ὁπόκ' ἠϋγένειος . . λῖς ἐσακούσας νεβρῷ φθεγξαμένας . . ἐξ εὐνᾶς ἔσπευσεν ἑτοιμοτάταν ἐπὶ δαῖτα· Ἡρακλέης τοιοῦτος . . παῖδα ποθῶν δεδόνατο κ. τ. λ. Dagegen Präsens z. B. Ρ, 755 τῶν δ', ὥς τε ψαρῶν νέφος ἔρχεται ἠὲ κολοιῶν, οὖλον κεκλήγοντες . . . ὣς ἄρ' ὑπ' Αἰνείᾳ τε καὶ Ἕκτορι κοῦροι Ἀχαιῶν οὖλον κεκλήγοντες ἴσαν. Aorist und Präsens vereinigt z. B. Λ, 62 f. οἷος δ' ἐκ νεφέων ἀναφαίνεται οὔλιος ἀστὴρ παμφαίνων, τοτὲ δ' αὖτις ἔδυ νέφεα σκιόεντα, „wie der Sirius bald strahlend aus dem Gewölk hervorleuchtet, bald wieder in den dunklen Wolken verschwand". Ρ, 53—58 „οἷον δὲ τρέφει ἔρνος ἀνὴρ ἐριθηλὲς ἐλαίης | καλὸν τηλεθάον· τὸ δέ τε πνοιαὶ δονέουσιν | παντοίων ἀνέμων, καί τε βρύει ἄνθεϊ λευκῷ· | ἐλθὼν δ' ἐξαπίνης ἄνεμος σὺν λαίλαπι πολλῇ | βόθρου τ' ἐξέστρεψε καὶ ἐξετάνυσσ' ἐπὶ γαίῃ „dem Reis des Ölbaums gleich, das der Landmann aufzieht; lieblich sprosst

es empor und strotzt von schimmernden Blüten; da kam plötzlich ein Wirbelwind und riss es heraus aus der Grube." Indem der Höhepunkt der Handlung durch den Aorist aus der im Präsens geschilderten Situation herausgehoben wird, gewinnt die Darstellung an Leben und Anschaulichkeit. E, 87 ff. Λ, 474 ff. 558 ff. Δ, 75 ff. E, 902 ff. Π, 823 ff. Meist enthält der Aorist das *tertium comparationis*.

Anmerk. 3. Das Imperfekt (u. Plpf.) kommt in Vergleichungen nicht vor (ἔχραε ε, 396, ἐπέχραον Π, 352, ἔκλυε Δ, 455, ἐπίαχον E, 860, ἴαχε Σ, 219 sind Aoriste). Daher wird Λ, 549. O, 272 richtig nach Aristarch ἐσσεύαντο st. ἐσσεύοντο gelesen; Δ, 483 ist mit Hermann Opusc. 2. p. 43 πεφύκῃ st. πεφύκει, P, 435 ἑστήκῃ st. ἑστήκει, Π, 633 mit Bekker ὀρώρῃ st. ὀρώρει Plpf. = Impf., u. M, 156 mit Bekker νιφάδες δ' ὣς πῖπτον st. ὡς zu lesen. Auch d. Futur ist ungebräuchlich, da die Vergleichungen zur Erklärung dienen und deshalb nur von Dingen, die da sind oder da gewesen sind, hergeleitet werden können; daher ist B, 395 κινήσῃ mit Herm. st. κινήσει u. K, 183 δυσωρήσωσιν (s. Spitzn.) st. -ωρήσονται u. ε, 368 mit Bekk. τινάξῃ st. τινάξει zu lesen [1]); Pind. O. 7, 3 ist δωρήσεται = -σηται. Über den Konjunktiv in Vergleichungen s. § 399, 5.

Anmerk. 4. Die Annahme, dass der Aorist in den Nr. 7 u. 8 angeführten Fällen eine Frequenz oder Wiederholung, ein Pflegen, eine Dauer ausdrücke, widerspricht dem Charakter dieser Zeitform. Dieser Begriff kann überhaupt durch keine Zeitform an sich, am wenigsten aber durch den Aorist bezeichnet werden, sondern wird durch besondere Wörter, wie z. B. durch die Verben φιλεῖν, ἐθέλειν, εἰωθέναι, oder durch die Adverbien πολλάκις, ἀεί ausgedrückt, oder kann auch in dem ganzen Gedankenzusammenhange liegen. Hdt. 3, 82 wechselt das Verb φιλεῖν mit dem Präsens und Aorist ab: Ἐν ὀλιγαρχίῃ . . ἔχθεα ἴδια ἰσχυρὰ φιλέει ἐγγίνεσθαι· αὐτὸς γὰρ ἕκαστος βουλόμενος κορυφαῖος εἶναι . . ἐς ἔχθεα μεγάλα ἀλλήλοισι ἀπικνέονται· ἐξ ὧν στάσιες ἐγγίνονται, ἐκ δὲ τῶν στασίων φόνος, ἐκ δὲ τοῦ φόνου ἀπέβη ἐς μουναρχίην· καὶ ἐν τούτῳ διέδεξε (*apparuit*), ὅσῳ ἐστὶ τοῦτο ἄριστον. Soll nun die durch den Aorist ausgedrückte Handlung als eine wiederholte oder dauernde bezeichnet werden, so müssen ihm, wenn dies nicht aus dem ganzen Gedankenzusammenhange erhellt, Wörter, welche diesen Begriff bezeichnen, hinzugefügt werden, wie Φ, 263 ὡς αἰεὶ Ἀχιλῆα κιχήσατο κῦμα ῥόοιο. X. Comm. 2. 4, 7 πολλάκις, ἃ πρὸ αὑτοῦ τις οὐκ ἐξειργάσατο, ταῦτα ὁ φίλος πρὸς τοὺς φίλους ἐξήρκεσεν, vgl. die Nr. 4 angeführten Beispiele; oder, was jedoch nur in der alt- und neuion. Mundart geschieht, er nimmt die sog. Iterativendung σκον, σκόμην an (s. § 215); ein Gleiches ist der Fall bei dem Imperfekt. Aber auch in Verbindung mit diesen Endungen bewahren beide Zeitformen ihren ursprünglichen Charakter, indem der iterative Aorist ein wiederholtes Ereignis, das iterative Imperfekt eine wiederholte Handlung in ihrer Entwickelung, in ihrem Verlaufe bezeichnet. B, 198 ὃν δ' αὖ δήμου ἄνδρα ἴδοι βοόωντά τ' ἐφεύροι, τὸν σκήπτρῳ ἐλάσασκε ὁμοκλήσασκέ τε μύθῳ. 271 ὧδε δέ τις εἴπεσκεν ἰδὼν ἐς πλησίον ἄλλον. τ, 76 οἶκον . . ἔναιον | ὄλβιος ἀφνειὸν καὶ πολλάκι δόσκον ἀλήτῃ. I, 331 ff. τάων ἐκ πασέων (πολίων) κειμήλια πολλὰ καὶ ἐσθλὰ | ἐξελόμην καὶ πάντα φέρων Ἀγαμέμνονι δόσκον· . . ὁ δὲ . . δεξάμενος διὰ παῦρα δασάσκετο, πολλὰ δ' ἔχεσκεν. Γ, 388 μάλιστα δέ μιν φιλέεσκεν. μ, 355 οὐ γὰρ τῆλε νεὸς . . βοσκέσκονθ' ἕλικες καλαὶ βόες. Hdt. 3, 119 ἡ γυνὴ τοῦ Ἰνταφρένεος φοιτῶσα ἐπὶ τὰς θύρας τοῦ βασιλέος κλαίεσκε ἂν καὶ ὀδυ-

---

[1]) S. Hermann ad Vig. p. 911 sq.

ρέσκετο· ποιεῦσα δὲ ἀεὶ τὠυτὸ τοῦτο τὸν Δαρεῖον ἔπεισε οἰκτῖραί μιν. 117 ἐκ δὴ ὄρεος τούτου ῥέει ποταμὸς μέγας· οὗτος πρότερον μὲν ἄρδεσκε τὰς χώρας, pflegte zu bewässern (es konnten ja auch Zeiten eintreten, wo der Fluss aus Mangel an Wasser die Gegenden zu bewässern nicht fähig war).

Anmerk. 5. Noch weniger ist die Ansicht derer zu billigen, die dem Aorist die Bedeutung des Könnens beigelegt haben. Dem. 4, 44 ποῖ οὖν προσορμιούμεθα; ἤρετό τις. Hier könnte allerdings ἔροιτο ἄν τις stehen; allein der Redner drückt die noch mögliche Frage in der Lebhaftigkeit der Rede als schon geschehen aus: „so höre ich einen fragen“. Theocr. 2, 137 σὺν δὲ κακαῖς μανίαις καὶ παρθένον ἐκ θαλάμοιο καὶ νύμφαν ἐφόβησ' (Jacobs ἐσόβησ'), sc. Ἔρως, nicht exagitare *potest*, sondern *exagitavit* oder *exagitat*. Der Dichter stellt sich in lebhafter Auffassung das, was geschehen kann, als schon geschehen vor. [1])

9. Ein bemerkenswerter Gebrauch des Aorists, der sich in der Dichtersprache, am häufigsten bei den Tragikern, selten in der Prosa findet, ist folgender. [2]) Wir unterscheiden drei Fälle. In allen liegt eine gewisse Emphase, die aber nicht in dem Wesen des Aorists begründet ist, sondern dadurch bewirkt wird, dass ein auf die Gegenwart bezüglicher Ausspruch als ein bereits geschehener oder eingetretener ausgedrückt wird. a) In dem zwischen zwei Personen gehaltenen Dialoge, besonders in raschem Wechselgespräche, wird auf die Äusserung der einen Person von der anderen ein auf die Gegenwart bezügliches Urteil als ein bereits gebildetes, als ein schon fertiges durch den Aorist ausgesprochen. Während die Äusserung der einen Person gethan wurde, hatte sich auch schon das Urteil in der Seele der anderen Person gebildet. Diese Ausdrucksweise findet meistens bei einer aufgeregten Stimmung des Gemütes statt. Im Deutschen wird dieser Aorist nur mangelhaft durch das Präsens wiedergegeben; oft ist man genötigt seine Zuflucht zu einer Umschreibung zu nehmen. P, 173 entgegnet Hektor in Leidenschaft auf des Glaukos Rede: Wahrlich, ich hielt dich für den Verständigsten der Lykier, νῦν δέ σευ ὠνοσάμην πάγχυ φρένας, jetzt aber, nachdem ich deine Rede vernommen habe, bin ich zum Tadler geworden (muss ich deinen Verstand tadeln). Aesch. Ch. 887 erwidert Klytämnestra auf die Worte des Dieners: τὸν ζῶντα καίνειν τοὺς τεθνηκότας λέγω, von Schrecken erfasst: οἳ ἐγὼ ξυνῆκα τοὔπος ἐξ αἰνιγμάτων, ach! ich begreife dein Wort (sowie ich dein Wort vernahm, so begriff ich auch seinen Sinn). Ebenso S. El. 1479 οἴμοι ξυνῆκα τοὔπος, vgl. Ai. 99. Eur. El. 644. Am häufigsten wird so ᾔνεσα, ἐπῄνεσα gebraucht. Eur. J. T. 1023, Orestes sagt zur Iphigenie: ἆρ' ἂν τύραννον διολέσαι δυναίμεθ' ἄν; Iph. δεινὸν τόδ' εἶπας, ξενοφονεῖν ἐπήλυθας. Or. ἀλλ' εἰ σὲ σώσει κἀμέ, κινδυνευτέον. Iph. οὐκ ἂν δυναίμην,

[1]) S. Delff a. a. O. S. 15 f. — [2]) Vgl. Hermann ad Vig. 162. p. 746. E. Moller Ztschr. f. Altertumswiss. 1846. S. 1065 ff., dem ich aber darin durchaus nicht beistimmen kann, dass er als Grundsatz aufstellt, alle temporalen Bestimmungen hätten einen modalen Ursprung.

τὸ δὲ πρόθυμον ᾔνεσα, ich könnte es nicht, aber deinen Mut muss ich loben. Dieses Urteil hatte sich durch die letzten Worte des O. bereits gebildet. Vgl. Eur. M. 707. Jo. 1614. J. A. 655. Alc. 1095. Oft wird auch der Aorist im Dialoge gebraucht, wenn der Redende die Worte des anderen nur in der Absicht gutheisst, um zu einer wichtigeren Sache fortzuschreiten. S. Ai. 536 erwidert auf die Worte der Tekmessa, sie habe des Eurysakes Leben schützen wollen, Aiax aus Besorgnis, dass sie ihm seinen Sohn vorenthalten wolle: ἐπῄνεσ' ἔργον καὶ πρόνοιαν, ἣν ἔθου, schon gut, deine Vorsicht muss ich loben. Ebenso Eur. J. A. 440. Tr. 53. Eur. El. 622 προσηκάμην τὸ ῥηθέν, nun gut, ich lasse mir das Gesagte gefallen. S. El. 668 ἐδεξάμην τὸ ῥηθέν, nun gut, ich heisse dein Wort willkommen. Eur. Hel. 330 λόγους ἐδεξάμαν. — b) Ferner wird in dem Dialoge oft die durch die unmittelbar vorhergehende Ausserung des andern angeregte Stimmung des Gemütes (der momentane Gefühlsausbruch) durch den Aorist ausgedrückt. Der Aorist bezeichnet hier wie so oft (Nr. 5) das Eintreten der Stimmung; die Stimmung ist durch die gesprochenen Worte angeregt und somit auch eingetreten. Auch hier drückt unser Präsens die Sache mangelhaft aus. S. Ph. 1314 sagt Neoptolemus, nachdem Philoktet des N. Vater gepriesen hatte: ἥσθην πατέρα τὸν ἀμὸν εὐλογοῦντά σε, ich freue mich, dass du meinen Vater lobst; *laetitia captus sum.* Ebenso Ar. N. 174. Eq. 696 ἥσθην ἀπειλαῖς, ἐγέλασα ψολοκομπίαις, | ἀπεπυδάρισα μόθωνα, περιεκόκκασα. So auch in Prosa Luc. D. D. 16, 2 ἐγέλασα ὦ Λητοῖ, ich muss lachen (ich brach in Lachen aus, als ich dein Wort hörte). Eur. Suppl. 1161 ἔκλαυσα τόδε κλύων ἔπος | στυγνότατον· ἔθιγέ μου φρενῶν, in Thränen brach ich aus. Hec. 1276, Polym.: καὶ σήν γ' ἀνάγκη παῖδα Κασάνδραν θανεῖν. Hec. ἀπέπτυσα, abscheulich! (Pfui!). Ebenso J. A. 874. J. T. 1161. Hipp. 614. J. A. 469 κἀγὼ κατῴκτειρ', ὡς γυναῖκα δεῖ . . καταστένειν, Mitleid ergriff mich. El. 248 ᾤμωξ' ἀδελφὸν σόν. Vgl. Hipp. 1405. (Auch in der Erzählung Eur. M. 791 ᾤμωξα δ' οἷον ἔργον ἔστ' ἐργαστέον . . · τέκνα γὰρ κατακτενῶ, ich muss jammern, wenn ich bedenke, was u. s. w., Jammer erfasste mich.) Hel. 673 κατεδάκρυσα καὶ βλέφαρον ὑγραίνω | δάκρυσιν· ἁ Διός μ' ἄλοχος ὤλεσεν, ich brach in Thränen aus. — c) Endlich können auch Verben des Sagens, des Befehlens, des Anratens, des Schwörens, obwohl sie auf die Gegenwart bezogen werden, durch den Aorist ausgesprochen werden, wenn der Ausspruch als ein unabänderlicher, ein für allemal gültiger nachdrücklich bezeichnet werden soll. Denn was der Vergangenheit angehört, lässt sich nicht ändern. Wir können hier den Aorist durch das Perfekt übersetzen: ich habe hiermit gesagt u. s. w. Der Grieche gebraucht aber nicht sein Perf., weil dasselbe die Handlung zugleich als in ihren Wirkungen fortbestehend bezeichnet, wie Eur. M. 356 Kreon am Schlusse seiner Drohungen sehr passend sagt: λέλεκται μῦθος ἀψευδὴς ὅδε. Der Aorist drückt die Sache ungleich energischer aus, da er die Handlung selbst urgiert. S. Ph. 1434, nachdem Herakles dem Philoktet wohlwollende Vorstellungen gemacht hatte, sagt er dem Neoptolemus: καὶ σοὶ ταῦτ', Ἀχιλλέως τέκνον, | παρῄνεσα, auch dir will ich das Gesagte angeraten haben. S. El. 1322 σιγᾶν ἐπῄνεσα. Eur. M. 272 σὲ τὴν σκυθρωπὸν καὶ πόσει θυμουμένην, Μήδειαν, εἶπον τῆσδε γῆς ἔξω περᾶν φυγάδα, hiermit habe ich dir gesagt, befohlen (*dictum volo*). Ar. Ec. 255. So ὑπεῖπον Eur. Suppl. 1171. S. Ph. 1289 sagt Neoptolemos, verletzt durch Philoktets Verdacht: ἀπώμοσ' ἁγνὸν Ζηνὸς ὑψίστου σέβας, beim Zeus, einen solchen Betrug will ich abgeschworen haben, muss ich abschwören. Eur. Or. 1516 sagt Orest: ὄμοσον, εἰ δὲ μή, κτενῶ σε, μὴ λέγειν ἐμὴν χάριν. Darauf der Phrygier: τὴν ἐμὴν ψυχὴν κατώμοσα, ich hab's geschworen. Eur. Cy. 266 ἀπώμοσα ich schwöre hiermit.

10. In dringenden Aufforderungen, welche in der Form einer durch τί οὖν οὐ oder τί οὐ eingeleiteten Frage ausgedrückt werden, wird der Aorist scheinbar statt des Präsens oft von den Attikern, namentlich in den Dialogen Xenophons und Platons, gebraucht, bewahrt aber auch hier seine eigentümliche Bedeutung. Der Redende wünscht in seiner Ungeduld gewissermassen die begehrte Handlung als eine schon geschehene zu sehen. X. Cy. 2. 1, 4 τί οὖν, ἔφη ὁ Κῦρος, οὐ καὶ τὴν δύναμιν ἔλεξάς μοι; *quin igitur tu mihi .. recenses?* warum sagtest du mir nicht? worin der Sinn liegt: sage es mir sofort! du hättest es mir schon sagen sollen. „*Haec interrogatio alacritatem quandam animi et aviditatem sciendi exprimit.*“ Weiske ad h. l. Vgl. Bornem. 5. 4, 37 τί οὖν, ἔφη, ὦ Γαδάτα, οὐχὶ τὰ μὲν τείχη φυλακῇ ἐχυρὰ ἐποιήσαμεν; 8. 3, 46 τί οὖν, ἔφη, πρὸς τῶν θεῶν, ὁ Φεραύλας, οὐχὶ σύ γε αὐτίκα μάλα εὐδαίμων ἐγένου καὶ ἐμὲ εὐδαίμονα ἐποίησας; λαβὼν γάρ, ἔφη, ταῦτα πάντα κέκτησο, καὶ χρῶ ὅπως βούλει αὐτοῖς. Comm. 3. 11, 15 τί οὖν οὐ σύ μοι, ἔφη, ὦ Σώκρατες, ἐγένου συνθηρατὴς τῶν φίλων; Ἐάν γε νὴ Δί', ἔφη, πείθῃς με σύ. Hier. 1, 3 τί οὖν οὐχὶ καὶ σὺ ὑπέμνησάς με; Pl. Phaed. 86, d εἰ οὖν τις ὑμῶν εὐπορώτερος ἐμοῦ, τί οὐκ ἀπεκρίνατο; Gorg. 503, b εἴ τινα ἔχεις τῶν ῥητόρων τοιοῦτον εἰπεῖν, τί οὐχὶ καὶ ἐμοὶ αὐτὸν ἔφρασας, τίς ἐστιν; Symp. 173, b τί οὖν, ἔφη, οὐ διηγήσω μοι; ubi v. Stallb. Menex. 236, c τί οὖν οὐ διῆλθες; warum erzähltest du mir es nicht? s. Stallb. Prot. 317, d τί οὖν οὐ καὶ Πρόδικον ἐκαλέσαμεν; Ar. Lys. 182 τί δῆτα ταῦτ' οὐχ ὡς τάχιστα .. ξυνωμόσαμεν; Auch mit der I. Pers. S. OR. 1002 τί δῆτ' ἐγὼ οὐχὶ τοῦδε τοῦ φόβου σ', ἄναξ, .. ἐξελυσάμην; warum befreite ich dich nicht von dieser Furcht? d. i. ein Wort soll dich befreien. Auch kann das Präsens stehen; der Ton der Frage

ist alsdann ruhiger, jedoch ist der Ausdruck stärker, als wenn der Imperativ oder der auffordernde Konjunktiv gebraucht wird. X. Comm. 3. 1, 10 τί οὖν οὐ σκοποῦμεν; stärker als σκοπῶμεν οὖν, aber schwächer als τί οὖν οὐκ ἐσκεψάμεθα (wie 4. 6, 14), s. daselbst Kühners Bmrk. Hell. 4. 1, 11 τί οὖν, ἔφη, οὐ πυνθάνει; stärker als πυνθάνου, aber schwächer als τί οὖν οὐκ ἐπύθου; Pl. Lysid. 211, d τί οὖν οὐκ ἐρωτᾷς; Protag. 311, a ἀλλὰ τί οὐ βαδίζομεν παρ' αὐτόν; ubi v. Stallb. Ar. Lys. 1103 τί οὐ καλοῦμεν δῆτα τὴν Λυσιστράτην;

11. Der Aorist wird zuweilen auf sehr nachdrückliche Weise gebraucht, wenn der Redende ein zukünftiges Ereignis als bereits geschehen darstellt. Δ, 160 ff. εἴπερ γάρ τε καὶ αὐτίκ' Ὀλύμπιος οὐκ ἐτέλεσσεν, ἔκ τε καὶ ὀψὲ τελεῖ, σύν τε μεγάλῳ ἀπέτισαν σὺν σφῇσιν κεφαλῇσι, so wird er es doch später vollbringen, und dann werden sie es büssen, im Griech.: und dann büssten sie es. I, 413 εἰ μέν κ' αὖθι μένων Τρώων πόλιν ἀμφιμάχωμαι, ὤλετο μέν μοι νόστος, ἀτὰρ κλέος ἄφθιτον ἔσται· εἰ δέ κεν οἴκαδ' ἵκωμι φίλην ἐς πατρίδα γαῖαν, ὤλετό μοι κλέος ἐσθλόν. Eur. M. 78 ἀπωλόμεσθ' ἄρ', εἰ κακὸν προσοίσομεν νέον παλαιῷ. Th. 6, 80 εἰ γὰρ δι' ὑμᾶς μὴ ξυμμαχήσαντας ὅ τε παθὼν σφαλήσεται καὶ ὁ κρατῶν περιέσται, τί ἄλλο ἢ τῇ αὐτῇ ἀπουσίᾳ τοῖς μὲν οὐκ ἠμύνατε σωθῆναι, τοὺς δὲ οὐκ ἐκωλύσατε κακοὺς γενέσθαι; Dieselbe Erscheinung haben wir § 384, 5 bei dem Perfekte gesehen, bei dessen Gebrauche aber der Redner sich das Zukünftige als bereits vollendet und in seinen Wirkungen fortbestehend denkt.

12. Auf ähnliche Weise ist der Aorist in den Stellen zu erklären, in welchen er den *conatus rei faciendae sine effectu* ausdrücken soll. Wenn wir schon beim Präsens und Imperfekt die Bedeutung des *conatus* als nicht diesen Zeitformen selbst inwohnend verworfen haben, so müssen wir dies in noch höherem Grade bei dem Aoriste thun, mit dessen Wesen dieser Begriff durchaus in Widerspruch steht. Vielmehr steht der Aorist in seiner vollen effektiven Bedeutung, indem mit rhetorischer Übertreibung Handlungen, deren Abschluss durch äussere Umstände verhindert wurde, als bereits abgeschlossen hingestellt werden. Eur. Jo 1291 sagt Kreon zum Jon: ἔκτεινά σ' ὄντα πολέμιον δόμοις ἐμοῖς. Der Mord ist allerdings in Wirklichkeit noch nicht begangen, sondern nur beabsichtigt; Kreon aber bedient sich des hyperbolischen Ausdruckes ich tötete dich, indem er das, was in seinem Innern fest beschlossen war, als ein bereits Eingetretenes ausdrückt. 1500 sagt Kreusa: ἐν φόβῳ καταδεθεῖσα σὰν | ψυχὰν ἀπέβαλον, τέκνον· | ἔκτεινά σ' ἄκουσ'. Darauf sagt Jon: ἐξ ἐμοῦ τ' οὐχ ὅσι' (*non merito, immerito*) ἔθνῃσκες. Die Mutter Kreusa stellt den Mord des Sohnes als bereits wirklich vollzogen dar, weil sie dem Jon das Gift wirklich schon hatte reichen

lassen; der Mord war also im Geiste der Kr. bereits vollzogen; die That entbehrte aber des wirklichen Erfolges, weil Jon das Gift nicht getrunken hatte. Jon hingegen gebraucht das Imperft ἐθνῄσκες, weil er damit umging die Kr. mit dem Tode zu bestrafen, es aber nicht that. So auch im Partizipe. S. Ai. 1126 f. Teukros: ξὺν τῷ δικαίῳ γὰρ μέγ' ἔξεστιν φρονεῖν. Menelaos: δίκαια γὰρ τόνδ' εὐτυχεῖν, κτείναντά με; Teukr.: κτείναντα; δεινόν γ' εἶπας, εἰ καὶ ζῇς θανών. Menel. θεὸς γὰρ ἐκσῴζει με, τῷδε δ' οἴχομαι. Menelaos wählt den übertriebenen Ausdruck: κτείναντά με, um die Frevelthat des Aias noch mehr zu erhöhen, indem er denselben als einen darstellt, der wirklich den Mord ausgeführt habe. Teukros wiederholt denselben Ausdruck fragend und fügt mit Ironie seine Verwunderung über das seltsame Wort des Menelaos hinzu: εἰ καὶ ζῇς θανών. Hierauf erwidert Menelaos, gerettet sei er nur durch Hülfe der Götter, vom Aias aber sei er eigentlich ermordet (τῷδε δ' οἴχομαι), da dieser bei der Ermordung der Herde gewähnt habe die griechischen Helden zu morden. Vgl. Herm. ad h. l. Eur. Andr. 810 τρέμουσα (timens), μὴ ἀντὶ τῶν δεδραμένων | ἐκ τῶνδ' ἀτίμως δωμάτων ἀποσταλῇ (expellatur) | ἢ κατθάνῃ κτείνασα τοὺς οὐ χρῆν κτανεῖν. Hermione war zwar an dem Morde verhindert worden, hatte ihn aber in Gedanken vollführt. So auch in Prosa. Isae. 1, 1 ἐκεῖνος ζῶν μὲν ἡμῖν κατέλιπε τὴν οὐσίαν, ἀποθανὼν δὲ κινδυνεύειν περὶ αὐτῆς πεποίηκε, „*reliquit*, quantum quidem in ipso fuit, quanquam res effectu caruit“ Schoemann. 4 διαθήκαις, ἃς ἐκεῖνος διέθετο μέν, ἔλυσε δὲ πρὸ τοῦ θανάτου machte aber das Testament ungültig, zwar konnte er es nicht ausführen, aber in seinen Gedanken that er es. Pl. Menex. 245, b βασιλεὺς ἐξῄτει τοὺς Ἕλληνας τοὺς ἐν τῇ ἠπείρῳ, οὕσπερ πρότερον Λακεδαιμόνιοι αὐτῷ ἐξέδοσαν, εἰ μέλλοι συμμαχήσειν ἡμῖν.

13. Wie der Indikativ des Aorists einen Gegensatz zu dem Imperfekt und Plusquamperfekt bildet, so auch zu dem Perfekte, das die vollendete Handlung als in ihren Wirkungen gegenwärtig fortbestehend darstellt (§ 384, 2). Der Aorist scheidet die vergangene Handlung von der Gegenwart des Redenden, das Perfekt verknüpft sie mit der Gegenwart des Redenden, indem es den durch eine vergangene Handlung hervorgerufenen gegenwärtigen Zustand bezeichnet. Daher ist jener die Zeitform der Erzählung, dieses die des Urteils, der beschaulichen Betrachtung, [1]) wie auch im Deutschen das erzählende Imperfekt im Gegensatze zu dem ein Urteil aussprechenden Perfekt gebraucht wird. [2]) Bei dem Streben der Griechen nach

---

[1]) Vgl. Delff a. a. O. S. 29 u. 31. — [2]) S. K. F. Becker Deutsche Gr. Th. 2. § 220. S. 34.

objektiver Darstellung geschieht es aber sehr häufig, dass sie die Handlung einfach als geschehen konstatieren und daher den Aorist gebrauchen, während wir mit Rücksicht auf das Ergebnis der Handlung geneigt sind, das Perfekt anzuwenden. Γ, 438 μή με, γύναι, χαλεποῖσιν ὀνείδεσι θυμὸν ἔνιπτε· νῦν μὲν γὰρ Μενέλαος ἐνίκησεν σὺν Ἀθήνῃ, κεῖνον δ' αὖτις ἐγώ, jetzt zwar hat mich Menelaos besiegt, ein andermal aber werde ich wieder ihn besiegen. B, 272 ὢ πόποι, ἦ δὴ μυρί' Ὀδυσσεὺς ἐσθλὰ ἔοργεν βουλάς τ' ἐξάρχων ἀγαθὰς πόλεμόν τε κορύσσων· νῦν δὲ τόδε μέγ' ἄριστον ἐν Ἀργείοισιν ἔρεξεν, das Perf. ἔοργεν fasst alles zusammen, was Od. an Verdiensten aufzuweisen hat, der Aor. ἔρεξεν hebt die eben vollbrachte einzelne That hervor. A, 125 ἀλλὰ τὰ μὲν πολίων ἐξεπράθομεν, τὰ δέδασται, was wir einst erbeuteten, das ist nun verteilt. Φ, 82 ἠὼς δέ μοί ἐστιν | ἥδε δυωδεκάτη, ὅτ' ἐς Ἴλιον εἰλήλουθα | . ., νῦν αὖ με τεῇς ἐν χερσὶν ἔθηκεν | μοῖρ' ὀλοή heute ist es der 12. Tag, dass ich in Ilion bin, und wiederum hat das böse Verhängnis mich dir in die Hände geliefert (im Griech. dagegen ist nicht der gegenwärtige Zustand, sondern die eben geschehene Thatsache betont). α, 182 εὔχομαι . . ἀνάσσω· νῦν δὲ . . κατήλυθον. Hdt. 7. 8, 1 διὸ ὑμέας νῦν ἐγὼ συνέλεξα, ἵνα, τὸ νοέω πρήσσειν, ὑπερθέωμαι ὑμῖν. X. An. 1. 6, 6. Th. 1, 60 ἐκκλησίαν τούτου ἕνεκα ξυνήγαγον. 1, 21 καὶ οὔτε ὡς ποιηταὶ ὑμνήκασι περὶ αὐτῶν οὔτε ὡς λογογράφοι ξυνέθεσαν, das Pf. weist darauf hin, dass die Gedichte noch fortbestehen, der Aorist stellt die Sache einfach als bloss geschehen hin. Hdt. 7. 8, 2 ὁ μὲν τετελεύτηκε καὶ οὐκ ἐξεγένετό (*contigit*) αὐτῷ τιμωρήσασθαι, er ist tot, und so wurde es ihm nicht möglich sich zu rächen. X. Comm. 1. 6, 14 τοὺς θησαυροὺς τῶν πάλαι σοφῶν, οὓς ἐκεῖνοι κατέλιπον ἐν βιβλίοις γράψαντες, διέρχομαι, *zurückliessen*, als historisches Faktum, aber καταλελοίπασιν, zurückgelassen haben, so dass die Bücher als noch vorhanden bezeichnet werden, als Urteil. Hell. 2. 4, 40 ὁ μὲν δῆμος πενέστερος ὑμῶν ὢν οὐδὲν πώποτε ἕνεκα χρημάτων ὑμᾶς ἠδίκησεν (complexiv, vgl. Nr. 4) ὑμεῖς δὲ πλουσιώτεροι πάντων ὄντες πολλὰ καὶ αἰσχρὰ ἕνεκα κερδέων πεποιήκατε. Mit Unrecht hat Dind. ἠδίκηκεν geändert. Dem. 18, 198 ἀντέκρουσέ τι καὶ γέγονεν, οἷον οὐκ ἔδει, πάρεστιν Αἰσχίνης, ereignete sich ein Unglück und ist ein unerwünschter Zustand eingetreten (und besteht nun), da tritt Ae. auf. Antiph. 4, δ 8 ὁ μὲν ἀκουσίως πάντα δράσας καὶ παθὼν ἀλλοτρίᾳ τύχῃ κέχρηται, ὁ δὲ ἑκουσίως πάντα πράξας, ἐκ τῶν αὑτοῦ ἔργων τὴν τύχην προαγόμενος, τῇ αὑτοῦ ἀτυχίᾳ ἥμαρτεν.

Anmerk. 6. So kann der Schreibende, indem er sich in die Zeit versetzt, wo der Empfänger das Schreiben liest, statt des Präsens den Aorist oder das Perfekt gebrauchen, je nachdem er die Handlung an sich oder das fertig vorliegende Resultat der Handlung im Auge hat. Th. 1, 23 τὰς αἰτίας προέγραψα πρῶτον. 1, 97 ἔγραψα δὲ αὐτὰ καὶ τὴν ἐκβολὴν τοῦ λόγου ἐποιησάμην διὰ τόδε, ὅτι τοῖς πρὸ ἐμοῦ ἅπασιν ἐκλιπὲς τοῦτο ἦν τὸ χωρίον. 1, 129 μετ' Ἀρταβάζου, ὅν σοι ἔπεμψα, πρᾶσσε θαρσῶν. Dagegen Perf. Isocr. 1, 2 ἀπέσταλκά σοι τόνδε τὸν λόγον ich habe dir das Schreiben gesandt (und es ist in deinen Händen).

14. Besonders häufig gebrauchen die Griechen den Aorist, wo wir das Plusquamperfekt anwenden. So verbinden die Griechen die temporalen und kausalen Konjunktionen ἐπεί, ἐπειδή, *postquam* u. *quoniam*, ὅτε, ὁπότε, als u. weil, ὡς, *cum*, ἡνίκα, ἐξ οὗ, ὅτι, weil, sowie das Relativ gewöhnlich mit dem Aorist, ungleich seltener mit dem Plusquamperfekte, und die Konjunktionen ἕως, bis, ἔστε, μέχρι od. ἄχρι οὗ, μέχρι, πρίν stets mit dem Aorist[1]). Der Grund dieser Erscheinung ist einfach der, dass das griechische Plusquamperfekt nie, wie das deutsche, eine blosse Vorvergangenheit bezeichnet, sondern stets eine vollendete und in ihren Wirkungen fortbestehende Handlung der Vergangenheit. Wo also dieser Begriff des Fortbestehens nicht stattfindet, kann auch das Plusquamperfekt nicht stehen. Die gegenseitige Beziehung der Sätze, die wir durch das Plusquamperfekt bezeichnen, wird bei dem Aoriste nicht bezeichnet, sondern dem Urteile des Lesers oder Zuhörers überlassen. A, 608 οἱ μὲν κακκείοντες ἔβαν οἶκόνδε ἕκαστος, | ἧχι ἑκάστῳ δῶμα περικλυτὸς ἀμφιγυήεις | Ἥφαιστος ποίησεν gemacht hatte. B, 311 ἔνθα δ' ἔσαν στρουθοῖο νεοσσοί, νήπια τέκνα | ὀκτώ, ἀτὰρ μήτηρ ἐνάτη ἦν, ἣ τέκε τέκνα *pepererat*. Th. 1, 102 οἱ Ἀθηναῖοι εὐθύς, ἐπειδὴ ἀνεχώρησαν, ξύμμαχοι ἐγένοντο. Andoc. 3, 21 ἡνίκα ἀπωλέσαμεν τὰς ναῦς, τίνα γνώμην ἔθεντο περὶ ἡμῶν οἱ σύμμαχοι; X. Hell. 1. 1, 3 ἐμάχοντο, μέχρι οἱ Ἀθηναῖοι ἀπέπλευσαν. Hingegen: Hdt. 1, 116 ἐπεὶ ὑπελέλειπτο ὁ βουκόλος μοῦνος, τάδε αὐτὸν εἴρετο ὁ Ἀστυάγης. 4, 83 ἐπειδή οἱ τὰ πάντα παρεσκεύαστο (fertig war), ἐξήλαυνε τὸν στρατὸν ἐκ Σούσων. Aor. u. Plpf. 7, 193 οἱ βάρβαροι, ὡς ἐπαύσατό τε ὁ ἄνεμος καὶ τὸ κῦμα ἔστρωτο, ἔπλεον παρὰ τὴν ἤπειρον, die Wogen hatten sich gelegt und waren ruhig. 3, 10 ὁ Ἄμασις ἐτάφη ἐν τῇσι ταφῇσι, τὰς αὐτὸς οἰκοδομήσατο. X. Comm. 1. 2, 47 (Κριτίας καὶ Ἀλκιβιάδης) τὰ τῆς πόλεως ἔπραττον, ὧνπερ ἕνεκεν καὶ Σωκράτει προσῆλθον. Th. 1, 30 οἱ Κερκυραῖοι Κυλλήνην ἐνέπρησαν, ὅτι ναῦς καὶ χρήματα παρέσχον Κορινθίοις. Aber auch oft in Hauptsätzen, wie Th. 1, 62 στρατηγὸν οἱ ξύμμαχοι ᾕρηντο Περδίκκαν· ἀπέστη γὰρ εὐθὺς πάλιν Ἀθηναίων, *defecerat*. X. Cy. 5. 1, 3 ὁ ἀνὴρ αὐτῆς οὐκ ἔτυχεν ἐν τῷ στρατοπέδῳ ὤν, ἀλλὰ πρὸς τὸν τῶν Βακτριανῶν βασιλέα πρεσβεύων ᾤχετο· ἔπεμψε (*miserat*) δὲ αὐτὸν ὁ Ἀσσύριος περὶ ξυμμαχίας.

Anmerk. 7. Über die übrigen Modi, sowie den Infinitiv und das Partizip des Aorists s. § 389, 6.

---

[1]) Vgl. H. Schmidt doctr. temp. IV. p. 29 sq. Delff a. a. O. S. 32 f.

§ 387. f) Futur.

1. Das Futur (im Indikative) bezeichnet eine zukünftige Handlung, d. h. eine vom Standpunkte des Redenden aus in der Zukunft eintretende, zum Abschlusse gelangende oder sich entwickelnde Handlung. Es vereinigt also in sich die momentane und die durative Aktionsart: ἄρξω bedeutet ebensowohl „ich werde zur Herrschaft gelangen" (ingressiv), wie „ich werde herrschen" (durativ); πείσω „ich werde überreden" (effektiv), vgl. A, 132 und „ich werde zureden" (de conatu), vgl. Lys. 30, 32. Pl. Phaed. 88, d.; φεύξομαι „ich werde fliehen" (auf der Flucht sein) und „ich werde entfliehen" (entkommen).

Nur in den (im Aktivum seltenen) Fällen einer doppelten Futurbildung tritt eine Scheidung der Aktionen ein. Die aus dem Aoriststamme gebildeten Futura werden dann in momentanem Sinne, die aus dem Präsensstamme gebildeten in durativem Sinne gebraucht. σχήσω „ich werde anhalten, hemmen": M, 166 οὐ γὰρ ἔγωγ' ἐφάμην ἥρωας 'Αχαιοὺς | σχήσειν ἡμέτερόν γε μένος (vgl. Φ, 309 φίλε κασίγνητε, σθένος ἀνέρος ἀμφότεροί περ | σχῶμεν); dagegen ἕξω „ich werde haben, behalten": ζ, 281 ἕξει δέ μιν ἤματα πάντα. Medium ἀνασχήσομαι „ich werde aushalten" (abschliessend = überstehen): E, 104 οὐδέ ἕ φημι δήθ' ἀνσχήσεσθαι κρατερὸν βέλος (vgl. Δ, 511 οὔ σφι λίθος χρὼς οὐδὲ σίδηρος | χαλκὸν ἀνασχέσθαι ταμεσίχροα βαλλομένοισιν); dagegen ἀνέξομαι „ich werde ausharren" (ertragen, dulden): E, 895 ἀλλ' οὐ μάν σ' ἔτι δηρὸν ἀνέξομαι ἄλγε' ἔχοντα (vgl. π, 277 σὺ δ' εἰσορόων ἀνέχεσθαι). Ebenso attisch: καλῶς σχήσειν sich gut gestalten, in gute Lage kommen, vgl. Dem. 1, 9, — καλῶς ἕξειν sich gut verhalten, in guter Lage sein, vgl. Dem. 19, 153; κατασχήσειν erhalten, gewinnen, vgl. Dem. 23, 12, — καθέξειν behalten, behaupten, vgl. Dem. 2, 9; ἀποσχήσεσθαι abstehen, ablassen, vgl. Dem. 6, 26, — ἀφέξεσθαι sich enthalten, fernhalten, vgl. Dem. 19, 151. Ferner δραμοῦμαι momentan: Ar. V. 138 οὐ περιδραμεῖται σφῷν ταχέως δεῦρ' ἅτερος; (abschliessend = δραμέτω); dagegen θρέξομαι durativ: Ar. R. 193 οὔκουν περιθρέξει δῆτα τὴν λίμνην κύκλῳ; (= τρέχε), Nub. 1005 ἀλλ' εἰς 'Ακαδήμειαν κατιὼν ὑπὸ ταῖς μορίαις ἀποθρέξει. Ebenso verhalten sich βαλῶ und βαλλήσω: Ar. V. 222 ἤδη ποτ' αὐτοὺς τοῖς λίθοις βαλλήσομεν (mit Steinen „bombardieren"); πατάξω und τυπτήσω: Ar. N. 1444 τὴν μητέρ' ὥςπερ καὶ σὲ τυπτήσω (wiederh. Hdlg.), dagegen Ar. Lys. 657 εἰ δὲ λυπήσει τί με, | τῷδε τἀψήκτῳ πατάξω 'γὼ κοθόρνῳ τὴν γνάθον; κλαύσομαι „ich werde in Thränen ausbrechen", d. i. es wird mir übel ergehen, und die jüngere Bildung κλαιήσω „ich werde weinen": Dem. 21, 99 παιδία γὰρ παραστήσεται καὶ κλαιήσει; ἀχθεσθήσομαι „böse werden": Pl. Gorg 506, c καί με ἐὰν ἐξελέγχῃς, οὐκ ἀχθεσθήσομαι, und ἀχθέσομαι „böse sein": Pl. Hipp. maj. 292, e εἰ φοβηθεὶς εἴποιμι ἐγὼ ἐπὶ τούτοις τάδε, ἆρ' οὐκ ἂν ἄχθοιο, ὦ Ἱππία; . . . οὐκ ἀχθέσει, ἂν εἴπω ταῦτα; ähnlich αἰδεσθήσομαι und αἰδέσομαι, αἰσχυνθήσομαι und αἰσχυνοῦμαι, φοβηθήσομαι und φοβήσομαι. Dass bei den Attikern regelmässig das aus dem Passivaorist gebildete Futur auf -ήσομαι, -θήσομαι in momentanem Sinne gebraucht wird, das passivisch verwandte mediale Futur auf -σομαι dagegen in durativem Sinne, ist § 376, 3 und 4 dargelegt worden: Th. 3, 40 ὃς ἂν ἀφιστῆται, θανάτῳ ζημιωσόμενον (wiederholter Fall). Dem. 23, 80 ἐὰν ἁλῷ, θανάτῳ ζημιωθήσεται (Einzelfall).[1])

2. In der Verbindung einer zukünftigen Handlung mit einer anderen Handlung derselben Zeitsphäre kann die eine mit der anderen entweder gleichzeitig sein oder ihr vorangehen oder ihr nachfolgen.[2]) Durch die Futurform wird dieses Zeitverhältnis der Handlungen zu einander nicht ausgedrückt, sondern kann nur aus dem Gedankenzusammenhange erkannt werden. Pl. civ. 361, b εἰ δόξει δίκαιος εἶναι, ἔσονται αὐτῷ τιμαὶ καὶ δωρεαὶ δοκοῦντι τοιούτῳ εἶναι. κ, 292 οὐ γὰρ ἐάσει | φάρμακον ἐσθλόν, ὅ τοι δώσω, das Zaubermittel musste erst gegeben sein. X. An. 4. 7, 20 λέγει, ὅτι ἄξει αὐτοὺς εἰς χωρίον, ὅθεν ὄψονται θάλατταν.

3. Sowie das Präsens, das präsentisch gebrauchte Perfekt und der sog. gnomische Aorist (§ 386, 7) bei Anführung eines allgemeinen Gedankens, einer Sentenz gebraucht werden, ebenso findet sich zuweilen das Futur gebraucht, jedoch nur dann, wenn zugleich eine Hinweisung auf die Zukunft ausgedrückt werden soll. Alle drei Zeitformen finden sich vereinigt in S. Ant. 348 ff. κρατεῖ δὲ (sc. περιφραδὴς ἀνήρ) μηχαναῖς ἀγραύλου | θηρὸς ὀρεσσιβάτα λασιαύχενά θ' | ἵππον ὀχμάζεται (Konjekt. v. G. Schöne, s. Schneidew.) ἀμφίλοφον ζυγὸν οὔρειόν τ' ἀκμῆτα ταῦρον· | καὶ . . ἀστυνόμους | ὀργὰς ἐδιδάξατο . ., ἄπορος ἐπ' οὐδὲν ἔρχεται | τὸ μέλλον· Ἅιδα μόνον | φεῦξιν οὐκ ἐπάξεται· (Wecklein schreibt πεπάσεται) | νόσων δ' ἀμηχάνων φυγὰς ξυμπέφρασται, die Flucht vor dem Hades wird er (durch seinen Verstand) nicht herbeiführen. Ant. 662 ἐν τοῖς γὰρ οἰκείοισιν ὅστις ἔστ' ἀνὴρ | χρηστός, φανεῖται κἀν πόλει δίκαιος ὤν. Pind. P. 12, 30 sqq. τὸ δὲ μόρσιμον οὐ παρφυκτόν· ἀλλ' ἔσται χρόνος | οὗτος, ὃ καί τιν' ἀελπτίᾳ βαλὼν | ἔμπαλιν γνώμας τὸ μὲν δώσει, τὸ δ' οὔπω. Hdt. 5, 56 οὐδεὶς ἀνθρώπων ἀδικῶν τίσιν οὐκ ἀποτίσει.

---

1) Das Neugriechische hat die Scheidung der beiden Aktionen sowohl im aktiven, wie im passiven Futur streng durchgeführt, indem es das momentane Futur durch θά mit dem Konjunktiv Aoristi umschreibt, das durative Futur durch θά mit dem Konjunktiv Präsentis: θά σοι γράψω ich werde einmal an dich schreiben, θά σοι γράφω ich werde (wiederholt, regelmässig) an dich schreiben. — 2) Vgl. Fuisting a. a. O. S. 30.

Pl. civ. 387, d φαμὲν δὲ δή, ὅτι ὁ ἐπιεικὴς ἀνὴρ τῷ ἐπιεικεῖ, οὗπερ καὶ ἑταῖρός ἐστι, τὸ τεθνάναι οὐ δεινὸν ἡγήσεται. Antiph. 6, 4 ἄν τις κτείνῃ τινά, . . τὸ θεῖον δεδιὼς ἁγνεύει τε ἑαυτὸν καὶ ἀφέξεται ὧν εἴρηται ἐν τῷ νόμῳ. Dem. 18, 205 ὁ μὲν τοῖς γονεῦσι μόνον γεγενῆσθαι νομίζων τὸν αὐτόματον θάνατον περιμένει, ὁ δὲ καὶ τῇ πατρίδι ὑπὲρ τοῦ μὴ ταύτην ἐπιδεῖν δουλεύουσαν ἀποθνῄσκειν ἐθελήσει καὶ φοβερωτέρας ἡγήσεται τὰς ὕβρεις καὶ τὰς ἀτιμίας, ἃς ἐν δουλευούσῃ τῇ πόλει φέρειν ἀνάγκη, wo Schaefer bemerkt: „περιμένει *indesinenter praestolatur, sed* ἐθελήσει κ. ἡγήσεται, *quando pericula in patriam ingruerint*", s. Dissen ad. h. l.

Anmerk. 1. In ähnlicher Weise gebraucht Herodot das Futurum bei Beschreibung von Sitten: 1, 173 καλέουσι ἀπὸ τῶν μητέρων ἑωυτοὺς καὶ οὐκὶ ἀπὸ τῶν πατέρων· εἰρομένου δὲ ἑτέρου τὸν πλησίον, τίς εἴη, καταλέξει ἑωυτὸν μητρόθεν καὶ τῆς μητρὸς ἀνανεμέεται τὰς μητέρας. 1, 198 ὄρθρου δὲ γενομένου λοῦνται καὶ ἀμφότεροι· ἄγγεος γὰρ οὐδενὸς ἅψονται πρὶν ἂν λούσωνται, vgl. 1, 199 δώσεις, 2, 39 γεύσεται, 2, 41 χρήσεται; sowie bei Reiseangaben, indem er sich mit der II. Pers. des Futurs an den Reisenden wendet: 2, 29 καὶ ἔπειτα ἀπίξεαι ἐς πεδίον λεῖον, ἐν τῷ νῆσον περιρρέει ὁ Νεῖλος . . . τὴν (sc. λίμνην) διεκπλώσας ἐς τοῦ Νείλου τὸ ῥέεθρον ἥξεις . . καὶ ἔπειτα ἀποβὰς παρὰ τὸν ποταμὸν ὁδοιπορίην ποιήσεαι ἡμερέων τεσσεράκοντα. Vgl. 2, 30 ἥξεις.

4. Oft erscheint das Futurum nur als ein gewählterer Ausdruck statt des Präsens, indem der Redende das was gegenwärtig bereits vorhanden oder möglich ist, als erst künftig eintretend setzt. Th. 5, 26 τὴν διὰ μέσου ξύμβασιν εἴ τις μὴ ἀξιώσει πόλεμον νομίζειν, οὐκ ὀρθῶς δικαιώσει. Oft εὑρήσομεν, εὑρήσετε. Isocr. 8, 106 εὑρήσετε τοὺς πλείστους τῶν ἀνθρώπων περὶ τὰς αἱρέσεις τῶν πραγμάτων ἁμαρτάνοντας. Vgl. 9, 3. 13. 70. (15, 308 εὑρήσετε, ἢν ἐξετάζητε τούτων ἕκαστον, κτλ.) Lyc. 51 εὑρήσετε παρὰ μὲν τοῖς ἄλλοις ἐν ταῖς ἀγοραῖς ἀθλητὰς ἀνακειμένους, παρ' ὑμῖν δὲ στρατηγοὺς ἀγαθούς. Pl. civ. 376, a καὶ τοῦτο ἐν τοῖς κυσὶ κατόψει, ὃ καὶ ἄξιον θαυμάσαι τοῦ θηρίου . . . ἢ οὔπω τοῦτο ἐθαύμασας;

So insbesondere bei den Ausdrücken des Wünschens und Bittens. Ein Hinweis auf die Zukunft ist zwar erkennbar in Fällen wie S. OR. 1077 τοὐμὸν δ' ἐγώ, κεἰ σμικρόν ἐστι, σπέρμ' ἰδεῖν βουλήσομαι ich werde trotz alledem mich nicht von dem Wunsche abbringen lassen. Ai. 680 ἐς τε τὸν φίλον | τοσαῦθ' ὑπουργῶν ὠφελεῖν βουλήσομαι ich werde von jetzt an nur geneigt sein. Eur. Med. 259 τοσοῦτον οὖν σου τυγχάνειν βουλήσομαι, | σιγᾶν, ἤν μοι πόρος τις μηχανή τ' ἐξευρεθῇ πόσιν δίκῃ τῶνδ' ἀντιτίσασθαι κακῶν. Antiph. 6, 8 ἐγὼ ἀξιῶ πρῶτον μὲν . . ἔπειτα περὶ τῶν ἄλλων, . . ἐὰν ὑμῖν ἡδομένοις ᾖ, βουλήσομαι ἀπολογήσασθαι. Meistens jedoch ist das Futurum nur eine feinere, bescheidenere Form statt des Präsens, wie auch das Deutsche provinziell ähnliche Ausdrucksweisen aufweist: „ich werde dich bitten" erscheint höflicher als „ich bitte dich", insofern die Bitte gleichsam gegenwärtig noch nicht gewagt, sondern auf einen geeigneten Moment verschoben wird[1]). S. OC. 1289 καὶ ταῦτ' ἀφ' ὑμῶν, ὦ ξένοι, βουλήσομαι | καὶ ταῖνδ' ἀδελφαῖν καὶ πατρὸς κυρεῖν ἐμοί, volo, si licet. Pind. O. 7, 20 ἐθελήσω τοῖσιν ἐξ ἀρχᾶς ἀπὸ Τλαπολέμου | ξυνὸν ἀγγέλλων διορθῶσαι λόγον. (Etwas anders in der II. Person Pl. civ. 338, c φημὶ ἐγὼ εἶναι τὸ δίκαιον τὸ τοῦ κρείττονος ξυμφέρον· ἀλλὰ τί οὐκ ἐπαινεῖς; ἀλλ' οὐκ ἐθελήσεις). S. OR. 1446 καὶ σοί γ' ἐπισκήπτω τε καὶ προστρέψομαι. Eur. Alc. 164 πανύστατόν σε προσπίτνουσ' αἰτήσομαι, | τέκν' ὀρφανεῦσαι τἀμά. Heracl. 475 ξένοι, θράσος μοι μηδὲν ἐξόδοις ἐμαῖς | προσθῆτε· πρῶτον γὰρ τόδ' ἐξαιτήσομαι. Lys. 19, 2. Dem. 21, 58 παραιτήσομαι δ' ὑμᾶς μηδὲν ἀχθεσθῆναί μοι. 19, 1 δεήσομαι πάντων ὑμῶν, μηδεμίαν μήτε χάριν μήτ' ἄνδρα ποιεῖσθαι περὶ πλείονος ἢ τὸ δίκαιον. Ähnlich im Lateinischen *censebo*, vgl. Horat. Epist. 1, 14, 44. Demnach berührt sich das Futurum in manchen Fällen mit dem Optative in Verbindung mit ἄν. Doch wird es nie, wie dieser, als Form der bescheidenen Aussage schlechthin verwandt. Z. B. Pl. Phaed. 79, a ἀλλὰ ταῦτα μὲν δή, ἔφη, ὑπάρξει bedeutet nicht *haec igitur sic erunt* in dem Sinne von „das wird wohl, dürfte wohl so sein", ὑπάρχοι ἄν, sondern rein futurisch: „das wird sich finden" (das ist eine Frage der Zukunft).

5. Mit dem Indikative des Futurs wird der Eintritt einer Handlung als bestimmt erwartet hingestellt, die das Subjekt entweder a) aus eigener Entschliessung verrichten will, oder b) nach dem Willen eines anderen verrichten soll oder darf, oder c) vermöge seiner Beschaffenheit oder nach Lage der Verhältnisse verrichten kann oder muss. Somit berührt sich das Futur sehr nahe einerseits mit dem Konjunktiv, wie er in der ältesten Sprache erscheint, vgl. § 394, andererseits mit μέλλω c. Inf., das in ähnlicher Weise gebraucht wird, s. Anm. 4. Diese in das Gebiet der Modi hinübergreifende Bedeutung tritt besonders klar in den Nebensätzen hervor, in denen der Indikativ Futuri auch nach einer historischen Zeitform unverändert bleibt, sowie im Gebrauche des Partizips.[2])

a) I, 61 ἀλλ' ἄγ' ἐγὼν . . ἐξείπω καὶ πάντα διίξομαι ich will es heraussagen und alles durchgehen. Θ, 35. Ξ, 131. π, 79. S. Ant. 234 καὶ τὸ μηδὲν ἐξερῶ, φράσω δ' ὅμως. OR. 940 τύραννον αὐτὸν οὑπιχώριοι χθονὸς | τῆς Ἰσθμίας στήσουσιν. Eur. El. 967 τί δῆτα δρῶμεν; μητέρ' ἦ

---

1) Zur Annahme einer Tempusverschiebung (vgl. Aken, Grundz. der Lehre v. Tempus u. Modus § 20), wonach der Begriff der Zukunft, der an dem Objekte des Wollens haftete, auf das Verbum des Wollens übertragen worden wäre, liegt kein zwingender Grund vor. — 2) S. Stallbaum ad Pl. Menex. 235, d. Maetzner ad Lycurg. § 4 p. 81, § 35 p. 143 sq.

φονεύσομεν; wollen wir wirklich die Mutter morden? S. Ph. 1231 τί χρῆμα δράσεις; vgl. Eur. Andr. 1076. Alc. 262 τί πράξεις; was willst du? (Etwas anders in der namentlich bei Euripides häufigen Frage τί λέξεις; „was werde ich zu hören bekommen?" womit der Redende, nachdem die ihn aufregende Äusserung schon gefallen ist, andeutet, er traue seinen Ohren nicht und fürchte noch Schlimmeres zu hören. Med. 1310 οἴμοι τί λέξεις; ὥς μ' ἀπώλεσας, γύναι [1].) — Lycurg 133 κακοὶ οἱ τοιοῦτοι τῶν ἀνθρώπων εἰσίν, οἳ τῶν μὲν ἀγαθῶν τῶν τῆς πόλεως μεθέξουσιν, ἐν δὲ ταῖς ἀτυχίαις οὐδὲ βοηθείας ἀξιώσουσι. Dem. 8, 23 εἰ μήτε εἰσοίσετε μήτε αὐτοὶ στρατεύσεσθε μήτε τῶν κοινῶν ἀφέξεσθε . . οὐκ ἔχω τί λέγω. Th. 3, 16 ναυτικὸν παρεσκεύαζον, ὅ τι πέμψουσιν ἐς τὴν Λέσβον die sie zu schicken beabsichtigten. — A, 13 ὁ γὰρ ἦλθε θοὰς ἐπὶ νῆας Ἀχαιῶν λυσόμενός τε θύγατρα. E, 618. Pl. Gorg. 491, e δεῖ τὸν ὀρθῶς βιωσόμενον τὰς ἐπιθυμίας τὰς ἑαυτοῦ ἐᾶν κτλ.

b) χ, 28 ξεῖνε, κακῶς ἀνδρῶν τοξάζεαι· οὐκέτ' ἀέθλων | ἄλλων ἀντιάσεις· νῦν τοι σῶς αἰπὺς ὄλεθρος du wirst, sollst an keinem Wettkampfe mehr teilnehmen (wir werden es zu verhindern wissen). ξ, 510. (Vgl. τ, 92.) Φ, 60 ἀλλ' ἄγε δὴ καὶ δουρὸς ἀκωκῆς ἡμετέροιο | γεύσεται, er soll kosten. P, 449 ἀλλ' οὐ μὰν ὑμῖν γε καὶ ἅρμασι δαιδαλέοισιν | Ἕκτωρ Πριαμίδης ἐποχήσεται· οὐ γὰρ ἐάσω. Vgl. K, 330 ἴστω νῦν Ζεύς . . μὴ μὲν τοῖς ἵπποισιν ἀνὴρ ἐποχήσεται ἄλλος, wo die Negation μή den modalen Sinn noch schärfer hervorhebt. γ, 354. τ, 344. S. Ph. 982 τοῦτο μέν, | οὐδ' ἢν θέλῃ, δράσει ποτ'. Eur. M. 1320 λέγ', εἴ τι βούλει· χειρὶ δ' οὐ ψαύσεις ποτέ· | τοιόνδ' ὄχημα πατρὸς Ἥλιος πατὴρ | δίδωσιν ἡμῖν, ἔρυμα πολεμίας χερός. X. An. 1. 3, 5 οὔποτε ἐρεῖ οὐδεὶς ὡς ἐγὼ τὴν τῶν βαρβάρων φιλίαν εἱλόμην keiner soll von mir sagen. S. Ant. 726 οἱ τηλικοίδε καὶ διδαξόμεσθα δή; wir sollen uns belehren lassen? Pl. Prot. 333, c πότερον οὖν πρὸς ἐκείνους τὸν λόγον ποιήσομαι ἢ πρὸς σέ; Ar. Eccl. 746. In Verbindung mit dem deliberativen Konjunktive z. B. Eur. Jo. 758 εἴπωμεν ἢ σιγῶμεν ἢ τί δράσομεν; μ, 25 ἅμα δ' ἠοῖ φαινομένηφιν | πλεύσεσθ'· αὐτὰρ ἐγὼ δείξω ὁδόν dann mögt ihr absegeln (*per me licebit*). Z, 71. Ω, 717. S. OC. 596 πρὸς ταῦτα πράξεις οἷον ἂν θέλῃς. — S. El. 380 μέλλουσι γάρ σ' . . ἐνταῦθα πέμψειν ἔνθα μή ποθ' ἡλίου | φέγγος προσόψει schauen sollst. Aeschin. 3, 147 Δημοσθένης οὐκ ἀγαπᾷ εἰ μὴ δίκην δέδωκεν, ἀλλ' εἰ μὴ καὶ χρυσῷ στεφάνῳ στεφανωθήσεται ἀγανακτεῖ, und darauf εἰ μὴ ἀναρρηθήσεται. Vgl. 149. Isocr. 16, 49. Pl. Civ. 375, a καὶ μὴν ἀνδρεῖόν γε (δεῖ εἶναι), εἴπερ εὖ μαχεῖται. 459, e δεῖ ταῦτα πάντα γιγνόμενα λανθάνειν, εἰ ἡ ἀγέλη τῶν φυλάκων ὅτι μάλιστα ἀστασίαστος ἔσται. Phil. 62, c ἀναγκαῖον φαίνεται ἔμοιγε, εἴπερ γε ἡμῶν ὁ βίος ἔσται καὶ

---

[1]) S. Elmsley ad Eur. M. 1277 u. Pflugk ad Eur. Hec. 55, die vergleichen: Hel. 780. Hec. 511. 712. 1124. Ph. 1280. Hipp. 353. Jo. 1132.

ὁπωσοῦν ποτε βίος. Menex. 234, b ἡ βουλὴ μέλλει αἱρεῖσθαι ὅστις ἐρεῖ ἐπὶ τοῖς ἀποθανοῦσι. X. Hell. 2. 3, 2 ἔδοξε τῷ δήμῳ τριάκοντα ἄνδρας ἑλέσθαι οἳ τοὺς πατρίους νόμους συγγράψουσι καθ' οὓς πολιτεύσουσι. Lys. 16, 16 ψηφισαμένων τῶν ἀρχόντων ἀποχωρίσαι τάξεις αἵτινες βοηθήσουσι . . ἐκέλευον τὴν ἡμετέραν τάξιν πέμπειν. (ξ, 333 ὤμοσε . . ἐπαρτέας ἔμμεν ἑταίρους, | οἳ δή μιν πέμψουσι φίλην ἐς πατρίδα γαῖαν kann rein temporal gefasst werden: und die werden ihn denn nunmehr nach Hause geleiten.) X. An. 7. 3, 29 Ξενοφῶν ἠπορεῖτο τί ποιήσει. Pl. Gorg. 521, c οὐχ ἕξει ὅτι χρήσεται αὐτοῖς. — Hdt. 5, 106 Ἴωνας τοὺς δώσοντας ἐμοὶ δίκην τῶν ἐποίησαν die mir büssen sollen. Ar. P. 756 κολάκων οἰμωξομένων (vgl. κλαύσει, οἰμώξει, das soll dir übel bekommen). Ach. 865 οἱ κακῶς ἀπολούμενοι. Vgl. Eur. Heracl. 874. Cycl. 474. Pl. Menex. 236, b αἱρεῖσθαι τὸν ἐροῦντα. Th. 7, 85 ἐπὶ τοὺς τριακοσίους . . πέμψαντες τοὺς διωξομένους ξυνέλαβον. 6, 20 ὄχλος ὁ πληρώσων αὐτάς.

c) ξ, 512 ἠῶθέν γε τὰ σὰ ῥάκεα δνοπαλίξεις· | οὐ γὰρ πολλαὶ χλαῖναι morgen freilich wirst, d. i. musst du deine Lumpen tragen. K, 235 τὸν μὲν δὴ ἕταρόν γ' αἱρήσεαι ὅν κ' ἐθέλησθα nun wirst, d. i. kannst du wählen. — Pl. Civ. 372, c. d. ἄνευ ὄψου, ἔφη, ὡς ἔοικας, ποιεῖς τοὺς ἄνδρας ἑστιωμένους· Ἀληθῆ, ἦν δ' ἐγώ, λέγεις· ἐπελαθόμην ὅτι καὶ ὄψον ἕξουσιν κτλ., haben müssen. X. Comm. 2. 1, 17 οἱ εἰς τὴν βασιλικὴν τέχνην παιδευόμενοι τί διαφέρουσι τῶν ἐξ ἀνάγκης κακοπαθούντων, εἴ γε πεινήσουσι καὶ διψήσουσι καὶ ῥιγώσουσι καὶ ἀγρυπνήσουσι καὶ τἆλλα πάντα μοχθήσουσιν ἑκόντες; wenn sie freiwillig Hunger u. s. w. ertragen müssen. I, 251 φράζευ, ὅπως Δαναοῖσιν ἀλεξήσεις κακὸν ἦμαρ wie du abwehren kannst. ν, 376. Lys. 24, 6 παῖδες οὔπω εἰσὶν οἵ με θεραπεύσουσι die mich pflegen könnten. Pl. Phaed. 88, d δέομαι ἄλλου τινὸς λόγου ὅς με πείσει. X. An. 2. 4, 5 ἀγορὰν οὐδεὶς παρέξει ἡμῖν, οὐδὲ ὅθεν ἐπισιτιούμεθα. 4. 7, 20 λέγει ὅτι ἄξει αὐτοὺς εἰς χωρίον ὅθεν ὄψονται θάλατταν. 6. 3, 16 οὔτε πλοῖα ἔστιν οἷς ἀποπλευσόμεθα. 3. 1, 20 ὅτου δ' ὠνησόμεθα ᾔδειν ὀλίγους ἔχοντας. 4. 7, 27 κώμην δὲ δείξας αὐτοῖς οὗ σκηνήσουσι, καὶ τὴν ὁδὸν ἣν πορεύσονται εἰς Μάκρωνας, ᾤχετο τῆς νυκτὸς ἀπιών. — S. Ant. 260 οὐδ' ὁ κωλύσων παρῆν qui impedire posset. Th. 4, 78 πρίν τι πλέον ξυστῆναι τὸ κωλῦσον. 2, 51 οἰκίαι πολλαὶ ἐκενώθησαν ἀπορίᾳ τοῦ θεραπεύσοντος. Pl. Lach. 184, d ἔτι τοῦ διακρινοῦντος δοκεῖ μοι δεῖν ἡμῖν ἡ βουλή. X. Comm. 3. 8, 2 ἐάν τι ἐνοχλῇ ἡμᾶς, δεόμεθα τοῦ παύσοντος, s. das. Kühners Bmrk. 2. 1, 5 ὄντων πολλῶν τῶν ἀπολυσόντων τῆς τῶν ἀφροδισίων ἐπιθυμίας. An. 2. 4, 22 τὰ δ' ἐπιτήδεια ἔχοιεν ἐκ τῆς ἐν μέσῳ χώρας πολλῆς καὶ ἀγαθῆς οὔσης καὶ τῶν ἐργασομένων ἐνόντων. Antiph. 6, 4 καὶ μή ἐστιν ὁ τιμωρήσων.

Anmerk. 2. Es liegt in der Natur der Sache, dass eine scharfe Scheidung der oben bezeichneten drei Kategorieen nicht durchführbar ist; denn sie beruhen im Grunde doch nur auf der Verschiedenheit der Übersetzungen, zu denen das

Deutsche seine Zuflucht nimmt, während das Futur an sich weiter nichts besagt, als dass eine bestimmte Handlung zu erwarten steht. Ob z. B. τί δράσομεν; zu übersetzen ist: „was wollen wir thun?“ oder: „was sollen wir thun?“ oder: „was können wir thun?“ hängt von der Situation ab, in der die Frage ausgesprochen wird. Nicht anders in den Nebensätzen und im Partizip, wo das griechische Futur ebenso unbestimmt ist, wie etwa deutsche Wendungen mit um zu: sie rüsteten eine Flotte aus, um sie nach Lesbos zu schicken (vgl. die Beisp. unter a) = die sie schicken wollten; sie wählten 30 Männer, um die Gesetze zu redigieren (vgl. b) = die die Gesetze redigieren sollten; niemand war da, um Einhalt zu thun (vgl. c) = der Einhalt thun konnte.

6. Entsprechend den unter 5 b) aufgezählten Fällen erscheint das Futur im Indikativ zuweilen geradezu als höfliche Form des Befehls statt des Imperativs. Der Redende spricht damit die zuversichtliche Erwartung aus, dass der Angeredete das Verlangte thun wird. Die Negation ist οὐ, da die Aufforderung in die Form einer Behauptung gekleidet ist; nur selten wird der imperativische Sinn durch μή hervorgehoben.[1]) Pl. Prot. 338, a ὧς οὖν ποιήσετε καὶ πείθεσθέ μοι. Lycurg. 67 κολαστέον ἐστὶ τοῦτον, εἰ μέλλετε τοὺς ἄλλους πολίτας βελτίους ποιήσειν, καὶ οὐ τοῦτο λογιεῖσθε, εἰ εἷς ἐστι μόνος ὁ ἄνθρωπος, ἀλλ' εἰς τὸ πρᾶγμα, ubi v. Maetzner. Vgl. X. Cy. 1. 6, 35. Mit μή Lys. 29, 13 φανερὸν . . ποιήσετε, ὅτι . ., καὶ μηδεμίαν αὐτοῖς ἄδειαν δώσετε. Dem. 23, 117 φυλάξετε τὴν πίστιν . . καὶ μὴ βουλήσεσθε κτλ. — Bei Homer findet sich das Futur noch nicht imperativisch gebraucht: ἄξετε, οἴσετε, ὄψεσθε sind Imperative nach § 226, Anm. 2; K, 88 γνώσεαι, β, 270 ἔσσεαι, α, 277 = β, 196 τεύξουσι sind einfach futurisch zu fassen; Z, 71 συλήσετε, Ω, 717 ἄσεσθε, μ, 25 πλεύσεσθε, K, 235 αἱρήσεαι enthalten vielmehr ein Zugeständnis als eine Aufforderung,[2]) vgl. Nr. 5, b. u. c; χ, 28 ἀντιάσεις (ebenso wie Eur. M. 1320 ψαύσεις) hat nicht den Sinn eines Verbotes, sondern den einer drohenden Versicherung, vgl. Nr. 5, b.

7. Diesem gemässigten Ausdrucke eines Befehls steht die durch eine Negation und den Indikativ des Futurs in der Form einer Frage ausgedrückte Befehlsweise entgegen, in welcher das Begehrte in strengem und drohendem Tone, zuweilen mit einer gewissen ironischen Bitterkeit ausgesagt wird, als: οὐ παύσῃ λέγων; *non desines dicere?* st. *desine dicere.* S. Ant. 885 οὐκ ἄξεθ' ὡς τάχιστα; καὶ . . ἄφετε μόνην. Ph. 975 ὦ κάκιστ' ἀνδρῶν, τί δρᾷς; | οὐκ εἶ, μεθεὶς τὰ τόξα ταῦτ' ἐμοί, πάλιν; Ant. 244. Eur. Andr. 1067 οὐχ ὅσον τάχος | χωρήσεταί τις Πυθικὴν πρὸς ἑστίαν | καὶ τἀνθάδ' ὄντα τοῖς ἐκεῖ λέξει φίλοις; Ar. Lys. 459 οὐχ ἕλξετ', οὐ παιήσετ', οὐκ ἀρήξετε; | οὐ λοιδορήσετ',

[1]) Vgl. Aken Grundzüge der Lehre v. Temp. u. Mod. § 43, Anm. — [2]) Vgl. Paech, Über den Gebrauch des Indicativus futuri als modus iussivus bei Homer, Progr. v. Breslau 1865, und dazu Hentze im Philologus Bd. 27 (1868), S. 519 ff.

οὐκ ἀναισχυντήσετε; Pl. Symp. init. οὐ περιμενεῖς; (wirst du nicht warten?) ubi v. Stallb. 201, e οὐκ εὐφημήσεις; Gorg. 466, e οὔκουν ἀποδείξεις τοὺς ῥήτορας νοῦν ἔχοντας; Dem. 6, 25 οὐ φυλάξεσθ' ὅπως, ἔφην, μὴ δεσπότην εὕρητε; ubi v. Bremi. 21, 116. Wird dem Gebote noch ein Verbot hinzugefügt, so ist die Negation des letzteren μή, während das fragende οὐ beide Glieder umfasst: Eur. Hel. 473 οὐκ ἀπαλλάξει δόμων | καὶ μὴ πρὸς αὐλείοισιν ἑστηκὼς πύλαις | ὄχλον παρέξεις δεσπόταις; wirst du dich nicht entfernen und die Herrschaft unbehelligt lassen? Es ist also in die Form der Frage gekleidet, was in der Form der befehlenden Aussage lauten würde: ἀπαλλάξει καὶ μὴ ὄχλον παρέξεις du wirst dich entfernen und die Herrschaft nicht behelligen, vgl. Nr. 6. S. OR. 637 f. οὐκ εἶ σύ τ' οἴκους . . καὶ μὴ τὸ μηδὲν ἄλγος εἰς μέγ' οἴσετε gehe du ins Haus, und macht nicht eine unbedeutende Sache zu einem grossen Schmerze. Eur. Hipp. 498 f. οὐχὶ συγκλῄσεις στόμα | καὶ μὴ μεθήσεις αὖθις αἰσχίστους λόγους; vgl. Ar. Ec. 1144 f. S. Ai. 75 οὐ σῖγ' ἀνέξει μηδὲ δειλίαν ἀρεῖ; verhalte dich ruhig und sei nicht feige. Tr. 1183 οὐ θᾶσσον οἴσεις μηδ' ἀπιστήσεις ἐμοί; Pl. Symp. 175, a οὔκουν καλεῖς αὐτὸν καὶ μὴ ἀφήσεις; Bei umgekehrter Folge der Glieder treffen οὐ μή zusammen: Ar. N. 505 οὐ μὴ λαλήσεις, ἀλλ' ἀκολουθήσεις ἐμοί; wirst du nicht das Geschwätz lassen und mir folgen? R. 202. 462. 524. Eur. Ba. 792. M. 1151 οὐ μὴ δυσμενὴς ἔσει φίλοις, | παύσει δὲ θυμοῦ; Ba. 343 οὐ μὴ προσοίσεις χεῖρα, βακχεύσεις δ' ἰών, | μηδ' ἐξομόρξει μωρίαν τὴν σὴν ἐμοί; ebenso im einfachen Verbote: Ar. N. 367 οὐ μὴ ληρήσεις; lass doch das Geschwätz! Ach. 166. V. 397. Eur. Suppl. 1066 ὦ θύγατερ, οὐ μὴ μῦθον ἐπὶ πολλοὺς ἐρεῖς; Andr. 757. El. 982. Hipp. 213. 606 οὐ μὴ προσοίσεις χεῖρα μηδ' ἅψει πέπλων;

So wird auch die Frage mit οὐ und der ersten Person des Futurs bei Dichtern als Form einer Aufforderung verwendet, die der Redende an sich selbst richtet. Eur. M. 878 οὐκ ἀπαλλαχθήσομαι | θυμοῦ; Andr. 1209 οὐ σπαράξομαι κόμαν, | οὐκ ἐπιθήσομαι κάρᾳ | κτύπημα χειρὸς ὀλοόν;

Anmerk. 3. Über οὐ μὴ ποιήσεις ohne Frage s. § 516, 9, u. über die elliptische Formel ὅπως m. d. II. Pers. Fut. st. des Imper. s. d. Lehre v. d. Substantivsätzen § 552, A. Statt des Futurs mit οὐ wird bisweilen das Präsens mit οὐ gebraucht, um einen Befehl auszudrücken, und zwar nachdrücklicher als mit jenem. Pl. Lys. 203, b δεῦρο δή, ἦ δ' ὅς, εὐθὺ ἡμῶν. Οὐ παραβάλλεις; non accedis? = accede. Ar. V. 458 οὐχὶ σοῦσθ', οὐκ ἐς κόρακας; οὐκ ἄπιτε; Av. 1212 οὐ λέγεις; | σφραγῖδ' ἔχεις παρὰ τῶν πελαργῶν.

Anmerk. 4. Von dem Future ist wohl zu unterscheiden das Verb μέλλω m. d. Infinitive (μέλλω γράψαι, γράφειν, γράψειν). Das Futur drückt die Zukunft durch seine Form aus, μέλλω hingegen durch seine Bedeutung, wie βούλομαι und andere Verben. Daher bildet μέλλω wie andere Verben ausser dem Präsens auch andere Zeitformen; diese Zeitformen können ebenso wie das Präsens mit einem Infinitive verbunden werden, als: ἔμελλον, ἐμέλλησα, μελλήσω γράψαι (γράφειν, γράψειν). Es bedeutet eigentlich „ich denke“; dieses ist entweder „ich gedenke etwas zu thun“, will etwas thun, oder „ich bedenke mich etwas zu thun“, ich zögere, zaudere. Indem aber das Wollen, das an sich nur belebten Wesen zukommt, auch auf leblose Dinge übertragen wurde (wie dies ebenso z. B. mit φιλεῖν, *solere*, und bei Herodot mit ἐθέλειν geschah), schwächte sich das Wollen ab zum blossen Ausdrucke der Erwartung, dass das Subjekt etwas thun oder leiden werde: ταῦτα μέλλει συνοίσειν, es steht zu erwarten, dass dies nützen werde (dies verspricht Nutzen); und je nachdem die erwartete Handlung als durch eigenen Entschluss oder durch fremden Willen oder durch die Beschaffenheit des Subjekts und die Lage der Verhältnisse hervorgerufen erscheint, wendet das Deutsche verschiedene Übersetzungen an, vgl. 5 u. Anm. 2. — a) Ψ, 544 μέλλεις γὰρ ἀφαιρήσεσθαι ἄεθλον du gedenkst, willst. Z, 52 καὶ δή μιν τάχ' ἔμελλε θοὰς ἐπὶ νῆας 'Αχαιῶν | δώσειν ᾧ θεράποντι. S. Ant. 458 τούτων ἐγὼ οὐκ ἔμελλλον . . τὴν δίκην δώσειν. Pl. Apol. 21, b μέλλω διδάξειν. Phaedr. 271, c τὸν μέλλοντα ῥητορικὸν ἔσεσθαι ἀνάγκη εἰδέναι ψυχὴ ὅσα εἴδη ἔχει. Th. 2, 12 ἔμελλε διαλύσεσθαι. 2, 24 ὥσπερ δὴ ἔμελλον διὰ παντὸς τοῦ πολέμου φυλάξειν. τ, 94 τὸν ξεῖνον ἔμελλον εἴρεσθαι. Hdt. 6, 108 μελλόντων συνάπτειν μάχην. Th. 1, 134 μέλλοντος αὐτοῦ ἀποψύχειν als er eben den Geist aufgeben wollte, d. i. im Begriffe stand; darauf: ἐμέλλησαν ἐς τὸν Καιάδαν ἐμβάλλειν. 5, 116 μελλήσαντες στρατεύειν. X. An. 1, 81 ὁ σταθμὸς ἔνθα ἔμελλε καταλύειν *deversurus erat*. 3. 1, 8 καταλαμβάνει ἐν Σάρδεσι Πρόξενον καὶ Κῦρον μέλλοντας ἤδη ὁρμᾶν. Dem. 8, 2 τῶν λόγων οἱ πλεῖστοι περὶ ὧν Διοπείθης πράττει καὶ μέλλει ποιεῖν εἴρηνται. Pl. Prot. 312, b οἶσθα οὖν ὃ μέλλεις νῦν πράττειν . . μέλλεις τὴν ψυχὴν τὴν σαυτοῦ παρασχεῖν θεραπεῦσαι ἀνδρὶ σοφιστῇ; Th. 6, 31 ὡς ἤδη ἔμελλον μετὰ κινδύνων ἀλλήλους ἀπολιπεῖν, μᾶλλον αὐτοὺς ἐσῄει τὰ δεινά. — b) B, 36 τὰ φρονέοντ' ἀνὰ θυμόν, ἅ ῥ' οὐ τελέεσθαι ἔμελλον was sich (nach der Bestimmung des Schicksals) nicht erfüllen sollte. E, 686 οὐκ ἄρ' ἔμελλον ἔγωγε | νοστήσας οἰκόνδε . . εὐφρανέειν ἄλοχον. η, 270. Λ, 700 περὶ τρίποδος γὰρ ἔμελλον θεύσεσθαι (nach Neleus' Willen). ι, 475 οὐκ ἄρ' ἔμελλες ἀνάλκιδος ἀνδρὸς ἑταίρους | ἔδμεναι . . καὶ λίην σέ γ' ἔμελλε κιχήσεσθαι κακὰ ἔργα. X. Cy. 1. 6, 17 δεῖ γὰρ δήπου στρατιάν, εἰ μέλλει πράξειν τὰ δέοντα, μηδέποτε παύεσθαι ἢ τοῖς πολεμίοις κακὰ πορσύνουσαν ἢ ἑαυτῇ ἀγαθά. Pl. Civ. 567, b ὑπεξαιρεῖν δὴ τούτους πάντας δεῖ τὸν τύραννον, εἰ μέλλει ἄρξειν, wenn er herrschen soll. (Gleich darauf c εἴπερ ἄρξει nach Nr. 5.) Prot. 334, d σύντεμνέ μοι τὰς ἀποκρίσεις καὶ βραχυτέρας ποίει, εἰ μέλλω σοι ἕπεσθαι. 324, e πότερον ἔστι τι ἓν ἢ οὐκ ἔστιν, οὗ ἀναγκαῖον πάντας τοὺς πολίτας μετέχειν, εἴπερ μέλλει πόλις εἶναι, siquidem civitas *futura est*, wenn anders ein Staat sein soll. Civ. 614, b μέλλων θάπτεσθαι . . ἀνεβίω. 347, a μισθὸν δεῖ ὑπάρχειν τοῖς μέλλουσιν ἐθελήσειν ἄρχειν die sich entschliessen sollen. X. Cy. 6. 1, 40 τὸ δοκεῖν με ὑπὸ σοῦ μελλήσαντά τι παθεῖν ἐκπεφευγέναι. — c) γ, 146 οὐ πείσεσθαι ἔμελλεν· | οὐ γάρ τ' αἶψα θεῶν τρέπεται νόος es war nicht zu erwarten, dass sie sich besänftigen liesse, er konnte sie nicht besänftigen. X, 356. Ω, 46 μέλλει μέν πού τις καὶ φίλτερον ἄλλον ὀλέσσαι es mag wohl mancher verlieren. Σ, 362, δ, 94 μέλλετ' ἀκουέμεν ihr werdet wohl gehört haben (es lässt sich erwarten, dass ihr gehört habt). δ, 200 μέλλεις ἴδμεναι. χ, 322 πολλάκι που μέλλεις ἀρήμεναι du magst wohl oft gefleht haben. ξ, 133. Φ, 83 μέλλω που ἀπέχθεσθαι Διὶ πατρί ich muss wohl (wie ich aus meinem Schicksal schliesse) Zeus verhasst sein. δ, 377. Th. 3, 20 ἔμελλον οἱ μέν τινες ἁμαρτήσεσθαι, οἱ δὲ πλείους τεύξεσθαι τοῦ ἀληθοῦς λογισμοῦ einige mochten, konnten sich irren, aber die Mehrheit musste doch das Richtige treffen (es liess sich erwarten, dass zwar einige sich irren, die meisten aber doch das Richtige treffen würden). 1, 107 ἔμελλον κωλύσειν.

6, 29 (διαβολῆς) ἦν ἔμελλον ῥᾷον αὐτοῦ ἀπόντος ποριεῖν. X. An. 7. 7, 1 οἱ Ἕλληνες ἐσκήνησαν εἰς κώμας ὅθεν ἔμελλον πλεῖστα ἐπισιτισάμενοι ἐπὶ θάλατταν ἥξειν unde *venturi essent.* — Im allgemeinen bezeichnet der Infinitiv des Präsens nach μέλλω die unmittelbar bevorstehende Handlung (ich stehe im Begriffe, gehe damit um), der Infinitiv des Futurs die in näherer oder entfernterer Zukunft zu erwartende Handlung (ich gedenke zu, es steht zu erwarten, dass ich). Im einzelnen ist eine scharfe Grenze kaum zu ziehen. Der Infinitiv des Aorists wird nur da angewandt, wo der Begriff der momentanen Handlung, sei es in ingressivem oder in abschliessendem Sinne, in den Vordergrund tritt, vgl. ausser den oben gegebenen Beispielen Π, 47. Σ, 98. Ψ, 773. Aesch. Pr. 625. Ar. Av. 366. Th. 3, 92. 5, 30. 5, 98. Pl. Gorg. 525, a.

§ 388. g) Futurum exactum.

1. Das griechische *Futurum* exactum (im Indikative) bezeichnet eine Handlung, welche in Beziehung auf die Gegenwart des Redenden in der Zukunft vollendet ist und in ihren Wirkungen fortbesteht, es ist also das Futur des Perfekts. Die Vollendung wird wie im Perfekt und Plusquamperfekt durch die Reduplikation ausgedrückt, die Zukunft durch die Futurendung σομαι. Die griechische Sprache hat nur für das Medium, das zugleich als Passiv gebraucht wird, eine selbständige Form gebildet, für das Aktiv gebraucht sie (mit Ausnahme der wenigen Futura ex. m. aktiver Form § 229) die Umschreibung mit dem Partizipe des aktiven Perfekts und dem Futur ἔσομαι, die aber nicht sehr häufig gefunden wird, bei Homer noch garnicht. Auch findet bisweilen die Umschreibung mit dem Partizipe des medialen (passiven) Perfekts und mit ἔσομαι statt und muss stets bei den Verben gebraucht werden, welche ein Fut. ex. zu bilden nicht fähig sind (§ 190, A. 2). Φ, 322 αὐτοῦ οἱ καὶ σῆμα τετεύξεται, wird bereitet sein und bleiben. Ω, 742 ἐμοὶ . . λελείψεται ἄλγεα λυγρά. Hs. op. 177 καὶ τοῖσι μεμίξεται ἐσθλὰ κακοῖσιν. S. Ph. 1276 μάτην γάρ, ἂν εἴπῃς γε, πάντ' εἰρήσεται. Ai. 577 τὰ δ' ἄλλα τεύχη κοίν' ἐμοὶ τεθάψεται, sollen begraben sein u. bleiben; über das sollen s. § 387, 5. Ibid. 1141 erwidert Teukros auf die Worte des Menelaos „τόνδ' ἐστὶν οὐχὶ θαπτέον“ Ἀλλ' ἀντακούσῃ τοῦτον ὡς τεθάψεται, dass er begraben sein und bleiben wird. Eur. Or. 271 βεβλήσεταί τις θεῶν βροτησίᾳ χερί, | εἰ μὴ 'ξαμείψει χωρὶς ὀμμάτων ἐμῶν. Bacch. 1313 νῦν δ' ἐκ δόμων ἄτιμος ἐκβεβλήσομαι, verstossen sein und bleiben. Ar. eq. 1370 f. ὁπλίτης ἐντεθεὶς ἐν καταλόγῳ | οὐδεὶς . . . μετεγγραφήσεται, | ἀλλ' ὥσπερ ἦν τὸ πρῶτον ἐγγεγράψεται. id. N. 1436 ἢν δὲ μὴ γένηται, | μάτην ἐμοὶ κεκλαύσεται, σὺ δ' ἐγχανὼν τεθνήξεις, so werden meine Thränen vergebens vergossen und du tot sein. Lys. 1071 ἡ θύρα κεκλείσεται. Th. 2, 64 ἧς (δυνάμεως) ἐς ἀΐδιον τοῖς ἐπιγιγνομένοις μνήμη καταλελείψεται. X. Hell. 5. 1, 14

ἡ θύρα ἀνέῳκτο μὲν πρόσθεν, ἀνεῴξεται δὲ καὶ νῦν. Cy. 7. 2, 13 ἣν (τὴν πόλιν) διαρπάσῃς, καὶ αἱ τέχναι σοι, ἃς πηγάς φασι τῶν καλῶν εἶναι, διεφθαρμέναι ἔσονται. An. 2. 4, 5 φίλος ἡμῖν οὐδεὶς λελείψεται. 3. 2, 31 οἱ πολέμιοι πλεῖστον ἐψευσμένοι ἔσονται. Cy. 4. 3, 18 τὸν ἐναντίον ἀνατρέψω τῇ τοῦ ἵππου ῥύμῃ, ἀλλ' οὐ συμπεφυκὼς δεδήσομαι, ὥσπερ οἱ ἱπποκένταυροι. Pl. Civ. 361, e μαστιγώσεται, στρεβλώσεται, δεδήσεται (wird in Banden liegen), ἐκκαυθήσεται τὠφθαλμώ. 506, a ἡ πολιτεία τελέως κεκοσμήσεται, ἐὰν ὁ τοιοῦτος αὐτὴν ἐπισκοπῇ φύλαξ ὁ τούτων ἐπιστήμων. 465, a πρεσβυτέρῳ νεωτέρων πάντων ἄρχειν τε καὶ κολάζειν προστετάξεται. Gorg. 506, c οὐκ ἀχθεσθήσομαί σοι, ἀλλὰ μέγιστος εὐεργέτης παρ' ἐμοὶ ἀναγεγράψει, du wirst in der Liste meiner Wohlthäter stehen. Prot. 338, b ὁ ὅμοιος ἡμῖν ὅμοια καὶ ποιήσει, ὥστε ἐκ περιττοῦ ᾑρήσεται, so dass er überflüssig gewählt sein wird. Lys. 31, 24 δεινὸν ἔμοιγε δοκεῖ εἶναι, εἰ ἐξ ὧν μὲν ἤδη ἡμάρτηκε μηδέποτε τιμωρηθήσεται, ἐξ ὧν δὲ μέλλει εὖ ποιήσειν ἤδη τετιμήσεται, in Ehren stehen soll. Dem. 4, 50 τὰ δέοντα ἐσόμεθα ἐγνωκότες καὶ λόγων ματαίων ἀπηλλαγμένοι. So auch in den übrigen Formen. Th. 5, 71 νομίζων τῷ θ' ἑαυτῶν δεξιῷ ἔτι περιουσίαν ἔσεσθαι, καὶ τὸ κατὰ τοὺς Μαντινέας βεβαιότερον τετάξεσθαι, werde gestellt sein, stehen. X. Hell. 7. 5, 18 ἐνθυμούμενος, ὅτι, εἰ καταλείψοι ἐρήμους, οἷς ἦλθε σύμμαχος, ἐκεῖνοι πολιορκήσοιντο ὑπὸ τῶν ἀντιπάλων, αὐτὸς δὲ λελυμασμένος τῇ ἑαυτοῦ δόξῃ ἔσοιτο. — Das *Fut. ex.* derjenigen Verben, deren Perfekte wir durch Präsentien übersetzen (§ 384, 3), wird durch das einfache Futur übersetzt, als: μέμνημαι, ich habe mich erinnert und bin nun eingedenk, μεμνήσομαι, ich werde eingedenk sein, κέκτημαι, habe mir erworben und besitze nun, κεκτήσομαι, ich werde besitzen, κεκλήσομαι, werde heissen, ἑστήξω, *stabo*, u. s. w. So entspricht E, 238 das intensive Fut. ex. δεδέξομαι dem intensiven Perfekt δέδεξο E, 228.

2. Wie das Perfekt (§ 384, 5), so wird auch das *Fut. ex.* mit Nachdruck statt des einfachen Futurs gebraucht. Der Erfolg der zukünftigen Handlung wird als gewiss eintretend bezeichnet. Θ, 286 σοὶ δ' ἐγὼ ἐξερέω, ὡς καὶ τετελεσμένον ἔσται, vgl. B. 257. Ψ, 410. Ar. Pl. 1027 φράζε, καὶ πεπράξεται. S. Ant. 91 οὐκοῦν, ὅταν δὴ μὴ σθένω, πεπαύσομαι, wird es zu Ende sein. Tr. 587 μεμηχάνηται τοὔργον, εἴ τι μὴ δοκῶ | πράσσειν μάταιον· εἰ δὲ μή, πεπαύσομαι. (Vgl. Ph. 1280 εἰ δὲ μή τι πρὸς καιρὸν λέγων | κυρῶ, πέπαυμαι). Antiph. 5, 75 τάχ' ἂν σφαλείην, ἃ ἐκεῖνος ὀρθῶς ἔργῳ ἔπραξεν, ταῦτ' ἐγὼ λόγῳ μὴ ὀρθῶς εἰπών· ὅμως δ' οὖν κεκινδυνεύσεται, gleichwohl soll es gewagt sein. „*F. ex.* bene convenit in hominem iam, omni dubitatione exuta, rem aggredientem“ Maetzner p. 235. Th. 7, 14 εἰ προσγενήσεταί τι ἔτι τοῖς πολεμίοις, διαπεπολεμήσεται αὐτοῖς ἀμαχεί werden sie mit dem Kriege ohne Schwertstreich fertig sein. X. An. 7. 6, 36 ἢν ποιή-

σητε, ἃ λέγετε, ἴστε, ὅτι ἄνδρα κατακεκανότες ἔσεσθε πολλὰ πρὸ ὑμῶν κινδυνεύσαντα. Pl. Gorg. 469, d (von einem Tyrannen) ἐὰν ἐμοὶ δόξῃ τινὰ τουτωνὶ τῶν ἀνθρώπων ὧν σὺ ὁρᾷς αὐτίκα μάλα δεῖν τεθνάναι, τεθνήξει οὗτος, ὃν ἂν δόξῃ· κἂν τινα δόξῃ μοι τῆς κεφαλῆς αὐτῶν κατεαγέναι δεῖν, κατεαγὼς ἔσται αὐτίκα μάλα, κἂν θοἰμάτιον διεσχίσθαι, διεσχισμένον ἔσται. Das rasche Eintreten der Handlung wird durch αὐτίκα ausgedrückt; in dem *F. ex.* an sich liegt dieser Begriff nicht. Ar. V. 179 πεπράσει τήμερον (vgl. X. Hell. 6. 2, 15 ἐκήρυξεν ὁ Μνάσιππος πεπρᾶσθαι ὅστις αὐτομολοίη). Ar. N. 1125 ἡνίκ' ἂν γὰρ αἵ τ' ἐλᾶαι βλαστάνωσ' αἵ τ' ἄμπελοι, | ἀποκεκόψονται. R. 1223 νυνὶ γὰρ αὐτοῦ τοῦτό γ' ἐκκεκόψεται. X. An. 7. 1, 36 ἐκήρυξεν ὃς ἂν ἁλῷ ὅτι πεπράσεται. So auch in den übrigen Formen. X. An. 1. 5, 16 εἴ τινα ἀλλήλοις μάχην συνάψετε, νομίζετε ἐν τῇδε τῇ ἡμέρᾳ ἐμὲ κατακεκόψεσθαι. Hell. 7. 2, 20 τοῦτο χρὴ εὖ εἰδέναι, ὅτι, ἐὰν ταῦτα πράξῃς, τοῖς μὲν πολεμίοις ἐπιτετειχικὼς ἔσῃ („locum contra hostes munitum habebis" Br.), φιλίαν δὲ πόλιν διασεσωκώς, εὐκλεέστατος δὲ ἔσῃ.

Anmerk. 1. Die alten Grammatiker[1]) erklärten die Formen δεδήσομαι, κεκόψομαι, πεπαύσομαι, πεπράσομαι für die gutattischen gegenüber den „hellenischen" Formen δεθήσομαι, κοπήσομαι u. s. w. Allerdings begegnen uns die erstgenannten Formen bei den Klassikern häufiger als die entsprechenden einfachen Futura (s. § 343); aber nirgends sind sie den letzteren gleichbedeutend, sondern sie heben überall den Begriff des zukünftigen Zustandes mit Nachdruck hervor. Vgl. die oben angeführten Beispiele.

Anmerk. 2. Das blosse Vollendetsein in der Zukunft ohne den Nebenbegriff des dadurch hervorgerufenen Zustandes, das im Lateinischen durch das *Fut. ex.* ausgedrückt wird, kann die griechische Sprache nicht bezeichnen. Der Fall, dass das blosse Vollendetsein in der Zukunft ausgedrückt werden soll, findet am häufigsten bei den konditionalen Nebensätzen statt, welche durch die mit ἄν verbundenen Konjunktionen oder Relativpronomen, als: ἐάν, ἐπάν, ἐπειδάν, ὅταν, πρὶν ἄν, ἔστ' ἄν, ὃς ἄν u. s. w., eingeleitet werden. Der Grieche gebraucht hier den Konjunktiv des Aorists, als: ἐὰν τοῦτο λέξῃς, ἁμαρτήσῃ, si hoc *dixeris*. Der griechische Ausdruck entbehrt in diesem Falle der Schärfe, die im Lateinischen durch das F. ex. ausgedrückt wird; denn er sagt weiter nichts als „wenn du dieses sagst". Ebenso mangelhaft ist der Gebrauch des Aorists im Indikative in Hauptsätzen, wo der Lateiner sein *F. ex.* anwendet, wie κ, 327 οὐδὲ γὰρ οὐδέ τις ἄλλος ἀνὴρ τάδε φάρμακ' ἀνέτλη, ὅς κε πίῃ, lat. *toleraverit*; denn der griechische Ausdruck sagt nur „ertrug". Dem lateinischen *Fut. ex.* entspricht am meisten die, jedoch nur selten vorkommende, Umschreibung mit dem Partizipe des Aorists und dem Future ἔσομαι: ποιήσας ἔσομαι, *fecero*, obwohl der griechische Ausdruck mehr einen Zustand ausdrückt. S. Ant. 1067 κάτισθι μὴ πολλοὺς ἔτι | τροχοὺς ἁμιλλητῆρας ἡλίου τελῶν, | ἐν οἶσι τῶν σῶν αὐτὸς ἐκ σπλάγχνων ἕνα | νέκυν νεκρῶν ἀμοιβὸν ἀντιδοὺς ἔσει, *reddideris*. Οὐ τὸ δεύτερον διαφυγὼν ἔσομαι nach Hdt. 7, 194 τότε δὲ ἐς τοὺς Ἕλληνας καταπλώσας ἔμελλε οὐ τὸ δεύτερον διαφυγὼν ἔσεσθαι.

---

1) Z. B. Moeris p. 294. Vgl. Mehlhorn Ztschr. für d. Altertumsw. 1837 S. 1210 f. Schmalfeld a. a. O. S. 123 f.

§ 389. Konjunktiv, Optativ, Imperativ, Infinitiv und Partizip der Zeitformen.

1. Wir haben bis jetzt nur die Indikative der Zeitformen betrachtet, weil genau genommen sie allein als wirkliche Tempora bezeichnet werden können. Wir haben gesehen, dass die Indikative zweierlei zum Ausdruck bringen: einmal die Aktionsart oder Beschaffenheit der Handlung (momentan, durativ, vollendet), und sodann die Zeitstufe (Gegenwart, Vergangenheit, Zukunft vom Standpunkte des Redenden aus). Wir wenden uns nun zu den übrigen Formen.

2. Die Konjunktive, Optative und Imperative schliessen sich nur hinsichtlich der Aktionsart den entsprechenden Indikativen an. Hinsichtlich der Zeitstufe dagegen sind sie von ihren Indikativen unabhängig. Sie deuten dieselbe, wo sie in selbständigen Sätzen erscheinen, nur insoweit an, als sie sich aus der modalen Bedeutung ergiebt (s. die Lehre von den Modis): beim Konjunktiv und Imperativ aller Zeitformen ist, da der erstere etwas Erwartetes oder Gewolltes, der letztere etwas Befohlenes bezeichnet, die Beziehung auf die Vergangenheit ausgeschlossen, während der Optativ als Modus der Vorstellung und des Wunsches sich ebensowohl auf die Vergangenheit, wie auf die Gegenwart und Zukunft beziehen kann. In Nebensätzen wird dem Konjunktiv und Optativ die Zeitstufe lediglich durch das Verbum des übergeordneten Satzes zugewiesen: ἀπορῶ, τί χρήσωμαι τῷ πράγματι — ἠπόρουν, τί χρήσωμαι — ἀπορήσω, τί χρήσωμαι.

3. Der Infinitiv und das Partizip, welche nie einen selbständigen Satz bilden, sondern nur abhängige Teile eines Satzes sind, bezeichnen ebenfalls nicht die Zeitstufe, sondern nur die Beschaffenheit des durch sie ausgedrückten Verbalbegriffes; die Zeitstufe selbst aber, in die sie fallen, wird durch die Zeitform des übergeordneten Verbums ausgedrückt. Daher kann jeder Infinitiv und jedes Partizip mit jeder Zeitform des Verbi finiti verbunden werden, als: βούλομαι λέγειν, ἠβουλόμην λέγειν, βουλήσεται λέγειν, γελῶν λέγει, γελῶν ἔλεγε, γελῶν λέξει; λέγει γεγραφέναι (γράψαι), ἔλεξε γεγραφέναι (γράψαι), λέξει γεγραφέναι (γράψαι), γεγραφὼς (γράψας) λέγει, γεγραφὼς (γράψας) ἔλεξε, γεγραφὼς (γράψας) λέξει u. s. w.

Anmerk. 1. Über einzelne Fälle, in denen die Zeitbestimmung des Infinitivs und des Partizips nicht von dem regierenden Verb ausgeht, sondern von dem Standpunkte des Redenden, s. Anm. 5 u. Anm. 9.

4. Dass das Griechische die sogenannte relative Zeit, d. i. das zeitliche Verhältnis der Nebenhandlung zur Haupthandlung (Gleichzeitigkeit, Vorzeitigkeit, Nachzeitigkeit) im allgemeinen unberücksichtigt lässt, ist bei Besprechung der Indikative wiederholt

hervorgehoben worden, vgl. § 383, 4. § 385, 2. § 386, 14. So enthalten denn auch die Modi und die nominalen Formen des Präsens-, Aorist- und Perfektstammes an sich keine Andeutung darüber, ob die durch sie bezeichnete Handlung der Haupthandlung gleichzeitig ist oder ihr vorausgeht oder auf sie folgt. Welches von diesen Verhältnissen stattfindet, ergiebt sich nur aus der jeweiligen Situation in Verbindung mit der durch den Tempusstamm bezeichneten Aktionsart. Z. B. Ψ, 855 ὃς μέν κε βάλῃ τρήρωνα πέλειαν, | πάντας ἀειράμενος πελέκεας οἰκόνδε φερέσθω ist hinsichtlich der relativen Zeit ebenso unbestimmt wie das deutsche „wer die Taube trifft", während das Lateinische die Vorzeitigkeit durch das *Futurum exactum* zum Ausdrucke bringt. Γ, 233 πολλάκι μιν ξείνισσεν ἀρηίφιλος Μενέλαος | οἴκῳ ἐν ἡμετέρῳ, ὁπότε Κρήτηθεν ἵκοιτο „wenn er kam", lat. *cum venerat*. δ, 254 ὤμοσα καρτερὸν ὅρκον | μὴ μὲν πρὶν Ὀδυσῆα μετὰ Τρώεσσ' ἀναφῆναι, Nachzeitigkeit: *prodituram esse*. Α, 397 ἔφησθα κελαινεφέι Κρονίωνι | οἴη ἐν ἀθανάτοισιν ἀεικέα λοιγὸν ἀμῦναι, Vorzeitigkeit: *defendisse*. Λ, 326 ὣς εἰπὼν προΐει (Vorzeitigkeit). X. Cy. 1. 4, 13 καλῶς ἐποίησας προειπών (Gleichzeitigkeit).

Anmerk. 2. Über scheinbare Ausnahmen von dieser Regel s. Anmerk. 3, 4, 6 u. 8.

5. Eine gesonderte Stellung nehmen der Optativ und die nominalen Formen des Futurums ein, die immer eine im Verhältnis zur Haupthandlung zukünftige Handlung bezeichnen, zugleich aber in viel beschränkterem Umfange verwandt werden als die Formen der übrigen Tempusstämme.

a) Der Optativ des Futurs erscheint nur in indirekter Rede nach historischen Zeitformen, entsprechend dem Indikative des Futurs in der direkten Rede: Hdt. 9, 38 συνεβούλευσε Μαρδονίῳ τὰς ἐκβολὰς φυλάξαι, λέγων ὡς ἐπιρρέουσι οἱ Ἕλληνες καὶ ὡς ἀπολάμψοιτο συχνούς. Th. 2, 80 λέγοντες ὅτι καὶ Κεφαλληνίας κρατήσουσι καὶ ὁ περίπλους οὐκέτι ἔσοιτο Ἀθηναίοις. Oft bei Xen., z. B. Cy. 3. 1, 3 εἰ δέ τινα φεύγοντα λήψοιτο, προηγόρευεν, ὅτι ὡς πολεμίῳ χρήσοιτο. 4. 1, 24 προσετίθει ὅτι αὐτός γε οὐκ ἀπολείψοιτο. An. 4. 1, 25 ἔφη εἶναι ἄκρον ὃ εἰ μή τις προκαταλήψοιτο ἀδύνατον ἔσεσθαι παρελθεῖν. 7. 1, 33 ἔλεγεν ὅτι ἕτοιμος εἴη ἡγεῖσθαι αὐτοῖς εἰς τὸ Δέλτα καλούμενον, ἔνθα πολλὰ καὶ ἀγαθὰ λήψοιντο. Cy. 8. 1, 43 ἐπεμελεῖτο ὅπως μήτε ἄσιτοι μήτε ἄποτοί ποτε ἔσοιντο. Dem. 57, 16 οὐκ ἠγνόει Εὐβουλίδης ὅτι, εἰ λόγος ἀποδοθήσοιτο καὶ παραγένοιντό μοι πάντες οἱ δημόται, οὐδαμοῦ γενήσονται. S. Ant. 414 ἐγερτὶ κινῶν ἄνδρ' ἐπιρρόθοις | κακοῖσιν, εἴ τις τοῦδ' ἀκηδήσοι πόνου. Ph. 376 εἰ τἀμὰ κεῖνος ὅπλ' ἀφαιρήσοιτό με. OR. 1271 αὐδῶν τοιαῦθ'· ὁθούνεκ' (= ὅτι) οὐκ ὄψοιντό νιν. **Der Optativ des Futurs findet sich bei Homer noch nicht, ist also als eine jüngere Analogiebildung zu betrachten, die sich erst**

entwickelte, als in der indirekten Rede neben der objektiven Darstellungsweise (Beibehaltung der ursprünglichen Form) eine subjektive Darstellungsweise (der sogen. *optativus obliquus*) weitere Ausbreitung gewonnen hatte.

b) Ebenso dient der Infinitiv des Futurs fast ausschliesslich zum Ausdrucke einer futurischen Aussage oder Meinung in abhängiger Rede, entsprechend dem Indikativ des Futurs in der direkten Rede. π, 24 οὔ σ' ἔτ' ἔγωγε | ὄψεσθαι ἐφάμην, ἐπεὶ ᾤχεο νηὶ Πυλόνδε. M, 66 ὅθι τρώσεσθαι ὀίω. 261 ἔλποντο δὲ τεῖχος Ἀχαιῶν ῥήξειν. N, 368 τῷ δ' ὁ γέρων Πρίαμος ὑπό τ' ἔσχετο καὶ κατένευσεν δωσέμεναι. ε, 178 μέγαν ὅρκον ὀμόσσαι | μή τί μοι αὐτῷ πῆμα κακὸν βουλευσέμεν ἄλλο. Z, 338 δοκέει δέ μοι ὧδε καὶ αὐτῷ | λώιον ἔσσεσθαι. Hdt. 6, 12 πολλοὶ ἐπίδοξοι τὠυτὸ τοῦτο πείσεσθαί εἰσι. Nach Analogie der Verba des Versprechens zuweilen auch bei sich erbieten: X. An. 2. 1, 4 ἐπαγγελλόμεθα δὲ Ἀριαίῳ, ἐὰν ἐνθάδε ἔλθῃ, εἰς τὸν θρόνον τὸν βασίλειον καθιεῖν. Th. 2, 29 τὸν ἐπὶ Θρᾴκης πόλεμον ὑπεδέχετο καταλύσειν. 3, 36 παρεχόμενον (anbietend) ἀπάξειν Πελοποννησίους; sowie bei ἀναβάλλεσθαι aufschieben: Hdt. 5, 49 ἀναβάλλομαί τοι ἐς τρίτην ἡμέρην ὑποκρινέεσθαι. 6, 86, β ἀναβάλλομαι κυρώσειν. Dem. 3, 9 ἀναβάλλεται ποιήσειν τὰ δέοντα (Blass schreibt ποιῆσαι). Wenn der Infinitiv des Futurs auch nach einigen Verben des Wollens und Strebens erscheint, wie μέμονα, μέμαα ep., μέλλω (vgl. § 387, Anm. 4), διανοοῦμαι, so erklärt sich dies daraus, dass diese Verben ursprünglich die Bedeutung des Denkens oder Meinens hatten, aus der sich erst später die Modifikation „ich gedenke, bin gesonnen etw. zu thun“ entwickelt hat (vgl. *cogito* ich denke und ich gedenke.)[1]) Der Übergang zeigt sich deutlich in Beispielen wie A, 170 οὐδέ σ' ὀίω | ἐνθάδ' ἄτιμος ἐὼν ἄφενος καὶ πλοῦτον ἀφύξειν ich denke nicht, dass ich dir Schätze aufhäufen werde, d. i. ich bin nicht gesonnen aufzuhäufen. H, 36 πῶς μέμονας πόλεμον καταπαυσέμεν ἀνδρῶν; wie denkst du, dass du dem Kampfe ein Ende machen wirst, d. i. wie gedenkst du ein Ende zu machen? Ξ, 88 μέμονας Τρώων πόλιν εὐρυάγυιαν | καλλείψειν; vgl. Φ, 481. M, 197 μέμασαν δὲ μάλιστα | τεῖχός τε ῥήξειν καὶ ἐνιπρήσειν πυρὶ νῆας. Analog φ, 399 ἦ ὅ γ' ἐφορμᾶται ποιησέμεν. Hdt. 7, 206 u. 207 οὕτω διενένωντο ποιήσειν sie gedachten so zu handeln. Th. 4, 115 πῦρ ἐνήσειν διενοοῦντο. 4, 121 πόλεμον διενοοῦντο προθύμως οἴσειν. 7, 56 τὸ στόμα αὐτοῦ (τοῦ λιμένος) διενοοῦντο κλῄσειν. 8, 55 διενοοῦντο βοηθήσειν. 8, 74 διανοοῦνται εἵρξειν. 4, 52. Hdt. 1, 10 ἐν νόῳ ἔχουσα τίσεσθαι sie hatte im Sinne, dass sie strafen würde, gedachte zu strafen. 1, 86 ἐν νόῳ ἔχων . . καταγιεῖν. 8, 7 ἐν νόῳ ἔχοντες τοῖσι Ἕλλησι ἐπιθήσεσθαι.

[1]) Vgl. Forssmann, de infinitivi usu Thucydideo, in Curtius Studien VI p. 35 ff.

8, 8 ἐν νόῳ εἶχε αὐτομολήσειν. 9, 93. 1, 80 ἐπεῖχε ἐλλάμψεσθαι er gedachte zu glänzen. Auffälliger ist es, wenn der Infinitiv des Futurs sich nach Verben findet, denen ausschliesslich der Begriff des Wollens oder Könnens zukommt: Th. 6, 57 ἐβούλοντο προτιμωρήσεσθαι. 6, 6 ἐφιέμενοι ἄρξειν. Aeschin. 3, 152 ἐπιχειρήσειν ἐθελήσεις. Dem. 8, 14 βοηθήσειν ἀξιώσειν. Th. 2, 29 πείσειν πέμψειν. 1, 27 ἐδεήθησαν ξυμπροπέμψειν. 3, 28 ἀποκωλύσειν δυνατοὶ ὄντες. X. oec. 12, 12 ἀδύνατοι ἐπιμελεῖς ἔσεσθαι. S. Ph. 1394 πείσειν δυνησόμεσθα. Man hat gemeint, der Schriftsteller wolle hier durch das Futurum andeuten, dass der Eintritt der Handlung erst für eine spätere Zukunft oder bedingungsweise erwartet wurde [1]), etwa wie bei μέλλω *c. Inf. Fut.* (§ 387, Anm. 4) und bei διανοοῦμαι (s. o.). Allein die Beispiele finden sich in verschwindend geringer Zahl und bei den verschiedensten Schriftstellern verstreut, so dass der Verdacht von Textverderbnissen begründet erscheint. [2])

c) Das Partizip des Futurs wird vorwiegend modal verwandt zur Bezeichnung einer Handlung, deren Eintreten sich vermöge der Absicht, Bestimmung oder Beschaffenheit des Subjekts erwarten lässt, vgl. § 387, 5. Rein temporal, eine zukünftige Handlung bezeichnend, erscheint es nach den Verben der Wahrnehmung (§ 482), entsprechend einem Satze mit ὅτι, ὡς und dem Indikativ des Futurs, und in Fällen wie A, 70 ὃς ᾔδη τά τ' ἐόντα τά τ' ἐσσόμενα πρό τ' ἐόντα. Th. 1, 138 τῶν μελλόντων ἐπὶ πλεῖστον τοῦ γενησομένου ἄριστος εἰκαστής. 7, 56 τὸν ὕστερον ἐπενεχθησόμενον πόλεμον. Dem. 21, 30 νόμους ἔθεσθε πρὸ τῶν ἀδικημάτων ἐπ' ἀδήλοις τοῖς ἀδικήσουσιν.

6. Nach dem oben (Nr. 2 und 3) Bemerkten bringen die Modi und die nominalen Formen des Präsens, des Aorists und des Perfekts an sich keinerlei Zeitverhältnis, sondern nur die Beschaffenheit der Handlung zum Ausdrucke. Die Formen des Präsens werden angewandt, wenn der Redende die Handlung in ihrer Entwickelung, ihrem Verlaufe, der Art ihrer Ausführung anschaut, während der Abschluss ausser Betracht bleibt; die Formen des Aorists, wenn das Hauptgewicht auf dem Eintritte und Abschlusse der Handlung ruht, nicht auf ihrem Verlaufe; die Formen des Perfekts, wenn der vollendete Zustand hervorgehoben werden soll. Auf diese Weise stehen einander gegenüber:

A) Der Konjunktiv des Aorists α) dem Konjunktive des Präsens. M, 278 ὥς τε νιφάδες χιόνος πίπτωσι θαμειαὶ . . . ὣς τῶν ἀμφοτέρωσε λίθοι πωτῶντο θαμειαί (nicht das Auffallen der Schneeflocken auf die Erde kommt in Betracht, sondern das Wirbeln in der Luft).

---

[1]) Classen zu Th. 6, 6. — [2]) Vgl. Stahl, Quaestiones gramm. p. 8 f.

θ, 524 ὡς δὲ γυνὴ κλαίῃσι φίλον πόσιν ἀμφιπεσοῦσα, | ὅς τε ἑῆς πρόσθεν πόλιος λαῶν τε πέσῃσιν . . . ὣς Ὀδυσεὺς ἐλεεινὸν ὑπ' ὀφρύσι δάκρυον εἶβεν. Z, 454 ὅτε κέν τις Ἀχαιῶν χαλκοχιτώνων | δακρυόεσσαν ἄγηται mit sich fortschleppt. B, 231 ὅν κεν ἐγὼ δήσας ἀγάγω hierherbringe. Φ, 554 εἰ μέν κεν ὑπὸ κρατεροῦ Ἀχιλῆος | φεύγω . . αἱρήσει με. ξ, 183 ἀλλ' ἤ τοι κεῖνον μὲν ἐάσομεν, ἤ κεν ἁλώῃ, | ἦ κε φύγῃ καί κέν οἱ ὑπέρσχῃ χεῖρα Κρονίων. Th. 1, 82 καὶ τὰ αὑτῶν ἅμα ἐκποριζώμεθα wir wollen inzwischen unsere Hilfsmittel entfalten. 83 πορισώμεθα οὖν πρῶτον αὐτήν (τὴν δαπάνην) die Mittel schaffen. Isocr. 4, 138 σφόδρα χρὴ δεδιέναι τὸν καιρὸν ἐκεῖνον, ὅταν τὰ μὲν τῶν βαρβάρων καταστῇ καὶ διὰ μιᾶς γένηται γνώμης, ἡμεῖς δὲ πρὸς ἀλλήλους ὥσπερ νῦν πολεμικῶς ἔχωμεν. Lys. 12, 41 πολλάκις ἐθαύμασα . . πλὴν ὅταν ἐνθυμηθῶ. X. Comm. 1. 2, 36 μηδὲ σὺ διαλέγου νεωτέροις τριάκοντα ἐτῶν. Μηδ' ἐάν τι ὠνῶμαι, ἔφη, ἢν πωλῇ νεώτερος τριάκοντα ἐτῶν, ἔρωμαι ὁπόσου πωλεῖ; . . Μηδ' ἀποκρίνωμαι οὖν, ἔφη, ἄν τις με ἐρωτᾷ νέος; Dem. 21, 40 μὴ τοίνυν ἐᾶτε ταῦτ' αὐτὸν λέγειν μηδ', ἂν βιάζηται, πείθεσθ' ὡς δίκαιόν τι λέγοντι. 4, 18 ἵν' ἢ διὰ τὸν φόβον ἡσυχίαν ἔχῃ (ὁ Φίλιππος) ἢ παριδὼν ταῦτα ἀφύλακτος ληφθῇ. 21, 129 φοβοῦμαι μὴ ἐπειδὰν πολλὰ καὶ δεινὰ ἑτέρους ἀκούηθ' ὑπ' αὐτοῦ πεπονθότας, τοιοῦτός τις ὑμῖν λογισμὸς ἐμπέσῃ. 21, 16 ἱερὰν ἔγωγε νομίζω πᾶσαν (ἐσθῆτα) ὅσην ἄν τις ἕνεκα τῆς ἑορτῆς παρασκευάζηται mit deren Anfertigung man beschäftigt ist, ἕως ἂν χρησθῇ bis sie ihren Zweck erfüllt hat. — β) dem Konjunktiv des Perfekts. Z, 448 ἔσσεται ἦμαρ ὅτ' ἄν ποτ' ὀλώλῃ Ἴλιος ἱρή. Th. 8, 74 ἵνα, ἢν μὴ ὑπακούωσι, τεθνήκωσι, damit sie des Todes seien; ἵνα ἀποθάνωσι würde heissen: damit sie getötet werden. Pl. civ. 376, a ὃν ἂν γνώριμον (κύων) ἴδῃ, ἀσπάζεται, κἂν μηδὲν πώποτε ὑπ' αὐτοῦ ἀγαθὸν πεπόνθῃ, etiamsi nunquam beneficium ab eo *acceptum habebit*. Isocr. 3, 49 ἀπέχεσθε τῶν ἀλλοτρίων, ἵν' ἀσφαλέστερον τοὺς οἴκους τοὺς ὑμετέρους αὐτῶν κεκτῆσθε, damit ihr habet (§ 384, 3).

B) Der Optativ des Aorists α) dem Optative des Präsens. α, 45 ὡς ἀπόλοιτο καὶ ἄλλος, ὅτις τοιαῦτά γε ῥέζοι. E, 672 (μερμήριξε) ἢ προτέρω Διὸς υἱὸν ἐριγδούποιο διώκοι, | ἦ ὅ γε τῶν πλεόνων Λυκίων ἀπὸ θυμὸν ἕλοιτο. Π, 713 δίζε γάρ, ἠὲ μάχοιτο . ., ἢ λαοὺς ἐς τεῖχος ὁμοκλήσειεν ἀλῆναι. ν, 42 ἀμύμονα δ' οἴκοι ἄκοιτιν | νοστήσας εὕροιμι σὺν ἀρτεμέεσσι φίλοισιν· ὑμεῖς δ' αὖθι μένοντες εὐφραίνοιτε γυναῖκας. Δ 541 ἄγοι δέ ἑ Παλλὰς Ἀθήνη (geleiten). φ, 201 ὡς ἔλθοι μὲν κεῖνος ἀνήρ, ἀγάγοι δέ ἑ δαίμων (hierher käme, hierher brächte). Δ, 347 νῦν δὲ φίλως χ' ὁρόῳτε (zuschauen). Z, 284 εἰ κεῖνόν γε ἴδοιμι (erblicken). Th. 1, 25 ἐπήροντο εἰ παραδοῖεν Κορινθίοις τὴν πόλιν καὶ τιμωρίαν τινὰ πειρῷντο ἀπ' αὐτῶν ποιεῖσθαι. X. Cy. 1. 4, 7 φύλακας συμπέμπει, ὅπως ἀπὸ τῶν δυσχωριῶν φυλάττοιεν αὐτὸν καὶ εἴ τῶν ἀγρίων τι φανείη θηρίων. Pl. Phaedr. 279, b ὦ φίλε Πάν τε καὶ ἄλλοι ὅσοι τῇδε θεοί, δοῖτέ μοι καλῷ γενέσθαι . . πλούσιον δὲ νομίζοιμι τὸν σοφόν. Lycurg. 66 εἴ τις ἕνα νόμον ἐξαλείψειεν, εἶτ' ἀπολογοῖτο ὡς οὐδὲν παρὰ τοῦτον τῇ πόλει ἐστίν, ἆρ' οὐκ ἂν ἀπεκτείνατ' αὐτόν; Dem. 24, 113 εἰ δέ τις νύκτωρ ὁτιοῦν κλέπτοι, τοῦτον ἐξεῖναι καὶ ἀποκτεῖναι καὶ τρῶσαι διώκοντα καὶ ἀπαγαγεῖν τοῖς ἕνδεκα (der wirkliche Abschluss des κλέπτειν ist durch die Ergreifung oder Tötung verhindert worden). 114 εἴ τις . . τῶν σκευῶν τι τῶν ἐκ τῶν γυμνασίων ὑφέλοιτο . . τούτοις θάνατον ἐνομοθέτησεν εἶναι τὴν ζημίαν (das ὑφελέσθαι ist abgeschlossen). — β) dem Optativ des Perfekts. Hdt. 1, 63 βουλὴν σοφωτάτην Πεισίστρατος ἐπιτεχνᾶται, ὅκως μήτε ἁλισθεῖεν ἔτι οἱ Ἀθηναῖοι διεσκεδασμένοι τε εἶεν. X. Cy. 1. 6, 22 ἄρτι τε ἐξηπατηκὼς εἴης ἂν καὶ ὀλίγῳ ὕστερον, ὅπου πεῖραν δοίης, ἀλαζὼν φαίνοιο. 2. 4, 17 ὁπότε σὺ προεληλυθοίης, πέμψαιμι ἄν σοι ἱκανοὺς ἱππέας. An. 5. 7, 26 ἔδεισαν μὴ λύττα τις ὥσπερ κυσὶν ἡμῖν ἐμπεπτώκοι. 2. 1, 15 ἠρώτησεν εἰ ἤδη ἀποκεκριμένοι εἶεν. Hell. 4. 3, 10 ἠγγέλθη ὅτι ἡττημένοι εἶεν Λακεδαιμόνιοι τῇ ναυμαχίᾳ καὶ ὁ ναύαρχος Πείσανδρος τεθναίη. 5. 2, 3 Ἀγησίλαος ἐδεήθη τῆς πόλεως ἀφεῖναι αὐτὸν ταύτης τῆς στρατηγίας, λέγων ὅτι τῷ πατρὶ αὐτοῦ ἡ τῶν Μαντινέων πόλις πολλὰ ὑπηρετήκοι ἐν τοῖς πρὸς Μεσσήνην πολέμοις. Andoc. 1, 39 ἔφη . . ἀκούειν ὅτι οἱ Ἑρμαῖ εἶεν περικεκομμένοι.

Anmerk. 3. Der Konjunktiv und Optativ des Präsens und des Aorists enthalten scheinbar eine relative Zeitbedeutung in folgenden Fällen:

a) In denjenigen Adjektiv- und Adverbialsätzen, die eine von zukünftigen Umständen abhängige oder eine öfter wiederholte Handlung bezeichnen, enthalten der Konjunktiv und Optativ des Aorists scheinbar den Begriff der Vorzeitigkeit, die entsprechenden Modi des Präsens dagegen den Begriff der Gleichzeitigkeit. X. An. 1. 3, 15 τῷ ἀνδρὶ ὃν ἂν ἕλησθε (*elegeritis*) πείσομαι. 4. 5, 8 ἐάν τι φάγωσιν (*ederint*) ἀναστήσονται. 2. 3, 29 ἐπειδὰν διαπράξωμαι (*perfecero*) ἃ δέομαι ἥξω. 5. 1, 4 περιμένετε ἔστ' ἂν ἔλθω (*revertero*). Th. 2, 72 μεταχωρήσατε ὅποι βούλεσθε ἕως ἂν ὁ πόλεμος ᾖ· ἐπειδὰν δὲ παρέλθῃ, ἀποδώσομεν ὑμῖν ἃ ἂν παραλάβωμεν. Eur. M. 276 οὐκ ἄπειμι πρὸς δόμους πάλιν, | πρὶν ἄν σε γαίας τερμόνων ἔξω βάλω (*exterminavero*). K, 489 ὅντινα Τυδείδης ἄορι πλήξειε (*icerat*) παραστάς, | τὸν δ' Ὀδυσεὺς μετόπισθε λαβὼν ποδὸς ἐξερύσασκεν. S. Tr. 908 εἴ του φίλων βλέψειεν (*viderat*) οἰκετῶν δέμας, | ἔκλαιεν ἡ δύστηνος. Pl. Phaed. 59, d περιεμένομεν ἑκάστοτε ἕως ἀνοιχθείη τὸ δεσμωτήριον· ἐπειδὴ δὲ ἀνοιχθείη, εἰσῇμεν παρὰ τὸν Σωκράτη. Dagegen Lys. 16, 9 ποιήσομαι τὴν ἀπολογίαν ὡς ἂν δύνωμαι (*potero*). Pl. Lach. 201, c ἥξω παρὰ σὲ αὔριον ἐὰν θεὸς ἐθέλῃ (*volet*). Phaed. 116, c χαλεπαίνουσι καὶ καταρῶνται, ἐπειδὰν αὐτοῖς παραγγέλλω πίνειν τὸ φάρμακον. X. An. 3. 3, 15 ὅταν αὐτοὺς διώκωμεν, πολὺ οὐχ οἷόν τε χωρίον ἀπὸ τοῦ στρατεύματος διώκειν.

Comm. 2. 9, 4 ὁπότε θύοι, ἐκάλει. Dem. 21, 34 χρὴ ὅταν μὲν τιθῆσθε τοὺς νόμους, ὁποῖοί τινές εἰσι σκοπεῖν, ἐπειδὰν δὲ θῆσθε, φυλάττειν καὶ χρῆσθαι. Die Erklärung hierfür liegt nicht in irgend welcher Zeitbedeutung des Aorist- oder Präsensstammes, sondern ausschliesslich darin, dass der Aorist die Handlung als abgeschlossen darstellt, das Präsens dagegen als nicht abgeschlossen, als noch in der Entwickelung begriffen. Vgl. Nr. 4. Daher können der Konjunktiv und Optativ des Präsens auch von vorzeitigen Handlungen gebraucht werden, wenn der Durativbegriff in den Vordergrund tritt, z. B. Pl. Prot. 317, a ἅττ' ἂν οὗτοι διαγγέλλωσι, ταῦτα ὑμνοῦσι. Dem. 23, 46 ἐὰν πέρα ὅρου ἐλαύνῃ ἢ φέρῃ ἢ ἄγῃ (ταὐτὰ ὀφείλειν ἅπερ ἂν οἴκοι δράσῃ). 50 ἄν τις τύπτῃ τινὰ ἄρχων χειρῶν ἀδίκων . . ἄν τις κακῶς ἀγορεύῃ (dagegen 21, 33 ἐὰν πατάξῃ τις ἢ κακῶς εἴπῃ). X. Cy. 1. 6, 33 εἰ δὲ παρὰ ταῦτα ποιοῖεν, κολάζειν. Umgekehrt der Konjunktiv des Aorists bei Gleichzeitigkeit z. B. Lycurg. 150 ἐὰν Λεωκράτην ἀπολύσητε, προδιδόναι τὴν πόλιν ψηφιεῖσθε. Vgl. Anm. 8.

b) In den Substantivsätzen mit ὅτι, ὡς, dass, den Adverbialsätzen mit ὅτι, weil, *quia* oder explikativ *quod*, dass, und den indirekten Fragesätzen, die in direkter Rede durch den Indikativ ausgedrückt sein würden, bezeichnet der Optativ des Aorists regelmässig eine vorzeitige Handlung (entsprechend dem Indikativ des Aorists in direkter Rede), der Optativ des Präsens meist eine gleichzeitige (entsprechend dem Indikativ des Präsens), zuweilen aber auch eine vorzeitige Handlung (entsprechend dem Indikativ des Imperfekts).[1] — α) Hdt. 1, 31 ἐπειρώτα τίνα δεύτερον μετ' ἐκεῖνον ἴδοι (direkt: τίνα εἶδες;). 7, 3 συνεβούλευε λέγειν ὡς αὐτὸς γένοιτο Δαρείῳ ἤδη βασιλεύοντι, *natum esse*. Th. 2, 5 λέγοντες ὅτι οὔτε τὰ πεποιημένα ὁσίως δράσειαν. 4, 108 ἐδήλου ὡς ἐλευθερώσων τὴν Ἑλλάδα ἐκπεμφθείη. 4, 65 ὡς (weil) δώροις πεισθέντες ἀποχωρήσειαν. X. Hell. 1. 3, 19 ἀπέφυγεν ὅτι οὐ προδοίη τὴν πόλιν ἀλλὰ σώσαι. 7. 1, 34 εἶχε γὰρ λέγειν . . ὅτι ὕστερον οὐδεπώποτε στρατεύσαιντο ἐπὶ βασιλέα καὶ ὡς Λακεδαιμόνιοι διὰ τοῦτο πολεμήσαιεν αὐτοῖς, ὅτι οὐκ ἐθελήσαιεν μετ' Ἀγησιλάου ἐλθεῖν ἐπ' αὐτὸν οὐδὲ θῦσαι ἐάσαιεν αὐτόν. An. 6. 3, 25 ἐπυνθάνοντο οἱ Ἀρκάδες τῶν περὶ Ξενοφῶντα, τί τὰ πυρὰ κατασβέσειαν. Cy. 1. 4, 10 ἔλεγεν ὅτι αὐτὸς ταῦτα θηράσειεν ἐκείνῳ. Pl. Prot. 329, c ἔλεγες ὅτι ὁ Ζεὺς τὴν δικαιοσύνην καὶ τὴν αἰδῶ πέμψειε τοῖς ἀνθρώποις. Andoc. 1, 37 ὡς δ' ἴδοι καὶ περιτύχοι τῷ πράγματι, ἔλεγε. — β) Th. 1, 67 κατεβόων τῶν Ἀθηναίων ὅτι σπονδάς τε λελυκότες εἶεν καὶ ἀδικοῖεν τὴν Πελοπόννησον. 2, 21 τὸν Περικλέα ἐκάκιζον ὅτι στρατηγὸς ὢν οὐκ ἐπεξάγοι. X. An. 1. 8, 12 ἐβόα ἄγειν τὸ στράτευμα κατὰ μέσον τὸ τῶν πολεμίων, ὅτι

---

[1]) S. Madvig Bemerkungen über einige Punkte der Griech. Wortfüg. S. 7 ff.

ἐκεῖ βασιλεὺς εἴη. Cy. 8. 1, 45 ἑαυτῷ δὲ ὅτι οὐχ ὑπὸ τῶν καταστραφέντων κίνδυνος εἴη παθεῖν τι ἰσχυρῶς ἐθάρρει. Hell. 3. 4, 5 ἤρετο αὐτόν, τίνος δεόμενος ἥκοι. 6. 1, 13. — γ) X. Hell. 1. 7, 5 διηγοῦντο ὅτι αὐτοὶ μὲν ἐπὶ τοὺς πολεμίους πλέοιεν, τὴν δὲ ἀναίρεσιν τῶν ναυαγῶν προστάξαιεν ἀνδράσιν ἱκανοῖς (direkt: ἐπλέομεν, προσετάξαμεν). 2. 2, 17 ἀπήγγειλεν ἐν ἐκκλησίᾳ ὅτι αὐτὸν Λύσανδρος τέως μὲν κατέχοι, εἶτα κελεύοι εἰς Λακεδαίμονα ἰέναι. 3. 3, 5 εἶπεν ὅτι ὁ Κινάδων ἀριθμῆσαι κελεύοι, ὁπόσοι εἶεν Σπαρτιᾶται. 3. 5, 25. An. 4. 3, 11 ἔλεγον ὅτι τυγχάνοιεν φρύγανα συλλέγοντες ὡς ἐπὶ πῦρ, κἄπειτα κατίδοιεν γέροντα. Lys. 1, 14 ἐρομένου δέ μου, τί αἱ θύραι νύκτωρ ψοφοῖεν, ἔφασκε τὸν λύχνον ἀποσβεσθῆναι. 1, 20 κατηγόρει πρῶτον μὲν ὡς μετὰ τὴν ἐκφορὰν αὐτῇ προσίοι, ἔπειτα ὡς αὐτῇ τελευτῶσα εἰσαγγείλειε.[1]) Da der **Optativ** hier nur Stellvertreter des **Indikativs** ist, so wäre es denkbar, dass in einem Satze wie ἠρώτα τίνα ἴδοι der Wortlaut der direkten Rede: τίνα εἶδες noch nachgewirkt und somit die nur am Indikativ haftende Vergangenheitsbedeutung sich auch auf den *Optativus obliquus* übertragen hätte.[2]) Allein notwendig ist diese Annahme nicht; vielmehr ist wahrscheinlich in dem Satze ἠρώτα τίνα ἴδοι für das griechische Sprachgefühl die Zeitbeziehung an sich ebenso unbestimmt gewesen, wie in dem Satze διηγοῦντο ὅτι πλέοιεν (s. unter γ), so dass also auch hier ausschliesslich die Aktionsart einen Ausdruck fand, während das Zeitverhältnis aus dem Zusammenhange zu erschliessen war. Übrigens zeigt die Sprache, offenbar eben wegen der temporalen Unbestimmtheit des Optativs, die entschiedene Neigung, den **Indikativ** des **Aorists** und des **Imperfekts** in indirekter Rede beizubehalten.

C) Der **Imperativ** des **Aorists** α) dem Imperative des **Präsens**.[3]) Dem Wesen der beiden Aktionsarten entsprechend wird der Imperativ (im Verbote der Konjunktiv) des **Aorists** vorwiegend in Aufforderungen gebraucht, die sich auf einen bestimmten eben vorliegenden **Einzelfall** beziehen, wenn die Handlung als eine **abgeschlossene** mit **einem** Blick überschaut wird; der Imperativ des **Präsens** dagegen zunächst in **allgemeinen** Vorschriften, sodann überall da, wo der **Verlauf**, die **Dauer**, die **Art der Ausführung** in den Vordergrund tritt, auf den wirklichen Abschluss aber keine Rücksicht genommen wird. Pl. Phaedr. 261, c εἰπέ, ἐν δικαστηρίοις οἱ ἀντίδικοι τί δρῶσιν; sprich! (momentan). 271 c λέγε δή sprich dich darüber aus (durativ). Ar. Eccl. 213 λέγε, λέγ', ὦγαθέ rede weiter (fahre fort). So überhaupt bei den Verben der Mitteilung (λέγειν, διδάσκειν — ἀκούειν, μανθάνειν u. a.)

---

1) Vgl. **Klemens** Kl. Beiträge zur griech. Grammatik. Berlin 1874. — 2) **Capelle** im Philol. Bd. 37 (1877) p. 115 ff. — 3) **Blass** im Rhein. Mus. Bd. 44 (1889) p. 406 ff.

der Aorist, wenn die Mitteilung dem Redenden als abgeschlossenes Ganzes vorschwebt, sonst das Präsens (vgl. die Imperfekte ἔλεγε u. a. § 383, 3). Lys. 1, 19 ψεύσῃ δὲ μηδέν, ἀλλὰ πάντα τἀληθῆ λέγε. X. An. 5. 1, 8 ἔτι τοίνυν ἀκούσατε καὶ τάδε. Dem. 21, 83 ὃ πεποίηκεν περὶ τῆς δίκης, ἀκούσατε, καὶ θεωρεῖτε ἐφ' ἑκάστου τὴν ὕβριν αὐτοῦ. 108 περὶ πάντων ὧν ἂν ἀκούητε, τοῦθ' ὑποθέντες ἀκούετε τῇ γνώμῃ. S. OR. 708 ἐμοῦ 'πάκουσον καὶ μάθ' οὕνεκ' ἐστί σοι | βρότειον οὐδὲν μαντικῆς ἔχον τέχνης. Ar. N. 88 ἔκστρεψον ὡς τάχιστα τοὺς σαυτοῦ τρόπους | καὶ μάνθαν' ἐλθὼν ἂν ἐγὼ παραινέσω. Ar. Ach. 204 τῇδε πᾶς ἕπου, δίωκε, καὶ τὸν ἄνδρα πυνθάνου | τῶν ὁδοιπόρων ἁπάντων . . ἀλλά μοι μηνύσατε, | εἴ τις οἶδ' ὅποι τέτραπται. Isae. 7, 21 ff. λαβὲ δὴ αὐτοῖς τοὺς νόμους παρ' οὓς ταῦτα πεποιήκασι, καὶ ἀνάγνωθι verlies die Gesetze (Gesamtaufforderung, die Gesetze zusammenfassend). Darauf λαβὲ δὴ καὶ τοῦτον, καὶ ἀναγίγνωσκε αὐτοῖς (lies weiter, fahre fort). Endlich λαβὲ δὲ αὐτοῖς καὶ τοῦτον τὸν νόμον καὶ ἀνάγνωθι (Abschluss). Pl. Apol. 20, e μὴ θορυβήσητε μηδ' ἐὰν δόξω τι ὑμῖν μέγα λέγειν fangt nicht an zu lärmen (er fürchtet, dass sie lärmen werden). 21, a u. 30, c μὴ θορυβεῖτε lärmt nicht (hört auf zu lärmen; denn die vorausgehenden Äusserungen haben wohl schon Lärm erregt). 18, e ἀξιώσατε οὖν καὶ ὑμεῖς διττούς μου τοὺς κατηγόρους γεγονέναι . . καὶ οἰήθητε δεῖν πρὸς ἐκείνους πρῶτόν με ἀπολογήσασθαι (Aufforderung für den vorliegenden Einzelfall). Dem. 20, 50 ὃ μὴ πάθητε νῦν ὑμεῖς, μηδ' οἴεσθε νόμον τοιοῦτον θέσθαι δεῖν (erst mit Rücksicht auf den vorliegenden Fall der Aorist, dann verallgemeinernd das Präsens). S. El. 925 μηκέτ' ἐς κεῖνόν γ' ὅρα schaue nicht mehr auf ihn hin. Ph. 589 ὅρα, τί ποιεῖς sieh zu, was du thust. X. An. 4, 1. 20 βλέψον πρὸς τὰ ὄρη καὶ ἰδὲ ὡς ἄβατα πάντα ἐστί wirf einen Blick auf die Berge und sieh. Dem. 20, 87 σκοπεῖτε δὴ καὶ λογίσασθε erwägt und bedenkt. Lyc. 52 σκέψασθε δὲ ὅτι οὐδ' ἐν ὑμῖν ἐστιν ἀποψηφίσασθαι Λεωκράτους. Dem. 20, 167 ἃ δίκαι' ἐγνώκατε, ταῦτα φυλάξατε καὶ μνημονεύετε, ἕως ἂν ψηφίσησθε. Lys. 16, 8 ἀνάβηθι δέ μοι καὶ μαρτύρησον gieb dein Zeugnis ab. Andoc. 1, 18 βλέπετε εἰς τούτους καὶ μαρτυρεῖτε εἰ ἀληθῆ λέγω diese haltet euch vor Augen, und so gebt mir Zeugnis (nicht das μαρτυρεῖν an sich, sondern die näheren Umstände, die Art der Ausführung wird hervorgehoben). Ω, 337 Πρίαμον κοίλας ἐπὶ νῆας Ἀχαιῶν | ὣς ἄγαγ' bring ihn hin (effektiv). S. OC. 188 ἄγε νῦν σύ με, παῖ. θ, 393 χρυσοῖο τάλαντον ἐνείκατε bringt her. Γ, 103 οἴσετε δ' ἄρνε. I, 171 φέρτε δὲ χερσὶν ὕδωρ bringt Wasser. So oft φέρε, bring, mit kaum merklichem Unterschiede von dem seltneren ἔνεγκε, bring her, vgl. Ar. Ach 1104 f. ἔνεγκε δεῦρο τὼ πτερὼ τὼ 'κ τοῦ κράνους. | ἐμοὶ δὲ τὰς φάττας γε φέρε καὶ τὰς κίχλας. Λ, 796 ἀλλὰ σέ περ προέτω, ἅμα δ' ἄλλος λαὸς ἑπέσθω. Ar. R. 616 βασάνιζε γὰρ τὸν παῖδα τουτονὶ λαβών, | κἄν ποτέ μ' ἕλῃς ἀδικοῦντ', ἀπόκτεινόν μ' ἄγων. Dem. 4, 14 ἐπειδὰν ἅπαντ' ἀκούσητε, κρίνατε, μὴ πρότερον προλαμβάνετε bildet euch nicht schon im Verlaufe meiner Rede ein vorschnelles Urteil. Pl. Gorg. 467, b ἀλλά μ' ἔλεγχε versuche mich zu widerlegen. X. Cy. 3. 1, 30 φύλαξαι μὴ ἡμᾶς ἀποβαλὼν σαυτὸν ζημιώσῃς (Einzelfall). Comm. 1. 2, 37 φυλάττου ὅπως μὴ καὶ σὺ ἐλάττους τὰς βοῦς ποιήσεις (Warnung für die Zukunft). C. J. A. I, 32, A, 21 ff. οἱ ταμίαι οἱ λαχόντες παρὰ τῶν νῦν ἀρχόντων . . ἐν στήλῃ ἀναγραψάντων μιᾷ ἅπαντα (einmalige, sofortige Handlung) . . καὶ τὸ λοιπὸν ἀναγραφόντων οἱ αἰεὶ ταμίαι (zukünftige Wiederholung).[1]) Ps. Isocr. 1, 16 τοὺς μὲν θεοὺς φοβοῦ, τοὺς δὲ γονεῖς τίμα, τοὺς δὲ φίλους αἰσχύνου, τοῖς δὲ νόμοις πείθου. So oft in Lebensregeln u. dgl. Der Aorist ist in diesem Falle selten. Ps. Isocr. 1, 23 ἕνεκα χρημάτων μηδένα θεῶν ὀμόσῃς. 29 μηδενὶ συμφορὰν ὀνειδίσῃς. Da das Präsens die Handlung als eine noch nicht abgeschlossene darstellt, so wird es auch da gebraucht, wo der thatsächliche Abschluss der Handlung nicht mit Bestimmtheit erwartet wird (vgl. die Imperfekte ἐκέλευε, παρεκελεύετο u. a. § 383, 3). Daher regelmässig κάλει vom Aufrufen der Zeugen (die das Zeugnis verweigern können), vgl. Aeschin. 2, 68 κάλει δέ μοι Ἀμύντορα τὸν Ἐρχιᾶ, καὶ ἐκκλήτευε, ἐὰν μὴ θέλῃ δευρὶ παρεῖναι. Lys. 12, 47 τοὺς δὲ μάρτυράς μοι κάλει. Καὶ ὑμεῖς ἀνάβητε lade die Zeugen vor. Und nun (nachdem die Zeugen vorgetreten sind) steigt herauf. P, 245 ἀλλ' ἄγ' ἀριστῆας Δαναῶν κάλει, ἤν τις ἀκούσῃ. Ferner bei Verben der Bewegung, wenn weniger das Ziel (der Abschluss) der Bewegung als die Bewegung selbst ins Auge gefasst wird (vgl. die Imperfekte ἔπεμπον, ἔπλεον u. a. § 383, 3). Daher die militärischen Kommandos πρόαγε, ἐπίστρεφε, μεταβάλλου (dagegen κάθες τὰ δόρατα). Ähnlich Ar. R. 188 ταχέως ἔμβαινε. 270 ἔκβαιν', ἀπόδος τὸν ναῦλον. Ach. 257 πρόβαινε. Θ, 164 ἔρρε fort mit dir, zum Henker! Ω, 239 ἔρρετε. Υ, 349 ἐρρέτω. Mehrfach findet sich der Imperativ des Präsens bei begleitenden Nebenumständen neben dem Imperativ des Aorists, der die Haupthandlung bezeichnet. Syll. inscr. Graec. ed. Dittenberger 79, 11 ff. εἰσπραξάντων αὐτοὺς οἱ ᾑρημένοι, συνεισπραττόντων δὲ αὐτοῖς καὶ οἱ στρατηγοί [2]). — Oft ist der Unterschied zwischen Aorist und Präsens für uns kaum wahrnehmbar; vgl. z. B. S. Ph. 1075 μείνατ', εἰ τούτῳ δοκεῖ, | χρόνον τοσοῦτον, εἰς ὅσον τά τ' ἐκ νεὼς | στείλωσι ναῦται καὶ θεοῖς εὐξώμεθα, u. X. An. 5. 1, 4 περιμένετε ἔστ' ἂν ἐγὼ ἔλθω. In beiden Fällen findet die an sich dauernde Handlung des Wartens ihren Abschluss in der durch den Nebensatz bezeichneten Handlung; aber in dem ersten Falle schwebt dem Redenden

1) Meisterhans, Gramm. d. att. Inschr.² p. 202. — 2) Meisterhans a. a. O. p. 203.

dieser Abschluss von vornherein vor Augen, daher das Tempus der abgeschlossenen Handlung; in dem zweiten Falle wird der begrenzende Zusatz erst nachträglich hinzugefügt, während der Redende zunächst auf dem Begriffe des Wartens verweilt, daher das Tempus der dauernden Handlung. Bei Dichtern ist wohl auch das Versmass nicht ohne Einfluss geblieben. Eur. Hipp. 473 λῆγε μὲν κακῶν φρενῶν, | λῆξον δ' ὑβρίζουσα. — β) dem Imperative des Perfekts, durch den die Handlung als vollendet und in ihren Folgen fortbestehend oder mit besonderem Nachdrucke (vgl. § 384, 5) als für jetzt abgethan bezeichnet wird. X. Cy. 4. 2, 7 σὺ ἡμῖν πιστὰ θεῶν τε πεποίησο καὶ δεξιὰν δός, die Eidesleistung wird als in ihren Wirkungen fortbestehend gedacht. Luc. D. M. 30. 1 ὁ μὲν λῄστης οὗτος Σώστρατος ἐς τὸν Πυριφλεγέθοντα ἐμβεβλήσθω (sei geworfen und bleibe daselbst liegen), ὁ δ' ἱερόσυλος ὑπὸ τῆς Χιμαίρας διασπασθήτω (momentan: werde zerrissen), ὁ δὲ τύραννος ὑπὸ τῶν γυπῶν κειρέσθω (durativ). X. Comm. 4. 2, 19 ὅμως δὲ εἰρήσθω μοι ἀδικώτερον εἶναι τὸν ἑκόντα ψευδόμενον τοῦ ἄκοντος. Pl. civ. 503, b νῦν δὲ τοῦτο μὲν τετολμήσθω εἰπεῖν, ὅτι τοὺς ἀκριβεστάτους φύλακας φιλοσόφους δεῖ καθεστάναι. Εἰρήσθω γάρ, ἔφη. 561, e τετάχθω ἡμῖν κατὰ δημοκρατίαν ὁ τοιοῦτος ἀνήρ. 553, a ἀπειργάσθω δὴ ἡμῖν καὶ αὕτη ἡ πολιτεία damit sei auch diese Staatsverfassung abgethan! leg. 655, b ταῦθ' ἡμῖν οὕτως ἔχειν ἀποκεκρίσθω τὰ νῦν das sei für jetzt unsere Antwort! Euthyd. 278, d ταῦτα μὲν οὖν πεπαίσθω τε ὑμῖν, καὶ ἴσως ἱκανῶς ἔχει, nun genug des Scherzes! Th. 1, 71 μέχρι μὲν οὖν τοῦδε ὡρίσθω ὑμῶν ἡ βραδυτής· νῦν δὲ . . βοηθήσατε nun soll eure Saumseligkeit ein Ende haben! Dem. 24, 64 πέπαυσο Schluss!

D) Der Infinitiv des Aorists α) dem Infinitive des Präsens. Π, 658 κέκλετο δ' ἄλλους | Τρῶας φευγέμεναι (fliehen). Β, 401 εὐχόμενος θάνατόν τε φυγεῖν (entfliehen, entkommen). Ξ, 152 ἄλληκτον πολεμίζειν ἠδὲ μάχεσθαι. Γ, 20 προκαλίζετο πάντας ἀρίστους | ἀντίβιον μαχέσασθαι sich zum Kampfe zu stellen. X. oec. 6, 9 (ἡ γεωργία) μαθεῖν (zu erlernen) τε ῥᾴστη ἐδόκει εἶναι καὶ ἡδίστη ἐργάζεσθαι (zu betreiben). Comm. 4. 4, 4 (Σωκράτης) προείλετο μᾶλλον τοῖς νόμοις ἐμμένων ἀποθανεῖν ἢ παρανομῶν ζῆν. Ebenso Isocr. 4, 95. S. Ant. 555. X. Cy. 7. 5, 82 οὐ τὸ μὴ λαβεῖν τὰ ἀγαθὰ οὕτω γε χαλεπόν, ὥσπερ τὸ λαβόντα στερηθῆναι λυπηρόν. An. 4. 5, 32 ὁπότε δέ τις φιλοφρονούμενός τῳ βούλοιτο προπιεῖν, εἷλκεν ἐπὶ τὸν κρατῆρα, ἔνθεν ὑποκύψαντα ἔδει ῥοφοῦντα πίνειν ὥσπερ βοῦν. 4. 8, 25 ἦλθον δ' αὐτοῖς ἱκανοὶ βόες ἀποθῦσαι τῷ Διί (Einzelfall). 1. 2, 1 ὁπόσοι ἱκανοὶ ἦσαν τὰς ἀκροπόλεις φυλάττειν (allgemein). 1. 1, 8 ἠξίου δοθῆναι οἷ ταύτας τὰς πόλεις μᾶλλον ἢ Τισσαφέρνην ἄρχειν αὐτῶν die Herrschaft behalte, weiter herrsche. Th. 6, 85 βούλονται αὐτοὶ ἄρξαι τῆς Σικελίας die Herrschaft gewinnen. X. An. 5. 2, 12 τοὺς ἐπιτηδείους ἔπεμψε τούτων ἐπιμεληθῆναι dies zu besorgen (die nötigen Anordnungen zu treffen). 5. 1, 7 ἀλλά μοι δοκεῖ σὺν προνομαῖς λαμβάνειν τὰ ἐπιτήδεια, ἄλλως δὲ μὴ πλανᾶσθαι, ἡμᾶς δὲ (τοὺς στρατηγοὺς) τούτων ἐπιμελεῖσθαι hierfür zu sorgen (durativ). Dem. 8, 19 χρὴ οὐχ ἣν Διοπείθης πειρᾶται τῇ πόλει δύναμιν παρασκευάζειν, ταύτην βασκαίνειν καὶ διαλῦσαι πειρᾶσθαι, ἀλλ' ἑτέραν αὐτοὺς προσπαρασκευάζειν. — β) dem Infinitive des Perfekts. Pl. Crit. 46, a οὐδὲ βουλεύεσθαι ἔτι ὥρα, ἀλλὰ βεβουλεῦσθαι. μία δὲ βουλή· τῆς γὰρ ἐπιούσης νυκτὸς πάντα ταῦτα δεῖ πεπρᾶχθαι. Lys. 10, 9 εἴ τίς σε εἴποι ῥῖψαι τὴν ἀσπίδα, ἐν δὲ τῷ νόμῳ εἴρητο, ἐάν τις φάσκῃ ἀποβεβληκέναι, ὑπόδικον εἶναι, οὐκ ἂν ἐδικάζου αὐτῷ, ἀλλ' ἐξήρκει ἄν σοι ἐρριφέναι τὴν ἀσπίδα λέγοντι „οὐδέν μοι μέλει· οὐδὲ γάρ τὸ αὐτό ἐστι ῥῖψαι καὶ ἀποβεβληκέναι"; (ῥῖψαι die Handlung des Wegwerfens, ἀποβεβληκέναι u. ἐρριφέναι der Zustand des ῥίψασπις). S. Ant. 442 f. Kreon: φὴς ἢ καταρνῇ μὴ δεδρακέναι τάδε; Ant. καὶ φημὶ δρᾶσαι κοὐκ ἀπαρνοῦμαι τὸ μή, Pf. gethan hast, die Thäterin bist, Aor. ja ich that es. X. An. 5. 2, 12 τοῖς πελτασταῖς πᾶσι παρήγγειλε διηγκυλωμένους ἰέναι, καὶ τοὺς τοξότας ἐπιβεβλῆσθαι ἐπὶ ταῖς νευραῖς, καὶ τοὺς γυμνῆτας λίθων ἔχειν μεστὰς τὰς διφθέρας. Hell. 5. 4, 7 ἐξιόντες εἶπον τὴν θύραν κεκλεῖσθαι, sei und bleibe verschlossen. Pl. Crit. 43, c τὸ πλοῖον ἀφῖκται ἐκ Δήλου, οὗ δεῖ ἀφικομένου τεθνάναι με, vgl. § 384, 5. *Inf. Praes.*, *Pf.* u. *Aor.*: X. Cy. 1. 4, 27 f. λέγεται ὅτε Κῦρος ἀπῄει, τοὺς συγγενεῖς φιλοῦντας τῷ στόματι ἀποπέμπεσθαι αὐτὸν νόμῳ Περσικῷ· ἄνδρα δέ τινα τῶν Μήδων ἐκπεπλῆχθαι ἐπὶ τῷ κάλλει τοῦ Κύρου· ἡνίκα δὲ ἑώρα τοὺς συγγενεῖς φιλοῦντας αὐτόν, ὑπολειφθῆναι· ἐπεὶ δὲ οἱ ἄλλοι ἀπῆλθον, προσελθεῖν τῷ Κύρῳ καὶ εἰπεῖν κτλ.

Anmerk. 4. Nach den Verben des Sagens und Meinens (ausser wenn sie einen Befehl ausdrücken) bezeichnet der Infinitiv des Aorists in der Regel eine vergangene Handlung (entsprechend dem Indikative des Aorists in direkter Rede), der Infinitiv des Präsens gewöhnlich eine gleichzeitige (entsprechend dem Indikative des Präsens), nicht selten aber auch eine vergangene Handlung (entsprechend dem Indikative des Imperfekts). a) A, 398 ἔφησθα κελαινεφέϊ Κρονίωνι | οἴη ἐν ἀθανάτοισιν ἀεικέα λοιγὸν ἀμῦναι *defendisse*. Or. recta: ἤμυνα. X. An. 1. 2, 12 ἐλέγετο (Ἐπύαξα) Κύρῳ δοῦναι χρήματα πολλά *dedisse*. b) P, 26 καί μ' ἔφατ' ἐν Δαναοῖσιν ἐλέγχιστον πολεμιστὴν | ἔμμεναι *esse*. Or. recta: εἰ. X. An. 1. 2, 21 ἐλέγετο Συέννεσις εἶναι ἐπὶ τῶν ἄκρων. c) θ, 516 ἄλλον δ' ἄλλῃ ἄειδε πόλιν κεραϊζέμεν (*vastasse*) αἰπήν, | αὐτὰρ Ὀδυσσῆα προτὶ δώματα Δηιφόβοιο βήμεναι (*isse*). Or. recta: ἐκεράιζε, ἔβη. Th. 2, 54 ἀνεμνήσθησαν καὶ τοῦδε τοῦ ἔπους, φάσκοντες οἱ πρεσβύτεροι πάλαι ᾄδεσθαι. Pl. Conv. 175, c μετὰ ταῦτα ἔφη σφᾶς μὲν δειπνεῖν (*cenasse*), τὸν δὲ Σωκράτη οὐκ εἰσιέναι (*introisse*). 176, a ἔφη σπονδάς τε σφᾶς ποιήσασθαι καὶ ᾄσαντας τὸν θεὸν τρέπεσθαι πρὸς τὸν πότον. X. An. 1. 4, 12 ἔφασαν αὐτοὺς πάλαι ταῦτ' εἰδότας κρύπτειν. Vgl. 2. 1, 14. 5. 7, 18. 5. 2, 31 ἁλίσκεσθαι γὰρ ἔφασαν τῷ δρόμῳ (direkt: ἡλισκόμεθα, Impf. de conatu). Cy. 1. 3, 4. 4. 2, 28. Andoc. 1, 17. 38 ff. — Eine wirklich temporale Bedeutung hat jedoch der Infinitiv in den eben besprochenen Fällen ebensowenig wie der Optativ bei gleicher Verwendung, vgl. Anm. 3. Vielmehr kommt auch hier nur die Aktionsart zum Ausdruck, während das Zeitverhältnis aus der Situation und aus der Natur der mit einander verbundenen Verbalbegriffe erschlossen wird. Dass z. B. der Infinitiv ἀπελθεῖν in dem Satze ἤγγειλε τοὺς πρέσβεις ἀπελθεῖν etwas Vergangenes ausdrückt, dagegen in dem Satze ἐκέλευε τοὺς πρέσβεις ἀπελθεῖν etwas Zukünftiges, ergiebt sich lediglich aus der verschiedenen Natur der Begriffe ἀγγέλλειν und κελεύειν und dem Momentanbegriffe des Aorists. Ausdrücklich bezeichnet ist es im Griechischen ebensowenig wie etwa in den deutschen Wendungen „er meldete die Abreise der Gesandten“ und „er verlangte die Abreise der Gesandten“. So ist denn in einem Satze wie εἰκός ἐστιν αὐτοὺς ἀπελθεῖν „die Abreise ist wahrscheinlich“ das Zeitverhältnis durchaus unklar. Ob der Sinn ist: *verisimile est eos abisse* (vgl. z. B. Th. 1, 40. Lys, 7, 38) oder: *abituros esse* (vgl. Anm. 7a), ist nur aus der Situation, in der die Worte gesprochen werden, zu erkennen.

Anmerk. 5. Die Infinitive des Aorists und des Präsens (Perfekts) können auch in Abhängigkeit von einem präsentischen Verbum des Sagens oder Meinens von vergangenen Handlungen gebraucht werden. Die Zeitstufe des Infinitivs wird also hier nicht der Regel (s. Nr. 3) entsprechend durch das regierende Verb, sondern durch den Standpunkt des Redenden bestimmt. a) γ, 188 εὖ μὲν Μυρμιδόνας φάσ' ἐλθέμεν ἐγχεσιμώρους *aiunt revertisse*. X. An. 1. 2, 8 ἐνταῦθα λέγεται Ἀπόλλων ἐκδεῖραι Μαρσύαν. 13 λέγεται Μίδας τὸν Σάτυρον θηρεῦσαι. — b) E, 639 οἷόν τινά φασι βίην Ἡρακληείην | εἶναι *fuisse*, or. recta: ἦν. Ω, 543 καὶ σέ, γέρον, τὸ πρὶν μὲν ἀκούομεν ὄλβιον εἶναι. 546 τῶν σε, γέρον, πλούτῳ τε καὶ υἱάσι φασὶ κεκάσθαι. I, 402. γ, 321. Hdt. 6, 137 Ἀθηναῖοι λέγουσι δικαίως ἐξελάσαι· κατοικημένους γὰρ τοὺς Πελασγοὺς ὑπὸ τῷ Ὑμησσῷ, ἐνθεῦτεν ὁρμεομένους, ἀδικέειν τάδε· φοιτᾶν γὰρ αἰεὶ τὰς σφετέρας θυγατέρας τε καὶ τοὺς παῖδας ἐπ' ὕδωρ· οὐ γὰρ εἶναι τοῦτον τὸν χρόνον σφίσι κω οἰκέτας· ὅκως δὲ ἔλθοιεν αὗται, τοὺς Πελασγοὺς ὑπὸ ὕβριος βιᾶσθαί σφεας κ. τ. λ. Vgl. 1, 2. 8, 94. X. Comm. 2. 6, 31 πέπεισμαι καὶ ἀπὸ τῆς Σκύλλης διὰ τοῦτο φεύγειν τοὺς ἀνθρώπους, ὅτι τὰς χεῖρας αὐτοῖς προσέφερε· τὰς δέ γε Σειρῆνας, ὅτι τὰς χεῖρας οὐδενὶ προσέφερον, ἀλλὰ πᾶσι πόρρωθεν ἐπῇδον, πάντας φασὶν ὑπομένειν καὶ ἀκούοντας αὐτῶν κηλεῖσθαι. Cy. 4. 2, 45 οἶμαι καὶ οἴκοι ἡμᾶς τούτου ἕνεκα ἀσκεῖν καὶ γαστρὸς κρείττους εἶναι καὶ κερδέων ἀκαίρων, ἵν' εἴ ποτε δέοι δυναίμεθα αὐτοῖς συμφόρως χρῆσθαι. Vgl. 1. 4, 27. An. 6. 6, 27. 1. 8, 26 καὶ ἰᾶσθαι αὐτὸς τὸ τραῦμά φησι er habe sich mit der Heilung beschäftigt. Pl. Civ. 359, c εἴη δ' ἂν ἡ ἐξουσία τοιάδε μάλιστα, εἰ αὐτοῖς γένοιτο οἵαν ποτέ φασι δύναμιν τῷ Γύγῃ γενέσθαι· εἶναι μὲν γὰρ αὐτὸν ποιμένα θητεύοντα παρὰ τῷ Λυδίας ἄρχοντι κ. τ. λ. Dem. 19, 177 τί γὰρ οἴεσθ' αὐτοὺς ἐκεῖ ποιεῖν (*fecisse*) ἐγγὺς ὄντας τοῦ διδόντος, ὅθ' ὑμῶν ὁρώντων τοιαῦτα ποιοῦσιν; S. Tr. 70 τὸν μὲν παρελθόντ' ἄροτον . . | Λυδῇ γυναικί φασί νιν λάτριν πονεῖν.

Anmerk. 6. Auch in den Fällen, die sonst noch für eine temporale Bedeutung des Aoristinfinitivs angeführt werden, bezeichnet der Infinitiv nur die Aktionsart, während das Zeitverhältnis erst aus der Situation erschlossen wird. So nach πρίν: A. 97 οὐδ' ὅ γε πρὶν Δαναοῖσιν ἀεικέα λοιγὸν ἀπώσει, | πρίν γ' ἀπὸ πατρὶ φίλῳ δόμεναι ἑλικώπιδα κούρην *priusquam reddideritis* (nach griech. Auffassung: vor der Rückgabe). X. Cy. 4. 3, 10 οὐδὲ τούτων τῶν ἐπισταμένων νῦν πρὶν μαθεῖν οὐδεὶς ἠπίστατο bevor er erlernt hatte. Im *Accus. c. Inf.* mit dem Artikel: X. Comm. 1. 2, 1 θαυμαστὸν φαίνεταί μοι τὸ πεισθῆναί τινας ὡς Σωκράτης τοὺς νέους διέφθειρεν *persuasum esse* quibusdam. Dem. 19, 61 τὸ μηδεμίαν τῶν πόλεων ἁλῶναι πολιορκίᾳ μέγιστόν ἐστι σημεῖον τοῦ διὰ τούτους πεισθέντας (τοὺς Φωκέας) ταῦτα παθεῖν. Nach αἴτιός εἰμι: Lys. 19, 51 αἴτιοι οὖν εἰσι καὶ ὑμῖν πολλῶν ἤδη ψευσθῆναι καὶ δὴ ἀδίκως γέ τινας ἀπολέσθαι untergegangen sind (Schuld am Untergange). X. Hell. 7. 4, 19 ὅσπερ αἴτιος ἐδόκει εἶναι συνάψαι τὴν μάχην.

Anmerk. 7. Die Verben des Sagens und Meinens werden, wenn ihr Objekt etwas Zukünftiges ist, in der Regel mit dem Infinitiv des Futurs (oder mit d. Inf. Aor. u. ἄν) verbunden. Σ, 132 οὐδέ ἕ φημι | δηρὸν ἐπαγλαϊεῖσθαι. M, 66 τρώσεσθαι ὀΐω. X. Comm. 1. 2, 10 οἶμαι τοὺς νομίζοντας ἱκανοὺς ἔσεσθαι τὰ συμφέροντα διδάσκειν τοὺς πολίτας ἥκιστα γίγνεσθαι βιαίους. M, 261 ἔλποντο δὲ τεῖχος Ἀχαιῶν | ῥήξειν. Dem. 29, 54 ἐλπίζει ῥᾳδίως ὑμᾶς ἐξαπατήσειν. ψ, 287 ἐλπωρή τοι ἔπειτα κακῶν ὑπάλυξιν ἔσεσθαι. Aesch. Ag. 679 ἐλπίς τις αὐτὸν πρὸς δόμους ἥξειν πάλιν. X. Comm. 3. 5, 1 ἐλπίδα ἔχω σοῦ στρατηγήσαντος ἀμείνω τε καὶ ἐνδοξοτέραν τὴν πόλιν ἔσεσθαι. Th. 7, 46 ἐν ἐλπίδι ὢν τὰ τείχη τῶν Ἀθηναίων αἱρήσειν. 8, 1 ἀνέλπιστοι ἦσαν ἐν τῷ παρόντι σωθήσεσθαι. Hdt. 1, 42 παῖδα σὸν ἀπήμονα προσδόκα τοι ἀπονοστήσειν. 6, 12 πολλοὶ ἐπίδοξοι τὠυτὸ τοῦτο πείσεσθαί εἰσι. δ, 6 ὑπέσχετο καὶ κατένευσεν | δωσέμεναι. A. 161 καὶ δή μοι γέρας αὐτὸς ἀφαιρήσεσθαι ἀπειλεῖς. A, 76 σὺ δὲ σύνθεο καί μοι ὄμοσσον | ἦ μέν μοι πρόφρων ἔπεσιν καὶ χερσὶν ἀρήξειν. Pl. Crit. 51, e φαμὲν τοῦτον ὡμολογηκέναι ἔργῳ ἡμῖν ἃ ἂν ἡμεῖς κελεύωμεν ποιήσειν ταῦτα. Doch finden sich in gleichem Sinne auch der Infinitiv des Aorists (momentan) und des Präsens (durativ),[1]) und zwar a) regelmässig nach εἰκός ἐστι, *verisimile est*, oft nach anderen nominalen Wendungen, wie ἐλπίς ἐστιν, ἀνέλπιστόν ἐστιν, ἐπίδοξός εἰμι, sowie bei den Ausdrücken des Weissagens; b) selten und, wenigstens bei den Prosaikern, kritisch nicht unanfechtbar, nach den übrigen Verben des Sagens und Meinens. a) Th. 1, 81 εἰκὸς Ἀθηναίους φρονήματι μήτε τῇ γῇ δουλεῦσαι μήτε ὥσπερ ἀπείρους καταπλαγῆναι. 3, 13 οὐκ εἰκὸς αὐτοὺς περιουσίαν νεῶν ἔχειν *non verisimile est eos habituros esse.* 1, 121. 2, 11. 3, 10 u. 40. 4, 60 u. 85. 5, 109. 6, 11 u. 36. 7, 81. X. An. 4. 6, 9. Hell. 3. 5, 10 u. 14. 4. 3, 2. Pl. Phaedr. 232, a. 233, a. β, 280 ἐλπωρή τοι ἔπειτα τελευτῆσαι τάδε ἔργα. ζ, 314 ἐλπωρή τοι ἔπειτα φίλους τ' ἰδέειν καὶ ἱκέσθαι | οἶκον. Pind. P. 3, 111 ἐλπίδ' ἔχω κλέος εὑρέσθαι. Th. 4, 70 λέγων ἐν ἐλπίδι εἶναι ἀναλαβεῖν Νίσαιαν. Pl. Symp. 193, d εἰς τὸ ἔπειτα ἐλπίδας μεγίστας παρέχεται . . ἡμᾶς εὐδαίμονας ποιῆσαι. Eur. Or. 779 ἐλπίς ἐστι σωθῆναι. Hel. 433. Th. 2, 80. 3, 3. 6, 87. Pl. Phaed. 68, a. X. An. 2. 1, 19. Lys. 19, 8. Lyc. 60. *Acc. c. Inf. Aor.* Aesch. S. 367 ἐλπίς ἐστι νύκτερον τέλος μολεῖν. Th. 5, 7. Pl. Phaedr. 231, d. X. Cy. 2. 4, 23. 4. 5, 25. Hell. 6. 3, 20. 6. 5, 35. Isocr. 4, 141. Dem. 1, 14. Eur. Alc. 146 ἐλπὶς μὲν οὐκέτ' ἐστὶ σῴζεσθαι βίον. Pl. Soph. 250, e νῦν ἐλπὶς ἤδη καὶ θάτερον οὕτως ἀναφαίνεσθαι. Th. 6, 33 οὐκ ἀνέλπιστον τὸ τοιοῦτο ξυμβῆναι. Hdt. 1, 89 ἢν τούτους περιίδῃς διαρπάσαντας καὶ κατασχόντας χρήματα μεγάλα, τάδε τοι ἐξ αὐτῶν ἐπίδοξα γενέσθαι. Isocr. 6, 8. Pl. Theaet. 143, d. Ar. V. 160 ὁ θεός μοι ἔχρησεν, ὅταν τις ἐκφύγῃ μ', ἀποσκλῆναι τότε. Hdt. 7, 220. Th. 3, 96. Hdt. 8, 60 λόγιόν ἐστι τῶν ἐχθρῶν κατύπερθε γενέσθαι. Pl. civ. 415, c χρησμοῦ ὄντος τότε τὴν πόλιν διαφθαρῆναι, ὅταν αὐτὴν ὁ σίδηρος ἢ ὁ χαλκὸς φυλάξῃ. Eur. Ph. 1597 Ἀπόλλων Λαΐῳ μ' ἐθέσπισε | φονέα γενέσθαι πατρός. δ, 561 σοὶ δ' οὐ θέσφατόν ἐστι, διοτρεφὲς ὦ Μενέλαε, | Ἄργει ἐν ἱπποβότῳ θανέειν. N, 666 πολλάκι γάρ οἱ ἔειπε γέρων ἀγαθὸς Πολύιδος | νούσῳ ὑπ' ἀργαλέῃ φθίσθαι οἷς ἐν μεγάροισιν | ἢ μετ' Ἀχαιῶν νηυσὶν ὑπὸ Τρώεσσι δαμῆναι. (Danach lässt sich auch Hdt. 1, 53 τῶν μαντηίων ἀμφοτέρων ἐς τὠυτὸ αἱ γνῶμαι συνέδραμον, προλέγουσαι Κροίσῳ, ἢν στρατεύηται ἐπὶ Πέρσας, μεγάλην ἀρχήν μιν καταλῦσαι verteidigen.) — b) χ, 35 οὔ μ' ἔτ' ἐφάσκεθ' ὑπό-

[1]) S. Madvig, Adversaria critica I, p. 155 ff.

πρόσθεν οἴκαδ' ἱκέσθαι *me rediturum esse*. Γ, 28 φάτο γὰρ τίσασθαι ἀλείτην er meinte, nun strafe er (die Stunde der Rache sei gekommen). Vgl. 366. a. 121. Aesch. S. 428 θεοῦ τε γὰρ θέλοντος ἐκπέρσειν πόλιν καὶ μὴ θέλοντός φησιν οὐδὲ τὴν (Madvig οὐδ' ἂν νιν, Kirchhoff οὐδὲ τὴν Διὸς | ἔριν πέδοι σκήψασαν ἐμποδὼν σχεθεῖν. Theocr. Ε, 60 φῂς με πάντα δόμεν· τήνα δ' ἔσπερον οὐδ' ἄλλα δείξειν. Ar. N. 35 ἐνεχυράσασθαι φασιν. 1141 ἀπολέσαι φασί με (Kock ἐνεχυράσεσθαι, ἀπολέσεσθαι). Γ, 98 φρονέω δὲ διακρινθήμεναι ἤδη | Ἀργείους καὶ Τρῶας ich denke, nunmehr ist die Stunde der Scheidung gekommen (doch ist auch die Auffassung *censeo separationem fieri* möglich). Eur. Or. 1527 μῶρος, εἰ δοκεῖς με τλῆναι σὴν καθαιμάξαι δέρην, wenn du meinst, ich gewönne es (eben jetzt) über mich. S. El. 443 σκέψαι γὰρ εἴ σοι προσφιλῶς αὐτῇ δοκεῖ | γέρα τάδ' οὑν τάφοισι δέξασθαι (Heath δέξεσθαι) νέκυς. γ, 320 οὐκ ἔλπετό γε θυμῷ ἐλθέμεν. M, 407 ἔλπετο κῦδος ἀρέσθαι. Pind. P. 3, 63. Eur. J. T. 1016 κἀνθάδ' εἰς ἓν νόστον ἐλπίζω λαβεῖν. δ, 254 ὤμοσα καρτερὸν ὅρκον, | μὴ μὲν τὸν Ὀδυσῆα μετὰ Τρώεσσ' ἀναφῆναι. Theocr. 21, 59 ὤμοσα μηκέτι λοιπὸν ὑπὲρ πελάγεος πόδα θεῖναι, ἀλλὰ μένειν ἐπὶ γᾶς. I, 683 αὐτὸς δ' ἠπείλησεν ἅμ' ἠοῖ φαινομένηφι | νῆας ἐϋσσέλμους ἅλαδ' ἑλκέμεν ἀμφιελίσσας. Υ, 83 ποῦ τοι ἀπειλαί, | ἃς Τρώων βασιλεῦσιν ὑπίσχεο οἰνοποτάζων, | Πηλείδεω Ἀχιλῆος ἐναντίβιον πολεμίζειν; anders K, 40, wo ὑπόσχηται = *suscipere*, und σκοπιάζειν epexeget. Inf. zu ἔργον, und B, 113, da ἀπονέεσθαι geradezu futurisch gebraucht wird). — In Prosa wird die futurische Verwendung des *Inf. Aor.* und *Praes.* mit Recht bezweifelt bei den Verben der einfachen Aussage und Meinung, wie οἴεσθαι, δοκεῖν, φάναι u. a. Lys. 12, 19 ὅσα οὐδεπώποτε ᾤοντο κτήσασθαι (Cobet κτήσεσθαι). 13, 53 μέγα τι ᾤοντο παρ' αὐτῶν διαπράξασθαι (Sauppe διαπράξεσθαι). Isocr. 8, 29. Isae. 2, 25. Pl. civ. 604, a οἴει μαχεῖσθαί τε καὶ ἀντιτείνειν; X. Hell. 5. 1, 15. Auch die wenigen Stellen, an denen man dem Infinitive des Aorists eine Art präsentischer Bedeutung zusprechen könnte (mit Berufung auf Γ, 28. 98), sind wahrscheinlich fehlerhaft überliefert. So Lys. 13, 32 οἴομαί σε ἔξαρνον γενέσθαι „ich glaube gar, du leugnest" (wahrscheinl. γενήσεσθαι). 28, 4 οἶμαι δ' ἔγωγε πάντας ὑμᾶς ὁμολογῆσαι (Cobet πάντας ἄν). Dem. 24, 68. Hdt. 8, 86 ἐδόκεέ τε ἕκαστος ἑωυτὸν θεήσασθαι βασιλέα. 9, 106 τῷ μᾶλλον δοκέων πάντῃ κατῆσαι ὑπισχνέετο (dagegen 7, 38 τῷ μᾶλλον δοκέων μιν χρηίσειν). Th. 4, 36 δοκεῖν βιάσασθαι τὴν ἔφοδον (Stahl βιάσεσθαι). 2, 3 Πλαταιῆς ἐνόμισαν ἐπιθέμενοι ῥᾳδίως κρατῆσαι (St. κρατήσειν). 6, 24 νομίζων τοὺς Ἀθηναίους τῷ πλήθει τῶν πραγμάτων ἀποτρέψειν ἤ, εἰ ἀναγκάζοιτο στρατεύεσθαι, μάλιστα οὕτως ἀσφαλῶς ἐκπλεῦσαι (Poppo μάλιστ' ἄν). 3, 24 νομίζοντες ἥκιστα σφᾶς ταύτην αὐτοὺς ὑποτοπῆσαι τρέπεσθαι (Madvig ἥκιστ' ἄν). X. Cy. 6. 1, 19 τεῖχος, ἣν ἐπιτρέψωσιν οἱ σύμμαχοι, τειχίσασθαι ἔφασαν (Schneider τειχιεῖσθαι). Recht wohl erklärbar ist der Infinitiv des Aorists und des Präsens bei Ausdrücken wie οὐ φάναι und ὁμολογεῖν, die neben der Bedeutung des Sagens (*negare* und *polliceri*) auch die des Wollens haben (*recusare* und *concedere*), sowie bei denjenigen Verben, die ihrem Begriffe nach schon einen Hinweis auf die Zukunft enthalten oder doch vorwiegend in diesem Sinne gebraucht werden, wie ἐλπίζειν, ὑπισχνεῖσθαι u. a. (vgl. Caes. B. G. 6. 9, 7 si amplius obsidum vellent, *dare pollicentur*). Doch ist zu bemerken, dass auch hierfür die Belege nur vereinzelt auftreten und vielfach die Annahme von Textverderbnissen nahe liegt. Hdt. 6, 99 Καρύστιοι οὔτε ὁμήρους ἔδοσαν οὔτε ἔφασαν ἐπὶ πόλιας ἀστυγείτονας στρατεύεσθαι. X. An. 4. 5, 15 οὐκ ἔφασαν πορεύεσθαι sie weigerten sich, weiterzumarschieren. Hell. 1. 6, 14 οὐκ ἔφη ἑαυτοῦ γε ἄρχοντος οὐδένα Ἑλλήνων ἀνδραποδισθῆναι, *recusabat*. (Dindorf οὐδέν' ἄν). Lys. 13, 15 u. 47 οὐκ ἔφασαν ἐπιτρέψαι (Stephanus ἐπιτρέψειν). (Dagegen 21 τὰ μὲν οὖν ὀνόματα οὐκ ἔφη αὐτῶν ἑρεῖν). Pl. Crit. 52, c ὡμολόγεις καθ' ἡμᾶς πολιτεύεσθαι du zeigtest dich damit einverstanden, bereit (wie d καθ' ἃς ἡμῖν ξυνέθου πολιτεύεσθαι). Dem. 42, 12 ἐπείσθην τὴν σύνοδον τὴν περὶ τῶν διαλύσεων τῇ ὀγδόῃ φθίνοντος ὁμολογῆσαι ποιήσασθαι. (Madvig πολιτεύσεσθαι, ποιήσεσθαι). Th. 4, 13 ἐλπίζοντες τὸ κατὰ τὸν λιμένα τεῖχος . . ἑλεῖν μηχαναῖς (Stahl ἑλεῖν ἄν). 24 ἤλπιζον πεζῇ τε καὶ ναυσὶν ἐφορμοῦντες χειρώσασθαι (Stahl χειρώσεσθαι). 7, 21 ἐλπίζειν γὰρ ἀπ' αὐτοῦ τι ἔργον ἄξιον τοῦ κινδύνου κατεργάσασθαι (Stahl κατεργάσεσθαι). Isocr. 1, 24 ἔλπιζε αὐτὸν καὶ περὶ σὲ γενέσθαι τοιοῦτον, οἷος καὶ περὶ ἐκείνους γέγονε (Madvig γενήσεσθαι). X. An. 6. 5, 17 ἐλπίζετε δέξασθαι ἡμᾶς (Bischop δέξεσθαι). Ag. 7, 6 ἤλπιζον ἑλεῖν τὰ τείχη (Madvig ἑλεῖν ἄν). Hdt. 8, 100 πλέον μέντοι ἔφερέ οἱ ἡ γνώμη κατεργάσασθαι τὴν Ἑλλάδα. Andoc. 3, 27 Κόρινθον ἑλεῖν προσδοκῶσι, κρατήσαντες δὲ τούτων ὑφ' ὧν ἀεὶ κρατοῦνται, καὶ τοὺς συννικῶντας ἐλπίζουσι παραστήσεσθαι. Isae. 11, 22 προσδοκῶν τούτοις τοῖς λόγοις ῥᾳδίως ὑμᾶς ἐξαπατῆσαι (Baiter ἐξαπατήσειν). (Anders Eur. Alc. 1091 μῶν τὴν θανοῦσαν ὠφελεῖν τι προσδοκᾷς; du erwartest doch nicht etwa damit der Toten zu nützen? Vgl. § 382, 5, c). X. An. 7. 6, 38 πατέρα ἐμὲ ἐκαλεῖτε καὶ ἀεὶ ὡς εὐεργέτου μεμνῆσθαι ὑπισχνεῖσθε (Bischop μεμνήσεσθαι). (Anders Pl. Prot. 319, a δοκεῖς μοι ὑπισχνεῖσθαι ποιεῖν ἄνδρας ἀγαθοὺς πολίτας, und X. Comm. 1. 2, 3 οὐδεπώποτε ὑπέσχετο διδάσκαλος εἶναι *nunquam professus est se esse magistrum*, wo ὑπισχνεῖσθαι nicht eine Versprechung für die Zukunft, sondern eine Erklärung über gegenwärtige Verhältnisse bezeichnet.) X. Cy. 6. 2, 39 εἰ δέ τις χρημάτων προσδεῖσθαι νομίζει εἰς ἐμπολήν, γνωστῆρας ἐμοὶ προσαγαγὼν καὶ ἐγγυητάς, ἦ μὴν πορεύεσθαι σὺν τῇ στρατιᾷ, λαμβανέτω ὧν ἡμεῖς ἔχομεν. Hell. 5. 4, 7 ἠπείλησαν ἀποκτεῖναι ἅπαντας. An. 2. 3, 27 δεήσει ὀμόσαι ἦ μὴν πορεύεσθαι ὡς διὰ φιλίας (Stephanus πορεύσεσθαι). Hell. 7. 4, 11 ὀμόσαντες ἐπὶ τοῖς αὐτοῖς τούτοις εἰρήνην ποιήσασθαι. Dem. 23, 170 ἀναγκάζει τὸν Κερσοβλέπτην ὀμόσαι εἶναι μὲν τὴν ἀρχὴν κοινὴν τῆς Θρᾴκης εἰς τοὺς τρεῖς διῃρημένην, πάντας δ' μῖν ἀποδοῦναι τὴν χώραν. X. Hell. 1. 3, 9 ὅρκους ἔδοσαν καὶ ἔλαβον παρὰ Φαρναβάζου ὑποτελεῖν τὸν φόρον Καλχηδονίους Ἀθηναίοις καὶ τὰ ὀφειλόμενα χρήματα ἀποδοῦναι. — Es ergiebt sich hieraus, dass der Infinitiv des Aorists zwar in der ältesten Sprache, seiner zeitlosen Natur entsprechend, noch unterschiedslos für alle drei Zeiten gebraucht, allmählich jedoch durch den jüngeren Infinitiv des Futurs (der sich in den verwandten Sprachen nicht findet, also erst auf griechischem Boden erwachsen ist) aus einem Teile seines Besitzstandes verdrängt wurde. — Über den Inf. Fut. nach Verben des Wollens s. Nr. 5, b.

E) Das Partizip des Aorists α) dem Partizipe des Präsens. Während dieses die Handlung in ihrer Entwickelung darstellt, bezeichnet jenes dem Momentanbegriffe des Aorists entsprechend dieselbe bloss als Handlung gleichsam begebenheitlich.[1]) A, 349 ff. Ἀχιλλεὺς | δακρύσας (in Thränen ausbrechend) ἑτάρων ἄφαρ ἕζετο νοσφὶ λιασθεὶς | . . ὁρόων ἐπ' ἀπείρονα πόντον· | πολλὰ δὲ μητρὶ φίλῃ ἠρήσατο χεῖρας ὀρεγνύς· 357 ὣς φάτο δάκρυ χέων. K, 377 ὁ δὲ δακρύσας ἔπος ηὔδα. Ξ, 453 Πουλυδάμας δ' ἔκπαγλον ἐπεύξατο μακρὸν ἀΰσας (laut aufschreiend). Vgl. Z, 66. X, 294. Pl. Phaed. 89 d οὐκ ἔστιν ὅτι ἄν τις μεῖζον τούτου κακὸν

---

[1]) S. Rieckher Progr. Heilbronn 1853. S. 1 ff. Funk Progr. Neubrandenburg 1853, S. 5 ff. Troska Progr. Leobschütz 1842. S. 5 ff. H. Schmidt, Gr. Aor. S. 21 ff. Aken Grundzüge § 9. Leo Meyer Griech. Aoriste, Berlin 1879.

πάθοι ἢ λόγους μισήσας. X. An. 3. 2, 5 οὗτος οὔτε τοὺς θεοὺς δείσας οὔτε Κῦρον τεθνηκότα αἰδεσθεὶς ἡμᾶς κακῶς ποιεῖν πειρᾶται. Eur. Ph. 1508 (Oedipus) μέλος ἔγνω | Σφιγγὸς ἀοιδοῦ σῶμα φονεύσας. Ar. P. 1199 ὦ φίλταθ' ἡμᾶς τἀγαθὰ | δέδρακας εἰρήνην ποιήσας. Ec. 1046 κεχάρισαί γέ μοι | . . τὴν γραῦν ἀπαλλάξασά μου. X. Cy. 1. 4, 13 καλῶς ἐποίησας προειπών. Pl. Phaed. 60, c εὖ γ' ἐποίησας ἀναμνήσας με u. Hdt. 3, 36 εὖ τῷ πατρὶ ἐμῷ συνεβούλευσας κελεύων αὐτὸν ἰέναι ἐπὶ Μασσαγέτας. Hdt. 8, 75 ἢν μὴ περιίδητε διαδράντας αὐτούς. Th. 1, 101 Θάσιοι ὡμολόγησαν Ἀθηναίοις τεῖχός τε καθελόντες καὶ ναῦς παραδόντες, das Niederreissen der Mauer und das Ausliefern der Schiffe werden als mit der Kapitulation zusammenfallend, in derselben liegend bezeichnet, ebenso 108. 115. 117. Lys. 12, 68 ὑπέσχετο εἰρήνην ποιήσειν μήτε τὰ τείχη καθελὼν μήτε τὰς ναῦς παραδούς. M, 189 βάλε δουρὶ κατὰ ζωστῆρα τυχήσας, vgl. Δ, 106, u. Λ, 350 βάλεν . . τιτυσκόμενος κεφαλῆφιν. X. Cy. 4. 1, 23 ἐπομόσας ἔφη. Z, 475 εἶπεν ἐπευξάμενος u. K, 461 εὐχόμενος ἔπος ηὔδα. β, 422 Τηλέμαχος δ' ἑτάροισιν ἐποτρύνας ἐκέλευσεν u. η, 262 καὶ τότε δή μ' ἐκέλευσεν ἐποτρύνουσα νέεσθαι. H, 225 ἀπειλήσας δὲ προσηύδα u. Hdt. 1, 128 ἔφη ἀπειλέων τῷ Κύρῳ. Th. 1, 85 μὴ ἐπειχθέντες βουλεύσωμεν u. Ξ, 519 ψυχὴ . . ἔσσυτ' ἐπειγομένη. α, 102 βῆ δὲ κατ' Οὐλύμποιο καρήνων ἀΐξασα u. K, 369 δουρὶ δ' ἐπαΐσσων προσέφη. Th. 2, 92 ἐμβοήσαντες ὥρμησαν. S. Ph. 882 ἀλλ' ἥδομαι μέν σ' εἰσιδὼν παρ' ἐλπίδα | ἀνώδυνον u. Aesch. Ag. 837 καὶ τὸν θυραῖον ὄλβον εἰσορῶν στένει. S. Tr. 1111 ὅτι καὶ ζῶν κακούς γε καὶ θανὼν ἐτισάμην (im Augenblicke des Todes) u. Eur. H. f. 732 ἔχει γὰρ ἡδονὰς θνήσκων ἀνὴρ | ἐχθρός (der mit dem Tode ringende Feind). Pl. civ. 358, d κατατείνας ἐρῶ τὸν ἄδικον βίον ἐπαινῶν u. 504, d πᾶν ποιεῖν συντεινομένους. Th. 1, 65 ἔκπλουν ποιεῖται λαθὼν τὴν φυλακήν u. 3, 51 ὅπως μὴ ποιῶνται ἔκπλους αὐτόθεν λανθάνοντες. X. An. 7. 3, 43 τοὺς ἀνθρώπους λήσομεν ἐπιπεσόντες. Pl. Gorg. 487, d πέρα τοῦ δέοντος σοφώτεροι γενόμενοι λήσετε διαφθαρέντες. Id. civ. 344, b ὅταν τις ἀδικήσας μὴ λάθῃ. Phaed. 76, d ἔλαθον ἐμαυτὸν οὐδὲν εἰπών u. Th. 7, 48 λαθεῖν γὰρ ἂν τοῦτο ποιοῦντες πολλῷ ἧσσον. Hdt. 1, 44 φονέα ἐλάνθανε βόσκων. Th. 2, 52 φθάσαντες τοὺς νήσαντας τὸν ἑαυτῶν νεκρὸν ὑφῆπτον u. X. Cy. 3. 3, 18 φθάνοντες ἤδη δῃοῦμεν τὴν γῆν. Th. 2, 91 φθάνουσιν αὐτοὺς προκαταφυγοῦσαι u. Hom. I, 507 φθάνει δέ τε (sc. ἡ Ἄτη) . . βλάπτουσ' ἀνθρώπους. Th. 3, 83 μὴ φθάσωσι προεπιβουλευόμενοι. Pl. civ. 492, a ἐὰν μή τις βοηθήσας τύχῃ u. Th. 4, 113 ἔτυχον καθεύδοντες. Hdt. 3, 50 οἱ Κερκυραῖοι ἦρξαν ἐς αὐτὸν πρῆγμα ἀτάσθαλον ποιήσαντες u. 4, 119 ἦν ἄρξῃ ἀδικέων. Th. 6, 4 Γελῷοι Ἀκράγαντα ᾤκισαν, τὴν μὲν πόλιν ἀπὸ τοῦ Ἀκράγαντος ποταμοῦ ὀνομάσαντες, οἰκιστὰς δὲ ποιήσαντες Ἀριστόνουν καὶ Πυστίλον, νόμιμα δὲ τὰ Γελῴων δόντες. X. Comm. 4. 4, 3 τοῖς νέοις ἀπαγορευόντων αὐτῶν μὴ διαλέγεσθαι καὶ προσταξάντων ἐκείνῳ τε καὶ ἄλλοις τισὶ τῶν πολιτῶν ἀγαγεῖν τινα ἐπὶ θανάτῳ, μόνος οὐκ ἐπείσθη (erst allgemein, dann Einzelfall). Th. 6, 53 πάνυ χρηστοὺς τῶν πολιτῶν ξυλλαμβάνοντες (Wiederholung) κατέδουν. Eur. Hipp. 356 ἀπαλλαχθήσομαι | βίου θανοῦσα. Hel. 1450 μίαν δ' ἐμοὶ χάριν | δόντες τὸ λοιπὸν εὐτυχῆ με θήσετε. — β) dem Partizipe des Perfekts, das die vollendete Handlung in ihren Wirkungen fortbestehend ausdrückt. Pl. conv. 217, e τὸ τοῦ δηχθέντος ὑπὸ τοῦ ἔχεως πάθος κἀμὲ ἔχει (eines, der gebissen wurde), u. 218, a ἐγὼ οὖν δεδηγμένος ὑπὸ ἀλγεινοτέρου (i. e. ὑπὸ τῶν ἐν φιλοσοφίᾳ λόγων), gebissen und die Folgen des Bisses empfindend. Dem. 21, 192 ὁ τὰ ἔργα παρεσχηκώς, περὶ ὧν εἰσιν οἱ λόγοι, δικαιότατ' ἂν ταύτην ἔχοι τὴν αἰτίαν, οὐχ ὁ ἐσκεμμένος οὐδ' ὁ μεριμνήσας τὰ δίκαια λέγειν νῦν, non is, qui res *perpensas habet* neque is, qui *curavit* nunc justa dicere. Th. 3, 69 καταλαμβάνουσι Βρασίδαν ἐπεληλυθότα. 2, 56 τοὺς δὲ Πελοποννησίους οὐκέτι κατέλαβον ἐν τῇ Ἀττικῇ ὄντας, ἀλλ' ἀνακεχωρηκότας. Lys. 19, 52 Ἀλκιβιάδης τέτταρα ἢ πέντε ἔτη ἐφεξῆς ἐστρατήγει ἐπικρατῶν καὶ νενικηκὼς (als Sieger) Λακεδαιμονίους. Plut. Aem. P. 36 Περσεὺς μὲν ἔχει καὶ νενικημένος τοὺς παῖδας, Αἰμίλιος δὲ τοὺς αὑτοῦ (παῖδας) νικήσας ἀπέβαλεν, P. hat auch als Besiegter (in dem Zustande des Besiegten) noch seine Kinder; Aem., der gesiegt hatte (histor. Faktum), verlor die seinigen. Das Partizip des Aorists kommt natürlich ungleich häufiger vor als das des Perfekts, da es in den meisten Fällen genügt die Handlung einfach als geschehen zu bezeichnen, wie z. B. Th. 5, 83 τὰ δὲ τείχη ἑλόντες καὶ καταβαλόντες καὶ Ὑσιὰς χωρίον τῆς Ἀργείας λαβόντες καὶ τοὺς ἐλευθέρους ἀποκτείναντες ἀνεχώρησαν. Hdt. 2, 29 τὴν (λίμνην) διεκπλώσας ἐς τοῦ Νείλου τὸ ῥέεθρον ἥξεις . ., καὶ ἔπειτα ἀποβὰς παρὰ τὸν ποταμὸν ὁδοιπορίην ποιήσεαι ἡμερέων τεσσαράκοντα κτλ.

Anmerk. 8. Gewöhnlich wird das Partizip des Aorists von einer vergangenen Handlung gebraucht, weil eine von der Haupthandlung sachlich verschiedene Nebenhandlung, die als momentan aufgefasst wird, in der Regel nicht als neben jener herlaufend (gleichzeitig), sondern als vor ihr abgeschlossen erscheint. [1]) Dass aber das Partizip des Aorists entsprechend seiner zeitlosen Natur (vgl. Nr. 3) auch von momentan gleichzeitigen Handlungen gebraucht werden kann, beweisen viele der oben angeführten Beispiele. Insbesondere ist dies der Fall, wenn die Nebenhandlung nicht sachlich verschieden ist von der Haupthandlung, sondern nur eine Modifikation derselben darstellt. Man vergleiche Z, 475 εἶπεν ἐπευξάμενος (= ἐπεύξατο) u. Π, 253 εὐξάμενος Διὶ πατρὶ | ἂψ κλισίην εἰσῆλθε. X. Cy. 1. 4, 13 καλῶς ἐποίησας προειπών (= καλῶς προεῖπες) u. Α, 326 ὣς εἰπὼν προΐει. Th. 1, 101 ὡμολόγησαν Ἀθηναίοις τεῖχος καθελόντες (das Niederreissen der Mauer bildet einen Bestandteil der Kapitulation) u. 3, 68 καθελόντες αὐτὴν (τὴν πόλιν) ἐς ἔδαφος πᾶσαν ἐκ τῶν θεμελίων ᾠκοδόμησαν καταγώγιον. In scharfen Gegensatz tritt die abgeschlossene Handlung zur dauernden Handlung in Fällen wie X. Comm. 2. 7, 12 ἐργαζόμεναι μὲν ἠρίστων, ἐργασάμεναι δὲ ἐδείπνουν.

[1]) Vgl. Brugmann, Gr. Gramm.[3] S. 185.

Dem. 21, 191 καὶ γὰρ ἂν ἄθλιος ἦν, εἰ τοιαῦτα παθὼν καὶ πάσχων ἠμέλουν ὧν περὶ τούτων ἐρεῖν ἔμελλον πρὸς ὑμᾶς. Lys. 19, 53 οἱ ἐπιτροπεύσαντες die ehemaligen Vormünder. 17, 8. 30, 4. Dem. 21, 178. 59, 65 ὁ ἄρξας. Dem. 59, 110 u. 121 ὁ βασιλεύσας der frühere Basileus. Lyc. 24 ὁ πρεσβεύσας. Andoc. 1, 47 ὁ ὀρχησάμενος. Aeschin. 3, 91 ὁ δολιχοδρομήσας.

Anmerk. 9. Das Partizip des Präsens wird zwar gewöhnlich im Sinne der Gleichzeitigkeit gebraucht, weil eine nicht abgeschlossene, sondern in der Entwickelung begriffene Nebenhandlung in der Regel während der Haupthandlung verläuft. Doch kann es auch im Sinne der Vorzeitigkeit gebraucht werden. Th. 2, 58 ὥστε καὶ τοὺς προτέρους στρατιώτας νοσῆσαι, ἐν τῷ πρὸ τοῦ χρόνου ὑγιαίνοντας die früher gesund gewesen waren. 2, 29 Νυμφόδωρον οἱ Ἀθηναῖοι, πρότερον πολέμιον νομίζοντες, πρόξενον ἐποιήσαντο. 4, 30 ὑπονοῶν πρότερον. So von vergangenen Handlungen auch nach präsentischem Hauptverbum, im Widerspruche mit § 389, 3 (vgl. den entsprechenden Gebrauch des Infinitivs Anmerk. 5). Γ, 44 ἦ που καγχαλόωσι κάρη κομόωντες Ἀχαιοί, | φάντες ἀριστῆα πρόμον ἔμμεναι, die meinten. θ, 491 (ἀείδεις) ὥς τέ που ἢ αὐτὸς παρεὼν ἢ ἄλλου ἀκούσας. ν, 401. τ, 253. Aesch. Pers. 266 καὶ μὴν παρὼν γε κοὐ λόγους ἄλλων κλύων, | Πέρσαι, φράσαιμ' ἂν οἷ' ἐπορσύνθη κακά. S. Ant. 1192. OC. 1587. Lys. 10, 1 πολλοὺς ὁρῶ δικάζοντας τῶν τότε παρόντων. 10, 4 φαίνομαι οὖν τρισκαιδεκέτης ὢν ὅτε ὁ πατὴρ ὑπὸ τῶν τριάκοντα ἀπέθνῃσκε. 12, 50 ὅπως τοίνυν μὴ φανήσεται ἐν τῷ λόγῳ τοῖς τριάκοντα ἐναντιούμενος Widerstand leistete. 30, 7 καὶ γὰρ τοὺς ἔτι παῖδας ὄντας ἐν ἐκείνῳ τῷ χρόνῳ καὶ τοὺς ἀποδημοῦντας οἱ διαβάλλειν βουλόμενοι λοιδοροῦσιν. Th. 1, 2 φαίνεται ἡ νῦν Ἑλλὰς καλουμένη οὐ πάλαι βεβαίως οἰκουμένη, ἀλλὰ μεταναστάσεις τε οὖσαι τὰ πρότερα καὶ ῥᾳδίως ἕκαστοι τὴν ἑαυτῶν ἀπολείποντες. X. Cy. 1. 6, 6 οἶδά σε λέγοντα ἀεί, ὡς οὐδὲ θέμις εἴη. 29 εἰ καὶ δόξαιμι βούλεσθαι ἐξαπατῆσαί τινα, πολλὰς πληγὰς οἶδα λαμβάνων. Comm. 1. 2, 18. 3. 5, 4.

Anmerk. 10. Bisweilen scheint das Partizip des Präsens statt des aoristischen Partizips zu stehen; aber überall drückt jenes die Entwickelung der Handlung aus, während dieses bloss die geschehene oder eingetretene Handlung ausdrückt. So z. B. bei den § 383, 3 angeführten Verben. Hdt. 1, 11 ὡς ἡμέρη τάχιστα ἐγεγόνεε, ἐκάλεε τὸν Γύγεα· ὁ δὲ ἦλθε καλεόμενος, venit, quum vocaretur; ferner besonders bei Homer die Partizipien ἄγων, φέρων u. dgl., die zur plastischen Darstellung der Handlung dienen. Γ, 425 δίφρον ἑλοῦσα . . κατέθηκε φέρουσα. S. OC. 1342 ὥστ' ἐν δόμοισι τοῖσι σοῖς στήσω σ' ἄγων. Endlich in Fällen wie Th. 3, 97 κατὰ κράτος αἱρεῖ ἐπιών „auf den ersten Anlauf" (wörtl. gleich beim Anrücken); vgl. 4, 116 ἐπιφερόμενος τῷ στρατῷ εὐθὺς τὸ τείχισμα λαμβάνει.

B. Lehre von den Modis oder Aussageformen des Verbs.

§ 390. Bedeutung der Modi.[1])

1. Die Modusformen (Modi) oder Aussageformen des Verbs drücken das Aussageverhältnis des auf ein Subjekt bezogenen Prädikates aus, indem sie das Verhältnis angeben, in welchem

[1]) Eine lichtvolle Darstellung und Kritik der verschiedenen Modustheorieen giebt Koppin, Beiträge zur Entwickelung und Würdigung der Ideen über die Grundbedeutung der griechischen Modi. I Wismar 1877, II Stade 1880.

ein ausgesprochener Gedanke zu der geistigen Auffassung oder dem Willen des Redenden steht. Daher sagen die alten Grammatiker sehr richtig, dass die Modusformen die διαθέσεις ψυχῆς bezeichnen. S. z. B. Choerobosc. in Bekk. An. III. p. 1275.

2. Die griechische Sprache hat vier Modusformen: den Indikativ, den Konjunktiv, den Optativ und den Imperativ. Der Indikativ ist der Modus der Wirklichkeit, d. h. der Redende stellt etwas als wirklich, als thatsächlich vorhanden hin. Der Konjunktiv ist der Modus der Erwartung: der Redende deutet an, dass er die Verwirklichung einer Handlung erwartet. Der Optativ ist der Modus der Vorstellung: der Redende stellt etwas als blosse Vorstellung, als subjektiven Gedanken hin. Der Imperativ ist der Modus des Befehls: der Redende spricht aus, dass er die Verwirklichung einer Handlung fordert.

3. Konjunktiv und Optativ sind von den ältesten Zeiten her sowohl als Ausdruck der einfachen Aussage, wie als Ausdruck des Begehrens verwandt worden und erscheinen dementsprechend in doppelter Funktion: der Konjunktiv teils in futurischem Sinne, wenn schlechthin die Erwartung der Verwirklichung ausgesprochen wird, teils in voluntativem Sinne, wenn das Erwartete zugleich als von dem Redenden gewollt erscheint; der Optativ teils in potentialem Sinne als Ausdruck des rein Gedachten, teils in wünschendem Sinne, wenn das Gedachte zugleich als von dem Redenden gewünscht erscheint. Auch der Indikativ ist in gewissen Fällen scheinbar als Ausdruck des Begehrens verwandt worden, insofern der Indikativ der historischen Zeitformen als Form eines Wunsches dienen kann, den der Redende für unerfüllbar hält. Dass ihm jedoch von vorn herein die Bedeutung eines *modus irrealis* zukomme, ist nicht zu erweisen.[1])

4. Aus der gegebenen Bestimmung der Modusformen leuchtet ein, dass dieselben einen durchaus subjektiven Charakter haben. Sie drücken nie etwas Objektives aus, d. h. sie zeigen nie an, wie eine Thätigkeitsäusserung in der Wirklichkeit beschaffen sei. Der Indikativ drückt an sich nicht etwas Wirkliches, der Optativ an sich nicht etwas bloss in der Vorstellung Vorhandenes, der Imperativ an sich nicht etwas Notwendiges aus. Die Modusformen

---

[1]) Eine ursprünglich modale Verwendung des Indikativs der Präterita nimmt Aken an (Grundzüge d. Lehre v. Temp. u. Mod. § 62 ff.). S. dagegen Koppin, Giebt es in der griech. Spr. einen Modus irrealis? in d. Zeitschr. f. Gymnasialwesen 1878, und Gerth, Grammatisch-Kritisches zur griech. Moduslehre, Dresden 1878.

beziehen sich vielmehr lediglich auf die geistige Auffassung des Redenden, indem sie angeben, wie der Redende eine Thätigkeitsäusserung auffasst oder aufgefasst wissen will.

Anmerk. 1. Ob die potentiale Verwendung des Optativs aus dem Gebrauche in Wunschsätzen abzuleiten sei oder umgekehrt, und ebenso ob die futurische Bedeutung des Konjunktivs erst aus der voluntativen hervorgegangen sei, wie dies Delbrück (Syntakt. Forschungen I) zu erweisen sucht, ja ob überhaupt für jeden Modus eine einheitliche Grundbedeutung angenommen werden kann, muss dahingestellt bleiben. Die unter Nr. 2 gegebenen Bestimmungen stellen demnach nicht die „Grundbedeutungen“ des Konjunktivs und Optativs dar, sondern lediglich Formeln, unter denen sich die verschiedenen Gebrauchstypen dieser Modi zusammenfassen lassen.

Anmerk. 2. Die von Kühner mit Scharfsinn und Gelehrsamkeit verfochtene Annahme, dass der Optativ keinen besonderen Modus bilde, sondern als Konjunktiv der historischen Zeitformen aufzufassen sei, dass also der Konjunktiv den „Modus der Vorstellung“ für Gegenwärtiges und Zukünftiges, der Optativ dagegen den Modus der Vorstellung für Vergangenes darstelle, ist als unhaltbar aufgegeben worden. Sie stützt sich im wesentlichen einerseits auf die allerdings höchst beachtenswerte und in ihren innern Gründen noch nicht genügend aufgeklärte formelle Verwandtschaft des Optativs mit den historischen Zeitformen, namentlich hinsichtlich der Personalendungen, anderseits auf die Thatsache, dass der Optativ in Nebensätzen mit Vorliebe als Begleiter historischer Tempora erscheint. Allein gerade diese Verwendung ist zweifellos nicht ursprünglich, sondern erst auf griechischem Boden nach und nach erwachsen; und der Gebrauch des Optativs in Hauptsätzen weicht im Griechischen wie in den verwandten Sprachen so beträchtlich von dem des Konjunktivs ab, dass beide Modi nur mit Künstelei unter den gemeinsamen Begriff eines „Modus der Vorstellung“ gebracht werden können.

Gebrauch der Modusformen im Griechischen.

§ 391. a. Die Indikativform.

1. Der Gebrauch des Indikativs im Griechischen stimmt im allgemeinen mit dem im Deutschen und in anderen Sprachen überein. Da er der Modus dessen ist, was der Redende als etwas Wirkliches auffasst oder aufgefasst wissen will, so wird er natürlich auch von dem gebraucht, was der Redende als etwas Gewisses oder Faktisches bezeichnen will, mag dasselbe sich nun objektiv so verhalten oder nur von dem Redenden so angenommen sein, als: Τὸ ῥόδον ἀνθεῖ. Εἰ τοῦτο λέγεις, ἁμαρτάνεις. So auch in Hauptsätzen von einer Annahme, Einräumung, oft in Verbindung mit καὶ δή, und nun; zuweilen wird auch εἶεν vorangeschickt. Aesch. Eum. 894 καὶ δὴ δέδεγμαι· τίς δέ μοι τιμὴ μένει; *fac me accipere; quis mihi honos conceditur?* Eur. M. 386 εἶεν· | καὶ δὴ τεθνᾶσι· τίς με δέξεται πόλις; 1107 καὶ δὴ γὰρ ἅλις βιοτὴν εὗρον κτλ. *fac eos nactos esse.* Andr. 334 τέθνηκα τῇ σῇ θυγατρὶ καί μ' ἀπώλεσε· | μιαιφόνον μὲν οὐκ

ἔτ' ἂν φύγοι μύσος, *fac me interfectum esse a tua filia.* Hel. 1059 καὶ δὴ παρεῖκεν. Or. 646 ἀδικῶ· λαβεῖν χρή μ' ἀντὶ τοῦδε τοῦ κακοῦ ἄδικόν τι παρὰ σοῦ. 1108 καὶ δὴ πάντ' ἀποσφραγίζεται. Hdt. 7. 10, 2 καὶ δὴ καὶ συνήνεικε ἤ τοι κατὰ γῆν ἢ κατὰ θάλασσαν ἑσσωθῆναι, gesetzt, es ereigne sich, dass. X. An. 5. 7, 9 ποιῶ (ich setze den Fall) δ' ὑμᾶς ἐξαπατηθέντας ὑπ' ἐμοῦ ἥκειν εἰς Φᾶσιν· καὶ δὴ καὶ ἀποβαίνομεν εἰς τὴν χώραν (*fac etiam nos descendere*), s. Kühner's Bmrk. Eur. J. A. 1186 εἶεν· | θύσεις δὲ τὴν παῖδ'· ἔνθα τίνας εὐχὰς ἐρεῖς. Mehr Beispiele § 518, 9. Über den so gebrauchten Optativ s. § 395, 2; über den Imperativ § 397. So auch öfter im Lateinischen.[1])

2. In manchen Fällen weicht der Gebrauch des Indikativs im Griechischen von dem im Deutschen ab. So haben wir § 387, 5 gesehen, dass die Griechen den Indikativ des Futurs häufig, besonders in Fragen, von dem gebrauchen, was einer thun will oder soll oder muss oder kann. Auch gebraucht der Grieche oft in Fragen (besonders der Verwunderung oder überhaupt des Affektes), welche einen Gegensatz ausdrücken, indem die mit οὐ bejahenden, die ohne οὐ verneinenden Sinn haben, wo wir das Hülfsverb *sollen* oder *können* anwenden, einfach den Indikativ, wodurch die Frage energischer hervortritt. Δ, 26 πῶς ἐθέλεις ἅλιον θεῖναι πόνον ἠδ' ἀτέλεστον; wie solltest, könntest du . . wollen? Α, 123 πῶς γάρ τοι δώσουσι γέρας μεγάθυμοι Ἀχαιοί; Hdt. 1, 75 κῶς γὰρ ὀπίσω πορευόμενοι διέβησαν αὐτόν (τὸν ποταμόν); quo enim modo revertentes flumen *transire potuissent*? s. Baehr. Pl. Phil. 50, c Socr. μανθάνομεν οὖν, ὅτι θρήνου πέρι πάντα ἐστὶ τὰ νῦν δὴ διαπερανθέντα; Prot. πῶς γὰρ οὐ μανθάνομεν; wie sollten wir nicht . .? Das versteht sich doch von selbst. Gorg. 480, b ἢ πῶς λέγομεν, εἴπερ τὰ πρότερον μένει ἡμῖν ὁμολογήματα; ubi v. Stallb. Symp. 214, a πῶς οὖν . . ποιοῦμεν; vgl. Civ. 377, e. 530, d. Theaet. 155, e Socr. χάριν οὖν μοι εἴσει, ἐάν σοι ἀνδρὸς τῆς διανοίας τὴν ἀλήθειαν ἀποκεκρυμμένην συνεξερευνήσωμαι; Th. πῶς γὰρ οὐκ εἴσομαι, καὶ πάνυ γε πολλήν; X. Comm. 1. 1, 5 πιστεύων δὲ θεοῖς πῶς οὐκ εἶναι θεοὺς ἐνόμιζεν; 1. 2, 23 πῶς οὖν οὐκ ἐνδέχεται σωφρονήσαντα πρόσθεν αὖθις μὴ σωφρονεῖν; Doch wird auch die Umschreibung mit μέλλειν gebraucht, wie Pl. Phaed. 78 b πῶς γὰρ οὐ μέλλει; wie sollte es nicht? s. Stallb.

3. Ein bemerkenswerter Gebrauch des Indikativs des Perfekts oder perfektischen Präsens bei den Attikern ist die Verbindung desselben mit den adverbialen Ausdrücken τὸ ἐπ' ἐμοί (ἐμέ), τὸ

---

[1]) Vgl. Hermann ad Viger. p. 839, 331. Pflugk ad Eur. Med. 386. Bremi ad Demosth. c. Aphob. fals. test. p. 856, 40. C. Fr. Hermann Index schol. Gotting. April. 1850. Disput. de protasi paratact. Heindorf ad Horat. Sat. I, 45. S. 13. Ruhnken ad Terent. Andr. 1. 5, 3. Kühner ad. Cicer. Tuscul. 2, 12, 28.

ἐπὶ σοί u. s. w., so viel an mir, dir u. s. w. liegt, wodurch bezeichnet werden soll, dass etwas, so viel an einem lag, sicherlich eingetreten sein würde (vgl. § 384, 5). Eur. Alc. 666 τέθνηκα γὰρ δὴ τοὐπὶ σέ. X. An. 6. 6, 23 αὐτοί τε τὸ ἐπὶ τούτῳ ἀπολώλαμεν, d. i. so viel an ihm lag, wären wir umgekommen, s. Kühner's Bmrk. Cy. 5. 4, 11 νῦν τὸ μὲν ἐπ' ἐμοὶ οἴχομαι (= ἀπόλωλα), τὸ δ' ἐπὶ σοὶ σέσῳσμαι. Hell. 3. 5, 9 τὸ μὲν ἐπ' ἐκείνοις εἶναι ἀπολώλατε (Dindorf ἀπωλώλειτε), ὁ δὲ δῆμος οὑτοσὶ ὑμᾶς ἔσωσε. Übrigens kommt st. des Indikativs des Perfekts auch der Indikativ einer histor. Ztf. m. ἄν vor, wie Isocr. 4, 142 ὥστε τὸ μὲν ἐπ' ἐκείνῳ πολλάκις ἂν διελύθησαν, διὰ δὲ τὸν ἐφεστῶτα κίνδυνον . . ἐνίκησαν.

4. In ähnlicher Weise gebraucht das Griechische den Indikativ des Aorists bei den die Gültigkeit einer Aussage einschränkenden Ausdrücken ὀλίγου, μικροῦ u. a. beinahe, fast, wie im Lateinischen *prope, paene* c. indic. perf.: ὀλίγου ἐπελαθόμην *paene oblitus sum* (wie auch im Deutschen vereinzelt „beinahe habe ich vergessen“ statt hätte). ξ, 37 ὦ γέρον, ἦ ὀλίγου σε κύνες διεδηλήσαντο. Th. 8, 35 προσβαλόντες τῇ πόλει . . ὀλίγου εἷλον. Pl. Symp. 198 c ἔγωγε ἐνθυμούμενος, ὅτι αὐτὸς οὐχ οἷός τ' ἔσομαι οὐδ' ἐγγὺς τούτων οὐδὲν καλὸν εἰπεῖν, ὑπ' αἰσχύνης ὀλίγου ἀποδρὰς ᾠχόμην, εἴ πῃ εἶχον. Ap. 17, a ὅ τι μὲν ὑμεῖς πεπόνθατε ὑπὸ τῶν ἐμῶν κατηγόρων, οὐκ οἶδα· ἐγὼ δ' οὖν καὶ αὐτὸς ὑπ' αὐτῶν ὀλίγου ἐμαυτοῦ ἐπελαθόμην, οὕτω πιθανῶς ἔλεγον, *prope* od. *paene oblitus sum.* Vgl. Menex. 236, 6. Men. 80, b. Lys. 210, e. Theaet. 180, d. Euthyd. 279, d. 303, b. X. Cy. 1. 4, 8 καί πως διαπηδῶν αὐτῷ ὁ ἵππος πίπτει εἰς γόνατα καὶ μικροῦ κἀκεῖνον ἐξετραχήλισεν. (Th. 2, 77 τὸ πῦρ μέγα τε ἦν καὶ τοὺς Πλαταιέας . . ἐλαχίστου ἐδέησε διαφθεῖραι war nahe daran, zu verderben.)

5. In den Indikativ des Imperfekts (höchst selten des Aorists) treten die Ausdrücke der unerfüllten Forderung χρῆν, ἔδει, ὤφελον, Verbaladjektive auf τέος, προσῆκε, καιρὸς ἦν, εἰκὸς ἦν, δίκαιον, καλόν, αἰσχρὸν ἦν, καλῶς εἶχε, ἐξῆν, ἐνῆν, ὑπῆρχε, bei denen die Notwendigkeit, Pflicht, Möglichkeit u. s. w. als wirklich, als thatsächlich vorhanden hervorgehoben wird, während die als notwendig u. s. w. bezeichnete Handlung selbst nicht wirklich eingetreten ist. Das Deutsche gebraucht hier zufolge einer Art von Modusverschiebung den Konjunktiv, das Lateinische dagegen in Übereinstimmung mit dem Griechischen den Indikativ: δίκαιον ἦν *aequum erat*, es wäre billig gewesen (aber es ist nicht geschehen). So zunächst in Beziehung auf vergangene Verhältnisse. S. Ph. 1363 χρῆν γάρ σε μήτ' αὐτόν ποτ' ἐς Τροίαν μολεῖν | ἡμᾶς τ' ἀπείργειν du musstest, d. i. hättest müssen. Antiph. 1, 4. 5, 47. X. Comm. 1. 2, 17. Lys. 12, 32 χρῆν δέ σε, εἴπερ ἦσθα χρηστός, πολὺ μᾶλλον τοῖς μέλλουσιν

ἀδίκως ἀποθανεῖσθαι μηνυτὴν γενέσθαι ἢ τοὺς ἀδίκως ἀπολουμένους συλλαμβάνειν. X. An. 7. 6, 23 ἔδει τὰ ἐνέχυρα τότε λαβεῖν *opus erat*. A, 353 ἐπεί μ' ἔτεκές γε μινυνθάδιόν περ ἐόντα, | τιμήν πέρ μοι ὄφελλεν Ὀλύμπιος ἐγγυαλίξαι *debebat*. K, 117 νῦν ὄφελεν κατὰ πάντας ἀριστῆας πονέεσθαι. Ψ, 546 ἀλλ' ὤφελεν ἀθανάτοισιν | εὔχεσθαι· τῷ κ' οὔ τι πανύστατος ἦλθε διώκων. Dem. 18, 199 οὐδ' οὕτως ἀποστατέον τῇ πόλει τούτων ἦν, εἴπερ ἢ δόξης ἢ προγόνων . . εἶχε λόγον. Th. 6, 78 μάλιστα εἰκὸς ἦν ὑμᾶς . . προορᾶσθαι αὐτά. Dem. 6, 28 ἦν μὲν οὖν δίκαιον τοὺς ἐνεγκόντας τὰς ὑποσχέσεις . . καλεῖν. Pl. Euthyd. 304, d ἄξιόν γ' ἦν ἀκοῦσαι es hätte sich verlohnt. S. Or. 1368 κρείσσων γὰρ ἦσθα μηκέτ' ὢν ἢ ζῶν τυφλός. Th. 1, 38 καλὸν δ' ἦν, εἰ καὶ ἡμαρτάνομεν, . . εἶξαι. X. An. 7. 7, 40 αἰσχρὸν γὰρ ἦν τὰ μὲν ἐμὰ διαπεπρᾶχθαι, τὰ δ' ἐκείνων περιιδεῖν κακῶς ἔχοντα. Th. 1, 37 εἰ ἦσαν ἄνδρες, ὥσπερ φασίν, ἀγαθοί, . . ἐξῆν αὐτοῖς τὴν ἀρετὴν δεικνύναι. X. Hell. 2. 3, 41. Ähnlich An. 3. 4, 43 μακρὸν γὰρ ἦν ἀπὸ τῆς οὐρᾶς λαβεῖν *longum erat*. Ebenso aber auch in Beziehung auf die Gegenwart: δίκαιον ἦν es wäre billig (aber es geschieht nicht). Die Forderung selbst ist noch für die Gegenwart gültig; aber die Erfüllbarkeit dieser Forderung gehört der Vergangenheit an, da bereits über die Nichtverwirklichung entschieden ist. Dieser Gegensatz ruft eine ähnliche Tempusverschiebung hervor wie in den § 383, 5 erörterten Fällen, indem der Redende sich in die Zeit versetzt, wo die Handlung eintreten musste, für die es jetzt zu spät ist. S. Ph. 1062 τάχ' ἂν τὸ σὸν γέρας | τιμὴν ἐμοὶ νείμειεν, ἣν σὲ χρῆν ἔχειν. Eur. Hipp. 297 τί σιγᾷς; οὐκ ἐχρῆν σιγᾶν, τέκνον. Dem. 8, 33. Hdt. 7, 9 β τοὺς χρῆν . . καταλαμβάνειν τὰς διαφοράς . . εἰ δὲ πάντως ἔδεε πολεμέειν πρὸς ἀλλήλους, ἐξευρίσκειν χρῆν τῇ ἑκάτεροί εἰσι δυσχειρωτότατοι. 4, 118. S. Ph. 418 τούσδε γὰρ μὴ ζῆν ἔδει. Dem. 4, 38 ἀληθῆ μέν ἐστι τὰ πολλά, ὡς οὐκ ἔδει. 4, 27. 8, 1. δ, 97 ὧν ὄφελον τριτάτην περ ἔχων ἐν δώμασι μοῖραν | ναίειν. X. An. 2. 1, 4 ἀλλ' ὤφελε μὲν Κῦρος ζῆν (vgl. Nr. 6). Comm. 2. 7, 10 εἰ μὲν τοίνυν αἰσχρόν τι ἔμελλον ἐργάζεσθαι, θάνατον ἀντ' αὐτοῦ προαιρετέον ἦν· νῦν δ' ἃ μὲν δοκεῖ κάλλιστα καὶ πρεπωδέστατα γυναιξὶν εἶναι ἐπίστανται κτλ. An. 7. 7, 18 εἶθ' ὑμᾶς προσῆκεν ἐκ τῆς χώρας ἀπιέναι εἶθ' ἡμᾶς. S. OR. 250 οὐδ' εἰ γὰρ ἦν τὸ πρᾶγμα μὴ θεήλατον, | ἀκάθαρτον ὑμᾶς εἰκὸς ἦν οὕτως ἐᾶν. Isocr. 20, 14 κράτιστον μὲν γὰρ ἦν, εἴ τι προσῆν ἄλλο σημεῖον. Dem. 28, 10 τὴν μὲν διαθήκην ἠφανίκατε, ἐξ ἧς ἦν εἰδέναι περὶ πάντων τὴν ἀλήθειαν. — Etwas anders ἐβουλόμην *vellem* (neben dem häufigeren ἐβουλόμην ἄν): ich wünschte zwar einmal (aber nun ist es zu spät), vergleichbar dem Futur der höflichen Bitte δεήσομαι (§ 387, 4): ich werde dich bitten (aber es ist wohl noch zu früh). Antiph. 5, 1 ἐβουλόμην μὲν τὴν δύναμιν τοῦ λέγειν καὶ τὴν ἐμπειρίαν τῶν πραγμάτων ἐξ ἴσου μοι καθεστάναι τῇ τε συμφορᾷ καὶ τοῖς κακοῖς τοῖς γεγενημένοις· νῦν δέ κτλ. Isae. 10, 1 ubi v.

Schoemann. Aeschin. 3, 2 ἐβουλόμην μὲν οὖν καὶ τὴν βουλὴν τοὺς πεντακοσίους καὶ τὰς ἐκκλησίας ὑπὸ τῶν ἐφεστηκότων ὀρθῶς διοικεῖσθαι . . ἐπειδὴ δέ κτλ. Vgl. Lys. 12, 37 ἐγὼ τοίνυν ἠξίουν ἱκανὰ εἶναι τὰ κατηγορημένα. Antiph. 5, 86. Lys. 31, 1 ᾤμην μὲν οὐκ ἄν ποτ' εἰς τοῦτο τόλμης Φίλωνα ἀφικέσθαι . . ἐπειδὴ δέ κτλ.

Anmerk. 1. Bei Homer erscheint so nur ὤφελον häufiger, s. d. obigen Beisp. υ, 331 ἐπεὶ τόδε κέρδιον ἦεν, εἰ νόστησ' Ὀδυσσεύς. Übrigens gebraucht er in gleichem Sinne den Optativ mit κέν und das Imperf. mit ἄν. Γ, 41 αἴθ' ὄφελες ἄγονός τ' ἔμεναι ἄγαμός τ' ἀπολέσθαι· | καί κε τὸ βουλοίμην, καί κεν πολὺ κέρδιον ἦεν. Ε, 201 ἀλλ' ἐγὼ οὐ πιθόμην, ἦ τ' ἂν πολὺ κέρδιον ἦεν.

Anmerk. 2. Wenn nicht bloss die Erfüllung der Forderung, sondern die Forderung selbst (die Notwendigkeit, Möglichkeit u. s. w.) unwirklich ist, so wird regelmässig die Partikel ἄν hinzugefügt. Th. 1, 74 εἰ προσεχωρήσαμεν πρότερον τῷ Μήδῳ, . . οὐδὲν ἂν ἔτι ἔδει ὑμᾶς ναυμαχεῖν. Antiph. 4, δ, 2. Lys. 7, 22. Pl. civ. 328, c ὦ Σώκρατες, οὐδὲ θαμίζεις ἡμῖν καταβαίνων εἰς τὸν Πειραιᾶ· χρῆν μέντοι· εἰ ἐγὼ ἔτι ἐν δυνάμει ἦ τοῦ ῥᾳδίως πορεύεσθαι πρὸς τὸ ἄστυ, οὐδὲν ἄν σε ἔδει δεῦρο ἰέναι, ἀλλ' ἡμεῖς ἂν παρὰ σὲ ᾖμεν· νῦν δέ σε χρὴ πυκνότερον δεῦρο ἰέναι. Gorg. 514, a. Phaed. 108, a. X. An. 5. 1, 10. Dem. 4, 1. 27, 1. 21. 35. Lys. 33, 4 ταῦτα εἰ μὲν δι' ἀσθένειαν ἐπάσχομεν, στέργειν ἂν ἦν ἀνάγκη τὴν τύχην· ἐπειδὴ δέ κτλ. Pl. civ. 582, e. Isocr. 6, 4 εἰ μὲν γὰρ ἦν δεδειγμένον . . καλῶς ἂν εἶχεν ἀπείργειν ἡμᾶς τοῦ συμβουλεύειν· ἐπειδὴ δ' . . πῶς οὐκ ἀμφοτέρων χρὴ τῶν ἡλικιῶν πεῖραν λαμβάνειν; Pl. Charm. 155, a οὐδὲ γὰρ ἄν που, εἰ ἐτύγχανε νεώτερος ὤν, αἰσχρὸν ἂν ἦν αὐτῷ διαλέγεσθαι ἡμῖν. Dem. 29, 58 εἰ μὲν μὴ καὶ παρὰ τοῖς αὐτοῦ φίλοις καὶ παρὰ τῷ διαιτητῇ προεγνωσμένος ἀδικεῖν τούτους ἐποιεῖτο τοὺς λόγους, ἧττον ἂν ἦν ἄξιον θαυμάζειν· νῦν δὲ κτλ. Lys. 4, 13 εἰς μὲν λύσιν τοῦ σώματος . . ἐξῆν ἄν μοι χρῆσθαι αὐτῇ ὅ τι ἐβουλόμην, κινδυνεύοντι δέ μοι περὶ τῆς πατρίδος οὐδὲ πυθέσθαι παρ' αὐτῆς τἀληθῆ ἐκγενήσεται.[1]

6. Endlich ist der Indikativ der historischen Tempora die Form des vom Redenden als unerfüllbar vorgestellten Wunsches, meist eingeleitet durch εἰ γάρ, εἴθε (dicht. auch ὡς), negiert durch μή; und zwar steht in der Regel der Aorist, als das Tempus der abgeschlossenen Handlung, mit Beziehung auf die Vergangenheit, das Imperfekt dagegen als Tempus der sich entwickelnden Handlung mit Beziehung auf die Gegenwart. Die letztere Verwendung erklärt sich in ähnlicher Weise wie der entsprechende Gebrauch von ἔδει (s. Nr. 5): der Wunsch ist zwar noch für die Gegenwart gültig; aber die Erfüllbarkeit des Wunsches gehört der Vergangenheit an, da bereits über die Nichtverwirklichung entschieden ist; im Bewusstsein dieses Gegensatzes versetzt sich der Redende in die Zeit, wo die Erfüllung noch möglich war. Übrigens hat der Modalbegriff des Begehrens nichts mit dem Indikativ zu thun; er ergiebt sich lediglich aus dem Zusammenhange, dem affektvollen Tone der Rede und den einleitenden Partikeln εἰ und μή.

---

1) S. La Roche in d. Zeitschr. f. österr. Gymnasien 1876, S. 588 ff.

Aesch. Ag. 1537 ἰὼ γᾶ γᾶ, εἴθε μ' ἐδέξω, | πρὶν τόνδ' ἐπιδεῖν *utinam me excepisses.* S. OR. 1218 εἴθε σε μήποτ' εἰδόμαν. X. Comm. 1. 2, 46 εἴθε σοι τότε συνεγενόμην, ὅτε δεινότατος σαυτοῦ ταῦτα ἦσθα. Eur. Alc. 1072 εἰ γὰρ τοσαύτην δύναμιν εἶχον *utinam haberem.* El. 1061 εἴθ' εἶχες, ὦ τεκοῦσα, βελτίους φρένας. Heracl. 731 εἴθ' ἦσθα δυνατὸς δρᾶν ὅσον πρόθυμος εἶ. Theocr. 27, 61 αἴθ' αὐτὰν δυνάμαν καὶ τὰν ψυχὰν ἐπιβάλλειν.

Anmerk. 3. Bei Homer lassen sich indikativische Wünsche, die sich auf die Gegenwart beziehen, nicht nachweisen (die Formel εἴ ποτ' ἔην γε gehört nicht hierher); solche aber, die sich auf die Vergangenheit beziehen, nur in geringer Anzahl und nicht ganz sicher, da die hierfür angeführten Beispiele auch als Bedingungsvordersätze aufgefasst werden können. Θ, 366 εἰ γὰρ ἐγὼ τάδε ᾔδε' ἐνὶ φρεσὶ πευκαλίμῃσιν . . οὐκ ἂν ὑπεξέφυγε Στυγὸς ὕδατος αἰπὰ ῥέεθρα, *utinam* haec scivissem oder *si* haec scivissem. δ, 732 εἰ γὰρ ἐγὼ πυθόμην ὁδὸν ὁρμαίνοντα· | τῷ κε μάλ' ἤ κεν ἔμεινε κτλ. ω, 284 εἰ γάρ μιν ζωόν γ' ἐκίχεις Ἰθάκης ἐνὶ δήμῳ· | τῷ κέν σ' εὖ δώροισιν ἀμειψάμενος ἀπέπεμψεν. Vgl. γ, 256. Im allgemeinen gebraucht Homer für den unerfüllbaren Wunsch entweder den Optativ, der erst in nachhomerischer Zeit aus dem Gebiete des Nichtwirklichen verdrängt worden ist (s. § 395, 1 u. 3; § 396, 2), oder die Umschreibung mit ὤφελον und dem Infinitiv des Aor. od. Praes., die nach Verdunkelung der ursprünglichen Bedeutung *debebam* (s. Nr. 5) auch mit den Wunschpartikeln εἴθε, εἰ γάρ und ὡς eingeleitet und mit μή negiert wurde und auch im Attischen sehr üblich ist. Γ, 40 αἴθ' ὄφελες ἄγονός τ' ἔμεναι ἄγαμός τ' ἀπολέσθαι. 173 ὡς ὄφελεν θάνατός μοι ἁδεῖν κακός, ὁππότε δεῦρο | υἱέϊ σῷ ἑπόμην. 428 ἤλυθες ἐκ πολέμου· ὡς ὤφελες αὐτόθ' ὀλέσθαι. Χ, 481 ὡς μὴ ὤφελλε τεκέσθαι. Ι, 698 μηδ' ὄφελες λίσσεσθαι ἀμύμονα Πηλεΐωνα hättest du den Peliden doch nicht gebeten! λ, 548 ὡς δὴ μὴ ὄφελον νικᾶν wäre ich doch nicht Sieger geblieben! S. El. 1021 εἴθ' ὤφελες τοιάδε τὴν γνώμην πατρὸς | θνῄσκοντος εἶναι· πᾶν γὰρ ἂν κατειργάσω hättest du doch schon beim Tode des Vaters so kühnen Sinn gehegt! Ph. 969 μή ποτ' ὤφελον λιπεῖν | τὴν Σκῦρον. Eur. Med. 1 εἴθ' ὤφελ' Ἀργοῦς μὴ διαπτάσθαι σκάφος. Α, 415 αἴθ' ὄφελες παρὰ νηυσὶν ἀδάκρυτος καὶ ἀπήμων ἧσθαι ach dass du doch sässest! Δ, 315 ἀλλά σε γῆρας τείρει ὁμοίιον· ὡς ὄφελέν τις | ἀνδρῶν ἄλλος ἔχειν. Ω, 254 αἴθ' ἅμα πάντες | Ἕκτορος ὠφέλετ' ἀντὶ θοῇς ἐπὶ νηυσὶ πεφάσθαι. Pl. Crit. 44, d εἰ γὰρ ὤφελον οἷοί τε εἶναι οἱ πολλοὶ τὰ μέγιστα κακὰ ἐξεργάζεσθαι, ἵνα οἷοί τε ἦσαν αὖ καὶ ἀγαθὰ τὰ μέγιστα, καὶ καλῶς ἂν εἶχε. Dem. 25, 44 ὤφελε γὰρ μηδεὶς ἄλλος Ἀριστογείτονι χαίρειν. Auch im Nebensatze: Ρ, 686 = Σ 19 λυγρῆς ἀγγελίης, ἣ μὴ ὤφελλε γενέσθαι. Eur. I. A. 70 ἡ δ' εἵλεθ', ὅς σφε μήποτ' ὤφελεν λαβεῖν, | Μενέλαον. Hdt. 1, 111 εἶδον τὸ μήτε ἰδεῖν ὄφελον μήτε κοτὲ γενέσθαι. Dem. 18, 288 u. 320 ἐπειδὴ δ' ἃ μήποτ' ὤφελε συνέβη. X. Cy. 4. 6, 3 ἥμαρτεν, ὡς μήποτε ὤφελεν. — Bei späteren Schriftstellern wird ὤφελον, ὤφελε zuweilen wie eine Konjunktion behandelt. Callim. ep. 18 ὤφελε μηδ' ἐγένοντο θοαὶ νέες. Arrian. diss. 2, 18 ὤφελόν τις μετὰ ταύτης ἐκοιμήθη.

Anmerk. 4. Über den Indikativ des Futurs st. des Imperativs s. § 387, 6; über den Indik. mit μή, μὴ οὐ § 394, Anm. 7; über den Indik. in Nebensätzen s. d. Lehre von den Nebensätzen.

§ 392. Der Indikativ (Imperativ) in Verbindung mit ἄν (κέ). [1]).

Vorbemerk. Mit der Lehre von den Modusformen ist die Erörterung des Modaladverbs ἄν, neben dem in der Homerischen Sprache auch das enklitische Modaladverb κέ oder κέν (Dor. κά) gebraucht wird, eng verbunden. Bei Homer steht ἄν vorwiegend in negativen, nur selten in affirmativen Sätzen. In Relativsätzen wird mit Vorliebe das weniger nachdrückliche (daher stets enklitische) κέ gebraucht; auch kann κέ in disjunktiven Satzgliedern wiederholt werden, wie X, 253, vgl. Υ, 311, wofür sich bei ἄν kein Beispiel findet. (Über die Zusammenstellung ἄν κε vgl. § 398, A. 6.) Im allgemeinen aber stimmen beide Partikeln hinsichtlich ihrer Verwendung überein. Sie modifizieren eine Aussage in der Weise, dass die Handlung als unter gewissen Umständen wirklich eintretend bezeichnet wird. Die weitere Annahme, dass ἄν auf objektive, thatsächlich vorliegende Verhältnisse oder Gründe, κέ dagegen auf subjektive, der persönlichen Meinung oder Empfindung des Redenden entspringende Umstände hindeute [2]), lässt sich nicht sicher erweisen. Jedenfalls aber vereinigt im Attischen ἄν beide Funktionen in sich, so dass es bald mit „nach Lage der Umstände" (unter den obwaltenden Verhältnissen) oder „je nach Lage der Umstände" (eventuell), bald mit der deutschen Partikel wohl übersetzt werden kann, die dem griech. ἄν auch darin entspricht, dass sie ebenfalls nur in aussagenden Hauptsätzen, nicht in Sätzen der Begehrung erscheint.

Der Ursprung der beiden Partikeln ist dunkel. ἄν identifiziert man mit dem lat. Frageworte an [3]), als dessen Grundbedeutung dann nicht oder, sondern etwa, vielleicht anzunehmen wäre. κέν stellt Lange (Ztschr. f. d. Oesterr. Gymn. IX. S. 51) mit dem Indefinitstamme κο, τι (in ὅκως, τίς), im Sanskr. *ka, ki*, zusammen, sodass κέν irgend, in irgend einem Falle bedeute [4]).

Die Zufügung von ἄν (κέ) ist wohl zunächst bei denjenigen beiden Modi zur Gewohnheit geworden, die von altersher doppeldeutig waren und deshalb eines unterscheidenden Kennzeichens am meisten bedurften: beim Konjunktiv und Optativ; diese wurden durch jene Partikeln, die auf eventuelle Verwirklichung des Gedankens hinweisen, als Modi der Aussage charakterisiert im Gegensatze zu ihrer zweiten Funktion als Modi des Begehrens. Der Analogie des Konjunktivs folgte das sinnverwandte Futur, doch nur in der älteren Sprache. Indem endlich der Indikativ der historischen Tempora unter Umständen mit ἄν verbunden wurde, übernahm er damit einen Teil der modalen Funktionen des Optativs.

[1]) Die wichtigsten Schriften über diese Modaladverbien sind: Hermann de particula ἄν libri 4; Reisig de vi et usu ἄν particulae; Poppo de usu part. ἄν in den Miscell. crit. v. Seebode I, 1; Hartung Griech. Part. II, 10 Abschn.; R. Klotz ad Devar. T. I. p. 99 sqq. Bäumlein Unters. über d. Gr. Modi u. die Part. κέν u. ἄν. Casselmann, de usu particularum ἄν et κέν, Progr. v. Cassel 1854. Polaschek, Beiträge zur Erkenntnis der Partikeln ἄν und κέν, Czernowitz 1890 u. 1891. — [2]) Casselmann, a. a. O. und Hentze im Philol. Bd. 29 (1870), S. 134 ff. — [3]) So schon Hartung, Gr. Part. II. S. 225; neuerdings insbesondere L. Meyer, AN im Griech., Lat. u. Goth. 1880. — [4]) Vgl. auch Delbrück, Syntakt. Forschungen I. S. 84 ff., der κέν mit dem altindischen *kam* (etwa irgendwann, irgendwie) identifiziert.

1. Der **Indikativ des Futurs** mit ἄν (κέν) drückt aus, dass eine Handlung in der **Zukunft unter gewissen Umständen eintreten wird.** In der **Homerischen** Sprache ist die Verbindung des Futurs im Indikative mit κέ(ν) sehr häufig (Α, 137. 139. 184. 523. Δ, 176. Θ, 405. Ι, 61. 262. Ξ, 102. 239. 267. Φ, 226. Χ, 71. Ψ, 559. γ, 80. δ, 80. ξ, 99. κ, 298. ρ, 540. τ, 558), weit seltener mit ἄν (Χ, 49. 66. ζ, 221).[1]) Später wurde diese Verbindung aufgegeben, da zum Ausdrucke des in der Zukunft eventuell Eintretenden der **Optativ** mit ἄν genügte, und man hat wohl mit Recht die entsprechenden Stellen der Attiker geändert. Α, 139 ὁ δέ κεν κεχολώσεται der wird **wohl** grollen. 523 ἐμοὶ δέ κε ταῦτα μελήσεται, ὄφρα τελέσσω. Δ, 176 καί κέ τις ὧδ' ἐρέει Τρώων und dann, d. h. unter den obwaltenden Umständen, wird mancher so sagen (so auch Pind. N. 7, 68 μαθὼν δέ τις ἂν ἐρεῖ). Ξ, 267 ἀλλ' ἴθ', ἐγὼ δέ κέ τοι Χαρίτων μίαν ὁπλοτεράων δώσω ὀπυιέμεναι, *dabo, si tibi libuerit.* Χ, 66 αὐτὸν δ' ἂν πύματόν με κύνες πρώτῃσι θύρῃσιν ὠμησταὶ ἐρύουσιν. Ebenso in **Adjektivs.** mit ὅς κεν, ὃς ἄν s. § 558, 8; — in d. **temporalen Adverbials.** mit ὅτε κέν u. s. w. (zweifelhaft) s. § 567, A. 2; — in den **kondition. Adverbials.** mit εἴ (αἴ) κεν s. § 577, 1; — öfters in **abhängigen Fragesätzen.** ο, 524 Ζεὺς οἶδεν . ., εἴ κε (ob) . . τελευτήσει. Vgl. π, 238. 260 f. Ρ, 144 φράζεο νῦν, ὅππως κε . . σαώσεις. Aus den Attikern führt man als Belege an: X. Cy. 4. 5, 49 κἂν μὲν δοκῶμεν ὠφελεῖν . . οὕτω προθυμίας οὐδὲν [ἂν] ἐλλείψομεν. 7. 5, 21 ὅταν δὲ καὶ αἴσθωνται ἡμᾶς ἔνδον ὄντας, πολὺ [ἂν] ἔτι μᾶλλον ἢ νῦν ἀχρεῖοι ἔσονται ὑπὸ τοῦ ἐκπεπλῆχθαι. 2. 1, 3 οὐκ ἂν ὁ ἀριθμός σε . . εὐφρανεῖ (εὐφράνειεν). Pl. Phaed. 61, c σχεδὸν οὖν ἐξ ὧν ἐγὼ ᾔσθημαι, οὐδ' ὁπωστιοῦν [ἂν] σοι ἑκὼν εἶναι πείσεται. Civ. 615, d οὐχ ἥκει, φάναι, οὐδ' ἂν ἥξει δεῦρο. Isocr. 17, 57 οὐκ ἂν εἰκότως περὶ ὀλίγου ποιήσεσθε (ποιήσαισθε) τὰς ἐκείνων ἐπιστολάς. Aeschin. 2, 11 οὕτω γὰρ ἂν μάλιστα μεμνήσομαι καὶ εἰπεῖν δυνήσομαι, καὶ ὑμεῖς μαθήσεσθε. Dinarch. 1, 109 μὴ οὖν ἄχθεσθε, αὐτοῦ κλαίοντος· πολὺ γὰρ ἂν δικαιότερον ἐλεήσετε (ἐλεήσαιτε) τὴν χώραν, ἣν οὗτος καθίστησιν εἰς τοὺς κινδύνους. Th. 2, 80 λέγοντες, ὅτι, ἢν ναυσὶ ἔλθωσιν, ἀδυνάτων ὄντων ξυμβοηθεῖν τῶν ἀπὸ θαλάσσης Ἀκαρνάνων, ῥᾳδίως ἂν Ἀκαρνανίαν σχόντες καὶ τῆς Ζακύνθου κρατήσουσιν (ἄν gehört zu σχόντες). X. Cy. 6. 1, 45 ὑβριστὴν οὖν νομίζων αὐτὸν εὖ οἶδ', ὅτι ἄσμενος ἂν πρὸς ἄνδρα, οἷος σὺ εἶ, ἀπαλλαγήσεται (ἀπαλλαγείη). Pl. ap. 29, c λέγων πρὸς ὑμᾶς, ὡς, εἰ διαφευξοίμην, ἤδη ἂν ὑμῶν οἱ υἱεῖς ἐπιτηδεύοντες ἃ Σωκράτης διδάσκει διαφθαρήσονται (ἄν gehört zu ἐπιτηδεύοντες). X. An. 2. 5, 13 Αἰγυπτίους οὐχ ὁρῶ ποίᾳ δυνάμει χρησάμενοι μᾶλλον ἂν κολάσεσθε (κολάσαισθε).

1) Die Verbindung von ἄν u. κέ mit dem Futur bei Homer bezweifeln mit Unrecht **van Herwerden** in d. Rev. de philol. N. S. VI (1882) und **Cauer** in d. Praef. z. Il. XXXV f.

2. Die Verbindung des **Indikativs des Präsens** mit ἄν ist von vornherein schon unwahrscheinlich; denn was der Redende in seiner Gegenwart als ein wirklich Vorliegendes anschaut, das muss er auch als ein solches einfach durch den Indikativ des Präsens ausdrücken; ein gegenwärtig Bedingtes, von Umständen Abhängiges aber wird durch den Optativ mit ἄν ausgedrückt. β, 86 ἐθέλεις δέ κε μῶμον ἀνάψαι muss mit dem Cod. Harlej. ἐθέλοις gelesen werden. ω, 88 sq. ὅτε κεν . . ζώννυνται ist Konjunktiv. ξ, 163 haben st. ὅς κεν . . ἀτιμάζει andere cdd. ὅστις. α, 316 ist zu lesen ὅττι κε . . ἀνώγῃ. γ, 255 ἤτοι μὲν τάδε κ' αὐτὸς ὀίεαι steht κ' st. καί. Auffällig ist Ξ, 484 τῷ καί κέ τις εὔχεται ἀνὴρ | γνωτὸν ἐνὶ μεγάροισιν ἀρῆς ἀλκτῆρα λιπέσθαι, wo εὔχεται schwerlich Konj. ist (s. § 215, 9). Pl. Phaed. 102, a σὺ δ', εἴ περ εἶ τῶν φιλοσόφων, οἶμαι ἂν ὡς ἐγὼ λέγω ποιοῖς gehört ἂν zu ποιοῖς. Tim. 26, b οὐκ ἂν οἶδ' εἰ δυναίμην, d. i. εἰ δυναίμην ἄν, s. § 398, Anm. 4. Alcib. 2. 142, e wird jetzt st. κινδυνεύει γ' ἂν nach d. best. cdd. κινδυνεύει γοῦν gelesen. Apol. 41, b τίς [ἂν] αὐτῶν σοφός ἐστι ist ἂν aus d. folg. Silbe entstanden, wie X. conv. 4, 37 καὶ ἐγὼ [ἂν] αὐτὸς εὑρίσκω u. ven. 13, 1 οὔτε γὰρ [ἂν] ἄνδρα που ἑωράκαμεν. Andoc. 1, 117 ist mit **Hermann** τάχα γὰρ ἂν αὐτὸ βούλοισθε πυθέσθαι st. βούλεσθε zu lesen, u. 3, 24 καὶ περὶ ὧν αὖ . . προκαλοῦνται st. περὶ ὧν ἄν. Pl. civ. 352, e mit **Stallb.** δικαίως ἂν . . φαῖμεν st. φαμέν u. 610, a mit cdd. ὀρθότατ' ἄν, ἔφη, λέγοις st. λέγεις. Eur. Med. 940 οὐκ οἶδ' ἂν εἰ πείσαιμι = οὐκ οἶδ', εἰ πείσαιμι ἄν. Anders X. Hell. 6. 1, 9 οἶμαι ἂν.. οὐκ εἶναι ἔθνος κ. τ. λ. Bald darauf: οὐκ ἄν μοι δοκῶ . . φιλίαν ποιήσασθαι· νομίζω γὰρ ἔτι ῥᾷον — παραλαβεῖν ἂν (in allen drei Stellen gehört ἂν zum Infin.). Ar. Ach. 873 wird jetzt richtig nach cdd. ὅσ' ἔστιν st. ὅσ' ἔστ' ἂν gelesen, sowie Eq. 1131 χοὔτω μὲν ἂν εὖ ποιοῖς st. ποιεῖς. Th. 4, 63 φίλοι μὲν ἂν τοῖς ἐχθίστοις, διάφοροι δέ, οἷς οὐ χρή, γιγνόμεθα ist aus γιγνόμεθα für das erste Glied γιγνοίμεθα zu entnehmen. Pl. leg. 712, e ἐγὼ δὲ οὕτω νῦν ἐξαίφνης ἂν . . . οὐκ ἔχω ist e. Anakoluth, s. **Stallb.**

3. Noch weniger verträgt sich ἄν mit dem Wesen des **Imperativs**, des unmittelbaren Ausdruckes eines Begehrens. Wo es sich also mit diesem Modus findet, ist entweder die Lesart verderbt, oder ἄν muss auf einen andern Verbalbegriff bezogen werden. So ist X. An. 1. 4, 8 st. ἰόντων ἂν mit den besten cdd., die ἰέτωσαν haben, ἴτωσαν zu lesen; über die Entstehung der falschen Lesart ἰόντων ἂν s. **Kühner's** Bmrk. z. d. St. Ar. Ach. 1200 f. wird jetzt mit d. cdd. richtig gelesen φιλήσατόν με . . μανδαλωτόν st. μανδ. ἄν. Eur. Rh. 685 ist die Lesart offenbar verderbt, **Bergk** liest πέλας ἴθι· παῖε πᾶς st. παῖε, παῖε πᾶς τις ἄν, da in mehreren cdd. die Wörter τις ἂν fehlen. S. OR. 1438 ἔδρασ' ἄν, εὖ τοῦτ' ἴσθ' ἄν, d. i. ἔδρασ' ἄν, εὖ τοῦτ' ἴσθι, ἔδρασ' ἄν. El. 1482 f. ἀλλά μοι πάρες | κἂν σμικρὸν εἰπεῖν d. i. ursprüngl. κἂν

σμικρὸν ᾖ. Theocr. 23, 35 ἀλλὰ τό, παῖ, κἂν τοῦτο πανύστατον ἀδύ τι ῥέξον. 41 κἂν νεκρῷ χάρισαι τὰ σὰ χείλεα, vgl. Anth. 5, 92 κἂν ὑμεῖς πείσατε. (Über diese Beispiele mit κἄν vgl. § 398, Anm. 2). Isae. 8, 20 μὴ οἴεσθ' ἂν . . εἰσενεγκεῖν gehört ἄν zum Inf., s. Schoemann.

4. Sehr häufig wird der Indikativ der historischen Zeitformen mit ἄν (κέν) verbunden. Eine Handlung, die unter Umständen, eventuell verwirklicht wird, erscheint, je nachdem der thatsächliche Eintritt dieser Umstände berücksichtigt wird oder nicht, entweder als manchmal verwirklicht oder als bloss möglich. Hieraus ergeben sich zunächst zwei verschiedene Gebrauchsweisen:

Erstens dient der Indikativ der historischen Zeitformen mit ἄν zur Bezeichnung einer unter gewissen Umständen wiederkehrenden oder sich wiederholenden Handlung der Vergangenheit. Der Begriff der Wiederholung ist aus dem Gedankenzusammenhange oder, wenn ein Nebensatz hinzugefügt ist, aus dem in diesem Falle üblich gewordenen Optativ (s. § 399, 4), zuweilen auch aus der Form des Verbs (Iterativform auf σκον) zu erkennen; die Partikel ἄν aber deutet auf besondere Umstände und Verhältnisse hin, unter denen die Handlung sich wiederholte und ist demnach auch hier mit „je nach den Umständen, eventuell, wohl" zu übersetzen. Während also beim Imperfekt (ohne ἄν) die wiederholten Handlungen als ein zusammenhängendes Ganzes erscheinen: „es war Sitte, Gewohnheit" (vgl. § 383, 1), hebt das Präteritum mit ἄν die einzelnen Fälle, in denen die Handlung sich wiederholte, hervor: „es kam vor, dass". Eur. Ph. 401 Iok. πόθεν δ' ἐβόσκου, πρὶν γάμοις εὑρεῖν βίον; Polyn. ποτὲ μὲν ἐπ' ἦμαρ εἶχον, εἶτ' οὐκ εἶχον ἄν, dann nach Umständen hatte ich zuweilen nichts. S. Ph. 292 ff. πρὸς δὲ τοῦθ', ὅ μοι βάλοι | νευροσπαδὴς ἄτρακτος, αὐτὸς ἂν τάλας | εἰλυόμην . . πρὸς τοῦτ' ἄν· εἴ τ' ἔδει τι καὶ ποτὸν λαβεῖν | καὶ . . ξύλον τι θραῦσαι, ταῦτ' ἂν ἐξέρπων τάλας | ἐμηχανώμην· εἶτα πῦρ ἂν οὐ παρῆν. Ar. Pl. 982 ff. δραχμὰς ἂν ᔨτησ' εἴκοσιν er bat wohl vorkommendenfalls. 1179 ff. τότε, | ὅτ' εἶχον οὐδέν, ὁ μὲν ἂν ἥκων ἔμπορος | ἔθυσεν ἱερεῖόν τι σωθείς, ὁ δέ τις ἂν δίκην ἀποφυγών· ὁ δ' ἂν ἐκαλλιερεῖτό τις | κἀμέ γ' ἐκάλει τὸν ἱερέα. Av. 506. 1288. P. 213 ff. 641 ff. R. 914. 920. 924. 947. N. 1402 ὅτε μὲν ἱππικῇ τὸν νοῦν μόνον προσεῖχον, οὐδ' ἂν τρί' εἰπεῖν ῥῆμαθ' οἷός τ' ἦν πρὶν ἐξαμαρτεῖν. Hdt. 3, 119 ἡ γυνὴ τοῦ Ἰνταφέρνεος φοιτῶσα ἐπὶ τὰς θύρας τοῦ βασιλέος κλαίεσκε ἂν καὶ ὀδυρέσκετο. Vgl. 3, 51. 1, 196. 2, 174. 4, 78. 4, 130. Th. 7, 71 εἰ μέν τινες ἴδοιέν πη τοὺς σφετέρους ἐπικρατοῦντας, ἀνεθάρσησάν τε ἂν (fassten Mut, s. § 386, 5) καὶ πρὸς ἀνάκλησιν θεῶν . . ἐτρέποντο. Pl. Apol. 22, b ἀναλαμβάνων οὖν τὰ ποιήματα διηρώτων ἂν αὐτούς, τί λέγοιεν. X. Comm. 4. 6, 13 εἰ δέ τις αὐτῷ περί του ἀντιλέγοι, ἐπὶ τὴν ὑπόθεσιν ἐπανῆγεν ἂν πάντα τὸν λόγον. 4. 1, 2 πολλάκις ἔφη μὲν ἄν τινος ἐρᾶν, φανερὸς δ' ἦν κτλ. An. 2. 3, 11 εἴ τις αὐτῷ δοκοίη τῶν πρὸς τοῦτο τεταγμένων βλακεύειν, ἔπαισεν ἄν, da schlug er wohl auch. Vgl. 1. 9, 19. Cy. 1. 6, 40. 7. 1, 10. 11. 14. 8. 1, 17. Lys. 7, 12 ἠγανάκτουν ἄν. 20, 9. Dem. 18, 219 οὐδεὶς τούτων (τῶν ῥητόρων) διὰ παντὸς ἔδωκεν ἑαυτὸν εἰς οὐδὲν τῇ πόλει, ἀλλ' ὁ μὲν γράφων οὐκ ἂν ἐπρέσβευσεν, ὁ δὲ πρεσβεύων οὐκ ἂν ἔγραψεν. Ganz vereinzelt beim sogen. gnomischen Aorist σ, 264 καὶ γὰρ Τρῶάς φασι μαχητὰς ἔμμεναι ἄνδρας, . . οἵ κε τάχιστα | ἔκριναν μέγα νεῖκος ὁμοιίου πολέμοιο, wo vielleicht οἵ τε zu schreiben ist. (β, 104 schreibt man jetzt καί st. κεν). Selten in einem Nebensatze. X. Ag. 2, 24 ὅπου μὲν πλεῖον ἂν εἶχον οἱ πολέμιοι, οὐκ ἐξάγων ἐνταῦθα, ὅπου δὲ οἱ πολῖται πλέον ἕξειν ἔμελλον, εὐρώστως παρατεταγμένος wo eventuell (im einzelnen Falle) sie das Übergewicht hatten. Dem. 19, 29. Eur. Ino fr. 13 εἴπερ ἂν τροφὴ δόμοις παρῆν.

5. Zweitens dient der Indikativ der historischen Zeitformen mit ἄν (κέν) zur Bezeichnung einer Handlung, die in der Vergangenheit geschehen konnte. Die griechische Ausdrucksweise besagt ursprünglich nur, dass die Handlung unter Umständen wirklich geschah; ἄν wirkt in ähnlicher Weise einschränkend wie etwa die § 391, 4 besprochenen Formeln ὀλίγου u. a., bei denen das Deutsche konjunktivische Wendungen zu gebrauchen pflegt. Der Begriff der blossen Möglichkeit liegt also von vorn herein weder in der Verbalform noch in der Partikel ἄν; er ergiebt sich aber bei einer unter Umständen verwirklichten Handlung von selbst, wenn das thatsächliche Eintreten dieser Umstände unberücksichtigt bleibt. So kommt es, dass der Indikativ der Präterita mit ἄν als sogenannter Potential der Vergangenheit einen Teil der Funktionen des Optativs mit ἄν übernehmen konnte. In der Regel wird der Aorist, ungleich seltener das Imperfekt gebraucht, mit dem § 386, 1 angegebenen Unterschiede der Bedeutung. Δ, 421 δεινὸν δ' ἔβραχε χαλκὸς ἐπὶ στήθεσσιν ἄνακτος | ὀρνυμένου· ὑπό κεν ταλασίφρονά περ δέος εἷλεν, unter Umständen ergriff selbst einen Beherzten Furcht, wofür wir zu sagen pflegen: da konnte ergreifen, oder hätte ergreifen können, da ergriff wohl. κ, 84 ἔνθα κ' ἄυπνος ἀνὴρ δοιοὺς ἐξήρατο μισθούς da hätte ein schlafloser Mann doppelten Tagelohn erwerben können. ι, 211 τότ' ἂν οὔ τοι ἀποσχέσθαι φίλον ἦεν. 304 οὐ γάρ κεν δυνάμεσθα . . ἀπώσασθαι λίθον. N, 676 τάχα δ' ἂν καὶ κῦδος Ἀχαιῶν | ἔπλετο. S. Ant. 502 καίτοι πόθεν κλέος γ' ἂν εὐκλεέστερον | κατέσχον ἢ τὸν αὐτάδελφον ἐν τάφῳ | τιθεῖσα; Ar. R. 1022 τοὺς Ἑπτ' ἐπὶ Θήβας· | ὃ (sc. δρᾶμα) θεασάμενος πᾶς ἄν τις ἀνὴρ ἠράσθη δάιος εἶναι, jeder, der dies ansah, konnte, durfte, musste wohl von kriege-

rischem Geiste ergriffen werden. Th. 6, 2 Σικελοὶ δὲ ἐξ Ἰταλίας διέβησαν ἐς Σικελίαν . . ἐπὶ σχεδιῶν . ., τάχα ἂν δὲ καὶ ἄλλως πως ἐσπλεύσαντες sc. διέβησαν, vielleicht konnten sie aber auch auf andere Weise schiffend hinüber kommen. X. Hell. 3. 4, 18 ἐπερρώσθη δ' ἄν τις κἀκεῖνο ἰδών, man konnte Mut fassen, wenn man jenes sah. 4. 4, 12 οἱ Λακεδαιμόνιοι οὐκ ἠπόρουν, τίνα ἀποκτείνοιεν· ἔδωκε γὰρ τότε γε ὁ θεὸς αὐτοῖς ἔργον, οἷον οὐδ' εὔξαντό ποτ' ἄν, wie sie nicht einmal hätten wünschen können. Antiph. 5, 26 οὔτε γὰρ αὐτοῦ κρατεῖν ἴσως ἂν ἐδύνατο, οὔτε τῷ ἀπάγοντι νύκτωρ μακρὰν ὁδὸν ἡ πρόφασις ἂν εἰκότως ἐγίγνετο. 6, 11 ὥσπερ ἂν ἥδιστα καὶ ἐπιτηδειότατα ἀμφοτέροις ἐγίγνετο, ἐγὼ μὲν ἐκέλευον καὶ ἠτούμην, οἱ δ' ἑκόντες καὶ βουλόμενοι ἔπεμπον, wie es unter den Umständen am besten geschehen konnte. Dem. 9, 13 οἴεσθ' αὐτόν, οἳ ἐποίησαν μὲν οὐδὲν ἂν κακόν, μὴ παθεῖν δ' ἐφυλάξαντ' ἂν ἴσως, τούτους ἐξαπατᾶν αἱρεῖσθαι μᾶλλον ἢ προλέγοντα βιάζεσθαι; X. Hell. 1. 7, 7 ὀψὲ ἦν καὶ τὰς χεῖρας οὐκ ἂν καθεώρων. Pl. Ap. 18, c ἐν ταύτῃ τῇ ἡλικίᾳ . ., ἐν ᾗ ἂν μάλιστα ἐπιστεύσατε, wo ihr am leichtesten glauben konntet. (δ, 546 ist mit Bekker ἢ καὶ Ὀρέστης κτεῖνεν zu schreiben statt ἢ κεν, S. Ph. 572 mit Dobree πρὸς ποῖον αὖ τόνδ' αὐτὸς οὐδυσσεὺς ἔπλει st. ποῖον ἄν, Eur. I. T. 385 mit Porson οὐκ ἔσθ' ὅπως ἔτικτεν st. ἔτεκεν ἄν, S. OR. 523 ἀλλ' ἦλθε μὲν δὴ τοῦτο τοὔνειδος τάχ' ἂν | ὀργῇ βιασθέν und Pl. leg. 747, c εἴτε τις νομοθέτης αὐτοῖς φαῦλος ἂν γενόμενος ἐξειργάσατο τὰ τοιαῦτα gehört ἄν zu den Partizipien βιασθέν u. γενόμενος, wenn nicht etwa an der letzteren Stelle δή st. ἄν zu schreiben ist). Namentlich gehören hierher die Ausdrücke: ᾠόμην ἄν, ᾤετό τις ἄν, ἔγνω τις ἄν, ᾔσθετό τις ἄν, εἶδες ἄν, ἡγήσω ἂν u. dgl., wie im Lateinischen: putares, crederes, diceres, cerneres, videres, man konnte glauben, oder man hätte glauben sollen, mögen. So schon b. Hom. Π, 638 f. οὐδ' ἂν ἔτι φράδμων περ ἀνὴρ Σαρπηδόνα δῖον | ἔγνω. ω, 61 ἔνθα κεν οὔτιν' ἀδάκρυτόν γ' ἐνόησας, vgl. 90. λ, 418. ψ, 47. S. Ai. 430 τίς ἄν ποτ' ᾤετο; Eur. J. A. 1582 θαῦμα δ' ἦν αἴφνης ὁρᾶν· | πληγῆς κτύπον γὰρ πᾶς τις ᾔσθετ' ἂν σαφῶς, konnte vernehmen. 432 τῶν δ' ἂν ἤκουσας τάδε. Andr. 1135 δεινὰς δ' ἂν εἶδες πυρρίχας. Isocr. 5, 64 τίς ἂν προσεδόκησεν; Th. 7, 55 ὃ οὐκ ἂν ᾤοντο. 8, 66. X. An. 1. 5, 8 θᾶττον, ἢ ὥς τις ἂν ᾤετο, μετεώρους ἐξεκόμισαν τὰς ἁμάξας. Cy. 3. 3, 70 ἔνθα δὴ ἔγνω τις ἂν τοὺς ὁμοτίμους πεπαιδευμένους, ὡς δεῖ. Vgl. 7. 1, 38. 8. 1, 33 ἐπέγνως δ' ἂν ἐκεῖ οὐδένα οὔτε ὀργιζόμενον κραυγῇ οὔτε χαίροντα γέλωτι, ἀλλὰ ἰδὼν ἂν αὐτοὺς ἡγήσω τῷ ὄντι εἰς κάλλος ζῆν, vgl. Ag. 1, 26. Hell. 6. 4, 16 ὀλίγους ἂν εἶδες. Ag. 8, 1 (Ἀγησιλάου) τὸ μὲν μεγάλαυχον οὐκ ἂν εἶδέ τις, τὸ δὲ φιλόστοργον καὶ μὴ ζητῶν κατενόησεν ἄν. Dem. 18, 225 ἃ μήτε προῄδει μηδεὶς μήτ' ἂν ᾠήθη τήμερον ῥηθῆναι. — Ist die Rede von der Gegenwart, so steht der Optativ mit ἄν, s. § 396, als: γνοίης ἄν, ἴδοις ἄν, ἡγήσαιο ἂν u. s. w., eine Ausdrucksweise, die bei

Homer neben der eben erörterten auch für die Vergangenheit verwandt wird. Vgl. § 396, 2.

6. Endlich dient der Indikativ der historischen Zeitformen mit ἄν (κέν) zur Bezeichnung einer Handlung, die unter gewissen (entweder ausdrücklich ausgesprochenen oder wenigstens angedeuteten) Bedingungen geschehen konnte, aber nicht verwirklicht wurde, weil die Bedingungen nicht erfüllt wurden. Diese Ausdrucksweise ist im Grunde nur eine Abart der eben besprochenen; denn der Begriff der Nichtwirklichkeit ist durch kein besonderes sprachliches Mittel bezeichnet, sondern lediglich aus dem Gedankenzusammenhange zu erkennen. Ψ, 546 ἀλλ' ὤφελεν ἀθανάτοισιν | εὔχεσθαι· τῷ κ' οὔ τι πανύστατος ἦλθε διώκων dann kam er wohl nicht zuletzt. Γ, 56 f. ἀλλὰ μάλα Τρῶες δειδήμονες· ἦ τέ κεν ἤδη | λάινον ἕσσο χιτῶνα κακῶν ἕνεχ', ὅσσα ἔοργας sonst warst du wohl längst gesteinigt. E, 22 οὐδὲ γὰρ οὐδέ κεν αὐτὸς ὑπέκφυγε κῆρα μέλαιναν, | ἀλλ' Ἥφαιστος ἔρυτο die Sache stand so, dass auch er nicht entfliehen konnte; aber Hephäst rettete ihn. δ, 174. 178. ι, 303. S. OR. 82 ἀλλ' εἰκάσαι μέν, ἡδύς· οὐ γὰρ ἂν κάρα | πολυστεφὴς ὧδ' εἷρπε sonst (näml. wenn er nicht frohe Botschaft brächte) würde er nicht bekränzt kommen. Th. 1, 75 οὐκ ἀσφαλὲς ἔτι ἐδόκει εἶναι . . ἀνέντας κινδυνεύειν· καὶ γὰρ ἂν αἱ ἀποστάσεις πρὸς ὑμᾶς ἐγίγνοντο sonst (näml. wenn wir uns lässig zeigten) würde man zu euch abfallen. Meist steht der Aorist, als das Tempus der abgeschlossenen Handlung, mit Beziehung auf die Vergangenheit, das Imperfekt dagegen, als das Tempus der sich entwickelnden Handlung, mit Beziehung auf die Gegenwart. Die letztere Erscheinung ist ebenso zu erklären wie die entsprechende Form der Wunschsätze, s. § 391, 6. Sehr oft ἐβουλόμην ἄν *vellem,* ich hätte wohl gewünscht, ich wünschte wohl, neben dem seltneren ἐβουλόμην (s. § 391, 5). S. Ph. 1239 ἀρχὴν κλύειν ἂν οὐδ' ἅπαξ ἐβουλόμην. 1278 ἀλλ' ἤθελον μὲν ἄν σε πεισθῆναι λόγοις. X. Cy. 7. 2, 16 ἐβουλόμην ἂν οὕτως ἔχειν· νῦν δὲ πάντα τἀναντία εὐθὺς ἐξ ἀρχῆς πράττων προσηνέχθην τῷ Ἀπόλλωνι. Vgl. Lycurg. 3 ibique Maetzner. Lys. 3, 21 ἐβουλόμην δ' ἄν . . ἐπειδὴ δέ κτλ. 12, 22. Dem. 4, 51. Isocr. 8, 36. 15, 114. 13, 11 ἐγὼ δὲ πρὸ πολλῶν μὲν ἂν χρημάτων ἐτιμησάμην τηλικοῦτον δύνασθαι τὴν φιλοσοφίαν, ὅσον οὗτοι λέγουσιν· ἴσως γὰρ οὐκ ἂν ἡμεῖς πλεῖστον ἀπελείφθημεν οὐδ' ἂν ἐλάχιστον μέρος ἀπελαύσαμεν αὐτῆς· ἐπειδὴ δ' οὐχ οὕτως ἔχει, βουλοίμην ἂν παύσασθαι φλυαροῦντας.

§ 393. Bemerkungen über die Weglassung des Modaladverbs ἄν bei dem Indikative der historischen Zeitformen.[1])

1. In dem § 392, 6 besprochenen Falle der Nichtwirklichkeit erscheint zuweilen der Indikativ der historischen Tempora ohne ἄν. Der Redende nimmt dann auf das thatsächliche Verhältnis keine Rücksicht, sondern stellt die Handlung einfach als wirklich hin. Andoc. 1, 58 ff. φονεὺς οὖν αὐτῶν ἐγιγνόμην ἐγὼ μὴ εἰπὼν ἃ ἤκουσα· ἔτι δὲ τριακοσίους Ἀθηναίων ἀπώλλυον κτλ. X. An. 7. 6, 16 οὐκοῦν δῆλον τοῦτό γ' ἐστίν, εἴπερ ἐμοὶ ἐτέλει Σεύθης, οὐχ οὕτως ἐτέλει δήπου ὡς ὧν τε ἐμοὶ δοίη στέροιτο καὶ ἄλλα ὑμῖν ἀποτίσειεν, ἀλλ' οἶμαι, εἰ ἐδίδου, ἐπὶ τούτῳ ἂν ἐδίδου, ὅπως ἐμοὶ δοὺς μεῖον μὴ ἀποδοίη ὑμῖν τὸ πλεῖον erst rein logisch *si mihi pendebat, non ita scilicet pendebat, ut* cett., dann mit Andeutung der Nichtwirklichkeit *si dedisset, ea opinor condicione dedisset.* So überall wo eine rein logische Schlussfolgerung vorliegt, vgl. § 573. Die sonst noch angeführten Beispiele sind von sehr verschiedener Art. Als rhetorisch wirksam lässt sich die Weglassung von ἄν rechtfertigen S. El. 914 οὔτε δρῶσ' ἐλάνθανεν noch blieb sie verborgen, hätte sie's gethan (Meineke ἔληθεν ἄν). Eur. Ba. 1312 οὐδεὶς ὑβρίζειν ἤθελ' εἰσορῶν τὸ σὸν | κάρα· δίκην γὰρ ἀξίαν ἐλάμβανες (die Lesart ist nicht sicher). Tr. 399 Πάρις τ' ἔγημε τὴν Διός· γήμας δὲ μή, | σιγώμενον τὸ κῦδος εἶχεν ἐν δόμοις (Elmsley εἶχεν ἂν δόμοις). Textverderbnis ist wahrscheinlich Eur. Hel. 1658 πάλαι δ' ἀδελφὴν καὶ πρὶν ἐξεσώσαμεν· | ἀλλ' ἧσσον' ἐσμὲν τοῦ πεπρωμένου. Diphil. bei Meineke fragm. com. IV, p. 421 εἰ μὴ τὸ λαβεῖν ἦν, οὐδὲ εἷς πονηρὸς ἦν (in derselben Gnome bei Menand., ibid. p. 359 οὐδ' ἂν εἷς). Antiph. 3, β, 4 εἰ τὸ ἀκόντιον ἔξω τῶν ὅρων . . ἐξενεχθὲν ἔτρωσεν αὐτόν, οὐδεὶς ἡμῖν λόγος ὑπελείπετο μὴ φονεῦσιν εἶναι. Lys. 13, 90 εἰ μὲν οὖν οὗτος μὲν ἐν ἄστει, ἡμεῖς δ' ἐν Πειραιεῖ ἦμεν, εἶχόν τινα λόγον αὐτῷ αἱ συνθῆκαι (an beiden Stellen ist der Vergleich mit ἐξῆν nicht zulässig, denn es müsste auch dann heissen οὐκ ἂν ἐξῆν ἀντειπεῖν, ἐξῆν ἂν ἰσχυρίζεσθαι ταῖς συνθήκαις). X. An. 7. 6, 21 ᾐσχυνόμην μέντοι, εἰ ὑπὸ πολεμίου γε ὄντος ἐξηπατήθην (Schaefer μέντ' ἄν). Cy. 5. 5, 34 εἴ τι ἐμοῦ ἐκήδου, οὐδενὸς οὕτω με ἀποστερεῖν ἐφυλάττου ὡς ἀξιώματος (einige cdd. richtig οὐδενὸς ἄν). Lycurg. 23 εἰ μὲν οὖν ζῶν ἐτύγχανεν ὁ Ἀμύντας, ἐκεῖνον αὐτὸν παρειχόμην (Bekker ἂν αὐτόν). Aeschin. 1, 181 ταχύ γε Τίμαρχον ἢ τὸν κίναιδον Δημοσθένην εἴασε πολιτεύεσθαι (Porson γ' ἄν). Pl. conv. 190, c οὔτε γὰρ ὅπως ἀποκτείναιεν εἶχον . . αἱ τιμαὶ γὰρ αὐτοῖς καὶ ἱερὰ τὰ παρὰ τῶν ἀνθρώπων ἠφανίζετο (Schanz γὰρ ἄν). Th. 8, 86 ὡρμη-

---

1) Vgl. Hermann de partic. ἄν p. 57 sqq. Hartung Partik. II. S. 240 ff. Bäumlein Untersuchungen üb. d. gr. Modi S. 136 ff.

μένων τῶν ἐν Σάμῳ Ἀθηναίων πλεῖν ἐπὶ σφᾶς αὐτούς, ἐν ᾧ σαφέστατα Ἰωνίαν . . εὐθὺς εἶχον οἱ πολέμιοι (Dobree σαφέστατ' ἄν). Die Annahme eines irrealen Satzverhältnisses ist nicht nötig in Stellen wie S. OR. 1375 ἀλλ' ἡ τέκνων δῆτ' ὄψις ἦν ἐφίμερος; doch meiner Kinder Anblick war mir wohl erwünscht? Ar. N. 1338 ἐδιδαξάμην μέντοι σε νὴ Δί', ὦ μέλε, | τοῖσιν δικαίοις ἀντιλέγειν, εἰ ταῦτά γε | μέλλεις ἀναπείσειν ironisch: da habe ich dir ja wirklich die Kunst beibringen lassen. Eccl. 772 ἀλλ' ἰδὼν ἐπειθόμην sprichwörtlich: was ich sah, das glaubte ich (so hab' ich's bisher gehalten, und so halte ich's auch jetzt). Eur. Suppl. 697 καὶ μὴν τὰ Θησέως γ' οὐκ ὄκνῳ διεφθάρη. Dinarch. 2, 91 τοιγάρτοι τῆς πόλεως καὶ τῶν προγόνων ἀξίως ἐκινδύνευσαν πρὸς τὸν βάρβαρον. Auch Eur. Hec. 1113 εἰ δὲ μὴ Φρυγῶν | πύργους πεσόντας ἦσμεν Ἑλλήνων δορί, | φόβον παρέσχεν οὐ μέσως ὅδε κτύπος ist der Nachsatz nicht eigentl. irreal (die Furcht ist wirklich), vgl. Nr. 2 u. 3. Ähnlich beim Partizip Aesch. S. 1015 ὡς ὄντ' ἀναστατῆρα Καδμείων χθονός, | εἰ μὴ θεῶν τις ἐμποδὼν ἔστη.

2. Logisch begründet ist das Fehlen von ἄν bei den Ausdrücken der Notwendigkeit und Möglichkeit ἔδει u. a., wenn die Notwendigkeit und Möglichkeit selbst thatsächlich vorhanden und nur die für notwendig oder möglich erklärte Handlung nicht verwirklicht ist, vgl. § 391, 5. Natürlich fehlt in diesem Falle ἄν auch bei den Infinitiv- und Partizipialkonstruktionen, z. B. X. Comm. 1. 3, 3 οὔτε θεοῖς ἔφη καλῶς ἔχειν, εἰ ταῖς μεγάλαις θυσίαις μᾶλλον ἢ ταῖς μικραῖς ἔχαιρον. Pl. Crit. 44, b πολλοῖς δόξω . . ὡς οἷός τε ὤν σε σῴζειν, εἰ ἤθελον ἀναλίσκειν χρήματα, ἀμελῆσαι.

3. Auf demselben Grunde beruht das Fehlen von ἄν bei den historischen Zeitformen von μέλλειν im Begriffe sein, und κινδυνεύειν in Gefahr sein. ν, 384 φθίσεσθαι κακὸν οἶτον ἐνὶ μεγάροισιν ἔμελλον, | εἰ μή μοι σὺ ἕκαστα, θεά, κατὰ μοῖραν ἔειπες *periturus eram, nisi dixisses.* (Ähnlich bei Homer ἔφην ich dachte: δ, 171 καί μιν ἔφην ἐλθόντα φιλησέμεν ἔξοχον ἄλλων | Ἀργείων, εἰ νῶιν ὑπεὶρ ἅλα νόστον ἔδωκεν | . . γενέσθαι Ζεύς). Th. 3, 74 ἡ πόλις ἐκινδύνευσε πᾶσα διαφθαρῆναι, εἰ ἄνεμος ἐπεγένετο τῇ φλογὶ ἐπίφορος ἐς αὐτήν. Vgl. Liv. 22. 60, 17 *obsistere ac retinere conati sunt, ni strictis gladiis viri fortissimi inertis submovissent.* Tac. Agr. 37 *Britanni circumire terga vincentium coeperant, ni Agricola quattuor militum alas . . venientibus opposuisset.* [1]) Soll dagegen das κινδυνεύειν selbst als nicht verwirklicht erscheinen, so wird ἄν hinzugefügt. X. An. 4. 1, 11 εἰ πλείους συνελέγησαν, ἐκινδύνευσεν ἂν διαφθαρῆναι πολὺ τοῦ στρατεύματος. Vgl. Hell. 4. 3, 23. 5. 2, 41. 6. 2, 23. Aeschin. 3, 88. — Über d. Indik. ohne ἄν bei ὀλίγου s. § 391, 4.

[1]) S. Kühner, Ausf. Gramm. d. lat. Spr. II, S. 930 ff.

§ 394. b. Gebrauch des Konjunktivs.

1. Der Konjunktiv unterscheidet sich dadurch vom Indikative, dass hier die Handlung nicht als wirklich, als thatsächlich vorhanden hingestellt, sondern nur auf die zu erwartende Verwirklichung hingewiesen wird (vgl. § 390, 2). Der Konjunktiv bezieht sich daher zunächst auf die Zukunft; er kann aber auch von Handlungen gebraucht werden, die in die Gegenwart des Sprechenden fallen, wenn nicht die thatsächliche Wirklichkeit, sondern nur die eventuelle Verwirklichung in Betracht kommt. δ, 692 ἄλλον κ' ἐχθαίρῃσι βροτῶν, ἄλλον κε φιλοίη bei einem andern Könige tritt wohl der Fall ein, dass er den einen hasst u. s. w. So namentlich in verallgemeinernden Nebensätzen, wie Pl. conv. 215, d ὅταν μέν του ἄλλου ἀκούωμεν λέγοντος, οὐδὲν μέλει οὐδενί· ἐπειδὰν δὲ σοῦ τις ἀκούῃ, ἐκπεπληγμένοι ἐσμέν wenn der Fall eintritt, dass wir hören. Sehr selten wird der Konjunktiv von einer bereits eingetretenen Handlung gebraucht, wie K, 99 ἴδωμεν, μὴ . . κοιμήσωνται ich will nicht hoffen, das sie eingeschlafen sind. ν, 216 ἴδωμαι, μή τι οἴχωνται (var. οἴχονται). ω, 491 ἴδοι, μὴ δὴ σχεδὸν ὦσι κιόντες (Kirchhoff εἰσί). Α, 555 δείδοικα, μή σε παρείπῃ (van Herwerden παρεῖπεν). Das Regelmässige ist in diesem Falle der Indikativ, wie ε, 300 δείδω, μὴ δὴ πάντα θεὰ νημερτέα εἶπεν.

Nach § 390, 3 kann der Konjunktiv an sich ebensowohl als Form des Urteils dienen (aussagender od. futurischer Konjunktiv), wie als Form des Begehrens (Konjunktiv der Aufforderung, des Verbotes, der Befürchtung). Offenbar aber machte sich schon frühzeitig das Bedürfnis geltend, diese beiden Funktionen auch äusserlich von einander zu sondern. Dies geschieht durch das Modaladverb ἄν (κέν). Bei Homer erscheint in Haupt- und Nebensätzen der aussagende Konjunktiv weit häufiger in Verbindung mit κέν (ἄν) als ohne diese Partikel. Die nachhomerische Zeit gab die Verwendung des Konjunktivs in selbständigen Aussagesätzen zu gunsten des sinnverwandten Futurs auf, während in den entsprechenden Nebensätzen die Partikel ἄν allmählich zur unzertrennlichen Begleiterin des Konjunktivs wurde.

2. In der Homerischen Sprache wird der Konjunktiv noch in fast gleicher Bedeutung mit dem Indikative des Futurs gebraucht, wie auf ähnliche Weise bei den Goten nächst dem Indikative des Präsens auch der Konjunktiv des Präsens das Futur ausdrückt [1]). Während aber das Futur mit objektiver Bestimmtheit die Zeitstufe der Zukunft im Gegensatze zur Gegenwart des Sprechenden zum

[1]) S. Grimm Th. IV. S. 177.

Ausdrucke bringt, entbehrt der Konjunktiv seinem modalen Charakter entsprechend der zeitlichen Bestimmtheit, indem er nur die subjektive Erwartung ausdrückt, dass eine Handlung sich verwirkliche: ποτέ τις ἐρέει man wird sagen — ποτέ τις εἴπῃσι ich erwarte (hoffe, fürchte), dass einer sagt. Affirmativ nur Z, 459 καί ποτέ τις εἴπῃσιν (v. 462 folgt, nachdem sich das Verhältnis der Rede geändert hat, das Futur: ὥς ποτέ τις ἐρέει). Vgl. H, 87 u. 91. ζ, 275 καί νύ τις ὧδ' εἴπῃσι. (Aber Δ, 176 u. 182 steht sowohl vor als nach der Rede: καί κέ τις ὧδ' ἐρέει u. ὥς ποτέ τις ἐρέει). Nach einem Futur Ω, 551 οὐδέ μιν ἀνστήσεις, πρὶν καὶ κακὸν ἄλλο πάθῃσθα eher erwarte ich, dass du noch ein anderes Unglück erleidest. μ, 383 δύσομαι εἰς 'Αΐδαο καὶ ἐν νεκύεσσι φαείνω. Sonst stets negativ: H, 197 οὐ γάρ τίς με βίῃ γε ἑκὼν ἀέκοντα δίηται. A, 262 οὐ γάρ πω τοίους ἴδον ἀνέρας οὐδὲ ἴδωμαι. ζ, 201 οὐκ ἔσθ' οὗτος ἀνὴρ διερὸς βροτὸς οὐδὲ γένηται. In einem Nebensatze A, 559 τῇ σ' ὀΐω κατανεῦσαι ἐτήτυμον, ὡς (dass) 'Αχιλῆα τιμήσῃς, ὀλέσῃς δὲ πολέας . . 'Αχαιῶν (var. τιμήσεις, ὀλέσεις). ν, 365 φραζώμεθ', ὅπως ὄχ' ἄριστα γένηται (vgl. Δ, 14 φραζώμεθ', ὅπως ἔσται τάδε ἔργα). In Verbindung mit d. Fut. O, 349 ff. ὃν δ' ἂν ἐγὼν ἀπάνευθε νεῶν ἑτέρωθι νοήσω, | αὐτοῦ οἱ θάνατον μητίσομαι, οὐδέ νυ τόνγε | γνωτοί τε γνωταί τε πυρὸς λελάχωσι θανόντα, | ἀλλὰ κύνες ἐρύουσι. π, 437 οὐκ ἔσθ' οὗτος ἀνὴρ οὐδ' ἔσσεται οὐδὲ γένηται, nicht existiert, auch wird nicht existieren, auch nicht geboren werden (vgl. die Redensart „der soll erst noch geboren werden"). Erst in sehr später Zeit taucht dieser Gebrauch des Konjunktivs vereinzelt wieder auf [1]). Der attischen Sprache ist er durchaus fremd. Die wenigen Stellen, wo er sich findet, sind entweder verderbt oder lassen eine andere Erklärung zu [2]).

3. In dieser Bedeutung wird der Konjunktiv bei Homer öfter mit ἄν oder κέ verbunden (ebenso wie das Futur, s. § 392, 1). Die Modaladverbien weisen auch hier auf gewisse Umstände hin, unter denen die Verwirklichung der Handlung erwartet wird. A, 205 ᾗς ὑπεροπλίῃσι τάχ' ἄν ποτε θυμὸν ὀλέσσῃ, bei seinem Übermute erwarte ich, dass er wohl bald einmal sein Leben verliert. Γ, 54 οὐκ ἄν τοι χραίσμῃ κίθαρις, vgl. Λ, 387 οὐκ ἄν τοι χραίσμῃσι βιός. X, 505. A, 137 εἰ δέ κε μὴ δώωσιν, ἐγὼ δέ κεν αὐτὸς ἕλωμαι dann nehme ich sie mir unter Umständen selbst. Ξ, 235 πείθευ· ἐγὼ δέ κέ τοι ἰδέω χάριν ἤματα πάντα, vgl. Π, 129 δύσεο τεύχεα θᾶσσον· ἐγὼ δέ κε λαὸν ἀγείρω. A, 184 τὴν μὲν ἐγὼ . . πέμψω, ἐγὼ δέ κ' ἄγω Βρισηΐδα. Γ, 417. Λ, 433 ἤ κεν ἐμῷ ὑπὸ δουρὶ τυπεὶς ἀπὸ θυμὸν ὀλέσσῃς. B, 488 πληθὺν δ' οὐκ ἂν ἐγὼ

---

1) S. Lobeck Parerg. p. 723 sq. Ritschl praef. ad Thom. M. p. LXXXVI. — 2) S. Poppo ad Thuc. P. 1. Vol. 1. p. 138 sq. u. ad 1, 33. Maetzner ad Lycurg. 63 p. 192.

μυθήσομαι οὐδ' ὀνομήνω. α, 396. δ, 391. κ, 507. ρ, 418. In Verbindung mit dem Opt. u. κέν: Σ, 308 οὔ μιν ἔγωγε | φεύξομαι . ., ἀλλὰ μάλ' ἄντην | στήσομαι, ἤ κε φέρῃσι μέγα κράτος, ἤ κε φεροίμην, sei es, dass er eventuell den Sieg davonträgt, sei es, dass ich ihn vielleicht davon trüge; in dem Opt. m. κέ liegt ein bescheidenes Zurücktreten. δ, 692 ein anderer König, sagt Penelope, ἄλλον κ' ἐχθαίρῃσι βροτῶν, ἄλλον κε φιλοίη· | κεῖνος (Ὀδυσσεύς) δ' οὔποτε πάμπαν ἀτάσθαλον ἄνδρα ἐώργει, hasst unter Umständen den einen, einem anderen mag er vielleicht auch Liebe erweisen; Od. aber zeigte sich nie ungerecht gegen einen Menschen. Auch hier tritt das φιλεῖν gegen das ἐχθαίρειν der Könige zurück, um den Kontrast zwischen den anderen Königen und dem Odysseus hervorzuheben [doch wird die Lesart nicht ohne Grund verdächtigt].

4. Der Konjunktiv in der I. Person wird als Ausdruck einer Aufmunterung, Aufforderung gebraucht (Conjunctivus *adhortativus*); die Negation ist hier μή. a) I. P. *Plur.* ἴωμεν, *eamus*, μὴ ἴωμεν, ne *eamus*. B, 236 οἴκαδέ περ σὺν νηυσὶ νεώμεθα. X, 130 εἴδομεν (= εἰδῶμεν) ὁπποτέρῳ κεν Ὀλύμπιος εὖχος ὀρέξῃ. B, 435 μηκέτι νῦν δήθ' αὖθι λεγώμεθα, μηδέ τι δηρὸν | ἀμβαλλώμεθα ἔργον. Ψ, 98 ἀλλήλους ὀλοοῖο τεταρπώμεσθα γόοιο. χ, 77 ἔλθωμεν δ' ἀνὰ ἄστυ. M, 216 μὴ ἴομεν (= ἴωμεν). Eur. El. 962 ἐπίσχες· ἐμβάλωμεν εἰς ἄλλον λόγον. S. Ph. 539 ἐπίσχετον, μάθωμεν. Pl. Prot. 311, a μήπω ἐκεῖσε ἴωμεν, πρῴ γάρ ἐστιν, ἀλλὰ δεῦρο ἐξαναστῶμεν εἰς τὴν αὐλὴν καὶ περιιόντες αὐτοῦ διατρίψωμεν. Phaedr. 271, c μὴ πειθώμεθα. Phil. 20, a μὴ οἰώμεθα. Isocr. 6, 101 ἐρρωμενέστερον ἀντιλαβώμεθα τοῦ πολέμου καὶ μὴ περιμένωμεν. X. An. 7. 1, 29 μὴ πρὸς θεῶν μαινώμεθα μηδ' αἰσχρῶς ἀπολώμεθα. Cy. 8. 1, 5 παρῶμέν τε . ., ἀσκῶμέν τε . ., παρέχωμέν τε. Oft ἄγε, φέρε (auch δεῦρο, δεῦτε, ἴα) ἴωμεν. Δ, 418 ἀλλ' ἄγε δὴ καὶ νῶι μεδώμεθα θούριδος ἀλκῆς. I, 26 ἀλλ' ἄγετε . . πειθώμεθα πάντες. Eur. Andr. 333 Μενέλαε, φέρε δὴ διαπεράνωμεν λόγους. θ, 133 δεῦτε, φίλοι, τὸν ξεῖνον ἐρώμεθα. Pl. Soph. 239, b ἴα (Schanz εἶα) δὴ νῦν ἐν σοὶ σκεψώμεθα. — b) Weniger häufig I. P. *Sing.*, und zwar in der Regel in Verbindung mit ἄγε, φέρε, δεῦρο oder im Anschlusse an vorausgehende Imperative. X, 123 μή μιν ἐγὼ μὲν ἵκωμαι ich will ihm ja nicht nahen. ι, 37 εἰ δ' ἄγε τοι καὶ νόστον ἐμὸν πολυκηδέ' ἐνίσπω. υ, 296 ἀλλ' ἄγε οἱ καὶ ἐγὼ δῶ ξείνιον. χ, 139 ἀλλ' ἄγεθ' ὑμῖν τεύχε' ἐνείκω. 428. 487. ψ, 73. S. Ph. 1452 φέρε νῦν στείχων χώραν καλέσω, *invocem*. Eur. H. f. 529 φέρ' ἐκπύθωμαι. Ba. 341 δεῦρό σου στέψω κάρα. Hdt. 7, 103 φέρε, ἴδω. Pl. Phaed. 63, b φέρε δή, ἦ δ' ὅς, πειραθῶ πρὸς ὑμᾶς ἀπολογήσασθαι. Z, 340 ἀλλ' ἄγε νῦν ἐπίμεινον, ἀρήια τεύχεα δύω. X, 450 δεῦτε, δύω μοι ἕπεσθον, ἴδωμ', ὅτιν' ἔργα τέτυκται. Ψ, 71 θάπτε με ὅττι τάχιστα, πύλας Ἀίδαο περήσω. Vgl. X, 416 ff. Eur.

Hipp. 567 ἐπίσχετ', αὐδὴν τῶν ἔσωθεν ἐκμάθω, vgl. 1354. Heracl. 559 μὴ τρέσῃς μιάσματος | τοὐμοῦ μετασχεῖν, ἀλλ' ἐλευθέρως θάνω. Pl. Phaed. 86, e λέγε, τί ἦν . . Λέγω δή. civ. 457, c λέγε δή, ἴδω. Nach einem Futur ζ, 126 ἀλλ' ἄγ' ἐγὼν αὐτὸς πειρήσομαι ἠδὲ ἴδωμαι. Vor einem Futur I, 61 ἀλλ' ἄγ' ἐγὼν . . ἐξείπω καὶ πάντα διέξομαι. Vgl. Ξ, 128 f. — Zuweilen hat die I. Person mit μή in ähnlicher Weise wie sonst die II. Person (s. Nr. 5) prohibitiven Sinn. Α, 26 μή σε, γέρον, κοίλῃσιν ἐγὼ παρὰ νηυσὶ κιχείω ich will nicht hoffen, dass ich dich antreffe, d. i. lass dich nicht antreffen. Φ, 475 μή σευ νῦν ἔτι πατρὸς ἐνὶ μεγάροισιν ἀκούσω | εὐχομένου. Th. 3, 9 μηδέ τῳ χείρους δόξωμεν εἶναι (= μή τις οἰηθῇ). S. OC. 174 μὴ δῆτ' ἀδικηθῶ, lass mich nicht Unrecht erfahren. Tr. 802 ἀλλά μ' ἔκ γε τῆσδε γῆς | πόρθμευσον . ., μηδ' αὐτοῦ θάνω, lass mich nicht hier sterben.

5. Der Konjunktiv des Aorists in der II. und III. Person mit μή dient als Form der Abmahnung und des Verbots (Coniunctivus *prohibitivus*). a) II. P. Ε, 684 μὴ δή με ἕλωρ Δαναοῖσιν ἐάσῃς | κεῖσθαι, ἀλλ' ἐπάμυνον *ne siveris*. S. Ph. 486 ἀλλὰ μή μ' ἀφῇς | ἔρημον. Dem. 18, 10 μηδὲ φωνὴν ἀνάσχησθε, . . ἀλλ' ἀναστάντες καταψηφίσασθ' ἤδη u. oft. b) Weniger häufig in der III. P., und zwar meist in Wendungen, die einer Anrede in der II. P. gleichkommen. Δ, 37 ἔρξον ὅπως ἐθέλεις· μὴ τοῦτό γε νεῖκος ὀπίσσω | σοὶ καὶ ἐμοὶ μέγ' ἔρισμα μετ' ἀμφοτέροισι γένηται dieser Hader soll nicht zwischen uns zum Zankapfel werden. Hdt. 1, 187 λαβέτω ὁκόσα βούλεται χρήματα· μὴ μέντοι γε μὴ σπανίσας γε ἄλλως ἀνοίξῃ. Pl. leg. 882, b ὁ δὲ νόμος ἔστω· Ὃς ἂν ἐλεύθερον δοῦλος ὢν τύπτῃ, . . ὁ κεκτημένος δεδεμένον αὐτὸν μὴ λύσῃ. Th. 3, 39 μὴ τοῖς μὲν ὀλίγοις ἡ αἰτία προστεθῇ (wenig verschieden von μὴ τὴν αἰτίαν προσθῆτε), τὸν δὲ δῆμον ἀπολύσητε. 3, 13 νομίσῃ τε μηδείς (= μὴ νομίσητε). 4, 85 μηδεὶς μεμφθῇ. 4, 95 παραστῇ δὲ μηδενί. 6, 84 ὑπολάβῃ δὲ μηδείς. 6, 89. Isocr. 4, 129. 18, 1. Dem. 5, 15. 9, 16. 18, 199.

Anmerk. 1. Für den Konjunktiv des Präsens mit μή in prohibitivem Sinne finden sich nur wenige und unsichere Beispiele. Pl. leg. 861, e μὴ τοίνυν τις . . οἴηται ist nach Nr. 7 zu erklären: es dürfte demnach einer meinen. Epinom. 989, b μηδεὶς ἡμᾶς ποτε πείθῃ ist die Lesart unsicher (wohl πείσῃ). Eur. I. A. 1143 schreibt man jetzt mit Porson μὴ κάμῃς λέγων statt κάμνῃς, Ar. Av. 1534 μὴ σπένδεσθ' st. σπένδησθ'. — Vgl. § 397, Anm. 1.

Anmerk. 2. Für den Gebrauch des Konjunktivs im Gebote lässt sich nur S. Ph. 300 anführen: φέρ', ὦ τέκνον, νῦν καὶ τὰ τῆς νόσου μάθῃς, wo φέρε μάθῃς = φέρ' εἴπω und eine ähnliche Verirrung des Sprachgefühls angenommen werden könnte wie bei εἰ βούλεσθε θεωρήσωμεν, vgl. Anm. 4. (Nauck μάθε). Pl. leg. 761, c τά τε πηγαῖα ὕδατα . . ἄφθονα ποιῶσιν ὑδρείαις τε . . κοσμῶσι scheint die Unregelmässigkeit des Satzbaues durch den Einfluss der vorausgehenden Konjunktivkonstruktionen hervorgerufen zu sein. — Unzweifelhaft wurde der Konjunktiv in ältester Zeit auch im Gebote gebraucht[1]); im Ionisch-Attischen ist jedoch diese Ausdrucksweise zu gunsten des sinnverwandten Imperativs aufgegeben worden. Dass sie dialektisch sich bis in späte Zeiten erhalten hat, beweist eine elische Inschrift bei Collitz, Griech. Dialektinschriften n. 1172, Z. 32 τὸ δὲ ψάφισμα . . ἀνατεθᾷ ἐν τὸ ἱαρόν, u. Z. 36 ἐπιμέλειαν ποιήαται (= ποιήσηται) Νικόδρομορ das Dekret soll aufgestellt werden — die Besorgung soll Nikodromos übernehmen.

6. Der Konjunktiv in der I. Person wird als Ausdruck einer zweifelnden Frage gebraucht (Conjunctivus *deliberativus*), indem der Redende bei sich überlegt, was er nach der gegenwärtigen Lage der Dinge thun soll; die Negation ist hier gleichfalls μή. Dieser Konjunktiv kann sich eigentlich nur auf die I. Pers. beziehen, da man nur seinen eigenen Entschluss in Frage stellen kann; die III. Pers. kann daher nur gebraucht werden, wenn der Fragende im Geiste eines Dritten spricht, daher besonders bei τὶς, das gewissermassen die I. Person vertritt. Der deliberative Konjunktiv ist nichts anderes als der in Frage gestellte adhortative; die Antwort würde daher stets die Form einer Aufforderung haben: φύγω; soll ich fliehen? μὴ φύγω ich will nicht fliehen, oder μὴ φύγῃς fliehe nicht! ο, 509 πῇ γὰρ ἐγώ, φίλε τέκνον, ἴω, τεῦ δώμαθ' ἵκωμαι; φ, 194 ἦ αὐτὸς κεύθω; S. OC. 310 ὦ Ζεῦ, τί λέξω; ποῖ φρενῶν ἔλθω, πάτερ; Eur. Hec. 1056 f. πᾷ βῶ; | πᾷ στῶ; πᾷ κέλσω; Io. 758 εἴπωμεν ἢ σιγῶμεν; Med. 1271 οἴμοι, τί δράσω; ποῖ φύγω μητρὸς χέρας; 1275 παρέλθω δόμους; Pl. civ. 580, b μισθωσώμεθα οὖν κήρυκα, ἢ αὐτὸς ἀνείπω; Lysid. 216, a φῶμεν ἆρα τὸ ἐναντίον τῷ ἐναντίῳ μάλιστα φίλον εἶναι; Bemerkenswert Hdt. 8, 101 συμβούλευσον ὁκότερα ποιέων ἐπιτύχω εὖ βουλευσάμενος (= ὁκότερα ποιέω ὥστε ἐπιτυχεῖν). Vgl. Aesch. Ch. 14. — III. P. S. Ai. 404 ποῖ τις οὖν φύγῃ = ποῖ φύγω; OC. 170 ποῖ τις φροντίδος ἔλθῃ; = quid consilii capiamus? Pl. Phil. 15, c πόθεν οὖν τις ἄρξηται; = πόθεν ἀρξώμεθα; s. Stallb. X. Comm. 1. 2, 15 πότερόν τις αὐτὼ φῇ . . ὀρέξασθαι; Dem. 18, 124 πότερόν σέ τις, Αἰσχίνη, τῆς πόλεως ἐχθρὸν ἢ ἐμὸν εἶναι φῇ; = πότερον φῶ; 29, 37 τί σοι ποιήσωσιν οἱ μάρτυρες; Der Redner versetzt sich in die Seele der Zeugen = τί σοι ποιήσωμεν; Vgl. 19, 138. Pl. leg. 719, e ibiq. Stallb. Von einer Sache sehr selten. Dem. 20, 117 εἰ μηδ' ἂν εἷς τοῦτ' ἔχοι δεῖξαι γεγονός, τίνος ἕνεκ' ἐφ' ἡμῶν πρῶτον καταδειχθῇ τοιοῦτον ἔργον; [Eur. H. f. 1417 πῶς οὖν ἔτ' εἴπῃς; will Herm. de part. ἂν II, 4 ἐνίπτεις lesen, Dind. πῶς οὖν ἂν εἴποις;] — Oft mit vorangehendem βούλει oder βούλεσθε (auch θέλεις S. OR. 651. El. 80), wovon aber der Konjunktiv ursprünglich (vgl. Anm. 4) nicht abhängt. S. Ph. 761 βούλει λάβωμαι δῆτα καὶ θίγω τί σου; X. Comm. 2. 1, 1 βούλει σκοπῶμεν; Vgl. 3. 5, 1. 4. 2, 13. 16. Ar. eq. 36 βούλει . . φράσω; Pl. Gorg. 454, e βούλει οὖν δύο

[1]) Vgl. Delbrück, Syntakt. Forschungen I, 20.

εἴδῃ θῶμεν πειθοῦς; Eur. Hec. 1042 βούλεσθ' ἐπεισπέσωμεν; X. conv. 6, 3 ἢ οὖν βούλεσθε . . ὑμῖν διαλέγωμαι; — Mit der Negation μή X. Comm. 1. 2, 45 πότερον βίαν φῶμεν ἢ μὴ φῶμεν εἶναι; Pl. civ. 335, c μὴ φῶμεν; Πάνυ μὲν οὖν. 337, b πῶς λέγεις; μὴ ἀποκρίνωμαι; 501, e βούλει οὖν μὴ ἧττον φῶμεν αὐτοὺς ἀλλὰ παντάπασι πράους γεγονέναι; Wo οὔ steht, gehört es nicht zu dem Konjunktive, sondern zu einem anderen Worte, wie Pl. Gorg. 514, c φῶμεν ταῦτα ὀρθῶς λέγεσθαι ἢ οὔ; d. i. ἢ οὐκ ὀρθῶς λέγεσθαι; — Auch in Fragen des Unwillens, der Verwunderung oder der Ironie wird dieser Konjunktiv gebraucht, und zwar meist so, dass das Verb des vorangehenden Befehles od. ein sinnverwandtes wiederholt wird. Ar. L. 530 Lys. σιώπα. Pr. σοί γ', ὦ κατάρατε, σιωπῶ 'γώ; R. 1135 Dio. Αἰσχύλε, παραινῶ σοι σιωπᾶν . . Aesch. ἐγὼ σιωπῶ τῷδε; X. Comm. 1. 2, 36 Μηδὲ σὺ διαλέγου νεωτέροις τριάκοντα ἐτῶν. Μηδ' ἐάν τι ὠνῶμαι, ἔφη, ἢν πωλῇ νεώτερος τριάκοντα ἐτῶν, ἔρωμαι, ὁπόσου πωλεῖ; κτλ. Ähnlich in der III. P. Dem. 22, 64 εἶτα ταῦθ' οὗτοι πεισθῶσιν ὑπὲρ αὐτῶν σε ποιεῖν καὶ τὰ τῆς σῆς ἀναισθησίας καὶ πονηρίας ἔργα ἐφ' αὑτοὺς ἀναδέξωνται; aus dem Sinne dieser Leute (= εἶτα πεισθῶμεν und da sollen wir glauben, und da verlangst du, dass wir glauben?) — Ebenso in der indirekten Frage, und zwar auch bei der II. und III. Person, jedoch nur dann, wenn sich dieselbe auf die I. Person in der direkten Frage zurückführen lässt. Π, 436 διχθὰ δέ μοι κραδίη μέμονε . ., | ἤ μιν ζωὸν ἐόντα . . | θείω . . ἐν πίονι δήμῳ | ἦ ἤδη . . δαμάσσω. X. Cy. 8. 4, 16 τὰ ἐκπώματα οὐκ οἶδ' εἰ Χρυσάντᾳ δῶ. II. Pers. Ar. Av. 164 ἘΠ. τί σοι πιθώμεσθ; ΠΕΙ. ὅ τι πίθησθε; aus der Seele des Wiedehopfs; direkt: τί πιθώμεθα; du fragst, was ihr gehorchen sollt? X. Comm. 2. 1, 23 ὁρῶ σε, ὦ Ἡράκλεις, ἀποροῦντα, ποίαν ὁδὸν ἐπὶ τὸν βίον τράπῃ. Direkt: ποίαν ὁδὸν τράπωμαι; III. Pers. 21 φησὶ Ἡρακλέα καθῆσθαι ἀποροῦντα, ὁποτέραν τῶν ὁδῶν τράπηται. Pl. Phaed. 115, d ἐρωτᾷ δή, πῶς με θάπτῃ. Direkt: πῶς σε θάπτω; Prot. 348, d. Men. 92, e. Th. 4, 13 ἀπορήσαντες, ὅπῃ καθορμίσωνται, ἐς Πρωτὴν τὴν νῆσον ἔπλευσαν. Direkt: πῇ καθορμισώμεθα; Vgl. 28. Th. 6, 25 ἔφη χρῆναι λέγειν, ἥντινα αὐτῷ παρασκευὴν Ἀθηναῖοι ψηφίσωνται. Direkt: τίνα παρ. ἡμεῖς ψηφισώμεθα; 1, 107. Hdt. 1, 53 ἐπειρωτᾷ εἰ στρατεύηται. 206 συμβουλευόμενος ὁκότερα ποιέῃ. 2, 52. π, 74 μερμηρίζει, | ἢ αὐτοῦ παρ' ἐμοί τε μένῃ κτλ. Sehr häufig ἔχω, οὐκ ἔχω ὅ τι λέγω, ποιῶ. Vgl. X. Comm. 2. 1, 30 διὰ τὸ μηδὲν ἔχειν ὅ τι ποιῇς ὕπνου ἐπιθυμεῖς. An. 1. 7, 7. οὐκ ἔχω, ὅ τι δῶ. 2. 4, 20. Pl. civ. 368, b οὔτε γὰρ ὅπως βοηθῶ ἔχω . ., οὔτ' αὖ ὅπως μὴ βοηθήσω ἔχω.

Anmerk. 3. Nicht deliberativ, sondern ursprünglich futurisch (vgl. Nr. 1) ist der Konjunktiv in den Fragen τί πάθω; wie wird mir's ergehen? (vgl. Aesch. Suppl. 777 τί πεισόμεσθα; ποῖ φύγωμεν;) und τί γένωμαι; *quid me fiet?* da hier nicht ein vom Redenden zu fassender Entschluss, sondern eine von aussen kommende Einwirkung in Frage gestellt ist. Diese Redensarten sind formelhaft geworden und haben sich so, geschützt durch die sinnverwandten deliberativen Fragen τί ποιῶ; τί δρῶ u. a. auch in der nachhomerischen Sprache erhalten. Λ, 404 ὤ μοι ἐγώ, τί πάθω; Aesch. S. 1057 τί πάθω; τί δὲ δρῶ; τί δὲ μήσωμαι; Ar. Pl. 603 τί πάθω τλήμων; Hdt. 4, 118 τί γὰρ πάθωμεν (was sollen wir anfangen) μὴ βουλομένων ὑμέων τιμωρέειν; Pl. Euthyd. 302 d τί γὰρ πάθω; ε, 465 ὤ μοι ἐγώ, τί πάθω; τί νύ μοι μήκιστα γένηται; Aesch. S. 297 τί γένωμαι; Theocr. 15, 51 τί γενώμεθα; Th. 2, 52 οὐκ ἔχοντες ὅ τι γένωνται ἐς ὀλιγωρίαν ἐτράποντο.

Anmerk. 4. Allmählich scheint die Häufigkeit der Verbindung von εἰ βούλει mit dem Konjunktiv das Sprachgefühl dahin geführt zu haben, dass es den Konjunktiv als von βούλει abhängig empfand (vgl. die analoge Erscheinung bei φέρε Anm. 2). So erklärt sich Pl. civ. 372, e εἰ δ' αὖ βούλεσθε καὶ φλεγμαίνουσαν πόλιν θεωρήσωμεν, οὐδὲν ἀποκωλύει wenn ihr wollt, wir sollen betrachten, so steht dem nichts im Wege. (Aber Phaed. 95, e hängt προσθῇς u. ἀφέλῃς von ἵνα ab.) Über den Konjunktiv in der indirekten Frage nach einem Präteritum s. § 595.

Anmerk. 5. Wie das aussagende φευξόμεθα, wir werden fliehen, dem Ausdrucke des Begehrens φύγωμεν, wir wollen fliehen, sehr nahe kommt (vgl. § 387, 5a), so das fragende ποῖ φευξόμεθα; wohin werden wir nun fliehen? (Negation οὐ) dem deliberativen ποῖ φύγωμεν; wohin wollen, sollen wir fliehen? (Negation μή). Vgl. § 387, 5 b. Daher erscheinen auch beide Ausdrucksweisen zuweilen neben einander. S. Tr. 973 τί πάθω; τί δὲ μήσομαι; Eur. Jo 758 εἴπωμεν ἢ σιγῶμεν ἢ τί δράσομεν; Pl. conv. 213, a ἀλλά μοι λέγετε.., εἰσίω ἢ μή; συμπίεσθε ἢ οὔ; So sagt man zwar gewöhnlich οὐκ ἔχω, ὅ τι χρήσωμαί τινι (Pl. Gorg. 466, a. Euthyd. 287, c, Civ. 368, b), zuweilen jedoch auch ὅ τι χρήσομαι, wie Eur. Heracl. 439 ὦ παῖδες, ὑμῖν δ' οὐκ ἔχω τί χρήσομαι. Pl. Gorg. 521, b οὐχ ἕξει, ὅ τι χρήσεται αὐτοῖς [1]). — Statt des Konjunktivs oder des Indikativs Futuri wird in indirekten Fragesätzen öfters auch χρή gebraucht. Aesch. Pr. 659 θεοπρόπους ἴαλλεν, ὡς μάθοι, τί χρὴ .. πράσσειν. Eur. Or. 289 ἐξιστόρουν νιν, μητέρ' εἰ κτεῖναί με χρή, vgl. Ar. Pl. 36. Th. 1, 91 οὐκ εἶχον, ὅπως χρὴ ἀπιστῆσαι, vgl. 5, 62. 7, 44. X. Hell. 2. 2, 10. Ag. 2, 13. Cy. 1. 4, 24. 4. 5, 19. Pl. conv. 190, c ibiq. Stallb.

Anmerk. 6. Der deliberative Konjunktiv kann zufolge seiner Verwandtschaft mit dem adhortativen Konjunktiv ebensowenig wie dieser mit den Modaladverbien ἄν und κέ verbunden werden. Die wenigen Stellen, wo frühere Ausgaben diese Verbindung in direkten Fragen aufweisen, sind jetzt nach besseren Handschriften geändert, oder sie lassen eine andere Erklärung zu [2]). Die abhängigen Fragen aber, in denen bei Homer εἴ κεν, ἤ κέν, ὅττι κεν, ὅπως κεν und bei den Attikern ἐάν mit dem Konjunktive erscheinen, sind nicht als eigentlich deliberativ, sondern als futurisch (vgl. Nr. 1 und 2 nebst Anm. 5) aufzufassen. Sie bringen nach Verben der Überlegung, wie φράζεσθαι b. Hom., σκοπεῖν, ἀμφισβητεῖν u. a. zum Ausdrucke, dass man überlegt ob (εἰ) oder wie (ὅπως) man unter Umständen (κέν, ἄν) handeln werde. I, 619 φρασσόμεθ', ἤ κε νεώμεθ' ἐφ' ἡμέτερ', ἦ κε μένωμεν. N, 742 ἔνθεν δ' ἂν μάλα πᾶσαν ἐπιφρασσαίμεθα βουλήν, | ἤ κεν ἐνὶ νήεσσι πολυκλήισι πέσωμεν, | .., ἤ κεν ἔπειτα | πὰρ νηῶν ἔλθωμεν ἀπήμονες. Zweifellos futurisch sind die abhängigen Fragen der II. u. III. Pers.

---

1) S. Stallbaum ad Pl. Gorg. 465, c. — 2) S. Hermann de partic. ἄν p. 93 sq. Vgl. Stallbaum ad Pl. Leg. 655, c. ad Phil. 15, d. Phaedr. 231, d. S. Tr. 946 haben zwar die cdd. πότερ' ἂν πρότερ', aber hier konnte ἄν zwischen ΠΟΤΕΡΑΠΡΟΤ. leicht als Schreibfehler entstehen; Hermann u. die folgenden Herausgeber haben es daher mit Recht getilgt.

mit κέν. α, 205 φράσσεται, ὥς κε νέηται, vgl. β, 168. 368. α, 295 φράζεσθαι . .|, ὅππως κε μνηστῆρας . . κτείνῃς (vgl. P, 144 φράζεο νῦν, ὅππως κε πόλιν καὶ ἄστυ σαώσεις). β, 332 τίς δ' οἶδ', εἴ κε καὶ αὐτὸς ἰὼν κοίλης ἐπὶ νηὸς | τῆλε φίλων ἀπόληται, ἀλώμενος ὥσπερ 'Οδυσσεύς; X, 130 εἴδομεν, ὁπποτέρῳ κεν 'Ολύμπιος εὖχος ὀρέξῃ. δ, 545 ἀλλὰ τάχιστα | πεῖρα, ὅπως κεν δὴ σὴν πατρίδα γαῖαν ἵκηαι. ψ, 140 φρασσόμεθ', ὅττι κε κέρδος 'Ολύμπιος ἐγγυαλίξῃ. Θ, 532 f. εἴσομαι, ἤ κέ μ' ὁ Τυδείδης . . ἀπώσεται (= ηται), ἤ κεν ἐγὼ . . φέρωμαι, vgl. X, 244 ff. Dem Homer. εἴ κεν entspricht att. ἐάν ob. X. Comm. 4. 4, 12 σκέψαι, ἐὰν τόδε σοι μᾶλλον ἀρέσκῃ. Pl. Meno 89, d σκέψαι, ἐάν σοι δοκῶ εἰκότως ἀπιστεῖν. Gorg. 452, c σκόπει, ἐάν σοι πλούτου φανῇ τι μεῖζον ἀγαθὸν ὄν. Vgl. Cratyl. 397, e. 400, a. Pl. Prot. 319, b schreibt man jetzt richtig οὐκ ἔχω ὅπως ἀπιστῶ (statt ἂν ἀπιστῶ). Auf einem Missverständnis der Stelle beruht es, wenn Dem. 19, 239 πότερ' ἂν μηδὲν ἀδικῶν φαίνηται τὴν πόλιν ἢ κἂν ἀδικῶν, σκοπεῖτε hierher gezogen wurde (ἄν = ἐάν, wenn).

7. Der Konjunktiv wird mit vorangehendem μή als Ausdruck einer Besorgnis, dass etwas stattfinden möge, und mit vorangehenden μὴ οὔ als Ausdruck einer Besorgnis, dass etwas nicht stattfinden möge, gebraucht. B, 195 μή τι χολωσάμενος ῥέξῃ κακὸν υἷας 'Αχαιῶν, dass er nur nicht etwa Übles thut. Vgl. Π, 128. Σ, 8. Φ, 563. ο, 90 μὴ πατέρ' ἀντίθεον διζήμενος αὐτὸς ὄλωμαι | ἤ τί μοι ἐκ μεγάρων κειμήλιον ἐσθλὸν ὄληται. ο, 12 μή τοι κατὰ πάντα φάγωσιν. Vgl. ε, 356. 415. 467 f. ο, 19. π, 255. 381. ρ, 24. φ, 370. χ, 213 Μέντορ, μή σ' ἐπέεσσι παραιπεπίθῃσιν 'Οδυσσεύς. Oft tritt der Begriff der Besorgnis in den Hintergrund, sodass diese Wendung fast als feinere Form der Behauptung erscheint. Pl. Gorg. 462, e μὴ ἀγροικότερον ᾖ τὸ ἀληθὲς εἰπεῖν, *vereor ne inurbanum videatur*, es dürfte unzart sein. Theaet. 188, d μὴ ἁπλοῦν ᾖ, ὅτι ὁ τὰ μὴ ὄντα περὶ ὁτουοῦν δοξάζων οὐκ ἔσθ' ὡς οὐ ψευδῆ δοξάσει. Vgl. Parm. 130, d. Hdt. 5, 79 ἀλλὰ μᾶλλον μὴ οὐ τοῦτο ᾖ τὸ χρηστήριον das wird wohl nicht der Sinn des Orakels sein. Pl. Symp. 194, c εὖ οἶδα, ὅτι, εἴ τισιν ἐντύχοις, οὓς ἡγοῖο σοφούς, μᾶλλον ἂν αὐτῶν φροντίζοις ἢ τῶν πολλῶν· ἀλλὰ μὴ οὐχ οὗτοι ἡμεῖς ὦμεν. 214, c καλῶς μὲν λέγεις, μεθύοντα δὲ ἄνδρα παρὰ νηφόντων λόγους παραβάλλειν μὴ οὐκ ἐξ ἴσου ᾖ. Crat. 436, b ἀλλὰ μὴ οὐχ οὕτως ἔχῃ, ἀλλ' ἀναγκαῖον ᾖ εἰδότα τίθεσθαι τὸν τιθέμενον τὰ ὀνόματα. Vgl. 432, a. b. 438, c. 440, c. Apol. 39, a ἀλλὰ μὴ οὐ τοῦτ' ᾖ χαλεπόν, ὦ ἄνδρες, θάνατον ἐκφυγεῖν, ἀλλὰ πολὺ χαλεπώτερον πονηρίαν. Vgl. Crit. 48, c. Parm. 136, d. Men. 94, e. Phaed. 69, a. — Ebenso in abhängigen Sätzen nach den Verben der Besorgnis, des Forschens u. dgl. δ, 820 δείδια μή τι πάθῃσιν. Dem. 1, 18 ὀκνῶ, μὴ μάταιος ἡμῖν ἡ στρατεία γένηται.

Anmerk. 7. Soll ausdrücklich hervorgehoben werden, dass sich die Besorgnis auf eine abgeschlossene, nicht mehr zu ändernde Thatsache bezieht, so steht μή (μὴ οὐ) mit dem Indikativ. Doch ist diese Ausdrucksweise nicht eben häufig[1]). ε, 300 δείδω, μὴ δὴ πάντα θεὰ νημερτέα εἶπεν. Pl. Prot.

---

[1]) Vgl. Aken, Grundzüge der Lehre v. Temp. u. Mod. § 326.

312, a μή οὐ τοιαύτην ὑπολαμβάνεις σου τὴν παρὰ Πρωταγόρου μάθησιν ἔσεσθαι, ἀλλ' οἷαπερ ἡ παρὰ τοῦ γραμματιστοῦ ἐγένετο καὶ κιθαριστοῦ καὶ παιδοτρίβου du meinst wohl nicht, dass dein Unterricht bei Pr. ein solcher sein werde, sondern u. s. w.

8. Dass der Konjunktiv im Sinne des Optativs als Ausdruck eines Wunsches gebraucht werden könne, muss bezweifelt werden. Die wenigen Belegstellen hierfür sind kritisch durchaus unsicher. S. Ph. 1094 εἴθ' *αἰθέρος* ἄνω | πτωκάδες . . | ἕλωσί μ'. Eur. Suppl. 1028 εἴθε τινὲς εὐναὶ | δικαίων ὑμεναίων ἐν Ἄργει | φανῶσιν τέκνοις. Hel. 263 εἴθ' . . | αἴσχιον εἶδος ἀντὶ τοῦ καλοῦ λάβω (in einigen cdd. λαβεῖν, das aber bei einem Tragiker nicht zulässig ist; Nauck λάβοιν, Porson 'λάβον).

§ 395. c. Gebrauch des Optativs (ohne ἄν).

1. Der Optativ als Modus der Vorstellung kann sich ebensowohl auf die Gegenwart und Zukunft wie auf die Vergangenheit beziehen. Da er aber nach § 381, 2 der Bezeichnung der Zeitstufe entbehrt, so gingen in den Hauptsätzen da, wo die Handlung entschieden als eine vergangene bezeichnet werden sollte, die Funktionen des Optativs schon frühzeitig an den Indikativ über (Potential der Vergangenheit § 392, 5; Nichtwirklichkeit § 391, 5 u. 6).

Nach § 390, 3 kann der Optativ an sich ebensowohl als Form des Urteils dienen (aussagender oder potentialer Optativ), wie als Form des Begehrens (wünschender, konzessiver, imperativischer Optativ). Doch auch hier, wie beim Konjunktiv (§ 394, 1), führte der Differenzierungstrieb der Sprache dazu, den aussagenden Optativ durch Zufügung des Modaladverbs ἄν (κέν) zu kennzeichnen. In den Hauptsätzen erscheint daher der potentiale Optativ ohne ἄν schon bei Homer weit seltener als mit ἄν; bei den Attikern aber ist die letztere Verbindung zur festen Regel geworden.

2. Demnach ist der Optativ (ohne ἄν) in Hauptsätzen zunächst als *Optativus potentialis* der Ausdruck des bloss Vorgestellten, der subjektiven Annahme, wobei das Verhältnis dieser Annahme zur Wirklichkeit ausser Betracht bleibt. Die Negation ist οὔ. γ, 231 ῥεῖα θεός γ' ἐθέλων καὶ τηλόθεν ἄνδρα σαώσαι leicht mag (dürfte, könnte) ein Gott retten, vgl. K, 556. O, 197 θυγατέρεσσιν γάρ τε καὶ υἱάσι βέλτερον εἴη bei seinen Töchtern und Söhnen mag es eher angebracht sein. K, 247 τούτου γ' ἑσπομένοιο καὶ ἐκ πυρὸς αἰθομένοιο | ἄμφω νοστήσαιμεν. E, 303 μέγα ἔργον, ὃ οὐ δύο γ' ἄνδρε φέροιεν, | οἷοι νῦν βροτοί εἰσι wie es zwei Männer nicht tragen könnten. T, 321 οὐ μὲν γάρ τι κακώτερον ἄλλο πάθοιμι, | οὐδ' εἴ κεν τοῦ πατρὸς ἀποφθιμένοιο πυθοίμην ich kann mir kein schlimmeres Leid vorstellen. ξ, 123 ὦ γέρον, οὔ τις κεῖνον ἀνὴρ ἀλαλήμενος ἐλθὼν | ἀγγέλλων πείσειε γυναῖκά τε καὶ φίλον υἱόν. O, 45

αὐτάρ τοι καὶ κείνῳ ἐγὼ παραμυθησαίμην ich kann mir denken, dass ich ihm sogar zureden würde (doch könnte diese Stelle auch nach Nr. 5 erklärt werden). ξ, 193 εἴη μὲν νῦν νῶιν ἐπὶ χρόνον ἠμὲν ἐδωδὴ | ἠδὲ μέθυ . . . ῥηιδίως κεν ἔπειτα καὶ εἰς ἐνιαυτὸν ἅπαντα | οὔ τι διαπρήξαιμι λέγων ἐμὰ κήδεα θυμοῦ ich nehme an (setze den Fall), wir hätten u. s. w. Hes. th. 725 χάλκεος ἄκμων | ἐκ γαίης κατιὼν δεκάτῃ ἐς Τάρταρ' ἵκοιτο, dürfte kommen. Pind. O. 3, 45 οὔ μιν διώξω· κεινὸς εἴην, ich würde ein Thor sein (wenn ich dies thäte). Vgl. 9, 80. 10, 21 τὸ γὰρ ἐμφυὲς οὔτ' αἴθων ἀλώπηξ | οὔτ' ἐρίβρομοι λέοντες διαλλάξαιντο ἦθος, dürften ändern. Theocr. 8, 88 ὡς μὲν ὁ παῖς ἐχάρη καὶ ἀνάλατο καὶ πλατάγησε | νικάσας, οὕτως ἐπὶ ματέρι νεβρὸς ἅλοιτο· | ὡς δὲ κατεσμύχθη καὶ ἀνετράπετο φρένα λύπᾳ | ὥτερος, οὕτω καὶ νύμφα γαμεθεῖσ' ἀκάχοιτο. 27, 60 φῄς μοι πάντα δόμεν· τάχα δ' ὕστερον οὐδ' ἅλα δοίης. Bei den Attikern wird der potentiale Optativ ohne ἄν mit Recht beanstandet. In den Handschriften findet er sich z. B. Aesch. Suppl. 708 ἴσως γὰρ ἢ κῆρύξ τις ἢ πρέσβυς μόλοι (Burges ἂν statt ἤ). S. Ai. 921 ὡς ἀκμαῖος, εἰ βαίη, μόλοι (Pantazides ἂν βαίη μολών). Eur. J. A. 1210 τὸ γάρ τοι τέκνα συσσῴζειν καλόν, | . . οὐδεὶς πρὸς τάδ' ἀντείποι βροτῶν (Nauck οὐδεὶς τοῖσδ' ἄν). J. T. 1055 ἔχει τοι δύναμιν εἰς οἶκτον γυνή· τὰ δ' ἄλλ' ἴσως ἅπαντα συμβαίη καλῶς (Markl. ἂν πάντα). Ph. 1201 εἰ δ' ἀμείνον' οἱ θεοὶ | γνώμην ἔχουσιν, εὐτυχὴς εἴην ἐγώ lässt sich als Wunsch auffassen. Pl. Phaed. 87, e ἀπολομένης τῆς ψυχῆς τότ' ἤδη τὴν φύσιν τῆς ἀσθενείας ἐπιδεικνύοι τὸ σῶμα καὶ ταχὺ σαπὲν διοίχοιτο ist ἄν aus dem Vorhergehenden hinzuzudenken oder τότ' ἂν ἤδη zu schreiben. Lys. 214, d ὃ αὐτὸ αὑτῷ ἀνόμοιον εἴη καὶ διάφορον, σχολῇ γέ τῳ ἄλλῳ ὅμοιον ἢ φίλον γένοιτο (Bekker σχολῇ γ' ἄν). Civ. 516, e εἰ ὁ τοιοῦτος εἰς τὸν αὐτὸν θᾶκον καθίζοιτο, ἆρ' οὐ σκότους ἀνάπλεως σχοίη τοὺς ὀφθαλμούς, ἐξαίφνης ἥκων ἐκ τοῦ ἡλίου; (Hermann ἂν πλέως). Isae. 10, 18 ἴσως οὖν (ἄν) τις . . θαυμάσειε. 10, 23 δεινότατα γὰρ (ἂν) πάντων γένοιτο, εἰ . . ἕξουσιν. 11, 38 ἐγὼ γὰρ (ἂν) πάντων ὁμολογήσαιμι εἶναι κάκιστος, εἰ . . φαινοίμην. Antiph. 1, 25 καὶ γὰρ (ἂν) δικαιότερον . . γίγνοιτο, ubi v. Maetzner, vgl. 3. β, 6. 4. δ, 3. 5, 64.

3. Zweitens dient der Optativ als Ausdruck des Wunsches, und zwar ursprünglich sowohl des erfüllbaren wie des unerfüllbaren Wunsches; in der nachhomerischen Sprache dagegen ausschliesslich als Ausdruck des als erfüllbar vorgestellten Wunsches. Die Negation ist hier μή. Meist wird der Wunsch eingeleitet durch die Partikeln εἰ γάρ, εἴθε (αἲ γάρ, αἴθε), seltener und nur bei Dichtern durch das einfache εἰ oder durch ὡς. a) ν, 42 ἀμύμονα δ' οἴκοι ἄκοιτιν | νοστήσας εὕροιμι σὺν ἀρτεμέεσσι φίλοισιν· | ὑμεῖς δ' αὖθι μένοντες εὐφραίνοιτε γυναῖκας | κουριδίας καὶ τέκνα· θεοὶ δ' ἀρετὴν ὀπάσειαν | παντοίην, καὶ μή τι κακὸν μεταδήμιον εἴη. α, 386 μὴ σέ γ' ἐν ἀμφιάλῳ

Ἰθάκῃ βασιλῆα Κρονίων | ποιήσειεν möge dich Zeus nicht zum Könige machen! μ, 106. Π, 30. υ, 199 χαῖρε, πάτερ ὦ ξεῖνε· γένοιτό τοι ἔς περ ὀπίσσω | ὄλβος. Ξ, 107 νῦν δ' εἴη ὃς τῆσδέ γ' ἀμείνονα μῆτιν ἐνίσποι, | ἢ νέος ἠὲ παλαιός· ἐμοὶ δέ κεν ἀσμένῳ εἴη. Ρ, 640. γ, 205 αἲ γὰρ ἐμοὶ τοσσήνδε θεοὶ δύναμιν περιθεῖεν, | τίσασθαι μνηστῆρας. Δ, 189 αἲ γὰρ δὴ οὕτως εἴη. θ, 339. φ, 200 Ζεῦ πάτερ, αἲ γὰρ τοῦτο τελευτήσειας ἐέλδωρ. α, 255 εἰ γὰρ νῦν ἐλθὼν δόμου ἐν πρώτῃσι θύρῃσιν | σταίη. Ρ, 561 εἰ γὰρ Ἀθήνη | δοίη κάρτος ἐμοί, βελέων δ' ἀπερύκοι ἐρωήν· | τῷ κεν ἐγώ γ' ἐθέλοιμι παρεστάμεναι. ρ, 494 αἴθ' οὕτως αὐτόν σε βάλοι κλυτότοξος Ἀπόλλων. υ, 61 Ἄρτεμι, πότνα θεά, θύγατερ Διός, αἴθε μοι ἤδη | ἰὸν ἐνὶ στήθεσσι βαλοῦσ' ἐκ θυμὸν ἕλοιο | αὐτίκα νῦν, ἢ ἔπειτά μ' ἀναρπάξασα θύελλα | οἴχοιτο. β, 33 εἴθε οἱ αὐτῷ | Ζεὺς ἀγαθὸν τελέσειεν. Σ, 107 ὡς ἔρις ἔκ τε θεῶν ἔκ τ' ἀνθρώπων ἀπόλοιτο. S. Ai. 550 ὦ παῖ, γένοιο πατρὸς εὐτυχέστερος, | τὰ δ' ἄλλ' ὅμοιος· καὶ γένοι' ἂν οὐ κακός (mögest du glücklicher sein als dein Vater; dann dürftest du nicht schlecht werden). Ant. 928 μὴ πλείω κακὰ | πάθοιεν, ἢ καὶ δρῶσιν ἐκδίκως ἐμέ. Pl. Phaedr. 279, b ὦ φίλε Πάν τε καὶ ἄλλοι ὅσοι τῇδε θεοί, δοῖτέ μοι καλῷ γενέσθαι τἄνδοθεν· πλούσιον δὲ νομίζοιμι τὸν σοφόν· τὸ δὲ χρυσοῦ πλῆθος εἴη μοι ὅσον μήτε φέρειν μήτε ἄγειν δύναιτο ἄλλος ἢ ὁ σώφρων. X. Cy. 6. 3, 11 ἀλλ', ὦ Ζεῦ μέγιστε, λαβεῖν μοι γένοιτο αὐτόν, ὡς ἐγὼ βούλομαι. An. 5. 6, 4 εἰ μὲν συμβουλεύοιμι, ἃ βέλτιστά μοι δοκεῖ, πολλά μοι καὶ ἀγαθὰ γένοιτο· εἰ δὲ μή, τἀναντία. S. OR. 863 εἴ μοι ξυνείη φέροντι μοῖρα τὰν ἁγνείαν λόγων. Pl. Prot. 310, d εἰ γάρ, ὦ Ζεῦ καὶ θεοί, ἐν τούτῳ εἴη. X. Cy. 6. 1, 38 εἰ γὰρ γένοιτο. Hell. 4. 1, 38 εἴθ', ὦ λῷστε, σὺ τοιοῦτος ὢν φίλος ἡμῖν γένοιο. Auch im Nebensatze: η, 148 (δαιτυμόνας) τοῖσιν θεοὶ ὄλβια δοῖεν. ν, 42. S. Ph. 316 τοιαῦτα δεδράκασ' (Ἀτρεῖδαι καὶ Ὀδυσσεύς) οἷ' Ὀλύμπιοι θεοὶ | δοῖέν ποτ' αὐτοῖς ἀντίποιν' ἐμοῦ παθεῖν, vgl. 275. Nicht selten dient der Optativ als Form der Verwünschung oder Beteuerung. Z, 164 τεθναίης, ὦ Προῖτ', ἢ κάκτανε Βελλεροφόντην, den Tod über dich, wenn du nicht den B. tötest. Ρ, 417 γαῖα μέλαινα πᾶσι χάνοι. S. El. 126 ὡς ὁ τάδε πορὼν ὄλοιτο Fluch über ihn (Gegensatz ὄναιο Segen über dich!) Ν, 825 εἰ γὰρ ἐγὼν οὕτω γε Διὸς παῖς αἰγιόχοιο | εἴην . . ὡς νῦν ἡμέρη ἥδε κακὸν φέρει Ἀργείοισιν. Β, 259 μηδ' ἔτι Τηλεμάχοιο πατὴρ κεκλημένος εἴην, | εἰ μὴ ἐγώ σε λαβὼν ἀπὸ μὲν φίλα εἵματα δύσω. Ar. eq. 833 καί σ' ἐπιδείξω | . ., ἢ μὴ ζῴην, | δωροδοκήσαντα. Ach. 324 ἐξολοίμην, ἢν ἀκούσω. N. 520 οὕτω νικήσαιμί τ' ἐγὼ καὶ νομιζοίμην σοφός, | ὡς ὑμᾶς ἡγούμενος εἶναι θεατὰς δεξιοὺς | . . ἠξίωσα. Thesm. 469 καὐτὴ γὰρ ἔγωγ', οὕτως ὀναίμην τῶν τέκνων, | μισῶ τὸν ἄνδρ' ἐκεῖνον. S. OR. 644 μή νυν ὀναίμην (*ne felix sim*) . ., εἴ σέ τι | δέδρακα. Hdt. 7, 11 μὴ γὰρ εἴην ἐκ Δαρείου γεγονώς, μὴ τιμωρησάμενος Ἀθηναίους. — b) Λ, 670 εἴθ' ὣς ἡβώοιμι βίη τέ μοι ἔμπεδος εἴη, | ὡς ὁπότ' Ἠλείοισι καὶ ἡμῖν νεῖκος ἐτύχθη. Vgl. Η, 132. 157. Λ, 670. Ψ, 629. ξ, 468.

Δ, 313 ὦ γέρον, εἴθ' ὡς θυμὸς ἐνὶ στήθεσσι φίλοισιν, | ὥς τοι γούναθ' ἕποιτο, βίη δέ τοι ἔμπεδος εἴη. | ἀλλά σε γῆρας τείρει ὁμοίιον· ὡς ὄφελέν τις | ἀνδρῶν ἄλλος ἔχειν, σὺ δὲ κουροτέροισι μετεῖναι. Π, 722 αἴθ', ὅσον ἥσσων εἰμί, τόσον σέο φέρτερος εἴην. π, 99 αἲ γὰρ ἐγὼν οὕτω νέος εἴην τῷδ' ἐπὶ θυμῷ, | ἢ παῖς ἐξ 'Οδυσῆος ἀμύμονος, ἠὲ καὶ αὐτός. φ, 372 αἲ γὰρ πάντων τόσσον.. μνηστήρων χερσίν τε βίηφί τε φέρτερος εἴην. **Mit Beziehung auf die Vergangenheit** σ, 79 νῦν μὲν μήτ' εἴης, βουγάιε, μήτε γένοιο (Verwünschung). Die ähnliche Ausdrucksweise Eur. Hel. 1215 ὅπου κακῶς ὄλοιτο, Μενέλεως δὲ μή utinam *perierit*, u. Hipp. 406 ὡς ὄλοιτο παγκάκως, | ἥτις πρὸς ἄνδρας ἤρξατ' αἰσχύνειν λέχη erklärt sich aus der formelhaft gewordenen Wendung ὄλοιο Fluch dir!

Anmerk. 1. Die nachhomerische Sprache verwendet für den als unerfüllbar vorgestellten Wunsch regelmässig den Indikativ der Präterita oder die Umschreibung mit ὤφελον, die auch bei Homer bereits üblich ist, s. § 391, 6 u. Anmerk. 3. Zu betonen ist, dass nur solche Wünsche als unerfüllbar gelten, über deren Nichtverwirklichung bereits entschieden ist, nicht aber solche, die sich auf die Zukunft beziehen, mögen sie auch ihrer Natur nach unerfüllbar sein. Die letzteren können auch im Attischen durch den Optativ bezeichnet werden. Eur. Hel. 836 εἴ μοι γένοιτο φθόγγος ἐν βραχίοσι | καὶ χερσὶ καὶ κόμαισι καὶ ποδῶν βάσει. Ebenso in den Bedingungssätzen: Aesch. Ag. 37 οἶκος δ' αὐτὸς εἰ φθογγὴν λάβοι, | σαφέστατ' ἂν λέξειεν (man beachte γένοιτο, λάβοι würde, bekäme; dagegen wäre εἴη, ἔχοι attisch nicht möglich). Vgl. Dem. 19, 66. 27, 69.

Anmerk. 2. Die Ansicht, dass die mit εἰ eingeleiteten Wunschsätze als elliptische Bedingungssätze aufzufassen seien, ist durch L. Lange (der Homer. Gebrauch der Partikel εἰ, in den Abh. d. Sächs. Gesellsch. d. Wissensch. philol. hist. Kl. Bd. VI, S. 307 ff.) widerlegt worden. Vielmehr sind umgekehrt die Bedingungsvordersätze teils auf Sätze des Wunsches, teils auf Sätze der Einräumung oder Annahme zurückzuführen. Wie die Wunschpartikel ὡς ursprünglich in der demonstrativen Bedeutung so, *sic* den Wunsch zu dem vorausgehenden Gedanken in Beziehung setzte, so mögen auch αἰ und εἰ zunächst als demonstrative oder interjektionsartige Adverbien auf die vorliegende Situation hingewiesen haben. So findet auch die Formel der Ermunterung εἰ δ' ἄγε ihre Erklärung, ohne dass man zu der misslichen Annahme einer Ellipse (εἰ δὲ βούλει, ἄγε) zu greifen braucht.

4. Eine abgeschwächte Form des Wunsches ist das Zugeständnis, die Einräumung (Optativus *concessivus*). Φ, 274 ἔπειτα δὲ καί τι πάθοιμι dann mag mich meinetwegen das Schicksal ereilen. 359 Τρῶας δὲ καὶ αὐτίκα δῖος 'Αχιλλεὺς | ἄστεος ἐξελάσειε mag Achill meinethalben die Troer verjagen. E, 685. Ω, 226. η, 224. Ω, 139 τῇδ' εἴη· ὃς ἄποινα φέροι, καὶ νεκρὸν ἄγοιτο mag es so sein; wer Lösegeld bringt, mag den Leichnam mit sich nehmen. α, 402 κτήματα δ' αὐτὸς ἔχοις καὶ δώμασιν οἷσιν ἀνάσσοις. π, 386 οἰκία δ' αὖτε | κείνου μητέρι δοῖμεν ἔχειν mögen wir immerhin überlassen (vorher βίοτον δ' αὐτοὶ καὶ κτήματ' ἔχωμεν wollen wir haben). Über die ähnliche Verwendung des Imperativs s. § 397, 2.

Anmerk. 3. Die Ansicht, dass auch das eine Erörterung abbrechende und zu etwas Neuem überleitende εἶεν es sei, gut, abgemacht! ein konzessiver Optativ sei, ist irrig: εἶεν ist vielmehr ebenso wie εἶα als Interjektion zu betrachten. Vgl. Uhlig im Rhein. Mus. Bd. 19 (1864) S. 33.

5. Der Optativ des Wunsches dient endlich in der I. Person als schwächerer Ausdruck des Willens, in der II. und III. Person als mildere Form der Bitte und der Aufforderung. a) Ψ, 151 νῦν δ' ἐπεὶ οὐ νέομαί γε φίλην ἐς πατρίδα γαῖαν, | Πατρόκλῳ ἥρωι κόμην ὀπάσαιμι φέρεσθαι ich möchte mitgeben (unbestimmter als der Conj. adhortativus ich will). Σ, 121 νῦν δὲ κλέος ἐσθλὸν ἀροίμην. Π, 559 ἀλλ' εἴ μιν ἀεικισσαίμεθ' ἑλόντες (die Ergänzung von καλῶς ἂν γένοιτο u. dgl. ist unzulässig[1]). X, 304 μὴ μὰν ἀσπουδί γε καὶ ἀκλειῶς ἀπολοίμην wenigstens will ich nicht kampflos und ruhmlos untergehen. χ, 462 μὴ μὲν δὴ καθαρῷ θανάτῳ ἀπὸ θυμὸν ἑλοίμην nicht eines ehrlichen Todes will ich sie sterben lassen. (So lässt sich auch η, 314 erklären: οἶκον δέ τ' ἐγὼ καὶ κτήματα δοίην ein Haus möchte ich dir wohl geben; die Unbestimmtheit des Optativs, weil Alkinoos an der Erfüllung des Wunsches zweifeln muss. Andere lesen δέ κ' ἐγώ). Theocr. 8, 20 ταύταν (σύριγγα) κατθείην (hätte ich wohl Lust zu setzen), τὰ δὲ τῶ πατρὸς οὐ καταθησῶ. (Pl. Euthyd. 299, a πολὺ μέντοι δικαιότερον τὸν πατέρα τύπτοιμι ist wegen δικαιότερον die Partikel ἂν einzuschieben.) — b) Δ, 193 καὶ νῦν, εἴ τί που ἔστι, πίθοιό μοι (rücksichtsvoller als der Imperativ πιθοῦ). ο, 24 ἀλλὰ σύ γ' ἐλθὼν ἐπιτρέψειας ἕκαστα. O, 571 εἴ τινά που Τρώων ἐξάλμενος ἄνδρα βάλοισθα. β, 230 ff. μή τις ἔτι πρόφρων ἀγανὸς καὶ ἤπιος ἔστω | σκηπτοῦχος βασιλεὺς μηδὲ φρεσὶν αἴσιμα εἰδώς, | ἀλλ' αἰεὶ χαλεπός τ' εἴη καὶ αἴσυλα ῥέζοι. ξ, 407 τάχιστά μοι ἔνδον ἑταῖροι | εἶεν. ω, 491 ἐξελθών τις ἴδοι. χ, 77 ἔλθωμεν δ' ἀνὰ ἄστυ, βοὴ δ' ὤκιστα γένοιτο Kriegslärm möge sich erheben. Υ, 119 ἀλλ' ἄγεθ', ἡμεῖς πέρ μιν ἀποτρωπῶμεν ὀπίσσω | αὐτόθεν· ἤ τις ἔπειτα καὶ ἡμείων Ἀχιλῆι | παρσταίη, δοίη δὲ κράτος μέγα, μηδέ τι θυμῷ | δευέσθω (bezeichnender Wechsel der drei Formen der Aufforderung). Ω, 149 κῆρύξ τίς οἱ ἕποιτο. Ω, 74 ἀλλ' εἴ τις καλέσειε θεῶν Θέτιν, vgl. K, 111. Θ, 512 μὴ μὰν ἀσπουδί γε νεῶν ἐπιβαῖεν ἕκηλοι nicht kampflos wenigstens mögen (sollen) sie die Schiffe besteigen. Vgl. O, 476. P, 341. Aesch. S. 260 αἰτουμένῳ μοι κοῦφον εἰ δοίης τέλος. Ar. V. 1431 ἔρδοι τις ἣν ἕκαστος εἰδείη τέχνην. Pl. civ. 362, d ἀδελφὸς ἀνδρὶ παρείη der Bruder helfe dem Bruder! X. An. 6. 6, 18 τούτου ἕνεκα μήτε πολεμεῖτε Λακεδαιμονίοις σῴζοισθέ τε ἀσφαλῶς, ὅποι θέλει ἕκαστος, erst der Imper. als Verbot, dann der Opt. zugleich als Aufforderung und Wunsch, s. Kühners Bmrk. 3. 2, 37 εἰ μὲν οὖν ἄλλο τις βέλτιον ὁρᾷ, ἄλλως ἐχέτω· εἰ δὲ μή, Χειρίσοφος μὲν ἡγοῖτο, τῶν δὲ πλευρῶν ἑκατέρων δύο τὼ πρεσβυτάτω

1) S. Lange, der Homer. Gebrauch der Partikel εἰ, S. 326 f.

στρατηγῷ ἐπιμελοίσθην· ὀπισθοφυλακοῖμεν δ' ἡμεῖς. Selten ist dieser Gebrauch des Optativs bei eigentlichen Vorschriften st. der III. Pers. Imper. X. r. eq. 1, 8 ἀπό γε μὴν τοῦ στέρνου ὁ μὲν αὐχὴν αὐτοῦ (τοῦ ἵππου) μὴ ὥσπερ κάπρου προπετὴς πεφύκοι, ἀλλ' ὥσπερ ἀλεκτρυόνος ὀρθὸς πρὸς τὴν κορυφὴν ἥκοι κτλ. Im Kyprischen sogar in der Gesetzessprache: δώκοι νυ βασιλεὺς . . τὸν χῶρον, bei Collitz Dialektinschriften n. 60, Z. 16.

Anmerk. 4. Der wünschende Optativ schliesst seiner Natur nach die Modalpartikel ἄν (κέν) aus. Es findet sich denn auch diese Verbindung nur an drei Stellen: Z, 281 ὥς κέ οἱ αὖθι | γαῖα χάνοι. ο, 545 εἰ γάρ κεν σὺ πολὺν χρόνον ἐνθάδε μίμνοις (G. Hermann und die meisten Herausgeber καί). Hymn. in Apoll. Del. 51 Δῆλ' εἰ γάρ κ' ἐθέλοις ἕδος ἔμμεναι υἷος ἐμοῖο. In Aufforderungen im Opt. m. ἄν (§ 396, 4) und wünschenden Fragen mit πῶς ἄν, τίς ἄν (§ 396, 6) ist der Optativ potential zu fassen.

6. In direkten Fragen kommt der Optativ nur selten vor, und zwar a) als potentialer Optativ. Δ, 93, ἦ ῥά νύ μοί τι πίθοιο, Λυκάονος υἱὲ δαΐφρον; τλαίης κεν Μενελάῳ ἔπι προέμεν ταχὺν ἰόν, möchtest du mir etwa gehorchen? Dann würdest du dich wohl entschliessen. H, 48 ἦ ῥά νύ μοί τι πίθοιο; (κασίγνητος δέ τοί εἰμι·) ἄλλους μὲν κάθισον κτλ. Ξ, 190 ἦ ῥά νύ μοί τι πίθοιο, φίλον τέκος, ὅττι κεν εἴπω, ἦέ κεν ἀρνήσαιο; Λ, 838 πῶς τ' ἄρ' ἔοι τάδε ἔργα; τί ῥέξομεν; (wo die Lesart unsicher ist; Bekker πῶς κεν ἔοι). Aesch. Ch. 595 ἀλλ' ὑπέρτολμον ἀνδρὸς φρόνημα τίς λέγοι; wer möchte sagen? S. Ant. 605 τεάν, Ζεῦ, δύνασιν τίς ἀνδρῶν ὑπερβασία κατάσχοι; Eur. J. A. 523 πῶς ὑπολάβοιμεν λόγον; (wo mit Markland ὑπολάβοιμ' ἂν zu lesen ist). Höchst zweifelhaft bei Prosaikern. Antiph. 1, 4 πρὸς τίνας (ἂν) οὖν ἔλθοι τις βοηθούς; Pl. Gorg. 492, b τί τῇ ἀληθείᾳ αἴσχιον καὶ κάκιον (ἂν) εἴη σωφροσύνης; Civ. 437, b ἆρ' οὖν . . πάντα τὰ τοιαῦτα τῶν ἐναντίων ἀλλήλοις θείης; Lach. 190, b τίνα (τίν' ἂν) τρόπον τούτου σύμβουλοι γενοίμεθα; Lysias 31, 24 τί (ἂν) οὖν βουληθέντες ὑμεῖς τοῦτον δοκιμάσαιτε; Lycurg. 144 τίς (ἂν) ἀναμνησθεὶς τῶν ἡλικιωτῶν . . σώσειε τὸν προδεδωκότα; Isae. 3, 54 πῶς οὖν (ἂν) τις σαφέστερον ἐξελέγχοι. 7, 36 τίς (ἂν) ἀμφισβητήσειε μὴ οὐκ ἀνδρὸς εὖ φρονοῦντος εἶναι ταύτην τὴν ποίησιν; 4, 19 πῶς οὐκ (ἂν) ἀνοσιώτατος εἴη; (Dem. 34, 48 ἃ δ' ἐψεύσατο ὕστερον, ἐπειδὴ διεφθάρη, πιστότερα ταῦθ' ὑπολάβοιτε εἶναι gehört nicht hierher; der Satz hängt noch ab von πῶς οὐκ ἂν εἴη ἄτοπον εἰ). — b) Da der Optativ in Wunschsätzen zuweilen dem adhortativen Konjunktiv nahe kommt (vgl. Nr. 5 a), so konnte er wohl auch in Fragesätzen dem deliberativen Konjunktiv ähnlich gebraucht werden. Doch lässt sich hierfür kaum ein anderes Beispiel anführen als Theocr. 27, 24 καὶ τί, φίλος, ῥέξαιμι; *quid faciam?* (nicht: *quid facerem*). S. Ph. 895 ist mit Schäfer zu lesen τί δῆτ' ἂν δρῷμ' ἐγώ statt δῆτα, OC. 1418 mit Vauvilliers αὖθις ἂν πάλιν st. αὖθις αὖ, Pl. leg. 894, c mit den Zürichern τίν' ἂν προκρίναιμεν st. τίνα, Dem. 21, 35 mit Blass μεῖζον' ἂν δοίη st. μείζω.

Anmerk. 5. Auch die Stellen, in denen der Optativ in indirekter Frage nach einem Haupttempus (abgesehen vom Optativ, vgl. § 399, 6) erscheint, sind nicht unverdächtig. Pl. Phaed. 107, a οὐκ οἶδα εἰς ὅντινα (ὅντιν' ἄν) τις ἄλλον καιρὸν ἀναβάλλοιτο. Alc. I, 132, b πειρῶ ἐξηγεῖσθαι ὅντινα (ὅντιν' ἄν) τρόπον ἐπιμεληθεῖμεν ἡμῶν αὐτῶν. Euthyd. 296, e οὐκ ἔχω, ὑμῖν πῶς (ἄν) ἀμφισβητοίην. Gorg. 448, e οὐδεὶς ἐρωτᾷ (Bekker ἠρώτα) ποία τις εἴη ἡ Γοργίου τέχνη. Lys. 5, 5 οὐκέτι σκέψονται ὅ τι (ἄν) ἀγαθὸν εἰργασμένοι τοὺς δεσπότας ἐλεύθεροι γένοιντο. Anders liegt die Sache in Fällen wie Pl. Crit. 45, b οὐκ ἂν ἔχοις ἐξελθών, ὅ τι χρῷο σαυτῷ, Gorg. 486, b οἶσθ' ὅτι οὐκ ἂν ἔχοις, ὅ τι χρήσαιο σαυτῷ, wo das im Optativ stehende übergeordnete Verbum ebenso wie der davon abhängige Fragesatz etwas nur Vorgestelltes bezeichnet.

§ 396. Optativ mit ἄν (κέν).

1. Während der Optativ ohne ἄν eine Vorstellung an sich, ohne alle Rücksicht auf die Verhältnisse und Umstände, unter denen die Verwirklichung erfolgen könnte, ausdrückt, bezeichnet der Optativ mit ἄν die Vorstellung zugleich mit Rücksicht auf diese Verhältnisse und Umstände, z. B. εἴποι τις *dixerit quispiam*, es mag, möchte, dürfte, könnte einer sagen, aber εἴποι τις ἄν, es dürfte, könnte einer unter gewissen Umständen sagen. Dass in der Dichtersprache der Gebrauch des potentialen Optativs ohne ἄν sich länger erhalten hat als in der Prosa, ist ganz natürlich. Die freiere Anschauungsweise des Dichters spricht das subjektive Urteil an sich aus, unbekümmert um das in Wirklichkeit stattfindende Verhältnis der Dinge. Der Prosaiker hingegen, der mehr die eigentliche Sachlage der Dinge ins Auge fasst, nimmt auch im Ausdrucke Rücksicht auf das Verhältnis seiner Gedanken zur Wirklichkeit.

2. Der Optativ mit ἄν (Optativus *potentialis* § 395, 2) wird daher gebraucht a) wenn der Redende eine Handlung als eventuell möglich hinstellt: γνοίη ἄν er könnte wohl erkennen, etwa haud scio an cognoscere *possit* (Optativ der unentschiedenen Möglichkeit); aber auch b) wenn er seine subjektive Ungewissheit über die Wirklichkeit einer Handlung zum Ausdrucke bringen will: γνοίη ἄν er dürfte wohl erkennen, etwa haud scio an *cognoscat* (Optativ der gemilderten Behauptung). Die Negation ist οὐ. Bei den Attikern nur in Beziehung auf die Gegenwart oder Zukunft. a) A, 271 κείνοισι δ' ἂν οὔτις | τῶν, οἳ νῦν βροτοί εἰσιν ἐπιχθόνιοι, μαχέοιτο dürfte (kann) wohl keiner kämpfen. Vgl. M, 447. B, 12 νῦν γάρ κεν ἕλοι πόλιν, sowie jetzt die Sachen stehen, dürfte, kann er unter Umständen einnehmen. 373 τῷ κε τάχ' ἠμύσειε πόλις Πριάμοιο. Γ, 52 οὐκ ἂν δὴ μείνειας ἀρηΐφιλον Μενέλαον; | γνοίης χ', οἵου φωτὸς ἔχεις θαλερὴν παράκοιτιν dann würdest du wohl merken. Γ, 392

οὐδέ κε φαίης | ἀνδρὶ μαχησάμενον τόν γ' ἐλθεῖν, ἀλλὰ χορόνδε | ἔρχεσθαι. Vgl. γ, 124. X, 253 νῦν αὖτέ με θυμὸς ἀνῆκεν | στήμεναι ἀντία σεῖο, ἕλοιμί κεν ἤ κεν ἁλοίην, möglicherweise erlege ich ihn; es kann aber auch sein, dass ich erliege. I, 57 ἦ μὴν καὶ νέος ἐσσί, ἐμὸς δέ κε καὶ παῖς εἴης du könntest mein Sohn sein. S. Ph. 118 sq. N. μαθὼν γὰρ οὐκ ἂν ἀρνοίμην τὸ δρᾶν. Ul. σοφός τ' ἂν αὐτὸς κἀγαθὸς κεκλῇ' ἅμα. Hdt. 5, 9 γένοιτο δ' ἂν πᾶν ἐν τῷ μακρῷ χρόνῳ unter Umständen kann alles geschehen. Pl. Crat. 402, a δὶς ἐς τὸν αὐτὸν ποταμὸν οὐκ ἂν ἐμβαίης. Prot. 345, b ὁ μὲν ἀγαθὸς ἀνὴρ γένοιτ' ἂν ποτε καὶ κακός . . ὁ δὲ κακὸς ἀνὴρ οὐκ ἄν ποτε γένοιτο κακός· ἔστι γὰρ ἀεί. Sehr oft γνοίης ἄν, γνοίη τις ἄν, ἴδοι τις ἂν u. dgl. *cognoscas, videas*, βουλοίμην ἄν, *velim*. X. Cy. 1. 6, 21 γνοίης δ' ἄν, ὅτι τοῦθ' οὕτως ἔχει. Dem. 18, 252 πανταχόθεν ἂν τις ἴδοι τὴν ἀγνωμοσύνην αὐτοῦ. — b) Hdt. 3, 23 διὰ τοῦτο ἂν εἶεν μακρόβιοι dem dürften sie vermutlich ihr langes Leben zu verdanken haben. 5, 60 Σκαῖος δ' ἂν εἴη ὁ Ἱπποκόωντος. S. Ai. 186 ἥκοι γὰρ ἂν θεία νόσος das muss wohl eine gottverhängte Krankheit sein. Isocr. 11, 5 ὅτι πολὺ διήνεγκε τῶν ἄλλων, ἅπαντες ἂν ὁμολογήσειαν *omnes concedere puto*. Pl. conv. 196, d (Ἔρως) πάντων ἂν ἀνδρειότατος εἴη. — Seltener wird der potentiale Optativ mit Beziehung auf die Vergangenheit gebraucht, und zwar a) bei Homer als Optativ der unentschiedenen Möglichkeit von einer Handlung, die sich in der Vergangenheit unter Umständen verwirklichen konnte: a) E 85 ὣς οἱ μὲν πονέοντο . . | Τυδείδην δ' οὐκ ἂν γνοίης, ποτέροισι μετείη, *cognosceres*, du würdest erkannt haben. Δ, 223 ἔνθ' οὐκ ἂν βρίζοντα ἴδοις Ἀγαμέμνονα, *videres*. 429 οἱ δ' ἄλλοι ἀκὴν ἴσαν· οὐδέ κε φαίης | τόσσον λαὸν ἕπεσθαι ἔχοντ' ἐν στήθεσιν αὐδήν, *diceres*, so Γ, 220. O, 697. P, 366. M, 58 ἔνθ' οὔ κεν ῥέα ἵππος ἐύτροχον ἅρμα τιταίνων | ἐσβαίη. ν, 86. Δ, 539 ἔνθα κεν οὐκέτι ἔργον ἀνὴρ ὀνόσαιτο μετελθών, | ὅς τις ἔτ' ἄβλητος καὶ ἀνούτατος ὀξέϊ χαλκῷ | δινεύοι κατὰ μέσσον. Vgl. N, 127. P, 399. E, 311 καί νύ κεν ἔνθ' ἀπόλοιτο (wäre umgekommen) ἄναξ ἀνδρῶν Αἰνείας, | εἰ μὴ ἄρ' ὀξὺ νόησε Διὸς θυγάτηρ Ἀφροδίτη. Vgl. E, 388. P, 70. N, 343 μάλα κεν θρασυκάρδιος εἴη, | ὃς τότε γηθήσειεν ἰδὼν πόνον οὐδ' ἀκάχοιτο, der hätte sehr beherzt sein müssen. B, 80. Die Attiker gebrauchen in diesem Falle den Indikativ der Präterita mit ἄν: ἔγνως ἄν, s. § 392, 5. (Verdächtig ist Eur. Suppl. 764 φαίης ἄν, εἰ παρῆσθ', ὅτ' ἠγάπα νεκρούς. Pl. Menex. 240, d ἐν τούτῳ δὴ [τῷ χρόνῳ] ἄν τις γενόμενος γνοίη ist zu übersetzen: „wenn einer sich im Geiste in jene Zeit versetzen will, wird er erkennen“, vgl. ibid. 239, d). — b) Bei Herodot als Optativ der gemilderten Behauptung, indem der Redende vom Standpunkte der Gegenwart aus eine Vermutung über Vergangenes ausspricht: 9, 71 ταῦτα μὲν καὶ φθόνῳ ἂν εἴποιεν, dieses mögen sie aus Neid gesagt haben. 1, 70 τάχα δὲ ἂν . . λέγοιεν . ., ὡς ἀπαιρεθείησαν ὑπὸ Σαμίων.

8, 136 τάχα δ' ἂν καὶ τὰ χρηστήρια ταῦτά οἱ προλέγοι. 7, 180 τῷ δὲ σφαγιασθέντι τούτῳ οὔνομα ἦν Λέων· τάχα δ' ἂν τι καὶ τοῦ οὐνόματος ἐπαύροιτο, vielleicht mag er es auch seinem Namen zu verdanken gehabt haben. 184 ἤδη ὦν ἄνδρες ἂν εἶεν ἐν αὐτοῖσι τέσσερες μυριάδες καὶ εἴκοσι demnach mögen also darin etwa 24 Myriaden gewesen sein. 214 εἰδείη ἂν ταύτην τὴν ἀτραπὸν Ὀνήτης, εἰ τῇ χώρῃ πολλὰ ὡμιληκὼς εἴη, mag wohl gekannt haben. (Dagegen ist 1, 2 εἴησαν δ' ἂν οὗτοι Κρῆτες auch die Übersetzung „dies mögen wohl Kreter sein" [nicht: „gewesen sein"] zulässig. Ebenso 2, 98 εἴη δ' ἂν καὶ ἄλλος τις Ἄρχανδρος, u. 5, 59 ταῦτα ἡλικίην ἂν εἴη κατὰ Λάιον). Die Attiker verwenden in diesem Falle Umschreibungen mit οἶμαι, δῆλον u. dgl. Die für den Optativ mit ἄν angeführten Belegstellen sind kritisch verdächtig oder lassen andere Erklärungen zu, z. B. Antiph. 3, β 5 πῶς ἂν ἐπιβουλεύσαιμι (Blass ἐπεβούλευσά τι). Lys. 7, 16 εὖ γὰρ ἂν εἰδείην (Emperius ᾔδειν). Thuc. 1, 9 αὗται δ' οὐκ ἂν πολλαὶ εἴησαν ist nach dem Zusammenhange nicht zu übersetzen: „deren dürften nicht viele gewesen sein", sondern: „die aber könnten doch nicht als πολλαί bezeichnet werden" [1]). — Vereinzelt erscheint der Optativ mit ἄν auch zur Bezeichnung eines gesetzten Falles. Aesch. Ch. 565 καὶ δὴ θυρωρῶν οὔτις ἂν φαιδρᾷ φρενὶ δέξαιτ', *fac accipere*, wie sonst der Indikativ, vgl. § 391, 1.

3. Insbesondere eignete sich der urbane Ton der Attiker diese Ausdrucksweise zu dem Zwecke an, dem Vortrage fest begründeter und bestimmter Urteile oder sicherer Thatsachen die Farbe des Zweifels und der Unentschiedenheit zu geben. S. El. 1372 οὐκ ἂν μακρῶν ἔθ' ἡμὶν οὐδὲν ἂν λόγων, | Πυλάδη, τόδ' εἴη τοὔργον. OC. 647 μέγ' ἂν λέγοις δώρημα τῆς ξυνουσίας. X. Cy. 1. 2, 11 καὶ θηρῶντες μὲν οὐκ ἂν ἀριστήσαιεν, 13 ἐπειδὰν τὰ πέντε καὶ εἴκοσιν ἔτη διατελέσωσιν, εἴησαν μὲν ἂν οὗτοι πλεῖόν τι γεγονότες ἢ πεντήκοντα ἔτη ἀπὸ γενεᾶς. Comm. 3. 5, 7 ὥρα ἂν εἴη λέγειν. Pl. civ. 444, d ἀρετὴ ἄρα, ὡς ἔοικεν, ὑγίειά τέ τις ἂν εἴη. Symp. 175, e ἡ ἐμὴ φαύλη τις ἂν εἴη καὶ ἀμφισβητήσιμος. Gorg. 502, d δημηγορία ἄρα τίς ἐστιν ἡ ποιητική. Call. Φαίνεται. Socr. Οὐκοῦν ἡ ῥητορικὴ δημηγορία ἂν εἴη. So sehr häufig in Schlusssätzen.

4. So erscheint der Optativ mit ἄν (negiert mit οὐ) in der I. Person ähnlich dem Futur als schwächerer (oft auch entschiedenerer) Ausdruck des Willens: ἴοιμι ἄν ich könnte nun gehen = ich will gehen; in der II. und III. Person als mildere (mitunter auch schärfere) Form der Bitte und Aufforderung: ἴοις ἄν du könntest gehen = geh! a) I. Pers. S. OR. 95 λέγοιμ' ἄν. 343 οὐκ ἂν πέρα φράσαιμι (entschiedene Weigerung). OC. 45. Ph. 1302. Ar. Pl. 284 ἀλλ' οὐκέτ' ἂν κρύψαιμι. — b) II. Pers. υ, 135 οὐκ ἄν μιν νῦν, τέκνον, ἀναίτιον

[1]) S. Gerth, Grammatisch-Kritisches zur griechischen Moduslehre, S. 8 ff.

αἰτιόῳο du wirst sie doch wohl nicht beschuldigen wollen. σ, 414. S. Ph. 674 χωροῖς ἂν εἴσω. El. 637 κλύοις ἂν ἤδη, Φοῖβε (Bitte). Ant. 444 σὺ μὲν κομίζοις ἂν σεαυτόν, ᾗ θέλεις du kannst nun gehen. Ar. V. 726 πρὶν ἂν ἀμφοῖν μῦθον ἀκούσῃς, | οὐκ ἂν δικάσαις. Pl. Parm. 126, a πάρειμί γε ἐπ' αὐτὸ τοῦτο δεησόμενος ὑμῶν. Λέγοις ἄν, ἔφη, τὴν δέησιν. Vgl. Civ. 614, a. Phaedr. 227, c. Phil. 23, c. Polit. 267, d. Civ. 608, d ἀκούοις ἄν, ubi v. Stallb. Phaedr. 229, b προάγοις ἄν. B, 250 sagt Odysseus zum Thersites mit einer gewissen Ironie: Θερσῖτ'.. ἴσχεο . .· οὐ γὰρ ἐγὼ σέο φημὶ χερειότερον βροτὸν ἄλλον ἔμμεναι . . · τῷ οὐκ ἂν βασιλῆας ἀνὰ στόμ' ἔχων ἀγορεύοις καί σφιν ὀνείδεά τε προφέροις νόστον τε φυλάσσοις, st. μὴ ἀγόρευε u. s. w. So sagt S. El. 1491 Orestes zum Aegisthos: χωροῖς ἂν εἴσω σὺν τάχει· λόγων γὰρ οὐ | νῦν ἐστιν ἀγών, ἀλλὰ σῆς ψυχῆς πέρι. — c) III. Pers. Pind. P. 10, 95 τῶν δ' ἕκαστος ὀρούει, τυχὼν κεν ἁρπαλέαν σχέθοι φροντίδα. Im Elischen sogar in der Gesetzessprache: συνμαχία κ' ἔα (= εἴη) ἑκατὸν ϝέτεα, bei Collitz Dialektinschriften n. 1149, Z. 2, vgl. n. 1152, Z. 4 u. öfter.[1]) — Mit οὐ in der Form einer Frage: E, 32 οὐκ ἂν δὴ Τρῶας μὲν ἐάσαιμεν καὶ Ἀχαιοὺς | μάρνασθ', ὁπποτέροισι πατὴρ Ζεὺς κῦδος ὀρέξῃ; | νῶι δὲ χαζώμεσθα könnten wir denn nicht lassen = wir wollen doch. ζ, 57 πάππα φίλ', οὐκ ἂν δή μοι ἐφοπλίσσειας ἀπήνην; (Bitte), vgl. η, 22. χ, 132. Ω, 263 οὐκ ἂν δή μοι ἄμαξαν ἐφοπλίσσαιτε τάχιστα, | ταῦτά τε πάντ' ἐπιθεῖτε (dringende Aufforderung), vgl. K, 204. E, 456. Γ, 52 οὐκ ἂν δὴ μείνειας ἀρηίφιλον Μενέλαον; sarkastisch: möchtest du denn nicht standhalten? st. halte doch stand!

5. Der mit ἄν verbundene Optativ in Fragesätzen drückt dasselbe Verhältnis aus, welches er ausser der Frage bezeichnet. α, 65 πῶς ἂν ἔπειτ' Ὀδυσῆος ἐγὼ θείοιο λαθοίμην; wie könnte ich vergessen? P, 327. S. Ant. 552 τί δῆτ' ἂν ἀλλὰ νῦν σ' ἔτ' ὠφελοῖμ' ἐγώ; El. 1450 ποῦ δῆτ' ἂν εἶεν οἱ ξένοι; δίδασκέ με. Ph. 1393 τί δῆτ' ἂν ἡμεῖς δρῷμεν, εἰ σέ γ' ἐν λόγοις | πείσειν δυνησόμεσθα μηδὲν ὧν λέγω; X. Comm. 1. 1, 5 τίς οὐκ ἂν ὁμολογήσειεν; Hier. 1, 1 ἆρ' ἄν μοι ἐθελήσαις διηγήσασθαι, ἃ εἰκὸς εἰδέναι σὲ βέλτιον ἐμοῦ; Comm. 2. 3, 19. Dem. 4, 10 λέγεταί τι καινόν; γένοιτο γὰρ ἄν τι καινότερον ἢ Μακεδὼν ἀνὴρ Ἀθηναίους καταπολεμῶν; Ebenso in indirekten Fragesätzen. Λ, 792 τίς δ' οἶδ' εἴ κέν οἱ σὺν δαίμονι θυμὸν ὀρίναις | παρειπών; Vgl. μ, 113 f. ξ, 120. X. Comm. 1. 3, 5 οὐκ οἶδ', εἴ τις οὕτως ἂν ὀλίγα ἐργάζοιτο, ὥστε μὴ λαμβάνειν τὰ Σωκράτει ἀρκοῦντα, s. das. Kühners Bmrk. Vgl. 4. 2, 30. Cy. 1. 6, 41 εἰ τοιαῦτα ἐθελήσαις καὶ ἐπὶ τοῖς ἀνθρώποις μηχανᾶσθαι, οὐκ οἶδ' ἔγωγε, εἴ τινας λίποις ἂν τῶν πολεμίων. 1. 6, 10 ἐρωτᾷς, ποῦ ἂν ἀπὸ σοῦ πόρος προσγένοιτο; An. 1. 7, 2 συνεβουλεύετο, πῶς ἂν

[1]) Vgl. Meister, Griech. Dialekte II, S. 71.

τὴν μάχην ποιοῖτο. 4. 8, 7 ἠρώτων ἐκεῖνοι, εἰ δοῖεν ἂν τούτων τὰ πιστά. Vgl. 3. 2, 27. Dem. 50, 53 extr. — Bei Homer auch als Potential der Vergangenheit. Τ, 90 ἀλλὰ τί κεν ῥέξαιμι; *quid facerem?*

6. Auch der Wunsch kann sich in der Form einer durch den Optativ mit ἄν ausgedrückten Frage darstellen, indem der Wunsch nicht schlechtweg ausgesprochen wird, sondern so, dass gefragt wird, wie er erfüllt werden könne. Diese Ausdrucksweise findet sich schon b. Hom. ο, 195 Νεστορίδη, πῶς κέν μοι ὑποσχόμενος τελέσειας | μῦθον ἐμόν; Κ, 303 τίς κέν μοι τόδε ἔργον ὑποσχόμενος τελέσειε | δώρῳ ἔπι μεγάλῳ; Während hier der ursprüngliche Sinn noch klar hervortritt (wie könntest du wohl vollenden, d. i. könntest du wohl irgendwie vollenden? wer möchte wohl vollenden?), wird die Frage mit πῶς ἄν bei den Tragikern geradezu formelhaft in wünschendem Sinne verwandt. S. Ai. 389 ff. ὦ Ζεῦ, . . πῶς ἂν τὸν αἱμυλώτατον . . ὀλέσσας τέλος θάνοιμι καὐτός; Ph. 531 πῶς ἂν ὕμιν ἐμφανὴς | ἔργῳ γενοίμην; 794 πῶς ἂν ἀντ' ἐμοῦ | τὸν ἴσον χρόνον τρέφοιτε τήνδε τὴν νόσον; Vgl. 1214. OR. 765, ubi v. Schneidewin. OC. 1457. Eur. M. 97 ἰώ μοί μοι, πῶς ἂν ὀλοίμαν; Alc. 864 πῶς ἂν ὀλοίμαν; Vgl. Plaut. Trin. 923 qui (= πῶς) istum di perdant! Aesch. Ag. 1450 φεῦ τίς ἂν ἐν τάχει μόλοι; S. OC. 1100 τίς ἂν θεῶν σοι τόνδ' ἄριστον ἄνδρ' ἰδεῖν | δοίη;

Anmerk. 1. Da der Optativ mit ἄν häufig etwas Zukünftiges bezeichnet, so wechselt derselbe bisweilen mit dem Indikative des Futurs ab, indem jener das Zukünftige als ein unter Umständen Mögliches, dieser als ein gewiss Eintretendes bezeichnet. Β, 159 sq. Ἀργεῖοι φεύξονται . . | κὰδ δέ κεν εὐχωλὴν Πριάμῳ καὶ Τρωσὶ λίποιεν | Ἀργείην Ἑλένην. ζ, 285 ὧς ἐρέουσιν, ἐμοὶ δέ κ' ὀνείδεα ταῦτα γένοιτο. Vgl. φ, 329. Hdt. 4, 97 ἕψομαί τοι καὶ οὐκ ἂν λειφθείην. Th. 2, 64 ταῦτα ὁ μὲν ἀπράγμων μέμψαιτ' ἄν, ὁ δὲ δρᾶν τι βουλόμενος ζηλώσει· εἰ δέ τις μὴ κέκτηται, φθονήσει. 3, 13 οὔτε γὰρ ἀποστήσεται ἄλλος, τά τε ἡμέτερα προσγενήσεται, πάθοιμέν τ' ἂν δεινότερα ἢ οἱ πρὶν δουλεύοντες.

Anmerk. 2. Da der Optativ des Präsens (oder Perfekts) oder des Aorists mit ἄν an sich schon ein Zukünftiges bezeichnen kann, so scheinen die Griechen den Optativ des Futurs mit ἄν nicht gebraucht zu haben. Allerdings finden sich einzelne Stellen, in denen die Handschriften diese Verbindung haben, allein selten ohne Varianten, oder in denen die Form des Futuroptativs durch ein Versehen der Abschreiber leicht aus der Form des aoristischen Optativs entstehen konnte [1]). So steht ρ, 547 οὐδέ κέ τις θάνατον . . ἀλύξοι mit den Varianten ἀλύξαι, ἀλύξει, einige lassen den ganzen Vers als aus τ, 558, wo aber ἀλύξει gelesen wird, hierher versetzt weg, s. Bekker. Ar. V. 1097 wird jetzt richtig gelesen ὅστις ἐρέτης ἔσοιτ' ἄριστος st. ὃς ἄν nach den cdd. Rav. u. Ven., der ὅστις ἄν hat. Lycurg. 14 ὅ τι ἂν βουλεύσοισθε haben 4 cdd. st. βουλεύσησθε, das jetzt aufgenommen ist. 15 δόξοιτ' ἄν, wofür aber Herm. richtig δόξαιτ' ἄν verbessert. 76 δικαίως ἂν αὐτὸν . . τιμωρήσοισθε, cd. A. τιμωρήσεσθε,

1) S. Hermann de partic. ἄν p. 166 sq. Klotz ad Devar. p. 147 sq. Bäumlein a. a. O. S. 296.

Bekk. richtig τιμωρήσαισθε. Th. 5, 94 οὐκ ἂν δέξοισθε mit d. Var. δέξησθε, von Bekk. richtig in δέξαισθε verbessert. X. Cy. 7. 3, 10 τί ἂν ποιήσας χαρίσοιτο, so d. cdd., aber Ald. richtig χαρίσαιτο. Pl. leg. 719, e αὐτὸν ἂν ἐπαινέσοι, wofür Bekk. richtig ἐπαινέσαι schreibt. So ist auch Isocr. ep. 2, 22 st. δικαίως δ' ἂν μοι πιστεύσοις zu lesen πιστεύσειας. In der abhängigen Rede liesse sich der Opt. Fut. mit ἄν rechtfertigen, wenn die Verbindung des Indikat. Fut. mit ἄν (als dessen Stellvertreter der Opt. erschiene) bei den Attikern gesichert wäre. Da dies jedoch nicht der Fall ist, vgl. § 392, 1, so unterliegen auch jene Stellen gerechten Bedenken. So X. Comm. 1. 1, 6 περὶ δὲ τῶν ἀδήλων, ὅπως [ἂν] ἀποβήσοιτο, μαντευσομένους ἔπεμπεν, εἰ ποιητέα. Hell. 4. 2, 10 ἐβουλεύοντο, πῶς ἂν τὴν μάχην ποιήσοιντο (mit Recht jetzt geändert in ποιήσαιντο). Lys. 1, 22 εἰδὼς ὅτι οὐδὲν [ἂν] καταλήψοιτο. Isae. 1, 32 προσηπείλησεν, ὅτι δηλώσοι ποτ' ἂν τούτῳ, ὡς διάκειται πρὸς αὐτόν (cdd. A. B. δηλώσει, Dobree δηλώσειε).

§ 397. d. Imperativ.

1. Der Gebrauch des Imperativs (§ 390, 2. 4.) in der II. Person stimmt mit dem in anderen Sprachen überein. Er ist der Modus der unmittelbaren Willensäusserung des Redenden, die als Befehl an eine gegenwärtige oder als gegenwärtig gedachte Person gerichtet ist. Unter Befehl ist nicht immer ein strenger Befehl zu verstehen, sondern sehr häufig werden auch Bitten, Ermahnungen, Ratschläge, Vorschriften, Aufmunterungen durch die Imperativform ausgedrückt. Den Aufmunterungen werden sehr häufig die Imperative ἄγε, φέρε, ἴθι (meistens mit δή), die gleichfalls eine Aufmunterung ausdrücken, vorangeschickt. X. Cy. 5. 3, 4 ἄγε δή . . δότε. Pl. Crat. 385, b φέρε δή μοι τόδε εἰπέ. Phaedr. 262, d ἴθι δή μοι ἀνάγνωθι. Gorg. 489, e ἀλλ' ἴθι εἰπέ. Vgl. § 394, 4. Die griechische Sprache hat aber wie die lateinische auch eine Form für die III. Person, als: γραψάτω, γραφέτω, *scribito*, er soll schreiben. Die III. Pers. kann auch in der Frage gebraucht werden. Pl. leg. 800, b κείσθω δὲ νῦν ἡμῖν ταῦτα τῷ λόγῳ; soll dieses feststehen? 801, d τί οὖν; ὃ πολλάκις ἐρωτῶ, κείσθω νόμος ἡμῖν; 820, e οὐκοῦν κείσθω ταῦτα; Vgl. Theaet. 170, d. Polit. 295, e τῷ δὲ . . νομοθετήσαντι . . μὴ ἐξέστω δή . . προστάττειν; In abhängiger Frage Pl. leg. 800, e ἐπανερωτῶ . ., εἰ . . κείσθω, ubi v. Stallb. S. Anm. 2. Die Negation beim Imperative ist μή.

2. Der Imperativ, besonders in der III. Pers., wird oft gebraucht, um eine Annahme oder ein Zugeständnis auszudrücken. a) II. Pers. Δ, 29 ἔρδ'· ἀτὰρ οὔ τοι πάντες ἐπαινέομεν θεοὶ ἄλλοι, thue es = *per me facias licet.* S. Ant. 77 σοὶ δ' εἰ δοκεῖ, | τὰ τῶν θεῶν ἔντιμ' ἀτιμάσασ' ἔχε. 1037 κερδαίνετ', ἐμπολᾶτε τὸν πρὸς Σάρδεων | ἤλεκτρον, εἰ βούλεσθε, καὶ τὸν Ἰνδικὸν | χρυσόν· τάφῳ δ' ἐκεῖνον οὐχὶ κρύψετε. 1168 f. πλούτει τε γὰρ κατ' οἶκον, εἰ βούλει, μέγα | καὶ ζῆ τύραννον σχῆμ' ἔχων· ἐὰν δ' ἀπῇ | τούτων τὸ χαίρειν, τἄλλ' ἐγὼ καπνοῦ σκιᾶς |

οὐκ ἂν πριαίμην ἀνδρὶ πρὸς τὴν ἡδονήν. Eur. H. f. 238 σὺ μὲν λέγ' ἡμᾶς οἷς πεπύργωσαι λόγοις, | ἐγὼ δὲ δράσω σ' ἀντὶ τῶν λόγων κακῶς. J. A. 844 σὺ πάλιν αὖ λόγους ἐμοὺς | θαύμαζ'· ἐμοὶ γὰρ θαύματ' ἐστὶ τὰ παρὰ σοῦ. — b) III. Pers. Θ, 429 οὐκέτ' ἔγωγε | νῶι ἐῶ . . πτολεμίζειν· τῶν ἄλλος μὲν ἀποφθίσθω, ἄλλος δὲ βιώτω. S. Ai. 961 οἱ δ' οὖν (immerhin) γελώντων κἀπιχαιρόντων κακοῖς | τοῖς τοῦδ'· ἴσως τοι . . | θανόντ' ἂν οἰμώξειαν ἐν χρείᾳ δορός. Vgl. 971. Th. 2, 48 λεγέτω περὶ αὐτοῦ ὡς ἕκαστος γιγνώσκει. Vgl. X. An. 5. 7, 10. Pl. conv. 201, c οὕτως ἐχέτω, ὡς σὺ λέγεις. Phaedr. 246, a ἐοικέτω. Phil. 14, a πολλαὶ ἡδοναὶ γιγνέσθων, ubi v. Stallb. Besonders häufig ist ἔστω, *esto, sit sane*, schon b. Hom. H, 34 ὧδ' ἔστω. Wie im Deutschen und Lat. wird oft der Imperativ auf nachdrückliche Weise st. eines hypothetischen Vordersatzes gebraucht; der zweite Satz wird dann gewöhnlich durch καί angereiht. Pl. Theaet. 154, c σμικρὸν λαβὲ παράδειγμα καὶ πάντα εἴσει, ἃ βούλομαι. Dem. 18, 112 δειξάτω, κἀγὼ στέρξω καὶ σιωπήσομαι. Vgl. Ar. N. 1490. Cic. Tusc. 4. 24, 53 *tracta* definitiones fortitudinis; intelleges eam stomacho non egere [1]).

3. In der negativen oder prohibitiven Redeform mit μή, *ne*, und dessen Kompositis gebrauchen die Griechen bei der II. Pers. in der Regel nur den Imperativ des Präsens (Perfekts), nicht den Imperativ des Aorists, sondern statt dessen den Konjunktiv des Aorists [2]): μὴ γράφε od. μὴ γράψῃς (ne *scripseris*), aber weder μὴ γράφῃς noch μὴ γράψον; in d. III. Pers. μὴ γραφέτω od. μὴ γραψάτω, seltener μὴ γράψῃ (vgl. § 394, 5), aber nie μὴ γράφῃ. a) II. Pers. A, 363 ἐξαύδα, μὴ κεῦθε νόῳ, vgl. π, 168. ο, 263 εἰπέ μοι εἰρομένῳ νημερτέα, μηδ' ἐπικεύσῃς. Δ, 234 Ἀργεῖοι, μήπω τι μεθίετε θούριδος ἀλκῆς. S. OC. 731 ὃν μήτ' ὀκνεῖτε μήτ' ἀφῆτ' ἔπος κακόν. Ph. 1400 καὶ μὴ βράδυνε μηδ' ἐπιμνησθῇς ἔτι | Τροίας. Th. 7, 77 μὴ καταπέπληχθε ἄγαν. X. Cy. 8. 6, 12 μήτε αὐτοί ποτε ἄνευ πόνου σῖτον παραθῆσθε, μήτε ἵπποις ἀγυμνάστοις χόρτον ἐμβάλλετε. Comm. 3. 6, 3 μὴ τοίνυν ἀποκρύψῃ, ἀλλ' εἰπὸν ἡμῖν. Pl. Lach. 201, b αὔριον ἕωθεν ἀφικοῦ οἴκαδε, καὶ μὴ ἄλλως ποιήσῃς. Apol. 21, a μὴ θορυβεῖτε, aber 20, e μὴ θορυβήσητε, s. § 389, 6 C). Dem. 20, 123 μὴ τοίνυν διὰ μὲν τοῦ τῶνδε κατηγορεῖν ὡς φαύλων ἐκείνους ἀφαιροῦ, δι' ἃ δ' αὖ καταλείπειν ἐκείνοις φήσεις, τούσδε, ὃ μόνον λαβόντες ἔχουσι, τοῦτ' ἀφέλῃ. 21, 211 μὴ κατὰ τοὺς νόμους δικάσητε, ὦ ἄνδρες δικασταί· μὴ βοηθήσητε τῷ πεπονθότι δεινά· μὴ εὐορκεῖτε· ἡμῖν δότε τὴν χάριν ταύτην. — b) III. Pers. Dem. 18, 199 καί

---

1) Vgl. Dissen ad Pind. Nem. 4, 37 p. 400. C. F. Hermann in indic. scholar. Gotting. April. 1850 de protasi paratact. Kühner ad Cic. Tusc. 2. 12, 28. — 2) Vgl. Hermann ad Viger. § 268. p. 809. Bremi Excurs. XII. ad Lysiae Oratt. p. 452 sqq. Interpp. ad Greg. Cor. p. 15. Franke Comment. de part. neg. l. d.

μου μηδεὶς τὴν ὑπερβολὴν θαυμάσῃ, ἀλλὰ μετ' εὐνοίας ὃ λέγω θεωρησάτω. Π, 200 μή τίς μοι ἀπειλάων λελαθέσθω. κ, 301 μήτις ἐκεῖ' Ὀδυσῆος ἀκουσάτω ἔνδον ἐόντος. Aesch. S. 1036 μὴ δοκησάτω τινί. Pr. 332 μηδέ σοι μελησάτω. S. Ai. 1181 μηδέ σε | κινησάτω τις. 1334 τὸν ἄνδρα τόνδε πρὸς θεῶν | μὴ τλῇς ἄθαπτον .. βαλεῖν, | μηδ' ἡ βία σε μηδαμῶς νικησάτω. OR. 231 εἰ δ' αὖ τις ἄλλον οἶδεν .. | τὸν αὐτόχειρα, μὴ σιωπάτω. 1449 ἐμοῦ δὲ μήποτ' ἀξιωθήτω τόδε. Vgl. OC. 1208. X. Cy. 7. 5, 73 καὶ μηδείς γε ὑμῶν ἔχων ταῦτα νομισάτω ἀλλότρια ἔχειν. 8. 7, 26 μηδεὶς ἰδέτω. Pl. Ap. 17, c μηδεὶς προσδοκησάτω. Aeschin. 3, 60 μήτ' ἀπογνώτω μηδὲν μήτε καταγνώτω. Th. 1, 86 καὶ ὡς ἡμᾶς πρέπει βουλεύεσθαι ἀδικουμένους, μηδεὶς διδασκέτω.

Anmerk. 1. Der Grund dieser seltsamen Erscheinung ist nicht genügend aufgeklärt. Unter der Voraussetzung, dass der Konjunktiv den milderen, der Imperativ den stärkeren Ausdruck der Forderung darstellt, wäre es wohl erklärlich, wenn sich beim Verbote die Neigung zum Konjunktive als zur milderen Form mehr geltend gemacht hätte als beim Gebote, und insbesondere bei dem an die angeredete Person gerichteten und auf einen bestimmten Einzelfall berechneten Verbote vgl. § 389, 6 C mehr als bei der III. Person und bei den gern in Gesetzesform auftretenden allgemeinen und dauernden Vorschriften, die das Präsens zum Ausdrucke bringt. Man kann dabei auf die ähnlichen Erscheinungen im Lateinischen hinweisen: für das Gebot, mag es in strengem oder mildem Tone gesprochen sein, ist die durchaus übliche Ausdrucksform der Imperativ, für das Verbot dagegen der Konjunktiv Perf. oder die Umschreibung mit *noli*, während die Imperative *ne fac* und *ne facito* nur in sehr beschränkter Weise verwandt werden, das letztere vorzugsweise bei allgemeinen und dauernden Vorschriften[1].

Übrigens finden sich für die II. Pers. *Imp. Aor.* vereinzelte Belege. Δ 410 τῷ μή μοι πατέρας ποθ' ὁμοίῃ ἔνθεο τιμῇ, darum sollst du in keinem Falle die Väter uns gleichstellen. Σ 134 ἀλλὰ σὺ μὲν μή πω καταδύσεο μῶλον Ἄρηος. ω 248 σὺ δὲ μὴ χόλον ἔνθεο θυμῷ. Ar. Thesm. 870 μὴ ψεῦσον, ὦ Ζεῦ, τῆς ἐπιούσης ἐλπίδος in einer parodierten Stelle des Sophokles im Peleus: μὴ ψεῦσον, ὦ Ζεῦ, μή μ' ἕλῃς ἄνευ δορός, s. Fritzsche p. 336. Der Komiker Theopompus b. Phot. u. Suid. μὴ νόμισον. Anders liegt die Sache da, wo Verbot und Gebot vereinigt sind, wie Aeschin. 1, 162 μὴ γὰρ ἐπ' ἐμοὶ [illegible], ἀλλὰ γράμματα [illegible]. 193 μὴ τὸν [illegible] ἀλλ' [illegible]. (X. Cy. 7. 1, 17 schreibt man jetzt μὴ πρότερον ἐπελάσῃς st. ἐπέλασον.)

Anmerk. 2. Der griechische Imperativ ist weit beweglicher als der der übrigen Sprachen, insofern er nicht nur in der Frage (s. Nr. 1), sondern auch in Nebensätzen gebraucht werden kann; und zwar erscheint er nicht nur in solchen Nebensätzen, die dies nur der Form nach sind, in der That aber die Geltung von Hauptsätzen haben wie die anknüpfenden Relativsätze, sowie die Sätze mit ἐπεί, ὡς und ὥστε, sondern auch in solchen, die entschieden als abhängig empfunden wurden. a) bei ὅτι, insb. Pl. Crit. 50, c ἴσως ἂν εἴποιεν, ὅτι ὦ Σώκρατες, μὴ θαύμαζε τὰ λεγόμενα. Th. 4, 92 χρή, ὥσπερ [illegible]

---

[1] Vgl. Kühner, ausf. lat. Gramm. II, 1 § 51, 2. — Eine historische Erklärung versucht Delbrück, Syntakt. Forschungen IV, S. [illegible].

ἐφίενται, πρὸς τοὺς μὴ ἀμυνομένους ἐπιόντες κτάσθωσαν (imper. concessivus), οἷς δὲ γενναῖον τὴν αὐτῶν ἀεὶ ἐλευθεροῦν μάχῃ, ἀνανταγώνιστοι ἀπ' αὐτῶν οὐκ ἀπίασι. — b) bei d. Relativpron. Vgl. § 561, 2, d. S. OC. 473 κρατῆρές εἰσιν, ἀνδρὸς εὔχειρος τέχνη (opus), | ὧν κρᾶτ' ἔρεψον = καὶ τούτων κτλ. 731 ὁρῶ τιν' ὑμᾶς ὀμμάτων εἰληφότας | φόβον νεώρη τῆς ἐμῆς ἐπεισόδου, | ὃν μήτ' ὀκνεῖτε μήτ' ἀφῆτ' ἔπος κακόν = ἀλλὰ μήτ' ἐμὲ ὀκνεῖτε μήτ' εἰς ἐμὲ ἀφῆτε ἔπος κακόν. El. 1309 μήτηρ δ' ἐν οἴκοις, ἣν σὺ μὴ δείσῃς. Vgl. OR. 723. Eur. Andr. 177. Hdt. 1, 89 κάτισον τῶν δορυφόρων ἐπὶ πάσῃσι τῇσι πύλῃσι φυλάκους, οἳ λεγόντων, ὥς σφεα (sc. χρήματα) ἀναγκαίως ἔχει δεκατευθῆναι τῷ Διί = καὶ οὗτοι λεγόντων. Pl. Theaet. 167, d σῴζεται γὰρ ἐν τούτοις ὁ λόγος οὗτος, ᾧ σὺ εἰ μὲν ἔχεις ἐξ ἀρχῆς ἀμφισβητεῖν, ἀμφισβήτει = καὶ τούτῳ, εἰ κτλ. Leg. 935, e ᾧ δ' ἐξέστω (sc. γελοῖον λέγειν) καὶ μή, τοῦτο νομοθετησώμεθα. — c) bei ἐπεί, weil. S. OR. 390 (Tiresias) ἐν τοῖς κέρδεσιν | μόνον δέδορκε, τὴν τέχνην δ' ἔφυ τυφλός· ἐπεὶ φέρ' εἰπέ, ποῦ σὺ μάντις εἶ σαφής; = εἰπὲ γάρ. Vgl. OC. 969. El. 352. — d) bei ὡς, wie. Dem. 20, 14 οὐδὲ γάρ, εἰ πάνυ χρηστός ἐσθ', ὡς ἐμοῦ γ' ἕνεκα ἔστω, βελτίων ἐστὶ τῆς πόλεως τὸ ἦθος. — e) bei ὥστε. S. El. 1172 θνητοῦ πέφυκας πατρός . ., ὥστε μὴ λίαν στένε = τοιγαροῦν μή κτλ. X. conv. 4, 16 ὥστε μηκέτι ἀπόρει. Pl. Crit. 45, b ἕτοιμος δὲ καὶ Κέβης . ., ὥστε . . μήτε ταῦτα φοβούμενος ἀποκάμῃς σαυτὸν σῶσαι μήτε . . δυσχερές σοι γενέσθω. Vgl. Hipp. min. 373, b. — f) bei dem interrogativen εἰ, ob, s. Nr. 1.

Anmerk. 3. Hieraus erklärt sich auch die bei Sophokles, Euripides und den Komikern als Einkleidung eines guten Rates im Dialoge gebräuchliche, ohne Zweifel aus der Sprache des gewöhnlichen Lebens entlehnte Formel οἶσθ' ὃ δρᾶσον; oder οἶσθ' ὡς δρᾶσον; negativ οἶσθ' ὃ μὴ δράσῃς; wörtlich: weisst du, was (wie) thue (es)? d. i. weisst du, was du thun musst? Nach dem Vorgange Bentleys ad Menandr. p. 107 erklärt man diese Verbindung durch eine Umstellung: δρᾶσον, οἶσθ' ὅ; ποίησον, οἶσθ' ὡς; wie bei Plaut. Rud. 3. 5, 18 *tange, sed scin' quomodo* [1]? Thiersch (Gr. Gr. § 295) vergleicht das Deutsche: höre, weisst du was? Aber durch diese Umstellung wird nichts erklärt. Hingegen wird von J. Grimm in Kuhns Ztschr. 1851. S. 144 ff. sehr passend der im Ahd. und besonders im Mhd. sich findende Gebrauch des Imperativs verglichen, wobei nur der Unterschied stattfindet, dass dieser Ausdruck ohne Frage vorkommt, als: ich sage dir, wie du *tuo*, ich sage dir, was du *tuo*, weis du, was du *tuo*, ich râte dir, was du *tuo*. S. OR. 543 οἶσθ' ὡς ποίησον; OC. 75 οἶσθ', ὦ ξέν', ὡς νῦν μὴ σφαλῇς; weisst du, wie du thun musst, wenn du nicht zu Falle kommen willst? Eur. Hec. 225 οἶσθ' οὖν, ὃ δρᾶσον; Ebenso Ar. eq. 1158. Av. 54. 80. P. 1061. Eur. Heracl. 451 ἀλλ' οἶσθ', ὅ μοι σύμπραξον; Menand. b. Mein. 4, 297 οἶσθ', ὅ τι ποίησον; Hermipp. b. Mein. 2, 400 οἶσθά νυν, ὅ μοι ποίησον; III. Pers. Eur. J. T. 1203 οἶσθά νυν, ἅ μοι γενέσθω; Daneben auch die I. u. II. Pers. Fut. od. Praes. Eur. Cy. 131 οἶσθ' οὖν, ὃ δράσεις; (wo man jetzt δρᾶσον schreibt). M. 600 οἶσθ', ὡς μετεύξῃ καὶ σοφωτέρα φανῇ; Suppl. 932 ἀλλ' οἶσθ', ὃ δρᾶσαι βούλομαι; Ar. Ach. 1064 οἶσθ', ὡς ποιεῖτε τοῦτο; ubi v. A. Müller. Pl. Phaedr. 237, a οἶσθ' οὖν ὡς ποιήσω;

Anmerk. 4. Über die Verbindung der II. Person mit τίς, πᾶς τις u. über den Übergang von der III. Pers. zur II. beim Imperative s. § 371, 4, γ); über den Gebrauch der II. Pers. des Futurs statt des Imper. s. § 387, 6; über den Optativ mit ἄν st. des Imper. § 396, 4; über τί οὖν οὐ; mit d. II. Pers. Aor. st. des Imper. § 386, 10; über den Infinitiv st. des Imper. § 474; über ὅπως u. ὅπως μή mit d. II. Pers. Futur st. des Imper. § 552 Anm. am Ende.

---

1) Vgl. Hermann ad Viger. § 143 p. 740.

§ 398. Bemerkungen über die Modaladverbien ἄν und κέν.

1. Mit dem Infinitive und dem Partizipe wird ἄν (κέν) verbunden, wenn das Verbum finitum, an die Stelle des Infinitivs und des Partizips gesetzt, mit ἄν (κέν) verbunden sein würde. Wir betrachten zuerst den Infinitiv mit ἄν. Derselbe steht nach den Verben des Meinens und Sagens, und zwar entweder statt des *Optativus mit* ἄν oder statt des *Indicativus einer historischen Zeitform mit* ἄν in der direkten Rede. Eine gleiche Auflösung findet statt, wenn der Infinitiv als Substantiv steht. Ob der Infinitiv mit ἄν sich auf Gegenwärtiges oder Zukünftiges oder Vergangenes beziehe, kann nur aus dem Zusammenhange der Rede oder aus der Form des ganzen Satzgefüges erkannt werden. Der Infinitivus Futuri mit ἄν (κέ) ist bei den Attikern ebenso verdächtig wie der Indikativus Fut. mit ἄν, dem er entsprechen würde (vgl. § 392, 1). Εἴ τι ἔχοι, ἔφη δοῦναι ἄν (or. recta: εἴ τι ἔχοιμι, δοίην ἄν, *dixit se, si quid haberet, daturum esse*). Εἴ τι εἶχεν, ἔφη δοῦναι ἄν (or. r.: εἴ τι εἶχον, ἔδωκα ἄν, *dixit se, si quid habuisset, daturum fuisse*). a) I, 684 καὶ δ' ἂν τοῖς ἄλλοισιν ἔφη παραμυθήσασθαι (or. r.: καὶ δ' ἂν παραμυθησαίμην). Vgl. X, 110. Homer gebraucht dafür gemeiniglich den Infinitiv des Futurs ohne ἄν (κέν). Th. 5, 32 Κορίνθιοι καὶ Ἀργεῖοι ἔρχονται ἐς Τεγέαν, εἰ σφίσι προσγένοιτο, νομίζοντες ἅπασαν ἂν ἔχειν Πελοπόννησον (or. r.: ἅπ. ἂν ἔχοιμεν). X. An. 1. 9, 29 νομίζοντες παρὰ Κύρῳ ὄντες ἀγαθοὶ ἀξιωτέρας ἂν τιμῆς τυγχάνειν ἢ παρὰ βασιλεῖ. 3. 1, 17 τί ἂν οἰόμεθα παθεῖν; (or. r.: τί ἂν πάθοιμεν;). Cy. 1. 5, 10 εἴ τίς γε ἀσκητὴς πολλὰ πονήσας . . ἀναγώνιστος διατελέσειεν, οὐδ' ἂν οὗτός μοι δοκεῖ δικαίως ἀναίτιος εἶναι ἀφροσύνης. 1. 6, 39 εἰ δὲ σύγε μηδὲν ἄλλο μετενέγκοις ἐπ' ἀνθρώπους ἢ τὰς μηχανάς . ., οὐκ οἴει ἄν, ἔφη, πρόσω πάνυ ἐλάσαι τῆς πρὸς τοὺς πολεμίους πλεονεξίας; 1. 2, 7 (οἱ Πέρσαι) οἴονται τοὺς ἀχαρίστους καὶ περὶ θεοὺς ἂν μάλιστα ἀμελῶς ἔχειν (or. r.: ἀμελῶς ἂν ἔχοιεν). 5. 5, 9 ἐγὼ δοκῶ δεκάκις ἂν κατὰ τῆς γῆς καταδῦναι ἥδιον ἢ ὀφθῆναι οὕτω ταπεινός (or. r.: δεκάκις ἂν ἀποθάνοιμι ἢ ὀφθείην). Comm. 1. 1, 14 τοῖς μὲν (δοκεῖ) ἀεὶ πάντα κινεῖσθαι, τοῖς δ' οὐδὲν ἄν ποτε κινηθῆναι, καὶ τοῖς μὲν πάντα γίγνεσθαί τε καὶ ἀπόλλυσθαι, τοῖς δὲ οὔτ' ἂν γενέσθαι ποτὲ οὐδὲν οὔτ' ἀπολέσθαι (or. r.: οὐδὲν ἂν κινηθείη, οὔτ' ἂν γένοιτο). 16 τοὺς μὲν εἰδότας (ταῦτα) ἡγεῖτο καλοὺς κἀγαθοὺς εἶναι, τοὺς δ' ἀγνοοῦντας ἀνδραποδώδεις ἂν δικαίως κεκλῆσθαι. Lys. 27, 8 ἡγοῦμαι . ., εἰ μὴ . . τιμήσαιτε, οὐκ ἂν ἀκρίτους αὐτοὺς ἀπολωλέναι, ἀλλὰ τὴν προσήκουσαν δίκην δεδωκέναι. — b) Th. 3, 89 ἄνευ δὲ σεισμοῦ (d. i. εἰ μὴ σεισμὸς ἐγένετο) οὐκ ἄν μοι δοκεῖ τὸ τοιοῦτο ξυμβῆναι γενέσθαι (or. r.: οὐκ ἂν ξυνέβη γενέσθαι). 4, 40 ἀπεκρίνατο αὐτῷ πολλοῦ ἂν ἄξιον εἶναι τὸν ἄτρακτον, εἰ τοὺς ἀγαθοὺς διεγίγνωσκε

(or. r.: πολλοῦ ἂν ἄξιος ἦν). X. An. 7. 7, 40 ὄμνυμι δέ σοι μηδ' ἀποδιδόντος (sc. σοῦ) δέξασθαι ἄν, εἰ μὴ καὶ οἱ στρατιῶται ἔμελλον τὰ ἑαυτῶν συναπολαμβάνειν (or. r.: οὐκ ἂν ἐδεξάμην, εἰ . . ἔμελλον). Comm. 1. 4, 16 οἴει δ' ἂν τοὺς θεοὺς τοῖς ἀνθρώποις δόξαν ἐμφῦσαι, ὡς ἱκανοί εἰσιν εὖ καὶ κακῶς ποιεῖν, εἰ μὴ δυνατοὶ ἦσαν (sc. εὖ κ. κακῶς ποιεῖν), καὶ ἀνθρώπους ἐξαπατωμένους τὸν πάντα χρόνον οὐδέποτ' ἂν αἰσθέσθαι; (or. r.: οἱ θεοὶ οὐκ ἂν ἐνέφυσαν, καὶ οἱ ἄνθρωποι ἂν ᾔσθοντο.). Oec. 4, 18 Κῦρος εἰ ἐβίωσεν ἄριστος ἂν δοκεῖ ἄρχων γενέσθαι (or. r.: ἐγένετο ἄν). Pl. Gorg. 486, d εἰ χρυσῆν ἔχων ἐτύγχανον τὴν ψυχήν, οὐκ ἂν οἴει με ἄσμενον εὑρεῖν τούτων τινὰ τῶν λίθων κτλ. = εὗρον ἄν. Ap. 32, e ἆρ' οὖν ἄν με οἴεσθε τοσάδε ἔτη διαγενέσθαι, εἰ ἔπραττον τὰ δημόσια (or. r.: οὐκ ἂν διεγενόμην). — c) **bei dem substantivierten Inf.** Th. 6, 18 ἀνάγκη τοῖς μὲν ἐπιβουλεύειν, τοὺς δὲ μὴ ἀνιέναι, διὰ τὸ ἀρχθῆναι ἂν ὑφ' ἑτέρων, εἰ μὴ αὐτοὶ ἄλλων ἄρχοιμεν = ἀρχθεῖμεν ἄν. 7, 62 (ὄχλῳ) ναυμαχίαν ποιούμενοι οὐκ ἂν ἐχρώμεθα διὰ τὸ βλάπτειν ἂν τῇ βαρύτητι τῶν νεῶν = ὅτι (ὁ ὄχλος) ἔβλαπτεν ἄν. Pl. conv. 174, a πῶς ἔχεις πρὸς τὸ ἐθέλειν ἂν ἰέναι ἄκλητος ἐπὶ δεῖπνον; s. v. a. ἐθέλοις ἂν ἰέναι κτλ.; — d) *Inf. Fut.* m. ἄν **selten und bei den Attikern mit Recht beanstandet**[1]. Pind. O. 1, 109 f. εἰ δὲ μὴ ταχὺ λίποι, | ἔτι γλυκυτέραν κεν ἔλπομαι . . κλεΐξειν. S. OC. 1077 Ch. προμνᾶταί τί μοι | γνώμα τάχ' ἂν δώσειν (**die Stelle ist verderbt, s. Schneidew.**) Eur. Hel. 448 πικροὺς ἂν οἶμαί γ' ἀγγελεῖν τοὺς σοὺς λόγους. Th. 2, 80 νομίζοντες, εἰ ταύτην πρώτην λάβοιεν, ῥᾳδίως ἂν σφίσι τἆλλα προσχωρήσειν (Stahl προσχωρῆσαι). 5, 82 νομίζων μέγιστον ἂν σφᾶς ὠφελήσειν (**die Stelle gilt für unecht, s. Stahl**). 6, 66 ἐν ᾧ (χωρίῳ) ἔμελλον οἱ ἱππῆς τῶν Συρακοσίων ἥκιστ' [ἂν] αὐτοὺς λυπήσειν. 8, 25 νομίζοντες, εἰ προσαγάγοιντο Μίλητον, ῥᾳδίως ἂν σφίσι καὶ τἆλλα προσχωρήσειν (Stahl προσχωρῆσαι). 71 νομίζων οὔτ' εὐθὺς οὕτω τὸν δῆμον τὴν παλαιὰν ἐλευθερίαν παραδώσειν, εἴ τε στρατιὰν πολλὴν ἴδοι σφῶν, οὐκ ἂν ἡσυχάσειν (gute Handschr. ἡσυχάζειν). X. Cy. 1. 5, 2 ἐνόμιζεν, εἰ τοὺς Μήδους ἀσθενεῖς ποιήσειε, πάντων γε [ἂν] τῶν πέριξ ῥᾳδίως ἄρξειν. An. 2. 3, 18 οἶμαι γὰρ ἂν οὐκ ἀχαρίστως μοι ἕξειν (bessere Handschr. ἔχειν). R. L. 8, 3 ὅσῳ μείζω δύναμιν ἔχει ἡ ἀρχή, τοσούτῳ μᾶλλον [ἂν] ἡγήσατο αὐτὴν καταπλήξειν. Antiph. 6, 4 ἐλπίζων οὕτως ἂν ἄριστα πράξειν, ubi v. Maetzner. Pl. Crit. 53, c οὐκ οἴει ἄσχημον ἂν φανεῖσθαι τὸ τοῦ Σωκράτους πρᾶγμα; Dem. 18, 147 οὐδέν' [ἂν] ἡγεῖτο προσέξειν αὐτῷ τὸν νοῦν. 20, 35 πρὸς πολλοῖς, οἷς [ἂν] ὁ νόμος βλάψειν φαίνεται. 24, 115 πολλοὶ γὰρ [ἂν] αὐτῷ ἐδόκουν οὕτω γ' οἱ κλέπται ἔσεσθαι, εἰ μέλλοιεν λαθόντες ἕξειν.

---

[1] S. Hermann de partic. ἄν p. 180 sq. Bäumlein a. a. O. S. 352 f. F. Franke quaest. Aeschineae Fuld. 1841 p. 10. Stahl, Quaestiones gramm. p. 9 ff.

2. Dieselben Auflösungen lässt das mit ἄν verbundene Partizip zu. Übrigens findet sich diese Verbindung noch nicht bei Homer. Das Partizip des Futurs mit ἄν ist in den wenigen Stellen, in denen es die Handschriften bieten, nicht minder verdächtig als alle anderen Futurkonstruktionen mit ἄν (vgl. § 392, 1. § 396, Anm. 2. § 398, 1). S. OC. 965 θεοῖς γὰρ ἦν οὕτω φίλον | τάχ' ἄν τι μηνίουσιν εἰς γένος πάλαι i. e. θεοῖς, οἳ τάχ' ἄν τι μηνίοιεν. Eur. Hipp. 519 πάντ' ἂν φοβηθεῖσ' ἴσθι. Hdt. 7, 15 εὑρίσκω δὲ ὧδε ἂν γινόμενα ταῦτα, εἰ λάβοις τὴν ἐμὴν σκευήν, *reperio sic haec futura esse, si sumas vestem meam*. Th. 6, 38 οὔτε ὄντα οὔτε ἂν γενόμενα λογοποιοῦσιν i. e. ἃ οὔτε ἔστιν οὔτ' ἂν γένοιτο. Vgl. 4, 10. 5, 15. 6, 20. X. An. 6. 4, 7 εἰς τὸ πόλισμα ἂν γενόμενον οὐκ ἐβούλοντο στρατοπεδεύεσθαι i. e. εἰς τὸ χωρίον, ὃ πόλισμα ἂν ἐγένετο. 1. 1, 10 Ἀρίστιππος αἰτεῖ τὸν Κῦρον εἰς δισχιλίους ξένους, ὡς οὕτω περιγενόμενος ἂν τῶν ἀντιστασιωτῶν = λέγων, ὅτι περιγένοιτο ἄν. Vgl. 7. 7, 30. 5. 2, 8 ἐσκοπεῖτο, πότερον εἴη κρεῖττον ἀναγαγεῖν καὶ τοὺς διαβεβηκότας ἢ καὶ τοὺς ὁπλίτας διαβιβάζειν, ὡς ἁλόντος ἂν τοῦ χωρίου = ὅτι τὸ χωρίον ἁλοίη ἄν. Hell. 7. 1, 44 ταῦτα ἐγὼ πράττω . . ἄσμενος ἂν τὴν δουλείαν ἀποφυγών. Comm. 4. 2, 6 ὡς οὐκ ἂν ἄλλως ἀξιόλογοι γενόμενοι. Pl. Phil. 30, c σοφία λεγομένη δικαιότατ' ἄν, i. e. ἡ σοφία λέγοιτο ἄν, s. Stallb. Civ. 562, a δημοκρατικὸς ὀρθῶς ἂν προσαγορευόμενος. Phaedr. 260, a ἀκήκοα οὐκ εἶναι ἀνάγκην τῷ μέλλοντι ῥήτορι ἔσεσθαι τὰ τῷ ὄντι δίκαια μανθάνειν, ἀλλὰ τὰ δόξαντ' ἂν πλήθει. Civ. 414, c οὐ γεγονὸς οὐδ' οἶδα εἰ γενόμενον ἄν. Dem. 29, 49 οὗτος οὐκ ἔχων ἂν εἰπεῖν ὅπου τι τούτων ἀπέδωκεν. 9, 25. X. Comm. 4. 4, 4 (Σωκράτης) ῥᾳδίως ἂν ἀφεθεὶς ὑπὸ τῶν δικαστῶν, εἰ καὶ μετρίως τι τούτων ἐποίησε, προείλετο μᾶλλον τοῖς νόμοις ἐμμένων ἀποθανεῖν. Pl. Legg. 781, a πολὺ ἄμεινον ἂν ἔχοντα, εἰ νόμων ἔτυχεν i. e. ἃ πολὺ ἄμ. ἂν εἶχεν. Crit. 48, c (*aliquis*) τῶν ῥᾳδίως ἀποκτιννύντων καὶ ἀναβιωσκομένων γ' ἄν, εἰ οἷοί τε ἦσαν. Dem. 8, 52 πάντα τἄλλ' εἰπὼν ἂν ἡδέως . . ἐάσω. 23, 107 (Φίλιππος) ἑλὼν (sc. Ποτίδαιαν) καὶ δυνηθεὶς ἂν αὐτὸς ἔχειν, εἴπερ ἐβουλήθη, παρέδωκε. Isocr. 6, 62 ἐπίσταμαι Ἀθηναίους ὑπέρ γε τῆς σωτηρίας τῆς ἡμετέρας ὁτιοῦν ἂν ποιήσοντας (ποιήσαντας). 8, 81 τὰ μὲν πικρότατα καὶ μάλιστ' ἂν ὑμᾶς λυπήσοντα (λυπήσαντα) παραλείψω. X. Comm. 2. 2, 3 αἱ πόλεις ἐπὶ τοῖς μεγίστοις ἀδικήμασι ζημίαν θάνατον πεποιήκασιν, ὡς οὐκ ἂν μείζονος κακοῦ φόβῳ τὴν ἀδικίαν παύσοντες (παύσαντες). Pl. Ap. 30, b ἢ ἀφίετε (ἐμὲ) ἢ μὴ ἀφίετε, ὡς ἐμοῦ οὐκ ἂν ποιήσοντος (ποιήσαντος) ἄλλα, οὐδ' εἰ μέλλω πολλάκις τεθνάναι. Dem. 9, 70 πάλαι τις ἡδέως ἂν ἴσως ἐρωτήσων (ἐρωτήσας) κάθηται.

Anmerk. 1. Wenn aber das Partizip statt eines verkürzten bedingenden Nebensatzes steht und sich in εἰ mit dem Verbum finitum auflösen lässt, so gehört das beigefügte ἄν nicht zum Partizipe, sondern zum V. finitum. S. OR. 339 f. τίς γὰρ τοιαῦτ' ἂν οὐκ ἂν ὀργίζοιτ' ἔπη | κλύων, d. i. τίς, εἰ κλύοι, οὐκ ἂν ὀργίζοιτο; (über d. doppelte ἄν s. Nr. 7 u. 8). 446 συθείς τ' ἂν οὐκ ἂν ἀλγύνοις πλέον, d. i. εἰ συθείης, οὐκ ἂν ἀλγύναις. Hdt. 7, 139 ὁρῶντες ἂν ὁμολογίῃ ἂν ἐχρήσαντο. X. Cy.

1. 3, 11 στὰς ἄν . . ἔπειτα λέγοιμ' ἄν. Th. 1, 11 πολιορκίᾳ δ' ἂν προσκαθεζόμενοι . . ἀπονώτερον τὴν Τροίαν εἷλον, d. i. εἰ προσεκαθέζοντο, εἷλον ἄν. 2, 18 ἐδόκουν οἱ Πελοποννήσιοι ἐπελθόντες ἂν . . πάντα καταλαβεῖν. 5, 9 τὰ κλέμματα (= στρατηγήματα) ταῦτα καλλίστην δόξαν ἔχει, ἃ τὸν πολέμιον μάλιστ' ἄν τις ἀπατήσας τοὺς φίλους μέγιστ' ἂν ὠφελήσειεν, d. i. ἃ εἴ τις μ. ἀπατήσειε, τ. φ. μ. ἂν ὠφ. X. An. 4. 7, 16 ἀποτέμνοντες ἂν τὰς κεφαλὰς ἔχοντες ἐπορεύοντο. So auch beim Infinitive. Th. 6, 18 νομίσατε νεότητα μὲν καὶ γῆρας ἄνευ ἀλλήλων μηδὲν δύνασθαι, ὁμοῦ δὲ τό τε φαῦλον καὶ τὸ μέσον καὶ τὸ πάνυ ἀκριβὲς ἂν ξυγκραθὲν μάλιστ' ἂν ἰσχύειν, d. i. εἰ ξυγκραθείη, μ. ἂν ἰσχύειν. 3, 11 ὁ παραβαίνων τι βουλόμενος τῷ μὴ προέχων ἂν ἐπελθεῖν ἀποτρέπεται, d. i. ἀποτρέπεται (sc. τοῦ παραβαίνειν) ὅτι ἐπέλθοι ἂν *deterretur eo quod non viribus superior impetum facturus sit.*

3. Auch mit **Adjektiven** kann ἄν verbunden werden, wenn sie die Stelle von Partizipien vertreten. Eur. Alc. 182 σὲ δ' ἄλλη τις γυνὴ κεκτήσεται, | σώφρων μὲν οὐκ ἂν μᾶλλον, εὐτυχὴς δ' ἴσως (parodiert von Ar. Equ. 1251), d. i. ἣ οὐκ ἂν μᾶλλον σώφρων εἴη. Pl. civ. 577, b βούλει οὖν προσποιησώμεθα ἡμεῖς εἶναι τῶν δυνατῶν (= δυναμένων) ἂν κρῖναι. (X. Comm. 2. 6, 38 εἰ σοι πείσαιμι τὴν πόλιν ὡς ἂν στρατηγικῷ ἑαυτὴν ἐπιτρέψαι ist ἂν wohl zu streichen oder mit ὄντι zu vertauschen.)

4. **Ἂν ohne Verbum.** Zuweilen ist das zu ἄν gehörige Verbum aus dem Zusammenhange der Rede (in der Regel aus dem Vorhergehenden) zu ergänzen. a) der **Konjunktiv**: H, 286 ἀρχέτω· αὐτὰρ ἐγὼ μάλα πείσομαι, ᾗ περ ἂν οὗτος (ergänze πείθηται: ich werde mich deiner Aufforderung fügen, wie jener sich fügen wird; unwahrscheinlich ist die Ergänzung von ἄρξῃ). Eur. M. 1153 φίλους νομίζουσ', οὕσπερ ἂν πόσις σέθεν (sc. νομίζῃ). X. An. 1. 3, 6 ὡς ἐμοῦ οὖν ἰόντος, ὅπῃ ἂν καὶ ὑμεῖς (sc. ἴητε), οὕτω τὴν γνώμην ἔχετε. Dem. 18, 280 τοὺς αὐτοὺς μισεῖν καὶ φιλεῖν, οὕσπερ ἂν ἡ πατρίς. — b) der **Optativ**: S. Ph. 114 Neopt. οὐκ ἄρ' ὁ πέρσων, ὡς ἐφάσκετ', εἰμ' ἐγώ; | Od. οὔτ' ἂν σὺ κείνων χωρὶς (sc. εἴης ἂν ὁ πέρσων) οὔτ' ἐκεῖνα σοῦ. Pl. Soph. 237, c τοῦτό γε δῆλον, ὅτι τῶν ὄντων ἐπί τι τὸ μὴ ὂν οὐκ οἰστέον. Theaet. Πῶς γὰρ ἄν; (sc. τις φέροι;), vgl. Euthyd. 284, a u. oft b. Platon. Civ. 353, c καὶ πῶς ἄν; vgl. Soph. 235, a. S. OR. 937 ἥδοιο μέν, πῶς δ' οὐκ ἄν; Isocr. 14, 37 οὐχ ὡς συμμάχοις ὑμῖν προσηνέχθησαν, ἀλλ' ἅπερ ἂν εἰς τοὺς πολεμιωτάτους (sc. ἐξαμάρτοιεν) ἐξαμαρτεῖν ἐτόλμησαν. Dem. 18, 197. Th. 6, 57 προσπεσόντες καὶ ὡς ἂν μάλιστα δι' ὀργῆς (sc. προσπέσοιεν) ἔτυπτον. X. Cy. 1. 3, 8 τὸν Κῦρον ἐπερέσθαι προπετῶς, ὡς ἂν παῖς μηδέπω ὑποπτήσσων (sc. ἐπέροιτο.) 5. 4, 29 παρῆν ὁ Γαδάτας δῶρα πολλὰ φέρων, ὡς ἂν ἐξ οἴκου μεγάλου (sc. φέροι τις), ubi v. Born. Comm. 3. 6, 4. 8, 1. Dem. 1, 21 οὐδ' ὡς ἂν κάλλιστ' (sc. ἔχοι) αὐτῷ τὰ παρόντ' ἔχει. 18, 291 οὐχ ὡς ἂν εὔνους καὶ δίκαιος πολίτης ἔσχε τὴν γνώμην. 19, 156. 21, 14. 23, 154. 24, 79. 49, 27 ἔφη οὐκ ὀργισθήσεσθαι ὥσπερ ἂν ἄλλος τις (sc. ὀργισθείη) ἀποτυχών. So besonders in der Formel ὥσπερ ἂν εἰ, die oft einen beispielsweise angeführten Vergleich einleitet. Isocr. 1, 27 παραπλήσιον οἱ τοιοῦτοι

πάσχουσιν ὥσπερ ἄν (sc. πάσχοι) εἴ τις ἵππον κτήσαιτο καλὸν κακῶς ἱππεύειν ἐπιστάμενος. X. Comm. 3. 10, 12. Pl. Ap. 23, b. Dem. 18, 194. — c) der Indikativ eines Präteritums: Ar. Equ. 5 οἱ δ' οἰκέται ῥέγκουσιν· ἀλλ' οὐκ ἄν πρὸ τοῦ (sc. ἔρρεγκον). Lys. 1, 27 οὐδ' ἐπὶ τὴν ἑστίαν καταφυγών· πῶς γὰρ ἄν (sc. κατέφυγεν) ὅστις ἐν τῷ δωματίῳ πληγεὶς κατέπεσεν. Dem. 21, 200 οὐδεὶς ὅστις οὐκ ἄν. Pl. civ. 368, d δοκεῖ μοι τοιαύτην ποιήσασθαι ζήτησιν αὐτοῦ, οἵανπερ ἄν (sc. ἐποιησάμεθα) εἰ προσέταξέ τις γράμματα σμικρὰ πόρρωθεν ἀναγνῶναι μὴ πάνυ ὀξὺ βλέπουσιν. Isocr. 4, 86 τοσαύτην ποιησάμενοι σπουδὴν ὅσηνπερ ἄν τῆς αὐτῶν χώρας πορθουμένης. Andoc. 1, 57 χρὴ ἀνθρωπίνως περὶ τῶν πραγμάτων ἐκλογίζεσθαι, ὥσπερ ἄν αὐτὸν ὄντα ἐν τῇ συμφορᾷ. Isocr. 4, 69 πρὸς μόνους τοὺς προγόνους τοὺς ἡμετέρους συμβαλόντες ὁμοίως διεφθάρησαν ὥσπερ ἄν εἰ πρὸς ἅπαντας ἀνθρώπους ἐπολέμησαν. — d) der Infinitiv: Isae. 9, 31 ἐγὼ μὲν οὐκ ἄν οἶμαι sc. ταῦτα ποιῆσαι αὐτόν, s. Schoemann.

Anmerk. 2. Dass die Griechen sich in allen Fällen der zur grammatischen Erklärung der Partikel ἄν notwendigen Ergänzung bewusst gewesen wären, ist nicht anzunehmen. Vielmehr war es sicherlich das dem Redenden vorschwebende allgemeine Gedankenverhältnis, das die Zufügung der Partikel veranlasste, wie ja auch das Deutsche z. B. in den Sätzen: „er wird nicht gleich zornig, wie unter Umständen mancher andere“ (ὡς ἄν ἄλλος τις Dem. 49, 27), „es ergeht ihnen ähnlich wie etwa wenn ein schlechter Reiter ein schönes Pferd kaufte“ (ὥσπερ ἄν εἰ, vgl. Isocr. 1, 27) keineswegs ein bestimmtes Verb ergänzt, woran sich die adverbialen Bestimmungen unter Umständen und etwa anschliessen könnten. Hiermit hängt es zusammen, dass manche derartige Wendungen geradezu formelhaft geworden sind. So kam das oft gebrauchte ὥσπερ ἄν εἰ allmählich zu der adverbialen Bedeutung von *quasi* oder gleichsam,[1]) in der es gewöhnlich als Ein Wort geschrieben wird: ὡσπερανεί (wie das sinnverwandte ὡσπερεί). Pl. Gorg. 479, a φοβούμενος ὥσπερ ἄν εἰ παῖς. Isocr. 4, 148 διεπορεύθησαν ὥσπερ ἄν εἰ προπεμπόμενοι. Dem. 18, 214 δέδοικα μὴ παρεληλυθότων τῶν καιρῶν ὥσπερ ἄν εἰ κατακλυσμὸν γεγενῆσθαι τῶν πραγμάτων ἡγούμενοι μάταιον ὄχλον τοὺς περὶ τούτων λόγους νομίσητε. Ebenso unterscheidet sich κἄν, auch eventuell, selbst eventuell, wo die Partikel ἄν ursprünglich auf einen ausgesprochenen oder zu ergänzenden Verbalbegriff hinweist, oft nur wenig von dem einfach steigernden καί, so dass die Verbindung κἄν εἰ fast wie καὶ εἰ die Geltung von *etiamsi* gewinnt.[2]) Grammatisch konstruierbar z. B. Pl. Soph. 224, d τρίτον δέ γ' οἶμαί σε, κἄν εἴ τις . . ἐκ τούτου τὸ ζῆν προὐτάξατο, καλεῖν οὐδὲν ἄλλο πλὴν ὅπερ νῦν δή, d. i. καὶ εἴ τις . . καλεῖν ἄν. Phaed. 71, b οὐκοῦν καὶ διακρίνεσθαι καὶ συγκρίνεσθαι καὶ ψύχεσθαι καὶ θερμαίνεσθαι καὶ πάντα οὕτω, κἄν εἰ μὴ χρώμεθα τοῖς ὀνόμασιν ἐνιαχοῦ, ἀλλ' ἔργῳ γοῦν πανταχοῦ οὕτως ἔχειν ἀναγκαῖον, d. i. καὶ εἰ μὴ χρ. . ., ἀλλ' ἔργῳ . . ἀναγκαῖον ἄν εἶναι λέγομεν. Dagegen rein formelhaft Pl. Men. 72, c κἄν εἰ πολλαὶ καὶ παντοδαπαί εἰσιν, ἕν γέ τι εἶδος ταὐτὸν ἅπασαι ἔχουσι, δι' ὃ εἰσιν ἀρεταί. Soph. 267, d. e. ὅμως δέ, κἄν εἰ τολμηρότερον εἰρῆσθαι, διαγνώσεως ἕνεκα . . προσείπωμεν. Civ. 408, b κἄν εἰ τύχοιεν πιόντες. 473, a κἄν εἰ μή τῳ δοκεῖ, ubi v. Schneider. 477, a ἱκανῶς οὖν τοῦτο ἔχομεν, κἄν εἰ πλεοναχῇ σκοποῖμεν. S. Ai. 1077 ἀλλ' ἄνδρα

[1]) S. Stallbaum ad Pl. Ap. 17 extr. et 23, b. — [2]) S. Heindorf ad Pl. Soph. 247, e. Buttmann ad Dem. Mid. p. 35. Schmalfeld, Synt. d. gr. V. § 99.

χρή, κἂν σῶμα γεννήσῃ μέγα, | δοκεῖν πεσεῖν ἂν κἂν ἀπὸ σμικροῦ κακοῦ, selbst unter Umständen durch einen geringen Unfall. Ferner erscheint κἄν in Verbindung mit dem Konjunktiv oder Imperativ. Man pflegt in diesem Falle κἄν in καὶ ἐάν aufzulösen und den dazu gehörigen Konjunktiv zu ergänzen. Berücksichtigt man jedoch, dass κἄν offenbar schon frühzeitig zur festen Formel erstarrt ist, so muss man bezweifeln, dass dies der griechischen Auffassung entspricht. Ar. Pl. 126 οἴει γὰρ εἶναι τὴν Διὸς τυραννίδα | καὶ τοὺς κεραυνοὺς ἀξίους τριωβόλου, | ἐὰν ἀποβλέψῃς σὺ κἂν μικρὸν χρόνον; selbst eventuell, d. i. auch nur eine geringe Zeit. Dem. 2, 14 ὅποι τις ἂν προσθῇ κἂν μικρὰν δύναμιν, πάντ' ὠφελεῖ (nach der üblichen Auffassung = καὶ ἐὰν μικρὰ ᾖ od. καὶ ἐὰν μικρὰν προσθῇ eine wenn auch geringe Macht). S. El. 1483 ἀλλά μοι πάρες κἂν σμικρὸν εἰπεῖν. Ar. Ach. 1021 μέτρησον εἰρήνης τί μοι, κἂν πέντ' ἔτη. Men. Com. fr. IV, p. 172 (Meineke) εἴσελθε κἂν νῦν. Vgl. Solon fr. 20, p. 344 ἀλλ' εἴ μοι κἂν νῦν ἔτι πείσεαι, ἔξελε τοῦτο. In weiterer Ausdehnung bei den nachklassischen Schriftstellern, z. B. Luc. Tim. 20 οἷς οὐδὲ κἂν ὄνος ὑπῆρξε πώποτε.

5. Stellung von ἄν (κέν). Wenn ἄν in Verbindung mit einer Konjunktion oder dem Relativpronomen und dem Konjunktive erscheint, so verschmilzt es entweder mit der Konjunktion zu einer Form, als: εἰ ἄν (ep. εἴ κεν), ὅτ' ἄν, ὁπότ' ἄν, ἐπεὶ ἄν, ἐπειδὴ ἄν zu ἐάν, ὅταν, ὁπόταν, ἐπάν, ἐπειδάν, oder es folgt doch unmittelbar darauf, als: πρὶν ἄν, ὃς ἄν, ὅστις ἄν. In dem letzteren Falle treten jedoch zuweilen kleine Wörter, als: δέ, τέ, μέν, γάρ, dazwischen. Γ, 281 εἰ μέν κε. Hs. op. 280 εἰ γάρ τίς κ' ἐθέλῃ. 357 ὃς μὲν γάρ κεν. X. An. 1. 4, 8 ἕως μὲν ἄν. Auffallend Antiph. 5, 38 καθ' ὧν μηνύῃ ἄν τις (nur 1 cd. ἂν μηνύῃ).

6. Da ἄν den Modus näher bestimmt, so müsste es eigentlich diesem folgen, als: λέγοιμι ἄν, ἔλεγον ἄν; öfter jedoch schliesst es sich an dasjenige Satzglied an, auf welchem besonderer Nachdruck ruht, als: Hdt. 3, 119 πατρὸς δὲ καὶ μητρὸς οὐκέτι μοι ζωόντων, ἀδελφεὸς ἂν ἄλλος οὐδενὶ τρόπῳ γένοιτο. Pl. Crit. 53, c καὶ οὐκ οἴει ἄσχημον ἂν φανεῖσθαι τὸ τοῦ Σωκράτους πρᾶγμα; Dem. 29, 23 οὐδὲ ταύτην ἄν τις ἐπενέγκοι δικαίως τὴν αἰτίαν, oder, wenn das Aussageverhältnis durch besondere Adverbien oder Pronomina modifiziert wird, an diese modifizierenden Wörter; daher regelmässig an negative Adverbien und Fragewörter, als: οὐκ ἄν, οὐδ' ἄν, οὔποτ' ἄν, οὐδέποτ' ἂν u. s. w. — τίς ἄν, τί ἄν, τί δ' ἄν, τί δῆτ' ἄν, πῶς ἄν, πῶς γὰρ ἄν, ὅπως ἄν, ποῖος ἄν, ὁποῖος ἄν, ἆρ' ἄν, u. s. w. — ferner an Orts-, Zeit-, Modalitäts- und andere Adverbien, durch welche gleichfalls das Aussageverhältnis näher bestimmt wird, als: ἐνταῦθα ἄν, τότ' ἄν, εἰκότως ἄν, ἦ γὰρ ἄν, ἤ τοι ἂν (ἦ τἄν), μέντοι ἂν (μεντἄν), ἴσως ἄν, τάχ' ἄν, μᾶλλον u. μάλιστ' ἄν, ἥκιστ' ἄν, μόλις ἄν, σχολῇ ἄν, ῥᾳδίως u. ῥᾷστ' ἄν, τάχιστ' ἄν, σφόδρ' ἄν, ἡδέως ἄν, κἂν (st. καὶ ἄν, *etiam, vel*), οὕτως ἄν, ὡς ἂν u. s. w. ζ, 300 ῥεῖα δ' ἀρίγνωτ' ἐστί, καὶ ἂν πάις ἡγήσαιτο, vgl. E, 362 (att. κἄν). λ 375 καί κεν ἐς ἠῶ δῖαν ἀνασχοίμην.

Anmerk. 3. Ausdrücke wie οἶμαι, ἔφη u. dgl. treten gern zwischen ἄν und das dazu gehörige Verb, als: Pl. Civ. 333, a πρός γε ὑποδημάτων ἄν, οἶμαι, φαίης κτῆσιν, ubi v. Stallb. 438, a ἴσως γὰρ ἄν, ἔφη, δοκοῖ τε λέγειν. Symp. 202, d τί οὖν ἄν, ἔφην, εἴη ὁ Ἔρως;

Anmerk. 4. In der Wendung οὐκ οἶδ' ἂν εἰ, seltener οὐκ ἂν οἶδ' εἰ, gehört die Partikel zum Verbum des abhängigen Satzes. Die scheinbare Umstellung erklärt sich daraus, dass die Formel οὐκ οἶδ' εἰ in diesem Falle nur gewissermassen eine limitierende Umschreibung der einfachen Negation darstellt. Eur. M. 491 οὐκ οἶδ' ἂν εἰ πείσαιμι st. εἰ πείσαιμι ἄν. Id. Alc. 48. X. Cy. 5. 4, 12 οὐκ οἶδ' ἂν εἰ ἐκτησάμην παῖδά ποτε τοιοῦτον. Pl. Tim. 26, b ἐγὼ γάρ, ἃ μὲν χθὲς ἤκουσα, οὐκ ἂν οἶδ' εἰ δυναίμην ἅπαντα ἐν μνήμῃ πάλιν λαβεῖν. Bei folgendem Adjektivsatze: Dem. 45, 7 ἐγὼ γὰρ αὐτὸς οὐκ ἂν οἶδ' ὅ τι ἄλλο εἶχον ψηφίσασθαι st. οὐκ οἶδα, ὅ τι εἶχον ἂν ψ.

Anmerk. 5. Obwohl ἄν und κέν, als blosse Modaladverbien, nie die erste Stelle einnehmen können, so tritt doch in gewissen parenthetischen Einschiebseln das mit dem Optative verbundene ἄν an die Spitze des Satzgliedes; so namentlich ἄν τις εἴποι, φαίη. Die Einschliessung solcher Einschiebsel durch zwei Kommata ist störend; die Alten haben dieselben ohne Zweifel als eng mit der übrigen Rede verbunden betrachtet. Pl. Hipp. 1. 299, a ταῦτα ἡμῶν λεγόντων, ὦ Ἱππία, μανθάνω (,) ἂν ἴσως φαίη (,) καὶ ἐγώ, ὅτι πάλαι αἰσχύνεσθε ταύτας τὰς ἡδονὰς φάναι καλὰς εἶναι, st. ἴσως ἂν φ. Phaed. 87, a τί οὖν ἂν φαίη ὁ λόγος ἔτι ἀπιστεῖς; 101, e σὺ δ' εἴπερ εἶ τῶν φιλοσόφων, οἶμαι ἂν ὡς ἐγὼ λέγω ποιοῖς. Crit. 52. d ἄλλο τι οὖν (,) ἂν φαῖεν, ubi v. Stallb. Dem. 1, 19 τί οὖν ἄν τις εἴποι σὺ γράφεις; Nach dem Vokative Ar. P. 137 ἀλλ' (,) ὦ μέλ' (,) ἄν μοι σιτίων διπλῶν ἔδει.

7. Wiederholung des ἄν in Einem Satze. Sehr oft findet sich das Modaladverb ἄν m. d. Opt. oder m. d. Ind. eines Präteritums (aber nicht m. d. Konjunktive, s. Anm. 6) in Einem und demselben Satze wiederholt. Der Grund hiervon ist ein zwiefacher. Einmal wird nämlich ἄν gleich zu Anfange des Satzes gestellt, um schon im voraus das Verhältnis der Aussage als einer bedingten anzuzeigen; das zweite steht entweder nach dem Verb oder nach einem hervorzuhebenden Worte, s. Nr. 8. Dies geschieht vorzüglich dann, wenn der Hauptsatz durch dazwischen tretende Nebensätze geteilt wird, oder dem bedingten Verb mehrere Wörter vorangehen. [1]) S. El. 333 ὥστ' ἄν, εἰ σθένος | λάβοιμι, δηλώσαιμ' ἄν, οἷ' αὐτοῖς φρονῶ. 439 ἀρχὴν δ' ἄν, εἰ μὴ τλημονεστάτη γυνὴ | πασῶν ἔβλαστε, τάσδε δυσμενεῖς χοὰς | οὐκ ἄν ποθ' ὃν γ' ἔκτεινε, τῷδ' ἐπέστεφε. Th. 2, 94 ὅπερ ἄν, εἰ ἐβουλήθησαν μὴ κατοκνῆσαι, ῥᾳδίως ἂν ἐγένετο. X. Cy. 1. 3, 11 στὰς ἂν . . ἔπειτα λέγοιμ' ἄν. 3. 1, 17, An. 4. 6, 13 δοκοῦμεν δ' ἄν μοι . . ἐρημοτέρῳ ἂν τῷ ὄρει χρῆσθαι. Vgl. 5. 6, 32. So erklärt sich auch nach dem häufig vorkommenden ὥσπερ ἂν εἰ die Wiederholung der Partikel beim Opt. oder Ind. des Nachsatzes. Pl. Gorg. 447, d ὥσπερ ἂν

[1]) S. Hermann l. d. IV, 5. p. 188 sqq.

εἰ ἐτύγχανεν ὢν ὑποδημάτων δημιουργός, ἀπεκρίνατο ἄν δήπου σοι. Ap. 17, d ibiq. Stallb. Dem. 20, 143 ὥσπερ ἄν, εἴ τις μεγάλας τὰς τιμωρίας τῶν ἀδικημάτων τάττοι, οὐκ ἂν αὐτός γ' ἀδικεῖν παρεσκευάσθαι δόξαι, οὕτως κτλ. Ebenso in der Formel κἂν (= καὶ ἄν) εἰ . . ἄν. Ar. R. 585 κἂν εἴ με τύπτοις, οὐκ ἂν ἀντείποιμί σοι. Pl. Menex 236, d ὥστε κἂν ὀλίγου εἴ με κελεύοις ὀρχήσασθαι, χαρισαίμην ἂν ubi v. Stallb., vgl. Gorg. 465, c. Prot. 318, b ἐπεὶ κἂν σύ . ., εἴ τίς σε διδάξειεν, ὃ μὴ τυγχάνοις ἐπιστάμενος, βελτίων ἂν γένοιο.

8. Der zweite Grund ist ein rhetorischer. Wie überhaupt der Grieche schwächere und unbedeutendere Wörter solchen, auf denen ein rhetorischer Nachdruck liegt, nachzusetzen pflegt, um diese hervorzuheben, so benutzt er zu gleichem Zwecke das Modaladverb ἄν und lässt es dem Worte, welches auf eine nachdrückliche Weise in der Rede bezeichnet werden soll, nachfolgen. Ruht der rhetorische Accent auf mehreren Worten Eines Satzes, so könnte es bei jedem derselben wiederholt werden; ausserdem aber kann es auch noch einmal hinter dem bedingten Verb, zu dem es eigentlich gehört, stehen, obwohl dies nicht notwendig ist, da durch das vorangehende ἄν das Verhältnis der bedingten Aussage schon ausgedrückt ist; jedoch geht die Sprache über ein dreifaches ἄν in einem Satze nicht hinaus. Hdt. 3, 35 δέσποτα, οὐδ' ἂν αὐτὸν ἔγωγε δοκέω τὸν θεὸν οὕτω ἂν καλῶς βαλεῖν. Th. 1, 76 ἄλλους γ' ἂν οὖν οἰόμεθα τὰ ἡμέτερα λαβόντας δεῖξαι ἂν μάλιστα. X. Cy. 8. 1, 16 νομίζων τοὺς παρόντας οὐκ ἂν ἐθέλειν οὔτε κακὸν οὔτε αἰσχρὸν οὐδὲν ἂν πράττειν. Pl. Apol. 31, a ὑμεῖς δ' ἴσως τάχ' ἂν ἀχθόμενοι, ὥσπερ οἱ νυστάζοντες ἐγειρόμενοι, κρούσαντες ἄν με, πειθόμενοι Ἀνύτῳ, ῥᾳδίως ἂν ἀποκτείναιτε, εἶτα τὸν λοιπὸν βίον καθεύδοντες διατελοῖτ' ἄν. 35, d σαφῶς γὰρ ἄν, εἰ πείθοιμι ὑμᾶς . ., θεοὺς ἂν διδάσκοιμι μὴ ἡγεῖσθαι ὑμᾶς εἶναι. Vgl. Phaedr. 257, c. Isocr. 12, 214 τίς ἂν τῶν εὐφρονούντων οὐκ ἂν τρὶς ἀποθανεῖν ἕλοιτο μᾶλλον; Dem. 29, 15 ὃν οὐκ ἂν δήπου, ψευδῆ μαρτυρίαν εἰ παρεσκευαζόμην, ἐνέγραψα ἄν. Sehr häufig bei οὔτε . . οὔτε. X. Hier. 5, 3 ἄνευ γὰρ τῆς πόλεως οὔτ' ἂν σῴζεσθαι δύναιτο, οὔτ' ἂν εὐδαιμονεῖν. Pl. Apol. 31, d πάλαι ἂν ἀπολώλη καὶ οὔτ' ἂν ὑμᾶς ὠφελήκη οὐδὲν οὔτ' ἂν ἐμαυτόν, ubi v. Stallb. Ebenso Symp. 196, e. Eur. M. 616 f. X. An. 1. 3, 6 ὑμῶν δ' ἔρημος ὢν οὐκ ἂν ἱκανὸς εἶναι οἶμαι οὔτ' ἂν φίλον ὠφελῆσαι οὔτ' ἂν ἐχθρὸν ἀλεξήσασθαι, s. Kühners Bmrkg. 7. 7, 38. Aus der Dichtersprache z. B. S. OR. 339 f. 862. 1053. fr. 669 πῶς ἂν οὐκ ἂν ἐν δίκῃ θάνοιμ' ἄν; Eur. Hipp. 961 τίνες λόγοι | τῆσδ' ἂν γένοιντ' ἄν; Id. M. 250 f. τρὶς ἂν παρ' ἀσπίδα | στῆναι θέλοιμ' ἂν μᾶλλον ἢ τεκεῖν ἅπαξ (Gegensatz). Tr. 1244 ἀφανεῖς ἂν ὄντες οὐκ ἂν ὑμνηθεῖμεν ἄν. Andr. 935 f. οὐκ ἂν ἔν γ' ἐμοῖς δόμοις | βλέπουσ' ἂν αὐγὰς τἄμ' ἐκαρποῦτ' ἂν λέχη. Hec. 359. Auffallend S. OR. 1438 ἔδρασ' ἄν, εὖ τοῦτ' ἴσθ' ἄν, εἰ

μὴ . . ἔχρῃζον ἐκμαθεῖν, τί πρακτέον, d. i. ἔδρασ' ἄν, εὖ τοῦτ' ἴσθι, ἔδρασ' ἄν. Hier ist τοῦτ' ἴσθι wie εὖ οἶδ' ὅτι, δῆλον ὅτι als parenthetisches Einschiebsel anzusehen und vertritt die Stelle eines Adverbs = σαφῶς ἂν ἔδρασ' ἄν, εἰ μή κτλ.

Anmerk. 6. Bei Homer kommt die Verdoppelung von ἄν noch nicht vor, wohl aber einmal (abgesehen von disjunktiven Satzgliedern) die Wiederholung von κέν, und mehrmals die Verbindung von ἄν und κέν, wie auch im Attischen synonyme Adverbien verbunden erscheinen, als: ἦ μήν, μέν τοι, τάχα ἴσως, αὖθις αὖ, πάλιν αὖ u. a. δ, 733 τῷ κε μάλ' ἤ κεν ἔμεινε καὶ ἐσσύμενός περ ὁδοῖο, | ἤ κέ με . . ἔλειπεν. N, 127 ἃς οὔτ' ἄν κεν Ἄρης ὀνόσαιτο μετελθὼν | οὔτε κ' Ἀθηναίη. Ω, 437 σοὶ δ' ἂν ἐγὼ πομπὸς καί κε κλυτὸν Ἄργος ἱκοίμην. Ξ, 244 ἄλλον μέν κεν ἐγώ γε θεῶν αἰειγενετάων | ῥεῖα κατευνήσαιμι, καὶ ἂν ποταμοῖο ῥέεθρα | Ὠκεανοῦ. In allen vier Beispielen erklärt sich die Häufung der Partikeln ebenso, wie in den unter Nr. 7 besprochenen Fällen die Wiederholung des ἄν: die erste Partikel dient zur Kennzeichnung des Modalverhältnisses, die zweite hebt einzelne Begriffe hervor (und zwar in den ersten beiden Beispielen die disjunktiven Satzglieder, an die sich überhaupt gern κέν anschliesst, vgl. P, 398. Υ, 311. δ, 733. ξ, 183. δ, 692; im dritten und vierten das nachdrücklich betonte Wort; attisch könnte man ähnlich sagen: σὲ δ' ἂν ἐγὼ κἂν εἰς Ἄργος πέμποιμι und ἄλλον μὲν ἂν θεῶν κατακοιμήσαιμι, κἂν Ὠκεανόν). Auffälliger ι, 334 οἳ δ' ἔλαχον, τοὺς ἄν κε καὶ ἤθελον αὐτὸς ἑλέσθαι, wo nur eine verstärkende Häufung, wie etwa bei τάχ' ἴσως, vorzuliegen scheint. Weniger auffallend ist ὄφρ' ἂν μέν κεν m. d. Konj. Λ, 187. ε, 361. ζ, 259, da ὄφρ' ἄν gewissermassen zu Einem Worte verschmolzen sind, s. Nr. 5. Bei den nachhomerischen Schriftstellern scheint in der Verbindung mit dem Konjunktive die Verdoppelung von ἄν ungebräuchlich gewesen zu sein, da hier ἄν sich an das Relativ oder an die Konjunktion anschliesst, während in der Verbindung mit d. Opt. oder dem Indik. eines Präteritums ἄν keine feste Stelle hat und daher auch sich an andere Wörter anschliessen kann [1]). Daher schreibt Bergk nach Hermann Ar. eq. 1108 ὁπότερος ἂν σφῷν νῦν με μᾶλλον εὖ ποιῇ st. ὁπ. ἂν σφῷν εὖ με μᾶλλον ἂν ποιῇ; Reisig Conj. p. 188 schlägt αὖ st. ἂν vor. Th. 7, 7 πρέσβεις . . ἀπεστάλησαν, ὅπως στρατιὰ ἔτι περαιωθῇ τρόπῳ ᾧ ἂν ἐν ὁλκάσιν ἢ πλοίοις ἢ ἄλλως ὅπως ἂν προχωρῇ gehört nicht hierher, da die Worte ἐν ὁλκάσιν . . ὅπως ἄν entweder mit Classen als erklärende Parenthese zu fassen oder mit Bekker und Stahl zu streichen sind.

9. Weglassung des ἄν (κέν) [2]). Wenn zwei oder mehrere Sätze durch beiordnende Konjunktionen, als: καί, τέ, δέ, μέν . . δέ, ἤ, ἤ . . ἤ, οὔτε . . οὔτε, οὐδέ angereiht sind, so wird ἄν (κέν) häufig nur zum ersten Gliede gesetzt, da das Modusverhältnis hierdurch schon genügenden Ausdruck gefunden hat. ο, 453 τόν κεν ἄγοιμ' ἐπὶ νηός, ὁ δ' ὕμιν μυρίον ὦνον | ἄλφοι. Aesch. Ag. 1049 πείθοι' ἄν, εἰ πείθοι'· ἀπειθοίης δ' ἴσως st. ἀπειθοίης δ' ἄν, vgl. Blomfield. S. OR. 937 τὸ δ' ἔπος, οὑξερῶ τάχα, | ἥδοιο μέν, πῶς δ' οὐκ ἄν; ἀσχάλλοις δ' ἴσως st. ἥδοιο

---

1) S. Hermann de part. ἄν p. 190 sq. Bäumlein a. a. O. S. 372 f. — 2) S. Frohberger im Philologus XIX (1863), S. 599 ff.

ἄν, ἀσχάλλοις δ' ἄν. X. Comm. 1. 3, 15 ᾤετο οὐδὲν ἂν ἧττον ἀρκούντως ἥδεσθαι . ., λυπεῖσθαι δὲ πολὺ ἔλαττον, s. das. Kühners Bmrkg. Vgl. 2. 8, 6. 2. 1, 18 ὁ μὲν ἑκὼν πεινῶν φάγοι ἄν, ὁπότε βούλοιτο, καὶ ὁ ἑκὼν διψῶν πίοι. An. 2. 5, 14 εἰ μὲν βούλοιό τῳ φίλος εἶναι, ὡς μέγιστος ἂν εἴης, εἰ δέ τίς σε λυποίη, ὡς δεσπότης ἀναστρέφοιο (Dind. ἂν ἀναστρέφοιο). Dem. 22, 17 οὔτ' ἂν οὗτος ἔχοι λέγειν οὔθ' ὑμεῖς πεισθείητε. γ, 258 τῷ κέ οἱ οὐδὲ θανόντι χυτὴν ἐπὶ γαῖαν ἔχευαν, | ἀλλ' ἄρα τόν γε κύνες τε καὶ οἰωνοὶ κατέδαψαν. ε, 311 τῷ κ' ἔλαχον κτερέων, καί μευ κλέος ἦγον Ἀχαιοί. ω, 382. Ψ, 382. 527. S. OC. 927 οὔθ' εἷλκον οὔτ' ἂν ἦγον, ἀλλ' ἠπιστάμην. Pl. Gorg. 471, a εἰ ἐβούλετο τὰ δίκαια ποιεῖν, ἐδούλευεν ἂν . . καὶ ἦν εὐδαίμων. Dem. 3, 14 οὔτ' ἂν ὑμεῖς . . οὐδὲν ἐπράττετε τούτων, οὔτε Φίλιππος τοσοῦτον ὑβρίκει χρόνον. Aeschin. 2, 86. Bisweilen auch da, wo die Sätze weniger eng mit einander verbunden sind. Doch haben in diesem Falle neuere Herausgeber vielfach ἄν eingesetzt. Hdt. 3, 127 τίς ἄν μοι τοῦτο ὑμέων ὑποστὰς ἐπιτελέσειε σοφίῃ καὶ μὴ βίῃ τε καὶ ὁμίλῳ; ἔνθα γὰρ σοφίης δεῖ, βίης ἔργον οὐδέν· ὑμέων δὲ ὧν τίς μοι Ὀροίτεα ἢ ζώοντα (ἂν) ἀγάγοι ἢ ἀποκτείνειε; X. Hier. 11, 12 u. 13 ὀρφῆς ἄν, nach mehreren Zwischensätzen ἔχοις (ἂν) πάντας. Andoc. 4, 10 οὐκ ἂν ἐξαρκέσειεν ὁ παρὼν χρόνος, ἅμα δὲ πολλοῖς ἀπεχθοίμην τῶν πολιτῶν. Bei γάρ X. An. 4. 6, 13 δοκοῦμεν δ' ἄν μοι . . ἐρημοτέρῳ ἂν τῷ ὄρει χρῆσθαι· μένοιεν γὰρ (ἂν) αὐτοῦ μᾶλλον ἀθρόοι οἱ πολέμιοι. Lys. 14, 21 οὐδὲν ἂν ἔδει αὐτοὺς στρατηγεῖν, οὐδὲ γὰρ εἶχον ὅτου ἡγοῦντο, vgl. 10, 2. Dem. 31, 9 τί ἐποίησεν ἄν; ἢ δῆλον, ὅτι ὤμοσεν. Pl. Lys. 208, b κἂν . . ἐῷεν ἄν. Πόθεν, ἦ δ' ὅς, ἐῷεν; (**Hirschig** u. **Schanz** tilgen ἐῷεν). — Für den umgekehrten Fall, dass ἄν bloss im zweiten Satzgliede stünde, im ersten aber hinzuzudenken wäre, finden sich nur wenige und zweifelhafte Belege. Dem. 24, 7 εἰ κατώρθωσεν ἐκεῖνος, ἣν ἐπ' ἔμ' ἦλθεν ὁδόν, οὐχ ὅτι τῶν ὄντων (ἂν) ἀπεστερήμην, ἀλλ' οὐδ' ἂν ἔζων. Aeschin. 3, 217 οὔτε τοὺς εἰρημένους ἐν ὑμῖν λόγους ἐμαυτῷ ἀρρήτους εἶναι βουλοίμην (ἂν) οὔτε ταὐτὰ τούτῳ δημηγορήσας ἐδεξάμην ἂν ζῆν. Nicht gehören hierher Beispiele wie X. Hell. 2. 3, 14 οὓς ἐνόμιζον . . ἀνέχεσθαι, ἀντιπράττειν δέ τι ἐπιχειροῦντας πλείστους ἂν τοὺς συνεθέλοντας λαμβάνειν und 27 πολέμιος μὲν ἦν, οὐ μέντοι πονηρός γ' ἂν δικαίως ἐνομίζετο, wo nur die Handlung des zweiten Satzgliedes bedingt, die des ersten aber thatsächlich ist: er **war** zwar zweifellos mein Feind (wie er es jetzt noch ist), aber er **wäre** wenigstens nicht als Schurke zu betrachten.

§ 399. Gebrauch der Modusformen in den Nebensätzen.

1. Dass die Modusformen in den Nebensätzen ihre eigentümliche Bedeutung bewahren, versteht sich von selbst; aber nicht in jedem Nebensatze kann jeder Modus stehen. So z. B. verschmähen die mit ὅτι, ὡς, dass, ὥστε, so dass, eingeleiteten Nebensätze den Konjunktiv, die Finalsätze mit ὄφρα, ἵνα, ὡς, ὅπως den Indikativ der Haupttempora. Daher werden wir später in der Lehre von den Nebensätzen bei jeder besonderen Art den ihr eigentümlichen Gebrauch der Modusformen erörtern, damit man immer mit einem Blicke übersehen kann, welche Modusformen in den einzelnen Satzarten ihren Sitz haben, und auf welche Weise sie in denselben angewendet werden. Hier aber wollen wir nur diejenigen Erscheinungen im Gebrauche der Modi zusammenfassen, welche mehreren Arten der Nebensätze gemeinsam sind.

2. Der Konjunktiv bezeichnet auch in Nebensätzen eine Handlung, deren Verwirklichung erwartet wird, und zwar, seiner Natur entsprechend (vgl. § 394, 1) nur mit Beziehung auf Gegenwart oder Zukunft, daher nur, wenn im Hauptsatze ein Haupttempus (§ 381, 4) steht. So wird der Konjunktiv gebraucht:

a) futurisch (vgl. § 394, 2 u. 3) zum Ausdrucke der erwarteten Verwirklichung einer bestimmten, einzelnen Handlung, und zwar bei Homer ohne oder mit ἄν (κέν) auch bei loserer Anknüpfung des Nebensatzes; in der späteren Sprache nur in wirklich abhängigen Sätzen, und in der Regel mit ἄν. Γ, 287 τιμὴν δ' Ἀργείοις ἀποτινέμεν, ἥν τιν' ἔοικεν, | ἥ τε καὶ ἐσσομένοισι μετ' ἀνθρώποισι πέληται. Θ, 34 ἀλλ' ἔμπης Δαναῶν ὀλοφυρόμεθ' αἰχμητάων, | οἵ κεν δὴ κακὸν οἶτον ἀναπλήσαντες ὄλωνται. — Ε, 258 τούτω δ' οὐ πάλιν αὖτις ἀποίσετον ὠκέες ἵπποι | ἄμφω ἀφ' ἡμείων, εἴ γ' οὖν ἕτερός γε φύγησιν. Α, 137 ἀλλ' εἰ μὲν δώσουσι γέρας.. εἰ δέ κε μὴ δώωσιν, ἐγὼ δέ κεν αὐτὸς ἕλωμαι. Γ, 288 εἰ δ' ἂν ἐμοὶ τιμὴν Πρίαμος Πριάμοιό τε παῖδες | τίνειν οὐκ ἐθέλωσιν Ἀλεξάνδροιο πεσόντος, | αὐτὰρ ἐγὼ καὶ ἔπειτα μαχήσομαι. Φ, 323 οὐδέ τί μιν χρεὼ | ἔσται τυμβοχοῆσ', ὅτε μιν θάπτωσιν Ἀχαιοί. Ζ, 448 ἔσσεται ἦμαρ ὅτ' ἄν ποτ' ὀλώλῃ Ἴλιος ἱρή [1]).

b) verallgemeinernd in Nebensätzen, die eine ganze Gattung von Handlungen, Sachen oder Personen, eine unbestimmte Frequenz oder Wiederholung bezeichnen (*quisquis, utut, ubicunque, quotiescunque*). Da es sich hier nicht um konkrete Einzelfälle handelt, die wirklich vorliegen, sondern um den Abstraktbegriff einer Mehrheit von gleichartigen Fällen, deren wirkliches Eintreten noch immer zu erwarten steht, so wendet das Griechische nicht den Indikativ, den Modus der Wirklich-

---

[1]) Mehr Beispiele für die hier zusammengestellten Gebrauchsarten in der Lehre v. d. Nebensätzen.

keit, an, sondern den Konjunktiv, den Modus der erwarteten Verwirklichung. So in der älteren Sprache ohne oder mit ἄν (κέν), später regelmässig mit ἄν. ξ, 373 οὐδὲ πόλινδε | ἔρχομαι, εἰ μή πού τι περίφρων Πηνελόπεια | ἐλθέμεν ὀτρύνῃσιν, ὅτ' ἀγγελίη ποθὲν ἔλθῃ (ausser es tritt der Fall ein, dass). λ, 192 αὐτὰρ ἐπὴν ἔλθῃσι θέρος τεθαλυῖά τ' ὀπώρη. E, 407 οὐ δηναιός, ὃς ἀθανάτοισι μάχηται. A, 218 ὅς κε θεοῖς ἐπιπείθηται, μάλα τ' ἔκλυον αὐτοῦ. Δ, 344 πρώτω γὰρ καὶ δαιτὸς ἀκουάζεσθον ἐμεῖο, | ὁππότε δαῖτα γέρουσιν ἐφοπλίζωμεν Ἀχαιοί. O, 209 ἀλλὰ τόδ' αἰνὸν ἄχος κραδίην καὶ θυμὸν ἱκάνει, | ὁππότ' ἂν ἰσόμορον . . νεικείειν ἐθέλῃσι.

Anmerk. 1. Hiermit hängt die der epischen Sprache eigentümliche Verwendung des Konjunktivs in Adjektivsätzen und Adverbialsätzen der Vergleichung zusammen (ohne ἄν, doch öfters ὡς δ' ὅτ' ἄν O, 80. χ, 468). In den homerischen Gleichnissen[1]) erscheint der Indikativ des Präsens, wenn sie sich auf bestimmte allgemein bekannte Situationen beziehen, die uns als zu jeder Zeit gegenwärtig vor Augen stehen, z. B. auf die regelmässigen oder häufig wiederkehrenden Erscheinungen der Natur, die gewöhnlichen Beschäftigungen der Menschen, die bekannten Eigenheiten oder Gewohnheiten der Menschen und Tiere u. dgl., vgl. B, 87. 455. 462. 470. Γ, 3 ff. E, 864. P, 53 ff. 755; der Indikativ des Aorists, wenn momentane Vorgänge als wirklich einmal geschehen zum Vergleiche herangezogen werden, s. § 386, 8; endlich der Konjunktiv, wenn die verglichene Handlung als nur unter gewissen Bedingungen, vorkommenden Falls eintretend bezeichnet werden soll. Es ist hier gleichgültig, ob im Hauptsatze ein Haupttempus oder eine historische Zeitform steht, da das Gleichnis nicht auf den Hauptsatz, sondern auf die Gegenwart des Redenden, auf den gegenwärtigen Akt seines Vorstellens bezogen wird. N, 179 ὁ δ' αὖτ' ἔπεσεν, μελίη ὥς, ἥτ' ὄρεος κορυφῇ . . | χαλκῷ ταμνομένη τέρενα χθονὶ φύλλα πελάσσῃ, wie eine Esche, wenn der Fall eintritt, dass sie . . zu Boden sinkt. Vgl. 63. Δ, 483. P, 110 αὐτὰρ ὅγ' ἐξοπίσω ἀνεχάζετο . . | ἐντροπαλιζόμενος, ὥστε λῖς ἠυγένειος, | ὅν ῥα κύνες τε καὶ ἄνδρες ἀπὸ σταθμοῖο δίωνται. Vgl. 134. O, 579. 382 ὥστε μέγα κῦμα . ὑπὲρ τοίχων καταβήσεται (st. -ηται), ὁππότ' ἐπείγῃ | ἲς ἀνέμου. E, 161 ὡς δὲ λέων ἐν βουσὶ θορὼν ἐξ αὐχένα ἄξῃ | πόρτιος ἠὲ βοός . . |, ὣς τοὺς ἀμφοτέρους ἐξ ἵππων Τυδέος υἱὸς | βῆσε. Vgl. I, 323. K, 183. 486. M, 167 οἱ δ', ὥστε σφῆκες . . ἠὲ μέλισσαι | οἰκία ποιήσωνται . . | οὐδ' ἀπολείπουσιν κοῖλον δόμον . . · | ὣς οἵγ' οὐκ ἐθέλουσι πυλάων . . | χάσσασθαι. Vgl. B, 474. Π, 428. Besonders oft ὡς ὅτε (wo ὅτε vielfach als Adverb = einmal aufgefasst wird). Ξ, 16 ὡς δ' ὅτε πορφύρῃ πέλαγος . ., ὣς ὁ γέρων ὥρμαινε. O, 624 ἐν δ' ἔπεσ', ὡς ὅτε κῦμα θοῇ ἐν νηὶ πέσῃσιν. Vgl. Δ, 141. Θ, 338. O, 263. 606. Π, 297. P, 61. Φ, 522. X, 189. τ, 519. Ebenso ὡς ὁπότε *c. conj.* Λ, 305. δ, 335 ff.; ὡς δ' ὅτ' ἂν . . στρέφεται. M, 41 f. χ, 469. Einmal auch ὡς εἴ τε: I, 481 καί με φίλησ' ὡς εἴ τε πατὴρ ὃν παῖδα φιλήσῃ. Zuweilen geht die Konstruktion vom Konjunktive zum Indikative des Präsens oder Aorists über, wie oben in dem Beisp. M, 167 u. B, 148. Z, 506 ff. Λ, 155 ff., ubi v. Spitzner. Π, 297 ff. X, 93 ff. — Nur selten findet

[1]) Vgl. Thiersch Gr. § 346. Hermann opusc. II, p. 40 sqq. Spitzner ad Il. exc. XXVI. Berger Progr. Celle 1837. Stacke Progr. Rinteln 1853. Friedländer Beiträge zur Kenntnis der homer. Gleichnisse, Progr. des Friedrichsgymn. Berlin 1870 u. 1871.

sich der Optativ, und zwar immer in der Verbindung ὡς εἴ, als ob, wenn das Gleichnis als eine blosse Annahme ohne alle Rücksicht auf Erwartung des wirklichen Eintretens dargestellt werden soll. Β, 780 οἱ δ' ἄρ' ἴσαν, ὡς εἴ τε πυρὶ χθὼν πᾶσα νέμοιτο. Vgl. Λ, 389. Χ, 410 f. ι, 314. κ, 416. 420. ρ, 366, nur Einmal ὡς ὅτε c. *opt.* ι, 384 δίνεον, ὡς ὅτε τις τρυπῷ δόρυ νήϊον, wie wenn einer bohrete. Vgl. Nitzsch. Friedländer a. a. O. I. p. 20 f. u. Delbrück a. a. O. p. 66.

c) final, zuweilen in Verbindung mit ἄν (κέν). Η, 195 εὔχεσθε Διὶ Κρονίωνι ἄνακτι | σιγῇ ἐφ' ὑμείων, ἵνα μὴ Τρῶές γε πύθωνται. ρ, 10 τὸν ξεῖνον δύστηνον ἄγ' ἐς πόλιν, ὄφρ' ἂν ἐκεῖθι | δαῖτα πτωχεύῃ.

Anmerk. 2. Finale Nebensätze konnten sich entwickeln nicht bloss aus der voluntativen Bedeutung des Konjunktivs, sondern auch aus dem futurischen Gebrauche; daher die Zulässigkeit von ἄν, das beim rein voluntativen Konjunktiv unmöglich ist, vgl. § 394, Anm. 6. (Ebenso geht der Optativ in Bedingungssätzen teils auf den wünschenden, teils auf den potentialen Optativ zurück, daher bei Homer εἴ κε mit Optativ.)

d) voluntativ in Sätzen der Befürchtung und in abhängigen deliberativen Fragen, regelmässig ohne ἄν. Κ, 39 δείδω μὴ οὔ τίς τοι ὑπόσχηται τόδε ἔργον. π, 74 μερμηρίζει, | ἢ αὐτοῦ παρ' ἐμοί τε μένῃ καὶ ἔργα κομίζῃ | ἢ ἤδη ἅμ' ἕπηται.

3. Mit einer leichten Modifikation des Sinnes steht zuweilen der Optativ, wo wir den Konjunktiv erwarten könnten. Wird nämlich auf die Verwirklichung der Handlung keine Rücksicht genommen, so erscheint dieselbe nicht mehr als erwartet, sondern als bloss gedacht, und statt des Konjunktivs, des Modus der Erwartung, tritt der Optativ ein, der als Modus der Vorstellung das Erwartete gewissermassen in weitere Ferne rückt [1]). Man vergleiche a) οὐκ ἔσθ', ὅς τις θάνατον φύγῃ (entrinnen wird) und Χ, 348 οὐκ ἔσθ', ὅς σῆς γε κύνας κεφαλῆς ἀπαλάλκοι (etwa abwehren würde), | οὐδ' εἴ κεν δεκάκις τε καὶ εἴκοσι νήριτ' ἄποινα | στήσωσ' ἐνθάδ' ἄγοντες, ὑπόσχωνται δὲ καὶ ἄλλα (der zu erwartende Fall) | οὐδ' εἴ κεν σ' αὐτὸν χρυσῷ ἐρύσασθαι ἀνώγοι | Δαρδανίδης Πρίαμος (der nur denkbare, kaum zu erwartende Fall). Aeschin. 3, 110 im Amphiktyonenbeschlusse: εἴ τις τάδε παραβαίνοι ἢ πόλις ἢ ἰδιώτης ἢ ἔθνος, ἐναγὴς ἔστω τοῦ Ἀπόλλωνος (der kaum zu erwartende Fall); so sehr häufig im elischen Dialekte [2]), während im attischen die bestimmtere Ausdrucksweise mit ἐάν u. Konj. zur Regel geworden ist. b) Τ, 265 θεοὶ ἄλγεα δοῖεν | πολλὰ μάλ', ὅσσα διδοῦσιν ὅ τις σφ' ἀλίτηται (wer vorkommenden Falls sich versündigt) und Ψ, 494 καὶ δ' ἄλλῳ νεμεσᾶτον ὅ τις τοιαῦτά γε ῥέζοι (etwa thun sollte). ξ, 373 ὅτ' ἀγγελίη ποθὲν ἔλθῃ und α, 414 οὔτ' οὖν ἀγγελίῃς ἔτι πείθομαι, εἴ ποθεν ἔλθοι. ω, 254 τοιούτῳ δὲ ἔοικας, ἐπεὶ λούσαιτο φάγοι τε, | εὑδέμεναι. S. OR. 979 εἰκῇ κράτιστον ζῆν ὅπως δύναιτό τις. c) Η, 339 ἐν δ' αὐ-

[1]) Vgl. Kühnast Repraesent. im Gbr. des apotel. Konj. S. 39. 110 f. 141 f. Bäumlein a. a. O. S. 273 ff. — [2]) S. Meister, Griech. Dialekte II, S. 71 f.

τοῖσι πύλας ποιήσομεν εὖ ἀραρυίας, | ὄφρα δι' αὐτάων ἱππηλασίη ὁδὸς εἴη. ρ, 250 τόν ποτ' ἐγὼν ἐπὶ νηὸς ἐυσσέλμοιο μελαίνης | ἄξω τῆλ' Ἰθάκης, ἵνα μοι βίοτον πολὺν ἄλφοι. Hdt. 2, 93 (οἱ ἰχθύες) ἀντέχονται ἐγχριμπτόμενοι καὶ ψαύοντες ὡς μάλιστα, ἵνα δὴ μὴ ἁμάρτοιεν τῆς ὁδοῦ. d) I, 245 ταῦτ' αἰνῶς δείδοικα κατὰ φρένα, μή οἱ ἀπειλὰς | ἐκτελέσωσι θεοί, ἡμῖν δὲ δὴ αἴσιμον εἴη | φθίσθαι, wo das zweite Satzglied in nur lockerem Zusammenhange mit dem ersten steht, indem dem zunächst Befürchteten (ἐκτελέσωσι) die weitere Folge in Form einer blossen Vorstellung angefügt wird. — Doch ist diese Ausdrucksweise nach einem Haupttempus selten (abgesehen von der sogenannten Modusassimilation, Nr. 6), weil eine zukünftige, beabsichtigte, gefürchtete oder öfter vorkommende Handlung vom Standpunkte der Gegenwart aus naturgemäss in der Regel als erwartet, nicht bloss als möglich aufgefasst wird.

4. Anders liegt die Sache, wenn im Hauptsatze ein historisches Tempus steht. Eine vergangene Handlung kann, wenn man die üblichen Moduskategorieen zu Grunde legt, nur entweder als wirklich (real oder irreal) oder als bloss vorgestellt (potential) aufgefasst werden; als erwartet nur dann, wenn der Redende sich im Geiste auf den Standpunkt der Vergangenheit stellt, so dass das Vergangene als gegenwärtig erscheint. Dies geschieht, wenn vergangene Worte, Gedanken, Absichten oder Befürchtungen in der Weise berichtet werden, dass der ursprüngliche Wortlaut möglichst genau wiedergegeben wird, also in der objektiven Darstellungsform der sogenannten indirekten Rede (auch Absicht- und Befürchtungssätze stellen in diesem Falle eine Art indirekter Rede dar). Daher der Konjunktiv in Sätzen wie Π, 646 φράζετο θυμῷ | πολλὰ μάλ' ἀμφὶ φόνῳ Πατρόκλου μερμηρίζων, | ἢ ἤδη καὶ κεῖνον ἐνὶ κρατερῇ ὑσμίνῃ | χαλκῷ δῃώσῃ ἀπό τ' ὤμων τεύχε' ἕληται κτλ. Th. 2, 4 ἐβουλεύοντο εἴτε κατακαύσωσιν ὥσπερ ἔχουσιν, ἐμπρήσαντες τὸ οἴκημα, εἴτε τι ἄλλο χρήσωνται. π, 369 ἐμίμνομεν Ἠῶ δῖαν | Τηλέμαχον λοχόωντες, ἵνα φθίσωμεν ἑλόντες. X. An. 1. 4, 18 ἃ (τὰ πλοῖα) τότε Ἀβροκόμας προϊὼν κατέκαυσεν, ἵνα μὴ Κῦρος διαβῇ. N, 649 ἂψ δ' ἑτάρων εἰς ἔθνος ἐχάζετο κῆρ' ἀλεείνων, | πάντοσε παπταίνων, μή τις χρόα χαλκῷ ἐπαύρῃ (Besorgnis aus dem Sinne des Harpalion). Th. 2, 101 ἐφοβήθησαν μὴ καὶ ἐπὶ σφᾶς ὁ στρατὸς χωρήσῃ. Vgl. auch θ, 511 αἶσα γὰρ ἦν ἀπολέσθαι, ἐπὴν πόλις ἀμφικαλύψῃ | δουράτεον μέγαν ἵππον (Wortlaut des Orakels). Berichtet dagegen der Redende das Vergangene vom Standpunkte der Gegenwart aus oder liegt überhaupt keine indirekte Rede (im engern oder weitern Begriffe, s. o.) vor, so tritt statt des Konjunktivs notwendigerweise der Optativ ein, den man demnach wohl als Stellvertreter des Konjunktivs bezeichnen kann, aber nicht in dem Sinne, als ob er hier eine erwartete Handlung

bezeichnete, sondern nur insofern als an Stelle des durch den Vergangenheitsbegriff ausgeschlossenen Modus der Erwartung der Modus der Vorstellung gewählt wird [1]). So

a) bei der unter Nr. 2, b besprochenen Verallgemeinerung. Wie bei der in der Gegenwart wiederholten Handlung nicht zum Ausdruck gebracht wird, dass sie wirklich geschieht, sondern nur dass ihre Verwirklichung sich immer wieder erwarten lässt, so bei der in der Vergangenheit wiederholten Handlung nicht, dass sie wirklich geschah, sondern dass sie geschehen konnte. B, 188 ὅν τινα μὲν βασιλῆα καὶ ἔξοχον ἄνδρα κιχείη, | τὸν δ' ἀγανοῖς ἐπέεσσιν ἐρητύσασκε (ursprüngliche Auffassung: er mochte wohl manchen treffen). O, 284 ἀγορῇ δέ ἑ παῦροι Ἀχαιῶν | νίκων, ὁππότε κοῦροι ἐρίσσειαν falls sie etwa einen Wettstreit beginnen mochten, d. i. so oft sie begannen. Γ, 217 ὅτε δὴ πολύμητις ἀναΐξειεν Ὀδυσσεύς, | στάσκεν. Ω, 14 ἐπεὶ ζεύξειεν ὑφ' ἅρμασιν ὠκέας ἵππους, | Ἕκτορα δ' ἕλκεσθαι δησάσκετο δίφρου ὄπισθεν. Man spricht in diesem Falle von einem *Optativus iterativus;* doch liegt der Begriff der Wiederholung nicht im Optativ, sondern er ergiebt sich aus dem iterativen Sinne des übergeordneten Verbums und aus der Situation.

Anmerk. 3. Doch findet sich in den unter 2, b und 4, a besprochenen verallgemeinernden Sätzen zuweilen auch der Indikativ, indem der Redende nicht auf die Wiederholung zu verschiedenen Zeiten oder an verschiedenen Orten Rücksicht nimmt, sondern die Mehrheit gleichartiger Fälle als ein einheitliches Ganzes betrachtet, dessen thatsächliches Vorhandensein betont wird. Th. 5, 111 οἵτινες τοῖς μὲν ἴσοις μὴ εἴκουσι, τοῖς δὲ κρείσσοσι καλῶς προσφέρονται, πρὸς δὲ τοὺς ἥσσους μέτριοί εἰσι, πλεῖστ' ἂν ὀρθοῖντο. Pl. Tim. 22, e ἐν πᾶσι τοῖς τόποις, ὅπου μὴ χειμὼν ἐξαίσιος ἢ καῦμα ἀπείργει, ἀεὶ γένος ἐστὶν ἀνθρώπων. X. An. 1. 8, 1 πᾶσιν οἷς ἐνετύγχανεν ἐβόα. 4. 7, 16 ᾖδον καὶ ἐχόρευον ὁπότε οἱ πολέμιοι ὄψεσθαι ἔμελλον.

b) final. γ, 2 ἠέλιος δ' ἀνόρουσε . . ἵν' ἀθανάτοισι φαείνοι.

c) in Befürchtungssätzen. E, 566 περὶ γὰρ δίε ποιμένι λαῶν, μή τι πάθοι.

d) in deliberativen Fragen. Ξ, 507 πάπτηνεν δὲ ἕκαστος, ὅπῃ φύγοι αἰπὺν ὄλεθρον.

5. Abhängige deliberative Fragen, Befürchtungs- und Absichtssätze bringen ihrem Inhalte nach die Gedanken und Stimmungen des übergeordneten Subjekts zum Ausdrucke; ebenso unter Umständen verallgemeinernde Relativsätze, wie E, 301 τὸν κτάμεναι μεμαώς, ὅστις τοῦ γ' ἀντίος ἔλθοι (ursprünglich: wer etwa entgegentreten mochte, dann aber auch mit subjektiver Färbung: entgegen träte). Σ, 508 κεῖτο δ' ἄρ' ἐν μέσσοισι δύω χρυσοῖο τάλαντα, | τῷ δόμεν, ὃς μετὰ τοῖσι δίκην ἰθύντατα εἴποι. Ψ, 749. λ, 289. Hieraus erklärt es sich, dass der Optativ von der Sprache allmählich überhaupt als Aus-

[1]) Vgl. Lange, a. a. O. S. 394 f. 446 f.

drucksmittel für vergangene Gedanken und Reden empfunden und in stufenweiser Entwickelung auch auf abhängige Frage-, Aussage- und Kausalsätze übertragen wurde, in denen seine potentiale Natur gänzlich verblasst ist. In vollem Umfange ist dieser *Optativus obliquus* erst in nachhomerischer Zeit entwickelt worden. Bei Homer findet er sich nur in abhängigen Fragen und in Relativsätzen, die man in Anlehnung an den Gebrauch im Lateinischen als Fragesätze zu bezeichnen pflegt. ρ, 368 ἀλλήλους τ' εἴροντο τίς εἴη καὶ πόθεν ἔλθοι. ι, 402 εἴροντο περὶ σπέος, ὅττι ἑ κήδοι. κ, 110 ἐρέοντο ὅστις τῶνδ' εἴη βασιλεὺς καὶ τοῖσιν ἀνάσσοι. Vgl. ι, 89. ω, 237 μερμήριξε . . εἰπεῖν ὡς (wie) ἔλθοι καὶ ἵκοιτ' ἐς πατρίδα γαῖαν. In Aussagesätzen (und zwar anfangs nur mit ὡς) zuerst Hom. hymn. in Ven. 214 εἶπεν δὲ ἕκαστα, | ὡς ἔοι ἀθάνατος. Zuletzt in Kausalsätzen, die den Gedanken des übergeordneten Subjekts wiedergeben, wie Th. 4, 65 τοὺς στρατηγοὺς οἱ ἐν τῇ πόλει Ἀθηναῖοι . . χρήματα ἐπράξαντο, ὡς, ἐξὸν αὐτοῖς τὰ ἐν Σικελίᾳ καταστρέψασθαι, δώροις πεισθέντες ἀποχωρήσειαν, und (dem deutschen Gebrauche ähnlich) in selbständigen Zwischensätzen in indirekter Rede, wie S. Ph. 617 ὑπέσχετο | τὸν ἄνδρ' Ἀχαιοῖς τόνδε δηλώσειν ἄγων· | οἴοιτο μὲν μάλισθ' ἑκούσιον λαβών, | εἰ μὴ θέλοι δ', ἄκοντα. Th. 2, 72 ἀπεκρίναντο αὐτῷ ὅτι ἀδύνατα σφίσιν εἴη ποιεῖν ἃ προκαλεῖται ἄνευ Ἀθηναίων, παῖδες γὰρ σφῶν καὶ γυναῖκες παρ' ἐκείνοις εἶεν.

6. Die sogenannte Assimilation oder Attraktion der Modi. Bezeichnet der Hauptsatz einen bloss gedachten, willkürlich angenommenen Fall (optativisch oder irreal), so nehmen diejenigen Nebensätze, welche demselben Vorstellungskreise angehören, naturgemäss an der Modalität des Hauptsatzes teil. Sie haben also A) den Optativ nach einem wünschenden oder potentialen Optativ, B) den Indikativ eines Präteritums nach einem Präteritum der Nichtwirklichkeit oder der unerfüllten Forderung (ἔδει u. a. § 391, 5). Hiernach erscheint

A) der Optativ a) in Relativsätzen. Ξ, 107 νῦν δ' εἴη, ὃς τῆσδέ γ' ἀμείνονα μῆτιν ἐνίσποι. P, 640 εἴη δ', ὅστις ἑταῖρος ἐπαγγείλειε τάχιστα. N, 322 ἀνδρὶ δέ κ' οὐκ εἴξειε μέγας Τελαμώνιος Αἴας, | ὃς θνητός τ' εἴη. N, 117 οὐδ' ἂν ἐγώ γε | ἀνδρὶ μαχησαίμην, ὅστις πολέμοιο μεθείη. Vgl. 344. Z, 58 f. 521. M, 229. α, 229. θ, 240. ο, 360. σ, 142. Ar. V. 1431 ἔρδοι τις, ἣν ἕκαστος εἰδείη τέχνην. R. 97 γόνιμον δὲ ποιητὴν ἂν οὐχ εὕροις ἔτι | ζητῶν ἄν, ὅστις ῥῆμα γενναῖον λάκοι. Pl. Men. 92, c πῶς οὖν ἂν εἰδείης περὶ τούτου τοῦ πράγματος, εἴτε τι ἀγαθὸν ἔχει ἐν ἑαυτῷ εἴτε φλαῦρον, οὗ παντάπασιν ἄπειρος εἴης; X. Symp. 8, 17 τίς μισεῖν δύναιτ' ἄν, ὑφ' οὗ εἰδείη καλός τε καὶ ἀγαθὸς νομιζόμενος; Vgl. Comm. 1. 5, 4. 1. 6, 9. 4. 6, 7. Cy. 2. 4, 23. An. 1. 3, 17. Pl. Lys. 215, b. Γ, 299 ὁππότεροι πρότεροι ὑπὲρ ὅρκια πημήνειαν, ὧδέ σφ' ἐγκέφαλος χαμάδις ῥέοι. Pl. Phaedr. 279, c χρυσοῦ πλῆθος εἴη μοι, ὅσον μήτε φέρειν μήτε ἄγειν δύναιτο ἄλλος ἢ ὁ σώφρων. S. Ph. 529 μόνον θεοὶ σῴζοιεν ἔκ τε τῆσδε γῆς | ἡμᾶς ὅποι τ' ἐνθένδε βουλοίμεσθα πλεῖν. X. Cy. 1. 6, 22 ὅπου πεῖραν δοίης. — b) In **Temporalsätzen.** Σ, 464 f. αἲ γάρ μιν θανάτοιο δυσηχέος ὧδε δυναίμην | νόσφιν ἀποκρύψαι, ὅτε μιν μόρος αἰνὸς ἱκάνοι. Vgl. Φ, 429. β, 31. μ, 106. Mimn. fr. 1 τεθναίην, ὅτε μοι μηκέτι ταῦτα μέλοι. Pl. Phaed. 72, c εἰ ἀποθνήσκοι μὲν πάντα ὅσα τοῦ ζῆν μεταλάβοι, ἐπειδὴ δὲ ἀποθάνοι, μένοι ἐν τούτῳ τῷ σχήματι τὰ τεθνεῶτα καὶ μὴ πάλιν ἀναβιώσκοιτο, ἆρ' οὐ πολλὴ ἀνάγκη κτλ. X. Comm. 3. 14, 6 ὅτε μὴ παρείη πολλά, δύναιτ' ἂν ἀλύπως τῷ ἑνὶ χρῆσθαι. 2. 1, 18 ὁ μὲν ἑκὼν πεινῶν φάγοι ἂν ὁπότε βούλοιτο, dagegen gleich darauf: τῷ δ' ἐξ ἀνάγκης ταῦτα πάσχοντι οὐκ ἔξεστιν, ὁπόταν βούληται, παύεσθαι. Vgl. 4. 2, 20. Cy. 1. 5, 10. 2. 4, 11 u. 17. 1. 3, 11 ὁπότε βούλοιτο παριέναι ἐπ' ἄριστον, λέγοιμ' ἂν ὅτι οὔπω δυνατὸν τῷ ἀρίστῳ ἐντυχεῖν· εἶθ' ὁπότε ἥκοι ἐπὶ τὸ δεῖπνον, λέγοιμ' ἂν ὅτι λούεται . . ἕως παρατείναιμι τοῦτον. Pl. civ. 501, c τὸ μὲν ἂν ἐξαλείφοιεν, τὸ δὲ πάλιν ἐγγράφοιεν ἕως ὅ τι μάλιστα ἀνθρώπεια ἤθη εἰς ὅσον ἐνδέχεται θεοφιλῆ ποιήσειαν, ubi v. Stallb. leg. 752, c. S. Tr. 658 μὴ σταίη | πολύκωπον ὄχημα ναὸς αὐτῷ, | πρὶν τάνδε πρὸς πόλιν ἀνύσειε. Vgl. Ph. 961. OR. 505. Theogn. 126 οὐ γὰρ ἂν εἰδείης ἀνδρὸς νόον οὐδὲ γυναικός, | πρὶν πειρηθείης. — c) In **Finalsätzen.** υ, 81 ἠέ μ' ἐυπλόκαμος βάλοι Ἄρτεμις, ὄφρ' Ὀδυσῆα | ὀσσομένη καὶ γαῖαν ὕπο στυγερὴν ἀφικοίμην. ξ, 407 τάχιστά μοι ἔνδον ἑταῖροι | εἶεν, ἵν' ἐν κλισίῃ λαρὸν τετυχοίμεθα δόρπον. Vgl. σ, 369. S. Ph. 325 θυμὸν γένοιτο χειρὶ πληρῶσαί ποτε, | ἵν' αἱ Μυκῆναι γνοῖεν ἡ Σπάρτη θ' ὅτι | χἠ Σκῦρος ἀνδρῶν ἀλκίμων μήτηρ ἔφυ. Ai. 1218 ff. γενοίμαν ἵν' ὑλᾶεν ἔπεστι πόντου | πρόβλημ' ἁλίκλυστον . ., τὰς ἱερὰς ὅπως | προσείποιμεν Ἀθάνας. Tr. 953 εἴθ' ἀνεμόεσσά τις | γένοιτ' ἔπουρος ἑστιῶτις αὔρα, | ἥτις μ' ἀποικίσειεν ἐκ τόπων, ὅπως | . . θάνοιμι. Vgl. X. An. 2. 4, 3 οὐκ ἐπιστάμεθα, ὅτι βασιλεὺς ἡμᾶς ἀπολέσαι περὶ παντὸς ἂν ποιήσαιτο, ἵνα καὶ τοῖς ἄλλοις Ἕλλησι φόβος εἴη ἐπὶ βασιλέα μέγαν στρατεύειν; 3. 1, 18 ἆρ' οὐκ ἂν ἐπὶ πᾶν ἔλθοι ὡς ἡμᾶς τὰ ἔσχατα αἰκισάμενος πᾶσιν ἀνθρώποις φόβον παράσχοι; Cy. 1. 6, 22 εἰ δὴ πείσαις ἐπαινεῖν σε πολλούς, ὅπως δόξαν λάβοις . . ἄρτι ἐξηπατηκὼς εἴης ἄν. Vgl. Oec. 7, 39. Ag. 9, 3 πᾶσαν γῆν περιέρχονται μαστεύοντες τί ἂν ἡδέως πίοι· μυρίοι δὲ τεχνῶνται τί ἂν ἡδέως φάγοι· ὅπως γε μὴν καταδάρθοι, οὐδ' ἂν εἴποι τις ὅσα πραγματεύονται (wegen der vorausgehenden Optative, obgleich der Satz mit ὅπως von πραγματεύονται abhängt). — d) Selten bei ὥστε. X. Cy. 5. 5, 30 εἴ τις τὴν γυναῖκα τὴν σὴν οὕτω θεραπεύσειεν ὥστε φιλεῖν αὐτὴν μᾶλλον ποιήσειεν ἑαυτὸν ἢ σέ, ἆρ' ἂν σε τῇ εὐεργεσίᾳ ταύτῃ εὐφράναι; Oec. 1, 13 εἴ τις χρῷτο τῷ ἀργυρίῳ ὥστε . . κάκιον τὸ σῶμα ἔχοι, πῶς ἂν ἔτι τὸ ἀργύριον αὐτῷ ὠφέλιμον εἴη; — e) Selten in abhängigen **Aussage-, Frage-** und

Befürchtungssätzen. X. Cy. 3. 1, 28 οὓς δὲ γιγνώσκειν δοκοίην ὅτι εὐνοίᾳ καὶ φιλίᾳ τῇ ἐμῇ τὸ δέον συλλαμβάνοιεν, τούτους ἄν μοι δοκῶ καὶ ἁμαρτάνοντας ῥᾷον φέρειν. Dem. 16, 5 οὐ γὰρ ἐκεῖνό γ' ἂν εἴποιμεν, ὡς ἀνταλλάξασθαι βουλοίμεθ' ἀντιπάλους (wo **Madvig** βουλόμεθ' vermutet, **Kühner** ἂν ἀντιπάλους). Pl. Crit. 45, b οὐκ ἂν ἔχοις ἐξελθών, ὅ τι χρῷο σαυτῷ.

B) **Der Indikativ der historischen Zeitformen** a) **in Relativsätzen.** Z, 350 ἀνδρὸς ἔπειτ' ὤφελλον ἀμείνονος εἶναι ἄκοιτις, | ὃς ᾔδη νέμεσίν τε καὶ αἴσχεα πόλλ' ἀνθρώπων. Vgl. α, 218. Lys. 12, 29 εἰ μὲν γάρ τις ἦν ἐν τῇ πόλει ἀρχὴ ἰσχυροτέρα αὐτῆς, ὑφ' ἧς αὐτῷ προσετάττετο παρὰ τὸ δίκαιον ἀνθρώπους ἀπολλύναι, ἴσως ἂν εἰκότως αὐτῷ συγγνώμην εἴχετε. Vgl. 31, 26. Antiph. 5, 15 οὐδεὶς ἂν ἦν σοι ὃς . . ἐμοῦ κατεμαρτύρησεν. 74 εἰ . . κατεμαρτύρουν ἃ μὴ σαφῶς ᾔδειν, ἀκοῇ δὲ ἠπιστάμην, δεινὰ ἂν ἔφη πάσχειν. X. Comm. 1. 4, 14 (ἄνθρωπος) οὔτε βοὸς ἂν ἔχων σῶμα, ἀνθρώπου δὲ γνώμην, ἐδύνατ' ἂν πράττειν ἃ ἐβούλετο (wie im Lat. efficere *posset* quae *vellet*).[1]) 3. 5, 8 ὧν εἶχον. Pl. Men. 89 b οἳ ἐγίγνωσκον. Ap. 17, d. 20, a. Isocr. 13, 1 εἰ πάντες ἤθελον οἱ παιδεύειν ἐπιχειροῦντες ἀληθῆ λέγειν καὶ μὴ μείζους ποιεῖσθαι τὰς ὑποσχέσεις ὧν ἤμελλον ἐπιτελεῖν, οὐκ ἂν κακῶς ἤκουον. Isae. 4, 4. Dem. 9, 5. Eur. J. A. 1213 εἰ μὲν τὸν Ὀρφέως εἶχον, ὦ πάτερ, λόγον, . . κηλεῖν τε τοῖς λόγοισιν οὓς ἐβουλόμην, | ἐνταῦθ' ἂν ἦλθον. S. OC. 927 ἄνευ γε τοῦ κραίνοντος, ὅστις ἦν, πόλεως | οὔθ' εἷλκον οὔτ' ἂν ἦγον. Dem. 24, 19 ὅ τι δήποτε τοῦτ' ἦν. X. resp. Ath. 1, 16 οἵτινες ἦσαν. Pl. Prot. 327, a ff. εἰ μὴ πάντες αὐληταὶ ἦμεν, ὁποῖός τις ἐδύνατο ἕκαστος . . οἴει ἄν τι μᾶλλον τῶν ἀγαθῶν αὐλητῶν ἀγαθοὺς αὐλητὰς τοὺς υἱεῖς γίγνεσθαι ἢ τῶν φαύλων; οἶμαι μὲν οὔ, ἀλλ' ὅτου ἔτυχεν ὁ υἱὸς εὐφυέστατος γενόμενος εἰς αὔλησιν, οὗτος ἂν ἐλλόγιμος ηὐξήθη. Charm. 171, d. e. εἰ μὲν γὰρ ᾔδει ὁ σώφρων ἅ τε ᾔδει καὶ ἃ μὴ ᾔδει, τὰ μὲν ὅτι οἶδε, τὰ δ' ὅτι οὐκ οἶδε, . . μεγαλωστὶ ἂν ἡμῖν ὠφέλιμον ἦν σώφροσιν εἶναι . , ἀναμάρτητοι γὰρ ἂν τὸν βίον διεζῶμεν . . καὶ οἱ ἄλλοι πάντες ὅσοι ὑφ' ἡμῶν ἤρχοντο κτλ. Lysias 12, 98 οἱ δὲ παῖδες ὑμῶν, ὅσοι μὲν ἐνθάδε ἦσαν, ὑπὸ τούτων ἂν ὑβρίζοντο. Z, 348 ὥς μ' ὄφελ' . . οἴχεσθαι προφέρουσα κακὴ ἀνέμοιο θύελλα . . ἔνθα με κῦμ' ἀπόερσε ubi me unda *abstulisset*. Pl. civ. 600, e αὐτοὶ ἂν ἐπαιδαγώγουν ὅπῃ ᾔεσαν. Gorg. 514, e οὐ καταγέλαστον ἂν ἦν . . πολλὰ μὲν ὅπως ἐτύχομεν ποιῆσαι, πολλὰ δὲ κατορθῶσαι; b) **In Temporalsätzen.** δ, 180 οὐδέ κεν ἡμέας | ἄλλο διέκρινεν φιλέοντέ τε τερπομένω τε, | πρίν γ' ὅτε δὴ θανάτοιο μέλαν νέφος ἀμφεκάλυψεν. Isocr. 4, 19 ἐχρῆν μὴ πρότερον περὶ τῶν ὁμολογουμένων συμβουλεύειν, πρὶν περὶ τῶν ἀμφισβητουμένων ἡμᾶς ἐδίδαξαν. Dem. 20, 96. Pl. Men. 84, c. 86, d.

1) S. **Kühner**, ausführl. lat. Gramm. II. 2, § 182, 6 ff. und ad Cic. Tusc. 1. 5, 9.

Theaet. 165, d. e. ἡνίκ' ἐπιστήμην καὶ αἴσθησιν ταὐτὸν ἔθου, . . ἤλεγχεν ἂν ἐπέχων καὶ οὐκ ἀνιείς, πρὶν . . συνεποδίσθης ὑπ' αὐτοῦ. Gorg. 506, b ἡδέως ἂν Καλλικλεῖ τούτῳ ἔτι διελεγόμην, ἕως αὐτῷ τὴν τοῦ Ἀμφίονος ἀπέδωκα ῥῆσιν. Crat. 396, c. X. Hell. 2. 3, 42 ἐξὸν αὐτῶν τῶν πολιτῶν τοσούτους προσλαμβάνειν, ἕως ῥᾳδίως ἐμέλλομεν οἱ ἄρχοντες τῶν ἀρχομένων κρατήσειν. Dem. 4, 1. 23, 91 εἴ γε ἐδίδου κρίσιν καὶ μὴ ἀφῃρεῖτο, τότ' ἂν προσέγραψε κατὰ τῶν ἀφελομένων τὴν τιμωρίαν, ὁπότε εἰς τὴν κρίσιν μὴ παρέσχον ὃν ἐξείλοντο. Pl. Phaed. 106, a. Prot. 356, e. c) In **Finalsätzen** zuerst bei Aesch. Prom. 747 τί δῆτ' ἐμοὶ ζῆν κέρδος, ἀλλ' οὐκ ἐν τάχει | ἔρριψ' ἐμαυτὴν (= ὤφελον ῥῖψαι) τῆσδ' ἀπὸ στύφλου πέτρας, | ὅπως πέδοι σκήψασα τῶν πάντων πόνων | ἀπηλλάγην; Ch. 195. Prom. 152 εἰ γάρ μ' ὑπὸ γῆν . . ἧκεν . . ὡς μήτε θεῶν μήτε τις ἀνδρῶν | τοῖσδ' ἐπεγήθει. S. OR. 1387 οὐκ ἂν ἐσχόμην | τὸ μὴ ἀποκλῇσαι τοὐμὸν ἄθλιον δέμας, | ἵν' ἦ τυφλός τε καὶ κλύων μηδέν. Dem. 23, 48 ταῦτά γε δήπου προσῆκε προσγράψαι, . . ἵν' ὅτῳ ποτὲ τοὔργον ἐπράχθη, τούτῳ τὰ ἐκ τῶν νόμων ὑπῆρχε δίκαια. Mehr Beisp. § 553. d) Selten in **Kausalsätzen**. Dem. 50, 67 εἰ τοίνυν ἂν ἐμοὶ τότε ὠργίζεσθε, ὅτι οὐκ ἐπετριηράρχησα, πῶς οὐχὶ νυνὶ προσήκει κτλ. Nie in abhängigen Aussage- und in Befürchtungssätzen. (Antiph. 5, 69 εἰ μὴ φοβηθείς, ὡς ἀνεβόησεν, . . ᾤχετο φεύγων, ἀλλ' ἐτόλμησε μεῖναι, ἀπώλοντ' ἂν οἱ ἔνδον ὄντες ἅπαντες heisst nicht: „dass er aufschreien würde“, sondern: „als er aufschrie“.)

Anmerk. 4. Für die im Obigen besprochene modale Übereinstimmung des Nebensatzes mit dem Hauptsatze (die am klarsten in den optativischen und irrealen Bedingungssätzen § 576 u. § 574 ausgeprägt ist) ist die Bezeichnung Modusassimilation üblich geworden, die freilich nicht zu der Auffassung verleiten darf, als wäre hier dem Nebensatze durch den überwiegenden Einfluss des Hauptsatzes ein Modus aufgedrängt worden, der ihm an sich nicht zukäme. Vielmehr beruht jene Übereinstimmung fast überall darauf, dass der Nebensatz derselben geistigen Auffassung oder Stimmung des Redenden entspringt wie der Hauptsatz, d. h. ebenfalls entweder eine rein subjektive Vorstellung enthält, für die also der Optativ die entsprechende Ausdrucksform ist (vgl. auch Nr. 3), oder die Vorstellung einer nicht verwirklichten Handlung, die dem griechischen Sprachgebrauch gemäss in die Vergangenheit gerückt wird (vgl. § 391, 5). Steht der Nebensatz nicht innerhalb des gleichen Vorstellungskreises mit dem Hauptsatze, so erhält er auch nicht denselben Modus. a) N, 234 κυνῶν μέλπηθρα γένοιτο, | ὅστις ἐπ' ἤματι τῷδε ἑκὼν μεθιῇσι μάχεσθαι (bestimmte Ausdrucksform: „wer nachlässt“; dagegen 117 ὅστις μεθείη „wer etwa nachlassen sollte“). Pl. Phaed. 104, d ἐπὶ τὸ τοιοῦτον δὴ ἡ ἐναντία ἰδέα ἐκείνῃ τῇ μορφῇ, ἣ ἂν τοῦτο ἀπεργάζηται, οὐδέποτ' ἂν ἔλθοι. — Isae. 4, 11 ἐχρῆν, ὅστις κατὰ δόσιν χρημάτων ἀμφισβητῶν ἡττηθείη, μὴ κατὰ τὸ τέλος ζημιοῦσθαι. Pl. Charm. 171, e οὕτω δὴ ὑπὸ σωφροσύνης οἰκία τε καλῶς ἔμελλεν οἰκεῖσθαι . . καὶ ἄλλο πᾶν οὗ σωφροσύνη ἄρχοι. Crat. 394, d ἆρ' οὐχ, ὥσπερ ἐν τοῖς ἔμπροσθεν, . . οὐ τοῦ τεκόντος δήπου ἔδει τὴν ἐπωνυμίαν ἔχειν, ἀλλὰ τοῦ γένους, οὗ εἴη; b) S. Tr. 2. οὐκ ἂν αἰῶν' ἐκμάθοις βροτῶν, πρὶν ἂν | θάνῃ τις. X. Oec. 12, 1 οὐκ ἂν ἀπέλθοιμι, πρὶν ἂν παντάπασιν ἡ ἀγορὰ λυθῇ. — Pl. civ. 600, e εἰ μὴ ἔπειθον, αὐτοὶ ἂν ἐπαιδαγώγουν, ὅπῃ ᾔεσαν, ἕως ἱκανῶς παιδείας μεταλάβοιεν (der Nebensatz bezeichnet zugleich die vom übergeordneten Subjekte beabsichtigte Handlung). c) σ, 202 αἴθε μοι ὣς μαλακὸν θάνατον πόροι Ἄρτεμις ἁγνὴ | αὐτίκα νῦν, ἵνα μηκέτ' ὀδυρομένη κατὰ θυμὸν | αἰῶνα φθινύθω (die beabsichtigte Handlung wird nicht als bloss vorgestellt, sondern als bestimmt gewollt bezeichnet). Pl. Ap. 28, d τεθναίην δίκην ἐπιθεὶς τῷ ἀδικοῦντι, ἵνα μὴ ἐνθάδε μένω καταγέλαστος. X. An. 1. 3, 17 ὀκνοίην ἂν εἰς τὰ πλοῖα ἐμβαίνειν ἃ ἡμῖν δοίη, μὴ ἡμᾶς .. καταδύσῃ, φοβοίμην δ' ἂν τῷ ἡγεμόνι ᾧ δοίη ἕπεσθαι, μὴ ἡμᾶς ἀγάγῃ ὅθεν οὐχ οἷόν τε ἔσται ἐξελθεῖν. 3. 1, 38 εἰ ἐπιμεληθείητε ὅπως .. ἀντικατασταθῶσιν. Oft nach dem Optativ der Aufforderung (§ 395, 5. § 396, 4. 6), da dieser dem Imperativ nahe kommt, und nach dem Optativ der gemilderten Behauptung, der nur eine bescheidenere Ausdrucksform statt des Indikativs ist. Ω, 75 ἀλλ' εἴ τις καλέσειε θεῶν Θέτιν ἆσσον ἐμεῖο, | ὄφρα τί οἱ εἴπω. 264 οὐκ ἂν δή μοι ἄμαξαν ἐφοπλίσσαιτε τάχιστα, | .. ἵνα πρήσσωμεν ὁδοῖο; vgl. ο, 431. X. Cy. 3. 2, 28 χρήματα προσγενέσθαι ἔτι ἂν βουλοίμην ἡμῖν, ὅπως ἔχω καὶ μισθὸν ἀφθόνως διδόναι. Dem. 25, 33 τίς οὐκ ἂν εἰς ὅσον δυνατὸν φεύγοι .. ἵνα μηδ' ἄκων αὐτῇ ποτε περιπέσῃ; — Antiph. Tetr. A, γ 2 εἴτε ἄλλοι τινὲς ἕτερόν τι τοιοῦτον κακουργοῦντες ὀφθέντες ὑπ' αὐτῶν, ἵνα μὴ γνωσθῶσι, διέφθειραν αὐτοὺς κτλ. X. An. 7. 6, 16 εἰ ἐδίδου, ἐπὶ τούτῳ ἂν ἐδίδου, ὅπως ἐμοὶ δοὺς μεῖον μὴ ἀποδοίη ὑμῖν τὸ πλεῖον. Pl. Theaet. 143, e εἰ μὲν ἦν καλός, ἐφοβούμην ἂν σφόδρα λέγειν, μή καί τῳ δόξω ἐν ἐπιθυμίᾳ αὐτοῦ εἶναι. Dem. 24, 44 χρῆν σε ἢ τοῦτον μὴ γράφειν ἢ ἐκεῖνον λύειν, οὐχ' ἵνα ὃ βούλει σὺ γένηται, πάντα τὰ πράγματα συνταράξαι. Diese innerlich abhängigen Finalsätze sind wesentlich verschieden von den oben besprochenen mehr äusserlich angereihten Finalsätzen, die an der Irrealität des Hauptsatzes teilnehmen; denn während hier eine wirkliche Absicht des übergeordneten Subjekts ausgesprochen wird (*eo consilio ut*), handelt es sich dort um eine blosse Vorstellung des Redenden, die ohne wesentliche Änderung des Sinnes auch in Form eines Hauptsatzes angefügt werden könnte: ἐχρῆν σε ἐλθεῖν ἵνα σώσειας, οὐχ ἵνα διαφθείρειας du hättest kommen müssen in der Absicht zu retten, nicht um zu verderben — dagegen ἐχρῆν σε ἐλθεῖν ἵνα ἐσώθημεν du hättest kommen müssen, damit wir gerettet worden wären (= dann wären wir gerettet worden). Auffällig Pl. Men. 89, b οὓς ἡμεῖς ἂν ἐφυλάττομεν .., ἵνα μηδεὶς αὐτοὺς διέφθειρεν, ἀλλ' ἐπειδὴ ἀφίκοιντο εἰς τὴν ἡλικίαν, χρήσιμοι γίγνοιντο (Madvig διαφθείρειεν). d) Ebenso nehmen die Aussage-, Frage- und Befürchtungssätze als innerlich abhängige Sätze in der Regel nicht teil an der sogenannten Modusassimilation. X. An. 3. 2, 36 εἰ οὖν νῦν ἀποδειχθείη τίνας χρὴ ἡγεῖσθαι .., οὐκ ἂν ὁπότε οἱ πολέμιοι ἔλθοιεν βουλεύεσθαι ἡμᾶς δέοι. Hier. 11, 11 φόβον δὲ οὐκ ἂν ἔχοις, ἀλλ' ἄλλοις παρέχοις μή τι πάθῃς. Pl. Charm. 171, d εἰ ᾔδει ὁ σώφρων ἅ τε ᾔδει καὶ ἃ μὴ ᾔδει, τὰ μὲν ὅτι οἶδε, τὰ δ' ὅτι οὐκ οἶδε κτλ. Hdt. 8, 93 εἰ μέν νυν ἔμαθε ὅτι ἐν ταύτῃ πλέοι Ἀρτεμισίη, οὐκ ἂν ἐπαύσατο πρότερον. Pl. Symp. 193, e πάνυ ἂν ἐφοβούμην μὴ ἀπορήσωσι λόγων. Dem. 29, 1 θαυμασίως ἂν ὡς ηὐλαβούμην μὴ καὶ νῦν οὐ δυνηθῶ δεῖξαι. Vgl. 21, 128. Hdt. 8, 53 οὔτ' ἂν ἤλπισε μή κοτέ τις κατὰ ταῦτα ἀναβαίη.

Anmerk. 5. Die Partikel ἄν ist in den oben besprochenen optativischen und irrealen Nebensätzen nicht üblich, weil der Hinweis auf das eventuelle Eintreten der Handlung, insoweit er überhaupt in Frage kommt, schon im Hauptsatze enthalten ist. Über vereinzelte Ausnahmen s. die Lehre von den Nebensätzen.

Zweites Kapitel.

§ 400. Von dem attributiven Satzverhältnisse.

Das attributive Satzverhältnis dient zur näheren Bestimmung eines Substantivbegriffes, als: τὸ καλὸν ῥόδον, ὁ μέγας παῖς. Es stellt sich in folgenden Formen dar:

a) in der Form eines Adjektivs, als: τὸ καλὸν ῥόδον;
b) in der Form eines Substantivs im Genetive, als: οἱ τοῦ δένδρου καρποί (§ 414);
c) in der Form eines mit einer Präposition verbundenen Substantivs, als: ἡ πρὸς τὴν πόλιν ὁδός (§ 461, 6);
d) in der Form eines Adverbs, als: οἱ νῦν ἄνθρωποι (§ 461, 6);
e) in der Form eines Substantivs in der Apposition, als: Κροῖσος, ὁ βασιλεύς.

Die durch diese Formen bezeichneten näheren Bestimmungen werden Attribute und die Formen Attributive genannt.

Bemerkungen.

§ 401. Entstehung des attributiven Satzverhältnisses.

1. Das Attributiv ist entweder aus dem Prädikate oder aus dem Subjekte oder aus dem Objekte des Prädikats hervorgegangen. In dem ersten Falle erscheint das Attributiv, wenn das Prädikat durch ein Verb oder ein prädikatives Adjektiv mit εἶναι ausgedrückt war, in der Form eines attributiven Adjektivs; so wird z. B. aus: τὸ ῥόδον θάλλει und τὸ ῥόδον καλόν ἐστι — τὸ θάλλον ῥόδον und τὸ καλὸν ῥόδον; und wenn das Prädikat durch ein prädikatives Substantiv mit εἶναι ausgedrückt war, in der Form der Apposition; so wird z. B. aus: Κροῖσος βασιλεύς ἐστι — Κροῖσος ὁ βασιλεύς. In dem zweiten Falle, in dem das Prädikat mit einem Objekte verbunden ist, als: τὸ δένδρον φέρει καρπούς, tritt das Subjekt als Attributiv des Objekts in der Form des Genetivs auf, und das das Subjekt und Objekt vermittelnde Verb — φέρει — fällt weg, als: οἱ τοῦ δένδρου καρποί. In dem letzten Falle endlich übernimmt das mit einer Präposition verbundene Substantiv oder das Adverb die Rolle des Attributivs, und der vermittelnde Verbalbegriff wird gleichfalls unterdrückt; so wird z. B. aus: ἡ ὁδὸς φέρει πρὸς τὴν πόλιν und ὁ τόπος μεταξὺ κεῖται: ἡ πρὸς τὴν πόλιν ὁδός und ὁ μεταξὺ τόπος.

Anmerk. Zuweilen jedoch wird der vermittelnde Verbalbegriff hinzugefügt, als: Hdt. 1, 23 οἱ τότε ἐόντες (ἄνθρωποι). Eur. Ion. 1349 εἰς τὸν ὄντα νῦν χρόνον. X. Hell. 2. 4, 11 κατὰ τὴν ἐς τὸν Πειραιᾶ ἁμαξιτὸν ἀναφέρουσαν. Antiph. 2, β, 3 τὴν ὑποψίαν τὴν νῦν εἰς ἐμὲ ἰοῦσαν, ubi v. Maetzner (hingegen Th. 4, 27 τὴν ἐς αὐτὸν ὑποψίαν).

2. Sowie das prädikative Satzverhältnis aus zwei Gliedern besteht, von denen das eine (das Subjekt) dem anderen (dem Prädikate) untergeordnet ist, so auch das attributive, indem das Attributiv den Hauptbegriff und das dazu gehörige Substantiv den untergeordneten Begriff ausdrückt. Und sowie die beiden Glieder des prädikativen Satzverhältnisses die Einheit eines Gedankens, so bilden die beiden Glieder des attributiven Verhältnisses die Einheit eines Begriffes, und zwar eines substantivischen. In dem prädikativen Verhältnisse erscheint der Akt des Denkens (*cogitatio*) — die Zusammenfassung beider Begriffe zu einer Einheit — als geschehend, in dem attributiven dagegen als schon geschehen, als ein Produkt jenes Aktes; und daher können auch die Beziehungen der Zeit, der Aussage und der Person, die in dem prädikativen Verhältnisse an dem Verb bezeichnet werden, in dem attributiven nicht ausgedrückt werden.

§ 402. Vertauschung der attributiven Formen.

Obschon zwischen dem attributiven Adjektive, dem attributiven Genetive und der Apposition ein gewisser Unterschied der Bedeutung stattfindet, indem das Adjektiv eine an einem Gegenstande in Ruhe haftende Eigenschaft, der Genetiv aber sein Verhältnis zu dem mit ihm verbundenen Gegenstande als ein thätiges, lebendiges, energisches darstellt, die Apposition endlich ein mit dem näher zu bestimmenden Substantive Identisches ausdrückt: so stimmen doch alle drei Formen darin überein, dass sie das Attribut eines Substantivbegriffes bezeichnen. Und so geschieht es, dass dieselben in der Sprache auf mannigfaltige Weise unter einander vertauscht werden. So steht häufig:

a) Das Adjektiv statt des Genetivs, besonders in der Dichtersprache, welche auf diese Weise zwei eng mit einander verbundene Begriffe gleichsam in einen zu verschmelzen liebt.[1]) B, 54 Νεστορέῃ παρὰ νηὶ Πυληγενέος βασιλῆος. K, 326 νῆ' Ἀγαμεμνονέην. B, 416 Ἑκτόρεον χιτῶνα. E, 741 Γοργείη κεφαλὴ δεινοῖο πελώρου. B, 658 u. sonst βίη Ἡρακληείη. γ, 190 Φιλοκτήτην, Ποιάντιον ἀγλαὸν υἱόν st. Ποίαντος.

---

[1]) Vgl. Lobeck ad Soph. Ai. 7. G. R. Schmidt de epitheti in periphr. substantivor. trajectione, Progr. Torg. 1849 p. 8.

264 'Αγαμεμνονέην ἄλοχον. Vgl. Aesch. Ag. 1499. Ξ, 317. Β, 20. Δ, 367. Ν, 67. ο, 397 δειπνήσας ἅμ' ὕεσσιν ἀνακτορίῃσιν ἑπέσθω. Ζ, 528 κρητῆρα ἐλεύθερον st. ἐλευθερίας. Π, 831 ἐλεύθερον ἦμαρ, Tag der Freiheit. Ζ, 463 δούλιον ἦμαρ. Χ, 490 ἦμαρ ὀρφανικόν, T. der Verwaisung. Π, 836 ἦμαρ ἀναγκαῖον, Tag der Not. Ρ, 511 νῶιν δὲ ζωοῖσιν ἀμύνετε νηλεὲς ἦμαρ, Todestag. α, 9 νόστιμον ἦμαρ, Tag der Rückkehr. Aesch. P. 8 νόστῳ τῷ βασιλείῳ. Eur. J. T. 1112 νόστον βάρβαρον ἦλθον st. v. βαρβάρων d. i. εἰς βαρβάρους (Nauck ohne Grund e conj. νᾶσον). S. Ai. 134 Τελαμώνιε παῖ. OR. 267 τῷ Λαβδακείῳ παιδὶ Πολυδώρου τε. Ai. 884 'Ολυμπιάδες θεαὶ ἢ ποταμῶν. Eur. M. 404 τοῖς Σισυφείοις τοῖς τ' Ἰάσονος γάμοις. J. T. 5 τῆς Τυνδαρείας θυγατρός. Theocr. 15, 110 ἁ Βερενικεία θυγάτηρ, ubi v. Wüstemann. 26, 36 ἀδελφεαὶ αὐτᾶς (Semelae) | Καδμεῖαι, *filiae Cadmi et sorores Semelae,* ubi v. Wüstem. Pind. P. 8, 19 Ξενάρκειον υἱόν. O. 2, 43 νέοις ἐν ἀέθλοις, wie certamina *juvenilia* st. juvenum. 3, 37 ῥιμφαρμάτου διφρηλασίας. Besonders reich an solchen Verbindungen sind die Tragiker. Aesch. Ag. 262 εὐαγγέλοισιν ἐλπίσιν = ἀγαθῆς ἐλπίδος. Pr. 148 ἀδαμαντοδέτοισι λύμαις, *adamantinorum vinculorum ignominia.* S. Ai. 935 ἀριστόχειρ ἀγὼν = ἀρίστων ἀνδρῶν. El. 861 χαλάργοις ἐν ἁμίλλαις, in den schnelllläufigen Wettkämpfen, d. i. in d. W. schneller Rosse. 699 ὠκύπους ἀγών. Tr. 824 f. τελεόμηνος δωδέκατος ἄροτος = ἄροτος (*annus*) δώδεκα τελείων μηνῶν. Eur. El. 126 ἄναγε πολύδακρυν ἀδονάν = πολλῶν δακρύων. H. f. 384 χαρμοναῖσιν ἀνδροβρῶσι = χ. βορᾶς ἀνδρῶν. S. Ant. 826 πετραία βλάστα, der felsige Wuchs, d. i. Wuchs der Felsen. OR. 184 ἀκτὰν παρὰ βώμιον, zum rettenden Ufer des Altars (Altarstufen). Ant. 1019 θυστάδας λιτάς, Opferflehen, *preces sacrorum.* Aesch. Ag. 10 ἁλώσιμόν τε βάξιν, *nuntium urbis captae.* S. Ant. 1022 ἀνδρόφθορον αἷμα = αἷμα ἀνδρὸς φθαρέντος. OC. 407 ἐμφύλιον αἷμα, Verwandtenblut, wie Eur. Suppl. 148 αἷμα συγγενές. Or. 833 αἷμα μητροκτόνον, Muttermord. Aesch. S. 44 ταύρειος φόνος. Eur. J. T. 72 Ἕλλην φόνος. S. Ai. 55 πολύκερως φόνος, vielhörniger Mord, = φόνος πολλῶν κερασφόρων. Eur. Io 987 γηγενὴς μάχη. H. f. 1273 τετρασκελὴς κενταυροπληθὴς πόλεμος. Vgl. Hor. carm. 1. 3, 36 Herculeus labor st. Herculis. 3. 16, 11 ictus fulmineus, Donnerschlag. Aus der Prosa Hdt. 7, 190 ἄχαρις συμφορὴ παιδοφόνος, das traurige Schicksal eines seine Kinder mordenden Gatten. 7, 106 τοῖς Μασκαμείοισι ἐκγόνοισι, den Nachkommen des M. 9, 76 αἰχμαλώτου δουλοσύνης, Kriegsgefangenschaft. X. An. 4. 6, 4 ποταμὸν εὖρος πλεθριαῖον. Pl. Gorg. 482, a ὁ Κλεινίειος οὗτος. Phaedr. 227, b οἰκίᾳ τῇ Μορυχίᾳ, des Morychos.

Anmerk. 1. Die lyrische und dramatische Sprache liebt insbesondere die Verbindung eines zusammengesetzten Adjektivs mit einem Substantive an der Stelle eines einfachen, in dem zusammengesetzten Adjektive eingeschlossenen Substantivs im Genetive, und dann dient die Komposition dazu, eine gewisse poetische Fülle und Erhabenheit des Ausdrucks darzustellen, als: Aesch. Ag. 1529 ξιφοδηλήτῳ θανάτῳ, mit d. Schwerte bewirkter Tod, Schwertestod. S. OR. 26 ἀγέλαις βουνόμοις st. βοῶν. Eur. H. F. 395 καρπὸν μηλοφόρον st. μήλων. (Wakefield μηλοφόρων). I. T. 411 φιλόπλουτον ἅμιλλαν st. πλούτου. Med. 557 ἅμιλλαν πολύτεκνον.

Anmerk. 2. Sehr häufig ist bei den Dichtern, besonders den Lyrikern und Tragikern, der Fall, dass, wenn zu einem mit einem attributiven Genetive verbundenen Substantive ein attributives Adjektiv, das logisch zu dem Genetive gehört, hinzutritt, dasselbe nicht auf den Genetiv, sondern auf das regierende Substantiv, als den wichtigeren Bestandteil, bezogen wird, indem die beiden letzteren als zu einem Worte verschmolzen betrachtet werden.[1]) Schon b. Hom. finden wir diese Umstellung des Adjektivs, s. die ersten Beisp. unter a), ferner ξ, 197 ἐμὰ κήδεα θυμοῦ, mein Herzensleid. Pind. O. 8, 42 τεαῖς χερὸς ἐργασίαις, bei deiner Hände Werk, s. Dissen. P. 4, 255 ὑμετέρας ἀκτῖνος ὄλβου = ὑμετέρου ὄλβου ἀ. S. OR. 1400 τοὐμὸν αἷμα πατρός. 1032 ποδῶν ἄρθρα τὰ σά. El. 1390 τοὐμὸν φρενῶν ὄνειρον. Eur. Andr. 584 οὑμὸς παῖς παιδός, Enkel. Ph. 30 τὸν ἐμὸν ὠδίνων πόνον. Bei den Possessivpr. auch zuweilen in der Prosa. Th. 2, 61 ἐν τῷ ὑμετέρῳ ἀσθενεῖ τῆς γνώμης. Pind. O. 3, 3 Θήρωνος Ὀλυμπιονίκαν ὕμνον. 11, 5 ψευδέων ἐνιπὰν ἀλιτόξενον = ἐνιπὰν ψευδέων ἀλιτοξένων, ψευδέων ἐνιπή bildet gleichsam einen Begriff, s. Dissen p. 128 ed. Goth. P. 6, 5 Πυθιόνικος ὕμνων θησαυρός. Aesch. Ch. 1070 ἀνδρὸς βασίλεια πάθη. S. 721 περιθύμους κατάρας Οἰδιπόδα. Ag. 53 δεμνιοτήρη πόνον ὀρταλίχων, der das Nest hütenden Jungen. 504 δεκάτῳ φέγγει ἔτους, im zehnten Jahreslichte. id. Pr. 112 τοιάσδε ποινὰς ἀμπλακημάτων τίνω (= τοιῶνδε ἀμπ.), ubi v. Wellauer (recc. τοιῶνδε). S. Ant. 793 νεῖκος ἀνδρῶν ξύναιμον, Verwandtenzwist. 862 ματρῷαι λέκτρων ἆται. Ai. 760 πατρῷον ἑστίας βάθρον. Eur. Or. 225 ὦ βοστρύχων πινῶδες κάρα, verwildertes Lockenhaupt. Eur. Tr. 563 καράτομος ἐρημία νεανίδων, wörtl.: die vom Haupte abgeschnittene Oede der Jünglinge, d. i. Todesöde. S. OR. 1376 τέκνων ὄψις βλαστοῦσα = ὄψις τ. βλαστόντων. Ai. 8 κυνὸς Λακαίνης εὔρινος βάσις = β. εὐρίνου κ. Λ. Ph. 952 σχῆμα πέτρας δίπυλον. 1123 πολιᾶς πόντου θινός, ubi v. Schneidew. So auch b. lat. Dichtern. V. Aen. 8, 526 *Tyrrhenus tubae clangor*. Diese Ausdrucksweise thut sich durch eine sinnreiche Veranschaulichung der innigen Verbindung des Substantivs mit seinen attributiven Bestimmungen, teils aber auch durch eine gewisse Kühnheit und einen höheren Schwung des Ausdrucks als eine echt poetische kund und ist als solche nicht allein dem prosaischen Stile (die Prosa Herodots, die überhaupt eine gewisse poetische Farbe hat, nähert sich auch hier öfter der Dichtersprache), sondern auch der Sprache der Komiker fast gänzlich fremd geblieben.

Anmerk. 3. Auch tritt zuweilen in poetischer Fülle das Substantiv, welches in dem zusammengesetzten Adjektive schon eingeschlossen ist, hinzu, als: Eur. Ph. 1351 λευκοπήχεις κτύποι χεροῖν st. λευκῶν πήχεων. Kühnere Wendungen sind solche, in welchen ein Teil des zusammengesetzten Adjektivs auf das zu individualisierende Substantiv bezogen wird, der andere statt eines Substantivs im Genetive steht, als: Aesch. Ch. 23 ὀξύχειρ κόπος st. ὀξὺς χειρῶν κόπος, oder solche, in welchen das zu individualisierende Substantiv ausser dem zusammengesetzten Adjektive noch mit einem anderen verbunden ist, welches auf einen Teil des zusammengesetzten zu beziehen ist, als: Eur. H. f. 1381 ἡμᾶς ἔχεις παιδοκτόνους σοὺς (= οἳ τοὺς σοὺς παῖδας ἔκτειναν).[2])

---

[1]) Vgl. Lobeck u. Schmidt a. a. O. — [2]) Vgl. Bernhardy Gr. Synt. S. 426. Lobeck ad Soph. Ai. 7 u. 324. Lübcker gramm. Studien I. S. 21 ff. C. G. Jacob Quaestt. epic. p. 112 sqq.

b) Das Adjektiv statt des Substantivs in der Apposition (vgl. Richard Löwenherz und der löwenherzige Richard), als: Pind. N. 1, 61 ὀρθόμαντιν Τειρεσίαν st. T., ὀρθὸν μάντιν. Aesch. Pr. 302 σιδηρομήτωρ αἶα st. αἶα, σιδήρου μήτηρ. S. Ph. 1338 Ἕλενος ἀριστόμαντις.

c) Der Genetiv statt des Adjektivs, [1]) wobei aber zu beachten ist, dass, während das Adjektiv nur die Eigenschaft eines Substantivs ausdrückt, der Genetiv vielmehr das Wesen desselben nachdrücklich bezeichnet. Sehr häufig, sowohl in der Dichtersprache als in der Prosa, wird statt eines einen Stoff ausdrückenden Adjektivs der Genetiv gesetzt, als: ἔκπωμα ξύλου, τράπεζα ἀργυρίου; die Dichter haben aber diesen Gebrauch des Genetivs st. eines Adjektivs sehr weit ausgedehnt. S. El. 19 μέλαινά τ' ἄστρων ἐκλέλοιπεν εὐφρόνη st. ἀστερόεσσα. 757 καί νιν πυρᾷ κέαντες εὐθὺς ἐν βραχεῖ | χαλκῷ μέγιστον σῶμα δειλαίας σποδοῦ | φέρουσιν ἄνδρες st. ἐσποδωμένον. Ant. 114 λευκῆς χιόνος πτέρυγι στεγανός st. χιονέᾳ. Ai. 159 πύργου ῥῦμα, Turmschutz, schützender Turm, s. Schneidew. 616 ἔργα χεροῖν μεγίστας ἀρετᾶς. 888 τὸν μακρῶν ἀλάταν πόνων. 1003 ὦ δυσθέατον ὄμμα καὶ τόλμης πικρᾶς st. πικρότολμον (anders Schneidew.). Eur. Or. 225 ὦ βοστρύχων πινῶδες ἄθλιον κάρα, Lockenhaupt, lockiges Haupt. Ph. 1491 στολὶς τρυφᾶς st. τρυφερά. Ba. 1218 μόχθων μυρίοις ζητήμασι. 388 ὁ τᾶς ἡσυχίας βίοτος st. ἥσυχος. Vgl. vir *summi ingenii*, Mann *des Ruhmes* u. s. w. Pros. Pl. Gorg. 526, d Ὀδυσσεὺς ὁ Ὁμήρου, der Homerische O.

d) Der Genetiv statt der Apposition [2]) (Genetivus appositivus), indem von zwei identischen Substantiven das eine in den Genetiv gesetzt wird. α, 2 Τροίης πτολίεθρον, ubi v. Nitzsch. E, 642 Ἰλίου πόλιν, wie *urbs Romae*. Ebenso Eur. Hel. 1560. Δ, 103 ἐς ἄστυ Ζελείης, θ, 301 πρὶν Λήμνου γαῖαν ἱκέσθαι. Bei Hom. ἕρκος ὀδόντων nicht ein Zaun der Zähne, sondern die Zähne selbst als ein ἕρκος. S. OC. 324 ὦ δισσὰ πατρὸς καὶ κασιγνήτης ἐμοὶ | ἥδιστα προσφωνήματα = ὦ πάτερ κ. κασιγνήτη, ἡδ. πρ. S. El. 1241 περισσὸν ἄχθος γυναικῶν = γυναῖκες, π. ἄχθος. OR. 1474 ἔπεμψέ μοι τὰ φίλτατ' ἐκγόνοιν ἐμοῖν = ἐκγόνους, τὰ φ. (τοὺς φιλτάτους). Eur. Suppl. 715 ὅπλισμα δεινῆς κορύνης = ὅπλισμα, δεινὴν κορύνην. Hel. 205 Κάστορός τε συγγόνου τε διδυμογενὲς ἄγαλμα = Κάστωρ τε σύγγονός τε διδ. ἄγαλμα. Hierher gehören auch Ausdrücke, wie ἲς Ἡρακλῆος, βία Τυδέος, vgl. des Königs Majestät u. συὸς χρῆμα μέγα, ein grosses Stück von e. Schweine, s. § 405, 5, d. In der Prosa ist dieser Gebrauch selten. Hdt. 7, 156

[1]) S. Hermann ad Viger, p. 890 sq. Rumpel Kasuslehre S. 208 f. — [2]) S. Bernhardy S. 143 u. 52 f. Lobeck Paralip. 482 f. Rumpel a. a. O. S. 220 ff. Madvig Bmrkg. über einige Punkte der Gr. Wortfüg. S. 68.

Καμαρίνης τὸ ἄστυ κατέσκαψε nach Homerischem Vorgange. 7, 42 Κάνης ὄρος. Th. 4, 46 ἐν τῷ ὄρει τῆς Ἰστώνης. Pl. Crat. 402, c πηγῆς ὄνομα ἐπικεκρυμμένον ἐστί, der Name Quelle, wie *nomen fontis*, kurz vorher τὸ τῆς Τηθύος ὄνομα (aber d ἐκ δὲ τούτων τῶν ὀνομάτων ἡ Τηθὺς τὸ ὄνομα ξύγκειται. 383, b αὐτῷ Κρατύλος ὄνομα u. σοί γε ὄνομα Ἑρμογένης). [1]) Th. 1, 87 ἡ δὲ διαγνώμη αὕτη τῆς ἐκκλησίας τοῦ τὰς σπονδὰς λελύσθαι = ἡ διαγν., τὸ . . λελύσθαι. Pl. Phaed. 97, a ἡ ξύνοδος τοῦ πλησίον ἀλλήλων τεθῆναι, ubi v. Stallb. Leg. 657, b ἡ τῆς ἡδονῆς καὶ λύπης ζήτησις τοῦ καινῇ ζητεῖν ἀεὶ μουσικῇ χρῆσθαι. Dem. 5, 22 τὴν δόξαν τοῦ πολέμου τοῦ δοκεῖν δι' αὐτὸν κρίσιν εἰληφέναι = τὴν δ. τοῦ π., τὸ δοκεῖν. Mit wiederholtem Artikel Pl. Gorg. 521, a τὴν θεραπείαν τῆς πόλεως . . τὴν τοῦ διαμάχεσθαι Ἀθηναίοις κτλ. Vgl. 526, a. Von anderer Art sind Beispiele wie Γ, 309 θανάτοιο τέλος, Hs. sc. 357 θανάτοιο τελευτήν, vgl. Eur. M. 153; Hdt. 2, 139 τέλος τῆς ἀπαλλαγῆς τοῦ Αἰθίοπος ὧδε ἔλεγον γενέσθαι, Th. 7, 42 τοῖς Συρακοσίοις κατάπληξις ἐγένετο, εἰ πέρας μηδὲν ἔσται τοῦ ἀπαλλαγῆναι τοῦ κινδύνου, vgl. Dem. 40, 40, wo τέλος, τελευτή, πέρας in dem Sinne von Vollendung, Verwirklichung, endlicher Eintritt gefasst werden können. Auszuscheiden sind auch die Beispiele, in denen eine Verschmelzung stattfindet. S. § 600, 3. β).

e) Die Apposition statt des Genetivs. Die Zahl- und Massbestimmungen treten häufig in der Form einer Apposition zu einem Substantive an der Stelle des attributiven Genetivs. Hdt. 1, 14 ἑστᾶσι δὲ οὗτοι ἐν τῷ Κορινθίων θησαυρῷ σταθμὸν ἔχοντες τριήκοντα τάλαντα. 8, 4 ἐπὶ μισθῷ τριήκοντα ταλάντοισι. X. Vect. 3, 9 δέκα μναῖ εἰσφορά. 4, 23 πρόσοδος ἑξήκοντα τάλαντα (dageg. 3, 10 δυοῖν μναῖν πρόσοδος). Ps. Lys. 2, 21 πεντήκοντα μυριάδας στρατιάν.

§ 403. Ellipse des durch das Attributiv näher zu bestimmenden Substantivs.

Wenn das durch das Attributiv näher zu bestimmende Substantiv einen allgemeinen Begriff oder einen solchen, welcher sich aus dem Zusammenhange der Rede leicht ergänzen lässt, oder endlich einen solchen, welcher durch den häufigen Gebrauch in einer bestimmten Verbindung als bekannt vorausgesetzt werden darf, ausdrückt, als: ἄνθρωπος, ἄνθρωποι, ἀνήρ (Mann, Gatte), ἄνδρες, γυνή (Frau, Gattin), γυναῖκες, πατήρ, μήτηρ, υἱός, παῖς, θυγάτηρ, ἀδελφός, πρᾶγμα, πράγματα, χρῆμα, χρήματα, ἔργον, ἔργα, χρόνος, ἡμέρα, χώρα, γῆ, ὁδός, οἰκία, οἶκος, οἶνος, μοῖρα, γνώμη, χείρ, χορδή, Saite (in der Musik), u. a.: so

---

1) Über den ähnlichen Gebrauch des Genetivs im Lateinischen s. Kühner Ausf. Gramm. d. lat. Spr. II, 1. § 83, 4 u. Lat. Schulgr. § 111, Anm. 11 u. 131, Anm. 11.

bleibt dasselbe, als das untergeordnete Glied des attributiven Verhältnisses, häufig weg, und das, in der Regel mit dem Artikel versehene Attributiv erhält substantivische Geltung.

Anmerk. 1. Streng genommen kann von einer Ellipse nur in dem dritten der obengenannten Fälle die Rede sein, z. B. ἄκρατος (sc. οἶνος), wie lat. *merum*, vgl. deutsch „Burgunder", ἡ δεκάτη (sc. μοῖρα) *decima*, der Zehnte, ἐν δεξιᾷ *dextra* zur Rechten; und auch hier ist zu beachten, dass der Redende selbst sich einer Ellipse kaum mehr bewusst ist. [1]) Doch ist im folgenden die hergebrachte Fassung beibehalten worden, um das Material beisammenzulassen.

So treten auf: a) Das attributive Adjektiv, Adjektivpronomen und Partizip. Die Partizipien, welche sonst mit dem Verb die Rektion desselben gemein haben, nehmen hier in der Verbindung mit dem Artikel nicht selten so ganz die substantivische Begriffsform an, dass sie ein beigefügtes Substantiv nicht in dem Kasus, den das Verb regiert, sondern im Genetive und selbst Possessivpronomen mit sich verbinden.

α) Personennamen: οἱ θνητοί, *mortales*, οἱ σοφοί. Hdt. 1, 120 οἱ γεινάμενοι (st. γονεῖς). Th. 5, 32 οἱ ἡβῶντες (st. ἔφηβοι). X. Apol. 20 οἱ φυλάσσοντες (φύλακες). Dem. 29, 44 οἱ δικάζοντες, Richter. 4, 44 οἱ λέγοντες, Redner u. s. f. Οἱ προσήκοντές τινος. Antiph. 5, 18 τοῖς ἐμοῖς προσήκουσιν. X. Hell. 5. 2, 33 τοῖς ὑμετέροις δυσμενέσι. Apol. 27 ἐμοὶ καὶ τοῖς ἐμοῖς εὔνοις λυπητέον. Comm. 1. 1, 1 οἱ γραψάμενοι Σωκράτην, *accusatores Socratis*. Th. 3, 4 οἱ διαβάλλοντες, *delatores*. X. Comm. 1. 2, 45 οἱ τὰ χρήματα ἔχοντες, *divites*, gwhnl. bloss οἱ ἔχοντες, wie Isocr. 7, 55, ubi v. Benseler. Pl. Theaet. 147, c ἐμοί τε καὶ τῷ σῷ ὁμωνύμῳ τούτῳ Σωκράτει. — Poet. sehr oft ὁ τεκών, ἡ τεκοῦσα, auch m. d. Gen. oder einem Possessivpr. Eur. El. 335 ὅ τ' ἐκείνου τεκών. Alc. 167 αὐτῶν ἡ τεκοῦσα. Or. 510 ὁ κείνου γενόμενος. S. Ph. 3 ὦ κρατίστου πατρὸς . . τραφείς, ubi v. Schneidew. 1284 ἀρίστου πατρὸς αἴσχιστος γεγώς. Wird der Begriff ganz allgemein aufgefasst, so wird der Artikel weggelassen, als: σοφοί, so auch b. d. Partizipe. Pl. Lys. 221, b οἷόν τε οὖν ἐστιν ἐπιθυμοῦντα καὶ ἐρῶντα τούτου, οὗ ἐπιθυμεῖ καὶ ἐρᾷ, μὴ φιλεῖν; Dies ist ebenso bei den folgenden Klassen der Fall.

β) Sächliche Gattungsnamen: τὰ ἡμέτερα (χρήματα, πράγματα), *res nostrae*, τὰ ἐμά, *res meae*, alles, was mich betrifft; ἡ ὑστεραία (ἡμέρα), wie ἡ ἐπιοῦσα; so: ἡ πρώτη, δευτέρα u. s. w. (ἡμέρα); ἡ πολεμία (χώρα), Feindesland, ἡ φιλία, Freundesland, ἡ οἰκουμένη (γῆ), die bewohnte Erde, ἡ ἄνυδρος, ἡ ἔρημος (γῆ), die Wüste, ἡ εὐθεῖα (ὁδός), ἐκ τῆς ἰθέης, geradezu, offen Hdt. 2, 165 (wo Stein unter Berufung auf Hdt. 9, 57 τέχνης ergänzt), τὴν ὀρθήν Dem. 18, 111, δι' ὀρθῆς S. Ant.

---

[1]) Über die Annahme von Ellipsen vgl. Paul, Principien der Sprachgeschichte [2] S. 271 f.

994, τὴν ἄλλως Dem. 3, 21 vergeblich, *temere*, τὴν ταχίστην, *quam celerrime* (sehr gewöhnlich), τὴν πρώτην X. Comm. 3. 6, 10 eigentlich: den ersten Weg, d. i. anfangs, ἀπὸ πρώτης Th. 1, 77, ἐξ ὑστέρης Hdt. 1, 108 später, in Zukunft, ἐκ καινῆς Th. 3, 92, ἐκ νέης Hdt. 1, 60 *denuo*; ἡ πεπρωμένη (μοῖρα), Schicksal, ἀπὸ τῆς ἴσης, *ex aequo*, Thuc. 1, 15 ubi v. Poppo; so ἐπ' ἴσῃ, τὴν ἴσην ἀποδοῦναι. Th. 1, 27 ἐπὶ τῇ ἴσῃ καὶ ὁμοίᾳ. 5, 105 τῆς ἴσης καὶ ὁμοίας μετέχειν; auch ἀπὸ τοῦ ἴσου (μέρους) 1, 99; ἐκ τοῦ ἐναντίου X. Hell. 4. 5, 15 od. ἐξ ἐναντίας (μερίδος) Th. 4, 33. 35, ἡ δεκάτη *decima (pars)*. Γνώμη in den Verbindungen: κατά γε τὴν ἐμήν Pl. Phil. 41, b, ubi v. Stallb., ἡ νικῶσα u. ἡ ἐμὴ νικᾷ Pl., τὴν ἐναντίαν Pl. Lach. 184, d; ἡ δεξιά u. ἡ ἀριστερά (χείρ); ἡ ὑπάτη (χορδή), die höchste Saite; ὁ ἄκρατος (οἶνος); ἡ μουσικὴ (τέχνη); τὸ εὐώνυμον u. τὸ δεξιὸν (κέρας); καιρίαν (πληγήν), S. El. 1415 παῖσον διπλῆν, Ant. 1307 ἀνταίαν u. a. Unsicher ist die Ergänzung in Ausdrücken wie διὰ κενῆς Th. 4, 126, κατὰ μόνας Th. 1, 32. 37 u. a.

Anmerk. 2. Bisweilen bilden bei den Tragikern, seltener in der Prosa, die Ausdrücke: τἀμά, τὸ ἐμόν u. s. w. eine Umschreibung von ἐγώ u. s. w., wenn nämlich nicht die Person allein, sondern ihr Wesen oder das, was gleichsam in die Sphäre derselben gehört, verstanden werden soll, als: Pl. Theaet. 161, e τὸ ἐμόν scheinbar st. ἐμέ. Civ. 7, 533, a τό γ' ἐμὸν οὐδὲν ἂν προθυμίας ἀπολίποι, ubi v. Stallb. Leg. 643, a τὰ ὑμέτερα ἀκούειν, ubi v. Stallb. So Hdt. 8. 140, 1 ἢν μὴ τὸ ὑμέτερον ἀντίον γένηται *„nisi quid a vestra parte mihi obstiterit"*.

γ) Abstracta: τὸ καλόν, τὸ ἀγαθόν oder τἀγαθόν, das Schöne, Gute, oft bei Pl., τὸ ταὐτόν, die Identität. τὸ ἕτερον, und mit ὄν, τὸ ἀνόμοιον ὄν, alles bei Pl.; τὸ εὐτυχές, Glück, τὸ ἀναίσθητον, Gefühllosigkeit, τὸ κοινόν, das Gemeinwesen, z. B. τῶν Σαμίων Hdt. 6, 14. 6, 113 τὸ τετραμμένον τῶν βαρβάρων φεύγειν. Antiph. 2, 3 τὸ θυμούμενον τῆς γνώμης, ubi v. Maetzn. Thukyd. ist insbesondere reich an solchen substantivischen Partizipien,[1]) als: τὸ δεδιὸς αὐτοῦ, seine Furcht, 1, 36. τὸ θαρσοῦν μὴ δεξαμένου ib. τὸ λυποῦν, Trauer, 2, 61. τὸ ἐπιθυμοῦν, Begehren, 6, 24. τῆς γνώμης τὸ μὴ κατὰ κράτος νικηθέν, die nicht durch Tapferkeit besiegte Gesinnung, 87. τὸ βουλόμενον καὶ ὕποπτον τῆς γνώμης 1, 90. τὸ ὀργιζόμενον τῆς γνώμης 2, 59. ἐν τῷ διαλλάσσοντι τῆς γνώμης, *in discrimine sententiae*, 3, 16. ἐν τῷ ἀνειμένῳ τῆς γνώμης 5, 9. ἐν τῷ μὴ μελετῶντι, bei dem Mangel an Übung, 1, 142. τὸ τιμώμενον τῆς πόλεως 2, 63, Ehre (geehrte Stellung) der Stadt. X. Comm. 1. 2, 43 τὸ κρατοῦν τῆς πόλεως. 2. 6, 23 τὸ μεταμελησόμενον (st. ἡ μεταμέλεια, aber zugleich mit der Zeitbestimmung). Dem. 18, 138 τὸ τῆς πόλεως συμφέρον. 139 τὸ τῶν ἐχθρῶν συμφέρον (aber ib. τῶν συμφερόντων τῇ πόλει). Aeschin. 3, 80 τοῦ ὑμετέρου

---

[1]) S. Klouček, die Substantivierung des Neutr. Sing. im Sinne eines abstrakten Substantivs bei Thuk., Progr. v. Leitmeritz 1860. Balser, de linguae graecae participio in neutro genere substantive posito, Lpzg. 1878. Stahl ad Thucyd. 2, 45.

συμφέροντος. S. Ph. 675 τὸ νοσοῦν (st. νόσος). Tr. 196 τὸ ποθοῦν (st. ὁ πόθος). OC. 1219 τὸ θέλον der Wille. Ohne Artikel μέσον, die Mitte, nicht bloss b. Hom., z. B. Z, 120 ἐς μέσον ἀμφοτέρων u. s., sondern auch in der Prosa. X. An. 1. 7, 6 τὰ ἐν μέσῳ τούτων. 8, 13 μέσον τῶν ἑαυτοῦ. 4. 4, 1 ἀμφὶ μέσον ἡμέρας. Cy. 4. 4, 1 ἔξω μέσου ἡμέρας. Th. 3, 80 μέχρι μέσου ἡμέρας; doch auch mit d. Artikel: τὸ μέσον, z. B. X. An. 3. 4, 20. Sehr oft steht das Neutrum Sing. ohne Artikel substantivisch, wo man im Deutschen etwas hinzuzufügen pflegt, im Griechischen aber keineswegs die Ellipse v. τὶ anzunehmen hat. X. Comm. 2. 7, 1 θαυμαστὸν ποιεῖς. Pl. conv. 175, a ἄτοπόν γ', ἔφη, λέγεις. S. Kühners Bmrk. ad X. Comm. 1. 2, 30.

Anmerk. 3. Das Neutrum des Adjektivs in der Singularform drückt einen abstrakten Begriff aus, in der Pluralform aber einen konkreten, d. h. die verschiedenen Teile, Arten oder Zustände, welche in dem Abstraktum vereint liegen, als: τὸ καλὸν, das Schöne *in abstracto*, τὰ καλά, *res pulchrae*, τὸ κακόν, das Schlechte *in abstracto*, τὰ κακά, die Übel. Th. 3, 11 τὰ κράτιστα ἐπὶ τοὺς ὑποδεεστέρους ξυνεπῆγον = τοὺς κρατίστους.

δ) Sammelnamen: τὸ ὑπήκοον, die Unterthanen, Th. 6, 69, τὸ Πελοποννήσιον = οἱ Πελοποννήσιοι 5, 3. Besonders gehören hierher die Adjektive auf ικόν: τὸ ὁπλιτικόν = οἱ ὁπλῖται, τὸ οἰκετικόν = οἱ οἰκέται (τὸ πεζικόν unatt.), τὸ Ἑλληνικόν = οἱ Ἕλληνες das Hellenentum Th. 1, 1. τὸ λῃστικόν = οἱ λῃσταί 1, 4. τὸ ἐπικουρικόν 7, 44. τὸ ἑταιρικόν 8, 48. τὸ πολιτικόν das Bürgerheer X. Hell. 5. 3, 25. τὸ ἱππικόν An. 6. 5, 29. τὸ βαρβαρικόν 1. 5, 6. τὸ Ἀρκαδικόν 4. 8, 18. — Von den Adjektiven dieser Endung wird auch häufig die Pluralform gebraucht zur Bezeichnung einer Anzahl, Masse oder eines Kreises von einzelnen Thaten, als: τὰ Τρωικά Th. 1, 3, der troj. Thatenkreis, τὰ Εὐβοικά, Eub. Krieg, Th. 1, 88, τὰ πρὸ τῶν Μηδικῶν (*bella Persica*) Ἑλληνικά (hellen. Geschichte) 1, 97. τὰ ναυτικά, Seekrieg, aber auch Seewesen. Dem. 2, 13 τὰ συμμαχικά. Ferner: τὰ Ὀλύμπια, Διονύσια, τὰ ἐπινίκια u. s. w., die Olympischen Spiele u. s. w. Auch plurale Partizipien im Neutr. mit e. attrib. Gen., z. B. Th. 2, 19 μετὰ τὰ ἐν Πλαταίᾳ τῶν ἐσελθόντων Θηβαίων γενόμενα.

b) Der attributive Genetiv, als: Ἀλέξανδρος ὁ Φιλίππου (υἱός). Hdt. 3, 88 Δαρεῖος ὁ Ὑστάσπεος. 1, 7 Ἄγρων ὁ Νίνου, τοῦ Βήλου, τοῦ Ἀλκαίου, d. i. Sohn des N., Enkel des B., Urenkel des A. 7, 204 Λεωνίδης, ὁ Ἀναξανδρίδεω, τοῦ Λέοντος, τοῦ Εὐρυκρατίδεω u. s. w. β, 195 μητέρα ἣν ἐς πατρὸς (sc. οἶκον) ἀνωγέτω ἀπονέεσθαι. Η, 330 ψυχαὶ δ' Ἄϊδόσδε κατῆλθον. So b. Hom. εἰς Ἀίδαο, εἰς Ἄϊδος, Ἄϊδος εἴσω, εἰν Ἀΐδαο, εἰν Ἄϊδος, ἐξ Ἀίδαο od. Ἄϊδος, ἐς γαλόων, ἐς Ἀθηναίης, ἐς Πριάμοιο, ἐς Ἀχιλλῆος, ἐς Ὀδυσῆος, ἐς πατρός, εἰς Ἀλκινόοιο, ἐν ἀφνειοῦ ἀνδρός (πατρός), ἐκ Πεισάνδροιο, z. B. Z, 47. 378. Ω, 482. β, 195. λ, 414[1]). Hdt. 5, 51

[1]) S. La Roche in Ztschr. f. d. Österr. Gymn. 1871 S. 750.

ἐς τοῦ Κλεομένεος. Eur. J. A. 926 ἐν ἀνδρὸς εὐσεβεστάτου τραφείς. X. R. L. 2, 1 πέμπειν εἰς διδασκάλων. Pl. Prot. 326, c εἰς διδασκάλων φοιτᾶν . . ἐπειδὰν δὲ ἐκ διδασκάλων ἀπαλλαγῶσιν, ubi v. H. Sauppe. Ar. Pl. 84 ἐκ Πατροκλέους ἔρχομαι. L. 701 τὴν ἑταίραν ἐκάλεσ' ἐκ τῶν γειτόνων. Pl. Theaet. 206, a ἐν κιθαριστοῦ μεμαθηκέναι. Isae. 5, 41 ἐν Πυθίου (sc. ἱερῷ), ubi v. Schoemann. δ, 581 εἰς Αἰγύπτοιο, διιπετέος ποταμοῖο, (sc. ὕδωρ od. vielmehr allgemein: Bereich) στῆσα νέας, vgl. Lobeck ad Phryn. p. 100 sq. Man vgl. d. Deutsche: er geht zu Webers, kommt von Webers. S. Grimm IV. S. 260 f.; mit d. Gen. eines Personalpron.: Hdt. 1, 108 φέρων ἐς σεωυτοῦ ἀπόκτεινον. 4, 5 κομίσαι ἐς ἑωυτοῦ u. s. Ar. L. 1070 (χωρεῖν) εἰς ἑαυτῶν. 1065. 1211 ἴτω εἰς ἐμοῦ. Pl. Hipp. maj. 304, d ἐπειδὰν εἰσέλθω οἴκαδε εἰς ἐμαυτοῦ; auch findet sich εἰς u. ἐν ἡμετέρου, indem ἡμέτερον soviel ist wie das Unsrige, unsere Familie, nämlich: β, 55 εἰς ἡμετέρου πωλεύμενοι. η, 301. hymn. Merc. 370 ἦλθεν ἐς ἡμετέρου. Hdt. 1, 35 μένων ἐν ἡμετέρου, ubi v. Baehr. 7, 8 τὰ τιμιώτατα νομίζεται ἐν ἡμετέρου.[1]) Τὰ τῆς τύχης, die Fügungen des Schicksals, τὰ τῆς πόλεως, die Verhältnisse des Staates, das Staatswesen, τὰ τοῦ πολέμου, die Kriegsmassregeln. X. An. 3. 1, 20 τὰ τῶν στρατιωτῶν, die Lage der Soldaten. Eur. Ph. 382 δεῖ φέρειν τὰ τῶν θεῶν, die Schickungen der Götter. Th. 2, 60 τὰ τῆς ὀργῆς die Ausbrüche des Zornes. Dem. 1, 22 τὰ τῆς τροφῆς *ea quae ad alendos milites pertinent*. 9, 45 τὰ τῶν Ἑλλήνων das Griechentum. Oft bei den Historikern τὰ Ἀθηναίων φρονεῖν athenische Sympathien hegen, *ab alicuius partibus stare*. Pl. Gorg. 458, b τὸ τῶν παρόντων, das Interesse der Anwesenden. Dem. 4, 28 τὸ τῶν χρημάτων, der Geldpunkt. 32 τὸ τῶν πνευμάτων, die Frage wegen der Winde. Ferner: τὸ τῶν ἐπιθυμιῶν Pl. (das Wesen des Zornes u. s. w.). Τό τινος, Gewohnheit, Geschäft, Ausspruch einer Person, als: τὸ τῶν παίδων Pl. Phaed. 77, d. τὸ τῶν ἁλιέων X. oec. 16, 7. τὸ τοῦ Ὁμήρου Pl. ap. 34, d. τὸ τοῦ Ἀναξαγόρου Phaed. 72, c. Bei den Tragikern: τὰ τοῦδε, τὸ τῶνδε scheinbar für: ὅδε, οἵδε. Vergl. Anm. 2.

Anmerk. 4. Über Ausdrücke wie: Ἡρακλέους Ἥβη, des Herkules Hebe, vgl. § 414, 2.

c) Das attributive Adverb, als: οἱ νῦν, οἱ τότε, οἱ πάλαι (ἄνθρωποι), τὰ οἴκοι (πράγματα), *res domesticae*, ἡ ἑξῆς (ἡμέρα), der folgende Tag, u. s. f. Th. 4, 115 οἱ ἄπωθεν.

d) Das attributive mit einer Präposition verbundene Substantiv oder Substantivpronomen: so die Redensart οἱ ἀμφί oder περί τινα, eine Person mit ihren Begleitern, Anhängern, Schülern. Bei Homer sieht man, wie dieser Ausdruck sich allmählich

[1]) S. Bekker, Homer. Blätter I p. 76 f. Brugmann in Kuhns Ztschrft. N. F. 7 p. 410.

entwickelt hat. Man vgl. a) Z, 435 ff. οἱ ἄριστοι ἀμφ' Αἴαντε δύω u. s. w., d. h. die Besten um die beiden Aias, wie im Deutschen, vgl. I, 80 ff. O, 301 f.; b) wie nachher in der Prosa, doch zum Teil mit freierer Stellung: γ, 162 f. οἱ μὲν ἀποστρέψαντες ἔβαν νέας ἀμφιελίσσας | ἀμφ' Ὀδυσῆα, sie, Od. u. seine Genossen. Γ, 146 ff. οἱ δ' ἀμφὶ Πρίαμον καὶ Πάνθοον . ., dann aber Οὐκαλέγων τε καὶ Ἀντήνωρ, πεπνυμένω ἄμφω, | εἴατο δημογέροντες ἐπὶ Σκαιῇσι πύλῃσιν, d. h. Priamos, Panthoos u. s. w. nebst ihren Begleitern; Uk. u. Ant. aber werden allein ohne ihre Begleiter genannt. χ, 281 τοὶ δ' ἀμφ' Ὀδυσῆα . . μνηστήρων ἐς ὅμιλον ἀκόντισαν ὀξέα δοῦρα, Od. u. seine Begleiter; merkwürdig ω, 497 οἱ δ' ὤρνυντο καὶ ἐν τεύχεσσι δύοντο | τέσσαρες ἀμφ' Ὀδυσῆα, nicht Od. mit seinen vier Begleitern, sondern Od. mit seinen drei B. (Telemachos, βουκόλος u. συβώτης). (Aber nicht gehören hierher I, 81 ἐκ δὲ φυλακτῆρες . . ἐσσεύοντο ἀμφί τε Νεστορίδην . . ἠδ' ἀμφ' Ἀσκάλαφον u. s. w., die Wächter eilten nach dem N. u. s. w. M, 139 f. οἱ δ' ἰθὺς . . ἔκιον . . Ἄσιον ἀμφὶ ἄνακτα κτλ. Hs. sc. 179 ἐν δ' ἦν ὑσμίνη Λαπιθάων . . Καινέα τ' ἀμφὶ ἄνακτα Δρύαντά κτλ., es fand ein Kampf der L. statt um den K. u. s. w., s. Goettling.) Hdt. 1, 62 οἱ ἀμφὶ Πεισίστρατον, P. mit seinen Truppen. 3, 76 οἱ μὲν ἀμφὶ τὸν Ὀτάνην . . οἱ δὲ ἀμφὶ τὸν Δαρεῖον, d. h. Otanes u. Dareios und die von den sieben, welche gleiche Ansicht mit ihnen hegten. 9, 69 οἱ μὲν ἀμφὶ Κορινθίους u. οἱ δὲ ἀμφὶ Μεγαρέας τε καὶ Φλιασίους, die Korinthier, Megareer u. Phliasier mit ihren Bundesgenossen; gleich darauf aber ἐπεί τε δὲ ἀγχοῦ τῶν πολεμίων ἐγίνοντο οἱ Μεγαρέες καὶ Φλιάσιοι war die Rücksicht auf die Bundesgenossen nicht nötig, da dies kurz vorher erwähnt war. X. Hell. 3, 4, 20 οἱ περὶ Λύσανδρον τριάκοντα ist L. in die Zahl der 30 Tyrannen mit eingeschlossen, vgl. oben ω, 497. Οἱ ἀμφὶ Θαλῆν, Thales und andere Philosophen seiner Art, Pl. Hipp. maj. 281, c, ubi v. Stallb. Th. 4, 33 οἱ περὶ τὸν Ἐπιτάδαν, Ep. *cum suis*. X. Hell. 6. 4, 18. Comm. 1. 1, 18. ibid. 3. 5, 10 οἱ περὶ Κέκροπα, Kekrops u. das Gericht, dem er vorstand, s. Kühners Bmrk. Pl. Crat. 399, e οἱ ἀμφὶ Εὐθύφρονα. Men. 99, b οἱ ἀμφὶ Θεμιστοκλέα. Phileb. 44 c οἱ περὶ Φίληβον, *Ph. et qui ejus sententiam sequuntur*. So auch Th. 1, 126 οἱ μετὰ τοῦ Κίλωνος πολιορκούμενοι φλαύρως εἶχον, K. mit seinen Anhängern; gwhnl. aber οἱ μετά τινος nur die Anhänger jemandes. Erst bei den griechischen Grammatikern bedeutet οἱ περί τινα eine Person allein, als: οἱ περὶ Ἀπίωνα, Apion.[1]) Bei den erotischen Schriftstellern wird οἱ περί mit Beifügung des Namens des Liebhabers oder der Geliebten so gesagt, dass beide verstanden werden, als: οἱ περὶ τὸν Θεαγένην Heliod. 5, 216, Th. u. Chariklea. Palaeph. 14 οἱ περὶ Ἀταλάντην, At. u. Melanio. Ath. 602, c οἱ ἀμφὶ

[1]) S. Lehrs Quaest. epic. p. 28 sq.

Χαρίτωνα, Chariton u. sein Liebling Melanippus. Bei den Grammatikern werden so oft zwei durch eine gemeinsame Arbeit verbundene Personen bezeichnet, als: οἱ περὶ Ὀδυσσέα, Od. u. Diomedes, die zur Kundschaft ausgegangen waren, b. Porphyr. ad K, 274[1]). — Ferner: οἱ καθ' ἡμᾶς, unsere Zeitgenossen, οἱ ἐπί τινος, *aequales*. X. An. 1. 9, 12 οἱ ἐφ' ἡμῶν. Vgl. Hell. 3. 4, 16. οἱ σύν τινι, οἱ ὑπό τινι, die Untergebenen jemandes, οἱ ἀπό τινος, *asseclae*, οἱ ἐν ἄστει, οἱ περὶ φιλοσοφίαν, οἱ περὶ τὴν θήραν, οἱ ἀμφὶ τὸν πόλεμον. Τὰ κατά τινα, die Lage, Verhältnisse eines, τὰ κατά τινος, *res alicujus*, τὸ κατὰ τοῦτον, *quod ad hunc attinet*. Dem. 18, 247 ἀήττητος ἡ πόλις τὸ κατ' ἐμέ, *quantum per me stat*. Th. 1, 138 τὰ μὲν κατὰ Παυσανίαν τὸν Λακεδαιμόνιον καὶ Θεμιστοκλέα τὸν Ἀθηναῖον οὕτως ἐτελεύτησεν. Τὰ παρά τινος, Befehle u. s. w. eines, X. Cy. 2. 2, 9. An. 2. 3, 4. τὰ πρὸ τούτων, *prioribus temporibus*, Dem. 18, 188. τὰ ἀπὸ τῆς τύχης Th. 2, 87. τὰ περί τινα, Lage, Umstände, τὰ περὶ τοῦ πολέμου das Kriegswesen, Dem. 4, 36. τὸ ἐπ' ἐμέ, τοὐπ' ἐμέ, τοὐπὶ σέ *quantum in me, te est*, wie: τὸ ἐπ ἐμοί; so: τὸ πρὸ τοῦδε, vorher, τὸ ἐπὶ τούτῳ (τῷδε), hierauf. Τὰ ἐν τῇ πόλει die innern Verhältnisse des Staates Dem. 3, 29. Auch mit vorangehender Präposition: Th. 3, 112 μετὰ τὰ ἐκ τῆς Αἰτωλίας. 5, 14 μετὰ τὰ ἐν Πύλῳ.

§ 404. Attributives Adjektiv.

Das attributive Adjektiv (Partizip, adjektivische Pronomen und Zahlwort) bezeichnet eine einem Gegenstande beigelegte Eigenschaft. Über die Kongruenz desselben mit dem Worte, das es näher bestimmt, s. §§ 359, 3, a), 368, Anm.

Anmerk. Die Partizipien λεγόμενος und καλούμενος werden gebraucht, wo die Lateiner: *qui dicitur, vocatur; quem dicunt, vocant* u. s. w., und die deutsche Sprache: so genannt setzen. Hdt. 6, 61 ἐν τῇ Θεράπνῃ καλεομένῃ, *i. e. urbe, quae Therapne vocatur*. Th. 1, 112 τὸν ἱερὸν καλούμενον πόλεμον. X. Comm. 1, 1, 11 ὁ καλούμενος ὑπὸ τῶν σοφιστῶν κόσμος. Hier. 1. 31. Pl. Civ. 493, d ἡ Διομήδεια λεγομένη ἀνάγκη, *Diomedea quae dicitur necessitas*.

§ 405. Bemerkungen.

a) Substantive statt Adjektive in attributiver Beziehung.

1. Viele ein Geschäft oder einen Stand oder ein Alter bezeichnende Personennamen behandelt die griechische Sprache als Adjektive, was sie auch ursprünglich gewesen sind, und fügt denselben das Wort ἀνήρ hinzu, wenn der Mensch nach seinem Geschäfte oder Stande oder Alter betrachtet werden soll, indes das Wort ἀνήρ weggelassen wird, wenn der Mensch als in der Funktion

---

1) S. Lehrs p. 29 sq. u. Ztschr. f. Altertumsw. 1835 Nr. 56 S. 154.

eines Amtes oder Geschäftes begriffen betrachtet wird; so bedeutet ἀνὴρ μάντις (Th. 3, 20) einen Mann, der seinem Stande nach ein Seher ist, und μάντις allein einen Mann, der als Seher auftritt; in der Dichtersprache wird aber auch ohne den angegebenen Unterschied ἀνήρ hinzugefügt [1]). Ἀνὴρ βασιλεύς poet.; I, 477 λαθὼν φύλακάς τ' ἄνδρας δμῳάς τε γυναῖκας. γ, 403 ἄλοχος δέσποινα, Ehefrau (fürstliche Gemahlin). η, 347 γυνὴ δέσποινα, Hausfrau. Z, 390 γυνὴ ταμίη, Haushälterin. Ar. Thesm. 345 γραῦς γυνή, altes Weib. Hs. th. 514 γυνὴ παρθένος. X. Cy. 4. 6, 9 θυγάτηρ παρθένος. Ἀνὴρ ἄρχων X. Hier. 8, 5; ἀνὴρ τύραννος, 11, 1; ἀνὴρ στρατηγός Pl. Jo 540, d, ἀνὴρ ῥήτωρ Dem. 18, 282, ἀνὴρ νεανίας X. Cy. 2. 2, 6; γέρων ἀνήρ Pl. Lys. 223, b u. s. w.; so die Anrede bei den attischen Rednern und Historikern: ἄνδρες δικασταί, ἄνδρες στρατιῶται. Im verächtlichen Sinne wird ἄνθρωπος hinzugefügt, als: ἄνθρωπος γεωργός. Lys. 30, 28 ἀνθρώπους ὑπογραμματέας. Pl. Gorg. 518, c διακόνους μοι λέγεις καὶ ἐπιθυμιῶν παρασκευαστὰς ἀνθρώπους, obwohl es auch statt ἀνήρ gebraucht wird, als X. Cy. 8. 7, 14 πολῖται ἄνθρωποι. Pl. Hipp. min. 375, a ἄνθρωπος τοξότης. Phaed. 87, b ἄνθρωπος ὑφάντης, u. stets b. Hom., wie Π, 263 ἄνθρωπος ὁδίτης, ubi v. Spitzn. So auch bei Völkernamen, und zwar nicht allein in der Anrede: ἄνδρες Ἀθηναῖοι u. dgl., sondern auch sonst sehr häufig, im Singulare sowohl als im Plurale, als: ἀνὴρ Ἀθηναῖος, Ἀβδηρίτης. (Steht aber ἀνήρ, ep. auch φώς, in Verbindung mit dem Namen eines Mannes, so ist der Mann als Apposition zu nehmen. Λ, 92 ἕλε δ' ἄνδρα Βιήνορα, einen Mann Namens B., vgl. 738. φ, 26 φῶθ' Ἡρακλῆα. S. Ai. 817 δῶρον μὲν ἀνδρὸς Ἕκτορος. El. 45 παρ' ἀνδρὸς Φανοτέως, ubi v. Schneidew.) Aber auch in anderen Verbindungen kommen die Völkernamen oft in adjektivischer Bedeutung vor, jedoch meist nur in der Dichtersprache, besonders: Ἕλλην als Mask. poet., zweifelhaft in der guten Prosa, und (poet.) auch als Fem., und Ἑλλάς (als Fem.), als: S. Ph. 223 Ἑλλὰς στολή, auch öfter bei Hdt., als: 4, 78 Ἑλλάδα γλῶσσαν, vgl. 6, 98. 9, 16. 7, 22 Σάνη, πόλις Ἑλλάς. Th. 6, 62 Ἑλλὰς πόλις. Eur. I. T. 342 Ἕλληνος γῆς. Heracl. 130 στολὴν Ἕλληνα. Pros. Th. 2, 36 βάρβαρον ἢ Ἕλληνα πόλεμον, wo Dobree u. Classen πόλεμον streichen, Stahl πολέμιον schreibt. (Als Masc. Ἑλλάς nur als Subst. und höchst selten. Eur. Ph. 1509 τίς Ἑλλὰς ἢ βάρβαρος u. Bekk. An. 97, 4 Ἑλλάς, ὁ ἀνήρ, Σοφοκλῆς Λοκρῷ; aber S. Tr. 1060 ist zu Ἑλλάς aus d. folg. γαῖα hinzuzudenken, s. Schneidew.) Th. 1, 131 Κολωνὰς τὰς Τρῳάδας, ubi v. Poppo. 4, 61 τῇ Ἰάδι ξυγγενείᾳ. 1, 138 τῆς Περσίδος γλώσσης. Bei den Dichtern, namentlich den Tragikern finden sich auch teils die ge-

1) Ein ausführliches Verzeichnis von Substantiven in attributiver Verbindung b. Homer giebt La Roche in Ztschr. f. d. Österr. Gymn. 1871 S. 752—754.

nannten Substantive in anderen Verbindungen, teils andere adjektivisch gebraucht, als: A, 358 πατρὶ γέροντι. χ, 184 σάχος γέρον. Eur. Or. 529 γέροντ' ὀφθαλμόν. Vgl. Theocr. 7, 17 ibiq. Wüstem. 21, 12. Eur. Ph. 838 παρθένῳ χερί. Aesch. P. 613 παρθένου πηγῆς. Eur. Alc. 679 νεανίας λόγους | ῥίπτων. H. f. 1095 νεανίαν θώρακα καὶ βραχίονα. Aesch. Ag. 664 τύχη σωτήρ (als Fem. st. σώτειρα), vgl. S. OR. 81. Eur. El. 993. M. 360 Ch. Ion. 1373 εἶχον οἰκέτην βίον, *servilem* vitam. Hs. op. 191 κακῶν ῥεκτῆρα καὶ ὕβριν ἀνέρα τιμήσουσι, wo ὕβριν auf ἀνέρα bezogen ist, vgl. Lob. Paral. p. 41 not. 42). Auch gehören hierher die Schimpfwörter, in denen selbst Abstrakte auf Personen bezogen werden, als: ἀνὴρ φθόρος, ὁ ὄλεθρος ἐκεῖνος, s. § 346, 2. 3. 4. In der Dichtersprache wird zuweilen auf ein vorhergehendes Femininum ein männliches Abstraktum mit vorgesetztem weiblichen Artikel bezogen. Pind. P. 4, 250 Μήδειαν . ., τὰν Πελίαο φόνον = τὰν Π. φόνον οὖσαν. Eur. J. A. 794 διὰ σέ, τὰν κύκνου δολιχαύχενος γόνον = τὰν κ. δ. γόνον οὖσαν. Ar. Thesm. 535 ταύτην ἐᾶσαι τὴν φθόρον τοιαῦτα περιυβρίζειν. [1]) Bei Substantiven, die ursprünglich Adjektive sind, ist diese Verbindung ganz natürlich, z. B. φύλαξ urspr. = φυλάττων, dann = custos, daher X. An. 6. 5, 9 λόχοι φύλακες, ebenso ὀπισθοφύλακες ὁπλῖται 4. 1, 6, γυμνῆτες ταξίαρχοι § 28, λοχαγοὶ πελτασταί § 26, u. bei vielen oben erwähnten; daher ist bei Homer dieser Gebrauch ganz gewöhnlich.

b) Das Adjektiv an der Stelle adverbialer Ausdrücke.[2])

2. Die griechische Sprache gebraucht oft (wie auch die lateinische, doch nicht in so ausgedehnter Weise, s. lat. Schulgr. § 106, 5,) das auf ein Substantiv bezogene Adjektiv so, dass es eine nähere Bestimmung des Subjekts oder Objekts nicht an und für sich, sondern nur in Rücksicht auf das Prädikat ausdrückt. Auf diese Weise können Bestimmungen des Ortes und der Reihenfolge, der Zeit, der Zahl, der Menge, des Grades, des Grundes, der Bedingung, der Art und Weise durch Adjektive bezeichnet und auf ein Substantiv in gleichem Genus, Kasus und Numerus bezogen werden. Das Adjektiv lehnt sich hier zwar an ein Substantiv an, aber nicht als ein attributives, sondern als ein prädikatives. Die deutsche Sprache fasst diese Bestimmungen als adverbiale auf und bezeichnet sie durch Adverbien oder adverbiale Ausdrücke (Präpositionen mit ihrem

[1]) S. Hermann ad Vig. p. 932 sq. — [2]) Vgl. Mehlhorn Comment. de adject. pro adverbio posit. ratione et usu. Glogau 1828. Nitzsch z. Odyss. IX, 234. Bremi excurs. XI. ad Lys. Lübcker gramm. Stud. I. S. 38 ff. La Roche Ztschr. f. d. Österr. Gymn. 1871 S. 754 ff.

Kasus). Die griechische Ausdrucksweise ist aber lebendiger, energischer und anschaulicher, indem der nähere Umstand einer Handlung zugleich in die Persönlichkeit des Handelnden aufgenommen wird, als: ἑσπέριος ἦλθεν (*vespertinus* venit), gleichsam vom Abende umgeben. Dass in der nach anschaulicher Darstellung strebenden Dichtersprache dieser Gebrauch der Adjektive einen ungleich grösseren Umfang hat als in der Prosa, ist natürlich.

a) Adjektive des Ortes und der Reihenfolge. P, 361 τοὶ δ' ἀγχιστῖνοι ἔπιπτον νεκροί, neben einander. λ, 233 αἱ δὲ προμνηστῖναι ἐπήισαν, in einer Reihe hintereinander. φ, 146 ἷζε μυχοίτατος, im innersten Winkel. η, 248 ἐμὲ τὸν δύστηνον ἐφέστιον ἤγαγε δαίμων. Pind. P. 9, 62 ταὶ δ' ἐπιγουνίδιον κατθηκάμεναι βρέφος αὐταῖς. Aesch. Ag. 51 ὕπατοι λεχέων στροφοδινοῦνται, *super lectos circumvolitant*. S. OR. 32 ἑζόμεσθ' ἐφέστιοι. 1340 ἀπάγετε ἐκτόπιον. OC. 118 ποῦ κυρεῖ ἐκτόπιος συθείς. 232 ἔκτοπος. OR. 1411 θαλάσσιον ἐκρίψατε (= εἰς θάλασσαν). Ant. 785 φοιτᾷς δ' ὑπερπόντιος. Ph. 34 κοὐδέν ἐσθ' ὑπόστεγον (= ὑπὸ στέγῃ). Eur. Suppl. 93 ὁρῶ . . μητέρα βωμίαν ἐφημένην. Hec. 797 ἀφῆκε πόντιον. Med. 440 αἰθερία δ' ἀνέπτα. Th. 1, 134 ἵνα μὴ ὑπαίθριος (*sub divo*) ταλαιπωροίη. X. An. 5. 5, 21. 7. 2, 33 ἐκαθεζόμην ἐνδίφριος (= ἐν δίφρῳ). Hell. 2. 1, 17 ἀνήγοντο οἱ Ἀθηναῖοι ἐκ τῆς Χίου πελάγιοι (*in altum mare*). Ferner πρῶτος, πρότερος (von zweien), ὕστατος, ὕστερος (v. zweien), μέσος, πλάγιος, πρηνής, ὀρθός, μετέωρος, ἀντίος, ἐναντίος, ὕπτιος, ἐπασσύτερος, ἄκρος, ἄψορρος, ἐπιπόλαιος, πρυμνός, θυραῖος, παράθυρος u. s. w. Mehrere der angeführten, wie πρῶτος, πρότερος, ὕστατος werden auch auf die Zeit übertragen.

b) Adjektive der Zeit, als: ὄψιος, ὄρθριος, ἑωθινός, ἠέριος, ἠῷος, ὑπηοῖος, ἑσπέριος, νύχιος, μεσονύκτιος, θερινός, χθιζός, ἐαρινός, χειμερινός u. s. w., namentlich die auf -αῖος: δευτεραῖος, τριταῖος u. s. w. (am zweiten, dritten Tage), ποσταῖος, σκοταῖος, κνεφαῖος, μηνιαῖος; ὡριαῖος, ἡμερήσιος, ἐφημέριος, δεχήμερος, δίμηνος, ἐνιαύσιος, ἔνδιος, am Mittage, μεταδόρπιος, nach der Abendmahlzeit, πανημέριος, παννύχιος, ἐννύχιος, ἠμάτιος, χρόνιος (nach langer Zeit), καίριος, μακρός, δηρός (zu lange) u. a. A, 497 ἠερίη δ' ἀνέβη st. ἦρι, früh. 423 Ζεὺς . . χθιζὸς ἔβη κατὰ δαῖτα st. χθές. Θ, 530 ὑπηοῖοι θωρηχθέντες st. ὑπ' ἠῶ. ι, 336 ἑσπέριος δ' ἦλθεν, wie *vespertinus* pete tectum Hor. ep. 1. 6, 20. B, 2 εὗδον παννύχιοι, *per totam noctem*. λ, 303 ζώουσ' ἑτερήμεροι, *alternis diebus*. S. OC. 441 ἤλαυνέ μ' ἐκ γῆς χρόνιον. Eur. Hec. 914 μεσονύκτιος ὠλλύμαν. ξ, 257 πεμπταῖοι δ' Αἴγυπτον . . ἱκόμεσθα, am fünften Tage. Th. 1, 60 τριταῖοι ἀφίκοντο. 2, 49 διεφθείροντο οἱ πλείους ἐνναταῖοι καὶ ἑβδομαῖοι ὑπὸ τοῦ ἐντὸς καύματος. X. Cy. 5. 3, 28 ποσταῖος ἂν ἐκεῖσε ἀφικοίμην; *quoto die?* An. 4. 1, 10 κατέβαινον εἰς τὰς κώμας ἤδη σκοταῖοι, in der Dämmerung.

c) Adjektive der **Zahl, Menge**, des **Grades**, der **Bedingung** u. s. w., besonders der **Art** und **Weise**, als: πολύς, συχνός, ἀθρόος, πυκνός, μέγας, ἄφθονος, σπάνιος, μόνος, πᾶς, ἅπας, ganz, ὀξύς, ταχύς, θοός, αἰφνίδιος, βραδύς, ἥσυχος, ἑκών, ἄκων, ἑκούσιος, ἐθελούσιος, ἐθελοντής, ἄοκνος; δρομαῖος, ὑπόσπονδος, ἄσπονδος, ὅρκιος. Aesch. S. 80 ῥεῖ πολὺς ὅδε λεώς. Th. 4, 22 Κλέων πολὺς ἐνέκειτο λέγων, wie Sall. Jug. 84 *multus* instare, s. Poppo. 34 ὁ κονιορτὸς ἐχώρει πολὺς ἄνω. 6, 104 ἁρπασθεὶς ὑπ' ἀνέμου, ὃς ἐκπνεῖ ταύτῃ μέγας. 2, 5 ὁ Ἀσωπὸς ποταμὸς ἐρρύη μέγας. Vgl. X. An. 5. 8, 20. N, 133 πυκνοὶ ἐφέστασαν ἀλλήλοισιν. X. An. 6. 4, 4 ἄφθονος ῥέουσα. Eur. Io 427 ἅπας μὲν οὐ γένοιτ' ἂν εἰς ἡμᾶς φίλος, ganz, in jeder Hinsicht. Hdt. 6, 103 κατῆλθε ἐπὶ τὰ ἑωυτοῦ ὑπόσπονδος. Th. 1, 63 τοὺς νεκροὺς ὑποσπόνδους ἀπέδοσαν. 2, 22 ἀνείλοντο τοὺς νεκροὺς ἀσπόνδους. S. OC. 1637 κατήνεσεν τάδ' ὅρκιος δράσειν ξένῳ. Tr. 927 δρομαία βᾶσα, eilig. Ph. 808 ἥδε (sc. ἡ νόσος) μοι | ὀξεῖα φοιτᾷ καὶ ταχεῖ' ἀπέρχεται, wie Hs. op. 103 νοῦσοι δ' ἀνθρώποισι . . | αὐτόματοι φοιτῶσι. Vgl. 118. X. Cy. 5. 3, 55 ἥσυχος κατεθεᾶτο.

Anmerk. 1. In ähnlicher Weise wird das Pronomen ἄλλος oft im Deutschen durch adverbiale Ausdrücke wiedergegeben[1]): a) durch **überhaupt** (wenn mit ἄλλος das Genus an die Species angeknüpft wird). Pl. Phaedr. 232, e τῶν ἐρώντων πολλοὶ πρότερον τοῦ σώματος ἐπεθύμησαν ἢ τὸν τρόπον ἔγνωσαν καὶ τῶν ἄλλων οἰκείων ἔμπειροι ἐγένοντο, ehe sie den Charakter erkannten und mit den Eigenheiten *überhaupt* (mit den sonstigen Eigenheiten) vertraut wurden. Civ. 520, b ὑμῖν τε αὐτοῖς τῇ τε ἄλλῃ πόλει ἡγεμόνας τε καὶ βασιλέας ἐγεννήσαμεν. b) durch **andererseits** oder **ausserdem, sonst, überdies** (wenn eine weitere Species angeknüpft wird). θ, 367 αὐτὰρ Ὀδυσσεὺς τέρπετο . . ἠδὲ καὶ ἄλλοι Φαίηκες auch *andererseits* die Phäaken. θ, 40. B, 191. α, 132. Th. 7, 61 ἄνδρες στρατιῶται Ἀθηναίων τε καὶ τῶν ἄλλων ξυμμάχων. Pl. Gorg. 473, c εὐδαιμονιζόμενος ὑπὸ τῶν πολιτῶν καὶ τῶν ἄλλων ξένων. X. Hell. 2. 4, 9 τοὺς ὁπλίτας καὶ τοὺς ἄλλους ἱππέας. ζ, 84 οὐκ οἴην, ἅμα τῇ γε καὶ ἀμφίπολοι κίον ἄλλαι *ausserdem* noch Begleiterinnen. β, 412 μήτηρ δ' ἐμὴ οὔ τι πέπυσται | οὐδ' ἄλλαι δμωαί noch *sonst* etwa die Dienerinnen. ρ, 401. σ, 416. ο, 407. X. An. 1. 5, 5 οὐ γὰρ ἦν χορτὸς οὐδὲ ἄλλο δένδρον. Pl. conv. 191, b ἀπέθνῃσκον ὑπὸ τοῦ λιμοῦ καὶ τῆς ἄλλης ἀργίας, ubi v. Stallb., *und überdies*. — ἄλλος ist in diesem Falle pleonastisch zur Hervorhebung des Gegensatzes zugefügt, wie lat. *alius*[2]) Liv. 5. 39, 3 circa moenia *aliasque* portas, vgl. Luther: „Die falschen Heiligen sind der Gerechtigkeit so voll, dass sie die andern armen Sünder anköken." Goethe (Reineke Fuchs VIII): „aber sie (die Geistlichen) schonen uns nicht, uns andere Laien." Französ. *nous autres Français*.

Anmerk. 2. Wenn aber die Bestimmung nicht zugleich auf das Subjekt oder Objekt als **Eigenschaft** bezogen werden kann, sondern einzig und allein zu dem **Prädikate** gehört, so muss notwendig das **Adverb** stehen, als: καλῶς ᾄδεις.

Anmerk. 3. Der Unterschied zwischen den **Adjektiven**: πρῶτος, πρότερος, ὕστατος, ὕστερος, μόνος und den **Adverbien**: πρῶτον, πρότερον, ὕστατον od. ὕστατα, ὕστερον, μόνον ist wie im Lateinischen (Lat. Schulgr. § 109, A. 9), als: πρῶτος (μόνος) τὴν ἐπιστολὴν ἔγραψα, d. i. ich war der erste

---

1) S. Mehlhorn a. a. O. R. de Kittlitz-Ottendorf im Philolog. 1859. p. 613 sqq. — 2) S. K. Reisig, Vorlesungen über lat. Sprachwissensch. § 199.

(einzige), der den Brief schrieb, wie primus scripsi. X. vect. 4, 12 δοκεῖ δέ μοι καὶ ἡ πόλις προτέρα ἐμοῦ ταῦτα ἐγνωκέναι. Πρώτην (μόνην) τὴν ἐπιστολὴν ἔγραψα, dieser Brief war der erste (einzige), den ich schrieb; aber: ὁ παῖς πρῶτον μὲν τὴν ἐπ. ἔγραψεν, ἔπειτα δὲ ἀπῄει; oder πρῶτον, ὕστατον bedeuten zum ersten, letzten Male; μόνον ἔγραψα τὴν ἐπ., ich schrieb nur den Brief (schickte ihn nicht weg). Doch wird der Unterschied nicht immer beachtet. Th. 3, 101 καὶ αὐτοὶ πρῶτον δόντες ὁμήρους. (Krüger u. Stahl πρῶτοι). Lycurg. 116 τοὺς λόγῳ μόνον βοηθήσαντας, aber 122 u. 123 λόγῳ μόνῳ προδιδόναι προδιδόντα [1]).

c) Proleptischer Gebrauch der Adjektive.[2])

3. In der Dichtersprache, besonders in der dramatischen, seltener in der Prosa, wird das Adjektiv oft in proleptischer Bedeutung gebraucht, indem dasselbe ein Attribut ausdrückt, welches an dem Substantive noch nicht haftet, sondern erst durch das Verb des Satzes oder durch ein Satzglied hervorgerufen wird. Das Adjektiv hat auch hier prädikative Bedeutung. Z, 261 ἀνδρὶ δὲ κεκμηῶτι μένος μέγα οἶνος ἀέξει. Ξ, 6 εἰσόκε θερμὰ λοετρὰ θερμήνῃ. β, 257 λῦσεν δ' ἀγορὴν αἰψηρήν, er löste die Versammlung auf, so dass sie sich schnell in Bewegung setzte, s. Nitzsch. Δ, 124 κυκλοτερὲς μέγα τόξον ἔτεινεν. θ, 38 θοὴν ἀλεγύνετε δαῖτα. Pind. O. 1, 68 πρὸς εὐάνθεμον δ' ὅτε φυὰν λάχναι νιν μέλαν γένειον ἔρεφον, *ut nigresceret*, s. Dissen. Aesch. Ag. 1247 εὔφημον, ὦ τάλαινα, κοίμησον στόμα, i. e. ὥστε εὔφημον εἶναι. S. OC. 1112 ἐρείσατ', ὦ παῖ, πλευρὸν ἀμφιδέξιον = ὥστε μοι ἀμφιδέξιον γενέσθαι τὸ πλευρόν. 1088 πόροις γᾶς τᾶσδε δαμούχοις . . τὸν εὔαγρον τελειῶσαι λόχον. OR. 274 ἥ τε σύμμαχος Δίκη | χοἰ πάντες εὖ ξυνεῖεν εἰς ἀεὶ θεοί. 742 χνοάζων ἄρτι λευκανθὲς κάρα. Tr. 240 ᾕρει τῶνδ' ἀνάστατον δόρει χώραν. 106 εὐνάζειν ἀδακρύτων βλεφάρων πόθον (ubi v. Schneidew.), wie Ant. 877 τὸν ἐμὸν πότμον ἀδάκρυτον οὐδεὶς φίλων στενάζει. Ai. 69 ὀμμάτων ἀποστρόφους | αὐγὰς ἀπείρξω σὴν πρόσοψιν εἰσιδεῖν. OC. 1200 τῶν σῶν ἀδέρκτων ὀμμάτων τητώμενος. Eur. H. f. 641 βλεφάρων σκοτεινὸν | φάος ἐπικαλύψαν. 1070 ἀπόκρυφον δέμας ὑπὸ μέλαθρον κρύψω. Alc. 385 σκοτεινὸν ὄμμα μου βαρύνεται. Ebenso b. d. lat. Dichtern, als: V. Aen. 3, 508 sol ruit interea et montes umbrantur *opaci*. Pl. Phaedr. 245, a ἀτελὴς ἠφανίσθη = ὥστε ἀτελὴς εἶναι. X. An. 1. 5, 8 μετεώρους ἐξεκόμισαν τὰς ἁμάξας. Cy. 4. 2, 3 ἀπὸ τῆς μάχης τὸ τούτου ὄνομα μέγιστον ηὔξητο. Andoc. 3, 7 ἡ εἰρήνη τὸν δῆμον τῶν Ἀθηναίων ὑψηλὸν ἦρε. Pl. Civ. 560, d ὠθοῦσιν ἔξω φυγάδα, ubi v. Stallb., wie Eur. Ph. 76 φυγάδα δ' ἀπωθεῖ τῆσδε Πολυνείκην χθονός. S. Ant. 108. Mehr Beispiele §§ 355 u. 411, 1.

---

[1]) S. Poppo ad Thuc. Vol. 2. P. 4 p. 14. Vol. 3. P. 4 p. 12 Bremi ad Lys. excurs. XI. Schoemann ad Isae. 6, 13. Maetzner ad Lycurg. p. 275. Stallbaum ad Pl. Phaedr. 1. d. — [2]) Vgl. Hermann ad Vig. 897 sq. Lobeck ad Soph. Ai. 517. Fritsche Quaestt. Luc. p. 39 sq. Lübcker gramm. Stud. S. 33 f. Jacob Quaestt. ep. 136 sqq.

d) Beiordnung und Einordnung der attributiven Adjektive.

4. Wenn zwei oder mehrere attributive Adjektive mit Einem Substantive verbunden werden, so kann ein zwiefaches Verhältnis stattfinden. Sie stehen nämlich entweder a) in dem Verhältnisse der Beiordnung zu einander, indem jedes derselben auf gleiche Weise zur näheren Bestimmung des Substantivs dient; alsdann werden sie in der Regel mit einem Bindeworte (καί, τέ . . καί) verbunden; bei mehreren Adjektiven braucht nur das letzte mit dem vorhergehenden durch ein Bindewort verbunden zu werden; (in der Dichtersprache kann das Bindewort weggelassen werden, zuweilen auch in der Prosa, s. § 546, 3), als: Σωκράτης ἀγαθὸς καὶ σοφὸς ἦν; oder b) in dem Verhältnisse der Einordnung oder Einschliessung, wenn ein Substantiv mit einem oder mehreren Adjektiven gewissermassen einen Begriff ausdrückt und durch ein anderes Adjektiv näher bestimmt wird; alsdann steht kein Bindewort zwischen diesem und dem folgenden Adjektive. Dieser Fall findet namentlich statt, wenn Pronomina, Zahlwörter, Adjektive des Ortes, der Zeit und des Stoffes mit anderen Adjektiven verbunden werden, als: πολλοὶ ἀγαθοὶ ἄνδρες oder πολλοὶ ἀγαθοὶ καὶ σοφοὶ ἄνδρες, πολλὰ καλὰ ἔργα, ὁ ἐμὸς φίλος, οὗτος ὁ ἀνὴρ ἀγαθός, τρεῖς ἄνδρες στρατιῶται, τὸ πρῶτον καλὸν πρᾶγμα. ι, 322 sq. ἱστὸς νηὸς ἐεικοσόροιο μελαίνης. X. An. 1. 5, 4 πόλις ἐρήμη μεγάλη, eine grosse verwüstete Stadt, nicht eine gr. u. verw. St. Cy. 1. 4, 21 κύων γενναῖος ἄπειρος, ein undressierter Hund von edler Rasse (gleichs. Edelhund), s. Born. Dem. 4, 46 ὅταν ὁ στρατηγὸς ἡγῆται ἀθλίων ἀπομίσθων ξένων, armselige Söldner ohne Sold. Das Zahlwort πολλοί wird im Griechischen, wie im Lateinischen *multi*, gewöhnlich in dem beiordnenden Verhältnisse gebraucht, und dadurch der Begriff der Vielheit mit Nachdruck hervorgehoben, indes die deutsche Sprache die Einordnung anzuwenden pflegt, als: πολλὰ καὶ καλὰ ἔργα, *multa et praeclara facinora*, viele herrliche Thaten.

e) Umkehrung der Glieder des attributiven Satzverhältnisses.

5. Sehr häufig erhebt die griechische Sprache das mit einem Substantive in attributiver Beziehung verbundene Adjektiv zu einem Substantive und setzt das Substantiv als Attributiv im Genetive hinzu. [1]) Wir unterscheiden hier folgende Fälle:

a) Das Substantiv steht mit dem Adjektive in der Pluralform, und das Adjektiv behält das Geschlecht des Substantivs (sehr oft sowohl

[1]) Vgl. Matthiä II. § 442. Bernhardy S. 155 f. Strange Lpz. Jhrb. 1836 S. 340 f.

in der Prosa als in der Poesie), als: οἱ χρηστοὶ τῶν ἀνθρώπων. Isocr. 2, 50 μηδὲ τὰ σπουδαῖα τῶν πραγμάτων μηδὲ τοὺς εὖ φρονοῦντας τῶν ἀνθρώπων ταῖς ἡδοναῖς κρίνειν (δεῖ).

b) Das zum Substantive erhobene Adjektiv nimmt die Neutralform des Singulars, zuweilen auch des Plurals an. Schon Homer sagt ε, 277 ἐπ' ἀριστερὰ χειρός (al. νηός), nachgeahmt hymn. in Merc. 153. E, 355 μάχης ἐπ' ἀριστερά. M, 118 νηῶν ἐπ' ἀρ. N, 326. Ψ, 336. S. Ant. 1265 ἐμῶν ἄνολβα βουλευμάτων (das Unselige meiner Entschlüsse). 1209 ἀθλίας ἄσημα βοῆς (undeutliche Laute von Schmerzensschrei). Eur. Ph. 1486 ἁβρὰ παρηίδος = ἁβρὰν παρηίδα (Reiz der Wange). Alc. 602 ἐν τοῖς ἀγαθοῖσι δὲ πάντ' ἔνεστιν σοφίας, alle Weisheit (Summe der Weisheit), wie b. d. lat. Dichtern, z. B. *amara* curarum, *ficta* rerum, *vilia* rerum u. s. w.; mit dem Artikel auch in Prosa nicht selten, wie Hdt. 1, 185 τὰ σύντομα τῆς ἐκ Μήδων ὁδοῦ = der kürzeste Weg (genauer: die Kürzen, Abkürzungen des Weges). X. Ages. 1, 28 τὰ κράτιστα τῆς χώρας. Hdt. 8, 100 τὸ πολλὸν τῆς στρατιῆς. 6, 113 τὸ τετραμμένον τῶν βαρβάρων. Th. 2, 94 τῆς Σαλαμῖνος τὰ πολλά. Oft bei den Attikern: ἐπὶ πολύ, ἐπὶ μέγα mit d. G. Th. 1, 1 ἐπὶ πλεῖστον ἀνθρώπων über den grössten Teil der Menschheit. 1, 50 ἐπὶ πολὺ τῆς θαλάσσης. X. R. L. 4, 2 ἐπὶ πλεῖστον ἀφικνεῖσθαι ἀνδραγαθίας. Th. 1, 118 οἱ Ἀθηναῖοι ἐπὶ μέγα ἐχώρησαν δυνάμεως. Hdt. 8, 52 ἐς τὸ ἔσχατον κακοῦ ἀπιγμένοι. Pl. Symp. 210, a προθυμίας οὐδὲν ἀπολείψω, ubi v. Stallb. Auch: τι, *aliquid* und τί, *quid?* Th. 4, 130 ἦν τι καὶ στασιασμοῦ ἐν τῇ πόλει. 3, 44 ξυγγνώμης τι. 7, 48 ἐλπίδος τι. 7, 69 λαμπρότητός τι. (Vgl. S. Ant. 1229 ἐν τῷ ξυμφορᾶς διεφθάρης; ubi v. Schneidew. Ai. 314 κἀνήρετ', ἐν τῷ πράγματος κυροῖ ποτε. Eur. Hel. 1195 ἐν τῷ δὲ κεῖσαι συμφορᾶς;) Th. 1, 70 τῆς γνώμης τὰ βέβαια (sichere Erwägungen ruhiger Überlegung). X. An. 1. 8, 8 καὶ ἤδη ἦν μέσον ἡμέρας, wie: ἡνίκα ἦν ἐν μέσῳ νυκτῶν, ἔξω μέσου ἡμέρας Cy. 5. 3, 52. 4. 4, 1. An. 1. 8, 4 τὰ δεξιὰ τοῦ κέρατος, wie *extrema agminis*. Cy. 8. 3, 41 τῶν βοῶν καταχεκρημνισμένα was abgestürzt ist. An. 1. 9, 26 ἄρτων ἡμίσεα. (Brothälften). Pl. Leg. 806, c ἥμισυ βίου (in der Regel aber nimmt ἥμισυς gleiches Geschlecht mit dem Substantive an, s. c) Apol. 41, c ἀμήχανον ἂν εἴη εὐδαιμονίας (etwas Ungeheueres von Glück, ein Übermass von Gl.), ubi v. Stallb. Civ. 405, b τὸ πολὺ τοῦ βίου. Menex. 243, b δεινὸν τοῦ πολέμου. So viele Redensarten mit πᾶν, als: εἰς πᾶν κακοῦ ἀφικνεῖσθαι, *in omne genus calamitatis*, Hdt. 7, 118. Th. 7, 55 ἐν παντὶ ἀθυμίας. Pl. Civ. 579, b ἐν παντὶ κακοῦ εἶναι. Dem. 3, 3 εἰς πᾶν προελήλυθε μοχθηρίας. Ferner wird sehr häufig, besonders in der Prosa, das Neutrum der Pronomina mit dem Genetive verbunden: Hdt. 1, 84 τοῦτο τῆς ἀκροπόλιος. 7, 38 ἐς τόδε ἡλικίης. Th. 1, 49 ξυνέπεσον ἐς τοῦτο ἀνάγκης. 3, 56 ἐς τοῦτο ξυμφορᾶς. 7, 86 ἐς τοῦτο δυστυχίας. 7, 2 κατὰ τοῦτο τοῦ καιροῦ. 2, 17 ἐν τούτῳ παρασκευῆς ἦσαν. 7, 69 ἐν τῷ τοιούτῳ τοῦ καιροῦ. 7, 36 ᾧπερ τῆς τέχνης welchem Teile ihrer Geschicklichkeit. X. R. Eq. 4, 1 ἐν τοιούτῳ τῆς οἰκίας. An. 1. 7, 5 ἐν τοιούτῳ εἶναι τοῦ κινδύνου. Lys. 5, 3 εἰς τοῦτο τῆς ἡλικίας ἀφῖκται. Antiph. 2, 1 ἐν τούτῳ τῆς ἡλικίας καθεστῶτες, ubi v. Maetzner, gwhnl. fehlt der Artikel. Isocr. 7, 9 εἰς τοῦτο ἀναισθησίας ἥκειν, ubi v. Benseler. 8, 31 εἰς τοῦτο γάρ τινες ἀνοίας ἐληλύθασιν. Pl. Gorg. 493, a τῆς ψυχῆς τοῦτο, ἐν ᾧ αἱ ἐπιθυμίαι εἰσί. Dem. 4, 37 εἰς τοῦθ' ὕβρεως ἐλήλυθεν. 4, 47 εἰς τοῦθ' ἥκει τὰ πράγματα αἰσχύνης. 2, 8 καιροῦ . . πρὸς τοῦτο πάρεστι Φιλίππῳ τὰ πράγματα, auf diesen Punkt ist es mit Ph. gekommen.[1]) Bei den Tragikern und Späteren [2]), wie Plutarch, Dio Cassius u. a., ἐς τόδ' ἡμέρας, bis zu dieser Stunde des (heutigen) Tages S. OC. 1138. Eur. Alc. 9. Ph. 425. Ebenso κατ' ἐκεῖνο καιροῦ od. τοῦ καιροῦ, ἐς ἐκεῖνο καιροῦ, ἐς τόδε χρόνου.

c) Das Adjektiv nimmt manchmal da, wo es unserer Auffassung nach substantiviert im Neutrum Sing. stehen sollte, vermittelst einer Art von Assimilation das Geschlecht und den Numerus des Substantivs an, [3]) als: ἡ πολλὴ τῆς Πελοποννήσου st. τὸ πολὺ τῆς Π. Diese Struktur ist eine echt attische, jedoch weit mehr der Prosa eigen als der Dichtersprache. Am häufigsten wird so das Wort ἥμισυς gebraucht, als: ὁ ἥμισυς τοῦ χρόνου, oft auch πολύς, πλείων, πλεῖστος, und zuweilen andere Superlative. Aesch. Eum. 428 ἥμισυς λόγου. Th. 5, 31 ἐπὶ τῇ ἡμισείᾳ τῆς γῆς. X. Cy. 1. 2, 9 τὴν ἡμίσειαν τῆς φυλακῆς. 4. 5, 1 πέμπετε ἡμῖν τοῦ πεποιημένου σίτου τὸν ἥμισυν. 4. 5, 4 τῶν ἄρτων τοὺς ἡμίσεις. Vgl. 2. 3, 17. 4, 22. Dem. 4, 16 τοῖς ἡμίσεσι τῶν ἱππέων. Eigentümlich X. Cy. 3. 1, 34 τῆς στρατιᾶς (= τῶν στρατιωτῶν) τοὺς ἡμίσεις. Hdt. 1, 24 τὸν πολλὸν τοῦ χρόνου διατρίβειν. 3, 105 τὸν πλέω τοῦ χρυσοῦ. Th. 1, 5 τὸν πλεῖστον τοῦ βίου. 30 τοῦ χρόνου τὸν πλεῖστον. 2, 56 ἔτεμον τῆς γῆς τὴν πολλήν. 7, 3 τὴν πλείστην τῆς στρατιᾶς παρέταξε. X. Cy. 3. 2, 2 πολλὴ τῆς χώρας. Isae. 2, 19 περὶ ἧς οὗτος τὸν πλεῖστον τοῦ λόγου πεποίηται. Dem. 42, 6 ὁ δὲ ἀπεκρίνατο, ὅτι ὁ μὲν πεπραμένος εἴη τοῦ σίτου, ὁ δ' ἔνδον ἀποκείμενος, ein Teil des Getreides. Isocr. 9, 41 τὸν πλεῖστον τοῦ χρόνου. Th. 1, 2 τῆς γῆς ἡ ἀρίστη ἀεὶ τὰς μεταβολὰς τῶν οἰκητόρων εἶχεν, ubi v. Classen. Th. 7, 25 χαλεπωτάτη δ' ἦν τῆς σταυρώσεως ἡ κρύφιος, der verborgene Teil der Umpfählung. X. R. L. 1. 5 τὸν πρῶτον τοῦ χρόνου, ubi v. Haase. Pl. Symp. 209, a μεγίστη καὶ καλλίστη τῆς φρονήσεως, ubi v. Stallb. Civ. 416, b τὴν μεγίστην τῆς εὐλαβείας. Leg. 689, d ἡ καλλίστη καὶ

[1]) Mehr Demosthenesbeispiele bei Rehdantz, Ind. II unter *Genitiv*. — [2]) S. Lobeck ad Phryn. p. 279. Krüger Gr. II. § 47, 10, A. 3. — [3]) Beispiele derselben „Contamination" in neueren Sprachen bei Paul, Principien der Sprachgeschichte[3] S. 134.

μεγίστη τῶν ξυμφωνιῶν μεγίστη δικαιότατ' ἂν λέγοιτο σοφία. Isocr. 4, 148 τὴν ἀοίκητον τῆς χώρας. Selbst b. Relat. Pl. Civ. 595, a τὸ μηδαμῇ παραδέχεσθαι αὐτῆς (τῆς ποιήσεως) ὅση μιμητική sc. ἐστίν st. ὅσον, von der Poesie nur so viel sie ist μιμητική, nur insoweit sie ist μ. X. oec. 4, 8 ὁπόσην τῆς χώρας.

d) Insbesondere liebt die Dichtersprache bedeutungsvolle Adjektive mit sinnverwandten Substantiven zu vertauschen und diesen das Substantiv als Attributiv in der Form des Genetivs beizugeben. Diese Ausdrücke muss man häufig als nachdrucksvolle Umschreibungen eines einfachen Personennamens ansehen. In der epischen Sprache werden besonders folgende Substantive auf diese Weise gebraucht: βία, ἴς, μένος, σθένος, κῆρ st. der Adjektive: mutig, kräftig, stark, als: Αἰνείαο βίη (so auch bei Pindar und den Tragikern, als: Κάστορος βία, Τυδέος βία, Πολυνείκεος βία, Οἰνομάου βία Pind. O. 1, 88), ἴς Τηλεμάχοιο (s. Nitzsch zu β, 409), ἴς ἀνέμου (selbst ἴς ἐδάμασσε βίης Ἡρακληείης Hs. th. 332), μένος Ἀλκινόοιο, Ἄρηος, ἠελίου, σθένος Ἠετίωνος (so auch bei Pindar σθένος ἀνδρῶν N. 11, 38, ἡμιόνων O. 6, 22; mit Ironie von dem elenden Redner Thrasymachus aus Chalcedon τὸ τοῦ Χαλκηδονίου σθένος Pl. Phaedr. 267, c). B, 851 Παφλαγόνων δ' ἡγεῖτο Πυλαιμένεος λάσιον κῆρ. So Hs. scut. 144 ἐν μέσσῳ δὲ δράκοντος ἔην φόβος, der furchtbare Drache. — In der Sprache der Tragiker und Lyriker vorzüglich δέμας zur Bezeichnung erhabener und majestätischer Persönlichkeit. Eur. Hec. 724 ἀλλ' εἰσορῶ γὰρ τοῦδε δεσπότου δέμας Ἀγαμέμνονος; ferner κάρα, ὄμμα, zur Bezeichnung geliebter, teuerer Gegenstände, σέβας in der Bedeutung von ehrwürdig; als S. OR. 1235 τέθνηκε θεῖον Ἰοκάστης κάρα (so schon bei Homer ἵππων ξανθὰ κάρηνα I, 407, ἀνδρῶν πῖπτε κάρηνα Λ, 500, vgl. Ψ, 260. κ, 521). S. Tr. 527 τὸ δ' ἀμφινείκητον ὄμμα νύμφας. Aesch. Eum. 885 εἰ μὲν ἁγνόν ἐστί σοι Πειθοῦς σέβας. S. OR. 830 θεῶν ἁγνὸν σέβας. Auch ὄνομα bei den Tragikern. Eur. Or. 1082 ὦ ποθεινὸν ὄνομ' ὁμιλίας ἐμῆς, χαῖρε. Ferner: Pind. P. 1, 72 ὁ Τυρσανῶν τ' ἀλαλατὸς . . ναυσίστονον ὕβριν ἰδών = οἱ Τυρσανοὶ ἀλαλάζοντες . . ἰδόντες. Ar. Pl. 268 ὦ χρυσὸν ἀγγείλας ἐπῶν, goldne Worte. (Aber nicht gehört hierher Eur. Ba. 389 ὁ τᾶς ἡσυχίας βίοτος = ὁ ἐν ἡσυχίᾳ β.) Eur. Or. 1217 σὺ μὲν νῦν . . παρθένου δέχου πόδα = παρθένον ἀνελθοῦσαν, ubi v. Schaefer. Hipp. 661 θεάσομαι δὲ σὺν πατρὸς μολὼν ποδί, *cum patre reverso reversus*, ubi v. Valcken. Ar. Thesm. 47 θηρῶν τ' ἀγρίων πόδες ὑλοδρόμων | μὴ λυέσθων, *bestiae circumcursantes*. Vgl. S. Ant. 43 εἰ τὸν νεκρὸν ξὺν τῇδε κουφιεῖς χερί „im Vereine mit mir, weil bei dem Anfassen die Hände thätig sind" Schneidew. — In der Prosa und Poesie das Wort χρῆμα als Ausdruck der Grösse, Stärke, Masse, als: Hdt. 1, 36 ὑὸς χρῆμα μέγα, ein tüchtiges Stück von einem Schweine (vgl. X. Cy. 5. 2, 34 ἔλαφος, καλόν τι χρῆμα.) Ar. V. 933 κλέπτον τὸ χρῆμα τἀνδρός „aus lauter Dieberei ist der ganze Kerl zusammengesetzt“. Theocr. 18, 4 μέγα χρῆμα Λακαινᾶν, ein derber Schlag von Lakonerinnen. Hdt. 3, 109 πολλόν τι χρῆμα τῶν τέκνων *ingentem vim*. 7, 188 ἦν τε τοῦ χειμῶνος χρῆμα ἀφόρητον „und war des Sturmes unerträglich viel“. 3, 130. 4, 81. 6, 43. X. Cy. 2. 1, 5 σφενδονητῶν πάμπολύ τι χρῆμα. Ar. Ach. 150 ὅσον τὸ χρῆμα παρνόπων προσέρχεται. Thesm. 281. R. 1278 u. s.; Eur. Ph. 198 φιλόψυχον γὰρ χρῆμα θηλειῶν ἔφυ; v. etwas Erhabenem ironisch Pl. Civ. 567, e μακάριον λέγεις τυράννου χρῆμα. Φύσις τινός wird oft von einer Sache nach ihrer natürlichen Beschaffenheit gebraucht. Pl. Symp. 186, b ἡ φύσις τῶν σωμάτων τὸν διπλοῦν ἔρωτα τοῦτον ἔχει, die Körper nach ihrer natürlichen Beschaffenheit. Phil. 30, b ἐν τούτοις δ' οὐκ ἄρα μεμηχανῆσθαι τὴν τῶν καλλίστων καὶ τιμιωτάτων φύσιν = τὰ φύσει κάλλιστα. Phaedr. 251, b ᾗ (qua ratione) ἡ τοῦ πτεροῦ φύσις ἄρδεται. Ferner υἷες Ἀχαιῶν, κοῦροι Ἀχαιῶν Homer, Pind. J. 3, 54 παίδεσσιν Ἑλλάνων, ὅσοι Τρῴανδ' ἔβαν. Λυδῶν παῖδες Hdt. 1, 27, vgl. 3, 21. 5, 49. 7, 130, um eine glorreiche Abkunft rühmend anzudeuten; so auch von Künstlern und Gelehrten, die die von ihren Vätern ererbte Kunst oder Wissenschaft treiben. Pl. leg. 769, b οἱ ζωγράφων παῖδες. Civ. 407, e οἱ παῖδες αὐτοῦ (Ἀσκληπιοῦ), die Ärzte. [1])

§ 406. Apposition.

1. Apposition nennt man ein Substantiv, welches zu einem anderen Substantive oder substantivischen Personalpronomen und selbst zu dem im Verb liegenden Personalpronomen als nähere Bestimmung in gleichem Kasus und, wenn es ein Personenname ist, auch in gleichem Genus und Numerus hinzugefügt ist. Vgl. § 362, 1. Die auf zwei oder mehrere Substantive bezogene Apposition steht, wenn sie ein Gattungsname ist, im Plurale; über die Verbindung einer Apposition im Plurale mit einem Substantive im Sing. s. § 362, 2. Die Apposition drückt einen substantivischen Begriff als identisch mit dem näher zu bestimmenden aus und tritt als ein Besonderes zu einem Allgemeinen. Κῦρος, ὁ βασιλεύς. Τόμυρις, ἡ βασίλεια. Ἐγώ, ὁ βασιλεύς. Κῦρος καὶ Κροῖσος, οἱ βασιλεῖς. X. Cy. 5. 2, 7 τὴν θυγατέρα, δεινόν τι κάλλος καὶ μέγεθος, ἐξάγων ὧδε εἶπεν. Th. 1, 137 Θεμιστοκλῆς ἥκω παρὰ σέ. S. Tr. 1105 νῦν . . τυφλῆς ὑπ' ἄτης ἐκπεπόρθημαι τάλας, | ὁ τῆς ἀρίστης μητρὸς ὠνο-

[1]) S. Matthiä II. §§ 430, 5 u. 430 b. Bernhardy S. 51 f. Valckenaer ad Eur. Ph. 206. Passow Lex. unt. χρῆμα; über φύσις Stallbaum ad Pl. Symp. 191, a, u. Passow; über παῖδες ζωγράφων u. dgl. Stallbaum ad Pl. leg. 720, b. et Phil. 36, d.

μασμένος, | ὁ τοῦ . . Ζηνὸς αὐδηθεὶς γόνος. Eur. Hipp. 1066 ποῖ δῆθ' ὁ τλήμων τρέψομαι; Andr. 1071 οἵας ὁ τλήμων ἀγγελῶν ἥκω τύχας. Luc. D. D. 24, 2 ὁ δὲ Μαίας τῆς Ἄτλαντος διακονοῦμαι αὐτοῖς (d. i. ἐγώ, ὁ Μαίας sc. υἱός). Beruht die Identität der Apposition bloss auf einer Ähnlichkeit, so wird derselben ὡς hinzugefügt. Λ, 72 οἱ δὲ λύκοι ὣς θῦνον. Der Gebrauch der Apposition ist im Griechischen, wie wir sehen werden, ungleich vielseitiger als in anderen Sprachen.

Anmerk. 1. Die wenigen Stellen bei Thukydides, wo die (in einem Infinitiv mit Artikel bestehende) Apposition nicht in gleichem Kasus mit ihrem Substantiv, sondern im Akkusativ erscheint, sind kritisch verdächtig. 7, 36 τῇ τε πρότερον ἀμαθίᾳ τῶν κυβερνητῶν δοκούσῃ εἶναι, τὸ ἀντίπρωρον ξυγκροῦσαι, μάλιστ' ἂν αὐτοὶ χρήσασθαι. 8, 87 καταβοῆς ἕνεκα τῆς ἐς Λακεδαίμονα, τὸ λέγεσθαι, ὡς οὐκ ἀδικεῖ, so die meisten cdd., nur wenige τοῦ. Anderer Art ist 7, 67 τῆς δοκήσεως προσγεγενημένης αὐτῷ, τὸ κρατίστους εἶναι εἰ τοὺς κρατίστους ἐνικήσαμεν.

Anmerk. 2. Über die Ellipse der Wörter υἱός, παῖς, θυγάτηρ u. s. w. in der Apposition s. § 403, b; über die Apposition statt des attributiven Genetivs § 402, e; über den Gebrauch des Artikels bei der Apposition s. d. Lehre v. d. Artikel.

2. Die Apposition nimmt gemeiniglich ihre Stellung nach dem zu bestimmenden Worte ein, kann aber durch andere Worte von demselben getrennt werden. X. An. 1. 6, 11 εἰς τὴν Ἀρταπάτου σκηνὴν εἰσήχθη, τοῦ πιστοτάτου τῶν Κύρου σκηπτούχων. Die Apposition steht vor dem zu bestimmenden Worte, wenn sie ein grösseres Gewicht hat als dieses. X. An. 6. 5, 2 ὁρᾷ ἀετὸν αἴσιον ὁ μάντις Ἀρηξίων Παρράσιος, der Name ist hier Nebensache. Pl. conv. 185, d τὸν ἰατρὸν Ἐρυξίμαχον. Dem. 18, 39 βασιλεὺς Μακεδόνων Φίλιππος. Ebenso im Lat., s. Kühner's Bmrk. ad Cic. Tusc. 5. 3, 90 Scythes Anacharsis. Zuweilen wird die Apposition selbst durch viele Wörter von ihrem Substantive getrennt. Th. 2, 12 Μελήσιππον πρῶτον ἀποστέλλει ἐς τὰς Ἀθήνας, τὸν Διακρίτου, ἄνδρα Σπαρτιάτην. X. An. 3. 4, 37 καταλαμβάνουσι χωρίον ὑπερδέξιον οἱ βάρβαροι, ᾗ ἔμελλον Ἕλληνες παριέναι, ἀκρωνυχίαν ὄρους.

Anmerk. 3. In der Dichtersprache, namentlich in der Homerischen, besteht die Apposition bisweilen darin, dass das Wort, welches durch die Apposition zu erklären ist, mit einem Zusatze wiederholt wird (epanaleptische Apposition[1])) B, 672 ff. Νιρεὺς . . ἄγε τρεῖς νῆας ἐίσας, | Νιρεύς, Ἀγλαΐης υἱὸς Χαρόποιό τ' ἄνακτος, | Νιρεύς, ὃς κτλ., ubi v. Ameis. Vgl. 837. 850 ἀπ' Ἀξιοῦ εὐρυρέοντος, | Ἀξιοῦ, οὗ κάλλιστον ὕδωρ ἐπικίδναται αἶαν. (Über die dabei vorkommende Attraktion s. § 555, 4.) Eine gleiche Erscheinung findet sich auch b. Hdt. 7, 121 init. 9, 73 init.

3. Wenn zu dem Possessivpronomen eine Apposition tritt, so steht dieselbe im Genetive, weil diese Pronomina den Genetiv der Personalpronomina vertreten, wie dies auch im Lat. b. *ipse* u. im Altdeutschen b. *selbst* geschieht, als: mit sin *selbes* Hant (Grimm

[1]) S. Krüger II. § 57, 9, A. 1.

IV. S. 358. Becker ausf. Gr. I. § 168.) Γ, 180 δαὴρ αὖτ' ἐμὸς ἔσκε κυνώπιδος. Z, 490 τὰ σ' αὐτῆς ἔργα κόμιζε. ξ, 185 τὰ σ' αὐτοῦ κήδε' ἐνίσπες. ο, 262 λίσσομαι . . ὑπὲρ σῆς τ' αὐτοῦ κεφαλῆς καὶ ἑταίρων. α, 7 αὐτῶν γὰρ σφετέρῃσιν ἀτασθαλίῃσιν ὄλοντο. P, 226 ὑμέτερον δὲ ἑκάστου θυμὸν ἀέξω. Π, 236. O, 39. β, 138. S. OC. 344 τἀμὰ δυστήνου κακά. Ar. Pl. 33 τὸν ἐμὸν αὐτοῦ τοῦ ταλαιπώρου βίον. Hdt. 6, 97 ἄπιτε ἐπὶ τὰ ὑμέτερα αὐτῶν. Pl. conv. 194, b τὴν σὴν ἀνδρείαν ἀναβαίνοντος ἐπὶ τὸν ὀκρίβαντα καὶ βλέψαντος ἐναντία τοσούτῳ θεάτρῳ. Dem. 4, 7 τὰ ὑμέτερ' αὐτῶν κομιεῖσθε (*recuperabitis*). Ebenso ist der Genetiv der Apposition zu erklären bei Adjektiven, welche statt des attributiven Genetivs (§ 402, a) stehen. Es sind Adjektive, welche von persönlichen Eigennamen oder anderen Personennamen abgeleitet sind. B, 54 Νεστορέῃ παρὰ νηὶ Πυληγενέος βασιλῆος. E, 741 ἐν δέ τε Γοργείη κεφαλὴ δεινοῖο πελώρου. Pl. Lach. 179, a παππῷον ὄνομ' ἔχει τοὐμοῦ πατρός, des Grossvaters (πάππου), welcher mein Vater war. Ap. 29, d Ἀθηναῖος ὢν πόλεως τῆς μεγίστης. Epanaleptisch Hdt. 9, 92 Δηιφόνου, ἀνδρὸς Ἀπολλωνιήτεω, Ἀπολλωνίης τῆς ἐν τῷ Ἰονίῳ κόλπῳ. Auffallender: X. An. 4. 7, 22 γέρρα δασειῶν βοῶν ὠμοβόεια.

4. Häufig dient die Apposition zur Erklärung und näheren Bestimmung eines allgemeineren Begriffs. Th. 3, 104 τὴν πεντετηρίδα τότε πρῶτον μετὰ τὴν κάθαρσιν ἐποίησαν οἱ Ἀθηναῖοι τὰ Δήλια (wo Herwerden u. Stahl τὰ Δήλια streichen). Pl. Gorg. 524, b ὁ θάνατος τυγχάνει ὢν οὐδὲν ἄλλο ἢ δυοῖν πραγμάτοιν διάλυσις, τῆς ψυχῆς καὶ τοῦ σώματος. So oft die eines Pronomens. Pl. Apol. 37, a τούτου τιμῶμαι, ἐν πρυτανείῳ σιτήσεως, s. § 469, 3. Hierher gehört auch die Apposition bei ὄνομα, s. § 356, 2, sowie auch die Apposition bei Massbestimmungen s. § 402, e. Über die Apposition nach einem Relative s. § 556, A. 2, und über den Infinitiv oder einen ganzen Satz als Apposition s. § 472, 1, c) u. nach einem Relative s. § 562, 2.

Anmerk. 4. An der Stelle einer erklärenden Apposition wird, wenn dieselbe nachdrücklich hervorgehoben werden soll, bisweilen das Verb λέγω (ich meine) gebraucht, und zwar entweder in Verbindung mit dem Akkusative oder mit Wiederholung des vorangehenden Kasus. Dem. 24, 6 προσέκρουσ' ἀνθρώπῳ πονηρῷ . ., ᾧ τελευτῶσα ὅλη προσέκρουσεν ἡ πόλις, Ἀνδροτίωνα λέγω. 8, 24 πάντες . . καὶ παρὰ Χίων καὶ παρὰ Ἐρυθραίων καὶ παρ' ὧν ἂν ἕκαστοι δύνωνται, τούτων τῶν τὴν Ἀσίαν οἰκούντων λέγω, χρήματα λαμβάνουσιν. Vgl. 57, 24. Aesch. fr. 169 ἀλλ' Ἀντικλείας ἄσσον ἦλθε Σίσυφος, | τῆς σῆς λέγω τοι μητρός, ἥ σ' ἐγείνατο[1]). (Ähnlich Pl. Gorg. 478, b τί οὖν τούτων κάλλιστόν ἐστιν; Pol. Τίνων λέγεις; S. Χρηματιστικῆς, ἰατρικῆς, δίκης.). Ebenso im Lat.[2]). Cic. Ph. 8. 7, 20 hesternus dies *nobis, consularibus dico,* turpis illuxit. Bei den Tragikern wird auf diese Weise der Eigenname hervorgehoben. Aesch. Ag. 1035 εἴσω κομίζου καὶ σύ,

[1]) Vgl. Lobeck ad S. Aj. 569. — [2]) S. Kühner Ausf. Gramm. der lat. Spr. II. Bd. 1. Abt. § 67, Anm. 2 (S. 183) u. ad Cicer. Tusc. 5. 36, 105.

Κασάνδραν λέγω. S. Ph. 1261 σὺ δ', ὦ Ποίαντος παῖ, Φιλοκτήτην λέγω. Ai. 569 Τελαμῶνι δείξει μητρί τ', Ἐριβοίᾳ λέγω, ubi v. Lobeck. Ant. 198 τὸν δ' αὖ ξύναιμον τοῦδε, Πολυνείκη λέγω. Tr. 9 μνηστὴρ γὰρ ἦν μοι ποταμός, Ἀχελῷον λέγω. Eur. Ba. 913 σὲ τὸν πρόθυμον ὄνθ' ἃ μὴ χρεὼν ὁρᾶν | . ., Πενθέα λέγω. Med. 271.

5. Das als Apposition zu einem Substantive hinzugefügte Substantiv bezeichnet oft eine aus der im Satze ausgesprochenen Handlung hervorgehende Wirkung oder ein Ergebnis (vgl. Nr. 6 u. § 411, 1).[1] Δ, 155 θάνατόν νύ τοι ὅρκι' ἔταμνον, ich schloss ein Bündnis als Tod, d. i. zu deinem Verderben. S. OC. 984 αὐτῆς ὄνειδος παῖδας ἐξέφυσέ μοι, sich zur Schande. El. 130 ἥκετ' ἐμῶν καμάτων παραμύθιον, als Trost, zum Troste. Eur. Or. 814 f. ὁπότε χρυσείας ἔρις ἀρνὸς | ἤλυθε Τανταλίδαις, οἰκτρότατα θοινάματα καὶ σφάγια γενναίων τεκέων. Ph. 1352 οἷον τέρμον', Ἰοκάστη, βίου | γάμων τε τῶν σῶν Σφιγγὸς αἰνιγμοὺς ἔτλης = ὥστε τοιοῦτον τέρμονα βίου γάμων τε τῶν σῶν εἶναι, Σφ. αἰν. ἔτλης. Vgl. Hec. 1075. M. 194. 597. 1322. Hdt. 2, 155 τὸ δὲ καταστέγασμα τῆς ὀροφῆς ἄλλος ἐπικέεται λίθος, als Dach, damit er zur Bedeckung diene. Pl. leg. 903, b ἐπῳδῶν προσδεῖσθαί μοι δοκεῖ μύθων ἔτι τινῶν, als ein Heilmittel. Prot. 316, e ταῖς τέχναις ταύταις παραπετάσμασιν ἐχρήσαντο. Auch mit ὡς vergleichungsweise. Ib. 316, d (οἰκήματι) ὡς ταμιείῳ ἐχρῆτο. So sagt man τούτῳ χρῶμαι πιστῷ φίλῳ von dem, der an einem in Wahrheit einen treuen Freund hat, ὡς πιστῷ φίλῳ von dem, der an einem einen treuen Freund zu haben meint;[2] doch kann selbst bei einer wirklichen Vergleichung ὡς weggelassen werden. Dem. 43, 83 νομίζετε δὴ τὸν παῖδα τοῦτον ἱκετηρίαν ὑμῖν προκεῖσθαι ὑπὲρ τῶν τετελευτηκότων.

6. Zu einem ganzen Satze oder zu mehreren Worten des Satzes tritt zuweilen ein Substantiv im Nominative oder Akkusative als Apposition, und zwar im Nominative oder Akkusative, je nachdem ein Nominativ oder Akkusativ vorangeht, wenn die Apposition ein Urteil ausspricht; im Akkusativ, gleichviel, welcher Kasus vorangehe, wenn die Apposition ein Bewirktes, ein Ergebnis, eine Folge, Bestimmung oder Absicht (vgl. Nr. 5) bezeichnet. Häufig bei Eur. a) Eur. Heracl. 71 βιαζόμεσθα καὶ στέφη μιαίνεται, | πόλει τ' ὄνειδος καὶ θεῶν ἀτιμία. Or. 499 ἐπεὶ γὰρ ἐξέπνευσεν Ἀγαμέμνων βίον | πληγεὶς θυγατρὸς τῆς ἐμῆς ὑπαὶ κάρα, | αἴσχιστον ἔργον. H. f. 323 ὡς μὴ τέκν' εἰσίδωμεν, ἀνόσιον θέαν, | ψυχορραγοῦντα. Vgl. Or. 727. Hipp. 815. Ba. 30. 693. 1100. Auch in Prosa. Pl. Gorg. 507, e ἀνήνυτον κακόν. — b) Ω, 735 ἤ τις Ἀχαιῶν | ῥίψει (sc. αὐτόν) χειρὸς ἑλὼν ἀπὸ πύργου, λυγρὸν ὄλεθρον = ὥστε λ. ὄ. εἶναι. Λ, 28 ἅστε Κρονίων | ἐν νέφεϊ στήριξε, τέρας μερόπων ἀνθρώπων (vgl.

---

[1] Vgl. Matthiä II. § 428, 1. § 433, A. 3. Pflugk ad Eur. Hel. 77. Monk ad Eur. Alc. 7. — [2] S. Kühner ad Xen. Comm. 2. 1, 12.

P, 548 ἶριν . . τέρας ἔμμεναι.) Γ, 50. Δ, 197. ζ, 184.[1]) Aesch. Ag. 226 ἔτλη θυτὴρ γενέσθαι θυγατρός, πολέμων ἀρωγάν (ὥστε ἀρωγὰν εἶναι.) 1420 οὐ τοῦτον ἐκ γῆς τῆσδε χρῆν σ' ἀνδρηλατεῖν, | μιασμάτων ἄποινα. Vgl. Pind. O. 11, 78 ibiq. Dissen. Eur. Or. 1105 Ἑλένην κτάνωμεν, Μενέλεῳ λύπην πικράν. Vgl. 843. 962. El. 1261 Ἁλιρρόθιον ὅτ' ἔκταν' ὠμόφρων Ἄρης, | μῆνιν θυγατρὸς ἀνοσίων νυμφευμάτων. J. A. 234. Andr. 291 ibiq. Pflugk. H. f. 226. Tr. 879. Alc. 7.

Anmerk. 5. So erklären sich die adverbiellen Akkusative χάριν c. g., χάριν ἐμήν, σήν, *mea, tua gratia*, δωρεάν u. δωτίνην (b. Hdt.), προῖκα als Geschenk, umsonst. O, 744 ὅς τις δὲ Τρώων κοίλῃς ἐπὶ νηυσὶ φέροιτο (sich stürzen wollte) . . χάριν Ἕκτορος als Gefälligkeit für H.

Anmerk. 6. Auf ähnliche Weise tritt bisweilen auch das Neutrum eines Partizips oder Adjektivs als appositionaler Zusatz zu einem ganzen Satze, gleichfalls, um ein Urteil über denselben auszusprechen. S. Ant. 44 ἦ γὰρ νοεῖς θάπτειν σφ', ἀπόρρητον πόλει; = ὃ ἀπόρρητόν ἐστιν. Eur. Or. 30 πείθει (Ἀπόλλων) Ὀρέστην μητέρ', ἥ σφ' ἐγείνατο, κτεῖναι, πρὸς οὐχ ἅπαντας εὔκλειαν φέρον, eine That, welche nicht Ruhm bringt. Suppl. 1070 καὶ δὴ παρεῖται (*solutum est*) σῶμα, σοὶ μὲν οὐ φίλον. M. 1035 (εἶχον ἐλπίδας) κατθανοῦσαν χεροῖν εὖ περιστελεῖν, | ζηλωτὸν ἀνθρώποισι.

Anmerk. 7. Die ein Urteil über den Satz oder ein Ergebnis u. s. w. aussprechende Apposition wird bisweilen dem Satze vorangeschickt[2]). a) Eur. Ph. 999 αἰσχρὸν γάρ, οἱ μὲν . . οὐκ ὀκνήσουσιν θανεῖν, . . ἐγὼ δὲ . . ἔξω χθονὸς ἄπειμι. H. f. 196 ἓν μὲν τὸ λῷστον, μυρίους οἰστοὺς ἀφεὶς | ἄλλοις τὸ σῶμα ῥύεται μὴ κατθανεῖν. b) Pind. J. 3, 7 εὐκλέων δ' ἔργων ἄποινα, χρὴ μὲν ὑμνῆσαι τὸν ἐσλόν = ὥστε εἶναι ἄποινα. S. OR. 603 καὶ τῶνδ' ἔλεγχον, . . Πυθώδ' ἰὼν | πεύθου, τὰ χρησθέντ' εἰ σαφῶς ἤγγειλά σοι = ὥστε ἔλεγχον εἶναι, εἰ τὰ χρ. σ. ἤγγ.

Anmerk. 8. So sind auch die zu Anfang eines Satzes oder Satzgliedes stehenden Ausdrücke: τὸ δὲ μέγιστον, τό γε μ., καὶ τὸ μ., τὸ δὲ δεινότατον, καὶ τὸ δ., τό γε ἔσχατον, καὶ τὸ ἔ., τὸ κεφάλαιον, τὸ τελευταῖον, τὸ λεγόμενον u. dgl., τό c. Genet., τοῦτο ὅ *c. verbo fin.* zu erklären, die der Lateiner durch *id quod* c. verbo fin. ausdrückt. Th. 2, 65 τὸ δὲ μέγιστον, πόλεμον ἀντ' εἰρήνης ἔχοντες. 3, 63. 4, 70 X. Cy. 3. 1, 1 καί, τὸ μέγιστον, ἐφοβεῖτο κτλ. Vgl. 4. 1, 24. 5. 5, 24. R. L 10, 8 καὶ γάρ, τὸ πάντων θαυμαστότατον, ἐπαινοῦσι μὲν πάντες τὰ τοιαῦτα ἐπιτη-δεύματα, μιμεῖσθαι δὲ αὐτὰ οὐδεμία πόλις ἐθέλει. Aeschin. 3, 161 καί, τὸ πάντων δεινότατον, ὑμεῖς μὲν τοῦτον οὐ προὔδοτε . ., οὗτος δὲ ὑμᾶς νῦν προδέδωκεν. Pl. Alc. 2, 143, b καί, τό γ' ἔσχατον, εὐχόμενοι ἡμῖν αὐτοῖς τὰ κάκιστα. Theaet. 190, b ἢ καί, τὸ πάντων κεφάλαιον, σκόπει, εἰ κτλ. Soph. 261, b σχολῇ που, τὸ κατὰ τὴν παροιμίαν λεγόμενον, ὅ γε τοιοῦτος ἄν ποτε ἕλοι πόλιν. Vgl. Phaed. 101, d. Gorg. 447, a ἀλλ' ἦ, τὸ λεγόμενον, κατόπιν ἑορτῆς ἥκομεν. In Verbindung mit dem Demonstrative. Pl. Gorg. 508, d ἄν τε τύπτειν βούληται, τὸ νεανικὸν δὴ τοῦτο τοῦ σοῦ λόγου, ἐπὶ κόρρης „*quod erat scilicet magnificum dictum tuum*". Stallb., wie 514, e τὸ λεγόμενον δὴ τοῦτο. Nur selten fehlt der Artikel. Th. 1, 142 μέγιστον δέ, τῇ τῶν χρημάτων σπάνει κωλύσονται. Pl. Phaed. 96, e καὶ ἔτι γε τούτων ἐναργέστερα, τὰ δέκα μοι ἐδόκει τῶν ὀκτὼ πλείονα εἶναι. — Pl. Theaet. 183, e Παρμενίδης δέ μοι φαίνεται, τὸ τοῦ Ὁμήρου, αἰδοῖός τέ μοι εἶναι ἅμα δεινός τε. (Anders Lach. 191, b καὶ σύ, τὸ τῶν Σκυθῶν, ἱππέων πέρι λέγεις, brachy-

---

[1]) S. La Roche, hom. Stud. § 115. — [2]) Matthiä II. § 432. 5.

logisch st. τὸ τῶν Σ. λέγων λέγεις ἱππέων πέρι). — Pl. Civ. 462, d καὶ τοῦτο ὃ ἐρωτᾷς, τοῦ τοιούτου ἐγγύτατα ἡ ἄριστα πολιτευομένη πόλις οἰκεῖ, ubi v. Stallb. Symp. 221, b τὸ σὸν δὴ τοῦτο.

Anmerk. 9. Wenn die Ausdrücke τὸ δὲ μέγιστον, τὸ δὲ ἔσχατον u. s. w. nachdrücklicher hervorgehoben werden sollen, so werden sie entweder zu einem Hauptsatze erhoben, in dem ἐστίν zu ergänzen ist, oder in einen Adjektivsatz verwandelt, und der Hauptsatz zu einem Nebensatze (Substantiv- oder Adverbialsatze) oder zum Acc. c. Inf. gemacht oder auch als grammatischer Hauptsatz mit γάρ angereiht. a) Pl. Phaed. 66, d τὸ δὲ ἔσχατον πάντων (sc. ἐστίν), ὅτι θόρυβον παρέχει. Lys. 27, 12 τὸ δὲ πάντων ὑπερφυέστατον, ὅτι ἐν μὲν τοῖς ἰδίοις οἱ ἀδικούμενοι δακρύουσι, ἐν δὲ τοῖς δημοσίοις κτλ. — b) Pl. Civ. 491, b ὃ μὲν πάντων θαυμαστότατον ἀκοῦσαι, ὅτι . . ἐπῃνέσαμεν, d. i. τοῦτό ἐστιν, ὅτι, s. Stallb. Euthyd. 304, c ὃ δὲ καὶ σοὶ μάλιστα προσήκει ἀκοῦσαι, ὅτι οὐδὲ τὸ χρηματίζεσθαι φατὸν διακωλύειν οὐδέν. Vgl. Lysid. 204, d, ubi v. Stallb. Isocr. 4, 176 ὃ δὲ πάντων καταγελαστότατον, ὅτι τῶν γεγραμμένων . . τὰ χείριστα τυγχάνομεν διαφυλάττοντες. 6, 56 ὃ δὲ πάντων σχετλιώτατον, εἰ . . ῥᾳθυμότερον τῶν ἄλλων βουλευσόμεθα περὶ τούτων. Lys. 19, 33 ὃ δὲ πάντων δεινότατον, τὴν ἀδελφὴν ὑποδέξασθαι παιδία ἔχουσαν πολλά κτλ. — c) Ps. Isocr. 17, 14 ὃ δὲ πάντων δεινότατον· κατεγγυῶντος γὰρ Μενεξένου . . τὸν παῖδα, Πασίων αὐτὸν ἑπτὰ ταλάντων διηγγυήσατο. Vgl. Lys. 3, 39.

Anmerk. 10. So werden auch die Ausdrücke δυοῖν θάτερον, eines von beiden, ἀμφότερον, ἀμφότερα, οὐδέτερον, πᾶν τοὐναντίον, ταὐτὸν τοῦτο u. dgl. als Appositionen einem Satze oder Satzteile vorangeschickt. Γ, 179 Ἀγαμέμνων, | ἀμφότερον, βασιλεύς τ' ἀγαθὸς κρατερός τ' αἰχμητής. Δ, 144. ο, 78; bei Homer zu einem Adverb erstarrt, auch vor dem Gen. u. Dat. N, 166 χώσατο δ' αἰνῶς | ἀμφότερον, νίκης τε καὶ ἔγχεος, ὃ ξυνέαξεν. Δ, 60 πρεσβυτάτην . . | ἀμφότερον, γενεῇ τε καὶ οὕνεκα σὴ παράκοιτις | κέκλημαι. Pl. Theaet. 187, b ἐὰν οὕτω δρῶμεν, δυοῖν θάτερα, ἢ εὑρήσομεν, ἐφ' ὃ ἐρχόμεθα, ἢ ἧττον οἰησόμεθα εἰδέναι, ὃ μηδαμῇ ἴσμεν. Dem. 18, 171 τοὺς ἀμφότερα ταῦτα, καὶ εὔνους τῇ πόλει καὶ πλουσίους. Vgl. 139. Aeschin. 3, 234.

7. Zu Substantiven, die den Begriff einer Mehrheit ausdrücken, werden oft substantivische Bestimmungen, welche die Teile jener Mehrheit bezeichnen, in gleichem Kasus als Apposition hinzugefügt (Appositio *partitiva* oder *distributiva*). Besonders gehören hierher die Wörter: ἕκαστος, ἑκάτερος, πᾶς (jeder), ὁ μέν . . ὁ δέ, οἱ μέν . . οἱ δέ (bei Hom. nur im Dual u. Pl., nicht im Sing. ὁ μέν . . ὁ δέ), ἄλλος ἄλλον, *alius alium*, einer diesen, ein anderer jenen, einer den anderen, oder gegenseitig, ἄλλος ἄλλοθεν, *alius aliunde*, einer von dieser, ein anderer von jener oder einer anderen Seite. Das Subjekt, welches das Ganze bezeichnet, kann im Prädikate liegen (wir, ihr, sie). In dieser Redeform tritt das Ganze nachdrücklicher hervor; steht aber das Ganze im Genetive, so treten die Teile mehr hervor. Η, 175 οἱ δὲ κλῆρον ἐσημήναντο ἕκαστος. Ι, 311 ὡς μή μοι τρύζητε παρήμενοι ἄλλοθεν ἄλλος. Λ, 571 τὰ δὲ δοῦρα . . ἄλλα μὲν . . πολλὰ δὲ κτλ. α, 424 δὴ τότε κακκείοντες ἔβαν οἶκόνδε ἕκαστος, suam *quisque* domum se contulerunt. κ, 397 ἔγνωσαν δέ μ' ἐκεῖνοι ἔφυν τ' ἐν χερσὶν ἕκαστος. Auffallend Κ, 215 τῶν πάντων (st. οἱ πάντες) οἱ ἕκαστος

ὅιν δώσουσι, u. θ, 392 τῶν οἱ ἕκαστος φᾶρος . . ἐνείκατε. — E, 195 παρὰ δέ σφιν ἑκάστῳ δίζυγες ἵπποι | ἑστᾶσι. O, 109 ὅττι κεν ὔμμι κακὸν πέμπῃσιν ἑκάστῳ. Vgl. Σ, 375. — Hs. op. 161 ff. τοὺς μὲν πόλεμος . . τοὺς μὲν ἐφ' ἑπταπύλῳ Θήβῃ . . ὤλεσε . ., τοὺς δὲ καὶ ἐν νήεσσιν . . ἐς Τροίην ἀγαγών. Hdt. 3, 158 ἔμενον ἐν τῇ ἑωυτοῦ τάξι ἕκαστος, in suo *quisque* ordine manserunt. (Hdt. 6, 111 τὸ στρατόπεδον ἐξισούμενον τῷ Μηδικῷ στρατοπέδῳ τὸ μὲν αὐτοῦ μέσον ἐγίνετο ἐπὶ τάξιας ὀλίγας . . τὸ δὲ κέρας ἑκάτερον ἔρρωτο πλήθεϊ ist αὐτοῦ aus Nachlässigkeit hinzugefügt.) Th. 1, 89 οἰκίαι αἱ μὲν πολλαὶ ἐπεπτώκεσαν, ὀλίγαι δὲ περιῆσαν. 2, 51 ἕτερος ἀφ' ἑτέρου θεραπείας ἀναπιμπλάμενοι (angesteckt) ἔθνῃσκον. 2, 103 οἱ ἀνὴρ ἀντ' ἀνδρὸς ἐλύθησαν, vgl. 5, 3. Doppelte Teilung: 7, 13 οἱ ξένοι οἱ μὲν . . ἀποχωροῦσιν, οἱ δὲ ὑπὸ μεγάλου μισθοῦ τὸ πρῶτον ἐπαρθέντες . . οἱ μὲν . . ἀπέρχονται, οἱ δὲ ὡς ἕκαστοι δύνανται . ., εἰσὶ δ' οἳ . . ἀφῄρηνται. X. R. L. 6, 1 ἐν ταῖς ἄλλαις πόλεσι τῶν ἑαυτοῦ ἕκαστος καὶ παίδων καὶ οἰκετῶν καὶ χρημάτων ἄρχουσιν, suis *quisque* liberis imperant. Comm. 2. 7, 1 τὰς ἀπορίας τῶν φίλων τὰς μὲν δι' ἄγνοιαν ἐπειρᾶτο (Σωκράτης) γνώμῃ ἀκεῖσθαι, τὰς δὲ δι' ἔνδειαν διδάσκων κατὰ δύναμιν ἀλλήλοις ἐπαρκεῖν. Cy. 1. 1, 1. Pl. Phaedr. 255, c πηγὴ . . ἡ μὲν εἰς αὐτὸν ἔδυ, ἡ δὲ . . ἀπορρεῖ. Dem. 18, 182 Ἑλληνίδας πόλεις ἃς μὲν (= τὰς μὲν) ἐμφρούρους ποιεῖ . ., τινὰς δὲ . . κατασκάπτει. Pl. Charm. in. καί με ὡς εἶδον εἰσιόντα ἐξ ἀπροσδοκήτου, εὐθὺς ἠσπάζοντο ἄλλος ἄλλοθεν. Vgl. 153, d ἠρώτων δὲ ἄλλος ἄλλο. Jedoch richtet sich in dieser Fügung das Prädikat zuweilen nicht nach dem eigentlichen Subjekte, sondern nach dem beigefügten ἕκαστος, πᾶς u. s. w. Π, 264 οἱ δὲ (σφῆκες) ἄλκιμον ἦτορ ἔχοντες πρόσσω πᾶς πέτεται καὶ ἀμύνει οἷσι τέκεσσιν. So auch K, 224 σύν τε δύ' ἐρχομένω καί τε πρὸ ὁ τοῦ ἐνόησεν (= ὁ ἕτερος πρὸ τοῦ ἑτέρου). Eur. H. f. 197 ὅσοι δὲ τόξοις χεῖρ' ἔχουσιν εὔστοχον . . ἀφεὶς . . ἀμύνεται. Hdt. 7, 104 οἱ Ἑλλήνων ἕκαστός φησι τριῶν ἄξιος εἶναι. X. An. 1. 8, 9 πάντες οὗτοι κατὰ ἔθνη ἐν πλαισίῳ πλήρει ἀνθρώπων ἕκαστον τὸ ἔθνος ἐπορεύετο. 2. 1, 15 οὗτοι μὲν . . ἄλλος ἄλλα λέγει. Hell. 1. 7, 5 οἱ στρατηγοὶ βραχέα ἕκαστος ἀπελογήσατο. Pl. Civ. 346, d αἱ ἄλλαι πᾶσαι (τέχναι) τὸ αὑτῆς ἑκάστη ἔργον ἐργάζεται. Vgl. Gorg. 503, e, ibiq. Stallb. Die partitive Apposition hat oft ein Partizip bei sich. I, 656 οἱ δὲ ἕκαστος ἑλὼν δέπας ἀμφικύπελλον | σπείσαντες παρὰ νῆας ἴσαν. S. Ant. 413 καθήμεθα . . ἐγερτὶ κινῶν ἄνδρ' ἀνήρ. Hdt. 1, 7 ἄρξαντες ἔτεα πέντε τε καὶ πεντακόσια, παῖς παρὰ πατρὸς ἐκδεκόμενος τὴν ἀρχήν. Th. 6, 62 οἱ λοιποὶ τῶν Ἀθηναίων στρατηγοὶ . . δύο μέρη ποιήσαντες τοῦ στρατεύματος καὶ λαχὼν ἑκάτερος ἔπλεον. 7, 70 ἦρχον δὲ Σικανὸς μὲν καὶ Ἀγάθαρχος κέρας ἑκάτερος τοῦ παντὸς ἔχων. Vgl. Pl. civ. 488, b. X. Cy. 3. 1, 25 ἔνιοι φοβούμενοι, μὴ ληφθέντες ἀποθάνωσιν, ὑπὸ τοῦ φόβου προαποθνήσκουσιν, οἱ μὲν ῥιπτοῦντες ἑαυτούς, οἱ δὲ ἀπαγχόμενοι, οἱ δὲ ἀποσφαττόμενοι. Vgl. 3, 1, 3. Hdt. 3, 82 αὐτὸς ἕκαστος βουλόμενος κορυφαῖος εἶναι . . ἐς ἔχθεα μεγάλα ἀλλήλοισι ἀπικνέονται.

8. Zuweilen wird der Hauptbegriff durch die Apposition nicht, wie in dem unter Nr. 7 besprochenen Falle, in seine einzelnen Teile zerlegt, sondern auf einen Teil beschränkt. Th. 2, 47 Πελοποννήσιοι καὶ οἱ ξύμμαχοι τὰ δύο μέρη ἐσέβαλον. 1, 18 οἵ τε Ἀθηναίων τύραννοι καὶ οἱ ἐκ τῆς ἄλλης Ἑλλάδος . . οἱ πλεῖστοι καὶ τελευταῖοι κατελύθησαν. X. Hipp. 5, 11 τὰ ἐν τοῖς πολέμοις πλεονεκτήματα εὕροι ἄν τις τὰ πλεῖστα καὶ μέγιστα σὺν ἀπάτῃ γεγενημένα. Dem. 3, 11 λέγω τοὺς περὶ τῶν θεωρικῶν (νόμους) . . καὶ τοὺς περὶ τῶν στρατευομένων ἐνίους. (Mit unregelmäßiger Hinzufügung des partitiven Gen. X. Cy. 4, 5, 37 καινὰ γὰρ ἡμῖν ὄντα τὰ παρόντα πολλὰ αὐτῶν ἐστιν ἀσύντακτα. Oec. 12, 8 ἑαυτοῖς εἶναι πάντες ὄντες ἄνθρωποι πολλοὶ αὐτῶν εἰσιν, οἵ κτλ.) Namentlich bei Partizipien: Th. 2, 54 (Ἀθηναῖοι) ἀνεμνήσθησαν καὶ τοῦδε τοῦ ἔπους, φάσκοντες οἱ πρεσβύτεροι πάλαι ᾄδεσθαι. 4, 6 οἱ δ' ἐν τῇ Ἀττικῇ ὄντες Πελοποννήσιοι . . ἀνεχώρουν κατὰ τάχος ἐπ' οἴκου, νομίζοντες μὲν οἱ Λακεδαιμόνιοι κτλ. 4, 73 οἱ Μεγαρῆς . . λογιζόμενοι καὶ οἱ ἐκείνων στρατηγοί. X. An. 5, 2, 32 καὶ αὐτοὶ (οἱ Ἕλληνες) ἐπὶ πόδα ἀνεχώρουν βαλλόμενοι οἱ βοηθήσαντες καὶ ἀντιτοξεύοντές τινες τῶν Κρητῶν. Auffälliger Cy. 8, 3, 12 μετὰ δὲ τοῦτο ἄλλο τρίτον ἅρμα ἐξήγετο, φοινικίσι καταπεπταμένοι οἱ ἵπποι. Hdt. 1, 52 ἀνέθηκε αἰχμὴν στερεὴν πᾶσαν χρυσέην, τὸ ξυστὸν τῇσι λόγχῃσι ἐὸν ὁμοίως χρύσεον. 2, 41 τοὺς ἔρσενας (βοῦς) κατορύσσουσι . . τὸ κέρας τὸ ἕτερον ἢ καὶ ἀμφότερα ὑπερέχοντα. Vgl. 2, 48. 2, 133 ταῦτα ἐμηχανᾶτο θέλων τὸ μαντήιον ψευδόμενον ἀποδέξαι, ἵνα οἱ δυώδεκα ἔτεα ἀντὶ ἓξ ἐτέων γένηται, αἱ νύκτες ἡμέραι ποιεύμεναι. 4, 71 ἀναλαμβάνουσι τὸν νεκρόν, κατακεκηρωμένον μὲν τὸ σῶμα, τὴν δὲ νηδὺν ἀνασχισθεῖσαν κτλ. Mit vorangehendem Partizip Th. 5, 61 καὶ πείσαντες (οἱ Ἀθηναῖοι) ἐκ τῶν λόγων τοὺς ξυμμάχους εὐθὺς ἐχώρουν ἐπὶ Ὀρχομενὸν πάντες πλὴν Ἀργείων. 4, 118 ἐκκλησίαν δὲ ποιήσαντας τοὺς στρατηγοὺς . . βουλεύσασθαι Ἀθηναίους.

Anmerk. 11. Seltener stellt umgekehrt das Subjekt des Verbum finitum den Teilbegriff, das in gleichem Kasus stehende Partizip dagegen den Gesamtbegriff dar. Die meisten derartigen Fälle sind auf eine versteckte partitive Apposition nach Nr. 7 zurückzuführen. ι, 463 f. ἐλθόντες δ' ἠβαιὸν ἀπὸ σπείους τε καὶ αὐλῆς πρῶτος ὑπ' ἀρνειοῦ λυόμην, ὑπέλυσα δ' ἑταίρους. ω, 483 ὅρκια πιστὰ ταμόντες (scil. Odysseus und die Freier) ὁ μὲν βασιλευέτω αἰεί, | ἡμεῖς δ' αὖ παίδων τε κασιγνήτων τε φόνοιο | ἔκλησιν θέωμεν (dem Redenden schwebte zunächst die Fassung τοὶ δὲ ἐκλελαθέσθων vor). Γ, 211 ἄμφω δ' ἑζομένω γεραρώτερος ἦεν Ὀδυσσεύς (als ob folgte: Μενέλαος δὲ ἧττον γεραρός). Hdt. 8, 83 σύλλογον τῶν ἐπιβατέων ποιησάμενοι προηγόρευε εὖ ἔχοντα μὲν ἐκ πάντων Θεμιστοκλέης (die übrigen Reden werden als unerheblich unterdrückt). Th. 5, 81 Λακεδαιμόνιοι καὶ Ἀργεῖοι ξυστρατεύσαντες τά τ' ἐν Σικυῶνι ἐς ὀλίγους μᾶλλον κατέστησαν αὐτοὶ οἱ Λακεδαιμόνιοι (gemildert durch das folgende: καὶ μετ' ἐκεῖνα ξυναμφότεροι κατέλυσαν). X. Hell. 2. 3, 54 ἐκεῖνοι δὲ εἰσελθόντες . . εἶπε μὲν ὁ Κριτίας (ähnlich wie oben Hdt. 8, 83). An. 2. 2, 8 ἐν τάξει (οἱ Ἕλληνες) θέμενοι τὰ ὅπλα συνῆλθον οἱ στρατηγοὶ καὶ λοχαγοὶ τῶν Ἑλλήνων παρὰ Ἀριαῖον.[1])

Anmerk. 12. Als beschränkende Apposition kann zu einer allgemeinen räumlichen Angabe die spezielle Ortsbestimmung hinzutreten. Θ, 48 Ἴδην δ' ἵκανεν . . Γάργαρον (Garg. eine Spitze des Ida). θ, 362 Κύπρον ἵκανε . . ἐς Πάφον. ι, 40 Ἰλιόθεν με φέρων ἄνεμος Κικόνεσσι πέλασσεν, | Ἰσμάρῳ. B, 145 κύματα μακρὰ θαλάσσης, πόντου Ἰκαρίοιο. Ξ, 228 σεύατ' ἐφ' ἱπποπόλων Θρῃκῶν ὄρεα νιφόεντα, ἀκροτάτας κορυφάς. Φ, 495 κοίλην εἰσέπτατο πέτρην χηραμόν. Th. 1, 107 Φωκέων στρατευσάντων ἐς Δωριᾶς, τὴν Λακεδαιμονίων μητρόπολιν, Βοιὸν καὶ Κυτίνιον καὶ Ἐρινεόν, gegen das dorische Gebiet, das Mutterland der L., nämlich B., K. u. E. = in dem B., K. u. E. liegen.

9. Auf derselben Anschauung beruht das in der Dichtersprache, besonders in der epischen, in der Prosa aber nur selten vorkommende sogenannte σχῆμα καθ' ὅλον καὶ μέρος, nach dem zu einem Verb zwei Objekte in gleichem Kasus gesetzt werden, von denen das erstere den ganzen Gegenstand, das andere einen Teil desselben, auf den die Thätigkeit des Verbs zunächst gerichtet ist, ausdrückt. Auch hier wird der Hauptbegriff durch die Zufügung beschränkt. Bezeichnet das Ganze eine Mehrheit, so kann auch noch eine distributive Apposition hinzutreten. Λ, 240 τὸν δ' ἄορι πλῆξ' αὐχένα, λῦσε δὲ γυῖα. 250 κρατερόν ῥά ἑ πένθος | ὀφθαλμοὺς ἐκάλυψε κασιγνήτοιο πεσόντος. N, 615 ὁ δὲ προσιόντα μέτωπον (ἤλασεν). Π, 465 τὸν βάλε νείαιραν κατὰ γαστέρα. 467 ὁ δὲ Πήδασον οὔτασεν ἵππον | ἔγχεϊ δεξιὸν ὦμον. P, 83 Ἕκτορα δ' αἰνὸν ἄχος πύκασε φρένας ἀμφιμελαίνας. Z, 355 σὲ μάλιστα πόνος φρένας ἀμφιβέβηκεν. Γ, 438 μή με, γύναι, χαλεποῖσιν ὀνείδεσι θυμὸν ἔνιπτε. α, 64 ποῖόν σε ἔπος φύγεν ἕρκος ὀδόντων. κ, 161 τὸν (ἔλαφον) δ' ἐγὼ ἐκβαίνοντα κατ' ἄκνηστιν μέσα νῶτα | πλῆξα. Ψ, 47 ἐμὲ ἵκετ' ἄχος κραδίην. Υ, 44 Τρῶας δὲ τρόμος αἰνὸς ὑπήλυθε γυῖα ἕκαστον. 406 ὣς ἄρα τόνγ' ἐρυγόντα λίπ' ὀστέα θυμὸς ἀγήνωρ. Δ, 501 τόν ῥ' Ὀδυσεὺς . . βάλε δουρὶ | κόρσην. τ, 356 ἥ σε πόδας νίψει. Pind. O. 1, 68 λάχναι νιν μέλαν γένειον ἔρεφον. S. Ph. 823 ἱδρώς . . νιν πᾶν καταστάζει δέμας. 1301 μέθες με πρὸς θεῶν χεῖρα. Λ, 11 Ἀχαιοῖσιν δὲ μέγα σθένος ἔμβαλ' ἑκάστῳ | καρδίῃ ἄλληκτον πολεμίζειν. Hes. op. 76 πάντα δέ οἱ χροῒ κόσμον ἐφήρμοσε Παλλὰς Ἀθήνη. Pind. P. 1, 8 f. κελαινῶπιν δ' ἐπί οἱ νεφέλαν | ἀγκύλῳ κρατὶ . . κατέχευας. Eur. Ba. 619 τῷδε περὶ βρόχους ἔβαλλε γόνασι καὶ χηλαῖς ποδῶν. Heracl. 63 βούλει πόνον μοι τῇδε προσθεῖναι χερί; Pl. Lach. 190, b τοῖς υἱέσιν αὐτῶν ἀρετὴ παραγενομένη ταῖς ψυχαῖς. (Pl. civ. 615, e gehört nicht hierher, da Ἀρδιαῖον καὶ ἄλλους von εἷλκον abhängt,

[1]) Vgl. Richter de anacol. Gr. I. p. 8. Poppo ad Thuc. P. I. Vol. 1 p. 107 und P. III. Vol. 3 p. 231. Kühner ad Xen. An. 1. 8, 27. Classen, Beobachtungen üb. d. hom. Sprachgebr. p. 135 ff. Klouček, Über den sogenannten Nominativus absolutus b. Thukydides, Progr. v. Leitmeritz 1859.

χεῖράς τε καὶ πόδας von ξυμποδίσαντες). Sehr selten geht der Teil voran. υ, 286 δύη ἄχος κραδίην Λαερτιάδην Ὀδυσῆα (was um so auffallender ist, da σ, 347 steht δύη ἄχος κραδίην Λαερτιάδεω Ὀδυσῆος). Hes. sc. 41 τοῖος γὰρ κραδίην πόθος αἴνυτο ποιμένα λαῶν. Pl. Prot. 334, b τοῖς μὲν ἔξωθεν τοῦ σώματος ἀγαθόν ἐστι τῷ ἀνθρώπῳ, τοῖς δ' ἐντὸς ταὐτὸ τοῦτο κάκιστον.

Anmerk. 13. Zuweilen steht das Ganze im Dative (*commodi et incommodi*). E, 493 δάκε δὲ φρένας Ἕκτορι μῦθος. σ, 88 τῷ δ' ἔτι μᾶλλον ὑπὸ τρόμος ἔλλαβε γυῖα. Vgl. Θ, 452. Dass der Teil auch durch Präpositionen mit ihren Kasus ausgedrückt werden kann, versteht sich von selbst. T, 125 τὸν δ' ἄχος ὀξὺ κατὰ φρένα τύψε βαθεῖαν. O, 250 οὐκ ἀίεις, ὅ με . . βάλεν Αἴας . . πρὸς στῆθος. N, 580 τὸν δὲ κατ' ὀφθαλμῶν ἐρεβεννὴ νὺξ ἐκάλυψεν.

Drittes Kapitel.

§ 407. Von dem objektiven Satzverhältnisse.

Sowie das attributive Satzverhältnis zur näheren Bestimmung des Subjekts oder überhaupt eines Substantivbegriffes dient, so dient das objektive Satzverhältnis zur Ergänzung oder näheren Bestimmung des Prädikats. Unter Objekt verstehen wir hier im weiteren Sinne alles das, was dem Prädikate gleichsam gegenüber steht (*objectum est*), d. h. auf das Prädikat bezogen wird und dasselbe ergänzt oder bloss näher bestimmt. Die objektiven Beziehungen, in welche das Objekt zu dem Prädikate tritt, sind entweder kausale oder räumliche oder temporelle oder die der Art und Weise. Diese bezeichnet die Sprache a) durch die Kasus, b) durch die Präpositionen in Verbindung mit den Kasus, c) durch den Infinitiv, d) durch das Partizip, e) durch das Adverb. Das Objekt ergänzt den Begriff des Prädikats, wenn derselbe zu seiner Vervollständigung ein Objekt notwendig erfordert, als: γράφω τὴν ἐπιστολήν, ἐπιθυμῶ τῆς ἀρετῆς, ὁμιλῶ τινι, ἔμπειρός εἰμι τῆς τέχνης, ἐπιθυμῶ γράφειν. Das Objekt bestimmt den Begriff des Prädikats näher, wenn das Objekt nicht notwendig erfordert wird, wie bei Angabe des Ortes, der Zeit, des Grundes, des Grades, des Mittels, der Art und Weise, als: βαδίζω εἰς τὴν πόλιν, τοῦ ἔαρος θάλλει τὰ ἄνθη, καλῶς γράφει, φόβῳ ἀπῆλθον, γελῶν εἶπε τἀληθές.

I. Lehre von den Kasus [1]).

§ 408. Bedeutung der Kasus.

1. Die griechische Sprache hat drei Kasus, durch welche objektive Beziehungen (das Wort objektiv in der weiteren Be-

[1]) „In der Kasuslehre sind von den Grammatikern sehr abweichende Ansichten aufgestellt worden. In neuerer Zeit hat sich besonders die Ansicht geltend ge-

deutung nach § 345, 9 genommen) ausgedrückt werden: Akkusativ, Genetiv und Dativ. In anderen Sprachen finden sich neben diesen drei vorwiegend zum Ausdrucke rein grammatischer Beziehungen dienenden Kasus noch drei lokale, d. h. zunächst für räumliche Verhältnisse verwandte Kasus: der Ablativ zur Bezeichnung des Woher, der Lokativ zur Bezeichnung des Wo, endlich der Instrumentalis, der als eigentlicher Instrumentalis das Mittel wodurch und als Komitativ den Gegenstand womit zusammen eine Handlung vollzogen wird, ausdrückt. Das Griechische hat diese drei Kasusformen ursprünglich ebenfalls besessen, später aber mit Ausnahme weniger Spuren verloren (§ 336), indem die dadurch ausgedrückten Beziehungen vom Dativ und Genetiv mit übernommen wurden. Dativ und Genetiv können in diesem Sinne als Mischkasus bezeichnet werden.

2. Der Akkusativ bezeichnet die unmittelbare Ergänzung (das unmittelbare Objekt) eines Verbs, und zwar zunächst eines transitiven, sodann auch eines intransitiven oder passiven

---

macht, dass die Kasus die räumlichen Beziehungen des Woher, des Wohin und des Wo ausdrückten, der Genetiv das Woher, der Akkusativ das Wohin, der Dativ das Wo. Als die wichtigsten Verfechter dieser Lehre sind zu nennen: Wüllner (Bedeutung des sprachl. Kasus, Münster 1827) und Hartung (Über die Bildung u. Bedeutung der Kasus in der gr. u. lat. Sp. Erlangen 1831). Auch ich habe mich in der ersten Auflage dieser Grammatik zu ihr bekannt und erst später die Unrichtigkeit derselben erkannt, indem ich die Einsicht gewann, dass die Bezeichnung der Begriffe zwar von der sinnlichen Wahrnehmung ausgehe, doch nur insofern, als auch bei ihr die Sinne nur die Werkzeuge seien, durch welche unser Geist mit der Aussenwelt in Verbindung trete, die Bezeichnung der Beziehungen der Begriffe durch die Flexion aber lediglich das Werk unseres Geistes sei. Die gründlichste Widerlegung der angegebenen Lehre findet sich in Th. Rumpel's Kasuslehre (Halle 1845 und in dem Progr. Gütersloh 1866), nach der der Akkusativ der eigentliche Objektskasus ist, der Genetiv der Kasus der auf sein Besonderes bezogenen Allgemeinheit, indem als notwendige Voraussetzung des Genetivs das Substantiv gesetzt wird, der Dativ der Kasus der näheren Bestimmung der Satzsubstanz (d. h. des Subjekts und des Prädikats als Einheit gedacht). Derselbe hat richtig erkannt, dass die Sprachgesetze, die formaler Natur sind, nicht nach der materiellen Bedeutung der Wörter zu bestimmen seien." Kühner. — Die Rumpelschen Gesichtspunkte sind auch heute noch massgebend für die Behandlung der Kasuslehre. Sie bedurften jedoch, insofern sie den Unterschied zwischen dem echten Genetiv und Dativ einerseits und den eingedrungenen fremden Elementen (Ablativ, Lokativ, Instrumentalis) andererseits unberücksichtigt liessen, der Ergänzung und teilweisen Richtigstellung. Um diese haben sich namentlich Delbrück (Ablativus, Lokalis, Instrumentalis im Altindischen, Lateinischen, Griechischen und Deutschen, 1867, und Syntakt. Forschungen IV, 1879) und Hübschmann (zur Kasuslehre, 1875) verdient gemacht.

Verbs und intransitiven Adjektivs, als: φιλῶ τὸν παῖδα, γράφω τὴν ἐπιστολήν; ἀλγῶ τοὺς πόδας, κατεάγη τὴν κεφαλήν, καλός ἐστι τὰ ὄμματα, καλὸς τὰ ὄμματα;

der Genetiv a) als eigentlicher Genetiv die nähere (qualitative oder wesentliche) Bestimmung zunächst eines Substantivs, sodann eines intransitiven Verbs oder eines Adjektivs, als: ὁ τῶν Ἀθηναίων δῆμος, ἐπιθυμία τῆς ἀρετῆς, ἐπιθυμῶ τῆς ἀρετῆς, ἔμπειρος τῆς τέχνης; b) als ablativischer Genetiv den Gegenstand, von dem etwas weggeht oder ausgeht, als: εἴκειν ἕδρας *sede cedere*, διαφέρειν τῶν ἄλλων *differre a ceteris*, τό γε μητρὸς ἐπεύθετο *a matre accepit*;

der Dativ a) als eigentlicher Dativ die nähere Bestimmung der Satzsubstanz (des aus Subjekt und Prädikat bestehenden Satzes), der im Satze ausgesprochenen Handlung, denjenigen Gegenstand, dem die Handlung gilt, das mittelbare oder entferntere Objekt, als: βοήθει τοῖς ἀγαθοῖς; b) als lokativischer Dativ den Ort, wo eine Handlung sich vollzieht, als: Hom. αἰθέρι ναίων, πεδίῳ πέσε; c) als instrumentaler (komitativischer) Dativ den Gegenstand, mit welchem zusammen und die Sache, vermittelst deren eine Handlung vollzogen wird, als: διαλέγομαι τοῖς φίλοις *colloquor cum amicis*, χρῆσθαι τέχνῃ *uti arte*, χαίρω τῇ νίκῃ *laetor victoria*.

Anmerk. 1. Der Nominativ, der Kasus des Subjekts, und der mit diesem in Form und Bedeutung vielfach übereinstimmende Vokativ drücken keine objektiven Beziehungen aus und sind daher in der Lehre von dem Subjekte (§§ 351—357) erörtert worden.

Anmerk. 2. Dass in den verschiedenen Sprachen der Gebrauch der Kasus vielfach von einander abweicht, hat seinen Grund in der verschiedenen Art und Weise, in welcher die verschiedenen Völker das Verhältnis der Begriffe zu einander gedacht und aufgefasst haben. So haben die Griechen viele Verben als Transitive aufgefasst und daher mit dem Akkusative verbunden, die in anderen Sprachen als Intransitive mit dem Dative oder mit einer Präposition verbunden werden. Wenn z. B. der Grieche sagt βλάπτω σε, der Römer *noceo tibi*, der Deutsche *ich schade dir*, so wird zwar in beiden Verbindungen derselbe Inhalt ausgedrückt, aber in verschiedener Form; im Griechischen wird das Verb transitiv aufgefasst, im Lat. und Deutschen hingegen intransitiv; der Akkusativ drückt einfach das ergänzende Objekt aus, während der Dativ das Verhältnis des Subjekts zu dem Objekte als ein gegenseitiges lebendiger darstellt. Von der deutschen Sprache weicht die griechische besonders dadurch ab, dass diese sich in ausserordentlich vielen Fällen mit den einfachen Kasus begnügt, wo jene sich der Präpositionen bedient, um in Verbindung des Verbs mit seinem Objekte das logische Verhältnis scharf und genau zu bezeichnen. So übersetzen wir χαίρω τῇ νίκῃ, ἐπιθυμῶ τῆς ἀρετῆς durch: ich freue mich über den Sieg, ich strebe nach der Tugend und bezeichnen dadurch den Sieg als den Grund der Freude und die Tugend als das Ziel des Strebens.

A. Akkusativ.

§ 409. a) Akkusativ bei transitiven Verben, sowie bei transitiv gebrauchten Intransitiven.

1. Der Gebrauch des Akkusativs als Objekts transitiver Verben im Griechischen stimmt mit dem in anderen Sprachen überein und unterscheidet sich nur dadurch, dass die griechische Sprache viele Verbalbegriffe transitiv auffasst, die in anderen Sprachen intransitive sind und mit dem Dative oder mit einer Präposition verbunden werden. Viele Verben werden bald als intransitive bald als transitive gebraucht. Aber auch solche Verben, welche im Griechischen in der Regel als intransitive auftreten, werden von den Dichtern zuweilen als transitive mit dem Akkusative verbunden.

1) Die Verben: ὠφελεῖν, ὀνινάναι, ἀρέσκειν (gwhnl. *c. dat.*, s. Anm. 1), *προσίεταί μέ τι*, etwas gefällt mir, eigtl. *capit me aliquid*, ἀραρίσκειν poet., eigtl. verbinden, dann anziehen, ergötzen, (ἐπαρκεῖν, helfen, sehr selten, Eur. Or. 803, sonst *c. dat.*), — βλάπτειν, ἀδικεῖν, ὑβρίζειν, λυμαίνεσθαι, λωβᾶσθαι, βιάζεσθαι, σίνεσθαι, λοιδορεῖν (ἐνοχλεῖν belästigen, häufiger intr. lästig sein *c. dat.*) — ἀσεβεῖν selten (ἀλιταίνεσθαι episch) — ἐνεδρεύειν, λοχᾶν, *insidiari* (ἐπιβουλεύειν, *insidiari* Ctes. Pers. c. 53 u. Sp., s. Poppo ad Thuc. P. 3, Vol. 1 p. 180, sonst *c. dat.*) — τιμωρεῖσθαι (τιμωρεῖν selten, S. OR. 107. 140. Lys. 13, 41 u. 42), — θεραπεύειν (so auch λατρεύειν selt. poet., s. § 423, A. 12, sonst *c. dat.*), ἐπιτροπεύειν, bevormunden, lenken, leiten, beaufsichtigen, — κολακεύειν, θωπεύειν, θώπτειν, προσκυνεῖν — πείθειν — ἀμείβεσθαι (poet. *respondere*), *remunerari*, ἀμύνεσθαι — φυλάττεσθαι, εὐλαβεῖσθαι — μιμεῖσθαι, ζηλοῦν (nacheifern). — Α, 395 ὤνησας κραδίην Διός. Hdt. 1, 48 τῶν μὲν οὐδὲν προσιετό μιν. Ar. eq. 359 ἓν δ' οὐ προσίεταί με. id. V. 742 τοῦτ' οὐ δύναταί με προσέσθαι. ε, 95 ἤραρε θυμὸν ἐδωδῇ. S. El. 147 ἐμέ γ' ἁ στονόεσσ' ἄραρεν φρένας . . ὄρνις. (Aber intr. c. dat. gefallen δ, 777.) Ἀλιτέσθαι θεούς, ἐφετμὰς Διός Hom. X. Comm. 2. 1, 28 θεραπευτέον τοὺς θεούς, vgl. 2. 1, 12. Isocr. 4, 53. Aesch. Pr. 937 θῶπτε τὸν κρατοῦντ' ἀεί. Aeschin. 3, 226 τὸν δῆμον θωπεῦσαι. Pl. civ. 451, a προσκυνῶ Ἀδράστειαν. Leg. 941, a Διὸς ἀγγελίας καὶ ἐπιτάξεις παρὰ νόμον ἀσεβησάντων, ubi v. Stallb. Vgl. Plut. Mor. 519. 1829. Passiv Ps. Lys. 2, 7 τοὺς ἄνω θεοὺς ἀσεβεῖσθαι. Vgl. Anm. 1. ε). Eur. Or. 908 ὅταν γὰρ ἡδὺς τοῖς λόγοις φρονῶν κακῶς | πείθῃ τὸ πλῆθος, τῇ πόλει κακὸν μέγα. Hdt. 3, 36 χρηστῶς τὴν σεωυτοῦ πατρίδα ἐπετρόπευσας, vgl. Th. 1, 132. Beisp. aus Pl. s. Stallb. ad Civ. 516, b. Hdt. 6, 138 ἐλόχησαν τὰς τῶν Ἀθηναίων γυναῖκας. X. Hell. 5. 1, 17 τί γὰρ ἥδιον ἢ μηδένα ἀνθρώπων κολακεύειν, μήτε Ἕλληνα μήτε βάρβαρον, ἕνεκα μισθοῦ; Cy. 8. 4, 32 τὸ πολλὰ

[illegible] Pl. Symp. [illegible]

[illegible]

Anmerk. [illegible] Einige der angeführten [illegible] nehmen [illegible] den [illegible] oder [illegible] oder eine Präposition mit dem Kasus an. — [illegible] mit dem [illegible] verbunden. [illegible] Lycurg. [illegible] Antiph. 4. [illegible] [illegible] Eur. Hipp. [illegible] Xen. [illegible] Pl. [illegible] wie Theaet. [illegible] auch [illegible] Eur. [illegible] in der Prosa [illegible] durch etwas befriedigt werden, vgl. Hdt. [illegible] Th. [illegible] Pl. Theaet. [illegible] s. § [illegible] A. [illegible] — [illegible] Aesch. Eum. [illegible] wo man jedoch mit [illegible] das Objekt [illegible] ergänzen kann. — [illegible] Antiph. 4. 2. 3. [illegible] s. Maetzn. ad Lycurg. p. [illegible] nach [illegible] ad Eur. Ph. [illegible] sagt der Tragiker nicht [illegible] sondern [illegible] wohl aber [illegible] wie S. Ant. [illegible] in der Prosa kommt nur [illegible] vor. [illegible] s. § [illegible] A. 5, doch das Passiv Antiph. 3. [illegible] — [illegible] häufig m. d. Dat., wie Hdt. 1. 214. 3, 14. [illegible] X. Hell. [illegible] ep. [illegible] Ar. [illegible] — [illegible] selten mit d. Dat. Ar. eq. [illegible] Pl. Crit. [illegible] e, ubi v. Stallb., u. Spät. — [illegible] scheinbar [illegible] doch ist hier [illegible] als Subst. aufzufassen: denn er ist den Göttern (nach dem Urteile der Götter) kein Sünder. — [illegible] Plut.). Pl. Symp. 174, [illegible] Vgl. Lys. 1. 16. Isocr. 4. 111. Dem. 27, 65 [illegible] — [illegible] ziemlich häufig § [illegible] — [illegible] b. Späteren. s. Lob. ad Herodian. p. 463.

Anmerk. 2. Δωρεῖσθαι hat, wie das lat. *donare*, eine doppelte Konstruktion: entweder τινί τι, wie Hdt. 2, 126. 5, 37. X. Cy. 8. 4, 24 u. s. w., oder τινά τινι Hdt. 3, 130 δωρέεται δή μιν ὁ Δαρεῖος πεδέων χρυσέων δύο ζεύγεσι. Vgl. 7, 31 u. sonst. Aesch. Pr. 778 δυοῖν λόγοιν σε θατέρῳ δωρήσομαι. Vgl. Eur. Or. 117. In der echt att. Prosa findet sich letztere Konstruktion nicht, doch Ps. Pl. Alc. 2. 149, c ἀναθήμασι δωρούμενοι τοὺς θεούς. So bei Hom. καλύπτειν, ἀμφικαλύπτειν τινί τι Φ, 321 τόσσην οἱ ἄσιν καθύπερθε καλύψω. E, 315. Θ, 331, ubi v. Spitzn. ϑ, 569; hingegen περικαλύπτειν τί τινι Pl. Tim. 34, b. 36, e.

2) Die Verben, welche bedeuten: Gutes oder Böses einem entweder durch Wort oder That zufügen, als: εὐεργετεῖν, κακουργεῖν, κακοποιεῖν; εὐλογεῖν, κακολογεῖν, κακηγορεῖν; εὖ, καλῶς, κακῶς ποιεῖν, δρᾶν (aber nicht πράττειν, ἐργάζεσθαι), λέγειν, εἰπεῖν, ἀπαγορεύειν. S. Ai. 1154 ἄνθρωπε, μὴ δρᾶ τοὺς τεθνηκότας κακῶς. Aesch. Ag. 580 εὐλογεῖν πόλιν. X. Cy. 1. 6, 29 κακουργεῖν τοὺς φίλους. Εὐεργετεῖν τὴν πατρίδα. Εὖ ποιεῖν τοὺς φίλους. X. Comm. 2. 3, 8 πῶς δ' ἂν ἐγὼ ἀνεπιστήμων εἴην ἀδελφῷ χρῆσθαι, ἐπιστάμενός γε καὶ εὖ λέγειν τὸν εὖ λέγοντα καὶ εὖ ποιεῖν τὸν εὖ ποιοῦντα; τὸν μέντοι καὶ λόγῳ καὶ ἔργῳ πειρώμενον ἐμὲ ἀνιᾶν οὐκ ἂν δυναίμην οὔτ' εὖ λέγειν οὔτ' εὖ ποιεῖν. Εὖ εἰπεῖν τινα = gut von einem reden α, 302. So auch Z, 480 καί ποτέ τις εἴπῃσι „πατρός γ' ὅδε πολλὸν ἀμείνων" | ἐκ πολέμου ἀνιόντα, wo der Begriff von εὖ in den Worten πατρός . . ἀμείνων liegt. In Prosa dürfte schwerlich etwas Ähnliches vorkommen. (Pl. Phaed. 94, d οὗ λέγει τὸν Ὀδυσσέα· Στῆθος δὲ πλήξας κραδίην ἠνίπαπε μύθῳ liegt ein Anakoluth vor: Sokr. beginnt, als sollte indirekte Rede folgen, giebt aber dann das Citat wörtlich.) Ebenso sagt man: καλά, κακὰ ποιεῖν, λέγειν τινά. S. § 411, 6.

Anmerk. 3. Auch die Verben des Anredens werden in der Dichtersprache zuweilen mit dem Akkus. st. des Dat. verbunden. M, 60 δὴ τότε Πουλυδάμας θρασὺν Ἕκτορα εἶπε παραστάς. P, 237 καὶ τότ' ἄρ' Αἴας εἶπε βοὴν ἀγαθὸν Μενέλαον. P, 334. Υ, 375. So ἀντίον αὐδᾶν τινα Γ, 203 u. s. S. Ai. 764 ὁ μὲν γὰρ αὐτὸν ἐννέπει. So auch φωνεῖν, anrufen, S. Ai. 73 Αἴαντα φωνῶ. Auch kann noch der Akk. des Neutr. eines Pron. dabeistehen. Eur. H. f. 964 πατὴρ δέ νιν | θιγὼν κραταιᾶς χειρὸς ἐννέπει τάδε. Noch kühner S. El. 556 εἰ δέ μ' ὧδ' ἀεὶ λόγους | ἐξῆρχες = ἤρχου λέγειν. OC. 1120 τέκν' εἰ φανέντ' ἄελπτα μηκύνω λόγον = μακρότερον προσφωνῶ.

3) Die Verben des Ausharrens, Wartens und des Gegenteils davon, als: μένειν (wie *manere*), μίμνειν ep. poet., περιμένειν, καρτερεῖν, ἐγκ-, ὑφίστασθαι u. ὑποστῆναι (bestehen, *sustinere*, aber auch *suscipere*), — φεύγειν, ἀποφεύγειν, ἀποδιδράσκειν, ἀλύσκειν ep., δραπετεύειν, selten ἐξίστασθαι, ἐκστῆναι (*reformidare*), ὑπεξ-, ἀφίστασθαι, ἐκτρέπεσθαι, ὑπεξέρχεσθαι, ἀποστρέφεσθαι, ὑποχωρεῖν, ἐξαναχ-, ἀποχ-, ὑπείκειν, ὑπέρχεσθαι, ἐκβαίνειν, ἐγκλίνειν st. des gewöhnlichen Genetivs. ι, 455 Οὖτις, ὃν οὔπω φημὶ πεφυγμένον εἶναι ὄλεθρον. α, 11 sq. ὅσοι φύγον αἰπὺν ὄλεθρον, | οἴκοι ἔσαν, πόλεμόν τε πεφευγότες ἠδὲ θάλασσαν. Eur. M. 561 πένητα φεύγει πᾶς τις ἐκποδὼν φίλος. Th. 4, 28 Κλέων ὑπέφευγε τὸν πλοῦν. X. Cy. 1.

4. 13 [illegible] Pl. Symp. 216. [illegible] Dem. 4. 17 [illegible] X. Comm. 1. 4. 7 [illegible] Th. 2. 41 [illegible] vgl. X. Hipparch. 8. 23. Th. 4, 59 [illegible] 1. 144 [illegible] Vgl. 4. 25. 137. S. Ai. [illegible] v. Lobeck. Dem. [illegible] 22. 74 [illegible] Pl. Phileb. 43, a [illegible] X. ven. 3, 3 [illegible] Dem. 19. 225 [illegible] Th. 3. 34 [illegible] Ar. P. 633 [illegible] Th. 2, 58 [illegible] 4. 28 [illegible] X. ven. 5. 15 [illegible] O. 227 [illegible] vgl. 190 [illegible] Pl. conv. 183, b [illegible] nach d. meist. u. best. cdd. st. [illegible] s. Stallb. Politic. 295, d [illegible] So auch Eur. Hec. 812 [illegible] s. Pflugk. S. § 411. 3.

Anmerk. 4. Die Konstruktion der Verben geht bisweilen auf die Verbaladjektive über. S. Ant. 786 [illegible] (Aber Eur. Hipp. 1029 [illegible] Eur. I. A. 1255 [illegible] Med. 682 [illegible] Vgl. Rhes. 625. Aesch. Ch. 23 [illegible] S. 363 [illegible] Ag. 1091 [illegible] Ps. Pl. Alc. 2. 141. d [illegible] X. Cy. 3. 3, 9 [illegible] vgl. Oec. 2. 16. Comm. 1. 2. 19. Pl. Apol. 18 b [illegible] Ganz gewöhnlich ἔξαρνος in Verbindung m. εἶναι, z. B. Pl. Charm. 158, c [illegible] Selbst e. Subst. m. ἐστι Eur. Heracl. 65 [illegible][1].

4) Die Verben λανθάνειν, φθάνειν (antevertere); λείπειν, ἐκλείπειν (deficere); die Verben des Schwörens (= beschwören und: schwören bei). Pind. O. 1, 64 εἰ δὲ θεὸν ἀνήρ τις ἔλπεταί τι λαθέμεν ἔρδων, ἁμαρτάνει. Pl. Civ. 365, d θεοὺς οὔτε λανθάνειν οὔτε βιάσασθαι δυνατόν. Th. 3, 82 ὁ φθάσας τὸν μέλλοντα κακόν τι δρᾶν ἐπῃνεῖτο. X. An. 1. 5, 6 τὸ στράτευμα ὁ σῖτος ἐπέλιπε. Dem. 18, 296 ἐπιλείψει με λέγονθ' ἡ ἡμέρα τὰ τῶν προδοτῶν ὀνόματα. Hdt. 4, 172 ὀμνύουσι τοὺς παρὰ σφίσι ἄνδρας δικαιοτάτους. 6, 74 ἐξορκοῦν τὸ Στυγὸς ὕδωρ. X. An. 6. 1, 31 ὀμνύω ὑμῖν θεοὺς πάντας καὶ πάσας. (Daher auch pass. Ζεὺς ὀμώμοσται, Eur. Rhes. 816, vgl. Ar. N. 1241.) *Iure iurando sancire aliquid*: T, 187

---

1) Vgl. Matthiä II. § 422.

ταῦτα δ' ἐγὼν ἐθέλω ὀμόσαι. X. Hell. 7. 4, 10 συμμαχίαν ὀμνύναι. Dem. 18, 32 ὤμοσε τὴν εἰρήνην, vgl. 9, 15. Eur. Or. 1517 τὴν ἐμὴν ψυχὴν κατώμοσ', ἣν ἂν εὐορκοῖμ' ἐγώ. X. An. 3. 1, 22 οὗτοι μὲν γὰρ αὐτοὺς (τοὺς θεοὺς) ἐπιωρκήκασιν. 4. 8, 7 θεοὺς δ' ἐπεμαρτύραντο. Daher: μά, οὐ μά, ναὶ μά, νή c. acc., als: Δία. X. Cy. 1. 3, 6. 6, 6. Comm. 1. 2, 9; auch οὐ st. οὐ μά. S. OR. 660 οὐ τὸν πάντων θεῶν θεὸν πρόμον, | Ἅλιον. Vgl. 1088. El. 1062. 1239. Ant. 758.

Anmerk. 5. X. Hier. 2, 5 τὸ πλῆθος περὶ τούτου λεληθέναι st. τοῦτο wegen des vorangehenden Akk., s. Breitenb. Ἐπιλείπειν zuweilen auch c. dat. Antiph. 5, 17 οὗτος (ὁ νόμος) κοινὸς τοῖς ἄλλοις πᾶσιν ὢν ἐμοὶ μόνῳ ἐπέλιπε ubi v. Maetzn., öfter b. Späteren, z. B. Plut. Cat. M. 13 u. s. — Das impersonelle δεῖ in der Bedeutung es bedarf, *opus est*, wird bei den attischen Dichtern zuweilen, b. Eurip. oft, mit dem Akkusative der Person und dem Genetive des Gegenstandes, dessen man bedarf, verbunden.[1]). Aesch. Pr. 86 αὐτὸν γάρ σε δεῖ Προμηθέως. Eur. H. f. 1170 f. ἦλθον, εἴ τι δεῖ, γέρον, | ἢ χειρὸς ὑμᾶς τῆς ἐμῆς ἢ συμμάχων. Suppl. 789 τί γάρ μ' ἔδει παίδων. Hec. 1021 πάντα πράξας, ὧν σε δεῖ. Hippol. 23 οὐ πόνου πολλοῦ με δεῖ. J. A. 1130 οὐδὲν κελευσμοῦ δεῖ με. Rh. 837 μακροῦ γε δεῖ σε καὶ σοφοῦ λόγου. Ph. 470 κοὐ ποικίλων δεῖ τἄνδιχ' ἑρμηνευμάτων, wo τἄνδιχα gleichfalls Akk. ist, s. Klotz ad h. l. Ein Dicht. b. Ael. Herod. p. 450 Piers. εὐρυχωρείας σε δεῖ. Gewöhnlich aber δεῖ μοί τινος. Pl. Soph. 253, a τέχνης δεῖ τῷ μέλλοντι δρᾶν ἱκανῶς αὐτά. Isocr. 4, 78 τοῖς καλοῖς κἀγαθοῖς τῶν ἀνθρώπων οὐδὲν δεήσει πολλῶν γραμμάτων (i. e. νόμων). Bei einem Pronomen oder Adjektive kann auch statt des Genetivs der Akk. stehen.[2]) S. § 410, Anm. 5. Ar. Ec. 297 ὁπόσ' ἂν δέῃ | τὰς ἡμετέρας φίλας. R. 1368 εἴπερ γε δεῖ καὶ τοῦτό με. Eur. Suppl. 594 ἓν δεῖ μόνον μοι. (Aber J. T. 1052 ἑνὸς μόνου δεῖ) Antiph. 6, 12 εἴ τι δέοι τῷ χορῷ, ubi v. Maetzn. Aber X. Comm. 4. 2, 10 γνωμονικοῦ ἀνδρὸς καὶ τοῦτο δεῖ, zu dem Zwecke, s. Kühners Anm., vgl. § 410, A. 6. In der Bdtg. *necesse est, oportet, opus est* in Verbindung m. d. Infinitive ist der Akk. der Person gewöhnlich, als: δεῖ σε ταῦτα πράττειν, weit seltener der Dativ. S. OC. 721 νῦν σοὶ τὰ λαμπρὰ ταῦτα δεῖ φαίνειν ἔπη (Schneidew. νῦν σὸν . . δή φ.). X. Comm. 3. 3, 10 εἴ σοι (Stobaeus σε) δέοι διδάσκειν, s. das. Kühners Bmrk. Oec. 8, 9. Pl. Phil. 33, b. Civ. 608, c. Erst der Dat., dann der Akk. X. An. 3. 4, 35 δεῖ ἐπισάξαι τὸν ἵππον Πέρσῃ ἀνδρὶ καὶ χαλινῶσαι δεῖ καὶ θωρακισθέντα ἀναβῆναι ἐπὶ τὸν ἵππον. Über die persönl. Konstr. von δέω s. § 421, 3. Nur selten findet sich δεῖταί με oder μοι *c. inf.* (Bekk. An. I. 88 δεῖται ἀντὶ τοῦ δεῖ· ἀπελθεῖν με δεῖται). X. Cy. 1. 6, 36 πάντας ἀποχωρεῖν δεῖσθαι, ubi v. Born. (doch schreibt man jetzt mit Recht πάντας δεῖ ἴσεσθαι). S. OC. 570 ὥστε βραχέα μοι δεῖσθαι φράσαι. — Anders ist der Akk. bei χρή ep. aufzufassen, da χρή kein Verb, sondern ein Substantiv wie das ep. χρεώ u. d. att. χρεία, Bedürfnis, ist, s. § 298, 5. H, 109 f. οὐδέ τί σε χρὴ | ταύτης ἀφροσύνης (= χρὴ ἔχει, wie ε, 189 ἐμὲ χρειὼ τόσον ἵκει oder S. Ph. 646 ὅτου σε χρεία . . ἔχει). γ, 14 οὐ μέν σε χρὴ ἔτ' αἰδοῦς. φ, 110 τί με χρὴ μητέρος αἴνου; Vgl. I, 75 μάλα δὲ χρεὼ πάντας Ἀχαιοὺς | ἐσθλῆς (βουλῆς) sc. ἵκει. Λ, 606 τί δέ σε χρεὼ ἐμεῖο; δ, 634, ἐμὲ δὲ χρεὼ γίγνεται αὐτῆς ist nach dem Sinne konstruiert: χρεὼ γίγνεται = χρεὼ ἵκει. Ebenso Φ, 322 οὐδέ τί μιν χρεὼ | ἔσται τυμβοχοῆσ'. Folgt der Infin.

---

[1]) Vgl. Porson Adversar. p. 239 (p. 110 ed. Lips.) u. ad Eur. Or. 659. — [2]) Vgl. Heindorf u. Stallbaum ad Plat. Gorg. 491, d.

darauf, so muss man ἐστίν ergänzen, als: χρή σε τρέφειν, d. i. χρή ἐστί σε τρ. Sehr selten und zweifelhaft χρή *c. dat.* Aesch. Eum. 710 ὀρθοῦσθαι δὲ χρὴ | καὶ ψῆφον αἴρειν καὶ διαγνῶναι δίκην | αἰδουμένοις τὸν ὅρκον (die neueren e. conj. Canteri αἰδουμένους). S. Ant. 736 ἄλλῳ γὰρ ἢ 'μοὶ χρή γε τῆσδ' ἄρχειν χθονός; ist der Dativ mit ἄρχειν zu verbinden: für einen andern. Eur. Io 1316 τοῖσι δ' ἐνδίκοις | ἱερὰ καθίζειν . . ἐχρῆν. Lys. 28, 10 τοῖς ἄρχουσι ἐπιδείξατε πότερον χρὴ δικαίους εἶναι ἢ κτλ. erklärt Krüger II. § 48. 7, A. 6 mit Recht den Dativ δικαίοις als von dem vorherg. τοῖς ἄρχουσι attrahiert.

5) **Viele Verben der Empfindungen und Affekte**, als: φοβεῖσθαι, δεῖσαι, αἰσχύνεσθαι, αἰδεῖσθαι; θαρρεῖν = nicht fürchten; ἀλγεῖν, ἄχθεσθαι, ἄχνυσθαι poet.; δυσχεραίνειν; χαίρειν, ἥδεσθαι u. γηθεῖν poet. (doch die Verba des sich Freuens nur bei Dichtern mit persönlichem Objekt und nur in Verbindung mit Partizipien); πτήσσειν, τρεῖν; θαμβεῖν, ταρβεῖν poet., ἐκπλήττεσθαι, καταπλήττεσθαι; οἰκτείρειν, ἐλεεῖν, ὀλοφύρεσθαι, ὀδύρεσθαι, οἰμώζειν, πενθεῖν, δακρύειν, beweinen, κλαίειν, beklagen, θρηνεῖν, στένειν poet., beseufzen u. a. κ, 130 δείσαντες ὄλεθρον. ι, 269 αἰδεῖο . . θεούς. Ν, 353 ἤχθετο . . δαμναμένους. Ε, 361 λίην ἄχθομαι ἕλκος, empfinde schwer die Wunde. κ, 113 τὴν δὲ γυναῖκα | εὗρον ὅσην τ' ὄρεος κορυφήν, κατὰ δ' ἔστυγον αὐτήν sie entsetzten sich. Ρ, 175 οὔτοι ἐγὼν ἔρριγα μάχην οὐδὲ κτύπον ἵππων. 203 ἀνδρὸς ἀριστῆος, τόν τε τρομέουσι καὶ ἄλλοι. Δ, 431 δειδιότες σημάντορας. So: ταρβῆσαι, ὑποταρβῆσαι, ὑποτρέσαι τινά. Ζ, 469. Λ, 405. Ρ, 533. 587, πτώσσειν τινά Υ, 427, φρίσσειν τινά Λ, 383. Ω, 775. X. An. 1. 9, 6 ἄρκτον ἐπιφερομένην οὐκ ἔτρεσεν. Cy. 3. 3, 18 πολὺ δὲ κἀκεῖνοι μᾶλλον ἡμᾶς φοβήσονται, ὅταν ἀκούσωσιν, ὅτι οὐχ ὡς φοβούμενοι πτήσσομεν αὐτούς. 1. 6, 8 τοιούτους αὐτοὺς ὄντας ὑποπτῆξαι, vgl. Aeschin. 2, 105. Aesch. Pr. 29. 960. S. 332 βαρείας τοι τύχας προταρβῶ. Θ, 378 νῶι γηθήσει προφανέντε. S. Ph. 1314 ἥσθην πατέρα τὸν ἀμὸν εὐλογοῦντά σε. Ai. 136 σὲ μὲν εὖ πράσσοντ' ἐπιχαίρω. Eur. Hipp. 1339 τοὺς γὰρ εὐσεβεῖς θεοὶ | θνῄσκοντας οὐ χαίρουσι. Rhes. 390 χαίρω σ' εὐτυχοῦντα. S. Ai. 791 πρᾶξιν ἣν ἤλγησ' ἐγώ. φ, 323 αἰσχυνόμενοι φάτιν ἀνδρῶν. Eur. Io 1074 αἰσχύνομαι τὸν πολύυμνον θεόν. Or. 550 νῦν δὲ σὴν ταρβῶ τρίχα. 890 πατέρα μὲν σὸν ἐκπαγλούμενος. Hdt. 5, 4 τὸν μὲν γενόμενον περιιζόμενοι οἱ προσήκοντες ὀλοφύρονται, ὅσα μιν δεῖ, ἐπείτε ἐγένετο, ἀναπλῆσαι κακά. Th. 2, 51 ἐκκάμνειν τὰς ὀλοφύρσεις (ubi v. Poppo), wie wir auch sagen können: eine Sache müde oder überdrüssig werden, wie X. Hell. 7. 5, 19 πόνον μηδένα ἀποκάμνειν. Th. 3, 30 ἀποκνεῖν κίνδυνον. X. Cy. 8. 1, 28 μᾶλλον τοὺς αἰδουμένους αἰδοῦνται τῶν ἀναιδῶν οἱ ἄνθρωποι. R. L. 2, 10 αἰδεῖσθαι τοὺς ἄρχοντας. Dem. 18, 185 καταπλαγῆναι τὸν Φίλιππον. (Aber Th. 4, 10 τῷ πλήθει καταπλαγέντες pass. *perterrefacti*, s. Poppo, vgl. 1, 81. 3, 113 u. s.) θ, 197 θάρσει τόνδε γ' ἄεθλον fürchte nicht. X. Cy. 5. 5, 42 εἴ τινές σε τιμῶσιν, ἀντασπάζου καὶ εὐώχει αὐτούς, ἵνα σε καὶ θαρρήσωσιν. An. 3. 2, 20 τὰς μάχας θαρρεῖτε. Pl. Phaed. 88, b

οὐδενὶ προσήκει θάνατον θαρροῦντι μὴ οὐκ ἀνοήτως θαρρεῖν, ubi v. Stallb. Dem. 3, 7 οὔτε Φίλιππος ἐθάρρει τούτους, οὔθ' οὗτοι Φίλιππον. Selbst τεθνάναι τῷ φόβῳ (δέει) τι od. τινά, etwas, einen vor Furcht tot sein, d. i. *aliquid* (*aliquem*) *mortifere extimescere*, hyperbol. = *vehementissime extim.* Dem. 4, 45 οἱ μὲν ἐχθροὶ καταγελῶσιν, οἱ δὲ σύμμαχοι τεθνᾶσι τῷ δέει τοὺς τοιούτους ἀποστόλους. 19, 81 δουλεύειν καὶ τεθνάναι τῷ φόβῳ Θηβαίους. Nachgeahmt bei Arr. An. 7. 9, 4 u. Aristid. 2. p. 210 Dind. Vgl. auch Aesch. S. 289 μέριμναι ζωπυροῦσι τάρβος τὸν ἀμφιτειχῆ λεών entfachen Furcht vor. X. Cy. 1. 3, 5 καὶ σὲ μυσαττόμενον ταῦτα τὰ βρώματα ὁρῶ. X, 123 ὁ δέ μ' οὐκ ἐλεήσει οὐδέ τί μ' αἰδέσεται. Pl. Symp. 173, c τοὺς ἑταίρους ἐλεῶ. (Daher auch pass. Dem. 27, 57 ἵν' ἧττον ἐλεηθῶ παρ' ὑμῖν. Pl. Civ. 337, a.) Pl. leg. 908, b δυσχεραίνειν τὴν ἀδικίαν. Ω, 740 καί μιν λαοὶ ὀδύρονται. Th. 2, 44 τοὺς τῶνδε τοκέας οὐκ ὀλοφύρομαι. S. Ai. 963 θανόντ' ἂν οἰμώξειαν. X. Hell. 2. 2, 3 τοὺς ἀπολωλότας πενθοῦντες. S. Ph. 360 ἐπεὶ 'δάκρυσα κεῖνον. Pl. leg. 959, e δακρύειν τὸν τετελευτηκότα. X. Cy. 5. 2, 32 πολλοὺς μὲν αὐτῶν εὑρήσομεν ἔτι κλαίοντας τοὺς ἀποθανόντας ὑφ' ἡμῶν. Pl. Phaed. 85, a θρηνοῦντας τὸν θάνατον. (Daher auch pass. S. Ai. 852 ταῦτα θρηνεῖσθαι μάτην.) So auch die Verben, welche die Gebärden der Trauer ausdrücken, als: κόπτεσθαι, τίλλεσθαι, τύπτεσθαί τινα. Ω, 711 πρῶται τόνγ' ἄλοχός τε φίλη καὶ πότνια μήτηρ | τιλλέσθην. Eur. Tr. 627 κόπτεσθαι νεκρόν. Hdt. 2, 132 τύπτεσθαι τὸν θεόν.

Anmerk. 6. Über den Akk. der Pron., als: χαίρω, ἀγανακτῶ u. s. w. τι, τοῦτο, οὐδέν u. s. w. s. § 410, A. 5. Viele der unter 5) angeführten Verben werden in der Prosa in der Regel als Intransitive mit dem Dative oder einer Präposition verbunden, als: χαίρω, γηθέω, ἥδομαι; ἀλγέω, δυσχεραίνω (auch δυσχεραίνειν περί τι in Beziehung auf, Pl. civ. 475, c), ἄχθομαί τινι, ἐπί τινι; oft αἰσχύνεσθαί τινι, ἐπί τινι, über etw.—Während θαρρεῖν τινα bedeutet: unbesorgt sein vor jemd., heisst θαρρεῖν τινι (instrumentaler Dativ): unbesorgt sein durch jemd., d. i. sich auf jemd. verlassen. Hdt. 3, 76 τεθαρσηκότες (*freti*) τοῖσι ὄρνισι.

6) In der Dichtersprache werden Intransitive zuweilen mit grosser Kühnheit transitiv gebraucht. So manche Verben der Bewegung kausativ: *in Bewegung setzen*. S. Ai. 40 πρὸς τί . . ᾖξεν χέρα; ubi v. Schneidew. Eur. Hec. 1071 πόδ' ἐπάξας. Or. 1427 αὔραν ᾄσσειν „zufächeln". Hec. 53 περᾷ . . πόδα. J. T. 409 f. ἔπλευσαν ἐπὶ πόντια κύματα νάιον ὄχημα. Die Verben des Tönens kausativ: *ertönen machen*. Λ, 160 ἵπποι | κείν' ὄχεα κροτάλιζον ἀνὰ πτολέμοιο γεφύρας „machten die Wagen rasseln", d. i. rasselten mit den Wagen dahin, vgl. O, 453 κείν' ὄχεα κροτέοντες, Hdt. 6, 58 λέβητα κροτέουσι. Theocr. 2, 36 τὸ χαλκέον ὡς τάχος ἄχει, *ictu impelle aes*. Ebenso λάμπειν kausativ: *erstrahlen lassen* Eur. Hel. 1131 ἀνὴρ δόλιον ἀστέρα λάμψας. — Ferner χορεύειν, ἑλίσσειν θεόν, *deum choreis, saltando celebrare* (wie ᾄδειν *singen* und *besingen*). Pind. J. 1, 8 Φοῖβον χορεύων, ubi v. Dissen.

Vgl. S. Ant. 1151 f. (Pass. σὲ χορεύεσθαι πρὸς ἡμῶν S. OR. 1093). Eur. H. f. 687. 690 Δηλιάδες ὑμνοῦσι . . τὸν Λατοῦς εὔπαιδα γόνον εἱλίσσουσαι καλλίχορον. J. A. 1480 ἑλίσσετ' ἀμφὶ ναόν, ἀμφὶ βωμὸν τὰν ἄνασσαν Ἄρτεμιν. — Δακρύειν „bethränen", mit Thränen benetzen Eur. Hel. 948 ἐγὼ σὸν οὔτ' ἂν προσπεσεῖν τλαίην γόνυ | οὔτ' ἂν δακρῦσαι βλέφαρα (vgl. υ, 204 δεδάκρυνται δέ μοι ὄσσε). — Σπεύδειν „beeilen, beschleunigen". τ, 137 οἱ δὲ γάμον σπεύδουσιν (Hdt. 1, 206 παῦσαι σπεύδων, τὰ σπεύδεις).

Die intransitiven Witterungsausdrücke νίφει, ὕει kommen auch in Prosa transitiv vor. Hdt. 4, 151 οὐχ ὗε τὴν Θρᾴκην. Ar. Ach. 138 εἰ μὴ κατένιψε χιόνι τὴν Θρῄκην (Pass. Hdt. 2, 13 ὕεται πᾶσα ἡ χώρη, vgl. 14. 22. 3, 10. 4, 50. 198. 4, 31 τὰ κατύπερθε ἀεὶ νίφεται). Vgl. § 378, 10.

7) Sehr viele Intransitive und Reflexive werden wie im Lateinischen und Deutschen durch die Zusammensetzung mit Präpositionen Transitive und nehmen als solche ihr Objekt im Akk. zu sich. Mehrere sind schon im Vorhergehenden erwähnt worden, als: ὑφίστασθαι, ἐξίστασθαι, ἐκτρέπεσθαι, ἀποστρέφεσθαι, ὑπεξέρχεσθαι, ὑποχωρεῖν, ἀποχωρεῖν u. s. w., s. Nr. 3 S. 295 f.; ferner ὑποδύεσθαι, z. B. κίνδυνον, *subire periculum*, μετέρχεσθαι, ὑπερβαίνειν, παραβαίνειν, περιίστασθαι, ἐπιστρατεύειν u. s. w. O, 691 ἔθνος ἐφορμᾶται, greift an. Vgl. Υ, 461. H, 240 ἐπαΐξαι μόθον, angreifen. Vgl. M, 308. Hdt. 5, 104 ἐξελθόντα τὸ ἄστυ. 7, 29 ἐξῆλθον τὴν χώρην, überschritt (vgl. Aristot. Pol. 3, 14 ὅταν ἐξέλθῃ τὴν χώραν). 5, 103 ἐκπλώσαντες ἔξω τὸν Ἑλλήσποντον, ubi v. Baehr. (Noch freier 7, 58 ἔξω τὸν Ἑλλήσποντον πλέων „fuhr den Hellespont hinaus", vgl. § 410, 5.) 7. 16, 3 σὲ δὲ ἐπιφοιτήσει, heimsuchen (aber § 2 c. dat.). Pl. civ. 537, d ἐπειδὰν τὰ τριάκοντα ἔτη ἐκβαίνωσιν, überschreiten. X. Hell. 6. 5, 34 τὸν βάρβαρον κοινῇ ἀπεμαχέσαντο, *propulsarunt*. Pl. Hipp. mai. 286, d ἀναμαχούμενος τὸν λόγον, aufs neue durchkämpfen. X. Cy. 3. 1, 5 ὁ Κῦρος περιίσταται τὸν λόφον τῷ παρόντι στρατεύματι, umstellt. Th. 4, 92 τὸν ἡσυχάζοντα ἐπιστρατεύειν. Vgl. 4, 60, ubi v. Poppo, häufiger b. d. Trag., als: S. Tr. 75 ἐπ. πόλιν, 362 πατρίδα. S. OC. 942 οὐδείς ποτ' αὐτοὺς . . ἂν ἐμπέσοι, *invadat*. Vgl. Eur. J. A. 808. H. f. 34 νοσοῦσαν τήνδ' ἐπεισπεσὼν πόλιν, befallend. Pl. Phaed. 58, e οὔτε με ἀνδρὸς ἔλεος εἰσῄει. Th. 1, 24 ἐσπλέοντι τὸν Ἰόνιον κόλπον (sonst regelm. mit ἐς) . . προσοικοῦσι δ' αὐτὴν Ταυλάντιοι, wie *accolere locum*. 26 προσκαθεζόμενοι τὴν πόλιν, *assidentes urbem*. Ἐπιέναι b. Hom. fast immer c. acc. u. nur N, 482 c. dat., was später die gewöhnlichere Konstruktion wurde. Εἰσέρχεταί με μένος, φόβος, πόθος u. dgl. poet. u. pros., s. Passow. So ὑπέρχεταί με τρόμος, φόβος, θαῦμα, οἶκτος poet., seltener pros., wie Hdt. 6, 134 φρίκης αὐτὸν ὑπελθούσης. Pl. Phaedr. 251, a καί τι τῶν τότε ὑπῆλθεν αὐτὸν δειμάτων. Ἐπέρχεταί με c. inf., kommt mir in den Sinn. Pl. Phaedr. 88, c st. des gwhnl.

ἐπέρχεταί μοι. Προσπιτνεῖν τινα, fussfällig bitten, b. d. Trag., seltener c. dat., wie S. OC. 1754, s. Passow. Ph. 244 τίνι | στόλῳ προσέσχες τήνδε γῆν; st. des gwhnl. ἐς τήνδε γ. Προσγελᾶν τινα od. τι stets in d. klassischen Sprache, τινί selt. u. nur b. Sp., s. Passow. Η, 421 Ἠέλιος .. προσέβαλλεν ἀρούρας, bewarf mit seinen Strahlen. Ar. P. 180 πόθεν βροτοῦ με προσέβαλε; Schol.: αἴσθησις ἀνθρώπου εἰσελήλυθεν ἢ ὀσμὴ ἢ φωνή. Ε, 879 ταύτην δ' οὔτ' ἔπεϊ προτιβάλλεαι οὔτε τι ἔργῳ, greifst an. (Aber X. An. 1. 6, 6 αὐτὸν προσπολεμῶν ἐποίησα, ὥστε κτλ. hängt αὐτόν v. ἐποίησα ab, s. Kühners Bmrk.) Viele Komposita von κατά = nieder, wie Andoc. 3, 5 καταναυμαχεῖν βασιλέα. 15 καταπολεμεῖν Λακεδαιμονίους. Vgl. X. Hell. 3. 5, 13. Isocr. 4, 83. Dem. 8, 52 καταπολιτεύεσθαί τινα, einen niederpolitisieren, s. Schaefer et Bremi ad h. l. Ar. eq. 286 καταβοήσομαι βοῶν σε. 287 κατακεκράξομαί σε κράζων. Die deutsche Sprache hat ausserdem ein bequemes Mittel ein Intransitiv zu einem Transitive zu machen, indem sie demselben die Silbe be vorsetzt, als: weinen, *beweinen*. Im Altdeutschen werden übrigens viele Intransitive, wie *weinen, klagen, erbarmen, leiden, zürnen, wundern*, als Transitive mit dem Akk. verbunden[1]), als: *weinôta then bruoder*.

Anmerk. 7. In der Dichtersprache nehmen bisweilen Intransitive in der Verbindung mit einem Substantive transitive Bedeutung an. Eur. Ph. 1549 ἄλοχος παραβάκτροις ἃ πόδα σὸν τυφλόπουν θεραπεύμασιν αἰὲν ἐμόχθει, die deinen irrenden Fuss durch ihren mit dem Stabe geleisteten Dienst mühselig leitete (konstr. wie θεραπεύειν). Andr. 1199 θανόντα δεσπόταν γόοις .. κατάρξω, werde beklagen (wie γοᾶσθαί τινα). Mehr dergl. Beispiele werden wir in d. Lehre v. d. dopp. Akk. (§ 411) sehen.

8) Eine Eigentümlichkeit der griechischen Sprache ist es, dass sie, wenn ein transitives Verb mit seinem Objekte nicht bloss eine Handlung, sondern eine zur Gewohnheit gewordene Handlung ausdrücken soll, ein mit einem Substantive zusammengesetztes Verb bildet (§ 342, 1. b), als: δόρυ φέρω, trage einen Speer, aber δορυφορῶ, bin ein Speertragender, Leibwächter, und dieses mit dem Akkusative verbinden kann, als: δορυφορῶ τινα, beschütze einen als Leibwächter. Diese Erscheinung erklärt sich daraus, dass der Verbalbegriff mit seinem unmittelbaren Objekte zu der Einheit Eines Begriffs verschmolzen ist. In einer solchen Wortverbindung liegt oft eine reiche, dichterisch malende Fülle des Ausdrucks. Die deutsche Sprache hat nur wenige solche Komposita, die, mit dem Akk. verbunden, den griechischen entsprechen, wie einen *hofmeistern, schulmeistern;* ähnlich sind *einen* lobpreisen, brandschatzen[2]). Hdt. 3, 127 τὸν χίλιοι Περσέων ἐδορυφόρεον, vgl. 128. X. Hier. 4, 3 οἱ πολῖται δορυφοροῦσι ἀλλήλους ἄνευ μισθοῦ. Daher auch pass. Isocr. 10, 37 τῇ τῶν πολιτῶν εὐνοίᾳ δορυφορούμενος.

---

[1]) S. Grimm. IV. S. 612 ff. — [2]) S. Rumpel a. a. O. S. 142 ff.

(Doch auch als Intrans. *c. dat.* X. Cy. 7. 5, 84.) S. Ai. 845 διφρηλατεῖν τὸν οὐρανόν, mit dem Wagen den Himmel befahren. Aesch. Ag. 669 ἐβουκολοῦμεν φροντίσιν νέον πάθος, weideten = linderten. S. Ai. 549 ὠμοῖς αὐτὸν ἐν νόμοις πατρὸς | δεῖ πωλοδαμνεῖν, Schol. ὡς πῶλον γυμνάζειν. Eur. Ba. 557 θυρσοφορεῖς θιάσους, ὦ Διόνυσε, den Thyrsos tragend führst du Reigentänze auf. Ar. P. 747 κἀδενδροτόμησε τὸ νῶτον, den Rücken wie einen Klotz zerhauen. Eq. 289 κυνοκοπήσω σου τὸ νῶτον, schlagen wie einen Hund. R. 1369 ἀνδρῶν ποιητῶν τυροπωλῆσαι τέχνην „verkäsehökern". Av. 995 γεωμετρῆσαι βούλομαι τὸν ἀέρα „die Luft feldmessen", auch pros., wie X. conv. 6, 8. Dem. 18, 115 μισθοδοτῆσαι τοὺς ὁπλίτας, ubi v. Schaefer. (Doch auch als Intrans. *c. dat.* X. An. 7. 1, 13.) Isocr. 4, 132 τοὺς νησιώτας δασμολογεῖν, besteuern. Th. 8, 3 τὰ τῶν ξυμμάχων ἠργυρολόγησεν ἐς τὸ ναυτικόν. Dem. 24, 142 νομοθετεῖν τὰ αὑτοῖς συμφέροντα, durch Gesetze bestimmen. Th. 5, 111 μὴ τὰ χείρω φιλονεικῆσαι, vgl. Pl. Prot. 360, e. Pl. leg. 755, e χειροτονεῖν στρατηγούς, durch Handaufheben wählen, noch häufiger m. dopp. Akk. X. Hell. 6. 2, 11 Τιμόθεον δ' αὐτῶν στρατηγὸν ἐχειροτόνησαν. Pl. civ. 395, e κωμῳδεῖν ἀλλήλους, verspotten. Ar. Ach. 655 κωμῳδήσει τὰ δίκαια, das Recht in der Komödie behandeln. Pl. Crat. 414, c τραγῳδεῖν τὰ ὀνόματα. Id. civ. 598, b ὁ ζωγράφος ζωγραφήσει ἡμῖν σκυτοτόμον, τέκτονα, τοὺς ἄλλους δημιουργούς. (Pass. Pl. Phil. 40, a τὰ φαντάσματα ἐζωγραφημένα, vgl. ib. b. Statt ζωγραφεῖν τι sagt Hdt. 4, 88 ζῷα γραψάμενος πᾶσαν τὴν ζεῦξιν τοῦ Βοσπόρου, ubi v. Baehr.) X. An. 7. 6, 4 ἦ δημαγωγεῖ ὁ ἀνὴρ τοὺς ἄνδρας; sucht er sie durch demagogische Künste zu gewinnen? Pl. Euthyd. 284, e νουθετῶ σ' ὡς ἑταῖρον. Dem. 23, 60 συκοφαντοῦμεν τὸ πρᾶγμα. Pl. Menex. 248, d τοὺς δὲ (πατέρας) γηροτροφοῦντες ἀξίως. (Pass. Lys. 13, 45 ὑπὸ τῶν σφετέρων αὐτῶν παίδων γηροτροφηθέντες, vgl. Ar. Ach. 678 γηροβοσκούμεσθ' ὑφ' ὑμῶν). Pl. Lys. 209, d τὴν αὑτοῦ οἰκίαν οἰκονομεῖν. X. Cy. 2. 2, 13 ἔνιοι καὶ ἐν ᾠδαῖς καὶ ἐν λόγοις οἰκτρὰ λογοποιοῦντες. Alciphr. 3, 70 ὁ λιμὸς θυροκοπεῖ τὴν γαστέρα, klopft an den Magen wie an eine Thür an. Zuweilen tritt in dem Kompositum der Substantivbegriff ganz in den Hintergrund. γ, 472 οἶνον οἰνοχοεῦντες. Δ, 3 Ἥβη | νέκταρ ἐῳνοχόει. Υ, 221 ἵπποι ἕλος κάτα βουκολέοντο. Hdt. 1, 27 ναυπηγέεσθαι νέας. Vgl. 6, 46. Sehr oft οἰκοδομεῖν οἰκοδόμημα, τεῖχος, πυραμίδα u. s. w., s. d. Lex., wie *aedificare navem*, *urbem* u. s. w.

§ 410. b) Akkusativ bei intransitiven und passiven Verben und Adjektiven[1].

1. Der Akkusativ bei intransitiven und passiven Verben und Adjektiven unterscheidet sich von dem Akkusative bei transitiven Verben bloss dadurch, dass dieser zur Vervollständigung des transitiven Verbs eine notwendige Ergänzung angiebt, jener dagegen, da das intransitive und passive Verb und Adjektiv an sich schon einen vollständigen Begriff ausdrücken, nur eine nähere Bestimmung des intransitiven oder passiven Begriffs angiebt. Andere Sprachen gebrauchen in diesem Falle gemeiniglich Präpositionen, durch welche das logische Verhältnis des Verbs zu seinem Objekte schärfer und deutlicher ausgedrückt wird; die griechische Sprache hingegen begnügt sich mit Übergehung der genaueren Bezeichnung des logischen Verhältnisses das Verb ohne weiteres mit dem Akkusative zu verbinden. So sagt sie: ich empfinde Schmerz den Kopf, ἀλγῶ τὴν κεφαλήν, er ist schön die Augen, καλός ἐστι τὰ ὄμματα, der Fettdampf kommt den Himmel, κνίσση οὐρανὸν ἵκει u. s. w. Die griechische Ausdrucksweise beruht auf einer durchaus einfachen und kindlichen Anschauung, während andere Sprachen, namentlich die deutsche, sich auf eine verstandesmässige Auffassung des in Wirklichkeit bestehenden Verhältnisses der Dinge gründen. In der Dichtersprache hat der Gebrauch dieses Akkusativs natürlich eine noch ungleich grössere Ausdehnung als in der Prosa, da sich jene freier bewegt und sich um das wirkliche Verhältnis der Dinge zu einander weniger bekümmert, diese hingegen nach grösserer Schärfe und Bestimmtheit des Ausdrucks strebt.

2. Die einfachste Erscheinung im Gebrauche dieses Akkusativs ist die, dass die in jedem Verbalbegriffe liegende Substanz sich als ein besonderes Substantiv lostrennt und sich als Objekt mit dem Verb verbindet, als: μάχην μάχεσθαι, eine Schlacht schlagen, *pugnam pugnare.* In dieser Ausdrucksweise liegt eine Verstärkung des Verbalbegriffs, die gewöhnlich dadurch näher bestimmt wird, dass zu dem Akkusative ein attributives Adjektiv oder Pronomen oder ein zu dem Akkusative gehöriger Adjektivsatz hinzutritt, als: νοσῶ νόσον χαλεπήν (vgl. einen schweren Kampf kämpfen). Statt des Substantivs von gleichem Stamme kann auch ein Substantiv von verwandter Bedeutung stehen, als: ζῆν καλὸν βίον, ἀσθενεῖν χαλεπὴν νόσον (vgl. einen schönen Tod sterben), sowie auch ein Substantiv,

---

[1]) S. Rumpel a. a. O. S. 157 ff., der diesen Akkusativ sehr passend den parataktischen nennt.

das ein Attributiv eines solchen Substantivbegriffs ausdrückt, als: νικᾶν μάχην, gleichsam einen Schlachtensieg siegen (vgl. Ball spielen, d. i. das Ballspiel spielen). Das Verb kann aber auch ein Transitiv sein; denn in jedem Transitive liegt ebenso wie in jedem Intransitive eine Substanz, als: πράττω πρᾶξιν. Ob das Intransitiv mit dem Genetive oder Dative verbunden wird, ist gleichviel, als: ἔρωτα ἐρᾶν, ἀπειλεῖν ἀπειλάς. In keiner Sprache hat sich der Gebrauch dieses Akkusativs, den man gemeiniglich den Akkusativ des Inhalts zu nennen pflegt, so umfangreich und zugleich so ungemein sinnreich ausgebildet wie in der griechischen.[1])

a) Das Verb mit einem Substantive desselben Stammes. B, 121 ἄπρηκτον πόλεμον πολεμίζειν. Δ, 27 ἱδρῶ ἴδρωσα. I, 74 ἀρίστην βουλὴν βουλεύειν. ι, 303 ἀπωλόμεθ' αἰπὺν ὄλεθρον. N, 219 sq. ἀπειλαί, τὰς Τρωσὶν ἀπείλεον υἷες Ἀχαιῶν. Vgl. Π, 201 f. u. Hdt. 6, 32. S. Ph. 173 νοσεῖ νόσον ἀγρίαν. Andoc. 1, 31 ἀρασάμενοι τὰς μεγίστας ἀρὰς ὑμῖν, vgl. Eur. M. 607. Eur. El. 686 πτῶμα θανάσιμον πεσῇ, vgl. Aesch. Prom. 919. Pl. Lach. 181, b. Eur. Ba. 925 τὴν Ἰνοῦς στάσιν ἑστάναι, der Iris Stellung stehen (einnehmen). M, 1041 τί προσγελᾶτε τὸν πανύστατον γέλων; Hipp. 319 Θησεύς τιν' ἡμάρτηκεν εἰς σ' ἁμαρτίαν; Vgl. Pl. Gorg. 525, d. Hdt. 3, 88 γάμους δὲ τοὺς πρώτους (*matrimonia nobilissima*) ἐγάμεε ὁ Δαρεῖος. Vgl. Eur. Med. 587. ibiq. Pflugk. Ar. V. 375 τὸν περὶ ψυχῆς δρόμον δραμεῖν. Hdt. 3, 147 Ὀτάνης ἰδὼν πάθος μέγα Πέρσας πεπονθότας, ἐντολὰς τὰς Δαρεῖός οἱ ἐνετέλλετο . . ἐπελανθάνετο. 154 ἀνήκεστον λώβην λωβᾶσθαι. Daher 119 ἔδησε τὴν (scil. δέσιν) ἐπὶ θανάτῳ. Pl. leg. 868, b χρωμένους τῷ κτείναντι χρείαν, ἣν ἂν ἐθέλωσιν, den Mörder nach Belieben behandelnd. Phaedr. 238, c δοκῶ τι σοὶ θεῖον πάθος πεπονθέναι; 240, d πᾶσαν αἴσθησιν αἰσθανομένῳ. Crit. 46, d τῶν δοξῶν, ἃς οἱ ἄνθρωποι δοξάζουσι. Civ. 405 c ἱκανὸς πάσας μὲν στροφὰς στρέφεσθαι, πάσας δὲ διεξόδους διεξελθὼν ἀποστραφῆναι λογιζόμενος. 409, a πάντα ἀδικήματα ἀδικεῖν. 451, c τὴν ὁρμήν, ἥνπερ τὸ πρῶτον ὡρμήσαμεν. Prot. 325, c ἐπιμελοῦνται πᾶσαν ἐπιμέλειαν. Symp. 181, b οὗτός ἐστιν (ὁ ἔρως), ὃν οἱ φαῦλοι τῶν ἀνθρώπων ἐρῶσιν. 183, a δουλείας δουλεύειν οἵας οὐδ' ἂν δοῦλος οὐδείς. Ap. 19, c πολλὴν φλυαρίαν φλυα-

[1]) Ausführlich handelt über diesen Akkusativ Wunder in d. Schrift: Über Chr. Aug. Lobecks neue Ausg. des Sophokleischen Aias. Lpz. 1837. S. 10 ff. u. S. 36 ff. Damit zu vergleichen Lobeck ad Soph. Ai. v. 40 p. 86 sqq. u. v. 42 p. 98 sq. Paralip. p. 501 sqq. Hartung über d. Kasus. Erlang. 1831 S. 50 ff. Schoemann index scholar. Gryphisvald. 1831. Driller Comment. de consensu notionum etc. Misenae 1842 p. 28 sqq. Rumpel Casuslehre 1845. S. 172 ff. Forberg Progr. Coburg 1850. Schneidawind, Über den Akkusativ des Inhalts bei den hervorragendsten griechischen Prosaikern, Würzburg 1886.

ροῦντα. 34, c κινδυνεύων τὸν ἔσχατον κίνδυνον. 21, a ξυνέφυγε τὴν φυγὴν ταύτην. Dem. 2, 7 τὸν Φωκικὸν πόλεμον πολεμήσειν ὑπὲρ αὐτῶν. 59, 97 τὴν ἐν Σαλαμῖνι ναυμαχίαν ναυμαχήσαντες. 18, 262 τῶν ἀγώνων οὓς ὑμεῖς περὶ τῆς ψυχῆς ἠγωνίζεσθε. 50, 22 πλοῦν πολὺν πεπλευκότων. 49, 6 ἐκπλεῖν τὸν ὕστερον ἔκπλουν. 53, 16 γραφὴν γράψασθαι ὕβρεως. 59, 74 τὰς θυσίας ἁπάσας ὁ βασιλεὺς ἔθυε. 8, 71 τῶν τοιούτων πολιτευμάτων οὐδὲν πολιτεύομαι. 28, 3 χορηγεῖ καὶ τριηραρχεῖ καὶ τὰς ἄλλας λειτουργίας λειτουργεῖ. 18, 238 κενάς γε χαρίζει χάριτας τουτοισί. 29, 4 δέομαι δ' ὑμῶν δικαίαν δέησιν. 15 ταύτην τὴν μαρτυρίαν ἐμαρτύρησεν ὁ ἀδελφός. 19, 47 τὰς ὑποσχέσεις ἃς οὗτος ὑπισχνεῖτο. 20, 26 τὰς εὐπορίας ἃς ἀναπαυομένους τινὰς εὐπορήσειν οὗτοι φήσουσιν. 32, 11 ἀτύχημα οὐδὲν ἔλαττον ἀτυχήσαντες. 50, 21 ὅσα ἀναλώματα ὑπὲρ τούτου ἀνήλωσα . . καὶ κινδύνους ὅσους ἐκινδύνευσα. 8, 8 ταῖς κατηγορίαις ἃς Διοπείθους κατηγοροῦσι. 21, 132 τὴν λοιδορίαν ἣν ἐλοιδορήθη Κρατίνῳ. 53, 16 ἤδη μοι ἐπιβουλεύουσι τὴν μεγίστην ἐπιβουλήν. X. An. 1. 3, 15 στρατηγήσοντα ἐμὲ ταύτην τὴν στρατηγίαν. 6. 1, 6 εὐτύχησαν τοῦτο τὸ εὐτύχημα. Comm. 1. 5, 6 δουλεύειν δουλείαν αἰσχράν. Hell. 7. 1, 5 μεγίστους ἀγῶνας ἠγωνισμένοι. Th. 3, 13 ἐνομίζομεν ἀποστήσεσθαι διπλῆν ἀπόστασιν. So: καλὰς πράξεις πράττειν, ἐργάζεσθαι ἔργον καλόν, ἄρχειν δικαίαν ἀρχήν, χαλεπὴν νόσον νοσεῖν, πολλὰς μερίμνας μεριμνᾶν, μεγάλας ἡδονὰς ἥδεσθαι. Elliptisch S. Tr. 1062 θῆλυς οὖσα κοὐκ ἀνδρὸς φύσιν sc. φῦσα, s. Schneidew. (Doch ist wohl θῆλυς φῦσα zu schreiben.)

b) Das Verb mit einem sinnverwandten Substantive. Λ, 241 κοιμήσατο χάλκεον ὕπνον. θ, 445 εὕδησθα γλυκὺν ὕπνον. K, 159 τί πάννυχον ὕπνον ἀωτεῖς; X. Hier. 6, 7 ποῖον δέ τινα ὕπνον ἐκοιμῶ; Theocr. 3, 49 ὁ τὸν ἄτροπον ὕπνον ἰαύων Ἐνδυμίων. Γ, 417 κακὸν οἶτον ὄληαι. α, 166 ἀπόλωλε κακὸν μόρον. ν, 384 φθίσεσθαι κακὸν οἶτον. Th. 1, 112 Λακεδαιμόνιοι τὸν ἱερὸν καλούμενον πόλεμον ἐστράτευσαν. So: ὅρκους ὀμνύναι, ἀσθενεῖν νόσον. S. El. 599 ζῶ βίον μοχθηρόν. Aesch. P. 305 πήδημα κοῦφον ἐκ νεὼς ἀφήλατο. S. Ai. 42 τί δῆτα ποίμναις τήνδ' ἐπεμπίπτει βάσιν; Th. 5, 105 τῆς δόξης, ἣν . . πιστεύετε, eine feste Meinung haben. Pl. Civ. 410, b αὐτὰ τὰ γυμνάσια καὶ τοὺς πόνους πονήσει. X. Comm. 3. 13, 5 οἱ περίπατοι οὓς περιπατεῖς. Hell. 1. 2, 17 ἐξῆλθον δέ τινας καὶ ἄλλας ἐξόδους ἐς τὴν ἤπειρον. Dem. 48, 55 ἐξόδους λαμπρὰς ἐξιέναι. S. Ant. 1309 ἀνταίαν (sc. πληγήν) ἔπαισεν. Vgl. El. 1415. X. An. 5. 8, 12. S. Ai. 760 f. ἀνθρώπου φύσιν βλαστών = βλάστην βλαστὼν od. φύσιν φύς. Th. 1, 5 τὰς πύστεις τῶν καταπλεόντων πανταχοῦ ὁμοίως ἐρωτῶντες. Th. 3, 112 προλοχίζειν ἐνέδρας.

c) Das Verb mit einem Substantive, das ein Attribut des im Verb liegenden Substantivbegriffs ausdrückt. Nach νίκην νικᾶν: Lys. 19, 28 τὴν ναυμαχίαν νικῆσαι, einen Seeschlachtsieg siegen, wofür wir sagen: in einer Seeschlacht siegen. X. An. 6. 5, 23 ὅσας μάχας νενικήκατε. Th. 1, 126 Ὀλύμπια νικᾶν, wie *Olympia vincere* Enn. bei Cic. Cat. 5, 14. Pl. Io 530, b τὰ Παναθήναια νικήσομεν, ubi v. Stallb. Oft b. d. Attik. νικᾶν γνώμην, *sententiam vincere*, νικᾶν δίκην, einen Meinungssieg siegen (seine Meinung siegreich durchsetzen). X. An. 4. 8, 27 ἠγωνίζοντο στάδιον. Eur. Andr. 336 σὺ τόνδ' ἀγωνιεῖ φόνον, du wirst einen Kampf über diesen Mord zu bestehen haben. E, 361 ἕλκος οὐτάσαι, 795 ἕλκος βάλλειν (Ω, 421 ἕλκεα τύπτειν) eine Wunde schlagen (einen verwundenden Schlag thun). Pind. N. 8, 29 ἕλκεα ῥῆξαι Wunden reissen. Theocr. 22, 172 νεῖκος ἀναρρήξαντες. S. Ant. 675 (ἀναρχία) συμμάχου δορὸς τροπὰς καταρρήγνυσι „reisst Flucht", d. i. ruft Flucht hervor. Eur. Suppl. 1205 ᾗ δ' ἂν . . τρώσῃς φόνον, *si mortiferum vulnus inflixeris.* Pl. Leg. 964, c πᾶσαν ἀρετὴν νικᾶν. S. Ai. 435 τὰ πρῶτα καλλιστεῖ' ἀριστεύσας στρατοῦ, nach ἀριστεύειν ἀριστεῖα, τὰ κάλλιστα ἀριστεῖα ἀριστεύειν, den schönsten Preis davontragen. So nach θῦμα θύειν: θύειν τὰ ἐπινίκια (Pl. Symp. 173, a), Siegesopfer darbringen, εὐαγγέλια (X. Hell. 1. 6, 37), διαβατήρια (ib. 3. 4, 3), γενέθλια (Eur. Io 653. Pl. Alc. 1. 121, c), τὰ Λύκαια (X. An. 1. 2, 10). X. Hell. 4. 3, 14 ἐβουθύτει ὡς εὐαγγέλια u. s. w.; so der Akkus. b. τέμνειν in der Bdtg. opfern (eigtl. die Kehle des Opfertieres abschneiden), als: φιλότητα καὶ ὅρκια πιστὰ ταμεῖν Γ, 73. 94, Freundschafts-, Bündnisopfer bringen (wofür wir sagen: für etw. opfern); später: συνθεσίας, φίλια τέμνειν, wie *foedus ferire;* Eur. Hel. 1235 σπονδὰς τέμωμεν. Δαινύναι γάμον T, 299, δ. ὑμεναίους Eur. J. A. 123, ἑστιᾶν γάμους H. f. 483, einen Hochzeitsschmaus geben, ἑστιᾶν νικητήρια X. Cy. 8. 4, 1. Δαινύναι τάφον γ, 309 einen Leichenschmaus geben. Nach κτυπεῖν κτύπον Θ, 170 f. κτύπε μητίετα Ζεὺς | σῆμα τιθεὶς Τρώεσσι, μάχης ἑτεραλκέα νίκην. Eur. Rhes. 308 κτυπεῖν φόβον. Nach εἴσπλουν εἰσπλεῖν S. OR. 423 τὸν ὑμέναιον, ὃν . . εἰσέπλευσας. Nach πέμπειν πομπήν, eine Prozession halten: πέμπειν ἑορτήν, Παναθήναια. Ferner Dem. 21, 64 χορηγεῖν Διονύσια. Aesch. Ag. 31 αὐτὸς δ' ἔγωγε φροίμιον χορεύσομαι, mit einem Reigentanze die Feier beginnen. Hdt. 6, 129 ὠρχήσατο Λακωνικὰ σχημάτια, *saltavit Laconicos modulos,* vgl. X. An. 6. 1, 10. Ar. V. 582 αὐλεῖν ἔξοδον. συγκεράσασθαι (ἀνακερ.) φιλίαν, Freundschaft mischen, d. i. schliessen Hdt. 7, 151 (Eur. Hipp. 253). ταράττειν πόλεμον Pl. civ. 567, a, Kriegswirren hervorrufen, wie *miscere bellum.* S. Ant. 794 νεῖκος ταράττειν. Pl. Crit. 48, e ἀποκρίνεσθαι τὸ ἐρωτώμενον, das Gefragte beantworten (b. e. Subst. gewöhnlich πρός *c. acc.*, auf etwas antworten) u. s. w. In Volksbeschlüssen: τὸ ψήφισμα ὃ ἀπεκρίνατο ὁ δῆμος τοῖς πρέσβεσιν [1]). Hdt. 7, 50 κινδύνους ἀναρριπτέειν, gefährlichen Wurf werfen, thun (*periculorum aleam subire,* sich unbesonnen Gefahren

[1]) S. Meisterhans, Gramm. d. att. Inschr.[2] S. 166.

aussetzen, von der Redensart ἀναρριπτεῖν τὸν κύβον, den Würfel werfen, entlehnt). Th. 4, 85 κίνδυνον τοσόνδε ἀνερρίψαμεν, vgl. 95. Nach βοηθεῖν βοήθειαν X. Comm. 2. 6, 25 τοῖς φίλοις τὰ δίκαια βοηθεῖν, zum Rechte verhelfen. Vgl. Dem. 27, 3. 68. Nach βαίνειν βάσιν sehr häufig b. Eurip. βαίνειν, προβ-, ἐκβ-, ἐμβ-, μεταβ- πόδα, einen Fussschritt schreiten. S. Ai. 700 ὀρχήματ' αὐτοδαῆ . . ἰάπτειν, *saltationis jactationes jactare*, selbstgelernter Tänze Bewegungen bewegen. S. Ai. 580 μηδ' ἐπισκήνους γόους δάκρυε „Klagethränen weinen". 1096 τοιαῦθ' ἁμαρτάνουσιν ἐν λόγοις ἔπη, solche Fehler der Aussprüche fehlen (begehen) sie in ihren Reden. Ω, 235 u. φ, 20 ἐξεσίην ἐλθεῖν, einen Sendungs-, Gesandtschaftsgang gehen, eine Gesandtschaftsreise machen. (Aber in ἀγγελίην ἐλθεῖν Λ, 140 muss man mit Wunder a. a. O. S. 45 f. ἀγγ. für den Akk. v. ἀγγελίης, Bote, halten, wie aus Γ, 206. Δ, 384. β, 92. π, 355. ω, 353 f. erhellt.) Th. 1, 15 ἐκδήμους στρατείας οὐκ ἐξῄεσαν οἱ Ἕλληνες, wie ἐξελθεῖν στρατείαν τινά Dem. 59, 27. Aeschin. 2, 168. Ähnlich S. Tr. 505 τίνες πάμπληκτα παγκόνιτά τ' ἐξῆλθον ἄεθλ' ἀγώνων; schwerer Kämpfe Ausgang ausgehen (zu schweren Kämpfen ausziehen), wo Konjekturen unnötig sind. Zu εἰσιέναι, das vom Schauspieler in der Bedeutung *auftreten, eine Rolle spielen* gebraucht wird, tritt (nach Analogie von εἴσοδον εἰσιέναι) die Bezeichnung der Rolle im Akk. Dem. 19, 247 ἐξαίρετόν ἐστιν ὥσπερ γέρας τοῖς τριταγωνισταῖς τὸ τοὺς τυράννους εἰσιέναι die Tyrannen zu spielen. Dem. 19, 163 ὅτε τὴν προτέραν ἀπήραμεν (= ἀπήλθομεν) πρεσβείαν τὴν περὶ τῆς εἰρήνης. Isocr. 4, 177 τῶν πρεσβευσάντων ταύτην τὴν εἰρήνην (nach πρεσβεύειν πρεσβείαν), als Gesandter den Frieden zu stande bringen. X. Cy. 8. 6, 20 ὥρμα ταύτην τὴν στρατείαν. Eur. J. A. 1456 δεινοὺς ἀγῶνας δραμεῖν. Hdt. 8, 102 πολλοὺς πολλάκις ἀγῶνας δραμέονται περὶ σφέων αὐτῶν οἱ Ἕλληνες. S. Tr. 620 εἴπερ Ἑρμοῦ τήνδε πομπεύω τέχνην | βέβαιον. Pind. P. 9, 121 φύγε λαιψηρὸν δρόμον. Eur. Hipp. 829 πήδημ' ἐς Ἅιδου κραιπνὸν ὁρμήσασά μοι. Io 1238 τίνα φυγὰν πτερόεσσαν . . πορευθῶ; S. Ai. 55 ἔνθ' εἰσπεσὼν ἔκειρε πολύκερων φόνον, mähte ab eine Mordsaat. 304 ὅσην κατ' αὐτῶν ὕβριν ἐκτίσαιτο nach τίσιν τίνεσθαι = ὡς ὑβριστικὴν τίσιν ἐκτ., wie schmählich er an ihnen Rache nahm. 439 οὐδ' ἔργα μείω χειρὸς ἀρκέσας ἐμῆς nach ἄρκεσιν ἀρκεῖν, thätige Hülfe leistend. 1059 τήνδε . . τύχην θανόντες, ein Todesschicksal sterben, nach θάνατον θανεῖν. (Nauck vermutet λαχόντες st. θανόντες).

Anmerk. 1. So auch bei Adjektiven, als: ἄτιμος τὴν τοιαύτην ἀτιμίαν Th. 5, 34. κακοὶ πᾶσαν κακίαν Pl. civ. 490, d. 579, d ἔστιν ὁ τῷ ὄντι τύραννος τῷ ὄντι δοῦλος τὰς μεγίστας θωπείας καὶ δουλείας, ubi v. Stallb. Vgl. Th. 5, 9. Pl. Ap. 22, e μήτε τι σοφὸς ὢν τὴν ἐκείνων σοφίαν μήτε ἀμαθὴς τὴν ἀμαθίαν. Aristot. eth. 5, 6 ἄδικος ἑκάστην ἀδικίαν.

Anmerk. 2. Mehrere der angeführten Verbindungen können die passive Konstruktion annehmen, vgl. § 378, 10. Pl. Menex. 243, e ὁ οἰκεῖος ἡμῖν πόλεμος οὕτως ἐπολεμήθη. Vgl. X. Comm. 3. 5, 10. Hell. 4. 8, 1. Pl. Lach. 187, b κίνδυνος κινδυνεύεται. Dem. 20, 84 τὸ τῷ Χαβρίᾳ ψήφισμα ψηφισθέν. Th. 2, 65 ἄλλα τε πολλὰ . . ἡμαρτήθη καὶ ὁ ἐς Σικελίαν πλοῦς. Dem. 18, 151 πόλεμος πρὸς τοὺς Ἀμφισσεῖς ἐταράχθη. Bei denjenigen Verben aber, die noch ein zweites (persönliches) Objekt zu sich nehmen, wie ἕλκος τύπτειν τινά, bleibt in der passiven Konstruktion der Akkusativ der Sache unverändert, während die Person zum Subjekte wird: ἕλκος τύπτομαι. Vgl. § 411, Anmerk. 7.

Anmerk. 3. Zuweilen steht das abstrakte Substantiv ohne attributives Adjektiv. Dies geschieht teils, um den Begriff des einfachen Verbs zu verstärken, wie πήματα πάσχειν E, 886, μάχην ἐμάχοντο O, 414. Eur. Andr. 134 τί μόχθον μοχθεῖς; H. f. 708 ὕβριν ὑβρίζεις. X. Comm. 4. 2, 23 φιλοσοφεῖν φιλοσοφίαν. Antiph. 5, 77 χορηγίας χορηγεῖ. Pl. leg. 953, e ἐγγύην ἐγγυᾶσθαι, sich verbürgen. Ar. Pl. 517 λῆρον ληρεῖν; teils, wenn das Substantiv in gewissen Redensarten in einer bestimmten engeren Bedeutung gebraucht wird oder der Begriff des Verbs zu allgemein ist, wie φυλακὰς φυλάττειν X. An. 2. 6, 10 *excubias agere*, φόρον φέρειν 5. 5, 7, *tributum solvere*, ἀρχὴν ἄρχειν Andoc. 1, 97, öffentliches Amt bekleiden, πομπὴν πέμπειν Th. 6, 56 *pompam ducere*, ἐπιβολὴν ἐπιβάλλειν Dem. 21, 179; Pl. Io 531, d περὶ ὧν Ὅμηρος τὴν ποίησιν πεποίηκεν; teils wenn durch den Artikel auf bestimmte Einzelfälle hingewiesen wird, wie Andoc. 1, 67 ἁμαρτόντων δ' ἐκείνων τὴν ἁμαρτίαν.

Anmerk. 4. Wenn das abstrakte Substantiv im Dative steht, so findet eine durchaus verschiedene Anschauung statt, indem der Dativ den Grund oder das Mittel oder die Art und Weise angiebt.[1]) Jedoch ist diese Wortverbindung ungleich seltener. Aesch. Pr. 384 ἔα με τῇδε τῇ νόσῳ νοσεῖν. S. Tr. 544 νοσοῦντι κείνῳ τῇδε τῇ νόσῳ. Tr. 168 ζῆν ἀλυπήτῳ βίῳ. OC. 1625 φόβῳ δείσαντας. OR. 55 ὕπνῳ γ' εὕδοντα. Hdt. 6, 12 ὁ δὲ παραλαβὼν ἡμέας λυμαίνεται λύμῃσι ἀνηκέστοισι. Th. 2, 81 προλοχίζουσι . . ἐνέδραις, ubi v. Poppo. Pl. conv. 195, b φεύγων φυγῇ. Phaedr. 265, c παιδιᾷ πεπαῖσθαι. Phil. 21, b ταῖς μεγίσταις ἡδοναῖς χαίροις ἄν. X. Hier. 4, 3 βιαίῳ θανάτῳ ἀποθνῄσκειν. An. 1. 8, 19 δρόμῳ θεῖν, vgl. 4. 6, 25. Th. 4, 67, *curriculo currere*. Comm. 3. 5, 18 ἀνηκέστῳ πονηρίᾳ νοσεῖν. An. 2. 6, 5 μάχῃ ἐνίκησε. Cy. 1. 6, 40 κραυγῇ βοῶν. Dem. 39, 26 γάμῳ γεγαμηκὼς τὴν ἐμὴν μητέρα ἑτέραν εἶχε γυναῖκα. Statt Ὀλύμπια νικᾶν kann auch der Lokativ stehen: Ὀλυμπιάσιν νικᾶν, wie Pl. Apol. 36, d.

3. Ausserdem verdienen noch folgende, meist nur poetische, Verbindungen, in denen gleichfalls statt des Substantivs von gleichem Stamme oder verwandter Bedeutung das Attribut im Akkusative steht, einer besonderen Erwähnung.

a) Bei den intransitiven Verben: glänzen, brennen, fliessen, giessen, blühen, spriessen. Hom. h. Apoll. Pyth. 202 προρέειν καλλίρροον ὕδωρ. Ῥεῖν γάλα, μέλι Theocr. 5, 124. 126. (Aber ῥεῖν häufiger *c. dat.*, s. A. 4. X, 149 ἡ μὲν (πηγὴ) . . ὕδατι λιαρῷ ῥέει, vgl. Δ, 451. Eur. Ba. 142 u. s.) Aesch. Pr. 356 ἐξ ὀμμάτων δ' ἤστραπτε γοργωπὸν σέλας. 370 τοιόνδε Τυφὼς ἐξαναζέσει χόλον. (Aber Eur. Cy. 392 λέβητ' ἐπέζεσεν πυρί ist ἐπέζ. als Trans. gebraucht.) Pind. O. 3, 23 οὐ καλὰ δένδρε' ἔθαλλεν χῶρος. S. Ai. 376 ἐρεμνὸν αἷμ' ἔδευσα. Tr. 848 τέγγει δακρύων ἄχναν. So: δεύειν, στάζειν δάκρυα, αἷμα b. d. Tragik. Pind. O. 7, 50 πολὺν ὗσε χρυσόν. Hdt. 4, 28 οὐκ ὕει λόγου ἄξιον οὐδέν.

[1]) Vgl. Lobeck Paralip. p. 523 sqq.

Eur. Or. 480 (δράκων) στίλβει νοσώδεις ἀστραπάς. Ar. N. 965 καὶ κριμνώδη κατανίφοι. [Aber χρυσῷ νίφοντα Pind. J. 6, 5. Ar. Ach. 138 εἰ μὴ κατένιψε (sc. Ζεύς) χιόνι τὴν Θρᾴκην trans. Metagen. b. Ath. 269, e νιφέτω μὲν ἀλφίτοις, | ψακαζέτω δ' ἄρτοισιν, ὑέτω δ' ἔτνει. Hdt. 1, 87 ὕσαι ὕδατι λαβροτάτῳ u. pass. 193 ἡ γῆ τῶν Ἀσσυρίων ὕεται ὀλίγῳ, ebenso 4, 50. X. Hell. 1. 1, 16 ὕοντος πολλῷ.] Eur. Dan. fr. 10 γῆ τ' ἠρινὸν θάλλουσα. Vgl. Theocr. 25, 16. Eur. Ph. 226 ὦ λάμπουσα πέτρα πυρὸς δικόρυφον σέλας. Or. 1519 ἄπεχε φάσγανον· πέλας γὰρ δεινὸν ἀνταυγεῖ φόνον.

b) Bei den Verben des **Tönens, Rufens, Klagens, Lachens, Schnaubens, Atmens, Riechens**; häufig steht hier statt des Substantivs ein blosses Adjektiv oder auch ein Pronomen. Aesch. Pr. 33 πολλοὺς δ' ὀδυρμοὺς καὶ γόους ἀνωφελεῖς φθέγξῃ. B, 270 ἡδὺ γελᾶν. σ, 163 ἀχρεῖον ἐγέλασσεν. Eur. Ph. 334 στενάζων ἀρὰς τέκνοις. δ, 446 ἡδὺ πνέειν. Ω, 364 μένεα πνείοντας Ἀχαιούς. Aesch. Ag. 375 Ἄρη πνεῖν, *Martem spirare.* Pind. P. 4, 225 φλόγα πνεῖν ἀπὸ γνάθων. O. 7, 71. 13, 90 πῦρ πνεῖν. S. Ant. 1146 πῦρ πνεόντων ἄστρων. Eur. J. T. 288 πῦρ πνέουσα καὶ φόνον „und schnaubet Mord". Ar. Ach. 1016 πνέοντας δόρυ καὶ λόγχας. S. Tr. 866 ἠχεῖ τις οὐκ ἄσημον, ἀλλὰ δυστυχῆ | κωκυτὸν εἴσω. Pl. Phaedr. 230, c θερινόν τε καὶ λιγυρὸν ὑπηχεῖ (ὁ τόπος) τῷ τῶν τεττίγων χορῷ, wie Tibull. 1. 3, 60 *dulce sonant tenui gutture carmen aves.* S. Ai. 630 ὀξυτόνους μὲν ᾠδὰς θρηνήσει. Theocr. 20, 14 καί τι σεσαρὸς καὶ σοβαρόν μ' ἐγέλασσεν. Pl. Civ. 337, a ἀνεκάγχασε μάλα σαρδάνιον. — ὄζειν ἡδύ.

c) Bei den Verben des **Sehens und Blickens.** τ, 446 σῦς πῦρ ὀφθαλμοῖσι δεδορκώς. So die dichterischen Formeln: βλέπειν Ἄρην, δέρκεσθαι Ἄρην, ὁρᾶν ἀλκήν. Homerisch u. lyrisch δερκόμενος δεινόν, σμερδαλέον, ταχερά. B, 269 ἀχρεῖον ἰδών, albern blickend. Aesch. P. 81 κυάνεον δ' ὄμμασι λεύσσων φονίου δέργμα δράκοντος. Eur. Alc. 773 τί σεμνὸν καὶ πεφροντικὸς βλέπεις; Aesch. S. 498 φόβον βλέπων. Eur. Io 1263 δράκοντ' ἀναβλέποντα φοινίαν φλόγα. M. 187 (Μήδεια) τοκάδος δέργμα λεαίνης ἀποταυροῦται δμωσίν. So: φθονερὰ βλέπειν, ἐλεεινὸν ὁρᾶν. Bei Aristoph.: βλέπειν κάρδαμα V. 455, sauer aussehen. P. 1184 ὀπόν, so νᾶπυ Eq. 631. θυμβροφάγον Ach. 254. ὀρίγανον R. 602. ναύφρακτον Ach. 95 (nach Seekrieg aussehen), ubi v. A. Müller. Pl. 424 μανικόν τι καὶ τραγῳδικόν. Ec. 293 ὑπότριμμα, barsch aussehen. Av. 1169 πυρρίχην, kriegerisch. V. 643 σκότη, ängstlich. 900 κλέπτον βλέπει (βλέμμα), verstohlen, auch m. d. Inf. 847 τιμᾶν βλέπω. Theocr. 20, 13 λοξὰ βλέποισα, *limis oculis.* Pl. leg. 927, b ὀξὺ ἀκούουσιν, βλέπουσί τε ὀξύ.

Anmerk. 5. Aus diesem Gebrauche des Akkusativs haben sich viele Ausdrücke, die wir durch **Adverbien** zu übersetzen pflegen, entwickelt, indem der Akkusativ mit dem beigesellten Adjektive entweder durch ein blosses Pronomen (τοῦτο, τόδε, ταῦτα, τάδε, τὶ, τί, οὐδέν, μηδέν, ὅ, ἅ u. s. w.), oder durch ein Neutrum eines Adjektivs vertreten wird, als: Γ, 399 ταῦτα (gleichs. τὰ ἠπεροπεύματα) λιλαίεαι ἠπεροπεύειν (vgl. X. An. 5. 7, 6 τοῦτο ἂν δύναιτο ὑμᾶς ἐξαπατῆσαι). E, 185 τάδε (i. e. ταύτην τὴν μανίαν) μαίνεται, wie Hdt. 3, 33 ταῦτα ὁ Καμβύσης ἐξεμάνη. Ξ, 298 τόδ' (i. e. ταύτην τὴν ἷξιν) ἱκάνεις. α, 62 τί νύ οἱ τόσον ὠδύσαο; I, 616 ἶσον ἐμοὶ βασίλευε. A, 414 τί νύ σ' ἔτρεφον αἰνὰ τεκοῦσα; unglücklich (zum Unglück) gebärend, χ, 447 αἴν' ὀλοφυρόμεναι. B, 452 ἄλληκτον πολεμίζειν. Γ, 76 ἐχάρη μέγα. Λ, 42, δεινὸν δὲ λόφος καθύπερθεν ἔνευεν. ι, 450 μακρὰ (i. e. μακρὰν βάσιν) βιβάς. So bei Homer: μακρὸν κλαίειν, μακρόν, μέγα, δεινὸν ἀῦσαι. Pl. Prot. 334, d μεῖζον φθέγγεσθαι. S. OR. 264 τάδ' . . ὑπερμαχοῦμαι, ubi v. Wunder. Ai. 1346 σὺ ταῦτ', 'Οδυσσεῦ, τοῦδ' ὑπερμαχεῖς ἐμοί; Ant. 743 οὐ γὰρ δίκαιά σ' ἐξαμαρτάνονθ' ὁρῶ. OR. 1300 sq. τίς ὁ πηδήσας μείζονα (πηδήματα); El. 961 ἄλεκτρα γηράσκουσαν ἀνυμέναιά τε. OC. 319 φαιδρὰ γοῦν ἀπ' ὀμμάτων | σαίνει με προστείχουσα. Eur. M. 157 κείνῳ τόδε μὴ χαράσσου. Hel. 283 θυγάτηρ ἄνανδρος πολιὰ παρθενεύεται. Io 1371 κρυφαῖα νυμφευθεῖσα. H. f. 219 τοιαῦτ' ἀμύνεθ' Ἡρακλεῖ. X. An. 6. 1, 5 ἥλλοντο ὑψηλά. 3. 1, 18 τὰ ἔσχατα αἰκισάμενος. Lys. 13, 39 ὕστατα ἀσπασάμενοι. So: πάντα εὐδαιμονεῖν, ὠφελεῖν, βλάπτειν, ζημιοῦν μεγάλα, μικρά, εὐεργετεῖν τὰ μέγιστα u. dgl. Pl. Civ. 404, a μεγάλα καὶ σφόδρα νοσοῦσιν. Symp. 192, c θαυμαστὰ ἐκπλήττονται. Th. 1, 19 τὰ κράτιστα ἤνθησαν. Dem. 18, 292 ταὐτὰ λυπεῖσθαι καὶ ταὐτὰ χαίρειν τοῖς πολλοῖς. Vgl. Anm. 6. Th. 2, 22 οὐ τὰ ἄριστα φρονοῦντας. X. An. 3. 1, 27 u. oft μέγα φρονεῖν. Dem. 14, 34 Θηβαίων τἀκείνου (Φιλίππου) φρονούντων ἀνάγκη τοὺς τούτων ἐχθροὺς τὰ τῶν 'Ελλήνων φρονεῖν hellenisch gesinnt sein. So auch der Acc. τά m. e. Präp. Isocr. 1, 13 εὐσέβει τὰ πρὸς τοὺς θεούς. 3, 2 τὰ περὶ τοὺς θεοὺς εὐσεβοῦμεν; b. Späteren τό m. d. Neutr. eines Adj. Theocr. 1, 41 κάμνοντι τὸ καρτερὸν ἀνδρὶ ἐοικώς (= καρτερῶς), ubi v. Wüstemann. 3, 3 ἐμὶν τὸ καλὸν πεφιλαμένε, ubi v. Wüstem. 18 ὦ τὸ καλὸν ποθορεῦσα. Anth. 7, 219 ἡ τὸ καλὸν καὶ πᾶσιν ἐράσμιον ἀνθήσασα. Callim. ep. 56 τὸν τὸ καλὸν μελανεῦντα Ebenso erklärt sich aus diesem Gebrauche des Akk. die Erscheinung, dass Verben welche das substantivische Objekt in einem anderen Kasus als im Akk. zu sich nehmen, mit dem Akk. eines Pronomens oder Adjektivs verbunden werden können. So z. B. sagt man immer ἀγανακτεῖν τινι, ἐπί τινι, ὑπέρ τινος, aber Dem. 8, 55 ἀγανακτῶ αὐτὸ τοῦτο nach ἀγ. ἀγανάκτησιν. X. An. 1. 3, 4 εἴ τι δέοιτο (aber δέομαι λόγου); über δεῖ μέ τι s. § 409, A. 5. Pl. Gorg. 501, e ἄλλο δ' οὐδὲν φροντίζειν (aber φρ. τῆς ψυχῆς) u. s. w.

Anmerk. 6. Aus diesem Gebrauche des Akkusativs erklärt es sich auch, dass man im Deutschen die Akkusative τοῦτο, τό, ταῦτα, ὅ häufig durch deshalb, weshalb, und τί u. ὅ τι durch warum übersetzen muss. Wenn ich sage: ταύτην τὴν χαρὰν χαίρω, so liegt in dem Demonstrative, das auf etwas Vorhergehendes zurückweist, zugleich der Grund der Freude: das ist es, worüber ich mich freue, darüber freue ich mich. Statt ταύτην τὴν χαράν kann auch das blosse Attributiv gesetzt werden, also: τοῦτο χαίρω. Ar. N. 318 ταῦτ' ἄρ' . . ἡ ψυχή μου πεπότηται. P. 617 ταῦτ' ἄρ' εὐπρόσωπος ἦν = τοῦτο τὸ πρόσωπον εὐπρ. ἦν, das ist es, dass sie schön war. Ach. 90 ταῦτ' ἄρ' ἐφενάκιζες = τούτους τοὺς φενακισμοὺς ἐφ., das war es, dass du uns durch Lügen täuschtest. Eur. Hec. 13 νεώτατος δ' ἦν Πριαμιδῶν· ὃ καί με γῆς | ὑπεξέπεμψεν, das war der Grund, weshalb er mich entfernte. S. OC. 332 τέκνον, τί δ' ἦλθες; = τίνα ἷξιν ἦλθες; *quid venisti?* = *cur v.?* Vgl. 1291. OR. 1005 τοῦτ' ἀφικόμην, ὅπως . . εὖ πράξαιμί τι. Th. 1, 90 ὁπότε τις αὐτὸν ἔροιτο . ., ὅ τι οὐκ ἐπέρχεται ἐπὶ τὸ κοινόν, ἔφη κτλ. X. An. 3. 2, 20 τοῦτο ἄχθεσθε. 4. 1, 21 ταῦτ' ἐγὼ ἔσπευδον, deshalb. Conv. 2, 19 τόδε γελᾶτε. Cy. 1. 4, 27 ταῦτ' ἄρα ἐνεώρας μοι. Pl. Prot. 310, e ἀλλ' αὐτὰ ταῦτα νῦν ἥκω παρά σε, gerade deshalb. Conv. 204, a αὐτὸ τοῦτό ἐστι χαλεπὸν ἀμαθία. 174, a ταῦτα δὴ ἐκαλλωπισάμην, ἵνα καλὸς παρὰ καλὸν ἴω. Dem. 1, 14 τί οὖν ταῦτα λέγεις; Mehrere Beisp. v. Anm. 5 gehören hierher. Vgl. Schoemann l. d. Ebenso sind zu erklären: χρῆσθαί τινί τι (entst. aus χρῆσθαί τινι χρείαν, vgl. in Nr. 2, a) Pl. leg. 868, b), einen od. etwas zu etw. gebrauchen, πείθειν τί τινα, ἐπαίρειν, ἐποτρύνειν, προκαλεῖσθαι, ἀναγκάζειν τί τινα u. ähnl. Th. 2, 15 τῇ κρήνῃ τὰ πλείστου ἄξια ἐχρῶντο, *ad maximi momenti res*. 2, 4 ἐβουλεύοντο εἴτε κατακαύσωσιν εἴτε τι ἄλλο χρήσωνται (scil. αὐτοῖς). X. An. 1. 3, 18 τί βούλεται ἡμῖν χρῆσθαι; 3. 1, 40 οὐκ οἶδα, ὅ τι ἄν τις χρήσαιτο αὐτοῖς. Pl. Prot. 321, c ἠπόρει ὅ τι χρήσαιτο (αὐτῷ) was er damit anfangen sollte. Ps. Pl. Min. 320, c νομοφύλακι αὐτῷ ἐχρῆτο κατὰ τὸ ἄστυ, τὰ δὲ κατὰ τὴν ἄλλην Κρήτην τῷ Τάλῳ. So auch χρήσιμός τι, οὐδέν, s. Stallb. ad Pl. Lys. 220, c. Hdt. 1, 163 τοῦτο οὐκ ἔπειθε τοὺς Φωκαιέας. 8, 350 μή με ταῦτα κέλευε. Th. 2, 72 ἅπερ καὶ πρότερον ἤδη προυκαλεσάμεθα. 74 προκαλεσάμενοι πολλὰ καὶ εἰκότα. 4, 126 μὲν τοὺς ἄλλους τοιαῦτα ἐπέσπερχε (*impellebat*). Pl. Civ. 473, a τοῦτο μὴ ἀνάγκαζέ με. Phaedr. 242, a ἀπέρχομαι, πρὶν ὑπὸ σοῦ τι μεῖζον ἀναγκασθῆναι. Vgl. 254, a. S. Ai. 1143 ναύτας ἐφορμήσαντα . . τὸ πλεῖν. Bei Substantiven aber steht in der Regel eine Präposition, wie εἰς, πρός, ἐπί, wodurch das logische Verhältnis des Zweckes oder Zieles angegeben wird, selten der blosse Akk., wie Th. 2, 21 πεισθῆναι τὴν ἀναχώρησιν (wo Stahl τὴν ἀναχώρησιν tilgt). Eur. Or. 286 ὅστις μ' ἐπάρας ἔργον ἀνοσιώτατον. Ar. Ach. 652 ὑμᾶς Λακεδαιμόνιοι τὴν εἰρήνην προκαλοῦνται. eq. 796 τὰς πρεσβείας τ' ἀπελαύνεις . ., αἳ τὰς σπονδὰς προκαλοῦνται (aber Th. 4, 19 Λακεδαιμόνιοι δὲ ὑμᾶς προκαλοῦνται ἐς σπονδάς). Regelmässig δίκην προκαλεῖσθαι, z. B. Th. 1, 39. Vgl. die Lehre v. d. doppelt. Akk. § 411, Anm. 4.

Anmerk. 7. Auch noch viele andere Ausdrücke im Akkusative, die meist einen adverbialen Charakter angenommen haben, mögen sich aus diesem Gebrauche des Akkusativs entwickelt haben, wie τί χρῆμα poet. = τί, warum, Eur. Heracl. 633 τί χρῆμα κεῖσαι καὶ κατηφὲς ὄμμ' ἔχεις; vgl. 646. 709, wahrschl. auch ἕνεκα *c. g.*, μάτην, *incassum*, δίκην, *in morem*, τοῦτον τὸν τρόπον, *hunc in modum*, πάντα τρόπον, πᾶσαν ἰδέαν πειράσαντες Th. 2, 19, *omni modo* (wie πᾶσαν πεῖραν πειράσαντες); δέμας *c. g.* poet. *instar;* ὅμοια, *pari modo*; ἐπιτηδές, *consulto;* τάχος (u. κατὰ τάχος), *celeriter*; κύκλον, *in orbem*, z. B. τάξασθαι Th. 2, 83. 3, 78; τετράποδος νόμον βαίνειν Pl. Phaedr. 250, e. nach Art; τὸν αὐτὸν λόγον Conv. 207, d, *eadem ratione*; ταὐτόν, *pariter*, s. Stallb. ad Pl. Phil. 37, d; so auch Pind. J. 1, 42 εἰ δ' ἀρετᾷ κατάκειται πᾶσαν ὀργάν, *si quis in virtutem incumbit omni studio*, s. Dissen. Hdt. 2, 44 σμαράγδου λίθου λάμποντος τὰς νύκτας μέγαθος, gewaltig. Auch τὸ λεγόμενον = ὥσπερ λέγεται pflegt man hierher zu ziehen. Doch hebt sich diese Redensart von den akkusativischen Ausdrücken merklich ab, insofern sie nicht, wie diese, eine Beschränkung oder eine wesentliche Modifikation der Aussage giebt, sondern nur die Geltung eines nebensächlichen Zusatzes, einer Apposition hat. Vgl. § 406 Anmerk. 8.

4. In der Dichtersprache, und zwar am häufigsten in der Homerischen, auch oft bei Pindar und nicht ganz selten bei den Tragikern, werden die Verben der Bewegung, des Gehens, Kommens u. s. w. mit dem Akkusative, der das Ziel, den Ort oder den Gegenstand (bei Homer auch die Person), wohin die Bewegung gerichtet ist, bezeichnet, verbunden. Α, 317 κνίση δ' οὐρανὸν

ἷκε. α, 176 πολλοὶ ἴσαν ἀνέρες ἡμέτερον δῶ. 332 μνηστῆρας ἀφίκετο. η, 141 ἷκετ' Ἀρήτην τε καὶ Ἀλκίνοον. β, 337 θάλαμον κατεβήσετο, schritt in das Gemach hinab. ι, 351 σχέτλιε, πῶς κέν τίς σε καὶ ὕστερον ἄλλος ἵκοιτο; ζ, 296 ἱκώμεθα δώματα πατρός. K, 195 βασιλῆες ὅσοι κεκλήατο βουλήν. ο, 366 ἥβην πολυήρατον ἱκόμεθα. H, 363 κτήματα δ' ὅσσ' ἀγόμην ἐξ Ἄργεος ἡμέτερον δῶ. Z, 88 ξυνάγουσα γεραιὰς νηὸν Ἀθηναίης. E, 291 βέλος δ' ἴθυνεν Ἀθήνη | ῥῖνα. Aesch. Pr. 682 γῆν πρὸ γῆς ἐλαύνομαι. S. Tr. 58 θρῴσκει δόμους. OR. 35 ἄστυ Καδμεῖον μολεῖν. 434 σχολῇ σ' ἂν οἴκους τοὺς ἐμοὺς ἐστειλάμην. Vgl. 1178. El. 893 ἦλθον πατρὸς ἀρχαῖον τάφον. So erklärt man auch S. El. 1377 ἥ σε πολλὰ . . λιπαρεῖ προὔστην χερί, die ich oft mit reicher Hand vor dich trat = dich beschenkte. Eur. M. 7 Μήδεια πύργους γῆς ἔπλευσ' Ἰωλκίας. 12 ἀφίκετο χθόνα. Vgl. 680. 681. 920 ἥβης τέλος μολόντας. 1143 στέγας γυναικῶν σὺν τέκνοις ἅμ' ἑσπόμην. Andr. 1167 δῶμα πελάζει. Rh. 13 τίνες ἐκ νυκτῶν τὰς ἁμετέρας | κοίτας πλάθουσι; 433 πέδον Τροίας ἱκέσθαι. Tr. 883 πέμψομέν νιν Ἑλλάδα. Io 700 πολιὸν εἰσπεσοῦσα γῆρας. Or. 1290 ποδὶ βοηδρόμῳ μέλαθρα προσμίξει. Ph. 1397 στέρνα Πολυνείκους βίᾳ | διῆκε λόγχην, sandte gegen die Brust den Speer, s. Klotz. Heracl. 845 ἱκέτευσε . . ἐμβῆσαί νιν ἵππειον δίφρον, *ut se collocaret in curru*. So ist auch die Redensart in der Ion. Prosa: ἱκνεῖσθαί τινα, einem zukommen, zu erklären, als: Hdt. 2, 36. 9, 26 ἡμέας ἱκνέεται, es kommt uns zu, *ad nos pertinet*.

Anmerk. 8. Die Richtung Wohin wird auch häufig durch das Ortsadverb δε bezeichnet, z. B. ἄστυδε ἔλθωμεν ζ. 296. Selbst von einem geistigen Ziele, als: Π, 697 οἱ δ' ἄλλοι φύγαδε μνώοντο. P, 383 ὀτρύνων πόλεμόνδε. 579 ἀίξαντα φόβονδε, *in fugam*.

Anmerk. 9. Da der Akkusativ nur ganz allgemein den Ort angiebt, auf den die Bewegung gerichtet ist, so hat die nach grösserer Bestimmtheit des Ausdrucks strebende Prosa diesen Gebrauch des Akkusatives aufgegeben und überall dem Akkusative eine Präposition hinzugefügt, durch welche die durch den Akkusativ bezeichnete Beziehung näher bestimmt wird, indem dieselbe die unterschiedenen Dimensionsverhältnisse — das Oben und Unten, Vorn und Hinten, u. s. w. — ausdrückt und demnach anzeigt, ob die Bewegung sich in das Innere des Gegenstandes oder über oder unter denselben oder an, auf, bei, neben demselben hin erstrecke. Diesem Bereiche gehören daher fast sämtliche Präpositionen mit dem Akkusative an, also: εἰς, in — hinein, ὡς, zu, κατά, nach unten hin, ἀνά, nach oben hin, ὑπέρ, über — hin, ἐπί, auf, περί u. ἀμφί, um — herum, μετά, in die Mitte hinein, hinterher, πρός, vor, zu, παρά, in die Nähe, ὑπό, unter. S. d. Lehre v. den Präpos.

Anmerk. 10. Daher auch einige adverbiale Ausdrücke, wie ἄντην ἔρχεσθαι Θ, 399. ἀντιβίην ἔρχεσθαι E, 220.

5. Im Akkusativ steht a) der Raum oder Weg, über den sich eine Bewegung erstreckt, sowie bei Angaben von räumlichen Abständen das Raummass. Βαίνειν, περᾶν, ἕρπειν, πορεύεσθαι ὁδόν, vgl einen Weg gehen, *itque reditque viam*. γ, 71 πόθεν πλεῖθ' ὑγρὰ

κέλευθα; in Prosa ganz gewöhnlich πλεῖν θάλατταν, z. B. Isocr. 8, 20. X. Hell. 5. 1, 13. Dem. 4, 34. Z, 292 τὴν ὁδόν, ἣν Ἑλένην περ ἀνήγαγεν εὐπατέρειαν, vgl. κ, 263. η, 30. α, 330 κλίμακα δ' ὑψηλὴν κατεβήσετο. ψ, 85 κατέβαιν' ὑπερώια, sie stieg das Obergemach herab. ξ, 350 ξεστὸν ἐφόλκαιον καταβῆναι, das Steuer (entlang) hinabsteigen, wie Hdt. 7, 218 οἱ δὲ κατέβαινον τὸ οὖρος. ι, 261 οἴκαδε ἱέμενοι ἄλλην ὁδόν, ἄλλα κέλευθα ἤλθομεν. δ, 483 ἰέναι δολιχὴν ὁδόν. A, 496 ἀνεδύσετο κῦμα θαλάσσης. Aesch. S. 466 κλίμακος προσαμβάσεις στείχει πρὸς ἐχθρῶν πύργον. Eum. 76 τὴν πλανοστιβῆ χθόνα βεβῶς. Pr. 708 στεῖχ' ἀνηρότους γύας. P. 736 μολεῖν γέφυραν. S. Ai. 30 πηδᾶν πεδία, ubi v. Lobeck. OC. 1686 πόντιον κλύδων' ἀλώμεναι, wie Theocr. 13, 66 ἀλώμενος οὔρεα καὶ δρυμούς. Eur. M. 1067 ἀλλ' εἶμι γὰρ δὴ τλημονεστάτην ὁδόν. Hel. 598 πᾶσαν πλανηθεὶς τήνδε βάρβαρον χθόνα. Andr. 1012 διφρεύων ἅλιον πέλαγος. Ba. 873 θρῴσκει πεδίον. Hdt. 6, 119 τράπεται τριφασίας ὁδούς. 6, 134 καταθρῴσκοντα τὴν αἱμασιήν. Th. 6, 30 τὸν Ἰόνιον διαβαλοῦσιν. 34 περαιωθῆναι τὸν Ἰόνιον. X. Cy. 1. 6, 43 ἄγειν (στρατιὰν) ἢ στενὰς ἢ πλατείας ὁδούς. 2. 4, 27 τὰ δύσβατα πορεύεσθαι, vgl. An. 2. 5, 18. 4. 4, 1. So auch Adjekt. X. r. eq. 8, 1 τρέχειν δεήσει τὸν ἵππον καὶ πρανῆ καὶ ὄρθια καὶ πλάγια. Vgl. § 6. Hipparch. 8, 3 τὰ κατάντη ταχὺ ἐλαύνεσθαι. Ven. 5, 17 θέουσι τὰ κατάντη. — Hdt. 1, 31 σταδίους πέντε καὶ τεσσεράκοντα διακομίσαντες ἀπίκοντο ἐς τὸ ἱρόν. X. An. 1. 2, 5 ἐξελαύνει διὰ τῆς Λυδίας σταθμοὺς τρεῖς παρασάγγας εἴκοσι καὶ δύο ἐπὶ τὸν Μαίανδρον. — Ψ, 529 λείπετο δουρὸς ἐρωήν eine Wurfweite. K, 357 ἄπεσαν δουρηνεκές. Hdt. 6, 119 ἐν σταθμῷ ἀπὸ Σούσων δέκα καὶ διηκοσίους σταδίους ἀπέχοντι. Th. 6, 49 Μέγαρα . . ἀπέχοντα Συρακουσῶν οὔτε πλοῦν πολὺν οὔτε ὁδόν.

Verwandt hiermit ist auch der Akkusativ bei δύνασθαι, gelten. Hdt. 3, 89 τὸ δὲ Βαβυλώνιον τάλαντον δύναται Εὐβοΐδας ἑβδομήκοντα μνέας.

Anmerk. 11. Über den Genetiv bei Verben der Bewegung (θέειν πεδίοιο, ἔρχεσθαι πεδίοιο s. § 419, 2 a.

Anmerk. 12. Aus diesem Gebrauche des Akkusativs haben sich mancherlei adverbiale Ausdrücke gebildet. Τὴν ταχίστην (ὁδόν) *celerrime* X. An. 1. 2, 20; τὴν πρώτην, *primum* Hdt. 3, 134. X. oec. 11, 1. Dem. 3, 2, ubi v. Bremi; 3, 21 οὐ τὴν ἄλλως προῄρημαι λέγειν, *non frustra statui dicere;* τὴν εὐθεῖαν, *rectā;* μακράν, weithin; ἄλλην καὶ ἄλλην, bald dahin bald dorthin; ἀντίον, πλησίον. Ψ, 116 πολλὰ δ' ἄναντα κάταντα πάραντά τε δόχμιά τ' ἦλθον. Ἰέναι, πορεύεσθαι, ἕπεσθαι τὸ πρόσω (neben ἐς τὸ πρόσω) Hdt. 3, 25. 7, 30. 9, 57. Ἄγειν εὐθύωρον geradeaus X. An. 2. 2, 16, ἄπιμεν τοὔμπαλιν 1. 4, 15, ῥᾷον ὄρθιον ἰέναι ἢ ὁμαλές 4. 6, 12.[1])

Anmerk. 13. In der Dichtersprache steht der Akkusativ zuweilen auch bei Verben der Ruhe von dem eingenommenen Raume, als: κεῖσθαι, στῆναι,

---

[1]) Vgl. Hartung über die Kasus S. 40. Lobeck ad Soph. Ai. 197 sq.

ἧσθαι, θάσσειν, καθίζειν u. a. Aesch. Ag. 183 δαιμόνων σέλμα σεμνὸν ἡμένων. 834 ἰὸς καρδίαν προσήμενος. S. Ph. 145 (τόπον) ὅντινα κεῖται (*locum, quem jacens occupatum tenet*), ubi v. Wunder. Eur. Suppl. 987 τί ποτ' αἰθερίαν ἕστηκε πέτραν; Or. 1251 f. στῆθ' αἱ μὲν ὑμῶν τόνδ' ἁμαξήρη τρίβον (*stantes occupate*), | αἱ δ' . . ἄλλον οἶμον. 956 ὁ Πύθιος τρίποδα καθίζων Φοῖβος, vgl. H. f. 48, ubi v. Pflugk. Io 366. 1317. J. A. 141 ἀλσώδεις ἵζου κρήνας. Hel. 1573 τοίχους δεξιοὺς ἕζοντο. Heracl. 55 ἕδραν καθῆσθαι. Vgl. S. Ai. 249. OR. 2 τίνας ποθ' ἕδρας τάσδε μοι θοάζετε; 161 θρόνον θάσσει, ubi v. Wunder. Eur. H. f. 1214. Io 91. 1480. J. T. 277 θάσσειν φάραγγα. Vgl. Andr. 117. Or. 871. S. OC. 1166 προσθακῶν ἕδραν. Ar. Thesm. 889 τί δὴ σὺ θάσσεις τάσδε τυμβήρεις ἕδρας; (Tragikerparodie). In der Prosa steht gewöhnlich ἐν *c. dat.* Doch ähnlich Th. 1, 37 πόλις αὐτάρκη θέσιν κειμένη, vgl. § 411, Anm. 7.

Anmerk. 14. Zur näheren Bestimmung der Beziehung einer Bewegung oder Erstreckung über einen Raum hin treten zum Akkusative folgende Präpositionen: ἀνά, von unten nach oben hin, als: ἀνὰ ποταμὸν πλεῖν; κατά, von oben nach unten hin, als: κατὰ ποταμὸν πλεῖν; ἀμφί u. περί, als: βαίνειν ἀμφὶ (oder περὶ) τὴν πόλιν; ὑπό, drunter hin, ὑφ' ἥλιον; ὑπέρ, drüber hin; παρά, neben vorbei und neben entlang, als: παρὰ τὸν ποταμὸν πορεύεσθαι; ἐπί, auf hin, ἐπὶ νῶτα θαλάσσης πλεῖν; διά, durch hin, als: διὰ δώματα βαίνειν. S. d. Lehre v. d. Präp.

b) der Zeitraum, über den sich eine Handlung erstreckt. Χρόνον, τὸν χρόνον, eine Zeit lang (verschieden von χρόνῳ, σὺν χρόνῳ, mit der Zeit, gemach), νύκτα, ἡμέραν (poet. ἦμαρ). κ, 142 ἔνθα τότ' ἐκβάντες δύο τ' ἤματα καὶ δύο νύκτας κείμεθα. B, 292 ἕνα μῆνα μένων. K, 312 οὐδ' ἐθέλουσιν νύκτα φυλασσέμεναι. E, 387 δέδετο τρισκαίδεκα μῆνας. ω, 140 ἠματίη μὲν ὑφαίνεσκεν μέγαν ἱστόν, | νύκτας δ' ἀλλύεσκεν. λ, 190 χεῖμα (den Winter über) εὕδει ὅθι δμῶες ἐνὶ οἴκῳ. Hdt. 6, 127 ἡ δὲ Σύβαρις ἤκμαζε τοῦτον τὸν χρόνον μάλιστα. Τὸν ὄρθρον 4, 181 (so τοὺς ὄρθρους Ar. Lys. 966). Ar. P. 1108 παράμεινον τὸν βίον ἡμῖν. Hdt. 6, 135 Μιλτιάδης ἀπέπλεε Πάρον πολιορκήσας ἓξ καὶ εἴκοσι ἡμέρας. Isae. 6, 18 Εὐκτήμων ἐβίω ἔτη ἓξ ἐνενήκοντα. X. Hell. 3. 2, 7 ἡμεῖς μέν ἐσμεν οἱ αὐτοὶ νῦν τε καὶ πέρυσιν· ἄρχων δὲ ἄλλος μὲν νῦν, ἄλλος δὲ τὸ παρελθόν. Th. 3, 114 σπονδὰς καὶ ξυμμαχίαν ἐποιήσαντο ἑκατὸν ἔτη 100 Jahre hindurch, d. i. auf, für 100 Jahre. Dem. 9, 23 ἴσχυσαν δέ τι καὶ Θηβαῖοι τουτουσὶ τοὺς τελευταίους χρόνους. X. An. 4. 5, 24 καταλαμβάνει τὴν θυγατέρα τοῦ κωμάρχου ἐνάτην ἡμέραν γεγαμημένην, den 9. Tag verheiratet, wo wir sagen seit 8 Tagen. Cy. 6. 3, 11 καὶ χθὲς δὲ καὶ τρίτην ἡμέραν τὸ αὐτὸ τοῦτο ἔπραττον. Lys. 24, 6 τὴν δὲ μητέρα τελευτήσασαν πέπαυμαι τρέφων τρίτον ἔτος τουτί. Aeschin. 3, 77 ἑβδόμην δ' ἡμέραν τῆς θυγατρὸς αὐτῷ τετελευτηκυίας. (Selten sind hier die Kardinalzahlen, wie Lys. 7, 10 τέθνηκε ταῦτα τρία ἔτη). X. Comm. 3. 6, 1 οὐδέπω εἴκοσιν ἔτη γεγονώς, wie *viginti annos natus*. Isocr. 15, 9 ἔτη γεγονὼς δύο καὶ ὀγδοήκοντα.

Anmerk. 15. Daher die adverbialen Ausdrücke der Zeit: ἐννῆμαρ, πανῆμαρ, εἰνάετες, εἰνάνυχες, πάννυχα poet., νύκτωρ (ein altes Neutrum, z. B. X. An. 3. 4, 35. 4. 4, 9), σήμερον, heute, αὔριον, morgen, τῆτες, ὄναρ καὶ ὕπαρ, ἀκμήν, *eo ipso tempore*, z. B. X. An. 4. 3, 26 (b. Spät. noch, *adhuc*, s. Lob. ad Phryn. p. 123[1]), καιρόν poet., z. B. κ. δ' ἐφήκεις S. Ai. 34, ubi v. Lobeck, zur rechten Zeit, *commodum* (pros. εἰς ἀκμήν, εἰς καιρόν); Hdt. 2, 2 τὴν ὥρην ἐπαγινέειν σφίσι αἶγας, zur bestimmten Zeit. X. oec. 17, 1 τὴν ὥραν σπείρειν, *tempestive*, Luc. Gall. 7. Ar. Ach. 23 ἀωρίαν ἥκοντες, ἀρχήν, τὴν ἀρχήν, zum Anfange, dann *omnino* (von vornherein), in der letzteren Bdt. in der Regel in Verbindung m. e. Negat.: οὐ τὴν ἀρχήν, τὴν ἀρχὴν οὐ, durchaus nicht, selten ohne Negat., wie Hdt. 1, 9. Lycurg. 125, ubi v. Maetzner, πέρας, τὸ πέρας, endlich, τὸ τέλος, τὸ τελευταῖον, τὰ τελευταῖα Pl. Hipp. maj. 282, c, in der letzten Zeit, s. Lob. ad Ai. 301, νέον, neuerdings, ἔναγχος, *nuper*, τὸ πρίν (τὸ πάρος K, 309), τὸ αὐτίκα, τὰ νῦν oder τανῦν, τὸ παλαιόν (Hdt. 7, 129), τἀρχαῖον (Aesch. Suppl. 325), πρῶτον, τὸ πρῶτον, πρότερον, τὸ πρότερον, δεύτερον, τὸ δ., τρίτον, τὸ τρ., τἀπὸ τοῦδε S. Ai. 1376, Th. 2, 46, *posthac*, τὸ πρὸ τούτου Th. 2, 15, vorher, τὸ ἐπὶ τούτῳ Pl. Gorg. 512, e *deinceps*, τὸ λοιπόν, die künftige Zeit über, hinfort, z. B. X. Cy. 8. 5, 24 (daneben τοῦ λοιποῦ in Zukunft, s. § 419, 2 b) u. Herm. ad Vig. 706, 26), τὸ ἑωθινόν (Hdt. 3, 104), τὸ μεσημβρινόν *meridie* (den Mittag über) Theocr. 1, 15, τὸ πόρορθρον *mane* 5, 126, δειλινόν, ὕστερον, πανύστατον, δηρόν, lange (poet. bisweilen auch vollständig δηρὸν χρόνον: Ξ, 206. 305, obwohl der Nominativ δηρός nirgends gefunden wird).

Hierzu kommen die adverbialen Ausdrücke des Masses und Grades: sehr häufig πολλά = πολλάκις, πλεῖστα, *saepissime*, s. Poppo ad Th. 1, 69. Stallb. ad Pl. Parmen. 126, b. Hipp. maj. 281, b. Maetzn. ad Antiph. 2, 12; τὰ πολλά, *plerumque* (auch sehr, z. B. X. Cy. 3. 2, 14), ὡς τὰ πολλά (s. Bremi ad Dem. Ol. 3 (1) p. 12, 11); πολύ (πολλόν), τὸ πλέον, μέγα, μεγάλα, ὀλίγον, μικρόν, μικρά, συχνά, μακρά; πολύ (μέγα poet.), ὀλίγον u. a. auch b. Kompar. u. Superl., als: πολὺ κρείσσων, ὀλίγον πρότερον. B, 239 μέγ' ἀμείνονα φῶτα. B, 82 μέγ' ἄριστος, ὅσον u. τοσοῦτον b. Kompar. u. Superl., (dagegen stehen substantivische Ausdrücke regelmässig im Dativ; daher schreibt man jetzt Th. 1, 105 ἡμέραις ὕστερον δώδεκα u. X. An. 1. 7, 12 ὑστέρησε μάχης ἡμέραις πέντε statt ἡμέρας); — μάλιστα b. Zahlen, das Voemel Progr. Frankf. a. M. 1852 durch *genau, gerade, admodum* (nach dem Masse), *gerade nur, etwa gerade, in runder Zahl, im ganzen, so ziemlich* erklärt; τὰ μάλιστα, *vel maxime* (Bornem. ad X. Apol. 18 ed. 1824 p. 59 u. ed. 1829 p. 343).

Anmerk. 16. Bei manchen der oben aufgeführten Ausdrücke der räumlichen Erstreckung kann man zweifelhaft sein, ob das Verbum nach griechischem Sprachgefühl als transitiv oder als intransitiv empfunden wurde; z. B. bei πλεῖν θάλατταν. Der Umstand, dass passivische Wendungen vorkommen wie Luc. Prom. 14 ὁρᾷς τὴν θάλατταν πλεομένην, X. An. 2. 5, 18 τοσαῦτα ὄρη ὑμῖν ὁρᾶτε πορευτέα, ist nicht unbedingt entscheidend, vgl. Anmerk. 2 und Ausdrücke wie ἤδη τρεῖς μῆνες ἐπιτετριηράρχηντό μοι Dem. 50, 23.

Anmerk. 17. Soll die Zeitdauer und das Mass genau angegeben werden, so fügt die Sprache Präpositionen zu dem Akkusative, als: διὰ νύκτα; ἀνὰ νύκτα, κατὰ τὸν βίον; ἀμφὶ τὸν χειμῶνα, περὶ τὰ Μηδικά; ἐπὶ πολὺν χρόνον; μετὰ ταῦτα, unmittelbar darauf; παρ' ὅλον τὸν βίον; πρὸς ἑσπέραν; ὑπὸ νύκτα, *sub noctem* ebenso bei einer genaueren Angabe des Masses die Präpositionen εἰς, ὑπέρ, ἐπί, ἀμφί, περί, κατά, πρός, auch παρά in der Verbindung παρὰ πολύ, παρ' ὀλίγον, παρ' ὅσον, *quatenus*. S. d. Lehre v. den Präpositionen.

6. Endlich verbindet sich der Akkusativ mit intransitiven und passiven Verben und Adjektiven aller Art als erklärendes und genauer bestimmendes Objekt. Vgl. Nr. 1 und

§ 378, 8. a) Bei Verben. Γ, 210 Μενέλαος ὑπείρεχεν εὐρέας ὤμους. I, 389 οὐδ' εἰ χρυσείῃ Ἀφροδίτῃ κάλλος ἐρίζοι, | ἔργα δ' Ἀθηναίῃ γλαυκώπιδι ἰσοφαρίζοι. σ, 248. Υ, 81. Ε, 354. Ζ, 481. ψ, 47. τ, 136. Ε, 284. Ψ, 777. α, 208 αἰνῶς κεφαλήν τε καὶ ὄμματα καλὰ ἔοικας κείνῳ. Hdt. 2, 111 κάμνειν τοὺς ὀφθαλμούς, vgl. Pl. Civ. 462, d. Hdt. 3, 33 τὰς φρένας ὑγιαίνειν. X. Comm. 1. 6, 6 ἀλγεῖν τοὺς πόδας. Pl. Civ. 453, b διαφέρει γυνὴ ἀνδρὸς τὴν φύσιν. X. Cy. 8. 8, 3 ἀπετμήθησαν τὰς κεφαλάς sie wurden geköpft. Andoc. 1, 61 τὴν κλεῖν συνετρίβην καὶ τὴν κεφαλὴν κατεάγην. Lys. 3, 19 συνετριβόμεθα τὰς κεφαλάς. Ar. N. 24 ἐξεκόπην . . τὸν ὀφθαλμὸν λίθῳ. — b) Bei passiven u. intrans. Partizipien. Θ, 305 δέμας εἰκυῖα θεῇσιν. κ, 247 κῆρ ἄχεϊ μεγάλῳ βεβολημένος. S. Ai. 9 κάρα στάζων ἱδρῶτι καὶ χέρας ξιφοκτόνους. Eur. Suppl. 586 (φάλαρα) στόμα ἀφρῷ καταστάζοντα, triefend vom Schaume am Munde. Hdt. 1, 38 διεφθαρμένος τὴν ἀκοήν. 6, 38 πληγεὶς τὴν κεφαλὴν πελέκεϊ. Andoc. 1, 138 τὰ σφέτερα αὐτῶν σώματα αἰκισθέντες. X. Comm. 4. 1, 2 (Σωκράτης) φανερὸς ἦν οὐ τῶν τὰ σώματα πρὸς ὥραν, ἀλλὰ τῶν τὰς ψυχὰς πρὸς ἀρετὴν εὖ πεφυκότων ἐφιέμενος. An. 4. 5, 12 οἵτε διεφθαρμένοι ὑπὸ τῆς χιόνος τοὺς ὀφθαλμούς, οἵτε ὑπὸ τοῦ ψύχους τοὺς δακτύλους τῶν ποδῶν ἀποσεσηπότες. 4. 7, 4 συντετριμμένους ἀνθρώπους καὶ σκέλη καὶ πλευράς. 2. 6, 1 ἀποτμηθέντες τὰς κεφαλάς. Hell. 3. 3, 11 δεδεμένος καὶ τὼ χεῖρε καὶ τὸν τράχηλον ἐν κλοιῷ. Cy. 5. 2, 32 πολλοὺς εὑρήσομεν ἔτι τραύματα ἐπιδεδεμένους, vgl. 2. 3, 19. Dem. 18, 67 (Φίλιππον) τὸν ὀφθαλμὸν ἐκκεκομμένον, τὴν κλεῖν κατεαγότα, τὴν χεῖρα, τὸ σκέλος πεπηρωμένον. Eur. M. 8 (Μήδεια) ἔρωτι θυμὸν ἐκπλαγεῖσ' Ἰάσονος. So zu erklären Hdt. 2, 134 πυραμίδα εἴκοσι ποδῶν καταδέουσαν κῶλον ἕκαστον τριῶν πλέθρων, e. Pyramide, die hinsichtlich jeder Seite von 3 Plethren 20 Fuss ermangelt, d. i. deren jede Seite 3 Pl. weniger 20 Fuss hat, vgl. Baehr. — c) Bei Adjektiven. A, 58 u. oft πόδας ὠκὺς Ἀχιλλεύς. B, 408 u. oft βοὴν ἀγαθός. α, 164 ἐλαφρότεροι πόδας. E, 801 Τυδεὺς μικρὸς μὲν ἔην δέμας. α, 371 θεοῖς ἐναλίγκιος αὐδήν. ε, 211 οὐ μέν θην κείνης γε χερείων εὔχομαι εἶναι | οὐ δέμας οὐδὲ φυήν· ἐπεὶ οὔπως οὐδὲ ἔοικε | θνητὰς ἀθανάτῃσι δέμας καὶ εἶδος ἐρίζειν. 217 σεῖο περίφρων Πηνελόπεια | εἶδος ἀκιδνοτέρη μέγεθός τ' εἰσάντα ἰδέσθαι. O, 642 ἐκ πατρὸς πολὺ χείρονος υἱὸς ἀμείνων παντοίας ἀρετάς, ἠμὲν πόδας ἠδὲ μάχεσθαι | καὶ νόον ἐν πρώτοισι Μυκηναίων ἐτέτυκτο. B, 478 ὄμματα καὶ κεφαλὴν ἴκελος Διὶ τερπικεραύνῳ, | Ἄρεϊ δὲ ζώνην, στέρνον δὲ Ποσειδάωνι. Aesch. P. 27 δεινοὶ μάχην. Eur. Hec. 269 εἶδος ἐκπρεπεστάτη. Hdt. 3, 4 καὶ γνώμην ἱκανὸς καὶ τὰ πολέμια ἄλκιμος. Andoc. 1, 74 ἄτιμοι τὰ σώματα (vorher: ὧν τὰ σώματα ἄτιμα ἦν). Pl. Prot. 452, b καλούς τε καὶ ἰσχυροὺς ποιεῖν τοὺς ἀνθρώπους τὰ σώματα. X. Cy. 2. 3, 7 τὸ σῶμα οὐκ ἀφυὴς καὶ τὴν ψυχὴν οὐκ ἀγεννεῖ ἀνδρὶ ἐοικώς. 8. 4, 18 δεινὸς ταύτην τὴν τέχνην. Oec. 6, 16 ἐνίους ἐδόκουν καταμανθάνειν τῶν καλῶν τὰς μορφὰς πάνυ μοχθηροὺς ὄντας τὰς ψυχάς. Ven. 1, 14 καὶ τέχνας καὶ λόγους καὶ πολέμους ἀγαθοί. Ar. Pl. 558 βελτίονας ἄνδρας καὶ τὴν γνώμην καὶ τὴν ἰδέαν. — Vereinzelt sogar bei einem Substantive: π, 242 χεῖράς τ' αἰχμητὴν ἔμεναι καὶ ἐπίφρονα βουλήν.

Anmerk. 18. Da der Akkusativ die Beziehung zu dem Verb oder dem Adjektive nur ganz allgemein angiebt (s. Nr. 1), so werden zuweilen zur näheren Bestimmung Präpositionen dazugesetzt. Γ, 158 αἰνῶς ἀθανάτῃσι θεῇς εἰς ὦπα ἔοικεν. Pl. Apol. 35, a οἱ διαφέροντες Ἀθηναίων εἰς ἀρετήν. Vgl. X. Cy. 1. 1, 6; Pl. Phil. 55, b τοσούτῳ διαφέρειν πρὸς ἀρετήν; κατά τι X. R. L. 1, 10. Ven. 1, 5. Eur. Or. 541 ἐγὼ δὲ τἆλλα μακάριος πέφυκ' ἀνὴρ | πλὴν εἰς θυγατέρας. X. Comm. 3. 5, 1 ἐνδοξοτέρα ἡ πόλις εἰς τὰ πολεμικὰ ἔσται. Pl. Crat. 405 b καθαρὸς καὶ κατὰ τὸ σῶμα καὶ κατὰ τὴν ψυχήν. Gorg. 474, d τὰ καλὰ ἤτοι κατὰ τὴν χρείαν λέγεις καλὰ εἶναι ἢ κατὰ ἡδονήν τινα.

Anmerk. 19. Zuweilen steht auch der Dativ, der den Grund oder das Mittel angiebt. Ganz gewöhnlich διαφέρειν z. B. ἀρετῇ τινος. Γ, 193 f. μείων μὲν κεφαλῇ . ., εὐρύτερος δ' ὤμοισιν ἰδὲ στέρνοισιν ἰδέσθαι, ubi v. Spitzn. Δ, 60 πρεσβυτάτην γενεῇ. Bei Prosaikern besonders in den Ausdrücken: τῷ τρόπῳ, τοῖς ἤθεσι u. dgl. Ps. Isocr. 1, 20 τῷ μὲν τρόπῳ γίγνου φιλοπροσήγορος, τῷ δὲ λόγῳ εὐπροσήγορος. X. Comm. 2. 1, 31 τοῖς σώμασιν ἀδύνατοι, ταῖς ψυχαῖς ἀνόητοι. 4. 1, 4 ἐρρωμενεστάτους ταῖς ψυχαῖς. Cy. 1. 3, 10 ταῖς γνώμαις καὶ τοῖς σώμασι σφαλλομένους. Ibid. 4. 1, 8 διεφθάρθαι ταῖς γνώμαις. 2. 3, 6 ἐγὼ οὔτε ποσίν εἰμι ταχὺς οὔτε χερσὶν ἰσχυρός.

Anmerk. 20. Aus diesem Gebrauche des Akkusativs haben sich viele adverbiale Ausdrücke entwickelt. So die Ausdrücke des Masses: εὖρος, ὕψος, μέγεθος, βάθος, μῆκος, πλῆθος, ἀριθμόν; ferner: γένος, ὄνομα; μέρος, τὸ σὸν μέρος, τὸ αὐτοῦ μέρος, μέρος τι Th. 2, 64. 4, 30; πρόφασιν, vorgeblich; τὸ δ' ἀληθές; γνώμην ἐμήν. λ, 312 ἐννεαπήχεες ἦσαν | εὖρος, ἀτὰρ μῆκός γε γενέσθην ἐννεόργυιοι. ι, 324 τόσσον ἔην μῆκος, τόσσον πάχος εἰσοράασθαι. ο, 267 ἐξ Ἰθάκης γένος εἰμί. Ψ, 470 δοκέει δέ μοι ἔμμεναι ἀνὴρ | Αἰτωλὸς γενεήν. Τ, 302 ἐπὶ δὲ στενάχοντο γυναῖκες | Πάτροκλον πρόφασιν, σφῶν δ' αὐτῶν κήδε' ἑκάστη. Ebenso bei den Attikern, s. Poppo ad Th. 5, 60 p. 668 sq. Hdt. 6, 83 Κλέανδρος γένος ἐὼν Φιγαλεὺς ἀπ' Ἀρκαδίης. 7, 109 λίμνη ἐοῦσα τυγχάνει τριήκοντα σταδίων τὴν περίοδον (im Umfange). 6, 36 ἀπὸ δὲ τοῦ ἰσθμοῦ τούτου ἡ Χερσόνησος ἔσω πᾶσά ἐστι σταδίων εἴκοσι καὶ τετρακοσίων τὸ μῆκος. X. An. 1. 2, 23 διὰ μέσης τῆς πόλεως ῥεῖ ποταμὸς Κύδνος ὄνομα, εὖρος δύο πλέθρων. 4. 2, 2 οἱ μὲν ἐπορεύοντο πλῆθος ὡς δισχίλιοι. Vgl. 1. 7, 14. Ar. P. 232 ἐξιέναι γνώμην ἐμὴν | μέλλει. Vgl. Vesp. 983. Ec. 349. Pind. P. 6, 14 φάει δὲ πρόσωπον ἐν καθαρῷ, im reinen Lichte dem Ansehen nach.

Anmerk. 21. Hieran reihen sich die Neutra von Adjektiven und Pronomen als: τοὐναντίον, τἀναντία, dagegen, τἆλλα, im übrigen, Th. 4, 55, λοιπόν, *ceterum*, τὸ ὅλον, *omnino*, τὸ πάμπαν u. τὸ παράπαν, durchaus, τὸ ξύμπαν, im ganzen, πότερον, πότερα, θάτερον, θάτερα, s. Schoemann ad Isae. 1, 38, ἀμφότερον poet., ἀμφότερα pros., s. Schoem. l. d., οὐδέτερα, τό, darum, τοῦτο (ταῦτα) μὲν . . τοῦτο (ταῦτα) δέ, ταῦτ' ἄρα, demnach, ὅ, ὅ τι, οἷον, ἅτε, οὐδέν (μηδέν) in keiner Hinsicht, τί, in irgend einer Hinsicht, οὔτι, s. Stallb. ad Pl. Lys. 297, e, πολλά, πάντα, τὸ κατά (εἰς, ἐπί) τι (τινα), was . . anlangt. Η, 418 τοὶ δ' ὡπλίζοντο μάλ' ὦκα, ἀμφότερον, νέκυάς τ' ἀγέμεν, ἕτεροι δὲ μεθ' ὕλην. (β, 46 ὅ μοι κακὸν ἔμπεσεν οἴκῳ, δοιά· τὸ μὲν πατέρ' ἐσθλὸν ἀπώλεσα κτλ., in zwiefacher Rücksicht; doch las Aristophanes den Plur. κακά). Pl. Gorg. 524, c εἴ τινος μέγα ἦν τὸ σῶμα φύσει ἢ τροφῇ ἢ ἀμφότερα, ubi v. Stallb. (Oft aber ist ἀμφότερα, ἕτερα u. s. w. entweder als

Nominativ oder als gewöhnlicher Akkusativ aufzufassen). S. OR. 1197 ἐκράτησας τοῦ πάντ' εὐδαίμονος ὄλβου. 1421 πάντ' ἐφεύρημαι κακός. Ph. 66 τούτων γὰρ οὐδέν μ' ἀλγυνεῖς. Τὸ ἐπ' ἐμέ, τοὐπ' ἐμέ, τοὐπὶ σέ, τὸ εἰς ἐμέ, τὸ ἐπ' ἐμοί, τὸ ἐπὶ σοί, *quantum ad me*. X. Cy. 5. 4, 11 τὸ μὲν ἐπ' ἐμοὶ οἴχομαι, τὸ δ' ἐπὶ σοὶ σέσωσμαι. S. Ant. 889 τὸ ἐπὶ τήνδε τὴν κόρην. Τὸ καθ' αὑτόν, *pro sua parte, pro se quisque*. Th. 2, 11, ubi v. Poppo. X. Hell. 1. 6, 5 τὰ κατ' ἐμέ, wofür aber Hertlein wohl mit Recht τὸ κατ' ἐμέ schreiben will, s. Breitenb. Pl. Phil. 17, c τὸ κατ' ἐκείνην τὴν τέχνην. So: X. An. 1. 6, 9 τὸ κατὰ τοῦτον εἶναι. Hell. 3. 5, 9 τὸ μὲν ἐπ' ἐκείνοις εἶναι ἀπολώλατε. Lys. 13, 58 καὶ τό γε ἐπ' ἐκεῖνον εἶναι ἐσώθης. So auch τὸ νῦν εἶναι X. An. 3. 2, 37, vor der Hand. Sogar kann ein ganzer Satz mit vorgesetztem τό im Akk. in der Bedeut. *quod attinet ad* gebraucht werden, wie Pl. Phil. 59, d τὸ μὲν δὴ . . μῖξιν εἴ τις φαίη . ., καλῶς ἂν τῷ λόγῳ ἀπεικάζοι.[1])

Anmerk. 22. Bei Lucian finden sich mehrere Stellen, wo der Artikel mit einem Akk. verbunden ist. Hier muss man ohne Zweifel die Ellipse eines dem Begriffe des Substantivs entsprechenden Partizips annehmen: D. M. 10, 4 ὁ δὲ τὴν πορφυρίδα (sc. ἠμφιεσμένος) οὑτοσὶ καὶ τὸ διάδημα (sc. διαδεδεμένος) ὁ βλοσυρός, τίς ὢν τυγχάνεις; s. das. Jensius in ed. Lehmanni T. I. p. 527. Deor. concil. 9 ὁ Μίθρης ἐκεῖνος ὁ Μῆδος ὁ τὸν κάνδυν καὶ τὴν τιάραν. Vgl. Charon 14. Ibid. 9 ἐς τὴν μεγάλην ἀκρόπολιν, τὴν τὸ τριπλοῦν τεῖχος. Vgl. 23. Bis accus. 9 ὁ τὴν σύρριγα u. sonst.

§ 411. Doppelter Akkusativ.

1. Ein doppelter Akkusativ steht in zwei Fällen:

Erstens steht ein Akkusativ des Objekts und ein Akkusativ des Prädikats bei den § 355 angeführten Verben, wenn sie aus Passiven in Aktive verwandelt werden, also bei den Ausdrücken: a) ich mache einen oder etwas zu etwas, als: ποιῶ, ποιοῦμαι (*mihi facio*), τίθημι, *reddo*, καθίστημι; b) ich nenne (heisse, preise, schelte) einen etwas, als: ὀνομάζω, καλῶ, λέγω u. s. w.; c) ich ernenne, erwähle einen zu etwas, als: αἱροῦμαι, χειροτονῶ u. s. w.; d) ich halte einen (etwas) für etwas, ich erkenne, befinde, sehe an, betrachte, stelle dar einen (etwas) als etwas, als: νομίζω, ἡγοῦμαι, ἀποδείκνυμι, ἀποφαίνω u. s. w.; e) ich gebe, nehme, lasse zurück einen (etwas) als etwas; f) ich erzeuge, bilde, lehre, unterrichte, erziehe, erhebe einen (etwas) zu etwas. In allen diesen Verbindungen stellt die griechische Sprache, wie auch die lateinische, die prädikative Beziehung auf das Objekt als ein Kongruenzverhältnis hin, wie dies auch bei dem Nominative in der passiven Konstruktion der genannten Verben der Fall ist, sowie auch in gewissen Verbindungen bei dem Genetive und Dative, als: S. OR. 1450 ἐμοῦ δὲ μήποτ' ἀξιωθήτω τόδε | πατρῷον ἄστυ ζῶντος οἰκητοῦ τυχεῖν, niemals soll diese Stadt für würdig gehalten werden mich als lebenden Bewohner zu haben. X. An. 5. 5, 15 ἐρω-

---

[1]) Vgl. Matthiae II, § 283 u. Interpretes ad Th. 4, 28 in Poppo's Ausg. p. 102.

τᾶτε αὐτούς, ὁποίων τινῶν ἡμῶν ἔτυχον, *quales fere nos experti sint*. So χρῶμαί τινι φίλῳ, ich habe einen zum Freunde. S. § 353, Anm. 1. Die deutsche Sprache weicht von der griechischen und lateinischen gänzlich ab, indem sie, mit Ausnahme der Verben des Nennens, bei den übrigen das Verhältnis als ein logisches durch Präpositionen, wie für, zu, oder durch die Konjunktion als bezeichnet. I, 494 σὲ παῖδα . . ποιεύμην. X. Cy. 1. 3, 18 οὗτος τῶν ἐν Μήδοις πάντων ἑαυτὸν δεσπότην πεποίηκεν. 4. 2, 38 τοὺς συμμάχους προθύμους ποιεῖσθαι. Oec. 7, 42 ἐμὲ σὸν θεράποντα ποιήσῃ. ι, 404 ἀύπνους ἄμμε τίθησθα. Π, 90 ἀτιμότερον δέ με θήσεις. Hdt. 3, 29 οὐ χαίροντες γέλωτα ἐμὲ θήσεσθε mich (für euch) zum Gespött machen, vgl. 38. 7, 209. Pl. Theaet. 166, a γέλωτα δὴ τὸν ἐμὲ ἀπέδειξεν. ι, 366 Οὖτιν δέ με κικλήσκουσιν | μήτηρ ἠδὲ πατήρ. X, 234 οὓς Ἑκάβη ἠδὲ Πρίαμος τέκε παῖδας. Eur. M. 374 f. τρεῖς τῶν ἐμῶν ἐχθρῶν νεκροὺς | θήσω, πατέρα τε καὶ κόρην πόσιν τ' ἐμόν. 295 (χρὴ) παῖδας περισσῶς ἐκδιδάσκεσθαι σοφούς. So παιδεύειν τινὰ κακόν S. OC. 919. X. Comm. 1. 1, 11 (Σωκράτης) τοὺς φροντίζοντας τὰ τοιαῦτα μωραίνοντας ἀπεδείκνυεν. Hier. 11, 14 νόμιζε τὴν μὲν πατρίδα οἶκον, τοὺς δὲ πολίτας ἑταίρους, τοὺς δὲ φίλους τέκνα σεαυτοῦ. Ages. 11, 6 (Ἀγησίλαος) τὰς μὲν τῶν ἰδιωτῶν ἁμαρτίας πρᾴως ἔφερε, τὰς δὲ τῶν ἀρχόντων μεγάλας ἦγε. Dem. 18, 43 οἱ Θετταλοὶ φίλον, εὐεργέτην, σωτῆρα τὸν Φίλιππον ἡγοῦντο. Pl. Crat. 435, b τὴν σιγήν σου ξυγχώρησιν θήσω als Zustimmung auffassen. Civ. 565, c τρέφειν τε καὶ αὔξειν μέγαν, ubi v. Stallb. Andoc. 3, 7 ἡ εἰρήνη τὸν δῆμον τῶν Ἀθηναίων ὑψηλὸν ἦρε καὶ κατέστησεν ἰσχυρόν. Ὀνομάζειν τινὰ σοφιστήν. Αἱρεῖσθαί τινα στρατηγόν. X. Cy. 5. 2, 14 τὸν Γωβρύαν σύνδειπνον παρέλαβεν. Pl. Soph. 268, b τί δὲ τὸν ἕτερον ἐροῦμεν, σοφὸν ἢ σοφιστικόν; Gorg. 489, d τί ποτε λέγεις τοὺς βελτίους; Dem. 8, 66 πόλεως ἔγωγε πλοῦτον ἡγοῦμαι συμμάχους, πίστιν, εὔνοιαν.

Anmerk. 1. Auch sagt man: ὄνομα καλεῖν τινι, καλεῖν, ἐπονομάζειν τινί τι, einem einen Namen geben (wie τίθεσθαί τινι ὄνομα). Pl. Crat. 419, e τῇ ἐπὶ τὸν θυμὸν ἰούσῃ δυνάμει τοῦτο ἐκλήθη τὸ ὄνομα. Vgl. Polit. 279, e. Theaet. 185, c ᾧ τὸ ἔστιν ἐπονομάζεις καὶ τὸ οὐκ ἔστιν. Crat. 420, b δόξα τῇ διώξει ἐπωνόμασται. Phil. 18, c ἑνί τε ἑκάστῳ καὶ ξύμπασι στοιχεῖον ἐπωνόμασεν. Vgl. Phaedr. 238, a. So auch mit ἐπί c. dat. Th. 4, 98 παρανομίαν ἐπὶ τοῖς μὴ ἀνάγκῃ κακοῖς ὀνομασθῆναι. Pl. Parm. 147, d ἕκαστον τῶν ὀνομάτων οὐκ ἐπί τινι καλεῖς.[1])

Anmerk. 2. Über ὄνομα, ἐπωνυμίαν καλεῖν τινα u. pass. ὄνομα, ἐπωνυμίαν κεκλημένος s. Nr. 3 u. Anm. 7.

Anmerk. 3. Zuweilen fasst auch die griechische Sprache bei diesen Verben das logische Verhältnis auf und bedient sich der Präposition εἰς, um den Zweck auszudrücken, als: Hdt. 3, 135 τὴν ὁλκάδα, τὴν οἱ Δαρεῖος ἐπαγγέλλετο ἐς

---

[1]) Vgl. Matthiä II. § 420, A. 2. Heindorf ad Pl. Phaedr. 238, a (p. 222 Hd.). Stallbaum ad Pl. Civ. 580, e. Crat. 383, b.

τὴν δωρεὴν τοῖσι ἀδελφεοῖσι, sowie sie auch zuweilen das Verhältnis der Wirkung dadurch bezeichnet, dass sie dem prädikativen Worte den Infinitiv εἶναι hinzufügt, wie wir § 355, Anm. 2 gesehen haben.

2. Zweitens verbindet sich ein transitives Verb mit einem Akkusative der Sache und einem Akkusative der Person. Diese Verbindung ist in der Mehrzahl der Fälle so aufzufassen, dass der Akkusativ der Sache mit dem Verb gleichsam zu einem zusammengesetzten Verb verschmilzt und sich mit diesem Verb der gewöhnliche Objektsakkusativ verbindet.

Die Fälle, die hierher gehören, sind folgende:

3. Die § 410, 2 erwähnte Verbindung eines Verbs mit einem Substantive a) gleichen Stammes oder b) verwandter Bedeutung oder mit einem Attribute des im Verb liegenden Substantivs, wenn das Verb transitive Bedeutung hat. In der Regel ist der Akkusativ der Sache mit einem attributiven Adjektive verbunden. Im Deutschen übersetzen wir den Akkusativ mit seinem Adjektive durch ein Adverb, wodurch aber der volle und kräftige Ausdruck des Griechischen nur sehr schwach wiedergegeben wird.

a) ο, 245 ὃν περὶ κῆρι φίλει Ζεύς τ' αἰγίοχος καὶ Ἀπόλλων | παντοίην φιλότητα. Aesch. Ag. 1482 ἦ μέγαν οἴκοις τοῖσδε δαίμονα καὶ βαρύμηνιν αἰνεῖς . . κακὸν αἶνον. S. El. 1034 τοσοῦτον ἔχθος ἐχθαίρω σε. Eur. Tr. 357 Ἑλένης γαμεῖ με δυσχερέστερον γάμον. Hdt. 3, 88 γάμους τοὺς πρώτους (*matrimonia nobilissima*) ἐγάμεε ὁ Δαρεῖος Κύρου δύο θυγατέρας, Ἄτοσσάν τε καὶ Ἀρτυστώνην. 154 ἑωυτὸν λωβᾶται λώβην ἀνήκεστον (schon b. Hom. N, 623). 2, 2 παιδία δύο δίδωσι ποιμένι τρέφειν τροφήν τινα τοιήνδε. Th. 8, 75 ὥρκωσαν τοὺς στρατιώτας τοὺς μεγίστους ὅρκους. X. Cy. 8. 3, 37 ἐμὲ ὁ πατὴρ τὴν τῶν παίδων παιδείαν ἐπαίδευεν. Pl. Apol. 19, a Μέλητός με ἐγράψατο τὴν γραφὴν ταύτην. 36, c ἕκαστον εὐεργετεῖν τὴν μεγίστην εὐεργεσίαν. Civ. 519, e τῆς ὠφελείας, ἣν ἂν ἕκαστοι τὸ κοινὸν δυνατοὶ ὦσιν ὠφελεῖν. Dem. 36, 25 τίν' ἂν ἑαυτὸν αἰτίαν αἰτιασάμενος . . δικάζοιτο; 37, 12 προκαλοῦνται πρόκλησιν ἡμᾶς.

b) Π, 511 ἕλκος, ὃ δή μιν Τεῦκρος ἐπεσσυμένον βάλεν ἰῷ. Vgl. E, 361. τ, 393 οὐλήν, τήν ποτέ μιν σῦς ἤλασε. Nach τίσασθαι τίσιν Eur. Heracl. 852 ἀποτίσασθαι δίκην ἐχθρούς. Vgl. 882. Or. 1020 σ' ἰδοῦσ' ἐν ὄμμασι | πανυστάτην πρόσοψιν ἐξέστην φρενῶν. Aesch. Pr. 905 μηδὲ κρεισσόνων θεῶν ἔρως | ἄφυκτον ὄμμα προσδράκοι με (= ἀφύκτου ὄμματος δέργμα προσδρ. με). Pind. J. 5, 74 πίσω σφε Δίρκας ἁγνὸν ὕδωρ. Eur. Cycl. 149 βούλει σε γεύσω πρῶτον ἄκρατον μέθυ; S. Ai. 1107 τὰ σέμν' ἔπη κόλαζ' ἐκείνους (= κολάζειν σεμνῶν ἐπῶν κόλασιν ἐκείνους). OR. 340 ἔπη . . ἀτιμάζεις πόλιν. Tr. 339 τοῦ με τήνδ' ἀφίστασαι βάσιν; warum trittst du so zu mir? Eur. Tr. 42 Κάσανδραν . . γαμεῖ βιαίως σκότιον Ἀγαμέμνων λέχος.

Ph. 293 γονυπετεῖς ἕδρας προσπίτνω σ' „ἀντὶ τοῦ· γονυπετῆ προσκύνησιν προσκυνῶ σε." Or. 1467 κτύπησε κρᾶτα μέλεον πλαγάν (doch ist die Lesart πλαγᾷ vorzuziehen). Aesch. Ag. 174 Ζῆνα δέ τις προφρόνως ἐπινίκια κλάζων, dem Zeus einen Siegesgesang anstimmend. Nach στέφανον στεφανοῦν Ar. eq. 647 ἐστεφάνουν μ' εὐαγγέλια. Plut. 764 f. ἀναδῆσαι βούλομαι | εὐαγγέλιά σε. Pind. P. 5, 11 εὐδίαν . . τεὰν καταιθύσσει μάκαιραν ἑστίαν, heiteren Strahlenglanz über deinen Herd ergiesst, s. Herm. ad h. l. So namentlich bei den Verben des Klagens, Weinens in der poet. Sprache, als: S. Tr. 51 δέσποινα Δηάνειρα, πολλὰ μέν σ' ἐγὼ | κατεῖδον ἤδη πανδάκρυτ' ὀδύρματα | τὴν Ἡράκλειον ἔξοδον γοωμένην. Ähnlich, aber kühner: S. El. 124 Ch. ὦ παῖ . ., τίν' ἀεὶ | τάκεις ὧδ' ἀκόρεστον οἰμωγὰν | τὸν πάλαι ἐκ δολερᾶς ἀθεώτατα | ματρὸς ἁλόντ' ἀπάταις Ἀγαμέμνονα; ubi v. Hermann. Eur. Or. 1383 f. Ἴλιον . . ὥς σ' ὀλόμενον στένω ἁρμάτειον, ἁρμάτειον μέλος βαρβάρῳ βοᾷ. M. 205 λιγυρὰ δ' ἄχεα μογερὰ βοᾷ τὸν ἐν λέχει προδόταν. Tr. 335 βοᾶτε τὸν Ὑμέναιον, ὦ, μακαρίαις ἀοιδαῖς ἰαχαῖς τε νύμφαν; (gleich darauf kürzer: μέλπετε πόσιν). Τ, 20 μητέρα, ἣν ἔπεα πτερόεντα προσηύδα. Eur. M. 663 f. Μήδεια, χαῖρε· τοῦδε γὰρ προοίμιον | κάλλιον οὐδεὶς οἶδε προσφωνεῖν φίλους. Pind. P. 9, 38 f. τὸν δὲ Κένταυρος . . μῆτιν ἑὰν | εὐθὺς ἀμείβετο. Aus der Prosa: Hdt. 1, 129 δεῖπνον, τό μιν ἐθοίνισε. Antiph. 4, γ, 1 τὸν ἄνδρα τύπτειν τὰς πληγάς, ubi v. Maetzner. Aeschin. 1, 59 τὸν Πιττάλακον ἐμαστίγουν τὰς ἐξ ἀνθρώπων πληγάς. 3, 181 Μιλτιάδης ὁ τὴν ἐν Μαραθῶνι μάχην τοὺς βαρβάρους νικήσας (aber kurz vorher ὅτ' ἐν τῇ Σαλαμῖνι ναυμαχίᾳ τὸν Πέρσην ἐνικᾶτε). Vgl. 3, 222. Th. 1, 32 τὴν ναυμαχίαν ἀπεωσάμεθα Κορινθίους. 5, 9 τὰ κλέμματα . ., ἃ τὸν πολέμιον μάλιστ' ἄν τις ἀπατήσας κτλ. Pl. Apol. 39, c φημὶ τιμωρίαν ὑμῖν ἥξειν εὐθὺς μετὰ τὸν ἐμὸν θάνατον πολὺ χαλεπωτέραν ἢ οἵαν ἐμὲ ἀπεκτόνατε (nach τιμωρίαν τιμωρεῖσθαί τινα). Dem. 43, 39 τηλικοῦτον πρᾶγμα παρακρουόμενοι τοὺς δικαστὰς καὶ οὕτω περιφανές, *re aliqua decipere aliquem*, vgl. 29, 1 παρακρούεταί ποθ' ἕκαστα ὑμᾶς. 59, 69 τὴν γραφήν, ἣν ἐδίωκε Στέφανον. Isae. 7, 10 δίκας εἷλεν Εὔπολιν δύο. Nach der Analogie v. πληγὰς πλήσσειν τινά sagt Hdt. 7, 35 τὸν Ἑλλήσποντον ἐκέλευε τριηκοσίας ἐπικέσθαι μάστιγι πληγάς. 4, 75 τὸ κατασωχόμενον τοῦτο καταπλάσσονται πᾶν τὸ σῶμα, mit der abgeriebenen Masse bestreichen sie sich den Körper (st. des üblichen κ. τί τινι 2, 70. 85). So zu erklären Pl. Phaedr. 265, c μυθικόν τινα ὕμνον προσεπαίσαμεν τὸν Ἔρωτα, scherzend besangen wir in einem Hymnus den E. Besonders bei den Verben des Nennens nach Analogie von ὄνομα ὀνομάζειν τινά: θ, 550 εἴπ' ὄνομ', ὅττι σε κεῖθι κάλεον μήτηρ τε πατήρ τε. X. Oec. 7, 3 καλοῦσά με τοῦτο τὸ ὄνομα. Pl. Civ. 471, d ἀνακαλοῦντες ταῦτα τὰ ὀνόματα ἑαυτούς.

Anmerk. 4. Statt des Substantivs steht häufig der Akkusativ eines Adjektivs oder Pronomens. S. OR. 1327 f. πῶς ἔτλης τοιαῦτα σὰς ὄψεις μαρᾶναι;

(blenden). λ 563 ὁ δέ μ' οὐδὲν ἀμείβετο. Vereinzelt auch bei [illegible] und ἐννέπειν (anreden). ψ 91 [illegible]. Eur. H. f. 964 πατὴρ δέ νιν θιγὼν κραταιᾶς χειρὸς ἐννέπει τάδε. Hdt. 7, 136 ταῦτα μὲν Ὑδάρνεα ἀμείβοντο. Sehr häufig [illegible], [illegible], πολλά, [illegible], [illegible], [illegible], [illegible]. [illegible] Pl. Gorg. 502, a πολλὰ καὶ ἡδέα καὶ παντοδαπὰ [illegible] ὑμᾶς. X. Cy. 1. 3. 10 τὰ ἄλλα [illegible] τῷ Σάκᾳ. Vgl. 8. 1. 36. An. 5. 7, 6 τοῦτο ὑμᾶς [illegible] wie Pl. Crat. 413. d. Dem. 9, 62 ὅσα τοὺς ταλαιπώρους [illegible] [illegible]. X. Cy. 3. 1, 30 μὴ [illegible] [illegible] κλαίειν. Pl. Apol. 41. e ἅπερ ἐγὼ ὑμᾶς [illegible]. Antiph. 5, 79 ἃ οὗτοι νῦν διαβάλλουσι τὸν ἐμὸν πατέρα, μὴ πείθεσθε. Th. 2, 15 τά τε ἄλλα διεκόσμησε τὴν χώραν. Lys. 12, 30 τὰ ἔσχατα [illegible] τοὺς [illegible]. Pl. Civ. 372, d τί ἂν αὐτὰς ἄλλο ἢ ταῦτα ἐχόρταζες; 414 d ἃ ἡμεῖς αὐτοὺς ἐτρέφομέν τε καὶ ἐπαιδεύομεν. Th. 6, 11 ἅπερ οἱ Ἐγεσταῖοι ἡμᾶς ἐκφοβοῦσι. Insbesondere ist dies der Fall bei den Verben des Lobens und Tadelns, nach Analogie von ἐγκώμιον ἐγκωμιάζω τινά und Ähnlichem. Th. 2, 42 ἃ τὴν πόλιν ὕμνησα. 1, 86 ἐπαινέσαντες πολλὰ ἑαυτούς. X. Ages. 10, 1 τὰ τοιαῦτα ἐπαινῶ Ἀγησίλαον. R. A. 3, 1 καὶ τάδε τοὺς [illegible] [illegible] Ἀθηναίους. Cy. 3. 2, 14 πολλὰ μὲν ἐπαινέσαντες, πολλὰ δὲ δεξιωσάμενοι (τὸν Κῦρον) ᾤχοντο οἴκαδε. Pl. Phaedr. 243, c ἃ ψέγομεν τὸν Ἔρωτα. 261, e ὅσα τὸν ἕτερον λελοιδορήκαμεν. Symp. 221, c πολλὰ μὲν οὖν ἄν τις καὶ ἄλλα ἔχοι Σωκράτη ἐπαινέσαι. Vgl. 222, a ἃ ἐγὼ Σωκράτη ἐπαινῶ u. ἅ με ὕβρισεν. Civ. 363, d ταῦτα δὴ καὶ ἄλλα τοιαῦτα ἐγκωμιάζουσι δικαιοσύνην. So auch [illegible], [illegible], [illegible], [illegible], [illegible] τί τινα § 410, A. 6. Nach § 410, Anm. 5 auch st. eines substantivischen Objekts in einem anderen Kasus als im Akk. X. Cy. 7. 2, 22 οὐκ αἰτιῶμαι οὐδὲ τάδε τὸν θεόν (aber αἰτιῶμαί τινα τῆς [illegible], seltener b. Pron., wie Th. 6, 28 ὧν καὶ τὸν Ἀλκιβιάδην ἐπῃτιῶντο, s. Valcken. ad Eur. Ph. 622). Eur. Alc. 808 εἰ μή τι σὲ με δεσπότης ἐψεύσατο (aber ψεύδω τινά τῆς ἐλπίδος).

Über die passive Konstruktion s. Anm. 7.

4. Statt des einfachen Verbs bedienen sich die Griechen zuweilen einer Umschreibung durch den Akkusativ eines abstrakten Substantivs und die Verben ποιεῖσθαι, τίθεσθαι, ἔχειν, um den Verbalbegriff nachdrücklicher zu bezeichnen, wie συμβολὴν ποιεῖσθαι Hdt. 6, 110. ὀργὴν π. 3, 25. 7, 105. ἀπόπειραν π. 8, 10. πρόσοδον π. = προσιέναι 7, 223. λήθην π. = ἐπιλανθάνεσθαι 1, 127. σκῆψιν π. 5, 30. μάθησιν ποιεῖσθαι = μανθάνειν Th. 1, 68 [1]). Wenn nun eine solche Umschreibung transitive Bedeutung hat, so kann zu derselben wie zu einem einfachen Transitive ein Objektsakkusativ statt eines attributiven Genetivs hinzutreten. Hdt. 1, 68 τυγχάνεις θῶμα ποιεύμενος τὴν ἐργασίην τοῦ σιδήρου. Vgl. 8, 74. 1, 160 οὔτε οὐλὰς κριθέων πρόχυσιν ἐποιέετο θεῶν οὐδενὶ οὔτε πέμματα ἐπέσσετο. Th. 4, 15 σπονδὰς ποιησαμένους τὰ περὶ Πύλον. 8, 41 τὴν χώραν καταδρομαῖς λείαν ἐποιεῖτο. 62 σκεύη καὶ ἀνδράποδα ἁρπαγὴν ποιησάμενος. Aesch. Ag. 788 ff. θεοὶ . . Ἰλίου φθορὰς . . ψήφους ἔθεντο = ἐψηφίσαντο. S. Tr. 997 οἵαν μ' ἄρ' ἔθου λώβαν. Auffallend 614 f. σῆμα, ὃ κεῖνος εὐμαθὲς | σφραγῖδος ἕρκει τῷδ' ἐπ' ὄμμα θήσεται, das jener einen Blick

1) Vgl. Matthiä II. § 421, Anm. 4. Poppo ad Thuc. P. 1. Vol. 1. p. 166.

auf dieses Siegel werfend leicht erkennen wird. [Nicht gehört hierher die Redensart γέλωτα τίθεσθαί τινα, s. Nr. 1. Über θ, 170 f. s. § 410, 2, c).] S. OC. 583 f. τὰ δ' ἐν μέσῳ | ἢ λῆστιν ἴσχεις ἢ δι' οὐδενὸς ποιῇ, ubi v. Schneidew. Eur. H. f. 709 ἃ χρῆν σε μετρίως σπουδὴν ἔχειν. Or. 1069 ἓν μὲν πρῶτά σοι μομφὴν ἔχω. Etwas anders Io 572 τοῦτο κἄμ' ἔχει πόθος = κἀγὼ ποθῶ.

5. Die Verben des Teilens und Zerlegens: δαίεσθαι, τέμνειν, διατέμνειν, διαιρεῖν, νέμειν, κατανέμειν nehmen neben dem Akkusativ des geteilten Gegenstandes auch die Teile, in die das Ganze zerlegt wird, im Akkusativ zu sich: τέμνειν τι τρία μέρη etwas dritteln. Hdt. 7, 121 τρεῖς μοίρας ὁ Ξέρξης δασάμενος πάντα τὸν πεζὸν στρατόν. 4, 148 σφέας αὐτοὺς ἓξ μοίρας διεῖλον. Pl. Polit. 283, d διέλωμεν αὐτὴν (τὴν μετρητικὴν) δύο μέρη. Dem. 14, 17 τῶν συμμοριῶν ἑκάστην διελεῖν κελεύω πέντε μέρη. 21 ἅπαντα νεῖμαι κελεύω μέρη εἴκοσιν. X. Cy. 7. 5, 13 ὁ Κῦρος τὸ στράτευμα κατένειμε δώδεκα μέρη. Ar. Ach. 300 f. ὃν (Κλέωνα) κατατεμῶ τοῖσιν ἱππεῦσι καττύματα. (Pl. Phaedr. 253, c τριχῇ διειλόμεν ψυχὴν ἑκάστην, ἱππομόρφω μὲν δύο τινὲ εἴδη, ἡνιοχικὸν δὲ εἶδος τρίτον, ubi v. Stallb.)

Anmerk. 5. Oft tritt jedoch die Präposition εἰς zum Akk., als: Pl. Polit. 261, c μερισώμεθα εἰς δύο τὸ σύμπαν. Civ. 395, b φαίνεταί μοι εἰς σμικρότατα κατακεκερματίσθαι ἡ τοῦ ἀνθρώπου φύσις. Aeschin. 3, 197 εἰς τρία μέρη διαιρεῖται ἡ ἡμέρα. Auch κατά, *secundum* oder, und zwar gewöhnlich, in distributivem Sinne. Pl. civ. 580, d πόλις διῄρηται κατὰ τρία εἴδη. Soph. 253, d τὸ κατὰ γένη διαιρεῖσθαι. X. Hier. 9, 5 διῄρηνται αἱ πόλεις αἱ μὲν κατὰ φυλάς, αἱ δὲ κατὰ μόρας, αἱ δὲ κατὰ λόχους. Hell. 3. 2, 10 κατὰ μέρη διελὼν τοῖς στρατιώταις τὸ χωρίον. Oft wird auch der zu teilende Gegenstand von μέρος, μοῖρα u. s. w. abhängig gemacht und in den Genetiv gesetzt. Hdt. 1, 94 δύο μοίρας διελόντα Λυδῶν πάντων, ubi v. Stein. X. Cy. 1. 2, 5 δώδεκα Περσῶν φυλαὶ διῄρηνται. R. L. 11, 4 μόρας διεῖλεν ἓξ καὶ ἱππέων καὶ ὁπλιτῶν. Pl. Soph. 264, c διειλόμεθα τῆς εἰδωλοποιικῆς εἴδη δύο, τὴν μὲν εἰκαστικήν, τὴν δὲ φανταστικήν. Phaedr. 265, b τῆς θείας τέτταρα μέρη διελόμενοι.

6. Die Redensarten Gutes oder Böses thun oder sagen nehmen den Gegenstand, dem das Gute oder Böse in Wort oder That zugefügt wird, im Akkusative zu sich, als: ἀγαθά, καλά, κακὰ ποιεῖν (höchst selten πράττειν, Ar. Ec. 108 ἀγαθόν τι πρᾶξαι τὴν πόλιν. Eur. Hel. 1393 ταὐτὰ . . πράξεις τὸν ἄνδρα), δρᾶν, ἐργάζεσθαι, λέγειν, εἰπεῖν u. a. Dass beide Begriffe zu einer Einheit verschmolzen sind, geht schon daraus hervor, dass sie auch durch ein zusammengesetztes Verb ausgedrückt werden können, wie εὐεργετεῖν, κακουργεῖν, κακοποιεῖν, κακολογεῖν, s. § 409, 1, 2). Γ, 354 ξεινοδόκον κακὰ ῥέξαι. Π, 424 καὶ δὴ κακὰ πολλὰ ἔοργεν Τρῶας. X. Cy. 5. 3, 9 οὔτε γὰρ ἂν φίλους τις ποιήσειεν ἄλλως πως πλείω ἀγαθὰ . . οὔτ' ἂν ἐχθροὺς πλείω τις βλάψειεν. Comm. 1. 2, 12 Κριτίας τε καὶ Ἀλκιβιάδης πλεῖστα κακὰ τὴν πόλιν ἐποιησάτην, vgl. Cy. 3. 2, 15. Oec. 5, 12 ἡ γῆ τοὺς ἄριστα θεραπεύοντας αὐτὴν πλεῖστα ἀγαθὰ ἀντιποιεῖ. Pl. Phaedr. 244, a b αἱ ἐν Δωδώνῃ ἱέρειαι πολλὰ δὴ καὶ καλὰ

τὴν Ἑλλάδα εἰργάσαντο. Ap. 25, c οἱ μὲν πονηροὶ κακόν τι ἐργάζονται τοὺς ἀεὶ ἐγγυτάτω ἑαυτῶν ὄντας, οἱ δ' ἀγαθοὶ ἀγαθόν τι. (So X, 395 Ἕκτορα δῖον ἀεικέα μήδετο ἔργα. Vgl. ψ, 24; dagegen ω, 426 nach den besseren Quellen μέγα ἔργον ὅδε ῥέξειν' Ἀχαιοῖς st. Ἀχαιούς.) Π, 207 ταῦτά μ' ἀγειρόμενοι θάμ' ἐβάζετε. S. Ai. 21 νυκτὸς γὰρ ἡμᾶς τῆσδε πρᾶγος ἄσκοπον ἔχει περάνας. OC. 985 οὐ μὲν ἑκόντ' ἐμὲ κεῖνόν τε ταῦτα δυστομεῖν. Hdt. 8, 61 τότε δὴ ὁ Θεμιστοκλέης ἐκεῖνόν τε καὶ τοὺς Κορινθίους πολλά τε καὶ κακὰ ἔλεγε. Nach dieser Analogie Aesch. P. 585 κακοῖσι βάζει πολλὰ Τυδέως βίαν = πολλὰ κακὰ β.

Anmerk. 6. Zuweilen steht statt des Akkusativs des persönlichen Objekts der Dativ, durch den die Person bloss als bei der Handlung beteiligt bezeichnet wird. ξ, 289 τρώκτης, ὃς δὴ πολλὰ κάκ' ἀνθρώποισιν ἐώργει. Eur. M. 1292 ὅσα βροτοῖς ἔρεξας ἤδη κακά. Or. 748 εὐλαβοῦ, ὁ τοῖς φίλοισι δρῶσιν οἱ κακοὶ φίλοι. Ar. V. 1350 πολλοῖς .. αὔτ' εἰργάσω. Pass. S. OR. 1373 οἷν ἐμοὶ δυοῖν | ἔργ' ἐστὶ κρείσσον' ἀγχόνης εἰργασμένα. Eur. Hec. 1085 ὦ τλῆμον, ὥς σοι δύσφορ' εἴργασται κακά. Nicht auffällig X. Cy. 1. 6, 42 προσκέψαι, τί σοι ποιήσουσιν οἱ ἀρχόμενοι, was deine Unterthanen für dich thun sollen. 7. 2, 27. Comm. 2. 3, 13. An. 4. 2, 23 πάντα ἐποίησαν τοῖς ἀποθανοῦσι, erwiesen den Verstorbenen alle Ehre. Pl. Ap. 30 a ταῦτα καὶ νεωτέρῳ καὶ πρεσβυτέρῳ ποιήσω. Charm. 157, c οὐκ ἂν ἔχοιμεν, ὅτι ποιοῖμέν σοι (in der Bedeutung mit einem etwas anfangen, anstellen). Ebenso Civ. 345, b εἰ γὰρ οἷς νῦν δὴ ἔλεγον μὴ πέπεισαι, τί σοι ἔτι ποιήσω; X. Hier. 7, 2 πάντα ποιοῦσι τοῖς τυράννοις οἱ ἀρχόμενοι. Dem. 29, 37 τί σοι ποιήσουσιν οἱ μάρτυρες; *quid tui tibi prosint testes?* (Dat. comm. cf. Bremi ad h. l. 31, 14 καὶ ταῦτ' ἐθέλοντα ποιεῖν ἡμῖν αὐτοῖς (*in ipsorum gratiam*). Ps. Dem. 42, 21 οὐδὲν πώποτε τουτονὶ πεποίηκας. Auch finden sich die Präpositionen εἰς und πρός beim Akkusative der Person. Hdt. 1, 41 ὀφείλεις ἐμεῦ προποιήσαντος χρηστὰ ἐς σὲ χρηστοῖσί με ἀμείβεσθαι, ubi v. Baehr. 2, 141 ἄλλα τε δὴ ἄτιμα ποιεῦντα ἐς αὐτούς. Vgl. 3, 50. 152. 5, 103. X. Cy. 1. 6, 31 διώριζε δὲ τούτων ἅ τε πρὸς τοὺς φίλους ποιητέον καὶ ἃ πρὸς ἐχθρούς. Vgl. Comm. 4. 2, 16. (Pl. Phaed. 113, e πρὸς πατέρα ὑπ' ὀργῆς βίαιόν τι πράξαντες u. Eur. J. A. 1104 ἐπὶ τοῖς αὑτοῦ τέκνοις ἀνόσια πράσσειν.) Oft aber hängt der Dat. von dem Adjektive ab, wie Dem. 18, 54 διατελεῖ πράττων καὶ λέγων τὰ βέλτιστα τῷ δήμῳ. Lys. 13, 48.

7. Auf gleiche Weise werden folgende Verben mit einem Akkusative der Sache und einem Akkusative der Person verbunden: a) die Verben des Forderns, Forschens, Fragens: αἰτεῖν, ἀπ-, ἐξ-, πράττειν, εἰσ-, ἀνα- u. πράττεσθαι, abfordern, ἐκλέγειν, einfordern (poet. προστρέπειν, anflehen, S. Ai. 831, λίσσεσθαι, λιτανεύειν τινά nur mit dem Neutr. eines Pron. ep.); ἐρωτᾶν, ἐρέσθαι (ἐρεείνειν poet.), ἐξετάζειν, ἱστορεῖν, ἀν-; — b) des Lehrens und Erinnerns: διδάσκειν, παιδεύειν; ἀνα-, ὑπομιμνήσκειν; — c) des Beraubens und Wegnehmens: στερεῖν, ἀπο-, στερίσκειν, συλᾶν, ἀφαιρεῖσθαι (ἀπαμείρειν, ἀμέρδειν, ἀπουραίειν, ἐναρίζειν ep.); — d) des Verbergens oder Verhehlens: κρύπτειν, ἀποκρύπτεσθαι, κεύθειν poet.; — e) des An- und Ausziehens, des Umlegens, Umschliessens: ἐν-, ἐκδύειν, ἀμφιεννύναι. Auch bei allen diesen Verbindungen bildet das Verb mit dem Akk.

der Sache einen einzigen Verbalbegriff, zu dem der Akk. der Person als Ergänzung hinzutritt, z. B. διδάσκω τὴν μουσικήν σε gewissermassen: ich musiklehre dich. a) ι, 364 Κύκλωψ, εἰρωτᾷς μ' ὄνομα κλυτόν; Eur. J. T. 661 ἀνήρεθ' ἡμᾶς τούς τ' ἐν Ἰλίῳ πόνους | νόστον τ' Ἀχαιῶν. Hdt. 3, 1 πέμψας Καμβύσης ἐς Αἴγυπτον κήρυκα αἴτεε Ἄμασιν θυγατέρα. 58 αὐτοὺς . . ἑκατὸν τάλαντα ἔπρηξαν. 6, 132 αἰτήσας νέας ἑβδομήκοντα καὶ στρατιήν τε καὶ χρήματα Ἀθηναίους. X. Comm. 1. 2, 60 οὐδένα πώποτε μισθὸν τῆς συνουσίας ἐπράξατο Σωκράτης. Vgl. 1. 2, 5. Hell. 4. 1, 21 Ἡριππίδας αἰτεῖ τὸν Ἀγησίλαον ὁπλίτας τε ἐς δισχιλίους καὶ πελταστὰς ἄλλους τοσούτους. Vgl. Cy. 8. 3, 41. An. 2. 6, 38 ὑμᾶς βασιλεὺς τὰ ὅπλα ἀπαιτεῖ. S. OC. 1363 ἄλλους ἐπαιτῶ τὸν καθ' ἡμέραν βίον. X. Cy. 6. 2, 35 τὰ εἰς τροφὴν δέοντα ἐξετάζετε τοὺς ὑφ' ὑμῖν. Pl. Gorg. 515, b ἐάν τίς σε ταῦτα ἐξετάζῃ. Isocr. 5, 146 (ἡ πόλις) τοσοῦτον πλῆθος χρημάτων εἰσπράξασα τοὺς συμμάχους εἰς τὴν ἀκρόπολιν ἀνήνεγκεν. Dem. 29, 2 ἐπεπράγμην τοῦτον τὴν δίκην (*multam*). Aeschin. 3, 113 οἱ Λοκροὶ τέλη τοὺς καταπλέοντας ἐξέλεγον. — b) θ, 481 σφέας οἴμας μοῦσ' ἐδίδαξε. Eur. Hipp. 252 πολλὰ διδάσκει μ' ὁ πολὺς βίοτος. Antiph. 5, 14 ὁ χρόνος καὶ ἡ ἐμπειρία τὰ μὴ καλῶς ἔχοντα ἐκδιδάσκει τοὺς ἀνθρώπους. Hdt. 1, 136 παιδεύουσι τοὺς παῖδας τρία μοῦνα. So auch τρέφειν in Verbindung m. παιδεύειν: Pl. civ. 414, d ἃ ἡμεῖς αὐτοὺς ἐτρέφομέν τε καὶ ἐπαιδεύομεν. Selbst ἐθίζειν. Pl. leg. 706, d ἔθη πονηρὰ οὐδέποτε ἐθίζειν δεῖ καὶ ταῦτα (und zwar) τὸ τῶν πολιτῶν βέλτιστον μέρος. Hdt. 6, 138 γλῶσσάν τε τὴν Ἀττικὴν καὶ τρόπους τῶν Ἀθηναίων ἐδίδασκον τοὺς παῖδας. 140 ἀναμιμνῄσκων σφέας τὸ χρηστήριον. Th. 6, 6 οἱ Ἐγεσταῖοι ξυμμαχίαν ἀναμιμνῄσκοντες τοὺς Ἀθηναίους. 7, 64 τοὺς Ἀθηναίους καὶ τάδε ὑπομιμνῄσκω. X. An. 3. 2, 11 ἀναμνήσω ὑμᾶς καὶ τοὺς κινδύνους. Hier. 1, 3 ὑπέμνησάς με τὰ ἐν τῷ ἰδιωτικῷ βίῳ. Vgl. Hell. 2. 3, 30. Th. 6, 6. — c) Α, 182 ὡς ἔμ' ἀφαιρεῖται Χρυσηίδα Φοῖβος Ἀπόλλων. So auch d. Simpl. Π, 58 f. τὴν ἂψ ἐκ χειρῶν ἕλετο κρείων Ἀγαμέμνων | Ἀτρείδης ὡς εἴ τιν' ἀτίμητον μετανάστην. Ο, 462 Τεῦκρον Τελαμώνιον εὖχος ἀπηύρα, vgl. Ζ, 17. Λ, 334. h. Cer. 311 f. ἐρικυδέα τιμὴν . . ἤμερσεν Ὀλύμπια δώματ' ἔχοντας. α, 404 ὅστις σ' ἀέκοντα βίηφι | κτήματ' ἀπορραίσει. Ε, 155 ἐξαίνυτο θυμὸν ἀμφοτέρω. Ρ, 187 (ἔντεα) τὰ Πατρόκλοιο βίην ἐνάριξα, vgl. Ο, 343. Π, 500 εἴ κέ μ' Ἀχαιοὶ | τεύχεα συλήσωσι. X. Cy. 4. 6, 4 τὸν μόνον μοι καὶ φίλον παῖδα ἀφείλετο τὴν ψυχήν, vgl. 7. 5, 79. Eur. Hec. 285 τὸν πάντα δ' ὄλβον ἦμαρ ἕν μ' ἀφείλετο. Dem. 28, 13 τὴν τιμὴν ἀποστερεῖ με, vgl. 4, 50. 22, 74 τὴν θεὸν τοὺς στεφάνους σεσυλήκασι. Nach dieser Analogie Pind. P. 3, 97 f. τὸν μὲν . . θύγατρες ἐρήμωσαν . . εὐφροσύνας μέρος, *eum privarunt parte hilaritatis*, vgl. Boeckh. Φ, 451 τότε νῶι βιήσατο μισθόν, zwang den Lohn ab. S. OC. 866 ὅς με . . ψιλὸν ὄμμ' ἀποσπάσας . . ἐξοίχῃ. Eur. J. A. 790 τίς ἄρα μ' εὐπλοκάμους κόμας . . ἀπολωτιεῖ. — d) Eur. Hipp. 914 f. οὐ μήν φίλους γε κάτι μᾶλλον ἢ φίλους | κρύπτειν δίκαιον σάς, πάτερ, δυσπραξίας. Lys. 32, 7 Διογείτων τὴν θυγατέρα ἔκρυπτε τὸν θάνατον τοῦ ἀνδρός. Hdt. 7, 28 οὔτε σε ἀποκρύψω .. τὴν ἐμεωυτοῦ οὐσίην. Pl. leg. 702, c οὐ γὰρ ἀποκρύψομαι σφὼ τὸ νῦν ἐμοὶ ξυμβαῖνον. Statt des acc. rei steht ein Substantivsatz Pl. Theaet. 180, c ἀπεκρυπτομένων τοὺς πολλούς, ὡς ἡ γένεσις .. τυγχάνει, vgl. X. Comm. 2. 6, 29 μὴ ἀποκρύπτου με, οἷς ἂν βούλοιο φίλος γενέσθαι. γ, 187 ὅσσα .. πεύθομαι, .. δαήσεαι οὐδέ σε κεύσω. — e) ξ, 341 ἐκ μέν με χλαῖνάν τε χιτῶνά τε εἵματ' ἔδυσαν. φ, 339 ἕσσω μιν χλαῖναν. X. Cy. 1. 3, 17 παῖς μέγας, μικρὸν ἔχων χιτῶνα, παῖδα μικρόν, μέγαν ἔχοντα χιτῶνα, ἐκδύσας αὐτόν, τὸν μὲν ἑαυτοῦ ἐκεῖνον ἠμφίεσε, τὸν δὲ ἐκείνου αὐτὸς ἐνέδυ. So auch Hdt. 1, 163 τεῖχος περιβαλέσθαι τὴν πόλιν. Ar. L. 1156 τὸν δῆμον ὑμῶν χλαῖναν ἠμπισχον πάλιν. 1021 τὴν ἐξωμίδ' ἐνδύσω σε. Aesch. Ag. 1269 ἰδοὺ δ' Ἀπόλλων αὐτὸς ἐκδύων ἐμὲ | χρηστηρίαν ἐσθῆτα. (Anders in Beispielen wie S. OC. 314 κυνῆ πρόσωπα Θεσσαλίς νιν ἀμπέχει, wo das sogen. σχῆμα καθ' ὅλον καὶ μέρος vorliegt, s. § 406, 9).

Anmerk. 7. Bei der Umwandlung des Aktivs der Verben dieses Paragraphen in das Passiv bleibt der Akkusativ der Sache, der andere Akkusativ aber geht in den Nominativ über, wie im Altdeutschen, s. Grimm IV. S. 643 ff. Man muss sich den Begriff des Verbs mit dem des Akkusativs zu einer Einheit verschmolzen denken, wie wenn wir sagen könnten: ich werde ratgefragt, ἐρωτῶμαι τὴν γνώμην, ich werde musikgelehrt, διδάσκομαι μουσικήν. Vgl. 409, 8). Σ, 485 τείρεα πάντα, τά τ' οὐρανὸς ἐστεφάνωται (i. e. ἃ ὡσεὶ στέφανον oder ὃν στέφανον ἐστεφάνωται). S. Spitzner excurs. ad Il. XXVII. So im Decr. Byzant. ap. Dem. 18, 91 τὼς (= τοὺς) στεφάνως, ὣς (= οὓς) ἐστεφάνωται ὁ δᾶμος. Eur. Io 1268 ὅθεν πετραῖον ἅλμα δισκευθήσεται, von wo sie vom Felsen jäh herabgeschleudert werden soll. Vers. Cratini ap. Ath. 99, f. ἧσθε πανημέριοι χορταζόμενοι γάλα λευκόν. (Vgl. Pl. Civ. 372, d.) Pl. Lach. 181, b οὗτος μέντοι ὁ ἔπαινός ἐστι καλός, ὃν σὺ νῦν ἐπαινεῖ. Hdt. 3, 34 ὦ δέσποτα, τὰ μὲν ἄλλα πάντα μεγάλως ἐπαινέαι. Th. 1. 122 ἡ καταφρόνησις (*hostium contemptio*) τὸ ἐναντίον ὄνομα ἀφροσύνη μετωνόμασται. 6, 4 ὄνομα τὸ πρῶτον Ζάγκλη ἦν ὑπὸ τῶν Σικελῶν κληθεῖσα (ἡ Σικελία). 4, 64 ὄνομα ἓν κεκλημένους Σικελιώτας. Vgl. Pl. Phaedr. 238, a. Th. 1, 38 θαυμάζεσθαι τὰ εἰκότα, billig geehrt werden. Lys. 1, 45 τὸ μέγιστον τῶν ἀδικημάτων ἦν ὑπ' αὐτοῦ ἠδικημένος. Dem. 18, 70 ὅσα ἄλλα ἡ πόλις ἠδικεῖτο. Isocr. 4, 145 τὰς μάχας, ὅσας ἡττήθησαν. Vgl. 149. Aeschin. 1, 139 τύπτεσθαι τῇ δημοσίᾳ μάστιγι πεντήκοντα πληγάς. Vgl. Ar. N. 972. Thuc. 4, 12 τραυματισθεὶς πολλὰ (τραύματα). Eur. Ph. 1431 τετρωμένους καιρίας σφαγάς. Eur. Hipp. 1237 δεσμὸν δυσεξήνυστον ἑλκόμενος δεθείς. Pl. Phaed. 85, a ὅταν πεινῇ ἢ ῥιγοῖ ἤ τινα ἄλλην λύπην λυπῆται. Vgl. Gorg. 494, a. 473, c παντοδαπὰς λώβας λωβηθείς. Dem. 23, 121 πολλήν γ' ὕβριν ἦμεν ἂν ὑβρισμένοι. Pl. Leg. 680, e βασιλείαν πασῶν δικαιοτάτην βασιλευόμενοι. Phaedr. 255, a πᾶσαν θεραπείαν θεραπευόμενος. 249, c τελέους ἀεὶ τελετὰς τελούμενος, eingeweiht in die vollkommenen Mysterien. Leg. 843, e τὴν διπλασίαν ζημίαν τοῖς ἄρχουσι ζημιούσθω. Ἁλίσκεσθαι τὴν γραφήν Antiph. 2, 8 u. 9. Lys. 13, 50 ἡ κρίσις, ἣν ἐκρίθη. Dem. 24, 134 δεθέντα καὶ κριθέντα ἀμφοτέρας τὰς κρίσεις. Ψευσθῆναι, ἐξαπατηθῆναι ταῦτα, ταῦτα X. An. 2. 2, 13. 5. 7, 11 Sehr oft τιμηθῆναι, ὠφεληθῆναι, ζημιωθῆναι, βλαβῆναι πολλά, μεγάλα u. dgl. S. OR. 1223 ὦ γῆς μέγιστα τῆσδ' ἀεὶ τιμώμενοι, vgl. 1202. X. vect. 3, 4 ταῦτα τιμώμενοι. An. 5. 4, 32 ποικίλους τὰ νῶτα καὶ τὰ ἔμπροσθεν πάντα ἐστιγμένους ἀνθέμια (= ἐστιγμένους στίγματα ἀνθέμια). Hdt. 8, 81 οἱ πλεῦνες τῶν στρατηγῶν οὐκ ἐπείθοντο τὰ ἐσαγγελθέντα. Aeschin. 3, 24 ἐχειροτονήθη Δημοσθένης τὴν ἀρχὴν τὴν ἐπὶ τῷ θεωρικῷ, vgl. Ar. Ec. 517. So auch Th. 1, 37 ἡ πόλις αὐτάρκη θέσιν κειμένη. — Hdt. 1, 180 (τὸ ἄστυ) κατατέτμηται τὰς ὁδοὺς ἰθέας, *in vias ad rectam lineam ductas*. X. Cy, 1. 2, 4 διῄρηται ἡ ἀγορὰ τέτταρα μέρη. Pl. Leg. 737, e γῆ δὲ καὶ οἰκήσεις τὰ αὐτὰ μέρη διανεμηθήτω. Parm. 144, b κατακεκερμάτισται (ἡ οὐσία) ὡς οἷόν τε σμικρότατα καὶ μέγιστα, ubi v. Stallb. — X. Apol. 17 τὸ δ' ἐμὲ μὲν μηδ' ὑφ' ἑνὸς ἀπαιτεῖσθαι εὐεργεσίας. Th. 8, 5 ὑπὸ βασιλέως πεπραγμένος τοὺς φόρους. — Hdt. 6, 27 παισὶ γράμματα διδασκομένοισι. Pl. Menex. 236, a μουσικὴν μὲν ὑπὸ Λάμπρου παιδευθείς, ῥητορικὴν δὲ ὑπ' Ἀντιφῶντος. X. Comm. 4. 2, 23 ἐνόμιζον παιδευθῆναι τὰ προσήκοντα ἀνδρὶ καλοκἀγαθίας ὀρεγομένῳ. Pl. leg. 695, a τὴν πατρῴαν οὐ παιδευομένους τέχνην, vgl. Anm. 8. — Hdt. 3, 65 δείσας, μὴ ἀπαιρεθέω τὴν ἀρχὴν πρὸς τοῦ ἀδελφεοῦ. 137 ἐξαιρεθέντες (*spoliati*) τε τὸν Δημοκήδεα καὶ τὸν γαῦλον, τὸν ἅμα ἤγοντο, ἀπαιρεθέντες ἀπέπλεον. 6, 13 ὑπὸ τοῦ Μιλησίου Ἀρισταγόρεω ἀπεστέρητο τὴν ἀρχήν. Th. 6, 91 τὰς προσόδους ἀποστερήσονται. Aesch. Pr. 171 τὸ νέον βούλευμ', ὑφ' ὅτου σκῆπτρον τιμάς τ' ἀποσυλᾶται. — Κρύπτομαι τοῦτο τὸ πρᾶγμα. — Nur medial werden gebraucht ἀμφιέννυμαι, ἐνάπτομαι, ζώννυμαί τι, ich ziehe mir ein Kleid an u. s. w., aber ἐνδυθῆναι, ἐκδυθῆναί τι.

Dass auch manche Verben, die im Aktiv einen Dativ der Person nebst einem Akkusativ der Sache zu sich nehmen, bei der Umwandlung ins Passiv ebenso behandelt werden, ist § 378, 7 besprochen. So ausser den dort angeführten Beispielen namentlich περικεῖσθαί τι (aktiv περιτιθέναι τινί τι). Hdt. 1, 171 ἄνευ ὀχάνων ἐφόρεον τὰς ἀσπίδας . . τελαμῶσι σκυτίνοισι οἰηκίζοντες, περὶ τοῖσι αὐχέσι τε καὶ τοῖσι ἀριστεροῖσι ὤμοισι περικείμενοι sc. τοὺς τελαμῶνας. Eur. Suppl. 716 τἀπικείμενον κάρα κυνέας. Oft b. d. Sp. περικείμενος στεφάνους, τιάρας u. s. w.

Anmerk. 8. Zuweilen steht der Dativ nach § 410, A. 4, namentlich bei den Verben des Erziehens. Pl. civ. 456, d τῇ σκυτικῇ παιδευθέντας. 521, d μουσικῇ ἐπαιδεύοντο. leg. 741, a νόθῃ παιδείᾳ πεπαιδευμένους. 695, c Δαρεῖος παιδείᾳ οὐ διατρυφώσῃ τεθραμμένος, u. d ὁ τῇ βασιλικῇ παιδευθεὶς παιδείᾳ Ξέρξης, obwohl kurz vorher a gesagt war διεφθαρμένην δὲ παιδείαν ὑπὸ τῆς λεγομένης εὐδαιμονίας τὴν Μηδικὴν περιεῖδεν ὑπὸ γυναικῶν τε καὶ εὐνούχων παιδευθέντας αὐτοῦ τοὺς υἱεῖς. So auch zuweilen b. d. Aktive. Pl. Civ. 430, a ἐξελεγόμεθα τοὺς στρατιώτας καὶ ἐπαιδεύομεν μουσικῇ καὶ γυμναστικῇ.

Anmerk. 9. In der Dichtersprache werden auch einige andere Verben auf gleiche Weise mit dem doppelten Akk. verbunden. β, 204 ὄφρα κεν ἥγε διατρίβῃσιν Ἀχαιοὺς | ὃν γάμον, einen mit etwas hinhalten. S. Ph. 1241 ἔστιν, ὅς σε κωλύσει τὸ δρᾶν. (Bei einem neutralen Pron. kann diese Konstruktion nicht auffallen, s. § 410, A. 5. Ar. V. 333 τίς γάρ ἐσθ' ὁ ταῦτά σ' εἴργων; Pl. Soph. 242, a ἡμᾶς τοῦτό γε μηδὲν μηδαμῇ εἴρξῃ.) So die Verben des Waschens und Reinigens (nach Analogie der Verben des Wegnehmens). Σ, 345 ὄφρα τάχιστα | Πάτροκλον λούσειαν ἄπο βρότον αἱματόεντα. ζ, 224 χρόα νίζετο δῖος Ὀδυσσεὺς | ἅλμην. Π, 667 κελαινεφὲς αἷμα κάθηρον . . Σαρπηδόνα. Φ, 122 οἵ σ' ὠτειλὴν | αἷμ' ἀπολιχμήσονται. So auch A, 236 περὶ γάρ ῥά ἑ χαλκὸς ἔλεψεν | φύλλα τε καὶ φλοιόν. Hdt. 5, 35 ξυρήσαντά μιν τὰς τρίχας. Nach derselben Analogie B, 600 ἀοιδὴν | θεσπεσίην ἀφέλοντο καὶ ἐκλέλαθον (sc. μιν) κιθαριστύν. — Ferner τίνεσθαι u. τιμωρεῖσθαί τινά τι st. d. gwhnl. τινά τινος, sowie μετέρχεσθαί τινά τι. ο, 236 ἐτίσατο ἔργον ἀεικὲς | ἀντίθεον Νηλῆα. Eur. Alc. 733 εἰ μή σ' ἀδελφῆς αἷμα τιμωρήσεται, ubi v. Monk. Vgl. Cy. 695. Or. 423 μετῆλθόν σ' αἷμα μητέρος θεαί. Vgl. Cy. 280 f. — Zuweilen ἐπισκήπτω τινά τι st. d. gwhnl. τινί τι. S.

Tr. 1221 τοσοῦτον δή σ' ἐπισκήπτω. Eur. J. T. 701 πρὸς δεξιᾶς σε τῆσδ' ἐπισκήπτω τάδε. — ἀναγκάζειν, κελεύειν τινά τι § 410, Anm. 6. (Bei ἐᾶν, *sinere*, m. doppelt. Akk. muss man aus dem Vorhergehenden oder aus dem Zusammenhange einen Infinitiv ergänzen, wie S. OC. 407 ἀλλ' οὐκ ἐᾷ τοὔμφυλον αἷμά σε, sc. κατασκιάζειν aus dem vorausgeh. κατασκιῶσι. Ant. 538 ἀλλ' οὐκ ἐάσει τοῦτό γ' ἡ δίκη σε, sc. λέγειν aus d. Zusammenhange.)

Anmerk. 10. Mehrere der Nr. 7 angeführten Verben lassen auch andere Konstruktionen zu:

a) Αἰτεῖν τι παρά τινος, *etwas von einem erbitten*, wie X. An. 1. 3, 16 ἡγεμόνα αἰτεῖν παρὰ τούτου; so in der Regel das Med. αἰτοῦμαί τι παρά τινος oder αἰτοῦμαί τινα c. inf. (Doch Ar. Av. 189 Βοιωτοὺς δίοδον αἰτούμεθα. Eur. Alc. 300 αἰτήσομαι γάρ σ' ἀξίαν [χάριν]; αἰτοῦμαί τινα m. d. neutral. Akk. eines Pron. öfter, s. § 410, A. 5, so auch Pl. Apol. 27, a ὅπερ κατ' ἀρχὰς ὑμᾶς παρῃτησάμην. Soph. 241, d τόδε παραιτοῦμαί σε.) — Ἐκλέγειν, einfordern, gwhnl. τὶ παρά oder ἔκ τινος. — Ἐρωτᾶν τινα περί τινος. Hdt. 1, 32 ἐπειρωτᾷς με ἀνθρωπηίων πρηγμάτων πέρι. Aber ἐρωτᾶν τι περί τινος heisst *etwas untersuchen in betreff einer Sache*, vgl. Pl. Theaet. 185, c.

b) Παιδεύειν oft τινά τινι (Dat. instrum.) s. Anm. 8, oft auch m. Präpositionen, wie ἔν τινι, εἴς, ἐπί, πρός τι. — Ἀνα-, ὑπομιμνήσκειν auch τινά τινος, s. § 417, 5, und περί τινος Pl. Phaedr. 275, d τὸν εἰδότα ὑπομνῆσαι περὶ ὧν ἂν ᾖ τὰ γεγραμμένα.

c) Die Verben des Beraubens und Wegnehmens haben ausser der oben angeführten sehr häufigen Konstruktion (στερεῖν, ἀπο-, στερίσκειν, ἀφαιρεῖσθαί τί τινα) noch folgende[1]): α) ἀποστερεῖν u. ἀφαιρεῖσθαι m. dem blossen Akk. der Sache. X. Ag. 4, 1 πῶς ἂν οὗτος ἐθέλοι τὰ ἀλλότρια ἀποστερεῖν; Oec. 5, 18 χάλαζαι τὰ καλῶς ἐγνωσμένα (*provisa*) καὶ πεποιημένα ἀφαιροῦνται (nehmen weg, zerstören). Th. 7, 5 τῶν ἀκοντιστῶν τὴν ὠφελίαν τῇ τάξει (durch die Aufstellung) ἀφελέσθαι. Selten steht der Akk. der Person allein, in der Bdtg. berauben Ar. Pl. 373 ἀπεστέρηκάς γ' οὐδένα; Andoc. 4, 27 τοῖς πολίταις οὐκ ἐξ ἴσου χρῆται, ἀλλὰ τοὺς μὲν ἀφαιρούμενος, τοὺς δὲ τύπτων οὐδενὸς ἀξίαν τὴν δημοκρατίαν ἀποφαίνει. Dem. 20, 123 μὴ ἐκείνους ἀφαιροῦ. — β) στερεῖν, ἀποστερεῖν (ἀμέρδειν, ἀπορραίειν, ἀπηύρων ep.) τινά τινος, *spoliare aliquem aliqua re*, einen einer ihm zugehörigen Sache berauben, s. § 421, 3; aber sehr selten hat ἀφαιρεῖσθαι diese Konstruktion, und zwar nur in der Bdtg. abhalten. X. ven. 6, 4 οἱ ὀψιζόμενοι ἀφαιροῦνται τὰς μὲν κύνας τοῦ εὑρεῖν τὸν λαγῶ, αὐτοὺς δὲ τῆς ὠφελείας, ubi v. Sauppe. — γ) ἀφαιρεῖσθαι, παρ-, ὑφ-, ἀποστερεῖν m. dem Akk. der Sache oder Person u. d. Gen. der Person; es liegt darin der Sinn: etwas einem (= von einem) entziehen, einen von einem entfernen (eine seltenere Konstruktion). Th. 3, 43 τὴν φανερὰν ὠφελίαν τῆς πόλεως ἀφαιρούμεθα. Vgl. 8, 46. 3, 58 θυσίας τὰς πατρίους τῶν εἰσαμένων καὶ κτισάντων ἀφαιρήσεσθε. X. Comm. 1. 5, 3 οἱ πλεονέκται τῶν ἄλλων ἀφαιρούμενοι χρήματα ἑαυτοὺς δοκοῦσι πλουτίζειν. Vgl. X. ven. 12, 7 und 9. Dem. 18, 22 συμμαχίαν . . ὁρῶν ἀφαιρούμενόν με τῆς πόλεως. 19, 331. Das Simpl. S. OR. 1522 μηδαμῶς ταύτας γ' ἕλῃ μου. Antiph. 5, 78 οὐκ ἀποστερῶν γε τῶν εἰς τὴν πόλιν ἑαυτὸν οὐδενός. X. ven. 12, 8 εἴ τι βούλονται ἐπιτηδεύειν καλῶν, οὐδενὸς ἀποστερεῖ (τὰ κυνηγέσια). Th. 1, 40 ὅστις μὴ ἄλλου ἑαυτὸν ἀποστερῶν ἀσφαλείας δεῖται (eigtl. *alteri se subducens*, i. e. *ab alio desciscens*, sich entziehend). X. Cy. 3. 1, 11 (ἤν τις δουλωθείς) φαίνηται τοὺς δεσπότας ἀποστερεῖν ἑαυτοῦ.

---

1) S. Sauppe ad Xen. Comm. I. 7, 5. Kühner ad Xen. Comm. I. 5, 3.

Hell. 4. 1, 41 ἔθνη πάντα ἀποστερήσειν βασιλέως. Dem. 23, 3 φυλακὴν τῆς πόλεως ἀποστερεῖν. Auch ἀφαιρεῖσθαί τι ἔκ τινος. X. ven. 12, 9 οἱ πόνοι τὰ αἰσχρὰ ἐκ τῆς ψυχῆς καὶ τοῦ σώματος ἀφαιροῦνται. Selten finden sich ἀφαιρεῖν, ἀφαιρεῖσθαι, ἀπηύρων ep., τι m. d. Dat. der Person. α, 9 αὐτὰρ ὁ τοῖσιν ἀφείλετο νόστιμον ἦμαρ. Vgl. τ, 369. Ρ, 236 πολέεσσιν . . θυμὸν ἀπηύρα. Vgl. γ, 192. ν, 132. X. Cy. 7. 1, 44 οἱ Αἰγύπτιοι τὸ μὲν ἐπὶ Κροῖσον συστρατεύειν ἀφελεῖν σφίσιν ἐδεήθησαν (erlassen) 7. 2, 26 μάχας δέ σοι καὶ πολέμους ἀφαιρῶ (abnehmen). [Th. 7. 1, 44 ist der Dat. τῇ τάξει instrumental zu fassen, s. oben α.] ἀφαιρεῖσθαί τινα παρά τινος εἰς ἐλευθερίαν Isocr. 12, 97 heisst *einen von einem nehmen und in Freiheit setzen.*

d) Κρύπτειν τί τινι δ, 350 οὐδέν τοι ἐγὼ κρύψω ἔπος οὐδ' ἐπικεύσω. Hs. op. 42 κρύψαντες γὰρ ἔχουσι θεοὶ βίον ἀνθρώποισι u. κρ. τι πρός τινα S. Ph. 588.

8. Endlich verbindet sich ein Verb mit zwei Akkusativen, von denen der eine entweder den Raum oder die Zeit oder das Mass bezeichnet, über welches sich die Handlung erstreckt (bei Dichtern auch das Ziel, worauf eine Bewegung gerichtet ist). Vgl. § 410, 4 u. 5. Ζ, 292 τὴν ὁδόν, ἣν Ἑλένην περ ἀνήγαγεν, wie im Deutschen „ich führe dich den Weg". Vgl. X. Comm. 2. 1, 29. Hdt. 7, 24 τὸν ἰσθμὸν τὰς νέας διειρύσαι, *Isthmum naves transducere.* Th. 3, 81 ὑπερενεγκόντες τὸν Λευκαδίων ἰσθμὸν τὰς ναῦς. 8, 8 διαφέρειν τὸν Ἰσθμὸν τὰς ἡμισείας τῶν νεῶν. S. Tr. 559 ὃς τὸν βαθύρρουν ποταμὸν Εὔηνον βροτοὺς | μισθοῦ 'πόρευε. Eur. Alc. 442 ff. γυναῖκ' ἀρίσταν λίμναν Ἀχεροντίαν πορεύσας. Tr. 1085 ff. ἐμὲ δὲ πόντιον σκάφος . . πορεύσει ἱππόβοτον Ἄργος. (Häufiger πορεύειν τινά m. e. Präp., wie εἰς.) Ε, 291 βέλος δ' ἴθυνεν Ἀθήνη ῥῖνα. Eur. Tr. 883 πέμψομέν νιν Ἑλλάδα. Hel. 1566 ἐξανήρπασαν | ταῦρον, φέροντες δ' εἰσέθεντο (sc. ταῦρον) σέλματα. Hdt. 1, 202 σιτέονται ῥίζας τὸ θέρος. X. Comm. 3. 12, 2 δουλεύουσι τὸν λοιπὸν βίον τὴν χαλεπωτάτην δουλείαν. Lycurg. 70 τῷ φεύγοντι τὴν πατρίδα τεττάρων ἡμερῶν πλοῦν εἰς Ῥόδον. Dass in der passiven Konstruktion der Akk. des Raumes, des Zieles, der Zeit und des Masses bleibt, z. B. Th. 4, 8 (νῆες) ὑπερενεχθεῖσαι τὸν Λευκαδίων ἰσθμόν, versteht sich von selbst.

Anmerk. 11. Über den doppelten Akk. in dem σχῆμα καθ' ὅλον καὶ μέρος s. § 406, 9.

§ 412. Besondere Eigentümlichkeiten im Gebrauche des Akkusativs. (Elliptischer Akkusativ. Akkusativ bei Ausrufungen. Absoluter Akkusativ.)

1. Zuweilen steht der Akkusativ elliptisch in affektvoller Rede: a) bei Anreden. S. Ant. 441 σὲ δή, σὲ τὴν νεύουσαν εἰς πέδον κάρα, (sc. λέγω, καλῶ) | φῂς ἢ καταρνῇ μὴ δεδρακέναι τάδε; Eur. Hel. 546 σὲ τὴν ὄρεγμα δεινὸν ἡμιλλημένην | τύμβου 'πι κρηπῖδα . ., μεῖνον. Ar. Av. 274 οὗτος, ὢ σέ τοι. (Hingegen ohne Ellipse: Eur. Ba. 913 σὲ τὸν πρόθυμον ὄντα . ., Πενθέα λέγω, ἔξιθι. H. f. 1215.) — b) in der Bittformel μή, πρός σε θεῶν, d. i. μή, πρὸς θεῶν σε αἰτῶ. Eur. Alc. 275

μή, πρός σε θεῶν τλῇς με προδοῦναι. Med. 324 μή, πρός σε γονάτων τῆς τε νεογάμου κόρης. (Vollständig S. OC. 1333 πρός νύν σε κρηνῶν . . αἰτῶ πιθέσθαι. — c) bei Verboten. S. Ant. 577 μὴ τριβὰς ἔτι sc. ποιεῖτε. Ar. Ach. 345 ἀλλὰ μή μοι πρόφασιν sc. πάρεχε, ubi v. A. Müller. V. 1179 μή μοί γε μύθους. Pherecr. b. Ath. 4, 159, e (Mein. 2, 280) μή μοι φακούς. Ephipp. b. Ath. 8, 359, a (Mein. 3, 339) μή μοι βρέφη. Ähnlich Dem. 4, 19 μή μοι μυρίους μηδὲ δισμυρίους ξένους, μηδὲ τὰς ἐπιστολιμαίους ταύτας δυνάμεις. — d) in lebhaften Fragen. X. Comm. 3. 1, 10 τί δὲ τοὺς κινδυνεύειν μέλλοντας; sc. ποιήσομεν. Pl. Soph. 266, c τί δὲ τὴν ἡμετέραν τέχνην; ἆρ' οὐκ αὐτὴν μὲν οἰκίαν οἰκοδομικῇ φήσομεν ποιεῖν; [1])

2. Auch wird der Akkusativ bei einem Ausrufe des Unwillens gebraucht. Ar. Av. 1269 δεινόν γε τὸν κήρυκα τὸν παρὰ τοὺς βροτοὺς | οἰχόμενον, εἰ μηδέποτε νοστήσει πάλιν, wenn nicht hier vielleicht ein Anakoluth anzunehmen ist: δεινόν γέ ἐστι τὸν κήρυκα . . νοστήσειν.

3. Zuweilen steht der Akkusativ absolut, d. h. ohne innere Verbindung mit der Konstruktion des Satzes [2]). Dieser Gebrauch kann nicht auffallen, da der Akkusativ ganz dazu geeignet ist, jedes beliebige Objekt, das der Redende seiner Betrachtung unterwirft, zu bezeichnen, wo wir zu sagen pflegen: in Betreff einer Sache, was eine Sache anlangt (*quod attinet ad rem*). Diese Erscheinung zeigt sich am natürlichsten zu Anfang eines Satzes, besonders einer längeren Periode, indem der Schriftsteller das Objekt, das den Hauptgegenstand des Satzes ausmacht, unbekümmert um die Konstruktion des Satzes, aus einer gewissen Bequemlichkeit vorausschickt und daher dasselbe der Deutlichkeit wegen gewöhnlich durch ein Pronomen wieder aufnimmt. Dem. 53, 20 τὸν δὲ Μάνην, δανείσας ἀργύριον Ἀρχεπόλιδι τῷ Πειραιεῖ, ἐπειδὴ οὐχ οἷός τ' ἦν αὐτῷ ἀποδοῦναι ὁ Ἀρχέπολις οὔτε τὸν τόκον οὔτε τὸ ἀρχαῖον ἅπαν, ἐναπετίμησεν αὐτῷ. Isocr. 12, 99 ἀλλὰ μὴν καὶ τὰς στάσεις καὶ τὰς σφαγὰς καὶ τὰς τῶν πολιτειῶν μεταβολάς, ἃς ἀμφοτέροις τινὲς ἡμῖν ἐπιφέρουσιν, ἐκεῖνοι μὲν ἂν φανεῖεν ἁπάσας τὰς πόλεις πλὴν ὀλίγων μεστὰς πεποιηκότες τῶν τοιούτων συμφορῶν καὶ νοσημάτων. X. Hipparch. 2, 4. So auch τό *c. Infin.*, s. § 478, b.

Anmerk. In den meisten Fällen ist der Akkusativ durch eine anakoluthische Wortverbindung zu erklären oder aus einer Konstruktion nach dem Sinne, indem der Schriftsteller zwei dem Sinne nach gleichbedeutende Konstruktionen verbindet. So α, 274 ff. μνηστῆρας μὲν ἐπὶ σφέτερα σκίδνασθαι ἄνωχθι· | μητέρα δ', εἴ οἱ θυμὸς ἐφορμᾶται γαμέεσθαι, | ἂψ ἴτω ἐς μέγαρον πατρός (der Akk. μητέρα steht noch unter dem Einflusse von ἄνωχθι, als ob folgen sollte: ἂψ ἰέναι; dann aber geht Athene zu dem milderen konzessiven ἴτω „sie mag gehen" über). Th. 2, 62

[1]) S. Stallbaum ad Plat. Gorg. 474, c. — [2]) Vgl. Scheuerlein Synt. d. gr. Spr. S. 55 u. 60. Bernhardy S. 132 f., die aber Verschiedenes vermischt haben.

τὸν δὲ πόνον τὸν κατὰ τὸν πόλεμον μὴ γένηταί τε πολὺς καὶ οὐδὲν μᾶλλον περιγενώμεθα, ἀρκείτω μὲν ὑμῖν καὶ ἐκεῖνα, ἐν οἷς ἄλλοτε πολλάκις γε δὴ ἀπέδειξα οὐκ ὀρθῶς αὐτὸν ὑποπτευόμενον (dem Redner schwebt zu Anfange die Wendung οὐκ ὀρθῶς ὑποπτεύετε vor; der regelmässige Satzbau wird aber durch den Hinweis auf frühere Vorgänge unterbrochen). Hdt. 5, 103 τὴν Καῦνον, πρότερον οὐ βουλομένην συμμαχέειν, ὡς ἐνέπρησαν τὰς Σάρδις, τότε σφι καὶ αὕτη προσεγένετο (Hdt. hatte das kurz vorangegangene προσεκτήσαντο noch im Sinne). X. Cy. 2. 1, 5 τοὺς Ἕλληνας τοὺς ἐν τῇ Ἀσίᾳ οἰκοῦντας οὐδέν πω σαφὲς λέγεται, εἰ ἕπονται st. λέγουσι. 2, 3, 4 (ὁ θεὸς) τοὺς μὴ θέλοντας ἑαυτοῖς προστάττειν ἐκπονεῖν τἀγαθὰ ἄλλους αὐτοῖς ἐπιτακτῆρας δίδωσι = ἄλλοι ἐπιτακτῆρες κελεύουσιν ἐκπονεῖν τἀγαθά, s. Bornem. — X. Cy. 8. 5, 23 τὰ μὲν γὰρ παρελθόντα ὑμεῖς μὲν Κῦρον ηὐξήσατε στράτευμα δόντες bezeichnet der Akk. den Zeitraum, wie 3. 2, 7 τὸ παρελθόν.

B. Genetiv.

§ 413. Allgemeine Bemerkungen.

1. Der Genetiv ist nach § 408, 2 ein Mischkasus, insofern er zugleich die Funktionen des nur in vereinzelten Dialektformen, wie lokrisch ὅπω *unde*, noch nachweisbaren Ablativs mit übernommen hat. (Vgl. Formenlehre II, S. 306, c).

2. Wie der Akkusativ zunächst die unmittelbare Ergänzung (das unmittelbare Objekt) eines transitiven Verbs ausdrückt, so dient der (eigentliche) Genetiv zunächst dazu, den Begriff eines Substantivs näher (qualitativ oder wesentlich) zu bestimmen (§ 408, 2). Dieser Gebrauch des Genetivs ist in allen Sprachen der bei weitem umfangreichste. Wie aber der Gebrauch des Akkusativs sich erweiterte, und auch intransitive Verben und Adjektive ihr unmittelbares Objekt im Akkusative zu sich nehmen, so geschah dies auch bei dem Genetive, und er wurde auch gebraucht, um ein intransitives Verb und ein Adjektiv näher zu bestimmen. In jedem Verb, sowohl in dem intransitiven als transitiven, liegt ein Substantivbegriff, als: ἐπιθυμῶ ἐπιθυμίαν, πλήττω πληγήν (s. § 410). Je nachdem nun in dem Verb der verbale oder der substantivische Begriff vorherrschend ist, verbindet sich dasselbe entweder mit dem Akkusative, als: πλήττω τινά, oder mit dem Genetive: ἐπιθυμῶ τῆς ἀρετῆς (ἐπιθυμῶ ἐπιθυμίαν τῆς ἀρετῆς).

3. Als Vertreter des Ablativs bezeichnet der Genetiv den Ausgangspunkt einer Handlung und den Gegenstand, von dem ein anderer sich trennt, vgl. § 420 u. § 421.

Anmerk. Das Zusammenfliessen des Genetivs und Ablativs erklärt sich daraus, dass beide Kasus nicht nur formell schon in vorgriechischer Zeit meist übereinstimmten (nur im Singular der 2. Deklination gab es besondere Ablativformen auf ω, ursprünglich ωτ), sondern auch in ihrem Gebrauche mehrfache

Ähnlichkeiten aufweisen. So berührt sich z. B. der Genetiv des Urhebers mit dem Ablativ des Ursprungs, der Genetiv der Fülle mit dem Ablativ des Mangels so nahe, dass eine Scheidung kaum durchführbar ist. Es ist nicht wahrscheinlich, dass für das griechische Sprachgefühl der Genetiv bei πλέως, πλούσιος ein anderer war als bei κενός, πένης, oder der Genetiv bei εὐπορεῖν ein anderer als der bei ἀπορεῖν. Ausserdem ist zu beachten, dass die Analogie auf dem syntaktischen Gebiete nicht minder wirksam gewesen ist als auf dem formellen. Wenn man daher Kategorien, die als Ganzes betrachtet entschieden ablativischen Charakter zeigen, von den entschieden genetivischen absondert (wie dies § 420 und § 421 geschehen ist), so kann dies nur mit dem Vorbehalte geschehen, dass im einzelnen hier wie da mancherlei fremdes Gut mit untergebracht wird.

§ 414. Verbindung des Genetivs mit einem Substantive oder substantivierten Adjektive und Adverb.

1. In der Verbindung eines Substantivs mit dem Genetive stellt sich eine innige Verschmelzung zweier Substantivbegriffe zu einem dar, wie sie zuweilen auch äusserlich dadurch kenntlich gemacht wird, dass beide durch ein Wort ausgedrückt werden, als: ἵππουρις (= ἵππου οὐρά), Rossschweif, Διόσκουροι, Zeussöhne, πατροφονεύς. Ein Substantiv an sich bezeichnet nur einen allgemeinen Begriff; verbindet es sich aber mit einem Genetive, so wird sein Begriff individualisiert (besondert) und dadurch näher bestimmt.

2. Man pflegt mit Rücksicht auf die verschiedenartigen begrifflichen Beziehungen, die zwischen den beiden verbundenen Substantiven obwalten können, verschiedene Kategorien des Genetivs aufzustellen:

a) einen Genetiv des Subjekts, wenn der Genetivbegriff sich als Subjekt der im regierenden Nomen liegenden Handlung betrachten lässt: φόβος τῶν πολεμίων (οἱ πολέμιοι φοβοῦνται), νίκη τῶν βαρβάρων (οἱ βάρβαροι νικῶσιν), εὔνοια τῶν πολιτῶν (οἱ πολῖται εὐνοοῦσιν), συνουσία τῶν κακῶν (οἱ κακοὶ σύνεισιν), μῦθος πατρός (πατὴρ μυθεῖται).

b) einen Genetiv des Objekts, wenn der Genetiv das Objekt (im weitesten Sinne) der im regierenden Nomen liegenden Handlung darstellt: φόβος τῶν πολεμίων (φοβοῦμαι τοὺς πολεμίους), νίκη ναυμαχίας (νικῶ ναυμαχίαν), εὔνοια τῶν πολιτῶν (εὐνοῶ τοῖς πολίταις), συνουσία κακῶν (σύνειμι κακοῖς), μῦθος πατρός (μυθοῦνται περὶ πατρός); vgl. Nr. 4.

c) einen possessiven Genetiv (Genetiv des Besitzers, d. h. im weitesten Sinne: dem etwas angehört): Ἀΐδαο δόμος, Ἕκτορος γυνή, Ἑλένη ἡ Διός, ξ, 211 ἠγαγόμην δὲ γυναῖκα πολυκλήρων ἀνθρώπων (Gen. d. Abstammung); Περικλέους δεινότης.

d) einen Genetiv des Urhebers und der Ursache: νόμος Σόλωνος, ι, 411 νοῦσος Διός (von Zeus gesandt), Β, 723 ἕλκος ὕδρου (von der Schlange bewirkt), Β, 396 κύματα παντοίων ἀνέμων *(undae ventis excitatae)*, vgl. ε, 292. H, 63 Ζεφύροιο φρίξ, Λ, 305 νέφεα Νότοιο, Aesch. Prom. 900 δυσπλάνοις Ἥρας ἀλατείαις (*erroribus a Junone effectis*), Eur. Or. 618 ὀνείρατ᾽ ἀγγέλλουσα τἀγαμέμνονος *a caeso Agamemnone excitata)*, Hec. 699 πέσημα δορός = δοριπετής; γραφὴ κλοπῆς, Dem. 45, 14 ὀργὴ τῶν πραττομένων.

e) einen Genetiv des Stoffes und Inhalts: Λ, 24 οἶμοι κυάνοιο, δ, 124 τάπης ἐρίοιο, φ, 7 κώπη ἐλέφαντος, Ar. Ach. 992 στέφανος ἀνθέμων, Th. 2, 76 ταρσοὶ καλάμου, X. An. 1. 5, 10 σῖτος μελίνης, 6. 4, 4 κρήνη ἡδέος ὕδατος; ο, 507 δαῖτ᾽ ἀγαθὴν κρειῶν τε καὶ οἴνου. β, 340 πίθοι οἴνοιο παλαιοῦ, X. Cy. 2. 4, 18 ἅμαξαι σίτου; vgl. § 402, c.

f) einen Genetiv der Beschaffenheit (des Masses und Wertes): Th. 7, 2 ὀκτὼ σταδίων τεῖχος. 7, 50 δύο ἡμερῶν καὶ νυκτὸς πλοῦν ἀπέχει. 7, 43 πέντε ἡμερῶν σιτία. Isae. 2, 35 δέκα μνῶν χωρίον. Lys. 30, 20 ἱερὰ τριῶν ταλάντων Opfer im Betrage von 3 Talenten. Dem. 55, 2 δίκη χιλίων δραχμῶν. Ar. Nub. 471 ἀντιγραφαὶ πολλῶν ταλάντων. (Ein Genetiv der Eigenschaft nach Art des lat. *vir magni ingenii* kommt nur selten und nur in Verbindung mit εἶναι vor, vgl. § 418, 1, b).

g) einen umschreibenden oder appositiven Genetiv: Τροίης ἱερὸν πτολίεθρον, vgl. § 402, d.

h) einen Genetiv des geteilten Ganzen, vgl. Nr. 5.

Das allen diesen Verbindungen Gemeinsame ist die enge Zusammengehörigkeit zweier Substantive, von denen das eine das Wesen des anderen näher bestimmt. Der Genetiv an sich bringt keine der nur zum Zwecke der Sichtung des unübersehbaren Materials aufgestellten Kategorien zum Ausdrucke; er ist demnach äusserst vieldeutig, und die Art der Zusammengehörigkeit zweier Substantive ergiebt sich lediglich teils aus der Natur der verbundenen Begriffe, vgl. ἕρκος ἀλωῆς E, 90, ἕρκος ἀκόντων Δ, 137, ἕρκος κασσιτέρου Σ, 565, ἕρκος ὀδόντων Δ, 350; teils aus dem Zusammenhange der Rede, vgl. X. An. 1. 2, 18 (ἐγένετο) τῶν βαρβάρων φόβος πολύς . . οἱ δὲ Ἕλληνες σὺν γέλωτι ἐπὶ τὰς σκηνὰς ἦλθον, Pl. leg. 647, b δύο ἐστὸν τὰ τὴν νίκην ἀπεργαζόμενα, θάρρος μὲν πολεμίων, φίλων δὲ φόβος, B, 767 (ἵππους) θηλείας, φόβον Ἄρηος φορεούσας; teils endlich aus den als bekannt vorausgesetzten thatsächlichen Verhältnissen. So namentlich bei der Verbindung zweier Eigennamen: a) B, 527 Ὀιλῆος ταχὺς Αἴας. S. Ph. 943 ἱερὰ λαβὼν τοῦ Ζηνὸς Ἡρακλέους (= ἱερὰ Ἡρακλέους τοῦ Ζ.). El. 694 Ὀρέστης τοῦ Ἀγαμέμνονος. Ai. 172 Διὸς Ἄρτεμις. 450 ἡ Διὸς γοργῶπις ἀδάματος θεά. Hdt. 3, 60 Εὐπαλῖνος Ναυστρόφου. 123 Μαιάνδριος Μαιανδρίου. Th. 1, 24 Φάλιος Ἐρατοκλείδου. 2, 67 Λέαρχος Καλλιμάχου καὶ Ἀμεινιάδης Φιλήμονος. 2, 99 Περδίκκας Ἀλεξάνδρου. Inschriftlich Ἀριστομάχη Ἀριστοκλέους Corp. Inscr. Att.

II, 652 A, 32 [1]). (In gleichem Sinne wird das **Adjektiv** gebraucht: K, 18 Νέστωρ Νηλήιος, Θ, 281 Τεῦκρος Τελαμώνιος, B, 528 Τελαμώνιος Αἴας, vgl. § 402, a). — β) Ἕκτορος Ἀνδρομάχη. Hdt. 4, 205 Φερετίμη ἡ Βάττου. — γ) Andoc. 1, 17 Λυδὸς ὁ Φερεκλέους des Pherekles (Sklave) Lydos. — δ) Pl. Gorg. 526, c Ὀδυσσεὺς ὁ Ὁμήρου. Dieselbe Vieldeutigkeit im Deutschen: Webers Gustav, Schillers Lotte, Schillers Franz Moor; und im Lat. Ov. M. 12, 622 *Oileos* Ajax, Verg. Aen. 3, 319 *Hectoris* Andromache.

3. Da nach dem oben Bemerkten der Genetiv nur ganz allgemein die Zusammengehörigkeit zweier Begriffe zum Ausdrucke bringt, andererseits aber die grammatischen Kategorien des gen. possessivus, objectivus, partitivus u. s. w. keineswegs scharf gegeneinander abzugrenzen sind, so bleibt es oft zweifelhaft, in welche Klasse ein Genetiv einzureihen sei. So werden Ausdrücke wie δέπας οἴνου bald dem Genetiv des Inhalts, bald dem des geteilten Ganzen zugezählt; Θῆβαι τῆς Βοιωτίας kann ebensowohl possessiv wie partitiv gefasst werden; δευτέρῳ ἔτει τούτων erscheint den einen als komparativischer (ablativischer), den andern als eigentlicher Genetiv u. s. w. Auch muss zugestanden werden, dass überhaupt nicht alle Genetive sich bequem in das von den Grammatikern aufgestellte Schema einzwängen lassen.

Anmerk. 1. In der Dichtersprache werden zuweilen auch von substantivierten **Partizipien** Genetive abhängig gemacht: Eur. El. 335 ὅ τ' ἐκείνου τεκών (= πατήρ). Alc. 167 αὐτῶν ἡ τεκοῦσα (= μήτηρ), vgl. § 403, a. Ebenso in passivischen Ausdrücken, bei denen der Genetiv als der des Urhebers erscheint. Eur. El. 123 κεῖσαι σᾶς ἀλόχου σφαγείς „der Ermordete deines Weibes", vgl. deutsche Wendungen wie „der Erwählte des Volks", „der Gesegnete des Herrn". In Prosa sind derartige Verbindungen nur beim partitiven Genetiv üblich, s. Nr. 5, b.

Anmerk. 2. In der philosophischen Sprache wird der Genetiv in gleicher Weise wie von Substantiven auch von dem Neutrum eines Pronomens abhängig gemacht. Dem Satze: „Zeus ist der Vater der Götter und Menschen" entspricht der Fragesatz: „Was ist Zeus von den Göttern und Menschen?" τί ἐστι Ζεὺς ἀνδρῶν τε θεῶν τε; So öfter bei Plato. Civ. 597, d τί αὐτὸν (τὸν ζωγράφον) κλίνης φήσεις εἶναι; ubi v. Stallb., was willst du sagen, dass er sei von dem Bettgestelle? wofür wir sagen würden „in Betreff des B." Symp. 204, d τί τῶν καλῶν ἐστιν ὁ Ἔρως; was von dem Schönen ist E.? in welchem Verhältnisse zum Schönen steht E.? ist er ein ἵμερος τῶν καλῶν oder sonst was? Tim. 52, c (εἰκὼν) οὐδ' αὐτὸ τοῦτο, ἐφ' ᾧ γέγονεν, ἑαυτῆς ἐστιν, ἑτέρου δέ τινος ἀεὶ φέρεται φάντασμα, ein Bild ist nicht einmal das, wozu es hervorgebracht ist, seiner selbst, d. i. im Verhältnis zu sich selbst, also nicht seine eigene Abbildung. Soph. 255, d ὅ τι περ ἂν ἕτερον ᾖ, συμβέβηκεν ἐξ ἀνάγκης ἑτέρου τοῦθ', ὅπερ ἐστίν, εἶναι, was ein anderes ist, muss dieses, wie es ist (nämlich ein anderes), eines anderen, d. i. im Verhältnisse zu einem anderen sein, also: das andere muss das andere eines anderen sein.

---

[1]) S. Meisterhans, Gramm. der Att. Inschr. S. 167 u. 184. „Bei der offiziellen Nennung eines Bürgers wird der Genetiv des Vaternamens zugesetzt ohne Beifügung von υἱός."

4. Der sog. objektive Genetiv, den das Deutsche meist durch eine Präposition mit ihrem Kasus wiederzugeben pflegt, hat im Griechischen eine ausserordentlich grosse Ausdehnung gewonnen, besonders in der Dichtersprache, die die kühnsten Verbindungen wagt. Ganz gewöhnlich erscheint er bei Substantiven, die eine Gemütsstimmung oder geistige Thätigkeit ausdrücken, wie φόβος τῶν πολεμίων (vor), ἔρως τῆς ἀρετῆς (zu), χόλος τινός S. Ai. 41, φιλία τοῦ πατρός (zu), εὔνοια τοῦ φίλου (gegen), ἔχθος τῶν πολεμίων (gegen), τὸ Τροίας μῖσος (wegen) Eur. Or. 432 (422, ubi v. Matthiae), ἐπιθυμία τῆς σοφίας (nach), μελεδήματα πατρός (um) ο, 8, ἄχος τινός (um) Ξ, 458, ὀδύνη Ἡρακλῆος O, 25, πόθος τοῦ παιδός (nach), φροντὶς τῶν παίδων (um), μνήμη τῶν κακῶν (an), τῆς στρατείας μετάμελος (über) Th. 7, 55. πραότης τινός, Milde gegen, Pl. civ. 558, a, ubi v. Schneider. Φ, 28 ποινὴ Πατρόκλοιο, Sühnopfer für. α, 40 τίσις Ἀτρεΐδαο, Rache für. Eur. Hec. 883 καὶ πῶς γυναιξὶν ἀρσένων ἔσται κράτος; Macht über, u. s. w., wie metus *hostium*, amor *virtutis* u. s. w. H, 26 μάχης νίκη. Pl. leg. 641, a νίκη πολέμου. Oft steht der Gen. st. einer Präp. Th. 1, 108 ἐν ἀποβάσει τῆς γῆς, in *escensione in terram* (vgl. engl. *a descent of England*). Poet. νόστος γαίης Φαιήκων ε, 345, Ankunft im Phäakenlande. Vgl. ψ, 68. S. Ph. 43 ἐπὶ φορβῆς νόστον ἐξελήλυθεν, Weg nach Speise. Th. 1, 36 Ἰταλίας καὶ Σικελίας παράπλους, *in Italiam*. 2, 79 τῇ τῶν Πλαταιῶν ἐπιστρατείᾳ, gegen d. P. 3, 114 μετὰ τὴν τῆς Αἰτωλίας ξυμφοράν, in Aetolien. S. OC. 45 οὐχ ἕδρας γῆς τῆσδ' ἂν ἐξέλθοιμι, von dem Sitze in diesem Lande (Musgrave schreibt γε statt γῆς). X. Comm. 2. 7, 13 τὸν τοῦ κυνὸς λόγον (fabulam *de cane*). Cy. 6. 3, 10 ἡμῶν λόγος (sermo *de nobis*). Th. 8, 15 ἀγγελία τῆς Χίου, *de Chio*. δ, 317 κληηδὼν πατρός. ψ, 362 φάτις μνηστήρων. S. Ant. 11 μῦθος φίλων, „Kunde von Lieben“. Ai. 222 ἀνέρος ἀγγελίαν. 998 ὀξεῖα γάρ σου βάξις, das Gerede von dir. X. Comm. 3. 5, 10 τὴν τῶν θεῶν κρίσιν, judicium *de diis* factum. Th. 1, 140 τὸ Μεγαρέων ψήφισμα, *de Megarensibus* (aber 139 τὸ περὶ Μεγαρέων ψ.). So ψῆφός τινος S. Ant. 633, Urteil über. Dem. 18, 140 τὰ τῶν Ἀμφισσέων δόγματα, decreta *de A.*, ubi v. Schaefer. Vgl. 20, 115. C. Inscr. Att. I. 38, f, 10 τὸ ψήφισμα τὸ τοῦ φόρου. II. 51, 7 ff. τὰ γράμματα τῆς (Briefe über) οἰκοδομίας καὶ τῆς εἰρήνης. Isae. 9, 19 τῶν μὴ γενομένων πίστιν (= περὶ τῶν μ. γ.), ubi v. Schoemann. S. Ph. 813 ἔμβαλλε χειρὸς πίστιν, gieb ein mit der Hand geleistetes Versprechen. Vgl. OC. 1632. Eur. M. 439 βέβακε δ' ὅρκων χάρις, die durch Eide beschworene Liebe. Ferner: Ps. Isocr. 1, 21 ἐγκράτειαν ἄσκει κέρδους, ὀργῆς, ἡδονῆς, λύπης. Pl. leg. 908, c ἀκράτειαι ἡδονῶν καὶ λυπῶν. 869, e δι' ἥττας ἡδονῶν τε καὶ ἐπιθυμιῶν καὶ φθόνων, Unterliegen unter die. X. Oec. 9, 11 ἀνδρῶν συνουσία (mit). An. 2. 5, 7 τὸν θεῶν πόλεμον (mit). 4. 5, 13 ἐπικούρημα τῆς χιόνος, Schutz gegen.

Dem. 4, 5 ἐπιτειχίσματα τῆς αὐτοῦ χώρας (gegen) (dagegen 18, 71 ἐπιτείχισμα ἐπὶ τὴν Ἀττικήν). Pl. Tim. 74, b πρόβλημα χειμώνων, Schutz gegen. C. Inscr. Att. II. 804, B, b 32—36 ἐξέπλευσαν ἐπὶ τὴν φυλακὴν τῶν λῃστῶν (dagegen II. 809, a, 222 φυλακὴ ἐπὶ Τυρρηνούς). S. OR. 1200 θανάτων δ' ἐμᾷ | χώρᾳ πύργος ἀνέστας. Eur. Hipp. 716 εὕρημα συμφορᾶς (gegen). (X. Comm. 3. 8, 3 εἴ τι οἶδα πυρετοῦ ἀγαθόν gut „für", d. i. gegen das Fieber). B, 230 υἷος ἄποινα, Lösegeld für. Pl. Civ. 329, c τῶν γε τοιούτων (sc. ἀφροδισίων) ἐν τῷ γήρᾳ πολλὴ εἰρήνη γίγνεται καὶ ἐλευθερία. Hdt. 6, 135 ἡσυχίη τῆς πολιορκίης. 139 λύσις τῶν παρεόντων κακῶν. X. Cy. 5. 1, 13 ἀπαλλαγὴ τοῦ βίου (aber Pl. Phaed. 64, c ἡ τῆς ψυχῆς ἀπὸ τοῦ σώματος ἀπαλλαγή wegen des drangeh. Gen.). Eur. Ph. 1743 συγγόνου θ' ὑβρισμάτων, wie Caes. b. G. 1, 30 pro veteribus Helvetiorum *injuriis populi R.* Pl. leg. 633, c χειμώνων τε ἀνυποδησίαι καὶ ἀστρωσίαι, ubi v. Stallb. (*hiemis tempestate*). Th. 1, 8 τὴν τῶν κρεισσόνων δουλείαν (δουλεύειν τινί). Pl. Phaedr. 244, e θεῶν εὐχάς τε καὶ λατρείας (εὔχεσθαί τινι, λατρεύειν τινί). Leg. 799, a ἐπὶ τοῖς τῶν θεῶν θύμασιν (θύειν τί τινι). Eur. Or. 123 νερτέρων δωρήματα, dona mortuis oblata (δωρεῖσθαί τί τινι). Aesch. Ch. 180 ἔπεμψε χαίτην κουρίμην χάριν πατρός, dem Vater geweiht. S. El. 84 πατρὸς χέοντες λουτρά (= λοιβάς), *patri debita*, s. Schneidew. Pl. leg. 717, a βέλη αὐτοῦ (τοῦ σκόπου), Geschosse zur Erreichung des Zieles, s. Stallb. (Badham αὖ st. αὐτοῦ). Phaedr. 274, e σοφίας φάρμακον, Mittel zur Weisheit, s. Stallb. ad 230, d. (dagegen leg. 647, e φόβου φάρμακον Mittel gegen). X. An. 7. 6, 36 τρόπαια βαρβάρων, *de barbaris*, s. Breitenb. ad Ages. 2, 26. Th. 6, 98 τροπαῖον τῆς ἱππομαχίας. Eur. Suppl. 262 λιταὶ θεῶν, zu den Göttern. Or. 290 πολλὰς γενείου τοῦδ' ἂν ἐκτείνας λιτάς, Bitten bei diesem Kinne, wie X. An. 2. 5, 7 οἱ θεῶν ὅρκοι, bei den Göttern. Eur. J. T. 1384 τό τ' οὐρανοῦ πέσημα, τῆς Διὸς κόρης | ἄγαλμα, das vom Himmel Herabgefallene.

Anmerk. 3. Um das Verhältnis zweier Substantive zu einander logisch bestimmter und schärfer auszudrücken, bedient sich die griechische Sprache zuweilen auch wie die deutsche der Präpositionen, und merkwürdiger Weise in einigen Fällen da, wo uns der blosse (subjektive oder objektive) Genetiv genügt. X. Comm. 2. 7, 9 ἡ ἀπὸ ἐκείνων χάρις. Dem. 2, 22 τὴν παρὰ θεῶν εὔνοιαν. 6, 34 τῇ παρ' ὑμῶν ὀργῇ. Hdt. 2, 148 τὰ ἐξ Ἑλλήνων τείχεα. 5, 11 ἡ ἐξ Ἱστιαίου εὐεργεσίη. S. Ph. 406 τὰ ἐξ Ἀτρειδῶν ἔργα. Ant. 95 ἡ ἐξ ἐμοῦ δυσβουλία. El. 619 ἡ ἐκ σοῦ δυσμένεια. Tr. 631 τὸν πόθον τὸν ἐξ ἐμοῦ. Th. 1, 69 τῇ ἀφ' ἡμῶν τιμωρίᾳ. 129 τοῖς λόγοις τοῖς ἀπὸ σοῦ. Dem. 18, 13 ταῖς ἐκ τῶν νόμων τιμωρίαις. X. Hier. 10, 3 ὁ ἀπὸ δορυφόρων φόβος. 7, 5 αἱ μὴ ἐξ ἀντιφιλούντων ὑπουργίαι. 6 αἱ παρὰ τῶν φοβουμένων τιμαί. An. 1. 2, 18 τὸν ἐκ τῶν Ἑλλήνων εἰς τοὺς βαρβάρους φόβον. Cy. 2. 4, 21 τὸ παρὰ Κυαξάρου στράτευμα. 5. 5, 13 τὸ παρ' ἐμοῦ ἀδίκημα. Lys. 12, 66 τὸ παρ' ὑμῶν δέος. 88 ἡ παρὰ τῶν ἐχθρῶν τιμωρία. 25, 9 τῆς παρὰ τούτων δείσαντας τιμωρίας. Pl. Phaed. 97, c εἰ οὖν τις βούλοιτο τὴν αἰτίαν εὑρεῖν περὶ ἑκάστου. Vgl. 97, d. Civ. 329, d τούτων πέρι μία τις αἰτία ἐστίν. Leg. 720 e τὴν περὶ γενέσεως ἀρχὴν πρώτην πόλεων πέρι κατακοσμήσει ταῖς τάξεσι. 951, e ὁ περὶ τῆς παιδείας πάσης ἐπιμελητής (aber 936, a τῷ τῆς παιδεύσεως ὅλης ἐπιμελητῇ τῶν νέων). Polit. 279, a τῆς περὶ τὰς πόλεις ἐπιμελείας. Vgl. Lycurg. § 106 ibiq. Maetzner. X. R. L. 2, 14 ἐν πολλαῖς τῶν πόλεων οἱ νόμοι οὐκ ἐναντιοῦνται ταῖς πρὸς τοὺς παῖδας ἐπιθυμίαις (der Knabenliebe). Dem. 9, 2 οὐδεμίαν περὶ τῶν μελλόντων πρόνοιαν ἔχουσιν. φ, 249 ἄχος περί τινος.

Anmerk. 4. Zuweilen verbindet sich ein Substantiv mit zwei Genetiven von verschiedenen Beziehungen (Gen. subj. u. obj.). Hdt. 6. 2 Ἱστιαῖος ὑπέδυνε τῶν Ἰώνων τὴν ἡγεμονίην τοῦ πρὸς Δαρεῖον πολέμου, die Anführung der Ionier in dem Kriege gegen D. 67 κατὰ Δημαρήτου τὴν κατάπαυσιν τῆς βασιληίης. Th. 1, 25 τὴν τῶν Φαιάκων προενοίκησιν τῆς Κερκύρας, ubi v. Poppo. 3, 12 τὴν ἐκείνων μέλλησιν τῶν ἐς ἡμᾶς δεινῶν, das Zögern jener in den gegen uns gerichteten Gefahren. 3, 115 τὴν τοῦ Λάχητος τῶν νεῶν ἀρχήν. 4, 85 τῇ ἀποκλῄσει μου τῶν πυλῶν, Ausschliessung meiner Person aus den Thoren. 6, 18 ἡ Νικίου τῶν λόγων ἀπραγμοσύνη, inertia a Nicia in oratione commendata. Pl. Leg. 776, d ἡ τῶν Ἡρακλεωτῶν δουλεία τῆς τῶν Μαριανδυνῶν καταδουλώσεως. Phaedr. 244, c τήν γε τῶν ἐμφρόνων ζήτησιν τοῦ μέλλοντος, *futuri investigatio a prudentibus facta*. Aesch. Suppl. 549 Τεύθραντος ἄστυ Μυσῶν. S. Tr. 1191 τὸν Οἴτης Ζηνὸς πάγον, auf d. Oeta. Ph. 489 τὰ Χαλκώδοντος Εὐβοίας σταθμά, Euböischer Wohnsitz des Ch., s. Schneidew. Eur. Ph. 308 f. Ch. βοστρύχων . . χαίτας πλόκαμον „das Haargeflecht deiner Locken" Klotz. Davon ist der Fall zu unterscheiden, wo ein Genetiv den anderen regiert, als: Th. 4, 10 φόβῳ ῥοθίου καὶ νεῶν δεινότητος κατάπλου aus Furcht vor dem Gefährlichen einer Anfahrt der Schiffe. 2, 13 λέγων τὴν ἰσχὺν αὐτοῖς ἀπὸ τούτων εἶναι τῶν χρημάτων τῆς προσόδου auf dem Eingang dieser Gelder. 1, 143 ὀλίγων ἡμερῶν ἕνεκα μεγάλου μισθοῦ δόσεως, wegen einer Gabe eines grossen Soldes auf wenige Tage. Isae. 2, 9 μετασχὼν τοῦ οἴκου τῆς μισθώσεως τῶν παίδων τοῦ Νικίου, Verpachtung des Hauses der Söhne des N. Pl. leg. 672, d αἰδοῦς ψυχῆς κτήσεως ἕνεκα; selbst b. Pronomen, wodurch leicht eine Dunkelheit entsteht. Th. 3, 44 τοῦ ἐκείνου λόγου, der Rede jenes. X. An. 5. 5, 18 οὐδὲν ἐλαμβάνομεν τῶν ἐκείνων, nichts von dem, was jenen angehört. 2. 5, 38 Κύρου ἦσαν τοῦ ἐκείνου δούλου. Cy. 6. 1, 15 τῶν μὲν ἐκείνων ὀχυρῶν. 7. 4, 13 τῶν ἑαυτῶν κλέψονται, ubi v. Born. Hell. 4. 8, 33 τῶν ἐκείνων ξυμμάχων. Dem. 18, 45 διὰ τῶν ἑτέρων κινδύνων (*periculis aliis imminentibus*); sowie auch der Fall, wo das Ganze und der Teil im Genetive neben einander stehen (Σχῆμα καθ' ὅλον καὶ μέρος). Hdt. 3, 35 εἰ τοῦ παιδὸς τοῦ σοῦ τοῦδε ἑστεῶτος ἐν τοῖσι προθύροισι βαλὼν τύχοιμι μέσης τῆς καρδίης[1]).

5. Wenn in der Verbindung eines Genetivs mit einem Substantive das Allgemeine zu dem Besonderen sich wie ein Ganzes zu seinen Teilen verhält, so wird er partitiver genannt. Dieser Genetiv steht:

a) Bei Substantiven, als: ὁ δῆμος τῶν Ἀθηναίων, das Volk als Teil der Ath. im Gegensatze zu den Vornehmen, πέντε τάλαντα ἀργυρίου, σταγόνες ὕδατος. B, 198 δήμου ἀνήρ ein Mann aus dem Volke. Λ, 761 πάντες δ' εὐχετόωντο θεῶν Διὶ Νέστορί τ' ἀνδρῶν. Hdt. 1, 67 Λίχης

1) Vgl. Lobeck ad Ai. 309 u. 726. Fritzsche Quaest. Luc. p. 110 sq. Kühner ad X. An. 2. 5, 38.

τῶν ἀγαθοεργῶν καλουμένων Σπαρτιητέων. 6, 114 ἀπὸ δ' ἔθανε τῶν στρατηγῶν Στησίλεως. Th. 6, 3 Ἀρχίας τῶν Ἡρακλειδῶν. 8, 92 ἐβοήθει Ἀρίσταρχος καὶ τῶν ἱππέων νεανίσκοι. 6, 31 οἱ θρανῖται τῶν ναυτῶν. X. An. 1. 8, 1 Πατηγύας, ἀνὴρ Πέρσης τῶν ἀμφὶ Κῦρον πιστῶν, wo wir sagen: einer von den Getreuen. 4. 8, 4 τῶν πελταστῶν ἀνήρ. Hell. 5. 4, 2 Μέλων τῶν Ἀθήναζε πεφευγότων Θηβαίων, einer von (wie auch der Grieche sagen konnte, z. B. Cy. 2. 3, 5 Χρυσάντας, εἷς τῶν ὁμοτίμων). Conv. 2, 1 ἔρχεταί τις ἔχων ὀρχηστρίδα τῶν τὰ θαύματα δυναμένων ποιεῖν. So auch ein Subst. m. d. Gen. eines Adj.[1]. X. conv. 7, 2 τροχὸς τῶν κεραμικῶν, ein Rad der irdenen, ein irdenes R. An. 4. 1, 14 παιδὸς ἐπιθυμήσας ἢ γυναικὸς τῶν εὐπρεπῶν. 6. 1, 4 θύσαντες βοῦς τῶν αἰχμαλώτων. Theophr. Char. c. 5 θουριακὰς τῶν στρογγύλων ληκύθους καὶ βακτηρίας τῶν σκολιῶν. Luc. D. M. 10, 9 πέλεκυν τῶν ναυπηγικῶν. Vgl. Pl. Hipp. min. 368, c οἷαι αἱ Περσικαὶ (ζῶναι) τῶν πολυτελῶν. Eur. Io 1395 τί δῆτα φάσμα τῶν ἀνελπίστων ὁρῶ; Ebenso mit d. Gen. eines Pronomens. Th. 4, 126 τοῖς Μακεδόσιν αὐτῶν (unter ihnen). 8, 70 πρυτάνεις σφῶν αὐτῶν (aus ihrer Mitte). Partitiv ist auch der Genetiv eines Landes bei einem Namen des ihm angehörigen Ortes oder Volkes; der Genetiv steht gewöhnlich voran. Hdt. 3, 136 ἀπίκοντο τῆς Ἰταλίης ἐς Τάραντα. Vgl. 6, 95. Th. 2, 18 ὁ στρατὸς ἀφίκετο τῆς Ἀττικῆς ἐς Οἰνόην. X. Hell. 2. 1, 20 οἱ Ἀθηναῖοι ὡρμίσαντο τῆς Χερρονήσου ἐν Ἐλαιοῦντι. 1. 4, 8 ἔπλευσε τῆς Καρίας ἐς τὸν Κεραμικὸν κόλπον. Th. 3, 86 τῆς Ἰταλίας Λοκροὶ μὲν Συρακοσίων ἦσαν, Ῥηγῖνοι δὲ κατὰ τὸ ξυγγενὲς Λεοντίνων. 8, 101 ἀφικόμενοι τῆς ἠπείρου ἐς Ἀρματοῦντα. Liegt hingegen ein grösserer Nachdruck auf dem Namen der Stadt, so steht dieser voran. X. An. 2. 2, 6 ἦλθον ἐξ Ἐφέσου τῆς Ἰωνίας. 6. 6, 38 ἀφίκοντο εἰς Χρυσόπολιν τῆς Καλχηδονίας. Vgl. 7. 1, 1. Der Genetiv des Landes wird nie zwischen die Präposition und den Kasus des Landes gesetzt, also nicht: ἐς τῆς Ἀττικῆς Οἰνόην, sondern immer τῆς Ἀττικῆς ἐς Οἰνόην oder ἐς Οἰνόην τῆς Ἀττικῆς. Der Genetiv des Landes wird stets mit dem Artikel verbunden, der regierende Ortsname aber nur sehr selten, da derselbe schon durch den Namen des Landes hinlänglich bestimmt ist. Th. 3, 93 πρὸς τὸ Κήναιον τῆς Εὐβοίας. 4, 25 ἐπὶ τὴν Πελωρίδα τῆς Μεσσήνης. X. Hell. 1. 6, 26 τῆς Λέσβου ἐπὶ τῇ Μαλέᾳ ἄκρᾳ. Hdt. 2, 113 ἀπικνέεται ἐς Αἴγυπτον καὶ Αἰγύπτου ἐς τὸ νῦν Κανωβικὸν καλεόμενον στόμα τοῦ Νείλου. Th. 8, 101 προσβαλόντες τῆς Φωκαΐδος ἐς τὸν ἐν Καρτερίοις λιμένα . . δειπνοποιοῦνται ἐν Ἀργινούσαις τῆς ἠπείρου (zum Unterschiede von den gleichnamigen Inseln).

b) Bei **substantivierten Adjektiven** (**Partizipien**) im **Positive**, **Komparative** und **Superlative**, bei **substantivischen** oder **substantivierten Pronomen** und **Numeralien**. Οἱ χρηστοὶ τῶν

---

1) S. Matthiae II. § 442, 1. Hemsterh. ad Luc. D. M. 10, 9 p. 536 ed. Lehm.

ἀνθρώπων. Οἱ εὖ φρονοῦντες τῶν ἀνθρώπων. Ὁ βουλόμενος Ἀθηναίων. Hdt. 7, 175 οἱ ἁλόντες Ἑλλήνων. (Hingegen stets οἱ θνητοὶ ἄνθρωποι, da die Eigenschaft der Sterblichkeit der ganzen Klasse zukommt.) So auch Th. 8, 75 Σαμίων πάντες οἱ ἐν τῇ ἡλικίᾳ, von den Samiern alle Erwachsenen (aber Σάμιοι πάντες ohne den Zusatz οἱ ἐν τῇ ἡλ., alle Samier). 1, 48 ταῖς ἄριστα τῶν νεῶν πλεούσαις. 25 χρημάτων δυνάμει ὄντες κατ' ἐκεῖνον τὸν χρόνον ὁμοίᾳ τοῖς Ἑλλήνων πλουσιωτάτοις. X. Cy. 1. 3, 2 Περσῶν πολὺ κάλλιστος ὁ ἐμὸς πατήρ. Τ, 96 Ζῆν' ἄσατο, τόν περ ἄριστον | ἀνδρῶν ἠδὲ θεῶν φασ' ἔμμεναι (= von allen lebenden Wesen). Pl. civ. 416, b τὴν μεγίστην τῆς εὐλαβείας παρεσκευασμένοι, *maximam partem cautionis* nach dem § 405, 5 c besprochenen Gräcismus st. τὸ μέγιστον = plurimam partem. Aus der Dichtersprache gehören hierher die Ausdrücke: δῖα θεάων, die herrliche unter den Göttinnen, α, 14 u. s. δῖα γυναικῶν Γ, 423. ἀριδείκετος ἀνδρῶν Λ, 248. Εὐρυδίκη, πρέσβα Κλυμένοιο θυγατρῶν γ, 452. In der Anrede: ξ, 361 ἆ δειλὲ ξείνων. Vgl. φ, 288. ξ, 443 δαιμόνιε ξείνων. Ar. Ran. 835 ὦ δαιμόνι' ἀνδρῶν (auch pros. Hdt. 4, 126 δαιμόνιε ἀνδρῶν, ubi v. Baehr, ebenso 7, 48). Theogn. 1307 ὄβριμε παίδων. Eur. Alc. 460 ὦ φίλα γυναικῶν (*cara inter mulieres*), ubi (472) v. Monk. Heracl. 567 ὦ τάλαινα παρθένων. Hec. 716 ὦ κατάρατ' ἀνδρῶν. Theocr. 15, 74 φίλ' ἀνδρῶν. Vgl. Verg. Aen. 4, 576 *sancte deorum* [1]). Eine Eigentümlichkeit der tragischen Sprache ist die Steigerung des adjektivischen Begriffs durch Hinzufügung desselben Adjektivs im Genetive. S. OC. 1238 κακὰ κακῶν. OR. 465 ἄρρητ' ἀρρήτων. Ph. 65 ἔσχατ' ἐσχάτων κακά. Eur. Andr. 520 ἄνοια μεγάλη λείπειν ἐχθροὺς ἐχθρῶν, ἐξὸν κτείνειν. (Noch gesteigerter S. OR. 1301 μείζονα τῶν μακίστων, grössere als die grössten.) Vgl. § 349 b, 1. — Ganz gewöhnlich: πολλοί, ὀλίγοι, τὶς, τίς, τινές, τίνες, οἱ μὲν . . οἱ δέ, ἄλλοι, ἕτεροι, εἷς, δύο, τρεῖς u. s. w., ἕκαστος, u. dgl. m. d. Gen. X. Comm. 2. 8, 3 τοῖς τοιούτοις τῶν ἔργων. Hdt. 8, 90 πρὸς δέ τι καὶ προσεβάλετο Ἀριαράμνης τούτου τοῦ πάθεος trug auch etwas zu diesem Schicksal bei. Relat. Hdt. 6, 8 Αἰολέων οἳ Λέσβον νέμονται. X. An. 1. 7, 13 οἳ ὕστερον ἐλήφθησαν τῶν πολεμίων, ταὐτὰ ἤγγελλον. Th. 5, 39 ἐγίγνοντο λόγοι τοῖς τε Ἀθηναίοις καὶ Λακεδαιμονίοις περὶ ὧν εἶχον ἀλλήλων, d. i. περὶ τούτων, ἃ εἶχον ἀλλ., über das, was sie von einander hatten. 80 ὁπόσα ἀλλήλων πολέμῳ . . εἶχον. (Aber πολλοί, ὀλίγοι ἄνθρωποι drückt ein aus vielen oder wenigen bestehendes Ganze aus, eine grosse oder kleine Anzahl von Menschen, ebenso οἱ πολέμιοι ἦσαν; τρεῖς ἡμεῖς ἦμεν, wir waren drei im Ganzen, wo man im Deutschen sagt: es waren unser drei, τρεῖς ἡμῶν ἦσαν, es waren drei von uns, aus unserer Anzahl); θεῶν τις, einer der Götter, aber θεός τις, *deus quidam*, X. Cy.

[1]) Vgl. Schaefer ad Bosii ellips. p. 189.

5. 2, 12 u. sonst oft[1]). — Sehr häufig das substantivische Neutrum eines Adjektivs oder Pronomens m. d. Gen., als: τὰ πολλὰ τῆς χώρας, ἐπὶ μέγα δυνάμεως, ἐς τοῦτο ἀνάγκης u. s. w., s. § 405, 5, b) u. über die Attraktion: ὁ ἥμισυς τοῦ χρόνου, πολλὴ τῆς χώρας u. s. w. § 405, 5, c).

Anmerk. 5. Bei dem Superlative tritt, jedoch nur selten, ἐξ hinzu, wie Hdt. 1, 196 τὴν εὐειδεστάτην ἐκ πασέων, so auch bei Zahlen und zahlartigen Adjektiven, aber auch nur selten, ἀπό oder ἐξ, als: Θ, 680 ἐκ πολέων πίσυρας. Hdt. 5, 87 κεῖνον μοῦνον ἐξ ἁπάντων σωθῆναι. Th. 1, 110 ὀλίγοι ἀπὸ πολλῶν πορευόμενοι. 2, 58 ἀπὸ τετρακισχιλίων ὁπλιτῶν χιλίους τῇ νόσῳ ἀπολέσας. (3, 24 ἄνδρες δώδεκα καὶ διακόσιοι ἀπὸ πλειόνων.) 3, 112 ὀλίγοι ἀπὸ πολλῶν ἐσώθησαν ἐς τὴν πόλιν. X. vect. 4, 13 ἀπ' αὐτῶν . . οὐδέν τι.

Anmerk. 6. Der partitive Genetiv kann auch von einem superlativischen Adverb abhängig sein. X. Cy. 3. 1, 25 πάντων τῶν δεινῶν φόβος μάλιστα καταπλήττει τὰς ψυχάς. Zuweilen steht er auch vermittelst einer Kürze des Ausdrucks bei einem attributiven Superlative, obwohl der Genetiv sich nicht auf den Superlativ, sondern auf das Subjekt bezieht. Hdt. 7, 70 οἱ ἐκ τῆς Λιβύης Αἰθίοπες οὐλότατον τρίχωμα ἔχουσι πάντων ἀνθρώπων (st. οὐλότατον τῶν τριχωμάτων, ἃ πάντες ἄνθρωποι ἔχουσι). Vgl. hierüber und über den unlogischen partitiven Genetiv in Beispielen wie κάλλιστον προτέρων φάος § 349b, 4.

Anmerk. 7. Partitiv ist auch der Genetiv in der elliptischen Redensart τί μοί τινος; sc. ἐστί. Φ, 360 τί μοι ἔριδος καὶ ἀρωγῆς; was habe ich zu schaffen mit Kampf und Abwehr?

c) Bei Adverbien, und zwar α) des Ortes, als: ποῦ, πού, πῇ, πόθεν, οὗ, ᾗ, ἵνα poet., neuion. u. sp., τῇδε poet., οὐδαμοῦ, πανταχῇ, ἄνω, κάτω, πρόσω, πόρρω, ἑκάς, πρόσθεν, ἔμπροσθεν, προπάροιθε(ν) poet., ὄπισθεν, ἐπίταδε (od. ἐπὶ τάδε), diesseit, ἐπέκεινα (od. ἐπ' ἐκεῖνα), jenseit, u. s. w. α, 170 τίς, πόθεν εἶς ἀνδρῶν; *unde terrarum?* β, 131 πατὴρ δ' ἐμὸς ἄλλοθι γαίης. α, 425 ὅθι οἱ θάλαμος περικαλλέος αὐλῆς | ὑψηλὸς δέδμητο. δ, 640 ἀλλά που αὐτοῦ | ἀγρῶν ἢ μήλοισι παρέμμεναι ἠὲ συβώτῃ. Γ, 400 ἦ πῄ με προτέρω πολίων εὖ ναιομενάων | ἄξεις; S. Ai. 386 οὐχ ὁρᾷς, ἵν' εἶ κακοῦ; vgl. OR. 413. Hdt. 1, 213 ἔμαθε, ἵνα ἦν κακοῦ. 1, 163 τῆς ἑωυτοῦ χώρης οἰκῆσαι ὅκου βούλονται. 2, 43 οὐδαμῇ Αἰγύπτου. 6, 19 χρημάτων μνήμην ἑτέρωθι τοῦ λόγου ἐποιησάμην. Th. 2, 75 διελόντες τοῦ τείχους ᾗ προσέπιπτε τὸ χῶμα. X. Cy. 6. 1, 42 ἐμβαλεῖν που τῆς ἐκείνων χώρας. Pl. civ. 403, e εἰδέναι, ὅπου γῆς ἐστι. S. El. 922 οὐκ οἶσθ' ὅποι γῆς οὐδ' ὅποι γνώμης φέρῃ. Pl. Symp. 181, e τὸ τῶν παίδων τέλος ἄδηλον, οἷ τελευτᾷ κακίας καὶ ἀρετῆς ψυχῆς τε πέρι καὶ σώματος. Civ. 550, e προϊόντες εἰς τὸ πρόσθεν τοῦ χρηματίζεσθαι, vorwärts schreitend im Gelderwerbe. Dem. 18, 62 ἐνταῦθα τῆς πολιτείας, *in eo civitatis statu*. Pl. Phaed. 113, b ἐμβάλλει (mündet) κατωτέρω τοῦ Ταρτάρου „*in loca Tartari inferiora*“ Stallb. X. An. 4. 3, 3 πεζοὺς παρατεταγμένους ἄνω τῶν ἱππέων. Ἐνταῦθα τῆς ἡλικίας, τοῦ λόγου, δεῦρο τοῦ λόγου Pl. Symp. 217, e. Dem. 4, 9 ὁρᾶτε, οἷ προελήλυθεν

[1]) S. Lobeck ad S. Ai. 988.

ἀσελγείας. Pl. Phaed. 111, a πολλαχοῦ τῆς γῆς. Hdt. 1, 5 προβήσομαι ἐς τὸ πρόσω τοῦ λόγου weiter in der Erzählung. 7, 237 πρόσω ἀρετῆς ἀνήκειν. X. Cy. 1. 6, 39 πρόσω ἐλάσαι τῆς πλεονεξίας. Pl. apol. 38, c πόρρω ἤδη ἐστὶ τοῦ βίου, θανάτου δὲ ἐγγύς tief hinein ins Leben, nahe an die Grenze des Lebens. Gorg. 486, a τοὺς πόρρω ἀεὶ φιλοσοφίας ἐλαύνοντας. Vgl. Euthyd. 294, e. Crat. 410, e. Symp. 217, d διελεγόμην ἀεὶ πόρρω τῶν νυκτῶν. X. apol. 30. Hier. 4, 4. Hdt. 8, 144 οὐκ ἑκὰς χρόνου παρέσται, nicht weit in der Zeit, in nicht ferner Zeit. 4, 204 ἑκαστάτω τῆς Λιβύης, am weitesten in L. Isocr. 7, 80 ἐπίταδε (od. ἐπὶ τάδε) Φασήλιδος ἔπλεον, diesseit des Ph. Th. 8, 104 τὰ ἐν τῷ ἐπέκεινα αὐτοῦ (jenseit dieses Ortes) γιγνόμενα. X. Hell. 5. 1, 10 ἀνέβαινον τοῦ Ἡρακλείου ἐπέκεινα (kurz vorher πορρωτέρω τοῦ Ἡρακλείου). Ähnlich steht der Genetiv bei Ortsbestimmungen nach einem mit einer Präposition verbundenen Substantive [1]) = an einer gewissen Seite von einem Orte. Hdt. 2, 32 νέμεται δὲ τὴν Σύρτιν τε καὶ τὴν πρὸς ἠῶ χώρην τῆς Σύρτιος = τὴν χώρην πρὸς ἠῶ τῆς Σύρτιος, das Land östlich von d. S. 7, 126 οὔτε γὰρ τὸ πρὸς τὴν ἠῶ τοῦ Νέστου (adverbial) οὐδαμόθι πάσης τῆς ἔμπροσθε Εὐρώπης ἴδοι τις ἂν λέοντα οὔτε πρὸς ἑσπέρης τοῦ Ἀχελῴου ἐν τῇ ἐπιλοίπῳ ἠπείρῳ. Th. 2, 96 οἰκοῦσι δ' οὗτοι πρὸς βορέαν τοῦ Σκόμβρου ὄρους, nördlich von. Doch können die Ausdrücke τὰ πρὸς βορρᾶν, τὰ πρὸς ἑσπέρας, τὸ ἐπέκεινα u. s. w. auch „der nördliche, westliche, jenseitige Teil" bedeuten und m. d. Gen. verbunden werden, als: Th. 6, 2 τὰ πρὸς βορρᾶν τῆς νήσου, der nördl. Teil der Insel. Beide Genetive verbunden X. Hell. 5. 4, 38 ἐδῄου τῆς χώρας τὰ πρὸς ἑαυτοῦ τῶν σταυρωμάτων, er verheerte den Teil des Landes, der auf der ihm zugewandten Seite der Verschanzung lag. — β) Der Zeit, als: ὀψὲ τῆς ἡμέρας, τοῦ χρόνου, τῆς ἡλικίας, τρὶς τῆς ἡμέρας, πολλάκις τῆς ἡμέρας, ἀωρὶ νυκτῶν, τῆς νυκτός u. a. Hdt. 9, 101 πρωὶ τῆς ἡμέρης. Pl. Prot. 326, c πρῳαίτατα τῆς ἡλικίας, sehr früh im Alter. X. Hell. 2. 1, 23 τῆς ἡμέρας ὀψὲ ἦν. Ar. Av. 1498 πηνίκ' ἐστιν ἄρα τῆς ἡμέρας; Ar. fr. 1171 τηνικαῦτα τοῦ θέρους um diese Zeit des Sommers. Theocr. 2, 119 ἦνθον . . αὐτίκα νυκτός, h. e. *ut primum nox appetebat*. — γ) Der Quantität, wie ἅλις, ἅδην (urspr. Akk. eines Nomens: zur Genüge, zur Übersättigung, wie *affatim* = *ad fatim*). Hdt. 9, 27 παλαιῶν μέν νυν ἔργων ἅλις ἔστω. Vgl. X. Cy. 8. 7, 25. An. 5. 7, 12. T, 423 οὐ λήξω, πρὶν Τρῶας ἅδην ἐλάσαι πολέμοιο. Vgl. ε, 290. Pl. Charm. 153, d τῶν τοιούτων ἅδην εἴχομεν. (Ἅλις kann aber auch als Adverb konstruiert werden, wie lat. *satis* [2]) P, 54 ἅλις ἀναβέβρυχεν ὕδωρ. ε, 38 χαλκόν τε χρυσόν τε ἅλις ἐσθῆτά τε δόντες. Vgl. η, 295. Eur. Or. 1039.)

---

1) S. Madvig Bmrk. über einige Punkte der Gr. Wortfüg. S. 74 f. — 2) S. Kühner, ausf. Gr. der lat. Spr. II. § 84 Anm. 12.

§ 415. Verbindung des Genetivs mit Verben, Adjektiven (Partizipien) und Adverbien.

1. Wie der Genetiv in Verbindung mit einem Substantive die nähere Bestimmung des ihn regierenden Substantivs bezeichnet, so in Verbindung mit einem Verb oder einem Adjektive die nähere Bestimmung des ihn regierenden Verbs oder Adjektivs (§ 413, 1). In der substantivischen wie in der verbalen Genetivverbindung findet eine innige Verschmelzung zweier Begriffe zu einem statt, in jener zweier Substantivbegriffe, in dieser eines verbalen Begriffes mit einem substantivischen.

2. Mit der griechischen Sprache stimmt im Gebrauche des Genetivs keine mehr überein als die deutsche in ihren früheren Perioden (im Gotischen und Altdeutschen) [1], in der sogar die Verbalverbindung des Genetivs noch umfangreicher ist als im Griechischen, als: **hungeron, langen** (= **verlangen**), **lustan u. gilustan, thunken, angustan** (= **sich ängstigen**), **sich belgen od. irbelgen** (= **erzürnen**), **ergetzen, erschrechen, faren** (= **versuchen**), **fergon** (= **wünschen**), **folgen, fragen, fualen** (= **fühlen**), **gebieten, geren** (= **begehren**), **bewaren, biginnan, fullon, irbitan** (= **darbieten**), **waltan, weren** (= **gewähren**), **truen** (= **trauen**), **twingen, des Weines trinken, des Brodes essen** u. s. w. Rumpel a. a. O. vergleicht: **die Schafe haben nicht des Hirten; er hat der Salbe; er nimmt der Frucht; er giebt des Brodes; er bringt des Sandes; er bricht der Blumen; des Würfels spielen; sich der Frucht laden; sich des Weines füllen; Wassers werfen** (mit Wasser besprengen); **sie wollen Streites uns bestehen** (im Streite); **sie führen Raubes eine Magd** (im Raub); **er zog eines Zuges** (auf einem Zuge); **sie kamen Fluges** (im Fluge).

3. Weitaus die meisten Genetivverbindungen lassen sich auf den partitiven Genetiv zurückführen. So der Genetiv bei den Verben der Teilnahme, des Berührens und Erlangens, der Fülle (füllen von etwas, d. i. mit einem unbestimmten Teile des Vorhandenen), des Geniessens und Sättigens, der Wahrnehmung (wo ebenfalls der Substantivbegriff nur teilweise von der Handlung des Verbs ergriffen wird), des Herrschens (Gewalt haben an etwas), des Sorgens (geistig Anteil nehmen an etw.), sowie bei Orts- und Zeitbestimmungen. Auch der sogen. Genetiv des Ziels bei den Verben des Zielens, Greifens u. a. ist hiermit verwandt. Bei den kopulaartigen Verben des Seins und Werdens erscheint der Genetiv als

---

[1] S. Grimm IV. S. 646 ff., die Verzeichnisse b. K. F. Becker Ausf. Deutsche Gr. Th. II. S. 135 ff., 138, 144 ff., 162, Rumpel a. a. O. 237 f.

Prädikat in denselben Beziehungen wie in Verbindung mit einem Nomen (als Gen. des geteilten Ganzen, des Besitzers, der Beschaffenheit u. s. w.). An den adnominalen Genetiv der Ursache (γραφὴ κλοπῆς) und des Wertes (χωρίον δέκα μνῶν) lehnt sich an der Genetiv bei den verbalen Ausdrücken des gerichtlichen und des Handelsverkehrs (γράφεσθαι κλοπῆς, πρίασθαι δέκα μνῶν).

4. Als Vertreter des Ablativs (s. § 408, 2 u. § 413, Anm.) bezeichnet der Genetiv den Gegenstand, von dem ein anderer entfernt wird (bei Verben der Bewegung, der Trennung u. ähnl.) oder fern ist (bei den Verben des Mangels), sowie den Gegenstand, von dem aus ein anderer gemessen wird (bei Komparativen und komparativischen Verben).

§ 416. Fortsetzung.

Folgende Verbal-, Adjektiv- und Adverbialbegriffe werden im Griechischen mit dem Genetive verbunden:

1. Die Begriffe des Teilnehmens und Anteilgebens an etwas, als: μετέχειν, μετα-, συλλαμβάνειν, μεταλαγχάνειν, συναίρεσθαι, μέτεστί μοι, μετα-, προσδιδόναι, ἐπιδαψιλεύεσθαι (*largiri*), κοινωνεῖν, κοινοῦσθαι, μετα- u. ἀντιποιεῖσθαι (*ad se vindicare*, sich einer Sache bemächtigen, sich etw. aneignen od. aneignen wollen), μεταιτεῖν, einen Anteil fordern, u. die poet. μείρεσθαι, ἀμείρειν; προσήκει μοί τινος mir kommt Anteil zu, ich habe teil an etwas; συνεργός, σύμφορος Hs. th. 593, κοινωνός, ἐπήβολος, ἰσόμοιρος, ἔμμορος, ἄμμορος (beide poet.), ἄμοιρος, μέτοχος, ἀμέτοχος. Pl. Prot. 322, a ὁ ἄνθρωπος θείας μετέσχε μοίρας. X. Hell. 2. 4, 9 δεῖ ὑμᾶς, ὥσπερ καὶ τιμῶν μεθέξετε, οὕτω καὶ τῶν κινδύνων μετέχειν. Th. 1, 39 τῆς δυνάμεως αὐτῶν τότε οὐ μεταλαβόντες τῆς ὠφελείας νῦν μεταδώσετε. Pl. civ. 429, a ᾧ προσήκει ταύτης τῆς ἐπιστήμης μεταλαγχάνειν. Eur. M. 946 συλλήψομαι δὲ τοῦδέ σοι κἀγὼ πόνου. Eur. J. A. 160 σύλλαβε μόχθων. Pl. leg. 897, d καὶ ἐμὲ τῆς ἀποκρίσεως ὑμῖν δίκαιον προσλαμβάνειν, dass auch ich euch im Antworten (am Antworten teilnehmend) helfe, st. des üblichen συλλαμβάνειν τινί τινος, s. Stallb. Th. 4, 10 ἄνδρες οἱ ξυναράμενοι τοῦδε τοῦ κινδύνου, vgl. 5, 28. Dem. 24, 49 τοῖς ἄκουσιν ἁμαρτοῦσι μέτεστι συγγνώμης. X. Cy. 7. 5, 78 f. θάλπους μὲν καὶ ψύχους καὶ σίτων καὶ ποτῶν καὶ ὕπνου ἀνάγκη καὶ τοῖς δούλοις μεταδιδόναι, πολεμικῆς δ' ἐπιστήμης καὶ μελέτης οὐ μεταδοτέον. Eur. Or. 450 μετάδος φίλοισι σοῖσι σῆς εὐπραξίας. X. Comm. 1. 2, 29 προσδοῦναι μηδενὸς ἀγαθοῦ, beisteuern, vgl. Eur. Cy. 531. Suppl. 350. Ar. P. 1111. X. Cy. 2. 2, 15 ἡμῖν τοῦ γέλωτος ἐπιδαψιλεύσει. Comm. 2. 6, 22 σίτου καὶ ποτοῦ κοινωνεῖν. X. R. L. 1, 9 τοῦ μὲν γένους καὶ τῆς δυνάμεως κοινωνοῦσι, τῶν δὲ χρημάτων οὐκ ἀντιποιοῦνται. Th. 1, 140 τῆς ξυνέσεως

μεταποιεῖσθαι. X. An. 4. 7, 12 οὗτοι ἀντεποιοῦντο ἀρετῆς. Vgl. Isocr. 6, 7. Eur. Ph. 1709 ἐπεὶ πρεσβυγενῆ τῆσδε κοινοῦσθαι φυγῆς, teilnehmen. Andr. 933 σὺ τὴν . . δούλην ἀνέξῃ σοὶ λέχους κοινουμένην; Hdt. 4, 146 τῆς βασιληίης μεταιτέοντες. Α, 278 ὁμοίης ἔμμορε τιμῆς σκηπτοῦχος βασιλεύς. Ps. Andoc. 4, 34 ἐμοὶ οὐδαμόθεν προσήκει τούτου τοῦ πράγματος. X. Comm. 4. 5, 11 ἀνδρὶ ἥττονι τῶν διὰ τοῦ σώματος ἡδονῶν πάμπαν οὐδεμιᾶς ἀρετῆς προσήκει, vgl. Hell. 2. 4, 40. Cy. 3. 3, 10 συνεργὸν εἶναι τοῦ κοινοῦ ἀγαθοῦ. Pl. Gorg. 487, c οἶδα ὑμᾶς κοινωνοὺς γεγονότας σοφίας. leg. 724, b παιδείας γίγνεσθαι ἀπηβόλους. Vgl. ρ, 319. X. Cy. 2. 1, 31 τοὺς ὑπηρέτας ἰσομοίρους πάντων ἐποιεῖτο. Pl. Symp. 181, c ὕβρεως ἄμοιρος. Phaedr. 262, d οὐ γὰρ ἔγωγε τέχνης τινὸς τοῦ λέγειν μέτοχος.

Anmerk. 1. Dagegen steht natürlich der Teil selbst, der von einem Ganzen gegeben oder genommen wird, im Akkusative. Hdt. 4, 145 μοίρας τιμέων μετέχοντες. 7, 16 ἀλλά τι τοῦ θείου μετέχον. Vgl. Th. 1, 73. Isocr. 4, 99. 6, 3. X. Hier. 2, 6 τῶν μεγίστων ἀγαθῶν ἐλάχιστα μετέχουσι. An. 7. 8, 11 ἵνα καὶ μεταδοῖεν τὸ μέρος χρημάτων. Hdt. 8, 5 Εὐρυβιάδῃ τούτων τῶν χρημάτων μεταδιδοῖ πέντε τάλαντα. Pl. Prot. 329, e μεταλαμβάνουσιν οἱ ἄνθρωποι τούτων τῶν τῆς ἀρετῆς μορίων οἱ μὲν ἄλλο οἱ δὲ ἄλλο, ubi v. Hdrf. (Aber Pl. Phaedr. 230, a ζῷον θείας τινὸς καὶ ἀτύφου μοίρας μετέχον bezeichnet μοῖρα das einem Wesen Bestimmte, das Wesen selbst, daher der Genet.) Ap. 36, a οὐ μετέλαβε τὸ πέμπτον μέρος τῶν ψήφων. Dem. 59, 10 ὀλίγας ψήφους μεταλαβών. Eur. Suppl. 1078 μετέλαχες τύχας Οἰδιπόδα . . μέρος. Th. 2, 51 οἱ ἀρετῆς τι μεταποιούμενοι. Ar. V. 972 τούτων μεταιτεῖ τὸ μέρος. Hdt. 7, 157 μοῖρά τοι τῆς Ἑλλάδος οὐκ ἐλαχίστη μέτα, d. i. μέτεστι. X. Cy. 2. 3, 6 ἀγαθοῦ τινός μοι μετέσται τοσοῦτον μέρος, ὅσον ἂν δίκαιον ᾖ. Pl. Ap. 19, c ἐμοὶ τούτων οὐδὲν μέτεστι. I, 616 ἥμισυ μείρεο τιμῆς. — Vereinzelt steht μετέχειν m. d. Dat. Th. 2, 16 τῇ κατὰ τὴν χώραν (*in agris*) αὐτονόμῳ οἰκήσει μετεῖχον οἱ Ἀθηναῖοι, wo es aber nicht an etwas teilnehmen bezeichnen kann, sondern bei einer Sache verbleiben (wenn nicht vielmehr μετεῖχον zu streichen ist). Κοινωνεῖν *c. dat.* heisst „mit einem oder einer Sache Gemeinschaft haben", *cohaerere cum, pertinere ad* Pl. Civ. 440, b ταῖς δ' ἐπιθυμίαις αὐτὸν (τὸν θυμὸν) κοινωνήσαντα, vgl. Dem. 18, 58. 19, 334. Einige der Nr. 1 angegebenen Verben werden zuweilen auch als Transitive mit dem Akkusative verbunden, so μεταδιδόναι, μετέχειν ausser dem vorher bemerkten Falle: X. An. 4. 5, 5 οἱ πάλαι ἥκοντες καὶ πῦρ καίοντες οὐ προσίεσαν πρὸς τὸ πῦρ τοὺς ὀψίζοντας, εἰ μὴ μεταδοῖεν αὐτοῖς πυροὺς ἢ ἄλλο τι, εἴ τι ἔχοιεν βρωτόν, aber gleich darauf § 6: ἔνθα δὴ μετεδίδοσαν ἀλλήλοις ὧν εἶχον ἕκαστοι. S. OC. 1484 ἀκερδῆ χάριν μετάσχοιμι. Ar. Pl. 1144 οὐ γὰρ μετεῖχες τὰς ἴσας πληγὰς ἐμοί. Dem. in Lexic. ad Philemon. gramm. p. 253 ed. Osann. μετέχοντες τὴν αὐτὴν δόξαν τοῖς Λακεδαιμονίοις. Th. 1, 120 τὸν πόλεμον ἀντ' εἰρήνης μεταλαμβάνειν heisst μεταλ. im Umtausch nehmen, vgl. 6, 18, daher d. Akk. notwendig. S. OC. 1484 ἀκερδῆ χάριν μετάσχοιμι „hinterher bekommen". Ferner συναίρεσθαι *c. acc.* selt. Th. 2, 71 ξυνάρασθαι τὸν κίνδυνον, vgl. Eur. Or. 767. Dem. 1, 24. Κοινοῦσθαι öfter (s. Matthiä u. Pflugk ad Eur. Alc. 426) Th. 8, 8 Καλλίγειτος καὶ Τιμαγόρας οὐκ ἐκοινοῦντο τὸν στόλον ἐς τὴν Χίον. 75 τὰ πράγματα πάντα ξυνεκοινώσαντο οἱ στρατιῶται. X. vect. 4, 30 κοινωσάμενοι τὴν τύχην, vgl. § 32. Selten κοινωνεῖν Eur. El. 1048 φίλων γὰρ ἂν | τίς ἂν πατρὸς σοῦ φόνον ἐκοινώνησέ σοι; = gemeinschaftlich vollbringen. Hdt. 5, 20 τὰς ἑωυτῶν μητέρας ἐπιδαψιλευόμεθα ist der Akk. notwendig. — Προσήκει μοί τι (persönlich) ohne partitiven Nebensinn: mir kommt etw. zu, mich geht etw. an. X. Ag. 11, 6 τῇ δὲ βασιλείᾳ προσήκειν ἐνόμιζεν οὐ ῥᾳδιουργίαν ἀλλὰ καλοκἀγαθίαν. Th. 1, 26 νομίσας ἑορτὴν τοῦ Διὸς καὶ ἑαυτῷ τι προσήκειν.

Anmerk. 2. Wie die oben genannten Verben ihrer Bedeutung entsprechend regelmässig mit dem partitiven Genetive verbunden werden, so kann auch jedes andere Verb vorkommendenfalls diesen Genetiv zu sich nehmen, wenn das Objekt als nur teilweise von der Handlung betroffen erscheinen soll. Ξ, 121 Ἀδρήστοιο δ' ἔγημε θυγατρῶν, eine der Töchter. α, 140 χαριζομένη παρεόντων. η, 166 δόρπον δὲ ξείνῳ ταμίη δότω ἔνδον ἐόντων. Vgl. μ, 64. ι, 225 τυρῶν αἰνυμένους, von den Käsen nehmend. ο, 98 ὀπτῆσαί τε κρεῶν, von dem Fleische (aber γ, 33 κρέα ὤπτων). Ι, 214 πάσσε δ' ἁλός (aber Ε, 900 τῷ δ' ἐπὶ .. φάρμακα πάσσων). Ar. P. 30 σκέψομαι | τῆσδε παροίξας τῆς θύρας, ἵνα μή μ' ἴδῃ = ὀλίγον διανοίξας τὴν θύραν. Hdt. 3, 157 ὁ δὲ ἐπιλεξάμενος τῶν Βαβυλωνίων ἐξήγαγε. 7, 6 κατέλεγε τῶν χρησμῶν, *recitabat vaticiniorum aliquid*. Th. 1, 30 τέμνειν τῆς γῆς neben τ. τὴν γῆν z. B. 1, 81. τὴν γῆν πᾶσαν 2, 57. 2, 56 τῆς τε γῆς ἔτεμον (kurz vorher ἔτεμον τῆς γῆς τὴν πολλήν). 1, 143 κινήσαντες τῶν Ὀλυμπίασιν ἢ Δελφοῖς χρημάτων, vgl. 6, 70. Isocr. 4, 156 κινεῖν τῶν ἱερῶν. Th. 5, 2 (Βρασίδας) διελὼν τοῦ παλαιοῦ τείχους μίαν αὐτὴν ἐποίησε πόλιν. X. An. 1. 5, 7 λαβόντας τοῦ βαρβαρικοῦ στρατοῦ. Vgl. 4. 5, 35. 4. 5, 22 πέμπει τῶν ἐκ τῆς κώμης. 6, 15 μὴ ληφθῶμεν κλέπτοντες τοῦ ὄρους (aber § 11 τοῦ ὄρους κλέψαι τι). 7. 4, 5 ἀφιεὶς δὲ τῶν αἰχμαλώτων ὁ Σεύθης εἰς τὰ ὄρη. Cy. 2. 4, 18 ᾔτει τῶν νεωτέρων ἱππέων. 5. 3, 22 καλέσωμεν καὶ τούτων. Hell. 5. 4, 8 τῶν ἐκ τῆς στοᾶς ὅπλων καθελόντες. Comm. 1. 2, 60 Σωκράτης πᾶσιν ἀφθόνως ἐπήρκει τῶν ἑαυτοῦ. Ages. 1, 22 τῶν τειχέων ὑπὸ χεῖρα ἐποιεῖτο, ubi v. Breitenb. 11, 8 τῷ δὲ ἐλευθερίῳ καὶ τῶν ἑαυτοῦ προσωφελητέον εἶναι sc. τοὺς φίλους (ἡγεῖτο Ἀγησίλαος), ein Edler müsse auch von dem Seinigen den Freunden geben, um sie zu unterstützen. Lys. 21, 15 ὑμῖν προσήκει τῶν ὑμετέρων ἐμοὶ διδόναι. Eur. M. 284 ξυμβάλλεται δὲ πολλὰ τοῦδε δείματος vieles trägt (einen Teil) zu dieser Furcht bei, vgl. Lys. 30, 16 τοῦ φυγεῖν μέρος τι καὶ οὗτος συνεβάλετο. Hdt. 3, 105 προλαμβάνειν τῆς ὁδοῦ, einen Vorsprung auf dem Wege gewinnen. Th. 4, 33 προλ. τῆς φυγῆς. Pl. Leg. 906, d ἂν αὐτοῖς τῶν ἀδικημάτων τις ἀπονέμῃ „*de opibus injuste partis*". Gorg. 514, a δημοσίᾳ πράξοντες τῶν πολιτικῶν πραγμάτων. Auch das Partizip ἔχων in der Bdtg. teilhaftig kommt mit dem Gen. vor. S. OR. 709 μάθ', οὕνεκ' ἐστί σοι | βρότειον οὐδὲν μαντικῆς ἔχον τέχνης. Pl. Phaedr. 244 e ἐξάντη ἐποίησε τὸν ἑαυτῆς ἔχοντα, sie machte den an ihr teilnehmenden rein. Ferner Isocr. 18, 52 ᾐτιῶντο τὸν Κρατῖνον συντρῖψαι τῆς κεφαλῆς αὐτῆς, er habe ihr ein Loch in den Kopf geschlagen. So κατεάγη, ξυνετρίβη τῆς κεφαλῆς Ar. V. 1428. Ach. 1180. P. 71. Pl. Gorg. 469, d. (Über den Akk. κατέαγα τὴν κεφαλήν s. § 410, 6.) Die Brücke zu dem § 419, 2 besprochenen freieren Gebrauche des Genetivs bilden Beispiele wie Hs. op. 577 ἠώς τοι προφέρει μὲν ὁδοῦ, προφέρει δὲ καὶ ἔργου, fördert des Weges, der Arbeit: im Gehen, in der Arbeit. Th. 4, 47 μαστιγοφόροι ἐπετάχυνον τῆς ὁδοῦ τοὺς σχολαίτερον προϊόντας, die Lässigen trieben sie des Weges an, d. i. rascher auf dem Wege zu gehen. Hdt. 9, 66 προτερεῖν τῆς ὁδοῦ, des Weges voran sein, auf dem Wege voran sein. Th. 4, 60 ἡμῶν τῆς ἀρχῆς ἅμα προκοπτόντων ἐκείνοις, wenn wir jenen in der Herrschaft behülflich sind. (Aber transit. 7, 56 τοῦ ναυτικοῦ μέγα μέρος προκόψαντες, *rei navalis bonam partem promoventes*.) [1])

---

1) Vgl. Madvig Bmrkg. über einige Punkte der Gr. Wortf. S. 77.

Anmerk. 2. Dass der partitive Genetiv auch als Subjekt des Satzes auftreten kann, ist § 351, 2 bemerkt worden. X. Hell. 4. 2, 20 ἔπιπτον ἑκατέρων. Hdt. 3, 102 εἰσὶ γὰρ αὐτῶν καὶ παρὰ βασιλέϊ.

2. Die Begriffe des Berührens und Anfassens, des Anfangens, des Zusammenhängens, als: θιγγάνειν meist poet., ψαύειν meist poet., neuion. u. sp. pros., ἅπτεσθαι, καθάπτεσθαι, berühren; δράσσεσθαι meist poet., λαμβάνεσθαι (λαμβάνειν poet. fassen) λάζυσθαι nur Ar. Lys. 209 λάζυσθε πᾶσαι τῆς κύλικος, αἱρεῖν nur Γ, 78 u. Η, 56 μέσσου δουρὸς ἑλών, ἀντιλάζυσθαι = ἀντιλαμβάνεσθαι Eur., συλλαμβάνεσθαι, mit anfassen, dann mit einem etwas anfassen, daher einem beistehen, wie συλλαμβάνειν τινί τινος Nr. 1, ἐπι- u. ἀντιλαμβάνεσθαι; ἔχεσθαι, sich halten an, haften an, zusammenhängen, angrenzen [1]), ἀντ-, περιέχεσθαι ep., neuion. u. sp., γλίχεσθαι urspr. an etw. kleben, daher zäh festhalten; ἐπαυρίσκειν (-εσθαι) ep. u. neuion. berühren, dann erlangen, geniessen; ἄρχεσθαι, ἄρχειν (üb. d. Untersch. s. § 374, 2), ἐξ-, κατ-, ὑπ-, προϋπάρχειν; ἐπιβαίνειν, betreten (berühren), poet. auch teilhaftig werden, ἐπιβῆσαι, t. machen, ἐμβαίνειν poet., ἐμβατεύειν poet., b. Hdt. trop. sich anmassen; — ἄφαυστος ἔγγυος S. OR. 969, διάδοχος (gewöhnl. m. Dat.), ἀκόλουθος, ἑπόμενος, ἀδελφός (alle drei auch m. Dat.), — ἑξῆς u. ἐφεξῆς (auch m. Dat.). σχεδόν ep., μέχρι, bis zu, bis an, vom Raume sowohl als von der Zeit, sowie auch vom Masse und Grade, als: μέχρι τῆς πόλεως, μ. τούτου τοῦ χρόνου, u. bildlich μέχρι τοῦ δικαίου, μέχρι τοσούτου; μέχρι οὗ, das eigentlich bedeutet bis zu der Zeit, dass, wird von Hdt. auch als Präp. m. d. Gen. gebraucht: 1, 181 μέχρι οὗ ὀκτὼ πύργων, ubi v. Baehr, so 2, 19. 53. 173. 3, 104, ἄχρι in ders. Bdt., aber seltener, ἕως m. d. Gen. nur b. Spät. u. im N. T., als: ἕως ἑσπέρας, ἕως θανάτου, dahin gehört auch der unechte Katalog b. Dem. 18, 106 ἕως τριῶν πλοίων, doch auch Hdt. 2, 143 ἕως οὗ ἀπέδεξαν ἁπάσας bis zu der Zeit, wo, s. Passow; auch ἐς οὗ b. Hdt., bis, 1, 67. 3, 31. 4, 12. 30. 160 u. a. (neben ἐς ὅ, s. Baehr ad 1, 67). Π, 486 κόνιος δεδραγμένος. δ, 60 σίτου θ' ἅπτεσθον. Ψ, 711 ἀγκὰς δ' ἀλλήλων λαβέτην. ε, 428 λάβε πέτρης, | τῆς ἔχετο, vgl. ε, 325 ἐλλάβετ' αὐτῆς. Ι, 102 σέο δ' ἕξεται, an dir wird haften. Α, 393 περίσχεο παιδὸς ἑῆος, nimm dich des Sohnes an. Oft bei Hdt. *cupide amplecti aliquid*. 3, 53 περιεχόμενος τοῦ νεηνίεω. 3, 72 τῶυτοῦ περιεχόμεθα. 7, 160 π. τῆς ἡγεμονίης. 6, 13 προφάσιος ἐπιλαβέσθαι. 91 ἐπιλαβέσθαι τῶν ἐπισπαστήρων. 5, 44 προσεπιλαβέσθαι τοῦ πολέμου. 1, 93 λίμνη δ' ἔχεται τοῦ σήματος μεγάλη. 6, 8. 3, 72 ἔργου ἐχώμεθα, *opus aggrediamur*, vgl. X. Hell. 7. 2, 19. Hdt. 7, 5 τοιούτου λόγου εἴχετο, *amplexabatur*. 3, 72 τοῦ αὐτοῦ γλιχόμεθα. Th. 1, 140 τῆς γνώμης τῆς αὐτῆς ἔχομαι. 3, 24 λαβόμενοι τῶν

[1]) Ebenso im Kyprischen χραύεσθαι: Collitz, Gr. Dialektinschr. 1, Nr. 60, 9 χῶρον τὸν χραυόμενον Ὄγκαντος ἀλϜω „der an das Grundstück stösst".

ὀρῶν διαφεύγουσιν ἐς τὰς Ἀθήνας, montes *assecuti*, wie 3, 22 τοῦ ἀσφαλοῦς ἀντιλαβέσθαι. Vgl. 3, 106. 8, 80. S. OC. 373 ἀρχῆς λαβέσθαι. Ar. Lys. 313 ξυλλαβέσθαι τοῦ ξύλου, mit anfassen. Bildlich unterstützen, helfen. Th. 4, 47 ξυνελάβοντο δὲ τοῦ τοιούτου, *adjuverunt hoc consilium*. S. Ph. 282 ὅστις νόσου κάμνοντι συλλάβοιτο. Vgl. Pl. Phaedr. 237, a. Ps. Pl. Theag. 129, e. X. An. 6. 3, 17 κοινῇ τῆς σωτηρίας ἔχεσθαι, *saluti studiose operam dare*. Hell. 2. 1, 32 (Ἀδείμαντος) μόνος ἐπελάβετο ἐν τῇ ἐκκλησίᾳ τοῦ ψηφίσματος, fasste an = tadelte. Pl. civ. 329, a ἃ τοιούτων ἔχεται (*quae cum his conjuncta, his similia sunt*), ubi v. Stallb. 362, a ἀληθείας ἐχόμενον, *cum veritate conjunctum*. Symp. 217, d ἀνεπαύετο οὖν ἐν τῇ ἐχομένῃ ἐμοῦ κλίνῃ, *lecto mihi proximo*. So oft ἐχόμενός τινος, s. Stallb. ad Pl. civ. 511, b. Isocr. 6, 109 μικροῦ χρόνου γλίχεσθαι. Eur. M. 55 φρενῶν ἀνθάπτεται, *mentem tangit*, ubi v. Pflugk. Or. 503 τοῦ νόμου ἔχεσθαι, *legi oboedire*. 452 ἀντιλάζου καὶ πόνων ἐν τῷ μέρει. 792 δυσχερὲς ψαύειν νοσοῦντος ἀνδρός. S. OR. 1413 ἀξιώσατ' ἀνδρὸς ἀθλίου θιγεῖν. Isocr. 6, 101 ἐρρωμενέστερον ἀντιλαβώμεθα τοῦ πολέμου. Dem. 1, 20 ἀντιλάβεσθε τῶν πραγμάτων. Pl. Parm. 130, e οὔπω σου ἀντείληπται φιλοσοφία, *te cepit*. Vgl. Phaed. 88, d. Auch angreifen = tadeln. Pl. Hipp. maj. 287, a ἀντιλαμβάνεσθαι τῶν λόγων. Vgl. Theaet. 169, d. 189, c. Dem. 18, 185 ἀντέχεσθαι τῆς ἐλευθερίας. Ps. Pl. Ax. 369, e καθικέσθαι τῆς ψυχῆς, so oft b. Spät., b. d. Älteren stets m. Akk. Ψ, 340 λίθου δ' ἀλέασθαι ἐπαυρεῖν. Σ, 302 τῶν (κτεάτων) ἐπαυρέμεν. N, 733 νόον . . ἐσθλόν, τοῦ δέ τε πολλοὶ ἐπαυρίσκοντ' ἄνθρωποι. A, 410 ἵνα πάντες ἐπαύρωνται βασιλῆος. Hdt. 7, 180 τάχα δ' ἄν τι καὶ τοῦ οὐνόματος ἐπαύροιτο (*fructum capere ex*). In att. Prosa nur ἐπαυρίσκεσθαί τινός τι. Andoc. 2, 2 εἴ τι ὑμᾶς χρὴ ἀγαθὸν ἐμοῦ ἐπαυρέσθαι *fructum capere e me*. α, 367 τοῖσι δὲ Τηλέμαχος πεπνυμένος ἤρχετο μύθων. 28 τοῖσι δὲ μύθων ἦρχε πατὴρ ἀνδρῶν τε θεῶν τε. X. An. 3. 2, 7 τοῦ λόγου δὲ ἤρχετο ὧδε er begann seine Rede, wie Pl. Euthyd. 293, a. X. An. 1. 6, 5 ἔφη Κῦρον ἄρχειν τοῦ λόγου ὧδε die Beratung eröffnen, vgl. Cy. 6. 1, 6. Hell. 4. 1, 32 μετὰ δὲ τοῦτο ἤρξατο λόγου ὁ Φαρνάβαζος. Th. 2, 12 ἥδε ἡ ἡμέρα τοῖς Ἕλλησι μεγάλων κακῶν ἄρξει wird der Anfang grosser Leiden sein, wie X. Hell. 2. 2, 23. 3. 5, 3 εἰ μή τις ἄρξει πολέμου Anlass zum Kriege geben; dann 4 διδάσκοντες ὡς οὐκ ἦρξαντο πολέμου, ἀλλ' ἀμυνόμενοι ἦλθον den Krieg anfangen. Th. 1, 144 πολέμου οὐκ ἄρξομεν, ἀρχομένους δὲ ἀμυνούμεθα. Hdt. 4, 1 ὑπῆρξαν ἀδικίης. 1, 5 ὑπάρξαντα ἀδίκων ἔργων. Ἀναβαίνειν νηός β, 416. ι, 177. ο, 284. Ἐπιβαίνειν χώρας, νεῶν, τείχους u. s. w., z. B. δ, 521. ε, 399. trop. poet., z. B. εὐφροσύνης ψ, 52, teilhaftig werden, trans. Hs. th. 396 τιμῆς καὶ γεράων ἐπιβησέμεν. S. OC. 400 γῆς δὲ μὴ 'μβαίνῃς ὅρων. OR. 825 ἐμβατεύειν πατρίδος. Hdt. 6, 65 τούτου ἐπιβατεύων τοῦ ῥήματος darauf fassend. 3, 63 ἐπιβατεύειν τοῦ Σμέρδιος οὐνόματος, sich eindrängen in etw., sich anmassen. Vgl. 9, 95. S. Ph. 867 ὦ φέγγος ὕπνου διάδοχον. X. oec. 11, 12 ἀκόλουθα ταῦτα πάντα ἀλλήλων. Pl. Polit. 271, e ὅσα τῆς τοιαύτης ἐστὶ κατακοσμήσεως ἑπόμενα. Vgl. Civ. 504, b. S. Ant. 192 καὶ νῦν ἀδελφὰ τῶνδε κηρύξας ἔχω. Vgl. Isocr. 4, 71. Pl. civ. 511, b. X. Hier. 1, 22. Ar. R. 765 τοῦ Πλούτωνος ἐξῆς. Pl. Tim. 55, a (γωνίαν) τῆς ἀμβλυτάτης .. ἐφεξῆς γεγονυῖαν.

Anmerk. 4. Mit diesen Begriffen verwandt ist μεσοῦν Hdt. 1, 181 μεσοῦντι δέ κου τῆς ἀναβάσιος, in der Mitte des Aufsteigens sich befindend. Pl. Pol. 265, b μεσοῦσιν τῆς πορείας, vgl. Civ. 618, b, ebenso μεσεύω Pl. leg. 756, e ἣν ἀεὶ δεῖ μεσεύειν τὴν πολιτείαν. So auch μέσος Eur. Rh. 531 μέσα δ' αὐτᾶς οὐρανοῦ ποτᾶται. Daher auch μεταξύ, μεσσηγύ(ς) ep. c. gen.

Anmerk. 5. Während der Genetiv in den oben besprochenen Fällen als partitiver Genetiv das Ganze bezeichnet, das von der Handlung nur zum Teil betroffen wird, steht bei Verben des Anfassens und verwandten Begriffen, die an sich mit Akkusativ verbunden werden, wie λαμβάνειν, αἱρεῖν, ἕλκειν, ἄγειν u. a. nicht selten, namentlich in der Dichtersprache, der Körperteil im Genetiv, an dem eine Person angefasst wird. Δ, 463 τὸν δὲ πεσόντα ποδῶν ἔλαβε κρείων Ἐλεφήνωρ. χ, 365 Τηλέμαχον δ' ἄρ' ἔπειτα προσαΐξας λάβε γούνων. Vgl. B, 316. Θ, 371. Φ, 68. Λ, 591 ῥίψε ποδὸς τεταγών. P, 289 ποδὸς ἕλκε, vgl. σ, 10. Ψ, 854 (πέλειαν) δῆσεν ποδός. X, 493 ἄλλον μὲν χλαίνης ἐρύων, ἄλλον δὲ χιτῶνος. ρ, 480 ἐρύειν τινὰ ποδὸς ἢ καὶ χειρός. A, 323 χειρὸς ἑλόντ' ἀγέμεν Βρισηΐδα. Vgl. Δ, 542 u. s. (aber Ξ, 137 δεξιτερὴν δ' ἕλε χεῖρ' Ἀγαμέμνονος). Δ, 154 χειρὸς ἔχων (haltend) Μενέλαον. Vgl. Λ, 488. Π, 763 ἔχεν ποδός. γ, 439 βοῦν δ' ἀγέτην κεράων. A, 197 ξανθῆς δὲ κόμης ἕλε Πηλεΐωνα. Ξ, 477 ὕφελκε ποδοῖιν. Ω, 515 γέροντα δὲ χειρὸς ἀνίστη, vgl. ξ, 319. Pind. N. 1, 45 αὐχένων μάρψαις ὄφιας. Aesch. S. 326 ἄγεσθαι πλοκάμων. Eur. Andr. 710 ἣν .. ἐπισπάσας κόμης. Cy. 400 τένοντος ἁρπάσας ἄκρου ποδός. Selbst αἱ .. τῶν ὄρχεων κρεμάμεναι Ar. Pl. 312 st. des gwhnl. ἐξ od. ἀπό. Vgl. S. Ant. 1221 κρεμαστὴν αὐχένος. Seltener in Prosa. Hdt. 5, 16 τὰ δὲ νήπια παιδία δέουσι τοῦ ποδὸς σπάρτῳ *ex pede alligant*. X. An. 1. 6, 10 ἔλαβον τῆς ζώνης τὸν Ὀρόνταν. R. eq. 6, 9 ἄγειν τῆς ἡνίας τὸν ἵππον.

Anmerk. 6. Bei ἄρχεσθαι steht zuweilen der Ausgangspunkt der Handlung (*incipere ab al.*) im Genetiv, der in diesem Falle als Stellvertreter des ursprünglichen Ablativs zu betrachten ist (vgl. § 421). I, 97 ἐν σοὶ μὲν λήξω, σέο δ' ἄρξομαι. φ, 142 ἀρξάμενοι τοῦ χώρου, ὅθεν τέ περ οἰνοχοεύει. Dafür gewöhnlich ἀπό oder ἔκ τινος. Pl. conv. 186, b ἄρξομαι ἀπὸ τῆς ἰατρικῆς λέγων. X. Comm. 2. 1, 1 σκοπῶμεν ἀρξάμενοι ἀπὸ τῆς τροφῆς ὥσπερ ἀπὸ τῶν στοιχείων. Cy. 8. 8, 2 ἄρξομαι διδάσκων ἐκ τῶν θείων. Theocr. 17, 1 ἐκ Διὸς ἀρχώμεσθα καὶ ἐς Δία λήγετε, Μοῖσαι.

Anmerk. 7. Mehrere dieser Verben erscheinen vereinzelt mit dem Akkusativ. Theocr. 1, 59 οὐδέ τί πα ποτὶ χεῖλος ἐμὸν θίγεν (= προσέθιγεν); m. d. Akk. des Neutr. eines Pron. (§ 410, A. 5) S. Ant. 546 μηδ', ἃ μὴ 'θιγες, ποιοῦ σεαυτῆς. S. Ant. 961 ψαύων τὸν θεὸν ἐν κερτομίοις γλώσσαις bdt. ψ. *increpare*. (B. d. Sp. Nonn. Dion. 45, 317). Mit Gen. u. Akk. 857 f. ἔψαυσας ἀλγεινοτάτας ἐμοὶ μερίμνας, | πατρὸς τριπόλιστον οἶκτον, wo der Akk. von dem in der ganzen Redensart ψαύειν ἀλγ. μερίμνας liegenden Begriffe: schmerzlich erwähnen abhängt. Ἐπαυρίσκειν in der Bedeutg. berühren öfter, in d. Bedeutg. erlangen selten mit Akk. Λ, 573 u. s. ἐπαυρίσκειν χρόα. σ, 107 ἐπαυρίσκεσθαι κακόν. Pind.

N. 5, 49 μόχθων ἀμοιβὰν ἐπαύρεο. — Pind. N. 3, 10 ἄρχε ὕμνον, ubi v. Dissen. B, 273 βουλάς τ' ἐξάρχων ἀγαθάς. Eur. Tr. 148 ἐξάρξω 'γὼ μολπάν. X. Cy. 7. 1, 9 παιᾶνα ἐξάρξω. Vgl. 25. 3. 3, 58. 4. 1, 6 παιᾶνα ἐξάρχεσθε. Pl. Euthyd. 283, b θαυμαστόν τινα ἀνὴρ κατῆρχε λόγον. Eur. Hec. 685 κατάρχομαι νόμον βακχεῖον, ubi v. Pflugk. 'Υπάρχειν εὐεργεσίαν τινί, εἴς τινα Isocr. 14, 57. Dem. 19. 280. Aeschin. 2, 26. Daher auch pass. Dem. 1, 10 τῶν παρὰ τῶν θεῶν ἡμῖν ὑπηργμένων. — 'Επιβαίνειν c. acc. Ξ, 226. ε, 50. S. Ai. 144. Hdt. 7, 50. Γλίχεσθαι m. d. Akk. des Neutr. eines Adj. Ps. Pl. Hipparch. 226, e. (Γλίχεσθαι περί τινος Hdt. 2, 102 δεινῶς γλιχομένοισι περὶ τῆς ἐλευθερίης.) — Θιγγάνειν u. ἅπτεσθαι werden bei Pindar auch mit dem Dative nach Analogie der Verben des sich Näherns verbunden. P. 4, 296 ἁσυχίᾳ θιγέμεν. Vgl. 8, 24. 9, 43. O. 1, 86 ἀκράντοις ἐφάψατ' ὦν ἔπεσι, ubi v. Boeckh. P. 10, 28 ἀλαῖαις ἁπτόμεσθα. Vgl. N. 8, 35. J. 3, 30.

Anmerk. 8. Nach Analogie der Verben der Berührung werden die Verben des Bittens, Beschwörens mit dem Genetive der Person oder Sache verbunden, bei der man bittet oder schwört, als: λίσσεσθαι, ἱκετεύειν, ἱκνεῖσθαι, indem der Bittende die Kniee oder das Bild der Gottheit berührend sein Gebet aussprach. β, 68 λίσσομαι ἠμὲν Ζηνὸς 'Ολυμπίου ἠδὲ Θέμιστος, ubi v. Nitzsch. Aesch. Suppl. 332 τί φῄς ἱκνεῖσθαι τῶνδ' ἀγωνίων θεῶν; Eur. Or. 671 ταύτης ἱκνοῦμαί σε. Hec. 752 ἱκετεύω σε τῶνδε γουνάτων | καὶ σοῦ γενείου δεξιᾶς τ' εὐδαίμονος. I, 451 ἡ δ' αἰὲν ἐμὲ λισσέσκετο γούνων. Auch γουνάζεσθαι X, 345 μή με, κύον, γούνων γουνάζεο μηδὲ τοκήων. Vgl. λ, 66. Analog Hdt. 6, 68 ἐγὼ ὦν σε μετέρχομαι τῶν θεῶν (*per deos te obsecro*), ubi v. Valcken. Folgende Stellen bestätigen die gegebene Erklärung: K, 454 f. ὁ μέν μιν ἔμελλε γενείου χειρὶ παχείῃ | ἁψάμενος λίσσεσθαι. Ψ, 584 ἵππων ἁψάμενος γαιήοχον 'Εννοσίγαιον | ὄμνυθι. Hdt. 6, 68 ὦ μῆτερ, θεῶν σε τῶν τε ἄλλων καταπτόμενος ἱκετεύω καὶ τοῦ ἑρκείου Διὸς τοῦδε. 8, 65 Δημαρήτου τε καὶ ἄλλων μαρτύρων καταπτόμενος. X. Cy. 6. 4, 9 θιγὼν αὐτῆς τῆς κεφαλῆς ἐπεύξατο. — Wenn ἀντί zum Genetive tritt, so wird diese Beziehung gleichfalls sinnlich aufgefasst: vor dem Bilde der Gottheit (stehend) flehen. Auch kann die Person oder Sache, bei der man bittet, als die Bitte anregend, hervorrufend, also ursächlich aufgefasst werden; alsdann treten die Präpositionen ὑπέρ u. πρός zum Genetive, wie wir in Deutschen um . . willen anwenden. λ, 67 νῦν δέ σε τῶν ὄπιθεν γουνάζομαι, οὐ παρεόντων, | πρός τ' ἀλόχου καὶ πατρός. O, 665 τῶν ὕπερ ἐνθάδ' ἐγὼ γουνάζομαι οὐ παρεόντων. Vgl. 660. X, 338.

3. Die Begriffe des Erlangens und Erreichens, als: τυγχάνειν, erlangen u. treffen, ἀποτ-, nicht erreichen, verfehlen, (προστ., aber τινί begegnen, συντ- S. Ph. 320, sonst m. Dat., ἐντ- S. Ph. 1333, Hdt. 4, 410 λελυμένης τῆς γεφύρης ἐντυχόντες, ubi v. Baehr, sonst m. Dat., ἐπιτ-, antreffen, aber *incidere in aliquem* m. Dat., παρατ- u. περιτ- stets m. Dat.), λαγχάνειν (häufiger m. Akk.), κιχάνειν S. OC. 1487, sonst c. acc.; ἐξ-, ἐφικνεῖσθαι (καθικνεῖσθαι b. d. Dichtern seit Hom. stets m. d. Akk., s. Passow), κληρονομεῖν (*c. gen. rei* erben, *c. gen. pers.*, einen beerben), κληροῦσθαι Dem. 57, 46 u. 62 τῆς ἱερωσύνης (sonst m. Akk.), κυρεῖν, poet. u. neuion., selt. att., ἐγκύρειν Hdt. 7, 208 ἀλογίης τε ἐνεκύρησε πολλῆς = ἔτυχε (ἐγκύρειν c. d. *incidere in aliquid*), s. Baehr. Π, 609 ἔλπετο γὰρ τεύξεσθαι . . προβιβῶντος. Isocr. 2, 37 ἐπειδὴ θνητοῦ σώματος ἔτυχες, πειρῶ τῆς ψυχῆς ἀθάνατον μνήμην καταλιπεῖν. X. An. 3. 1, 28

σπονδῶν ἔτυχεν. Cy. 4. 1, 2 νίκης τε τετυχήκαμεν καὶ σωτηρίας. Zuweilen auch τυγχάνειν mit Gen. d. Sache und einem (ablativischen, vgl. § 421) Gen. d. Pers. S. Ph. 1315 ὧν δέ σου τυχεῖν ἐφίεμαι, | ἄκουσον. X. An. 5. 7, 33 οὗ δὲ δὴ πάντων οἰόμεθα τεύξεσθαι ἐπαίνου, *quam laudem ab omnibus obtenturos nos esse credimus.* Ist d. Sache durch d. Neutr. eines Pron. ausgedrückt, so wird gewöhnlich der Akk. gesetzt: τυγχάνειν τί τινος. X. An. 6. 6, 32 ταῦτα δέ σου τυχόντες. Mehr Beisp. b. Herm. ad Vig. p. 762. S. El. 1463 ἐμοῦ κολαστοῦ προστυχών. Ph. 552. Ar. Pl. 245 μετρίου γὰρ ἀνδρὸς οὐκ ἐπέτυχες πώποτε. Th. 3, 3 ὁλκάδος ἀναγομένης ἐπιτυχών. X. oec. 2, 3 εἰ ἀγαθοῦ ὠνητοῦ ἐπιτύχοιμι. Vgl. Comm. 4. 2, 28. Dem. 48, 3. Λαγχάνειν δώρων Ω, 76, κτερέων ε, 311. X. Cy. 3. 1, 24 οἱ δουλείαν φοβούμενοι οὔτε σίτου οὔθ' ὕπνου δύνανται λαγχάνειν διὰ τὸν φόβον. Vgl. An. 3. 1, 11. Hier. 6, 9. Aor. II. λέλαχόν τινα πυρός, einen Toten des Feuers, der letzten Ehre teilhaftig machen, öfter b. Hom., z. B. H, 80. O, 350 u. s. w. X. Comm. 2. 1, 20 αἱ διὰ καρτερίας ἐπιμέλειαι τῶν καλῶν τε κἀγαθῶν ἔργων ἐξικνεῖσθαι ποιοῦσιν. Vgl. Hell. 2. 4, 15. Isocr. 4, 187 οὐκ ἐφικνοῦμαι τοῦ μεγέθους αὐτῶν (τῶν πραγμάτων), *non assequor.* Vgl. 4, 113. Pl. Hipp. maj. 292, a εὖ μάλα μου ἐφικέσθαι πειράσεται (beikommen). Dem. 23, 210 οὗτοι κληρονομοῦσι τῆς ὑμετέρας δόξης καὶ τῶν ἀγαθῶν. 57, 41 ἐπικλήρου κληρονομήσας εὐπόρου. 18, 312 κεκληρονόμηκας τῶν Φίλωνος τοῦ κηδεστοῦ χρημάτων πλειόνων ἢ πέντε ταλάντων. S. Ant. 870 δυσπότμων κασίγνητε γάμων κυρήσας. Hdt. 1, 31 αἱ Ἀργεῖαι (ἐμακάριζον) τὴν μητέρα αὐτῶν (τῶν νεηνιέων), οἵων (= ὅτι τοιούτων) τέκνων ἐκύρησε. Ps. Pl. Alc. 2. 141, b τῶν μεγίστων ἀγαθῶν κεκυρηκότα.

Anmerk. 9. Mehrere der angeführten Verben werden auch als Transitive mit dem Akkusative verbunden: λαγχάνειν gwhnl., τυγχάνειν selten. (E, 582 χερμαδίῳ ἀγκῶνα τυχὼν μέσον hängt d. Akk. nach dem σχῆμα καθ' ὅλον καὶ μέρος von βάλε ab, während τυχών absolut steht); aber öfters m. d. Akk. des Neutr. eines Pron. oder Adj. (§ 410, A. 5). Aesch. Ch. 711 τυγχάνειν τὰ πρόσφορα. Eur. Ph. 1666 οὐ γὰρ ἂν τύχοις τάδε. S. OC. 1106 αἰτεῖς ἃ τεύξῃ. Eur. M. 758 τυχοῦσ' ἃ βούλομαι u. m. τό c. inf. S. Ant. 778 τεύξεται τὸ μὴ θανεῖν, s. Herm. ad Vig. 762, Nr. 198. Ἐντυχεῖν παῦλαν, S. Ph. 1329 zweifelhaft (die Stelle ist verderbt). Pl. civ. 431, c τὰς δέ γε ἁπλᾶς τε καὶ μετρίας (ἐπιθυμίας) . . ἐν ὀλίγοις ἐπιτεύξει, ubi v. Schneider. Mit d. Akk. des Neutr. eines Adj. oder Pron. X. Hell. 4, 5, 19 τἆλλα ἐπετύγχανε, ubi v. Breitenb. Vgl. 4. 8, 21. 6. 3, 16 ἔν τι ἐπιτύχωσι (überall in dem Sinne: in etw. Glück haben). Κληρονομεῖν c. acc. rei Lycurg. 88, oft b. Späteren, s. Passow., auch κλ. τί τινος, etw. von einem erben. Luc. D. M. 11, 3 κλ. ἀποθανόντος ἐμοῦ τὰ κτήματα. Bei Späteren auch κληρονομεῖν τινα, z. B. τὸν πατέρα, τὸν ἀποθανόντα u. s. w. S. Lobeck ad Phryn. p. 129 Κυρεῖν Aesch. Ch. 714 κἀκεῖ κυρούντων δώμασιν τὰ πρόσφορα. (Aber Aesch. S. 699 βίον εὖ κυρήσας = ὤν.) Eur. Rh. 113 κυρήσεις πολεμίους . . φεύγοντας. 695 πόθεν νιν κυρήσω; Hec. 698 ἐπ' ἀκταῖς νιν κυρῶ.

4. Die Begriffe a) der hastigen Bewegung, des Zielens und Strebens nach etwas, b) des Verlangens und Sehnens nach etwas, als:

a) μεμαώς ep., anstürmend, hastig strebend, μαιμᾶν, ἐπιμαίεσθαι (beide poet.), ὀρέγεσθαι (ὀριγνᾶσθαι poet. u. Ps. Pl. Ax. 366, a), sich ausstrecken nach etw., trop. streben; ἐπειγόμενος ep., ἰθύειν Ο, 693 νεός, gegen das Schiff andringen, ὁρμᾶν u. ὁρμᾶσθαι ep., ὀρούειν Pind. P. 10, 61, ἐπιβάλλεσθαι ep., sich auf etw. werfen, ἐπαΐσσειν ep., losstürmen auf etw., ἐσσύμενος ep., ἵεσθαι, bes. ἱέμενος ep., ἐφίεσθαι; στοχάζεσθαι u. bei den Dichtern: τιτύσκεσθαι, τοξάζεσθαι, τοξεύειν, ἀκοντίζειν, βάλλειν, ῥίπτειν, ἱέναι, οἰστεύειν nach etw. zielen, schiessen; d. Adv. ἰθύς ep., ἰθύ neuion., εὐθύ att., gerade auf etw. los. Ε, 732 μεμαυῖ' ἔριδος καὶ ἀυτῆς. Vgl. Ν, 197. S. Ai. 50 χεῖρα μαιμῶσαν φόνου. μ, 220 σκοπέλου ἐπιμαίεο, strebe dem Felsen zu, bildl. Κ, 401 μεγάλων δώρων ἐπεμαίετο θυμός. ε, 344 νόστου. Ζ, 466 ὣς εἰπὼν οὗ παιδὸς ὀρέξατο φαίδιμος Ἕκτωρ. Vgl. Π, 322. Bildl. X. Hell. 4. 4, 6 (ἄξιόν ἐστι) τῶν γε καλλίστων καὶ μεγίστων ἀγαθῶν ὀρεγομένους ἀξιεπαινοτάτης τελευτῆς τυχεῖν. Τ, 142 ἐπειγόμενός περ Ἄρηος, α, 309 ἐπ. ὁδοῖο. Δ, 334 Τρώων ὁρμήσειε. Ξ, 488 ὡρμήθη δ' Ἀκάμαντος, vgl. Φ, 595. Ζ, 68 ἐνάρων ἐπιβαλλόμενος. Ν, 687 ἐπαΐσσοντα νεῶν, vgl. Ε, 263. δ, 733 ἐσσύμενός περ ὁδοῖο. Th. 1, 8 ἐφιέμενοι τῶν κερδῶν οἱ ἥσσους ὑπέμενον τὴν τῶν κρεισσόνων δουλείαν. Ψ, 855 ἧς ἄρ' ἀνώγει τοξεύειν, vgl. S. Ant. 1034. Eur. Io 1411. Ρ, 304 Ἕκτωρ δ' αὖτ' Αἴαντος ἀκόντισε δουρί, vgl. 525. 608. X. Cy. 1. 6, 29 εἰ δέ ποτε πόλεμος γένοιτο, δύναισθε καὶ ἀνθρώπων στοχάζεσθαι. Sehr oft bildlich Isocr. 8, 28 στοχ. τοῦ δέοντος. Pl. Gorg. 465, a στοχ. τοῦ ἡδέος. Eur. Ba. 1096 αὐτοῦ χερμάδας . . ἔρριπτον. S. Ai. 154 τῶν γὰρ μεγάλων ψυχῶν ἱεὶς οὐκ ἂν ἁμάρτοις. (Eur. Ba. 1099 ἄλλαι δὲ θύρσους ἵεσαν δι' αἰθέρος | Πενθέως). Ν, 159 Μηριόνης αὐτοῖο τιτύσκετο δουρί. Δ, 100 ὀίστευσον Μενελάου. Μ, 254 (θύελλα) ἰθὺς νηῶν κονίην φέρεν, vgl. Π, 584. Ρ, 233. Hdt. 6, 95 εἶχον (*dirigebant*) τὰς νέας ἰθὺ τοῦ Ἑλλησπόντου. Pl. Lys. 203, a ἐπορευόμην ἐξ Ἀκαδημίας εὐθὺ Λυκείου. Zweifelhaft εὐθύς Eur. Hipp. 1197 τὴν εὐθὺς Ἄργους κἀπιδαυρίας ὁδόν.

b) ἐπιθυμεῖν, ἐρᾶν, ἐρωτικῶς ἔχειν u. διακεῖσθαι, ἀνερασθῆναι τῆς ἀρχαίας ἀρετῆς X. Comm. 3. 5, 7, *rursus studio antiquae virtutis incitari;* die poet. ἔρασθαι, ἐρατίζειν, λιλαίεσθαι, ἔλδεσθαι, ἰσχανᾶν, ἱμείρειν, d. poet. u. neuion. ἱμείρεσθαι; διψῆν, πεινῆν; κιττᾶν lüstern sein, τῆς εἰρήνης Ar. P. 497, ἐπιτύφεσθαι, ἐπιτυφῆναι *amore exardescere,* Ar. L. 221 f., τρύχεσθαι *amore consumi,* Ar. P. 989; b. Späteren: καίεσθαι Hermesian. b. Ath. 598, a, κνίζεσθαι Theocr. 4, 59. Luc. D. Mer. 10, 4. Macho b. Ath. 577, e, ἁλίσκεσθαι *amore capi,* X. Ephes. 3, 2; auch d. V. desiderat. ὀψείειν Ξ, 37 ὀψείοντες ἀυτῆς καὶ πολέμοιο, *cupidi pugnam videndi;* Adj. ἐραστής, δύσερως, ἐπιθυμητής, ἐπιθυμητικός, πρόθυμος *cupidus,* S. El. 3. Über d. Deutsche

s. Grimm IV, S. 655 ff. P, 660 (λέων) κρειῶν ἐρατίζων. I, 64 πολέμου ἔραται ἐπιδημίου. α, 315 λιλαιόμενόν περ ὁδοῖο. Ψ, 122 ἐλδόμεναι πεδίοιο. 300 δρόμου ἰσχανόωσαν, vgl. θ, 288. K, 555 ψύχεος ἱμείρων. Hdt. 3, 123 ἱμείρετο χρημάτων. Pl. civ. 403, a ὁ ὀρθὸς ἔρως πέφυκε κοσμίου τε καὶ καλοῦ σωφρόνως τε καὶ μουσικῶς ἐρᾶν. Symp. 181, b (οἱ φαῦλοι) τῶν σωμάτων μᾶλλον ἢ τῶν ψυχῶν ἐρῶσιν. 186, b τὸ ἀνόμοιον ἀνομοίων ἐπιθυμεῖ καὶ ἐρᾷ. 216, d Σωκράτης ἐρωτικῶς διάκειται τῶν καλῶν. X. Oec. 12, 15 ἐρωτικῶς ἔχουσι τοῦ κερδαίνειν. Vgl. Hier. 1, 21. Cy. 3. 3, 12. Pl. Civ. 438, a οὐδεὶς ποτοῦ ἐπιθυμεῖ, ἀλλὰ χρηστοῦ ποτοῦ, καὶ οὐ σίτου, ἀλλὰ χρηστοῦ σίτου· πάντες γὰρ ἄρα τῶν ἀγαθῶν ἐπιθυμοῦσιν. υ, 137 σίτου δ' οὐκέτ' ἔφη πεινήμεναι. X. Oec. 13, 9 πεινῶσι τοῦ ἐπαίνου οὐχ ἧττον ἔνιαι τῶν φύσεων ἢ ἄλλαι τῶν σίτων τε καὶ ποτῶν. Vgl. Conv. 4, 36. Cy, 7. 5, 50 πεινῆν συμμάχων. Seltener διψῆν. Pl. civ. 562, c πόλις ἐλευθερίας διψήσασα. Pind. N. 3, 6 διψῇ δὲ πρᾶγος ἄλλο μὲν ἄλλου. Hdt. 7, 6 νεωτέρων ἔργων ἐπιθυμητής. Pl. leg. 643, e παιδείαν ποιοῦσαν ἐπιθυμητήν τε καὶ ἐραστὴν τοῦ πολίτην γενέσθαι τέλεον.

Anmerk. 10. Allen diesen Genetivverbindungen gemeinsam ist der Begriff des erstrebten Zieles. Wo dieser Begriff wegfällt, steht der Akk. oder ein präpositioneller Ausdruck. So ὀρέγεσθαι c. acc. erreichen, treffen: Π, 314 σκέλος, Ψ, 805 χρόα; ausstrecken: Ω, 506 χεῖρ' ὀρέγεσθαι; darreichen: σῖτόν τ' ὀρέξαι. — Ἐπιμαίεσθαι berühren regelm. m. Akk. Δ, 190 ἕλκος, ι, 441 οἰῶν νῶτα, E, 748 ἵππους, λ, 531 ξίφεος κώπην, h. Merc. 108 πυρὸς τέχνην (untersuchen). — Die Verben des Werfens in Prosa mit Akk., z. B. τοξεύειν θηρίον X. Cy. 1. 2, 10, ἀκοντίζειν ὗν Hdt. 1, 43, oder mit εἰς, ἐπί c. acc. Ebenso ὁρμᾶν, ὁρμᾶσθαι εἰς, ἐπί, πρός. — Ἐφίεσθαι mit τοῦτο nach § 410, A. 5. S. OR. 766 πρὸς τί τοῦτ' ἐφίεσαι; X. Ag. 11, 14 ist verderbt.

Selten ist der Akk. bei den Verben des Verlangens: S. OR. 58 f. ἱμείρειν γνωτά. α, 409 ἢ ἑὸν αὐτοῦ χρεῖος ἐελδόμενος τόδ' (*huc*) ἱκάνει; (nach ἔελδωρ ἐέλδεσθαι § 410, 2 ff.). E, 481 κτήματα πολλά, τά τ' ἔλδεται ὅς κ' ἐπιδευής. Chilon. b. Stob. flor. 3, 79 γ μὴ ἐπιθύμει ἀδύνατα. Menand. fr. 15, 3 ἴδιον ἐπιθυμῶν. — Φιλεῖν, ποθεῖν, ἀγαπᾶν, στέργειν werden mit dem Akkusative (die beiden letzten aber auch als Intrans. mit dem instrumentalen Dative) verbunden, als: ἀγαπᾶν τὰ παρόντα (τοῖς παροῦσιν) *contentum esse*. (Über den Unterschied zw. φιλεῖν u. ἐρᾶν s. Apollon. de synt. p. 291.)

5. Die Begriffe der Annäherung und des Begegnens, wenn damit der Begriff des Anteils oder des erstrebten Zieles verbunden ist, als: ἀντᾶν ep. poet. u. neuion., ἀντιᾶν ep., ἀντιάζειν poet., ὑπαντᾶν ep. poet., ἀντιβολεῖν ep. poet., πελάζειν poet. u. neuion., πλησιάζειν selt., (gwhnl. c. dat.), ἐμπελάζεσθαι S. Tr. 17, ἐγγίζειν b. d. Spät.; ἀντίος ep. poet. u. neuion., ἐναντίος besond. in strengen Gegensätzen (in allgemeiner Bdtg. c. d.) [1]), ἀντίπαλος poet. selt., gwhnl. c. d., ἀντίστροφος (auch c. d.), παραπλήσιος Pl. Soph. 217, b; ἄντα ep., ἔναντα Υ, 67, ἀντίον ep., neuion.,

[1]) Vgl. Rumpel a. a. O. S. 297. Haase ad Xen. R. L. 1, 7 (5) p. 55 sq.

selt. in att. Prosa (c. dat. Hdt. 2, 34), ἀντία ep. poet. u. neuion., ἀντικρύ(ς) ep., ἀπαντικρύ u. κατ., ἐναντίον, κατεναντίον Hdt., so auch τοὔμπαλιν, im Gegenteil, πέλας poet. u. neuion. (auch c. dat.), πλησίον, ἐγγύς, ἄγχι ep., ἀγχοῦ poet. u. neuion. Π, 423 ἀντήσω γὰρ ἐγὼ τοῦδ' ἀνέρος. Η, 158 ἀντᾶν μάχης. Pind. O. 11, 42 ἁλώσιος ἀντάσαις. S. Ant. 980 ἁ δὲ σπέρμα (Akk. nach § 410, 6) μὲν ἀρχαιογόνων ἄντασ' Ἐρεχθειδᾶν. Hdt. 2, 119 ξεινίων ἤντησε (= ἔτυχε) μεγάλων. 1, 114 τῶν (= ὧν) ἀπὸ Κύρου ἤντησε. α, 25 ἀντιόων ταύρων τε καὶ ἀρνειῶν ἑκατόμβης [1]). S. El. 869 f. οὔτε του τάφου ἀντιάσας | οὔτε γόων παρ' ἡμῶν. Ph. 718 ἀνδρῶν ἀγαθῶν παιδὸς ὑπαντήσας = τυχών. Δ, 342 μάχης ἀντιβολῆσαι. δ, 547 τάφου. φ, 306 ἐπητύος. Hs. op. 784 γάμου. Pind. O. 13, 31 τῶν. S. Ai. 709 πελάσαι νεῶν. Vgl. 889. Ph. 1327. OR. 1100 Πανὸς . . πελασθεῖσα, ubi v. Schneidew. Tr. 17 ἐμπελασθῆναι κοίτης. X. Cy. 3. 2, 8 ὡς δὲ μᾶλλον ἐπλησίαζον οἱ ἀμφὶ τὸν Κῦρον τῶν ἄκρων. P, 31 μηδ' ἀντίος ἵστασ' ἐμεῖο. Eur. Or. 1460 γυναικὸς ἀντίοι σταθέντες. Hdt. 2, 34 ἡ Αἴγυπτος τῆς ὀρεινῆς Κιλικίης μάλιστά κῃ ἀντίη κέεται. (Hingegen gleich darauf ἡ δὲ Σινώπη τῷ Ἴστρῳ ἐκδιδόντι ἐς θάλασσαν ἀντίον κέεται, in dem ersteren Beispiele will Hdt. nur die Lage Aegyptens durch Kilikien bestimmen; K. ist die nähere Bestimmung Aegyptens; in dem letzteren wird die Mündung des Istros als der bei dem ganzen Gedanken beteiligte Gegenstand bezeichnet [2]), s. d. Lehre v. d. Dat.). Λ, 214 ἐναντίοι ἔσταν Ἀχαιῶν. S. Ai. 1284 Ἕκτορος μόνος μόνου . . ἦλθ' ἐναντίος. Pl. Euthyphr. 5, d τὸ ἀνόσιον αὖ τοῦ μὲν ὁσίου παντὸς ἐναντίον, αὐτὸ δὲ αὑτῷ ὅμοιον. Eur. Alc. 922 ὑμεναίων γόος ἀντίπαλος. Pl. civ. 522, a ἦν ἐκείνη γ' (sc. ἡ μουσική) ἀντίστροφος τῆς γυμναστικῆς [3]). P, 29 εἴ κέ μευ ἄντα στήῃς. 69 ἀντίον ἐλθέμεναι Μενελάου. Hdt. 3, 144 κατεναντίον τῆς ἀκροπόλιος κατέατο. Eur. Hipp. 389 τοὔμπαλιν πεσεῖν φρενῶν „*a sana mente discedere, bene cogitatis contraria probare,*" s. Valcken. Vgl. X. Cy. 8. 4, 32. Hdt. 6, 77 ἀγχοῦ ἐγίνοντο τῆς Τίρυνθος. 8, 39 πέλας Κασταλίης. Vgl. 138. S. El. 900 τύμβου προσεῖρπον ἆσσον. X. Hier. 7, 4 οὐδεμία ἀνθρωπίνη ἡδονὴ τοῦ θείου ἐγγυτέρω δοκεῖ εἶναι ἢ ἡ περὶ τὰς τιμὰς εὐφροσύνη. Eur. H. f. 1109 ἔλθω τῶν ἐμῶν κακῶν πέλας; Dem. 9, 27 πλησίον Θηβῶν καὶ Ἀθηνῶν. 8, 36 ἀπαντικρὺ τῆς Ἀττικῆς. Vereinzelt und zweifelhaft ὁμοῦ = ἐγγύς S. Ph. νεὼς ὁμοῦ.

Anmerk. 11. In der einfachen Bedeutung sich nähern, begegnen werden die genannten Verben mit dem Dative verbunden. Doch Pind. J. 5, 14 f. τοίαισιν ὀργαῖς ἀντιάσαις, *talium votorum compos factus.* Einige nehmen vereinzelt den Akkusativ zu sich. Α, 31 ἐμὸν λέχος ἀντιόωσαν (Akk. d. Zieles nach § 410, 4). Eur. J. A. 149 ἤν γάρ νιν πομπαῖς ἀντήσῃς, wo πομπαῖς ἀντᾶν den transitiven Begriff „geleiten" bildet. Hdt. 2, 141 ἀντιάζων τὸν Ἀραβίων

[1]) Mehr Stellen s. b. Buttmann Lexil. I. S. 9 f. u. Weidenkaff, de usu gen. ap. Hom. Halle 1865. — [2]) Vgl. Rumpel a. a. O. S. 297. Haase ad Xen. R. L. 1, 7 (5) p. 55 sq. — [3]) S. Stallbaum ad Plat. Phileb. 57, b.

στρατόν (ubi v. Baehr), entgegengehend angreifen. Vgl. 4, 80. 9, 7. 1, 105 σφέας ἀντιάσας δώροισι, *donis excipiens*. Trag. *precibus adire*, S. Ai. 492. Eur. Andr. 572. Pind. N. 1, 67 ὅταν θεοὶ .. Γιγάντεσσιν μάχαν ἀντιάζωσιν, *bellum inferunt*. Hdt. 4, 121 οἱ Σκύθαι ὑπηντίαζον τὴν Δαρείου στρατιήν. Pind. P. 5, 44 ἑκόντι πρέπει νόῳ τὸν εὐεργέταν ὑπαντιάσαι. Pl. Phil. 42, c ἐὰν τῇδε ἀπαντῶμεν ἡδονὰς καὶ λύπας, ubi v. Stallb. Vgl. Lob. ad S. Ai. 802 p. 351. Über ἐναντίος, τοὐναντίον, ἔμπαλιν, τὸ ἔμπαλιν ἤ oder καί s. § 542, 1 u. § 423, A. 18.

§ 417. Fortsetzung.

1. Die Begriffe des Anfüllens mit etwas und des Vollseins von etw., als: πλήθειν, πληθύειν, πληροῦν, πιμπλάναι, μεστοῦν, φόρειν ep., ἐπιστέφεσθαι ep., bis zum Rande füllen, γέμειν, βρίθειν poet., στείνεσθαι ep., βεβυσμένος νήματος δ, 134, νάσσειν, σάττειν, πλουτεῖν, βρύειν poet., εὐπορεῖν; πλέως, ἔμπλεως, σύμπλεως, μεστός, πλούσιος, πολυκτήμων βίου Eur. Io 581, ἄπληστος, die poet. κατηρεφής, bedeckt, angefüllt (Anacr. fr. 135 Bergk. τράπεζαι κατηρεφέες παντοίων ἀγαθῶν), ἀφνειός, ἐπιστεφής ep., angefüllt, πολυστεφής, περιστεφής, φιλόδωρος, freigebig, z. B. εὐμενείας, Pl. conv. 197, d. Ι, 224 πλησάμενος δ' οἴνοιο δέπας. ι, 219 f. ταρσοὶ μὲν τυρῶν βρῖθον, στείνοντο δὲ σηκοὶ | ἀρνῶν ἠδ' ἐρίφων. Ι, 175 κρητῆρας ἐπεστέψαντο ποτοῖο. σ, 22 μή σε γέρων περ ἐὼν στῆθος καὶ χείλεα φύρσω | αἵματος. Hs. sc. 290 βριθόμενα σταχύων. S. O. C. 16 f. χῶρος βρύων δάφνης, ἐλαίας, ἀμπέλου. Aesch. Ag. 659 ὁρῶμεν ἀνθοῦν πέλαγος Αἰγαῖον νεκροῖς | ἀνδρῶν Ἀχαιῶν ναυτικῶν τ' ἐρειπίων (m. Dat. u. Gen., öfter b. Spät., s. Lob. ad S. Ai. 716 p. 332, 2), wie *florere frugum* Lucret. I, 256. X. Conv. 4, 64 σεσαγμένος πλούτου τὴν ψυχὴν ἔσομαι. Vgl. Oec. 8, 8. An. 4. 6, 27 κώμας πολλῶν καὶ ἀγαθῶν γεμούσας. Eur. H. f. νεκρῶν πληθύει πέδον. Dem. 8, 74 ἐμπλήσετε τὴν θάλατταν τριήρων. Pl. Lys. 206, a οἱ καλοί, ἐπειδάν τις αὐτοὺς ἐπαινῇ καὶ αὔξῃ, φρονήματος ἐμπίμπλανται καὶ μεγαλαυχίας. Apol. 26, d τὰ Ἀναξαγόρου βιβλία γέμει τούτων τῶν λόγων. X. Hell. 6. 1, ναῦς πληροῦν ἀνδρῶν. Pl. civ. 494, c πληροῦσθαι ἐλπίδος. S. Ant. 280 παῦσαι πρὶν ὀργῆς καί με μεστῶσαι λέγων. X. vect. 6, 1 τροφῆς εὐπορεῖν. Dem. 18, 27 πολλῶν μὲν χρημάτων, πολλῶν δὲ στρατιωτῶν εὐπορήσας. Pl. civ. 521, a ἄρξουσιν οἱ τῷ ὄντι πλούσιοι οὐ χρυσίου, ἀλλ' οὗ δεῖ τὸν εὐδαίμονα πλουτεῖν, ζωῆς ἀγαθῆς τε καὶ ἔμφρονος. δ, 319 δυσμενέων δ' ἀνδρῶν πλεῖος δόμος. ξ, 113 οἴνου ἐνίπλειος. Eur. Cy. 503 πλέως οἴνου. α, 165 ἀφνειότεροι χρυσοῖό τε ἐσθῆτός τε. β, 431 κρητῆρας ἐπιστεφέας οἴνοιο. S. OR. 83 πολυστεφὴς δάφνης. El. 895 περιστεφὴς ἀνθέων. Pl. civ. 411, c δυσκολίας ἔμπλεοι. X. Cy. 3. 1, 3 διαθεόντων καὶ ἐλαυνόντων τὸ πεδίον μεστόν. Dem. 18, 217 χαρᾶς καὶ ἐπαίνων ἡ πόλις ἦν μεστή. X. An. 1. 2, 7 παράδεισος ἀγρίων θηρίων πλήρης. 22 πεδίον δένδρων παντοδαπῶν σύμπλεων. Dem. 27, 60 ἀπληστότατοι χρημάτων. Vgl. X. Cy. 8. 2, 20.

Anmerk. 1. Statt des Genetivs steht zuweilen der instrumentale Dativ. Eur. Or. 1363 δακρύοισι γὰρ Ἑλλάδ' ἅπασαν ἔπλησε (hingeg. 368 δακρύων δ' ἔπλησεν ἐμέ). Vgl. Aesch. P. 133. Th. 7, 75 δάκρυσι πᾶν τὸ στράτευμα πλησθέν. S. Tr. 54 παισὶ μὲν τοσοῖσδε πληθύεις. Aesch. S. 464 πνεύμασι πληρούμενοι. Βρύειν u. βρίθειν häufiger m. d. Dat., z. B. Aesch. Ag. 169 θράσει βρύων. H. Cer. 472 πᾶσα δὲ φύλλοισίν τε καὶ ἄνθεσιν εὐρεῖα χθὼν | ἔβρισε. Πλήρης selt. Eur. Ba. 18 μιγάσιν Ἕλλησι πλήρεις πόλεις. Ἀφνειός selt. Theocr. 24, 106 μεγάλαις ἀφνειὸς ἀρούραις. Vgl. 25, 119. Hs. op. 120 ἀφνειοὶ μήλοισι. (ibid. 455 ἀνὴρ φρένας ἀφνειός nach § 410, 6.)

2. Die Begriffe des Geniessens, Essens, Trinkens, Sättigens, als: ἀπολαύειν, ὀνίνασθαι fast nur poet., ὠφελεῖν u. -εῖσθαι nur vereinzelt und zweifelhaft, εὖ πάσχειν poet. = ἀπολαύειν *c. g.*, ἐσθίειν, φαγεῖν, πατεῖσθαι ep. poet. u. neuion., εὐωχεῖσθαι, ἑστιᾶν selt., τέρπεσθαι ep., πίνειν, γεύειν, γεύεσθαι, κορεννύναι selt. S. Ph. 1156, gwhnl. m. Dat., κορέννυσθαι poet. u. sp. pros., ἄμεναι ep., sättigen, ἄσασθαι ep., ἀρέσασθαι Hs. sc. 255, ἐμφορεῖσθαι Hdt. 1, 55, ubi v. Baehr, u. b. Spät.; Adj. ἄγευστος, ἄπαστος ep., ἀκόρητος poet., ἆτος ep., *insatiabilis*, ἀνόνητος Dem. 18, 141. 19, 315. X. Comm. 4. 3, 11 ἀπολαύειν πάντων τῶν ἀγαθῶν. Isocr. 4, 2 ἑνὸς δ' ἀνδρὸς εὖ φρονήσαντος ἅπαντες ἂν ἀπολαύσειαν οἱ βουλόμενοι κοινωνεῖν τῆς ἐκείνου διανοίας. Nach Analogie v. ἀπολαύειν Antiph. 5, 17 ὠφελεῖσθαι τοῦδε τοῦ νόμου, ubi v. Maetzner, st. des gwhnl. ὠφελεῖσθαι ἀπό od. ἔκ τινος (doch ist die Lesart unsicher). S. OC. 436 οὐδεὶς ἔρωτος τοῦδ' ἐφαίνετ' ὠφελῶν = ἀπολαύειν ποιῶν. Pind. N. 1, 32 ἐόντων εὖ παθεῖν, *praesentibus frui*. Theogn. 1009 τῶν αὐτοῦ κτεάνων εὖ πασχέμεν. (Die Belege für εὖ πράσσειν τινός sind von zweifelhaftem Werte: S. OR. 1006 liegt *gen. abs.* vor, OC. 391 ist der Ausdruck verdächtig.) τ, 68 δαιτὸς ὄνησο. Eur. M. 1348 οὔτε λέκτρων νεογάμων ὀνήσομαι. Ar. Thesm. 469 οὕτως ὀναίμην τῶν τέκνων . . μισῶ τὸν ἄνδρα, so wahr ich mich meiner Kinder zu erfreuen wünsche. So auch in Pros. Dem. 28, 20 οὕτως ὄναισθε τούτων (τῶν παίδων κτλ.), μὴ περιίδητέ με. ι, 102 λωτοῖο φαγών. X. Hell. 3. 3, 6 ἡδέως ἂν καὶ ὠμῶν ἐσθίειν αὐτῶν (dagegen An. 4. 8, 14 τούτους καὶ ὠμοὺς δεῖ καταφαγεῖν, vgl. Anm. 2). α, 124 δείπνου πασσάμενος. Hdt. 2, 47 πατέονται τῶν κρεῶν. Vgl. 1, 73. 2, 37 ἰχθύων οὔ σφι ἔξεστι πάσασθαι. Pl. civ. 352, b εὐωχοῦ τοῦ λόγου, *fruere sermone*. Akt. Theophr. char. c. 8 δοκῶ μοί σε εὐωχήσειν καινῶν λόγων st. des gwhnl. Dat., s. Casaub. ap. Ast. p. 102. So Pl. Phaedr. 227, b τῶν λόγων ὑμᾶς Λυσίας εἱστία, vgl. Civ. 571, d, st. des gwhnl. Dat. I, 705 τεταρπόμενοι φίλον ἦτορ | σίτου καὶ οἴνοιο. Λ, 780 ἐπεὶ τάρπημεν ἐδητύος ἠδὲ ποτῆτος. Danach auch S. Ph. 715 οἰνοχύτου πώματος ἥσθη, erfreute sich = genoss d. Tr. λ, 96 αἵματος ὄφρα πίω (dagegen 98 ἐπεὶ πίεν αἷμα, vgl. Anm. 2). X. Cy. 1. 3, 10 τί δὴ οὐκ ἀπερρόφησας τοῦ οἴνου; Pl. conv. 203, b μεθυσθεὶς τοῦ νέκταρος, berauscht von N. Pl. leg. 634, a ἐπιτηδεύματα γεύοντα (sc.

τοὺς ἀνθρώπους) τῶν ἡδονῶν. Civ. 582, c τῆς τοῦ ὄντος θέας ἀδύνατον ἄλλῳ γεγεῦσθαι πλὴν τῷ φιλοσόφῳ. Th. 2, 70 καὶ ἀλλήλων ἐγέγευντο. Λ, 562 ἐκορέσσατο φορβῆς. E, 289 αἵματος ἆσαι Ἄρηα. Vgl. I, 489. T, 307 μή με πρὶν σίτοιο κελεύετε μηδὲ ποτῆτος | ἄσασθαι φίλον ἦτορ. S. Ant. 582 εὐδαίμονες οἷσι κακῶν ἄγευστος αἰών. E, 388 Ἄρης ἆτος πολέμοιο.

Anmerk. 2. Der Genetiv hat partitiven Sinn. Tritt also der partitive Sinn zurück oder ist er geradezu ausgeschlossen, so steht bei den Verben des Essens und Trinkens der Akkusativ, bei denen des Sättigens der instrumentale Dativ. So bei den Verben des Essens und Trinkens der Akk. ziemlich oft (vgl. des Weines u. Wein trinken, des Brotes u. Brot essen § 415, 2), wenn der Stoff schlechthin als Nahrungsmittel bezeichnet werden soll. M, 319 ἔδουσί τε πίονα μῆλα | οἶνόν τ' ἔξαιτον μελιηδέα. κ, 101 ἀνέρες σῖτον ἔδοντες. ι, 347 Κύκλωψ, τῆ, πίε οἶνον, ἐπεὶ φάγες ἀνδρόμεα κρέα. X. Cy. 6. 2, 28 ὅστις ἀλφιτοσιτεῖ, ὕδατι μεμιγμένην ἀεὶ τὴν μᾶζαν ἐσθίει, καὶ ὅστις ἀρτοσιτεῖ, ὕδατι δεδευμένον τὸν ἄρτον . . μετὰ δὲ τὸν σῖτον ἐὰν οἶνον ἐπιπίνωμεν, οὐδὲν μεῖον ἔχουσα ἡ ψυχὴ ἀναπαύσεται. Ibid. 1. 3, 6 κρέα γε εὐωχοῦ, iss tüchtig Fleisch. Pl. conv. 176, c πολὺν πίνειν οἶνον. Ebenso natürlich bei aufessen, austrinken, wie X. Cy. 1. 3, 9, und bei ἐσθίειν in der trop. Bdtg. verzehren, wie Ψ, 182 τοὺς ἅμα σοὶ πάντας πῦρ ἐσθίει. Ar. V. 287 μηδ' οὕτως σεαυτὸν ἔσθιε. (Daher pass. δ, 318 ἐσθίεταί μοι οἶκος.) Wie μετέχειν μέρος τινός od. τί τινος gesagt wird (§ 416, A. 1), so Isocr. 13, 11 οὐδ' ἂν ἐλάχιστον μέρος ἀπελαύσαμεν αὐτῆς. Th. 2, 53 τοῦ βίου τι ἀπολαῦσαι. Καρποῦσθαι wird stets mit dem Akk. verbunden.

Anmerk. 3. Bei ὀνίνασθαι und ἀπολαύειν findet sich neben dem Genetive des Gegenstandes, von dem man Genuss hat, auch der Akkusativ eines neutralen Adjektivs oder Pronomens zur Bezeichnung der Art des Genusses (nach ὄνησιν ὀνίνασθαι, ἀπόλαυσιν ἀπολαύειν τινός). Π, 31 τί σευ ἄλλος ὀνήσεται; S. Tr. 570 τοσόνδ' ὀνήσῃ τῶν ἐμῶν . . πορθμῶν. X. Comm. 1. 6, 2 σὺ δέ μοι δοκεῖς τἀναντία τῆς σοφίας ἀπολελαυκέναι. Vgl. 4. 3, 10. Pl. Phaedr. 255, e ἄξιοί ἀντὶ πολλῶν πόνων σμικρὰ ἀπολαῦσαι. Isocr. 8, 81 δέδοικα, μὴ πειρώμενος ὑμᾶς εὐεργετεῖν αὐτὸς ἀπολαύσω τι φλαῦρον. Statt des poet. ὀνίνασθαί τινός τι *fructum percipere ex al.* sagt man in Prosa ἀπό τινος. Pl. Charm. 175, e μηδὲν ὀνήσει ἀπὸ ταύτης τῆς σωφροσύνης. Ebenso ἀπολαύειν τι ἀπό, παρά τινος. Pl. Euthyd. 299 a πόλλ' ἀγαθὰ ἀπὸ τῆς ὑμετέρας σοφίας ταύτης ἀπολέλαυκεν ὁ πατήρ. Ferner ἀπολαύειν τινὸς ἀπό od. ἔκ τινος. Pl. Phaedr. 255, d ἀπ' ἄλλου ὀφθαλμίας ἀπολελαυκώς, *qui ex alio lippitudinem sibi contraxit.* Civ. 395, c ἵνα μὴ ἐκ τῆς μιμήσεως τοῦ εἶναι ἀπολαύσωσιν, *ne ex imitatione* (sc. rerum turpium) τὸ εἶναι *sibi contrahant,* i. e. id sibi contrahant, *ut ipsi turpes evadant,* s. Schneider ad h. l. Endlich Pl. civ. 606, b ἀπολαύειν ἀνάγκη ἀπὸ τῶν ἀλλοτρίων εἰς τὰ οἰκεῖα, wo ἀπό wegen des Gegensatzes steht: sie müssen sich von Fremden für das Eigene Nachteil zuziehen.

3. Die Begriffe des Riechens, Duftens nach etwas, als: ὄζειν, πνεῖν, προσβάλλειν. Aesch. Ag. 1310 τόδ' ὄζει θυμάτων ἐφεστίων. Ar. N. 50 ff. ἐγὼ | ὄζων τρυγός, τρασιᾶς, ἐρίων περιουσίας, | ἡ δ' αὖ μύρου, κρόκου κτλ. Anacr. 28, 9 μύρου πνεῖν. Anth. 11, 240 πνεῖν τράγου. Ar. R. 338 ὡς ἡδύ μοι προσέπνευσε χοιρείων κρεῶν. Ach. 190 ὄζουσι πίττης καὶ παρασκευῆς νεῶν. Theocr. 1, 27 κισσύβιον . . ἔτι γλυφάνοιο ποτόσδον.

7, 143 πάντ' ὧσδεν θέρεος μάλα πίονος, ὧσδε δ' ὀπώρας. 29, 19 ἀνδρῶν τῶν ὑπερανορέων δοκέεις πνέειν. Ael. h. a. 14, 27 κρέα πάμπολλα ὀπτὰ κνίσσης προσβάλλοντα. Auch kann noch ein Genetiv hinzutreten, welcher den Gegenstand bezeichnet, von dem der Geruch, Duft ausgeht (obwohl hier gwhnl. ἀπό dabei steht, wie Hdt. 3, 23 ὄζειν ἀπ' αὐτῆς [τῆς κρήνης] ὡσεὶ ἴων, vgl. 113). Ar. Ec. 524 τῆς κεφαλῆς ὄζω μύρου [1]). Vgl. Anacr. 9, 3 πόθεν μύρων πνέεις; Ar. P. 180 πόθεν βροτοῦ με προσέβαλε; woher duftete es mich an nach einem Sterblichen?

Anmerk. 4. Nach Analogie der Verben des Anteils und der Fülle werden vereinzelt, namentlich in der Dichtersprache, auch einige andere Verben mit dem Genetive verbunden, zu denen sonst zufolge einer anderen Auffassung der instrumentale Dativ tritt. ε, 72 λειμῶνες μαλακοὶ ἴου ἠδὲ σελίνου | θήλεον (strotzten), γ, 408 ἀποστίλβοντες ἀλείφατος. Pl. Phaed. 113, a λίμνην ζέουσαν ὕδατος καὶ πηλοῦ. Hdt. 4, 205 ζῶσα εὐλέων ἐξέζεσε, *scatuit vermibus*. Pl. Phaedr. 230 b ἡ πηγὴ ῥεῖ ψυχροῦ ὕδατος. I, 242 αὐτὰς δ' ἐμπρήσειν μαλεροῦ πυρός (urspr. übersprühen mit etw.). Π, 81 μὴ δὴ πυρὸς αἰθομένοιο νῆας ἐνιπρήσωσι. Vgl. B, 415. ρ, 23 ἐπεί κε πυρὸς θερέω. Z, 331 ἀλλ' ἄνα, μὴ τάχα ἄστυ πυρὸς δηίοιο θέρηται. Vgl. Λ, 667. H, 410 (νέκυας) πυρὸς μειλισσέμεν (wie sonst πυρὸς λελαχεῖν). Hymn. Dian. 9, 3 ἵππους ἄρσασα (tränkend) βαθυσχοίνοιο Μέλητος. Bei den Verben des Badens, Waschens. E, 6 λελουμένος Ὠκεανοῖο. Z, 508 λούεσθαι ἐυρρεῖος ποταμοῖο. β, 261 χεῖρας νιψάμενος πολιῆς ἁλός. O, 265. Φ, 560. Ferner καταπάσσειν Ar. Eq. 99 f. πάντα ταυτὶ καταπάσω | βουλευματίων. Pl. Lys. 210, a τοὺς ὀφθαλμοὺς ἐμπάσαι τῆς τέφρας.

4. Bei den Verben der sinnlichen Wahrnehmung ἀκούειν, ἐπ-, κατακούειν, ἀκροᾶσθαι, κλύειν ep. poet., ἀίειν ep. poet., αἰσθάνεσθαι mit den Sinnen wahrnehmen, πυνθάνεσθαι vernehmen, hören, συνιέναι vernehmen, verstehen, ὀσφραίνεσθαι steht die Person oder Sache, deren Worte, Ton, Schall, Geruch u. s. w. wahrgenommen wird, im Genetiv, dagegen der Inhalt der Wahrnehmung selbst (Wort, Schall, Geruch u. s. w.) in der Regel im Akkusativ. Lys. 1, 43 τῶν μαρτύρων ἀκηκόατε. Pl. Gorg. 503, c Περικλέα οὐ καὶ σὺ ἀκήκοας. X. An. 4. 2, 8 ἀκούσαντες τῆς σάλπιγγος. Γ, 76 μῦθον ἀκούσας. K, 354 δοῦπον ἀκούσας. Pl. Euthyd. 283, a ἐβλέπομεν πρὸς αὐτὸν ὡς αὐτίκα μάλα ἀκουσόμενοι θαυμασίους τινὰς λόγους. X. An. 4. 4, 21 ἀκούσαντες τὸν θόρυβον. S. OR. 708 ἐμοῦ ἐπάκουσον. ξ, 328 Διὸς βουλὴν ἐπακούσῃ. Pl. Prot. 314, c ὁ θυρωρὸς κατήκουεν ἡμῶν. 330, e ἆρ' οὐκ ὀρθῶς ὑμῶν κατήκουσα; Civ 531, a φασὶν ἔτι κατακούειν τινὰ ἠχήν. X. Cy. 1. 3, 10 οὐκ ἀκροώμενοι τοῦ ᾄδοντος ὠμνύετε ἄριστα ᾄδειν. Th. 6, 89 ἵνα μὴ χεῖρον τὰ κοινὰ . . ἀκροάσησθε. Ps. Pl. Eryx. 403, d τοὺς λόγους ἀκροώμενος. A, 357 τοῦ δ' ἔκλυε πότνια μήτηρ. S. Ph. 976 ἆρ' Ὀδυσσέως κλύω; Ai. 290 κλύων σάλπιγγος. Δ, 455 τῶν δέ τε τηλόσε δοῦπον ἐν οὔρεσιν ἔκλυε ποιμήν. S. OR. 340 τίς γὰρ τοιαῦτ' ἂν οὐκ ἂν ὀργίζοιτ' ἔπη | κλύων; Π, 508 Γλαύκῳ . . ἄχος γένετο φθογγῆς ἀίοντι. K, 532 κτύπον ἄιε. Ar. N. 292 ᾔσθου

[1]) S. Bergk. reliq. comoed. Att. antiq. p. 325 sq.

φωνῆς ἅμα καὶ βροντῆς; S. El. 89 πολλὰς μὲν θρήνων ᾠδάς, | πολλὰς δ' ἀντήρεις ᾔσθου | στέρνων πληγάς. **Πυνθάνεσθαι nur selten von unmittelbarer Wahrnehmung.** P, 102 εἰ δέ που Αἴαντός γε βοὴν ἀγαθοῖο πυθοίμην **wenn ich irgendwo (einen Laut von) Aias vernähme.** O, 224 μάλα γάρ κε μάχης ἐπύθοντο καὶ ἄλλοι **hätten das Kampfgetöse vernommen.** O, 379 ἐπύθοντο Διὸς κτύπον. π, 412 ἐπεύθετο βουλάς. σ, 34 τοῖιν δὲ ξυνέηχ' ἱερὸν μένος Ἀντινόοιο. (In gleicher Weise b. Hom. auch συνίεσθαι δ, 76 τοῦ δ' ἀγορεύοντος ξύνετο ξανθὸς Μενέλαος.) Hdt. 1, 47 καὶ κωφοῦ συνίημι καὶ οὐ φωνεῦντος ἀκούω. Th. 1, 3 ὅσοι ἀλλήλων ξυνίεσαν, vgl. Hdt. 4, 114. ζ, 289 ἐμέθεν ξυνίει ἔπος. X. Cy. 1. 6, 2 δι' ἑρμηνέων τὰς τῶν θεῶν συμβουλίας συνιέναι. Ar. R. 654 κρομμύων ὀσφραίνομαι. Hdt. 1, 80 ὡς ὤσφραντο τάχιστα τῶν καμήλων οἱ ἵπποι καὶ εἶδον αὐτάς, ὀπίσω ἀνέστρεφον. ibid. τὴν ὀδμὴν ὀσφραινόμενος. — **Zu dem Genetive der Person oder Sache tritt oft noch ein Partizip, das den Inhalt der Wahrnehmung bezeichnet.** ι, 497 εἰ δὲ φθεγξαμένου τευ ἢ αὐδήσαντος ἄκουσεν. δ, 505 τοῦ δὲ Ποσειδάων μεγάλ' ἔκλυεν αὐδήσαντος. Pl. Ap. 37, d λέγοντος ἐμοῦ ἀκροάσονται οἱ νέοι. Polit. 306, d ἐπαινέτης εἴτε αὐτὸς πώποτε γέγονας εἴτε ἄλλου παρὼν ἐπαινοῦντος ᾔσθησαι. **S. d. Lehre vom Partizip.**

Anmerk. 5. Die Grenze zwischen Genetiv und Akkusativ ist nicht immer scharf zu ziehen. So können z. B. αὐδή, ὄψ u. a. ebensowohl *Stimme* in dem Sinne von: *das den Ton Erzeugende*, wie *Stimme* in der Bedeutung: *der gehörte Ton, Laut, Wort selbst* aufgefasst werden und demnach mit kaum merkbarem Unterschiede in den Gen. oder Akk. treten. So *gen.* μ, 198 φθογγῆς Σειρήνων ἠκούομεν. φ, 237 ἢν δέ τις ἢ στοναχῆς ἠὲ κτύπου ἔνδον ἀκούσῃ | ἀνδρῶν. S. Ph. 225 φωνῆς ἀκοῦσαι βούλομαι, aber *acc.* S. OC. 1610 ἀκούει φθόγγον. Ai. 15 ὡς εὐμαθές σου . . φώνημ' ἀκούω. *Gen.* X, 451 αἰδοίης ἑκυρῆς ὀπὸς ἔκλυον, vgl. Π, 76. S. Ant. 1207 φωνῆς δ' ἄπωθεν ὀρθίων κωκυμάτων | κλύει τις, aber *acc.* O, 270 θεοῦ ἔκλυεν αὐδήν, vgl. N, 757. Eur. Hipp. 86. S. Ai. 975 αὐδὴν γὰρ δοκῶ Τεύκρου κλύειν | βοῶντος ἄτης τῆσδ' ἐπίσκοπον μέλος. ι, 401 βοῆς ἀίοντες (seine rufende Stimme), aber Σ, 222 ἄιον ὄπα χάλκεον Αἰακίδαο (den Kriegsruf). Z, 465 σῆς τε βοῆς σοῦ θ' ἑλκηθμοῖο πυθέσθαι, s. Hentze im Anh. z. d. St., aber κ, 147 εἴ πως ἔργα ἴδοιμι βροτῶν ἐνοπήν τε πυθοίμην. Pl. leg. 791, e τὰ μήπω φωνῆς ξυνιέντα (παιδία), aber B, 182 ξυνέηκε θεᾶς ὄπα. S. Ant. 1218 τὸν Αἵμονος φθόγγον συνίημι. Pl. Prot. 325, c συνιῇ τις τὰ λεγόμενα, vgl. X. R. L. 2, 1. Besonders auffällig ist die gleichartige Verwendung der beiden Konstruktionen bei Herodot. Vgl. 1, 45 τούτων ἀκούσας, 141 ἤκουσαν τούτων ἀνενειχθέντων ἐς τὰς πόλιας, 2, 114 ἀκούσας τούτων (aber 115 ἀκούσας ταῦτα), 3, 128 ἀκούσαντας τούτων (aber gleich darauf ἤκουσαν ταῦτα). 4, 157. 5, 79. 7, 13 ἀκούσαντί μοι τῆς Ἀρταβάνου γνώμης. Doch auch sonst, z. B. Eur. Hec. 967 λέγουσα μύθους ὧν κλύων ἀφικόμην. S. El. 35 χρῇ μοι τοιαῦθ' ὁ Φοῖβος, ὧν πεύσῃ τάχα. Daher finden sich bisweilen beide Konstruktionen in Einem Satze neben einander. μ, 265 μυκηθμοῦ τ' ἤκουσα βοῶν αὐλιζομενάων | οἰῶν τε βληχήν (Bekker mit Eusthat. μυκηθμόν). Eur. Suppl. 87 τίνων γόων ἤκουσα καὶ στέρνων κτύπον | νεκρῶν τε θρήνους;[1]) — Bei αἰσθάνεσθαι, das mit dem einfachen *gen. pers.* nicht verbunden wird, tritt das sachliche Objekt ohne deut-

[1]) Vgl. Lobeck ad Soph. Ai. 716 p. 332.

ichen Unterschied in den Gen. oder Akk. X. conv. 1, 16 ᾔσθετο τοῦ γέλωτος. Hell. 4. 4, 4 τῆς κραυγῆς ᾔσθοντο. S. El. 683 ᾔσθετ' ἀνδρὸς ὀρθίων κηρυγμάτων | δρόμον προκηρύξαντος. Ar. Pl. 670 εἰπών, ἥν τις αἴσθηται ψόφου, | σιγᾶν. Dagegen 688 ᾐσθετό πού μου τὸν ψόφον. S. Ai. 1318 ᾐσθόμην | βοὴν 'Ατρειδῶν. X. Cy. 3. 1, 4 ᾔσθετο τὰ γιγνόμενα.

Anmerk. 6. Wenn aber die Verben des Hörens nicht schlechthin *vernehmen* bedeuten, sondern *auf etwas hören*, d. i. a) anhören, zuhören, auf etw. merken, b) gehorchen, so werden sie regelmässig, auch bei sachlichem Objekt, mit dem Genetive (doch in der Bedeutung *gehorchen*, *Gehör schenken* auch mit dem Dative) verbunden. φ, 290 ἀκούεις μύθων ἡμετέρων. Pl. civ. 450, b λόγων ἀκουσομένους. Lycurg. 16 δέομαι δ' ὑμῶν, ἀκοῦσαί μου τῆς κατηγορίας διὰ τέλους. X. Cy. 3. 1, 8 ὅπως τῆς δίκης ἀκούσῃς. O, 199 οἵ ἕθεν ὀτρύνοντος ἀκούσονται καὶ ἀνάγκῃ. Aesch. S. 196 ἀρχῆς τῆς ἐμῆς ἀκούσεται. Hdt. 3, 61 Σμέρδιος τοῦ Κύρου ἀκουστέα, ἀλλ' οὐ Καμβύσεω. B, 143 ὅσοι οὐ βουλῆς ἐπάκουσαν. Pl. Prot. 315, a ἠκολούθουν ἐπακούοντες τῶν λεγομένων. S. Ph. 1417 σὺ δ' ἐμῶν μύθων ἐπάκουσον. Hs. op. 275 δίκης ἐπάκουε. (Mit Dativ Hdt. 4, 141 ἐπακούσας τῷ πρώτῳ κελεύσματι.) Dem. 1, 23 ἀήθεις τοῦ κατακούειν τινός εἰσι. (M. Dat. Hdt. 3, 88 Ἀράβιοι οὐδαμὰ κατήκουσαν Πέρσῃσι.) Ar. N. 263 εὐφημεῖν χρὴ τὸν πρεσβύτην καὶ τῆς εὐχῆς ὑπακούειν. Pl. Theaet. 162, d τῆς δημηγορίας ὀξέως ὑπακούεις καὶ πείθει. Hdt. 3, 101 Δαρείου βασιλέος οὐδαμὰ ὑπήκουσαν. Th. 4, 56 Ἀθηναίων ὑπακούοντες *Atheniensium imperio subiecti*. Pl. leg. 708, d ὑπακοῦσαι νόμων. (M. Dat. X. Cy. 1. 1, 3 ἤθελον αὐτῷ ὑπακούειν u. s. w.) So auch die Adjekt. ἐπήκοος, κατήκοος, συνήκοος, ὑπήκοος. Pl. civ. 499, a λόγων καλῶν ἐπήκοοι γεγόνασιν. Aesch. Eum. 732 δίκης γενέσθαι τῆσδ' ἐπήκοος μένω. (M. Dat. Pl. Phil. 25, b ἄν πέρ γε ἐμαῖς εὐχαῖς ἐπήκοος γίγνηταί τις θεῶν.) Pl. Tim. 70, a τοῦ λόγου κατήκοον ὄν. Men. 71, e (γυναῖκα) κατήκοον οὖσαν τοῦ ἀνδρός. Hdt. 1, 72 ἦσαν οἱ Σύριοι Μήδων κατήκοοι u. s. (M. Dat. 1, 141 Κροίσῳ ἦσαν κατήκοοι). Pl. leg. 711, e οἱ ξυνήκοοι τῶν λόγων. Hdt. 1, 102 (Πέρσας) πρώτους Μήδων ὑπηκόους ἐποίησε, u. so immer bei ihm. Th. 4, 78. X. Cy. 4. 2, 1 u. oft. (M. Dat. X. Hell. 6. 1, 7 ὅτι ὑπήκοοι αὐτῷ εἶεν Μαρακοί u. s.) O, 236 οὐδ' ἄρα πατρὸς ἀνηκούστησεν Ἀπόλλων, vgl. Π. 676. Aesch. Pr. 40 ἀνηκουστεῖν δὲ τῶν πατρὸς λόγων οἷόν τε πῶς; Υ, 14 οὐδ' ἐνοσίχθων | νηκούστησε θεᾶς. μ, 271 κέκλυτέ μευ μύθων hört auf meine Worte. o, 220 οἱ δ' ἄρα τοῦ μάλα μὲν κλύον ἠδὲ πίθοντο. Eur. Or. 436 οὗτοί μ' ὑβρίζουσ', ὧν πόλις τὰ νῦν κλύει (*quibus oboedit*). Isocr. 14, 6 δεόμεθ' οὖν ὑμῶν μετ' εὐνοίας ἀκροάσασθαι τῶν λεγομένων. Th. 3, 27 ἠκροῶντο ἔτι τῶν ἀρχόντων. Pl. Gorg. 488, c δεῖ ἀκροᾶσθαι τοῦ ἰσχυροτέρου τοὺς ἀσθενεστέρους. O, 378 ἀράων ἀΐων Νηληϊάδαο γέροντος (erhörend). A, 237 καί μέν μευ βουλέων ξύνιεν πείθοντό τε μύθῳ (sie hörten, merkten auf meine Ratschläge). Nach Analogie von ἀκούειν, gehorchen, zuweilen auch πείθεσθαι *c. gen.* Eur. J. A. 726 πείθεσθαι γὰρ εἴθισμαι σέθεν. Hdt. 1, 126 νῦν ὦν ἐμέο πειθόμενοι γίνεσθε ἐλεύθεροι. 6, 12 μὴ πειθώμεθα αὐτοῦ[1]. Th. 7, 73 σφῶν πείθεσθαι. Ebenso vereinzelt ἀπιθεῖν h. Cer. 448 οὐδ' ἀπίθησε θεὰ Διὸς ἀγγελιάων, und ἄπιστος *inoboediens* Aesch. S. 875 ἄπιστος φίλων (aber c. dat. 1030). Zweifelhaft Pl. leg. 632, b τοῖς εὐπειθέσι τῶν νόμων (sonst nur mit Dat., z. B. ib. 715, c νόμοις εὐπειθέστατος).

Anmerk. 7. Bei ἀκούειν und κλύειν, hören, findet sich vereinzelt ein *Dativus commodi*. Π, 515 δύνασαι δὲ σὺ πάντοσ' ἀκοῦσαι | ἀνέρι κηδομένῳ (einem bekümmerten Manne *zu Liebe*). 531 (Γλαῦκος γήθησεν) ὅττι οἱ ὦκ' ἤκουσε μέγας θεὸς εὐξαμένοιο (s. § 494, A.). Ω, 335 ἔκλυες, ᾧ κ' ἐθέλῃσθα. δ, 767 θεὰ δέ οἱ ἔκλυεν ἀρῆς ihr erhörte die Göttin das Flehen.

---

[1]) S. Stein zu Hdt. 1, 59.

Anmerk. 8. ἀκούειν, κλύειν, αἰσθάνεσθαι, πυνθάνεσθαι werden auch von mittelbarer Wahrnehmung in dem Sinne von *erfahren, wissen* gebraucht und nehmen dann das Objekt, auch wenn es ein persönliches ist, im Akkusativ zu sich (doch vgl. Anm. 9, b). Ar. Th. 164 καὶ Φρύνιχος, τοῦτον γὰρ οὖν ἀκήκοας, αὐτός τε καλὸς ἦν = *hunc enim nosti*, von dem hast du gehört. S. Ph. 591 ἄνδρε τώδ' ὥπερ κλύεις. X. conv. 4, 36 αἰσθάνομαι τυράννους τινάς, οἳ οὕτω πεινῶσι χρημάτων. Th. 2, 94 ᾔσθοντο τὴν βοήθειαν. Isocr. 4, 86 πυθόμενοι τὸν περὶ τὴν 'Αττικὴν πόλεμον. E, 702 χάζονθ', ὡς ἐπύθοντο μετὰ Τρώεσσιν Ἄρηα als sie von Ares unter den Troern, d. i. von seiner Anwesenheit hörten. Öfter mit Partizip. H, 129 τοὺς νῦν εἰ πτώσσοντας ὑφ' Ἕκτορι πάντας ἀκούσαι. S. Ph. 261 ὅδ' εἰμ' ἐγώ σοι κεῖνος, ὃν κλύεις ἴσως | τῶν 'Ηρακλείων ὄντα δεσπότην ὅπλων. Hdt. 7, 177 ἐπύθοντο τὸν Πέρσην ἐόντα ἐν Πιερίῃ. Schon b. Hom. δ, 732 εἰ γὰρ ἐγὼ πυθόμην ταύτην ὁδὸν ὁρμαίνοντα.

Anmerk. 9. Ausserdem sind folgende Konstruktionen zu bemerken:

a) ἀκούειν, κλύειν, ἀκροᾶσθαι, πυνθάνεσθαί τινός τι von jemd. (aus jemds Munde) etwas hören, erfahren, *audire ex aliquo aliquid.* μ, 389 ταῦτα δ' ἐγὼν ἤκουσα Καλυψοῦς. Pl. Ap. 17, b ὑμεῖς δ' ἐμοῦ ἀκούσεσθε πᾶσαν τὴν ἀλήθειαν. X. An. 1. 2, 5 βασιλεὺς ἤκουσε Τισσαφέρνους τὸν Κύρου στόλον. Pl. Hipp. maj. 285, d ἃ ἡδέως σου ἀκροῶνται. S. OR. 235 ταῦτα χρὴ κλύειν ἐμοῦ. P, 408 τό γε μητρὸς ἐπεύθετο. Ar. R. 1417 πύθεσθέ μου ταδί. Hdt. 1, 122 τὸν πάντα λόγον τῶν πομπῶν πυθέσθαι. Statt des *acc. rei* kann ein Nebensatz oder das Partizip im Akk. eintreten. X. An. 1. 10, 5 βασιλεὺς ἤκουσε Τισσαφέρνους ὅτι οἱ Ἕλληνες νικῷεν. 1. 8, 13. ἀκούων Κύρου ἔξω ὄντα τοῦ 'Ελληνικοῦ εὐωνύμου βασιλέα. S. Ph. 1273 βούλομαι δέ σου κλύειν, | πότερα κτλ. El. 293 ὅταν κλύῃ τινὸς | ἥξοντ' 'Ορέστην. X. An. 4. 6, 17 τούτων πυνθάνομαι ὅτι οὐκ ἄβατόν ἐστι τὸ ὄρος. Daher auch πυνθάνεσθαί τινός τι von jemd. etw. erfragen, jemd. nach etw. fragen. κ, 537 Τειρεσίαο πυθέσθαι. Aesch. Ch. 848 πυνθάνου δὲ τῶν ξένων. Ar. N. 482 βραχέα σου πυθέσθαι βούλομαι. X. Cy. 1. 4, 7 τῶν ἑπομένων ἐπυνθάνετο, ποίοις οὐ χρὴ θηρίοις πελάζειν. (Selten mit persönl. Obj. τινός τινα. Ar. Ach. 204 τὸν ἄνδρα πυνθάνου | τῶν ὁδοιπόρων, ubi v. A. Müller. Alexid. ap. Ath. 164 f., Mein. 3, 501 τοῦ μαγείρου πυθόμενος τὸν ἑστιῶντα). — Statt des *gen. pers.* werden auch die Präpositionen παρά, poet. u. neuion. πρός und ἐκ, selten ἀπό τινος gebraucht. S. OR. παρ' ἀγγέλων ἀκούειν. Dem. 6, 26 ταῦτ' ἀκούσαντες ἐκεῖνοι καὶ πολλοὺς ἑτέρους λόγους παρὰ τῶν πρέσβεων. Hdt. 1, 118 ἤκουσε πρὸς τοῦ βουκόλου τὸ πρῆγμα. Vgl. Z, 524. Hdt. 3, 62 ἀκούσας ταῦτα ἐκ τοῦ κήρυκος. Vgl. o, 374. Ἀπό nur Th. 1, 125 οἱ δὲ Λακεδαιμόνιοι ἐπειδὴ ἀφ' ἁπάντων ἤκουσαν γνώμην (wie 3, 36 γνῶμαι ἀφ' ἑκάστων ἐλέγοντο). S. OR. 429 ἦ ταῦτα δῆτ' ἀνεκτὰ πρὸς τούτου κλύειν; τ, 93 ἐξ ἐμεῦ ἔκλυες. Hdt. 2, 91 πεπυσμένος τὸ ὄνομα παρὰ τῆς μητρός. X. Cy. 1. 6, 23 διὰ μαντικῆς παρὰ θεῶν πυνθανόμενος. Υ, 129 ταῦτα θεῶν ἐκ πεύσεται ὀμφῆς. Vereinzelt erscheint ὑπό *c. gen.*, aber in anderem Sinne, zur Bezeichnung des eigentlichen Urhebers, wie beim Passive. S. Ai. 1320 οὐ γὰρ κλύοντές ἐσμεν αἰσχίστους λόγους . . τοῦδ' ὑπ' ἀνδρός; (= geschmäht werden). S. El. 553 σοῦ τάδ' ἐξήκουσ' ὕπο (= ὀνειδίζεσθαι). Ähnlich Th. 5, 2 αἰσθόμενος ὑπ' αὐτομόλων, ὅτι κτλ. (= *certior factus a perfugis*).

b) ἀκούειν, κλύειν, πυνθάνεσθαί τινος über jemd. (*de aliquo*) erfahren. δ, 114 πατρὸς ἀκούσας. S. Ant. 1182 κλύουσα παιδός, vgl. OC. 307. ν, 256 πυνθανόμην 'Ιθάκης ich hörte von Ithaka, vgl. ξ, 321. Meist mit Hinzufügung eines das Objekt (den Inhalt der Wahrnehmung) darstellenden Partizips (oder Adjektivs) im Genetiv oder eines Nebensatzes. π, 301 μή τις ἔπειτ' 'Οδυσῆος ἀκουσάτω ἔνδον ἐόντος, vgl. α, 289. β, 220. 375. δ, 728. λ, 458. ρ, 525. Ω, 490. ρ, 114 αὐτάρ

Ὀδυσσῆος (de Ulixe) ταλασίφρονος οὔποτ' ἔφασκεν | ζωοῦ οὐδὲ θανόντος ἐπιχθονίων τευ (ex aliquo) ἀκοῦσαι (vgl. α, 287 εἰ μέν κεν πατρὸς βίοτον καὶ νόστον ἀκούσῃς). S. Ph. 426 οἶν ἐγὼ | ἥκιστ' ἂν ἠθέλησ' ὀλωλότοιν κλύειν. P, 379 δύο δ' οὔπω φῶτε πεπύσθην . . Πατρόκλοιο θανόντος. γ, 15 ὄφρα πύθηαι | πατρός, ὅπου κύθε γαῖα. Th. 4, 6 ἐπύθοντο τῆς Πύλου κατειλημμένης. — Statt des einfachen Genetivs (ohne Partizip) erscheint in Prosa regelmässig περί c. gen. X. Comm. 4. 8, 4 λέξω δὲ καὶ ἃ 'Ερμογένους (*ex Hermogene*) ἤκουσα περὶ αὐτοῦ (τοῦ Σωκράτους). Ähnlich Th. 1, 70 περὶ ὧν οὐκ αἰσθάνεσθαι ἡμῖν γε δοκεῖτε. Auch mit Part. ist der Genetiv selten; dafür vielmehr *Acc. part.* nach Anm. 8.

c) αἰσθάνεσθαί τινός τι von, an jemd. etwas wahrnehmen. X. Comm. 1. 6, 4 τί χαλεπὸν ᾔσθησαι τοὐμοῦ βίου; was Beschwerliches hast du an meinem Leben bemerkt? Statt des *acc. rei* kann ein Nebensatz oder ein Partizip im Genetiv eintreten. X. Comm. 4. 4, 13 οὐκ αἰσθάνομαί σου ὁποῖον νόμιμον ἢ ποῖον δίκαιον λέγεις, ich begreife von dir nicht, was du . . nennst. Pl. Ap. 22, c ᾐσθόμην αὐτῶν . . οἰομένων σοφωτάτων εἶναι. X. Hell. 4. 2, 19 Λακεδαιμόνιοι οὐκ ᾔσθοντο προσιόντων τῶν πολεμίων. Th. 5, 83 Λακεδαιμόνιοι ᾔσθοντο τειχιζόντων.

Anmerk. 10. Nicht selten finden sich die oben angegebenen Konstruktionen der Begriffe der Wahrnehmung auch bei anderen Verben, die regelmässig mit dem Akkusativ verbunden zu werden pflegen:

a) μανθάνειν nimmt, namentlich bei Dichtern, an den Konstruktionen von ἀκούειν teil, wenn es der Bedeutung des *Hörens* nahekommt. S. OC. 593 ὅταν μάθῃς μου, νουθέτει. Ph. 541 ὧν μαθόντες αὖθις εἴσιτον. Aesch. Pr. 702 μαθεῖν γὰρ τῆσδε πρῶτ' ἐχρῄζετε | τὸν ἀμφ' ἑαυτῆς ἆθλον ἐξηγουμένης. S. Tr. 408 τοῦτ' αὔτ' ἔχρῃζον, τοῦτό σου μαθεῖν. Vgl. Ai. 800. El. 565. 889. OR. 545. Ant. 723. 1031. Ph. 370. X. Cy. 1. 3, 10 ἐμανθάνετε οὐδὲν ἀλλήλων. 1. 6, 44 μάθε δέ μου καὶ τάδε. Nach Analogie von μανθάνειν τινός auch S. El. 344 ἅπαντα γάρ σοι τἀμὰ νουθετήματα | κείνης διδακτά, κοὐδὲν ἐκ σαυτῆς λέγεις, u. Tr. 934 ἐκδιδαχθεὶς τῶν κατ' οἶκον.

b) Viele Verben des Wahrnehmens und Urteilens, wie ὁρᾶν, θεᾶσθαι, θεωρεῖν, σκοπεῖν, ὑπονοεῖν, ἐννοεῖν, ἀγνοεῖν, διανοεῖσθαι, ἐνθυμεῖσθαι, γιγνώσκειν, ἐπίστασθαι, εἰδέναι, μανθάνειν = verstehen, bemerken; — ἀποδέχεσθαι annehmen = billigen, gutheissen, ἄγασθαι, θαυμάζειν, ἐπαινεῖν, μέμφεσθαι, ψέγειν, können in gleicher Weise wie αἰσθάνεσθαι das Objekt (in der Regel eine Person), an dem etwas wahrgenommen, bewundert u. s. w. wird, im Genetiv zu sich nehmen. Der Genetiv bezeichnet auch hier, dass die Handlung sich nicht auf das Objekt in seinem vollen Umfange, sondern nur auf einen Teil desselben erstreckt (vgl. § 415, 3). Selten erscheint so der einfache Genetiv ohne weiteren Zusatz. φ, 36 ἀρχὴν ξεινοσύνης προσκηδέος· οὐδὲ τραπέζῃ | γνώτην ἀλλήλων (Sinn: sie schlossen zwar durch Austausch von Geschenken Gastfreundschaft, aber sich später wieder einmal *als Gastfreunde* [an einander die Gastfreundschaft] wirklich zu erkennen, war ihnen nicht vergönnt). ψ, 109 εἰ δ' ἐτεὸν δὴ | ἔστ' Ὀδυσεὺς καὶ οἶκον ἱκάνεται, ἦ μάλα νῶϊ | γνωσόμεθ' ἀλλήλων da werden wir uns *als Gatten* (an einander das Gattenverhältnis) schon noch erkennen. Pl. Phil. 51, c εἴ μου μανθάνεις wenn du mich (diese Erörterungen von mir) verstehst. X. Comm. 2. 6, 33 ἄγασαί τε αὐτοῦ καὶ ἐπιθυμεῖς φίλος αὐτοῦ εἶναι, vgl. 34. Zuweilen mit dem Genetiv eines mit dem Artikel versehenen Partizips. X. Oec. 4, 21 ἄγαμαι τοῦ καταμετρήσαντός σοι καὶ διατάξαντος ἕκαστα τούτων. Th. 3, 38 θαυμάζω τῶν προθέντων περὶ Μυτιληναίων λέγειν. Isocr. 6, 93 θαυμάζω τῶν ὑπὲρ μὲν τῆς ἰδίας δόξης ἀποθνῄσκειν ἐθελόντων, ὑπὲρ δὲ τῆς κοινῆς μὴ τὴν αὐτὴν γνώμην ἐχόντων. Meist aber so, dass das eigentliche Objekt (der Inhalt der Wahrnehmung u. s. w.) ausdrücklich hinzugefügt wird, und zwar entweder im Akkusativ: τοῦτό σου ἄγαμαι dies bewundere ich an dir, oder in einem Nebensatze: θαυμάζω σου ὅτι λέγεις es wundert mich von dir, dass du sagst, oder (seltener) in einem prädikativen Partizip: ἀποδέχομαί σου λέγοντος = ἀποδέχομαί σου τὸν λόγον. Th. 1, 52 τοῦ δὲ οἴκαδε πλοῦ διεσκόπουν, ὅπῃ κομισθήσονται. X. Comm. 1. 1, 12 πρῶτον μὲν αὐτῶν ἐσκόπει, πότερα . . ἔρχονται ἐπὶ τὸ περὶ τοιούτων φροντίζειν κτλ. (mit περί c. g. 1. 1, 15). An. 3. 1, 19 διαθεώμενος αὐτῶν, ὅσην χώραν ἔχοιεν. Ar. equ. 803 (ὁ δῆμος) ἃ πανουργεῖς μὴ καθορᾷ σου. X. Comm. 1. 1, 11 οὐδεὶς πώποτε Σωκράτους οὐδὲν ἀσεβὲς οὐδὲ ἀνόσιον οὔτε πράττοντος εἶδεν οὔτε λέγοντος ἤκουσεν (unter dem überwiegenden Einflusse des ἤκουσεν). Pl. civ. 558, a ἢ οὔπω εἶδες ἐν τοιαύτῃ πολιτείᾳ ἀνθρώπων καταψηφισθέντων θανάτου ἢ φυγῆς οὐδὲν ἧττον αὐτῶν μενόντων τε καὶ ἀναστρεφομένων ἐν μέσῳ; (die regelm. Konstr. m. Akk. würde undeutlich werden). τ, 325 πῶς γὰρ ἐμεῦ σύ, ξεῖνε, δαήσεαι, ἤ τι γυναικῶν | ἀλλάων περίειμι νόον. Hdt. 3, 103 τὸ (= ὅ) δὲ μὴ ἐπιστέαται αὐτῆς (τῆς καμήλου), τοῦτο φράσω, was man vom Kamele nicht weiss. Pl. civ. 375, e οἶσθα τῶν γενναίων κυνῶν, ὅτι κτλ., ubi v. Stallb. X. Apol. 34 κατανοῶν τοῦ ἀνδρὸς τὴν σοφίαν. Th. 1, 68 τῶν λεγόντων μᾶλλον ὑπενοεῖτε, ὡς ἕνεκα τῶν ἰδίᾳ διαφόρων λέγουσι. X. oec. 16, 3 ἀλλοτρίας γῆς τοῦτό ἐστι γνῶναι, ὅ τι τε δύναται φέρειν καὶ ὅ τι μὴ δύναται. Cy. 7. 2, 18 ἔγνω ἄτοπα ἐμοῦ ποιοῦντος = ἔγνω ἐμοῦ, ὅτι ἄτ. ποιοίην. Pl. Gorg. 517, c ἀγνοοῦντες ἀλλήλων, ὅ τι λέγομεν. Die Person liegt im Partizipe Δ, 357 ὡς γνῶ χωομένοιο sc. αὐτοῦ. Pind. P. 4, 280 ἐπέγνω . . δικαιᾶν Δαμοφίλου πραπίδων = ἔγνω πραπίδων ὅτι δίκαιαί εἰσιν. X. Cy. 8. 1, 40 καταμαθεῖν δὲ τοῦ Κύρου δοκοῦμεν, ὡς . . ἐνόμιζε χρῆναι τοὺς ἄρχοντας τῶν ἀρχομένων διαφέρειν. Pl. Gorg. 463, d ἆρ' οὖν ἂν μάθοις ἀποκρινομένου; sc. ἐμοῦ = ἆρ' ἄν μου μάθοις, ἃ ἀποκρίνομαι. 465, e λέγοντός μου βραχέα οὐκ ἐμάνθανες. X. Comm. 3. 6, 16 ἐνθυμοῦ τῶν ἄλλων, πότερά σοι δοκοῦσιν ἐπὶ τοῖς τοιούτοις ἐπαίνου μᾶλλον ἢ ψόγου τυγχάνειν. Ebenso 17. Cy. 5. 2, 18 ἐνενόησε δὲ αὐτῶν καὶ ὡς ἐπηρώτων ἀλλήλους. — Th. 7, 48 εἰδέναι ὅτι Ἀθηναῖοι σφῶν ταῦτα οὐκ ἀποδέξονται. Pl. Phaed. 92, d μήτε ἐμαυτοῦ μήτ' ἄλλου ἀποδέχεσθαι λέγοντος, ὡς ψυχή ἐστιν ἁρμονία. Civ. 337, b οὐκ ἀποδέξομαί σου, ἐὰν τοιαῦτα φλυαρῇς. 329, e οἶμαί σου τοὺς πολλούς, ὅταν ταῦτα λέγῃς, οὐκ ἀποδέχεσθαι. So abgekürzt Pl. civ. 340, c εἰ νῦν οὕτω λέγει Θρασύμαχος, οὕτως αὐτοῦ ἀποδεχώμεθα, vollständig: εἰ . . λέγει, αὐτοῦ ἀπ., εἰ οὕτω λέγει. S. Passow Lex. Prot. 324, c ἀποδέχονται οἱ σοὶ πολῖται καὶ χαλκέως καὶ σκυτοτόμου συμβουλεύοντος τὰ πολιτικά = ἀπ. χαλκέως, εἰ συμβουλεύει τὰ πολιτικά. 339, d ἀποδέχεσθαι αὐτοῦ τὰ αὐτὰ ἑαυτῷ λέγοντος = αὐτοῦ, εἰ τὰ αὐτὰ ἑ. λέγει. Auch v. e. Sache Pl. Phaedr. 272 b ἢ ἄλλως πως ἀποδεκτέον λεγομένης λόγων τέχνης; = ἀποδεκτέον λόγων τέχνης, εἰ οὕτως ἢ ἄλλως πως λέγεται; (Mit blossem *gen. pers.* Dinarch. 1, 113 μὴ ἀποδέχεσθε αὐτῶν, wo aber das Objekt in den vorangehenden Worten liegt.)[1]) Hdt. 6, 76 ἄγασθαι τοῦ Ἐρασίνου οὐ προδιδόντος τοὺς πολιήτας. X. Cy. 3. 1, 15 εἰ ἄγασαι τοῦ πατρὸς ἢ ὅσα βεβούλευται ἢ ὅσα πέπραχε, πάνυ σοι συμβουλεύω τοῦτον μιμεῖσθαι. Ages. 2, 7 τάδ' αὐτοῦ ἄγαμαι, ὅτι παρεσκευάσατο. Pl. Men. 95, c Γοργίου μάλιστα ταῦτα ἄγαμαι. Theaet. 161, b ὃ θαυμάζω τοῦ ἑταίρου. Crit. 43, b σοῦ πάλαι θαυμάζω αἰσθανόμενος, ὡς ἡδέως καθεύδεις. X. vect. 4, 14 τῆς πόλεως ἄξιον θαυμάσαι τὸ μὴ μιμεῖσθαι τούτους. ven. 13, 1 θαυμάζω τῶν σοφιστῶν καλουμένων, ὅτι φασὶ μὲν ἐπ' ἀρετὴν ἄγειν οἱ πολλοὶ τοὺς νέους, ἄγουσι δ' ἐπὶ τοὐναντίον. An. 6. 2, 4 θαυμάζω τῶν στρατηγῶν ὅτι οὐ πειρῶνται ἡμῖν ἐκπορίζειν σιτηρέσιον. Hell. 2. 3, 53 ὑμῶν θαυμάζω εἰ μὴ βοηθήσετε ὑμῖν αὐτοῖς. Pl. Civ. 383, a πολλὰ Ὁμήρου ἐπαινοῦντες ἄλλα τοῦτο οὐκ ἐπαινεσόμεθα. X. Ages. 8, 4 τοῦτο ἐπαινῶ Ἀγησιλάου, τὸ πρὸς τὸ ἀρέσκειν τοῖς

1) Über ἀποδέχεσθαι vgl. Gebauer-Frohberger im Anh. zu Lysias I. S. 454 ff.

Ἕλλησιν ὑπεριδεῖν τὴν βασιλέως ξενίαν. Hell. 7. 5, 8 ἐπαινῶ αὐτοῦ ὅτι τὸ στρατόπεδον ἐν τῷ τείχει ἐποιήσατο. Th. 1, 84 τὸ βραδὺ καὶ μέλλον, ὃ μέμφονται μάλιστα ἡμῶν, μὴ αἰσχύνεσθε. Pl. leg. 672, a μὴ τοίνυν ἐκεῖνό γ' ἔτι τῆς τοῦ Διονύσου δωρεᾶς ψέγωμεν, ὡς ἔστι κακή. Dem. 18, 28 τοῦτό μου διαβάλλει. 299 τὸν τειχισμὸν τοῦτον, ὃν σύ μου διέσυρες. So auch: Eur. Andr. 361 τῆς δὲ σῆς φρενὸς | ἕν σου δέδοικα, an deiner Gesinnung fürchte ich eines von dir.

c) Zu den Verben des Sagens und Meinens tritt bisweilen die Person oder Sache über die etwas gesagt wird, im Genetiv. Der einfache Genetiv nur λ, 506 αὐτάρ τοι παιδός γε Νεοπτολέμοιο φίλοιο | πᾶσαν ἀληθείην μυθήσομαι (obgleich auch hier παιδός als objektiver Genetiv zu ἀληθείην gezogen werden könnte: wahrhaftige Kunde vom Sohne). Sonst nur mit einem das Objekt darstellenden Akkusative oder Nebensatze: λέγειν τινός τι. λ, 174 εἰπὲ δέ μοι πατρός τε καὶ υἱέος, ὃν κατέλειπον, | ἢὲ μένει κτλ. S. El. 317 τοῦ κασιγνήτου τί φῄς, ἥξοντος ἢ μέλλοντος; Tr. 1122 τῆς μητρὸς ἥκω τῆς ἐμῆς φράσων ἐν οἷς | νῦν ἐστιν. Ph. 440 φωτὸς ἐξερήσομαι .. τί νῦν κυρεῖ. Ai. 1236 ποίου κέκραγας ἀνδρὸς ὧδ' ὑπέρφρονα; OC. 662 δείν' ἐπερρώσθη λέγειν | τῆς σῆς ἀγωγῆς (doch lässt sich ἀγωγῆς auch unmittelbar mit δεινά verbinden: Schrecknisse deiner Wegführung, d. i. schreckliche Drohungen, dich wegzuführen). OC. 355 (μαντεῖα) ἃ τοῦδ' ἐχρήσθη σώματος. Hiermit vgl C. I. A. IV, b, 53, a, 25 κατὰ τὸν νόμον ὅσπερ κεῖται τῶν τεμενῶν und II, 51, 7 ff. περὶ τῶν γραμμάτων ὧν ἔπεμψεν Διονύσιος τῆς οἰκοδομίας τοῦ νεὼ καὶ τῆς εἰρήνης, woraus sich ergiebt, dass der Genetiv vom Verb an sich vollständig unabhängig ist und sich vielmehr eng an den Nominalbegriff anschliesst (als *gen. obiect.*). Pl. civ. 439, b τοῦ τοξότου οὐ καλῶς ἔχει λέγειν ὅτι κτλ. 485, b (οἱ φιλόσοφοι) μαθήματός γε ἀεὶ ἐρῶσιν, ὃ ἂν αὐτοῖς δηλοῖ ἐκείνης τῆς οὐσίας τῆς ἀεὶ οὔσης (wie oben b θαυμάζω τῶν προθέντων). 459, b τί δὲ τῶν ἵππων οἴει; *quid de equis existimas?* 576, d εὐδαιμονίας τε αὖ καὶ ἀθλιότητος ὡσαύτως ἢ ἄλλως κρίνεις; = τὸ αὐτὸ ἢ ἄλλο τι κρίνεις.

Anmerk. 11. Wie gesagt werden kann τί κρίνεις, ἡγεῖ, οἴει τινός, so auch elliptisch: τί δέ τινος; Pl. civ. 470, a τί δὲ γῆς τε τμήσεως; ubi v. Stallb. Gorg. 509, d τί δὲ δὴ τοῦ ἀδικεῖν; Vgl. Phaed. 78, d. e. Auf ähnliche Weise wird nicht selten ein Genetiv einem Satze scheinbar ohne Rücksicht auf die Konstruktion vorausgeschickt; einen solchen Genetiv übersetzen wir zwar durch *in betreff, quod attinet ad*, wie auch der Grieche περί τινος gebraucht, z. B. X. R. A. 1, 14. Hdt. 7, 102; aber von einem absoluten Gebrauche des Gen. kann auch in diesen Fällen nicht die Rede sein; vielmehr schliesst sich der Gen., wenn auch in freierer Weise, an einen Begriff des Satzes an: X. Oec. 3, 11 τῆς δὲ γυναικός, εἰ μὲν διδασκομένη ὑπὸ τοῦ ἀνδρὸς τἀγαθὰ κακοποιεῖ, δικαίως ἂν ἡ γυνὴ τὴν αἰτίαν ἔχοι an αἰτίαν; ähnlich Isocr. 15, 36 τοῦ μὲν γὰρ γενέσθαι προέχοντα τῶν ἄλλων .. εἰκότως ἄν τις τὴν τύχην αἰτιάσαιτο, τοῦ δὲ καλῶς καὶ μετρίως κεχρῆσθαι τῇ φύσει δικαίως ἂν ἅπαντες τὸν τρόπον τὸν ἐμὸν ἐπαινέσειαν an αἰτιάσαιτο, dessen Begriff in veränderter Form durch τὸν τρόπον ἐπαινέσειαν wieder aufgenommen wird; ebenso Pl. leg. 794, a τὰς δὲ τροφοὺς ἔτι τῶν τηλικούτων κοσμιότητός τε καὶ ἀκολασίας ἐπιμελεῖσθαι, τῶν δὲ τροφῶν αὐτῶν καὶ τῆς ἀγέλης ξυμπάσης τῶν δώδεκα γυναικῶν μίαν ἐφ' ἑκάστῃ τετάχθαι κοσμοῦσαν κτλ. an ἐπιμελεῖσθαι, mit ähnlichem Wechsel der Konstruktion. Isocr. 16, 6 εἰδότες δὲ τὴν πόλιν τῶν μὲν περὶ τοὺς θεοὺς μάλιστ' ἂν ὀργισθεῖσαν εἴ τις εἰς τὰ μυστήρια φαίνοιτ' ἐξαμαρτάνων, τῶν δ' ἄλλων, εἴ τις τὴν δημοκρατίαν τολμῴη καταλύειν hängen die (partitiven) Genetive von den als einheitliche Begriffe gedachten Nebensätzen ab: unter den Religionsfreveln erregen euern Zorn am meisten die Mysterienfrevel, unter den übrigen Vergehungen aber der Verfassungsbruch.

Ihr Objekt nehmen ferner im Genetiv zu sich:

5. Die Begriffe des Erinnerns und Vergessens, als: μιμνήσκειν poet., ὑπο- pros. (τινά τινος), einen erinnern an etw., μιμνήσκεσθαι, sich erinnern, μνᾶσθαι ep. u. neuion., μνημονεύειν, sich erinnern, ἀμνημονεῖν, μνησικακεῖν c. d. pers. et g. rei, einem etw. gedenken, λανθάνεσθαι meist nur poet., λήθεσθαι poet., ἐπιλανθάνεσθαι pros., ἐκλανθάνεσθαι ep. poet. u. spät. pros., vergessen, λήθειν τινός, vergessen (μολπῆς Simon. in Anth. 7. 25, 9), ληθάνειν ep., vergessen machen, in derselben Bdtg. d. redpl. Aor. 2 Act. O, 60, sowie ἐκλελαθεῖν h. Ven. 40 Ἥρης ἐκλελαθοῦσα sc. Δία (aber c. dupl. acc. B, 600 [Μοῦσαι] ἐκλέλαθον κιθαριστύν, sc. αὐτόν), und ἐπιλήθειν υ, 85, s. Passow; μνήμων poet., ἀμνήμων, ἐπίληθος, vergessen machend, δ, 221. α, 29 μνήσατο γὰρ κατὰ θυμὸν ἀμύμονος Αἰγίσθοιο. 321 ὑπέμνησέν τέ ἑ πατρός. ξ, 168 μηδέ με τούτων | μίμνησκε. η, 221 ἐκ δέ με πάντων | ληθάνει, ὅσσ' ἔπαθον. Π, 357 οἱ δὲ φόβοιο | δυσκελάδου μνήσαντο, λάθοντο δὲ θούριδος ἀλκῆς. Eine Analogiebildung liegt vor Ψ, 468 ὥς μευ ἀεὶ μέμνησαι ἐνηέος, οὐδέ σε λήθω | τιμῆς, wo οὐδέ σε λήθω = *du vergisst mich nicht*, und τιμῆς von diesem Begriffe des Vergessens abhängig gemacht wird. X. Comm. 2. 1, 33 (οἱ γεραίτεροι) ἡδέως τῶν παλαιῶν πράξεων μέμνηνται. Oec. 16, 8 πόθεν οὖν βούλει ἄρξωμαί σε τῆς γεωργίας ὑπομιμνήσκειν; Andoc. 4, 41 βούλομαι δ' ὑμᾶς ἀναμνῆσαι τῶν ἐμοὶ πεπραγμένων. X. An. 2. 4, 1 μὴ μνησικακήσειν βασιλέα αὐτοῖς τῆς σὺν Κύρῳ ἐπιστρατείας. Vgl. Dem. 18, 96. X. Cy. 8. 3, 8 τοῦ φθόνου ἐπελέληστο. Pl. Symp. 180, c λόγων οὐ πάνυ διεμνημόνευεν. Antiphon. 2. α, 7 ἡ ἐπιθυμία τῆς τιμωρίας ἀμνήμονα τῶν κινδύνων καθίστη αὐτόν.

Anmerk. 12. Μνημονεύειν, *commemorare*, wird häufiger als ein Transitiv mit dem Akkusative verbunden, namentlich, wenn das Objekt eine Sache ist. So regieren auch die übrigen Verben der Erinnerung nicht selten den Akkusativ (etwas im Gedächtnisse bewahren, merken), als: Z, 222 Τυδέα δ' οὐ μέμνημαι. Vgl. I, 527. ω, 122. Hs. Th. 503 οἵ οἱ ἀπεμνήσαντο χάριν εὐεργεσιάων. Hdt. 6, 21 ἀναμνήσαντα οἰκήια κακά. 86, 2 οὔτε μέμνημαι τὸ πρῆγμα. 136 (τοῦ Μιλτιάδου) ὑπεραπελογέοντο οἱ φίλοι τῆς μάχης τε τῆς ἐν Μαραθῶνι γενομένης πολλὰ ἐπιμεμνημένοι καὶ τὴν Λήμνου αἵρεσιν (Gen. u. Akk.). X. Cy. 6. 1, 24 ὅπως τὰς τάξεις ὑπομιμνήσκοιντο. Pl. Phaedr. 241, a ὑπομιμνήσκων τὰ πραχθέντα καὶ λεχθέντα. Crat. 396, c ἐμεμνήμην τὴν Ἡσιόδου γενεαλογίαν. Io 537, a ἐὰν μνησθῶ τὰ ἔπη. Andoc. 3, 41 μέμνησθε τοὺς ἡμετέρους λόγους. Dem. 6, 12 οὐδ' ἀμνημονεῖ τοὺς λόγους οὐδὲ τὰς ὑποσχέσεις, ἐφ' αἷς τῆς εἰρήνης ἔτυχεν. 18, 186 ἀναμιμνήσκεται τὰς τῶν προγόνων εὐεργεσίας. 269 τὰς ἰδίας εὐεργεσίας ὑπομιμνήσκειν. 283 μεμνῆσθαι τοὺς λόγους. Daher ἀνα- u. ὑπομιμνήσκειν mit doppeltem Akkusativ (§ 411, 7), häufiger als τινά τινος. Das Simplex λανθάνεσθαι wird immer mit dem Gen. verbunden, aber ἐπιλανθάνεσθαι zuweilen, auch in der Prosa, mit dem Akkus., z. B. Eur. Hel. 265 τὰς τύχας. Ps. Lys. 6, 33. Sehr oft stehen die Neutra der Pronom. im Akk. — Μιμνήσκεσθαι, μεμνῆσθαι, μνᾶσθαι, erwähnen, gedenken, nehmen bisweilen die Präp. περί zu sich, wie η, 191. Hdt. 7, 39. X. Cy. 1. 6, 12. Isocr. 4, 74. 10, 14. 12, 8. Dem. 3, 6. Lycurg. 16, ubi v. Maetzner.

Auch ὑπέρ. Dem. 18, 21 μνησθεὶς ὑπὲρ τῆς εἰρήνης. Vereinzelt ἐπιλανθάνεσθαι περί Andoc. 1, 148 περὶ τῶν πεπραγμένων αὐτοῖς ἐπιλάθησθε.

6. Die Begriffe des Sorgens und sich Kümmerns um etw., als: μέλεσθαι Trag., ἐπιμελεῖσθαι, μέδεσθαι ep., φροντίζειν, ἀφροντιστεῖν, στρέφεσθαι, ἐπι-, μετα-, ὑποστρέφεσθαι S. OR. 728 ποίας μερίμνης τοῦθ' ὑποστραφεὶς λέγεις; (alle vier vorwiegend poet.) sich an etw. kehren, ἐντρέπεσθαι, μετατρέπεσθαι ep. sich um etw. kümmern, κήδεσθαι, ἀκηδεῖν poet., ἀνακῶς ἔχειν = ἐπιμελεῖσθαι Hdt. u. Thuk., προνοεῖν, προκινδυνεύειν, προορᾶν Hdt., *providere*, περιορᾶσθαι = κήδεσθαι Th. 4, 124, προφυλάττειν, προμηθεῖσθαι, μέλει, μεταμέλει, ἀμελεῖν, καταμ-, παραμ-, μελετᾶν in d. Bdtg. sorgen für etw. Hs. op. 316 βίου, 443 ἔργου (in d. gwhnl. Bdtg. besorgen, üben stets *c. acc.*), ἐνθυμεῖσθαι in d. Bdtg. berücksichtigen = *rationem habere* (in d. gwhnl. Bdtg. erwägen = *secum reputare* stets *c. acc.*), δείσας φίλου S. OR. 234 = κηδόμενος, s. Schneidew., περιδειδιέναι ep., besorgt sein, K, 93, P, 240, ὑπερστατεῖν, gleichsam drüberstehend sorgen Aesch. Suppl. 342 ἡ δίκη γε ξυμμάχων ὑπερστατεῖ, ἀμφιτρομέειν δ, 820, διευλαβεῖσθαι Pl. leg. 843, e (sonst c. acc.), φυλάττεσθαι Th. 4, 11 φυλασσομένους τῶν νεῶν, μὴ ξυντρίψωσιν, besorgt um (sonst c. acc.), ὀλιγωρεῖν, ἀλογεῖν Hdt., καταφρονεῖν, περιφρονεῖν, ὑπερφρονεῖν, ὑπερορᾶν verachten, καταγελᾶν, γελᾶν S. Ph. 1125, die poet. ἐμπάζεσθαι, ὄθεσθαι, ἀλέγειν, ἀλεγίζειν, ἀθερίζειν b. Sp., z. B. Ap. Rh. 2, 477 (aber b. Hom. c. acc.), μελεδαίνειν, τημελεῖν Eur. J. T. 311, daher auch E, 21 περιβῆναι ἀδελφειοῦ, beschirmen, worin der Begriff der Sorge liegt; poet. μεμηλώς ep., Adj. ἐπιμελής, ἀμελής, περίφοβος Pl. Phaedr. 239, b τοῦ καταφρονηθῆναι, ἄφροντις poet., ἀτημελής poet., ἐπίστροφος α, 177 ἐπίστροφος ἦν ἀνθρώπων (Schol.: ἐπιμέλειαν ποιούμενος τῶν ἀνθρώπων). Über d. Deutsche s. Grimm IV. S. 657 ff. ι, 275 οὐ γὰρ Κύκλωπες Διὸς αἰγιόχου ἀλέγουσιν. A, 181 σέθεν δ' ἐγὼ οὐκ ἀλεγίζω | οὐδ' ὄθομαι κοτέοντος. α, 271 ἐμῶν ἐμπάζεο μύθων. 415 οὔτε θεοπροπίης ἐμπάζομαι. Theogn. 1129 πενίης θυμοφθόρου οὐ μελεδαίνων. Vgl. Theocr. 9, 12. B, 384 πολέμοιο μεδέσθω. Ψ, 70 οὐ μέν μευ ζώοντος ἀκήδεις, ἀλλὰ θανόντος. Μέλω τινός Aesch. Ag. 370 οὐκ ἔφα τις θεοὺς βροτῶν ἀξιοῦσθαι μέλειν. S. El. 342 δεινόν γέ σ' οὖσαν πατρός . . κείνου λελῆσθαι, τῆς δὲ τικτούσης μέλειν. Vgl. Ai. 689. Aesch. S. 160 μέλεσθε δ' ἱερῶν δημίων. Vgl. S. OR. 1466. Ai. 1184. Eur. Hipp. 109 σίτων μέλεσθε. Theocr. 1, 53 μέλεται δέ οἱ οὔτε τι πήρας οὔτε φυτῶν. Pl. Crit. 44, c τί ἡμῖν τῆς τῶν πολλῶν δόξης μέλει; 48, a τῆς τῶν πολλῶν δόξης δεῖ ἡμᾶς φροντίζειν. Hdt. 3, 151 ἐπολιόρκεε (Βαβυλωνίους) φροντίζοντας οὐδὲν τῆς πολιορκίης. X. conv. 8, 33 ψόγου ἀφροντιστεῖν. S. Ai. 1117 τοῦ δὲ σοῦ ψόφου | οὐκ ἂν στραφείην. Ph. 599 τοῦδε (Φιλοκτήτου) ἐπεστρέφοντο. Eur. Hipp. 1226 κολλητῶν ὄχων | μεταστρέφουσαι intr. st. μεταστρεφόμεναι. I, 630 οὐδὲ μετατρέπεται φιλότητος

ἑταίρων. Vgl. A, 160. S. OR. 1226 τῶν Λαβδακείων ἐντρέπεσθε δωμάτων. X. Hell. 2. 3, 33 ὅστις φανερός ἐστι τοῦ μὲν πλεονεκτεῖν ἀεὶ ἐπιμελόμενος, τοῦ δὲ καλοῦ καὶ τῶν φίλων μηδὲν ἐντρεπόμενος, πῶς τούτου χρή ποτε φείσασθαι; Pl. Crit. 52, c οὔτε ἡμῶν τῶν νόμων ἐντρέπει. Pl. Phaedr. 254, a. Isocr. 4. 184 ἅμα μὲν εὐσεβεῖν βουλομένους, ἅμα δὲ τοῦ συμφέροντος ἐνθυμουμένους. X. ven. 8, 6 ἐνθυμεῖσθαι τῆς ὥρας, 9, 4 τῶν τόπων. (Dagegen Isocr. 2, 5 ἐπειδὰν δ' ἐνθυμηθῶσι τοὺς φόβους καὶ τοὺς κινδύνους, erwägen.) Cy. 8. 1, 1 οἱ πατέρες προνοοῦσι τῶν παίδων. 7, 15 ἑαυτοῦ τοι κήδεται ὁ προνοῶν ἀδελφοῦ. Hier. 10, 8 προνοοῦσι καὶ προκινδυνεύουσι τῶν πολιτῶν. X. Hell. 6. 4, 5 κήδεται τῶν Θηβαίων. Dem. 8, 27. Hdt. 1, 120 ἡμῖν τῆς σῆς ἀρχῆς προοπτέον. 3, 159 τοῦ σίτου προορᾶν. Vgl. 2, 121. 3, 125 πάσης συμβουλίης ἀλογήσας. X. Cy. 1. 2, 2 οἱ Περσῶν νόμοι (ἄρχονται) τοῦ κοινοῦ ἀγαθοῦ ἐπιμελούμενοι. Hell. 5. 4, 1 θεοὶ οὔτε τῶν ἀσεβούντων οὔτε τῶν ἀνόσια ποιούντων ἀμελοῦσι. Oec. 4, 7 καταμελοῦντας τῶν φρουρῶν. Comm. 2. 2, 14 εἴ τι παρημέληκας τῆς μητρός. Isocr. 4, 76 οὐ γὰρ ὠλιγώρουν τῶν κοινῶν οὐδ' ἀπέλαυον μὲν ὡς ἰδίων, ἠμέλουν δ' ὡς ἀλλοτρίων, ἀλλ' ἐκήδοντο ὡς οἰκείων. Hdt. 1, 24 ἀνακῶς ἔχειν τῶν πορθμέων. 8, 109 σπόρου. Th. 8, 102 ὅπως αὐτῶν ἀνακῶς ἕξουσιν, ubi v. Poppo. Hdt. 2, 172 προμηθέεσθαί ἑωυτοῦ. Vgl. Pl. Crit. 44, e. X. Cy. 5. 1, 22 Γωβρύᾳ πειράσομαι ποιεῖν μὴ μεταμελῆσαι τῆς πρὸς ἐμὲ ὁδοῦ. Conv. 8, 22 ὑπερορᾶν τοῦ ἐραστοῦ. Comm. 1. 2, 9 ὑπερορᾶν ἐποίει τῶν καθεστώτων νόμων τοὺς συνόντας. Ag. 11, 2 οὐκ ἀνθρώπων ὑπερεφρόνει. Comm. 1. 4, 2 τῶν ποιούντων ταῦτα καταγελῶντα. Hell. 7. 3, 6 ὑπεριδόντας τῆς πόλεως. Vgl. ib. 7. Antiph. 3, γ, 4 ὑπερορῶ τῆς ἀπολογίας. Pl. Apol. 28, c τοῦ κινδύνου κατεφρόνησε. Phaedr. 258, b ὑπερφρονοῦντες τοῦ ἐπιτηδεύματος. Ps. Pl. Ax. 372, b καὶ ἤδη περιφρονῶ τοῦ ζῆν. X. Comm. 2. 6, 35 ἐπιμελὴς τῶν φίλων εἶ. Pl. leg. 932, a ἐάν τις ἐν τῇδε τῇ πόλει γονέων ἀμελέστερον ἔχῃ.

Anmerk. 13. Mehrere dieser Verben werden zuweilen auch als Transitive mit dem Akkusative verbunden, als: ζ, 268 ἔνθα δὲ νηῶν ὅπλα μελαινάων ἀλέγουσιν. Hs. op. 251 θεῶν ὄπιν οὐκ ἀλέγοντες. Das Komp. κατηλογεῖν regelm. m. Akk. Hdt. 1, 144 τὸν νόμον κατηλόγησε. Vgl. 3, 121. π, 422 οὐδ' ἱκέτας ἐμπάζεαι. Das ep. κήδειν, betrüben, stets als Trans. *c. acc.* Φροντίζειν *c. acc. scrutari, investigare, studiose tractare*, s. Kühner's Bmrk. ad X. Comm. 1. 1, 11; immer ἐκφροντίζειν, aussinnen, z. B. Th. 3, 45. Ar. N. 695. 698. Hdt. 9, 108 προμηθεόμενος τὸν ἀδελφόν, *veritus* = αἰδεόμενος. Eur. Ion. 439 (παῖδας) θνῄσκοντας ἀμελεῖ. Hdt. 7, 163 ταύτην τὴν ὁδὸν ἠμέλησε. Eur. J. A. 731 παρθένους τε τημελεῖ. Theocr. 10, 52 οὐ μελεδαίνει | τὸν τὸ πιεῖν ἐγχεῦντα. X. Comm. 1. 3, 4 πάντα τἀνθρώπινα ὑπερεώρα. 4, 10 ὑπερορῶ τὸ δαιμόνιον. Vgl. Conv. 8, 3. Th. 6, 18. Eur. Ba. 503 καταφρονεῖ με καὶ Θήβας ὅδε. Vgl. Th. 6, 34 extr. 8, 82, b. Hdt. auch in d. Bdtg. im Sinne haben: 1. 59 καταφρονήσας τὴν τυραννίδα, ubi v. Baehr u. Stein. Th. 1, 25 περιφρονοῦντες δὲ αὐτούς. Aesch. P. 825 ὑπερφρονήσας τὸν παρόντα δαίμονα. Vgl. Ar. N. 226. Th. 3, 39. Eur.

Ba. 286 καταγελᾷς νιν. Theocr. 20, 1 Εὐνίκα μ' ἐγέλασσε, *derisit.* (Aber X. conv. 2, 19 steht τόδε nach § 410, A. 6; sonst gwhnl. ἐπί τινι, auch τινί poet. u. gwhnl. Hdt., εἴς τινα, s. Passow.) Über d. Akk. eines neutral. Pron. od. Adj. s. § 410, A. 5.

Anmerk. 14. Bei μέλει steht in der Dichtersprache nicht selten, in der Prosa aber selten die Sache auch als Subjekt im Nominative. K, 481 μελήσουσιν δ' ἐμοὶ ἵπποι. α, 358 μῦθος δ' ἄνδρεσσι μελήσει. α, 159 τούτοισιν μὲν ταῦτα μέλει, κίθαρις καὶ ἀοιδή. Aesch. Pr. 3 σοὶ δὲ χρὴ μέλειν ἐπιστολάς, ἅς σοι πατὴρ ἐφεῖτο, vgl. Eur. Hipp. 104. Pl. leg. 835, e θυσίαι καὶ ἑορταὶ καὶ χοροὶ πᾶσι μέλουσι. Öfter b. neutral. Pron. X. Hell. 7. 5, 27 τὰ δὲ μετὰ ταῦτα ἴσως ἄλλῳ μελήσει. Pl. Phaedr. 238, d ταῦτα μὲν οὖν θεῷ μελήσει. Civ. 519, e νόμῳ οὐ τοῦτο μέλει, ubi v. Schneider. Selten μέλεσθαι. κ, 505 μήτι τοι ἡγεμόνος γε ποθὴ παρὰ νηὶ μελέσθω. Vgl. Α, 523. Pf. μέμβλεται Τ, 343 ἦ νύ τοι οὐκέτι πάγχυ μετὰ φρεσὶ μέμβλετ' Ἀχιλλεύς. Eur. Ph. 756 ff. γάμους δ' ἀδελφῆς . . σοὶ χρὴ μέλεσθαι. Μεταμέλει μοί τι Hdt. 6, 63 τῷ Ἀρίστωνι τὸ εἰρημένον μετέμελε.

Anmerk. 15. Mehrere der genannten Verben werden vereinzelt auch mit Präpositionen verbunden, besonders mit περί, seltener mit ὑπέρ *c. gen.* S. Ph. 621 κεἴ τινος κήδει πέρι. X. Cy. 5. 3, 23 οἷς ἔμελε περὶ τοῦ φρουρίου. Vgl. 4. 5, 17. 7. 1, 20. Hier. 9, 10. An. 5. 7, 10 περὶ τῆς ὑμετέρας ἀσφαλείας ἐπιμελόμενον, vgl. de re equ. 4, 5; c. acc. pers. περὶ τοὺς παῖδας Pl. Menex. 248, e. (S. El. 237 πῶς ἐπὶ τοῖς φθιμένοις ἀμελεῖν καλόν; bei den Toten, d. i. wenn Menschen gestorben sind.) Φροντίζειν περί τινος, *curam habere alcuj. rei,* wie X. Comm. 1. 4, 17 oder *de re aliqua diligenter cogitare,* s. Kühner's Bmrkg. ad X. Comm. 1. 1, 11; auch ὑπέρ τινος Dem. 21, 39. Ἐνθυμεῖσθαι περί τινος, *cogitare de re* z. B. Pl. civ. 595, a ἐνθυμηθεὶς περὶ ποιήσεως.

7. Die Begriffe des Waltens und Herrschens über etw., als: ἄρχειν, κρατεῖν, ἐπικρ-, κυριεύειν, δεσπόζειν, τυραννεῖν, τυραννεύειν, στρατηγεῖν, ἐπιτροπεύειν, ἐπιστατεῖν, ἐφεστάναι Eur. Andr. 1098 (sonst c. dat.), βασιλεύειν, ἀρχηγετεύειν τῶν κάτω Hdt. 2, 123, ἡγεμονεύειν, ἡγεῖσθαι, καθ-, auch in d. Bdtg. beginnen, σατραπεύειν, ξεναγεῖν, προξενεῖν τινος, jemandes πρόξενος sein, πρέσβεων Dem. 18, 82 die Gesandten eines befreundeten Staates aufnehmen, dann πρ. τινός überhaupt aufnehmen und beschützen, s. Passow, ταμιεύειν τινός Verwalter, Schatzmeister von etw. sein Dem. 21, 174 τῆς παράλου, Plut. Mor. 842 f. στρατιωτικῶν, ἡνιοχεῖν Pl. Phaedr. 246, b (sonst c. acc.), ἡνιοχεύειν τῆς ψυχῆς Anacr. fr. 4, 4 Brgk., χορηγεῖν; poet.: ἀνάσσειν, κοιρανεῖν, στρατηλατεῖν, ταγεῖν Aesch. P. 763 πάσης Ἀσίδος, σημαίνειν Ξ, 85 στρατοῦ, αἰσυμνᾶν (χθονὸς Eur. Med. 19), κραίνειν, θεμιστεύειν ι, 114, ἀρχεύειν Ap. Rh. 1, 347 (b. Hom. c. d.), μέδειν S. Laoc. fr. 341 D., d. Partiz. μεδέων, μεδέουσα (auch sp. pros. Plut. Themist. 10 τῇ Ἀθηνᾷ τῇ Ἀθηναίων μεδεούσῃ), κρείουσα γυναικῶν Χ, 48; — Adj. ἐγκρατής, ἀκρατής, ἀκράτωρ, αὐτοκράτωρ, καρτερός poet., auch sp. pros. u. dialekt., κύριος. Über d. Deutsche s. Grimm IV. S. 691 f. Α, 38 Τενέδοιο ἶφι ἀνάσσεις. Vgl. Ζ, 478. ρ, 443. δ, 602. Auch ἀνάσσειν τιμῆς ω, 30, der Würde walten, u. zugleich m. d. Dat. Υ, 180 ἐλπόμενον Τρώεσσιν ἀνάξειν τιμῆς τῆς Πριάμου, du werdest bei den Troern der Herrscher-

würde des Pr. walten. λ, 285 ἡ δὲ Πύλου βασίλευε. α, 401 ὅστις ἐν ἀμφιάλῳ Ἰθάκῃ βασιλεύσει Ἀχαιῶν. Α, 79 ὃς μέγα πάντων Ἀργείων κρατέει. Vgl. 288. Β, 567 συμπάντων δ' ἡγεῖτο βοὴν ἀγαθὸς Διομήδης. Vgl. 620. Β, 527 Λοκρῶν δ' ἡγεμόνευεν . . Αἴας. Vgl. 552. Aesch. P. 214 τῆσδε κοιρανεῖ χθονός. Ag. 543 πῶς δή; διδαχθεὶς τοῦδε δεσπόσω λόγου; Auch in att. Prosa, z. B. Isocr. 5, 48. S. Ai. 1050 κραίνει στρατοῦ. Hdt. 7, 7 Ἀχαιμένεα ἐπιτροπεύοντα Αἰγύπτου ἐφόνευσε Ἰνάρως. Vgl. 3, 15 u. 82. 97 τοῦ ναυτικοῦ ἐστρατήγεον οἵδε. 99 ἡγεμόνευε Ἁλικαρνησσέων. 1, 73 ἐτυράννευε Μήδων. Vgl. 77 u. s. 1, 77 πρὸς Ἄμασιν βασιλεύοντα Αἰγύπτου. 3, 142 οὔτε γάρ μοι Πολυκράτης ἤρεσκε δεσπόζων ἀνδρῶν ὁμοίων ἑωυτῷ. Pl. Menex. 239, e τῆς τε θαλάττης ἐκράτει καὶ τῶν νήσων. Th. 1, 69 ὁ λόγος τοῦ ἔργου ἐκράτει, *fama superabat rem ipsam*. X. Comm. 1. 5, 6 (Σωκράτης) οὐ μόνον τῶν διὰ τοῦ σώματος ἡδονῶν ἐκράτει, ἀλλὰ καὶ τῆς διὰ τῶν χρημάτων. An. 5. 6, 37 Αἰήτου υἱδοῦς ἐτύγχανε βασιλεύων αὐτῶν. Cy. 1. 1, 2 ἄρχοντες μέν εἰσι καὶ οἱ βουκόλοι τῶν βοῶν καὶ οἱ ἱπποφορβοὶ τῶν ἵππων καὶ πάντες δὲ οἱ καλούμενοι νομεῖς ὧν ἂν ἐπιστατῶσι ζῴων εἰκότως ἂν ἄρχοντες τούτων νομίζοιντο. Comm. 2. 6, 1 ἄρχει γαστρός τε καὶ φιλοποσίας καὶ λαγνείας καὶ ὕπνου καὶ ἀργίας. 2. 6, 22 διὰ πολέμου πάντων κυριεύειν. Vgl. 3. 5, 11. 2. 8, 3 ἔργων ἐπιστατοῦντα. An. 2. 6, 28 στρατηγεῖν διεπράξατο τῶν ξένων. 3. 2, 27 ἵνα μὴ τὰ ζεύγη ἡμῶν στρατηγῇ. Hell. 3. 1, 10 ἐσατράπευε δὲ αὐτῷ τῆς χώρας. Vgl. An. 3. 4, 31. Hell. 4. 3, 15 οὗ Ἡριππίδας ἐξενάγει ξενικοῦ. Vgl. ib. 17. Ag. 2, 10. Isocr. 4, 63 οὐ δήπου πάτριόν ἐστιν ἡγεῖσθαι τοὺς ἐπήλυδας τῶν αὐτοχθόνων οὐδὲ τοὺς εὖ παθόντας τῶν εὖ ποιησάντων οὐδὲ τοὺς ἱκέτας γενομένους τῶν ὑποδεξαμένων. Pl. Lach. 182, c ὧν (ἐπιτηδευμάτων) καθηγήσαιτ' ἂν τοῦτο τὸ μάθημα. conv. 199, c καλῶς μοι ἔδοξας καθηγήσασθαι τοῦ λόγου (*exorsus esse*). Theaet. 179, d χορηγεῖν τοῦ λόγου *sententiae quasi duces sunt ac principes*. — X. Cy. 1. 2, 8 (οἱ Πέρσαι τοὺς παῖδας) διδάσκουσιν ἐγκρατεῖς εἶναι γαστρὸς καὶ ποτοῦ. 5. 1, 14 τὰ μοχθηρὰ ἀνθρώπια πασῶν τῶν ἐπιθυμιῶν ἀκρατῆ ἐστι. Th. 3, 62 πόλις οὐκ αὐτοκράτωρ οὖσα ἑαυτῆς. Isocr. 4, 29 ἡ πόλις ἡμῶν κυρία γενομένη τοιούτων ἀγαθῶν οὐκ ἐφθόνησε τοῖς ἄλλοις. Dem. 3, 16 ταύτης κύριος τῆς χώρας γενήσεται. Archil. fr. 22 Brgk. οὐδ' Ἀσίης γε καρτερὸς μηλοτρόφου. Theogn. 480 ὃς δ' ἂν ὑπερβάλλῃ πόσιος μέτρον, οὐκέτι κεῖνος | τῆς αὐτοῦ γλώσσης καρτερὸς οὐδὲ νόου. Vgl. Theocr. 15, 94. Hippcr. I. p. 552 ἄνδρες ἑωυτῶν καρτεροί. (Kret. Inschr. v. Gortyn 4, 25 καρτερὸν εἶναι τῶν χρημάτων τᾶς δαίσιος.) Dion. H. ant. 7, 11 τῶν παθῶν.

Anmerk. 16. Mehrere Verben des Herrschens nehmen in verschiedener Beziehung eine verschiedene Konstruktion an. Sind sie mit dem Genetive verbunden, so haben sie den Sinn Gewalt haben an etw., verfügen über etw. Ausserdem kommen noch folgende Verbindungen vor: a) der Akkusativ; alsdann überwiegt d. Bdtg. bewältigen, innehaben. Κρατεῖν τινα, als: τοὺς πολεμίους, heisst besiegen (= νικᾶν, Lex. Sequer. p. 151), während κρ. τινος dem Lat. *potiri* entspricht. Th. 1, 109 Μεγάβυζος τούς τε Αἰγυπτίους καὶ τοὺς ξυμμάχους μάχῃ ἐκράτησε. Isocr. 4, 35 πολέμῳ κρατήσαντες τοὺς βαρβάρους. Pl. Symp. 220, a πάντας ἐκράτει v. Sokrates, der alle unter den Tisch trank. Auch etwas inne haben S. OC. 1380 f. τὸ σὸν θάκημα καὶ τοὺς σοὺς θρόνους | κρατοῦσιν. Ἐπικρατεῖν τι, bewältigen, Ps. Isocr. 1, 52 τὰς τῆς φύσεως ἁμαρτίας. Eur. H. f. 28 τὴν ἑπτάπυργον τήνδε δεσπόζων πόλιν, ubi v. Pflugk. S. OC. 449 εἱλέσθην θρόνους | καὶ σκῆπτρα κραίνειν καὶ τυραννεύειν χθονός (wie oben θρόνους κρατεῖν OC. 1380). Tr. 126 ὁ πάντα κραίνων βασιλεύς. Dionys. A. R. 5. 34 τυραννήσοντες αὖθις τὴν πόλιν. Luc. D. Mer. 3, 2 τὴν Θαΐδα ἐᾶν τυραννεῖν τὸ συμπόσιον. Eur. Suppl. 226 κοινὰς γὰρ ὁ θεὸς τὰς τύχας ἡγούμενος. Nach Analogie v. ὁδὸν ἡγεῖσθαι (z. B. X. Cy. 3. 2, 28), *viam praeire*, sagt Dem. 21, 174 τὰς πομπὰς ἡγεῖτο. (Aber Th. 1, 19 hängt τοὺς ξυμμάχους nicht v. ἡγοῦντο, sondern v. ἔχοντες ab.) Bei Thuc. ἐξηγεῖσθαί τινα = *gubernare, regere*, 1, 71 τὴν Πελοπόννησον πειρᾶσθε μὴ ἐλάσσω ἐξηγεῖσθαι ἢ οἱ πατέρες ὑμῶν παρέδοσαν *Peloponnesum ita gubernare, ut ea non minor sit.* S. Poppo-Stahl. Vgl. 6, 85; ἐξηγεῖσθαί τι Führer sein in etw., zu etw. (nach Analogie von ὁδὸν ἡγεῖσθαι), daher anordnen, zeigen. 5, 66 Ἄγιδος τοῦ βασιλέως ἕκαστα ἐξηγουμένου κατὰ τὸν νόμον. 3, 55 ἃ δὲ ἑκάτεροι ἐξηγεῖσθε τοῖς ξυμμάχοις. Vgl. 93. Pl. civ. 586, d τὰς ἡδονὰς διώκουσαι ἃς ἂν τὸ φρόνιμον ἐξηγῆται. Crat. 407, a τὸν ποιητήν, *interpretari*. Anderes erst sehr spät. Heliod. 2, 24 σατραπεύει Αἴγυπτον. Nicht gehört hierher γ, 245 τρὶς γὰρ δή μίν φασιν ἀνάξασθαι γένε' ἀνδρῶν, wo γένεα Akk. der Zeitdauer ist: Generationen lang; — b) der Dativ, s. § 423, 6; — c) Präpositionen, s. § 423, Anm. 5.

8. Die adjektivischen (sowie wenige vereinzelte verbale) Begriffe des Kundig- und Unkundigseins, des Erfahren- und Unerfahrenseins, und die Verben des sich Versuchens in einer Sache, als: ἔμπειρος, ἄπειρος, ἐπιστήμων, ἐπιστάμενος ep. selt., τρίβων, kundig, poet. u. neuion., ἀνεπιστήμων, ξένος selt. poet. (S. OR. 219 f. τοῦ λόγου, τοῦ πραχθέντος), σοφός selt., συνίστωρ b. Spät., so auch συγγνώμων nachsichtig gegen etw., δαήμων ep., ἀδαήμων ep. u. neuion., ἔμπαιος ep., ξυνετὸς πολέμου Eur. Or. 1406, ἀτέλεστος poet., nicht eingeweiht, τυφλός X. conv. 4, 12, öfter Sp., κωφός, taub für etw. Pl. leg. 932, a φήμη κωφὴ τῶν τοιούτων προοιμίων, ubi v. Stallb., Antiphan. b. Ath. 450 f. κωφὴν δ' ἀκοῆς αἴσθησιν ἔχουσιν; ἀγνώς poet., ἀδαής, ἴδρις u. ἄιδρις, ep. poet., ἀγύμναστος, ἠθάς, gewohnt, bekannt = ἔμπειρος S. El. 373 u. Sp., ἀήθης, [ἐπίκλοπος ist X, 281 u. φ, 397 nicht mit den Genetiven zu verbinden, s. Hentze], ἀπαίδευτος, ἰδιώτης, unkundig, auch ἰδιωτεύειν (Pl. Prot. 327, a) u. a., πειρᾶν, häufiger πειρᾶσθαι, πειρητίζειν ep., διαπειρᾶσθαι, ἀποπειρᾶσθαι, πεπειραμένον εἶναι, πειράζειν ep., ἀπείρως, ξένως ἔχειν, ἀηθέσσειν K, 493 ἀήθεσσον γὰρ (οἱ ἵπποι) ἔτ' αὐτῶν (sc. νεκρῶν). Ἔμπειρος oder ἐπιστήμων εἰμὶ τῆς τέχνης. X. Cy. 5. 3, 35 ὁδῶν ἔμπειρος. Hdt. 9, 46 Βοιωτῶν καὶ Θεσσαλῶν ἔμπειροί εἰμεν. Pl. Hipp. maj. 289, e ἄπειρος εἶ τοῦ ἀνδρός. Th. 1, 142 θαλάσσης ἐπιστήμων. υ, 379 οὐδέ τι ἔργων | ἔμπαιον οὐδὲ βίης. Vgl. φ, 400. φ, 406 φόρμιγγος ἐπιστάμενος καὶ ἀοιδῆς. Hdt. 2, 49 τῆς θυσίης ταύτης οὐκ ἀδαής, ἀλλ' ἔμπειρος, vgl. 9, 46. 8, 65 εἶναι ἀδαήμονα τῶν ἱρῶν. Ἀπαίδευτος

ἀρετῆς, μουσικῆς X. Cy. 3. 3, 55. Ibid. 6. 1, 37 συγγνώμων τῶν ἀνθρωπίνων ἁμαρτημάτων. Eur. M. 870 αἰτοῦμαί σε τῶν εἰρημένων | συγγνώμον' εἶναι. Philod. in Anth. 5, 4 συνίστορα τῶν ἀλαλήτων λύχνον. Vgl. Statyl. Flacc. ib. 5, 5. κ, 282 χώρου ἄϊδρις. Aesch. Suppl. 453 θέλω δ' ἄϊδρις μᾶλλον ἢ σοφὸς κακῶν | εἶναι. Ag. 1105 ἄϊδρις τῶν μαντευμάτων. Pind. P. 9, 58 ἀγνῶτα θηρῶν. J. 2, 30 οὐκ ἀγνῶτες ὑμὶν ἐντὶ δόμοι οὔτε κώμων οὔτ' ἀοιδᾶν. Τρίβων ἱππικῆς Ar. V. 1429. τρίβων λόγων Eur. Ba. 717. Vgl. Hdt. 4, 74. Eur. Ba. 40 ἀτέλεστον οὖσαν τῶν ἐμῶν βακχευμάτων. Pl. Leg. 647, d ἀγύμναστος ὢν τοιούτων ἀγώνων. Th. 4, 34 ἔκπληξις ἐνέπεσεν ἀνθρώποις ἀήθεσι τοιαύτης μάχης. Vgl. Dem. 1, 23. Eur. Hec. 687 ἀρτιμαθὴς κακῶν. X. Cy. 1. 6, 35 ὀψιμαθὴς τούτων τῶν πλεονεξιῶν. Vgl. 3. 3, 37. An. 1. 9, 5 τῶν εἰς τὸν πόλεμον ἔργων, τοξικῆς τε καὶ ἀκοντίσεως, φιλομαθέστατος, vgl. Cy. 1. 6, 38. Cy. 1. 5, 11 τῶν μεγίστων παιδευμάτων ἀπείρως ἔχουσιν. Oec. 3, 9 ἰδιώτης ἔσει τούτου τοῦ ἔργου. Vgl. Pl. Tim. 20, a. Pl. Apol. 17, d ξένως ἔχω τῆς ἐνθάδε λέξεως. I, 345 μή μευ πειράτω εὖ εἰδότος. Vgl. M, 301 μήλων. χ, 237 σθένεός τε καὶ ἀλκῆς πειρήτιζεν. φ, 124 τόξου πειρήτιζεν. 113 καὶ δέ κεν αὐτὸς ἐγὼ τοῦ τόξου πειρησαίμην. Ω, 390 πειρᾷ ἐμεῖο, γεραιέ. Hdt. 6, 82 πειρᾶν πόλιος. Th. 1, 61 πειρᾶν τοῦ χωρίου, ubi v. Poppo-Stahl. 2, 93 ἀποπειρᾶσαι τοῦ Πειραιῶς. Hdt. 3, 119 ἀποπειρᾶσθαι γνώμης. 134 τῆς Ἑλλάδος ἀποπειρᾶσθαι. 6. 86, 3 πειρηθῆναι τοῦ θεοῦ. 128 διεπειρᾶτο αὐτῶν τῆς τε ἀνδραγαθίης καὶ τῆς ὀργῆς καὶ παιδεύσιός τε καὶ τρόπου. Th. 2, 81 πειρᾶσθαι τοῦ τείχους. Isocr. 18, 39 ἀποπειραθῆναι τῆς ὑμετέρας γνώμης.

Anmerk. 17. In der Dichtersprache ist dieser Gebrauch des Genetivs noch ausgedehnter. M, 229 ὃς σάφα θυμῷ | εἰδείη τεράων. O, 412 τέκτονος . . ὅς ῥά τε πάσης εὖ εἰδῇ σοφίης. Besonders häufig das Partizip εἰδώς, als: οἰωνῶν α, 202, τόξων B, 718, θούριδος ἀλκῆς Λ, 710, μάχης M, 100. Π, 811 διδασκόμενος πολέμοιο (Neuling im Kriege). Φ, 487 πολέμοιο δαήμεναι, versuchen, kennen lernen. Hs. op. 649 οὔτε τι ναυτιλίης σεσοφισμένος οὔτε τι νηῶν.

Anmerk. 18. Auch tritt bisweilen die Präposition περί hinzu, als: ἐπιστήμων περί τινος Pl. Civ. 599, b. Hipp. min. 368, d. Ps. Pl. Rival. 132, d ἔμπειρος περὶ λόγων. Isocr. 5, 19 ἀπείρως ἔχειν περί τινος. Daneben findet sich ἔμπειρος περί τι X. Hell. 1. 6, 5 ἐμπειρότερος περὶ τὰ ναυτικά. Pl. Tim. 22, a (in Ansehung). Ἐπιστήμων τι X. Cy. 3. 3, 9 ἐπιστήμονες δ' ἦσαν τὰ προσήκοντα. Comm. 1. 2, 19 ἄλλο οὐδὲν . . ἀνεπιστήμων. Seltener steht der instrumentale Dativ statt des Gen. O, 282 ἐπιστάμενος ἄκοντι. γ, 23 οὐδέ τί πω μύθοισι πεπείρημαι, ubi v. Nitzsch, *bin erfahren in*. Πειρᾶν γυναῖκα, κόρην, zur Unzucht verführen, z. B. Lys. 1, 12 πειρᾷς τὴν παιδίσκην. So auch πειρᾶσθαι Pind. P. 2, 34 Διὸς ἄκοιτιν ἐπειρᾶτο. (Über Th. 2, 19 πᾶσαν ἰδέαν πειράσαντες s. § 410, A. 7.) Πειρᾶσθαι m. d. neutral. Akk. ἕκαστα δ, 119, ω, 238, jeden Versuch machen; *prüfen* m. acc. Σ, 601 (τροχὸν) κεραμεὺς πειρήσεται; c. acc. rei u. gen. pers. θ, 23 (ἀέθλους) τοὺς Φαίηκες ἐπειρήσαντ' Ὀδυσῆος, Wettkämpfe, in denen sie den Odysseus versuchten. Th. 1, 71 hängt τὴν Πελοπόννησον v. ἐξηγεῖσθαι ab. Über συνίστωρ c. acc. s. § 409, A. 4. [Συνειδέναι περί Isocr. 17, 11 ὃς συνῄδει περὶ τῶν χρημάτων.]

9. Die adjektivischen Begriffe der Fähigkeit, des Vermögens, der Geschicklichkeit, insbesondere die Verbaladjektive auf ικός und andere, in denen der Begriff der Fähigkeit oder des Geeignetseins liegt. X. Comm. 1. 1, 7 τῶν τοιούτων ἔργων ἐξεταστικός. 3. 1, 6 παρασκευαστικὸν τῶν εἰς τὸν πόλεμον τὸν στρατηγὸν εἶναι χρὴ καὶ ποριστικὸν τῶν ἐπιτηδείων τοῖς στρατιώταις. Oec. 12, 19 ἐφορατικὸς ἔργων. Hipparch. 4, 12 ἐξαπατητικὸς τῶν πολεμίων. 5, 2 μηχανητικός τινος. Pl. Euthyphr. 3, c διδασκαλικὸς τῆς αὑτοῦ σοφίας. So: Hdt. 1, 107 παρθένος ἀνδρὸς ὡραίη. 196 γάμου ὡραίη. Vgl. 6, 122. X. Cy. 4. 6, 9. Eur. Hel. 12. Pl. Leg. 643, d τέλειος τῆς τοῦ πράγματος ἀρετῆς, gleichsam: sich vollendet zeigend an oder in einer Sache (Schanz streicht die Genetive).

Anmerk. 19. In freierer Weise werden bei den Dichtern auch ausserhalb der an die entsprechenden Verbalkonstruktionen sich anlehnenden Verbindungen Adjektiva mit einem Genetive des Objekts verbunden, etwa den lat. Partiz. auf *ans* und *ens* vergleichbar. Das Adjektiv nähert sich dann der Geltung eines Substantivs. Aesch. Ag. 1156 γάμοι Πάριδος ὀλέθριοι φίλων, wie Eur. Andr. 1194 τοξοσύνᾳ φονίῳ πατρός. Aesch. Pr. 907 αὐθάδης φρενῶν (recc. αὐθάδη φρονῶν). S. OC. 150 ἀλαῶν ὀμμάτων . . ἦσθα φυτάλμιος caecorum oculorum gignens, brachtest blinde Augen auf die Welt (vgl. φύσιν γλῶσσαν u. ähnl.). Ant. 1185 Παλλάδος θεᾶς . . εὐγμάτων προσήγορος, m. dopp. Gen., *Beterin der Pallas* (προσαγορεύειν τὴν Παλλάδα εὔγματα). Aesch. Ag. 1587 προστρόπαιος ἑστίας μολών, wie *supplex arae*. (Analog Aesch. Suppl. 503 ναύτης ἐφέστιος θεῶν, vgl. 365. Eum. 577.) Eur. Ph. 209 f. περιρρύτων . . πεδίων Σικελίας *aequorum maris Siciliam circumfluentium*. Hec. 235 καρδίας δηκτήρια. 1135 ὕποπτος ὢν δὴ Τρωικῆς ἁλώσεως ahnend. Hipp. 30 κατόψιον γῆς τῆσδε ναὸν Κύπριδος καθείσατο. Ar. P. 678 ἀποβολιμαῖος τῶν ὅπλων ἐγίγνετο. 425 οἴμ' ὡς ἐλεήμων εἴμ' ἀεὶ τῶν χρυσίδων. In Prosa erscheinen derartige Verbindungen nur selten und so, dass das Adjektiv deutlich substantivischen Charakter zeigt. Hdt. 2, 74 ἱροὶ ὄφιες ἀνθρώπων οὐδαμῶς δηλήμονες, vgl. σ, 85 βροτῶν δηλήμονα πάντων. 5. 92, 6 (ἄνδρα) τῶν ἑωυτοῦ σινάμωρον Zerstörer seines Eigentums. X. Comm. 1. 5, 3 ὁ ἀκρατὴς κακοῦργος μὲν τῶν ἄλλων (Übelthäter an den andern), ἑαυτοῦ δὲ πολὺ κακουργότερος (schlimmerer Übelthäter), vgl. Pl. civ. 421, b. Th. 1, 126 ἀλιτήριοι τῆς θεοῦ ἐκεῖνοι ἐκαλοῦντο, deutlich Subst., wie auch Ar. equ. 445. X. Comm. 4. 3, 7 (τὸ πῦρ) ἐπίκουρον μὲν ψύχους, ἐπίκουρον δὲ σκότους, vgl. ἐπικούρημα τῆς χιόνος An. 4. 5, 13 (ἐπικουρεῖν τῷ ψύχει helfen für, d. i. gegen die Kälte).

§ 418. Fortsetzung.

1. Mit den Verben des Seins und Werdens: εἶναι, γίγνεσθαι, φῦναι verbindet sich der Genetiv als Prädikat in demselben Sinne, wie er zu Substantiven als Attribut tritt: teils partitiv, teils possessiv (Eigentum, Eigentümlichkeit, Abstammung), teils qualitativ (Stoff, Mass, Wert). Das Deutsche ist meist genötigt, konkretere Ausdrücke für εἶναι u. s. w. einzusetzen: a) zu etwas gehören; b) einem angehören, sich überlassen, abhängen von u. s. w., einem zu-

kommen, eigentümlich sein, Pflicht, Sache jemds sein, abstammen von; c) bestehen aus, gelten u. s. w. Ebenso bei dem lat. *esse alicujus*.

a) Hdt. 3, 141 ἀπέστελλε στρατηγὸν Ὀτάνεα, ἀνδρῶν τῶν ἑπτὰ γενόμενον, der zu den Sieben gehörte. Th. 1, 65 καὶ αὐτὸς ἤθελε τῶν μενόντων εἶναι. 3, 70 (Πειθίας) ἐτύγχανε βουλῆς ὤν, gehörte zum Rate (= τῶν βουλευτῶν ἦν). Ähnlich Pl. leg. 880, d ὁ μεγίστου τιμήματος ὤν, zur höchsten Steuerklasse gehörig (ohne ὤν 764, a τῷ τῶν δευτέρων καὶ πρώτων τιμημάτων). So wohl auch Ar. Pl. 862 u. 957 εἶναι τοῦ πονηροῦ κόμματος, zum schlechten Schlage gehören (vgl. R. 890 ἴδιοί τινες [θεοί], κόμμα καινόν). X. An. 1. 2, 3 ἦν δὲ καὶ ὁ Σωκράτης τῶν ἀμφὶ Μίλητον στρατευομένων. Cy. 1. 2, 15 οἳ δ' ἂν αὖ ἐν τοῖς τελείοις (ἀνδράσι) διαγένωνται ἀνεπίληπτοι, οὗτοι τῶν γεραιτέρων γίγνονται die treten ein in die Zahl der Alten. Pl. Euthyd. 277, c τῶν λαμβανόντων ἄρ' εἰσὶν οἱ μανθάνοντες. X. An. 2. 6, 26 (Μένων) τὸν μὴ πανοῦργον τῶν ἀπαιδεύτων ἀεὶ ἐνόμιζεν εἶναι. Hell. 6. 3, 5 εἰ δὲ δὴ καὶ ὁμογνωμονοῖμεν, οὐκ ἂν πάνυ τῶν θαυμαστῶν εἴη μὴ εἰρήνην ποιεῖσθαι, gehörte zu den wunderbaren Dingen, wäre wunderbar. Dem. 2, 2 ἔστι τῶν αἰσχρῶν, μᾶλλον δὲ τῶν αἰσχίστων, πόλεων ὧν ἡμέν ποτε κύριοι, φαίνεσθαι προϊεμένους. 1, 26 τῶν ἀτοπωτάτων ἂν εἴη εἰ κτλ. 20, 2 ὅτι μέν τινων κατηγοροῦντα πάντας ἀφαιρεῖσθαι τὴν δωρεὰν τῶν ἀδίκων ἐστίν, ἐάσω. Pl. civ. 525, a οὕτω τῶν ἀγωγῶν ἂν εἴη καὶ μεταστρεπτικῶν ἐπὶ τὴν τοῦ ὄντος θέαν ἡ περὶ τὸ ἓν μάθησις. Dem. 9, 43 ἡ Ζέλειά ἐστι τῆς Ἀσίας. Th. 2, 4 οἴκημα μέγα, ὃ ἦν τοῦ τείχους, vgl. 1, 134.

Anmerk. 1. Zuweilen tritt zu dem Genetive das Indefinitum τὶς, τὶ. Ar. Pl. 826 τῶν χρηστῶν τις, ὡς ἔοικας, εἶ. Von τὶς, τὶ ist wohl zu unterscheiden εἷς, ἕν, das, wie jedes andere Zahlwort, hinzugefügt werden muss, wenn der Begriff der Zahl besonders hervorgehoben werden soll. Isocr. 18, 63 ὧν εἷς ἐγὼ φανήσομαι γεγενημένος. 6, 97 ἔστιν ἓν τῶν αἰσχρῶν. Die Präposition ἐξ tritt nur dann zum Gen., wenn eine Auswahl u. dgl. bezeichnet werden soll. X. Comm. 3. 6, 17 εὑρήσεις ἐν πᾶσιν ἔργοις τοὺς εὐδοκιμοῦντάς τε καὶ θαυμαζομένους ἐκ τῶν μάλιστα ἐπισταμένων ὄντας aus der Zahl der Verständigsten hervorgehen.

b) Lys. 7, 4 ἦν τοῦτο Πεισάνδρου τὸ χωρίον gehörte dem P. Hdt. 3, 117 τοῦτο τὸ πεδίον ἦν μέν κοτε Χορασμίων, . . ἐπείτε δὲ Πέρσαι ἔχουσι τὸ κράτος, ἐστὶ τοῦ βασιλέος. Th. 5, 5 ἐγένετο Μεσσήνη Λοκρῶν τινα χρόνον. Lys. 13, 64 ἐγένετο ὁ Εὐμάρης οὗτος Νικοκλέους gehörte dem N. (als Sklave). 30, 5 σαυτοῦ νομίζεις εἶναι τὰ τῆς πόλεως. So: ἑαυτοῦ εἶναι, sein eigener Herr sein. Dem. 4, 7 ἂν ὑμῶν αὐτῶν ἐθελήσητε γενέσθαι, *non ex aliis pendere*. Vgl. 2, 30. Pl. Phaedr. 250, a ἐκπλήττονται καὶ οὐκέθ' αὑτῶν γίγνονται, ubi v. Stallb., *non iam sui compotes sunt*. Ferner: εἶναί τινος, *alicuius esse, alicui addictum esse, studere*, wie Liv. 21, 11 *omnis senatus Hannibalis erat* u. deutsch: *du bist des Teufels*. S. Ph. 386 πόλις γάρ ἐστι πᾶσα τῶν ἡγουμένων. OR. 917 ἀλλ' ἔστι τοῦ λέγοντος. Ar. equ. 860 μὴ τοῦ λέγοντος ἴσθι. So auch mit Gen.

der Sache, wobei der ursprüngliche Begriff „sich zu eigen geben" mehr zurücktritt; doch nur in vereinzelten Wendungen. Dem. 9, 56 ἦσαν ἐν Ὀλύνθῳ τῶν ἐν τοῖς πράγμασι τινὲς μὲν Φιλίππου καὶ πάνθ' ὑπηρετοῦντες ἐκείνῳ, τινὲς δὲ τοῦ βελτίστου, *Philippo addicti .. bonae causae dediti, studentes.* 37, 53 οἳ μήτε συγγνώμης μήτ' ἄλλου τινός εἰσιν, ἀλλ' ἢ τοῦ πλείονος (*lucri*). 18, 296 οὗτοι πάντες εἰσὶ τῶν αὐτῶν βουλευμάτων ἐν ταῖς αὑτῶν πατρίσιν ὧνπερ οὗτοι παρ' ὑμῖν. Th. 1, 113 u. 5, 46 ὅσοι τῆς αὐτῆς γνώμης ἦσαν. Vgl. 8, 74. X. Hell. 2. 4, 36. (Ohne εἶναι Th. 3, 70 οἱ δέ τινες τῆς αὐτῆς γνώμης τῷ Πειθίᾳ κατέφυγον). Hdt. 1, 108 τὸν (= ὃν) εὕρισκε οἰκίης μὲν ἐόντα ἀγαθῆς, τρόπου δὲ ἡσυχίου. Ar. Pl. 246 ἐγὼ δὲ τούτου τοῦ τρόπου πώς εἰμ' ἀεί. Vgl. Eur. El. 949. Pl. Gorg. 482, a (Ἀλκιβιάδης) ἄλλοτε ἄλλων ἐστὶ λόγων, ἡ δὲ φιλοσοφία ἀεὶ τῶν αὐτῶν. Hdt. 5. 92, 7 τοιοῦτο μὲν ὑμῖν ἐστι ἡ τυραννίς (= οἱ τύραννοι) καὶ τοιούτων ἔργων. Dem. 25, 88 οὐ γὰρ τῶν αὐτῶν οὔτε λόγων οὔτ' ἔργων ἐστὶν ἡ νεότης τῷ γήρᾳ. Ferner Antiph. 5, 92 τὸ μὲν ἀκούσιον ἁμάρτημα τῆς τύχης ἐστί (liegt in den Händen des Schicksals), τὸ δὲ ἑκούσιον τῆς γνώμης. Dem. 1, 16 τὸ μὲν ἐπιτιμᾶν ἴσως φήσειέ τις ἂν ῥᾴδιον καὶ παντὸς εἶναι (jedermanns Sache), τὸ δ' ὑπὲρ τῶν παρόντων ὅ τι δεῖ πράττειν ἀποφαίνεσθαι, τοῦτ' εἶναι συμβούλου. Th. 1, 83 ἔστιν ὁ πόλεμος οὐχ ὅπλων τὸ πλέον (hängt ab von), ἀλλὰ δαπάνης. 142 τὸ ναυτικὸν τέχνης ἐστίν. Pl. leg. 708, d τὸ δὲ συμπνεῦσαι . . χρόνου πολλοῦ καὶ παγχάλεπον sc. ἐστίν, erfordert viel Zeit. Gorg. 461, a ταῦτα οὖν ὅπῃ ποτὲ ἔχει, οὐκ ὀλίγης συνουσίας (*sermonis*) ἐστὶν ὥστε ἱκανῶς διασκέψασθαι. Dem. 8, 48 δοκεῖ ταῦτα καὶ δαπάνης μεγάλης καὶ πόνων πολλῶν καὶ πραγματείας εἶναι. In der angefochtenen Stelle Pl. Gorg. 496, e ἢ οὐχ ἅμα τοῦτο (sc. τὸ λυπούμενον χαίρειν, *cum voluptate dolorem esse conjunctum*) γίγνεται κατὰ τὸν αὐτὸν τόπον καὶ χρόνον, εἴτε ψυχῆς εἴτε σώματος (sc. γίγνεσθαι) βούλει sind die Gen. so zu erklären: mag dieses (τὸ λυπούμενον χαίρειν) der Seele oder dem Körper angehören.

X. Oec. 1, 2 οἰκονόμου ἀγαθοῦ ἐστιν εὖ οἰκεῖν τὸν ἑαυτοῦ οἶκον, einem guten Wirtschafter ist es eigentümlich, kommt es zu (es ist die Art eines g. W.). Pl. Gorg. 507, b οὐ δὴ σώφρονος ἀνδρός ἐστιν οὔτε διώκειν οὔτε φεύγειν ἃ μὴ προσήκει. Dem. 4, 47 κακούργου μέν ἐστι κριθέντ' ἀποθανεῖν, στρατηγοῦ δὲ μαχόμενον τοῖς πολεμίοις. Th. 6, 22 ἡ στρατιὰ πολλὴ οὖσα οὐ πάσης ἔσται πόλεως ὑποδέξασθαι (= οὐ πάσης ἔσται πόλεως τὴν στρατιὰν πολλὴν οὖσαν ὑποδέξασθαι). X. Cy. 3. 1, 26 δοκεῖ μοι τοῦ αὐτοῦ ἀνδρὸς εἶναι εὐτυχοῦντα ἐξυβρίσαι καὶ πταίσαντα ταχὺ πτῆξαι. S. El. 1054 πολλῆς ἀνοίας (sc. ἐστὶ) καὶ τὸ θηρᾶσθαι κενά.

Ζ, 211 ταύτης τοι γενεῆς τε καὶ αἵματος εὔχομαι εἶναι. δ, 232 Παιήονός εἰσι γενέθλης. Φ, 109 πατρὸς δ' εἰμ' ἀγαθοῖο. Φ, 186 φῆσθα σὺ μὲν ποταμοῦ γένος ἔμμεναι. Pind. O. 6, 49 Φοίβου γὰρ αὐτὸν φᾶ γεγάκειν πατρός. S. Ant. 486 ἀδελφῆς κυρεῖ = ἐστίν. Eur. Heracl. 297 οὐκ ἔστι τοῦδε παισὶ κάλλιον γέρας | ἢ πατρὸς ἐσθλοῦ κἀγαθοῦ πεφυκέναι, vgl. J. T. 4. Hec. 380 ἐσθλῶν γενέσθαι. S. Ph. 1284 ἀρίστου πατρὸς αἴσχιστος γεγώς, vgl. fragm. Scyr. 2, 2. Hdt. 3, 160 Ζωπύρου τούτου γίνεται Μεγάβυζος. X. Cy. 1. 2, 1 πατρὸς μὲν δὴ λέγεται ὁ Κῦρος γενέσθαι Καμβύσου, Περσῶν βασιλέως· ὁ δὲ Καμβύσης οὗτος τοῦ Περσειδῶν γένους ἦν . . μητρὸς δὲ ὁμολογεῖται Μανδάνης γενέσθαι. An. 3. 2, 13 τοιούτων ἐστὲ προγόνων. Pl. Menex. 239, a μιᾶς μητρὸς πάντες ἀδελφοὶ φύντες.

Anmerk. 2. Statt ἀνδρὸς ἀγαθοῦ ἐστιν εὖ ποιεῖν τοὺς φίλους (es ist die Art eines guten M.) wird nicht selten gesagt: πρὸς ἀνδρὸς ἀγαθοῦ ἐστιν, s. d. Lehre v. d. Präp. § 441, I. Verhältnismässig selten wird der Genetiv von einem Substantive, wie σημεῖον, Zeichen, ἔργον, Aufgabe, abhängig gemacht. Lys. 14, 4 δοκεῖ μοι καὶ πολίτου χρηστοῦ καὶ δικαστοῦ δικαίου ἔργον εἶναι ταύτῃ τοὺς νόμους διαλαμβάνειν.

Anmerk. 3. Da der Genetiv nur die Zugehörigkeit im allgemeinen bezeichnet, so wird oft bei εἶναι, φῦναι, γίγνεσθαι der Begriff des Ursprungs durch ἐξ (erzeugt sein von), seltener ἀπό (abstammen von), besonders hervorgehoben. Φ, 189 Αἰακὸς ἐκ Διὸς ἦεν. Hdt. 3, 159 ἐκ τουτέων τῶν γυναικῶν οἱ νῦν Βαβυλώνιοι γεγόνασι. S. Ai. 472. Eur. Ph. 8 (Κάδμος) Πολύδωρον ἐξέφυσε, τοῦ δὲ Λάβδακον | φῦναι λέγουσιν, ἐκ δὲ τοῦδε Λάιον. X. Comm. 2. 3, 4 πρὸς φιλίαν μέγα ὑπάρχει τὸ ἐκ τῶν αὐτῶν φῦναι. Hdt. 8, 139 ἀπὸ τούτου δὴ τοῦ Περδίκκεω 'Αλέξανδρος ὧδε ἐγένετο. X. Cy. 4. 1, 24 ἀπὸ θεῶν γεγονώς. So auch: οἱ ἐκ Διός S. El. 659. οἱ ἐξ αὐτοῦ Hdt. 1, 56. οἱ ἀφ' 'Ηρακλέους Th. 1, 24. — Bei der nahen Sinnesverwandtschaft des Genetivs der Abstammung und des Ursprungs mit dem Ablativ des Ausgangspunktes (vgl. § 413 u. Anm.) bleibt es vielfach zweifelhaft, ob ein eigentlicher Genetiv (in Anlehnung an den entsprechenden nominalen Gebrauch § 414, 2) oder ein ablativischer Genetiv anzunehmen ist. In Wendungen z. B. wie δ, 611 αἵματός εἰς ἀγαθοῖο, Φ, 89 τῆς δὲ δύω γενόμεσθα u. a. liegt die letztere Annahme ziemlich nahe. Doch sind beide Gebrauchsweisen so ineinander geflossen, dass eine Scheidung unmöglich ist.

c) Hdt. 1, 93 ἡ κρηπίς ἐστι λίθων μεγάλων. 1, 186 τῆς πόλιος ἐούσης δύο φαρσέων (aus zwei Teilen besteht). Pl. leg. 755, a ἔλαττον ἢ πεντήκοντα γεγονὼς ἐτῶν. X. Hell. 3. 1, 14 ἀπέκτεινε τὸν υἱὸν αὐτῆς, τό τε εἶδος ὄντα πάγκαλον καὶ ἐτῶν ὄντα ὡς ἑπτακαίδεκα. Comm. 1. 2, 40 'Αλκιβιάδην, πρὶν εἴκοσιν ἐτῶν εἶναι, διαλεχθῆναι. (Ohne εἶναι An. 7. 4, 16 Σιλανὸς Μακίστιος ἐτῶν ὡς ὀκτωκαίδεκα σημαίνει τῇ σάλπιγγι). 1. 4, 11 ἐπὶ τὸν Εὐφράτην ποταμόν, ὄντα τὸ εὖρος τεττάρων σταδίων. Dem. 14, 19 τὸ τίμημά ἐστι τὸ τῆς χώρας ἑξακισχιλίων ταλάντων. Hdt. 1, 143 πολλῷ ἦν ἀσθενέστατον τῶν ἐθνέων καὶ λόγου ἐλαχίστου, von der geringsten Geltung. Vgl. 3, 139. 1, 120 δουλούμεθά τε καὶ λόγου οὐδενὸς γινόμεθα πρὸς Περσέων, ubi v. Baehr. X. Oec. 20, 23 πολλοῦ ἀργυρίου γίγνεσθαι, teuer zu stehen kommen. Vgl. Ar. eq. 662.

2. Für die Verben des Seins können in allen den obengenannten Beziehungen auch die kopulaartigen Verben des Scheinens, Meinens und Nennens eintreten. Pl. Phaed. 68, d θάνατον ἡγοῦνται πάντες οἱ ἄλλοι τῶν μεγάλων κακῶν. Isocr. 15, 235 Σόλων τῶν ἑπτὰ σοφιστῶν ἐκλήθη. Vgl. X. Cy. 2. 1, 9. S. Ant. 738 τοῦ κρατοῦντος ἡ

πόλις νομίζεται, vgl. OC. 38. Eur. Io. 9 (πόλις) τῆς χρυσολόγχου Παλλάδος κεκλημένη. Γ, 457 νίκη μὲν δὴ φαίνετ' ἀρηιφίλου Μενελάου. Pl. Euthyphr. 4, a οὐ γὰρ οἶμαί γε τοῦ ἐπιτυχόντος ὀρθῶς αὐτὸ πρᾶξαι. Prot. 343, e εὔηθες τοῦτό γε φανείη ἂν καὶ οὐ Σιμωνίδου. Dem. 3, 21 δικαίου πολίτου κρίνω τὴν τῶν πραγμάτων σωτηρίαν ἀντὶ τῆς ἐν τῷ λέγειν χάριτος αἱρεῖσθαι. Eur. M. 808 μηδείς με φαύλην κἀσθενῆ νομιζέτω | μηδ' ἡσυχαίαν, ἀλλὰ θατέρου τρόπου. Pl. Phaedr. 242, d τὸν Ἔρωτα οὐκ Ἀφροδίτης καὶ θεόν τινα ἡγεῖ; Pind. P. 3, 67 ἤ τινα Λατοΐδα κεκλημένον ἢ πατέρος ein Sohn des Apollo oder des Vaters genannt. Ar. V. 151 πατρὸς νῦν Καπνίου κεκλήσομαι. Theocr. 24, 101 (Ἡρακλέης) Ἀργείου κεκλημένος Ἀμφιτρύωνος. Hdt. 6, 88 Νικόδρομος Κνοίθου καλεόμενος.

Anmerk. 4. Wie καλεῖσθαί τινος, so ἐπονομάζεσθαί τινος benannt werden als Eigentum, Nachkomme u. s. w., daher nach etw. benannt werden. Pl. leg. 738, b ἱερῶν, ἅττα δεῖ ὡντινων ἐπονομάζεσθαι θεῶν. S. El. 283 f. πατρὸς τὴν δυστάλαιναν δαῖτ' ἐπωνομασμένην = τὴν δαῖτα Ἀγαμέμνονος od. Ἀγαμεμνόνειον καλουμένην. Eur. H. f. 1329 f. (τεμένη) ἐπωνομασμένα σέθεν. (Pl. leg. 626, d δοκεῖς μοι τῆς θεοῦ ἐπωνυμίας ἄξιος εἶναι μᾶλλον ἐπονομάζεσθαι hängt ἐπωνυμίας von ἄξιος ab; der Inf. ist der sogen. epexegetische.) Ebenso ἐπώνυμός τινος = ἐπωνομασμένος τινός. Hdt. 2, 112 (ἱρὸν) ξείνης Ἀφροδίτης ἐπώνυμόν ἐστι. Vgl. 7, 11. Pl. leg. 828, c θεοῖς, ὧν ἂν ἡ φυλὴ ἑκάστη ἐπώνυμος ᾖ (häufiger ἐπονομάζεσθαι mit ἀπό c. g.).

3. Ebenso tritt der Genetiv

a) in partitivem Sinne zu den Verben, welche bedeuten: in eine Klasse von Personen oder Sachen versetzen, als: τιθέναι, τίθεσθαι, γράφειν, ποιεῖσθαι, und den entsprechenden Passiven καταλέγεσθαι, κληροῦσθαι (λαγχάνειν), ἀριθμεῖσθαι, ἐξετάζεσθαι, *censeri*. X. Cy. 4. 3, 21 ἐμὲ γράφε τῶν ἱππεύειν ὑπερεπιθυμούντων. Pl. civ. 376, e μουσικῆς τίθης λόγους; *ad musicam refersne sermones?* ubi v. Stallb. Phil. 60, d φρόνησιν καὶ ἀληθῆ δόξαν τῆς αὐτῆς ἰδέας τιθέμενος. 66, c ἃ τῆς ψυχῆς αὐτῆς ἔθεμεν, ἐπιστήμας τε καὶ τέχνας κτλ. Civ. 424, c ἐμὲ θὲς τῶν πεπεισμένων. 567, e ποιεῖσθαί τινα τῶν δορυφόρων. Lysias 24, 13 τί με κωλύει κληροῦσθαι τῶν ἐννέα ἀρχόντων, zu einem der 9 Archonten durch das Los gewählt zu werden, vgl. 6, 4. Ps. Dem. 59, 106 λαχεῖν τῶν ἐννέα ἀρχόντων. Lys. 30, 8 οὐδὲ τῶν πεντακισχιλίων κατελέγην. Isae. 7, 5 ὁ Θράσυλλος τῶν ἐν Σικελίᾳ καταλεγεὶς τριηράρχων, ubi v. Schoemann. Eur. Ba. 1317 τῶν φιλτάτων ἔμοιγ' | ἀριθμήσῃ. Theocr. 13, 72 οὕτω μὲν κάλλιστος Ὕλας μακάρων ἀριθμεῖται. Dem. 21, 202 οὐδαμοῦ πώποτε Μειδίας τῶν συνηδομένων ἐξητάσθη τῷ δήμῳ. So Lys. 14, 11 ἐάν τις τῆς πρώτης τάξεως τεταγμένος τῆς δευτέρας γένηται, in das erste Glied gestellt, auch ohne τάξεως 16, 15. Isocr. 12, 180.

b) in possessivem Sinne zu ποιεῖσθαι in der Redensart ποιεῖσθαι ἑαυτοῦ, zu dem Seinigen machen, sich zuschreiben, anmassen. Hdt. 1, 129 ὁ δέ μιν προσιδὼν ἀντείρετο, εἰ ἑωυτοῦ ποιέεται τὸ Κύρου ἔργον.

X. Ages. 1, 33 τὴν Ἀσίαν ἑαυτῶν ποιοῦνται. Dem. 23, 114 τὴν χώραν ἐποιεῖθ' ἑαυτοῦ. S. Ant. 547 μηδ' ἃ μὴ 'θιγες | ποιοῦ σεαυτῆς.

Anmerk. 5. Possessiven Sinn hat der Genetiv auch S. OR. 411 οὐ Κρέοντος προστάτου γεγράψομαι *non Creontis patroni censebor cliens*, sowie bei den Verben des Trinkens, Einschenkens, Libierens zu Ehren einer Person. Ar. Eq. 106 σπονδὴν λαβὲ δὴ καὶ σπεῖσον ἀγαθοῦ δαίμονος, *in daemonis honorem* (hervorgegangen aus dem adnominalen Gebrauche, vgl. 85 ἄκρατον οἶνον ἀγαθοῦ δαίμονος u. Hor. od. 3. 8, 13 *sume, Maecenas, cyathos amici sospitis centum;* daher auch im Lat. Hor. od. 3. 19, 10 *da noctis mediae, da, puer, auguris Murenae*). Theocr. 2, 151 αἰὲν Ἔρωτος ἀκράτω ἐπεχεῖτο, *merum sibi infundi iussit in Amoris honorem*, vgl. 14, 19. Phylarch. ap. Ath. 261, b ἐπιχεομένους Δημητρίου. Vgl. auch Callimach. epigr. 31 ἔγχει καὶ πάλιν εἰπέ, Διοκλέος. Meleagr. ep. 98 ἔγχει καὶ πάλιν εἰπέ, πάλιν, πάλιν, Ἡλιοδώρας. Dagegen ist φιλοτησίας προπίνειν Dem. 19, 128 auf eines Wohl anstossen, ihm zutrinken, als Akk. aufzufassen (Lex. Seguer. p. 78 ergänzt fälschlich χάριν od. ἕνεκα).

4. Ferner steht der (possessive) Genetiv bei den Adjektiven, die den Begriff des Eigentums und des Besitzes ausdrücken, als: ἴδιος (auch m. Dat.), οἰκεῖος (m. Dat. geneigt), ἱερός, ἐπιχώριος, κοινός (öfter m. Dat.). Dem. 2, 28 οἱ κίνδυνοι τῶν ἐφεστηκότων (*ducum*) ἴδιοι, μισθὸς δ' οὐκ ἔστιν. X. An. 4. 5, 35 ἤκουεν αὐτὸν (τὸν ἵππον) ἱερὸν εἶναι τοῦ Ἡλίου. Vgl. 5. 3, 13. Pl. Phaed. 85, b. Pl. Tim. 34, a κίνησιν ἀπένειμεν αὐτῷ τὴν τοῦ σώματος οἰκείαν. Symp. 189, b τοῦτο μὲν γὰρ ἂν κέρδος εἴη καὶ τῆς ἡμετέρας Μούσης ἐπιχώριον, *lucrum nostrae Musae proprium*. 205, a τὸν ἔρωτα τοῦτον κοινὸν οἴει εἶναι πάντων ἀνθρώπων. Vgl. Menex. 241, c.

5. Ein Genetiv der Abstammung erscheint in der Dichtersprache auch bei φύειν, φυτευθείς, τεκνοῦν, βλαστάνειν, τραφείς. In der Regel wird jedoch diese Beziehung genauer durch die Präp. ἐξ, ἀπό, πρός, ὑπό bezeichnet. Eur. Jo 3 Ἄτλας . . θεῶν μιᾶς | ἔφυσε Μαῖαν. Pind. P. 4, 144 κείνων φυτευθέντες. S. OC. 1324 τοῦ κακοῦ πότμου φυτευθείς. Eur. M. 804 οὔτε τῆς νεοζύγου | νύμφης τεκνώσει παῖδα. S. Tr. 401 ὧν δ' ἔβλαστεν, οὐκ ἔχω λέγειν. S. Ph. 3 κρατίστου πατρὸς Ἑλλήνων τραφείς. Aesch. S. 792 παῖδες μητέρων τεθραμμένοι.

6. Der Stoff steht im Genetive bei den Begriffen des Machens und Bildens aus oder von etwas. K, 262 (κυνέην) ῥινοῦ ποιητήν. Σ, 574 αἱ δὲ βόες (auf dem Schilde) χρυσοῖο τετεύχατο κασσιτέρου τε. Vgl. τ, 226. Hdt. 5, 62 συγκειμένου σφι (*cum inter eos convenisset*) πωρίνου λίθου ποιέειν τὸν νηόν, Παρίου τὰ ἔμπροσθε αὐτοῦ ἐξεποίησαν. 82 ἐπειρώτεον κότερα χαλκοῦ ποιέωνται τὰ ἀγάλματα ἢ λίθου. 2, 127 ὑποδείμας τὸν πρῶτον δόμον λίθου Αἰθιοπικοῦ. 3, 9 ῥαψάμενον τῶν ὠμοβοέων καὶ τῶν ἄλλων δερμάτων ὀχετόν, *ex coriis*. 2, 138 ἐστρωμένη ἐστὶ ὁδὸς λίθου. Th. 4, 31 ἔρυμα αὐτόθι ἦν λίθων λογάδην πεποιημένον. X. Cy. 6. 1, 29 τὸν δίφρον ἐποίησεν ὥσπερ πύργον ἰσχυρῶν ξύλων. 7. 5, 22 φοίνικος αἱ θύραι πεποιημέναι.

Anmerk. 6. Sehr häufig wird der Stoff, aus dem etwas gemacht wird, bestimmter durch die Präp. ἐξ und ἀπό bezeichnet, z. B. Hdt. 1, 194. 7, 65; auch durch διά c. g. (öfter bei Späteren, s. Passow I. S. 628).

7. Der Wert und Preis stehen im Genetiv

a) bei den Ausdrücken: ποιεῖσθαι, τιμᾶσθαί τι πολλοῦ, πλείονος, μείζονος, πλείστου, ὀλίγου, ἐλαχίστου u. s. w., wie lat. *magni facere* u. s. w. X. Cy. 2. 1, 13 μείζονος αὐτὰ τιμῶνται. Pl. Symp. 175, e πολλοῦ τιμῶμαι τὴν παρὰ σοὶ κατάκλισιν. Prot. 328, d πολλοῦ ποιοῦμαι ἀκηκοέναι, ἃ ἀκήκοα Πρωταγόρου. Dem. 19, 159 τοῦτο Φίλιππος ἁπάντων ἂν ἐτιμήσατο πλείστου τοῦτον τὸν τρόπον πραχθῆναι. Ungleich häufiger aber tritt die Präp. περί hinzu (regelmässig περὶ πολλοῦ ἡγεῖσθαι). Beide Konstr. Hdt. 3, 154 ἀπεπυνθάνετο εἰ περὶ πολλοῦ κάρτα ποιέεται τὴν Βαβυλῶνα ἑλεῖν· πυθόμενος δὲ ὡς πολλοῦ τιμῷτο, ἄλλο ἐβουλεύετο.

b) bei den Verben des Kaufs und Verkaufs u. ähnl., als: ὠνεῖσθαι, ἀγοράζειν, πρίασθαι, κτᾶσθαι, παραλαμβάνειν, δέχεσθαι; πωλεῖν, ἀποδίδοσθαι, διδόναι, περιδίδοσθαι, wetten, u. a.; d. Adj. ὠνητός, ὤνιος; — des Tausches u. ähnl., als: ἀλλάττειν, ἀλλάττεσθαι, ἀντ-, ἀμείβειν poet., ἀμείβεσθαι poet., διαμείβεσθαι, δέχεσθαι poet., λύειν, προΐεσθαι, κατατιθέναι; — des Schätzens, als: τιμᾶν, τιμᾶσθαι, ἀξιοῦν, ἀπ-, ἀξιοῦσθαι; poet. ἀτιμάζειν für unwert halten; die Adj. ἄξιος, ἀνάξιος, ἀντάξιος, ἄτιμος nicht gewürdigt, u. nach ἄξιος Hdt. 5, 65 ἀξιόχρεως, zuweilen πρέπων u. Eur. Hel. 508 f. πρόσφορος, entsprechend, sowie nach Anal. v. ἀντάξιος vereinzelt ἀντίρροπος u. ἰσόρροπος (das Gleichgewicht haltend) Dem. 1, 10. Th. 2, 42; d. Adv. ἀξίως, selt. πρεπόντως. — Diese Verwendung des Genetivs beruht auf einer Erweiterung des adnominalen Gebrauchs § 414, 2 f u. § 418, 1 c. Darauf deutet auch die entsprechende adjektivische Wendung Theocr. 15, 19 hin: ἑπταδράχμως . . πέντε πόκως ἔλαβε, er kaufte als „Siebendrachmenware“, d. i. für 7 Drachmen.

α) Ψ, 485 τρίποδος περιδώμεθον ἠὲ λέβητος, um einen Dreifuss oder Kessel wetten. ψ, 78 ἐμέθεν περιδώσομαι αὐτῆς, um mich selbst will ich wetten, mich selbst zum Unterpfand geben (wie Ar. eq. 791 περὶ τῆς κεφαλῆς περιδόσθαι, um den Kopf wetten). Hdt. 3, 139 ἐγὼ ταύτην πωλέω οὐδενὸς χρήματος. 5, 6 (οἱ Θρήικες) ὠνέονται τὰς γυναῖκας παρὰ τῶν γονέων χρημάτων μεγάλων. Pl. civ. 333, b ὅταν δέῃ ἀργυρίου κοινῇ πρίασθαι ἢ ἀποδόσθαι ἵππον. Phaed. 98, b οὐκ ἂν ἀπεδόμην πολλοῦ τὰς ἐλπίδας. X. Comm. 2. 1, 20 (Epicharm.) τῶν πόνων πωλοῦσιν ἡμῖν πάντα τἀγάθ' οἱ θεοί. Cy. 3. 1, 36 σὺ δέ, ὦ Τιγράνη, λέξον μοι, πόσου ἂν πρίαιο, ὥστε τὴν γυναῖκα ἀπολαβεῖν. Ἐγὼ μέν, ἔφη, ὦ Κῦρε, κἂν τῆς ψυχῆς πριαίμην, ὥστε μήποτε λατρεῦσαι ταύτην. Hier. 9, 11 οὐκ ἔστιν ἐμπορεύματα (merces) λυσιτελέστερα ἢ ὅσα ἄνθρωποι ἄθλων ὠνοῦνται. Dem. 9, 9 τοῦτο δ' ἐστίν, ὃ τῶν ἀναλισκομένων χρημάτων πάντων Φίλιππος ὠνεῖται, αὐτὸς μὲν πολεμεῖν ὑμῖν, ὑφ' ὑμῶν δὲ μὴ πολεμεῖσθαι. Vgl. 48. So überhaupt der Preis, um den etwas gethan wird; bes. oft μισθοῦ, ἀργυρίου. Th. 7, 25 τούτους (τοὺς σταυροὺς) κολυμβηταὶ δυόμενοι ἐξέπριον μισθοῦ. X. Cy. 3. 2, 7 μισθοῦ στρατεύονται, vgl. 3. 3, 3. Dem. 19, 80 ὁτιοῦν ἂν ἀργυρίου ποιήσαντες. 119 πονηρός ἐστιν ἀργυρίου. 200 δυοῖν ἢ τριῶν δραχμῶν πονηρὸν ὄντα. 8, 70 οἱ τῆς παρ' ἡμέραν χάριτος τὰ μέγιστα τῆς πόλεως ἀπολωλεκότες. Ar. Ach. 1055 οὐκ ἂν ἐγχέαιμι χιλίων δραχμῶν. Pl. Ap. 20, b πόσου διδάσκει; . . πέντε μνῶν. Gen. d. Preises ist auch προικός *gratis* (urspr. wohl: um eine milde Gabe, um ein Almosen). ν, 15 ἀργαλέον γὰρ ἕνα προικὸς χαρίσασθαι. — Isocr. 2, 32 δόξῃ μὲν χρήματα κτητά, δόξα δὲ χρημάτων οὐκ ὠνητή. Aeschin. 3, 160 αἵματός ἐστιν ἡ ἀρετὴ ὠνία.

Anmerk. 7. Der instrumentale Dat. steht Lys. 27, 6 μέρει τῶν ἀδικημάτων τὸν κίνδυνον ἐξεπρίαντο. α, 430 τήν ποτε Λαέρτης πρίατο κτεάτεσσιν.

β) Ζ, 236 τεύχε' ἄμειβεν, | χρύσεα χαλκείων, ἑκατόμβοι' ἐννεαβοίων. Vgl. Pl. Symp. 219, a. Ähnlich Λ, 547 ὀλίγον γόνυ γουνὸς ἀμείβων, Knie mit Knie vertauschend, d. i. abwechselnd den einen Fuss vor den anderen setzend. Λ, 106 υἷε δύω Πριάμοιο . . ἔλυσεν (Ἀχιλλεὺς) ἀποίνων. Χ, 50 χαλκοῦ τε χρυσοῦ τ' ἀπολυσόμεθα.[1]) Antiph. 5, 79 ἠλλάξαντο πολλῆς εὐδαιμονίας πολλὴν κακοδαιμονίαν. Eur. M. 967 f. τῶν δ' ἐμῶν παίδων φυγὰς | ψυχῆς ἂν ἀλλαξαίμεθ', οὐ χρυσοῦ μόνον. Dem. 6, 10 κέκρισθε μηδενὸς ἂν κέρδους τὰ κοινὰ δίκαια τῶν Ἑλλήνων προέσθαι μηδ' ἀνταλλάξασθαι μηδεμιᾶς χάριτος μηδ' ὠφελείας τὴν εἰς τοὺς Ἕλληνας εὔνοιαν. Ebenso Hdt. 7, 144 Θεμιστοκλέης ἀνέγνωσε Ἀθηναίους νέας τούτων τῶν χρημάτων ποιήσασθαι διηκοσίας, vgl. 2, 135 für dieses Geld (wofür nach anderer Anschauung auch gesagt werden konnte: ἀπὸ τούτων τῶν χρημάτων, von diesem Gelde). Th. 3, 70 ὀκτακοσίων ταλάντων διηγγυημένοι gegen eine Bürgschaft von 800 T. freigegeben. Dem. 3, 22 προπέποται τῆς παραυτίκα χάριτος τὰ τῆς πόλεως πράγματα. Theocr. 11, 49 τίς κα τῶνδε θάλασσαν ἔχειν καὶ κύμαθ' ἕλοιτο; S. OR. 1478 εὐτυχοίης, καί σε τῆσδε τῆς ὁδοῦ | δαίμων ἄμεινον ἢ 'μὲ φρουρήσας τύχοι, für diesen Gang. Da die beiden verbundenen Nominalbegriffe als gleichwertig gesetzt werden, jeder als Preis des anderen, so kann man ebensowohl sagen διδόναι τι ἀργυρίου *etw. für Geld geben*, wie διδόναι ἀργύριόν τινος *Geld für etw. geben*. Daher λ, 326 (Ἐριφύλην) ἣ χρυσὸν φίλου ἀνδρὸς ἐδέξατο τιμήεντα. Ar. P. 849 οὐκ ἂν ἔτι δοίην τῶν θεῶν τριώβολον. X. Cy. 3. 1, 37 καὶ σὺ δέ, ὦ Ἀρμένιε, ἀπάγου τήν τε γυναῖκα καὶ τοὺς παῖδας, μηδὲν αὐτῶν καταθείς, ubi v. Bornem. Pl. Gorg. 511, d ταύτης τῆς μεγάλης εὐεργεσίας . . δύο δραχμὰς ἐπράξατο. Theocr. 1, 57 τῶ (= τοῦ) μὲν ἐγὼ πορθμεῖ . . αἶγά τ' ἔδωκα | ὦνον καὶ τυρόεντα.

---

[1]) Ebenso in einer elischen Inschr. b. Collitz Nr. 1168: λυσάστω τῶ διφυίω = τοῦ διπλοῦ, er soll sich lösen um das Doppelte.

Anmerk. 8. [illegible] Sache als Mittel [illegible] andere [illegible] [illegible]

— [illegible] für Ehre gewürdigt sein. [illegible] einen Rind wert, vom Werte eines Rindes. Ψ. 234 [illegible] wir wegen nicht einen auf halten [illegible]. [illegible] Th. 4. 20 [illegible] abgeschätzt [illegible]. Dem. 22. 45 [illegible]. Th. 3. 39 [illegible]. X. An. 7. 3. 27 [illegible]. Cy. [illegible]. Isocr. 4. 154 [illegible]. 4. 53 [illegible]. Pl. leg. 728, a [illegible]. S. Ai. 534 [illegible] entsprechend meinem Schicksale. Pl. civ. [illegible], b [illegible]. Menex. 237, c [illegible]. S. Ant. 21 f. [illegible] (für unwert erklärt). OC. 49 [illegible]. OR. 789 [illegible]. Aesch. S. 1024 ἄτιμον εἶναι [illegible]. Th. 3. 58 ἀτίμους γερῶν. Pl. leg. 774, b τιμῆς [illegible] vgl. 541, c. — Insbesondere tritt in der Gerichtsprache bei τιμᾶν und τιμᾶσθαι das Strafmass in den Genetiv: τιμῶ (τινί) τινι θανάτου (vom Richter) ich schätze (das Vergehen, die Rechtssache) für den Angeklagten auf Tod, erkenne auf Tod; τιμῶμαί τινι θανάτου (vom Kläger) ich beantrage die Todesstrafe; τιμῶμαι χρημάτων (vom Angeklagten) ich beantrage eine Geldstrafe. Lys. fr. 44 τὴν δίκην χρημάτων ἐστὶ μόνον τιμῆσαι. Pl. leg. 880, c τρία ἔτη δεδέσθω, ἐὰν μὴ τὸ δικαστήριον πλείονος αὐτῷ χρόνου τιμήσῃ τὴν δίκην. Ap. 36, b τιμᾶταί μοι ὁ ἀνὴρ θανάτου. Εἶεν· ἐγὼ δὲ δὴ τίνος ὑμῖν ἀντιτιμήσομαι, ὦ ἄνδρες Ἀθηναῖοι; ἢ δῆλον, ὅτι τῆς ἀξίας; 37, a εἰ οὖν δεῖ με κατὰ τὸ δίκαιον τῆς ἀξίας τιμᾶσθαι, τούτου τιμῶμαι, ἐν πρυτανείῳ σιτήσεως. c ἀλλὰ δὴ φυγῆς τιμήσωμαι; ἴσως γὰρ ἄν μοι τούτου τιμήσαιτε.

Anmerk. 9. Wie τιμᾶν und τιμᾶσθαι θανάτου, so sagt man auch κρίνειν, διώκειν, ὑπάγειν θανάτου auf Tod (in einer Kapitalsache) vor Gericht ziehen.

Th. 3, 57 θανάτου κρίνεσθαι, ubi v. Poppo. X. Cy. 1. 2, 14 καὶ θανάτου δὲ οὗτοι κρίνουσι. X. Ap. 21 θανάτου διώκεσθαι. Hdt. 6, 136 θανάτου ὑπαγαγὼν ὑπὸ τὸν δῆμον Μιλτιάδεα, ubi v. Baehr. X. Hell. 2. 3, 12 ὑπῆγον θανάτου. Vgl. 5. 4, 24. 1. 3, 19 ὑπαγόμενος θανάτου. Ebenso Pl. civ. 558, a ἀνθρώπων καταψηφισθέντων θανάτου ἢ φυγῆς. (Doch auch κρίνειν, διώκειν περὶ θανάτου Dem. 4, 47. Aeschin. 3, 52. X. Hell. 7. 3, 6.) In gleicher Weise steht bei ὑπόδικος die Strafsumme im Gen. Pl. leg. 846, b τῶν διπλασίων ὑπόδικος ἔστω τῷ βλαφθέντι, und nach dieser Analogie ὑποτελὴς φόρου tributpflichtig Th. 1, 19. 56. 66. 80 u. s.

8. Die Ursache (Schuld, Beschuldigung, Anlass der Klage) steht im Genetiv bei den Ausdrücken des Strafens, Beschuldigens und Streitens, insbesondere bei den Verben des gerichtlichen Verfahrens: τίνεσθαι ep. poet. u. neuion., büssen lassen für etw., τιμωρεῖσθαι, ἀμύνεσθαι, κολάζειν Th. 6, 38, vgl. 2, 74, ebenso vereinzelt ζημιοῦν Lys. 7, 5, züchtigen für etw., alle *c. acc. pers.* et *gen. rei;* τιμωρεῖν τινί τινος, Genugthuung verschaffen für etw.; αἰτιᾶσθαι, ἐπ-, διώκειν, εἰσάγειν, γράφεσθαι, καλεῖσθαι Ar. Av. 1046, προσκαλεῖσθαι Med. u. Pass. (alle *c. acc. pers.* et *gen. rei*); ἐγκαλεῖν b. Sp., ἐπεξέρχεσθαι, ἐπεξιέναι, ἐπισκήπτεσθαι (alle *c. d. pers.* et *g. rei*); λαγχάνειν τινί τινος, verklagen; φεύγειν, angeklagt werden; ὀφλισκάνειν, schuldig sein, verurteilt werden; δικάζειν, κρίνειν; αἱρεῖν, überführen (alle drei *c. acc. pers.* et *g. rei*); ἁλίσκεσθαι, ἁλῶναι, überführt werden; εὐθύνεσθαι, zur Rechenschaft gezogen werden; παρακαταβάλλειν u. νικᾶν in d. Verbindung mit κλήρου, vgl. Dem. 43, 5. 40. 42. 31. 32. 33, einen Prozess über die Erbschaft führen, gewinnen (hier sicher in Anlehnung an δίκη κλήρου); διαφέρεσθαι, ἀμφισβητεῖν, ἐναντιοῦσθαι, ἀντιποιεῖσθαι (alle *c. dat. pers.* u. *gen. rei*); d. Adj. αἴτιος, ἔνοχος (gewöhnlich *c. dat.*), ὑπόδικος, ὑπεύθυνος, rechenschaftpflichtig, ἀθῷος, unbestraft für, Lycurg 79 τῶν ἀδικημάτων (dann allgemein: unberührt von). Γ, 366 ἦ τ' ἐφάμην τίσασθαι Ἀλέξανδρον κακότητος, vgl. γ, 206. Hdt. 3, 47. 3, 145 τοὺς ἐπικούρους τιμωρήσομαι τῆς ἐνθάδε ἀπίξιος, vgl. X. An. 7. 1, 25. 4, 23. Hell. 6. 4, 19. Pl. Symp. 213, d. Hdt. 1, 4 τὸ δὲ ἁρπασθεισέων σπουδὴν ποιήσασθαι τιμωρέειν, bemüht sein sich für die geraubten Weiber Genugthuung zu verschaffen. X. Cy. 4. 6, 8 τιμωρήσειν σοι τοῦ παιδὸς σὺν θεοῖς ὑπισχνοῦμαι, für den Sohn, d. i. für die Ermordung des Sohnes.[1]) Ähnl. Kürze Lys. 7, 5 νομίζω τοῦ προτέρου χρόνου οὐκ ἂν δικαίως ζημιοῦσθαι, für die frühere Zeit, d. i. für Beschädigungen in der früheren Zeit. Th. 1, 96 ἀμύνασθαι ὧν ἔπαθον. 6, 38 τὸν ἐχθρὸν οὐχ ὧν δρᾷ μόνον, ἀλλὰ καὶ τῆς διανοίας προαμύνεσθαι χρή. X. Ages. 1, 33 αἰτιᾶσθαι ἀλλήλους τοῦ γεγενημένου. Th. 6, 28 ὧν καὶ τὸν Ἀλκιβιάδην ἐπῃτιῶντο. Hdt. 6, 104 (Μιλτιάδεα) οἱ ἐχθροὶ ἐδίωξαν τυραννίδος τῆς ἐν Χερσονήσῳ.

---

[1]) Ebenso kret. καταδικαξάτω τῶ ἐλευθέρω δέκα στατήρανς er soll ihm für einen Freien 10 St. auferlegen. Vgl. Baunack, Studien auf d. Gebiete d. griech. u. d. ar. Spr. I, 2. S. 85.

Ar. eq. 368 διώξομαί σε δειλίας. Pl. apol. 26, a τῶν ἀκουσίων ἁμαρτημάτων οὐ δεῦρο (εἰς τὸ δικαστήριον) νόμος εἰσάγειν ἐστίν. Leg. 928, e υἱεῖς τ' αὖ (ἡγοῖντ' ἂν) σφίσι πατέρας ὑπὸ νόσων ἢ γήρως διατιθεμένους αἰσχρῶς ἐξεῖναι παρανοίας γράφεσθαι. Ar. V. 1406 προσκαλοῦμαί σε βλάβης τῶν φορτίων. Dem. 40, 32 ἐπιτεμὼν (einschneidend) τὴν κεφαλὴν αὐτοῦ τραύματος εἰς Ἄρειον πάγον με προσεκαλέσατο. 39, 17 λιποταξίου προσεκλήθη. 18 εἰ δὲ ξενίας προσκληθείη. Plut. Arist. 10, 9 Ἀριστείδης τῆς βραδυτῆτος αὐτοῖς ἐνεκάλει. Pl. Euthyphr. 4, d ἐγὼ ὑπὲρ τοῦ ἀνδροφόνου τῷ πατρὶ φόνου ἐπεξέρχομαι. Leg. 866, b ἐπεξίτω φόνου τῷ κτείναντι. Vgl. 873, e. Dem. 29, 7 ἐπισκήπτεσθαί τινι τῶν ψευδομαρτυριῶν. Vgl. 41. Lys. 17, 3 λαχὼν ὁ πατὴρ παντὸς τοῦ συμβολαίου Ἐρασιστράτῳ. Dem. 21, 120 (οἶμαι) φόνου ἂν εἰκότως ἐμαυτῷ λαχεῖν. X. An. 5. 8, 1 ὦφλε Ξανθικλῆς τῆς φυλακῆς τῶν γαυλικῶν χρημάτων τὸ μείωμα εἴκοσι μνᾶς, **X. schuldete für seine schlechte Bewachung der Schiffsgüter den Verlust, nämlich 20 M., X. wurde weg. s. sch. B. d. S. verurteilt den Verlust zu zahlen.** Pl. leg. 877, b ἐὰν ἀδελφὸς ἀδελφὸν τρώσῃ καὶ ὄφλῃ τραύματος ἐκ προνοίας, θάνατον εἶναι τὴν ζημίαν. Dem. 24, 103 ἐάν τις ἁλῷ κλοπῆς καὶ μὴ τιμηθῇ θανάτου . ., καὶ ἐάν τις ἁλοὺς τῆς κακώσεως τῶν γονέων . ., κἂν ἀστρατείας τις ὄφλῃ. Pl. leg. 877, b τοῦ φόνου ἐδίκασαν. X. Cy. 1. 2, 7 δικάζουσι δὲ καὶ ἐγκλήματος, οὗ ἕνεκα ἄνθρωποι μισοῦσι μὲν ἀλλήλους μάλιστα, δικάζονται δὲ ἥκιστα, ἀχαριστίας. Lys. 17, 5 τῆς οἰκίας ἐδικαζόμην, **um das Haus prozessierte ich.** X. Comm. 1. 2, 49 κατὰ νόμον (ἔξεστι) παρανοίας ἑλόντι καὶ τὸν πατέρα δῆσαι. Ar. N. 591 (Κλέωνα) δώρων ἑλόντες καὶ κλοπῆς. Pl. apol. 35, d ἀσεβείας φεύγοντα ὑπὸ Μελήτου. Dem. 29, 58 φεύγειν ψευδομαρτυριῶν ὑπό τινος. Lys. 27, 3 πρότερον ἤδη δώρων ἐκρίθησαν. Th. 1, 95 ἐλθὼν ἐς Λακεδαίμονα τῶν ἰδίᾳ πρός τινας ἀδικημάτων ηὐθύνθη. — Dem. 39, 23 εἰώθασιν, ὧν ἂν ἑαυτοῖς διενεχθῶσιν ἀνὴρ καὶ γυνή, διὰ τοὺς παῖδας καταλλάττεσθαι. Isocr. 4, 20 ἡ πόλις ἡμῶν οὐκ ἀδίκως ἀμφισβητεῖ τῆς ἡγεμονίας. 6, 74 ἕως ἂν παύσωνται τῶν ἡμετέρων ἀμφισβητοῦντες, vgl. 91. Pl. Phil. 22, c u. Stallb. ad Polit. 275, b. Th. 1, 136 ἐκείνῳ χρείας τινὸς ἐναντιωθῆναι. X. An. 7. 6, 5 ἆρ' οὖν μὴ καὶ ἡμῖν ἐναντιώσεται τῆς ἀπαγωγῆς; 2. 1, 11 τίς γὰρ αὐτῷ ἐστιν ὅστις τῆς ἀρχῆς ἀντιποιεῖται; 3, 23 οὔτε ἀντιποιούμεθα βασιλεῖ τῆς ἀρχῆς. Vgl. Hell. 4. 8, 14. Zweifelhaft Dem. 18, 289 (Epigramm) μαρνάμενοι δ' ἀρετῆς. — Pl. leg. 915, a τῶν βιαίων ἔνοχος ἔστω. Lys. 14, 5 τολμῶσι γάρ τινες λέγειν, ὡς οὐδείς ἔνοχός ἐστι λιποταξίου οὐδὲ δειλίας, ubi v. Frohberger. Pl. leg. 907, e ἀσεβείας ὑπόδικος. Ὑπεύθυνος ἀρχῆς Dem. 18, 117. τῆς αὐτῆς ἀγνοίας 196. — Lys. 12, 65 τῆς προτέρας ὀλιγαρχίας αἰτιώτατος ἐγένετο. Eur. fr. 633 πολλῶν τὰ χρήματ' αἴτι' ἀνθρώποις κακῶν.

Anmerk. 10. Hier sind ohne Zweifel verschiedene Arten des Genetivs zusammengeflossen. Bei den Verben des gerichtlichen Verfahrens liegt wahrscheinlich Anlehnung an den adnominalen Genetiv (δίκη, παρανοίας, γραφή, κλοπῆς) vor. Der Genetiv bei den Verben des Strafens wird neuerdings vielfach als ablativischer Genetiv aufgefasst (wie bei den Verben der Gemütsbewegung § 420). Doch kann bei τίνεσθαί τινος, sich Busse zahlen lassen für etw., u. a. ursprünglich eine ähnliche Anschauung obgewaltet haben wie bei ἀργύριον καταθεῖναι τινός, Geld zahlen für etw. (vgl. Nr. 7, β a. E.), wie denn auch in beiden Fällen statt des einfachen Genetivs die Präposition ἀντί, *anstatt*, m. Gen. eintreten kann (vgl. Anm. 11). Bei ἀμφισβητεῖν u. ἀντιποιεῖσθαι waltet der Begriff des Strebens vor (§ 416, 4).

Anmerk. 11. Zuweilen werden Präpositionen hinzugefügt. Hdt. 6, 135 βουλόμενοί μιν ἀντὶ τούτων (dafür) τιμωρήσασθαι. Lys. 14, 2 παρέσομαι περὶ πάντων τῶν πεπραγμένων μεθ' ὑμῶν αὐτὸν τιμωρήσασθαι (so nur noch Ps. And. 4, 36). In anderem Sinne ὑπέρ: Hdt. 1, 27 ἵνα ὑπὲρ τῶν ἐν τῇ ἠπείρῳ οἰκημένων Ἑλλήνων τίσωνταί σε. Vgl. 1, 73. X. Hell. 7. 3, 11 τετιμωρηκότας ὑπέρ τε ὑμῶν αὐτῶν καὶ ὑπὲρ τῶν συμμάχων. Pl. leg. 907, e τῷ ἐθέλοντι τιμωρεῖν ὑπὲρ τῶν νόμων. Hdt. 6, 136 Ξάνθιππος Μιλτιάδεα ἐδίωκε τῆς Ἀθηναίων ἀπάτης εἵνεκεν. Pl. Euthyphr. 3, b τοὺς δ' ἀρχαίους (θεοὺς) οὐ νομίζοντα (ἐμὲ) ἐγράψατο τούτων αὐτῶν ἕνεκα. Εἰσαγγέλλειν τινὰ περί τινος, z. B. προδοσίας, Dem. 20, 79: εἰσαγγ. τινά τινος scheint nicht vorzukommen. Oft auch ein Substantiv. Dem. 23, 38 τὸν πεφευγότα ἐπ' αἰτίᾳ φόνου καὶ ἡλωκότα. Aeschin. 3, 212 τραύματος ἐκ προνοίας γραφὰς γραφόμενος. Antiph. 5, 9 φόνου δίκην φεύγω. Dem. 29, 30 ἐγὼ τὴν δίκην ἔλαχον τούτῳ τῆς ἐπιτροπῆς. Bei den Verben des Streitens ist, abgesehen von ἀντιποιεῖσθαι, die Präp. περί *c. gen.* das Regelmässige.

Anmerk. 12. Statt ἐγκαλεῖν τινί τινος sagen die Klassiker ἐγκαλεῖν τινί τι. Pl. Ap. 27, e ἀπορῶν ὅτι ἐγκαλοῖς ἐμοὶ ἀληθὲς ἀδίκημα (Dem. 40, 19 ἀπέφυγον αὐτοὺς τὰς δίκας ἅς μοι ἐνεκάλουν). Über die mit κατά zusammengesetzten gerichtlichen Verben, als: καταγιγνώσκειν, καταδικάζειν, καταψηφίζεσθαι, κατηγορεῖν, κατακρίνειν τινός τι, s. § 421, A. 9.

Anmerk. 13. Der Gerichtssprache entlehnt ist auch der Ausdruck μαρτύρεσθαί τινά τινος, einen für etw. als Zeugen anführen. Pl. civ. 364, d οἱ δὲ τῆς τῶν θεῶν ὑπ' ἀνθρώπων παραγωγῆς τὸν Ὅμηρον μαρτύρονται. App. b. c. 2, 47 ἑαυτὸν τῆς φιλοτιμίας μ. 5, 129 τοὺς ἀποστάντας τῆς ἐπιορκίας μ., den Abtrünnigen feierlich ihren Meineid vorhalten. S. Passow.

§ 419. Freierer Gebrauch des Genetivs.

In freierer Weise wird der Genetiv gebraucht:

1. bei Adverbien der Qualität: εὖ, καλῶς, μετρίως, συμμέτρως, ἱκανῶς, ὁμοίως u. a., ὡς, πῶς, ὅπως, ᾗ, ὅπῃ, οὕτως, ὧδε, ὡσαύτως, κατὰ ταὐτά in Verbindung mit den Intransitiven ἔχειν, ἥκειν (neuion., selten att.), zuweilen auch εἶναι, κεῖσθαι (z. B. b. Hippokr. εὖ κεῖσθαι τῶν ὡρέων, τοῦ ἡλίου), καθίστασθαι. Dieser Gebrauch hat sich aus der Verbindung des Genetivs mit Adverbien und neutralen Ausdrücken des Ortes und der Quantität (§ 405, 5 b. § 414, 5 c) entwickelt. Wie man sagt: ποῦ γνώμης εἶ; auf welchem Punkte des Sinnes befindest du dich? so auch: πῶς γνώμης ἔχεις; in welcher Verfassung des Sinnes befindest du dich? An ἐπὶ μέγα χωρεῖν δυνάμεως schliesst sich an: εὖ ἥκειν δυνάμεως.

Hdt. 8, 107 ὡς τάχεος εἶχε ἕκαστος in welchem Grade der Schnelligkeit ein jeder sich befand, d. i. so schnell er konnte. 9, 66 ὅκως ἂν αὐτὸν ὁρῶσι σπουδῆς ἔχοντα. 6, 116 Ἀθηναῖοι, ὡς ποδῶν εἶχον, τάχιστα ἐβοήθεον ἐς τὸ ἄστυ, wörtl. wie sie sich befanden der Füsse (*quantum valebant pedibus*). 1, 102 ἑωυτῶν εὖ ἥκοντες, in dem Ihrigen sich glücklich befindend. 149 χώρην ὡρέων ἥκουσαν οὐκ ὁμοίως. 5, 62 χρημάτων εὖ ἥκοντες. 1, 30 τοῦ βίου (Lebensmittel) εὖ ἥκοντι. 8, 111 θεῶν χρηστῶν ἥκοιεν εὖ. (Ohne Adv. Hdt. 7, 157 σὺ δὲ δυνάμιος ἥκεις μεγάλης, wo aber μεγάλως zu schreiben ist.) Th. 1, 22 ὡς εὐνοίας ἢ μνήμης ἔχοι. 2, 90 ἔπλεον, ὡς εἶχε τάχους ἕκαστος. 1, 36 (Κέρκυρα) τῆς Ἰταλίας καὶ Σικελίας καλῶς παράπλου κεῖται, wo d. Gen. Ἰτ. κ. Σ. v. παράπλου abhängen. Statt καλῶς κεῖσθαι steht ἐν καλῷ X. Hell. 6. 2, 9 κεῖσθαι τὴν Κέρκυραν ἐν καλῷ τοῦ Κορινθιακοῦ κόλπου . ., ἐν καλῷ δὲ τοῦ τὴν Λακωνικὴν χώραν βλάπτειν, ἐν καλλίστῳ δὲ τῆς τε ἀντιπέραν Ἠπείρου καὶ τοῦ εἰς Πελοπόννησον ἀπὸ Σικελίας παράπλου. (Aber Isocr. 15, 108 steht der Gen. wegen des Superl. Dem. 23, 182 ὥσπερ Χαλκὶς τῷ τόπῳ τῆς Εὐβοίας πρὸς τῆς Βοιωτίας κεῖται, οὕτω Χερρονήσου κεῖται πρὸς τῆς Θρᾴκης ἡ Καρδιανῶν πόλις ist partit. Gen. d. Landes nach § 414, 5 a.) Th. 3, 92 τοῦ πρὸς Ἀθηναίους πολέμου καλῶς αὐτοῖς ἐδόκει ἡ πόλις καθίστασθαι, gleich darauf: τῆς ἐπὶ Θρᾴκης παρόδου χρησίμως ἕξειν. X. Hell. 2. 1, 14 ἀναμνήσας ὡς εἶχε φιλίας πρὸς τὴν τῶν Λακεδαιμονίων πόλιν. 3. 4, 16 ἥτις (τάξις) ἄριστα σωμάτων ἔχοι. 4. 5, 15 ὡς τάχους ἕκαστος εἶχεν. Pl. Prot. 321, c Προμηθεὺς ὁρᾷ τὰ μὲν ἄλλα ζῷα ἐμμελῶς πάντων ἔχοντα, τὸν δὲ ἄνθρωπον γυμνόν κτλ. Phil. 62, a οὗτος ἱκανῶς ἐπιστήμης ἕξει. Pl. leg. 869, d κατὰ ταὐτὰ ἔστω τοῦ καθαρὸς εἶναι. Soph. 253, b τὰ γένη πρὸς ἄλληλα κατὰ ταὐτὰ μίξεως ἔχειν ὡμολογήκαμεν. Gorg. 470, e οὐκ οἶδα παιδείας ὅπως ἔχει (ὁ μέγας βασιλεὺς) καὶ δικαιοσύνης. Civ. 389, c ὅπως πράξεως ἔχει. Lucian. Somn. c. 2 ὡς ἕκαστος γνώμης ἢ ἐμπειρίας εἶχεν. Selten ἔχει c. adv. et dat. unpers. Hdt. 7, 188 καὶ τοῖσι οὕτω εἶχε ὅρμου. Th. 7, 57 (ἐπολέμησαν,) ὡς ἑκάστοις τῆς ξυντυχίας ἢ κατὰ τὸ ξυμφέρον ἢ ἀνάγκῃ ἔσχεν (jetzt geändert in ἕκαστοι . . ἔσχον). Dichter: S. OR. 345 ὡς ὀργῆς ἔχω. Eur. Hipp. 462 κάρτ' ἔχοντας εὖ φρενῶν, ubi v. Valck. Heracl. 379 τὰν εὖ χαρίτων ἔχουσαν πόλιν. El. 751 πῶς ἀγῶνος ἥκομεν; Hel. 313 πῶς δ' εὐμενείας τοισίδ' ἐν δόμοις ἔχεις; Heracl. 213 γένους μὲν ἥκεις ὧδε τοῖσδε. Hel. 1253 ὡς (wie) ἂν παρούσης οὐσίας ἕκαστος ᾖ, „*pro suarum quisque facultatum modo* exsequias parat“ Pflugk. Ar. L. 1125 αὐτὴ δ' ἐμαυτῆς οὐ κακῶς γνώμης ἔχω. Ohne Verb Aesch. Suppl. 838 ὅπως ποδῶν.

Anmerk. 1. Bei den Attikern, und namentlich bei Xenophon, wird ἔχω in dieser Wortverbindung häufig mit dem Akkusative verbunden, vgl. § 410, 6. X. An. 1. 3, 6 οὕτω τὴν γνώμην ἔχετε. Vgl. 6. 6, 12. Hell. 6. 3, 20. Oec. 21, 7 οἳ ἂν αὐτῶν ἄριστα τὸ σῶμα ἔχωσι. Vgl. Cy. 1. 6, 18. Pl. Phaed. 80, c χαριέντως ἔχων τὸ σῶμα. Civ. 407, c ὑγιεινῶς ἔχοντας τὰ σώματα. Id. leg. 652, a πῶς ἔχομεν τὰς φύσεις; Auch findet sich bisweilen der (instrumentale) Dativ. Lycurg. 48 οὐχ ὁμοίως ἔχουσιν ἅπαντες ταῖς εὐνοίαις, ubi v. Maetzner. 75 πῶς ἔχετε ταῖς διανοίαις; Dem. 18, 315 οὕτως οὖν ἐχόντων τούτων τῇ φύσει.

Anmerk. 2. Verbindungen ähnlicher Art sind Lycurg. 123 ὑπερβαλέσθαι ἐκείνους τῆς τιμωρίας (*quod attinet ad*); doch verdient die Konjektur v. Steph. ταῖς τιμωρίαις den Vorzug. Pl. leg. 969, c τὴν πόλιν ἐατέον τῆς κατοικίσεως. Aber τῆς κατοικίσεως ist als Glossem verdächtig wegen des folgenden τὴν τῆς πόλεως κατοίκισιν.

2. Bei Orts- und Zeitbestimmungen zur Bezeichnung des Bereiches, innerhalb dessen etwas geschieht. Während also der Akkusativ besagt, dass die Handlung sich über den ganzen örtlichen oder zeitlichen Raum erstreckt, drückt der Genetiv ursprünglich in partitivem Sinne aus, dass sie nur einen unbestimmten Teil desselben ergreift: διαπρήσσειν ἅλα das Meer durchfahren — διαπρήσσειν πεδίοιο vorrücken in der Ebene (ein Stück der Ebene durchlaufen), χειμῶνα den Winter hindurch — χειμῶνος des Winters (im Winter). Vgl. auch § 414, 5 c u. § 416, Anm. 2 a. E.

a) Bei Ortsbestimmungen fast nur in der Dichtersprache, besonders in der epischen. γ, 251 ἦ οὐκ Ἄργεος ἦεν Ἀχαιικοῦ; irgendwo in Argos.[1]) φ, 108 f. οἵη νῦν οὐκ ἔστι γυνὴ κατ' Ἀχαιΐδα γαῖαν | οὔτε Πύλου ἱερῆς οὔτ' Ἄργεος οὔτε Μυκήνης, im Bereiche von Pylos. P, 372 νέφος δ' οὐ φαίνετο πάσης | γαίης οὐδ' ὀρέων. E, 310 ἐρείσατο χειρὶ παχείῃ | γαίης. Vgl. Λ, 356. I, 219 αὐτὸς δ' ἀντίον ἷζεν Ὀδυσσῆος θείοιο | τοίχου τοῦ ἑτέροιο, vgl. Ω, 598. ψ, 90. α, 23 Αἰθίοπας, τοὶ διχθὰ δεδαίαται, ἔσχατοι ἀνδρῶν, | οἱ μὲν δυσομένου Ὑπερίονος, οἱ δ' ἀνιόντος. Aesch. Ag. 1056 ἑστίας μεσομφάλου ἕστηκεν ἤδη μῆλα. S. El. 900 ἐσχάτης ὁρῶ πυρᾶς νεώρη βόστρυχον τετμημένον. (Pl. Symp. 182, b τῆς δὲ Ἰωνίας καὶ ἄλλοθι πολλαχοῦ αἰσχρὸν νενόμισται ὅσοι ὑπὸ βαρβάροις οἰκοῦσι hängt d. Gen. v. ὅσοι ab, s. Stallb.) S. Ai. 1274 ἑρκέων ποθ' ὑμᾶς . . ἐγκεκλῃμένους, ubi v. Lobeck p. 464, *intra vallum inclusos*, „im Bereiche, Umfange der Verschanzungen" Schneidew. Eur. fr. Pel. 3 Ddrf. δῶμα γαίας κλῃστόν. (Th. 5, 83 κατέκλῃσαν .. Μακεδονίας Ἀθηναῖοι Περδίκκαν ist fehlerhaft überliefert.) Eur. Ph. 451 τόνδ' εἰσεδέξω τειχέων. (Aber S. OR. 236 τόνδ' ἄνδρ' ἀπαυδῶ τοῦτον . . γῆς τῆσδ', ἧς ἐγὼ κράτη νέμω, | μήτ' εἰσδέχεσθαι μήτε προσφωνεῖν τινα ist γῆς τῆσδε mit τινα zu verbinden: ein Angehöriger dieses Landes, und zu εἰσδέχεσθαι ἐς οἴκους zu ergänzen.) Ebenso bei den Verben des Gehens und der Bewegung. Δ, 244 ἔκαμον πολέος πεδίοιο θέουσαι. B, 801 ἔρχονται πεδίοιο. Δ, 382 ᾤχοντο ἰδὲ πρὸ ὁδοῦ ἐγένοντο, kamen des Weges vorwärts. Z, 2 ἴθυσε μάχη πεδίοιο. N, 820 (ἵπποι) κονίοντες

---

[1]) S. Hentze im Philol. Bd. 28 (1869) S. 513.

πεδίοιο „hinstäubend durch das Gefild“. (Aber Ξ, 145 κονίσουσιν πεδίον trans. mit Staub anfüllen.) Χ, 23 (ἵππος) ὅς ῥά τε ῥεῖα θέῃσι τιταινόμενος πεδίοιο. Ε, 597 ἰὼν πολέος πεδίοιο. 222 πεδίοιο . . διωκέμεν ἠδὲ φέβεσθαι. Ν, 64 πεδίοιο διώκειν ὄρνεον. Β, 785 διέπρησσον πεδίοιο. (Aber πρ., διάπρ. κέλευθον β, 429. ν, 83. ἅλα ι, 491.) Φ, 247 πεδίοιο . . . πέτεσθαι. Ψ, 475 ἵπποι . . πολέος πεδίοιο δίενται. 518 (ἵππος) ἄνακτα ἕλκῃσιν πεδίοιο. Κ, 352 ἑλκέμεναι νειοῖο βαθείης πηκτὸν ἄροτρον. Ζ, 38 ἵππω ἀτυζομένω πεδίοιο, scheu durch die Ebene hin fliehend. Aesch. Cho. 711 ἡμερεύοντας μακρᾶς κελεύθου. S. OC. 689 πεδίων ἐπινίσσεται. Ai. 731 λήγει δ᾽ ἔρις δραμοῦσα τοῦ προσωτάτου. Die partitive Grundbedeutung ist allmählich verblasst. Einzelne Wendungen sind geradezu formelhaft geworden und daher zum Teil auch in Prosa üblich. So Ar. R. 174 ὑπάγεθ᾽ ὑμεῖς τῆς ὁδοῦ, geht des Weges weiter. P. 1155 χἄμα τῆς αὐτῆς ὁδοῦ Χαρινάδην τις βωσάτω, desselbigen Weges, d. i. zugleich. Hdt. 4, 12 ἐς μεσόγαιαν τῆς ὁδοῦ τραφθέντες sie wandten sich des Weges ins Binnenland. Auch 7, 124 u. 9, 89 τὴν μεσόγαιαν τάμνων τῆς ὁδοῦ liegt es näher, den Gen. τῆς ὁδοῦ als volkstümliche Redensart mit τάμνων zu verbinden, als mit μεσόγαιαν. Ebenso erklärt sich am einfachsten S. OC. 1165 ἀπελθεῖν τ᾽ ἀσφαλῶς τῆς δεῦρ᾽ ὁδοῦ. Ferner δεξιᾶς, ἀριστερᾶς, λαιᾶς χειρός od. bloss δεξιᾶς u. s. w., rechter, linker Hand. Aesch. Pr. 714 λαιᾶς δὲ χειρὸς οἱ σιδηροτέκτονες οἰκοῦσι Χάλυβες. Eur. Cy. 681 ποτέρας τῆς χερός; sc. ἑστήκασιν. Hdt. 5, 77 τὸ δὲ (τέθριππον χάλκεον) ἀριστερῆς χερὸς ἕστηκε. C. J. A. II. 835, 18. 83 δεξιᾶς εἰσιόντι, ἀριστερᾶς εἰσιόντι. (Doch gwhnl. mit ἐκ, seltener ἐν.) Endlich τοῦ πρόσω, vorwärts, in den Redensarten ἰέναι τοῦ πρόσω X. An. 1. 3, 1. Arr. An. 5. 28, 2. 6. 7, 1. προϊέναι τοῦ πρ. 2. 6, 4. ἄγειν τοῦ πρ. 5. 25, 3. Ursprünglich lokale Genetive sind auch die Ortsadverbien αὐτοῦ (urspr. an irgend einem Punkte davon, dann allgemein: eben da), οὗ, ποῦ, πού, ὅπου, οὐδαμοῦ, ἀλλαχοῦ u. a. Im allgemeinen aber verwendet die Prosa zur Bezeichnung räumlicher Verhältnisse regelmässig Präpositionen.

Anmerk. 3. Hierher gehört auch der Genetiv nach vielen Ortsadverbien, als: ἐντός, ἔντοσθεν ep., ἔνδον poet., ἔμπροσθεν, ὄπισθεν, ὕπερθεν, ὕπαιθα ep. u. v. a., sowie bei mehreren Präpositionen, als: διὰ πεδίου, κατὰ νώτου, ὑπὲρ Αἰγύπτου, ἀμφὶ τῆς πόλεως, ἐπὶ γῆς, ὑπὸ γῆς. Durch die Ortsadverbien u. die Präpositionen wird das Verhältnis genauer bestimmt.

Anmerk. 4. Anderer Art sind die Genetive in poetischen Wendungen wie σκηνῆς ὕπαυλος S. Ai. 796, δωμάτων ὑπόστεγοι El. 1386 u. a., die der Neigung des tragischen Stiles entspringen, die nüchternen einfachen Präpositionen durch vollere Umschreibungen mit Adjektiven und einem Genetiv der Zugehörigkeit zu ersetzen. (Ähnlich statt ἄνευ oder der Negation Zusammensetzungen mit α *privativum* u. d. *gen.*, s. § 421, Anm. 5 u. 6).

b) Bei Zeitbestimmungen am häufigsten adverbial zur Bezeichnung von Tages- und Jahreszeiten, in die ein Ereignis fällt: νυκτός nachts, ἡμέρας bei Tage, ὄρθρου, μεσημβρίας, δείλης, ἑσπέρας, θέρους, zur Sommerszeit, χειμῶνος, ἦρος, ὀπώρας, μετοπώρου. ν, 278 ἱκάνομεν ἐνθάδε νυκτός. Θ, 470 ἠοῦς δὴ καὶ μᾶλλον ὑπερμενέα Κρονίωνα | ὄψεαι in der Frühe, d. i. hier: morgen früh. η, 118 οὔ ποτε καρπὸς ἀπόλλυται οὐδ' ἀπολείπει | χείματος οὐδὲ θέρευς. X, 27 (ἀστὴρ) ὅς ῥά τ' ὀπώρης εἶσιν. Aesch. fr. 304 νέας ὀπώρας. Hs. op. 577 ὄρθρου ἀνιστάμενος. Hdt. 3, 104 θερμότατός ἐστι ὁ ἥλιος τούτοισι τοῖσι ἀνθρώποισι τὸ ἑωθινόν (den Morgen über), οὐ μεσαμβρίης (mittags). (Mit Artikel Ar. V. 500 χθὲς εἰσελθόντα τῆς μεσημβρίας.) Hdt. 4, 48 Ἴστρος ἴσος αἰεὶ αὐτὸς ἑωυτῷ ῥέει καὶ θέρεος καὶ χειμῶνος. Vgl. X. Comm. 3. 8, 9. (M. Art. Oec. 9, 4 τοῦ μὲν θέρους ψυχεινά, τοῦ δὲ χειμῶνος ἀλεεινά, gleich darauf χειμῶνος μὲν εὐήλιός ἐστι, τοῦ δὲ θέρους εὔσκιος.) Th. 8, 101 ἔτι πολλῆς νυκτὸς παραπλεύσαντες. S. Ai. 285 ἄκρας νυκτός. X. An. 2. 6, 7 καὶ ἡμέρας καὶ νυκτὸς ἄγων ἐπὶ τοὺς πολεμίους. (Mit Art. ven. 11, 3 (θηρία) τὰ καταβαίνοντα εἰς τὸ πεδίον τῆς νυκτὸς ἀποκλεισθέντα ἁλίσκεται, vgl. Isocr. 10, 65.) Pl. Phaed. 59, d ἐξήλθομεν ἐκ τοῦ δεσμωτηρίου ἑσπέρας. Ebenso E, 523 νηνεμίης, Ar. N. 371 αἰθρίας, Th. 3, 23 ἀπηλιώτου, bei Ostwind, Plut. de cohib. ira 11 γαλήνης, und elische Inschr. b. Collitz, Griech. Dialektinschr. Nr. 1172 Z. 24 sogar πολέμω καὶ εἰράναρ in Krieg und Frieden. — Mit Artikel oder Attributiv zu genauerer Bestimmung des Zeitabschnittes, in dessen Verlauf etwas geschieht. ξ, 161 τοῦδ' αὐτοῦ λυκάβαντος ἐλεύσεται ἐνθάδ' Ὀδυσσεύς. Λ, 691 ἐκάκωσε βίη Ἡρακληείη | τῶν προτέρων ἐτέων. X. An. 7. 2, 16 νῦν μὲν ἀπιέναι κελεύει, τῆς δείλης δὲ ἥκειν im Laufe des (heutigen) Nachmittags; ebenso 18 ᾤχετο τῆς νυκτός. 7. 4, 14 ταῦτα μὲν τῆς ἡμέρας ἐγένετο. 3. 3, 11 τῆς ἡμέρας ὅλης διῆλθον οὐ πλέον πέντε καὶ εἴκοσι σταδίων. 3. 3, 20 ταύτης τῆς νυκτός. Comm. 4. 8, 2 ἐκείνου τοῦ μηνός. Hdt. 5, 36 συνέπιπτε τοῦ αὐτοῦ χρόνου πάντα ταῦτα συνελθόντα. Isocr. 4, 87 τῆς αὐτῆς ἡμέρας. S. El. 698 ἄλλης ἡμέρας. Pl. Prot. 310, a τῆς παρελθούσης νυκτὸς ταυτησί, ἔτι βαθέος ὄρθρου, Ἱπποκράτης τὴν θύραν τῇ βακτηρίᾳ πάνυ σφόδρα ἔκρουε in der vergangenen Nacht. X. Hell. 1. 2, 4 τῆς ἐπιούσης νυκτός in der folgenden Nacht. Th. 2, 33 τοῦ ἐπιγιγνομένου χειμῶνος. Dem. 4, 35 τοῦ καθήκοντος χρόνου innerhalb der bestimmten Zeit. Ar. R. 586 τοῦ λοιποῦ χρόνου künftig einmal; daher adverbial τοῦ λοιποῦ in Zukunft Ar. P. 1084 οὔποτε δειπνήσεις ἔτι τοῦ λοιποῦ 'ν πρυτανείῳ, vgl. Hdt. 2, 109. X. An. 5. 7, 34. 6. 4, 11. (Dagegen τὸ λοιπόν die künftige Zeit über, hinfort, z. B. Th. 1, 56. X. An. 3. 2, 8. 38.) Dem. 30, 15 ἐγήματο μὲν γὰρ ἐπὶ Πολυζήλου ἄρχοντος σκιροφοριῶνος μηνός, ἡ δ' ἀπόλειψις ἐγράφη ποσιδεῶνος μηνός. 56, 5 πέρυσι τοῦ μεταγειτνιῶνος μηνός. Aeschin. 3, 24 ἐπὶ τίνος ἄρχοντος καὶ ποίου μηνὸς καὶ ἐν τίνι ἡμέρᾳ καὶ ἐν ποίᾳ ἐκκλησίᾳ ἐχειροτονήθη Δημοσθένης; Ar. Eccl. 796 κἂν ἕνης ἔλθῃς. (Dem. 18, 154 ἐαρινῆς πυλαίας.) X. An. 2. 2, 11 ἑπτακαίδεκα σταθμῶν τῶν ἐγγυτάτω . . ἐκ τῆς χώρας οὐδὲν εἴχομεν λαμβάνειν, auf den 17 Tagemärschen. Hdt. 6. 58 ἐπεὰν θάψωσι, ἀγορὴ δέκα ἡμερέων οὐκ ἵσταταί σφι, an (den folgenden) 10 Tagen. Pl. Gorg. 516, d ἵνα αὐτοῦ δέκα ἐτῶν μὴ ἀκούσειαν τῆς φωνῆς in (den folgenden) 10 Jahren. X. An. 1. 7, 18 βασιλεὺς οὐ μαχεῖται δέκα ἡμερῶν. Isocr. 6, 109 ψυχὴ ἣν οὐχ ἕξομεν ὀλίγων ἐτῶν in wenigen Jahren. Hdt. 3, 134 ταῦτα ὀλίγου χρόνου ἔσται τελεύμενα binnen kurzer Zeit. S. El. 478 μέτεισιν οὐ μακροῦ χρόνου. Ar. V. 490 οὐκ ἤκουσα τοὔνομ' οὐδὲ πεντήκοντ' ἐτῶν innerhalb (der letzten) 50 Jahre, daher seit 50 J. Ar. Lys. 280 ἓξ ἐτῶν ἄλουτος, seit 6 J. Pl. Symp. 172, c πολλῶν ἐτῶν Ἀγάθων ἐνθάδε οὐκ ἐπιδεδήμηκεν. Phaed. 57, a οὔτε τις ξένος ἀφῖκται χρόνου συχνοῦ ἐκεῖθεν. Ar. Pl. 98 πολλοῦ γὰρ αὐτοὺς οὐχ ἑόρακά πω χρόνου, vgl. X. An. 1. 9, 25. Auch χρόνου allein, z. B. Ar. Eq. 944 ἀγαθὸς πολίτης, οἷος οὐδείς πω χρόνου | ἀνὴρ γεγένηται seit (geraumer) Zeit, vgl. χρόνῳ mit der Zeit, u. χρόνον eine Zeit lang. Th. 5, 74 ἡ μάχη τοιαύτη ἐγένετο, πλείστου δὴ χρόνου μεγίστη δὴ τῶν Ἑλληνικῶν. — Mit Artikel in distributivem Sinne. Th. 1, 138 (Μαγνησία) προσέφερε πεντήκοντα τάλαντα τοῦ ἐνιαυτοῦ. 3, 17 δραχμὴν ἐλάμβανε τῆς ἡμέρας. X. An. 1. 3, 21 Κῦρος ὑπισχνεῖται δώσειν τρία ἡμιδαρεικὰ τοῦ μηνὸς τῷ στρατιώτῃ. (Daneben ἑκάστου ἐνιαυτοῦ u. s.)

Anmerk. 5. Der Genetiv hat, insofern er nur den Zeitraum angiebt, innerhalb dessen etwas geschieht, immer etwas Unbestimmtes. Soll daher bestimmt der Zeitpunkt, wann etwas geschieht (das Datum) angegeben werden, so steht der Dativ, vgl. § 426, 2. Vielfach werden auch Präpositionen verwandt: für innerhalb (binnen) ἐν (ἐντός), für seit ἐξ, ἀπό, διά *c. gen.*

3. In einzelnen Formeln, deren Ursprung nicht sicher nachzuweisen ist, wie μιᾶς χειρός, mit einem Streiche, Eur. H. f. 938 τί . . πόνους διπλοῦς ἔχω, | ἐξὸν μιᾶς μοι χειρὸς εὖ θέσθαι τάδε (vgl. das deutsche: etw. *kurzer Hand* abthun). Ferner das steigernde πολλοῦ, das wahrscheinlich auf das temporale πολλοῦ χρόνου seit langem, *von jeher* zurückgeht: Ar. Eq. 822 πολλοῦ δὲ πολύν με χρόνον καὶ νῦν ἐλελήθεις ἐγκρυφιάζων, vgl. R. 1046. N. 915 θρασὺς εἶ πολλοῦ, und das einschränkende ὀλίγου, bei dem ebenfalls die Herleitung aus dem temporalen ὀλίγου, binnen kurzem, *bald*, näher liegt, als die aus dem *gen. pretii*. Th. 8, 35 ὀλίγου εἷλον (τὴν πόλιν) bald hätten sie die Stadt eingenommen, vgl. § 391, 4. Th. 4, 124 ὀλίγου ἐς χιλίους bald an 1000 Mann.

4. Beim sogen. Genetivus absolutus. [1])

5. Beim substantiv. Infinitiv mit τοῦ, s. § 478.

---

[1]) Über die Ausbildung des gen. abs. s. besonders Classen, Beobachtungen üb. d. Hom. Sprachgebrauch.

§ 420. Der Genetiv zugleich als Vertreter des Ablativs.

Als Vertreter des ursprünglichen Ablativs bezeichnet der Genetiv zunächst den Ausgangspunkt einer Handlung, und zwar

1. bei Verben der Gemütsbewegung die Person oder Sache, durch die die Empfindung hervorgerufen wird. Doch ist bei den meisten dieser Verben in Prosa die Verwendung von Präpositionen (namentlich ἐπί) weit üblicher. Auch ist gerade hier die Grenze zwischen eigentlichem Genetiv und ablativischem Genetiv schwer zu ziehen, vgl. § 413, Anm. So bei den Verben

a) des Schmerzes und Mitleids (der Schadenfreude συγχαίρω Dem. 15, 15): ὀλοφύρεσθαι, πενθικῶς ἔχειν, ἀλγεῖν poet. u. selt., στένειν poet., ἄχνυσθαι u. d. Part. ἀχέων ep., ἀσχαλᾶν ep., κλαίειν S. El. 1117 (wo aber τῶν κακῶν auch von τι abhängig gemacht werden kann), δάκρυ χέων β, 24 = ω, 425 (wo aber objekt. Gen. angenommen werden kann), δακρυρροεῖν Eur. H. f. 1114; ἐλεεῖν u. οἰκτίρειν (*c. acc. pers. u. gen. rei*); poet. ὀδύρεσθαι; — poet. mehrere Adj., als: τάλας, δυστ-, τλήμων, μέλεος, δείλαιος, σχέτλιος. Hierzu der Gen. in Ausrufungen, meist mit Interjektionen wie οἴμοι, ὤμοι, αἰαῖ, ὤ, φεῦ u. ähnl.

b) des Zornes und Unwillens: ὀργίζεσθαι, χαλεπῶς φέρειν Th. 2, 62 u. 1, 77 οὐ τοῦ πλέονος μὴ στερισκόμενοι χάριν ἔχουσιν, ἀλλὰ τοῦ ἐνδεοῦς χαλεπώτερον φέρουσιν, sie sind nicht dafür dankbar, dass sie der grösseren Vorteile nicht beraubt sind, sondern vielmehr ungehalten über das Fehlende (näm. die wenigen Vorteile, die sie entbehren); poet. χολοῦσθαι, χώεσθαι, μηνίειν, θυμοῦσθαι, κοτεῖν; ἄχθεσθαι b. Sp., aber συνάχθεσθαι Isocr. 18, 51; χαλεπαίνειν X. An. 7. 6, 32. Hierzu ἀνέχεσθαι *aequo animo ferre*, gwhnl. m. Partiz.

c) des Beneidens: φθονεῖν, ἐπιφθόνως διακεῖσθαι beneidet werden, u. poet. μεγαίρειν (*c. dat. pers. et gen. rei*).

d) des Bewunderns, Preisens, Tadelns, Hassens: θαυμάζειν, ἄγασθαι; ζηλοῦν, εὐδαιμονίζειν, αἰνεῖν poet.; μέμφεσθαι u. ὀνειδίζειν (τινί τινος); στυγεῖν poet. — Adj. εὐδαίμων, θαυμάσιος.

a) Θ, 125 ἀχνύμενός περ ἑταίρου. Β, 694 τῆς ὅγε κεῖτ' ἀχέων. τ, 159 ἀσχαλάᾳ δὲ πάις βίον κατεδόντων. Vgl. 534. φ, 250 οὔτι γάμου τοσσοῦτον ὀδύρομαι. Vgl. δ, 104. 819. Χ, 169 ἐμὸν δ' ὀλοφύρεται ἦτορ Ἕκτορος. S. Spitzn. ad Π, 17. Aesch. Ag. 571 τὸν ζῶντα δ' ἀλγεῖν χρὴ τύχης παλιγκότου. Eur. Hec. 1256 ἦ 'μὲ παιδὸς οὐκ ἀλγεῖν δοκεῖς; Suppl. 58 ὅσσον ἐπαλγῶ μελέα τῶν φθιμένων. S. Ant. 630 ἀπάτας λεχέων ὑπεραλγῶν. Th. 2, 65 ὧν περὶ τὰ οἰκεῖα ἕκαστος ἤλγει. X. Cy. 5. 4, 32 ὁ Κῦρος ἀκούσας τοῦ πάθους ᾤκτιρεν αὐτόν. Conv. 4, 37 τούτους οἰκτίρω τῆς ἄγαν χαλεπῆς νόσου. Eur. Hipp. 1409 στένω σὲ μᾶλλον ἢ 'μὲ τῆς ἁμαρτίας, vgl. I. A. 370. Ph. 1425. X. Cy. 5. 2, 7 τὴν θυγατέρα πενθικῶς ἔχουσαν τοῦ ἀδελφοῦ τεθνηκότος. — S. OR. 1347 δείλαιε τοῦ νοῦ τῆς τε συμφορᾶς ἴσον. Eur. Hel. 240 ὦ τάλαινα συμφορᾶς. Io 960 τλήμων σὺ τόλμης. Hipp. 365 ὦ τάλαινα τῶνδ' ἀλγέων. 554 ὦ τλάμων ὑμεναίων. 570 ὦ δυστάλαινα τῶν ἐμῶν παθημάτων. Vgl. M. 1028. Or. 1029 ὦ μέλεος ἥβης σῆς, Ὀρέστα, καὶ πότμου | θανάτου τ' ἀώρου. Hec. 661 ὦ τάλαινα σῆς κακογλώσσου βοῆς, ubi v. Pflugk. 783 ὦ σχετλία σὺ τῶν ἀμετρήτων πόνων. vgl. Andr. 1179. — υ, 209 ὤμοι ἔπειτ' Ὀδυσῆος. Theogn. 891 οἴμοι ἀναλκείης. Aesch. Ch. 875 οἴμοι πανοίμοι δεσπότου τελουμένου, vgl. S. Ai. 367. Tr. 971 f. οἴμοι ἐγὼ σοῦ, πάτερ. Eur. Or. 412 οἴμοι διωγμῶν, οἷς ἐλαύνομαι τάλας. H. f. 900 αἰαῖ κακῶν! 1374 οἴμοι δάμαρτος καὶ τέκνων, οἴμοι δ' ἐμοῦ. Hipp. 1454 ὤμοι φρενὸς σῆς εὐσεβοῦς τε κἀγαθῆς. Ph. 373 οἴμοι τῶν ἐμῶν ἐγὼ κακῶν. S. El. 920 φεῦ τῆς ἀνοίας. 1183 φεῦ τῆς ἀνύμφου δυσμόρου τε σῆς τροφῆς. X. Cy. 3. 1, 39 φεῦ τοῦ ἀνδρός. Aesch. P. 928 αἰαῖ κεδνᾶς ἀλκᾶς. 731 ὦ πόποι κεδνῆς ἀρωγῆς κἀπικουρίας στρατοῦ. Pl. Civ. 509, c Ἄπολλον, δαιμονίας ὑπερβολῆς. Ar. Av. 61 Ἄπολλον ἀποτρόπαιε, τοῦ χασμήματος. id. N. 153 ὦ Ζεῦ βασιλεῦ, τῆς λεπτότητος τῶν φρενῶν. — Ohne Interjektion Theocr. 15, 75 χρηστῶ κοἰκτίρμονος ἀνδρός. Eur. M. 1051 ἀλλὰ τῆς ἐμῆς κάκης, | τὸ καὶ προέσθαι (scil. ἐμέ) μαλθακοὺς λόγους φρενός, ubi v. Pflugk. X. Cy. 2. 2, 3 τῆς τύχης, τὸ ἐμὲ νῦν κληθέντα δεῦρο τυχεῖν.

Anmerk. 1. Die Verbindung solcher Adjektive wie τάλας u. s. w., m. d. Gen. ist erst in der attischen Zeit aufgekommen.

Anmerk. 2. Mehrere der unter a) angeführten Verben lassen auch andere Konstruktionen zu: ὀλοφύρεσθαι *c. acc.*, s. § 409, 5); ἀλγεῖν gwhnl. ἐπί τινι, poet. auch *c. acc.* § 409, 5); στένειν gwhnl. ἐπί τινι, auch ὑπέρ τινος, wie Aesch. Pr. 66. 67, in d. Bdtg. beseufzen *c. acc.* oft b. d. Dichtern, § 409, 5); ἐλεεῖν u. οἰκτίρειν m. d. blossen *acc.* bemitleiden, § 409, 5); ebenso ὀδύρεσθαι poet.; κλαίειν, beweinen, *c. acc.* § 409, 5).

b) N, 660 τοῦ δὲ Πάρις μάλα θυμὸν ἀποκταμένοιο χολώθη. Π, 320 Πάρις . . Ἀντιλόχῳ ἐπόρουσε, κασιγνήτοιο χολωθείς. 546 Δαναῶν κεχολωμένοι. 553 χωόμενος Σαρπηδόνος, vgl. A, 429. N, 166. Φ, 457. α, 69 Ποσειδάων . . Κύκλωπος κεχόλωται, ὃν ὀφθαλμοῦ ἀλάωσεν. I, 449 ὅς μοι παλλακίδος περιχώσατο. Ξ, 266 Ἡρακλῆος περιχώσατο, παιδὸς ἑοῖο.. E, 178 ἱρῶν μηνίσας. S. Ant. 1177 πατρὶ μηνίσας φόνου. Eur. Or. 751 ἴσως σοι θυγατέρος θυμούμενος. Δ, 168 τῆσδ' ἀπάτης κοτέων. Lys. 31, 11 καθέστηκε δέ τι ἔθος δίκαιον πᾶσιν ἀνθρώποις τῶν . . ἀδικημάτων μάλιστα ὀργίζεσθαι τοῖς μάλιστα δυναμένοις μὴ ἀδικεῖν, vgl. 12, 80. 27, 11. X. Hell. 3. 5, 5. — Eur. Tr. 101 μεταβαλλομένου δαίμονος ἀνέχου. Pl. Prot. 323, a ὅταν εἰς συμβουλὴν πολιτικῆς ἀρετῆς ἴωσιν, . . εἰκότως ἅπαντος ἀνδρὸς ἀνέχονται. Apol. 31, b τὸ ἐμὲ τῶν ἐμαυτοῦ ἁπάντων ἠμεληκέναι καὶ ἀνέχεσθαι τῶν οἰκείων ἀμελουμένων. Phil. 13, c ἀνέξεσθαί σου λέγοντος, ubi v. Stallb. Civ. 564, d οὐκ ἀνέχεται τοῦ ἄλλα λέγοντος. (S. OR. 174 καμάτων ἀνέχουσι γυναῖκες, intrans., sich über den Wehen emporhalten, s. Schneidew.)

Anmerk. 3. Nach Analogie der genannten Verben sagt Pl. Euthyd. 306, c συγγιγνώσκειν (verzeihen) αὐτοῖς χρὴ τῆς ἐπιθυμίας καὶ μὴ χαλεπαίνειν st. des gwhnl. τῇ ἐπιθυμίᾳ αὐτῶν od. αὐτοῖς τὴν ἐπιθυμίαν. Eur. Hel. 82 ξύγγνωθι ἡμῖν τοῖς λελεγμένοις (*dat. instrum.*).

Anmerk. 4. Einige der genannten Verben werden auch mit Präpositionen verbunden. I, 566 ἐξ ἀρέων μητρὸς κεχολωμένος, infolge der Verwünschungen. λ, 544 κεχολωμένη εἵνεκα νίκης. Ψ, 88 ἀμφ' ἀστραγάλοισι χολωθείς. Hymn. Merc. 236 χωόμενον περὶ βουσίν. S. Tr. 274 ἔργου δ' ἕκατι (= ἕνεκα) τοῦδε μηνίσας. Ἄχθεσθαι b. d. Klassikern gwhnl. m. ἐπί τινι (*de re aliqua*), auch ἐπί τινος Pl. Parm. 130, a, περί τινος Hdt. 8, 99, sehr oft auch m. d. *dat. instr.*, als: τῷ ἔργῳ. Χαλεπῶς φέρειν gwhnl. als Trans. *c. acc.*, als Intr. auch ἐπί τινι, wie X. Hell. 7. 4, 21 ἐπὶ τῇ πολιορκίᾳ, u. bloss τινί, wie Hell. 5. 1, 29 τῷ πολέμῳ, vgl. 3. 4, 9. An. 1. 3, 3. Χαλεπαίνειν gwhnl. *c. dat.*, auch ἐπί τινι σ, 414.

c) Ps. Pl. Hipparch. 228, c οὐκ οἰόμενος δεῖν οὐδενὶ σοφίας φθονεῖν. ζ, 68 οὔτε τοι ἡμιόνων φθονέω. Pl. Euthyd. 297, b μή μοι φθονήσῃς τοῦ μαθήματος. Th. 1, 75 ἄξιοί ἐσμεν ἀρχῆς γε ἧς ἔχομεν τοῖς Ἕλλησι μὴ οὕτως ἄγαν ἐπιφθόνως διακεῖσθαι von den H. wegen der Herrschaft beneidet zu werden. Isocr. 18, 51 ἵν' αὐτῷ μὴ τῶν ἀπολωλότων συνήχθεσθε, ἀλλὰ τῶν ὑπολοίπων ἐφθονεῖτε. X. Hell. 3. 2, 13 ὑπεφθόνει τῆς στρατηγίας τῷ Τισσαφέρνει. N, 563 βιότοιο μεγήρας. Aesch. Pr. 626 οὐ μεγαίρω τοῦδέ σοι δωρήματος.

Anmerk. 5. Φθονεῖν in d. Bdtg. neidisch sein wegen, über etw. wird häufiger mit ἐπί τινι verbunden, z. B. Dem. 20, 151, s. Passow, auch mit d. blossen Dat., vgl. § 423, 12. X. Cy. 2. 4, 10 μήτε τοῖς ἀγαθοῖς τοῦ ἄρχοντος φθονήσοντας.

d) Th. 6, 36 τοὺς ἀγγέλλοντας τὰ τοιαῦτα τῆς μὲν τόλμης οὐ θαυμάζω, τῆς δὲ ἀξυνεσίας. Häufiger *c. gen. rei* und davon abhängig *gen. pers.* Lys. 3, 44 θαυμάζω μάλιστα τούτου τῆς διανοίας ich wundere mich über dessen Gesinnung. 12, 41 ἐθαύμασα τῆς τόλμης τῶν λεγόντων. X. Cy. 2. 3, 21 τοῦτον ὁ Κῦρος ἀγασθεὶς τῆς τε πρᾳότητος τῆς διδασκαλίας καὶ τῆς ἐπιμελείας. Vgl. Pl. civ. 426, d. Parm. 130, b. Dem. 18, 204 τίς οὐκ ἂν ἀγάσαιτο τῶν ἀνδρῶν ἐκείνων τῆς ἀρετῆς; wie b. θαυμάζειν. S. El. 1027 ζηλῶ σε τοῦ νοῦ, τῆς δὲ δειλίας στυγῶ. X. conv. 4, 45 ζηλῶ σε τοῦ πλούτου. Vgl. Pl. Io 530, b. Isocr. 4, 91. Pl. conv. 194, e τοὺς ἀνθρώπους εὐδαιμονίζειν τῶν ἀγαθῶν. Crit. 43, b πολλάκις σε εὐδαιμόνισα τοῦ τρόπου. Eur. I. A. 1371 τὸν μὲν οὖν ξένον δίκαιον αἰνέσαι προθυμίας. Aesch. S. 651 οὔποτ' ἀνδρὶ τῷδε κηρυκευμάτων μέμψῃ. X. Hell. 3. 2, 6 ὧν μὲν πρόσθεν ἐποίουν μέμφοιντο αὐτοῖς. Mit blossem *gen. rei* ἐπιμέμφεσθαι A, 65. B, 225. Th. 3, 62 οὐδ' ἄξιον αὐτῇ ὀνειδίσαι ὧν ἥμαρτεν. — Pl. Phaed. 58, e εὐδαίμων μοι ὁ ἀνὴρ ἐφαίνετο καὶ τοῦ τρόπου καὶ τῶν λόγων, ὡς ἀδεῶς καὶ γενναίως ἐτελεύτα. X. An. 2. 3, 15 (βάλανοι) θαυμάσιαι τοῦ κάλλους καὶ μεγέθους.

Anmerk. 6. Θαυμάζειν u. ἄγασθαι haben folgende Konstruktionen: a) *acc. pers.* od. *acc. rei* allein, wie im Deutschen, als: θαυμάζω τὸν στρατηγόν, θ. τὴν σοφίαν; — b) *gen. pers.* u. *acc. rei*, an einer Person etwas bewundern, als: θαυμάζω Σωκράτους τὴν σοφίαν, s. § 417, A. 10, b. — c) *acc. pers.* u. *gen. rei* selt. als: θαυμάζω Σωκράτη τῆς σοφίας, s. *d*); — d) *gen. rei* u. davon abhängig *gen. pers.*, sich über die Eigenschaft jemandes wundern, s. *d*); — e) *acc. pers.* und ἐπί τινι häufig, als: θαυμάζω Σωκράτη ἐπὶ τῇ σοφίᾳ. — So auch ἐπαινεῖν τινα ἐπί τινι, und εὐδαιμονίζειν τινὰ ἐπί τινι. Μέμφεσθαί τινα εἴς τι X. An. 2. 6, 30. Ὀνειδίζειν τινὶ περί τινος Hdt. 4, 79.

2. Bei komparativischen Begriffen den Gegenstand, von dem aus ein anderer gemessen, mit dem er verglichen wird: μείζων τοῦ ἀδελφοῦ, *grösser vom Bruder aus, im Vergleich zum Bruder, maior fratre*. So

a) bei Adjektiven und Adverbien im Komparative und solchen im Positive, in denen der Begriff des Komparativs liegt, wie die Numeralia multiplicativa auf -άσιος: διπλάσιος, τριπλ-, πολλαπλ-, die Zahlwörter auf -πλοῦς: διπλοῦς, τριπλοῦς u. s. w., ferner δεύτερος, ὕστερος, περιττός, δὶς τόσος u. a., und bei Verben, die von derartigen Adjektiven abgeleitet sind, als: ἡττᾶσθαι, ἐλαττοῦσθαι, μειοῦσθαι, μειονεκτεῖν, πλεονεκτεῖν, ὑστερεῖν, ὑστερίζειν, περιττεύειν. α) Π, 722 αἴθ', ὅσον ἥσσων εἰμί, τόσον σέο φέρτερος εἴην. Eur. M. 965 χρυσὸς δὲ κρείσσων μυρίων λόγων βροτοῖς. 86 πᾶς τις αὑτὸν τοῦ πέλας μᾶλλον φιλεῖ. Pl. Ap. 39, a (πονηρία) θᾶττον θανάτου θεῖ. X. Comm. 1. 5, 1 ὅντιν' αἰσθανοίμεθα ἥττω γαστρὸς ἢ οἴνου ἢ ἀφροδισίων ἢ πόνου ἢ ὕπνου, ubi v. Kühner. Vgl. 4. 5, 11. An. 1. 4, 17 οὐδεὶς ἐβρέχθη ἀνωτέρω τῶν μαστῶν. Cy. 7. 5, 83 οὐ δήπου τὸν ἄρχοντα τῶν ἀρχομένων πονηρότερον προσήκει εἶναι. Ar. Pl. 363 εἰσὶ τοῦ κέρδους ἅπαντες ἥττονες. — β) Δ, 400 υἱὸν | γείνατο εἷο χέρεια μάχῃ, *deteriorem*. Vgl. ξ, 176 f. Ψ, 248 οἵ κεν ἐμεῖο δεύτεροι . . λίπησθε (mich überlebend). Hdt. 1, 23 οὐδενὸς δεύτερος keinem nachstehend. 7, 48 τὸ Ἑλληνικὸν στράτευμα φαίνεται πολλαπλήσιον ἔσεσθαι τοῦ ἡμετέρου. 8, 137 διπλήσιος ἐγίνετο αὐτὸς ἑωυτοῦ noch einmal so gross als vorher. Vgl. 6, 133. 4, 166 ὑστέρῳ χρόνῳ τούτων. 5, 56 ἐν τῇ προτέρῃ νυκτὶ τῶν Παναθηναίων. 6, 46 δευτέρῳ ἔτεϊ τούτων im folgenden Jahre. X. Hell. 1. 1, 2 selbst μετ' ὀλίγον τούτων = ὀλίγῳ ὕστερον τούτων. (Dagegen Hdt. 6, 40 ist mit Stein τρίτῳ ἔτεϊ πρὸ τούτων zu schreiben.) Hdt. 6, 120 ὕστεροι ἀπικόμενοι τῆς συμβολῆς (*proelio*) ἱμείροντο ὅμως θεήσασθαι τοὺς Μήδους, wie Pl. Menex. 240, c οὗτοι δὲ τῇ ὑστεραίᾳ τῆς μάχης ἀφίκοντο am Tage nach. Pl. Tim. 20, a οὐδενὸς ὕστερος. Th. 1. 50 ἃς (*naves*) ὕστερον τῶν δέκα βοηθοὺς ἐξέπεμψαν οἱ Ἀθηναῖοι. X. An. 1. 2, 25 Ἐπύαξα προτέρα Κύρου πέντε ἡμέραις ἀφίκετο. Cy. 8. 3, 38 διπλάσια ἀπέδωκεν ὧν ἔλαβεν. Vgl. 3. 2, 42. 5. 2, 30 δύναμιν πολλαπλασίαν ἧς σὺ ἔχεις νῦν. Conv. 4, 35 τἀρκοῦντα ἔχει καὶ περιττεύοντα τῆς δαπάνης *plura, quam consumat.* Cy. 8. 2, 21 τῇδέ γε διαφέρειν μοι δοκῶ τῶν πλείστων, ὅτι οἱ μέν, ἐπειδὰν τῶν ἀρκούντων περιττὰ κτήσωνται, τὰ μὲν αὐτῶν κατορύττουσι, τὰ δὲ κατασήπουσιν, . . ἐγὼ δὲ ὑπηρετῶ μὲν τοῖς θεοῖς καὶ ὀρέγομαι ἀεὶ πλειόνων· ἐπειδὰν δὲ κτήσωμαι, ἃ ἂν ἴδω περιττὰ ὄντα τῶν ἐμοὶ ἀρκούντων, τούτοις τὰς ἐνδείας τῶν φίλων ἐξακοῦμαι. An. 1. 3, 21 ὁ Κῦρος ὑπισχνεῖται ἡμιόλιον πᾶσι δώσειν οὗ πρότερον ἔφερον. Eur. Heracl. 293 δὶς τόσα πυργοῦν τῶν γιγνομένων. El. 1092 δὶς τόσως ἐμὲ | κτείνας ἀδελφῆς ζῶσαν zweimal so viel als meine Schwester. — γ) Dem. 18, 244 οὐδαμοῦ ἡττηθεὶς ἀπῆλθον τῶν παρὰ Φιλίππου πρέσβεων unterliegend den Gesandten. 273 τῆς ἀληθείας ἡττώμενος. 9, 36 οὔτε ναυμαχίας οὔτε πεζῆς μάχης ἡττᾶτο. Pl. leg. 635, d ταὐτὸν πείσονται τοῖς ἡττωμένοις τῶν φόβων. X. Hell. 5. 2, 5 ἡττῶντο τοῦ ὕδατος unterlagen dem Wasser, konnten dem W. nicht Widerstand leisten. 4, 31 ἡττηθεὶς τοῦ δικαίου ἀπῆλθεν. An. 5. 8, 13 ἁρπάζειν ἤθελον καὶ ὑμῶν πλεονεκτεῖν. Comm. 1. 3, 3 θυσίας θύων μικρὰς ἀπὸ μικρῶν οὐδὲν ἡγεῖτο μειοῦσθαι τῶν ἀπὸ πολλῶν καὶ μεγάλων πολλὰ καὶ μεγάλα θυόντων. Hier. 1, 27 ἐν ᾧ γε . . μειονεκτοῦμεν τῶν ἰδιωτῶν. 18 τῇ εὐφροσύνῃ τῆς ἐλπίδος μειονεκτοῦσι (οἱ τύραννοι) τῶν ἰδιωτῶν. An. 1, 7, 12 Ἀβροκόμας ὑστέρησε τῆς μάχης ἡμέραις πέντε. Ages. 2, 1 ὑστερήσειε τῆς πατρίδος. Dem. 4, 38 ὑστερεῖν τῶν ἔργων. Isocr. 3, 19 οἱ μὲν ὑστερίζουσι τῶν πραγμάτων. 4, 164 ὑστερίσαντες τῶν βαρβάρων. Ὑστερίζειν τῶν καιρῶν, τῶν ἔργων Dem. 4, 35, ubi v. Bremi. 8, 12. X. An. 4. 8, 11 περιττεύσουσιν ἡμῶν οἱ πολέμιοι.

Anmerk. 7. πλεονεκτεῖν und μειονεκτεῖν nehmen auch als Verben der Fülle und des Mangels einen Genetiv der Sache zu sich, woran einer einen grösseren oder geringeren Anteil hat Th. 6, 39 τῶν ὠφελίμων πλεονεκτεῖν. Vgl. X. Cy. 1. 6, 25. Hier. 2, 1 μειονεκτοῦντας καὶ σίτων καὶ ὄψων. Vgl. 4, 1. Sind Person und Sache vereinigt, so steht die Person, vor der man im Vorteil oder Nachteil ist, im Genetiv, die Sache, worin man es ist, gewöhnlich im Dativ, z. B. X. An. 3. 1, 37 χρήμασι καὶ τιμαῖς τούτων ἐπλεονεκτεῖτε, seltener im Dat. m. ἐν. Vgl. die obigen Beispiele und Anm. 11.

Anmerk. 8. Nach Analogie von ἡττᾶσθαί τινος wird auch νικᾶσθαί τινος zuweilen in der Dichtersprache, höcht selten in der Prosa gesagt. Pind. N. 9, 2 ἀναπεπταμέναι ξείνων νενίκανται θύραι (*hospitibus cedunt*), ubi v. Dissen. Aesch. Suppl. 1005 ἱμέρου νικώμενος. Eur. Tr. 23 νικῶμαι γὰρ Ἀργείας θεᾶς. M. 315 κρεισσόνων νικώμενοι, ubi v. Pflugk. Vgl. Cy. 454. Heracl. 233. J. A. 1357. Ar. N. 1087 ἢν τοῦτο νικηθῇς ἐμοῦ. Antiph. 5, 87 τῆς δίκης νικᾶσθαι παρὰ τὸ ἀληθές, ubi v. Maetzner. Ps. Isocr. 1, 26 αἰσχρὸν εἶναι νόμιζε τῶν ἐχθρῶν νικᾶσθαι ταῖς κακοποιίαις καὶ τῶν φίλων ἡττᾶσθαι ταῖς εὐεργεσίαις. Über νικᾶν κλήρου s. § 418, 8. Auch φθάνειν steht wegen des komparativischen Sinnes m. d. Gen. Λ, 51 φθὰν δὲ μέγ' ἱππήων ἐπὶ τάφρῳ κοσμηθέντες, ubi v. Spitzn., sie waren eher als die ἱππῆες am Graben geordnet. (Vgl. λ, 58 ἔφθης πεζὸς ἰὼν ἢ ἐγὼ σὺν νηὶ μελαίνῃ. Ψ, 444.) Ἡττᾶσθαι wird auch oft als eigentl. Passiv m. ὑπό *c. gen.* verbunden. Th. 1, 62 τὸ στρατόπεδον ἡσσᾶτο ὑπὸ τῶν Ἀθηναίων. Ebenso ὑπ' ἔρωτος, ὑπὸ τῶν ἡδονῶν Pl. Phaedr. 233, c. Prot. 353, a; zuweilen auch m. d. Dat. Th. 3, 38 ἀκοῆς ἡδονῇ ἡσσώμενοι. 4, 19 τοῖς ἑκουσίως ἐνδοῦσιν ἀνθησσᾶσθαι, ubi v. Poppo, den Nachgebenden seinerseits auch nachgeben. Ganz natürlich ist der Dat. in Fällen wie Th. 1, 134 ὑστερεῖν τῇ διώξει. S. Lobeck ad Phryn. p. 237.

Anmerk. 9. Zuweilen wird auch der Gegenstand der Vergleichung beim Komparative räumlich aufgefasst und durch die Präpositionen πρό und ἀντί mit dem Genetive oder παρά und πρός mit dem Akkusative bezeichnet. S. d. Lehre v. d. Präpos.

Anmerk. 10. Statt des Genetivs steht nach Komparativen und komparativischen Ausdrücken auch ἤ, als, wie im Deutschen, z. B. ὁ πατὴρ μείζων ἢ ὁ υἱός; διπλάσιος, πολλαπλάσιος, διπλοῦς, ὕστερος, ἡμιόλιος, ἥμισυς ἤ, s. § 542, 1.

b) Bei den Begriffen des Übertreffens und Vorziehens, als: προέχειν, ὑπερφέρειν, προφέρειν, προΐστασθαι, προεστάναι, προστατεύειν, ὑπερβάλλειν selten, vgl. Anm. 11, ὑπερέχειν, ὑπεραίρειν b. d. Sp. (b. den Klassik. c. acc.); περιεῖναι, περιγίγνεσθαι; πρωτεύειν, ἀριστεύειν, κρατιστεύειν, καλλιστεύειν Hdt., καλλιστεύεσθαι Eur. Hipp. 1009. M. 947; πρεσβεύειν; καίνυσθαι ep., sich auszeichnen, Ω, 546 τῶν σε, γέρον, πλούτῳ . . φασὶ κεκάσθαι, s. Anm. 11, παραμεύεσθαι, *excellere*, Pind. N. 11, 13, διαπρέπειν, hervorglänzen, Eur. Alc. 642 (auch sp. pros.); προκρίνειν, προτιθέναι, προτιμᾶν; Adj. ἔξοχος poet. u. sp. pros., Adv. ἔξοχον, ἔξοχα, ἐξόχως poet.; διαπρεπής Eur. Suppl. 841, πρότιμος Xenophan. b. Ath. 10, p. 414, b τό πέρ ἐστι πρότιμον ῥώμης. — σ, 248 περίεσσι γυναικῶν | εἶδός τε μέγεθός τε. Z, 460 ὃς ἀριστεύεσκε μάχεσθαι Τρώων. S. Ph. 137 τέχνα γὰρ τέχνας προύχει. Hdt. 6, 61 καλλιστεύσει (τὸ παιδίον) πασέων τῶν ἐν Σπάρτῃ γυναικῶν. 7, 2 τῶν μὲν δὴ προτέρων (παίδων) ἐπρέσβευε Ἀρτοβαζάνης, τῶν δὲ ἐπιγενομένων Ξέρξης. 5, 28 Νάξος εὐδαιμονίῃ τῶν νήσων προέφερε. Vgl. 6, 127. 9, 96 Τιγράνης κάλλεϊ καὶ μεγάθεϊ ὑπερφέρων Περσέων. Th. 1, 81 τοῖς ὅπλοις αὐτῶν καὶ τῷ πλήθει ὑπερφέρομεν. 2, 62 γνώμῃ προέχειν τῶν ἐναντίων. Vgl. X. Hell. 7. 1, 4. X. Ag. 5, 2 (Ἀγησίλαος) ἡγεῖτο ἄρχοντι προσήκειν οὐ μαλακίᾳ, ἀλλὰ καρτερίᾳ τῶν ἰδιωτῶν περιεῖναι. Cy. 3. 1, 19 τάχει περιεγένου αὐτοῦ. Comm. 1. 1, 8 πόλεως προστατεῖν. 4. 2, 2 προεστάναι πόλεως. (Vgl. Isocr. 4, 57.) Comm. 3. 5, 10 (οἱ Ἀθηναῖοι) δῆλοι γεγόνασι τῶν καθ' ἑαυτοὺς ἀνθρώπων ἀριστεύσαντες. Pl. Gorg. 475, b σκεψώμεθα, ἆρα λύπῃ ὑπερβάλλει τὸ ἀδικεῖν τοῦ ἀδικεῖσθαι. Leg. 752, e πρεσβεύειν τῶν πολλῶν πόλεων. Dem. 2, 23 (Φίλιππος) στρατευόμενος καὶ πονῶν ἡμῶν μελλόντων καὶ ψηφιζομένων καὶ πυνθανομένων περιγίγνεται. Ib. θαυμαστόν, εἰ μηδὲν ποιοῦντες ἡμεῖς τοῦ πάντα ποιοῦντος, ἃ δεῖ, περιῆμεν. Pl. Ap. 35, b οὓς αὐτοὶ ἑαυτῶν ἔν τε ταῖς ἀρχαῖς καὶ ταῖς ἄλλαις τιμαῖς προκρίνουσιν. Leg. 726 pr. τὰ δεσπόζοντα ἀεὶ προτιμητέον τῶν δουλευόντων. Th. 3, 39 ἰσχὺν τοῦ δικαίου προθεῖναι.

Anmerk. 11. Das, worin einer den anderen übertrifft, steht in Prosa gewöhnlich im Dat., wird aber auch oft durch Präpos. ausgedrückt, als: ἔν τινι, εἴς τι, κατά τι, ἐπί τινι, bei Dichtern auch im Akkus. oder im Infin. — Das ep. καίνυσθαι als Transitiv = übertreffen *c. acc.* γ, 282 ὃς ἐκαίνυτο φῦλ' ἀνθρώπων νῆα κυβερνῆσαι. B, 530 ἐγχείῃ δ' ἐκέκαστο Πανέλληνας. Vgl. N, 431. Ξ, 124, oder als Intrans. m. d. Präp. ἐν u. μετά c. dat., auch m. ἐπί c. acc. Ω, 535. Ὑπερβάλλειν regiert gewöhnlich, u. ὑπερβάλλεσθαι stets den Akkus., z. B. X. Hell. 7. 3, 6, auch ὑπερέχειν Eur. Hipp. 1365 ὅδ' ὁ σωφροσύνῃ πάντας ὑπερσχών; προέχειν X. An. 3. 2, 19 (wo aber wohl ἡμᾶς mit Rehdantz zu streichen ist); ὑπερφέρειν *c. acc. rei* Eur. Heracl. 554. Isocr. 4, 60. Bei den Verben des Vorziehens nicht selten πρό oder ἀντί mit dem Genetive, vgl. Anm. 9. Pl. leg. 727. d πρὸ ἀρετῆς προτιμᾶν κάλλος. Lysid. 219, d πατὴρ υἱὸν ἀντὶ πάντων τῶν ἄλλων χρημάτων προτιμᾷ. Eur. Hipp. 382 ἡδονὴν προθέντες ἀντὶ τοῦ καλοῦ.

§ 421. Schluss.

Ferner bezeichnet der Genetiv als Vertreter des Ablativs den Gegenstand, von dem ein anderer entfernt wird oder fern ist. So

1. in rein räumlicher Beziehung bei Verben der Bewegung und des Fernseins und zuweilen bei Verben des Nehmens die Örtlichkeit, seltener die Person, von der ein Gegenstand weggeht, genommen wird oder fern ist. Doch hat die Prosa diesen Gebrauch fast nur bei solchen Verben beibehalten, die mit genetivischen Präpositionen wie ἀπό, ἐξ u. s. w. zusammengesetzt sind. a) Dichter gebrauchen den Gen. in dieser Weise bei βαίνειν, ἔρχεσθαι, τρέπεσθαι, *se avertere*, ἐρωεῖν, *secedere*, ep., φέρειν, ἄγειν, ἐλαύνειν, δίεσθαι σταθμοῖο M, 304, sich vom Gehege wegjagen lassen, διώκεσθαι οἷο δόμοιο σ, 8, vom eigenen Hause wegtreiben, ἂψ ὤσασθαι τείχεος M, 420, ἐρύεσθαι ep., wegziehen, βάλλειν λίθον κεφαλᾶς Pind. O. 1, 58, *a capite*, χωρεῖν, χάζεσθαι, ἀλύσκειν, ἵστασθαι, φεύγειν, πέτεσθαι, ἀφύσσειν (ψ, 305 πολλὸς δὲ πίθων ἠφύσσετο οἶνος), ὀμόργνυσθαι δάκρυα παρειάων Σ, 124 u. λ, 529; ἀείρειν, δέχεσθαι, λαμβάνειν, αἱρεῖσθαι δ, 746 ἐμεῦ δ' ἕλετο μέγαν ὅρκον, nahm von mir den Eid ab (dagegen *dat.* X, 119 Τρωσίν bei den Troern), u. a. Ferner Komposita in der Dichtersprache: ἀπιέναι, ἀναδῦναι, ἀποίχεσθαι, ἀποβαίνειν, καταβ-, ἀπο- u. ὑποδύεσθαι, ὑπαΐσσειν βωμοῦ B, 310, unter dem Altare hervor, ἀνᾴξας πεσήματος Eur. J. T. 315, vom Falle, d. i. von der Lage, in die er niedergefallen war, ἀνακουφίζειν, ἀπάγειν, ὑπάγειν, ἀποπλάζεσθαι, παραπλάζεσθαι, *aberrare*, γνώμης Eur. Hipp. 240, παραπλάζειν, wegtreiben, ι, 81, vgl. τ, 187, ἐξαμιλλᾶσθαι Eur. Or. 431 τίνες πολιτῶν ἐξαμιλλῶνταί σε γῆς; ἀποαίνυσθαί τί τινος N, 262. ρ, 322, u. a. b) Bei Prosaikern und Dichtern: εἴκειν, ὑπείκειν, παραχωρεῖν, συγχωρεῖν (Hdt. 7, 161 τῆς ἡγεμονίης), ὑποχωρεῖν, ὑπανίστασθαι, ἐξίστασθαι, ἀπέχειν u. διέχειν (entfernt sein) nebst ἐκποδὼν εἶναι u. ἔχειν (intr.), fern sein, sich fern halten, u. a. Auch zuweilen τυγχάνειν τινός τι od. τινος von jemd. etw. erlangen (vergleichbar dem hom. δέχεσθαί τινός τι), s. § 416, 3. a) Poet. Gebrauch. M, 262 οὐδέ νύ πω Δαναοὶ χάζοντο κελεύθου. P, 480 ἵππων ἀποβή-

σομαι. E, 109 καταβήσεο δίφρου. E, 456 οὐκ ἂν δὴ τόνδ' ἄνδρα μάχης ἐρύσαιο. Σ, 138 ὣς ἄρα φωνήσασα πάλιν τράπεθ' υἷος ἑῆος, vgl. Υ, 439. Α, 359 ἀνέδυ πολιῆς ἁλός. υ, 53 κακῶν ὑποδύσεαι, *e malis*. α, 18 οὐδ' ἔνθα πεφυγμένος ἦεν ἀέθλων (sonst immer mit dem Akk. b. Homer). Π, 629 νεκροῦ χωρήσουσι. Vgl. M, 406. P, 422 μήπω τις ἐρωείτω πολέμοιο. Υ, 125 πάντες δ' Οὐλύμποιο κατήλθομεν. Α, 596 μειδήσασα δὲ παιδὸς (*a filio*) ἐδέξατο χειρὶ κύπελλον. Vgl. Ξ, 203. Ω, 305. (Über den Dat. b. δέχεσθαι s. § 423, 17.) S. OC. 572 καὶ γῆς ὁποίας ἦλθον, εἰρηκὼς κυρεῖς. OR. 142 βάθρων ἵστασθε, steht von d. Stufen auf. Ph. 1044 τῆς νόσου πεφευγέναι. El. 627 θράσους οὐκ ἀλύξεις. Ant. 488 ἀλύξετον μόρου. 418 χθονὸς ἀείρας (von der Erde). Ph. 613 εἰ μὴ τόνδε . . ἄγοιντο νήσου τῆσδε, ubi v. Wunder. 630 νεὼς ἄγοντα, vom Schiffe her (doch ist die Lesart verdächtig). Ai. 1287 κυνῆς ἔμελλε πρῶτος ἅλμα κουφιεῖν. OR. 24 ἀνακουφίσαι κάρα βυθῶν. 152 Πυθῶνος ἔβας. 229 γῆς δ' ἄπεισιν. 580 ἂν ᾖ θέλουσα, πάντ' ἐμοῦ κομίζεται, *a me accipit*. 1104 χάριν γ' ἂν ἀξίαν λάβοις ἐμοῦ. 1163 ἐδεξάμην δέ του. El. 78 θυρῶν ἔδοξα . . αἰσθέσθαι, von der Thür her. 324 ὡς δόμων ὁρῶ τὴν σὴν ὅμαιμον, vom Hause her. Eur. Io 460 Ὀλύμπου χρυσέων θαλάμων πταμένα (Ch.). M. 70 παῖδας γῆς ἐλᾶν Κορινθίας. — b) Der Prosa u. Poesie gemeinsamer Gebrauch. E, 348 εἶκε, Διὸς θύγατερ, πολέμου καὶ δηιοτῆτος, vgl. Γ, 406. Hdt. 2, 80 οἱ νεώτεροι αὐτῶν τοῖσι πρεσβυτέροισι συντυγχάνοντες εἴκουσι τῆς ὁδοῦ καὶ ἐκτράπονται. X. Cy. 2. 4, 24 ὑποχωρεῖν τοῦ πεδίου. Hier. 7, 2 παραχωρεῖν ὁδοῦ. Vgl. 9. Conv. 4, 31 ὑπανίστανται δέ μοι ἤδη καὶ θάκων καὶ ὁδῶν ἐξίστανται οἱ πλούσιοι. Vgl. R. L. 15, 6. Vect. 4, 46 ἀπέχει τῶν ἀργυρείων ἡ ἐγγύτατα πόλις Μέγαρα πολὺ πλεῖον τῶν πεντακοσίων σταδίων. An. 1. 10, 4 διέσχον ἀλλήλων βασιλεύς τε καὶ οἱ Ἕλληνες ὡς τριάκοντα στάδια. Sogar Hdt. 6, 139 ἡ Ἀττικὴ πρὸς νότον κέεται πολλὸν τῆς Λήμνου (*procul a Lemno*) = π. ἀπέχουσα. Dem. 18, 68 τῆς ἐλευθερίας παραχωρῆσαι Φιλίππῳ. Vgl. Isocr. 6, 13. Eur. Ph. 978 ὅπου χθονὸς τῆσδ' ἐκποδὼν μάλιστ' ἔσῃ. Vgl. M. 1222. X. Cy. 5. 4, 34. Eur. J. T. 1226 ἐκποδὼν . . τοῦδ' ἔχειν μιάσματος, sich fern halten.

Anmerk. 1. Bei den meisten der angeführten Verben ist der Gebrauch von Präpositionen, besonders in der Prosa, häufiger als der des blossen Genetivs, z. B. X. Hier. 7, 2 ὑπανίστασθαι ἀπὸ τῶν θάκων. Vect. 4, 43 ἀπέχει ταῦτα ἀπ' ἀλλήλων ἀμφὶ τὰ ἑξήκοντα στάδια. Dass einige derselben auch als Transitive mit dem Akkusative verbunden werden können, haben wir § 409, 3) gesehen; so auch εἴκειν τί τινι poet. = *concedere, permittere alicui aliquid*. Ψ, 337 εἶξαί τέ οἱ ἡνία χερσίν. S. Ph. 465 ὁπηνίκ' ἂν θεὸς | πλοῦν ἡμῖν εἴκῃ, τηνικαῦθ' ὁρμώμεθα. — Von ἐκποδὼν εἶναι, ἔχειν (intr.) *c. gen.* ist wohl zu unterscheiden ἐκποδὼν εἶναι, γίγνεσθαι, ἀπέρχεσθαι u. dgl. mit dem Dative, der nach § 423, 4 zu erklären ist. Eur. Suppl. 1113 ἐκποδὼν εἶναι νέοις, *non obstare juvenibus*. Ba. 1148 τῇδ' ἐκποδὼν τῇ ξυμφορᾷ | ἄπειμι. Vgl. Or. 548. Ph. 40. Th. 1. 40, 4. X. conv. 4, 51. Isocr. 16. 5.

2. Im allgemeinen bei den Begriffen der Trennung, des Ablassens und Abhaltens von etw., des Lösens und Befreiens, des Beraubens und Entbehrens, des Verfehlens, des Verschiedenseins, als: [illegible], χωρίζειν, διορίζειν, ὁρίζειν poet., ἀλλοτριοῦν, ἀλλοιοῦσθαι, διιστάναι, trennen, διεστάναι, διαστῆναι, distare, ἀφιστάναι, ἀφίστασθαι, διαναστῆναι Th. 1, 140 τῶν ἀναγκαίων ξυμφόρων διαναστάς, seiner unabweisbaren Interessen sich entschlagend (Madvig u. Stahl τῷ ἀν. ξυμφόρῳ διαστάς), μεθιστάναι Trag., befreien, μεθίστασθαι, sich entfernen, Trag., abfallen Th. 2, 67: [illegible] Th. 2, 91 in cursu subsistere; παύειν, ἀπο-, παύεσθαι, [illegible], [illegible] aufhören, ἀπογιγνώσκειν desperare; ἀφιέναι, μεθ- intr. ablassen, ep. u. Hdt. 9, 33 μετίεσαν τῆς χρησμοσύνης, destiterunt, s. Baehr, ὑφ- intr. Hdt. u. Sp., ἀν- intr. poet. u. Th., ἐξαν- intr. (Eur. Hipp. 900), ἀφίεσθαι, μεθ-, ὑφ- (aber Dem. 2, 2 πόλεων καὶ τόπων ὧν ἦμέν ποτε κύριοι φαίνεσθαι προϊεμένους ist attr. inversa anzunehmen), ἔχειν, abhalten u. intr. innehalten Th. 1, 112. ἀπ-, ἐπ-, abhalten u. innehalten. εἴργειν, abhalten, εἴργεσθαι ep. poet. u. sp. pros., se abstinere. ἔχεσθαι ep. poet., neuion. u. sp. pros., ἀπ-, se abstinere. φείδεσθαι, ἀφειδεῖν; ἐρητύειν u. ἐρύκειν ep. poet., zurückhalten, κωλύειν, εἴργειν, ἀπ-, ἐξ-; analog ἐπισχεῖν Pl. Euthyd. 274, c ἐπέσχετε τῷ Κτησίππῳ τῆς θέας; ferner δεῖν, abhalten, [illegible] ἔδησε κελεύθου; ἀμύνειν [illegible] ep. u. Trag. [illegible], abwehren, ἀμύνεσθαι ep., ἀλαλκεῖν ep.; [illegible] λύειν, ἐλευθεροῦν, ἀπαλλάττειν, [illegible] levari. [illegible] poet. u. neuion., [illegible], ἀναπνεῖν ep. poet., sich erholen. [illegible] Eur. Hel. [illegible] [illegible] sich erholen lassen. [illegible] Hel. [illegible] Pl. civ. [illegible] [illegible] ep., berauben, [illegible]

[illegible]

von). — S. Ph. 1427 Πάριν . . νοσφιεῖς βίου. Eur. Alc. 43 νοσφιεῖς με τοῦδε δευτέρου νεκροῦ. Hdt. 5, 18 νόμος ἡμῖν ἐστι κεχωρίσθαι ἄνδρας γυναικῶν. Pl. Menex. 246, e ἐπιστήμη χωριζομένη δικαιοσύνης. Polit. 260, c ἡ τῶν καπήλων τέχνη τῆς τῶν αὐτοπωλῶν διώρισται τέχνης. S. Ph. 636 ἡμᾶς πολὺ | πέλαγος ὁρίζει τῆς Ὀδυσσέως νεώς. Th. 3, 65 τῶν σωμάτων τὴν πόλιν οὐκ ἀλλοτριοῦντες *civibus civitatem non orbantes.* Pl. Parm. 162, d οὐδὲ μὴν ἀλλοιοῦταί που τὸ ἓν ἑαυτοῦ. Th. 6, 77 τοὺς μὲν λόγοις ἡμῶν διιστάναι. Pl. civ. 550, e πλούτου ἀρετὴ διέστηκεν. Th. 2, 3 τῷ πλήθει τῶν Πλαταιῶν οὐ βουλομένῳ ἦν τῶν Ἀθηναίων ἀφίστασθαι. 7, 2 ἀφεστήκει τοῦ πολέμου. S. Ph. 463 καί σε δαίμονες νόσου μεταστήσειαν. B, 595 Θάμυριν παῦσαν ἀοιδῆς. S. El. 798 τήνδ' ἔπαυσας τῆς πολυγλώσσου βοῆς. Eur. M. 93 οὐδὲ παύσεται χόλου. Ar. N. 934 παύσασθε μάχης. X. Hell. 6. 2, 1 ἐπεθύμησαν παύσασθαι τοῦ πολέμου. 13 παύσαντες αὐτὸν τῆς στρατηγίας. Z, 107 λῆξαν δὲ φόνοιο. H, 263 ἀπέληγε μάχης. X. Cy. 2. 4, 21 ἔληξε τῆς θήρας. Th. 8, 59 τελευτᾶν λόγου. X. Cy. 8. 7, 17 τελευτᾶν βίου. An. 1. 7, 19 ἀπεγνωκέναι τοῦ μάχεσθαι. Ps. Lys. 2, 46 τοὺς ἀπογνόντας τῆς ἐλευθερίας. Isocr. 4, 170 ἁπάντων ἀφεμένους τῶν ἄλλων περὶ τοῦ πολέμου συμβουλεύειν (ἐχρῆν αὐτούς). X. Hier. 7, 11 οὐδεὶς πώποτε ἑκὼν εἶναι τυραννίδος ἀφεῖτο. Oec. 6, 6 ὑφίεσθαι τῆς γῆς *cedere agris.* Ag. 7, 1 πόνων sich den Mühen entziehen. Δ, 351 πῶς δὴ φῂς πολέμοιο μεθιέμεν; Ar. Pl. 75 μέθεσθέ νύν μου πρῶτον. P. 318 ἐξολεῖτέ μ', ὤνδρες, εἰ μὴ τῆς βοῆς ἀνήσετε. Th. 5, 32 ἀνιέναι τῆς φιλονικίας nachlassen in. 7, 33 τῆς ἐφόδου. Pl. Crat. 416, b τὸ ἐμποδίζον καὶ ἴσχον τῆς ῥοῆς τὰ ὄντα. Vgl. 420, e. Ar. L. 380 σχήσω σ' ἐγὼ τῆς νῦν χολῆς. X. An. 3. 5, 11 πᾶς ἀσκὸς δύο ἄνδρας ἕξει τοῦ μὴ καταδῦναι *prohibebit ne demergantur.* Vgl. Cy. 7. 1, 36. Hell. 4. 8, 5. Th. 1, 112 Ἑλληνικοῦ πολέμου ἔσχον οἱ Ἀθηναῖοι hielten inne (machten eine Pause). Γ, 84 ἴσχοντο μάχης ἀνέῳ τε γένοντο. Hdt. 7, 169 ἔσχοντο τιμωρίης standen ab von. Vgl. 6, 85. Pl. Hipp. maj. 298, a οὐκ ἂν αὐτὸν τοῦ θράσους ἐπίσχοιμεν, ubi v. Stallb. Ap. 39, d ἐπισχήσειν τοῦ ὀνειδίζειν τινά, abhalten, Einhalt thun. Ar. Av. 1200 αὐτοῦ στῆθ'· ἐπίσχες τοῦ δρόμου inne halten. Th. 8, 31 τούτου μὲν ἐπέσχεν. Vgl. Pl. Lys. 210, e. X. An. 3. 4, 36. Cy. 4. 2, 12. Dem. 14, 5. Z, 96 αἴ κεν Τυδέος υἱὸν ἀπόσχῃ Ἰλίου ἱρῆς. X. Comm. 4. 8. 4 πράττων τὰ δίκαια καὶ τῶν ἀδίκων ἀπεχόμενος. ψ, 277 οὐδ' ἂν ἐγὼ . . περιδοίμην οὔτε σεῦ οὐδ' ἑτέρου. X. Ag. 7, 1 Ἀγησίλαος, ὅπου ᾤετο τὴν πατρίδα τι ὠφελήσειν, οὐ πόνων ὑφίετο, οὐ κινδύνων ἀφίστατο, οὐ χρημάτων ἐφείδετο. Vgl. Pl. Phaed. 78, a. Th. 2, 43 ἀφειδεῖν τοῦ ζῆν. 51 ἠφείδουν σφῶν αὐτῶν. Eur. Ph. 1200 [illegible] τέκνα δεινῆς παύλης. Σ, 126 μηδέ μ' ἔρυκε μάχης. Δ, 130 [illegible] μάχης παιδὸς εἴρυκε κτλ. Χ, 525 ἐεργόμενοι πολέμοιο. Th. 1, 47 εἴργεσθαι τῆς Ἀττικῆς ἀγορᾶς. X. Hell. 3. 2, 21 οἱ Ἠλεῖοι τοὺς Λακεδαιμονίους ἐκώλυον καὶ τοῦ ἱππικοῦ καὶ τοῦ γυμνικοῦ ἀγῶνος. O, 731 Τρῶας ἄμυνε νεῶν. Vgl. Δ, 11. M, 402 f. Ohne Objekt N, 109 f. ἀμυνέμεν οὐκ ἐθέλουσιν | νηῶν, abwehren von den Schiffen. Vgl. Π, 522. M, 155 ἀμυνόμενοι σφῶν τ' αὐτῶν καὶ κλισιάων | νηῶν τε. Vgl. 179. I, 531. Π, 561. κ, 288 ὅς κρατὸς ἀλάλκῃσιν κακὸν ἦμαρ. ε, 397 τόν γε θεοὶ κακότητος ἔλυσαν. X. An. 6. 6, 15 ἀπολύω ὑμᾶς τῆς αἰτίας. Hdt. 5, 62 τυράννων ἐλευθερώθησαν. X. Hier. 7, 12 ἀθλιώτατόν ἐστιν ἡ τυραννίς· οὐδὲ γὰρ ἀπαλλαγῆναι δυνατὸν αὐτῆς ἐστι. Hdt. 1, 44 τὸν αὐτὸς φόνου ἐκάθηρε. Pl. Phaedr. 251, d λωφᾷ ὀδύνης. Hdt. 9, 76 ῥῦσαί με τὴν ἱκέτιν αἰχμαλώτου δουλοσύνης. S. Ant. 1162 σώσας μὲν ἐχθρῶν τήνδε Καδμείων χθόνα. Ph. 919 σῶσαι κακοῦ. El. 1133 ἀνασώσασθαι φόνου. Eur. Or. 779 σωθῆναι κακῶν. Λ, 382 ἀνέπνευσαν κακότητος. Vgl. O, 235. S. Ai. 274. φ, 153 πολλοὺς γὰρ τόδε τόξον ἀριστῆας κεκαδήσει | θυμοῦ καὶ ψυχῆς. ν, 262 οὕνεκά με στερέσαι τῆς ληΐδος ἤθελε πάσης. Hdt. 3, 65 τῆς βασιληίης ἐστέρημαι. Dem. 29, 3 οὗτος ἐμὲ τῶν πατρῴων ἁπάντων ἀπεστέρηκε. Eur. Rhes. 871 ποῖ δὴ τράπωμαι δεσποτῶν μονούμενος; χ, 1 αὐτὰρ ὁ γυμνώθη ῥακέων. Hdt. 4, 61 γυμνοῦσι τὰ ὀστέα τῶν κρεῶν. Pl. Symp. 197, d (ὁ Ἔρως) ἡμᾶς ἀλλοτριότητος μὲν κενοῖ, οἰκειότητος δὲ πληροῖ. Ψ, 445 ἀτέμβονται νεότητος. X, 58 αἰῶνος ἀμερθῇς. α, 195 τόν γε θεοὶ βλάπτουσι κελεύθου. Tyrt. 12, 40 Bgk. οὐδέ τις αὐτὸν | βλάπτειν οὔτ' αἰδοῦς οὔτε δίκης ἐθέλει. Theogn. 223 νόου βεβλαμμένος ἐσθλοῦ. ι, 448 λελειμμένος ἔρχεαι οἰῶν zurückbleibend hinter. Vgl. Th. 1, 131. Hdt. 9, 19 οὐκ ἐδικαίευν λείπεσθαι τῆς ἐξόδου. X. An. 7. 7, 31 ἡμῶν λειφθέντες *inferiores*. S. El. 474 γνώμας λειπομένα σοφᾶς, ermangelnd. X. Conv. 4, 51 (οἱ φίλοι) οὐδέποτέ μου ἀπολείπονται. Vgl. An. 6. 3, 26. Mit *gen. pers.* u. *gen. rei* Aeschin. 3, 149 εἴ τινος ἀπολειφθήσεται δωροδοκίας. X. An. 5. 4, 22 ὑπολειπομένους τοῦ στόματος τῶν ὁπλιτῶν. Th. 1, 80 πολλῷ ἔτι πλέον τούτου ἐλλείπομεν. Ps. Pl. Theag. 123, a ἔτι οὖν οἴει τινὸς ἐπιστήμης ἐλλείπειν. Vgl. Phaedr. 269, d. Auch unpersönlich: Leg. 844, b ἐλλείπει τῶν ἀναγκαίων πωμάτων es fehlt an. Vgl. 740, c. Dem. 18, 302 ὧν δ' ἐνέλειπε τῇ πόλει, ταῦτα προσθεῖναι. ζ, 192 οὔτ' οὖν ἐσθῆτος δευήσεαι οὔτε τευ ἄλλου. E, 636 πολλὸν κείνων ἐπιδεύεαι ἀνδρῶν stehst jenen weit nach. X. Hier. 10, 1 φιλίαν κτησάμενος ἄρχων οὐδὲν ἔτι δεήσεται δορυφόρων. Comm. 4. 2, 26 πορίζονται ὧν δέονται. In der Bdtg. bitten meist mit Infinitiv oder m. *acc. rei* nach § 410, 2) u. Anm. 5, selten (öfter nur bei Hdt.) m. *gen. rei*. Dem. 29, 4 δέομαι δ' ὑμῶν δικαίαν δέησιν. 38, 2 δεήσομαι δὲ καὶ δίκαια καὶ μέτρια ὑμῶν. Th. 1, 32 ξύμφορα δέονται. Dagegen Hdt. 1, 8 σέο δέομαι μὴ δέεσθαι ἀνόμων, vgl. 3, 44. Mit dopp. Gen. 3, 157 ἐπιτράπεσθαι ἕτοιμοι ἦσαν τῶν ἐδέετο σφέων· ἐδέετο δὲ στρατιῆς. 5, 40 γυναικὸς μὲν τῆς ἔχεις οὐ προσδεόμεθά σευ τῆς ἐξέσιος, *non petimus a te dimissionem uxoris tuae*. X. Cy. 8.

3, 19 δεόμενοι Κύρου ἄλλος ἄλλης πράξεως. — Cy. 2. 2, 26 οἶκος ἐνδεόμενος οἰκετῶν ἧττον σφάλλεται ἢ ὑπὸ ἀδίκων ταραττόμενος. Σ, 100 ἐμεῖο δ' ἔδησεν ἀρῆς ἀλκτῆρα γενέσθαι, er ermangelte (bedurfte) meiner das Unheil abzuwenden. Eur. H. f. 90 λύπης τι προσδεῖς; In Prosa selten persönlich. Pl. Polit. 277, d παραδείγματος αὖ μοι καὶ τὸ παράδειγμα αὐτὸ δεδέηκε. Lach. 184, d ἔτι τοῦ διακρινοῦντος δοκεῖ μοι δεῖν ἡμῖν ἡ βουλή. Doch regelmässig in den Wendungen πολλοῦ, ὀλίγου, τοσούτου δέω c. inf., z. B. Pl. Phaedr. 228, a πολλοῦ γε δέω (ergänze οἴεσθαι), und bei Zahlen, als: νῆες μιᾶς δέουσαι πεντήκοντα, s. § 185, 5. Ἀποδέω persönl. b. Spät., namentl. m. ὀλίγον, τοσοῦτον, πλεῖστον. Ps. Pl. Ax. 369, d ταῦτα τῆς ἀληθείας ἀποδεῖ. 366, b τοσοῦτον ἀποδέω τῶν περιττῶν. 372 τοῦ δεδοικέναι τὸν θάνατον. Klassisch nur b. Zahlen, wie δέω. Über das unpers. δεῖ μοί τινος s. § 409, Anm. 5. Dem. 1, 19 εἰ ταῦτα τοῖς στρατευομένοις ἀποδώσετε, οὐδενὸς ὑμῖν προσδεῖ πόρου· εἰ δὲ μή, προσδεῖ, μᾶλλον δ' ἅπαντος ἐνδεῖ τοῦ πόρου. Hdt. 5, 19 ἐγώ σευ χρηίζω μηδὲν νεοχμῶσαι. Vgl. 65. X. Cy. 4. 5, 22 εἰκὸς πλείονα προανύτειν, ὧν χρῄζομεν. Hdt. 8, 140, b προσχρηίζω ὑμέων πείθεσθαι Μαρδονίῳ. Das Objekt der Bitte wird, wie bei δεῖσθαι, durch Inf. od. Akkus. ausgedrückt, bei Hdt. aber öfter durch Gen. Hdt. 5, 20 χρηίσας τούτων οἰχώκεε. 5, 11 τυραννίδος μὲν οὐδεμιῆς προσεχρήιζε, αἰτέει δὲ Μύρκινον, vgl. 18. M. dopp. Gen. 7, 53 τῶνδ' ἐγὼ ὑμέων χρηίζων συνέλεξα *haec a vobis petens*. X. Hier. 1, 14 τοῦ ἡδίστου ἀκροάματος, ἐπαίνου, οὔποτε σπανίζετε. Aesch. Eum. 431 τῶν σοφῶν οὐ πένῃ. X. An. 2. 2, 11 τῶν ἐπιτηδείων οὐκ ἀπορήσομεν. Pl. civ. 557, d ἀπορεῖν παραδειγμάτων, ubi v. Stallb. γ, 48 πάντες δὲ θεῶν χατέουσ' ἄνθρωποι. S. Ant. 1234 ἐκ δ' ὁρμωμένου | πατρὸς . . ἤμπλακε verfehlte. X. Cy. 8. 7, 6 οὔτ' ἐπιχειρήσας οὔτ' ἐπιθυμήσας οἶδα ὅτου ἠτύχησα. Auch m. dopp. Gen. (wie τυγχάνειν, vgl. § 416, 3): οὐδενὸς ἀτυχήσουσι τοῦ δήμου τοῦ Ἀθηναίων[1]). Ψ, 857 ὄρνιθος ἁμαρτών. Hdt. 3, 81 γνώμης τῆς ἀρίστης ἡμάρτηκε. 9, 33 ἁμαρτὼν τοῦ χρηστηρίου verfehlte das Orakel, d. i. den Sinn des Orakels. Antiph. 5, 76 ἥμαρτε τῆς ὑμετέρας γνώμης *excidit vestro suffragio*, s. Maetzner. So auch διαμαρτάνειν, z. B. Isocr. 6, 5. Pl. Crat. 436, c οὐκ ἔσφαλται τῆς ἀληθείας. Oft σφαλῆναι, ψευσθῆναι ἐλπίδος, γνώμης, δόξης, τύχης u. dgl., z. B. Th. 4, 28. Isocr. 4, 58. Ar. N. 618 ἡνίκ' ἂν ψευσθῶσι δείπνου. X. Comm. 4. 2, 26 διὰ μὲν τὸ εἰδέναι ἑαυτοὺς πλεῖστα ἀγαθὰ πάσχουσιν ἄνθρωποι, διὰ δὲ τὸ ἐψεῦσθαι ἑαυτῶν πλεῖστα κακά. Pl. Menex. 245, c τῶν ἄλλων ξυμμάχων ἐψεύσθη. X. Cy. 1. 3, 1 Κῦρος πάντων τῶν ἡλίκων διαφέρων. 8. 1, 1 ἄρχων ἀγαθὸς οὐδὲν διαφέρει πατρὸς ἀγαθοῦ. Hier. 7, 3 δοκεῖ μοι τούτῳ διαφέρειν ἀνὴρ τῶν ἄλλων ζῴων, τῷ τιμῆς ὀρέγεσθαι.

---

[1]) S. Meisterhans Gramm. d. Att. Inschr. p. 168.

Anmerk. 2. Zur näheren Bestimmung werden in der Prosa oft und auch bei den Dichtern nicht selten bei vielen der genannten Verben zu dem Genetive die Präp. ἀπό und ἐξ hinzugefügt, als: ἐλευθεροῦν, besond. b. Personen, λύειν, εἴργειν, ἀπ-, ἐξ-, ἐρημοῦν, ἀπαλλάττειν u. a., σῴζειν gwhnl., παύειν selt. u. m. verändertem Sinne. Th. 2, 71 Παυσανίας ἐλευθερώσας τὴν Ἑλλάδα ἀπὸ τῶν Μήδων. 1, 95 ἀπὸ βασιλέως ἠλευθέρωντο. Eur. H. f. 1010 ἐλευθεροῦντες ἐκ δρασμοῦ πόδα. Th. 1, 35 ἡμᾶς ἀπὸ τῆς προκειμένης ξυμμαχίας εἴρξουσι. Pl. leg. 936, c ἐκ μὲν ἀγορᾶς ἀγορανόμοι ἐξειργόντων αὐτόν. Civ. 571, c ἀπὸ πάσης λελυμένον τε καὶ ἀπηλλαγμένον αἰσχύνης. S. El. 292 μηδέ σ' ἐκ γόων .. ἀπαλλάξειαν οἱ κάτω θεοί. Vgl. Andoc. 1, 59. Pl. Gorg. 511, c d ἐκ κινδύνων σῴζειν. Hdt. 5, 49 ῥύσασθε Ἴωνας ἐκ δουλοσύνης. Oft χωρίζειν τι ἀπό τινος, z. B. Pl. Phaed. 67, c. Gwhnl. ὁρίζειν ἀπό. Ps. Pl. Ax. 370, d μονωθεὶς ἐκ τῆσδε τῆς εἱρκτῆς gesondert, d. i. gelöst. Eur. J. A. 669 μονωθεῖσ' ἀπὸ πατρὸς καὶ μητέρος. X. R. L. 3, 1 ὅταν ἐκ παίδων εἰς τὸ μειρακιοῦσθαι ἐκβαίνωσι, τηνικαῦτα οἱ μὲν ἄλλοι παύουσι μὲν (τοὺς παῖδας) ἀπὸ παιδαγωγῶν, παύουσι δὲ ἀπὸ διδασκάλων halten fern. Aber auch v. Sachen poet. S. El. 987 παῦσον ἐκ κακῶν ἐμέ. Vgl. Eur. M. 46. Ar. R. 1531. Eur. Hec. 916 μολπᾶν ἄπο .. θυσίαν καταπαύσας. S. El. 231 οὐδέ ποτ' ἐκ καμάτων ἀποπαύσομαι *e laboribus requiescam*, wie immer ἀναπαύεσθαι ἔκ τινος.

Anmerk. 3. Einzelne der genannten Verben werden auch mit anderen Kasus verbunden. Ψευσθῆναι mit instrum. Dativ, als: γνώμῃ Hdt. 7, 9. δόξῃ, λόγῳ Pl. Polit. 278, a. (Die γνώμη selbst ist Ursache der Täuschung.) Nach dieser Analogie wäre zu erklären S. Ai. 178 δώροις, getäuscht durch die (erhofften, aber nicht erlangten) Gaben; doch ist die Lesart ψευσθεῖσ' ἀδώροις vorzuziehen. Das Med. ψεύδεσθαι *c. acc. rei*, als: συνθήκας, ξυμμαχίαν (Th. 5, 83) u. s. w. heisst etwas nicht halten, einer Sache untreu werden, *c. acc. pers.* einen täuschen. S. Passow. Ἀπογιγνώσκειν τι ist häufiger als τινος, der Unterschied ist wie *desperare aliquid* u. *de aliqua re*. Ἁμαρτάνειν als Transitiv mit dem Akk.: Hdt. 7, 139 νῦν δέ, Ἀθηναίους ἄν τις λέγων σωτῆρας γενέσθαι τῆς Ἑλλάδος, οὐκ ἂν ἁμάρτοι τὸ ἀληθές, die Wahrheit verfehlen, wo Sommer unrichtig τὸ ἀληθές v. λέγων abhängen lassen will, s. Baehr u. Stein. Λήγειν trans. aufhören lassen, beruhigen, ep. u. sp. poet., z. B. μένος N, 424. Φ, 305; c. acc. et gen. χ, 63 χεῖρας φόνοιο vom Morde abstehen lassen. Über den neutral. Akk. eines Pron. s. § 410, A. 5; über ἀποστερεῖν τινά τι s. § 411, 7. Die auffallende Konstruktion Hdt. 4, 28 κεχώρισται δὲ οὗτος ὁ χειμὼν τοὺς τρόπους πᾶσι τοῖσι ἐν ἄλλοισι χωρίοισι γινομένοισι χειμῶσι ist daraus zu erklären, dass Hdt. den Begriff v. κεχώρισται als einen Begriff des Streitens aufgefasst hat: dieser Winter steht im Widerspruch in seinem Wesen mit allen Wintern in anderen Ländern. Noch auffallender 2, 16 ὁ Νεῖλός ἐστι ὁ τὴν Ἀσίην οὐρίζων τῇ Λιβύῃ. — Δεῖσθαι scheinbar *c. acc. pers.* Th. 5, 36 τὸ Πάνακτον ἐδέοντο Βοιωτοὺς ὅπως παραδώσουσι Λακεδαιμονίοις = ἐδέοντο Βοιωτοὺς παραδοῦναι Π., *petebant ut Boeoti P. traderent*, freilich eine sehr auffallende Unregelmässigkeit, s. Poppo-Stahl. Ἐπιδεύεσθαι B, 229 ff. erst mit *gen.*, dann mit *acc.* ἦ ἔτι καὶ χρυσοῦ ἐπιδεύεαι . . ἠὲ γυναῖκα νέην. Bei ἀπορεῖν steht vereinzelt der *acc.*, wenn es = ἀγνοεῖν. Hdt. 3, 4 ἀπορέοντι τὴν ἔλασιν. 4, 179 τὴν ἐξαγωγήν (in Verlegenheit sein betreffs). S. Bloomf. ad Th. 5, 40. Auch der *dat.* zur Angabe des Grundes. X. An. 1. 3, 8. Isocr. 4, 147. ubi v. Bremi.

Anmerk. 4. Dass unter diesen Genetivverbindungen, die in ihrer Gesamtheit unzweifelhaft ablativischen Charakter tragen, wahrscheinlich doch auch manche echte Genetive anzuerkennen sind, ist bereits § 413, Anm. bemerkt. So liegt es

z. B. nahe, bei ἀνιέναι, ἔχειν, ἐπέχειν τινός partitive Genetive anzunehmen; ebenso könnte man ἐπιστῆναι τοῦ πλοῦ mit den § 416, Anm. 2 a. E. und § 419, 2 a besprochenen räumlichen Genetiven zusammenstellen.

3. Bei den **Adjektiven** der angeführten Begriffe, als: ἐλεύθερος, μόνος (s. Maetzner ad Lycurg. 67), καθαρός, ἁγνός, rein, κενός, ἔρημος, γυμνός, ὀρφανός, χῆρος poet. u. sp. pros., ψιλός, πένης, ἐνδεής, εὖνις poet., λεῖος ε, 443 χῶρος λ. πετράων glatt von Felsen, felsenleer, νῆστις βορᾶς Eur. J. T. 973, ἄκμηνος σίτοιο T, 163, vgl. 320, φειδωλός, ἐλλιπής, unterlassend, Pl. leg. 924, b τῆς τῶν ἐπιτρόπων αἱρέσεως, häufiger = ermangelnd, παράκοπος φρενῶν Eur. Ba. 33 verrückt, διάφορος (*c. dat.* uneinig, feindlich), ἄλλος, ἀλλότριος (*c. dat.* abgeneigt), ἀλλοῖος, ἕτερος, ἀλλόκοτος S. Ph. 1192; ἀπόκρυφος, verborgen vor, X. conv. 8, 11 οὐδὲν τούτων ἐστὶν ἀπόκρυφον πατρός. Eur. Hec. 869 ἐγώ σε θήσω τοῦδ' ἐλεύθερον φόβου. S. OC. 1250 ἀνδρῶν μοῦνος = μονωθείς. Pl. leg. 864, e καθαρὸς τὰς χεῖρας φόνου. 759, c φόνου ἁγνός, vgl. 840, d. Eur. El. 387 αἱ δὲ σάρκες αἱ κεναὶ φρενῶν | ἀγάλματ' ἀγορᾶς εἰσιν. Hec. 230 ἀγὼν μέγας | πλήρης στεναγμῶν οὐδὲ δακρύων κενός. X. Comm. 4. 4, 24 φίλων ἀγαθῶν ἔρημοι. Pl. leg. 899, a ψυχὴ ψιλὴ σώματος. Eur. El. 38 χρημάτων πένητες. Pl. civ. 381, c οὐ γάρ που ἐνδεᾶ γε φήσομεν τὸν θεὸν κάλλους ἢ ἀρετῆς εἶναι. X, 44 ὅς μ' υἱῶν πολλῶν τε καὶ ἐσθλῶν εὖνιν ἔθηκεν. Pl. civ. 548, b φειδωλοὶ χρημάτων. Hdt. 4, 126 τῶνδε τὰ ἕτερα ποιέειν. Th. 1, 28 φίλους ποιεῖσθαι ἑτέρους τῶν νῦν ὄντων. Vgl. Pl. Io 538, b. X. Comm. 4. 4, 25 πότερον τοὺς θεοὺς ἡγεῖ τὰ δίκαια νομοθετεῖν ἢ ἄλλα τῶν δικαίων; Pl. Men. 87, c πότερόν ἐστιν ἐπιστήμη ἡ ἀρετὴ ἢ ἀλλοῖον ἐπιστήμης; Civ. 360, c διάφορον τοῦ ἑτέρου. Dem. 18, 182 οὐδὲν ἀλλότριον ποιῶν οὔτε τῆς ἑαυτοῦ πατρίδος οὔτε τοῦ τρόπου.

Anmerk. 5. Die meisten Zusammensetzungen mit dem *α privativum* lassen sich, da sie teils schon wegen des in ihnen enthaltenen Verbalbegriffes den Genetiv erfordern, teils der Analogie sinnverwandter Begriffe folgen, ohne Schwierigkeit in die besprochenen Kategorien einordnen und sind deshalb zum Teil bereits ihres Ortes aufgeführt worden, z. B. S. Ant. 582 ἄγευστος κακῶν, wie γεύεσθαι, OR. 969 ἄψαυστος ἔγχους, wie ψαύειν, Eur. Suppl. 82 ἄπαυστος γόων, wie παύεσθαι, — S. El. 232 ἀνάριθμος θρήνων, zahllos an Thränen, thränenreich, vgl. OR. 179, Tr. 247, wie μεστός, δ, 675 ἄπυστος μύθων, wie ἄπειρος, S. OR. 885 Δίκας ἀφόβητος, wie ἀμελής, Hdt. 1, 155 ἀναμάρτητος τῶν πρότερον καὶ τῶν νῦν ἐστεώτων, wie ἀναίτιος, 6, 12 ἀπαθὴς πόνων, wie ἀήθης, 1, 32 ἀπαθὴς κακῶν, wie ἐλεύθερος, Dem. 20, 27 ἀτελὴς τριηραρχιῶν, wie ἐλεύθερος, Eur. Hipp. 949 ἀκήρατος κακῶν von Sünden rein, wie καθαρός, I, 126 ἀκτήμων χρυσοῖο, wie πένης, Pl. Symp. 197, d ἄδωρος δυσμενείας, wie φειδωλός, Eur. J. T. 487 ἄνελπις σωτηρίας, wie ἀπογιγνώσκειν.

Anmerk. 6. Die Sprache der Dichter, namentlich der Tragiker, liebt es, derartige Adjektive mit dem Genetive stamm- oder sinnverwandter Substantive zu verbinden: ἄφιλος φίλων, ἄχαλκος ἀσπίδων, ἄπεπλος φαρέων λευκῶν. Es liegt in dieser Zusammenstellung etwas Pleonastisches, zumal wenn, was jedoch seltener der Fall ist, der Genetiv kein den Hauptbegriff verengerndes oder erweiterndes [illegible] enthält, aber der Fülle des Ausdrucks wegen der erhabenen Sprache der Tragödie [illegible] ein einfaches Adjektiv oder eine [illegible] Wendung mit ἄνευ, [illegible] nicht immer genügt (vgl. § 41[illegible] Anm. 4). Dass ähnliche Verbindungen auch in Prosa zuweilen vorkommen, kann nicht befremden, da ja der Grieche auch sonst gern Verben oder Adjektive mit Substantiven gleichen Stammes oder gleicher Bedeutung verbindet, als: [illegible] u. s. w. Vgl. § 41[illegible] Anm. 1—3. S. Ot. 190 [illegible] El. 36 [illegible] Ph. 86[illegible] [illegible] v. Wunder. [illegible] 67[illegible] [illegible] 865 [illegible] A. 321 [illegible] [illegible] 786 [illegible] E. 1042 [illegible] Eur. J. A. 982 [illegible] Ph. 324 [illegible] Hipp. 546 [illegible] vgl. J. A. 846. H. 678 Hel. 524 [illegible] E. 310 [illegible] H. [illegible] 114 [illegible] wie S. OC 1383 [illegible] Eur. Andr. 714 [illegible] Prosa: Hdt. 3, 66 [illegible] u. sonst bei Hdt. Vgl. Andoc. 1, 117 u. X. Cy. 4. 6, 2 [illegible] Th. 2, 65 [illegible] X. Comm. 2. 1. 31 [illegible]

Anmerk. 7. Auch gehören hierher die mit dem α priv. zusammengesetzten Adjektive, welche passive Bedeutung haben, insofern auch in ihnen der Begriff von *carere* liegt. Aesch. S. 875 [illegible] *male non* [illegible] S. Tr. 691 [illegible] OC. 1519 [illegible] (ungetrübt vom Alter) [illegible] Ant. 848 [illegible] 1034 f. [illegible] Herm. Ai. 910 [illegible] *custoditus*. OC. 1521 [illegible] Vgl. Tr. 686. Eur. Andr. 439 f. [illegible] ungeschmeidigkeit von der Zunge. Die Stelle des α priv. vertritt die Vorsilbe δυσ [illegible] S. OC. 1722 [illegible] Vergleichbar sind auch die negierten Adjektive προσφθεγκτός u. προσήγορος (angeredet) S. Ph. 1066 [illegible] προσφθεγκτός; OR 1437 [illegible] προσήγορος.

Anmerk. 8. Ἐλεύθερος ἀπό τινος heisst unabhängig. Pl. leg. 832, d [illegible] Ἁγνὸς ἀπό τινος in e. später eingeschobenen Schwure b. Ps. Dem. 59, 78.

4. Bei Adverbien der Trennung und Absonderung: ἄνευ, ἄνευθε(ν) ep., ἀπάνευθε(ν) ep., ἄτερ u. ἄτερθε poet., ἀπάτερθεν nur E, 445, νόσφι(ν) poet., ἀπονόσφι ep., χωρίς, τῆλε, τηλοῦ, τηλόθι, τηλόθεν, alle vier poet., πλήν, ἔξω, ἐκτός, ἐκτοσθεν poet., *extra*, ἑκάς poet. u. Hdt., δίχα, getrennt von, ohne, ἀπονόσφι ep., πρόσω u. πόρρω in der Bdtg. fern von, ἀμφίς poet. (eigtl. an beiden Seiten, wie B, 384 ἅρματος ἀμφὶς ἰδών, dazwischen, dann fern), πέραν, darüber hinaus, jenseit, ἑτέρωθι (Pl. Parm. 146, c), διαφερόντως; λάθρᾳ, λαθραίως u. κρύφα, κρύβδα ep., κρύβδην poet., *clam*. P, 192 στῆς ἀπάνευθε μάχης. Ψ, 387 (ἵπποι) ἄνευ κέντροιο θέοντας, ohne Sporn. Oft = ohne den Willen, das Geheiss: ο, 531 οὔτοι ἄνευ θεοῦ ἔπτατο δεξιὸς ὄρνις, ebenso auch in Prosa, s. Poppo-Stahl ad Th. 1, 128; ferner oft abgesehen von, ausser. Dem. 18, 89 ὁ τότε ἐνστὰς πόλεμος ἄνευ τοῦ καλὴν δόξαν ἐνεγκεῖν . . διῆγεν ὑμᾶς. 23, 112 ἄνευ γὰρ τούτου κἀκεῖνο ἔστιν ἰδεῖν. Pl. Phaed. 66, e τότε αὐτὴ καθ' αὑτὴν ἡ ψυχὴ ἔσται χωρὶς τοῦ σώματος getrennt von; dann wie ἄνευ = ab-

gesehen von, ausser. Pl. ap. 35, b χωρὶς τῆς δόξης οὐδὲ δίκαιόν μοι δοκεῖ εἶναι δεῖσθαι τοῦ δικαστοῦ. E, 473 ἄτερ λαῶν. Π, 539 τῆλε φίλων καὶ πατρίδος αἴης. α, 132 κλισμὸν θέτο . . ἔκτοθεν ἄλλων μνηστήρων. π, 267 ἀμφὶς φυλόπιδος, fern von der Schlacht. Θ, 444 Διὸς ἀμφίς getrennt von. E, 791 ἑκὰς πόλιος. X. Cy. 6. 1, 8 δίχα τοῦ ὑμετέρου πλήθους στρατευσάμενοι. Auch wie ἄνευ *iniussu* S. OC. 48 πόλεως δίχα, u. ausser Aesch. Pr. 162 τίς οὐ ξυνασχαλᾷ κακοῖς τεοῖσι, δίχα γε Διός; Hdt. 6, 103 πέρην τῆς ὁδοῦ. 5, 13 ὁ Στρυμὼν οὐ πρόσω τοῦ Ἑλλησπόντου (sc. ἐστί). X. An. 3. 2, 22 πάντες ποταμοὶ πρόσω τῶν πηγῶν ἄποροί εἰσιν. Hell. 4. 5, 14 ὁ Καλλίας παρέταξε τοὺς ὁπλίτας οὐ πόρρω τῆς πόλεως. Pl. Lys. 212, a πόρρω εἰμὶ τοῦ κτήματος *longe absum a possessione*. Th. 8, 67 τὸ ἱερόν ἐστιν ἔξω πόλεως (= ἐκτός, s. Lobeck ad Phryn. p. 128). Dem. 4, 34 τοῦ πάσχειν αὐτοὶ κακῶς ἔξω γενήσεσθε. Isocr. 6, 43 τῶν ἔξω Πελοποννήσου κατοικούντων. X. Hier. 7, 4 τιμᾶσθε διαφερόντως τῶν ἄλλων ἀνθρώπων *praeter ceteros homines*. Vgl. Pl. Lys. 205, b. Gorg. 479, e, ubi v. Stallb. E, 269 λάθρῃ Λαομέδοντος. X. An. 1. 3, 8 λάθρᾳ τῶν στρατιωτῶν. Vgl. Cy. 6. 4, 2. Pl. Lys. 211, a. Th. 1, 101 κρύφα τῶν Ἀθηναίων. Vgl. 138.

Anmerk. 9. Was die Verben anlangt, welche mit Präpositionen, die sich mit dem Genetive verbinden, zusammengesetzt sind, so lässt es sich bei vielen schwer bestimmen, ob sie den Genetiv wegen ihres Begriffes oder wegen der Präposition zu sich nehmen. Wenn die Simplicia sich mit dem Genetive verbinden, so muss man auch von den Compositis annehmen, dass dies wegen des Begriffes geschehe. Sowie daher ἔρχεσθαι, ἵστασθαι, χωρεῖν, εἴκειν, ἔχειν u. s. w. mit dem Genetive verbunden werden, ebenso konnten ἐξέρχεσθαι, ἐξίστασθαι, παραχωρεῖν, ὑπείκειν, ἀπέχειν mit dem Genetive verbunden werden, so ἵεσθαι u. ἐφίεσθαί τινος, *aliquid appetere*, τιμᾶσθαι u. ἀντιτιμᾶσθαί τινος, γελᾶν u. καταγ. τινος. Wenn ferner ein mit einer den Dativ oder Akkusativ zu sich nehmenden Präposition zusammengesetztes Verb wegen seines Begriffes mit dem Genetive verbunden wird, so muss dies auch der Fall sein bei einem Verb von gleichem Begriffe, das mit einer den Genetiv zu sich nehmenden Präposition zusammengesetzt ist, als: ἐπιβαίνειν τινός wie ἐμβαίνειν, ἐμβατεύειν τινός (§ 416, 2). Wenn endlich das Kompositum durch die Präposition eine Bedeutung erhalten hat, welche von der des Simplex mit getrennter Präposition durchaus verschieden ist, so ist der Genetiv als von dem Begriffe des Kompositums abhängig anzusehen, z. B. ἀπογιγνώσκειν τῆς ἐλευθερίας, *desperare de libertate*, was sich nicht in γιγνώσκειν ἀπὸ τ. ἐλ. auflösen lässt, καταφρονεῖν τινος, *despicere aliquem*, nicht φρονεῖν κατά τινος, ἀντιποιεῖσθαί τινος, *capessere aliquid*, nicht ποιεῖσθαι ἀντί τινος. Ist hingegen das Kompositum so beschaffen, dass es sich in das Simplex und die Präposition mit dem Genetive auflösen lässt, ohne dass der Sinn verändert wird, so darf man annehmen, dass der Genetiv durch die Präposition veranlasst ist. Dies ist besonders der Fall, wenn das Verb in seiner eigentlichen, nicht tropischen Bedeutung steht, z. B. Ἐπαείρειν τινὰ ἁμαξάων H, 426, vgl. I, 214 = ἀείρειν ἐπὶ ἁμαξάων. So H, 428 νεκροὺς πυρκαϊῆς ἐπενήνεον. I, 420 ὑπερέχειν τινὸς χεῖρα = ὑπ. χ. ὑπέρ τινος. E. 585 ἔκπεσε δίφρου = ἔπεσε ἐκ δ. K, 564 τάφροιο διήλασε . . ἵππους. ζ, 304 μεγάροιο διελθέμεν. Σ, 20 νέκυος ἀμφιμάχονται. Hdt.

2, 12 Αἴγυπτον προκειμένην τῆς ἐχομένης γῆς = κειμένην πρὸ τ. ἐ. γ. Th. 3, 5 προαπεστάλησαν τῆς ἀποστάσεως. X. An. 5. 2, 4 οἱ πελτασταὶ προδραμόντες τῶν ὁπλιτῶν. Hier. 6, 10 αὐτῶν (τῶν φυλάκων) προφυλάττουσιν οἱ νόμοι, an der Stelle der Wächter. Dem. 19, 338 οὗτος δ' ἐκείνου προὐκαλινδεῖτο = ἐκαλινδεῖτο (*provolvebatur ad genua*) πρὸ ἐκείνου. (Aber Ar. Av. 501 προκυλινδεῖσθαι τοῖς ἰκτίνοις). Hdt. 7, 17 τὸ ὄνειρον ὑπερστὰν τοῦ 'Αρταβάνου εἶπε (vgl. B, 20 στῆ δ' ἄρ' ὑπὲρ κεφαλῆς). X. Ven. 1, 14 'Αντίλοχος τοῦ πατρὸς ὑπεραποθανὼν = ὑπὲρ τ. π. ἀποθανών. Die Komposita mit κατά = von herab u. gegen, die sich auf die angegebene Weise auflösen lassen, sind sehr häufig sowohl von äusserlichen als von geistigen Handlungen, als: καταχεῖν τινός τι = χεῖν κατά τινός τι, etwas über einen hinabgiessen, κατασκεδαννύναι (ausgiessen), καταντλεῖν (ausschütten) τινός τι; κατειπεῖν τινός τι, etwas gegen einen sagen, etwas Nachteiliges von einem s., Pl. civ. 393, a κατεύχεσθαι τῶν 'Αχαιῶν πρὸς τὸν θεόν Verwünschungen aussprechen gegen die A., καταψεύδεσθαί τινός τι, gegen einen etwas Unwahres aussagen, καταιτιᾶσθαί τινος X. Cy. 6. 1, 4, eine Schuld gegen einen aussprechen, einem Vorwürfe machen, Th. 1, 67 κατεβόων . . τῶν 'Αθηναίων, ὅτι σπονδὰς λελυκότες εἶεν. Pl. civ. 508, d ὅταν, ὧν ὁ ἥλιος καταλάμπει, σαφῶς ὁρῶσι, über welche herab die Sonne leuchtet (gleich darauf bildlich: οὗ καταλάμπει ἀλήθεια), κατηγορεῖν τινός τι, z. B. μωρίαν, ἀδικίαν, gegen einen etw. aussagen, einen einer Sache beschuldigen, auch κατηγορεῖν τινος, ὅτι od. ὡς, seltener mit sachlichem Objekt, wie Isocr. 3, 4 τῆς ῥώμης, Dem. 18, 266 τῆς τύχης, m. dopp. Gen. 21, 5 παρανόμων ἢ παραπρεσβείας ἢ τινος ἄλλης αἰτίας ἔμελλον αὐτοῦ κατηγορεῖν, (technische Ausdrücke nach § 418, 8); pass. Th. 1, 95 ἀδικία πολλὴ κατηγορεῖτο αὐτοῦ ὑπὸ τῶν 'Ελλήνων, kurz darauf: κατηγορεῖτο αὐτοῦ μηδισμός; καταγιγνώσκειν τινός τι, als: ἄνοιαν, κλοπήν, etwas gegen e. erkennen, einen einer Sache beschuldigen, θάνατον, φυγήν, zum Tode, zur Verbannung verurteilen; selten mit dopp. Gen., wie Ps. Dem. 25, 67 παρανόμων αὐτοῦ κατέγνωτε (wie oben Dem. 21, 5); pass. Antiph. 5, 70 τοῦ δ' ἑνὸς τούτου κατέγνωστο θάνατος. X. Hell. 7. 3, 7 νομίζοντες τῶν . . τυραννεῖν ἐπιχειρούντων ὑπὸ πάντων ἀνθρώπων θάνατον κατεγνῶσθαι; (aber καταγιγνώσκειν c. acc. = genau erkennen. X. oec. 2, 18 τοὺς δὲ . . κατέγνων πράττοντας, ubi v. Breitenb. Cy. 8. 4, 9.) κατακρίνειν τινός τι, urteilen etw. gegen einen, einen zu etw. verurteilen. Ps. Isocr. 1, 43 τὸ τελευτῆσαι πάντων ἡ πεπρωμένη κατέκρινε; καταδικάζειν τινός τι, als: δίκην, ζημίαν, φυγήν, θάνατον, etw. gegen einen erkennen, einen zu etw. verurteilen; pass. Th. 5, 49 ἀντέλεγον μὴ δικαίως σφῶν καταδεδικάσθαι; καταχειροτονεῖν τινος θάνατον Dem. 19, 31; καταψηφίζεσθαί τινός τι, als: δειλίαν, θάνατον, pass. X. ap. 27 κατεψηφισμένος ἦν μου ὑπὸ τῆς φύσεως ὁ θάνατος. Th. 2, 53 τὴν ἤδη κατεψηφισμένην σφῶν (sc. τιμωρίαν); ungewöhnlich Pl. civ. 558, a ἀνθρώπων καταψηφισθέντων θανάτου ἢ φυγῆς. So auch καταφρονεῖν τινός τι nicht verachten etw. von einem, sondern erwägen, bedenken, bemerken an einem (gleichsam gegen einen) etwas Schlimmes, Nachteiliges. Th. 8, 8 καταφρονήσαντες τῶν 'Αθηναίων ἀδυναμίαν, ubi v. Bauer. wie καταγιγνώσκειν τινός τι, etwas Schlimmes an einem bemerken, s. Passow unter καταγιγνώσκω.

C. Dativ.

§ 422. Allgemeine Bemerkungen.

1. Auch der Dativ ist nach § 408, 2 ein Mischkasus, und zwar vertritt er neben seinen ursprünglichen Funktionen zugleich den Instrumentalis, der im Griechischen nicht mehr sicher nach-

zuweisen ist [1]), und den Lokativ, der im Attischen sich nur noch in adverbialen Erstarrungen wie οἴκοι *domi*, θύρασι *foris*, Ἀθήνησι u. a. vorfindet (vgl. § 336), in anderen Dialekten dagegen sich lebendig erhalten und teilweise sogar umgekehrt den Dativ aus seinem Besitzstande verdrängt hat; so im Böotischen, Elischen und Arkadischen. [2])

2. Während der Akkusativ und der Genetiv sich nur auf einzelne Satzglieder beziehen, indem jener das Prädikat ergänzt, dieser das Subjekt oder Objekt oder Prädikat näher bestimmt, bezieht sich der (eigentliche) Dativ auf die ganze Satzsubstanz und dient zur näheren Bestimmung derselben. Im Gegensatze zu dem Akkusative, dem Kasus des unmittelbaren Objektes, kann der Dativ der Kasus des entfernteren oder des mittelbaren Objektes genannt werden; denn während der Akkusativ den Gegenstand ausdrückt, der in unmittelbarer Beziehung zu dem Prädikate steht und dasselbe ergänzt, bezeichnet der Dativ den Gegenstand, der zu der im Satze ausgedrückten Handlung nur eine mittelbare Beziehung hat.

3. Als Vertreter des Instrumentalis bezeichnet der Dativ teils im Sinne des Komitativs die Person oder Sache, mit der zusammen (unter deren Mitwirkung, Gegenwirkung oder Begleitung) eine Handlung vollzogen wird, teils im Sinne des eigentlichen Instrumentalis das Mittel, die Ursache, das Mass u. s. w.

4. Als Vertreter des Lokativs bezeichnet der Dativ den Ort, wo ein Gegenstand sich befindet oder wohin er gelangt, sowie den Zeitpunkt, zu dem etwas geschieht.

Anmerk. Auch hier, wie beim Genetiv (s. § 413, Anm.), ist das Zusammenfliessen der ursprünglich geschiedenen Kasus teils aus der Formenähnlichkeit zu erklären (Instrum. οἴκω, Dat. οἴκῳ, Lok. οἴκοι), teils aus mancherlei syntaktischen Übereinstimmungen. Z. B. dem Dative, der das Ziel einer Bewegung ohne Rücksicht auf das wirkliche Erreichen des Zieles bezeichnet (§ 423, 2) steht der Lokativ des erreichten Zieles (§ 426, 1 b) sehr nahe; bei den Verben des Herrschens ist ebenso die dativische Auffassung: Herrscher sein für, wie die lokativische Anschauung: Herrscher sein bei, unter möglich. Ebenso berührt sich beim Passiv der Dativ der thätigen (beteiligten) Person mit dem Instrumentalis des Mittels, und die dativischen Ausdrücke der Ähnlichkeit (§ 423, 9) stehen den komitativen Ausdrücken der Gemeinschaft (§ 425, 1. 2) so nahe, dass die Grenze zwischen dem Dativ und dem komitativen Instrumentalis sich verwischt.

---

[1]) Nur wenige Adverbien wie ἅμα, πεδά pflegt man als erstarrte Instrumentale aufzufassen. Meister, Gr. Dial. II, S. 295 schliesst aus Beispielen wie ἀρᾶ, εὐχωλᾶ, infolge des Rufes, des Gelübdes, σὺν τύχα u. a., dass das Kyprische den Instrumentalis noch als lebendigen Kasus verwandt habe. Doch s. O. Hoffmann, Gr. Dialekte I, 187. — [2]) S. Meister a. a. O. I, 270. II, 62.

§ 423. Der eigentliche Dativ.

1. In sehr vielen Fällen stimmt der Gebrauch des Dativs mit den deutschen Ausdrucksweisen überein, z. B. bei den Verben des Gebens διδόναι, δωρεῖσθαι (s. jedoch § 409, A. 2), παρέχειν u. a., an die sich die Verben des Verteilens und manche Verben des Wegnehmens anschliessen. X. An. 7. 5, 2 τὰ δὲ ἄλλα διάνειμαι τοῖς στρατηγοῖς, unter die Str. Ibid. 4 τὰ δὲ βοεικὰ ζεύγη τοῖς λοχαγοῖς κατεμερίσθη, wie im Lat. *dividere, distribuere aliquid* c. dat. Bei Hom. auch ἀφαιρεῖσθαι u. ἀπηύρων τί τινι (s. dagegen § 411, 7, c u. Anm. 10, c.) α, 9 αὐτὰρ ὁ τοῖσιν ἀφείλετο νόστιμον ἦμαρ, vgl. τ, 369. Α, 161. Ρ, 236 πολέσσιν ἐπ' αὐτῷ θυμὸν ἀπηύρα, vgl. γ, 192. ν, 132.

Anmerk. 1. Bei Euripides (s. Porson ad Med. 629) finden sich διδόναι und ὀπάζειν mit der Präp. ἐν nach Analogie von τιθέναι τι ἔν τινι, indem das Verhältnis räumlich aufgefasst wurde. J. A. 584 Ch. ὅς τὰς Ἑλένας | ἐν ἀντωποῖς βλεφάροισιν | ἔρωτα δέδωκας. M. 424 Ch. οὐ γὰρ ἐν ἁμετέρᾳ γνώμᾳ λύρας | ὤπασε θέσπιν ἀοιδὰν | Φοῖβος.

Wir führen im einzelnen nur folgende Klassen von Wörtern an:

2. Bei Verben der Bewegung und ähnlichen Begriffen steht in der Dichtersprache, namentlich in der epischen, oft die Person oder Sache, der die Bewegung u. s. w. sich zuwendet, im Dativ. Ε, 174 Διὶ χεῖρας ἀνασχών. Vgl. ι, 294. Ζ, 301. Η, 130 πολλά κεν ἀθανάτοισι φίλας ἀνὰ χεῖρας ἀείραι. μ, 257 χεῖρας ἐμοὶ ὀρέγοντας. (Aber Ο, 371 χεῖρ' ὀρέγων εἰς οὐρανόν räumlich.) Δ, 523 χεῖρε φίλοις ἑτάροισι πετάσσας, wie Caes. B. G. 7, 48 *Romanis manus tendebant.* Σ, 294 θαλάσσῃ ἔλσαι Ἀχαιούς. Λ, 593 σάκε' ὤμοισι κλίναντες. Ο, 740 πόντῳ κεκλιμένοι. ε, 374 πρηνὴς ἁλὶ κάππεσε. Η, 218 προκαλέσσατο χάρμῃ. Φ, 394 θεοὺς ἔριδι ξυνελαύνεις. Υ, 66 κτύπος ὦρτο θεῶν ἔριδι ξυνιόντων. Pind. J. 5 (6), 41 ὁ δ' ἀνατείνας οὐρανῷ χεῖρας, wie b. lat. Dichtern *caelo tollere manus.* O, 1, 92 Ἀλφεοῦ πόρῳ κλιθείς. 6, 58 Ἀλφεῷ μέσσῳ καταβάς. Aesch. Ch. 568 δόμοις παραστείχοντα zu dem Hause herzutretend (aber c. acc. *praeterire*). Ar. N. 1008 ὁπόταν πλάτανος πτελέᾳ ψιθυρίζῃ, zur Ulme hin. S. Ant. 1209 ἄσημα περιβαίνει βοῆς ἕρποντι, undeutliche Laute des Schreis dringen zu den Ohren des Gehenden. 1238 ἐκβάλλει ῥοὴν | λευκῇ παρειᾷ φοινίου σταλάγματος. Ai. 192 κλισίαις ὄμμ' ἔχων, starr nach den Zelten hinblickend. Eur. Io 1467 ἀελίου δ' ἀναβλέπει λαμπάσιν. Vgl. Ba. 1308. Suppl. 322. S. El. 277 ἐγγελῶσα τοῖς ποιουμένοις. Eur. M. 1355 ἐγγελῶν ἐμοί (gleichsam jemd. ins Gesicht lachen, daher *höhnen*, nach derselben Anschauung wie S. Ai. 79 εἰς ἐχθροὺς γελᾶν. Dagegen S. OC. 1339 καθ' ἡμῶν ἐγγελῶν.) Ai. 989 κειμένοις ἐπεγγελᾶν. Ar. V. 1349 ἐξαπατήσεις καὶ ἐγχανεῖ τούτῳ μέγα. S. Ant. 1237 παρθένῳ προσπτύσσεται.

3. Auch in der Prosa wird der Dativ so gebraucht, aber nur selten bei einfachen Verben, oft dagegen bei denen, die mit einer Präposition zusammengesetzt sind. Th. 3, 33 γῇ ἑκούσιος οὐ σχήσων (*navem appulsurus*) ἄλλῃ ἢ Πελοποννήσῳ. 7, 1 σχόντες Ῥηγίῳ (aber 1, 110 ἔσχον κατὰ τὸ Μενδήσιον κέρας, noch häufiger ἐς, s. Poppo-Stahl). Pl. Charm. 155, d ἐνέβλεψέ τε μοι τοῖς ὀφθαλμοῖς ἀμήχανόν τι οἷον (m. d. Var. ἀνέβλ.). 162, d ἐμβλέψας αὐτῷ εἶπεν. X. Hell. 5. 4, 27 τῷ ἐμῷ πατρὶ οὐδ' ἀντιβλέπειν δύναμαι. Cy. 8. 5, 25 ἤν τις ἐπιστρατεύηται χώρᾳ Περσίδι. So ἐπιστρατεύειν *c. dat.* Hell. 7. 2, 2. Hdt. 6, 95 στρατοπεδευομένοισι ἐπῆλθε, dann in d. Bdtg. *in den Sinn kommen*. X. Comm. 4. 3, 3 ἤδη ποτέ σοι ἐπῆλθεν ἐνθυμηθῆναι, vgl. Isocr. 12, 96. Th. 5, 9 ὡς ἂν ἐπεξέλθοι τις αὐτοῖς ἐς μάχην. Pl. leg. 866, b ἐπεξίτω φόνου τῷ κτείναντι, gleich darauf: ἐὰν δ' ὁ προσήκων ἐγγύτατα μὴ ἐπεξίῃ τῷ παθήματι. X. Cy. 5. 2, 26 ἐπιβῆναι τῷ Ἀσσυρίῳ, gegen die Assyrier losschreiten. Ἐπιχειρεῖν fast immer *c. dat.*, selt. m. e. Präp., wie Th. 7, 21 πρός τινα (wo aber Stahl mit Recht ἐπιχειρήσειν streicht). Pl. Menex. 241, d ἐπί τινα (wo Schanz ἐπιστρατεῦσαι einschiebt). X. Cy. 5. 5, 9 ἐπεγγελῶντας ἐμοί. Nach dieser Analogie Hdt. 3, 37 τῷ ἀγάλματι κατεγέλασε, vgl. 38. 155. 4, 79. 7, 9 (sonst *c. gen.*, s. § 417, 6) u. 1, 212 Μασσαγετέων τριτημορίδι τοῦ στρατοῦ κατυβρίσας, s. Lobeck ad S. Ai. 153. X. Cy. 2. 4, 12 τοὺς πολεμίους προσιόντας ἡμῖν. An. 4. 3, 10 ἀριστῶντι τῷ Ξενοφῶντι προσέτρεχον δύο νεανίσκω, gleich darauf: δειπνοῦντι προσελθεῖν. Comm. 3. 11, 11 ὀρθῶς ἀνθρώπῳ προσφέρεσθαι, sich benehmen gegen einen. Vgl. 3. 7, 8. 4. 2, 1. An. 5. 5. 19. (Aber πρός τινα An. 7. 1, 6. Ag. 7, 3.) X. ap. 30 προσπεσεῖσθαί τινι αἰσχρᾷ ἐπιθυμίᾳ. Cy. 7. 1, 26 φάλαγγι κατὰ κέρας προσέβαλλεν, griff an. Conv. 3, 14 πάντες προσέβλεψαν αὐτῷ. (Aber Oec. 11, 5 προσβλέψας με.) Hdt. 9, 33 προσεῖχε γυμνασίοισι. Pl. Euthyd. 278, b προσπαίζειν τοῖς ἀνθρώποις, scherzen mit. (Aber Menex. 235, c ἀεὶ σὺ προσπαίζεις τοὺς ῥήτορας, *irrides*.)

Anmerk. 2. Die meisten der unter 2 und 3 angeführten Verben können auch mit Präpositionen verbunden werden, und dies geschieht in der Prosa gewöhnlich, aber auch in der Dichtersprache nicht selten, als: προκαλοῦμαί τινα εἰς μάχην, χεῖρα ὀρέγω εἰς οὐρανόν, ἐπὶ χθονὶ πίπτε, κλίνεσθαι εἴς (πρός) τι u. s. w. Der Ausdruck gewinnt dadurch allerdings an Deutlichkeit und Bestimmtheit, büsst aber an Lebendigkeit, Frische und Kürze ein.

Dass einige der angeführten Komposita auch als Transitive den Akkusativ zu sich nehmen, haben wir § 409, 7) gesehen.

Der Dativ steht ferner

4. bei den Verben des Begegnens und der Annäherung, des Entgegentretens und Zurückweichens, als: ἀνθίστασθαι, ὑφίστασθαι, ἐξ-, — ἀντᾶν, ἀντιᾶν, ἀντιάζειν, ἀντιβολεῖν, ἐμπελάζειν (alle fünf poet.), ἀντιοῦσθαι poet. u. Hdt., ἐν-, ἀπαντᾶν, ὑπαντᾶν, ὑπαντιάζειν, πλησιά-

ζειν, πελάζειν poet., *appropinquare*, auch oft trans., nahe bringen, ἐμπελάζεσθαι poet. u. sp. pros., πίλνασθαι ep., ἐντυγχάνειν, συν-, ἐπί-. περιτυγχάνειν, ἐγκύρειν ep. poet. u. neuion., ἐγγίζειν sp. pros., u. a. — εἴκειν, ὑπείκειν, χωρεῖν, παραχωρεῖν, ἐκχ- S. Ai. 671. Z, 399 ἥ οἱ ἔπειτ' ἤντησε, begegnete; feindlich H, 423 οἱ δ' ἤντεον ἀλλήλοισιν. Z, 127 δυστήνων δέ τε παῖδες ἐμῷ μένει ἀντιόωσιν. σ, 147 μηδ' ἀντιάσειας ἐκείνῳ. Hdt. 3, 77 ἐνέκυρσαν τοῖσι εὐνούχοισι. Vgl. 4, 125. 7, 218. X. Cy. 1. 4, 17 ὅτῳ τις ἐπιτυγχάνοι. 7. 5, 25 φυλακῇ πρὸ τῶν πυλῶν ἐντευξόμεθα. Hell. 4. 8, 24 περιτυγχάνει Φιλοκράτει. H, 114 Ἀχιλεὺς τούτῳ γε . . ἔρριγ' ἀντιβολῆσαι. Δ, 509 μηδ' εἴκετε χάρμης Ἀργείοις, vgl. χ, 91. Isocr. 6, 13 χρὴ τοῖς ἐχθροῖς τῆς ἡμετέρας (χώρας) παραχωρῆσαι. Th. 2, 61 ξυμφοραῖς ταῖς μεγίσταις ὑφίστασθαι. X. An. 3. 2, 11 ὑποστῆναι αὐτοῖς (τοῖς Πέρσαις) Ἀθηναῖοι τολμήσαντες, vgl. Hell. 7. 5, 12. Pl. Symp. 195, b ὅμοιον ὁμοίῳ ἀεὶ πελάζει. Trans. poet. Eur. M. 759 ἀλλά σ' ὁ Μαίας . . πελάσειε δόμοις, häufig b. Hom.

Anmerk. 3. Über den Genetiv bei den Verben der Annäherung s. § 416, 5, bei ἐν- u. συντυγχάνειν § 416, 3; über den Akkusativ b. ἀντᾶν, ἀντιάζειν u. s. w. § 416, Anm. 11. Nach dieser Analogie sagt Hdt. 9, 7 τὸν Πέρσην ἀντιώσεσθαι ἐς τὴν Βοιωτίαν, ubi v. Baehr, während er sonst immer den Dat. gebraucht. Über den Akk. b. ὑπείκειν, ὑποχωρεῖν u. s. w. s. § 409, 3 S. 295. Ὑφίστασθαι wird häufiger als Transitiv m. d. Akk. verbunden, wie Th. 4, 59 τοὺς κινδύνους ὑφίστασθαι.

5. Ebenso bei den Adjektiven und Adverbien dieser Begriffe: πλησίος poet., ἀντίος, ἐναντίος, πλησίον selten poet., πέλας poet. u. neuion., ἀντίον ἀντία poet. u. neuion., gegenüber, καταντίον Hdt. 7, 33 (sonst *c. gen.*), ἔμπαλιν, in entgegengesetzter Weise, Hdt. 2, 35 (sonst *c. gen.*), ἐγγύς b. Sp. (in der klass. Spr. selten u. nur in Verbdg. m. e. Verb, an das sich der Dat. näher anschliesst, s. Passow), ἀγχοῦ poet. u. neuion., σχεδόν ep. poet.; ἑξῆς, ἐφεξῆς. H, 20 τῇ δ' ἀντίος ὤρνυτ' Ἀπόλλων (sonst b. Hom. *c. gen.*). Hdt. 6, 77 ἵζοντο ἀντίοι τοῖσι Λακεδαιμονίοισι. X. mag. eq. 3, 11 ἀντίους πάλιν στῆναι ἀλλήλοις. Dem. 6, 25 τύραννος ἅπας ἐχθρὸς ἐλευθερίᾳ καὶ νόμοις ἐναντίος. S. Ant. 761 ὡς παρόντι θνήσκῃ πλησία τῷ νυμφίῳ. Eur. J. A. 1551 ἡ δὲ σταθεῖσα τῷ τεκόντι πλησίον. (X, 453 ἐγγὺς δή τι κακὸν Πριάμοιο τέκεσσιν sc. ἐστίν. Vgl. Λ, 340. Th. 3, 38 ἀμύνασθαι τῷ παθεῖν ὅτι ἐγγυτάτω κείμενον, ubi v. Stahl.) [Bei Pl. Soph. 265, a τοῖς ἐγγυτάτω γένει τῆς τοιαύτης μεθόδου πεφυκόσιν *„iis, qui huic disputandi rationi quasi genere maxime cognati sunt"* Stallb. bedeutet der Dat. γένει dem Geschlechte nach. Ebenso Apol. 30, a ὅσῳ μου ἐγγυτέρῳ ἐστὲ γένει.] ι, 23 ἀμφὶ δὲ νῆσοι | πολλαὶ ναιετάουσι μάλα σχεδὸν ἀλλήλῃσιν. Pind. N. 10, 66 τύμβῳ σχεδόν. Pl. Crat. 399, d δοκεῖ τούτοις ἑξῆς εἶναι. Tim. 30, c τὰ τούτοις ἐφεξῆς ἡμῖν λεκτέον. [1])

[1]) Mehr Beispiele von ἑξῆς, ἐφ- c. dat. b. Stallb. ad Pl. Phil. 34, d, Menex. 241, a. Gorg 494, e.

Anmerk. 4. Über den Genetiv bei ἀντίος, ἐναντίος u. a. s. § 416, 5.

6. In der Dichtersprache, meistens jedoch nur in der Homerischen, werden die Verben des Herrschens sehr häufig mit dem Dative verbunden;[1]) in der Prosa wie in der Poesie geschieht dies gemeiniglich bei dem Verb ἐπιστατεῖν *praeesse*, und regelmässig bei den Verben, die vorangehen, Führer sein bedeuten, als: ἡγεῖσθαι. A, 231 οὐτιδανοῖσιν ἀνάσσεις. Vgl. 288. I, 73. α, 402 δώμασιν οἷσιν ἀνάσσοις. Vgl. 117; besonders m. d. Dat. von Völkernamen, wie A, 180 Μυρμιδόνεσσιν. Vgl. B, 643. Z, 397 u. s. w. (Gen. nur K, 33 u. λ, 276); von e. Lande nur B, 108 πολλῇσιν νήσοισι καὶ Ἄργεϊ παντὶ ἀνάσσειν (sonst d. Gen.). η, 59 ὑπερθύμοισι Γιγάντεσσιν βασίλευεν. Auch Pind. P. 10, 3. λ, 485 μέγα κρατέεις νεκύεσσιν. Vgl. π, 265. Ἐπικρατεῖν νήσοισιν α, 245 u. so immer. So auch α, 71 ὅου κράτος ἐστὶ μέγιστον | πᾶσιν Κυκλώπεσσι. Ἄρχειν τινί, einem Führer sein, Ξ, 134 ἦρχε δ' ἄρα σφιν ἄναξ ἀνδρῶν Ἀγαμέμνων. Vgl. Π, 552. Daher θ, 107 ἦρχε δὲ τῷ αὐτὴν ὁδόν, *praeibat ei viam*. So auch Π, 65 ἄρχε δὲ Μυρμιδόνεσσι .. μάχεσθαι. Aesch. Pr. 940 δαρὸν οὐκ ἄρξει θεοῖς. Vgl. Eur. Andr. 666. J. A. 337. In der Prosa nie, ausser in d. Bdtg. *archontem esse*, wie Th. 1, 93. 2, 2. 6, 54. C. J. A. I. 260, 2 ἦρχε δὲ Ἀθηναίοις Ἀριστίων. Ἀρχεύειν τινί, Führer sein, B, 345 Ἀργείοισι κατὰ κρατερὰς ὑσμίνας. Ebenso E, 200. Κραίνειν τινί Orph. Arg. 477 καί οἱ κλυτὸς Ὑψιπύλεια | ἑλδομέναις κραίνεσκε. 722 λαοῖς. S. Hermann Add. p. XIX. Σημαίνειν τινί, befehligen, A, 289. K, 58; auch als militär. Term. befehlen, kommandieren. X. An. 5. 2, 30 τῷ Μυσῷ ἐσήμηνε φεύγειν. Ἐπιστατεῖν τινι, *praeesse*, poet. (aber noch nicht b. Hom. u. Hesiod) u. pros., ungleich seltener *c. gen.* Θεμιστεύειν τινί, Recht sprechen, λ, 569. Ἡγεῖσθαί τινι, einem vorangehen, Führer sein, sehr oft b. Hom.; so auch in Prosa. Pl. Men. 99, b οὐκ ἄρα σοφίᾳ τινὶ . . οἱ τοιοῦτοι ἄνδρες ἡγοῦντο ταῖς πόλεσιν = ἡγεμόνες ἦσαν, wie kurz vorher ἐπιστήμη ἡγεμών. Zugleich c. *gen.* ψ, 134 (ἀοιδὸς) ἡμῖν ἡγείσθω φιλοπαίγμονος ὀρχηθμοῖο, der Sänger soll uns vorangehend den Tanz beginnen. Ebenso auch b. anderen. X. Cy. 8. 7, 1 (Κῦρος) τοῦ χοροῦ ἡγήσατο Πέρσαις. Pl. Symp. 178, c ὃ χρὴ ἀνθρώποις ἡγεῖσθαι παντὸς τοῦ βίου, *hominibus debet omnis vitae dux esse*. So κατηγεῖσθαι Hdt. 4, 125 ἐς τὴν σφετέρην κατηγέοντο τοῖσι Πέρσῃσι. 5, 42. 6, 135. Ebenso ἡγεμονεύειν τινί *praeire*, wie γ, 386. θ, 421, ὁδόν τινι ω, 225; *ducem esse* B, 816. Ἐξηγεῖσθαί τινι *praeire, ducem esse*. Th. 6, 85 τοῖς ἐκεῖ ξυμμάχοις, ὡς ἕκαστοι χρήσιμοι (sc.

[1]) Über den Homerischen Gebrauch vgl. J. E. Ellendt in d. Königsb. Progr. 1863, S. 1 ff. C. Capelle, dativi localis quae sit vis atque usus in Homeri carminibus, Hannov. 1864, fasst den Dativ in diesem Falle als Vertreter des Lokativs auf; ebenso Delbrück (Ablativus, Localis, Instrumentalis, 1867), der jedoch neuerdings (Synt. d. Indogerm. Spr. I. p. 287) von dieser Auffassung teilweise zurückgekommen ist.

εἰσίν), ἐξηγούμεθα, nach d. meist. u. best. cdd. Vgl. 3, 55. X. Hell. 1. 6, 9. Eur. Andr. 324 στρατηγῶν λογάσιν Ἑλλήνων.

Anmerk. 5. Die Verben des Herrschens werden in der Homerischen Sprache auch mit Präpositionen verbunden. Alsdann wird das Verhältnis bloss räumlich aufgefasst. Α, 252 μετὰ δὲ τριτάτοισιν ἄνασσεν, in der Mitte, unter. Vgl. Δ, 61 u. s. η, 62 ὃς ἐν Φαίηξιν ἄνασσεν. Vgl. τ, 110. Π, 572 ὅς ῥ' ἐν Βουδείῳ .. ἤνασσεν. β, 46 f. ὅς ποτ' ἐν ὑμῖν .. βασίλευε. χ, 52 ὄφρ' Ἰθάκης κατὰ δῆμον .. βασιλεύοι. 427 οὐδέ ἑ μήτηρ | σημαίνειν εἴασκεν ἐπὶ δμωῇσι γυναιξίν. Über den Genetiv bei den Verben des Herrschens s. § 417, 7.

Der Dativ steht

7. bei den Verben des Befehlens, Verbietens, Auftragens, Ratens, Aufmunterns, des Betens und Wünschens, des Dienens, Gehorchens und Trauens, als: κελεύειν ep., zurufen, befehlen, auftragen (s. Anm. 7), κέλεσθαι ep. poet., ὁμοκλάω ep., ὁμοκλέω att. poet., κηρύττειν, βοᾶν, zurufen, ἀπαγορεύειν, προστάττειν, ἐπι-, ἐφίεσθαι ep. poet., auftragen, befehlen, ἐπιτέλλεσθαι poet., ἐντ-, ἐπιστέλλειν, παρακελεύεσθαι, διακ-, ἐπικ-, ὀτρύνειν Pind. P. 4, 40 ἐπ- ep. selt., ermuntern; παραινεῖν, παρεγγυᾶν, παραγγέλλειν, ὑποτίθεσθαι raten, u. a.; εὔχεσθαι beten zu, wünschen, ἀπ-, προσ-, κατ- poet., ἀρᾶσθαι beten zu, fluchen, κατ-; διακονεῖν, ὑπηρετεῖν, θητεύειν, λατρεύειν; ἀκούειν, ὑπ-, εἰσ-, κατ-, ἀνηκουστεῖν (alle fünf gwhnl. m. Gen.), πείθεσθαι, ἀπειθεῖν, πεποιθέναι, πιστεύειν, διαπιστεῖν, ἀπ-. Π, 372 Πάτροκλος δ' ἕπετο σφεδανὸν Δαναοῖσι κελεύων, vgl. Ψ, 767. Β, 50 αὐτὰρ ὁ κηρύκεσσι .. κέλευσεν | κηρύσσειν ἀγορήνδε .. Ἀχαιούς, vgl. 151. Ι, 658. β, 6 u. s. Ζ, 324 ἀμφιπόλοισι περικλυτὰ ἔργα κέλευεν, vgl. π, 136. Ζ, 66 Νέστωρ δ' Ἀργείοισιν ἐκέκλετο μακρὸν ἀΰσας. Κ, 419 οἱ δ' ἐγρηγόρθασι φυλασσέμεναί τε κέλονται | ἀλλήλοις. Σ, 156 μέγα δὲ Τρώεσσιν ὁμόκλα. S. El. 712 ἵπποις ὁμοκλήσαντες. X. An. 1. 8, 12 τῷ Κλεάρχῳ ἐβόα ἄγειν, vgl. ib. 19. 3. 4, 36 ἐκήρυξε τοῖς Ἕλλησι συσκευάζεσθαι. Α, 295 ἄλλοισιν δὴ ταῦτ' ἐπιτέλλεο. Ο, 258 ἱππεῦσιν ἐπότρυνον .. ἐλαυνέμεν ὠκέας ἵππους, vgl. κ, 531. Hs. op. 597. S. Ai. 116 σοὶ δ' ἐφίεμαι (*mando*.) El. 1111 ἀλλά μοι γέρων | ἐφεῖτ' Ὀρέστου Στρόφιος ἀγγεῖλαι πέρι. Th. 4, 28 ἐπεκελεύοντο (οἱ Ἀθηναῖοι) τῷ Νικίᾳ παραδιδόναι τὴν ἀρχὴν (τῷ Κλέωνι) καὶ ἐκείνῳ ἐπεβόων πλεῖν. X. oec. 5, 16 παρακελεύεσθαι πολλάκις οὐδὲν ἧττον δεῖ τοῖς ἐργάταις τὸν γεωργὸν ἢ τὸν στρατηγὸν τοῖς στρατιώταις. Cy. 3. 2, 8 ὁ Κῦρος παρηγγύησε τοῖς Πέρσαις παρασκευάζεσθαι. Pl. Io 540, d στρατηγῷ στρατιώταις παραινοῦντι. X. Cy. 2. 3, 1 εὐξάμενοι τοῖς θεοῖς τἀγαθά. 2. 1, 1 προσευξάμενοι θεοῖς καὶ ἥρωσι. Pl. leg. 687, d ὧν γ' ὁ παῖς εὔχεται ἑαυτῷ γίγνεσθαι, πολλὰ ὁ πατὴρ ἀπεύξαιτ' ἂν τοῖς θεοῖς μηδαμῶς κατὰ τὰς τοῦ υἱέος εὐχὰς γίγνεσθαι. Eur. Andr. 1105 τί σοι θεῷ κατευξώμεσθα; Ar. Equ. 928 εὔχομαι δέ σοι ταδί. S. Ai. 509 ἥ (μήτηρ) σε πολλάκις | θεοῖς ἀρᾶται ζῶντα πρὸς δόμους μολεῖν. Dem. 18, 282 τῷ δ' ὁ κῆρυξ καταρᾶται δικαίως; vgl. 130. Hdt. 3, 88 Ἀράβιοι οὐδαμὰ κατήκουσαν ἐπὶ δουλοσύνῃ

Πέρσῃσι. 6, 87 ὡς (quum) οἱ οὐδὲ οὕτω ἐσήκουον οἱ Ἀθηναῖοι, vgl. 1, 214. 6, 14 ἐναυμάχεον ἀνηκουστήσαντες τοῖσι στρατηγοῖσι. X. Ag. 7, 2 φανερὸς ἦν (Ἀγησίλαος) μάλιστα τοῖς νόμοις λατρεύων. λ, 489 βουλοίμην κε . . θητευέμεν ἄλλῳ. Eur. Cy. 77 θητεύω Κύκλωπι. X. Comm. 2. 3, 16 πάνυ ταχύ σοι ὑπακούσεται. Cy. 1. 1, 2 πείθεσθαι τοῖς νομεῦσιν, τοῖς ἄρχουσι. ι, 107 f. (Κύκλωπες) θεοῖσι πεποιθότες ἀθανάτοισιν | οὔτε φυτεύουσιν . ., οὔτ' ἀρόωσιν.

Anmerk. 6. Προσεύχεσθαι wird zuweilen auch als Transitiv mit dem Akkusative verbunden; z. B. τὸν θεόν Ar. Pl. 958, vgl. Eur. Tr. 887, u. c. *acc. rei*, etw. erflehen, X. Hell. 3. 2, 22 νίκην. Εὔχεσθαι πρὸς τοὺς θεούς X. Comm. 1. 3, 2. 4. 2, 36 u. s. w. Λατρεύειν τινά, als Trans., *colere*, Eur. J. T. 1115. El. 131, aber Io 128 f. καλόν γε τὸν πόνον . . λατρεύω gehört zu § 410, 2, b. Mehrere Verben des Aufmunterns, wie παρακαλεῖν, προτρέπειν, παροξύνειν u. a., werden nur mit dem Akk. verbunden. — Über den Genetiv b. ἀκούειν u. Komp., sowie b. πείθεσθαι s. § 417, A. 6.

Anmerk. 7. Κελεύειν hat bei Homer ausser dem Dative (s. d. Beispiele) auch den Akk. bei sich: δ, 274 (dopp. Akk. θ, 350, vgl. § 410, A. 6); an anderen Stellen aber ist aus dem Zusammenhange ein Infinitiv zu ergänzen s. Passow, und so sehr häufig mit folgendem Infinitive, als: Β, 114 καί με κελεύει | δυσκλέα Ἄργος ἱκέσθαι. Η, 284, ubi v. Spitzn. Κέλεσθαι mit Inf. u. Dat. Κ, 419 φυλασσέμεναί τε κέλονται | ἀλλήλοις, vgl. η, 335; sonst steht beim Inf. d. Akk., z. B. Γ, 434 ἀλλά σ' ἔγωγε | παύεσθαι κέλομαι. In der Bdtg. rufen, anrufen, nennen hat es b. Hom. u. a. Dichtern den Akk. bei sich. Σ, 391 κέκλετο δ' Ἥφαιστον. Hymn. Cer. 21. S. OR. 159. Pind. J. 5, 53. Bei den Attikern ist κελεύω σε *c. inf.* z. B. γράφειν, die regelmässige Konstruktion, ganz entsprechend dem Lat. *jubeo te scribere* und dem Deutschen ich heisse dich schreiben; doch Eur. Cy. 83 ἄντρα δ' εἰς πετρηρεφῆ | ποίμνας ἀθροῖσαι προσπόλοις κελεύσατε, wo man aber jetzt προσπόλους liest, und zuweilen auch b. Späteren, z. B. Diod. 19, 17 Ξενοφίλῳ ἐκέλευσαν . . δοῦναί τι; ohne Inf. Pl. civ. 396, a ἐλαύνοντας τριήρεις ἢ κελεύοντας τούτοις, als nautischer Ausdruck, s. Stallb. Dass auch bei anderen Verben des Befehlens, Auftragens, Sagens in Verbindung mit dem Infinitive statt des Dativs der Person oft der Akk. steht, werden wir in der Lehre vom Infinitive sehen.

8. Ebenso bei den Adjektiven und Adverbien (zuweilen auch Substantiven, s. § 424) dieser Begriffe, als: πίσυνος, κατήκοος, εὐπειθής (§ 417, A. 6.) Th. 6, 2 ξυμμαχίᾳ πίσυνοι τῇ τῶν Ἐλύμων.[1]) Hdt. 1, 141 Κροίσῳ ἦσαν κατήκοοι, vgl. 3, 88. X. Cy. 2. 4, 22 ὁ Ἀρμένιος πρόσθεν καὶ σύμμαχος ἦν καὶ ὑπήκοος Κυαξάρῃ.

9. Bei den Wörtern der Ähnlichkeit und Unähnlichkeit, der Gleichheit und Ungleichheit, als: ἐοικέναι, εἴδεσθαι poet., εἰδόμενος auch Hdt., ἰσοῦν, ἰσοῦσθαι, ὁμοιοῦν, ὁμοιοῦσθαι, εἰκάζειν, εἰκάζεσθαι, ἐίσκειν ep., ἴσκειν, ἰσοφαρίζειν, ἀντιφερίζειν (diese vier poet., bes. ep.), ὅμοιος (ὁμοῖος), ὁμοίως, ἀνόμοιος, ἴσος, ἴσως, ἐξ ἴσου, ἐν ἴσῳ, ὁμῶς ep. poet., ἐμφερής, ähnlich, poet. u. neuion., προσφερής, ἀλίγκιος u. ἐν-, ep. poet.,

1) S. Duker ad Thuc. 5. 14, 3.

εἴκελος ep., ἴκελος ep. poet. u. neuion., παραπλήσιος, παραπλησίως, ἀδελφός, (häufiger c. *gen.*), ἀξιόμαχος, im Kampfe gewachsen, ἰσόρροπος u. ἀντίρροπος, das Gleichgewicht haltend, aufwiegend, ὁ αὐτός, *idem*, ὡσαύτως. Π, 716 ἀνέρι εἰσάμενος αἰζηῷ τε κρατερῷ τε, Ἀσίῳ. α, 105 εἰδομένη ξείνῳ, Ταφίων ἡγήτορι Μέντῃ. β, 276 παῦροι γάρ τοι παῖδες ὁμοῖοι πατρὶ πέλονται. Ρ, 51 κόμαι Χαρίτεσσιν ὁμοῖαι = ταῖς τῶν Χαρίτων nach der sog. *comparatio compendiaria*, s. § 541, A. Ε, 181 Τυδείδῃ μιν ἔγωγε δαΐφρονι πάντα ἐΐσκω. S. OR. 845 οὐ γὰρ γένοιτ' ἂν εἷς γε τοῖς πολλοῖς ἴσος. Ant. 644 τὸν φίλον τιμῶσιν ἐξ ἴσου πατρί. Hdt. 6, 69 ἦλθέ μοι φάσμα εἰδόμενον Ἀρίστωνι, vgl. 7, 56. 1, 123 τὰς πάθας τὰς Κύρου τῇσι ἑωυτοῦ ὁμοιούμενος, *comparans*. 3, 37 ἔστι τοῦ Ἡφαίστου τὸ ἄγαλμα τοῖσι Φοινικηίοισι Παταΐκοισι ἐμφερέστατον. 48 κατὰ δὲ τὸν αὐτὸν χρόνον τοῦ κρητῆρος τῇ ἁρπαγῇ γεγονός. 2, 67 ὡς δ' αὕτως τῇσι κυσὶ οἱ ἰχνευταὶ (*ichneumones*) θάπτονται. Pl. civ. 349, d οὐκοῦν καὶ ἔοικε τῷ φρονίμῳ καὶ τῷ ἀγαθῷ ὁ ἄδικος. Th. 1, 49 ἡ ναυμαχία πεζομαχίᾳ προσφερὴς οὖσα. 4, 101 ἀπέθανε Σιτάλκης ὑπὸ τὰς αὐτὰς ἡμέρας τοῖς ἐπὶ Δηλίῳ, vgl. 129. X. Cy. 1. 3, 4 ἡμᾶς μὲν γὰρ ἄρτος καὶ κρέας εἰς τοῦτο (sc. τὸ ἐμπλησθῆναι) ἄγει· ὑμεῖς δὲ εἰς μὲν τὸ αὐτὸ ἡμῖν σπεύδετε. 7. 1, 2 ὡπλισμένοι πάντες ἦσαν οἱ περὶ τὸν Κῦρον τοῖς αὐτοῖς Κύρῳ ὅπλοις. 5. 1, 4 ὁμοίαν ταῖς δούλαις εἶχε τὴν ἐσθῆτα (Πάνθεια). 7. 5, 65 ὁ σίδηρος ἀνισοῖ τοὺς ἀσθενεῖς τοῖς ἰσχυροῖς ἐν τῷ πολέμῳ. Comm. 3. 8, 4 πῶς τὸ τῷ καλῷ ἀνόμοιον καλὸν ἂν εἴη; Isocr. 4, 13 χαλεπόν ἐστιν ἴσους τοὺς λόγους τῷ μεγέθει τῶν ἔργων ἐξευρεῖν. Pl. leg. 687, e ἐν παθήμασιν ἀδελφοῖς ὧν τοῖς γενομένοις Θησεῖ πρὸς τὸν δυστυχῶς τελευτήσαντα Ἱππόλυτον. Ps. Lys. 2, 64 ἀδελφὰ τὰ βουλεύματα τοῖς ἔργοις τῶν ἐνθάδε κειμένων ἐπιδεικνύντες. [Dass auch von εἷς = ὁ αὐτός der Dativ abhängen könne, schliesst man aus Stellen wie Γ, 238 αὐτοκασιγνήτω τώ μοι μία γείνατο μήτηρ, vgl. Τ, 293. Eur. Ph. 156 ὃς ἐμοὶ μιᾶς ἐγένετ' ἐκ ματρός. Pl. leg. 745, c τὸ πρὸς τῇ πόλει μέρος τῷ πρὸς τοῖς ἐσχάτοις εἰς κλῆρος. Doch ist für Homer diese Auffassung zu gekünstelt, vgl. Ameis zu Γ, 238, und bei Plato streicht Peipers mit Recht εἰς κλῆρος.]

Anmerk. 8. Auch zieht man hierher οἷος und τοιοῦτος mit dem Dative, aber fälschlich; denn weder das eine noch das andere kann die Bedeutung von ὅμοιος haben. Hes. Op. 314 muss mit Göttling interpungiert werden: δαίμονι δ', οἷος ἔησθα, τὸ ἐργάζεσθαι ἄμεινον, *homini prudenti, qualis olim tu fuisti* (sc. *antequam alienarum rerum cupidus esses*), *laborare satius est*. In Stellen wie: Pl. Civ. 349, d τοιοῦτος ἄρα ἐστὶν ἑκάτερος αὐτῶν, οἷσπερ ἔοικεν (ubi v. Stallb.), 350, c ὡμολογοῦμεν, ᾧ γε ὅμοιος ἑκάτερος εἴη, τοιοῦτον καὶ ἑκάτερον εἶναι, findet eine Attraktion statt, z. B. in dem letzten Beisp. für: τοιοῦτον ἑκάτερον εἶναι, οἷος ᾧ ὅμοιος εἴη. So Phaed. 92, b οὐ γὰρ δὴ ἁρμονία γέ σοι τοιοῦτόν ἐστιν, ᾧ ἀπεικάζεις i. e. τοιοῦτόν ἐστιν, οἷον ᾧ ἀπεικάζεις.

Anmerk. 9. Bei manchen der oben genannten Ausdrücke bleibt es zweifelhaft, ob der Dativ als eigentlicher Dativ oder als ursprünglicher Komitativ aufzufassen ist. Das letztere lässt sich z. B. bei ὁ αὐτός τινι annehmen: τὸ αὐτὸ ἡμῖν σπεύδετε, ihr verfolgt dasselbe Ziel mit uns, τὰ αὐτὰ Κύρῳ ὅπλα εἶχον sie hatten dieselben Waffen mit K.

Anmerk. 10. Bei einzelnen der hierher gehörigen Adjektive erscheint neben dem Dat. auch der Genetiv: bei ὅμοιος selten und zweifelh., sicher nur Ael. h. a. 8, 1 τέτταρας ὁμοίους ἐκείνου κύνας ἔδωκέν οἱ, bei προσφερής Eur. H. f. 132, häufiger bei ἀδελφός, s. § 416, 2, selten bei ἰσόρροπος u. ἀντίρρ., s. § 418, 7 b.

Anmerk. 11. Bei den Adjektiven der Gleichheit und Ähnlichkeit wird nicht selten statt des Dativs die koordinierend verbindende Partikel καί angewandt, wodurch der verglichene und der zu vergleichende Gegenstand gleichsam in gleichem Range nebeneinander gestellt werden. Dieser Gebrauch ist häufiger in der Prosa als in der Poesie. Ähnlich schon bei Homer E, 442 οὔποτε φῦλον ὁμοῖον | ἀθανάτων τε θεῶν χαμαὶ ἐρχομένων τ' ἀνθρώπων, wie X. Cy. 8. 2, 14 (ἔλεγε) παραπλήσια ἔργα εἶναι νομέως ἀγαθοῦ καὶ βασιλέως ἀγαθοῦ. Hdt. 1, 94 Λυδοὶ νόμοισι παραπλησίοισι χρέωνται καὶ Ἕλληνες. 6, 58 νόμος τοῖσι Λακεδαιμονίοισι κατὰ τῶν βασιλέων τοὺς θανάτους ἐστὶ ὠυτὸς καὶ τοῖσι βαρβάροισι τοῖσι ἐν τῇ Ἀσίῃ. Vgl. 7, 50. So: ἐν ἴσῳ, ἴσα, ἴσως, ὁμοίως, ὡσαύτως, κατὰ ταὐτὰ καί u. a. Th. 2, 60 ὅ τε γνοὺς καὶ μὴ σαφῶς διδάξας ἐν ἴσῳ καὶ εἰ μὴ ἐνεθυμήθη. 3, 14 ἴσα καὶ ἱκέται ἐσμέν. Pl. Io 531, d οὐχ ὁμοίως πεποιήκασι καὶ Ὅμηρος. Dieselbe Konstruktion im Lateinischen: *similis et, ac, atque.* Auch finden sich, besonders bei attischen Prosaisten, die vergleichenden Adverbien ὡς, ὥσπερ bei ἴσος, ὁ αὐτός. Dem. 9, 33 τὸν αὐτὸν τρόπον, ὥσπερ κ. τ. λ.

10. Bei den Ausdrücken des Geziemens, Passens, Zukommens, als: πρέπειν, ἁρμόζειν, ἁρμόττειν, προσήκειν m. folg. Inf., ἄξιόν ἐστι m. folg. Inf., πρεπόντως, ἀπρεπῶς, ἔοικεν, εἰκός ἐστιν selt., εἰκότως poet. X. Cy. 7. 5, 37 βασιλεῖ ἡγεῖτο πρέπειν. Pl. Ap. 36, d τί οὖν πρέπει ἀνδρὶ πένητι; Gorg. 503, e τὸ ἕτερον τῷ ἑτέρῳ πρέπον τε εἶναι καὶ ἁρμόττειν. 479, e τούτῳ προσήκει ἀθλίῳ εἶναι. Symp. 198, a πρεπόντως τοῦ νεανίσκου εἰρηκότος καὶ αὐτῷ καὶ τῷ θεῷ. Leg. 879, c ἔοικε νέῳ παντὶ ὀργὴν ὑποφέρειν. Eur. Hipp. 1434 ἀνθρώποισι δὲ | θεῶν διδόντων εἰκὸς ἐξαμαρτάνειν. Vgl. Suppl. 41. Aesch. Ag. 915 ἀπουσίᾳ μὲν εἶπας εἰκότως ἐμῇ. X. An. 2. 3, 25 ὡς οὐκ ἄξιον εἴη βασιλεῖ ἀφεῖναι τοὺς ἐφ' ἑαυτὸν στρατευσαμένους, es sei für den König nicht geziemend. Vgl. 7. 3, 19. Comm. 2. 3, 6 u. Kühner's Bmrk.

Anmerk. 12. Über πρέπει, πρεπόντως, ἄξιος *c. gen.* s. § 418, 7, b; seltenere Konstruktionen sind die mit Präp. X. Cy. 2. 1, 24 οἷα (νικητήρια) δὴ εἰς πλῆθος πρέπει für eine Menge. Eur. Heracl. 510 ποῦ τάδ' ἐν χρηστοῖς πρέπει; unter Braven; über πρέπει m. folg. *acc.* u. *inf.* s. § 475, A. 2. Auch ἁρμόζειν, ἁρμόττειν findet sich zuweilen m. Präp. verbunden. Pl. civ. 616, d οἱ κάδοι οἱ εἰς ἀλλήλους ἁρμόττοντες, in einander passend, vgl. 462, a. Polit. 286, d, οὔτε πρὸς τὴν ἡδονὴν μήκους ἁρμόττοντος οὐδὲν προσδεησόμεθα „*neque opus esse longitudine ad voluptatem attemperata*" Stallb. X. Cy. 2. 1, 16 θώρακ περὶ τὰ στέρνα ἁρμόζων. S. Ant. 1317 τάδ' οὐκ ἐπ' ἄλλον βροτῶν | ἐμᾶς ἁρμόσει ποτ' ἐξ αἰτίας ist ἐπί c. a. wegen des Gegensatzes notwendig: *haec a mea culpa nunquam in alium convenient*, i. e. *transferentur*.

Anmerk. 13. Über δεῖ u. χρή c. dat. s. § 409, Anm. 5.

11. Bei den Ausdrücken des Gefallens und Missfallens: ἁνδάνειν ep. poet. u. neuion., ἀρέσκειν, ἀπ-, ἀρεστός u. ἀρεστῶς neuion.,

ἀρέσκεσθαι = ἀρέσκειν neulon., ἀρέσκεσθαί τί τινι, einem etw. angenehm machen, Theogn. 762 σπονδὰς θεοῖσιν ἀρεσσάμενοι | πίνωμεν, ἐξαρέσκεσθαι θεοῖς X. oec. 5, 3 u. 19, sich den Göttern gefällig machen (Cobet θεούς.) Th. 1, 38 εἰ τοῖς πλέοσιν ἀρέσκοντές ἐσμεν, τοῖσδ' ἂν μόνοις οὐκ ὀρθῶς ἀπαρέσκοιμεν. Hdt. 9, 79 μήτε Αἰγινήτῃσι ἅδοιμι, μήτε τοῖσι ταῦτα ἀρέσκεται, *quibus haec placent*. Ib. Σπαρτιήτῃσι ἀρεσκόμενον, *placentem*. 4, 168 ἣ δὲ ἂν τῷ βασιλέι ἀρεστὴ γένηται. 6, 129 ἑωυτῷ ἀρεστῶς ὠρχέετο.

Anmerk. 14. Ἀνδάνειν findet sich zuweilen mit *acc.* Doch sind die Stellen jetzt geändert: Theogn. 26 πάντεσσ' statt πάντας, Eur. Or. 1607 γὰρ ἀνδάνουσιν st. γάρ μ' ἀνδ., Theocr. 27, 22 νόῳ δ' ἐμῷ st. νόον δ' ἐμόν. Über ἀρέσκειν, ἐκ-, *c. acc.* s. § 409, A. 1; ἀρέσκεσθαί τινά τινι heisst einen sich durch etwas geneigt machen, versöhnen.

12. Bei den Ausdrücken des Freundlich- und Feindlichgesinntseins, des Beistimmens und Widersprechens, des Vorwerfens, Zürnens, Beneidens, als: εὐνοεῖν, εὖ, κακῶς (ἀγαθά, κακά) φρονεῖν; αἰνεῖν, beistimmen, Ap. Rh. 2, 898, αἰνεῖν τινί τι, einem etw. zusagen, ἐπαινεῖν beistimmen, Anerkennung aussprechen Hom., aber auch als attisch inschriftl. bezeugt,[1]) ἀντιλέγειν; μέμφεσθαι, Vorwürfe machen, ἐπιτιμᾶν, ἐγκαλεῖν u. ἐπικαλεῖν τινί τι, ἐπιπλήσσειν, ὀνειδίζειν, χώεσθαι episch, χολοῦσθαι poet., χόλον ἔχειν u. dgl., θυμοῦσθαι, σκύζεσθαι ep. poet., νεμεσᾶν ep. poet., selt. pros., νεμεσᾶσθαι ep. u. νεμεσίζεσθαι, βριμοῦσθαι, χαλεπαίνειν, κοτεῖν u. -εῖσθαι ep., μενεαίνειν ep., σπέρχεσθαι Hdt.; φθονεῖν, *invidere*. X. Cy. 8, 2, 1 εὐνοεῖν τοῖς κακόνοις. Eur. M. 823 φρονεῖς εὖ δεσπόταις. S. Ph. 1397 ἃ δ' ᾔνεσάς μοι, .. ταῦτά μοι πρᾶξον. Σ, 312 Ἕκτορι .. ἐπῄνησαν κακὰ μητιόωντι. α, 20 ὁ δ' ἀσπερχὲς μενέαινεν ἀντιθέῳ Ὀδυσῆι. Hdt. 5, 33 ἐσπέρχετο (*succensebat*) τῷ Ἀρισταγόρῃ. 3, 142 ἐγὼ δέ, τὰ τῷ πέλας ἐπιπλήσσω, αὐτὸς κατὰ δύναμιν οὐ ποιήσω. Pl. leg. 729, b ἐπιπλήττοντες τοῖς νέοις ἀναισχυντοῦσι. Ps. Isocr. 1, 17 μάλιστα δ' ἂν εὐδοκιμοίης, εἰ φαίνοιο ταῦτα μὴ πράττων, ἃ τοῖς ἄλλοις ἂν πράττουσιν ἐπιτιμῴης. Isocr. 7, 50 οὐκ ἂν εἰκότως τούτοις ἐπιτιμῴην. Dem. 18, 64 ἐπιτιμῶν τοῖς πεπραγμένοις. Th. 4, 61 οὐ τοῖς ἄρχειν βουλομένοις μέμφομαι, ἀλλὰ τοῖς ὑπακούειν ἑτοιμοτέροις οὖσιν. Auch μέμφεσθαί τί τινι, z. B. X. oec. 2, 15. Ebenso μομφὴν ἔχειν. Eur. Or. 1069 ἓν μὲν πρῶτά σοι μομφὴν ἔχω. Isocr. 4, 175 αἱ ἐκδεδομέναι τοῖς βαρβάροις (πόλεις) μάλιστα Λακεδαιμονίοις ἐπικαλοῦσιν. Δ, 9 κερτομίοισι χολωθαίς. N, 16 Διὶ δὲ κρατερῶς ἐνεμέσσα. X. Comm. 3, 5, 16 φθονοῦσιν ἑαυτοῖς μᾶλλον ἢ τοῖς ἄλλοις ἀνθρώποις. Cy. 4, 5, 9 ἐβριμοῦτο τῷ Κύρῳ καὶ τοῖς Μήδοις τῷ καταλιπόντας αὐτὸν ἔρημον οἴχεσθαι.

[1]) S. Meisterhans a. a. O. S. 172. C. I. A. I. 56, 2 ἐπαινέσαι τῷ δήμῳ τῷ Σαμίων.

Anmerk. 15. Ἐπαινεῖν = loben, billigen, regiert den Akk., ebenso μέμφεσθαι = tadeln; auch findet sich ἐπιπλήττειν τινί, doch nur scheinbar: Ψ, 580, wo μ' statt μοι zu nehmen ist. Pl. Prot. 327, a πᾶς πάντα καὶ ἐδίδασκε καὶ ἐπέπληττε τὸν μὴ καλῶς αὐλοῦντα, wo das vorangehende ἐδίδασκε die Konstruktion veranlasst hat, s. Stallb.

13. Bei den Verben des Willfahrens, Helfens, Abwehrens, Nützens, Belästigens, Schadens, als: χαρίζεσθαι, ἦρα φέρειν Ξ, 132 u. ἐπὶ ἦρα φέρειν ep., ἀρήγειν ep. poet. u. Xen., ἀμύνειν, ἐπ-, ἀλέξειν, Aor. ἀλαλκεῖν ep., εἴργειν (Aesch. S. 416 εἴργειν τεκούσῃ μητρὶ πολέμιον δόρυ), ἀπερύκειν selt. pros., ἀπέχειν τινί τι Ω, 18, υ, 263, τιμωρεῖν, βοηθεῖν, βοηδρομεῖν Eur. u. sp. pros., ὑπηρετεῖν, ἐπικουρεῖν, λυσιτελεῖν (λύειν τέλη S. OR. 316 ἔνθα μὴ τέλη λύῃ φρονοῦντι, auch λύειν ohne τέλη, wie Eur. M. 566. Hipp. 441. Alc. 627), ἀρκεῖν ep., ἐπαρκεῖν, ὑπερέχειν τινὶ χεῖρας Δ, 249. E, 433 u. s., wie 300 πρόσθε δέ οἱ δόρυ τ' ἔσχε καὶ ἀσπίδα, χραισμεῖν ep., nützen, abwehren, παρεῖναι *adesse*, συμφέρειν *conducere*, ἐνοχλεῖν, ἐπηρεάζειν Unrecht thun, schaden, kränken, u. ähnl. A, 572 μητρὶ φίλῃ ἐπὶ ἦρα φέρων. N, 633 ἄνδρεσσι χαρίζεαι ὑβριστῇσιν. A, 28 μή νύ τοι οὐ χραίσμῃ σκῆπτρον, vgl. H, 144; [mit d. *acc. pers.* nur A, 566 f. μή νύ τοι οὐ χραίσμωσιν . . ἆσσον ἰόνθ' = ἰόντα, nicht werden (die Götter) dir abwehren den Herantretenden, s. Spitzner.] Eur. M. 1275 ἀρῆξαι φόνον δοκεῖ μοι τέκνοις. X. R. L. 4, 5 ἀρήξουσι τῇ πόλει παντὶ σθένει. Cy. 3. 3, 67 (αἱ γυναῖκες) ἱκετεύουσι πάντας ἀμῦναι καὶ αὐταῖς καὶ τέκνοις καὶ σφίσιν αὐτοῖς. 4. 3, 2 τούτοις φασὶν ἀνάγκην εἶναι προθύμως ἀλέξειν. An. 5. 8, 25 εἰ δέ τῳ ἢ χειμῶνα ἐπεκούρησα ἢ πολέμιον ἀπήρυξα, vgl. Cy. 6. 2, 30. Hdt. 1, 32 ταῦτα ἡ εὐτυχίη οἱ ἀπερύκει. Lycurg. 76 ἀμύνειν τῇ πατρίδι. Pl. civ. 362, d ἀδελφὸς ἀνδρὶ παρείη. Dem. 1, 1 τὸ μέλλον συνοίσειν τῇ πόλει. X. Cy. 8. 2, 22 ὑπηρετῶ τοῖς θεοῖς leiste Dienste, opfere, u. ὑπηρετεῖν τινί τι einem etw. leisten, z. B. X. Hier. 7, 2. Eur. Or. 523 ἀμυνῶ δ', ὅσον περ δυνατός εἰμι, τῷ νόμῳ. 924 (Ὀρέστης) ἠθέλησε τιμωρεῖν πατρὶ | κακὴν γυναῖκα κἄθεον κατακτανών. Pl. Ap. 28, c εἰ τιμωρήσεις Πατρόκλῳ τῷ ἑταίρῳ τὸν φόνον. Dem. 3, 5 ἠνώχλει ἡμῖν ὁ Φίλιππος. X. Comm. 3. 5, 16 ἀντὶ τοῦ συνεργεῖν ἑαυτοῖς τὰ συμφέροντα ἐπηρεάζουσιν ἀλλήλοις, vgl. 1. 2, 31 u. Kühner's Bmrk.

Anmerk. 16. Über ὠφελεῖν, βλάπτειν, λυμαίνεσθαι, λωβᾶσθαι *c. dat.* s. § 409, A. 1. Ὀνινάναι wird immer m. d. Akk. verbunden. Λύειν *c. acc.* = λυσιτελεῖν X. An. 3. 4, 36 οὐ γὰρ ἐδόκει λύειν αὐτοὺς νυκτὸς πορεύεσθαι. (S. El. 1005 λύει γὰρ ἡμᾶς οὐδὲν οὐδ' ἐπωφελεῖ erkl. d. Schol. richtig ἀπαλλάσσει τῶν κακῶν). Ἐνοχλεῖν zuweilen *c. acc.*, z. B. X. Comm. 3. 8, 2 ubi v. Kühner. Pl. Alc. I. 104, d. Ἐμποδίζειν τινί *impedimento esse alicui*, findet sich erst b. d. Sp.; denn Isocr. 15, 59 wird jetzt richtig gelesen νῦν δέ με τὸ γῆρας ἐμποδίζει st. μοι.

14. Ebenso viele Adjektive dieser und ähnlicher Begriffe, als: ἡδύς, πικρός, χαλεπός, χρήσιμος, πρόσφορος, βλαβερός, φίλος, εὔνους, κακόνους, ἐχθρός, πολέμιος u. s. w.

Anmerk. 17. Φίλος und πολέμιος c. gen. kommen nur selten vor. Pl. Lys. 217, a τὸ σῶμα διὰ τὴν νόσον τῆς ἰατρικῆς φίλον ἐστίν. X. An. 4. 7, 19 διὰ τῆς ἑαυτῶν πολεμίας χώρας (aber § 20 εἰς τὴν ἑαυτοῖς πολεμίαν). Die Adjektive φίλος, ἐχθρός, πολέμιος u. a. können aber auch als Substantive gebraucht werden und sich dann natürlich mit dem Genetive oder einem possessiven Pronomen verbinden. X. An. 2. 2, 5 πρὸς τοὺς ἐκείνου ἐχθίστους ἀποστὰς ἡμᾶς τοὺς Κύρου φίλους κακῶς ποιεῖν πειρᾶται. Th. 6, 18 τοῖς ἐκεῖ ἐχθροῖς ἡμῶν λυπηροὶ ὄντες. X. Apol. 27 τοῖς ἐμοῖς εὔνοις. Hell. 5. 2, 33 τοῖς ὑμετέροις δυσμενέσι, ubi v. Breitenb. S. Ant. 187 οὔτ' ἂν φίλον ποτ' ἄνδρα δυσμενῆ χθονὸς (patriae) θείμην ἐμαυτῷ. So auch oft τὸ συμφέρον. X. Cy. 3. 2, 30 πρὸς τὸ ἡμέτερον συμφέρον πάντα τίθεσθαι. Dem. 18, 139 τὸ τῶν ἐχθρῶν συμφέρον.

15. Der Dativ steht bei ἐστί(ν) und εἰσί(ν), um die Person oder persönlich gedachte Sache zu bezeichnen, die etwas hat. Der Besitz steht als Subjekt im Nominative dabei. So auch bei γίγνεσθαι, werden, zu teil werden, ὑπάρχειν, vorhanden sein, φῦναι u. πεφυκέναι poet., μένειν, bleiben, verbleiben, u. ähnl. Verben. Ψ, 173 ἐννέα τῷ γε ἄνακτι τραπεζῆες κύνες ἦσαν. ι, 112 τοῖσιν (Κύκλωψι) δ' οὔτ' ἀγοραὶ βουληφόροι οὔτε θέμιστες (sc. εἰσίν). I, 144 τρεῖς δέ μοί εἰσι θύγατρες. Hdt. 1, 34 ἦσαν Κροίσῳ δύο παῖδες. Pl. Phaedr. 237, b τούτῳ δὲ (τῷ μειρακίσκῳ) ἦσαν ἐρασταὶ πάνυ πολλοί. Civ. 329, e τοῖς πλουσίοις πολλὰ παραμύθιά φασιν εἶναι. X. An. 3. 5, 1 ὁ βίος ἦν τοῖς πλείστοις αὐτῶν ἀπὸ [illegible]. A, 188 Πηλείωνι δ' ἄχος γένετο, sehr häufig. Pl. civ. 614, a τῷ δικαίῳ παρὰ θεῶν τε καὶ ἀνθρώπων ἆθλά τε καὶ μισθοὶ καὶ δῶρα γίγνεται. X. An. 7. 7, 32 σοῦ μὲν κρατοῦντος δουλεία ὑπάρχει αὐτοῖς, κρατουμένου δέ σου ἐλευθερία. Dem. 9, 73 ταῦτ' ἐστὶ πόλεως ἀξιώματ' ἐχούσης ἡλίκον ὑμῖν ὑπάρχει. S. El. 860 πᾶσι θνατοῖς ἔφυ μόρος. Ant. 564 οὐ .. μένει | νοῦς τοῖς κακῶς πράσσουσιν. Ps. Philipp. epist. b. Dem. 12, 11 τῶν βεβαίως μοι φίλων ἀεὶ μενόντων. Auch mit d. Infin. st. des Nomin. Aesch. P. 807 οὗ σφιν κακῶν ὕψιστ' ἐπαμμένει παθεῖν. Eur. fr. Temen. 13 D. τοῖς πᾶσιν ἀνθρώποισι κατθανεῖν μένει. X. Cy. 8. 2, 7 διαμένει ἔτι καὶ νῦν τοῖς βασιλεῦσιν ἡ πολυδωρία. Dem. 8, 53 ἐκ τούτων περιγίγνεται ὑμῖν μὲν ἡ σχολή, τούτοις δ' αἱ χάριτες. Th. 1, 76 ἡμῖν ἀδοξία τὸ πλέον ἢ ἔπαινος περιέστη für uns ergab sich daraus Missachtung, v. Classen. Vgl. 6, 24. 7, 70. Th. 1, 3 οὐ μέντοι πολλοῦ γε χρόνου ἠδύνατο (τὸ καλεῖσθαι Ἕλληνας) καὶ ἅπασιν ἐκνικῆσαι, der Name Hellenen konnte nicht für alle zugleich üblich werden (= ἅπασι γίγνεσθαι.)

Anmerk. 18. Der Dativ bezeichnet die Person, für die etwas vorhanden ist, der etwas zu teil geworden ist; der Genetiv (§ 418, 1, b) bezeichnet die Person als den Besitzer einer Sache, z. B. X. Cy. 5. 1, 6 Κῦρος, οὗ σὺ ἔσει τὸ ἀπὸ τοῦδε, in dessen Gewalt du von jetzt an sein wirst, wo der Dativ ganz unpassend sein würde.

Anmerk. 19. Wie der Genetiv des Besitzers auch in Verbindung mit Verben des Meinens u. s. w. erscheint, so der verwandte Dativ mit Verben des Meinens und der Wahrnehmung. X. Cy. 8. 1, 22 Κῦρος τὸν ἀγαθὸν ἄρχοντα βλέποντα νόμον ἀνθρώποις ἐνόμιζεν. Pl. Soph. 262, a τῷ δηλώματι τούτῳ τὸ ὄνομα ἐφθεγξάμεθα λόγον. Hs. th. 569 ὡς ἴδεν ἀνθρώποισι πυρὸς τηλέσκοπον αὐγήν (wo Schoemann u. Orelli ἴδ' ἐν schreiben). S. OC. 966 οὐκ ἂν ἐξεύροις ἐμοὶ | ἁμαρτίας ὄνειδος οὐδέν. Ai. 1144 ᾧ φθέγμ' ἂν οὐκ ἂν εὗρες. X. Hipp. 5, 8 θαρσοῦσι μάλιστα πολέμιοι, ὅταν τοῖς ἐναντίοις πράγματα καὶ ἀσχολίας πυνθάνωνται. Ähnlich Pl. civ. 598, d ὑπολαμβάνειν δεῖ τῷ τοιούτῳ, ὅτι εὐήθης τις ἄνθρωπος sc. ἐστίν. Bei Hdt. καταδοκέειν τινί τι einem etw. (Schlimmes) zutrauen: 9, 99 τοῖσι καὶ κατεδόκεον νεοχμὸν ἄν τι ποιέειν δυνάμιος ἐπιλαβομένοισι

16. Zu dem Nominative kann bei den genannten Verben ein zweiter Nominativ als Apposition hinzutreten. ι, 366 Οὖτις ἐμοίγ' ὄνομα (sc. ἐστίν.) Υ, 209 μήτηρ δέ μοί ἐστ' Ἀφροδίτη. Ist dieser zweite Nominativ ein Abstraktum, so lassen sich die genannten Verben durch gereichen, dienen übersetzen, s. § 356, 1.

Anmerk. 20. Hierher gehören einige Redensarten[1]), die sich aus ἔστι μοί τι entwickelt haben und aus der Umgangssprache zu stammen scheinen: a) τί ἐστιν ἐμοὶ καὶ σοί; was hab' ich mit dir gemein? Ar. eq. 1022 τί γάρ ἐστ' Ἐρεχθεῖ καὶ κολοιοῖς καὶ κυνί; Hdt. 5, 33 (im Dialoge) σοὶ δὲ καὶ τούτοισι τοῖς πρήγμασι τί ἐστι; ohne ἐστί Dem. 29, 36 τί τῷ νόμῳ καὶ τῇ βασάνῳ; was hat das Gesetz mit der Folter gemein? Anacr. 17, 4 τί γὰρ μάχαισι κἀμοί; 10 τί Πλειάδεσσι κἀμοί; ebenso mit κοινόν od. ἐν μέσῳ. Eur. Heracl. 184 ἡμῖν δὲ καὶ τῷδ' οὐδέν ἐστιν ἐν μέσῳ. Io 1284 τί δ' ἐστὶ Φοίβῳ σοί τε κοινὸν ἐν μέσῳ; Hdt. 2, 18 φάμενοι οὐδὲν σφίσι τε καὶ Αἰγυπτίοισι κοινὸν εἶναι, woraus jedoch nicht zu schliessen ist, dass in den obigen Beispielen κοινόν zu ergänzen wäre. — b) πρᾶγμά μοι καί τινί ἐστιν, ich habe mit einem etwas zu schaffen. Hdt. 5, 84 οἱ Αἰγινῆται ἔφασαν σφίσι τε καὶ Ἀθηναίοισι εἶναι οὐδὲν πρῆγμα. Dem. 18, 283 διομνύμενος μηδὲν εἶναι σοὶ καὶ Φιλίππῳ πρᾶγμα. — c) τί μοι τοῦτο; sc. ἐστί, *quid id ad me attinet?* Ar. eq. 1198 τί δέ σοι τοῦτο; vgl. Lys. 514. Ecc. 520 f. Diphil. b. Ath. 228, a ἀλλὰ δὴ τί τοῦτ' ἐμοί; X. oec. 18, 5 ὅπως δὲ . . κόψουσι . ., τίνι τοῦτο; Dem. 54, 17 τί ταῦτ' ἐμοί; Ähnlich schon Hs. th. 35 ἀλλὰ τίη μοι ταῦτα περὶ δρῦν ἢ περὶ πέτρην; Φ, 360 τί μοι ἔριδος καὶ ἀρωγῆς; was kümmern mich Streit und Abwehr? Vgl. § 414, Anm. 7. — d) τί πλέον ἐστὶν (γίγνεται) ἐμοί; oder οὐδὲν πλέον ἐστὶν (γίγνεται) ἐμοί was habe ich für einen Gewinn daraus? ich h. keinen G. d. X. Cyr. 5. 5, 34 τί γὰρ ἐμοὶ πλέον τὸ τὴν γῆν πλατύνεσθαι, αὐτὸν δὲ ἀτιμάζεσθαι; Vgl. Antiph. 5, 95. Isocr. 15, 27 ὧν οὐδέν μοι πλέον γέγονεν. Pl. Symp. 217, c οὐδὲν γάρ μοι πλέον ἦν, ubi v. Stallb. 222, c οὐδὲν οὖν πλέον αὐτῷ ἔσται. 222, d μηδὲν πλέον αὐτῷ γένηται. Leg. 697, d ἄν τι καὶ σμικρὸν πλέον ἑκάστοτε ἡγῶνται ἔσεσθαί σφισιν. Seltener poet. S. Ant. 268 τέλος δ', ὅτ' οὐδὲν ἦν ἐρευνῶσιν πλέον, | λέγει τις.

17. In den Dativ tritt die Person oder persönlich gedachte Sache, zu deren Vorteil oder Nachteil eine Handlung vollzogen wird, wie überhaupt die an der Handlung interessierte Person. β, 186 σῷ οἴκῳ δῶρον ποτιδέγμενος für dein Haus. P, 242 ἐμῇ κεφαλῇ περιδείδια, wie Hdt. 8, 72 ὑπεραρρωδέοντες τῇ Ἑλλάδι κινδυνευούσῃ. Vgl. *metuere, timere alicui.* P, 313 Ἱπποθόῳ περιβάντα, vgl. 80. K, 16 πολλὰς ἐκ κεφαλῆς προθελύμνους ἕλκετο χαίτας | ὑψόθ' ἐόντι Διί. Α, 159

[1]) Matthiä II § 389 a. E. Bernhardy S. 98 u. 90. Passow Wtrb. II, S. 1909 u. 1015 und besonders Valcken. ad Eur. Hipp. 224, der das Lat. *quid tibi mecum est?* Tibull. 1. 7, 3 vergleicht.

τιμὴν ἀρνύμενοι Μενελάῳ. 283 αὐτὰρ ἔγωγε | λίσσομ' Ἀχιλλῆι μεθέμεν χόλον, vgl. φ, 377 u. S. Ai. 716 ἐξ ἀέλπτων Αἴας μετανεγνώσθη θυμῶν Ἀτρείδαις μεγάλων τε νεικέων. λ, 553 Αἶαν, . . οὐκ ἄρ' ἔμελλες οὐδὲ θανὼν λήσεσθαι ἐμοὶ χόλου *mihi oblivisci*. H, 314 f. τοῖσι δὲ (ihnen zum Schmause) βοῦν ἱέρευσεν ἄναξ ἀνδρῶν Ἀγαμέμνων | . . ὑπερμενέι Κρονίωνι (dem K. zu Ehren). P, 547 ἠύτε πορφυρέην ἶριν θνητοῖσι τανύσσῃ | Ζεύς. H, 101 τῷδε δ' ἐγὼν αὐτὸς θωρήξομαι für diesen, d. i. um ihm entgegenzutreten. Vgl. Ψ, 635. 677 Εὐρύαλος δέ οἱ οἶος ἀνίστατο (um mit ihm zu kämpfen). A, 68 τοῖσι δ' ἀνέστη | Κάλχας für diese, um zu ihnen zu reden. 247 τοῖσι δὲ Νέστωρ ἡδυεπὴς ἀνόρουσε. ε, 202 τοῖς ἄρα μύθων ἦρχε Καλυψώ ihnen begann die Unterhaltung K. S. OC. 70 ἆρ' ἄν τις αὐτῷ πομπὸς ἐξ ὑμῶν μόλοι; (um ihn herzuholen). Ant. 233 τέλος γε μέντοι δεῦρ' ἐνίκησεν μολεῖν | σοί (um es dir zu melden). So nicht selten bei den Verben des **Kommens** und **Gehens**, wenn es sich nicht um ein Kommen schlechthin, sondern um ein Kommen für oder wider das Interesse jemandes handelt. Th. 1, 13 Ἀμεινοκλῆς Σαμίοις ἦλθε (um ihnen eine Flotte zu schaffen). 1, 107 ἦλθον δὲ καὶ Θεσσαλῶν ἱππῆς τοῖς Ἀθηναίοις κατὰ τὸ ξυμμαχικόν. Vgl. 5, 50. 3, 5 αὐτοῖς Μελέας Λάκων ἀφικνεῖται. 1, 89 ἐπειδὴ αὐτοῖς οἱ βάρβαροι ἐκ τῆς χώρας ἀπῆλθον. 5, 3 αὐτοῖς τὸ Πελοποννήσιον . . ἀπῆλθε. Vgl. 7, 19 a. E. 3, 98 ὁ ἡγεμὼν αὐτοῖς ἐτύγχανε τεθνηκώς. 7, 29 τοὺς Θρᾷκας τοὺς τῷ Δημοσθένει ὑστερήσαντας, die für D. (um an seiner Expedition teilzunehmen) zu spät kamen. Δικάζειν τινί, Θ, 431 κεῖνος δὲ τὰ ἃ (sua) φρονέων . . Τρωσί τε καὶ Δαναοῖσι δικαζέτω entscheide den T. u. D. den Streit nach seinem Ermessen. Ψ, 574 ἐς μέσον (unparteiisch) ἀμφοτέροισι δικάσσατε sprecht beiden Recht. Ebenso in Prosa, z. B. Hdt. 1, 97. Pl. Tim. 17, d, wie Hdt. 8, 61 Εὐρυβιάδην οὐκ ἐῶν ἐπιψηφίζειν ἀπόλι ἀνδρί „*nolens Eurybiadem duces in suffragia mittere in gratiam viri urbe patria carentis*“ Valck., s. Baehr.[1]) Ψηφίζεσθαί τινι *sententiam ferre pro al., in alicujus gratiam*, öfter b. d. Rednern, s. Schoemann ad Isae. 1, 38. Hdt. 7, 146 τοῖσι κατεκέκριτο θάνατος *his certa erat mors*, vgl. 2, 133. Προαιδεῖσθαί τινι für e. empfangene Wohlthat einem Achtung beweisen, Hdt. 1, 61. 3, 140. Φιλοφρονεῖσθαί τινι X. Cy. 3. 1, 8. Oec. 4, 20. Lycurg. (d. Redner) b. Ath. 476, d. Pl. leg. 935, c πληγαῖς ἐξείργων τοὺς θυμῷ, ἑτέρῳ κακῷ, φιλοφρονουμένους = χαριζομένους, *indulgentes*, st. des gwhnl. τινά, freundlich be-

[1]) Ἐπιψηφίζειν τι, über etw. abstimmen lassen, ἐπιψ. τινά, einen abstimmen lassen, Pl. Gorg 474, a. 476, a; dafür Th. 1, 87 ἐπεψήφιζεν ἐς τὴν ἐκκλησίαν liess die Versammlung abstimmen. In demselben Sinne Luc. Tim. 44 τῇ ἐκκλησίᾳ, was Matthiä II. § 402, d) Anm. daraus erklärt, dass ἐπιψηφίζειν so viel sei als ψῆφον προσθεῖναι, ἐπαγαγεῖν τινι. Vgl. Passows Wörterb. (Ebenso fasst Stein ἐπιψηφίζειν ἀπόλι ἀνδρί in der obigen Herodotstelle.)

gegnen. S. Ai. 688 ταὐτὰ τῇδέ μοι τάδε | τιμᾶτε *honoris causa mihi tribuite*, s. Lobeck. 1045 Μενέλαος, ᾧ δὴ τόνδε πλοῦν ἐστείλαμεν. Eur. M. 6 ἀνδρῶν ἀριστέων, οἳ τὸ πάγχρυσον δέρος | Πελίᾳ μετῆλθον das Vliess für P. holten, s. Pflugk. Hel. 1248 τί σοι παράσχω δῆτα τῷ τεθνηκότι; für den Verstorbenen, „*quo mortuum ornes*" Pflugk. Th. 7, 26 ξυνελέγη αὐτῷ τὸ στράτευμα, vgl. X. An. 1. 1, 9. Th. 5, 76 οἱ ἄνδρες οἱ τοῖς Λακεδαιμονίοις πράσσοντες, die für die Lacedämonier wirkten, vgl. 4, 106. 110. Dem. 9, 59 Φιλιστίδης ἔπραττε Φιλίππῳ. X. Cy. 1. 4, 12 τίς οὖν ἂν ἡμῖν Ἀστυάγει μνησθείη; wer könnte uns (für uns) die Sache dem A. vortragen? Hell. 5. 4, 4 Φυλλίδας ἐπεμελεῖτο τοῖς πολεμάρχοις trug Sorge für.[1]) Cy. 5. 3, 35 Γωβρύας ἡμῖν ἀρχέτω αὐτῶν. 1. 5, 1 ἐνταῦθα δὴ πάλιν ὑπέπτησσον αὐτῷ οἱ ἥλικες beugten sich ihm. Insbesondere gehören hierher die Kultushandlungen zur Ehre eines Gottes, als: Aesch. Ag. 578 θεοῖς λάφυρα ταῦτα . . ἐπασσάλευσαν. Ar. N. 271 ἱερὸν χορὸν ἵστατε Νύμφαις. id. Lys. 1277 ὀρχησάμενοι θεοῖσιν. Hdt. 6, 138 Ἀρτέμιδι ὁρτὴν ἄγειν. X. Hell. 4. 3, 21 στεφανοῦσθαι τῷ θεῷ. — Ar. R. 1135 ἐγὼ σιωπῶ τῷδε; *in huius gratiam?* Hierher gehört auch der Dativ bei κλύειν (poet., bes. episch). Ω, 335 ἔκλυες ᾧ κ' ἐθέλῃσθα. δ, 767 θεὰ δέ οἱ ἔκλυεν ἀρῆς ihr erhörte die Göttin das Flehen. Theogn. 4 σὺ δέ μοι κλῦθι. 13 εὐχομένῳ μοι κλῦθι. Hymn. Ap. P. 156 κέκλυτε νῦν μοι. Seltener ἀκούειν τινί. Π, 515 δύνασαι δὲ σὺ πάντοσ' ἀκούειν | ἀνέρι κηδομένῳ. 531 γήθησέν τε, | ὅττι οἱ ὦκ' ἤκουσε . . θεὸς εὐξαμένοιο (st. εὐξαμένῳ). Hdt. 1, 214 ὡς οἱ Κῦρος οὐκ ἐσήκουσε. Vgl. 6, 87. Ebenso deutet in dem meist poetischen δέχεσθαί τί τινι, etwas Angebotenes annehmen, der Dat. darauf hin, dass der Anbietende an der Annahme der Sache ein (sachliches oder gemütliches) Interesse hat. O, 87 Θέμιστι δὲ καλλιπαρῄῳ | δέκτο δέπας, vgl. P, 207. π, 40 ὣς ἄρα φωνήσας οἱ ἐδέξατο χάλκεον ἔγχος. Vgl. B, 186. Pind. P. 8, 5 Πυθιόνικον τιμὰν Ἀριστομένει δέκευ, vgl. 4, 23. S. El. 443. Eur. Hec. 535 δέξαι χοάς μοι (wo man neuerdings minder gut μου aufgenommen hat). Aeschin. 3, 111 (in e. Amphiktyonenschwur) μηδὲ δέξαιντο αὐτοῖς (τοῖς θεοῖς) τὰ ἱερά, ubi v. Bremi. (Aber ib. 121 μηδὲ δέξαιντο αὐτῶν τὰ ἱερά). Hdt. 6. 86, 1 σύ δή μοι καὶ τὰ χρήματα δέξαι nimm mir ab (um sie mir aufzubewahren). Ebenso διαδέχεσθαί τινί τι einem etw. (als Nachfolger) abnehmen, etw. von einem übernehmen. Dem. 50, 38 οὐκ ἤθελέ μοι τὴν ναῦν διαδέχεσθαι. Ohne Objekt ablösen. X. Cy. 8. 6, 18 τῷ ἡμερινῷ ἀγγέλῳ τὸν νυκτερινὸν διαδέχεσθαι (φασίν). Vgl. Pl. leg. 758, b. (Über δέχεσθαί τινός τι s. § 421, 1; die gewöhnliche Konstruktion ist δέχεσθαί τι παρά τινος). Verwandt ist πρίασθαί

---

1) Auch C. I. A. II. 117, b, 20 ὁ δῆμος ἐπιμελεῖται τοῖς πράττουσιν τὰ συμφέροντα, s. Meisterhans a. a. O. S. 172.

τί τινι, das zum Kauf Angebotene annehmen (einem etw. abkaufen). Ar. P. 1261 τούτῳ γ' ἐγὼ τὰ δόρατα ταῦτ' ὠνήσομαι. Ach. 812 πόσου πρίωμαί σοι τὰ χοιρίδια; Vgl. 815. R. 1229. S. Ant. 1171. — Mit verschiedener Färbung des Sinnes auch bei Verben des Fliehens. Eur. Heracl. 452 οὐχ ἅπασα γὰρ | πέφευγεν ἐλπὶς τῶνδέ μοι σωτηρίας nicht alle Hoffnung ist mir geschwunden. X. Hell. 7. 5, 25 φυγούσης αὐτοῖς τῆς ἐναντίας φάλαγγος οὐδένα ἀπέκτεινον οἱ ὁπλῖται . . φυγόντων δ' αὐτοῖς καὶ τῶν ἱππέων ἀπέκτειναν οὐδ' οἱ ἱππεῖς διώκοντες οὔτε ἱππέας οὔθ' ὁπλίτας. Oec. 2, 14 ἀποφεύγειν μοι πειρᾷ μηδέν με συνωφελῆσαι. Comm. 2. 10, 1 ἄν τίς σοι τῶν οἰκετῶν ἀποδρᾷ wenn dir einer der Sklaven (deiner Sklaven) davonläuft, wie ib. 2 ἐάν τίς σοι κάμνῃ τῶν οἰκετῶν . . εἴ τίς σοι τῶν γνωρίμων κινδυνεύοι. A, 120 λεύσσετε γὰρ τό γε πάντες, ὅ μοι γέρας ἔρχεται ἄλλῃ, dass mir mein Ehrengeschenk verloren geht. σ, 88 τῷ δ' ἔτι μᾶλλον ὑπὸ τρόμος ἔλλαβε γυῖα, vgl. Θ, 452. Th. 2, 101 ἡ στρατιὰ σῖτον οὐκ εἶχεν αὐτῷ. X. R. L. 2, 1 ἐπειδὰν τάχιστα αὐτοῖς οἱ παῖδες τὰ λεγόμενα ξυνιῶσιν, εὐθὺς ἐπ' αὐτοῖς παιδαγωγοὺς θεράποντας ἐφιστᾶσιν. Pl. Lys. 208, d (ἡ μήτηρ) σὲ ἐᾷ ποιεῖν, ὅ τι ἂν βούλῃ, ἵν' αὐτῇ μακάριος ᾖς. Prot. 328, a εἰ ζητοῖς, τίς ἂν ἡμῖν διδάξειε τοὺς τῶν χειροτεχνῶν υἱεῖς αὐτὴν ταύτην τὴν τέχνην, ἣν δὴ παρὰ τοῦ πατρὸς μεμαθήκασι, . . οὐ ῥᾴδιον οἶμαι εἶναι τούτων διδάσκαλον φανῆναι. Theaet. 143, d ἐπιθυμῶ εἰδέναι, τίνες ἡμῖν τῶν νέων ἐπίδοξοι (sc. εἰσί) γενέσθαι ἐπιεικεῖς. 163, a εἰς τοῦτό που πᾶς ὁ λόγος ἡμῖν ἔτεινεν. Κινδυνεύειν τινί, Gefahr laufen für etw., etw. auf's Spiel setzen. Hdt. 7, 209 κινδυνεύειν τῇ ψυχῇ. 8, 60 κινδυνεύσεις ἁπάσῃ τῇ Ἑλλάδι. Oft διαφέρει μοί τι es kommt für mich darauf an, es liegt mir daran, z. B. Dem. 18, 288 ᾧ ἐκείνους σωθῆναι διέφερεν, οὗτος καὶ τῆς ὑπὲρ ἁπάντων λύπης πλεῖστον μετεῖχε. Pl. Phil. 33, a τῷ τὸν τοῦ φρονεῖν ἑλομένῳ βίον οἶσθ' ὡς τοῦτον τὸν τρόπον οὐδὲν ἀποκωλύει ζῆν für den ist kein Hindernis. Th. 2, 12 ἥδε ἡ ἡμέρα τοῖς Ἕλλησι μεγάλων κακῶν ἄρξει, vgl. 53. 2, 103 τρίτον ἔτος τῷ πολέμῳ ἐτελεύτα, es ging für den Krieg das dritte Jahr zu Ende (so bei Th. regelmässig in dieser Schlussformel, ausser 2, 47).

18. Ebenso bezeichnet der Dativ die an der Handlung interessierte Person in folgenden Fällen:

a) In der Redensart ἄξιός εἰμί τινί τινος. Pl. Symp. 185, b οὗτός ἐστιν ὁ τῆς οὐρανίας θεοῦ ἔρως καὶ οὐράνιος καὶ πολλοῦ ἄξιος καὶ πόλει καὶ ἰδιώταις wertvoll für den Staat wie für den Einzelnen. X. An. 4. 1, 28 (Ἀριστέας) πολλαχοῦ πολλοῦ ἄξιος τῇ στρατιᾷ εἰς τὰ τοιαῦτα ἐγένετο war für das Heer viel wert, hatte sich um das Heer sehr verdient gemacht. X. Comm. 1. 2, 62 ἐμοὶ Σωκράτης τοιοῦτος ὢν ἐδόκει τιμῆς ἄξιος εἶναι τῇ πόλει μᾶλλον ἢ θανάτου Ehre vielmehr als den Tod um den Staat zu verdienen. Vgl. 64 u. 1. 1, 1. Eur. Hec. 309 ἡμῖν δ' Ἀχιλλεὺς ἄξιος τιμῆς. Ebenso τίμιός τινι. Hdt. 3, 160 δῶρά οἱ ἐδίδου ταῦτα, τὰ Πέρσῃσί ἐστι τιμιώτατα für die Perser am wertvollsten. Eur. Ph. 439 τὰ χρήματ' ἀνθρώποισι τιμιώτατα (nicht bloss subjektiv: in ihren Augen, wie bei b), sondern objektiv: erweist sich für sie als das Wertvollste).

b) Der Dativ lässt sich oft durch „nach dem Urteile, in den Augen jemandes" übersetzen; häufig tritt zu demselben das komparative ὡς, wie. Ψ, 595 δαίμοσιν εἶναι ἀλιτρός den Göttern (in den Augen der Götter) ein Frevler, vgl. δ, 807. B, 285 νῦν γάρ σε, ἄναξ, ἐθέλουσιν Ἀχαιοὶ | πᾶσιν ἐλέγχιστον θέμεναι μερόπεσσι βροτοῖσιν. S. OC. 1446 ἀνάξιαι γὰρ πᾶσίν ἐστε δυστυχεῖν *omnibus, omnium judicio*. Ant. 904 καίτοι σ' ἐγὼ ἐτίμησα τοῖς φρονοῦσιν εὖ „in den Augen aller Gutgesinnten" Schneidew. Ai. 1282 ἆρ' ὑμὶν οὗτος ταῦτ' ἔδρασεν ἔνδικα; Vgl. 1363. OR. 40 ὦ κράτιστον πᾶσιν Οἰδίπου κάρα. 616 καλῶς ἔλεξεν εὐλαβουμένῳ πεσεῖν „für einen, in den Augen dessen, der sich in acht nimmt zu fallen" Schneidew. Eur. M. 580 ἐμοὶ γάρ, ὅστις ἄδικος ὢν σοφὸς λέγειν | πέφυκε, πλείστην ζημίαν ὀφλισκάνει. X. Comm. 4. 6, 4 ὁ τὰ περὶ τοὺς θεοὺς νόμιμα εἰδὼς ὀρθῶς ἂν ἡμῖν εὐσεβὴς ὡρισμένος εἴη. Vgl. 4. 2, 14. Dem. 20, 54 ὁ λόγος αἰσχρὸς τοῖς σκοπουμένοις. Ebenso gebraucht der Lateiner zuweilen den Dativ, z. B. Tacit. Ann. 1, 42 *cives, quibus tam projecta senatus auctoritas*. So auch bei Adjekt. Hdt. 3, 88 γάμους τοὺς πρώτους ἐγάμεε Πέρσῃσι ὁ Δαρεῖος *nuptias Persis* (*Persarum judicio*) *nobilissimas*. (Zuweilen tritt auch die Präp. παρά zu dem Dat. Hdt. 1, 32 ὃς ἂν . . τελευτήσῃ εὐχαρίστως τὸν βίον, οὗτος παρ' ἐμοὶ τὸ οὔνομα τοῦτο δίκαιός ἐστι φέρεσθαι. Vgl. 86. 3, 160 Ζωπύρου οὐδεὶς ἀγαθοεργίην Περσέων ὑπερεβάλετο παρὰ Δαρείῳ κριτῇ. Hyperid. 7, 12 Λυκοῦργον παρὰ τούτοις μέτριον καὶ ἐπιεικῆ δοκοῦντα εἶναι. S. Tr. 589 δοκεῖς παρ' ἡμῖν οὐ βεβουλεῦσθαι κακῶς, ubi v. Schneidew. Vgl. Tac. hist. 1, 29 *aut perire hodie necesse est, aut, quod aeque apud bonos miserum est, occidere*.) Mit ὡς, wodurch mehr hervorgehoben wird, dass die ausgesprochene Handlung eben (gerade) nur für die genannte Person Geltung habe; ὡς dient nur dazu, die subjektive Beziehung von der reellen zu unterscheiden: S. Ant. 1161 Κρέων γὰρ ἦν ζηλωτὸς ὡς ἐμοί ποτε K. war einst glücklich zu preisen wenigstens mir, wenigstens nach meinem Urteile. OC. 76 ἐπείπερ εἶ | γενναῖος ὡς ἰδόντι πλὴν τοῦ δαίμονος du bist ja ein edler Mann wenigstens dem, der dich so sieht, wenigstens dem Anscheine nach. Pl. civ. 389, d σωφροσύνης δὲ ὡς πλήθει οὐ τὰ τοιάδε μέγιστα (sc. ἐστίν), ἀρχόντων μὲν ὑπηκόους εἶναι, αὐτοὺς δὲ ἄρχοντας τῶν ἡδονῶν wenigstens nach dem Urteile der Meisten. Leg. 665, b ἄτοπος γίγνοιτ' ἂν ὥς γε ἐξαίφνης ἀκούσαντι Διονύσου πρεσβυτῶν χορός wenigstens für einen, der plötzlich hört. (Ähnlich X. vect. 5, 2 καὶ οὗτοί γε ὡς ἐμῇ δόξῃ παραλόγως σκοποῦσιν u. ohne ὡς: S. Tr. 718 δόξῃ γοῦν ἐμῇ sc. ὀλεῖ καὶ τόνδε). Hieran schliessen sich die Beispiele, in denen durch den mit ὡς verbundenen Dativ die Beziehung einer Handlung auf eine Person beschränkt wird. S. OC. 20 μακρὰν γὰρ ὡς γέροντι προὐστάλης ὁδόν nicht für jedermann, sondern nur für einen Greis. Ai. 396 ἔρεβος ὦ φαεννότατον ὡς ἐμοί. Pl. Soph. 226, c ταχεῖαν ὡς ἐμοὶ σκέψιν ἐπιτάττεις nämlich für mich, den Ungeübten, nicht für alle. In gleicher Bedeutung ib. 237, c χαλεπὸν ἤρου καὶ σχεδὸν εἰπεῖν οἵῳ γε ἐμοὶ παντάπασιν ἄπορον. [1])

Anmerk. 21. In ähnlicher Weise wird der Dativ bei Citaten gebraucht: Ὁμήρῳ für Homer, d. i. nach Homers Darstellung, bei Homer. Pl. civ. 389, e οἷα καὶ Ὁμήρῳ Διομήδης λέγει. Leg. 706, d Ὀδυσσεὺς αὐτῷ (sc. Ὁμήρῳ) λοιδορεῖ τὸν Ἀγαμέμνονα. Hdt. 8, 20 Βάκιδι ὧδε ἔχει περὶ τούτων ὁ χρησμός. X. conv. 8, 30 ἔστι καὶ Ὁμήρῳ „γάνυται δέ τ' ἀκούων." Aristot. Polit. 8. 4, 7 οὐ γὰρ ὁ Ζεὺς αὐτὸς ᾄδει καὶ κιθαρίζει τοῖς ποιηταῖς.

c) Der Dativ steht bei passivischen Ausdrücken scheinbar in gleicher Bedeutung wie ὑπό c. gen. Er bezeichnet auch hier die Person, in deren Interesse eine Handlung vollzogen wird; dass dies zugleich die die Handlung hervorrufende Person selbst ist, ist formell nicht angedeutet. So namentlich beim Perfekt und Plusquamperfekt, selten bei den übrigen Zeitformen, regelmässig bei den Verbaladjektiven auf τός und τέος. Σ, 103 δάμεν Ἕκτορι δίῳ sie erlagen dem H., vgl. Θ, 244. Ε, 465 κτείνεσθαι ἐάσετε λαὸν Ἀχαιοῖς. Th. 1, 51 αἱ Ἀθηναίων νῆες τοῖς Κερκυραίοις οὐχ ἑωρῶντο wurden nicht sichtbar. 1, 118 τοῖς Λακεδαιμονίοις διέγνωστο λελύσθαι τὰς σπονδάς. Hdt. 6, 123 ὥς μοι πρότερον δεδήλωται. Isocr. 4, 4 ὥστε τοῖς ἄλλοις μηδὲν πώποτε δοκεῖν εἰρῆσθαι περὶ αὐτῶν. Lys. 24, 4 τοσαῦτά μοι εἰρήσθω. X. An. 1. 8, 12 ἂν τοῦτο νικῶμεν, πάνθ' ἡμῖν πεποίηται. 7. 6, 32 εἴ τι καλὸν . . ἐπέπρακτο ὑμῖν. Cy. 7. 2, 15 σοὶ λέγεται πάνυ γε τεθεραπεῦσθαι ὁ Ἀπόλλων. Dem. 29, 1 δεῖ διηγήσασθαι τὰ τούτῳ πεπραγμένα περὶ ἡμῶν. 2, 27 τί πέπρακται τοῖς ἄλλοις; [2]) auf diese Weise kann auch das fehlende Perf. Act. ersetzt werden, als: ταῦτά μοι λέλεκται. So im Lateinischen, [3]) als: Tacit. Agr. 2. *quum Aruleno Rustico Paetus Thrasea, Herennio Senecioni Priscus Helvidius laudati essent.* Hes. th. 732 τοῖς οὐκ ἐξιτόν ἐστιν *quibus non licet exire.* Ar. L. 656 ἆρα γρυκτόν ἐστιν ὑμῖν; S. Ph. 33 στειπτή γε φυλλάς, ὡς ἐναυλίζοντί τῳ Blätter, zertreten wie von einem darauf Lagernden. X. Cy. 3. 2, 25 τοῖς ἄλλοις ταῦτ' εὐκτὰ εἴη. Über d. Dat. b. d. Verbaladj. auf τέος s. § 427. — Nicht anders sind die Stellen aufzufassen, in denen der passive Ausdruck

---

[1]) Vgl. Sauppe ad Xen. vect. 5, 2. Passow IV. S. 2630 u. III. S. 667. — [2]) So selbst bei entstehenden Unklarheiten, z. B. C. J. A. II, 811, c 132 f. ἀπὸ τοῦ ὠφλημένου Σωπόλιδι ἀργυρίου, von dem von Sopolis (nicht: dem S.) geschuldeten Gelde. S. Meisterhans a. a. O. S. 171. — [3]) S. Kühner Ausf. Gramm. der lat. Spr. § 76, 8 d) S. 239 u. ad Cicer. Tusc. 2. 1, 2.

durch aktive Wendungen gleichen Sinnes vertreten wird, wie θ, 479 πᾶσι γὰρ ἀνθρώποισιν ἐπιχθονίοισιν ἀοιδοὶ | τιμῆς ἔμμοροί εἰσι = τετίμηνται, vgl. θ, 472 Δημόδοκον λαοῖσι τετιμένον. S. Ai. 970 θεοῖς τέθνηκεν οὗτος, οὐ κείνοισιν, den Göttern ist er zum Opfer gefallen, nicht jenen. 1128 θεὸς γὰρ ἐκσῴζει με, τῷδε δ' οἴχομαι. 440 ἄτιμος Ἀργείοισιν, missachtet den Argeiern.

d) Der Dativ der Personalpronomen der I. und II. Person wird häufig gebraucht, um die gemütliche Teilnahme des Redenden oder Angeredeten an der Handlung anzudeuten. Dieser Gebrauch des Dativs wird in allen Sprachen gefunden [1]) und scheint ganz eigentlich in der vertraulichen und gemütlichen Volkssprache zu wurzeln. Ξ, 501 εἰπέμεναί μοι, Τρῶες, ἀγαυοῦ Ἰλιονῆος | πατρὶ φίλῳ καὶ μητρὶ γοήμεναι. ι, 42 ὡς μήτις μοι ἀτεμβόμενος κίοι ἴσης, dass mir keiner des gleichen Teils beraubt weggehe. E, 249 μηδέ μοι οὕτως | θῦνε διὰ προμάχων. S. OR. 2 τίνας ποθ' ἕδρας τάσδε μοι θοάζετε; OC. 81 ὦ τέκνον, ἦ βέβηκεν ἡμὶν ὁ ξένος; Ph. 575 ὅδ' ἔσθ' ὁ κλεινός σοι Φιλοκτήτης, ξένε. X. Cy. 1. 3, 2 ὁρῶν δὴ τὸν κόσμον τοῦ πάππου, ἐμβλέπων αὐτῷ, ἔλεγεν (sc. Κῦρος)· Ὦ μῆτερ, ὡς καλός μοι ὁ πάππος. 15 ἢν δέ με καταλίπῃς ἐνθάδε, καὶ μάθω ἱππεύειν, ὅταν μὲν ἐν Πέρσαις ὦ, οἶμαί σοι ἐκείνους τοὺς ἀγαθοὺς τὰ πεζικὰ ῥᾳδίως νικήσειν. Hier. 8, 2 ἄρξομαι δέ σοι ἀπὸ τῶν μικροτάτων παραδειγμάτων. Pl. Ap. 20, e καί μοι μὴ θορυβήσητε. Theaet. 143, e ἀκοῦσαι πάνυ ἄξιον, οἵῳ ὑμῖν τῶν πολιτῶν μειρακίῳ ἐντετύχηκα. Soph. 216, e τοῦ ξένου ἡμῖν ἡδέως ἂν πυνθανοίμην. Hipp. maj. 286, c πόθεν δέ μοι σύ, ἔφη, ὦ Σώκρατες, οἶσθα, ὁποῖα καλὰ καὶ αἰσχρά; Hdt. 5. 92, 7 τοιοῦτο ὑμῖν ἐστι ἡ τυραννίς. 30 Ἀρταφρένης ὑμῖν („wisset", „denkt euch nur") Ὑστάσπεός ἐστι παῖς. Seltner wird das Personalpronomen der III. Person so gebraucht. Pl. Civ. 343, a εἰπέ μοι, ἔφη ὁ Σωκράτης, τίτθη σοι ἔστι; Τί δέ; ἦν δ' ἐγώ· οὐκ ἀποκρίνεσθαι χρῆν μᾶλλον ἢ τοιαῦτα ἐρωτᾶν; Ὅτι τοί σε, ἔφη, κορυζῶντα περιορᾷ καὶ οὐκ ἀπομύττει δεόμενον, ὅς γε αὐτῇ οὐδὲ πρόβατα οὐδὲ ποιμένα γιγνώσκεις da du ihr Schafe und Hirten nicht unterscheiden kannst. „*Nimirum dativus significat nutricem et ipsam in huius turpitudinis societatem venire*" Stallb. Der enklitische Dativ μοί findet sich auch öfters nach einem *Vokative* auf diese Weise gebraucht [s. Apollon. de pron. p. 67, c]. [2]) Eur. Alc. 312 σὺ δ', ὦ τέκνον μοι πῶς χορευθήσῃ καλῶς; Tr. 587 μόλοις, ὦ πόσις μοι. 1081 ὦ φίλος ὦ πόσι μοι, σὺ μὲν φθίμενος ἀλαίνεις ἄθαπτος. Vgl. Or. 124. H. f. 626 u. s.

e) Der Satz wird α) auf einen partizipialen Dativ von Verben des Gehens, Kommens u. ähnl. bezogen, um Lokalbestimmungen

[1]) Über die Deutsche Sprache s. Grimm IV. S. 362 f. Becker II. S. 188, über die Lat. Kühner Ausf. Gr. der lat. Spr. § 76, 8 c) S. 238. — [2]) S. Stallbaum ad Plat. Phileb. 54, b.

anzugeben, oder β) auf einen partizipialen Dativ von Verben des Urteilens oder Schätzens u. anderen. In beiden Fällen wird ausgedrückt, dass der Gedanke des Satzes diesem persönlichen Dative gegenüber Geltung habe. α) Hdt. 6, 33 ἀπὸ Ἰωνίης ἀπαλλασσόμενος ὁ ναυτικὸς στρατὸς τὰ ἐπ' ἀριστερὰ ἐσπλέοντι τοῦ Ἑλλησπόντου αἵρεε πάντα für den Einfahrenden, wenn man einfährt, ubi v. Wesseling. 1, 51 ὁ μὲν χρύσεος (κρητήρ) ἔκειτο ἐπὶ δεξιὰ ἐσιόντι ἐς τὸν νηόν, ubi v. Baehr. 181 μεσοῦντι δέ κου τῆς ἀναβάσιός ἐστι καταγωγή. 2, 11 μῆκος πλόου ἀρξαμένῳ ἐκ μυχοῦ διεκπλῶσαι ἐς τὴν εὐρέαν θάλασσαν ἡμέραι ἀναισιμοῦνται τεσσεράκοντα εἰρεσίῃ χρεωμένῳ. 29 ἀπὸ Ἐλεφαντίνης πόλιος ἄνω ἰόντι ἄναντές ἐστι χωρίον. Vgl. 3, 90. 4, 25 ὑπερβάντι. Th. 1, 24 Ἐπίδαμνός ἐστι πόλις ἐν δεξιᾷ ἐσπλέοντι τὸν Ἰόνιον κόλπον. 2, 96 ἔπειτα (ἀνίστησι) τοὺς ὑπερβάντι Αἷμον Γέτας (κατῳκημένους). X. Cy. 8. 6, 20 λέγεται (Κῦρος) καταστρέψασθαι πάντα τὰ ἔθνη, ὅσα Συρίαν ἐκβάντι οἰκεῖ μέχρι ἐρυθρᾶς θαλάττης. An. 3. 2, 22 πάντες ποταμοὶ προϊοῦσι πρὸς τὰς πηγὰς διαβατοὶ γίγνονται. 6. 4, 1 εἰσπλέοντι. Vgl. Liv. 26, 26 *sita Anticyra est in Locride laeva parte sinum Corinthiacum intranti.* [1]) — β) Hdt. 1, 14 ἀληθέι δὲ λόγῳ χρεωμένῳ οὐ Κορινθίων τοῦ δημοσίου ἐστὶν ὁ θησαυρός für den die Wahrheit Sagenden, wenn man die Wahrheit sagt. Vgl. Tac. Germ. 6 *in universum aestimanti* (*apud Germanos*) *plus penes peditem roboris* (*est*). [1]) Hdt. 7, 143 ἐς τοὺς πολεμίους τῷ θεῷ εἰρῆσθαι τὸ χρηστήριον συλλαμβάνοντι κατὰ τὸ ὀρθόν, ἀλλ' οὐκ ἐς Ἀθηναίους recte *intellegenti* (si quis recte intellegat). Pl. civ. 589, c πρὸς ἡδονὴν . . σκοπουμένῳ ὁ ἐπαινέτης τοῦ δικαίου ἀληθεύει. Th. 1, 10 πρὸς τὰς μεγίστας καὶ ἐλαχίστας ναῦς τὸ μέσον σκοποῦντι οὐ πολλοὶ φαίνονται ἐλθόντες. 2, 49 τὸ μὲν ἔξωθεν ἁπτομένῳ σῶμα οὐκ ἄγαν θερμὸν ἦν *tangenti* (si quis id tangebat), s. Poppo. 51 τὸ νόσημα πολλὰ καὶ ἄλλα παραλιπόντι ἀτοπίας . . τοιοῦτον ἦν. So συνελόντι einem, der die Sache zusammenfasst, wenn man d. S. zus., Dem. 4, 7. Isae. 4, 22, gwhnl. ὡς συνελόντι εἰπεῖν *ut rem paucis complectar*, X. An. 3. 1, 38. Comm. 3. 8, 10. Hell. 7. 5, 6. So auch συντεμόντι in gleicher Bdtg. Anaxilas b. Ath. 558, e. — Vgl. b).

f) Auf gleiche Weise wird der mit einem Partizipe verbundene Dativ gebraucht, um eine in irgend einem Zustande sich befindende Person (seltener Sache) zu bezeichnen, der die Handlung des Satzes gilt. Besonders häufig werden so Zeitbestimmungen des Satzes ausgedrückt. Dieser Gebrauch ist vorzugsweise der alt- und neuionischen Sprache eigen, aber auch der attischen nicht fremd. B, 295 ἡμῖν δ' εἴνατός ἐστι περιτροπέων ἐνιαυτὸς | ἐνθάδε μιμνόντεσσι. Vgl. Ω, 413. τ, 192. M, 374 ἐπειγομένοισι δ' ἵκοντο. Ψ, 109 μυρομένοισι δὲ

[1]) S. Kühner ausf. Lat. Gr. § 76, 8 a) S. 237.

τοῖσι φάνη ῥοδοδάκτυλος ἠώς. Hdt. 6, 21 Ἀθηναῖοι δῆλον ἐποίησαν ὑπεραχθεσθέντες τῇ Μιλήτου ἁλώσι τῇ τε ἄλλῃ πολλαχῇ καὶ δὴ καὶ ποιήσαντι Φρυνίχῳ δρᾶμα Μιλήτου ἅλωσιν καὶ διδάξαντι ἐς δάκρυά τε ἔπεσε τὸ θέητρον καὶ ἐζημίωσάν μιν. 9, 10 θυομένῳ οἱ ἐπὶ τῷ Πέρσῃ ὁ ἥλιος ἀμαυρώθη. 1, 84 ἐπειδὴ τεσσερεσκαιδεκάτη ἐγένετο ἡμέρη πολιορκεομένῳ Κροίσῳ. Vgl. 2. 2, 124. Th. 3, 29 ἡμέραι μάλιστα ἦσαν τῇ Μυτιλήνῃ ἑαλωκυίᾳ ἑπτά, ὅτ' ἐς τὸ Ἔμβατον κατέπλευσαν. 4, 56 τοῖς Ἀθηναίοις τότε τὴν παραθαλάσσιον δῃοῦσι τὰ μὲν πολλὰ ἡσύχασαν (οἱ Λακεδαιμόνιοι). 120 ἀποστᾶσι δ' αὐτοῖς ὁ Βρασίδας διέπλευσε νυκτὸς ἐς τὴν Σκιώνην. 8, 24 εἰργομένοις αὐτοῖς τῆς θαλάσσης . . ἐνεχείρησάν τινες πρὸς Ἀθηναίους ἀγαγεῖν τὴν πόλιν. X. Hell. 2. 1, 27 ἦν ἡμέρα πέμπτη ἐπιπλέουσι τοῖς Ἀθηναίοις. An. 6. 3, 10 Ξενοφῶντι διὰ τῆς μεσογαίας πορευομένῳ οἱ ἱππεῖς καταθέοντες ἐντυγχάνουσι πρεσβύταις. (Anders Ag. 1, 2 ἔτι καὶ νῦν τοῖς προγόνοις ὀνομαζομένοις ἀπομνημονεύεται, ὁπόστος ἀφ' Ἡρακλέους ἐγένετο, sc. Ἀγησίλαος, „durch namentliche Aufzählung der Vorfahren", Sauppe). Pl. Prot. 321, c ἀποροῦντι δὲ αὐτῷ ἔρχεται Προμηθεύς. Vgl. Crit. 50, a. S. Ph. 354 ἦν δ' ἦμαρ ἤδη δεύτερον πλέοντί μοι. Eur. Jo 353 χρόνος δὲ τίς τῷ παιδὶ διαπεπραγμένῳ; Statt des Partizips steht zuweilen ein Nebensatz. Φ, 155 ἥδε δέ μοι νῦν | ἠὼς ἑνδεκάτη, ὅτ' ἐς Ἴλιον εἰλήλουθα. Vgl. τ, 222. ω, 309 f. Isae. 6, 14. Selten steht der blosse persönliche Dat. Hdt. 2, 145 Ἡρακλέϊ μὲν δὴ ὅσα αὐτοὶ Αἰγύπτιοί φασι εἶναι ἔτεα ἐς Ἄμασιν βασιλέα, δεδήλωταί μοι πρόσθε κτλ. *Herculi quot fuerint anni*, i. e. quot anni exacti sint, ex quo Hercules fuit. Th. 1, 13 ἔτη ταύτῃ (τῇ ναυμαχίᾳ) ἑξήκοντα καὶ διακόσιά ἐστι μέχρι τοῦ αὐτοῦ χρόνου (τῆς τελευτῆς τοῦδε τοῦ πολέμου).[1]) S. OR. 735 καὶ τίς χρόνος τοῖσδ' ἐστὶν οὐξεληλυθώς; — Vgl. auch 17 a. E.

g) Hieran reiht sich der Gebrauch des Dativs einer Person mit Partizipien, namentlich von Verben, die den Begriff des Wollens und Wünschens ausdrücken, als: βουλομένῳ, ἐθέλοντι poet., ἡδομένῳ, ἀσμένῳ, ἐλπομένῳ u. a., in Verbindung mit Verben, am häufigsten mit εἶναι und γίγνεσθαι. H, 7 ὡς ἄρα τὼ Τρώεσσιν ἐελδομένοισι φανήτην. Ξ, 108 ἐμοὶ δέ κεν ἀσμένῳ εἴη. γ, 228 οὐκ ἂν ἔμοιγε | ἐλπομένῳ τὰ γένοιτο. φ, 209 γιγνώσκω δ', ὡς σφῶιν ἐελδομένοισιν ἱκάνω | οἴοισι δμώων. φ, 115 οὔ κέ μοι ἀχνυμένῳ τάδε δώματα πότνια μήτηρ | λείποι. Aesch. Pr. 23 ἀσμένῳ δέ σοι | ἡ ποικιλείμων νὺξ ἀποκρύψει φάος. S. Tr. 18 χρόνῳ δ' ἐν ὑστέρῳ μέν, ἀσμένῃ δέ μοι | ὁ κλεινὸς ἦλθε Ζηνὸς Ἀλκμήνης τε παῖς. OR. 1356 θέλοντι κἀμοὶ τοῦτ' ἂν ἦν. Eur. Io 642 κἂν ἄκουσιν ᾖ (ἀνθρώποισι). Hdt. 9, 46 ἡδομένοισι ἡμῖν οἱ λόγοι γεγόνασι. Th. 2, 3 τῷ πλήθει τῶν Πλαταιῶν οὐ βουλομένῳ ἦν τῶν Ἀθηναίων ἀφίστασθαι.

---

[1]) Vgl. Bernhardy S. 82. Schmalfeld Synt. des Gr. Verbs S. 421 f. Foss comment. Altenb. 1837 p. 43.

Vgl. 7, 35. 6, 46 τῷ Νικίᾳ προσδεχομένῳ ἦν τὰ περὶ τῶν Ἐγεσταίων. 2, 60 καὶ προσδεχομένῳ μοι τὰ τῆς ὀργῆς ὑμῶν ἐς ἐμὲ γεγένηται. 4, 28 ἀσμένοις δ' ὅμως ἐγίγνετο (τοῦτο) τοῖς σώφροσι. Vgl. 4, 80. 4, 85. X. Cy. 4, 5, 21 ὅπως ὑμῖν μὴ ἀχθομένοις εἴη. Pl. Phaed. 78, b ἐπανέλθωμεν, εἴ σοι ἡδομένῳ ἐστίν. Dem. 18, 11 ἂν βουλομένοις τουτοισὶ ᾖ ἀκούειν, μνησθήσομαι. Blosses Partizip S. OC. 1505 ποθοῦντι προὐφάνης. Eur. Ph. 1046 χρόνῳ δ' ἔβα (...) Οἰδίπους ὁ τλάμων Θηβαίαν τάνδε γᾶν τότ' ἀσμένοις, ubi v. Porson 1061 et Klotz. Ar. P. 582. Ohne ἐστί: Pl. Civ. 358, d ἀλλ' ὅρα, εἴ σοι βουλομένῳ sc. ἐστί, ἃ λέγω. Ferner Th. 5, 111 [illegible] γένοιτο, καὶ [illegible], ubi v. Poppo-Stahl. Der lateinischen Sprache ist dieser Gebrauch eigentlich fremd, indem sie sich des passiven Partizips bedient, als: *haec res mihi est optata*, und nur selten aus der griechischen Sprache übertragen. Sall. Jug. 100, 4 *uti militibus exaequatus cum imperatore labos volentibus esset*. Tac. Agr. 18 *quibus bellum volentibus erat*. Ann. 1, 59 *ut quibusque bellum invitis aut cupientibus erat*.[1]

§ 424. Dativ bei Substantiven.

1. Wie wir § 422 gesehen haben, bezieht sich der Dativ nicht wie der Akkusativ und Genetiv auf ein einzelnes Satzglied, sondern auf die ganze Satzsubstanz. Nun aber finden sich in Wirklichkeit Beispiele, in denen der Dativ auf ein einzelnes Substantiv bezogen ist. In einer solchen Verbindung liegt jedoch eine gewisse Härte und Abnormität.[2] Am häufigsten tritt dieselbe bei Verbalsubstantiven ein, und dieser Fall ist der mildeste und lässt sich leicht daraus erklären, dass der Grieche bei seiner lebhaften Auffassung den Substantiven die Kraft des entsprechenden Verbs erteilte. Pl. Soph. 252, d πάντα ἀλλήλοις ἐῶμεν δύναμιν ἔχειν ἐπικοινωνίας (κοινωνεῖν ἀλλήλοις § 425, 1). 257, a ἔχει κοινωνίαν ἀλλήλοις ἡ τῶν γενῶν φύσις. Vgl. 260, e. Civ. 464, a. 466, c. 444, b ἐπανάστασις μέρους τινὸς τῷ ὅλῳ τῆς ψυχῆς, vgl. Th. 8, 21 (ἐπανίστασθαί τινι). 493, d ἐπιδεικνύμενος ἢ ποίησιν ἢ τινα ἄλλην δημιουργίαν ἢ πόλει διακονίαν (διακονεῖν τινί τι). Vgl. Leg. 633, c. Dem. 18, 309 τοῖς ἀπεχθηθεῖσιν ἐχθροῖς ἐναντιώματα (ἐναντιοῦσθαί τινι). Th. 1, 122 ἐπιτειχισμὸς τῇ χώρᾳ (ἐπιτειχίζειν τινί). 4, 23 ἐπιδρομὴ τῷ τειχίσματι (ἐπιτρέχειν τινί). X. An. 7, 2, 5 διάδοχος Κλεάνδρῳ. Dem. 4, 21 (στρατεύεσθαι) ἐκ διαδοχῆς ἀλλήλοις (διαδέχεσθαί τινι). Pl. civ. 401, d εἰς ὁμοιότητά τε καὶ φιλίαν καὶ ξυμφωνίαν τῷ καλῷ

[1]) Vgl. Classen, Beobachtungen üb. d. homer. Sprachgebr. S. 155 ff. Stallbaum ad Pl. civ. 358, d. Maetzner ad Antiph. 6, 8. Kritz ad Sall. Jug. 84, 3. Kühner ausf. L. Gr. § 76, 8. b) S. 238. — [2] Vgl. Rumpel Kasuslehre S. 269.

λόγῳ ἄγουσα. Phaed. 109, a ὁμοιότης ἑαυτῷ. Phaedr. 253, c εἰς ὁμοιότητα τῷ θεῷ ἄγειν. S. Tr. 668 τῶν σῶν Ἡρακλεῖ δωρημάτων = τῶν ὑπὸ σοῦ Ἡ. δωρηθέντων. Ar. N. 305 Ch. οὐρανίοις τε θεοῖς δωρήματα. Th. 5, 35 τὴν τῶν χωρίων ἀλλήλοις οὐκ ἀπόδοσιν. Aesch. Pr. 612 πυρὸς βροτοῖς δοτῆρ' ὁρᾷς Προμηθέα = δόντα. Pl. leg. 860, e τί συμβουλεύεις ἡμῖν περὶ τῆς νομοθεσίας τῇ τῶν Μαγνήτων πόλει; Pl. apol. 30, d τὴν τοῦ θεοῦ δόσιν ὑμῖν. (Aber Phil. 16, c θεῶν εἰς ἀνθρώπους δόσις.) Ω, 458 ἐς δ' ἄγαγε κλυτὰ δῶρα ποδώκεϊ Πηλείωνι Geschenke für den P. Euthyphr. 15, a τὰ παρ' ἡμῶν δῶρα τοῖς θεοῖς. Dem. 52, 26 δωρεὰς τῇ πόλει. Pl. Symp. 182, d ἡ παρακέλευσις τῷ ἐρῶντι παρὰ πάντων θαυμαστή. Euthyphr. 13, d ὑπηρετική τις ἂν εἴη θεοῖς Dienstleistung an die Götter. Ebenso ὑπηρεσία *c. dat.* Ap. 30, a. Euthyphr. 14, d. Phaed. 88, c εἰς ἀπιστίαν καταβαλεῖν οὐ μόνον τοῖς προειρημένοις λόγοις, ἀλλὰ καὶ εἰς τὰ ὕστερον μέλλοντα ῥηθήσεσθαι, wo man den Wechsel der Konstruktion beachte. X. An. 5. 6, 29 ἔλεξε δέ, ὅτι ἐν τοῖς ἱεροῖς φαίνοιτό τις δόλος καὶ ἐπιβουλὴ ἐμοί. Th. 1, 73 ἡ πρέσβευσις ἡμῶν οὐκ ἐς ἀντιλογίαν τοῖς ὑμετέροις ξυμμάχοις ἐγένετο. Aesch. S. 908 διαλλακτῆρι δ' οὐκ ἀμεμφία φίλοις sc. ἐστίν, die Freunde sind nicht frei von Vorwürfen gegen den Vermittler. Pl. Theaet. 168, c τῷ ἑταίρῳ σου εἰς βοήθειαν u. so immer b. Pl. [1]). Hdt. 7, 169 ἐπιμέμφεσθε, ὅσα ὑμῖν ἐκ τῶν Μενέλεῳ τιμωρημάτων Μίνως ἔπεμψε μηνίων δακρύματα, ubi v. Baehr (τιμωρεῖν τινι). Lycurg. 63 τῶν συνηγόρων αὐτῷ, ubi v. Maetzner. Dem. 18, 41 ὁ δὲ ταύτης τῆς πίστεως αὐτῷ συνεργὸς καὶ συναγωνιστής. Th. 6, 76 οὐ περὶ τῆς ἐλευθερίας οὔτε οὗτοι (οἱ Ἀθηναῖοι) τῶν Ἑλλήνων, οὔθ' οἱ Ἕλληνες τῆς ἑαυτῶν τῷ Μήδῳ ἀντέστησαν, περὶ δὲ οἱ μὲν (Ἀθηναῖοι) σφίσιν, ἀλλὰ μὴ ἐκείνῳ καταδουλώσεως, damit die Hellenen sich und nicht dem Meder unterworfen würden (= περὶ τοῦ τοὺς Ἕλληνας σφίσιν, ἀλλὰ μὴ ἐκείνῳ καταδουλωθῆναι). [2]) Entsprechend im Lat. Cic. de legg. 1. 15, 42 *iustitia est obtemperatio scriptis legibus.*

2. Hieran schliesst sich der Gebrauch des Dativs bei Substantiven, die von Adjektiven mit dem Dative abgeleitet sind. Th. 5, 5 ἐχρημάτισε περὶ φιλίας τοῖς Ἀθηναίοις. Pl. Gorg. 513, b εἰ μέλλεις τι γνήσιον ἀπεργάζεσθαι εἰς φιλίαν τῷ Ἀθηναίων δήμῳ. X. Hier. 6, 3 εὔνοιαν ἐμοί, ubi v. Breitenb.

3. Härter ist der Gebrauch des Dativs bei Substantiven, welche nicht mit Verben, die mit dem Dative verbunden werden, zusammenhängen. Er kann ursprünglich auf einer Verkürzung beruhen; doch kommt diese im einzelnen Falle dem Redenden kaum zum

[1]) S. Schneider ad Pl. civ. 406, d. — [2]) Vgl. Matthiä § 390. Hdrf. ad Pl. Soph. 260, c. Stallbaum ad Pl. Civ. 493, d. Leg. 633, c u. s. Schneider ad Pl. civ. 607, a. Haage progr. Luneb. 1836 p. 8.

Bewusstsein. So lässt sich z. B. Lysias 19, 22 προσδεῖν ἔφη (sc. τοῦ ἀργυρίου) πρὸς τὸν μισθὸν τοῖς πελτασταῖς ein Partizip oder Verbaladjektiv wie δοτέον, bestimmt für, ergänzen. Vgl. Pl. leg. 847, b. Dem. 3, 20 δι' ἀπορίαν ἐφοδίων τοῖς στρατευομένοις. 4, 28 σιτηρέσιον τῇ δυνάμει ταύτῃ. 53, 29 τροφὰς μητρί. Pl. Civ. 607, a ὕμνους θεοῖς καὶ ἐγκώμια τοῖς ἀγαθοῖς . . παραδεκτέον εἰς πόλιν = ὕμνους θεοῖς κ. ἐγκ. τοῖς ἀγ. πεποιημένα bestimmt für, vgl. Symp. 194, d. Eur. J. T. 388 τὰ Ταντάλου θεοῖσιν (sc. δοθέντα) ἑστιάματα | ἄπιστα κρίνω. Ph. 17 ὦ Θήβαισιν εὐίπποις ἄναξ (ὤν), ubi v. Klotz. Or. 363 ἐκ δὲ κυμάτων ὁ ναυτίλοισι μάντις (ὢν) ἐξήγγειλέ μοι. Hec. 1267. So auch Aesch. S. 996 f. Ism. ἰὼ ἰὼ κακά. Ant. δώμασι καὶ χθονί. Ism. πρὸ πάντων δ' ἐμοί (ὄντα). P. 1022 Chor. τί τόδε λέγεις σεσωσμένον; Xerx. θησαυρὸν βελέεσσιν receptaculum sagittis, wie im Franz. z. B. *le pot au vin* u. dgl. Th. 6, 18 ἡ Νικίου τῶν λόγων ἀπραγμοσύνη καὶ διάστασις τοῖς νέοις ἐς τοὺς πρεσβυτέρους Zwiespalt für die Jüngeren (d. i. der Jüngeren) gegen die Älteren. Inschriftlich θυσία τῇ Ἥβῃ καὶ τοῖς ἄλλοις θεοῖς, ἀριστεῖα τῇ θεῷ, γραμματεὺς τῇ βουλῇ καὶ τῷ δήμῳ, ἧλοι ταῖς θύραις, ξύλα καὶ ἄνθρακες τῷ μολύβδῳ für das Blei, d. i. zum Schmelzen des Bleies.[1])

4. Auch findet sich die Verbindung eines Substantivs, besonders eines Verbalsubstantivs, meistens in passivem Sinne, mit einem sog. instrumentalen Dative (§ 425, 7). S. OC. 1027 τὰ γὰρ δόλῳ | τῷ μὴ δικαίῳ κτήματ' (= κεκτημένα) οὐχὶ σῴζεται. Pl. civ. 397, a ἔσται τούτου λέξις ἅπασα διὰ μιμήσεως φωναῖς τε καὶ σχήμασιν *imitatione per voces et gestus facta.* Leg. 631, c ἰσχὺς εἴς τε δρόμον καὶ εἰς τὰς ἄλλας πάσας κινήσεις τῷ σώματι, ubi v. Ast et Stallb. 633, b ἐν ταῖς πρὸς ἀλλήλους ταῖς χερσὶ μάχαις. 717, a ἡ τοῖς βέλεσιν ἔφεσις. 813, d τὰ περὶ τὸν πόλεμον ἅπαντα τοῖς σώμασι διακονήματα. 898, b οὐκ ἄν ποτε φανεῖμεν φαῦλοι δημιουργοὶ λόγῳ καλῶν εἰκόνων. Polit. 280, d τὰς κλοπὰς καὶ τὰς βίᾳ πράξεις. Crat. 433, b μὴ ὁμολόγει δήλωμα συλλαβαῖς καὶ γράμμασι πράγματος ὄνομα εἶναι. Pind. J. 2, 13 οὐκ ἀγνῶτ' ἀείδω Ἰσθμίαν ἵπποισι νίκαν. 3, 16 ἴστε μὰν Κλεωνύμου δόξαν παλαιὰν ἅρμασιν.

Anmerk. 1. In vielen Fällen ist die Verbindung des Substantivs mit dem Dative nur scheinbar:

a) Wenn mit dem Substantive ein Adjektiv verbunden ist, dem der Dativ angehört; denn das Adjektiv mit dem Dative lässt sich in einen Satz auflösen. Aesch. Ch. 235 ὦ φίλτατον μέλημα δώμασιν πατρός = ὦ μ., φίλτατον ὂν δ. π. S. El. 1066 ὦ χθονία βροτοῖσι Φάμα, o Fama, die du den Sterblichen bis in die Unterwelt dringst. Eur. Ph. 88 ὦ κλεινὸν οἴκοις, Ἀντιγόνη, θάλος πατρί o Spross, der du dem Vater und somit auch dem ganzen Hause Ruhm bringst. Pl. civ.

---

[1]) S. Meisterhans a. a. O. S. 170 f. Elisch ἁ ϝράτρα τοῖς ϝαλείοις, bei Collitz, Gr. Dial. 1152.

431, b ἀπόβλεπε πρὸς τὴν νέαν ἡμῖν πόλιν auf den uns neuen Staat, auf den Staat, den wir jetzt aufgestellt haben.

b) In folgenden Stellen bezieht sich der Dativ nicht auf das dabeistehende Substantiv, sondern auf die ganze Satzsubstanz. E, 546 ὃς τέκετ' Ὀρσίλοχον πολέεσσ' ἄνδρεσσιν ἄνακτα, wofür auch gesagt werden konnte: ὥστε π. ἀ. ἄνακτα εἶναι. N, 450 ὃς πρῶτον Μίνωα τέκε Κρήτῃ ἐπίουρον. Vgl. Hs. th. 326. K, 341 οὗτός τοι, Διόμηδες, ἀπὸ στρατοῦ ἔρχεται ἀνήρ, | οὐκ οἶδ', ἢ νήεσσιν ἐπίσκοπος ἡμετέρῃσιν | ἤ τινα συλήσων. Δ, 24 Ἥρῃ δ' οὐκ ἔχαδε στῆθος χόλον. Th. 1, 5 οἱ Ἕλληνες ἐτράποντο πρὸς λῃστείαν . . κέρδους τοῦ σφετέρου αὐτῶν ἕνεκα καὶ τοῖς ἀσθενέσι τροφῆς. 3, 24 ἐσπένδοντο ἀναίρεσιν τοῖς νεκροῖς für die Toten. 4, 6 ἐσπάνιζον τροφῆς τοῖς πολλοῖς, ubi v. Poppo. 8, 57 ἢν ἀπορῶσι πολλαῖς ναυσὶ τῆς τροφῆς. 8, 53 εἴ τινα ἐλπίδα ἔχει σωτηρίας τῇ πόλει. 5, 46 εἰ μὴ τὴν ξυμμαχίαν ἀνήσουσι Βοιωτοῖς den B. = zum Nachteile der B. (Dagegen kurz vorher: τὴν Βοιωτῶν ξυμμαχίαν ἀνεῖναι Boeotorum societatem.) Dem. 1, 22 εἰς στενὸν κομιδῇ τὰ τῆς τροφῆς τοῖς ξένοις αὐτῷ καταστήσεται. Pl. Phaed. 62, b τόδε γέ μοι δοκεῖ εὖ λέγεσθαι τὸ ἡμᾶς τοὺς ἀνθρώπους ἓν τῶν κτημάτων τοῖς θεοῖς εἶναι die Menschen seien den Göttern eines ihrer Besitztümer. (Dagegen ib. d εὐλόγως ἔχει τὸ ἡμᾶς ἐκείνου [τοῦ θεοῦ] κτήματα εἶναι wir seien Besitztümer der Gottheit.) Hipp. min. 363, b τοῦ σοῦ πατρὸς ἤκουον, ὅτι ἡ Ἰλιὰς κάλλιον εἴη ποίημα τῷ Ὁμήρῳ ἢ ἡ Ὀδύσσεια, die Ilias sei für Homer eine schönere Dichtung (π. τοῦ Ὁμήρου drückt nur aus, die Il. sei eine Dichtung Homers, ohne alle innere Beziehung zu Homer). S. Ant. 571 κακὰς ἐγὼ γυναῖκας υἱέσι στυγῶ mag ich für meine Söhne nicht. Ai. 717 Αἴας μετανεγνώσθη θυμῶν τ' Ἀτρείδαις μεγάλων τε νεικέων. El. 764 τὸ πᾶν δὴ δεσπόταισι τοῖς πάλαι . . ἔφθαρται γένος. So auch bei einer Apposition, auf die zugleich auch das Verb des Satzes zu beziehen ist. Σ, 560 αἱ δὲ γυναῖκες | δεῖπνον ἐρίθοισιν λεύκ' ἄλφιτα πολλὰ πάλυνον. Aesch. S. 1014 τούτου . . νεκρὸν | ἔξω βαλεῖν ἄθαπτον ἁρπαγὴν κυσίν.[1]

c) Hierher gehört auch der Fall, dass der Dativ eines Personalpronomens zwar bei einem Substantive steht, aber auf den ganzen Satz zu beziehen ist, obwohl er oft, besonders bei Herodot, durch seine Stellung die Bedeutung eines possessiven Genetivs zu haben scheint.[2] M, 174 Ἕκτορι γάρ οἱ θυμὸς ἐβούλετο κῦδος ὀρέξαι ihm wollte das Gemüt dem Hektor Ruhm gewähren. Hdt. 1, 1 ἐλθεῖν ἐπὶ τὴν θάλασσαν . . καὶ τοῦ βασιλέος θυγατέρα· τὸ δέ οἱ οὔνομα εἶναι . . Ἰοῦν. 31 οἱ δέ σφι βόες ἐκ τοῦ ἀγροῦ οὐ παρεγίνοντο ἐν ὥρῃ ihre Stiere waren ihr nicht gekommen. 82 μηδὲ τὰς γυναῖκάς σφι χρυσοφορήσειν. Ib. τῶν οἱ συλλοχιτέων διεφθαρμένων *quum ei* οἱ συλλοχῖται *perissent*. 3, 65 οἱ δὲ ὑμῖν μάγοι κρατέουσι τῶν βασιληίων. 153 τῶν οἱ σιτοφόρων ἡμιόνων μία ἔτεκε. Pl. Theaet. 210, b ταῦτα ἅπαντα ἡ μαιευτικὴ ἡμῖν τέχνη ἀνεμιαῖά φησι γεγενῆσθαι. Oft stehen zwei Dative. M, 334 πάπτηνεν δ' ἀνὰ πύργον Ἀχαιῶν, εἴ τιν' ἴδοιτο | ἡγεμόνων, ὅστις οἱ ἀρὴν ἑτάροισιν ἀμύναι der ihm das Verderben seinen Gefährten (von s. G.) abwehre. β, 50 μητέρι μοι μνηστῆρες ἐπέχραον οὐκ ἐθελούσῃ „der Dat. μοί zeigt den näheren Anteil des Herzens an" Nitzsch. δ, 771 οὐδέ τι οἶδεν, ὅ οἱ φόνος υἷι τέτυκται. Hdt. 1, 34 μή τί οἱ κρεμάμενον τῷ παιδὶ ἐμπέσῃ. 7, 125 πορευομένῳ δὲ ταύτῃ λέοντές οἱ ἐπεθήκαντο τῇσι σιτοφόροισι καμήλοισι. X. Cy. 8. 4, 24 σοὶ δέ, ὦ Γωβρύα, δώσω ἄνδρα τῇ θυγατρί. Pl. leg. 624, b τοῦ Μίνω κατὰ τὰς παρ' ἐκείνου φήμας ταῖς πόλεσιν ὑμῖν θέντος τοὺς νόμους.

1) Vgl. Matthiä § 389, 9. 1. Haage l. d. p. 6. — 2) S. Stein zu Hdt. I, 34.

Anmerk. 2. Ausser dem zuletzt angegebenen Falle ist noch diejenige Verbindung zweier Dative zu bemerken, in welcher der erste Dativ durch den zweiten gleichsam appositionsmässig in irgend einer Beziehung näher bestimmt wird. Pind. O. 8, 83 ἐνέποι κεν Καλλιμάχῳ λιπαρὸν κόσμον Ὀλυμπίᾳ, ὅν σφι Ζεὺς γένει ὤπασεν ihnen dem Geschlechte = ihrem G. 2, 14 εὔφρων ἄρουραν ἔτι πατρίαν σφίσιν κόμισον λοιπῷ γένει = ihrem künftigen Geschlechte. S. Dissen ad h. l. Eur. M. 991 παισὶν .. ὄλεθρον βιοτᾷ προσάγεις. Hdt. 2, 18 μαρτυρέει δέ μοι τῇ γνώμῃ, ὅτι τοσαύτη ἐστὶ Αἴγυπτος, καὶ τὸ Ἄμμωνος χρηστήριον. Pl. Hipp. min. 364, b ὤκνουν ἐπανερέσθαι, .. μή σοι ἐμποδὼν εἴην ἐρωτῶν τῇ ἐπιδείξει. Leg. 918, c πᾶσιν ἐπικουρίαν ταῖς χρείαις ἐξυπορεῖν καὶ ὁμαλότητα ταῖς οὐσίαις, allen (Menschen), nämlich ihren Bedürfnissen und ihrem Vermögen.[1]) Hieran schliessen sich die Beispiele, in denen zwei Dative nach dem σχῆμα καθ' ὅλον καὶ μέρος gesetzt sind. S. § 406, 9.

§ 425. Der Dativ als Vertreter des Instrumentalis.

A. Als Vertreter des Instrumentalis bezeichnet der Dativ zunächst in komitativem Sinne die Person oder Sache, mit der zusammen (unter deren Mitwirkung oder Gegenwirkung) eine Handlung vor sich geht. Das Deutsche wie das Lateinische gebrauchen in diesen Fällen meist die Präposition mit, *cum*. So

1. bei Verben der Gemeinschaft, der Vereinigung, des Verkehrs, als: ὁμιλεῖν, μιγνύναι, συμ-, προσ-, μίγνυσθαι, κεραννύναι, κοινοῦν, κοινοῦσθαι, κοινωνεῖν, μετέχειν (τινί τινος), χρηματίζειν *agere cum al.* (aber πράττειν τινί wirken für, vgl. § 423, 17 S. 419), διαλέγεσθαι, διαλλάττειν, κατ-, συν-, aussöhnen, διαλλάττεσθαι, κατ-, συν- sich aussöhnen, καταλύεσθαι sich vertragen, σπένδεσθαι, σπονδὰς u. εἰρήνην ποιεῖσθαι, συντίθεσθαι od. συνθήκας ποιεῖσθαι, ξυνοῦσθαι, ἑταιρίσσαι Ω. 335, ἕπεσθαι mitgehen, folgen, ἀκολουθεῖν, ὀπηδεῖν poet., ὀπάζειν τινά τινι ep. mitgehen lassen, mitgeben, ὁμαρτεῖν poet., παρ- sp. pros., συμπαρ-, sowie viele Zusammensetzungen mit ὁμο-, σύν und μετά, als: ὁμολογεῖν, ὁμονοεῖν, ὁμογνωμονεῖν, ὁμοδοξεῖν, ὁμοφρονεῖν, συμφρονεῖν, συμμένειν, συνᾴδειν, συμφωνεῖν, συμβαίνειν, συμφέρεσθαι, συναγωνίζεσθαι, συνεργεῖν, συμπράττειν, συλλαμβάνειν, παίζειν, συνοικεῖν u. a. Hdt. 3, 131 ὁ Δημοκήδης Πολυκράτεϊ ὡμίλησε. X. Comm. 1. 2, 39 ὡμιλείτην αὐτῷ. λ, 123 ἅλεσσι μεμιγμένον εἶδαρ ἔδουσιν. Hell. 6. 3, 8 ποιεῖσθε πολεμίους οὐκ ἀνακοινούμενοι τοῖς συμμάχοις. ib. 1 κοινωνεῖν αὐτοῖς ὧν ἔπραττον οὐκέτι ἤθελον. Th. 5, 5 ἐν τῇ Ἰταλίᾳ τισὶ πόλεσιν ἐχρημάτισε περὶ φιλίας. X. Comm. 1. 2, 60 (οἱ σοφισταὶ) τοῖς μὴ ἔχουσι χρήματα διδόναι οὐκ ἤθελον διαλέγεσθαι. Eur. M. 872 ἐγὼ δ' ἐμαυτῇ διὰ λόγων ἀφικόμην = διελέχθην. Th. 2, 95 εἰ Ἀθηναίοις διαλλάξειεν ἑαυτόν. 4, 61 ἃ χρὴ γνόντας καὶ ἰδιώτην ἰδιώτῃ καταλλαγῆναι καὶ πόλιν πόλει. X. Hell. 2. 2, 19 σπένδεσθαι Ἀθηναίοις. 3. 2, 20 ἀλλήλοις σπονδὰς ἐποιήσαντο. 4. 1, 29 Ἀπολλο-

[1]) Vgl. Matthiä § 389. b. Haage l. d. p. 6 sq.

φάνης Ἀγησιλάῳ κατ' ἐκεῖνον τὸν χρόνον ἐξενώθη. Π, 154 ὃς καὶ θνητὸς ἐὼν ἕπεθ' ἵπποις ἀθανάτοισιν. X. An. 1. 3, 17 φοβοίμην ἂν τῷ ἡγεμόνι ᾧ δοίη ἕπεσθαι. S. fr. Thyest. 238, 2 (Stob. 115, 16) τῷ γήρᾳ φιλεῖ χὼ νοῦς ὁμαρτεῖν. Pl. civ. 352, a οὐχ ὁμονοοῦντα αὐτὸν ἑαυτῷ. Dem. 18, 25 τίς ἦν ὁ Φιλίππῳ συναγωνιζόμενος; S. Tr. 798 εἴ σε χρὴ θανόντι συνθανεῖν ἐμοί.

Anmerk. 1. Einige der angeführten Verben werden zuweilen auch in veränderter (rein räumlicher) Bedeutung mit Präpositionen verbunden. So ὁμιλεῖν b. Hom. ἐν, μετά, παρά *c. dat.*; μετά *c. gen.* Pl. Polit. 272, c μετά τε θηρίων καὶ ἀλλήλων; in der Bdtg. zusammenkommen, sich tummeln um περί *c. acc.* Hom.; in der Bdtg. sich benehmen πρός *c. acc.* Pl. Phaedr. 252, d τούτῳ τῷ τρόπῳ πρὸς τοὺς ἐρωμένους ὁμιλεῖ τε καὶ προσφέρεται u. sonst, s. Passow; so auch Dem. 6, 21 αἱ πρὸς τοὺς τυράννους ὁμιλίαι. Μιγνύναι, -υσθαι ἔν τινι öfter b. Hom.: mischen, sich mischen unter. ο, 379 τῷ κέ μ' ἴδοις πρώτοισιν ἐνὶ προμάχοισι μιγέντα, vgl. Φ, 469. Γ, 209. Γ, 55 ὅτ' ἐν κονίῃσι μιγείης. Desgleichen b. Pind. P. 4, 223 κοινὸν γάμον ἐν ἀλλάλοισι μῖξαι. O. 1, 91 νῦν δ' ἐν αἱμακουρίαις ἀγλααῖσι μέμικται *inferias splendidas adeptus est.* J. 2 29 ἐν τιμαῖς ἔμιχθεν. P. 4, 251 ἔν τ' Ὠκεανοῦ πελάγεσσι μίγεν *ad Oceani undas pervenerunt.* So auch Eur. Io 399 κἂν ταῖς κακαῖσιν ἁγαθαὶ μεμιγμέναι | μισούμεθα. Mit σύν Pind. N. 3, 78 μεμιγμένον μέλι σὺν γάλακτι. Verschieden davon Pl. Tim. 35, b μιγνὺς δὲ μετὰ τῆς οὐσίας, was Stallb. so erklärt: μιγνὺς τὴν θατέρου φύσιν καὶ ταὐτόν, ita, ut accederet οὐσία, wie 83, b ἔτι δὲ ξυμμίγνυται ξανθὸν χρῶμα μετὰ τῆς πικρότητος (μετά *c. gen.* = in Verbindung mit). Mit ἐς Σ, 215 f. οὐδ' ἐς Ἀχαιοὺς | μίσγετο mischte sich unter die A. Διαλέγεσθαι πρός τινα, z. B. X. Comm. 4. 3, 2. Pl. civ. 528, a. Κοίνωσον μῦθον ἐς ἡμᾶς Eur. J. A. 44. Οἱ προσήκοντες πρὸς τὰς τῶν γάμων ἐπιμελουμένας γυναῖκας κοινούμενοι *consilia sua cum mulieribus communicantes*, Pl. leg. 930, c. Th. 4, 59 πρὸς ἀλλήλους δι' ἀντιλογιῶν (disceptando) πειρώμεθα καταλλαγῆναι. — Ἕπεσθαι, ἀκολουθεῖν, ὀπηδεῖν, ὁμαρτεῖν nicht selten mit σύν, μετά, ἅμα, zuweilen mit ἐπί. η, 165 (Ζεὺς) ὅς θ' ἱκέτῃσιν ἅμ' αἰδοίοισιν ὀπηδεῖ. Vgl. Hs. Th. 80. Op. 230 οὐδέ ποτ' ἰθυδίκῃσι μετ' ἀνδράσι λιμὸς ὀπηδεῖ. X. Hier. 9, 8 ἡ σωφροσύνη πολὺ μᾶλλον σὺν τῇ ἀσχολίᾳ συμπαρομαρτεῖ. Cy. 5. 2, 36 σὺν τοῖς νικῶσιν ἕπονται. An. 1. 3, 6 ἐγὼ σὺν ὑμῖν ἕψομαι. 7. 5, 3 σὺν ἐμοὶ ἠκολούθησαν. Pl. Menex. 235, b μετ' ἐμοῦ ξένοι τινὲς ἕπονται. 249, d ἀκολούθει μετ' ἐμοῦ. Isocr. 4, 147 μεθ' οὗ (στρατηγοῦ) συνηκολούθησαν.[1] X. Cy. 5. 5, 37 ἐπὶ τῷ Κυαξάρῃ (auf K.) οἱ Μῆδοι εἵποντο, ἐπὶ δὲ τῷ Κύρῳ οἱ Πέρσαι, οἱ δ' ἄλλοι ἐπὶ τούτοις. (Ἕπεσθαι ἐπί τινος α, 278. β, 197). — Ἕπεσθαί τι, als Transitiv, begleiten, wie *sequi* Pind. N. 10, 37 ἕπεται δέ, Θεαῖε, ματρώων πολύγνωτον γένος ὑμετέρων εὐάγων τιμά *certaminum honos sequitur* (*comitatur*) *maiorum tuorum maternorum illustre genus.* — Ὀπάζειν verfolgen, *c. acc.* ep. poet. s. Passow. — Bei den Zusammensetzungen mit σύν erscheint neben dem Dativ auch μετά *c. gen.* Lys. 21, 8 μετ' ἐμοῦ συνέπλει. Inschr. συνδιεπολέμησαν τὸν πόλεμον μετὰ Ἀθηναίων.[2])

2. So auch die Adjektive und Adverbien, zuweilen selbst Verbalsubstantive (§ 424) der angegebenen Begriffe, als: κοινός, ἀκόλουθος, σύμφωνος, συνῳδός u. προσῳδός, σύντροφος, συγγενής, μεταίτιος, ὁμόγλωσσος, ὁμώ-

1) Vgl. Lobeck ad Phryn. p. 353 sq. Heindorf ad Pl. Phaedr. 250, b. — 2) Vgl. Meisterhans a. a. O. p. 179.

νομος, und viele andere mit σύν, μετά, ὁμοῦ zusammengesetzte, die den Begriff der Gemeinschaft bezeichnen; μίγα u. μίγδα poet., σύμμιγα, ἑπομένως, ἀκολούθως, ἅμα, ὁμοῦ (samt). Isocr. 4, 9 αἱ πράξεις αἱ προγεγενημέναι κοιναὶ πᾶσιν ἡμῖν κατελείφθησαν. Pl. leg. 845, d (πνεύματα) τοῖς ὕδασι ξύντροφα. X. r. eq. 1, 13 τὰ ἰσχία πλατέα εἶναι χρὴ καὶ εὔσαρκα, ἵνα ἀκόλουθα ᾖ ταῖς πλευραῖς. Hdt. 5. 92, 3 τὸ πρότερον (sc. λόγιον) ἐὸν συνῳδὸν τῷ Ἠετίωνος. Dem. 15, 22 χώραν ὅμορον τῇ Λακεδαιμονίων οἰκοῦντες. Pl. Crat. 405, e ὁμώνυμον ἐγίγνετο τῷ χαλεπῷ ὀνόματι. Leg. 844, e ἑπομένως τῷ νόμῳ. Θ, 437 μίγδ' ἄλλοισι θεοῖσι. Hdt. 6, 58 σύμμιγα τῇσι γυναιξὶ κόπτονται τὰ μέτωπα.

Anmerk. 2. Κοινός m. ἐπί c. dat. räumlich Pl. Theaet. 185, c τό τ' ἐπὶ πᾶσι κοινὸν καὶ τὸ ἐπὶ τούτοις, das sowohl bei allen Dingen als auch bei diesen Gemeinsame. Über κοινός c. gen. § 418, 4; über ἀκόλουθος u. ἑπόμενος c. gen. § 416, 2. Auch bei anderen Adjektiven dieser Art erscheint zuweilen der Genetiv, wenn der Begriff der Zugehörigkeit in den Vordergrund tritt. So συγγενής Ar. Th. 574 φίλαι γυναῖκες, ξυγγενεῖς τοὐμοῦ τρόπου, vgl. Pl. civ. 403, a. Phil. 31, a. σύντροφος S. Ph. 203. συμφυής Pl. leg. 721, c γένος ἀνθρώπων ἐστί τι ξυμφυὲς τοῦ παντὸς χρόνου. σύμφυτος Pl. Phil. 51, d. σύμφωνος ibid. 11, b ὅσα τοῦ γένους ἐστὶ τούτου σύμφωνα. ξυνώνυμος Eur. Hel. 495. ὁμώνυμος Isocr. 9, 18 (Τεῦκρος) Σαλαμῖνα κατῴκισεν, ὁμώνυμον ποιήσας τῆς πρότερον αὐτῷ πατρίδος οὔσης. ὅμορος Th. 2, 99 Βοττιαίους οἳ νῦν ὅμοροι Χαλκιδέων οἰκοῦσι. Deutlich substantivischen Charakter tragen σύννομος, σύνοικος S. Ant. 451, ὁμόφοιτος Pind. N. 8, 33, ὁμόδουλος Pl. Phaed. 85, b, ὁμοσπόρος S. OR. 460, ὁμέστιος S. fr. 408, d u. a., vgl. § 417, Anm. 19.

3. Bei Verben des Streitens und Wetteiferns, als: ἐρίζειν, ἔριν ἔχειν u. dgl., μάχεσθαι, διαμ-, μάρνασθαι poet., πολεμεῖν, πολεμίζειν poet., παλαίειν, διαπυκτεύειν, πληκτίζεσθαι Φ, 499, ὠστίζεσθαι sich mit einem herumstossen, Ar. Ach. 24. 844, διαβάλλεσθαι mit einem in Zerwürfnisse geraten, sich mit einem verfeinden, — ἀγωνίζεσθαι, δικάζεσθαι rechten, λαγχάνειν δίκην, ἀμφισβητεῖν, στασιάζειν, διαστ-, εἰς ἀγῶνα ἀφικνεῖσθαι, ἀντιποιεῖσθαι, νεικεῖν mit einem zanken, Υ, 254. ρ, 189, λοιδορεῖσθαι sich mit einem zanken, jmd. schelten, διὰ πολέμου ἰέναι, πόλεμον ἀναιρεῖσθαι Hdt. 5, 36, πειρᾶσθαι sich mit einem messen Φ, 225 Ἕκτορι πειρηθῆναι, διαφέρεσθαι sich entzweien, streiten, διαφορὰν ἔχειν Eur. M. 75, διάφορον εἶναι uneinig sein, — ἀείδειν mit einem singen, d. i. *cantando cum aliquo certare* u. a. B, 122 πολεμίζειν ἠδὲ μάχεσθαι ἀνδράσι παυροτέροισι. A, 277 ἐριζέμεναι βασιλῆι. θ, 188 Φαίηκες ἐδίσκεον ἀλλήλοισιν. Ähnlich M, 207 πέτετο πνοιῇς ἀνέμοιο mit dem Hauche des Windes (um die Wette), wofür sonst ἅμα πνοιῇς, z. B. α, 98, Π, 149, oder μετὰ πνοιῇς β, 148 gesagt wird. Theocr. 1, 136 κἠξ ὀρέων τοὶ σκῶπες ἀηδόσι γαρύσαιντο. 8, 6 λῇς μοι ἀεῖσαι; 5, 22 ἀλλά γέ τοι διαείσομαι (διά schliesst den Begriff der Fortsetzung u. Dauer in sich), ἔστε κ' ἀπείπῃς. Th. 1, 73 φαμὲν Μαραθῶνι μόνοι προκινδυνεῦσαι τῷ βαρβάρῳ = μετὰ κινδύνου προμάχεσθαι τῷ β. 112 Φοίνιξι καὶ Κίλιξιν ἐναυμάχησαν. Pl.

Phaedr. 232, d ἥξεις αὐτοῖς εἰς διαφοράν. Prot. 335, a πολλοῖς ἤδη εἰς ἀγῶνα λόγων ἀφικόμην ἀνθρώποις. X. oec. 17, 2 πολλαῖς ζημίαις παλαίσαντες. Comm. 3. 5, 16 πλείστας δίκας ἀλλήλοις δικάζονται. An. 2. 3, 23 οὔτε βασιλεῖ ἀντιποιούμεθα τῆς ἀρχῆς, vgl. 2. 1, 11. Hell. 4. 8, 14. An. 5. 2, 11 οἱ ἀλλήλοις περὶ ἀνδραγαθίας ἀντεποιοῦντο. Pl. Phaedr. 263, a ἀμφισβητοῦμεν ἀλλήλοις τε καὶ ἡμῖν αὐτοῖς. Th. 8, 81 ἵνα οἱ πολέμιοι τῷ Τισσαφέρνει ὡς μάλιστα διαβάλλοιντο, ubi v. Stahl. Pl. Phaed. 67, e διαβέβληνται (οἱ φιλοσοφοῦντες) τῷ σώματι, ubi v. Stallb. Civ. 395, d γυναῖκα ἀνδρὶ λοιδορουμένην. X. Cy. 1. 4, 9 ὁ θεῖος αὐτῷ ἐλοιδορεῖτο τὴν θρασύτητα ὁρῶν. Pl. Euthyphr. 8, b ἕτερος ἑτέρῳ διαφέρεται. Dem. 18, 31 πολεμεῖν καὶ διαφέρεσθαι τούτοις. Hdt. 3, 49 εἰσὶ ἀλλήλοισι διάφοροι, mit einander uneins. 6, 23 ὁ Ῥηγίου τύραννος ἐὼν διάφορος τοῖσι Ζαγκλαίοισι.

Anmerk. 3. Die Verben des Streitens und Wetteiferns werden auch, oft mit πρός *c. acc.* verbunden, als: μάχεσθαι, ναυμαχεῖν, πολεμεῖν, ἀγωνίζεσθαι ἐρίζειν, διαφέρεσθαι (X. Hell. 2. 4, 23) πρός τινα, wie im Lat. *pugnare in aliquem*, Cic. pro Ligar. 4 *contra ipsum Caesarem est congressus*. Bei Homer kommt auch ἐπί *c. dat.* in d. Bdtg. gegen vor. E, 124 ἐπὶ Τρώεσσι μάχεσθαι, vgl. 244. Λ, 442. Υ, 26. I, 317 μάρνασθαι δηΐοισιν ἐπ' ἀνδράσι, vgl. P, 148. — Πολεμεῖν *c. acc.* bekriegen, Dinarch. 1, 36 οἱ πολεμήσαντες τὴν πόλιν, häufiger b. d. Späteren, s. Passow. Über die Komposita καταπολεμεῖν, ἀπομάχεσθαι, ἀνα- *c. acc.* s. § 409, 7. — Das Akt. λοιδορεῖν, auszanken, schelten, wird immer mit dem Akkusativ verbunden, z. B. X. Cy. 1. 4, 8 οἱ δὲ φύλακες ἐλοιδόρουν αὐτόν.

4. Hierher gehört auch der Gebrauch des Dativs in Verbindung mit dem attributiven Pronomen αὐτός (meistens ohne Artikel), durch den der Begriff der Gemeinschaft (samt, mitsamt, zugleich mit) bezeichnet wird. Ψ, 8 ἀλλ' αὐτοῖς ἵπποισι καὶ ἅρμασιν ἆσσον ἰόντες | Πάτροκλον κλαίωμεν, samt Rossen und Wagen. I, 541 πολλὰ δ' ὅγε προθέλυμνα χαμαὶ βάλε δένδρεα μακρὰ | αὐτῇσιν ῥίζῃσι καὶ αὐτοῖς ἄνθεσι μήλων. Υ, 482 αὐτῇ πήληκι κάρη βάλε. Vgl. Θ, 24. 290. θ, 186. ξ, 77. υ, 219. φ, 54. S. Ai. 27 ἐφθαρμένας εὑρίσκομεν λείας ἁπάσας αὐτοῖς ποιμνίων ἐπιστάταις. Eur. M. 164 ὅν (sc. *Iasonem*) ποτ' ἐγὼ νύμφαν τ' ἐσίδοιμ' αὐτοῖς μελάθροις διακναιομένους, ubi (160, 1) v. Elmsl. Hdt. 3, 45 τὰ τέκνα καὶ τὰς γυναῖκας ὁ Πολυκράτης ἐς τοὺς νεωσοίκους συνειλήσας εἶχε ἑτοίμους ὑποπρῆσαι αὐτοῖσι τοῖσι νεωσοίκοισι. 126 ἀποκτείνας δέ μιν ἠφάνισε αὐτῷ ἵππῳ. 6, 32 τὰς πόλιας ἐνεπίμπρασαν αὐτοῖσι τοῖσι ἱροῖσι. 93 καί σφεων νέας τέσσερας αὐτοῖσι τοῖς ἀνδράσι εἷλον. Th. 4, 14 πέντε (ναῦς) ἔλαβον καὶ μίαν τούτων αὐτοῖς ἀνδράσι. X. Hell. 6. 2, 35 αἱ δὲ ἀπὸ Συρακουσῶν νῆες ἅπασαι ἑάλωσαν αὐτοῖς ἀνδράσιν. Cy. 3. 3, 40 ἥκειν εἰς τὰς τάξεις αὐτοῖς στεφάνοις. 1. 4, 8 πολλοὺς (ἔλεγον) ἤδη αὐτοῖς τοῖς ἵπποις κατακρημνισθῆναι. Ar. V. 170 ἀποδόσθαι βούλομαι τὸν ὄνον ἄγων αὐτοῖσι τοῖς κανθηλίοις. Bei Späteren zuweilen auch mit nachgesetztem αὐτός. Ael. h. a. 2, 16 θριξὶν

αὐταῖς. 14, 4 ὀστράκοις αὐτοῖς.[1]) (Zuweilen tritt die Präposition σύν zum Dative. Ξ, 498 Πηνέλεως . . αὐχένα μέσσον ἔλασσεν, ἀπήραξεν δὲ χαμᾶζε | αὐτῇ σὺν πήληκι κάρη. Vgl. I, 194. ν, 118. Eur. Io 32 λαβὼν βρέφος . . αὐτῷ σὺν ἄγγει.[2]) Selten in Prosa. Hdt. 2, 111 ὑποπρῆσαι πάσας (γυναῖκας) σὺν αὐτῇ τῇ πόλι. Pl. civ. 564, c ξὺν αὐτοῖσι τοῖς κηρίοις ἐκτετμήσεσθον. X. Hell. 4. 8, 21 Τιγράνην . . λαμβάνει σὺν αὐτῇ τῇ γυναικί. Vgl. 7. 4, 26. Cy. 2. 2, 9 ὁ νεανίας ἐκεῖνος εἵπετο τῷ λοχαγῷ σὺν αὐτῷ τῷ θώρακι.)

5. In ähnlicher Weise bezeichnet der Dativ in militärischen und verwandten Ausdrücken die Truppen, Schiffe u. s. w. als Begleitung des Führers. So besonders bei Verben des Marschierens. Ebenso gebraucht das Lateinische den Ablativ, doch nur in Verbindung mit einem Adjektiv oder attributiven Genetive. Dergleichen Dative sind: στρατῷ, στόλῳ, πλήθει, στρατιώταις, ἱππεῦσι, ναυσίν u. a. λ, 161 ἦ νῦν δὴ Τροίηθεν ἀλώμενος ἐνθάδ' ἱκάνεις | νηΐ τε καὶ ἑτάροισι; Hdt. 5, 99 οἱ Ἀθηναῖοι ἀπίκοντο εἴκοσι νηυσί. 6, 95 ἔπλεον ἑξακοσίῃσι τριήρεσι ἐς τὴν Ἰωνίην. Th. 1. 61 ἐπορεύοντο τρισχιλίοις μὲν ὁπλίταις ἑαυτῶν, ἱππεῦσι δὲ ἑξακοσίοις. 102 Ἀθηναῖοι ἦλθον πλήθει οὐκ ὀλίγῳ. 2, 21 ἐσβαλὼν στρατῷ Πελοποννησίων. 4, 1 οἱ Λοκροὶ τῷ πεζῷ ἀπεχώρησαν. 39 οἱ Πελοποννήσιοι ἀνεχώρησαν τῷ στρατῷ. X. An. 1. 7, 14 ἐντεῦθεν ὁ Κῦρος ἐξελαύνει συντεταγμένῳ τῷ στρατεύματι παντί. 3. 2, 11 ἐλθόντων Περσῶν παμπληθεῖ στόλῳ. 7. 3, 43 ἡγήσομαι τοῖς ἵπποις, *praeibo cum equitatu.* 7. 6, 29 θαρραλέως ἡμῖν ἐφείποντο οἱ πολέμιοι καὶ ἱππικῷ καὶ πελταστικῷ. Vgl. 2. 2, 12. Hell. 1. 4, 11 Ἀλκιβιάδης κατέπλευσεν εἰς Πάρον ναυσὶν εἴκοσιν. Cy. 1. 4, 17 τοῖς ἵπποις προσελάσας πρὸς τὰ τῶν Μήδων φρούρια, ubi v. Fischer. Ebenso Th. 7, 25 τῶν Ἀθηναίων προσδοκίμων ὄντων ἄλλῃ στρατιᾷ, u. 2, 7 Ἀθηναίους δέχεσθαι μιᾷ νηΐ (sc. καταπλέοντας, vgl. 6, 52). Zwischen der komitativen und der eigentlich instrumentalen Auffassung kann man schwanken bei den Verben des Kämpfens, Siegens u. a. Lys. 21, 1 νικήσας ἀνδρικῷ χορῷ, mit einem Männerchor.[3]) 2 ἀνδράσι χορηγῶν. 4 ἐχορήγουν πυρριχισταῖς. Ps. Andoc. 4, 20 ἀντιχόρηγος ἦν Ἀλκιβιάδῃ παισί, mit einem Knabenchor. Lys. 2, 52 ἐνίκων μαχόμενοι ἅπασαν τὴν δύναμιν τὴν ἐκείνων τοῖς ἤδη ἀπειρηκόσι καὶ τοῖς οὔπω δυναμένοις. X. Cy. 3. 2, 11 ὁ δὲ Κῦρος τοῖς παροῦσιν (τέκτοσί τε καὶ λιθοτόμοις) ἐτείχιζεν. Hell. 5. 2, 4 τάφρον ὤρυττε τοῖς μὲν ἡμίσεσι τῶν στρατιωτῶν προκαθημένοις . ., τοῖς δ' ἡμίσεσιν ἐργαζομένοις.

Anmerk. 4. Zuweilen jedoch tritt σύν, auch ἅμα zu dem Dative. ι, 173 αὐτὰρ ἐγὼ σὺν νηΐ τ' ἐμῇ καὶ ἐμοῖς ἑτάροισιν | ἐλθὼν τῶνδ' ἀνδρῶν πειρήσομαι. Vgl.

---

[1]) Mehr Beispiele b. Lobeck ad Phryn. p. 100. — [2]) Vgl. Lobeck l. d. — [3]) Ebenso inschriftl. νικᾶν παισὶν ἢ ἀνδράσιν, vgl. Meisterhans a. a. O. S. 168, Note 1415.

Α, 183. X. An. 1. 8, 1 βασιλεὺς σὺν στρατεύματι πολλῷ προσέρχεται, ubi v. Kühner. Vgl. Hell. 1. 4, 9. 10. 4. 5, 5. 11. 12. 8, 23. Hdt. 6, 118 Δᾶτις πορευόμενος ἅμα τῷ στρατῷ ἐς τὴν Ἀσίην.

6. Überhaupt können begleitende Umstände durch den Dativ bezeichnet werden. a) ξ, 253 ἐπλέομεν Βορέῃ ἀνέμῳ ἀκραέι καλῷ, mit, unter günstigem Nordwinde, vgl. Hdt. 6, 139 ἐπεὰν βορέῃ ἀνέμῳ αὐτημερὸν ἐξανύσῃ νηῦς ἐκ τῆς ὑμετέρης ἐς τὴν ἡμετέρην, τότε παραδώσομεν. So auch Α, 418 τῷ σε κακῇ αἴσῃ τέκον ἐν μεγάροισιν, vgl. Ε, 209. τ, 259, mit einer bösen Schicksalsbestimmung (gleichs. unter einem bösen Sterne), *cum calamitate*, zum Unglück. Eur. Suppl. 10 ἱκτῆρι θαλλῷ προσπίτνουσ' ἐμὸν γόνυ, mit bittflehendem Ölzweig. X. An. 7. 7, 6 ἠλίζεσθε ἐγκεχαλινωμένοις τοῖς ἵπποις mit aufgezäumten Pferden. Th. 8, 27 ἀτελεῖ τῇ νίκῃ ἀπὸ τῆς Μιλήτου ἀνέστησαν mit einem unvollständigen Siege. 5, 13 Ἀθηναίων ἥσσῃ ἀπεληλυθότων mit einer Niederlage, *cum victi discessissent*. b) Γ, 2 Τρῶες μὲν κλαγγῇ τ' ἐνοπῇ τ' ἴσαν. Ζ, 301 αἱ δ' ὀλολυγῇ πᾶσαι Ἀθήνῃ χεῖρας ἀνέσχον. σ, 199 φθόγγῳ ἐπερχόμεναι. Δ, 412 σιωπῇ ἧσο. Λ, 555 ἀπονόσφιν ἔβη τετιηότι θυμῷ. ζ, 320 νόῳ δ' ἐπέβαλλεν ἱμάσθλην mit Verständnis. Hs. op. 104 (νόσοι) φοιτῶσι κακὰ θνητοῖσι φέρουσαι | σιγῇ. Th. 2, 85 ὀργῇ ἀπέστελλον. X. Cy. 1. 2, 2 βίᾳ εἰς οἰκίαν παριέναι. 4. 2, 21 ἴωμεν ῥώμῃ καὶ θυμῷ ἐπὶ τοὺς πολεμίους. An. 1. 7, 4 κραυγῇ πολλῇ ἐπίασιν. So viele adverbiale Ausdrücke: δίκῃ, ἐπιμελείᾳ, κομιδῇ (eigtl. mit Sorgfalt, daher: gar sehr), πασσυδίᾳ X. Hell. 4. 4, 9, mit allem Eifer, σπουδῇ mit Mühe, *aegre*, schwerlich, κόσμῳ in Ordnung, z. B. ν, 77 (meist negiert: οὐδενὶ κόσμῳ, z. B. Hdt. 8, 60), διχῇ, *duplici modo*, εἰκῇ, *temere*, ἡσυχῇ, ruhig, τούτῳ τῷ τρόπῳ, ἄλλῳ τρ., παντὶ τρ., οὐδενὶ τρ. u. a.

Anmerk. 5. Zuweilen tritt zu dem Dative die Präp. σύν, als: σὺν δίκῃ Hdt. 1, 115, σὺν τέχνῃ, σὺν τάχει, σὺν ὕβρει u. s. w. ποιεῖν τι, s. Passow IV. S. 1657, b.

B. 7. Der Dativ bezeichnet als Instrumentalis im eigentlichen Sinne das Mittel und Werkzeug (Womit? Wodurch?). Β, 199 τὸν σκήπτρῳ ἐλάσασκε. ζ, 316 ἵμασεν μάστιγι. κ, 121 βάλλειν χερμαδίοις. So βάλλειν λίθοις Th. 4, 43. ἀκοντίζειν αἰχμαῖς Pind. J. 1, 24. X. An. 1. 5, 12 ἵησι τῇ ἀξίνῃ. ι, 82 ἔνθεν δ' ἐννῆμαρ φερόμην ὀλοοῖς ἀνέμοισιν | πόντον ἐπ' ἰχθυόεντα. X. Cy. 4. 3, 21 ὁ μὲν (ἱπποκένταυρος) δυοῖν ὀφθαλμοῖν προεωρᾶτο καὶ δυοῖν ὤτοιν ἤκουεν· ἐγὼ δὲ τέτταρσι μὲν ὀφθαλμοῖς τεκμαροῦμαι, τέτταρσι δὲ ὠσὶ προαισθήσομαι· πολλὰ γάρ φασι καὶ ἵππον ἀνθρώποις τοῖς ὀφθαλμοῖς προορῶντα δηλοῦν, πολλὰ δὲ τοῖς ὠσὶ προακούοντα σημαίνειν. 18 προνοεῖν ἕξω πάντα τῇ ἀνθρωπίνῃ γνώμῃ, ταῖς δὲ χερσὶν ὁπλοφορήσω, διώξομαι δὲ τῷ ἵππῳ, τὸν δ' ἐναντίον ἀνατρέψω τῇ τοῦ ἵππου ῥύμῃ. Comm. 4. 2, 9 αἱ τῶν σοφῶν ἀνδρῶν γνῶμαι ἀρετῇ πλουτίζουσι τοὺς κεκτημένους. Pl. civ. 430, a ἐπαιδεύομεν (τοὺς στρατιώτας) μουσικῇ καὶ γυμναστικῇ. Hdt. 8. 60, 3 Μεγάροισι κερδανέομεν περιεοῦσι, durch die Erhaltung von Megara, st. des gwhnl. ἐξ, ἀπό *c. g.* Vgl. Eur. H. f. 603. Hdt. 4, 67 (μάντιες Σκυθέων) μαντεύονται ῥάβδοισι ἰτεΐνῃσι, *virgis salignis divinant*. X. Cy. 8. 1, 37 ὅτι οὐκ ᾤετο προσήκειν οὐδενὶ ἀρχῆς, . . τοῖς προειρημένοις πᾶσι δῆλον. Ganz gewöhnlich b. d. Passive, wie im Lat. d. Abl., als: X. Cy. 3. 3, 19 αἱ μάχαι κρίνονται μᾶλλον ταῖς ψυχαῖς ἢ ταῖς τῶν σωμάτων ῥώμαις. — Auch Personen und persönliche Wesen werden bisweilen als sächliche Werkzeuge aufgefasst und treten dann in den Dativ. S. Ant. 164 ὑμᾶς δ' ἐγὼ πομποῖσιν . . ἔστειλ' ἱκέσθαι, *per nuntios*. Ph. 494 τοῖς ἱγμένοις ἔστελλον αὐτόν. Ai. 539 προσπόλοις φυλάσσεται. Eur. Heracl. 392 (στρατηγὸν χρὴ) οὐκ ἀγγέλοισι τοὺς ἐναντίους ὁρᾶν. Th. 1, 25 Κορινθίῳ ἀνδρὶ προκαταρχόμενοι τῶν ἱερῶν, *per virum Corinthium rem divinam auspicantes*, s. Poppo-Stahl. X. An. 6. 4, 27 ἐνυκτέρευον φυλαττόμενοι ἱκανοῖς φύλαξι. 1. 8, 1 ἐλαύνων (intr. reitend) ἱδροῦντι τῷ ἵππῳ. Vgl. Hell. 4. 5, 7.

Anmerk. 6. Über den instrum. Dativ b. Substantiven s. § 424, 4; über ζῆν βίῳ, δεῖσαι φόβῳ, εὕδειν ὕπνῳ, ἀποθνῄσκειν θανάτῳ, χαίρειν ἡδοναῖς u. s. w., ῥεῖν ὕδατι, νίφειν χρυσῷ u. s. w. s. § 410, A. 4. u. Nr. 3, a).

Anmerk. 7. Soll die Beziehung des Mittels bestimmter ausgedrückt werden, so wird die Präp. διά c. gen. gebraucht, als: ὁρῶμεν δι' ὀφθαλμῶν, ἀκούομεν δι' ὤτων, vermittelst der Augen, Ohren. In ähnlichem Sinne, doch mit wesentlich anderer (räumlicher) Auffassung erscheinen ausserdem folgende Präpositionen, besonders in der Dichtersprache: Ἐν: διαφέρειν τινί u. ἔν τινι od. ἐπί τινι. Ὀφθαλμοῖς, mit Augen, u. poet. ἐν ὀφθαλμοῖς od. ἐν ὄμμασιν vor Augen, ὁρᾶν, z. B. A, 587. Γ, 306. S. Ant. 764. Tr. 241. 746. Σημαίνειν, δηλοῦν τί τινι u. σημαίνειν ἐν ἱεροῖς, ἐν οὐρανίοις σημείοις, ἐν οἰωνοῖς, ἐν φήμαις X. An. 6. 1, 31. Cy. 8. 7, 3, ebenso δῆλόν ἐστί τι ἔν τινι 1. 6, 2, πυρὶ καίειν u. poet. ἐν πυρὶ καίειν Ω, 38. Pind. N. 11, 17 ἐν λόγοις αἰνεῖσθαι. O. 1, 15 ἀγλαΐζεσθαι μουσικᾶς ἐν ἀώτῳ. J. 4, 27 κλέονται ἔν τε φορμίγγεσσιν ἐν αὐλῶν τε παμφώνοις ὁμοκλαῖς. P. 2, 8 ἀγαναῖσιν ἐν χερσὶν ἐδάμασσε πώλους, unter den Händen, s. Dissen. S. Ph. 60 σ' ἐν λιταῖς στείλαντες ἐξ οἴκων μολεῖν, auf dem Wege der Bitten. (Dagegen 983 βίᾳ στελοῦσί σε, mit Gewalt.) 102 ἐν δόλῳ ἄγειν (dagegen 107 δόλῳ λαβεῖν). 1393 ἐν λόγοις πείθειν (dagegen 594 λόγῳ πείσαντες). Ai. 488 σθένοντος ἐν πλούτῳ (dagegen Eur. El. 939 τοῖσι χρήμασι σθένων). Ant. 961 ψαύων τὸν θεὸν ἐν κερτομίοις γλώσσαις, in verletzenden Hohnreden = indem er sich verletzender H. bediente. 1003 σπῶντας ἐν χηλαῖσιν ἀλλήλους. Δεῖν τινα δεσμοῖς und oft (auch in Prosa) ἐν δεσμοῖς. Σύν: Pind. P. 10, 57 ἔλπομαι . . τὸν Ἱπποκλέαν ἔτι καὶ μᾶλλον σὺν ἀοιδαῖς . . θαητὸν ἐν ἅλιξι θησέμεν ἐν καὶ παλαιτέροις. Theogn. 237 σὺν πτεροῖς πωτᾶσθαι. S. OC. 1663 σὺν νόσοις ἀλγεινὸς ἐξεπέμπετο (*exspirabat*). OR. 17 σὺν γήρᾳ βαρεῖς (Ai. 1017 ἐν γήρᾳ βαρύς). Ὑπό: B, 374 πόλις χερσὶν ὑφ' ἡμετέρῃσιν ἁλοῦσα, unter unseren Händen. Eur. Suppl. 402 Ἐτεοκλέους θανόντος . . ἀδελφοῦ χειρὶ Πολυνείκους ὕπο. B, 860 ἐδάμη ὑπὸ χερσὶ ποδώκεος Αἰακίδαο. Ἀπό: Ω, 605 ἀπὸ βιοῖο πέφνεν. Vgl. Θ, 279. Pl. leg. 832, e ὀξύτης σώματος ἡ ἀπὸ τῶν ποδῶν. Dem. 4, 34 ἀπὸ τῶν ὑμετέρων ὑμῖν πολεμεῖ συμμάχων. Daher ἀπὸ στόματος, ἀπὸ γλώσσης εἰπεῖν. Ἐξ: S. Tr. 875 βέβηκε Δῃάνειρα τὴν πανυστάτην | ὁδῶν ἁπασῶν ἐξ ἀκινήτου ποδός, vgl. Ph. 91, ubi v. Wunder. 88 ἔφυν γὰρ οὐδὲν ἐκ τέχνης πράσσειν κακῆς. 563 ὡς ἐκ βίας μ' ἄξοντες ἢ λόγοις πάλιν; El. 455. S. d. Lehre v. d. Präp. [1])

8. Hierher gehört auch der Dativ bei dem Verb χρῆσθαι, sich eines Gegenstandes, gleichsam als Instruments, bedienen, und bei dem Verb νομίζειν (jedoch nur in beschränktem Gebrauche), eigentlich woran gewohnt sein, daher gebrauchen, wovon Gebrauch zu machen gewohnt sein, sich einer Sache als eines Bestehenden, Herkömmlichen bedienen. (Vgl. Passow.) γ, 266 φρεσὶ γὰρ κέχρητ' ἀγαθῇσιν. Eur. M. 347 κείνους δὲ κλαίω ξυμφορᾷ κεχρημένους. Hdt. 3, 117 οὗτοι ὦν, οἵπερ ἔμπροσθεν ἐώθεσαν χρᾶσθαι τῷ ὕδατι, οὐκ ἔχοντες αὐτῷ χρᾶσθαι, συμφορῇ μεγάλῃ διαχρέωνται. Pl. Phil. 51, a μάρτυσι καταχρῶμαι. Phaed. 110, b χρώματα, οἷς δὴ οἱ γραφεῖς καταχρῶνται. Isocr. 4, 9 τὸ ἐν καιρῷ ταύταις (ταῖς πράξεσι) καταχρήσασθαι. Dem. 18, 150 κενῇ προφάσει κατεχρῶ. Nicht selten tritt ein zweiter Dativ als prädikative Ergänzung hinzu. Eur. M. 240 δεῖ (γυναῖκα) μάντιν εἶναι, μὴ μαθοῦσαν οἴκοθεν, ὅτῳ μάλιστα χρήσεται ξυνευνέτῃ, *quo usura sit marito.* So χρῶμαί σοι πιστῷ φίλῳ u. ὡς π. φ., wie im Lat. *utor te fido amico* u. *ut f. a.*, jenes *de eo, qui vere habet fidum amicum,* dieses *de eo, qui putat se habere fidum amicum.* [2]) Hdt. 2, 50 νομίζουσι Αἰγύπτιοι οὐδ' ἥρωσι οὐδέν, sind gar nicht gewohnt an Halbgötter, d. h. deren Kultus besteht nicht bei ihnen. 4, 117 φωνῇ νομίζουσι Σκυθικῇ. 4, 63 ὑσὶ οὐδὲν νομίζουσι. Th. 1, 77 οὔτε τούτοις (τοῖς νομίμοις) χρῆται οὔθ' οἷς ἡ ἄλλη Ἑλλὰς νομίζει. 2, 38 ἀγῶσι καὶ θυσίαις διετησίοις νομίζοντες.

Anmerk. 8. Καταχρῆσθαι u. διαχρ- in der Bdtg. *occidere* (eigentl. verbrauchen) regiert den Akkusativ. Vgl. Hdt. 1, 82. 117. 6, 135. 1, 24. Th. 3, 36. X. Comm. 4. 2, 17. Antiph. 1, 23. Χρῆσθαι = *uti* c. acc. findet sich X. Ag. 11, 11 τὸ μεγαλόφρον οὐ σὺν ὕβρει, ἀλλὰ σὺν γνώμῃ ἐχρῆτο zwar in allen cdd., doch ist sicher zu ändern.

9. Der instrumentale Dativ steht ferner bei den Verben strafen mit, übertreffen in, geschädigt, getäuscht werden an, in etw., beurteilen nach, schliessen aus etw., als: κολάζειν, ζημιοῦν — κρατεῖν, νικᾶν, ὑπερβάλλειν, προέχειν, διαφέρειν — βλάπτεσθαι, σφάλλεσθαι, ψεύδεσθαι — μετρεῖν, σταθμᾶσθαι, κρίνειν, εἰκάζειν, γιγνώσκειν, τεκμαίρεσθαι. Hdt. 6, 21 ἐζημίωσάν μιν χιλίῃσι δραχμῇσι. Vgl. 6, 136. Th. 4, 65 τοὺς μὲν φυγῇ (exsilio) ἐζημίωσαν. Pl. Polit. 297, e θανάτῳ ζημιοῦσθαι. Ebenso κολάζειν τινὰ θανάτῳ. Pl. civ. 492, d. Th. 7, 63 τῷ πεζῷ ἐπικρατεῖν. X. Hell. 7. 3, 6 οὗτοι πάντας ἀνθρώπους ὑπερβεβλήκασι τόλμῃ τε καὶ μιαρίᾳ. 7. 1, 4 ἐμπειρίᾳ γε πολὺ προέχετε τῶν ἄλλων. Comm. 3. 9, 1 ὁρῶ ἐν τοῖς αὐτοῖς νόμοις τε καὶ ἔθεσι τρεφομένους

---

1) Vgl. Matthiä § 396, A. 2. Wüllner sprachl. Kas. S. 80 f. Dissen ad Pind. J. I, 25 ed. Boeckh. Wunder ad S. Ph. 60. — 2) S. Kühner ad Xen. Comm. 2. 1, 12.

πολὺ διαφέροντας ἀλλήλων τόλμῃ. Hdt. 7, 9 ψευσθῆναι γνώμῃ. Pl. Polit. 278, a ψ. δόξῃ τε καὶ λόγῳ. Th. 4, 73 τῷ βελτίστῳ τοῦ ὁπλιτικοῦ βλαφθῆναι, ubi v. Poppo, *„amissa praestantissima gravis armaturae parte detrimentum accipere."* 2, 65 σφαλέντες ἄλλῃ τε παρασκευῇ καὶ τοῦ ναυτικοῦ τῷ πλείονι μορίῳ. 6, 10 σφαλέντων ἀξιόχρεῳ δυνάμει. 4, 18 γνώμῃ σφαλέντες. 6, 78 γνώμῃ ἁμαρτεῖν. Pl. Lys. 215, c ἆρά γε ὅλῳ τινὶ ἐξαπατώμεθα; Hdt. 2, 6 ὀργυιῇσι μεμετρήκασι τὴν χώρην. Th. 3, 20 ξυνεμετρήσαντο ταῖς ἐπιβολαῖς (*ordinibus*) τῶν πλίνθων. E, 182 ἀσπίδι γιγνώσκων. Hdt. 2, 2 τοιούτῳ σταθμησάμενοι πρήγματι, *ex tali re judicantes.* 7, 11 εἰ χρὴ σταθμώσασθαι τοῖσι ὑπαργμένοισι ἐξ ἐκείνων, *ex iis, quae ab illis fieri coeperunt.* Ib. 237. 3, 15. 7. 16, 3 τῇ σῇ ἐσθῆτι τεκμαιρόμενον, *e veste tua judicium faciens.* Th. 1, 8 γνωσθέντες τῇ σκευῇ τῶν ὅπλων, *agniti armatura.* 9 εἰκάζειν χρὴ καὶ ταύτῃ τῇ στρατείᾳ, οἷα ἦν τὰ πρὸ αὐτῆς. X. Cy. 1. 3, 5 τίνι δὴ σὺ τεκμαιρόμενος λέγεις; Hier. 4, 8 οὐ τῷ ἀριθμῷ οὔτε τὰ πολλὰ κρίνεται οὔτε τὰ ἱκανά, ἀλλὰ πρὸς τὰς χρήσεις. Vgl. 1, 17. Dem. 9, 10 τοῦτ' ἐρεῖ, εἴπερ οἷς πρὸς τοὺς ἄλλους πεποίηκε δεῖ τεκμαίρεσθαι. Daher die adverbialen Ausdrücke: τῷ λόγῳ, τῷ ἔργῳ, z. B. Hdt. 6, 38, ferner τῷ ὄντι, τῇ ἀληθείᾳ, προφάσει (neben πρόφασιν), ὀνόματι, dem Namen nach, seltener = ὄνομα, mit Namen, namens. Th. 3, 10 αὐτόνομοι ὄντες καὶ ἐλεύθεροι τῷ ὀνόματι. 6, 10 ὀνόματι σπονδαὶ ἔσονται. X. Hell. 1. 6, 29 ἐστρατήγει αὐτῶν Σάμιος ὀνόματι Ἱππεύς. Hdt. 6, 58 ἀριθμῷ (*certo numero*) ἐς τὸ κῆδος (*exsequias*) ἰέναι. Vgl. Th. 2, 72.

Anmerk. 9. Einige der genannten Verben werden auch mit der Präp. ἐξ und ἀπό verbunden, so namentlich τεκμαίρεσθαι X. Comm. 3. 5, 6. 4. 1, 2. Th. 1, 10 (οἶμαι) διπλασίαν ἂν τὴν δύναμιν εἰκάζεσθαι ἀπὸ τῆς φανερᾶς ὄψεως τῆς πόλεως.

10. Auch der Stoff und die Bestandteile, woraus etwas besteht, sowie der Preis, durch den etwas gewonnen wird, werden zuweilen als blosse Mittel betrachtet. δ, 616 = ο, 116 χρυσῷ δ' ἐπὶ χείλεα κεκράανται. τ, 563 αἱ μὲν γὰρ (πύλαι) κεράεσσι τετεύχαται, αἱ δ' ἐλέφαντι. Theocr. 1, 52 ἀνθερίκεσσι καλὴν πλέκει ἀκριδοθήραν. [Über ῥεῖν ὕδατι, νίφειν χρυσῷ u. dgl. s. § 410, 3, a).] — τ, 227 περόνη χρυσοῖο τέτυκτο | αὐλοῖσιν διδύμοισι. Z, 243 δόμον περικαλλέ' ἵκανεν, | ξεστῇς αἰθούσῃσι τετυγμένον. X. Cy. 6. 1, 29 πολεμιστήρια κατεσκευάσατο ἅρματα τροχοῖς τε ἰσχυροῖς . . ἄξοσί τε μακροῖς. — α, 430 τήν ποτε Λαέρτης πρίατο κτεάτεσσιν ἑοῖσιν. Vgl. ξ, 115. 452. H, 473 ἔνθεν ἄρ' οἰνίζοντο . . | ἄλλοι μὲν χαλκῷ, ἄλλοι δ' αἴθωνι σιδήρῳ. Vgl. § 418, 7.

11. Ferner wird der instrumentale Dativ gebraucht, um einen Grund oder Beweggrund, eine Ursache zu bezeichnen (weswegen? weshalb? wodurch? woraus?), als: φόβῳ ἀπῆλθον, εὐνοίᾳ, ἀδικίᾳ, ὕβρει ποιεῖν τι. Λ, 150 φεύγοντας ἀνάγκῃ, aus Not. μ, 342

λιμῷ θανέειν. Φ, 390 ἐγέλασσε δέ οἱ φίλον ἦτορ | γηθοσύνῃ. Γ, 453 οὐ μὲν γὰρ φιλότητί γ' ἐκεύθανον. θ, 324 θεαὶ μένον αἰδοῖ οἴκοι ἑκάστη. ξ, 206 θεὸς ὣς τίετο δήμῳ | ὄλβῳ τε πλούτῳ τε καὶ υἱάσι κυδαλίμοισιν. Pl. apol. 26, e Μέλητος δοκεῖ τὴν γραφὴν ταύτην ὕβρει τινὶ καὶ ἀκολασίᾳ καὶ νεότητι γράψασθαι. Hdt. 4, 16 τὰ κατύπερθε ἔλεγε ἀκοῇ, durch, von Hörensagen, vgl. 1, 171. 2, 29. X. An. 5. 8, 2 ῥίγει ἀπωλλόμεθα. Th. 3, 98 τοῖς πεπραγμένοις φοβούμενος τοὺς Ἀθηναίους, wegen des Geschehenen. 6, 89 ἵνα μὴ χεῖρον τὰ κοινὰ τῷ ὑπόπτῳ μου ἀκροάσησθε. 6, 33 Ἀθηναῖοι ἐφ' ἡμᾶς πολλῇ στρατιᾷ ὥρμηνται πρόφασιν μὲν Ἐγεσταίων ξυμμαχίᾳ καὶ Λεοντίνων κατοικίσει, τὸ δὲ ἀληθὲς Σικελίας ἐπιθυμίᾳ, wegen des Bündnisses und zum Zwecke der Ansiedelung, vgl. 3, 82 τῇ τῶν ἐναντίων κακώσει (Zweck u. Grund). 1, 123 τῆς ἄλλης Ἑλλάδος πάσης ξυναγωνιουμένης, τὰ μὲν φόβῳ, τὰ δὲ ὠφελίᾳ. Hdt. 1, 87 ἐγὼ ταῦτα ἔπρηξα τῇ σῇ μὲν εὐδαιμονίῃ, τῇ ἐμεωυτοῦ δὲ κακοδαιμονίῃ. Eur. Ph. 1043 χρόνῳ δ' ἔβα | Πυθίαις ἀποστολαῖσιν Οἰδίπους, wie im Lat. Pythiae *jussu*. X. An. 1. 5, 13 ἀποροῦντες τῷ πράγματι. Namentlich bei den Verben der Gemütsstimmungen, als: χαίρειν, ἥδεσθαι, τέρπεσθαι meist poet., ἀγάλλεσθαι, γελᾶν dramat., ἐπαίρεσθαι, γαυριᾶν Dem. 18, 244, γαυριᾶσθαι X. r. eq. 10, 16, γαυροῦσθαι, χλιδᾶν poet. u. sp. pros., übermütig sein, λυπεῖσθαι, ἀνιᾶσθαι, καλλωπίζεσθαι, sich brüsten, σεμνύνεσθαι, prahlen, ἀνιάζειν κτεάτεσσιν nur Σ, 300, περιημεκτεῖν, Hdt., unwillig sein, ἀλγεῖν, ἀλγύνεσθαι poet., ἀθυμεῖν, στενάζειν poet., ἀδῆσαι ep., überdrüssig werden, ἐκπλήττεσθαι, κατα-; θαυμάζειν selten, ἄγασθαι selt., ἐλπίζειν; στέργειν u. ἀγαπᾶν, ἀρέσκεσθαι, ἀρκεῖσθαι (alle vier: mit etw. zufrieden sein); ἀγανακτεῖν, χαλεπαίνειν, δυσφορεῖν Eur. Andr. 1234, χαλεπῶς, βαρέως φέρειν, ἀσχαλᾶν Eur., ἄχθεσθαι, αἰσχύνεσθαι u. a. δ, 239 μύθοις τέρπεσθε. Auch m. persönl. Dat. H, 61 ἀνδράσι τερπόμενοι. Vgl. ν, 61. ο, 335 οὐ γάρ τίς τοι ἀνιᾶται παρεόντι. Hdt. 6, 67 ἀλγήσας τῷ ἐπειρωτήματι εἶπε. 3, 34 οὐκ ἀρεσκόμενος (*contentus*) τῇ κρίσι. 4, 78 διαίτῃ οὐδαμῶς ἠρέσκετο Σκυθικῇ. 9, 33 οὐδ' οὕτω ἔτι ἔφη ἀρκέεσθαι τούτοισι μούνοισι. Th. 2, 68 οὐκ ἀρεσκόμενος τῇ ἐν Ἄργει καταστάσει. 4, 85 θαυμάζω τῇ ἀποκλήσει μου τῶν πυλῶν. Weniger auffallend b. d. Pass. Th. 7, 63 τῆς τε φωνῆς τῇ ἐπιστήμῃ καὶ τῶν τρόπων τῇ μιμήσει ἐθαυμάζεσθε. 3, 97 τῇ τύχῃ ἐλπίσας. Isocr. 8, 6 στέργειν τοῖς παροῦσιν. Pl. Hipp. maj. 295, b στέρξω τῇ ἐμῇ τύχῃ. Dem. 1, 14 ἀγαπήσας τοῖς πεπραγμένοις. X. An. 1. 3, 3 χαλεπῶς φέρω τοῖς παροῦσι πράγμασι. Hell. 3. 4, 9 βαρέως φέρων τῇ ἀτιμίᾳ. 5. 1, 29 χαλεπῶς ἔφερον τῷ πολέμῳ. Comm. 2. 1, 31 τοῖς μὲν πεπραγμένοις αἰσχυνόμενοι, τοῖς δὲ πραττομένοις βαρυνόμενοι. 1. 3, 3 οἱ θεοὶ ταῖς παρὰ τῶν εὐσεβεστάτων τιμαῖς μάλιστα χαίρουσιν. γ, 52 χαῖρε δ' Ἀθηναίη πεπνυμένῳ ἀνδρὶ δικαίῳ. Vgl. Ψ, 556. Pl. Hipp. maj. 285, e εἰκότως σοι χαίρουσιν οἱ Λακεδαιμόνιοι, ἅτε πολλὰ εἰδότι. X. Cy. 2. 4, 9 ὅταν τινὶ ἀγασθῶ τῶν στρατιωτῶν. 6. 4, 9 ἀγασθεὶς τοῖς λόγοις. Vgl. Conv. 8, 29. Pl. Symp. 179, d ἀγασθέντες τῷ ἔργῳ, ubi v. Stallb. (sonst nicht b. Pl.). X. An. 5. 5, 24 χαλεπαίνοντες τοῖς εἰρημένοις. 5. 7, 20 ἠχθόμεθα τοῖς γεγενημένοις. 6. 2, 14 ἀθυμῶν τοῖς γεγενημένοις. Pl. Theaet. 176, d ἀγάλλονται τῷ ὀνείδει. Leg. 716, a ἢ χρήμασιν ἐπαιρόμενος ἢ τιμαῖς ἢ καὶ σώματος εὐμορφίᾳ. Phaed. 63, b οὐκ ἀγανακτῶν τῷ θανάτῳ. S. Ai. 1043 κακοῖς γελῶν, vgl. 956. Eur. Tr. 406. Ar. Eq. 696 ἥσθην ἀπειλαῖς, ἐγέλασα ψολοκομπίαις.

Anmerk. 10. Zur bestimmteren Hervorhebung des Grundes gebraucht die Sprache Präpositionen, am gewöhnlichsten διά c. acc., wegen, als: διὰ τοῦτο, *propter id*, oft auch ὑπό c. *g.* Hdt. 3, 104 ὑπὸ τοῦ καύματος αἱ μύρμηκες ἀφανέες γίνονται ὑπὸ γῆν. 1, 85 ὑπὸ δέους καὶ κακοῦ φωνὴν ἔρρηξε; poet. ἀμφί u. περί c. *d.* Eur. Or. 825 θανάτου γὰρ ἀμφὶ φόβῳ Τυνδαρὶς ἰάχησε, ebenso περὶ φόβῳ, περὶ χάρματι u. s. w.; seltener περί c. *g.* Eur. Andr. 490 κτείνει δὲ τὴν τάλαιναν .. ἔριδος ὕπερ, vgl. Suppl. 1125. Vgl. d. Lehre v. d. Präpos. Die Verben der Affekte werden häufig und einige gewöhnlich mit ἐπί c. dat. verbunden, als: χαλεπῶς φέρειν, ἀλγεῖν, στενάζειν, ἀγάλλεσθαι, ἐπαίρεσθαι, ὀνειδίζειν, λυπεῖσθαι, στυγνάζειν, θαυμάζειν, θαυμάζεσθαι pass., ἀγανακτεῖν, αἰσχύνεσθαι, ἄχθεσθαι, χαίρειν, ἥδεσθαι, γελᾶν ἐπί τινι; seltener sind andere Präp., als: ἀλγεῖν, ἀγανακτεῖν διά τι, ἄχθεσθαι, ἀγανακτεῖν περί τινος. S. Tr. 1118 f. οὐ γὰρ ἂν γνοίης ἐν οἷς χαίρειν προθυμῇ κἀν ὅτοις ἀλγεῖς μάτην. S. d. Lehre v. d. Präp. — Στέργειν wird auch oft und ἀγαπᾶν gewöhnlich mit dem Akkus. verbunden; auch sagt man βαρέως, χαλεπῶς φέρειν τι.

12. Unter Abschwächung des instrumentalen Sinnes bezeichnet der Dativ als sogenannter Dativ der Beziehung (neben dem weit üblicheren Akkusativ, vgl. § 410 nebst Anm. 19) den Gegenstand, woran oder worin sich ein Zustand äussert. X. Comm. 2. 7, 7 ἰσχύειν τοῖς σώμασι. Cy. 4. 1, 8 διεφθάρθαι ταῖς γνώμαις. S. OR. 25 (πόλις) φθίνουσα μὲν κάλυξιν ἐγκάρποις χθονός, | φθίνουσα δ' ἀγέλαις βουνόμοις. Besonders bei Adjektiven. Γ, 193 f. μείων μὲν κεφαλῇ Ἀγαμέμνονος Ἀτρεΐδαο, | εὐρύτερος δ' ὤμοισιν. ξ, 234 βίῃ δ' ἄγε φέρτερος ἦεν. Th. 5, 43 ἀνὴρ ἡλικίᾳ ἔτι νέος. Ps. Isocr. 1, 30 τῷ μὲν τρόπῳ γίγνου φιλοπροσήγορος, τῷ λόγῳ δ' εὐπροσήγορος. X. Comm. 2. 1, 31 νέοι μὲν ὄντες τοῖς σώμασιν ἀδύνατοί εἰσι, πρεσβύτεροι δὲ γενόμενοι ταῖς ψυχαῖς ἀνόητοι. Cy. 2. 3, 6 ἐγὼ οὔτε ποσὶν εἰμι ταχὺς οὔτε χερσὶν ἰσχυρός. An. 2. 6, 9 στρυφνὸς ἦν καὶ τῇ φωνῇ τραχύς. Ähnlich Hdt. 2, 74 ὄφιες μεγάθεϊ σμικροί. 6, 44 πλήθεϊ πολλάς.

13. Endlich wird der instrumentale Dativ gebraucht, um bei Komparativen und Superlativen, sowie anderen Ausdrücken, in denen der Begriff einer Vergleichung liegt, das Mass anzugeben, um wie viel ein Verbal- oder Adjektivbegriff grösser oder kleiner als ein anderer ist. Hdt. 1, 184 Σεμίραμις γενεῇσι πέντε πρότερον ἐγένετο τῆς Νιτώκριος. So: πολλῷ, ὀλίγῳ, μακρῷ, τοσούτῳ, ὅσῳ μείζων, ὀλίγῳ πρότερον. Hdt. 1, 178 ὁ βασιλήιος πῆχυς τοῦ μετρίου ἐστὶ πήχεος

μέζων τρισὶ δακτύλοισι. 5. 92, 5 πολλῷ πλείστους. 8, 42 πολλῷ πλεῦνες νέες . . νέας πολλῷ πλείστας. 6, 89 ὑστέρησαν ἡμέρῃ μιῇ τῆς συγκειμένης, um einen Tag kamen sie später, als bestimmt war. 106 πόλι λογίμῳ ἡ Ἑλλὰς γέγονε ἀσθενεστέρη. Pl. civ. 330, b ἀγαπῶ, ἐὰν μὴ ἐλάττω καταλίπω τουτοισί, ἀλλὰ βραχεῖ γέ τινι πλείω ἢ παρέλαβον. 373, e οὔ τι σμικρῷ, ἀλλ' ὅλῳ στρατοπέδῳ μείζων πόλις. 507, e οὐ σμικρᾷ ἄρα ἰδέᾳ . . τιμιωτέρῳ ζυγῷ ἐζύγησαν (*non exiguo rerum genere praestantiore vinculo*), ubi v. Schneider. 579, c τοῖς τοιούτοις κακοῖς πλείω καρποῦται ἀνήρ (um solche Übel mehr), ubi v. Stallb. et Schneid. Th. 1, 36 δεξάμενοι δὲ ἡμᾶς ἕξετε πρὸς αὐτοὺς πλείοσι ναυσὶ ταῖς ἡμετέραις ἀγωνίζεσθαι (mit einer um die unsrigen grössere Anzahl von Schiffen), ubi v. Poppo-Stahl. Antiph. 3. γ, 2 οὐκ ἂν προεῖχε τῷ διπλασίῳ μου. 4. δ, 3 τῷ παντὶ προέχομεν. X. Comm. 3. 13, 5 χαριέστερον προεξορμᾶν ἡμέρᾳ μιᾷ μᾶλλον ἢ ὑστερίζειν. Hell. 1. 1, 1 οὐ πολλαῖς ἡμέραις ὕστερον. So auch bei πρό c. g. und μετά c. a. Pl. leg. 698, c δέκα ἔτεσι πρὸ τῆς ἐν Σαλαμῖνι ναυμαχίας ἀφίκετο Δᾶτις.

Anmerk. 11. Sowie zwei persönliche Dative mit einem Verb verbunden werden können (§ 424, A. 1. c), so auch zwei sächliche Dative. Hes. op. 321 εἰ γάρ τις καὶ χερσὶ βίῃ μέγαν ὄλβον ἕληται. Aesch. P. 207 κίρκον εἰσορῶ δρόμῳ πτεροῖς ἐφορμαίνοντα. S. OC. 1319 εὔχεται κατασκαφῇ | Καπανεὺς τὸ Θήβης ἄστυ δῃώσειν πυρί. Eur. El. 218 sq. φυγῇ . . κακούργους ἐξαλύξωμεν ποδί. Hel. 373 f. ὄνυχι δ' ἁπαλόχροα γένυν ἔδευσε φοινίαισι πλαγαῖς. Hipp. 1142 σᾷ δυστυχίᾳ δάκρυσι διοίσω πότμον.[1])

§ 426. Der Dativ als Vertreter des Lokativs.

Als Vertreter des Lokativs bezeichnet der Dativ

1. den Ort, und zwar a) den Ort, wo ein Gegenstand sich befindet. Dieser Gebrauch des Dativs ist fast nur auf die Dichtersprache, besonders die epische, beschränkt, bei den Tragikern verhältnismässig selten, bei Aristoph. nur Lys. 1299 τὸν Ἀμύκλαις σιόν [2]) u. in dem auch in Prosa gwhnl. Μαραθῶνι V. 711. Ach. 696. Thesm. 806, ubi v. Fritzsche; die Prosa wendet in der Regel Präpositionen an. b) Seltener, und ausschliesslich bei Dichtern, namentlich bei Homer, den Ort, wohin ein Gegenstand gelangt (während der eigentliche Dativ, § 423, 2, nur die Richtung andeutet). a) I, 663 αὐτὰρ Ἀχιλλεὺς εὗδε μυχῷ κλισίης εὐπήκτου. P, 36 μυχῷ θαλάμοιο. γ, 263 μυχῷ Ἄργεος. Π, 158 (λύκοι) ἔλαφον κεραὸν μέγαν οὔρεσι δῃώσαντες | δάπτουσιν. 483 (πίτυν) οὔρεσι τέκτονες ἄνδρες | ἐξέταμον. 595 Ἑλλάδι οἰκία ναίων. P, 473 τεύχεα δ' Ἕκτωρ | αὐτὸς ἔχων ὤμοισιν ἀγάλλεται Αἰακίδαο. E, 754 εὗρον δὲ Κρονίωνα . . ἥμενον . . ἀκροτάτῃ κορυφῇ πολυδειράδος Οὐλύμποιο. Ω, 306 στὰς μέσῳ ἕρκεϊ. B, 210 κῦμα πολυ-

[1]) S. Lobeck ad S. Ai. 310 p. 223. ad 400 p. 251. Pflugk ad Eur. H. f. 10. — [2]) S. Wannowski synt. anom. Graec. 1835 p. 116 sq.

πλωτῇσιν θαλάσσης χεύατ' ἀνὰ μεγάλῳ βόθρῳ. π, 70 πῶς γὰρ δὴ τὸν ξεῖνον ἔγων ὑποδέξομαι οἴκῳ; Ζ, 136 Θέτις δ' ὑπεδέξατο κόλπῳ. λ, 188 πατὴρ δὲ σὸς αὐτόθι μίμνει ἀγρῷ. ρ, 35 οὐδὲ τραπέζῃ ... πάρος ... bei Tische. Γ, 45 οὐκ ἔστι βίη φρεσίν. vgl. λ, 135. Α, 24 ἀλλ' οὐκ Ἀτρεΐδῃ Ἀγαμέμνονι ἥνδανε θυμῷ. vgl. Π, 546. ρ, 327 ... ἦτορ. Fraglich ist es, ob auch bei persönlichen Begriffen lokativischer Dativ anzunehmen ist entsprechend dem Lokativ verwandter Sprachen.¹) Doch empfiehlt sich diese Auffassung als die natürlichere Ζ, 477 ἀριπρεπέα Τρώεσσιν, unter den Troern. α, 266 πᾶσι μετ' ἔργοισι πεπασμένον(?). vgl. α, 227. Β, 483. Auch Χ, 119 Τρωσὶν δ' αὖ μετόπισθε γερούσιον ὅρκον ἕλωμαι, bei den Troern; dagegen δ, 746 ἐμεῦ δ' ἕλετο μέγαν ὅρκον ablativisch: von mir. — Hes. op. 18 αἰθέρι ναίων. S. Tr. 172 τὴν παλαιὰν φηγὸν αὐδῆσαί ποτε Δωδῶνι .. ἔφη. 730 ὁ μηδὲν ἐστ' οἴκοις βαρύ (wofür man jetzt gegen d. cdd. οἴκοι liest). 1151 ἐπακτὸς Τίρυνθι .. ἔχειν ἕδραν. OR. 917 δόμοις δέχεσθαι. 1291 μενῶν δόμοις. 20 τὸ δ' ἄλλο φῦλον .. ἀγοραῖσι θακεῖ. 1266 τῇ ἐκεῖνα. 899 τὸν Ἀβαῖσι ναόν. 1451 ναίειν ὄρεσσιν. OC. 411 σοῖς ὅταν στῶσιν τάφοις. El. 313 ἀγροῖσι τυγχάνει. 174 ἔτι μέγας οὐρανῷ Ζεύς. Eur. J. T. 524 Σπάρτῃ ξυνοικεῖ τοῦ πατρὸς ξυνευνέτῃ. Io 988 μάχην Φλέγρα Γίγαντες ἔστησαν θεοῖς. Ph. 608 Μυκήναις, μὴ 'νθάδ' ἀνακάλει θεούς. H. f. 54 καθήμεθ' ἀπορίᾳ, wir sitzen in Hilflosigkeit. In der Prosa beschränkt sich der Gebrauch auf Eigennamen, als: Ἐλευσῖνι, Ῥαμνοῦντι, Νεμέᾳ, Φαλήρῳ, Πλαταιαῖς, Δελφοῖς, inschriftlich Θριᾶσι, Ἀναγυροῦντι, Βρασιαῖς, Μυρρινοῦντι, die in der Weise von Ortsadverbien gebraucht und auch öfters mit Lokativformen verbunden werden. Th. 1, 73 φαμὲν Μαραθῶνι μόνοι προκινδυνεῦσαι τῷ βαρβάρῳ, ubi v. Poppo p. 406. Ebenso Dem. 18, 208. Th. 1, 143 τῶν Ὀλυμπίασιν ἢ Δελφοῖς χρημάτων. 5, 18 στήλας δὲ στῆσαι Ὀλυμπίασι καὶ Πυθοῖ καὶ Ἰσθμοῖ καὶ Ἀθήνησιν ἐν πόλει (in arce) καὶ ἐν Λακεδαίμονι ἐν Ἀμυκλαίῳ, wo die meisten u. besten cdd. ἐν vor Ἀθήναις weglassen; Herw. u. Stahl unnötig Ἀθήνησιν. Lys. 19, 63 ἐνίκησεν Ἰσθμοῖ καὶ Νεμέᾳ. Pl. Menex. 240, D οἱ Μαραθῶνι δεξάμενοι τὴν τῶν βαρβάρων δύναμιν. E ναυμαχίας τῶν Μαραθῶνι γενομένων. vgl. 241, A. B. 245, A τὰ τρόπαια τά τε Μαραθῶνι καὶ Σαλαμῖνι καὶ Πλαταιαῖς. Isocr. 4, 91. Vereinzelt X. R. Ath. 1, 5 ἔστι δὲ πάσῃ γῇ τὸ βέλτιστον ἐναντίον τῇ δημοκρατίᾳ, wo aber mit Steph. ἐν einzuschieben ist. Allgemein üblich ist das adverbiale κύκλῳ, ringsum, s. Passow II, S. 1852 b. Auf der Grenze zwischen Lokativ und Instrumentalis steht ὁδῷ, auf dem Wege. Th. 2, 97 ὁδὸς ἐξ Ἀβδήρων ἐς Ἴστρον ἀνὴρ εὔζωνος ἑνδεκαταῖος τελεῖ, itinere terrestri. 4, 129 ἐλάσας ὁδῷ ἐχώρει. Hieran schliessen sich elliptische Ausdrücke wie δημοσίᾳ, publice, und ἰδίᾳ, privatim sc. ὁδῷ, sowie die adverbialen Pronomen:

¹) S. Delbrück, Vergl. Syntax d. indogerm. Spr. I, S. 225.

ῄ, τῇ, τῇδε, ταύτῃ, ἄλλῃ u. s. w., die in der Prosa sowohl als in der Poesie häufig vorkommen. Vgl. Anm. 3. — b) κ, 333 κολεῷ ἄορ θέο, vgl. *ponere in*. Η, 187 ὅς μιν ἐπιγράψας κυνέῃ βάλε. Τ, 222 καλάμην χθονὶ χαλκὸς ἔχευεν. Γ, 10 ὄρεος κορυφῇσι Νότος κατέχευεν ὀμίχλην. λ, 129 γαίῃ πήξας εὐῆρες ἐρετμόν, vgl. μ, 15. Δ, 443 οὐρανῷ ἐστήριξε κάρη καὶ ἐπὶ χθονὶ βαίνει. δ, 750 καθαρὰ χροῒ εἵμαθ' ἑλοῦσα, an den Leib. Θ, 129 δίδου δέ οἱ ἡνία χερσίν (vgl. Σ, 545 τοῖσι δ' ἔπειτ' ἐν χερσὶ δέπας . . δόσκεν). Ε, 365 ἡνία λάζετο χερσίν (vgl. Θ, 116 ἐν χείρεσσι λάβ' ἡνία). Η, 145 ὕπτιος οὔδει ἐρείσθη, wurde zu Boden gedrückt. Ε, 82 πεδίῳ πέσε (vgl. Ν, 578 χαμαὶ πέσε). Eur. Or. 88 πόσον χρόνον δὲ δεμνίοις πέπτωχ' ὅδε; 1433 νῆμά θ' ἵετο πέδῳ, vgl. S. El. 747. Übertragen S. Tr. 597 οὔποτ' αἰσχύνῃ πεσῇ.

Anmerk. 1. Das Streben nach grösserer Bestimmtheit des Ausdrucks führte dazu, den Gebrauch des lokalen Dativs immer mehr zu beschränken zu gunsten präpositioneller Wendungen mit ἐν, ἀμφί, περί, ἐπί, παρά, πρός, ὑπό, εἰς. Länger erhielt sich der Dativ bei Kompositen. Doch zieht die Sprache auch hier, wenn es sich um rein räumliche Verhältnisse handelt, die Zufügung von Präpositionen vor: ἐμμένειν ἐν τῇ πόλει, während der einfache Dativ vorwiegend in übertragenem Sinne Verwendung findet: ἐμμένειν τοῖς νόμοις. κ, 45 ἄργυρος ἀσκῷ ἔνεστιν. Ar. V. 441 πόλλ' ἔνεστι δεινὰ τῷ γήρᾳ κακά. Δ, 108 ἔμπεσε πέτρῃ. S. OR. 1262 ἐμπίπτει στέγῃ. X. Comm. 2. 1, 4 τοῖς θηράτροις ἐμπίπτουσι. Hell. 2. 4, 19 ἐμπεσὼν τοῖς πολεμίοις ἀποθνῄσκει. Th. 4, 34 ἔκπληξις ἐνέπεσεν ἀνθρώποις. Ξ, 258 ἔμβαλε πόντῳ. X. Cy. 7. 1, 17 μὴ πρότερον ἔμβαλλε τοῖς ἐναντίοις. 1. 6, 19 εἴς γε τὸ προθυμίαν ἐμβαλεῖν στρατιώταις οὐδέν μοι δοκεῖ ἱκανώτερον εἶναι ἢ τὸ δύνασθαι ἐλπίδας ἐμποιεῖν ἀνθρώποις. Φ, 124 ἐνθεμένη λεχέεσσι. X. An. 7. 4, 1 ὅπως φόβον ἐνθείη καὶ τοῖς ἄλλοις. β, 295 ἐνήσομεν εὐρέι πόντῳ. Π, 656 Ἕκτορι δὲ πρωτίστῳ ἀνάλκιδα θυμὸν ἐνῆκεν. Κ, 89 τὸν περὶ πάντων | Ζεὺς ἐνέηκε πόνοισι. Ζ, 499 τῇσιν δὲ γόον πάσῃσιν ἐνῶρσεν. Α, 599 ἐνῶρτο γέλως μακάρεσσι θεοῖσιν. S. Ph. 1319 ἑκουσίοισιν ἔγκεινται βλάβαις. Th. 2, 59 ἐνέκειντο τῷ Περικλεῖ. 5, 18 ἐμμενῶ ταῖς ξυνθήκαις καὶ ταῖς σπονδαῖς. X. Oec. 19, 13 ὁρᾷς τῶν φυτῶν πηλὸν ταῖς κεφαλαῖς πάσαις ἐπικείμενον. Cy. 7. 1, 28 ταραττομένοις ἐπέκειτο, *instabat*. Aeschin. 3, 118 ὑπόκειται τὸ Κιρραῖον πεδίον τῷ ἱερῷ. Pl. Gorg. 510, c ἄρχεσθαι καὶ ὑποκεῖσθαι τῷ ἄρχοντι. κ, 398 πᾶσιν δ' ἱμερόεις ὑπέδυ γόος, vgl. S. Ph. 1111 (gewöhnl. m. *acc.*). Komp. mit εἰς fast nur in übertragenem Sinne, und auch da nicht häufig. Eur. Jo 1196 εἰσπίπτει δόμοις. H. f. 242 ἐπειδὰν δ' εἰσκομισθῶσιν πόλει. S. Tr. 298 ἐμοὶ ὄκνος εἰσέβη. Hdt. 6, 138 καί σφι βουλευομένοισι δεινόν τι ἐσέδυνε. 3, 14 Καμβύσῃ ἐσελθεῖν οἶκτον, vgl. 1, 24. 86. Eur. J. A. 1580 ἐμοὶ δέ τ' ἄλγος οὐ μικρὸν εἰσῄει φρενί. Pl. Phaed. 59, a διὰ δὴ ταῦτα οὐδὲν πάνυ μοι ἐλεεινὸν εἰσῄει. Civ. 330, d εἰσέρχεται αὐτῷ δέος καὶ φροντίς (häufiger *c. acc.*). Λ, 720 ἱππεῦσι μετέπρεπον ἡμετέροισι, vgl. Β, 481. Ν, 175. Π, 596. Ε, 514 ἑτάροισι μεθίστατο, trat unter die Gefährten. Π, 66 νέφος ἀμφιβέβηκε νηυσί. Eur. Suppl. 609 τόδε μοι τὸ θράσος ἀμφιβαίνει. Ar. V. 523 περιπεσοῦμαι τῷ ξίφει. Pl. leg. 877, c ὅστις ἂν τοιαύταις ξυμφοραῖς περιπέσῃ.

Anmerk. 2. Neben Μαραθῶνι u. a. sagt man auch ἐν Μαραθῶνι, z. B. Lycurg. 104. ἐν Πλαταιαῖς Pl. Menex. 241, c. Beide Ausdrucksweisen vereinigt ibid. b τῶν δὲ Μαραθῶνι μαχεσαμένων καὶ τῶν ἐν Σαλαμῖνι. Dem. 18, 208 τοὺς Μαραθῶνι προκινδυνεύσαντας καὶ τοὺς ἐν Πλαταιαῖς παραταξαμένους καὶ τοὺς ἐν Σαλαμῖνι ναυμαχήσαντας „Μαραθῶνι *est casus localis et denotat ipsum pugnae locum*, ἐν Πλ. *vero duntaxat ejus viciniam*" Dissen, was jedoch nicht richtig zu sein scheint, da auf gleiche Weise ἐν Μ. gesagt wird.

Anmerk. 3. Wie der Lokativ überhaupt, so können auch die meisten Adverbien, welche einen lokalen Begriff ausdrücken, mit der Dativ- oder Lokativflexion (§ 336) sowohl auf die Frage wo als auf die Frage wohin gebraucht werden (vgl. Apollon. de adv. 616. 624 f.). So χαμαί, *humi* u. *in humum*, s. Passow; die Adverbien auf ῃ Α, 120 γέρας ἔρχεται ἄλλῃ. Hdt. 3, 61 κήρυκας τῇ τε ἄλλῃ διέπεμπε καὶ δὴ καὶ ἐς Αἴγυπτον u. s., s. Baehr ad 1, 1 p. 6. 2, 29 τῇ (*quo*) ἂν κελεύῃ, ἐκεῖσε στρατεύονται. Th. 1, 54 (ἄνεμος) διεσκέδασεν αὐτὰ πανταχῇ. Pl. civ. 474, c ἀκολούθησόν μοι τῇδε. Ἵνα gwhnl. *ubi*, seltener *quo*. δ, 821. S. OR. 687 ὁρᾷς, ἵν' ἥκεις; u. s. Th. 4, 48 ἐς τὴν Σικελίαν, ἵνα περ τὸ πρῶτον ὥρμηντο.[1]) Die auf ω, als: ἄνω, κάτω u. s. w.; ὧδε in rein örtlicher Bedeutung hier u. hierher erst b. Spät. Hippocr. Diaet. 1, 6 κεῖνα ὧδε καὶ τάδε κεῖσε. Theocr. 1, 120 Δάφνις ἐγὼν ὅδε τῆνος ὁ τὰς βόας ὧδε νομεύων. 151 ὧδ' ἴθι. Die auf οι, als: πέδοι, *humi*, *in humum* (Aesch. Pr. 272 πέδοι βᾶσαι), ἐνταυθοῖ, häufiger *huc* als *hic*, b. Hom. nur Φ, 122 ἐνταυθοῖ νῦν κεῖσο. σ, 105 ἐνταυθοῖ νῦν ἧσο. Antiph. 5, 2 ἐνταυθοῖ οὐδέν με ὠφέλησεν ἡ ἐμπειρία, vgl. ib. 10. Andoc. 1, 89. Ar. R. 273 τί ἐστι τἀνταυθοῖ; Thesm. 225 ἐνταυθοῖ μενῶ. V. 1442 ἐνταυθοῖ μενεῖς. N. 814. Pl. 225 ἐνταυθοῖ παρών.[2]). Οἷ, ὅποι, ποῖ bezeichnen immer die Richtung wohin, wie die lat. Adverbien auf *o*, als: *eo*, *quo*, *retro*, *ultro*, *citro*, und, wo sie das Wo ausdrücken, muss man eine prägnante Konstruktion annehmen, wie wir § 448, Anm. 4 sehen werden; — die auf θα: ἔνθα, ἐνταῦθα, ἐνθάδε[3]). π, 204 ἐλεύσεται ἐνθάδ' Ὀδυσσεύς. S. El. 380 ἐνταῦθα πέμψειν, ἔνθα μήποτ' ἡλίου φέγγος προσόψει. X. Cy. 5. 4, 9 εἰς πόλιν, ἔνθα καὶ αὐτὸς κατέφυγεν. An. 2. 3, 19. 4. 8, 14 u. s. Hell. 1. 7, 16 ἀνέβην ἐνθάδε. An. 1. 10, 13 ἐνταῦθ' ἐχώρουν οἱ Ἕλληνες. 1. 10, 17. 3. 5, 5. 6. 4, 7. Pl. Gorg. 494, e ἢ γὰρ ἐγὼ ἄγω ἐνταῦθα. Pl. Menex. 248, c.; — ferner: ὕψι, *in alto* u. *in altum*, s. Passow, ἐκεῖ, κεῖθι, *illic*, seltener *illuc* (Hdt. 1, 209 ἐπεὰν ἐγὼ τάδε καταστρεψάμενος ἔλθω ἐκεῖ. 121 ἐλθὼν δὲ ἐκεῖ. 7, 147)[4]). Vgl. auch 2, 119 ὅκου ἔτι ἐτράπετο, οὐκ εἶχον εἰπεῖν.

Anmerk. 4. Nahe an den lokalen Gebrauch streift die bei Dichtern zuweilen vorkommende Verbindung des Dativs mit einem anderen Kasus desselben Nomens in Beispielen wie πήματα πήμασι, Leiden auf Leiden, δάκρυα δάκρυσι, Thränen über Thränen, wo der Dativ sich meist nur mit Künstelei in engere Abhängigkeit vom Verbum bringen lässt.[5]) Hs. th. 742 ἀλλά κεν ἔνθα καὶ ἔνθα φέροι πρὸ θύελλα θυέλλῃ (vollständig θύελλα θύελλαν θυέλλῃ προφέροι, wie S. Ai. 866 πόνος πόνῳ πόνον φέρει). S. El. 235 εὐνοίᾳ γ' αὐδῶ . . μὴ τίκτειν σ' ἄταν ἄταις. OR. 175 ἄλλον δ' ἂν ἄλλῳ προσίδοις . . κρεῖσσον ἀμαιμακέτου πυρὸς ὄρμενον ἀκτὰν πρὸς ἑσπέρου θεοῦ (hier zugleich unter dem Einflusse von προσίδοις). Eur. Hel. 195 δάκρυα δάκρυσί μοι φέρων. 364 f. τὰ δ' ἐμὰ δῶρα Κύπριδος ἔτεκε πολὺ μὲν αἷμα, πολὺ δὲ δάκρυον, ἄχεά τ' ἄχεσι, δάκρυα δάκρυσιν. Or. 1255 φόβος ἔχει με μή τις . . πήματα πήμασιν ἐξεύρῃ. Ph. 1495 φόνῳ φόνος Οἰδιπόδα δόμον ὤλεσε. Gewöhnlich aber tritt die Präp. ἐπί hinzu. η, 120 ὄγχνη ἐπ' ὄγχνῃ γηράσκει, μῆλον δ' ἐπὶ μήλῳ, | αὐτὰρ ἐπὶ σταφυλῇ σταφυλή, σῦκον δ' ἐπὶ σύκῳ. S. OC. 544 δευτέραν (sc. πληγὴν) ἔπαισας, ἐπὶ νόσῳ νόσον.

---

1) Vgl. Stallbaum ad Pl. Euthyphr. 14, c. Gorg. 494, e. — 2) Vgl. Stallbaum ad Pl. Phileb. 15, a, der aber mit Unrecht die Bdtg. hic leugnet, u. Maetzner ad Antiph. p 201. — 3) Vgl. Stallbaum ad Pl. Gorg. 494, e. Kühner ad X. Comm. 3. 11, 6. An. 1. 10, 13. 2. 3, 19. — 4) Vgl. Hartung a. a. O. S. 84. — 5) Seidler de vers. dochm. p. 324. Schneidewin ad Soph. Or. 175.

2. die Zeit, und zwar in der Regel den bestimmten Zeitpunkt (das Datum), also meist genauer bestimmt durch attributive Zusätze. Λ, 707 τρίτῳ ἤματι. 794 ἠοῖ τῇ προτέρῃ. π, 206 εἰκοστῷ ἔτεϊ. υ, 88 τῇδε νυκτί. Ν, 335 ἤματι τῷ ὅτε κτλ. ε, 485 ὥρῃ χειμερίῃ. Π, 385 ἤματ' ὀπωρινῷ. Ζ, 422 πάντες ἰῷ κίον ἤματι Ἄιδος εἴσω, vgl. Th. 6, 27 μιᾷ νυκτί. Hdt. 3, 131 τῷ πρώτῳ ἔτεϊ ὑπερεβάλετο τοὺς ἄλλους ἰητρούς . . καί μιν δευτέρῳ ἔτεϊ ταλάντου Αἰγινῆται δημοσίῃ μισθοῦνται· τρίτῳ δὲ ἔτεϊ Ἀθηναῖοι ἑκατὸν μνέων· τετάρτῳ δὲ ἔτεϊ Πολυκράτης δυῶν ταλάντων. Th. 4, 25 τῇ πρώτῃ ἡμέρα . ., τῇ δ' ὑστεραίᾳ. X. Hell. 2. 3, 15 τῷ πρώτῳ χρόνῳ. Th. 1, 12 Βοιωτοὶ οἱ νῦν ἑξηκοστῷ ἔτει μετὰ Ἰλίου ἅλωσιν ἐξ Ἄρνης ἀναστάντες. 1, 60 ἀφικνοῦνται τεσσαρακοστῇ ἡμέρᾳ ὕστερον. 8, 24 τρίτῃ ἡμέρᾳ ὕστερον, vgl. *tertio anno post.* Lys. 21, 1 τρίτῳ μηνί, im 3. Monate darauf. Dem. 19, 57 ἡ εἰρήνη ἐλαφηβολιῶνος ἐνάτῃ ἐπὶ δέκα ἐγένετο. So ferner in Prosa: τῇδε τῇ νυκτί, ταύτῃ τῇ ἡμέρᾳ, ἐκείνῃ τῇ ἡμέρᾳ, τῇ αὐτῇ νυκτί, τῇ αὐτῇ ὥρᾳ, τῇ ἐπιούσῃ ἡμέρᾳ, τῷ ἐπιόντι μηνί, τῷ ἐπιόντι ἔτει, τῷ ὑστέρῳ ἔτει u. s. w. Th. 7, 9 τῷ θέρει τελευτῶντι; in demselben Sinne 1, 30 περιιόντι τῷ θέρει, vgl. X. Hell. 3. 2, 25 περιιόντι τῷ ἐνιαυτῷ. Ar. Ach. 84 τῇ πανσελήνῳ. N, 1196 πῶς οὐ δέχονται δῆτα τῇ νουμηνίᾳ | ἀρχαὶ τὰ πρυτανεῖ', ἀλλ' ἕνῃ τε καὶ νέᾳ; Th. 2, 28 τοῦ αὐτοῦ θέρους νουμηνίᾳ κατὰ σελήνην ὁ ἥλιος ἐξέλιπε. Ohne Attribut selten und vorwiegend dichterisch. ο, 34 νυκτὶ δ' ὁμῶς πλείειν. B, 468 ὅσσα τε φύλλα καὶ ἄνθεα γίγνεται ὥρῃ, vgl. Mimn. 2, 1. Zur Datierung dienen auch die regelmässig wiederkehrenden Staatsfeste; daher meist im blossen Dativ: Παναθηναίοις, Διονυσίοις, ἁλῴοις, Ἐλευσινίοις, Διιπολίοις, Ἀπατουρίοις, Βραυρωνίοις, θεσμοφορίοις, Θαργηλίοις, μυστηρίοις u. s. w. Lys. 1, 20 θεσμοφορίοις ᾤχετο εἰς τὸ ἱερόν. 21, 1 Παναθηναίοις τοῖς μεγάλοις. Andoc. 1, 28 Παναθηναίων τῷ ἀγῶνι. Dem. 21, 176 τοῖς μυστηρίοις. Pseph. Dem. 18, 116 Παναθηναίοις τοῖς μεγάλοις ἐν τῷ γυμνικῷ ἀγῶνι καὶ Διονυσίοις τραγῳδοῖς καινοῖς, vgl. Cic. Phil. 1. 15, 36 *gladiatoribus*, zur Zeit der Gladiatorenspiele. Pl. Symp. 174, a χθὲς αὐτὸν διέφυγον τοῖς ἐπινικίοις. (Aber Pl. Lys. 223, b ἐν τοῖς Ἑρμαίοις. Civ. 354, a ἐν τοῖς Βενδιδείοις. Leg. 633, c ἐν ταῖς γυμνοπαιδίαις). Ähnlich Th. 1, 44 γενομένης δὶς ἐκκλησίας τῇ μὲν προτέρᾳ ἀπεδέξαντο τοὺς λόγους, ἐν δὲ τῇ ὑστεραίᾳ μετέγνωσαν. Aeschin. 2, 65 τῇ μὲν προτέρᾳ τῶν ἐκκλησιῶν . ., τῇ δ' ὑστέρᾳ (wo Franke ἐν einschiebt). Dem. 44, 39 ταῖς παρελθούσαις ἀρχαιρεσίαις ταύταις, vgl. *comitiis*. Sonst bei nichttemporalen Begriffen selten. O, 324 νυκτὸς ἀμολγῷ. N, 684 ζαχρηεῖς γίγνοντο μάχῃ. 713 οὐ γάρ σφι σταδίῃ ὑσμίνῃ μίμνε φίλον κῆρ. S. Ant. 336 χειμερίῳ νότῳ, vgl. Theocr. 13, 29. S. OR. 380 τέχνη τέχνης ὑπερφέρουσα τῷ πολυζήλῳ βίῳ. Hdt. 9, 102 οὐδὲν ἔλασσον εἶχον τῇ μάχῃ, vgl. Th. 3, 54 μάχῃ τε τῇ ἐν τῇ ἡμετέρᾳ γῇ γενομένῃ παρεγενόμεθα ὑμῖν. Hdt. 6, 92 συναπέβησαν δὲ καὶ ἀπὸ Σικυωνίων νεῶν

ἄνδρες τῇ αὐτῇ ταύτῃ ἐσβολῇ, wie im Lat. *adventu*, *discessu*, vgl. Th. 2, 20 λέγεται τὸν Ἀρχίδαμον ἐς τὸ πεδίον ἐκείνῃ τῇ ἐσβολῇ οὐ καταβῆναι, ebenso 2, 57. 1, 128 Βυζάντιον ἑλὼν τῇ προτέρᾳ παρουσίᾳ. 4, 26 ὅσοι δὲ γαλήνῃ κινδυνεύσειαν. Poet. καιρῷ *in tempore, opportune*. S. OR. 1516 πάντα γὰρ καιρῷ καλά. Eur. Suppl. 509 ἥσυχος καιρῷ σοφός. (Th. 4, 59 schreibt Poppo ἐν καιρῷ). Das adverb. χρόνῳ, mit der Zeit, gwhnl. = nach langer Zeit, *tandem* ist wahrscheinlich als urspr. komitativ aufzufassen, vgl. S. Ai. 306 ἔμφρων μόλις πως ξὺν χρόνῳ καθίσταται, s. Ellendt-Genthe Lex. Soph. p. 706. Th. 1, 98 καὶ χρόνῳ (*tandem*) ξυνέβησαν καθ' ὁμολογίαν. Vgl. X. Hell. 4. 1, 34. Dem. 1, 18. Lys. 1, 20 ὡς ἐκείνῃ τῷ χρόνῳ πεισθείη (mit der Zeit). Ar. N. 865 ἦ μὴν σὺ τούτοις τῷ χρόνῳ ποτ' ἀχθέσει. Ebenso χρόνῳ μακρῷ S. El. 1273, χρ. βραχεῖ OR. 1648.

Anmerk. 5. In den verwandten Sprachen dient der komitative Instrumentalis vielfach zum Ausdrucke der räumlichen und zeitlichen Erstreckung. Hiernach lässt sich die Vermutung kaum abweisen, dass auch im Griechischen bei der lokalen und temporalen Verwendung des Dativs der Lokativ und der Instrumentalis zusammengeflossen sind, wenn auch eine scharfe Abgrenzung nicht möglich ist.

Anmerk. 6. Die Präposition ἐν tritt in der Regel hinzu: a) bei nicht temporalen Begriffen, als: ἐν πολέμῳ, ἐν εἰρήνῃ, b) bei Zeitbegriffen, die kein Attribut bei sich haben, als: ἐν ἡμέρᾳ, ἐν νυκτί, ἐν θέρει u. s. w., c) oft auch, wenn das Attribut in einem Pronomen besteht, als: ἐν τούτῳ τῷ ἐνιαυτῷ, ἐν τῇδε τῇ νυκτί, ἐν ᾗ ἡμέρᾳ, d) überhaupt aber, wenn nicht der bestimmte Zeitpunkt, wann, sondern der Zeitraum, innerhalb dessen etwas geschieht, bezeichnet wird, daher bei Substantiven mit Cardinalibus und den Adjektiven: ὀλίγος, μικρός, πολύς u. dgl., als: παρήγαγον ἐν τρισὶν ἡμέραις X. An. 4. 8, 8. ἐν δυοῖν ἐτοῖν, *intra biennium*, X. Ag. 1, 34, ubi v. Breitenb. ἐν τοσούτῳ χρόνῳ Comm. 1. 3, 13. Ungleich seltener in Prosa ohne ἐν, als: X. An. 1. 8, 22 ἡμίσει ἂν χρόνῳ αἰσθάνεσθαι. Pl. Euthyd. 303, e ὀλίγῳ χρόνῳ. In der Dichtersprache findet sich zuweilen ἐπί *c. d.*, z. B. b. Hom. ἐπ' ἤματι, ἐπὶ νυκτί.

Anmerk. 7. Hiernach berührt sich bei Zeitbestimmungen ἐν *c. dat.* dem Sinne nach nahe mit dem Genetiv, der ebenfalls gleichsam die Linie angiebt, von der irgend ein nicht genauer bestimmter Punkt in Betracht kommt, während der Akkusativ die Linie in ihrer ganzen Ausdehnung darstellt, der blosse Dativ aber den bestimmten Punkt selbst (oder die Linie zu einem Punkte zusammengedrängt) bezeichnet. Man vergleiche folgende Beispiele. Hdt. 2, 95 πᾶς ἀνὴρ αὐτῶν ἀμφίβληστρον ἔκτηται, τῷ τῆς ἡμέρης (des Tages od. am Tage) μὲν ἰχθῦς ἀγρεύει, τὴν δὲ νύκτα (die Nacht hindurch) τάδε (hierzu) αὐτῷ χρᾶται. Vgl. 3, 117 τὸν μὲν χειμῶνα . . τοῦ δὲ θέρεος. 4, 48 Ἴστρος ἴσος αἰεὶ αὐτὸς ἑωυτῷ ῥέει καὶ θέρεος καὶ χειμῶνος; aber 50 ἴσος δὲ αἰεὶ ῥέει ἔν τε θέρεϊ καὶ χειμῶνι ὁ Ἴστρος. 7, 55 ταύτην μὲν τὴν ἡμέρην οὗτοι· τῇ δὲ ὑστεραίῃ πρῶτοι μὲν κτλ. Th. 4, 133 ἐν τῷ αὐτῷ θέρει Θηβαῖοι Θεσπιέων τεῖχος περιεῖλον u. καὶ ὁ νεὼς τῆς Ἥρας τοῦ αὐτοῦ θέρους ἐν Ἄργει κατεκαύθη. 38 ταύτην τὴν μὲν ἡμέραν καὶ τὴν ἐπιοῦσαν νύκτα ἐν φυλακῇ εἶχον αὐτοὺς οἱ Ἀθηναῖοι· τῇ δὲ ὑστεραίᾳ οἱ μὲν Ἀθηναῖοι . . διεσκευάζοντο. 90 ἡμέρᾳ δὲ ἀρξάμενοι τρίτῃ, ὡς (ex quo) οἴκοθεν ὥρμησαν, ταύτην τε εἰργάζοντο καὶ τὴν τετάρτην καὶ τῆς πέμπτης μέχρι ἀρίστου. X. An. 2. 1, 3 καὶ λέγοι, ὅτι ταύτην μὲν τὴν ἡμέραν περιμενοῖεν αὐτούς...

τῇ δὲ ἄλλῃ ἀπιέναι φαίη ἐπὶ Ἰωνίας. 3. 4, 18 ταύτῃ μὲν τῇ ἡμέρᾳ ἀπῆλθον οἱ βάρβαροι, τὴν δὲ ἐπιοῦσαν ἡμέραν ἔμειναν οἱ Ἕλληνες, τῇ δὲ ὑστεραίᾳ ἐπορεύοντο διὰ τοῦ πεδίου. Hell. 1. 1, 14 ταύτην μὲν οὖν τὴν ἡμέραν αὐτοῦ ἔμειναν, τῇ δὲ ὑστεραίᾳ Ἀλκιβιάδης ἐκκλησίαν ποιήσας παρεκελεύετο αὐτοῖς.

§ 427. Konstruktion der Verbaladjektive auf τέος, τέα, τέον.

Die Verbaladjektive auf τέος, τέα, τέον, deren Gebrauch übrigens sich erst in der attischen Blütezeit ausgebildet hat, werden sowohl von transitiven als von intransitiven Verben gebildet. Die von transitiven Verben, d. h. von solchen, welche den Akkusativ regieren, abgeleiteten Verbaladjektive werden entweder, wenn der Nachdruck auf dem Verbaladjektive ruht, unpersönlich in der Neutralform τέον oder τέα (§ 366), oder, wenn das Subjekt hervorgehoben werden soll, wie das lateinische Gerundiv, persönlich; die von intransitiven Verben abgeleiteten aber immer nur unpersönlich gebraucht. Die thätige Person steht nach § 423, 18 c im Dative. Das unpersönlich gebrauchte Verbaladjektiv nimmt sein Objekt in dem Kasus zu sich, mit dem das Verb, von dem es abstammt, verbunden wird. Ἀσκητέον (oder -τέα) ἐστί σοι τὴν ἀρετήν oder ἡ ἀρετή σοι ἀσκητέα. Ἐπιθυμητέον (oder -τέα) ἐστὶ τοῖς ἀνθρώποις τῆς ἀρετῆς. Ἐπιχειρητέον ἐστί σοι τῷ ἔργῳ. X. oec. 7, 35 οἷς ἂν ἔνδον ἐργαστέον, τούτων σοι ἐπιστατητέον (ἐπιστατεῖν τινος) καὶ τὰ εἰσφερόμενα ἀποδεκτέον. Comm. 3. 6, 3 ὠφελητέα σοι ἡ πόλις ἐστίν. Dem. 1, 17 φημὶ δὴ βοηθητέον εἶναι τοῖς πράγμασιν ὑμῖν. Isocr. 6, 91 τὸν θάνατον ἡμῖν μετ' εὐδοξίας αἱρετέον ἐστίν. Th. 8, 65 μεθεκτέον τῶν πραγμάτων πλείοσιν. Hdt. 7, 168 οὔ σφι περιοπτέη ἐστὶ ἡ Ἑλλὰς ἀπολλυμένη, sie dürfen nicht übersehen, dass Hellas zu Grunde geht. Vgl. 5, 39. So von Deponentibus, als: μιμητέον ἐστὶν ἡμῖν τοὺς ἀγαθούς (v. μιμεῖσθαί τινα) oder μιμητέοι εἰσὶν ἡμῖν οἱ ἀγαθοί. Pl. Phaed. 66, e αὐτῇ τῇ ψυχῇ θεατέον αὐτὰ τὰ πράγματα v. θεᾶσθαι. 90, e προθυμητέον ὑγιῶς ἔχειν v. προθυμεῖσθαι. S. Ant. 678 οὔτοι γυναικὸς οὐδαμῶς ἡσσητέα v. ἡσσᾶσθαί τινος, *inferiorem esse aliquo*. Über einige auffallende Verbindungen in der Konstruktion s. § 360, A. 2. Über die gewöhnliche Weglassung v. ἐστί s. § 354, b).

Anmerk. 1. Die Verbaladjektive solcher Verben, deren Medialform sowohl passive als reflexive oder intransitive Bedeutung hat, haben in der unpersönlichen Neutralform mit ἐστί gleichfalls eine doppelte Bedeutung und, wenn ein Objekt dazu tritt, eine doppelte Konstruktion, als: πειστέον ἐστὶν αὐτόν, man muss ihn überreden, v. πείθω τινά, u. πειστέον ἐστὶν αὐτῷ, *oboediendum ei est*, πειστέον τοῖς νόμοις v. πείθομαί τινι, *oboedio alicui;* ἀπαλλακτέον ἐστὶν αὐτὸν τοῦ κακοῦ v. ἀπαλλάττειν τινὰ τοῦ κακοῦ, u. ἀπαλλακτέον ἐστὶν ἡμῖν τοῦ ἀνθρώπου v. ἀπαλλάττεσθαί τινος, sich von etwas losmachen, als: Pl. Phaed. 66, e ἀπαλλακτέον αὐτοῦ, ubi v. Hdrf. 90, e ἀνδριστέον, man muss sich anstrengen, v. ἀνδρίζεσθαι. Civ. 520, c ξυνεθιστέον τὰ σκοτεινὰ θεάσασθαι, man muss sich gewöhnen, v. ξυνεθίζεσθαι; aber

Plut. mor. p. 11, c συνεθιστέον τοὺς παῖδας τἀληθῆ λέγειν v. συνεθίζειν τινά. Pl. civ. 457, a ἀποδυτέον δὴ ταῖς τῶν φυλάκων γυναιξίν, die Frauen müssen sich auskleiden, v. ἀποδύεσθαι. Gorg. 507, d παρασκευαστέον μάλιστα μηδὲν δεῖσθαι τοῦ κολάζεσθαι, man muss sich anschicken, v. παρασκευάζεσθαι; aber 510, a ἐπὶ τοῦτο παρασκευαστέον ἐστὶ δύναμίν τινα v. παρασκευάζειν τι. X. Hier. 2, 10 ἐνταῦθα δὴ (ὁ τύραννος) καὶ μάλιστα φυλακτέον οἴεται εἶναι, *cavendum sibi esse*, v. φύλαττεσθαι, *cavere*. Comm. 1. 2, 34 δῆλον, ὅτι ἀφεκτέον ἂν εἴη τοῦ ὀρθῶς λέγειν v. ἀπέχεσθαί τινος.

Anmerk. 2. Nicht selten aber wird von den Attikern bei den Verbaladjektiven auf τέος die thätige Person auch durch den Akkusativ bezeichnet, weil in den Verbaladjektiven der Begriff des impersonellen Verbs δεῖ mit dem Infinitive liegt. Der Indikativ ἐστί wird hier regelmässig weggelassen. Isocr. 9, 7 οὐ βουλευτέον τοὺς νοῦν ἔχοντας τοῖς κακῶς φρονοῦσιν. Th. 1, 72 ἔδοξεν αὐτοῖς παριτητέα ἐς τοὺς Λακεδαιμονίους εἶναι τῶν ἐγκλημάτων πέρι μηδὲν ἀπολογησομένους. X. Comm. 3. 11, 1 ἰτέον ἂν εἴη θεασαμένους. Pl. Gorg. 507, d τὸν βουλόμενον εὐδαίμονα εἶναι σωφροσύνην διωκτέον καὶ ἀσκητέον. Cf. Stallb. ad civ. 413, e. Leg. 643, a διὰ γὰρ ταύτης φαμὲν ἰτέον εἶναι τὸν προκεχειρισμένον ἐν τῷ νῦν λόγον ὑφ' ἡμῶν. Crit. 49, a οὐδενὶ τρόπῳ φαμὲν ἑκόντας ἀδικητέον εἶναι. (Beide Konstruktionen finden sich zuweilen verbunden: Pl. civ. 453, d οὐκοῦν καὶ ἡμῖν νευστέον καὶ πειρατέον σῴζεσθαι ἐκ τοῦ λόγου, ἤτοι δελφῖνά τιν' ἐλπίζοντας ἡμᾶς ὑπολαβεῖν ἄν; ubi v. Stallb. Th. 8, 65 οὔτε μισθοφορητέον εἴη ἄλλους ἢ τοὺς στρατευομένους, οὔτε μεθεκτέον τῶν πραγμάτων πλείοσιν ἢ πεντακισχιλίοις. Eur. Ph. 712, f. ἐξοιστέον τἄρ' ὅπλα Καδμείων πόλει . . ἐκτὸς τάφρων τῶνδ' ὡς μαχουμένους τάχα). Eur. Hipp. 491, f. ὡς τάχος διοιστέον (sc. ἡμᾶς) | τὸν εὐθὺν ἐξειπόντας ἀμφὶ σοῦ λόγον, *celerrime explorandum nobis est aperte rem declarantibus.* [1]) Dem. 2, 13 πολλὴν δὴ τὴν μετάστασιν καὶ μεγάλην δεικτέον, εἰσφέροντας, ἐξιόντας, ἅπαντα ποιοῦντας ἑτοίμως. Zuweilen geht auch die Konstruktion der Verbaladjektive in den Infinitiv über. Pl. Gorg. 492, d τὰς μὲν ἐπιθυμίας φῄς οὐ κολαστέον, εἰ μέλλει τις οἷον δεῖ εἶναι, ἐῶντα δὲ αὐτὰς ὡς μεγίστας πληροῦσιν ἀμόθεν γέ ποθεν ἑτοιμάζειν. Crit. 51, c ποιητέον, ἃ ἂν κελεύῃ ἡ πόλις, ἢ πείθειν αὐτήν, ubi v. Stallb. Ebenso im Lat. Cic. Lael. 74 *amicitiae corroboratis jam confirmatisque et ingeniis et aetatibus judicandae sunt, nec, si qui ineunte aetate venandi aut pilae studiosi fuerunt, eos habere necessarios, quos . . dilexerunt.* [2])

§ 428. II. Lehre von den Präpositionen.

Bedeutung und Konstruktion der Präpositionen.

1. Mit der Lehre von den Kasus steht in innigem Zusammenhange die Lehre von den Präpositionen, die mit den Kasus verbunden werden. Die Kasus und die Präpositionen haben das mit einander gemein, dass sie Verhältnisse eines Substantivbegriffes zu dem Prädikate des Satzes ausdrücken, weichen aber darin von einander ab, dass jene nur ganz allgemeine, diese hingegen bestimmtere Verhältnisse bezeichnen, und zwar die Verhältnisse des Raumes, der Zeit, der Kausalität und der Art und Weise.

---

1) S. Matthiä ad Eurip. Ph. 714. Richter de Anac. Spec. I. p. 25. Stallbaum ad Pl. Gorg. 456, e. — 2) S. Madvig ad Cic. Fin. 2, 31, 103 p. 318.

2. Die Präpositionen bezeichneten zunächst das räumliche Dimensionsverhältnis [1]), in dem das Nebeneinander der Dinge (das Daneben, Davon, Vorbei, Ringsum, Mit) oder die räumlichen Gegensätze von Oben und Unten, Innen und Aussen, Hinten und Vorn u. s. w. betrachtet werden. Die räumlichen Beziehungen werden sodann auf die Zeit übertragen. Denn die Verhältnisse der Zeit wurden ursprünglich ganz auf dieselbe Weise wie die des Raumes betrachtet. Daher werden die Raumbeziehungen und die Zeitbeziehungen eines Substantivbegriffes zu dem Prädikate durch dieselben Präpositionen dargestellt, als: πρὸ τῶν πυλῶν ἔστη und πρὸ ἡμέρας ἀπῆλθεν, ἐκ τῆς πόλεως ἀπέφυγεν und ἐκ τοῦ πολέμου (unmittelbar nach dem Kriege) ἐγένετο εἰρήνη, ἐν ταύτῃ τῇ χώρᾳ und ἐν τούτῳ τῷ χρόνῳ πολλὰ καὶ καλὰ ἔργα ἀπεδείξατο. Die räumlichen Beziehungen werden drittens auf die Kausalität und die Art und Weise übertragen, indem auch diese Verhältnisse auf sinnliche Weise als Raumverhältnisse angeschaut wurden, als: ὑπὸ γῆς οἰκεῖν und ὑπό τινος ἀποθανεῖν, ὑπ' αὐλοῦ χορεύειν, ἀπὸ πόλεως ἐλθεῖν und ἀπὸ προσόδων τρέφειν τὸ ναυτικόν, ἀπό τινος καλεῖσθαι, ἐν οἴκῳ κεῖσθαι und ἐν σιωπῇ πορεύεσθαι.

3. In der uranfänglichen Entwickelung der Sprache mögen die Kasus genügt haben, die angegebenen Verhältnisse des Raumes, der Zeit u. s. w., wenn auch auf unvollkommene und mangelhafte Weise zu bezeichnen. [2]) Sobald aber der menschliche Geist tiefer in die Beziehungsverhältnisse der Dinge einzudringen anfing, musste notwendig das Bedürfnis erwachen, die mannigfaltigen Beziehungen des Raumes, der Zeit, der Kausalität und der Art und Weise mit Hilfe besonderer Wörter bestimmter und schärfer auszudrücken. Hierzu dienten die Adverbien, die sodann im weiteren Verlaufe grossenteils zu Präpositionen verblassten.

4. Den Gang der Entwickelung haben wir uns so vorzustellen, dass ursprüngliche einfache Wendungen wie ἦλθε δώματα, er ging zum Hause (§ 410, 4), βαίνει νεώς, er geht vom Schiffe (§ 421, 1), εὗδε Γαργάρῳ, er schlief auf dem Gargaron (§ 426, 1) zunächst durch Zufügung von Ortsadverbien, die die Richtung der Handlung genauer

---

1) Diesen Namen hat zuerst K. F. Becker (Organism. der Spr. §§ 54. 88) eingeführt (vgl. Hartung über d. Kasus S. 6 f.), insofern nämlich diese räumlichen Verhältnisse nach den verschiedenen Dimensionen des Raumes (Länge, Breite, Höhe) und nach den Produkten derselben (der Linie, Fläche u. s. f.) gedacht und unterschieden werden. — 2) Vgl. Grassmann in Kuhns Ztschrft. 23, 560: „Im Sanskrit kann man oft 10 bis 20 Seiten lesen, ohne irgend einer Präposition mit einem von ihr regierten Kasus zu begegnen.“ Delbrück Synt. Forschungen IV, S. 126.

bestimmten, spezialisiert wurden: ἦλθε δώματα πρός, zum Hause hinzu, βαίνει νεὼς ἄπο, vom Schiffe weg, εὗδε Γαργάρῳ ἄνα, auf dem Gargaron oben. Später trat das Adverb entweder in unmittelbare Beziehung zum Verb, mit dem es schliesslich ein Kompositum bildete: ἀποβαίνει νεώς, oder es schloss sich näher an den Kasus an: βαίνει ἀπὸ νεώς, und wurde für diesen allmählich eine unentbehrliche Stütze, indem die ursprüngliche Kraft des Kasus erlosch und die Ortsadverbien auch auf zeitliche, modale und kausale Verhältnisse übertragen wurden. Hiermit war der Übergang des Adverbs zur Präposition vollendet. Als Reste der älteren Gebrauchsweise und Wortstellung haben sich auch in der ausgebildeten Sprache die Fälle der sogenannten Tmesis erhalten, vgl. § 445.

5. Hieraus ergiebt sich, dass der mit der Präposition verbundene Kasus nicht von vorn herein von der Präposition regiert wird, wie man zu sagen pflegt; wäre dies der Fall, so müsste eine Präposition stets nur mit einem und demselben Kasus verbunden werden, während es doch Präpositionen giebt, die mit zwei oder drei Kasus verbunden werden; sondern der Kasus ist ursprünglich durch sich selbst bedingt, und die mit ihm verbundene Präposition stellt nur das durch den Kasus ausgedrückte Verhältnis anschaulicher als ein Raumverhältnis, aber zugleich auch logisch bestimmter dar. Wohl aber hat sich auf einer späteren Stufe der Entwickelung, je mehr das Gefühl für die Bedeutung des Kasus erlosch und seine Verbindung mit der Präposition zu einer rein gewohnheitsmässigen wurde, allmählich ein Zustand herausgebildet, der den Kasus allerdings in einer gewissen Abhängigkeit von der Präposition zeigt.

6. Die Konstruktion der Präpositionen mit den Kasus wird vor allem durch die Bedeutung des Kasus, sodann aber auch durch den in den Präpositionen liegenden Begriff, sowie durch die einer Sprache eigentümliche Anschauungsweise bestimmt. Hiernach zerfallen in der griechischen Sprache die Präpositionen:

a) in Präpositionen mit dem Genetive: ἀντί, ἀπό, ἐξ, πρό;
b) in Präpositionen mit dem Dative: ἐν und σύν;
c) in Präpositionen mit dem Akkusative: εἰς und ὡς;
d) in Präpositionen mit dem Genetive und Akkusative: διά, κατά, ὑπέρ; und ἀνά mit dem Dat. u. Akk.;
e) in Präpositionen mit dem Genetive, Dative und Akkusative: ἀμφί, περί, ἐπί, μετά, παρά, πρός, ὑπό.

Anmerk. 1. Für ἐν und εἰς (entst. aus ἐνς) haben die lateinische und die deutsche Sprache nur eine Form: *in*, in, wie auch einige griechische Mundarten ἐν m. d. Dat. u. Akk. verbinden. S. § 325, 3 u. § 432, 1.

7. Nach der Bedeutung der Dimensionsverhältnisse zerfallen sämtliche Präpositionen a) in solche, welche eine Nähe, Gemeinschaft, Umgebung, Trennung bezeichnen: παρά, neben, σύν und μετά, mit, ἀμφί, um (an zwei Seiten), περί, um . . herum (Kreislinie), διά, zwischen . . durch; b) in solche, welche räumliche Gegensätze ausdrücken: ἐπί, auf, ἀνά, an, auf, ὑπέρ, über (oben) und ὑπό, unter, κατά, hinab (unten); πρό, πρός, ἀντί, vor (vorn) und die uneigentliche Präposition ὄπισθεν, hinter (hinten); ἐν und εἰς, in (innen) und ἐξ, aus, und die uneigentliche Präposition ἔξω, ausser (aussen); ὡς, zu (hinzu) und ἀπό, von (hinweg).

Anmerk. 2. Die Präposition ὡς, zu, ad, welche einen pronominalen Ursprung zu haben scheint, bezeichnet nicht, wie die übrigen, ein räumliches Dimensionsverhältnis, sondern wird ursprünglich nur von Personen in Verbindung mit Verben der Bewegung gebraucht, als: ἰέναι, πέμπειν ὡς βασιλέα, s. § 432, 2. Auch unterscheidet sich ὡς insofern von den übrigen Präpositionen, als es nie in der Komposition mit Verben gebraucht wird.

8. Jede Präposition hat eine Grundbedeutung, die sie überall festhält; und wenn auch eine Präposition mit zwei oder drei Kasus verbunden wird, so bleibt doch überall dieselbe Grundbedeutung, sie erhält aber nach den verschiedenen Kasus, insofern jeder Kasus eine besondere Bedeutung hat, verschiedene Modifikationen. Die Grundbedeutung der Präposition tritt am reinsten in der Bezeichnung der Ortsbeziehungen und meistenteils auch der Zeitbeziehungen hervor; in der Darstellung der kausalen Beziehungen aber tritt sie oft ganz ins Dunkel. Dass sich aber die ursprüngliche Bedeutung der Präposition in dem Fortgange der Zeit und, was in der griechischen Sprache beachtungswert ist, in den verschiedenen Mundarten, in der Dichtersprache und in der Prosa auf mannigfache Weise abgeändert und verschieden gestaltet hat, liegt in der Natur des Entwickelungsganges einer jeden Sprache.

9. Die verschiedenartige Übersetzung der Präpositionen einer Sprache in eine andere Sprache darf uns nie berechtigen, einer Präposition alle die Bedeutungen beizuschreiben, die sie in der Übersetzung anzunehmen scheint. Eine Präposition würde alsdann oft einander entgegengesetzte und ganz unvereinbare Bedeutungen in sich umfassen. Jede Sprache hat ihre eigentümliche Anschauungsweise, und jede Sprache muss daher aus sich und nicht aus einer fremden erklärt werden. Es ist oft unmöglich, die Grundbedeutung einer Präposition durch eine gänzlich entsprechende Präposition einer anderen Sprache auszudrücken, da die Bedeutung dieser für die jener entweder zu eng oder zu weit ist. Hierzu kommt endlich, dass die Sprachanschauung manche Beziehungsverhältnisse anders auffasst, als sie sich in der Wirklichkeit zeigen, wie z. B. in: πέμπειν εἴς τινα, ἰέναι εἴς τινα u. s. f.

Anmerk. 3. In betreff der Konstruktion der mit Präpositionen zusammengesetzten Verben ist zu bemerken, dass die Präposition auf die Konstruktion des Verbs entweder einen Einfluss ausübt oder nicht ausübt. Das erstere ist der Fall, wenn die Präposition in der Komposition die ihr eigentümliche Bedeutung und Struktur beibehält, so dass man an der Stelle des Kompositums auch das Simplex mit der Präposition gebrauchen kann, ohne eigentliche Veränderung des Sinnes, als: ἐξέρχομαι τῆς πόλεως = ἔρχομαι ἐκ τῆς πόλεως oder ἐξέρχομαι ἐκ τῆς π., προτρέχειν τῶν ὁπλιτῶν X. An. 5. 2, 4 = τρέχειν πρὸ τ. ὁ u. s. w. Das letztere ist der Fall, wenn die Präposition in dem Kompos. ihre Bedeutung zwar beibehält, die Konstruktion aber sich ändert, wie in ἀντιμάχεσθαί τινι; hier hängt der Kasus nur von dem Begriffe des Verbs ab, sowie auch, wenn die Präposition mit dem Verb zu einem unzertrennlichen Ganzen verschmolzen ist, wie in ἀποπεραίνειν τι, ἐκτελεῖν τι, ἀπογιγνώσκειν τι, *desperare aliquid* (aber X. An. 1. 7, 19 ἀπεγνωκέναι τοῦ μάχεσθαι, wo ἀπό auf die Konstruktion eingewirkt hat, insofern sie dem Simplex γιγνώσκειν den Begriff der Abneigung hinzugefügt hat), ἀπελαύνειν τινά, ἀποδοκιμάζειν τι u. s. w. Über ἀναβαίνειν ἐπί *c. g.* s. § 416, 2, ἀναδῦναι, ἀναπνεῖν u. dgl. *c. g.* § 421, 1 u. 2; über ἐγκεγλημένος, κατακλείειν, εἰσδέχεσθαι *c. g.* § 419, 2. Εἰσβαίνειν wird meistens mit εἰς verbunden, aber trop. *c. d.* S. Tr. 297 ἐμοὶ γὰρ οἶκτος δεινὸς εἰσέβη, ebenso Ant. 1345 τὰ δ' ἐπὶ κρατί μοι | πότμος δυσκόμιστος εἰσήλατο, was mein Haupt, meine Person anlangt, so traf mich ein unerträgliches Verhängnis, s. § 426, Anm. 1; ἐνάλλεσθαι im eigentlichen u. uneig. Sinne in der Regel *c. d.*, doch mit εἰς S. OR. 263 ἐς τὸ κείνου κρᾶτ' ἐνήλαθ' ἡ τύχη. Εἰσιέναι u. εἰσέρχεσθαι = in den Sinn kommen wird gewöhnlich, wie *invadit me aliquid*, m. d. Akk. verbunden, seltener *c. d.* Pl. Phaed. 59, a οὐδὲν πάνυ μοι ἐλεεινὸν εἰσῄει. Civ. 330, d εἰσέρχεται αὐτῷ δέος. Über die Kompos. mit κατά *c. acc.* u. *c. gen.* s. §§ 409, 7 u. 421, A. 9. Einige werden m. d. Dat. nach § 423, 2 u. 3 st. des Gen. verbunden, als; καθυβρίζειν στρατῷ Hdt. 1, 212, vgl. S. Ai. 153 (st. des gwhnl. τινός od. τί); κατακρίνειν Hdt. 7, 146 τοῖσι κατεκέκριτο θάνατος; καταχεῖν τινί τι b. Hom., z. B. Ξ, 435; καταγελᾶν Hdt. 3, 37. 38 u. s. Die Kompos. mit ὑπέρ werden meistenteils als Transitive m. d. Akk. verbunden, einige jedoch auch m. d. Gen., so ὑπερφρονεῖν gwhnl. *c. g.*, ὑπερορᾶν hingegen gwhnl. *c. acc.*, seltener *c. g.*, s. § 417, A. 13; aber Th. 4, 93 ὑπερεφάνησαν τοῦ λόφου hat die Präp. eingewirkt. Die Kompos. mit περί haben meistens als Trans. den Akk. bei sich, als: περιβαίνειν; über die *c. d.*, wie περιπίπτειν s. § 426, Anm. 1, aber Th. 4, 36 περιιέναι κατὰ νώτου αὐτοῖς ὁδῷ ist der Dat. nicht von περιιέναι, sondern von περιιέναι κατὰ νώτου abhängig; über περιεῖναι, περιγίγνεσθαι *c. g.* s. § 420, 2, b. Von den vielen Kompositis mit ἐπί wollen wir nur noch einige erwähnen. Über ἐπιστρατεύειν, ἐπέρχεσθαι, ἐπεξιέναι, ἐπιβαίνειν, ἐπιχειρεῖν, ἐπεγγελᾶν *c. d.* s. § 423, 3; über ἐπέρχεσθαι, ἐπιέναι, ἐπιστρατεύειν *c. acc.* s. § 409, 7; über ἐπιβαίνειν, ἐπιβατεύειν *c. gen.* s. § 416, 2. Die Komposita mit παρά werden meistens als Transitive mit dem Akk. verbunden, als: παραβαίνειν, παρέρχεσθαι, παρατρέχειν τινά; παραιρεῖσθαί τί τινος, einem etwas entziehen, vgl. X. Hell. 2. 3, 20. Conv. 4, 40. Comm. 1. 6, 1. Die meisten Komposita mit πρός nehmen nach § 423, 2 u. 3 den Dativ zu sich, als: προσέχειν τινί (über d. selt. u. unklass. προσέχειν *c. acc. rei* s. Poppo ad Th. P. III. Vol. 1 p. 282 sq.), προσπίπτειν, z. B. αἰσχρᾷ ἐπιθυμίᾳ X. ap. 30, προσβλέπειν τινί Conv. 3, 14 (gwhnl. *c. acc.*, wie X. oec. 11, 5 προσβλέψας με), προσπαίζειν τινί, mit einem scherzen (aber τινά, einen verspotten, s. Lobeck ad Herodian. p. 463), hingegen προσγελᾶν τινα, erst b. Spät. *c. d.*; προσκαθέζεσθαι *c. acc.*, z. B. τὴν πόλιν, wie *assidere urbem*, s. Poppo ad Th. P. III. Vol. 1. p. 223. Von den

Kompositis mit ὑπό schwanken einige zwischen dem Dat. u. dem Akk.; über ὑφίστασθαι (*sustinere*) *c. a.* s. § 409, 3, *c. d. resistere*, X. Hell. 7. 5, 12. An. 3. 2, 11; κ, 398 πᾶσιν δ' ἱμερόεις ὑπέδυ γόος. S. Ph. 1111 ἀλλά μοι ἄσκοπα . . ἔπη . . ὑπέδυ, dafür in Prosa der Akk.

Anmerk. 4. Über die ursprüngliche Verwendung der Präpositionen als Ortsadverbien s. § 443. Die Nr. 6 angegebenen Präpositionen nennt man, insofern sie in der ausgebildeten Sprachperiode teils garnicht, teils nur selten allein ohne ein Substantiv als Ortsadverbien auftreten und demnach regelmässig die Funktion der Präpositionen sowohl in Verbindung mit den Kasus, als auch in Zusammensetzungen mit Verben übernommen haben, eigentliche Präpositionen und unterscheidet sie von den uneigentlichen, unter denen wir folgende Klassen begreifen: a) teils Orts-, teils andere Adverbien, die zwar auch in Verbindung mit einem Substantive die Funktion der Präpositionen übernehmen, in Kompositen aber nicht erscheinen können, als: ἄντα u. ἀντία ep., vor, im Antlitze, entgegen, πρόσθεν, vor, ὄπισθεν, hinter, μέχρι u. ἄχρι, bis, ἔξω, ἐκτός, ἄγχι, ἀντικρύ ep. entgegen, ἀμφίς ep., fern, seitab; ἄνευ, ἄτερ, ἄτερ ep. poet., ohne, τῆλε ep., fern von, νόσφι(ν) ep., fern von, πρίν = πρό Pind. u. Sp. (πρὶν ὥρας Pind. P. 4, 43. πρὶν φάους Arr. An. 3. 18, 6) u. a. *c. gen.*; ἅμα *c. dat.*; πέριξ, rings herum, meistens *c. acc.*, sehr oft b. Hdt., zuweilen auch b. d. Trag., seltener *c. gen.* b. Hdt., z. B. 1, 179. 2, 91. — b) Substantive, als: ἕνεκα, *causa*, δίκην, *instar*, χάριν, *gratia*, ἕκητι (dor. ἕκατι) ep. poet., nach dem Willen, vermöge, b. Hom. ἕκητι Διός u. dgl., durch die Gnade.

I. Präpositionen mit einem Kasus.

1. Präpositionen mit dem Genetive allein.

§ 429. 1) 'Ἀντί und πρό, vor.

1. 'Ἀντί [sanskr. Adv. *ánti* gegenüber, davor, angesichts, lat. *ante*, litth. *ant*, got. *and*, d. *ant*, *ent*, in *Ant*litz, *ent*gegen u. s. w. [1]], Lokativ zu ἄντα, Grundbedeutung: angesichts, vor, gegenüber. — 1) räumlich sehr selten. X. An. 4. 7, 6 (τὸ χωρίον ἐστὶ) δασὺ πίτυσι διαλειπούσαις μεγάλαις, ἀνθ' ὧν ἑστηκότες ἄνδρες τί ἂν πάσχοιεν; angesichts deren, d. i. hinter welchen, s. Kühners Bmrk. z. d. St. C. I. A. II, 835, c — 1, 68 (320—317 v. Chr.) ἀσπίδες τρεῖς, ἐν αἷς ἕνι ἱππεὺς καὶ ὁπλίτης . ἀντὶ τοῦ Μινωταύρου, gegenüber d. M. [2]) Homer und die übrigen Epiker gebrauchen dafür die Adv. ἄντα, ἀντία (ἄντ' ἀντί?) [3]) u. ἐναντίον c. g., die Attiker ἐναντίον *c. g.* — 2) kausal a) bei Beteuerungen statt des gewöhnlichen πρός c. g. S. OC. 1326 ἀντὶ παίδων τῶνδε σ' ἱκετεύομεν (*per*), angesichts (vor diesen, als Zeugen meiner Bitte); — b) bei den Begriffen der Vergleichung, Abschätzung, Vergeltung, indem die zu vergleichende oder zu schätzende Sache als vor die verglichene hingestellt gedacht wird, wie

[1]) S. Carol. Schmidt Dissert. de praep. Graecis. Berlin. 1829. p. 29. — [2]) Inschriftlich auch im Kretischen und Delphischen: ἀντὶ μαιτύρων vor Zeugen. — [3]) Wie Spitzner Exc. XVII. ad Iliad. deutlich gezeigt hat.

auch im älteren Deutsch vor gebraucht wird. Hdt. 3, 53 ἀντὶ τούτων Περίανδρος Κερκυραίους ἐτιμωρέετο, dafür. Dem. 18, 297 ἐρωτᾷς, ἀντὶ ποίας ἀρετῆς ἀξιῶ τιμᾶσθαι. So ἓν ἀνθ' ἑνός Pl. leg. 705, b. Civ. 331, b. Phil. 63, c, ubi v. Stallb., eines gegen das andere geschätzt; daher bei dem Komparative. X. R. L. 9, 1 (Λυκοῦργος κατειργάσατο) ἐν τῇ πόλει αἱρετώτερον εἶναι τὸν καλὸν θάνατον ἀντὶ αἰσχροῦ βίου. Vgl. Comm. 2. 5, 4. Pl. Tim. 26, e. S. Ant. 182; bei den Begriffen des Kaufs, Verkaufs, Tausches, Wertes, der Gleichheit oder Ungleichheit, als: ὠνεῖσθαι, ἀλλάττεσθαι ἀντὶ χρυσοῦ, s. § 418, A. 8, ἄξιος ἀντὶ πολλῶν, ἄλλος ἀντὶ σοῦ. Pl. Menex. 237, a τὴν τελευτὴν ἀντὶ τῆς τῶν ζώντων σωτηρίας ἠλλάξαντο, vgl. Isocr. 6, 109. Lycurg. 88. Aesch. Pr. 465 θαλασσόπλαγκτα δ' οὔτις ἄλλος ἀντ' ἐμοῦ λινόπτερ' εὗρε ναυτίλων ὀχήματα, vgl. S. Ai. 444; bei den Begriffen des Vorzuges, als: αἱρεῖσθαί τι ἀντί τινος (st. des gewöhnlichen τινός) X. An. 1. 7, 4 u. s. Dem. 18, 109 οὔτ' ἐν τοῖς Ἑλληνικοῖς τὰ Φιλίππου δῶρα ἠγάπησα ἀντὶ τῶν κοινῇ τοῖς Ἕλλησι συμφερόντων. Aus der Beziehung der Vergeltung hat sich die Beziehung der Ursache entwickelt, wie in ἀνθ' οὗ, ἀνθ' ὧν, wofür, weshalb, z. B. S. El. 585, und aus der Beziehung der Abschätzung, Werthaltung die der Stellvertretung, Gleichsetzung (das ältere vor, für, statt, anstatt), schon b. Hom. Φ, 75 ἀντί τοί εἰμ' ἱκέταο, vgl. Θ, 163. I, 115 f. ϑ, 546. X. Comm. 2. 7, 14 ἀντὶ κυνὸς εἶ φύλαξ καὶ ἐπιμελητής, wie ein Hund, *instar canis*. Hdt. 1, 210 ἀντὶ δούλων ἐποίησας ἐλευθέρους Πέρσας εἶναι. 7, 37 ἀντὶ ἡμέρης νὺξ ἐγένετο. Th. 1, 86 ἀντ' ἀγαθῶν κακοὶ γεγένηνται. 4, 90 ἐκ δὲ τοῦ ὀρύγματος ἀνέβαλλον ἀντὶ τείχους τὸν χοῦν, *ut pro muro esset*. X. Cy. 3. 1, 18 ἀντὶ τοῦ μάχεσθαι πείθεσθαι ἐθέλει.

2. Πρό [sanskr. Adv. *prá* (vorn, vorwärts), lat. *pro*, litth. *pro*, *pra-*, got. *faúra* (*faúr*), d. *vora*, *vuri*, *vor*, *für* [1])] stimmt in vielen Beziehungen mit ἀντί überein, unterscheidet sich aber von diesem dadurch, dass es eine allgemeinere Bedeutung hat und sich daher mannigfaltiger entwickelt hat. Der Genetiv ist hier Stellvertreter des ursprünglichen Ablativs: πρὸ πυλῶν urspr. „vom Thore aus gesehen vorn" (vgl. § 420, 2). — 1) räumlich: vor, *pro*, als: στῆναι πρὸ πυλῶν, πρὸ οἴκου. τ, 435 πρὸ δ' ἄρ' αὐτῶν . . κύνες ἤισαν. Th. 3, 51 Μινῴα ἡ νῆσος κεῖται πρὸ Μεγάρων. X. An. 1. 4, 4 (τεῖχος) πρὸ τῆς Κιλικίας, vor K. = K. entgegen, wie 7. 8, 18 ὅπως τὰ ὅπλα ἔχοιεν πρὸ τῶν τοξευμάτων = *sagittis opposita*. Auch auf die Frage wohin? wie im Lat. *pro*. E, 789 οὐδέποτε Τρῶες πρὸ πυλάων . . οἴχνεσκον, vor das

[1]) S. Schmidt l. d. p. 59 sqq. Graff, die althochdeutschen Präp. Königsberg 1824, S. 130 ff.

Thor. Eur. Hec. 59 ἄγετε . . τὴν γραῦν πρὸ δόμων. [1]) Die räumliche Auffassung liegt auch dem formelhaften γῆν πρὸ γῆς zu grunde: Land vor Land (vgl. „Schritt vor Schritt"). Aesch. Pr. 682 μάστιγι θείᾳ γῆν πρὸ γῆς ἐλαύνομαι. Ebenso Ar. Ach. 235. — 2) temporal: vor, als: πρὸ ἡμέρας. ο, 524 πρὸ γάμοιο τελευτήσει κακὸν ἦμαρ. Hdt. 7, 130 πρὸ πολλοῦ, *multo ante*. Th. 1, 141 τὴν αὐτὴν δύναται δούλωσιν ἥ τε μεγίστη καὶ ἐλαχίστη δικαίωσις ἀπὸ τῶν ὁμοίων πρὸ δίκης τοῖς πέλας ἐπιτασσομένη, vor Beschreitung des Rechtswegs, d. i. ohne dass man den Rechtsweg betritt (= πρὶν δικάσασθαι). — 3) kausal u. bildlich: a) noch hart stossend an die räumliche Bedeutung bei Ausdrücken des Schutzes, der Verteidigung (das ältere vor, nachher für) in rein sinnlicher Auffassung, als: μάχεσθαι πρό τινος, vor jemd., d. i. zum Schutze für jemd., ὀλέσθαι πρὸ πόληος Χ, 110, *pro patria mori*; überhaupt zum Besten, Nutzen, für das Wohl, wie das in diesem Sinne gebräuchlichere ὑπέρ. X. Cy. 4. 5, 44 οὔτε ἐγὼ ἀρκέσω πράττων τι πρὸ ὑμῶν, . . οὔτε ὑμεῖς πρὸ ἡμῶν. Comm. 2. 4, 7 πολλάκις ἃ πρὸ αὑτοῦ τις οὐκ ἐξειργάσατο, . . ταῦτα ὁ φίλος πρὸ τοῦ φίλου ἐξήρκεσεν. An. 7. 6, 36 πρὸ ὑμῶν ἀγρυπνήσαντα. In ähnlicher Weise S. Tr. 504 πρὸ γάμων, im Interesse der Ehe, *nuptiarum causa*. Seltener bei denselben Ausdrücken im Sinne von vor = zum Schutze vor, d. i. gegen (wie ὑπέρ). S. OC. 1524 ὥς σοι πρὸ πολλῶν ἀσπίδων ἀλκὴν ὅδε | δορός τ' ἐπακτοῦ γειτόνων ἀεὶ τιθῇ, damit dieses Grab dir eine Schutzwehr sei vor (d. i. gegen) zahlreichen Schilden u. Speeren der Nachbarn. Pl. Symp. 201, d (Διοτίμα) 'Αθηναίοις ποτὲ θυσαμένοις πρὸ τοῦ λοιμοῦ δεκέτη ἀναβολὴν ἐποίησε τῆς νόσου, Opfer darbringen für die Seuche, d. i. zur Abwehr (wie im Deutschen: Mittel für die Krankheit = gegen). [2]) — b) bei Stellvertretung (doch immer noch mit dem Nebenbegriffe: zum Besten, im Interesse jemds., wie ὑπέρ). S. OC. 811 ἐρῶ γὰρ καὶ πρὸ τῶνδε, „im Namen dieser", vgl. OR. 10. — c) vereinzelt von der Vergeltung, wie ἀντί. S. El. 495 πρὸ τῶνδε dafür. — d) bei Vergleichung, Abschätzung, wie ἀντί, als: πρὸ πολλοῦ ποιεῖσθαι, vor vielem (d. h. hoch) schätzen; πρὸ πολλῶν χρημάτων τιμήσασθαι Isocr. 13, 11. Hdt. 3, 85 βασιλεὺς οὐδεὶς ἄλλος πρὸ σεῦ ἔσται, vgl. 7, 3. Daher beim Komparative und den Begriffen des Vorzugs (s. ἀντί), als: αἱρεῖσθαί τι πρό τινος. Pl. Symp. 179, a πρὸ τούτου τεθνάναι ἂν πολλάκις ἕλοιτο. X. apol. 20. Conv. 2. 5, 3 τὸν δὲ καὶ πρὸ δέκα μνῶν ἑλοίμην ἄν. Pl. Phaed. 99, a εἰ μὴ δικαιότερον ᾤμην καὶ κάλλιον εἶναι πρὸ

---

1) In der Redensart πρὸ ὁδοῦ ἐγένοντο Δ, 382, sie kamen fürder des Weges, vorwärts auf dem Wege, ist πρό als Adverb aufzufassen u. ὁδοῦ als sog. Gen. partitivus, wie πόρρω (πρόσω) φιλοσοφίας ἐλαύνειν (§ 414, S. 341 f.). S. Kvíčala in Eurip. Studien, Wien 1866, S. 155 f., der passend προὔργου vergleicht, als: προὔργου γίγνεσθαι, fürder des Werkes, vorwärts im Werke kommen, förderlich sein. — 2) Vgl. Procksch in Ztschr. f. Gymn. XXXII (1878) S. 321 ff.

τοῦ φεύγειν ὑπέχειν τῇ πόλει δίκην. Crit. 54, b μήτε παῖδας περὶ πλείονος ποιοῦ μήτε τὸ ζῆν μήτε ἄλλο μηδὲν πρὸ τοῦ δικαίου. [1]) Vgl. Hdt. 1, 62. 6, 12. Pl. Civ. 361, e ἐπαινεῖν πρὸ δικαιοσύνης ἀδικίαν. — Eigentümlich P, 667 πρὸ φόβοιο, eigentl. „vor der Flucht her, von ihr bedrängt", daher: **infolge der Flucht**. (Doch ist **Düntzers** Erklärung beachtenswert, der γενόμενοι hinzudenkend πρό als Adverb fasst: **vorwärts auf der Flucht**, wie Δ, 382 πρὸ ὁδοῦ).

§ 430. 2) Ἀπό, von, und ἐξ, ἐκ, aus.

Vorbemerk. Beide Präpositionen bezeichnen ein **Ausgehen**, eine **Entfernung**, ἀπό aber bezeichnet das Ausgehen mehr als ein **äusserliches**, ἐξ dagegen immer als ein aus dem **Innern** eines Ortes oder Gegenstandes kommendes, und in kausaler Beziehung jenes mehr eine **entferntere**, dieses mehr eine **unmittelbare** Ursache. [2]) Der Genetiv ist bei beiden der Stellvertreter des Ablativs (vgl. § 421). Im arkadischen und kyprischen Dialekte werden beide Präpositionen mit dem lokativischen **Dativ** verbunden: ἀπὺ τᾶι ζᾶι von dem Lande, ἐξ τῶι ϝοίκωι. Hier hat wohl die Analogie der den Gegensatz dazu bedeutenden Präposition ἐν eingewirkt: weil man sagte ἐν τῷ οἴκῳ, so bildete man danach auch ἐκ τῷ οἴκῳ, vgl. **Delbrück**, Synt. Forsch. IV, S. 129 f.

1. Ἀπό [episch ἀπαί, sanskr. *ápa*, lat. *ab*, got. *af*], Grundbedeutung: **weg von, von.** 1) **räumlich**: a) **Entfernung** von einem Orte oder Gegenstande weg bei Verben der **Bewegung**, als: ἀπὸ τῆς πόλεως ἦλθεν, oft bei einer Handlung, die von einem höher gelegenen Orte oder Gegenstande aus geschieht, als: Hdt. 1, 79 ἀφ' ἵππων μάχεσθαι. X. An. 1. 2, 7 ἀφ' ἵππων θηρεύειν; ferner ἄρχεσθαι ἀπό τινος, wie *incipere ab al.*; bei den Verben des **Befreiens** u. ähnlichen, als: λύειν, ἐλευθεροῦν, der **Entfernung** (§ 421, A. 2), daher: ἀπὸ σκοποῦ, und dann übertragen auf die **geistige Entfernung**, wie K, 324 οὐχ ἅλιος σκοπὸς ἔσσομαι οὐδ' ἀπὸ δόξης, fern von deiner Erwartung, d. i. hinter deiner Erwartung zurückbleibend; so: ἀπ' ἐλπίδων S. El. 1127, ἀπὸ γνώμης S. Tr. 389, *aliter ac sperabam, putabam* (gleichs. *aberrans ab exspectatione, ab opinione*). Th. 1, 76 θαυμαστὸν οὐδὲν πεποιήκαμεν οὐδ' ἀπὸ τοῦ ἀνθρωπείου τρόπου. Dem. 24, 6 ἔσται δὲ ταῦτ' οὐκ ἀπὸ τοῦ πράγματος. Pl. Civ. 470, b ἀπὸ τρόπου λέγεις, ubi v. **Stallb.** u. **Schaefer.** Melet. p. 51 sq. Theaet. 143, c. 179, c οὐκ ἀπὸ σκοποῦ εἴρηκεν und sonst bei Pl., vgl. X. conv. 2, 10. — b) **Abstand** von einem Orte oder Gegenstande bei Verben der **Ruhe**. B, 292 μένειν ἀπὸ ἧς ἀλόχοιο, **fern von**. M, 70 ἀπ' Ἄργεος ἀπολέσθαι. N, 227. α, 203. Th. 1, 7 (αἱ παλαιαὶ πόλεις) ἀπὸ θαλάσσης μᾶλλον ᾠκίσθησαν. X. Comm. 1. 2, 25 πολὺν χρόνον ἀπὸ τοῦ Σωκράτους γεγονότε. So auch S. OC. 900 σπεύδειν

---

[1]) S. **Stallb.** ad Pl. Ap. 28, d. — [2]) Vgl. **Herzog** zu Quintil. X. B. p. 184 f.

ἀπὸ ῥυτῆρος, *detractis frenis.* [1]) Th. 2, 97 ἐγένετο ἡ ἀρχὴ ἡ 'Οδρυσῶν.. ἀπὸ 'Αβδήρων πόλεως ἐς τὸν Εὔξεινον πόντον. Sowie im Lat., wenn der Ort, von dem aus der Abstand oder die Entfernung gemessen wird, nicht angegeben ist, sondern aus dem Zusammenhange ergänzt werden muss, oft zu dem Ablative der Massbestimmung die Präp. *ab* (= in einer Entfernung von) tritt, als: Caes. b. g. 2, 7 hostes ad castra Caesaris contenderunt et *ab milibus* passuum minus *duobus* castra posuerunt [2]); so findet sich dieser Gebrauch der Pr. ἀπό auch bei den späteren Griechen, offenbar eine Nachahmung des lateinischen Ausdrucks. Plut. Philop. 4 ἦν ἀγρὸς αὐτῷ ἀπὸ σταδίων εἴκοσι τῆς πόλεως, in einer Entfernung von 20 St. von der Stadt, oder 20 St. v. d. Stadt entfernt. Id. Oth. 11 κατεστρατοπέδευσεν ἀπὸ πεντήκοντα σταδίων. — 2) temporal: Ausgehen von einem Zeitpunkte (nach). θ, 54 ἀπὸ δ' αὐτοῦ (sc. τοῦ δείπνου) θωρήσσοντο, ubi v. Spitzn.: von der Mahlzeit weg, unmittelbar nach; häufiger so b. Hdt., z. B. γενέσθαι ἀπὸ δείπνου 6, 129. ἀπὸ τῶν σίτων X. R. L. 5, 8, wie im Lat. *a cena*; ἀφ' ἡμέρας, *de die*, ἀπὸ νυκτός, *de nocte*, ἀφ' ἑσπέρας, ἀπὸ ταύτης τῆς ἡμέρας, von diesem Tage ab, seit u. s. w. — 3) kausal u. bildlich: a) vom Ursprunge und Ausgangspunkte, als: εἶναι, γίγνεσθαι, φῦναι ἀπό τινος. τ, 163 οὐ γὰρ ἀπὸ δρυός ἐσσι παλαιφάτου οὐδ' ἀπὸ πέτρης. Hdt. 6, 125 ἀπὸ δὲ 'Αλκμέωνος καὶ αὖτις Μεγακλέος ἐγένοντο καὶ κάρτα λαμπροί. Dem. 20, 29 τῶν ἀφ' 'Αρμοδίου καὶ 'Αριστογείτονος. — Th. 1, 37 τὴν ἀφ' ἡμῶν ἀξίωσιν (die von uns ausgehende = unsere Forderung), ubi v. Poppo-Stahl. 2, 39 τῷ ἀφ' ἡμῶν αὐτῶν ἐς τὰ ἔργα εὐψύχῳ. 4, 108 οἱ Λακεδαιμόνιοι φθόνῳ ἀπὸ τῶν πρώτων ἀνδρῶν οὐχ ὑπηρέτησαν αὐτῷ, die L. unterstützten ihn nicht wegen des Hasses von Seiten der Vornehmsten = weil ihn die V. hassten [3]). τὰ ἀπό τινος *„complectitur omnia, quae sunt in homine et ab eo exeunt, verba, sensus, facta."* Bremi ad Dem. 8, 5 τά γ' ἀφ' ὑμῶν ἕτοιμ' ὑπάρχονθ' ὁρῶ. — Ferner: οἱ ἀπὸ Πλάτωνος, οἱ ἀπὸ τῆς 'Ακαδημείας u. s. w., wie Cic. Tusc. 2. 3, 7 *quid sentiant ii qui sunt ab ea disciplina*, ubi v. adnotata; οἱ ἀπὸ τῆς σκηνῆς, Schauspieler; οἱ ἀπὸ τοῦ δήμου Th. 4, 130; — b) vom Ganzen, dem ein Teil entnommen wird, als: Th. 1, 110 ὀλίγοι ἀπὸ πολλῶν, so öfter b. Th., vgl. 112. 116 λαβὼν ἑξήκοντα ναῦς ἀπὸ τῶν ἐφορμουσῶν. 3, 112. 4, 9 u. a. — c) vom Urheber, bei Passiven u. Intrans. dem gewöhnlichen ὑπό c. g. nahekommend (nur selten, u. ἀπό τινος ist = von Seiten jemandes, *aliquo auctore*). Hdt. 2, 54 ζήτησιν μεγάλην ἀπὸ σφέων γενέσθαι, vgl. Stein zu 5, 2. Th. 1, 17 ἐπράχθη ἀπ' αὐτῶν οὐδὲν ἔργον ἀξιόλογον, ubi v. Stahl. Vgl. 141. 4, 115 μηχανῆς μελλούσης προσάξε-

[1]) Über die falsche Betonung ἄπο in den Beispielen v. b) u. oben in ἄπο θυμοῦ u. s. w. s. T. I. § 86, A. 1. S. 333. — [2]) S. Kühner lat. Gr. § 115, Anm. 14. — [3]) Vgl. Poppo Proleg. ad Thuc. P. I. Vol. I. p. 201.

σθαι (pass.) αὐτοῖς ἀπὸ τῶν ἐναντίων, ubi v. Arnold. 3, 36. 82. 4, 76. 6, 28. 32. 61. 8, 48. 68. X. Hell. 7. 1, 5 ἀπὸ τῶν θεῶν δέδοται ὑμῖν εὐτυχεῖν. Bei Begriffen des Empfangens ähnlich dem gwhnl. παρά c. g. Pl. Ap. 25, e κακόν τι λαβεῖν ἀπό τινος. Hdt. 2, 104 ἀπὸ Κόλχων φασὶ μεμαθηκέναι. Theogn. 35 ἐσθλῶν μὲν γὰρ ἄπ' ἐσθλὰ διδάξεαι. X. An. 6. 5, 18 διδάσκεσθαι ἀπὸ τοῦ χωρίου, ubi v. Kühner. So b. Hom. κάλλος ἀπὸ Χαρίτων ἔχουσαι ζ, 18, θεῶν ἄπο μήδεα εἰδώς ζ, 12. — d) von der Ursache, Veranlassung. Th. 2, 25 ἀπὸ τούτου τοῦ τολμήματος ἐπῃνέθη. 4, 98 ἀπὸ τῶν ξυμφορῶν τι τολμῆσαι. 1, 71 τὰ τῶν Ἀθηναίων ἀπὸ τῆς πολυπειρίας κεκαίνωται, infolge. M, 233 ἀπὸ σπουδῆς, im Ernst (als Ausgangspunkt gedacht). Fast in derselben Bdtg.: Aesch. Eum. 674 ἀπὸ γνώμης φέρειν ψῆφον δικαίαν. Ag. 1302 τλήμων ἀπ' εὐτόλμου φρενός. Eur. Tr. 772 καλλίστων γὰρ ὀμμάτων ἄπο | αἰσχρῶς τὰ κλεινὰ πεδί' ἀπώλεσας Φρυγῶν. S. Ant. 2 τῶν ἀπ' Οἰδίπου κακῶν, *malorum ab O. profectorum*. X. Cy. 1. 1, 5 τῷ ἀφ' ἑαυτοῦ φόβῳ, ubi v. Schneider, vgl. 3. 3, 53, wie: *metus ab aliquo*. So: ἀφ' ἑαυτοῦ Th. 5, 60, aus eigenem Antriebe. — e) vom Stoffe, als: Hdt. 7, 65 εἵματα ἀπὸ ξύλων πεποιημένα. S. § 418, A. 6. — f) vom Mittel u. Werkzeug (als Ausgangspunkt od. Quelle gefasst). Ω, 605 ἀπὸ βιοῖο πέφνεν, von dem Bogen aus, mit dem Bogen. X. Comm. 1. 2, 9 τοὺς τῆς πόλεως ἄρχοντας ἀπὸ κυάμου καθιστάναι, *sortiendo per fabam*. Pl. Leg. 832, e ὀξύτης σώματος ἡ ἀπὸ τῶν ποδῶν. Th. 2, 77 νομίσαντες ἄπορον εἶναι ἀπὸ τῶν παρόντων δεινῶν ἑλεῖν τὴν πόλιν, von den vorhandenen Zwangsmitteln aus, d. i. mit. 2, 41. 6, 19. 102. 1, 81 τρέφειν τὸ ναυτικὸν ἀπὸ προσόδων. Dem. 4, 34 ἀπὸ τῶν ὑμετέρων ὑμῖν πολεμεῖ (ὁ Φίλιππος) συμμάχων, vermittelst eurer Bundesgenossen, d. i. durch Plünderung eurer B. Ähnlich Th. 1, 132 τρίποδα ἀνέθεσαν ἀπὸ τῶν Μήδων (aus den den M. abgenommenen Beutestücken). Vgl. 3, 57. Dem. 19, 320 u. 20, 78 τρόπαιον ἱστάναι ἀπό τινος. X. Comm. 1. 2, 14 ᾔδεσαν Σωκράτην ἀπ' ἐλαχίστων χρημάτων αὐταρκέστατα ζῶντα, s. Kühners Bmrk. z. d. St., vgl. An. 1. 1, 9. M. eq. 4, 9 τὰς ἐξαγωγὰς τοῦ ἱππικοῦ ἧττον ἂν οἱ πολέμιοι αἰσθάνοιντο, εἰ ἀπὸ παραγγέλσεως γίγνοιντο μᾶλλον ἢ εἰ ἀπὸ κήρυκος ἢ ἀπὸ προγραφῆς, vgl. An. 2. 5, 32. 4. 1, 5. Th. 4, 67 ἀπὸ ξυνθήματος. So auch ὠφελεῖσθαι ἀπό τινος, von einem oder etwas Nutzen ziehen (hingegen ὑπό τινος von einem unterstützt werden), vgl. Isae. fr. 2, ubi v. Schoemann. X. Cy. 1. 1, 2. 5. 4, 34 u. sonst oft, βλάπτεσθαι ἀπό τινος Th. 7, 67. Cy. 5. 3, 30 nach d. besten cdd. Κερδαίνειν ἀπό τινος X. Comm. 2. 9, 4. Πλούσιον γίγνεσθαι ἀπὸ τῆς πόλεως Dem. 24, 124. Daher mancherlei adverbiale Redensarten, als: ἀπὸ στόματος εἰπεῖν X. Comm. 3. 6, 9, auswendig, s. Kühners Bmrk., ἀπὸ γλώσσης Hdt. 1, 123, mündlich. — g) von der Gemässheit: κρίνειν τι ἀπό τινος. Isocr. 4, 78 (οἱ ἀγαθοὶ τῶν ἀνθρώπων) ἀπ' ὀλίγων συνθημάτων (nach wenigen Gesetzen) ῥᾳδίως καὶ περὶ τῶν ἰδίων καὶ περὶ τῶν κοινῶν ὁμονοήσουσιν. 'Ἀπό τινος καλεῖσθαι, ἀπαγορεύεσθαι, nach einem benannt werden. Hdt. 7, 74 ἀπ' 'Ολύμπου δὲ ὄρεος καλέονται 'Ολυμπιηνοί. Th. 7, 57 ἀπὸ ξυμμαχίας αὐτόνομοι, kraft. — h) v. d. Art und Weise. Th. 1, 66 ἀπὸ τοῦ προφανοῦς ἐμάχοντο, *palam*. 3, 10 ἀπὸ τοῦ ἴσου ἡγοῦντο. X. An. 2. 5, 7 ἀπὸ ποίου ἂν τάχους ἀποφύγοι;

2. 'Ἐξ, ἐκ (böot., thess., arkad. ἐς, lokr. ἐ, lat. *ex*, *e*, kirchenslav. *izŭ*, lit. *isz*, d. *aus*, s. Curt. Et. S. 344). Grundbedeutung: aus, den Gegensatz zu ἐν, in, bildend. — 1) räumlich: a) Entfernung entweder aus dem Innern eines Ortes oder Gegenstandes oder aus der unmittelbaren Verbindung, Berührung, Gemeinschaft eines Ortes oder Gegenstandes bei Verben der Bewegung, als: ἐκ τῆς πόλεως ἀπῆλθεν, ἐκ τῆς μάχης ἔφυγεν (ἀπό würde dagegen nur im allgemeinen die Entfernung aus der Gegend der Stadt, der Schlacht bezeichnen). 'Ἐκ πολλοῦ, aus grosser Entfernung, weit weg. X. An. 1. 10, 11 ἐκ πλέονος ἢ τὸ πρόσθεν ἔφευγον, s. das. Kühners Bmrk. 3. 3, 15 (οὐδὲ) πεζὸς πεζὸν ἂν διώκων καταλαμβάνοι ἐκ τόξου ῥύματος, *ex tanto spatio, quantum sagitta mittitur*. λ, 600 κονίη δ' ἐκ κρατὸς ὀρώρειν (gleichsam aus dem Kopfe). Th. 4, 14 ἐκ γῆς ναυμαχεῖν, vom Lande aus (aus der unmittelbaren Berührung des Landes). Daher wird ἐξ zur Bezeichnung der unmittelbaren Aufeinanderfolge eines Gegenstandes auf den anderen gebraucht, wie: *ex alio loco in alium*. Pl. Polit. 289, e οἱ πόλιν ἐκ πόλεως ἀλλάττοντες κατὰ θάλατταν καὶ πεζῇ. Ap. 37, d καλὸς ἄν μοι ὁ βίος εἴη ἄλλην ἐξ ἄλλης πόλεως ἀμειβομένῳ. Cf. Soph. 224, b ibiq. Hdrf. p. 300. Die Lage eines Ortes wird oft durch ἐξ bestimmt, sowie durch εἰς, gegen, nach verändertem Standpunkte. Th. 1, 64 τὸ ἐκ τῆς Παλλήνης τεῖχος. — b) Abstand bei Verben der Ruhe, ausserhalb = ἐκτός, ἔξω, epischer Gebrauch, als: ἐκ βελέων, *extra telorum jactum*. (Über Hdt. 2, 142 ἐν τούτῳ τῷ χρόνῳ τετράκις ἔλεγον ἐξ ἠθέων τὸν ἥλιον ἀνατεῖλαι vgl. Stein.) Etwas anders S. Tr. 1078 δείξω γὰρ τάδ' ἐκ καλυμμάτων „*exutis tegumentis*" Wunder; über ἐξ b. d. Verben des Stehens und Sitzens s. § 447, C. — 2) temporal: unmittelbares Ausgehen von einem Zeitpunkte, als: ἐξ ἀρχῆς Hom., vom ersten Anfange an, ἐκ πολλῶν, ὀλίγων ἡμερῶν, nach, seit, ἐκ τούτου, hierauf, seitdem, S. El. 780 ἐξ ἡμέρας, *ex quo dies illuxit*, ἐκ νυκτός od. ἐκ νυκτῶν Xen., ἐκ παίδων, *ex pueris*, ἐξ ὑστέρου, ἐξ ὑστέρας, in der Folge, ἐκ τοῦ λοιποῦ. X. An. 4. 6, 21 ἐκ τοῦ ἀρίστου προήγαγεν ὁ Χειρίσοφος τὸ στράτευμα, unmittelbar nach. So wird ἐξ vorzüglich gebraucht von der unmittelbaren Entwickelung einer Thatsache aus einer anderen, von der unmittelbaren Aufeinanderfolge zweier Handlungen in der Zeit, so dass beide in ununterbrochenem Zusammenhange stehen. Erstens, wie in der räumlichen Beziehung: Hdt. 1, 50 ἐκ τῆς θυσίης γενέσθαι (nach, weit stärker als

ἀπό). 87 ἐκ δὲ αἰθρίης τε καὶ νηνεμίης συνδραμέειν ἐξαπίνης νέφεα. 9, 8 ἐξ ἡμέρης ἐς ἡμέρην ἀναβαλλόμενοι, *ex die in diem*. Th. 1, 120 ἐκ μὲν εἰρήνης πολεμεῖν, ἐκ δὲ πολέμου πάλιν ξυμβῆναι. Eur. Or. 279 ἐκ κυμάτων γὰρ αὖθις αὖ γαλήν' ὁρῶ. Hec. 55 ἐκ τυραννικῶν δόμων δούλειον ἦμαρ εἶδες, ubi v. **Pflugk**. 915 ἐκ δείπνων ὕπνος ἡδύς, ubi v. **Pflugk**. Sodann: X. Cy. 3. 1, 17 ὁ σὸς πατὴρ ἐν τῇδε τῇ μιᾷ ἡμέρᾳ ἐξ ἄφρονος σώφρων γεγένηται. — 3) **kausal** u. **bildlich** (**Quelle**, aus der etwas hervorgeht): a) vom **Ursprunge** und **Ausgangspunkte**, und zwar immer von dem unmittelbaren, während ἀπό mehr von dem entfernteren gebraucht wird, als: εἶναι, γίγνεσθαι ἔκ τινος. ζ, 93 ὅσσαι γὰρ νύκτες τε καὶ ἡμέραι ἐκ Διός εἰσιν. Dem. 43, 78 ὁ νόμος κελεύει κρατεῖν τοὺς ἄρρενας καὶ τοὺς ἐκ τῶν ἀρρένων. S. Nr. 1. 3, a, S. 457. S. Ant. 95 τὴν ἐξ ἐμοῦ δυσβουλίαν, meine (die von mir ausgegangene) Unbesonnenheit. Vgl. El. 619. — b) vom **Ganzen**, aus dem ein Teil hervorgehoben wird, oft mit der Nebenbdtg. der Auswahl, Auszeichnung, als: ἐξ Ἀθηναίων οἱ ἄριστοι. Th. 1, 120 ἐκ πάντων προτιμῶνται, vor allen. Hdt. 5, 87 δεινόν τι ποιησαμένας κεῖνον μοῦνον ἐξ ἁπάντων σωθῆναι. So oft ἐκ πάντων, s. **Bornem**. ad X. apol. 17 p. 56 ed. 1824. X. Comm. 3. 6, 17 εὑρήσεις τοὺς θαυμαζομένους ἐκ τῶν μάλιστα ἐπισταμένων ὄντας. Seltsamer Ausdruck: ἐκ τρίτων, **selbdritter**. Pl. Gorg. 500, a σύμψηφος ἡμῖν εἶ καὶ σὺ ἐκ τρίτων; (bist auch du als selbdritter mit uns einstimmig?) ubi v. **Hdrf**. et **Stallb**.; Symp. 213, b ἵνα ἐκ τρίτων κατακέηται. — c) vom **Urheber** bei passiven oder intransitiven Verben statt ὑπό, fast nur **ionisch**, besonders b. Hdt., auch öfters b. d. Trag., selten in der attischen Prosa. B, 669 ἐφίληθεν ἐκ Διός, von Seiten des Z., vgl. B, 33. Hdt. 3, 62 τὰ ἐντεταλμένα ἐκ τοῦ Μάγου. Ib. προδεδόσθαι ἐκ Πρηξάσπεος. 7, 95 Ἀβυδηνοῖσι προσετέτακτο ἐκ βασιλέος. 7, 175 τὰ λεχθέντα ἐξ Ἀλεξάνδρου. S. Ph. 335 ἐκ Φοίβου δαμείς. Ant. 63 ἀρχόμεσθ' ἐκ κρεισσόνων. OR. 225 ὅστις.. κάτοιδεν, ἀνδρὸς ἐκ τίνος διώλετο. X. An. 1. 1, 6 (πόλεις) ἐκ βασιλέως δεδομέναι, aus der Hand des Königs, vgl. Hell. 3. 1, 6, An. 2. 6, 1 (Κλέαρχος) ὁμολογουμένως ἐκ πάντων δόξας γενέσθαι ἀνὴρ πολεμικός. Pl. Phaedr. 245, b. Lycurg. 62, ubi v. **Maetzner**. Isae. 6, 57, ubi v. **Schoemann**. Ferner: Hdt. 6, 2 (Ἱστιαῖος) καταγνωσθεὶς πρὸς αὐτῶν (τῶν Χίων) νεώτερα πρήσσειν πρήγματα ἐς αὐτοὺς ἐκ Δαρείου, *Dario auctore*. — d) von der **Ursache**, **Veranlassung**, als: ἐξ ἔριδος μάχεσθαι, infolge des Wettstreits, ἐκ καύματος Hom., ἐκ τούτων infolge dessen; jedoch nur selten von leblosen Gegenständen für den gewöhnlichen instrumentalen Dat. Hdt. 6, 67 ἔφευγε Δημάρητος ἐκ Σπάρτης ἐκ τοιοῦδε ὀνείδεος. S. Ph. 730 τί . . ἐξ οὐδενὸς | λόγου σιωπᾷς; 1268 ἐκ λόγων | καλῶν κακῶς ἔπραξα. OC. 887 ἐκ τινος φόβου βουθυτοῦντά μ' ἔσχετε. X. An. 5. 8, 3 λέξον, ἐκ τίνος ἐπλήγης, weshalb (§ 12 διὰ τί). 1. 2, 18 τὸν ἐκ τῶν Ἑλλήνων εἰς τοὺς βαρβάρους φόβον, *metum a Graecis barbaris injectum*, stärker als ἀπό (s. Nr. 1, S. 458). — e) vom Stoffe, als: ἔκπωμα ἐκ ξύλου. S. § 418, A. 6. Hdt. 1, 194 οὐκ ἐκ ξύλων ποιεῦνται τὰ πλοῖα. — f) vom Mittel u. Werkzeug, als: S. Ph. 91 ἐξ ἑνὸς ποδὸς . . ἡμᾶς χειρώσεται, ubi v. Wunder. 563 ἐκ βίας μ' ἄξοντες ἢ λόγοις. Th. 1, 124 ἐκ πολέμου εἰρήνη μᾶλλον βεβαιοῦται. 123 ἐκ τῶν πόνων τὰς ἀρετὰς κτᾶσθαι. Pl. Phaedr. 231, c καὶ ἐκ τῶν λόγων καὶ ἐκ τῶν ἔργων χαρίζεσθαί τινι. Pl. civ. 364, a πάντες ἐξ ἑνὸς στόματος ὑμνοῦσιν, ubi v. Stallb. S. Tr. 320 εἴπ' . . ἐκ σαυτῆς, loquere *ex tuo* ipsa *ore*. S. Tr. 875 ἐξ ἀκινήτου ποδός. OC. 848 ἐκ σκήπτρων ὁδοιπορεῖν. Eur. Hec. 573 ἐκ χερῶν φύλλοις ἔβαλλον. — g) von der Gemässheit: zufolge, kraft, nach, als: Hdt. 2, 152 ἐκ τῆς ὄψιος τοῦ ὀνείρου. Pl. Crit. 48, b ἐκ τῶν ὁμολογουμένων τοῦτο σκεπτέον. Menex. 246, c τεκμαίρεσθαί τι ἔκ τινος. Civ. 465, b ἐκ τῶν νόμων εἰρήνην πρὸς ἀλλήλους οἱ ἄνδρες ἄξουσι. Charm. 160, b ἐκ τούτου τοῦ λόγου. Dem. 8, 8 ἐκ τούτων τὰ δίκαια τίθενται. 16 ἐκ τῆς ἐπιστολῆς δεῖ σκοπεῖν. 9, 15 ἔστιν . ., ὅστις εὖ φρονῶν ἐκ τῶν ὀνομάτων μᾶλλον ἢ τῶν πραγμάτων τὸν ἄγοντ' εἰρήνην ἢ πολεμοῦνθ' ἑαυτῷ σκέψαιτ' ἄν; Isae. 9, 34 ibiq. Schoemann. Th. 3, 29 ἐβουλεύοντο ἐκ τῶν παρόντων, *pro praesenti rerum statu*, vgl. 6, 70. X. An. 4. 2, 23 ἐκ τῶν δυνατῶν, nach Möglichkeit. 2. 6, 8 ἀρχικὸς ἐλέγετο εἶναι, ὡς δυνατὸν ἐκ τοῦ τοιούτου τρόπου, οἷον κἀκεῖνος εἶχεν. 6. 4, 9 ἐνίους ἔθαψαν ἐκ τῶν ὑπαρχόντων ὡς ἐδύναντο κάλλιστα, *pro praesenti rerum statu*. 3. 4, 47 οὐκ ἐξ ἴσου ἐσμέν, *non aequali condicione sumus*. Dem. 18, 143 ἐκ παρακλήσεως συγκαθῆσθαι. So: ὀνομάζεσθαι ἔκ τινος, wie: *virtus ex viro appellata est* Cic. — h) von der Art und Weise: X. An. 1. 9, 19 ἐκ τοῦ δικαίου οἰκονομεῖν. Hell. 6. 5, 16 ἐκ τοῦ δικαίου καὶ φανεροῦ μάχην ποιεῖσθαι. Comm. 2. 6, 16 ἐξ ἑτοίμου, *facile*. 4. 5, 11 ἐκ παντὸς τρόπου. Hipparch. 5, 2 ἐξ ἀπροσδοκήτου τοῖς πολεμίοις ἐπιτίθεσθαι. 7, 7 ἐκ τοῦ ἐμφανοῦς διακινδυνεύειν. I, 486 ἐκ θυμοῦ φιλέων, herzinnig, aus vollem Herzen. Pl. Gorg. 510, b (τῷ τυράννῳ) ἐξ ἅπαντος τοῦ νοῦ οὐκ ἄν ποτε δύναιτο φίλος γενέσθαι. S. OC. 486 ἐξ εὐμενῶν στέρνων δέχεσθαι τὸν ἱκέτην.

Anmerk. Die Adverbien, welche, als uneigentliche Präpositionen (§ 428, A. 4), den Genetiv zu sich nehmen, sind schon in der Lehre von dem Genetive erwähnt worden. Ausser diesen Adverbien nehmen folgende Substantive, als uneigentliche Präpositionen, den Genetiv zu sich: a) δίκην (δέμας poet.), *instar*, s. § 410, A. 7. — b) χάριν (§ 406, A. 5), *gratia*, wegen, gewöhnlich nach dem Genetive, selten vor demselben. Eur. Andr. 1231 χάριν σῶν πάρος νυμφευμάτων. Pl. Phaedr. 241, c u. s., s. Ast L. P. III. p. 539. Wegen des Gegensatzes steht χάριν m. d. Artikel Hdt. 5, 99 οὐ τὴν Ἀθηναίων χάριν ἐστρατεύοντο, ἀλλὰ τὴν αὐτῶν Μιλησίων. Statt des Genetivs der Personalpronomen ἐμοῦ, σοῦ u. s. w. wird regelmässig das Possessivpronomen als attributives Adjektiv hinzugefügt, als: ἐμὴν, σὴν χάριν, *mea, tua gratia*, so auch Eur. Heracl. 241 πατρῴαν χάριν st. πατρῶν χάριν = τῶν τοῖς πατράσιν ἡμῶν ὑπηργμένων χάριν, s. Pflugk. Or. 829 πατρῴαν τιμῶν χάριν. Mit d. Artikel S. Ph. 1413 τὴν σὴν δ' ἥκω χάριν. Eur. Andr. 222; m. e. Adjekt. S. Tr. 485 κείνου τε καὶ σὴν ἐξ ἴσου κοινὴν χάριν. Ai. 176 ἤ πού τινος νίκας ἀκάρπωτον χάριν, *propter alicujus victoriae non perceptum fructum* od. *propter victoriam fructus expertem*, wie Eur. J. T. 566 κακῆς γυναικὸς χάριν ἄχαριν ἀπώλετο, *periit propter malam et ingratam mulierem*. — c) ἕνεκα [1]) (über εἵνεκα, ἕνεκεν, εἵνεκεν, ἕννεκα, οὕνεκα s. § 325, 10) scheint ein Akkusativ von einem verschollenen Nominative zu sein und entspricht in Ansehung der Bedeutung dem lat. *causa* und *gratia*, jedoch ist zu bemerken, dass es nicht bloss wie causa von einem Bestimmungsgrunde, der als Absicht aufgefasst werden kann, sondern auch wie propter u. διά *c. acc.* von einem Realgrunde gebraucht wird; so kann σοφίας ἕνεκα bedeuten a) *sapientiae* causa, z. B. um Weisheit zu erlangen, b) propter *sapientiam*, in Anbetracht seiner Weisheit (so oft in Ehrendekreten). Aeschin. 3, 10 ἀρετῆς ἕνεκα. X. An. 5. 8, 13 παίσαι ἄνδρας ἕνεκεν ἀταξίας. Der Genetiv steht meistens voran; zuweilen wird er durch mehrere Wörter von seinem vorangehenden Genetive getrennt, wie Dem. 20, 88. Lys. 14, 32, s. Maetzner ad Lycurg. 20. Sehr häufig hat es die Bedeutung: was anlangt, soweit es ankommt auf. Hdt. 3, 85 θάρσεε τούτου εἵνεκεν, was das anlangt, sei gutes Mutes. 3, 122 εἵνεκεν χρημάτων ἄρξεις ἁπάσης τῆς Ἑλλάδος, soweit es auf Geld ankommt. X. Comm. 4. 3, 3 ὅμοιοι τοῖς τυφλοῖς ἂν ἦμεν ἕνεκά γε τῶν ἡμετέρων ὀφθαλμῶν. Pl. Gorg. 493, e ibiq. Stallb. Oft giebt es einen entfernten Grund an: Pl. Civ. 329, b εἰ ἦν τοῦτ' αἴτιον, κἂν ἐγὼ τὰ αὐτὰ ταῦτα ἐπεπόνθη ἕνεκά γε γήρως, i. e. in Anbetracht, vermöge, von wegen des Alters. Vgl. Stallb. ad h. l. Dem. 1, 28 χρηστὰ δ' εἴη παντὸς εἵνεκα, um alles in der Welt willen. — d) ἕκητι (nur poet.), nach dem Willen. Homer und Hesiod verbinden es nur mit Namen der Götter, als: Διὸς ἕκητι, „von Zeus' Gnaden, mit Zeus' Hülfe und Beistand, nach Zeus' Willen". Bei den übrigen Dichtern hat es die Bedeutung von ἕνεκα. S. Passow. — e) ἅδην, zur Genüge *c. gen.*, s. § 414, S. 341.

2. Präpositionen mit dem Dative allein.

§ 431. Ἐν und σύν (ξύν).

1. Ἐν [über ἐνί, εἰν u. εἰνί ep. s. § 325, 3, kypr., lokr., arkad. ἰν, latein. *en-do, in-du, in, in-tra*, umbr. *en-, an-der*, osk. *an-ter* = *in-ter*, got. u. d. *in*, s. Curt. Et. S. 277] bezeichnet das In-, Auf-, An- und Nebeneinander der Dinge und entspricht ganz dem altdeutschen in, das dieselben Bedeutungen in sich vereinigt, als: in cruce (d. h. an dem Kreuze), in themo Berge (d. h. auf dem Berge), indem es überhaupt eine wirkliche Vereinigung mit einem Gegenstande bezeichnet und daher einen Gegensatz zu ἐκ bildet. [2]) Der Dativ bei ἐν vertritt den urspr. Lokativ. Über ἐν c. acc. s. § 325, 3 und 432, 1. — 1) räumlich: a) das Drinnen-, Eingeschlossen-, Umgrenzt-, Umgebensein, vom Orte u. von Personen: in, unter, zwischen, als: ἐν νήσῳ, ἐν γῇ, ἐν τῇ πόλει, ἐν Σπάρτῃ. O, 192 οὐρανὸς ἐν αἰθέρι καὶ νεφέλῃσι, umhüllt von. Pl. leg. 625, b ἀνάπαυλαι ἐν τοῖς ὑψηλοῖς δένδρε-

---

1) Ἕνεκα nach Ebel in Kuhns Ztschr. V. S. 67 aus ἐνϜεκα (Aeol. ἕννεκα, Ion. εἵνεκα) wie „um . . willen". — 2) S. Graff althochdeutsche Präpos. S. 11 ff. Grimm IV. S. 771 ff. K. F. Becker Deutsche Gramm. § 167, Anm. 3, S. 249.

σίν εἰσι σκιαραί, unter, zwischen; von der Bekleidung (nachhom.), als: ἐν ἐσθῆτι X. Comm. 3. 11, 4, ἐν ὅπλοις X. An. 4. 3, 7. Dem. 18, 155. Eur. H. f. 677 ἀεὶ δ' ἐν στεφάνοισιν εἴην, bekränzt. X. Comm. 3. 9, 2 φανερὸν δ', ὅτι Λακεδαιμόνιοι οὔτ' ἂν Θρᾳξὶν ἐν πέλταις καὶ ἀκοντίοις, οὔτε Σκύθαις ἐν τόξοις ἐθέλοιεν ἂν διαγωνίζεσθαι, s. das. Kühners Bmrk. (bei Stobaeus fehlt ἐν). So auch X. Cy. 2. 3, 14 ἐν μεγάλοις φορτίοις καὶ βαδίζειν καὶ τρέχειν ἠναγκαζόμεθα, von grossen Lasten beschwert. Ἐν προμάχοις Hom. Pl. leg. 879, b ἔν τε θεοῖσι καὶ ἀνθρώποις. Pl. Lys. 211, e τὸν ἄριστον ἐν ἀνθρώποις ὄρτυγα, in der Welt, s. Hdrf. u. Stallb., daher: vor, *coram* (umschlossen von dem Kreise der Zuhörer), β, 194 ἐν πᾶσιν, ubi v. Nitzsch. Pl. leg. 886, e κατηγορεῖν ἐν ἀσεβέσιν ἀνθρώποις. Dem. 8, 27 οἱ κατηγοροῦντες ἐν ὑμῖν. 74 Τιμόθεός ποτ' ἐκεῖνος ἐν ὑμῖν ἐδημηγόρησεν. 3, 10 ἐν τούτοις τοῖς νομοθέταις μὴ θῆσθε νόμον, in der Sitzung, vor ihnen. Dann wird es übertragen auf äusserliche und innerliche Zustände, in denen einer verweilt oder begriffen, befangen ist, von denen er gleichsam umgeben ist, auf Beschäftigungen, in denen einer verweilt, als: ἐν πολέμῳ, ἐν ἔργῳ, ἐν δαιτί, ἐν φόβῳ, ἐν ὀργῇ εἶναι. X. An. 3. 1, 2 ἐν πολλῇ δὴ ἀπορίᾳ ἦσαν οἱ Ἕλληνες. S. Ai. 272 ἥδεθ' οἷσιν εἶχετ' ἐν κακοῖς. Th. 1, 25 ἐν ἀπόρῳ ἔχεσθαι. Pl. Crit. 43, c ἄλλοι ἐν τοιαύταις ξυμφοραῖς ἁλίσκονται, ubi v. Stallb. Phil. 45, b ἐν τοιούτοις νοσήμασιν ἐχόμενοι. Civ. 395, d ἐν ξυμφοραῖς τε καὶ πένθεσι καὶ θρήνοις ἐχομένην. Phaed. 108, b ἐν πάσῃ ἐχομένη ἀπορίᾳ. Gorg. 523, b ἐν πάσῃ εὐδαιμονίᾳ οἰκεῖν. Hdt. 2, 82 οἱ ἐν ποιήσι γενόμενοι, *qui in poesi versati sunt.* Th. 3, 28 οἱ ἐν τοῖς πράγμασι. X. Cy. 4. 3, 23 οἱ μὲν δὴ ἐν τούτοις τοῖς λόγοις ἦσαν. Pl. Phaed. 59, a ἐν φιλοσοφίᾳ εἶναι, ubi v. Stallb.; οἱ ἐν γεωργίαις; ἐν τέχνῃ εἶναι Pl. Prot. 317, c. S. OR. 562 τότ' οὖν ὁ μάντις ἦν ἐν τῇ τέχνῃ; Th. 2, 21 ἐν ὀργῇ ἔχειν. 1, 55 ἐν θεραπείᾳ ἔχ. 4, 14 ἐν φυλακῇ ἔχ. Dem. 18, 167 ἐν εὐνοίᾳ ἔχ., ubi v. Dissen p. 341, u. dgl. Dem. 3, 31 ἐν ὑπηρέτου καὶ προσθήκης μέρει γεγένησθε ihr seid in der Kategorie von Dienerschaft und Anhängsel, d. i. seid zu blossen Dienern geworden. 2, 14 ἐν προσθήκῃ in der Zugabe, d. i. als Zugabe. 23, 89 ἐν δωρειᾶς ἐποιήσαντο τάξει. 21, 165 ἐν χάριτος μέρει καὶ δωρειᾶς παρεῖχον in der Kategorie der Geschenke, d. i. als Geschenk. X. Oec. 8, 10 ἐν χάριτι διδόναι. So ἐν τῷ μέρει, jeder in seiner Abteilung, daher der Reihe nach, z. B. Dem. 2, 24. Eur. Hell. 1277 ἐν εὐσεβεῖ γοῦν νόμιμα μὴ κλέπτειν νεκρῶν = εὐσεβές. JT. 762 ἐν ἀσφαλεῖ = ἀσφαλές. Ph. 1276 οὐκ ἐν αἰσχύνῃ τὰ σὰ sc. ἐστίν, deine Lage ist nicht der Art, dass du dich schämen müsstest. Oft κινδυνεύειν ἔν τινι, in einer Person od. Sache Gefahr laufen: Isocr. 8, 12 ὥσπερ ἐν ἀλλοτρίᾳ τῇ πόλει κινδυνεύοντες, ubi v. Bremi, als setzten wir das Wohl eines fremden Staates aufs Spiel; passiv Th. 2, 35 μὴ ἐν ἑνὶ ἀνδρὶ πολλῶν ἀρετὰς κινδυνεύεσθαι, ubi v.

Poppo-Stahl. Hieraus haben sich mannigfaltige Adverbialausdrücke entwickelt, als: ἐν ἴσῳ εἶναι, gleich sein, ἐν ἡδονῇ μοί ἐστιν Hdt., es ist mir angenehm; so auch in Verbindung mit ἔχειν, ποιεῖσθαι, als: ἐν ὁμοίῳ, ἐν ἐλαφρῷ ποιεῖσθαι Hdt., gleich, gering achten. Daher von der Person, in deren Händen, Macht oder Gewalt etwas liegt, wie im Lat. *in*. So: ἐν ἐμοί, σοί ἐστί τι. Hs. op. 669 ἐν τοῖς γὰρ τέλος ἐστὶν ὁμῶς ἀγαθῶν τε κακῶν τε. Dem. 18, 193 ἐν τῷ θεῷ τὸ τούτου τέλος ἦν, οὐκ ἐν ἐμοί. Daher die Redensart οὐκ ἐν ἑαυτοῦ εἶναι (sc. οἴκῳ), aus dem Häuschen sein, *sui compotem non esse*. Ar. V. 642 κἄστιν οὐκ ἐν αὑτοῦ. Pl. Charm. 155, d οὐκέτ' ἐν ἐμαυτοῦ ἦν, ubi v. Stallb., vgl. Herm. ad Vig. p. 749, 171 c. X. An. 1. 5, 17 ἀκούσας ταῦτα ὁ Κλέαρχος ἐν ἑαυτῷ ἐγένετο, ging in sich. S. Ph. 950 ἐν σαυτῷ γενοῦ. Zuweilen wird ἐν auch bei Angabe eines räumlichen Abstandes gebraucht, insofern derselbe in etwas besteht. Th. 4, 113 ἄκρον τῆς πόλεως ἐς τὴν θάλασσαν ἀπειλημμένον ἐν στενῷ ἰσθμῷ, ubi v. Arnold et Poppo-Stahl. 120 τῆς Παλλήνης ἐν τῷ ἰσθμῷ ἀπειλημμένης. 6, 1 ἐν εἴκοσι σταδίων μάλιστα μέτρῳ διείργεται, häufiger b. d. Spät., als: Diod. 19, 39 ἐν τεσσαράκοντα σταδίοις ἀντιστρατοπεδευουσῶν τῶν δυνάμεων, s. Passow II. S. 908 b. — b) das Aufeinandersein der Dinge, als: ἕστη ἐν οὔρεσιν, ἐν ἵπποις, ἐν θρόνοις. S. Passow. — c) das An- und Beieinandersein der Dinge, als: ἐν οὐρανῷ, ἐν ποταμῷ, ἐν τόξῳ, ἐν ξίφει Hom., = an. S. Passow. Bei den Attikern namentlich von Orten, besonders Städten, bei denen (in deren Gebiete) etwas geschieht, besonders eine Schlacht geliefert ist: Th. 4. 5 καί τι καὶ αὐτοὺς (τοὺς Λακεδαιμονίους) ὁ στρατὸς ἔτι ἐν ταῖς Ἀθήναις ὢν ἐπέσχε, bei A., vgl. Stahl zu 3, 91. Th. 1, 57 μετὰ τὴν ἐν Κερκύρᾳ ναυμαχίαν. Lycurg. 16, ubi v. Maetzner. Isocr. 5, 147 τῆς ἐν Σαλαμῖνι ναυμαχίας. Aeschin. 3, 222. X. An. 4. 8, 22 πόλιν οἰκουμένην ἐν τῷ Εὐξείνῳ Πόντῳ (*in oris Ponti*), s. Kühners Bmrk. — 2) temporal: intra, während. μ, 76 οὐδέ ποτ' αἴθρη | κείνου ἔχει κορυφὴν οὔτ' ἐν θέρει οὔτ' ἐν ὀπώρῃ, vgl. Π, 643. Ἐν τούτῳ τῷ χρόνῳ; ἐν ᾧ, während. X. Comm. 3. 13, 5 ἐν πέντε ἡμέραις. Hell. 5, 3, 25 τὰ μὲν περὶ Φλιοῦντα ἐπετετέλεστο ἐν ὀκτὼ μησὶ καὶ ἐνιαυτῷ. Th. 2, 54 ἐν τῷ κακῷ in dem Unglück. X. An. 3. 1, 1 ἐν ταῖς σπονδαῖς, während des Waffenstillstandes. — 3) kausal u. bildlich: a) vom Mittel und Werkzeug, indem das Mittel als der Gegenstand aufgefasst wird, in dessen Bereich eine Handlung oder ein Zustand fällt [auf gleiche Weise wird auch das althochdeutsche in gebraucht. [1])]. X. R. L. 7, 5 τὸ ἐξ ἀδίκων χρηματίζεσθαι ἐν τοῖς τοιούτοις διεκώλυσε, durch solche Einrichtungen (in diesen Einrichtungen lag das Hindernis). Luc. merc. cond. 26 ἐν ἀργύρῳ ἢ χρυσῷ πίνειν. D. D. 6, 2 πίνειν ἐν ἐκπώματι, wie

---

[1]) S. Graff althochd. Präp. S. 36 ff.

boire dans un verre. Antiph. 5, 59 σὺ δ' ἐμὲ ἐν ἀφανεῖ λόγῳ ζητεῖς ἀπολέσαι, durch dunkle Verdachtsgründe. 1, 8 τὰ γενόμενα ἐν τούτῳ (darin, dadurch) ἀφανισθῆναι ᾠήθησαν, ubi v. Maetzner. Auffallender von Pers. Th. 7, 8 τὴν αὑτοῦ γνώμην μηδὲν ἐν τῷ ἀγγέλῳ ἀφανισθεῖσαν μαθόντας, durch den Boten, gleichs. in dem Munde des Boten entstellt. S. Ai. 1136 ἐν τοῖς δικασταῖς κοὐκ ἐμοὶ τόδ' ἐσφάλη, an den Richtern lag die Schuld. Lys. 26, 9 ἐν τῷ ἕκαστον δικαίως ἄρχειν ἡ πολιτεία σῴζεται, u. v. e. Pers. S. Ai. 519 ἐν σοὶ πᾶσ' ἔγωγε σῴζομαι. In diesen und ähnlichen Beispielen liegt der Sinn, dass die Handlung auf einer Sache oder Person beruhe. Ähnlich Hdt. 8, 100 οὐδὲν ἐν Πέρσῃσι δεδήληταί τῶν πρηγμάτων, in den P., durch die P. haben deine Angelegenheiten keinen Verlust erlitten. Lys. 13, 12 ἀπέκτειναν ἐν τῇ προφάσει ταύτῃ, in diesem Vorwande, unter, mittels. In rein sinnlicher Anschauung in der Redensart: ὁρᾶν, ὁρᾶσθαι ἐν ὀφθαλμοῖς (poet.), im Bereiche der Augen, vor Augen. A, 587 μή σε . . ἐν ὀφθαλμοῖσιν ἴδωμαι. Θ, 459 u. s. sehr häufig.[1]) Dann in anderen Fügungen bei Dichtern: ἐν πυρὶ καίειν Ω, 38, ἐν δεσμῷ δῆσαι, oft auch in Prosa[2]), ἐν χερσὶ λαβεῖν Hom., namentlich bei Pindar, als: N. 11, 17 ἐν λόγοις αἰνεῖσθαι, wie: ἐν μολπαῖς ὑμνεῖν, κελαδεῖν u. dgl. O. 1, 15 ἀγλαΐζεσθαι μουσικᾶς ἐν ἀώτῳ, *pulcherrimis carminibus ornari*. J. 4, 27 κλέονται ἐν φορμίγγεσσιν ἐν αὐλῶν τε παμφώνοις ὁμοκλαῖς. So: δαμῆναι ἐν χερσί τινος. Pind. P. 2, 8 ἀγαναῖσιν ἐν χερσὶν ἐδάμασσε πώλους, unter den Händen. S. Dissen l. d. Bei den Verben der Affekte, zuweilen auch in Prosa: bei, an etw. sich erfreuen u. s. w. λ, 603 τέρπεται ἐν θαλίῃς. S. Tr. 1118 ἐν οἷς χαίρειν προθυμῇ κἀν ὅτοις ἀλγεῖς μάτην. Pl. civ. 603, c ἐν τούτοις δὴ πᾶσιν ἢ λυπουμένους ἢ χαίροντας. Aesch. Ch. 222 ἐν κακοῖσι τοῖς ἐμοῖς γελᾶν θέλεις. X. Hier. 1, 16 πολὺ πλείω ὑμεῖς ἐν αὐτοῖς εὐφραίνεσθε. Cy. 1. 4, 25 ἐλπίδας ἔχων μεγάλας ἐν αὐτῷ (v. e. Sache aber ἐλπ. ἔχ. ἐπί τινι). In der Prosa, besonders bei Xenophon, wird ἐν [gerade wie das althochd. in [3])] vom Mittel gebraucht bei den Ausdrücken: δηλοῦν, δῆλον εἶναι, σημαίνειν ἔν τινι, offenbaren in etw. = durch etw. X. Cy. 1. 6, 2 ὅτι οἱ θεοὶ ἵλεῴ τε καὶ εὐμενεῖς πέμπουσί σε, καὶ ἐν ἱεροῖς δῆλον καὶ ἐν οὐρανίοις σημείοις. 8. 7, 3 ἐσημαίνετέ μοι καὶ ἐν ἱεροῖς καὶ ἐν οὐρανίοις σημείοις καὶ ἐν οἰωνοῖς καὶ ἐν φήμαις, ἅ τ' ἐχρῆν ποιεῖν καὶ ἃ οὐκ ἐχρῆν. Vgl. An. 6. 1, 31. Hipparch. 9, 9. Pl. civ. 392, e ἐν τούτῳ δηλῶσαι, ubi v. Stallb. Men. 82, b ἵνα ἐν τούτῳ σοι ἐπιδείξωμαι. So auch X. Cy. 3. 3, 34 (οἱ θεοὶ) νίκην διδόασι καὶ σωτηρίαν ὑπισχνοῦνται ἐν τοῖς ἱεροῖς,

---

1) S. Porson ad Eur. Or. 1018. p. 91 edit. Schäf. und Matthiae ebendas. (1013) p. 225, wie *ante oculos videre*. Vgl. Dissen ad Pindar. p. 487. ed. Boeckh. — 2) S. Lobeck Paral. p. 524. Kühner ad Xen. An. 4. 3, 8. — 3) S. Graff a. a. O. S. 41 f.

und ähnlich Th. 7, 11 τὰ πρότερον πραχθέντα ἐν ἄλλαις πολλαῖς ἐπιστολαῖς ἴστε (in andern Schreiben gemeldet). Ferner σκοπεῖν τι ἔν τινι Pl. Soph. 238, d, βασανίζειν τι ἔν τινι Phil. 21, a. In allen diesen und ähnlichen Beispielen wird das Mittel rein räumlich aufgefasst; besonders häufig wird ἐν so von den Dichtern angewandt, da die Präposition das Mittel weit anschaulicher und sinnlicher darstellt als der blosse Dativ. — b) die Art und Weise: ἐν τούτῳ τῷ τρόπῳ Lys. 7, 20, πάντες οὐκ ἐν τῷ αὐτῶν τρόπῳ κινούμενοι ταράξονται Th. 7, 67, sich nicht in ihrer gewohnten Weise bewegend. S. Ph. 60 σ' ἐν λιταῖς στείλαντες „bittweise" Schneidew. 102 ἐν δόλῳ ἄγειν. 1393 ἐν λόγοις. Tr. 886 (θάνατον ἀνύσασα) ἐν τομᾷ σιδάρου. Pind. O. 6, 12 ἐν δίκᾳ . . φθέγξατο. X. conv. 2, 8 ἐν ῥυθμῷ. An. 1. 3, 21 ἐν τῷ φανερῷ = φανερῶς. — c) die Gemässheit: nach, zufolge (wie im Althochd. in). Th. 1, 77 ἐν τοῖς ὁμοίοις νόμοις τὰς κρίσεις ποιεῖν. Vgl. Isocr. 4, 40. Pind. O. 2, 76 ὅρμοισι (sertis) . . ἀναπλέκοντι καὶ κεφαλὰς βουλαῖς ἐν ὀρθαῖς Ῥαδαμάνθυος, nach den Ratschlägen. Dann von Personennamen: Eur. Alc. 723 κακὸν τὸ λῆμα κοὐκ ἐν ἀνδράσιν τὸ σόν, nicht angemessen Männern. So: ἐν ἐμοί, ἐν σοί u. s. w. (poet.), nach meinem, deinem Urteile. S. OC. 1213 σκαιοσύναν φυλάσσων ἐν ἐμοὶ κατάδηλος ἔσται, vgl. OR. 677. Ant. 925 εἰ μὲν οὖν τάδ' ἐστὶν ἐν θεοῖς καλά. Eur. Hipp. 1320 σὺ δ' ἔν τ' ἐκείνῳ κἀν ἐμοὶ φαίνῃ κακός, bei ihm und bei mir, *ex illius et meo judicio.* [1])

2. Σύν und ξύν (s. § 325, 5). Die Grundbedeutung von ξύν, σύν entspricht fast durchaus der des lateinischen *cum* und des deutschen mit. Sie drückt überall die Beziehung der Gemeinschaft, der Begleitung aus. Der Dativ ist hier Stellvertreter des ursprünglichen Instrumentalis. — 1) räumlich, als: ὁ στρατηγὸς σὺν τοῖς στρατιώταις, ἄνεμος σὺν λαίλαπι. X. An. 1. 8, 1 βασιλεὺς σὺν στρατεύματι πολλῷ προσέρχεται, s. § 425, A. 3. S. Ph. 1022 ζῶ σὺν κακοῖς (calamitatibus) πολλοῖς τάλας, vgl. 268 ibiq. Wunder. Oft v. d. Bekleidung, Rüstung. Δ, 419 σὺν τεύχεσιν ἆλτο χαμᾶζε. X. An. 4. 5, 33 παῖδας σὺν ταῖς βαρβαρικαῖς στολαῖς. Cy. 3. 3, 54 ἰόντων εἰς μάχην σὺν ὅπλοις, gerüstet, wie 2. 1, 21 σὺν μαχαίρᾳ καὶ γέρρῳ καὶ θώρακι μάχεσθαι. An. 5. 3, 3 ἐξέτασις σὺν τοῖς ὅπλοις ἐγίγνετο nach d. best. cdd. st. ἐν τ. ὁ., s. Kühners Bmrk. Σύν m. e. Subst. oft st. eines Adjektivs. S. OR. 55 εἴπερ ἄρξεις τῆσδε γῆς . . ξὺν ἀνδράσιν κάλλιον ἢ κενῆς, männerreich. El. 61 οὐδὲν ῥῆμα σὺν κέρδει κακόν = κερδαλέον, s. Schneidew. Häufig von einer hülfreichen Begleitung. Γ, 439 σὺν Ἀθήνῃ, mit Hülfe der Athene. X. Cy. 1. 5, 14 σὺν θεῷ. 6. 4, 19 σὺν θεοῖς οὐδενὸς ἀπορήσομεν. An. 3. 2, 8 m. Kühners Bmrk. Daher von helfender, beistehender Verbindung, wie in: σύν τινι εἶναι oder γίγνεσθαι, *ab alicujus partibus*

[1]) Vgl. Porson Advers. 101.

stare. X. Hell. 3. 1, 18 σὺν τοῖς Ἕλλησι μᾶλλον ἢ σὺν τῷ βαρβάρῳ εἶναι. Cy. 5. 4, 37 ἢν οἱ θεοὶ σὺν ἡμῖν ὦσιν. An. 3. 1, 21, s. das. Kühners Bmrk. So An. 3. 2, 31 σὺν τῷ ἄρχοντι κολάζειν τινά, *adjuvante duce aliquem castigare.* Comm. 1. 2, 34. Σύν τινι μάχεσθαι Cy. 5. 3, 5 in Verbindung mit einem kämpfen. — 2) **kausal und bildlich**: a) zur Angabe des **Mittels** und **Werkzeugs**, welches als die Handlung gleichsam begleitend und mit ihr gemeinschaftlich wirkend aufgefasst wird. Δ, 161 σύν τε μεγάλῳ ἀπέτισαν, | σὺν σφῇσιν κεφαλῇσι, γυναιξί τε καὶ τεκέεσσιν. S. OR. 656 τὸν ἐναγῆ φίλον μήποτ' ἐν αἰτίᾳ | σὺν ἀφανεῖ λόγῳ ἄτιμον βαλεῖν. X. Cy. 8. 7, 13 ἡ κτῆσις πιστῶν φίλων ἐστὶν οὐδαμῶς σὺν τῇ βίᾳ, ἀλλὰ μᾶλλον σὺν τῇ εὐεργεσίᾳ. Vgl. 8. 2, 23. An. 2. 6, 18 οὐδὲν ἂν θέλοι κτᾶσθαι μετὰ ἀδικίας, ἀλλὰ σὺν τῷ δικαίῳ καὶ καλῷ (μετὰ ἀδικίας = ἀδικίας μετέχων, σὺν τῷ δ., quasi comitante justitia, s. Kühners Bmrk.). Comm. 2. 1, 28 τὸ σῶμα γυμναστέον σὺν πόνοις καὶ ἱδρῶτι. — b) zur Angabe der **Art und Weise**, wobei dieselbe Anschauung stattfindet. ξ, 151 οὐκ αὔτως μυθήσομαι, ἀλλὰ σὺν ὅρκῳ, eidlich. S. El. 872 σὺν τάχει μολεῖν. Ph. 1223 ἕρπεις ὧδε σὺν σπουδῇ ταχύς. X. An. 1. 2, 17 προϊέναι σὺν κραυγῇ. 18 σὺν γέλωτι ἐλθεῖν. — c) zur Angabe der **Gemässheit**, welche als **Übereinstimmung** der Handlung mit einem Substantivbegriffe betrachtet wird, als: X. Cy. 1. 3, 17 σὺν τῷ νόμῳ ἐκέλευεν ἀεὶ τὸν δικαστὴν τὴν ψῆφον τίθεσθαι. S. El. 1041 οὐ δοκῶ σοι ταῦτα σὺν δίκῃ λέγειν. — Ähnlich X. Cy. 3. 1, 15 πότερα δ' ἡγεῖ ἄμεινον εἶναι σὺν τῷ σῷ ἀγαθῷ τὰς τιμωρίας ποιεῖσθαι ἢ σὺν τῇ σῇ ζημίᾳ; *cum commodo tuo.*

Anmerk. Tycho Mommsen hat im Progr. Frankf. a. M. Ost. 1874 (Entwickelung einiger Gesetze üb. d. Gbr. der gr. Präp.) u. in seinen Beiträgen zu der Lehre von den griechischen Präpositionen (Berlin 1895) nachgewiesen, dass der Gebrauch von σύν sich in der klassischen Zeit fast ausschliesslich auf die edle **Dichtersprache** und **Xenophon** beschränkt, während alle anderen Prosaiker und die Komiker fast regelmässig μετά verwenden, nur ausnahmsweise σύν, und zwar a) zur Anfügung einer hinter den Hauptgegenstand an Zahl oder Bedeutung zurücktretenden Person oder Sache (meist = *inclusive*), z. B. Hdt. 8, 113 ὥστε σύμπαντας τριήκοντα μυριάδας γενέσθαι σὺν τοῖς ἱππεῦσι, eingerechnet die Reiterei. Lys. 21, 2 ἀνήλωσα σὺν τῇ τοῦ τρίποδος ἀναθέσει πενταχισχιλίας δραχμάς, einschliesslich der Errichtung. Dem. 28, 13 τοῦ μὲν ἀρχαίου (Kapital) πέντε τάλαντ' εἴληφε· σὺν δὲ τοῖς ἔργοις (inklusive der Zinsen) πλέον ἢ δέκα τάλαντ' ἔχει. Th. 2, 6 τῶν ἀνθρώπων τοὺς ἀχρειοτάτους ξὺν γυναιξὶ καὶ παισὶν ἐξεκόμισαν. 3, 22 ἔπειτα ψιλοὶ δώδεκα ξὺν ξιφιδίῳ καὶ θώρακι ἀνέβαινον, unter Mitnahme von (Bekleidung, Bewaffnung). b) in einzelnen formelhaften Wendungen, wie σὺν ὅπλοις, ξὺν νῷ (Pl. civ. 616, b. Ar. N. 580), σὺν τοῖς θεοῖς, σὺν θεῷ εἰπεῖν. c) in Stellen von poetischer Färbung (bei Ar. in hochlyrischen oder hochtragischen Partien).

3. Präpositionen mit dem Akkusative allein.

§ 432. Εἰς (ἐς) und ὡς.

1. Εἰς, ἐς (s. § 325, 4) ist nichts anderes als eine abgeänderte Form von ἐν (§ 325, 4), und so übernimmt auch in der That in vielen Dialekten (böot., thessal., el., arkad., kypr., phok., lokr., ätol. u. s. w., vereinzelt auch bei Pindar) ἐν zugleich die Funktionen von εἰς, indem es neben dem lokativischen Dativ (auf die Frage wo?) auch den Akkusativ des Ziels (auf die Frage wohin?) zu sich nimmt (§ 325, 3); εἰς bezeichnet dasselbe Dimensionsverhältnis, welches durch die Präposition ἐν ausgedrückt wird, aber nicht als richtungsloses Wo, wie ἐν, sondern in der Richtung Wohin, also zur Angabe der Bewegung einer Handlung in das Innere eines Gegenstandes oder auf einen Gegenstand hin, in die unmittelbare Nähe eines Gegenstandes, überhaupt zur Angabe der Erreichung eines bestimmten und begrenzten Zieles. Den Gegensatz bildet ἐξ *c. g.*, aus dem Inneren eines Gegenstandes. — 1) räumlich: a) zur Angabe des räumlichen Zieles, als: ἰέναι εἰς τὴν πόλιν. A, 366 ᾠχόμεθ' ἐς Θήβην. Th. 1, 107 οἰκοδομεῖν τείχη ἐς θάλασσαν. Ebenso auch von Personen mit dem Nebenbegriffe der Wohnung oder des Landes. Th. 1, 137 ἐσπέμπει γράμματα ἐς βασιλέα (in das Haus des Königs), ubi v. Poppo. (Stahl schreibt ὡς). Isae. 7, 14 ἐλθὼν εἰς τὴν ἐμὴν μητέρα, ubi v. Schoemann. (Reiske schr. ὡς). X. An. 3. 5, 17 εἰς Καρδούχους ἐμβάλλειν, in das Land der K., vgl. 4. 7, 1. Th. 4, 70 u. s. Th. 1, 9 (Πέλοψ) ἐκ τῆς Ἀσίας ἦλθεν ἐς ἀνθρώπους ἀπόρους. 4, 113 κατέφυγον ἐς αὐτούς. X. An. 1. 3, 5 ἀγαγὼν εἰς τοὺς βαρβάρους. 5. 4, 2 πέμπουσιν εἰς αὐτούς. 6. 1, 14 προσῆγον αὐτοὺς εἰς τὸ στράτευμα. [1]) Pl. Ap. 17, c εἰς ὑμᾶς εἰσιέναι, i. e. εἰς τὸ δικαστήριον, ubi v. Stallb. Dem. 9, 11 εἰς Φωκέας ὡς πρὸς συμμάχους ἐπορεύετο, ubi Bremi: *ad* εἰς *ponitur nomen* Φωκ. *ut regionis, ad* πρὸς συμμ. *cogitandum ut nomen populi.* Bei Homer jedoch und den anderen Epikern wird εἰς wie πρός oder ὡς auch von Personen ohne Rücksicht auf das Land od. die Wohnung gebraucht. [2]) A, 141 αὖθι κατακτεῖναι μηδ' ἐξέμεν ἂψ ἐς Ἀχαιούς. ζ, 175 ἐλέαιρε· σὲ γὰρ . . ἐς πρώτην ἱκόμην sagt Odysseus zur Nausikaa, die er am Meeresstrande findet. P, 709 ἐλθεῖν εἰς Ἀχιλῆα. Vgl. O, 402. Aber in einem anderen Sinne sagt S. Ph. 500 εἰς σὲ . . ἥκω, an dich wende ich mich, verschieden von πρός σε ἥκω, *ad te accedo*, s. Wunder u. Schneidew., wie Dem. 45, 85 οὓς δ' ὁ πατήρ μοι παρέδωκε βοηθοὺς καὶ φίλους, εἰς

---

[1]) Vgl. Poppo ad Thuc. 1, 137 p. 666 sq. ed. maj. Kühner ad X. An. 1. 1, 11. — [2]) S. Spitzner ad Iliad. Excurs. XXXV.

τούτους ἥκω. Vgl. 27, 1. Bei den Verben συλλέγειν, συναγείρειν, ἀθροίζειν, ἁλίζειν u. ähnl. gebrauchen die Griechen εἰς, während wir sagen: an einem Orte versammeln. Th. 2, 13 τῶν Πελοποννησίων ξυλλεγομένων ἐς τὸν Ἰσθμόν, vgl. 4, 91. 8, 93. 3, 104 ἦν ξύνοδος ἐς Δῆλον. Ebenso sagen die Lateiner: *congregari, convenire* u. s. w. *in locum*, s. Kühners Ausf. lat. Gr. II. 1 § 114, A. d). Ähnlich θεωρεῖν ἐς Πάρον Ar. V. 1189, *spectatum venire*, vgl. Th. 3, 104. 8, 110. Σ, 353 (αὐτὸν) ἑανῷ λιτὶ κάλυψαν | ἐς πόδας ἐκ κεφαλῆς, von dem Haupte bis zu den Füssen. Ω, 204 ἐλθέμεν ἀνδρὸς ἐς ὀφθαλμούς. Hdt. 7, 136 βασιλέϊ ἐς ὄψιν ἦλθον. S. Ai. 79 γέλως ἥδιστος εἰς ἐχθροὺς γελᾶν, gleichs. in das Gesicht der Feinde hinein. Ferner: Theocr. 16, 45 ἀοιδὸς . . φωνέων | βάρβιτον ἐς πολύχορδον, *canens ad barbitum*. Bei den Attikern auch im feindlichen Sinne: *contra*. Th. 3, 1 ἐστράτευσαν ἐς τὴν Ἀττικήν. — b) zur Angabe des quantitativen Zieles, bis auf, bes. bei ungefähren Zahlangaben (noch nicht b. Hom.). X. Cy. 2. 1, 5 Ἀρτακάμαν λέγουσιν ἱππέας εἰς ὀκτακισχιλίους ἄγειν, an die 8000, so oft, häufig mit dem Zusatze μάλιστα, welches dem lat. *admodum* entspricht, das, obwohl es eigtl. *genau nach dem Masse* bedeutet, doch auch von einer Annäherung gebraucht wird, wie Caes. B. G. 5, 40 turres *admodum* CXX excitantur.[1]) Th. 3, 20 ἐς δὲ ἄνδρας διακοσίους καὶ εἴκοσι μάλιστα ἐνέμειναν. 7, 30 διέφθειραν . . ἐς εἴκοσι μάλιστα ἱππέας τε καὶ ὁπλίτας ὁμοῦ, vgl. 32. Bei Anordnung der Soldaten nach Tiefe oder Breite (distributiv). X. Hell. 3. 2, 16 παρατάττεσθαι εἰς ὀκτώ, acht Mann tief. An. 7. 1, 23. 2. 4, 26 ὁ δὲ Κλέαρχος ἡγεῖτο εἰς δύο, zwei Mann breit, vgl. Hell. 3. 1, 22. Cy. 2. 1, 26 εἰς ἕνα πορεύεσθαι, einzeln. Ferner ἐς τοσόνδε u. dgl. Hdt. 7, 99 ἐς μὲν τοσόνδε ὁ ναυτικὸς στρατὸς εἴρηται (*hactenus*), ubi v. Baehr. 8, 19 ταῦτα μέν νυν ἐς τοσοῦτο παρεγύμνου, *haec quidem hactenus* (nur insoweit) *aperiebat* sc. ducibus. 125 ταῦτα μέν νυν ἐς τοσοῦτο ἐγένετο. 7, 107 διεκαρτέρεε ἐς τὸ ἔσχατον, bis auf das Äusserste. Hierher scheint zu gehören Eur. J. A. 951 οὐχ ἅψεται σῆς θυγατρὸς Ἀγαμέμνων ἄναξ, | οὐδ' εἰς ἄκραν χεῖρ', ὥστε προσβαλεῖν (sc. τὴν ἄκραν χεῖρα) πέπλοις, *ne ad extremos qui-*

1) Voemel Progr. Frankf. a. M. 1852 geht bei der Erklärung dieses μάλιστα von dessen Gebrauche bei bejahenden Antworten (= *gewiss*) und bei Zahl- u. anderen Fragwörtern aus, als: πηνίκα μάλιστα; *wann genau? wann eigentlich?* τί (πῶς, πότε) μ.; und fasst den Gebrauch des μ. bei ungefähren Zahlangaben als einen *oratorischen* auf, wie man im Deutschen gewiss gebraucht, wenn auch etwas nicht gewiss ist, als: es sind gewiss 10000 Menschen dagewesen (μάλα μυρίοι Hom.). Er vergleicht damit den Gebrauch v. ὅλος, wenn die Zahl *nicht* voll ist, wie Dem. 19, 57 τρεῖς μῆνας ὅλους (nur 70 Tage), u. v. πλέον von einer kleineren Summe als der dabeistehenden, wie Dem. 27, 59 πλέον ἢ τριπλάσια (nur 30 Talente statt 42). Nach der Absicht des Zusammenhanges könnte daher μάλιστα übersetzt werden durch: *gerade, voll, rund, gewiss*, mag nun der Sinn unserem *wenigstens* oder *höchstens* entsprechen.

dem digitos. — c) zur Angabe räumlicher **Ausdehnung** und **Erstreckung**: ἐκ θαλάσσης εἰς θάλασσαν. Pl. Gorg. 526, b εἰς δὲ καὶ πάνυ ἐλλόγιμος γέγονεν εἰς τοὺς ἄλλους Ἕλληνας, Ἀριστείδης. Tim. 25, b τῆς πόλεως ἡ δύναμις εἰς ἅπαντας ἀνθρώπους διαφανὴς ἀρετῇ ἐγένετο. Civ. 539, c αὐτοὶ φιλοσοφίας πέρι εἰς τοὺς ἄλλους διαβέβληνται, ubi v. Stallb. Th. 4, 22 μὴ ἐς τοὺς ξυμμάχους διαβληθῶσιν, vgl. 3, 109, wie auch διαβάλλειν τινά, z. B. εἰς τὸ δικαστήριον Antiph. 6, 21, ubi v. Maetzner. Aeschin. 1, 60 μὴ ἀνακηρυχθῇ αὐτῶν ἡ βδελυρία εἰς πᾶσαν τὴν πόλιν. X. R. A. 1, 19 διὰ τὴν κτῆσιν τὴν ἐν τοῖς ὑπερορίοις καὶ διὰ τὰς ἀρχὰς τὰς εἰς τὴν ὑπερορίαν, die sich erstrecken in das Ausland. — d) in der Bedeutung: *coram*, aber in der Richtung **Wohin**. Th. 1, 90 τὸ βουλόμενον τῆς γνώμης οὐ δηλοῦντες ἐς τοὺς Ἀθηναίους. X. An. 5. 6, 27 εἰς τὸ κοινὸν ἀγορεύειν. So oft λόγους ποιεῖσθαι εἰς τὸν δῆμον. Pl. Menex. 239, a οἱ πατέρες πολλὰ δὴ καὶ καλὰ ἀπεφήναντο εἰς πάντας ἀνθρώπους. Symp. 179, b τούτου Ἄλκηστις ἱκανὴν μαρτυρίαν παρέχεται εἰς τοὺς Ἕλληνας, ubi v. Stallb. — 2) **temporal**: a) zur Angabe des **zeitlichen Ziels** oder der **Grenze**. A, 601 ὣς τότε μὲν πρόπαν ἦμαρ ἐς ἠέλιον καταδύντα | δαίνυντ', bis zu. Hdt. 1, 52 ἐς ἐμέ, bis auf meine Zeit. 3, 40 ἐς τέλος, wenn es zum Ende kommt, am Ende. Th. 1, 51 ἡ ναυμαχία ἐτελεύτα ἐς νύκτα, in die Nacht hinein, daher *sub noctem*. Bei Ausdrücken des Berufens, Kommens u. a. **auf**, **für**. γ, 138 καλεσσαμένω ἀγορὴν ἐς πάντας Ἀχαιούς . . ἐς ἠέλιον καταδύντα, sie beriefen die Versammlung auf Sonnenuntergang. ξ, 384 φάτ' ἐλεύσεσθαι ἢ ἐς θέρος ἢ ἐς ὀπώρην, auf den Sommer. So in der Prosa: X. An. 1. 7, 1 ἐδόκει εἰς τὴν ἐπιοῦσαν ἕω ἥξειν βασιλέα. 2. 3, 25 εἰς τὴν ὑστεραίαν οὐχ ἧκεν, *in posterum diem*. Cy. 3. 1, 42 προεῖπε τοῖς ἑαυτοῦ εἰς τρίτην ἡμέραν παρεῖναι. — b) der **zeitlichen Ausdehnung** und **Erstreckung**. δ, 595 καὶ γάρ κ' εἰς ἐνιαυτὸν ἐγὼ παρὰ σοί γ' ἀνεχοίμην | ἥμενος, selbst auf ein Jahr, d. i. ein Jahr lang. Th. 2, 64 ἧς (δυνάμεως) ἐς ἀίδιον τοῖς ἐπιγιγνομένοις μνήμη καταλελείψεται, *in aeternum*. S. Ant. 340 ἔτος εἰς ἔτος, Jahr für Jahr. — 3) **kausal** u. **bildlich**: a) zur Angabe des **geistigen Zieles**, des **Zwecks**, der **Absicht**. βλέπειν, ἀποβλέπειν εἴς τινα od. τι, wie πρός: X. Hell. 6. 1, 8 ἡ σὴ πατρὶς εἰς σὲ ἀποβλέπει. Dem. 3, 1 ὅταν τ' εἰς τὰ πράγματ' ἀποβλέψω καὶ ὅταν πρὸς τοὺς λόγους οὓς ἀκούω, vgl. Aesch. 3, 168. X. An. 3. 4, 17 χρῆσθαι εἰς τὰς σφενδόνας. 3. 3, 19 τοὺς ἵππους εἰς ἱππέας κατασκευάσωμεν, *ad equitum usum*, s. **Kühners** Bmrk. I, 102 εἰπεῖν εἰς ἀγαθόν, zum Guten. Isae. 5, 36 εἰς Διονύσια χορηγήσας, *ad D. celebranda*, s. **Schoemann**. 7, 36 γεγυμνασιάρχηκα εἰς Προμήθεια. Antiph. 6, 11 χορηγὸς κατεστάθην εἰς Θαργήλια, ubi v. **Maetzner**. Vgl. X. R. A. 3, 4. Lycurg. 85 ὀλίγοι ὄντες κατακλεισθέντες ἐπολιορκοῦντο καὶ διεκαρτέρουν εἰς τὴν πατρίδα, für das Vaterland, s. **Maetzner**. Dem. 21, 195 σπουδάζειν εἰς τὰ σά. Aeschin. 3, 197 τοῖς εἰς τὸ πρᾶγμα λέγουσιν. Antiph.

6, 9 εἰς αὐτὸ τὸ πρᾶγμα κατηγορεῖν, ubi v. Maetzn. u. ad Lycurg. 67. Pl. Lys. 204, d ᾄδει εἰς τὰ παιδικά. 205, d ᾄδεις εἰς σαυτὸν ἐγκώμιον. Pind. O. 6, 13 (αἶνον) Ἄδραστος . . ἐς Ἀμφιάρηον φθέγξατο, zur Ehre des A., s. Dissen. X. oec. 17, 10 ἣν ἐκτρέφειν ἐᾷς τὴν γῆν τὸ σπέρμα εἰς καρπόν, wenn du die Erde den Samen zur Frucht aufziehen lässt, d. i. so dass er Frucht werde. Th. 3, 14 τὰς τῶν Ἑλλήνων ἐς ὑμᾶς ἐλπίδας, wie b. d. Spät. ἐλπίζειν εἴς τινα, s. Poppo ad h. l. p. 21 sq. ed. Goth. S. Tr. 403 εἰς τί δή με τοῦτ' ἐρωτήσας ἔχεις; wozu? Εἰς κέρδος τι δρᾶν S. Ph. 111. — b) zur Angabe der Art und Weise, wobei wieder der Begriff des erstrebten oder erreichten Zieles vorschwebt. B, 379 ἐς μίαν βουλεύειν, sc. βουλήν, nach einer Seite hin beraten, d. i. einmütig werden. Ähnlich Theocr. 18, 7 ἄειδον δ' ἄρα πᾶσαι ἐς ἓν μέλος. Εἰς καλόν, *opportune* X. An. 4. 7, 3. Conv. 1, 4. Pl. Symp. 174, e. Euthyd. 275, b ἥκετον εἰς κάλλιστον. Civ. 596, e εἰς δέον ἔρχει τῷ λόγῳ, „*opportune venis, tempore necessario succurris*" Schneider. Vgl. S. Ant. 386. X. Cy. 3. 1, 8 εἰς καιρόν. An. 2. 3, 23 εἰς δύναμιν, nach Kräften. Pl. Phaedr. 252, d εἰς τὸ δυνατόν. Ar. Ach. 686 ἐς τάχος παίει. X. Cy. 8. 1, 33 εἰς κάλλος ζῆν. An. 7. 1, 33 εἰς ἀφθονίαν παρέξειν ἔφη καὶ σιτία καὶ ποτά, reichlich, bis zum Überflusse. — c) überhaupt zur Angabe einer Rücksicht auf einen Gegenstand: S. OC. 800 πότερα νομίζεις δυστυχεῖν ἔμ' ἐς τὰ σά; OR. 980 σὺ δ' ἐς τὰ μητρὸς μὴ φοβοῦ νυμφεύματα. In Prosa: Th. 1, 138 ἦν ὁ Θεμιστοκλῆς . . ἐς αὐτὸ μᾶλλον ἑτέρου ἄξιος θαυμάσαι. Pl. Alc. 1. 111, a δικαίως ἐπαινοῖντ' ἂν αὐτῶν εἰς διδασκαλίαν, vgl. Lach. 181, b, ibiq. Stallb. Gorg. 491, b οἳ ἂν εἰς τὰ τῆς πόλεως πράγματα φρόνιμοι ὦσιν. Charm. 158, a εἰκός σε εἰς πάντα πρῶτον εἶναι, in jeder Hinsicht. Th. 2, 49 ἐκεῖνο (τὸ ἔτος) ἄνοσον ἐς τὰς ἄλλας ἀσθενείας ἐτύγχανεν ὄν. 2, 40 τὰ ἐς ἀρετὴν ἠναντιώμεθα τοῖς πολλοῖς *in iis, quae ad liberalitatem pertinent.* X. Hier. 1, 2 πῇ διαφέρει ὁ τυραννικός τε καὶ ὁ ἰδιωτικὸς βίος εἰς εὐφροσύνας τε καὶ λύπας ἀνθρώποις; An. 1. 9, 16 εἰς δικαιοσύνην ἐπιδείκνυσθαι, in betreff der Gerechtigkeit Proben an den Tag legen. 2. 6, 30 οὔτ' ἐς φιλίαν αὐτοὺς ἐμέμφετο. 6. 5, 14 οὐ δόξης ὁρῶ δεομένους ὑμᾶς εἰς ἀνδρειότητα. Oec. 2, 4 εἰς τὸ σὸν σχῆμα καὶ τὴν σὴν δόξαν οὐδ' ὣς ἂν ἱκανά μοι δοκεῖ εἶναί σοι. Pl. Phaedr. 269, e κινδυνεύει ὁ Περικλῆς πάντων τελεώτατος εἰς τὴν ῥητορικὴν γενέσθαι. Leg. 774, b εἰς χρήματα (*quod attinet ad*) ὁ μὴ θέλων γαμεῖν ταῦτα ζημιούσθω. [1])

2. Ὡς (vgl. § 428, A. 2), *ad*, zu, wird in der guten Klassizität nur von der Richtung nach Personen [erst b. d. Spät., doch nur

---

1) Vgl. Bornemann ad Xen. Cy. 5. 4, 25 ed. Lips.

selten, auch b. Ortsnamen [1])] gebraucht. Es hat vorzüglich erst in der attischen Zeit einen häufigeren Gebrauch erlangt, findet sich aber schon ρ, 218: ὡς αἰεὶ τὸν ὁμοῖον ἄγει θεὸς ὡς τὸν ὁμοῖον. Hdt. 2. 121, 5 ἐσελθόντα ὡς τοῦ βασιλέος τὴν θυγατέρα, an den übrigen Stellen b. Hdt. unsicher. [2]) Th. 1, 90 πέμψουσιν ὡς αὐτοὺς πρέσβεις. 4, 79 (Βρασίδας) ἀφίκετο ὡς Περδίκκαν καὶ ἐς τὴν Χαλκιδικήν. Vgl. 2, 67. 3, 13. Dem. 4, 48 πρέσβεις πέπομφεν ὡς βασιλέα. 8, 35 πέμπεθ' ὡς ἡμᾶς πρέσβεις. Oft b. Isokr., wie 4, 31. 109 τοῖς ὡς ἡμᾶς καταφυγοῦσι. 121 ὡς ἐκεῖνον πλέομεν u. s. w.

Anmerk. 1. Von diesem ὡς ist das mit εἰς, ἐπί, πρός *c. acc.* verbundene ὡς (ὡς εἰς, ὡς ἐπί, ὡς πρός τινα) zu unterscheiden. In dieser Verbindung ist ὡς nicht eine Präpos., sondern bezeichnet eine Vergleichung = wie, *ut*, drückt, wie beim Partizipe, eine Vorstellung aus und deutet eine nicht wirklich stattfindende, sondern nur vorgestellte, daher auch beabsichtigte Richtung nach einem Orte an. Th. 6, 61 ἀπέπλεον μετὰ τῆς Σαλαμινίας ἐκ τῆς Σικελίας ὡς ἐς τὰς Ἀθήνας. 1, 62 εἶδον τοὺς ἐναντίους παρασκευαζομένους ὡς ἐς μάχην, vgl. 2, 20. 4, 13. X. An. 1. 2, 1 ἀθροίζει ὡς ἐπὶ τούτους τὸ βαρβαρικόν = προφασιζόμενος ἐπὶ τούτους πορεύεσθαι, s. Kühners Bmrk. 1. 2, 4 u. s. w. S. Ph. 58 πλεῖς δ' ὡς πρὸς οἶκον. Daher wird dieses ὡς auch zu Präpositionen mit anderen Kasus gesetzt. Th. 1, 126 κατέλαβε τὴν ἀκρόπολιν ὡς ἐπὶ τυραννίδι. Vgl. 2, 95. 3, 4. 4, 15 ἔδοξεν αὐτοῖς, ὡς ἐπὶ ξυμφορᾷ μεγάλῃ, τὰ τέλη βουλεύειν, *quod in magna se esse calamitate intellegerent*, Poppo-Stahl. Th. 1, 134 οἱ δὲ ποιησάμενοι χαλκοῦς ἀνδριάντας δύο ὡς ἀντὶ Παυσανίου ἀνέθεσαν, *ut quasi Pausaniae loco essent*. — Bei Zahlbegriffen bezeichnet dies ὡς das ungefähre Mass. X. An. 1. 6, 1 εἰκάζετο δ' εἶναι ὁ στίβος ὡς δισχιλίων ἵππων. 1. 2, 3 ὁπλίτας ἔχων ὡς πεντακοσίους, etwa 500. ὡς ἐπὶ τὸ πολύ meistenteils.

Anmerk. 2. Der Ursprung der Präposition ὡς ist noch nicht genügend aufgeklärt. Deecke (Progr. v. Buchsweiler 1887, S. 30) nimmt an, dass dieses ὡς ursprünglich ein Adverb von der Bedeutung hin gewesen sei (verwandt mit ὧ-δε „hierher"), das sich dann in derselben Weise zur Präposition entwickelt habe, wie εἰς hinein, ἐν drinnen u. a.: ἦλθεν-ὡς-βασιλέα er ging — hin — zum Könige (Akkusativ des Zieles). Brugmann (Gr. Gramm.[2] S. 216) hält es für wahrscheinlicher, dass die Partikel ursprünglich identisch war mit der in Anm. 1 besprochenen Partikel der Subjektivität, die in einer Zeit, wo der Kasus in seiner lokalen Bedeutung noch keiner präpositionalen Stütze bedurfte, dem Akkusative des Zieles in demselben (finalen) Sinne beigefügt worden sei wie z. B. Th. 1, 126 κατέλαβε τὴν ἀκρόπολιν ὡς ἐπὶ τυραννίδι, später aber die Geltung einer Präposition gewonnen habe.

---

[1]) S. Poppo ad Thuc. P. III. Vol. 1 p. 318 sqq., der gründlich zeigt, dass ὡς nur von Personen, nicht von Sachen oder Orten (als: ὡς Μίλητον, ὡς Ἄβυδον u. s. w.) gebraucht werde; vgl. Kühner ad Xen. Comm. 2. 7, 2. — [2]) S. Bredov. dial. Hdt. p. 34, der auch an der angegebenen Stelle ὡς für verderbt aus ἐς hält.

4. Präpositionen mit zwei Kasus: ἀνά m. d. Dat. u. Akk., κατά, διά u. ὑπέρ m. dem Gen. u. Akk.

§ 433. 'Ανά und κατά.

a. α) 'Ανά.

1. 'Ανά [lesb. thess. kypr. ὄν, altpers. *ana*, lat. *an* in *anhelare* „auf—atmen", slav. *na*, got., althochd. ana und, wie auch jetzt, an mit dem Dative und Akkusative [1]), die Oberfläche bezeichnend [2])]. Die Grundbedeutung der Präposition ἀνά ist oben an, auf (vgl. Adv. ἄνω). In der gewöhnlichen Sprache wird ἀνά nur mit dem Akkusative, in der epischen Sprache und bei den Lyrikern, sowie auch vereinzelt (b. Soph. garnicht) in den Chorgesängen der Tragödie auch mit dem (lokativischen) Dative verbunden (in derselben Bdtg., wie das deutsche ana, an), wofür sonst ἐν gebraucht wird (wie auf gleiche Weise im Deutschen ana von in mit dem Dative häufig vertreten wird). [3])

I. In Verbindung mit dem *Dative* wird ἀνά nur räumlich gebraucht. Ξ, 352 εὗδε πατὴρ ἀνὰ Γαργάρῳ ἄκρῳ, oben auf dem G., vgl. O, 152. λ, 128 ἀνὰ φαιδίμῳ ὤμῳ, auf der Schulter. A, 15 ἀνὰ σκήπτρῳ oben an dem Stabe. ω, 8 (νυκτερίδες) ἀνά τ' ἀλλήλῃσιν ἔχονται, hangen an einander. So: Pind. O. 1, 41 χρυσέαισιν ἀν' ἵπποις, auf goldenem Wagen. 8, 51. 11, 69. 13, 75 ἀνὰ βωμῷ. P. 1, 6 εὕδει δ' ἀνὰ σκάπτῳ Διὸς αἰετός. 4, 94 ἀνὰ δ' ἡμιόνοις ξεστᾷ τ' ἀπήνᾳ . . Πελίας ἵκετο. Aesch. Suppl. 350 ἂμ πέτραις. Eur. J. A. 754 ἀνὰ ναυσίν. 1058 ἀνὰ δ' ἐλάταισι . . θίασος ἔμολεν, an Fichtenstämmen kam die Schar der Kentauren. El. 466 ἵπποις ἂν πτεροέσσαις.

II. In Verbindung mit dem *Akkusative* bildet ἀνά den strengsten Gegensatz zu κατά mit dem Akk. Sowie dieses zur Angabe einer von oben nach unten hin gehenden Bewegung dient, so jenes zur Angabe einer von unten nach oben hin gehenden Bewegung. [4]) — 1) räumlich: a) zur Angabe einer Richtung nach einem höher gelegenen Gegenstande. K, 466 θῆκεν ἀνὰ μυρίκην, hinauf auf die Tamariske. χ, 132 οὐκ ἂν δή τις ἀν' ὀρσοθύρην ἀναβαίη. 176 κίον' ἀν' ὑψηλὴν ἐρύσαι, an der Säule hinauf. χ, 239 ἀνὰ μεγάροιο μέλαθρον | ἕζετ' ἀναΐξασα, hinauf auf das Dachgebälk. Dieser Gebrauch hat sich ausserdem fast nur noch auf die Bezeichnung des Laufes von Flüssen erstreckt: ἀνὰ τὸν ποταμόν Hdt. 2, 96, ἀνὰ ῥόον πλεῖν ib., stromaufwärts. (Gegensatz: κατὰ

---

[1]) Die übrigen Formen s. b. Graff a. a. O. S. 69 f. — [2]) S. Grimm IV. S. 771 ff. — [3]) S. Graff a. a. O. S. 71 ff. u. Grimm a. a. O. — [4]) S. Spitzner Dissertat. de vi et usu praepos. 'ΑΝΑ et ΚΑΤΑ ap. Homer. Vitebergae. 1831, und damit zu vergleichen G. Hermanni ad Fr. Spitznerum epist. in Opusc. Vol. V. p. 30—51.

ποταμόν, stromabwärts). — b) zur Angabe eines räumlichen Erstreckens von unten nach oben hin, auch von einer geraden Fläche, in der wir ein Unten und ein Oben annehmen, daher überhaupt durch .. hin, sowohl bei Verben der Bewegung als der Ruhe. N, 547 (φλέψ) ἀνὰ νῶτα θέουσα διαμπερές, den Rücken hinauf (*ab infima dorsi parte usque ad cervices*). A, 570 ὤχθησαν δ' ἀνὰ δῶμα .. θεοί, durch den Saal hin. I, 395 πολλαὶ 'Αχαιΐδες εἰσὶν ἀν' 'Ελλάδα. Seltener von Personen: ξ, 286 πολλὰ δ' ἄγειρα | χρήματ' ἀν' Αἰγυπτίους ἄνδρας, durch die Ägypter hin. 'Ανὰ μάχην, δῆμον, στρατόν, ὅμιλον, νῆας, ἄστυ, πεδίον u. a. b. Hom., s. Ebeling. 'Ανὰ χεῖρα, auf der Hand. Eur. Jo 1455 τίν' ἀνὰ χέρα δόμους ἔβα Λοξίου; auf welcher Hand od. auf wessen Hand (getragen) wurde er in des L. Tempel gebracht? So: ἀνὰ στόμα ἔχειν B, 250. Eur. El. 80. X. Hier. 7, 9 (durch den Mund hin, d. i. im Munde, auf der Zunge führen). Φ, 137 ὥρμηνεν δ' ἀνὰ θυμόν. Hdt. 6, 131 οὕτω 'Αλκμεωνίδαι ἐβώσθησαν ἀνὰ τὴν 'Ελλάδα. Xen. An. 3. 5, 16 οἰκεῖν ἀνὰ τὰ ὄρη. 7. 4, 2 οἱ Ἕλληνες ἐστρατοπεδεύοντο ἀνὰ τὸ Θυνῶν πεδίον. Vect. 5, 10 ἀνὰ πᾶσαν γῆν καὶ θάλατταν εἰρήνη ἔσται. — 2) temporal: zur Angabe des zeitlichen Erstreckens, der Zeitdauer: hindurch, *per*, bei Hom. nur Ξ, 80 ἀνὰ νύκτα, während der Nacht; oft b. Hdt.: ἀνὰ χρόνον, *procedente tempore*, 1, 173 οὕτω δὴ κατὰ τοῦ Λύκου τὴν ἐπωνυμίην Λύκιοι ἀνὰ χρόνον ἐκλήθησαν, ubi v. Baehr. Vgl. 2, 151. 5, 27. 7. 10, 6. Th. 3, 22 ἀνὰ τὸ σκοτεινὸν οὐ προϊδόντων αὐτῶν, *per tenebras*. Hdt. 8, 123 ἀνὰ τὸν πόλεμον τοῦτον. Ohne Artikel bei πᾶς = ἕκαστος: distributiv: ἀνὰ πᾶσαν ἡμέρην, *quotidie*, 2, 37. 130. 6, 61, auch X. Cy. 1. 2, 8, wie ἀν' ἑκάστην ἡμέραν 8. 1, 23, ἀν' ἕκαστον ἔτος Pl. Alc. 2. 148, e. 150, a, ἀνὰ πᾶν ἔτος, *quotannis*, Hdt. 1, 136. 2, 99. 3, 160. 7, 106, ἀνὰ πάντα ἔτεα 8, 65, s. nr. 3). — 3) kausal u. bildlich zur Angabe der Art und Weise, indem die Handlung gleichsam an einen Gegenstand hinanstrebend gedacht wird. X. An. 1. 10, 15 φεύγουσιν ἀνὰ κράτος, *intentis viribus*, u. s. oft, s. Kühners Bmrk. ad 1. 8, 1; ἀνὰ μέρος, wechselweise. Pl. Phaed. 110, d ἀνὰ λόγον τὰ φυόμενα φύεσθαι, verhältnismässig, ib. ἀνὰ τὸν αὐτὸν λ. Hieraus hat sich der Gebrauch der Präposition zur Angabe des distributiven Zahlverhältnisses entwickelt (von Hdt. an). X. An. 3. 4, 21 οἱ στρατηγοὶ ἐποίησαν ἓξ λόχους ἀνὰ ἑκατὸν ἄνδρας, *centenorum militum*. 4. 6, 4 ἐπορεύθησαν ἑπτὰ σταθμοὺς ἀνὰ πέντε παρασάγγας τῆς ἡμέρας, täglich je fünf. 5. 4, 12 ἔστησαν ἀνὰ ἑκατὸν .. ἀντιστοιχοῦντες ἀλλήλοις, *centeni*, s. Kühners Bmrk. Hdt. 4, 101 ἡ ὁδὸς ἡ ἡμερησίη ἀνὰ διηκόσια στάδια συμβέβληται, *iter in singulos dies est ducenorum stadiorum*. Von der Zeit s. Nr. 2).

Anmerk. Die gutattische Prosa ausser Xenophon vermeidet ἀνά fast gänzlich (nur Andoc. 1, 38. Th. 3, 22. 4, 72. Dem. 55, 19 u. Pl. in der Redensart ἀνὰ λόγον). Vgl. Mommsen a. a. O. S. 381.

β) Κατά, von her, herab.

Die Gebrauchsweisen von κατά [arkad. kypr. κατύ § 325, 8] lassen sich auf die Bedeutung hinab zurückführen (vgl. Adv. κάτω). Der Genetiv bezeichnet dabei ursprünglich teils als ablativischer Genetiv den Ausgangspunkt einer Bewegung: hinab von (I, 1 a), teils als eigentlicher Genetiv das Ziel, dem die Handlung zustrebt (vgl. § 416, 4. 5). Der Akkusativ bezeichnet ursprünglich den Raum, über den (von oben nach unten) eine Bewegung sich erstreckt.

I. Mit dem *Genetive* dient κατά 1) räumlich: a) zur Angabe einer von oben nach unten hingehenden Bewegung, *desuper*, *deorsum*, als: A, 44 βῆ δὲ κατ' Οὐλύμποιο καρήνων, von . . herab.[1]) P, 438 δάκρυα δέ σφιν | θερμὰ κατὰ βλεφάρων χαμάδις ῥέε. Pl. civ. 398, a μύρον κατὰ τῆς κεφαλῆς καταχέαντες. Hdt. 8, 53 ἐρρίπτεον ἑωυτοὺς κατὰ τοῦ τείχεος κάτω. X. An. 4. 7, 14 ἀμφότεροι ᾤχοντο κατὰ τῶν πετρῶν φερόμενοι καὶ ἀπέθανον. Lys. 1, 9 κατὰ τῆς κλίμακος καταβαίνουσα. Daher das Homerische und auch von anderen gebrauchte κατ' ἄκρης (besonders von Städten) in Verbindung mit ὄλλυσθαι u. dgl., πόλιν αἱρεῖν von der gewaltsamen Einnahme der Städte, eigtl. von der obersten Spitze, von dem höchsten Teile der Stadt (den Burgen) an nach unten, d. h. gänzlich, *penitus*.[2]) N, 772 ὤλετο πᾶσα κατ' ἄκρης | Ἴλιος. O, 557 κατ' ἄκρης | Ἴλιον . . ἑλέειν. Vgl. X, 411. Ω, 728. Hdt. 6, 18 und 82. Th. 4, 112. Pl. leg. 909, b ὅλας οἰκίας καὶ πόλεις κατ' ἄκρας ἐξαιρεῖν. Vgl. Eur. Hel. 691. Auch auf Personen übertragen. Aesch. Ch. 691 κατ' ἄκρας . . πορθούμεθα. Ähnlich: κατὰ παντός, καθ' ὅλου st. πάντως, ὅλως. — b) zur Angabe der Richtung nach einem unten gelegenen Orte oder Gegenstande hin: nach unten hin, *sub*, *subter cum acc.*, als: Γ, 217 κατὰ χθονὸς ὄμματα πήξας, auf den unten liegenden Boden. Ψ, 100 ψυχὴ κατὰ χθονὸς ᾤχετο, unter die Erde hinab, *sub terram*. N, 504 αἰχμὴ . . κατὰ γαίης | ᾤχετ', in die Erde hinab. E, 696 κατὰ δ' ὀφθαλμῶν κέχυτ' ἀχλύς, herab auf die Augen. T, 39 Πατρόκλῳ . . ἀμβροσίην καὶ νέκταρ . . στάξε κατὰ ῥινῶν, dem (liegenden) P. in die Nasenlöcher hinab, hinein. (Aber δ, 445 ἀμβροσίην ὑπὸ ῥῖνα ἑκάστῳ θῆκε, unter die Nase.) ι, 330 ἥ (κόπρος) ῥα κατὰ σπείους κέχυτο „hineinwärts in die Tiefe der Höhle" Nitzsch. Hdt. 7, 6 ἀφανίζεσθαι κατὰ τῆς θαλάσσης. 235 καταδεδυκέναι κατὰ τῆς θαλάσσης. X. An. 7. 1, 30 εὔχομαι μυρίας ἐμέ γε κατὰ γῆς ὀργυιὰς γενέσθαι, unter die Erde versenkt sein. S. Ant. 24 (Ἐτεοκλέα) κατὰ χθονὸς ἔκρυψε. So bildlich von der Richtung auf ein tiefer liegendes Ziel hin, wie: τοξεύειν κατά τινος Luc. Pisc. 7, τύπτειν, πατάσσειν κατὰ κόρρης b. Spät., wie Lucian, auf den Backen.

1) Mehr Beispiele aus Homer b. Passow Lex., Ebeling Lex. Hom. u. Spitzner l. d. p. 20 sq. — 2) Vgl. Spitzner l. d. p. 21 sq.

Aber auch so, dass die Grundbedeutung minder deutlich hervortritt. S. El. 1433 βᾶτε κατ' ἀντιθύρων, geht in die Vorhalle. — c) selten steht κατά c. g. zur Angabe des ruhigen Befindens unter einem Orte. X. Cy. 4. 6, 5 οὔτε . . τιμῆς τινος ἠξίωσε τὸν κατὰ γῆς, den Begrabenen. S. OC. 1700 ὦ τὸν ἀεὶ κατὰ γᾶς σκότον εἱμένος. Eur. Heracl. 1033 ἀεὶ κείσομαι κατὰ χθονός. Hipp. 836 τὸ κατὰ γᾶς θέλω, τὸ κατὰ γᾶς κνέφας | μετοικεῖν, ubi v. Valcken. Die Grundbedeutung der Präposition tritt zurück in Wendungen wie Hdt. 1, 9 ἐπεὰν κατὰ νώτου αὐτῆς γένῃ, im Rücken. Th. 1, 62 κατὰ νώτου βοηθοῦντας ἐν μέσῳ ποιεῖν αὐτῶν τοὺς πολεμίους. 4, 32 κατὰ νώτου εἶναι. Vgl. 33. 36. S. Tr. 678 ψῇ κατ' ἄκρας σπιλάδος, dahin über die Fläche des Estrichs. — 2) temporal selten: über einen Zeitraum hinab, *per*. Lycurg. 7 κατὰ παντὸς τοῦ αἰῶνος ἀείμνηστον καταλείψει τοῖς ἐπιγιγνομένοις τὴν κρίσιν, ubi v. Maetzner. Dem. 22, 72 κατὰ παντὸς τοῦ χρόνου σκέψασθε. Ebenso 24, 180.[1]) — 3) kausal u. bildlich, *de*, als: λέγειν κατά τινος, über etw. reden. X. Cy. 1. 2, 16 ταῦτα μὲν δὴ κατὰ πάντων Περσῶν ἔχομεν λέγειν. Pl. Phaedr. 279, a ὃ μαντεύομαι κατ' αὐτοῦ (*de eo*), λέγειν ἐθέλω. Besonders wird in dieser Beziehung ein feindliches Verhältnis ausgedrückt: von oben herab auf, daher feindlich gegen, als: λέγειν, φάναι, εἰπεῖν κατά τινος Pl. ap. 37, b. X. ap. 25. Hell. 1. 5, 2, λόγος κατά τινος S. Ai. 302. X. ap. 13 ψεύδεσθαι κατὰ τοῦ θεοῦ. Lycurg. 140 τὴν κατὰ τῶν προδιδόντων τιμωρίαν, ubi v. Maetzner. Dem. 18, 274 ὀργὴ καὶ τιμωρία κατὰ τούτου. S. Ai. 304 ὅσην κατ' αὐτῶν ὕβριν ἐκτίσαιτ' ἰών. Ant. 145 καθ' αὑτοῖν δικρατεῖς λόγχας στήσαντε. Aber auch in entgegengesetzter Beziehung: Dem. 6, 9 ὃ καὶ μέγιστόν ἐστι καθ' ὑμῶν ἐγκώμιον. Vgl. 18, 215. Aeschin. 3, 50, ubi v. Bremi. Pl. Phaedr. 260, b. Ferner: σκοπεῖν τι κατά τινος. Pl. Phaed. 70, d μὴ κατ' ἀνθρώπων σκόπει μόνον τοῦτο, ἀλλὰ καὶ κατὰ ζῴων πάντων καὶ φυτῶν. Meno 73, c εἴπερ ἕν γέ τι ζητεῖς κατὰ πάντων *„generalem aliquam notionem sive genus, quod de omnibus valeat“* Stallb. 76, a κατὰ παντὸς σχήματος τοῦτο λέγω. So auch in den attischen Beteuerungs- u. Schwurformeln, als: ὀμόσαι κατά τινος u. dgl., indem der Schwörende die Hand herabsenkt auf das Opfertier, das er beim Schwure berührt. Th. 5, 47 ὀμνύντων τὸν ὅρκον κατὰ ἱερῶν τελείων, ubi v. Poppo-Stahl. Lys. 32, 13 οὐδ' οὕτω περὶ πολλοῦ ποιοῦμαι χρήματα, ὥστ' ἐπιορκήσασα κατὰ τῶν παίδων τῶν ἐμαυτῆς τὸν βίον [κατα]λιπεῖν, ubi v. Frohberger. Isae. 7, 16 ἐπιτιθέναι πίστιν κατὰ τῶν ἱερῶν, ubi v. Schoemann. 28 ὀμόσαντες καθ' ἱερῶν. Dem. 29, 26 ἡ μήτηρ κατ' ἐμοῦ καὶ τῆς ἀδελφῆς πίστιν ἠθέλησεν ἐπιθεῖναι. 21, 119 ὤμνυε κατ' ἐξωλείας μηδὲν εἰρηκέναι φλαῦρον.

---

[1]) Auch inschriftlich belegt: C. J. A. IV, b, 53, a, 37 μισθοῦν δὲ κατὰ εἴκοσι ἐτῶν, vgl. Meisterhans Gramm. d. att. Inschr. S. 178.

II. Mit dem *Akkusative* bildet κατά in räumlicher und zeitlicher Beziehung hinsichtlich des Anfangspunktes der Bewegung einer Handlung einen strengen Gegensatz zu ἀνά, stimmt aber darin mit ἀνά überein, dass es die Richtung auf einen Gegenstand u. das Erstrecken über einen Gegenstand bezeichnet. Der Gebrauch von ἀνά ist mehr poetisch (vgl. ἀνά Anm.), der von κατά aber ganz allgemein. [1])

1) räumlich: a) zur Angabe der Richtung einer Handlung nach einem tiefer liegenden Gegenstande oder über einen Gegenstand hinab, als: βάλλειν κατὰ γαστέρα u. dgl. bei Hom., s. Ebeling. Ζ, 136 δύσεθ' ἁλὸς κατὰ κῦμα, in die Woge hinab. Π, 349 τὸ δ' (αἷμα) ἀνὰ στόμα καὶ κατὰ ῥῖνας | πρῆσε, den Mund hinauf und die Nase hinab. So auch Ρ, 167 κατ' ὄσσε ἰδών, eigentl. in die Augen hinab, daher: fest ins Auge blicken. Ähnlich Ar. R. 626 ἵνα σοὶ κατ' ὀφθαλμοὺς λέγῃ, dir ins Gesicht hinein sage. X. Hier. 1, 14 οὐδεὶς ἐθέλει τυράννου κατ' ὀφθαλμοὺς κατηγορεῖν. Vom Laufe der Flüsse: κατὰ ῥόον, stromabwärts, κατὰ ποταμόν (s. ἀνά). ε, 327 τὴν δ' ἐφόρει μέγα κῦμα κατὰ ῥόον. Hdt. 2, 96 τὰ πλοῖα κατὰ ῥόον κομίζεται. 4, 44 ἔπλεον κατὰ ποταμόν. Allgemeiner: nach einem Orte, zu einer Person, in die Gegend von. X. Cy. 3. 3, 64 οἱ Πέρσαι κατὰ τὰς εἰσόδους ἐφεπόμενοι. 6. 3, 12 ἱππεῖς προσελαύνουσι κατ' αὐτοὺς ἡμᾶς. 7. 1, 15 ὡς παριὼν κατὰ Ἀβραδάταν ἐγένετο. An. 1. 10, 6 τοὺς ἐν τῇ μάχῃ κατὰ τοὺς Ἕλληνας αὐτομολήσαντας. Hdt. 3, 86 ὡς κατὰ τοῦτο τὸ χωρίον ἐγίνοντο. 6, 19 ἐπεὰν κατὰ τοῦτο γένωμαι τοῦ λόγου. Zuweilen dem Sinne von durch nahekommend, doch unbestimmter. Th. 4, 48 οἱ Κερκυραῖοι κατὰ τὰς θύρας οὐδ' αὐτοὶ διενοοῦντο βιάζεσθαι. 67 αὐτὸ (τὸ ἀκάτιον) ἐς τὸ τεῖχος κατὰ τὰς πύλας ἐσῆγον, *per*. — b) zur Angabe eines Erstreckens von oben nach unten hin: hindurch, durch hin, über hin, auch allgemeiner: in der Gegend von. Hdt. 3, 109 αἱ ἔχιδναι κατὰ πᾶσαν τὴν γῆν εἰσι. 6, 39 Μιλτιάδης ἀπικόμενος ἐς τὴν Χερσόνησον εἶχε κατ' οἴκους, *domi se continebat*. Lycurg. 1 τοῖς ἥρωσι τοῖς κατὰ τὴν πόλιν καὶ τὴν χώραν ἱδρυμένοις, ubi v. Maetzner. 25 τοῖς νομίμοις τοῖς κατὰ τὴν Μεγαρέων πόλιν εἰθισμένοις. 40 ἰδεῖν ἦν καθ' ὅλην τὴν πόλιν. 84 Πελοποννησίοις γενομένης ἀφορίας κατὰ τὴν χώραν αὐτῶν. Th. 3, 7 ταῖς ναυσὶ κατὰ τὸν Ἀχελῷον ἔπλευσε, *in Acheloo*. 4, 14 κατέμενον κατὰ χώραν. 4, 67 τοὺς κατὰ τὰς πύλας φύλακας κτείνουσι, am Thore. Hdt. 1, 76 ἡ Πτερίη κατὰ Σινώπην πόλιν μάλιστά κῃ κειμένη, in der Nähe von, vgl. 80. 2, 75. 4, 55 u. s. X. An. 7. 2, 1 εἰς κώμας τῶν Θρᾳκῶν προελθόντες τὰς κατὰ Βυζάντιον, bei B. Κατὰ γῆν, κατὰ θάλασσαν πορεύεσθαι, vgl. X. An. 5. 6, 5; Ι, 302 τειρομένους ἐλέαιρε κατὰ στρατόν. Κατὰ νῆας, κατὰ πόλιν, κατὰ ἄστυ Hom., wie: ἀνὰ στρατόν, ἀνὰ νῆας, ἀνὰ ἄστυ, in beiden Fällen wird das Er-

1) Vgl. Spitzner Dissert. d. p. 28.

strecken, aber mit Verschiedenheit des Anfangspunktes ausgedrückt, so: κατὰ φρένα καὶ κατὰ θυμόν u. ἀνὰ θυμόν Hom., jedoch ist der Gebrauch von κατά, da der Anfangspunkt oft gleichgültig ist, ungleich häufiger. Bei den Historikern ist κατά *c. acc.* oft dem Zusammenhange nach mit gegenüber zu übersetzen; doch ist der griech. Ausdruck unbestimmter, insofern er an sich nichts weiter besagt, als: in der Gegend von. Th. 1, 46 προσέμιξαν τῇ κατὰ Κέρκυραν ἠπείρῳ. Vgl. 2, 30. 4, 43. 53. Hdt. 9, 31 κατὰ Λακεδαιμονίους ἔστησε Πέρσας. X. An. 1. 8, 21 ὁρῶν τοὺς Ἕλληνας νικῶντας τὸ καθ' αὐτούς. Vgl. 1. 10, 4. 2. 3, 19 u. s. S. Ant. 760 κατ' ὄμματα. — 2) temporal zur Angabe der Erstreckung in der Zeit: zur Zeit, um (nachhom.). Hdt. 1, 67 κατὰ μὲν τὸν πρότερον πόλεμον συνεχέως αἰεὶ κακῶς ἀέθλεον, κατὰ δὲ τὸν κατὰ Κροῖσον χρόνον . . οἱ Σπαρτιῆται κατυπέρτεροι ἐγεγόνεσαν. 2, 134 κατὰ Ἄμασιν βασιλεύοντα, ἀλλ' οὐ κατὰ τοῦτον. 3, 120 κατὰ τὴν Καμβύσεω νοῦσον ἐγίνετο τάδε. X. Cy. 3. 3, 25 κατὰ φῶς, *interdiu*. R. L. 10, 8 ὁ Λυκοῦργος κατὰ τοὺς Ἡρακλείδας λέγεται γενέσθαι, *Heraclidarum aetute*. Th. 1, 139 Περικλῆς, ἀνὴρ κατ' ἐκεῖνον τὸν χρόνον πρῶτος Ἀθηναίων. Vgl. 107. 2, 84 κατὰ τὸν καιρὸν τοῦτον. 3, 7. Isocr. 4, 57. Dem. 18, 95 τῶν καθ' ὑμᾶς (*vestra aetate*) πεπραγμένων καλῶν. So: κατ' ἀρχάς, *initio*, Hdt. 3, 153, τὸ κατ' ἀρχάς Dem. 1, 12. Οἱ κατά τινα, die Zeitgenossen jemandes. X. Comm. 3. 5, 10 τῶν καθ' ἑαυτοὺς ἀνθρώπων ἀριστεύσαντες, ihre Zeitg. Vgl. Th. 1, 138 extr. Dem. 6, 20 κατ' ἐκείνους τοὺς χρόνους, ὅτε κτλ. — 3) kausal: a) zur Angabe des Zwecks (wie auch μετά u. ἐπί *c. acc.*, doch bei den Epikern und meist auch bei anderen Schriftstellern mit dem Unterschiede, dass diese die Absicht des Holens und Empfangens bezeichnen, während κατά bloss den Zweck ohne jenen Nebenbegriff ausdrückt [1]). γ, 72 ἦ τι κατὰ πρῆξιν . . ἀλάλησθε; wegen eines Geschäfts (in Geschäften). 106 πλαζόμενοι κατὰ ληΐδ', auf Beute. λ, 479 ἦλθον Τειρεσίαο κατὰ χρέος = ψυχῇ χρησόμενος Τειρεσίαο 165. (Aber φ, 17 ἦλθε μετὰ χρεῖος, um die Schuld einzufordern.) Hdt. 2, 44 κατ' Εὐρώπης ζήτησιν ἐκπλώσαντες („auf der Suche"). 152 κατὰ ληΐην ἐκπλώσαντας. 9, 73 κατὰ Ἑλένης κομιδὴν Τυνδαρίδαι ἐσέβαλον, wo der Begriff des Holens nicht in κατὰ *c. a.*, sondern in dem Worte selbst liegt. Th. 6, 31 κατὰ θέαν ἥκειν, *spectatum venisse*, vgl. 5, 7. X. An. 3. 5, 2 τῶν Ἑλλήνων ἐσκεδασμένων ἐν τῷ πεδίῳ καθ' ἁρπαγήν, auf Raub. Lycurg. 58 κατ' ἐμπορίαν (in Handelsgeschäften) ἀπεδήμει. Isocr. 17, 4 ἐξέπεμψεν ἅμα κατ' ἐμπορίαν καὶ κατὰ θεωρίαν. Κατὰ τί; wozu? warum? — b) zur Angabe der Gemässheit, die als ein Entlang gedacht wird, so dass das Subjekt einem Gegenstande folgt od. nachgeht (*secun-*

---

[1]) S. Spitzner l. d. p. 34. Vgl. Nitzsch z. Odyss. IX. S. 49 f. Maetzner ad Lycurg. 55 p. 178.

dum). So schon bei Hom.: κατ' αἶσαν, κατὰ μοῖραν, κατὰ κόσμον, nach Gebühr. Hdt. 1, 61 κατὰ τὴν ὁμολογίην. ibid. κατὰ νόμον. 35 κατὰ νόμους τοὺς ἐπιχωρίους. 134 κατὰ λόγον, *ad rationem, pro ratione*. 2, 26 κατὰ γνώμην τὴν ἐμήν. Dem. 8, 2 οὓς κατὰ τοὺς νόμους ἐφ' ὑμῖν ἐστι κολάζειν. Pl. Phaedr. 227, b κατὰ Πίνδαρον, nach Pindar (wie P. sagt). Καθό (st. καθ' ὅ) od. καθότι (καθ' ὅ τι), wonach, wiefern, καθά od. καθάπερ (καθ' ἅπερ), sowie, *prout*. Daher überhaupt zur Angabe einer **Rücksicht**, als: Hdt. 2, 3 κατὰ τὴν τροφὴν τῶν παιδίων τοσαῦτα ἔλεγον. 1, 71 κατὰ τὸν κρητῆρα οὕτω ἔσχε. 1, 124 κατὰ μὲν τὴν τούτου προθυμίην τέθνηκας, τὸ δὲ κατὰ θεούς τε καὶ ἐμὲ περίεις, was . . betrifft. 7, 158 τὸ κατ' ὑμέας τάδε ἅπαντα ὑπὸ βαρβάροισι νέμεται, soweit es euch anlangt, *„per vos si stetisset, omnia haec in barbarorum potestate forent“* **Schweigh.** Lycurg. 97 (ὑμᾶς δεῖ) τοῦτον κολάζειν τὸν ἅπασι τοῖς μεγίστοις ἀδικήμασιν ἔνοχον ὄντα κατὰ τὸ ἑαυτοῦ μέρος. Ähnlich 17 (τῶν τειχῶν) τὴν φυλακὴν ἔρημον τὸ καθ' αὑτὸν μέρος κατέλειπεν. Vgl. **Maetzner** ad § 26. S. Tr. 379 ἦ κάρτα λαμπρὰ καὶ κατ' ὄμμα καὶ φύσιν. OR. 1087 κατὰ γνώμαν ἴδρις. Κατά τι, in irgend einer Rücksicht, *quodammodo* Pl. Gorg. 527, b. κατ' οὐδέν Polit. 302, b. κατὰ πάντα, in jeder Hinsicht. Daher auch = *propter, per*. Th. 1, 60 κατὰ φιλίαν αὐτοῦ οἱ πλεῖστοι ἐκ Κορίνθου στρατιῶται ἐθελονταὶ ξυνέσποντο, entsprechend der Freundschaft, *propter*. 4, 1 κατὰ ἔχθος τὸ Ῥηγίνων, aus Feindschaft gegen die Rh. So oft b. Hdt. κατὰ τοῦτο, *hoc respectu, propterea*. Ebenso zur Angabe eines **Verhältnisses**, als: κατὰ φύσιν, *secundum naturam*, κατὰ δύναμιν, nach Kräften (der Kraft entsprechend). Th. 1, 53 οὐ περιοψόμεθα κατὰ τὸ δυνατόν. Daher auch bei **Vergleichungen**. Hdt. 1, 98 τὸ δ' αὐτῶν μέγιστόν ἐστι τεῖχος κατὰ τὸν Ἀθηνέων κύκλον μάλιστά κῃ τὸ μέγαθος, entspricht etwa der Ringmauer Athens. 2, 10 ἄλλοι ποταμοὶ οὐ κατὰ τὸν Νεῖλον ἐόντες μεγέθεα, dem Nil nicht vergleichbar. Th. 2, 62 οὐ κατὰ τὴν τῶν οἰκιῶν καὶ τῆς γῆς χρείαν αὕτη ἡ δύναμις φαίνεται, *haec potentia non est conferenda cum domiciliorum et terrae usu*, wo wir sagen würden: *dom. et terrae usus non est conferendus cum hac tanta potentia*. Pl. Phaedr. 279, a δοκεῖ μοι ἀμείνων (Ἰσοκράτης) ἢ κατὰ τοὺς περὶ Λυσίαν εἶναι λόγους τὰ τῆς φύσεως, in Beziehung auf seine natürlichen Anlagen scheint mir Isokr. besser zu sein, als dass er mit L. verglichen werden könne. Vgl. Symp. 211, d. Ähnlich Hdt. 1, 121 ἐλθὼν ἐκεῖ πατέρα τε καὶ μητέρα εὑρήσεις οὐ κατὰ Μιτραδάτην τε τὸν βουκόλον καὶ τὴν γυναῖκα αὐτοῦ (ubi v. **Baehr**), die nicht zu vergleichen sind mit, die weit besser sind als. Ferner: S. Ai. 777 οὐ κατ' ἄνθρωπον φρονῶν, nicht menschengemäss, vgl. Ant. 768. Pl. Symp. 199, b τά γε ἀληθῆ ἐθέλω εἰπεῖν κατ' ἐμαυτόν, *meo more*. — c) zur Angabe eines **ungefähren Masses**, einer Annäherung an eine Zahl. Hdt. 2, 145 κατὰ ἑξακόσια ἔτεα καὶ χίλια μάλιστα, höchstens etwa. 6, 117 ἀπέθανον τῶν βαρβάρων κατὰ ἑξακισχιλίους καὶ τετρακοσίους. So: κατὰ μικρόν, allmählich, κατ' ὀλίγον, κατὰ πολύ, πολλά, bei weitem. — d) zur Angabe der Art und Weise. X. An. 6. 6, 30 κατὰ πάντα τρόπον, auf jede Weise. Cy. 8. 2, 5 κατὰ τὸν αὐτὸν τρόπον. Pl. Phil. 20, a εἴ πῃ καθ' ἕτερόν τινα τρόπον οἷός τ' εἶ δηλῶσαι, s. Heindorf ad Pl. Soph. 250, a. Hdt. 1, 9 κατ' ἡσυχίην πολλήν, in aller Ruhe. 124 κατὰ τάχος. 9, 21 κατὰ συντυχίην, *casu*. 1, 96 κατὰ τὸ ὀρθόν, *recte*, vgl. 7, 143. 9, 2 κατὰ τὸ ἰσχυρόν, *per vim*. 1, 212 κατὰ τὸ καρτερόν, vgl. 3, 65. Pl. Symp. 217, c. X. An. 1. 8, 19 κατὰ κράτος, vgl. Hell. 2. 1, 19 (so ἀνὰ κράτος s. S. 474). Th. 2, 94 κατὰ σπουδὴν καὶ πολλῷ θορύβῳ ἐσβῆναι, gleich darauf κατὰ τάχος πλεῖν. 4, 3 κατὰ τύχην, zufällig. 1, 32 αὐτοὶ κατὰ μόνας ἀπεωσάμεθα Κορινθίους = *seorsum*, vgl. 37. X. Comm. 3. 7, 4 οἱ κατὰ μόνας ἄριστα κιθαρίζοντες, s. das. Kühners Bmrk. Dem. 8, 12 συμβαίνει τῷ μὲν (Φιλίππῳ), ἐφ' ἃ ἂν ἔλθῃ, ταῦτ' ἔχειν κατὰ πολλὴν ἡσυχίαν. 34 χαρίζεσθαι καθ' ὑπερβολήν, übermässig. Endlich zur Angabe einer distributiven Bestimmung, schon Hom. B, 362 κατὰ φῦλα, κατὰ φρήτρας. Hdt. 6, 79 ἄποινά ἐστι δύο μνέαι κατ' ἄνδρα, *viritim*. X. An. 1. 2, 16 τεταγμένοι κατ' ἴλας καὶ κατὰ τάξεις, *turmatim* (de equitibus) et *centuriatim* (de peditibus). Κατὰ ἔθνη, völkerweise, κατὰ κώμας, *vicatim*, κατὰ μῆνα, Monat für Monat, *singulis mensibus*, καθ' ἡμέραν, κατὰ μέρος, der Reihe nach, abwechselnd Dem. 2, 31 πάντας ἐξιέναι κατὰ μέρος. ἓν καθ' ἕν, eines nach dem anderen, d. h. einzeln, καθ' ἑπτά, *septeni*, καθ' ἕνα, *singuli*, einzeln X. An. 4. 7, 8, καθ' ἕνα ἕκαστον, einer nach dem andern Lys. 8, 19; Th. 2, 84 κατὰ μίαν ναῦν τεταγμένοι. (Καθ' ἕνα kann aber auch heissen: *in unum, communiter*. X. R. L. 4, 5 καθ' ἕνα ἀρήξουσι τῇ πόλει „*ut sint pro uno*“ Sauppe. Hell. 5. 2, 16 ὅπως μὴ καθ' ἓν εἴη, vgl. 3. 4, 27. Pl. leg. 708, d τὸ συμπνεῦσαι καὶ καθάπερ ἵππων ζεῦγος καθ' ἕνα εἰς ταὐτὸν ξυμφυσῆσαι. 739, d ἐπαινεῖν καὶ ψέγειν καθ' ἓν ὅ τι μάλιστα ξύμπαντας. Dionys. Hal. 8, 486 ἵνα μὴ καθ' ἕνα πάντες γενόμενοι κοινὸν ἐξενέγκητε κατ' αὐτῶν πόλεμον = *conjunctis viribus*. S. Viger. p. 634 sq.) Ferner: καθ' ἑαυτόν, *per se*, für sich allein. A, 271 μαχόμην κατ' ἔμ' αὐτὸν ἐγώ. Vgl. B, 366. Th. 1, 79 κατὰ σφᾶς αὐτοὺς ἐβουλεύοντο. Ar. V. 786 κατ' ἐμαυτὸν κοὐ μεθ' ἑτέρου λήψομαι.

§ 434. b. Διά, durch.

Διά (διαί § 325, 8) hat die Grundbedeutung: zwischen, zwischen durch [von gleichem Stamme mit δίς, δύο, vgl. sk. *dvâu*, zwei, *dvis*, zweimal, l. *bis* st. dvis, got. *tvai*, jetzt *zwi*-schen [1])].

---

[1]) S. Curtius Et. S. 215. Vgl. Eggers l. d. p. 9.

I. Mit dem *Genetive.* — 1) räumlich: a) zur Angabe einer durch einen Raum oder Gegenstand sich erstreckenden und aus demselben wieder heraus- oder hervortretenden Bewegung: durch u. wieder heraus, hervor. (Diese Verbindung drückt Homer noch anschaulicher durch die Verbindung der Präp. διά mit ἐκ od. πρό aus, als: ρ, 460 διὲκ μεγάροιο ἀναχωρεῖν, durch den Saal hindurch u. auf der anderen Seite wieder heraus. σ, 386 διὲκ προθύροιο θύραζε φεύγειν. Ξ, 494 δόρυ δ' ὀφθαλμοῖο διαπρὸ . . ἦλθεν. Vgl. § 444.) B, 458 αἴγλη . . δι' αἰθέρος οὐρανὸν ἷκεν. Δ, 481 ἀντικρὺς δὲ δι' ὤμου χάλκεον ἔγχος | ἦλθεν, durch die Schulter heraus. Γ, 263 πεδίονδ' ἔχον ὠκέας ἵππους διὰ Σκαιῶν, durch das Skaiische Thor heraus. P, 281 ἴθυσεν δὲ διὰ προμάχων. 293 ἐπαΐξας δι' ὁμίλου. 294 πλῆξε . . κυνέης διὰ χαλκοπαρῄου. Hdt. 7. 8, 2 μέλλω ἐλᾶν στρατὸν διὰ τῆς Εὐρώπης ἐπὶ τὴν Ἑλλάδα. Noch deutlicher 7. 8, 3 διὰ πάσης διεξελθὼν τῆς Εὐρώπης. 105 ἐξήλαυνε τὸν στρατὸν διὰ τῆς Θρηΐκης ἐπὶ τὴν Ἑλλάδα. 3, 145 διακύψας διὰ τῆς γοργύρης, durch das Gefängnis heraus gucken. So διὰ τέλους, *ab initio usque ad finem.* Lycurg. 16 δέομαι ὑμῶν ἀκοῦσαί μου τῆς κατηγορίας διὰ τέλους, ubi v. Maetzner. Isocr. 8, 17. X. Cy. 7. 5, 75. An. 6. 6, 11. — b) zur Angabe eines räumlichen Erstreckens: zwischen durch, durch hin, aber ohne die unter a) angegebene Nebenbeziehung des Wiederhervortretens (meist poetisch). ι, 298 (Κύκλωψ) κεῖτ' ἔντοσθ' ἄντροιο τανυσσάμενος διὰ μήλων, sich ausstreckend zwischen durch die Schafe, vgl. Nitzsch. Λ, 754 ἑπόμεσθα διὰ . . πεδίοιο, *per campum.* μ, 335 διὰ νήσου ἰών. Vgl. E, 503. Z, 226. I, 468. K, 185. κ, 391. μ, 206. 420. ρ, 26. X. Hier. 2, 8 διὰ πολεμίας πορεύεσθαι. Th. 1, 63 παρῆλθε παρὰ τὴν χηλὴν διὰ τῆς θαλάσσης, durch das (zur Zeit der Ebbe) seichte Meer. Selten v. d. Erstrecken am Rande eines Ortes. Hdt. 4, 39 τὸ ἀπὸ Φοινίκης παρήκει διὰ τῆσδε τῆς θαλάσσης ἡ ἀκτὴ αὕτη παρά τε Συρίην . . καὶ Αἴγυπτον, von Ph. aus erstreckt sich diese Küste längs des Meeres. X. Hell. 7. 4, 22 (λόφον) δι' οὗ τὸ ἔξω σταύρωμα περιεβέβληντο οἱ Ἀρκάδες, an dem, um den. Bildlich in den Redensarten: Pl. Prot. 323, a (τὴν πολιτικὴν ἀρετὴν) δεῖ διὰ δικαιοσύνης ἰέναι καὶ σωφροσύνης, auf dem Wege der Gerechtigkeit u. B. gehen, d. h. gerecht u. b. sein; διὰ μάχης ἰέναι τινί Th. 2, 11. 4, 92; διὰ φόβου ἔρχεσθαι Eur. Or. 757 fürchten. Th. 3, 45 διεξεληλύθασί γε διὰ πασῶν τῶν ζημιῶν οἱ ἄνθρωποι „haben alle Arten von Strafen versucht,“ vgl. Bloomf. X. Cy. 1. 2, 15 οἱ γεραίτεροι διὰ πάντων τῶν καλῶν ἐληλυθότες. Vgl. Comm. 4. 6, 15. Διὰ φιλίας, διὰ πολέμου ἰέναι τινί X. An. 3. 2, 8 einem befreundet sein u. s. w. S. Ant. 742 διὰ δίκης ἰὼν πατρί (vgl. unser „den Rechtsweg beschreiten“). Ursprünglich räumliche Auffassung liegt ferner vor in Redensarten wie: διὰ χειρός, διὰ χειρῶν ἔχειν τι, entweder eigtl. *in manu tenere,* wie S. Ant. 1258 μνῆμ' ἐπίσημον διὰ χειρὸς ἔχων (vgl. 1297 ἔχω . . ἐν χείρεσσιν . .

πάντων) oder in potestate habere, so oft b. Spät. s. Poppo ad Th. P. 3. Vol. 2. p. 55, oder fest in der Hand behalten, handhaben, leiten. Th. 2, 13 τὰ τῶν ξυμμάχων διὰ χειρὸς ἔχειν, häufiger b. d. Späteren, als: διὰ χειρῶν (χειρὸς) ἔχειν τὴν πολιτείαν, τὴν πόλιν, τὰ πράγματα, τὰς [illegible], s. Bloomf. ad Th. l. d. X. Cy. 1. 4, 25 πάντες τὸν Κῦρον διὰ στόματος εἶχον καὶ ἐν λόγῳ καὶ ἐν ᾠδαῖς im Munde führen. — c) zur Angabe des Zwischenraumes: in einem Abstande von. Hdt. 7, 30 διὰ σταδίων ὡς πέντε μάλιστά κῃ ἀναφαινόμενος ἐκδιδοῖ καὶ οὗτος ἐς τὸν Μαίανδρον, in einer Entfernung von etwa 5 Stadien. So oft: διὰ πολλοῦ, δι' ὀλίγου, δι' ἐλάσσονος, διὰ τοσούτου, in grosser, geringer Entfernung. s. Passows Lex. u. Poppo-Stahl ad Th. 2, 29. Auch von einer nach gewissen Zwischenräumen stattfindenden Wiederholung: Hdt. 1, 179 διὰ τριήκοντα δόμων πλίνθου ταρσοὺς καλάμου διαστοιβάζοντες, nach jeder dreissigsten Lage von Backsteinen Flechten von Rohr dazwischen stopfend. Th. 3, 21 διὰ δέκα ἐπάλξεων πύργοι ἦσαν, interjectis denis pinnis. s. Poppo-Stahl; häufiger so v. d. Zeit, s. Nr. 2). — 2) temporal: a) zur Bezeichnung des zeitlichen Erstreckens: hindurch, per (nachhomerisch). Th. 2, 4 διὰ νυκτός, die Nacht hindurch, vgl. X. An. 4. 6, 22, δι' ἐνιαυτοῦ, das ganze Jahr hindurch, διὰ παντὸς τοῦ χρόνου Hdt. 9, 13, διὰ παντός, immer fort Th. 1, 38 u. oft. Pl. Symp. 183, e ὁ ἐραστὴς διὰ βίου μένει, lebenslänglich. Phaedr. 256, d φίλω τούτω . . ἀλλήλοιν διά τε τοῦ ἔρωτος καὶ ἔξω γενομένω διάγουσι, die Zeit der Liebe hindurch und wenn sie darüber hinaus sind, s. Stallb. — b) vom temporalen Zwischenraume: in einem Zeitabstande von, daher nach, *post*: διὰ χρόνου, *interjecto tempore*, oft: nach langer Zeit, wie Th. 2, 94. Pl. Hipp. maj. 281, a, ubi v. Stallb.; διὰ πολλοῦ, μακροῦ, ὀλίγου χρόνου, auch δι' ὀλίγου, πολλοῦ ohne χρόνου. Hdt. 6, 118 ἀλλά μιν (τὸν ἀνδριάντα) δι' ἐτέων εἴκοσι Θηβαῖοι αὐτοὶ ἐκ θεοπροπίου ἐκομίσαντο ἐπὶ Δήλιον, *post viginti annos*. So auch von einer nach bestimmten Zeitabschnitten wiederkehrenden Handlung, als: διὰ πέμπτου ἔτους, διὰ πέντε ἐτῶν, *quinto quoque anno*, διὰ τρίτης ἡμέρας Hdt. 2, 37 *tertio quoque die*, einen Tag um den andern. 2, 4 διὰ τρίτου ἔτεος, ein Jahr ums andere. Pl. Leg. 834, e διὰ πέμπτων ἐτῶν. — 3) kausal u. bildlich: a) zur Angabe des Ursprungs selten: X. Cy. 7. 2, 24 Κῦρος πρῶτον μὲν ἐκ θεῶν γεγονώς, ἔπειτα δὲ διὰ βασιλέων πεφυκώς, aus einer fortlaufenden Reihe von Königen stammend. — b) zur Angabe eines Zustandes (einer Eigenschaft od. Gesinnung) in den Redensarten mit εἶναι und γίγνεσθαι, sowie mit ἔχειν, als: δι' ὄχλου εἶναί τινι Th. 1, 73 *molestum esse*, διὰ φόβου εἶναι Th. 6, 34. X. Hier. 9, 1 ἐπιμέλειαί μοι δοκοῦσιν αἱ μὲν πάνυ πρὸς ἔχθραν ἄγειν, αἱ δὲ πάνυ διὰ χαρίτων εἶναι, angenehm sein, δι' ἔχθρας γίγνεσθαί τινι, δι' ἔριδος, ὀργῆς, ἀσφαλείας εἶναι od. γίγνεσθαι, feindlich, zornig, sicher sein od. werden; Th. 2, 22 τὴν πόλιν δι' ἡσυχίας εἶχεν, hielt in Ruhe. 2, 60 δι' αἰτίας ἔχειν τινά = αἰτιᾶσθαι. Eur. Hec. 851 δι' οἴκτου ἔχειν = οἰκτίρειν, so δι' οἴκτου τὰς ἐμὰς λαβεῖν τύχας Suppl. 194. δι' ὀργῆς ἔχειν τινά Th. 2, 64 = ὀργίζεσθαι. — c) zur Angabe des **Mittels** oder der **Vermittelung**: *per*, **durch, vermittelst, durch Vermittelung**, sowohl von Personen als Sachen (nachhom.). Hdt. 1, 69 Κροῖσος ταῦτα δι' ἀγγέλων ἐπεκηρυκεύετο. Th. 2, 2 ἔπραξαν ταῦτα δι' Εὐρυμάχου. X. An. 2. 3, 17 ἔλεγε Τισσαφέρνης δι' ἑρμηνέως τοιάδε. So oft δι' ἑαυτοῦ, *per se*. X. Cy. 1. 1, 4 (βασιλέων ἀρχὰς) δι' ἑαυτῶν κτησαμένων. 8. 1, 43. Dem. 48, 15. X. Cy. 1. 6, 2 γιγνώσκων διὰ τῆς μαντικῆς τὰ παρὰ τῶν θεῶν συμβουλευόμενα. Pl. Theaet. 184, c σκόπει, ἀπόκρισις ποτέρα ὀρθοτέρα, ᾧ ὁρῶμεν, τοῦτο εἶναι ὀφθαλμούς, ἢ δι' οὗ ὁρῶμεν, καὶ ᾧ ἀκούομεν, ὦτα, ἢ δι' οὗ ἀκούομεν. (Augen u. Ohren sind Vermittler der sinnlichen Wahrnehmung), vgl. X. Comm. 1. 4, 5 (ὀφθαλμοὺς καὶ ὦτα) δι' ὧν αἰσθάνονται ἕκαστα. Lycurg. 60 τελευτήσαντι (ἀνθρώπῳ) συναναιρεῖται πάντα, δι' ὧν ἄν τις εὐδαιμονήσειεν, ubi cf. Maetzner. X. Comm. 1. 4, 5 τὰ διὰ στόματος ἡδέα. 1. 5, 6 αἱ διὰ τοῦ σώματος ἡδοναί. — d) zur Angabe des **Stoffes**, aber erst b. Spät. Diod. 17, 115 κατεσκεύαζεν εἴδωλα δι' ἐλέφαντος καὶ χρυσοῦ. — e) der **Art und Weise**, als: διὰ σπουδῆς, διὰ τάχους Th. 2, 18. 4, 25. 1, 80 διὰ ταχέων ἐλθεῖν, *celeriter*. 4, 8. X. An. 1. 5, 9. Pl. apol. 32, d. Phil. 58, b πάντα ὑφ' αὑτῇ δοῦλα δι' ἑκόντων (*sua sponte*), ἀλλ' οὐ διὰ βίας ποιοῖτο. Menex. 238, b διὰ βραχέων ἐπιμνησθῆναι, *breviter*. Symp. 176, e διὰ μέθης ποιήσασθαι τὴν συνουσίαν. ib. διὰ λόγων ἀλλήλοις ξυνεῖναι, sich unterhalten. Lycurg. 85 δι' ἀπορρήτων ἐξήγγελλε, *clam*, s. Maetzner. — f) des **Wertes**, als: S. OC. 584 τὰ ἐν μέσῳ .. δι' οὐδενὸς ποιῇ, achtest für nichts; des **Vorzugs** od. der **Vergleichung**, als: M, 104 ὁ δ' ἔπρεπε καὶ διὰ πάντων (vor allen hindurch). Mit Homerischer Nachahmung Hdt. 1, 25 θέης ἄξιον διὰ πάντων τῶν ἀναθημάτων, ubi v. Baehr. 7, 83 κόσμον δὲ πλεῖστον παρείχοντο διὰ πάντων Πέρσαι, *praecipuo cultu inter omnes eminebant*. Dio Cass. 37, 20 ὃ θαυμάσαι διὰ πάντων ἄξιόν ἐστι, τοῦτο νῦν ἤδη φράσω.

II. Mit dem *Akkusative*. — 1) **räumlich** zur Angabe der **Erstreckung** od. **Ausdehnung durch** einen Raum od. Gegenstand **hindurch** (bei Hom., Hesiod, Pindar, den Tragikern in den Chorgesängen, jedoch nicht häufig, in der Prosa aber gar nicht). A, 600 ὡς ἴδον Ἥφαιστον διὰ δώματα ποιπνύοντα. Λ, 118 ἤιξε διὰ δρυμὰ πυκνὰ καὶ ὕλην | σπεύδουσα. Aesch. Suppl. 15 φεύγειν διὰ κῦμ' ἅλιον. Hs. th. 631 (μάρναντο) διὰ κρατερὰς ὑσμίνας. Pind. J. 3, 59 διὰ πόντον βέβακεν. S. OR. 867 (νόμοι) οὐρανίαν δι' αἰθέρα τεκνωθέντες, Schol. ἀντὶ τοῦ ἐν οὐρανῷ τεχθέντες. Eur. Hipp. 753 διὰ πόντιον κῦμ' ἁλίκτυπον ἐπόρευσας ἐμὰν ἄνασσαν. K, 375 ἄραβος δὲ διὰ στόμα γίγνετ' ὀδόντων. Ξ, 91 μῦθον, ὃν οὔ κεν ἀνήρ γε διὰ στόμα πάμπαν ἄγοιτο. Ar. L. 855 ἀεὶ γὰρ ἡ γυνή σ' ἔχει διὰ στόμα. (Vgl. διὰ στόματος ἔχειν S. 482.) Die räumliche Anschauung liegt auch der homerischen Wendung διὰ νύκτα zu grunde: B, 57 ἦλθεν ὄνειρος | ἀμβροσίην διὰ νύκτα, durch das Dunkel der Nacht dahin. Vgl. Θ, 510. Hs. th. 481. 788. — 2) **kausal**: a) zur Angabe des **Grundes**: **wegen**. X. An. 1. 7, 6 ἔστι μὲν ἡμῖν ἡ ἀρχὴ ἡ πατρῴα πρὸς μὲν μεσημβρίαν, μέχρι οὗ διὰ καῦμα οὐ δύνανται οἰκεῖν ἄνθρωποι, πρὸς δὲ ἄρκτον μέχρι οὗ διὰ χειμῶνα. 4. 5, 15 διὰ τὰς τοιαύτας ἀνάγκας ὑπελείποντό τινες τῶν στρατιωτῶν. Pl. Menex. 247, b οὐκ ἔστιν αἴσχιον οὐδὲν ἢ παρέχειν ἑαυτὸν τιμώμενον μὴ δι' ἑαυτόν, ἀλλὰ διὰ δόξαν προγόνων. Lys. 218, e οὐκοῦν (ὁ κάμνων) διὰ νόσον ἕνεκα ὑγιείας τοῦ ἰατροῦ φίλος; wo durch διά *c. acc.* der Grund, durch ἕνεκα *c. g.* der Zweck angegeben wird, wie kurz vorher: πότερον οὐδενὸς ἕνεκα καὶ δι' οὐδέν, ἢ ἕνεκά του καὶ διά τι; διὰ τοῦτο, ταῦτα, δι' ὅ od. διό, weshalb, διότι, weil (st. διὰ τοῦτο ὅτι). — b) der **Veranlassung, Vermittelung: durch, durch die Schuld oder das Verdienst** jemds., **vermittelst, infolge,** *propter*, von Sachen sowohl als von Personen (s. die Anm.). τ, 523 ὅν ποτε χαλκῷ | κτεῖνε δι' ἀφραδίας, *imprudens*. ψ, 67 δι' ἀτασθαλίας ἔπαθον κακόν. Ο, 41 δι' ἐμὴν ἰότητα Ποσειδάων . . πημαίνει Τρῶας, auf meine Veranlassung. Θ, 82 κυλίνδετο πήματος ἀρχὴ | Τρωσί τε καὶ Δαναοῖς Διὸς μεγάλου διὰ βουλάς, vermöge, nach. ν, 121 (κτήματα) Φαίηκες . . ὤπασαν οἴκαδ' ἰόντι διὰ μεγάθυμον Ἀθήνην, auf Antrieb. Α, 72 νήεσσ' ἡγήσατ' . . ἣν διὰ μαντοσύνην, ubi v. **Naegelsbach**, vermittelst. Θ, 520 νικῆσαι διὰ μεγάθυμον Ἀθήνην, mit Hilfe. Hes. th. 962 ἡ δέ νό οἱ Μήδειαν . . γείνατ' ὑποδμηθεῖσα διὰ χρυσέην Ἀφροδίτην. Pind. J. 4, 11 κρίνεται δ' ἀλκὰ διὰ δαίμονας ἀνδρῶν. P. 2, 20 διὰ τεὰν δύναμιν δρακεῖσ' ἀσφαλές. Lycurg. 82 ὑμᾶς περιορᾶν τὴν εὔκλειαν ταύτην διὰ τὴν τῶν τοιούτων ἀνδρῶν πονηρίαν καταλυομένην, ubi v. **Maetzner**. Isocr. 4, 91 δι' ἀρετήν, ἀλλ' οὐ διὰ τύχην ἐνίκησαν (οἱ Ἀθηναῖοι ἐν Μαραθῶνι). 8, 12 διὰ μὲν τοὺς παραινοῦντας ἀντέχεσθαι τῆς εἰρήνης οὐδὲν πώποτε κακὸν ἐπάθομεν, διὰ δὲ τοὺς ῥᾳδίως τὸν πόλεμον αἱρουμένους πολλαῖς ἤδη καὶ μεγάλαις συμφοραῖς περιεπέσομεν. X. Cy. 5. 2, 35 διὰ τοὺς εὖ μαχομένους αἱ μάχαι κρίνονται. An. 7. 7, 7 δι' ἡμᾶς σὺν θεοῖς ἔχετε τήνδε τὴν χώραν. 5. 8, 13. Aeschin. 3, 58 τούτων ἀπεστερήθητε διὰ Δημοσθένην καὶ Φιλοκράτην καὶ τὰς τούτων δωροδοκίας. Pind. N. 7, 21 ἔλπομαι λόγον Ὀδυσσέος . . διὰ τὸν ἁδυεπῆ γενέσθ' Ὅμηρον. Ar. Pl. 160 τέχναι δὲ πᾶσαι διὰ σὲ καὶ σοφίσματα | . . ἐσθ' εὑρημένα. S. OC. 1129 ἔχω γὰρ ἅχω διὰ σέ. X. An. 6. 6, 23 κακοὶ δοκοῦμεν εἶναι διὰ τοῦτον (*hujus culpa*). Dem. 18, 49 ἐπεί διά γε ὑμᾶς αὐτοὺς πάλαι ἂν ἀπωλώλειτε, *vestra ipsi culpa jam pridem perissetis*. So in der att. Formel: εἰ μὴ διά τινα od. τι, wenn nicht durch das Verdienst oder die Schuld einer Sache od. Person, nämlich: **etwas vereitelt worden wäre**. Th. 2, 18 ἐδόκουν οἱ Πελοποννήσιοι ἐπελθόντες ἂν διὰ τάχους πάντα ἔτι ἔξω καταλαβεῖν, εἰ μὴ διὰ τὴν ἐκείνου μέλλησιν, wo **Poppo** (P. 3. Vol. 2

p. 88) das englische *but for* u. das lat. (b. d. Komikern) *absque . . esset* vergleicht. Pl. Gorg. 516, e Μιλτιάδην εἰς τὸ βάραθρον ἐμβαλεῖν ἐψηφίσαντο, καί, εἰ μὴ διὰ τὸν πρύτανιν, ἐνέπεσεν ἄν, ubi v. Stallb. Lys. 12, 60 ἀπολέσαι παρεσκευάζοντο τὴν πόλιν, εἰ μὴ δι' ἄνδρας ἀγαθούς, ubi v. Bremi. Dem. 23, 180 ψήφισμα τοιοῦτόν τι παρ' ὑμῶν εὕρετο, ἐξ οὗ κυρωθέντος ἄν, εἰ μὴ δι' ἡμᾶς καὶ ταύτην τὴν γραφήν, ἠδίκηντο φανερῶς οἱ δύο τῶν βασιλέων. Vgl. 19, 74 u. 90. Isocr. 5, 92. Ar. V. 558. — Zuweilen wird διά *c. acc.* auch von einem Grunde gebraucht, der zugleich Absicht ist, wo gewöhnlich ἕνεκα *c. g.* gebraucht wird. Th. 2, 89 Λακεδαιμόνιοι διὰ τὴν σφετέραν δόξαν ἄκοντας προσάγουσι τοὺς πολλοὺς ἐς τὸν κίνδυνον, ubi v. Poppo-Stahl. 4, 102 διὰ τὸ περιέχειν αὐτὴν (τὴν πόλιν) *„quo urbem plane cingeret"* Bauer (von Dobree u. Stahl als Glossem verdächtigt). 5, 53 παρεσκευάζοντο οἱ Ἀργεῖοι ὡς αὐτοὶ ἐς τὴν Ἐπίδαυρον διὰ τοῦ θύματος τὴν ἔσπραξιν ἐσβαλοῦντες, um das Opfer einzufordern. 4, 40 δι' ἀχθηδόνα, um ihn zu kränken.

Anmerk. Der Unterschied zwischen dem kausalen διά *c. g.* und διά *c. a.* ist gewissermassen wie zwischen *per* und *propter*; διά *c. g.* bezeichnet die Wirksamkeit einer Sache oder Person unmittelbarer und stärker, διά *c. a.* mittelbarer und entfernter. Man vgl. Pl. Civ. 379, e τὴν τῶν ὅρκων καὶ σπονδῶν σύγχυσιν ἐάν τις φῇ δι' Ἀθηνᾶς τε καὶ Διὸς γεγονέναι, οὐκ ἐπαινεσόμεθα. Gorg. 515, e εἰπέ, εἰ λέγονται Ἀθηναῖοι διὰ Περικλέα βελτίους γεγονέναι. 520, c ταχὺς γενόμενος διὰ παιδοτρίβην.[1]) Übrigens hat sich dieser Unterschied erst später ausgebildet, und zwar besonders in der Prosa, bei Homer und Hesiod kommt διά *c. g.* so noch nicht vor. In der Dichtersprache findet sich zuweilen διά *c. g.* auch von einer entfernteren Wirksamkeit st. διά *c. a.* Aesch. Ag. 447 Ch. τὸν δ' ἐν φοναῖς καλῶς πεσόντ' ἀλλοτρίας διαὶ γυναικός, nur: durch die Schuld des fremden Weibes, nicht durch ihre Hand. In Prosa aber dürfte dieser Fall nicht vorkommen; daher ist Pl. civ. 610, d mit Stallb. nach zwei vorzüglichen cdd. zu lesen διὰ τοῦτο (propter hanc injustitiam) ὑπ' ἄλλων δίκην ἐπιτιθέντων ἀποθνῄσκουσιν οἱ ἄδικοι, und nicht mit Schneider διὰ τούτου. — Wenn in einem Satze der Dativ und διά *c. acc.* stehen, so zeigt der Dativ den näheren, διά *c. a.* den entfernteren Grund an.[2]) Th. 4, 36 (οἱ Λακεδαιμόνιοι) πολλοῖς τε ὀλίγοι μαχόμενοι καὶ ἀσθενείᾳ σωμάτων διὰ τὴν σιτοδείαν ὑπεχώρουν. Pl. civ. 586, c ὃς ἂν αὐτὸ τοῦτο διαπράττηται ἢ φθόνῳ διὰ φιλοτιμίαν ἢ βίᾳ διὰ φιλονικίαν ἢ θυμῷ διὰ δυσκολίαν. Findet aber ein solcher Gegensatz nicht statt, so unterscheidet sich der Dativ von διά *c. acc.* nur dadurch, dass durch letzteres der Grund bestimmter als durch den blossen Dativ ausgedrückt wird. Pl. Gorg. 508, b ἃ Πῶλον αἰσχύνῃ ᾤου συγχωρεῖν. C ὅ αὖ Γοργίαν ἔφη Πῶλος δι' αἰσχύνην ὁμολογῆσαι.

---

[1]) Vgl. Nitzsch zur Odyss. XI. S. 272. — [2]) S. Matthiä II § 397, A. 1.

§ 435. c. Ὑπέρ, über.

Ὑπέρ, sanskr. *upari*, lat. *super*, got. *ufar*, *ufaro*, althochd. *ubar*, *upar*, *uber*, *uper* [über] [1]. Es bezeichnet die Oberfläche, aber nur ein Schweben über derselben oder eine leise Berührung derselben; über den Unterschied von ἐπί s. § 438.

I. Mit dem (ablativischen, vgl. § 420, 2) *Genetive.* — 1) räumlich zur Angabe der Bewegung über einen Ort od. Gegenstand hinweg: drüber hinweg, sowie auch zur Angabe eines ruhigen Verweilens über einem Orte oder Gegenstande. O, 382 κῦμα . . νηὸς ὑπὲρ τοίχων καταβήσεται. Th. 2, 76 (κεραιῶν) ὑπερτεινουσῶν ὑπὲρ τοῦ τείχους, Stangen, die über die Mauer hinwegragten. 4, 25 οἱ Σικελοὶ ὑπὲρ τῶν ἄκρων πολλοὶ κατέβαινον. X. An. 4. 7, 4 κυλινδοῦσι λίθους ὑπὲρ ταύτης τῆς ὑπερεχούσης πέτρας. Cy. 6. 3, 24 τοξεύοντες ὑπὲρ τῶν πρόσθεν. So auch in dem Homerischen ὑπὲρ κεφαλῆς στῆναι B, 20, zu Häupten des liegenden hintreten u. sich über denselben weg neigen. X. Comm. 3. 8, 9 ὁ ἥλιος τοῦ θέρους ὑπὲρ ἡμῶν αὐτῶν καὶ τῶν στεγῶν πορευόμενος σκιὰν παρέχει. An. 5. 4, 13 χιτωνίσκους ἐνδεδύκεσαν ὑπὲρ γονάτων (sie reichten nicht bis an die Kniee). — Hdt. 7, 69 Ἀραβίων καὶ Αἰθιόπων τῶν ὑπὲρ Αἰγύπτου οἰκημένων ἦρχε Ἀρσάμης. 115 οἱ ὑπὲρ θαλάσσης. Th. 1, 46 ἔστι λιμὴν καὶ πόλις ὑπὲρ αὐτοῦ κεῖται, von der Lage der Orte am Meere, insofern dieselben höher liegen. 2, 48 ἐξ Αἰθιοπίας τῆς ὑπὲρ Αἰγύπτου. X. An. 1. 10, 12 ὑπὲρ τῆς κώμης γήλοφος ἦν. 2. 6, 2 τοῖς ὑπὲρ Χερρονήσου καὶ Περίνθου Θρᾳξίν, vgl. 7. 5, 1. — 2) kausal u. bildlich zur Angabe der Ursache: a) unmittelbar an die räumliche Bedeutung grenzend bei Ausdrücken des Schutzes, der Verteidigung u. dgl.: für, zu jemandes Bestem, als: μάχεσθαι ὑπέρ τινος, gleichsam drüber stehend kämpfen. Isocr. 4, 75 τοὺς τοῖς σώμασιν ὑπὲρ τῆς Ἑλλάδος προκινδυνεύσαντας. 77 καλῶς ὑπὲρ τῆς πόλεως ἀποθνήσκειν. Vgl. 83. 95. 5, 23 ἐλπίζουσιν τὴν πόλιν ἕξειν μοι χάριν ὑπὲρ τῶν εἰρημένων. 9, 60 ὑπὲρ τῶν γεγενημένων ὀργιζόμενος (für, wegen, s. Benseler ad Isocr. Areop. p. 164 sq.). Pl. Phaed. 78, b θαρρεῖν ἢ δεδιέναι ὑπὲρ τῆς ἡμετέρας ψυχῆς, vgl. 88, b ibiq. Hdrf. Civ. 387, c. Dem. 2, 4 πολιτεύεσθαι ὑπέρ τινος, *in alicujus gratiam*, στρατηγεῖν ὑπὲρ Φιλίππου 3, 6. 8, 43 ὑπὲρ τῶν πραγμάτων σπουδάζειν. 9, 20 ὑπὲρ τῶν πραγμάτων φοβοῦμαι. Daher auch: im Namen, an der Stelle eines, für einen, jedoch nicht = ἀντί *c. g.*, welcher Gebrauch sich erst b. d. Späteren findet, sondern stets mit Beibehaltung der Grundbedeutung. Th. 3. 26 ἡγεῖτο τῆς ἐσβολῆς ταύτης Κλεομένης ὑπὲρ Παυσανίου, βασιλέως ὄντος καὶ νεωτέρου ἔτι, es soll zugleich ausgedrückt werden in seinem Interesse, für ihn. X. An. 7. 7, 3 προλέγομεν ὑπὲρ Σεύθου ἀπιέναι ἐκ τῆς χώρας, *nomine*

[1]) S. Schmidt Disput. d. p. 53. Graff a. a. O. S. 155 f.

Seuthae. Pl. Gorg. 515, c ἐγὼ ὑπὲρ σοῦ ἀποκρινοῦμαι, vgl. Prot. 317, e. Apol. 22, e ὥστε ἐμὲ ἐμαυτὸν ἀνερωτᾶν ὑπὲρ τοῦ χρησμοῦ, im Namen und zu gunsten des Orakels. S. Ph. 1294 ἐγὼ δ' ἀπαυδῶ . . ὑπέρ τ' Ἀτρειδῶν τοῦ τε σύμπαντος στρατοῦ, im Namen u. zugleich εἰς χάριν καὶ σωτηρίαν τῶν Ἀτρειδῶν nach d. Schol. — b) zur Angabe einer inneren, geistigen Ursache, wo gewöhnlich ὑπό c. g. gebraucht wird, als: ὑπὲρ πένθους, ὑπὲρ παθέων. Eur. Suppl. 1125 βάρος μὲν οὐκ ἀβριθὲς ἀλγέων ὕπερ. Andr. 490 κτείνει δὲ τὴν τάλαιναν . . δύσφρονος ἔριδος ὕπερ. — c) bei den Verben des Bittens, Flehens um . . willen oft b. Hom. Ω, 466 καί μιν ὑπὲρ πατρὸς καὶ μητέρος ἠυκόμοιο | λίσσεο καὶ τέκεος, um . . willen, bei, vgl. Ο, 660. 665 u. s. — d) zur Angabe eines Zwecks, besonders in Verbindung mit dem Infinitive und vorgesetztem Artikel. Pl. Symp. 208, d ὑπὲρ ἀρετῆς ἀθανάτου καὶ τοιαύτης δόξης εὐκλεοῦς πάντες πάντα ποιοῦσιν. Dem. 4, 43 ὑπὲρ τοῦ μὴ παθεῖν κακῶς ὑπὸ Φιλίππου. X. Hier. 4, 3 ὑπὲρ τοῦ μηδένα τῶν πολιτῶν βιαίῳ θανάτῳ ἀποθνήσκειν. Aeschin. 3, 10 ἠναγκάζοντο τὴν ψῆφον φέρειν οἱ δικασταὶ οὐ περὶ τοῦ παρόντος ἀδικήματος, ἀλλ' ὑπὲρ τῆς αἰσχύνης τοῦ δήμου, zur Abwehr der Schande. Aesch. S. 112 ἴδετε παρθένων ἱκέσιον λόχον | δουλοσύνας ὕπερ, *ad arcendam servitutem.* S. OR. 187. — e) überhaupt zur Angabe irgend einer Rücksicht statt des gewöhnlicheren περί c. g., so besonders oft b. d. Rednern, seltener bei anderen, dem gewöhnlicheren περί c. gen. sehr nahekommend, doch in guter attischer Prosa nicht so farblos wie dieses, sondern meist mit dem Nebenbegriffe des Interesses (vgl. 2, a). Ζ, 524 ὑπὲρ σέθεν αἴσχε' ἀκούω. Pl. Ap. 39, e τοῖς ἀποψηφισαμένοις ἡδέως ἂν διαλεχθείην ὑπὲρ τοῦ γεγονότος τουτουὶ πράγματος, über, aber zugleich zu gunsten. Pl. civ. 387, c ὑπὲρ τῶν φυλάκων φοβούμεθα μὴ θερμότεροι γένωνται. X. Comm. 4. 3, 12 προνοεῖσθαι ὑπὲρ τῶν μελλόντων. Dem. 6, 35 μὴ περὶ τῶν δικαίων μηδ' ὑπὲρ τῶν ἔξω πραγμάτων εἶναι τὴν βουλήν, ἀλλ' ὑπὲρ τῶν ἐν τῇ χώρᾳ. Lycurg. 7 ὑπὲρ οὗ νῦν μέλλετε τὴν ψῆφον φέρειν, ubi v. Maetzner (aber 11 περὶ οὗ μέλλετε τὴν ψῆφον φέρειν). 40 πυνθανομένας εἰ ζῶσι, τὰς μὲν ὑπὲρ ἀνδρός, τὰς δ' ὑπὲρ πατρός. [1]) In den att. Inschriften erscheint ὑπέρ schlechthin = περί erst seit 300 v. Chr. (vgl. Meisterhans a. a. O. S. 182). — f) in der Dichtersprache bisweilen von einem Vorrange st. des gwhnl. ὑπέρ c. acc. Öfters so b. Pindar, z. B. Isth. 2, 36 ὀργὰν Ξεινοκράτης ὑπὲρ ἀνθρώπων γλυκεῖαν ἔσχεν.

1) Über den Gebrauch v. ὑπέρ c. g., wo man περί c. g. erwartet, s. Bremi ad Isocr. Archid. p. 120, 25. Jos. Strange Lpz. Jhrb. Suppl. 1836, S. 376. Benseler ad Isocr. Areopag. § 15. Maetzner ad Lycurg. § 101. Daher wechseln die Redner zuweilen mit ὑπέρ u. περί ab ohne grosse Verschiedenheit des Sinnes, z. B. Ps. Andoc. 4, 36 οὐ περὶ τῶν παρεληλυθότων ἀδικημάτων αὐτὸν τιμωροῦνται, ἀλλ' ὑπὲρ τῶν μελλόντων φοβοῦνται, ja selbst bei demselben Verb, z. B. βουλεύεσθαι ὑπέρ u. περί c. g., s. Strange a. a. O.

II. Mit dem *Akkusative* dient es zur Angabe einer **Bewegung über einen Gegenstand hin, weg: drüberhin, drüberweg,** sowohl von dem Raume und der Zeit als von dem Masse und der Zahl, von der blossen **Ausdehnung** im Raume meist poet. u. bei den Spät., s. Thom. M. 375 R., dafür gwhnl. ὑπέρ *c. g.* — 1) Hdt. 4, 188 ῥιπτέουσι ὑπὲρ τὸν δόμον, über das Haus hin. Ω, 13 οὐδέ μιν ἠὼς | φαινομένη λήθεσκεν ὑπεὶρ ἅλα τ' ἠιόνας τε. E, 339 δόρυ ἀντετόρησεν . . πρυμνὸν ὕπερ θέναρος, über die Handwurzel hin. Pl. Criti. 108, e τοῖς ὑπὲρ Ἡρακλείας στήλας ἔξω κατοικοῦσι καὶ τοῖς ἐντὸς πᾶσιν. X. An. 1. 1, 9 τοῖς ὑπὲρ Ἑλλησπόντου οἰκοῦσι, **über** den H. **hinaus,** d. i. **oberhalb.** — 2) Th. 1, 41 πρὸς τὸν Αἰγινητῶν ὑπὲρ τὰ Μηδικὰ πόλεμον, über die Perserkriege hinaus, d. i. von der Gegenwart aus: **vor,** vgl. Pl. Tim. 23, c ὑπὲρ τὴν μεγίστην φθορὰν ὕδασι, *ante maximam per diluvium exstinctionem.* X. Cy. 1. 2, 4 τοῖς ὑπὲρ τὰ στρατεύσιμα ἔτη γεγονόσι. — 3) ὑπὲρ αἶσαν, über (wider) Gebühr, ὑπὲρ μοῖραν, ὑπὲρ δύναμιν, ὑπὲρ θεόν P, 327, über Gottes Willen hinaus, wider Gott. Pl. civ. 488, a ναύκληρον μεγέθει καὶ ῥώμῃ ὑπὲρ τοὺς ἐν τῇ νηὶ πάντας *„omnes, qui in nave versantur, superantem"* **Stallb.** 509, a αὐτὸ ὑπὲρ ταῦτα κάλλει ἐστίν. Parm. 128, b ὑπὲρ ἡμᾶς τοὺς ἄλλους φαίνεται ὑμῖν τὰ εἰρημένα εἰρῆσθαι, ubi v. **Hdrf.** et **Stallb.** Leg. 839, d οὐκ ἔστιν ὑπὲρ ἄνθρωπον *„non superat hominis vires et facultatem".* Hdt. 5, 64 ἔπεσον ὑπὲρ τεσσεράκοντα ἄνδρας.

5. Präpositionen mit dem Genetive, Dative und Akkusative: ἀμφί, περί, ἐπί, μετά, παρά, πρός, ὑπό.

§ 436. 1) Ἀμφί und περί.

Die Präpositionen ἀμφί und περί drücken beide fast dasselbe Dimensionsverhältnis: **Umher** und **Herum** aus, ἀμφί die Umgebung von **beiden Seiten** eines Gegenstandes, περί von **allen Seiten,** wie man aus vielen Compositis deutlich sieht; so sagt Xenophon Vect. 1, 7 von Attika, es sei nicht περίρρυτος ὥσπερ νῆσος, wohl aber ἀμφιθάλαττος. [1])

[1]) Allerdings kann auch eine Insel ἀμφίρρυτος genannt werden, insofern dieselbe, von vorn angesehen, nur an ihren beiden Seiten umflossen erscheinen kann, wie α, 50 νήσῳ ἐν ἀμφιρύτῃ, 386 ἐν ἀμφιάλῳ Ἰθάκῃ. Überhaupt können die Begriffe **Umher** und **Herum** leicht mit einander verwechselt werden, und so sehen wir auch, dass das unbestimmtere ἀμφί nicht selten gebraucht wird, wo man das bestimmtere περί (v. e. Kreislinie) erwartet, sowie auch περί st. ἀμφί; beide haben die Bedeutung **um** mit einander gemein; wo es aber darauf ankommt, den Begriff einer *Kreislinie* auszudrücken, da wird stets περί gebraucht, so Ξ, 413 περὶ δ' ἔδραμε πάντῃ v. d. Kreisel (στρόμβος). X, 251 περὶ ἄστυ . . δίον, vgl. Ψ, 13. κ, 469 περὶ δ' ἔτραπον ὧραι, vgl. ω, 69, so in d. Kompos. περίδρομος, nicht ἀμφίδρομος, περιπλόμενοι (περιτελλόμενοι) ἐνιαυτοί. S. **Hoffmann** Progr. Lüneburg 1857, S. 8.

Beide stimmen auch in ihrem Gebrauche überein, nur dass ἀμφί fast ausschliesslich der Dichtersprache, der ionischen Mundart und dem Xenophon angehört,[1]) während περί allgemein üblich ist und somit sich einen weit grösseren Umfang von Beziehungen und eine allgemeinere Anwendung angeeignet hat.

a. Ἀμφί, um.

Ἀμφί (sanskr. *abhi*, lat. *amb*, deut. *umbi*, *umb*, *um*, vgl. ἄμφω, beide, ἀμφότερος, ἀμφίς [2]) bezeichnet im allgemeinen die Beziehung einer Umgebung (an beiden Seiten eines Gegenstandes), des Neben- u. Aneinanderseins der Dinge.

I. Mit dem *Genetive*. — 1) räumlich (nachhom.): a) zur Angabe einer räumlichen Entfernung aus einer Umgebung (selt. u. nur poet.). Eur. Or. 1457 ἀμφὶ πορφυρέων πέπλων ξίφη σπάσαντες, aus dem das Schwert umgebenden Gewande das Schwert ziehend. — b) zur Angabe des Verweilens um einen Gegenstand (selt. poet. u. einmal b. Hdt.). Theocr. 25, 9 νέμονται ἐπ' ὄχθαις ἀμφ' Ἐλισοῦντος, zu beiden Seiten des E., an dem E. (Aber Eur. Hipp. 1132 Ch. τὸν ἀμφὶ Λίμνας τρόχον hängt, wenn die Lesart richtig ist, Λίμνας v. τρόχον ab = um die Rennbahn Limne, nach § 402, S. 264, d.) Hdt. 8, 104 τοῖσι ἀμφὶ ταύτης οἰκέουσι τῆς πόλιος (die Stelle ist verdächtig, s. Stein). — 2) kausal: zur Angabe der Ursache bei einem physischen od. ethischen Verweilen od. Beschäftigtsein um einen Gegenstand (in d. Prosa nur bei Xenophon, sonst dafür περί c. g.). Π, 825 μάχεσθον πίδακος ἀμφ' ὀλίγης, um. X. An. 4. 5, 17 διαφέρεσθαι ἀμφί τινος, *contendere de*. (Aber 7. 6, 15 δ. περί τινος.) Cy. 3. 1, 8 τῆς δίκης τῆς ἀμφὶ τοῦ πατρός. θ, 267 ἀείδειν ἀμφὶ φιλότητος (st. des gewöhnl. περί), gleichsam: singend bei der Liebe verweilen. Pind. O. 1, 35 ἔστι δ' ἀνδρὶ φάμεν ἐοικὸς ἀμφὶ δαιμόνων καλά. Eur. Hec. 580 τοιάδ' ἀμφὶ σῆς λέγω παιδὸς θανούσης. Hdt. 6, 131 ἀμφὶ κρίσιος τῶν μνηστήρων τοσαῦτα ἐγένετο, wie das althochd. umpi, umbi [3]).

II. Mit dem (lokativischen) *Dative*. — 1) räumlich zur Angabe des ruhigen Verweilens um, an, neben einem Gegenstande (poet.), als: σάκος ἔχειν ἀμφ' ὤμοισι Λ, 527. τελαμὼν ἀμφὶ στήθεσσιν Β, 388. ε, 371 ἀμφ' ἑνὶ δούρατι βαῖνε, κέληθ' ὡς ἵππον ἐλαύνων (vgl. 130 περὶ τρόπιος βεβαῶτα). Ρ, 267 Ἀχαιοὶ ἔστασαν ἀμφὶ Μενοιτιάδῃ. Ε, 466

---

1) Bei den übrigen attischen Prosaikern findet sich ἀμφί nur Th. 7, 40 und Pl. Menex. 242, e, sowie in der Verbindung οἱ ἀμφί τινα, sonst gar nicht, s. Mommsen a. a. O. S. 382 f. — 2) S. Schmidt Comment. d. p. 37 sqq. Graff a. a. O. S. 181. Hoffmann a. a. O. S. 3 ff., über ἀμφίς s. Buttmann Lexilog. II. S. 217 ff. — 3) S. Graff a. a. O. S. 183 f.

εἰσόκεν ἀμφὶ πύλης . . μάχωνται, unmittelbar am Thore. Eur. J. T. 6 ἀμφὶ δίναις. Ph. 1516 Ch. ὄρνις . . ἀμφὶ κλάδοις ἑζομένα, umgeben von Zweigen, d. h. zwischen. S. Ai. 562 τοῖον πυλωρὸν φύλακα Τεῦκρον ἀμφὶ σοὶ | λείψω, in deiner Nähe. — 2) temporal, nur vereinzelt. Pind. O. 13, 37 Πυθοῖ τ' ἔχει σταδίου τιμὰν διαύλου θ' ἁλίῳ ἀμφ' ἑνί, an einem Tage. — 3) kausal (poet. u. b. Hdt.): a) zur Angabe der Ursache, wie beim Genetive, mit dem Unterschiede jedoch, dass hier das Verhältnis der Kausalität mehr als ein rein räumliches angeschaut wird. Π, 565 ἀμφὶ νέκυι κατατεθνηῶτι μάχεσθαι. Vgl. Γ, 91. Γ, 157 ἀμφὶ γυναικὶ ἄλγεα πάσχειν. S. El. 1180 οὐ δή ποτ', ὦ ξέν', ἀμφ' ἐμοὶ στένεις τάδε; Hdt. 6, 129 οἱ μνηστῆρες ἔριν εἶχον ἀμφί τε μουσικῇ καὶ τῷ λεγομένῳ ἐς τὸ μέσον. So bei den Verben des Fürchtens, Sorgens. Π, 647 φράζετο θυμῷ | πολλὰ μάλ' ἀμφὶ φόνῳ Πατρόκλου. α, 48 ἀλλά μοι ἀμφ' Ὀδυσῆι δαΐφρονι δαίεται ἦτορ. Hdt. 6, 62 φοβηθεὶς ἀμφὶ τῇ γυναικί. Bei den Verben des Sagens u. a.: Hdt. 3, 32 ἀμφὶ τῷ θανάτῳ αὐτῆς διξὸς λέγεται λόγος. Überhaupt in betreff. Η, 408 ἀμφὶ δὲ νεκροῖσιν κατακαιέμεν οὔτι μεγαίρω, was die Toten anlangt. Hdt. 1, 140 ἀμφὶ τῷ νόμῳ τούτῳ ἐχέτω, ὡς καὶ ἀρχὴν ἐνομίσθη, ubi v. Baehr. 5, 19 ἀμφὶ ἀπόδῳ τῇ ἐμῇ πείσομαί τοι, in betreff meines Wegganges (in B. deines Rates, dass ich weggehe). — b) zur Angabe eines inneren geistigen Grundes (poet.): Eur. Or. 825 ἀμφὶ φόβῳ, aus Furcht (gleichsam: von Furcht umgeben). S. fr. 147 D. ἀμφὶ θυμῷ, aus Zorn. — c) zur Angabe des Mittels, welches als ein räumliches Zusammensein angeschaut wird (öfter bei Pind.). P. 1, 12 θέλγει φρένας ἀμφί τε Λατοΐδα σοφίᾳ βαθυκόλπων τε Μοισᾶν, *demulcet mentes per Apollinis et Musarum artem.* 8, 34 ἴτω τεὸν χρέος, ὦ παῖ, . . ἐμᾷ ποτανὸν ἀμφὶ μαχανᾷ, *tua res, tuum facinus divulgetur per meam artem alatum.*

III. Mit dem *Akkusative.* — 1) räumlich zur Angabe des räumlichen Erstreckens um, an, bei einem Gegenstande hin. Β, 461 ἀμφὶ ῥέεθρα ποτῶνται, um. X. An. 1. 2, 3 ἦν ὁ Σωκράτης τῶν ἀμφὶ Μίλητον στρατευομένων, um, bei. Cy. 6. 2, 11 συλλέγεσθαι τὸ στράτευμα ἀμφὶ τὸν Πακτωλὸν ποταμόν. 2. 4, 16 τεθήρακα ἀμφὶ τὰ ὅρια. Dann auch von der Verbreitung einer Thätigkeit in dem Inneren eines Gegenstandes umher. Λ, 706 ἀμφί τε ἄστυ | ἔρδομεν ἱρὰ θεοῖς, in der Stadt umher. Eur. Andr. 815 εἰ δ' ἀμφὶ Θρῄκην . . τύραννον ἔσχες ἄνδρα, in Thr. herum, d. i. irgendwo in Thr. So auch von der Umgebung jemandes, wie in: οἱ ἀμφί τινα, jemand mit den um ihn Seienden, d. h. seinem Gefolge, s. § 403, d. Seltener b. Verben der Bewegung: herum um, in die Nähe, nach. Ζ, 238 ἀμφ' ἄρα μιν Τρώων ἄλοχοι θέον, sie umringten ihn. Σ, 30 ἐκ δὲ θύραζε | ἔδραμον ἀμφ' Ἀχιλῆα. Aesch. Pr. 830 ἐπεὶ γὰρ ἦλθες πρὸς Μολοσσὰ δάπεδα | τὴν αἰπύνωτόν τ' ἀμφὶ Δωδώνην. S. Ai. 1064 ἀμφὶ χλωρὰν ψάμαθον ἐκβεβλημένος. Eur.

Or. 114 ἐλθοῦσα δ' ἀμφὶ τὸν Κλυταιμνήστρας τάφον | μελίκρατ' ἄφες γάλακτος. Hel. 894 ἱκέτις ἀμφὶ σὸν πίτνω γόνυ. — 2) **temporal** zur Angabe der **Ausbreitung** in der Zeit, meist poet., bes. b. Pind. Pind. O. 1, 97 ὁ νικῶν δὲ λοιπὸν ἀμφὶ βίοτον ἔχει μελιτόεσσαν εὐδίαν, s. **Passow** I. S. 142, a. X. Cy. 8. 6, 22 τὸν μὲν ἀμφὶ τὸν χειμῶνα χρόνον διῆγεν ἐν Βαβυλῶνι, τὸν δὲ ἀμφὶ τὸ ἔαρ ἐν Σούσοις. Von einer **ungefähren Zeitbestimmung**. X. Cy. 5. 4, 16 ἀμφὶ δείλην. Ähnlich Eur. Ph. 1028 v. d. Sphinx: νέους πεδαίρουσ' (= μεταίρουσα) ἄλυρον ἀμφὶ μοῦσαν, während traurigen Gesanges (unter traurigem Gesange). So auch von einer **ungefähren Zahlbestimmung**. X. An. 1. 2, 9 πελτασταὶ ἀμφὶ τοὺς δισχιλίους. 7, 10. 2. 6, 15 ἦν δὲ ὅτε ἐτελεύτα ἀμφὶ τὰ πεντήκοντα ἔτη. — 3) **bildlich** zur Angabe eines physischen oder geistigen **Verweilens, Bemühens, Beschäftigtseins** um einen Gegenstand, als: εἶναι, ἔχειν ἀμφί τι. X. Cy. 5. 8, 44 ἀμφὶ δεῖπνον ἔχειν. 7. 5, 52 ἀμφ' ἵππους, ἅρματα, μηχανὰς ἔχειν. Vgl. An. 5. 2, 26. 6. 6, 1. 7. 2, 16. Oec. 6, 7. Daher von allem, was sich auf etwas erstreckt, bezieht, als: τὰ ἀμφὶ τὸν πόλεμον. X. An. 2. 1, 7 ἐπιστήμων τῶν ἀμφὶ τάξεις τε καὶ ὁπλομαχίαν. Hymn. Hom. 7, 1 ἀμφὶ Διώνυσον . . μνήσομαι. 19, 1 ἀμφί μοι Ἑρμείαο φίλον γόνον ἔννεπε, Μοῦσα. Vgl. 22, 1. Eur. Tr. 511 ἀμφί μοι Ἴλιον . . ἄεισον . . ᾠδάν. Pind. J. 6, 9 θυμὸν εὐφραίνειν ἀμφ' Ἰόλαον (vorher aber ἀμφὶ πυκναῖς βουλαῖς, s. **Dissen**). Aesch. Sept. 843 μέριμνα δ' ἀμφὶ πτόλιν. Suppl. 246 εἴρηκας ἀμφὶ κόσμον ἀψευδῆ λόγον.[1]) Aber noch räumlich aufzufassen Σ, 339 ἀμφὶ δὲ σὲ Τρῳαὶ . . κλαύσονται, um dich herumstehend. — 4) von der **Art und Weise** poet. selt. Pind. O. 11, 77 ἀείδετο δὲ πᾶν τέμενος τερπναῖσι θαλίαις | τὸν ἐγκώμιον ἀμφὶ τρόπον, *personabat totus locus sacer epulis jucundis* „modo, qualis adhibetur laudibus victorum in comissationibus" **Dissen** ed. Goth.

§ 437. b. Περί, um, herum.

Περί (äol. πέρ, sanskr. *pari-*, d. i. *circa*, lat. u. litth. *per*, got. *fair-*, deutsch *far-*, *fer-*, *fir-*, *ver-*)[2]) hat die Grundbedeutung **ringsum, herum** (eine Kreislinie), vgl. § 436.

I. Mit dem *Genetive*. — 1) **räumlich** zur Angabe eines **räumlichen Verweilens** um einen Gegenstand **herum** (poet. selten). Bei Hom. nur: ε, 68 αὐτοῦ (daselbst) τετάνυστο περὶ σπείους γλαφυροῖο ἡμερίς. 130 τὸν μὲν ἐγὼν ἐσάωσα περὶ τρόπιος βεβαῶτα, fahrend, gleichsam reitend auf dem Kiele, wie auf einem Pferde, den Kiel mit den

1) S. **Dissen**. Explicatt. ad Pind. ed. Boeckh. p. 359. — 2) S. **Schmidt** Comm. d. p. 49 sqq. Vgl. **Curtius** Et. S. 247. **Zycha**, Zum Gebrauch von περί. Wien 1886.

Beinen umschliessend, vgl. ἀμφί c. d. § 436, S. 489. Eur. Tr. 817 (Chor) τείχη περὶ Δαρδανίας φοινία κατέλυσεν αἰχμά. Sapph. 1, 10 κάλοι δέ σ' ἆγον | ὤκεες στροῦθοι περὶ γᾶς. — 2) **kausal** u. **bildlich** hat περί einen sehr ausgebreiteten Gebrauch, indem es in den mannigfaltigsten Beziehungen die **Ursache** bezeichnet. a) mit ἀμφί übereinstimmend, aber in mannigfaltigeren Beziehungen: M, 243 ἀμύνεσθαι περὶ πάτρης, ebenso μάχεσθαι περὶ πατρίδος in Prosa. Eur. Alc. 178 ἀνδρὸς οὗ θνῄσκω πέρι. Bei den Ausdrücken einer sinnlichen od. geistigen Wahrnehmung: ἀκούειν, εἰδέναι, ἐπίστασθαι (ἐπιστήμων), γιγνώσκειν, u. s. w. τ, 270 περὶ νόστου ἄκουσα. Dem. 43, 14 οἱ ἄριστα εἰδότες περὶ τοῦ γένους. Pl. Prot. 312, e τί δή ἐστι τοῦτο, περὶ οὗ ἐπιστήμων ἐστὶν ὁ σοφιστής; des Sagens, Fragens, Forschens, Lehrens, Lernens u. a., als: λέγειν περί τινος, λόγος περί τινος, δηλοῦν, ἐπιδεικνύναι, ἐξετάζειν, διδάσκειν, μανθάνειν περί τινος [1]), so auch διδάσκαλος περί τινος Pl. Menex. 235, e, ubi v. **Stallb.** Lach. 186, e μαθητής περί τινος; der Sorge, der Furcht u. aller Affekte, als: φοβεῖσθαι περὶ πατρίδος, θαυμάζειν, ἐπιμέλεσθαι, ἐπιμέλεια περί τινος. φ, 249 ἦ μοι ἄχος περί τ' αὐτοῦ καὶ περὶ πάντων. Th. 7, 75 περὶ τῶν ἐν ἀφανεῖ δεδιότας. 8, 93 ἐφοβεῖτο μάλιστα περὶ τοῦ παντὸς πολιτικοῦ, vgl. **Poppo-Stahl** ad 1, 60. X. Cy. 1. 4, 22 δείσας περί τε τοῦ υἱοῦ καὶ τοῦ Κύρου, μή πάθοιέν τι. — b) dann überhaupt zur Angabe einer **Ursache** oder **Veranlassung, Rücksicht** in den mannigfaltigsten Verbindungen (**um, über, für, wegen, hinsichtlich**). Eur. Ph. 524 εἴπερ γὰρ ἀδικεῖν χρή, τυραννίδος πέρι | κάλλιστον ἀδικεῖν, **um, wegen.** Th. 4, 63 οὐ περὶ τοῦ τιμωρήσασθαι sc. φίλοι ἂν γιγνοίμεθα *„non ita ut de ulciscendo agatur"*. Dem. 4, 43 τὴν ἀρχὴν τοῦ πολέμου γεγενημένην περὶ τοῦ τιμωρήσασθαι Φίλιππον. Oft b. Adj. st. des blossen Akkus. od. περί *c. acc.* X. Cy. 1. 6, 15 φρονίμους περὶ τούτων, vgl. 21. Pl. ap. 19, c εἴ τις περὶ τῶν τοιούτων σοφός ἐστι. [2]) So wechseln oft περί *c. g.* u. περί *c. a.* Pl. Euthyphr. 5, a καινοτομεῖν περὶ τῶν θείων, aber kurz vorher 3, b κ. περὶ τὰ θεῖα. [3]) Oft = **was anlangt, in betreff,** wie noch häufiger περί τι gesagt wird. Th. 2, 54 περὶ μὲν οὖν τοῦ χρηστηρίου τὰ γιγνόμενα ᾔκαζον ὁμοῖα εἶναι. X. R. L. 1, 3, ubi v. **Haase.** Comm. 1. 3, 15. Pl. leg. 775, a. Civ. 538, e, ubi v. **Stallb.** Phil. 49, a, ubi v. **Stallb.** — c) τὰ περί τινος, von dem, was irgend wie zu einer Person oder Sache in näherer Beziehung steht, so dass die Formel oft nur eine genauere Bezeichnung für das ist, was unbestimmter durch den blossen Genetiv ausgedrückt wird; daher bezeichnet τὰ περί τινος eine innigere Beziehung als τὰ περί τι. Th. 6, 88 ἐφοβεῖτο αὐτοὺς διὰ τὴν περὶ τῶν Μαντινικῶν πρᾶξιν. X. Hell. 6. 1, 19 εἰς τὰς περὶ Ἰάσονος πράξεις,

[1]) Vgl. **Passow** Lex. **Schoemann** ad Isae. 3, 28. **Maetzner** ad Lycurg. 36. — [2]) Vgl. **Bornemann** ad Xen. Apol. 21 p. 62. — [3]) Vgl. **Kühner** ad Xen. Comm. 1. 1, 20.

ubi v. Breitenbach. Pl. Prot. 360, e πῶς ποτ' ἔχει τὰ περὶ τῆς ἀρετῆς; Dem. 4, 36. An manchen Stellen, wo mit dieser Formel Verben erscheinen, die mit περί c. g. verbunden werden, wie μανθάνειν, πυνθάνεσθαι, φράζειν, λέγειν, kann der Gen. b. περί auch durch diese Verben mittels einer Attraktion st. τὰ περί τι veranlasst sein, s. Kühners Bmrk. ad X. An. 2. 5, 37 ὅπως μάθοι τὰ περὶ Προξένου. S. § 448, a. — d) zur Angabe einer inneren geistigen Ursache (vor, aus), jedoch selt. u. nur poet. H, 301 περὶ ἔριδος μάχεσθαι, aus Streitsucht. — e) zur Angabe der Abschätzung, des Wertes u. des Vorzugs. Bei Hom.: περὶ ἄλλων, vor anderen, gleichs. „rings über etw. hinausragen". A, 287 περὶ πάντων ἔμμεναι ἄλλων. ρ, 388 ἀλλ' αἰεὶ χαλεπὸς περὶ πάντων εἲς μνηστήρων, vor. (Gwhnl. verbindet man in diesen Beisp. περί mit εἶναι, wie auch wirklich περιεῖναι m. d. Gen. sehr oft b. Homer in d. Bdtg. übertreffen vorkommt.) Dann bei Herodot u. sehr häufig bei den Attikern in gewissen Formeln: περὶ πολλοῦ, περὶ πλείονος, περὶ πλείστου, περὶ ὀλίγου, περὶ ἐλάττονος, περὶ ἐλαχίστου, περὶ οὐδενὸς ποιεῖσθαι oder ἡγεῖσθαί τι, hoch, höher u. s. w. schätzen. X. Comm. 1. 1, 18 (Σωκράτης) περὶ πλείονος ἐποιήσατο εὐορκεῖν ἢ χαρίσασθαι τῷ δήμῳ. Vgl. Pl. Lys. 219, d u. e.; so auch: περὶ πολλοῦ ἐστιν ἡμῖν, von hohem Werte.

II. Mit dem (lokativischen) *Dative*. — 1) räumlich zur Angabe des ruhigen Verweilens in einem Umkreise: um, wie ἀμφί meist mit der Nebenbeziehung des festen Anschliessens, Anhaftens (in d. att. Prosa vorwiegend von der Kleidung und ähnlichen Begriffen): θώραξ περὶ τοῖς στέρνοις X. Cy. 1. 2, 13. B, 416 χιτῶνα περὶ στήθεσσι δαΐξαι. N, 570 ἀσπαίρειν περὶ δουρί. Σ, 453 μάρναντο περὶ Σκαιῇσι πύλῃσι, bei. A, 317 κνίση δ' οὐρανὸν ἷκεν ἑλισσομένη περὶ καπνῷ, emporwirbelnd rings im Rauche, vgl. X, 95. θ, 426. Hdt. 7, 61 περὶ τῇσι κεφαλῇσι εἶχον τιάρας. Pl. civ. 359, d περὶ τῇ χειρὶ χρυσοῦν δακτύλιον φέρειν. [1]) — 2) kausal u. bildlich, wie ἀμφί *c. d.*, u. um *c. a.* im Deutschen. a) μάχεσθαι περί τινι poet. P, 471 ἀνὴρ περὶ οἷσι μαχειόμενος κτεάτεσσιν. Tyrt. 10, 2 περὶ ᾗ πατρίδι μαρνάμενον. K, 240 ἔδεισεν δὲ περὶ ξανθῷ Μενελάῳ. Hdt. 3, 35 περὶ ἑωυτῷ δειμαίνοντα. Th. 1, 60 δεδιότες περὶ τῷ χωρίῳ, ubi v. Poppo, vgl. 67. 74. 2, 72. 4, 70. 6, 9 ὀρρωδῶ περί τινι. Bei anderen Ausdrücken der Affekte fast nur poet. Hymn. Cer. 77 ἀχνυμένην περὶ παιδί. Eur. Hel. 1342 τᾷ περὶ παρθένῳ Δηοῖ θυμωσαμένᾳ λύπαν ἐξαλλάξατε. Theocr. 1, 54 περὶ πλέγματι γαθεῖ. Pl. Phaed. 114, d θαρρεῖν περί τινι, gutes Mutes sein wegen einer Sache, vgl. Theaet. 148, c. — b) zur Angabe eines äusseren Grundes, selt. poet. Pind. P. 2, 59 εἰ δέ τις | ἤδη κτεάτεσσί τε καὶ περὶ τιμᾷ λέγει | ἕτερόν τιν' ἀν' Ἑλλάδα τῶν πάροιθε γενέσθαι

---

[1]) Verhältnismässig häufig in den att. Inschriften, z. B. ἀμπέχονον περὶ τῷ ἕδει, χιτωνίσκος περὶ τῷ ἀγάλματι, vgl. Meisterhans a. a. O. S. 180.

ὑπέρτερον. Öfter von e. inneren Grunde: Hymn. Cer. 429 δρεπόμην περὶ χάρματι (ἄνθεα). Pind. P. 5, 58 λέοντες περὶ δείματι φύγον. Aesch. P. 694 σέβομαι δ' ἀντία λέξαι | σέθεν ἀρχαίῳ περὶ τάρβει. Über Ch. 35 περὶ φόβῳ s. Wellauer. So auch P, 22 περὶ σθένεϊ βλεμεαίνει, trotzt, ist stolz auf seine Kraft, die gleichsam von dem Trotzen umschlossen gedacht wird, weit bezeichnender als der blosse Dat. σθένεϊ βλ. M, 42 u. s. (Andere fassen hier περί als Adverb: über die Massen, gar sehr, wie in den Wendungen περὶ κῆρι, περὶ φρεσίν, περὶ θυμῷ). In Prosa sehr selten st. περί c. g. Pl. Prot. 313, e ὅρα, μὴ περὶ τοῖς φιλτάτοις κυβεύῃς τε καὶ κινδυνεύῃς. Antiph. 5, 6 ἀνάγκη κινδυνεύοντα περὶ αὑτῷ καί πού τι ἐξαμαρτεῖν. Ferner πταίειν, σφάλλεσθαι περί τινι, gleichsam straucheln an, dann Unglück haben in, durch. Hdt. 9, 101 ἀρρωδίη, μὴ περὶ Μαρδονίῳ πταίσῃ ἡ Ἑλλάς „dass M. die Klippe sei, an der Hellas Schiffbruch leide". Th. 1, 69 τὸν βάρβαρον αὐτὸν περὶ αὑτῷ τὰ πλείω σφαλέντα, ubi v. Poppo-Stahl. Vgl. 6, 33.

III. Mit dem *Akkusative*. — 1) räumlich: um a) zur Angabe einer Bewegung um etwas herum. λ, 42 οἳ πολλοὶ περὶ βόθρον ἐφοίτων ἄλλοθεν ἄλλος. Λ, 609 νῦν δίω περὶ γούνατ' ἐμὰ στήσεσθαι Ἀχαιοὺς | λισσομένους. Th. 2, 23 οἱ Ἀθηναῖοι ἀπέστειλαν τὰς ἑκατὸν ναῦς περὶ Πελοπόννησον, um den P. herum, vgl. 69. 3, 3. — b) gewöhnlich bei Verben der Ruhe zur Angabe einer räumlichen Verbreitung um, an, bei, durch einen Gegenstand. Σ, 374 ἑστάμεναι περὶ τοῖχον, rings an der Wand hin. Γ, 408 ἀλλ' αἰεὶ περὶ κεῖνον ὀΐζυε καί ἑ φύλασσε, um jenen herum, an seiner Seite. Hdt. 3, 61 Καμβύσῃ χρονίζοντι περὶ Αἴγυπτον, in Ägypten herum. 7, 131 περὶ Πιερίην διέτριβε ἡμέρας συχνάς, in P. herum. Vgl. ἀμφί c. acc. Th. 6, 2 ᾤκουν Φοίνικες περὶ πᾶσαν τὴν Σικελίαν ἄκρας τε ἐπὶ τῇ θαλάσσῃ ἀπολαβόντες καὶ τὰ ἐπικείμενα νησίδια, in Sicil. an allen Küsten herum. Pl. Lach. 183, b ἔξωθεν κύκλῳ περὶ τὴν Ἀττικὴν κατὰ τὰς ἄλλας πόλεις ἐπιδεικνύμενος περιέρχεται. Dem. 8, 3 Φίλιππος περὶ Ἑλλήσποντον ὤν. Aeschin. 2, 75 τοὺς ἀγῶνας τοὺς περὶ Σαλαμῖνα. Daher: οἱ περί τινα, einer mit seiner Umgebung (eigtl.: die um einen Verweilenden, s. § 403, d). — 2) temporal (nachhom.) zur Angabe einer ungefähren Zeitbestimmung, wie ἀμφί. Th. 3, 89 περὶ τούτους τοὺς χρόνους. 2, 2 περὶ πρῶτον ὕπνον. 3, 18 περὶ τὸ φθινόπωρον ἤδη ἀρχόμενον. Isocr. 4, 73 Λακεδαιμόνιοι περὶ τοὺς καιροὺς τούτους πολλῶν ἀγαθῶν αἴτιοι τοῖς Ἕλλησι κατέστησαν. Auf gleiche Weise von einer ungefähren Zahlbestimmung. Th. 1, 54 ναῦς καταδύσαντες περὶ ἑβδομήκοντα. 117 τῆς θαλάσσης ἐκράτησαν ἡμέρας περὶ τέσσαρας καὶ δέκα. — 3) bildlich, zur Angabe eines physischen oder geistigen Verweilens, Bemühens, Beschäftigtseins um einen Gegenstand, wie ἀμφί c. a., aber häufiger: περὶ δόρπα πονεῖσθαι Hom. (gleichsam herumlaufend). Attisch: ἀμελῶς ἔχειν περί τι (τινα); sehr oft: εἶναι περί τι, u. so überhaupt zur Angabe einer **Rücksicht auf** etwas, als: X. An. 3. 2, 20 ἁμαρτάνειν περί τινα. 1. 6, 8 ἄδικος περί τινα. Comm. 1. 1, 20 σωφρονεῖν περὶ θεούς. Hell. 2. 3, 53 οὗτοι οὐ μόνον εἰσὶ περὶ ἀνθρώπους ἀδικώτατοι, ἀλλὰ καὶ περὶ θεοὺς ἀσεβέστατοι. Pl. Phaed. 109, b ὃν δὴ αἰθέρα ὀνομάζειν τοὺς πολλοὺς τῶν περὶ τὰ τοιαῦτα εἰωθότων λέγειν. Gorg. 490, c περὶ σιτία λέγεις. Lycurg. 21 οὐδὲν δεινὸν ἐγεγόνει περὶ τὴν πόλιν. Antiph. 4, δ 2 δοκεῖ δέ μοι περὶ τὸν ἄρξαντα τῆς πληγῆς τὸ ἀδίκημα εἶναι, ubi v. Maetzner. Pl. Crit. 50, d οἱ νόμοι οἱ περὶ τοὺς γάμους. Αἱ περὶ τὸ σῶμα ἡδοναί. Τὰ περὶ τὴν ἀρετήν, das Wesen der Tugend. Selbst κατὰ τοὺς περὶ Λυσίαν λόγους Pl. Phaedr. 279, a, in Vergleich mit des Lysias Reden. Leg. 842, d ὁ περὶ ταύτην τὴν πόλιν νομοθέτης.

§ 438. 2) Ἐπί, bei, auf.

Ἐπί (sanskr. *api*, zd. *aipi*, auf, nach, s. Curtius Et. S. 239) hat die Grundbedeutung **auf** (Gegensatz von ὑπό, unter). Sowohl ἐπί als ὑπέρ bezeichnen die **Oberfläche**[1]), mit dem Unterschiede jedoch, dass jenes eine wirkliche Berührung der Oberfläche, dieses nur ein Schweben über derselben oder eine leise Berührung derselben ausdrückt. Vgl. Pl. Tim. 59, e (τὸ ὕδωρ) ὅταν πυρὸς ἀποχωρισθὲν ἀέρος τε μονωθῇ, γέγονε μὲν ὁμαλώτερον, ξυνέωσται δὲ ὑπὸ τῶν ἐξιόντων (sc. τοῦ ἀέρος καὶ πυρός) εἰς αὐτό, παγέν τε οὕτω τὸ μὲν ὑπὲρ γῆς μάλιστα παθὸν ταῦτα χάλαζα, τὸ δ' ἐπὶ γῆς κρύσταλλος, τὸ δὲ ἧττον ἡμιπαγές τε ὂν ἔτι („*quod autem minus est et ex dimidia adhuc parte concretum*" Stallb.) τὸ μὲν ὑπὲρ γῆς αὖ χιών, τὸ δ' ἐπὶ γῆς ξυμπαγέν, ἐκ δρόσου γενόμενον, πάχνη λέγεται. Es umfasst eine Mannigfaltigkeit von Beziehungen, wie keine der übrigen Präpositionen. Es ist daher natürlich, dass die Grundbedeutung in den kausalen und ethischen Beziehungen für unsere Anschauungsweise oft nur sehr dunkel hervortritt. Die ursprüngliche Bedeutung **auf** tritt am deutlichsten im Genetive und Akkusative hervor, minder deutlich im Dative, wo es meistens von einer Nähe (bei) gebraucht wird. Der Dativ ist auch hier in den meisten Fällen Vertreter des ursprünglichen Lokativs; doch ist er wohl da, wo er das Ziel, die Richtung einer Bewegung bezeichnet, als echter Dativ anzuerkennen (vgl. § 423, 2).

I. Mit dem *Genetive.* — 1) **räumlich**: a) zur Angabe eines **Verweilens auf** einem Raume oder Gegenstande oder eines **Angrenzens an** einen Ort. Pl. Menex. 246, d οὔτ' ἐπὶ γῆς οὔθ' ὑπὸ γῆς. Θ, 455 ἐφ' ὑμετέρων ὀχέων . . ἵκεσθον. Χ, 225 ἐπὶ μελίης ἐρεισθείς. Ähnlich Eur. Ph. 1467 καθῆστο Κάδμου λαὸς ἀσπίδων ἔπι, gleichs. auf Schilde gestützt = mit Schilden gerüstet. Hdt. 7, 111 τὸ μαντήιον

[1]) S. Eggers a. a. O. S. 15.

τοῦτό ἐστι ἐπὶ τῶν ὀρέων τῶν ὑψηλοτάτων. 6, 129 ἐπ' αὐτῆς (τῆς τραπέζης) ὠρχήσατο. X. R. L. 14, 4 ἁρμόζοντες ἐπὶ ξένης, Harmoste seiend auf fremdem Gebiete. Lycurg. 25 ἐπὶ ξένης καὶ ἀλλοτρίας, ubi v. Maetzner. Dem. 9, 26 τριάκοντα πόλεις ἐπὶ Θρᾴκης ἐῶ. X. Cy. 4. 5, 58 ἐπὶ τῶν ἵππων ὀχεῖσθαι auf Rossen reiten. Hdt. 2, 35 τὰ ἄχθεα οἱ μὲν ἄνδρες ἐπὶ τῶν κεφαλέων φορέουσι, αἱ δὲ γυναῖκες ἐπὶ τῶν ὤμων. Dann auch da, wo der Begriff auf weniger hervortritt. Hdt. 7, 188 νέες ὅρμεον ἐπ' ἀγκυρέων, vor Anker. X. An. 1. 8, 9 ἐπὶ τοῦ εὐωνύμου. 3. 2, 36 ἐπὶ τῶν πλευρῶν. 6. 5, 4 φύλακα τῶν ἐπὶ στρατοπέδου, vgl. Pl. leg. 674, a. Ähnliche militärisch-technische Ausdrücke: ἐπὶ στρατιᾶς u. ἐπὶ φρουρᾶς X. R. L. 13, 1, beim Heere, vgl. Pl. Symp. 220, c. Aeschin. 1, 74 τοὺς ἐπὶ τῶν οἰκημάτων καθεζομένους.[1]) X. An. 4. 3, 28 Ξενοφῶν κελεύει (αὐτοὺς) αὐτοῦ μεῖναι ἐπὶ τοῦ ποταμοῦ, an, bei dem Flusse. Dem. 8, 47 μένειν ἐπὶ τῆς ἑαυτοῦ auf eigenem Grund und Boden bleiben. 18, 116 ἐν τῇ ἐπὶ τοῦ ποταμοῦ μάχῃ. Bei Thuk. oft οἱ ἐπὶ Θρᾴκης, τὰ ἐπὶ Θρᾴκης zur Bezeichnung der griech. Ansiedelungen auf der thrakischen Küste. — b) zur Angabe einer Richtung auf einen Ort od. Gegenstand hin, los (über den Genetiv s. § 416, 4), schon bei Homer oft. S. Ebeling. Th. 1, 116 πλεῖν ἐπὶ Σάμου. Vgl. 8, 16 u. s. 3, 24 τὴν ἐπ' Ἀθηνῶν φέρουσαν (ὁδόν) . . τὴν ἐπὶ τῶν Θηβῶν. X. An. 2. 1, 3 ἀπιέναι ἐπὶ Ἰωνίας. Vgl. Hell. 1. 2, 11. 1. 4, 8. Th. 1, 54 τὸν πλοῦν τὸν ἐπ' οἴκου παρεσκευάζοντο. Vgl. 1, 55. 3, 7. 7, 25 u. s. Dem. 9, 48. Der Genetiv bezeichnet an sich nur die Richtung auf das Ziel hin; ob das Ziel wirklich erreicht wird, bleibt dabei ausser Betracht: ἐπὶ Σάρδεων in der Richtung auf Sardes zu — ἐπὶ Σάρδεις nach, vor S., vgl. X. Cy. 7. 2, 1 Κῦρος εὐθὺς ἐπὶ Σάρδεων ἔφευγε . . ἐπεὶ δὲ ἡμέρα ἐγένετο, εὐθὺς ἐπὶ Σάρδεις ἦγε. Ebenso ἐπ' οἴκου der Heimat zu, heimwärts — ἐπ' οἶκον in die Heimat, z. B. X. Hell. 7. 1, 29 ἀποκλείσοντες αὐτὸν τῆς ἐπ' οἶκον ὁδοῦ, Cy. 7. 2, 1 προσωτάτω τῆς ἐπ' οἶκον ὁδοῦ ἕκαστος ἀπεχώρει. Daher findet sich der Genetiv bei ἐπί nur selten nach Verben des Anlangens, z. B. Th. 8, 79 καταπλεύσαντες ἐπὶ τῆς Μυκάλης. 1, 60 ἀφικνοῦνται ἐπὶ Θρᾴκης. Ferner: Pl. Gorg. 486, c ἐπὶ κόρρης τύπτειν. α, 278 ἕεδνα πολλὰ μάλ', ὅσσα ἔοικε φίλης ἐπὶ παιδὸς ἕπεσθαι, bei einem Kinde, d. i. dem Kinde als Mitgift. — 2) temporal zur Angabe der Zeit, in od. während welcher etwas geschieht. Schon bei Hom. B, 797 ἐπ' εἰρήνης. E, 637 ἐπὶ προτέρων ἀνθρώπων. Hdt. 6, 98 ἐπὶ Δαρείου ἐγένετο πλέω κακὰ τῇ Ἑλλάδι. X. Cy. 1. 6, 31 ἐπὶ τῶν ἡμετέρων προγόνων. Oft in Verbindung mit einem Partizip des Präsens, als: ἐπὶ Κύρου βασιλεύοντος. Hdt. 1, 15 ἐπὶ τούτου τυραννεύοντος. 8, 44 Ἀθηναῖοι ἐπὶ Πελασγῶν ἐχόντων τὴν νῦν Ἑλλάδα καλεομένην ἦσαν Πελασγοί. So auch: ἐπ' ἐμοῦ, ἐφ' ἡμῶν u. s. w., mea, nostra

---

[1]) Vgl. Maetzner ad Antiph. 6 p. 249.

memoria. Dem. 3. 2 ἐπ' ἐμοῦ γέγονε ταῦτα, ubi v. Bremi. 23 τῶν ἐπὶ τῶν προγόνων ἔργων καὶ τῶν ἐφ' ὑμῶν. 2, 14 οἷον ὑπῆρξέ ποθ' ὑμῖν ἐπὶ Τιμοθέου, *duce Timotheo*, während der Führung des T. Allgemeiner Th. 6, 34 ἐπὶ κινδύνου, *tempore periculi*, s. Poppo, vgl. X. Hipparch. 4, 5 ibiq. Sauppe. Aeschin. 3, 191 ἐπὶ σχολῆς, in Stunden der Musse. Dem. 18, 10 εὔνοιαν ἐνδέδειχθε ἐπὶ πολλῶν ἀγώνων τῶν πρότερον, bei vielen Prozessen. 20, 51 τοὺς παρασχόντας χρησίμους αὑτοὺς ἐπὶ τηλικούτων καὶ τοιούτων καιρῶν, bei solchen Gelegenheiten. Ib. συμμάχους ἡμῖν ἐπὶ τοῦ πρὸς Λακεδαιμονίους πολέμου παρέσχον. — 3) kausal u. bildlich: a) von einer Person in Beziehung auf das ihr Angehörige: τὸ ἐπί τινος, selt. Th. 1, 17 τύραννοι τὸ ἐφ' ἑαυτῶν μόνον προορώμενοι (vgl. 6, 12 τὸ ἑαυτῶν σκοποῦντες) *„suis tantum rebus prospicientes“* Poppo. Ar. Pl. 100 ἴστον γὰρ ἤδη τἀπ' ἐμοῦ. In Verbindung mit εἶναι Dem. 39, 21 ἀκούετε, ὅτι ἐγὼ „μὲν εἰμι ἐπὶ τοῦ ὀνόματος τούτου = ἔχω τὸ ὄνομα τοῦτο, wie ib. 20. — b) bei den Verben des Sagens, Schwörens, Beteuerns u. a. vor einem. Antiph. 2. γ, 8 οὐ γὰρ ἐπὶ μαρτύρων ἀλλὰ κρυπτόμενα πράσσεται τὰ τοιαῦτα. Isae. 5, 1 τὰ ὡμολογημένα ἐπὶ τοῦ δικαστηρίου, *coram judicibus*, s. Schoemann. fr. pro Euphil. 9 ὅρκον ὀμόσαι ἐπὶ τοῦ διαιτητοῦ. 11 μάρτυρας καὶ ἐπὶ τῶν διαιτητῶν καὶ ἐφ' ὑμῶν παρεχόμεθα. X. Hell. 6. 5, 41 οὐκ ἐπ' ὀλίγων μαρτύρων u. s. Dem. 18, 137 ἐπωμόσαντο ἐπὶ τῶν στρατηγῶν. Hdt. 9, 11 εἶπαν ἐπ' ὅρκου, gleichsam gestützt auf. Ferner um eine Stütze, einen Schutz auszudrücken. S. OC. 746 ἐπὶ προσπόλου μιᾶς . . χωροῦντα, mit einer Begleiterin, d. h. gleichsam *uni comiti innixum.* So bei den Athenern von den Metöken ἐπὶ προστάτου οἰκεῖν, unter dem Schutze eines Bürgers, als ihres Verteidigers. Lys. 31, 9 ἐν Ὠρωπῷ μετοίκιον κατατιθεὶς ἐπὶ προστάτου ᾤκει. Vgl. ibid. 14. Lycurg. 145 ibiq. Maetzner. — c) zur Angabe der Veranlassung, des Urhebers, besonders in der Redensart: nach einem oder etwas benannt werden. Hdt. 7, 40 Νησαῖοι καλέονται ἵπποι ἐπὶ τοῦδε. 74 ἐπὶ Λυδοῦ τοῦ Ἄτυος ἔσχον τὴν ἐπωνυμίην. 4, 45 ἔχειν ὄνομα ἐπί τινος. X. Hell. 5. 1, 36 u. Dem. 20, 54 εἰρήνη ἡ ἐπὶ Ἀνταλκίδου, *pax auctore (legato) Antalcida facta.* 126 οἷα μηδ' ἂν ἐπ' ἀνθρώπου πραχθέντα πονηρὰ φανείη, *humana auctoritate.* Pl. Parm. 136, b σκοπεῖν, τί ἐφ' ἑκατέρας τῆς ὑποθέσεως συμβήσεται. So: ἐπ' ὅτεο Hdt. 4, 45 warum? ἐφ' ἑαυτοῦ, auf eigenen Antrieb, *sua sponte.* 7, 150 ἐπὶ προφάσιος, unter dem Vorgeben, gleichs. gestützt auf das V. — d) zur Angabe der Gemässheit bei den Verben: etwas an, bei, nach einem Gegenstande einsehen, beurteilen, sagen, zeigen, nach derselben Anschauung, indem die Handlung sich auf etwas stützt: ζητεῖν τι ἐπί τινος, σκοπεῖν τι ἐπί τινος, λέγειν (τι) ἐπί τινος, ἐπιδεικνύναι τι ἐπί τινος u. s. w. Pl. Civ. 597, b βούλει οὖν ἐπ' αὐτῶν τούτων ζητήσωμεν τὸν μιμητὴν τοῦτον, τίς ποτ' ἐστίν: *visne, ad haec ipsa imitatorem istum exigamus?* S. Stallb. 475

βούλει, ἔφη, ἐπ' ἐμοῦ λέγειν περὶ τῶν ἐρωτικῶν, ὅτι οὕτω ποιοῦσι, συγχωρῶ τοῦ λόγου χάριν *„ita ut de me rei exemplum petatur"* Stallb. Charm. 155, d ἐπὶ καλοῦ λέγων παιδός. Isocr. 6, 41 ἐπὶ μὲν τῆς ἡμετέρας πόλεως οὐδὲν ἔχω τοιοῦτον εἰπεῖν . ., ἐπὶ δὲ τῶν ἄλλων πολλοῖς ἄν τις παραδείγμασι χρήσαιτο. 44 ἐπὶ ταύτης ἄν τις τῆς πόλεως ἐπιδείξειε τὸ τολμᾶν ἀμύνεσθαι τοὺς ἐχθροὺς ὡς πολλῶν ἀγαθῶν. αἴτιόν ἐστιν. Lycurg. 64 ὅταν ταύτην ἐφ' ἑνός (in einem Stücke) τις παρίδῃ, λέληθεν ἑαυτὸν ἐφ' ἁπάντων τοῦτο πεποιηκώς, ubi v. Maetzner. Dem. 2, 1 ἐπὶ πολλῶν μὲν ἄν τις ἰδεῖν δοκεῖ μοι τὴν παρὰ τῶν θεῶν εὔνοιαν φανερὰν γιγνομένην τῇ πόλει. 18, 294 εἴ γ' ἐπ' ἀληθείας δέοι σκοπεῖσθαι. — e) zur Angabe der Abhängigkeit (gleichs. des Gestütztseins auf etwas) bei: ἐφ' ἑαυτοῦ, ἑαυτῶν, ἡμῶν αὐτῶν, ἑαυτῆς, für sich, besonders. Schon H, 194 εὔχεσθε . . σιγῇ ἐφ' ὑμείων, ἵνα μὴ Τρῶές γε πύθωνται. Hdt. 5, 98 οἰκέοντας τῆς Φρυγίης χῶρόν τε καὶ κώμην ἐπ' ἑωυτῶν. 4, 114 οἰκέωμεν ἐπὶ ἡμέων αὐτῶν. Th. 2, 63 εἴ που ἐπὶ σφῶν αὐτῶν αὐτόνομοι οἰκήσειαν. X. An. 2. 4, 10 οἱ Ἕλληνες ὑφορῶντες τοὺς βαρβάρους αὐτοὶ ἐφ' ἑαυτῶν ἐχώρουν ἡγεμόνας ἔχοντες, gingen für sich allein. Dem. 18, 224 αὐτὸ τὸ πρᾶγμα ἂν ἐκρίνετο ἐφ' ἑαυτοῦ. So auch: Hdt. 7. 10, 4 προσχεψάμενος ἐπὶ σεωυτοῦ. 3, 71 ἐπὶ ἑωυτοῦ βαλλόμενον ποιέειν τι, auf eigene Hand etw. thun, vgl. 3, 155 u. s. Hiermit scheint die bei den attischen Historikern oft vorkommende militärische Redensart zusammenzuhängen: ἐφ' ἑνός, ἐπὶ τριῶν, τεττάρων τετάχθαι, στῆναι, einen, drei, vier Mann tief od. breit (eigtl.: gestellt werden, stehen auf einem, die Reihe stützt sich auf einen u. s. w.), wie im Franz., z. B. sur quatre de hauteur[1]). X. An. 1. 2, 15 ἐτάχθησαν ἐπὶ τεττάρων, 4 Mann tief. 4. 8, 11 ἐπ' ὀλίγων τεταγμένοι. Hell. 1. 6, 29 οἱ Σάμιοι δέκα ναυσὶν ἐπὶ μιᾶς τεταγμένοι. An. 5. 2, 6 ἦν ἐφ' ἑνὸς ἡ κατάβασις ἐκ τοῦ χωρίου v. d. Fronte: so dass immer nur ein Mann in der Fronte gehen konnte. Cy. 2. 4, 2 τὸ μέτωπον ἐπὶ τριακοσίων. Vgl. An. 7. 8, 14 ὁ τοῖχος ἦν ἐπ' ὀκτὼ πλίνθων τὸ εὖρος. Th. 7, 79 τὴν πεζὴν στρατιὰν παρατεταγμένην οὐκ ἐπ' ὀλίγων ἀσπίδων· στενὸν γὰρ ἦν τὸ χωρίον. X. An. 4. 3, 26 παραγαγόντας τὴν ἐνωμοτίαν ἐπὶ φάλαγγος, in Fronte aufmarschieren lassend. Vgl. 4. 6, 6. 6. 5, 7. Cy. 1. 6, 43. 6. 3, 21 ἐπὶ φάλαγγος καθίστασθαι. Isocr. 6, 99 ἐπὶ μιᾶς ἀσπίδος παραταξαμένους, einen Schild, d. h. einen Mann hoch. Ferner gehört hierher Eur. Hipp. 1161 (Ἱππόλυτος) δέδορκε μέντοι φῶς ἐπὶ σμικρᾶς ῥοπῆς, sein Lebenslicht hat in der That nur von einer kleinen Entscheidung abgehangen. Th. 5, 103 ἀσθενεῖς τε καὶ ἐπὶ ῥοπῆς μιᾶς ὄντες, *ab uno rerum momento pendentes*, s. Bloomf. Plut. Artax. c. 30 ἦν ἐπὶ σμικρᾶς ῥοπῆς ὁ Ἀρταξέρξης. Dann wird ἐπί überhaupt von einem beharrlichen Verbleiben bei (auf) einer Sache gebraucht. Dem. 4, 9 οὐχ οἷός τ' ἐστίν, ἔχων ἃ κατέστραπται,

---

[1]) S. Poppo ad Xen. An. p. 491.

μένειν ἐπὶ τούτων. 6, 4 κωλύσαιτ' ἂν ἐκεῖνον (Φίλιππον) πράττειν ταῦτα, ἐφ' ὧν ἐστι νῦν, *quibus nunc studet*. 18, 167 ἐάνπερ ἐπὶ ταύτης μένητε τῆς προθέσεως. Vgl. 21, 213. 8, 14. Doch auch aoristisch: Dem. 4, 7 ἂν ὑμεῖς ἐπὶ τῆς τοιαύτης ἐθελήσητε γενέσθαι γνώμης, auf eine Meinung, zu einer Überzeugung kommen. — f) zur Angabe der Aufsicht (des Gesetztseins über etw.). Hdt. 5, 109 ἐπ' οὗ ἐτάχθημεν, *cui rei praefecti sumus*. X. Comm. 3. 3, 2 ἡ ἀρχή, ἐφ' ἧς ᾕρησαι, s. das. Kühners Bmrk., häufiger d. Dat. αἱρεῖσθαι ἐπί τινι, s. S. 500. Dem. 18, 118 ἐπὶ τοῦ θεωρικοῦ κατασταθείς. 38 ὁ ἐπὶ τῶν ὅπλων (= ὁπλιτῶν) στρατηγὸς καὶ ὁ ἐπὶ τῆς διοικήσεως, ubi v. interpp. Lycurg. 58 ἐπὶ ταύτης τῆς ἐργασίας ἐγένετο, war diesem Geschäfte vorgesetzt. Daher: οἱ ἐπὶ τῶν πραγμάτων, Staatsmänner, Dem. 18, 247. S. Lobeck ad Herodian. p. 474. — g) zur Angabe der Art und Weise. Dem. 18, 17 οὔτε δικαίως οὔτ' ἐπ' ἀληθείας οὐδεμιᾶς εἰρημένα, gleichs. gestützt auf Wahrheit. 9, 61 ἐπ' ἐξουσίας. Pl. Symp. 192, c ἕτερος ἑτέρῳ χαίρει ξυνὼν οὕτως ἐπὶ μεγάλης σπουδῆς = *vehementer*.

II. Mit dem *Dative*. — 1) räumlich zur Angabe des Verweilens nicht nur, wie beim Genetive, auf, sondern, und zwar häufiger, in erweiterter Bedeutung an oder bei einem Orte od. Gegenstande: α) auf. Z, 431 μίμν' ἐπὶ πύργῳ. Hs. op. 252 ἐπὶ χθονί. Hdt. 5, 77 κληρούχους ἐπὶ τῇ χώρῃ λείπουσι. 7, 217 ἐγένοντο ἐπὶ τῷ ἀκρωτηρίῳ τοῦ ὄρεος. 41 τούτων χίλιοι ἐπὶ τοῖς δόρασι ἀντὶ τῶν σαυρωτήρων ῥοιὰς εἶχον χρυσέας. Vgl. 74. Pl. Phaed. 116, e οἶμαι ἔτι ἥλιον εἶναι ἐπὶ τοῖς ὄρεσιν καὶ οὔπω δεδυκέναι. Th. 1, 56 (Ποτειδαιᾶται) οἰκοῦσιν ἐπὶ τῷ Ἰσθμῷ τῆς Παλλήνης. 2, 80 τοὺς ὁπλίτας ἐπὶ ναυσὶν ὀλίγαις πέμπουσι, vgl. 4, 10. X. An. 7. 4, 4 οἱ Θρᾷκες τὰς ἀλωπεκᾶς ἐπὶ ταῖς κεφαλαῖς φοροῦσι καὶ τοῖς ὠσὶ καὶ ζειρὰς (Oberkleider) μέχρι τῶν ποδῶν ἐπὶ τῶν ἵππων ἔχουσιν. Pl. Symp. 212, e ἐπὶ τῇ κεφαλῇ ἔχων τὰς ταινίας (aber kurz vorher ταινίας ἔχ. ἐπὶ τῆς κεφαλῆς.). Pl. Civ. 614, b κείμενος ἐπὶ τῇ πυρᾷ. Auf diese räumliche Anschauung geht zurück die Redensart λέγειν ἐπὶ τοῖς ἀποθανοῦσιν, ursprünglich: auf dem Grabe, dann überhaupt: auf, zu Ehren. Isocr. 4, 74 εἰπεῖν ἐπὶ τοῖς δημοσίᾳ θαπτομένοις. Vgl. Th. 2, 34. Pl. Menex. 234, b. Dem. 18, 285. — β) bei. ν, 408 (αἱ σύες) νέμονται | πὰρ Κόρακος πέτρῃ ἐπί τε κρήνῃ Ἀρεθούσῃ. Hdt. 3, 16 ἀποθανόντα ἔθαψε ἐπὶ τῇσι θύρῃσι. 7, 75 οἰκέοντες ἐπὶ Στρυμόνι. 89 οἱ Φοίνικες τὸ παλαιὸν οἴκεον ἐπὶ τῇ Ἐρυθρῇ θαλάσσῃ. Th. 1, 55 Ἀνακτόριόν ἐστιν ἐπὶ τῷ στόματι τοῦ Ἀμπρακικοῦ κόλπου. X. An. 1. 2, 8 ἔστι βασίλεια ἐπὶ ταῖς πηγαῖς τοῦ Μαρσύου ποταμοῦ. Ἐπί *c. d.* = unmittelbar bei, dagegen ἐν, bei = in der Nähe, in der Umgebung, s. S. 464, daher von Schlachten gewöhnlich ἐν m. d. Namen eines Ortes, hingegen stets ἐπὶ Δηλίῳ od. περὶ Δήλιον Pl. ap. 28, e ἐν Ποτειδαίᾳ καὶ ἐν Ἀμφιπόλει καὶ ἐπὶ Δηλίῳ, weil Delion

[illegible]

[illegible] Zeichen 'wenn das dr. Zeichen gegeben wird'. — [illegible] u. bildlich: a) zur Bezeichnung der Aufsicht (des Gesetzgebers über etw.) [illegible] X. Cy. 1. 2. 5 [illegible] zur Aufsicht über. 2. 4, 26 [illegible] 6. 3, 28 [illegible] 6. 3, 33 [illegible] Dem. 19, 113 ἐπὶ τῷ [illegible], Vorsteher der

1) [illegible] Hertlein Zimmermann Ztschr. 1838, S. 589. Kühner ad Xen. Comm. 3. 5, 4.

Theorikenkasse. 8, 76 οἱ ἐπὶ τοῖς πράγμασι, Staatsmänner (über d. Gen. s. S. 499). Aeschin. 2, 73 ἐκκλεῖν Ἀντίοχον τὸν ἐπὶ τῶν ὑπηρετικῶν καὶ ζητεῖν τὸν στρατηγὸν τὸν ἐπὶ τῇ δυνάμει τεταγμένον. Th. 6, 29 πέμπειν αὐτὸν ἐπὶ τοσούτῳ στρατεύματι, an der Spitze. — b) zur Angabe einer Abhängigkeit (*penes*), als: ἐπί τινι εἶναι, *penes aliquem esse*. Hdt. 8, 29 ἐπ' ἡμῖν ἐστι ἠνδραποδίσθαι ὑμέας. 7. 10, 3 ἐπ' ἀνδρί γε ἑνὶ πάντα τὰ βασιλέος πρήγματα γεγενῆσθαι. Is. 4, 60 ἐπὶ τοῖς παισὶ γενόμενος, in die Macht, Hand gekommen. Th. 6, 22. Pl. Civ. 460, a τὸ πλῆθος τῶν γάμων ἐπὶ τοῖς ἄρχουσι ποιήσομεν, die Anzahl der Verheiratungen werden wir von den Vorstehern abhängig machen. Dem. 8, 2 ἐφ' ὑμῖν ἐστι (τούτους) κολάζειν, es steht bei euch. X. An. 6. 6, 23 τὸ ἐπὶ τούτῳ ἀπολώλαμεν, so weit es bei ihm stand. Cy. 5. 4, 11 νῦν τὸ μὲν ἐπ' ἐμοὶ οἴχομαι, τὸ δ' ἐπὶ σοὶ σέσῳσμαι. So auch Lycurg. 45 τὸ ἐπὶ τούτῳ μέρος. Isocr. 4, 142 ὥστε τὸ μὲν ἐπ' ἐκείνῳ πολλάκις ἂν διελύθησαν, si per eum stetisset. 6, 8 καθ' ὅσον ἐστὶν ἐπ' ἐμοί. — c) zur Angabe der Grundlage, auf der, der Bedingung, unter der etwas geschieht, des Zusammentreffens von bedingenden Umständen (bei obwaltenden Umständen). Th. 5, 79 ἐπὶ τοῖς ἴσοις καὶ ὁμοίοις, auf der Basis der Gleichberechtigung. Ὀμνύναι, δεξιὰν διδόναι, πιστὰ διδόναι καὶ λαμβάνειν ἐπί τινι, z. B. X. An. 3. 2, 4 ἐπὶ τούτοις ὀμόσας, auf dieser Grundlage, auf diese Bedingungen hin. 5. 4, 11. So besonders ἐπὶ τούτῳ, unter dieser Bedingung, ἐπὶ τούτοις, ἐφ' ᾧ, ἐπ' οὐδενί, *nulla condicione, nullo pacto*. Hdt. 3, 83 ἐπὶ τούτῳ ὑπεξίσταμαι τῆς ἀρχῆς ἐπ' ᾧτε ὑπ' οὐδενὸς ὑμέων ἄρξομαι. Th. 1, 141 καὶ ἐπὶ μεγάλῃ καὶ ἐπὶ βραχείᾳ ὁμοίως προφάσει μὴ εἴξοντες. So oft ἐπὶ προφάσει, unter dem Vorwande, vgl. oben S. 497 ἐπὶ προφάσεως. Ähnl. Dem. 20, 126 ἐπὶ τῷ τῶν θεῶν ὀνόματι ποιεῖν τι, auf den Namen der Götter, d. i. unter Vorschützung d. göttl. Namens. X. Comm. 2. 8, 1 μηδὲν ἔχοντα, ἐφ' ὅτῳ ἂν δανειζοίμην, worauf ich borgen könnte. Th. 6, 20 ἐπὶ τῷ παρόντι ἃ γιγνώσκω σημανῶ, unter bewandten Umständen. Eur. I. T. 471 εὐτρεπίζετε | ἃ χρὴ 'πὶ τοῖς παροῦσι. Th. 1, 65 βουλόμενος τὰ ἐπὶ τούτοις παρασκευάζειν, das unter diesen Umständen notwendige. 1, 70 ἐπὶ τοῖς δεινοῖς εὐέλπιδες, unter gefahrvollen Umständen. Dem. 4, 51 ἐπ' ἀδήλοις οὖσι τοῖς ἀπὸ τούτων ἐμαυτῷ γενησομένοις, bei (trotz) aller Ungewissheit über die Folgen für mich. Δ, 175 ἀτελευτήτῳ ἐπὶ ἔργῳ, bei unvollendetem Werke, vgl. π, 111. Allgemeiner: Hdt. 2, 170 ἐπὶ τοιούτῳ πρήγματι, bei einer solchen Gelegenheit. X. Hell. 3. 2, 4 πολλοὺς αὐτῶν ἐφ' ἑκάστῃ ἐκδρομῇ κατέβαλλον. Ferner: ὀνομάζειν, καλεῖν τι ἐπί τινι, *nomen alicui imponere*[1]). Pl. civ. 470, b ἐπὶ μὲν τῇ τοῦ οἰκείου ἔχθρᾳ στάσις κέκληται, ἐπὶ δὲ τῇ τοῦ ἀλλοτρίου πόλεμος, bei (für) inneren Feindseligkeiten gebraucht man den Namen στάσις. Hdt. 3, 14 τὠυτὸ ἐποίησε τὸ καὶ ἐπὶ τῇ θυγατρί, idem,

---

1) Vgl. Stallbaum ad Pl. civ. 470, b. 493, d. Kühner ad X. Comm. 3. 14, 2.

quod etiam in filia fecerat[1]). 4, 154 (Ἐτέαρχος βασιλεὺς) ἐπὶ θυγατρὶ ἀμήτορι ἔγημε ἄλλην γυναῖκα, zu der Tochter, *„cum filiam haberet matre orbatam, alteras iniit nuptias"* s. Baehr. Vgl. Eur. Alc. 372. Bei Späteren: τελευτᾶν ἐπὶ παισί, sterben mit Hinterlassung von Kindern, φεύγειν ἐπὶ τέκνοις καὶ γυναιξίν, ζῆν ἐπὶ παιδίοις u. dgl., s. Passow. II. S. 1037 b. Überhaupt von begleitenden Umständen: S. El. 108 ἐπὶ κωκυτῷ ἠχὼ πᾶσι προφωνεῖν, unter Wehklagen. Ant. 759 ἐπὶ ψόγοισι δεννάσεις ἐμέ. Eur. I. A. 1175 ἐπὶ δὲ δακρύοις | μόνη κάθημαι. Ph. 1555 οὐκ ἐπ' ὀνείδεσιν οὐδ' ἐπὶ χάρμασιν, ἀλλ' ὀδύναισι λέγω „οὐκ ἐπιχαίρουσα οὔτε ὀνειδίζουσα, ἀλλ' ὀδυνωμένη" Schol. Tr. 315 Ch. ἐπεὶ σύ, μᾶτερ, ἐπὶ δάκρυσι καὶ γόοισι τὸν θανόντα πατέρα . . καταστένουσ' ἔχεις. — d) zur Angabe des Grundes. I, 492 ἐπὶ σοὶ μάλα πολλὰ πάθον καὶ πολλὰ μόγησα, besonders bei den Verben der Affekte, als: γελᾶν ἐπί τινι, μέγα φρονεῖν, μαίνεσθαι, ἀγανακτεῖν u. s. w. ἐπί τινι. B, 270 ἐπ' αὐτῷ ἡδὺ γέλασσαν. Χαλεπαίνειν ἐπί τινι σ, 414. υ, 323. X. Oec. 21, 4 μεγαλυνομένους ἐπὶ τῷ ἐναντιοῦσθαι τῷ ἄρχοντι. R. L. 12, 5 μεγαλοφρονεστέρους ἐφ' ἑαυτοῖς γίγνεσθαι, ubi v. Haase. Conv. 1, 14 ἐγέλασαν ἐπ' αὐτῷ. Vgl. 16. Comm. 2. 1, 28 ἐπ' ἀρετῇ θαυμάζεσθαι. 2. 6, 11 τοῖς ἐπ' ἀρετῇ φιλοτιμουμένοις. Isocr. 4, 77 ᾐσχύνοντ' ἐπὶ τοῖς κοινοῖς ἁμαρτήμασιν. S. § 425, A. 10. So: Th. 1, 138 ἐπὶ προδοσίᾳ φεύγειν. Dem. 2, 10 ἀνθεῖ τι ἐπὶ ταῖς ἐλπίσιν. 3, 24 τὴν ἐπὶ (*propter*) τοῖς ἔργοις δόξαν. X. Comm. 2. 1, 27 ἐμὲ ἐπ' ἀγαθοῖς διαπρεπεστέραν φανῆναι. 1. 2, 61 ὀνομαστὸς ἐπὶ τούτῳ γέγονε, s. das. Kühners Bmrk. Ferner: X. Comm. 2. 2, 3 αἱ πόλεις ἐπὶ τοῖς μεγίστοις ἀδικήμασι ζημίαν θάνατον πεποιήκασιν, haben Strafe gesetzt auf. — e) zur Angabe des Preises. I, 602 ἐπὶ δώροις ἔρχεο, auf die Geschenke hin, für. K, 304 δώρῳ ἐπὶ μεγάλῳ. Hdt. 3, 38 ἐπὶ τίνι χρήματι δεξαίατ' ἂν τελευτῶντας τοὺς πατέρας κατακαίειν πυρί; ebenso vorher: ἐπὶ κόσῳ χρήματι; um welchen Preis? Th. 1, 143 ἐπὶ τῷ κινδύνῳ οὐδεὶς ἂν δέξαιτο τῶν ξένων τὴν αὑτοῦ φεύγειν, keiner unserer Söldner möchte auf eine solche Gefahr hin sein Vaterland verlieren. 2, 64 ὅστις ἐπὶ μεγίστοις τὸ ἐπίφθονον λαμβάνει, ὀρθῶς βουλεύεται, wer um das Höchste den Neid nicht scheut. X. Comm. 2. 1, 18 ὁ ἑκουσίως ταλαιπωρῶν ἐπ' ἀγαθῇ ἐλπίδι πονῶν εὐφραίνεται. Vgl. 1. 2, 56. 2. 2, 8. Cy. 3. 1, 43 ἐπὶ πόσῳ ἂν ἐθέλοις τὴν γυναῖκά σου ἀκοῦσαι, ὅτι σκευοφορεῖς; Pl. ap. 41, a ξυγγενέσθαι Ὁμήρῳ ἐπὶ πόσῳ ἄν τις δέξαιτ' ἂν ὑμῶν; Ἐπ' ἀργύρῳ τὴν ψυχὴν προδοῦναι, ἐπὶ κέρδεσιν λέγειν Soph. Dem. 8, 53 μή ποθ' ἡγήσησθε ἐπὶ πολλῷ γεγενῆσθαι, *magno constitisse*. Vgl. 1, 15. — f) zur Angabe des Zweckes, der Absicht od. Bestimmung: ἐπὶ τούτῳ, *hoc consilio*. Th. 6, 31 ἐπὶ βραχεῖ πλῷ ὡρμήθησαν, *ad brevem expeditionem*. 2, 29 ἐπ' ὠφελίᾳ. 3, 10 ξύμμαχοι ἐγενόμεθα οὐκ ἐπὶ καταδουλώσει τῶν Ἑλλήνων, ἀλλ' ἐπ' ἐλευθερώσει ἀπὸ τοῦ

---

[1]) Vgl. Schoemann ad Isae. 3, 20.

Μήδεια. Pl. Prot. 312, b οὐκ ἐπὶ τέχνῃ ἔμαθες, ὡς δημιουργὸς ἐσόμενος, ἀλλ' ἐπὶ παιδείᾳ, nicht zum Zwecke handwerksmässiger Übung, sondern zur Bildung. X. conv. 1, 5 Πρωταγόρᾳ πολὺ ἀργύριον δέδωκας ἐπὶ σοφίᾳ, *ad discendam sap.* An. 6. 4, 9 ἐπ' ἐξόδῳ ἐθύετο Ξενοφῶν, für. Vgl. 13. 6. 6, 35 u. s. Comm. 4. 4, 3 ἀγαγεῖν τινα ἐπὶ θανάτῳ. Vgl. An. 5. 7, 34. 1. 6, 10 ἔλαβον τῆς ζώνης τὸν Ὀρόνταν ἐπὶ θανάτῳ, *ad interficiendum* (aber gleich darauf εἰδότες ὅτι ἐπὶ θάνατον ἄγοιτο, gleichs. zum Todesplatze, s. Kühners Bmrk.). 2. 4, 8 ἄγειν ἐπὶ γάμῳ. 5 δόξομεν ἐπὶ πολέμῳ ἀπιέναι, vgl. Hell. 4. 8, 17 u. 24. Cy. 7. 4, 10 εἰς χεῖρας ἦλθεν Ὑστάσπᾳ ἐπὶ τῇ Κύρου δίκῃ, *ut iudicium esset penes Cyrum.* Pl. Ap. 20, e ψεύδεταί τε καὶ ἐπὶ διαβολῇ τῇ ἐμῇ λέγει. Hdt. 3, 14 ἐπὶ λύμῃ, um ihn zu beschimpfen. Sowie vom Zwecke, so wird auch von der Folge ἐπί c. d. gebraucht. Eur. Hipp. 511 ἅ σ' οὔτ' ἐπ' αἰσχροῖς οὔτ' ἐπὶ βλάβῃ φρενῶν | παύσει νόσου τῆσδε. Hdt. 1, 68 ἐπὶ κακῷ ἀνθρώπου σίδηρος ἀνεύρηται. Vgl. 1, 41. Ferner: das Ziel in feindlichem Sinne: gegen; seltener in freundlichem Sinne. E, 124 ἐπὶ Τρώεσσι μάχεσθαι. M, 293 Σαρπηδόνα μητίετα Ζεὺς | ὦρσεν ἐπ' Ἀργείοισι. Hdt. 6, 88 τὸ πᾶν μηχανήσασθαι ἐπ' Αἰγινήτῃσι. 1, 61 μαθὼν τὰ ποιεύμενα ἐπ' ἑωυτῷ. Th. 1, 40 τὸν νόμον ἐφ' ὑμῖν αὐτοῖς μᾶλλον ἢ ἐφ' ἡμῖν θήσετε, vgl. Dem. 24, 70 ὁ νόμος ἐφ' ὑμῖν κεῖται. Th. 1, 102 τὴν γενομένην ἐπὶ τῷ Μήδῳ ξυμμαχίαν. 3, 13 (νῆες) ἐφ' ἡμῖν τετάχαται. Antiph. 6, 36 τοῦτ' οὐκ ἐπ' ἐμοὶ ἐμηχανήσατο, ἀλλὰ καὶ ἐπὶ Λυσιστράτῳ[1]). In freundlichem Sinne S. El. 85 ταῦτα γὰρ φέρει | νίκην τ' ἐφ' ἡμῖν καὶ κράτος. Allgemeiner Andoc. 1, 89 μηδ' ἐπ' ἀνδρὶ νόμον τιθέναι ἐὰν μὴ τὸν αὐτὸν ἐπὶ πᾶσιν Ἀθηναίοις. Vgl. Pl. Gorg. 488, d νόμους τίθενται ἐπὶ τῷ ἑνί.

III. Mit dem *Akkusative.* 1) räumlich: a) zur Angabe des räumlichen Zieles, der Richtung od. Bewegung auf einen Ort od. Gegenstand oder nach, bis zu einem O. od. G. M, 375 οἱ δ' ἐπ' ἐπάλξεις βαῖνον. Z, 386 ἐπὶ πύργον ἔβη, stieg auf den Turm. Ω, 590 (Ἕκτορα) ἧειραν . . ἐπ' ἀπήνην. Lys. 14, 10 οὐκ ἐτόλμησαν ἐπὶ τοὺς ἵππους ἀναβῆναι. Vgl. X. An. 1. 8, 3. 4. 7, 24 u. s. 2. 2, 4 ἀνατίθεσθε ἐπὶ τὰ ὑποζύγια. A, 12 ἦλθε θοὰς ἐπὶ νῆας Ἀχαιῶν. Xen. An. 1. 4, 11 ἐντεῦθεν ἐξελαύνει σταθμοὺς τρεῖς ἐπὶ τὸν Εὐφράτην ποταμόν. 4, 7, 18 ἀφίκοντο ἐπὶ τὸν Ἅρπασον ποταμόν. Pl. Hipp. maj. 281, a ἀεὶ ἐπὶ πρῶτον ἐμὲ ἔρχεται τῶν πολιτῶν, kommt zu mir, wendet sich an mich. Über den Unterschied zwischen ἐπί *c. g.* u. *c. a.* s. S. 496. Nur selten wird ἐπί c. a. in der Bdtg. vor, *coram* gebraucht mit der Nebenbeziehung der Richtung nach einem Gegenstande. Eur. Suppl. 1066 οὐ μὴ μῦθον ἐπὶ πολλοὺς ἐρεῖς; Hdt. 3, 82 σιγῷτο ἂν βουλεύματα ἐπὶ δυσμενέας ἄνδρας οὕτω μάλιστα. Vgl. λέγειν εἴς τινα S. 470. — b) zur Angabe einer räumlichen Ver-

[1]) Vgl. Maetzner ad Antiph. 5, 79. 6, 48.

breitung über einen Gegenstand hin (auf .. hin, über .. hin), bei Verben der Bewegung sowohl als der Ruhe. β, 370 οὐδέ τί σε χρὴ | πόντον ἐπ' ἀτρύγετον κακὰ πάσχειν οὐδ' ἀλάλησθαι. Vgl. η, 332. τ, 107. ψ, 125. P, 447 ὅσσα τε γαῖαν ἔπι πνείει τε καὶ ἕρπει. α, 299 κλέος ἔλλαβε δῖος Ὀρέστης | πάντας ἐπ' ἀνθρώπους. S. Nitzsch zu α S. 52 u. ad Pl. Jon. p. 83 sq. λ, 577 ἐπ' ἐννέα κεῖτο πέλεθρα. Hs. th. 95 ἄνδρες ἀοιδοὶ ἔασιν ἐπὶ χθόνα, vgl. op. 11. 487 τέρπει τε (κόκκυξ) βροτοὺς ἐπ' ἀπείρονα γαῖαν. Pl. Criti. 112, e (οἱ Ἀθηναῖοι) ἐπὶ πᾶσαν Εὐρώπην καὶ Ἀσίαν κατά τε σωμάτων κάλλη καὶ κατὰ τὴν τῶν ψυχῶν παντοίαν ἀρετὴν ἐλλόγιμοι ἦσαν. So auch Th. 2, 101 παρέσχε λόγον καὶ ἐπὶ τοὺς τῶν Ἀθηναίων πολεμίους, *rumorem excitavit apud (usque ad) Ath. hostes.* Daher die adverbialen Ausdrücke: ὡς ἐπὶ τὸ πλῆθος, ὡς ἐπὶ τὸ πᾶν εἰπεῖν Pl., ὡς ἐπὶ τὸ πολύ, ἐπὶ δεξιά, ἐπ' ἀριστερά Hom. u. die Folgenden, auf die rechte, linke Seite hin, zur Rechten, Linken. Seltener v. d. militärischen Stellung st. ἐπί c. g. (s. S. 498): Th. 4, 93 ἐπ' ἀσπίδας πέντε καὶ εἴκοσι Θηβαῖοι ἐτάξαντο, 25 Mann tief. X. An. 4. 8, 11 ἐπὶ πολλοὺς τεταγμένοι, in langen Kolonnen, s. Kühners Bemrk. Vgl. Hdt. 9, 31. — 2) temporal zur Angabe der Ausdehnung über einen Zeitraum. η, 288 ἐπ' ἠῶ, den Morgen über. I, 415 ἐπὶ δηρόν, auf lange. B, 299 ἐπὶ χρόνον, eine Zeit lang. Th. 4, 1 τὸ Ῥήγιον ἐπὶ πολὺν χρόνον ἐστασίαζε. X. Cy. 5. 2, 4 ἐπ' ἀνθρώπων γενεάν. An. 6. 6, 36 θυομένῳ αὐτῷ ἐπὶ τρεῖς ἡμέρας οὐκ ἐγίγνετο τὰ ἱερά. Th. 3, 68 τὴν γῆν ἀπεμίσθωσαν ἐπὶ δέκα ἔτη. Selten und zweifelhaft gegen st. ὑπό od. περί c. acc. Th. 2, 84 (ὅπερ) εἰώθει γίγνεσθαι ἐπὶ τὴν ἕω (doch m. d. Var. περί, s. Poppo). Arr. An. 3. 18, 7 ἔλαθεν ἐπὶ τὴν ἕω ἐπιπεσών. (An beiden Stellen schreibt man jetzt ὑπό.) In derselben Anschauung, wie das räumliche und temporale Ziel, wird auch das Ziel der Quantität od. des Masses gefasst, als: ἐπὶ διηκόσια, ἐπὶ τριηκόσια Hdt. 1, 193, bis zu. 3, 113 τὰς οὐρὰς πλατέας φορέουσι καὶ ἐπὶ πῆχυν πλάτος. Vgl. 5, 9. So: ἐπὶ μέγα, πολύ (auch schreibt man: ἐπιπολύ als Adv. sehr, viel, lange), ἐπὶ πλέον, μεῖζον, μᾶλλον Hdt. 1, 94. 3, 104. 4, 181, ἐπὶ μικρόν, μακρόν, ἐπὶ τόσον, ἐφ' ὅσον. Th. 1, 1 κίνησις αὕτη μεγίστη δὴ τοῖς Ἕλλησιν ἐγένετο καὶ μέρει τινὶ τῶν βαρβάρων, ὡς δὲ εἰπεῖν, καὶ ἐπὶ πλεῖστον ἀνθρώπων. Pl. Phaedr. 261, b ἐπὶ πλέον οὐκ ἀκήκοα = *plus*. Gorg. 453, a ἐπὶ πλέον δύνασθαι, ubi v. Stallb. — 3) bildlich a) zur Angabe des Zweckes, der Absicht: α) schon Hom. γ, 421 ἐπὶ βοῦν ἴτω (ubi v. Nitzsch), *ad bovem petendum.* Vgl. ω, 466. B, 808. M, 342. Hdt. 1, 37 ἐπὶ θήραν ἰέναι, *venatum ire.* Vgl. X. Cy. 1. 2, 11. Venat. 6, 5. Hdt. 3, 14 ἐπὶ ὕδωρ ἐκπέμπειν, vgl. 5, 12. 7, 32 ἀπέπεμπε ἐπὶ γῆς αἴτησιν. Th. 4, 97 κῆρυξ πορευόμενος ἐπὶ τοὺς νεκρούς. X. An. 2. 3, 8 ἐλθεῖν τε ἐπὶ τὰ ἐπιτήδεια καὶ λαβεῖν, *ad petenda cibaria*, s. das. Kühners Bemrk. 6, 2, 2 ἔνθα λέγεται ὁ Ἡρακλῆς ἐπὶ τὸν Κέρβερον κύνα καταβῆναι. Hell. 1. 4, 11 ἀνήχθη εὐθὺ Γυθείου ἐπὶ κατασκοπὴν τῶν τριήρων, vgl. Cy. 6. 2, 9. Daher: ἐπὶ τί;

wozu? β) in **feindlicher** Beziehung, als: Hdt. 1, 71 στρατεύεσθαι ἐπὶ Λυδούς. 90 ἐπὶ Πέρσας (eigtl. **auf** einen **los**, d. h. gegen). 153 ἐπὶ Ἴωνας ἄλλον πέμπειν στρατηγόν; γ) bei τάττειν u. ähnl. Ausdrücken: **über** etwas **setzen**. X. Hell. 3. 4, 20 Ξενοκλέα ἔταξεν ἐπὶ τοὺς ἱππεῖς. 5. 1, 5 αἱροῦνται Εὔνομον ναύαρχον ἐπ' αὐτάς, sc. τὰς ναῦς (über den häufigeren Dativ s. S. 500 f.). — b) zur Angabe der **Gemässheit** und der **Art und Weise**. ε, 245 ἐπὶ στάθμην, *ad amussim*. M, 436 ἐπ' ἴσα, nach gleichem Masse, gleichmässig. Hdt. 3, 71 τὴν ἐπιχείρησιν ταύτην μὴ οὕτω συντάχυνε ἀβούλως, ἀλλ' ἐπὶ τὸ σωφρονέστερον αὐτὴν λάμβανε, mehr der Überlegung gemäss (fasse sie mehr nach der besonnenen Seite hin auf). Th. 6, 83 ὑμεῖς μάλιστα ἐπὶ τὸ φοβερώτερον ὑπονοεῖτε. Antiph. 5, 15 σὺ τετόλμηκας γενέσθαι νομοθέτης ἐπὶ τὰ πονηρότερα. Pl. Phil. 40, c μεμιμημένας τὰς ἀληθεῖς (ἡδονάς) ἐπὶ τὰ γελοιότερα. Symp. 214, e ἐπὶ τὰ γελοιότερά με ἐπαινέσεις; ubi v. **Stallb**. — c) überhaupt zur Angabe einer **Rücksicht**. Z, 79 ἄριστοι πᾶσαν ἐπ' ἰθύν, zu jedem Unternehmen. Pl. Civ. 370, b διαφέρων ἐπὶ πρᾶξιν, für ein Unternehmen. Dem. 44, 59 ἔτι τοίνυν ἐπὶ τὸ τῶν διαμαρτυρούντων μέρος οὔτε δικαστήρια ἦν ἂν οὔτε ἀγῶνες ἐγίγνοντο. Τὸ ἐπ' ἐμέ od. τὸ ἐπ' ἐμὲ εἶναι, *quod ad me attinet*. Th. 4, 28 ἐκέλευεν .. τὸ ἐπὶ σφᾶς εἶναι ἐπιχειρεῖν, ubi v. **Poppo-Stahl**. Lys. 13, 58 τό γ' ἐπ' ἐκεῖνον εἶναι ἐσώθης. X. Cy. 1. 4, 12 ἄλλου τινὸς τὸ ἐπὶ σὲ ἀνάγκη ἔσται δεῖσθαι ἡμᾶς nach d. best. cdd., s. **Born**. S. Ant. 889 ἡμεῖς γὰρ ἁγνοὶ τοὐπὶ τήνδε τὴν κόρην. Eur. Alc. 666 τέθνηκα γὰρ δὴ τοὐπὶ σέ. J. A. 1557 καὶ τοὐπ' ἔμ' εὐτυχεῖτε. Vgl. Hec. 514. Or. 1345, s. **Herm**. ad Vig. 860. Häufiger der Dativ, vgl. S. 501.

§ 439. 3) **Μετά**, mit.

Μετά (dafür äol., böot., kret. πεδά § 325, 6), mit, welches im Althochd. zuweilen, sowie **mid** im Angelsächs. sehr häufig, auch mit dem Akk. verbunden wird,[1]) entspricht dem deutschen **mit** sowohl in Ansehung der Bedeutung als der Abstammung. Die Grundbedeutung ist **inmitten, mitten unter**. Dieser Bedeutung entsprechend erscheint μετά *c. gen.* u. *c. dat.* bei Homer nur bei Pluralen und **kollektiven** Singularen: μετὰ στρατῷ, mitten drin im Heere. Die Verbindung mit dem Genetiv ist jüngeren Ursprungs (sie kommt bei Homer nur fünf mal vor), hat aber allmählich nicht nur die Dativkonstruktion, der sie von vornherein dem Sinne nach sehr nahe stand (μετὰ Τρωσί mitten drin unter den Troern, vgl. § 426, 1 — μετὰ Τρώων mitten drin im Bereich der Troer, vgl. § 419, 2) vollständig verdrängt, sondern auch die Funktionen von σύν mit übernommen und dadurch das Gebiet dieser Präposition wesentlich eingeengt, vgl. § 431, Anm.[2])

[1]) S. **Graff** a. a. O. S. 110 f. **Grimm** IV. S. 707 u. 770. — [2]) S. **Mommsen**, Beiträge zu der Lehre von den griech. Präpositionen, Berl. 1895.

I. Mit dem *Genetive*. 1) räumlich: inmitten, zusammen mit, dann: in Verbindung, im Bunde mit. π, 140 μετὰ δμώων . . πῖνε καὶ ἦσθε. Vgl. κ, 320. Eur. Hec. 209 νεκρῶν μέτα κείσομαι. Ph. 1006 μὰ τὸν μετ' ἄστρων Ζῆνα. S. Ant. 73 φίλη μετ' αὐτοῦ κείσομαι. Isocr. 9, 15 (Αἰακὸς) ἕως ἦν μετ' ἀνθρώπων, solange er unter den Menschen weilte. Pl. Civ. 359, e καθῆσθαι μετὰ τῶν ἄλλων. Id. Crit. 46, d ἐπιθυμῶ ἔγωγε ἐπισκέψασθαι κοινῇ μετὰ σοῦ, εἰ κτλ. Von einer gleichzeitigen Verbindung zweier Handlungen: Th. 1, 6 ἀποδύντες λίπα μετὰ τοῦ γυμνάζεσθαι ἠλείψαντο, bei (gleichzeitig mit) den Leibesübungen. 5, 25 μετ' ἀνοκωχῆς οὐ βεβαίου ἔβλαπτον ἀλλήλους, bei (unter dem Fortbestande) einer nicht festen Waffenruhe. Pl. Phaedr. 255, b ὅταν πλησιάζῃ μετὰ τοῦ ἅπτεσθαι ἐν γυμνασίοις, wenn er sich ihm nähert, indem er ihn zugleich berührt. Nach einem Substantive lässt sich μετά oft durch καί auflösen, indem es die enge Verbindung mit dem vorangehenden Substantive ausdrückt.[1]) S. Ph. 298 στέγη πυρὸς μέτα, Obdach nebst Feuer. Th. 7, 71 ὀλοφυρμῷ μετὰ βοῆς ἐχρῶντο, laute Wehklagen. Pl. Phaedr. 253, e (ἵππος) μάστιγι μετὰ κέντρων μόγις ὑπείκων. d τιμῆς ἐραστὴς μετὰ σωφροσύνης τε καὶ αἰδοῦς. Im Bunde mit, auf Seiten jemandes: N, 700 μετὰ Βοιωτῶν ἐμάχοντο (hier vielleicht noch rein örtlich: inmitten). Th. 1, 18 Λακεδαιμόνιοι καὶ Ἀθηναῖοι ἐπολέμησαν μετὰ τῶν ξυμμάχων πρὸς ἀλλήλους. Dem. 9, 24 μετὰ τῶν ἠδικημένων πολεμεῖν. Th. 3, 56 ἐν ἐκείνῳ τῷ καιρῷ οἵδε μετ' αὐτοῦ ἦσαν, *ab ejus partibus stabant*. Eur. Hel. 889 μεθ' Ἥρας στᾶσα σὸν σώσω βίον. Th. 8, 73 Ὑπέρβολον ἀποκτείνουσι μετὰ Χαρμίνου „i. e. Χαρμίνου αὐτοῖς ξυμπράξαντος καὶ ξυνεργήσαντος" *Ae. Port.* „Μετά τινος fieri dicuntur, quae alicuius voluntate, auxilio et consilio fiunt. Th. 3, 66. 5, 29, 82. 6, 28. 79." Duk. Ἕπεσθαι μετά τινος b. d. Att. Pl. civ. 467, e σωθήσονται μετὰ πρεσβυτέρων ἡγεμόνων ἑπόμενοι, sich haltend an den älteren Führern, s. Stallb., versch. von ἕπεσθαι μετά τινα u. σύν τινι.[2]). Auch = neben, außer. Th. 2, 15 γενόμενος μετὰ τοῦ ξυνετοῦ καὶ δυνατός, in Verbindung mit der Einsicht auch tapfer; μετὰ τοῦ c. Inf. *praeterquam quod* Th. 6, 65. Dem. 5, 5. — 2) bildlich: a) zur Angabe der begleitenden Umstände. Auch hier findet dieselbe Anschauung statt. Th. 1, 18 μετὰ κινδύνων τὰς μελέτας ποιούμενοι d. h. mit Gefahren verbunden, unter Gefahren. 6, 28 ἀγαλμάτων περικοπαί τινες ὑπὸ νεωτέρων μετὰ παιδιᾶς καὶ οἴνου γεγενημέναι, in Rausch und jugendlichem Übermut. 5, 69 μετὰ τῶν πολεμικῶν νόμων, unter Gesang ihrer kriegerischen Weisen. X. Comm. 3. 5, 8 μετ' ἀρετῆς πρωτεύειν, im Bunde mit der Tugend. An. 2. 6, 18 τούτων οὐδὲν ἂν θέλοι κτᾶσθαι μετὰ ἀδικίας, ἀλλὰ σὺν τῷ δικαίῳ καὶ καλῷ ᾤετο δεῖν τούτων τυγχάνειν. Conv. 1, 1 ἐμοὶ δοκεῖ τῶν καλῶν

1) Vgl. Stallbaum ad Pl. Phaedr. 276, c. — 2) Mehr Beisp. b. Lobeck ad Phryn. p. 353 sq. Note †).

κἀγαθῶν ἀνδρῶν ἔργα οὐ μόνον τὰ μετὰ σπουδῆς πραττόμενα ἀξιομνημόνευτα εἶναι, ἀλλὰ καὶ τὰ ἐν ταῖς παιδιαῖς. Antiph. 5, 71 ἀγαθόν ἐστι μετὰ τοῦ χρόνου βασανίζειν τὰ πράγματα, mit der Zeit, d. h. indem man bei der Prüfung gleichsam die Zeit zum Bundesgenossen nimmt. Lycurg. 124 τὸ μετὰ πολλῶν παραδειγμάτων διδάσκειν ῥᾳδίαν ὑμῖν τὴν κρίσιν καθίστησι, unter Anführung vieler Beispiele. Dem. 3, 3 μετὰ παρρησίας ποιεῖσθαι λόγους. 8, 21. 8, 13 μετὰ πλείστης ἡσυχίας ἅπανθ', ὅσα βούλεται, Φίλιππος διοικήσεται. 9, 74 ὑμῖν οἱ πρόγονοι τοῦτο τὸ γέρας ἐκτήσαντο καὶ κατέλιπον μετὰ πολλῶν καὶ μεγάλων κινδύνων. — b) zur Angabe der Gemässheit, in gleicher Auffassung: μετὰ τῶν νόμων, den Gesetzen gemäss, eigtl.: im Bunde, in Übereinstimmung mit. Th. 3, 82 οὐ μετὰ τῶν κειμένων νόμων ὠφελίᾳ αἱ τοιαῦται ξύνοδοι (ἦσαν), ἀλλὰ παρὰ τοὺς καθεστῶτας πλεονεξίᾳ. Isocr. 6, 66 τοὺς νόμους, μεθ' ὧν οἰκοῦντες εὐδαιμονέστατοι τῶν Ἑλλήνων ἦσαν. Pl. Ap. 32, c μετὰ τοῦ νόμου καὶ τοῦ δικαίου ᾤμην μᾶλλόν με δεῖν διακινδυνεύειν ἢ μεθ' ὑμῶν γενέσθαι. Pl. oft μετὰ λόγου, der Vernunft gemäss. Dem. 2, 4 μετ' ἀληθείας σκοπεῖσθαι.

II. Mit dem (lokativischen) *Dative* nur poetisch u. vorzugsweise episch, selt. bei anderen Dichtern: a) zur Angabe einer bloss räumlichen Verbindung: inmitten, unter, zwischen; in der Regel in Verbindung mit dem Plurale od. mit dem Singulare von Sammelnamen, u. zwar von Personen od. persönlich gedachten Dingen, von den Teilen oder Gliedern belebter Wesen (s. Passow u. Mommsen a. a. O. p. 45). Λ, 64 ὡς Ἕκτωρ ὁτὲ μέν τε μετὰ πρώτοισι φάνεσκεν, | ἄλλοτε δ' ἐν πυμάτοισι κελεύων. Π, 15 ζώει . . Πηλεὺς μετὰ Μυρμιδόνεσσιν. So μετ' ἀθανάτοις, μετ' ἀγορῇ, in der Versammlung, μετὰ στρατῷ. N, 668 μετὰ νηυσί. γ, 91 μετὰ κύμασιν. O, 118 κεῖσθαι ὁμοῦ νεκύεσσι μεθ' αἵματι καὶ κονίῃσιν, mitten in Blut und Staubwolken. Ferner: μετὰ χερσί (auch S. Ph. 1110 μετὰ χερσὶν ἴσχων), ποσσί, γένυσσι, γαμφηλῇσι (in der Mitte), zwischen. Δ, 245 οὐδ' ἄρα τίς σφι μετὰ φρεσὶ γίγνεται ἀλκή. Hs. sc. 28 ἄλλην μῆτιν ὕφαινε μετὰ φρεσίν, im Geiste. Pind. O. 2, 29 λέγοντι δ' ἐν καὶ θαλάσσᾳ | μετὰ κόραισι Νηρῆος ἁλίαις βίοτον ἄφθιτον | Ἰνοῖ τετάχθαι. Eur. Hec. 355 δέσποινα ἦν | γυναιξὶ παρθένοις τ' ἀπόβλεπτος μέτα. Rein räumlich auch β, 148 ἐπέτοντο μετὰ πνοιῇς ἀνέμοιο u. Ψ, 367 χαῖται δ' ἐρρώοντο μετὰ πνοιῇς ἀνέμοιο, in, unter den Hauchen des Windes (wofür sonst ἅμα πν. ἀ.). — b) Zur Angabe eines Hinzukommens: zusamt, dazu; μετά m. Dat. ist in diesem Falle proleptisch gebraucht, wie ἐν in βάλλειν ἐν κονίῃσι u. a. (vgl. § 447, A.). Γ, 188 ἐγὼν . . μετὰ τοῖσιν ἐλέχθην, vgl. ι, 335, zu ihnen (eigtl. unter ihnen) wurde auch ich gezählt. κ, 204 δίχα πάντας ἠρίθμεον, ἀρχὸν δὲ μετ' ἀμφοτέροισιν ὄπασσα, unter beiden Haufen, d. i. zu beiden.

III. Mit dem *Akkusative*: 1) räumlich (nur poet., besonders episch): a) zur Angabe einer Richtung od. Bewegung α) mitten hinein: Γ, 264 ἵκοντο μετὰ Τρῶας καὶ Ἀχαιούς, kamen in die Mitte der

Tr. u. A. P, 460 ἀίσσων ὥστ' αἰγυπιὸς μετὰ χῆνας, mitten unter die Gänse. E, 804 (ἦλυθε) ἐς Θήβας πολέας μετὰ Καδμείωνας. Ξ, 21 μεθ' ὅμιλον ἴοι. E, 573 νεκροὺς ἔρυσαν μετὰ λαὸν Ἀχαιῶν. Selten von Sachen. Z, 511 ῥίμφα ἑ γοῦνα φέρει μετά τ' ἤθεα καὶ νομὸν ἵππων. B, 376 ὅς με μετ' ἀπρήκτους ἔριδας καὶ νείκεα βάλλει, mitten hinein in Streit. — β) **nach etwas hin**, in freundlichem und feindlichem Sinne. ψ, 83 ἴομεν μετὰ παῖδ' ἐμόν, zu meinem Sohne. E, 614 ἀλλά ἑ μοῖρα | ἦγ' ἐπικουρήσοντα μετὰ Πρίαμόν τε καὶ υἷας. ζ, 115 σφαῖραν ἔπειτ' ἔρριψε μετ' ἀμφίπολον βασίλεια. Z, 21 βῆ δὲ μετ' Αἴσηπον καὶ Πήδασον. Ψ, 391 ἡ δὲ μετ' Ἀδμήτου υἱὸν κοτέουσα βεβήκει. — γ) oft **mit finalem Nebensinne**: α, 184 πλεῖν μετὰ χαλκόν, nach Erz, d. i. um Erz zu holen. π, 151 κατ' ἀγροὺς | πλάζεσθαι μετ' ἐκεῖνον, nach jenem (um ihn aufzusuchen). K, 73 αὐτὰρ ὁ βῆ ῥ' ἰέναι μετὰ Νέστορα (um ihn zu holen). β, 308 μετὰ πατρὸς ἀκουήν, der Kunde nach (um Kunde zu erlangen). Hymn. Cer. 106 ἐρχόμεναι μεθ' ὕδωρ. Eur. Alc. 67 Εὐρυσθέως πέμψαντος ἵππειον μέτα | ὄχημα, vgl. 483. — δ) **hinter etwas her, nach**. ο, 147 τοὺς δὲ μετ' Ἀτρείδης ἔκιε, hinter diesen her. N, 492 λαοὶ ἕπονθ' ὡςεί τε μετὰ κτίλον ἕσπετο μῆλα, hinter dem Leitbocke her. γ, 30 ὁ δ' ἔπειτα μετ' ἴχνια βαῖνε θεοῖο. Vgl. Σ, 321. ζ, 260. φ, 190. — b) zur Angabe einer **räumlichen Verbreitung**. B, 143 τοῖσι δὲ θυμὸν ἐνὶ στήθεσσιν ὄρινεν | πᾶσι μετὰ πληθύν, mitten durch die Menge, vgl. Nägelsbach. I, 54 καὶ βουλῇ μετὰ πάντας ὁμήλικας ἔπλευ ἄριστος, zwischen, unter allen umher, vgl. π, 419. Hierher gehört vielleicht die auch in Prosa übliche Redensart μετὰ χεῖρας ἔχειν, **zwischen, unter den Händen** haben, *occupatum esse in aliqua re*. Hdt. 7, 16 ταύτην τὴν στρατηλασίην καὶ τὸ κάρτα (*quam maxime*) εἴχομεν μετὰ χεῖρας. Th. 1, 138. X. Ag. 2, 14 ἐγχειρίδια, τὰ μὲν χαμαί, τὰ δ' ἐν σώμασι, τὰ δ' ἔτι μετὰ χεῖρας. — 2) Die räumliche Aufeinanderfolge wird alsdann auf die der **Zeit**, des **Wertes** oder **Ranges** und anderer Verhältnisse übertragen: a) ***secundum*, nach**, insbesondere in Verbindung mit einem Superlative, als: B, 674 κάλλιστος μετὰ Πηλείωνα, nach, nächst. δ, 652 οἳ κατὰ δῆμον ἀριστεύουσι μεθ' ἡμέας. Hdt. 4, 53 ποταμὸς μέγιστος μετὰ Ἴστρον. 49 ἔσχατοι μετὰ Κύνητας οἰκέουσι, *post Cynesios*. X. Cy. 7. 2, 11 πόλιν ἔχειν τὴν πλουσιωτάτην ἐν τῇ Ἀσίᾳ μετὰ Βαβυλῶνα. Aesch. S. 1066 μετὰ γὰρ μάκαρας . . ὅδε Καδμείων ἤρυξε πόλιν μὴ 'νατραπῆναι. — b) **temporal: nach**, als: μετὰ ταῦτα, **nachher**. Pl. Prot. 311, b μετὰ ταῦτα ἀναστάντες περιῇμεν. Th. 2, 68 μετὰ τὰ Τρωικά. Μεθ' ἡμέραν nach Tagesanbruch, bei Tage, z. B. X. Comm. 3. 11, 8. An. 4. 6, 12. 7. 3, 37. Pl. Phaedr. 251, e οὔτε νυκτὸς οὔτε μεθ' ἡμέραν.[1]) Hymn. Merc. 326 ἠγερέθοντο μετὰ χρυσόθρονον ἠῶ. Λ, 227 μετὰ κλέος ἵκετ' Ἀχαιῶν, *post nuntium de Achaeis acceptum*. Vgl. N, 364. Pl. leg. 746, d μετὰ τὴν δόξαν τῆς τῶν δώδεκα μερῶν διανομῆς, nachdem wir die

---

[1]) Vgl. Lobeck Paralip. p. 62.

Ansicht gewonnen haben, dass der Staat in zwölf Teile geteilt werden müsse. 794, c μετὰ τὸν ἑξέτη καὶ τὴν ἑξέτιν διακρινέσθω ἤδη τὸ γένος ἑκατέρων, *postquam puer vel puella sexennis factus est.*[1]) Th. 3, 68 κατὰ τὰς παλαιὰς Παυσανίου μετὰ τὸν Μῆδον σπονδάς. Nicht selten tritt ein Partizip hinzu: Hdt. 1, 34 μετὰ Σόλωνα οἰχόμενον, nach Solons Weggange. Vgl. 6, 98. — 3) zur Angabe der Gemässheit, gewissermassen eines ethischen Nachfolgens. O, 52 τῷ κε Ποσειδάων . . αἶψα μεταστρέψειε νόον μετὰ σὸν καὶ ἐμὸν κῆρ, nach deinem und meinem Sinne.

§ 440. 4) Παρά, bei, und πρός, vor.

Die Präpositionen παρά und πρός sind in ihrer Bedeutung einander nah verwandt, indem παρά die Nähe, πρός die Gegenwart der Dinge bezeichnet, unterscheiden sich aber dadurch von einander, dass παρά mehr von räumlichen und äusseren Beziehungen, πρός dagegen mehr von kausalen und inneren, von Thätigkeitsbeziehungen gebraucht wird. Am schärfsten tritt der angegebene Unterschied beim Genetive hervor, wo παρά mehr ein räumliches und äusseres, πρός ein thätiges Ausgehen, eine Kraftäusserung bezeichnet.

a. Παρά, bei.[2])

Παρά [ep. παραί § 325, 8, lat. *por* in *portendere, porrigere*], Grundbedeutung: Nähe der Dinge, bei, neben.

I. Mit dem (ablativischen) *Genetive.* — 1) räumlich bei den Verben des Gehens und Kommens zur Angabe einer Entfernung aus der Nähe einer Person, poet. auch einer Sache, als: ἐλθεῖν παρά τινος, wie das Franz. *de chez* (= casa) *quelqu'un.* Λ, 1 ἠὼς δ' ἐκ λεχέων παρ' ἀγαυοῦ Τιθωνοῖο | ὤρνυτο, von der Seite des T. A, 190 φάσγανον . . ἐρυσσάμενος παρὰ μηροῦ, von der Seite weg. Δ, 468 πλευρά, τά οἱ κύψαντι παρ' ἀσπίδος ἐξεφαάνθη, vom Schilde her. X. Oec. 4, 18 παρὰ μὲν Κύρου οὐδεὶς λέγεται αὐτομολῆσαι πρὸς βασιλέα, παρὰ δὲ βασιλέως πολλαὶ μυριάδες πρὸς Κῦρον, vgl. An. 1. 9, 29. In der Dichtersprache wird παρά *c. g.* bisweilen gebraucht, wo man παρά *c. d.* erwarten sollte, wie der Grieche auch sonst oft das, was an einem Orte geschieht, als von einem Orte ausgehend auffasst. O, 5 ἔγρετο δὲ Ζεὺς . . παρὰ χρυσοθρόνου Ἥρης. S. Ant. 966 παρὰ δὲ κυανέων σπιλάδων | ἀκταὶ Βοσπόριαι „unmittelbar von . . an, unweit der schwarzen Felsen". 1123 Θήβαν | ναιετάων παρ' ὑγρῶν | Ἰσμηνοῦ ῥείθρων. Auffallender Pind. P. 10, 62 φροντίδα τὰν πὰρ ποδός st. des gewöhnl. ἐν ποσίν od. auch πρὸς ποσίν, die Sorge, die ausgeht von dem vor den Füssen Liegenden, d. h. von dem Gegenwärtigen, vgl. Ar. Av. 66 ἐροῦ τὰ πρὸς ποδῶν. 2) kausal u. bildlich zur Angabe des Urhebers:

---

[1]) Vgl. Stallbaum ad Pl. leg. Vol. II, p. 84 sq. — [2]) S. Rau, de praepositionis παρά usu, in Curtius Stud. III, S. 1 ff.

α) fast noch rein räumlich: Hdt. 8, 140 ἀγγελίη ἥκει παρὰ βασιλέος. So wird regelmässig von **Abgesandten** παρά (nicht πρός) gebraucht, als: πεμφθῆναι παρά τινος schon bei Hom., ἄγγελοι, πρέσβεις παρά τινος, ἀγγέλλειν παρά τινος, τὰ παρά τινος, jemandes Aufträge, Befehle u. s. w.; β) zur Angabe einer **Vermittelung** *(per)*. Pl. civ. 461, e δεῖ δὴ τὸ μετὰ τοῦτο βεβαιώσασθαι παρὰ τοῦ λόγου. Gorg. 489, a (ἵνα) βεβαιώσωμαι ἤδη παρὰ σοῦ *„ut hoc per te confirmem"*, ubi v. Stallb. Vgl. Symp. 199, b. γ) bei den Verben des **Empfangens, Erlangens, Erkennens, Hörens**, als: X. An. 3. 4, 8 παρὰ Μήδων τὴν ἀρχὴν ἐλάμβανον Πέρσαι. Dem. 9, 38 πρίασθαι παρά τινος. 6, 26 ἀκούσαντες πολλοὺς ἑτέρους λόγους παρὰ τῶν πρέσβεων. X. Comm. 1. 2, 50 μανθάνειν παρὰ τῶν ἐπισταμένων. Hdt. 2, 104 ὁμολογέουσι παρ' Αἰγυπτίων μεμαθηκέναι. So: Dem. 8, 75 τὰ μὲν ἔργα παρ' ὑμῶν αὐτῶν ζητεῖτε, τὰ δὲ βέλτιστα ἐπιστήμῃ λέγειν παρὰ τοῦ παριόντος *(apud oratorem)*. Ferner εὑρίσκειν τι παρ' ἑαυτοῦ Lycurg. 80 *(ex se, ex ingenio suo)*, ubi v. Maetzner. Isocr. 15, 223 ἃ παρὰ τῆς αὑτοῦ φύσεως ἐπίσταται. 9, 36 οὗτοι (οἱ ποιηταί) παρ' αὑτῶν καινὰς (καθόδους) συντιθέασιν. Seltener von Sachen. Hdt. 7, 183 ταῦτα οἱ Ἕλληνες πυνθάνονται παρὰ πυρσῶν, ubi v. Valken. Antiph. 1, 6 ἐν οἷς αὐτῷ ἐξουσία ἦν σαφῶς εἰδέναι, παρὰ τῆς βασάνου, ubi v. Maetzn. δ) bei **Passiven und Intransitiven** statt ὑπό, wenn angezeigt werden soll, dass die Handlung aus der unmittelbaren Nähe, aus den Mitteln, dem Vermögen jemandes herrühre in materieller oder geistiger Hinsicht (vgl. d. oben angeführte πεμφθῆναι παρά τινος). Isocr. 4, 26 τὰ παρὰ τῆς τύχης δωρηθέντα. Vgl. Pl. Phaedr. 245, b. X. Comm. 1. 6, 14 ὠφελεῖσθαι παρά τινος. Pl. Symp. 175, e οἶμαι γάρ με παρὰ σοῦ σοφίας πληρωθήσεσθαι. X. Cy. 6. 1, 30 ἦσαν αὐτῷ κάμηλοι πολλαὶ παρὰ τῶν φίλων συνειλεγμέναι, aus den Mitteln der Freunde. 6. 1, 42 τὰ παρὰ σοῦ λεγόμενα. Vgl. Pl. Hipp. maj. 281, b. X. Cy. 5. 5, 20 τοῦτ' αὖ παρὰ σοῦ ἐπιδεικνύσθω, *argumentis e mente tua petitis*. An. 1. 9, 1 παρὰ πάντων ὁμολογεῖται, wird allerseits zugestanden. Vgl. Lys. 30, 12. Pl. Hipp. maj. 301, d παρὰ σοῦ ἀνεδιδάχθημεν. X. Comm. 1. 3, 4 τὰ παρὰ τῶν θεῶν σημαινόμενα. Vgl. Cy. 1. 6, 2. ε) bei den Verben des **Gebens** u. a. παρ' ἑαυτοῦ, von sich, d. h. aus seinen eigenen Mitteln. Hdt. 8, 5 παρ' ἑωυτοῦ διδούς. 7, 29 παρ' ἐμεωυτοῦ. 106 διὰ τοῦτο δή οἱ τὰ δῶρα πέμπεται παρὰ τοῦ βασιλεύοντος αἰεὶ ἐν Πέρσῃσι. Dem. 18, 202 παρὰ Θηβαίων τοῦτ' ἂν ἀσμένως ἐδόθη τῇ πόλει. 2, 4 μέγαν γεγενημένον οὐχὶ παρ' αὑτοῦ, aus eigener Kraft. ζ) vom **Besitzer** oder **Urheber**, von dem etwas ausgeht oder herrührt: Lycurg. 82 τὴν παρὰ τῶν θεῶν εὔνοιαν. 15 τὴν παρ' ὑμῶν τιμωρίαν, ubi v. Maetzner. 26 τὴν παρὰ τῶν θεῶν βοήθειαν. 130 ὁ παρὰ τῶν πολιτῶν φόβος *„metus, quem injiciunt cives"* Maetzn. Dem. 4, 43 τὰς παρὰ τοῦ δεῖνος ἐλπίδας.

II. Mit dem (lokativischen) *Dative*. — 1) **räumlich** zur Angabe eines ruhigen **Verweilens in der Nähe** einer Person, poet. auch einer Sache, als: ἦν παρὰ τῷ βασιλεῖ. A, 358 ἡμένη ἐν βένθεσσιν ἁλὸς παρὰ πατρὶ γέροντι. X. Cy. 1. 2, 8 οὐ παρὰ μητρὶ σιτοῦνται οἱ παῖδες, ἀλλὰ παρὰ τῷ διδασκάλῳ. Οἱ παρά τινι, die Leute in der Umgebung (im Hause, Lande u. s. w.) jemds., τὰ παρ' ἐμοί, die Zustände bei mir. X. Comm. 2. 7, 4 πότερον τοὺς παρὰ σοὶ ἐλευθέρους οἴει βελτίους εἶναι ἢ τοὺς παρὰ Κεράμωνι δούλους; Dem. 18, 19 ἦν ἄκριτος καὶ παρὰ τούτοις καὶ παρὰ τοῖς ἄλλοις ἅπασιν ἔρις καὶ ταραχή· ταῦτα δ' ὁρῶν ὁ Φίλιππος τοῖς παρ' ἑκάστοις προδόταις χρήματ' ἀναλίσκων πάντας συνέκρουε. 287 τοῦτο ἑώρων παρ' ἑαυτοῖς καὶ παρ' ἐμοί, παρ' ὑμῖν δ' οὔ. Ferner: παρ' οἴνῳ S. OR. 780 = ἐν οἴνῳ, beim Weine, *inter pocula* s. Erfurdt. Seltener sind Beispiele wie ζ, 97 δεῖπνον ἔπειθ' εἵλοντο παρ' ὄχθῃσιν ποταμοῖο. S. Ant. 712 παρὰ ῥείθροισι . . ὅσα δένδρων ὑπείκει. X. An. 7. 2, 25 τὰ παρὰ θαλάττῃ χωρία. 6. 2, 2 ὡρμίσαντο παρὰ τῇ Ἀχερουσιάδι Χερρονήσῳ. — 2) Die räumliche Grundauffassung ist auch in den übertragenen Ausdrücken meist noch erkennbar: a) zur Angabe des Besitzers: λ, 175 πὰρ κείνοισιν ἐμὸν γέρας. X. Comm. 3. 13, 3 τὸ παρὰ σοὶ ὕδωρ. Cy. 3. 1, 19 τὴν παρ' ἑαυτῷ δύναμιν. Pl. civ. 364, b μάντεις πείθουσιν ὡς ἔστι παρὰ σφίσι δύναμις ἐκ θεῶν ποριζομένη. — Daher b) auch von dem, dem einer unterworfen ist. X. An. 1. 5, 16 τῶν παρὰ βασιλεῖ ὄντων. Vgl. 4. 3, 29. 1. 4, 3 ὁπλίτας, ὧν ἐστρατήγει παρὰ Κύρῳ = sub Cyro; — c) zur Angabe einer Rücksicht auf das Urteil einer Person. Hdt. 3, 160 παρὰ Δαρείῳ κριτῇ, *judice Dario*. 1, 32 παρ' ἐμοί, *meo judicio*. 86 τοὺς παρὰ σφίσι αὐτοῖσι δοκέοντας ὀλβίους εἶναι. Isae. 11, 38 ἂν ἄποροι παρ' ὑμῖν εἶναι δόξωσιν. Vgl. Dem. 29, 10. Isae. 7, 5 ἀξιοῦσθαι παρ' ὑμῖν, ubi v. Schoemann. Lycurg. 54 ἃ δὴ κατέγνωσται μὲν παρὰ τῷ δικαιοτάτῳ συνεδρίῳ . ., ὁμολογεῖται δὲ παρὰ τῷ δήμῳ τῆς μεγίστης ἄξια εἶναι τιμωρίας, τούτοις ὑμεῖς ἐναντία ψηφιεῖσθε; Dem. 2, 3 τοσούτῳ θαυμαστότερος παρὰ πᾶσι νομίζεται (ὁ Φίλιππος). Ähnlich κρίνειν u. a. παρ' ἑαυτῷ. Pl. Theaet. 170, d κρίνας τι παρὰ σαυτῷ. Dem. 19, 4 εἰ σκέψαισθε παρ' ὑμῖν αὐτοῖς. In den oben angeführten passivischen Wendungen wäre auch ὑπό *c. gen.* möglich, aber in veränderter Auffassung: durch παρά *c. dat.* wird nicht ausgedrückt, dass die Handlung von einem vollzogen wird, sondern nur, dass sie bei ihm, innerhalb seiner Sphäre vor sich geht. So auch z. B. X. Cy. 1. 2, 15 οἳ ἂν παιδευθῶσι παρὰ τοῖς δημοσίοις διδασκάλοις [1]). Isocr. 4, 46 τοσαύτην λαμβάνει δόξαν, ὥστε παρὰ πᾶσιν ἀνθρώποις ἀγαπᾶσθαι. Ebenso unterscheidet sich παρά *c. dat.* von παρά *c. gen.* Dem. 29, 21 τυχόντα με τῶν δικαίων παρ' ὑμῖν, bei euch, vor eurem Richterstuhle.

III. Mit dem *Akkusative*. — 1) räumlich a) zur Angabe eines räumlichen Zieles, α) einer Richtung od. Bewegung in die Nähe einer Person oder poet. (selt. pros.) einer Sache: zu, neben, bei

---

1) Vgl. Schoemann ad Isaeum 7. 5; Maetzner ad Lycurg. 3.

den Verben des Gehens, Kommens, Schickens (wie das altdeutsche bei *c. acc.*, als: ich gehe bei dich, auch das goth. *bi* wird sehr oft m. d. Akk. verbunden, s. Grimm IV. S. 779). α, 284 ἐλθὲ . . Σπάρτηνδε παρὰ ξανθὸν Μενέλαον. Hdt. 1, 36 ἀπικόμενοι παρὰ Κροῖσον. 86 ἤγαγον παρὰ Κῦρον. X. An. 4. 3, 27 ὁ Χειρίσοφος πέμπει παρὰ Ξενοφῶντα τοὺς πελταστάς. A, 347 ἴτην παρὰ νῆας Ἀχαιῶν, vgl. Θ, 220. Vereinzelt X. An. 2. 4, 17 παρὰ τὴν γέφυραν πέμψαι nach vielen und den besten cdd. st. ἐπί. Auch bei anderen Verben in der epischen Sprache häufig, in Prosa seltener, z. B. des Setzens, Stellens: δ, 51 ἐς ῥα θρόνους ἕζοντο παρ' Ἀτρείδην Μενέλαον, neben M. hin. ν, 122 τὰ μὲν οὖν παρὰ πυθμέν' ἐλαίης ἀθρόα θῆκαν; des Treffens, Verwundens: Λ, 109 παρὰ οὖς ἔλασε ξίφει, neben dem Ohre hin. Δ, 525 οὖτα δὲ δουρὶ παρ' ὀμφαλόν. Pl. Tim. 88, e οὐκ ἐχθρὸν παρ' ἐχθρὸν τιθέμενον . ., ἀλλὰ φίλον παρὰ φίλον τεθέν. Auf dieselbe räumliche Auffassung gehen auch Redensarten wie παρ' οὐδὲν τίθεσθαι, παρὰ μικρὸν τίθεσθαι u. a. zurück: neben das nichts, neben das Geringfügige setzen, d. i. nichts, gering achten (vgl. ἐν οὐδενὸς μέρει, δι' οὐδενὸς ποιεῖσθαι, zwischen, unter das nichts einreihen, οὐδαμοῦ τίθεσθαι). Isocr. 5, 79 χρὴ μὴ καταφρονεῖν τοῦ πλήθους μηδὲ παρὰ μικρὸν ἡγεῖσθαι τὸ παρὰ πᾶσιν εὐδοκιμεῖν. X. An. 6. 6, 11 παρ' ὀλίγον ἐποιοῦντο τὸν Κλέανδρον. S. OR. 983 ταῦθ' ὅτῳ | παρ' οὐδέν ἐστι, ῥᾷστα τὸν βίον φέρει. Ähnlich Hdt. 1, 120 παρὰ σμικρὰ τῶν λογίων ἡμῖν ἔνιοι κεχώρηκε, sind auf Unbedeutendes hinausgelaufen (eigtl. gleich neben das Unbedeutende, schwächer als im folgenden: τελέως ἐς ἀσθενὲς ἔρχεται, vgl. Diog. Laert. 2, 32 τὸ εὖ ἄρχεσθαι μικρὸν μὲν μὴ εἶναι, παρὰ μικρὸν δέ). β) einer Richtung od. Bewegung bei einem Orte vorbei, neben hin, neben-vorbei, als: Λ, 166 οἱ δὲ παρ' Ἴλου σῆμα . ., παρ' ἐρινεὸν ἐσσεύοντο. X. Cy. 5. 2, 29 παρ' αὐτὴν τὴν Βαβυλῶνα δεῖ παριέναι. Dem. 25, 28 ὑποδύει παρὰ ταῦτα, daran vorbei, daneben weg. Hieraus haben sich mannigfache ethische Ausdrücke entwickelt, als: παρὰ μοῖραν ξ, 509, neben dem Schicklichen vorbei, d. h. wider, gegen das Schickliche, πὰρ δύναμιν N, 787, wider, über Vermögen; nachhom. παρὰ δόξαν, *praeter opinionem*, παρὰ γνώμην, wider Erwarten, wie Th. 3, 60. 6, 11, wider Willen, wie Th. 3, 12, wider bessere Einsicht, wie Th. 4, 19 u. 1, 70 παρὰ δύναμιν τολμηταὶ καὶ παρὰ γνώμην κινδυνευταί. Ferner παρ' ἐλπίδα, παρὰ φύσιν, παρὰ τὸ δίκαιον, παρὰ τοὺς ὅρκους. So oft παρὰ τοὺς νόμους u. dgl. ποιεῖν, gegen die Gesetze handeln. (Der Gegensatz ist κατά, als: κατὰ μοῖραν, δύναμιν.) Hieraus hat sich ferner die Bedeutung ausser, *praeter*, entwickelt. Dem. 20, 160 παρὰ πάντα δὲ ταῦτα ἐκεῖνο ἔτι ἀκούσατέ μου, neben, ausser dem allen. — b) zur Angabe einer räumlichen Erstreckung in der Nähe eines Gegenstandes: neben hin. μ, 32 οἱ μὲν κοιμήσαντο παρὰ πρυμνήσια νηός. Hdt. 9, 15 παρὰ τὸν Ἀσωπόν, längs des A. X. An. 1. 2, 13 ἦν παρὰ τὴν ὁδὸν κρήνη. Dem. 2, 22 μεγάλη ῥοπή, μᾶλλον δ' ὅλον ἡ τύχη παρὰ πάντ' ἐστὶ τὰ τῶν ἀνθρώπων πράγματα, längs aller menschlichen Angelegenheiten, bei, vgl. Sall. Cat. 8, 1 *fortuna per omnia humana potens*. Daher überhaupt zur Angabe einer unbestimmten Nähe[1]). Hdt. 4, 87 οὗτος κατελείφθη παρὰ τὸν νηόν. X. Cy. 1. 4, 18 εἶπεν αὐτῷ μένειν παρ' ἑαυτόν. Vgl. 4. 2, 23. An. 7. 1, 12 'Ετεόνικος εἱστήκει παρὰ τὰς πύλας. Isae. 8, 16 καθήμενοι παρ' αὐτόν. — 2) temporal zur Angabe der Erstreckung in der Zeit[2]), indem die Handlung neben der Zeit gleichsam parallellaufend gedacht wird (erst nachhom.): während. Dem. 23, 182 παρ' ἡμέραν, im Laufe eines Tages. Isocr. 3, 24 οἴκοι μὲν ὀλιγαρχουμένους, παρὰ δὲ τὸν πόλεμον βασιλευομένους. Pl. Phaed. 116, d παρὰ πάντα τὸν χρόνον. Vgl. Dem. 18, 10. X. Comm. 2. 1, 2 παρὰ τὴν ἐκείνου ὀργήν. Παρὰ τὴν πόσιν, *inter potandum*, παρ' οἶνον Plut. mor. p. 143, c. Ähnl. Eur. H. f. 682 f. Ch. τὰν 'Ηρακλέους καλλίνικον ἀείσω παρά τε Βρόμιον οἰνοδόταν παρά τε χέλυος ἑπτατόνου μολπάν, ubi v. Klotz. So auch von einzelnen wichtigen Zeitmomenten, während welcher etwas geschieht, als: παρ' αὐτὸν τὸν κίνδυνον. Dem. 20, 41 παρὰ τοιοῦτον καιρόν. 18, 13 (δεῖ) ταῖς ἐκ τῶν νόμων τιμωρίαις παρ' αὐτὰ τἀδικήματα χρῆσθαι, ubi v. Bremi. 15 φυγὼν τοὺς παρ' αὐτὰ τὰ πράγματα ἐλέγχους. 285 τὸν ἐροῦντ' ἐπὶ τοῖς τετελευτηκόσι παρὰ αὐτὰ τὰ συμβάντα. Aeschin. 3, 170 ἵνα μὴ παρὰ τὰ δεινὰ καὶ τοὺς κινδύνους ἐγκαταλίπῃ τὸν δῆμον, ubi v. Bremi. So παραχρῆμα u. in gleicher Bdtg. παρὰ πόδα, *e vestigio*, S. Ph. 838. 'Ημέρα παρ' ἡμέραν, ein Tag neben dem andern, Tag um Tag. Antiph. 5, 72 μέγα τοι ἡμέρα παρ' ἡμέραν γιγνομένη γνώμην ἐξ ὀργῆς μεταστῆσαι. Auch: einen Tag um den andern (abwechselnd), *alternis diebus* Athen. 593, f. Ebenso das blosse παρ' ἡμέραν Luc. d. d. 24, 2 τὰ τῆς Λήδας τέκνα παρ' ἡμέραν ἑκάτερος ἐν οὐρανῷ καὶ ἐν ᾍδου εἰσίν. Pind. P. 11, 63 παρ' ἆμαρ. Ähnlich πληγὴν παρὰ πληγήν, Schlag um Schlag Ar. R. 643. — 3) kausal u. bildlich: a) zur Angabe von einwirkenden Umständen, wie *propter*: parallel mit etw., daher vermöge[3]). Dem. 4, 11 οὐδὲ οὗτος παρὰ τὴν αὑτοῦ ῥώμην τοσοῦτον ἐπηύξηται ὅσον παρὰ τὴν ἡμετέραν ἀμέλειαν (in gleichem Schritte mit, entsprechend unserer Saumseligkeit ist seine Macht gewachsen). 9, 2 οὐ παρ' ἓν οὐδὲ δύο εἰς τοῦτο τὰ πράγματα ἀφῖκται, ubi v. Bremi. 18, 239 εἴπερ ἐνεδέχετο παρὰ τοὺς παρόντας καιρούς. Th. 1, 141 ἕκαστος οὐ παρὰ τὴν ἑαυτοῦ ἀμέλειαν οἴεται βλάψειν. So: παρὰ τοῦτο, παρό, *quapropter*. — Daher b) zur Angabe der Abhängigkeit von etwas: *penes*. X. Hipparch. 1, 5 πολλοῖς ἤδη ἡ σωτηρία παρὰ τοῦτο ἐγένετο. Isocr. 6, 52 ὡμολογεῖτο παρὰ τοῦτον γενέσθαι τὴν σωτηρίαν αὐτοῖς, *in hoc iis*

---

1) Vgl. Schoemann ad Isaeum 9, 22. Kühner ad Xen. An. 1. 8, 5. — 2) Vgl. Wolf ad Dem. Lept. p. 478 sq. ed. Bremi. — 3) Vgl. Fritzsche, quaest. Lucian. p. 124 sq.

positam esse salutem. Dem. 18, 232 παρὰ τοῦτο γέγονε τὰ τῶν Ἑλλήνων (Cic. orat. § 8: *in eo positas esse fortunas Graecorum*), vgl. Dissen p. 390 sq. Lycurg. 63 οὐδὲν ἂν παρ' ἕνα ἄνθρωπον ἐγένετο τούτων, ubi v. Maetzner. So Th. 4, 106 τὴν Ἠιόνα παρὰ νύκτα ἐγένετο λαβεῖν, die Einnahme hing von einer Nacht ab, *per unam noctem stetit quin*. 8, 33 παρὰ τοσοῦτον ἐγένετο αὐτῷ μὴ περιπεσεῖν τοῖς Ἀθηναίοις, von einer solchen Kleinigkeit hing für ihn das Entkommen ab. — c) Aus der Bedeutung neben hat sich sodann die des Abstandes entwickelt: in einem Abstande, einer Differenz von. So Th. 6, 37 παρὰ τοσοῦτον γιγνώσκω, in einem solchen (so grossen) Abstande urteile ich, d. i. so sehr weicht mein Urteil ab. 3, 49 παρὰ τοσοῦτον μὲν ἡ Μυτιλήνη ἦλθε κινδύνου, in einem solchen (so geringen) Abstande von der Gefahr (so nahe am Abgrunde) schritt M. dahin, so nahe kam es der Gefahr (der Gen. wie bei ἐγγύς, ἦλθε wie in διὰ φιλίας ἰέναι). Vgl. 7, 2. Statt des Genetivs steht öfter der Infinitiv: Isocr. 7, 6 παρὰ μικρὸν ἤλθομεν ἐξανδραποδισθῆναι, wir kamen nahe daran, unterjocht zu werden, *non multum afuit quin*. Vgl. 19, 22. Eur. Heracl. 295, ubi v. Pflugk. Th. 8, 76 (Σάμος) παρ' ἐλάχιστον δὴ ἦλθε τὸ Ἀθηναίων κράτος τῆς θαλάσσης ἀφελέσθαι, *non multum afuit quin eriperet*. Mit rhetorischer Steigerung Aeschin. 3, 258 παρ' οὐδὲν μὲν ἦλθον ἀποκτεῖναι, ἐξεκήρυξαν δέ, *nihil afuit quin interficerent*. Statt der unbestimmten Angaben μικρόν, ἐλάχιστον kann auch eine genauere Bezeichnung des Abstandes eintreten. Hdt. 9, 33 ἀσκέων πεντάεθλον παρὰ ἓν πάλαισμα ἔδραμε νικᾶν Ὀλυμπιάδα (ubi v. Wesseling, Valcken. et Baehr), im Abstande von einem Gange, bis auf einen Gang (ein Gang fehlte am Siege). Ferner Dem. 23, 205 Κίμωνα παρὰ τρεῖς μὲν ἀφεῖσαν ψήφους τὸ μὴ θανάτῳ ζημιῶσαι, πεντήκοντα δὲ τάλαντ' ἐξέπραξαν, mit einer Differenz von drei Stimmen, d. i. mit drei Stimmen Mehrheit. 24, 138 παρ' ὀλίγας ψήφους, mit geringer Majorität. Vgl. Isae. 3, 37. Pl. Ap. 36, a θαυμάζω ἑκατέρων τῶν ψήφων τὸν γεγονότα ἀριθμόν· οὐ γὰρ ᾠόμην οὕτω παρ' ὀλίγον ἔσεσθαι, ἀλλὰ παρὰ πολύ. Eur. I. T. 871 παρ' ὀλίγον ἀπέφυγες ὄλεθρον, knapp, nur um ein Haar entgingst du dem Verderben. Dagegen Isocr. 8, 95 ταύτην (τὴν πολιτείαν) ἐν ὀλίγῳ χρόνῳ σαλεῦσαι καὶ λυθῆναι παρὰ μικρὸν ἐποίησεν, um ein Kleines, beinahe. Th. 7, 71 ἀεὶ παρ' ὀλίγον ἢ διέφευγον ἢ ἀπώλλυντο, *exiguo discrimine*, sie waren nur um eine schmale Linie bald von der Rettung, bald vom Untergange entfernt. Th. 1, 29 ἐνίκησαν οἱ Κερκυραῖοι παρὰ πολύ, in grossem Abstande (von den andern), bei weitem. Ar. Pl. 445 δεινότατον ἔργον παρὰ πολὺ | ἔργων ἁπάντων ἐργασόμεθα. — d) bei Vergleichungen. Hdt. 7, 20 ὥστε μήτε τὸν Δαρείου (στόλον) τὸν ἐπὶ Σκύθας παρὰ τοῦτον (neben, im Vergleich zu diesem) μηδένα φαίνεσθαι. Pl. Phaedr. 236, d γελοῖος ἔσομαι παρ' ἀγαθὸν ποιητὴν αὐτοσχεδιάζων περὶ τῶν αὐτῶν. Civ. 348, a ἂν ἀντικατατείναντες λέγωμεν αὐτῷ λόγον παρὰ λόγον. Oft bei Verben des Prüfens, Untersuchens u. ähnl. Dem. 18, 265 ἐξέταζον τοίνυν παρ' ἄλληλα τα σοὶ κἀμοὶ βεβιωμένα. Pl. civ. 550, a ὁρῶν τὰ ἐπιτηδεύματα αὐτοῦ ἐγγύθεν παρὰ τὰ τῶν ἄλλων. Nach Komparativen und komparativischen Ausdrücken, wie ἄλλος, ἕτερος, διάφορος.[1]) Th. 4, 6 χειμὼν μείζων παρὰ τὴν καθεστηκυῖαν ὥραν ἐπίεσε τὸ στράτευμα, im Vergleich zu. 1, 23 ἡλίου ἐκλείψεις πυκνότεραι παρὰ τὰ ἐκ τοῦ πρὶν χρόνου μνημονευόμενα. Pl. Phaed. 93, a οὐδὲ μὴν ποιεῖν τι οὐδέ τι πάσχειν ἄλλο παρ' ἃ ἂν ἐκεῖνα ἢ ποιῇ ἢ πάσχῃ. Vgl. X. Hell. 1. 5, 5. Pl. leg. 754, e ἐάν τις ἕτερον φαίνηταί τι παρὰ τὰ γεγραμμένα κεκτημένος, δημόσιον ἔστω τὸ τοιοῦτον ἅπαν. Gorg. 507, a οὐκ ἔχω παρὰ ταῦτα ἄλλα φάναι. Oft mit der Nebenbeziehung des Vorzuges, *praeter*. X. Comm. 1. 4, 14 παρὰ τὰ ἄλλα ζῷα ὥσπερ θεοὶ οἱ ἄνθρωποι βιοτεύουσι, in Vergleich mit, vor den übrigen Geschöpfen. 4. 4, 1 παρὰ τοὺς ἄλλους εὐτακτῶν. Ag. 5, 3.

§ 441. b. Πρός, vor, bei.

Πρός [episch προτί, daneben ποτί; ebenso böot., thessal., dor. ποτί, arkad. u. kypr. πός, § 325, 7; sanskr. *prati*, daneben altpers. *pati*], bezeichnet die Gegenwart der Dinge: angesichts, bei, vor.

I. Mit dem (ablativischen) *Genetive*. — 1) räumlich zur Angabe einer Bewegung von der Gegenwart, dem Angesichte eines Gegenstandes her, nur selten: θ, 29 ἀλώμενος ἵκετ' ἐμὸν δῶ | ἠὲ πρὸς ἠοίων ἢ ἑσπερίων ἀνθρώπων. S. Ant. 1038 ἐμπολᾶτε τὸν πρὸς Σάρδεων ἤλεκτρον, von S. her (wo jedoch Blaydes u. a. τἀπὸ schreiben). Sehr häufig aber von der Lage der Orte. Hdt. 3, 101 οἰκέουσι πρὸς νότου ἀνέμου. 102 πρὸς βορέου ἀνέμου. 107 πρὸς μεσαμβρίης ἐσχάτη Ἀραβίη ἐστί (wie auch der Lat. sagen kann: *ab oriente* st. *ad orientem versus*). K, 428 ff. πρὸς μὲν ἁλὸς Κᾶρες . ., πρὸς Θύμβρης δ' ἔλαχον (*stationem sortiti sunt*) Λύκιοι, auf der Meeresseite, nach dem Meere zu. X, 198 αὐτὸς δὲ ποτὶ πτόλιος πέτετ' αἰεί, *ad urbem versus*. Hdt. 2, 154 εἰσὶ οὗτοι οἱ χῶροι πρὸς θαλάσσης ὀλίγον ἔνερθε Βουβάστιος. X. An. 2. 2, 4 ἕπεσθε τὰ ὑποζύγια ἔχοντες πρὸς τοῦ ποταμοῦ. 4. 3, 26 τοὺς λοχαγοὺς πρὸς τῶν Καρδούχων ἰέναι. 1. 10, 3 ἐκφεύγει πρὸς τῶν Ἑλλήνων, auf der Seite der Griechen. Hdt. 2, 30 φυλακαὶ κατέστησαν ἔν τε Ἐλεφαντίνῃ πόλι πρὸς Αἰθιόπων καὶ ἐν Δάφνῃσι πρὸς Ἀραβίων, gegen die Äthiopen (du côté des Éthiopiens). Der Deutsche, von dem entgegengesetzten Standpunkte, d. h. von sich selbst, ausgehend, sagt: gegen Morgen u. s. f., wie *ad orientem versus*. Auf gleiche Weise kann auch der Grieche statt des Genetivs den Akkusativ anwenden, als: ἔθνος οἰκημένον πρὸς ἠῶ τε καὶ ἡλίου ἀνατολάς Hdt. 1, 201. πρὸς βορέην τε καὶ νότον 2, 149. Zuweilen finden sich auch beide Konstruktionen vereinigt. Ibid. 121 τὸν μὲν πρὸς βορέω

[1]) Vgl. Stallbaum ad Pl. Phil. 21, d.

ἑστεῶτα, τὸν δὲ πρὸς νότον („Die zwiefache Konstruktion beruht auf der Vorstellung, dass der Beschauer am Ende einer von Norden her über die Statue auf ihn zulaufenden Linie steht, und dass diese Richtungslinie über den Standpunkt des Beschauers nach der entgegengesetzten Seite verlängert über die andere Statue nach Süden hin läuft“, Stein). Ebenso 7, 126 οὔτε τὸ πρὸς τὴν ἠῶ τοῦ Νέστου ἴδοι τις ἂν λέοντα, οὔτε πρὸς ἑσπέρης τοῦ Ἀχελῴου u. 7, 55. Auf derselben Anschauung beruhen Ausdrucksweisen wie Hdt. 8, 22 πρὸς ἡμέων γίνεσθε, tretet auf unsere Seite. Antiph. tetr. 2, β, 2 ἡ μὲν δόξα τῶν πραχθέντων πρὸς τῶν λέγειν δυναμένων ἐστίν, ἡ δὲ ἀλήθεια πρὸς τῶν δίκαια καὶ ὅσια πρασσόντων, ist auf der Seite der Redegewandten. Vgl. auch e). — 2) kausal u. bildlich zur Angabe einer einwirkenden Gegenwart, einer Ursache, Veranlassung, des Urhebers, überhaupt eines Thätigen: a) von der Abstammung, als: οἱ πρὸς αἵματος Blutsverwandte, S. Ai. 1305. El. 1125. Hdt. 7, 99 γένος ἐξ Ἁλικαρνησσοῦ τὰ πρὸς πατρός, τὰ μητρόθεν δὲ Κρῆσσα, von väterlicher, mütterlicher Seite. Vgl. Aeschin. 3, 169. — b) von einer Person oder Sache, der etwas eigentümlich ist, aus deren Wesen oder Gewohnheit etwas hervorgeht. Aesch. Ag. 592 ἦ κάρτα πρὸς γυναικὸς (sc. ἐστίν) αἴρεσθαι κέαρ, es ist Weiber Art. 1636 τὸ γὰρ δολῶσαι πρὸς γυναικὸς ἦν σαφῶς. Hdt. 5, 12 οὔτε Περσικὰ ἦν οὔτε Λύδια τὰ ποιεύμενα ἐκ τῆς γυναικός, οὔτε πρὸς τῶν ἐκ τῆς Ἀσίης οὐδαμῶν. X. An. 1. 2, 11 οὐ γὰρ ἦν πρὸς τοῦ Κύρου τρόπου ἔχοντα μὴ ἀποδιδόναι. Comm. 2. 3, 15 ἄτοπα λέγεις καὶ οὐδαμῶς πρὸς σοῦ, *tibi convenientia*, s. Kühners Bem. S. § 418, A. 2. — c) von einer Person, von deren Standpunkte aus etwas betrachtet wird. Th. 1, 71 δρῷμεν ἂν ἄδικον οὐδὲν οὔτε πρὸς θεῶν οὔτε πρὸς ἀνθρώπων, vor Göttern und Menschen, *e judicio deorum*. X. An. 2. 5, 20 ὃς μόνος μὲν πρὸς θεῶν ἀσεβής, μόνος δὲ πρὸς ἀνθρώπων αἰσχρός, in den Augen der Götter und Menschen. Vgl. 1. 6, 6. 5. 7, 12. Hipparch. 1, 22 πολὺ ἐστι πρὸς τῆς πόλεως εὐδοξότερον τῇ τῆς φυλῆς λαμπρότητι κεκοσμῆσθαι ἢ μόνον τῇ ἑαυτῶν στολῇ [1]). — d) vom Ausgangspunkte und Urheber: seitens: α) bei ἀκούειν und dergleichen Verben, vgl. § 417, Anm. 9, a; — β) bei Begriffen des Empfangens, Intransitiven und Passiven, schon bei Hom., häufig bei Hdt., auch bei den Attikern nicht selten. A, 160 τιμὴν ἀρνύμενοι Μενελάῳ . . πρὸς Τρώων. λ, 302 τιμὴν πρὸς Ζηνὸς ἔχοντες. Hdt. 2, 139 ἵνα κακόν τι πρὸς θεῶν ἢ πρὸς ἀνθρώπων λάβοι. 4, 144 εἴπας τόδε ἔπος ἐλίπετο ἀθάνατον μνήμην πρὸς Ἑλλησποντίων, *gloriam ab Hellespontiis omni tempore celebratam*. 7, 5 στρατηλάτεε ἐπὶ τὰς Ἀθήνας, ἵνα λόγος σε ἔχῃ πρὸς ἀνθρώπων ἀγαθός, *ut laudere ab hominibus (apud homines)*. 139 γνώμην ἐπίφθονον πρὸς τῶν πλεόνων, *sententiam in invidia* od. *odio habitam a plerisque*. X. An. 7. 6, 33 ἔχων ἔπαινον πολὺν πρὸς

[1]) Vgl. Poppo ad Thuc. P. III. Vol. 1. p. 395 sq. Kühner ad Xen. An. 1. 6, 6.

ὑμῶν ἀπεπορευόμην. Vgl. 2. 3, 18. Α, 831 τά σε προτί φασιν Ἀχιλλῆος δεδιδάχθαι. Hdt. 1, 61 ἀτιμάζεσθαι πρὸς Πεισιστράτου. 73 ταῦτα πρὸς Κυαξάρεω παθόντες. X. An. 1. 9, 20 (Κῦρος) ὁμολογεῖται πρὸς πάντων κράτιστος δὴ γενέσθαι θεραπεύειν (φίλους). Oec. 4, 2 αἱ βαναυσικαὶ καλούμεναι ἀδοξοῦνται πρὸς τῶν πόλεων. 6, 17 Ἰσχόμαχον πρὸς πάντων καλόν τε κἀγαθὸν ἐπονομαζόμενον. 10 (ἐδόκει) εὐδοξοτάτη εἶναι πρὸς τῶν πόλεων αὕτη ἡ βιοτεία, ubi v. **Breitenb.** Pl. Menex. 244, c Ἕλλησι πρὸς ἀλλήλων δουλουμένοις. — Daher e) auch von dem, in dessen Namen, auf dessen Geheiss, zu dessen Vorteil etwas geschieht. Ζ, 456 καί κεν . . πρὸς ἄλλης ἱστὸν ὑφαίνοις, im Auftrage, Dienste einer andern. Α, 239 δικασπόλοι, οἵ τε θέμιστας | πρὸς Διὸς εἰρύαται, vom Zeus her, in Z. Auftrage. ζ, 207 πρὸς Διός εἰσιν ἅπαντες | ξεῖνοί τε πτωχοί τε, kommen gleichsam im Namen des Z. X. R. L. 15, 2 (Λυκοῦργος) ἔθηκε θύειν βασιλέα πρὸς τῆς πόλεως τὰ δημόσια ἅπαντα (*nomine civitatis*), ubi v. **Haase** et **Sauppe** (**Schneider, Dindorf** u. a. schreiben πρό). Hell. 7. 1, 17 σπονδὰς ποιησάμενος πρὸς Θηβαίων μᾶλλον ἢ πρὸς ἑαυτῶν, zum Vorteile der Th. Pl. civ. 440, e τίθεσθαι τὰ ὅπλα πρὸς τοῦ λογιστικοῦ, die Waffen ergreifen zu Gunsten der Vernunft, s. **Stallb.** u. **Schneider** (urspr. rein räumlich nach 1) a. E.). Eur. Alc. 57 πρὸς τῶν ἐχόντων, Φοῖβε, τὸν νόμον τίθης. Hdt. 1, 75 Κροῖσος ἐλπίσας πρὸς ἑωυτοῦ τὸν χρησμὸν εἶναι. 8, 60 τὸ ἐν στεινῷ ναυμαχέειν πρὸς ἡμέων ἐστί. Th. 4, 10 τὰ πλείω ὁρῶ πρὸς ἡμῶν ὄντα (Schol.: ἡμῖν σύμμαχα καὶ ὠφέλιμα ὄντα). 29 πρὸς τῶν πολεμίων τοῦτο ἐνόμιζε μᾶλλον εἶναι. 92 χρὴ πιστεύσαντας τῷ θεῷ πρὸς ἡμῶν ἔσεσθαι ὁμόσε χωρῆσαι τοῖσδε (τοῖς πολεμίοις), vertrauend auf Gott, er werde auf unserer Seite stehen. Pl. Hipp. I. 285, b δοκεῖς μοι τὸν λόγον πρὸς ἐμοῦ λέγειν, zu meinem Vorteile. — f) bei Schwüren und Beteuerungen, als: πρὸς θεῶν, *per deos*, eigentlich: angesichts der Götter, **vor, bei** den Göttern. ν, 324 νῦν δέ σε πρὸς πατρὸς γουνάζομαι, vgl. λ, 67, ebenso in Prosa, z. B. X. Hell. 2. 4, 21 πρὸς θεῶν πατρῴων καὶ μητρῴων καὶ συγγενείας καὶ κηδεστίας καὶ ἑταιρίας . . παύσασθε ἁμαρτάνοντες. Ähnlich Α, 339 f. τὼ δ' αὐτὼ μάρτυροι ἔστων | πρός τε θεῶν μακάρων πρός τε θνητῶν ἀνθρώπων | καὶ πρὸς τοῦ βασιλῆος, angesichts, vor. — g) selten vom **Anlass und Grunde.** S. Ant. 51 πρὸς αὐτοφώρων ἀμπλακημάτων διπλᾶς | ὄψεις ἀράξας, **infolge**, ubi v. **Wunder.** OR. 494 (νεῖκος) πρὸς ὅτου . . ἐπὶ τὰν ἐπίδαμον φάτιν εἶμι, auf Grund dessen. 1236 πρὸς τίνος ποτ' αἰτίας; El. 1211 πρὸς δίκης γὰρ οὐ στένεις (1212 οὐ δίκῃ στένω;). Vgl. OR. 1014. So auch Pl. Phaedr. 252, d τὸν ἔρωτα τῶν καλῶν πρὸς τρόπου ἐκλέγεται ἕκαστος, *secundum mores*.

II. Mit dem *Dative* zur Angabe eines **Verweilens vor, bei** einem Gegenstande. Th. 2, 79 ἐς μάχην καθίστανται οἱ Ἀθηναῖοι πρὸς αὐτῇ τῇ πόλει. X. An. 1. 8, 4 Κλέαρχος τὰ δεξιὰ τοῦ κέρατος ἔχων πρὸς τῷ Εὐφράτῃ ποταμῷ. Vgl. 7. 2, 14. Cy. 7. 1, 33 (αἱ ἀσπίδες) πρὸς τοῖς ὤμοις οὖσαι, bei, an den Schultern liegend. Dem. 4, 34 πρὸς τῷ Γεραιστῷ τὰ πλοῖα συλλαβών. Th. 3, 78 οἱ πρὸς τοῖς Κερκυραίοις, die bei den Kerkyräern, d. i. die den K. gegenüberstehenden Peloponnesier. 21, 18 ὅσα γε ἐν τῷ δήμῳ γέγονεν ἢ πρὸς τοῖς κριταῖς, vor. Zuweilen tritt die Grundbedeutung mehr zurück, so dass es überhaupt nur eine nahe Verbindung ausdrückt und st. ἐν zu stehen scheint, wie im Lat. *apud* bisweilen gebraucht wird (apud forum audivi). S. Tr. 371 ταῦτα πολλοὶ πρὸς μέσῃ Τραχινίων ἀγορᾷ συνεξήκουον, inmitten der Versammlung (vgl. 423 ἐν μέσῃ Τρ. ἀγορᾷ . . εἰσήκουσ' ὄχλος). 524 ἁ δ' εὐῶπις ἁβρὰ τηλαυγεῖ παρ' ὄχθῳ ἧστο, *in tumulo*. OC. 10 θάκησιν εἴ τινα βλέπεις ἢ πρὸς βεβήλοις ἢ πρὸς ἄλσεσιν θεῶν. OR. 180 νηλέα δὲ γένεθλα πρὸς πέδῳ . . κεῖται. Ai. 95 ἔβαψας ἔγχος εὖ πρὸς Ἀργείων στρατῷ. Pind. P. 1, 87 ἀψευδεῖ δὲ πρὸς ἄκμονι χάλκευε γλῶσσαν. So versteht Maetzner auch Antiph. 6, 39 διήλλαττον ἡμᾶς πρὸς τῷ νεῷ τῆς Ἀθηνᾶς. Th. 3, 57 οὐδὲ πρὸς ἱεροῖς τοῖς κοινοῖς σκῦλα ἀνατεθῆναι. Vgl. 3, 81. (Aber nicht gehört hierher Th. 6, 68 πρὸς γῇ οὐδεμιᾷ φιλίᾳ, bei keinem befreundeten Lande, wie Dem. 1, 24 εἰ πόλεμος γένοιτο πρὸς τῇ χώρᾳ, an den Grenzen unseres Landes.) Von Beschäftigungen: εἶναι, γίγνεσθαι πρός τινι. Pl. civ. 567, a ἵνα πρὸς τῷ καθ' ἡμέραν ἀναγκάζωνται εἶναι, ubi v. Stallb. Dem. 8, 11 πρὸς τοῖς πράγμασι γίγνεσθαι. Vgl. 18, 176. Pl. Phaed. 84, c πρὸς τῷ εἰρημένῳ λόγῳ ἦν, er war noch bei dem Gesprochenen (ganz darin versunken). Dem. 19, 127 (Αἰσχίνης) ὅλος πρὸς τῷ λήμματι ἦν. Dann: dabei, dazu, ausser, als: πρὸς τούτῳ, πρὸς τούτοισι Hdt., *praeter ea*. Th. 4, 87 οὐκ ἂν μείζω πρὸς τοῖς ὅρκοις βεβαίωσιν λάβοιτε. So vereinzelt schon b. Hom. κ, 68 ἄασάν μ' ἕταροί τε κακοὶ πρὸς τοῖσί τε ὕπνος. — Über den Dativ bei Verben der Bewegung s. § 447, A, d.

III. Mit dem *Akkusative*. — 1) teils räumlich, teils bildlich: a) von der Lage der Orte: gegen, s. b. Gen. 1) a) S. 515 f., dann bei den Verben des Sehens nach etwas, eigentlich u. bildlich. Th. 2, 55 (ἡ γῆ) πρὸς Πελοπόννησον ὁρᾷ, *ad P. spectat*, vgl. 93. 6, 75. Dem. 3, 1 ὅταν εἰς τὰ πράγματα ἀποβλέψω καὶ ὅταν πρὸς τοὺς λόγους, ubi v. Bremi. Oft ἀποβλέπειν πρός τινα, vertrauend od. hilfesuchend auf einen blicken, wie X. Comm. 4. 2, 2, s. das. Kühners Bmrk. Pl. leg. 627, d σκοπούμεθα πρὸς τὸν τῶν πολλῶν λόγον, wir nehmen Rücksicht auf. — b) von der Richtung, besonders nach Personen, aber auch nach Sachen u. Orten, sowohl in freundlicher als in feindlicher Beziehung: X. An. 5. 7, 20 ἔρχονται πρὸς ἡμᾶς, zu uns, eigtl. treten vor uns. 7. 6, 6 ὑμᾶς ἄξομεν πρὸς αὐτούς. 5. 4, 5 βουλόμεθα διασωθῆναι πρὸς τὴν Ἑλλάδα = πρὸς τοὺς Ἕλληνας, vgl. Cy. 5. 4, 16. 6. 4, 19 ἐλθόντες πρὸς τὰ ἱερά, zur Opferstätte. Pl. Menex. 234, b ἀφικόμην πρὸς τὸ βουλευτήριον (v. den Ratsherren). Th. 4, 43 ὑποχωρήσαντες πρὸς αἱμασιάν. 44 ὑπεχώρησαν πρὸς τὸν λόφον. Bildlich: ἵστασθαι πρός τι, sich stellen auf die Seite einer Person od. Sache. Th. 4, 56 πρὸς τὴν ἐκείνων γνώμην ἀεὶ ἔστασαν, *ad illorum partes inclinaverant.* Vgl. S. Ant. 299. Μάχεσθαι, πολεμεῖν πρός τινα, gegen, eigtl.: vor das Angesicht (tretend) kämpfen, so auch ἰέναι πρός τινα immer feindlich *contra* Th. 2, 65. 1, 18 μάχη Μήδων πρὸς Ἀθηναίους, vgl. 100. 1, 98 πρὸς Καρυστίους αὐτοῖς πόλεμος ἐγένετο. Bei Hom. πρὸς δαίμονα gegen den Willen der Gottheit, *invito numine* P, 98 ὁππότ' ἀνὴρ ἐθέλῃ πρὸς δαίμονα φωτὶ μάχεσθαι | ὅν κε θεὸς τιμᾷ, vgl. 104. Dann bei allen Verben des Redens u. Sprechens, indem sich der Redende gegen einen wendet (wie man in der Thüringer Volkssprache sagt: er sagte vor, für mich (st. zu mir), λέγειν, ἀγορεύειν πρός τινα, b. Hom. auch ὀμνύναι πρός τινα, einem gegenüber schwören, einem etwas zuschwören ξ, 331. Oft ἀγωνίζεσθαι πρὸς τοὺς δικαστάς, vor den Richtern, κατηγορεῖν πρός τινα, διαβάλλειν τινὰ πρός τινα (X. An. 7. 5, 6), ἀπολογίαν ποιεῖσθαι πρός τινα [1]). Lycurg. 101 καταισχύνειν (τὴν πατρίδα) πρὸς ἅπαντας τοὺς Ἕλληνας, vgl. Aeschin. 1, 54, vor allen Griechen, allen G. gegenüber. Überhaupt von einem gegenseitigen freundlichen oder feindlichen Verhältnisse, wie σπονδάς, ὁμολογίαν, συμμαχίαν, εἰρήνην, φιλίαν, πόλεμον ποιεῖσθαι πρός τινα, συγχωρεῖν od. ξυμβαίνειν πρός τινα Th. 2, 59. 3, 27, πράττειν πρός τινα 3, 28, vgl. 1, 131. 2, 5, unterhandeln mit einem, σπουδάζειν πρός τινα X. Cy. 1. 3, 11, wichtige Geschäfte mit einem haben. So auch: λογίζεσθαι, σκέψασθαι, σκοπεῖν πρὸς ἑαυτόν, *secum cogitare* [2]). Andoc. 1, 51 ἐνεθυμήθην πρὸς ἐμαυτόν. 52 ἐλογιζόμην πρὸς ἐμαυτόν. Antiph. 1, 31 ἐν ὑμῖν ἐστι σκοπεῖν τὰ λοιπὰ πρὸς ὑμᾶς αὐτούς. Pl. Hipp. 1. 295, a σκεψαίμην πρὸς ἐμαυτόν. Von einer Verbreitung: X. Comm. 1. 2, 61 Σωκράτης καὶ πρὸς τοὺς ἄλλους ἀνθρώπους κόσμον τῇ πόλει παρεῖχε. Th. 6, 16 ὅσα ἐν τῇ πόλει λαμπρύνομαι, τοῖς μὲν ἀστοῖς φθονεῖται φύσει, πρὸς δὲ τοὺς ξένους καὶ αὕτη ἰσχὺς φαίνεται. — 2) temporal zur Angabe einer ungefähren Zeitbestimmung: πρὸς ἡμέραν X. Hell. 2. 4, 6, gegen Anbruch des Tages. ib. 24 πρὸς ὄρθρον. 4. 5, 4 πρὸς τὴν ἑσπέραν. Ähnlich πρὸς τὴν σελήνην, bei Mondenschein. 5. 1, 9. Andoc. 1, 38. — 3) kausal u. bildlich: a) zur Angabe des Zieles und Zweckes. Isocr. 16, 27 οἱ πολῖται πρὸς ἀνδρίαν ἐπαιδεύθησαν. Th. 1, 96 παρέχειν χρήματα πρὸς τὸν βάρβαρον, *ad devincendum b.* Dem. 3, 19 τὰ παρόντα ἀναλίσκειν πρὸς ἃ μὴ δεῖ. 6, 23 παντοδαπὰ εὑρημένα ταῖς πόλεσι πρὸς φυλακὴν καὶ σωτηρίαν. Daher Redensarten wie πρὸς χάριν, zu Liebe, nach Gunst. Dem. 8, 69 ὅστις μηδὲν λέγει πρὸς χάριν, ἀλλὰ τὸ βέλτιστον ἀεί. 8, 1 ἔδει τοὺς λέγοντας ἅπαντας μήτε πρὸς ἔχθραν ποιεῖσθαι λόγον μηδένα μήτε πρὸς χάριν, weder zu Liebe noch zu Leide. 4, 38 πρὸς ἡδονὴν δημηγορεῖν. — b) zur Angabe der Gemässheit: im

1) Vgl. Schoemann ad Isaeum 3, 25. Maetzner ad Lycurg. 63 u. 101. —
2) Vgl. Stallbaum ad Plat. Apol. p. 21 D.

Hinblicke auf, zufolge, manchmal dem kausalen **wegen** nahekommend — **nach, entsprechend.** Hdt. 3, 52 πρὸς τοῦτο τὸ κήρυγμα, im Hinblicke auf diese Verfügung. 1, 38 πρὸς τὴν ὄψιν ταύτην τὸν γάμον τοῦτον ἔσπευσα, dem Gesichte zufolge. Th. 2, 59 ὁρῶν αὐτοὺς πρὸς τὰ παρόντα χαλεπαίνοντας, vgl. 4, 80. 4, 87 πρὸς ταῦτα βουλεύεσθε εὖ. 106 τὸ κήρυγμα πρὸς τὸν φόβον δίκαιον εἶναι ὑπελάμβανον. X. Cy. 4. 2, 26 πρὸς ταῦτα τοῦτο μόνον ὁρᾶτε, ὅπως τὴν νίκην διασῳζώμεθα, im Hinblick darauf, demzufolge. S. OR. 766 πρὸς τί τοῦτ' ἐφίεσαι; Ferner: X. An. 6. 1, 5 Θρᾷκες πρὸς αὐλὸν ὠρχήσαντο, nach der Flöte. de re equ. 12, 1 φαμὲν χρῆναι τὸν θώρακα πρὸς τὸ σῶμα πεποιῆσθαι, nach dem Körper, dem K. entsprechend. Pl. Phaedr. 231, a πρὸς τὴν δύναμιν τὴν αὑτῶν εὖ ποιοῦσιν, nach Massgabe der Kraft. Th. 4. 39 ὁ ἄρχων 'Επιτάδας ἐνδεεστέρως ἑκάστῳ παρεῖχεν ἢ πρὸς τὴν ἐξουσίαν, *parcius quam pro viribus.* 6, 22 σιτοποιοὺς ἐκ τῶν μυλώνων πρὸς μέρος ἠναγκασμένους, *pro portione* (nach Verhältnis der darin beschäftigten Anzahl). X. Cy. 8. 4, 29 πρὸς τὴν ἀξίαν ἑκάστῳ ἐδίδοσαν. Ähnlich in den adverbialen Redensarten πρὸς φιλίαν = φιλικῶς X. An. 1. 3, 19, πρὸς ὀργήν Th. 2, 65, ubi v. Bloomf., πρὸς βίαν, mit Gewalt, wider Willen, πρὸς ἀνάγκην, πρὸς ἀκρίβειαν, der Genauigkeit gemäss u. s. w. [1]). — Daher c) zur Angabe des **Massstabes** bei Ausdrücken des **Beurteilens** u. a., sowie bei einer **Vergleichung** in der Anschauung der Entgegenstellung eines Dinges **vor** ein anderes, wie das Lat. *contra.* Isocr. 4, 76 οὐδὲ πρὸς ἀργύριον τὴν εὐδαιμονίαν ἔκρινον. Dem. 1, 11 πρὸς τὸ τελευταῖον ἐκβὰν ἕκαστον τῶν πρὶν ὑπαρξάντων κρίνεται. 18, 17 πρὸς τὸν ὑπάρχοντα καιρὸν ἕκαστα θεωρεῖν. Th. 2, 62 (ταῦτα) κηπίον καὶ ἐγκαλλώπισμα πλούτου πρὸς ταύτην (τὴν δύναμιν) νομίσαντες ὀλιγωρῆσαι, gegenüber, im Vergleich zu. Lycurg. 68 τὸ κάλλιστον τῶν ἔργων πρὸς τὸ αἴσχιστον συμβαλεῖν ἠξίωσε, ubi v. Maetzn. Isocr. 15, 78 γνώσεσθε τὴν δύναμιν αὐτῶν, ἣν παραβάλλητε πρὸς ἕτερα τῶν εὐδοκιμούντων. 4, 107 (ἔχουσι) χώραν ὡς πρὸς τὸ πλῆθος τῶν πολιτῶν ἐλαχίστην. Hdt. 4, 50 ἓν πρὸς ἓν συμβάλλειν. Auch adverbial ἓν πρὸς ἕν, eines gegen das andere gehalten. Pl. leg. 647, b τὴν ἐν τῷ πολέμῳ νίκην καὶ σωτηρίαν ἓν πρὸς ἓν οὐδὲν οὕτω σφόδρα (sc. ὡς ὁ φόβος) ἡμῖν ἀπεργάζεται, ubi v. Stallb. Oft liegt die Nebenbeziehung des **Vorzuges** darin: *praeter*, wenn nämlich ein Gegenstand mit mehreren verglichen wird, u. der eine diesen entweder gleich kommt od. dieselben selbst übertrifft. Hdt. 8, 44 'Αθηναῖοι πρὸς πάντας τοὺς ἄλλους (συμμάχους) παρεχόμενοι νέας ὀγδώκοντα καὶ ἑκατόν, gegenüber, im Vergleich zu allen übrigen Bundesgen. (so viel als die übrigen zusammengenommen). 3, 94 'Ινδοὶ φόρον ἀπαγίνεον ⟨πλεῖστον⟩ πρὸς πάντας τοὺς ἄλλους, ἑξήκοντα καὶ τριηκόσια τάλαντα ψήγματος. Dem. 14, 25 ἐν ταύτῃ χρήματ' ἔνεστιν ὀλίγου δέω

[1]) Vgl. Viger p. 664.

πρὸς ἁπάσας τὰς ἄλλας εἶναι πόλεις. So bei dem Komparat. Hdt. 2, 35 (Αἴγυπτος) ἔργα λόγου μέζω παρέχεται πρὸς πᾶσαν χώρην, im Vergleich mit jedem anderen Lande. Th. 3, 37 οἱ φαυλότεροι τῶν ἀνθρώπων πρὸς τοὺς ξυνετωτέρους ὡς ἐπὶ τὸ πλεῖον ἄμεινον οἰκοῦσι τὰς πόλεις. Vgl. 7. 58, 4. So auch von der **Vertauschung**, als: Pl. Phaed. 69, a ἡδονὰς πρὸς ἡδονὰς καὶ λύπας πρὸς λύπας καὶ φόβον πρὸς φόβον καταλλάττεσθαι καὶ μείζω πρὸς ἐλάττω, ὥσπερ νομίσματα. — d) überhaupt zur Angabe einer **Beziehung** oder eines **Verhaltens** zu einem Gegenstande, einer **Rücksicht** auf einen Gegenstand in den mannigfaltigsten Verbindungen. X. An. 7. 1, 9 οἱ στρατιῶται ἀθυμοῦσι πρὸς τὴν ἔξοδον, vgl. Comm. 2. 6, 34. 3. 10, 12 δοκεῖς μοι τὸ εὔρυθμον οὐ καθ' ἑαυτὸ λέγειν, ἀλλὰ πρὸς τὸν χρώμενον. Lycurg. 15 πρὸς τοὺς θεοὺς εὐσεβῶς ἔχειν. S. Tr. 1211 ἀλλ' εἰ φοβῇ πρὸς τοῦτο, τἄλλα γ' ἔργασαι. OC. 1119 μὴ θαύμαζε πρὸς τὸ λιπαρές, in betreff (anders Wunder). Isocr. 15, 284 τοὺς ἄριστα πρὸς ἀρετὴν πεφυκότας. Lycurg. 82 πάντων τῶν Ἑλλήνων ἀνδρῶν ἀγαθῶν γενομένων πρὸς τὸν κίνδυνον *„vis à vis du peril"* Maetzn., der Gefahr gegenüber. Lys. 30, 26 ἀνδρὸς ἀγαθοῦ πρὸς τοὺς πολεμίους. X. Comm. 1. 2, 1 (Σωκράτης ἦν) πρὸς χειμῶνα καὶ θέρος καὶ πάντας πόνους καρτερικώτατος. Διαφέρειν πρὸς ἀρετήν, καλὸς πρὸς δρόμον, πρὸς πάλην, τέλεος πρὸς ἀρετὴν Pl. So ist auch zu erklären Pl. Lys. 212, b οἷον (sc. μισεῖσθαι) ἐνίοτε δοκοῦσι καὶ οἱ ἐρασταὶ πάσχειν πρὸς τὰ παιδικά, in Beziehung auf den Liebling (anders Stallb.). — Nur scheinbar steht πρός *c. acc.* zuweilen in gleichem Sinne wie πρός *c. gen.*, z. B. Th. 5, 105 τῆς πρὸς τὸ θεῖον εὐμενείας οὐδ' ἡμεῖς οἰόμεθα λελείψεσθαι. Hier handelt es sich jedoch nicht um eine besondere Gebrauchsweise von πρός, sondern um eine Modifikation des Sinnes von εὐμένεια: nicht = Wohlwollen, sondern: gutes Einvernehmen mit, gewissermassen freundschaftliches Verhältnis zu den Göttern. Ebenso 6, 80 τὴν πρὸς ἡμᾶς ἔχθραν, die Verfeindung mit uns. Vgl. Dem. 6, 3 τὴν πρὸς ὑμᾶς ἀπέχθειαν ὀκνοῦντες. 18, 36 τὴν ἀπέχθειαν τὴν πρὸς Θηβαίους τῇ πόλει γενέσθαι.

§ 442. 5) Ὑπό, unter.

Ὑπό [poet. ὑπαί, äol. u. elisch ὑπά, § 325, 8, sanskr. *upa*, lat. *sub*, got. *uf*, d. *ūf*, *ūfan*, *uffen* u. s. w.[1]], Grundbedeutung **unter**.

I. Mit dem (ablativischen) *Genetive.* — 1) **räumlich**: a) zur Angabe einer **Bewegung aus der Tiefe hervor**: **drunter hervor**, **drunter weg** (anschaulicher in dem zusammengesetzten ὑπέκ *c. g.* s. § 444). ι, 140 αὐτὰρ ἐπὶ κρατὸς λιμένος ῥέει ἀγλαὸν ὕδωρ, | κρήνη ὑπὸ σπείους,

---

[1]) S. Schmidt Comm. d. p. 75 sq. Vgl. Grimm IV. S. 789.

unter der Grotte hervor. P, 235 νεκρὸν ὑπ' Αἴαντος ἐρύειν, unter den Händen des A. weg. η, 5 ὑπ' ἀπήνης ἡμιόνους ἔλυον. Hs. Th. 669 ὑπὸ χθονὸς ἧκε φόωσδε, unter der Erde hervor. Eur. Hec. 53 περᾷ γὰρ ἥδ' ὑπὸ σκηνῆς πόδα, ubi v. Matthiae p. 9 et Pflugk. Andr. 411 ἢ καὶ νεοσσὸν τόνδ' ὑπὸ πτερῶν σπάσας. X. An. 6. 4, 25 (Ξενοφῶν) λαβὼν βοῦν ὑπὸ ἁμάξης σφαγιασάμενος ἐβοήθει. — b) zur Angabe des Verweilens unter einem Gegenstande, wie ὑπό mit dem Dative, ohne deutlich nachweisbaren Unterschied [1]. Θ, 14 ῥίψω ἐς Τάρταρον . ., ἧχι βάθιστον ὑπὸ χθονός ἐστι βέρεθρον. λ, 52 οὐ γάρ πω ἐτέθαπτο ὑπὸ χθονός. X. Hell. 2. 3, 23 ξιφίδια ὑπὸ μάλης ἔχοντας. Pl. Phaedr. 230, b πηγὴ ὑπὸ τῆς πλατάνου ῥεῖ. Ap. 18, b τὰ ὑπὸ γῆς ἅπαντα ἀνεζητηκώς. Oft ep. bei Verben des Fassens, Treffens, Verwundens. Α, 501 δεξιτερῇ δ' ἄρ' ὑπ' ἀνθερεῶνος ἑλοῦσα. Π, 606 τὸν βάλ' ὑπὸ γναθμοῖο καὶ οὔατος. Ξ, 493 τὸν τόθ' ὑπ' ὀφρύος οὖτα. Proleptisch, wie bei πίπτειν ἐν u. a. ι, 375 τὸν μοχλὸν ὑπὸ σποδοῦ ἤλασα. — 2) kausal u. bildlich: a) zur Angabe des Urhebers bei Passiven und Intransitiven, als: φιλεῖσθαι, σῴζεσθαι u. s. w. ὑπό τινος. P, 428 πεσόντος ὑφ' Ἕκτορος (unter Hektors Händen). Σ, 149 ὑφ' Ἕκτορος ἀνδροφόνοιο | φεύγοντες. Hdt. 1, 137 οὐκ οἰκὸς τόν γε ἀληθέως τοκέα ὑπὸ τοῦ ἑωυτοῦ παιδὸς ἀποθνήσκειν. Pl. Menex. 244, a χρὴ τῶν ἐν τούτῳ τῷ πολέμῳ τελευτησάντων ὑπ' ἀλλήλων μνείαν ἔχειν. Th. 1, 130 (Παυσανίας) ὢν ἐν μεγάλῳ ἀξιώματι ὑπὸ τῶν Ἑλλήνων. Ebenso 6, 15. X. An. 7. 7, 23 μέγα μοι δοκεῖ εὖ ἀκούειν ὑπὸ τῶν ἀνθρώπων. 3. 4, 11 ἀπώλλυσαν τὴν ἀρχὴν ὑπὸ Περσῶν = spoliati sunt imperio a. P. Comm. 3. 4, 1 τραύματα ὑπὸ τῶν πολεμίων ἔχων = vulneratus, s. Kühners Bem. Hell. 5. 1, 5 οἱ Ἀθηναῖοι πράγματα εἶχον ὑπὸ τῶν λῃστῶν. Cy. 1. 6, 10 ἐκ τούτου μᾶλλον καὶ ὑπ' ἄλλων αἰδοῦς τεύξει. 6. 1, 39 ὑπὸ τῶν φίλων ὡς σὲ πεφευγὼς λόγον ἂν παρέχοιμι (= λεγοίμην ἄν). R. L. 6, 2 παῖς πληγὰς λαβὼν ὑπ' ἄλλου. Ven. 1, 11 τοσαύτης ἔτυχε τιμωρίας ὑπὸ θεῶν. An. 7. 6, 33 ἔχων ὑπὸ τῶν ἄλλων Ἑλλήνων εὔκλειαν. Ähnlich Hdt. 8, 94 τούτους τοιαύτη φάτις ἔχει ὑπὸ Ἀθηναίων. Antiph. 5, 35 ὁ ἀνὴρ διὰ τῆς αὐτῆς βασάνου ἰὼν ὑπ' ἐμοῦ, *eodem modo a me tortus*. X. Hell. 6. 5, 43 εἰ ἔλθοι κίνδυνος ὑπὸ βαρβάρων, vgl. Dem. 49, 50. So auch X. An. 7. 2, 37 ἐὰν . . φόβος ὑπὸ Λακεδαιμονίων ᾖ (= ἐμβάλληται ὑπὸ Λ.), ohne Grund in ἀπό geändert, s. Kühners Bem. Ferner Th. 5, 2 αἰσθόμενος (= *certior factus*) ὑπ' αὐτομόλων, ὅτι κτλ. Auch auf Substantive wird die passive Konstruktion übertragen. Th. 2, 65 ἐγίγνετο λόγῳ μὲν δημοκρατία, ἔργῳ δὲ ὑπὸ τοῦ πρώτου ἀνδρὸς ἀρχή. 1, 141 τῷ αὐτῷ ὑπὸ ἁπάντων δοξάσματι. X. Comm. 2. 1, 34 τὴν ὑπ' Ἀρετῆς Ἡρακλέους παίδευσιν, s. Kühners Bem., vgl. Pl. Hipp. 1. 285, a. X. Comm. 4. 4, 4 τὴν ὑπὸ Μελήτου γραφὴν ἔφευγε. Pl. Symp. 216, b τῆς τιμῆς τῆς ὑπὸ τῶν πολλῶν. Vgl. X.

---

[1]) S. Ebeling, Lex. Hom. II. S. 384.

Cy. 3. 3, 2. So auch X. Comm. 3. 10, 13 τὸ βάρος (sc. τῶν θωράκων) τὸ μὲν ὑπὸ τῶν κλειδῶν καὶ ἐπωμίδων, τὸ δὲ ὑπὸ τῶν ὤμων κτλ., wo das pass. φερόμενον dem Schriftsteller vorschwebte, s. Kühners Bem. — b) zur Angabe der Ursache, des Grundes, der Veranlassung, thätigen Einwirkung, α) einer äusseren. β, 110 ὡς τὸ μὲν ἐξετέλεσσε καὶ οὐκ ἐθέλουσ', ὑπ' ἀνάγκης. Hdt. 1, 85 ὑπὸ τῆς παρεούσης συμφορῆς, unter Einwirkung des gegenwärtigen Unglücks, infolge des gegenwärtigen Unglücks. 3, 129 ὑπὸ τοῦ παρεόντος κακοῦ. 1, 191 ὑπὸ μεγάθεος τῆς πόλιος. 3, 104 ὑπὸ τοῦ καύματος οἱ μύρμηκες ἀφανέες γίνονται ὑπὸ γῆν. Th. 2, 85 ὑπὸ ἀπλοίας ἐνδιέτριψεν οὐκ ὀλίγον χρόνον. 49 διαφθείρεσθαι ὑπὸ τοῦ ἐντὸς καύματος, vor Hitze. 101 ὑπὸ χειμῶνος ἐταλαιπώρει, vgl. 6, 104. Antiph. 2. β, 1. Th. 1, 21 τὰ πολλὰ ὑπὸ χρόνου ἀπίστως ἐπὶ τὸ μυθῶδες ἐκνενικηκότα, *plurima eorum temporis diuturnitate in fabulas abierant*. X. An. 1. 5, 5 πολλὰ τῶν ὑποζυγίων ἀπώλετο ὑπὸ λιμοῦ. 5. 8, 3 ὑπὸ πόνων ἀπαγορεύειν. R. L. 5, 7 ὑπὸ οἴνου σφάλλεσθαι. Pl. Phaedr. 234, d ἐμοὶ ἐδόκεις γάνυσθαι ὑπὸ τοῦ λόγου μεταξὺ ἀναγιγνώσκων, dich zu freuen wegen der Rede. Prot. 310, c ὑπό τινος ἄλλου ἐπελαθόμην. Leg. 695, b ὑπὸ μέθης μαίνεσθαι. Auch von lebenden Wesen. Φ, 494 (πέλεια) ὑπ' ἴρηκος κοίλην εἰσέπτατο πέτρην. Z, 73. Pl. Ap. 17, a αὐτὸς ὑπ' αὐτῶν ὀλίγου ἐμαυτοῦ ἐπελαθόμην, unter dem Eindrucke ihrer Rede. β) einer inneren (geistigen) Ursache. Hymn. Dem. 371 ἀνόρουσ' ὑπὸ χάρματος, vor Freude. Hdt. 1, 85 ὑπὸ δέους καὶ κακοῦ φωνὴν ἔρρηξε. So: ὑπὸ χαρᾶς, ἡδονῆς, φθόνου, ὀργῆς, ἀπειρίας, σωφροσύνης, ἀφροσύνης u. s. w. X. Cy. 1. 4, 15 οὐ δυναμένῳ σιγᾶν ὑπὸ τῆς ἡδονῆς. Dem. 8, 71 οὐδὲ προήχθην οὔθ' ὑπὸ κέρδους οὔθ' ὑπὸ φιλοτιμίας. — c) zur Angabe einer bloss vermittelnden gleichsam begleitenden und mitwirkenden Ursache, unter der etwas geschieht, wo auch wir die Präposition unter anwenden. Δ, 276 ἐρχόμενον κατὰ πόντον ὑπὸ Ζεφύροιο ἰωῆς. Σ, 492 νύμφας δ' ἐκ θαλάμων δαΐδων ὕπο λαμπομενάων | ἠγίνεον. Hdt. 7, 22 ὤρυσσον ὑπὸ μαστίγων, vgl. 56. X. An. 3. 4, 25 οἱ βάρβαροι . . ἐτόξευον ὑπὸ μαστίγων, s. Kühners Bem.; auch von Personen: B, 334 ἀμφὶ δὲ νῆες | σμερδαλέον κονάβησαν ἀυσάντων ὑπ' Ἀχαιῶν, unter dem Geschrei der Ach. Hdt. 9, 98 ὑπὸ κήρυκος προηγόρευε, *praeconis voce*. Th. 6, 32 εὐχὰς ὑπὸ κήρυκος ἐποιοῦντο *„praecone verba praeeunte“* Haack. Vgl. Eur. Alc. 737. Pl. leg. 917, d. 928, d. Phil. 66, a ὑπό τε ἀγγέλων πέμπων, durch Boten sagen lassend, s. Stallb. Hdt. 2, 45 οἱ Αἰγύπτιοι (Ἡρακλέα) ὑπὸ πομπῆς ἐξῆγον. X. R. L. 5, 7 ὑπὸ φανοῦ πορεύεσθαι. Besonders von der Begleitung musikalischer Instrumente, als: Hdt. 1, 17 ἐστρατεύετο ὑπὸ συρίγγων τε καὶ πηκτίδων καὶ αὐλοῦ. Ar. Ach. 1001 πίνειν ὑπὸ τῆς σάλπιγγος. So: ὑπ' αὐλοῦ χορεύειν, ὑπὸ φορμίγγων, ὑπὸ τυμπάνων u. s. w.; auch von Personen. Th. 5, 70 χωροῦντες βραδέως καὶ ὑπὸ αὐλητῶν πολλῶν. X. Hell. 2. 2, 23 τὰ τείχη κατέσκαπτον ὑπ' αὐλητρίδων. — Daher auch d) von der Art und Weise.

Eur. Hipp. 1299 ὑπ' εὐκλείας θανεῖν, unter Begleitung des guten Rufes, d. h. mit gutem Rufe, rühmlich sterben. H. f. 289 ὑπὸ δειλίας θανεῖν, auf feige Weise. S. El. 630 ὑπ' εὐφήμου βοῆς θῦσαι. Th. 3, 33 ὑπὸ σπουδῆς ἐποιεῖτο τὴν δίωξιν, vgl. 5, 66. 8, 107. X. oec. 7, 5 ἔζη ὑπὸ πολλῆς ἐπιμελείας, ὅπως κτλ. — e) zur Angabe der Unterwürfigkeit, selten: τ, 114 ἀρετῶσι δὲ λαοὶ ὑπ' αὐτοῦ, sind glücklich unter ihm [1]).

II. Mit dem (lokativischen) *Dative.* — 1) räumlich zur Angabe des Verweilens unter einem Gegenstande, als: ὑπὸ γῇ εἶναι. Δ, 404 αἳ γὰρ ὑπ' ἠελίῳ τε καὶ οὐρανῷ ἀστερόεντι | ναιετάουσι πόληες. Pl. Phil. 38, c ἑστάναι ὑπό τινι δένδρῳ. X. Hell. 5. 2, 41 ἀντιπαρετάξαντο ὑπὸ τῷ τείχει. Pl. Phaedr. 228, d τί ἐν τῇ ἀριστερᾷ ἔχεις ὑπὸ τῷ ἱματίῳ; Bei Bergen: am Fusse. B, 866 ὑπὸ Τμώλῳ. Hdt. 6, 137 κατοικημένους τοὺς Πελασγοὺς ὑπὸ τῷ Ὑμησσῷ. — 2) kausal u. bildlich: a) zur Angabe des Urhebers, wie beim Genetive, aber mehr in sinnlicher Auffassung, vorzugsweise in der Dichtersprache, als: δαμῆναι ὑπό τινι, πίπτειν ὑπό τινι. Hdt. 1, 91 ἀρχόμενος ὑπ' ἐκείνοισι, unter ihrer Herrschaft. Vgl. 103 u. 95 Λυδοὶ ὑπὸ Πέρσῃσι ἐδεδούλωντο, ubi v. Baehr. So bei Pl.: πεπαιδευμένος, τεθραμμένος ὑπό τινι, z. B. ὑπὸ τῷ πατρί, vgl. Civ. 391, c. Lach. 184, e. — b) zur Angabe der mitwirkenden Ursache, wie beim Genetive, gleichfalls mehr in sinnlicher Auffassung, poet. u. spät. pros. Z, 171 αὐτὰρ ὁ βῆ Λυκίηνδε θεῶν ὑπ' ἀμύμονι πομπῇ. Hs. sc. 282 f. παίζοντες ὑπ' ὀρχηθμῷ καὶ ἀοιδῇ., ὑπ' αὐλητῆρι ἕκαστος | πρόσθ' ἔκιον. — c) zur Angabe der Unterwürfigkeit. Hdt. 6, 121 βουλομένους ὑπὸ βαρβάροισί τε εἶναι Ἀθηναίους καὶ ὑπὸ Ἱππίῃ. 7, 157 τὴν Ἑλλάδα ὑπ' ἑωυτῷ ποιήσασθαι. Isocr. 4, 16 τῶν Ἑλλήνων οἱ μὲν ὑφ' ἡμῖν, οἱ δ' ὑπὸ Λακεδαιμονίοις εἰσίν. Dem. 18, 40 πάντα τὰ πράγματα ἐκεῖνον ὑφ' ἑαυτῷ ποιήσασθαι, ubi v. Taylor. 44 (Φίλιππος) δυνάμεις πολλὰς καὶ μεγάλας ἐποιεῖθ' ὑφ' ἑαυτῷ, vgl, 8, 60. 9, 21. X. Cy. 8. 8, 1 Κῦρος τοὺς ὑφ' ἑαυτῷ ὥσπερ ἑαυτοῦ παῖδας ἐτίμα. 8. 1, 6 οἱ κατὰ τὴν Ἀσίαν ὑπὸ βασιλεῖ ὄντες. Comm. 1. 6, 2 δοῦλος ὑπὸ δεσπότῃ διαιτώμενος. Pl. Civ. 574, d ἦν ὑπὸ νόμοις. Daher auch von der Unterordnung: Pl. Symp 205, c αἱ ὑπὸ πάσαις ταῖς τέχναις ἐργασίαι ποιήσεις εἰσί, die im Dienste (im Bereiche) der Künste hervorgebrachten Erzeugnisse. Hipp. 1. 295, d τὰ ὄργανα πάντα τά τε ὑπὸ τῇ μουσικῇ καὶ τὰ ὑπὸ ταῖς ἄλλαις τέχναις. Vgl. Civ. 511, b.

III. Mit dem *Akkusative.* — 1) räumlich: a) zur Angabe der Richtung nach hochgelegenen Orten, indem man gleichsam unter dieselben zu gehen scheint. B, 216 ὑπ' Ἴλιον ἦλθεν. Δ, 407 λαὸν ἀγάγονθ' ὑπὸ τεῖχος. X. An. 1. 10, 14 οὐκ ἀνεβίβαζεν ἐπὶ τὸν λόφον, ἀλλ' ὑπ' αὐτὸν στήσας τὸ στράτευμα. 4. 7, 8 ἀπῆλθον ὑπὸ τὰ δένδρα. Cy. 5. 4, 43 ὑπ' αὐτὰ τὰ τείχη ἄγειν. 6. 3, 13 ἐλάσαντας ὑπὸ τὴν σκοπήν. Hdt. 6, 44 ἐκ

[1]) Ähnlich auf einer elischen Inschrift: ὑπὸ Ἑλλανοδικᾶν τῶν περὶ Αἰσχύλον (statt des gewöhnl. ἐπί *c. gen.*, s. Meister, Griech. Dialekte, II, S. 71).

θάσου διαβαλόντες πέρην ὑπὸ τὴν ἤπειρον ἐκομίζοντο μέχρι 'Ακάνθου, nach dem festen Lande zu und an dessen Küsten hin. So in Anlehnung an die sinnliche Auffassung: Hdt. 9, 93 ὑπαγαγόντες μιν ὑπὸ δικαστήριον. 6, 136 ὑπάγειν τινὰ ὑπὸ τὸν δῆμον. 82 νοστήσαντα δέ μιν ὑπῆγον οἱ ἐχθροὶ ὑπὸ τοὺς ἐφόρους. Auch von der Richtung nach unten hin, poet. Σ, 145 ὑπὸ κῦμα θαλάσσης αὐτίκ' ἔδυσαν. 333 σεῦ ὕστερος εἶμ' ὑπὸ γαῖαν. Aesch. P. 839 ἄπειμι γῆς ὑπὸ ζόφον κάτω. Pr. 154 εἰ γάρ μ' ὑπὸ γῆν . . ἧκεν. — b) zur Angabe der Erstreckung unter einem Gegenstande hin. E, 267 ἵππων, ὅσσοι ἔασιν ὑπ' ἠῶ τ' ἠέλιόν τε, vgl. β, 181 u. das. Nitzsch. λ, 498. 619 (μόρον) ὅν περ ἐγὼν ὀχέεσκον ὑπ' αὐγὰς ἠελίοιο. ο, 349 ζώουσιν ὑπ' αὐγὰς ἠελίοιο. Τ, 260 (ἐρινύες) αἵθ' ὑπὸ γαῖαν | ἀνθρώπους τίνυνται. Hdt. 2, 127 ὕπεστι οἰκήματα ὑπὸ γῆν. 7, 114 τῷ ὑπὸ γῆν λεγομένῳ εἶναι θεῷ ἀντιχαρίζεσθαι. 5, 10 τὰ ὑπὸ τὴν ἄρκτον ἀοίκητα δοκέει εἶναι. 6, 137 χώρην τὴν ὑπὸ τὸν 'Υμησσὸν ἐοῦσαν. X. An. 7. 4, 5 οἱ νεώτεροι ἐν ταῖς ὑπὸ τὸ ὄρος κώμαις ηὐλίζοντο. Vgl. 11. 8, 21. Dem. 18, 270 τῶν ὑπὸ τοῦτον τὸν ἥλιον ἀνθρώπων, ubi v. Dissen. — c) auch zur Angabe einer Annäherung. Th. 5, 10 ὑπὸ τὰς πύλας ἵππων τε πόδες πολλοὶ καὶ ἀνθρώπων ὑποφαίνονται (wo jedoch auch die Auffassung: unter dem Thore möglich ist). Isocr. 4, 108 ὑποκειμένης τῆς Εὐβοίας ὑπὸ τὴν 'Αττικήν, ubi v. Bremi. S. El. 720 κεῖνος δ' ὑπ' αὐτὴν ἐσχάτην στήλην ἔχων | (*cursum tenens*) ἔχριμπτ' ἀεὶ σύριγγα, *sub ipsam metam*, unmittelbar unter der Säule hin. — 2) temporal: zur Angabe einer Annäherung an einen Zeitpunkt, wie das Lat. *sub*, als: ὑπὸ νύκτα, gegen die Nacht hin, bei Einbruch der Nacht. Isocr. 4, 177 ὑπὸ τὴν εἰρήνην, zur Zeit des Friedensschlusses, vgl. X. Comm. 2. 8, 1 ὑπὸ τὴν κατάλυσιν τοῦ πολέμου; wie überhaupt bei unbestimmten Zeitangaben: ὑπὸ νύκτα, während der Nacht X, 102. Hdt. 9, 58 ὑπὸ τὴν παροιχομένην νύκτα, während der vergangenen Nacht. Th. 4, 129 ὑπὸ τὸν αὐτὸν χρόνον, um dieselbe Zeit, vgl. 101 ὑπὸ τὰς αὐτὰς ἡμέρας. Hdt. 2, 36 Αἰγύπτιοι ὑπὸ τοὺς θανάτους ἀνεῖσι τὰς τρίχας αὔξεσθαι, bei Todesfällen. 1, 51 ὑπὸ τὸν νηὸν κατακαέντα, um die Zeit des Tempelbrandes. 9, 60 συνοίδαμεν ὑμῖν ὑπὸ τὸν παρεόντα τόνδε πόλεμον ἐοῦσι προθυμοτάτοισι, während der Dauer des Krieges. Th. 2, 27 σφῶν εὐεργέται ἦσαν ὑπὸ τὸν σεισμὸν καὶ τῶν Εἱλώτων τὴν ἐπανάστασιν. Schon Π, 202 ἃς (ἀπειλάς) . . ἀπειλεῖτε Τρώεσσιν | πάνθ' ὑπὸ μηνιθμόν, während der ganzen Zeit meines Zornes. So auch von einer ungefähren Bestimmung des Masses in dem attischen ὑπό τι, *aliquatenus*, einigermassen. Pl. Gorg. 493, c ταῦτ' ἐπιεικῶς μέν ἐστιν ὑπό τι ἄτοπα, *prope modum*, s. Stallb. u. ad Phaedr. 242, d. — 3) kausal: zur Angabe der Unterwürfigkeit. Hdt. 7, 108 ἦν ὑπὸ βασιλέα δασμοφόρος (vgl. § 447, B, a). Th. 4, 60 τάδε πάντα . . ὑπὸ σφᾶς ποιεῖσθαι. 1. 110 Αἴγυπτος ὑπὸ βασιλέα ἐγένετο. 6, 86 ὑπ' αὐτοὺς εἶναι. Pl. civ. 348, d πόλεις τε καὶ ἔθνη ἀνθρώπων ὑφ' ἑαυτοὺς ποιεῖσθαι, ubi v. Stallb. X. Cy.

1. 5, 2 διαπέμπει πρὸς τοὺς ὑπ' αὐτόν. 3. 3, 6. 6. 2, 11. Daher auch von der Unterordnung: Pl. leg. 670, a αὐλήσει γε χρῆσθαι καὶ κιθαρίσει πλὴν ὅσον ὑπὸ ὄρχησίν τε καὶ ᾠδήν, zur Begleitung von Tanz und Gesang.

Bemerkungen über Eigentümlichkeiten der Präpositionen.

§ 443. a. Die Präpositionen als Ortsadverbien.

1. Sämtliche eigentliche Präpositionen sind ursprünglich Ortsadverbien (§ 428, A. 4), d. h. sie bezeichnen die Ortsbeziehung einer Handlung. In der Homerischen Sprache verwalten dieselben fast alle noch eine doppelte Funktion, die ursprüngliche als Ortsadverbien und die hieraus hervorgegangene als Präpositionen, indem sie die Ortsbeziehung eines Substantivs bezeichnen. Auch ist dieser ursprüngliche Gebrauch noch häufig bei den Ioniern, wie bei Herodot, in der guten attischen Prosa aber nur in: πρὸς δέ, καὶ πρός *praeterea*. In der Prosa verbinden sich die so adverbial gebrauchten Präpositionen gewöhnlich mit δέ und nehmen die erste Stelle des Satzes ein, wodurch sie mehr Nachdruck erhalten.

2. So werden als Ortsadverbien gebraucht[1]):

'Εκ. Σ, 480 περὶ δ' ἄντυγα βάλλε φαεινὴν . . ἐκ δ' ἀργύρεον τελαμῶνα (und dran st. ἐξ αὐτῆς).

Πρό, voran, vorn. N, 800 ὣς Τρῶες πρὸ μὲν ἄλλοι ἀρηρότες, αὐτὰρ ἐπ' ἄλλοι. Hervor: Π, 188 (τὸν) ἐξάγαγε πρὸ φόωσδε. T, 118. So auch in der Verbindung οὐρανόθι πρό Γ, 3. 'Ιλιόθι πρό K, 12 u. s., am Himmel vorn, bei Il. vorn = vor dem Himmel hin, vor Il., u. auf die Zeit übertragen: ἠῶθι πρό Λ, 50. ε, 469, am Morgen vorn, d. h. am Morgen früh.

'Εν δέ, drinnen, darunter, dabei, häufig bei Hom. ι, 118 νῆσος . . τετάνυσται ὑλήεσσ', ἐν δ' αἶγες ἀπειρέσιαι γεγάασιν ἄγριαι. 132 ff. ἐν μὲν γὰρ λειμῶνες . . ἐν δ' ἄροσις λείη . . ἐν δὲ λιμὴν εὔορμος. Π, 551 πολέες γὰρ ἅμ' αὐτῷ | λαοὶ ἕποντ', ἐν δ' αὐτὸς ἀριστεύεσκε. Auch bei den Ioniern, häufig b. Hdt., z. B. 3, 39 συχνὰς μὲν δὴ τῶν νήσων ἀραιρήκεε, πολλὰ δὲ καὶ τῆς ἠπείρου ἄστεα, ἐν δὲ δὴ καὶ Λεσβίους . . εἷλε (drunter, d. h. *in iis*), zuweilen auch b. d. Trag. ἐν δέ, als: S. Tr. 206. OR. 182. Ant. 420. El. 713 (in Tmesi z. B. OR. 27), s. Ellendt-Genthe L. S. p. 238.

Σύν, zusammen, zugleich. K, 224 σύν τε δύ' ἐρχομένω. Auch bei den Tragikern. S. Ant. 85 κρυφῇ δὲ κεῦθε· σὺν δ' αὔτως ἐγώ. Ai. 960 ξύν τε διπλοῖ βασιλῆς. 1288 ὅδ' ἦν ὁ πράσσων ταῦτα, σὺν δ' ἐγὼ παρών. Eur. H. f. 785 Ch. σύν τ' 'Ασωπιάδες.

---

[1]) Ausgeschlossen sind hier die Fälle, wo die Präpositionen zwar adverbial stehen, aber auch mit dem Verb verbunden Komposita bilden können. S. § 445.

Ἀνά, daran u. gewöhnlich *sursum*, nur bei Homer. Σ, 562 μέλανες δ' ἀνὰ βότρυες ἦσαν, vgl. ω, 343. Als Interjektion mit zurückgezogenem Accente: ἄνα, auf denn! Bei Homer, z. B. Σ, 178, u. auch bei den Tragikern, als: S. Ai. 193. Eur. Troad. 98[1]).

Ἀμφί, auf beiden Seiten, umher, z. B. Δ, 328. M, 160. N, 704. Hs. sc. 172. K, 151 ἀμφὶ δ' ἑταῖροι εὗδον O, 9 u. s. w.[2]).

Περί, herum. Γ, 384 περὶ δὲ Τρωαὶ ἅλις ἦσαν. Oft: in hohem Grade, vorzüglich. I, 53 περὶ μὲν πολέμῳ ἔνι καρτερός ἐσσι. Σ, 549 τὸ δὴ περὶ θαῦμα τέτυκτο. θ, 44 τῷ γάρ ῥα θεὸς περὶ δῶκεν ἀοιδήν. Vgl. ξ, 433[3]).

Ἐπί, darauf, dabei, dazu. Λ, 630 ἐπιπροΐηλε τράπεζαν . ., αὐτὰρ ἐπ' αὐτῆς χάλκειον κάνεον, ἐπὶ δὲ κρόμυον. Σ, 529 κτεῖνον δ' ἐπὶ μηλοβοτῆρας. Auch bei Hdt. nicht selten: ἐπὶ δέ, zu dem, u. dann. 7, 219 ἐπὶ δὲ καὶ αὐτόμολοι ἦσαν οἱ ἐξαγγείλαντες. Vgl. 55. S. OR. 182 ἐπὶ ματέρες . . ἐπιστενάχουσιν.

Μετά. Bei Homer a) oft inmitten, darunter, z. B. B, 446. b) hinterdrein, z. B. Ψ, 133, temporal ο, 400. S. Ebeling. Μετὰ δέ, *postea*, b. Hdt. u. in der späteren Prosa. Hdt. 3, 11. 39. 6, 125 πρῶτον μὲν . . μετὰ δέ. 7, 12 μετὰ δή.

Παρά, daneben, dabei, oft bei Hom., z. B. A, 611. B, 279 u. s.; παρὰ δέ auch Eur. Iph. A. 201 Ch.

Πρός, zudem, überdies; πρὸς δέ ganz gewöhnlich, von Homer an (z. B. E, 307. N, 678 u. s., auch ποτὶ δέ K, 108. Π, 86) auch in der attischen Poesie u. Prosa. Hdt. 3, 74 πρὸς δ' ἔτι. Ebenso X. An. 3. 2, 2; πρὸς δὲ καί Th. 3, 58 πρὸς δὲ καὶ γῆν δουλώσετε. Pl. Prot. 321, d πρὸς δὲ καὶ αἱ Διὸς φυλακαὶ φοβεραὶ ἦσαν. Dem. 20, 112 ἡγοῦμαι τοῦτον τὸν λόγον κατὰ πόλλ' ἀσύμφορον εἶναι τῇ πόλει λέγεσθαι, πρὸς δὲ καὶ οὐδὲ δίκαιον. Ferner: Hdt. 3, 6. 6, 125 καὶ πρός. Eur. Hel. 956. Ar. Pl. 1001 καὶ πρὸς ἐπὶ τούτοις εἶπεν, und ausserdem sagte er dabei. Dem. 27, 68; aber τὸ πρός nur poet. Aesch. Eum. 239 ἀμβλὺν ἤδη προστετριμμένον τε πρός. Eur. Or. 622 σοὶ δὲ τάδε λέγω δράσω τε πρός. Eur. M. 704 ὄλωλα καὶ πρός γ' ἐξελαύνομαι χθονός. Hel. 110 Pl. civ. 328, a, ubi v. Stallb. 466, e καὶ πρός γε ἄξουσι. Soph. 234, a. Öfter am Schlusse. Pl. Gorg. 469, b καὶ ἐλεεινὸν δὲ πρός. Dem. 4, 28 τάλαντα ἐνενήκοντα καὶ μικρόν τι πρός, ubi v. Bremi, vgl. 22, 60. Eur. Ph. 610 καὶ κατακτενῶ γε πρός.

Ὑπό, drunter, bei Hom. ὑπὸ δέ, δ, 636.

---

1) Vgl. Spitzner Dissert. de ἀνά et κατά ap. Hom. Viteb. 1831, p. 3 u. p. 5 sqq. — 2) Vgl. Hoffmann Progr. Lüneburg 1857, S. 19 f., der aber mehrere Stellen hierher zieht, die zu § 445 gehören. — 3) Vgl. Hartung Lehre v. d. griech. Part. I. S. 329.

§ 444. b. Verbindung zweier Präpositionen[1]).

1. Auch werden in der epischen Sprache oft, bei den Tragikern nur in lyrischen Stellen zwei Präpositionen zusammengestellt, von denen die vorausgehende immer adverbiale Bedeutung hat, die nachfolgende aber auch als Präposition sich mit dem Kasus eines Substantivs verbinden kann. In dieser Zusammenstellung darf man nicht einen leeren Pleonasmus erkennen, sondern eine dichterisch malende Fülle des Ausdrucks.

'Αμφιπερί am häufigsten, um herum, indem das unbestimmtere ἀμφί, um, durch das bestimmtere περί, herum (Kreislinie), genauer bezeichnet wird. B, 305 ἀμφιπερὶ κρήνην. Ψ, 191 ἀμφιπερὶ χρόα. Adv. Φ, 10 ὄχθαι δ' ἀμφιπερὶ μεγάλ' ἴαχον. So auch περί τ' ἀμφί τε. P, 760 περί τ' ἀμφί τε τάφρον. Adv. Hymn. in Cer. 276 περί τ' ἀμφί τε κάλλος ἄητο. Getrennt O, 647 f. ἀμφὶ δὲ πήληξ . . κονάβησε περὶ κροτάφοισι. Περί als Präp. u. ein Kompos. mit ἀμφί Ψ, 561 f. ᾧ πέρι χεῦμα . . ἀμφιδεδίνηται. Vgl. die ep. Kompos. ἀμφιπεριστέφεται θ, 175. ἀμφιπεριστρώφα Θ, 348. ἀμφιπεριφθινύθει Hymn. Ven. 271. ἀμφιπερικτίονες Callin. fr. 1, u. a. b. spät. Ep. (Daher das dorische Adverb περιαμπετίξ.)

Παρέξ u. παρέκ *c. gen.* u. *acc.*, je nachdem der Begriff ἐξ, ἐκ oder der von παρά vorherrscht. Die Form παρέκ steht vor Konson., παρέξ meistens vor Vokalen, doch zuweilen auch vor Kons., und zwar als Adv., wie ξ, 168 ἄλλα παρὲξ μεμνώμεθα; am Schlusse eines Gedankens, wie Λ, 486 στῆ δὲ παρέξ; als Präp. vor einer Muta, wie μ, 276 παρὲξ τὴν νῆσον. 443 παρὲξ περιμήκεα δοῦρα. a) *c. gen.* aus der Nähe weg. K, 349 παρὲξ ὁδοῦ ἐν νεκύεσσιν | κλινθήτην, seitab vom Wege. Ebenso hymn. Merc. 188. ι, 116 νῆσος . . παρὲκ λιμένος τετάνυσται. Von e. Person: Ap. Rh. 3, 743 τοῖα παρὲξ οὗ πατρὸς ἐπ' ἀνέρι μητιάασθαι. — b) *c. acc.* heraus neben hin. I, 7 πολλὸν δὲ παρὲξ ἅλα φῦκος ἔχευεν, (die Woge) warf aus der Tiefe längs der Meeresstrecke. Ψ, 762. μ, 443, π, 165 ἐκ δ' ἦλθεν μεγάροιο παρὲκ μέγα τειχίον αὐλῆς; neben weg, vorbei. μ, 276 παρὲξ τὴν νῆσον ἐλαύνετε νῆα. ο, 199. Bildlich Υ, 133 μὴ χαλέπαινε παρὲκ νόον, neben der Vernunft vorbei, unbedacht. Vgl. K, 391. Nach dieser Analogie Ω. 434 ὅς με κέλεαι σέο δῶρα παρὲξ 'Αχιλῆα δέχεσθαι, gleichs. neben A. vorbei, ohne dass A. davon weiss (hinter Achills Rücken). Vgl. die Kompos. παρεξέρχεσθαι, παρεξελαύνειν u. s. w. — Herodot gebraucht πάρεξ *c. g.* (als Paroxyt.) in der Bdtg. v. χωρίς, ausser, sowohl vor Vok. als vor Kons. 1, 14 πάρεξ τοῦ ἀργύρου χρυσὸν ἄπλετον ἀνέθηκε. Vgl. 93. 2, 4. 31 u. s., als Adverb 1, 130 πάρεξ ἢ ὅσον οἱ Σκύθαι ἦρχον, ausser so lange.

---

1) S. Spitzner ad Iliad. Excurs. XVIII.

Ὑπέκ vor Konson., ὑπέξ vor Vok., *c. g.*, drunter heraus, unten hervor. N, 89 φεύξεσθαι ὑπὲκ κακοῦ. Vgl. E, 854. O, 628. λ, 37. μ, 107. Auch Hdt. 3, 116 λέγεται δὲ ὑπὲκ τῶν γρυπῶν ἁρπάζειν Ἀριμασπούς. Vgl. die Kompos. ὑπεκφεύγειν, ὑπεκφέρειν u. a.

Ἀπέκ, hinweg aus, *c. g.*, selt. Hymn. Ap. Del. 110 Εἰλείθυιαν ἀπὲκ μεγάροιο θύραζε | ἐκπροκαλεσσαμένη. Q. Sm. 4, 540 ἀπὲκ δίφροιο πεσόντες. Vgl. d. Komp. ἀπεκλανθάνεσθαι.

Διέκ, durch heraus, *c. g.* O, 124 ὦρτο διὲκ προθύρου. ρ, 61 διὲκ μεγάροιο βεβήκειν. Vgl. 460. σ, 185 u. s. Archil. in Et. M. 324, 17 διὲξ σωλῆνος u. *c. acc.* διὲξ τὸ μύρτον. Vgl. d. Komp. διεξιέναι, διεξερέεσθαι.

Ἀποπρὸ φέρων Π, 669 u. 679, fern weg; *c. g.* von weg. H, 334 κατακήομεν αὐτοὺς | τυτθὸν ἀποπρὸ νεῶν. Eur. Ph. 1739 ἄπειμι πατρίδος ἀποπρὸ γαίας. Or. 1451 (τοὺς) διαρμόσας ἀποπρὸ δεσποίνας.

Διαπρό, durch hervor = durch und durch, ganz durch. E, 66 ἡ δὲ διαπρὸ | ἀντικρὺς κατὰ κύστιν ὑπ' ὀστέον ἤλυθ' ἀκωκή. Vgl. 538. M, 184 u. s.; *c. g.* E, 281 τῆς δὲ διαπρὸ | αἰχμὴ . . πταμένη θώρηκι πελάσθη.

Περιπρό. Λ, 180 περιπρὸ γὰρ ἔγχεϊ θῦεν, rings vorwärts, d. i. nach allen Seiten vor. Vgl. Π, 699 [1]).

2. Eine Verbindung dreier Präpositionen b. Ap. Rh. 4, 225 ὑπεκπρὸ δὲ πόντον ἔταμνεν; häufig aber in Kompos., als: ὑπεκπροφεύγειν, ὑπεκπρορέειν, ὑπεκπροθέειν u. a.

Anmerk. 1. Dass nicht ἀμφὶ περί, παρ ἐκ u. s. w., sondern ἀμφιπερί, παρέκ u. s. w. zu schreiben sei, zeigt Spitzner a. a. O. Doch bevorzugt bei ἀμφὶ περί die Mehrzahl der neueren Herausgeber die Trennung. (Vgl. Lehrs in Fleckeisens Jahrb. 1860, S. 513.)

Anmerk. 2. Ein sehr ähnlicher Fall ist es, wenn neben einem mit einer Präposition zusammengesetzten Verb dieselbe Präposition als Adverb vorangeht. Ψ, 709 ἂν δ' Ὀδυσεὺς πολύμητις ἀνίστατο. ε, 260 ἐν δ' ὑπέρας τε κάλους τε πόδας τ' ἐνέδησεν ἐν αὐτῇ.

3. Auch die uneigentlichen Präpositionen ἕνεκα u. χάριν werden mit eigentlichen Präpositionen verbunden, wie im Deutschen: von Rechts wegen. Ἀπὸ βοῆς ἕνεκα, bloss um zu schreien, Th. 8, 92, ubi v. Poppo-Stahl. Ebenso X. Hell. 2. 4, 31. Τίνος δὴ χάριν ἕνεκα Pl. Leg. 701, d, ubi v. Stallb. Polit. 302, b ἅπανθ' ἕνεκα τοῦ τοιούτου πάντες δρῶμεν χάριν. Lys. 26, 9 περὶ τῶν ἐν ὀλιγαρχίᾳ ἀρξάντων ἕνεκα. (S. Ph. 554 ἃ τοῖσιν Ἀργείοισιν ἀμφὶ σοῦνεκα | βουλεύματ' ἐστί schreibt man jetzt mit Auratus ἀμφὶ σοῦ νέα.) Vgl. d. Deutsche um der Freundschaft willen. Ferner: μέχρι πρός *c. acc.*

---

1) Hierher gehört auch arkad. ἐπές, auf hin, vgl. Meister, Griech. Dialekte II. S. 119: ἁ ἐπὲς τοῖ ἔργοι γεγραμμένα σύγγραφος, der zum Zwecke des Unternehmens geschriebene Vertrag.

öfters b. d. Att., z. B. Pl. Tim. 25, b. Civ. 586, a. μέχρι ἐπὶ θάλατταν X. An. 5. 1, 1. So auch ἄχρι εἰς Κοτύωρα 5. 5, 4. ἔστε ἐπὶ τὸ δάπεδον 4. 5. 6 u. b. Spät., s. Passow.

§ 445. c. Tmesis in den zusammengesetzten Verben.[1])

1. Die Präposition erscheint entweder, wie wir § 443 gesehen haben, in ihrer ursprünglichen Bedeutung als ein Ortsadverb oder in Verbindung mit dem Kasus eines substantivischen Wortes oder endlich in Verbindung mit einem Verb. In dem letzten Falle tritt sie zwar nicht wie in dem ersten als selbständiges Adverb auf, hat aber adverbiale Bedeutung und steht entweder getrennt von dem Verb oder verschmilzt mit dem Verb zu einem Worte. Die Trennung der Präposition von ihrem Verb wird Tmesis genannt. (Ausser dem Verb kommt sie nur noch bei den Adverbien διαμπερές und ἐξονομακλήδην vor: διὰ δ' ἀμπερές Λ, 377, Ρ, 309. φ, 422, ἐκ δ' ὀνομακλήδην δ, 278). Diese Ausdrucksweise war ohne Zweifel die ursprüngliche und allein gebräuchliche und daher auch in der Homerischen Sprache noch ungemein häufig. Die Verschmelzung beider Wörter zu einem gehört erst einer späteren Sprachperiode an, die aber zur Zeit Homers schon begonnen hat; denn beide Ausdrucksweisen laufen in seinen Gedichten neben einander ohne Unterschied der Bedeutung. Im strengen Sinne des Wortes kann also bei Homer von der Tmesis noch gar keine Rede sein; denn sie ist bei ihm ganz natürlich und kunstlos und in dem Wesen der Sprache seiner Zeit begründet. Mit dem Fortschreiten der Zeit wird sie aus der gewöhnlichen Sprache der Prosa durch die Verschmelzung fast gänzlich verdrängt und verbleibt fast nur der Dichtersprache, die sie aber in Vergleich mit der Homerischen nur selten, und zwar stets auf künstlerische Weise zur Hebung und Steigerung des Ausdrucks anwendet.

2. Wie in vielen anderen Punkten, so zeigt auch in dem Gebrauche der Tmesis die griechische Sprache eine grosse Beweglichkeit und Lebendigkeit und hat in dieser Beziehung einen nicht geringen Vorzug vor unserer Sprache, in welcher der Gebrauch der Tmesis auf ungleich engere Grenzen beschränkt ist, einen noch grösseren aber vor den Sprachen, die, wie das Sanskrit, die Tmesis gar nicht kennen, oder, wie das Lateinische, nur in ganz mangelhafter Weise anwenden.

3. Wir betrachten zuerst die Homerische Sprache, in der, wie wir Nr. 1 bemerkten, eigentlich nur von einer scheinbaren Tmesis die

---

[1]) Die Tmesis haben in neueren Zeiten Naegelsbach in dem XVI. Exkurse zu den Anmerkungen zur Ilias. Nürnberg, 1834, Hoffmann in d. Progr. Lüneburg, 1858 (in Beziehung auf ἀμφί in d. Progr. 1857) und W. Pierson im Rhein. Mus. 1857, S. 90 ff., 260 ff., 379 ff. zum Gegenstande gründlicher Untersuchung gemacht.

Rede sein kann, da in ihr die Präpositionen nicht von ihrem Verb getrennt sind, sondern als selbständige Adverbien neben ihrem Verb stehen. Wir müssen zwei Fälle unterscheiden.

a) Die Präposition scheint von dem Verb getrennt zu sein, behauptet aber eigentlich ihre Selbständigkeit als Adverb. Γ, 34 ὑπό τε τρόμος ἔλλαβε γυῖα, unten ergriff Zittern die Glieder. 135 παρὰ δ' ἔγχεα μακρὰ πέπηγεν, daneben stecken die Speere. Δ, 63 ἐπὶ δ' ἕψονται θεοὶ ἄλλοι. 161 ἔκ δὲ καὶ ὀψὲ τελεῖ, aus = gänzlich, vollständig. δ, 525 ὑπὸ δ' ἔσχετο μισθόν, er hielt den Lohn hin, d. i. versprach. Θ, 108 οὕς (ἵππους) ποτ' ἀπ' Αἰνείαν ἑλόμην, die ich weg (davon) nahm dem Aen. (ἑλέσθαι τινά τι Π, 59.) Ν, 394 ἐκ δέ οἱ ἡνίοχος πλήγη φρένας, heraus wurde er geschlagen (erschüttert) am Geiste. μ, 312 ἦμος δὲ τρίχα νυκτὸς ἔην, μετὰ δ' ἄστρα βεβήκειν, und die Sterne hinübergegangen (über die Mitte des Himmels) waren. Α, 67 ἀπὸ λοιγὸν ἀμῦναι. Vgl. die Beispiele des § 443. Weit seltener folgt die adverbiale Präposition nach. Μ, 195 ἐνάριζον ἀπ' ἔντεα. ε, 196 νύμφη δὲ τίθει πάρα πᾶσαν ἐδωδήν. Ρ, 91 εἰ μέν κε λίπω κάτα τεύχεα καλά. Η, 425 ὕδατι νίζοντες ἄπο βρότον. Β, 699 τότε δ' ἤδη ἔχεν κάτα γαῖα.

Anmerk. 1. Wenn in zwei oder mehreren auf einander folgenden Sätzen dasselbe Kompositum zu wiederholten Malen stehen sollte, so wird es nur in dem ersten, in den übrigen aber nur die Präposition gesetzt, und zwar steht in dem ersten entweder ein wirkliches Kompositum, was aber nur selten der Fall ist, oder ein Kompositum in der Tmesis. Ψ, 886 f. καὶ ῥ' ἤμονες ἄνδρες ἀνέσταν, | ἂν μὲν ἄρ' Ἀτρεΐδης . . ., ἂν δ' ἄρα Μηριόνης. 798 f. κατὰ μὲν δολιχόσκιον ἔγχος | θῆκ' ἐς ἀγῶνα φέρων, κατὰ δ' ἀσπίδα. Δ, 447 σὺν ῥ' ἔβαλον ῥινούς, σὺν δ' ἔγχεα καὶ μένε' ἀνδρῶν. Ι, 207 ἐν δ' ἄρα νῶτον ἔθηκ' ὄιος καὶ πίονος αἰγός, | ἐν δὲ συὸς σιάλοιο ῥάχιν. So auch b. Eur. u. Hdt., s. Nr. 7 u. 12. Selten ist die umgekehrte Stellung. Σ, 535 ἐν δ' ἔρις, ἐν δὲ κυδοιμὸς ὁμίλεον, ἐν δ' ὀλοὴ κήρ. Nachgeahmt von Hs. sc. 156. Auch geht bisweilen ein Simplex voran, und eine adverbiale Präposition folgt nach. Γ, 268 ὤρνυτο δ' αὐτίκ' ἔπειτα ἄναξ ἀνδρῶν Ἀγαμέμνων, | ἂν δ' Ὀδυσσεύς. Vgl. Η, 168. Ψ, 755. Ε, 480 f. ἔνθ' ἄλοχόν τε φίλην ἔλιπον καὶ νήπιον υἱόν, | κὰδ δὲ κτήματα πολλά. Ω, 232 ff. χρυσοῦ δὲ στήσας ἔφερεν δέκα πάντα τάλαντα, | ἐκ δὲ δύ' αἴθωνας τρίποδας . . |, ἐκ δὲ δέπας.

Anmerk. 2. Die adverbiale Präposition kann von ihrem Verb nicht bloss durch ein kleines Wort, wie δέ, τέ u. s. w., oder durch zwei dergleichen, wie δέ οἱ u. s. w., sondern auch durch ein, zwei, drei, ja viele andere Wörter getrennt werden. Mit einem Worte: die Zahl der Wörter lässt sich nicht auf bestimmte Grenzen zurückführen, sondern nach Vers und Sinn herrscht die freieste Bewegung. Beispiele bietet jede Seite Homers.

b) In dem Satze steht eine Präposition, der Kasus eines substantivischen Wortes und ein Verb. In diesem Falle kann der Kasus entweder von der Präposition oder von dem mit der Präposition zu verbindenden Verb abhängen. Findet das letztere statt, so hat die Präposition ihre ursprüngliche adverbiale Bedeutung und gehört zum Verb; beide, das Verb und die adverbiale Präposition, bilden einen Verbalbegriff, und dieser, nicht die Präposition allein, regiert den Kasus. In vielen Beispielen aber lassen es der Sinn und die Konstruktion ungewiss, ob der Kasus von der Präposition oder von dem in Tmesis stehenden Kompositum abhänge. Da es in dem Wesen der Präposition liegt, dass sie sich eng an ihr Substantiv anschliesst, so ist in der Regel da, wo Wörter von Gewicht dazwischen stehen, die Präposition nicht zu dem Kasus, sondern als Adverb zum Verb zu ziehen. Solche Wörter sind: das Subjekt, das Objekt, betonte Pronomen, das Verb, entweder allein oder in Verbindung mit anderen Wörtern. Z, 509 ἀμφὶ δὲ χαῖται ὤμοις ἀίσσονται, auf den Schultern wallen die Mähnen umher. Π, 291 ἐν γὰρ Πάτροκλος φόβον ἧκεν ἅπασιν (ἐνιέναι τί τινι). B, 156 Ἀθηναίην Ἥρη πρὸς μῦθον ἔειπεν (προσειπεῖν τινα). E, 310 ἀμφὶ δὲ ὄσσε κελαινὴ νὺξ ἐκάλυψεν. ζ, 140 ἐκ δέος εἵλετο γυίων (ἐξαιρεῖσθαί τινός τι). ζ, 167 οὔπω τοῖον ἀνήλυθεν ἐκ δόρυ γαίης (ἐξανέρχεσθαί τινος). θ, 343 ἐν δὲ γέλως ὦρτ' ἀθανάτοισι θεοῖσιν. (Vgl. A, 599. θ, 326 ἄσβεστος δ' ἄρ' ἐνῶρτο γέλως μακάρεσσι θεοῖσιν.) E, 566 περὶ γὰρ δίε ποιμένι λαῶν (vgl. Λ, 508 τῷ ῥα περίδεισαν). Θ, 485 ἐν δ' ἔπεσ' Ὠκεανῷ (vgl. Δ, 108 ἔμπεσε πέτρῃ). B, 451 ἐν δὲ σθένος ὦρσεν ἑκάστῳ (vgl. Z, 499 γόον πάσῃσιν ἐνῶρσεν). So wenn das Verb nach der Präposition, aber vor dem Kasus steht. β, 3 περὶ δὲ ξίφος ὀξὺ θέτ' ὤμῳ (περιτίθεσθαί τί τινι). Z, 253 ἔν τ' ἄρα οἱ φῦ χειρί (ἐμφῦναί τινι). ο, 408 νοῦσος ἐπὶ στυγερὴ πέλεται δειλοῖσι βροτοῖσιν. Oder wenn die Präp. hinter dem Verb, aber nicht unmittelbar vor dem Kasus steht. δ, 198 βαλέειν τ' ἀπὸ | δάκρυ παρειῶν. θ, 149 σκέδασον δ' ἀπὸ | κήδεα θυμοῦ.

Anmerk. 3. Die Präposition als solche kann bei Homer nur in folgenden Fällen von dem Kasus eines substantivischen Wortes getrennt werden:

a) Durch kleine gewichtlose (zum Teil enklitische) Wörter, als: μέν, δέ, τέ, ῥά, γάρ, πέρ, ferner μὲν ἄρ, δ' ἄρα, γὰρ δή, γάρ σφεας, δέ οἱ (Pron.), ῥά οἱ, δ' ἄρα οἱ, μέν οἱ, μέν με, ἄρα μιν (ξ, 452). B, 310 (δράκων) πρός ῥα πλατάνιστον ὄρουσεν. Δ, 135 διὰ μὲν ἂρ ζωστῆρος ἐλήλατο. τ, 435 πρὸ δ' ἄρ' αὐτῶν .. κύνες ἤισαν. Λ, 128 ἐκ γάρ σφεας χειρῶν φύγον ἡνία. Σ, 432 ἐκ μέν μ' ἀλλάων ἁλιάων ἀνδρὶ δάμασσεν. Auch ἔτι: θ, 245 ἐξ ἔτι πατρῶν, vgl. I, 106. Auffallender γ, 348 παρὰ πάμπαν ἀνείμονος.

b) Durch einen attributiven Genetiv, als: Γ, 128 ἔπασχον ὑπ' Ἄρηος παλαμάων. Θ, 378 προφανέντε ἀνὰ πτολέμοιο γεφύρας. ο, 492 πολλὰ βροτῶν ἐπὶ ἄστεα. Auch kann nach dem Gen. die Hauptcäsur stattfinden. A, 44 βῆ δὲ κατ' Οὐλύμποιο | καρήνων. Vgl. Γ, 272. Υ, 227. Auch kann noch ein gewichtloses Wörtchen, wie δέ, πέρ, γάρ, dazwischen stehen, vgl. Π, 315. Ω, 428. 750. Ο, 739. Seltener durch einen attributiven Genetiv in Verbindung mit einem attributiven Adjektive. Ξ, 227 σεύατ' ἐφ' ἱπποπόλων Θρῃκῶν ὄρεα. Vgl. Π, 673. Υ, 355. Ω, 81. (Aber Λ, 357 μετὰ δούρατος ᾤχετ' ἐρωήν u. M, 284 ἐφ' ἁλὸς πολιῆς κέχυται λιμέσιν ist Tmesis: μετοίχεσθαί τι, ἐπικέχυταί τινι.

c) Wenn die Präp. dem Kasus nachfolgt; auch können gewichtlose Wörtchen dazwischen stehen. E, 64 οὔτι θεῶν ἐκ θέσφατα ᾔδη. 729 τοῦ δ' ἐξ ἀργύρεος ῥυμὸς πέλεν. α, 220 τοῦ μ' ἔκ φασι γενέσθαι. Ψ, 377 τὰς δὲ μετ' ἐξέφερον.

Ω, 254 Ἕκτορος ὠφέλετ' ἀντὶ . . πεφάσθαι.[1]) Stehen aber Wörter von Gewicht dazwischen, so ist Tmesis anzunehmen. ι, 332 ἐμοὶ σὺν μοχλὸν ἀείρας (συναείρας). ε, 175 τὸ δ' οὐδ' ἐπὶ νῆες . . περόωσιν (ἐπιπερ.).

d) Vereinzelte Erscheinungen sind: Λ, 831 (φάρμακα) τά σε προτί φασιν Ἀχιλλῆος δεδιδάχθαι. ι, 535 εὕροι δ' ἐν πήματα οἴκῳ, wie λ, 115. ε, 155 παρ' οὐκ ἐθέλων ἐθελούσῃ, wegen des Gegensatzes. Ebenso N, 829 ἐν δὲ σὺ τοῖσι πεφήσεαι. Θ, 115 τὼ δ' εἰς ἀμφοτέρω Διομήδεος ἅρματα βήτην.

Anmerk. 4. Sehr häufig entscheidet auch der Sinn, die Grammatik und der Homerische Sprachgebrauch, ob der mit einer Präposition verbundene Kasus von dieser als Präposition oder von dem in Tmesis stehenden Verb abhänge. N, 631 ἦ τέ σέ φασι περὶ φρένας ἔμμεναι ἄλλων = περιεῖναί τινος φρένας, vgl. σ, 248 περίεσσι γυναικῶν εἶδος. ι, 177 ἀνὰ νηὸς ἔβην = νηὸς ἀνέβην; denn ἀνά *c. g.* kommt nirgends vor. Α, 528 κυανέῃσιν ἐπ' ὀφρύσι νεῦσε Κρονίων = ἐπένευσε.

4. Wir gehen nun zu den nachhomerischen Dichtern über. Bei Homer war, wie wir Nr. 1 sahen, die Tmesis ganz natürlich, absichtslos, in dem damaligen Sprachgebrauche selbst begründet. In der auf die Homerische Zeit folgenden Sprachperiode wurde die Verschmelzung der adverbialen Präposition mit dem Verb zu einem Worte allgemeine Norm, und die Anwendung der Tmesis musste daher etwas Auffallendes, Befremdendes, Überraschendes haben. So geschah es, dass die Dichter dieselbe zu rhetorischen Zwecken benutzten. Sie wurde eine rhetorische Figur, ein Zierat, und gebraucht entweder, um der Darstellung eine gewisse Emphase zu verleihen, indem man durch dieselbe die Begriffe der getrennten Glieder und besonders den der Präposition, die daher gerne zu Anfang des Satzes ihre Stelle hat und häufig durch ein folgendes gewichtloses Wörtchen, wie δέ, μέν, γάρ, oder Encliticae, wie γέ, μέ, σέ, νίν, μοί, σοί, τίς, τί, τέ, τοί, νύν, gestützt, sowie auch oft durch den Versictus hervorgehoben wird, zu markieren und auszuzeichnen, oder um die Darstellung anschaulicher zu machen[2]). Die Präposition geht in der Regel dem Verb voran; die anastrophische Stellung ist selten.

5. Der Gebrauch der Tmesis findet sich sowohl bei den dramatischen als bei den lyrischen Dichtern[3]); diese wenden sie häufiger als jene an, was sich aus dem verschiedenen Charakter dieser Dichtungsarten erklärt. Aeschyl. Pr. 134 κτύπου γὰρ ἀχὼ χάλυβος διῇξεν ἄντρων | μυχόν, ἐκ δ' ἔπληξέ μου τὰν θεμερῶπιν αἰδῶ (Veranschaulichung des Plötzlichen). Vgl. 878 f. ὑπό . . θάλπουσι. Ag. 1215 f. ὑπ' αὖ με . .

---

[1]) In Beziehung auf die letzte Stelle bemerkt Hoffmann a. a. O. S. 6 sehr richtig, dass ἀντί den unechten Präpositionen, die eine sehr freie Stellung haben, gleich zu stellen sei, da es in seiner Homerischen Präpositionsbedeutung anstatt keine Komposition mit dem Verb eingehen kann. — [2]) Vgl. Pierson Rh. Mus. a. a. O. S. 426. — [3]) S. Pierson in der S. 530 angeführten gründlichen und geistvollen Abhandlung über die Tmesis bei den griechischen Dichtern, insbesondere bei Dramatikern und Lyrikern.

στροβεῖ. P. 101 τόθεν οὐκ ἔστιν ὑπὲκ (so Herm. st. ὑπέρ) θνατον ἀλύξαντα φυγεῖν. Pr. 696 πρό γε στενάζεις καὶ φόβου πλέα τις εἶ· | ἐπίσχες, ἔστ' ἂν καὶ τὰ λοιπὰ προσμάθῃς (Hervorhebung des Gedankens: zu früh jammerst du). Vgl. P. 457 f. ἀμφὶ δὲ | κυκλοῦντο. Ch. 460 ξὺν δὲ γενοῦ πρὸς ἐχθρούς. 1025 f. πρὸς δὲ καρδίᾳ φόβος | ᾄδειν ἕτοιμος. Ag. 944 f. ἀλλ' εἰ δοκεῖ σοι ταῦθ', ὑπαί τις ἀρβύλας | λύοι (Lebhaftigkeit des Befehls). Anastrophische Stellung: P. 871 αἳ (sc. πόλεις) κατὰ χέρσον ἐληλαμέναι πέρι πύργον, die sich umgelegt haben eine Schutzmauer; doch steht die Stelle kritisch nicht sicher, s. Wellauer. Aeschylus gebraucht die Tmesis besonders in lyrischen Stellen, seltener im Dialoge; sie ist ihm mehr ein Mittel der Emphase als der Veranschaulichung; die Präpositionen, die er in der Tmesis gebraucht, sind: ἀπό, ἐξ (ἐκ), πρό, ὑπό, ὑπαί, ἀμφί, ξύν, πρός, ἐπί, κατά; er wendet die Tmesis nicht bloss zu Anfang des Satzes an, sondern auch in der Mitte desselben, nicht bloss so, dass auf die Präposition ein oder auch mehr gewichtlose Wörtchen, sondern auch so, dass Wörter von Gewicht (wie P. 917 κατὰ μοῖρα καλύψαι. Ch. 574 f. κατὰ στόμα ἀρεῖ, κατ' ὀφθαλμοὺς βαλεῖ) folgen.

6. Sophokles hingegen gebraucht die Tmesis häufiger als Aeschylus, doch fast durchweg nur zu Anfang des Satzes und so, dass auf die Präposition ein gewichtloses Wörtchen folgt. Er bedient sich derselben grösstenteils im Dialoge zur Veranschaulichung. Auch beschränkt er sich nur auf die Präpositionen: ἐν, σύν, ἐπί, ἀπό, ἐξ (ἐκ), κατά. El. 746 σὺν δ' ἐλίσσεται. OR. 27 ἐν δ' ὁ πυρφόρος θεὸς | σκήψας ἐλαύνει. Ant. 427 ἐκ δ' ἀρὰς κακὰς | ἠρᾶτο. 432 σὺν δέ νιν | θηρώμεθα. 979 κατὰ δὲ τακόμενοι. OR. 1198 κατὰ μὲν φθίσας. Tr. 565 ἐκ δ' ἤυσ' ἐγώ. Vgl. 1055. Ph. 817 ἀπό μ' ὀλεῖς. Vgl. 1158. 1177. Anastrophische Tmesis vielleicht Ph. 343 ἦλθόν με νηὶ ποικιλοστόλῳ μέτα; doch liesse sich hier μετά auch zum Akk. με ziehen, wie Eur. Alc. 46 δάμαρτ' ἀμείψας, ἣν σὺ νῦν ἥκεις μέτα.[1])

7. Bei Euripides ist die Tmesis sehr häufig und wird, wie wir in den unten angeführten Beispielen sehen werden, mehrfach in einer Weise gebraucht, die dem Aeschylus und Sophokles fremd ist, indem sie ihm nicht bloss zur Hervorhebung des Ausdruckes und zur Veranschaulichung, sondern oft auch zur Ausschmückung dient. Er gebraucht sie meistens in Chören und in lyrischen Stellen. Die tmetisch bei ihm gebrauchten Präpositionen sind: ἐν, σύν, ἀπό, ἐξ (ἐκ), ἀνά, διά, κατά, ὑπέρ, ἀμφί, περί, μετά, ἐπί, ὑπό, am häufigsten κατά, ἀπό, ἀνά u. ἐκ. Die Präposition beginnt entweder den Satz, und dann folgt auf sie δέ oder auch ein anderes gewichtloses Wörtchen — dies ist der häufigste Fall —, oder sie wird dem Verb ohne ein solches Wörtchen nachgestellt (ana-

1) Vgl. Krüger, Gr. Sprachl. II, § 68, 48 Anm. 5.

strophische Tmesis), oder steht in der Mitte des Satzes vor dem Verb. Gewöhnlich wird sie durch den Versictus verstärkt. J. T. 832 f. κατὰ δὲ δάκρυα . . τὸ σὸν νοτίζει βλέφαρον. 1276 u. 1278 Ch. ἐπὶ δ' ἔπειπεν... ἀπὸ λαθοσύναν νυκτωπον ἐξεῖλεν βροτῶν (wohl richtiger mit Wecklein ὑπ' ἀλαθοσύναν . . ἐξεῖλεν = ὑπεξεῖλεν). Tr. 522 Ch. ἀνὰ δ' ἐβόασεν λεώς. 543 Ch. νύχιον ἐπὶ κνέφας παρῇν, wo ein doppelt zusammengesetztes Verb (ἐπιπαρεῖναι) tmetisch steht, was bei Aeschylus u. Soph. nie der Fall ist. 762 ἀμφὶ δ' ὠλένας | ἕλισσ' ἐμοῖς νώτοισι. Ba. 80 Ch. ἀνὰ θύρσον τε τινάσσων. 96 Ch. κατὰ μηρῷ δὲ καλύψας. 619 τῷδε περὶ βρόχους ἔβαλλε γόνασι. Hel. 367 ἀπὸ δὲ παρθένοι κόμας | ἔθεντο. Hippol. 1109 Ch. μετὰ δ' ἵσταται ἀνδράσιν αἰών. H. f. 1059 φέρε πρὸς οὖς βάλω. 53 ἐκ γὰρ ἐσφραγισμένοι. Mit emphatischer Wiederholung der Präposition nach vorausgegangenem Verb. comp. H. f. 1055 ἀπολεῖ πόλιν, | ἀπὸ δὲ πατέρα. Anastrophische Tmesis Hec. 504 Ἀγαμέμνονος πέμψαντος, ὦ γύναι, μέτα. (Ba. 620 μόλε, χρυσῶπα τινάσσων | ἄνα θύρσον kann ἄνα Interjektion sein: auf!)

8. Der Komiker Aristophanes bedient sich nur selten dieser Figur, die sich für die erhabene Sprache der Tragödie und Lyrik ungleich mehr eignete als für die der Komödie. Daher wendet Aristophanes die Tmesis in der Regel nur in den Chören an, in denen er in schwungvoller Sprache die feierliche und erhabene Ausdrucksweise der Tragiker parodierte. a) im Chore: L. 262 f. κατὰ μὲν ἅγιον ἔχειν βρέτας | κατά τ' ἀκρόπολιν ἐμὰν λαβεῖν. 1280 ff. ἐπὶ δὲ κάλεσον Ἄρτεμιν, ἐπὶ δὲ δίδυμον . ., ἐπὶ δὲ Νόσιον. Av. 346. b) im Dialoge: R. 1047 κατ' οὖν ἔβαλεν. Ach. 295 Ch. im Dial. σοῦ γ' ἀκούσωμεν; ἀπολεῖ· κατά σε χώσομεν τοῖς λίθοις (pentam. paeonic.), ubi v. A. Müller. V. 784 ἀνά τοί με πείθεις. N. 792 ἀπὸ γὰρ ὀλοῦμαι, vgl. 1440. Av. 1506. Pl. 65.

9. Unter den Lyrikern ist in Beziehung auf die Tmesis besonders Pindar hervorzuheben. Von ihm wird diese Figur freier als von den Dramatikern und den übrigen Lyrikern gebraucht. Zuweilen scheinen ihn bloss metrische Gründe zur Anwendung derselben bestimmt zu haben, vgl. O. 3, 6. 7, 5. 8, 32, oder das Streben nach Euphonie, wie J. 2, 34. Die Präposition kann bei ihm jede Stelle des Satzes einnehmen. Folgende Präpositionen kommen bei ihm in dem tmetischen Gebrauche vor: ἀπό, ἐκ, ἐν, σύν, ἐς, ἀνά, κατά, ἐπί, παρά, ὑπό. O. 6, 14 κατὰ γαῖ' αὐτόν τέ νιν καὶ φαιδίμας ἵππους ἔμαρψεν. 7, 5 ἐν δὲ φίλων | παρεόντων θῆκέ μιν ζαλωτόν, vgl. 7, 43. 9, 35 ἀπό μοι λόγον τοῦτον, στόμα, ῥῖψον, vgl. 2, 69. 13, 59. P. 2, 9 ἐπὶ γὰρ ἰοχέαιρα παρθένος χερὶ διδύμᾳ | ὅ τ' ἐναγώνιος Ἑρμᾶς αἰγλᾶντα τίθησι κόσμον. 4, 34 ἂν δ' εὐθὺς ἁρπάξαις. N. 5, 51 ἀνὰ δ' ἱστία τεῖνον, vgl. 9, 8. J. 6, 30 ζώων τ' ἀπὸ καὶ θανών (zur Hervorhebung des Gegensatzes). Mit Wiederholung: N. 9, 8 ἀλλ' ἀνὰ μὲν

βρομίαν φόρμιγγ', ἀνὰ δ' αὐλὸν ἐπ' αὐτὸν ὄρσομεν. Vgl. Anm. 1. Anastrophische Stellung: O. 1, 49. 3, 6.

10. Die übrigen Lyriker gebrauchen die Tmesis mit gleichem Nachdrucke wie Pindar, aber nicht in so mannigfaltiger Weise wie dieser. Von den eigentlichen Lyrikern sind aber die Elegiker zu scheiden, deren Poesie, aus dem Epos hervorgegangen, einen ruhigeren, minder gehobenen und schwunghaften Ton angestimmt hatte. Daher erscheint bei ihnen die Tmesis nicht so nachdrucksvoll wie bei jenen, und die Präposition entbehrt in der Regel des Versictus. Elegiker: Tyrt. 10, 9 Brgk.[4] αἰσχύνει τε γένος, κατὰ δ' ἀγλαὸν εἶδος ἐλέγχει. Solon 4, 15 Δίκης, | ἣ σιγῶσα σύνοιδε τὰ γιγνόμενα πρό τ' ἐόντα (Hervorhebung des Gegensatzes). Theogn. 13 κακὰς δ' ἀπὸ κῆρας ἄλαλκε. 192 σὺν γὰρ μίσγεται ἐσθλὰ κακοῖς. 869 ἔν μοι ἔπειτα πέσοι μέγας οὐρανός (ἐν hat hier den ictus). Nach Hom. 1064 ἐξ ἔρον ἱέμενον m. d. ictus. Archiloch. (πρὸς Περικλέα) 9, 3 τοίους γὰρ κατὰ κῦμα . . ἔκλυσεν. 6 ἐπὶ κρατερὴν τλημοσύνην ἔθεσαν. Jamben: Hipponax 31 ἀπό σ' ὀλέσειεν Ἄρτεμις, σὲ δὲ κὠπόλλων. 32 πρὸς μὲν κυνήσειν τὸν . . Ἑρμῆν. Vgl. 61. Simonid. 7, 63 λοῦται δὲ πάσης ἡμέρης ἄπο ῥύπον δίς. Eigentliche Lyriker nach d. Ausg. v. Bergk: Alcm. 45 Μῶσ' ἄγε, . . ἄρχ' ἐρατῶν ἐπέων, ἐπὶ δ' ἵμερον | ὕμνῳ καὶ χαρίεντα τίθει χορόν (eindringliche Bitte). Alcae. 34, 3 κάββαλλε τὸν χείμων', ἐπὶ μὲν τίθεις | πῦρ, ἐν δὲ κίρναις οἶνον. Vgl. 36, 3. 41, 2. 45, 2. 95. Sapph. 16 παρ δ' ἵεισι τὰ πτέρα. 52, 3 παρὰ δ' ἔρχετ' ὤρα. Anacr. 29 ἐγὼ δ' ἀπ' αὖτις φύγον ὥστε κόκκυξ. Vgl. 50. 58. 72. 80. Anacreontea 31, 9 κατά μευ σχίζεις ὀνείρους, vgl. Vers 15 u. 29. 58, 1 ἀνὰ βάρβιτον δονήσω. Simonid. 115, 1 φῆ τότε Τίμαρχος, πατρὸς περὶ χεῖρας ἔχοντος, | ἡνίκ' ἀφ' ἱμερτὴν ἔπνεεν ἡλικίην. Vgl. 167, 1 u. 5.

11. Mit dem Charakter der Prosa, der sich in schlichter Einfachheit, in verstandesmässiger Klarheit und scharfer Präzision kund thut, verträgt sich die Tmesis, die der erhabenen und emphatischen Sprache der Dramatiker und Lyriker ganz angemessen ist, an und für sich nicht. Die prosaische Ausdrucksweise steht im Einklange mit dem gewöhnlichen Sprachgebrauche, in dem zur Zeit, als die Prosa sich entwickelte, das mit einer Präposition zusammengesetzte Verb als ein eng geschlossenes Ganzes fest stand, so dass die Trennung der zusammengehörigen Glieder nur als ein gewaltsamer Vorgang erscheinen musste. Daher bedienten sich die Prosaiker dieser Figur nur ungemein selten. Der einzige Prosaist, bei dem sie ziemlich häufig vorkommt, ist Herodot, dessen Geschichtswerk aber ganz den Charakter eines Epos an sich trägt (s. Einl. I, S. 34). Die attische Prosa aber hat sich mit Ausnahme nur weniger ganz besonderer Fälle dieser Freiheit gänzlich enthalten. Natürlich muss in der Prosa die Wirkung dieser Figur um so nachdrücklicher hervortreten, als sie in ihr ungewöhnlich ist.

12. Bei **Hdt.** finden sich folgende Fälle: a) am häufigsten geschieht die Trennung durch die Konjunktion ὦν (= οὖν), und zwar besonders so, dass ein Vordersatz mit ἐπεάν (ὃς ἄν) *c. conj.* vorangeht, und dann im Nachsatze die Präposition mit ὦν und ein Aorist in dem Sinne von § 386, 7 folgt[1]). 2, 40 ἐπεὰν ἀποδείρωσι τὸν βοῦν, κατευξάμενοι κοιλίην μὲν κείνην πᾶσαν ἐξ ὦν εἷλον, σπλάγχνα δὲ αὐτοῦ λείπουσι. So: 47 ἀπ' ὦν ἔβαψε, weiter unten κατ' ὦν ἐκάλυψε. 70. 87. 96 ἐν ὦν ἐπάκτωσαν. 7. 10, 5 ἐπεάν σφι ὁ θεὸς φθονήσας φόβον ἐμβάλῃ ἢ βροντήν, δι' ὦν ἐφθάρησαν ἀναξίως ἑωυτῶν. 2, 39 τοῖσι *(quibus)* μὲν ἂν ᾖ ἀγορὴ . ., οἱ δὲ φέροντες ἐς τὴν ἀγορὴν ἀπ' ὦν ἔδοντο *(vendunt)*. 85 τοῖσι (quibus) ἂν ἀπογένηται *(mortuus est)* ἄνθρωπος, τὸ θῆλυ γένος . . κατ' ὦν ἐπλάσατο τὴν κεφαλὴν πηλῷ. Oder st. des Vordersatzes geht ein Partizip voraus. 2, 86 λίθῳ Αἰθιοπικῷ ὀξέι παρασχίσαντες . . ἐξ ὦν εἷλον τὴν κοιλίην. So 122 κατ' ὦν ἔδησαν. 2, 172 τοῦτον κατ' ὦν κόψας ἄγαλμα . . ἐποιήσατο. 3, 82 θωμαζόμενος δὲ ἀν' ὦν ἐφάνη. 4, 196 οἱ δὲ προσελθόντες ἄλλον πρὸς ὦν ἔθηκαν χρυσόν. Statt des Nebensatzes mit ἐπεάν kann auch das Adverb ἔπειτα stehen. 2, 88 συρμαίῃ διηθήσαντες τὴν κοιλίην ταριχεύουσι . . καὶ ἔπειτα ἀπ' ὦν ἔδωκαν ἀποφέρεσθαι. Vgl. 4. 60. — b) durch τε nur in der Verbindung ἀνά τε ἔδραμον καί: 1, 66 οἷα *(quippe)* δὲ ἔν τε χώρῃ ἀγαθῇ καὶ πλήθεϊ οὐκ ὀλίγων ἀνδρῶν, ἀνά τε ἔδραμον αὐτίκα καὶ εὐθηνήθησαν. Vgl. 3, 78. 7, 15. 156. 218. — c) durch δή nur 7, 12 μετὰ δὴ βουλεύεαι, ὦ Πέρσα, στράτευμα μὴ ἄγειν ἐπὶ τὴν Ἑλλάδα; änderst du wirklich deinen Beschluss gegen Hellas zu ziehen? — d) durch δέ: 6, 114 καὶ τοῦτο μὲν ἐν τούτῳ τῷ πόνῳ *(pugna)* ὁ πολέμαρχος Καλλίμαχος διαφθείρεται . ., ἀπὸ δ' ἔθανε τῶν στρατηγῶν Στησίλεως. — e) durch eine Enclitica. 2, 181 ὦ γύναι, κατά με ἐφάρμαξας. — f) durch ein Adj. u. Subst. nur 7, 164 ἀπίκετο ἐς τὴν Σικελίην ἀπὸ πάντα τὰ χρήματα ἄγων (ἀπάγειν wie 163 extr.). — g) durch μέν und δέ so, dass in dem zweiten Gliede nur die vorangehende Präposition wiederholt wird, offenbar eine Homerische Nachahmung (s. § 445, A. 1). 2, 141 ἐνταῦθα μῦς κατὰ μὲν φαγεῖν τοὺς φαρετρεῶνας αὐτῶν, κατὰ δὲ τὰ τόξα. 3, 126 κατὰ μὲν ἔκτεινε Μιτροβάτεα, κατὰ δὲ Κρανάσπην. Vgl. 5, 81. 8, 33. 9, 5. 89 ἐν δὲ τῷ πόνῳ τούτῳ ἀπὸ μὲν ἔθανε ὁ στρατηγός, ἀπὸ δὲ ἄλλοι πολλοί, ubi v. **Baehr.** (Vereinzelt mit wiederholtem Verb 3, 36 καὶ ἀπὸ μὲν σεωυτὸν ὤλεσας τῆς σεωυτοῦ πατρίδος κακῶς προστάς, ἀπὸ δὲ ὤλεσας Κῦρον.)

[1]) Vgl. Stein zu 1, 194: dieser Tmesis mit sperrendem ὦν bedient sich Herodot, wahrscheinlich in Nachahmung eines populären Gebrauches, durchgängig mit dem empirischen Aorist, bei Schilderung von Sitten und Gebräuchen, um eine Handlung als energisch und lebhaft oder als plötzlich, unverzüglich, eilfertig darzustellen. — Auch sonst findet sich diese Tmesis mit οὖν, z. B. Epicharm. b. Athen. 277 καὶ γλυκύν γ' ἐπ' ὦν ἐπίομες οἶνον „flugs dann ein Fläschchen süssen Weines drauf." Dorieus b. Athen. 412 ὃν γὰρ ἐπόμπευσεν βοῦν ἄζυγον, εἰς κρέα τόνδε | κόψας πάντα κατ' οὖν μοῦνος ἐδαίσατό νιν.

13. In der attischen Prosa, die doch so umfangreich ist, begegnen ähnliche Beispiele ungemein selten. Th. 3, 13 μὴ ξὺν κακῶς ποιεῖν αὐτοὺς μετ' Ἀθηναίων, ἀλλὰ ξυνελευθεροῦν, weil das Kompositum ξυγκακοποιεῖν ungebräuchlich war (Komposita wie συγκακουργέω, συγκακοπαθέω gehören nur der späten Gräcität an, s. Lobeck Parerg. p. 620), sowie auch weil die Antithese zum ξυνελευθεροῦν die Dazwischenstellung von κακῶς erheischt. X. An. 5. 5, 21 παρεσκευασμένοι, ἂν μέν τις εὖ ποιῇ, ἀντ' εὖ ποιεῖν u. Pl. Gorg. 520, e (ἡ εὐεργεσία) τὸν εὖ παθόντα ἐπιθυμεῖν ποιεῖ ἀντ' εὖ ποιεῖν, weil damals kein ἀντευποιεῖν, ja nicht einmal ein εὐποιεῖν, sondern nur ἀγαθὰ ἀντιποιεῖν vorkommt, die Antithese aber εὖ, und zwar vor ποιεῖν verlangt. Gleich darauf auch wegen der Antithese: εὖ ποιήσας ταύτην τὴν εὐεργεσίαν ἀντ' εὖ πείσεται; ἀντιπάσχειν wird zwar richtig gesagt, aber nicht εὐπάσχω, sondern nur εὐπαθέω nach § 342, 1, b); ἀντευπαθέω war ungebräuchlich, obwohl man ἀντεπαινεῖν, ἀντεπικουρέω, ἀντευεργετέω, ἀντευνοέω u. a. sagte. Ar. Pl. 1029 τὸν εὖ παθόνθ' ὑπ' ἐμοῦ πάλιν μ' ἀντ' εὖ ποιεῖν. Dem. 20, 64 ὅσους εὖ ποιήσαντας ἡ πόλις ἀντ' εὖ πεποίηκεν. 8. 65 μὴ σὺν εὖ πεπονθότων τῶν πολλῶν Ὀλυνθίων u. σὺν εὖ πεπονθότος τοῦ πλήθους, da συνευπαθεῖν damals noch nicht gebräuchlich war. Da in allen diesen Fällen εὖ πάσχειν, κακῶς ποιεῖν einen Begriff bilden, ist die Tmesis nur scheinbar. Aber Pl. Phaedr. 237, a ξύμ μοι λάβεσθε ist als eine poetische Freiheit anzusehen, da die ganze Stelle eine poetische Färbung hat, vgl. Stallb.

Anmerk. 5. Nicht gehört hierher: X. conv. 8, 17 ἂν παρά τι ποιήσῃ, *si contra aliquid egerit*, wie Cy. 1. 6, 33 εἰ δὲ παρὰ ταῦτα ποιοῖεν (wenn überhaupt die Lesart richtig ist). Auch nicht die Trennung der mit εἷς, ἕτερος zusammengesetzten Pronomen οὐδείς, μηδείς, οὐδέτερος, μηδέτερος, da das ungetrennte οὐδείς u. s. w. eine weit schwächere Bedeutung hat als das getrennte. X. conv. 3, 4 οὐδὲ καθ' ἕν, *ne una quidem in re.* Comm. 2. 6, 3 ὅστις μηδὲ πρὸς ἓν ἄλλο σχολὴν ποιεῖται. Th. 2, 67 τοὺς μηδὲ μεθ' ἑτέρων (ξυμπολεμοῦντας), vgl. 72, ubi v. Poppo-Stahl.[1])

Anmerk. 6. Aus dem ursprünglich adverbialen Charakter der Präpositionen erklären sich auch Ausdrucksweisen wie Aesch. Pr. 331 πάντων μετασχὼν καὶ τετολμηκὼς ἐμοί. S. Ant. 537 καὶ ξυμμετίσχω καὶ φέρω τῆς αἰτίας. OR. 347 καὶ ξυμφυτεῦσαι τοὔργον εἰργάσθαι τε. Dem. 2, 9 καὶ συμπονεῖν καὶ φέρειν τὰς συμφοράς, wo die Präposition sich nur mit dem ersten Verb verbindet, aber auch zum zweiten gehört.

§ 446. d. Präpositionen in Verbindung mit Adverbien.[2])

Die Präpositionen werden im Griechischen häufig auch mit Adverbien verbunden, die alsdann eine substantivische Bedeutung annehmen. Dieselbe Verbindung findet sich auch im Deutschen sehr oft,

---

[1]) Vgl. Bremi exc. III. ad Isocr. Kühner ad Xen. Comm. 1. 6, 2. — [2]) Vgl. Lobeck ad Phryn. p. 45—49.

ungleich seltener im Lateinischen (*exinde, deinde, in ante* diem, *ex ante* diem). Am häufigsten lassen diese Verbindung die Lokaladverbien, dann auch die Temporaladverbien, seltener andere zu. Mehrere Adverbien haben sich mit der Präposition so innig vereint, dass sie auch in der äusseren Form zu einem untrennbaren Ganzen verschmolzen sind. Viele Adverbien erscheinen in den Handschriften sowohl als in den Ausgaben bald von der Präposition getrennt, bald mit ihr vereint. Die in der klassischen Prosa bis zu Aristoteles allgemein vorkommenden führen wir ohne Bemerkung an.

a) ἔμπροσθεν [aber εἰς πρόσθεν Eur. Hec. 961 st. des gwhnl. εἰς τὸ πρόσθεν]; ἐπίπροσθεν; κατόπισθεν; ὑποκάτω; ὑπεράνω seit Aristotel.; ἐξόπισθεν [aber poet. ἐξόπιθε(ν), ἐξοπίσω, εἰσοπίσω alle drei seit Hom.]; μέχρι δεῦρο Pl. Symp. 217, e μέχρι μὲν οὖν δὴ δεῦρο τοῦ λόγου; X. An. 5. 5, 4 μέχρι ἐνταῦθα, öfter b. Pl., z. B. Symp. 210, e; μέχρι ποῖ u. ὅποι X. Hell. 4. 7, 5 μέχρι μὲν ποῖ . . μέχρι δὲ ποῖ. Pl. Gorg. 487, c βουλευομένων, μέχρι ὅποι τὴν σοφίαν ἀσκητέον εἴη; ἐφύπερθεν poet. seit Hom.; παρεκεῖ Byzantin. (Suid. in ἐπέκεινα); καταυτόθι, auf der Stelle, Ap. Rh. 2, 16 u. s. [b. Hom. aber gehört in κατ' αὐτόθι κατά zum Verb[1])]; παραυτόθι Tzetz. anteh. 193; ἐξ ὁμόθεν, *indidem*, ε, 477; ἀπεντεῦθεν Polyb. 40. 6, 1; ἀπεκεῖθεν, ἀπεκεῖσε u. ἀποκάτωθεν Byzant., s. Lob. l. d. p. 46; ἀπ' αὐτόφι = ἀπ' αὐτῶν Λ, 44, παρ' αὐτόφι = παρ' αὐτοῖς Μ, 302; ἐπ' αὐτόφιν = ἐφ' ἑαυτῶν Τ, 255; εἰς ἄσσον Anton. Liber. 41, 186; ἐς ἔγγιστα διακοσίων Niceph. Greg. 13, 10. 419; κατάκρηθεν od. κατὰ κρῆθεν Hom., Hes., h. Cer. 182; ἐξ οὐρανόθεν Hom.; κατ' οὐρανόθεν Orph. lith. 595; einiges der Art auch b. spät. Rhetor., wie ἐξ οὐρανόθεν, ἐκ δυσμόθεν, ἐκ παιδόθεν, ἀπὸ μακρόθεν, s. Lob. l. d. p. 46.

b) εἰς νῦν Pl. Tim. 20, b; εἰς τότε; ἐκ τότε seit Aristotel.; ἐς ἀεί Th. 1, 129 u. a.; ἐς ἔπειτα 1, 130; εἰς ἔπειτα; ἐξότε Ar. Av. 334; ἐξόθεν = ἐξ οὗ, seitdem, Nic. th. 317; ἐκτόθεν, sodann, Ap. Rh. 4, 520 (nicht zu verwechseln mit d. poet. ἔκτοθεν, von aussen); ἐς οὗ Hdt. 1, 67. 3, 31. 4, 12 u. s. εἰς ὅτε β, 99[2]); ἐς πότε S. Ai. 1185; εἰς ὁπότε Aeschin. 3, 99; ἐς ὀπίσσω, für die Zukunft, υ, 199; ἐς (εἰς) αὖθις Th. 4, 63; ἐς αὐτίκα Ar. P. 367; παραυτίκα; ἀπαυτίκα Dio Cass. 40, 15; μέχρι ὀψέ Th. 7, 83; ἐς ὀψέ, späthin, Th. 8, 23, so auch 3, 108 st. ἕως ὀψέ zu lesen, s. Poppo-Stahl; εἰς ὀψέ Dem. 57, 15; ἐς αὔριον poet. seit Hom., εἰς αὔριον Aeschin. 2, 46 u. 53; ἐς ὕστερον; μέχρι τότε Hdt. 6, 34. Th. 8, 24;

---

[1]) Vgl. Spitzner ad K, 273. — [2]) Vgl. Capelle im Philol. Bd. 36, S. 203 der unter Hinweis auf die parallele Verbindung εἰς ὅ κε annimmt, dass ὅτε in der Verbindung εἰς ὅτε κε bei Homer noch nicht als temporale Konjunktion, sondern als Akkusativ (ὅ τε) empfunden und deshalb unmittelbar mit εἰς verbunden wurde. Anders Schmitt, Über den Ursprung des Substantivsatzes mit Relativpartikeln, S. 46 ff.

ἐπιπρόσω, weiterhin, Aret. diut. sign. 2, 12; προπέρυσι(ν), vor dem vorigen Jahre (aber ἐκπέρυσι, seit einem Jahre, wird von Lucian. soloec. 7 getadelt); ἔκπαλαι Plutarch u. a. Sp. st. ἀπὸ παλαιοῦ Th. 1, 2; πρόπαλαι Plut. mor. 674, f. u. a. Sp., b. Ar. eq. 1155 scherzweise, wie τρίπαλαι ib. 1153, vgl. Luc. Lexiph. 2.

c) εἰς ἅπαξ; καθάπαξ; ἐς τρίς, auf dreimal; ἐφάπαξ Luc. u. a. Sp.; ἐπίπαγχυ, ἐπὶ πάγχυ Hs. op. 264. Theocr. 17, 104; ἐπὶ μᾶλλον, mehr und mehr, Hdt. 1, 94 u. s. Pl. leg. 671, a; ὑπὲρ μᾶλλον Suid.; ἐς μάλιστα Luc. philopatr. 9; εἰς μάτην Luc. tragod. 28, 241. Aristid. 2 p. 417; ἐς ἄρδην Heliod. 9, 350; ἐς ἄγαν Procop. hist. temp. sui 1. 3, 8 d. 2. 3, 92 c.

Anmerk. Anderer Art sind Zusammenrückungen wie σύνεγγυς Th. 4, 24. X. Hell. 6. 5, 17, nahe beisammen, προσέτι Ar. Ach. 984. X. Cy. 1. 6, 22 u. s., dazu noch, deren erster Bestandteil rein adverbialen Charakter hat. Wenn ἔτι sich zwischen die Präposition und ihren Kasus einschiebt, wird es zuweilen mit der Präposition zusammengeschrieben. θ, 245 ἐξέτι πατρῶν, noch von den Vätern her, vgl. Ap. Rh. 1, 976. I, 106 ἐξέτι τοῦ ὅτε . . ἔβης, noch von der Zeit an. h. Merc. 508 ἐξέτι κείνου, noch seitdem, vgl. Ap. Rh. 2, 732. 4, 430; m. e. Adv. auf θεν Call. Ap. 104 ἐξέτι κεῖθεν. Aus der späteren Prosa: ἐξέτι νεαροῦ Ael. n. a. 5, 39. ἐξέτι νέου App. civ. 2, 86. Ap. Rh. 4, 1397 εἰσέτι που χθιζόν. Oft εἰσέτι νῦν, z. B. Ap. Rh. 1, 1354. S. Lob. l. d. p. 48.

§ 447. e. Prägnante Konstruktion bei Präpositionen.

Es ist eine Eigentümlichkeit der griechischen, namentlich der Homerischen Sprache, dass sie häufig mit den Verben, die die Richtung Wohin ausdrücken, Präpositionen mit dem Dative (seltener mit dem Genetive, vgl. Anm. 3) und umgekehrt mit Verben, die nicht den Begriff der Bewegung enthalten, Präpositionen mit dem Akkusative verbindet. Diese Konstruktion ist aus der Zusammenfassung zweier Momente der Handlung oder aus der Verschmelzung zweier Begriffe hervorgegangen, indem der Redende entweder neben dem Momente der Bewegung zugleich auch das Moment der nach vollendeter Bewegung erfolgenden Ruhe oder neben dem Momente der Ruhe zugleich auch das Moment der vorausgegangenen oder nachfolgenden Bewegung denkt und ausdrückt. Wir nennen daher diese Konstruktion eine prägnante. Es springt von selbst in die Augen, wie sinnreich dieselbe ist, und welch malerische Kürze darin liegt. Denn durch dieselbe werden immer zwei Bilder vor unsere Seele gerückt, indem wir entweder neben der Bewegung zugleich auch den darauf erfolgten Zustand der Ruhe (πίπτειν ἐν κονίῃσιν) oder neben dem gegenwärtigen Zustand der Ruhe zugleich auch die vorausgehende oder nachfolgende Bewegung (λὶς ἐφάνη εἰς ὁδόν) erblicken.

A. Das Verb der Bewegung involviert mit einer Art von Prolepsis den Begriff der darauf folgenden Ruhe, wenn die

Präpositionen mit dem Dative statt der Präpositionen mit dem Akkusative stehen. Das Moment der Ruhe (die Beziehung auf das dauernde Ergebnis der Handlung) muss alsdann als das vorherrschende aufgefasst werden können. Dieser Fall tritt bei folgenden Präpositionen ein:

a) Bei ἐν besonders in der **epischen Sprache**. E, 370 ἡ δ' ἐν γούνασι πῖπτε Διώνης δῖ' Ἀφροδίτη, sank in den Schoss (und verbarg ihr Antlitz im Schosse) der Dione. α, 200 ἐγὼ μαντεύσομαι, ὡς ἐνὶ θυμῷ ἀθάνατοι βάλλουσι. Λ, 743 ἤριπε δ' ἐν κονίῃσιν. So: βάλλειν ἐν κονίῃσι bei Hom. Ψ, 131 ἐν τεύχεσσιν ἔδυνον, vgl. ω, 496. S. Ant. 782 Ἔρως ὃς ἐν κτήμασι πίπτεις. In **Prosa** nicht selten beim Perf. u. Plqpf. der **vollendeten Handlung**. Th. 4, 14 ταῖς ἐν τῇ γῇ καταπεφευγυίαις. 7, 71, 7 προσαπώλλυντο αὐτοῖς καὶ οἱ ἐν τῇ νήσῳ ἄνδρες διαβεβηκότες. X. Hell. 4. 5, 5 erst: εἰς τὸ Ἥραιον κατέφυγον, dann: οἱ δ' ἐν τῷ Ἡραίῳ καταπεφευγότες (als abgeschlossene Handlung) ἐξῄεσαν (vgl. d). X. An. 4. 7, 17 τὰ ἐπιτήδεια ἐν τούτοις ἀνακεκομισμένοι ἦσαν. Pl. Soph. 260, c τὸν σοφιστὴν ἔφαμεν ἐν τούτῳ που τῷ τόπῳ καταπεφευγέναι. Th. 7, 87 ἐν τῷ τοιούτῳ χωρίῳ ἐμπεπτωκότας. Pl. Euthyd. 292, e ἐν ταύτῃ τῇ ἀπορίᾳ ἐνεπεπτώκη, ubi v. **Stallb.** Hipp. maj. 298, c ἐν τῇ αὐτῇ ἐμπεπτωκότες ἀπορίᾳ. Bei e. Verbalsubst. Th. 8, 11 τὰ περὶ τὴν ἐν τῷ Πειραιῷ τῶν νεῶν καταφυγὴν ἠγγέλθη. Ferner oft: **τιθέναι ἐν**, z. B. ζ, 76 ἐν κίστῃ ἐτίθει . . ἐδωδήν. X. Ag. 7, 2 ἐν τοῖς μεγίστοις ὠφελήμασι τόδε τίθημι, rechne zu; τιθέναι ἐν χερσίν, wie im Lat. *ponere, collocare in manibus*. X. Cy. 8. 7, 25 τὸ δ' ἐμὸν σῶμα, ὅταν τελευτήσω, μήτε ἐν χρυσῷ θῆτε μήτε ἐν ἀργύρῳ. Sodann: **γράφειν ἐν τινι**. Pl. Phil. 39, a γράφειν ἐν ταῖς ψυχαῖς λόγους, vgl. Criti. 120, c. Th. 5, 47 ἀναγράψαι ἐν στήλῃ, vgl. *inscribere in columna*. **Κατοικίζειν ἐν τινι** Th. 5, 35 (häufiger ἐς τι Th. 1, 103, ubi v. **Poppo-Stahl.** 6, 7. 50. 63). **Ἱδρύειν, ἱδρύεσθαι ἐν τινι** O, 142. Th. 2, 49 u. εἰς τι Eur. Jo. 1573. Th. 1, 131, ubi v. **Poppo-Stahl. Καθείργειν ἔν τινι**, z. B. X. Hell. 3. 2, 3 καθειργμένοι ἐν τῷ σταυρώματι. Dem. 18, 97 κἂν ἐν οἰκίσκῳ τις ἑαυτὸν καθείρξας τηρῇ u. εἴς τι, als: Th. 4, 47 ἐς οἴκημα καθεῖρξαν, ubi v. **Poppo-Stahl. Κατακλείειν** X. Cy. 7. 2, 5 κατακλεισάμενος ἐν τοῖς βασιλείοις (aber gewöhnl. εἴς τι, vgl. Th. 1, 109. X. Cy. 4. 1, 18). Selten b. d. V. ἀθροίζεσθαι, συλλέγεσθαι u. dgl. Th. 2, 99 ξυνηθροίζοντο ἐν τῇ Δοβήρῳ, ubi v. **Poppo.** Plut. Aristid. c. 19 τὸ Ἑλληνικὸν ἐν Πλαταιαῖς ἀθροίζεται συνέδριον, in d. Regel εἴς τι, wie Th. 2, 13. 4, 91 u. s. X. An. 6. 3, 3 u. s. **Καθιστάναι** X. Cy. 4. 5, 28 τοὺς φίλους ἐν ἀκινδύνῳ καθιστᾶσι. Pl. Menex. 242, a ὃ τὴν πόλιν ἐν πολέμῳ τοῖς Ἕλλησι κατέστησε. Antiph. 5, 61 ἐν ἀγῶνι καὶ κινδύνῳ μεγάλῳ καταστήσαντι, aber ungleich häufiger εἴς τι. So zuweilen auch bei den Lat., als: Ovid. Fast. 3, 664 *in sacri vertice montis abit*. Caes. B. G. 5, 10 *naves in litore ejectas esse*. Sall. J. 5 *in amicitia receptus*.[1])

Anmerk. 1. Beispiele wie: ι, 164 πολλὸν γὰρ (οἶνον) ἐν ἀμφιφορεῦσιν ἕκαστοι ἠφύσαμεν. Ο, 229 ἐν χείρεσσι λάβ' αἰγίδα. S. OR. 912. Eur. Hec. 527, auch in Prosa Pl. civ. 517, a λαβεῖν ἐν ταῖς χερσί. Hdt. 3, 23 ἐν πέδῃσι χρυσέῃσι δεδέσθαι. Pl. Crat. 404, a ἐν τοῖς δεσμοῖς δήσας. Andoc. 1, 93 ἐδέδετ' ἂν ἐν τῷ ξύλῳ (aber gleich darauf δεῖν εἰς τὸ ξύλον). Ar. eq. 367 οἷόν σε δήσω 'ν τῷ ξύλῳ u. ähnliche scheinen nicht hierher zu gehören. In denselben scheint die Beziehung des Mittels und Werkzeugs rein räumlich dargestellt zu sein (§ 431, S. 465 f.).

b) Bei ἀμφί u. περί. Λ, 17 κνημῖδας μὲν πρῶτα περὶ κνήμῃσιν ἔθηκεν, legte um die Schienbeine, so dass sie dann fest an denselben sassen. 19 δεύτερον αὖ θώρηκα περὶ στήθεσσιν ἔδυνεν. Θ, 434 ἀμφὶ πυρὶ στῆσαι τρίποδα.

c) Bei ἐπί. Α, 55 τῷ γὰρ ἐπὶ φρεσὶ θῆκε θεὰ λευκώλενος Ἥρη (wie ἐν φρεσὶ θεῖναι). Π, 310 πρηνὴς ἐπὶ γαίῃ κάππεσε. Vgl. S. Ant. 134 ἐπὶ γᾷ πέσε. Ι, 488 ἐπὶ γούνεσσι καθίσσας.

d) Bei πρός. ι, 284 νέα μέν μοι κατέαξε Ποσειδάων ἐνοσίχθων, | πρὸς πέτρῃσι βαλών. 289 σὺν δὲ δύω μάρψας, ὥστε σκύλακας, ποτὶ γαίῃ | κόπτε. So: βάλλειν ποτὶ γαίῃ. X. Hell. 4. 3, 18 ὡς εἶδον τοὺς συμμάχους πρὸς Ἑλικῶνι πεφευγότας. Aesch. Pr. 56 λαβὼν νιν . . πασσάλευε πρὸς πέτραις. S. Ant. 1189 ὑπτία δὲ κλίνομαι | δείσασα πρὸς δμωαῖσι κἀποπλήσσομαι (sinke den Dienerinnen in die Arme).

e) Bei παρά sehr selten. Καταλύειν (einkehren) παρά τινι Pl. Prot. 311, a. Dem. 18, 82 u. παρά τινα Th. 1, 136.

f) Bei ὑπό in den Redensarten: ὑπό τινι γίγνεσθαι, unter jemandes Gewalt kommen, ποιεῖσθαί τι ὑφ' ἑαυτῷ, sich unterwerfen, s. § 442, S. 524.

Anmerk. 2. Da der Dativ sehr häufig den Ort oder den Gegenstand bezeichnet, nach dem die Thätigkeit des Verbs strebt, so bleibt es in vielen Fällen zweifelhaft, ob man eine prägnante Konstruktion oder den Dativ als den Kasus des Ziels annehmen soll. In folgenden und ähnlichen Beispielen aus Homer ist der Dativ ohne Zweifel in der letzten Beziehung (des Ziels) aufzufassen: χεῖρας ἰάλλειν ἐπὶ σίτῳ, ἱέναι βέλος ἐπί τινι, πέμψαι ὄνειρον ἐπί τινι, ἐλαύνειν ἵππους ἐπὶ νηυσίν, τιταίνεσθαι τόξα ἐπί τινι, ἅλλεσθαι ἐπί τινι, μάχεσθαι ἐπί τινι, πέτεσθαι ἐπ' ἄνθεσιν. Über die prägnante Konstruktion bei Adverbien s. Anm. 4.

---

1) Vgl. Hartung über d. Kas. S. 68 f. 72. Auch im Gotischen steht bei den Verben des Fallens, Sinkens, Stürzens, des Legens, Setzens, Stellens (bei diesen drei letzten auch im Ahd.) die Präp. sowohl mit dem Akk. als mit dem Dat.: er fällt auf den Boden hin u. auf dem Boden hin; im Nhd. nur in Verbindung mit hinter od. nieder, z. B. Gold in dem Schatze u. in den Schatz hinterlegen. S. Grimm IV. S. 809: „der Akk. bezeichnet mehr den Akt des Fallens, der Dat. mehr den Ort des Gefallenseins." — Auf Inschriften findet sich καταθεῖναι ἐν ἀκροπόλει neben καταθεῖναι εἰς πόλιν, ἀναγράψαι ἐν στήλῃ neben ἀναγράψαι εἰς στήλην, vgl. Meisterhans a. a. O. S. 176.

Anmerk. 3. Zuweilen steht auch der Genetiv bei Präpositionen in ähnlicher Weise proleptisch. So ἐπί: Γ, 293 τοὺς μὲν κατέθηκεν ἐπὶ χθονός. Σ, 389 τὴν μὲν ἔπειτα καθεῖσεν ἐπὶ θρόνου. Pl. Symp. 222, c ἐπὶ τελευτῆς αὐτὸ ἔθηκας. Ebenso ὑπό: ε, 346 τόδε κρήδεμνον ὑπὸ στέρνοιο τανύσσαι. ι, 375 τὸν μοχλὸν ὑπὸ σποδοῦ ἤλασα πολλῆς.

B. Das Verb involviert den Begriff der damit verbundenen vorausgegangenen oder nachfolgenden Bewegung, wenn die Präposition εἰς (πρός, ἐπί, παρά, ὑπό) mit dem Akkusative steht. Das Moment der Bewegung muss als das vorherrschende aufgefasst werden können. a) O, 275 ἐφάνη λὶς εἰς ὁδόν, der Löwe ging auf den Weg und erschien nun auf dem Wege. Vgl. P, 487. X. An. 3. 4, 13 εἰς τοῦτον τὸν σταθμὸν Τισσαφέρνης ἐπεφάνη. Hdt. 4, 14 φανῆναι ἐς Προκόννησον. Eur. I. T. 620 εἰς ἀνάγκην κείμεθ'. Anth. 9, 677 ὁ μὲν εἰς ὀλίγην κεῖται κόνιν, hat sich gelegt in Staub und liegt nun darin, vgl. append. epigr. 260 u. Plaut. Casin. 2. 3, 26 *ubi in lustra jacuisti?* Hdt. 8. 60, 2 ἐς τὴν Σαλαμῖνα ἡμῖν ὑπεκκέεται τέκνα τε καὶ γυναῖκες (in Sicherheit gebracht). 3, 31 πάντα ἐς τούτους ἀνακέεται (i. q. ἀνατέθειται). Vgl. 1, 97. Th. 7, 71. Eur. Or. 1330 ἀνάγκης δ' εἰς ζυγὸν καθέσταμεν. (Oft στῆναι εἰς, z. B. Hdt. 3, 80 στάντα ἐς ταύτην τὴν ἀρχήν. 62 προηγόρευε στὰς ἐς μέσον τὰ ἐντεταλμένα.) Oft παρεῖναι εἰς, ἐπί, πρός. Hdt. 6, 1 παρεῖναι ἐς Σάρδις, vgl. X. An. 1. 2, 2. 7. 1, 35. 2, 5. 4, 6. Cy. 3. 3, 12 παρεῖναι ἐπὶ τὰς Κυαξάρου θύρας. Th. 2, 34 γυναῖκες πάρεισιν ἐπὶ τὸν τάφον. 3, 3 τριήρεις αἳ ἔτυχον βοηθοὶ παρὰ σφᾶς παροῦσαι. So ὑπό τινα εἶναι (§ 442, S. 525), *esse in potestatem*, i. e. *venisse in potestatem in eaque esse*, z. B. X. Hell. 5. 2, 17 εἰ δὲ ὑπ' ἐκείνους ἔσονται. Ps. Dem. 59, 37 ἐπιδημήσαντα εἰς τὰ Μέγαρα, i. e. *qui venit M. ibique commoratur*. Regelmässig συλλέγειν, συναγείρειν, ἀθροίζειν, ἁλίζειν εἰς, vgl. § 432; ebenso συμμιγνύναι εἰς X. An. 6. 3, 24 βουλόμενος συμμῖξαι τοῖς ἄλλοις εἰς Κάλπης λιμένα u. öfter; κατασκηνοῦν εἰς, einrücken und sich lagern X. An. 2. 2, 16 εἰς τὰς ἐγγυτάτω κώμας κατεσκήνωσεν. Th. 6, 4 ἐς Λεοντίνους ξυμπολιτεύσας = ἐς Λ. μετοικήσας καὶ ἐνταῦθα ξυμπ. 4, 57 Τάνταλον παρὰ τοὺς ἄλλους καταδῆσαι = παρὰ τοὺς ἄλλους ἀπαγαγεῖν καὶ καταδῆσαι. Pl. Phaedr. 268, a ταῦτα ὑπ' αὐγὰς μᾶλλον ἴδωμεν, unter das Licht stellen und betrachten, vgl. Eur. Hec. 1154. So auch α, 411 οὐ μὲν γάρ τι κακῷ εἰς ὦπα ἐῴκειν, vgl. Γ, 158, wenn man ihm ins Antlitz sah, wie εἰς ὦπα ἰδέσθαι. Auffällig Isae. 5, 46 εἰς ὃν (πόλεμον) Ὀλύνθιοι ὑπὲρ τῆσδε τῆς γῆς ἀποθνήσκουσι, i. e. (wenn die Überlieferung richtig ist) εἰς ὃν πορευθέντες ἀποθν., s. Schoemann. — b) ξ, 295 ἐς Λιβύην μ' ἐπὶ νηὸς ἐέσσατο, er nahm mich an Bord (um mich zu bringen) nach Libyen. Ähnlich ρ, 442 αὐτὰρ ἔμ' ἐς Κύπρον ξείνῳ δόσαν. Hdt. 3, 11 (τοὺς παῖδας) ἔσφαζον ἐς τὸν κρητῆρα. Vgl. 4, 62. 5, 5. 7, 113. X. An. 2. 2, 9 σφάξαντες ταῦρον εἰς ἀσπίδα, s. das. Kühners Bem. 4. 3, 18 (so schlachten, dass das Blut in den Kessel, auf den Schild fliesst. Vgl. Aesch. S. 43. Aehnl. X. Cy. 1. 3, 5 ἀποψῆσθαι, ἀποκαθαίρεσθαι τὴν χεῖρα εἰς τὰ χειρόμακτρα (sich aus Handtuch abwischen). Vgl. Cato R. R. 156, 5 *in aquam macerare*, ins Wasser einweichen. 39, 2 *in fornacem coquere*[1]. Hdt. 6, 100 ἐβουλεύοντο ἐκλιπεῖν τὴν πόλιν ἐς τὰ ἄκρα τῆς Εὐβοίης, *relicta urbe se recipere in loca superiora*. vgl. 8, 50. X. An. 1. 2, 24 τὴν πόλιν ἐξέλιπον οἱ ἐνοικοῦντες εἰς χωρίον ὀχυρὸν ἐπὶ τὰ ὄρη = ἐκλιπόντες ἔφυγον εἰς. Lys. 14, 5 ἐάν τις λίπῃ τὴν τάξιν εἰς τοὔπισω = τὴν τάξιν λιπὼν εἰς τοὔπισω ἴῃ. Pl. Phaed. 116, a ἀνίστατο εἰς οἴκημά τι ὡς λουσόμενος = ἀναστὰς ᾔει, vgl. Th. 1, 87. 7, 49. 8, 45, wie Plaut. Mil. gl. 2. 1, 3 *exsurgere foras*. X. ven. 3, 3 αἱ ἄψυχοι (κύνες) ἀφίστανται τὸν ἥλιον ὑπὸ τὰς σκιάς, i. e. *solem refugientes sub umbras fugiunt*. Oft ἀφίστασθαι πρός τινα, abfallen zu einem, z. B. X. Cy. 3. 1, 12; ἀφίστασθαι εἰς, *secedere in*, z. B. X. An. 2. 5, 7. Isae. 6, 1 ἑάλωμεν εἰς τοὺς πολεμίους. 7, 8 ληφθέντες εἰς τοὺς πολεμίους. Pl. Civ. 468, a τὸν ζῶντα εἰς τοὺς πολεμίους ἁλόντα (gefangen in die Hände der Feinde gefallen), vgl. X. Hell. 1. 1, 23. Auch das Deutsche bedient sich derselben Prägnanz in Fällen wie X. Hell. 2. 2, 17 ᾑρέθη πρεσβευτὴς εἰς Λακεδαίμονα, er wurde zum Gesandten nach Sparta gewählt. Cy. 2. 2, 9 ἐπιστολὴν ἣν ἔγραψα οἴκαδε, nach Hause schreiben.

C. Die Verben des **Hängens, Hangens, Haftens** u. a. werden mit den Präpositionen ἀπό u. ἐξ verbunden, indem der Grieche (wie der Lateiner) nicht bloss die Handlung an sich, sondern zugleich die Wirkung (das Herabhangen von etw.) ins Auge fasst. θ, 67 κὰδ δ' ἐκ πασσαλόφι κρέμασεν φόρμιγγα λίγειαν, er hängte die Phorminx an den Pflock, so dass sie alsdann von diesem herabhing. Vgl. θ, 19. K, 475 ἐξ ἐπιδιφριάδος πυμάτης ἱμᾶσι δέδεντο. Λ, 38 τῆς (ἀσπίδος) δ' ἐξ ἀργύρεος τελαμὼν ἦν. λ, 278 ἁψαμένη βρόχον αἰπὺν ἀφ' ὑψηλοῖο μελάθρου. Hdt. 4, 72 (χαλινοὺς) ἐκ πασσάλων δέουσι. 4, 10 φιάλας ἐκ τῶν ζωστήρων φορέειν. Ar. Ach. 945 εἴπερ ἐκ ποδῶν | κάτω κάρα κρέμαιτο. Th. 3, 81 ἐκ τῶν δένδρων τινὲς ἀπήγχοντο. X. Hell. 4. 4, 10 καταδήσας ἀπὸ δένδρων τοὺς ἵππους. R. eq. 10, 9 ἐκ τῶν ἀξόνων δακτύλιοι κρεμάννυνται. Daher ohne Verb: τὰ ἀπὸ τῆς δειρῆς, das Halsgehänge Hdt. 1, 51. Auch bei den Verben des **Stehens und Sitzens** steht zuweilen ἐκ mit Beziehung auf die von dem eingenommenen Stand oder Sitz aus sich vollziehende Handlung. Ξ, 153 Ἥρη δ' εἰσεῖδε χρυσόθρονος ὀφθαλμοῖσιν | στᾶσ' ἐξ Οὐλύμποιο ἀπὸ ῥίου, auf die Höhe hintretend sah sie von da herab. Eur. Ph. 1223 ἀπ' ὀρθίου σταθεὶς πύργου, ubi v. Matth. Tr. 523 Ch. ἀνὰ δ' ἐβόασεν λεὼς | Τρῳάδος ἀπὸ πέτρας σταθείς. X. Cy. 2. 2, 6 στὰς ἐκ τοῦ ἔμπροσθεν, von vorn hintretend und zuschauend. S. Ant. 411 καθήμεθ' ἄκρων ἐκ πάγων ὑπήνεμοι, wir sassen auf (und beobachteten von) der Höhe. — Prägnante Wendungen

[1]) Vgl. Hartung a. a. O. S. 71.

sind auch: ἀπολείπειν ἔκ τινος, etwas verlassend davon gehen, sich lossagen. Th. 3, 10 ἀπολιπόντων ὑμῶν ἐκ τοῦ Μηδικοῦ πολέμου. 5, 4 ἀπολιπόντες ἐκ τῶν Συρακουσῶν, *Syracusis relictis inde discedentes*, ubi v. Poppo. So Eur. Rh. 595 ποῖ δὴ λιπόντες Τρωικῶν ἐκ τάξεων χωρεῖτε; Ebenso ἐπιδημεῖν (zu Hause sein, verweilen) ἔκ τινος. Pl. Parm. 126, b ὅτε τὸ πρῶτον ἐπεδήμησα δεῦρο ἐκ Κλαζομενῶν.

Anmerk. 4. Wie bei den Präpositionen, so erscheinen nicht selten auch bei den Ortsadverbien prägnante Konstruktionen, indem das Verb des Satzes entweder neben dem Begriffe der Ruhe zugleich auch den Begriff der Bewegung oder neben dem Begriffe der Bewegung zugleich auch den Begriff der Ruhe involviert und so beide Begriffe zusammenfasst und mit einander verschmilzt.[1]) a) Adverbien der Ruhe statt Adverbien der Richtung Wohin. S. Tr. 40 κεῖνος δ' ὅπου (st. ὅποι, *quo*) βέβηκεν, οὐδεὶς οἶδε. Ph. 256 μηδαμοῦ διῆλθέ που. Eur. Andr. 210 τὴν δὲ Σκῦρον οὐδαμοῦ τίθης, *nullo loco habes*. Ar. L. 1230 πανταχοῦ πρεσβεύσομεν. Th. 3, 71 τοὺς ἐκεῖ καταπεφευγότας. 2, 86 οὗπερ ὁ στρατὸς προσεβεβοηθήκει. X. Cy. 6. 1, 14 ὅπου ἐληλύθαμεν. Vgl. 5. 4, 15. An. 6. 3, 16 u. 23. Hier. 3, 2. (Vielfach ohne Not in ποι, ὅποι, οὐδαμοῖ geändert.) Hell. 2. 3, 54, ubi v. Breitenb. et ad Ag. 6, 6. Hell. 7. 1, 25 ὅπου βουληθεῖεν ἐξελθεῖν. Pl. Phaedr. 229, a σκόπει, ὅπου καθιζησόμεθα. Phaed. 113, a οὗ αἱ τῶν τετελευτηκότων ψυχαὶ ἀφικνοῦνται, wohin kommen u. daselbst verweilen, vgl. 108, b. So Tacit. Ann. 1, 22 *responde, ubi cadaver abjeceris*. — b) Adverbien der Richtung Wohin st. der Adverbien des Wo. Ψ, 461 αἳ κεῖσέ γε φέρτεραι ἦσαν, hinwärts, d. i. auf dem Hinwege. Aesch. Suppl. 603 ποῖ κεκύρωται τέλος. S. OC. 23 ἔχεις διδάξαι δή μ', ὅποι καθέσταμεν, *quo progressi simus et ubi stemus*. 476 ποῖ τελευτῆσαί με χρή; 1253 πάρεστι δεῦρο Πολυνείκης ὅδε, wie *huc adest*. Ant. 42 ποῖ γνώμης ποτ' εἶ; „wo bist du mit deinen Gedanken hin?" Schneidew. Eur. H. f. 74 ποῖ πατὴρ ἄπεστι γῆς; ubi v. Pflugk. 1157 ποῖ κακῶν ἐρημίαν | εὕρω; *quo me vertam, ut requiem inveniam?* Hipp. 370 ἄσημα δ' οὐκ ἔτ' ἐστὶν οἷ φθίνει τύχα Κύπριδος. Ar. Av. 9 ποῖ γῆς ἐσμέν, wohin wir geraten sind. So steht auch prägnant Hs. op. 611 πάντας ἀπόδρεπε οἴκαδε βότρυς, *decerpe et domum fer*. Prosa: Th. 3, 8 αὐτοῖς οἱ Λακεδαιμόνιοι εἶπον Ὀλυμπίαζε παρεῖναι. Ps. Aeschin. ep. 10, 684 ὅποι λήξει ἡ τοσαύτη ἀναισχυντία, i. e. ὅποι προβήσεται καὶ λήξει. Pl. Phaed. 57, a τῶν πολιτῶν Φλιασίων οὐδεὶς πάνυ τι ἐπιχωριάζει τὰ νῦν Ἀθήναζε „*Athenas venit ibique commoratur*" Stallb. Dem. 8, 50 ποῖ ἀναδυόμεθα; *quo nos vertamus, ut perniciem vitemus?* S. Bremi. 4, 40 ὁ πληγεὶς ἀεὶ τῆς πληγῆς ἔχεται, κἂν ἑτέρωσε πατάξῃ τις, ἐκεῖσ' εἰσὶν αἱ χεῖρες. — c) Adverbien der Richtung Woher bei Verben der Ruhe. Aesch. Eum. 80 ἄγκαθεν λαβὼν βρέτας, auf die Arme nehmend, so dass es alsdann von denselben herabhängt. S. Ant. 521 τίς οἶδεν, εἰ κάτωθεν εὐαγῆ τάδε; ob in der Unterwelt und von dorther als fromm angesehen wird. Pl. Phaed. 78, b ὅθεν δὲ ἀπελίπομεν, ἐπανέλθωμεν, wo wir unsere Rede verlassen haben u. so von ihr abgegangen sind, vgl. Gorg. 497, c. Phaed. 112, c ὅταν ἐκεῖθεν ἀπολίπῃ. Ion 530, a πόθεν τὰ νῦν ἡμῖν ἐπιδεδήμηκας; *domo relicta ad nos venisti*.

---

[1]) Vgl. Hartung über die Kasusflexion S. 89 f. u. S. 174. Lobeck ad Phryn. p. 43 sq. Bornemann ad Xen. Cyrop. 1. 2, 16 ed. Lips. Haase ad Xen. R. L. p. 138 sq. Maetzner ad Antiph. 2, 8 p. 169.

§ 448. f. Attraktion bei den Präpositionen mit dem Artikel.

Bei Substantivbegriffen mit dem **Artikel** erscheinen statt des zu erwartenden richtungslosen ἐν oft proleptisch in Anlehnung an das im Satze stehende (oder zu ergänzende) Verb die Präpositionen des **Woher**: ἀπό, ἐξ, παρά, oder die Präpositionen des **Wohin**: εἰς, πρός. Man nennt diese Konstruktion **Attraktion** der Präpositionen. Auch in dieser Konstruktion liegt ein **prägnanter** Sinn und eine gedankenreiche Kürze. Denn auch hier sind **zwei Momente** — das der **Ruhe** und das der **Bewegung** — **zusammengefasst** und **verschmolzen**. So werden z. B. durch die Verbindung: οἱ ἐκ τῆς ἀγορᾶς ἄνθρωποι, oder bloss οἱ ἐκ τῆς ἀγορᾶς ἀπέφυγον zwei Bilder in unserer Seele geweckt, indem wir erstens die Leute, die **auf dem Markte verweilen** (οἱ ἐν τῇ ἀγορᾷ), und dann die **Flucht der Leute von dem Markte** gleichsam sehen.

a) Ἀπό u. ἐξ statt ἐν. Hdt. 5, 34 ἐσηνείκαντο τὰ ἐκ τῶν ἀγρῶν ἐς τὸ τεῖχος. Th. 1, 8 οἱ ἐκ τῶν νήσων κακοῦργοι ἀνέστησαν (expulsi sunt) ὑπ' αὐτοῦ. 18 οἱ ἐκ τῆς ἄλλης Ἑλλάδος (τύραννοι) ὑπὸ Λακεδαιμονίων κατελύθησαν. 2, 5 τὰ ἐκ τῆς χώρας ἐσεκομίσαντο (ἐς τὴν πόλιν). 3, 22 ᾔσθοντο οἱ ἐκ τῶν πύργων φύλακες, vgl. 6, 7. 6, 32 ξυνεπηύχοντο δὲ καὶ ὁ ἄλλος ὅμιλος ὁ ἐκ τῆς γῆς. 7, 70 οἱ ἀπὸ τῶν καταστρωμάτων τοῖς ἀκοντίοις ἐχρῶντο. Vgl. X. An. 1. 2, 3. Cy. 6. 4, 18. 7. 5, 23. Conv. 4, 31. Hell. 3. 1, 22. 4. 6, 4. Isocr. 4, 96. S. El. 137 ἀλλ' οὔτοι τόνγ' ἐξ Ἀΐδα παγκοίνου λίμνας πατέρ' ἀνστάσεις, ubi v. **Herm.** Pl. Ap. 32, b ὅτε ὑμεῖς τοὺς δέκα στρατηγοὺς τοὺς οὐκ ἀνελομένους τοὺς ἐκ τῆς ναυμαχίας ἐβούλεσθε ἀθρόους κρίνειν, ubi v. **Stallb.** Phaed. 109, e οἱ ἐκ τῆς θαλάττης ἰχθύες ἀνακύπτοντες. Lach. 184, a ἦν γέλως καὶ κρότος ὑπὸ τῶν ἐκ τῆς ὁλκάδος. Dem. 9, 15 τοὺς ἐκ Σερρείου τείχους στρατιώτας ἐξέβαλλεν. Παρά *c. g.* st. παρά *c. d.* X. An. 1. 1, 5 ὅστις δ' ἀφικνεῖτο τῶν παρὰ βασιλέως πρὸς αὐτόν (dagegen gleich darauf: τῶν παρ' ἑαυτῷ βαρβάρων ἐπεμελεῖτο). Vgl. 2. 4, 24. Comm. 3. 11, 13 θεωροίης τὰ παρὰ σεαυτῆς. An. 2. 2, 1 οἱ παρὰ Ἀριαίου ἧκον, vgl. **Kühners** Bem. zu 1. 1, 5. So wahrscheinlich auch τὰ περί τινος st. τὰ περί τινα (das, was eine Person oder Sache angeht, die Verhältnisse u. dgl.) bei den Verben μανθάνειν, πυνθάνεσθαι, φράζειν, λέγειν u. dgl. περί τινος. Th. 2, 6 τοῖς Ἀθηναίοις ἠγγέλθη τὰ περὶ τῶν Πλαταιῶν γεγενημένα. X. An. 2. 5, 37 ὅπως μάθοι τὰ περὶ Προξένου, die Schicksale des P., s. das. **Kühners** Bem. u. **Hdrf.** ad Pl. Phaed. 58, a. X. Cy. 5. 3, 26 ἐπεὶ πύθοιτο τὰ περὶ τοῦ φρουρίου. Hell. 1. 7, 38 Κόνων ἔφρασε τὰ περὶ τοῦ Ἐτεονίκου.

Anmerk. 1. Dieselbe Attraktion tritt auch bei den **Ortsadverbien** ein, indem ἐκεῖθεν, ἔνδοθεν u. a. statt ἐκεῖ, ἔνδον u. s. w. gebraucht werden. Ar. Av. 1168 ὅδε φύλαξ τῶν ἐκεῖθεν ἄγγελος ἐσθεῖ πρὸς ἡμᾶς δεῦρο. Pl. 227 τουτοδὶ τὸ κρεάδιον τῶν ἔνδοθέν τις εἰσενεγκάτω λαβών. Aesch. Suppl. 390 δεῖ τοί σε φεύγειν κατὰ νόμους τοὺς οἴκοθεν. Vgl. Eur. Heracl. 141. Or. 851 (ἔοικε) ὅδ' ἄγγελος λέξειν τὰ κεῖθεν σοῦ κασιγνήτου πέρι. X. Cy. 5. 2, 5 τοὺς ἔνδοθεν πάντας ἐξῆγε. 2. 4. 16 ἱππέας προσλαβὼν τῶν ἐνθένδε ἑταίρων ἀφικόμην. Vect. 2, 7 οἱ ἀπόλιδες τῆς Ἀθήνηθεν μετοικίας ὀρέγοιντο ἄν, *jus inquilinorum, quod est Athenis, ab Atheniensium civitate expetant*, s. Sauppe. Th. 1, 62 ὅπως εἴργωσι τοὺς ἐκεῖθεν ἐπιβοηθεῖν, ubi v. Poppo-Stahl. 2, 84 αἱ ἐκεῖθεν νῆες ἀφικνοῦνται. 2, 69 βλάπτειν τὸν πλοῦν τῶν ὁλκάδων τῶν ἀπὸ Φασήλιδος καὶ Φοινίκης καὶ τῆς ἐκεῖθεν ἠπείρου (ἐκεῖθεν unter der Einwirkung von ἀπό). Pl. Ap. 40, c μετοίκησις τῇ ψυχῇ τοῦ τόπου τοῦ ἐνθένδε εἰς ἄλλον τόπον. Vgl. Phaed. 107, d. Dem. 1, 15 ἀγνοεῖ τὸν ἐκεῖθεν πόλεμον δεῦρο ἥξοντα, ubi v. Schaefer in Appar. T. I. p. 206. Vgl. Isocr. 4, 174.

b) Εἰς statt ἐν (weit seltener). Hdt. 2, 150 ἔλεγον οἱ ἐπιχώριοι καὶ ὡς ἐς τὴν Σύρτιν τὴν ἐς Λιβύην ἐκδιδοῖ ἡ λίμνη αὕτη. 7, 239 ἐς τὸ χρηστήριον τὸ ἐς Δελφοὺς ἀπέπεμψαν. X. Hell. 1. 7, 29 Ἐρασινίδης (ἐκέλευεν) ἐπὶ τοὺς πρὸς Μιτυλήνην πολεμίους πλεῖν.

Anmerk. 2. Bei einem Adverb. X. Cy. 1. 3, 4 ἵνα ἧσσον τὰ οἴκαδε ποθοίη, damit er weniger Heimweh hätte.

§ 449. g. Verbindung der Präpositionen mit verschiedenen Kasus.

Eine nicht eben häufig vorkommende Erscheinung im Gebrauche der Präpositionen ist die Verbindung derselben mit verschiedenen Kasus. In derselben findet entweder eine entgegengesetzte Auffassung des Beziehungsverhältnisses statt, wie wir S. 515 f. bei πρός *c. gen.* u. *c. acc.* in der Angabe von Himmelsgegenden gesehen haben; oder die Kasus sind des poetischen Schmuckes wegen variiert, wie Pind. I. 6, 8 sq. τίνι τῶν πάρος, ὦ μάκαιρα Θήβα, καλῶν ἐπιχωρίων μάλιστα θυμὸν τεὸν εὔφρανας; ἤ . .; ἢ ὅτ' ἀμφὶ πυκναῖς Τειρεσίαο βουλαῖς; ἢ ὅτ' ἀμφ' Ἰόλαον ἱππόμητιν; (θυμὸν εὐφραίνειν ἀμφί τινι und ἀμφί τινα), s. Dissen ad h. l.; oder drittens mit einem Unterschiede des Sinnes. Hdt. 7, 61 περὶ μὲν τῇσι κεφαλῇσι εἶχον τιάρας . . περὶ δὲ τὸ σῶμα κιθῶνας. Dem. 20, 71 αἱ μὲν παρὰ τοῖς ἄλλοις δωρεαὶ (die Auszeichnungen, die er bei andern geniesst) βέβαιοι μένουσιν αὐτῷ, τῆς δὲ παρ' ὑμῶν (die er von euch hat) μόνης τοῦτ' ἀφαιρεθήσεται, vgl. 35. Öfter bei den Späteren [1]).

Anmerk. Nicht selten ist die Wiederholung derselben Präposition in einem eng verbundenen Satzgliede entweder mit gleichem oder mit verschiedenen Kasus. Th. 6, 61 κατέδαρθον ἐν Θησείῳ τῷ ἐν πόλει ἐν ὅπλοις. X. Hell. 5. 2, 29 ἐν τῇ ἐν ἀγορᾷ στοᾷ, vgl. 7. 2, 2. An. 5. 3, 8 ἐν τῷ ἐν Σκιλλοῦντι χωρίῳ. Cy. 1. 6, 2 ἕτερα λέγοντες παρὰ τὰ παρὰ τῶν θεῶν σημαινόμενα, vgl. Comm. 1. 3, 4. Verschieden davon sind Beispiele, in denen diese enge Verbindung nicht stattfindet. Th. 6, 20 Συρακοσίοις ἀπὸ βαρβάρων τινῶν ἀπ' ἀρχῆς (*antiquitus*) φέρεται (sc. χρήματα, *tributa solvuntur*). X. An. 4. 4. 14 ἐδόκει διασκηνητέον εἶναι εἰς τὰς κώμας εἰς στέγας.

---

1) S. Bernhardy gr. Synt. S. 200 f.

§ 450. h. Wechsel der Präpositionen.

Nicht selten wechseln die Präpositionen entweder a) so, dass das Beziehungsverhältnis ungeändert bleibt, oder b) so, dass dasselbe verschieden wird. a) Hdt. 6, 86, 1 ἀνὰ πᾶσαν μὲν τὴν ἄλλην Ἑλλάδα, ἐν δὲ καὶ περὶ Ἰωνίην τῆς σῆς δικαιοσύνης ἦν λόγος πολλός. Th. 1, 1 (τεκμήρια) οὐ μεγάλα νομίζω γενέσθαι οὔτε κατὰ τοὺς πολέμους οὔτε ἐς τὰ ἄλλα[1]). 35 ἀπό τε τῶν ἀνσπόνδων πληροῦν τὰς ναῦς καὶ προσέτι καὶ ἐκ τῆς ἄλλης Ἑλλάδος καὶ οὐχ ἥκιστα ἀπὸ τῶν ὑμετέρων ὑπηκόων, vgl. 4, 61. 1, 38 οὔτε πρὸς τοὺς ἄλλους οὔτε ἐς ἡμᾶς τοιοίδε εἰσί[2]). 3, 54 παρεχόμενοι ἃ ἔχομεν δίκαια πρός τε τὰ Θηβαίων διάφορα καὶ ἐς ὑμᾶς. X. ven. 13, 4 (διδάσκεσθαι) παρὰ τῶν ἀληθῶς ἀγαθόν τι ἐπισταμένων μᾶλλον ἢ ὑπὸ τῶν ἐξαπατᾶν τέχνην ἐχόντων. Isocr. 4, 121 ὡς (*ad*) ἐκεῖνον πλέομεν ὥσπερ πρὸς δεσπότην. Dem. 6, 35 τῆς ἐπὶ τὴν Ἀττικὴν ὁδοῦ καὶ τῆς εἰς Πελοπόννησον κύριος γέγονε. 3, 1 ὅταν τ' εἰς τὰ πράγματα ἀποβλέψω καὶ ὅταν πρὸς τοὺς λόγους. 18, 210 κρίνειν erst mit ἀπό, dann mit ἐπί *c. g.* Bei Demosth. oft περί und ὑπέρ *c. g.* (Vgl. § 435, I. e.) 6, 35 καὶ πεποίηχ' ὑμῖν μὴ περὶ τῶν δικαίων μηδ' ὑπὲρ τῶν ἔξω πραγμάτων εἶναι τὴν βουλήν, ἀλλ' ὑπὲρ τῶν ἐν τῇ χώρᾳ. 19, 94 βουλευομένων ὑμῶν οὐ περὶ τοῦ εἰ ποιητέον εἰρήνην ἢ μή, ἀλλ' ὑπὲρ τοῦ ποίαν τινά[3]). — b) Th. 1, 2 οὔτε κατὰ γῆν οὔτε διὰ θαλάσσης. X. Oec. 8, 6 ὁπλίτας ἐν τάξει πορευομένους . . ἱππέας κατὰ τάξεις ἐλαύνοντας. Dem. 2, 1 ἐπὶ πολλῶν μὲν ἄν τις ἰδεῖν . . δοκεῖ μοι τὴν παρὰ τῶν θεῶν εὔνοιαν φανερὰν γιγνομένην τῇ πόλει, οὐχ' ἥκιστα δ' ἐν τοῖς παροῦσι πράγμασιν. 3, 25 ἐπὶ μὲν τῶν Ἑλληνικῶν ἦσαν τοιοῦτοι· ἐν δὲ τοῖς κατὰ τὴν πόλιν αὐτὴν θεάσασθε ὁποῖοι ἔν τε κοινοῖς καὶ ἐν τοῖς ἰδίοις.

§ 451. i. Wiederholung und Weglassung der Präpositionen.

1. In einer Reihe beigeordneter Substantive wird die Präposition a) entweder vor jedem einzelnen wiederholt, wenn jeder einzelne Begriff besonders aufgefasst und nachdrücklich hervorgehoben, oder der Gegensatz oder die Verschiedenheit der Begriffe bezeichnet werden soll, b) oder die Präposition wird nur vor das erste Substantiv gesetzt, bei dem oder den folgenden aber weggelassen, wenn die Begriffe zu einer Einheit zusammengefasst, zu einem Ganzen verbunden werden sollen, mögen die Begriffe gleichartig oder verschiedenartig sein. X. Comm. 3. 10, 5 καὶ τὸ μεγαλοπρεπές τε καὶ ἐλευθέριον . . καὶ διὰ τοῦ προσώπου καὶ διὰ τῶν σχημάτων διαφαίνει. 1. 3, 3 καὶ πρὸς φίλους δὲ καὶ ξένους καὶ πρὸς τὴν

---

1) S. Kühner ad Xen. Comm. 1. 3, 4. — 2) S. Poppo ad Thuc. P. I. Vol. 1 p. 276. — 3) S. Rehdantz, Indices zu Dem. I unter Wechsel.

ἄλλην δίαιταν. Conv. 5, 3 (νομίζω τὸ καλὸν εἶναι) καὶ ἐν ἵππῳ καὶ βοῒ καὶ ἐν ἀψύχοις πολλοῖς[1]). Pl. Tim. 18, c κατά τε πόλεμον καὶ κατὰ τὴν ἄλλην δίαιταν. (So auch asyndet. Dem. 9, 71 ἐκπέμπωμεν πρέσβεις πανταχοῖ, εἰς Πελοπόννησον, εἰς Ῥόδον, εἰς Χίον.) Th. 1, 6 διὰ τὰς ἀφράκτους τε οἰκήσεις καὶ οὐκ ἀσφαλεῖς παρ' ἀλλήλους ἐφόδους. 3, 10 λόγους ποιεῖσθαι περὶ τοῦ δικαίου καὶ ἀρετῆς „von unserer redlichen Absicht" Göller. X. Hell. 1. 1, 3 ἀπό τε τῶν νεῶν καὶ τῆς γῆς. 5. 2, 11 προσήγαγον αὐτοὺς πρός τε τὴν ἐκκλησίαν καὶ τοὺς συμμάχους. Comm. 1 2, 24 διὰ δύναμιν τὴν ἐν τῇ πόλει καὶ τοῖς συμμάχοις[2]). (In asyndet. Verbindung wohl nur poet. Theocr. 1, 83 κώρα πάσας ἀνὰ κράνας, πάντ' ἄλσεα ποσσὶ φορεῖται. Leichter 117 ὁ βουκόλος ὔμμιν ἐγὼ Δάφνις οὐκ ἔτ' ἀν' ὕλαν, οὐκ ἔτ' ἀνὰ δρυμώς, οὐκ ἄλσεα.)

2. Bei **Gegensätzen** mit ἤ = *aut*, ἤ . . ἤ *aut* . . *aut*, καί, καί . . καί, οὐκ . . ἀλλά, sowie auch in den Verbindungen durch οὐκ . . οὐδέ, οὐ μόνον . . ἀλλὰ καί kann aus gleichem Grunde die Präposition entweder wiederholt oder nur einmal gesetzt werden[3]). Pl. Symp. 185, c τυχεῖν αὐτῷ τινα ἢ ὑπὸ πλησμονῆς ἢ ὑπό τινος ἄλλου λύγγα ἐπιπεπτωκυῖαν. X. An. 1. 1, 7 καὶ κατὰ γῆν καὶ κατὰ θάλατταν. Phaed. 99, a ἢ περὶ Μέγαρα ἢ Βοιωτούς. Dem. 21, 114 πρὸς ἐχθρὸν ἢ φίλον. Lys. 1, 2 καὶ ἐν δημοκρατίᾳ καὶ ὀλιγαρχίᾳ. Ar. P. 770 κἀπὶ τραπέζῃ καὶ ξυμποσίοις. Th. 5, 41 ἐς πόλιν τινὰ ἢ ἰδιώτην. 3, 21 διήκοντες ἔς τε τὸ ἔσω μέτωπον . . καὶ τὸ ἔξω, ubi v. Poppo. 3, 67 καὶ ὑπὲρ ὑμῶν καὶ ἡμῶν. 8, 56 ἔκ τε γῆς καὶ θαλάσσης. Pl. Phaedr. 273, e (πραγματείαν) οὐχ ἕνεκα τοῦ λέγειν καὶ πράττειν πρὸς ἀνθρώπους δεῖ διαπονεῖσθαι τὸν σώφρονα, ἀλλὰ τοῦ θεοῖς κεχαρισμένα μὲν λέγειν δύνασθαι, κεχαρισμένως δὲ πράττειν τὸ πᾶν. Hipp. 2, 366, c οὐχ ὑπὸ νόσου οὐδὲ τῶν τοιούτων. Dem. 1, 5 οὐ περὶ δόξης οὐδ' ὑπὲρ μέρους χώρας πολεμοῦσιν, ἀλλ' ἀναστάσεως καὶ ἀνδραποδισμοῦ τῆς πατρίδος. 9, 72 ἔστι πρὸς ἄνδρα καὶ οὐχὶ συνεστώσης πόλεως ἰσχὺν ὁ πόλεμος. Seltener bei **strengeren Gegensätzen** durch μέν . . δέ. X. Hell. 4. 1, 15 καὶ θῆραι αἱ μὲν καὶ ἐν περιειργμένοις παραδείσοις, αἱ δὲ καὶ ἀναπεπταμένοις τόποις, wo Ddrf. ohne Grund ἐν eingeschoben hat. Ven. 4, 9 ἄγειν δὲ ἄμεινον τὰς κύνας εἰς τὰ ὄρη, τὰ δὲ ἔργα (*arva*) ἧττον (so mit Par. A zu lesen, s. Sauppe). Noch auffallender bei **vollständig ausgebildeten antithetischen Sätzen**. Th. 1, 141 ἐν βραχεῖ μὲν μορίῳ σκοποῦσί τι τῶν κοινῶν, τῷ δὲ πλέονι τὰ οἰκεῖα πράσσουσι. Bei der **Apposition** wird die Präp. nur der Deutlichkeit oder des Nachdrucks wegen **wiederholt**, sonst nicht. X. An. 1. 2, 6 εἰς Κολοσσάς, πόλιν οἰκουμένην, vgl. 7. 10. 13. 14

---

1) S. Kühner ad Xen. Comm. 1. 2, 53. — 2) S. Bornemann ad Xen. conv. 5, 3. — 3) S. Bernhardy S. 204. Bremi ad Isocr. 4, 51. Poppo ad Th. 7, 47. Stallbaum ad Pl. Phaedr. 255, a. Frohberger ad Lys. 1, 2 u. besonders Maetzner ad Lycurg. 104 p. 257 sq.

u. s. w. Th. 6, 80 προδιδόμεθα ὑπὸ ὑμῶν, Δωριῆς Δωριέων. Dagegen Th. 3, 53 ἐν δικασταῖς οὐκ ἐν ἄλλοις. 6, 82 ἦλθον ἐπὶ τὴν μητρόπολιν ἐφ' ἡμᾶς. Ps. Lys. 6, 14 ἐν 'Αρείῳ πάγῳ, ἐν τῷ σεμνοτάτῳ δικαστηρίῳ. Besonders nach Demonstrativen. Pl. Lach. 183, c ἐκ τούτων οἱ ὀνομαστοὶ γίγνονται, ἐκ τῶν ἐπιτηδευσάντων ἕκαστα. Lys. 219, e ἐπὶ τούτοις ἐστὶν ἐσπουδασμένη, ἐπὶ τοῖς ἕνεκά του παρασκευαζομένοις. Phaed. 81, b γεγοητευμένη ὑπ' αὐτοῦ, ὑπό τε τῶν ἐπιθυμιῶν καὶ ἡδονῶν. Civ. 341, d ἡ τέχνη ἐπὶ τούτῳ πέφυκεν, ἐπὶ τῷ τὸ ξυμφέρον ἑκάστῳ ζητεῖν [1]).

3. In der Sprache der Lyriker und Tragiker wird zuweilen auch bei dem ersten Substantive die Präposition weggelassen und erst vor dem zweiten gesetzt. Pind. I. 1, 29 ῥεέθροισί τε Δίρκας ἔφανεν καὶ παρ' Εὐρώτᾳ. N. 10, 38 Χαρίτεσσί τε καὶ σὺν Τυνδαρίδαις, ubi Dissen: „*quum in continuata constructione facilius languescat oratio, hoc artificio poetico nova vis et alacritas secundo membro conciliatur, eaque vera causa est hujus collocationis.*“ Anacr. 14 (9), 21 πέτασθαι ὄρη τε καὶ κατ' ἀγρούς. 25 (33), 5 ἢ Νεῖλον ἢ 'πὶ Μέμφιν. So auch die Tragiker, als: Aesch. Suppl. 311 καὶ μὴν Κάνωβον κἀπὶ Μέμφιν ἵκετο. S. Ant. 366 Ch. ποτὲ μὲν κακόν, ἄλλοτ' ἐπ' ἐσθλὸν ἕρπει, ubi v. Schneidew. 1176 πότερα πατρῴας ἢ πρὸς οἰκείας χερός; OR. 733 ὁδὸς ἐς ταὐτὸ Δελφῶν κἀπὸ Δαυλίας ἄγει. Vgl. 761. 1205. Eur. Heracl. 755 Ch. μέλλω τᾶς πατριώτιδος γᾶς, | μέλλω καὶ ὑπὲρ δόμων . . κίνδυνον . . τεμεῖν. Hec. 144 (Ch.) ἀλλ' ἴθι ναούς, ἴθι πρὸς βωμούς, ubi v. Pflugk. Hel. 863 Τροίας δὲ σωθεὶς κἀπὸ βαρβάρου χθονός. Phoen. 283 πέμπειν μαντεῖα σεμνὰ Λοξίου τ' ἐπ' ἐσχάρας [2]). Bei den Komikern findet sich diese Konstruktion selten und nur im Chore oder da, wo die Sprache lyrische Färbung annimmt. Ar. Ach. 534 μήτε γῇ μήτ' ἐν ἀγορᾷ | μήτ' ἐν θαλάττῃ μήτ' ἐν ἠπείρῳ μένειν. Av. 740 Ch. νάπαισί τε καὶ κορυφαῖς ἐν ὀρείαις. Die ähnlichen Beispiele bei Homer: δ, 476 ἱκέσθαι | οἶκον ἐυκτίμενον καὶ σὴν ἐς πατρίδα γαῖαν u. μ, 27 ἢ ἁλὸς ἢ ἐπὶ γῆς sind anders aufzufassen, da bei Homer die Kasus noch in lebendigem lokalen Gebrauche sind, vgl. § 410, 4 u. 419, 2 a.

4. Wenn auf das mit einer Präposition verbundene Substantiv ein in gleicher Beziehung stehendes Relativ folgt, so wird zwar häufig in Prosa die Präposition vor dem Relative wiederholt, sehr häufig aber auch, und fast regelmässig bei den attischen Prosaikern, weggelassen. Hdt. 1, 114 ἐν τῇ κώμῃ ταύτῃ, ἐν τῇ ἦσαν. 8, 8 ἐν δὲ τούτῳ τῷ χρόνῳ, ἐν ᾧ οὗτοι ἀριθμὸν ἐποιεῦντο τῶν νεῶν. X. Cy. 1. 2, 4 ἐν ταῖς τεταγμέναις ἡμέραις, ἐν αἷς αὐτοὺς δεῖ παρεῖναι. Lycurg. 129 εἰς αὐτὸ τοῦτο τὴν τιμωρίαν τάξαντες, εἰς ὃ μάλιστα φοβούμενοι τυγχάνουσι, ubi v. Maetzner.

---

1) S. Stallbaum ad Pl. Civ. 609, e. Strange Lpz. Jhrb. III. Suppl. III. H. S. 444 f. Kühner ad X. Comm. 4, 7, 5. — 2) S. Matthiä II. § 595, 4. Bernhardy S. 202 u. besonders Lobeck ad Soph. Ai. 397—400.

Vgl. Pl. Symp. 213, c. Menex. 237, d. Dagegen Th. 1, 28 δίκας ἤθελον δοῦναι ἐν Πελοποννήσῳ παρὰ πόλεσιν, αἷς ἂν ἀμφότεροι ξυμβῶσιν. 3, 17 κατὰ τὸν χρόνον τοῦτον, ὃν αἱ νῆες ἔπλεον, vgl. 18 princ. X. conv. 4, 1 ἐν τῷ χρόνῳ, ᾧ ὑμῶν ἀκούω. Ages. 2, 1 ἐπορεύετο διὰ τῶν αὐτῶν ἐθνῶν, ὧνπερ ὁ Πέρσης. Hier. 1, 11 ἔρχονται εἰς πόλεις, ἃς ἂν βούλωνται. Pl. Civ. 402, a ἐν ἅπασιν, οἷς ἐστι περιφερόμενα. Gorg. 453, e ἐπὶ τῶν αὐτῶν τεχνῶν λέγωμεν, ὧνπερ νῦν δή. Civ. 533, e οἷς τοσούτων πέρι σκέψις ὅσων ἡμῖν πρόκειται st. περὶ ὅσων. Dem. 18, 134 ἀπὸ τῆς αὐτῆς ἀγνοίας, ἧσπερ πολλὰ προίεσθε τῶν κοινῶν. 21, 155 κατὰ ταύτην τὴν ἡλικίαν ἦν ἣν ἐγὼ νῦν. 22, 30 περὶ τοῦ πράγματος οὗ τιθείη τὸν νόμον. 39, 20 κατὰ τὴν ποίησιν ἣν ὁ πατὴρ αὐτὸν ἐποιήσατο. 29, 14 περὶ μέν τινων, ὧν αὐτὸς βούλεται, ubi v. Bremi[2]). Seltener bei Dichtern: S. OC. 749 οὐκ ἄν ποτ' ἐς τοσοῦτον αἰκίας πεσεῖν | ἔδοξ', ὅσον πέπτωκεν. So die Lateiner, als: Cic. Fin. 4, 20 *Zeno negat Platonem, si sapiens non sit, eadem esse in causa, qua tyrannum Dionysium*[3]).

5. Sehr häufig ist die Weglassung der Präposition in Fragen und Antworten des Dialogs, nicht aber bei den Tragikern; (denn S. Tr. 421 ποίοις ἐν ἀνθρώποισι; . . πολλοῖσιν ἀστῶν lässt sich nicht anführen, da φάσκειν sowohl mit ἐν als mit d. Dat. verbunden werden kann, s. Wunder). Ar. R. 1009 Aesch. ἀπόκριναί μοι, τίνος οὕνεκα χρὴ θαυμάζειν ἄνδρα ποιητήν; Eur. δεξιότητος καὶ νουθεσίας (sc. οὕνεκα). Pl. Soph. 243, d περὶ δὲ τοῦ μεγίστου τε καὶ ἀρχηγοῦ πρώτου νῦν σκεπτέον. Theaet. Τίνος δὴ λέγεις; ubi v. Hndrf. Polit. 283, c περὶ δὴ τούτων αὐτῶν ὁ λόγος ἡμῖν ὀρθῶς ἂν γίγνοιτο. E. Τίνων; X. Μήκους τε πέρι κτλ. Civ. 456, d πῶς οὖν ἔχεις δόξης τοῦ τοιοῦδε πέρι; Τίνος δή; Τοῦ ὑπολαμβάνειν παρὰ σαυτῷ κτλ. Prot. 355, c ὑπὸ τίνος, φήσει. Τοῦ ἀγαθοῦ, φήσομεν νὴ Δία[4]).

6. Endlich wird die Präposition im zweiten Gliede der Vergleichung mit den Vergleichungspartikeln ὡς (seltener ὥσπερ), ἤ, *quam*, von den Attikern sehr häufig weggelassen, seltener, wenn beide Glieder der Vergleichung ausgebildet sind[5]). Isocr. 1, 25 περὶ τῶν ῥητῶν ὡς ἀπορρήτων ἀνακοινοῦ. Pl. Civ. 330 c περὶ τὰ χρήματα σπουδάζουσιν, ὡς ἔργον ἑαυτῶν. Th. 1, 69 μηδεὶς ὑμῶν ἐπ' ἔχθρᾳ τὸ πλέον ἢ αἰτίᾳ (*objurgationi*) νομίσῃ τάδε λέγεσθαι. 3, 44 περὶ τοῦ μέλλοντος μᾶλλον βουλεύεσθαι ἢ τοῦ παρόντος. 7, 47 ὠφελιμώτερον ἔφη εἶναι πρὸς τοὺς ἐν τῇ

---

[1]) S. Reisig Conject. I. p. 241. — [2]) S. Bornemann ad Xen. conv. 4, 1. Stallbaum ad Pl. Apol. 27, D. Strange a. a. O. Kühner ad X. Comm. 2. 1, 32. — [3]) S. Kühner Ausf. Lat. Gr. § 112, 2, b) S. 423 u. ad Cic. Tusc. 1. 39, 94 p. 161. — [4]) Vgl. Stallbaum ad Plat. Civ. 410, d, ad Parmen. 163, e. — [5]) Vgl. Matthiä § 595, 4 b. Bernhardy S. 204 f. Stallbaum ad Pl. Civ. 520 e. Strange a. a. O. S. 443 f. Maetzner ad Lycurg. 104 p. 257 sq. Sauppe zu Pl. Prot. 337 e. Cobet Var. lect. p. 163 sq.

χώρᾳ . . τὸν πόλεμον ποιεῖσθαι ἢ Συρακοσίους. Vgl. 8, 8. 8, 96 ἐξ ἧς πλείω ἢ τῆς Ἀττικῆς ὠφελοῦντο. Isocr. 6, 92 οὐχ ἧττον ἐν τοῖς τοιούτοις βουλεύμασιν ἢ τοῖς ἐν τῷ πολέμῳ κινδύνοις. Vgl. 4, 51. 9, 15 ἐκ τῶν ὀνομάτων μᾶλλον ἢ τῶν πραγμάτων, vgl. 63. Dem. 9, 63 ibiq. Bremi. Aeschin. 2, 28 ἐπὶ κατασκοπῇ μᾶλλον ἢ πολιορκίᾳ. Hdt. 9, 101 ἦν ἀρρωδίη σφι οὔτι περὶ σφέων αὐτῶν οὕτω ὡς τῶν Ἑλλήνων. Isocr. 15, 160 ὑπὲρ τοῦ μὴ πλουτεῖν ὥσπερ τῶν μεγίστων ἀδικημάτων ἀπολογίαν δεῖ παρασκευάζεσθαι. Hingegen mit wiederholter Präp. Isocr. 12, 23 τοὺς μηδὲν δι' ἕτερον δυσκόλως πρός με διακειμένους ἢ διὰ τὸ δοκεῖν χαριέντως εἰρηκέναι περί τινων. Vgl. 8, 14. Sehr häufig ist die Weglassung der Präp., wenn beide Glieder in ein Ganzes verschmolzen sind, wo die wiederholte Präposition die Einheit stören würde. Ar. L. 933 ὡς πρὸς εἰδότα με σὺ τἀληθῆ λέγε. Th. 6, 50 ὡς παρα φίλους καὶ εὐεργέτας Ἀθηναίους ἀδεῶς ἀπιέναι. Pl. civ. 520, e ὡς ἐπ' ἀναγκαῖον αὐτῶν ἕκαστος εἶσι τὸ ἄρχειν (i. e. ἕκαστος αὐτῶν εἶσι ἐπὶ τὸ ἄρχειν ὡς ἐπ' ἀναγκαῖον). 545, e ὡς πρὸς παῖδας ἡμᾶς παιζούσας (i. e. πρὸς ἡμᾶς ὡς πρὸς παῖδας). Prot. 337, e συμβῆναι ὑμᾶς ὥσπερ ὑπὸ διαιτητῶν ἡμῶν συμβιβαζόντων. Theaet. 170, b ὥσπερ πρὸς θεοὺς ἔχειν τοὺς ἐν ἑκάστοις ἄρχοντας. (Ähnlich schon δ, 413 λέξεται ἐν μέσσῃσι νομεὺς ὣς πώεσι μήλων, doch kann πώεσι hier lokativisch sein, vgl. Nr. 3 a. E.) Seltener wird, wenn das, womit etwas verglichen wird, dem verglichenen Gegenstande vorangeschickt wird, die Präposition wiederholt[1]). Pl. Phaedr. 255, d ὥσπερ ἐν κατόπτρῳ ἐν τῷ ἐρῶντι ἑαυτὸν ὁρῶν λέληθε. Civ. 553, b πταίσαντα ὥσπερ πρὸς ἕρματι πρὸς τῇ πόλει (st. πρὸς ἕρματι τῇ πόλει). Phaed. 67, d ἐκλυομένην ὥσπερ ἐκ δεσμῶν ἐκ τοῦ σώματος. Vgl. 82, e. 115, b.

Anmerk. Wenn mit Präpositionen zusammengesetzte Verben wiederholt werden sollen, lassen die Dichter häufig in der Wiederholung entweder das Verb weg und setzen nur die Präposition (s. § 445, A. 1) oder sie lassen die Präposition weg und setzen nur das einfache Verb. Letzteres oft bei den Tragikern, in der Prosa selten. Eur. Ba. 1065 λαβὼν γὰρ ἐλάτης οὐράνιον ἄκρον κλάδον | κατῆγεν ἦγεν ἦγεν εἰς μέλαν πέδον. Hec. 167 ἀπωλέσατ' ὠλέσατ'. Or. 181 διοιχόμεθ' οἰχόμεθα. 1465 ἀ δ' ἀνίαχεν ἴαχεν. Pl. Phaedr. 248, a ἡ μὲν (ψυχή) ὑπερῆρεν εἰς τὸν ἔξω τόπον τὴν τοῦ ἡνιόχου κεφαλὴν . . ἡ δὲ τοτὲ μὲν ἦρεν, τοτὲ δ' ἔδυ. Phaed. 59, b παρῆν καὶ Κριτόβουλος καὶ ὁ πατὴρ αὐτοῦ . . ἦν δὲ καὶ Κτήσιππος κτλ., ubi v. Stallb. mit Emsl. ad Eur. Med. 1219 (1252) Ch. κατίδετ' ἴδετε.

§ 452. k. Stellung der Präpositionen.

1. Der Begriff der Präpositionen erfordert, dass sie unmittelbar vor ihr Substantiv treten. Diese natürliche Stellung aber wird in folgenden Fällen häufig verlassen:

a) Wenn auf das Substantiv ein oder auch zwei, zuweilen selbst mehr gewichtlose Wörtchen folgen würden, wie: γέ, μέν, γάρ, μὲν γάρ, δέ,

[1]) S. Stallbaum ad l. d. et Euthyphr. p. 2 C. mit Schaefer ad Gregor. Corinth. p. 394 und Stallbaum ad Phaedon. p. 67 D.

οὖν, auch μὲν ἄρα, δέ γε, μὲν οὖν, αὖ, δ' αὖ, καί, *etiam*, τοίνυν, ἴσως [über die Homerischen Trennungen s. § 445, A. 4, a)], auch das gewissermassen adverbial gebrauchte οἶμαι (besonders bei Pl.), so treten nicht allein in der Poesie, sondern auch in der Prosa diese Wörtchen gern zwischen die Präposition und das Substantiv, als: ἐν μὲν εἰρήνῃ, ἐν μὲν γὰρ εἰρήνῃ. Pl. Phaedr. 238, c καὶ ὑπὸ αὖ τῶν ἑαυτῆς συγγενῶν ἐπιθυμιῶν. Th. 2, 34 ἐπὶ δ' οὖν τοῖς πρώτοις. Pl. Civ. 456, d ἐν οὖν τῇ πόλει. Polit. 302, d ἐκ μὲν τῆς μοναρχίας . . ἐκ δ' αὖ τῶν μὴ πολλῶν, vgl. Civ. 371, d. Phaed. 71, b [1]). Über die Stellung v. μέν u. δέ s. § 528, 1. Phaedr. 263, b ἐν μὲν ἄρα τοῖς, ubi v. Stallb., vgl. Civ. 467, d. Dem. 22, 44 παρὰ τὰς εἰσφορὰς τὰς ἀπὸ Ναυσινίκου, παρ' ἴσως τάλαντα τριακόσια. Pl. civ. 564, a ἐκ δημοκρατίας, ἐξ οἶμαι τῆς ἀκροτάτης ἐλευθερίας, ubi v. Stallb. 568, c εἰς δέ γε οἶμαι τὰς ἄλλας πόλεις. Polit. 300, b παρὰ γὰρ οἶμαι τοὺς νόμους, ubi v. Stallb. Dem. 20, 3 καὶ ὅλως ἐν οἶμαι πολλοῖς. Bei Hdt. auch ἔτι: 1, 64 πρός τε ἔτι τούτοισι, vgl. 3, 65. 9, 111. 1, 123 πρὸ δ' ἔτι τούτου. In der Dichtersprache, selten in Prosa, die Encliticae μέ, σέ, τοί, ποτέ. Ar. Ec. 975 διά τοι σὲ πόνους ἔχω. Hdt. 6, 69 ἐν γάρ σε τῇ νυκτὶ ταύτῃ ἀναιρέομαι. Pl. Crit. 50, e πρὸς μὲν ἄρα σοι τὸν πατέρα.

b) Ganz gewöhnlich ist die Trennung der Präp. von ihrem Subst. durch Attributive. X. An. 1. 2, 7 διὰ μέσου δὲ τοῦ παραδείσου. 1. 1, 10 ὑπὸ τῶν οἴκοι ἀντιστασιωτῶν. 1. 2, 11 εἰς Καΰστρου πεδίον. 1. 5, 11 πρὸς τὸ ἑαυτοῦ στράτευμα. 12 ἐπὶ τὴν ἑαυτοῦ σκηνὴν διὰ τοῦ Μένωνος στρατεύματος u. so an unzähligen Stellen.

c) Aus rhetorischem Grunde wird die Präposition πρός in Schwüren und Exklamationen von ihrem Substantive getrennt. S. Phil. 467 πρός νύν σε πατρός, πρός τε μητρός, πρός τ' εἴ τί σοι κατ' οἶκόν ἐστι προσφιλές, ἱκέτης ἱκνοῦμαι. OC. 1333 πρός νύν σε κρηνῶν καὶ θεῶν ὁμογνίων αἰτῶ πιθέσθαι. Eur. Ph. 1665 ναὶ πρός σε τῆσδε μητρός. So im Lateinischen: *per te deos oro*. Ferner um gleiche oder kontrastierende Begriffe zusammenzustellen, wie ε, 155 παρ' οὐκ ἐθέλων ἐθελούσῃ. Aesch. Pr. 276 πρὸς ἄλλοτ' ἄλλον πημονὴ προσιζάνει. 922 τοῖον παλαιστὴν νῦν παρασκευάζεται ἐπ' αὐτὸς αὑτῷ. Pl. Phaed. 71, c μεταξὺ δύο δυοῖν ὄντοιν.

Anmerk. 1. Selten sind solche Trennungen wie: X. conv. 4, 55 ἐπὶ νὴ Δία τοῖς ἄφροσιν. Pl. leg. 797, d ἐν τρόποις ψυχῶν, ἐν ὡς ἔπος εἰπεῖν οὐ τοῖς μέν, τοῖς δ' οὔ, ubi v. Stallb. Th. 6, 76 περὶ δὲ οἱ μὲν σφίσιν ἀλλὰ μὴ ἐκείνῳ καταδουλώσεως. Dem. 29, 51 περὶ μὲν τοίνυν, ἔφην ἐγώ, τούτου.

Anmerk. 2. In der Dichtersprache ist die Stellung der Präpositionen ungleich freier als in der Prosa. Über Homer vgl. § 445, A. 4. Bei keinem Dichter finden sich so auffallende Stellungen der Präpositionen wie bei Pindar[2]), z. B. O. 6, 53 ἐν κέκρυπτο γὰρ σχοίνῳ. 1, 17 παίζομεν φίλαν | ἄνδρες ἀμφὶ θαμὰ τράπεζαν· ἀλλὰ Δωρίαν ἀπὸ φόρμιγγα πασσάλου | λάμβανε.

[1]) S. Heindorf ad Pl. Soph. 262, a. — [2]) Vgl. Pierson Rh. M. 1857, S. 380.

Anmerk. 3. In der Verbindung von ὡς, ὅτι mit dem Superlative wird die Präposition in der Regel nach diesen Wörtern gesetzt. Th. 1, 63 ὡς ἐς ἐλάχιστον χωρίον. 2, 34 ὡς ἐπὶ πλεῖστον, vgl. 35. 3, 46 ὅτι ἐν βραχυτάτῳ u. ὅτι ἐπ' ἐλάχιστον. X. Cy. 1. 6, 26 ὡς ἐν ἐχυρωτάτῳ, ubi v. Bornem. Isocr. 3, 2 ὅπως ἂν ὡς μετὰ πλείστων ἀγαθῶν τὸν βίον διάγωμεν. Dem. 18, 246 ταῦθ' ὡς εἰς ἐλάχιστον συστεῖλαι. 19, 257 ὡς μετὰ πλείστης συγγνώμης. Ein Gleiches geschieht häufig bei πολύ, πάνυ, μάλα. Th. 1, 35 πολὺ δὲ ἐν πλείονι αἰτίᾳ, ubi v. Poppo-Stahl, wie im Lat. *multo* arte *majore* u. dgl.[1]). 2, 89 πολὺ δὲ ὑμεῖς ἐκείνοις πλείω φόβον παρέχετε. 6, 86 πολὺ δὲ ἐπὶ ἀληθεστέραν γε σωτηρίαν. 1, 69 πρὸς πολλῷ δυνατωτέρους. X. Cy. 1. 6, 39 ἃς (μηχανὰς) καὶ πάνυ ἐπὶ τοῖς μικροῖς θηρίοις ἐμηχανῶ, ubi v. Poppo. Hell. 4. 5, 4 διὰ τὸ πάνυ ἐφ' ὑψηλοῦ εἶναι. 1 μάλα σὺν πολλῷ φόβῳ ἀπεχώρουν, ub v. Breitenb.

2. Auch kann die Präposition ihrem Substantive nachgesetzt werden. [Über die dann in gewissen Fällen eintretende Zurückziehung des Tones (ἀναστροφὴ τόνου) der Präp. s. I, § 86.] In der epischen, tragischen und lyrischen Dichtersprache geschieht dies häufig, seltener bei den Komikern, in der Prosa nur vereinzelt und in der attischen nie, ausser bei περί *c. g.*, hier aber sehr oft und auch dann, wenn es durch ein oder mehrere Wörter von seinem Substantive getrennt ist. In der Dichtersprache, namentlich der Tragiker und Lyriker, werden nicht bloss das nachgestellte πέρι, sondern auch die anderen nachgestellten Präpositionen zuweilen sehr weit von ihren Substantiven getrennt. α, 247 Ἰθάκην κάτα κοιρανέουσι. γ, 100 δήμῳ ἔνι Τρώων. Mehr Beispiele aus Hom. s. § 86, 2. Pind. O. 1, 13 δρέπων μὲν κορυφὰς ἀρετᾶν ἄπο πασᾶν. Aesch. S. 185 βρέτη πεσούσας πρὸς πολισσούχων θεῶν. S. OR. 95 τοῦ θεοῦ πάρα. El. 34 τῶν φονευσάντων πάρα. Ant. 518 πορθῶν δὲ τήνδε γῆν, ὁ δ' ἀντιστὰς ὕπερ, i. e. τῆσδε γῆς ὕπερ. 1012 παιδὸς τοῦδ' ἐμάνθανον πάρα. Tr. 370 ὃ τοῦδε τυγχάνω μαθὼν πάρα. Ant. 70 ἐμοῦ γ' ἂν ἡδέως δρῴης μέτα. 528 ὀφρύων ὕπερ. Tr. 708 ἧς ἔθνῃσχ' ὕπερ. Aj. 302 Ἀτρειδῶν κάτα. 969 τί δῆτα τοῦδ' ἐπεγγελῷεν ἂν κάτα; Ph. 6 τῶν ἀνασσόντων ὕπο. 298 πυρὸς μέτα. Tr. 1160 μηδενὸς θανεῖν ὕπο. Aj. 793 Αἴαντος δ' ὅτι, | θυραῖος εἴπερ ἐστίν, οὐ θαρσῶ πέρι (durch einen Zwischensatz getrennt). Eur. Alc. 46 ἣν σὺ νῦν ἥκεις μέτα. Ba. 736 χειρὸς ἀσιδήρου μέτα. 732 θηρώμεθ' ἀνδρῶν τῶνδ' ὕπ'. El. 1026 ἔκτεινε πολλῶν μίαν ὕπερ. Hdt. 2, 6 ταύτης ὧν ἄπο οἱ ἑξήκοντα σχοῖνοί εἰσι. 6, 101 τούτου σφι πέρι ἔμελε. Th. 3, 13 ἀλλοτρίας γῆς πέρι. Pl. Phil. 49, a σοφίας πέρι. Apol. 19, c ὧν ἐγὼ οὐδὲν οὔτε μέγα οὔτε σμικρὸν πέρι ἐπαΐω. Phaedr. 259, e ὧν ἂν ἐρεῖν πέρι μέλλῃ. So auch inschriftlich: τοῦ πολέμου πέρι[2]).

Anmerk. 4. Von den uneigentlichen Präpositionen gehören hierher ἕνεκα, das meistens (s. § 430, Anm.), u. ἄνευ, das bei den Attikern zuweilen einem Substantive nachfolgt. X. Hell. 7. 1, 3 ὧν ἄνευ. Vgl. Cy. 6. 1, 14.

Anmerk. 5. Über die Stellung der Präposition, wenn ihr Substantiv mit einem attributiven Adjektive oder Genetive verbunden ist, s. § 86, 3. In der

1) Vgl. Kühner ad Cic. Tusc. 5. 36, 104. — 2) S. Meisterhans a. a. O. S. 180.

Prosa stehen die Präpositionen nur selten zwischen dem attributiven Adjektive und dem Substantive[1]; bei Herodot oft bei ἐπί in den Verbindungen χρόνον ἔπι πολλόν (μακρόν, συχνόν), πλεῖστον, ὀλίγον (1, 214. 2, 133 u. s. w.), ἔτεα ἔπι πλέω 2, 140, selten bei περί, 2, 21 u. 4, 8 γῆν πέρι πᾶσαν, über die Anastrophe s. § 86, 1. Th. 2, 36 τρόπων ἐξ οἵων. 5, 37 καὶ εἴ τινα πρὸς ἄλλον δέοι. Pl. Crit. 48, c οὐδενὶ ξὺν νῷ. Criti. 115, c τοιᾷδε ἐν τάξει. Phaedr. 244, d παλαιῶν ἐκ μηνιμάτων. Dem. 23, 51 ἃ παρ' ἀμφότερα. Neben δι' οὐδὲν ἄλλο sagte man auch öfters οὐδὲν δι' ἄλλο, z. B. X. R. Ath. 3, 1; aber Stellen wie Th. 1, 54 ναῦς τε καταδύσαντες περὶ ἑβδομήκοντα, vgl. 1, 117, gehören nicht hierher, da die Bestimmung der Zahl in lockerer Verbindung mit dem Substantive steht: und Schiffe versenkten sie gegen 70.

Viertes Kapitel.

§ 453. Lehre von dem Pronomen als Subjekt, Prädikat, Attribut und Objekt.

Das Subjekt, Prädikat, Attribut und Objekt werden durch Pronomen ausgedrückt, wenn die angegebenen Satzteile nicht Begriffe von Gegenständen oder Eigenschaften darstellen sollen, sondern nur angegeben werden soll, dass ein Gegenstand entweder auf den Redenden selbst oder auf den Angeredeten oder auf eine andere Person oder Sache bezogen wird. Vgl. Apollon. Dysc. de pron. p. 10. Alle über das Substantiv und Adjektiv gegebenen Regeln beziehen sich auch auf die substantivischen und adjektivischen Pronomen; jedoch sind hier noch einige Bemerkungen über den Gebrauch derselben hinzuzufügen.

§ 454. I. Personalpronomen und Reflexivpronomen.

1. Die substantivischen Personalpronomen als Subjekte: ἐγώ, σύ u. s. w. werden im Griechischen, wie im Lateinischen, Litauischen, Slavischen, Gotischen und in gewissen Fällen auch in anderen germanischen Mundarten[2], vorwiegend dann gesetzt, wenn ein besonderer Nachdruck auf ihnen liegt, daher namentlich in Gegensätzen, zuweilen aber auch der Deutlichkeit wegen. Ebenso verhält es sich mit den adjektivischen (possessiven) Personalpronomen. S. Ph. 123 σὺ μὲν μένων νυν κεῖνον ἐνθάδ' ἐκδέχου, | ἐγὼ δ' ἄπειμι. 248 ἦ γὰρ μετέσχες καὶ σὺ τοῦδε τοῦ πόνου; Ant. 559 σὺ μὲν ζῇς, ἡ δ' ἐμὴ ψυχὴ πάλαι τέθνηκεν. Wo dies nicht der Fall ist, werden sie

---

[1]) S. Krüger, Gr. II, § 68, 4, Anm. 6 u. I, § 68, Anm. 2. — [2]) S. Grimm, IV, S. 201 ff.

in der Regel weggelassen, und die substantivischen durch die Verbalendungen, die adjektivischen (possessiven) durch den dem Substantive vorgesetzten Artikel vertreten. Γράφω, γράφεις. Ἡ μήτηρ εἰπέ μοι (meine Mutter). Οἱ γονεῖς στέργουσι τὰ τέκνα (ihre Kinder). Über das Personalpronomen οὗ, οἷ, ἕ u. s. w. (*ejus*, *ei*, *eum*, *eam* u. s. w.) s. § 455, A. 6. 7. 8.

Anmerk. 1. Dass übrigens die Setzung und Weglassung der Personalpronomen oftmals von der subjektiven Ansicht des Schreibenden abhängt, versteht sich von selbst. Daher findet man sie, besonders in der Dichtersprache, nicht selten so gebraucht, dass weder ein besonderer Nachdruck noch ein Gegensatz hervortritt. S. Ant. 997 τί δ' ἔστιν; ὡς ἐγὼ τὸ σὸν φρίσσω στόμα. El. 1309 σὺ μὴ δείσῃς. X. An. 2. 2, 3 ὡς ἐγὼ νῦν πυνθάνομαι. 5. 5, 8 ὡς ἡμεῖς ἠκούσαμεν. 2. 1, 16 τοσοῦτοι ὄντες ὅσους σὺ ὁρᾷς. Umgekehrt wird selbst in Gegensätzen bisweilen in dem ersten Satzgliede das Pronomen weggelassen, indem der Schriftsteller entweder bei dem ersten Satzgliede noch nicht an den Gegensatz dachte, oder, was aber seltener der Fall ist, das Pronomen in der Absicht wegliess, um den Gegensatz in dem zweiten Gliede um so nachdrücklicher hervorzuheben. a) Th. 6, 34 ὁρμώμεθα μὲν (sc. ἡμεῖς) ἐκ φιλίας χώρας . ., τὸ δὲ πέλαγος αὐτοῖς πολὺ περαιοῦσθαι, ubi v. Poppo-Stahl. So auch 3, 56 εἰ νῦν ὑμῖν ὠφέλιμοι δοκοῦσιν εἶναι (sc. ἐκεῖνοι), πολὺ καὶ ἡμεῖς μᾶλλον τότε (ἦμεν). X. An. 3. 4, 41 εἰ βούλει, μένε ἐπὶ τῷ στρατεύματι, ἐγὼ δὲ ἐθέλω πορεύεσθαι· εἰ δὲ χρῄζεις, πορεύου ἐπὶ τὸ ὄρος, ἐγὼ δὲ μενῶ αὐτοῦ. 7. 3, 36 ὁ δ' εἶπε· Παρασκευασάμενοι ἀναμένετε, ἐγὼ δὲ . . ἥξω πρὸς ὑμᾶς. Cy. 4. 5, 31 οὐχ ὅπως ἂν ἐθέλωσιν, ἀλλ' ὅπως ἂν σὺ βούλῃ (dem Sprechenden schwebt zunächst nicht der Gegensatz der Personen, sondern der der Handlung vor: nicht wie sie wollen, sondern wie sie sollen). Pl. Menex. 247, a μάλιστα δ' ἂν νικῴμεθα, καὶ ὑμεῖς νικῴητε. Phil. 51, d πειρῶμαι μέν, ὦ Σώκρατες· πειράθητι δὲ καὶ σὺ σαφέστερον ἔτι λέγειν. Euthyd. 295, a εἰ λέληθα ἐμαυτὸν σοφὸς ὤν, σὺ δὲ τοῦτο ἐπιδείξεις, ubi v. Stallb. b) Dem. 18, 265 ἐδίδασκες, ἐγὼ δ' ἐφοίτων· ἐτέλεις, ἐγὼ δ' ἐτελούμην· ἐγραμμάτευες, ἐγὼ δ' ἠκκλησίαζον κτλ. Aber auch sonst werden die Gegensätze nicht immer durch die Pronomen angedeutet. X. conv. 6, 3 ἦ οὖν βούλεσθε, ὥσπερ Νικόστρατος, ὁ ὑποκριτής, τετράμετρα πρὸς τὸν αὐλὸν κατέλεγεν, οὕτω καὶ ὑπὸ τὸν αὐλὸν ὑμῖν διαλέγωμαι; st. οὕτω καὶ ἐγὼ . . δ.[1]). Nicht auffallend kann die Weglassung der Personalpronomen sein, wenn das Pronomen αὐτός als nähere Bestimmung des Subjekts hinzugefügt ist, weil alsdann der Nachdruck auf diesem liegt. δ, 649 αὐτὸς ἑκὼν οἱ δῶκα. θ, 443 αὐτὸς νῦν ἴδε πῶμα. S. Apollon. de pron. p. 29.

Anmerk. 2. Der Deutlichkeit oder des Nachdrucks wegen wird nicht selten in Beziehung auf ein schon erwähntes Substantiv oder Pronomen nachher statt des Personal- oder Demonstrativpronomens das Substantiv selbst gesetzt. Th. 6. 105 (οἱ Ἀθηναῖοι) τοῖς Λακεδαιμονίοις ἤδη εὐπροφάσιστον μᾶλλον τὴν αἰτίαν ἐς τοὺς Ἀθηναίους τοῦ ἀμύνεσθαι ἐποίησαν (Stahl streicht ἐς τοὺς Ἀθ.), X. An. 3. 2, 23 οἱ βασιλέως ἄκοντος ἐν τῇ βασιλέως χώρᾳ οἰκοῦσιν (Dind. streicht mit Unrecht βασιλέως ἄκοντος)). 1. 9, 15 πολλὴ ἦν ἀφθονία αὐτῷ (sc. Κύρῳ) τῶν ἐθελόντων κινδυνεύειν, ὅπου τις οἴοιτο Κῦρον αἰσθήσεσθαι[2]) (Cobet streicht αὐτῷ). 31 ἀποθνῄσκοντος αὐτοῦ (sc. Κύρου) πάντες οἱ περὶ αὐτὸν φίλοι ἀπέθανον μαχόμενοι ὑπὲρ Κύρου. Comm. 2. 5, 4 τοῖς φίλοις . . οἱ φίλοι. — Über σὺ δέ s. § 469, 2.

---

[1]) Vgl. Bornemann ad Xen. Cy. 4. 5, 2 ed. Goth. — [2]) Vgl. Poppo ad Th. 5. 18, 5 ed. Goth. Kühner ad Xen. Comm. 1. 6, 1. Anab. 1. 6, 11.

Anmerk. 3. Der Gebrauch der Personalpronomen der I. und II. Pers. von irgend einer Person, die ich mir gleichsam gegenwärtig denke, scheint erst der späteren Gräcität anzugehören, wie z. B. in den unechten Stellen bei X. R. A. 1, 8 ὃ γὰρ σὺ νομίζεις κτλ. 11 ὅπου δ' εἰσὶ πλούσιοι δοῦλοι, οὐκ ἔτι ἐνταῦθα λυσιτελεῖ τὸν ἐμὸν δοῦλον σὲ δεδιέναι· ἐν δὲ τῇ Λακεδαίμονι ὁ ἐμὸς δοῦλος σὲ δέδοικεν· ἂν δὲ δεδίῃ ὁ σὸς δοῦλος ἐμέ κτλ.[1]). (Dass Herodot in Reiseangaben nicht selten die 2. P. im Sinne des allgemeinen man verwendet, z. B. 2, 30 ἐν ἴσῳ χρόνῳ ἄλλῳ ἥξεις ἐς τοὺς αὐτομόλους, ἐν ὅσῳ περ ἐξ Ἐλεφαντίνης ἦλθες ἐς τὴν μητρόπολιν, ist oben bemerkt worden, vgl. § 387, Anm. 1.)

2. Der Unterschied der betonten und der enklitischen Formen der Personalpronomen, als: ἐμοῦ und μοῦ (μου) u. s. w. (§ 88), liegt in dem grösseren oder geringeren Nachdrucke, mit dem sie in der Rede gesprochen werden. Vgl. Apollon. de synt. p. 121 sqq. Th. 1, 3 δοκεῖ δέ μοι und bald darauf ὡς ἐμοὶ δοκεῖ, dort liegt der Nachdruck auf δοκεῖ, hier auf ἐμοί[2]). So werden z. B. in Gegensätzen die betonten Formen angewandt, als: ἐμοῦ μὲν κατεγέλασε, σὲ δὲ ἐπῄνεσεν. Apollon. de synt. p. 121 sq. lehrt: wenn die Personalpr. durch καί u. s. w. mit einem Substantive verbunden sind und demselben nachfolgen, werden die betonten Formen angewendet, als: Διονυσίῳ ἐλάλησε καὶ ἐμοί. Διονύσιον τιμᾷ καὶ ἐμέ, hingegen nicht, wenn sie vorangehen, als: ἐχαρίσατό σοι καὶ Διονυσίῳ. Ἐτίμησέ σε καὶ Διονύσιον. Der Grund davon liegt darin, dass in der ersteren Verbindung der Gegensatz stärker hervortritt als in der letzteren. Vgl. Ψ, 724 ἤ μ' ἀνάειρ' ἢ ἐγὼ σέ (so richtig Bekker). S. OR. 1478 καί σε τῆσδε τῆς ὁδοῦ | δαίμων ἄμεινον ἢ 'μὲ φρουρήσας τύχοι. Ph. 47 ἕλοιτό μ' ἢ τοὺς πάντας Ἀργείους λαβεῖν. Eur. Suppl. 3 εὐδαιμονεῖν με Θησέα τε. Or. 736 κάκιστος εἷς με καὶ κασιγνήτην ἐμήν. Pl. Euthyd. 283, e ὅ τι μαθών μου καὶ τῶν ἄλλων καταψεύδει τοιοῦτο πρᾶγμα[3]).

Anmerk. 4. Aber auch sonst werden öfters nicht allein in der Dichtersprache, sondern auch in der Prosa die enklitischen Formen statt der betonten gebraucht. S. Ph. 1051 οὐκ ἂν λάβοις μου μᾶλλον οὐδέν' εὐσεβῆ. Eur. M. 463 εἰ σύ με στυγεῖς, | οὐκ ἂν δυναίμην σοὶ κακῶς φρονεῖν ποτε. Andr. 237 ὁ νοῦς ὁ σός μοι μὴ ξυνοικοίη. Antiph. 6, 8 ἡγοῦμαι γάρ μοι τιμὴν . . αὐτὰ οἴσειν, τοῖς δὲ κατηγόροις . . αἰσχύνην. Wenn dem Personalpronomen das Adj. μόνος hinzugefügt ist, so kann der Gebrauch der enkl. Formen nicht auffallen, weil alsdann der Nachdruck nicht auf dem Pronomen, sondern auf μόνος ruht[4]). Lys. 8, 19 νῦν ὑμεῖς με μόνον κακῶς λέγετε. Antiph. 5, 13 ὃ τοῖς ἄλλοις Ἕλλησι κοινόν ἐστιν, ἰδίᾳ ζητεῖς με μόνον ἀποστερεῖν. Über αὐτόν με u. s. w. s. Anm. 6.

Anmerk. 5. Die enklitischen Personalpronomen sollten sich eigentlich ihrem Wesen nach immer an das Wort anschliessen, zu dem sie gehören; dass dies aber nicht immer der Fall ist, haben wir § 89, A. 7 u. § 90, A. 3 bemerkt.

---

1) Vgl. Bernhardy S. 271 u. Sauppe ad Xen. l. d. — 2) Vgl. Fritzsche Quaestt. Lucian. p. 27. — 3) Vgl. Bernhardy S. 275. — 4) Vgl. Maetzner ad Antiph. 5, 13 p. 208 sq.

Anmerk. 6. Zu den Personalpronomen wird das Pronomen αὐτός, *ipse, selbst* (= kein anderer) hinzugefügt, wenn die Person als von allen anderen ausgeschlossen, allen anderen entgegengestellt bezeichnet werden soll. a) αὐτός wird dem Personalpronomen vorangeschickt; bei den Pronomen, die eine enklitische Form haben, steht diese; bei dieser Stellung liegt der grössere Nachdruck auf αὐτός. E, 459 αὐτῷ μοι ἐπέσσυτο. χ, 345 αὐτῷ τοι μετόπισθ' ἄχος ἔσσεται. ρ, 494 αἴθ' οὕτως αὐτόν σε βάλοι. Hdt. 2, 10 κατάπερ οἱ ἱρέες ἔλεγον, ἐδόκεε καὶ αὐτῷ μοι. 3, 72 αὐτῷ οἱ ἄμεινον ἐς χρόνον ἔσται. 4, 134 ὡς ὦν οὕτως ἤδη δοκεόντων (sc. τῶν πρηγμάτων) καὶ αὐτῷ μοι ἔχειν. X. Comm. 2. 9, 2 ἡδέως γ' ἄν (sc. θρέψαιμι τὸν ἄνδρα), εἰ μὴ φοβοίμην, ὅπως μὴ ἐπ' αὐτόν με τράποιτο. An. 7. 7, 39 αὐτόν σε μάρτυρα ποιοῦμαι. Antiph. 5, 60 ὡς αὐτῷ μοι πρόφασιν οὐδεμίαν ἔχει. b) Doch können in diesem Falle auch die betonten Formen gesetzt werden, um den Gegensatz der Person selbst nachdrücklicher hervorzuheben [1]). Bei Homer wohl nicht (I, 249 schreibt man jetzt αὐτῷ τοι μετόπισθ' ἄχος ἔσσεται statt αὐτῷ σοί, und 680 αὐτόν σε φράζεσθαι . . ἄνωγεν st. αὐτὸν σέ). Pl. Symp. 220, e συνδιέσωσε καὶ τὰ ὅπλα καὶ αὐτὸν ἐμέ. Phaed. 91, a οὐ γὰρ ὅπως τοῖς παροῦσιν . . ἀλλ' ὅπως αὐτῷ ἐμοί . . δόξῃ οὕτως ἔχειν. Isocr. 15, 147 αὐτόν τε σὲ ῥᾳθυμότερον ἡγοῦνται ζῆν. So in allen Formen, die nur orthotoniert sind. X. Oec. 7, 4 πότερα αὐτὸς σὺ ἐπαίδευσας τὴν γυναῖκα; An. 7. 6, 12 αὐτοὶ ὑμεῖς ἐπίστασθε. c) Auch kann das betonte Pron. vorangehen, wenn dieses mehr hervorgehoben werden soll. Π, 12 ἠέ τι Μυρμιδόνεσσι πιφαύσκεαι ἢ ἐμοὶ αὐτῷ. T, 192 σοὶ δ' αὐτῷ τόδ' ἐγὼν ἐπιτέλλομαι. E, 64 αἳ πᾶσι κακὸν Τρώεσσι γένοντο | οἷ τ' αὐτῷ, so richtig Spitzn., da οἷ in arsi steht; ebenso I, 324 κακῶς δ' ἄρα οἷ πέλει αὐτῇ; daher auch Z, 91 καὶ οἷ πολὺ φίλτατος αὐτῇ st. καί οἱ zu lesen. Apostrophiert σ' αὐτόν. K, 389 ἦ σ' αὐτὸν θυμὸς ἀνῆκεν u. s. S. Ant. 1111 f. ἐγὼ . . αὐτός τ' ἔδησα καὶ . . ἐκλύσομαι. X. Comm. 3. 8, 9 τοῦ θέρους ὁ ἥλιος ὑπὲρ ἡμῶν αὐτῶν καὶ τῶν στεγῶν πορευόμενος σκιὰν παρέχει. Cy. 5. 5, 20 σὲ μὲν αὐτὸν ἀφῆκα. 6. 1, 14 στέγαι ἡμῖν αὐτοῖς εἰσιν. Lys. 1, 4 τοὺς παῖδας τοὺς ἐμοὺς ᾔσχυνε καὶ ἐμὲ αὐτὸν ὕβρισεν. Pl. ap. 41, a ἔμοιγε καὶ αὐτῷ θαυμαστὴ ἂν εἴη ἡ διατριβὴ αὐτόθι. Gorg. 472, b ἐγὼ δὲ ἂν μὴ σὲ αὐτὸν ἕνα ὄντα μάρτυρα παράσχωμαι, ubi v. Stallb. Dem. 3, 28 πόθεν ἄλλοθεν ἰσχυρὸς γέγονεν ἢ παρ' ἡμῶν αὐτῶν Φίλιππος; (X. Cy. 3. 1, 9 νομιοῦσι σὲ καὶ αὐτὸν καταδικάζειν σαυτοῦ steht in den Ausg. νομιοῦσί σε.) d) Bei Homer endlich gehen auch oft die enklitischen Formen dem Pron. αὐτός voran. K, 242 ἕταρόν γε κελεύετέ μ' αὐτὸν ἑλέσθαι, ubi v. Spitzner. δ, 118 μερμήριξε . ., ἠέ μιν αὐτὸν πατρὸς ἐάσειε μνησθῆναι. θ, 396 Εὐρύαλος δέ ἑ αὐτὸν (sc. Ὀδυσσῆα) ἀρέσσασθαι ἐπέεσσιν. O, 226 ἀλλὰ τόδ' ἠμὲν ἐμοὶ πολὺ κέρδιον ἠδέ οἱ αὐτῷ (οἱ in thesi), wie Ω, 292 [2]).

Anmerk. 7. Dieses ausschliessende αὐτός wird bisweilen auch ohne Hinzufügung der Personalpronomen gebraucht, und zwar entweder im Nomin. in Beziehung auf die im Verb liegende Person, oder in den abhängigen Kasus; in dem letzteren Falle ist das aus dem Zusammenhange leicht zu verstehende Personalpronomen weggelassen, um den ganzen Nachdruck auf den Begriff selbst zu legen. H, 332 αὐτοὶ . . κυκλήσομεν. N, 252 οὐδέ τοι αὐτὸς | ἧσθαι ἐνὶ κλισίῃσι λιλαίομαι. B, 263 εἰ μὴ ἐγώ σε λαβὼν ἀπὸ μὲν φίλα εἵματα δύσω, | αὐτὸν δὲ κλαίοντα θοὰς ἐπὶ νῆας ἀφήσω, st. αὐτόν σε im Ggs. zu εἵματα. κ, 26 ἐμοὶ πνοιὴν Ζεφύρου προέηκεν . ., ὄφρα φέροι νῆάς τε καὶ αὐτούς (= αὐτοὺς ἡμᾶς). χ, 38 ὅτ'

---

1) S. Stallbaum ad Pl. Euthyd. 273, b. — 2) Vgl. Thiersch Gr. § 205, 15 Anm. Krüger Gr. II. § 51, 2, A. 5. 6.

μοι κατεκείρετε οἶκον, . . αὐτοῦ τε ζῶντος ὑμεμνάασθε γυναῖκα (= αὐτοῦ μου). X. Cy. 1. 6, 2 ὅπως μὴ δι' ἄλλων ἑρμηνέων τὰς τῶν θεῶν συμβουλίας συνείης, ἀλλὰ αὐτὸς . . γιγνώσκοις. An. 3. 2, 21 τὰ ἐπιτήδεια πότερον ὠνεῖσθαι κρεῖττον . . ἢ αὐτοὺς λαμβάνειν, ἤνπερ κρατῶμεν = ἡμᾶς αὐτούς, wie wir auch sagen können: als selbst zu nehmen, wenn wir siegen. Comm. 2. 3, 13 εἴ γε βουλοίμην . ., δῆλον, ὅτι καὶ τοῦτο δέοι ἂν πρότερον αὐτὸν ἐκείνῳ ποιεῖν, dass es nötig sein würde dieses selbst zuerst zu thun st. dass ich selbst thäte, s. das. Kühners Bmrk. Pl. Lach. 187, c αὐτοὺς δὴ χρὴ γιγνώσκειν, ὦ Νικία τε καὶ Λάχης. Dem. 2, 2 δεῖ τοίνυν, ὦ ἄνδρες Ἀθηναῖοι, τοῦτ' ἤδη σκοπεῖν αὐτούς.

Anmerk. 8. Obwohl die griechische Sprache für die Personalpronomen mit reflexiver Bedeutung (s. § 455) besondere Formen gebildet hat, so gebraucht sie dennoch oft auch die einfachen Personalpronomen an der Stelle dieser, wenn die reflexive Beziehung minder stark hervorgehoben werden soll. S. OR. 379 Κρέων δέ σοι πῆμ' οὐδέν, ἀλλ' αὐτὸς σὺ σοί. Vgl. El. 618. Eur. Andr. 256 ἐκδώσω μέ σοι. Vgl. J. A. 1186. Th. 6, 34 ὅπως ξυμμαχίαν ποιώμεθα ἡμῖν. (Stahl streicht ἡμῖν). Isocr. 15, 323 ἐμοῦ νομίζοντος, ὅ τι ἂν ὑμῖν δόξῃ, τοῦθ' ἕξειν μοι καλῶς. Pl. Ap. 38, e θρηνοῦντός τέ μου καὶ λέγοντος πολλὰ καὶ ἀνάξια ἐμοῦ (vgl. dagegen Crit. 53, e ἀκούσει πολλὰ καὶ ἀνάξια σαυτοῦ). X. Cy. 2. 4, 16 σὺν πᾶσι τοῖς μετ' ἐμοῦ τεθήρακα (vgl. dagegen Th. 5. 9, 7 σὺ δὲ τοὺς μετὰ σεαυτοῦ ἄγων ἐπεκθεῖν). X. conv. 1, 4 οἶμαι πολὺ ἂν τὴν κατασκευήν μοι λαμπροτέραν φανῆναι. So im *Acc. c. Inf.* X. An. 7. 1, 30 εὔχομαι . . μυρίας ἐμέ γε κατὰ γῆς ὀργυιὰς γενέσθαι. Comm. 2. 6, 35 πάνυ ἂν οἶμαί σοι ἐπιτήδειον εἶναί με σύνθηρον. Pl. civ. 400, b οἶμαι δέ με ἀκηκοέναι. Häufig δοκῶ μοι, z. B. X. Cy. 1. 6, 20 οὐκ ἀπείρως μοι δοκῶ αὐτοῦ ἔχειν. 5. 1, 21. An. 7. 6, 10. Eur. J. T. 1029 ἔχειν δοκῶ μοι καινὸν ἐξεύρημά τι. Über Homer s. § 455, A 5. Über die possessiven Refl. s. § 455, 6.

3. Statt der adjektivischen (possessiven) Personalpronomen: ἐμός, σός u. s. w. gebrauchen die Griechen in gleicher Geltung auch den Genetiv der substantivischen Personalpronomen, und zwar im Sing. und Duale der enklitischen (μοῦ, σοῦ). Der Genetiv der Personalpronomen geht entweder dem Substantive voran oder folgt demselben nach, in der Prosa tritt alsdann zu dem Substantive gewöhnlich der Artikel; also: a) ἔφη μου (σου, ἡμῶν u. s. w., αὐτοῦ, αὐτῆς, αὐτῶν) πατήρ; ἔφη μου ὁ πατήρ u. s. w.; b) ἔφη πατήρ μου (σου, ἡμῶν u. s. w.); ἔφη ὁ πατήρ μου u. s. w. So auch bei dem Reflexive, als: τὸν ἐμαυτοῦ πατέρα oder τὸν πατέρα τὸν ἐμαυτοῦ ἀγαπῶ. Über die Stellung des Artikels s. § 464, 4.

Anmerk. 9. Über das Possessivpronomen mit τό st. des Personalpron., als τὸ ἐμόν st. ἐγώ, s. § 403, A. 2.

Anmerk. 10. Das Possessivpronomen σός wird von den Tragikern zuweilen gebraucht, wenn der Redende mit Geringschätzung auf einen Gegenstand hinweist, den der Angeredete im Munde führt. S. Ph. 1251 ξὺν τῷ δικαίῳ τὸν σὸν οὐ ταρβῶ φόβον, dein angedrohtes Schrecknis, s. Schneidew. Ant. 573 ἄγαν γε λυπεῖς καὶ τὸ σὸν λέχος, du samt deiner Ehe, die du immer im Munde führst. Eur. Hipp. 113 τὴν σὴν δὲ Κύπριν πόλλ' ἐγὼ χαίρειν λέγω. Hrcl. 284 φθείρου· τὸ σὸν γὰρ Ἄργος οὐ δέδοικ' ἐγώ. Vollständig: Eur. Rh. 866 οὐκ οἶδα τοὺς σοὺς οὓς λέγεις Ὀδυσσέας.

Anmerk. 11. Während im Lat. die adjektivischen Personalpronomen nur selten st. des objektiven Genetivs der Personalpronomen gebraucht werden, wie Ter. Heaut. 2. 3, 66 desiderio *tuo* st. *tui*, geschieht dies im Griechischen ganz gewöhnlich, da hier der Genetiv der Personalpronomen und die Possessive in gleicher Bedeutung gebraucht werden, als: ὁ πατήρ μου u. ὁ ἐμὸς πατήρ. Τ, 321 σῇ ποθῇ. λ, 201 σὸς πόθος. Aesch. P. 700 τὴν ἐμὴν αἰδῶ μεθείς, Scheu vor mir. S. OC. 332 σῇ προμηθίᾳ, aus Fürsorge für dich. El. 343 τἀμὰ νουθετήματα, die mir gegebenen Lehren. Eur. Ph. 365 σὴ πίστις, *fiducia in te collocata*. Th. 1, 69 αἱ ὑμέτεραι ἐλπίδες (*spes in vobis collocata*) ἤδη τινάς που ἔφθειραν. 77 (τὴν εὔνοιαν) διὰ τὸ ἡμέτερον δέος εἰλήφατε, Furcht vor uns. 83 φόβῳ τῷ ὑμετέρῳ, kurz darauf: ἐς τὴν ὑμετέραν ἐπιχείρησιν, *ad invadendum in vos*. X. Cy. 3. 1, 28 εὐνοίᾳ καὶ φιλίᾳ τῇ ἐμῇ, gegen mich. 8. 3, 32 τῆς ἐμῆς δωρεᾶς (*doni mihi dati*), ubi v. Born. An. 7. 7, 29 οὐ φιλίᾳ τῇ σῇ ἐπείσθησαν ὑπὸ σοῦ ἄρχεσθαι. Pl. Gorg. 486, a εὐνοίᾳ ἐρῶ τῇ σῇ. Antiph. 5, 41 χάριτι τῇ ἐμῇ (*favore adversus me*), ubi v. Maetzner. 6, 41 διὰ τὴν ἐμὴν σπουδήν. Lys. 13, 20 εὐνοίᾳ τῇ ὑμετέρᾳ. Vgl. Frohberger-Gebauer z. d. St. nebst Anhang.

§ 455. Von dem Reflexivpronomen insbesondere [1]).

1. Die Reflexivpronomen werden stets so gebraucht, dass sie auf einen genannten Gegenstand — auf das Subjekt oder Objekt — zurückbezogen werden. a) X. An. 1. 5, 12 Κλέαρχος ἀφιππεύει ἐπὶ τὴν ἑαυτοῦ σκηνήν. Dem. 3, 21 τοὺς ἐπὶ τῶν προγόνων ἡμῶν λέγοντας ἀκούω τούτῳ τῷ ἔθει τῆς πολιτείας χρῆσθαι, τὸν Ἀριστείδην ἐκεῖνον, τὸν Νικίαν, τὸν ὁμώνυμον ἐμαυτῷ. Pl. Prot. 343, b γνῶθι σαυτόν. Ar. Pl. 631 τί δ' ἔστιν, ὦ βέλτιστε τῶν σαυτοῦ φίλων; = σύ, ὃς βέλτιστος εἶ τῶν σαυτοῦ φίλων. Antiph. 5, 4 ἐγὼ αἰτήσομαι ὑμᾶς οὐχ ἅπερ οἱ πολλοὶ τῶν ἀγωνιζομένων ἀκροᾶσθαι σφῶν αὐτῶν αἰτοῦνται. Dem. 3, 28 ἐχθρὸν δ' ἐφ' ἡμᾶς αὐτοὺς τηλικοῦτον ἠσκήκαμεν. — b) Ar. N. 385 ἀπὸ σαυτοῦ 'γώ σε διδάξω. R. 947 κρεῖττον γὰρ ἦν σοι (sc. τὸ τοῦ δράματος γένος) νὴ Δί' ἢ τὸ σαυτοῦ. X. An. 2. 3, 25 πολλῶν ἀντιλεγόντων, ὡς οὐκ ἄξιον εἴη βασιλεῖ ἀφεῖναι τοὺς ἐφ' ἑαυτὸν στρατευσαμένους. 4. 5, 35 αὐτὸν ᾤχετο ἄγων Ξενοφῶν πρὸς τοὺς ἑαυτοῦ οἰκέτας. Vgl. Hell. 6. 5, 21. Lys. 32, 16 'κβαλεῖν τούτους ἠξίωσας ἐκ τῆς οἰκίας τῆς αὑτῶν.

2. In den zusammengesetzten Reflexivpronomen behält das Pronomen αὐτός entweder seine ausschliessende Kraft bei oder giebt sie auf. Über die doppelten durchaus gleichbedeutenden Formen des Reflexivs der III. Pers. im Plur.: ἑαυτῶν und σφῶν αὐτῶν u. s. w. s. § 168, 1. a) ἐμαυτόν, *me ipsum* u. s. w. Pl. civ. 354, b

[1]) Vgl. die gründliche Abhandlung von C. F. G. Arndt de pron. refl. usu ap. Graecos observatt. Neubrandenb. 1836. — Hinsichtlich der verschiedenen Vermutungen über Entstehung und ursprüngliche Bedeutung des Reflexivpronomens vgl. Windisch, Untersuchungen üb. d. Urspr. d. Relativpron., in Curtius Studien II (1869) S. 201 ff. Brugmann, Ein Problem der homer. Textkritik Lpz. 1876. Dyroff, Geschichte des Reflexivums, Würzburg 1892.

οὐ μέντοι καλῶς γε εἱστίαμαι δι' ἐμαυτόν, ἀλλ' οὐ διὰ σέ. Th. 4, 102 ἐποίκους μυρίους σφῶν τε αὐτῶν καὶ τῶν ἄλλων τὸν βουλόμενον πέμψαντες. 5, 114 φυλακὴν σφῶν τε αὐτῶν καὶ τῶν ξυμμάχων καταλιπόντες. 1, 60 πέμπουσιν ἑαυτῶν τε ἐθελοντὰς καὶ τῶν ἄλλων Πελοποννησίων. 107 ἐβοήθησαν ἑαυτῶν τε πεντακοσίοις καὶ χιλίοις ὁπλίταις καὶ τῶν ξυμμάχων μυρίοις. Isocr. 12, 48 δίκαιόν ἐστι φίλους μὲν ποιεῖσθαι τοὺς ὁμοίως αὑτοῖς τε καὶ τοῖς ἄλλοις χρωμένους, φοβεῖσθαι δὲ καὶ δεδιέναι τοὺς πρὸς σφᾶς μὲν αὐτοὺς οἰκειότατα διακειμένους, πρὸς δὲ τοὺς ἄλλους ἀλλοτρίως. Mit gedachtem Gegensatze: Th. 5, 67 Σκιρῖται ἀεὶ τὴν τάξιν ἐπὶ σφῶν αὐτῶν ἔχοντες. 8, 8 ἐφ' ἑαυτῶν διενοοῦντο ἄλλῳ στόλῳ πλεῖν. Vgl. Pl. Prot. 326, d. X. An. 2. 4, 10. Zur Verstärkung der ausschliessenden Kraft wird bisweilen der Nom. αὐτός hinzugefügt: Pl. Phaed. 94, e οὔτε γὰρ ἂν Ὁμήρῳ ὁμολογοῖμεν οὔτε αὐτοὶ ἡμῖν αὐτοῖς. Leg. 805, b πεποίηκας ἐμὲ τὰ νῦν αὐτὸν ἐμαυτῷ ἐπιπλήττειν, ὅτι ταῦτα εἴρηκα. Aeschin. 3, 233 καταλέλυκεν αὐτὸς τὴν αὑτοῦ δυναστείαν. Aesch. S. 406 χαὐτὸς καθ' αὑτοῦ τὴν ὕβριν μαντεύσεται. Vgl. S. OR. 228. Eur. Jo 610. Hipp. 396, s. Anm. 4. S. Ant. 1177 αὐτὸς πρὸς αὑτοῦ (ὄλωλεν). Isocr. 4, 127 πῶς οὐκ ἄτοπον τὰς μεγίστας τῶν πόλεων μηδ' αὐτὰς αὑτῶν ἐᾶν εἶναι κυρίας; Andoc. 1, 3 erst (γνώμην) αὐτοὶ περὶ αὑτῶν ἔχουσιν, dann οἷά περ καὶ αὐτοὶ περὶ σφῶν αὐτῶν ἔγνωσαν, dann (γνώμην) καὶ αὐτοὶ περὶ αὑτῶν ἴσχον. Statt αὐτὸς τὸν ἐμαυτοῦ u. s. w. wird auch τὸν αὐτὸς ἐμαυτοῦ gesagt: Aesch. Ag. 836 τοῖς τ' αὐτὸς αὑτοῦ πήμασιν βαρύνεται. Vgl. Anm. 4. Zuweilen auch in Prosa: Pl. Alc. 2. 144, c οὐδ' ἐκεῖνος τὴν ὁτουοῦν μητέρα διενοεῖτο ἀποκτεῖναι, ἀλλὰ τὴν αὐτὸς αὑτοῦ. Ähnlich bei einer Präp., als: ἐπ' αὐτὸς αὑτῷ st. αὐτὸς ἐφ' αὑτῷ, s. § 452, 1, c. — b) ἐμαυτόν, *me*, u. s. w. Τύπτω ἐμαυτόν, τύπτεις σεαυτόν, τύπτει ἑαυτόν, τύπτομεν ἡμᾶς αὐτούς, τύπτετε ὑμᾶς αὐτούς, τύπτουσι σφᾶς αὐτοὺς oder ἑαυτούς. Th. 7, 82 παρέδοσαν οἱ πάντες σφᾶς αὐτούς, *se* tradiderunt. 2, 68 διδόασιν ἑαυτοὺς Ἀκαρνᾶσι. Isocr. 15, 305 τοὺς μὲν ἐθέλοντας παρασκευάζειν σφᾶς αὐτοὺς χρησίμους τῇ πόλει περὶ πολλοῦ ποιήσεσθε. 165 ἤμελλον χρησίμους αὑτοὺς τῇ πόλει παρέξειν. Hierher gehören auch die Beispiele von Nr. 1.

Anmerk. 1. Das Pronomen αὐτός hat in der Regel bei den Reflexiven seine Stelle hinter dem Personal- und Possessivpronomen: ἡμῶν αὐτῶν, ὑμῶν αὐτῶν, σφῶν αὐτῶν u. s. w., τὸν ἐμὸν αὐτοῦ πατέρα u. s. w. So schon regelmässig bei Homer: ἐμοὶ αὐτῷ, ἔμ' αὐτόν, σοὶ αὐτῷ, εὖ αὐτοῦ, ἑοῖ αὐτῷ, σφέας αὐτούς u. s. w. Nur sehr selten geht bei Homer und Herodot, fast nie bei den Attikern αὐτός dem Personalpronomen voran, um die ausschliessende Kraft von αὐτός nachdrücklicher hervorzuheben. S. § 168, 1. 2. b) u. Anm. 1. Getrennt: S. OC. 1417 μὴ σέ τ' αὐτὸν καὶ πόλιν διεργάσῃ ist σεαυτόν durch τέ getrennt.

3. Das Reflexivpronomen kann im Griechischen wie im Lateinischen unter den angegebenen Verhältnissen auch in der Konstruktion des *Accusativi cum Infinitivo* oder des Partizips [wie

auch im Gotischen[1])] und in Nebensätzen gebraucht werden, wenn dieselben aus der Seele des Subjektes im Hauptsatze, also als Gedanken desselben, ausgesagt werden. Wenn aber das Subjekt des Hauptsatzes und das Subjekt des Nebensatzes oder des *Acc. c. Inf.* verschieden sind, so kann das Reflexiv entweder auf jenes oder auf dieses bezogen werden, und nur aus dem Zusammenhange der Rede lässt sich erkennen, welche Beziehung anzunehmen sei. X. An. 1. 9, 23 ὅσα τῷ σώματι αὐτοῦ κόσμον πέμποι τις . ., καὶ περὶ τούτων λέγειν αὐτὸν (τὸν Κῦρον) ἔφασαν, ὅτι τὸ μὲν ἑαυτοῦ σῶμα οὐκ ἂν δύναιτο τούτοις πᾶσι κοσμηθῆναι, φίλους δὲ καλῶς κεκοσμημένους μέγιστον κόσμον ἀνδρὶ νομίζοι. 2. 5, 29 ἐβούλετο δὲ καὶ ὁ Κλέαρχος ἅπαν τὸ στράτευμα πρὸς ἑαυτὸν ἔχειν τὴν γνώμην, volebat exercitum *sibi* deditum esse. Hell. 3. 1, 3 ἠξίου τὰς Ἰωνικὰς πόλεις ἁπάσας ἑαυτῷ ὑπηκόους εἶναι. Cy. 5. 2, 1 ἕκαστον ἐκέλευσε τοῖς καινοῖς ἑαυτῶν θεράπουσιν εἰπεῖν, ὅτι κτλ. Comm. 1. 2, 8 ἐπίστευε (Σωκράτης) τῶν συνόντων ἑαυτῷ τοὺς ἀποδεξαμένους, ἅπερ αὐτὸς ἐδοκίμαζεν, εἰς τὸν πάντα βίον ἑαυτῷ τε καὶ ἀλλήλοις φίλους ἀγαθοὺς ἔσεσθαι. 52 ὁ κατήγορος ἔφη τὸν Σωκράτην ἀναπείθοντα τοὺς νέους, ὡς αὐτὸς εἴη σοφώτατος, οὕτω διατιθέναι τοὺς ἑαυτῷ συνόντας, ὥστε μηδαμοῦ παρ' αὐτοῖς τοὺς ἄλλους εἶναι πρὸς ἑαυτόν (in Vergleich mit ihm). Th. 1, 50 οἱ Ἀθηναῖοι δείσαντες, μὴ αἱ σφέτεραι νῆες ὀλίγαι ἀμύνειν ὦσι. 8, 14 τὴν Πολίχναν ἐτείχιζον, εἴ τι δέοι σφίσιν αὐτοῖς ἐκ τῆς νησῖδος, ἐν ᾗ οἰκοῦσι, πρὸς ἀναχώρησιν. X. Hell. 3. 2, 6 οὗτοι δ' ἦλθον Δερκυλλίδᾳ ἐροῦντες μένοντι ἄρχειν καὶ τὸν ἐπιόντα ἐνιαυτόν· ἐπιστεῖλαι δὲ σφίσιν αὐτοῖς τοὺς ἐφόρους εἰπεῖν, ὅτι κτλ. Lys. 13, 92 (ἐκεῖνοι) ἀποθνῄσκοντες ἡμῖν ἐπέσκηψαν τιμωρεῖν ὑπὲρ σφῶν αὐτῶν Ἀγόρατον. Isocr. 10, 56 τοῖς κατὰ σύνεσιν ἢ κατ' ἄλλο τι προέχουσι φθονοῦμεν, ἢν μὴ τῷ ποιεῖν ἡμᾶς εὖ στέργειν σφᾶς αὐτοὺς ἀναγκάσωσι. X. Cy. 4. 2, 16 οἱ ἄγγελοι τῷ Κύρῳ λέγουσιν, ὅτι οὗτοί εἰσιν οἱ σφέτεροι. Pl. Symp. 176, e εἰσηγοῦμαι (= συμβουλεύω) τὴν αὐλητρίδα χαίρειν ἐᾶν αὐλοῦσαν ἑαυτῇ. Nur selten wird das zusammengesetzte Reflexiv ἑαυτοῦ u.s.w. in Adjektivsätzen in Beziehung auf ein Subjekt im Hauptsatze gebraucht, indem die Adjektivsätze als ein einfaches Satzglied aufgefasst werden. Th. 2, 7 πόλεις ξυμμαχίδας ποιούμενοι, ὅσαι ἦσαν ἐκτὸς τῆς ἑαυτῶν δυνάμεως. 92 τὰ ναυάγια, ὅσα πρὸς τῇ ἑαυτῶν (γῇ) ἦν, ἀνείλοντο. Hdt. 1, 21 ὅσος ἦν ἐν τῷ ἄστεϊ σῖτος καὶ ἑωυτοῦ καὶ ἰδιωτικός, τοῦτον πάντα συγκομίσας προεῖπε κτλ. 8, 24 ὅσοι τοῦ στρατοῦ τοῦ ἑαυτοῦ ἦσαν νεκροί, ἔθαψε[2]). Das einfache Reflexiv οὗ hat in der attischen Sprache einen ungleich freieren Gebrauch. S. Anm. 9.

Anmerk. 2. Das Reflexiv ἑαυτοῦ wird bisweilen so gebraucht, dass es im Satze selbst kein Wort hat, auf das es bezogen wird, sondern eine Person

---

[1]) S. Grimm IV. S. 322 ff. — [2]) Vgl. Arndt l. d. p. 36.

gedacht wird, auf die dasselbe zu beziehen ist.[1]) Pl. Leg. 726, a πάντων τῶν αὐτοῦ κτημάτων μετὰ θεοὺς ψυχὴ θειότατον, οἰκειότατον ὄν· τὰ δ' αὐτοῦ διττὰ πάντ' ἐστὶ πᾶσιν, von allem was man besitzt. 730, b τὰ περὶ γονέας τε καὶ ἑαυτὸν καὶ τὰ ἑαυτοῦ ξενικά τε καὶ ἐπιχώρια διεληλύθαμεν σχεδὸν ὁμιλήματα, die Umgangsverhältnisse, die man hat zu den Eltern, zu sich selbst und dem Seinigen. (Nicht gehört hierher civ. 367, c τὸ ἄδικον αὐτῷ μὲν ξυμφέρον, τῷ δὲ ἥττονι ἀξύμφορον, die Ungerechtigkeit ist für sich selbst, d. i. für den Ungerechten, nützlich. Vgl. 344, c.) Auf ähnliche Weise wird schon von Homer ι, 34 gesagt: ὣς οὐδὲν γλύκιον ἧς πατρίδος οὐδὲ τοκήων | γίγνεται, εἴπερ καί τις ἀπόπροθι πίονα οἶκον | γαίῃ ἐν ἀλλοδαπῇ ναίει ἀπάνευθε τοκήων, obwohl weniger auffallend, da im Nebensatze τὶς steht.

4. Hingegen werden die abhängigen Kasus des Pronomens αὐτός, ή, ό oder auch eines Demonstrativpronomens überall gebraucht, wenn ein Gegenstand nicht sich selbst, sondern einem anderen entgegengesetzt wird. Th. 1, 107 ἐβοήθησαν ἐπ' αὐτοὺς (contra *eos*) οἱ Ἀθηναῖοι. Pl. Prot. 311, a τί οὐ βαδίζομεν παρ' αὐτόν; (ad *eum*). Phaedr. 231, b οὐδὲν ὑπολείπεται ἀλλ' ἢ ποιεῖν προθύμως, ὅ τι ἂν αὐτοῖς (*iis*) οἴωνται πράξαντες χαριεῖσθαι.

5. Dasselbe geschieht auch sehr oft in den Nr. 3 angegebenen Fällen, wenn ein Satzglied oder ein Nebensatz nicht aus der Seele dessen, auf den das Pronomen bezogen ist, sondern aus der Seele des Redenden (des Schriftstellers) vorgetragen wird. In Nebensätzen, namentlich in indikativischen, ist dies sogar die gewöhnliche Ausdrucksweise[2]). Auch in der lateinischen Sprache wird in diesem Falle bisweilen *ejus* u. s. w. st. des Reflexivs gebraucht, aber ungleich seltener als im Griechischen[3]). Th. 2, 65 ἐπειρᾶτο τοὺς Ἀθηναίους τῆς ἐπ' αὐτὸν ὀργῆς παραλύειν. 6, 16 οἶδα τοὺς τοιούτους ἐν τῷ κατ' αὐτοὺς βίῳ λυπηροὺς ὄντας. X. An. 1. 5, 12 Κλέαρχος ἀφιππεύει ἐπὶ τὴν ἑαυτοῦ σκηνὴν διὰ τοῦ Μένωνος στρατεύματος σὺν ὀλίγοις τοῖς περὶ αὐτόν. Cy. 1. 4, 19 (οἱ πολέμιοι) εὐθὺς ἀφήσουσι τὴν λείαν, ἐπειδὰν ἴδωσί τινας ἐπ' αὐτοὺς ἐλαύνοντας (contra *se*). 2. 1, 1 προσηύξαντο θεοῖς ἵλεως δέχεσθαι αὐτούς (*se*). 7. 5, 17 παρηγγύησεν ὁ Κῦρος χιλιάρχοις παρεῖναι πρὸς αὐτόν (apud *se*). Vgl. 8. 1, 37. 38. An. 2. 3, 25 (Τισσαφέρνης) ἔλεγεν, ὅτι διαπεπραγμένος ἥκοι παρὰ βασιλέως δοθῆναι αὐτῷ (*sibi*) σῴζειν τοὺς Ἕλληνας. 7. 2, 15 ἐθύετο, εἰ παρεῖεν αὐτῷ οἱ θεοὶ πειρᾶσθαι πρὸς Σεύθην ἄγειν τὸ στράτευμα. Comm. 2. 1, 22 ἐπισκοπεῖν δὲ καὶ εἴ τις ἄλλος αὐτὴν θεᾶται. 4. 7, 1 τὴν ἑαυτοῦ γνώμην ἀπεφαίνετο Σωκράτης πρὸς τοὺς ὁμιλοῦντας αὐτῷ (aber 1. 2, 3 τοὺς συνδιατρίβοντας ἑαυτῷ. 51 παρὰ τοῖς ἑαυτῷ συνοῦσι). Apol. 33 (Σωκράτης) ἔγνω τοῦ ἔτι ζῆν τὸ τεθνάναι αὐτῷ κρεῖττον εἶναι. Th. 1, 55 (αὐτοὺς) ἐν θεραπείᾳ εἶχον πολλῇ, ὅπως

---

1) Vgl. Schneider ad Pl. civ. 367, c. T. I. p. 144. — 2) Vgl. Kühner ad Xen. Comm. 1. 2, 49. — 3) Vgl. Kühner Ausf. lat. Gr. § 117, 6 Anm. 12 S. 446.

αὐτοῖς τὴν Κέρκυραν ἀναχωρήσαντες προσποιήσειαν, ut *sibi* Corcyram compararent. So meistens in den Finalsätzen [1]). X. An. 1. 1, 5 ἐπεμελεῖτο, ὡς (οἱ βάρβαροι) εὐνοϊκῶς ἔχοιεν αὐτῷ. Vgl. Hell. 2. 3, 41. 3. 1, 3. 3. 2, 11 κατασκευάσας ἐν τῷ χωρίῳ ἔκπλεω πάντα τὰ ἐπιτήδεια, ἵνα εἴη αὐτῷ καταγωγή. Pl. Lys. 208, d ἐκείνη σε ἐᾷ ποιεῖν, ὅ τι ἂν βούλῃ, ἵν' αὐτῇ μακάριος ᾖς. Ebenso nach den Verbis timendi. Th. 6, 34 διὰ φόβου εἰσί, μή ποτε Ἀθηναῖοι αὐτοῖς ἐπὶ τὴν πόλιν ἔλθωσιν. X. An. 1. 10, 9 ἔδεισαν οἱ Ἕλληνες, μὴ περιπτύξαντες αὐτοὺς κατακόψειαν. 3. 4, 1 ἐφοβοῦντο, μὴ ἐπιθοῖντο αὐτοῖς οἱ πολέμιοι. So μίν, enkl., b. Hdt. 1, 11 (Γύγης) ἱκέτευε μή μιν ἀναγκαίῃ ἐνδέει διακρῖναι τοιαύτην αἵρεσιν. 45 (ὁ φονεύς) ἐπικατασφάξαι μιν κελεύων τῷ νεκρῷ. 125 (Κῦρος) ἔφη Ἀστυάγεά μιν στρατηγὸν Περσέων ἀποδεικνύναι. Wenn schon das Reflexiv ἑαυτοῦ vorangeht, so folgt gewöhnlich statt des Reflexivs ein Kasus von αὐτός [2]). X. An. 1. 3, 9 συναγαγὼν τούς θ' ἑαυτοῦ στρατιώτας καὶ τοὺς προσελθόντας αὐτῷ. Hell. 1. 4, 12 ἐπεὶ ἑώρα ἑαυτῷ εὔνουν οὖσαν (τὴν πόλιν) καὶ στρατηγὸν αὐτὸν ᾑρημένους (sc. τοὺς πολίτας). Über ἕο, εὗ, οἷ u. s. w. = αὐτοῦ u. s. w. s. Anm. 6 ff.

Anmerk. 3. Von diesem Gebrauche der abhängigen Kasus von αὐτός ist wohl zu unterscheiden derjenige, nach dem dieselben statt des Reflexivs angewendet werden, wenn ein entweder ausgedrückter oder gedachter Gegensatz einer Person oder Sache zu einer anderen mit Nachdruck bezeichnet wird [3]). Aber auch in diesem Falle wird der Gedanke nicht aus der Seele des Handelnden, sondern aus der des Redenden (Schreibenden) ausgesprochen. Ganz auf dieselbe Weise werden im Lateinischen die abhängigen Kasus des Pron. ipse gebraucht [4]). X. An. 7. 4, 20 ὁ Ξενοφῶν δεῖται ἐπὶ τὸ ὄρος, εἰ βούλεται, συστρατεύεσθαι· εἰ δὲ μή, αὐτὸν ἐᾶσαι sc. στρατεύεσθαι, *ipsum*, ihn allein. Th. 1, 50 τοὺς αὐτῶν φίλους ἀγνοοῦντες ἔκτεινον, ihre eigenen Freunde und nicht die Feinde. 3, 22 βοηθεῖν οὐδεὶς ἐτόλμα ἐκ τῆς αὐτῶν φυλακῆς, *ex ipsorum statione*. 3, 91 τοὺς Μηλίους, ὄντας νησιώτας καὶ οὐκ ἐθέλοντας ὑπακούειν οὐδὲ ἐς τὸ αὐτῶν ξυμμαχικὸν ἰέναι, ἐβούλοντο προσαγαγέσθαι, *in ipsorum societatem venire*. Vgl. 8, 48 ἐν τῇ αὐτοῦ ἀρχῇ, *in ipsius imperio*. An solchen Stellen hat man ohne Grund meistens den Sp. lenis in den asper verändert. Bei Hdt. kommt so öfters der Nom. ὁ αὐτοῦ in reflexiver Beziehung vor, als: 1, 165 δειμαίνοντες, μὴ αἱ μὲν (νῆσοι αἱ Οἰνοῦσσαι) ἐμπόριον γένωνται, ἡ δὲ αὐτῶν νῆσος ἀποκληισθῇ sc. ἐμπορίης, ihre eigene Insel. 2, 133 τὸν δὲ πέμψαι ἐς τὸ μαντήιον . . ἀντιμεμφόμενον, ὅτι ὁ μὲν αὐτοῦ πατὴρ καὶ πάτρως . . ἐβίωσαν χρόνον ἐπὶ πολλόν, αὐτὸς δ' εὐσεβὴς ἐὼν μέλλοι ταχέως οὕτω τελευτήσειν, sein Vater . ., er selbst aber.

Anmerk. 4. In den Handschriften der Tragiker erscheinen bisweilen die abhängigen Kasus von αὐτός mit vorangehendem Nominative αὐτός, αὐτοί statt der Reflexive, und zwar aller drei Personen, z. B. Aesch. S. 194 αὐτοὶ δ' ὑπ' αὐτῶν . . πορθούμεθα nach Lips. Vict. Ch. 221 αὐτὸς κατ' αὐτοῦ γ' ἄρα μηχανορραφῶ (ohne

---

1) Vgl. L. Kühnast, die Repräsentation im Gbr. des sog. apotelest. Konjunktivs. Rastenburg 1851, S. 98 sq. — 2) Ebendas. S. 91. — 3) Ebendas. S. 92 ff. — 4) S. Kühner Ausf. lat. Gr. § 118, A. 18, S. 461.

Var.), P. 415 αὐτοὶ δ' ὑπ' αὐτῶν . . παίοντ' (so Ven. A. Ox. Mosc. Ald. Turn. Vict.) S. El. 285 αὐτὴ πρὸς αὐτὴν (Laur. A αὐτὴν πρὸς αὑτήν). OR. 138 ὑπὲρ γὰρ οὐχὶ τῶν ἀπωτέρω φίλων, | ἀλλ' αὐτὸς αὐτοῦ τοῦτ' ἀποσκεδῶ μύσος (so ausser Laur. A. auch Suid. unter ἀπωτέρω). Ai. 1132 τούς γ' αὐτὸς αὐτοῦ πολεμίους (so Laur. A. Bar. 2. Mosc. a). OC. 1356 τὸν αὐτὸς αὐτοῦ πατέρα τόνδ' ἀπήλασας (so alle cdd. ausser Laur. A). Eur. Andr. 1143 αὐτοὶ δ' ὑπ' αὐτῶν (sc. ἔπιπτον). Bei der geringen Gewähr, die hier die Hdschr. bieten können, schreibt man jetzt mit Lobeck ad S. Ai. 906 überall αὑτοῦ u. s. w., wie es an vielen anderen Stellen auch handschriftl. überliefert ist, z. B. Aesch. S. 406 καὐτὸς καθ' αὑτοῦ. S. OR. 228 αὐτὸς καθ' αὑτοῦ. Eur. Io 610 αὐτὴ καθ' αὑτήν. Hipp. 396 αὐτὴ δ' ὑφ' αὑτῆς. Vgl. Nr. 7. Doch muss betont werden, dass in jenen Verbindungen die reflexive Verwendung von αὐτοῦ u. s. w. an sich recht wohl erklärbar wäre, da sie sowohl bei Homer (vgl. Anm. 5, d) als im dorischen und böotischen Dialekte (vgl. § 168 Anm. 6) sicher nachgewiesen ist.

Anmerk. 5. In der Homerischen Sprache wird die reflexive Beziehung auf vierfache Weise ausgedrückt: a) durch das Personalpronomen ἐμέ, μέ[1]). K, 378 ἐγὼν ἐμὲ λύσομαι, besonders in der Konstruktion des Acc. c. Inf. N, 269 οὐδ' ἐμέ φημι λελασμένον ἔμμεναι ἀλκῆς, vgl. H, 198, θ, 221. Υ, 361 οὔ μέ τί φημι μεθησέμεν. Sehr oft b) in der dritten Person durch das orthotonierte Pron. ἕο (εἷο, εὗ, ἕθεν), οἷ, ἕ, σφείων, σφίσι, σφέας (welche sämtlich bei Homer auch als Pronomen der III. Pers. = *ejus*, *ei* u. s. w. gebraucht werden, s. Anm. 6). B, 239 ὃς καὶ νῦν Ἀχιλῆα, ἕο μέγ' ἀμείνονα φῶτα, | ἠτίμησεν. η, 217 (γαστέρι) ἥ τ' ἐκέλευσε ἕο μνήσασθαι. Δ, 400 υἱὸν γείνατο εἷο χέρηα. E, 96 πρὸ ἕθεν κλονέοντα φάλαγγας. E, 800 ἦ ὀλίγον οἷ παῖδα ἐοικότα γείνατο Τυδεύς. I, 306 οὔ τινά φησιν ὁμοῖον | οἷ ἔμεναι Δαναῶν. Δ, 239 ἕλκ' ἐπὶ οἷ. Ω, 134 σκύζεσθαι σοί φησι θεούς, ἓ ὲ δ' ἔξοχα πάντων | ἀθανάτων κεχολῶσθαι. O, 574 ἀκόντισε . ἀμφὶ ἓ παπτήνας. χ, 436 ὁ Τηλέμαχον . . ἐς ἓ καλεσσάμενος . . προσηύδα. Δ, 534 οἵ ἑ μέγαν περ ἐόντα . . ὦσαν ἀπὸ σφείων. K, 311 φύξιν βουλεύουσι μετὰ σφίσιν. M, 148 περὶ σφίσι ἄγνυτον ὕλην. B, 366 κατὰ σφέας γὰρ μάχονται, für sich (jeder Stamm für sich). η, 40 οὐκ ἐνόησαν | ἐρχόμενον κατὰ ἄστυ διὰ σφέας. — c) durch die Verbindung der betonten Personalpronomen mit αὐτοῦ u. s. w., s. § 168, 1). — d) durch das Pron. αὐτός in dem in A. 4 angegebenen Sinne. I, 342 ὅστις ἀνὴρ ἀγαθὸς . . τὴν αὐτοῦ (sc. ἄλοχον) φιλέει . .· ὡς καὶ ἐγὼ τὴν | ἐκ θυμοῦ φίλεον δουρικτητήν περ ἐοῦσαν, Ggs. die eigene Gattin u. die erbeutete. β, 125 sagt Antinous v. d. Penelope: μέγα μὲν κλέος αὐτῇ | ποιεῖτ', αὐτὰρ σοί γε ποθὴν πολέος βιότοιο. φ, 249 ἦ μοι ἄχος περί τ' αὐτοῦ καὶ περὶ πάντων, um meiner selbst willen (Ggs. zu πάντων). δ, 247 ἄλλῳ δ' αὐτὸν φωτὶ καταχρύπτων ἤισκεν, sich selbst (Ggs. zu d. vorherg. ἀνδρῶν δυσμενέων). ξ, 51 ἐστόρεσεν δ' ἐπὶ δέρμα . . αὐτοῦ ἐνεύναιον, das sein eigenes Bettlager war. 389 οὐ γὰρ τοὔνεκ' ἐγώ σ' αἰδέσσομαι . ., ἀλλὰ Δία ξένιον δείσας αὐτόν τ' ἐλεαίρων, dich selbst. ω, 270 ἔφασκεν | Λαέρτην . . πατέρ' ἔμμεναι αὐτῷ. H, 337 δείμομεν . . πύργους ὑψηλούς, εἶλαρ νηῶν τε καὶ αὐτῶν, und unser selbst. κ, 27 αὐτῶν γὰρ ἀπωλόμεθ' ἀφραδίῃσιν[2]). Vgl. Apollon. de pr. 101 sq.

Anmerk. 6. Das Pronomen οὗ hat in der alt- und neuionischen Mundart nicht bloss reflexive Bedeutung, die wir in Anm. 5 betrachtet haben, sondern auch die Bedeutung eines anaphorischen, d. h. einen vorhergenannten Begriff wiederaufnehmenden, auf ihn zurückweisenden Personalpronomens

---

1) S. Hermann opusc. I. p. 320. Krüger II. § 51, 2. — 2) Vgl. Hermann a. a. O. Beispiele aus Ap. Rh. s. b. Wellauer ad 1, 476.

(wie αὐτοῦ, *ejus*), in welcher es enklitisch ist, s. § 162. I, 377 ἐρρέτω· ἐκ γάρ εὑ φρένας εἵλετο μητίετα Ζεύς. Ξ, 427 οὔτις εὑ ἀκήδεσεν. O, 165 ἐπεί εὗ φημι .. φέρτερος εἶναι. Υ, 464 εἴ πώς εὑ πεφίδοιτο. A, 114 ἐπεὶ οὔ ἑθέν ἐστι χερείων, ubi v. Spitzn. I, 419 μάλα γάρ ἑθεν .. Ζεὺς χεῖρα ἑὴν ὑπερέσχε, wo in d. cdd. unrichtig ἕθεν steht, wie auch O, 199. Υ, 305. Einige Grammatiker und Kritiker wollen εὖ, ἕθεν betonen, wenn ein gewisser Nachdruck auf dem Pron. liegt, doch mit Unrecht. A, 72 τήν οἱ πόρε Φοῖβος, *ei*, ihm. B, 515 ὁ δέ οἱ παρελέξατο, *ei*, ihr. μ, 422 ἐκ δέ οἱ (*ei*, sc. νηΐ) ἱστὸν ἄραξε (sc. κῦμα). Φ, 174 ἆλτ' ἐπί οἱ, wo in d. cdd. unrichtig οἷ steht, s. Spitzn. Π, 109 κὰδ δέ οἱ ἱδρὼς | .. ἔρρεεν. P, 7 πρόσθε δέ οἱ δόρυ τ' ἔσχε u. so sehr oft. Auch in abhängigen Sätzen, wie αὐτοῦ st. ἑαυτοῦ (Nr. 5), z. B. E, 298 δείσας, μήπως οἱ ἐρυσαίατο νεκρὸν Ἀχαιοί, wo der Lat. das Reflexiv gebraucht. M, 458 ἐρεισάμενος βάλε μέσσας (sc. θύρας) .. ἵνα μή οἱ ἀφαυρότερον βέλος εἴη. B, 197 φιλεῖ δέ ἑ μητίετα Ζεύς. Γ, 408 καί ἑ φύλασσε. A, 236 περὶ γάρ ῥά ἑ (sc. σκῆπτρον) χαλκὸς ἔλεψεν u. s. sehr oft. Plur. Σ, 311 ἐκ γάρ σφεων φρένας εἵλετο Παλλάς. γ, 134 τῷ σφεων πολέες κακὸν οἶτον ἐπέσπον. B, 93 μετὰ δέ σφισιν ὄσσα δεδήειν. 206 ἵνα σφίσι βασιλεύῃ. P, 453 ἔτι γάρ σφισι κῦδος ὀρέξω. B, 614 οὔ σφι θαλάσσια ἔργα μεμήλειν. α, 142 παρὰ δέ σφι (sc. πινάκεσσι) τίθει .. κύπελλα. A, 73 ὅ σφιν ἐὺ φρονέων ἀγορήσατο. E, 195 παρὰ δέ σφιν .. ἵπποι | ἑστᾶσι. Ω, 96 ἀμφὶ δ' ἄρα σφι λιάζετο κῦμα. Γ, 301 ὧδέ σφ' ἐγκέφαλος χαμάδις ῥέοι = σφι. Θ, 4 αὐτὸς δέ σφ' ἀγόρευε. Ξ, 304 καί σφ' ἄκριτα νείκεα λύσω. Δ, 284 καί σφεας φωνήσας ἔπεα πτερόεντα προσηύδα. E, 151 ἀλλά σφεας κρατερὸς Διομήδης ἐξενάριξεν. θ, 480 οὕνεκ' ἄρα σφέας | οἴμας μοῦσ' ἐδίδαξε. Λ, 111 καὶ γάρ σφε .. εἶδεν = *eos*. T, 265 ὅτις σφ' ἀλίτηται. Du. A, 8 τίς τ' ἄρ σφωε .. ξυνέηκε μάχεσθαι. θ, 317 ἀλλά σφωε δόλος .. ἐρύξει. Ψ, 281 ὃ σφωιν .. ἔλαιον | χαιτάων κατέχευε [1]).

Anmerk. 7. Neuion. Mundart. Gen. εὗ enkl. b. Hdt. nur 3, 135 Δημοκήδης δὲ δείσας, μή εὑ ἐκπειρῷτο Δαρεῖος in einem Nebensatze wie αὐτοῦ nach Nr. 5. Dat. οἷ enkl. sehr häufig, z. B. 1, 34 αὐτίκα δέ οἱ εὕδοντι ἐπέστη ὄνειρος. 45 ὄπισθε δὲ εἶπετό οἱ ὁ φονεύς. 3, 15 ἀπέλαβε, τήν οἱ ὁ πατὴρ εἶχε ἀρχήν. 7, 58 τὸ πρόσω ἐπορεύετο, σὺν δέ οἱ ὁ πεζὸς στρατός. Akk. ἓ findet sich b. Hdt. nicht. Pl. Nom. 4, 43 οἵ, ὅκως σφεῖς καταγοίατο τῇ νηΐ, φεύγεσκον. Vgl. 7, 168 u. sonst. Gen. 1, 31 Ἀργεῖοι δέ σφεων εἰκόνας .. ἀνέθεσαν. 2, 85 ταφαί σφεων εἰσὶ αἵδε. 3, 15 ἣν καί σφεων ἀποστέωσι. Dat. 1, 31 οἱ δέ σφι βόες οὐ παρεγίνοντο. 2, 85 σὺν δέ σφι αἱ προσήκουσαι πᾶσαι u. s. oft. (Aber σφίσι nur reflex.) Akk. 1, 57 τῶν νῦν σφεας περιοικεόντων. 7, 38 καί σφεας καταλαμβάνει. 9, 13 ἐλπίζων ὁμολογήσειν σφέας. In einem Nebensatze 8, 130 σταθμεύμενοι, ὅτι σφέας οὐκ ἐπεδίωξαν (sc. οἱ Ἕλληνες). 1, 46 ὡς ἐπείρηταί σφεα (sc. τὰ μαντήια) δεύτερα u. so sehr oft. Über die plur. Akkusativform σφέ st. σφέας, σφέα s. § 163.

---

[1]) Das Verhältnis dieses anaphorischen Gebrauchs zur reflexiven Bedeutung ist noch nicht genügend aufgeklärt. Nach der hergebrachten Ansicht, die von Brugmann a. a. O. wieder aufgenommen und vertieft worden ist, hat sich der anaphorische Gebrauch aus dem reflexiven abgeschwächt; Kvičala, Untersuch. a. d. Gebiete der Pron. Wien 1870, S. 47 ff. nimmt den entgegengesetzten Gang der Entwickelung an; Windisch a. a. O. S. 329 leitet beide Bedeutungen aus einer älteren Verwendung des Stammes *sva* als Identitätspronomen (er, sie, es selbst) ab, dessen ursprünglicher Sinn sich einerseits verengert, andererseits abgeschwächt habe; Delbrück endlich, Vergl. Syntax I, S. 483, ist geneigt, die Bedeutungsverschiedenheit auf eine ursprüngliche Formverschiedenheit zurückzuführen.

Anmerk. 8. Auch in den anderen Mundarten wird das Pron. οὗ oft als Personalpronomen *ejus* gebraucht, und selbst bei den attischen Dichtern οἷ enkl. = *ei*, σφίν, σφί, σφέ, σφάς enkl. = *eis, eos, eas*, σφᾶς u. σφίσι orth., z. B. S. Ai. 906. Tr. 650. Ai. 570. El. 1070. Ant. 128. OR. 1508, s. §§ 160—165; in der attischen Prosa aber findet sich dieser Gebrauch nur sehr vereinzelt[1]). X. An. 3. 1, 5 ὁ Σωκράτης ὑποπτεύσας, μή τι πρὸς τῆς πόλεως οἱ (sc. τῷ Ξενοφῶντι) ἐπαίτιον εἴη Κύρῳ φίλον γενέσθαι, metuens, ne quid *ei* a civibus crimini daretur, quod amicitiam jungeret cum Cyro. Cy. 3. 2, 26 συνέφασάν οἱ (in beiden Beispielen streicht man jetzt οἱ). Th. 5, 49 φάσκοντες σφᾶς (*eos*) ὅπλα ἐπενεγκεῖν (Stahl σφίσιν). 6, 61 δι' ἐκείνου (Ἀλκιβιάδου) πεισθῆναι σφάς ξυστρατεύειν (Bekker u. Stahl σφίσι). X. Hell. 6. 5, 35 ὅτι . . σφίσιν (τοῖς Θηβαίοις) ἐμποδὼν γένοιντο (οἱ Λακεδαιμόνιοι). (Dobree σφεῖς). Bei den Späteren ist dieser Gebrauch häufig. Weniger auffällig und darum unbeanstandet ist σφεῖς u. s. w. da, wo es sich, wenn auch ohne innerliche Abhängigkeit, auf das Subjekt des übergeordneten Satzes bezieht. Vgl. Anm. 9.

Anmerk. 9. In der Regel aber hat in der attischen Prosa das Pronomen οὗ u. s. w. reflexive Bedeutung[2]). Es wird jedoch gemeiniglich nur dann angewendet, wenn die reflexive Beziehung eine indirekte ist, d. h. wenn sie nicht auf das zunächst stehende Subjekt (wie in: ὁ τύραννος χαρίζεται ἑαυτῷ), sondern auf das entferntere Subjekt (wie in: ὁ τύραννος νομίζει τοὺς πολίτας ὑπηρετεῖν οἱ) stattfindet. Nur bei Thukydides und seinen späteren Nachahmern, wie Polybius, Appian u. a., wird der Plural ziemlich oft auf das nächste Subjekt bezogen. Th. 2, 65 (οἱ Ἀθηναῖοι) οὐ πρότερον ἐνέδοσαν (τοῖς πολεμίοις), ἢ αὐτοὶ ἐν σφίσι κατὰ τὰς ἰδίας διαφορὰς περιπεσόντες ἐσφάλησαν. Vgl. 76, 2. 4, 8 ἐπὶ τὰς ἐν τῇ Κερκύρᾳ ναῦς σφῶν τὰς ἑξήκοντα ἔπεμψαν. Vgl. 60. 103, 4. 5. 14, 2 σφῶν. 34, 2 σφῶν. 73, 1 σφῶν. 6, 76, 4 σφίσιν. 7. 5, 1 σφίσιν. 8. 10, 2 μετὰ σφῶν. 90, 1 πρέσβεις ἀπέστελλον σφῶν, *ex ipsorum numero*. 105 ἤρξαντο μέρει τινὶ σφῶν ἀτακτότεροι γενέσθαι. Beispiele vom Sing. sind selten: οὗ S. OR. 1257 μητρῴαν δ' ὅπου | κίχοι διπλῆν ἄρουραν οὗ τε καὶ τέκνων. Pl. Symp. 174, d περιμένοντος οὗ κελεύειν προϊέναι. Beispiele von οὗ in Beziehung auf das entferntere Subjekt. Pl. civ. 614, b ἔφη δέ, ἐπειδὴ οὗ ἐκβῆναι τὴν ψυχήν, πορεύεσθαι κτλ. 617, e τὸν δὲ παρ' αὑτὸν πεσόντα (κλῆρον) ἕκαστον ἀναιρεῖσθαι πλὴν οὗ· ἓ δὲ οὐκ ἐᾶν. Symp. 175, a καὶ ἓ μὲν ἔφη ἀπονίζειν τὸν παῖδα. Vgl. ib. c. 223, b ἄλλους τινὰς ἔφη ὁ Ἀριστόδημος οἴχεσθαι ἀπιόντας, ἓ δὲ (sc. τὸν Ἀριστόδημον) ὕπνον λαβεῖν. Civ. 327, b κατιδὼν οὖν ἡμᾶς οἴκαδε ὡρμημένους Πολέμαρχος ἐκέλευσε δραμόντα τὸν παῖδα περιμεῖναί ἑ κελεῦσαι. Symp. 174, e οἷ μὲν γὰρ εὐθὺς παῖδά τινα τῶν ἔνδοθεν ἀπαντήσαντα ἄγειν. Antiph. 1, 16 ἠρώτα αὐτήν, εἰ ἐθελήσει διακονῆσαί οἱ. Vgl. 5, 93. Andoc. 1, 15 εἴ οἱ ἄδειαν δοῖεν, μηνύσειν περὶ τῶν μυστηρίων. 38 ἔφη εἶναι ἀνδράποδόν οἱ ἐπὶ Λαυρίῳ. Vgl. 40. 41. 42. Isae. 6, 27 εἶπεν, ὅτι βούλοιτο τὰ πρὸς τὸν υἱόν οἱ πεπραγμένα γράψας καταθέσθαι. X. An. 1. 1, 1 (Δαρεῖος) ἐβούλετό οἱ τὼ παῖδε παρεῖναι. 2, 8 λέγεται Ἀπόλλων ἐκδεῖραι Μαρσύαν νικήσας ἐρίζοντά οἱ περὶ σοφίας. Hell. 7. 1, 38 τὸ τῶν χρημάτων πλῆθος ἀλαζονείαν οἷ γε δοκεῖν ἔφη εἶναι. Th. 4, 8 τὴν νῆσον ταύτην φοβούμενοι, μὴ ἐξ αὐτῆς τὸν πόλεμον σφίσι ποιῶνται, ὁπλίτας διεβίβασαν εἰς αὐτήν, darauf in or. obl. σφεῖς δὲ ἐκπολιορκήσειν τὸ χωρίον. 2, 90 οἱ Πελοποννήσιοι εἴκοσιν ἔταξαν (ναῦς), ὅπως . . μὴ διαφύγοιεν πλέοντα τὸν ἐπίπλουν σφῶν οἱ Ἀθηναῖοι ἔξω τοῦ ἑαυτῶν κέρως (σφῶν u. ἑαυτῶν beziehen sich auf οἱ Πελ.). X. An. 7. 5, 9 Ἡρακλείδης εἰσαγαγὼν τοὺς ἄλλους στρατηγοὺς πρὸς Σεύθην λέγειν ἐκέλευεν αὐτούς,

---

1) S. Arndt l. d. p. 34 sq. — 2) Ebendas. p. 34. 37.

ὅτι οὐδὲν ἂν ἧττον σφεῖς ἀγάγοιεν τὴν στρατιὰν ἢ Ξενοφῶν, *se* ducturos esse. Hell. 5. 2, 8 ἐδίδασκον, ὡς, ἕως σφεῖς οἴκοι ἦσαν, ἐδέχετο ἡ πόλις τοὺς Λακεδαιμονίους. Vgl. Cy. 4. 2, 4. Hier. 2, 9 ἀσφάλειαν σφίσιν ἡγοῦνται εἶναι. Vgl. An. 1. 8, 2. 4. 3, 23. Isocr. 12, 257 ἐξεῖναι εἰπεῖν αὐτοῖς, ὅτι σφεῖς μὲν ὄντες οὕτως ὀλίγοι .. ἠκολούθησαν. Antiph. 6, 35 ἡγήσαντο ταύτην σφίσιν ἔσεσθαι σωτηρίαν. Andoc. 3, 27 κελεύουσι γὰρ ἡμᾶς κοινῇ μετὰ σφῶν πολεμεῖν. Vgl. X. Hell. 6. 5, 36. An. 3. 5, 16. Pl. Symp. 220, c οἱ στρατιῶται ὑπέβλεπον αὐτὸν (Σωκράτη) ὡς καταφρονοῦντα σφῶν. Ibid. 175, c μετὰ ταῦτα ἔφη σφᾶς δειπνεῖν. X. Cy. 2. 1, 1 προσευξάμενοι θεοῖς ἵλεως καὶ εὐμενεῖς πέμπειν σφᾶς. 4, 7 ἔλεξαν, ὅτι πέμψειε σφᾶς ὁ Ἰνδῶν βασιλεύς. Dem. 22, 10 οἱ βουλευταὶ ἐδέοντο μὴ σφᾶς ἀφελέσθαι τὴν δωρειάν. Auch in solchen (indikativischen) Nebensätzen, in welchen der Verband mit dem Hauptsatze loser ist, ist der Gebrauch des einfachen Reflexivs häufig, während der des zusammengesetzten ἑαυτοῦ höchst selten ist, s. Nr. 3. Th. 3, 3 τὰς τῶν Μυτιληναίων τριήρεις, αἳ ἔτυχον βοηθοὶ παρὰ σφᾶς παροῦσαι, κατέσχον οἱ Ἀθηναῖοι. Vgl. 4. 109, 1. 5, 44 τῶν πρέσβεων, οἳ σφίσι περὶ τῶν σπονδῶν ἔτυχον ἀπόντες, ἠμέλουν. Vgl. 1, 115. 6, 76 ἡγεμόνες γενόμενοι τῶν τε Ἰώνων καὶ ὅσοι ἀπὸ σφῶν (a *se* sc. Atheniensibus orti) ἦσαν ξύμμαχοι. Vgl. Sall. J. 61, 1 Metellus in iis urbibus, quae ad *se* defecerant, praesidia imponit[1]). 3, 108 ἐπαναχωροῦντες δέ, ὡς ἑώρων τὸ πλέον νενικημένον, καὶ οἱ ἄλλοι Ἀκαρνᾶνες σφίσι προσέκειντο, χαλεπῶς διεσῴζοντο ἐς τὰς Ὄλπας. 5, 65 ἐπειδὴ σφεῖς ἡσύχαζον, ἐνταῦθα τοὺς ἑαυτῶν στρατηγοὺς ἐν αἰτίᾳ εἶχον u. gleich darauf ὅτι (weil) οἱ μὲν σῴζονται, σφεῖς δὲ προδίδονται. 5, 73 οἱ Ἀθηναῖοι, ὡς (ὁ Ἆγις) παρῆλθε καὶ ἐξέκλινεν ἀπὸ σφῶν τὸ στράτευμα, καθ' ἡσυχίαν ἐσώθησαν. 6, 63 οἱ Συρακόσιοι, ἐπειδὴ (οἱ Ἀθηναῖοι) πλέοντες .. πολὺ ἀπὸ σφῶν ἐφαίνοντο, ἔτι πλέον κατεφρόνησαν (sc. τῶν Ἀθηναίων). Vgl. 1, 30. 1, 55. 8, 90, 1. 1, 20 οἱ ἄνθρωποι τὰς ἀκοὰς τῶν προγεγενημένων, καὶ ἢν ἐπιχώρια σφίσιν ᾖ, .. ἀβασανίστως παρ' ἀλλήλων δέχονται, ubi v. Poppo-Stahl. 6, 32 ξυνεπηύχοντο δὲ καὶ ὁ ἄλλος ὅμιλος τῶν τε πολιτῶν καὶ εἴ τις ἄλλος εὔνους παρῆν σφίσι. Selbst nach γάρ. X. An. 5. 4, 33 ἐζήτουν (οἱ Μοσσύνοικοι) ταῖς ἑταίραις ἃς ἦγον οἱ Ἕλληνες συγγίγνεσθαι· νόμος γὰρ ἦν οὗτος σφίσι. Hell. 1. 7, 5 οἱ στρατηγοὶ βραχέα ἕκαστος ἀπελογήσατο· οὐ γὰρ προυτέθη σφίσι λόγος κατὰ τὸν νόμον. (Ἑαυτοῦ X. Hell. 5. 3, 13 ἦν οὐ τῷ Ἀγησιλάῳ ἀχθομένῳ ταῦτα· καὶ γὰρ τῷ μὲν πατρὶ αὐτοῦ Ἀρχιδάμῳ ξένοι ἦσαν οἱ περὶ Ποδάνεμον, .. ἑαυτῷ δὲ οἱ ἀμφὶ Προκλέα, wo Keller nach geringeren Hdschr. αὐτῷ schreibt). Vgl. Nep. Lys. 1 id qua ratione consecutus sit, latet; non enim virtute sui exercitus, sed immodestia factum est adversariorum. Über die entsprechende Verwendung des Possessivs ἑός bei Hom. s. Nr. 6, a. Über den häufigeren Gebrauch von αὐτοῦ in den hier angegebenen Fällen s. Nr. 5.

6. Die reflexiven Possessive werden bezeichnet: a) durch die einfachen adjektivischen Personalpronomen ἐμός, σός u. s. w.; b) selten durch den Genetiv der Personalpronomen, als: τὸν πατέρα μου; c) durch das einfache adjektivische Personalpron. mit dem Zusatze des Genetivs von αὐτός (nach § 406, 3): τὸν ἡμέτερον αὐτῶν πατέρα, oder den Genetiv der eigentlichen Reflexivpronomen, als: τὸν ἐμαυτοῦ πατέρα[2]).

a) Isocr. 12, 241 πεποίηκας τοὺς μὲν σοὺς προγόνους εἰρηνικούς, Σπαρτιάτας δ' ὑπεροπτικούς. Lys. 24, 19 τοῖς τὰ σφέτερα σῴζειν βουλομένοις.

[1]) Mehr Beispiele s. Kühner Ausf. lat. Gr. § 117, A. 11. S. 446 — [2]) S. Arndt l. d. p. 5 sqq.

Dem. 53, 12 τῶν κτημάτων σοι τῶν ἐμῶν κίχρημι ὅ τι βούλει. 40, 8 ὑμεῖς τοὺς ὑμετέρους παῖδας ἀγαπᾶτε. I, 290 ὅσσ' οὔ πώ τις ἑῇ ἐπέδωκε θυγατρί. α, 269 ἀποτίσεται . . οἷσιν ἐνὶ μεγάροισι. Mit Beziehung auf das Objekt: λ, 282 τήν ποτε Νηλεὺς | γῆμεν ἑὸν διὰ κάλλος. Vgl. ι, 369. Π, 800. Mit Beziehung auf das Subjekt des übergeordneten Satzes δ, 618 πόρεν δέ ἑ Φαίδιμος . . ὅθ' ἑὸς δόμος ἀμφεκάλυψεν | κεῖσέ με νοστήσαντα. Vgl. 741. K, 256.

b) Antiph. 1, 23 ἐγὼ ὑμᾶς ὑπὲρ τοῦ πατρός μου τεθνεῶτος αἰτοῦμαι (Blass nach Franke πατρὸς τοὐμοῦ). Ar. Pl. 55 πυθοίμεθ' ἂν τὸν χρησμὸν ἡμῶν ὅ τι νοεῖ. Eq. 565 εὐλογῆσαι βουλόμεσθα τοὺς πατέρας ἡμῶν. Pl. Lach. 179, c αἰτιώμεθα τοὺς πατέρας ἡμῶν. Th. 4, 8 ἐπὶ τὰς ἐν τῇ Κερκύρᾳ ναῦς σφῶν ἔπεμψαν. 5, 14 τοὺς ξυμμάχους ἐδέδισαν σφῶν. 73 ὡς ᾔσθετο τὸ εὐώνυμον σφῶν πονοῦν. Vgl. 8, 105. Bei den Späteren häufiger und in der κοινῇ ganz gewöhnlich.

c) Im Sing. ist die Verbindung ἐμὸν αὐτοῦ πατέρα, σὸν αὐτοῦ π., ὃν αὐτοῦ π. ep. poet.; der Gen. αὐτοῦ dient dazu, den Begriff der Ausschliessung hervorzuheben. Z, 446 ἀρνύμενος πατρός τε μέγα κλέος ἠδ' ἐμὸν αὐτοῦ, und meinen eigenen. β, 45 ἐμὸν αὐτοῦ χρεῖος. 490 τὰ σ' αὐτῆς ἔργα κόμιζε. Vgl. ξ, 185. χ, 218 σῷ δ' αὐτοῦ κράατι τίσεις. K, 204 οὐκ ἂν δή τις ἀνὴρ πεπίθοιτ' ἑῷ αὐτοῦ | θυμῷ. β, 138 ὑμέτερος . . θυμὸς νεμεσίζεται αὐτῶν. O, 39 νωίτερον λέχος αὐτῶν. S. El. 252 ἐγὼ . . καὶ τὸ σὸν σπεύδουσ' ἅμα | καὶ τοὐμὸν αὐτῆς ἦλθον. OR. 416 λέληθας ἐχθρὸς ὢν | τοῖς σοῖσιν αὐτοῦ νέρθε κἀπὶ γῆς ἄνω. 1248 τὴν δὲ τίκτουσαν λίποι | τοῖς οἷσιν αὐτοῦ δύστεκνον παιδουργίαν. Vgl. Ar. Pl. 33. (Dieselbe Verbindung wird auch in transitiver Beziehung gebraucht, wie δ, 643 ἑοὶ αὐτοῦ | θῆτες. ο, 262 λίσσομ' ὑπὲρ . . σῆς τ' αὐτοῦ κεφαλῆς καὶ ἑταίρων.) In der Prosa wird in reflexiver Beziehung statt (τὸν) ἐμὸν αὐτοῦ πατέρα u. s. w. gebraucht: τὸν ἐμαυτοῦ πατέρα u. s. w., und zwar so, dass entweder a) das Pronomen αὐτός seine ausschliessende Kraft behält oder b) sie aufgiebt. a) Hdt. 3, 68 τόν γε ἑωυτῆς ἀδελφεὸν γινώσκει, ihren eigenen Bruder. Th. 6, 92 τῇ ἐμαυτοῦ (χώρᾳ) μετὰ τῶν πολεμιωτάτων ἐπέρχομαι, meinem eigenen Vaterlande. X. An. 6. 1, 29 νομίζω τοῦτον πρὸς τὴν ἑαυτοῦ σωτηρίαν στασιάζειν. Ps. Andoc. 4, 15 ὑβρίζει γυναῖκα τὴν ἑαυτοῦ. Aeschin. 2, 144 ἐγὼ τοῖς ἐμαυτοῦ λόγοις περιπίπτω. Ar. Pl. 1134 ἆρ' ὠφελήσαις ἄν τι τὸν σαυτοῦ φίλον; über das hinzugefügte αὐτός: αὐτὸς αὑτοῦ u. s. w. s. A. 4; — b) Hdt. 5, 87 (λέγουσι) εἰρωτᾶν ἑκάστην αὐτέων (τῶν γυναικῶν), ὅκου εἴη ὁ ἑωυτῆς ἀνήρ, ubi esset *suus* vir. Th. 2, 101 Στρατονίκην, τὴν ἑαυτοῦ ἀδελφήν, δίδωσι Σεύθῃ, seine Schwester (nicht: seine eigene S.). Vgl. 6, 59 Αἰαντίδῃ θυγατέρα ἑαυτοῦ Ἀρχεδίκην ἔδωκε. Vgl. 8, 87, 1. Aeschin. 2, 94 πρὸς τὴν βουλὴν τὸν ἀδελφὸν τὸν ἐμαυτοῦ καὶ τὸν ἀδελφιδοῦν καὶ τὸν ἰατρὸν ἔπεμψα. X. Cy. 5. 4, 42 ἰδόντι αὐτῷ τὴν σὴν δύναμιν πάλιν ἀπαρασκευότατα τὰ ἑαυτοῦ φανεῖται. — Im Plurale ist die gewöhnliche Ausdrucksweise bei der I. u. II. Pers.: τὸν ἡμέτερον αὐτῶν πατέρα, τὸν ὑμέτερον αὐτῶν πατέρα, höchst selten τὸν ἡμῶν αὐτῶν πατέρα, τὸν ὑμῶν αὐτῶν πατέρα; bei der III. Pers. aber sowohl τὸν σφέτερον αὐτῶν πατέρα als auch τὸν ἑαυτῶν πατέρα (nicht τὸν σφῶν αὐτῶν π., aber σφῶν αὐτῶν ohne Artikel in possessiver Bedeutung). α) I. u. II. *Pers. Plur.* Th. 3, 43 τὴν τοῦ πείσαντος γνώμην ζημιοῦτε καὶ οὐ τὰς υμετέρας αὐτῶν, eure eigenen. 6, 83 ἐπ' ἐλευθερίᾳ τῇ τῶν ξυμπάντων τε καὶ τῇ ἡμετέρᾳ αὐτῶν κινδυνεύσαντες, mit unserer eigenen. 21 γνόντας, ὅτι πολὺ ἀπὸ τῆς ἡμετέρας αὐτῶν μέλλομεν πλεῖν, fern von unserem Lande. Lycurg. 141 ἀπαγγείλατε τοῖς ὑμετέροις αὐτῶν παισί. Isocr. 3, 57 διδάσκετε τοὺς παῖδας τοὺς ὑμετέρους αὐτῶν. (Auch transitiv, z. B. Th. 6. 68, 3.) Th. 2, 11 δίκαιον ἡμᾶς μήτε τῶν πατέρων χείρους φαίνεσθαι μήτε ἡμῶν αὐτῶν τῆς δόξης ἐνδεεστέρους st. des gwhnl. τῆς ἡμετέρας αὐτῶν δόξης. X. Cy. 6. 3, 21 ἐπισκέψασθε καὶ τὰ τῶν ἵππων καὶ τὰ ὑμῶν αὐτῶν ὅπλα. — β) III. *Pers. Plur.* Th. 8, 25 οἱ Ἀργεῖοι τῷ σφετέρῳ αὐτῶν κέρᾳ προεξάξαντες, cum *suo* cornu prorupissent. Antiph. 1, 30 οἰκέτας τοὺς σφετέρους αὐτῶν ἐπικαλοῦντες μάρτυρας. Lys. 28, 7 ἡγοῦνται οὐκέτι τοῖς σφετέροις αὐτῶν ἁμαρτήμασι τὸν νοῦν ὑμᾶς προσέξειν. Isae. 10, 17 ἕτεροι μέν, ὅταν περὶ χρημάτων δυστυχῶσι, τοὺς σφετέρους αὐτῶν παῖδας εἰς ἑτέρους οἴκους εἰσποιοῦσιν. X. Hell. 4. 4, 17 οἱ Λακεδαιμόνιοι τῶν ἑαυτῶν συμμάχων κατεφρόνουν. Hier. 3, 8 πολλοὺς ὑπὸ γυναικῶν τῶν ἑαυτῶν τυράννους διεφθαρμένους (εὑρήσεις), von ihren eigenen Frauen. Hell. 5. 4, 62 οὐ δυνατὸν τοῖς Λακεδαιμονίοις ἅμα μὲν τὴν ἑαυτῶν χώραν φυλάττειν, ἅμα δὲ τὰς συμμαχίδας πόλεις. An. 1. 9, 12 πλεῖστοι αὐτῷ ἐπεθύμησαν καὶ χρήματα καὶ πόλεις καὶ τὰ ἑαυτῶν σώματα προέσθαι. 3. 2, 20 εἴσονται, ὅτι, ἤν τι περὶ ἡμᾶς ἁμαρτάνωσι, περὶ τὰς ἑαυτῶν ψυχὰς καὶ τὰ σώματα ἁμαρτάνουσι. Pl. Ap. 19, e τοὺς νέους, οἷς ἔξεστι τῶν ἑαυτῶν πολιτῶν προῖκα ξυνεῖναι ᾧ ἂν βούλωνται. Isocr. 6, 13 ἡμᾶς ἀξιώσαντες ὑπὲρ τῆς αὑτῶν πολεμεῖν, ὑπὲρ Μεσσήνης οὐκ οἴονται δεῖν κινδυνεύειν, ἀλλ' ἵν' αὐτοὶ τὴν σφετέραν αὐτῶν ἀσφαλῶς καρπῶνται, πειρῶνται κτλ. 43 στερηθέντες τῶν αὑτῶν, des Ihrigen, ihrer Habe, = τῶν σφετέρων. Τ, 302 σφῶν δ' αὐτῶν κήδε' ἑκάστη (sc. ἐστενάχετο). Hdt. 1, 115 οἱ γάρ με παῖδες παίζοντες σφέων αὐτῶν ἐστήσαντο βασιλέα. Lys. 13, 72 τὰ ὀνόματα διαπράττονται σφῶν αὐτῶν προσγραφῆναι εἰς τὴν στήλην. Andoc. 2, 2 νομίζουσι τῆς πόλεως εὖ πραττούσης καὶ τὰ ἴδια σφῶν αὐτῶν ἄμεινον ἂν φέρεσθαι. Th. 2, 68 οἱ Ἀμπρακιῶται τὴν ἔχθραν ἀπὸ τοῦ ἀνδραποδισμοῦ σφῶν αὐτῶν ἐποιήσαντο. Dem. 18, 150 τὴν χώραν ἣν οἱ Ἀμφισσεῖς σφῶν αὐτῶν οὖσαν γεωργεῖν ἔφασαν.

Übersicht.

S. φιλῶ (φιλεῖς, φιλεῖ) τὸν ἐμὸν (σὸν, ἑὸν) αὐτοῦ πατέρα poet.
τὸν ἐμαυτοῦ (σεαυτοῦ, ἑαυτοῦ) πατέρα pros.

P. φιλοῦμεν (φιλεῖτε) τὸν ἡμέτερον (ὑμέτερον) αὐτῶν πατέρα [höchst selt. τὸν ἡμῶν (ὑμῶν) αὐτῶν π.]

φιλοῦσι τὸν σφέτερον αὐτῶν πατέρα od. τὸν ἑαυτῶν πατέρα (nicht τὸν σφῶν αὐτῶν π., aber ohne Artikel possessiv τὸν πατέρα σφῶν αὐτῶν).

7. Die Reflexivpronomen der dritten Person vertreten nicht selten die Stelle der Reflexive der ersten und zweiten Person. Das Reflexiv bezeichnet alsdann nicht eine bestimmte Person, sondern hält nur die Kraft der Reflexion auf das Subjekt fest; daher hat es oft schlechtweg die Bedeutung von dem Adjektive ἴδιος oder von dem Pronomen αὐτός, *ipse*; die bestimmte Person, auf welche dasselbe zu beziehen ist, muss durch die Konstruktion des Satzes deutlich angedeutet sein. In der Alexandrinischen Mundart griff dieser Gebrauch immer mehr um sich, so dass der Plural ἑαυτῶν u. s. w. st. ἡμῶν u. ὑμῶν αὐτῶν u. s. w. meistenteils gebraucht wurde, wahrscheinlich, weil die kürzere Form für den Gebrauch bequemer war; aber auch ἑαυτοῦ u. s. w. st. ἐμαυτοῦ, σεαυτοῦ u. s. w. war ungleich häufiger als in der klassischen Sprache [1]). Auch in anderen Sprachen begegnen wir derselben Erscheinung. So bilden alle slavischen Sprachen viele Reflexivverben mit dem Pronomen der III. Person, das zugleich die I. und II. Person vertritt [2]), z. B. böhm. *diwjm se,* ich wundere mich, *diwjs se,* du wunderst dich, *diwjme se,* wir wundern uns, *diwjte se,* ihr wundert euch. So steht auch das Possessiv der III. Pers. in Beziehung auf die I. u. II. Pers., z. B. böhm. oti otce *sweho* y matkw *swan*, ehre deinen Vater und deine Mutter. Auch im Deutschen gebraucht die gemeine Volkssprache gern das reflexive sich von der I. und II. Pers. des Plurals, als: wir bedanken sich, wir haben sich gefreut, ihr habt sich gewundert [3]); ferner in Verbindung mit Präpositionen, wie „ich gehe hinter sich, ich fiel für sich“ [4]).

1) S. Arndt l. d. p. 20. — 2) S. Grimm. IV. S. 49. — 3) Ebendas. S. 37. — 4) Ebendas. S. 319 f. — Dass ein Übergreifen des Reflexivums der III. Person auf die I. und II. Person innerhalb der selbständigen Entwickelung der Einzelsprachen stattfinden kann und thatsächlich stattgefunden hat, ist zweifellos. Dem gegenüber betrachtet die vergleichende Sprachwissenschaft den oben besprochenen Sprachgebrauch unter Hinweis auf analoge Erscheinungen im Altindischen und Altslavischen als ein Erbgut aus der Urzeit, indem sie annimmt, dass die Stämme *sva, sava* von Haus aus nicht an die dritte Person gebunden waren, sondern in ihren substantivischen Formen soviel wie selbst, in den adjektivischen soviel wie eigen (für alle drei Personen) bedeuteten. Doch räumt Delbrück a. a. O. S. 497 ein, dass diese Annahme sich nur hinsichtlich des adjektivischen Reflexivpronomens ausreichend begründen lasse.

a) Das einfache reflexive Substantivpronomen der III. Pers. st. des der I. u. II. Pers. (selten u. nur in der epischen Sprache). K (Doloneia) 398 φύξιν βουλεύοιτε μετὰ σφίσιν (= μεθ' ὑμῖν), ubi v. Spitzn. Apoll. Rh. 1, 893 ῥηϊδίως δ' ἂν ἑοῖ καὶ ἀπείρονα λαὸν ἀγείραις (= σοί). 2, 635 αὐτὰρ ἔγωγε εἷο οὐδ' ἠβαιὸν ἀτύζομαι (= ἐμοῦ).

b) Das zusammengesetzte reflexive Substantivpronom ἑαυτοῦ u. s. w. st. ἐμαυτοῦ, σεαυτοῦ u. s. w. häufig sowohl in der Dichtersprache (aber noch nicht b. Hom.) als in der Prosa. Aesch. Ag. 1142 ἀμφὶ δ' αὑτᾶς θροεῖς νόμον ἄνομον = σεαυτῆς. 1297 εἰ δ' ἐτητύμως μόρον τὸν αὑτῆς οἶσθα. 1544 ἦ σὺ τόδ' ἔρξαι τλήσῃ, κτείνασ' ἄνδρα τὸν αὑτῆς. Ch. 111 πρῶτον μὲν αὑτήν (= σεαυτήν) sc. προσέννεπε. 1014 νῦν αὑτὸν αἰνῶ = ἐμαυτόν. S. OC. 966 καθ' αὑτόν γ' οὐκ ἂν ἐξεύροις ἐμοὶ ἁμαρτίας ὄνειδος = κατ' ἐμαυτόν. So namentlich in der Verbindung αὐτὸς αὑτοῦ, s. Anm. 4. Hdt. 5. 92, 1 αὐτοὶ πρῶτοι τύραννον καταστησάμενοι παρὰ σφίσι αὐτοῖσι οὕτω καὶ τοῖσι ἄλλοισι δίζησθε κατιστάναι (sonst nicht bei Hdt.). Th. 1, 82 τὰ αὑτῶν ἅμα ἐκποριζώμεθα (sonst nicht bei Th.). X. An. 6. 6, 15 καταδικάζω ἑαυτοῦ (nach d. best. cdd.). Comm. 1. 4, 9 οὐδὲ τὴν ἑαυτοῦ σύ γε ψυχὴν ὁρᾷς (m. d. Var. σεαυτοῦ), s. das. Kühners Bem. 2. 1, 30 οὕτω παιδεύεις τοὺς ἑαυτῆς φίλους (d. meist. u. best. cdd.), 31 τοῦ πάντων ἡδίστου ἀκούσματος, ἐπαίνου ἑαυτῆς (Eigenlob) ἀνήκοος εἶ. 2. 6, 35 ἐπὶ τοῖς καλοῖς ἔργοις τῶν φίλων ἀγάλλει οὐχ ἧττον ἢ ἐπὶ τοῖς ἑαυτοῦ. Hell. 4. 1, 35 ἔξεστί σοι ζῆν καρπούμενον τὰ ἑαυτοῦ (nach d. best. cdd.). 1. 7, 19 εὑρήσετε σφᾶς αὐτοὺς ἡμαρτηκότας. 29 ἑαυτῶν ὄντας τοὺς νόμους φυλάττοντες, ἄνευ τούτων μηδὲν πράττειν πειρᾶσθε. 1. 1, 28 ὅσας ναυμαχίας αὐτοὶ καθ' αὑτοὺς νενικήκατε. Cy. 5. 4, 37 ἔχων σὺν ἑαυτῷ πορεύου. 6. 3, 27 παράγγελλε τοῖς ἑαυτοῦ. Pl. Alc. 2, 143, c ἐθέλειν ἄν σε πρὸς τὴν ἑαυτοῦ μητέρα διαπεπρᾶχθαι, ἅπερ κτλ., ubi v. Stallb. Phaed. 78, b δεῖ ἡμᾶς ἐρέσθαι ἑαυτούς. 101, c σὺ δὲ δεδιὼς ἂν τὴν ἑαυτοῦ σκιάν . . οὕτως ἀποκρίναιο ἄν. Lach. 200, b σὺ δοκεῖς οὐδὲν πρὸς αὑτὸν βλέπειν, ἀλλὰ πρὸς τοὺς ἄλλους. Antiph. 3, δ, 1 δίκαια ἑκάτεροι αὑτοὺς οἰόμεθα λέγειν, ubi v. Maetzner. 5, 60 δεῖ με καὶ ὑπὲρ Λυκίνου ἀπολογήσασθαι, ἀλλ' οὐχ ὑπὲρ αὑτοῦ μόνον (Var. αὐτοῦ). Andoc. 1, 114 αὐτὸς μὲν αὑτὸν ἀπώλλυον. 2, 8 οὕτω σφόδρα σφᾶς αὐτοὺς ἐπεφόβησθε. Lycurg. 94 παρ' ὧν πλεῖστα ἀγαθὰ πεπόνθαμεν, εἰς τούτους μὴ τὸν αὑτῶν βίον καταναλῶσαι μέγιστον ἀσέβημά ἐστι (= ἡμῶν αὐτῶν, das eigene Leben). Isocr. 4, 106 διετελέσαμεν ἀστασίαστοι πρὸς σφᾶς αὐτούς, ubi v. Bremi. (Bekker διετέλεσαν). 15, 145 εἰς τοὺς λειτουργοῦντας οὐ μόνον αὑτὸν παρέχεις, ἀλλὰ καὶ τὸν υἱόν. Aeschin. 3, 163 βούλει σε θῶ φοβηθῆναι καὶ χρήσασθαι τῷ αὑτοῦ τρόπῳ (so fast alle cdd.). (Dem. 18, 39 in e. Briefe des Philippos ἴστε ἡμᾶς τὰ κατὰ τὴν Φωκίδα ὑφ' ἑαυτοὺς πεποιημένους.)

c) Das reflexive Adjektivpronomen ἑός, σφέτερος st. ἐμός, σός, ἡμέτερος, ὑμέτερος (selt. u. nur episch, σφέτερος ganz vereinzelt auch pros.).

α, 402 δώμασιν οἷσιν ἀνάσσοις (Var. σοῖσι, so Bekk.). δ, 192 ἔτ' ἐπιμνησαίμεθα σεῖο | οἷσιν ἐνὶ μεγάροισι καὶ ἀλλήλους ἐρέοιμεν (dieser Vers wird von Aristarch für unecht erklärt). ι, 28 οὔτοι ἔγωγε | ἧς γαίης δύναμαι γλυκερώτερον ἄλλο ἰδέσθαι. Vgl. Ap. Rh. 2, 634. ν, 320 αἰεὶ φρεσὶν ᾗσιν ἔχων δεδαϊγμένον ἦτορ ἠλώμην (wird für unecht erklärt). Hs. op. 2 Μοῦσαι . . | δεῦτε, Δί' ἐννέπετε, σφέτερον πατέρ' ὑμνείουσαι. 381 σοὶ δ' εἰ πλούτου θυμὸς ἐέλδεται ἐν φρεσὶ ᾗσιν (wird für unecht erklärt, s. Goettl.). Vgl. Anm. 10. Aus der attischen Prosa vereinzelt X. Cy. 6. 1, 10 ἐβοήθουν (I. P.) πολλάκις τῶν ἡμετέρων ἀγομένων (*cum nostrae res diriperentur*) καὶ περὶ τῶν σφετέρων φρουρίων πράγματα εἶχον, de castellis *nostris* (Breitenbach schr. ἡμετέρων). Häufiger bei den Späteren, s. Passow unter σφέτερος. Bei den Späteren wird σφέτερος, ja selbst σφωΐτερος zuweilen st. ἐμός, σός gebraucht. S. § 170. Theocr. 25, 163 σφετέρῃσιν ἐνὶ φρεσὶ βάλλομαι, mente *mea*. 22, 67 σφετέρης μὴ φείδεο τέχνης, arti *tuae* ne peperceris. Ap. Rh. 3, 395 δῆμον σφωϊτέροισιν ὑπὸ σκήπτροισι δάμασσαι, unter deinem Szepter.

Anmerk. 10. Aristarch ändert in den Homerischen Stellen, in denen das Reflexiv auf die I. u. II. Pers. bezogen ist, die Lesart oder wo dieses nicht möglich war, nimmt er Interpolationen an. Seiner Ansicht pflichten Buttmann im Lexil. I. 91, Bekker, Nitzsch zu Od. α, 402 u. a. bei; ob mit Recht, dürfte zu bezweifeln sein; besonnener urteilt Spitzner ad K, 398. Vgl. besonders Brugmann a. a. O.

Anmerk. 11. Über den Gebrauch von αὐτοῦ u. s. w. st. der Reflexive der drei Pronomen s. Anm. 4 u. 5.

8. Die Reflexivpronomen werden sehr häufig an der Stelle des Reziprokpronomens ἀλλήλων, und zwar in allen drei Personen, gebraucht, wie dies auch in anderen Sprachen geschieht, z. B. Franz. *se rencontrer*, wir begegnen *uns*, st. wir b. einander, *se battre*, *sich* schlagen, st. einander u. s. w.[1]). X. Hell. 1. 7, 8 οἱ συγγενεῖς σύνεισι σφίσιν αὐτοῖς. Pl. Civ. 621, c δικαιοσύνην ἐπιτηδεύσομεν, ἵνα καὶ ἡμῖν αὐτοῖς φίλοι ὦμεν καὶ τοῖς θεοῖς. Dem. 9, 21 ἀπίστως καὶ στασιαστικῶς ἔχουσι πρὸς αὑτοὺς οἱ Ἕλληνες. 48, 6 ἡμῖν αὐτοῖς διαλεξόμεθα. Beide Pronomen, sowohl das reflexive als das reziproke, werden gebraucht, wenn sich die Handlung des Verbs auf einen Gegenstand zurückbezieht. Beide drücken also ein reflexives Verhältnis aus und verhalten sich wie das Geschlecht und die Art; da nun das Geschlecht die Art umfasst, so kann auch da, wo es leicht einzusehen ist, dass mehrere Personen eine Handlung gegen sich so ausüben, dass die Handlung wechselseitig ist, an die Stelle des Reziprokums das Reflexiv treten. Aber da das Reziprokum (ἀλλήλους d. i. ἄλλος ἄλλον, *inter se*) zum Gegensatze ἑαυτὸν ἕκαστος, das für das Reziprokum

[1]) S. Arndt, l. d. p. 11 sqq.

gebrauchte Reflexiv (ἑαυτούς, *inter se ipsos*) aber ἄλλους hat, so leuchtet ein, dass das Reziprokum notwendig da stehen muss, wo der Gegensatz ἑαυτὸν ἕκαστος entweder ausgedrückt oder gedacht ist, wie Isocr. 4, 168 μᾶλλον χαίρουσιν ἐπὶ τοῖς ἀλλήλων κακοῖς ἢ τοῖς αὑτῶν ἰδίοις ἀγαθοῖς, d. h. ἢ ἐπὶ τοῖς αὑτοῦ ἕκαστος ἀγαθοῖς, als ein jeder über seine eigenen Güter. Pl. Phaedr. 263, a ἀμφισβητοῦμεν ἀλλήλοις τε καὶ ἡμῖν αὐτοῖς, d. h. wir sind sowohl mit einander, einer mit dem anderen, als auch mit uns selbst, jeder von uns mit sich (ἑαυτῷ ἕκαστος ἡμῶν) in Zwiespalt. [Isocr. 12, 13 (πάντες ἴσασιν) ἐμὲ τῶν λόγων ἡγεμόνα τούτων γεγενημένον τῶν παρακαλούντων τοὺς Ἕλληνας ἐπί τε τὴν ὁμόνοιαν τὴν πρὸς ἀλλήλους καὶ τὴν στρατείαν τὴν ἐπὶ τοὺς βαρβάρους liegt der Gegensatz in ὁμόνοιαν u. στρατείαν, daher nicht τὴν ἑαυτῶν.]

9. Hingegen ist es natürlich, dass das Reflexiv regelmässig da gebraucht wird, wo der Gegensatz von ἄλλους entweder ausgedrückt oder gedacht ist, wie Isocr. 4, 15 χρὴ διαλυσαμένους τὰς πρὸς ἡμᾶς αὐτοὺς ἔχθρας ἐπὶ τὸν βάρβαρον τραπέσθαι. 18, 30 τίνας πίστεις πρὸς τοὺς ἄλλους εὑρήσομεν, εἰ τὰς πρὸς ἡμᾶς αὐτοὺς γεγενημένας οὕτως εἰκῇ λύσομεν; Lys. 8, 19 τοιοῦτον γὰρ πρὸς ὑμᾶς αὐτοὺς πείσεσθε, ἐπειδή περ ὑμῖν ἔθος ἐστὶν ἕνα τῶν ξυνόντων ἀεὶ κακῶς λέγειν καὶ ποιεῖν· ἐπειδὰν ὑμῖν ἐγὼ μὴ ξυνῶ, πρὸς ὑμᾶς αὐτοὺς τρέψεσθε κἄπειτα καθ' ἕνα ἕκαστον ὑμῖν αὐτοῖς ἀπεχθήσεσθε. Dem. 23, 8 συμβέβηκε γὰρ ἐκ τούτου αὐτοῖς μὲν ἀντιπάλους εἶναι τούτους, ὑμᾶς δὲ θεραπεύειν. Lys. 14, 42 οἱ δὲ εἰς ἅπασαν τὴν πόλιν ἡμαρτήκασιν ἀδίκως καὶ παρανόμως καὶ πρὸς τοὺς ἄλλους πολιτευόμενοι καὶ πρὸς σφᾶς αὐτοὺς διακείμενοι. Isocr. 12, 226 ἐκεῖνοι σφίσιν αὐτοῖς ὁμονοοῦντες τοὺς ἄλλους ἀπολλύουσιν. X. Comm. 3. 5, 16 φθονοῦσιν ἑαυτοῖς μᾶλλον ἢ τοῖς ἄλλοις ἀνθρώποις. Mit gedachtem Gegensatze. S. Ant. 145 καθ' αὑτοῖν | δικρατεῖς λόγχας στήσαντ' ἔχετον | κοινοῦ θανάτου μέρος ἄμφω. Th. 4, 38 οἱ δὲ καθ' ἑαυτοὺς βουλευσάμενοι τὰ ὅπλα παρέδοσαν. Lycurg. 80 πίστιν ἔδοσαν αὑτοῖς πάντες οἱ Ἕλληνες. 127 παρακελεύεσθε ὑμῖν αὐτοῖς. Isocr. 8, 118 οἱ μὲν (Θετταλοὶ) σφίσιν αὐτοῖς πολεμοῦσιν (inter *se*, non contra *exteros hostes*). Dem. 4, 10 ἢ βούλεσθε περιιόντες αὑτῶν (= ὑμῶν αὐτῶν s. S. 572) πυνθάνεσθαι; einander fragen. 9, 50 ἐπειδὰν πρὸς νοσοῦντας ἐν αὑτοῖς προσπέσῃ. 18, 19 πάντας συνέκρουε καὶ πρὸς αὑτοὺς ἐτάραττεν. So ὁμολογεῖσθαι, ἀμφισβητεῖσθαι, διαφέρεσθαι, ἐναντίον εἶναι u. dgl. σφίσιν αὐτοῖς od. ἑαυτοῖς. Zur Verstärkung des Gegensatzes wird bisweilen auch αὐτός hinzugefügt. X. Hell. 1. 2, 17 ἐκ τῆς μάχης ταύτης συνέβησαν οἱ στρατιῶται αὐτοὶ αὑτοῖς καὶ ἠσπάζοντο τοὺς μετὰ Θρασύλλου. 5, 9 αὐτοὶ ἐν αὑτοῖς στασιάζοντες. Dem. 43, 9 τὸ σόφισμα ἦν τοῦτο, αὐτοὺς μὲν ἑαυτοῖς συναγωνίζεσθαι καὶ ὁμολογεῖν ἅπαντα, περὶ ἡμῶν δὲ λέγειν τὰ οὐδεπώποτε γενόμενα.

10. Wenn aber weder der eine noch der andere Gegensatz stattfindet, so werden das Reflexiv und das Reziprokum ohne

Unterschied gebraucht, oft in einem und demselben Satze, bloss um der Abwechselung willen. X. Comm. 2. 6, 20 φθονοῦντες ἑαυτοῖς μισοῦσιν ἀλλήλους. 7, 12 ἀντὶ ὑφορωμένων ἑαυτὰς ἡδέως ἀλλήλας ἑώρων. Vgl. 3. 5, 16. Pl. Lys. 221, e ὑμεῖς, εἰ φίλοι ἐστὸν ἀλλήλοις, φύσει πῃ οἰκεῖοί ἐσθ' ὑμῖν αὐτοῖς. Dem. 48, 9 συνθῆκας ἐγράψαμεν πρὸς ἡμᾶς αὐτοὺς περὶ ἁπάντων καὶ ὅρκους ἰσχυροὺς ὠμόσαμεν ἀλλήλοις.

Anmerk. 12. Dass aber ἀλλήλους nicht für ἑαυτούς (die Art für das Geschlecht) stehen könne, versteht sich von selbst. Daher ist Th. 3, 81 οἱ πολλοὶ τῶν ἱκετῶν διέφθειρον ἀλλήλους das Rezipr. nicht mit Matthiä § 489, III. zu erklären = ἑαυτούς, sondern einer den anderen.

II. Demonstrativpronomen.

§ 456. a) Ὁ, ἡ, τό, der, die, das.

Unter sämtlichen Demonstrativpronomen hat das Pronomen ὁ ἡ τό die grösste syntaktische Wichtigkeit, teils wegen der Mannigfaltigkeit seiner Bedeutung, indem es nicht allein als Demonstrativpronomen, sondern auch als Relativpronomen und als Artikel gebraucht wurde, teils weil wir die allmähliche Entwickelung des Artikels aus diesem Demonstrativpronomen geschichtlich genau verfolgen können, indem wir ihn in den Homerischen Gesängen noch in seiner Entstehung erkennen und nachher sich allmählich in seinem Wesen immer fester und bestimmter ausgestalten sehen, bis er endlich in der attischen Prosa den höchsten Grad seiner Ausbildung erreicht hat, so dass er die feinsten Beziehungen auszudrücken fähig ist. Dem griechischen Demonstrativpronomen ὁ, ἡ, τό entspricht in Form und Bedeutung das gotische *sa*, *sô*, *thata*, Gen. *this*, *thizôs*, *this* u. s. w.[1]), der, die, das. Auch dieses Pronomen hat wie das griechische die dreifache Bedeutung, und aus ihm hat sich ebenso wie im Griechischen der Artikel entwickelt. Unter allen Demonstrativpronomen ist dieses das schwächste, und darum eignete es sich am besten, nach Schwächung seiner demonstrativen Kraft die Funktion des Artikels zu übernehmen.

§ 457. α) Ὁ, ἡ, τό als Demonstrativpronomen und als Artikel in den Homerischen Gesängen[2]).

1. In den Homerischen Gesängen hat das Pronomen ὁ ἡ τό noch fast durchweg die Bedeutung eines sowohl substantivischen als adjektivischen Demonstrativs, das auf einen Gegenstand hin-

[1]) S. Grimm IV. S. 366 ff. — [2]) Vgl. ausser den im folgenden angeführten Abhandlungen: Koch, de articulo Homerico, Leipz. 1872. Stummer, üb. d Artikel b. Homer, Progr. v. Münnerstadt 1886.

weist, ihn als einen bekannten oder besprochenen darstellt oder ihn vor die Seele des Hörenden rückt und vergegenwärtigt. Am deutlichsten zeigt sich die deiktische Kraft des Pronomens, wenn es als Substantivpronomen auftritt. Α, 9 ὁ γὰρ βασιλῆι χολωθεὶς | νοῦσον ἀνὰ στρατὸν ὦρσε. Vgl. 12. 29 τὴν δ' ἐγὼ οὐ λύσω. 43 τοῦ δ' ἔκλυε Φοῖβος Ἀπόλλων. Vgl. 55. 57. 58 u. s. w. Λ, 341 τοὺς μὲν γὰρ θεράπων ἀπάνευθ' ἔχεν, αὐτὰρ ὁ πεζὸς | θῦνε διὰ προμάχων. Η, 383 αὐτὰρ ὁ τοῖσιν | . . μετεφώνεεν. Ο, 539 εἷος ὁ τῷ πολέμιζε μένων. Σ, 275 ὑψηλαί τε πύλαι σανίδες τ' ἐπὶ τῇς ἀραρυῖαι. 494 κοῦροι θ' ὀρχηστῆρες ἐδίνεον, ἐν δ' ἄρα τοῖσιν | αὐλοὶ . . βοὴν ἔχον. Ι, 74 τῷ πείσεαι, ὅς κεν ἀρίστην | βουλὴν βουλεύσῃ. Δ, 233 οὓς μὲν σπεύδοντας ἴδοι Δαναῶν . ., τοὺς μάλα θαρσύνεσκε. Λ, 706 τὰ ἕκαστα, das alles, vgl. μ, 16. 165. Τῷ, drum, deshalb, s. § 507, A. 2. So auch τό. Γ, 176 τὸ καὶ κλαίουσα τέτηκα. Vgl. Τ, 213. Μ, 9. θ, 232. Auf etwas Folgendes hinweisend (was aber dem Redenden bereits als bekannt vorschwebt): δ, 655 ἀλλὰ τὸ θαυμάζω· ἴδον ἐνθάδε Μέντορα, *illud miror*. Ε, 564 τὰ φρονέων ἵνα χερσὶν ὑπ' Αἰνείαο δαμείη. Ο, 207 ἐσθλὸν καὶ τὸ τέτυκται, ὅτ' ἄγγελος αἴσιμα εἰδῇ. υ, 52 ἀνίη καὶ τὸ φυλάσσειν | πάννυχον ἐγρήσσοντα, vgl. Nr. 6, a a. E.

2. Minder stark tritt die demonstrative Kraft da hervor, wo das Pronomen in Verbindung mit einem Substantive ohne darauf folgenden relativen Satz steht. Doch auch hier dient es dazu, einen Gegenstand zu vergegenwärtigen, ihn als einen bekannten oder besprochenen hinzustellen oder ihn nachdrücklich vor anderen hervorzuheben. In sehr vielen Stellen muss man das Substantiv als Apposition zum Pronomen auffassen. Α, 20 παῖδα δ' ἐμοὶ λῦσαί τε φίλην, τά τ' ἄποινα δέχεσθαι (die er in den Händen hält). Vgl. ν, 215. Α, 33 ὣς ἔφατ'· ἔδεισεν δ' ὁ γέρων, der eben genannte Greis. Vgl. 380. 35 πολλὰ δ' ἔπειτ' ἀπάνευθε κιὼν ἠρᾶθ' ὁ γεραιός. ε, 98 τὸν μῦθον ἐνισπήσω (die verlangte Rede). Η, 412 ὣς εἰπὼν τὸ σκῆπτρον ἀνέσχεθε πᾶσι θεοῖσιν, jenes, das Szepter (bekannter Gegenstand). Α, 167 ἤν ποτε δασμὸς ἵκηται, | σοὶ τὸ γέρας πολὺ μεῖζον, das übliche Ehrengeschenk, das du jedesmal bekommst. Δ, 1 οἱ θεοί, jene aber, die Götter (im Gegensatze zu den Menschen). So oft bei Hervorhebung von Gegensätzen. Δ, 399 τοῖος ἔην Τυδεύς . ., ἀλλὰ τὸν υἱὸν | γείνατο εἷο χέρηα. λ, 4 ἐν δὲ τὰ μῆλα λαβόντες ἐβήσαμεν, ἂν δὲ καὶ αὐτοὶ βαίνομεν. Κ, 498 ἀλλ' ὅτε δὴ βασιλῆα κιχήσατο Τυδέος υἱός, . . τόφρα δ' ἄρ' ὁ τλήμων Ὀδυσεὺς λύε μώνυχας ἵππους. 536 Ὀδυσεύς τε καὶ ὁ κρατερὸς Διομήδης. Ferner: ι, 375 καὶ τότ' ἐγὼ τὸν μοχλὸν ὑπὸ σποδοῦ ἤλασα πολλῆς, den Pfahl, den ich in den Händen hielt. Φ, 421 ἡ κυνάμυια ἄγει βροτολοιγὸν Ἄρηα, jene abscheuliche Hundsfliege, wie Here von der Aphrodite sagt. Ζ, 467 ἂψ δ' ὁ πάϊς, jener, der Knabe (im Gegensatze zu dem vorhergenannten Hektor). (Ε, 554 οἵω τώγε λέοντε δύω ὄρεος κορυφῇσιν ἐτραφέτην u. s. w hier bezieht

sich τώγε auf die beiden Brüder und steht daher substantivisch st. τώγε, οἵω λέοντε δύω u. s. w.). Λ, 637 Νέστωρ ὁ γέρων, jener Alte, den ihr alle kennt. So auch: Α, 11 τὸν Χρύσην ἀρητῆρα. Φ, 317 τὰ τεύχεα καλά von den berühmten Waffen des Achilles. ρ, 10 τὸν ξεῖνον δύστηνον, den unglücklichen Fremden, hinweisend auf den kurz vorher angekommenen Odysseus. ι, 378 ὁ μοχλὸς ἐλάινος, jener Stamm von Olivenholz (der schon 319 ff. beschriebene). Ρ, 80 τὸν ἄριστον, ihn, den Tapfersten; so: οἱ ἄλλοι, sie, die übrigen, τἆλλα, dies, das übrige. Α, 107 αἰεί τοι τὰ κάκ' ἐστὶ φίλα φρεσὶ μαντεύεσθαι, solche Unglückssprüche, wie du sie jetzt vorbringst. 207 ἦλθον ἐγὼ παύσουσα τὸ σὸν μένος, diesen deinen Zorn, wie du ihn jetzt zeigst. 340 πρὸς τοῦ βασιλῆος ἀπηνέος, vor jenem Könige, dem feindseligen. Α, 552 ποῖον τὸν μῦθον ἔειπες; was ist das für ein Wort, das du da sagtest? ε, 183 οἷον δὴ τὸν μῦθον ἐπεφράσθης ἀγορεῦσαι. λ, 519 οἷον τὸν Τηλεφίδην κατενήρατο, qualis vir ille T. fuerit, quem occidit [1]).

3. An vielen Stellen thut sich die deiktische Kraft des Pronomens durch die Stellung kund, die es im Verse einnimmt, d. h. in der Arsis des ersten Fusses [2]). Vgl. Nr. 4. θ, 388 ὁ ξεῖνος μάλα μοι δοκέει πεπνυμένος εἶναι, dieser Fremde. Vgl. ψ, 28. τ, 482 σύ δέ μ' ἔτρεφες αὐτὴ | τῷ σῷ ἐπὶ μαζῷ, an dieser deiner Brust. α, 351 τὴν γὰρ ἀοιδὴν μᾶλλον ἐπικλείουσ' ἄνθρωποι, | ἥτις ἀκουόντεσσι νεωτάτη ἀμφιπέληται. Ε, 265 τῆς γάρ τοι γενεῆς, ἧς κτλ. Ferner wenn ein Substantiv ohne ὁ vorangeht und unmittelbar darauf ein Substantiv mit ὁ folgt. Κ, 536 Ὀδυσεύς τε καὶ ὁ κρατερὸς Διομήδης, und er, der starke D. Υ, 320 Αἰνείας ἠδ' ὁ κλυτὸς ἦεν Ἀχιλλεύς. χ, 104 συβώτῃ καὶ τῷ βουκόλῳ. υ, 310 ἐσθλά τε καὶ τὰ χέρηα. (Gegensätze, vgl. Nr. 2.) Auch wenn die Apposition ihrem Substantive vorangeht. Λ, 660 βέβληται μὲν ὁ Τυδείδης, κρατερὸς Διομήδης, er, der T.

4. In mehreren Fällen stimmt der Homerische Gebrauch des Pronomens mit deiktischer Kraft mit dem der Attiker überein, z. B. bei Einteilungen und Gegensätzen. Ε, 271 f. τοὺς μὲν τέσσαρας . . ἀτίταλλ' ἐπὶ φάτνῃ, | τὼ δὲ δύ' Αἰνείᾳ δῶκεν, die einen, nämlich vier . . die andern zwei. ξ, 435 f. τὴν μὲν ἴαν (μοῖραν) νύμφῃσι . . θῆκεν . ., τὰς δ' ἄλλας νεῖμεν ἑκάστοις. Ε, 145 τὸν μέν . ., τὸν δ' ἕτερον. So oft ὁ μέν . . ὁ δέ. Β, 52 οἱ μὲν ἐκήρυσσον, τοὶ δ' ἠγείροντο μάλ' ὦκα. μ, 73 u. 101 οἱ δὲ δύω σκόπελοι ὁ μὲν οὐρανὸν εὐρὺν ἱκάνει . ., τὸν δ' ἕτερον σκόπελον χθαμαλώτερον ὄψει. (Auffallend ohne vorausgehendes ὁ μέν: Χ, 157 παραδραμέτην, φεύγων, ὁ δ' ὄπισθε διώκων.) Häufig wenn einem Worte ohne

---

1) Vgl. Sommer in Krit. Bibl. v. Seebode 1823, S. 723. Nägelsbach zur Il. Exc. XIX. Nitzsch zur Od. IX, 181. — 2) Vgl. Nägelsbach a. a. O S. 328 f.

Artikel im folgenden ein anderes mit demselben entgegengestellt wird. B, 217 φολκὸς ἔην, χωλὸς δ' ἕτερον πόδα, τὼ δέ οἱ ὤμω | κυρτώ. N, 616 λάκε δ' ὀστέα, τὼ δέ οἱ ὄσσε . . πέσον ἐν κονίῃσιν; oder wenn auf ein schon erwähntes Substantiv oder überhaupt auf etwas Vorhergegangenes zurückgewiesen wird. μ, 167 ἐξίκετο νηῦς . . νῆσον Σειρήνοιιν . . 201 ἀλλ' ὅτε δὴ τὴν νῆσον ἐλείπομεν. B, 329 ὣς ἡμεῖς τοσσαῦτ' ἔτεα πολεμίξομεν αὖθι, | τῷ δεκάτῳ δὲ πόλιν αἱρήσομεν, „der Artikel, durch die Erwähnung der vorangehenden 9 Jahre vorbereitet, hebt das 10. als das entscheidende hervor: dann aber im zehnten“, Ameis-Hentze. γ, 306 ἑπτάετες ἤνασσε . . Μυκήνης, | τῷ δέ οἱ ὀγδοάτῳ (sc. ἔτει) κακὸν ἤλυθε. Auch das Subjekt des vorhergehenden Satzes kann durch ὁ δέ nachdrücklich wieder aufgenommen werden. Δ, 491 Πριαμίδης . . τοῦ μὲν ἅμαρθ', ὁ δὲ Λεῦκον . . βεβλήκει. Vgl. Θ, 119. 126. ν, 219 τῶν μὲν ἄρ' οὔ τι πόθει· ὁ δ' ὀδύρετο πατρίδα γαῖαν. (So oft bei Herodot, sonst in Prosa selten, vgl. § 459, 1 c). Ferner, wenn das mit einem Substantive verbundene Pronomen auf einen folgenden Adjektivsatz hinweist. K, 322 ἦ μὲν τοὺς ἵππους . . δωσέμεν, οἳ φορέουσιν ἀμύμονα Πηλείωνα. φ, 28 ἦλθ' Ὀδυσεύς, . . ὁ ξεῖνος, τὸν πάντες ἀτίμων, jener Fremde. Weit stärker tritt der Demonstrativbegriff hervor, wenn das Pronomen seinem Substantive nachfolgt, und zwar wird in diesem Falle die Hinweisung gemeiniglich dadurch noch mehr gehoben, dass das Pronomen in der Arsis des I. Fusses steht. Vgl. Nr. 3. Δ, 40 f. μεμαὼς πόλιν ἐξαλαπάξαι | τὴν ἐθέλω, ὅθι τοι φίλοι ἀνέρες ἐγγεγάασιν, eine solche wo. E, 320 οὐδ' υἱὸς Καπανῆος ἐλήθετο συνθεσιάων | τάων, ἃς ἐπέτελλε βοὴν ἀγαθὸς Διομήδης. Vgl. 332. I, 631 οὐδὲ μετατρέπεται φιλότητος ἑταίρων | τῆς, ᾗ μιν . . ἐτίομεν. Vgl. N, 594. P, 172 ἄλλων | τῶν, ὅσσοι Λυκίην . . ναιετάουσι. β, 119 οὐδὲ παλαιῶν | τάων, αἳ πάρος ἦσαν ἐυπλοκαμῖδες Ἀχαιαί. Hier überall in d. Arsis des I. F. Ferner: κ, 74 ἄνδρα τόν, ὅς κε θεοῖσιν ἀπέχθηται μακάρεσσιν, *eum qui*. Vgl. φ, 42. Über den attischen Gebrauch s. § 459, 1, a). Ebenso in der häufigen Verbindung ἤματι τῷ, ὅτε (an jenem Tage), wo gleichfalls τῷ seinem Substantive nachfolgt und in der Arsis steht. Γ, 189 ἤματι τῷ, ὅτε τ' ἦλθον Ἀμαζόνες.

5. Obwohl nun das Pronomen ὁ ἡ τό bei Homer in der Regel demonstrative Bedeutung hat, und daher an unzähligen Stellen Substantive ohne Artikel auftreten, wo ihn die attische Prosa setzen würde, wie man z. B. aus einer Vergleichung der Homerischen Verse A, 12 ff. mit Pl. Civ. 393, e ersehen kann, so finden sich doch schon bei demselben mehrere deutliche Spuren nicht bloss einer Annäherung dieses Pronomens an den attischen Gebrauch des Artikels, sondern auch einer völligen Übereinstimmung mit demselben, indem seine demonstrative Kraft so abgeschwächt erscheint, dass es gleichsam

nur die Bedeutung einer grammatischen Form hat, deren sich der Redende bedient, um einen substantivischen Begriff zu individualisieren, d. h. ihn aus seiner Allgemeinheit herauszuheben und als einen bestimmten zu bezeichnen. Dass aber in der älteren Sprache der Gebrauch dieses Pronomens als Artikels verhältnismässig selten ist, rührt daher, dass in ihr die sinnliche Auffassungsweise vorherrscht, und daher die Gegenstände von ihr überhaupt mehr als Einzelwesen betrachtet werden.

6. Die Fälle, in denen bei Homer das Pronomen ὁ ἡ τό in der Weise des attischen Artikels gebraucht wird, sind besonders folgende:[1])

a) **Der Artikel hat die Kraft, Adjektive, Partizipien, Pronomen u. Adverbien zu substantivieren.** Adj. ρ, 218 ὡς αἰεὶ τὸν ὁμοῖον ἄγει θεὸς ὡς τὸν ὁμοῖον, vgl. Π, 53. Ψ, 265 ff. τῷ πρώτῳ, τῷ δευτέρῳ, τῷ τριτάτῳ, τῷ τετάρτῳ, aber 270 πέμπτῳ δέ. Ε, 414 κουρίδιον ποθέουσα πόσιν, τὸν ἄριστον Ἀχαιῶν. ρ, 415 οὐ μέν μοι δοκέεις ὁ κάκιστος Ἀχαιῶν | ἔμμεναι, ἀλλ' ὤριστος. Vgl. N, 154. P, 689. ξ, 19. 108. Θ, 342 τὸν ὀπίστατον. Vgl. Λ, 178. Ι, 579 τὸ μὲν ἥμισυ οἰνοπέδοιο. Α, 165 τὸ μὲν πλεῖον πολυάικος πολέμοιο. ξ, 12 τὸ μέλαν δρυός. ο, 324 οἷά τε τοῖς ἀγαθοῖσι παραδρώωσι χέρηες. Δ, 260 Ἀργείων οἱ ἄριστοι. Λ, 658. β, 277 οἱ πλέονες κακίους, παῦροι δέ τε πατρὸς ἀρείους. τ, 504 τὰ γὰρ πρότερ' ἔχυτο πάντα. Α, 576 ἐπεὶ τὰ χερείονα νικᾷ. **Partizip.** Ψ, 702 τῷ μὲν νικήσαντι, vgl. Γ, 138. 325 τὸν προὔχοντα. 663 ὁ νικηθείς. Φ, 262 τὸν ἄγοντα. Α, 70 ὃς ᾔδη τά τ' ἐόντα τά τ' ἐσσόμενα πρό τ' ἐόντα. **Pronom.** Θ, 430 τὰ ἃ φρονέων. Ψ, 572 τοὺς σούς. Sehr häufig οἱ ἄλλοι, *ceteri*; auch τἆλλα; τὸ μὲν ἄλλο Ψ, 454; ὁ ἕτερος, οἱ ἕτεροι. **Adverbien:** häufig τὸ πάρος, τὸ πρίν, τὸ πρόσθεν, τὸ πάροιθεν. Λ, 613 τά γ' ὄπισθε Μαχάονι πάντα ἔοικεν. λ, 66 νῦν δέ σε τῶν ὄπιθεν γουνάζομαι, ich flehe dich bei den Zurückgebliebenen an. ψ, 214 οὕνεκά σ' οὐ τὸ πρῶτον, ἐπεὶ ἴδον, ὧδ' ἀγάπησα. N, 679 ᾗ τὰ πρῶτα . . ἐσᾶλτο. So τὸ τρίτον, τὸ τέταρτον. Den Infinitiv substantiviert Homer durch den Artikel nirgends. υ, 52 ἀνίη καὶ τὸ φυλάσσειν | πάννυχον ἐγρήσσοντα erklärt Nägelsbach a. a. O. S. 328 richtig durch: ἀνίη καὶ τοῦτο, φυλάσσειν, ebenso α, 370 ἐπεὶ τό γε καλὸν ἀκουέμεν ἐστὶν ἀοιδοῦ (vgl. ι, 3), s. § 469, 3.

b) **Das attributive Adjektiv oder Adverb oder Genetiv tritt wie im Attischen zwischen den Artikel und das Substantiv.** Λ, 691

---

[1]) Vgl. Nägelsbach a. a. O. S. 323 ff., H. Düntzer in Zimmermanns Zeitschr. 1837, S. 626 ff., der aber nur einen scheinbaren Artikel bei Homer annimmt, Matthiä § 264, 3, Thiersch § 284, 19 ff., Bernhardy S. 305 ff., der mit Aristarch den Gebrauch von ὁ ἡ, τό als Artikel dem Homer abspricht, Krüger II. § 50.

τῶν προτέρων ἐτέων. Ψ, 336 τὸν δεξιὸν ἵππον. 640 τὰ μέγιστα ἄεθλα. Ξ, 373 τὰ μακρότατα ἔγχεα. Η, 248 ἐν τῇ δ' ἑβδομάτῃ ῥινῷ. Β, 681 τὸ Πελασγικὸν Ἄργος. Δ, 42 τὸν ἐμὸν χόλον. Α, 185 τὸ σὸν γέρας. 207 τὸ σὸν μένος. λ, 376 τὰ σὰ κήδεα. Ε, 321 τοὺς μὲν ἑοὺς ἠρύκακε μώνυχας ἵππους. Μ, 280 τὰ ἃ κῆλα. ξ, 185 τὰ σ' αὐτοῦ κήδεα. δ, 694 ὁ μὲν ὑμέτερος θυμός. Β, 281 οἱ πρῶτοί τε καὶ ὕστατοι υἷες Ἀχαιῶν. Α, 597 τοῖς ἄλλοισι θεοῖς. Ξ, 274 οἱ ἔνερθε θεοί. 503 ἡ Προμάχοιο δάμαρ. Ο, 37 τὸ κατειβόμενον Στυγὸς ὕδωρ. 74 τὸ Πηλείδαο ἐέλδωρ. Ψ, 376 αἱ Φηρητιάδαο ποδώκεες ἵπποι. Κ, 408 αἱ τῶν ἄλλων Τρώων φυλακαί. **Doch findet sich auch mehrmals die Stellung:** ὁ ἀνὴρ ἀγαθός; **alsdann bildet das Attribut nicht mit seinem Substantiv einen Gesamtbegriff, sondern wird dem durch den Artikel hervorgehobenen Substantiv erst nachträglich hinzugefügt (§ 463, 3).** λ, 492 ἀλλ' ἄγε μοι τοῦ παιδὸς ἀγαυοῦ μῦθον ἐνίσπες, **über den Sohn, den erlauchten. (So in den Nr. 2 angeführten Beispielen für den deiktischen Artikel** Φ, 317 τὰ τεύχεα καλά, **jene Waffen, die schönen.** Α, 340 πρὸς τοῦ βασιλῆος ἀπηνέος, **vor jenem Könige, dem feindseligen.** ρ, 10 τὸν ξεῖνον δύστηνον, **den Fremdling da, den unglücklichen.** ι, 378 ὁ μοχλὸς ἐλάινος). **An manchen Stellen scheint diese Stellung des Metrums wegen gewählt zu sein, wie** ι, 464 τὰ μῆλα ταναύποδα . . ἐλαύνομεν **st.** τὰ ταναύποδα μ.

c) **Der Artikel wird oft in der Apposition gebraucht.** λ, 298 καὶ Λήδην εἶδον, τὴν Τυνδαρέου παράκοιτιν. Λ, 614 Μαχάονι τῷ Ἀσκληπιάδῃ. σ, 333 Ἶρον τὸν ἀλήτην. Φ, 252 αἰετοῦ οἴματ' ἔχων μέλανος τοῦ θηρητῆρος. Ε, 820 θεοῖς τοῖς ἄλλοις. Ι, 219 τοίχου τοῦ ἑτέροιο. Λ, 288 ἀνὴρ ὤριστος. Ν, 794 ἠοῖ τῇ προτέρῃ. Φ, 5 ἤματι τῷ προτέρῳ. Π, 358 Αἴας ὁ μέγας. Ξ, 213 Ζηνὸς τοῦ ἀρίστου. Κ, 11 πεδίον τὸ Τρωικόν. Υ, 181 τιμῆς τῆς Πριάμου. Θ, 360 πατὴρ οὑμός. 532 ὁ Τυδείδης κρατερὸς Διομήδης. κ, 436 σὺν δ' ὁ θρασὺς εἶπετ' Ὀδυσσεύς. **Bei Pronom., selt. b. Demonst.** σ, 114 τοῦτον τὸν ἄναλτον. τ, 372 αἱ κύνες αἵδε. β, 351 κεῖνον διομένη τὸν κάμμορον. η, 223 ἐμὲ τὸν δύστηνον. Θ, 211 ἡμέας τοὺς ἄλλους. **In Verbindung mit d. possess. Gen. nur** Ι, 342 ἀνὴρ ἀγαθὸς . . τὴν αὐτοῦ (**sc.** γυναῖκα) φιλέει. (**Aber** Τ, 185 χαίρω σεῦ . . τὸν μῦθον ἀκούσας **heisst: von dir das Wort hörend.) Bei** πᾶς **öfters.** ν, 262 οὕνεκά με στερέσαι τῆς ληίδος ἤθελε πάσης | Τρωιάδος, **mich berauben der Beute ganz.** Ξ, 279 θεοὺς ἅπαντας τοὺς ὑποταρταρίους. ω, 79 ἁπάντων τῶν ἄλλων ἑτάρων. (**Aber noch nicht** ἡ πᾶσα γῆ, **die ganze Erde,** οἱ πάντες ἄνθρωποι, **die sämtlichen Menschen.)** η, 55 τοκήων τῶν αὐτῶν. 326 ἤματι τῷ αὐτῷ. (**Aber in derselben Bdtg.** *idem* **häufiger ohne Artikel, z. B.** θ, 107 αὐτὴν ὁδόν, *eandem* **viam. Vgl.** κ, 263. π, 138.) **Ferner:** Λ, 535 ἄντυγες αἱ περὶ δίφρον. Φ, 353 ἰχθύες οἱ κατὰ δίνας. Ι, 559 ἀνδρῶν | τῶν τότε. Ω, 687 παῖδες τοὶ μετόπισθε λελειμμένοι. ω, 497 ἓξ δ' υἱεῖς οἱ Δολίοιο. **Aber die bei den Attikern häufige Verbindung:** ὁ ἀνὴρ ὁ ἀγαθός, ὁ πατὴρ ὁ ἐμός, ὁ δῆμος ὁ τῶν Ἀθηναίων, οἱ ἄνθρωποι οἱ τότε u. s. w. ist der älteren Sprache noch fremd.

d) Der Artikel vertritt zuweilen die Stelle des possessiven Pronomens, sowie er auch das zu einem Gegenstand Gehörige, das ihm Zukommende bezeichnet. Φ, 412 οὕτω κεν τῆς μητρὸς ἐρινύας ἐξαποτίνοις, deiner Mutter. λ, 492 τοῦ παιδός, von deinem Sohne. Τ, 331 τὸν παῖδα, meinen Sohn. σ, 380 οὐδ' ἄν μοι τὴν γαστέρ' ὀνειδίζων ἀγορεύοις, meinen Bauch. θ, 195 καί κ' ἀλαός τοι, ξεῖνε, διακρίνειε τὸ σῆμα, dein Zeichen. Η, 412 ὣς εἰπὼν τὸ σκῆπτρον ἀνέσχεθε, sein Szepter. Ψ, 75 καί μοι δὸς τὴν χεῖρα. ο, 218 ἐγκοσμεῖτε τὰ τεύχε', ἑταῖροι, νηὶ μελαίνῃ, die zum Schiffe gehörigen τεύχεα. λ, 339 μηδὲ τὰ δῶρα οὕτω χρηΐζοντι κολούετε, die einem Dürftigen schuldigen Geschenke. σ, 385 αἶψά κέ τοι τὰ θύρετρα . . φεύγοντι στείνοιτο, die zum Hause gehörige Hausthüre. τ, 232 τὸν δὲ χιτῶν' ἐνόησα, den zur Kleidung gehörigen Leibrock.

e) Auch dient zuweilen der Artikel bloss dazu, einen Substantivbegriff als einen selbständigen, bestimmten und begrenzten zu bezeichnen. Λ, 69 ὥστ' ἀμητῆρες . . ὄγμον ἐλαύνωσιν . . πυρῶν ἢ κριθέων, τὰ δὲ δράγματα ταρφέα πίπτει.

f) Nur selten wird bei Homer der Artikel zur Zusammenfassung von Gattungsbegriffen gebraucht (vgl. § 461, 1). Γ, 108 αἰεὶ δ' ὁπλοτέρων ἀνδρῶν φρένες ἠερέθονται· | οἷς δ' ὁ γέρων μετέῃσιν, ἅμα πρόσσω καὶ ὀπίσσω | λεύσσει. Ν, 278 ἔνθ' ὅ τε δειλὸς ἀνήρ, ὅς τ' ἄλκιμος, ἐξεφαάνθη. Ι, 320 κάτθαν' ὁμῶς ὅ τ' ἀεργὸς ἀνὴρ ὅ τε πολλὰ ἐοργώς.

Anmerk. Bei nicht wenigen der oben aufgeführten Beispiele ist eine deiktische Kraft des Artikels noch mehr oder weniger leicht nachzuweisen, z. B. Α, 185 τὸ σὸν γέρας, dies dein Ehrengeschenk. λ, 66 τῶν ὄπιθεν, bei jenen da hinten. Ω, 687 παῖδες τοὶ μετόπισθε λελειμμένοι, jene die zurückgeblieben sind. Υ, 181 τιμῆς τῆς Πριάμου, jener des Priamos. σ, 385 τὰ θύρετρα, die Thürpforten da. Aber der Versuch, sie überall aufzuspüren, ist teils nur mit Künstelei, teils überhaupt nicht durchzuführen. Es muss vielmehr anerkannt werden, dass die Abschwächung der Bedeutung, wie sie später die vorherrschende geworden ist, bereits in Homerischer Zeit begonnen hat.

§ 458. β) 'Ο, ἡ, τό als Demonstr. u. als Artik. bei den nachhom. Dichtern.

1. In den Hesiodischen Gedichten entspricht der demonstrative Gebrauch dieses Pronomens ganz dem Homerischen. Hs. th. 39 τῶν δ' ἀκάματος ῥέει αὐδὴ | ἐκ στομάτων ἡδεῖα. 43 αἱ δ' ἄμβροτον ὄσσαν ἱεῖσαι | θεῶν γένος . . κλείουσιν. Vgl. 60. 71. 80 u. s. w. 440 καὶ τοῖς, οἳ . . ἐργάζονται. Oft in Gegensätzen, wie sc. 242 αἱ δὲ γυναῖκες. 255 αἱ δὲ φρένες. th. 84 οἱ δέ νυ λαοί. 142 τὰ μὲν ἄλλα . . μοῦνος δ' ὀφθαλμός. Zurückweisend: th. 278 αἱ δύο, die beiden (genannten). 291 ἤματι τῷ, ὅτε, wie b. Hom. an jenem Tage. Aber auffallend ist es, dass das Pronomen nirgends als eigentlicher Artikel erscheint. Die

folgenden Epiker scheinen sich in dem doppelten Gebrauche des Pronomens an Homer angeschlossen zu haben, selbst die späteren, wie z. B. Apollonius Rhod. Während der demonstrative Gebrauch bei ihnen sehr häufig ist, ist der als Artikel nur selten.

2. Aber auch in den übrigen Dichtungsarten wird der Artikel ungleich seltener gebraucht als in der Prosa, was auch ganz natürlich ist, da der Dichter die Gegenstände in ihrer Individualität als selbständige Einzelwesen aufzufassen pflegt und daher leicht des Artikels entraten kann, durch den ein Substantivbegriff aus seiner Allgemeinheit herausgehoben und zu einem besonderen und begrenzten gemacht wird. So findet sich z. B. bei Pindar der Artikel nur sehr selten, in der I. Olymp. nur 8 ὁ πολύφατος ὕμνος, 28 τὸν ἀλαθῆ λόγον, 66 τὸ ταχύποτμον ἀνέρων ἔθνος, 81 ὁ μέγας δὲ κίνδυνος; 30 τὰ μείλιχα, 113 τὸ δ' ἔσχατον; aber demonstr. bei einem Gegensatze 1 ὁ δὲ χρυσός. Selbst bei den attischen Dichtern, den Tragikern, besonders in den Chören und sonstigen lyrischen Stellen begegnet uns der eigentliche Artikel nicht sehr oft, meistens nur in denselben Fällen, in welchen er sich schon bei Homer findet (§ 457).

3. Der bei Homer, Hesiod und den folgenden Epikern sehr häufige demonstrative Gebrauch dieses Pronomens hat sich auch bei den übrigen Dichtern und, wie wir § 459 sehen werden, selbst in der attischen Prosa erhalten, wiewohl er ungleich seltener ist, sehr häufig jedoch in Verbindung mit μέν und δέ, ziemlich oft mit γάρ, auch nach Präpositionen, nach καί. Pind. N. 4, 9 τό (= *hoc*) μοι θέμεν Κρονίδᾳ . . ὕμνου προκώμιον εἴη. P. 5, 40 τό σφ' ἔχει . . μέλαθρον nach d. meist. cdd. = *quare*, vgl. O. 6, 56, wie b. Hom., s. § 457, 1. O. 2, 53 ὁ μὰν πλοῦτος ἀρεταῖς δεδαιδαλμένος φέρει τῶν τε καὶ τῶν | καιρόν, *harum et illarum (variarum) rerum opportunitatem.* [Ebenso in Prosa, s. § 459, 1 f).] P. 5, 55 ὄλβος . . τὰ καὶ τὰ νέμων. 7, 22 τὰ καὶ τὰ φέρεσθαι, *varia, et bona et mala.* N. 1, 30 σέο δ' ἀμφὶ τρόπῳ | τῶν τε καὶ τῶν χρήσιες (ubi v. Dissen), in tuis moribus usus est et roboris et consilii. J. 4, 52 Ζεὺς τά τε καὶ τὰ νέμει. O. 2, 78 Πηλεύς τε καὶ Κάδμος ἐν τοῖσιν ἀλέγονται. 6, 75 μῶμος ἐξ ἄλλων κρέμαται φθονεόντων | τοῖς, οἷς . . ποτιστάξει Χάρις εὐκλέα μορφάν. P. 2, 65 τὰ μὲν . . τὰ δέ. N. 7, 55 φυᾷ . . διαφέρομεν βιοτὰν λαχόντες | ὁ μὲν τά, τὰ δ' ἄλλοι, sortiti *alius haec, alia alii.* J. 3, 11 τὰ δὲ . . κάρυξε. Aesch. Suppl. 438 ἢ τοῖσιν ἢ τοῖς. 1047 ὅτι τοι μόρσιμόν ἐστιν, | τὸ γένοιτ' ἄν. Ag. 7 ἀστέρας, ὅταν φθίνωσιν, ἀντολάς τε τῶν. Eum. 7 δίδωσι δ' ἡ γενέθλιον δόσιν | Φοίβῳ, ubi v. Wellauer. 174 καὶ τὸν οὐκ ἐκλύσεται. Pr. 237 τῷ τοι . . κάμπτομαι, deshalb. P. 802 συμβαίνει γὰρ οὐ τὰ μέν, τὰ δ' οὔ. Ch. 241 ἡ δὲ πανδίκως ἐχθαίρεται. Suppl. 358 τῶν γάρ. 970 Ch. τοῦ γάρ. Eum. 462 τὸν πρὸ τοῦ φεύγων χρόνον. Ag. 1478 Ch. ἐκ τοῦ γάρ. Vgl. S. 17. Pr. 234 καὶ τοῖσιν οὐδεὶς ἀντέβαινε. Eum. 693 ἐν δὲ τῷ. Vgl. Eum. 2.

Bei Sophokl. selten allein. OR. 200 Ch. τόν. 510 Ch. τῷ (darum, deshalb). Ph. 142 τό μοι ἔννεπε. Sehr häufig ὁ μέν .. ὁ δέ, οἱ μέν .. οἱ δέ, τὸ μέν .. τὸ δέ u. s. w., oft auch ὁ δέ, τὸ δέ, s. Ellendt-Genthe L. S. p. 483 sqq. Ph. 154 Ch. τὸ γάρ μοι | μαθεῖν οὐκ ἀποκαίριον. El. 45 ὁ γὰρ | μέγιστος αὐτοῖς τυγχάνει. OR. 1082 τῆς γὰρ πέφυκα μητρός st. ταύτης. 1102 Ch. τῷ γὰρ πλάκες . . φίλαι. OC. 742 ἐκ δὲ τῶν μάλιστ' ἐγώ. Ant. 1199 καὶ τὸν μέν. Eur. Ph. 9 τοῦ δὲ Λάβδακον | φῦναι λέγουσιν. 17 ὁ δ' εἶπεν. Vgl. 21. 30 ἡ δέ. Vgl. 41. 69 τὼ δέ. Alc. 264 οἰκτρὰν φίλοισιν, ἐκ δὲ τῶν μάλιστ' ἐμοί. Hrcl. 291 ἐπὶ τοῖσι δὲ δὴ μᾶλλον. Andr. 283 ταὶ δέ. 675 f. καὶ τῷ μέν . . τῇ δέ. Hec. 566 ὁ δέ. 568 ἡ δέ. 572 ff. οἱ μέν . ., οἱ δέ. Hel. 761 τὰ μέν. Suppl. 207 πρὸς δὲ τοῖσι. Über ὁ, ὁ δέ, er, er aber, mit folgender Apposition s. unt. § 469. Die Sprache der Komiker, wie des Aristophanes, im Dialoge stimmt im Gebrauche dieses Pronomens im ganzen mit der Prosa überein.

§ 459. γ) 'Ο, ἡ, τό mit Demonstrativbedeutung in der Prosa.

1. Auch in der Prosa hat sich der demonstrative Gebrauch des Pronomens ὁ ἡ τό erhalten, ist jedoch nur auf gewisse Fälle beschränkt, und zwar tritt es als Substantivpronomen selten allein auf, sondern in der Regel in Verbindung mit kleinen Wörtern, durch welche es gewissermassen gestützt wird, wie γέ, δέ, μέν, τοί, welche ihm folgen, oder καί, das ihm vorangeht.

a) Ohne eine solche Stütze wird es nur unmittelbar vor einem durch ὅς, ὅσος, οἷος eingeleiteten Satze gebraucht, der zur Umschreibung eines Adjektivbegriffs oder, und zwar ganz besonders, eines abstrakten Substantivbegriffs dient. Unter den Prosaikern am häufigsten bei Plato zur Bezeichnung philosophischer Begriffe. Hdt. 3, 23 μηδὲν τῶν ὅσα ξύλου ἐστὶ ἐλαφρότερα. 131 ἀσκευὴς ὢν καὶ ἔχων οὐδὲν τῶν ὅσα περὶ τὴν τέχνην ἐστὶ ἐργαλήια. Vgl. 133. Pl. Soph. 241, e εἴτε μιμημάτων εἴτε φαντασμάτων αὐτῶν ἢ καὶ περὶ τεχνῶν τῶν ὅσαι περὶ ταῦτά εἰσι, ubi v. Hdrf. Parm. 130, c χωρὶς ἡμῶν καὶ τῶν οἷοι ἡμεῖς ἐσμὲν πάντων. Phaedr. 247, e τὴν ἐν τῷ ὅ ἐστιν ὂν ὄντως ἐπιστήμην. Civ. 469, b ὅταν τις γήρᾳ ἤ τινι ἄλλῳ τρόπῳ τελευτήσῃ τῶν ὅσοι ἂν διαφερόντως ἐν τῷ βίῳ ἀγαθοὶ κριθῶσι. 510, a τὰ ἐν τοῖς ὕδασι φαντάσματα καὶ ἐν τοῖς ὅσα πυκνά τε καὶ λεῖα καὶ φανὰ ξυνέστηκε. Phaed. 75, b ὀρέγεται τοῦ ὅ ἐστιν ἴσον. 92, d ὥσπερ αὐτῆς (sc. τῆς ψυχῆς) ἐστιν ἡ οὐσία ἔχουσα τὴν ἐπωνυμίαν τὴν τοῦ ὅ ἔστιν (eines abstrakten Begriffs). Lach. 185, d περὶ ἐκείνου ἡ βουλὴ τυγχάνει οὖσα οὗ ἕνεκα ἐσκόπει, ἀλλ' οὐ περὶ τοῦ ὃ ἕνεκα ἄλλου ἐζήτει. Theaet. 204, d ταὐτὸν ἄρα ἕν γε τοῖς ὅσα ἐξ ἀριθμοῦ ἐστι. Leg. 873, d μερῶν τῶν ὅσα ἀργά. Prot. 320, d ἐκ γῆς καὶ πυρὸς μίξαντες καὶ τῶν ὅσα πυρὶ καὶ γῇ κεράννυται. Lys. 23, 8 τόν τε Εὐθύκριτον καὶ τὸν ὅς ἔφη δεσπότης τούτου εἶναι. Dem. 22, 64 καὶ μισεῖν τοὺς οἵόσπερ οὗτος. — Bei Homer zeigt der Artikel in dieser Verbindungsweise (s. § 457, 4) noch das volle Gewicht eines demonstrativen οὗτος. In der Prosa dagegen, wo dieselbe nur zur vollständigeren und nachdrücklicheren Umschreibung eines dem Schriftsteller ursprünglich vorschwebenden einfachen Nominalbegriffes dient (τῶν ὅσα ἐστὶ ἐλαφρότερα = τῶν ἐλαφροτέρων, τὸν ὅς ἔφη δεσπότης εἶναι = den angeblichen Herrn), nimmt der Artikel eine Mittelstellung ein, insofern er weder vollbetont noch auch zur Tonlosigkeit des gewöhnlichen Artikels abgeschwächt ist.

b) Pl. leg. 701, e ἐπὶ δὲ τὸ ἄκρον ἀγαγόντων ἑκατέρων, τῶν μὲν δουλείας, τῶν δὲ τοὐναντίου, οὐ συνήνεγκεν οὔτε τοῖς οὔτε τοῖς, *„utrisque ad summum vel servitutis vel contrarii provectis, id nec his nec illis salutare fuit“* Stallb. Ähnlich X. R. Ath. 2, 8 φωνὴν πᾶσαν ἀκούοντες ἐξελέξαντο τοῦτο μὲν ἐκ τῆς, τοῦτο δὲ ἐκ τῆς. In der unechten Stelle: 12 οὐδὲ τἆλλα δύο ἢ τρία μιᾷ πόλει, ἀλλὰ τὸ μὲν τῇ, τὸ δὲ τῇ. Pl. civ. 546, c τὴν μὲν ἴσην . ., τὴν δὲ ἰσομήκη μὲν τῇ, προμήκη δέ, ubi v. Schneider.

c) Ὁ δέ, τὸ δέ u. s. w. ohne vorhergehendes ὁ μέν u. s. w. einen (stärkeren oder schwächeren) Gegensatz einführend. X. An. 1. 1, 9 Κῦρος δίδωσιν αὐτῷ (Κλεάρχῳ) μυρίους δαρεικούς· ὁ δὲ λαβὼν τὸ χρυσίον στράτευμα συνέλεξεν. Dem. 4, 37 ὁ δ' εἰς τοῦθ' ὕβρεως ἐλήλυθεν. 6, 15 ὁ δὲ ταῦτα μὲν μέλλει. Hdt. 4, 9 τὴν δὲ φάναι (*Acc. c. Inf.*). Pl. Phaedr. 228, b ὁ δὲ ἐπείθετο προθύμως· τῷ δὲ οὐδὲ ταῦτα ἦν ἱκανά. Th. 1, 81 τοῖς ὅπλοις αὐτῶν καὶ τῷ πλήθει ὑπερφέρομεν· τοῖς δὲ ἄλλη γῆ ἐστι πολλή. X. An. 1. 3, 21 ἀκούσαντες ταῦτα ἀγγέλλουσι τοῖς στρατιώταις· τοῖς δὲ ὑποψία ἦν. Dem. 18, 140 τὸ δ' οὐ τοιοῦτόν ἐστι, ubi v. Dissen. Vgl. Pl. ap. 37, a. Pl. Phaed. 87, c τὸ δ', οἶμαι, οὐχ οὕτως ἔχει, vgl. Symp. 183, d. Τὸ δέ oft in d. Bdtg. hingegen, jedoch. Pl. ap. 23, a οἴονται γάρ με οἱ παρόντες ταῦτα αὐτὸν εἶναι σοφόν, ἃ ἂν ἄλλον ἐξελέγξω· τὸ δὲ κινδυνεύει τῷ ὄντι ὁ θεὸς σοφὸς εἶναι, es scheint jedoch, *„articulus cum δέ conjunctus indicat id, quod alii cuidam ita opponitur, ut pro vero haberi debeat“* Stallb., der viele Beisp. anführt. Th. 3, 11 τὰ δὲ (andererseits aber, zum Teil aber) καὶ ἀπὸ θεραπείας . . περιεγιγνόμεθα. 1, 107 τὸ δέ τι (andererseits aber, zum Teil aber einigermassen) καὶ ἄνδρες τῶν Ἀθηναίων ἐπῆγον αὐτούς, s. Poppo-Stahl. 118 τὸ δέ τι καὶ πολέμοις οἰκείοις ἐξειργόμενοι. Vgl. 7. 48, 2. Bei Herodot (sonst selten) dient ὁ δέ auch zur nachdrücklichen Wiederaufnahme desselben Subjekts. Vgl. § 469, 2. Hdt. 5, 35 Ἱστιαῖος . . ἄλλως μὲν οὐδαμῶς εἶχε ἀσφαλέως σημῆναι ὥστε φυλασσομενέων τῶν ὁδῶν, ὁ δὲ τῶν δούλων τὸν πιστότατον ἔστιξε. 6, 133 οἱ δὲ Πάριοι ὅκως μέν τι δώσουσι Μιλτιάδῃ ἀργυρίου οὐδὲν διενοεῦντο, οἱ δὲ ὅκως διαφυλάξουσι τὴν πόλιν τοῦτο ἐμηχανέοντο. Vgl. Stein zu 1, 17. X. An. 4. 2, 6 ἐνταῦθ' ἔμενον ὡς τὸ ἄκρον κατέχοντες· οἱ δ' οὐ κατεῖχον. Über Th. 1, 87 s. Classen.

d) Ὁ μέν . ., ὁ δέ, der eine, der andere, οἱ μέν . . οἱ δέ, die einen, die anderen, τὸ μέν . ., τὸ δέ, τὰ μέν . . τὰ δέ, das eine, das andere, oder teils, teils, ebenso τῇ μέν . . τῇ δέ, *hic*, *illic*, teils, teils, einerseits, andererseits. Pl. Symp. 211, a οὐ τῇ μὲν καλόν, τῇ δ' αἰσχρόν, οὐδὲ πρὸς μὲν τὸ καλόν, πρὸς δὲ τὸ αἰσχρόν. X. An. 1. 10, 4 οἱ μὲν διώκοντες . ., οἱ δ' ἁρπάζοντες. 2. 5, 5 ἀνθρώπους τοὺς μὲν ἐκ διαβολῆς, τοὺς δὲ καὶ ἐξ ὑποψίας κτλ. 5. 6, 24 ἔμπειρος δέ εἰμι τῆς Αἰολίδος τὰ μὲν διὰ τὸ ἐκεῖθεν εἶναι, τὰ δὲ διὰ τὸ ξυνεστρατεῦσθαι ἐν αὐτῇ σὺν Κλεάρχῳ. 4. 8, 10 τῇ μὲν ἄνοδον, τῇ δὲ εὔοδον εὑρήσομεν τὸ ὄρος, hier, dort, teils, teils. Pl. leg. 839, b τέχνην . . τῇ μὲν ῥᾴστην ἁπασῶν, τῇ δὲ χαλεπωτάτην, einerseits, andererseits. Auch wird oft τὶς hinzugefügt, *alius quis* . . *alius quis*, wenn die einander entgegengesetzten Gegenstände ungewiss oder unbestimmt sind. X. conv. 2, 6 καὶ ὁ μέν τις . . ὁ δέ τις . . ἕτερος δέ τις. Cy. 3. 2, 10 οἱ μέν τινες ἀπέθνῃσκον, οἱ δ' ἔφευγον. 6. 1, 1 οἱ μὲν . . οἱ δὲ . ., ὁ δέ τις Σάκας, ὁ δέ τις Γωβρύαν = mancher. An. 3. 3, 19 ὁρῶ ἵππους ὄντας ἐν τῷ στρατεύματι, τοὺς μέν τινας παρ' ἐμοί, τοὺς δὲ τῶν Κλεάρχου καταλελειμμένους. Comm. 2. 5, 3 τὸν μέν τινα . . τὸν δέ. Vgl. Hell. 4. 4. 3 An. 4. 1, 14 ἐπορεύθησαν τὰ μέν τι μαχόμενοι, τὰ δὲ ἀναπαυόμενοι. Pl. Phil. 13, c τὰς μὲν εἶναί τινας ἡδονὰς ἀγαθάς, τὰς δέ τινας κακάς. Euthyphr. 12, a τὸ μὲν αὐτοῦ ὅσιον, τὸ δέ τι καὶ ἄλλο. Abwechselnd mit ἄλλος Pl. leg. 658, b εἰκός που τὸν μέν τινα ἐπιδεικνύντα ῥαψῳδίαν, ἄλλον δὲ κιθαρῳδίαν, τὸν δέ τινα τραγῳδίαν. Auch ohne entsprechendes οἱ μέν. Andoc. 1, 38 ἑστάναι δὲ κύκλῳ ἀνὰ πέντε καὶ δέκα ἄνδρας, τοὺς δὲ ἀνὰ εἴκοσι, manche. X. An. 5. 7, 16 τόν τε Κλεάρετον ἀποκτείνουσι καὶ τῶν ἄλλων συχνούς· οἱ δέ τινες καὶ εἰς Κερασοῦντα αὐτῶν ἀποχωροῦσι, mancher.

Anmerk. Dem ὁ μέν wird oft nicht ὁ δέ, sondern ein anderes Wort entgegengestellt. Th. 2, 92 ἄνδρας τοὺς μὲν ἀπέκτειναν, τινὰς δὲ καὶ ἐζώγρησαν. Dem. 2, 3 ὁ μέν . . ὑμεῖς δέ. X. An. 7. 2, 14 τοὺς μέν . . αὐτὸς δέ.

e) Καὶ τόν, καὶ τήν, *et eum*, *et eam*, zu Anfang des Satzes in der Konstruktion des *Acc. c. Inf.* häufig, bei Hdt. auch in anderen Kasus. Hdt. 1, 24 καὶ τοῖσι ἐσελθεῖν γὰρ ἡδονήν. 2, 162 καὶ τῷ οὔ κως ἀεκούσιον ἐγίνετο τὸ ποιεύμενον. 4, 5 καὶ τῶν ἰδόντα πρῶτον τὸν πρεσβύτατον ἆσσον ἰέναι . . καὶ τὸν αὖτις ταὐτὰ ποιέειν. 4, 9 καὶ τὸν κομισάμενον (sc. τοὺς ἵππους) ἐθέλειν ἀπαλλάσσεσθαι. 1, 86 καὶ τοὺς προσελθόντας ἐπειρωτᾶν. X. Cy. 1. 3, 9 καὶ τὸν κελεῦσαι δοῦναι. Pl. Symp. 174, a καὶ τὸν εἰπεῖν. Im Nomin. aber καὶ ὅς, καὶ ἥ, καὶ οἵ, s. § 518, 4.

f) Τὸν καὶ τόν, den und den, τὸ καὶ τό, τὰ καὶ τά, Akkus., das und das (vgl. § 458, 3), von einem Gegenstande, den man nicht nennen will oder kann. Lys. 1, 23 καὶ ἀφικνοῦμαι ὡς τὸν καὶ τόν, καὶ τοὺς μὲν οὐκ ἔνδον κατέλαβον, τοὺς δὲ οὐκ ἐπιδημοῦντας εὗρον. 19, 59 καί μοι κάλει τὸν καὶ τόν. Dem. 9, 68 ἔδει γὰρ τὸ καὶ τὸ ποιῆσαι καὶ τὸ μὴ ποιῆσαι. 18, 243 εἰ τὸ καὶ τὸ ἐποίησεν ἄνθρωπος, οὐκ ἂν ἀπέθανεν. 21, 141 τί δὴ τὰ καὶ τὰ πεπονθὼς ὁ δεῖνα οὐκ ἐλάμβανε δίκην παρ' ἐμοῦ; Pl. leg. 784, c ὀμόσαντες ἦ μὴν ἀδυνατεῖν τὸν καὶ τὸν βελτίω ποιεῖν. Mit einem Subst. Pl. leg. 721 b ζημιοῦσθαι χρήμασί τε καὶ ἀτιμίᾳ, χρήμασι μὲν τόσοις καὶ τόσοις, τῇ δὲ καὶ τῇ ἀτιμίᾳ. Auf ganz ähnliche Weise τόσα καὶ τόσα, wie in der angeführten Stelle, und τοῖος καὶ τοῖος. Pl. Phaedr. 271, d ἔστιν οὖν τόσα καὶ τόσα καὶ τοῖα καὶ τοῖα, ubi v. Stallb. Civ. 429, b ἢ τοίαν αὐτὴν εἶναι ἢ τοίαν. 438, a τοῦ δὲ τοίου ἢ τοίου.

g) Mit Präpositionen (vgl. § 458, 3) häufiger nur: πρὸ τοῦ oder προτοῦ, ganz entsprechend unserem vor dem, entweder in der Bdtg. *ante id, quod modo definitum est, tempus*, wie Hdt. 1, 103 πρῶτος διέταξε χωρὶς ἑκάστους εἶναι . .· πρὸ τοῦ δὲ ἀναμὶξ ἦν πάντα ὁμοίως ἀναπεφυρμένα. Th. 1, 118 (οἱ Λακεδαιμόνιοι) ἡσύχαζον τὸ πλέον τοῦ χρόνου, ὄντες καὶ πρὸ τοῦ μὴ ταχεῖς ἰέναι ἐς τοὺς πολέμους. Pl. Symp. 172, c ἀφ' οὗ δ' ἐγὼ Σωκράτει συνδιατρίβω, οὐδέπω τρία ἔτη ἐστίν· πρὸ τοῦ δὲ κτλ. oder = vormals, ehemals, wie Th. 1, 103 ἦν δέ τι καὶ χρηστήριον τοῖς Λακεδαιμονίοις Πυθικὸν πρὸ τοῦ τὸν ἱκέτην τοῦ Διὸς ἀφιέναι. Vereinzelt: Pl. Euthyd. 303, c πολλὰ μὲν οὖν καὶ ἄλλα οἱ λόγοι ὑμῶν καλὰ ἔχουσιν, ἐν δὲ τοῖς καὶ τοῦτο μεγαλοπρεπέστατον. (Über ἐν τοῖς als Steigerungsformel beim Superlativ s. § 349, b 7 i) u. Anm. 4.) Παρὰ μὲν τοῦ . . παρὰ δὲ τοῦ X. R. Ath. 2, 11. Τοῦτο μὲν ἐκ τῆς, τοῦτο δὲ ἐκ τῆς ib. 8, s. unter b). [Aber Th. 1. 2, 5 ist ἐκ τοῦ ἐπὶ πλεῖστον = *ex antiquissimis temporibus*. 4, 63 καὶ διὰ τὸ ἤδη φοβεροὺς παρόντας 'Αθηναίους sind zwei Konstruktionen vermischt: διὰ τὸ . . παρεῖναι u. διὰ ἤδη φ. παρόντας 'Αθ. s. Poppo in ed. Goth.; anders Stahl.] Bei Hdt. 1, 51 καὶ τάδε ἄλλα ἅμα τοῖσι. 5, 97 ταῦτά τε δὴ ἔλεγε καὶ πρὸς τοῖσι τάδε. 6, 84 ἔκ τε τοῦ, *ex eo tempore* (Var. ἔκ τε τόσου).

h) Τῷ τοι, *idcirco*, (s. § 457, 1) in der Prosa nur: Pl. Soph. 230, b τῷ τοι ταύτης τῆς δόξης ἐπὶ ἐκβολὴν ἄλλῳ τρόπῳ στέλλονται. Theaet. 179, d τῷ τοι . . σκεπτέον. Himer. or. 6, 4 τῷ τοι καὶ γράψαι κτλ., s. Hdrf. u. Stallb.

i) Ὅ γε, τό γε sehr selten. Pl. Euthyd. 271, c πάσσοφοι ἀτεχνῶς τώ γε, οὐδ' ἤδη κτλ. nach d. meist. u. best. cdd. st. π. ἀτεχνῶς ὥς ἔγωγε ἤδη, so Stallb., aber dagegen Schneider ad Civ. 546, c. 291, a ἀλλὰ μὴν τό γε εὖ οἶδα. Polit. 305, c τό γε δὴ κατανοητέον . ., ὅτι. Hdt. 2, 173 λάθοι ἂν ἤτοι μανεὶς ἢ ὅ γε ἀπόπληκτος γενόμενος mit durchaus epischer Färbung, s. § 469.

k) Ὁ γάρ mehrmals bei Hdt., wie 1, 172 τοῖσι γὰρ κάλλιστόν ἐστι. 2, 124 τῆς μὲν γὰρ μῆκός εἰσι πέντε στάδιοι. 148 τοῦ γὰρ δυώδεκα μέν εἰσι αὐλαί.

2. Dass ὁ ἡ τό auch attributiv, wie von allen Dichtern seit Homer, so auch in der Prosa in demonstrativer Bedeutung oft gebraucht wird, werden wir § 461, 8 sehen.

§ 460. δ) Ὅ, ἥ, τό als Relativpronomen.

1. Wie das deutsche Pronomen der, die, das auch als Relativpronomen gebraucht wird, ebenso das griechische, aber durchweg betont: ὅ, ἥ, τό. Wie der Gebrauch zu erklären sei, werden wir in der Lehre von dem zusammengesetzten Satze § 518 sehen.

2. Dieser relative Gebrauch ist in der altionischen (Homerischen) Mundart sehr häufig, aber st. ὅ gewöhnlich ὅς, sowie st. τοί häufiger οἵ, desgleichen auch in der äolischen, dorischen und neuionischen, in jener jedoch nur die mit τ anlautenden Formen, daher im Plur. τοί und ταί (st. οἵ, αἵ), aber im Sing. ὅς, ἥ, in dieser bei Herodot gleichfalls nur die mit τ anlautenden Formen, sowie auch ὅς, ἥ, ausserdem aber auch οἵ, αἵ; nach den Präpositionen aber, welche die Apostrophierung erfahren, werden die gewöhnlichen Relativformen gebraucht, sowie in den Verbindungen ἐξ οὗ, ἐν ᾧ, ἐς ὅ. Hippokrates hat sich dieses Gebrauches des Artikels fast gänzlich enthalten (doch vgl. § 174, 3). Α, 388 ἠπείλησεν μῦθον, ὃ δὴ τετελεσμένος ἐστίν. Π, 835 Τρωσὶ . . μεταπρέπω, ὅ σφιν ἀμύνω | ἦμαρ ἀναγκαῖον. β, 262 κλῦθί μευ, ὃ χθιζὸς θεὸς ἤλυθες ἡμέτερον δῶ. Α, 72 ἣν διὰ μαντοσύνην, τήν οἱ πόρε Φοῖβος Ἀπόλλων. 125 ἀλλὰ τὰ μὲν πολίων ἐξεπράθομεν, τὰ δέδασται, *quae ex urbibus praedati sumus, ea sunt distributa.* Η, 146 τεύχεα δ' ἐξενάριξε, τά οἱ πόρε χάλκεος Ἄρης. θ, 23 ἀέθλους | πολλούς, τοὺς Φαίηκες ἐπειρήσαντ' Ὀδυσῆος. Ζ, 493 πᾶσιν, ἐμοὶ δὲ μάλιστα, τοὶ Ἰλίῳ ἐγγεγάασιν. Vgl. Ρ, 145. Κ, 27 Ἀργεῖοι, τοὶ δὴ . . ἤλυθον. Vgl. α, 23. Beispiele aus der äolischen und dorischen Mundart s. § 174, 2. Hdt. 1, 1 τὸν χῶρον, τὸν καὶ νῦν οἰκέουσι. Ib. κατὰ τὠυτό, τὸ καὶ Ἕλληνες λέγουσι. Ib. τῶν φορτίων, τῶν σφι ἦν θυμὸς μάλιστα. 2 τἆλλα, τῶν εἵνεκεν ἀπίκατο. 5 τὸν δὲ οἶδα αὐτὸς πρῶτον ὑπάρξαντα ἀδίκων ἔργων ἐς τοὺς Ἕλληνας, τοῦτον σημήνας προβήσομαι ἐς τὸ πρόσω τοῦ λόγου. Ib. τὰ γὰρ τὸ πάλαι μεγάλα ἦν, τὰ πολλὰ αὐτῶν σμικρὰ γέγονε, u. sonst sehr oft. Vgl. § 174, 3.

3. Nach dem Vorgange Homers gebrauchen auch die Tragiker (nicht aber die Komiker, Ar. Ach. 870 τῶν ἐγὼ φέρω ist bööt.) den Artikel als Relativ, am häufigsten Sophokles, seltener Aeschylus, höchst selten im Dialoge, häufiger in den melischen Stellen Euripides. Im Dialoge werden nur die mit τ anlautenden Formen verwandt (über die Form ὅ = ὅς s. Anm.), und zwar a) zur Vermeidung des Hiatus, b) zur Verlängerung einer kurzen Silbe, was jedoch selten geschieht, c) selten (nur in melischen Stellen häufiger), um den Anfang des Verses zu kräftigen. Beliebter und nicht auf die angeführten

drei Fälle beschränkt sind diese Formen in den melischen Stellen [1]). a) Aesch. S. 37 σκοποὺς . . ἔπεμψα, τοὺς πέποιθα μὴ ματᾶν ὁδοῦ. Ag. 526 μακέλλῃ, τῇ κατείργασται πέδον. S. OR. 1055 ἐκεῖνον, ὅντιν' ἀρτίως | μολεῖν ἐφιέμεσθα, τόν θ' οὗτος λέγει. Tr. 47 δέλτον λιπὼν ἔστειχε, τήν. 381 Ἰόλη 'καλεῖτο, τῆς. Ph. 14 σόφισμα, τῷ νιν αὐτίχ' αἱρήσειν δοκῶ. Ant. 1086 τοξεύματα | βέβαια, τῶν σὺ θάλπος οὐχ ὑπεκδραμῇ. Eur. Andr. 810 κτείνουσα, τοὺς οὐ χρὴ κτανεῖν. — b) Aesch. Suppl. 305 Ἄργον, τὸν Ἑρμῆς παῖδα γῆς κατέκτανε. Eur. Ba. 712 ὥστ' εἰ παρῆσθα, τὸν θεόν, τὸν νῦν ψέγεις. [S. OC. 35 steht in den cdd. σκοπὸς προσήκεις τῶν ἃ δηλοῦμεν gegen den Sinn; daher will Steph. lesen σκ. πρ. τῶν ἀδηλοῦμεν, *de quibus incerti sumus* od. *quae ignoramus*, Schol. περὶ ὧν ἀγνοοῦμεν, aber die Formen mit τ, wie τῶν, werden von Sophokles nur nach vorhergehendem Vokale gebraucht; daher Elmsley ὧν ἀδηλοῦμεν]. — c) Aesch. Suppl. 264 χθόνα | τήνδ' ἐκκαθαίρει κνωδάλων βροτοφθόρων, | τὰ δὴ . . ἀνῆκε γαῖα. Häufiger in den melischen Stellen, wie Aesch. Eum. 917 οὐδ' ἀτιμάσω πόλιν, | τὰν . . νέμει. S. Ai. 226. El. 205. Ant. 606. 826. 1137. Ph. 1127. Eur. Hec. 473 ἢ Τιτάνων γενεάν, | τὰν Ζεὺς . . κοιμίζει. Rh. 240. Hipp. 1279. I. A. 208. — d) Von melischen Stellen kommen ausserdem namentlich folgende in Betracht: Aesch. P. 43 ἔθνος, τοὺς . . ἐξορμῶσιν. 894 Σαλαμῖνά τε, τᾶς. Suppl. 171 παῖδ' ἀτιμάσας, τὸν αὐτός ποτ' ἔκτισεν γόνῳ. S. Ai. 255. Ph. 707 οὐκ ἄλλων | αἴρων, τῶν νεμόμεσθα. Eur. Hec. 635 Ἑλένας ἐπὶ λέκτρα, τὰν . . Ἅλιος αὐγάζει. Andr. 107 Ἕκτορα, τὸν περὶ τείχη | εἵλκυσε. Suppl. 75 χορόν, τὸν Ἅιδας σέβει. Vgl. 976. Hipp. 747 οὐρανοῦ, τὸν Ἄτλας ἔχει. Vgl. Alc. 967. I. T. 151 νυκτός, τᾶς ἐξῆλθ' ὄρφνα.

Anmerk. Der Nomin. ὅ = *qui* findet sich Eur. Hipp. 525 Ch. Ἔρως Ἔρως, ὃ κατ' ὀμμάτων | στάζεις πόθον, durch das Metrum geschützt (Wecklein ὁ . . στάζων). Ba. 545 Ch. hat Ald. θεοῖ- | σιν, ὅς με βρόχοισι τὰν τοῦ, wo Herm. wegen des Metrums schreibt θεοῖ- | σιν, ὅ μ' ἐν βρόχοισι τὰν τοῦ; A. Nauck schreibt θεοῖς, | ὃς ἐμὲ βρ. τ. τ. Im Dialoge Eur. Ba. 468 ΠΕ. Ζεὺς δ' ἔστ' ἐκεῖ τις, ὃς νέους τίκτει θεούς; ΔΙ. οὐκ, ἀλλ' ὃ Σεμέλην ἐνθάδ' ἔζευξεν γάμοις, wie Barnes verbessert hat für ὁ od. ὃς Σεμέλης der cdd., Σεμέλην cdd. Stephani; Musgr. u. mit ihm andere: οὐκ, ἀλλ' ὁ Σεμέλην ἐνθάδε ζεύξας γάμοις, Herm. οὐκ, ἀλλ' ὁ Σεμέλης ἐνθάδε ζεύξας γάμους (γάμους Par. 5).

4. Dass auch der attischen Prosa dieser Gebrauch nicht gänzlich fremd gewesen ist, beweisen einzelne Privatinschriften [2]): Λυκῖνος ἀνέθηκεν τῇ Ἀθηναίᾳ τὸ (= ὅ) πρῶτον ἠργάσατο — πλὴν τῶνδε τῶν (= ὧν) ἐνέλειπεν. In Staatsdekreten jedoch ist er ebensowenig nachzuweisen wie in der Litteratur.

---

1) S. Hahn Progr. Salzwedel 1846, p. 6 sqq. — 2) S. Meisterhans a. a. O. p. 123.

§ 461. ε) 'Ο, ἡ, τό als eigentlicher Artikel, wie er sich vollständig in der attischen Mundart, besonders in der Prosa entwickelt hat.

1. Der eigentliche Artikel ist als eine grammatische Form anzusehen, welche gewohnheitsmässig angewandt wird, um einen Substantivbegriff zu individualisieren, d. h. ihn aus seiner Allgemeinheit herauszuheben und aus einem allgemeinen zu einem besonderen, aus einem unbestimmten zu einem bestimmten zu machen. Das Substantiv ohne Artikel bezeichnet entweder irgend ein unbestimmtes Einzelwesen oder giebt den abstrakten Begriff ganz allgemein an. Also ἄνθρωπος: a) ein Mensch als Einzelwesen, d. h. irgend einer aus der Gattung der Menschen, als: ἄνθρωπος ἦλθεν ὡς ἐμέ; b) Mensch, ein Mensch als Gattung, wo wir der Mensch sagen. Pl. Prot. 321, c ἡ εἱμαρμένη ἡμέρα παρῆν, ἐν ᾗ ἔδει καὶ ἄνθρωπον ἐξιέναι ἐκ γῆς εἰς φῶς. X. An. 1. 7, 6 μέχρι οὗ διὰ καῦμα οὐ δύνανται οἰκεῖν ἄνθρωποι. Pl. Leg. 899, d ὁρῶμεν εἴτε ἱκανῶς ἤδη τοῖς οὐχ ἡγουμένοις θεοὺς εἰρήκαμεν ὡς εἰσὶ θεοί, εἴτε ἐπιδεῶς. — ὁ ἄνθρωπος: a) der Mensch als Einzelwesen, der Mensch, den man seiner Betrachtung unterwirft und als ein von den übrigen Menschen unterschiedenes Einzelwesen anschaut. Pl. Phaed. 117, e (Σωκράτης) κατεκλίθη ὕπτιος· οὕτω γὰρ ἐκέλευεν ὁ ἄνθρωπος. X. Hier. 1, 1 Σιμωνίδης ὁ ποιητὴς ἀφίκετό ποτε πρὸς Ἱέρωνα τὸν τύραννον. Comm. 1. 2, 64 ὃς (Σωκράτης) ἀντὶ τοῦ μὴ νομίζειν θεοὺς φανερὸς ἦν θεραπεύων τοὺς θεούς, welcher, weit entfernt nicht an Götter zu glauben, die im Staate anerkannten Götter ehrte; b) der Mensch als Gattung, wie ich ihn seinem ganzen Wesen nach als etwas Bestimmtes und Begrenztes denke, indem ich alles, was zum Begriffe Mensch gehört, zusammenfasse und als eine bestimmte und begrenzte Einheit bezeichne, als: ὁ ἄνθρωπος θνητός ἐστι, der Mensch (d. h. alle Menschen) ist sterblich. Pl. Prot. 322, a ὁ ἄνθρωπος θείας μετέσχε σοφίας. X. Hier. 2, 18 πόλεμον ἔχων διατελεῖ ὁ τύραννος. Conv. 4, 47 καὶ Ἕλληνες καὶ βάρβαροι τοὺς θεοὺς ἡγοῦνται πάντα εἰδέναι. Id. An. 2. 6, 10 λέγειν αὐτὸν ἔφασαν, ὡς δέοι τὸν στρατιώτην φοβεῖσθαι μᾶλλον τὸν ἄρχοντα ἢ τοὺς πολεμίους. Γάλα, Milch, τὸ γάλα, die Milch, als ein bestimmter Stoff oder als Gattung gedacht. Pl. Tim. 81, c τεθραμμένης ἐν γάλακτι. Τὸ γάλα ἡδύ ἐστιν. Σοφία, Weisheit, oder eine Weisheit, ἡ σοφία, die Weisheit, die Klugheit, als eine bestimmte Eigenschaft gedacht. Pl. Theag. 123, d καὶ ἡ ἡνιοχεία σοφία ἐστίν. Prot. 360, d ἡ σοφία τῶν δεινῶν καὶ μὴ δεινῶν ἀνδρεία ἐστίν. Φιλοσοφία, Philosophie im allgemeinen, ἡ φ., die Ph. als eine besondere Wissenschaft. Pl. Theaet. 174, a διάγειν ἐν φιλοσοφίᾳ, *in philosophando*. Phaedr. 239, b τοῦτο δὲ ἡ θεία φιλοσοφία τυγχάνει ὄν. Phaed. 69, c

καὶ ἡ σωφροσύνη καὶ ἡ δικαιοσύνη καὶ αὐτὴ ἡ φρόνησις μὴ καθαρμός τις ᾖ, hier werden die genannten Tugenden als bestimmte Begriffe dargestellt. Das Abstraktum nimmt aber auch dann den Artikel zu sich, wenn es konkrete Bedeutung annimmt, als: ἡ στάσις, der (bestimmte) Aufruhr, τὸ πρᾶγμα, die (bestimmte) That; daher auch der Plural: αἱ στάσεις, τὰ πράγματα. Über den Unterschied des Infinitivs ohne Artikel und desselben mit dem Artikel τό s. § 478, 1.

Anmerk. 1. Die alten Grammatiker (vgl. Bekk. An. II. p. 899. Apollon. de synt. p. 26 sq. de pron. p. 16) setzen das ganze Wesen des Artikels in die ἀναφορά, ἀναπόλησις προεγνωσμένου καὶ ἀπόντος προσώπου. Allerdings wird der Artikel unendlich oft gebraucht, um eine Hinweisung auf Bekanntes, schon Erwähntes zu bezeichnen; allein alsdann tritt der Artikel nicht als eigentlicher, reiner Artikel auf, sondern mehr in seiner ursprünglichen demonstrativen Bedeutung.

Anmerk. 2. Der deutsche unbestimmte Artikel ein hat eine doppelte Bedeutung. Er bezeichnet entweder die Gattung, aber unbestimmt, als: ein Mensch; in diesem Falle setzen die Griechen das blosse Substantiv, als: ἄνθρωπος; oder er bezeichnet zwar auch, wie der bestimmte Artikel, ein Einzelwesen der Gattung, aber nicht ein bestimmtes und von den übrigen unterschiedenes; auch in diesem Falle gebraucht der Grieche das blosse Substantiv, s. Nr. 1; will er aber ein Einzelwesen der Gattung als ein solches bezeichnen, welches ihm zwar als ein wirklich bestehendes vorschwebt, das er aber nicht näher bestimmen kann oder will, so verbindet er das Substantiv mit dem unbestimmten Pronomen τίς, *quidam*, als: γυνή τις ὄρνιν εἶχεν. Über die Stellung von τίς s. § 470, A. 6. Von dem substantivisch gebrauchten τὶς, *quidam*, unterscheidet sich ὁ δεῖνα, das zwar gleichfalls *quidam* bedeutet, aber nur in Verbindung mit dem Artikel gebraucht wird, mag es eine bestimmte Person bezeichnen, die man nennen könnte, oder eine unbestimmte, beliebige [1]).

Anmerk. 3. Aus dem Nr. 1 Gesagten geht hervor: a) dass das Substantiv als Subjekt des Satzes sowohl mit als ohne Artikel auftreten kann, je nachdem dasselbe entweder als ein bestimmter oder als ein unbestimmter Gegenstand aufgefasst werden soll, als: ὁ ἄνθρωπος θνητός ἐστιν und ἄνθρωπος θνητός ἐστιν. Da aber das Subjekt den Gegenstand ausdrückt, von dem etwas ausgesagt wird und der die Grundlage des ganzen Gedankens bildet, zu dem Redenden in eine bestimmte Beziehung tritt und demnach aus der Sphäre des allgemeinen Begriffes herausgehoben wird, so ist es natürlich, dass dasselbe in der Regel als ein bestimmter Gegenstand aufgefasst wird. X. Cy. 7. 5, 5 τῆς φάλαγγος ἀνάγκη τοὺς πρώτους ἀρίστους εἶναι καὶ τοὺς τελευταίους, ἐν μέσῳ δὲ τοὺς κακίστους τετάχθαι. Comm. 3. 1, 8 τούς τε πρώτους ἀρίστους δεῖ τάττειν καὶ τοὺς τελευταίους, ἐν μέσῳ δὲ τοὺς χειρίστους, der Sinn ist: man muss die Soldaten so stellen, dass die vordersten und die letzten die besten sind, s. das. Kühners Bmrk. Dem. 4, 35 ἄν τε δεινοὶ λέγωσιν ἄν τ' ἰδιῶται οἱ τούτων ἑκατέρων ἐπιμελούμενοι. Wird aber das Subjekt als blosser allgemeiner Begriff ohne alle Individualisation dargestellt, so muss es auch des Artikels entbehren, wie z. B. in dem Ausspruche des Protagoras b. Pl. Theaet. 152, a πάντων χρημάτων μέτρον ἄνθρωπον εἶναι, der Mensch (d. h. was wir unter Mensch begreifen) ist das Mass aller

[1]) S. Hermann ad Viger. p. 704, 24.

Dinge. Isocr. 3, 7 λόγος ἀληθὴς καὶ νόμιμος καὶ δίκαιος ψυχῆς ἀγαθῆς καὶ πιστῆς εἴδωλόν ἐστιν. Vgl. Ps. Isocr. 1, 29; — b) dass hingegen das Prädikat gemeiniglich des Artikels entbehrt[1]), da dasselbe in der Regel nicht ein bestimmtes Individuum, sondern nur den abstrakten Begriff einer Eigenschaft bezeichnet, die von dem Subjekte ausgesagt wird. Κῦρος ἐγένετο βασιλεὺς τῶν Περσῶν, wie im Deutschen: ward König. Hdt. 1, 108 νὺξ ἡ ἡμέρη ἐγένετο, der Tag ward Nacht. Th. 2, 15 καλεῖται ἡ ἀκρόπολις ὑπὸ 'Αθηναίων πόλις, wiewohl die deutsche Sprache sehr häufig dem prädikativen Substantive den Artikel hinzufügt. X. Oec. 5, 17 ἔφη τὴν γεωργίαν τῶν ἄλλων τεχνῶν μητέρα καὶ τροφὸν εἶναι. Pl. Phaed. 107, c εἰ μὲν γὰρ ἦν ὁ θάνατος τοῦ παντὸς ἀπαλλαγή, ἕρμαιον ἂν ἦν τοῖς κακοῖς ἀποθανοῦσι τοῦ σώματος ἀπηλλάχθαι. Pl. Hipp. 1, 297, c οὔθ' ὁ πατὴρ υἱός ἐστιν οὔθ' ὁ υἱὸς πατήρ . . οὐδέ γε τὸ αἴτιον γιγνόμενόν ἐστιν, οὐδὲ τὸ γιγνόμενον αὖ αἴτιον, nicht ist die Ursache das Werdende, noch auch das Werdende die Ursache. Symp. 196, c εἶναι ὁμολογεῖται σωφροσύνη τὸ κρατεῖν ἡδονῶν καὶ ἐπιθυμιῶν. Ibid. 186, c τοῦτό ἐστιν, ᾧ ὄνομα (Prädikat) τὸ ἰατρικόν (Subj.), dieses ist das, dem das Heilsame als Name zukommt. Hingegen Phil. 12, b πειρατέον ἀπ' αὐτῆς τῆς θεοῦ, ἣν ὅδε 'Αφροδίτην μὲν λέγεσθαί φησι, τὸ δ' ἀληθέστατον αὐτῆς ὄνομα (Subj.) ἡδονὴν (Präd.) εἶναι. X. Comm. 1. 2, 62 ἐάν τις φανερὸς γένηται κλέπτων ἢ λωποδυτῶν . ., τούτοις θάνατός ἐστιν ἡ ζημία, die für diese bestimmte Strafe ist der Tod (Prädik.). [Aber in den Redensarten θάνατον ζημίαν τάττειν, ἐπιτίθεσθαι, ποιεῖν ist ζημίαν bloss nähere Bestimmung von θάνατον, s. Kühners Bmrk. ad X. Comm. 2. 2, 4.] Pl. Gorg. 507, d οὗτος (Präd.) ἔμοιγε δοκεῖ ὁ σκοπὸς (Subj.) εἶναι, πρὸς ὃν βλέποντα δεῖ ζῆν. Menex. 248, a ὅτῳ ἀνδρὶ εἰς ἑαυτὸν ἀνήρτηται πάντα τὰ πρὸς εὐδαιμονίαν φέροντα, τούτῳ ἄριστα παρεσκεύασται ζῆν, οὗτός ἐστιν ὁ σώφρων καὶ οὗτος ὁ ἀνδρεῖος καὶ φρόνιμος. Es ist hier die Rede von dem σώφρων, ἀνδρεῖος, φρόνιμος = ὁ σώφρων ἐστὶν οὗτος, ὅτῳ. Phaed. 78, c ἅπερ ἀεὶ κατὰ ταὐτὰ καὶ ὡσαύτως ἔχει, ταῦτα μάλιστα εἰκὸς εἶναι τὰ ἀξύνθετα, ἃ δ' ἄλλοτ' ἄλλως, ταῦτα δὲ τὰ ξύνθετα = τὰ ἀξύνθετα εἶναι ταῦτα, ἅπερ κτλ. (Doch kann οὗτος auch, wenn das Substantiv ohne Artikel steht, Subjekt und jenes Prädikat sein. Pl. ap. 24, b αὕτη ἔστω ἱκανὴ ἀπολογία.) Id. Phaed. 109, e ἐκεῖνός ἐστιν ὁ ἀληθῶς οὐρανός. 111, a ὅπερ (Präd.) ἡμῖν τὸ ὕδωρ (Subj.) πρὸς τὴν ἡμετέραν χρείαν, τοῦτο (Pr.) ἐκεῖ τὸν ἀέρα, ὃ (Pr.) δὲ ἡμῖν ὁ ἀήρ, ἐκείνοις τὸν αἰθέρα. Phaedr. 250, a ὃ (Präd.) δ' ἔστι τὸ πάθος (Subj.), ἀγνοοῦσι. Symp. 199, c ἐπιδεῖξαι, ὁποῖός τίς (Pr.) ἐστιν ὁ Ἔρως. Gorg. 448, e οὐδεὶς ἠρώτα, ποία τις (Pr.) εἴη ἡ Γοργίου τέχνη, ἀλλὰ τίς (Pr.). Prot. 331, a σὸς (Pr.) οὗτος ὁ λόγος ἐστίν; Euthyphr. 11, c σαὶ (Pr.) γὰρ αἱ ὑποθέσεις εἰσίν. Aus demselben Grunde wird, wenn das Prädikat ein Superlativ oder ein Substantiv mit einem attributiven Superlative oder ein Komparativ oder ein Ordnungszahlwort ist, im Griechischen der Artikel nicht gesetzt, während er im Deutschen hinzugefügt wird. Th. 3, 116 οἳ ἐπὶ τῇ Αἴτνῃ τῷ ὄρει οἰκοῦσιν, ὅπερ μέγιστόν ἐστιν ὄρος ἐν τῇ Σικελίᾳ. Lys. 1, 10 ᾤμην τὴν ἐμαυτοῦ γυναῖκα πασῶν σωφρονεστάτην εἶναι τῶν ἐν τῇ πόλει. X. oec. 6, 8 ἀνδρὶ καλῷ κἀγαθῷ ἐργασία κρατίστη ἐστὶ γεωργία, vgl. Ag. 1, 3. 5, 5. 7, 2. 9, 7. Conv. 2, 5. 3, 13 u. s. Dem. 35, 2 εἰσὶ (sc. οἱ Φασηλῖται) πονηρότατοι ἀνθρώπων καὶ ἀδικώτατοι. [Pl. Lys. 204, e Δημοκράτους ὁ πρεσβύτατος υἱός scheint δεικτικῶς gesagt zu sein: jener älteste Sohn. Wo aber auf Bekanntes oder Erwähntes hingewiesen

[1]) S. J. Dornseiffen de articulo ap. Graecos ejusque usu in *praedicato*. Amstelodami 1856. Procksch, Über den Gebrauch des Artikels, insbesondere beim Prädikat, in Philol. XL (1881) S. 1 ff. Vgl. Scheuerlein Synt. S. 227 f.

wird, muss natürlich der Artikel stehen. Pl. Gorg. 448, e οὐ γὰρ ἀπεκρινάμην, ὅτι (ἡ ῥητορικὴ) εἴη ἡ καλλίστη (τέχνη) in Beziehung auf die vorhergehenden Worte Γοργίας μετέχει τῆς καλλίστης τῶν τεχνῶν. S. Anm. 4. Pl. Leg. 735, e ὁ δὲ πρᾳότερός ἐστι τῶν καθαρμῶν ὁ τοιόσδε ἡμῖν ist ὁ πρ. Subjekt und ὁ τοιόσδε Präd., der so beschaffene, wie er im folgenden beschrieben wird.] Hdt. 4, 52 ff. τρίτος δὲ Ὕπανις ποταμός . . τέταρτος δὲ Βορυσθένης u. s. w. Th. 1, 55 ἐτύγχανον δυνάμει αὐτῶν οἱ πλείους πρῶτοι ὄντες τῆς πόλεως. Pl. Gorg. 479, d δεύτερον ἄρα ἐστὶ τῶν κακῶν μεγέθει τὸ ἀδικεῖν. Steht ein mit dem Artikel verbundenes Partizip einem Worte ohne Artikel gegenüber, so ist jenes das Subjekt, dieses das Prädikat. X. An. 2. 4, 5 ὁ ἡγησόμενος οὐδεὶς ἔσται, einer, der uns den Weg zeigen wird, wird nicht da sein. Pl. Phaed. 97, c νοῦς ἐστιν ὁ διακοσμῶν τε καὶ πάντων αἴτιος. Phaedr. 245, d οὕτω δὴ κινήσεως ἀρχὴ τὸ αὐτὸ αὑτὸ κινοῦν. Mit Attraktion: X. An. 3. 1, 42 οὔτε πλῆθός ἐστιν οὔτε ἰσχὺς ἡ ἐν τῷ πολέμῳ τὰς νίκας ποιοῦσα, das im Kriege die Siege Bewirkende (Subj.) ist weder grosse Menschenmenge noch Stärke (Prädik.). [Jedoch kann auch das Partizip mit dem Artikel das Prädikat sein, wenn auf etwas Vorhergegangenes hingewiesen wird. Pl. civ. 608, e τὸ μὲν ἀπολλύον καὶ διαφθεῖρον (Präd.) πᾶν τὸ κακὸν εἶναι, τὸ δὲ σῷζον καὶ ὠφελοῦν (Pr.) τὸ ἀγαθόν. Vgl. Euthyd. 291, a. S. Anm. 4.]

Anmerk. 4. Wenn das Prädikat nicht als etwas Unbestimmtes und Allgemeines, sondern als etwas Bestimmtes, als etwas schon Erkanntes oder Bekanntes oder vorher Erwähntes, als etwas aus dem Vorhergehenden sich Ergebendes oder Geschlossenes, als etwas logisch oder thatsächlich mit dem Subjekte Identisches dargestellt werden soll, so muss es den Artikel zu sich nehmen. Hdt. 1, 68 συνεβάλλετο τὸν Ὀρέστεα τοῦτον εἶναι, er schloss, dieser sei jener (nämlich oben erwähnte) Orest. 7, 142 τὰς νέας τὸ ξύλινον τεῖχος εἶναι, unter der hölzernen Mauer sei die Flotte zu verstehen. Pl. Hipp. 1. 284, e εἰσὶ δ' οὗτοι (Subj.) οἱ εἰδότες (Pr.) τἀληθές, οἱ πολλοί. X. An. 3. 2, 18 οἱ δὲ ἄνδρες (Ggs. zu dem vorherg. ἵππου) εἰσὶν οἱ ποιοῦντες ὅ τι ἂν ἐν ταῖς μάχαις γίγνηται. Vgl. Hell. 2. 3, 43. Pl. Theaet. 145, d ἆρ' οὐ τὸ μανθάνειν (Subj.) ἐστὶ τὸ σοφώτερον γίγνεσθαι (Pr.), περὶ ὃ μανθάνει τις; das Klügerwerden wird als identisch mit dem μανθάνειν bezeichnet. Gorg. 483, b οἱ τιθέμενοι τοὺς νόμους οἱ ἀσθενεῖς ἄνθρωποί εἰσι καὶ οἱ πολλοί. Theaet. 205, a εἴπερ ἡ συλλαβὴ μὴ τὰ στοιχεῖά ἐστιν. Crat. 417, d τὸ βλαβερὸν τὸ βλάπτον τὸν ῥοῦν εἶναι λέγει. Symp. 204, c ἔστι τὸ ἐραστὸν τὸ τῷ ὄντι καλόν. Ebenso Th. 2, 43 οὓς νῦν ὑμεῖς ζηλώσαντες καὶ τὸ εὔδαιμον τὸ ἐλεύθερον, τὸ δὲ ἐλεύθερον τὸ εὔψυχον κρίναντες μὴ περιορᾶσθε τοὺς πολεμικοὺς κινδύνους, achtet für das wahre Glück die Freiheit, und für die rechte Freiheit den freudigen Mut. X. Hell. 1. 7, 6 τὸ μέγεθος τοῦ χειμῶνος εἶναι τὸ κωλῦσαν τὴν ἀναίρεσιν, das Hindernis. Besonders häufig nimmt bei den Verben des Nennens das prädikative Substantiv in den genannten Fällen den Artikel zu sich. Hdt. 5, 77 οἱ ἱπποβόται ἐκαλέοντο οἱ παχέες, die Reichen führten den, nämlich oben erwähnten, Namen ἱπποβόται. 5, 70 ὁ Κλεομένης ἐξέβαλλε Κλεισθένεα καὶ μετ' αὐτοῦ ἄλλους πολλοὺς Ἀθηναίων, τοὺς ἐναγέας ἐπιλέγων, indem er sie als die Fluchbeladenen bezeichnete. X. Cy. 3. 3, 4 ἀνακαλοῦντες (αὐτὸν) τὸν εὐεργέτην, τὸν ἄνδρα τὸν ἀγαθόν. An. 6. 6, 7 ἐπιχειροῦσι βάλλειν τὸν Δέξιππον, ἀνακαλοῦντες τὸν προδότην. Pl. Gorg. 489, e τοὺς βελτίους καὶ κρείττους πότερον τοὺς φρονιμωτέρους λέγεις; die man unter dem Worte φρ. versteht. Aeschin. 2, 167 τὸν καλὸν στρατιώτην ἐμὲ ὠνόμαζον. Eur. J. A. 1354 οἵ με τὸν γάμων ἀπεκάλουν ἥσσονα. Or. 1140 ὁ μητροφόντης δ' οὐ καλεῖ ταύτην κτανών. Vgl. S. Ai. 726.

Anmerk. 5. Wenn aber das Subjekt ohne Artikel steht, so muss auch das Prädikat ohne Artikel stehen; eine natürliche Ausnahme ist, wenn das Subjekt ein Personal- oder Demonstrativpronomen ist, wie ἐγώ, σύ, ἡμεῖς, ὑμεῖς, οὗτος, ἐκεῖνος, αὐτός. Ebenso versteht es sich von selbst, dass das Prädikat stets den Artikel hat, wenn dasselbe ein Wort ist, das nur in Verbindung mit dem Artikel die erforderliche Bedeutung hat, wie ὁ αὐτός, *idem*, ταὐτόν, und so auch oft τοὐναντίον, das Gegenteil, θάτερον, das Eine von beiden. Th. 2, 61 ἐγὼ μὲν ὁ αὐτός εἰμι. X. Cy. 5. 4, 28 οἱ μὲν γὰρ κίνδυνοι οἱ αὐτοί (εἰσιν). Pl. Prot. 340, b ταὐτόν σοι δοκεῖ εἶναι τὸ γενέσθαι καὶ τὸ εἶναι. 332, a. 332, b τοὐναντίον ἄρα ἐστὶ τὸ ἀφρόνως πράττειν τῷ σωφρόνως. Crit. 415, c τοὐναντίον τούτου ἡ ἀρετὴ ἂν εἴη. Euthyphr. 7, a τὸ ἐναντιώτατον τὸ ὅσιον τῷ ἀνοσίῳ. Ap. 40, c δυοῖν γὰρ θάτερόν ἐστι τὸ τεθνάναι.

Anmerk. 6. Wenn ein mit einem Fragworte verbundenes Substantiv den Artikel bei sich hat, so weist er entweder auf etwas Vorhergehendes oder auf etwas Folgendes hin. Pl. Phaed. 79, b ποτέρῳ οὖν ὁμοιότερον τῷ εἴδει φαῖμεν ἂν εἶναι καὶ ξυγγενέστερον τὸ σῶμα; in Beziehung auf die vorhergehende Frage: ἄλλο τι ἡμῶν αὐτῶν τὸ μὲν σῶμά ἐστι, τὸ δὲ ψυχή; ebenso d u. 89, c. Wenn wir den Artikel ausdrücken wollen, so müssen wir zwei Sätze bilden: welche Gattung ist nun die, von welcher wir sagen können, dass ihr u. s. w.? Gorg. 521, a ἐπὶ ποτέραν οὖν με παρακαλεῖς τὴν θεραπείαν τῆς πόλεως; in Beziehung auf die folgende Frage: τὴν τοῦ διαμάχεσθαι . . ἢ ὡς . .;

2. Der Artikel tritt sehr häufig zu einem Gattungsnamen, um denselben als den einem Gegenstande zugehörigen, eigenen, zukommenden, mit ihm in einer notwendigen Beziehung oder Verbindung stehenden zu bezeichnen. Daher vertritt er sehr häufig die Stelle der Possessivpronomen. X. Cy. 3. 3, 6 ἐνόμιζεν, εἰ ἕκαστος τὸ μέρος ἀξιέπαινον ποιήσειε, τὸ ὅλον αὐτῷ καλῶς ἔχειν (*partem, cui praeest, centuriam suam*). 8. 3, 3 νείμας τούτων (τῶν στολῶν) τὸ μέρος ἑκάστῳ τῶν ἡγεμόνων ἐκέλευσεν αὐτοὺς τούτοις κοσμεῖν τοὺς αὑτῶν φίλους (*partem debitam*). Vgl. 8. 5, 15. An. 2. 5, 38 Κλέαρχος, ἐπεὶ ἐπιορκῶν ἐφάνη, ἔχει τὴν δίκην, seine gerechte Strafe. Vgl. 1. 3, 20. 5. 6, 34. 5. 6, 26 ὑπισχνοῦμαι ὑμῖν τὴν μισθοφορίαν, *mercedem ad hoc iter necessariam*. 7. 6, 23 ἔδει τὰ ἐνέχυρα τότε λαβεῖν, *pignora ad fidem confirmandam necessaria*. 7. 2, 8 τοῖς ἵπποις, *equis ad iter faciendum necessariis*. 1. 8, 3 Κῦρος καταπηδήσας ἀπὸ τοῦ ἅρματος τὸν θώρακα ἐνέδυ καὶ ἀναβὰς ἐπὶ τὸν ἵππον τὰ παλτὰ εἰς τὰς χεῖρας ἔλαβε, von seinem Wagen u. s. w. 4. 7, 27 (ὁ ἡγεμών, Führer, τοὺς Ἕλληνας) ᾔτει μάλιστα τοὺς δακτυλίους (ihre Ringe). Pl. Phaedr. 227, b ἢ δῆλον, ὅτι τῶν λόγων ὑμᾶς Λυσίας εἱστία, mit seinen Reden.

3. Da der Artikel die Kraft hat, einen Gegenstand als einen einzelnen und besonderen aus mehreren hervorzuheben, so wird er oft gebraucht, wenn ein Gegenstand in distributiver Beziehung (*quisque*, jeder) zu dem Prädikate des Satzes aufgefasst werden soll. X. An. 1. 3, 21 ὁ Κῦρος ὑπισχνεῖται δώσειν ἀντὶ δαρεικοῦ τρία ἡμιδαρεικὰ τοῦ μηνὸς τῷ στρατιώτῃ, *singulis mensibus singulis militibus*. Vgl.

5. 6, 23. 7. 6, 7. Hell. 1. 5, 4 ἐκέλευον αὐτὸν τάξαι τῷ ναύτῃ δραχμὴν Ἀττικήν. Aeschin. 3, 104 τόκον ἤνεγκαν δραχμὴν τοῦ μηνὸς τῆς μνᾶς. (Zuweilen wird jedoch der Artikel weggelassen. X. R. L. 15, 5 ἔδωκε πασῶν τῶν συῶν ἀπὸ τόκου χοῖρον λαμβάνειν (*e singulis partubus porcellum accipere*), ubi v. Haase. Hell. 2. 4, 23 εἵλοντο δέκα, ἕνα ἀπὸ φυλῆς. 4. 2, 8 κριταὶ κατέστησαν τῶν ξυμμάχων εἷς ἀπὸ πόλεως, *singuli e singulis urbibus*.)

4. Adjektive und Partizipien nehmen, wenn sie als Substantive auftreten, den Artikel an (nach Nr. 1). Ὁ σοφός, der Weise, ein Weiser, οἱ ἀγαθοί, οἱ κακοί, τὸ ἀγαθόν, τὸ καλόν, τὰ καλά, *res pulchrae*, τὰ ἀγαθά, *bona*; οἱ δικάζοντες, die Richter, οἱ λέγοντες, die Redner, οἱ ἔχοντες X. An. 7. 3, 28, die Besitzenden, ὁ βουλόμενος, *quivis*, ὁ τυχών, der erste beste, τὸ θαρσοῦν, das Vertrauen, Th. 1, 36, τὸ δεδιὸς αὐτοῦ, Furcht, ibid., τῆς ξυμφορᾶς τῷ ἀποβάντι (Erfolg) ἀμβλύνεσθαι 2, 87. Thuk. ist reich an solchen abstrakten Ausdrücken. Th. 2, 15 Θησεὺς γενόμενος μετὰ τοῦ ξυνετοῦ καὶ δυνατός, mit der Klugheit auch mächtig seiend = mit der Kl. auch Macht verbindend. S. § 403. Über das substantivische Adjektiv und Partizip ohne Artikel s. § 462, 1).

5. Das substantivierte Partizip unterscheidet sich aber dadurch von dem wirklichen Substantive, dass es mit dem Verb, dem es angehört, aktive, mediale und passive Formen und unterschiedene Tempusformen, sowie die Rektion und Konstruktion gemein hat, s. § 471, 1. Der Gebrauch des durch den Artikel substantivierten Partizips hat im Griechischen einen ungleich grösseren Umfang als im Deutschen, und in den meisten Fällen muss man im Deutschen Umschreibungen anwenden: der welcher, *is qui*, ein solcher welcher, die welche oder Leute welche, jeder der, alle welche. Entweder wird es von bestimmten oder von beliebigen Gegenständen gebraucht. Hdt. 9, 70 πρῶτοι ἐσῆλθον Τεγεῆται ἐς τὸ τεῖχος, καὶ τὴν σκηνὴν τὴν Μαρδονίου οὗτοι ἦσαν οἱ διαρπάσαντες. X. Cy. 2. 2, 20 αἰσχρὸν ἀντιλέγειν τὸ μὴ οὐχὶ τὸν πλεῖστα πονοῦντα καὶ ὠφελοῦντα τὸ κοινὸν τοῦτον καὶ μεγίστων ἀξιοῦσθαι. Hell. 7. 5, 24 χαλεπὸν εὑρεῖν τοὺς ἐθελήσοντας μένειν, ἐπειδάν τινας φεύγοντας τῶν ἑαυτῶν ὁρῶσι. An. 7. 7, 42 ὁ ἀρετὴν ἔχων πλουτεῖ μὲν ὄντων φίλων πολλῶν, πλουτεῖ δὲ καὶ ἄλλων βουλομένων γενέσθαι καὶ εὖ μὲν πράττων ἔχει τοὺς συνησθησομένους, ἐὰν δέ τι σφαλῇ, οὐ σπανίζει τῶν βοηθησόντων. Pl. Menex. 236, b (ἤκουσεν,) ὅτι μέλλοιεν Ἀθηναῖοι αἱρεῖσθαι τὸν ἐροῦντα, *qui orationem haberet*. Th. 6, 35 ὀλίγον ἦν τὸ πιστεῦον τῷ Ἑρμοκράτει καὶ φοβούμενον τὸ μέλλον. Über das substantivierte Partizip mit einem Prädikate s. § 464, A. 7; über εἰσὶν οἱ λέγοντες s. § 554, 5.

6. Auch Adverbien des Ortes, der Zeit, der Qualität, des Grades und das Modalitätsadverb οὐ, sowie auch Präposi-

tionen mit ihrem Kasus kann die griechische Sprache durch Vorsetzung des Artikels nicht bloss zu Substantiven, sondern auch zu Adjektiven erheben. a) Hdt. 1, 177 τὰ μὲν κάτω τῆς Ἀσίης Ἅρπαγος ἀνάστατα ἐποίεε, τὰ δὲ ἄνω αὐτῆς Κῦρος, die südlichen .., die nördlichen Teile Asiens. 142 οὔτε τὰ ἄνω αὐτῆς χωρία τὠυτὸ ποιέει τῇ Ἰωνίῃ οὔτε τὰ κάτω. 96 Ἀσσυρίων ἀρχόντων τῆς ἄνω Ἀσίης. Th. 2, 48 (ἡ νόσος) καὶ ἐς τὴν ἄνω πόλιν ἀφίκετο, in den höher gelegenen, weiter vom Meere entfernten Teil der Stadt, d. i. Athen im Gegensatze zum Piräus. Vgl. 1, 93, 7. Pl. leg. 878, a τοῖς ἄνω τοῦ γένους (*majoribus*). S. Ant. 75 πλείων χρόνος, | ὃν δεῖ μ' ἀρέσκειν τοῖς κάτω (*mortuis*) τῶν ἐνθάδε = ἢ τοῖς ἐνθάδε (*viventibus*). Th. 4, 25 ἐν τούτῳ τῷ μεταξύ (Zwischenraume). Pl. civ. 393, b τὰ μεταξὺ τῶν ῥήσεων. Th. 6, 17 τά τε ἐκεῖ εὐπορώτερα ἔσται, καὶ τὰ ἐνθάδε οὐκ ἐπικωλύσει, ἢν ὑμεῖς ὀρθῶς βουλεύησθε, die dortige, die hiesige Lage der Dinge. Pl. Phaed. 109, d εἰς τὸν ἐνθάδε τόπον. Prot. 327, e τὴν τῶν ἐνθάδε ἀνθρώπων πονηρίαν. — b) Th. 3, 9 ξυμμαχίαν τὴν πρὶν ἀπολείποντες. Ib. προδότας τῶν πρὸ τοῦ φίλων. 2, 42 τὴν ἔτι ἀπόλαυσιν. Pl. Phaedr. 228, a Λυσίας δεινότατος ὢν τῶν νῦν γράφειν. Soph. 256, c κατὰ τὸν νῦν λόγον. Polit. 272, c τῶν νῦν οἱ τότε διέφερον. Prot. 343, c ἐν τοῖς τότε ἀνθρώποις. Civ. 450, c ἐν τῷ μεταξὺ χρόνῳ. Lys. 7, 12 ἐν τῷ τέως χρόνῳ. X. Comm. 1. 6, 14 οἱ πάλαι σοφοὶ ἄνδρες. Parm. 156, d τὸ ἐξαίφνης, der Augenblick. Ib. ἡ ἐξαίφνης φύσις. Phaed. 103, e εἰς τὸν ἀεὶ χρόνον. Ὁ ἀεί oft der jedesmalige, z. B. S. Ph. 131 δέχου τὰ συμφέροντα τῶν ἀεὶ λόγων. Ferner viele adverbiale Ausdrücke mit dem Neutrum des Artikels, wenn der ganze Umfang einer Zeitperiode bezeichnet werden soll, als: τὸ νῦν, jetzt d. h. in der Gegenwart, auch τὰ νῦν, wie Eur. Heracl. 641 εὐτυχεῖς τὰ νῦν τάδε (*nunc cum maxime*), τὸ πάλαι, ehemals, d. h. in der ehemaligen Zeit, τὸ πρίν, τὸ αὐτίκα, alsbald (gleichsam in der Sphäre des Augenblicks), τὸ παραυτίκα Th. 4, 121. — c) Pl. Criti. 107, b ἡ σφόδρα ἄγνοια. Th. 8, 1 οἱ πάνυ τῶν στρατιωτῶν, die ausgezeichnetsten Soldaten. 89 τῶν πάνυ στρατηγῶν. X. Comm. 3. 5, 1 τῷ τοῦ πάνυ Περικλέους υἱῷ. Pl. civ. 341, c ὁ ὀρθῶς κυβερνήτης. Phaed. 66, b τοῖς γνησίως φιλοσόφοις. Isocr. 6, 28 τοὺς ὡς ἀληθῶς Μεσσηνίους, vgl. Pl. Alc. 1, 119 d. X. Hell. 2. 3, 38 τοὺς ὁμολογουμένως συκοφάντας. Dem. 29, 14 τὸν ὁμολογουμένως δοῦλον. Pl. leg. 667, c τὸ εὖ καὶ τὸ καλῶς, das gute und schöne Verhalten. Th. 6, 80 αἱρεῖσθε τὴν αὐτίκα ἀκινδύνως δουλείαν, die für den Augenblick gefahrlose Knechtschaft. Hdt. 2, 147 εἶναι φίλους τὰ μάλιστα, vgl. 5, 63. 6, 89 ἦσάν σφι φίλοι ἐς τὰ μάλιστα, vgl. 1, 20. 2, 73. Τὸ κάρτα, *vel maxime*, öfters b. Hdt., wie 1, 71. 3, 104 u. s. Pl. Polit. 270, e κομιδῇ τὸ πάμπαν ἐξηφανίζετο. Ap. 26, c οὐκ εἰμὶ τὸ παράπαν (*prorsus*) ἄθεος. Th. 1, 68 τῶν αὐτοῖς ἰδίᾳ διαφόρων. 1, 95 τῶν ἰδίᾳ πρός τινας ἀδικημάτων. — d) Th. 1, 137 τὴν τῶν γεφυρῶν, ἣν ψευδῶς προσεποιήσατο, τότε δι' αὐτὸν οὐ διάλυσιν, *pontes non destructos*, ubi v. Poppo-Stahl. 3, 95 τὴν οὐ περιτείχισιν. 5, 35 κατὰ τὴν τῶν χωρίων ἀλλήλοις οὐκ ἀπόδοσιν. 5, 50 κατὰ τὴν οὐκ ἐξουσίαν τῆς ἀγωνίσεως = διὰ τὸ μὴ ἐξεῖναι ἀγωνίζεσθαι Schol. 7, 34 διὰ τὴν τῶν Κορινθίων οὐκέτι ἐπαναγωγήν. Ar. Eccl. 115 δεινὸν δ' ἐστὶν ἡ μὴ ἐμπειρία. Über die Adverbien ohne Artikel s. § 462, m). Οἱ ἀμφί (περί) τινα, οἱ ἀμφὶ τὸν πόλεμον, τὰ παρά τινος u. s. w., s. § 403, S. 269 f. Ὁ πρὸς τοὺς Πέρσας πόλεμος. Ἡ ἐν Χερρονήσῳ τυραννίς u. s. w. Selbst ὁ πρίν *c. inf.* Pl. Phaedr. 259, b λέγεται, ὥς ποτ' ἦσαν οὗτοι (sc. οἱ τέττιγες) ἄνθρωποι τῶν πρὶν Μούσας γεγονέναι, dass die Zikaden einst Menschen waren aus der Zahl derer, die vor der Entstehung der Musen lebten. Über τό, τά mit d. Genet. s. § 403, b. Über die Weglassung des Artikels s. § 462, m) am Ende.

7. Jedem Worte endlich und jeder Wortform, sowie ganzen Wortverbindungen kann durch vorgesetztes Neutrum des Artikels im Singulare durch alle Kasus die Form und die Bedeutung eines neutralen Substantivs oder Adjektivs gegeben werden. Τὸ τύπτω, τὸ τύπτεις. Τὸ Ἀρίσταρχοι προπαροξύνεται, τὸ Ἀρίσταρχοι εἰς οι λήγει Apollon. de synt. p. 22. Pl. Soph. 257, b τὸ μὴ καὶ τὸ οὒ προτιθέμενα. Phil. 20, b τὸ γὰρ εἰ βούλει ῥηθὲν λύει πάντα φόβον „istuc verbum „*si vis*“, quum pronuntiatum sit“ Stallb. Lys. 10, 17 τοῦτο τὸ μὲν ἐπιορκήσαντα ὀμόσαντά ἐστι, τὸ δὲ δρασκάζειν, ὃ νῦν ἀποδιδράσκειν ὀνομάζομεν. 19 τὸ μὲν πεφασμένως ἐστὶ φανερῶς, τὸ δὲ οἰκῆος θεράποντος. Dem. 3, 10 ὅτι μὲν δεῖ βοηθεῖν, πάντες ἐγνώκαμεν· τὸ δ' ὅπως, τοῦτο λέγε. 18, 88 ὑμεῖς, ὦ ἄνδρες Ἀθηναῖοι· τὸ δ' ὑμεῖς ὅταν εἴπω, τὴν πόλιν λέγω. 20, 29 διὰ τὸ γεγράφθαι ἐν τῷ νόμῳ μηδένα μήτε τῶν πολιτῶν μήτε τῶν ἰσοτελῶν μήτε τῶν ξένων εἶναι ἀτελῆ . . καὶ ἐν μὲν τῷ μηδένα πάντας περιλαμβάνειν . ., ἐν δὲ τῷ τῶν ξένων μὴ διορίζειν κτλ., in dem Ausdrucke μηδένα, in dem Ausdrucke τῶν ξένων. Pl. civ. 341, b διόρισαι, ποτέρως λέγεις τὸν ἄρχοντα τὸν ὡς ἔπος εἰπεῖν ἢ τὸν ἀκριβεῖ λόγῳ, *utrum principem dicas eum, qui vulgari sermone dicatur, an eum, qui subtiliore sermone.* 352, d ὁ λόγος (ἐστὶ) περὶ τοῦ ὅντινα τρόπον χρὴ ζῆν. Hdt. 8, 79 στασιάζειν περὶ τοῦ ὁκότερος ἡμέων πλέω ἀγαθὰ τὴν πατρίδα ἐργάσεται. X. Oec. 6, 14 τοὺς ἔχοντας τὸ σεμνὸν ὄνομα τοῦτο τὸ καλός τε κἀγαθός. 7, 3 γελάσας ἐπὶ τῷ τί ποιῶν καλὸς κἀγαθὸς κέκλησαι. Pl. Phaed. 102, c οὐδέ γε αὖ ὑπὸ Φαίδωνος ὑπερέχεσθαι τῷ ὅτι Φαίδων ὁ Φαίδων ἐστίν. Vgl. § 478, 2. Oft als Erklärung eines vorangehenden Substantivs. Pl. Phil. 59, e εὖ ἡ παροιμία δοκεῖ ἔχειν τὸ καὶ δὶς καὶ τρὶς τό γε καλῶς ἔχον ἐπαναπολεῖν τῷ λόγῳ δεῖν, vgl. Soph. 231, c u. Phaed. 62, b. Aber auffallend ist es, dass bei Thuk. einigemal auch nach einem vorangehenden Genetive und Dative τό folgt: 7, 67 τῆς δοκήσεως προσ-

γεγενημένης αὐτῷ, τὸ κρατίστους εἶναι, εἰ τοὺς κρατίστους ἐνικήσαμεν, wo Stahl τὸ streicht. 8, 87 ὡς καταβοῆς ἕνεκα τῆς ἐς Λακεδαίμονα, τὸ λέγεσθαι, ὡς οὐκ ἀδικεῖ, wo Poppo τοῦ λ. schreibt. 7, 36 τῇ πρότερον ἀμαθίᾳ τῶν κυβερνητῶν δοκούσῃ εἶναι, τὸ ἀντίπρῳρον ξυγκροῦσαι, μάλιστ' ἂν αὐτοὶ χρήσασθαι, welche Stelle Poppo für verderbt erklärt. In diesen Stellen muss man ohne Zweifel τό für den einfachen Objektsakkusativ halten, dessen Gebrauch sich im Griechischen weit erstreckt; ohne Rücksicht auf den vorangehenden Kasus setzt der Schriftsteller den Akk. τό, indem er den Gedanken im Sinne hat: „ich meine nämlich“.

Anmerk. 7. Zuweilen steht nach einem solchen Substantive statt des neutralen Artikels vermittelst einer Attraktion das Geschlecht des vorangehenden Substantivs. X. Comm. 1. 3, 3 καὶ πρὸς φίλους δὲ καὶ ξένους καὶ πρὸς τὴν ἄλλην δίαιταν καλὴν ἔφη παραίνεσιν τὴν Κὰδ δύναμιν ἔρδειν. Pl. Parm. 128, d ἔτι γελοιότερα πάσχοι ἂν αὐτῶν ἡ ὑπόθεσις, ἡ εἰ πολλά ἐστιν, ἢ ἡ τοῦ ἓν εἶναι. Vgl. Polit. 304, c.

Anmerk. 8. Eine Eigentümlichkeit der griechischen Sprache besteht darin, dass sie den Artikel mit einem Possessivpronomen oder einem attributiven Genetive vorausschicken und das dazu gehörige Substantiv in einem Nebensatze nachfolgen lassen kann, wenn man in betreff der Bezeichnung oder näheren Bestimmung desselben schwankt. Pl. ap. 20, e τῆς ἐμῆς, εἰ δή τίς ἐστι σοφία καὶ οἵα, μάρτυρα ὑμῖν παρέξομαι τὸν θεόν. Ps. Pl. Theag. 121, c ἡ τοῦ υἱέος τουτουί, εἴτε φυτείαν εἴτε παιδοποιίαν δεῖ αὐτὴν ὀνομάζειν. Dem. 23, 156 ἡ ὑμετέρα, εἴτε χρὴ φιλανθρωπίαν λέγειν εἴθ' ὅ τι δήποτε. 18, 20 ἡ τῶν ἄλλων Ἑλλήνων, εἴτε χρὴ κακίαν εἴτ' ἄγνοιαν εἴτε καὶ ἀμφότερα ταῦτ' εἰπεῖν. 270 συγχωρῶ σοι τὴν ἐμήν, εἴτε τύχην εἴτε δυστυχίαν ὀνομάζειν βούλει, πάντων αἰτίαν γεγενῆσθαι. Mit Attraktion. Isocr. 15, 50 περὶ τῆς ἐμῆς, εἴτε βούλεσθε καλεῖν δυνάμεως εἴτε διατριβῆς, ἀκηκόατε. Vgl. Auct. ad Herenn. 4, 29 obfuit eo tempore plurimum rei publicae *consulum*, sive *stultitiam* sive *malitiam* dicere oportet sive utrumque [1]).

8. Da der Artikel ursprünglich ein Demonstrativpronomen ist, so ist es natürlich, dass er, wie in der Dichtersprache, so in der Prosa noch häufig (auch abgesehen von dem im § 459 besprochenen entschieden demonstrativischen Gebrauch) in einer dem Demonstrativum nahekommenden Bedeutung gebraucht wird. Es sind besonders folgende Fälle: a) der Artikel weist anaphorisch auf einen vorher erwähnten unbestimmten, also ohne Artikel ausgesprochenen Gegenstand zurück: X. An. 1. 1, 1 Δαρείου γίγνονται παῖδες δύο . . ἐπεὶ δὲ ἠσθένει Δαρεῖος καὶ ὑπώπτευε τελευτὴν τοῦ βίου, ἐβούλετο τὼ παῖδε ἀμφοτέρω παρεῖναι. Lys. 12, 9 εἶπον ὅτι τάλαντον ἀργυρίου ἕτοιμος εἴην δοῦναι, dann 10 : λαβὼν τὸ τάλαντον. Andoc. 1, 17 ὁ πατὴρ ἐγράψατο τὸν Σπεύσιππον παρανόμων, dann 22 ὅτε Σπεύσιππον ἐδίωκεν ὁ πατὴρ τῶν παρανόμων, die oben erwähnte Klage wegen Gesetzverletzung. — b) Durch den Artikel weist der Redende auf einen Gegenstand hin.

[1]) Vgl. Menke ap. Dissen ad Dem. 18, 20 u. Westermann zu ders. Stelle.

Pl. Theaet. 143, c ἀλλά, παῖ, λαβὲ τὸ βιβλίον καὶ λέγε. X. An. 3. 4, 40 πῶς τις τοὺς ἄνδρας ἀπελᾷ; die Männer dort (die Feinde). Dem. 8, 3 ἐχθρὸς ὑπάρχων τῇ πόλει Φίλιππος, *huic urbi*. — c) Durch den Artikel werden bekannte oder berühmte Personen oder Sachen bezeichnet, in welchem Falle der Lateiner das Pronomen *ille* oder *iste* zu gebrauchen pflegt. Vgl. Apollon. de synt. p. 26, c. 6. Th. 2, 47 ἡ νόσος, die allgemein bekannte Seuche. X. An. 3. 2, 13 ὅτε Ξέρξης ἀγείρας τὴν ἀναρίθμητον στρατιὰν ἦλθεν ἐπὶ τὴν Ἑλλάδα, *illum innumerabilem exercitum*. 1. 2, 9 Ξέρξης ὅτε ἐκ τῆς Ἑλλάδος ἡττηθεὶς τῇ μάχῃ ἀπεχώρει, in der Schlacht (bei Salamis). Hell. 3. 1, 2 ὡς ἡ μάχη ἐγένετο (bei Kunaxa). 2, 25 διαβαίνοντι τὸν ποταμὸν προσεχώρουν Λετρῖνοι den Fluss (d. i. den dort vorbeifliessenden Alpheios). Lys. 12, 53 ἐπειδὴ αἱ ταραχαὶ γεγενημέναι ἦσαν, die (bekannten) Wirren. Aeschin. 2, 80 τὰς εἰκόνας ἵστατε καὶ τὰς προεδρίας καὶ τοὺς στεφάνους καὶ τὰς ἐν πρυτανείῳ σιτήσεις δίδοτε οὐ τοῖς τὴν εἰρήνην ἀπαγγείλασιν, ἀλλὰ τοῖς τὴν μάχην νικήσασιν, die üblichen Bildsäulen u. s. w. Pl. civ. 329, e τὸ τοῦ Θεμιστοκλέους εὖ ἔχει, ὃς τῷ Σεριφίῳ (*Seriphio illi*) λοιδορουμένῳ . . ἀπεκρίνατο. Dem. 29, 19 ἐξῄτει με τὸν ἄνθρωπον (sc. Milyam), *istum hominem*, so oft in dieser Rede. — In diesen Fällen tritt der Artikel auch zu Substantiven, die ihn im allgemeinen verschmähen, s. § 462.

§ 462. Weglassung des Artikels.

Der Artikel kann in gewissen Fällen stehen und fehlen. Die germanischen Sprachen, namentlich das Gotische, stimmen in dieser Beziehung im allgemeinen mit dem Griechischen überein [1]). Wir unterscheiden folgende Fälle:

a) Die persönlichen Eigennamen, sowie die Namen von Völkern, Ländern und Städten verschmähen als solche, d. h. insofern sie schon an sich bestimmte Einzelwesen oder einheitlich gefasste Begriffe bezeichnen, den Artikel, nehmen ihn jedoch in den § 461, 8 besprochenen Fällen an, also wenn anaphorisch auf frühere Erwähnung zurückgewiesen oder nachdrücklich auf eine anwesende oder im Gedanken vorschwebende Person u. s. w. hingedeutet wird oder wenn sie als überhaupt bekannt bezeichnet werden sollen. Isocr. 6, 17 ἐπειδὴ Ἡρακλῆς μετήλλαξε τὸν βίον, κατὰ μὲν ἀρχὰς οἱ παῖδες αὐτοῦ ἐν πολλοῖς κινδύνοις ἦσαν, τελευτήσαντος δ' Εὐρυσθέως κατῴκησαν ἐν Δωριεῦσιν, ἐπὶ δὲ τρίτης γενεᾶς εἰς Δελφοὺς ἀφίκοντο κτλ. X. An. 1. 4, 5 Ἀβροκόμας οὐ τοῦτ' ἐποίησεν, ἀλλ' ἐπεὶ ἤκουσε Κῦρον ἐν Κιλικίᾳ ὄντα, ἀναστρέψας ἐκ Φοινίκης παρὰ βασιλέα ἀπήλαυνεν. Vgl. 1. 1, 2. Pl. Menex. 236, a μουσικὴν μὲν ὑπὸ Λάμπρου παιδευθείς, ῥητορικὴν δὲ ὑπ' Ἀντιφῶντος τοῦ Ῥαμνουσίου.

1) S. Grimm IV. S. 383. 436. K. F. Becker ausf. Gr. I. § 129.

Antiph. 1, 14 ὑπερῷόν τι ἦν, ὃ εἶχε Φιλόνεως . . καὶ ἦν αὐτῷ παλλακή, ἣν ὁ Φιλόνεως κτλ. Th. 1, 126 ἐγεγαμήκει δὲ θυγατέρα Θεαγένους Μεγαρέως ἀνδρός, ὃς κατ' ἐκεῖνον τὸν χρόνον ἐτυράννει Μεγάρων, dann: παρὰ τοῦ Θεαγένους δύναμιν λαβών. Lys. 16, 13 ὑπ' Ὀρθοβούλου κατειλεγμένος ἱππεύειν, dann: προσελθὼν ἔφην τῷ Ὀρθοβούλῳ. Pl. Phaedr. 229, b ἀπὸ τοῦ Ἰλισσοῦ λέγεταί ὁ Βορέας τὴν Ὠρείθυιαν ἁρπάσαι (als bekannte Namen einer bekannten Erzählung). X. An. 6. 2, 2 ἔνθα λέγεται ὁ Ἡρακλῆς ἐπὶ τὸν Κέρβερον κύνα καταβῆναι. Dem. 20, 90 ὁ Σόλων. 158 ὁ Δράκων. Th. 2, 1 ἄρχεται δὲ ὁ πόλεμος ἐνθένδε ἤδη Ἀθηναίων καὶ Πελοποννησίων. 2 μετὰ Εὐβοίας ἅλωσιν. 2, 80 Ἀμπρακιῶται καὶ Χάονες βουλόμενοι Ἀκαρνανίαν πᾶσαν καταστρέψασθαι καὶ Ἀθηναίων ἀποστῆσαι πείθουσι Λακεδαιμονίους κτλ., dann: οἱ δὲ Λακεδαιμόνιοι . . τοῖς Ἀμπρακιώταις. X. An. 5. 5, 2 ἐντεῦθεν ἀφικνοῦνται εἰς Τιβαρηνούς· ἡ δὲ τῶν Τιβαρηνῶν χώρα πολὺ ἦν πεδινωτέρα. Hell. 1. 3, 2 ἐστρατοπεδεύσαντο πρὸς Καλχηδόνι· οἱ δὲ Καλχηδόνιοι κτλ. Ar. Ach. 519 ἐσυκοφάντει Μεγαρέων τὰ χλανίσκια, dann 526: χᾆθ' οἱ Μεγαρῆς ἀντέκλεψαν. Th. 6, 2 Σικελοὶ δ' ἐξ Ἰταλίας διέβησαν ἐς Σικελίαν, dann: εἰσὶ δὲ καὶ νῦν ἔτι ἐν τῇ Ἰταλίᾳ Σικελοί . . . ἐλθόντες δὲ ἐς τὴν Σικελίαν. 2, 19 ἀφίκοντο ἐς Ἀχαρνάς, dann 20: γνώμῃ δὲ τοιᾷδε λέγεται τὸν Ἀρχίδαμον περὶ τὰς Ἀχαρνὰς μεῖναι. Dem. 20, 59 ff. παραδόντες ὑμῖν Θάσον . . Βυζάντιον παραδόντες, dann 61: ἡ Θάσος ἦν τότε καὶ τὸ Βυζάντιον Λακεδαιμονίοις οἰκεῖα. Aeschin. 1, 143 εἰς τὴν Τροίαν, vgl. Lycurg. 62, das sagenberühmte Troja. Ar. N. 214 ἀλλ' ἡ Λακεδαίμων ποῦ 'στιν; das jetzt im Vordergrund des Interesses stehende Sparta. Ἕλληνες gilt nicht als Volksname, sondern als Gattungsname, wie βάρβαροι, daher regelmässig οἱ Ἑλλ., wie οἱ βάρβαροι. Ebenso ἡ Ἑλλάς, wie ἡ βάρβαρος. Ferner ἡ Εὐρώπη und ἡ Ἀσία, als Namen von Erdteilen, nicht von bestimmten Einzelländern[1]). Isocr. 10, 67 (εὑρήσομεν) τὴν Εὐρώπην τῆς Ἀσίας τρόπαιον στήσασαν. Entschieden adjektivische Bildungen wie ἡ Ἀττική, ἡ Βοιωτία, ἡ Λακωνική, ἡ Λοκρίς, ἡ Φωκίς, οἱ Λακωνικοί, οἱ Βοιώτιοι u. a. erhalten den Artikel. — Fluss- und Bergnamen erscheinen, wo sie als unbekannt eingeführt werden, ohne Artikel (daher oft bei Herodot und in den geographischen Schilderungen der Anabasis), sonst mit Artikel (so regelmässig, mit der unter f) besprochenen Ausnahme, bei Thukydides und in den Hellenica, deren Schauplatz bekannte und oft genannte Namen aufweist, sowie in den Marschberichten der Anabasis). Meist wird bei erstmaliger Erwähnung ποταμός, ὄρος hinzu-

[1]) Dagegen Λιβύη ohne Artikel, weil Afrika nicht als Erdteil betrachtet, sondern ursprünglich zu Asien gerechnet wurde. Vgl. Blass im Rhein. Museum N. F. Bd. 44 (1889) S. 12. — Über den Artikel bei Länder-, Fluss- und Gebirgsnamen vgl. besonders Kallenberg im Philol. 49 (N. F. 3) p. 515 ff. u. im Progr. d. Friedrich-Werderschen Gymn. Berl. 1891.

gefügt, zunächst bei unbekannten Flüssen und Bergen der Deutlichkeit halber, dann rein gewohnheitsmässig. Hdt. 6, 20 ἐν Ἄμπῃ πόλι, παρ' ἣν Τίγρης ποταμὸς παραρρέων ἐς θάλασσαν ἐξίει. X. An. 5. 3, 8 ἔτυχε διαρρέων διὰ τοῦ χωρίου ποταμὸς Σελινοῦς. Th. 2, 5 ὁ Ἀσωπὸς ποταμὸς ἐρρύη μέγας. X. An. 1. 4, 19 ἀφικνοῦνται πρὸς τὸν Ἀράξην ποταμόν. Von vornherein ohne ποταμός nur die je nach Sachlage bekanntesten Flüsse: regelmässig ὁ Νεῖλος, z. B. Isocr. 11, 12. 31, oft ὁ Βορυσθένης Hdt. 4, 18, ὁ Ἴστρος Hdt. 1, 202, ὁ Ἀλφεῖος X. Hell. 3. 2, 29, ὁ Εὐρώτας 5. 4, 28, ὁ Κηφισός 2. 4, 19, ὁ Ἰλισσός Pl. Phaedr. 229, a. Hdt. 7, 74 ἀπ' Ὀλύμπου ὄρεος καλέονται Ὀλυμπιηνοί. Th. 3, 106 λαβόμενοι τοῦ Θυάμου ὄρους. Ohne ὄρος meist ὁ Ἄθως, z. B. Isocr. 4, 89, ὁ Κιθαιρών Th. 2, 75, ὁ Παρνασσός Th. 3, 95, ἡ Αἴτνη Lycurg 95 u. a. — **Meernamen** erhalten (als ursprüngliche Gattungsnamen oder substantivierte Adjektiva) den Artikel: ὁ Πόντος, ὁ Εὔριπος, ὁ Ἀδρίας, ἡ Σύρτις. Bei Ἑλλήσποντος schwankt der Gebrauch, je nachdem mehr das Meer oder die Landstrecke in Betracht kommt. X. Hell. 2. 2, 5 ἐκ τοῦ Ἑλλησπόντου ναυσὶ διακοσίαις ἀφικόμενος εἰς Λέσβον. 1. 7, 2 φάσκων ἐξ Ἑλλησπόντου αὐτὸν ἔχειν χρήματα ὄντα τοῦ δήμου. Dagegen immer ὁ Πόντος, auch vom Lande. Isocr. 15, 224 ἐκ Σικελίας καὶ τοῦ Πόντου. — Bei **Götternamen** ist der Artikel teils emphatisch, wie in der feierlichen Schwurformel ὄμνυμι νὴ τὸν Δία, „bei Zeus da droben" (dagegen νὴ Δία abgeblasste Beteuerungsformel), teils weist er auf bestimmte Kultusformen oder Lokalkulte hin: Ἀθηνᾶ ist Athene ohne bestimmte Einzelbeziehung, bei ἡ Ἀθηνᾶ denkt der Redende an die im Orte verehrte Athene. X. An. 3. 2, 12 εὐξάμενοι τῇ Ἀρτέμιδι, näml. der Ἀγροτέρᾳ. Isocr. 15, 2 Φειδίαν τὸν τὸ τῆς Ἀθηνᾶς ἕδος ἐργασάμενον. Daher auch mit Apposition: ἡ Ἀθηνᾶ ἡ Νίκη, s. Anm. — Die Namen von **Festen** entbehren, insofern sie schon an sich bestimmt sind, des Artikels. X. Comm. 4. 8, 2 ἀνάγκη ἐγένετο αὐτῷ (Σωκράτει) μετὰ τὴν κρίσιν τριάκοντα ἡμέρας βιῶναι διὰ τὸ Δήλια ἐκείνου τοῦ μηνὸς εἶναι. R. Ath. 3, 4 χορηγοῖς διαδικάσαι εἰς Διονύσια καὶ Θαργήλια καὶ Παναθήναια καὶ Προμήθεια καὶ Ἡφαίστεια. Antiph. 6, 11 χορηγὸς κατεστάθην εἰς Θαργήλια. Isae. 5, 36 τῇ φυλῇ εἰς Διονύσια χορηγήσας τέταρτος ἐγένετο. Vgl. Lys. 21, 2. 3. Dagegen Th. 8, 9 τὰ Ἴσθμια, ἃ τότε ἦν, und mit Hinweis darauf 10 τὰ Ἴσθμια ἐγίγνετο. Treten aber unterscheidende Zusätze hinzu, so erhalten diese den Artikel: Lys. 21, 4 Παναθηναίοις τοῖς μικροῖς. Bei Demosth. oft in den eingelegten Urkunden, z. B. Διονυσίοις τοῖς μεγάλοις, τραγῳδοῖς καινοῖς, vgl. 84. 115 u. s.

Anmerk. 1. Tritt zu einem Personennamen eine nähere Bestimmung, so steht der Artikel vor dieser, wenn die Person ausdrücklich von anderen gleichnamigen unterschieden oder als eine bekannte hervorgehoben werden soll. Th. 3, 91 Δημοσθένης ὁ Ἀλκισθένους, Προκλῆς ὁ Θεοδώρου, Νικίας ὁ Νικηράτου. Pl. Alc. 1, 131, e Ἀλκιβιάδης ὁ Κλεινίου, Σωκράτης ὁ Σωφρονίσκου καὶ Φαιναρέτης. Menex. 236, a Ἀντιφῶν ὁ Ῥαμνούσιος. Hdt. 1, 27 Βίας ὁ Πριηνεύς, Πιττακὸς ὁ

Μυτιληναῖος. 5, 36 Ἑκαταῖος ὁ λογοποιός. X. Cy. 1. 5, 3 Κροῖσος ὁ Λυδῶν βασιλεύς. Folgt dem Vaternamen noch eine weitere Apposition, so wird diese ohne Artikel angereiht. Th. 2, 29 Σιτάλκης ὁ Τήρεω, Θρᾳκῶν βασιλεύς. Vgl. 21. 47 u. s. w. S. Poppo ad 2, 74 ed. maj. Die Apposition steht voran, wenn auf ihr besonderer Nachdruck ruht, vgl. § 406, 2. Hdt. 2, 44 ὁ Ἀμφιτρύωνος Ἡρακλῆς. 3, 68 ὁ Κύρου Σμέρδις. 6, 40 οὗτος δὲ ὁ Κίμωνος Μιλτιάδης (überall in scharfem Gegensatze zu den vorhergenannten gleichnamigen Personen). Isocr. 10, 68 ὁ Ταντάλου Πέλοψ. Pl. Symp. 185, d τὸν ἰατρὸν Ἐρυξίμαχον. Zuweilen erhält auch der Personenname den Artikel, doch nur bei anaphorischem Hinweise auf frühere Erwähnung, oder bei besonderer Hervorhebung. X. An. 6. 4, 13 ὁ δὲ Σιλανὸς ὁ Ἀμπρακιώτης ἤδη ἀπεδεδράκει, der oben (5. 6, 16 ff.) erwähnte S. Isae. 9, 19 ὅτι ἀπέθνῃσκεν ὁ Εὐθυκράτης, ὁ πατὴρ Ἀστυφίλου, mit Verweisung auf § 17. Th. 2, 67 τὸν Σάδοκον τὸν γεγενημένον Ἀθηναῖον (vgl. 29). 4, 67 τοῦ Δημοσθένους τοῦ ἑτέρου στρατηγοῦ. 5, 46 τὸν Ξενάρη τὸν ἔφορον. 6, 81 ὁ Εὔφημος ὁ τῶν Ἀθηναίων πρεσβευτής. 8, 50 τὸν Ἀστύοχον τὸν Λακεδαιμονίων ναύαρχον. 8, 75 ὁ Θρασύβουλος ὁ τοῦ Λύκου καὶ Θράσυλος. Aeschin. 1, 183 ὁ Σόλων ὁ τῶν νομοθετῶν ἐνδοξότατος. Soll ohne jede Nebenbeziehung schlechthin die Herkunft u. s. w. konstatiert werden, so steht kein Artikel. Th. 1, 24 Φαλίος Ἐρατοκλείδου. 2, 67 Λέαρχος Καλλιμάχου. 2, 99 Περδίκκας Ἀλεξάνδρου. 8, 91 Ἀγησανδρίδας Ἀγησάνδρου Σπαρτιάτης. 5, 49 Ἀνδροσθένης Ἀρκάς. Dem. 59, 45 Σαυρίας Λαμπτρεύς. (Lys. 1, 16 Ἐρατοσθένης Ὀῆθεν).[1]) So Hdt. 1, 1 Ἡρόδοτος Ἁλικαρνησσεύς, H. aus Halikarnass. Th. 1, 1 Θουκυδίδης Ἀθηναῖος. Die Zufügung des Artikels würde anmassend klingen. — Bei Götternamen erhält die Apposition den Artikel, wenn ihn der Name hat, s. oben. Lycurg. 17 τὸ ἱερὸν τοῦ Διὸς τοῦ σωτῆρος καὶ τῆς Ἀθηνᾶς τῆς σωτείρας, ubi v. Maetzner. Vgl. 136. Th. 5, 31 τῷ Διὶ τῷ Ὀλυμπίῳ. Dem. 18, 253 τὸν Δία τὸν Δωδωναῖον. 21, 115 τῷ Διὶ τῷ Νεμείῳ. 35, 40 μὰ τὸν Δία τὸν ἄνακτα. Th. 1, 103 τοῦ Διὸς τοῦ Ἰθωμήτα. X. An. 7. 8, 4 ἐμπόδιός σοι ὁ Ζεὺς ὁ μειλίχιός ἐστι. 7. 6, 44 ἐθύετο τῷ Διὶ τῷ βασιλεῖ. Seltener beide Glieder ohne Artikel, z. B. Th. 2, 71 Διὶ ἐλευθερίῳ. 1, 126 Διὸς ἑορτὴ μειλιχίου μεγίστη, oder der Artikel nur bei der Apposition. Th. 3, 14 Δία τὸν Ὀλύμπιον. X. An. 6. 2, 15 τῷ ἡγεμόνι Ἡρακλεῖ. Ar. Pl. 1175 τοῦ σωτῆρος ἱερεὺς ὢν Διός (hier wegen des Gegensatzes von ἀπόλωλα u. σωτήρ, während Διός nur erklärend nachfolgt). — Bei Völkernamen erhält die Apposition den Artikel in demselben Sinne wie bei Personennamen. Th. 1, 5 περί τε Λοκροὺς τοὺς Ὀζόλας (zur ausdrücklichen Unterscheidung von den anderen Lokrern) καὶ Αἰτωλοὺς καὶ Ἀκαρνᾶνας. 3, 92 ξυνεπρεσβεύοντο δὲ αὐτοῖς καὶ Δωριῆς ἡ μητρόπολις τῶν Λακεδαιμονίων. Hdt. 7, 75 Θρηίκων δὲ τῶν ἐν τῇ Ἀσίῃ ἦρχε Βασσάκης ὁ Ἀρταβάνου. Seltenere Ausdrucksweisen: X. Hell. 1. 3, 2 τοὺς Βιθυνοὺς Θρᾷκας (Βιθυνοὶ Θρᾷκες bildet einen Gesamtbegriff, wie ἡ Βιθυνὶς Θρᾴκη 3. 2, 2). Aeschin. 3, 113 u. 123 οἱ Λοκροὶ οἱ Ἀμφισσεῖς (mit Hindeutung auf das vielbesprochene Ereignis). — Namen von Flüssen und Seen treten zwischen Artikel und ποταμός, λίμνη. Hdt. 1, 72 ὁ Ἅλυς ποταμός. Th. 2, 102 ὁ Ἀχελῷος ποταμός. X. An. 1. 4, 11 ἐπὶ τὸν Εὐφράτην ποταμόν (s. oben). Th. 1, 58. 4, 103 ἡ Βόλβη λίμνη. (Selten sind Beispiele wie Th. 7, 80 ἐπὶ τῷ ποταμῷ τῷ Κακυπάρει, ubi v. Poppo-Stahl. Vgl. 7, 82.)

[1]) Daher verschmäht, nach Ausweis der Inschriften, die amtliche Ausdrucksweise den Artikel wie beim Personennamen selbst, so beim Vaternamen (ausser beim Zusammentreffen zweier zusammengehöriger Genetive, wo die Deutlichkeit ihn erfordert), und beim attischen Demotikon: Καλλίας Ἱππονίκου, Ἀριστομάχη Ἀριστοκλέους (aber Ἀξιόχου τοῦ Ἀλκιβιάδου), Περικλῆς Χολαργεύς. Vgl. Meisterhans a. a. O. S. 184.

Ebenso die Namen von Bergen und Vorgebirgen, wenn sie gleiches Geschlecht oder wenigstens gleiche Flexion mit der Apposition haben (was wohl überall auf adjektivischen Ursprung zurückzuführen ist). Hdt. 5, 16 τὸ Παγγαῖον ὄρος. 6, 105 τὸ Παρθένιον ὄρος. 7, 129 τὸ Πήλιον ὄρος. Th. 2, 96 τοῦ Σκομίου ὄρους. Βοτ. ἐντὸς τοῦ Αἵμου ὄρους. 2, 19 τὸ Αἰγάλεων ὄρος. 4, 42 ὁ Σολύγειος λόφος. X. Hell. 1, 6, 26 ἐπὶ τῇ Μαλέᾳ ἄκρᾳ. Dagegen bei verschiedenem Geschlechte: Hdt. 8, 138 ἐς τὸ ὄρος τὴν Ῥοδόπην. Th. 3, 85 ἐς τὸ ὄρος τὴν Ἰστώνην. 4, 70 ὑπὸ τῷ ὄρει τῇ Γερανείᾳ. 1, 46 ἡ ἄκρα τὸ Χειμέριον. Seltener mit Voranstellung des Namens: Hdt. 1, 43 ἐς τὸν Ὄλυμπον τὸ ὄρος. Th. 8, 108 ἐπὶ τῆς Ἴδης τοῦ ὄρους. 3, 116 ὑπὸ τῇ Αἴτνῃ τῷ ὄρει. 1, 47 ἐπὶ τῇ Λευκίμμῃ τῷ ἀκρωτηρίῳ. Vereinzelt 4, 96 πρὸς Πάρνηθα τὸ ὄρος. — Bei Orts- und Inselnamen mit Apposition finden sich folgende Stellungen des Artikels: a) adjektivisch: X. An. 7, 8, 21 ὑπὸ τὸ Παρθένιον πόλισμα. Th. 4, 43 ὑπὸ τὴν Σολύγειαν κώμην. Hdt. 4, 169 ἡ Πλατέα νῆσος. 8, 95 ἐς τὴν Ψυττάλειαν νῆσον. Th. 8, 42 ἐς τὴν Τευτλοῦσσαν νῆσον [4, 130 τὴν Μένδην πόλιν streicht man jetzt Μένδην]. b) Th. 3, 100 ἐξ Ἡρακλείας τῆς ἐν Τραχῖνι πόλεως. 3, 103 ἐπ' Ἴνησσαν τὸ Σικελικὸν πόλισμα. 1, 116 πρὸς Τραγίᾳ τῇ νήσῳ. 1, 109 ἐς Προσωπίτιδα τὴν νῆσον. Vgl. 4, 13. 67. 2, 93 ἐκ Νισαίας τοῦ νεωρίου αὐτῶν. c) Th. 4, 54 τὴν Σκάνδειαν τὸ ἐπὶ τῷ λιμένι πόλισμα, das oben erwähnte Sk. 2, 94 ἐκ τοῦ Βουδόρου τοῦ φρουρίου. 4, 113 ἐς τὴν Λήκυθον τὸ φρούριον. 4, 66 ἐπὶ τὴν Νίσαιαν τὸν λιμένα αὐτῶν. 2, 93 τοῦ Πειραιῶς τοῦ λιμένος τῶν Ἀθηναίων. d) Th. 7, 3 τὸ φρούριον τὸ Λάβδαλον, das oben (6, 97) genannte Fort L. 1, 100 τὸ χωρίον αἱ Ἐννέα ὁδοί (Cobet u. Stahl streichen αἱ Ἐ. ὁδοί). X. An. 1, 2, 26 τὴν πόλιν τοὺς Ταρσούς (τοὺς Τ. ist verdächtig). Hdt. 8, 76 ἐς τὴν νησῖδα τὴν Ψυττάλειαν. Th. 4, 46 ἐς τὴν νῆσον τὴν Πτυχίαν. e) Vereinzelt Hdt. 1, 64 τὴν νῆσον Δῆλον.

Anmerk. 2. Tritt zu einem ausdrücklich gesetzten oder zu ergänzenden Personalpronomen eine Apposition, so erhält sie meist den Artikel (in demselben Sinne, wie sie ihn in veränderter Fügung an sich haben würde). Th. 4, 85 ἡμεῖς οἱ Λακεδαιμόνιοι. 6, 80 λέγομεν οἱ Συρακόσιοι. X. An. 3, 2, 5 ἡμᾶς τοὺς Κύρου φίλους. 2, 5, 25 εἰ βούλεσθέ μοι οἵ τε στρατηγοὶ καὶ οἱ λοχαγοὶ ἐλθεῖν. Th. 1, 44 σφίσι τοῖς Λακεδαιμονίοις, ubi v. Classen. Eur. Or. 1626 Φοῖβός σ' ὁ Λητοῦς παῖς ὅδ' ἐγγὺς ὢν καλῶ. Dagegen Hec. 503 Ταλθύβιος ἥκω Δαναϊδῶν ὑπηρέτης. Th. 6, 34 Σικελιῶται εἰ θέλοιμεν ξύμπαντες ἀπαντῆσαι Ἀθηναίοις. — Eur. Or. 293 ἐγὼ δ' ὁ τλήμων u. so oft. S. El. 450 κἀμοῦ ταλαίνης. Eur. Or. 185 τῷ πρόσκειμαι δοῦλα τλάμων; aber 190 τῷ δ' ἁ τλάμων .. δουλεύσω γοαῖς. X. Cy. 4, 6, 5 κἀγὼ ὁ τάλας νεκρὸν ἀντὶ νυμφίου ἐκομισάμην.

b) Ebenso kann der Artikel fehlen bei denjenigen **Gattungsnamen**, welche zugleich als **Eigennamen** oder an der Stelle derselben gebraucht werden, als: ἥλιος, σελήνη, θάλασσα, οὐρανός, χρόνος, ἄστρα, γῆ, die Erde, ὧραι, die Jahreszeiten, κεραυνός, ἄνεμοι u. ähnl., die Namen der **Winde** und **Gestirne**, ferner **Lokalnamen** wie ἄστυ von Athen, πόλις von einer bestimmten Stadt, die aus dem Zusammenhange bekannt ist, insbes. auch v. d. Burg Athens, ἀκρόπολις, ἀγορά, βουλευτήριον, πρυτανεῖον, νεώριον, νῆσος v. e. bestimmten Insel, τεῖχος v. d. Stadtmauer, s. Schoemann ad Isae. 5, 22, πεδίον v. e. bestimmten Ebene Attikas, doch alle diese Lokalnamen vorwiegend mit Präpositionen, vgl. unten f), oder in formelhaften Wendungen. Endlich βασιλεύς von einem bestimmten Könige, in der Regel vom **Perserkönige**.

X. An. 7. 3, 34 ἦν ἥλιος ἐπὶ δυσμαῖς. 1. 10, 15 ἥλιος ἐδύετο, s. Kühners Bmrk. Pl. Tim. 38, c ἵνα γεννηθῇ χρόνος, ἥλιος καὶ σελήνη καὶ πέντε ἄλλα ἄστρα. Crat. 397, d φαίνονταί μοι οἱ πρῶτοι τῶν ἀνθρώπων τούτους μόνους τοὺς θεοὺς ἡγεῖσθαι, ἥλιον καὶ σελήνην καὶ γῆν καὶ ἄστρα καὶ οὐρανόν. Symp. 172, a ἐτύγχανον πρῴην εἰς ἄστυ (*Athenas*) οἴκοθεν ἀνιὼν Φαληρόθεν. (Aber Civ. 327, a ἀπῇμεν πρὸς τὸ ἄστυ.) Pl. Menex. 243, e αὔξασθαι μηδένα πόλιν ἑαυτοῦ νοσῆσαι. Th. 8, 67 ἱερὸν Ποσειδῶνος ἔξω πόλεως. Dem. 23, 57 ἐὰν ἐλθὼν εἰς πόλιν οἴκῃ που. Lys. 13, 80 ἔπεμψαν ἐκ Πειραιῶς τὴν πομπὴν εἰς πόλιν (= ἀκρόπολιν). Ar. eq. 1093 ἐδόκει ἡ θεὸς αὐτὴ ἐκ πόλεως ἐλθεῖν. X. Hell. 6. 4, 20 ἡ βουλὴ ἐτύγχανεν ἐν ἀκροπόλει καθημένη. Dem. 9, 41 γράμματα ἃ κεῖνοι κατέθεντ' εἰς στήλην χαλκῆν γράψαντες εἰς ἀκρόπολιν. Pl. Ap. 17, c ἐν ἀγορᾷ ἐπὶ τῶν τραπεζῶν. Ar. Th. 457 εἰς ἀγορὰν ἄπειμι. Lys. 13, 23 κατέρχονται εἰς τὸν Πειραιᾶ καὶ περιτυχόντες αὐτῷ ἐν ἀγορᾷ ἐζήτουν ἄγειν. Pl. Ap. 36, d ἐν πρυτανείῳ σιτεῖσθαι. Phaedr. 227, a πορεύομαι πρὸς περίπατον ἔξω τείχους (Stadtmauer). Th. 4, 133 Θηβαῖοι Θεσπιέων τεῖχος περιεῖλον (formelhaft, vgl. 1, 101 τεῖχός τε καθελόντες καὶ ναῦς παραδόντες. 1, 117. 3, 3. 3, 50). Pl. Gorg. 523, b εἰς μακάρων νήσους ἀπιόντα. Dem. 8, 74 Θηβαίους ἔχοντες ἐν νήσῳ (Euböa, aus dem Vorhergehenden zu verstehen) τί χρήσεσθε καὶ τί δεῖ ποιεῖν; ubi v. Bremi. X. An. 5. 7, 7 ἐπίστασθε, ὅτι βορέας μὲν ἔξω τοῦ Πόντου εἰς τὴν Ἑλλάδα φέρει, νότος δὲ εἴσω εἰς Φᾶσιν. 1. 4, 10 πάντα, ὅσα ὧραι φύουσι. Comm. 4. 3, 14 κεραυνός τε . . καὶ ἄνεμοι. Hdt. 8, 118 νῦν τις διαδεξάτω ὑμέων βασιλέος κηδόμενος. Th. 8, 37 μηδὲ Δαρεῖον βασιλέα μηδὲ ὧν βασιλεὺς ἄρχει. An. 1. 1, 6 ἦσαν αἱ Ἰωνικαὶ πόλεις Τισσαφέρνους τὸ ἀρχαῖον ἐκ βασιλέως δεδομέναι. 1. 2, 8 μεγάλου βασιλέως, wie 4, 11. 7, 2. 2. 4, 3 βασιλέα μέγαν (öfter mit Art. ὁ μέγας β., z. B. Lys. 2, 56, β. ὁ μέγας, z. B. Hdt. 1, 188, Lys. 19, 25; ebenso ὁ Περσῶν β. X. Hell. 3. 4, 25. 7. 1, 33. 6. 1, 12. Aeschin. 3, 132 u. s., ὁ τῆς Ἀσίας βασιλεύς X. Hell. 3. 5, 13. Lys. 2, 21).

Anmerk. 3. Wie bei Eigennamen, so steht auch bei der Bezeichnung des Perserkönigs der Artikel dann, wenn anaphorisch auf eine vorhergehende Erwähnung Bezug genommen oder nachdrücklich auf eine bestimmte Persönlichkeit hingewiesen wird, z. B. Hdt. 7, 147 ἐσβλέποντες ἐς τὸν βασιλέα, zurückweisend auf ὁ Ξέρξης. X. Hell. 7. 1, 37 ἀκούοντος τοῦ βασιλέως, mit Bezug auf 36 ἐρωτώμενος ὑπὸ βασιλέως. An. 2. 4, 4 ἀπαγγεῖλαι ὡς ἡμεῖς τοσοίδε ὄντες ἐνικῶμεν τὸν βασιλέα ἐπὶ ταῖς θύραις αὐτοῦ, jenen mächtigen Perserkönig. Dem. 19, 137 ἐποίησεν ἂν ταὐτὸ τῷ βασιλεῖ, jener Perserkönig (Artaxerxes Mnemon). Andere Beispiele für ὁ βασιλεύς (zum Teil mit Unrecht verdächtigt) sind: Hdt. 3, 84 τῷ βασιλέι. Th. 8, 37 πρὸς βασιλέα Δαρεῖον καὶ τοὺς παῖδας τοῦ βασιλέως. 47 τῷ Τισσαφέρνει καὶ τῷ βασιλεῖ. X. An. 2. 5, 38. Oec. 4, 15. Hell. 7. 1, 38 ἐπῄνει τὰ τοῦ βασιλέως. Isocr. 4, 145 μετὰ τοῦ βασιλέως. 147 ὁ β. ἀπορήσας. 12, 162. — In Beispielen wie X. R. L. 13, 1 ἐπὶ φρουρᾶς τρέφει ἡ πόλις βασιλέα, 15, 1 θύειν βασιλέα πρὸ τῆς πόλεως u. oft, wo von den spartanischen Königen die Rede ist, entbehrt βασιλεύς des Artikels deshalb, weil es als abstrakter Gattungsname (vgl. d) das Amt des Königs im allgemeinen, nicht ein einzelnes Individuum bezeichnet.

c) Üblich ist die Weglassung des Artikels in manchen formelhaften Wendungen, die der Gesetzes- oder der technischen Sprache angehören, wie: χεῖρας προΐσχεσθαι, um Pardon bitten Th. 3, 58 ἑκόντας τε ἐλάβετε καὶ χεῖρας προϊσχομένους, ὁ δὲ νόμος τοῖς Ἕλλησι μὴ κτείνειν τούτους. Vgl. 3, 66; δεξιὰν (δεξιὰς) διδόναι, λαμβάνειν, φέρειν, πέμπειν X. An. 1. 6, 6 δεξιὰν ἔλαβον καὶ ἔδωκα. 2. 3, 28 δεξιὰς ἔδοσαν. 2. 4, 1 δεξιὰς παρὰ βασιλέως ἔφερον μὴ μνησικακήσειν. Ag. 3, 4 βασιλεῖ οὐχ ὑπήκουσε δεξιὰν πέμποντι. Th. 6, 57 δεξιὸν μὲν κέρας Ἀργεῖοι εἶχον καὶ Μαντινῆς, Ἀθηναῖοι δὲ τὸ μέσον. 1, 48 εὐώνυμον δὲ κέρας οἱ Κορίνθιοι εἶχον. 2, 81 μέσον μὲν ἔχοντες προσῇσαν Χάονες, ἐκ δεξιᾶς δ' αὐτῶν Λευκάδιοι, ἐν ἀριστερᾷ δὲ Κνῆμος. (So namentlich mit Präpositionen, s. unter f.) Th. 3, 109 προσφέρει λόγον περὶ νεκρῶν ἀναιρέσεως· οἱ δὲ νεκροὺς ἀπέδοσαν. Vgl. 4, 14. 7, 5. 8, 106. 5, 10 extr. νεκρούς τε ἐσκύλευσε καὶ τροπαῖον ἔστησε. 1, 101 τεῖχός τε καθελόντες καὶ ναῦς παραδόντες, s. b). 1, 107 ἐλπίσαντες δῆμον (= δημοκρατίαν) καταπαύσειν. 6, 28 ἐπὶ δήμου καταλύσει (neben τὸν δῆμον καταλύειν, ἡ τοῦ δήμου κατάλυσις).

d) Der Artikel fehlt zuweilen bei verwandtschaftlichen und ähnlichen Benennungen, bei denen die Beziehung von selbst klar ist, als: πατήρ, μήτηρ, πάππος, υἱός, ἀδελφός, γονεῖς, παῖδες, ἀνήρ, Ehemann, γυνή, Ehefrau, u. a. (doch nicht, wenn von einzelnen bestimmten Individuen die Rede ist). Andoc. 1, 48 ἧκον δὲ τῷ μὲν μήτηρ, τῷ δὲ ἀδελφή, τῷ δὲ γυνὴ καὶ παῖδες. Pl. civ. 574, a αὐτὸς ἀξιώσει νεώτερος ὢν πατρός τε καὶ μητρὸς πλέον ἔχειν. leg. 881, d ἐὰν δέ τις ὄφλῃ δίκην αἰκίας γονέων, seiner Eltern. 930, e γονέων ἀμελεῖν οὔτε θεὸς οὔτε ἄνθρωπος ξύμβουλός ποτε γένοιτ' ἂν οὐδεὶς οὐδενί. Alc. 1, 126, e ὁμόνοιαν, ἥνπερ πατήρ τε υἱὸν (seinen Sohn) φιλῶν ὁμονοεῖ καὶ μήτηρ καὶ ἀδελφὸς ἀδελφῷ (seinem Bruder) καὶ γυνὴ ἀνδρί (ihrem Manne). Ähnlich bei πατρίς. Th. 6, 68 περὶ πατρίδος ἔσται ὁ ἀγών. Vgl. 69. Pl. Menex. 237, b. (Dagegen im konkreten Einzelfalle z. B. Andoc. 1, 50 πρῶτον μὲν σεαυτὸν σῶσον, εἶτα δὲ τὸν πατέρα, εἶτα δὲ τὸν κηδεστήν, ὃς ἔχει σου τὴν ἀδελφήν.) — Ebenso bei Beamtennamen (mit derselben Beschränkung). Pl. leg. 766, b αἱ πᾶσαι ἀρχαὶ πλὴν βουλῆς (Abstr. pro concr.) καὶ πρυτάνεων φερόντων ψῆφον. X. An. 7. 6, 7 δαρεικὸν ἕκαστος οἴσει τοῦ μηνὸς ὑμῶν, λοχαγὸς δὲ τὸ διπλοῦν, στρατηγὸς δὲ τὸ τετραπλοῦν. (Dagegen z. B. 2. 3, 28 δεξιὰς ἔδοσαν τοῖς τῶν Ἑλλήνων στρατηγοῖς καὶ λοχαγοῖς.) So auch βασιλεύς von nichtpersischen Königen, s. Anm. 3 a. E.

e) Der Artikel kann wegbleiben, wenn zwei oder mehrere beigeordnete Substantive zu einer Gesamtheit verbunden werden, wie im Deutschen: Weib und Kind, Ross und Reiter u. dgl., wie überhaupt in Aufzählungen. Th. 2, 72 πόλιν καὶ οἰκίας ἡμῖν παράδοτε (Stadt und

Haus, Haus und Hof). Ib. παῖδες σφῶν καὶ γυναῖκες. X. An. 1. 4, 8 ἔχω αὐτῶν καὶ τέκνα καὶ γυναῖκας, s. das. Kühners Bmrk. 4. 1, 8 ἐκλιπόντες τὰς οἰκίας ἔχοντες καὶ γυναῖκας καὶ παῖδας ἔφευγον ἐπὶ τὰ ὄρη, vgl. 7. 4, 5. 7. 8, 9. 3. 5, 7 οἱ μὲν ἄλλοι περὶ τὰ ἐπιτήδεια ἦσαν, στρατηγοὶ δὲ καὶ λοχαγοὶ συνῆσαν. Pl. civ. 461, a εὔξονται καὶ ἱέρειαι καὶ ἱερεῖς καὶ ξύμπασα ἡ πόλις. 574, b μαχομένων γέροντός τε καὶ γραός, obwohl vorhergeht τοὺς γονέας. Dem. 9, 69 χρὴ καὶ ναύτην καὶ κυβερνήτην καὶ πάντ' ἄνδρα ἑξῆς προθύμους εἶναι. Auch in Verbindung mit einem Adjektivsatze. X. Cy. 3. 3, 44 καὶ ὑπὲρ γῆς, ἐν ᾗ ἔφυτε, καὶ οἴκων, ἐν οἷς ἐτράφητε, καὶ ὑπὲρ γυναικῶν τε καὶ τέκνων. Th. 5, 82 οἱ Ἀργεῖοι πανδημεί, καὶ αὐτοὶ καὶ γυναῖκες καὶ οἰκέται, ἐτείχιζον. — Bei Herodot, sonst selten, auch in Gegensätzen. Hdt. 3, 29 ὁρτὴ μὲν δὴ διελέλυτο Αἰγυπτίοισι, οἱ δὲ ἱρέες ἐδικαιεῦντο. 5, 67 Κλεισθένης χοροὺς μὲν τῷ Διονυσίῳ ἀπέδωκε, τὴν δὲ ἄλλην θυσίην Μελανίππῳ. 9, 88 Ἀτταγῖνος μὲν ἐκδιδρήσκει ἐκ τοῦ ἄστεος, παῖδας δὲ αὐτοῦ Παυσανίης ἀπέλυσε τῆς αἰτίης. X. Cy. 2. 3, 18 ἐτύγχανον καὶ θωράκων καὶ γέρρων, οἱ δὲ καὶ μηροῦ καὶ κνημῖδος· ὅπου δὲ ὁμόσε γένοιντο, ἔπαιον τῶν μὲν μηρούς, τῶν δὲ χεῖρας, τῶν δὲ κνήμας, τῶν δὲ καὶ ἐπικυπτόντων ἔπαιον τοὺς τραχήλους καὶ τὰ νῶτα.

f) Ungemein häufig ist die Weglassung des Artikels in der **Verbindung mit Präpositionen**, weil alsdann der Ausdruck einen **adverbialen** Charakter annimmt und die Gegenstände weniger bestimmt hervortreten. Th. 4, 11 ἐκ τε γῆς καὶ ἐκ θαλάσσης ἠμύνοντο (31 ὃ ἦν ἔκ τε θαλάσσης ἀπόκρημνον καὶ ἐκ τῆς γῆς ἥκιστα ἐπίμαχον). X. An. 1. 1, 7 ὁ Κῦρος ἐπολιόρκει Μίλητον καὶ κατὰ γῆν καὶ κατὰ θάλατταν, wie im Deutschen: zu Wasser und zu Lande. Vgl. Th. 4, 8. X. Hell. 6. 2, 8. Th. 2, 83 παρὰ γῆν σφῶν κομιζομένων (aber 2, 90 ἔπλει παρὰ τὴν γῆν). X. An. 6. 2, 1 ἔπλεον παρὰ γῆν, s. das. Kühners Bmrk. 3, 10 πορευόμενος παρὰ θάλατταν (aber 6. 2, 18 παρὰ τὴν θ.). 5. 3, 2 ἐπὶ θαλάττῃ. Cy. 2. 4, 3 ἐπὶ μετώπου διιέναι (in Front), ἕπεσθαι κατὰ χώραν (jeder an seinem Platze), κατ' οὐρὰν ἀκολουθεῖν. 7. 1, 21 κατ' ἄκρον, am äussersten Teile. 2. 3, 21 (τὸν λόγον) παράγειν εἰς μέτωπον. 6. 3, 21 ἐπὶ φάλαγγος καθίστασθαι. X. An. 5. 2, 26 οἱ κατὰ στόμα, *in fronte collocati*. R. L. 11, 10 γίγνεται ὁ κατ' οὐρὰν λόγος παρὰ δόρυ . . παρ' ἀσπίδα (*sinistrorsum*) καθίσταται. So die Kommandos ἐπὶ δόρυ, ἐπ' ἀσπίδα. Th. 2, 76 διὰ χειρὸς ἔχειν. 8, 50 ἐς χεῖρας ἰέναι. 4, 113 διαφθείρονται ἐν χερσὶν αὐτῶν. 3, 97 τὴν ἐν ποσὶν (κώμην). X. An. 4. 8, 2 εἶχον ὑπὲρ δεξιῶν χωρίον οἷον χαλεπώτατον καὶ ἐξ ἀριστερᾶς ἄλλον ποταμόν. Hell. 2. 4, 33 ἀνεχώρουν ἐπὶ πόδα. 4. 7, 66 ἐγγὺς πυλῶν. An. 3. 4, 15 ἔξω βελῶν ἀπεχώρει. 7. 3, 16 ἐπὶ θύραις ἦσαν (aber 2. 5, 31 ἦσαν ἐπὶ ταῖς θύραις ταῖς Τισσαφέρνους). Th. 4, 14 ἀπὸ νεῶν ἐπεζομάχουν. 8, 68 καὶ ἐν δικαστηρίῳ καὶ ἐν δήμῳ. 1, 98 Ἠιόνα τὴν ἐπὶ Στρυμόνι. 5, 82 Διῆς οἱ ἐν Ἄθῳ.

g) Oft fehlt der Artikel bei Ausdrücken von **Zeitbestimmungen**, doch meist nur in den abhängigen Kasus und in Verbindung mit Präpositionen (vgl. f.), seltener im Nom. als Subj., aber stets nach § 461, S. 591 als Prädikat. Th. 4, 25 καὶ νὺξ ἐπεγένετο τῷ ἔργῳ. X. Cy. 4. 5, 14 ἐπεὶ δὲ ἡμέρα ὑπέφαινε, vgl. An. 3. 2, 1. 4. 2, 7. 4. 3, 9 ἕως ὑπέφαινεν. Ag. 1, 25 ἔαρ ὑπέφαινε (aber Hell. 5. 4, 58 ὑποφαίνοντος τοῦ ἦρος). An. 3. 1, 33 ὅτε δὲ ταῦτα ἦν, σχεδὸν μέσαι ἦσαν νύκτες. 4. 2, 4 ταῦτα ἐποίουν, μέχρι σκότος ἐγένετο. 4. 4, 1 ἀμφὶ μέσον ἡμέρας ἐπορεύθησαν. 6. 5, 32 περὶ ἡλίου δυσμάς. 7. 3, 34 ὡς ἦν ἥλιος ἐπὶ δυσμαῖς. 2. 6, 7 καὶ ἡμέρας καὶ νυκτός. 6, 3, 23 εὐθὺς ἀφ' ἑσπέρας ᾤχοντο ἀπιόντες. 4. 6, 12 μεθ' ἡμέραν μαχόμενος. Th. 2, 52 ὥρᾳ ἔτους, *aestate*. X. Comm. 2. 1, 21 ἐπεὶ ἐκ παίδων εἰς ἥβην ὡρμᾶτο. Pl. Civ. 519, a ἐκ παιδός. Prot. 325, c ἐκ παίδων σμικρῶν ἀρξάμενοι.

Anmerk. 4. Die unter c) — g) genannten Beispiele haben das Gemeinsame, dass die Beziehung auf bestimmte Einzelwesen und konkrete Fälle zurücktritt. Wo dagegen diese Auffassung unzulässig ist, muss der Artikel stehen. Daher schreibt man jetzt statt ἄνθρωπος, ἀνήρ, wenn bestimmte Personen damit gemeint sind, ἅνθρωπος, ἁνήρ. So Antiph. 2, β, 2 ἐμοὶ δὲ ζῶν ἅνθρωπος ἀνατροπεὺς τοῦ οἴκου ἐγένετο. Pl. Phaedr. 268, c μαίνεται ἅνθρωπος. Bei Demosth. sehr oft von Philipp. Antiph. 5, 66 ἐὰν ἐξεύρω ὅτῳ τρόπῳ ἀφανὴς ἐστιν ἁνήρ.

h) Ganz natürlich ist die Weglassung des Artikels, wenn die **Gattungsnamen** eine **abstrakte** Bedeutung haben oder eine **Thätigkeit** ausdrücken, auch hier am häufigsten in Verbindung mit Präpositionen. X. Comm. 1. 3, 6 ἐπὶ δεῖπνον ἐλθεῖν, zu Tische (= zum Essen) gehen. (Aber An. 4. 2, 4 τότε ἀπῆλθον ἐπὶ τὸ δεῖπνον, zu der bestimmten Mahlzeit, in Beziehung auf § 1. Vgl. Bornem. ad X. conv. 1, 13, der aber unrichtig keinen Unterschied annimmt.) Ἐφ' ἵππου = reitend, z. B. ἰέναι. X. Cy. 1. 2, 9 ὅταν ἐξίῃ βασιλεὺς ἐπὶ θήραν (d. i. *venatum, ad venandum*). (Aber 11 ἐξέρχονται ἐπὶ τὴν θήραν in Beziehung auf das Vorhergehende, vgl. 1. 4, 5.) Comm. 1. 1, 9 πότερον ἐπιστάμενον ἡνιοχεῖν ἐπὶ ζεῦγος λαβεῖν κρεῖττον ἢ μὴ ἐπιστάμενον (*ad vehendum*), s. das. Kühners Bmrk. 1. 4, 5 τὰ διὰ στόματος ἡδέα, quae *edendo* percipiuntur. 3. 9, 11 ἐπεδείκνυεν ἔν τε νηὶ (= in *navigando*, in *nave regenda*) τὸν μὲν ἐπιστάμενον ἄρχοντα, τὸν δὲ ναύκληρον καὶ τοὺς ἄλλους τοὺς ἐν τῇ νηὶ (in dem Schiffe) πάντας πειθομένους τῷ ἐπισταμένῳ, καὶ ἐν γεωργίᾳ τοὺς κεκτημένους ἀγρούς.

i) Die **Abstrakta** entbehren oft auch dann des Artikels, wenn sie in einer bestimmten Beziehung auftreten oder eine konkrete Bedeutung annehmen, so besonders die Namen der **Künste** und **Wissenschaften**, der **Tugenden** und **Laster**; ihnen schliesst sich auch ψυχή an. Pl. Phaedr. 245, d μόνον τὸ αὐτὸ κινοῦν . . τοῖς ἄλλοις . . πηγὴ καὶ ἀρχὴ κινήσεως· ἀρχὴ δὲ ἀγένητον· ἐξ ἀρχῆς γὰρ ἀνάγκη πᾶν τὸ γιγνόμενον γίγνεσθαι. X. Comm. 1. 2, 23 πάντα ἔμοιγε δοκεῖ τὰ καλὰ καὶ τὰ ἀγαθὰ ἀσκητὰ εἶναι, οὐχ ἥκιστα δὲ σωφροσύνη. 3. 9, 5 ἐπεὶ τὰ δίκαια καὶ τὰ ἄλλα καλά τε καὶ ἀγαθὰ πάντα ἀρετῇ πράττεται, δῆλον εἶναι, ὅτι καὶ δικαιοσύνη καὶ ἡ ἄλλη πᾶσα ἀρετὴ σοφία ἐστί. Cy. 8. 3, 25 μάλιστα ἐμεμελήκει αὐτῷ ἱππικῆς. Oec. 6, 8 ἐδοκιμάσαμεν ἀνδρὶ καλῷ τε κἀγαθῷ ἐργασίαν εἶναι καὶ ἐπιστήμην κρατίστην γεωργίαν, wo Ddrf. mit Unrecht τήν hinzugefügt hat. Pl. Symp. 186, e ἥ τε οὖν ἰατρική, ὥσπερ λέγω, πᾶσα διὰ τοῦ θεοῦ τούτου κυβερνᾶται, ὡσαύτως δὲ καὶ γυμναστικὴ καὶ γεωργία· μουσικὴ δὲ . . κατὰ ταὐτὰ ἔχει (ἡ ἰατρική in Beziehung auf das Vorhergehende). Prot. 313, c ἆρ' οὖν ὁ σοφιστὴς τυγχάνει ὢν ἔμπορός τις ἢ κάπηλος τῶν ἀγωγίμων ἀφ' ὧν ψυχὴ τρέφεται; Ferner wenn das Abstraktum einem Verbalbegriffe gleich zu achten ist. X. Comm. 1. 2, 24 Ἀλκιβιάδης διὰ κάλλος ὑπὸ πολλῶν γυναικῶν θηρώμενος, nicht: wegen seiner Schönheit, διὰ τὸ κάλλος, sondern = διὰ τὸ καλὸς εἶναι. 3. 3, 11 ταῦτα πάντα διὰ λόγου ἐμάθομεν = *animi sensus oratione expromendo.* — Sehr häufig werden auch die Substantive: μέγεθος, πλῆθος, ὕψος, εὖρος, πλάτος, βάθος, γένος, ὄνομα, πρόφασιν u. ähnl. im Akk. ohne Artikel gesetzt, indem sie gleichsam als adverbiale Ausdrücke aufgefasst werden. X. An. 1. 2, 23 ποταμὸς Κύδνος ὄνομα, εὖρος δύο πλέθρων. 4. 2, 2 οἱ μὲν ἐπορεύοντο πλῆθος ὡς δισχίλιοι. Comm. 1. 4, 8 πλῆθος ἄπειρα. (Aber 1. 1, 14 ἄπειρα τὸ πλῆθος.) Cy. 2. 1, 25 πλῆθος μέν . . μέγεθος δέ. (Aber Comm. 1. 3, 12 ἡμιωβελιαῖα τὸ μέγεθος.) Cy. 2. 4, 4 τὴν τάξιν εἰς δώδεκα τάττειν βάθος. (Aber An. 1. 7, 14 τάφρος ἦν ὀρυκτὴ βαθεῖα, τὸ μὲν εὖρος ὀργυιαὶ πέντε, τὸ δὲ βάθος ὀργυιαὶ τρεῖς.) Th. 3, 111 οἱ Μαντινῆς πρόφασιν ἐπὶ λαχανισμὸν ἐξελθόντες. 5, 80 ὁ δὲ ἀγῶνά τινα πρόφασιν γυμνικὸν ποιήσας.

k) Wenn ein mit einem attributiven Genetive verbundenes Substantiv einen Gesamtbegriff darstellt, so wird der Artikel gemeiniglich bei dem regierenden Substantive weggelassen, dem Genetive aber hinzugefügt.[1]) S. OR. 1530 τέρμα τοῦ βίου, Lebensziel. OC. 725 τέρμα τῆς σωτηρίας. Ph. 900 δυσχέρεια τοῦ νοσήματος, Krankheitsbeschwerde. Th. 4, 12 τῶν χωρίων χαλεπότητι. 8, 33 ἐπὶ σωτηρίᾳ τῶν ἀνθρώπων. X. Comm. 1. 5, 2 ἐπὶ τελευτῇ τοῦ βίου, Lebensende. Vgl. An. 1. 1, 1. Ap. 30. Cy. 5. 1, 13. 7. 2, 20 ἐν ἀκμῇ τοῦ βίου, Lebensblüte. R. L. 2, 1 τῶν παίδων πόδας, Knabenfüsse. Comm. 3. 6, 10 περὶ φυλακῆς τῆς χώρας. Pl. leg. 770, a ἐν δυσμαῖς τοῦ βίου. Seltener steht auch bei dem regierenden Substantive der Artikel. X. An. 1. 9, 30 ἐν τῇ τελευτῇ τοῦ βίου. R. L. 10, 1 ἐπὶ τῷ τέρματι τοῦ βίου. Pl. Phaed. 65, a τῆς τοῦ σώματος κοινωνίας. Alsdann werden beide Begriffe selbständig und bestimmt aufgefasst, wie in anderen Beispielen, z. B. Pl. Gorg. 474, e τὸ τῶν μαθημάτων κάλλος. Ist der Genetiv

1) Vgl. Kühner ad Xen. Comm. 1. 4, 12.

ein Eigenname, so wird der Artikel weggelassen, jedoch kann er zu dem regierenden Substantive hinzugefügt werden. Hdt. 3, 26 κατὰ Ἑλλήνων γλῶσσαν, aber 2, 30 u. 4, 52 κατὰ τὴν Ἑλλήνων γλῶσσαν. Th. 2, 2 μετὰ Εὐβοίας ἅλωσιν, aber 3, 51 μετὰ τὴν Λέσβου ἅλωσιν. Werden aber beide Begriffe allgemein aufgefasst, so entbehren beide des Artikels. Pl. Menex. 246, e οὔτε σώματος κάλλος καὶ ἰσχὺς δειλῷ καὶ κακῷ ξυνοικοῦντα πρέποντα φαίνεται. Th. 1, 1 διὰ χρόνου πλῆθος. 1, 69 ἐκ περάτων γῆς. 1, 103 περὶ γῆς ὅρων. Ein Gleiches gilt auch von anderen Verbindungen, in welchen zwei Substantive in einem näheren Verhältnisse zu einander stehen. Pl. civ. 354, a οὐδέποτ' ἄρα λυσιτελέστερον ἀδικία δικαιοσύνης, aber b λυσιτελέστερον ἡ ἀδικία τῆς δικαιοσύνης, dort werden beide Begriffe als rein abstrakte, hier in Beziehung auf das Vorhergehende als schon erwähnte aufgefasst.

l) Ein substantivisch gebrauchtes Adjektiv und Partizip (vgl. § 461, 4) entbehrt des Artikels, wenn der Begriff ganz allgemein bezeichnet werden soll; im Plurale auch dann, wenn nur ein Teil des Ganzen ausgedrückt werden soll, wie dies auch bei den wirklichen Substantiven der Fall ist. a) Adjektiv. Pl. Menex. 246, e οὔτε σώματος κάλλος καὶ ἰσχὺς δειλῷ καὶ κακῷ ξυνοικοῦντα πρέποντα φαίνεται. Civ. 610, d ἀπαλλαγὴ γὰρ ἂν εἴη κακῶν, von den Übeln. Th. 2, 81 μέσον ἔχοντες προσῆσαν Χάονες, die Mitte. 4, 31 μέσον καὶ ὁμαλώτατον... εἶχε. X. An. 1. 8, 8 ἤδη ἦν μέσον ἡμέρας, vgl. 23. Th. 1, 8 ὑπὲρ ἥμισυ Κᾶρες ἐφάνησαν (über die Hälfte), ubi v. Poppo-Stahl, vgl. 8, 68. X. Cy. 3. 3, 47. An. 6. 2, 10 u. Kühners Bmrk. Hell. 4. 3, 15 ἥμισυ μόρας τῆς ἐξ Ὀρχομενοῦ. Ar. Lys. 546 αἷς ἔνι φύσις, ἔνι χάρις, ἔνι δὲ θράσος, ἔνι δὲ σοφόν. Bei Platon begegnet öfters das Neutrum des Sing. ohne Artikel von abstrakten Begriffen. Symp. 186, d ἔστι δὲ ἔχθιστα τὰ ἐναντιώτατα, ψυχρὸν θερμῷ, πικρὸν γλυκεῖ, ξηρὸν ὑγρῷ, πάντα τὰ τοιαῦτα. Hipp. 1, 293, e σκόπει, εἴ σοι δοκεῖ καλὸν εἶναι, οὗ καὶ νῦν δὴ ἐπελαβόμεθα ἐν τῇ ἀποκρίσει (ubi v. Stallb.), ob das Schöne dir das zu sein scheine, das wir eben jetzt berührten. Aber ohne Artikel muss es nach § 461, S. 591 stehen, wenn es Prädikat ist. Phil. 11, b Φίληβος ἀγαθὸν εἶναί φησι τὸ χαίρειν. Civ. 505, c οἱ τὴν ἡδονὴν ἀγαθὸν ὁριζόμενοι. — b) Von dem Partizipe wird am häufigsten der Plural so gebraucht. Homer verbindet zwar auch schon das substantivierte Partizip mit dem Artikel (s. § 457, 6), dass er ihn aber auch weglässt, bedarf nach § 457, 5 kaum der Erwähnung[1]). K, 47 οὐ γάρ πω ἰδόμην οὐδὲ κλύον αὐδήσαντος (einen, der da sagte) | ἄνδρ' ἕνα τοσσάδε . . μητίσασθαι. ε, 400 τόσσον ἀπῆν, ὅσσον τε γέγωνε βοήσας. Hs. op. 12 τὴν μέν κεν ἐπαινήσειε νοήσας, ein Verständiger.

[1]) Vgl. Matthiä II. § 271, Anm. Kühner ad Xen. Comm. 1. 3, 8. ad An. 1. 1, 7.

S. Ant. 687 γένοιτο μέντἂν χἀτέρῳ καλῶς ἔχον, es dürfte jedoch auch einem andern ein sich schön Verhaltendes (ein guter Gedanke) zu teil werden. OR. 517 εἰς βλάβην φέρον. El. 697 ὅταν δέ τις θεῶν | βλάπτῃ, δύναιτ' ἂν οὐδ' ἂν ἰσχύων φυγεῖν, ein Starker. Eur. Ph. 270 ἅπαντα γὰρ τολμῶσι δεινὰ φαίνεται *„rem difficilem aggredientibus"*. X. Cy. 6. 2, 1 ἦλθον παρὰ τοῦ Ἰνδοῦ χρήματα ἄγοντες. Hell. 5. 1, 19 ἀφρόνως ἔπλει δώδεκα τριήρεις ἔχων ἐπὶ πολλὰς ναῦς κεκτημένους. Comm. 1. 3, 11 ἐφ' οἷς οὐδ' ἂν μαινόμενος σπουδάσειεν. 1. 4, 14 οὔτε γὰρ βοὸς ἂν ἔχων σῶμα, ἀνθρώπου δὲ γνώμην ἐδύνατ' ἂν πράττειν ἃ ἐβούλετο. Oec. 8, 10 ἡ χώρα αὐτὴ τὸ μὴ ὂν ποθήσει, καὶ δεόμενον θεραπείας ἐξετάσει ἡ ὄψις [wo Hirschig τὸ δεόμ. schreibt]. An. 2. 3, 23 ἀδικοῦντα πειρασόμεθα ἀμύνασθαι. 6. 4, 3 ὁ Κάλπης λιμὴν ἐν μέσῳ κεῖται ἑκατέρωθεν πλεόντων ἐξ Ἡρακλείας καὶ Βυζαντίου. Pl. Lys. 213, c ὅταν ἢ μὴ μισοῦν τις φιλῇ ἢ καὶ φιλοῦν μισῇ. Civ. 595, c πολλά τοι ὀξύτερον βλεπόντων ἀμβλύτερον ὁρῶντες πρότεροι εἶδον. Soph. 238, a μὴ ὄντι δέ τι τῶν ὄντων ἄρα προσγίγνεσθαι φήσομεν δυνατὸν εἶναι; einem Nichtseienden, b μὴ ὄντα ἐπειδὰν λέγωμεν, Nichtseiendes; die ganze Stelle ist zu vergleichen, wo μὴ ὄν, μὴ ὄντα, als Unbestimmtes, dem τὸ μὴ ὄν, τὰ μὴ ὄντα, als Bestimmtes, den ganzen Begriff des Nichtseienden und der nichtseienden Dinge Umfassendes, entgegengestellt wird. Leg. 795, b διαφέρει πάμπολυ μαθὼν μὴ μαθόντος καὶ ὁ γυμνασάμενος τοῦ μὴ γεγυμνασμένου, wo die Weglassung des Artikels um so auffallender ist, da er unmittelbar darauf gesetzt ist. Ähnlich X. Cy. 7. 5, 73 νόμος ἐστίν, ὅταν πολεμούντων πόλις ἁλῷ, τῶν ἑλόντων εἶναι καὶ τὰ σώματα τῶν ἐν τῇ πόλει καὶ τὰ χρήματα. Ganz gewöhnlich bei πέμπειν. X. Cy. 3. 1, 2 κατασκεψομένους ἔπεμπε. Vgl. An. 1. 3, 14.

m) Nur selten schliessen sich adjektivisch gebrauchte Adverbien (§ 461, 6) oder Präpositionen mit ihrem Kasus an Substantive ohne Artikel an. α) Hs. th. 486 Οὐρανίδῃ μέγ' ἄνακτι (ubi v. Goettl.), das aber weniger hart ist, da in ἄνακτι der Verbalbegriff von ἀνάσσειν noch deutlich hervortritt, vgl. Verg. A. 1, 21 populus *late* rex = late regnans; härter ist Eur. Hec. 891 καλεῖ σ' ἄνασσα δή ποτ' Ἰλίου st. ἄν. ἡ ποτ' Ἰλ. Theocr. 9, 43 οὔτ' ἔαρ ἐξαπίνας γλυκερώτερον (ubi v. Kiessling et Wuestemann) = *ver subitum*. Dem. 19, 141 τῶν ἐχθρῶν Φωκέων ἄρδην ὄλεθρος, gänzliches Verderben. 18, 62 ἐν τοιαύτῃ καταστάσει καὶ ἔτι ἀγνοίᾳ. Pl. civ. 564, a ἡ ἄγαν ἐλευθερία ἔοικεν οὐκ εἰς ἄλλο τι ἢ εἰς ἄγαν δουλείαν μεταβάλλειν, die allzu grosse Freiheit scheint in eine allzu grosse Knechtschaft umzuschlagen. S. Schneider ad h. l. Leg. 639, b οὐδαμῶς ἀνδρῶν ἄρχοντα, ἀλλά τινων σφόδρα γυναικῶν, ubi v. Stallb. Th. 7, 81 τοιαύταις προσβολαῖς καὶ οὐ ξυσταδὸν (= σταδίαις) μάχαις οἱ Συρακόσιοι ἐχρῶντο. 1, 122 τὴν ἧσσαν ἴστω οὐκ ἄλλο τι φέρουσαν ἢ ἄντικρυς δουλείαν, direkte Knechtschaft (vgl. 8, 64 ἐπὶ τὴν ἄντικρυς ἐλευθερίαν). 6, 66 ἔρυμα λίθοις λογάδην καὶ ξύλοις διὰ ταχέων ὤρθωσαν. Vgl. 4, 31. 7, 44 ἐμπειρίᾳ μᾶλλον (= μᾶλλον ἔμπειροι ὄντες) τῆς χώρας διεφύγγανον. 7, 86 τοιαύτῃ ἢ ὅτι ἐγγύτατα τούτων αἰτίᾳ ἐτεθνήκει. Selbst b. οὐ Eur. Hipp. 196 (Anap.) δι' ἀπειροσύνην ἄλλου βιότου | κοὐκ ἀπόδειξιν τῶν ὑπὸ γαίας. Ba. 1288 ἐν οὐ καιρῷ (zur Unzeit) πάρει. Vgl. Plaut. Pers. 385 non tu *nunc* hominum mores vides. Ter. Andr. 175 heri *semper* lenitas. C. Verr. 2, 192 *magis* vir. Tusc. 2. 22, 53 C. Marius, rusticanus vir, sed *plane* vir u. dgl., s. Kühners L. Gr. II, 1 § 58 b) S. 165. (Zweifelhaft sind solche Beispiele, in welchen das Adverb zu εἶναι oder zu einem anderen Verb gezogen werden kann, als: μάλα χειμῶνος ὄντος, μάλ' εὐημερίας οὔσης, s. § 353, 4. X. Hell. 6. 2, 39 Χαβρίαν μάλα στρατηγὸν νομιζόμενον. 2. 4, 2 μάλ' εὐημερίας οὔσης. Cy. 4. 2, 5 μάλα συμφορὰν τοῦτο ἡγούμεθα. X. An. 7. 4, 3 ἦν δὲ χιὼν πολλὴ καὶ ψῦχος οὕτως. Th. 2, 47 φθορὰ οὕτως ἀνθρώπων. Auch die Beispiele, in denen ἄλλως in dem Sinne von bloss, *nihil nisi* zu einem Substantiv tritt, sind von anderer Art. Th. 8, 78 ἄλλως ὄνομα καὶ οὐκ ἔργον. Pl. Theaet. 176, d οὐ λῆροί εἰσι, γῆς ἄλλως ἄχθη, vgl. υ, 379 ἀλλ' αὔτως ἄχθος ἀρούρης. Dem. 19, 24. Ar. N. 1203. Eur. Hec. 626. Hel. 755. 1421.) — β) Pind. P. 1, 77 ἐν Σπάρτᾳ δ' ἐρέω πρὸ Κιθαιρῶνος μάχαν = τὴν πρὸ Κ. μ. S. OR. 55 (γῆς) ξὺν ἀνδράσιν κάλλιον ἢ κενῆς κρατεῖν. El. 61 οὐδὲν ῥῆμα σὺν κέρδει κακόν = κερδαλέον. 1283 ὀργὰν ἄναυδον οὐδὲ σὺν βοᾷ. OC. 586 ἐν βραχεῖ (= βραχεῖαν) χάριν. Th. 6, 90 ἐκ γῆς ἐφορμαῖς, Angriffe von der Landseite. 1, 6 μετρίᾳ ἐσθῆτι καὶ ἐς τὸν νῦν τρόπον. Vgl. Ov. Met. 1, 26 ignea convexi vis et *sine pondere* caeli.

§ 463. Von der Stellung des Artikels.

1. Der Artikel wird sehr häufig durch dazwischentretende Wörtchen von seinem Substantive getrennt, wie μέν, μὲν γάρ, μὲν οὖν, δέ, δ' οὖν, γέ, δέ γε (aber δὲ καί selt.), τέ, τὲ γάρ, τοί, τοίνυν, γάρ, δή, ἄρα; selten durch αὖ, μὲν οὖν δή; öfter durch οἶμαι; durch τὶς oft bei Hdt., zuweilen auch bei den Späteren, bei den Attikern aber nur, wenn auf den Artikel ein Attributiv folgt, also zwischen dem Attributive und dem Substantive; durch αὐτὸς αὐτοῦ (poet. s. § 455, A.); oft finden sehr starke Sperrungen statt, um alle zwischen dem Artikel und dem dazugehörigen Substantive stehende Wörter gleichsam als ein grosses Substantivganze darzustellen. Vgl. § 461, 7. X. An. 1. 2, 1 τὴν μὲν πρόφασιν. 1. 1, 2 ὁ μὲν οὖν πρεσβύτερος. 3 ἡ δὲ μήτηρ. 2, 12 τῇ δ' οὖν στρατιᾷ. 18 ἥ τε Κίλισσα. 1. 1, 5 καὶ τῶν παρ' ἑαυτῷ δὲ βαρβάρων. 8 τὴν μὲν πρὸς ἑαυτὸν ἐπιβουλήν. 9 τοῖς ὑπὲρ Ἑλλήσποντον οἰκοῦσι. 2, 18 τὸν ἐκ τῶν Ἑλλήνων εἰς τοὺς βαρβάρους φόβον. 5. 8, 24 τοὺς μὲν γὰρ κύνας u. s. w. Th. 1, 36 τῆς τε γὰρ Ἰταλίας καὶ

Σικελίας. (Wenn eine Präposition vor dem Artikel steht, so sagen die Prosaiker entweder: πρὸς δὲ τὸν ἄνδρα oder πρὸς τὸν ἄνδρα δέ, nicht aber πρὸς τὸν δὲ ἄνδρα. Pl. Phaed. 59, a ἀπό τε τῆς ἡδονῆς. 75, a ἔκ γε τῶν αἰσθήσεων. X. Hipparch. 1, 19 περί τε τῆς πόλεως. Anders die Dichter, wie Eur. M. 475 ἐκ τῶν δὲ πρώτων.) Pl. Symp. 189, d ἡ γὰρ πάλαι ἡμῶν φύσις, vgl. leg. 813, b. 219, a ἥ τοι τῆς διανοίας ὄψις. Phaed. 75, b πρὸ τοῦ ἄρα ἄρξασθαι. Civ. 413, b τοὺς τοίνυν βιασθέντας. Th. 6, 22 τὸν δὲ καὶ αὐτόθεν σῖτον. Pl. Phil. 25, d τὴν αὖ τοῦ πέρατος γένναν. Phaed. 112, e τὰ μὲν οὖν δὴ ἄλλα. Gorg. 483, d ἡ δέ γε οἶμαι φύσις, ubi v. Hdrf. et Stallb. Dem. 54, 38 οἱ γὰρ οἶμαι βέλτιστοι. Hdt. 1, 84 τῶν τινα Λυδῶν, ubi v. Baehr. 85 τῶν τις Περσέων. Vgl. 109. 124 u. s. Th. 5, 82 τῶν ἐν Πελοποννήσῳ τινὲς πόλεων. Vgl. 1, 45. X. An. 2. 5, 32 τῶν βαρβάρων τινὲς ἱππέων. 5. 7, 19 τῶν δ' ἀποφυγόντων τινὰς Ἑλλήνων. Vgl. Cy. 5. 4, 1. 7. 2, 3. Pl. Gorg. 451, a τούτων τις τῶς τεχνῶν. b τῶν διὰ λόγου τις τὸ κῦρος ἐχουσῶν. In der Dichtersprache ist die Trennung des Artikels von seinem Substantive oft sehr frei, wie S. Ai. 311 καὶ τὸν μὲν ἧστο πλεῖστον ἄφθογγος χρόνον. Durch das Streben der griechischen Sprache, die zu einem mit dem Artikel versehenen Substantive gehörigen Wörter zwischen den Artikel und das Substantiv zu stellen, wird oft eine Häufung der Artikel hervorgebracht, die wir im Deutschen zu vermeiden suchen. Pl. Soph. 254, a τὰ τῆς τῶν πολλῶν ψυχῆς ὄμματα. Polit. 281, a τὸ τῆς τοῦ ξαίνοντος τέχνης ἔργον.

2. Wenn zwei oder mehr Substantive durch καί oder τὲ . . καί mit einander verbunden werden, so wird der Artikel entweder bei jedem wiederholt; alsdann werden die einzelnen Begriffe als für sich bestehend betrachtet, oder sie stehen in einem Gegensatze zu einander; oder er wird nicht wiederholt; alsdann werden die einzelnen Begriffe als zu einer Gesamtvorstellung verbunden betrachtet. Hdt. 4, 71 ἐν τῇ λοιπῇ εὐρυχωρίῃ τῆς θήκης τῶν παλλακέων τε μίαν ἀποπνίξαντες θάπτουσι καὶ τὸν οἰνοχόον καὶ μάγειρον καὶ ἱπποκόμον καὶ διήκονον καὶ ἀγγελιηφόρον καὶ ἵππους καὶ τῶν ἄλλων ἁπάντων ἀπαρχάς (Gesamtvorstellung von allem, was der Verstorbene im Leben gebraucht hatte). Th. 1. 1 τὸν πόλεμον τῶν Πελοποννησίων καὶ Ἀθηναίων (eine Gesamtvorstellung), s. Poppo ed. maj. u. zu 1. 71, 4. 97, 1. 2, 13 τοὺς ἀγροὺς τοὺς ἑαυτοῦ καὶ οἰκίας. 1, 143 τὴν μὲν γῆν καὶ οἰκίας ἀφεῖναι, τῆς δὲ θαλάσσης καὶ πόλεως φυλακὴν ἔχειν. 1, 57 τοῖς ἐπὶ Θρᾴκης Χαλκιδεῦσι καὶ Βοττιαίοις. 140 τὴν βεβαίωσιν καὶ πεῖραν τῆς γνώμης. Pl. Crat. 405, c τὸν ἀκόλουθόν τε καὶ τὴν ἄκοιτιν, jeder Begriff wird für sich betrachtet, aber d τὸν ὁμοκέλευθον καὶ ὁμόκοιτιν werden die Begriffe zusammengefasst. Gorg. 469, e καὶ τά γε Ἀθηναίων νεώρια καὶ τριήρεις καὶ τὰ πλοῖα πάντα καὶ τὰ δημόσια καὶ τὰ ἴδια, wo Stallb. unrichtig mutmasst καὶ αἱ τριή-

ρεις; denn zuerst werden τὰ νεώρ. κ. τριήρεις zusammengefasst, dann das folgende als etwas Selbständiges nachdrücklich angereiht. Dem. 2, 9 τῷ τὰ χωρία καὶ λιμένας καὶ τὰ τοιαῦτα προειληφέναι. Pl. Crat. 422, e σημαίνειν ταῖς χερσὶ καὶ κεφαλῇ καὶ τῷ ἄλλῳ σώματι liest Stallb. mit einigen cdd. καὶ τῇ κεφ., ohne Grund; ταῖς χ. κ. κεφ. bilden ein Ganzes, u. τῷ ἄλλῳ σ. wieder eines. X. Comm. 1. 1, 19 Σωκράτης πάντα ἡγεῖτο θεοὺς εἰδέναι, τά τε λεγόμενα καὶ πραττόμενα καὶ τὰ σιγῇ βουλευόμενα (die beiden ersten Glieder bilden ein Ganzes, das letztere aber ist demselben entgegengestellt, s. Kühners Bmrk. ad h. l.). 2. 1, 20 αἱ ῥᾳδιουργίαι καὶ ἐκ τοῦ παραχρῆμα ἡδοναί. 3. 10, 5 τὸ μεγαλοπρεπές τε καὶ ἐλεύθερον καὶ τὸ ταπεινόν τε καὶ ἀνελεύθερον. An. 3. 2, 20 περὶ τὰς ἑαυτῶν ψυχὰς καὶ σώματα. Vgl. Rehdantz zu 7. 1, 13. Isae. 8, 37 τά τε χρέα πάντα .. καὶ τόκους. Lycurg. 141 ἀπαγγείλατε τοῖς ὑμετέροις αὐτῶν παισὶ καὶ γυναιξίν. (Dagegen Dem. 18, 205 ἡγεῖτο αὐτῶν ἕκαστος οὐχὶ τῷ πατρὶ καὶ τῇ μητρὶ μόνον γεγενῆσθαι, ἀλλὰ καὶ τῇ πατρίδι. X. Oec. 1, 1 ἡ ἰατρικὴ καὶ ἡ χαλκευτικὴ καὶ ἡ τεκτονική, wo Breitenb. mit Unrecht die Lesart καὶ χαλκ. vorzieht.) Dem. 18, 212 ὁ σύμβουλος καὶ ῥήτωρ ἐγώ, ubi v. Dissen. Hingegen mit Nachdruck 278 τὸν πολιτευόμενον καὶ τὸν ῥήτορα. 205 τὸν τῆς εἱμαρμένης καὶ τὸν αὐτόματον θάνατον, um den Gegensatz hervorzuheben. Seltener ist die Weglassung des Artikels in Gegensätzen, die alsdann gleichfalls als zu einer Einheit zusammengefasst zu denken sind. Th. 1, 7 αἱ πόλεις αἵ τε ἐν ταῖς νήσοις καὶ ἐν ταῖς ἠπείροις. Pl. Euthyphr. 9, c τὸ ὅσιον καὶ μή. 15, e τά τε ὅσια καὶ μή (aber c τὸ ὅσιόν τε καὶ τὸ ἀνόσιον und 12, e τά τε εὐσεβῆ καὶ ὅσια καὶ τὰ μή werden die Gegensätze für sich betrachtet), s. Stallb. p. 209. Hart auch Leg. 903, d μετατιθέναι τὸ μὲν ἄμεινον γιγνόμενον ἦθος εἰς βελτίω τόπον, χεῖρον δὲ εἰς τὸν χείρονα st. τὸ δὲ χεῖρον sc. γιγνόμενον. Weniger hart Antiph. 2, δ, 7 τοῦ δὲ θεράποντος πῶς χρὴ πιστοτέραν τὴν μαρτυρίαν ἢ τῶν ἐλευθέρων ἡγεῖσθαι; weil μαρτυρίαν dem Gen. τῶν ἐλ. nahe steht; hingegen hart würde es sein: τοῦ δὲ θ. τὴν μ. πῶς χρὴ π. ἡγ. ἢ τῶν ἐλ. In der Regel aber wird, wenn ein vorausgegangenes Substantiv noch einmal stehen sollte, wie im Deutschen der Artikel wiederholt. [1]) Isocr. 2, 4 πότερόν ἐστιν ἄξιον ἑλέσθαι τὸν βίον τὸν τῶν ἰδιωτευόντων . . ἢ τὸν τῶν τυραννευόντων. Ps. Pl. ep. 354, e μετρία ἡ θεῷ δουλεία, ἄμετρος δὲ ἡ τοῖς ἀνθρώποις. Zuweilen wird der Artikel bei Adjektiven oder Partizipien mit Nachdruck wiederholt, obwohl dieselben von dem nämlichen Gegenstande ausgesagt sind. Antiph. 1, 21 τῷ τεθνεῶτι ὑμᾶς κελεύω καὶ τῷ ἠδικημένῳ τιμωροὺς γενέσθαι, ubi v. Maetzner. Dem. 19, 160 Φίλιππός ἐστιν ὁ τῆς εἰρήνης ἐπιθυμῶν καὶ ὁ πόλλ' ὑπισχνούμενος. 280 τοῦ Θρασυβούλου τοῦ δημοτικοῦ καὶ τοῦ ἀπὸ Φυλῆς καταγαγόντος τὸν δῆμον. 311 τὴν ὁσίαν καὶ

[1]) S. Matthiä II § 282, 1.

τὴν δικαίαν ψῆφον. Vgl. Lycurg. 128. Dem. 1, 25 τὴν ὑπάρχουσαν καὶ τὴν οἰκείαν ταύτην ἀδεῶς καρπούμενοι. 23, 132 τοῦ Θρᾳκὸς καὶ τοῦ βαρβάρου. 23, 150. 21, 124. Isocr. 15, 258. Nur in der Dichtersprache wird des Metrums wegen, doch nur sehr selten, der Artikel erst dem zweiten Satzgliede hinzugefügt. Eur. El. 1352 (Anap.) οἷσιν δ' ὅσιον καὶ τὸ δίκαιον | φίλον ἐν βιότῳ.

3. Wenn das mit dem Artikel versehene Substantiv mit attributiven Bestimmungen (§ 400) verbunden ist, so sind hinsichtlich der Stellung des Artikels folgende zwei Fälle zu unterscheiden:

A. Das Attributiv ist mit seinem Substantive zu der Einheit eines Begriffes verbunden (vgl. der gute Mann = Biedermann, der weise Mann = der Weise) und bezeichnet einen Gegenstand, der anderen Gegenständen derselben Gattung entgegengesetzt wird. Alsdann findet eine dreifache Stellung des Artikels statt: a) ὁ ἀγαθὸς ἀνήρ; — b) ὁ ἀνὴρ ὁ ἀγαθός; — c) ἀνὴρ ὁ ἀγαθός. Diese dreifache Stellung des Attributivs nennen wir die attributive, weil in derselben das Attributiv wirklich als Attributiv auftritt. — Bei der ersten Stellung: ὁ ἀγαθὸς ἀνήρ ruht der Ton auf dem Attributive. Pl. leg. 805, d δεῖ παιδείας κοινωνεῖν τὸ θῆλυ γένος ἡμῖν τῷ τῶν ἀρρένων γένει. Bei der zweiten und dritten Stellung: ὁ ἀνὴρ ὁ ἀγαθός und ἀνὴρ ὁ ἀγαθός hingegen ruht der Ton auf dem Substantive, und zwar wird das Substantiv bei der zweiten Stellung: ὁ ἀνὴρ ὁ ἀγαθός von vorn herein als ein bestimmtes oder schon erwähntes, bei der dritten: ἀνὴρ ὁ ἀγαθός dagegen zunächst als ein unbestimmtes gesetzt und erst durch das hinzutretende Attributiv näher bestimmt, in beiden Fällen aber einem anderen Substantive entgegengestellt. X. An. 5. 1, 1 ὅσα μὲν δὴ ἐν τῇ ἀναβάσει τῇ μετὰ Κύρου ἔπραξαν οἱ Ἕλληνες καὶ ὅσα ἐν τῇ πορείᾳ τῇ μέχρι ἐπὶ θάλατταν, ἐν τῷ πρόσθεν λόγῳ δεδήλωται. 5. 8, 24 ἢν σωφρονῆτε, τοῦτον τἀναντία ποιήσετε ἢ τοὺς κύνας ποιοῦσι· τοὺς μὲν γὰρ κύνας τοὺς χαλεποὺς τὰς μὲν ἡμέρας διδέασι, τὰς δὲ νύκτας ἀφιᾶσι, τοῦτον δὲ τὴν νύκτα μὲν δήσετε, τὴν δὲ ἡμέραν ἀφήσετε (Hinweisung auf das vorangehende κύνας und Gegensatz zu τοῦτον). Ps. Isocr. 1, 16 τὰς ἡδονὰς θήρευε τὰς μετὰ δόξης. Aeschin. 3, 6 διοικοῦνται αἱ μὲν τυραννίδες καὶ ὀλιγαρχίαι τοῖς τρόποις τῶν ἐφεστηκότων, αἱ δὲ πόλεις αἱ δημοκρατούμεναι τοῖς νόμοις τοῖς κειμένοις. Pl. Lach. 191, b τὸ μὲν γὰρ ἱππικὸν τὸ ἐκείνων (τῶν Σκυθῶν) οὕτω μάχεται, τὸ δὲ ὁπλιτικὸν τό γε τῶν Ἑλλήνων, ὡς ἐγὼ λέγω. Menex. 240, e ἐκείνους τοὺς ἄνδρας φημὶ οὐ μόνον τῶν σωμάτων τῶν ἡμετέρων πατέρας εἶναι, ἀλλὰ καὶ τῆς ἐλευθερίας τῆς τε ἡμετέρας καὶ ξυμπάντων. Isocr. 4, 15 διεξέρχονται τάς τε συμφορὰς τὰς ἐκ τοῦ πολέμου τοῦ πρὸς ἀλλήλους ἡμῖν γεγενημένας καὶ τὰς ὠφελείας τὰς ἐκ τῆς στρατείας τῆς ἐπ' ἐκεῖνον ἐσομένας. — X. Comm. 2. 1, 32 ἐγὼ δὲ σύνειμι μὲν θεοῖς, σύνειμι δὲ ἀνθρώποις τοῖς ἀγαθοῖς. 4. 5, 11 τί διαφέρει ἄνθρωπος ἀκρατὴς θηρίου τοῦ ἀμαθεστάτου; Pl. Crit. 51, a μητρός τε καὶ πατρὸς . . τιμιώτερόν ἐστιν ἡ πατρὶς καὶ παρὰ θεοῖς καὶ παρ' ἀνθρώποις τοῖς νοῦν ἔχουσι. Polit. 294, a τὸ δ' ἄριστον οὐ τοὺς νόμους ἐστὶν ἰσχύειν, ἀλλ' ἄνδρα τὸν μετὰ φρονήσεως βασιλικόν. Zuweilen wechseln die Stellungen von ὁ ἀγαθὸς ἀνήρ und ἀνὴρ ὁ ἀγαθός. X. Cy. 3. 3, 8 τὰς μεγάλας ἡδονὰς καὶ τὰ ἀγαθὰ τὰ μεγάλα ἡ πειθὼ καὶ ἡ καρτερία καὶ οἱ ἐν τῷ καιρῷ πόνοι καὶ κίνδυνοι παρέχονται. Pl. civ. 545, a πῶς ποτε ἡ ἄκρατος δικαιοσύνη πρὸς ἀδικίαν τὴν ἄκρατον ἔχει; [1])

Anmerk. Eine freiere Stellung haben die attributiven Genetive, vgl. § 464, 3 u. Anm. 1, sowie zuweilen Adjektive in Verbindung mit anderen attributiven Zusätzen, s. § 464, 7 u. Anm. 4. In Fällen wie Pl. Phaed. 57, d τῶν πολιτῶν Φλιασίων und Men. 70, b οἱ τοῦ σοῦ ἑταίρου 'Αριστίππου πολῖται Λαρισαίου sind Φλιασίων und Λαρισαίου als substantivische Apposition zu fassen. Pl. Ap. 32, b ἡμῶν ἡ φυλὴ 'Αντιοχίς ist 'Αντιοχίς als Glossem verdächtig. Die Beispiele für eine abweichende Stellung des Possessivums sind durch Konjektur beseitigt: S. Ai. 573 μήθ' ὁ λυμεὼν ἐμός (Schäfer μήτε λυμεών). Eur. Hipp. 683 Ζεύς σ' ὁ γεννήτωρ ἐμὸς πρόρριζον ἐκτρίψειεν (Wolff Ζεύς σε γεννήτωρ). Theocr. 27, 59 τάμπέχονον ποίησας ἐμὸν ῥάκος (Hermann ἀμπεχόναν . . ἐμάν).

B. Das Attributiv ist mit seinem Substantive nicht zu der Einheit eines Begriffes verbunden, sondern hat prädikative Bedeutung, indem es sich als das Prädikat eines verkürzten Nebensatzes auffassen lässt, und bildet nicht einen Gegensatz zu einem anderen Gegenstande derselben Gattung, sondern zu sich selbst, indem angezeigt wird, dass der Gegenstand für sich, ohne Rücksicht auf andere, in einer gewissen Eigenschaft zu betrachten ist. Im Deutschen gebrauchen wir in diesem Falle bei dem Singulare den unbestimmten Artikel ein und lassen bei dem Plurale den Artikel ganz weg, ausser wenn bestimmte Gegenstände genannt werden. In diesem Falle findet eine zwiefache Stellung des Artikels statt: a) ὁ ἀνὴρ ἀγαθός, b) ἀγαθὸς ὁ ἀνήρ, ein guter Mann (= ἀγαθὸς ὤν, der Mann, welcher gut ist, insofern, weil, wenn er gut ist). Wir nennen diese zwiefache Stellung die prädikative. Auf dem vorangehenden Worte liegt der Ton. Man vergleiche: οἱ ἄνθρωποι μισοῦσι τὸν ἄνδρα κακόν od. κακὸν τὸν ἄνδρα, hassen einen schlechten Mann, d. h. hassen den Mann, der schlecht ist, insofern, weil, wenn er schlecht ist, mit: τὸν κακὸν ἄνδρα od. τὸν ἄνδρα τὸν κακόν, den schlechten Mann, im Gegensatze zu dem guten; daher: τοὺς μὲν ἀγαθοὺς ἀνθρώπους ἀγαπῶμεν, τοὺς δὲ κακοὺς μισοῦμεν. Der Franzose setzt in diesem Falle auf gleiche

[1]) Vgl. Krüger in Jahns Ztschr. 1838, S. 62.

Weise das Adjektiv hinter das mit dem Artikel versehene Substantiv. Th. 1, 49 οἱ Κερκυραῖοι ἐνέπρησάν τε τὰς σκηνὰς ἐρήμους καὶ τὰ χρήματα διήρπασαν (*quia deserta erant*), ubi v. Poppo-Stahl. 2, 49 (πολλοὶ σφᾶς αὐτοὺς ἔρριψαν ἐς φρέατα) τῇ δίψῃ ἀναπαύστῳ ξυνεχόμενοι. 93 τὰς τριήρεις ἀφείλκυσαν κενάς = ὥστε εἶναι κενάς. 4, 122 τῇ κατὰ γῆν Λακεδαιμονίων ἰσχύι ἀνωφελεῖ πιστεύοντες (= καίπερ ἀνωφελεῖ οὔσῃ). 5, 99 τοὺς νησιώτας ἀνάρκτους (= ἐὰν ἄναρκτοι ὦσιν). 6, 37 αὐταῖς ταῖς ναυσὶ κούφαις, ipsis navibus expeditis = etiamsi impedimentis non sunt oneratae. 7, 70 τὸν κτύπον μέγαν (= μέγαν ὄντα). 8, 27 ἀτελεῖ τῇ νίκῃ. Vgl. 1, 19 ibiq. Poppo ed. maj. X. Comm. 1. 4, 13 (ὁ θεὸς) τὴν ψυχὴν κρατίστην τῷ ἀνθρώπῳ ἐνέφυσε, eine vortreffliche Seele, = ἡ ψυχή, ἣν ὁ θεὸς τῷ ἀνθρ. ἐνέφυσε, κρατίστη ἐστίν, s. das. Kühners Bmrk. 2. 1, 9 ἀξιῶ τοὺς θεράποντας ἐμοὶ ἄφθονα τὰ ἐπιτήδεια παρασκευάζειν = τὰ ἐπ. παρασκ., ὥστε ἄφθονα εἶναι. 30 ἵνα καθυπνώσῃς ἡδέως, τὰς στρωμνὰς μαλακὰς παρασκευάζει. 3. 10, 8 τῶν μὲν μαχομένων ἀπειλητικὰ τὰ ὄμματα ἀπεικαστέον, τῶν δὲ νενικηκότων εὐφραινομένων ἡ ὄψις μιμητέα = ὥστε ἀπειλητικὰ εἶναι u. ὥστε εὐφραινομένων εἶναι. 4. 7, 7 ὑπὸ τοῦ ἡλίου καταλαμπόμενοι τὰ χρώματα μελάντερα ἔχουσιν (das Schwärzersein der Haut ist erst die Folge des καταλάμπεσθαι ὑπὸ τοῦ ἡλίου). Ps. Lys. 2, 36 ἃ ὑπὸ τῶν βαρβάρων εὐτυχησάντων τοὺς ὑπεκτεθέντας ἤλπιζον πείσεσθαι, d. i. εἰ εὐτυχήσειαν. Dem. 21, 193 τὰ φρούρια ἦσαν ἔρημα λελοιπότες = ὥστε εἶναι ἔρημα. Eur. fr. 612 τὰς ὁμιλίας | ἐσθλὰς διώκειν, ὦ νέοι, σπουδάζετε. Der Artikel kann auch auf vorhergegangenes oder folgendes hinweisen. S. Ai. 1121 Men. ὁ τοξότης (sc. Teucer) ἔοικεν οὐ σμικρὸν φρονεῖν. Teuc. οὐ γὰρ βάναυσον τὴν τέχνην (sc. τοξικήν) ἐκτησάμην, d. h. ja, denn ich erwarb mir diese Kunst als eine nicht unedle, oder: diese K., die ich mir erwarb, ist nicht unedel. OR. 526 τοὔπος δ' ἐφάνθη, ταῖς ἐμαῖς γνώμαις ὅτι | πεισθεὶς ὁ μάντις τοὺς λόγους ψευδεῖς λέγοι; der Priester habe jene Worte als lügnerische gesagt. Ph. 352 ἔπειτα μέντοι χὠ λόγος καλὸς προσῆν, | εἰ τἀπὶ Τροίᾳ πέργαμ' αἱρήσοιμ' ἰών, sodann kam auch noch die Erwägung als eine lockende hinzu, wenn u. s. w.

§ 464. Bemerkungen über die angeführten Stellungen des Artikels bei attributiven Bestimmungen.

1. Bei Verbalsubstantiven, die eine Handlung oder einen Zustand ausdrücken, zuweilen aber auch bei anderen Substantiven, tritt oft das durch eine Präposition mit ihrem Kasus ausgedrückte Attributiv nach seinem Substantive ohne Wiederholung des Artikels hinzu. Dasselbe geschieht auch, wenn schon eine attributive Bestimmung zwischen dem Artikel und dem Substantive eingetreten ist. Th. 2, 52 ἡ ξυγκομιδὴ ἐκ τῶν ἀγρῶν ἐς τὸ

ἄστυ, *commigratio ex agris in urbem.* 2, 65 ἡ πρόνοια αὐτοῦ ἐς τὸν πόλεμον. X. Hell. 6. 4, 37 τὰ αἴτια τῆς ἐπιβουλῆς ὑπὸ τῆς γυναικός st. τῆς ὑπὸ τ. γ. ἐπιβ. od. τῆς ἐπ. τῆς ὑπὸ τ. γ. Th. 1, 18 μετὰ δὲ τὴν τῶν τυράννων κατάλυσιν ἐκ τῆς Ἑλλάδος. 1, 110 τὰ μὲν κατὰ τὴν μεγάλην στρατείαν Ἀθηναίων καὶ τῶν ξυμμάχων ἐς Αἴγυπτον οὕτως ἐτελεύτησεν. 2. 65, 11 κατὰ τὰς ἰδίας διαβολὰς περὶ τῆς τοῦ δήμου προστασίας. 3, 44 ἡ νῦν ὑμετέρα ὀργὴ ἐς Μιτυληναίους. X. Hier. 3, 3 τῆς τῶν γυναικῶν φιλίας πρὸς τοὺς ἄνδρας. Pl. civ. 383, a τὴν τοῦ ἐνυπνίου πομπὴν ὑπὸ Διὸς τῷ Ἀγαμέμνονι. Dem. 9, 72 αἱ πέρυσι πρεσβεῖαι περὶ τὴν Πελοπόννησον ἐκεῖναι. Bei Substantiven, die nicht Verbalbegriffe darstellen, erscheint die Weglassung des Artikels oft dadurch erleichtert, dass noch eine weitere Bestimmung nachfolgt. Th. 1, 51 αἱ εἴκοσι νῆες ἀπὸ τῶν Ἀθηνῶν αὗται. 6, 55 ἡ στήλη περὶ τῆς τῶν τυράννων ἀδικίας ἡ ἐν τῇ Ἀθηναίων ἀκροπόλει σταθεῖσα. 7, 41 αἱ κεραῖαι ὑπὲρ τῶν ἔσπλων αἱ ἠρμέναι. Härter 2, 31 οἱ περὶ Πελοπόννησον Ἀθηναῖοι ἐν ταῖς ἑκατὸν ναυσίν. Statt eines präpositionellen Attributs steht der Lokativ Isae. 11, 41 τὸν αὐτοῦ ἔδωκεν ἀγρὸν Ἐλευσῖνι δυοῖν ταλάντοιν. — In Beispielen wie Lys. 12, 34 ῥᾳδίαν ὑμῖν τὴν διαψήφισιν περὶ αὐτοῦ πεποίηκεν, vgl. Isae. 1, 21, steht das präpositionelle Attribut zugleich in Beziehung zum Verbum. Ebenso manchmal da, wo es vor dem mit Artikel versehenen Substantiv steht. Th. 2, 18 ἥ τε ἐν τῷ ἰσθμῷ ἐπιμονὴ γενομένη καὶ κατὰ τὴν ἄλλην πορείαν ἡ σχολαιότης διέβαλεν αὐτόν. 2, 38 ὧν καθ' ἡμέραν ἡ τέρψις τὸ λυπηρὸν ἐκπλήσσει. Vgl. Classen. Ar. Ach. 636 πρότερον δ' ὑμᾶς ἀπὸ τῶν πόλεων οἱ πρέσβεις ἐξαπατῶντες. Dagegen mit besonderem Nachdruck Th. 1, 133 πίστιν ἐκ τοῦ ἱεροῦ διδόντος τῆς ἀναστάσεως (= τῆς ἀναστάσεως ἐκ τοῦ ἱεροῦ).

2. Nähere Bestimmungen eines substantivierten Partizips oder Adjektivs oder Infinitivs werden häufig nicht von dem Artikel und diesen Wörtern eingeschlossen, sondern dem Artikel vorangeschickt, um sie nachdrücklicher hervorzuheben. Hdt. 7, 184 τὰς καμήλους τοὺς ἐλαύνοντας Ἀραβίους. Th. 6, 64 εἶναι δὲ ταῦτα τοὺς ξυνδράσοντας πολλούς. X. Comm. 1. 6, 13 καὶ τὴν σοφίαν τοὺς ἀργυρίου τῷ βουλομένῳ πωλοῦντας σοφιστὰς ἀποκαλοῦσιν, s. das. Kühners Bmrk. 4. 4, 7 περὶ ἀριθμῶν τοῖς ἐρωτῶσιν. Pl. ap. 39, c πλείους ἔσονται ὑμᾶς οἱ ἐλέγχοντες. Dem. 8, 28 λέγουσιν οἱ νόμοι ταῦτα τοὺς ἀδικοῦντας εἰσαγγέλλειν. Vgl. 14, 25. 57, 65. X. Cy. 5. 3, 19 ὁ Ἀσσύριος παῖδας μέν, ὡς ἔοικε, τὸ ποιεῖσθαι ἀφείλετο, οὐ μέντοι κτλ. ubi v. Born. Vgl. 8. 8, 13. S. Ant. 324 εἰ δὲ ταῦτα μὴ | φανεῖτέ μοι τοὺς δρῶντας = τοὺς ταῦτα δρῶντας. 384 ἥδ' ἔστ' ἐκείνη τοὔργον ἡ 'ξειργασμένη. 710 ἀλλ' ἄνδρα, κεἴ τις ᾖ σοφός, τὸ μανθάνειν | πόλλ' αἰσχρὸν οὐδέν = τὸ ἄνδρα πολλὰ μανθ. Tr. 65 σὲ πατρὸς οὕτω δαρὸν ἐξενωμένου τὸ μὴ πυθέσθαι, ποῦ 'στιν, αἰσχύνην φέρει. OR. 139 ὅστις γὰρ ἦν ἐκεῖνον ὁ κτανών. Ph. 1242 τίς ἔσται μ' οὑπικω-

λύσων τάδε; Ai. 522 χάρις χάριν γάρ ἐστιν ἡ τίκτουσ' ἀεί. 1166 Ch. ἔνθα βροτοῖς τὸν ἀείμνηστον | τάφον . . καθέξει = τὸν βρ. ἀείμν. Th. 6, 77 πρὸ δὲ αὐτοῦ τὸν πάσχοντα καθ' αὑτὸν δυστυχεῖν = τὸν πρὸ αὐτοῦ π. X. Comm. 2. 2, 4 τούτου γε τῶν ἀπολυσόντων μεσταὶ αἱ ὁδοί = τῶν τούτου ἀπολ. Th. 7, 75 τούτων τοῖς ἐναντίοις. Bei Adverbien ist eine derartige Stellung kaum nachzuweisen. (Th. 7, 72 πληρώσαντες ἔτι τὰς λοιπὰς τῶν νεῶν. 1, 137 ἐκείνῳ δὲ ἐν ἐπικινδύνῳ πάλιν ἡ ἀποκομιδὴ ἐγίγνετο. 1, 82 ὁρῶντες ἡμῶν ἤδη τὴν παρασκευὴν gehören die Adverbien zum Verb). Nur ἀεί = ἑκάστοτε kann ebensowohl eingeschoben als vorangeschickt als nachgestellt werden, da es in ebenso enger Beziehung zum Verb wie zum Partizip steht. Th. 1, 11 τοῖς ἀεὶ ὑπολειπομένοις ἀντίπαλοι ὄντες, den jeweilig zurückbleibenden. X. An. 4. 7, 23 οἱ ἀεὶ ἐπιόντες ἔθεον δρόμῳ ἐπὶ τοὺς ἀεὶ βοῶντας. Hell. 2. 1, 4 ἀεὶ ὁ ἀκούων δεδιὼς μὴ ὀφθείη, weil immer (jedesmal) jeder, der es hörte, in Furcht war, v. Breitenb. Cy. 1. 4, 3 αὐτὸς ἀεὶ τοὺς παρόντας ἀνηρώτα. Th. 1. 2, 3 μάλιστα δὲ τῆς γῆς ἡ ἀρίστη ἀεὶ τὰς μεταβολὰς τῶν οἰκητόρων εἶχεν, das beste Land erfuhr immer den meisten Wechsel. X. Cy. 2. 3, 2 τὰ τῶν νικωμένων πάντα τοῖς νικῶσιν ἀεὶ ἆθλα πρόκειται.[1]) — Nachgestellt ist das Adverb nebst präpositioneller Bestimmung z. B. Dem. 9, 15 οὔπω Διοπείθους στρατηγοῦντος οὐδὲ τῶν ὄντων ἐν Χερρονήσῳ νῦν (= τῶν νῦν ἐν X. ὄντων) ἀπεσταλμένων. Ähnlich S. OR. 1043 ἦ τοῦ τυράννου τῆσδε γῆς πάλαι ποτέ (= τοῦ πάλαι ποτὲ τυράννου).

3. Wenn ein mit dem Artikel versehenes Substantiv mit einem Genetive verbunden ist, so findet die attributive Stellung von A nur dann statt, wenn das Substantiv mit seinem Genetive einen Gegensatz zu einem anderen Gegenstande derselben Gattung bildet, als: ὁ τῶν Ἀθηναίων δῆμος oder ὁ δῆμος ὁ τῶν Ἀθηναίων, das athenische Volk im Gegensatze zu einem anderen Volke. Der Nachdruck liegt dann auf dem Genetive. Hingegen wird der Genetiv dem regierenden mit dem Artikel versehenen Substantive entweder nach- oder vorangeschickt, wenn das Substantiv einen Teil des im Genetive stehenden Substantivs bezeichnet, und dieser Teil einem anderen Teile desselben Substantivs entgegengesetzt wird; der Nachdruck liegt dann auf dem regierenden Substantive, als: ὁ δῆμος τῶν Ἀθηναίων oder τῶν Ἀθηναίων ὁ δῆμος, das Volk der Athener und nicht die Vornehmen. Bei dieser Stellung findet also nicht ein attributives, sondern ein partitives Verhältnis statt. Ἡ Σωκράτους φιλοσοφία oder ἡ φ. ἡ Σωκράτους, die Ph. des S., d. h. die Sokratische Ph. im Gegensatze zu der Ph. eines anderen. Hingegen: ἡ φ. Σωκράτους oder Σωκράτους ἡ φ., die Philosophie des S. und nicht etwas anderes

1) S. Kühner ad Xen. An. 4. 1, 7, ad Comm. 4. 8, 10.

von ihm, z. B. sein Leben. Hdt. 1, 5 διὰ τὴν Ἰλίου ἅλωσιν, aber ib. τὴν ἀρχὴν τῆς ἔχθρης τῆς ἐς τοὺς Ἕλληνας (ἡ ἀρχή e. Teil der ἔχθρη). [Aber Th. 1, 93 Ἀθηναῖοι μὲν οὖν οὕτως ἐτειχίσθησαν εὐθὺς μετὰ τὴν Μήδων ἀναχώρησιν, nach dem medischen Rückzuge. 3, 51 μετὰ τὴν Λέσβου ἅλωσιν. In gleicher Bdtg., wenn der Genetiv nach einer Präpos. steht, die einem anderen Substantive angehört, wie Th. 1, 65 μετὰ δὲ τῆς Ποτιδαίας τὴν ἀποτείχισιν = μετὰ δὲ τὴν τῆς Π. ἀπ.] 3, 101 ξυνέπρασσον αὐτῷ Ἀμφισσῆς διὰ τὸ τῶν Φωκέων ἔχθος, wegen des Hasses gegen die Ph. (Über Ausnahmen s. Anm. 1.) 4, 132 Περδίκκας τοῖς τῶν Ἀθηναίων στρατηγοῖς ἐπικηρυκευσάμενος ὁμολογίαν ποιεῖται πρὸς τοὺς Ἀθηναίους διὰ τὴν τοῦ Βρασίδου ἔχθραν, wegen der Feindschaft gegen den B. [1]). Hingegen: X. An. 1. 2, 18 ἡ Κίλισσα ἰδοῦσα τὴν λαμπρότητα καὶ τὴν τάξιν τοῦ στρατεύματος ἐθαύμασε im Gegensatze zu anderen Dingen. Pl. Men. 90, b τοῦτον εὖ ἔθρεψε καὶ ἐπαίδευσεν, ὡς δοκεῖ Ἀθηναίων τῷ πλήθει, der grossen Menge der Ath. im Ggs. zu den Einsichtsvollen. Lys. 204, e τὸ εἶδος τοῦ παιδός im Ggs. zu τοὔνομα τοῦ παιδός. Dem. 2, 10 ὥσπερ οἰκίας τὰ κάτωθεν (*infimas partes*) ἰσχυρότατα εἶναι δεῖ, οὕτω καὶ τῶν πράξεων τὰς ἀρχὰς καὶ τὰς ὑποθέσεις ἀληθεῖς καὶ δικαίας. — Auch kann das Substantiv ohne Artikel vorangehen und der attributive Genetiv mit dem Artikel nachfolgen, wodurch das an und für sich als Gattungsbegriff genommene Substantiv näher bestimmt wird (s. Nr. 3, A). Hdt. 5, 50 ἀπὸ θαλάσσης τῆς Ἰώνων, von dem ionischen Meere. X. An. 6. 4, 19 ἐπὶ σκηνὴν ἰόντες τὴν Ξενοφῶντος. Th. 4, 1 κατὰ ἔχθος τὸ Ῥηγίνων, vgl. 7, 57.

Anmerk. 1. Doch finden sich auch Beispiele, wo der attributive Genetiv wie der partitive ohne Artikel hinzugefügt wird, wie dies wohl am häufigsten bei Thukydides geschieht. Hdt. 1, 5 ἐμίσγετο τῷ ναυκλήρῳ τῆς νεός. Th. 2, 85 ἐδῄου τὴν γῆν τῶν Κυδωνιατῶν. 5, 67 οἱ ξύμμαχοι Ἀρκάδων. 7, 55 τῆς στρατείας ὁ μετάμελος (die Reue wegen). X. An. 1. 2, 26 διὰ τὸν ὄλεθρον τῶν συστρατιωτῶν. 1. 3, 16 τὴν εὐήθειαν τοῦ τὰ πλοῖα αἰτεῖν κελεύοντος. 1. 4, 12 παρὰ τὸν πατέρα τοῦ Κύρου. 4. 3, 22 Λύκιος δ' ὁ τὴν τάξιν ἔχων τῶν ἱππέων καὶ Αἰσχίνης ὁ τὴν τάξιν τῶν πελταστῶν. Cy. 8. 1, 8 ἐπὶ τὰς θύρας Κύρου (aber An. 2. 5, 31 ἐπὶ ταῖς θύραις ταῖς Τισσαφέρνους). Pl. civ. 387, e τοὺς θρήνους τῶν ὀνομαστῶν ἀνδρῶν. Crit. 47, a οὐ πάσας χρὴ τὰς δόξας τῶν ἀνθρώπων τιμᾶν, ἀλλὰ τὰς μέν, τὰς δ' οὔ nach d. best. cdd. Euthyd. 277, d ἐν τῇ τελετῇ τῶν Κορυβάντων. Lycurg. 93 ἐπὶ τὸν βωμὸν τῶν δώδεκα θεῶν, ubi v. Maetzner. Dem. 4, 3 τῇ τότε ῥώμῃ τῶν Λακεδαιμονίων, wo dieše Stellung weniger auffallen kann, weil eine attributive Bestimmung vorangeht, s. Nr. 1, ebenso ib. τῇ νῦν ὕβρει τούτου. So auch öfters bei Verbalsubstantiven, die eine Handlung oder einen Zustand ausdrücken, s. Nr. 1. Th. 1, 12 ἡ ἀναχώρησις τῶν Ἑλλήνων ἐξ Ἰλίου. 3, 2 μετὰ δὲ τὴν ἐσβολὴν τῶν Πελοποννησίων. X. An. 1. 2, 25 ἐν δὲ τῇ ὑπερβολῇ τῶν ὀρέων. Auch wird zuweilen der attributive Genetiv, wenn er nachdrücklich hervorgehoben werden soll, dem regierenden Substantive vorangeschickt. Hdt. 1, 2 (λέγουσι) Ἑλλήνων τινὰς ἁρπάσαι τοῦ βασιλέος τὴν θυγατέρα Εὐρώπην (die königliche Tochter st. τὴν τοῦ β. θ.). Th.

[1]) Vgl. Poppo ad Thuc. 1. 12, 3 u. 103, 3 ed. maj.

8, 85 περὶ τοῦ μισθοῦ τῆς ἀποδόσεως. X. Hell. 6. 4, 19 τῆς νίκης τὸ μέγεθος. Pl. Prot. 321, d ὁ Προμηθεὺς κλέπτει Ἡφαίστου καὶ Ἀθηνᾶς τὴν ἔντεχνον σοφίαν σὺν πυρί. — Nur selten hat der partitive Genetiv eine von der Regel abweichende Stellung. So findet er sich zwischen den Artikel und ein substantiviertes Partizip oder Adjektiv eingeschoben. Th. 1. 126, 11 οἱ τῶν Ἀθηναίων ἐπιτετραμμένοι τὴν φυλακήν. 3. 22, 5 οἱ ἐν τῇ πόλει τῶν Πλαταιῶν ὑπολελειμμένοι. 3, 65 τοὺς ὑμῶν χείρους. Vgl. Stahl zu 6. 62, 5.

4. Wenn statt der possessiven Pronomen der Genetiv der Substantivpronomen gebraucht wird, und das damit verbundene Substantiv den Artikel bei sich hat, so haben die Reflexive ἐμαυτοῦ, σεαυτοῦ u. s. w. die attributive Stellung von A, als: τὸν ἐμαυτοῦ πατέρα oder τὸν πατέρα τὸν ἐμαυτοῦ oder πατέρα τὸν ἐμαυτοῦ, s. die Beispiele § 455, 6, c), die einfachen Personalpronomen μοῦ, σοῦ u. s. w. hingegen die partitive Stellung, als: ὁ πατήρ μου oder μοῦ ὁ πατήρ, ὁ πατήρ σου oder σοῦ ὁ πατήρ, ὁ πατὴρ αὐτοῦ (αὐτῆς) oder αὐτοῦ (αὐτῆς) ὁ πατήρ, mein, dein, sein (*ejus*), ihr Vater, ὁ πατὴρ ἡμῶν, ὑμῶν, νῷν, αὐτῶν oder ἡμῶν, ὑμῶν, νῷν, αὐτῶν ὁ πατήρ, unser, euer, ihr (*eorum, earum*) Vater. Pl. Phaed. 117, a ἕως ἂν σου βάρος ἐν τοῖς σκέλεσι γένηται. Symp. 215, e οὐδ' ἐτεθορύβητό μου ἡ ψυχή. Isocr. 4, 58 κατέφυγον ἐπὶ τοὺς προγόνους ἡμῶν, und 64 ἡμῶν οἱ πρόγονοι. Wenn aber das Substantiv noch ein anderes Attributiv bei sich hat, so können die Pronomen dazwischentreten. Ar. R. 485 εἰς τὴν κάτω μου κοιλίαν. Th. 1, 32 ἡ δοκοῦσα ἡμῶν πρότερον σωφροσύνη. 144 τὰς οἰκείας ἡμῶν ἁμαρτίας. 121 ὑπολαβεῖν οἷοί τ' ἐσμὲν τοὺς ξένους αὐτῶν ναυβάτας. Isocr. ep. 5, 1 τὸ καταλελειμμένον μου μέρος. Pl. Symp. 189, d ἡ γὰρ πάλαι ἡμῶν φύσις οὐχ αὐτὴ ἦν, ἥπερ νῦν, ἀλλ' ἀλλοία. — Die attributive Stellung von A haben auch die Genetive der Demonstrative und des Reziprokpronomens, als: ὁ τούτου (ἐκείνου) πατήρ oder ὁ πατὴρ ὁ τούτου (ἐκείνου). Pl. Symp. 219, b ὑπὸ τὸν τρίβωνα κατακλινεὶς τὸν τούτου. Civ. 558, d ὑπὸ τῷ πατρὶ τεθραμμένος ἐν τοῖς ἐκείνου ἤθεσι. Andoc. 1, 47 ἡ μήτηρ ἡ ἐκείνου καὶ ὁ πατὴρ ὁ ἐμός. Isocr. 4, 168 χαίρουσιν ἐπὶ τοῖς ἀλλήλων κακοῖς. Zuweilen finden sich jedoch die Demonstrative auch ohne Artikel nach dem mit dem Artikel versehenen Substantive, als: οἱ ἀναγκαῖοι ἐκείνου Isae. 9, 10. τὰ ἱερὰ ἐκείνου 36. τοῦ πατρὸς τούτων 10, 4. τῇ νῦν ὕβρει τούτου Dem. 4, 3 (hier nach Anm. 1 ohne Anstoss, während die drei Isäusbeispiele mit Recht beanstandet werden).

Anmerk. 2. Von der angegebenen Regel über die Stellung des Artikels bei dem Genetive der Personalpronomen und des Reflexivs kommen im ganzen nur sehr wenige Ausnahmen vor [1]), als: Aesch. Ch. 279 τὰς δὲ νῷν νόσους. S. OR. 62 τὸ μὲν γὰρ ὑμῶν ἄλγος. 1458 ἡ μὲν ἡμῶν μοῖρ'. Ar. L. 168 τὼς μὲν ἁμῶν ἄνδρας. 416 τῆς μου γυναικός. Av. 1110 τὰς γὰρ ὑμῶν οἰκίας. Hdt. 9, 50 οἵ τε σφέων ὀπέωνες. 2, 133 ὁ μὲν αὐτοῦ πατήρ. Die attischen Prosabeispiele sind an-

1) S. Krüger II. § 47, 9, Anm. 5 ff. Poppo-Stahl ad Th. 3, 22.

fechtbar. Th. 6, 89 τῶν δ' ἡμῶν προγόνων τὴν προξενίαν (wofür Haacke mit Recht τῶν δ' ἐμῶν π.). 3, 22 τῆς αὐτῶν φυλακῆς. 91 ἐς τὸ αὐτῶν ξυμμαχικόν. 8, 48 τῇ αὑτοῦ ἀρχῇ. Isocr. 7, 55 ταῖς αὑτῶν ἐπιμελείαις (wofür überall αὐτῶν, αὐτοῦ geschrieben werden kann). Über ὁ αὑτοῦ in reflex. Beziehung s. § 445, 5, Anm. 3. Auch das partitive αὐτῶν findet sich öfters zwischen dem Artikel und dem dazu gehörigen Substantive. Hdt. 1, 143 τοῖσι δὲ αὐτῶν νησιώτῃσι. 167 οἱ δὲ αὐτῶν ἐς τὸ Ῥήγιον καταφυγόντες. Vgl. Stein zu 6, 30. Th. 6, 102 οἱ πρὸς τὴν πόλιν αὐτῶν τὸ πρῶτον καταφυγόντες, s. Anm. 1. — Ar. Pax. 880 ἐμαυτοῦ τῷ πέει st. τῷ ἐμαυτοῦ πέει. Ar. fr. 579 M. (Dind. 488) τασδὶ κάταξον τῇ κεφαλῇ σαυτοῦ λίθῳ. Ar. N. 515 τὴν φύσιν αὑτοῦ. 905 τὸν πατέρ' αὑτοῦ. Aber Av. 472 ist mit Bergk τὸν πατέρ' αὐτῆς zu lesen. Von Prosaikern hat diese Verbindung Hdt. an mehreren Stellen, als: 6, 23 ὡς ἐπύθοντο ἐχομένην τὴν πόλιν ἑωυτῶν. 5, 5 σφάζεται ὑπὸ τοῦ οἰκηιοτάτου ἑωυτῆς, ubi v. Stein. Ferner: X. Hell. 7. 1, 44 ταύτην τὴν πίστιν ἐμαυτοῦ (m. d. von den Neueren aufgenommenen Var. ταύτην πίστιν ἐμ.). 7. 3, 12 τοὺς εὐεργέτας ἑαυτῶν (m. d. Var. αὐτῶν).

Anmerk. 3. Homer setzt zu den mit den Substantivpronomen verbundenen Substantiven den Artikel nicht hinzu [1]); er sagt also z. B. πείθεις δή μευ θυμόν ψ, 230, σευ φίλα γούνατα ν, 231, ἡμέων κεφαλάς ι, 498, σφέων γούνατα ω, 381, ὄνομ' αὐτοῦ δ, 710 u. s. w. [T, 185 χαίρω σεῦ, Λαερτιάδη, τὸν μῦθον ἀκούσας gehört σεῦ zu ἀκούσας, ich freue mich, von dir ein solches Wort zu hören.] Zu bemerken ist aber, dass Homer in dieser Verbindung oft auch die orthotonierten Pronominalformen gebraucht. Z, 344 δᾶερ ἐμεῖο. E, 214 ἀπ' ἐμεῖο κάρη τάμοι. π, 241 σεῖο μέγα κλέος. Auch bei den Attikern kommen einige solche Beispiele vor. Ar. V. 1398 ἐμοῦ τὰ φορτία. L. 301 τὰς λῆμας ἐμοῦ. (Aber R. 964 ist mit Krüger a. a. O. und mit Bergk zu lesen γνώσει δὲ τοὺς τούτου τε κἀμοὺς ἑκατέρου μαθητάς st. τούτου τε κἀμοῦ γ' ἑκ. und Eq. 910 mit Bergk ὦ Δῆμέ, μου πρὸς τὴν κεφαλήν st. ὦ Δῆμ', ἐμοῦ.) Zu Anfang eines Satzgliedes Andoc. 2, 24 ἐμοῦ τὸ μὲν σῶμα. Ebenso Isocr. 15, 16 οἱ μὲν ἄλλοι τοῖς λόγοις διαλύονται τὰς διαβολάς, ἐμοῦ δὲ Λυσίμαχος αὐτοὺς τοὺς λόγους διαβέβληκεν, um so weniger auffallend, da ἐμοῦ durch das dazwischentretende Λυσ. von seinem Subst. getrennt ist. (Aber Isocr. 12, 15 τῶν μὲν ῥητόρων τὸν τρόπον ψέγοντες προστάτας αὐτοὺς τῆς πόλεως ποιοῦνται, ἐμοῦ δὲ τοὺς λόγους ἐπαινοῦντες αὐτῷ μοι φθονοῦσι ist ἐμοῦ notwendig und ebenso wie der Gegensatz τῶν ῥητόρων als partitiver Genetiv aufzufassen.)

5. Sehr deutlich tritt der Unterschied der beiden Stellungen des Artikels A und B bei den Adjektiven: ἄκρος, μέσος, ἔσχατος hervor. Wenn die Stellung von A stattfindet, so haben diese Adjektive eine wirklich attributive Bedeutung, und das Substantiv bildet mit seinem Attributive einen Gegensatz zu anderen Gegenständen derselben Gattung, als: ἡ μέση πόλις oder ἡ πόλις ἡ μέση oder πόλις ἡ μέση, die mittlere Stadt, im Gegensatze zu anderen Städten, ἡ ἐσχάτη νῆσος, die äusserste Insel, im Ggs. zu anderen Inseln. Th. 4, 35 ἐς τὸ ἔσχατον ἔρυμα τῆς νήσου, im Ggs. zu anderen ἐρύμασι. Pl. leg. 823, a τὸν ἄκρον πολίτην, den vollendeten Bürger, im Ggs. zu anderen. Wenn hingegen die Stellung von B stattfindet, so haben die genannten Adjektive prädikative Bedeutung, und das Substantiv wird sich selbst

[1]) S. Krüger a. a. O. 9. Anm. 3. 4. 5.

entgegengesetzt, indem durch das Adjektiv eine nähere Bestimmung (ein Teil) desselben angegeben wird. Im Deutschen drückt man in dem letzteren Falle diese Adjektive gewöhnlich durch ein Substantiv mit dem Genetive oder durch Adverbien aus, als: ἐπὶ τῷ ὄρει ἄκρῳ oder ἐπ' ἄκρῳ τῷ ὄρει, auf der Spitze des Berges oder auf dem Berge oben, oben auf dem Berge (eigtl. auf dem Berge, da, wo er am höchsten ist); ἐν μέσῃ τῇ πόλει (selt. ἐν τῇ π. μέσῃ), in der Stadt da, wo ihre Mitte ist, in der Mitte der Stadt; ἐν ἐσχάτῃ τῇ νήσῳ oder ἐν νήσῳ τῇ ἐσχάτῃ, an dem Rande der Insel. Hdt. 1, 185 διὰ τῆς πόλιος μέσης. 5, 101 διὰ μέσης τῆς ἀγορῆς. X. Cy. 2. 2, 3 κατὰ μέσον τὸν κύκλον. An. 1. 2, 17 πρὸ τῆς φάλαγγος μέσης. Hell. 5. 4, 33 ἐν μέσοις τοῖς πολεμίοις ἀπέθανε. Pl. Phaed. 109, d διεξελθεῖν ἐπ' ἔσχατον τὸν ἀέρα. X. ven. 3, 4 ἄκρᾳ τῇ οὐρᾷ σείουσιν. 4, 8 ἐπὶ ταῖς μηριαίαις ἄκραις. Cy. 8. 8, 17 (οἱ Πέρσαι) περὶ ἄκραις ταῖς χερσὶ χειρῖδας δασείας ἔχουσιν. (Ohne Artikel Th. 2, 49 ἐς αἰδοῖα καὶ ἐς ἄκρας χεῖρας καὶ πόδας, vgl. § 462, e.)

6. Auf ähnliche Weise nimmt das Adjektiv μόνος die Stellung von A ein, wenn es eine wirklich attributive Bestimmung seines Substantivs ausdrückt, als: ὁ μόνος παῖς, der einzige Sohn; hingegen die Stellung von B, wenn es eine nähere Bestimmung des Prädikats enthält, als: ὁ παῖς παίζει μόνος oder μόνος ὁ π. παίζει, der Knabe spielt allein (ohne Gesellschaft). X. Cy. 4. 6, 4 τὸν μόνον μοι καὶ φίλον παῖδα ἀφείλετο τὴν ψυχήν. Comm. 1. 4, 12 μόνην τὴν τῶν ἀνθρώπων (γλῶτταν) ἐποίησαν (οἱ θεοὶ) οἵαν ἀρθροῦν τὴν φωνήν, d. i. ἡ τῶν ἀνθρ. γλῶττα μόνη ἐστίν, ἣν ἐποίησαν οἵαν κτλ., nur die menschliche Zunge machten sie so, dass sie die Stimme artikuliere. S. OC. 1135 τοῖς γὰρ ἐμπείροις κακῶν | μόνοις οἷόν τε συνταλαιπωρεῖν τάδε. Ferner ἥμισυς. X. Hier. 8, 4 αἱ ἀπὸ δυνατωτάτων ἡμίσειαι χάριτες πλέον ἢ ὅλον τὸ παρὰ τοῦ ἰδιώτου δώρημα δύνανται, halbe Gunst. Cy. 8. 3, 10 τὰ ἅρματα τὰ ἡμίσεα. Pl. leg. 946, a ἐὰν τὸν ἥμισυν ἀριθμὸν πλείω ποιῶσιν, die halbe Zahl: hingegen: ἥμισυς ὁ ἀριθμός, die Zahl zur Hälfte, die Hälfte der Zahl. Doch überwiegt hier, indem der Unterschied verschwindet, die attributive Stellung. Über ὅλος u. πᾶς s. § 465, 6.

7. Wenn dem Substantive zwei oder mehr Attributive, die in dem Verhältnisse der Einschliessung (§ 405, S. 277) stehen, beigegeben werden, so finden folgende Stellungen statt: a) das einschliessende Attributiv mit dem Artikel geht voran, der Artikel wird aber nicht wiederholt: ἡ μεγίστη τοῦ Διὸς ἑορτή, das grösste Zeusfest. X. Hell. 7. 4, 38 εἰς τὰς ἄλλας Ἀρκαδικὰς πόλεις. — b) das einschliessende Attributiv mit dem Artikel geht voran, und das zweite folgt mit dem Artikel und dem Substantive nach: ἡ μεγίστη ἡ τοῦ Διὸς ἑορτή. Hdt. 7, 196 ὁ ναυτικὸς ὁ τῶν βαρβάρων στρατός. 8, 108 τὸν ἐπέτειον αἰεὶ τὸν τῶν Ἑλλήνων καρπόν. 9, 3 ἐς τὴν ὑστέρην τὴν Μαρ-

θηναίων ἐπιστρατείᾳ. 8, 42 ὁ λοιπὸς ὁ τῶν Ἑλλήνων ναυτικὸς στρατός. 4, 175 τῆς ἄλλης τῆς προκαταλεχθείσης Λιβύης. (Über ὁ ἄλλος in Verbindung mit einem substantivierten Adjektive s. § 465, 9.) Th. 7, 54 τροπαῖον τῆς ἄνω τῆς πρὸς τῷ τείχει ἀπολήψεως τῶν ὁπλιτῶν. Pl. civ. 565, d τὸ ἐν Ἀρκαδίᾳ τὸ τοῦ Διὸς τοῦ Λυκαίου ἱερόν, das arkadische Heiligtum des L. Zeus. Th. 1, 23 ἡ οὐχ ἥκιστα βλάψασα ἡ λοιμώδης νόσος. — c) das **eingeschlossene** Attributiv geht mit dem Artikel voran und das einschliessende Attributiv folgt mit dem Artikel und dem Substantive nach: Th. 1, 126 ἐν τῇ τοῦ Διὸς τῇ μεγίστῃ ἑορτῇ. 8, 90 ἐπ' αὐτὸν τὸν ἐπὶ τῷ στόματι τοῦ λιμένος τὸν ἕτερον πύργον. Hdt. 6, 46 ἐκ τῶν ἐκ Σκαπτῆς Ὕλης τῶν χρυσέων μετάλλων. Pl. Crat. 398, b ἐν τῇ ἀρχαίᾳ τῇ ἡμετέρᾳ φωνῇ. — d) auch kann das **einschliessende** Attributiv zwischen dem Substantive und dem eingeschlossenen Attributive oder zwischen dem eingeschlossenen Attributive und dem Substantive stehen, und der Artikel wird alsdann jedem der drei Bestandteile vorgesetzt. Th. 1, 108 τὰ τείχη τὰ ἑαυτῶν τὰ μακρὰ ἀπετέλεσαν. Andoc. 1, 16 ἐν τῇ οἰκίᾳ τῇ Χαρμίδου τῇ παρὰ τὸ Ὀλυμπιεῖον. Beim einschliessenden in der Mitte stehenden Demonstrative fällt aber der Artikel weg, da es schon an sich den Artikel in sich schliesst: Ar. N. 766 f. τὴν λίθον | ταύτην ἑόρακας τὴν καλὴν τὴν διαφανῆ. Th. 8, 80 αἱ μὲν τῶν Πελοποννησίων αὗται νῆες. Pl. Symp. 213, e τὴν τούτου ταυτηνὶ τὴν θαυμαστὴν κεφαλήν. — e) zuerst steht das **einschliessende** Attributiv mit dem Artikel, dann folgt das eingeschlossene Substantiv und das dazu gehörige Attributiv, beide ohne Artikel: S. OR. 1198 τὰν γαμψώνυχα παρθένον χρησμῳδόν. El. 1143 τῆς ἐμῆς πάλαι τροφῆς ἀνωφελήτου. Eur. Hel. 457 πρὸς τὰς πάροιθεν συμφορὰς εὐδαίμονας. X. Hell. 4. 3, 15 ἀπὸ τῶν ἐν τῇ Ἀσίᾳ πόλεων Ἑλληνίδων. 4. 8, 26 τὰς ὑπὸ τῇ Θρᾴκῃ οἰκούσας πόλεις Ἑλληνίδας. Vgl. Ag. 1, 10. Th. 6, 46 ἐκ τῶν ἐγγὺς πόλεων καὶ Φοινικικῶν καὶ Ἑλληνίδων. 6, 31 εἴ τις ἐλογίσατο τήν τε τῆς πόλεως ἀνάλωσιν δημοσίαν καὶ τῶν στρατευομένων τὴν ἰδίαν. Pl. civ. 532, c τὰ ἐν ὕδασι φαντάσματα θεῖα. — f) zuerst steht das **eingeschlossene** Attributiv mit dem Artikel, dann folgt das einschliessende Attributiv und zuletzt das Substantiv, beide ohne Artikel, worauf aber noch ein neues Attributiv mit dem Artikel folgen kann: Th. 2, 80 οἱ μετ' αὐτοῦ χίλιοι ὁπλῖται. 8, 2 πρὸς τὴν ἐκ τῆς Σικελίας τῶν Ἀθηναίων μεγάλην κακοπραγίαν. 8, 13 καὶ αἱ ἀπὸ τῆς Σικελίας Πελοποννησίων ἑκκαίδεκα νῆες αἱ μετὰ Γυλίππου ξυνδιαπολεμήσασαι. — g) zuerst steht das Substantiv mit dem Artikel, dann das eingeschlossene und zuletzt das einschliessende Adjektiv, beide mit dem Artikel. Andoc. 3, 7 τὸ τεῖχος τὸ μακρὸν τὸ νότιον. (Ähnlich: S. Tr. 872 τὸ δῶρον Ἡρακλεῖ τὸ πόμπιμον, *donum Herculi missum*. Eur. Andr. 215 ἀμφὶ Θρῄκην χιόνι τὴν κατάρρυτον.)

8. Wenn ein attributives Partizip eine nähere Bestimmung bei sich hat, so finden folgende Stellungen statt:

a) ὁ πρὸς τὸν πόλεμον αἱρεθεὶς στρατηγός, d. zu dem Kr. g. F.
b) ὁ στρατηγὸς ὁ πρὸς τὸν πόλεμον αἱρεθείς,
c) ὁ αἱρεθεὶς πρὸς τὸν πόλεμον στρατηγός,
d) ὁ αἱρεθεὶς στρατηγὸς πρὸς τὸν πόλεμον,
e) ὁ πρὸς τὸν πόλεμον στρατηγὸς αἱρεθείς [1]).

a) Dem. 8, 25 τοὺς παρ' αὐτῶν ἐκπλέοντας ἐμπόρους. X. Hell. 3. 4, 1 ἐπὶ τὸ πρῶτον ἀναγόμενον πλοῖον εἰς τὴν Ἑλλάδα. Aeschin. 3, 25 διὰ τὴν πρὸς Εὔβουλον γενομένην πίστιν ὑμῖν. Dem. 18, 95 τῶν καθ' ὑμᾶς πεπραγμένων καλῶν τῇ πόλει. 4, 4 τῆς νῦν ὑπαρχούσης αὐτῷ δυνάμεως. 20, 83 τὰς παρ' ὑμῶν ὑπαρχούσας αὐτῷ τιμάς. Th. 6, 88 οἱ ἐς τὴν Κόρινθον καὶ Λακεδαίμονα τῶν Συρακοσίων ἀποσταλέντες πρέσβεις. Vgl. 8. 89, 1. — b) X. Comm. 2. 6, 18 πόλεις αἱ τῶν καλῶν μάλιστα ἐπιμελόμεναι. Durch diese Stellung wird das attributive Partizip nachdrücklich hervorgehoben = *eas dico, quae* oder *urbes, et eae quidem, quae.* [2]) Th. 3, 69 αἱ τεσσαράκοντα νῆες τῶν Πελοποννησίων αἱ Λεσβίοις βοηθοὶ ἐλθοῦσαι. Dem. 8, 46 ἐκεῖνος ἕτοιμον ἔχει δύναμιν τὴν ἀδικήσουσαν καὶ καταδουλωσομένην ἅπαντας τοὺς Ἕλληνας. — c) X. An. 7. 3, 22 τοὺς παρακειμένους αὐτῷ ἄρτους. Dem. 6, 22 τὴν καθεστῶσαν νῦν δεκαδαρχίαν. 8, 10 τὴν ὑπάρχουσαν τῇ πόλει δύναμιν. — d) Th. 7. 70, 2 τῶν τεταγμένων νεῶν πρὸς αὐτῷ. X. An. 4. 3, 23 κατὰ τὰς προσηκούσας ὄχθας ἐπὶ τὸν ποταμόν. Cy. 8. 6, 6 τοὺς ἰόντας σατράπας ἐπὶ ταύτας τὰς χώρας. Hell. 3. 4, 11 τὴν παροῦσαν δύναμιν Ἀγησιλάῳ. 5. 2, 4 τὸν ῥέοντα ποταμὸν διὰ τῆς πόλεως. Dem. 6, 8 τὴν προσοῦσαν ἀδοξίαν τῷ πράγματι. 18, 176 τὸν ἐφεστηκότα κίνδυνον τῇ πόλει. 25, 40 τοὺς γευομένους κύνας τῶν προβάτων. 19, 174 τὴν γραφεῖσαν ἐπιστολὴν ὑπ' ἐμοῦ u. sonst oft. Aeschin. 2, 155 τῆς παρούσης ἀπορίας αὐτῷ. 3, 55 τὴν ὑπάρχουσαν εἰρήνην τῇ πόλει. 3, 126 ἐν τοῖς τεταγμένοις χρόνοις ὑπὸ τῶν προγόνων. Lycurg. 118 τοὺς ὕστερον προσαναγραφέντας προδότας εἰς ταύτην τὴν στήλην. So auch bei weggelassenem leicht zu ergänzenden Partizipe, wie X. Hell. 3. 2, 30 τὴν μεταξὺ (sc. κειμένην) πόλιν Ἡραίας καὶ Μακίστου. Dem. 18, 197 ὅπερ δ' ἂν ὁ φαυλότατος καὶ δυσμενέστατος ἄνθρωπος τῇ πόλει (sc. ποιήσειε), τοῦτο πεποιηκὼς ἐξήτασαι st. des gwhnl. καὶ τῇ πόλει δυσμ. oder καὶ δυσμ. ὢν τῇ πόλει; denn an sich ist bei Adjektiven diese

[1]) Vgl. Fr. Franke quaestt. Aeschin. Fuldae 1841, p. 15 sq. Dissen ad Dem. 18, 292. Maetzner ad Antiph. 5, 81. Stallbaum ad Pl. Phil. 20, b. Frohberger in d. N. Jahrb. f. Philol. u. Päd. 1861 (84. Bd.) S. 175. Poppo-Stahl ad Th. 1. 90, 1. — [2]) Vgl. Kühner ad Xen. Comm. 2. 7. 13.

Stellung nicht üblich (Blass streicht ἄνθρωπος). — e) In dieser Verbindung ist das Partizip in der prädikativen Form B angereiht, indem es eine nähere Bestimmung der vorhergehenden Worte, z. B. einen Grund angiebt und so gewissermassen zugleich auch auf das Prädikat des Satzes bezogen wird, z. B. ἐφοβοῦντο τὴν Ἀθηναίων ἐς τὸν Μηδικὸν πόλεμον τόλμαν γενομένην (vgl. Th. 1, 90), sie fürchteten die Verwegenheit der Athener, wie sie sich in dem m. Kriege gezeigt hatte: hingegen τὴν Ἀθ. ἐς τὸν Μ. πόλεμον γενομένην τόλμαν, die in dem m. Kriege bewiesene Verwegenheit der Ath. Aesch. Pr. 313 τὸν νῦν χόλον παρόντα. S. Ph. 1316 f. τὰς μὲν ἐκ θεῶν | τύχας δοθείσας. Tr. 436 f. τοῦ κατ' ἄκρον Οἰταῖον νάπος | Διὸς καταστράπτοντος. Ar. Pl. 996 f. καὶ τἄλλα τἀπὶ τοῦ πίνακος τραγήματα ἐπόντα. Th. 2, 15 ἐς τὴν νῦν πόλιν οὖσαν ξυνῴκισε πάντας, in die Stadt, wie sie jetzt ist. 18 ἡ τε ἐν τῷ ἰσθμῷ ἐπιμονὴ γενομένη. 3, 56 τὸν πᾶσι νόμον καθεστῶτα. 5, 5 τοῖς ἐκ Μεσσήνης ἐποίκοις ἐκπεπτωκόσιν. 5, 11 πρὸ τῆς νῦν ἀγορᾶς οὔσης. 6, 37 τῆς νῦν στρατιᾶς ἐπιούσης. X. An. 5. 3, 4 τὸ ἀπὸ τῶν αἰχμαλώτων ἀργύριον γενόμενον. Hell. 5. 1, 36 ἐκ τῆς ἐπ' Ἀνταλκίδου εἰρήνης καλουμένης. Antiph. 5, 81 τοῖς ἀπὸ τῶν θεῶν σημείοις γενομένοις. Isae. 3, 50 τοῖς γε ἐκ τῆς γνησίας θυγατρὸς παισὶ γεγονόσιν. Lys. 13, 61 τῆς τότε πολιτείας καθισταμένης. Dem. 20, 55 τὰς τότε δωρεὰς δοθείσας. 18, 126 διὰ τὰς ὑπὸ τούτου βλασφημίας εἰρημένας. — Sind zwei oder mehr nähere Bestimmungen da, so stehen sie in diesem Falle entweder zwischen dem Artikel und dem Substantive oder werden so getrennt, dass die eine entweder vor das Partizip oder hinter dasselbe gestellt wird. Th. 1, 11 τοῦ νῦν περὶ αὐτῶν διὰ τοὺς ποιητὰς λόγου κατεσχηκότος. X. Cy. 8. 1, 38 ἐθήρα τὰ ἐν τοῖς παραδείσοις θηρία τρεφόμενα. An. 7. 7, 32 οἱ νῦν ὑπὸ σοὶ Θρᾷκες γενόμενοι. Dem. 18, 98 τὴν τότε Θηβαίοις ῥώμην καὶ δόξαν ὑπάρχουσαν. 20, 76 τῆς ἐν ἑκάστῳ νῦν περὶ αὐτοῦ δόξης ὑπαρχούσης. X. An. 5. 6, 20 τῆς κύκλῳ χώρας περὶ τὸν Πόντον οἰκουμένης. Dem. 18, 35 οἱ παρὰ τούτου λόγοι τότε ῥηθέντες. 82 οἱ παρὰ τοῦ Κλειτάρχου τότε πρέσβεις δεῦρ' ἀφικνούμενοι. 19, 84 ταύτην τὴν ἀπὸ τοῦ τόπου ἀσφάλειαν ὑπάρχουσαν τῇ πόλει. Aeschin. 1, 93 οἱ μὲν γὰρ ἐν τῷ παρεληλυθότι χρόνῳ λόγοι λεγόμενοι περὶ Τιμάρχου.

Anmerk. 4. Die letzte Ausdrucksweise e) findet zuweilen auch bei Adjektiven statt. Ar. P. 294 τὴν πᾶσιν Εἰρήνην φίλην. Aeschin. 2, 132 τὰ τῶν παρόδων τῶν εἰς Πύλας χωρία κύρια st. τὰ τῶν π. τ. εἰς Π. κύρια χ. oder τὰ χωρία τὰ τῶν π. εἰς Π. κύρια. 3, 241 τοὺς μὲν ὄντως ἄνδρας ἀγαθοὺς st. τοὺς μ. ὄντως ἀγ. ἄνδρ. Dem. 18, 271 τὴν ἁπάντων, ὡς ἔοικεν, ἀνθρώπων τύχην κοινήν.

Anmerk. 5. Ist der Begriff des Substantivs ein unbestimmter, so wird der Artikel weggelassen. X. Hell. 1. 1, 23 εἰς Λακεδαίμονα γράμματα πεμφθέντα. Oec. 9, 4 διαιτητήρια τοῖς ἀνθρώποις . . κεκαλλωπισμένα, ubi v. Breitenb.

Anmerk. 6. Da Platon sich der Ausdrücke ταὐτόν und θάτερον bedient, um abstrakte Begriffe (Einerleiheit, Verschiedenheit) zu bezeichnen, so verbindet er sie zuweilen mit dem Artikel. Leg. 741, a τὴν ὁμοιότητα καὶ ἰσότητα καὶ τὸ ταὐτόν. Tim. 37, b περὶ τὸ ταὐτόν. Ib. ὁ τοῦ θατέρου κύκλος. 44, b τό τε θάτερον καὶ τὸ ταὐτόν. Soph. 255, b τὸ ὂν καὶ τὸ ταὐτὸν ὡς ἕν τι διανοητέον ἡμῖν. c τέταρτον δὴ εἶδος τὸ ταὐτὸν τιθῶμεν; .. τὸ θάτερον ἆρα ἡμῖν λεκτέον πέμπτον;

Anmerk. 7. Wenn zu einem substantivierten Partizipe prädikative Bestimmungen hinzutreten, so können diese entweder zwischen dem Artikel und dem Partizipe oder nach dem Partizipe stehen. X. An. 5. 6, 22 ἐν συλλόγῳ τῶν στρατιωτῶν ὄντων, *in conventu hominum, qui erant milites.* 4. 4, 21 οἱ οἰνοχόοι φάσκοντες εἶναι = *homines, qui pocillatores se esse dicunt.* Pl. civ. 341, c λέγε τὸν τῷ ὄντι ἰατρὸν ὄντα. Isae. 6, 16 παρὰ τῶν ὄντων θεραπόντων, ubi v. Schoemann.

§ 465. Gebrauch des Artikels bei Pronomen und Zahlwörtern mit und ohne Substantiv.

1. Zu den persönlichen Substantivpronomen im Akkusative tritt bisweilen der Artikel, wenn entweder statt der blossen Person die Persönlichkeit mit Nachdruck hervorgehoben, oder — und dies ist der häufigere Fall — auf eine vorher erwähnte Person zurückgewiesen wird. a) Pl. Phaedr. 258, a καὶ ὃς εἶπε, τὸν αὑτὸν δὴ λέγων μάλα σεμνῶς καὶ ἐγκωμιάζων (sein liebes Ich), ubi v. Stallb. Phil. 20, b δεινὸν μὲν τοίνυν ἔτι προσδοκᾶν οὐδὲν δεῖ τὸν ἐμέ· τὸ γὰρ „εἰ βούλει“ ῥηθὲν λύει πάντα φόβον, meine Person, s. Stallb. 59, b τὸν μὲν δὴ σὲ καὶ ἐμὲ καὶ Γοργίαν καὶ Φίληβον χρὴ συχνὰ χαίρειν ἐᾶν. Theaet. 166, a οὗτος δὴ ὁ Σωκράτης .. γέλωτα δὴ τὸν ἐμὲ ἐν τοῖς λόγοις ἀπέδειξεν, einen Mann wie mich. Vgl. Soph. 239, b. Apollon. de pron. p. 15 führt aus Kallimachus an: ναὶ μὰ τὸν αὐτὸν ἐμέ u. τὸν σὲ Κροτωνιάδην u. aus Menander: νῦν δὲ κατὰ πόλιν εὕρηκα τὸν ἕτερον, τὸν σέ, τὸν ἐμὲ τουτονί. — b) Pl. Lys. 203, b δεῦρο δή, ἦ δ' ὅς, εὐθὺ ἡμῶν .. Ποῖ, ἔφην ἐγώ, λέγεις καὶ παρὰ τίνας τοὺς ὑμᾶς; d. i. καὶ τίνες εἰσὶν οὗτοι, οὓς λέγεις ἡμᾶς; s. Stallb. Phil. 14, d ὅταν τις ἐμὲ φῇ Πρώταρχον ἕνα γεγονότα φύσει πολλοὺς εἶναι πάλιν, τοὺς ἐμὲ καὶ ἐναντίους ἀλλήλοις τιθέμενος.

2. Zu den Interrogativpronomen: τίς, τί, ποῖος tritt der Artikel, wenn nach einer erwähnten Person oder Sache oder Beschaffenheit gefragt wird. Dies ist besonders der Fall, wenn im Zwiegespräche einer etwas erwähnt hat, um es näher zu bestimmen, der andere aber diese nähere Bestimmung nicht abwartet, sondern die Rede unterbricht und, durch den Artikel auf dessen Worte hinweisend, fragt, was dies bedeute.[1]) S. OC. 893 Oed. πέπονθα δεινὰ τοῦδ' ὑπ' ἀνδρὸς ἀρτίως. Thes. τὰ ποῖα ταῦτα; τίς δ' ὁ πημήνας; λέγε. El. 671 Paed. Φανοτεύς, ὁ Φωκεύς, πρᾶγμα πορσύνων μέγα. Cl. τὸ ποῖον;

[1]) Vgl. Hermann ad Viger. p. 705, 25.

Vgl. Ph. 1229. Tr. 78. Ar. N. 1270 Am. ἀλλά μοι τὰ χρήματα τὸν υἱὸν ἀποδοῦναι κέλευσον ἅλαβεν. Str. τὰ ποῖα ταῦτα χρήματα; P. 696 Try. εὐδαιμονεῖ· πάσχει δὲ θαυμαστόν. Merc. τὸ τί; Eigentümlich Pax 693 Merc. οἷά μ' ἐκέλευσεν ἀναπυθέσθαι σου. Tryg. τὰ τί; wofür auch gesagt werden konnte: τὰ τίνα; (Dind. nach Reiske τὸ τί). Pl. Phaedr. 277, a Socr. Νῦν δή, ἐκεῖνα ἤδη, ὦ Φαῖδρε, δυνάμεθα κρίνειν. Ph. τὰ ποῖα; 279, a Socr. Νέος ἔτι, ὦ Φαῖδρε, Ἰσοκράτης· ὃ μέντοι μαντεύομαι κατ' αὐτοῦ, λέγειν ἐθέλω. Ph. τὸ ποῖον δή; Pl. Civ. 550, c εἴη δέ γ' ἄν, ὡς ἐγᾦμαι, ὀλιγαρχία ἡ μετὰ τὴν τοιαύτην πολιτείαν. Λέγεις δέ, ἦ δ' ὅς, τὴν ποίαν κατάστασιν ὀλιγαρχίαν; Lach. 193, e Socr. Βούλει οὖν ᾧ λέγομεν πειθώμεθα τό γε τοσοῦτον; L. τὸ ποῖον δὴ τοῦτο καὶ τίνι τρόπῳ; Vgl. Civ. 375, a. 421, e ibiq. Stallb. Crat. 395, d. Selten b. Xenoph., z. B. Oec. 10, 1. Aesch. Pr. 249 Pr. θνητοὺς ἔπαυσα μὴ προδέρκεσθαι μόρον. Chor. τὸ ποῖον εὑρὼν τῆσδε φάρμακον νόσου; Hier ist zwar in den Worten des Prometh. das Wort φάρμακον nicht ausdrücklich gesetzt, liegt aber in denselben versteckt. Ausserhalb des Dialogs z. B. Pl. Euthyphr. 12 d εἰ μέρος τὸ ὅσιον τοῦ δικαίου, δεῖ δὴ ἡμᾶς ἐξευρεῖν τὸ ποῖον μέρος ἂν εἴη τοῦ δικαίου τὸ ὅσιον (dagegen gleich darauf ohne Beziehung auf vorhergegangenes: ποῖον μέρος ἐστὶν ἀριθμοῦ τὸ ἄρτιον). Zuweilen auch in Beziehung auf folgendes. Pl. Phaed. 78, b οὐκοῦν τοιόνδε τι δεῖ ἡμᾶς ἐρέσθαι ἑαυτούς (= ἡμᾶς αὐτούς), τῷ ποίῳ τινὶ ἄρα προσήκει τοῦτο τὸ πάθος πάσχειν, τὸ διασκεδάννυσθαι, καὶ ὑπὲρ τοῦ ποίου τινὸς δεδιέναι, μὴ πάθῃ αὐτό; Dem. 18, 64 ἡδέως ἂν ἐροίμην, τῆς ποίας μερίδος γενέσθαι τὴν πόλιν ἐβούλετ' ἄν, πότερον τῆς συναιτίας τῶν συμβεβηκότων τοῖς Ἕλλησι κακῶν ἢ τῆς περιορακυίας ταῦτα γιγνόμενα ἐπὶ τῇ τῆς ἰδίας πλεονεξίας ἐλπίδι.

Anmerk. 1. Von dieser Ausdrucksweise ist diejenige zu unterscheiden, in welcher auf ein Fragwort ohne Artikel ein Substantiv mit dem Artikel oder ein Demonstrativ folgt. Wenn ich sage: Ἐρῶ σοι μῦθον, und der andere, die Erzählung selbst nicht abwartend, fragt: Τὸν ποῖον; so weist der Artikel bloss auf das vorangehende Wort μῦθον, Erzählung, zurück, und der Fragende will nun die bloss durch das Wort angedeutete Erzählung erfahren. Wenn ich aber frage: Ποῖον τὸν μῦθον εἶπες; so hat der andere schon etwas erzählt, und ich will nun eine nähere Erklärung davon haben. Nachdem Zeus der Hera gesagt hatte, es komme ihr nicht zu, nach allem zu fragen, ruft diese aus: ποῖον τὸν μῦθον ἔειπες; was ist das für eine Rede, die du gesagt hast? Ebenso bei dem Interrogativ in Verbindung mit einem Demonstrative. Gorg. 521, a ἐπὶ ποτέραν οὖν με παρακαλεῖς τὴν θεραπείαν τῆς πόλεως; Euthyphr. 14, e φράσον δέ μοι, τίς ἡ ὠφελία τοῖς θεοῖς τυγχάνει οὖσα ἀπὸ τῶν δώρων. Crit. 43, c. Cr. Ἀγγελίαν φέρω χαλεπήν. Socr. Τίνα ταύτην; Symp. 202, a τί τοῦτο; Ap. 20, d διὰ σοφίαν τινὰ τοῦτο τὸ ὄνομα ἔσχηκα. Ποίαν δὴ σοφίαν ταύτην; Hdt. 7, 48 κοῖα ταῦτα λέγεις εἶναι δύο μοι πολεμιώτατα;

Anmerk. 2. Das unbestimmte Pronomen τὶς aber wird nicht mit dem Artikel verbunden; denn in Stellen wie S. OC. 289 ὅταν ὁ κύριος παρῇ τις. OR. 107 τοὺς αὐτοέντας τινάς. Ant. 252 ἄσημος οὑργάτης τις ἦν gehört der Artikel nur zum Substantiv: ὁ κύριός τις, der Herrscher, irgendwer (den ich nicht kenne). Vgl. § 470, 2. Über das philosophische ὁ τὶς ἄνθρωπος u. a. s. § 90, 5.

3. Ein mit einem Possessivpronomen oder dem Genetive der Personal- und Reflexivpronomen (§ 464, 4) verbundenes Substantiv steht ohne Artikel, wenn der Gegenstand als ein unbestimmter, mit dem Artikel, wenn er als ein bestimmter aufzufassen ist. Vgl. Apollon. de synt. p. 79. [Schon b. Homer, obwohl meistens ohne Artikel § 457, 6, b).] Ἐμὸς ἀδελφός od. ἀδελφός μου, ein Bruder von mir, einer von meinen Brüdern (ganz unbestimmt), ebenso reflex. ἀδελφὸν ἐμαυτοῦ, z. B. Th. 2, 102 ἀπὸ Ἀκαρνᾶνος, παιδὸς ἑαυτοῦ, τῆς χώρας τὴν ἐπωνυμίαν ἐγκατέλιπε. Ὁ ἐμὸς πατήρ, ὁ πατὴρ ὁ ἐμός; ὁ σὸς λόγος, ὁ λόγος ὁ σός, dein Wort (ein bestimmtes); ὁ ἐμὸς παῖς, mein Sohn (ein bestimmter von mehreren oder auch der einzige); ebenso ὁ λόγος σου oder σοῦ ὁ λόγος, τὸν σεαυτοῦ πατέρα od. τὸν πατέρα τὸν σεαυτοῦ. Über die Stellung des Artikels s. § 464, 4. Auch im Gotischen, Alt- und Mittelhochdeutschen steht nicht selten der Artikel vor dem mit einem Possessivpronomen verbundenen Substantive [1]), als: *der mîn* fatar, *diu mîn* muoter; desgleichen im Italienischen, als: *il mio* padre, *la mia* madre. Bei Wörtern, wie πόλις, πατρίς u. ähnl., sowie bei Verwandtschaftsnamen, wie πατήρ u. s. w., kann der Artikel auch dann weggelassen werden, wenn sie an sich nicht unbestimmt sind, s. § 462, d u. e nebst Anm. 1. Lys. 6, 54 Διοκλῆς ὁ Ζακόρου τοῦ ἱεροφάντου, πάππος δὲ ἡμέτερος (als zweite Apposition, nach § 462 Anm. 1). 13, 27 πατρίδα σφετέραν αὐτῶν καταλιπόντες. Ib. οὐ πατρίδα ἂν σαυτοῦ κατέλιπες, „den heimischen Grund und Boden", s. Frohberger z. d. St. Pl. Menex. 243, e ὥστε μὴ ἂν ἄλλως εὔξασθαι μηδένα πόλιν ἑαυτοῦ νοσῆσαι. Ps. Dem. 59, 12 εἰ μὴ λήψομαι δίκην ὑπὲρ ἀδελφῆς καὶ κηδεστοῦ καὶ ἀδελφιδῶν καὶ γυναικὸς ἐμαυτοῦ [2]). Dagegen ist beim Hinweise auf eine bestimmte Person oder ein bestimmtes einzelnes Land der Artikel notwendig. Isocr. 4, 46 αἱ μὲν ἄλλαι πανηγύρεις . ., ἡ δ' ἡμετέρα πόλις. Mit Emphase: S. El. 207 διδύμαιν χειροῖν, | αἳ τὸν ἐμὸν εἷλον βίον | πρόδοτον, Schol. πάνυ περιπαθῶς· αἵτινες χεῖρες, αἱ ἀνελοῦσαι τὸν Ἀγαμέμνονα, τὸν ἐμὸν βίον ἀνεῖλον καὶ προέδωκαν τοῖς ἐχθροῖς. 536 sagt Klytämnestra: ἀλλ' οὐ μετῆν αὐτοῖσι τήν γ' ἐμὴν (θυγατέρα) κτανεῖν. Das Substantiv kann auch zuerst ohne Artikel unbestimmt gesetzt und erst durch das folgende Possessiv mit dem Artikel näher bestimmt werden (wie ἀνὴρ ὁ ἀγαθός § 463, 3, A.). Th. 1, 53 ἡμῖν πολεμίους τοὺς ἡμετέρους τιμωρουμένοις ἐμποδὼν ἵστασθε. Pl. Soph. 225, d κατὰ γνώμην τὴν ἐμήν.

4. Ein mit den Demonstrativen: οὗτος, ὅδε, ἐκεῖνος, sowie auch *αὐτός*, *ipse*, verbundenes Substantiv nimmt regelmässig den

1) S. Grimm IV. S. 403 u. 440. Becker ausf. Gr. § 130. — 2) S. Poppo ad Thuc. P. 3, Vol. 2, p. 479.

Artikel an, und zwar in der Stellung von B (§ 463, 3, B), da die genannten Pronomen nicht als Attributive, sondern entweder als Substantive (dieser, der Mann) oder räumlich in prädikativem Sinne (der Mann hier, der Mann dort = der Mann, welcher hier, dort ist), aufgefasst werden, also:

οὗτος ὁ ἀνήρ oder ὁ ἀνὴρ οὗτος (nicht ὁ οὗτος ἀνήρ)
ἥδε ἡ γνώμη oder ἡ γνώμη ἥδε (nicht ἡ ἥδε γνώμη)
ἐκεῖνος ὁ ἀνήρ oder ὁ ἀνὴρ ἐκεῖνος (nicht ὁ ἐκεῖνος ἀνήρ)
αὐτὸς ὁ βασιλεύς oder ὁ βασιλεὺς αὐτός; aber ὁ αὐτὸς βασιλεύς, selten
(ὁ) βασιλεὺς ὁ αὐτός = *idem* rex.

Anmerk. 3. Häufig wird das Demonstrativ von seinem Substantiv durch ein oder mehr Worte getrennt. Pl. Menex. 237, e ἥδε ἔτεκεν ἡ γῆ τοὺς προγόνους. Symp. 213, c ὁ τούτου ἔρως τοῦ ἀνθρώπου. e τὴν τούτου ταυτηνὶ τὴν θαυμαστὴν κεφαλήν. Dem. 18, 153 ἡ μικρὰ κεφαλὴ ταράξασα αὕτη.

Anmerk. 4. In Stellen wie Th. 1, 45 ἐς τῶν ἐκείνων τι χωρίων hängt der Gen. ἐκείνων von τῶν χωρίων ab: *contra aliquod ex illorum oppidis*, vgl. 1. 53, 4. X. Hell. 4. 8, 33. 7. 1, 13.

Anmerk. 5. Wenn das mit dem Artikel verbundene Substantiv eine attributive Bestimmung bei sich hat, so kann das Demonstrativ dazwischen treten. Th. 8, 80 καὶ αἱ μὲν τῶν Πελοποννησίων αὗται νῆες st. αὗται αἱ τῶν Π. νῆες. X. An. 4. 2, 6 μαστὸς ἦν ὑπὲρ αὐτῶν, παρ' ὃν ἦν ἡ στενὴ αὕτη ὁδός st. αὕτη ἡ στ. ὁδ. Dem. 4, 17 ἐπὶ τὰς ἐξαίφνης ταύτας ἀπὸ τῆς οἰκείας χώρας αὐτοῦ στρατείας st. ἐπὶ ταύτας τὰς ἐξ. ἀπὸ τ. οἰκ. χ. αὐτ. στρ. 6, 21 οὐ γὰρ ἀσφαλεῖς ταῖς πολιτείαις αἱ πρὸς τοὺς τυράννους αὗται λίαν ὁμιλίαι st. αὗται αἱ λίαν πρὸς τοὺς τ. ὁμ. Pl. Prot. 313, b τῷ ἀφικομένῳ τούτῳ ξένῳ, ubi v. Stallb. Phaed. 69, c οἱ τὰς τελετὰς ἡμῖν οὗτοι καταστήσαντες[1]). So auch Pl. Lys. 217, d ταὐτὸν τοῦτο χρῶμα, diese nämliche Farbe. X. Hell. 3. 4, 13 ἐπὶ τὸν αὐτὸν τοῦτον λόφον.

Anmerk. 6. Der Artikel wird bei dem Substantive weggelassen:

a) Wenn das Pronomen die Stelle des Subjekts, das Substantiv aber die Stelle des Prädikats einnimmt (§ 461, A. 3). Hdt. 1, 120 Ἁρπάγῳ Ἀστυάγης δίκην ταύτην ἐπέθηκε, dies als Strafe. 4, 139 ἔδοξέ σφι τάδε ἔργα τε καὶ ἔπεα προσθεῖναι, folgendes als Wort und That zugleich. Th. 1, 1 κίνησις αὕτη μεγίστη δὴ τοῖς Ἕλλησιν ἐγένετο, dieses ward die grösste Bewegung. 55 αἰτία αὕτη πρώτη ἐγένετο. 5, 75 καὶ τὴν ὑπὸ τῶν Ἑλλήνων τότε ἐπιφερομένην αἰτίαν . . ἑνὶ ἔργῳ τούτῳ ἀπελύσαντο = und dieses war das einzige Werk, wodurch sie u. s. w. X. Comm. 1. 2, 42 πάντες οὗτοι νόμοι εἰσίν, οὓς τὸ πλῆθος δοκιμάσαν ἔγραψε, alles das sind Gesetze, was. Pl. Symp. 179, c εὐαριθμήτοις δή τισιν ἔδοσαν τοῦτο γέρας οἱ θεοί, dieses als Ehrengeschenk. Apol. 24, b αὕτη ἔστω ἱκανὴ ἀπολογία. Lys. 1, 16 ταύτην τέχνην ἔχει, dies treibt er als Gewerbe. 7, 10 τέθνηκε ταῦτα τρία ἔτη, es sind 3 Jahre. 14, 12 τούτῳ παραδείγματι χρώμενοι, dies zum warnenden Beispiele nehmend. Isocr. 4, 71 μεγίστου πολέμου συστάντος ἐκείνου, stände hier das Subj. voran, so würde es heissen ἐκείνου τοῦ πολέμου μεγίστου συστάντος, als der grösste. Dem. 18, 150 κενῇ προφάσει ταύτῃ κατεχρῶ, dieses als leeren Vorwand. Hat das prädikative Substantiv ein Attributiv bei sich, so kann das Demonstrativ dazwischen treten, vgl. Anm. 5. Th. 1, 98 πρώτη τε αὕτη πόλις ξυμμαχὶς παρὰ τὸ καθεστηκός, dies war der erste verbündete Staat, der. X. Cy. 1. 5, 3 λέγων, ὡς

---

1) S. Rost Griech. Gr. § 98, Anm. 3.

μεγάλα τε εἴη ταῦτα ἔθνη καὶ ἰσχυρά, st. ταῦτα εἴη μεγ. κ. ἰσχ. ἔθνη, s. Born. An. 4. 7, 5 (ὁρῶμεν) ὀλίγους τούτους ἀνθρώπους, wir sehen diese, die nur wenige sind, s. das. Kühners Bmrk. 8, 4 οἶμαι ἐμὴν ταύτην πατρίδα εἶναι st. ταύτην εἶναι ἐμ. π. Soll jedoch das prädikative Substantiv als ein bestimmter oder vorher erwähnter Gegenstand bezeichnet werden, so tritt der Artikel hinzu (s. § 461, A. 4). X. Comm. 4. 6, 15 ὁπότε (Σωκράτης) τι τῷ λόγῳ διεξίοι, διὰ τῶν μάλιστα ὁμολογουμένων ἐπορεύετο, νομίζων ταύτην τὴν ἀσφάλειαν εἶναι λόγου, dieses sei die sichere Lehrweise, nämlich wie sie aus den vorhergehenden Beispielen deutlich dargestellt war, s. das. Kühners Bmrk. Wenn das Substantiv mit einem Adjektivsatze verbunden ist, so kann der Artikel fehlen, da er durch den Adjektivsatz vertreten wird. Hdt. 3, 111 ἐν τοῖσιδε χωρίοισι . ., ἐν τοῖσι (= οἷς). 4, 8 ἐς γῆν ταύτην . ., ἥν τινα. Th. 2, 74 ἐπὶ γῆν τήνδε ἤλθομεν, ἐν ᾗ κτλ. 3, 59 ἡμέρας τε ἀναμιμνῄσκομεν ἐκείνης, ᾗ κτλ. 4, 85 στρατιᾷ γε τῇδ', ἣν νῦν ἐγὼ ἔχω. Ferner auch, wenn das Demonstrativ bloss eine räumliche Beziehung (= hier, dort) ausdrückt, und der Redende gleichsam mit dem Finger auf etwas hinweist. Vgl. § 467, 2. Das Pronomen folgt dann in der Regel nach. Hdt. 3, 21 τόξον τόδε διδόντες, den Bogen hier. 9, 27 σύνοδον τήνδε. 5, 26 γυναικῶν τουτέων, ὦ ξεῖνοι, ἔστι ὑμῖν πολλὴ εὐπετείη, der Weiber hier. 2, 115 γυναῖκα ταύτην. 4, 9 ἵππους μὲν δὴ ταύτας ἀπικομένας ἐνθάδε ἔσωσά τοι ἐγώ, die Pferde da. Ib. χώρης γὰρ τῆσδε ἔχω τὸ κράτος αὐτή, aber gleich darauf, wo ein anderer spricht: τοῦτον μὲν τῆσδε τῆς χώρης οἰκήτορα ποιεῦ. Th. 1, 51 πρίν τινες ἰδόντες εἶπον, ὅτι νῆες ἐκεῖναι ἐπιπλέουσι, dass Schiffe dort, auf jener Seite heransegeln. X. Cy. 8. 3, 6 φέρε λαβὼν χιτῶνας μὲν τουτουσὶ τοῖς τῶν δορυφόρων ἡγεμόσι, κασᾶς δὲ τούσδε τοὺς ἐφιππίους τοῖς τῶν ἱππέων ἡγεμόσι δός, καὶ τῶν ἁρμάτων τοῖς ἡγεμόσιν ἄλλους τούσδε χιτῶνας, Unterkleider da, Decken hier, nämlich Pferdedecken. Ar. L. 635 πατάξαι τῆσδε γραὸς τὴν γνάθον. (Das Substantiv ohne Artikel kann aber auch Subjekt und das Demonstrativ Prädikat sein, wie Pl. ap. 18, a νῦν τοῦτο ὑμῶν δέομαι δίκαιον, τὸν μὲν τρόπον τῆς λέξεως ἐᾶν, αὐτὸ δὲ τοῦτο σκοπεῖν καὶ τούτῳ τὸν νοῦν προσέχειν, εἰ δίκαια λέγω ἢ μή· δικαστοῦ μὲν γὰρ αὕτη ἀρετή, ῥήτορος δὲ τἀληθῆ λέγειν, denn eines Richters Tugend besteht darin, dass er untersucht, ob einer gerechtes sage oder nicht, eines Redners aber darin, dass er die Wahrheit sagt.)

b) Wenn das Substantiv ein Eigenname ist, als: οὗτος, ὅδε, ἐκεῖνος, αὐτὸς Σωκράτης. X. Comm. 4. 2, 3 Εὐθύδημος οὑτοσί. Symp. 2, 3 ἡ Νικηράτου τοῦδε sc. γυνή. 2, 19 Χαρμίδης οὑτοσί. 3, 8 Αὐτολύκῳ τούτῳ. Vgl. 4, 62. An. 1. 5, 13 αὐτὸν Μένωνα. 2. 1, 5 αὐτὸς Μένων. Dem. 18, 114 οὑτοσὶ Νεοπτόλεμος. So auch wenn ein Gemeinname die Stelle des Eigennamens vertritt (s. § 462, b). X. An. 1. 7, 11 αὐτοῦ βασιλέως, vgl. Hell. 3. 5, 14.

c) Wenn der absolute Begriff eines Gegenstandes bezeichnet werden soll, so wird bei Platon oft das Substantiv ohne Artikel mit dem Pronomen αὐτός verbunden. Pl. Parm. 133, d. e εἴ τις ἡμῶν του δεσπότης ἢ δοῦλός ἐστιν, οὐκ αὐτοῦ δεσπότου δήπου, ὅ ἐστι δεσπότης, ἐκείνου δοῦλός ἐστιν, οὐδὲ αὐτοῦ δούλου, ὅ ἐστι δοῦλος, δεσπότης ὁ δεσπότης. Theaet. 175, c εἰς σκέψιν αὐτῆς δικαιοσύνης τε καὶ ἀδικίας. Civ. 476, c αὐτὸ κάλλος[1]).

d) Wenn οὗτος ἀνήρ mit Affekt, besonders in verächtlichem Sinne, so gebraucht wird, dass der Redende auf die Person hinweist. Pl. Gorg. 489, b οὑτοσὶ ἀνὴρ οὐ παύσεται φλυαρῶν. Εἰπέ μοι, ὦ Σώκρατες, οὐκ αἰσχύνει τηλικοῦτος ὢν ὀνόματα θηρεύων; 505, c Callicl. Οὐκ οἶδ', ἅττα λέγεις, ὦ Σώκρατες, ἀλλ' ἄλλον τινὰ ἐρώτα. Socr. Οὗτος ἀνὴρ οὐχ ὑπομένει ὠφελούμενος. Eur. Ph. 920 sagt Tiresias

[1]) Vgl. Stallbaum ad Pl. Phaedr. 247, d.

von dem anwesenden Kreon: ἀνὴρ ὅδ' οὐκέθ' αὐτός, ἐκνεύει πάλιν. So oft bei den Tragikern ἀνὴρ ὅδε od. ὅδε ὁ ἀνὴρ st. ἐγώ. S. Ph. 1036 ὀλεῖσθε δ' ἠδικηκότες | τὸν ἄνδρα τόνδε, θεοῖσιν εἰ δίκης μέλει. Vgl. 1375. Ai. 78. Ant. 1035 τοξεύετ' ἀνδρὸς τοῦδε. Eur. Alc. 331 κοὔτις ἀντὶ σοῦ ποτε | τόνδ' ἄνδρα νύμφη Θεσσαλὶς προσφθέγξεται = ἐμέ). 689 μὴ θνῆσχ' ὑπὲρ τοῦδ' ἀνδρός, οὐδ' ἐγὼ πρὸ σοῦ [= ὑπὲρ ἐμοῦ] [1]). So auch Hdt. 1, 108 οὔτε ἄλλοτέ κω παρεῖδες ἀνδρὶ τῷδε ἄχαρι οὐδέν = ἐμοί. Antiph. 6, 9 οὔτε μικρὸν οὔτε μέγα ἐξελέγξαι ἀδικοῦντα τόνδε τὸν ἄνδρα = ἐμέ, s. Maetzner. Ähnlich schon bei Homer οὗτος ἀνήρ. β, 40 ὦ γέρον, οὐχ ἑκὰς οὗτος ἀνήρ, τάχα δ' εἴσεαι αὐτός, | ὃς λαὸν ἤγειρα.

e) Zuweilen, wenn ὅδε auf etwas folgendes hinweist. Hdt. 3, 3 λέγεται δὲ καὶ ὅδε λόγος, vgl. 7, 167. 3, 21 τάδε ἔπεα λέγετε. 137 προϊσχομένους ἔπεα τάδε. 4, 135 προφάσιος δὲ τῆσδε. Bei den Attikern selten. Th. 2, 9 πόλεις δ' ἑκάτεροι τάσδ' ἔχοντες ξυμμάχους ἐς τὸν πόλεμον καθίσταντο. X. R. L. 7, 1 ἐναντία καὶ τάδε τοῖς ἄλλοις Ἕλλησι κατέστησεν ὁ Λυκοῦργος ἐν τῇ Σπάρτῃ νόμιμα. Doch häufig (namentlich vor Aufzählungen) in den Inschriften [2]).

f) Die Dichtersprache lässt den Artikel sehr oft auch da weg, wo ihn die Prosa setzen muss. So Homer gewöhnlich. Θ, 206 τοῦτο ἔπος κατὰ μοῖραν ἔειπες. [Aber Π, 30 μὴ ἐμέ γ' οὖν οὗτός γε λάβοι χόλος, ὃν σὺ φυλάσσεις nach a)]. Σ, 295 μηκέτι ταῦτα νοήματα φαίν' ἐνὶ δήμῳ. τ, 598 λέξεο τῷδ' ἐνὶ οἴκῳ. N, 121 κακὸν ποιήσετε μεῖζον | τῇδε μεθημοσύνῃ. B, 37 ἤματι κείνῳ. λ, 614 ὃς κεῖνον τελαμῶνα ἑῇ ἐγκάτθετο τέχνῃ. Pind. O. 1, 115 τοῦτον χρόνον. 3, 7 τοῦτο θεόδματον χρέος. 5, 14 τόνδε δᾶμον. 6, 8 ἐν τούτῳ πεδίλῳ u. s. Aesch. Pr. 20 τῷδ' ἀπανθρώπῳ πάγῳ. 31 ἀτερπῆ τήνδε φρουρήσεις πέτραν u. s. oft. S. 400 νύκτα ταύτην. 579 λέγει δὲ τοῦτ' ἔπος u. s. oft. S. 551 αὐτοῖς ἐκείνοις ἀνοσίοις κομπάσμασιν. Ebenso häufig b. Soph. u. Eur., selten aber bei den Komikern und unter den Prosaikern mehrmals bei Hdt. mit nachgestelltem Demonstrativ. Hdt. 1, 9 λέγω λόγον τόνδε, so öfters. 7, 8 a νόμον τόνδε ἐν ὑμῖν τιθείς. 2, 39 ἐς κεφαλὴν ταύτην τραπέσθαι. 2, 169 τοὺς ἐκ νομοῦ τούτου γενομένους βασιλέας. 5, 82 κατὰ χρόνον κεῖνον. 2, 39 κεφαλῇ κείνῃ. [3]) — So auch b. Hom. gwhnl. αὐτός = *idem*, selt. mit dem Artikel. M, 225 ἐλευσόμεθ' αὐτὰ κέλευθα. θ, 107 ἦρχε δὲ τῷ αὐτὴν ὁδόν, ἥν περ οἱ ἄλλοι. Vgl. κ, 263. π, 138 u. s. Hs. sc. 35. 37. Vereinzelt b. Pind. N. 5, 1 ἐλινύσοντα . . ἀγάλματ' ἐπ' αὐτᾶς βαθμίδος, signa in loco statura in eadem basi, s. Dissen ed. Goth.; den Tragikern aber ist dieser Gebrauch fremd. [4])

5. Ein mit den demonstrativen Attributiven: τοιοῦτος, τοιόσδε, τοσοῦτος, τοσόσδε, τηλικοῦτος verbundenes Substantiv steht entweder ohne Artikel, wenn der Gegenstand unbestimmt ist: irgend einer von denen, die so beschaffen u. s. w. sind, wie Pl. Symp. 203, c ἅτε οὖν Πόρου καὶ Πενίας υἱὸς ὢν ὁ Ἔρως ἐν τοιαύτῃ τύχῃ καθέστηκε, befindet sich in einer solchen Lage; oder mit dem Artikel, und zwar in der Stellung A (§ 463, 3), wenn der Gegenstand als ein bestimmter bezeichnet wird, indem die durch die genannten Ad-

---

1) Vgl. Stallb. ad Pl. Gorg. 467, b. Ellendt-Genthe L. S. p. 508. Monk ad Eur. Alc. 341. — 2) z. B. αἵδε πόλεις κατατελοῦσι τὸν φόρον — Ἀθηναίων πόλεις αἵδε σύμμαχοι — τριήρεις αἵδε ἐξέπλευσαν, s. Meisterhans a. a. O. S. 191. 3) S. Krüger Gr. II. § 50, 11, A. 1. 3. — 4) S. Ellendt-Genthe L. S. p. 108. Hermann opusc. I. p. 333 sqq. u. besonders Matthiae ad Eur. T. VII. p. 502.

jektive angedeutete Qualität oder Quantität entweder als einem schon erwähnten, zuweilen auch erst zu erklärenden Gegenstande oder als der ganzen Gattung vorhergenannter Gegenstände zukommend ausgedrückt werden soll. Ebenso substantivisch: ὁ τοιοῦτος, τὰ τοιαῦτα u. s. w. X. Comm. 1. 2, 8 πῶς ἂν οὖν ὁ τοιοῦτος ἀνὴρ διαφθείροι τοὺς νέους; i. e. *talis vir, qualem descripsimus Socratem.* 5, 4 ἐν συνουσίᾳ δὲ τίς ἂν ἡσθείη τῷ τοιούτῳ, ὃν εἰδείη τῷ ὄψῳ τε καὶ τῷ οἴνῳ χαίροντα μᾶλλον ἢ τοῖς φίλοις; wo nicht bloss auf das Vorhergehende, sondern auch auf das Folgende hingewiesen wird. 4. 2, 21 τί σοι δοκεῖ ὁ τοιοῦτος; Cy. 5. 5, 32 ἄρ' ἂν δύναιο τὸν τοιοῦτον ἄμεμπτον φίλον νομίζειν; i. e. *talem, qualis antea descriptus est.* R. L. 1, 7 ὁρῶν τοὺς τηλικούτους φυλάττοντας μάλιστα τὰς γυναῖκας in Beziehung auf das vorhergehende γεραιῷ, zugleich aber die ganze Gattung der γεραιοί angebend, vgl. Ven. 9, 10. Pl. Lys. 214, e. Dem. 18, 305 τῶν τοσούτων καὶ τοιούτων ἀγαθῶν ὑμῖν καὶ τοῖς ἄλλοις Ἀθηναίοις ἔχοντες χάριν. (Aber Pl. civ. 351, e τοιάνδε τινὰ φαίνεται ἔχουσα τὴν δύναμιν prädikativ = ἡ δύναμις, ἣν ἔχει, φαίνεται τοιάδε τις οὖσα, s. Stallb.) Oft als Apposition zu τἆλλα. X. Cy. 1. 2, 2 καὶ τἆλλα τὰ τοιαῦτα, und das Übrige, das so beschaffen ist, wie das Erwähnte, s. Born. Oec. 19, 16 καὶ περὶ τῶν ἄλλων τῶν τοιούτων. Ferner τὰ τοιαῦτα = und dergleichen. Dem. 8, 25 παραπέμπεσθαι τὰ πλοῖα τὰ αὐτῶν, τὰ τοιαῦτα, s. Schaefer App. p. 506. S. Ant. 726 sagt Kreon auf sein eigenes Alter hinweisend: οἱ τηλικοίδε καὶ διδαξόμεσθα δὴ | φρονεῖν ὑπ' ἀνδρὸς τηλικοῦδε τὴν φύσιν; Findet aber die Stellung von B (§ 463, 3) statt, so sind die genannten Wörter prädikativ zu nehmen. Th. 6, 43 τοσῇδε τῇ παρασκευῇ Ἀθηναῖοι . . ἐς τὴν Σικελίαν ἐπεραιοῦντο = τοσήδε ἦν ἡ παρασκευή, ᾗ. 44 τοσαύτη ἡ πρώτη παρασκευὴ πρὸς τὸν πόλεμον διέπλει. Pl. Prot. 318, a τοσοῦτος ὅ γε ἡμέτερος λόγος. Gorg. 456, c ἡ μὲν οὖν δύναμις τοσαύτη ἐστὶ καὶ τοιαύτη τῆς τέχνης. In Beispielen wie Dem. 20, 34 τί οὖν οἴεσθε τοῦτον τὸν τοιοῦτον περὶ ὑμᾶς γεγενημένον gehört der Artikel zum Partizipe und τοιοῦτον ist Prädikat. 98 τοὺς μὴ τοιούτους κριθέντας, die nicht als solche Beurteilten. Oft jedoch wird der Artikel weggelassen, wo er stehen könnte. Th. 2, 18 ἐν τοιαύτῃ μὲν ὀργῇ ὁ στρατὸς τὸν Ἀρχίδαμον ἐν τῇ καθέδρᾳ εἶχεν, vgl. 41, 5 ibiq. Poppo. 54, 1. Stets in der Formel τοιαῦτα εἶπον, vgl. 1, 44. 79.

Anmerk. 7. Über ὁ οἷος σὺ ἀνήρ s. § 555, A. 10.

6. Wenn ein Substantiv mit πᾶς, πάντες, ὅλος verbunden wird, so sind folgende Fälle zu unterscheiden:

a) Der Artikel wird nicht gesetzt, wo er auch ohne πᾶς fehlen würde, also wenn der Begriff des Substantivs ganz allgemein oder unbestimmt aufgefasst wird. Πᾶς ἄνθρωπος (selten ἄνθρ. πᾶς) ein jeder Mensch, d. i. jeder dem das Prädikat Mensch zukommt, πάντες ἄνθρωποι, alles was Mensch heisst, alle Welt. Dem. 8, 5 πάντας ἀνθρώπους συσκευάζεται ἐφ' ἡμᾶς. Vgl. 18, 72. And. 3, 25. Lys. 12. 60. X. Cy. 7. 5, 52. Comm. 4. 4, 19. Dem. 18, 294 νὴ τὸν Ἡρακλέα καὶ πάντας θεούς. An. 2. 5, 9 σὺν σοὶ πᾶσα μὲν ὁδὸς εὔπορος, πᾶς δὲ ποταμὸς διαβατός, ein jeder Weg. Vect. 5, 2 πασῶν πόλεων Ἀθῆναι μάλιστα πεφύκασιν ἐν εἰρήνῃ αὔξεσθαι. Pl. civ. 445, a μετὰ πάντων σιτίων τε καὶ ποτῶν καὶ παντὸς πλούτου καὶ πάσης ἀρχῆς, im Besitze aller denkbaren Genüsse und alles Reichtums. Daher bei Abstrakten: Pl. Tim. 23, d πᾶσαν προθυμίαν ἔχειν. Bei Eigennamen (§ 462, a): X. Cy. 1. 2, 15 ἔξεστι πᾶσι Πέρσαις πέμπειν τοὺς ἑαυτῶν παῖδας εἰς τὰ κοινὰ διδασκαλεῖα. Hell. 4. 8, 28 προστάται πάσης Λέσβου ἔσονται. Lys. 2, 15 τὴν ἐξ ἁπάσης Πελοποννήσου στρατιάν. Bei paarweiser Zusammenstellung (§ 462, e): Pl. Menex. 243, b πάντας Ἕλληνάς τε καὶ βαρβάρους. (Dagegen πάντες οἱ Ἕλληνες leg. 631, b.) Bei γῆ u. ähnl. (§ 462, b): Ar. N. 206 αὕτη δέ σοι γῆς περίοδος πάσης, der ganzen Erde. — Oft lässt sich πᾶς durch lauter übersetzen. Pl. civ. 575, a ὁ Ἔρως ἐν πάσῃ ἀναρχίᾳ καὶ ἀνομίᾳ ζῶν. Polit. 284, b (αἱ τέχναι) τὸ μέτρον σῴζουσαι πάντ' ἀγαθὰ καὶ καλὰ ἀπεργάζονται. Dem. 18, 279 πᾶσαν ἔχει κακίαν. Pl. civ. 579, b κύκλῳ φρουρούμενος ὑπὸ πάντων πολεμίων. In diesem Falle ist das Substantiv eigentlich Prädikat: πάντες ὑφ' ὧν φρουρεῖται πολέμιοί εἰσιν. — Ὅλη πόλις, eine ganze Stadt, πόλις ὅλη, eine ganze Stadt. Dem. 20, 51 πόλεις ὅλας συμμάχους ἡμῖν παρέσχον. Vgl. Pl. Gorg. 512, b.

b) Wenn das mit πᾶς, πάντες, ὅλος verbundene Substantiv als ein Ganzes im Gegensatze zu seinen einzelnen Teilen bezeichnet werden soll, so nimmt es den Artikel in der attributiven Stellung (§ 463, 3) an. Ἡ πᾶσα γῆ, die ganze Erde, οἱ πάντες πολῖται, die gesamte Bürgerschaft, die sämtlichen Bürger ohne Ausnahme, oder, wie man in der Volkssprache sagt, die ganzen Bürger, ἡ ὅλη πόλις. Th. 4, 60 τὴν πᾶσαν Σικελίαν, vgl. 61. 6, 6 αὐτοὶ τὴν ἅπασαν δύναμιν τῆς Σικελίας σχήσουσι. 3, 36 ἔδοξεν αὐτοῖς οὐ τοὺς παρόντας μόνον ἀποκτεῖναι, ἀλλὰ καὶ τοὺς ἅπαντας Μιτυληναίους. X. Comm. 1. 2, 8 εἰς τὸν πάντα βίον. An. 5. 6, 7 οἱ πάντες ἄνθρωποι, die ganze Menschheit. S. Ant. 1023 ἀνθρώποισι γὰρ | τοῖς πᾶσι κοινόν ἐστι τοὐξαμαρτάνειν. Pl. Civ. 546, a τὸν ἅπαντα χρόνον. Gorg. 470, e ἐν τούτῳ ἡ πᾶσα εὐδαιμονία ἐστίν. Theaet. 204, a τὸ ὅλον ἀνάγκη τὰ πάντα μέρη εἶναι. Prot. 329, e ὥσπερ τὰ τοῦ προσώπου μόρια ἔχει πρὸς τὸ ὅλον πρόσωπον. X. An. 6. 2, 10 ἦν ὑπὲρ ἥμισυ τοῦ ὅλου στρατεύματος Ἀρκάδες καὶ Ἀχαιοί. Cy. 8. 7, 22 (οἱ θεοί) τὴν τῶν ὅλων τάξιν συνέχουσιν, die Ordnung des Weltalls. Hieraus erklärt sich auch die Bedeutung im ganzen bei Angabe von Zahlen. Hdt. 7, 4 βασιλεύσαντα τὰ πάντα ἕξ τε καὶ τριήκοντα ἔτεα = τὰ πάντα ἔτεα, ἃ ἐβασίλευσε, ἦν ἕξ τε κ. τρ. Th. 1, 60 πέμπουσιν ἑξακοσίους καὶ χιλίους τοὺς πάντας ὁπλίτας = οἱ πάντες ὁπλῖται, οὓς πέμπουσιν, ἑξακόσιοι κ. χίλιοί εἰσιν, vgl. 1, 100. 4, 38. 39. 5, 26. 6, 43 Ἀθηναῖοι ἐς τὴν Σικελίαν ἐπεραιοῦντο τριήρεσι ταῖς πάσαις τέσσαρσι καὶ τριάκοντα καὶ ἑκατόν. [Bei Homer u. Hesiod ohne Artikel, wie Σ, 373 τρίποδας γὰρ ἐείκοσι πάντας. Vgl. 470. H, 161. Hs. th. 803 ἐννέα πάντ' ἔτεα, aber auch zuweilen in Prosa: Hdt. 1, 163 ἐβίωσε πάντα εἴκοσι καὶ ἑκατὸν ἔτεα. Th. 4, 129 ξύμπαντες ἑπτακόσιοι ὁπλῖται, vgl. 5. 3, 4. Bei Hdt. auch in der Bdtg. von ἑκάστου γένους. 1, 50 κτήνεα τὰ θύσιμα πάντα τρισχίλια ἔθυσε, von allen, d. i. von jeder Art, je 3000. So πάντα δέκα, alles zehnfach, sprichwörtl. zur Bezeichnung reicher Fülle. 4, 88 Δαρεῖος τὸν ἀρχιτέκτονα ἐδωρήσατο πᾶσι δέκα, denis rebus ex quoque genere. 9, 81 Παυσανίῃ πάντα δέκα ἐξαιρέθη τε καὶ ἐδόθη, γυναῖκες, ἵπποι, τάλαντα, κάμηλοι, ὣς δὲ αὔτως καὶ τἆλλα χρήματα.][1]).

c) Wenn einem bestimmten und deshalb mit dem Artikel verbundenen Gegenstande der Begriff ganz oder alle als eine blosse nähere Bestimmung beigefügt wird, so findet die prädikative Stellung des Artikels B (§ 463, 3) statt. Dies ist der bei weitem häufigste Gebrauch von πᾶς, πάντες, ὅλος. Im Deutschen übersetzen wir zwar ἡ πᾶσα πόλις und πᾶσα ἡ πόλις oder ἡ πόλις πᾶσα, οἱ πάντες στρατιῶται und πάντες οἱ στρ. oder οἱ στρ. πάντες meistens auf gleiche Weise die ganze Stadt, alle Krieger; im Griechischen aber findet ein wesentlicher Unterschied statt. Ἡ πόλις πᾶσα (oder πᾶσα ἡ πόλις) ᾑρέθη wird von den Griechen so aufgefasst: die Stadt ward eingenommen, und zwar ganz, oder ganz (gänzlich) ward die Stadt eingenommen. Οἱ στρατιῶται πάντες (oder πάντες οἱ στρ.) καλῶς ἐμαχέσαντο, die Krieger, und zwar alle (ohne Ausnahme), kämpften mutig, oder ohne Ausnahme kämpften die Kr. mutig. X. An. 7. 1, 7 διαβαίνουσι πάντες εἰς τὸ Βυζάντιον οἱ στρατιῶται. Comm. 2. 1, 28 (εἰ) ὑπὸ τῆς Ἑλλάδος πάσης ἀξιοῖς ἐπ' ἀρετῇ θαυμάζεσθαι, τὴν Ἑλλάδα πειρατέον εὖ ποιεῖν. 4. 8, 11. Cy. 1. 2, 15 πᾶσα ἡ Περσῶν πολιτεία. Pl. leg. 728, a πᾶς ὅ τ' ἐπὶ γῆς καὶ ὑπὸ γῆς χρυσὸς ἀρετῆς οὐκ ἀντάξιος. Lys. 14, 42 περὶ πάντας τοὺς θεοὺς ἠσεβήκασι καὶ εἰς ἅπασαν τὴν πόλιν ἡμαρτήκασιν. Antiph. 6, 45 τοὺς νόμους ἅπαντας. Beide Stellungen finden sich vereinigt Ar. Av. 445 f. ὄμνυμ' ἐπὶ τούτοις πᾶσι νικᾶν τοῖς κριταῖς | καὶ τοῖς θεαταῖς πᾶσιν. — X. An. 1. 2, 17 στήσας τὸ ἅρμα πρὸ τῆς φάλαγγος μέσης .. ἐκέλευσε προβαλέσθαι τὰ ὅπλα καὶ ἐπιχωρῆσαι ὅλην τὴν φάλαγγα. Pl. Symp. 219, c κατεκείμην τὴν νύκτα ὅλην.

Anmerk. 8. Zuweilen erscheint das Substantiv mit πᾶς ohne Artikel, wo man ihn erwartet, und zwar nicht allein in der Dichtersprache und bei Herodot[2]), sondern auch, doch nur selten, in der attischen Prosa.[3]) S. Ai. 480 πάντ' ἀκή-

---

[1]) S. Hermann ad Viger. p. 727, 94. Baehr ad Hdt. ll. dd. — [2]) S. Krüger a. a. O. Anm. 3. — [3]) S. Schneider ad Pl. Civ. T

κοας λόγον, vgl. Ph. 1240. Ai. 734 τοῖς κυρίοις γὰρ πάντα χρὴ δηλοῦν λόγον. Hdt. 2, 113 πάντα λόγον ἐξηγεύμενοι, ὡς εἶχε περὶ τὴν Ἑλένην, die ganze Geschichte erzählend, vgl. 1, 21 (hingegen 6, 2 μαθόντες τὸν πάντα λόγον). 5, 46 ἀπίκοντο παντὶ στόλῳ. Pl. Tim. 38, c τὸ παράδειγμα πάντα αἰῶνά ἐστιν ὄν st. τὸν πάντα αἰῶνα. Civ. 608, c πᾶς οὗτός γε ὁ ἐκ παιδὸς μέχρι πρεσβύτου χρόνος πρὸς πάντα ὀλίγος πού τις ἂν εἴη st. πρὸς τὸν πάντα.

7. Wenn ein Substantiv mit ἕκαστος, jeder, *quisque*, verbunden wird, so bleibt, wie bei πᾶς in der Bedeutung jeder, der Artikel weg, wenn der Begriff des Substantivs ganz allgemein aufgefasst wird, wird aber hinzugefügt, wenn der Begriff des Substantivs mit Nachdruck hervorgehoben wird. Die Stellung des Artikels ist die prädikative B (§ 463, 3). X. Comm. 4. 2, 12 οὐκ ὀλίγα ἐστὶ καθ' ἑκάστην ἡμέραν τοιαῦτα ὁρᾶν τε καὶ ἀκούειν (*quotidie*, täglich, jeden Tag, alle Tage, allgemein), vgl. Cy. 1. 2, 5. Hell. 3. 5, 13. Lycurg. 126 ibique Maetzner. Dem. 18, 68 κατὰ τὴν ἡμέραν ἑκάστην, an jedem einzelnen Tage, vgl. 249. X. Cy. 8. 6, 6 ὅ τι ἂν ἐν τῇ γῇ ἑκάστῃ καλὸν ἢ ἀγαθὸν ᾖ, in jedem einzelnen Lande. Vgl. An. 7. 4, 14. Pl. Phaedr. 248, e. Hipp. 1. 281, b, ibique Stallb.

8. Ein Substantiv in Verbindung mit ἑκάτερος, jeder von beiden, ἄμφω und ἀμφότερος, beide, nimmt in der attischen Prosa immer den Artikel zu sich, und zwar gleichfalls in der prädikativen Stellung B (§ 463, 3), da in diesem Falle immer nur von einer erkannten, also bestimmten Zweiheit die Rede sein kann. Vgl. Apollon. de synt. p. 44 sq. Choerob. in Bekk. An. III. p. 1248. Th. 4, 14 καθ' ἑκάτερον τὸν ἔσπλουν. 93 ἐπὶ τῷ κέρᾳ ἑκατέρῳ. 94 ἐφ' ἑκατέρῳ τῷ κέρᾳ. 96 ἑκατέρων τῶν στρατοπέδων. X. An. 3. 2, 36 ἐπὶ τῶν πλευρῶν ἑκατέρων. Ven. 5, 32 τῷ ὠτὶ ἑκατέρῳ. Th. 5, 23 ἄμφω τὼ πόλεε. 3, 6 ἐπ' ἀμφοτέροις τοῖς λιμέσιν. X. An. 1. 1, 1 τὼ παῖδε ἀμφοτέρω. 3. 1, 31 ἀμφότερα τὰ ὦτα. Pl. leg. 757, e τοῖν ἰσοτήτοιν ἀμφοῖν. Prot. 314, d ἀμφοῖν τοῖν χεροῖν. Civ. 455, d ἐν ἀμφοῖν τοῖν ζῴοιν. Ohne Artikel Aesch. P. 130 Ch. ἀμφοτέρας . . αἶας. S. OC. 483 ἐξ ἀμφοῖν χεροῖν. Hdt. 1, 180 παρὰ χεῖλος ἑκάτερον τοῦ ποταμοῦ. 181 ἐν φάρσεϊ ἑκατέρῳ τῆς πόλιος. [Aber Plato sagt nicht bloss Hipp. 1. 303, a αὐτὸ τὸ ἑκάτερον καὶ τὸ ἀμφότερον. Symp. 209, b τὸ ξυναμφότερον u. s., sondern behandelt ἀμφότερος, ξυναμφ. zuweilen ganz wie ein wirklich attributives Adjektiv. Theaet. 203, c τὴν συλλαβὴν πότερον λέγωμεν τὰ ἀμφότερα στοιχεῖα; Phil. 22, a τί δ' ὁ ξυναμφότερος (βίος) ἐξ ἀμφοῖν συμμιχθεὶς κοινὸς γενόμενος;] — So auch bei πότερος, ὁπότερος Dem. 16, 9 σκοπεῖσθε, ποτέραν τὴν ἀρχὴν καλλίονα καὶ φιλανθρωποτέραν ποιήσεσθε. Aeschin. 3, 168 θεωρήσατ' αὐτὸν μὴ ὁποτέρου τοῦ λόγου ἀλλ' ὁποτέρου τοῦ βίου ἐστίν, und vereinzelt bei οὐδέτερος Pl. Phil. 21, e οὐδέτερος ὁ βίος ἔμοιγε τούτων αἱρετός.

9. Ἄλλος = *alius*, im Gegensatze zu αὐτός, *ipse*; ὁ ἄλλος = *reliquus*, οἱ ἄλλοι = die anderen, *ceteri*; ἡ ἄλλη Ἑλλάς, Th. 1, 77 *cetera* Graecia, οἱ ἄλλοι ἄνθρωποι, die anderen Menschen, in Beziehung auf bestimmte Personen, oder die übrigen, *ceteri*. (Homer gebraucht sowohl οἱ ἄλλοι als auch ἄλλοι in d. Bdtg. *ceteri*, z. B. B, 1 ἄλλοι μὲν θεοί . ., Δία δέ, ubi v. Spitzn.) Wenn οἱ ἄλλοι, τὰ ἄλλα mit einem substantivierten Adjektive oder Partizipe verbunden wird, so nimmt dieses in der Regel den Artikel zu sich und ist als Apposition von οἱ ἄλλοι, τἆλλα zu betrachten. X. Hier. 9, 5 τἆλλα τὰ πολιτικά. Oec. 19, 16 περὶ τῶν ἄλλων τῶν τοιούτων. Ap. 11 οἱ ἄλλοι οἱ παρατυγχάνοντες. Pl. ap. 22, d τἆλλα τὰ μέγιστα. Selten wird ὁ ἄλλος nachgesetzt, wie Pl. leg. 963, c καὶ τὰ δύο τἆλλα, und die übrigen beiden. Nur sehr selten wird der zweite Artikel weggelassen, wie X. An. 7. 1, 13 τἆλλα ἐπιτήδεια nach d. best. cdd. A. B. st. τἆλλα τὰ ἐπιτήδεια. Ein Gleiches gilt von οἱ ἄλλοι πάντες οἱ, τἆλλα πάντα τά, doch auch hier kommen zuweilen Ausnahmen vor, häufiger doch bei Substantiven als bei substantivierten Adj. Dem. 15, 30 τοῖς ἄλλοις ἅπασιν ἀνθρώποις. 18, 274 παρὰ τοῖς ἄλλοις ἔγωγ' ὁρῶ πᾶσιν ἀνθρώποις. 8, 49 τοὺς ἄλλους πάντας Ἕλληνας. [Antiph. 6, 45 ist statt εἰς τἆλλα πάντα ἱερά mit cod. N. zu lesen τἆλλα ἱερὰ πάντα, und 4, δ, 3 hat Bekker wohl richtig emendiert: τῶν ἄλλων ἁπάντων τῶν κατηγορουμένων st. τ. ἄλλ. ἁπ. κατ.] [1]).

10. Ἕτερος heisst einer von zweien (unbestimmt, welcher), oder es bildet einen Gegensatz von ὁ αὐτός (Dem. 34, 12 ἕτερος ἤδη ἦν καὶ οὐχ ὁ αὐτός) und bedeutet Verschiedenheit oder Gegensatz; ὁ ἕτερος = der andere, d. h. der Bestimmte von zweien; οἱ ἕτεροι in Beziehung auf zwei Parteien (aber auch die Gegner, wie X. Hell. 4. 2, 15. 7. 5, 8). Eur. Ph. 952 τοῖνδ' ἑλοῦ δυοῖν πότμοιν | τὸν ἕτερον. X. An. 5. 4, 31 ἀναβοώντων ἀλλήλων συνήκουον εἰς τὴν ἑτέραν ἐκ τῆς ἑτέρας πόλεως. Pl. Theaet. 180, c οὐδὲ γίγνεται τῶν τοιούτων ἕτερος ἑτέρου μαθητής, ἀλλ' αὐτόματοι ἀναφύονται, καὶ τὸν ἕτερον ὁ ἕτερος οὐδὲν ἡγεῖται εἰδέναι. (Auch schon b. Hom. zuweilen mit Artikel, z. B. Ξ, 272 f. Σ, 509, doch meistens ohne Artik.) Ferner ὁ ἕτερος πούς, ἡ ἑτέρα χείρ, ὁ ἕτερος ὀφθαλμός u. s. w. sagen die Attiker; unatt. u. spät auch ὁ ἕτερος τῶν ποδῶν u. s. w.; [Hom. lässt den Artikel weg, wie χωλὸς ἕτερον πόδα B, 217] [2]). Die Stellung des Artikels ist stets die attributive (§ 463, 3, A).

11. Bei πολύς, πολλοί sind folgende Fälle zu unterscheiden: a) das Substantiv erscheint ohne Artikel, wenn ein Gegenstand als ein unbestimmter bezeichnet wird: πολὺς πόνος, πολλὴ σπουδή, πολὺς

[1]) S. Bornemann ad X. ap. 33 p. 77. Maetzner ad Antiph. l. d. Kühner ad X. An. 7. 1, 13. — [2]) S. Lobeck ad Phryn. p. 474.

λόγος, πολλοὶ ἄνθρωποι. Pl. Phaedr. 248, b πολλαὶ μὲν χωλεύονται, πολλαὶ δὲ πολλὰ πτερὰ θραύονται· πᾶσαι δὲ πολὺν ἔχουσαι πόνον ἀτελεῖς τῆς τοῦ ὄντος θέας ἀπέρχονται. — b) mit dem Artikel in attributiver Stellung, wenn ein Gegenstand als ein bestimmter oder vorher erwähnter oder bekannter bezeichnet wird. S. El. 564 τὰ πολλὰ πνεύματ' ἔσχ' ἐν Αὐλίδι *multos illos ventos, qui flare ibi solent.* Pl. Phaedr. 248, b ἡ πολλὴ σπουδὴ τὸ ἀληθείας ἰδεῖν πεδίον „*magnum illud, de quo dixi, studium*, s. Stallb. 270, a ὧν πέρι τὸν πολὺν λόγον ἐποιεῖτο Ἀναξαγόρας, *multum illum sermonem, e scriptis eius satis cognitum.* Phaed. 88, a ἐν ταῖς πολλαῖς γενέσεσι, in den erwähnten vielen Geburten. Οἱ πολλοὶ ἄνθρωποι bedeutet entweder die erwähnten (bekannten) vielen Menschen oder eine zusammengehörige Menge von Menschen im Gegensatze zu Teilen des Ganzen, daher οἱ πολλοί der grosse Haufe, *plebs*, oder auch die meisten im Gegensatze zu einzelnen; τὸ πολύ, der grösste Teil. X. An. 4. 6, 24 τῶν πολεμίων τὸ μὲν πολὺ ἔμενεν, μέρος δ' αὐτῶν ἀπήντα τοῖς κατὰ τὰ ἄκρα (das Gros des feindlichen Heeres). Comm. 1. 2, 45 ὅσα οἱ ὀλίγοι τοὺς πολλοὺς μὴ πείσαντες, ἀλλὰ κρατοῦντες γράφουσι. Pl. Phil. 67, b οἱ πολλοὶ κρίνουσι τὰς ἡδονὰς εἰς τὸ ζῆν ἡμῖν εὖ κρατίστας εἶναι. Eur. Or. 772 δεινὸν οἱ πολλοί, κακούργους ὅταν ἔχωσι προστάτας. Was vom Positive gilt, gilt auch vom Komparative und Superlative. Hdt. 6, 81 τὴν πλέω στρατιὴν ἀπῆκε, den grösseren Teil des Heeres, als ein bestimmtes Ganze. X. Comm. 1. 6, 9 ἐὰν φίλους ἢ πόλιν ὠφελεῖν δέῃ, ποτέρῳ ἡ πλείων σχολὴ τούτων ἐπιμελεῖσθαι, τῷ ὡς ἐγὼ νῦν, ἢ τῷ ὡς σὺ μακαρίζεις διαιτωμένῳ (die grössere Musse als ein bestimmtes Ganze gedacht). An. 7. 6, 16 εἰ ἐδίδου, ἐπὶ τούτῳ ἂν ἐδίδου, ὅπως ἐμοὶ δοὺς μεῖον μὴ ἀποδοίη ὑμῖν τὸ πλεῖον. R. L. 9, 2 ἕπεται τῇ ἀρετῇ σῴζεσθαι εἰς τὸν πλείω χρόνον μᾶλλον ἢ τῇ κακίᾳ. Οἱ πλείους oder τὸ πλέον, die Mehrzahl im Gegensatze zu der Minderzahl (οἱ ἐλάττους), also ein bestimmtes Ganze, οἱ πλείους auch = *plebs*; οἱ πλεῖστοι, τὸ πλεῖστον, der grösste Teil, gleichfalls als ein bestimmtes Ganze zu denken. β, 277 παῦροι γάρ τοι παῖδες ὁμοῖοι πατρὶ πέλονται, | οἱ πλέονες κακίους. Th. 8, 73 τοῖς πλείοσιν ὥρμηντο ἐπιτίθεσθαι (Volkspartei). Pl. leg. 718, a ἐν ἐλπίσιν ἀγαθαῖς διάγοντες τὸ πλεῖστον τοῦ βίου. Zuweilen wird bei οἱ πλείους der Gegensatz mit ἤ oder dem Gen. der Vergleichung ausdrücklich hinzugefügt. S. OC. 796 κάκ' ἂν λάβοις τὰ πλείον' ἢ σωτήρια. Ant. 313 ἐκ τῶν γὰρ αἰσχρῶν λημμάτων τοὺς πλείονας ἀτωμένους ἴδοις ἂν ἢ σεσῳσμένους. Eur. Hipp. 471 τὰ πλείω χρηστὰ τῶν κακῶν ἔχεις. Bei Thuk. oft τὸ πλέον ἤ st. des gewöhnl. πλέον ἤ, z. B. 3, 12 δέει τὸ πλέον ἢ φιλίᾳ κατεχόμενοι, d. h. von Furcht den grösseren Teil als von Freundschaft. Mit Abschwächung des komparativischen Sinnes erscheint τὰ πλείω u. a. in der Bedeutung das

Weitere (manchmal = τὰ λοιπά). S. OC. 36 πρὶν νῦν τὰ πλείον' ἱστορεῖν, ἐκ τῆσδ' ἕδρας | ἔξελθε „das Weitere, was du sagen willst." Ph. 576 μή νῦν μ' ἔρῃ τὰ πλείονα, das Weitere, was du hören willst. Tr. 731 σιγᾶν ἂν ἁρμόζοι τε τὸν πλείω λόγον, die weitere Rede, die du im Sinne hast, s. Schneidew. Eur. M. 609 ὡς οὐ κρινοῦμαι τῶνδέ σοι τὰ πλείονα. Ar. R. 160 ἀτὰρ οὐ καθέξω ταῦτα τὸν πλείω χρόνον. Th. 4, 30 ἕως ἄν τι περὶ τοῦ πλέονος ξυμβαθῇ, *donec aliquid de reliquo* (über das Weitere) *convenisset*. Vgl. 4, 117. — c) oder es findet die prädikative Stellung des Artikels B (§ 463, 3) statt; alsdann tritt πολύς als eine prädikative nähere Bestimmung zu dem Substantive. Th. 1, 52 σφίσι πολλὰ τὰ ἄπορα ξυμβεβηκότα (ὁρῶντες), sehend, dass sich ihnen die Schwierigkeiten in grosser Menge zeigten; hier weist der Artikel auf das Vorhergehende, doch auch oft ohne eine solche Hinweisung, wie 6, 46 πολλὴν τὴν αἰτίαν εἶχον ὑπὸ τῶν στρατιωτῶν, sie wurden von den Soldaten heftig angeschuldigt. 7, 71 ὁ πεζὸς πολὺν τὸν ἀγῶνα καὶ ξύστασιν τῆς γνώμης εἶχε, bestand in hohem Grade einen Gemütskampf und eine Aufregung. X. Cy. 1. 3, 6 ἐπεὶ ἑώρα πολλὰ τὰ κρέα, das Fleisch in grosser Menge.

12. Ὀλίγοι, wenige, als: ὀλίγοι ἄνθρωποι; οἱ ὀλίγοι, die Wenigen, d. h. entweder die erwähnten Wenigen oder als ein bestimmtes Ganze zu denken, vorzugsweise die Oligarchen als ein Ganzes im Gegensatze zu οἱ πολλοί gedacht. Th. 5, 84 πρέσβεις οἱ Μήλιοι πρὸς μὲν τὸ πλῆθος οὐκ ἤγαγον, ἐν δὲ ταῖς ἀρχαῖς καὶ τοῖς ὀλίγοις λέγειν ἐκέλευον. X. Comm. 1. 2, 45 ὅσα οἱ ὀλίγοι τοὺς πολλοὺς μὴ πείσαντες, ἀλλὰ κρατοῦντες γράφουσι. Pl. Polit. 291, d τὴν ὑπὸ τῶν ὀλίγων δυναστείαν. Wenn aber der Begriff Oligarchen nur unbestimmt bezeichnet wird, so fehlt der Artikel. X. R. Ath. 2, 15 προδοθῆναι τὴν πόλιν ὑπ' ὀλίγων, von Oligarchen, nicht von den O., wie auch πολλοί. Th. 4, 126 οἵ γε μηδὲ ἀπὸ πολιτειῶν τοιούτων ἥκετε, ἐν αἷς οὐ πολλοὶ ὀλίγων ἄρχουσιν, ἀλλὰ πλειόνων μᾶλλον ἐλάσσους.

13. Ist ein Substantiv mit Kardinalzahlen verbunden, so bleibt der Artikel weg, wenn der Begriff des Substantivs unbestimmt ist, als: τρεῖς ἄνδρες ἦλθον; der Artikel tritt aber hinzu, und zwar a) in der attributiven Stellung A (§ 463, 3) am häufigsten, wenn auf ein mit einer Kardinalzahl verbundenes Substantiv (ohne Artikel) zurückgewiesen, oft auch, wenn das mit der Kardinalzahl verbundene Substantiv durch einen folgenden Adjektivsatz näher bestimmt[1]) wird; sodann auch, wenn der Begriff als ein bestimmter oder als ein distributiv aufzufassender (vgl. § 461, 3) oder als eine Gesamtheit, ein Gesamtbetrag bezeichnet werden soll, so besonders

[1]) S. Arnold b. Poppo ad Thuc. P. III. Vol. 2 p. 541.

nach den Präpositionen ἀμφί, περί, εἰς, ὑπέρ, wo die Zahl der Gegenstände summierend zusammengefasst wird, sowie wenn einer erwähnten oder selbstverständlichen Gesamtanzahl ein bestimmter Teil entgegengesetzt wird. α) Th. 1, 49 τοῖς Κερκυραίοις τῶν εἴκοσι νεῶν οὐ παρουσῶν in Beziehung auf die vorhergehenden Worte: οἱ Κερκυραῖοι εἴκοσι ναυσὶν αὐτοὺς τρεψάμενοι. 4, 2 Ἀθηναῖοι τὰς τεσσαράκοντα ναῦς ἐς Σικελίαν ἀπέστειλαν (in Beziehung auf 3, 115). X. Cy. 1. 2, 12 ἐπειδὰν τὰ δέκα ἔτη διατελέσωσιν, ἐξέρχονται εἰς τοὺς τελείους ἄνδρας (in Beziehung auf § 9). — β) Th. 3. 3, 4 τὰς τῶν Μυτιληναίων δέκα τριήρεις, αἳ ἔτυχον βοηθοὶ παροῦσαι. 22 οἱ τριακόσιοι αὐτῶν, οἷς ἐτέτακτο παραβοηθεῖν. 8, 15 τὰς ὀκτὼ ἤδη πέμπειν, αἳ ἀνεκεχωρήκεσαν. — γ) X. Cy. 1. 3, 8 οἱ τῶν βασιλέων οἰνοχόοι τοῖς τρισὶ δακτύλοις ὀχοῦντες τὴν φιάλην, mit den drei dazu bestimmten Fingern. Pl. civ. 460, e ἆρ' οὖν ξυνδοκεῖ μέτριος χρόνος ἀκμῆς τὰ εἴκοσιν ἔτη γυναικί, ἀνδρὶ δὲ τὰ τριάκοντα; indem Platon einen bestimmten Zeitabschnitt im Sinne hat, den er gleich darauf näher erklärt, s. Stallb. — δ) Hdt. 4, 62 ὅσους ἂν τῶν πολεμίων ζωγρήσωσι, ἀπὸ τῶν ἑκατὸν ἀνδρῶν ἄνδρα θύουσι, vom Hundert einen. 6, 42 παρασάγγας καλέουσι οἱ Πέρσαι τὰ τριήκοντα στάδια, je 30 St. Pl. civ. 337, b ἐρεῖς, ὅτι ἐστὶ τὰ δώδεκα δὶς ἕξ. — ε) X. Cy. 3. 2, 3 ἱππεῖς εἰς τοὺς τετρακισχιλίους συνελέγοντο αὐτῷ καὶ τοξόται εἰς τοὺς μυρίους, vgl. 6. 1, 50. 54. An. 2. 6, 15 ἦν, ὅτε ἐτελεύτα, ἀμφὶ τὰ πεντήκοντα ἔτη (er hatte etwa die Summe von 50 Jahren erreicht). 1. 2, 9 ἐγένοντο πελτασταὶ ἀμφὶ τοὺς δισχιλίους, vgl. 2. 6, 30 u. sonst. 4. 8, 15 ἐγένοντο μὲν λόχοι . . ἀμφὶ τοὺς ὀγδοήκοντα, ὁ δὲ λόχος ἕκαστος σχεδὸν εἰς τοὺς ἑκατόν. Zuweilen auch bei nicht runden Zahlen, wie X. Cy. 1. 4, 16 ἀμφὶ τὰ πέντε ἢ ἑκκαίδεκα ἔτη. Pl. leg. 794, a ἀπὸ τριέτους μέχρι τῶν ἓξ ἐτῶν. Bei πλέον und ἔλαττον: X. Hell. 7. 2, 9 ἀπέθανον οὐκ ἐλάττους τῶν ὀγδοήκοντα. Cy. 1. 2, 13 ἐπειδὰν τὰ πέντε καὶ εἴκοσιν ἔτη διατελέσωσιν, εἴησαν ἂν οὗτοι πλεῖόν τι γεγονότες ἢ τὰ πεντήκοντα ἔτη ἀπὸ γενεᾶς. — ζ) Beim Teile im Gegensatze zum Ganzen schon b. Hom. E, 270 ff. τῶν (ἵππων) οἱ ἓξ ἐγένοντο ἐνὶ μεγάροισι γενέθλη· | τοὺς μὲν τέσσαρας αὐτὸς ἔχων ἀτίταλλ' ἐπὶ φάτνῃ, | τὼ δὲ δύ' Αἰνείᾳ δῶκεν, wo der Ursprung des Gebrauches noch ersichtlich ist: die einen, nämlich vier — die andern zwei. Vgl. Υ, 269 f. Hdt. 6, 27 πέμψασι ἐς Δελφοὺς χορὸν νεηνιέων ἑκατὸν δύο μοῦνοι τούτων ἀπενόστησαν, τοὺς δὲ ὀκτώ τε καὶ ἐνενήκοντα αὐτῶν λοιμὸς ὑπολαβὼν ἀπήνεικε. Th. 1, 116 (Ἀθηναῖοι) ἐναυμάχησαν Σαμίων ναυσὶν ἑβδομήκοντα, ὧν ἦσαν αἱ εἴκοσι στρατιώτιδες, die Athener lieferten 70 Schiffen der Samier ein Seetreffen, von denen 20 Transportschiffe waren; die 20 werden der ganzen Anzahl entgegengestellt. 8, 39 περιτυχόντες ναυσὶ δέκα Ἀθηναίων τὰς τρεῖς λαμβάνουσι. Vgl. 1, 36. 6, 43. 7, 22. 25. X. An. 5. 4, 11 τρεῖς ἄνδρας ὧν οἱ μὲν δύο ἐκβάντες εἰς τάξιν ἔθεντο τὰ ὅπλα, ὁ δὲ εἷς ἔμενε. Cy. 5. 4, 51. 7.

1, 24. Bei der Angabe von Bruchteilen wird sowohl dem Ganzen als dem Teile der Artikel hinzugefügt, da beide in einem bestimmten Verhältnisse zu einander stehen. Th. 1, 10 Πελοποννήσου τῶν πέντε τὰς δύο μοίρας νέμονται, zwei Fünfteile. So auch bei Weglassung des Ganzen. Th. 1, 104 τοῦ τε ποταμοῦ κρατοῦντες καὶ τῆς Μέμφιδος τῶν δύο μερῶν πρὸς τὸ τρίτον ἐπολέμουν (2 Drittteile). 2, 10 ξυνῆσαν τὰ δύο μέρη ἀπὸ πόλεως ἑκάστης ἐς τὸν Ἰσθμόν. Vgl. 2. 47, 2. — b) in der prädikativen Stellung B (§ 463, 3), wenn zu einem bestimmten Gegenstande die Zahl als eine blosse nähere Bestimmung hinzutritt, und die Zahl noch nicht erwähnt war. Ἐμαχέσαντο οἱ μετὰ Περικλέους ὁπλῖται χίλιοι od. χίλιοι οἱ μετὰ Π. ὁπλῖται. Th. 3, 22 μετὰ δὲ αὐτὸν οἱ ἑπόμενοι ἓξ ἐφ' ἑκάτερον τῶν πύργων ἀνέβαινον, die folgenden, u. zwar 6, vgl. Poppo in ed. Goth. Vgl. 6, 43.

14. Ein mit einem Ordinalzahlworte verbundenes Substantiv kann sowohl ohne als mit dem Artikel (und zwar in attributiver Stellung) stehen, je nachdem der Gegenstand entweder unbestimmt oder bestimmt bezeichnet werden soll. Da durch dieses Attributiv ein Gegenstand schon als ein bestimmter hervortritt, so lässt sich die Weglassung des Artikels um so leichter erklären. Th. 4, 90 ἡμέρᾳ δὲ ἀρξάμενοι τρίτῃ, ubi v. Poppo. 101 τοῦ δὲ Δηλίου ἑπτακαιδεκάτῃ ἡμέρᾳ ληφθέντος. 1, 12 ἑξηκοστῷ ἔτει μετὰ Ἰλίου ἅλωσιν. 8, 58 τρίτῳ καὶ δεκάτῳ ἔτει. X. An. 7. 7, 35 δέκατον τούτου μέρος nach d. best. cdd., s. Kühners Bmrk. 4. 6, 1 ἐπεὶ δὲ ἡμέρα ἦν ὀγδόη. Hell. 2. 4, 13 οὓς ὑμεῖς ἡμέραν πέμπτην τρεψάμενοι ἐδιώξατε. Pl. Prot. 309, d τρίτην γε ἤδη ἡμέραν. Phaedr. 276, b ἐν ὀγδόῳ μηνί. Menex. 235, c τετάρτῃ ἢ πέμπτῃ ἡμέρᾳ. Lys. 7, 10 τρίτῳ ἔτει, aber gleich darauf τῷ δὲ τετάρτῳ wegen des Gegensatzes. Th. 2, 70 καὶ τὸ δεύτερον ἔτος ἐτελεύτα τῷ πολέμῳ τῷδε, sonst lässt Th. in dieser Formel den Artikel weg, wie 2, 47 πρῶτον ἔτος τοῦ πολέμου τοῦδε ἐτελεύτα. 103 u. s. w. 1, 87 ἐν τῷ τετάρτῳ καὶ δεκάτῳ ἔτει, ubi v. Poppo-Stahl. 2, 2 τῷ πέμπτῳ καὶ δεκάτῳ ἔτει. Dem. 42, 5 τοῦ μεταγειτνιῶνος μηνὸς τῇ δευτέρᾳ. 11 τῇ ἑνδεκάτῃ τοῦ βοηδρομιῶνος μηνός. Schon b. Hom. s. § 457, 6, a).

§ 466. Kurzer Überblick über die Geschichte des Artikels.

1. Dass der Gebrauch des Artikels, allerdings nur selten und auf gewisse Fälle beschränkt, schon in den Gedichten Homers und Hesiods sich findet, ist § 457 gezeigt worden. Es findet sich keine Mundart, der der Gebrauch des Artikels fremd wäre; seine höchste Vollendung aber hat er erst durch die attische Prosa erreicht, und zwar ganz besonders in der philosophischen Sprache Platons,

in der uns die feinsten Nüancen im Gebrauche und Nichtgebrauche des Artikels, die scharfe Bezeichnung der Begriffe, die genaueste Unterscheidung des Individuellen von dem Allgemeinen am deutlichsten vor die Augen treten. In der Dichtersprache zeigt sich in den verschiedenen Gattungen derselben ein grosser Unterschied. Denn je erhabener eine Gattung ist, und je mehr sich ihre Darstellungsweise von der gewöhnlichen Sprache des Lebens entfernt, um so sparsamer wird der Artikel angewendet (§ 458); je näher hingegen eine Gattung dem wirklichen Leben steht, und je verwandter ihre Sprache der Mundart des Volkes ist, um so häufiger ist in ihr der Gebrauch des Artikels. So sehen wir, dass er in den erhabenen Gattungen der Lyrik und in den Tragödien, namentlich in den lyrischen Stellen, nur selten vorkommt und sich besonders auf die Fälle beschränkt, in welchen schon Homer denselben gebraucht hat (§ 458), während in den Dichtungen, deren Stoff aus der Wirklichkeit des Lebens geschöpft ist und mit ihr in näherer Berührung steht, wie in den Komödien, und zwar nicht bloss den attischen, sondern auch in den dorischen des Epicharmus, und in den dorischen Mimen des Sophron, der Gebrauch des Artikels dem in der attischen Prosa durchaus entspricht. Ein Gleiches gilt von den idyllischen Gedichten, die uns ein lebensvolles Bild der Wirklichkeit vor die Augen stellen.

2. Was die Prosa betrifft, so finden wir den Gebrauch des Artikels schon in den Bruchstücken des Philolaus sorgfältigst ausgebildet [1]. Auch in den in neuionischer Mundart abgefassten Schriften des Herodot und Hippokrates stimmt derselbe im allgemeinen mit dem attischen überein, obwohl Herodot noch manches mit Homer gemein hat, indem er öfters den Artikel weglässt, wo ihn die attische Prosa würde gesetzt haben, und ihn sogar als relatives Pronomen anwendet (§ 460). In betreff der echten Schriften des Hippokrates ist zu bemerken, dass der Artikel in früheren sparsamer, in späteren nach seinem Aufenthalte in Athen abgefassten häufiger und dem attischen Gebrauche entsprechender angewendet wird [2]. Ebenso zeigen die übrigen Dialekte, soweit das vorhandene Inschriftenmaterial ein Urteil gestattet, den Artikel in einer dem attischen Gebrauche fast durchgängig gleichartigen Verwendung [3].

---

1) S. Chr. Petersen Ztschr. f. Altertumswiss. 1840. S. 902. — 2) S. Petersen a. a. O. S. 903. — 3) z. B. das Kyprische, vgl. Meister, Griech. Dialekte II, S. 286 ff.

§ 467. b) Die Demonstrativpronomen ὅδε, οὗτος, ἐκεῖνος.[1]

1. Die Bedeutung der Demonstrativpronomen, und zwar nicht nur der adverbialen τῇδε, ταύτῃ, ἐκεῖ, sondern auch der entweder substantivisch oder adjektivisch gebrauchten ὅδε, οὗτος, ἐκεῖνος ist eine lokale, indem sie auf einen Gegenstand hinweisen, der entweder sich in der Nähe des Redenden befindet (ὅδε, der hier, *celui-ci*, οὗτος, der da) oder von ihm entfernt ist (ἐκεῖνος, der dort, *celui-là*). Der ursprüngliche Unterschied von ὅδε und οὗτος ist der: ὅδε, *hic*, deutet auf einen Gegenstand, der sich in der unmittelbaren Nähe des Redenden befindet; es ist so recht eigentlich das Demonstrativ der ersten Person; daher so oft im Dialoge der Dramatiker, in dem die Beziehungen auf die erste Person natürlich ungemein häufig sind; οὗτος, *iste*, deutet auf einen Gegenstand, der sich zwar auch noch in dem Bereiche und in der Nähe des Redenden befindet, aber nicht als Gegenstand der unmittelbaren Anschauung hervorgehoben wird, der, sei es als zweite oder dritte Person, dem Redenden gegenübersteht. Ἐκεῖνος (ἐκεῖ) aber bildet einen entschiedenen Gegensatz nicht bloss zu ὅδε, sondern auch zu οὗτος, insofern es einen Gegenstand bezeichnet, der nicht in dem Bereiche des Redenden liegt. Was vom Raume gilt, gilt zugleich von der Zeit. Denn das Gegenwärtige wird von dem Redenden als ein in seiner Nähe Liegendes, das Vergangene als ein von ihm Geschiedenes und Entferntes angeschaut, wie: τῇδε τῇ ἡμέρᾳ, an dem heutigen Tage; ταύτῃ τῇ ἡμέρᾳ bedeutet dasselbe, ist aber weniger nachdrücklich, ἐκείνῃ τῇ ἡμέρᾳ, an jenem (der Vergangenheit angehörigen) Tage.

2. Die Grundbedeutung der Demonstrative tritt uns am deutlichsten und am häufigsten in den Homerischen Gedichten entgegen. Den sprechenden Homer muss man, wie Nitzsch (zu α, 185) treffend sagt, sprechen, nicht lesen. ν, 345 Φόρκυνος μὲν ὅδ' ἐστὶ λιμήν (dies hier), . . τοῦτο δέ τοι σπέος ἐστί (da aber), ὅδε auf das Nähere, τοῦτο auf das Entferntere hinweisend. ε, 343 εἵματα ταῦτ' ἀποδὺς (die Kleider da = deine Kleider) . . τῇ δέ, τόδε κρήδεμνον ὑπὸ στέρνοιο τανύσσαι (den Schleier hier = meinen Schleier). Vgl. Ψ, 807 ff. Ζ, 460 καί ποτέ τις εἴπῃσι ἰδὼν κατὰ δάκρυ χέουσαν· | Ἕκτορος ἥδε γυνή, diese hier. α, 76 ἀλλ' ἄγεθ', ἡμεῖς οἵδε περιφραζώμεθα πάντες, wir alle hier wollen beratschlagen. δ, 26 ξείνω δή τινε τώδε, siehe, hier sind zwei Fremde. ι, 348 ὄφρ' εἰδῇς, οἷόν τι ποτὸν τόδε νηῦς ἐκεκεύθειν ἡμετέρη, was für ein Getränk hier. φ, 207 ἔνδον μὲν δὴ ὅδ' αὐτὸς ἐγώ. Φ, 532 ἦ γὰρ Ἀχιλλεὺς |

[1]) Über das Verhältnis von ὅδε zu οὗτος s. Hentze in Philol. 27, S. 509 u. Windisch in Curtius Stud. II, S. 256 ff.

δῶρα δ' ἐγὼν ὅδε πάντα παρασχέμεν, siehe hier bin ich, um alles zu gewähren. Ohne ἐγώ. Eur. Or. 380 ὅδ' εἰμ' Ὀρέστης, Μενέλεως, ὃν ἱστορεῖς. Hdt. 1, 115 εἰ ὦν δὴ τοῦδε εἵνεκα ἄξιός τευ κακοῦ εἰμι, ὅδε τοι πάρειμι. (Nicht gehört hierher Pind. O. 4, 24 οὗτος ἐγὼ ταχυτᾶτι = *talis sum celeritate*, s. Dissen.) So auch τάδε πάντα = πάντα τὰ ἐνταῦθα ὄντα. Hdt. 4, 118 (ὁ Πέρσης) γεφυροῖ ποταμὸν Ἴστρον, βουλόμενος καὶ τάδε πάντα ὑπ' ἑωυτῷ ποιήσασθαι. Th. 4, 60 τάδε πάντα πειράσασθαι ὑπὸ σφᾶς ποιεῖσθαι. Mit Beziehung auf das Vorhergehende Ar. eq. 99 πάντα ταυτὶ καταπάσω[1]).

3. Aus der Grundbedeutung von ὅδε erklärt es sich, a) dass es oft auf nachdrückliche Weise statt des Possessivpronomens der I. Person gebraucht wird, wie S. El. 353 τί μοι | κέρδος γένοιτ' ἂν τῶνδε ληξάσῃ γόων, meiner Klagen. 450 f. σμικρὰ μὲν τάδ', klein ist meine Gabe. 912 τῆσδ' ἀποστῆναι στέγης, unseres Hauses. 1004 τούσδ' ἀκούσεται λόγους, meine Gründe. Ant. 43 εἰ τὸν νεκρὸν ξὺν τῇδε κουφιεῖς χερί, im Verein mit meiner Hand. OR. 51 ἀλλ' ἀσφαλείᾳ τήνδ' ἀνόρθωσον πόλιν, unsere Stadt. 811 σκήπτρῳ τυπεὶς ἐκ τῆσδε χειρός, von meiner Hand; - - b) dass es poet. statt ἐγώ gebraucht werden kann. S. Tr. 305 τῆσδέ γε ζώσης ἔτι st. ἐμοῦ. 1013 ἐπὶ τῷδε νοσοῦντι st. ἐμοί. El. 956 ξὺν τῇδ' ἀδελφῇ = ξὺν ἐμοί. Ai. 902 κατέπεφνες, ἄναξ, τόνδε συνναύταν. Pl. Lach. 180, d εἴ τι ἔχεις τῷδε, τῷ σαυτοῦ δημότῃ, ἀγαθὸν συμβουλεῦσαι = ἐμοί. [Auffällig und höchst wahrscheinlich falsch überliefert Antiph. 6, 17 αἰτιῶνται δὲ οὗτοι . ., ὡς οὗτος κελεύσειε πιεῖν τὸν παῖδα τὸ φάρμακον, wo οὗτος κελεύσειε = ἐγὼ κελεύσαιμι sein müsste.] Schon b. Hom. so das demonstrative ὁ. α, 359 μῦθος . . μελήσει . . ἐμοί· τοῦ γὰρ κράτος ἔστ' ἐνὶ οἴκῳ = ἐμοῦ, s. Nitzsch. Über ἀνὴρ ὅδε = ἐγώ s. § 465, A. 6, d); — c) dass es passend in der Redensart τάδ' ἐστίν, οὐ τάδ' ἐστίν angewendet wird, durch die auf etwas dem Redenden Vorliegendes hingewiesen wird, wobei aber zu bemerken ist, dass der Plural sich nur auf einen bestimmten Gegenstand bezieht, schon bei Homer (α, 226), besonders aber bei den Dramatikern häufig, auch der Prosa nicht fremd; zuweilen steht auch ταῦτα in dieser Redensart in Beziehung auf erwähntes, s. § 366, Anm.

4. Aus der sinnlichen Anschauung entwickelt sich die geistige. In dieser treten die Pronomen aus ihren ursprünglichen engen Schranken heraus und drücken freiere Beziehungen aus. So können zwei Gegenstände räumlich dem Redenden gleich nahe stehen; beide liegen in seiner Sphäre, sind ihm aber nicht von gleichem Werte;

1) S. Bernhardy S. 279 f., der aber mit Unrecht hierher zieht Pl. Theaet. 168, d, wo unter τάδε πάντα die κωφὰ πρόσωπα zu verstehen sind, s. Stallb.

[illegible]

1) Vgl. [illegible]

El. 981 τούτω φιλεῖν χρή, τώδε χρὴ πάντας σέβειν. Ph. 1437 φυλάσσετον οὗτος σὲ καὶ σὺ τόνδε. Th. 1, 143 οὐ γὰρ τάδε (näml. οἰκίαι καὶ γῆ) τοὺς ἄνδρας, ἀλλ' οἱ ἄνδρες ταῦτα κτῶνται.

5. Auch οὗτος wird, nach Nr. 1 u. 2, häufig von dem gebraucht, was der Redende vor sich sieht, mit seinen Sinnen wahrnimmt. S. El. 1346 τίς οὗτός ἐστ', ἀδελφέ; Hdt. 1, 115 οἱ γάρ με ἐκ τῆς κώμης παῖδες, τῶν καὶ ὅδε ἦν, παίζοντες σφέων αὐτῶν ἐστήσαντο βασιλέα.. οὗτος δὲ ἀνηκούστεε. Pind. O. 1, 115 εἴη σέ τε τοῦτον ὑψοῦ χρόνον πατεῖν, Schol. ὃν ζῶμεν „*per hanc vitam, donec fato fungaris*" Boeckh. Pl. Phaed. 75, e ταῖς αἰσθήσεσι χρώμενοι περὶ ταῦτα ἐκείνας ἀναλαμβάνομεν τὰς ἐπιστήμας, *in rebus sensibus nostris subiectis*. Phil. 58, c αἱ πολλαὶ τέχναι καὶ ὅσαι περὶ ταῦτα πεπόνηνται *in eis rebus, quas quotidie videmus*. S. Stallb. ad h. l. So bei Plato ταῦτα, diese Welt und alles, was auf derselben ist. Dem. 57, 8 Εὐβουλίδης οὗτος, *Eubulides iste*. Lys. 13, 65 ὅσα κακὰ καὶ τούτῳ καὶ τοῖς τούτου ἀδελφοῖς ἐπιτετήδευται, u. so regelmässig bei den Rednern mit Bezug auf den anwesenden Gegner. Allein οὗτος ist weit weniger nachdrücklich und lebhaft als ὅδε, da es den Gegenstand nicht, wie dieses, als in der unmittelbaren Nähe des Redenden befindlich bezeichnet. Dem entsprechend dient οὗτος, aus der sinnlichen Anschauung in die geistige übertragen, sehr oft dazu, auf eine bereits früher in die Seele aufgenommene Vorstellung hinzuweisen, während ὅδε eine eben erst herantretende Erscheinung zum Ausdrucke bringt. So wird οὗτος von allem Bekannten gebraucht, auf das der Redende hinweist, sowie auch von berühmten oder berüchtigten, überhaupt vielfach besprochenen Personen oder Sachen. Pind. N. 9, 29 πεῖραν μὲν ἀγάνορα.. ταύταν, *notos hosce impetus*, Dissen. S. OR. 562 τότ' οὖν ὁ μάντις οὗτος ἦν ἐν τῇ τέχνῃ; vgl. 568. X. An. 1. 5, 8 ἔχοντες τούτους τοὺς πολυτελεῖς χιτῶνας, jene kostbaren Gewänder. Pl. Hipp. 1. 282, c ὁ ἡμέτερος ἑταῖρος Πρόδικος οὗτος, der bekannte P., wie vorher b Γοργίας οὗτος. Men. 76, a οἷον ταῦτα τὰ ἐν ταῖς γεωμετρίαις. Phaed. 69, c κινδυνεύουσι καὶ οἱ τὰς τελετὰς ἡμῖν οὗτοι καταστήσαντες οὐ φαῦλοι εἶναι „*celebrati illi*". Gorg. 472, a Ἀριστοκράτης οὗ ἐστιν ἐν Πυθοῖ τοῦτο τὸ καλὸν ἀνάθημα. Crit. 45, a οὐχ ὁρᾷς τούτους τοὺς συκοφάντας, ὡς εὐτελεῖς, diese berüchtigten. Symp. 181, e τούτους τοὺς πανδήμους ἐραστάς. Dem. 4, 19 τὰς ἐπιστολιμαίους ταύτας δυνάμεις, eure beliebten papiernen Streitkräfte.

Anmerk. 1. Über οὗτος beim Ausrufe s. § 356, 4, über οὗτος ἀνήρ § 465 Anm. 6, d.

6. In Verbindung mit Orts- und Zeitadverbien dienen die Demonstrative τόδε, τάδε, τοῦτο, ταύτῃ, ταῦτα zur schärferen Bezeichnung des Orts- und Zeitverhältnisses. Hdt. 1, 189 τὴν θερείην πᾶσαν

αὐτοῦ ταύτῃ διέτριψαν, gerade hier. Vgl. 4, 80. 9, 11 αὐτοῦ τῇδε. Eur. Heracl. 641 εὐτυχεῖς τὰ νῦν τάδε, *nunc ipsum*.

7. Entsprechend dem in Nr. 5 erörterten Unterschiede werden in fortlaufender Rede οὗτος, οὕτως, τοιοῦτος, τοσοῦτος und ὅδε, ὧδε, τοιόσδε, τηλικόσδε gewöhnlich so gebraucht, dass jene auf das zunächst Vorhergehende, diese hingegen auf das zunächst Folgende bezogen werden. θ, 485 ταῦτα μὲν οὕτω δὴ τελέω, γέρον, ὡς σὺ κελεύεις· | ἀλλ' ἄγε μοι τόδε εἰπέ. Vgl. τ, 309 ff. Hdt. 6, 53 ταῦτα μὲν (d. Vorherg.) Λακεδαιμόνιοι λέγουσι . ., τάδε δὲ (d. folg.) . . ἐγὼ γράφω. 58 ταῦτα μὲν (*quae dicta sunt*) ζῶσι τοῖσι βασιλεῦσι δέδοται ἐκ τοῦ κοινοῦ τῶν Σπαρτιητέων· ἀποθανοῦσι δὲ τάδε (d. folg.). Vgl. 7, 133. Th. 1, 53 οἱ μὲν δὴ (Κορίνθιοι) τοιαῦτα εἶπον . ., οἱ δὲ Ἀθηναῖοι τοιάδε ἀπεκρίναντο. 67 οἱ Κορίνθιοι . . ἐπεῖπον τοιάδε in Beziehung auf das Folg., aber 72 τοιαῦτα μὲν (in Bezieh. auf d. Vorherg.) οἱ Κορίνθιοι εἶπον. X. Cy. 5. 2, 31 καὶ ὁ Κῦρος ἀκούσας τοῦ Γωβρύου τοιαῦτα (d. Vorherg.) τοιάδε (d. folg.) πρὸς αὐτὸν ἔλεξε. Comm. 2. 4, 4 τοσοῦτον (in Bez. auf d. Vorherg.) An. 1. 9, 29 τεκμήριον δὲ τούτου καὶ τόδε. Daher der so häufige anaphorische Gebrauch von οὗτος statt eines abhängigen Kasus von αὐτός, das die Anaphora weit schwächer bezeichnet, z. B. Lycurg. 3 ὥσπερ ὠφέλιμόν ἐστι τῇ πόλει εἶναι τοὺς κρίνοντας ἐν ταύτῃ κτλ., ubi v. Maetzn. 117 ποιήσαντες στήλην ἐψηφίσαντο εἰς ταύτην ἀναγράφειν τοὺς ἀλιτηρίους. Vgl. 126. Ferner b. Aristoph. in Verbindungen wie τοῦτ' ἔστι τουτὶ τὸ κακόν, οὑγὼ 'λεγον P. 64. Τοῦτ' ἔστι τουτὶ τὸ κακόν, ὅ μ' ἀπολώλεκεν N. 26, ubi v. Kock. — Nicht selten jedoch werden die ersteren Pronomen auf das folgende bezogen[1]); die Hinweisung ist aber schwächer als bei den letzteren: während ὅδε den folgenden Gedanken als eben erst an den Redenden herantretend hinstellt, lässt ihn οὗτος (wie zuweilen *illud*) als vorher schon in der Seele schlummernd erscheinen. μ, 112 εἰ δ' ἄγε δή μοι τοῦτο, θεά, νημερτὲς ἐνίσπες, auch das, *illud*. Hdt. 1, 125 φροντίζων εὑρίσκεται ταῦτα καιριώτατα εἶναι, das, d. i. folgendes. 7 ἡ δὲ ἡγεμονίη οὕτω περιῆλθε. 178 τὸ ὀνομαστότατον (πόλισμα) ἦν Βαβυλών, ἐοῦσα τοιαύτη δή τις πόλις· κέεται κτλ. Th. 4, 58 Ἑρμοκράτης ἐς τὸ κοινὸν τοιούτους δὴ λόγους εἶπεν. X. An. 1. 3, 15 οὗτος μὲν τοιαῦτα (d. Vorherg.) εἶπε· μετὰ δὲ τοῦτον Κλέαρχος εἶπε τοσοῦτον (d. folg.), vgl. 2. 1, 9. Comm. 1. 2, 61 Λίχας ὀνομαστὸς ἐπὶ τούτῳ (d. folg.) γέγονε. Pl. Lys. 219, d ἐννοήσωμεν γὰρ οὑτωσί (d. folg.). Ganz gewöhnlich τοῦτο, ὅτι od. ὡς (dass), s. § 469, 3, οὕτως ὥστε, s. § 583. Ungleich seltener, wenigstens in der attischen Prosa, werden ὅδε, τοιόσδε, τοσόσδε, ὧδε auf schon erwähntes be-

[1]) S. Kühner ad Xen. Comm. 1. 2, 3. ad Anab. 2. 5, 10.

zogen, indem der Redende sich dasselbe vergegenwärtigt oder etwas Vergangenes in seine Gegenwart herüberzieht und es als etwas Gegenwärtiges gleichsam vor Augen stellt, wie der Lateiner häufig *hic* gebraucht, wo man is oder ille erwartet [1]). Andoc. 1, 25 αἱ μὲν μηνύσεις ὧδε περὶ τῶν μυστηρίων αὗται ἐγένοντο τέτταρες. Th. 1, 41 δικαιώματα μὲν οὖν τάδε πρὸς ὑμᾶς ἔχομεν (die eben dargelegten). Th. 2, 34 ὧδε μὲν (wie vorher beschrieben ist) θάπτουσι. 60 προσόντες δὲ καὶ τοῦδε in Beziehung auf das Vorherg. 71 τάδε μὲν ἡμῖν πατέρες οἱ ὑμέτεροι ἔδοσαν. 6, 2 βάρβαροι μὲν οὖν τοσοίδε Σικελίαν καὶ οὕτως ᾤκησαν. Öfter bei Hdt., vgl. Stein zu 1, 137.

8. Auch in der Verbindung καὶ οὗτος weist οὗτος auf etwas Vorangehendes hin; sie bedeutet a) auch dieser, gleichfalls, b) und zwar, *et hic quidem, isque*. a) X. An. 1. 10, 18 καὶ τὰς ἁμάξας μεστὰς ἀλεύρων .. καὶ ταύτας διήρπασαν. 3. 2, 5 Ἀριαῖος δὲ .. καὶ οὗτος ἡμᾶς κακῶς ποιεῖν πειρᾶται. 2. 6, 30 Ἀγίας δὲ καὶ Σωκράτης καὶ τούτω ἀπεθανέτην. 1. 1, 11 Σοφαίνετον καὶ Σωκράτην ξένους ὄντας καὶ τούτους, ἐκέλευσεν κτλ. — b) Hdt. 1, 147 οὗτοι μοῦνοι Ἰώνων οὐκ ἄγουσι Ἀπατούρια, καὶ οὗτοι κατὰ φόνου τινὰ σκῆψιν. X. oec. 2, 6 ξένους προσήκει σοι πολλοὺς δέχεσθαι, καὶ τούτους μεγαλοπρεπῶς. An. 2. 5, 21 ἀπόρων καὶ τούτων πονηρῶν. Sehr häufig καὶ ταῦτα, *idque*, mit Beziehung auf einen vorausgehenden Verbalbegriff. X. An. 2. 4, 15 Μένωνα δὲ οὐκ ἐζήτει, καὶ ταῦτα παρ' Ἀριαίου ὢν τοῦ Μένωνος ξένου. Vgl. 7. 1, 29. 6, 35. Über καὶ ταῦτα vor dem Partizipe s. § 486, A. 9.

9. Als demonstratives Korrelat zu einem Relativpronomen (*is qui*, derjenige welcher) dient in der Regel das schwächere οὗτος, τοιοῦτος u. s. w. Γ, 177 τοῦτο δέ τοι ἐρέω ὅ μ' ἀνείρεαι. X. Comm. 1. 3, 13 τοσούτῳ .. ὅσῳ. Pl. Gorg. 473, e ὅταν τοιαῦτα λέγῃς, ἃ κτλ. X. An. 6. 1, 29 νομίζω ὅστις ἐν πολέμῳ ὢν στασιάζει πρὸς ἄρχοντα, τοῦτον πρὸς τὴν ἑαυτοῦ σωτηρίαν στασιάζειν. Nur selten, wenigstens in Prosa, die stärkeren Demonstrative ὅδε, τοιόσδε u. s. w., und zwar immer so, dass der Gegenstand als eben in den Gesichtskreis tretend lebhaft vergegenwärtigt wird. Pl. Lach. 191, a erst: ἀνδρεῖός που οὗτος, ὃν καὶ σὺ λέγεις, ὃς ἂν ἐν τῇ τάξει μένων μάχηται, dann: ἀλλὰ τί αὖ ὅδε, ὃς ἂν φεύγων μάχηται; vgl. leg. 627, c. S. Ph. 199 πρὶν ὅδ' ἐξήκοι χρόνος, ᾧ κτλ. Ant. 623 τὸ κακὸν δοκεῖν ποτ' ἐσθλὸν | τῷδ' ἔμμεν, ὅτῳ φρένας | θεὸς ἄγει πρὸς ἄταν. Bei vorangehendem Relativsatze S. Ant. 464 ὅστις γὰρ ἐν πολλοῖσιν, ὡς ἐγώ, κακοῖς | ζῇ, πῶς ὅδ' οὐχὶ κατθανὼν κέρδος φέρει; Vgl. 646. 666. Ai. 1080. Tr. 23. 820. Ph. 87. El. 441. Anderer Art sind die Beispiele, in denen ὅδε seine volle hinweisende Kraft (dieser hier) bewahrt und der Rela-

[1]) S. Kühner ad Xen. Comm. 1. 2, 3. 1. 7, 5. u. ad Cic. Tusc. 1. 3, 5.

tivsatz nur die Geltung einer nachträglichen Ergänzung hat, wie B, 346 τούσδε δ' ἔα φθινύθειν, ἕνα καὶ δύο, τοί κεν Ἀχαιῶν | νόσφιν βουλεύωσι, die paar Missvergnügten hier (mit Hinweis auf die Partei des Thersites). α, 371 καλὸν ἀκουέμεν ἐστὶν ἀοιδοῦ | τοιοῦδ', οἷος ὅδ' ἐστί. S. Tr. 288 τάσδε δ', ἅσπερ εἰσορᾷς. Ph. 471 ἐν κακοῖσι τοῖσδ', οἵοις ὁρᾷς. Vgl. 618. 831. OR. 883. 649. 798. 1130. Ai. 255.[1]) Eur. Hipp. 101. Th. 2, 103 τρίτον ἔτος τῷ πολέμῳ ἐτελεύτα τῷδε, ὃν Θουκυδίδης ξυνέγραψε, dieses hier geschilderten Krieges. X. An. 7. 3, 47 εἶπε· τάδε δή, ὦ Ξενοφῶν, ἃ σὺ ἔλεγες, siehe, hier ist's, was (wie τάδ' ἐκεῖνα s. Nr. 13). Pl. Charm. 165, a οὗ δὴ οὖν ἕνεκα λέγω ταῦτα πάντα, τόδ' ἐστί, wo τόδε auf das folgende geht. [Th. 1, 37, X. Cy. 7. 5, 6 u. s. schreibt man jetzt statt ὅσῳ-τοσῷδε: ὅσῳ-τόσῳ δέ.]

10. Zuweilen wird ein zwei- oder mehrmals gesetztes οὗτος auf einen und denselben Gegenstand bezogen. Dies geschieht immer mit einem gewissen Nachdrucke; wo dies der Fall nicht ist, wird an der zweiten Stelle ein abhängiger Kasus von αὐτός gesetzt. Pl. Symp. 214, d οὗτος, ἐάν τινα ἐγὼ ἐπαινέσω τούτου παρόντος ἢ θεὸν ἢ ἄνθρωπον ἄλλον ἢ τοῦτον, οὐκ ἀφέξεταί μου τὼ χεῖρε. Io 534, c ὁ θεὸς ἐξαιρούμενος τούτων τὸν νοῦν τούτοις χρῆται ὑπηρέταις. Dem. 29, 7 πριάμενοι παρὰ τούτου τούτῳ τὰς τιμὰς διέλυσαν, ubi v. Bremi. Auch ἐκεῖνος wird zuweilen von einem Gegenstande doppelt gesetzt. S. OC. 1760 ff. ἀπεῖπεν ἐμοὶ κεῖνος | μήτε πελάζειν ἐς τούσδε τόπους, | μήτ' ἐπιφωνεῖν μηδένα θνητῶν | θήκην ἱεράν, ἣν κεῖνος ἔχει. Tr. 605 ff. τόνδε φράζ' ὅπως μηδεὶς βροτῶν | κείνου πάροιθεν ἀμφιδύσεται χροΐ, | .. πρὶν κεῖνος αὐτὸν .. δείξῃ θεοῖσιν. Ai. 1039 κεῖνός τ' ἐκεῖνα στεργέτω κἀγὼ τάδε, wo ἐκεῖνα st. des Reflexivs steht. Schol. τὰ ἑαυτοῦ δόγματα. X. An. 5. 5, 7 ἦν γὰρ ἐκείνων καὶ φόρον ἐκείνοις ἔφερον. Isae. 3, 1 ἐν χρόνῳ τοσούτῳ ἔχοντος ἐκείνου τὸν κλῆρον οὐδεὶς πώποτε .. ἠμφισβήτησε τῆς κληρονομίας ἐκείνῳ. In der Prosa jedoch folgt auch in diesem Falle häufiger ein abhängiger Kasus von αὐτός. X. Hell. 3. 2, 9 πρὸς μὲν ἐκείνους οὐκ εἶπεν ἣν ἔχοι γνώμην ταῦτ' ἀκούσας, ἀλλ' ἀπέπεμψεν αὐτούς. Pl. Phaed. 60, d οὐκ ἐκείνῳ βουλόμενος οὐδὲ τοῖς ποιήμασιν αὐτοῦ ἀντίτεχνος εἶναι ἐποίησα ταῦτα. Verschieden davon ist der Gebrauch von ἐκεῖνος nach einem vorausgegangenen Kasus von αὐτός oder einem Reflexive, s. Nr. 12.

11. Das Pronomen ἐκεῖνος bildet, wie wir Nr. 1 gesehen haben, einen Gegensatz zu ὅδε und οὗτος. Während diese einen Gegenstand bezeichnen, der in dem Bereiche des Redenden liegt, also einen dem Redenden im Raume oder in der Zeit oder in der Vorstellung näheren Gegenstand, bezeichnet ἐκεῖνος einen dem

1) S. Ellendt-Genthe L. S. p. 510. Wunder ad Ph. 87.

Redenden entfernteren. Da aber die Demonstrativpronomen häufig eine rein geistige Beziehung ausdrücken, so wird in Gegensätzen nicht selten durch οὗτος nicht der grammatisch nähere, sondern der wichtigere Gegenstand, um den es dem Redenden besonders zu thun ist, und durch ἐκεῖνος nicht der entferntere, sondern der minder wichtige bezeichnet. Ganz dasselbe geschieht auch im Lateinischen mit *hic* und *ille*. [1]) X. Comm. 1. 3, 13 τοσούτῳ δεινότερόν ἐστι τῶν φαλαγγίων, ὅσῳ ἐκεῖνα μὲν ἁψάμενα, τοῦτο δὲ οὐδ' ἁπτόμενον. Lys. 16, 7 ὥστε πολὺ ἂν δικαιότερον ἐκείνοις τοῖς γράμμασιν ἢ τούτοις πιστεύοιτε· ἐκ μὲν γὰρ τούτων κτλ., ubi v. Bremi. Dem. 8, 72 καὶ (δεῖ) τὸ βέλτιστον ἀεί, μὴ τὸ ῥᾷστον ἅπαντας λέγειν· ἐπ' ἐκεῖνο (τὸ ῥᾷστον) μὲν γὰρ ἡ φύσις αὐτὴ βαδιεῖται, ἐπὶ τοῦτο (τὸ βέλτιστον) δὲ τῷ λόγῳ δεῖ προάγεσθαι διδάσκοντα τὸν ἀγαθὸν πολίτην, ubi Schaefer: relationem dicas *logicam*, non grammaticam; quippe τὸ ῥᾷστον *removendum*, τὸ βέλτιστον *amplexandum*. Pl. Euthyphr. 14, c ἀνάγκη τὸν ἐρῶντα τῷ ἐρωμένῳ ἀκολουθεῖν, ὅπῃ ἂν ἐκεῖνος (sc. ὁ ἐρώμενος) ὑπάγῃ.

12. Ἐκεῖνος weist oft auf ein vorhergehendes Substantiv oder auf einen vorhergehenden obliquen Kasus des Pronomens αὐτός oder des Reflexivs ἑαυτοῦ zurück und scheint statt eines obliquen Kasus von αὐτός oder des Reflexivpronomens zu stehen. Allein ἐκεῖνος bezeichnet alsdann stets auf nachdrückliche Weise einen Gegensatz, während durch die andere Ausdrucksweise nichts weiter als die dritte Person bezeichnet wird. [2]) Th. 1, 132 παιδικά ποτε ὢν αὐτοῦ καὶ πιστότατος ἐκείνῳ (beides auf Pausanias bezügl.), ubi v. Stahl. 2, 11 ὅταν ἐν τῇ γῇ ὁρῶσιν ἡμᾶς δῃοῦντάς τε καὶ τἀκείνων φθείροντας = καὶ τὰ σφῶν. 8, 45 (οἱ Χῖοι) ἀξιοῦσι καὶ τοῖς σώμασι καὶ τοῖς χρήμασιν ἄλλους ὑπὲρ τῆς ἐκείνων ἐλευθερίας κινδυνεύειν = ὑπὲρ τῆς σφῶν ἐλ. X. Comm. 1. 2, 3 τῷ φανερὸς εἶναι τοιοῦτος ὢν ἐλπίζειν ἐποίει τοὺς συνδιατρίβοντας ἑαυτῷ μιμουμένους ἐκεῖνον τοιούσδε γενήσεσθαι. 4. 1, 1 οὐδὲν ὠφελιμώτερον ἦν τοῦ Σωκράτει συνεῖναι καὶ μετ' ἐκείνου διατρίβειν. An. 4. 3, 20 καὶ Χειρίσοφος μὲν ἐνέβαινε καὶ οἱ σὺν ἐκείνῳ. 7. 4, 10 ἐπήρετο ὁ Σεύθης τὸν παῖδα, εἰ παίσειεν αὐτὸν (Ἐπισθένην) ἀντὶ ἐκείνου (sc. τοῦ παιδός). Vgl. Cy. 4. 2, 12. 4. 5, 20. Pl. Prot. 310, d ἂν αὐτῷ διδῷς ἀργύριον καὶ πείθῃς ἐκεῖνον. Euthyphr. 14, d αἰτεῖν τε φῂς αὐτοὺς (τοὺς θεοὺς) καὶ διδόναι ἐκείνοις. Vgl. Lys. 210, a. Phaed. 106, b. 111, b. Civ. 558, d υἱὸς ὑπὸ τῷ πατρὶ τεθραμμένος ἐν τοῖς ἐκείνου ἤθεσι. Lysias 14, 28 οὐχ ὡς ἀδελφὸν αὐτῆς, ἀλλ' ὡς ἄνδρα ἐκείνης. Von diesem Gebrauche muss man aber den unterscheiden, wo un-

[1]) Vgl. Stallbaum ad Pl. Phaedr. 232, d. Kühner ad X. Comm. l. d. ad Cicer. Tusc. I. 49, 117. Ausf. lat. Gr. II. § 118, A. 5, S. 454. — [2]) Vgl. Kühner ad Xen. Comm. 1. 2, 3. Frohberger zu Lys. 15, 11.

mittelbar nach einem Substantive ἐκεῖνος von einem Verstorbenen oder Abwesenden gesagt ist, wie Isae. 1, 1 τελευτήσαντος Κλεωνύμου· ἐκεῖνος γάρ κτλ.[1]).

13. Wie das lateinische *ille*, so wird, jedoch seltener, ἐκεῖνος von bekannten Gegenständen, berühmten oder berüchtigten Personen gebraucht. S. OC. 87 (Φοίβῳ) ὅς μοι, τὰ πόλλ' ἐκεῖν' ὅτ' ἐξέχρη κακά, | ταύτην ἔλεξε παῦλαν. Eur. I. T. 205 ἐξ ἀρχᾶς μοι δυσδαίμων δαίμων τᾶς ματρὸς ζώνας | καὶ νυκτὸς κείνας, jener verhängnisvollen Nacht. Ar. N. 534 Ἠλέκτραν κατ' ἐκείνην. Ach. 708 ἐκεῖνος ἡνίκ' ἦν Θουκυδίδης. Ec. 167 δι' Ἐπίγονόν γ' ἐκεινονί. Dem. 18, 219 Καλλίστρατος ἐκεῖνος. Vgl. 3, 21. 21, 62. 23, 202. In Verbindung mit ὅδε weist ἐκεῖνος auf etwas Besprochenes oder Bekanntes, ὅδε auf etwas Gegenwärtiges hin. S. OC. 138 ὅδ' ἐκεῖνος ἐγώ, jener, den ihr sucht, bin ich hier. Ph. 261 ὅδ' εἴμ' ἐγώ σοι κεῖνος, ὃν κλύεις ἴσως | τῶν Ἡρακλείων ὄντα δεσπότην ὅπλων. Ant. 384 ἥδ' ἔστ' ἐκείνη τοὔργον ἡ 'ξειργασμένη. El. 665 ἥδε σοι κείνη πάρα. 1178 Or. ἦ σὸν τὸ κλεινὸν εἶδος, Ἠλέκτρα, τόδε; El. τόδ' ἔστ' ἐκεῖνο. Ar. N. 1167 ὅδ' ἐκεῖνος ἀνήρ. So auch οὗτος .. ἐκεῖνος. Ar. P. 240 ἆρ' οὗτός ἐστ' ἐκεῖνος, ὃν καὶ φεύγομεν; Hdt. 1, 32 εἰ δὲ πρὸς τούτοισι ἔτι τελευτήσει τὸν βίον εὖ, οὗτος ἐκεῖνος, τὸν σὺ ζητέεις. Hierher gehört auch das der Umgangssprache angehörige τοῦτ' ἐκεῖνο, τόδ' ἐκεῖνο mit u. ohne ἐστί („da haben wir's"), das besonders in den Dialogen des Aristophanes und Platon, aber nur selten bei den Tragikern vorkommt; ἐκεῖνο weist auch hier auf etwas Besprochenes, Bekanntes hin, und τοῦτο, τόδε bezeichnet die Anwendung desselben auf die Gegenwart. Ar. N. 985 ἀλλ' οὖν ταῦτ' ἐστὶν ἐκεῖνα, ἐξ ὧν κτλ. 1052 ταῦτ' ἐστί, ταῦτ' ἐκεῖνα, ἃ κτλ. Vgl. R. 318. 1342. Ach. 41 τοῦτ' ἐκεῖν', οὐγὼ 'λεγον· ἐς τὴν προεδρίαν πᾶς ἀνὴρ ὠστίζεται, ubi v. A. Müller. Vgl. 820. Av. 353. 507. Bei Soph. findet es sich nur einmal, und zwar in Verbindung mit einem Adjektive, El. 1115 τοῦτ' ἐκεῖν' ἤδη σαφές = τοῦτό ἐστιν ἤδη σαφὲς ἐκεῖνο „was nämlich der Pädagog 757 ff. angekündigt hatte". Eur. M. 98 τόδ' ἐκεῖνο, φίλοι παῖδες· μήτηρ | κινεῖ κραδίαν, κινεῖ δὲ χόλον. Or. 804 τοῦτ' ἐκεῖνο· κτᾶσθ' ἑταίρους. Vgl. Hel. 622. Pl. Phaedr. 241, d τοῦτ' ἐκεῖνο, ὦ Φαῖδρε, in Beziehung auf den vorhergehenden Vers: „*hoc illud est, quod ante dixeram, me dithyrambos propemodum loqui*", s. Stallb. Symp. 223, a ταῦτ' ἐκεῖνα, φάναι τὸν Ἀλκιβιάδην, τὰ εἰωθότα· Σωκράτους παρόντος τῶν καλῶν μεταλαβεῖν ἀδύνατον ἄλλῳ. Vgl. Symp. 210, e. Charm. 166, b τοῦτό ἐστιν ἐκεῖνο, ἔφη, ὦ Σώκρατες· ἐπ' αὐτὸ ἥκεις ἐρευνῶν κτλ. Hipp. 1. 296, d ἀλλ' ἆρα τοῦτ'

[1] S. Schoemann ad Isae. l. d. p.

ἦν ἐκεῖνο, ὃ ἐβούλετο ἡμῶν ἡ ψυχὴ εἰπεῖν. (Vgl. Nr. 7, S. 646: τοῦτ' ἔστι τουτί.)

Anmerk. 2. Da ἐκεῖνος auf einen dem Redenden entfernten Gegenstand hinweist, so kann es nicht bloss von einem schon erwähnten, sondern auch von einem erst folgenden gebraucht werden. S. § 469, 3.

§ 468. c) Das Pronomen αὐτός.[1])

1. Das Pronomen αὐτός (s. § 173, 6) steht in der Mitte zwischen den Personalpronomen und den Demonstrativpronomen. Es wird auf dreifache Weise gebraucht: a) mit ausschliessender Bedeutung, wie das deutsche selbst und das lateinische ipse; b) in den obliquen Kasus vertritt es die Stelle des Personalpronomens der III. Person (§ 455, 4); c) in der Bedeutung *idem*, ebenderselbe, bei Homer gewöhnlich ohne Artikel (§ 457, 6, b), in der Prosa mit dem Artikel (§ 465, 4).

2. In der ausschliessenden Bedeutung bezeichnet es stets einen entweder ausgedrückten oder gedachten Gegensatz zu etwas anderem und steht a) entweder allein, wie in den bekannten Worten der Pythagoreer αὐτὸς ἔφα, *ipse* dixit, er selbst, nicht etwa ein anderer. Ar. N. 219 Str. φέρε τίς γὰρ οὗτος οὑπὶ τῆς κρεμάθρας ἀνήρ; Disc. Αὐτός. Str. τίς αὐτός; Disc. Σωκράτης, Er. Welcher Er? — oder b) es lehnt sich an ein Substantiv oder substantivisches Pronomen an, als: ὁ στρατηγὸς αὐτὸς ἀπέφυγεν, der Feldherr selbst, oder αὐτὸς ὁ στρ., selbst der F., wegen der Stellung des Artikels s. § 465, 4, ἐγὼ αὐτός, σὺ αὐτὸς oder αὐτὸς ἐγώ, αὐτὸς σύ, jenes, wenn die Personen unterschieden werden, dieses, wenn der Nachdruck auf αὐτός liegt, vgl. X, 428 u. O, 234[2]), αὐτὸν ἐμέ u. s. w., oder αὐτόν με, αὐτόν σε oder ἐμὲ αὐτόν, σὲ αὐτόν, s. § 454, A. 4; in Verbindung mit ἕκαστος, ἑκάτερος scheint αὐτός stets voranzugehen, nicht, wie im Deutschen, nachzufolgen. Aesch. Pr. 950 αὔθ' ἕκαστα φράζε. Eur. Hec. 1227 τὰ χρηστὰ δ' αὔθ' ἕκαστ' ἔχει φίλους, vgl. Or. 1393. Ph. 494. Hdt. 3, 82 αὐτὸς ἕκαστος. 1, 107 αὐτὰ ἕκαστα. Vgl. 3, 128. 5, 78. 7, 19. 8, 123. 9, 26 αὐτοὶ ἑκάτεροι. Th. 7, 70 αὐτὸς ἕκαστος, vgl. Dem. 14, 15. Daher seit Aristoteles αὐθέκαστος[3]); — oder es lehnt sich an die im Verb liegende Person an. H, 332 αὐτοὶ δ' ἀγρόμενοι κυκλήσομεν ἐνθάδε νεκρούς, wir selbst aber, im Ggs. zu d. vorangeh. σέ. P, 332 ἀλλ' αὐτοὶ τρεῖτ' ἄσπετον, ihr selbst, im Ggs. z. d. vorang. Ζεύς.

1) Vgl. Hermann opusc. I. p. 308 sqq. Windisch in Curtius Studien II, S. 362 ff. — 2) Vgl. Hermann l. d. p. 322 sqq. — 3) Vgl. Matthiä II. § 468, 6. Hermann ad Vig. p. 733, 123. Baehr ad Hdt. 9, 26. Valcken. u. Klotz ad Eur. Ph. 497. Passow Lex. II. unter αὐθέκαστος.

Anmerk. 1. Diese ausschliessende Bedeutung *ipse*, auf die alle übrigen Gebrauchsweisen des Pronomens zurückzuführen sind, ist bei Homer noch die durchaus vorherrschende, während sich die abgeschwächte Bedeutung *eius* u. s. w. bei ihm nirgends mit Sicherheit nachweisen lässt[1]). Αὐτός betont bei Homer regelmässig die Person oder Sache selbst im nachdrücklichen Gegensatze zu andern in Verbindung damit auftretenden Personen oder Sachen. So ist unter αὐτός λ, 574 u. 602 Herakles selbst im Ggs. zu seinem εἴδωλον in der Unterwelt zu verstehen; A, 4 unter αὐτούς die Körper der Getöteten im Ggs. zu ihren Seelen, vgl. Δ, 470. Ψ, 66; oft die Person selbst im Ggs. zu den dazu gehörigen Sachen, seien sie nun körperlicher oder geistiger Natur, wie A, 46 ἔκλαγξαν δ' ἄρ' ὀιστοὶ . . αὐτοῦ κινηθέντος. E, 450 αὐτῷ τ' Αἰνείᾳ ἴκελον καὶ τεύχεσι τοῖον. τ, 219 εἰπέ μοι, ὁπποῖ' ἄσσα περὶ χροῒ εἵματα ἕστο, | αὐτός θ' οἷος ἔην, vgl. B, 263. B, 466 σμερδαλέον κονάβιζε ποδῶν αὐτῶν τε καὶ ἵππων. θ, 574 αὐτούς τε πόλιάς τ' εὖ ναιετοώσας, vgl. ι, 40. ι, 257 δεισάντων φθόγγον τε βαρὺν αὐτόν τε πέλωρον. ζ, 328 τοῦ δ' ἔκλυε Παλλὰς Ἀθήνη· | αὐτῷ δ' οὔπω φαίνετ' ἐναντίη, seine Bitten, ihm persönlich aber. τ, 329 ὃς μὲν ἀπηνὴς αὐτὸς ἔῃ καὶ ἀπηνέα εἰδῇ, vgl. 332, in seinem persönlichen Auftreten wie in seiner Gesinnung. Ebenso die Sache selbst im Ggs. zu ihrem Zubehör, wie ε, 254 ἐν δ' ἱστὸν ποίει καὶ ἐπίκριον ἄρμενον αὐτῷ, an ihn selbst (den Mast als Hauptsache), vgl. 235. τ, 97 φέρε δὴ δίφρον καὶ κῶας ἐπ' αὐτοῦ. Oft die Person selbst im Ggs. zu ihrer Umgebung, wie Z, 18 αὐτὸν καὶ θεράποντα, vgl. B, 418. E, 460. Γ, 105 ὄφρ' ὅρκια τάμνῃ | αὐτός, ἐπεί οἱ παῖδες ὑπερφίαλοι. τ, 275 ὀδύσαντο γὰρ αὐτῷ | Ζεύς τε καὶ Ἠέλιος· τοῦ γὰρ βόας ἔκταν ἑταῖροι. Das Ganze im Ggs. zu seinen Teilen, wie χ, 175 ἀποστρέψαντε πόδας καὶ χεῖρας ὕπερθεν | ἐς θάλαμον βαλέειν . . σειρὴν δὲ πλεκτὴν ἐξ αὐτοῦ πειρήναντε, an ihn selbst, d. i. um seinen Leib. H, 474 ῥινοῖς . ., αὐτῇσι βόεσσιν, die Rinder selbst, d. i. ganze, lebende Rinder. Die Person im Ggs. zu sich selbst, wenn zwei oder mehrere Handlungen von ihr ausgehen, von denen sie eine selbst, die andere mittels einer Sache ausführt, wie P, 48 αὐτός im Ggs. zu d. vorherg. χαλκῷ. Θ, 75 αὐτός im Ggs. zu der durch die Wage gegebenen Entscheidung. Weniger deutlich tritt der Ggs. hervor I, 450 τὴν αὐτὸς φιλέεσκεν, die er selbst liebte, nicht aber von anderen geliebt wissen wollte.[2]) Aus der attischen Sprache sind besonders Beispiele hervorzuheben wie: Pl. Symp. 179, d φάσμα δείξαντες τῆς γυναικὸς ἐφ' ἣν ἧκεν, αὐτὴν δὲ οὐ δόντες (wie λ, 574 εἴδωλον u. αὐτός). Gorg. 511, e σώσασα καὶ αὐτὸν (den Hausherrn) καὶ παῖδας καὶ χρήματα καὶ γυναῖκας. X. R. A. 1, 19 καὶ αὐτὸν (Herr) καὶ τὸν οἰκέτην. Comm. 1. 5, 3 δοῦλον u. αὐτόν. Oec. 3, 5 βλάβην φέρει αὐτῷ καὶ τῷ οἴκῳ, vgl. Haase zu R. L. 5, 4. Comm. 3. 8, 10 αὐτός (Hausbesitzer) u. τὰ ὄντα (Habe). R. eq. 8, 1 καὶ αὐτὸν (Reiter) καὶ τὸν ἵππον. — Sehr häufig ist der Gegensatz nicht angegeben, liegt aber in dem Zusammenhange der Stelle. S. Ph. 316 τοιαῦτ' Ἀτρεῖδαί μ' ἥ τ' Ὀδυσσέως βία . . δεδράκασ', οἷ' Ὀλύμπιοι θεοὶ | δοῖέν ποτ' αὐτοῖς ἀντίποιν' ἐμοῦ παθεῖν, was sie mir zugefügt haben, das mögen sie einst selbst erleiden. Dem. 1, 2 τῶν πραγμάτων ὑμῖν ἐκείνων αὐτοῖς ἀντιληπτέον ἐστίν, persönlich, nicht durch Söldnerheere.

Anmerk. 2. Aus der ausschliessenden Bedeutung haben sich folgende entwickelt: a) allein, *solus* (ausgeschlossen von anderen, *ipse*, auf sich selbst beschränkt, dagegen μόνος im Ggs. zu mehreren). Vgl. Apollon. de pr. p. 71, a. 80, b. Θ, 99 Τυδεΐδης δ', αὐτός περ ἐών, προμάχοισιν ἐμίχθη, ubi v. Spitzn.

---

[1]) Vgl. Doederlein, Öffentl. Reden S. 361 f. Wagnon, le pronom d'identité, Genf 1880. — [2]) S. Hermann opusc. I. p. 309 sqq.

Vgl. Φ, 467. N, 729. ξ, 8. ο, 311. X. An. 2. 3, 7 ἠρώτα, εἰ αὐτοῖς τοῖς ἀνδράσι σπένδοιτο, ἢ καὶ τοῖς ἄλλοις ἔσοιντο σπονδαί. Vgl. 4. 7, 11. 7. 3, 35. Cy. 8. 4, 2. Oec. 7, 3. Comm. 3. 14, 3 ἐάν τις ἄνευ τοῦ σίτου τὸ ὄψον αὐτὸ ἐσθίῃ, s. das. Kühners Bmrk. Pl. civ. 368, b τεκμαίρομαι δὲ ἐκ τοῦ ἄλλου τοῦ ὑμετέρου τρόπου, ἐπεὶ κατά γε αὐτοὺς τοὺς λόγους ἠπίστουν ἂν ὑμῖν. Phaed. 63, c αὐτὸς ἔχων τὴν διάνοιαν ταύτην ἐν νῷ ἔχεις ἀπιέναι, ἢ κἂν ἡμῖν μεταδοίης; ubi v. Stallb. Daher die attische Formel αὐτοί ἐσμεν Pl. Parm. 137, a. Ar. Ach. 507 u. s., im Vertrauen, wir sind unter uns „*de iis, qui ut soli cum amicis et familiaribus liberius loqui solent*“, Hermann ad Vig. p. 733 sq. Vgl. Opusc. l. d. 314. — b) sogar, wie *ipse* und selbst. Z, 451 ἀλλ' οὔ μοι Τρώων τόσσον μέλει ἄλγος ὀπίσσω, | οὔτ' αὐτῆς Ἑκάβης, vgl. B, 597. — c) von selbst, *sua sponte*, wie ipse, im Gegensatze zu fremder Hülfe, insofern der, welcher etwas gezwungen thut, es gleichsam nicht selbst zu thun scheint, s. Herm. opusc. l. d. p. 313. P, 254 ἀλλά τις αὐτὸς ἴτω. Vgl. Ψ, 591. Th. 4, 60 οἳ καὶ τοὺς μὴ ἐπικαλουμένους αὐτοὶ ἐπιστρατεύουσι. 3, 65 εἰ ἡμεῖς αὐτοὶ ἐμαχόμεθα . ., ἀδικοῦμεν, ubi v. Duker ap. Poppo P. 3. Vol. 2, p. 744. — d) gerade, eben, wie das lat. *ipse*. X. Comm. 4. 5, 7 αὐτὰ τὰ ἐναντία σωφροσύνης καὶ ἀκρασίας ἔργα ἐστίν, gerade das Gegenteil, αὐτὸ τοῦτο oder τοῦτ' αὐτό, hoc *ipsum*[1]); so öfters auch αὐτό in der Bdtg. v. αὐτὸ τοῦτο, besonders von einer Sache, von der gerade die Rede ist. X. Comm. 3. 10, 14 εἴρηκας αὐτό, δι' ὅπερ ἔγωγε τὰ ἐμὰ ἔργα πλείστου ἄξια νομίζω εἶναι. An. 4. 7, 7 αὐτὸ ἂν τὸ δέον εἴη, *hoc ipsum* opus sit, vgl. Pl. civ. 362, d ibique Stallb. Charm. 166, b. Lys. 204, b. S. Anm. 3. Auch *ipse* = gerade, unmittelbar. N, 615 ὑπὸ λόφον αὐτόν, unmittelbar unter dem Helmbusch hin. Lys. 12, 12 καταλαμβάνουσι πρὸς αὐταῖς ταῖς θύραις, gerade an der Thür. — e) in Verbindung mit Ordnungszahlwörtern von τρίτος an entspricht es unserem selb. Th. 61, 8 Καλλίαν πέμπτον αὐτὸν στρατηγὸν (ἔπεμψαν) selbfünften, d. h. Kallias selbst wird als die Hauptperson vor den übrigen genannt. 46 Κορινθίων στρατηγὸς ἦν Ξενοκλείδης πέμπτος αὐτός. 116 Περικλέους δεκάτου αὐτοῦ στρατηγοῦντος. Vgl. 2, 79. X. Hell. 2. 2, 17. (So bei Spät. auch ohne αὐτός: Theocr. 2, 119 ἦνθον γάρ κἠγών, . . ἢ τρίτος ἠὲ τέταρτος ἐὼν φίλος, mit zwei oder drei Freunden. Pl. Pelop. 13 εἰς οἰκίαν δωδέκατος ἀπελθών, vgl. Horat. ep. 1. 5, 30 tu *quotus* esse velis rescribe). — f) καὶ αὐτός, wie im Lat. *et ipse*, auch selbst = gleichfalls. ξ, 45 ὄφρα καὶ αὐτὸς . . εἴπῃς auch du selbst deinerseits. X. Hell. 3. 1, 10 Μανία, ἡ τοῦ Ζήνιος γυνή, Δαρδανὶς καὶ αὐτή (kurz vorher Ζῆνις Δαρδανεύς), ubi v. Breitenb. An. 3. 4, 44 οἱ δ' ἐπὶ τοῦ λόφου πολέμιοι, ὡς ἐνόησαν αὐτῶν τὴν πορείαν, εὐθὺς καὶ αὐτοὶ ὥρμησαν ἁμιλλᾶσθαι ἐπὶ τὸ ἄκρον. 5. 5, 9 ἀξιοῦμεν δὲ Ἕλληνες ὄντες καὶ αὐτοὶ ὑφ' ὑμῶν ὄντων Ἑλλήνων ἀγαθὸν μέν τι πάσχειν, κακὸν δὲ μηδέν. 7. 6, 18 πάρεστι δὲ καὶ αὐτὸς καὶ ἀκούων σύνοιδέ μοι, εἰ ἐπιορκῶ. (Ähnlich καὶ οὗτος s. § 467, 8.) Doch kann es auch heissen *vel ipse*. X. An. 2. 6, 9 ἐκόλαζέ τε (Κλέαρχος) ἰσχυρῶς καὶ ὀργῇ ἐνίοτε, ὡς καὶ αὐτῷ μεταμέλειν ἔσθ' ὅτε, so dass er auch selbst Reue empfand.

Anmerk. 3. Da αὐτός einen Gegenstand dadurch näher bestimmt, dass es ihn als von allen übrigen gesondert und ausgeschlossen bezeichnet, so wurde es in der philosophischen Sprache dazu angewendet, abstrakte Begriffe als solche auszudrücken. Pl. civ. 493, e αὐτὸ τὸ καλόν, ἀλλὰ μὴ τὰ πολλὰ καλά, ἢ αὐτό τι ἕκαστον καὶ μὴ τὰ πολλὰ ἕκαστα ἔσθ' ὅπως πλῆθος ἀνέξεται ἢ ἡγήσεται εἶναι; Theaet. 175, c εἰς σκέψιν αὐτῆς δικαιοσύνης τε καὶ ἀδικίας. 196, a λέγω μὴ

1) S. Stallb. ad Pl. Gorg. 482, d. Maetzner ad Lycurg. 92. Kühner ad X. Comm. 3. 12, 2.

ἀνθρώπους ἑπτὰ καὶ πέντε . . ἀλλ' αὐτὰ πέντε καὶ ἑπτά. Civ. 582, a μανθάνων αὐτὴν τὴν ἀλήθειαν, οἷόν ἐστιν. So wird bei Platon oft dem zu bestimmenden Begriffe das Neutrum αὐτό vorausgeschickt. Prot. 360, e τί ποτ' ἐστὶν αὐτὸ ἡ ἀρετή; worin besteht das eigentliche Wesen der Tugend? Civ. 363, a οὐκ αὐτὸ δικαιοσύνην ἐπαινοῦντες, ἀλλὰ τὰς ἀπ' αὐτῆς εὐδοκιμήσεις, ubi v. Stallb. 472, c ἐζητοῦμεν αὐτὸ δικαιοσύνην, οἷόν ἐστι. Vgl. Theaet. 146, e. Cratyl. 411, d. Seltener ist der Plural zur Bezeichnung von Gattungsbegriffen. Pl. Soph. 225, c περὶ δικαίων αὐτῶν καὶ ἀδίκων.

Anmerk. 4. Wenn auf αὐτός ein Adjektivsatz folgt, so hat es die Bdtg. von eben, gerade dieser oder von dem betonten Personalpronomen der III. Pers. Eur. Tr. 667 ἀπέπτυσ' αὐτήν, ἥτις ἄνδρα τὸν πάρος | καινοῖσι λέκτροις ἀποβαλοῦσ' ἄλλον φιλεῖ, sie, die da . . liebt. Isae. 9, 7 ἀναγκαῖόν μοί ἐστιν ἐξ αὐτῶν ὧν οὗτοι λέγουσιν ἐλέγχειν ψευδεῖς οὔσας τὰς διαθήκας, ex eis ipsis. Dem. 9, 63 οἱ δ' ἐν αὐτοῖς οἷς χαρίζονται Φιλίππῳ συμπράττουσιν. S. die Beisp. Anm. 2, d. Wenn hingegen der Adjektivsatz vorangeht und ein obliquer Kasus von αὐτός in demselben steht, so hat es die Bedeutung eines schwachen und unbetonten Demonstrativs und kann daher nie zu Anfang des Satzes stehen.[1]) Th. 3, 13 ᾧ γὰρ δοκεῖ μακρὰν ἀπεῖναι ἡ Λέσβος, τὴν ὠφελίαν αὐτῷ ἐγγύθεν παρέξει. X. An. 6. 4, 9 οὓς δὲ μὴ ηὕρισκον, κενοτάφιον αὐτοῖς ἐποίησαν. Vgl. 1. 9, 29. 2. 5, 27. Hell. 3. 1, 28 οὓς ηὗρεν . ., εἶπεν αὐτοῖς κτλ. Vgl. 1. 7, 35. 3. 4, 15. Cy. 8. 8, 16. Lys. 16, 11 τῶν νεωτέρων ὅσοι περὶ κύβους ἢ πότους . . τυγχάνουσι τὰς διατριβὰς ποιούμενοι, πάντας αὐτοὺς ὄψεσθέ μοι διαφόρους ὄντας.

Anmerk. 5. Über αὐτός in Verbindung mit den Reflexivpronomen s. § 455, 2 u. b, c); über αὐτός statt der Reflexivpronomen aller drei Personen s. § 455, A. 4 u. 5; ebenso wird αὐτός in der epischen Sprache öfters auch statt der Personalpronomen aller drei Personen in Verbindung mit αὐτός gebraucht. Ω, 503 ἀλλ' αἰδεῖο θεούς, Ἀχιλεῦ, αὐτόν τ' ἐλέησον = ἐμὲ αὐτόν. ξ, 389 ἀλλὰ Δία ξένιον δείσας αὐτόν τ' ἐλεαίρων = σὲ αὐτόν. P, 163 αἶψά κεν Ἀργεῖοι Σαρπηδόνος ἔντεα καλὰ | λύσειαν καί κ' αὐτὸν ἀγοίμεθα Ἴλιον εἴσω = καί κέ μιν αὐτόν.[2])

Anmerk. 6. Im Nominative bezeichnet αὐτός, ή, ό nie das einfache Personalpronomen er, sie, es, das durch die III. Person des Verbs ausgedrückt wird. Dass bei Homer diese abgeschwächte Bedeutung auch für die übrigen Kasus bezweifelt werden muss, ist in Anm. 1 bemerkt. Die dafür angeführten Stellen lassen sämtlich andere Erklärungen zu. So ist A, 218 αὐτοῦ nicht einfach = *eum*, sondern: eben den, *hunc ipsum*, s. Anm. 2, d. A, 360 καί ῥα πάροιθ' αὐτοῖο καθέζετο, vor ihn selbst = unmittelbar vor ihn, s. ebenda.

Anmerk. 7. Auch in der Verbindung mit dem komitativen Dative (§ 425, 4) trat ursprünglich die steigernde Kraft von αὐτός, *ipse*, deutlich hervor: Ψ, 8 ἀλλ' αὐτοῖς ἵπποισι καὶ ἅρμασιν ἆσσον ἰόντες | Πάτροκλον κλαίωμεν, unmittelbar, gleich mit Rossen und Wagen (wie wir gehen und stehen). θ, 186 αὐτῷ φάρει, gleich mit dem Mantel (ohne ihn erst abzulegen). Θ, 24 αὐτῇ κεν γαίῃ ἐρύσαιμ' αὐτῇ τε θαλάσσῃ, gleich mit der ganzen Erde und dem Meere.

Anmerk. 8. Von dem Pronomen αὐτός ist das poetische Adverb αὔτως gebildet, über dessen Ableitung, Aspiration (αὔτως und αὕτως) und Bedeutung die

---

1) Vgl. Maetzner ad Lycurg. 136. ad Antiph. 6, 10. Strange Lpz. Jhrb. v. Seebode III. Suppl. S. 442 f. Kühner ad X. An. I. 9. 29. — 2) Vgl. Hermann opusc. 1, p. 318 sq.

Ansichten der alten wie der neuen Grammatiker verschieden sind. [1]) Eustath. ad B, 120 hält αὔτως für aeolisch und erklärt daraus dessen ψίλωσις, und ad ξ, 151 οὐχ αὔτως μυθήσομαι meint er, αὔτως habe dorisch den Lenis. Da es jedoch zweifellos von αὐτός abzuleiten ist, so muss die Form mit d. Lenis als die ursprüngliche angesehen werden. Die Zurückziehung des Tones erklärt sich ebenso wie bei anderen Adverbien, z. B. ὅμως neben ὁμός. So ist denn bei Homer überall αὔτως m. d. Lenis zu schreiben, wie aus dem angeführten οὐχ αὔτως u. Ψ, 268 ἔτ' αὔτως, ubi v. Spitzn., deutlich erhellt, obwohl die cdd. zwischen αὔτως, αὗτως u. αὐτως (ohne Spiritus) variieren. Die Aussprache mit dem Asper scheint sich erst in der attischen Mundart gebildet zu haben, sei es in Anlehnung an das dem attischen Gebrauch von αὔτως (αὕτως) entsprechende αὐτός = ὁ αὐτός, sei es unter dem Einflusse der dieser Mundart überhaupt eigentümlichen Vorliebe für die Aspiration (vgl. § 22, 10). Und so wird in den cdd. der Tragiker meistens αὕτως geschrieben. Die verschiedenen Bedeutungen von αὔτως lassen sich alle erklären, wenn man es von αὐτός ableitet. Die Grundbedeutung ist auf selbige Weise, ebenso, daher auch nur so, ohne weiteres, schlechtweg, zuweilen = μάτην, vergeblich. Von οὕτως unterscheidet sich αὔτως wie οὗτος von αὐτός; daher es denn auch in der zusammengesetzten Form ὡσαύτως (s. weiter unten) mit οὕτως und in der einfachen mit ὧδε verbunden werden kann, also: ὧδ' αὔτως, so eben, so gerade, nämlich wie bislang, oder wie etwas anderes geschah, vgl. S. Tr. 1040. Überhaupt drückt es häufig einen Gegensatz zu einem anderen Zustande aus. So καὶ αὔτως, auch so schon, ohnehin, vgl. A, 520. E, 255. I, 599; ferner den ursprünglichen, unveränderten Zustand im Ggs. zu den Veränderungen, denen er ausgesetzt ist. Σ, 338 τόφρα δέ μοι . . κείσεαι αὔτως, so lange wirst du mir unbeerdigt liegen ebenso, wie du jetzt liegst, vgl. Ω, 413. Ψ, 268 (λέβητα) λευκὸν ἔτ' αὔτως, noch ebenso blank, wie er ursprünglich war. Nur eben so = schlechtweg, ohne weiteres, auch *temere, sine causa*, nur ebenso hin, daher auch zuweilen umsonst. K, 50 ὅσσ' Ἕκτωρ ἔρρεξε . . υἷας Ἀχαιῶν | αὔτως, οὔτε θεᾶς υἱὸς φίλος οὔτε θεοῖο, nur ebenso als Mensch und nicht als ein Sohn eines Gottes. ξ, 151 οὐχ αὔτως μυθήσομαι, ἀλλὰ σὺν ὅρκῳ, schlechtweg. υ, 379 οὐδέ τι ἔργων | ἔμπαιον οὐδὲ βίης, ἀλλ' αὔτως ἄχθος ἀρούρης, sondern nur eben so eine Last der Erde. Υ, 348 μάψ αὔτως εὐχετάασθαι, nur ebenso ins Blaue hinein prahlen. Z, 400 παῖδα . . νήπιον αὔτως, nur eben so ein stammelndes Kind. B, 342 αὔτως γὰρ ἐπέεσσ' ἐριδαίνομεν, umsonst. Sowie αὐτός bei Homer ohne Artikel gewöhnlich st. ὁ αὐτός, *idem*, gebraucht wird [§ 457, 6, b)], so hat auch αὔτως die Bdtg. auf ebendieselbe Weise, gerade ebenso. Hs. th. 702 εἴσατο δ' ἄντα | . . ὅσσαν ἀκοῦσαι | αὔτως, ὡς ὅτε Γαῖα καὶ Οὐρανὸς εὐρὺς ὕπερθε | πίλναιντο. S. OR. 931. Ai. 1179. Ant. 85. Selbst mit dem Dative wie ὁ αὐτός: Anacr. fr. 21, 14 Brgk. (b. Ath. 533, e) πάις Κύκης καὶ σκιαδίσκην ἐλεφαντίνην φορέει | γυναιξὶν αὔτως. (Aber Δ, 17 ist mit Aristarch εἰ δ' αὖ πως zu lesen, s. Spitzn.) Die letzte Bdtg. tritt besonders deutlich in dem aus ὁ αὐτός, *idem*, gebildeten Adverb ὡσαύτως hervor, das seit Homer (bei diesem aber immer durch δέ getrennt: ὡς δ' αὔτως) in der Dichtersprache und in der Prosa gebraucht wird. Γ, 339 ὡς δ' αὔτως Μενέλαος Ἀρήιος ἔντε' ἔδυνεν. So zuweilen auch bei anderen Schriftstellern, z. B. X. An. 5. 6, 9 ὡς δ' αὔτως καὶ ὁ Παρθένιος ἄβατος,

[1]) S. Buttmann Lexil. I. S. 35 ff. Hermann opusc. I. p. 338 sqq. Matthiä II. p. 601. Thiersch § 198, 5. Ellendt L. S. I. p. 274 sq. Schneider dial. Sophocl. p. 20. Hoffmann XXI. u. XXII. Buch der Ilias I. Abth. S. 203 f.

s. Passow, meistens aber ungetrennt, oft komparativen Ausdrücken entsprechend, als: ὥσπερ, οἷον . . ὡσαύτως; zuweilen auch verstärkt durch οὕτως, κατὰ ταὐτά u. ähnl. Ausdrücke, s. Passow. Wie im Lat. *pariter ac*, so wird ὡσαύτως καί gesagt Hdt. 7, 86 Βάκτριοι δὲ ἐσκευάδατο ὡσαύτως καὶ ἐν τῷ πεζῷ, waren gerüstet wie im Fussvolke. Auch wird es wie ὁ αὐτός mit d. Dat. verbunden. Hdt. 2. 67 ὡς δὲ αὔτως τῇσι κυσὶ οἱ ἰχνευταὶ θάπτονται. S. Tr. 372 ταῦτα πολλοὶ . . συνεξήκουον ὡσαύτως ἐμοί. (Wie Pl. leg. 646, d u. Civ. 576, d der Genetiv zu erklären sei, s. § 417, Anm. 10.)

§ 469. Bemerkungen über einige Eigentümlichkeiten im Gebrauche der Personal- und der Demonstrativpronomen.

1. Die Demonstrativpronomen werden in gewissen Fällen weggelassen[1]): a) vor Relativen, s. § 554, 4; — b) bei den Dichtern in der lebhaften Rede, bei Äusserungen der Empfindung. δ, 292 ἄλγιον· οὐ γάρ οἵ τι τά γ' ἤρκεσε λυγρὸν ὄλεθρον, (das ist) um so schlimmer! Vgl. π, 147. Theocr. 15, 79 λεπτὰ καὶ ὡς χαρίεντα· θεῶν περονάματα φασεῖς, ubi v. Wuestemann. So auch S. Ph. 863 τὸ δ' ἁλώσιμον ἐμᾷ φροντίδι, παῖ· πόνος ὁ μὴ φοβῶν κράτιστος, „was meinem Sinne fasslich ist, ist das: gefahrlose Mühe ist das Beste", Schneidew.; — c) in der Prosa, wenn man das Gesagte in einem kurzen Urteile zusammenfassen will. Pl. Phaed. 89, e οὐκοῦν, ἦ δ' ὅς, αἰσχρόν; *nonne (hoc) turpe est?* Leg. 791, a γαλήνην ἡσυχίαν τε ἐν τῇ ψυχῇ φαίνεται ἀπεργασαμένη τῆς . . πηδήσεως, παντάπασιν ἀγαπητόν τι, und das ist hoch anzuschlagen. Lycurg. 70 ἆρά γε ὅμοιον τῷ φεύγοντι τὴν πατρίδα; sieht das wohl einem ähnlich, der u. s. w.? S. Maetzner. — d) häufig, besonders bei den Rednern, in den Redensarten: τεκμήριον δέ, μαρτύριον δέ, σημεῖον δέ, δῆλον δέ, κεφάλαιον δέ, αἴτιον δέ, μέγιστον δέ u. dgl. Pl. leg. 821, e τεκμήριον δέ· ἐγώ κτλ. X. Comm. 3. 4, 12 τὸ δὲ μέγιστον, ὅτι. Ps. Lys. 6, 15 δεινὸν δέ μοι δοκεῖ εἶναι· ἂν μέν τις ἀνδρὸς σῶμα τρώσῃ κτλ. Gewöhnlich mit folgendem γάρ, s. § 544, 1. Doch wird auch das Demonstrativ hinzugefügt, wie X. An. 1. 9, 29 τεκμήριον δὲ τούτου καὶ τόδε· παρὰ μὲν Κύρου . . οὐδεὶς ἀπῄει πρὸς βασιλέα, s. das. Kühners Bem. Mit dem Demonstr. u. γάρ s. § 544, 1.

2. In der epischen Sprache wird oft in zwei auf einander folgenden Sätzen bei durchaus nicht zweifelhaftem Subjekte in dem zweiten Satze das Subjekt durch ὅγε oder auch ein Personalpr. mit einem gewissen Nachdrucke wiederholt, um die Identität des Subjekts für beide Sätze hervorzuheben. A, 320 οὐδ' Ἀγαμέμνων | λῆγ' ἔριδος . ., ἀλλ' ὅγε κτλ. 496 Θέτις δ' οὐ λήθετ' ἐφετμέων | παιδὸς ἑοῦ, ἀλλ' ἥγ' ἀνεδύσετο κῦμα θαλάσσης. B, 664. Λ, 226. O, 586. α, 4 ubi

1) Vgl. Bernhardy S. 285. Matthiä § 615, 2. § 630 f. Benseler ad Isocr. Areop. 17, p. 174.

v. Nitzsch. Ebenso in disjunktiven Sätzen. Γ, 409 εἰς ὅ κέ σ' ἢ ἄλοχον ποιήσεται ἢ ὅ γε δούλην, ubi v. Naegelsbach. K, 481 ἀλλὰ λύ' ἵππους· | ἠὲ σύ γ' ἄνδρας ἔναιρε. M, 240 οὐδ' ἀλεγίζω, | εἴτ' ἐπὶ δεξί' ἴωσι . ., εἴτ' ἐπ' ἀριστερὰ τοί γε. β, 327 ἤ τινας ἐκ Πύλου ἄξει . ., ἢ ὅ γε καὶ Σπάρτηθεν. So auch Hdt. 2, 173 λάθοι ἂν ἤτοι μανεὶς ἢ ὅ γε ἀπόπληκτος γενόμενος. 7, 10 extr. ἀκούσεσθαί τινά φημι Μαρδόνιον (= σέ; denn Artabanos redet zu M.) . . ὑπὸ κυνῶν τε καὶ ὀρνίθων διαφορεύμενον (*dilaniatum*) ἤ κου ἐν γῇ τῇ Ἀθηναίων ἢ σέ γε ἐν τῇ Λακεδαιμονίων, ubi v. Baehr. Theocr. 5, 69 τὺ δ', ὦ φίλε, μήτ' ἐμέ, Μόρσων, | ἐν χάριτι κρίνῃς, μήτ' ὦν τύ γα τοῦτον ὀνάσῃς. Bei den Tragikern findet sich dieser Gebrauch selten und fast nur in melischen Stellen. S. Ph. 1118 Ch. πότμος σε δαιμόνων τάδ' (= *sic*), | οὐδὲ σέ γε δόλος ἔσχε, ubi v. Buttm. et Wunder. OR. Ch. 1101 τίς σε, τέκνον, τίς σ' ἔτικτε τῶν μακραιώνων (*Nympharum*) . . ἢ σέ γέ τις θυγάτηρ Λοξίου; Vgl. Ant. 789. Im Nachsatze Aesch. Ag. 1060 εἰ δ' ἀξυνήμων οὖσα μὴ δέχῃ λόγον, | σὺ δ' ἀντὶ φωνῆς φράζε καρβάνῳ χερί. Ebenso im Lat. Hor. 1. 9, 16 *nec dulces amores sperne puer, neque tu choreas.* Verg. Aen. 5, 457 *nunc dextra ingeminans ictus, nunc ille sinistra.* Aber auch im ersten Satzgliede mit Hinweisung auf das Subjekt eines vorangehenden Satzes. β, 132 πατὴρ δ' ἐμὸς ἄλλοθι γαίης, | ζώει ὅ γ' ἢ τέθνηκε. Vgl. δ, 821. Φ, 113. A, 190 (Ἀχιλλεύς) μερμήριξεν, | ἢ ὅ γε φάσγανον ὀξὺ ἐρυσσάμενος . . τοὺς μὲν ἀναστήσειεν, ὁ δ' Ἀτρεΐδην ἐναρίζοι | ἠὲ χόλον παύσειεν, wo ὅ γε auf den Achilleus geht, ebenso ὁ δ', das wegen des Gegensatzes zu τοὺς μέν das Subjekt wiederholt, s. Nägelsbach z. d. St. u. Exkurs IV. K, 503 μερμήριζε . .; ἢ ὅ γε . . ἐξερύοι ἢ . . ἕλοιτο. Vgl. γ, 89. Wie A, 190, so wird oft die Wiederholung des Subjektes durch einen vorangehenden Gegensatz hervorgerufen; der Gegensatz liegt aber alsdann nicht in den Personen, sondern in den Prädikaten (Handlungen). K, 237 μηδὲ σύ γ' αἰδόμενος . . τὸν μὲν ἀρείω καλλείπειν, σὺ δὲ χείρον' ὀπάσσεαι, vgl. μ, 219 f. So auch Z, 46 ζώγρει, Ἀτρέος υἱέ, σὺ δ' ἄξια δέξαι ἄποινα, wo zugleich der Gegensatz zwar nicht ausgedrückt ist, aber vorschwebt: schone mich, du aber nimm dafür Lösegeld. Hdt. 1, 206 σὺ δέ, εἰ μεγάλως προθυμέαι Μασσαγετέων πειρηθῆναι, φέρε, μόχθον μὲν . . ἄπες, σὺ δὲ . . διάβαινε. 7, 10 extr. εἰ δὲ ταῦτα μὲν ὑποδύνειν οὐκ ἐθελήσεις, σὺ δὲ στράτευμα ἀνάξεις ἐπὶ τὴν Ἑλλάδα. S. El. 448 ἀλλὰ ταῦτα μὲν μέθες, σὺ δὲ . . δός, ubi v. Schneidew. — Ebenso bei ὁ δέ, besonders in der epischen Sprache und bei Herodot. Θ, 119 καὶ τοῦ μὲν ῥ' ἀφάμαρτεν, ὁ δ' ἡνίοχον . . βάλε, diesen nun fehlte er, traf dagegen, vgl. 126. 302. Υ, 321. ε, 15. μ, 171. Hdt. 1, 66 οἱ Λακεδαιμόνιοι Ἀρκάδων μὲν τῶν ἄλλων ἀπείχοντο, οἱ δὲ (sc. Λακεδαιμόνιοι) ἐπὶ Τεγεήτας ἐστρατεύοντο, ubi v. Baehr. Vgl. 1, 107. 5, 120. 7, 163. 6, 3 τὴν μὲν γενομένην αὐτοῖσι αἰτίην οὐ μάλα ἐξέφαινε, ὁ δὲ ἔλεγέ σφι. Ähnlich Pl. Phaedr. 247, b. c. αἱ μὲν . . ἔστησαν ἐπὶ τῷ τοῦ οὐρανοῦ νώτῳ, στάσας δὲ αὐτὰς περιάγει ἡ περιφορά, αἱ δὲ θεωροῦσι τὰ ἔξω τοῦ οὐρανοῦ. Aber auch ohne einen solchen Gegensatz, wo alsdann ὁ δέ so viel ist wie *idemque*. Θ, 320 αὐτὸς δ' ἐκ δίφροιο χαμαὶ θόρε . ., ὁ δὲ χερμάδιον λάβε, vgl. χ, 86. Eur. Or. 35 νοσεῖ | τλήμων Ὀρέστης, ὁ δὲ πεσὼν ἐν δεμνίοις κεῖται, wo Nauck ohne Grund liest Ὀρέστης ὅδε πεσών τ' ἐν δ. κ. X. An. 4. 2, 6 αὐτοὶ ἐνταῦθα ἔμενον ὡς τὸ ἄκρον κατέχοντες· οἱ δ' οὐ κατεῖχον[1]).

3. Die Personalpronomen und die Demonstrativpronomen stehen oft in enger Beziehung zu einem folgenden Substantive, indem sie entweder nachdrücklich darauf hinweisen und es gleichsam vorbereiten oder darin als in einer epexegetischen Apposition ihre nachträgliche Erklärung finden (beides wie im Deutschen)[2]). So das Personalpronomen der III. Person: οὗ, οἷ, ἕ, μίν und das Demonstrativ ὁ bei Homer häufig, ὁ auch bei anderen Dichtern, doch seltener, und vereinzelt auch in Prosa. Φ, 249 ἵνα μιν παύσειε πόνοιο, | δῖον Ἀχιλλῆα. Vgl. N, 315. α, 194 δὴ γάρ μιν ἔφαντ' ἐπιδήμιον εἶναι, | σὸν πατέρα. ζ, 48 ἥ μιν ἔγειρεν, | Ναυσικάαν εὔπεπλον. N, 600 σφενδόνῃ, ἣν ἄρα οἱ θεράπων εἶχε, ποιμένι λαῶν. A, 488 ὁ μήνιε . ., διογενὴς Πηλῆος υἱός, πόδας ὠκὺς Ἀχιλλεύς. α, 125 ἡ δ' ἕσπετο, Παλλὰς Ἀθήνη. ε, 68 ἡ δ' αὐτοῦ τετάνυστο περὶ σπείους γλαφυροῖο, | ἡμερὶς ἡβώωσα. E, 508 τοῦ δ' ἐκραίαινεν ἐφετμάς, Φοίβου Ἀπόλλωνος. Φ, 13 τὸ δὲ φλέγει, ἀκάματον πῦρ. Pind. N. 5, 38 ἔνθα μιν εὔφρονες ἶλαι σὺν καλάμοιο βοᾷ θεὸν δέκονται, ubi v. Dissen. S. Ph. 371 ὁ δ' εἶπ', Ὀδυσσεύς. Ai. 780 ὁ δ' εὐθὺς ἐξ ἕδρας | πέμπει με . ., Τεῦκρος. Vgl. El. 136. OR. 1171. Th. 6, 57 καὶ ὁ μὲν τοὺς δορυφόρους τὸ αὐτίκα διαφεύγει, ὁ Ἀριστογείτων. Ferner die Demonstrative οὗτος, ὅδε, ἐκεῖνος, αὐτός, τοσοῦτος sehr häufig in der Dichtersprache sowohl als in der Prosa vor einem folgenden Substantive oder, im Neutrum, vor einem folgenden Infinitive oder ganzen Satze. a) Vor einem Substantive. α, 159 τούτοισιν μὲν ταῦτα μέλει, κίθαρις καὶ ἀοιδή. Pl. Gorg. 478, c οὐ τοῦτ' ἦν εὐδαιμονία, ὡς ἔοικε, κακοῦ ἀπαλλαγή, ἀλλὰ τὴν ἀρχὴν μηδὲ κτῆσις. Ap. 37, a τούτου τιμῶμαι, ἐν πρυτανείῳ σιτήσεως. Civ. 388, d τοῦτο τότε ἤδη ἴσως καὶ ἀγαπητὸν γίγνεται, ἡσυχία. 606, b ἐκεῖνο κερδαίνειν ἡγεῖται, τὴν ἡδονήν. Phaed. 81, b γεγοητευμένη ὑπ' αὐτοῦ, ὑπό τε τῶν ἐπιθυμιῶν καὶ ἡδονῶν. — b) vor einem Infinitive

1) Vgl. Bernhardy Synt. S. 310. Krüger Comment. ad Dionys. historiogr. p. 264. Naegelsbach IV. Exc. z. Ilias S. 217, f. Förstemann, Bemerkungen über d. Gebrauch des Artikels b. Homer. Salzwedel 1861. S. 13. Baehr ad Herodot. 3, 120 u. Stein zu Hdt. 1, 17. — 2) Vgl. Matthiä II. §§ 280, A. 2. 469, 10. Thiersch § 284, 17. Nitzsch z. Od. VI. 65. Ellendt-Genthe, L. S. p. 484.

oder *Acc. c. Inf.* mit und ohne Artikel. α, 82 εἰ μὲν δὴ νῦν τοῦτο φίλον μακάρεσσι θεοῖσιν, | νοστῆσαι Ὀδυσῆα. ι, 3 ἤτοι μὲν τόδε καλὸν ἀκουέμεν ἐστὶν ἀοιδοῦ. υ, 334 σῇ τάδε μητρὶ . . κατάλεξον, | γήμασθαι. Eur. Or. 1162 βάρος τι κἀν τῷδ' ἐστίν, αἰνεῖσθαι λίαν. (Über τό = τοῦτο vor d. Infin. b. Hom. s. § 457, 6, a.) X. Cy. 2. 2, 8 τοῦτο μόνον ὁρᾶν πάντας, τῷ πρόσθεν ἕπεσθαι. 6. 1, 15. 8. 7, 25 τί γὰρ τούτου μακαριώτερον, τοῦ γῇ μιχθῆναι; Hell. 4. 1, 2 ἐπορεύετο πάλαι τούτου ἐπιθυμῶν, τοῦ ἀφιστάναι τι ἔθνος ἀπὸ βασιλέως. Hier. 7, 3 δοκεῖ τούτῳ διαφέρειν ἀνὴρ τῶν ἄλλων ζῴων, τῷ τιμῆς ὀρέγεσθαι. Pl. leg. 670, d μέχρι γε τοσούτου πεπαιδεῦσθαι σχεδὸν ἀναγκαῖον, μέχρι τοῦ δυνατὸν εἶναι ξυνακολουθεῖν. Vgl. X. Comm. 4. 7, 5. Pl. Civ. 341, d ἐπὶ τούτῳ πέφυκεν, ἐπὶ τῷ τὸ ξυμφέρον ἑκάστῳ ζητεῖν. Ap. 35, c οὐ γὰρ ἐπὶ τούτῳ κάθηται ὁ δικαστής, ἐπὶ τῷ καταχαρίζεσθαι τὰ δίκαια. 38, c. Civ. 578, d. Gorg. 474, e οὐ δήπου ἐκτὸς τούτων ἐστὶ τὰ καλά, τοῦ ἢ ὠφέλιμα εἶναι ἢ ἡδέα ἢ ἀμφότερα. Dem. 18, 123 ἐγὼ λοιδορίαν κατηγορίας τούτῳ διαφέρειν ἡγοῦμαι, τῷ τὴν μὲν κατηγορίαν ἀδικήματ' ἔχειν κτλ. — c) vor einem Partizip mit und ohne Artikel. S. Ph. 1305 τοσοῦτόν γ' ἴσθι, τοὺς πρώτους στρατοῦ . . κακοὺς | ὄντας. Ar. N. 380 τουτί μ' ἐλελήθει, ὁ Ζεὺς οὐκ ὤν, ἀλλ' ἀντ' αὐτοῦ Δῖνος νυνὶ βασιλεύων. Th. 3, 18 οἱ Ἀθηναῖοι πυνθανόμενοι ταῦτα, τούς τε Μυτιληναίους τῆς γῆς κρατοῦντας καὶ τοὺς σφετέρους στρατιώτας οὐχ ἱκανοὺς ὄντας εἴργειν. X. Cy. 3. 1, 28 παρ' ἐκείνων (φιλίαν τοσαύτην λάβοιμι), παρὰ τῶν μηδέποτε πολεμίων γεγενημένων. Pl. Euthyd. 284, b ὥστ' ἐκεῖνα ποιήσειεν ἄν καὶ ὁστισοῦν, τὰ μηδαμοῦ ὄντα. Leg. 680, d μῶν οὖν (τοιαῦται πολιτεῖαι γίγνονται) ἐκ τούτων, τῶν κατὰ μίαν οἴκησιν καὶ κατὰ γένος διεσπαρμένων . .; Lach. 183, c ἐκ τούτων οἱ ὀνομαστοὶ γίγνονται, ἐκ τῶν ἐπιτηδευσάντων ἕκαστα. Isocr. 7, 27 πῶς ἄν τις εὕροι ταύτης δικαιοτέραν δημοκρατίαν, τῆς τοὺς μὲν δυνατωτάτους ἐπὶ τὰς πράξεις καθιστάσης, αὐτῶν δὲ τούτων τὸν δῆμον κύριον ποιούσης; 4, 12 πρὸς ἐκείνους ἐστὶ τοὺς οὐδὲν ἀποδεξομένους. — d) vor einem ganzen Nebensatze, zuweilen auch vor einem Hauptsatze. X. conv. 4, 40 πλείστου δ' ἄξιον κτῆμα ἐν τῷ ἐμῷ πλούτῳ λογίζομαι εἶναι ἐκεῖνο, ὅτι κτλ. 49 ἐκεῖνο ἡδέως ἂν πυθοίμην, πῶς αὐτοὺς θεραπεύων οὕτω φίλους ἔχεις. Pl. Gorg. 515, e τόδε μοι εἰπὲ ἐπὶ τούτῳ, εἰ λέγονται Ἀθηναῖοι διὰ Περικλέα βελτίους γεγονέναι. Dem. 4, 5 ἀλλ' εἶδε τοῦτο καλῶς ἐκεῖνος, ὅτι κτλ. 18, 142 ἐκεῖνο φοβοῦμαι, μὴ . . ὑποληφθῇ. Pl. Gorg. 474, d τί δὲ τόδε; τὰ καλά κτλ. Vgl. 476, b [1]).

---

[1]) Vgl. Matthiä II. § 472, 2. Krüger Comment. ad Dionys. hist. p. 291 sq. Stallbaum ad Pl. Phaed. 81, b. Lach. 183, c. Civ. 338, d. Ap. 35, c. Heindorf ad Pl. Prot. 356, c. Schneider ad Pl. civ. 606, b. Herbst ad X. conv. 4, 40.

Anmerk. 1. Ebenso werden auch die demonstrativen Adverbien gebraucht. X. An. 4. 6, 10 ἐγὼ δ' οὕτω γιγνώσκω· εἰ μὲν ἀνάγκη κτλ. Pl. civ. 618 e αὐτὴν ἐκεῖσε ἄγει, εἰς τὸ ἀδικώτερον γίγνεσθαι.

4. Hingegen haben die Personalpronomen und die Demonstrativpronomen οὗτος und αὐτός sehr häufig auch zurückweisende Kraft, indem in demselben Satze nach einem vorausgegangenen Substantive oder Substantivpronomen teils der Deutlichkeit wegen, z. B. wenn zwischen dasselbe und das dazu gehörige Verb ein längerer Zwischensatz getreten ist, teils des rhetorischen Nachdrucks wegen ein solches Pronomen gesetzt wird, welches das vorausgegangene Substantiv oder Substantivpronomen noch einmal aufnimmt und entweder wieder ins Gedächtnis ruft oder nachdrucksvoll der Aufmerksamkeit vorhält. a) Bei den Personalpronomen stehen alsdann an der zweiten Stelle regelmässig die enklitischen Formen. Eur. Ph. 498 ἐμοὶ μέν, εἰ καὶ μὴ καθ' Ἑλλήνων χθόνα | τεθράμμεθ', ἀλλ' οὖν ξυνετά μοι δοκεῖς λέγειν. X. Cy. 4. 5, 29 πέμψαι δέ οἱ ὄντι μοι περὶ τὰ οἴκοι ἂν περὶ ἐμὲ ἐκεῖνά μοι μέμφεται. 6. 4, 7. Oec. 3, 16 οἶμαι δέ σοι .. τοὺς δόξαντας λόγου ἑκάστην ἐργαζομένους ἔχειν ἂν ἐπιδεῖξαί σοι. An. 6. 6, 20 ἐκέλευσέ σε .. πρόσταξέ σε αὐτὸν χρῆσθαι κτλ. Ps. Dem. 47, 74 οὕτως ᾤοντο ἐμέ, εἰ πολλά μου λάβοιεν ἐνέχυρα, ἄσμενον ἀφήσειν με τοὺς μάρτυρας. S. Tr. 220 Ch. ἰδού μ' ἀναταράσσει | εὐοῖ μ' ὁ κισσός, ubi v. Schneidew. Ar. Ach. 384 νῦν οὖν με πρῶτον, πρὶν λέγειν, ἐάσατε | ἐνσκευάσασθαί μ' οἷον ἀθλιώτατον, ubi v. A. Müller[1]. — b) Οὗτος, besonders αὐτός, selt. ἐκεῖνος, ep. d. Demonstr. ὅ, ep. u. poet. d. Pron. der III. Pers. οὗ. A, 300 τῶν δ' ἄλλων ἅ μοί ἐστι .., τῶν οὐκ ἄν τι φέροις. Z, 426 μητέρα δ', ἣ βασίλευεν ὑπὸ Πλάκῳ ὑληέσσῃ, | τὴν ἐπεὶ κτλ. κ, 78 τὸν ξεῖνον, ἐπεὶ τοῦ ἵκετο δῶμα, ἕσσω μιν χλαῖναν. (Nach dem Relative Γ, 5 αἵ τ' ἐπεὶ .. φύγον .., κλαγγῇ ταί γε πέτονται.) S. OR. 248 κατεύχομαι δὲ τὸν δεδρακότ', εἴτε τις | εἷς ὢν λέληθεν, εἴτε πλειόνων μέτα, κακὸν κακῶς νιν ἄμορον ἐκτρῖψαι βίον, ubi v. Schneidew. Vgl. 270. Tr. 287 ff. Eur. Ba. 202 πατρίους παραδοχάς, ἅς θ' ὁμήλικας χρόνῳ κεκτήμεθ', οὐδεὶς αὐτὰ καταβαλεῖ λόγος. Hdt. 3, 63 ὁ δέ μοι μάγος, τὸν Καμβύσης ἐπίτροπον τῶν οἰκίων ἀπέδεξε, οὗτος ταῦτα ἐνετείλατο. 85 τῶν θηλέων ἵππων μίαν, τὴν ὁ Δαρείου ἵππος ἔστεργε μάλιστα, ταύτην ἀγαγὼν ἐς τὸ προάστειον κατέδησε, ubi v. Baehr. Auffallender 2, 124 ἐκ τῶν λιθοτομιέων τῶν ἐν τῷ Ἀραβίῳ ὄρεϊ, ἐκ τουτέων ἕλκειν λίθους und gleich darauf: πρὸς τὸ Λιβυκὸν καλεόμενον ὄρος, πρὸς τοῦτο ἕλκειν. 4, 172 ὀμνύουσι τοὺς παρὰ σφίσι ἄνδρας δικαιοτάτους λεγομένους γενέσθαι, τούτους, τῶν τύμβων ἁπτόμενοι. Sogar nach dem Relative und mit

[1]) Vgl. Matthiä II. § 465, 4 u. besonders Fritzsche quaestt. Lucian. p. 14 sq.

Wiederholung des Substantivs 4, 44 ὃς βουλόμενος Ἰνδὸν ποταμόν, ὃς κροκοδείλους δεύτερος οὗτος ποταμῶν πάντων παρέχεται, τοῦτον τὸν ποταμὸν εἰδέναι, τῇ ἐς θάλασσαν ἐκδιδοῖ. Mit Wiederholung des Verbs 3, 14 κατίσας ἐς τὸ προάστειον ἐπὶ λύμῃ τὸν βασιλέα τῶν Αἰγυπτίων Ψαμμήνιτον, βασιλεύσαντα μῆνας ἕξ, τοῦτον κατίσας. 2, 100 τὴν ἔλεγον τιμωρέουσαν ἀδελφεῷ, . . τούτῳ τιμωρέουσαν. 152 τὸν δὲ Ψαμμήτιχον τοῦτον πρότερον φεύγοντα τὸν Αἰθίοπα Σαβακῶν, . . τοῦτον φεύγοντα. 4, 145 ἐξελασθέντες ὑπὸ Πελασγῶν . . ὑπὸ τούτων ἐξελασθέντες. 6, 42 τὰς χώρας μετρήσας σφέων κατὰ παρασάγγας, . . κατὰ δὴ τούτους μετρήσας. Eine solche Ausdrucksweise stimmt ganz zu dem Wesen des Vortrages Herodots, der durchweg die mündliche Erzählungsweise wiedergiebt. Th. 8, 61 Λέοντα, ὃς Ἀντισθένει ἐπιβάτης ξυνεξῆλθε, τοῦτον κεκομισμένοι. Vgl. 1, 80. 4, 44. 5, 91. 5, 36 Κλεόβουλος καὶ Ξενάρης, οὗτοι οἵπερ τῶν ἐφόρων ἐβούλοντο μάλιστα διαλῦσαι τὰς σπονδάς, λόγους ποιοῦνται. X. Hier. 4, 5 καὶ ἀντί γε τοῦ εἴργειν ἐκ τῶν ἱερῶν . ., ἀντὶ τούτου καὶ εἰκόνας ἐν τοῖς ἱεροῖς ἱστᾶσιν αἱ πόλεις τῶν τὸ τοιοῦτο ποιησάντων. Cy. 1. 4, 19 οἵ, ἣν ἐπ' ἐκείνους ἡμεῖς ἐλαύνωμεν, ὑποτεμοῦνται ἡμᾶς ἐκεῖνοι. Vgl. R. L. 10, 4. Hier. 1, 17 τὸ τὰ εἰωθότα ὑπερβάλλον, τοῦτο παρέχει τὰς ἡδονάς, ubi v. Breitenb., vgl. 21. 25. R. Ath. 1, 2. Conv. 4, 1. 8, 33. An. 2. 4, 7 ἐγὼ μὲν οὖν βασιλέα . . οὐκ οἶδα ὅ τι δεῖ αὐτὸν ὀμόσαι. 5. 6, 15. 5. 7, 30. 6. 5, 17. Cy. 8. 7, 9 τὸ δὲ προβουλεύειν καὶ τὸ ἡγεῖσθαι, ἐφ' ὅ τι ἂν καιρὸς δοκῇ εἶναι, τοῦτο προστάττω τῷ προτέρῳ γενομένῳ. Vgl. § 12. X. Comm. 1. 2, 24 Ἀλκιβιάδης, ὥσπερ οἱ τῶν γυμνικῶν ἀγώνων ἀθληταὶ ῥᾳδίως πρωτεύοντες ἀμελοῦσι τῆς ἀσκήσεως, οὕτω κἀκεῖνος ἠμέλησεν αὐτοῦ, wegen des Gegensatzes, wie oft. Vgl. Hell. 2. 4, 41. Pl. Theaet. 155, e χάριν οὖν μοι εἴσει, ἐάν σοι ἀνδρός, μᾶλλον δὲ ἀνδρῶν ὀνομαστῶν τῆς διανοίας τὴν ἀλήθειαν ἀποκεκρυμμένην συνεξερευνήσωμαι αὐτῶν; Phil. 54, c τό γε μήν, οὗ ἕνεκα . . γίγνοιτ' ἄν, ἐν τῇ τοῦ ἀγαθοῦ μοίρᾳ ἐκεῖνό ἐστι. Civ. 398, a ἄνδρα δή . ., εἰ ἡμῖν ἀφίκοιτο εἰς τὴν πόλιν . ., προσκυνοῖμεν ἂν αὐτόν. 477, d ἐπιστήμην πότερον δύναμίν τινα φῂς εἶναι αὐτήν; Lycurg. 117 Ἵππαρχον οὐχ ὑπομείναντα τὴν περὶ τῆς προδοσίας ἐν τῷ δήμῳ κρίσιν, ἀλλ' ἔρημον τὸν ἀγῶνα ἐάσαντα, θανάτῳ τοῦτον ζημιώσαντες. Isocr. 4, 1 τοῖς δ' ὑπὲρ τῶν κοινῶν ἰδίᾳ πονήσασι . . τούτοις δ' οὐδεμίαν τιμὴν ἀπένειμαν. 36. οὐ γὰρ αὐτοὺς ἔδει κτωμένους χώραν διακινδυνεύειν, ἀλλ' εἰς τὴν ὑφ' ἡμῶν ἀφορισθεῖσαν, εἰς ταύτην οἰκεῖν ἰόντας. Lys. 13, 87 ὁ αἴτιος τοῦ θανάτου, οὗτος ἐπ' αὐτοφώρῳ ἐστί. Dem. 28, 6 αὐτὴν δὲ τὴν διαθήκην, δι' ἧς . . ἐγίγνοντο κύριοι . ., ταύτην δ' οὐκ ἐσημήναντο[1]).

Anmerk. 2. Über die Wiederholung des Substantivs, wo man ein Demonstrativpronomen erwartet, s. § 454, Anm. 2.

---

1) Vgl. Matthiä II. § 472. Bernhardy Synt. S. 283 u. 290. Stallbaum ad Pl. Phil. 30, d. Conv. 195, a. Charm. 163, c. Theaet. 155, e. Gorg. 482, d. Maetzner ad Lycurg. 24. 27. Bornemann ad Xen. conv. 4, 63, p. 154. Kühner ad X. Comm. 1. 2, 26. 1. 4, 18. An. 2. 2, 20.

§ 470. III. Unbestimmtes Pronomen τὶς, τὶ.

1. Das unbestimmte Pronomen τὶς, τὶ hat als Substantivpronomen häufig kollektive Bedeutung, wie das deutsche man. Π, 209 ἔνθα τις ἄλκιμον ἦτορ ἔχων Τρώεσσι μαχέσθω, man = jeder. Vgl. B, 382 ff. ν, 427 πρὶν καί τινα γαῖα καθέξει, gar manchen. Dem. 4, 8 ἀλλὰ καὶ μισεῖ τις ἐκεῖνον καὶ δέδιε, gar mancher. B, 271 ὧδε δέ τις εἴπεσκεν. So λέγοι τις ἄν, φαίη τις ἄν, wie das Lat. dicat *quis* od. *quispiam*, man kann sagen. S. OR. 964 τί δῆτ' ἄν, ὦ γύναι, σκοποῖτό τις | τὴν Πυθόμαντιν ἑστίαν; Oft bezieht sich τὶς auf vorher genannte oder bekannte Personen, wie wir auch unser man gebrauchen. Aesch. S. 384 καὶ νύκτα ταύτην ἣν λέγεις.. τάχ' ἂν γένοιτο μάντις ἡ 'νοία τινί, stultitia facile ominosa fiat *cui*, i. e. ei, de quo locutus es. Th. 5, 14 καὶ ἄλλας (σπονδὰς) οὐκ ἤθελον σπένδεσθαι οἱ Ἀργεῖοι, εἰ μή τις αὐτοῖς τὴν Κυνουρίαν γῆν ἀποδώσει, nisi *quis*, sc. Lacedaemonii, de quibus ante actum est. S. Duker. Vgl. 4, 13 ἦν ἐσπλέῃ τις. X. Cy. 6. 4, 20 ἕκαστος ὑμῶν ὑπομιμνησκέτω τοὺς μεθ' αὑτοῦ, ἅπερ ἐγὼ ὑμᾶς, καὶ ἐπιδεικνύτω τις τοῖς ἀρχομένοις ἑαυτὸν ἄξιον ἀρχῆς. Auch gebrauchen die Griechen τὶς in allen Kasus statt ἐγώ, σύ, wie auch wir unser man anwenden. Ar. Th. 603 ποῖ τις τρέψεται; = ἐγὼ τρέψομαι (wie gleich darauf κακοδαίμων ἐγώ). R. 552 κακὸν ἥκει τινί = *tibi*. 554 δώσει τις δίκην = *tu*. S. Ant. 751 ἥδ' οὖν θανεῖται καὶ θανοῦσ' ὀλεῖ τινα, wo τινα in Hämons Sinne = *me*, von Kreon aber als = *te* aufgefasst wird. Ai. 245 Ch. ὥρα τιν' ἤδη .. ποδοῖν κλοπὰν ἀρέσθαι = *me* oder *nos*, es ist Zeit, dass man die Flucht ergreift. 404 ποῖ τις οὖν φύγῃ; ποῖ μολὼν μενῶ; 1138 τοῦτ' εἰς ἀνίαν τοὔπος ἔρχεταί τινι = *tibi*. Eur. Andr. 577 χαλᾶν κελεύω δεσμά, πρὶν κλαίειν τινά. Pl. Alc. 2, 138, a Socr. Φαίνει γέ τοι ἐσκυθρωπακέναι .., ὥς τι ξυννοούμενος. Alc. Καὶ τί ἄν τις ξυννοοῖτο; was könnte man (= ich) bei sich denken?[1]) Ähnlich schon A, 289 πᾶσι δὲ σημαίνειν (ἐθέλει), ἅ τιν' οὐ πείσεσθαι ὀίω, mancher, in erster Linie ich.

2. In Verbindung mit Substantiven vertritt τὶς die Stelle des unbestimmten Artikels in dem § 461, Anm. 2 besprochenen Sinne: ι, 142 καί τις θεὸς ἡγεμόνευεν ein (irgend ein) Gott. ρ, 501 ξεῖνός τις ein (mir nicht bekannter) Fremdling. κ, 552 Ἐλπήνωρ δέ τις ἔσκε, ein gewisser (nicht weiter bekannter) Elpenor. Pl. Prot. 313, c ὁ σοφιστὴς τυγχάνει ὢν ἔμπορός τις ἢ κάπηλος ein (eine Art von) Händler. Wenn aber das Substantiv den bestimmten Artikel bei sich hat, so tritt bisweilen τὶς als nähere Bestimmung hinzu, durch welche der

1) Vgl. Matthiä II. § 487, 3) und besonders Duker ad Thuc. 5. 14, 4 b. Poppo P. 3, Vol. 3, p. 471.

Redende andeuten will, dass der durch den Artikel ὁ bestimmte Begriff für ihn mit einer gewissen Unbestimmtheit verbunden sei. S. OR. 107 τούτου θανόντος νῦν ἐπιστέλλει σαφῶς | τοὺς αὐτοέντας χειρὶ τιμωρεῖν τινας. Dass Laios ermordet ist, steht fest, daher τοὺς αὐτ., aber wer sie sind, ist noch nicht erforscht, daher τινάς. Ebenso Ant. 252. OC. 289 ὅταν δ' ὁ κύριος | παρῇ τις, ὑμῶν ὅστις ἐστὶν ἡγεμών, | τότ' εἰσακούων πάντ' ἐπιστήσῃ. Dass das Land einen König hat, weiss Oedipus, daher ὁ κ.; aber die Person des Herrschers kennt er noch nicht, daher τις.

3. Da τὶς etwas Unbestimmtes, von keinen bestimmten Grenzen Umschlossenes ausdrückt, so dient es in Verbindung mit Adjektiven und Adverbien dazu, den Begriff dieser Wörter je nach ihrer Bedeutung oder nach dem Zusammenhange der Rede entweder zu verstärken oder zu schwächen. In Verbindung mit Pronomen und Kardinalzahlwörtern entspricht es dem lat. *fere* und dem deutschen etwa. Μέγας τις ἀνήρ, ein ich weiss nicht (ich kann nicht sagen) wie grosser Mann, ein gewaltig grosser Mann, μικρός τις ἀνήρ, ein gar kleiner Mann. Schon b. Hom. ρ, 449 ὥς τις θαρσαλέος καὶ ἀναιδής ἐσσι προΐκτης. Vgl. λ, 618. ξ, 391. φ, 397. Hdt. 2, 43 ἀλλά τις ἀρχαῖός ἐστι θεός, ein ganz alter Gott, vgl. Stein zu 5, 33. Pl. civ. 596. c δεινόν τινα λέγεις καὶ θαυμαστὸν ἄνδρα. So im Lat. *quidam*[1]). Cic. Ac. 2. 1, 2 incredibilis *quaedam* ingenii magnitudo; habuit enim divinam *quandam* memoriam rerum. X. Comm. 1. 3, 12 δεινήν τινα λέγεις δύναμιν τοῦ φιλήματος εἶναι, s. das. Kühners Bmrk. Oec. 7, 39 ἡ ἐμὴ φυλακὴ γελοία τις ἂν οἶμαι φαίνοιτο. Pl. leg. 686, a καὶ χρόνον τιν' ἂν πολὺν μένειν. 698, d ἔν τινι βραχεῖ χρόνῳ. Dem. 18, 18 ἀλλά τις ἦν ἄκριτος ἔρις καὶ ταραχή. X. Cy. 7. 2, 21 ἑαυτὸν δὲ ὅστις ἐστί, πάντα τινὰ ἐνόμιζον ἄνθρωπον εἰδέναι, wohl jeder Mensch. 6. 1, 42 ἕκαστός τις. Ebenso bei einem substantivierten Adj. Γ, 220 φαίης κε ζάκοτόν τέ τιν' ἔμμεναι ἄφρονά τ' αὔτως, „ein rechter Sauertopf", wie im Lat. iracundum *quendam*. Cic. Tusc. 2. 4, 11 te natura excelsum *quendam* genuit. σ, 382 καί πού τις δοκέεις μέγας ἔμμεναι καὶ κραταιός. Η, 156 πολλὸς γάρ τις ἔκειτο, gewaltig lang lag er da. Vgl. Κ, 41. ι, 11 τοῦτό τί μοι κάλλιστον . . εἴδεται εἶναι, überaus das Schönste. Bei Adverbien. Hdt. 3, 38 πολλόν τι καλλίστους (νόμους). Th. 1, 138 (Θεμιστοκλῆς) διαφερόντως τι . . μᾶλλον ἑτέρου ἄξιος θαυμάσαι. (Ebenso πώς, z. B. Pl. Menex. 235, a κάλλιστά πως τοῖς ὀνόμασι ποικίλλοντες.) X. Hier. 4, 7 θᾶττόν τι. Oec. 4, 11 σχεδόν τι, vgl. Pl. Phaed. 63, e ibiq. Stallb. Lach. 192, c. X. An. 7. 6, 26 ἐδυνάμεθα σῖτον λαμβάνειν

---

1) S. Kühner Ausf. lat. Gr. II. § 119, A. 6, S. 472 u. ad Cicer. Tusc. 2. 4, 11.

οὐδέν τι ἄφθονον, durchaus nicht. Vgl. Comm. 1. 2, 42. Oec. 3, 8 ibiq. Breitenb. So οὔ τι, μή τι Oec. 8, 21. Cy. 2. 4, 27. An. 4. 8, 26 μᾶλλόν τι. 5. 8, 11 ἧττόν τι. Pl. Lys. 204, d οὐ πάνυ τι δεινά ἐστιν, ubi v. Stallb. X. Cy. 1. 1, 1. — X. Comm. 1. 1, 1 ἡ γραφὴ κατ' αὐτοῦ τοιάδε τις ἦν (*haec fere*). 3. 6, 5 λέξον, πόσαι τινές εἰσιν (αἱ πρόσοδοι τῇ πόλει), *quot fere*. Schon κ, 45 (ἰδώμεθα), ὅσσος τις χρυσὸς . . ἀσκῷ ἔνεστιν, wie viel wohl. ι, 348 ὄφρ' εἰδῇς, οἷόν τι ποτὸν τόδε νηῦς ἐκεκεύθειν. So οὕτω τι (oder οὕτω πως), *sic fere*. Daher ὅστις, wer etwa. — Bei runden Summen.[1]) Th. 3, 111 ἐς διακοσίους τινὰς αὐτῶν ἀπέκτειναν, etwa, ungefähr. 7, 87 ἡμέρας ἑβδομήκοντά τινας. 8, 73 τριάκοντα μέν τινας. 7, 34 ἑπτὰ δέ τινες (νῆες) ἄπλοι ἐγένοντο „ein Stücker sieben". Pl. leg. 704, b σχεδὸν . . εἰς τινας ὀγδοήκοντα σταδίους, wie im Lat. *aliquos viginti dies, quadringentos aliquos milites* u. s. w., und im Deutschen einige dreissig. Ebenso Th. 3, 68 ἐνιαυτόν τινα, etwa ein Jahr. Doch findet sich τὶς neben Kardinalzahlen auch in Fällen, wo der Begriff der Unbestimmtheit nicht der Zahl, sondern dem damit verbundenen Substantive zukommt, wo also τὶς, wie *quidam*, sich enger an das Substantiv anschliesst, während die Zahl die Geltung einer Apposition hat. Th. 8, 100 παρεγένοντό τινες δύο νῆες, *advenerunt naves quaedam duae*, nämlich zwei. 6, 61 καί τινα μίαν νύκτα καὶ κατέδαρθον ἐν Θησείῳ, und es war sogar eine Nacht, aber nur eine, in der sie im Theseion Nachtwache hielten. Pl. civ. 601, d περὶ ἕκαστον ταύτας τινὰς τρεῖς τέχνας εἶναι, χρησομένην, ποιήσουσαν, μιμησομένην, gewisse Künste, nämlich folgende drei, vgl. Schneider, der vergl. Phaedr. 265, d τούτων δέ τινων ἐκ τύχης ῥηθέντων δυοῖν εἰδοῖν, von diesen etwa zufällig genannten Arten, näml. den zwei, den beiden, vgl. 265, a. Dem. 23, 142 ἐν δὴ Λαμψάκῳ τινὲς ἄνθρωποι γίγνονται δύο, Θερσαγόρας ὄνομ' αὐτῶν θατέρῳ, τῷ δ' Ἐξήκεστος, gewisse Leute, zwei. Ähnlich εἷς τις, einer, irgendwer (dessen Persönlichkeit gleichgültig ist). A, 144 εἷς δέ τις ἀρχὸς ἀνὴρ βουληφόρος ἔστω, vgl. Lycurg. 95 ἕνα τινά. Pl. Io 531, d εἷς τις. Ebenso Dem. 20, 145 τρεῖς σέ τινες γραψάμενοι.

Anmerk. 1. Daher die Bedeutung von τὶς, τὶ: *eximius quidam, eximium quiddam*, wie auch im Lat. *aliquis, aliquid* gebraucht wird. Eur. El. 939 ηὔχεις τις εἶναι τοῖσι χρήμασι σθένων. Theocr. 11, 79 δηλονότ' ἐν τᾷ γᾷ κἠγών τις φαίνομαι ἦμεν. Dem. 21, 213 τὸ δοκεῖν τινες εἶναι δι' εὐπορίαν προσειληφότες. 2, 14 ἐφάνη τι τοῦτο συναμφότερον. Pl. Phaedr. 243, a τὸ μηδὲν ὑγιὲς λέγοντε σεμνύνεσθαι ὡς τι ὄντε. Vgl. Cic. in Q. Caec. 48 *ut tu aliquid esse videare*. Ov. Trist. V. 1, 59 *est aliquid fatale malum per verba levare*. X. Comm. 2. 1, 12 ἴσως ἄν τι λέγοις, *aliquid* (rem magni momenti, etwas Beachtenswertes). Cy. 1. 4, 20 ἔδοξέ τι λέγειν τῷ Ἀστυάγει. Pl. Phaedr. 260, a. Symp. 173, c οἰεσθέ τι ποιεῖν οὐδὲν ποιοῦντες,

1) S. Kvičala, Untersuch. auf d. Geb. d. Pron. Wien 1870. S. 22 ff.

wo der Gegens. οὐδέν ist. So ποιεῖν τι X. Cy. 3. 3, 12.[1]) — Sicherlich ist für den Griechen in den genannten Wendungen das Indefinitum ebenso wenig betont wie für den Deutschen das entsprechende etwas in Fällen wie: er bildet sich ein etwas zu sein, während er doch eine Null ist (Pl. Ap. 41, e), er glaubt etwas geleistet zu haben. Daher hat die Schreibung τὶ εἶναι, τὶ λέγειν keine Berechtigung. Vgl. § 90, 5, S. 345.

Anmerk. 2. Die aus dem gewöhnlichen Leben entnommene, bei Herodot und den Attikern, sowie auch bei Späteren vorkommende Formel ἤ τις ἢ οὐδείς bedeutet kaum irgend wer, so gut wie keiner. Hdt. 3, 140 ἀναβέβηκε δ' ἤ τις ἢ οὐδείς κω παρ' ἡμέας αὐτῶν, ubi v. Baehr. X. Cy. 7. 5, 45 τούτων δὲ τῶν περιεστηκότων ἤ τινα ἢ οὐδένα οἶδα. Pl. ap. 17, b οὗτοι ἤ τι ἢ οὐδὲν ἀληθὲς εἰρήκασιν, *nihil propemodum*, sie haben so gut als nichts Wahres, wenig oder nichts Wahres gesagt, s. Stallb., vgl. Civ. 496, c. Vgl. Pers. sat. 1, 3 quis leget haec? *vel duo vel nemo* (h. e. vix quisquam), ubi v. Casaub.

Anmerk. 3. Zuweilen findet sich τὶς, τὶ wiederholt. X. Cy. 1. 6, 11 οἴει τι, ἔφη, ἧττόν τι τοῦτο εἶναι αἰσχρόν; nach den besten cdd., s. Born. in ed. Lips. p. 109. Aesch. Eum. 889 μῆνίν τιν' ἢ κότον τιν' ἢ βλάβην. S. Ant. 689 ὅσα | λέγει τις, ἢ πράσσει τις, ἢ ψέγειν ἔχει. Eur. Or. 1219 φύλασσε δ', ἤν τις, πρὶν τελευτηθῇ φόνος, | ἢ ξύμμαχός τις ἢ κασίγνητος πατρὸς | ἐλθὼν ἐς οἴκους φθῇ. Andr. 734 ἔστι γάρ τις οὐ πρόσω | Σπάρτης πόλις τις. Hec. 1178 εἴ τις γυναῖκας τῶν πρὶν εἴρηκεν κακῶς, | ἢ νῦν λέγων ἐστίν τις ἢ μέλλει λέγειν.[2])

Anmerk. 4. Über die scheinbare Weglassung von τὶ in Verbindungen wie θαυμαστὸν λέγεις s. § 360, A. 1. Sowie der Grieche sowohl θαυμαστόν τι als θαυμαστὸν λέγεις sagen kann, ebenso der Deutsche sowohl „du sagst etwas Wunderbares“ als „du sagst Wunderbares“; nur darin unterscheidet sich das Deutsche von dem Griechischen, dass es den Plural nicht vom Singulare durch die Form unterscheiden kann, wie dies im Griechischen geschieht, z. B. X. Comm. 4. 8, 6 θαυμαστὰ λέγεις.

Anmerk. 5. Über die Ellipse von τὶς als Subjekt s. § 352, g); über τὶς, τὶ in Verbindung m. d. Plur. § 359, 3, b); über τὶς oder πᾶς τις m. d. II. Pers. Imper. § 371, 4, γ); über die Betonung von τὶς § 90, 5.

Anmerk. 6. Die gesetzmässige Stellung von τὶς ist die, dass es als eine Enklitika dem Worte, zu dem es gehört, nachfolgt, als: ἀνήρ τις. In zusammenhängender Rede aber geht es demselben sehr oft auch voran. Π, 406 ὡς ὅτε τις φώς. Pl. Phaedr. 248, c καί τινι συντυχίᾳ χρησαμένη. 250, a ὑπό τινων ὁμιλιῶν. Dem. 9, 47 ἔστι τοίνυν τις εὐήθης λόγος. Wenn τὶς zwei Wörtern gemeinschaftlich ist, so wird es zuweilen erst dem letzteren hinzugefügt. Aesch. Pr. 21 οὔτε φωνὴν οὔτε του μορφὴν βροτῶν. S. Tr. 3 οὔτ' εἰ χρηστὸς οὔτ' εἴ τῳ κακός, ubi v. Schneidew. 1254 σπαραγμὸν ἤ τιν' οἶστρον. Ant. 257 σημεῖα οὔτε θηρὸς οὔτε του κυνῶν. Eur. Hec. 370 οὔτ' ἐλπίδος γὰρ οὔτε του δόξης. Solon. eleg. 4, 12 οὐθ' ἱερῶν κτεάνων οὔτε τι δημοσίων φειδόμενοι. Pl. Phil. 42, e οὔτε ἡδονὴ γίγνοιτ' ἂν ἐν τῷ τοιούτῳ ποτὲ οὔτ' ἄν τις λύπη. Sehr häufig wird es durch

---

1) Vgl. Matthiä II. § 487, 5). Hoogev. u. Zeune ad Viger. p. 152 u. Hermann ad Vig. 731, 112. Wuestemann ad Theocr. l. d. Haase ad Xen. R. L. 2, 12. Kühner ad Cic. Tusc. 1. 20, 45. — 2) Vgl. Matthiä II. § 487, 7. Reisig Conjectan. 1. p. 234. Porson in Addend. ad Eur. Hec. p. 100 ed. Lips. Ellendt-Genthe, L. S. p. 735.

ein oder mehrere Wörter von dem Worte, zu dem es gehört, getrennt. X. Hell. 4. 1, 11 ὅταν τι τοῖς φίλοις ἀγαθὸν ἐξευρίσκω. Dem. 18, 65 ἣν ἄν τις κατὰ τῶν ἐναντιωθέντων οἷς ἔπραττεν ἐκεῖνος μέμψις καὶ κατηγορία. Pl. Symp. 201, e σχεδὸν γάρ τι. Vgl. Lach. 192, c. Phaed. 63, e, ubi v. Stallb. Lysid. 204, e οὐ γὰρ πάνυ, ἔφη, τι. Über die Stellung von τὶς beim Artikel s. § 463, 1; über die Stellung von τὶς zu Anfang eines Satzes oder Satzgliedes s. § 90, 5. S. 345. [S. Ant. 158 schreibt man jetzt mit Herm.: χωρεῖ τίνα δὴ | μῆτιν ἐρέσσων st. χωρεῖ, τινὰ — „τίνα lebhafter als τινὰ" Schneidew., wie auch Eur. Ph. 1067: ὠή, τίς . . κυρεῖ; st. τὶς.]

Anmerk. 7. Über die Relativpronomen s. die Lehre von dem Adjektivsatze (§ 554) und über die Fragpronomen die Lehre von dem Fragsatze (§ 587).

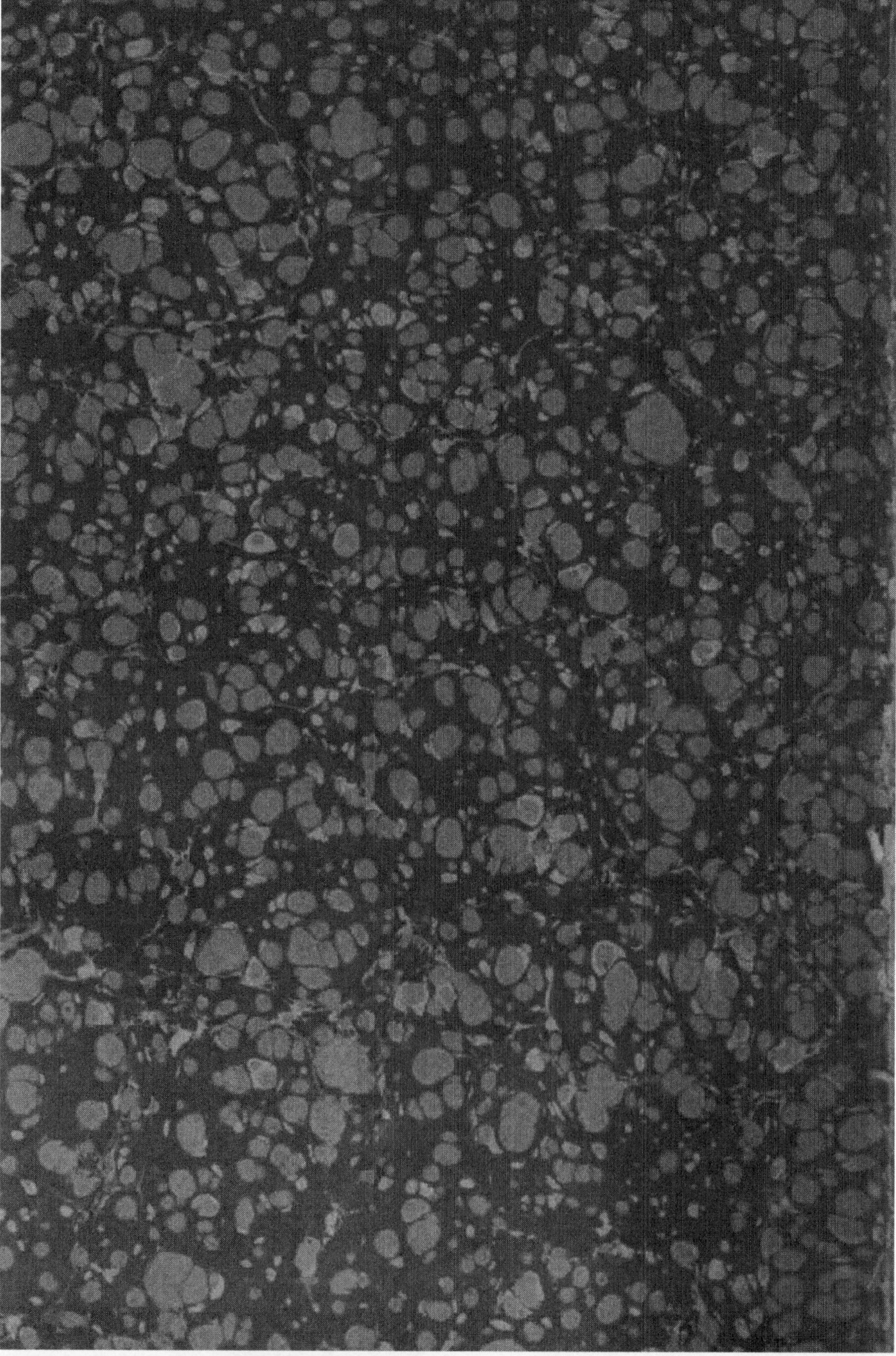

Lightning Source UK Ltd.
Milton Keynes UK
UKOW07f2016190315

248196UK00007B/282/P